国家"十五"重点出版工程项目

教育大百科全书

各国(地区)教育制度

(上)

[德]T.N.波斯尔斯韦特 主编
李家永 马慧 姚朋 译审

INTERNATIONAL ENCYCLOPEDIA OF EDUCATION

西南师范大学出版社

图书在版编目(CIP)数据

各国(地区)教育制度/(德)波斯尔斯韦特主编;
李家永等译.—重庆:西南师范大学出版社,2011.4
(教育大百科全书/(瑞典)胡森,(德)波斯尔
斯韦特主编)
ISBN 978-7-5621-3840-2

Ⅰ.①各… Ⅱ.①波… ②李… Ⅲ.①教育制度-世
界 Ⅳ.①G512

中国版本图书馆 CIP 数据核字(2011)第 059694 号

各国(地区)教育制度(上、下)

主　　编:[德] T. N. 波斯尔斯韦特
译　　审:李家永　马慧　姚朋等
责任编辑:周安平　李远毅等
责任印制:钟孝钢
出版发行:西南师范大学出版社
(重庆·北碚　邮编:400715)
网　　址:www.xscbs.com
印　　刷:重庆市伟业印刷有限公司
开　　本:787mm×1092mm　1/16
印　　张:63.75
字　　数:1726 千字
版　　次:2011 年 4 月第一版
印　　次:2011 年 4 月第一次印刷
书　　号:ISBN 978-7-5621-3840-2
定　　价:147.00 元

《教育大百科全书》学术指导委员会

《教育大百科全书》编译委员会

《教育大百科全书》编辑出版委员会

凡 例

一、中外文

1. 本书中文采用1986年10月10日经国务院批准、国家语言文字工作委员会重新公布的《简化字总表》中所规定的简化字。

2. 词条英文标题及附录中的外文的拼写、顺序、大小写、括号、标点和版式等均根据原书相应排列。

二、专题

3. 原书所有词条按英文字母顺序排列分卷,本书另以原书专题索引为参考,按专题归类。

4. 每个专题按相应内容范畴细分若干小节,每小节按原书英文顺序排列。

三、附录

5. 词条中所引用参考文献以附录形式出现于该词条中文部分之后,并以原书版式排版,相应正文中以圆括号简单标注作者、年份及页码,或只标注年份或页码。

如:(Anderson 1961 P.125);(Adams 1956,Bloom 1953)

四、译文

6. 词条原文中的"/"同时有"和"、"或"的意思,译文中均予以保留,不另作他译。

如:她/他　教/学　教师/家长

7. 计量单位从原书,英制、公制均照译,原则上不另行换算。

8. 所有译者注以括号形式随正文编排。

9. 所有正文词条标题按中文标题在前、外文标题在后的次序排列。

五、译名

10. 外国人名根据新华社译名室编辑的《世界人名翻译大辞典》进行翻译,著名外国人名则采取“名从主人、约定俗成”的原则，各学科中已有定译的外国人名采取“名从主科、遵从定译”的原则。

11. 作者名及译者名出现在每个词条中文部分之后，并且作者名都给出相应原文。每个专题的译审者名只出现在该专题扉页上，不另于每个词条后标注。

12. 一般外国译名只在第一次出现时给出原文，其他个别著名人物直接译成中文。

如：亚当斯（Adams）；亚当·斯密

13. 外文人名一般只译出其姓，部分宗教人物、封有爵位的人物译出尊称“圣”或爵位名称。

14. 涉及日本及中国学者的人名时，前者以《日本姓名译名手册》（科学技术文献出版社）为主，后者以核实真人姓名为主。

如：《中华人民共和国的教育制度》的作者 Teng Teng 为滕藤

15. 外国地名根据中国地名委员会审订的《世界地名录》统一；该书未收的地名，根据通用的译名表译出；非英语国家的生僻地名则保留了原文未译。

16. 学术著作、机构团体、杂志名参照专业工具书及通用译名统一。

17. 正文括号中涉及某人的生卒年，其英文原文与生卒年之间用逗号隔开，以便与附录所引用的人名年份区分。

如：葛兰西（Gramsci，1891～1937）

六、图表

18. 词条中相关的图表来源一般根据原文注明作者、年份及页码，以便于读者查阅相关资料。

序

周远清

在当前建设小康社会的征途中，教育事业具有基础性、全局性和前瞻性的地位，关系到国民素质的提高，关系到科学技术的进步，关系到数以千万计的专门人才和大批创新人才的培养。因此，我们必须下大力气把教育事业搞好，根据经济社会发展和人的全面发展提出的客观要求，进一步解放思想，实事求是，与时俱进，在确保教育质量的前提下，继续深化教育改革，大力开展教育创新，努力形成一个比较完善的既能反映先进生产力和先进文化发展要求，又能满足广大人民群众教育需求的新型现代国民教育体系。

要建立这样一个新型的现代国民教育体系，是一个长期而艰巨的任务，不可能一蹴而就。因此，我们既应该有远大的理想，也应该有脚踏实地的精神；既要有历史的责任感，也应该有实事求是的科学态度。就当前我们的工作来说，各级各类的教育行政和科研部门，都要大兴调查研究之风，到教育实践第一线去，真正搞清楚我国国民教育体系的现状，分析哪些方面是有优势的，哪些方面已经与经济社会发展和广大人民群众的要求不相一致，因而是需要花费时间、精力和财力去改革的，还有哪些方面是原有的国民教育体系中根本没有，以至于需要我们充分地发挥教育创新精神研究部署的。到教育实践第一线去，也有助于我们切实和广泛地了解广大的教育实际工作者一些富有创造性的工作，收集和整理他们结合实际情况进行教育教学改革的经验，从而为我们的教育决策和科学研究提供大量翔实可靠的第一手材料。

要建立这样一个新型的现代国民教育体系，不大力发展教育科学事业是不行的。现代教育实践与任何其他的现代社会实践一样，既要合目的性，也要合规律性，是目的性与规律性相统一的实践活动。要想达成良好的教育目的，不讲教育科学是不行的。国内外教育实践的历史已经证明，教育实践的规模与范围越大，教育科学的重要性就越突出。因此，大力发展教育科学事业，在今天比在以往任何时候都急迫，反映了不断深化和教育改革与创新的客观需要。发展教育科学事业，需要各方面的条件和努力。在当前，特别要提倡马克思主义理论联系实际的学风，认真研究新时期有中国特色的社会主义现代化建设以及国际政治、经济与文化发展的新趋势给教育工作带来的新情况、新问题和新挑战，围绕着教育改革和创新过程中出现的又是人民群众最关心的那些基本问题和重大问题，组织攻关，协同研究，推动教育理论创新，为政府决策服务，为教育实践服务，为学生的全面发展服务。

要建立这样一个新型的现代国民教育体系，光靠我们自己的摸索是不够的，还应该在邓小平同志"三个面向"精神的指导下，学习和借鉴国际上一切先进的教育经验、理论和制度，把握并反映国际上教育改革与创新的一些共同特征，并由此探索出一条有中国特色的社会主义教育改革和创新之路。在这方面，我们既有宝贵的历史经验，也有一些值得反思和吸取的教训。回顾20世纪历史上历次大的教育变革，绝大部分都与对当时国际上先进的教育经验、理论和制度的学习有关。甚至可以说，没有这种对国际上先进教育经验、理论和制度的虚心学习，就没有清末民初中国现代教育制度的建立。但是，百余年来，我们在学习国际上先进教育经验、理论和制度时，也经常犯一些简单化的或囫囵吞枣的毛病，给教育实践带来了许多消极的后果。因此，学习国际上一切先进的教育经验、理论和制度，必须坚持"洋为中用"的原则，从中国的传统和现实出发，对它们进行辩证的分析和科学的批判，从而最大限度地有利于我国的教育改革和创新事业。

《教育大百科全书》的英文版，由联合国教科文组织、国际教育研究院组织当今世界教育界各学科的专家撰写，内容涵盖与教育相关的所有领域，将其译介成中文，可以说是中国教育界的一个福音，对于教育决策者、教育研究者以及教育管理者，该书都是一部具有重要价值的参考书。

欣闻《教育大百科全书》中文版即将出版，是为序。

中文版前言

教育是人类通过正式课堂和日常生活以获得知识、人生观和生存技能的一种历程。其意义在于通过传递历史的累积经验，既能为社会培养有效率的人群，又能为个人启智育能，使之具备新的创造力。

根据世界文明史的考察，人类的正式教育始于中国、印度和古希腊，去今约有 2 300 年的历史。但把教育作为一个独立的学科来进行研究，大抵还是 19 世纪以来的事情。应该说，这门学科被公众认可的历史远远晚于其他人文社会科学。但自公共学校普及以来，教育领域的各项研究皆取得了长足的发展，且愈来愈国际化，一些重要的研究成果为人类所普遍认同。尤其 20 世纪以来，各国综合国力的竞争，本质上可以说是教育的竞争。因此，各国政府对教育的重视程度、投入水平和成果质量，也基本成了衡量其现代化和文明化程度的标准之一。

各国文化传统、政治制度和经济状况的不同，反映在教育和教育研究领域是各具特色的。近 20 年来，随着全球化进程的加速，教育作为一个普世的主题，越来越多地受到各国政府和学界的重视。国际间的教育合作也日趋增加，各国民众和教育界人士希望了解全世界教育和教育研究现状的要求也愈趋迫切。正是在这一背景下，应联合国教科文组织的倡议，欧洲著名的教育出版集团——爱思唯尔科学出版集团（Elsevier Science Limited），在 1985 年首次编辑出版了这套《教育大百科全书》，并于 20 世纪 90 年代中后期全面修订（90% 的词条重新撰写）再版了本套巨著。

这是目前世界上关于教育科学领域最权威也最具实用价值的一部具有理论性、学术性、工具性的全书。本套书几乎囊括了教育的所有课题，所有编委成员均由联合国教科文组织、国际教育研究院、国际教育评价协会和世界银行等权威机构推选，其条目由来自 90 多个国家和地区的 1 000 多位具有国际视野的教育专家用英语撰写。将这样一套涵盖了世界各种教育思想、理论、制度和方法，长达 1 000 多万字的教育百科全书译介到中国，对于我国各级各类教育管理者、教育工作者和教育理论研究者，无疑是一个福音。它有利于我们了解各国教育现状，借鉴世界先进的教育思想与体制，促进与深化我国的教育改革，从而使我国在 21 世纪步入世界教育强国之林。

正是基于此，西南师范大学出版社和海南出版社联合购进了本套书的中文版权，并被国家新闻出版总署列为国家“十五”重点出版工程。为作好本套书的编译工作，由教育部的相关领导及部分专家组成编译委员会，并邀请全国著名的教育学专家成立了本套书的学术指导委员会。由以北京师范大学教育学院专家为主的100多位本学科中坚学者组成了编译专家组，用长达四年多的时间完成了本书的翻译、审定和编校工作。为作好本书的出版工作，还由教育出版界的著名专家组成了编辑出版委员会。为了方便读者购买和阅读，我们将《教育大百科全书》的22个专题分册出版。在本书即将付梓行世之际，谨向所有关心、支持和参与本书编译出版的领导和专家学者表示诚挚的感谢。

本套书的英文版名为*The International Encyclopedia of Educaiton*，为避免中文版读者将“国际教育”理解为狭义的“比较教育”与“各国教育概况”，在中文版的书名中去掉了“国际”一词。需要说明的是，作为教育学的经典工具书，本套书无论是作者国籍之多、资历之深，还是学科之广、理论之精、前沿学术之新，均为当世仅见，堪称一部国际性或世界性的教育百科全书。故在编译过程中，难免存在不妥之处，尚祈方家和读者垂教。

西南师范大学出版社

英文版前言

十卷本的《教育大百科全书：探索与研究》（International Encyclopedia of Education：Research and Studies）（以下简称《全书》）的第一版是于1980年规划、1985年出版的，其中的大部分词条撰写于1981年和1982年。它还吸纳了社会科学和人文学科中与教育问题相关的学术成果，为研究教育和从事教育事业的人士提供了丰富的信息。该书面世后，得到了教育学界的广泛好评，并且被美国图书馆协会授予了最佳参考书奖。另外，它还被《选择》杂志评选为1987年"杰出学术书籍"。

所有的人类知识领域中的学术信息永远都处在不断的流变之中。教育的实践，不仅因为立法改革之故而发生变化，而且亦因为要适应新的社会呼声、社会需求以及不同国家的不同经济状况而不断发生变化。理论正被不断地修正，新概念则层出不穷。林林总总的各类作品则伴随着或者紧跟着这些变化纷至沓来。实际上，教育领域及相关领域的学术作品可谓卷帙浩繁，完全可以与自然科学和技术领域相媲美。

教育的各个领域所发生的这种急剧的变化，于1989年和1990年先后催生了《全书》的两个增补卷。由于同样的原因，出版商和主编们都确信，现在是出版一个全新版本的《全书》的时候了。他们的这个想法，得到了《全书》第二版的编辑委员会的肯定。因此，编辑们就决定开始着手编纂《全书》的这一最新版。在少数情况下，本版只是对第一版及其增补卷中的词条进行了更新。然而，在绝大多数情况下，本版使用的都是全新的词条（90%的词条重新撰写）。

每一个主题领域，知识体系都被重新组织安排，并且特别注意了读者在第一版及其增补卷中找不到的主题。教育学的主要领域，比如教育社会学、教育哲学、教育人类学、女性教育以及著名历史人物对教育思想的贡献，都被赋予了更为显著的地位，而且都占据了相当的篇幅。

1. 作为探索、研究和对话领域的教育

《教育大百科全书》是向人们展示国际学术界对教育问题、理论、实践和制度的研究成果的最新全貌的第一次描述。因此，将教育定义为一个有关探索、研究和对话的领域，这是至关重要的。劳伦斯·A. 克雷明（Lawrence A Cremin）在他的著作《公共教育》中，将教育定义为"传播、激发或者习得知识、态度、价值观、技能和情感的有意识的、系统的且持续的努力，以及此种努力所带来的任何预料中的或者预料外的学识"。这是一个非常宽泛的定义，它将自学包括在内了。克雷明里程碑式的三卷本著作《美国教育》的一位评论家提出了这样一个问题：对教育的定义如此宽泛，难道不是几乎等同于人类学家所称的"同化"或者社会学家所称的"社会化"了吗？在那本有关公共教育的著作中，克雷明本人完全否认了这种说法，并坚持认为他提出的教育的概念要比这狭窄得多。然而，即使认同这个非常宽泛的对教育的定义，从具体的层面上来讲，"教育"到底指的是什么？它远非仅指学校以及类似的制度的功能，它是代际间的。儿童和青少年从比他们年长的人、父母以及其他人那里得到教育。父母、兄弟姐妹、同伴和朋友以及教堂、博物馆、图书馆、民间运动、广播和电视网络都是影响儿童和青少年的因素。就像学校一样，它们是按照自己的"课程"来行事的。

因此，"教育"指的是有意识地、有目的地影响或塑造儿童、青少年以及成人的行为的一门艺术（成人教育本身最近已经获得了独立的实践与研究领域地位）。从事教育者，比如父母、老师和其他负有教育责任的人，利用了观念、理论以及以研

究为基础的知识。教育理论研究的是抚养和教育其他人以及如何在一个政治的、社会的、历史的视角中塑造其他人的行为的问题。因此,父母以及老师的教育实践就包含了各种理论洞见和以前的经验之间的整合。这些洞见来自各种学科。

教育理论并不同于诸如物理学这样的一元性的、界定分明的领域。它具有多个学科维度。在法语中,教育理论被称为 sciences pédagogiques。这一术语就暗示着,教育理论包含着源自多个(已确立的)学科的知识。在德语以及斯堪的纳维亚诸语言中,Pädagogik 的含义比英语中的"Education"的含义的范围要狭窄一些。它更具体地指向学校教育,这一含义被如下事实进一步强化了:大学中的教育(Pädagogik)教席设立的目的,就是为了培训学校教师。然而,随着 Pädagoische Hochschulen(大学教育)逐步融入德国的大学,这个领域获得了一个新名称 Erziehungswissenschsften(亦即教育学),这一术语包含教育理论和教育方法。

因此,教育作为一个有关抚育和教育他人的研究领域,就是一个多学科的领域。自 19 世纪末以来,教育方面的学术知识,在很大程度上,是由心理学的经验研究生产出来的。在 20 世纪早期的德国,experimentelle Pädagogik(实验教育学)、experimentelle Psychologie(实验心理学)是同义的。在20世纪 90 年代早期,范围广阔的社会科学和人文科学学科构成了教育学的知识"基础":心理学、社会学、历史学、哲学、经济学、人类学和政治学。

严格的教育和一般意义上的行为矫正之间的界限是难以划定的。下面这个类比清楚地说明了这一点:对某个神经官能症患者进行治疗并对之进行训练,和对这个患者进行教育的行为之间,到底有何区别,是难以捉摸的。区分它们的标准之一是——尽管这个标准要应用起来是很困难的——"治疗"的目的(前者是为了让患者恢复某些能力,后者是为了让患者恢复精神健康)。

因此,最广义的教育,就是一个由与抚养和教育他人有关的所有现实问题构成的宽泛的领域。抚养和教育可以是正式的,比如学校教育就是如此;也可以是非正式的,比如大部分情况下在职学习就是如此。发生在家庭中或者同年龄群体间的教养就是非正式的。正如在所有重要的人类事业中一样,教育可从与其目的、过程或者结果有关的学术研究中获益。教育的目的、过程或者结果这些问题,可以由与它们有密切联系的理论研究来解决。然而,在实际的"工程设计"中,教育工作者必须利用其他领域中发展出来的概念、方法和主题,因为这些领域包含着更为定形的有关人类的知识。因此,作为一个研究和实践的领域的教育,就处在许多已经成熟的学科的交叉路口上。

克雷明曾论及"教育的生态环境",它指的是由社会中的教育机构和教育所赖以运作的社会文化及经济制度所构成的一个综合体系。同时,教育理论不是一元的,也不是界定清晰的,它有着多种学科维度。的确,正如上文所言,范围广阔的社会科学和人文学科构成了教育学的知识"基础":它们是心理学、社会学、历史学、哲学、经济学、人类学和政治学。

因此,《全书》中的教育,不仅包含从学前教育到成人教育与工作教育的正式的和非正式的实践,而且也包括与教育有关的学术学科中的知识。这一多样性使得规划一个试图包含这个领域中的所有研究和探索的大百科全书的工作,成为一项高度复杂的事业,根本无法在理论和实践之间或者学术探索及其应用之间,划出什么明晰的界限。

这里,"教育"领域被划分成许多"次级领域"。每一次级领域下都有相应的词条。其中的主要领域如下:

——成人教育
——教育人类学
——比较教育与国际教育
——课程
——教育经济学
——教育管理
——教育评价
——特殊需要儿童教育
——教育政策与规划

——教育研究方法
——教育技术
——女性与教育
——教育史
——人的发展
——教育心理学
——各国(地区)教育制度
——教育哲学
——学前教育
——教育社会学
——教师教育
——教学
——职业技术教育

2. 关于书名中的“国际”

将本书称为“国际”(英文版书名冠以 International,即“国际”一词,为避免中文版读者将“国际教育”理解为狭义上的“比较教育”与“各国教育概况”,在中文版的书名中去掉了“国际”二字,以彰显该书的普适性——出版者注)大百科全书意味着,其中的词条对许多国家都具有参考价值。我们竭尽全力,力图让每个词条所叙述的主题都包含着当今的最新信息,并力争(除了其他标准以外)依据相关人士在相关问题上所具有的“世界性”知识的水平来选择作者。然而,这一大百科全书所提供的参考书的广度和多样性是有一定局限性的。首先,没有哪个人能够了解整个世界在某个特定领域中所取得的全部进展。其次,这一大百科全书是以英文出版的,这样做是为了让它拥有广泛的读者群。这要求作者必须以英语写作,但这确实可能导致这样的情况发生:某些作者尽管在他们的相关领域卓著不凡,而且知悉以他们的母语发表的学术著作,但却对以其他语言发表的某些学术研究不甚了了。事实是,经验研究成果之中有超过 80% 的部分是以英文发表的,而且大体上也都是在讲英语的国家(特别是美国)完成的。《全书》体现了这一状况。

尽管如此,全书中 1 262 个词条的作者来自 95 个以上的国家和地区。荣誉编辑顾问委员会力促全书的作者结构达致一种均衡。我们联系了诸如联合国教科文组织(特别是其下的国际教育规划协会)、经济合作与发展组织、世界银行和国际教育成就评价协会等国际性组织,让它们帮着挑选具有国际视野的作者。而且,全书还特别注意将发展中国家特别关心的词条包括进来。那些关于教育政策与规划、教育经济学、职业技术教育和比较教育学的词条,清楚地体现了这一点。

3. 全书的编纂过程

1990 年做出推出全新版本的《全书》的决定之后,两位主编随即任命了 22 个栏目编辑,并要求这些编辑提交他们打算在他们负责的部分中纳入哪些词条,并同时推荐相关词条的作者。1991 年 2 月,由责任编辑、主编和出版商代表组成的联合会议,审议并修改了这些词条清单。此次会议之后,责任编辑们就开始要求作者撰写相应的词条。作者撰写的词条提交上来之后,马上就由责任编辑评审,随后再提交给两位主编审议。有时候,某些词条没有获得通过,或者未能及时提交上来,就必须寻找新的作者。当编辑们对词条中的内容及其国际性没有把握的时候,就邀请外部评议人提出意见。一旦一个词条被两位主编通过,就马上被转到格伦达·克肖(Glenda Kershaw)那里,她领导的、位于普格曼(Pergamon)的编辑人员,马上就进行最后的审稿工作(这包括校正参考文献和索引),之后再将之交付排版和印刷。

我们利用了最新的计算机生产技术来编纂《全书》的第二版。与以前可能使用的传统编辑和排版技术相比,这次的速度和准确性都大为提高了。索引软件的使用,使得编辑人员能够在编辑过程中的任何阶段,完全控制那些复杂的索引。插图则是利用计算机设计技术制作的,这使得它们获得了高度的标准化和准确性。最后,整部《全书》的文字和插图都被记录在一个数字文件中,这样一来,其中的任何部分都可以被修改、摘取或者转化成多种媒体格式。

4. 全书的结构

要安排这一被称作“教育学”的知识体系的结构确非易事，因为这一知识体系源于许多学科。我们面临的最基本选择是，要么以学科为单位，围绕几个主题将相关词条组织成一个综合性的专题，要么让词条变得相对短小一些，以字母顺序来排列。这两种形式没有哪种是理想的。将词条组织成综合性的专题的优点是，某个领域（例如“课程”）的所有信息构成了一个整体。其缺点是，某些具体的次级领域就无法作为适当的话题而得到其应得的篇幅。而且，由于某些话题与多个专题相关，因此，不论将相关话题划分到哪个专题之下，都显得有些武断。经过大量讨论之后，最终决定按照字母顺序组织各个独立的词条，同时在相关词条之间安排交叉索引。这样一种形式使得人们能够迅速查找到教育学中的典型主题和话题。这一安排使得这一点显得尤为重要：让按照字母顺序排列的词条的内容相对详尽一些，具体安排是让每个词条平均长约4 000个单词。同时，这还使得主题索引变得更为重要：实际上，主题索引成为全书的关键点之一。

成人教育的135个词条是由责任编辑阿尔伯特·图季曼（Albert Tuijnman）负责的，他担任责任编辑时，正任教于荷兰的图文特大学（University of Twente），并且自1992年中期以来一直在经济合作与发展组织中任职。

自《全书》第一版发表以来的十年之中，成人教育已经发生了许多变化。不仅其投入和参与度在全球范围内都提高了，而且这一领域本身也已经成熟起来。随着20世纪接近尾声，职业教育的重要性已经大幅提高了，而且带来了许多新的成人教育研究论题。这些变化必须反映在“成人教育”这一部分的组织结构中。

该部分的词条不仅涵盖了这一领域中的重要概念和定义，而且是从学科视角来体现其发展的。它们覆盖了世界上所有地区内的成人教育和职业教育的筹资和组织问题。同时还讨论了成人教育的主要提供者以及接受成人教育的主要人群，描述了地区性的、全国性的以及国际性的成人教育政策及项目。另外，还特别对终身发展、认知、成人学习及成人教育的理论和方法给予了相当的关注。而且，相关词条还涉及了成人教育的评价和研究方法问题，以及成人识字率的测算和继续教育的问题。由于原来被认为是相互独立的理论和实践的不断融合，以下两个方面已经得到了越来越多的关注：成人的通才教育和职业教育。

教育人类学这一部分则是由约翰·U. 奥布（John U Ogbu）负责的，他任职于美国加利福尼亚大学伯克利分校的人类学系。该部分的词条主要集中在教育人类学的历史和性质、方法和概念以及实质性问题这三个主要方面上。关于教育人类学的历史的词条，解释了这一新兴领域在人类学中的兴起及其性质，以及其在教育学中日益扩大的存在与影响。任何一个新兴的次级领域所面临的挑战之一都是，发展出一个适当的方法及概念框架，以让这一领域的知识能够为改善教育而服务。那些有关实质性问题的词条则丰富了这方面的研究。

比较教育与国际教育部分则是由唐·亚当斯（Don Adams）负责的，他任职于美国匹兹堡大学的教育学院。这部分的词条涵盖了大量的历史和当代问题，并集中在三个主要方面上：界定了比较教育研究和国际教育研究的概念、方法及资料源；职业组织、政府组织和政府间组织开展的比较教育活动和国际教育活动；对与特定教育水平或功能相关的问题和趋势进行的比较分析。比较教育学和国际教育学可以看作是一个全球性的新兴领域，它获得了学术界及职业界的普遍关注，并且利用了教育学和社会科学中的理论及方法。

课程部分则是由阿瑞亚·莱维（Arieh Lewy）教授负责的，他任教于以色列的特拉维夫大学。正如《全书》第一版一样，这一部分的词条包括两个类别。第一个类别的词条，讨论的是与课程安排、课程理论的最新发展、课程研究的创造性方法以及对安排学校课程的方法的评价等方面有关的一般性问题。在这一类别的词条下，给课程评估安排了整整一小节，这一小节特别强调了质量评估问题和对计算机软件的评估问题。

“课程”部分的第二个类别的词条，讨论了各个科目的具体发展和研究。这些词条是按照学校讲授的传统科目组织起来的：母语、外语、人文学科、艺术、社会科学、数学和科学（包括技术）。此外，有一组词条还讨论了学校讲授的生存技能，比如安全教育、家庭教育、保健教育和人生教育等。

教育经济学部分则是由马丁·卡诺依（Martin Carnoy）和亨利·M. 莱文（Henry M Levin）负责，二人都是美国斯坦福大学的"教育和经济学"教授。这部分的词条主要集中在教育经济学的三个主要方面：对教育进行投资时应当采取什么样的标准，以及此种投资的回报是什么？组织和生产教育的最有效方式有哪些？应当如何为教育筹措资金？

每个社会及每个个人或者家庭必须决定，应将自己的资源中的多少投入到教育上，以及投入到哪种类型的教育上。有关这个问题的词条探讨了发展中国家和发达国家中不同层次与不同类别的教育的经济回报和社会回报问题。有关教育生产的效率的词条，讨论了学校规模、学校和教育部门的组织及不同的激励计划对教育结果的影响等问题。有关应如何筹措教育资金的词条，则探讨了公共筹资和私人筹资的问题、教育的税收来源问题、政府间责任问题以及对诸如优惠券这样的市场策略的利用问题。

教育管理部分是由威廉·洛·博伊德（William Lowe Boyd）负责的，他任教于美国宾夕法尼亚州立大学的教育学院。这个专题下的词条是围绕着以下四个研究主题组织的：教育管理的理论和实践、学校的绩效及其改进、教育的管理和政策以及教育管理中的服务、任务和问题。

许多词条都有一个共同的主题：在这个社会变化日趋复杂、社会进展日益加速的时代，教育管理者如何应对人们对学校运作的效果和效率提出的更高要求。世界经济的不断重组，以及世界经济的相互间的依赖和竞争的不断加大，已经使得教育及国家劳动力的水平成为生死攸关的问题。与此同时，许多国家的政府体系和教育体系的效率，正经历着一场信心危机。结果是，政府体系和教育体系的重组和"再造"成为 20 世纪 90 年代的一个显著特征。由于同时期出现的要求学校消除它们在对待和服务各种社会弱势人群方面的不足之处的压力之故，这些雄心勃勃的计划变得更加复杂棘手了。所有这些情况造成的最终结果是，人们开始对教育政策和教育管理的方法重新思考。

教育评价部分是由位于美国芝加哥的伊利诺伊大学的赫伯特·J. 沃尔博格（Herbert J Walberg）负责编辑的。这部分的词条关注的是教育评价的理论、方法及实践。这些词条表明，教育评价涉及从为评价学生而进行的信息收集到收集资料以对国家教育体系进行比较等方方面面的内容。教育评价关注的是教育产品、活动及结果的价值。教育评价为改进教育提供了丰富的信息和深刻的洞见，而且已经被越来越多地运用在教育政策的制定过程之中。这些词条清楚地说明，教育评价是从教育实践中发展起来的，但它更多地以心理学和社会科学的理论和方法为基础。

特殊需要儿童教育部分是由位于美国费城的坦普尔大学（Temple University）教育研究中心的玛格丽特·C. 王（Margaret C Wang）负责编辑的。她得到了同属该研究中心的唐·戈登（Don Gordon）的有力协助。这部分的词条关注的是与对有特殊需要的儿童的教育相关的研究和实践。它们围绕着 11 个主题领域展开：总体情况；课程考虑；诊断和分类；提供服务的替代性方法；有特殊需要的婴儿以及学前儿童；有特殊需要的儿童及青年；轻度和中度残疾的儿童及青年；语言障碍和语言能力培育；当代的情况；教育及相关服务；职业教育和过渡性模型；天才儿童和青年。

在向所有儿童（包括学业成绩很差的儿童以及那些需要不同的、特别的支持和抚育的天才儿童在内）提供普遍的、有效的教育方面，已经取得了长足的进步，特别是自《全书》第一版出版以来更是如此。在世界上许多地方，那种试图确保儿童获得有效的学校教育平等机会的教育改革新浪潮，正致力于提高学校的教育能力，为越来越多样化的学生群体，特别是那些在以前的改革中被过分遗忘或被抛在边缘地位的有特殊需要的学生，提供更好的教育服务。

教育政策与规划部分则是由约瑟夫·P. 法雷利（Joseph P Farrell）负责编辑的，他是位于加拿大多伦多的安大略教育研究院（Ontario Institute for Studies in Education）的国际教育和发展教育中心的主任。这部分的词条讨论了发达国家和发展中国家的教育政策的制定及其实施中的主要问题，这既包括正式教育中的问题，也包括非正式或成人教育的问题。其中的许多词条集中讨论了教育政策的制定和规划中的技术性问题。由于教育政策和规划是一个涉及面很广的领域，它利用了几乎所有的基础学科（例如社会学、政治学、人类学、经济学、心理学及测量和统计学等），而且它被以这种或那种方式应用到了所有的教育体系和问题之上，所以，让读者密切注意这个部分的词条之间的交叉索引是非常重要的。

教育研究方法部分则是由南澳大利亚富林德斯大学的约翰·P. 基夫斯（John P Keeves）负责编辑的。这个内容广泛的专题关注的是以下几个方面的内容：教育研究的性质、教育研究所使用的（不论是经验的还是人文的）方法以及（为研究目的而展开的、同时是评价教育实践结果的标准的）教育测量和心理测量所采用的程序及其遇到的问题。这是一个在继续飞速发展的领域：整个 20 世纪的大部分时间中，它就一直是这样发展着的。然而，最新的发展动力则来源于微型计算机的介入。自《全书》第一版面世以来，微型计算机已经大量地摆上了教育研究者的桌面。这个领域正发生着令人兴奋的变化，有时候还引发热火朝天的争论，并激发着对教育过程的全新理解。人们已经越来越广泛地承认以下这一点：教育关注的是人的特性的变化，而既受个人层面上的又受群体层面上的因素的影响的人的特性，是必须得到精确测量的。

教育技术部分是由特耶德·普洛波（Tjeerd Plomp）和唐纳德·P. 埃利（Donald P Ely）共同负责编辑的，前者任教于荷兰图文特大学的教育科学和技术系，后者任教于美国锡拉丘兹大学的教育学院。

这部分的词条被组织在五个大的类别之下：定义、概念背景及教育技术的传播；程序设计、工具和资源；教育技术实现方案；教育技术的应用及制度环境；新问题。

第一类词条将教育技术当作一种概念和领域进行了讨论，并讨论了教育技术在不同的方法（比如通过各种组织和刊物）下是如何在全世界传播的。

第二类词条集中讨论了诸如评估、设计、媒体制作、扩散和实施等教育技术程序。由于教育技术的设计过程高度依赖于良好的组织，因此这一类别还包含了有关教育技术的管理和教育技术专家经常利用的资源的词条。

第三类词条则讨论了实现教育技术的战略、工艺、材料和设备。有关教育技术的实例则是在教育技术的应用和制度环境这一类别的词条下提供的。最后一类词条讨论的是新出现的问题，比如教育技术和版权的社会因素。

女性与教育部分是由澳大利亚墨尔本大学教育研究院的政策、环境和评估研究系的加布里埃尔·拉可姆斯基（Gabriele Lakomski）负责编辑的。这是全书中新加进来的一部分，主要是为了从国际视角来说明、记录并解释女童和妇女在教育方面为什么会成功，又为什么会失败。

由于女童和妇女所处的极为不同的文化、宗教、经济及其他条件之间有着许多共同的问题，由于对许多问题的解决方案超出了这部分的范围，所以，这部分的词条是围绕三个主要类别组织起来的：相关国家中的女性教育历史；规定、塑造并探索了女性教育、男女不平等和女权主义研究的问题及概念；对那些传统上女性处于弱势的领域（比如某些课程、女性在管理层和教育业中所占的比例以及获得职业培训的机会等）的经验研究和讨论。

教育史是由西克斯登·马克隆德（Sixten Marklund）负责编辑的，他是瑞典斯德哥尔摩大学的国际教育研究所教授。这部分的词条主要归属于下列三个主要领域：第一，教育思想的历史；第二，教育制度体系及其立法史；第三，宏观教育史和教育史学。教育思想史及其应用的词条，主要介绍了一系列的自古典时代开始出现的伟大教育思想家和教育家，从柏拉图直到 20 世纪 90 年代的诸如齐奥格·克申施泰纳（Georg Kerschensteiner）和玛莉亚·蒙台梭利这样激进的教育家。教育制度体系及其立法史主要涉及的是教育政策和教育制度的历史，这被分作学前教育、初等教育和中等教育三个方面，另外还补充了一些有关特殊教育、职业教育和成人教育的历史的词条。宏观教育史和教育史学则包括与教育史学有关的词条，此外还包括当代教育史、教育研究史和课程研究与开发方面的词条。

人的发展部分是由弗朗茨·E. 韦纳特(Franz E Weinert)主持的,他是位于德国慕尼黑的马克斯·普朗克心理学研究所的主任。其中的词条覆盖了人的发展研究的三个大的方面:人的发展的基本现象、日常概念和理论;人在生命周期中的发展变化的科学模型;躯体、认知能力和性格的发展变化与发展进程。

为了体现人的发展研究的方法的多样性,第一部分的词条覆盖了研究人的发展最为重要的方法、某些与人的发展有关的日常概念以及关于人的发展的所有最为重要的科学理论。第二部分的词条则覆盖了人的发展的主要时期和阶段,这包括幼儿期、儿童期、青少年期、成年期和老年期。第三部分的词条则讨论了人的发展的主要方面,从人的发展的生物学基础和躯体变化,到认知发展的各种现象和机制,再到人的个性的某些方面的社会环境根源,可谓应有尽有。

教育心理学是由艾里克·德·科尔特(Erik De Corte)主持的,他任职于比利时的卢汶大学(University of Leuven)的教育心理学和教育技术中心。这部分总共有51个词条,这些词条描述了当今世界对人的学习的过程和结果的理解,以及对影响这种过程和结果的人内心的或个人的、环境的、文化的、社会的和教育的因素的理解。这些词条的范围并不仅限于学校学习,而是包括了在工业环境下的学习,比如成人学习。尽管这部分强调的是获得知识和认知技能的问题,它还是包括了一些关于情感方面的、社会方面的和运动神经方面的学习的词条。

自从20世纪70年代以来,教育心理学的一项重大发展是,有关学习和教育的研究越来越针对专门问题了。这种趋势在这部分得到了很好的反映,其中有一系列的词条回顾了与主要主题领域有关的研究,这些主题领域一起构成了普通教育的课程。

另外,还有几个词条对这个领域的历史进行了回顾。而且,我们尽力使这部分覆盖国际上的主要研究,同时确保不同的研究方法都得到适当的照顾。

各国(地区)教育制度是由德国汉堡大学的比较教育学教授、本书的主编之一,T. 内维尔·波斯尔斯韦特(T Neville Postlethwaite)主持的。几乎在任何情况下我们都与各国的教育部联系,让它们安排相关词条的撰写。我们向所有的作者发出一份详细的内容大纲,目的是让对所有国家(地区)的教育体系的全部描述都尽可能地有相同的结构。这要求作者撰写以下内容:其所属国家(地区)的基本背景和社会、政治及经济环境,以及这些因素对本国(地区)教育体系的影响;教育政策与规划;正规教育体系的结构和学生人数,以及对学前教育、特殊教育、职业教育及成人和非正式教育的特别说明;正规教育体系的资金来源;教师的培训和供应;课程开发程序;升学、考试和证书程序;教育评价和研究;20世纪80～90年代的主要教育改革;该教育体系到2000年以前将面临的主要挑战。

有少数国家的教育部没有给出回答。这些国家有的正发生内战、政治动荡或者干旱。某些国家的教育部确实推荐了作者,但是相关作者除了与我们写过少数几封信之外,就再也没有什么音讯了。尽管遇到了这样一些问题,全书中还是包含了142个国家(地区)的教育体系的词条。

教育哲学部分是由美国斯坦福大学的教育和哲学教授丹尼斯·C. 菲利普斯(Denis C Philips)主持编辑的。这部分包括一些很长的词条,这些词条从历史角度回顾了教育哲学、教育哲学中的分析传统和教育研究中的认识论问题。还有一些词条则关注的是地区现象,另外一些则对那些经常影响教育理论和实践的主要的宗教思想派别进行了综述。同样都源自欧洲大陆的解释学、批评理论以及后现代主义,被分别放在不同的词条中讨论。然而,主要词条讨论的却是整个20世纪英美的教育哲学所集中关注的一些具体问题:比如教育中的批判性思维、课程理论、政治和道德哲学及其对教育的影响、当代的认识论理论及其教育学分支、哲学中的实证主义和现实主义及其对有关教育研究方法的影响以及西方作家眼中的马克思的社会理论的遗产。

学前教育是由美国伊利诺伊大学的初级教育和儿童早期教育中心的主任莉莲·G. 卡茨(Lilian G Katz)主持的。这部分的词条涉及了与从出生后到小学之前的儿童的成长、发育和学习等方面有关的话题,以及与这些儿童的父母有关的问题。另外还有一些词条专门讨论了与婴幼儿和学龄前儿童有关的计划的性质。

对于致力于对相关计划的效果进行评估、测量和预测的研究人员来说,学前教育具有特殊的挑战性。学前教育的这三个方面的词条,还回顾了学前教育的评估和学前教育评估的当前趋势,并综述了对学前教育计划展开的纵向研究的结论。

全世界范围内的学前教育以及儿童早期教育方面的专家,都特别强调了家长参与以及旨在对家长抚育孩子的能力进行培训的极端重要性。我们安排了专门的词条,对这类研究成果进行了分析。此外,几乎所有的专家都一致认为,学前教育计划的质量在很大程度上是由学前教育人员的经验和资历决定的。因此,本部分亦将学前教育人员的培训的进展包括进来。

教育社会学是由位于澳大利亚堪培拉的澳大利亚国立大学的社会学系的劳伦斯·J. 萨哈(Lawrence J Saha)主持的。相关词条可以划分为三个主题:教育社会学的理论和主要领域;教育的结构和体系;关于教育过程的社会学。

对教育的社会学研究和解释被大量理论视角所主导着,这些视角全都提供了有关教育如何在社会中发挥作用的深刻洞见。因此,某些词条集中讨论了几种主要的教育社会学理论(包括古典理论和当代理论),并且还特别讨论了相关的生育理论和阻抗理论。除了一个有关教育社会学的词条之外,另有五个词条对有关成人教育、课程、学习、特殊教育和教学的社会学进行了综述。

第二个主题关涉的则是教育结构和体系问题,并且包括了诸如教育体系的不同层级之间的关系、公共和私人教育、能力追踪、教育体系的阶层现象以及教育与国家方面的词条。

最后,有关教育过程的丰富的社会学知识体系则体现在大量的词条之中,这些词条讨论了诸如教师工作和教师的过劳状况、性别差异、家庭结构、友谊模式以及课堂的动力机制等方面对学生的学业和其他在校成绩的影响。

教师教育这部分则是由美国南加州大学的罗林·W. 安德森(Lorin W Anderson)负责组织的。教师教育这一专题的词条是围绕四个主题展开的:教师教育的概念和模式、职前教师教育、在职教师教育以及特殊领域的教师教育。有关教师教育计划的管理、认证、课程和评价都在这些词条中得到了讨论。所谓的特殊领域则包括阅读、语言艺术和文学、数学、音乐、体育、科学以及社会研究。

教学也是由美国南加州大学的安德森教授负责组织的。这一专题的词条则是围绕八个主题展开的:教师和教学的概念、教师的个人特性和职业特性、课堂环境和限制、教师做出规划和决定的行为、讲课策略和教学方法、教师行为和教师与学生之间的互动关系、教师和教学效果以及对教师和教学的研究。具体的词条则覆盖了从有关"作为职业人士的教师"的理论讨论到有关"教师的管理行为"的经验分析的丰富内容。

职业技术教育是由英国爱丁堡大学的肯尼斯·金(Kenneth King)负责编辑的。这部分的词条覆盖了技术和职业技能培训的三个场所:正式的学校教育;独立的培训机构(往往由劳动部而不是教育部负责管理);工业界和商业界内部进行的培训,这包括发展中国家的小型企业、农场和工厂的生产小组以及德国或其他国家的著名的"二元体系"。

"理论"知识和"职业"知识之间的关系是极端复杂的,而关涉它们之间的关系的国家政策,则是与诸如是否能够获得进一步的教育、工作前培训以及(对许多国家来说)受教育者的失业情况所造成的威胁等等问题紧密联系在一起的。此外,技术和职业教育往往比理论教育更加昂贵。因此,除了讨论技术和职业教育的覆盖范围、时间安排及其制度定位之外,许多词条讨论了技术和职业教育的筹资机制问题。

5. 如何使用本大百科全书

正如上文指出的,教育不是一个被某种传统的学科视角一统天下的学术研究领域。实际上,许多学术地位已经确立的成熟学科都对探讨教育中的问题有价值。划分与这些问题相关的知识体系的结构的任何企图,都会遭到数不胜数的困难。尽管本书的词条是按照字母顺序排列的，但是读者还是可能不清楚某个相关词条是否包含着他们需要的信息。因此，出版商特地准备了一卷索引卷（西南师范大学出版社与海南出版社2006年1月出版的10卷精装《教育大百科全书》将索引并在第10卷中），该索引卷包含三个层次的主题索引：名称索引、分类词条表和词条作者表。这应当会有助于克服作为一个研究领域的复杂性所引发的困难，并可引导读者快速查找到自己所需要的信息。

我们要求各词条的作者列明他们撰写的词条的关键词和关键短语，这些关键词和关键短语都是他们希望传达的信息的根本要素。这些术语就构成了主题索引的基础。接着，大量的索引专家利用一个计算机索引程序对超过1 200条的术语进行了协同一致的分析，从而制作出了一个易于使用而且全面的索引，这个索引可满足不同知识层次和不同经验水平的读者的不同要求。涉及某个问题的实质性讨论的页码索引被醒目地标了出来，而交叉索引则将读者导向相关的词条。因此，主题索引就成为使用本全书者可依赖的最重要的工具了。名称索引也提供了一个颇为有用的切入点。

分类词条表则勾勒出了本大百科全书的内容的基本结构。它以“主题词条”将相关词条组织成多个以字母顺序排列的领域，并将涉及相互关联的话题的词条安排在相关的总的小标题之下。某些内容则同时被列在多个不同的专题之下。此外，某些标题则跨越了本大百科全书为安排相关词条而按专题划分的界限。这样，读者就可以找到所有与“阅读”有关的、被安排在一起的词条，即使这些词条是由两个不同的责任编辑负责组织的。

索引卷还包括了一份列明作者及其所属机构的完整列表，并指明他们撰写了哪些词条。同时还包括了一份列明主要教育研究刊物的列表，这对于本大百科全书的读者来说，定会是一个便捷的索引工具。

为了满足读者对某个特定词条内包含的具体内容的更为深入的兴趣，通常作者都在他们撰写的词条后的参考书目之后指明了与相关词条相关的进一步的资料源，而且，还交叉索引了本大百科全书中与他们撰写的词条紧密相关的其他词条。

6. 致谢

编纂一部大型的大百科全书是一项艰巨而浩繁的工程。我们要特别感谢几个人。首先，我们要感谢巴巴拉・芭蕾特（Barbara Barrett），普格曼的编辑部主任，正是她第一次提出编纂这一新版的大百科全书。其次，我们要特别感谢责任编辑，感谢他们的责任心、能力、智慧以及他们在本书工作上所花的大量时间。再次，我们要感谢所有作者，感谢他们撰写（以及重写）相关词条。我们深深地受惠于荣誉编辑顾问委员会以及相关词条复审人的卓绝才识。另外，我们亦深深受惠于汉堡大学和斯德哥尔摩大学的许多人士，他们重打了许多有时候几乎都无法辨认的词条，并且对每一个词条所处的状况都进行了随时随地的追踪。这些人士包括：欧姆特劳德・弗里茨（Irmtraud Friz）、冈达・列姆考（Gunda Lemkau）、罗斯尼・兰宾（Rosine Lambin）、朱莉・弗雷德里克斯（Julie Fredericks）、杰德・哈里斯（Jed Harris）和克里斯蒂娜・雷昂（Kristina Rayon）。我们要感谢菲利普・阿什列特（Philip Aslett）和费昂纳・巴尔（Fiona Barr），他们承担了编纂主题索引的主要任务。最后，我们还要向普格曼的优秀的编辑队伍表示我们由衷的谢意：格伦达・科尔肖、安吉拉・莫瓦（Angela Moar）、艾丽森・唐内特（Alison Dunnett）、彼得・米歇尔（Peter Mitchell）、露茜・赫伯特森（Lucie Herbertson）以及米歇尔・惠顿（Michde Wheaton）。

托尔斯顿・胡森（Torsten Husén）
T. 内维尔・波斯尔斯韦特
（T Neville Postlethwaite）

目 录

·非洲

贝宁的教育制度(Benin:System of Education) …… 1
博茨瓦纳的教育制度(Botswana:System of Education) …… 4
布基纳法索的教育制度(Burkina Faso:System of Education) …… 13
布隆迪的教育制度(Burundi:System of Education) …… 17
喀麦隆的教育制度(Cameroon:System of Education) …… 25
中非的教育制度(Central African Republic:System of Education) …… 34
乍得的教育制度(Chad:System of Education) …… 37
科特迪瓦的教育制度(Côte d'Ivoire:System of Education) …… 42
埃及的教育制度(Egypt:System of Education) …… 50
埃塞俄比亚的教育制度(Ethiopia:System of Education) …… 59
冈比亚的教育制度(Gambia:System of Education) …… 65
加纳的教育制度(Ghana:System of Education) …… 71
几内亚的教育制度(Guinea,Republic of:System of Education) …… 76
几内亚比绍的教育制度(Guinea-Bissau:System of Education) …… 81
肯尼亚的教育制度(Kenya:System of Education) …… 86
莱索托的教育制度(Lesotho:System of Education) …… 94
利比里亚的教育制度(Liberia:System of Education) …… 101
利比亚的教育制度(Libya:System of Education) …… 106
马达加斯加的教育制度(Madagascar:System of Education) …… 112
马拉维的教育制度(Malawi:System of Education) …… 118
马里的教育制度(Mali:System of Education) …… 123
毛里塔尼亚的教育制度(Mauritania:System of Education) …… 130
毛里求斯的教育制度(Mauritius:System of Education) …… 135
摩洛哥的教育制度(Morocco:System of Education) …… 142
莫桑比克的教育制度(Mozambique:System of Education) …… 147
纳米比亚的教育制度(Namibia:System of Education) …… 154
尼日尔的教育制度(Niger:System of Education) …… 160
尼日利亚的教育制度(Nigeria:System of Education) …… 168

卢旺达的教育制度(Rwanda:System of Education) …… 175
塞内加尔的教育制度(Senegal:System of Education) …… 182
塞舌尔的教育制度(Seychelles:System of Education) …… 189
塞拉利昂的教育制度(Sierra Leone:System of Education) …… 193
南非的教育制度(South Africa:System of Education) …… 200
苏丹的教育制度(Sudan:System of Education) …… 209
斯威士兰的教育制度(Swaziland:System of Education) …… 219
坦桑尼亚的教育制度(Tanzania:System of Education) …… 223
多哥的教育制度(Togo:System of Education) …… 229
突尼斯的教育制度(Tunisia:System of Education) …… 235
乌干达的教育制度(Uganda:System of Education) …… 245
扎伊尔的教育制度(Zaire:System of Education) …… 254
津巴布韦的教育制度(Zimbabwe:System of Education) …… 260

· 美洲(包括加勒比地区)

安提瓜与巴布达的教育制度(Antigua and Barbuda:System of Education) …… 266
阿根廷的教育制度(Argentina:System of Education) …… 272
巴哈马的教育制度(Bahamas:System of Education) …… 279
巴巴多斯的教育制度(Barbados:System of Education) …… 284
伯利兹的教育制度(Belize:System of Education) …… 291
加拿大的教育制度(Canada:System of Education) …… 296
智利的教育制度(Chile:System of Education) …… 305
哥伦比亚的教育制度(Colombia:System of Education) …… 312
哥斯达黎加的教育制度(Costa Rica:System of Education) …… 320
古巴的教育制度(Cuba:System of Education) …… 328
多米尼加的教育制度(Dominica:System of Education) …… 335
萨尔瓦多的教育制度(El Salvador:System of Education) …… 342
哥德普洛岛和马丁尼克岛的教育制度(Guadeloupe and Martinique:System of Education) …… 350
危地马拉的教育制度(Guatemala:System of Education) …… 359
洪都拉斯的教育制度(Honduras:System of Education) …… 366
牙买加的教育制度(Jamaica:System of Education) …… 371
墨西哥的教育制度(Mexico:System of Education) …… 378
尼加拉瓜的教育制度(Nicaragua:System of Education) …… 389
巴拿马的教育制度(Panama:System of Education) …… 394
巴拉圭的教育制度(Paraguay:System of Education) …… 400
秘鲁的教育制度(Peru:System of Education) …… 407
苏里南的教育制度(Suriname:System of Education) …… 414
美国的教育制度(United States:System of Education) …… 422
乌拉圭的教育制度(Uruguay:System of Education) …… 431
委内瑞拉的教育制度(Venezuela:System of Education) …… 436

贝宁的教育制度(Benin:System of Education)

1. 基本背景

贝宁,1975年以前被称作达荷美(Dahomey),是西非的一个小国。狭长的国土绵延约600公里,从南端相对多雨的大西洋海岸一直延伸到北部干燥的撒哈拉地区,国土面积约11.3万平方公里,与多哥、尼日利亚有着漫长的边境线。人口近500万,年增长率约3.2%,城市人口近36%。贝宁是个多文化社会,有五个主要少数民族和主要语种以及两种主要非本地宗教(罗马天主教和伊斯兰教)。多数人(约26%)使用丰族(Fon)语,法语是政府和学校的官方语言,但只有少数人使用。

原达荷美王国,在17世纪得到扩张,1884年柏林会议将其归入法国。完全的殖民地占领始于1892年,1904年并入法属西非。自治政府在1958年得到承认,1960年获得了完全的独立。从16世纪开始,葡萄牙传教士在达荷美进行传教活动,因此,几个沿海城镇首次出现了西方式的学校教育。正是由于与欧洲的这种持久的联系,罗马天主教会学校在达荷美比较集中,这些教会学校为非洲培养了相当多的专业人员和知识分子,为此,达荷美赢得了"非洲拉丁区"的美誉。

在获得独立的最初12年,达荷美在非洲以政变而闻名。最后一次政变发生于1972年,武装力量掌握了政权并于两年后宣布建立马克思列宁主义国家。为进一步清除过去殖民地历史的残余,达荷美于1975年更名为现在的贝宁。由于没有权力支配中央银行,而中央银行控制着国家货币(CFA法郎,一种超越国界的非洲货币),贝宁于1989年完全破产,累计拖欠国内公务员工资达九个月。这种状况导致了国家的衰败和政府的垮台。这是非洲新一轮民主运动的初步成果,持续了近18个月的和平过渡诞生了开放的政治体制,为教育问题的广泛辩论制造了压力。大辩论在1990年以国家论坛的形式展开,来自社会各部门约350名代表参与了此次辩论。

1990年,贝宁的人均收入为360美元,在低收入国家中排名接近最后。经济支柱是初级部门,约占国内生产总值的40%。粮食自给自足,棉花是主要出口产品。然而,贝宁的主要经济活动依赖与尼日利亚的非正式跨境贸易,这使得国家的发展极其不稳定。大部分经济,特别是商业,处于所谓的非正式的部门,而远远超出一半的劳动人口在这些部门就业。

2. 教育政策与目标

如同其他原法国附属国一样,管理贝宁教育系统的正规机构要求财政、管理和学术权利的高度集中。然而,非正规的现实状况却导致事实上的高度地方分权。尽管如此,一般还是认为教育是国家的责任,而1974年军事政权将几乎所有私立学校国有化后,这一普遍观点更强化了。为在教育和社会重大问题上取得一致,新创建的民主国家首先提议召集国家论坛。该论坛被授予部分权力,提出教育政策建议,批判教育制度性质上的倒退,提出新的建议,确立优先发展项目,其中许多已被纳入到政府政策之中。政府政策建立在本次论坛达成的一致意见的基础上,此外,还参考一系列的政策研究和规划工具,后者是在联合国教科文组织和联合国开发项目的帮助下于1989~1992年完成的。

政府政策的要点包括:(a)改善教育质量,提高教育公平,重点是初等教育和强调个体经营的教学;(b)执行严格的升学标准,考虑建立控制学生流量的教育体系,并随着学生步入高等教育阶段使其日益精英化(补偿马克思列宁军事政权统治下知识分子精英大量减少的状况,当时,排他主义的政治标准优先于一般性成就标准);(c)改革技术/职业教育;(d)财政来源多元化。上述这些要点融入到政府政策声明中,此外,政策声明还包括要求在对教育部进行全面彻底的审视基础上,重建教育系统制度上和管理上的基础结构。

3. 正规教育体系

图1显示了贝宁教育体系的结构;表1总结了学生人数和资源状况。

3.1 初等教育、中等教育和第三级教育

小学为6年制,儿童5~6岁入学。20世纪80

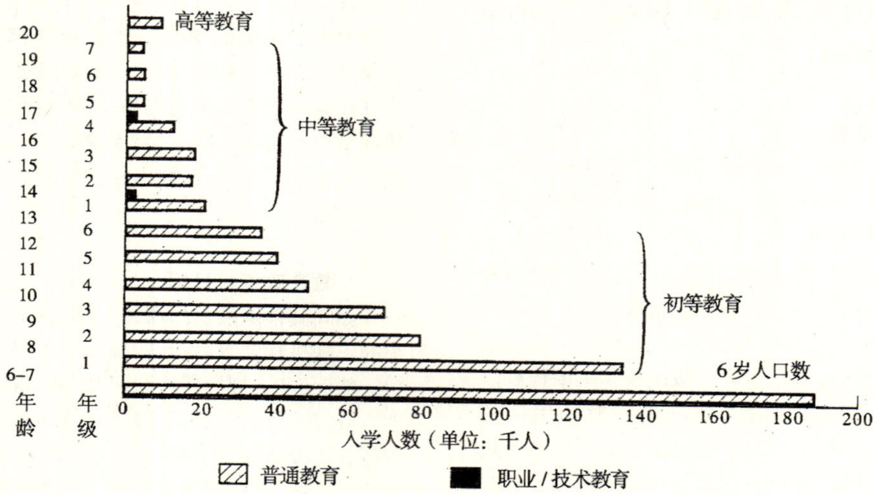

图1 贝宁:正规教育体系的结构

表1 1991年公立正规教育的学生入学和资源状况

	小学	中学		高等教育
		普通	职业/技术	
学生人数	486 000	74 000	3 700	10 900
教育机构数量	2 950	150	11	1
生师比	35:1	30:1	16:1	20:1
生均费用（人均国民生产总值单位）	0.14	0.40	1.15	3.23

年代总入学率比以往有所下降,1990年接近60%,其中约55%适龄儿童在1年级注册入学。男性入学率约为74%,女性为42%。地区间入学率严重不平衡,沿海省份的入学率接近100%,而北部撒哈拉地区则低得多。1990年总入学人数为41.8万人,女生占其中的34%。辍学率和复读率都很高,仅有接近32%的入学儿童读到6年级,仅有16%小学毕业。生师比全国平均数为35:1,但地区间的差异很大,大城镇教室拥挤不堪,农村地区生师比只有15:1。私立学校(主要是宗教附属学校)在马克思列宁政权下被取消,不过,现在又开始重新出现。

普通中等教育分别由4年和3年两个阶段组成,有大约11%适龄人口注册入学,其中女性占注册人数的28%。根据新的教育政策,进入每一阶段要进行考试。1985年以来,注册人数下降了约25%,这反映了:(a)毕业生失业率增加(外部效率);(b)质量下降,这与内部效率有着直接关系;(c)家庭承担教育成本的能力下降(既有直接成本,又有机会成本)。

在高等教育领域,贝宁只有一所大学(贝宁国家大学),有大约1.09万名学生,中学毕业证书持有者可自动入学。如前所述,中、小学阶段的注册率和注册人数都有所下降,但大学的注册人数反而增加了。原因是中学毕业生的就业机会减少,而且由于30%的大学生得到奖学金,所有学生受益于房屋及(或)食物的资助,使得上大学的机会成本为负。大学有两种形式:“开放式”和“封闭式”。

前者没有选拔,凭中学毕业证书就可以进入,后者则要根据考试和其他方法进行选拔。因此,毫无疑问,后者的单位成本要高得多,但更重要的是,内部效益率因此而得到显著改善。

3.2 学前教育

在贝宁,学前教育的规模很小,而且只有大城市才有,共计有 310 个学前教育中心,注册人数约 1.3 万人。

3.3 职业、技术教育

尽管贝宁政府将 11 所公立职业和技术学校确立为优先发展对象,但仍只有 3 700 多名学生在其中注册入学,自 1985 年以来已下降了 10 个百分点。在私立机构注册的学生人数约为 1 500 人。与此同时,贝宁还广泛存在着非正式的学徒培训体系,青年人在没有未来就业保证的情况下,通过缴费直接在小工厂里工作(条件非常艰苦)。1987 年,在该体系学习的学徒估计达 4 万人。

4. 行政管理的结构与运行

教育是国家教育部的责任,该部于 1990 年由两个部(一个是基础教育部,另一个是中等和高等教育部)合并而成,有六个职能部门。以往,由于所有的决策都是由部里第一级领导做出的,管理显得高度集中。但事实上,许多决策是由地方做出的,事先经过或没有经过部长授权。相对次要的人事决策和教学策略尤其属于这种情况,它们需要做出迅速的反应,就地取材往往优先于冗长的正规程序,后者常常因为通信和信息基础设施不善而恶化。

对教育部的组织和管理的职能分析(或审计)现已着手进行,它将教育部视为国家的最大公司(在财政预算、人事、不动产等方面),审计管理集中在决策管理、教学和后勤管理三个主要的职能领域。分析得出的结论是,教育制度缺乏目标、严重脱节和不成体系,这一结果促使教育部主要致力于管理的改革和制度的重建。

5. 教育财政

1970 年以来,教育支出稳定在政府预算的 30% ~40% 之间。1992 年的总预算经费是 1 907.2 亿非洲金融共同体法郎,占国家预算的约 33%,国民生产总值的 4%。其中,初等教育占总支出的 63%,中等教育(普通和技术/职业学校)为 19%,高等教育为 18%。政府的财政资源主要用于支付教师工资,目前相当于预算的 78%。中、小学学生家长也被要求支付有限的学费,主要用于校舍、维修和设备供应等方面的开支,这部分资金由学校和地方学区办公室管理。据估计,只有一半家长支付学费,而高等教育不收费。在中小学,除了学费外,家长和学生还要负责购买校服、课本和学校提供的其他物品。

6. 师资

教育系统雇用了约 1.7 万名专职教师以及 2 200名行政人员。其中,小学教师 1.39 万名,中学(普通和职业/技术)教师 2 700 名,高校教师 550 名。虽然 35:1 的生师比非常低(撒哈拉以南非洲国家的平均数为 39:1),但大部分教师是在旧政权时期受聘的,他们仅仅接受过少量的中等教育,更没有进行过教师培训。

正规的教师培训由小学培训机构和培养中学教师的高级师范学校开展。初等师范学校有两种课程计划:(a)完成中学第一阶段的学生,要经过 1 年的教学实习后接受 2 年培训;(b)持有中学毕业证书的学生,学习 1 年课程。高级师范学校只接受中学毕业生,选拔性很强,还要进行为期 3 年的课程培训。

当前,不合格小学教师过量供应的局面普遍存在,这主要是由以下几个因素共同造成的:20 世纪 70 年代末期和 80 年代初期教师缺乏,而此时学生注册人数在不断增加;80 年代初期招收了一大批学校教育贫乏、未经培训的“年轻的革命教师”;学生的注册率下降等。

7. 课程开发与教学方法

所有小学和中学都开设教育部确定的普通课程。小学主要学习法语(法语为教学语言)和算术,高年级教授社会和自然科学。中学分成 4 年级和 3 年级两个阶段,第一阶段的课程主要包括:法语(20%),数学和科学(40%),英语(13%),历史和地理(10%)。如同法国体系一样,第二阶段有艺术、社会科学、自然科学、数学和物理学等分支,课程任务适当有所区别。中等技术/职业分支的课程包括大约30%的普通教育,50%的技术/职业科目,其余为公民课程和相关科目。

现有的少量学习材料由国家教育研究所特别委员会准备。但是,多年来出版的教材仅仅与法国出版商商业赞助的数量相当。

8. 考试、升级和证书制度

第一个正规证书是在小学毕业时颁发的。这次考试既决定着证书的发放,也决定着是否能进入中学。1980~1990年间,考试通过率平均为38%(标准差为8)。小学的升级不是自动的,而是取决于教师的评价。1990年,25%的学生属于复读生。中学第一阶段结束要进行考试,然后颁发证书(BEPC),但该证书与升级无关。中学毕业证书考试标志着中学的结束,因而,中学证书不仅是一个中学文凭,而且还是自动升入大学的凭证。1980~1990年,通过这一考试的学生比例为14%(标准差为5)。除了上述几种考试,还有几种用于选拔进入大学"封闭"系的竞争性的入学考试,以及颁发技术学校执照的考试。

9. 教育评价、评估和教育研究

从根本上讲,贝宁在教育评价评估和研究领域还不具备建立专门组织机构的能力。尽管身为国家教育研究所,但它不开展研究,教育体系也没有开展系统的评价和评估活动。像许多其他国家一样,多数研究是受国际特别基金资助开展的,大规模的政策研究项目是在联合国开发项目的资助下,由联合国教科文组织实施的。这些项目包括对教育体系不同层次主要问题的各种研究,出于向教育计划的持续性政策制定提供知识和信息储备而设立,教育计划多半都依赖国外资金。

10. 20世纪八九十年代的主要改革

贝宁在20世纪70年代着手进行教育系统的重要改革,改革步伐在80年代初期有所缓和。70年代改革旨在使教育与新建立的马克思列宁政权的目标相一致,主要包括:(a)根据地理区域实现入学机会平等;(b)将教育完全收归国有,取消私立学校,实现教育的免费、中立、公立和义务;(c)控制开支;(d)为使教育更好地适应工作环境,在课程中引入实际技能。80年代初期,对前期的改革进行了调整,这表明政府部分地承认70年代的改革没有成功。80年代后期,随着军事政权的消亡,人们普遍认为70年代改革失败,开始关注教育质量并重建知识精英阶层。90年代,除了强调初等教育外,政府计划改革教育部的管理和组织,以提高其提供教育服务的能力。

11. 2000年面临的主要问题

20世纪最后10年的主要挑战包括:(a)为各级教育开发新资源;(b)提高质量;(c)适应并对社会和劳动力市场的需求做出反应;(d)提高管理水平;(e)控制高等教育的需求,因为它成本较高,并且经济价值令人怀疑。

R. 萨克(R. Sack) 著

李长华 译

博茨瓦纳的教育制度(Botswana: System of Education)

1. 基本背景

博茨瓦纳位于平均海拔近1 000米的南非高原,南回归线穿越该国的南部。博茨瓦纳与南非、纳米比亚、津巴布韦和赞比亚接壤。大部分地区都非常干旱,地表覆盖着平均深度达120米的厚厚的卡拉加迪(Kgalagadi)沙土。1885年,博茨瓦纳成为英国保护领地,从此,该国又被称为"贝专纳"。1966年博茨瓦纳获得了独立,成立了博茨瓦纳共和国。殖民当局无意为占领地提供教育,因此,在英国统治早期,是经过基督教传教士和部落首领的努力,才在博茨瓦纳建立某种形式的教育。1966年独立时,博茨瓦纳有251所小学,9所中学,2所小学教师培训学院,1所商业学校,没有大学。目前,新的公共服务领域需要配备接受过良好训练的

工人,但现实是接受过培训的工人严重短缺,外籍职员占据了其中的中、高阶层,因此,在政府的资源分配中,教育享有最大优先权。

1966年,博茨瓦纳人口数量约为60万,此后,人口以年平均增长率3.4%的速度持续增加,1991年达到了130万。多数人口居住在土壤比较肥沃和水资源比较丰富的东部地区,绝大多数人属于塞斯瓦纳语血统,也有几个说土语和塞斯瓦纳语的重要少数民族以及出身欧洲和亚洲的民族。塞斯瓦纳语和英语是官方语言。

尽管城市定居点发展迅速,多数人口仍居住在农村地区。由于城镇现代就业部门的增加,导致农村人口向城市的迁移,因此,城市人口的比例从1981年的17.7%增加到1991年的33%。在干燥的西部地区,小规模的分散定居点构成了当地的特色,它们之间相距很远,水资源贫乏,公路网落后。在这种环境下,诸如保健和教育等社会服务供应就成为极其昂贵的事业。

学校的规模通常都比较小,在许多地方,尤其是为中学生提供的寄宿设施是绝对的必备设施。在统一管辖教师的聘用之前,这些学校人员的配备由区议会负责,这造成了严重的问题,学生成绩一般低于全国平均水平。因此,对来自偏远学校的学生,中学常常要降低对他们的入学要求。

有迹象表明,博茨瓦纳的人口增长率可能正在下降,这意味着将来需要接受学校教育的儿童的数量不会迅速增加。如果是那样的话,就可以将有些资源从单纯的物质扩展转移到教育系统的质量改善。

1966年,博茨瓦纳是世界25个最贫困国之一,也是非洲最贫困国之一。人民依靠耕地和畜牧为生。从产量和出口收入看,牛肉生产是经济支柱,占国内生产总值的40%。20世纪80年代的严重干旱导致农业部门对国内生产总值的贡献大大下降,以致1989年只占其中的13%。然而,农业仍是非常重要的部门,它为大多数人提供食物、收入、就业甚至资金。由于这个原因,农业教育和培训将继续受到重视。

博茨瓦纳独立后,矿物质尤其是钻石的开采获得了大量的财政支持,因此,这段时间是该国经济增长最快的时期之一,年平均经济增长率达到12.9%。对教育系统而言,经济的显著增长意味着各级教育设施的大规模扩展,以满足劳动力培训的大量需求,同时也意味着必须对课程进行改革,使之对学生的需要和劳动力市场格局的变化做出灵活的反应。

公共服务(中央和地方政府,包括教育部门)和私立部门在独立后也得到很大发展。根据柯尔什罗等人(Colchlough et al. 1988)进行的一项研究显示,1972~1986年期间,正规就业的年综合增长率平均达到8.8%,从事有偿工作的人口比例从4%提高到11%,外籍人员就业增加到50%以上。

1972年时,博茨瓦纳近90%的劳动力没有接受过中等教育,但到1986年已经有1/3受过一定的中等学校教育。公共部门的地方化取得了重大进展;但在私立部门,技术/专业行业仍是外籍职员高度集中。在教育领域,41%的中等教育教师属于外籍教师。由于上述原因,劳动力因素将继续对教育规划决策产生影响。自独立以来,所有的国家发展规划都反复强调将教育和培训与经济需要密切结合。

博茨瓦纳是多党制民主国家。宪法提供法律依据,设立了一院制的选举议会,即国家议会和没有立法权的首领议院。后者的作用是对在影响风俗和传统的事务方面提出建议。总共有9个地区议会、4个城镇议会和1个城市议会,议会成员经过公众选举产生。这些议会负责许多工作,包括初等教育,他们要提供教室、教师住房、教科书和教学仪器,而中央政府通过教育部负责教师聘用、课程开发和为学校提供全部专业指导。

2.教育政策与目标

教育制度的目标是在1977年政府白皮书中提出的,题为《国家教育政策》,紧接着在社会主要部门(或教育部门)和政治的主要利益群体中间展开大范围的咨询,然后根据国家教育委员会的建议制定政策,该委员会1976年由政府指定,负责审查全部教育系统。

政策要求,教育必须坚持和促进有利于社会和谐的四项原则——民主、发展、自信和团结。为达到这一目标,教育体系必须尽可能快速发展,普及高质量的 9 年基础教育，使孩子们做好充分的准备，在离校后创造有意义、有价值的生活，消除教育机会的不平等并满足经济对劳动力的需求。

有关教育的争论往往是围绕着诸如入学机会和公平、质量以及学术教育和职业教育的适当平衡等问题。为了减少入学障碍，小学学费于 1980 年取消，中学在 1988 年也取消了学费。如此以来，政府承担了更大的责任，原来由社区管理的中小学校的发展和经常开支也由政府承担，从而确保他们在履行职责时获得充足设施。

3. 正规教育体系

3.1 初等教育、中等教育和第三级教育

图 1 描述了正规教育体系的结构。表 1 呈现了在学校各选拔阶段女学生的比例。如图 1 所示，教育结构为 7 – 2 – 3 制，包括 7 年小学、2 年初中和 3 年高中。一旦初中教育实现或即将实现开放式入学，设想将现有的结构改成 6 – 3 – 3 制。1988 年，在小学第一阶段 1 年级注册的最低年龄从 7 岁降到 6 岁。1992 年，小学人口的年龄段为 7 ~ 13 岁。随着越来越多的 6 岁儿童入学，这种情况会有所改变。

表 1　1979 年、1984 年和 1989 年女性学生在各级教育中的比例　(%)

	1979	1984	1989
小学			
标准 1	52.4	50.6	50.2
标准 7	60.4	56.4	55.9
总和	55.0	52.8	51.5
中学			
I 级	59.0	56.9	55.5
高中 1 年级[a]	44.0	43.7	50.3
教师培训	79.9	84.1	82.3
职业教育	33.1	33.6	31.9
培训中心			
大学	37.4	41.5	43.8

资料来源：教育统计（博茨瓦纳）

a 1979 年、1984 年为 4 年级，1989 年为 3 年级

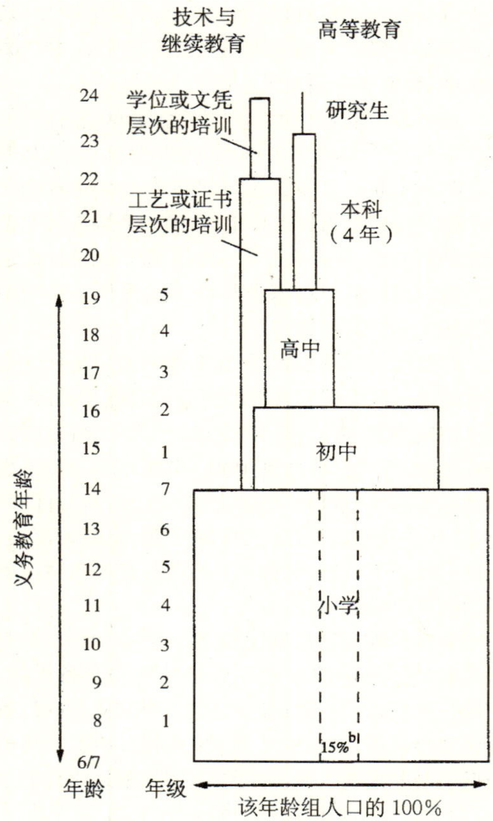

图 1　博茨瓦纳：正规教育体系的结构[a]（1990）

a 学前不属于正规教育体系的一部分

b 15% 的小学适龄儿童没被考虑

学生完成每个阶段的正规教育时，都要进行结业考试，根据考试情况决定是否进入下一阶段。小学学生参加标准 4 学识测验，如果成绩不理想，他们得重修标准 4 所规定的课程；考试通过了，他们自动从一个标准进入下一标准，直到完成全部初等教育课程。标准 1 ~ 4 的教学语言为塞斯瓦纳语，标准 5 ~ 7 为英语。

博茨瓦纳共有 654 所小学，其中，议会学校 582 所，教会学校 11 所，私立学校 61 所。数量较少的私立学校被称为“英语学校”，主要但不完全为外籍职员的孩子提供教育。私立学校自筹经费，但

随着经济发展和转型,对外籍人才的需求不断增加,因而私立学校的数目持续增长。

小学阶段的总注册人数为 308 840 名。在博茨瓦纳,教育是免费的,但不强迫。在 9 年基础教育(7 年小学和 2 年初级中学)的初级阶段,学生注册率已经超过 1990 年世界全民教育大会制定的 80% 的目标,目前各方面正共同努力,在资源许可的前提下,尽快发展教育,争取实现普及 9 年基础教育。下列事实可能更能说明初等教育的显著增长,1962 年至 1982 年的 20 年间,小学注册人数从 46 536 人猛增到 186 000 人,计划到 1992 年达到 322 082 人。

小学的班级平均规模为 45 人,不过,在以英语为教学语言的学校,每个班可能只有 20 ~ 25 名学生。生师比为 32:1。全年教学时间在 180 ~ 200 天之间,每日 5 小时。学校实行 3 学期制,1 月份入学。

完成初等教育后,学生进入初中 1 年级(1 级),升学要依据一定的入学标准,包括通过等级和年龄上限。1992 年,从小学到初中的升学率占全部小学毕业生的 65%,计划到 1997 年达到 77%。初中从 1985 年的 42 所增加到 1991 年的 146 所。1 级注册人数在同期从 10 577 人猛增到 26 400 人。初中在校生和注册人数的迅速增加主要是为满足对初级水平以上的教育需求、实现政府普及 9 年基础教育的承诺而开展的快速扩展计划的结果。

在博茨瓦纳,小学女学生的数量总是超过男学生,初中 1 年级也是女学生注册人数居多。此后,随着他们读完高中,这一比例逐渐逆转(见表 1)。男生之所以在初级阶段注册量较少,是因为他们按惯例要在牛棚打发时间,这些牛棚远离学校所在的村庄。女孩的辍学率比较高,主要是由于怀孕,这也部分说明了教育层次越高而她们的入学人数越少的原因。

在初中阶段,每个班的班级规模为 40 人,生师比大约是 26:1。学年教学时间在 185 天和 200 天之间,学校实行 3 学期制,第一学期始于 1 月份。按平均数计算,每日的教学时间为 5.5 小时。

虽然高中教育的扩展没有像初级阶段那样大的规模,但仍然十分显著。1965 年国家刚刚赢得独立时,只有 129 个学生注册高中教育阶段的课程。20 年后的 1985 年,注册高中课程的人数已经达到了 4 380 人,1991 年为 19 978 人,计划到 1995 年增加到 23 576 人。目前,获得初级证书后进入高中的学生比例占获得初级证书总人数的 31%,这一比例到 1997 年预计会降为 25%,原因是初中阶段的扩张速度仍大大快于高中,而且升入高中的其他途径也在探索发现之中。这一阶段的班级规模为每班 30 个学生,生师比为 18:1,教学时间和学年长度与初中相同。

高中阶段的学制为 3 年。约 33% 的初中毕业生不能进入高中,他们传统上选择在公共服务部门就业或是接受护理、农业、初级讲授和警察等方面的培训,或者进入私立商业学校。如今,这些选择减少了,因为高中毕业生无法进入职业学校接受培训,使得就业机会增加,这种局面是 1985 年后高中学校的迅速扩展造成的。1984 年,初、高中学生总计 35 966 人,1991 年达到 69 250 人。

高中毕业时,学生要参加剑桥大学海外学校证书考试,该证书是通过第一或第二阶段的应试者升入博茨瓦纳大学的入学资格。高中生的其他选择包括博茨瓦纳农业学院的证书课程、两所教育学院的初中教师证书、护理证书以及提供学位课程的工艺学校的技术课程,不过工艺学校的学位课程要经过博茨瓦纳大学批准。

博茨瓦纳大学在 20 世纪 60 年代兴起,当时,贝专纳(博茨瓦纳)殖民地高级委员会、莱索托和史瓦济兰在 1964 年共同成立了一所地方大学。这所联合大学一直延续到 1975 年,莱索托单方面决定将其国有化并更名为莱索托国家大学。同年,博茨瓦纳和史瓦济兰成立了博茨瓦纳和史瓦济兰大学,在两个国家分别设立学院。1982 年,两国决定建立单独的大学。博茨瓦纳大学是该国唯一有权授予学位的高等教育机构。由于博茨瓦纳经历过熟练劳动力严重短缺的英国殖民时期,大学的主要使命就是培训各种类型的高水平劳动力。在发展初期,大学将精力和资源主要集中于本科生教育,人文、科学和社会科学等基本能力的学习。20 世纪 80 年代末期,大学开始朝提供硕士学位课程适度迈进，并且发展势头良好，其本科生课程得到了扩展和加强，它还与博茨瓦纳农业学院和工艺学校合作，开办了农业和工程学位课程。大学的注册人数从 1985～1986 年的 1 400 人增加到 1990 年的 3 000多人。

3.2 学前教育

学前教育包括由教堂、妇女团体、地区议会和红十字会开办的各种不同水平的日托项目。

管理日托项目的责任在地方政府土地和住房部，该部要求按 1980 年起草的原则框架进行管理工作。简言之，这些原则要求该部负责监控、监督、协调和评估学前教育。

目前，博茨瓦纳共有 200 多个经过登记的日托中心，总注册人数为 7 240 人。200 多个教师在本国或其他国家接受过专门的培训。在联合国儿童基金会（UNICEF）的帮助下，一个学前教育教师培训中心在劳巴特塞（Lobatse）镇成立，而政府对日托中心项目提供的支持极其有限。

1991～1992 财政年度，负责日托项目的部门接受了 75 000 英镑（3 532 美元）的拨款。1991～1997 年的国家发展规划承认，政府有义务制定学前教育的综合政策，因为从长远来看，学前教育与正规教育体系有着密切的联系。

3.3 特殊教育

特殊教育在博茨瓦纳还是新生事物。20 世纪 70 年代，用于残疾人特殊服务的设施来自非政府机构发起的活动，政府介入特殊教育是在瑞典国际开发局（Swedish International Development Authority）和联合国教科文组织（UNESCO）的报告发表、1984 年教育部成立特殊教育小组之后才开始的。小组的主要作用是规划、设立、开发和协调特殊教育服务。特殊教育服务由多种机构提供，小学阶段有专门设立的学校，2 所为聋人设立，注册学生为 126 人，1 所为智障儿童设立，注册人数为 42 人。

1 所初中和 1 所高中为有视觉障碍的学生提供教育服务，他们学习中等教育课程。靠近聋人中心的一所中学为听力损伤者提供课程。博茨瓦纳大学为盲人学生设立资源中心，他们在 1982 年开始学习教育学士课程，还有 4 个再就业中心对残疾青年和成年人进行编篮技艺、编织、裁缝和木匠等方面的培训。

中央资源中心毗邻哈博罗内（Gaborone）附近的一所教师培训学院而建，它的作用是提供评估和咨询服务，支持教师，收集有关残疾人口的信息，与参与特殊教育服务的机构合作。从事特殊教育的教师是在国外接受培训的，主要在赞比亚，那里的小学教师培训学院的培训课程包括特殊教育。

3.4 职业、技术教育和商业教育

职业技术教育和培训对退学者和就业人员开放。职业、技术教育的主要目标是通过提供培训来满足对熟练劳动力的需求，鼓励妇女参与职业、技术培训，从而促进工农业的发展。

职业技术教育和培训由以下机构提供：教育部；公路、中央交通组织、农业部等政府部门；水源利用、能源和电信公司等半国营集团；私立公司，尤其是矿业部门。教育部通过博茨瓦纳工艺学校提供教育和培训，学校开设技工、技师课程以及文职、电气和机械工程等学位课程，还开展手工艺、设计和工艺学等教师教育。自动商业培训学校专门教授自动机械课程，而职业培训中心为所有商业领域提供全日制培训，为工业学徒提供部分时间制培训。

"队"培训模式（Brigade）是在私人的发动下于 20 世纪 60 年代兴起的。这一模式背后的基本原则是将培训和某些学术研究与生产相结合，为"队"活动创造收入，为当地提供就业机会和服务，并通过这些努力促进农业生产的发展。这种培训的对象是小学毕业生，他们没有被正规继续教育系统所吸收，因为正规教育系统提供的教育往往比较狭窄、精英化，与博茨瓦纳多数居民的需要和生活无关。"队"属于自治团体，由自己的董事会管理，参与各种形式的技工培训和各种小规模商业经营。它们非常受欢迎，政府对其资助的力度也不断加大。

1991 年，在职业、技术和商业教育机构注册参加培训的人数为 1 497 人，技工 1 540 人，技师为 620 人。政府资助的教育部机构不征收费用，而私人资助的学生需要交纳一定比例的培训费用。

博茨瓦纳管理和商业学院提供会计、商业和秘书课程。它主要发挥政府在职培训中心的作用。

开发管理学院也提供会计和商业管理方面的课程。由于大量外籍职员占据公共、半国营和私立部门的技术和专业岗位,所以,在博茨瓦纳,人们一直认为应该优先发展职业和技术教育和培训,以满足上述岗位的需要。

3.5 成人和非正规教育

博茨瓦纳独立时,多数成年人没有或接受过少量的正规教育。由于大部分人曾经并仍居住在农村地区,农村发展被列为政府工作的重点之一。但如果人口不接受教育,农村发展项目必定遇到严重障碍。

小学教师提高计划于 1968 年和 1973 年实施,教学方法主要是使用印刷材料,辅之以无线电和必须住校学习的课程。参与该计划的 88% 的教师成为合格教师。在培训计划成功实施之后,一所函授学院于 1973 年建立,在正规学校系统之外开辟了另一条获得中等教育资格的途径,同时,学院还提供诸如儿童护理、蔬菜生长、烹饪和和营养等非正规课程并与参与扩展各种类型服务的其他政府机构密切合作。后来,函授学院合并到教育部的非正规教育分部,主要从事包括提供中学阶段的函授课程、开展扫盲计划和家庭经济等活动。

1980 ~ 1981 年开展的全国扫盲运动尤为重要,扫盲的对象是那些从没有接受过学校教育人员,总计超过 25 万人。原计划这一运动开展 6 年,但 6 年结束时,人们认为这场运动有助于消除文盲,因而,现在已被看成一个长期计划。它反映了无法接受正规教育服务的城市和农村贫困居民以及偏远地区非定居居民的学习要求,有助于学习者在正规教育和非正规教育系统之间的转换,并将读、写、算等教育活动扩展到工作和个体经营中。

4. 行政管理的结构与运行

初等教育是地方政府部、土地和住房部和教育部两个部的共同责任,前者负责提供基础设施、教材和教学仪器;后者负责所有专业事务,包括教师聘任和教师工资。地区和城镇议会除了派代表参加在地方和区级建立的帮助管理社区中小学校的董事会外,不参与其他阶段和形式教育的监督和管理。除了议会在提供小学基础设施方面发挥作用外,教育服务受教育部总署的监督指导。独立后一段时期,教育系统得到了极大扩展。现在面临的问题是远距离管理,如何分散教育部的某些职能也将成为未来管理结构改革的首要议事日程。

位于管理结构顶点的是终身(首席)大臣,他在"首席教育官员"或"主任"等部门领导的支持下工作,这些不同的称号取决于部门的主要作用是专业上的还是管理上的。初等教育长期以来拥有一批具有实践经验的专业人员,他们履行监督、建议、视察以及联络议会和教育大臣等多种职能。中等教育正开始分散某些专业服务,在各地区聘任了一批有实践经验的高级官员提供专业支持和指导。非正规教育实现了很大程度的地方分权,它拥有遍及全国的成人教育工作者和官员网络。其他部门没有实地工作人员,他们定期地访问教育机构和学员。

几年来的趋势是提高决策的地方分权程度,但学校计划、开发和管理等主要决策还是由教育部做出。教会和社区中学的开发和重建费用由政府提供,学校的人员配备由教育部负责。1988 年中学取消学费、政府负责社区学校的运营费用时,要求这些学校在使用分配给它们的资金时,必须遵从特定的原则。

选拔小学毕业生进入初中已经成为所有公共资金资助的学校的普遍做法。使教育部某些职能下放的进程需要仔细规划,地区级各种活动要适当协调并避免资源的重复。存在的问题是每一个部门都各行其是,制定自己的移交计划。

5. 教育财政

1967 ~ 1968 年,教育支出占总预算的 19%,1982 ~ 1983 年为 16.9%,1990 ~ 1991 年为 18.3% 左右。这里面的开支包括博茨瓦纳农业学院(农业部)和国家健康学院(健康部)的费用。被视为政府总预算一部分的教育重建开支从 1983 ~ 1984 年的 18.4% 上升到 1989 ~ 1990 年的 19.8% 。各级教育系统的单位成本除了小学和大学以外都增加了。中等教育单位成本的增加是由于政府接管了私立中学经常开支的责任,1984 年,它们接受的补助金每个学生仅为 40 普拉(19 美元)。表 2 列举了各级教育的单位成本。

大部分教育基金是由中央政府提供的。议会从政府接受补助金以满足其对小学的经济义务。中学、教师培训学院以及从事职业、技术教育的机构完全由政府提供经费，只有博茨瓦纳“队”（建立于20世纪60年代中期，不上正规中学的青少年可以上这种学校，它最初主要是为与生产提供密切相关的职业培训。这一机构的建立很大程度上是自发的，但它一直受到政府和个人的资助——译者注）按每个学员接受补助金。大学接受政府津贴，按预计总开支与总收入（学费和其他来源）之间的差额进行计算，政府将补助金发放给受资助的学生。学生在国外接受培训的费用也由政府承担，捐赠机构捐献奖学金的培训项目除外。

除了政府拨款，许多外部机构也以各种形式为教育提供经济支持，比如仪器、教师、教学材料和在职培训等。发展基金以贷款的形式来自世界银行、非洲开发银行、联合国资本开发基金，或是以无条件捐助的形式来自瑞典国际开发局、美国国际开发机构等许多机构。

表 2　1984～1985 学年和 1989～1990 学年教育单位成本（单位：普拉[a]）

阶段	1984～1985	1989～1990	增长百分比
小学	249	274	10
中学	1 142	1 363	19
初中	–	–	–
高中	–	1 630	–
教师教育	2 260	3 203	41
非正规教育	40	63	58
技术教育	4 925	4 575	－8
博茨瓦纳“队”	559	1 800	15
大学	12 591	12 394	－2

资料来源：第七个国家发展计划

a 1 普拉＝0.4710 美元

1991～1997 年国家发展计划设想教育部的周期性预算以平均每年 13.8% 的速度增加，各级教育经费的分配情况如下：初等教育 24%，中等教育 35%，职业技术教育和大学 17%，教师培训 5%，其他 2%。经济预测显示，博茨瓦纳经济今后几年将发展缓慢，鉴于这种前景，将不得不考虑恢复收费措施。

6. 师资

隶属教育部、建于 1976 年的统一教学服务处是一个招收和聘用在校（学院）教师的机构，由公共基金维持。目前，它聘任的教师超过 13 000 名，其中，9 700 名是小学教师，3 400 名是中学教师，120 名来自小学教师培训学院，70 多名来自教育学院。

无论是在小学还是中学，都有一些教师没有接受过培训，但随着教师教育的扩展，这一群体的数量持续下降。1985 年，26% 的小学教师没经过培训，1991 年下降到 16%；同期，没经过培训的中学教师从 28% 下降到 21%。中等教育的迅速扩展与本国教师供应不足之间的巨大反差迫使政府大量地使用外籍教师，他们相当于中学教师队伍的近 40%。

教师职前培训分以下四个层次：（a）培训小学教师的证书层次（2 年）；（b）培训初、高中教师的证书层次（3 年）；（c）培训高级中学教师的学位层次（5 年）；（d）学位和研究生层次，培训对象是教师培训学院的导师和讲师（年限随提供的培训项目类型而定）。

为改善小学教师的质量，计划将 2 年制证书提升为 3 年制证书，最低入学要求是具备高级中学资格。此外，还建立了在职培训中心（一般称为“教育中心”）网络，促进在职教育发展。大学为在职教师设有初等教育证书和学位培训项目，证书项目的毕业生要返回学校，就职学校责任岗位，而学位项目的毕业生被分配到教师培训学院的讲师岗位或者可能成为教育官员。

教师培训学院开设普通课程，评价学生的方式是参加博茨瓦纳大学的普通考试，每一所学院都要求组织学生进行一定量的教学实习。

7. 课程开发与教学方法

对多数毕业生来说,正规教育在九年基础教育结束时就终结了。课程设计者考虑到这一事实,因此,他们尝试呈现给所有孩子宽泛的课程,并将实际技能尽可能多地融入到各种课程大纲。这种做法不同于中等教育职业化的观念,其理论基础是,应该为学生完成基础教育后选择其他培训形式做好准备。

小学课程包括英语、塞斯瓦纳语、数学、综合科学、社会研究和宗教教育等核心课程,也开设农业和家庭经济课程,作为实际技能课程的选修课。其他具有实践倾向的课程有艺术和手工艺、体育和音乐。初中阶段也有6门核心课程,只是农业取代了宗教教育。

高中课程是由剑桥海外学校证书考试制订的,但也有选修课。由于高中教师队伍的构成复杂,他们教学能力和经验也存在着极大差距,因此,学科顾问起到非常重要的作用,他们影响并改变着教师组织教学和评价学生的方式。他们不断地把辅助教学材料和教师指导书送到学校,还经常举办专题讨论会,加强教师的学科知识,提高他们的职业技能。

1978 年,教育部成立了课程开发和评价部,负责领导和协调学校系统所有教学计划的开发、实施和评价,具体任务包括课程开发、研究和试验、教育出版物、指导和建议、考试,首要任务是改革小学课程,然后是初中课程,最终完成9年制基础教育的课程改革。

教育部一直参与大纲修订、教学/学习材料的开发和评价、试验、教师手册和教科书以及教师在职培训课程的开发等活动。课程开发人员、小学和中学的学科顾问以及教育学院的视察员、教师和讲师之间相互影响。教育部还利用从美国国际开发机构资助实施的计划中获得的专门知识和经验这笔财富。基础教育改善计划的重点是教师教育,初、高中教育改善计划关注初、高中阶段的课程开发,改善教育系统效率则集中于管理信息系统。教育部的专业官员 1978 年时只有 1 位,1985 年时增加到 6 位,1992 年,课程开发人员达到 20 位,其中包括捐赠基金提供的 4 位顾问。

改革中学课程的一切努力可能还会受到限制,因为这一阶段的课程与国外的考试联系在一起。如果进行改革的话,需要做出重大政治决策,使中等教育脱离外部考试。

8. 考试、升级和证书制度

基础教育阶段要参加两个考试——小学离校考试和初中证书考试,它们用于选拔学生进入更高一级教育阶段,但确定学生考试成绩时不考虑平时的连续评价记录。虽然学校在年底安排内部考试,但考试目的不是用来决定升级,而是评价一年来取得的进步,并通过学校报告将这一信息通报给家长,升级是自动的。

小学和初中阶段进行的终结考试被认为是不合适或不妥当的,因为它们没有强调对技能获得或态度养成的评价。课程开发部正采取手段逐步实行标准测验和报告,课程开发人员、研究测验官员、教师、国家学科小组的代表、教师培训学院的讲师和教育官员组成的考试小组委员会正着手实施这一做法。为了使参与人员熟悉标准评价程序,计划安排在职培训专题讨论会。

9. 教育评价、评估和教育研究

教育研究和评价的结果一向是制定教育政策的基础,它们还用于改善学习过程的开发项目。1976 年,政府成立了专门委员会,对从殖民时期继承下来的教育系统进行了全面的回顾,并以此为基础出台了 1977 年国家教育政策。20 世纪 90 年代初期又成立了一个委员会。

对教育系统的其他各种评估活动主要是针对诸如初中教育等具体领域。例如,1984 年,改善教育系统效率发布一份中等教育评价报告,这份报告于 1986 年重新修改,题为博茨瓦纳教育和人力资源部门评估。以这次评估为基础,人们开发了另外一个方案(初高中教育改革方案),以应对初高中课程变化和教师培训的问题。

教育部没有自己的研究单位,但它委任其他机构和专家小组从事研究。例如,1988 年,在世界银行的资助下,进行了三项相关的教育研究,强调公众不断提出的诸如资源的有效利用、国家劳动力需求、毕业生和劳动力市场等问题，它们是技术和职业教育和培训的成本效益（Hinchliffe et al. 1988）、高中后教育的投资选择（Colclough et al. 1988）以及博茨瓦纳的教育和就业（Kann et al. 1990）。

大学通过它的各个系和开发研究和资证大学国家研究所（University National Institute for Development Research and Documentation）进行了大量的研究。

10. 20 世纪八九十年代的主要改革

20 世纪 80 年代，教育系统在规模、结构和复杂性方面都发生了重要变化。基础设施得到了极大扩展，导致各级学校教育和培训机构的入学机会提高，4 个职业培训中心、1 个国家残疾儿童资源中心、2 所教育学院和 1 个经过扩展的装备良好的在职中心网络仅仅是新补充到教育系统的部分设施，教育服务的范围得以拓宽。

从 7－3－2 到 7－2－3 的系统调整以及初中阶段与综合的初、高中课程分离赋予初中教育独立的地位。一个以适龄学生需要为基础的初中教育项目已经开发出来，正在或即将由教师实行，这些教师接受过与这一年龄组打交道的特殊培训。教育部与地方社区在初中的管理上建立了新的合作关系。

教育部还成立了教师教育部，负责协调中、小学教师的所有在职培训活动。虽然教育的管理权仍然集中在教育部，但辅助专业服务的供应开始向地方转移。

按考试结果衡量的学生及格率有很大提高。课程改革对学生学习、将来就业准备或进入较高层次教育和培训的影响需要很长时间才能充分显现，改革甚至在实施初期，就经常受到学生、家长和雇主的指责，看来，应该是教育上出了问题。有些地区把大批毕业生失业归咎于 1988 年缩减初中课程和新课程的引入，他们的论据是课程短且与工作世界无关。第一个批评是对的，第二个值得怀疑，因为他们忽视了一个事实——较高教育层次的吸收能力以及就业市场和初中注册人数并不是同速扩张。

9 年基础教育的课程重新修订并已经成型，当然，还需要做大量的工作来优化大纲内容，制作合适的教学材料，培训教师，制定适合新课程的评价和考试方法，加但强所有的辅助系统——它们是有序、有效地实施课程改革所必需的。这些任务在对教育系统的任何进一步改革中都将处于核心位置，无论是今后 10 年或更久以后有关初等和中等教育、教师教育的改革，还是职业、技术教育的改革。

11. 2000 年面临的主要问题

不能进入高中或培训机构的初级证书毕业生人数每年都在上升，他们找不到工作，因为雇主更喜欢雇用通过剑桥学校证书的学生，而获得这一证书的大有人在。结果，初级证书毕业生的失业率非常高，但学生和家长不理解，这不仅仅是教育问题，同时也是劳动力市场的问题。教育可以扩展高中以便吸收更多的初级证书毕业生，但毕业生失业问题将会从前一阶段向后转移。

教育部将继续受到指责，因为其提供一种无处可去的教育。它必须为初级证书毕业生寻求其他的选择，或者重新审查课程，以确定可以将哪些劳动力市场技能融合到课程之中。政府已经承诺普及 9 年学校教育，因此，这一阶段不可能存在为使初级证书毕业生的失业问题减至最小程度而降低扩展规模的可能。

教育部现在和未来面临的其他挑战是尽快地培养有技术、专业和管理技能的人才，以满足对这种劳动力的日益需求，目前，外籍人员在这些职业占据主导地位，因此，本地化是政府的首要任务之一。尽管私立部门在缓解技术、职业和管理劳动力严重短缺方面可能有所贡献，教育还是被视为主要提供者。

G. 克哲曼叶（G. Kgomanyane） 著

李长华 译

附录

Colchlough C et al. 1988 *Investment Options in Post-Secondary Education.* University of Botswana, Gaborone

Government of Botswana 1991 *National Development*

Plan VII 1991—1997: *Education and Manpower Development*, Chap. 14. Government Printer, Gaborone

Hinchliffe K et al. 1988 *Cost Effectiveness of Technical and Vocational Education Training*. University of Botswana, Gaborone

Kann U et al. 1990 *Education and Employment in Botswana*. University of Botswana, Gaborone

其他参考文献

Evans M, Yodder J H (eds.) 1991 *Patterns of Reform in Primary Education*. Macmillan, Gaborone

Government of Botswana 1989 *Botwana National Manpower Planning*. Government Printer, Gaborone

Kann U 1981 *Career Development in a Changing Society*: *The Case of Botswana*. Institute of International Education, University of Stockholm, Stockholm

Ministry of Education 1965 *Report of the Education Department 1965—1966*. Government Printer, Gaborone

Ministry of Education 1977 *Education for Kagisano*. Report of the National Commission on Education. Government Printer, Gaborone

Ministry of Education 1985 *Annual Report 1985—1986*: *Twenty Years of Education for Kagisano*. Government Printer, Gaborone

Ministry of Education 1990 *Improving the Quality of Basic Education*. (Country Paper for Commonwealth Ministries conference:) Government Printer, Gaborone

Otaala B et al. 1989 *An Evaluation of the Day Care Programme*. Consultancy report for the Government of Botswana and UNICEF. Government Printer, Gaborone

Townsend Coles E K 1985 *The Story of Education in Botswana*. Macmillan, Gaborone

布基纳法索的教育制度(Burkina Faso: System of Education)

1. 基本背景

布基纳法索位于西部非洲的萨赫勒地区。西北部与马里接壤,东邻尼日尔,南部与科特迪瓦、多哥和贝宁相连,国土总面积为27.4万平方公里。

1890年,第一批殖民地开拓者经由马里到达这里,并且签署了一份条约,根据这个条约,"国家"变成法国的保护国。领土在1896年被首次占领,属于上塞内加尔和尼日尔的殖民地。1902年,该殖民地成为上沃尔特(Upper Volta)的殖民地,后者于1958年宣布成立上沃尔特共和国(the Republic of Upper Volta),并于1960年获得了政治独立。

1992年,布基纳法索人口总计950万,大约80%人口居住在农村。超过50%的人口在15岁以下,年平均增长率3.05%,人口密度大约每平方公里30人。像许多发展中国家一样,国家人口的迅速增加,是由多种因素造成的,主要原因是现代医学引入后,人的寿命延长。

潜在职业人口(15岁以上者)占总人口的51.7%。农业(包括维持生计的耕作)劳动力的比例为92%,3%为工业劳动力,5%从事商业。

布基纳法索文盲率很高。1985年,只有15%的人口受过教育,1990年提高到16.2%,1992年达到18%。1985年超过93%的妇女和81%的男人属于文盲。扫盲教育用国语进行,然而,60种国语中只有14种有手写体。教学的官方语言是法语。

布基纳法索是世界经济最弱国之一。初级部门占支配地位,生产力水平低下(技术欠发达,现代化进程慢,多数劳动力属于文盲)。国内生产总值(GDP)增长速度缓慢,主要是因为布基纳法索是一个完全为陆地所包围的内陆国(不直接通往海洋),而且持续干旱,土壤质量下降,国际经济环境不利。此外,国内生产总值增长速度缓慢还伴随着人口的快速增加,人均年国内生产总值不到200美元。

1988年以来,政府预算赤字巨大。预算的限制影响到社会服务,特别是教育。

2. 教育政策与目标

宪法规定,教育是每个公民的权利,"初等教育旨在促进布基纳法索所有青年人的体力、道德和智力方面的发展,并帮助他们的个性得到和谐发展;教育也应该为他们成为成年人、工人和公民的未来工作作准备”。依照法律,这种教育必须“在现有的学校范围内,义务为6~14岁的所有人(男人和女人)提供”。然而,实现需要一定的经费,包括交通、为贫困生提供的寄宿设施、仪器和设备。事实上,受预算的限制,政府很难保证这些开支。

中学教育意在巩固小学所学习的知识和为年轻人的工作生涯作准备。国家政策一直是拓宽学习机会,而且政府已着手开展大规模学校建设项目,一方面,使足够的小学能够吸纳尽量多的学生,达到所有学龄儿童全部入学的目标;另一方面,计划在每个行省(共有大约300个行省)设立一所低级中学,每个省(共30个省)设立一所公立中学,为15岁或更大的青年设立几所永久中心,进行读写能力训练。

3. 正规教育体系

图1展现了布基纳法索大概的教育系统结构。图形底部的比例是年龄组的50%。可以看到,要普及小学教育,布基纳法索还要付出很大的努力。

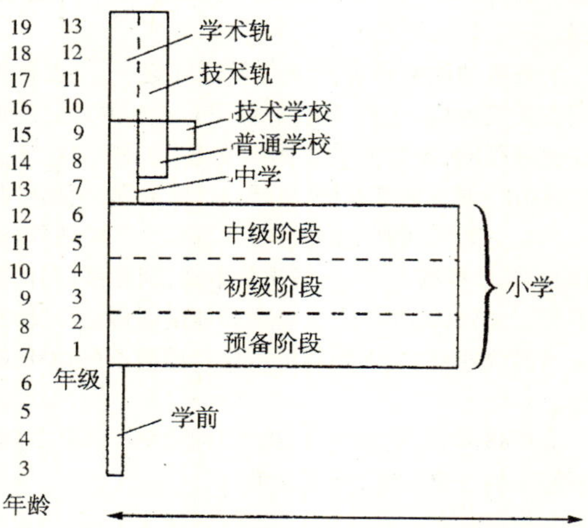

图1　布基纳法索:正规教育体系的结构

3.1　初等教育、中等教育和第三级教育

小学学制为6年,具体分为以下几个阶段:预备(2年)、初级(2年)和中级(2年)。教学通常用法语,有时候也使用其他经过政府认可的语言。每星期教学30个小时。学年从9月份开始,课程时间较长,而比较短的课程从1月份开始,而且每星期教学20个小时。男女分校上学,除非分开的学校没有充足的学生,只有在后一种情况下,学校是男女合校。

小学的录取工作由每个区的录取委员会组织。委员会由录取负责人或市长或他们的代表、校长、一个或多个教师和家长协会代表组成。录取委员会决定孩子进入哪个学区。孩子一旦被一所学校录取,他就接受一份学校记录卡,该卡将伴随他度过在校生涯。如果一个孩子被一所公立学校开除,就不可能再被其他任何公立学校接受。

小学的教学人员包括老师、助理教师、助理学生教师、班长(正逐渐减少)和从事实际工作的特殊教师。

中学教育分两个阶段。学生进入7年级时,根据年龄的大小,他们有三个选择。入学取决于选拔性的考试。如果是13岁入学,学生可能进入公立中学轨;14岁或大于14岁,可以选择进入普通教育学校;如果是15岁或更大,学生的选择是技术学校。要想进入中学教育的第二阶段(4年),候选人一定要小于19岁,并且要经过淘汰性选拔。第二阶段分学术性和技术性两轨,其中,每一轨又有许多“节”。学术轨有四“节”,每个节有一个4年课程计划:艺术和科学,经济学和社会研究,数学和物理以及数学和自然科学。

技术轨细分为6个轨道。其中,前3轨有一个4年制课程计划,后3轨有一个2年制课程计划,包括:技术行政、管理技术;数学和技术科目;机械制造;电子学和会计、打字、速记以及地志。

升学在很大程度上取决于学生的成绩。在任何一个教育阶段,学生只能在一个年级复读一次。在中学第一阶段,如果一个学生只获得总分20分的7~9.5分,或在第二阶段获得20分的7~9分,他就必须复读。如果他得分低于7分,那他就不及格,就必须离开学校。

1991～1992年,学前教育的净注册率为1%,小学为31%,中学为6%。地区之间的不平衡极其严重(其中一些地方为82%,而另一些地方只有8.5%),每所学校的班级数量也有很大差异。所有学校中,27%的学校不足3个班,37%的学校3个班,11%的学校有6～8个班。1990～1991年,10%的教室在重建。

所有在校生中,91%就读公立学校,9%在私立学校注册。无论是在公立还是私立学校,男孩的入学比例都高于女孩。

教师队伍的73%属男性,他们之中只有20%获得中学毕业证书;70%是从国家小学教师培训学院毕业的助理老师;9%是班长。该国的生师比是57:1。

高等教育有两类。一种是教师培训,国家小学教师培训学院培训小学教师,大学的教育系培养中学老师。瓦加杜古(Ouagadougou)大学也从事高等教育。大学包括系和学院。学生学习年限2年到7年不等,取决于选修的课程和学科类型。有些学生在其他国家的大学学习。

3.2 学前教育

学前教育的对象是3～6岁儿童。学前教育在42个幼儿园和34个保育院进行,它们都归在社会行动秘书处名下。1992年,在学前教育机构注册的儿童不足年龄组1%。

3.3 特殊教育

布基纳法索还没有提供特殊教育的机构和学校。

3.4 职业、技术教育和商业教育

职业、技术和商业教育在正规中学教育系统(见3.1)和成人非正规教育(见3.5)系统中进行。

3.5 成人和非正规教育

所有成人和非正规教育计划均由基础教育部和群众扫盲部主办,由国家扫盲学院管理。学院负责协调所有的活动并负责提供全部教材。这种教育主要是针对农村人口,目的是消除愚昧,并且帮助教育对象解决日常问题,最终使他们掌握知识和实用技能。

另外,还有一些培训计划,对青年人在农业和技工手工艺方面进行培训,也在为促进妇女参与社会经济发展的各个领域进行着不懈的努力。

4. 行政管理的结构与运行

管理正规和非正规的基础教育系统是基础教育和扫盲部的职责,而管理中等和高等教育是中等和高等教育研究部的职责。然而,行政管理存在着一定程度的地方分权。

基础教育董事会通过多个委员会履行其职能,它们包括基础教育委员会、标准委员会、考试和竞赛委员会。它还负责组织学校视察员和培训机构负责人以及学校巡视顾问的年度会议。

布基纳法索划分为73个基础教育区,分布在30个省。它们由视察员领导,由巡查顾问和校长教育教师协助。校长本人或是教师,或是助理教师。

中等教育由中等教育董事会管理,董事会里有大批中学视察员,没有顾问。

除了省级政府基础教育领域出现的地方分权外,在行政管理系统还没有发生较大的变化。负责基础教育和扫盲教育的省董事会和负责中高等教育的省协调员已经被10个地方董事会接管。

5. 教育财政

教育资金由政府和许多其他内、外部渠道共同提供。这首先是因为政府资金不充足,而且社会其他部门的发展也需要政府出资。虽然对学校教育的需求日益增加,但政府正取消支持学校建设项目和设备仪器供应。因此,资助教育的政府合作者主要是家长和家长协会,他们帮助提供资金,用于校舍建设和设备仪器的供应。国际机构也参与整个教育系统的发展。现在,许多政府团体和宗教协会不但帮助学校建设、设备和仪器供应,还帮助建设学校食堂。

伴随着国家革命议会的出现,开始出现公民参与资助社会系统的观念。其中包括参与学校的建设和维修。然而,所有教师的工资由政府支付,如果平均计算,这笔费用总计占教育预算的70%以上。家长的投入占基础教育的35%～44%,在中等教育阶段,家长投入的比例在农村为40%～50%,城市为47%～57%。

6. 师资

1985年以来,小学老师由自然小学老师培训学院(Natural Primary School Teacher Training Institution,ENEP)培训。1993年,建了另一所相同类型的机构。入学者必须持有中学第一阶段考试证书,年龄在17岁和24岁之间。学制为2年,既有理论知识,又有实际训练。

中学老师在瓦加杜古大学国家教育学院参加为期2年的训练课程。一般学校任教者必须获得学士学位或教师执照;任职普通教育学校(CEG)必须持有CAP—CEG,技术学校则必须有毕业证书。

7. 课程开发与教学方法

像多数原法国殖民地一样,继承于法国殖民者的课程自独立以来没有多大变化。几次提议的改革计划从来没有真正地付诸实施。然而,诸如职业和计算机训练等新领域的引入,丰富了现有的课程。小学的主要学科包括:道德和公民教育、法语、算术、历史、地理、科学观察、画画和手工制作、运动和环境研究。

8. 考试、升级和证书制度

在同一个教育阶段,升级是由教师和教育顾问共同决定的。

中学第一阶段结束时,学生要参加学习证书考试(BEPC)——学生在校生涯的第一次考试。第二阶段结束时,学生参加适合他们在其中学习的"节"的中学证书考试。通过BEPC或中学毕业考试后颁发证书。

9. 教育评价、评估和教育研究

除了收集有关注册人数等统计数据外,布基纳法索至今还没有教育评价、评估和研究。

10. 20世纪八九十年代的主要改革

如前所述,教育系统自殖民地时期以来几乎没有变化。只是小学课程在1962年进行了少许改变,使之更加适应布基纳法索的国情。始于1979年的大规模改革计划,对各级教育产生了很大影响。然而,经过5年的试验,该计划突然停止。1985年,保育学校系统开始建立,计划在全国建立保育学校,但这个年龄组的孩子家长对此兴趣不大。1992~1993年,开始着手分析这些问题并提出重新定位的可行性建议。

11. 2000年面临的主要问题

在布基纳法索,教育工作者都十分清楚,现有的教育内容与国家的实际生活不适应。课程修订计划和系统扩展计划已经开始并正在进行。为使教育适应社会的需要,基础学校教育将是今后努力的重点。预计2010年会实现普及小学教育的目标。不过,到1996年,注册人数仅仅占到适龄人口的40%。

中等和高等教育领域没有进行改革。一个重要问题是,这两个教育阶段毕业生的失业率很高,当局正关注这个问题,并要求对中、高等教育进行改革。

N. M. 欧崔哥(N. M. Ouedraogo)
J. D. 诺姆伯(J. D. Nombre) 著

李长华 译

附录

Direction des Etudes et de la Planification 1989 *Rapport final du Séminaire d'Evaluation de Base du 9 au 10 Janvier 1989 à Koudougou*. Direction des Etudes et de la Planification du Ministère de l'Enseignement de Base et de l'Alphabétisation de Masse, Ouagadougou

Direction des Etudes et de la Planification 1992 *Annuaires Statistiques années 1990 et 1991*. Direction des Etudes et de la Plannification, Ministère des Enseignements Secondaire, Supérieur et de la Recherche Scientifique, Ouagadougou

Direction des Etudes et de la Planification 1993 *Annuaires Statistiques années 1990 à 1992*. Direction des Etudes et de la Planification, Ministère de l'Enseignement de Base et de l'Alphabétisation de Masse, Ouagadougou

Direction de la Planification de l'Education 1976 *Dossier Initial de la Réforme*. Direction de la Planification de l'Education, Minstère de l'Education Nationale,

Ouagadougou

Institut National de la Statistique et de la Démographie *Recencement général de la population.* Institut National de la Statistique et de la Démographie, Ministère du Plan et de la Coopération, Ouagadougou

Mingat A, Jarousse J P 1987 *Co‡ts, Financement et Politique de l'Education au Burkina Faso.* Ouagadougou

République de Haute Volta 1965 *Décret no 289 bis 1965.* République de Haute Volta, Ouagadougou

Sous-Commission Education-Formation 1990 *Rapport, 2ème plan quinquennal.* Sous-commission Education-Formation, Ouagadougou

布隆迪的教育制度(Burundi:System of Education)

1. 基本背景

布隆迪是非洲的一个内陆小国,位于赤道附近,北部与赤道相距不到300公里。地表面积27 834平方公里,远离环绕非洲大陆的两大海洋,距印度洋1 200公里,距大西洋2 000公里。布隆迪还处在扎伊尔河盆地与尼罗河盆地的交接点,属于东非分区。它北邻卢旺达,东部、南部与坦桑尼亚接壤,西部与扎伊尔交界,西部边界的60%紧靠坦噶尼克湖。

布隆迪具有四个不同的地理特征:西部是广阔的平原,沿坦噶尼克湖绵延至北部;东部是南北走向平均海拔为2 000米的山脉。这个山脉是布隆迪水文图的分界线:山脉以东的河流和小溪流入尼罗河,以西的河流和小溪经坦噶尼克湖汇入扎伊尔河。中部地区由高原组成,纵横着众多的流域,为农业提供了有利的条件。最后,东部地区分布着宽阔的低地,气候非常炎热。

布隆迪人在文化方面非常一致,所有的人使用和理解一种单一的语言——布隆迪语,在这方面,它是非洲国家的例外。但是,其民族并不是同质的,共有三个民族,它们在近代史上还曾出现过暴力冲突。如果按人数计算,这些民族从大到小排列为胡图族、图西族和塔族(Twa)。

布隆迪以尼罗河最南端源头位于该国而自豪。正是在试图绘制尼罗河源头的一次勘察任务期间,西方世界于19世纪70年代初发现了布隆迪。不久,1893年,首批基督教传教士进入该地,一年之后德国人入侵布隆迪,创建了现在的首都城市——布松布拉。

在布隆迪被“发现”之前,几个世纪以来它一直实行高度集中的君主政体。世袭的国王(Mwami)掌握着军事领导权和政治权力,国王任命的长官承担管理地方的责任,国王还是司法系统的最高指挥。国王从1903年才承认了德国政权,签订了服从其“保护”的条约。德国人在布隆迪中部建成齐特贾(Gitega)镇,并将其作为政治中心,而布松布拉作为坦噶尼克湖上的大港口,依旧保持其经济中心的重要地位。

传教士在教育系统的发展过程中起了关键作用。新传教区修建学校是非常普遍的做法,特别是天主教教区。当然,早期学校系统的目的在于教孩子们阅读圣经。

德国对布隆迪的管辖在第一次世界大战后随着德军的战败而告终,同盟国接管了该国的行政权力。然后同盟国把它变成受比利时保护的托管领土,由此布隆迪和邻国卢旺达成为比利时管理下的刚果省(扎伊尔)的一部分。殖民政府把总部设在列奥波德维尔(Leopoldville)(现金沙萨),总督在那里办公,而掌握卢旺达和布隆迪地方权力的下级在布松布拉设立自己的办公地点。这一统治一直持续到1962年国家赢得独立。

独立后,君主政体仍执行其政治统治,直到1966年米康贝罗(Micombero)上校推翻君主政体,他成为第一共和国的第一任总统。第一共和国持续了10年,其中,1972年发生了最为激烈的民族冲突,数万人在对抗中死亡。1976年11月1日,巴加扎(Bagaza)上校领导了又一次政变,结束了第一共和国,宣布成立第二共和国。1987年9月3日,巴加扎上校的统治又被皮埃尔·布也亚(Pierre Buyoya)少校领导的军事政变推翻,正是后来的这位总统开始实施以多党制为基础的新政治体制。

1990 年,布隆迪人口总计估计为 540 万,人口平均密度为每平方公里 190 人,因此,布隆迪是非洲人口密度最大的国家之一。大部分人口是年轻人,多达 42% 的人口在 15 岁以下,20 岁以下人口占到 54%。由于人口与教育系统之间的相关性较高,这种特殊的人口结构势必迫使教育系统及其扩展能力承受巨大压力。人口年轻化的另一个结果是导致人口增长加速。20 世纪 70 年代,人口增长率是 2%,1983~1987 年间,提高到 2.9%,估计 20 世纪 90 年代初将达到 3 %。

布隆迪是个农业国。90% 以上人口居住和工作在农村。最大的城市是布松布拉,它也是国家首都,有近 30 万人口。第二大城镇的人口不到 5 万人。1987 年,劳动力总数占总人口 58.1%,绝大多数人口依赖农业维持温饱。有时,农业与小规模贸易、木工制作或建筑业等非正式的农业活动结合在一起。现代经济部门——公共和私立部门中仅有 13.2 % 的劳动力属于活跃劳动力。

初级部门目前占据经济主导地位,1988 年吸纳了 91% 的劳动力,产值占国民生产总值的 55.1% 和商品出口的 94%。大部分农业活动是农作物生产,而且,这种食品生产大部分用于家庭消费,只有 9.7 % 进入市场销售。肥沃土地的大约 8% 用于生产咖啡、棉花和茶叶等经济作物。

第二部门包括啤酒、苏打和香烟生产,产值相当于国民生产总值的 16.2%,其中,食品和烟草工业在这个部门发挥着重要作用。根据世界银行(1992)的评估,在能源消费领域,70% 的能源需求是由木材满足的,这种状况对环境构成极大的威胁。每年生产的泥炭只有 15 万吨,只占预计储存量 20 亿吨的一小部分。为此,希望教育系统能在这方面有所作为,帮助人们改变对环境的态度并逐渐使人们接受新技术。

布隆迪经济由于地处内陆而受到极大限制。由于陆地运输成本较高,还要支付给邻国额外的通行费,其进出口非常昂贵,竞争力也大大降低。此外,完全依赖于其他国家还隐含着很大程度的不确定性——始终要承担运输路线中断的风险。

收支平衡表明贸易逆差日益增长以及对于国外资助不断依赖。出口收入支付的进口比例仅占 50%,主要出口产品是咖啡豆,其产量不断增加,但由于世界市场价格上下波动,使得政府税收非常不稳定。贸易逆差的日益增长导致国债不断增加:从 1984 年的 23.6 亿布隆迪法郎增长到 1988 年的 65.3 亿(兑换率为 1 美元 = 180 法郎)。按照现行税收比率,债务服务比率从 1986 年的 18.1% 翻番为 1988 年的 36%。政府的财政状况也在恶化,公共赤字从 1986 年国民生产总值的 6.6 % 增长到 1988 年的 12 %。针对恶化的经济状况,1986 年,布隆迪政府开始与国际货币基金组织及世界银行就结构调整计划进行协商。

布隆迪当局公开宣布的主要目标是,通过增加经济生产、改善收入分配来提高人们的生活水平,经济增长方面提出的目标是,1992 年达到平均年增长率 5%,人均国民生产总值 245 美元。农业部门在经济发展中将起关键作用,另外,出口产品的多样化和私营部门的发展也都是主要的战略目标。

在就业方面,主要目标是增加传统产业和现代产业的就业,改革投资方式、调整利率以及支持小企业和农村合作社也是就业政策的重要组成部分。

2. 教育政策与目标

独立后的大部分时期,布隆迪的政治制度都是基于一党制。因此,教育发展的主要战略和教育系统的目标都在政党会议通过的官方文件中提出。1990 年新宪法颁布后,国家进步协会(UPRONA)不再是唯一的党,数个反对党登上了政治舞台。

1990 年,经济和社会发展新宪章获得通过。新宪章强调人力开发的突出重要性,强调家长、中央和地方政府、非政府组织和宗教团体的广泛参与,为社区发展开办真正的学校。要普及基础教育,根除文盲,提高各级学校教育的质量。宪章还提倡在教育内容中增强科学和技术的含量。

由于绝大多数人口分布在农村,20 世纪 70 年代兴起了持续的辩论,议题是如何使基础教育内容农村化。绝大多数小学毕业生不能进入中学,只得回到当地农村务农,这一事实促使许多人提出对课程进行根本改革,使其偏重于适应农村农业发展的需要。为此,提出以下战略:更加重视学校的实践活动,加强与学校周围经济实体的联系,创建和利用学校活动场地,组织学校之间的合作,减少用于学习法语的时间等等。

然而,有迹象表明,家长和孩子上学的真正目的是为了能够进入经济的现代部门。由于农村普遍存在的贫困状况,领取工资的工作被视为最佳选择。这样,一方面是家庭的教育目标,另一方面是政府的教育目标,两者之间的冲突着实令人头疼但又千真万确。

3. 正规教育体系

表 1 呈现了 1991 ~ 1992 学年关于教育机构、学生、老师和支出等项目的基本数据。

3.1 小学、中学和第三级教育

布隆迪教育的总体结构是 6 - 4 - 3 型。图 1 呈现了这种结构。官方规定的入学年龄是 7 岁,但 8 岁上学的比率较大。小学学制为 6 年,1991 ~ 1992 年公立小学(私立教育在布隆迪非常罕见)的入学人数为 626 454 人,这个数字低于往年的 633 203人。总入学率也有所下降:1989 ~ 1990 年是 71.6%,1990 ~ 1991 年是 72.5%,1991 ~ 1992 年是 68.7%。

每当入学人数的增长慢于学龄人口的增长,就会出现总入学率下降的现象,尽管如此,但就布隆迪来说,令人吃惊的是入学人数甚至出现绝对减少! 诸多因素可以解释这种现象——显然不是因为供应减少,而是教育需求下降了,因素之一是,鉴于接受进一步教育的机会减少,人们对基础教育的适切性缺乏信心,另外,家庭的经济限制降低了他们支付越来越多学费的能力。

这种消极的倾向是在教育取得了显著进展之后出现的。布隆迪是 20 世纪 80 年代非洲总入学率增长最快的国家之一:1982 年时仅有 29%,由于引进加倍轮班方法以及创建新学校,1990 ~ 1991 年迅速而稳定地增加到 72.5 %。这是非常显著的成绩,但入学率似乎处于回落的危险之中。

基础教育结束时,学生必须参加激烈竞争的中学入学考试,这次考试之所以引人注目,是因为中学能够容纳的人数远远低于小学毕业生人数。小学升入初中的比率不到 10%,而创建中学对于布隆迪这样经济力量薄弱的国家来说是一大笔投资,这就是他们不可能像扩展小学入学人数一样来扩展中等教育以及升学率持续下降的原因。

通过国家入学考试者可以进入初中,学制为 4 年。初中大多是公立的,当然也有私立学校,与公立学校相比,它们的招生占学生总数的 10%。为了部分补偿中央政府有限的财政资源,地方政府开始投入资金建设和装备一种新型学校,叫作市镇学校。1991 ~ 1992 年度,市镇学校共有 18 所,招收学生1 910人,教员工资由教育部支付。和公立学校相比,市镇学校原则上在全国范围内招生,但要招收一定的当地学生,地方当局负责确定入学条件。

表 1　　1991 ~ 1992 年布隆迪正规教育基本数据

	小学	初中	高中	职业技术教育	高等教育
学校数量	1 373	41	71	33	1
学生人数	631 039	34 281	8 789	6 174	4 533
女性比例	45	39	35	35	24
复读比例	23	14	15	13	–
教师人数	9 582	–	1 701	–	510
女性教授比例	46.9	–	21.6	–	21.2
教育预算的百分比	44	–	29	–	24
生均费(1985 年,单位:美元)	31	–	331	–	1 896

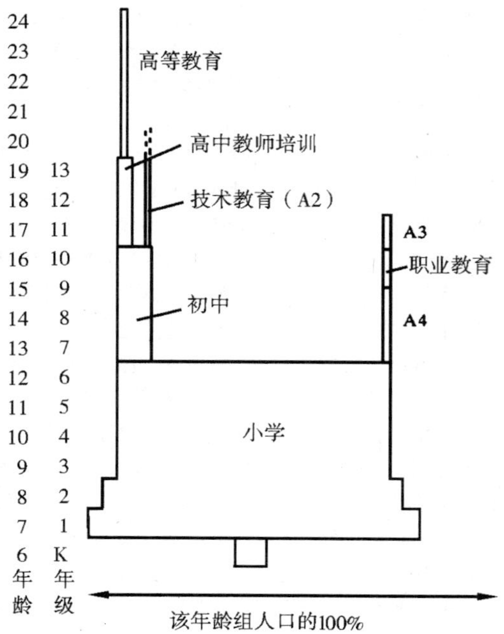

图 1　布隆迪：正规教育体系的结构

1991～1992 年，除了普通教育招收了 34 000 个学生，一些小学毕业生还进入诸如泥瓦工、木器制作、电学、自动机械、裁缝和各种其他领域的职业培训学校。这些学校通常称之为“A3”，学制 5 年。许多此类学校由私人和政府教育部门以外的部委管理，而不是由教育部门介入此种培训。

1991～1992 年，初中升入高中的比例为 30%。所有初中毕业生再一次必须参加国家考试，但由于通过率高于小学升初中的比率，这次考试不是那么引人注目。这一阶段的学校教育持续 3 年，而叫作“A2”的并列的技术教育需要 4 年，小学教师培训也是在这个阶段进行的，学制 4 年。在普通教育范围内，学校提供三种不同的轨道，表现出的差异是相对重视科学与艺术。1991～1992 年，普通教育（高中）人数为 6 900 人，师资培训机构有 1 900 人，技术培训学校 1 900 人（A2）。

由于人数限制而且学校与家庭之间距离遥远，多数公立中学实行寄宿制，1991～1992 年，80% 的学生是寄宿生。在这种安排下，学生大都居住生活在学校，只有假期时间和家人团聚。因此，和初等教育相比，这一阶段支付寄宿所需要的额外开销导致了单位成本的提高。

高等教育的范围极其有限：1991～1992 年，总注册人数只有 4 533 人，其中还包括在国外接受训练的学生。布隆迪只有一所大学，即位于布松布拉的布隆迪大学，由 8 个系和 5 个学院组成。自 1964 年建校以来，它经历了数次变革，形成了现在的结构。8 个系包括法律、科学、经济和管理科学、医学、心理学和教育学、农业、应用科学、艺术和人文科学。5 所学院是大学内部组织的高层机构，但职业倾向比较明显：分别负责培养农业人员、高级工业技师、中等商业技术员、运动和体育人才、培训初中教师。

高等教育最普遍的学习年限为 4 年，但学习类型存在极大差异。尽管布隆迪大学提供的教育计划有了快速扩展，但仍有许多学习领域不能提供给学生，所以，每年都有大批学生借助双边和多边援助机构去国外留学：1991～1992 年有 729 人，其中，这一数字还包括去国外进行研究生阶段学习的学生，而布隆迪大学医学系和科学系的研究生计划刚刚开始。

3.2　学前教育

在布隆迪，只有城市地区才有学前教育，就读人数很少且基本都是私立机构。

3.3　特殊教育

布隆迪只有两所学校进行特殊教育：它们位于两个最大的城市，一所在布松布拉，另一所在齐特贾。两所学校都是私人经营的，专为聋哑儿童提供教育。

3.4　职业、技术教育和商业教育

如前所述，每个阶段的各种职业和技术学校都提供职业培训，目的是培养熟练工人和各个领域的中级技工。从长远来看，有些项目似乎表明中级技工供应相对不足，所有“A4”学校（3 年时间）都已经升级成“A3”学校（5 年）。技能培训的新领域业已形成，并且，鼓励私营部门开办这种学校。私立和公立学校似乎存在着劳动分工，前者主要从事商业类型培训，而后者涉及更多的工业类型。高级技

工由布隆迪大学的5个专业学院培训。

3.5 成人和非正规教育

校外教育董事会受委托协调组织非正规教育,该董事会原属教育部,现归属手工艺、职业训练和青年部,它通过设立专门中心和实践活动工场,让年轻人尽快掌握有用技能,来管理那些小学辍学的年轻人。它还以提高失学者的自我就业能力为目标。因此,在1981年,为了帮助小学失学者进行农业、建筑、家畜管理等方面的培训,建立了所谓的“多用途学习中心”(MLC)。这些多用途学习中心虽然数量上(1988年100所)有所增加,但是没有完成其真正目标。因为它们缺乏技术装备,也不实行学分制,参加者很快失去了兴趣,反而对在远离农村环境的现代部门寻找领取工资的工作更感兴趣。

全国扫盲办公室已经成立,目的是逐渐根除成年人中的文盲。它为扫盲活动设计方法和初级读本,而扫盲活动大多由私人团体和非政府组织负责执行。有一个特别的非政府组织——INADES——管理运作一个函授课程,目的是给农村成人提供关于肥料和与农业有关的其他信息。至今,有将近1万人参加过这个函授课程。

4. 行政管理结构与运行

负责正规教育项目的部门有两个:初、中等教育部以及高等教育和科学研究部。非正规教育由手工艺、职业训练和青年部负责,但该领域的多数项目是由非政府机构运作的,特别是宗教机构。每一个机构都采用自己的方法,之间几乎不存在协调。

初、中等教育的管理非常集中。不仅与课程开发和教材设计相关的所有事务由国家教育部门决定,而且它还参与教学人员的招聘、任命和报酬,甚至选拔小学毕业生进入初中也由教育部负责,它还明确规定他们升入的学校。

不过,就初等教育而言,许多行政任务指派给地区和当地机构。15个省的每个省都设立一名视察员,负责协调两三个学区视察员的工作。1991~1992年,全国共有44个学区,每个学区平均19所学校。学区视察员负责行政监督、教学支持以及监控和报告其所在学区所有学校的课堂教学情况。

就管理而言,小学有两种类型:位于人口集中地区、提供全日制6年课程的“中心”学校,它们靠近主流通信网络,由不承担教学任务的专职校长领导。与“中心”学校并列的是一所或多所卫星学校,它们称为附属学校,只提供部分课程,通常位于偏远地区。如果这种学校是不完全学校,就要求学生在另一所学校完成课程,附属学校归入距离最近的中心学校管理。1991~1992年,中心学校有497所,附属学校857所。

地区部门不负责管理中等教育,校长享有有限的财务管理自治权。布隆迪大学在行政和管理方面享受广泛的自治权,它由校长管理,校长任期四年,由共和国总统指定。制定政策是管理董事会的责任,董事会同样也由总统任命,他们主要负责与高等教育发展相关的主要活动领域。

5. 教育财政

教育财政数据在出版的材料上很难找到,原因如下:第一,投票表决通过的预算,总是在年初发布,它们仅仅是理论上的,与实际的开支不符。一年内要数次改动预算数目,才与政府的实际收入适应。第二,教育系统的财政来源非常多样化,对于诸如地方社区、家庭、企业、非政府组织和外国援助等非政府资助没有统一的审计制度。第三,来自地方社区和家庭的部分资助是以工作日这一实物形式投入的,用以校舍建筑以及维护方面。

不过,根据发布的数据,人们还是注意到教育的公共支出从1985~1988年有所增加。1985年,政府开支占国民生产总值的2.5%,1988年是3.1%。但就教育开支占全部预算的比例来看,教育开支的比例却下降了——1985年还占17.1%,到1992年减少到16%。在严峻的经济环境下,加之调整措施获得了优先发展权,教育似乎正失去优先权。近来,将某些政府费用转移给地方政府,以及要求家庭必须支付日益增加的学费这些动议也说明了政府开支的减少,家庭日益增加的经济限制也可以部分说明教育需求的下降和入学人数的减少。

财政资源在各级教育之间的内部分配似乎表明越发对初等教育不利。1990 年,初等教育占教育预算的 47%,1991 年为 45%,1992 年为 44%。相反,高等教育的份额日益增加,从 1990 年的 22%增加到 1992 年的 24%。而中等教育的份额一直停滞在 29%。初等教育预算的减少被视为实现全民基础教育目标的威胁。

各级学校教育单位成本的分析表明,1985 年,小学生的平均成本为 31 美元,中学生平均为 331 美元,大学生平均为 1 896 美元。小学生的花费之少令人震惊,而不同程度学生之间花费的巨大差异也同样令人注目。小学的单位成本较低在最不发达国家中并不罕见,布隆迪也是其中的一员,然而,这种较低开支对于提供高质量的教育构成绝对的障碍,因为高质量的教育需要提高教师工资以及提供充足的学习材料。

中学的寄宿设施和高等教育的免费入学等学生援助计划,可以解释不同程度学校教育单位成本之间存在的巨大差异。程度越高的学校,老师的工资水平也高,这也同时增加了单位成本。

6. 师资

1991 ~ 1992 年期间,公、私立学校共雇用了 17 000名全日制职员。其中,1/4 属于非教学人员,60%为小学教师,28.6%在中学和技校任教,高校教师占其中的 11.4 %。上述数字不包括中央和地方的教育行政人员,他们只占其中很小的比例。

过去许多年来,老师短缺迫使政府雇用大量的外国人和不够资格的老师,幸亏小学普及了两班轮换上课制度,教师短缺问题才得以明显缓解:1991 ~ 1992 年,大约 20%的小学教师属于不合格教师,与 20 世纪 80 年代初的 40%相比显著下降。按照两班轮换上课制度,每个老师教授两组不同的学生,学生在校学习半天,每周上午或是下午交替。

不久前,小学教师培训制度经历了多次连续的改革。在 20 世纪 60 年代,标准的训练制度是在初中毕业后进入教师学校,在那接受一年的理论和实际训练。60 年代后期,引进了一种平行的制度,由此,初中毕业后,未来的老师进入师范学校,在那里他们接受与师资培训平行的 4 年制普通教育,这样,拿到证书后,他们既可以选择教学,也可以继续接受高等教育。大部分毕业生更愿意深造。20 世纪 80 年代初,上述两种制度都取消了,取而代之的是一种新的制度,未来的老师初中毕业后,进入培训学校,进行 2 年师资培训,没有继续接受高等教育的选择。最后,80 年代后期,教育中学取代了培训学校,进行 2 年制的分两阶段的教师培训。

中学老师从布隆迪大学各个专业 4 年毕业后回到大学培训,有些教师,特别是为初中培训的教师,也在教育学院接受 2 年的培训。

小学教师的在职培训是课程开发机构——BER(农村教育办公室)的一项定期的重要活动。随着新课程/新教材的开发,地方课程被实施,目的是使老师熟悉新材料、提高专业知识。由于参与培训的教师数量众多,开设这些课程花销很大,因此需要外援资助。

BER 还利用对教师的每周无线电节目这一途径进行远距离培训。所有学校都配备无线电设备,而且学校组织收听节目。通过无线电节目,传授了新的教学方法,不同的观点得以交流,而且通过面谈、班级观察和报告等形式解决了实际问题。每月的教育日传统提供了进一步学习的机会。教育日的项目遵循 BER 安排的一般计划,但同时,也使其适应当地的需要。同样,在 BER 的帮助下,在视察员的领导下,所有学区还组织了季度教育日。通常在假期期间为不够资格的教师组织提高班,进行时间较长的培训(2 个月)。

对中等教育而言,类似于 BER 这样的课程开发机构也在运作,只是方法不同:有的进行普通教育,有的实施技术和职业教育。

在所有三级教育机构中,教师主要是男性,而且程度越高,男性老师越多。1991 ~ 1992 年,小学女老师的比例为 47%,中学为 21.6%,高等学校为 21.2%。

7. 课程开发与教学方法

课程开发集中进行,前面部分提到的特定机构负责实施。全部学校,无论是私立的还是公立的,全都使用同样的课程。由于这个原因,课程通常比较稳定,很少有什么变化。

BER根据小学开设的科目领域安排了许多小组,外加诸如评价小组等辅助小组。小学涉及的领域如下:基隆迪语(Kirundi,国语)、数学、环境学习、法语、实践活动、体育、科学、历史和地理学。并非所有年级教授上述所有的课程,低年级主要进行阅读、写作和简单的运算。3年级开始学习法语,到5年级时成为教学语言。宗教是选修课,家长可以给孩子注册一种主要的宗教信仰(天主教、基督教、伊斯兰教及当地的原始宗教等),或者选择道德教育作为替代。

全国的上学时间安排相当一致,1学年大约220天,分为3个学期,中间间隔着长达3个月的假期。如前所述,由于实行两班轮换上课制度,名义上的一天实际只是半天。

课程的采用是个长期过程,要经过许多连续的步骤。当BER的负责单位提出最终的建议之后,他们要服从部长的意见,部长授权他们选择几所学校,然后在既定的年级进行实验。紧接着这些实验项目之后,要进行经常的班级观察,教师和来自BER的研究人员展开讨论。课程实施1或2年之后进入评价环节,根据评价结果,然后制定改善计划,并且推广到所有学校。与此同时,老师和学生使用的有关材料由教育出版管理处(RPP)负责设计和印刷,该过程以一级接着一级渐进的方式实施。但是,由于在时间分配、规模和随同的学习和教学材料数量上存在着较大差异,课程的进展并非完全同步。目前的这一轮课程开发始于1973年的一次重要教育改革。

中等教育的课程开发由教育部下属的特定机构实施。所有的初中采纳单一课程,教学时间总计38学时,每学时50分钟。为了加速从初等教育到中等教育乃至更高一级教育的转换,最初几年强化了法语教学,因为前者的教学语言是基隆迪语,而后者采用法语教学。英语是教授的唯一第二外语,从9年级开始开设直到初中结束。这一阶段没有选修课程。

学生初中结束要参加全国考试,考试分数提交给全国指导委员会,该委员会负责指导学生选择一种机构,接受进一步的教育。他们可以注册普通教育(三轨)、教师培训或者各种技术学校。每种学校的容量有限,只能选择进入一种学校。因此,指导委员会的另一个作用是,确保学校招收学生的性向比较符合学校的要求,另一方面,学生也可以在他们自己选择的学校得到一席之地。但是,仍有一部分学生被迫进入自己没有选择的学校。人们注意到,随着受教育者失业的增加,学生和家长的态度在发生变化:虽然普通教育过去常被视为最佳选择,通往高层次教育的可能性更大,但是越来越多的学生改变了偏好,转向那些提供最安全就业前景的院校,换句话说就是技术和职业学校。

课程一旦被采用,在相关阶段就要作为强制规则实施。在小学和初中,课程实施的现场监控由校长负责。

课程领域的一个问题是关于初等教育阶段赋予法语的重要性程度。法语是管理、商业和对外关系语言,而且,它是基础教育后各阶段的教学媒体。因此,学生尽早掌握法语至关重要。但与此同时,很多人认为,法语对于从不用法语的农村人口来说作用不大,在他们看来,既然90%的小学毕业生不能继续升学,法语应该保持在最低限度。迄今为止,两种意见还不可能达成令人满意的平衡,这也同时说明初等教育终结性和预备性两种性质之间存在的长期对立。

8.考试、升级和证书制度

布隆迪初等教育的复读率过去一向很高,而升学率一向很低,这在说法语的非洲国家非常普遍。20世纪80年代初,1年级的复读率平均高达30%,而6年级达到45%。后来,1982~1983年引进一种近乎自动升学的制度,此后,各年级的复读率都保持在10%以下。此举的目的是减少较大的内部无效,但这一措施没有完全成功地得以实施,下列数字可以看出这一事实:1991~1992年,1年级的复读率是20%,2年级19%,3年级17%,4年级20%,5年级30%,6年级35%。初中的比例分别是:7年级11%,8年级14%,9年级17%,10年级20%。

每个阶段除了最后一年,升级是根据内部评估决定的,学生每年参加3次所有课程的考试,每学期结束时进行。尽管学习条件困难(班级规模大、教材有限等)可以解释低年级复读率高这一现象,而高年级的高复读率却另有原因:许多学生通过了内部考试,但在决定进入中等教育的外部考试中不及格;于是他们选择复读,给自己又一次机会。

如前所述,这一考试在全国范围内组织,非常引人注目。例如,1991~1992 年,53.4%的小学生成功通过了内部考试,但仅仅 8.5%通过外部考试。但是,考试成功率并非是学生初等教育计划掌握程度的度量手段,而是与中学现有的容纳能力密切相关。

在中等教育阶段,学生要想升级,全部课程必须达到最高分数的 50%。在高等教育阶段,仅在学年结束时考试一次,一般要求达到 50%分数。每学年分为 2 学期,每年的 9 月份学生可以重修他们 6 月份不及格的科目。一般说来,考试的通过率很低,特别是低年级。通过有条件地授予复读学生奖学金,该制度意在为学生施加压力,克服复读过多的现象。

9. 教育评价、评估和教育研究

利用法国政府的技术和经济援助,布隆迪 1989~1990 年实施了基础教育绩效评估。另外,教育部的 3 个教育办公室负责监控学生在课程开发活动框架之下取得的进步,他们还对老师在职培训和教室观察的过程中的工作进行追踪研究。

就有关教育系统量的资料而言,教育规划小组从 1964 年以来每年公布相关数据。所有学校,无论是私立的还是公立的,也不管是中学、第三级教育还是小学,每年在 11 月进行人口统计,然后处理各种表格,计算指数:入学率、年龄分布、内部效率、教师资格以及许多其他的基本数据。布隆迪大学也从事某些方面的教育研究,特别是心理学系和教育学系。这些系毕业生研究的许多主题涉及教育系统的许多方面,有助于对其有更好的了解。

10. 20 世纪八九十年代的主要改革

20 世纪 80 年代实施的最重要的革新之一是初等教育引入并普及了两班轮换上课制度,使得原先每个可利用的教室和每位老师能够为 2 个班服务,结果,这一革新促使教育系统普及初等教育的目标向前迈出了一大步。初等教育的入学人数从 1983 年的 260 253 人增加到 1991 年的 633 203 人。但是,教育需求下降的问题仍然非常突出,这无疑是由于教育质量恶化而造成的。

另一项值得注意的改革是在小学、初中和高中 3 个主要教育阶段结束时引入了全国考试制度。尽管小学毕业参加全国考试制度已经实施近 30 年了,初中和高中毕业参加全国统考还是最近才开始的。这种形式使得对所有学生的评价根据同一的尺度,从而,能有效地改进质量。

最后,20 世纪 90 年代初开始一项动议,通过大力支持社团创办学校,以增加中等教育的入学机会。这一步骤是从精英化中等教育观念向简单化、大众化和较少选择性类型学校的转变。

11. 2000 年面临的主要问题

尽管做了诸多努力,且 20 世纪 80 年代的学校参与有了显著增长,但最重要的问题依然是许多儿童和成人缺乏接受教育的机会。令人惊讶的是,甚至在 80 年代经济困难的条件下所取得的进展,到了 90 年代初却前功尽弃。理解这种现象并找出根本原因仍是一个挑战,它引起人们质疑究竟哪些因素影响农村地区的教育适切性和教育需求。

第二个主要问题是各级教育的质量日益恶化。这一问题的根本原因是教育开支水平极其低下,不幸的是,除了想办法增加来源,没有任何办法解决这个问题。中央已经尝试将部分负担转移到当地政府和家庭,但这一做法不利于全民教育的实现。

另一个主要的困难在于吸引和保留有进取心的、合格的教师。这个问题的根源是教师的工资水平低,购买力下降,而这是由于整体经济问题造成的。最后,尽管两班轮换上课制度极大缓解了教育系统的参与问题,但是,它对教师工作条件带来了消极的影响,而这原本就令人不甚满意。

M. 鲁伊赫拉(M. Rwehera) 著

李长华 译

附录

Bureau de la planification de l'éducation 1992 *Statistiques scolaires Annuaire 1991—1992*. Bureau de la planification de l'éducation, Bujumbura.

UNESCO 1992 *Statistical Yearbook 1992*. UNESCO, Paris

Ministère du Plan 1992 *Vme Plan de dévelopment économique et social, 1988—1992*. Ministère du Plan, Bujumbura

Rwehera M 1991 L'état de l'éducation dans les pays les Moins Avancés. In UNESCO *Documents et Rapports sur Politiques Educatives*, No. 2. UNESCO, Paris

World Band 1992 *World Development Report 1992*. World Bank, Washington, DC

其他参考文献

Chrétien J P 1979 La société du Burundi: des mythes aux réalités. *Revue FranÇaise d'études politiques africaines* 14:163—164

Conseil Economique et Social 1990 *Synthèse du rapport-Etude et analyse des problèmes de dévelopment*. Conseil Economique et Social, Bujumbura

Greenland T 1984 The reform of education in Burundi: Enlightened theory faced with political reality. *Comp. Educ.* 10(1)

Ministère de l'Education 1992 *Rapport à la Conférence Internationale de l'éducation Genève 1992*. Ministère de l'Education, Bujumbura

Mworoha E (ed.) 1987 *Histoire du Burundi-Des origines à la fin du 19me siècle*. Hatier, Paris

Ndimurukundo N 1983—1984 Une expérience originale d'éducation non formelle au Burundi: Les écoles Yagamukama. *Cahiers de Pédagogie africaine* 4—5

喀麦隆的教育制度(Cameroon: System of Education)

1. 基本背景

喀麦隆共和国位于西非和中非之间的三角地带。不平坦的地带从大西洋沿岸异峰突起,到乍得湖逐渐平坦下来,其国土面积 47.5 万平方公里。北部是热带雨林,南部是撒哈拉大沙漠。

喀麦隆西部毗邻英语国家尼日利亚,北部、东部和南部被法语非洲国家所环绕。喀麦隆的双语(英语和法语)教育政策,虽然是历史强加的,却加强了这种地缘政治局势。

喀麦隆正式建立于欧洲开拓殖民地时期,1960~1961 年结束了欧洲的殖民主义统治,国家获得了独立。从 1571 年开始即喀麦隆最初步入史册之时,葡萄牙、西班牙、荷兰、英国和法国探险者和商人开始沿乌里河(Wouri)进行贸易活动,乌里河水域生产对虾(或喀麦隆——葡萄牙语,喀麦隆因此而得名)。18 世纪末,奴隶贸易达到顶峰时,英国人在此获得了霸权地位。混杂英语不仅正式地用于学校教学,还成为继法语和英语之后的第三种大众交流语言。

1884~1914 年期间,德国统治了这一地区并确定了总体边界,划定了今天共和国的领土范围。第一次世界大战之后,通过国际托管地联盟,德国控制的喀麦隆被英国和法国瓜分,法国分得东部和北部的 3/4 领土,西部的 1/4 领土归英国。英国人把这一地区作为与其相邻的尼日利亚殖民地的一部分进行管理,在这里设立了学校,学生接受英语教学。英语成为读写工具,造就了一批当地精英,他们最终从统治者手中接管了政治领导权,而原来的统治者大部分是文盲。法国人建立的学校成为同化"土著人"接受法国文化的工具。正是由于英语和法语学校的建立,到 1946 年,联合国将这些托管地指派为联合国托管区,原德属喀麦隆变成了法属喀麦隆和英属喀麦隆。

独立以后,英属喀麦隆的南部地区选择与新的喀麦隆共和国重新统一,而北部地区仍然归尼日利亚联盟。1961 年,喀麦隆联邦共和国的新宪法宣布英语和法语为官方语言。从此,法语—英语双语的发展成为国家实现统一的最大希望,然而这也是教育的最大问题之一。

1972 年,管理结构改变为联合共和国,1984 年改为喀麦隆共和国。然而,两种教育系统同时存在使喀麦隆人将自己视为或者是说英语者,或者是说法语者。

1991 年人口为 120 万,60% 为农村人口,55%

的人口在20岁以下,50%人口为妇女。年出生率接近3%,城市地区的人口增长率约5.5%,农村约1.8%。较大城镇的人口增长率达到20%,那里的学校比较集中,成为农村外来人员的最大聚居地。

喀麦隆有超过230个民族语言社团。因此,语言是社会政治生活和学校教育的一个严重问题。虽然宗教传教士最初建立的学校使用当地语言,现在它们无一被用作学校的教学语言。多数青年人开始接受的学校教育是用英语或法语进行,尽管他们不是在学校才首次接触这些语言。学校进行过用母语教学的试验,但由于担心民族冲突,官方政府避免助长将一种当地语言发展为国语。

喀麦隆成为德国的保护国以来,经济结构经历了巨大的转型。最初,它属于维持温饱的农业经济,但20世纪90年代,还拥有了现代乡村企业、工业和石油勘探。种植农业对人民的社会文化生活产生很大的影响,尤其在引入有偿工作、融合少数民族和向内地传播接受教育的重要性等方面。然而,只有极少的私人个体从事种植耕作,种植也没有对耕作方法现代化有什么影响。农业仍然是以小型的家庭农场为主,超过70%的人口赖以维持生计。这些小型家庭农场主要生产咖啡、可可、棉花等,它们一直是国家的外汇支柱,直到1975年出现石油工业。游牧民族从事的家畜饲养是北部牧场的经济支柱。同样,这一行业也仍采用传统方法,不过,由于农民和游牧者之间的冲突日益升级,迫使政府机构采用现代化方法加强对农民的教育。

家庭农场收入,特别是在农村地区,对资助学校教育举足轻重。它能延长农村孩子在学校学习的时间,获得更高的文凭,赚取工资,提高社会地位。每位精英或政治领导者都有过这种背景。农业约占国内生产总值(GDP)的30%,第二和第三级部门分别占28%和42%。1975年开始,喀麦隆第一座精炼厂开始生产,石油收入占到国家预算的30%。但这些部门对教育的投入很难确定。

15~55岁的职业人口占人口总数的50%,其中,70%多从事维持温饱的农业,而且大部分农活仍由妇女来做。1987年,在公共部门之外挣工资的工人数目达到50万。脱盲率仅为60%,这也是不熟练工人众多的原因之一。但是,尽管学校毕业生的失业率一直增加,他们还是逃避手工劳动。

政府社会和经济发展计划开始于1960年,1986~1991年为第六个五年计划。这些计划的三个主要目标是:创建新的行业和服务领域,推动经济发展和实现经济的现代化、多样化;提高人民的生产力;每个计划结束时人均收入翻番(1960年为40美元)。

教育被当作实现国家发展目标的主要工具,力图灌输现代思想,取代衰落的传统信仰、态度和做法。最重要的是,技术教育尝试传授工业和服务部门需要的新技能。如此,人力资源投资推动了20世纪六七十年代中等教育和大学教育的扩展。

然而,从20世纪70年代末开始,各级教育的毕业生超出社会经济系统提供就业机会的能力。90年代初期,大规模的失业状况对过去30年的发展目标提出了质疑。

1961年采用的联邦政府结构将法属喀麦隆部分和英属喀麦隆部分归属到一个总统体制之下,该体制1972年取消,这是1966年建立一党政治体制的必然结果。此后,管理体制高度集中,地方政府几乎没有自主权,特别是学校的课程。不过,1990年开始了一个新的时代,像非洲其他国家一样,喀麦隆剔除了极权主义的一党政权制。不过,现在预测20世纪90年代初影响全国并使学校系统陷入混乱的那场动乱的后果有多大还很困难。尽管如此,公众要求解除中央集权,实行民主化,可望现有的政治领导接受变化这一趋势,以保证未来的社会经济、政治和教育体制和谐发展。

2. 教育政策与目标

从150年前开始,喀麦隆的学校就被看作实现政治和社会目标的工具。宗教传教士——现有学校体系的先驱者,引导学校进行福音传道。殖民者关心培养政权公务人员,遂用欧洲方式训练"土著人"。为独立而战的民族主义政党视教育为培养劳动力的手段以取代外国人和培养新国家的公民。因此,政府调整学校教育以适应有偿工作,文凭受到高度重视。除了这些目标,原法属和英属喀麦隆的重新统一要求将国家统一和民族融合作为教育追求的主要目标,特别是通过英—法双语体制。

多党制的出现使人们对教育改革抱有幻想。然而,对学校社会作用的理解与以前没有多大差别,仍然是希望学校毕业生能找到与所接受的教育程度相当的工作。学校仍是社会向上流动的工具。然而,未来政策的总体方向似乎正朝向使个人在更分散的学校系统中获得更多的机会,以适应多样化的经济体制,在这种体制下,私立部门的用人数量超过公立部门。

3. 正规教育体系

图 1 显示了英语和法语正规教育系统的结构,表 1 提供了各级教育注册情况的重要统计信息。

在喀麦隆,教育不是义务的,虽然 1980 年政府白皮书主张到 2000 年实现小学教育义务、免费。这也许不太可能,但如果用心规划,喀麦隆应该能够为小学年龄段 80% 的儿童提供免费教育。

1990 年,接受育儿学校教育的儿童有 90 万。所有公立育儿学校实行免费,占 4～5 岁儿童教育机构的 60% 以上。育儿教育或者由独立机构提供,或者一般作为小学的一部分。虽然育儿学校的注册人数持续增加,但他们只占适龄儿童的一小部分。城市尤其需要育儿学校,就业母亲数量的日益增加更是刺激了这一需求。

所有育儿学校实行统一的规划,由国家教育部督学团分部的特殊部门统一监督。该部还负责培训幼儿园教师并授予证书,许多教师接受过蒙台梭利方法指导。育儿学校每天只开放部分时间,通常上午 8 时到中午开放。教育成本远远高于小学,公立育儿学校家长要交纳赞助费,而私立学校家长必须支付全额学费。

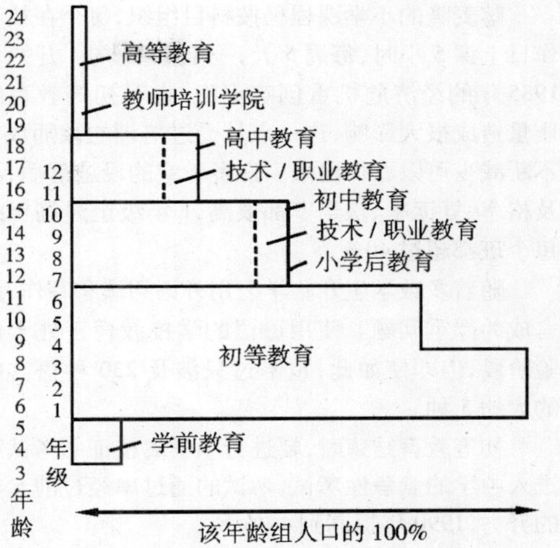

图 1 喀麦隆:正规教育体系的结构

3.1 初等教育、中等教育和第三级教育

儿童从 6 岁考试正式开始初等学校教育,但许多儿童 5 岁入学。法语学校学制 6 年,而英语学校学制 7 年。1990 年,在校小学生超过了 220 万,其中 60% 在公立小学注册。所有小学都是男女合校。

表 1 1965～1966 学年到 1990～1991 学年入学注册人数的扩增

	1965～1966	1970～1971	1975～1976	1980～1981	1985～1986	1990～1991
保育教育	–	–	–	41 000	–	91 000
初等教育	742 000	923 000	112 300	1 380 000	1 705 000	2 100 000
中等文法学校	29 000	310 000	105 000	169 000	259 000	397 000
中等技术学校	–	17 400	31 000	56 000	83 000	128 000
教师培训	–	–	–	2 100	4 000	–
大学教育	–	2 600	7 200	10 400	24 650	30 000

喀麦隆的小学课程仍按科目组织，每个在校工作日上课5小时，每周5天，一年约35周。开始于1985年的经济危机重创喀麦隆，也对初等教育的质量造成很大影响，这一点从受过培训的教师数目不断减少可以看得出来。许多教室的设施落后，不及格率、复读率、辍学率都很高，1年级至最高年级每个班都超过40%。

随着多数学生开始学习用外语阅读和写作，语言成为严重问题。使用母语的学校教育正处于试验阶段，但即使如此，也不过只涉及230种语言中的大约5种。

初等教育结束时，要进行小学离校证书考试和进入中学的竞争性考试，考试的通过率经过前5年的努力，1990年提高到40%多。

农村技工中心和家庭经济中心提供2年小学后培训课程，培训对象为年龄太大、中学不予录取的小学生。

20世纪60年代以来，中等学校教育的发展非常显著。然而，只有不足30%的小学毕业生能够升入这一阶段，中学生一般为11岁或12岁，学制为7年。女生数量迅速增加，1990年超过学生总数的40%。

中学的在校时间为5.5个小时左右，每年大约35个周，每年分为3学期。

中等教育仍带有英国和法国系统的痕迹。主要由于政治原因，为建立国家系统而促使两个独立系统一致的尝试没有成功。不过，两个系统都主要是普通教育的文法类学校，教学目标是获得普通教育证书和中学毕业证书。

由于中等文法学校的毕业生缺乏就业机会，刺激了对中等技术和职业教育的需求在20世纪80年代末不断增加。

公立学校仍然快速发展，而宗教组织由于支付教师工资方面的困难不愿开办新学校。但是，由于现有的中学只能吸纳30%的小学毕业生，私人开办的私立中学逐年增加。

独立以来，最显著的课程改革是引入双语学校教育，英语和法语都是教学语言。学科内容的更改主要通过英国、法国出版商提供的学校教科书，从而赶上这两个国家推行的课程改革。

喀麦隆1960年还没有大学，1962年创建了第一所大学，1979年，4个大学中心并入其中。大学设立3个学院，免费的公立高等教育政策使得所有成功完成中等文法学校的毕业生有机会接受大学教育。进入大学和高等教育机构要通过竞争性考试。1990年，这一阶段招收了4万名学生，其中有3.5万人就读雅文德(Yaounde)大学的3个学院。高等教育学制3年至7年不等，为学生获得学院的大学学位和专业高等教育机构的专业文凭作准备。

语言是高等教育的重要问题之一，主要原因是学生的中等教育背景存在差异，而他们必须根据教师的情况，或者跟随使用法语的讲师学习，或者跟随使用英语的讲师学习。语言问题加之教学设施不足等原因，造成有些学院的不及格率达到80%以上。

1990年，一所天主教大学学院落成，它的建成预示着私立高等教育的开始以及国家垄断高等教育的终结。

3.2 学前教育

学前教育只构成教育系统的一小部分，由日托中心提供。日托中心由私人和私立组织经营，收取高额费用。与育儿学校一样，这种日托中心在城市日益增多，中心的主要活动是组织游戏和提供看画和画画的基础知识。

3.3 特殊教育

与学前教育一样，特殊教育在喀麦隆只占一小部分。1987年的人口统计报告中没有残疾人方面的信息。他们的福利和教育由政府部门负责社会和妇女事务的特别服务机构管理。四种主要的特殊教育计划可以追溯到殖民地时期。宗教传教士在医院开办麻风病患者康复中心。尤其是弱视在北方越发成为一种普遍现象之时，盲人中心出奇稀少。学生学习点字法的基本知识以及手工艺和园艺(值得一提的是，1984年第一个从美国霍华德大学毕业获得博士学位的喀麦隆人是一个盲人)。

精神病人曾被禁闭在感化中心，但现在喀麦隆在首都城市开办了一家大精神病医院，其中，最大的中心之一专门医治残疾病人，该中心还为有身体残疾以及智力缺陷的学龄儿童开设了小学课程。

最后,许多学会接纳法院移交的年轻违法者。除了改造计划外,被收容者还为小学离校证书作准备。

大部分残疾人一般由家人照顾。不过,普通学校尽管没有为残疾人准备特殊设施,它们一般也容许有能力到学校就学的身体残疾者入学。

各级学校都有少量的身体残疾教师。他们要具备和他人差不多的资格才能找到工作,盲人教师凤毛麟角。不过,在穆斯林聚居的北方,盲人在古兰经学校当教师或"莫迪波斯"(modibos)。

3.4 职业、技术教育和商业教育

正规的职业、技术和商业教育在小学后从大约13岁开始。五年发展计划中政府宣布要支持这一部门的发展,1990年,该部门招生23.7万。商业教育是该部门的主要部分,对学生进行秘书技能和簿记培训,计算机技术教学甚至也正普及到有些偏远地区。发动机机械、木匠、泥瓦工等领域的职业培训及类似的商业培训主要招收男生,而家政中心专为女生设立,但这种传统的偏见正在瓦解,因为随着旅馆、游客和饮食生意的扩展,需要越来越多的受过培训的人员。

城市中心的建筑业极大促进了学徒工场的增长,这里招收的小学毕业生要超过中等技术和专业学校。

中等技术和职业教育结构深受法国教育课程模式和证书制度的影响,高等教育阶段的专业培训也仍然保留着这种传统。

职业、技术和商业教育在1975~1985年经济繁荣时期有了很大发展,但经济危机以来日渐走下坡路,尽管许多家长仍建议其子女选择职业教育而非中等普通教育,因为它毕竟提供了个体经营的可能性。在政府规划中,这一部门仍是优先重点发展项目。

3.5 成人和非正规教育

1960年以来,政府从三方面对成人和非正规教育的发展投入了极大精力。乡村农业官员的扩展农业促进了农业技术的现代化,经济作物的产量因此大大提高;社区发展致力于改善农村地区的生活,特别是妇女的生活;20世纪70年代的成人扫盲运动,尽管政府和联合国教科文组织投入巨大努力,但不是很成功。

妇女事务部创办于1985年,开展的项目主要是为了提高妇女的社会地位。

20世纪70年代以来,教育发展的重要成就之一是成人夜校的迅速扩展,成人在夜校为参加小学和中学证书考试作准备,学员多为女性。这些机构一般由私人开办,受私立教育法管制,收取学费,在学校以外的其他时间开放。

4. 行政管理的结构和运行

公民教育的宪法责任交由政府代理,而政府通过各级教育的所有公立学校实行免费政策以及为私立学校提供补助金行使其职权。重要的国家教育政策通过法令和总统令发布,例如,大学机构就是通过总统令设立的。通过这种形式,政府确立了对教育的高度集中控制权,两个部长一个执行初等和中等教育总统令,另一个执行高等教育总统令。

公立小学和中学是国家教育部的责任,教育部负责校舍建设和配备教学设施、招聘教师并确定教学计划和教科书。公立学校教师是国家公务员,享受与其他政府工作人员一样的工资待遇。

1990年,公立小学和中学占用的国家预算超过13%。

公立学校系统的管理结构像是一座大金字塔,教育部位于顶端,而处于底座的是10个省的地方代表或学校管理者。督察系统在结构上也是官僚主义的:首先是负责小学、中等文法学校、中等技术和职业教育各个部门的教育总督(GIP),他们由国家课程督察员协助工作,而这些督察员在各省都有各自的助理,督察员负责学校教学大纲、教科书、学校考试和教师监督。

负责高等教育的部长就大学事务做出最后决策,虽然每所大学都有管理议会。议会对教师聘任、晋升和解雇负有直接责任。然而,新系的设立、学位、课程以及像入学这样的校规的改变等等必须获得部长的许可。大学是公共机构,不收学费。每所大学的预算来自政府。多数大学生除享受免费政策外还接受政府的补助金,补助金的比例占大学预算的一半,而这正是喀麦隆第一所大学也是规模最大的大学发生动荡的最大根源。

1990年,教育预算超过14%用于高等教育。

另外，喀麦隆每年还拿出教育预算的 2% 作为奖学金用于学生到国外大学学习、培训。

个别高等教育机构不直接归于高等教育部名下，但教育部必须确保它们符合学术标准。有的机构直接由其他部开办，开展诸如农业、健康、邮政和电信、林业、青年和运动、规划、公共事业等领域的特别培训。它们授予的文凭一般被认可相当于第一学位，虽然这些机构不具备大学身份。

1990 年，私立小学和中学招收的学生占接受这一阶段教育 250 万学生的大约 35%。私立学校由私人和组织开办，但必须经过国家教育部的批准。学校所有者必须提供最初的基金，用于校舍建设和购买设备仪器，他们还负责聘任教师并支付教师工资，不过，政府给予一定的补助，政府补助金占私立学校教师工资约 60%。

天主教堂是最大的私立教育组织。1990 年，60% 的私立小学属于天主教堂，如果再加上基督教堂开办的学校，90% 的私立小学属于宗教组织。至于中等教育，虽然多数古老的、杰出的学校归宗教组织，但教育界以外业主拥有 55% 的私立中学。

私立学校的管理根据 1976 年和 1987 年私立教育法中制定的条款进行，这为政府向每所天主教、基督教、伊斯兰教和教育界以外业主开办的私立学校当局派驻国家代表提供了法律依据，每位国家代表由每个省的教会监督人或教育秘书协助工作。

所有私立学校必须使用与公立学校一样的教学大纲和教科书，必须接受教育部督察员的检查，学生必须参加官方考试。

自 1972 年取消了联邦结构，学校的管理和监督更加集中化。然而，说英语学校和说法语的双语体制再加之公、私立学校的并存使国家政策的执行存在着巨大的差异，特别是在课程革新方面。

5. 教育财政

归根结底，既操办公立学校又补助私立学校使政府承受着巨大的财政压力。学生家长是教育经费的第二重要来源，他们承担教育的社会成本。此外，家长—教师协会为校舍建筑和设备仪器提供资金，有时还要支付教师工资。

独立前及 20 世纪 70 年代初之前，学校建筑、设备仪器和教师工资等开支是国外援助的重要组成部分。90 年代初，由于设立本地教堂，这一来源大大减少。

1990 ~ 1991 财政年度，国家预算大约 15 亿美元，分配给各级教育 3 个亿。尽管由于经济危机政府预算开支削减，但公众对教育的需求迫使政府扩展学校、增加教育预算。教育投资仍将是今后 10 年的主要投资重点。

表 2 呈现了 1987 ~ 1990 财政年度教育预算在各级教育之间的分配情况。

表 2　1987 ~ 1990 年各级各类教育费用占国家预算的比例（单位：亿中非金融合作法郎）

	1987 ~ 1988	1988 ~ 1989	1989 ~ 1990
总和			
教育	123(19%)	91(16%)	112(18%)
国家	650(100%)	600(100%)	600(100%)
运作开支			
小学和中学	66.9(16.7%)	59.8(10.8%)	67.3(16%)
大学	34(100%)	27(7.1%)	34(8%)
补助金			
私人	6(1.5%)	6(1.6%)	6.5(1.5%)
国家	400(100%)	375(100%)	425(100%)
投资			
小学和中学	12(4.8%)	5.3(2.4%)	6(3.4%)
大学	12(4.8%)	5.3(2.4%)	6(3.4%)
国家	250(100%)	225(100%)	175(100%)

私立教育的财政支持主要来源于政府的补助金和家长缴纳的学费。大部分政府补助金(1990年为60亿中非金融合作法郎)投入了宗教团体开办的学校,特别是古老的、杰出的中等文法学校。1990年,私立小学和中学80%的开支来自学费,学费由国家教育部确定,但要听取私立教育国家委员会的意见,该委员会代表所有的私立学校经营者。

在公立和私立教育的各个阶段,教师工资都占学校预算的70%以上。1990年,公立小学和中学超过90%的预算分配用于工资。私立学校经营者试图通过雇用兼职教师和临时教师的做法解决这一问题,1990年,这些教师在多数学校都占到70%以上。

1990年,小学的生均成本为160美元,中学学术学校的生均成本为600美元,而中等技术和职业学校为1万美元。

6. 师资

1990年,小学和中学共有6.7万名教师。虽然女教师的比例开始增加,1988年达到4.1万名小学教师的35%,但大多数教师仍是男性。大多数校长是男性,尽管4个大学中心中有1个是由女性担任领导的。

教师短缺问题由来已久。从1987年开始,每年招聘的高中教师锐减,国立小学教师培训学院也停止招生。有经验的合格教师数量迅速下降。1990年,大约50%的小学教师只有小学毕业证书。

中学阶段的情形正有所改善,特别是私立中学,失业的大学生愿意接受这里的低薪工作。偏远农村地区的学校通常吸引不到女教师,尽管20世纪80年代末公立小学教师培训学院的学员多为女性。

小学教师的职前培训颁发三种等级证书——Ⅲ级、Ⅱ级和Ⅰ级,分别授予小学后经过3年培训的教师、普通教育证书普通水平后经过2年培训的教师和普通教育证书高级水平后经过1年培训的教师。中学教师在雅文德大学高级教师教育学校接受培训,高级中学毕业者培训3年,第一学位持有者培训2年。大部分教师培训学院归国家所有,主要是公立学校培训教师。私立的小学教师培训中心只有两个——长老会和天主教培训学校。

所有教师培训学院都执行国家教育部的官方课程大纲。特殊培训计划提供给将来在保育学校、家庭经济和技术职业学校工作的教师。而各类教师的在职培训以函授课程、研究班、专题研讨会、温习课程和出国旅行等形式进行。远距离教育还不存在。

小学和中学教师要带薪经过一段实习期。所有教师每年都要接受国家或地方督察员及校长的监察,作为一年两次增加工资的条件。

学校的最大问题之一是由于老龄化带来的有经验合格教师的数量迅速减少。到1970年,说英语的小学有超过70%受过培训的教师。现在,这些学校大量有经验的教师所剩无几,这些教师都是20世纪六七十年代培养的,当时,英属喀麦隆的小学教师培训学院超过12所。国际货币基金组织在其结构调整计划中要求喀麦隆减少教师培训和教师聘任,这必然会降低教育标准,因为在像喀麦隆这样的国家,教育标准很大程度上取决于教师的质量。

7. 课程开发与教学方法

虽然小学和中学所有学校的课程都是由国家教育部确定的,但找不到对核心课程的正式说明,只能从社会经济发展五年计划这样的官方教育声明和报告中推论国家目标声明。因此,有些国家目标与课程策略之间存在差异。

小学课程包括语言(英语和法语)、数学、自然科学、历史、地理、体育和手工劳动。中学课程实行分科教学,类似于说英语和说法语国家的中间学校。技术和职业学校提供多种商业领域的培训,包括:发动机机械、电子学、木匠、泥瓦匠和绘画等。公立学校也容许宗教教育,但在教堂开办的学校,宗教教育是必修的。英国—阿拉伯学校和法国—阿拉伯学校专为穆斯林儿童开设。

多数教学材料,特别是教科书从法国或英国进口。有些外国出版商为适应当地的教学大纲,他们利用当地作者编写或改编教材。然而,新教材一般由国家督察员批准,他们可能征询一线教师的意见。教科书的分发由当地书店负责。1991年,为降低一些小学教材的价格,喀麦隆与法国进行磋商,要求提供财政补助金。这一动议有可能促成一项新的教科书政策,使以往只关注修建校舍和配备教学器材的资助机构也参与教科书编制。国外组织也经常为学校图书馆捐助图书,帮助缓解学校阅读材料严重缺乏的局面。但是,捐助的许多图书不适合喀麦隆儿童。

中学毕业证书通常为选修文学或科学科目的学生准备,有些选修课包括西班牙语和德语。普通教育证书允许从15门课中进行选择,最优秀的学生选10门,英语、法语和数学是所有应试者的必修课。

粉笔和黑板除外,学习设施的改善取决于每所学校的经济状况,只有几所学校在特殊计划中使用录像带教学。

1960年以来,在协调说英语和说法语学校的课程方面所做的努力没有成功。学校教学大纲实行全国统一的企图经常激起说英语和说法语者之间的相互敌对,1983年和1987年爆发了全国罢工。

选修人文科的应试者多于理科学生,趋势正朝着有利于理科的方向发展,这是普遍认为选修理科的学生容易找到技术和专业培训机会的必然结果。

作为官方语言,英语和法语是学校系统所有阶段的必修课。不过,从中学的第三年,学生可以选择学习另一门外语:西班牙语、德语、拉丁语和希腊语。

所有学校必须在国家教育部督察分部的监督下开设官方课程。私立学校经营者必须保证遵守官方的条理和教学大纲。否则,他们有可能受到私立教育法的起诉。

学校课程与喀麦隆社会经济现状的整体不适应是个普遍问题,使用进口教科书和运用外语教学加剧了这种不适应。英语或法语掌握不好是学校系统各级教育中不及格现象的主要原因。

8. 考试、升级和证书制度

整个学校系统中,一年到下一年的升级要根据教师设计的考试成绩结果,而进入更高教育阶段要依据成功通过国家证书竞争性考试或选拔考试。

法语中学仍实行中学毕业证书制,而英语中学为学生参加伦敦大学的普通教育证书作准备。两种考试分别在1969年和1976年"喀麦隆化",不过,它们仍保持着从20世纪60年代继承过来的组织特征。现在,当务之急是要在考试制度中引进文化上适合的科目和考试,以及现代评价技术。

文凭对工作的重要性使得准备参加国家考试成为教学的主要目标。集中化的考试制度有助于引进标准化成绩测验,从而为整个学校系统、特别是为不参加考试班级的课程评价提供有益的基础。但是,这个进程需要10年才能完成。考试的导向通常还是测试知识而非技巧和能力。

9. 教育评价、评估和教育研究

国家高等教育部的规划部负责教育评估、评价和研究工作。20世纪70年代开展了学校系统的全国评估(Labrousse 1970),为了比较投入和产出,评估的重点围绕辍学、复读和学生平均成本等因素。有些评估结果令人吃惊,而且90年代初期仍然有效。例如,当初发现复读班是经济损失的最大根源,因为许多儿童花费了双倍的时间才完成学校教育,每批1万名1年级小学生中获得中学文凭的不足40人。这些发现促使说英语小学在1970年实行了自动升级政策,并且计划今后10年为学校配备的教师必须全部受过培训。80年代初,这些革新措施被取消。

然而,国家教育部关于年龄、性别、注册情况、教师资格等指数的年度统计报告提供了学校系统趋势的总体概况。对各阶段学校教育在写作、数理知识和读写能力等方面的成绩进行研究非常有用,可以大概了解学校的教育质量。

全国私立教育委员会在私立学校开展某种形式的年度评价,评价的依据是诸如教师资格、教学组织、设施、投入以及在官方考试中的成绩等指数。教育部根据这种评价报告对学校进行分类,在分配政府补助金时使用。有人建议将类似的考评推广到公立学校,因为这些学校没有经历过任何系统的评估或绩效考核。

为指导一个雄心勃勃的计划,深刻改革小学课程,1969年和1974年设立了2所研究院,但它们没有发挥显著的作用。1973年,国家教育学院成立并被委任对教育的方方面面进行研究,它最初的成果是审查中学的教学大纲和教科书,但1976年终止了审查,此后,该学院失去了明确的研究方向和活动重点。因此,由于在诸如双语体制等关键国家政策方面缺乏实质性的调查研究,很难评估政策制定者对研究结果的态度。

教育研究和评价的开支很难估计,但如果不能忽略不计,这个数目肯定微不足道。不过,通过世界银行和联合国教科文组织等国际组织委任的研究,对教育系统的职能也时常开展评估。1988年,一项世界银行的研究建议彻底调整大学系统,减少学生人数,削减奖学金开支。但是,要求大学扩大招生的压力迫使政府创建了2所具备充分资格的大学并增加了奖学金。

10.20世纪八九十年代的主要改革

20世纪七八十年代进行了几次改革试验。1969年开始了初等教育的乡村化改革,主要目标是使小学毕业生回归土地,从而制止农村人口大量外出的现象。但这一试验在1990年政策声明中几乎没有受到注意,与当初雄心勃勃的愿望相比,它实际上已经被遗忘了。不过,从那以后,手工劳动被确立为小学的一项重要活动。

说英语和法语的儿童就读同一所学校的双语教育计划自1963年开始扩展。另一门外语教学推广到许多小学,只是现在很难评价其效果。

在中学阶段,20世纪60年代末开始的双语试验形成了两种模式。许多学校提供说法语和说英语的两种中等教育课程,有些学校在传授科目内容时使用英语和法语作为教学语言。

说法语的学生家长对把孩子送到说英语的学校产生了极大的兴趣,越来越多的说法语学生也选择到说英语国家开始大学学习。虽然1983年普通教育证书考试改革没有按计划进行,但它确立了法语、数学、英语共同成为该考试的必修课。

1987年,拉丁语和希腊语再次引入中学作为选修课,但很难确定在中学毕业证书阶段有多少学生选修了这些课程。

1979年,4个大学中心成立。其中,3个中心的注册学生人满为患,只有英属喀麦隆的中心除外。原计划这个中心说英语,保留盎格鲁—萨克逊传统,该计划1991年再次得以执行。建立了许多高等教育技术和专业机构,致力于向农业、邮政、电信、宾馆管理、林业和食品技术等等社会经济系统的各方面提供高级培训。

11.2000年面临的主要问题

由于20世纪60年代开始的人口激增而导致各级教育的教室过于拥挤,这是学校系统在90年代将继续面临的问题。为解决这个问题,已经做了不懈的努力,其中包括使社团参与资助学校工程。

更大程度的地方分权是未来变化急需的方向,在这种分权体制下,地方当局将承担学校和改善课程等更多的责任。

由于教师短缺和教学设施落后等原因,教育质量下降了。处于学校教育后期的学生书写较差,成为标准下降很有说服力的一个标志。一贯的教师培训系统必须发挥其职能,还要更加注意确保留住有经验的、经过培训的教师,通过专业协会给予他们安全感。

学校课程革新的策略仍需要设计,以确保改革能够按照清晰表述的原则进行。这些改革还必须尽可能与20世纪90年代社会经济的目标相联系,教育系统应该传授能适应市场的技能,但又不把它作为唯一目标,课程的多样化应该取代现在的僵硬制度,国家教育目标应该明确地予以阐述。最后,喀麦隆必须向教育投入更多的经济资源。

O. W. 耶姆贝(O. W. Yembe) 著

李长华 译

附录

Blakemore K, Cooksey B 1981 *A Sociology of Education for Africa*. Allen and Unwin, London

Fanso G 1989 *History of Cameroon*. Longman, London

Gwei S N 1975 Education in Cameroon: Western precolonial and colonial antecedents and the development of higher education. Doctoral dissertation, University of Michigan, Ann Arbor, Michigan

Kale, J, Yembe O W 1980 Reforms in the educational system: A case study of IPAR Buea. In: Kofele-Kale N (ed.) 1980 *An African Case Study in Nation Building: The Bilingual Republic of Cameroon since Reunification.* Westview Press, Boulder, Colorado

Labrousse A 1970 *Le Financement de l'Education au Cameroun.* UNESCO, Paris

Lallez R 1975 *La Réforme de l'education au Cameroun.* International Bureau of Education, Geneva

Le Vine V T 1964 *The Cameroons: From Mandate to Independence.* University of California Press, Berkeley, California

Mveng E 1963 *Histoire du cameroun.* Presence Africaine, Paris

Rudin H 1938 *The Germans in Cameroon.* Yale University Press, Princeton, New Jersey

Société Internationale de Linguistique (SIL) 1981 *Rapport Annuel 1980—1981.* SIL, Yaounde

UNESCO 1962 *Report of the Advisory Commission for the Development of Higher Education in the Federal Republic of Cameroon.* UNESCO, Paris

UNESCO 1965 *Report of the Second Planning Mission to Cameroon, September-December 1963.* UNESCO, Paris

Vernon-Jackson H O 1967 *Language, Schools, and Government in Cameroon.* Teachers College Press, New York

Yembe O W 1979 Bilingualism and academic achievement in Cameroon secondary schools. Doctoral dissertation, Teachers College, Columbia University, New York

中非的教育制度(Central African Republic: System of Education)

1. 基本背景

中非共和国位于非洲中部地区,领土面积约为62.3万平方公里。中非属于内陆国家,被乍得、苏丹、刚果、扎伊尔和喀麦隆所包围。从地形上来看,中非共和国位于高原地带,成为乍得湖和刚果河流域的分界线。这一地区包括内陆水路系统,对于交通、商业和通讯非常重要。中非有许多重要的河流港口,其中,一个位于国家首都班吉(Bangui),其他分布在萨勒(Salo)和诺拉(Nola)。中央平原上升到山区,包括位于东部的和东北部的同杜山(Tondou)和蒙戈斯山脉(Mongos)以及西部的卡尔山(Karre)。

1988年,中非人口总数约为270万人,其中,近43%在15岁以下。63%的人口居住在农村地区。人口密度为每平方公里4人,人口年增长率为2.5%。人口中有许多少数民族,最大的一个是班达族和巴亚族,按人数计算,接下来是曼德加族、乌班吉族、萨拉族、姆布姆族、费尔提特族、波罗罗-富拉尼游牧民族和皮戈米耶斯族。许多欧洲人,主要是法国人集中居住在班吉地区。法语和桑戈语(Sango)用作官方语言。大约60%的人口具有传统信仰(主要是泛灵论者),20%是罗马天主教徒,15%是基督徒,而5%是穆斯林。

1989年,中非人均国民生产总值(GNP)估计为390美元(或人均国内生产总值290美元),多数人在农业部门就业,大部分农业生产还处于维持温饱水平。人口的大约6%受雇于制造业、工业和建筑业,4%在商业,1%在管理部门,接近45%的人失业。主要的出口作物是棉花、咖啡和花生。矿物质包括钻石,也存在着生产铀的潜在可能性。支出平衡出现赤字。

交通是中非经济发展面临的一个主要问题。实际上,中非有一个相当广泛的公路网,但没有很好地维护。由于季节的因素,公路只能在一年中一段特定的时期可以通行。交通主要依靠河流系统,尤其是流经班吉和刚果的布拉匝维尔(Brazzaville)之间的乌班吉河流域。人们曾经提议,在班吉和亚温德(Yaounde)之间修建铁路。班吉大机场和一些小机场促进了航空运输的发展。最广泛的国内通讯工具是无线电广播。

中非共和国于1960年正式独立。1976年,修改宪法并通过了新宪法。1987年,举行了民主选举,议会成员经过选举产生。1991年,对宪法进行了重新修改,设立了首相并开始实行多党制。

1988年,10岁或稍大一点的儿童中,有63%

的人是文盲。小学的毛入学率为67%(6～11岁儿童),净入学率为49%。1990年,平均班级规模小学阶段为83人,中学为72人。所有小学生中,17%通过小学毕业考试,通过中学毕业考试的中学生比例为19%。

2. 教育政策与目标

教育系统是国家独立时从殖民地时期继承下来的,20年来几乎没发生变化。这一学术体系的目标是培养少量的管理精英,这当然不适合国家的社会经济需要。因此,可以越发明显地看出,它面临着严重的危机。对在校生来说,多数处于学术轨,少数接受职业和技术教育,因为这方面的教育供应严重缺乏。中学结束时,文科的注册人数很多,而只有少数人注册理科,这导致许多中学毕业生失业。随着人口的增加和教育的民主化,学校系统人力和物质资源的缺乏加剧了危机。不但教育质量下降了,系统的内、外部效率也降低了。

1982年,中非全国上下关注教育和培训问题,反映共和国现实需要的新学校系统在这种形势下建立。新学校系统的目标是确保孩子在智力、体力、道德、公民和职业方面全面发展。孩子必须学习读、写、算,与此同时,培养他们作为一个公民所必需的工作意识与责任感。系统的总体目标是为所有人提供基础教育,一种普通的和实际的并与环境相关的教育。教学用两种官方语言——法语和桑戈语进行。教师的作用有三个:教书、担任社区领导、动员家长和社区其他成员参与学校事务。改革设想在中学阶段更加重视数学、科学和技术。

3. 正规教育体系

3.1 初等教育、中等教育和第三级教育

国家对6～17岁儿童和少年(小学和中学)进行义务教育。图1呈现了新的教育体系图表。初等教育学制为5年,学生完成2年的学前教育后6岁入学。5年以后,学生进入初中或者4年,分为3轨:普通、职业和技术、农业和工艺。高中为3年,有普通和职业两轨。高等教育培养学生达到高熟练水平,或从事高级管理、教学服务,或从事研究。

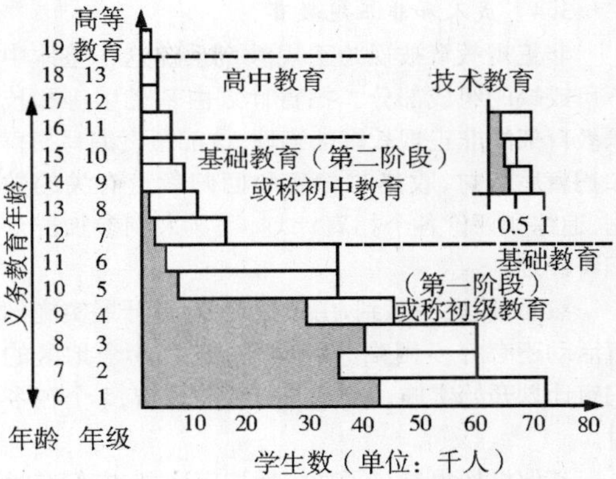

图1 中非:正规教育体系的结构

非阴影部分表明超龄儿童的人数,

阴影部分表明适龄儿童的人数

班吉大学设有法律系、法律和经济、人文、科学和医学,还有4个专科学校从事管理、商业、农业发展和工艺。1989～1990年,大学注册人数2 472人,在专科学校注册的学生为346人。

小学和初中的留级率很高,每年为30%。每学年有279个工作日(包括星期天),这一数字是从365天扣除所有的官方假日计算出来的。小学每天的正式教学时间为4.5小时。

3.2 学前教育

学前教育为2年,孩子4岁入学。学前教育的目的是促进孩子从家庭到学校的过渡,培养他们学习的习惯。

3.3 职业、技术和商业教育

学生小学毕业后,或者升入初中,或者进入当地的职业中心,在那里学习实际技能,准备从事当地社区所具有的各类职业。升入初中的学生选择进入学术轨或是职业、技术轨,中学也是如此。课程培训中心涉及下列领域:泥瓦工、木匠和金属品制作。技术学院开设自动机械、电工和管理课程,班吉女子技术学院开设家务科学方面的课程。最后,国家技工培训中心开设的课程包括珠宝、编篮、家具制作、皮革装潢和金属品制作。

目前,中非正在采取措施,努力增加适龄人口的入学率,鼓励更多的学生选修职业课程。

3.4 成人和非正规教育

非正规教育被视为正规教育系统这一整体中不可或缺的组成部分。扫盲计划由基础中等和技术教育部的非正规教育部管理,该部负责编写扫盲和扫盲后教材,收集与扫盲和回归教育有关的数据,追踪和评价各个扫盲计划,动员人们参加群众扫盲计划。

然而,应该注意到,由于缺乏资金,开展实施扫盲活动还有许多困难。1992 年,只有 8 个地区的扫盲计划开始实施,其中,3 个区在班吉,5 个在乡村。

其他机构也参与了功能性扫盲计划,它们有时独立工作,有时与非正规教育部合作。这些机构包括:地区教育和培训中心、奥汗 - 潘达(Ouham-Pende)地区发展中非机构(ACADOP)以及全国青年促进公民服务处(SCNPJ)等。政府还创建了一个特别委员会,加强扫盲活动。

中非共和国还存在着另一种教育形式——《古兰经》教育,内容是教授穆斯林社区的孩子《古兰经》。不过,《古兰经》教育因为语法、阿拉伯语、数学和文学等新科目的引入而具备了一种更现代的形式。据说,阿拉伯—伊斯兰学校包含一半《古兰经》研究,一半与凡俗学校相同的阿拉伯研究。

4. 行政管理的结构与运行

1986 年之前,中非所有的管理权利集中在教育部。1986 年之后,为了使教育部更加有效,对其进行了改组,将权利分化并建立了 6 个学区检查机构,并引入了现代管理方法和一个永久"控制"系统。此外,还建立了两个机构帮助改善管理系统,它们是国家再就业中心和国家教育研究和开发学院。

教育部有许多工作,其中包括:教育系统的总体管理,如政府条文所说的那样,概念化(conceptualization)、发展、实施和监督教育;规划所有的教育活动;监控私立学校系统;管理所有的考试和国家竞赛;财政来源研究;协调教育领域的援助组织。教育部的主要工作之一是为系统的总体管理和学校建筑、学校必需品和补给、教师培训等提供资金。大量的资金来自法国,其他资金以贷款或捐赠的形式来自世界银行、非洲开发银行和联合国开发署。

5. 教育财政

政府预算分配给教育的比例 1980 年为 29%,1989 年 21%,1990 年 19%。我们注意到,在这段时间,进行了 2 个结构调整项目,其中之一是缩减分配到社会服务、尤其是教育的资金。还应该注意,从 1980 年到 1990 年,教育的毛入学率从 72% 下降到 67%。

1990 年,教育预算(政府预算的 19%)在各级教育之间的分配情况如下:初等教育 53.8%,初中 14.4%,高中 21.0%,管理 4.6%,其他 6.2%。

1990 年,小学的生均费用是 47 美元,中学是 86 美元,高等教育 1 710 美元(1 美元 = 282.5 中非金融合作法郎)。

6. 师资

小学教师在国家小学教师学校(ENI)接受两年的培训,他们必须通过中学毕业考试方能进入国家小学教师学校。

截至 1986 年,拿到中学毕业证书的教师可以选拔进入高等师范学校(ENS),在那里进行 2 年的培训,然后成为基础教育第二阶段(初中)的教师。1992 年,初中教师培训暂停。

进入中学的教师是从获得学位的大学生中招收的,他们在高等师范学校接受一年的教师培训。1992 年,这些教师在高等师范学校接受了 2 年教师课程培训,获得了中学教育性向证书。中学教师就是从初中实习教师和中学教育性向证书获得者中招收的。

由于小学教师缺乏,中非实行了一项紧急计划,候选人不仅从有中学毕业证书的人中,还从在大学1 ~2 年级获得一两个大学证书的学生中选拔。通过这种方式,这个 9 个月的紧急计划培养了 234 位教师。

在有些省级学校,有一些社区教师是从毕业于基础教育第二阶段的毕业生中招收的,他们受雇于当地社区。1990 年,60% 的小学教师属于这一类。

1990 年,中非共有小学教师 3 582 名,初、高中教师 953 名,高等院校教师 410 名。其中,高校教师中,本国教师只有79名,外籍教师57名,274名教师是兼职教师。

7. 考试、升级和证书制度

在小学,教师每月进行评价和年底考试。学生若想升入高年级,年底考试必须达到一定的标准。然而,对那些参加每月一次的评估或年底考试的学生而言,教师可以决定他是否升级。小学结束时,有两类考试:第一个考试颁发初等教育证书,第二个是进入基础教育第二阶段的竞争性考试。

在基础教育第二阶段有学期评价。三个学期平均评价结果决定是否升入高一年级。初中结束时,学生参加初级证书全国考试。根据学生不同科目的考试成绩,他(她)被调整到高中的普通轨或职业技术轨。

高中也进行与初中同样形式的评价。高中结束时,学生参加中学毕业证书考试,通过考试的学生便获得了进入高等教育阶段的权利。

8. 20世纪八九十年代的主要改革

1986年,教育改革以法律形式确定下来,从1986~1990年五年计划时期开始实施。初等教育改革被赋予优先权。初等教育的目标是增加注册人数,提高教育质量。在中等教育阶段,科学和职业教师的培训得到优先发展。大学阶段,重点是传授更多的科学课程。

1990~1991年,中非出现了教师罢工,导致学校无法开展正常的教学活动,这显然影响了教育系统的改善。教师严重短缺,最重要的是,缺乏资金来处理学校建设、设备供应和师资等问题。除非这种局面得到改善,否则,教育目标很难实现。

9. 2000年面临的主要问题

如上所述,资金缺乏可能是今后几年的主要问题。许多高贵的词汇被用来描写孩子的受教育权,而且中非共和国也赞同1990年在宗滴恩举办的世界全民教育大会提出的教育目标,然而,在实践中,实现这一目标还需要付出巨大的努力。中非共和国的主要目标将是减少文盲(尤其是女童),促进学校的生产性工作,帮助学生进入劳动力市场,引入健康和环境教育,改善教师条件和发展私立学校系统。

教育是每个公民的责任,需要做出努力使当地社区和家长参与社区的学校教育系统,这是必要的,也是长期的、困难的。总之,挑战是巨大的。

D. 雷穆巴萨(D. Limbassa) 著

李长华 译

乍得的教育制度(Chad: System of Education)

1. 基本背景

乍得位于非洲中部,1979年记者们授予它"非洲柔软的胸部"称号。国土面积12.84万平方公里,南北长1 440公里,东西宽720公里,属于内陆国。北邻利比亚,东部和南部分别是苏丹和中非共和国,西部与尼日尔、尼日利亚和喀麦隆接壤,首都是恩加美纳。人口估计为500万,1980~1985年间,人口增长率大约为2.36%,20世纪90年代初接近3%。全部人口的30%多处于20岁以下,100多万处于6~15岁年龄段,他们之中的在校生不足一半(约为30万)。

乍得有两个气候带,辽阔的苏德诺-萨荷连(Sudano-Sahelian)地区为中间过渡带。北部地区土地贫瘠,畜牧业是主要的经济活动。南部是多树的草原,有许多湿润的河谷,农业是主要的经济形式。北部地区居民往往是游牧或半游牧的穆斯林牧民,南部地区的居民则多为农民,处于混合地带的一般是泛灵论者和基督徒。

乍得的经济支柱是棉花和家畜。农业占出口收入的90%,占国民生产总值(GNP)的57%。最肥沃的地区是南部,包括乍得中部麦游-克凯(Mayo-Kekki)、坦德吉尔(Tandjile)省以及洛贡(Logones)东部和西部。棉花一项占出口总收入的70%,北部游牧民族传统活动的牲畜饲养是赚取出口收入的第二大项(主要出口到邻国)。

通过与法国合作的方式,乍得在南方创建了一定数量的公司,包括乍得纺织公司和啤酒酿造厂。

对在乍得湖地区和洛贡流域发现的石油其开采工作虽然还悬而未决，但乍得已在其首都建立了三个石油公司（美孚、道达尔、壳牌），它们准备联合经营一个储存、出售和运输精炼石油的部门。美孚公司和其转包商在乍得南部经营一个由美孚、壳牌和雪弗兰（Chevron）合资的石油公司。

乍得有两种官方语言：法语和阿拉伯语。北方的通用语言是乍得阿拉伯语，和首都的语言一样；南方通用语言是萨拉班郭－巴圭缅语（Sara Bongo-Baguirmian）或萨拉语（Sara）等少数民族语，它们是这里仅列举的几个少数民族的语言：萨拉马德金盖语（Sara Madjingay）、甘巴语（Ngambay）和蒙巴米萨巴语（Mbay Miissala）。在结构上多少有联系的其他语种包括图博语（Toubou）、卡能波语（Kanembou）、卡托柯语（Kotoko）和马萨语（Massa）等。

乍得于1960年成为独立的共和国。历史上实行的王权继承制，成为今天文化和政治纠纷以及阿拉伯化东北部与南方泛灵论者之间紧张关系的根源。19世纪后半期，英国和法国争夺这块殖民地，1899年达成协议，由法国控制这一地区，并于1920年正式建立乍得殖民地，而乍得主权于1946年获得。独立以后，南方和北方发生了内战，70年代末期战争非常激烈。尽管签署了众多的和平协议和停火协议，内战实际上并没有停止。国际上对这场战争的态度分为两派，法国和美国支持一方，利比亚支持另一方。残酷的内战再加之萨赫勒（Sahelian）地区的连年干旱，导致所有的努力和大部分资源消耗于战争和抗旱，所以，直到1982年，投入教育的资源仍十分有限。

在战争和干旱时期，乍得的经济和社会福利状况恶化。学校注册人数是非洲最低的国家之一，接受教育的人口比例仅为25%，仍然沿用殖民政权时期的学校教育方式。乍得只有几条铺设的公路，没有铁路网，仅有的几个飞机场仅能处理商业飞机，而且成本昂贵。流经首都的柴瑞河（Chari，乍得最大的河流），直到20世纪80年代末期才有了常森吊索桥（Pont de la Chanson）。该桥之所以如此命名，是因为建桥费用来源于一场音乐会的募捐。该桥建立之前，跨过柴瑞河的唯一交通手段是渡船。

2. 教育政策与目标

乍得刚独立时，教育目标是为所有孩子提供基础教育，同时在可能的情况下，为成人提供基础教育。10年内，国家为改善正规教育系统做出了很多努力。然而，由于巨大的财政限制以及家长认为孩子没有受到合适的教育，这些努力基本都失败了。

1962年，在一项题为“曼多尔”（Mandoul）行动计划框架之内，库姆若地区的许多实验学校尝试引入耕作课程，并同时对课程和教学方法进行了改革。不过，这一成本很高的项目没有取得实质效果，原因是没有考虑当地居民的需要。1968年，将1962年的某些实验思想推广到更多的农村学校，这次主要是尝试将农业和手工艺课程融合到正规学校课程之中，使学校课程更加符合实际需要。

1973年开始，另一项改革计划开始实施，目标是改变殖民地时期的学校教育结构。这是一个雄心勃勃的计划，准备设立四个教育阶段，每个阶段达到的具体目标如下：

（a）第一阶段5年——孩子们掌握基础知识，具备适应社会环境变化的能力，能独立思考。

（b）第二阶段3年——旨在巩固和强化以前掌握的知识和技能。

（c）第三阶段4年——主要内容是职业培训。

（d）最后阶段类似于对尖子学生的高级培训，重点是培养国家社会经济发展所需要的高级合格人才。

上述极具竞争性的计划为学校毕业生从学校教育的每一个阶段进入社会经济生活设计了方法和途径。该计划的重要成果是促进建立了教育科学学院，而且，最重要的是，使乍得的教育系统改革以立法形式取得合法地位。此次改革背后的主要思想是，推动经济发展，使学校系统适应社会经济发展，促进乍得的文化认同，增进国家统一并合理利用人力资源。这场改革之后，唯一具体的改革成果就是建立了几所“实验学校”。

1978年，在上述哲学思想的指导下，小学开始提供基本的普通教育，兼之男孩子每周两小时在中级班和工场学习实际技能，在实际操作教师的指导下,他们开始接触庄稼耕作、金属制作和木匠等实际技能。此举的目标与新的教育哲学是一致的,后来被扩展到中学,为的是建立起"小学—中学—职业教学综合体"结构联系,将地区性生产活动与正规教育结合起来。新型学校将对与地区发展当局合作的家长协会和乡村社团开放。

1979 年,内战终止了所有的改革进程,良好的愿望和计划没有一个转化成行动计划,实施教育政策的操作策略也没有得以明确。尽管如此,这些计划的一些有价值的成分仍被保留了下来,特别是在"当地学校系统"时代引进的"家长协会"和"乡村社团",为乍得未来的学校系统提供了新的教育合作伙伴。正是这一"合作伙伴"在战争时期(1979~1982)经营着乍得的学校系统,甚至在学校建筑被完全毁坏的地区,它们也从来没有中断工作。1992 年,立法步入正轨后,"家长协会"获得合法地位。

1982 年,全国各地的学校重新开学。国家教育部的主要目标是将学校系统恢复到战前结构。1985~1988 年,乍得实施了一项紧急计划,整修学校建筑,对教师进行培训和再培训。这是一个充满挑战的时期,最后,大部分学校系统重新步入正轨,主要的教育问题被重新评估并合理地提出,为 2000 年学校新发展铺平了道路。

3. 正规教育体系

乍得的教育系统几乎是按照法国的教育结构建立起来的,包括学前机构、初等教育、中等教育和高等教育机构。图 1 描绘了教育体系的结构。

3.1 初等教育、中等教育和第三级教育

基础或小学教育进行 6 年,学生的入学年龄在 6 岁或 7 岁。小学毕业要进行考试,根据考试成绩或进入中学或进入职业培训中心。

中学分两个阶段,第一阶段为 4 年,学习结束时学生获得初中学习证书(BEPC),作为中学第一阶段的离校证书。第二阶段获得中学毕业证书,它是进入乍得大学等高级教育机构的前提。

乍得大学是最杰出的高级培训机构之一,属于教育系统的第三阶段。大学有 4 个系:人文和社会科学、法律和经济、精密科学和应用科学以及医学

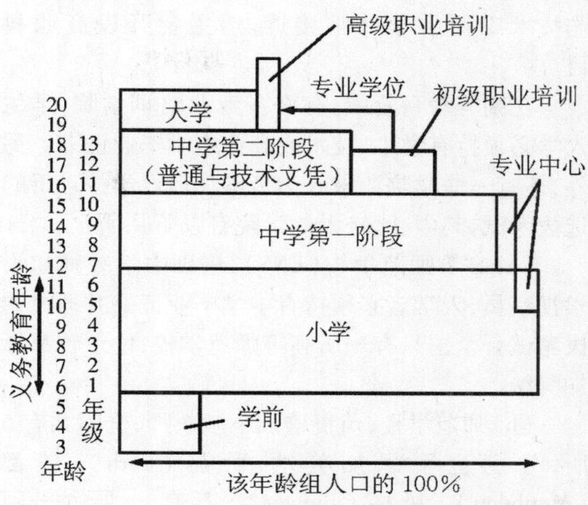

图 1 乍得:正规教育体系的结构

研究。每个系划分为两个阶段,第一阶段授予普通大学毕业证书(DEUG),第二阶段授予相当于硕士学位的学士证书。乍得大学终止了在 20 世纪 70 年代末期开始进行的硕士学位计划。

3.2 学前教育

在乍得,学前教育机构大致由托儿所和幼儿园组成。3~5 岁儿童随时可以入学,但只有少量儿童就读托儿所,它们一般只设立在农村,免费入学。教学以玩为主,培养孩子的社会化,以便进入小学。

3.3 特殊教育

虽然乍得并非没有智力缺陷和身体残疾儿童,但学校没有为他们提供特殊教育服务,因而,残疾儿童无法上学,他们只好留在家里。

3.4 职业、技术教育和商业教育

学生小学毕业后,或者进入职业培训中心,或是进入工业—商业学校。职业中心是多重目的的学校综合体,在中心所在地以生产的形式将技术和职业培训与手工和实际工作结合起来。技术学校有两种,第一种是技术培训学校,学制为 3 年,完成 1 年初级中等教育的学生方能入学,学习结束时,颁发职业性证书(CAP);第二种是与高级中学并列的技术工业中学,学生只有获得初中学习证书(BEPC)并通过特殊入学考试才能入学,学制为 3 年,学习结束并通过考试的学生获得技术证书或中学毕业技工证书。还有一所学院—技术商业中学

与技术工业中学非常接近,但主要开设商业科目。

在高等教育阶段,有许多专业培训学院,学生入学必须持有学术、技术或商业中学毕业证书。另外,还有一些学院要求入学者参加自己学校进行的选拔考试,其中,比较大的学院有以下几所:

(a)高等师范学校(ENS),培训中学教师和小学视察员,入学者必须持有中学毕业证书并通过选拔考试。全国只有一所高等师范学校,位于首都恩加美纳。

(b)师范学校,负责培训小学教师,全国共有5所,分别位于恩加美纳、萨赫(Sarh)、芒都(Moubdou)、邦格(Bongor),还有一所法—阿(Abeche)双语师范学校(法语和阿拉伯语)。

(c)管理和司法师范学校(ENAM)位于恩加美纳,培训管理者、法官和其他行政代理人。入学者必须持有中学毕业证书并通过选拔考试。

(d)中学第一、第二阶段,学生可以进入公立职业学校接受工程师培训,该校位于恩加美纳。

(e)国家公共健康和社会学校坐落于恩加美纳,培训社会工作者、护士和助产士。

(f)国家电信学校位于萨赫,培训邮政和电信技工。

(g)两所农业学校位于百黑里(Bahili),培训农业和林业技工。

4.行政管理的结构与运行

在乍得,教育部负责管理教育和执行政府的教育政策。教育部有5个主要部门:(a)内阁。(b)总务处(direction generale)。(c)服务处(direction de service,初等教育、中等教育的职业技术教育的独立部门),负责扫盲、保护民族语言;规划、考试和竞赛;教育计划;运动教育、青年教育和公民教育;高等教育和学术;科学、技术研究;管理、财政和设备。(d)外省处(des service exterieurs,首都以外地区称作省)。(e)高等教育机构。教育部由教育部长领导,由国家高等教育部部长和青年运动部部长协助教育部长工作。

负责教育某些方面的还有其他一些部门:农业和农业开发部、公共健康部、公共事业部、邮政和电信部。

全国共有14个省,每个省都有一个教育代表。地方分权在一定程度上存在,自内战结束后,国家始终致力于通过各省使乡村社团和家长协会参与教育。每个省和省分部都设有视察员。

5.教育财政

在乍得,所有的教育资金以往都由国家提供。1992年出现了3个合作伙伴共同参与资助教育的新形势,它们分别是政府、外援和家长协会。1992年,教育预算占政府预算的13.8%,政府许诺到2000年将教育预算的比例提高到20%。

6.师资

到独立时期和1987年时,乍得有两种教师培训机构。第一种是师范学校,负责培训小学教师,入学者直接来自小学和中学的第一阶段;第二种是高级师范培训学校和乍得大学。

为提高和改善教师质量,乍得1987年规定,小学教师应该持有中学毕业证书,准备进入中学任课者至少持有大学第一阶段学位(DUEL或DEUG)或证书。

在乍得,小学的两个基本特征是缺乏必要的教育标准和教学人员不足。小学教师的数量估计为6 215人,实际上从事教学一线的只有90%,另10%为行政管理人员。各级教育的教师分布情况

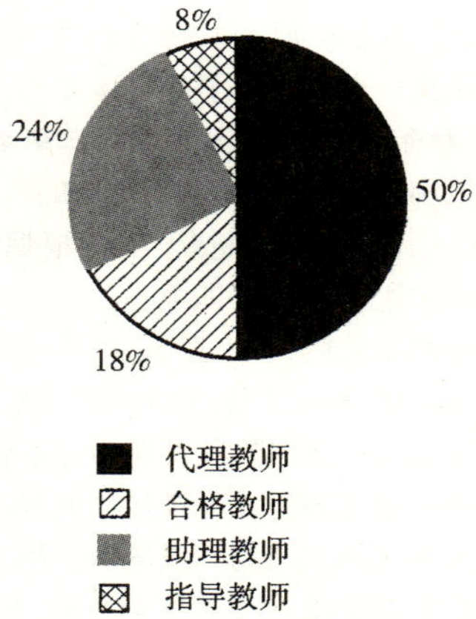

图2 小学教师的分布

如下:合格小学教师1 098人,小学助理教师1 513人,督学469人,3 135位代理教师根本没有教育证书。换言之,乍得至少有50%的小学教师没有专业教书资格。从图2可以看出教育人事在各级学校的分配情况。根据1989年的统计结果,公共部门共有公务员25 653人,因此,6 215名小学教师这一数字或小学教师占全体公务员24%的比例偏低。1988~1989年,乍得小学生的总数为425 000人,那么,生师比将高达68:1,与本地区平均数为39:1的国家相比,这一比例明显过高。然而,即使是68:1的比例还掩盖着地区之间的不均衡,在城市地区,例如恩加美纳、萨赫、芒都、邦格等地,班级规模甚至达到大约150人。

为解决中学教师不足的严重问题,乍得对唯一的一所高级师范培训学校的结构进行了合理调整,使其对中学第一和第二阶段的教师进行培训和再培训,帮助教师获得必要的资格。

1989年,中学教师大约有1 210人,其中,45%不具备中学教师资格,而且,某些科学学科教师总体缺乏。根据资格水平的教师分布情况如图3所示。

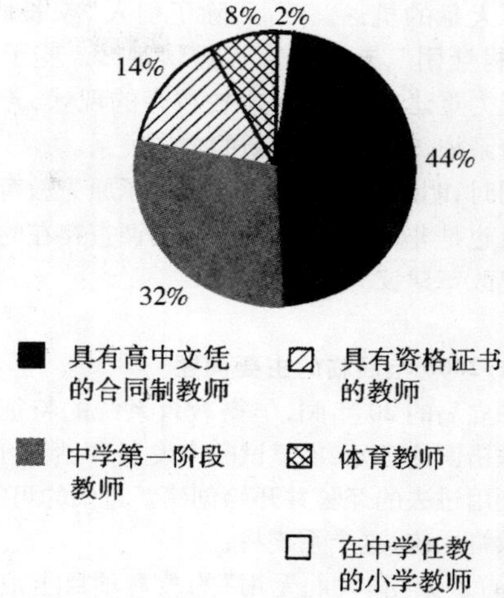

图3 中学教师的分布

在高等教育阶段,1988~1989学年乍得大学的讲师总数为57人,其中有30个持有博士学位的市长助理,27个持有硕士学位或理科硕士的助理讲师和10个实验助理。由于专职教师短缺,大学采取使用兼职教师的做法,聘任了67位兼职教师。尽管如此,讲师和其助教仍然背负大量的教学任务,使得他们用于研究工作的时间极其有限。

7. 课程开发与教学方法

科学和教育高级研究所(ISSED)负责课程开发和设计的全部过程。课程开发和设计过程要充分考虑政府制定的教育目标、目的。在内容方面,课程要设计得能够提供基本的技能。考虑到社会现实并使学校适应乍得学生的需要,1983年,乍得不得不对课程进行了修订。这次课程改编的一个主要特征是试图将民族语言引入学校系统。通过名为CONFEMEN(Conference des Ministres de l'Education Nationale)的国际法语组织,乍得政府认识到,孩子用母语学习"3Rs"很容易,因此,将民族语言引入学校系统被视为必须做的事。但是,此举有两个主要障碍:

(a)乍得语种繁多,不可能从大约270种语言中选择一两种作为民族语言。

(b)家长拒绝接受他们的孩子被使用乍得语进行教育,他们更倾向使用法语。

8. 教育评价、评估和教育研究

评价评估科学是乍得还没有系统开展起来的教育领域之一。评价是根据对参与人员教育背景的妄加猜测随意实施的。主要的评价系统继承于法国系统,所以,根本不存在系统的评价。评价的唯一例证是那些促使学生升班的考试。在这一点上,参加考试者参加的传统考试与具体的教育目标无关,而与科目和考题有密切关系。分布在从小学的CEPE到大学的硕士学位等传统考试的目的是对教授的课程内容进行评价。20世纪90年代初,这类问题有了进展,国家教育部成立了教育规划处,确立并试验了新的教育目标和目的。希望在不久的将来,评价、评估项目能纳入教育系统。

9. 20世纪八九十年代的主要改革

既然教育系统毁于内战,现代化新系统的建立就有了大量的机遇。然而，除了引入"家长协会"和"乡村社团"，新系统建设进展甚微。鉴于目前政府无力重建、重新装备学校校舍的现状，若想重建教育系统，有必要建立新的合作关系。

同时，明确哪些关键因素导致了原先教育系统的失败也是非常重要的，现已开始调查存在的弱点并提出改革建议。

11. 2000 年面临的主要问题

独立后的 20 年间，乍得教育系统的特征是不断地从错误的开始、反复试验中发展，内战之后，有机会利用过去的经验并开始创建新时代的可靠、稳定的教育系统，这个系统将：

(a) 避免在"大而无用"的教育项目上浪费资金(像 20 世纪六七十年代那样)。

(b) 提供给参与教育事务的家长协会更大的激励。

(c) 根据 1990 年宗滴恩全民教育大会的路线安排明确的优先发展项目。

(d) 更加重视国民为工作生活作准备。

除此之外，增加学校注册人数也非常重要。在小学阶段，计划正在制定之中，争取将注册率从 48% (1989) 提高到 60% (2000) 并同时确保降低辍学率，保证获得小学离校证书的儿童数量提高三倍。在中学阶段，计划将注册学生数量从 1989 年的 45 000 人增加到 2000 年的 76 000 人，其中，初级中学的增加幅度要大于高级中学。在工业和商业学校，计划将在校人数增加 20%。在高等教育阶段，乍得大学计划将在校学生人数减少 10%，但与此同时，增加科学系的注册人数，降低人文和社会科学系、法律和经济系的注册人数。

T. D. 莫德杰蒂巴耶(T. D. Moadjidibaye) 著

李长华 译

附录

Doromon M 1991 Problematique du système Educatif au Tchad. Unpublished Paper

N'Djaména 1990 *Réunion se Suivi de la Table Ronde Genève III*. Conference held in Geneva

Pamdegue A 1991 Système éducatif Tchadien. Unpublished paper

Bourdon J, Orivel F 1991 *Cadrage macro-Economique de la Stratégie Education et Formation du Tchad*. Dijon

科特迪瓦的教育制度(Côte d'Ivoire: System of Education)

1. 基本背景

科特迪瓦是一个西非国家，大致呈四方形。南靠大西洋，西部与利比里亚共和国和几内亚接壤，北部与马里共和国和布基纳法索毗邻，东部与加纳共和国交界。国土面积 322 462 平方公里，只占非洲大陆地表的 1%。科特迪瓦分为两个相当明显的生物气候带：北部是两季节变化特征(干燥和多雨季节)，南部是四季节特征(短暂的和漫长的雨季和两个干燥期)。

其他西非人从 16 世纪开始向科特迪瓦迁移，因此，当它 1893 年 3 月 10 日宣布为法国的完全殖民地时，六个主要社会语言群体早已成立了文化带，这六个群体包括：(a) 卡柔族(Krou) 或者曼格维族(Mangwe)；(b) 南部曼丁哥族(Mande) 或者边缘曼丁哥族(Peripheral Mande)；(c) 曼丁哥族(Mandingo) 或者中心曼丁哥族(Nuclear Mande)；(d) 塞诺弗族(Senoufo)、柯兰格(Koulango) 的渥尔泰克族(Voltaic) 家族或洛比(Lobi) 亚系；(e) 阿康(Akan) 家族的安吉－包勒族(Angi-Baoule) 亚目；(f) "泻湖人"(即为数不多的阿康族，沿海岸地区的泻湖而居)。

这些文化带和语言带今天依然存在。1989 年，科特迪瓦 15 岁和 15 岁以上人口的 46% 属于文盲(世界银行 1989 P. 326)，交流工具是各种不同的当地语言，但政府领导选择法语作为唯一可接受的官方语言。20 世纪 60 年代以来，法语应用于所有的官方事务——从教堂到教育活动，从政治到文化争论，从小生意到经济交易，从管理到司法事务。1986 年，科特迪瓦政府宣布法定国号为"科特迪瓦"而不是"象牙海岸"。

1990 年,科特迪瓦全部人口为 1 173 万人,年平均增长率 4.3%(世界银行 1992 P.11)。城市居民占人口总数的 46.6%,平均年增长率 5.6%。1980 年,首都阿比让(Abidjan)是唯一一座超过 50 万人口的城市,相当于当时城市总人口的 34%。的确,阿比让的人口从 1978 年的 130 万增加到 1988 年的 200 万,其中包括与科特迪瓦人竞争工作的 50 万非洲移民(Lamb 1988 P.120)。

20 世纪 80 年代,科特迪瓦劳动力人口总数为 35.47 万人(世界银行 1992 P.282),平均年增长率为 2.7%。其中,大约 65% 劳动力从事农业,8% 从事工业,27% 从事服务业。收入按最低工资计算,1980 年为 1 581 美元,到 1986 年减少到 1 061 美元(世界银行 1992 P.287)。80 年代,科特迪瓦工人达到的教育程度估计平均为 2.1 年。

1985 年,11.2% 学龄人口在私立初等教育机构注册,29.3% 在私立中等教育机构注册(世界银行 1992 P.330)。至今,私立部门还没有投资第三级教育,而主要是学前教育,包括"传统的"和现代的两种类型。1985 年,小学的入学率为 70%,但女生不足 18%(世界银行 1992 P.327)。小学的辍学率为 32%,而复读率估计为 28%。同年,中学的毛入学率为 19%,女生为 8%(世界银行 1992 P.337),复读率为 19%,女生为 22%(世界银行 1992 P.334)。

很不幸,这些统计数字反映了科特迪瓦政府自 20 世纪 60 年代开始进行的教育改革努力尚未成功。辍学率和离校率较高可能是以下原因造成的:政府坚持追随法国传统,取消了科特迪瓦社会尚存的、深厚的文化教育形式,以及缺乏进行必要改革的政治意愿。

2. 教育政策与目标

科特迪瓦 1960 年 8 月 7 日赢得独立,但此后的 30 年间,教育系统仍然模仿法国的学校系统。与法国系统一样,在科特迪瓦,教育被视为国家的主要责任,因而,教育是世俗的。然而,这里的教育在传统上以家庭为基本单位,随后进入乡村社团,最后进入族群。当年,法国殖民政权剥夺了这些族群的责任,移交给宗教团体,主要是基督教和穆斯林团体。20 世纪初,法国殖民政权独占了教育权利。独立以后,教育成为科特迪瓦政府的责任。

20 世纪 90 年代初的教育系统看似结构合理,但仔细审视发现其中充满矛盾,原因是传统的和现代的教育系统之间缺乏内在的一致性。这些冲突在六七十年代的繁荣时期没有暴露出来,但 80 年代的困境使一些没有解决的问题再次出现。科特迪瓦面临教育改革的新旧挑战。

3. 正规教育体系

在 19 世纪法国殖民者到达科特迪瓦之前,教育系统已经在科特迪瓦存在了。这种"传统的教育系统"始于孩提时代,从"母亲后背"(孩子被背在母亲后背时期)一直延续到"适龄"阶段。这种传统的教育系统一直保持到 90 年代初,它完全以两个基本概念为基础——"口述"和"训练",至今在城市的个别家庭还保持着生命力。而农村的情形是这样的:大部分科特迪瓦人将实施教育的责任委托家族中一位受人尊敬的长者,一般是伯母或伯父,或者另外一个知识丰富的成人。据说,如果没有这种教育的话,就会降低参与保存家族价值观和经济复苏所需要的积极性。

相比之下,现代教育系统与传统完全不同,它完全是依赖"写作"和"分析方法"。翁(Ong 1990)描绘了精神和社会结构在"初级口述文化"中的运行方式,他提出,接受过口述文化的人,从未受到写作系统的影响,他们通过"训练"学习。换言之,他们掌握知识是通过操练听力、重复和吸收民间智慧的精华。但是,巴蒂斯蒂尼(Battestini)指出,传统方式也拥有非洲语著作,认为它完全排斥任何书本知识是站不住脚的。传统教育培养了有识之士,他们在其社会团体履行自己的职责,包括传播各种知识,如法律事务、医疗服务、风水卜测和伦理问题等等。书本极其缺乏,只有几个有学问的人才有,尽管如此,任何人都可以通过"掌握语言"了解书中所包含的知识。对比之下,代表现代教育结构潮流的书本知识主要强调分析和分析技能(Bendor-Samuel 1984)。

3.1 初等教育、中等教育和第三级教育

科特迪瓦学校体系分为 3 个阶段,每个阶段设立不同的目标(图 1)。初等教育确保基础教育,中等教育保证普通教育和技术教育,第三级教育计划为人们提供高等教育,培养顶尖技能并使其成为专家。

初等教育的对象是 6 ~ 11 岁的所有儿童,细分为 3 个步骤,每步 2 个阶段:预备级 I 和 II 级,基础级 I 和 II 级,中间级 I 和 II 级——根据它们的法语词头区分为 CP1、CP2、CE1、CE2、CM1、CM2。

图 2 呈现了小学入学统计结果。1948 年,所有学龄儿童的入学率估计为 20%,此后一直到 1983 年持续增加,1983 年开始下降,到 1992 年,估计达到 66.5%。

通过入学考试、并在国家相关机构登记过的学

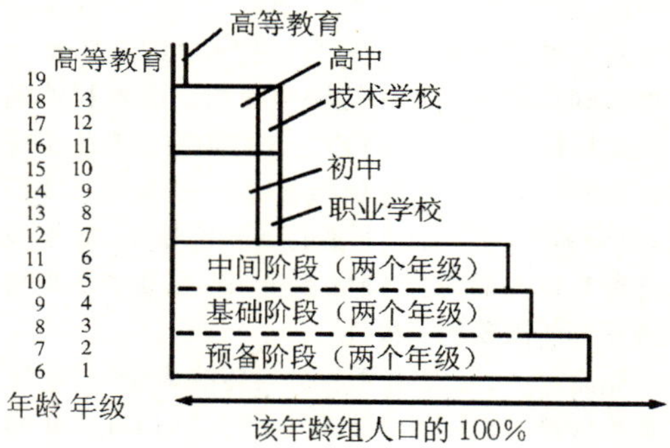

图 1 科特迪瓦:正规教育体系的结构

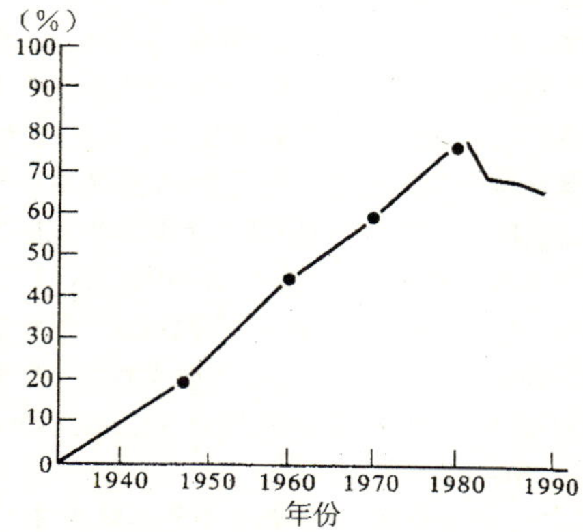

图 2 1940 ~ 1990 **年小学入学率**

生可以接受普通中等教育。应试者在 11 ~ 15 岁之间,取决于他们在小学最后一年复读的次数。中学分为两段:(a)初级普通中学,学制为 4 年,学生最后参加初中学习证书(BEPC)的考试;(b)高级普通中学,学制 3 年,学生准备参加中学毕业考试。高级普通中学的学生选读被称之为“A、B、C、D、E、F、G”序列的各个学习领域,这些字母分别与下列学习领域相对应:(a)文学、艺术和人文科学——A;(b)经济和社会科学——B;(c)纯科学和物理——C;(d)实验科学——D;(e)科学和技术——E;(f)应用科学、办公技术、商业和管理——F 和 G。成功通过其中任何一个领域中学毕业考试的学生可自动升入大学并获得学生津贴。但是,20 世纪 80 年代的经济混乱迫使教育当局改变现有的做法,特别是改变入学政策和财政支持政策。

1960 年,普通中学招生 1.2 万。10 年以后,中学生的数量达到 7 万,几乎增加了 6 倍,到 1980 年,再次增加到 23.8 万。虽然 1983 年的注册人数总计 26.9 万,但平均年增长率下降了,从 20 世纪六七十年代的 16%,猛跌到 80 年代初的 4.1%(世界银行 1989 P.126)。

高等教育实行双轨课程:大学叫“学院”,专门化专业学校称“专科学校”。第一轨由法律、医学和药剂学等学校组成,但学生拿到学位或文凭时,没有明确的就业前景,即使是大学毕业生的就业机会也很少。学院也包括致力于基础研究和应用研究的高等教育机构。阿比让国家大学(直到 1992 ~ 1993 学年还只有一个校园)作为高等教育中心成立于 1959 年,受巴黎大学领导。从 1964 年开始,大学获得了一直争取的自治权,但其前提是必须满足法国大学的行政和学术自治标准。

阿比让校园 1960 年招收了 300 名学生,1970 年增加到 4 400 人,1980 年达到顶峰 1.96 万人。1982 年注册人数少许下降,20 世纪 80 年代后期又有所回升。1992 年,2 万名常规全日制学生和3 000名夜校学生在个人继续教育处(Formation individuelle permanente,FIP)注册接受培训,大学所有的设备都达到最大限度,而学校建设时设计的学生容量为 7 000人,所以 2.3 万名学生使得学校拥挤不堪。为

此,决策者决定从1992~1993学年在鲍艾柯(Bouake)开办另一个校园,那里将容纳3 000名中学毕业新生。

3.2 学前教育

传统的学前教育与20世纪70年代实施的教育系统截然不同。在传统的学前教育背景下,儿童从"母亲后背"就开始非正规教育,家庭、田野和村庄的市场都是实施这种教育的天然环境,它是培养年轻人成为所在社区积极成员的一个开端,是他们与"成人世界的最早接触"(Roberts et al. 1973 P. 110)。学前教育是一项严肃的事业,它为以后的教育奠定了坚实的基础。

20世纪90年代初,科特迪瓦的决策者并不认为学前教育与初等、中等和第三级教育一样重要、一样值得关注,自然,也就不存在专门的行政或管理机构来开展学前教育。这可以理解,实际上,这个问题从没有在公开的场所讨论过——大部分农村妇女都是个体经营者,与城市领取工资的工作人员不同,她们不必受时间限制,因此,这些妇女能恰当地满足她们学前子女的教育需求。

尽管如此,5岁以下儿童死亡率仍然较高(20世纪80年代为163/1 000)已经引起了决策者的重视,这一年龄段儿童占1~14岁儿童的很大部分,而这个1~14岁群体已呈现出严重下降趋势,从1980年的48.3%降至1990年的46.7%。学龄前人口和其教育问题一直被视为社会事务部(1987年负责管理91所母亲学校或幼儿园)而非教育部的责任。

3.3 特殊教育

由于正规教育系统与社会文化环境不适应,特殊教育试图找到一种可行的方法,以解决决策者面临的日益紧迫的教育问题。例如,注册公、私立小学1年级的学生达到了80%,这项数据表明,在迈向普及基础教育目标上取得了巨大的进步,科特迪瓦有理由为此自豪。但是,这一进步的缺陷是辍学率和复读率太高(见第一部分),因此,特殊教育是为限制辍学和复读的负面效果而做出的特别反应,因为辍学和复读对全体学生造成不利影响。

其他教育系统通常不归负责正规教育的部门管理,它们的课程和班级由相关部门组织,例如,班热维尔(Bingerville)的农业中学归农业部,警察学校由内政部管理,护士或助产士学校接受健康部指导,盲人或弱视学院 和儿童村以及社会救助学校都由社会事务部、青年和运动部管理。承担教育责任的其他具体部门还有:原科学研究和文化部;国防部;公民服务部;工业和规划部;公共劳动、运输、建设和都市化部;原农业、水利和森林部(Gideppe 1990 P. 197)。

3.4 职业、技术教育和商业教育

为使其意识形态与殖民政策相一致,法国教育政策强调职业培训。实际上,早在1892年在科特迪瓦东南部阿波斯(Aboiss)地区的维尔迪尔(Verdier)农场就开办了第一所农业学校。尽管如此,科特迪瓦职业、技术和商业教育的历史证明,直到技术和职业培训部(1983~1986年期间,其自治权受到短命的全国最高教育行政机构的干涉)这一发育完备的部门成立、在赢得认可之前,它仅仅被视为普通教育的附属品。罗伯茨等人(Roberts et al. 1973 P. 123)这样评价科特迪瓦的职业学校政策:"1962年建的二十多所奇特机构提供各种证书、文凭和学位计划,包括从技工到工程师等一系列培训。"因此,从最初来看,决策者将教育看作对学术教育的一种投资,最终是为了得到一份白领工作,而不是进行实际的职业或技术培训。除了直接归属特定部门的机构外,技术教育和职业培训部负责对中等和第三级阶段所有与技术和职业教育相关的机构进行管理。

3.5 成人和非正规教育

关于教育与劳动力市场之间的联系这一长期争论可以溯源到非洲所有国家的殖民政府政策。为了有助于更好地理解教育的作用,有的教育家(Speak 1982 P. 98)提出将教育分为三类:(a)"正规"教育;(b)非正规形式教育;(c)非正规教育。斯比克认为,"正规"教育是指"高度有组织的、按时间顺序排列的系统,从小学贯穿到大学"。上述提到的即这种教育形式。"非正规形式教育"被视为"真正终身的过程,在这一过程中,每个人从日常经验和环境中获得态度、价值观、技能和知识"(第7部分要谈及这种教育)。"非正规教育",用斯比克(Speak)的话说,"是指在正规系统之外组织的活动,计划满足同一的对象和学习目标",下面即将谈到的从"扫盲班到学习驾驶"等活动范围均属于这种类型。

第一部分引用的文盲数量表明,15岁或15岁以上60%的妇女和33%的男性属于文盲。换言之,妇女文盲几乎是男性的2倍。为了解决这个问题,政府主要通过两个部门参与"非正规教育"——社会事务、运动和青年部以及技术教育和职业培训部。前者拥有一个"扫盲中心",教授法语阅读和写作;后者设立了国家职业培训局,负责工人的在职培训。无论是前者还是后者,虽然声称教学目标是面向城市以及农村的个体经营者,但似乎只局限于对蓝领工人进行培训,用斯比克的话说,两个部门监控的"非正规"教育仅仅局限于提高城市领取工资者的阅读和写作技巧。

的确,"非正规"教育这一概念的外延超出扫盲,不仅仅是获得阅读、写作和算术知识。与"正规"教育不同,它旨在获得工作技能。一项研究非常有说服力地证明,"正规"和"非正式教育"不能相互替代,而是"为人们从事不同的职业作准备"(Grootaert 1990 P. 309~319)。

4. 行政管理的结构与运行

教育是国家的主要责任,因此,总是称之为"国家教育"。1983~1986年间,科特迪瓦成立了一个最高教育行政部,直接负责管理整个教育系统,目的是实现国家教育统一系统的理想。

然而,这是科特迪瓦学校管理系统历史上最糟糕的一段时间,20世纪90年代初严重的学校危机直接归咎于最高教育行政部门的煽动行为和错误地颁布所谓的"道德重整"计划(Gideppe 1990 P. 192)。的确,在这种领导体制下,尽管对于"科特迪瓦新学校"的发展不乏夸大之词,但国家对教育的责任实际上日益下降。

事实上,1983~1984年间,在新的集中系统中,只成立了3所公立学校,与新成立的20所私立机构形成鲜明对比(FPI 1987 P. 141)。与此同时,在没有设立任何过渡期的情况下,国家将规划和开发小学的权力移交给新的、没有经验的市长当局(Gideppe 1990 P. 192),结果,随之而起的混乱导致多方法管理政策的恢复,而且在20世纪90年代初仍然使用。

国家教育部负责中等和第三级教育,直接监督普通教育机构,还为私立中等教育机构制定标准。教育部划分为许多地区董事会,以便能覆盖全国各地的分部。教育部是决定所有获得文凭的有效性的唯一机构,也对国内外其他培训机构颁发的文凭进行认可(Gideppe 1990 P. 197)。1991年,国家大学、教师学院和学生会事务统统归于一个新部,称为"高等教育和科学研究部"(Enseignment supérieur et recherché scientifique)。

初等教育由初等教育部管理,这个部门是科特迪瓦决定从1971年10月到1983年6月发起大规模电视教学计划时设立的。该部负责监督初等教育阶段的所有公立学校,并为本阶段的私立学校制定标准。它通过地区董事会发挥作用,董事会由许多初等教育视察员组成,每个视察小组的领导负责监控教学内容的质量和教师的能力。

在受到漫长一段时间的忽视后,技术教育和职业培训被置于一个自治的行政和学术部门的管理之下,该部门直接管理中等和第三级阶段所有的技术教育和职业培训机构。在中等教育阶段,教育和培训由国家技术与职业培训学院(INFTP)提供;在第三级阶段,提供教育和培训的学校有:专科学校、教育技术高级研究所(INSET)、技术与职业教育学院(IPNETP)。还有2所与职业相关的机构归属国家职业培训管理局和国家调节基金会。

5. 教育财政

科特迪瓦政府反复声称,教育必须占据首要位置,因为"如果我们(科特迪瓦人民)希望国家在短时期内全速发展,教育和文化就被看成是一种最佳投资"(Gideppe 1990 P. 188)。因此,他们愿意投入达43%的国家预算创办许多学校、聘任足够的教师,制定极有吸引力的工资水准,以鼓励更多的求职者申请教师职业和留住在任教师。为此,科特迪瓦的公务员工资标准特地制定了教师工资标准,教师工资与所有其他公务员工资脱钩(Gideppe 1990 P. 192, Komenan and Grootaert 1990)。

20世纪80年代前半期,科特迪瓦的教育开支和借贷(扣除还款)估计平均为国家预算的18.2%(世界银行 1992 P.191),然而,人们不禁要问,教育事务的“重中之重”神圣原则是否只是口头说辞。比较的评判标准是喀麦隆的教育统计数据,这个国家的人口规模与科特迪瓦非常接近,通过对比,也许能够说明科特迪瓦巨大的教育预算是否得到了有效利用。

1990年中期,和科特迪瓦一样,喀麦隆也是个中等收入非洲国家,人口1 160万,科特迪瓦的人口为1 170万。1985年,喀麦隆的小学注册率为94%,科特迪瓦是60%。1989年,喀麦隆中学的注册率是27%,科特迪瓦是19%。20世纪80年代前半期,喀麦隆的教育开支仅占政府总开支和借贷(扣除还款)的11%,而科特迪瓦是18.2%。同期,喀麦隆投入的人均教育费用仅为23.1%,而科特迪瓦是67.6%,几乎是前者的3倍。1980年,喀麦隆小学教员的数目是2.676万人,包括20%的女教师,而科特迪瓦有教工2.646万,女教师占15%。

科特迪瓦与喀麦隆的对比显示,人均公共开支较高并非是取得教育成就的必要条件,喀麦隆的人均公共预算开支低于科特迪瓦,但前者的教育投入回报显然好于后者(Ogbu and Gallagher 1991)。

6.师资

从历史来看,科特迪瓦社会采取各种形式的教育培训。在传统的教育系统背景下,塞诺弗人(Senoufo)“丛林教育”(poro)启蒙的圣林是提供教育人员所需要的机构。独立之前,为培养教师,教育工作者要经过三年的正规课程,课程由高级小学提供,它1925年建于艾贝里(Ebrie)泻湖的宾格维尔(Bingerville),离阿比让17公里。

20世纪30年代,在艾贝里泻湖另一边的达波(Dabou)成立了教师教师培训学院,随着科特迪瓦从法国殖民地西非联盟首都的基地教育政策中赢得更多自治,开始在全国实施新的培训政策。1946年成立了吉格洛(Guiglo)和柏艾克(Bouake) 男子培训学院,1953年成立了柯赫果(Korhogo)男子培训学院,1957年成立了波艾柯(Bouake)女子教师培训学院。国家独立以后,这些机构变换成普通教育学校(CEG),失去了教师培训学院的性质。

20世纪90年代初,有两种机构为初等和中等教育系统提供教师:第一种是高等师范学校,建于1964年;另一种是教育培训与促进中心(CAFOP),是作为20世纪70年代全国电视教学计划的支持机构建立的。

第三级阶段(大学而非专科学校阶段)的教师只有以高分获得博士学位者才能受到聘任。20世纪80年代初,法语非洲国家成立了非洲与马达加斯加高等教育委员会(CAMES),行使任期委员会的职能,负责监督大学教师从助教、副教授到正名誉退休教授职位的晋升。

7.课程开发与教学方法

有关研究(Roberts et al. 1973 P.114)描述了传统型非正规教育中课程开发和教学方法的不同步骤,研究证实,0~5岁是“与成人世界永恒的接触”时期,通过母亲的每个手势向孩子传达思想;紧接着是5或6岁至8岁,与个性化和个体与环境关系时期相对应;从8岁到青春期阶段的课程根据两个标准进行组织:年龄组活动和性别工作专门化。

但是,传统课程主要不是以非正规环境为基础的,在有些民族社区,如北部的塞诺弗人,他们有着非常显著的正规课程。“丛林学校”作为启蒙机构,被视为在欧洲式系统输入之前、科特迪瓦所固有的正规教育系统的遗产。的确,据说“丛林教育”是一种终身教育系统也是一种综合的学校课程。前3段每段持续7年,7岁、14岁和21岁的男子必须参加。

塞诺弗女性从儿童早期到青春期要经历不同于男子的、简化的“丛林教育”试验,启蒙过程终止于青春期。到更年期之后,她被看作无性人,因此,她又适合继续这种终身学习系统。如此看来,“丛林教育”启蒙跨越塞诺弗人从摇篮到坟墓的全过程,逐渐传授给他或她自我控制技巧以及承担社会和职业地位所需要的大部分知识。

20世纪90年代初的公立学校课程由中央当局设计和监控,而中央当局通过负责教育系统的不同部门发挥作用,这些部门的主要任务在于制作全国使用的教学大纲,他们承担的学术责任多于行政责任。在小学阶段,有一个课程计划总处(DGEP),与中学阶段的教学协调处相对应。最后,国家教育委员会主要行使行政权力而非指导教学,它由教学咨询员和学校视察员(每门科目设一位检察员)组成,委员会定期召集成员讨论课程问题,并将中、小学使用的不同教科书编出全国目录,这些课程包含有很少反映科特迪瓦本土文化环境的内容。

8. 考试、升级和证书制度

第一阶段学习结束时,学生参加两个考试,考试结果对他们未来的前程具有不同的影响。第一个是离校证书,它既不能提供社会收益也没有经济回报;第二个是全国考试,通过考试者可以申请进入中学第一阶段(CEG)。过去,通常的情形是这样的:成功通过第二个考试的任何人,可以自动享受包括教科书和学校补给品在内的奖学金。但是,由于资金缺乏,这种政策已经取消了,取而代之的是要求家长分担其子女的教育经济负担。

20 世纪 80 年代期间,初等教育注册人数持续减少。1992 年,平均 34.5% 的学龄儿童仍得不到接受正规初等教育的机会,尽管政府也制定了与 1961 年亚的斯亚贝巴教育宣言一致的普及初等教育目标。

此外,教育系统包含严重的选拔成分,致使 1 年级的辍学率为 30%,小学的复读率为 20%。这 3 个负面因素(34.5% 非入学率、30% 辍学率和 20% 复读率)证实了科特迪瓦的教育系统效率低下和入学机会公平程度不高。

到中学阶段,学生会遇到更激烈的选拔,而人们接受教育的机会进一步缩减。学生要参加 3 次考试:中学入学考试、中学第一阶段考试和大学入学考试,这 3 个连续的选拔参数导致形成金字塔形的教育系统,其特征表现为底座巨大(基础阶段 1 年级 80% 的学龄儿童),而朝向第三级(中学第一年的 17% 在中间,高等教育第一年的 1% 在顶端)时猛地变窄。

1991 ~ 1992 学年,241 489 名应试者参加 CEPE 考试,成功通过考试者计 147 045 人(61%)。在初中考试阶段,应试者 81 272 人,19 414 人(24.5%)通过考试。最后,45 015 名学生注册中学毕业考试,成功通过考试者 10 685 人(23.7%)。同样,金字塔结构有一个 61% 的大底座。4 年之后,金字塔坡度的陡峭部分减少了 36.5 个百分点,百分比降为 24.5%,参加初中学习证书考试和中学毕业考试的学生相差 0.8 个百分点。

9. 教育评价、评估和教育研究

1960 年独立以来,科特迪瓦对殖民教育系统进行过数次调整。早期主要致力于争取到 20 世纪 70 年代中期实现普及初等教育,为此发起的全国电视教育计划成为最初教育评估的一部分(Egly 1986)。后来进行过几次教育与劳动力市场关系(Bertrand et al. 1981)的评价,并以此为基础制定了一种衡量标准,该标准成为领导们要求教育需求服从发展和经济潜力的依据。1977 年改革法(从没颁布)旨在提高青年人融入经济系统的积极性。

1975 年,科特迪瓦领导为初等教育系统增加了一种叫作"评估服务系统"的评估工具。制作这种教育成绩测量工具背后的根本理由是使政策制定者能够通过电视同时监控各种远程教育,该工具得到了国际知名科学机构的大力支持,例如比利时列日大学(Liege)的教学实验室和斯坦福大学的电讯研究所。但是,12 年之后,电视计划及其支持评估结构失败了,不是由于经济、技术和教学上的困难,而是因为社会文化因素,这是政策制定者没有预先想到的(Egly 1986 P. 343)。

分别属于两个独立部门的高等教育和科学研究部自 1990 年合二为一。乍一看,高等教育部好像负责教学,科学研究传统上属于个体的活动,而现在它们被视为同一问题的两个方面。合并产生了积极的效果,两个领域能够互通有无,而不是各自为政。

为设立或巩固大学或高等院校的证书,国家还进行基础和应用研究。1966 ~ 1974 年间,成立了许多大学研究所:社会人类学学院(IES),热带地理学院(IGT),热带生态学院(IET),应用语言学院(ILA),非洲历史、艺术与考古学院(IHAAA),通讯研究中心(CERMOM),犯罪学,黑非洲文学与美学研究院(ILENA),数学研究院(IRMA),应用心理学科特迪瓦研究中心(CIERPA),经济与社会科特迪瓦研究中心(CIRES),法国问题大学研究中心(CUEF),城市建筑研究中心(CRAU),口头传统研究组(GRTO)。

10.20世纪八九十年代的主要改革

撒哈拉以南的非洲教育专家要求“复兴”20世纪六七十年代的“现有的教育基础结构”,到八九十年代形成“设计合理的教育策略”(世界银行 1989 P.3)。在科特迪瓦,为在道德和管理层面更新教育系统,1983~1990年这段时期被描述为“初创时期”(Gideppe 1990 P.192)。但是,90年代初严重的学校危机表明,这段时期更像是一种政治说辞和良好愿望而非真正的改革。看来,主要原因是对初、中等教育人口的实际需求分析过于肤浅,换言之,科特迪瓦90年代初的教育状况令人担忧,因为从来就不存在设计合理的教育策略,而只有一系列没有实际贯彻的改革计划。

阿什·阿绍安(Usher Assouan,委员会主席)负责制定的1977年教育政策和相关规定从未严格实施过,1983~1990年的教育改革被评价为当时管理部门实施的三阶段行动。第一阶段叫作“世界银行的三个教育项目”,从1980年开展到1985年,称之为“道德重整”,预设的目标是赢得教育系统所有参与者的信任。第二个阶段从1986年到1988年,由教育部发起,目标是改造现有的教育系统,确立明确的目标,例如引进公民和道德教育,宣誓效忠国旗和每天上午唱国歌等。第三个阶段始于1989年,强调对现有的人力和财政资源进行教育管理和行政管理,将中、小学规划和开发的权利下放,换言之,现在由地方管区负责教育。

11.2000年面临的主要问题

都市化迅速发展的现象以及由此带来的一系列社会经济和政治文化挑战将对科特迪瓦20世纪末来几年所有的教育问题产生巨大的影响。20世纪80年代期间,城市人口占总人口的比例以1%的年增长率持续增加,如果这一趋势以相同的速度继续下去,到2000年,城市人口将达到总人口的57%。这预示着到21世纪初,超过半数的科特迪瓦人口是城市居民,对诸如“丛林教育”启蒙仪式等传统教育途径的依赖程度将大大减少。

根据教育改革的历史和新出现的人口状况,在确认下个世纪的主要教育问题时得出一些假定的结论,它们列举如下:

(a)20世纪八九十年代的改革,诸如向国旗宣誓效忠和唱国歌等,将不再是教育改革的可行要素。

(b)科特迪瓦需要一场真正的讨论,探讨国家究竟希望实施什么类型的教育,而1990年4月30日多党制的出现将这种必要性提到了议事日程。学生团体自1990年来发生了变化,学生不再像前几十年仅仅局限于要求增加津贴或是关注社会事务,他们的要求具备了政治和理论性质,例如,他们要求更换负责教育系统的部门领导或大学校长以及学生会董事。且不管这些主张合理与否,但既然科特迪瓦正准备进行一场关于教育系统的全国对话,那么,无论如何必须考虑学生的要求。

(c)关于“科特迪瓦新学校”的争议包括许多方面,可以归纳如下:教育投资的经济回报、教育机会平等以及教育与劳动之间的比率。

上述只是需要解决的部分重要问题,政府和反对党领导需要共同合作,为科特迪瓦新学校系统的基础拟订原则。

P. 考克拉(P. Kokora) 著

李长华 译

附录

Bendor-Samuel D 1984 On the study of literacy. In: Kaplan R B (ed.) 1984 *Annual Review of Applied Linguistics 1983*, Vol. 4. Newbury House, Rowley, Massachusetts

Bertrand O, Timar J, Achio F 1981 The planning of training in the Third World. *International Labor Review* 120(5):531—544

Egly M 1986 L'utilisation de la télévision scolaire au Niger, en CØte d'Ivoire et au Sénégal. *Int. Rev. Educ.* 32:338—345

Front Populaire Ivoirien (FPI) 1987 *L'Education: Propo-*

sitions pour gouverner la Cote d'Ivoire. L'Harmattan, Paris

Gideppe (ed.) 1990 Education: La priorité. *Jeune Afrique Economi.* JAE, Paris

Grootaert C 1990 Returns to formal and informal vocational education in Cote d'Ivoire. *Econ. Educ. Rev.* 9 (4): 309—319

Komenan A G, Grootaert C 1990 Pay differences between teachers and other occupations: some empirical evidence from Cote d'Ivoire. *Econ. Educ. Rev.* 9 (3): 209—217

Lamb D 1988 A different path. *Wilson Q.* 12 (4): 114—131

Ogbu S M, Gallagher M 1991 On public expenditures and delivery of education in sub-Saharan Africa. *Comp. Educ. Rev.* 35 (2): 295—318

Ong W J 1990 *Orality and Literacy: The Technologizing of the World.* T J Press (Padstow) Ltd, Padstow

Roberts T D et al. (eds.) 1973 *Area Handbook for Ivory Coast.* US Government Printing Office, Washington, DC

Speak G (ed.) 1982 Education and literacy. In: *Cultural Atlas of Africa.* Mayfield House, Oxford

World Bank 1989 *Education in Sub-Saharan Africa: Policies for Adjustment, Revitalization, and Expansion.* The International Bank for Reconstruction and Development/The World Bank, Washington, DC

World Bank 1992 *African Development Indicators.* The International Bank for Reconstruction and Development/The World Bank, Washinton, DC

其他参考文献

Appleton S, Collier P, Horsnell P 1990 *Gender, Education, and Employment in Coted'Ivoire: Social Dimensions of Adjustment in Sub-Saharan Africa.* Working paper No. 8, Policy Analysis. World Bank, Washington, DC

Chaudenson R, De Robillard D (eds.) 1989 *Langues et Dévelopment: Langues, Economie et Dévelopement, Vol. 1.* Didier Erudition, Paris

Glaze A J 1981 *Art and Death in a Senufo Village.* Indiana University Press, Bloomington, Indiana

Grootaert C, Kanbur R 1990 *Policy-oriented Analysis of Poverty and the Social Dimensions of Structural Adjustment.* World Bank, Washington, DC

Kanbur R 1990 *Poverty and the Social Dimensions of Structural Adjustment in Cote d'Ivoire.* World Bank, Washington, DC

World Bank 1989 *Sub-Saharan Africa: From Crisis to Sustainable Growth.* World Bank, Washington, DC

World Bank 1990 *Primary Education.* World Bank, Washington, DC

埃及的教育制度(Egypt: System of Education)

1. 基本背景

埃及,全称“阿拉伯埃及共和国”,位于非洲东北部,包括亚洲西南的西奈半岛,地跨亚、非两洲,面积约 100 万平方公里。北临地中海,东濒红海、苏伊士湾和亚喀巴湾,苏伊士运河将西奈半岛与阿拉伯半岛隔开。埃及陆疆西邻利比亚,南接苏丹。

尼罗河纵贯埃及全境,并且把埃及分为下埃及和上埃及两个地区。这两大地区又被划分为 26 个省,包括大小不一的 150 个区和 808 个村。1979 年以来的地方分权运动大大增加了省、区和村等地方行政的权力,特别是村一级的财政决策权进一步扩大。

埃及的主要地形分区为东部沙漠、西部沙漠、尼罗河谷地及其三角洲。占领土面积 68% 的西部沙漠是一大块干旱贫瘠的地带,遍布起伏的沙地、移动的沙丘和巨大的深谷。卡塔拉(Qattara)、西瓦(Siwa)和菲姆(Faium)等山谷位于海拔以下。其中卡伽(Kharga)、法莱发(Farafra)、巴瑞亚(Bahriya)、达克荷拉(Dakhla)和菲姆等山谷耕地极为稀少。

东部沙漠,也就是著名的阿拉伯沙漠,占埃及领土面积的 22%,是一块深谷纵横的高原地带。

埃及的大部分人口集中在尼罗河谷地和尼罗

河三角洲,这部分地区只占全国面积的4%。除了尼罗河谷地和三角洲之外,在苏伊士运河两岸和红海、地中海及亚喀巴海湾沿岸也散布着一些居民区。

阿拉伯埃及共和国1990年的人口为5 500万,到2000年全国人口估计可达到7 000万。在20世纪50年代,埃及人口年增长率为2.4%,60年代为2.5%。而到了70年代,人口年增长率已经增长到2.75%,成为世界人口增长率最高的国家,这意味着埃及每年增加130万人。埃及的人口出生率约为每年40.9‰,死亡率约为每年11.0‰。

这样的人口增长速度对埃及的社会结构产生了巨大的影响。尽管埃及政府不断努力扩大可居住面积,但人口对土地的压力越来越大,尼罗河谷地和三角洲等主要居住地的居民生活空间是一年比一年狭小。1976年的人口调查显示埃及主要人口居住区(目前只占埃及全国面积的5.5%)的平均人口密度为每平方公里695人,当时已经是世界人口密度最高的地区之一;到了1990年,其平均人口密度增长到每平方公里835人,这些地区更是成为世界人口最稠密的地方。

在埃及,从事经济生产活动的人口只占全国总人口的一小部分。1987年只有1 450万人从事经济生产活动,约占总人口的28.3%。这主要是埃及的社会与文化因素造成的,其中最重要的原因是埃及妇女在社会中的地位。埃及妇女人口占总人口的一半,但是,从事经济生产活动的妇女只占妇女人口的5.6%。从事经济生产活动的人口少,还有一个原因就是埃及的人口年龄结构不合理,15岁以下的人几乎占总人口的40%。埃及人口中过高的少年儿童比重和过低的参加经济活动人口的妇女比重使埃及在消费、支出和投资方面的处境极为不利。

埃及还有一个特点是城市人口比重相对较高。城市人口占总人口的百分比一直在稳定增长,1950年为31.9%,1985年就增长到近54.8%。仅开罗一个省的人口到1990年,就将由1950年的近200万预计增长到1 500万。

如此之快的城市人口增长对生活空间、住房、交通、娱乐和其他服务需求的压力日益沉重。城市对耕田的侵占使情况更为恶劣。如果没有使用不适合农业的土地新建7个城市的规划,到2000年,埃及的耕地将减少15%。

一项对各经济部门流动人口的分类调查显示,埃及农业工人的比例从20世纪60年代的56.6%下降到1990年的38.5%;同期,制造业工人则由12%增加到15.1%。

1987年,埃及的总就业人数为1 240万,各部门所占比例为:政府部门人员19.1%,公共事业单位人员10.3%,私人部门人员70.6%。政府部门人员从1965年到1988年增加了137%,同期埃及人口增长了35%。从事农业的人数由1974年占总就业人数的46.5%减少到1988年的38.5%,职业技术工人占总就业人数比例同期由6.0%增加到10.5%。

为了避免大学毕业生的失业状况,政府做出原则性保证,如果毕业生在私人部门找不到工作,那么政府会在政府服务部门或公共企业中给其安排工作。这样就产生了一种恶性循环,即政府的保证引起了大众对高等教育的需求增加,同时政府不得不在公共部门增加不必要的职位安置过剩的大学毕业生,如此就使政府部门和私人部门较低的工作效率进一步降低。

1987年,埃及的失业人员占总劳动力的11%。较高的失业指数是由多种因素造成的,其中最重要的原因是由于土地稀缺和农业生产的日益密集性发展,从而导致埃及农业工人就业机会的增加极为有限。此外,迅速提高的教育水平使年轻人不愿意从事农业生产。

一项对埃及人口教育水平的调查表明,1986年已有4.1%的人拥有大学学位(在男女两性各自的总数中,男性占5.1%,女性占2.85%)。同期达到中等教育水平的人数已占总人口的21.7%(在男女两性各自的总数中,男性为30.43%,女性为17.45%)。这些指数是由埃及中等教育和高等教育的扩大造成的。1960年埃及10岁以上的文盲占总人口的70.8%,1976年为56.3%,1986年只有49.4%,女性的文盲人数比男性多70%。当然,尽管总的文盲比重在减少,而文盲总人数却增加了。

伊斯兰教是埃及的国教，埃及的官方语言为阿拉伯语。国家追求民主理想，埃及政府一直在采取一系列措施来反对封建主义、反对专制主义和反对剥削。埃及的义务教育达到五年小学水平，并且年限将会被延长。所有国家教育机构的教育是免费的。国家监督各级教育活动的进行，并保证大学和研究中心的自治，以使其能够直接面对社会和生产的需要。消除文盲是埃及的国家义务。宗教是基本课程，课程中还有许多有关自由、人的尊严、机会平等和防卫等的内容。

阿拉伯埃及共和国的人民代表议会由 458 名代表组成，其中 10 人为总统任命，其他由选举产生，约 50% 的代表为农民和工人。埃及还设有“顾问委员会”和“国家特别委员会”，其职能在于辅佐总统的工作。全国分为 26 个行政省，每省的行政长官由总统任命。1979 年埃及 43 号法案规定每省在教育、卫生、住房、农业、水利、运输等方面都有重要的行政职能。国家教育部负责颁布教育政策和制定总体规划，各省行政长官负责具体的实施与管理。

2. 教育政策与目标

1987 年，埃及政府宣布国家教育制度必须进行科学的完善，因此有必要审视教育的概念、结构、功能和管理。埃及的社会要成为一个人民素质高、教育水平高、能够充分受益于科学技术的进步、生产力水平更高的社会，与这样的社会要求相适应的应该是更灵活、更多样化的教育。

1989 年，埃及教育部颁布了教育的主要目标：

(a) 教育的目的在于强化民主，保证机会均等，并塑造具有民主素质的个人。

(b) 教育的目的也在于促进国家的全面发展，即创立教育生产力与人才市场之间的良好功能关系。

(c) 教育应该加强个人的国家归属感和保持阿拉伯文化的同一性。

(d) 教育应该通过对个体的自我更新和自我教育，实现受教育者的进一步学习和终身学习。

(e) 除了对学生进行阿拉伯教育、创新艺术和增强学生对环境的了解外，还应该发展学生的文学、数学、计算机和语言的知识与技能。

(f) 教育目标中在课程开发和评估方面将提供一个基本的规划。

以上方针是国家的整体教育目标。当然具体的教育目标会因教育阶段、地区、计划和个人的差异而不同。例如许多穆斯林村民学习读写的主要目的是为了更好地理解伊斯兰教；许多做父母的把孩子送到学校只是希望孩子将来不再从事手工或体力劳动。对于大多数人来说，教育就意味着文凭，能够给他们带来一份工作，享有稳定的经济收入和保障，拥有受人尊敬的社会地位。不过，这种动机已经开始变得不那么重要了，因为从 20 世纪 90 年代开始，私人部门的高薪职位逐渐增多。

不同性别也会产生不同的教育目标，不过这种差异正在迅速消失。最后必须指出，总体来说，那种过于强调说教的理论教育已经逐渐被一种实践性更强的教育所取代。

3. 正规教育体系

埃及教育体系是平行的两个教育系统：一个是世俗教育系统，一个是艾兹哈尔宗教教育系统。世俗教育系统由教育部组织和管理；艾兹哈尔系统则由艾兹哈尔事务部（在其他国家一般叫作宗教部）承办。除了这两个系统外，还有一些其他类型的学校，招收的学生相对比较少。例如，有为残疾孩子设立的特殊学校，为愿意从军的青少年设置的军事学校。当然也有一部分孩子则参加由各种机构创办的非正规教育机构。

根据 1988 年的统计，埃及同龄儿童小学的入学率为 92%，中学只有 62%（6～11 年级）。不过，小学的 92% 中，有 3.6% 的学生进入艾兹哈尔学校。

3.1　世俗教育制度

义务教育包括 8 个年级，这一阶段一般称之为基础教育阶段。在基础教育阶段之前，也有一些幼儿园和保育学校，不过一般都分布在城市。基础教育分为两个阶段：第一阶段为小学，从 1 年级到 5 年级；第二阶段（过去一直称之为预备学校）从 6 年级到 8 年级。不过在 1984 年，预备学校也成为

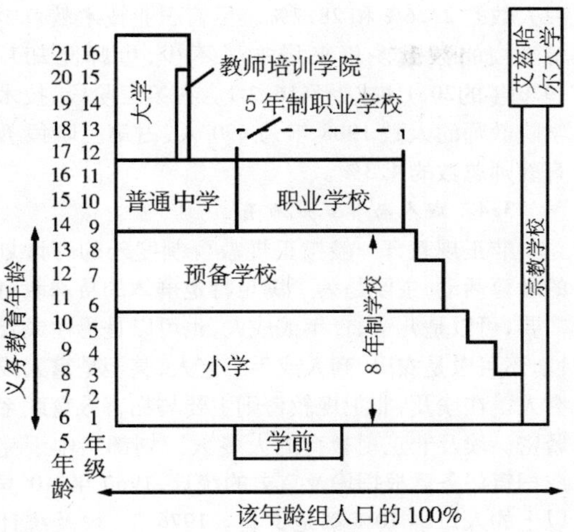

图1　埃及:正规教育体系的结构(1991)

了义务教育的一个阶段,因此再称之为预备学校,就不太合适了。

在8年基础教育结束后,学生有四种选择:离开学校不再上学;进入普通中学学习;进入3年制的技术中学;进入5年制的技术学校。

在普通中学,学生第一年(9年级)接受的教育都一样。到了10年级则要进行文理分科,以完成10年级和11年级的学习。在普通中学之后是高等教育,高等教育有综合大学和一些专业高教机构。专业高校有2年的、4年的和5年的,学业年限受所学专业的限制。从1991年开始,一些技术学校毕业的学生也可以接受高等教育了。

阿拉伯埃及共和国迅速增长的人口导致社会对教育的需求高涨,引起入学率增高。此外,因为在1952年革命之后,埃及一直把教育作为社会和经济发展的首要条件,不断致力于扩大本国教育事业,这也是入学率迅速增高的重要原因。

从1952年到1988年,埃及各阶段教育的总入学人数由190万急剧上升到1 030万。变化最大的是第一阶段,入学人数由1952年的140万(女性占37.8%)增加到1988年的690万(女性占44.4%)。同期,第二阶段入学人数由46万(女性19.4%)增加到240万(女性为42.5%),第三阶段则由5.4万增加到98万(女性34.4%)。

各阶段教育的女生入学人数始终低于男性。不过,女学生所占的比重已经明显变大,女生入学人数的增长速度已经高于男性。

接受第一阶段教育之后的教育的学生数量从相对意义或绝对意义上来说都有明显增长。第二阶段教育与第一阶段教育的学生比由1960年的24.2%增加到1988年的62%;第三阶段教育与第二阶段教育的学生比1960年为31.3%,1987年是27.7%。第一阶段教育的学生入学率(所有小学生占全国6~10岁儿童的百分比)1960年为66%,1988年为92%。

就高等教育而言,世俗教育制度中有220个高等教育机构,教师16 000名,学生695 736名(男生628 820名,女生66 916名)。

3.2　艾兹哈尔学校教育制度

艾兹哈尔学校教育制度在基础教育阶段与世俗教育很相似。不同之处就在艾兹哈尔学校更强调宗教学习。而其他的普通科目则与世俗教育学校一般无二。所有学生可以上到10年级或11年级,到11年级末,学生可以选择进行2年制的普通中学学习或者是2年的宗教课程学习。

在大学阶段,艾兹哈尔学校与一般大学极为相似,只是更为强调宗教学习。此外,教区内各级教师的教育与培训都由艾兹哈尔学校或大学负责。

艾兹哈尔学校的入学人数与世俗学校相比要少得多。1988年,艾兹哈尔学校的入学人数只有世俗学校总入学人数的3.6%。

在高等教育方面,1988年艾兹哈尔大学的入学人数占全国所有高等教育机构入学人数的14.3%。与艾兹哈尔学校较低的入学人数比例相比,艾兹哈尔大学在大学阶段14.3%的比例已经显得很高了。不过对这种现象应该稍作解释,这主要是因为艾兹哈尔学校的学生升入大学的比例要高于世俗教育系统,而且艾兹哈尔学校教育制度中没有技术教育学校。

3.3　职业、技术教育

从20世纪50年代开始,埃及就开始努力发展职业技术教育。职业与技术教育学校的数量1952年为134所(学生数为31 800人),到1960年已增加到460所(学生数为115 600人)。1970~1988

年，职业技术学校的总入学人数由 27.53 万人增加到 97.88 万人。这在当时分别占中等教育阶段总学生数的19.0%和 40.8%。

1988 年，埃及已有 563 所职业技术学校，其数量占中等教育阶段所有学校的 48.7%，而且职业技术学校的学生数量已经超过普通中学的学生数。这一年，职业技术学校的总学生数为 759 700 人，而普通中学的学生数只有 564 668 人。从 1970 年起，参加职业技术中学的女生的比例明显增加。

在第三阶段教育，据埃及国际教育研究中心统计，1988 年有 34 所高等技术教育机构，学生数为 59 400 人。这表示，高等技术教育入学人数占高等教育入学总人数的 7.5%。

职业技术教育中等学校的教师（一般都是高等学院或高等教育机构的毕业生）数量由 1970 年的 13 700 人（14% 为女性）增加到 1987 年的 42 800 人（26% 为女性），分别占当时中等教育阶段教师总人数的 23.6% 和 28.7%。尽管职业技术教育中等学校的数量多年来增加了不少，生师比却从 1970 年的20.1∶1减少到16.2∶1。在第三阶段，技术学院教师的人数 1988 年为 690 人，占第三阶段教育教师总数的 4.3%。

3.4 成人与非正规教育

非正规教育一般指正规教育制度外的有计划的教育活动，主要是为了满足特定群体的特殊教育需要，可以是儿童、青年或成人，也可以是男性或女性，还可以是农民、商人或手工艺人，甚至是富人或穷人。在埃及，非正规教育则主要与扫盲教育联系紧密。埃及非正规教育的大多数计划都集中于完成扫盲任务。根据埃及官方的统计，1960 年，10 岁以上的人口中 70% 都是文盲。1976 年，埃及统计的文盲总数（15 岁以上）有 1 330 万，占成人总数的 61.8%。到了 1986 年，文盲总数增加到 1 720 万，不过占成人总数的百分比下降到了 49.4%。

表 1　　1991 年正规教育入学率及相关统计数据

	第一阶段[a]	第二阶段	第三阶段
学生数[b]	6 900 000	2 400 000	980 000
各年龄段学生入学比例			
6～10 岁	92	–[c]	–
11～16 岁	–	57[d]	–
17～21 岁	–	–	16[e]
学校数	14 574	6 421	254
教师数	214 500	175 500	16 600
平均每学校学生数	474	374	3 858
生师比	32∶1	14∶1	59∶1
生均教育经费（单位：埃及镑）	56.1	121.1	441.4

a 因为义务教育只普及到小学水平（6～10 岁），并且正在向 8 年级延伸（即 6～13 岁），各阶段教育划分如下：第一阶段为基础教育小学阶段，第二阶段包括基础教育的预备学校阶段、普通中学、技术学校等中等教育阶段，第三阶段为高等教育

b 参照 1988 年数据

c 近似于零或忽略

d 11～16 岁的学生接受中等教育学生的百分比是指其占进入义务教育学校中的 92% 儿童的比例

e 17～21 岁接受高等教育的学生约占第二阶段学生的 27.7%

埃及女性成人文盲远远高于男性文盲。1976年,77.6%的成人女性(820万)为文盲,成人男性中只有46.4%(510万)为文盲。1986年比例为女性61.8%(1 040万),男性为37.8%(680万)。不过扫盲计划中也包括一些技术培训,主要目的是为了帮助人们找到工作,即使他们已经有一份工作,也可以通过培训而找到更理想的工作。

从1967年开始,埃及劳动部实施了培训升级计划,对那些已经完成小学阶段教育的和那些年龄在12~18岁之间没参加过正规教育的人进行培训。通过培训,他们将获得与新环境相适应的技术与能力。计划一般9个月长,其中7个月在职业培训中心接受训练,2个月在实地进行工作实践培训。接受培训的人员将会在公立或私立企业就业。

1984年,劳动部又创办了短期职业培训计划,一来使工人们获得一定的技能以满足市场的需要,二来对那些已经失业或工作前景不好的工人进行再培训。这种短期培训期限为4个月,受培训者要求在18~45岁之间,有一定的知识与技术基础。实践培训在指定的公立或私立企业,理论课讲授在指定的工业技术学校进行。

在工业部的监督下,各省建立了33个培训中心,这些中心通常设有对半熟练工人进行的快速培训、通过工厂学徒的形式对工人进行的熟练培训和对工人进行的技术提高培训等等。

在短期职业培训计划中,目的在于对半熟练工人进行培训。受培训者要求在17岁以下,培训期多为4~6个月。

至于工厂学徒培训,要求受培训者已完成基础教育,或者决定要放弃技术学校教育的,可以接受非正规的3年培训计划。这3年分为两个阶段:第一阶段为在培训中心接受1年的基础性训练;第二阶段则要在一个公司或企业中接受培训。

为了提高工人的技术水平,各公司挑选一定数量的工人或工头,一般来说要求他们至少有5年的工作经验,让他们接受3个月的夜校技术培训。

4. 行政管理的结构与运行

埃及的整个教育制度由国家教育部负责。中央教育部负责包括大学在内的教育规划、政策制定、质量控制、协调等等。各省的教育办公室则负责各项计划的实施。他们负责选择学校地点、基础设施建设、基本用品的配备并确保学校的良好运行。他们鼓励地方捐赠和公民的参与。总之,他们负责一切具体事务并确保学校工作的有效进行。

教育部有以下机构:

(a)副部长办公室。主要负责对外文化关系、教育规划、公共关系、统计、理事会事务、督导协调工作等等。

(b)部长办公部门。包括人民议会联络办公室、技术中心、安全办公室、高等教育委员会总秘书处、信访办公室和秘书处。

(c)小学教育部门。负责小学视察、师范教育、成人教育和扫盲。

(d)预备和中等教育部门。主要职能为预备教育、中等教育和总协调管理。

(e)技术教育部门。负责工业教育、文化教育、商业教育、技术教育和总协调管理。

(f)教育服务部门。负责健康与军事教育、社会教育、对外关系、考试、教育活动和总的协调管理。

(g)总服务部门。主要职能为:教育方法、私立教育、营养、法律事务和办公事务。

(h)行政发展部门。负责组织、培训和人事。

(i)财政管理事务部门。

教育部部长定期会见各副部长和其他部门的负责人。部长还主持大学最高委员会会议,大学最高委员会负责规划和政策的制定。各省的教育管理结构类似于中央教育部,但是其结构相对简化,规模也小一些。埃及全国还分为140个教育区,形成一个管理与监督的网络。

艾兹哈尔事务部负责艾兹哈尔大学、学院和学校的教育政策制定与规划。

私立学校也是埃及教育制度中的一个重要的组成部分,1988年私立学校的入学学生占全部学生的8%。私立学校由教育部监督管理。实际上,私立学校的课程与公立学校的课程基本相似。

5. 教育财政

迅速增长的教师与学校数量,教学设备的增加与改善，成本（包括工资）的提高，这些都会引起教育支出的增加。1952 年埃及的教育预算为 2 300 万埃及镑（其时相当于 7 700 万美元），1969 年就增加到 1.26 亿埃及镑（其时相当于 4.2 亿美元）。同期，公共教育投资由 250 万埃及镑（其时相当于 840 万美元）增加到 3 330 万埃及镑（相当于 1.112 亿美元）。1970 年之后，对教育分配的资金的增长速度超过了以往。1984 年，公共教育支出达到 11.865 亿埃及镑（其时相当于 11.63 亿美元），占政府总支出的 8.9%（占国民生产总值的 4.1%）。1988 年，国家对正规教育的支出达到国民生产总值（GNP）的 10.9% 和公共总支出的 18.5%。其中工资约占 80%，其他支出占 20%。学校建设支出在 20 世纪 80 年代由 7% 增加到了 13%。实际上这对于学校的建设还远远不够，若要满足学校建设的要求，估计在未来 10 年的支出应该超过 30 亿埃及镑（相当于 29.4 亿美元）。从 1964 年到 1978 年，大学前的教育支出增加了 4 倍，而对高等教育的支出增加了 5 倍。1970 年高等教育支出占国家教育总支出的 20.4%，1978 年则增加到 31.4%。在教育部的总预算中，小学教育占 44%，许多人认为还得再进行大幅度增加。

埃及受到世界银行、联合国儿童基金会、联合国教科文组织和诸如美国、德国、英国等国家及其他阿拉伯国家的援助。尽管受到的援助比较多，但埃及更应该努力加强对教育经费的管理，使教育支出合理化。

目前埃及的教育制度中，人们认为预备学校应该是义务教育的最后阶段。这样就增加了此阶段教育的支出。1981～1988 年各阶段学校教师的增加速度超过了以往的时期。

尽管总的教育支出在不断增加，但平均对每个学生教育支出特别是在第一阶段（56.1 埃及镑，1988 年）却比较低，第二阶段的平均每学生支出为 121.1 埃及镑，第三阶段为 441.4 埃及镑。这表明学龄人口的迅速增长影响了教育成本。

对职业与技术教育的拨款由 1955 年占教育总预算的 6.2% 增加到 1985 年的 16.5%。绝对数额由 520 万埃及镑（其时相当于 1 740 万美元）增加到 9 280 万埃及镑（其时相当于 5 460 万美元）。1986 年的拨款为 1.058 亿埃及镑（其时相当于 6 220万美元），占总教育预算的 14.6%。1986 年的 14.6% 是因为 1981 年起到 1986 年教育总预算增长了 29.2%。1989～1990 年度，总的教育财政支出为 16 亿埃及镑（其时相当于 7 亿美元），占埃及国内生产总值的 10.8%。教育经费的大部分为埃及政府支出。私人的教育支出主要形式为私立学校的学费。上公立学校，家长不用为子女负担学费。私立学校的学费小学阶段一般为每年 200 埃及镑，中学阶段为每年 500 埃及镑。所有的私立学校都得到了政府的一些直接拨款。

6. 师资

埃及中央教育部有不到 2 000 名经过严格挑选的专职公务员和助理公务员。例如，计划的制定者通常为经过开罗规划研究所一年培训的大学毕业生。教育部公务员和其他职位通常会优先选择那些在教学方面表现出众的人。对那些将来从事督导、咨询、管理、技术助理、高级领导、校长、指导员等等的人要进行相关课程的培训。在职位分配和晋升中要采用相近的评估手段对其予以评估。在教育部和各省的教育官员中，通常采用定期的会议或其他交流方式来不断互通信息。

埃及教师总数 1980 年估计为 25 万人，这个数据可能有点不太准确，这是因为当时的对教师的定义不太明确，统计的数据也就出现了误差。假如教育规划、学校的要求和国家的预期都能被满足的话，要想在 1995 年达到 1 年级学生 95% 的入学率，那么每年都要增加 1.3 万名新教师。这就意味着教师教育机构和教育学院 1 年级新生中要增加 1.3 万名。当前大学正在创建小学教师教育系，这最终会增加基础义务教育阶段的教师数。

1990 年埃及中小学有将近 39 万名教师。小学教师大约占 55%，预备学校教师大约占 22%，中等学校教师约占 16%，艾兹哈尔学校和特殊学校的教师只占 7%。

到 20 世纪 80 年代末，教师短缺成为埃及的一个普遍现象，因此政府对教师教育机构和师范学院的学生提供可观的奖学金。最近，在一些科目和一些地区，教师教育机构和师范学院的学生录取已是供大于求。但是有一些科目,如语言和特殊教育,却长期存在着教师短缺的现象。此外,农村的教师短缺现象极为严重。因此,在成为一名城市学校的教师之前,学校教师都应该先在农村地区从教一段时间。教师的培训不应只限于大学,只限于接受正规的四年教育才能够成为一名小学或中学教师。

有几类教师短缺非常严重:阿拉伯语和伊斯兰教教师短缺,这的确是个奇怪的现象;艺术、农业、音乐、家庭经济和各种技术教育的教师都极为短缺。这主要因为,在埃及,教师这门职业似乎是最缺乏吸引力的职业。因此,教师的整体地位,特别是阿拉伯教师的地位,都应该被重新定位。

7. 课程开发与教学方法

在埃及,课程的建设是团体工作的成果。这个团体包括:咨询人员、督导、专家、教育学教授和富有经验的教师。一般来说,每一学科或一组学科都设有自己的委员会。各委员会的主席们常常被邀请参会,以协调各种决定。某一委员会所制定的课程要提交大学前最高教育委员会审核,大学前最高教育委员会正式同意将其付诸教学实践。根据法令,有时候课程要根据地方的实际和一些具体的情况来做出相应的调整。

国家教育研究中心负责收集有关教材和学科实施情况的信息。其诸如此类的研究结果要向副部长委员会汇报,如果需要进行调整,那么就会成立一个委员会去完成这项任务。有多种方式来保证新的计划在大范围内顺利进行。大批各阶段学校的督导和咨询人员将定期与教师开会,进行工作指导,并获取相关信息。各种培训中心、实验学校和重点学校的主要目的都是为了课程改革和教育教学方法的完善。一旦列出课程计划,还会有一个与委员会类似的小组来编写教科书。在课程的实践过程中,教材与课程有时并不完全一致。当然原因是多方面的,诸如教室的条件、设备匮乏、教师水平低等等。另外,大部分的教学不同于教材的书面形式,一般都是教师口头讲授。

在大学和其他高教机构中,课程的开发与教材的使用非常自由。越来越大的班级规模与课程规模、资源与设备的不足等等,使学生的学业成绩不断下降。而且依赖于一套教材,借助于一种授课方法,这已经成为一种普遍现象。

外语教学在中学包括私立学校中并不普遍,外语的学习在学校里也都成为一种强制性的行为。英语、法语和德语是学校中教得最多的外语。埃及政府大力提倡学校多进行外语教学,尤其是英语。

学习材料由许多机构,包括教育系的所有课程委员会、研究机构和教师学科联合会等制定。一般来说,学校和每个教师在对学习材料的选用方面有一定的独立性。

8. 考试、升级和证书制度

埃及的考试制度对学生、家长和教育领导者有深刻的影响。原因在于考试结果极为重要,并且与这些人的前途息息相关。学生在2年级、4年级和5年级结束时都要参加升学考试,8年级结束时要参加第一次统一考试。通过考试的学生获得基础教育毕业证书,并能进入下一个阶段学习。学生的考试总分决定了其能进入何种类型的学校,这对学生尤为关键,只有那些获得高分的学生可以按自己的愿望选择将来有希望升入大学的普通中学。否则,学生只能进入技术学校或教师培训机构。一个青年的未来就被基础教育证书考试的总分所决定,这使考试格外重要,在全国范围内造成了激烈的竞争,也给许多人带来了焦虑与不安。中学毕业考试与此相似,因为它又关系到学生能否升入大学和升入何种大学,决定因素仍是学生的总分。每年末举行的竞争激烈的考试往往造成学生在学习过程中死记硬背或请私人教师进行辅导。

面对这种状况,埃及也在试图改革考试制度。例如,增加最后评估中学作业的比重,使用客观性考试等等。当然主要的解决办法应该是将考试作为有效学习中的一个部分。

9. 教育评价、评估和教育研究

埃及的教育研究始于1929年,其标志为埃及教育教学研究所的建立。在1951年,埃恩沙姆斯(Ain Shams)大学将该研究所兼并为本大学的一所学院之前,埃及教育研究的发展一直徐徐前进。1955年,埃及教育部建立了雄厚的教育研究所并于1972年更名为国家教育研究中心(NCER)。除了国家教育研究中心和学院承担了大量的研究工作外,国家社会研究中心、科学教学发展中心和一些其他研究组织也开展教育研究活动。

一些教育研究项目是与世界银行、联合国教科文组织、联合国儿童基金会和联合国其他组织合作进行的,例如"留级与辍学"、"地方病的恶劣影响"、"营养条件对学生成绩的影响"、"成人文盲的学习动机"等等。与其他国家的一些双边合作也促进了埃及教育研究的发展。

从1989年开始,埃及开展了许多关于学生评估、教育水平发展指数的研究活动。政府研究的焦点问题发生了转换,开始从研究控制资源输入转向对控制教育成果的研究。学校每隔几年也都要接受审议和评估。这些评估研究的中心都是为了学校的改善。

在高等教育方面,随着埃及国家教育研究中心对高校的进一步研究,其高教政策主题也发生了明显的改变。现在更多地强调应用研究,基金政策也从平等地竞争研究基金转为国家对一些研究的优先发展。

10.20世纪90年代的主要改革

20世纪90年代初,埃及教育制度的许多方面都经历了相当大的改革。一个最明显的变化就是把义务教育的年限由6年减为5年。接着,政府宣称义务教育将会延长到8年级,这一阶段为基础教育。另一个显著的变化就是,青少年接受技术中等教育的比例增大(占基础教育全部毕业生的65%)。这对课程、评估和埃及的毕业生失业现象都产生了深远的影响。在非正规教育中,引进了一项扩大工人培训的计划。

这些变化都反映了埃及经济的发展对教育的必然要求,这是一个教育的基本原理。改革也引起了一些人的反对:一些人对教育与经济之间是否有着紧密的联系持不同看法;一些人则质疑教育的特殊意义。对这个问题的争论以及解决的方法充分反映在埃及20世纪90年代的改革中。

11.2000年面临的主要问题

由于教育的急剧扩张,埃及的教育制度中也暴露出许多问题。比如说,合格教师的紧缺、计划本身的不足、较高的学生辍学率、有限的学校设备、较高的生师比等等。

参加教育和培训的人数需要增加,课程内容要与国家的人才优先发展方向保持一致,每个人和员工应该分担教育扩张后增加的教育成本。

埃及失业率居高不下,通货膨胀难以遏制,外债高筑。所有的中学毕业生和大学毕业生的失业现象极为严重。

埃及最重要的教育任务是基础义务教育(6~13岁)学校发展的质量与数量,这能给埃及带来有知识、能从事生产劳动的公民,降低成人的文盲比重。埃及政府试图尽快跟上世界技术前进的步伐,但目前却受到文盲比重过高的困扰。这个问题有诸多原因,如资源、教室、设施、教师、课程等等。这个问题让我们联想到教育金字塔形状的变化,上宽下窄。改变教育金字塔的形状将涉及人口、就业、文化、资源和其他因素。

教育正在发生变化,教师不仅仅是一个信息的传递者,学生也不仅仅是一个被动的接收者。应该把学生培养成积极、智慧、能够有效进行创新思维的独立的人。每一阶段的学生都应该用这样的方式来教育,让他能够进行独立思考和自我教育。

埃及的教育问题和一些其他国家存在的教育问题一样明显。最主要的是总想一个一个地解决问题,比如说单独地解决考试、师生关系、教材、设施等问题。教育改革必须看作是一个系统,大系统之内的一个系统。埃及教育改革所缺乏的是一个整体的方法,缺乏近期和长期的大范围的目标,并且不能预先清楚地看到个人与国家发展的目标。

M. E. 马赫劳斯(M. E. Mahrouse) 著

刘瑞生 译

附录

Cochran J 1986 *Education in Egypt*. Croom Helm, London

El-Ghannam M A 1971 *Education in the Arab Region*

from the 1970 Marrakesh Conference. UNESCO, Paris

El-Koussy A 1985 Egypt: System of education. In: Husén T, Postlethwaite T N 1985 *The International Encyclopedia of Education*, 1st edn. Pergamon Press, Oxford

El-Koussy A, Sanyal B 1982 *University Education and the Labour Market in the Arab Republic of Egypt.* Pergamon Press, Oxford

Hyde G D 1978 *Education in Modern Egypt: Ideals and Realities.* Routledge & Kegan Paul, London

International Labour Office 1987 *Yearbook of Labour Statistics.* International Labour Organisation, Geneva

Mahrouse M E 1990 *Effects of Education on Job Levels, Earnings, Vocational Aspirations, and Job Satisfaction of Industrial Workers: An Analytical-Empirical Study on Economic Benefits of Education.* Peter Lang, Frankfurt

Ministry of Education 1984 *The Development of Education in the Arab Republic of Egypt from 1981 to 1984.* National Center for Educational Research, Cairo (in Arabic)

UNESCO 1985 *Statistical Yearbook.* International Labour Organisation, Geneva

United Nations 1981 *Arab Republic of Egypt-Report of Mission on Needs Assessment for Population Assistance.* United Nations Fund for Population Activities, New York

埃塞俄比亚的教育制度(Ethiopia: System of Education)

1. 基本背景

埃塞俄比亚位于非洲角,面积120多万平方公里,是非洲第十大国家。

其海岸线长达1 000公里,北邻苏丹,南接肯尼亚,西连索马里和吉布提。

纵观其历史,埃塞俄比亚的文明主要受到阿拉伯人(特别是受到来自沙特阿拉伯的赛巴人)、罗马人、希腊人和埃及人的影响。埃塞俄比亚首都曾经定于许多地方,1899年,国王孟尼利克曼涅里克二世最终定都为亚的斯亚贝巴。1930年,海尔·赛拉西一世成为皇帝。与以前统治这个国家的政权相比,海尔·赛拉西为教育做了更多的事情。1974年,由反对者领导发动的军事政变推翻了海尔·赛拉西一世的统治(从1977年起,由马里亚姆·门格斯图中校执政),并且一直统治埃塞俄比亚到1991年。1991年,埃塞俄比亚人民革命民主阵线(PRDF)取得了国家领导权。

1992年初开始,埃塞俄比亚暂时由一个过渡政府统治,在两三年后将会经选举产生一个新政府。厄立特里亚行政区建立了本省政府,并将在两三年后通过公民投票决定其未来的政治归属。

1991年,埃塞俄比亚的全国人口估计有接近5 000万,其中89%居住在农村地区。不过在不同的农村地区,人口的分布极不平衡,有些地区的人口比其他地区多达5倍。18岁以下的人口约占总人口的73%。埃塞俄比亚的年人口增长率为3.22%。只有49%的人从事经济活动。男性和女性的平均寿命为46.9岁。

农业和畜牧业是埃塞俄比亚的主要经济活动,但是生产力水平极为低下。制造业相当不发达,1986年只占国内生产总值(GDP)的13%。1986年人均收入为121美元,因此埃塞俄比亚是世界最贫穷的国家之一。过渡政府议会代表在1991年底制定了新的经济政策。新的经济政策建立在市场经济基础上,对主要经济部门进行大范围的私有化。这对学校课程所包含的知识与技能内容产生了重要影响。

埃塞俄比亚是一个多民族、多语言的社会。阿姆拉斯(Amaras)和奥姆斯(Oromos)是两个最大的民族,此外还有泰革勒斯人(Tigres)和艾特亚斯人(Eritreans)等。阿姆哈拉语为国语。不过奥米加纳(Oromigna)是几个地区通用的语言,泰革加纳(Tigrigna)和沃拉特纳(Wollaitgna)也比较重要。

总的来说,埃塞俄比亚的教育体制受到很多问题的困扰:一个非常穷困的国家;89%的人口生活在农村;劳动力没有什么教育背景;健康问题普遍存在；有不同的民族和语言；1991 年的政变带来了动乱；埃塞俄比亚只有不到 50% 的人受到正规教育；政府资金极为匮乏。

2. 教育政策与目标

埃塞俄比亚的教育目标随政府的执政时期的政治要求的变化而不同。例如，在 1974 ~ 1991 年之间，课程的内容以马克思列宁主义为基础。然而到 20 世纪 80 年代末 90 年代初，受苏联解体和东欧巨变的影响，蒙吉图（Mengistu）政权开始削减课程中的意识形态方面的教育内容。

到了 1992 年 2 月，过渡政府还没有颁布详细的教育目标指导文件，但是可以预计到，他们最终会颁布能反映出国家迅速发展的政治组织的各种利益要求的文件。在这期间现存的教育目标基本上还有效。

总的教育目标在于提高个体的劳动能力，以体现到整体生产水平中。因此，一般的课程内容会重新设置，将主要包括：技术与职业教育，艺术教育和体育。

高等教育的目标为：从数量和质量上培养中高水平的劳动力，以加速国家发展；设置在职培训和继续教育计划，重点提高人民的技术与文化水平；进行重在满足人民需求和解决人民困难的研究，并且广泛设立研究基金；使理论与实践紧密结合起来。

3. 正规教育体系

3.1 *初等、中等和第三级教育*

埃塞俄比亚总的正规教育是免费的，并且实施男女合校制度。不过，并非义务教育。教育部负责幼儿园、初等、中等教育和教师培训以及夜校计划。图 1 画出了正规教育制度的结构。

总的教育机构有 8 种类型：幼儿园或学前教育机构，小学，初级中学，高级中学，技术与职业教育学校，初等教师培训机构，特殊教育学校，夜校。

学校分为两类：政府所办学校和非政府所办学校。政府所办学校通常教育质量低，教师、财政、设施和教材长期短缺，班级规模较大。因此政府所办学校的学生主要来自低收入家庭。相反，富裕家庭

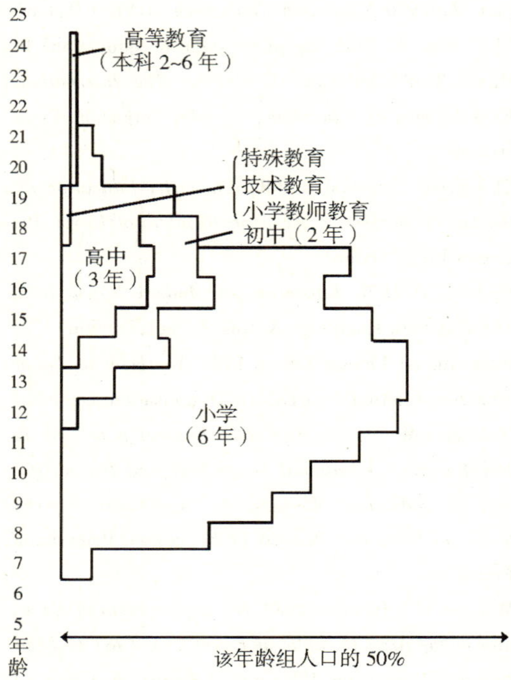

图 1 埃塞俄比亚：正规教育体系的结构（1988）

（一般包括统治阶级成员、高级政府官员、富商和高级教授等等）则把子女送入非政府所办学校或私立学校。

从图 1 中可以看到各类学校的各年级所有学生中只有 50% 的学生处于一个年龄组，因此一个年级各个年龄段的学生都有。学生并不是 6 岁就入学，有的孩子可能 16 岁了才上 1 年级。不论如何，初等教育都是 6 年，从图中可以看到这种年龄差异。

总的来讲，1974 ~ 1989 年，除了职业技术学校的数量迅速减少外，其他各类教育机构的数量分别增加了 60% ~200%。

小学为 6 年制，初中 2 年，高中 3 年。在 10 年级后，学生可以进入职业技术学校学习 3 年。初等教师培训机构接受 12 年级的学生，学习年限为 1 年。

阿姆哈瑞克语（Amharic）是学前教育和 1 ~ 6 年级教育的教学语言，后来被英语所取代。

1989年,埃塞俄比亚各阶段教育的入学人数为:学前教育,87 355人;小学,2 855 846人;初中,447 587人;高中,426 413人;特殊教育学校,4 101人;小学教师培训机构,4 142人;成人教育,219 806人。成人教育主要通过夜校的形式进行。尽管这些夜校是收费的,但仍然非常受欢迎。同期,女生在小学、初中、高中和夜校所占的百分比分别为:39%、41%、39%和47%(埃塞俄比亚教育部1989)。

高等教育对埃塞俄比亚公民是免费的。高等学校也实行男女合校制,由埃塞俄比亚教育部下属的高等教育司负责。埃塞俄比亚教育部直属的有3所大学、3所初级学院、1所多科技术学院和1所学院。此外还有其他机构领导的高等教育机构,包括2所学院和2个机构。

1950年,亚的斯亚贝巴综合学院(UCAA)的创建标志着埃塞俄比亚高等教育的开端。在1950~1961年期间,亚的斯亚贝巴综合学院又建立了4所分院。1961年,亚的斯亚贝巴综合学院升格为亚的斯亚贝巴大学(AAU),成为埃塞俄比亚高水平人力的主要供应地(UNESCO 1984)。

最初,亚的斯亚贝巴综合学院的教师多为加拿大基督教徒和一些外国移民。1961年,移民占该校教师的75%,1973年为53%。

1953年,一个传教士圣会建立了阿斯马拉(Asmara)大学,1963年政府把它看作第三级学院。1974年革命前,阿斯马拉大学是埃塞俄比亚唯一的非政府所办的第三级学院,学校教师多为外国人,资金也都来自外部。

高等教育的总入学人数见表1。

表1 1989~1990年度高等教育总入学人数

计划	总计	女性
正规学历计划	67 113	1 004
正规本科学历计划	10 327	845
学士学位计划	573	37
扩充学历计划	9 003	3 006
扩充本科学历计划	4 957	1 037
暑假教师学历培训计划	1 570	102
暑假教师学位培训计划	639	30
总计	33 782	6 056

资料来源:高等教育部 1989~1990

3.2 学前教育

学前教育年限为2年。大多数学前学校是私立的。尽管学前教育学校的数量有所增加,但实际能够参加学前学校的学生太少了,因此在图1中并未画出。

3.3 职业与技术教育

由于对中等水平劳动力的需要,埃塞俄比亚教育部和农业部创办了初级学院,提供中等教育后的两年教育计划。

原来的艾尔玛雅(Alemaya)农业学院受亚的斯亚贝巴大学管理,1984年转为独立的大学。命名为艾尔玛雅农业大学,其目标在于成为农业教育的高级中心机构。

3.4 成人与非正规教育

1979年起,埃塞俄比亚全国发起了旨在根除文盲的扫盲运动。此次运动的最终目的是为了加快整个国家的社会与经济发展。1974年埃塞俄比亚具有读写能力的人只占全国人口的7%。1989年,这个指标已经上升到76%。扫盲运动的重点是加强读与写的能力。到1989年,扫盲人数已达到1 310万。许多人在完成扫盲阶段的学习后还进入了正规学校学习。

成人教育体系主要由社区技能培训计划和远程教育组成。社区技能培训计划有三种:技能培训、发展性培训和知识传授。这些计划由社区技能培训中心(CSTCs)实施。1989年,全国有408个社区技能培训中心,受训人数有151 671人,其中21%为女性。受训人回到自己的居住地区可以把这些知识与技能再传授给本地区的其他人。此外,社区技能培训中心还是其他部门,像卫生部、农业部、运输部等组织、安排活动的交流论坛。

远程教育通过由教育部控制的国家广播网络进行。教育内容包括用英语讲授的正规学校的科目课程，各种农业、卫生专题，用地方语言讲授旨在促进地方发展的公民教育。1989 年有5 985名参加者，女性占 7.5%。

4. 行政管理的结构与运行

政府通过教育部对政府所办的学校、学院和大学进行管理。虽然埃塞俄比亚设立众多的地方教育管理机构负责具体的管理事务，但是课程设置是统一的。教育部制定的教育政策由教育部长领导的下属各部门负责人组成的政策顾问委员会进行讨论。学校行政部门通过与当地组织选举出的学校管理委员会协作对学校进行管理。

非公立或私立学校的运作由其他权威机构而不是教育部掌握。这些权威机构有：传教士组织、公众组织、教堂和清真寺等。然而，即使是这些私立学校也必须执行教育部制定的课程标准，因为 6 年级、8 年级的全国性考试和埃塞俄比亚学校水平资格检查都是在教育部的指导下组织实施的。

高等教育更为明确，它由教育部下属的高等教育司管理。这是一个第三等级教育的监督和协调代理机构，它接受高等教育理事会的指导，并且直接与计划委员会合作，尤其是在人力计划方面。

大学要接受教育部的政策方针和指导。已授权大学自行管理的大学的规划和预算需高等教育司审议。

高等教育司与亚的斯亚贝巴大学则仅保持一种较微弱的关系，这是因为亚的斯亚贝巴大学是该国最古老和最大的大学，而且已经具备了自治的地位。

5. 教育财政

虽然政府已经成为教育部门资金的主要来源，但是它对外部资金仍有很强的依赖性。例如，为实现前面提到的埃塞俄比亚十年计划的总体目标而投入的资金，其中 39.2% 为政府投资，外部资金占 60.8%。

1988 年教育各部门总的经常开支和资本支出是 193 776 美元，占国内生产总值的 3.6%。国内生产总值用于教育各部门的比例从 1971 年的 1.4% 上升到 1988 年的 3.6%。1988 年高等教育各部门的经常开支和资本支出是 37 558 美元，占国内生产总值的 0.7%。

通常，经常开支和资本支出的 82.5% ~ 85.5% 用于初等、中等、技术和职业教育，以及教师培训和成人教育，其余部分用于高等教育部门。从 1969 年到 1988 年资本支出占总支出的比例由 3% 上升到 24%。

1981 ~ 1982 学年以美元计算各类教育的单位成本是：初等教育(25)；初中教育(68)；高中教育(65)；技术和职业教育(313)；初等教师培训(549)；成人教育(75)。高等教育的单位成本从亚的斯亚贝巴大学的 1 429 美元到阿迪斯阿巴巴初等商业学院(Addis Ababa Junior College of Commerce)的 381 美元不等。亚的斯亚贝巴大学通常占用全部高等教育预算的 3/4。

6. 师资

1989 年，各级教师的总数是：65 990 人(小学)，10 500 人(初中)，10 720 人(高中)。其中，女教师的比重分别是：23%、10.6% 和 9.1%。1991 年，基础教育部门中的非教学人员的总数估计为 18 000 人。

在 1989 ~ 1990 学年，高等教育部门中，埃塞俄比亚籍全职教学人员的总数是 13 978 人，其中，仅有 87 位女性。同年，有已取得外国国籍全职教学人员 2 235 人，其中女性 34 人；有 89 名埃塞俄比亚籍和 25 名具有外国国籍的兼职教学人员。1989 ~ 1990 学年，高等教育系统的非教学或管理人员总数是 5 467 人，其中，将近半数是女性。

管理人员并不短缺。但是，合格和有经验的教学人员奇缺。主要原因是薪金水平不能吸引人，而且增薪较少。

基础教育系统的教师可以通过参加常规大学培训班、夏季教师文凭和学位培训班更新知识、提高技能，如校方支持还可以参加研究生程度的培训班。

高等院校的教学人员进行继续教育，可以申请奖学金出国学习，或参加本校的研究生水平的学习。另外，他们可以利用休息日参加研究水平的、短期的训练，利用研究会、实验室开拓事业。

管理人员提高知识和技能水平的主要途径是参加夜校。短期培训的机会也常有,但这种培训通常是针对那些没经过良好培训的雇员,在工作场所举办。

所有学校管理人员的工作表现,通常是以公共服务委员会颁布的标准为基础进行评价。

7. 课程开发与教学方法

1974年以前,各个层次的教育系统都只强调高度的学术性。由于缺乏适当的技术教育和职业教育设施,导致大部分学生继续接受学术性教育,这反过来会引起失业问题。

旧的课程设置重视理论性课程的教授,儿童从7岁进入1年级就开始学习这些课程。旧的课程设置在包括学前教育、初中教育和高中教育的学校系统中,提供的主要是一般性的理论性教育。

从1974年,埃塞俄比亚进行了许多改变教育系统的常识。1974年,装备齐全、人员配备适当的国家课程发展中心成立。该中心构成了教育部课程司,目前已经拥有70位教授职员。课程司下设课程和教学研究办公室、工艺教育研究办公室以及初级和中级教师教育办公室。

目前,在初级教育中设置的新课程,在第一阶段,将普及到6年级,然后,如果资源允许,将建立1~8年级统一的初级教育。8年级以上的学生经过筛选进入4年的中级教育。总之,从7岁进入1年级就开始学习的新课程,其整个系统安排是:初级工艺教育(1~8年级),高级工艺教育(9~10年级)和扩展的工艺教育。

新的课程已颁布到学校,作为该计划实施的指南,同时,对新课程有控制的实施和评价的工作已在70个榜样学校开始进行了。榜样学校的工作包括对新课程的可行性逐年级的、高强度的研究。然后,对新课程的草案进行修订,经过研究测试和认可后的各年级的新课程将正式公布。

新课程还包括准备、出版学生试题和练习簿、教学指南和补充材料。该项工作已付出了相当的努力,埃塞俄比亚正在实现一项计划,即国内正规教育系统所用的所有教学资料都由教育部下属的、成立于1975年的自负盈亏的教育资料产销中心负责准备、印制和出版。

外语通常是选修课程。法语或许是最普遍的选修课程,主要在私立学校教授。讲授德语的只有亚的斯亚贝巴大学和其他几处。

8. 考试、升级和证书制度

在初级学校系统,学年末进行的期终考试决定是否升级。有天分的学生通常会被批准当地所说的"跳级"。换句话,他们可以跳过目前所在的年级而进入下一个年级。但是,各学校的做法并不完全相同。

升入7年级和9年级,要经过由教育部出题和管理的全国性6年级和8年级考试。只有通过亚的斯亚贝巴大学出题和管理的"埃塞俄比亚中学毕业证书"考试,学生才能进入高等教育机构。由于高等教育机构有限,仅有非常少的学生可能进入高等教育机构。常常是那些在考试中获得最高平均分的考生才有资格。

期中和期末考试是固定的,为鼓励学生有规律地学习,并判断学生对教材的掌握程度,每学期还要经常进行一些其他考试。学年最后的考试范围覆盖整个学年中学习的所有课程内容。参加6年级、8年级和12年级考试的学生才有资格获得证书。

在学院和综合性大学,升级也是由学年末进行的期末考试所决定的。

一般来说,高等教育机构的考试制度,与基础学校的考试制度是相似的。但也有一些区别。如果没有参加正式的固定考试,大学学生在学校给他们提供的补考中表现令人满意,也可通过。在某门课程的正式考试中得分较低,但还有提高成绩的潜力的学生,也可获得补考的机会。对自己的低分不满而且可提供适当理由的学生,交4美元后,学校可以重判他们的试卷。

在高等教育机构学习2年后,学生可获得毕业文凭,学习4年后,可授予第一个学位。获得第二个学位最多再学习4年,获得最高学位最多再继续学习4年。获得工程学科和医学学科的第二个学位,需要再学习5年。夜校学生分别需要学习4年和7年,才可获得毕业文凭和学位。

9. 教育评价、评估和教育研究

埃塞俄比亚没有建立教育评价、评估的系统性机制，但是，有一些对初等和中等教育的评价研究。由于担心教育质量下降。教育部早在20世纪80年代就承担了一些高力度的研究。这些研究覆盖了全部普通学校教育系统，并且提出了一些可以提高教育质量的方法。前任社会党政府没有接受这些提议，理由是：首先，这些提议带来的结果，在政治上不能接受；其次，实施这些提议的可利用的资源严重不足。教育评估年会是由教育部组织，并由教育部长担任主席。年会的目的是评估上学年普通教育系统的表现。年会的主要参与者是来自教育部和地方教育部门的高级官员。会议要讨论每年所遇到的问题，并提出解决方案。然而，由于财政方面的严重束缚，这些问题年复一年地被推延。

自1974年以来，高等教育的课程负担沉重问题，在一定程度基本上得到改善和被修订了。这些变化集中于使教学和研究活动更加适应国家发展的需要。而且，教学人员的表现要不断地分别由系主任、同事和学生来评价。此外，对高等教育机构的外部效率做了一些跟踪性研究。

研究活动主要由高等教育机构承担，尤其是综合性大学。在亚的斯亚贝巴大学，研究活动由研究和出版办公室协调。亚的斯亚贝巴大学出版社负责书籍、专著等作品的出版。大量的学院、学科系承担研究活动，亚的斯亚贝巴大学的研究机构——发展研究所和埃塞俄比亚研究所，是著名的研究机构。目前有11个研究性的期刊得到国际认可。

自1974年，由亚的斯亚贝巴大学完成的研究项目，已有670个。其中，33%的项目是关于教学资料的。研究机构的经费通常占亚的斯亚贝巴大学经费的3%，约有58 000美元。另外，还可经常获得地区性、国际性和联合国捐助机构数量可观的外国资金援助。援助通常占全部研究经费的30%。

10. 20世纪八九十年代的主要改革

在20世纪80年代，埃塞俄比亚各级教育的许多课程发生了改变，进行了修订，这是值得注意的。埃塞俄比亚1974年革命爆发后，马列主义成为教育的哲学基础。因此，学校和高等教育机构需要根据教育部和那时的高等教育委员会提出的大纲，改变和修订课程。以前的精英教育让位于为了满足大多数群众教育需求的大众教育。在20世纪80年代末90年代初，课程又开始向1974年前的资本主义教育模式回归。

11. 2000年面临的主要问题

在2000年以前，埃塞俄比亚学校系统还存在以下痼疾：合格教学人员短缺；入学率大幅度增长；适应埃塞俄比亚国情的课程不足；缺乏科学、技术；由于以往在教师、教育资料和教育预算方面依赖于外部援助，造成的财政来源不足。

从该国新的政治定位来看，最后一个问题也许是最难以解决的。在写本词条时，过渡政府还没有准备提出新的教育政策。然而，该国最主要的民族有望在教育过程中，使用自己的语言，尽管只能在某一级别的学校这么做。这必定会给该国有限的资源增加巨大的负担。

梅凯蒂·贝拉兹(Mekete Belachew) 著

刘瑞生 译

附录

Central Statistical Authority (annual) *Analytical Reports on Addis Ababa, Arssi, Bale, Gondar, Gojjam, Keffa, Shewa, Wellega and Wello Regions.* Central Statistical Authority, Addis Ababa

Ministry of Education 1989 *Basic Education Statistics 1989.* Ministry of Education, Addis Ababa

UNESCO 1984 *Ethiopia: Tertiary Education and National Development.* UNESCO, Paris

其他参考文献

Higher Education, Main Department 1991 *Statistics on Higher Education.* Ministry of Education, Addis Ababa

Mekete Belachew 1986a An analysis of tertiary education financing: The experiences of Addis Ababa University. In: USSR Academy of Sciences, *Proceedings of the Ninth International Conference of Ethiopian Studies*, USSR Academy of Sciences, Africa Institute, Moscow

Mekete Belachew 1986b Interregional variations and explanation of student achievement. *Ethiopian J. Development Research*, 8(2):49—70

Mekete Belachew 1988 The need for regional educational planning within the context of integrated rural development: The case of Ethiopia. In: Treuner P et al. (eds.) *Regional Planning and Development in Ethiopia 2, A SeminarReport.* Institute of Development Research (Addis Ababa University) and the Institute of Development Planning, Stuttgart

Pankhurst R 1990 *A Social History of Ethiopia.* Institute of Ethiopian Studies, Addis Ababa University, Addis Ababa

Provisional Military Government of Socialist Ethiopia 1984 *Ten-Year Perspective Plan 1984/85—1993/94.* Addis Ababa

冈比亚的教育制度(Gambia: System of Education)

1. 基本背景

冈比亚是非洲西海岸的一个小国家,境内350公里长的陆地是一块沿冈比亚河的狭长的地带,领土宽度从河口附近的50公里到冈比亚河上游的24公里不等。冈比亚的边界与塞内加尔共和国和大西洋相邻。冈比亚河发源于几内亚共和国的富塔贾隆(Futa Jallo)高原,最终流入大西洋,横贯冈比亚全境,并且将冈比亚10 689平方公里的领土分为南岸和北岸两个大小相仿的地区。

冈比亚的人口在1992年约为89万,年人口增长率为3.4%,其中城市地区年人口增长率为8%。这种较高的人口增长率是因为纯移民增长率为0.6%,自然人口增长为2.8%。1970年以来,冈比亚全国一直保持着比较高的生育水平,人口出生率约为49‰,平均每名妇女生育6.4胎。人口死亡率约为21‰,死亡率特别是婴儿的死亡率近年来尽管有所下降但仍然保持着比较高的水平。1岁以下儿童的死亡率达到120‰,5岁以下儿童的死亡率达到240‰。冈比亚人口平均寿命为男子41岁,女子44岁。

低龄化的人口结构与高生育水平并非没有关系。15岁以下的人口约占全国总人口的45%,15~24岁的人口总数占到全国人口的18%。赡养和受赡养的比率为88%。人口的快速增长导致可耕种土地所承受的压力越来越大,导致农村人口不断流入城市。冈比亚全国1/3左右的人口居住在城市地区。1980年的城市人口刚刚超过总人口的五分之一。来自邻国的移民也造成城市人口的增长。较快的人口增长率和人口越来越集中于主要城市地区这一状况,严重影响着学校的分布。

冈比亚的主要民族有富拉族(Fula 19%)、沃洛夫族(Wollof 15%)、曼丁哥族(Mandinka 40%)和朱拉族(Jola 10%)。85%左右的人是穆斯林,这在某种程度上可以说明为什么当地古兰经学校非常兴盛。另外,14%的人信仰基督教,1%的人信仰泛灵论。

冈比亚的官方语言是英语,一些地方语言,如上述民族的语言,在非正式教育及初等教育1~3年级中使用。古兰经学校教授阿拉伯语。

冈比亚的文盲率估计为83%,但这个数字是否可靠值得怀疑。

冈比亚是一个男性为主的社会,妇女几乎没有决定权。她们的社会价值就是生儿育女,并普遍认可了与男子相比低人一等的社会经济地位。通常情况下,女孩很早就结婚,这可能是女性入学率低的主要原因,尤其是在乡村地区。频繁和间隔很短的怀孕和早育,给女孩和妇女的健康带来负面影响。未婚早孕也是她们从正规学校辍学的一个原因。

1965年冈比亚独立时,同其他大部分非洲国家一样,经济严重依赖单一产品——花生。1990年,冈比亚几乎60%的耕种土地种植花生。花生占国内出口的75%。从产业结构上讲,农业是经济的主要支柱,70%以上的人口从事自给性耕作、家畜饲养和花生种植。

劳动力密集型的花生种植业,需要应该上学和正在上学的儿童参加劳动。这种情况在学年开始时更明显,那时乡村的男孩子不上学而帮助父母干农活,女孩子在家照顾更小的孩子,他们只能在收获以后才能全日上学。

冈比亚的工业成分非常小,占国内生产总值的比重不足8%。制造业仅限于与处理花生有关的烤、酿制、制革和食品处理,以及制砖、肥皂和塑料。工业部门为国家不到3%的劳动力提供就业岗位。

除了农业和工业以外,旅游和渔业也是外汇收入和为社会提供就业岗位的重要来源。在从每年10月到次年4月的一个旅游季节内,旅游行业能为2%以上的劳动力提供就业岗位。该行业还能通过某些途径为冈比亚的教育提供资助,尽管非常有限。几个乡村学校的建筑就是几位到冈比亚旅游的慈善家捐助的。他们还经常捐助一些文具和设备,有时赞助一些学生。

冈比亚实行议会民主制。在大选中(每五年举行一次)赢得国会多数席位的政党组成政府。总统也是直接普选出来的,他任命自己政党的成员为政府部长,负责国家不同方面的事务。部长们通常都是当选的国会议员,也有的是由总统任命而成为议员的。每个部长要负责自己主管部门的所有有关事务获得议会的通过。国会通过法律后,部长通过作为所在部主管的常务秘书来负责执行批准的政策。

在这种政府框架下,教育、青年、体育和文化部负责初等、中等技术和高中水平的基础教育。另外,它还负责推进和发展青年和体育活动,保障国家文化遗产的安全。它还通过非正式教育项目,开展扫除成人功能性扫盲的活动。

2. 教育政策与目标

从20世纪70年代中期到80年代中期的10年,是入学人数增加相当快的一个时期。这次入学率前所未有的提高,是1961年的阿地斯－阿巴巴革命(Addis Ababa Resolution)之后,在各个地区中执行普及初等教育政策的反映。入学人数的增加,导致了以下问题:合格教师、教室、教学设备和其他软件都不能满足需要。其中最突出的问题是:由于初等学校毕业生增多,造成中等学校接纳能力严重短缺。但是,即使入学率加速提高,1988年的初等学校的入学率也超不过57%。总之,针对这些问题,冈比亚制定了1988～2003年的新教育政策。该政策提出了三个目标:(a)增加受教育的机会;(b)提高质量;(c)提高教育的适切性。

为了实现以上目标,冈比亚采取了一些措施,例如将学制调整为6－3－3－2(如图1所示)。这一新的学制结构,尤其是形成基础教育第一阶段的初中,在公众中引起了许多疑问;这是通过教育系统改变和革新人们观念的表现。但是,人口在增加,城乡和男女性别的差别仍然存在,同时,教育的成本在增加。

教育的主要目标是:基础教育支持个体的发展和普遍社会化;中等后教育则主要是通过职业教育、技能和技术培训扩大经济的自主性,从而服务于更广阔的社会目标。

3. 正规教育体系

3.1 初等、中等和中等以上教育

冈比亚的教育体系原则上是延续着英国殖民时期遗留下来的结构。图1列出的是正规教育体系的新结构。它也标明了预期的各层次教育达到的入学率(适龄年龄人群的比重)。初等教育6年,学习结束时,学生要参加统一入学考试

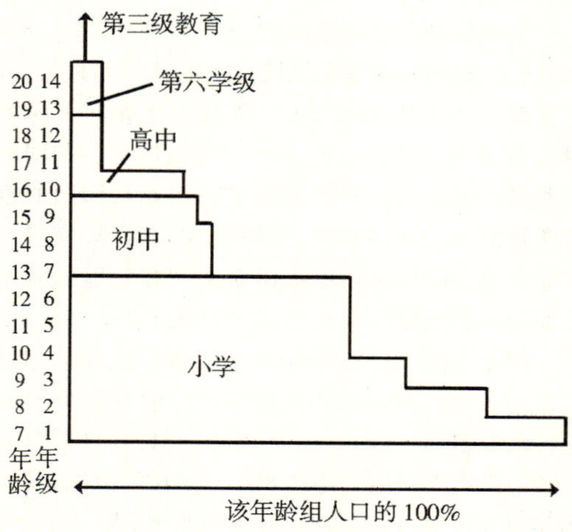

图1　冈比亚:正规教育体系的结构

(GCEE),以决定他们是否能够上中等学校。中等教育包括5年制的学术轨(高中)和4年制的技术轨(技术高中)。高中提供5年的学术性课程(1~5年级),学生准备参加西非考试委员会(WAEC)的普通水平考试。获得通过考试的证书是一些中等后教育机构的入学资格。有2所高中学校设置了6年级班,这些班级的学生可以参加西非考试委员会的高级水平考试,通过考试后可以进入国内的冈比亚学院(2年制中等后教育),也可以到国外的大学或其他高中等后教育机构学习。技术高中提供学术性教育和技能培训相结合的4年制终结性课程。

冈比亚的教育不是义务性的,但初等教育是免费的。4岁的儿童可以进入托儿所。"托儿所"(nursery)和"幼儿园"(kindergarten)在冈比亚是同义词。这类机构是由私人、社会团体和非政府组织所办。

1990~1991年,全国232所初等学校招收了86 101名学生。其中,31%的学生来自城市地区,只有18%的学生来自乡村地区。1991年的毛入学率是61%。但是,与城市地区相比,乡村地区女童入学人数低于男童。乡村地区女童入学率低的现象,是综合因素的反映,其中父母对待女童教育的态度具有很大的影响。乡村社会对他们孩子学校毕业后,到现代化行业就业的期望值较低,而且愿意把机会给男孩。低入学率也部分源于物质设施不足。宗教和文化因素是初等教育入学率低另外的原因。全国的初等教育都是男女同校的。每个教学日上课5小时,每学年有200天,生师比例是30:1。

在旧教育体制下,中等教育是5年,但是在新的6-3-3-2学制(见图1)中,普通水平课程学制3年。男生中学毕业率高于女生,主要是因为在初等教育就存在的女生流失率,到中等教育更高了。除了某些私立学校,例如基督教教会兴办的学校,是单一性别学校以外,大多数中等学校是男女同校的。中等学校每学年约200天,每天教学5.5小时。生师比例是28:1。

3.2 学前教育

学前教育的目的是为了完善和补充家庭与社会环境提供的非正规教育,使适龄儿童正常入学。

学前教育对象是3~7岁的儿童,1992年教育部学校署绘制了全国当时的全部学前教育机构的分布图。接受学前教育的学生总数资料不详。尽管缺乏数据,学前教育的快速发展是有目共睹的,这是因为生育和家庭环境发生了变化,尤其是在城市地区,父母可能都要工作,可能不再有能够帮助照看孩子的大家庭。

今后学前教育将继续由私人兴办,教育、青年、体育和文化部将发挥咨询和协调的作用。它将协调学前教育机构的活动;组织学前学校教师的培训;鼓励对学前教育的研究;开发课程教材和争取社会团体、国家与国际社会对学前教育的支持。

3.3 特殊教育

特殊教育是为身体和智力有障碍的学生提供的教育。冈比亚有两所特殊教育机构:1971年建立的盲人学校和1984年建立的聋人学校。两所学校都依赖于慈善机构和宗教组织的支持,政府负责发放学校职员的薪水。盲人学校整合了初等学校和高中的课程,学生在接受基本理论和指导性课程后,可以学习高中课程。应当指出,冈比亚需要开展针对不同种类残疾和不同程度残疾儿童的教育,但是没有可靠的统计资料。可能的情况是,在普通学校学习的残疾儿童,要多于特殊学校的儿童。

3.4 职业、技术和商业教育

尽管政府努力实施免费而非义务的全民初等教育,但越来越多的儿童仍在14~15岁时离开了学校,他们中的大多数在正规部门就业是很困难的。事实上,在冈比亚,从教育系统退出的学生成为参加职业与技术培训活动的主体部分,这种情况要求创建更多的设施,建立小型而有效的升级机制。

由于它们的多样性和复杂性,职业培训机构的目标,在很大程度上互不相同,它们之间缺乏协调。国家对这些机构的管理是不够的,尤其是对那些隶属于非政府组织的非正规教育机构。另外,冈比亚也缺乏使系统运作顺利开展的政策框架。

用于技术与职业教育的资金的需求将持续增加,但是政府很难再继续独自承担这一沉重的责任。由于技术和职业教育的主要收益者是商业和私人部门的雇主，冈比亚提出了一个转移这个负担的过渡性方案，即建立一个征费系统以辅助政府的培训活动，发展国家的人力资源。这个方案将会对未来的教育与企业的关系产生实质性影响。

3.5 成人与非正规教育

在冈比亚，政府和非政府机构都可以组织非正规教育活动。非正规教育服务社、青年体育与文化司、农业部、社区发展司、冈比亚合作联盟、妇女工作局、宗教组织和许多非政府机构都在组织这样的活动。

这类教育的主要对象有：350 000 名成年人（15 岁及以上），他们需要学习就业的新技能或提高自我就业的机会；48 000 名退学的年轻人（10～14 岁）和 21 760 名辍学者（主要是女童和青年女性）。

成人与非正规教育的功能和目的是扫盲及维持扫盲的成果。后者主要针对那些在初等教育就离开学校的人。除了扫盲功能，非正规教育也鼓励学生学习新的技能。在非正规教育有多种特点，参与的机构多种多样，非正规教育服务社（NFES）的关键任务是减少这类项目和活动相互协作的困难。在必要时，它还将补充非政府组织的教育项目和活动。

每年成人与非正规教育的总花费是 25 万达拉西（28 090 美元），仅占政府教育总支出的 1%。经费主要来源于政府和一些机构，如联合国儿童基金会、丹麦国际发展基金和发展中的妇女计划。

4. 行政管理的结构与运行

除了管理学前学校的私人和宗教组织及高中的董事会，冈比亚的教育是政府的职责。初等教育由政府直接提供经费，管理、人事和课程设置的职责，已经由一名副教育总长领导的学校署转移给地方教育办公室。督导处（由教育总长领导）在教育部和尤其是四个教育区的初等学校之间建立起直接联系。

宗教组织、非正规组织和私人对教育的积极参与，突出了在某种程度上对学校管理的分权要求。大多数私立学校是由在冈比亚历史悠久的天主教教会管理的。私立学校基本上不受政府指令的约束，但是必须遵从政府的注册和年度津贴标准。

冈比亚共有 12 所高中，只有 1 所是政府办的，其余 11 所都是由管理委员会管理的。中等后教育机构是自治的，尽管这些学校大多数都接受政府的补贴，而且职业教育和技术培训机构实行独立管理。国家职业培训委员会负责职业和技术教育项目，该委员会的经费主要来源于政府。

不论公立学校还是私立学校，入学年龄、课程设置和教师工资实行统一的标准。

从根本上看，教育部保留着对学校管理的核心控制权，但是四个教育地区的管理机构的力量在加强，正在成为教育系统的管理和业务两方面的有力支柱。每个地方教育管理机构配备有一名教育总长和一名教育官员。在 20 世纪 90 年代的政策下，交给地区管理机构的责任、管理措施将增加，尤其是在经费管理、人事管理和学校的监察与行政管理方面。高中继续由教育、青年、体育与文化部任命或批准的管理委员会进行管理。

5. 教育财政

政府用于教育的国家预算总支出从 1979 年的 1 500～1 600 万达拉西（170 万美元），增长到 1989 年的 3 500 万达拉西（390 万美元）。1991～1992 学年，教育部的经常性总预算估计为 7 680 万达拉西（860 万美元）。这个数字是教育部支出的教育经费，不包括其他部支出的教育经费，如农业部的教育推广项目支出的经费。1991～1992 学年，初等教育经费是 3 200 万达拉西（360 万美元），技术高中经费 790 万达拉西（88.8 万美元），高中经费 810 万达拉西（91 万美元）。

1979～1989 年，教育经费占国家预算的比重提高了。1991 年是 19%，在 20 世纪 90 年代末有望达到 22%。初等教育的经常性经费中政府资金占 80% 以上，政府还支付所有技术高中教师的工资，并且给所有高中学校年度津贴（补助金）。学生上初等学校家长不用交费。高中和技术高中需要交费，每学期 50～150 达拉西（6～17 美元），这不包括课本和学杂费；私立学校，例如塞内加尔人学校和玛瑞纳国际学校（Marina International），不接受政府的资金。

人均教育成本估计初等教育为 500 达拉西（56

美元),技术高中教育为800达拉西(90美元),高中为1 500达拉西(169美元)。

尽管政府投入教育的经费增加了,但是公众,尤其是父母,也承担着越来越高的教育成本。不过,政府将继续承担教育经费的主要部分。如果要达到1988~2003年教育政策的目标,国家预算投入教育的比重需要维持在一个较高的水平。

6. 师资

1991年,初等教育有1 923名教师,其中合格教师1 087名,不合格者836名。这个数字不包括古兰经学校和家庭教师。高中和技术高中的教师分别是470名和290名。

受1976~1986年教育政策的影响,初等学校空前扩大,导致诸多问题,例如合格教师短缺,这种现象与学校体系内部效率低、教学质量差形成相互影响的恶性循环。初等教育的生师比为31:1,高中23:1,技术高中28:1。数学和科学课程的教师短缺。总体上,全国高中的教师有约65%不是冈比亚人。合格教师与学生的比率,在城市地区和乡村地区有差距,在初等教育方面,这一比例在最偏远的乡村为100:1,最城市化地区为45:1。

冈比亚教育学院设有两年制的初等学校职前教师培养专业。进入该专业需要取得GCE普通级考试的四科的合格成绩。完成所有课程的学生获得"初等教师资格证书",工资标准为公务员工资第6级。每年平均培养初等教师65名。1989~1990学年,参加教师培训的学生大幅度增加。在144名在校生中,1年级新生有100名,这就增加了合格教师的数量,可以用于调整教师构成,提高初等教育的质量。冈比亚教育学院也设有培养高中教师的两年制"高中教师资格证书"专业。1989~1990学年,该专业有在校生60名,其中1年级新生47名。高中阶段高年级的教师,需要在国外大学的学位层次上培养。

1991年,冈比亚进行了大范围的教师晋升,在教师职业的吸引力下降的条件下,这有助于提高教师的积极性。1991年,约有605名教师将从一系列在职培训项目毕业。冈比亚也努力开展直接提高教师质量的工作。英国布里斯托尔大学和冈比亚学院合作,为该学院的毕业生开设两年制的学位专业,特别是数学和科学学科。

1988~2003年的新教育政策,充分肯定了教师继续专业发展的重要性,并据此制定了这方面的计划。

7. 课程开发与教学方法

应当对1992年前的课程和1992年以后"规定"的课程加以区别。1992年以前的课程,在初等教育阶段有一部分统一的核心课程,其中英语、数学、科学和社会学科等为核心课程。体育、艺术与手工课和经济课是非考试课程;在宗教教育领域,阿拉伯/古兰经教师自己设置课程。

1992年以后,1~9年级实施统一规定的核心课程,范围包括前6个年级的英语、数学、科学、艺术与手工课;7~9年级(即初中)开设广泛的课程,包括英语、数学、科学、社会与环境研究、宗教教育、农业科学、艺术与手工、家政、体育与健康教育、法语和阿拉伯语。此外,设立了一类新课程——国民语言,然而国民语言课还需要经过一个实验和提供经费的阶段,而经费还没有到位。

课程研究与开发中心将理论上对学生学习需要的界定从政策层面转化为计划,并将这些方案提交给学科领域的课程专家、教育部人员和其他从事学科工作的人员组成的工作组。

每门课程的教学大纲,是由工作组按照下列步骤制定。第一步对课程做出评估,第二步将课程表现为大纲内容的形式,并对所要求的材料和教学方法提出建议。第三步包括起草教学指南和学生用书。教学大纲的批准要经过一个确认程序,它由一个更大的工作组来进行,来自课程研究与开发中心的一两名原工作组成员参加,由课程研究与开发中心的一名外部成员担任组长。冈比亚实行全国统一的课程,不存在地区差异。

根据政策规定,课程研究与开发中心负责推荐教科书和教学模块。大多数正在使用的教科书或将要引入使用的教科书已经通过购买改编权做了改编。教材的试用和发布在由该中心确定的一些学校先做试点工作。冈比亚没有商业流通的教学材料的审批部门,由于缺少这样的部门,课程研究与开发中心应发挥这一职能。

督导处与课程研究与开发中心合作，通过对学校教学内容的督察保证课程的实施，该中心下属的研究与评估处主要集中于课程规划与更新的研究。存在的一个重要问题是，由于教学大纲是为了达到筛选学生的目的，是以考试为导向的，开发的课程常常并不在学校中教授。课程跟着考试走，而不是相反。

8. 考试、升级和证书制度

在大多数学校，学生不用评价而自动升级。第一次正规考试是冈比亚统一入学考试，它在初等教育结束(6 年级)时举行，是一项外部考试。这次考试不发证书，但是成绩决定学生是否能进入中等教育。下一个主要证书考试(GCE 普通级)在5 年后的高中学校毕业举行，或是在 4 年后的技术高中毕业时举行。前者是西非考试委员会组织外部考试，而“技术高中毕业证书”考试也是这个机构组织的，但是在校内举行。在中初等教育的两个阶段，升级要通过自己学校的内部考试。

如前所述，每一阶段结束时的考试更重筛选，而不是课程导向的。因为是一种筛选工具，统一入学考试、GCE 普通级考试和技术高中毕业证书考试都对教学方法和教学内容产生了巨大影响。它不是一个评价学生成就的适当工具，尤其是对那些不再继续上学的学生。在新的正在实施的 6－3－3－2 学制中，课程的重建工作希望解决上述问题。这从根本上，将有助于初等学校和初中发展以教学大纲为基础的地区性毕业考试，以初等学校毕业证书取代 GCE 考试，并采用新的初中毕业证书。

9. 教育评价、评估和教育研究

新的教育政策希望建立 1～9 年级的连续的评价结构，开发一个有效的跨时间、跨学校的监督学生学习成果的反馈系统。

除了教育部表决同意的 100 万达拉西(11.2 万美元)，教育经费中没有明确用于评价、评估和研究工作的部分。这笔经费仅占总支出的 1%。冈比亚还没有全国性的研究活动。

20 世纪 90 年代初开始的研究的重点是：低入学率(特别是女生)、父母对待正规教育的态度和对 6 年级辍学学生的跟踪研究。

教育部的计划组每年搜集的最重要的教育指标有：入学率、教师、课本和设备。搜集这些数据的目的在于是提高教育和预算的质量。

10. 20 世纪八九十年代的主要改革

新的教育政策带来了冈比亚教育系统许多方面的巨大改革。例如将入学年龄降至 7 岁，使初等学校的入学率从 1988～1989 年的 77 000 名，猛增到 1990～1991 年的 86 101 名。教育部和以前的教育司整合成了一个部。新的 6－3－3－2 制教育制度对课程、评价和学校结构的变化，从而逐步实现 1988～2003 年教育政策关于增加教育机会、提高教育系统的质量等方面的目标有深远的影响。提高教育质量需要在冈比亚学院培养更多的合格教师，需要建设更多和重新修葺初等学校的永久性教室。这个计划还为小学和初中引进了“课本循环基金”(Textbook Revolving Fund)。国家职业教育和技术培训正在进行评估，同时正在制定满足国家人力资源和劳动力需求的战略。

这些变化都集中在解决 1976～1986 年初等教育空前扩大带来的那些问题。这些举措具有共同的理念：冈比亚教育制度需要帮助创造平等和效率。改革造成公众思想上的众多疑惑，他们需要了解新体制，尤其是初中。解决公众思想上的疑惑，可能需要 20 世纪 90 年代教育工作的努力。

11. 2000 年面临的主要问题

要实现 1988～2003 年教育政策的目标，将需要投入大量经费，也需要对所有可用的教育资源精打细算；初中的分布和过渡时期对人力的需求之间的矛盾也在潜伏着；教育成本仍在增加，在面临着外部经济压力和包括教材在内的大多数教育、教学资料还必须进口的情况下，教育成本不大可能降低；从根本上使教师满意的职业结构仍然是一个问题；增加教育机会可能会影响教育质量；父母对待女童教育的态度变化缓慢。

M. 凯西(M. Ceesay) 著

刘瑞生 译

附录

Ministry of Education 1991 *Education Statistics 1990—1991*. Planning Unit, Banjul

Republic of The Gambia 1991 *Estimates of Recurrent Revenue and Expenditure 1991/1992 with Estimates of Development Expenditure 1991/1992*. Government Printer, Banjul

Republic of The Gambia 1988 *Sessional Paper No. 4 of Education Policy 1988—2003*. Ministry of Education, Youth Sports, and Culture, Banjul

World Bank 1990 *Staff Appraisal Report: The Gambia Education Sector Project*. World Bank, New York

加纳的教育制度(Ghana: System of Education)

1. 基本背景

加纳在 1957 年 3 月从英国的殖民统治中获得独立,并于 1960 年建立共和制国家。加纳位于几内亚海湾地区几个国家的中部,东临多哥共和国、贝宁和尼日利亚,西接科特迪瓦,北面与布基纳法索(原上沃尔特)接壤。加纳面积 239 460 平方公里,海岸线 560 公里(主要是沙地海滩)。加纳属于赤道热带雨林植被,其森林向北和海岸处逐渐变为亚热带草原和草原地带。

加纳的人口 1991 年 2 月约为 1 520 万,平均年增长率为 2.6%。

加纳有 4 个小民族,大概讲 50 种语言和方言。英语是加纳的官方语言,学校很早就开始教授英语。

世界上主要的宗教在加纳都有,大约 62% 的人口信仰基督教,15% 的人口是穆斯林,其余的人口信仰印度教、佛教、犹太教以及一些本土传统宗教。

尽管独立之后,加纳也努力发展其他产业,但至今农业仍是加纳的主要经济产业。农业产值占整个国内生产总值的 55%,全国 55% 的劳动力从事农业生产。加纳的主要出口创收资源是可可,以初级产品形式出口。还有一些其他出口产品为矿产、木材,以及阿科斯莫鲍(Akosombo)和科蓬(Kpong)两个大坝的水力发电站的电力出口等等。这两个发电站净发电量为 1 072 兆瓦特。对可可收入的依赖性使得加纳的经济常常随气候和世界可可市场价格的变化而波动,这对该国的收支平衡、政府财政预算和总投资都产生了巨大的影响。

2. 教育政策与目标

在 1844 年正式沦为殖民地之前,加纳的正规学校教育只是由教堂和传教机构所控,所建立的学校多为宗教目的,基本目标就是培养一批有文化的青少年,使其利用自己所获得的知识进一步在全国传播基督教。殖民时期的教育目标依然非常有限,只是用于选拔中级管理人才和职员、翻译和收税人员等等,以维持殖民统治。教育制度只限于小学和少量的小学后教育。

1951 年,加纳教育部开始实施高速发展计划,国家的教育制度才开始获得快速发展,特别是小学的发展。到 1957 年获得独立时,加纳有小学 455 053所,是 1951 年的 3 倍(1959 年加纳官方统计)。

20 世纪 60 年代,教育进一步发展。1961 年,规定基础教育为 10 年(小学和初中),而且为所有的学龄儿童提供免费的义务教育,这样学校的入学人数增长显著。不过,由于小学入学人数激增,对中学的教育要求也增加,于是在 60 年代初建立了专门发展中等教育的机构——加纳教育局。基础教育的入学人数由 1960 ~ 1961 年度的 586 464 人增加到 1965 ~ 1966 年度的 1 404 939 人,同期中等教育入学人数也由 12 922 人增长到 31 241 人(加纳教育部 1973)。

由于教师的增加和课本、教材的充分供给,教育质量获得较大的提高。1960 年 9 月,在职教师和待训教师人数分别为 12 000 人和 8 000 人,在 1952 年则分别有 5 000 人和 10 000 人。1963 年,政府实施了免费教材计划,即向小学、初中和中学学生免费提供基本的教材。到 1966 年,国家才开始向学生家长收取一定的教材费用。

加纳独立早期的教育政策在于为政府培养合格的管理人才，推进国家的现代化程度，改善国民的生活水平。1975 年，在撒哈拉沙漠南部的非洲国家中，加纳已经拥有了较为发达的教育制度。国家建立了高质量的人才培养机制，为国家培养了大量的行政和公共服务人员。这个时期，中等职业技术教育规模并没有显著的扩大。

20 世纪 70 年代中期的石油危机引发加纳经济下滑，加纳国内生产总值分给教育的比例下降，教育财政支出紧缩，入学率停滞不前，使教育质量严重恶化。国内生产总值中教育经费所占比例由 6.4% 降到了 1.3%。1987 年，加纳政府颁布了新的教育政策，不仅希望遏制教育的滑坡，而且要改革整个教育结构和内容。

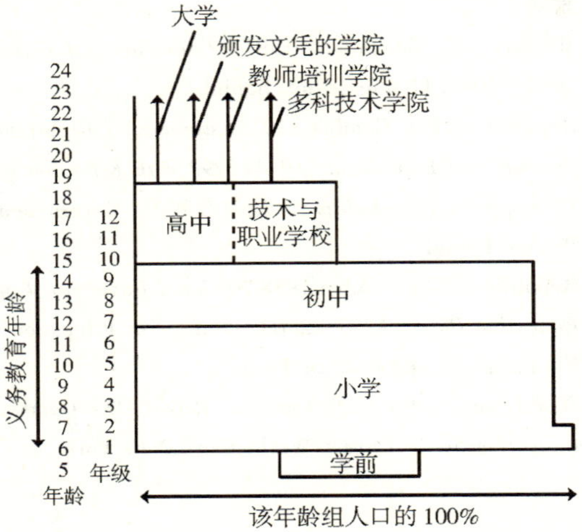

图 1　加纳：正规教育体系的结构

3. 正规教育体系

1987 年之前，加纳的教育结构基本情况为：小学 6 年（儿童 6 岁入学），初中 4 年，中学为 7 年（前 5 年要达到 O 水平 GCE 证书，后 2 年为 A 水平），第三级教育第一学位阶段为 3 年，整个大学前的教育体制为 17 年。

现在的教育制度开始于 1987 年，所有 6 ~ 14 岁的加纳青少年要接受 9 年义务教育。包括小学和初中。基础教育阶段的公立学校占 93%，私立学校占 7%。9 年基础教育之后有 3 年的高中和 4 年的第三级教育。现在的 6 - 3 - 3 - 4 学制替代了过去的 6 - 4 - 5 - 2 - 3 学制。

3.1　小学、中学和第三级教育

图 1 是加纳教育制度的整体结构。小学为 6 年，儿童 6 岁入学。公立学校的入学人数由 1957 年的 455 053 人增加到 1991 年的 1 803 148 人，到 2000 年，预计将增加到 3 088 148 人，也就是说适龄儿童的基础教育普及率达到 98%，基本上达到普及基础教育。

4 年的初中在 1989 ~ 1990 年度已经完全取消，代之以 3 年的初中。所有小学毕业生都要进入初中学习，比例大概为 95%。初中的课程主要是使学生掌握一定的基本的技术、职业和生活技能。入学人数由 1957 年的 115 831 人增加到 1991 年的 569 343 人，到 2000 年，预计将增加到 1 125 328 人。在初中的入学人数中，女生占 41.3%。在初中毕业时，将举行基础教育毕业证书考试。约 40% 的学生可以升入高中，这个比例在 2000 年时预计可达到 50%。新的 3 年制高中开始于 1991 年，旧的中学将并存至 1997 年。新的高中计划内容涵盖技术教育、职业教育、农业教育、商业教育和普通教育，其核心课程则满足学生的基本教育要求。高中的入学人数（包括旧高中和新高中）在 1991 年为 199 260 人，到 2000 年预计可以达到 332 213 人。

1987 年之前，加纳有 3 所大学：阿克拉（加纳的首都）的加纳大学，库马西（加纳中南部城市）的科学技术大学和海岸大学。此外，还有一些非大学的高等教育机构。许多加纳学生在海外接受高等教育，在欧洲、美国、加拿大、澳大利亚和苏联等等。这 3 所大学的入学标准主要看学生 GCE 的 A 级考试成绩，1997 年这个考试为高中考试所取代。1990 年，这 3 所大学的入学人数为 10 689 人。3 所大学、6 所工艺学校、7 所文凭学院、教师培训学院以及一些其他高中后教育机构的设施目前在不断增加和扩大。

工艺学校和教师培训学院被重新合编为地区艺术、科学和技术应用学院（RECAAST）。1994 ~ 1995 学年度，约有 10% 的高中毕业生可以进入大学。1990 ~ 1991 年度有 10 689 名学生升入大学，到

2000 年预计可以增加到 26 979 人。文凭学院和地区艺术、科学和技术应用学院 1991 年招收了 20 923 名学生,到 2000 年将增加到56 513人。

3.2 学前教育

学前教育在加纳是非义务教育。在城市中心有一些学前教育机构,多数为私人、组织、教会和当地社区所办。1990 年,公立学前教育机构有 4 527所,入学人数为299 738人,私立学前教育机构为1 321所,入学人数为121 484人。为保证一定的学前教育机构的正常运行,政府建立了专门的培训中心,为公立和私立学前教育机构培训教师。

3.3 特殊教育

加纳各级教育都设有为残疾儿童设置的特殊教育学校,1991 年基础教育阶段有 17 所特殊教育学校——11 所聋哑学校、4 所启智学校和 2 所盲人学校,在校学生有 1 935 名。有一所为聋哑儿童开设的中等技术学校,在校学生 51 名。加纳的教育政策鼓励把残疾儿童收入正规学校接受教育。有 3 所高中、2 所教师培训学院、海岸大学和加纳大学都有为盲人准备的专门设施,接纳他们接受更高的教育。

3.4 职业、技术和商业教育

职业和技术教育培训主要是为国家提供专门的人才以促进国家经济的发展。技术教育机构设有全日制课程,招收初中毕业学生,学制为 3 ~ 4 年。课程有基建、混凝、木工、饮食和商业。全国有 20 个公立技术教育机构,学生有 14 759 名;还有 371 个私立技术教育机构。在私立技术教育机构学习的学生人数没有准确的统计,但估计有 10 万人。

1990 年教育部和社会福利部建立了一个国民合作技术、职业和培训委员会(NACVET),它制定了一系列政策,以对职业、技术教育进行管理并推动它们之间的合作。

全国有 6 所工艺学校,提供 2 ~ 4 年的培训,专业有工程、饮食、财会、文秘和制冷。1990 年,这 6 所学校的学生有 9 135 名,其中 4 551 名为半日制。为增强在这几所学校与企业的联系,在这几所学校还建立了一些企业的联络处。

3.5 成人和非正规教育

1948 年起,加纳的一些组织和教堂就开始自发地订立成人扫盲计划。到了 20 世纪 50 年代,政府和一些宗教机构以及一些非官方组织开始大力实施扫盲计划。在 1952 ~ 1966 年之间,这些官方的和非官方的组织共对 225 000 人进行了扫盲。自60 年代起,加纳大学成人教育学院开始举办各种成人教育活动,包括远程教育、普通教育证书夜校和其他职业证书考试辅导、医药学习班以及开办各种座谈会和讲座。

20 世纪 70 年代和 80 年代由于缺乏资金和政府的支持,成人和非正规教育经受了沉重的打击。每年的扫盲人数由 50 年代的 22 000 人减少到 80 年代中期的 2 000 人。

1986 年,作为整个教育改革中的一部分,政府开始加强成人和非正规教育。在教育部设立了非正规教育分局(NFED),致力于与其他机构合作开发各种扫盲教育计划。非正规教育分局还负责成人教育计划教材的设计、生产和发放。

非正规教育分局的努力大大减少了加纳的文盲人口,自 1990 年起,非正规教育分局每年对文盲人口总数的 10% 进行扫盲,这样在 10 年左右的时间中,加纳的文盲人口将会基本消灭。

1990 年非正规教育分局和其他的非官方组织为 290 000 个学习者开设了 15 种地方语言的开放课程。每年将消除 36 000 名文盲。

除了国家财政预算的增加,近年来,来自外国和一些国际机构的大量援助对加纳的成人和非正规教育计划进行了支援。这些援助主要来自英国海外开发办事处(ODA)、瑞士、联合国人口活动基金、联合国儿童基金会、世贸组织和世界银行。

4. 行政管理的结构与运行

教育部是加纳的主要教育管理机构,教育部之下还设有一些法定的机构,像加纳教育服务处、加纳图书馆董事会、加纳图书开发委员会、加纳语言局、联合国教科文组织加纳委员会和国家服务秘书处等。

加纳教育服务处是加纳教育部最大的机构,它处理加纳教育部 80% 的事务。它负责实施由教育部制定的大学前教育政策。服务处由一名总处长领导,另外还有高级人才、管理人员,负责国家、地区、市区和学校教育事务的管理。加纳十个地区中每个地区都有一名处长,地区的教育官员负责管理全国的111个辖区的大学前教育事务。

作为整体教育改革的一个内容,规划、预算、调节和评估分处(PBME)建立于1988年,在教育部的领导下,负责教育规划、预算、调节和评估工作,教育规划和政策制定所需数据也由该处搜集和发布。

5. 教育财政

公立教育的财政由中央政府负责。1961年教育法规定,当地社区提供该区基础教育的校舍和基本教学设施设备,对于贫困地区,特别是国家北部的三个辖区则由政府提供。1987年改革之后,国家对基础教育阶段的学校提供的物质支持大幅度增加。

公立学校教师的工资也由国家支付。加纳各阶段教育的学费全由国家承担,学生完全免费。大约有60%的高中学生为寄宿生,寄宿费用由家长负担。根据其成绩和家境,35%~40%的高中寄宿学生能够获得政府和学校的奖学金。1989年开始,各级各类学校的学生都可以获得国家提供的无息贷款。

1957年独立之后,加纳的各级政府对教育的发展提供了大量的教育经费。到1960年,大约26%的政府财政支出都投入到教育中,教育经费占国内生产总值的4.1%。20世纪70年代和80年代国家经历了持续的经济滑坡,严重地影响了教育的发展。1979~1985年,政府财政预算对教育经费的分配下降了60%,教育经费占国内生产总值的比例由1976年的6%降到了1.3%。

1987年后,这种情况得到了较好的改善。1987~1990年间,30%的政府财政预算拨给了教育,教育经费占国内生产总值的份额达到了4%(教育部1990)。除了教育经费的增加,加纳还得到了世界银行和教育部门调节信贷组织(EdSAC)下属国的物质资助。

约80%的教育财政预算投入到大学前的教育发展中,其他的20%投入到第三级教育和教育部的其他部门中。对高等教育的投入占教育经费预算的12%~13%。

6. 师资

在1990~1991年度,小学教师总数为62 859人,其中有21 146人未经过培训,约占小学教师总数的33.64%。初中教师有35 262名,未经培训的教师达12 388人,约占初中教师总数的35.13%。1987年以后,小学和初中的未经过培训的教师数量已经开始逐年减少。小学中未经过培训的教师比例由1987年的49%降到了1991年的34%,初中则由38%降到了24%。加纳全国有38所教师培训学院,每年培训小学教师和初中教师约4 000名。到1999年,教师培训学院将升级和扩大,估计那时每年可培养教师8 000人。

加纳的3所大学、7所文凭学院和其他第三级教育机构为高中、教师培训学院、工艺学校和技术教育机构培养教师。1990年这些机构共有教师10 662人,高中共有教师8 087人,所有这些教师都必须获得教师资格证书。

1990年,加纳的3所大学共有教师1 114人,分为讲师、高级讲师和教授。

7. 课程开发与教学方法

加纳的所有大学前教育机构使用国家统一的课程。加纳教育部下属的课程研究和开发部(CRDD)负责大学前阶段的课程的开发与准备工作、规定评测、大纲修改、教科书和其他教材。

20世纪60年代末,课程改革中基础科学、环境知识、现代数学特别是一些职业教学计划等纷纷引入基础教育课程。

1987年开始的教育改革强调在大学前各阶段的教育中加强加纳语、英语和农业实践的教学。科学教学中还强调采用环境教学法。高中里开设前职业训练,使学生熟悉、练习和使用简单的手工工具。

高中课程的核心课程为英语、加纳语、科学、数学、农业、环境科学、生活技能和体育。还开设有五个基本专业教育,分别是:农业、技术、商业、普通艺术和科学。不过新课程的实施中较为显著的问题是缺乏合格的教师,尤其是在一些应用科目中如职业和技术教育中。

为保证有充足的合格教师,教师教育也开始使用新课程。

8. 考试、升级和证书制度

在大学前的所有阶段的教育中,学生自动升级。在小学6年级结束时所有学生都升入初中。在初中结束时,学生将参加西非考试委员会举办的毕业考试,根据学生的成绩并结合学生的平时成绩颁发给合格学生基础教育毕业证书。这次考试还取代了原来的高中入学考试和中学毕业证书考试。

从1993年开始高中考试也由西非考试委员会举办,并将在1996年完全取代GCE的O级和A级证书考试。

学生参加技术和职业培训课程最终会在其专业获得专业证书。这些课程的伦敦城市行业协会和皇家艺术社团(RSA)考试也逐渐被加纳本地化,融入了加纳特色。

高等教育机构对各个专业颁发毕业证书,包括学位和职业证书。高校所颁发的这些学位证书和职业证书是国际承认的。

9. 教育评价、评估和教育研究

加纳进行教育评价、评估和教育研究的机构有:加纳课程研究和开发部,加纳教育服务督学部,规划、预算、调节和评估分处(PBME)。其他一些第三级机构如教育团体、发展研究中心、海岸大学下设的教育规划和管理处(IEPA)都开展教育评估和研究。加纳课程研究和开发部,加纳教育服务督学部,规划、预算、调节和评估分处进行常规性研究,而大学及其所属的研究机构往往承担国家的专门性研究课题。

加纳课程研究和开发部承担了专门针对学生的研究项目,主要是关于学生成绩和学习效果的评估方面。20世纪80年代起,管理资源输入和政策制定方面的研究受到了重视,这主要因为政府颁布了一些关于责任、有效管理和加强地方行政的政策。规划、预算、调节和评估分处主要进行了一些政策分析、支出分析和单位成本、教师需求、微观计划等等方面的研究。规划、预算、调节和评估分处的研究指标是关于班级规模、平均学校规模、生师比、预算标准、性别与地区差异以及受训和未受训教师等等方面的。

20世纪90年代,研究课题继续集中在资源输出、教育改革计划的影响、成本分担和社区对学校管理的参与以及国家、地区和区级水平的管理等等。

很难计算教育预算中教育评估、评价和研究经费所占的比例,可能少于1%,不过由于规划、预算、调节和评估分处在教育研究方面地位的提高,在20世纪90年代,这个比例会达到2%~3%。

10. 20世纪八九十年代的主要改革

1987年,加纳开始教育改革,以在全国范围内实行普及初中教育。这次教育改革涉及从小学到大学的整个教育制度的结构和内容。改革的整体目标为提高各级教育的入学率、提高教育质量、使教育更适合社会经济的发展等等。1987年改革之后,学校的入学人数大幅度增加,6~11岁年龄段的小学入学率由1988年的80.5%上升到1990年的82.5%,同期小学1年级的入学人数增加了11.8%,初中的入学人数在1987~1988年度就比前年增加了21.7%。新高中体制,1990年的初中毕业生中有35%在1991年升入高中,比旧体制的25%提高了10个百分点。

1988年加纳第三级教育的相关部门也开始进行改革。1988~1993年,为了保证第三级教育的稳定,加纳对第三级教育机构进行了重组,调整资金结构,补充扩大学校设施。建立了一个由政府和地方社区、家长、学生和学校共同分担经费的新制度。调整了课程结构以适应就业人员的需要,同时与学校提供的各种教育计划相结合,使教育计划能够付诸实践。由于参加前第三级教育的学生数量猛增,所以第三级教育已经扩大到所有高中后教育机构。

教师培训机构也进行了改革,主要是为新计划的教师培训作准备。同时建立了在职教师培训体制,对所有在职教师进行内容全面和深入的培训,提高在职教师的水平,使他们能够适应改革。

11. 2000 年面临的主要问题

尽管 1987 年后加纳的教育改革取得了很大进步,但整个教育仍需要增加资金的投入,加强管理以确保实现普及基础教育、消除文盲、增加各级教育的入学人数,增强教育资金的有效管理等等目标。从目前情况来看,保持加纳整个教育制度的持续发展还是一个问题。政府的教育支出显著提高(现在,政府支出的 40% 都投入到了教育方面),外部的援助也在增加,但是到 2000 年就很难保持这种水平的教育支出来继续扩大教育规模。

第三级教育尤其是大学中,学生人数过多,基本上都在超载运营。但是高中毕业生越来越多,第三级教育很难满足增加的学生的教育需求。

此外,教育体制长期以来存在的问题仍未能得到解决:如职业技术教育缺乏合格教师,课本与教材匮乏;寄宿学校的饮食问题和校舍维修问题;地区及地方的教育设施分配的不平等;扫盲计划仍然缺乏足够的资金支持等等,这些问题在 2000 年仍然会困扰着加纳。

这些问题在 2000 年还会随着外部因素而加剧。作为第三世界的一员,不公平的国际经济秩序仍将延续这种贫穷国家对发达国家的依赖关系,加纳和其他许多国家一样,仍会背负着沉重的负担。

Y. 德沃莫(Y. Dwomoh) 著

刘瑞生 译

附录

Amonoo R F 1986 *Language and Nationhood: Reflections on Language Situations with Particular Reference to Ghana*. Ghana Academy of Arts and Sciences, Accra

Ghana Information Services Department 1991a *An Official Handbook of Ghana 1991*. Ghana Information Services Department, Accra

Ghana Information Services Department 1991b *Ghana, A Brief Guide*. Ghana Information Services Department, Accra

McWilliam H O A, Kwamena-Po M A 1978 *The Development of Education in Ghana*, new ed. Longman, London

Ministry of Education 1973 *Education Statistics 1970—1971*. Ministry of Education, Accra

Ministry of Education 1990 Ghana's country paper for the World Conference on Education for All, Bangkok, March 1990

Office of the Government Statistician 1959 *Education Statistics*. Office of the Government Statistician, Accra

Pandit HN, Asiamah F 1988 *Forecasting Enrolment and Teaching Manpower Demand for Basic Education in Ghana*. PBME Division, Ministry of Education, Accra

PBME Division, Ministry of Education (annual) Basic statistics and planning parameters for school education in Ghana 1988—1989, 1989—1990, and 1991. Ministry of Education, Accra

PBME Division, Ministry of Education 1990 *Meeting Basic Education Needs by the Year 2000*. Ministry of Education, Accra

PBME Division, Ministry of Education 1991 *Costing of Education Reform Programmes of Ghana, 1991—2000*. Ministry of Education, Accra

几内亚的教育制度(Guinea, Republic of: System of Education)

1. 基本背景

几内亚共和国位于非洲的西海岸,南毗塞拉利昂和利比里亚,北邻塞内加尔,东接科特迪瓦和马里。几内亚是前法国殖民地,也是第一个宣告独立的非洲国家。1958 年获得自治。首都为科纳克里。

几内亚国土总面积为 246 050 平方公里,人口为 600 万左右。年平均人口增长率约为 2.6%。全国人口主要由 3 个部族(富拉族、马林凯族和苏苏族)和 15 个小部族组成,讲 8 种语言。法语依然是官方语言。全国约 75% 的居民是穆斯林,约 25% 的人信奉原始宗教(泛灵论者),不到 1% 的人信奉基督教。全国 80% 的劳动力从事农业。尽管有一定的矿产资源(特别是矾土),几内亚年人均收入只有 440 美元(1992)。

随着 1984 年几内亚第二共和国的建立,几内亚政府决心建成一个非常团结的国家,确保每一个公民都有机会发展自己的个性,施展自己的才能。在这些基本原则指导下,几内亚政府开始在一些国家制度进行重大改革,像货币制度、经济与金融、教育、管理等等。同时国家颁布了加强地方分权的政策,目的在于使地方能够更积极、主动地发展当地社会与经济。这包括建设学校、供水点、经济与文化建设等方面。在教育领域的改革包括重新确定教育的原则和目标,改善学校的物质条件,提高教学质量等等。主要方针和政策如下:

(a)教育应该是民主的和非宗教的,要为所有学龄儿童提供教育。

(b)教育要建立在非洲文明的价值观念的基础上。

(c)实施统一课程,课程要能够增进不同文化、民族和国家的交流。

(d)要教授民族语言、非洲语言和世界语言。

(e)教育应该保持理论与实践的平衡,是社区与学校的纽带,确保个人能够和谐地生活在其所处的环境中。

(f)各级公立教育是免费的,学生家长有权利为自己的孩子选择学校(公立或私立)。

(g)应该以适当的形式提供下列水平的教育:学前、小学、中学、职业教育和高等教育。

对 1984 年的改革目标,必须与第一共和时期所发生的情况联系起来考察。刚刚取得独立时,几内亚政府希望建立一个能为所有儿童提供基础教育制度,并消除或至少减少文盲。尽管政府在教育上投入巨大财力改善学校基础设施、培训教师等等,但是经济的缓慢发展却使这些目标难以实现。许多精心设计的改革计划都不能很好地付诸实际。尽管家长对让孩子上学越来越关心,但是净入学率在 1980 ~ 1984 年之间却由 33% 降到了 27%。同期女性文盲率为 86%。

2. 教育政策与目标

教育的主要目标为:

(a)使少年儿童掌握一定的理论知识和实践知识,获得一定的职业技能,热爱劳动。

(b)为校外的年轻人和成人提供其他的思想和表达的途径。

(c)为残疾人提供适宜的特殊教育。

为克服其第一共和国时期教育的缺陷,政府提出了发展策略,其主要方面包括:

(a)1984 ~ 1990 年为教育改革的过渡期。

(b)对教育结构进行更新或调整。

(c)对教师进行更多的在职培训。

(d)从 1 年级开始把法语作为教学语言。

(e)优先发展小学。

(f)提供更多的扫盲课程以抑制文盲的增加。

(g)职业培训多样化以适应经济的需要。

(h)为离开学校的人重新组织学习策略,使他们能成功进入劳动市场。

(i)加强教育系统内部的管理、规划和督导。

这一整体策略特别明确了需要获得教材、重新培训教师、加强行政服务和监督。以上所有内容体现在政府 1990 年公布的教育规划中。

3. 正规教育系统

图 1 以图表的形式绘出了教育系统的结构。

3.1 初等、中等和中等以上教育

初等教育从 7 岁开始,学制 6 年。但是实践中,城市儿童从 6 岁上学,乡村儿童 9 岁上学。1991 ~ 1992 年度,几内亚有 2 586 所学校,8 415 个班级,359 405 名学生(其中女生不到 1/3)。全国有 7 374 名教师,其中 21% 是女性。班级数量与教师数量的差距意味着有些班级需要教师第二轮教学,或是由不合格教师教授的。教学基本上是传授阅读、书写和数学,为学生进入积极的工作生活作准备。在初等教育结束时,学生可以参加初等学校证书考试。如果通过考试,就可以进入中等学校。

普通中学有两个阶段:第一阶段有 4 年,第二阶段 3 年。第一阶段结束时,学生参加初等结业考试,然后进入第二阶段的第 1 年级,即 11 年级。第二阶段结束时,中学毕业会考第一部分在 12 年级举行,第二部分在 13 年级举行。1991 ~ 1992 年度,共有 87 975 名学生(其中将近 24% 是女生)进入

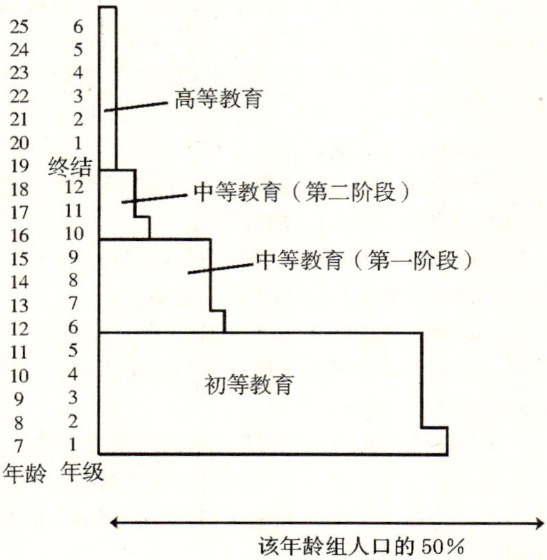

图1　几内亚:正规教育体系的结构

177所学院、24所国立高等学校或大学预科和34所学院。

国立高等学校或大学预科兼学院，共计1 878个班级。这些学校有4 846名教师，其中13%是女性。获得初等结业考试的学生要参加一个选拔性考试，以进入职业学校。同样，通过中学毕业会考学位考试的人要经过全国选拔进入高等教育或国立职业学院。

高等教育有2所大学（科纳克里和康康）、3所学院、8个研究所和2个文献中心。除了医学专业是6年制，其他课程都是5年制。1991～1992年度，有5 366名学生（其中6.5%是女生），527名全职和176名兼职教师。研究所有135名研究人员，其中15名是女性。

3.2　学前教育

大部分幼教学校都在科纳克里，由公共卫生部的提供经费支持。

3.3　特殊教育

几内亚只有一所特殊教育学校，是聋哑儿童学校，位于科纳克里。

3.4　职业、技术和商业教育

中等职业与技术学校在竞争入学的基础上从10年级毕业生中招收新生。几内亚的职业教育中心提供职业教育课程，例如，技术、工业和建筑业等领域。在中等学校有职业性培训，提供办公室工作、卫生部门工作等方面的培训。国立学院也在选拔考试的基础上，从12年级（初等学校教师和运动专业）或13年级（中等学校教师培训、公共卫生培训和农业专业）的毕业生中招收新生。1991～1992年度，这类专业有10 268名学生，其中31%是女生。全国共有47个此类教育机构，1 130名教职员（9%是女性）。

3.5　成人和非正规教育

这个领域几乎所有工作都是扫盲教育。基本"全民教育"计划提出：在所有乡村、工业部门和技工领域都应该全面、深入实施扫除功能性文盲计划，要特别重视从未上过学或很早就辍学的妇女和儿童；将建设450所新的扫盲中心；将培训450名扫盲教师，其中36%应当是女性；将开发和出版1 350种基本扫盲和扫盲后学习的小册子。

一个远没有得到关注的部门是非正规学习，或在职学习。1983～1989年期间开展了一些研究，但关于最佳的学习模式的有效策略仍没有开发。由于这类学习的重要性，几内亚已经建立了该领域的培训与在培训办公室。一项部门性的研究正在进行，它将帮助制定一个职业与技术教育方面的全国性政策。该政策要求提高贸易与商业教育的质量。提高女性在生产中的参与率。

4. 行政管理的结构与运行

教育与培训部包括一名秘书长、一名阁员、若干支持性服务机构、若干全国性管理部门、若干咨询委员会和几个服务部门组成。支持性服务机构包括一个总督导处、一个行政管理和财政事务局，一个中央秘书处、一个公共关系与交通处、一个文献与档案处、一个考试与选拔处，一个统计与计划处和一个技术项目处。全国性管理部门分管基础教育、中等教育、职业与技术教育。与这些管理部门相关的有全国扫盲服务中心和国家教育研究所。咨询委员会包括1993～2000年国家基础教育委员会、教师培训和教师的教师培训委员会以及其他各种全国性委员会。最后，服务部门包括行政区一级学校督导处(4个加科纳克里),33个(加上加科纳克里的5个)专区一级的督导处和310个分区一级的督导处。

5. 教育财政

国家用于教育的预算比重(不包括债务与投资的利息)从1989年到1993年的增长情况如下:1989年12.9%,1990年14.2%,1991年25.7%,1992年25.2%和1993年26.0%。1992年,教育总预算是1 826 300万几内亚法郎(1 500万美元)。其中一半以上用于初等教育、中等教育和初等教育教师培训学院的教师工资。在工资预算中,68%用于初等教育,13%用于中等学校,13%用于职业与技术学校和机构,6%用于教师培训学院。约有1/4的教育经费用于高等教育。其余用于其他项目和行政管理,包括督导。1991~1992年,教育预算总共增长1.16%。

6. 师资

教师培训职前教育计划的年限在第3部分已经说明。在职教师培训的结果是令人鼓舞的。60%以上的初等学校教师在专区一级的在职教师培训项目中进行了再培训,其中教育学院60%教法语的教师,65%教数学的教师经过了再培训,71%的教师接受了复式教学的培训。100名以上的学院教职员和教育顾问在曼尼(Maneah)的高级教育学院接受了培训。同时,1993年有658名新初等学校教师在接受培训。而且,定期举行研讨会以提高行政管理人员的能力。

7. 课程开发与教学方法

在几内亚的部门调整方案中,一个主要部分是"修订课程与教学方法,调整并落实新方案"。列入规划的10项活动包括:

(a) 评估全国的教科书政策。

(b) 重新修订并提供7~9年级法语课的教材。

(c) 开发和试行7~9年级数学和科学课的教材。

(d) 开发集体使用的支持性教学资料。

(e) 试验和修订所有教学资料。

(f) 分配所有教学资料。

(g) 指导教师使用这些资料。

(h) 出版支持性教学资料。

(i) 教育研究与革新。

(j) 使所有与教育有关的人员熟悉媒体的使用。

这些活动将是课程持续改革的开始。所有努力旨在提高初等教育和中等教育的质量。

8. 考试、升级和证书制度

国家考试机构,在行政区和专区教育督导处的配合下,负责组织每个教育阶段的毕业考试。这些考试有CEPE(初等教育毕业考试),通过它就可以进入中等教育;初中毕业时的初等结业考试,和12年级举行的第一次与13年级举行的第二次中学毕业会考。通过第二次中学毕业会考的学生,要参加一个竞争性的考试以获得进入大学的资格。通过大学毕业考试,将获得学士文凭。

在各个教育阶段,每个年级末学校要举行校内考试。通过考试的学生可以升级。

9. 教育评价、评估和教育研究

几内亚对某些年级的学生各种课程的成绩,正在进行评价。同时,几内亚计划对离开学校的学生进行跟踪研究以评估教育系统的外部效率。此外还开展了一些研究,以获得经济发展对学校传授的知识、技能和价值观等的要求等方面是信息。这些研究的结论用于调整课程中所体现的教育目标。

10. 20世纪八九十年代的主要改革

到20世纪80年代中期,几内亚已经确定(在两次全国教育会议上)存在的问题包括:(a)不合格教师;(b)教学不考虑民族语言;(c)教室设施不足;(d)学校缺乏支持性教学材料和设备;(e)学校建筑不足和破旧;(f)缺乏计划性;(g)管理落后等。这些会议的结论是需要努力重新考虑和明确几内亚共和国教育的原则与目标。为了实现上述目标,所需要的技术、财政、人员和制度方面的资源必须到位。

1984～1990 年实施了一项中期行动计划。这一计划包括：

(a) 所有教学都使用法语，但同时也承认当地语言的重要性。

(b) 开展大规模针对教育咨询人员的培训和教师的在职培训。

(c) 发展基础设施、校舍和设备，使所有学龄儿童都能入学。

(d) 减少重学术性的学校教育，增加能直接应用于经济的实践性的培训。

(e) 改变各级教师的晋升制度和教师结构。

(f) 调换教师，使他们能够按照自己的水平在相应的学校教学。

在外部力量的帮助下，国家在 1984～1989 年开展了一些工作。1989 年这些工作形成了一个教育政策宣言。这个政策宣言已经成为几内亚所有教育活动参考指南。之后，几内亚计划在 20 世纪 90 年代开展一些活动，或者换句话说，就是要在 2000 年前实现的目标。

2000 年的目标是：

(a) 初等学校 1 年级的入学率增加到 50%。

(b) 减少留级和辍学的数量。

(c) 提高教育的质量，根据就业市场的需要调整教育。

(d) 国家预算用于教育的比重（在债务许可的条件下）增加到 20%。

(e) 10%～12% 的投资项目用于教育。

(f) 更加重视基础教育，用于基础教育的教育预算从 1993 年的 35%（1998 年为 30%）增加到 2000 年的 40%。

教育结构的调整已经制定了具体计划，将上述活动落实在众多子目标中。世界银行、法国合作会（the French Cooperation）和美国国际开发署共提供 5 800 万美元的援助。这些机构将要求取得的进展，可以归纳为以下 4 个主要方面：

(a) 重建教育行政管理，加强目前人员的能力。

(b) 贮存人力资源，使教师职前培训与在职培训活动合理化。

(c) 改善教室的条件，增加对设备和设施的投入。

(d) 修订课程和教学方法。

11. 2000 年面临的主要问题

政府将致力于实现调整教育以满足国家经济和国家的需要的目标。它将努力减少辍学率，提高各级教育的质量。

初等教育的净入学率将达到 53%。这要求建设大量的学校/教室，培养出所需要的教师。教育质量应当提高，以提高教育的普遍水平，同时尽可能减少留级人数。政府将坚持不懈地为实现全民教育的目标而努力。中等教育的入学率将保持在 12%。为了跟上出生率的增长，这意味着要建设更多的学校/教室和实验室。几内亚还需要调整课程，使它能够适应该国的现实生活。高等教育也是如此。

文盲率将从 74% 降到 40%。这意味着要提供更多的扫盲人员和学习资料。

H. A. B. 迪亚洛（H. A. B. Diallo） 著

刘瑞生 译

附录

Agency of Cultural and Technical Cooperation (ACCT) 1991 *Report of the Regional Seminar on Upgrading of Diagnostic Methods and Educational Planning*. Agency of Cultural and Technical Cooperation (ACCT), Conakry

CIEP 1991 *Report of the Seminar on the Rationalization of Educational Policy by Systematic Analysis in Francophone African Countries*. CIEP, Sèvres

Diallo H A B 1989 Déclaration de Politique Educative. Paper presented at specialized seminar for francophone journalists, September

Ministry of Education 1984—1985 *Texts from the National Conferences in Conakry 1984/85*. Ministry of Education, Conakry

Ministry of Education 1992 *Memorandum on the Aims and Activities of the MEPU-FP*. Ministry of Education, Conakry

Ministry of Education 1992 *Annual Statistics, 1991/*

1992. Ministry of Education, Conakry

Ministry of Finance 1993 *Année Financière 1993. Budget Analyses for Education in Respect of the Funds Available for PASE*. Ministry of Finance, conakry

几内亚比绍的教育制度(Guinea-Bissau:System of Education)

1. 基本背景

几内亚比绍位于非洲西海岸,北部与南部分别与塞内加尔和几内亚接壤。几内亚比绍国土总面积36 100平方公里,除了在非洲大陆的国土外,还包括由40个岛屿(其中有20个岛有人居住)组成的比热戈斯群岛。全国人口910 000,比绍是全国最大的和人口最集中的城市,有140 000人。

1979年,几内亚比绍人均国内生产总值为170美元。全国年人口增长率为4.1%,比绍市的年人口增长率为5%。几内亚比绍的出生率相当高(家庭平均人数为6.3人),但婴儿的死亡率也相当高,达到14.3%。人均寿命为男性41岁,女性44.6岁。

作为原葡萄牙的殖民地,几内亚比绍的官方语言依然为葡萄牙语,尽管许多人讲克里奥尔语和其他本族语言。几内亚比绍的大多数人信仰基督教,其中天主教徒居多,在几内亚比绍也还有不少穆斯林部族。

几内亚比绍矿产贫乏,主要商业开发矿藏有铝矾土、磷酸盐。它主要是一个农业国家,产品主要有大米、豆、树薯和木材。农业是几内亚比绍的主要产业,全国有85%的人口从事农业生产,农业产值占国民生产总值的79%。1990年几内亚比绍的国民生产总值为1.47亿美元,1987年后,国民生产总值的年增长率为0.8%。几内亚比绍的农业既受到撒哈拉地区持续干旱的气候影响,同时也能因较高的降雨量而受益。不过,在雨季,雨水往往会淹没部分南部地区。几内亚比绍的农业、渔业、林业和矿业资源并没有得到充分利用。例如,1992年全国的100万公顷的可耕种土地中只耕种了40万公顷;全国可捕的10万吨鱼中,也只捕用了25%;在矿产资源方面,储量3 500万吨的磷酸盐、2.5亿吨的铝矾土和石油大部分都未被开发。农民生活在3 600个村庄中,村庄是几内亚比绍的基本的居民单位。在历经了500年的殖民统治后,几内亚比绍的乡村仍然保持着传统的特点。全国的能源消费极不均衡,在内陆地区人均能源消耗少于5千瓦时,而在首都比绍所耗能源则是全国其他地区的7倍。

几内亚比绍由军事政府执政,有一个政党,即几内亚和佛得角非洲独立党(PAIGC)。1974年独立后,几内亚和佛得角非洲独立党所接手的几内亚比绍社会经济基础建设落后:港口和柏油马路稀少,只有连接葡萄牙军队营地的马路;工业基础极为有限;教育和医疗设施集中在城市中心和军事区,平均每1万人才有1名医生;识字人口只占全国人口的5%。第一任几内亚比绍政府的任务极为艰巨:要发展生产部门,同时必须建设发展生产所必需的基础设施;要为全体人民进行医疗和教育基础设施建设,以发展他们的潜能(瑞典国际开发署 1982)。

在独立初期,几内亚比绍政府在这些方面制定了宏伟的计划,但是遭遇到连年的干旱,农业受到损害。1981年,粮食歉收达6万吨,结果粮食出口急剧下降,财政赤字达1亿美元。几内亚比绍教育必须联系这一背景来考察。

2. 教育政策与目标

教育是每个公民的权利和义务。在几内亚比绍全国都建有学校,即使是在偏远的地区,特别是在南部地区和岛屿上也都有学校。各级学校招收学生的数量明显增加。尽管缺乏办学经验和能力,缺乏受过培训的教师,缺乏适当的课程、教材与校舍,几内亚比绍政府为改善国家教育制度还是做出了巨大的努力。

独立后不久,几内亚比绍就重新调整了小学结构,把5年级和6年级也划入小学,同时积极地引进了新的课程和相关教材。

在独立后的头两年。几内亚比绍教学还保持着葡萄牙殖民统治时的结构。由于几内亚和佛得角非洲独立党当时所面临的复杂局面和种种困难，因此不可能直接对教育进行大范围的全面改革。随后发生了一些逐渐和有规划的变化，这些变化与20世纪90年代初的教育制度有直接关系。

殖民时期的教育制度分为两部分，一部分是4年的小学，一部分是包括中等学校、技术学校和教师培训学院的中等教育。而小学和中等教育之间的过渡是两年的预科。

殖民地时期的教育制度的另一个重要特点是强调学前教育，其目的在于使儿童能适应学校的学习环境。由于各种原因，比如缺乏资源等等，教育部决定不把学前教育作为一个单独的阶段，废除这一制度，而把其作为小学的1年级。根据瑞典国际开发署的研究（1982），也说明了为什么在实行这一制度后1976～1977年度，几内亚比绍小学1年级的入学人数突增。考虑到葡萄牙语对大部分人来说都是一门外语，因此，很明显地，为了让学生对此有所适应，需要一个单独的预科阶段，不管它的名称如何。殖民地的每一级学校都具有高度选择性和歧视性。预科学校的目的在于使学生升入中等学校。从原则上讲，技术学校的教育是为学生将能够作为积极的生产力从事生产而作准备，但实际上学生在技术学校很难受到良好的训练，在现实中他们也很难找到合适的工作从事经济生产。最后，有教师培训的专业。但它的设计使很少教师能顺利完成培训计划。

几内亚和佛得角非洲独立党所面临的处境，使得进行结构改革成为当务之急，以确保它不仅在政治上、而且是文化和经济上的领导地位。下面介绍的教育改革的原则，是基于这样一种假定：教育制度的内容和形式，必须与几内亚和佛得角非洲独立党确定的政治选择和原则相一致，并应以实现它的目标为指向。

（a）教育应该促进个体的全面发展，使其能基于几内亚和佛得角非洲独立党确定的原则下选择自己的生活。

（b）教育的民主化，无论是理解为入学机会的均等还是成功机会的均等，都要求对教育制度的结构、组织和管理进行改革。

（c）教育应该通过研究活动、与社区相结合，继承优秀的非洲传统知识。

（d）改善教学计划和教学方法，使之能够满足现实和国家的需要。

在这些基本原则的指导下，教育部进行了一系列改革。首先是教育内容的改革：曾经在获得解放的地区使用的课程和教材根据民族独立的现实做了修订，并引入到前四个年级中，后来才试图改革教育制度的整体结构，新的教育制度如下：

（a）第一阶段为6年基础教育。

（b）第二阶段为3年中学教育，有普通教育、小学后职业培训和小学教师培训。

（c）第三阶段有：大学预科教育、中学教师培训和多科技术教育。

有必要指出，这次改革的重要意义首先在于新的基础教育制度的引入，其最终目标在于为每一个公民提供6年的免费教育。过去属于中等教育一部分的预科教育，转变为基础教育的第二阶段。更重要的是赋予基础教育的新的导向，它不再是把基础教育看作是为中学作准备，而是为了学校外的生活。

这次改革还有一个重要特点，是对5年级、6年级两个年级的课程做了科学的设置。第二阶段的教育是为了培养有技能的人才（在管理和技术方面），以使他们能够在未来胜任自己的工作，致力于国家发展。

3. 正规教育体系

几内亚比绍的正规教育体系分为两个主要阶段：初等和中等教育。几内亚比绍没有大学，只有2所技术学校，可招收594名学生接受继续教育。1991年几内亚比绍的文盲人数占全国总人口的68%。全国有807所中小学，能够招收90 000多名学生。每年的教育经费占全国国民生产总值的5.2%。

3.1 小学、中学和第三级教育

图1所示的是整体的教育结构。

基础教育的初等阶段为4年。在全国总共95 267名在各种教育机构就读的学生中（1980年统计数字），基础教育初等阶段的学生就超过了72 000人，占75%。基础教育的初等阶段为义务教

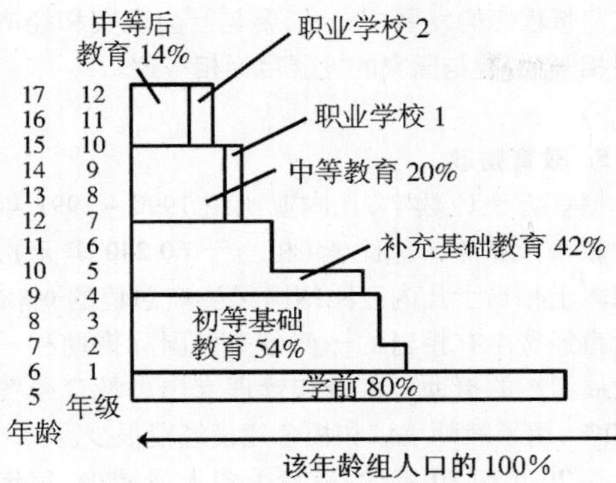

图 1 几内亚比绍:正规教育体系的结构

育。1992 年,基础教育的初等阶段的入学率只有 54%。

基础教育补充阶段为 2 年。1977 ~ 1978 年度,几内亚比绍只有 14 所基础教育补充阶段的学校,1981 年增加到 21 所,其中有 4 所在比绍自治区。1982 ~ 1989 年期间至少又增加了 6 所。从 1977 ~ 1978 年度到 1981 ~ 1982 年度,本教育阶段的学生总数增加了 54%,女学生的数量增加了 84%,教师的人数增加了 89%,于是学生教师比率下降,由 24:1 降到了 18:1。相对较低的学生教师比率是因为每个教师每周只教 18 节课,而且只教一个科目。只有很少的教师(不到 35%),接受过教师培训。5 年级、6 年级学生的教学中也没有专门的教材,而这一部分学生的人数占同龄儿童的 42%。

中学包括 7 ~ 9 年级,或 7 ~ 12 年级(含中学后教育)。从 1980 年开始,中学教师的数量增加了 49%,本民族教师的比例从 51% 增加到 76%。国民中等学校包括 7 ~ 12 年级,其他类型的中学则只有 7 ~ 9 年级,有一半多的中学生进入了国民中等学校。

9 年级之后,有 2 所"中级学校":国家体育运动学校和法律学校,这 2 所学校每年各招收大约 80 名学生。学生要到国外接受所有大学阶段的教育。

1987 ~ 1988 年以来,几内亚比绍小学 5 年级、6 年级学生和中学学生的数量增加了 46%,但 1 ~ 4 年级的学生数量一直稍有下降。之所以出现下降,部分原因是由于学生的复读率下降。但人数减少主要集中在 9 岁以上的儿童,6 ~ 8 岁儿童的入学人数稍有增加。但尽管可以做出上述解释,事实依然是入学率下降而不是提高了。其中一个原因是传统文化与按年龄分层的教学体制以及与现代学校的冲突。另一个原因可能是家长怀疑学校所教内容的实用性。还有一种情况是儿童常常要帮助家里做农活,这在其他第三世界国家也能看到的一种趋势(Leal Filho 1991)。

1979 年的人口调查显示,7 ~ 9 岁儿童的平均入学率为 44%。当然,在不同地区、城市与农村、性别之间的入学率存在差别。独立后,女生在小学中的比例稳定在 33% 左右。

4 年级和 5 年级之间是比较关键的时期,因为在 4 年级末和 5 年级末之间 50% 的学生辍学。继续上学的女生通常在本地区完成学业,而大多数男生转到城市就读。

3.2 学前教育

由于希望学生能够顺利完成 1 年级的学习,尤其是对教学语言葡萄牙语的掌握,教育部在 1979 ~ 1980 年度对 3 ~ 6 岁的儿童重新启动了学前教育计划。学前教育机构招收学生的数量由 1979 年的 300 名增加到 1980 年的 419 名,这之后人数基本就稳定下来。20 世纪 80 年代初之前,几乎全部的学前教育机构都集中在比绍市。尽管 1981 年在政府临时计划中也都强调了要开展学前教育运动,但是由于资源的匮乏,这一计划的范围无法扩大。教育部正在制定学前教育的规划,这些规划将为全国各地开办学前教育机构的组织确定基本框架和正确的导向。

3.3 职业、技术教育

职业培训分为两个水平:水平一是针对那些已经完成 6 年级的学业并希望马上得到专业资格的学生设置的;水平二是为那些完成 9 年级学业而希望进行更为专业化的学科学习的学生设置的,如一些中学后教育机构中的法律和体育等科目,也被认为是"职业"性的(Ramos 1992)。1979 年,几内亚比绍建立了职业培训技术学院(ITFP),学院所设的职业课程学习年限为 3 年,招收 6 年级的毕业生。大约有 2 000 名学生在学院学习城市建筑和普通机械等课程。1980 年起学院开设了范围更广、内容更深的课程，如普通机械（每年招收 9 ~ 12 个学生）、电子技术（每年招收 15 ~ 19 个学生）、管理（每年招收 26 ~ 31 个学生）、城市建筑（每年招收 22 ~ 27 个学生）和农业机械（每年招收 15 ~ 19 个学生）等等。学院不仅在比绍市开设课程，也在全国其他地区组织教学。

几内亚比绍只有 1 所农业学院：位于博埃的寄宿制卡姆雷德斯（Comrades）技术学院。它开设 3 年制专业，招收 6 年级的毕业生，每年招收大约 100 名学生。除此之外，卫生部还在比绍市、博拉马（Bolama）和尼加拉（Njala）组织开展护士培训。申请者至少要完成 6 年级的学业。

最后，还有一些工厂或开发项目组织的内部培训课程，不过，它们与技术教育机构的合作还远远不够。

3.4 成人和非正规教育

独立后，几内亚比绍建立了为成人开设夜校课程的制度，与正常的日校制度并行。参加小学基础教育课程的成人人数减少，但参加中学教育课程的人数在增加，参加扫盲计划的成人人数没有类似的发展变化。在独立后的头七年和在 1992 年之前，有过很多扫盲计划。由于各种困难，结果不是很令人满意。在最初参加文化补习班的 4 000 名学生中，只有一小部分人完成了课程学习并且掌握了读写技能。1982 年起，开始用里奥尔克语开设扫盲课程，并正在开发其他民族语言的扫盲课程学习材料。

4. 教育管理的结构与运行

几内亚比绍的教育体系由国家教育部主管，教育部部长是内阁成员。教育部分为多个部门以制定各级教育计划并负责其实施。由教育部任命的督学委员会负责确保各项工作的顺利进行。此外，每个学校都有专门的官员负责管理学生的学习进度，对学校的日常事务进行监督。

在解放斗争的年代里和独立之后，几内亚和佛得角非洲独立党都把教育视为是最基本的人权，是个人与社会环境结合的媒介，是经济和社会发展的工具。同样，国家也希望教育的发展要与一定的管理和监督程序的发展相一致，要与社会现实和经济发展相一致，要与国家的发展目标相一致。

5. 教育财政

据官方统计数字，几内亚比绍 1990 ~ 1991 年度的教育预算为 3 亿比索（相当于 60 240 美元），这基本上相当于几内亚比绍国民生产总值的 6%。在教育经费中有相当的一部分来自国际捐助和一些发展组织的捐助。工资和管理支出占教育经费的 60%，用于教师培训和校舍建设经费很少。

在 20 世纪 80 年代，教育投资大量减少，每年平均减少 300 万到 400 万比索。这可以归因于在国家的执行能力有限的条件下，政府计划采取的高度现实主义原则。大量的投资是由外国援助（捐赠和贷款）；国内资源仅占投资的 12%。在几内亚比绍接受的外国资金援助中，仅有一小部分用于国内，大多数资金用于支付购买国外的物资和用于培训与技术支援。

6. 师资

几内亚比绍在为教育职位提供人员方面遇到严重的困难，尤其是提供合格的教师。仅有 8% 的教师能胜任工作（Rosengart 1981）。从职业的角度看，尽管教师是终身工作，但是没有多少人愿意进入这个职业。

几内亚比绍很积极地开展聘任教育人员的活动，但是这并不是一项容易完成的工作。中等学校的教师中，有一小部分在国外学习过，尤其在欧洲学习过的本地人。低工资和教学中的困难，及教育资料的短缺，也是教育系统人力资源正常供应的障碍。桑托斯（Santos 1988）指出 1987 年初等教育的教师仅有 9% 完全合格。

几内亚比绍设计了提高教师水平的各种培训课程。在考（Co）、贾巴达（Jabada）和博拉（Bula），为在民族解放斗争时期当教师的人开设了平行课程。还有为不合格教师开设的在职培训，即所谓的“定向课程”。几内亚比绍的计划是到 1994 年培训超过 800 名管理者或教师。

几内亚比绍的教师培训学院，在 10 年间培养了 5 000 名学生。在最初的几年（1977 ~ 1981），有

630 名师范生。从 1982 年以后,阿米尔卡·加布拉尔(Amilcar Cabral)教师培训学院成为能容纳大约 200 名师范生的寄宿学校。

在 1979~1980 年度,创建了教学进修机构,它的目标是为中等教育培养教师。这个机构设计了 4 年制的教学计划,在 1979~1980 年度招收了 67 人,1980~1981 年度招收了 109 人,此后招生人数稳定。在最初的几年,有许多学生辍学,但是自 1986 年之后情况有所好转。大众综合教育中心(the Center for Integrated Popular Education)也培养出了自己的教师,1979~1980 年度毕业 38 人,1980~1981 年度毕业 58 人。除此之外没有其他方面的数据。

几内亚比绍还有一些教师进修项目,在放长假期间,教育部在比绍组织 2~4 周的课程。在 20 世纪 80 年代末 90 年代初,超过 1 500 名教师参加了这些课程。最后,在学年期间,12~25 名教师组成一个学习委员会,由一名资深教师指导;委员会成员两星期集中一次,成员必须到会。

7. 课程开发与教学方法

在 80% 的人口是农民的条件下,课程应该符合几内亚比绍乡村生活的现实,这样学生才可以整合到农业活动中。

1992 年,国家课程对于学生来说,仍然偏重过于学术性的主题和理论性的方法。生产性工作与提高国家经济成就之间的联系需要加强。学校毕业生似乎不大愿意留在乡村地区。

曾有人指出:高辍学率是由于课程内容过重、过细和与当地条件联系不够造成的。另一个解释是教学语言仍然是葡萄牙语,这种语言仅有 10% 的人口使用。

在教学方面,缺乏各学科间的沟通。这可能是大多数教师不合格造成的。但是,几内亚比绍在努力提高教师的水平。现有的少数合格教师正在向乡村地区派遣。

8. 考试、升级和证书制度

学业评价制度以贯穿整个学年的对学生学习进展的不断监督为基础。这项工作由教师自己做。对学生的评价每月进行一次或一学年进行四次,这些评价的累积结果用以判断学生是否应升入高一年级。每学年末或完成某一阶段教育(例如,初等或中等教育)时颁发证书。顺利完成学业的学生获得文凭。

9. 教育评价、评估和教育研究

几内亚比绍没有开展全国性的评价或研究工作。但是,它已经意识到应尽快满足这两方面的需要。

10. 20 世纪八九十年代的主要改革

在乡村地区正在开展学校建设项目。相当比重的投资资金用于农村地区,但是目前相对较多的支出用于城市中心地区,那里集中了基础教育补充阶段的 5~6 年级学校和几乎所有的中等教育。

在 20 世纪 80 年代,成人通过两种方式被纳入教育体系:参加正常的与日校平行的夜校和参加扫盲班。夜校的 5 年级和 6 年级的学生在增加,但是,1 年级到 4 年级的人数在减少。

20 世纪 90 年代的最大挑战仍是扫盲。虽然政治性的宣言说明了扫盲的重要性,但是许多项目都不成功,只有很少的参加者得到扫盲。

在 1981 年 8 月,教育部的一个工作小组提出了一个方案,建立名为"国家教育与培训系统基地"(SNEF)的新的学校体系。这个方案首先对当前的严峻状况做了分析,指出了家长不愿送孩子入学的问题和招聘新教师的困难。第四次全国专业人员会议通过了这个方案,并预计在 1992 年底之前做出最终决定。

改革的方案是对基础教育、成人教育和职业培训进行大量投入,这些领域的改革都要按照实践性原则组织开展。每个层次的学校都要成为一个有机完整的教育阶段,而不是下一阶段教育的跳板。官方的教育项目应更好地按照国家的需要进行调整,整个教育系统应按照能够反映理论与实践、教育与工作、学校生活与职业生活紧密关系的原则设计。

公立中等学校制度,以它目前的形式,是殖民地时期的遗留物,应被具有各种专业的职业性定位的教育系统所代替。国家教育与培训系统的报告也讨论了以相对公平的方式分配教育资源的问题。这种分配应要求进入高等教育的学生具有工作经验,或通过落实不同社会人群在分配中各占比重来完成。国家教育与培训系统报告还讨论了允许学生留级的最多年限问题,建议最多两年,进入基础教育补充阶段最后一年的最大年龄为15岁。应优先发展扫盲课程和通过在工作场地举办深入而经常的课程对成人进行职业性培训。扫盲和扫盲后的教育形式应逐渐取代基础初等教育相平行的夜校。

11. 2000年面临的主要问题

为了提高教育的效率和社会作用,几内亚比绍的教学系统面临一些挑战。首先,它必须克服最基本的困难,即资源匮乏。应给教育投入更多的资金,以满足持续改善教育事业的需要。第二,需要更好的教育资料和设备,有了这些教师就有可能达到他们的教育效果。第三,需要更加努力完善职前和在职教师教育的系统性。应当使教师熟悉教学资源和可以用来激发学生兴趣的教育方法。教师的业务知识也应不断更新。

国民需要到国外完成教育这一现实,也需要在中期计划中予以考虑。众所周知,许多聪明、有前途的青年人不回国。为了解决这个问题,可以考虑建立一所国民大学。

W. D. S. 利尔·菲尔赫(W. D. S. Leal Filho) 著

刘瑞生 译

附录

Leal Filho W D S 1991 *Environmental Problems and Structural Development in Africa: Cultural Challenge.* UNGLS, Geneva

Ramos P 1992 Personal comment.

Rosengart G 1981 *Educacao na Guiné Bissau.* SIDA, Stockholm

Santos J dos 1988 *Indicativos educationais da Guiné Bissau.* (pamphlet.) Ministerio da Educacao, Bissau.

SIDA (Swedish Development Agency) 1982 *Education in Guinea-Bissau 1979—1981.* SIDA, Stockholm

其他参考文献

de Sena L 1987 *Education et development rural: une experience d'integration de l'education en Guinee-Bissau.* IRDEF, Paris

Mazzolenis A 1991 *Almanaque Abril.* Abril, S ɑo Paulo

SEPAEC 1987 Guiné-Bissau-sintese da situacao economica-financeira e perspectivas de médio prazo. SEPAEC, Bissau.

肯尼亚的教育制度(Kenya: System of Education)

1. 基本背景

肯尼亚位于非洲的东海岸,面积为582 646平方公里。北部与埃塞俄比亚为邻,西北界苏丹,西邻乌干达,南接坦桑尼亚,东部与索马里接壤。其海岸线沿印度洋长400公里。肯尼亚地形反差极大:由海岸的低地到高原,由高地到大裂谷,再到非洲最大的淡水湖——维多利亚湖。高地被裂谷分成东高地和西高地两部分。东高地有海拔5 200米的肯尼亚山(非洲第二高山)和海拔2 992米的阿布岱尔山脉;西高地的最高处在艾贡山。

肯尼亚的气候多样,只有占全国总面积18%的土地每年能够有750毫米的降水。约80%的土地处于干旱和半干旱地带,由于天气的变化无常,这些地区的干旱能够长达半年到两年甚至四年。实际上,占全国面积39%的土地对于种植农作物来说都过于干旱,也许只适合于那种游牧的田园主义式的生活。地貌的多样性、气候和水的获取状况对人们的经济活动有直接影响,也影响了人们参加教育活动的能力,同时也造成了学校入学率和巩固率的地区之间的发展不平衡性。

据1989年的人口调查,肯尼亚人口为2 140万,其中女性为1 080万。1990年人口估计达到2 290万,增长率为3.4%。人口增长率比20世纪70年代和80年代早期的3.8%下降了不少,这主要归功于政府和一些非政府组织所成功实施的人口教育计划和家庭计划生育政策。不过,50%的人口为15岁以下的少年儿童。这就使肯尼亚儿童入学接受教育的要求空前高涨,同时对于增加教育设施也有持续性的需求。

肯尼亚的绝大多数人口生活在农村地区,1990年时只有18.6%的人生活在城市,不过城市人口从1979年的230万增长到1989年的380万,增长速度已达到4.8%,这个速度已经相当可观。内罗毕是肯尼亚的首都和中央政府所在地,人口130万;蒙巴萨是肯尼亚的第二大城市和主要港口,人口为46万。多数学校毕业的年轻人纷纷到城市就业而引起了农村一城市的人口流动过大,导致城市人口迅速增长。

人口的分布取决于地理因素:像中部地区、尼亚萨湖地区 、西部地区和东部及裂谷地区的部分地区的省份人口密度较大。而沿海地区、东北地区和东部及裂谷的北部地区的省份则人口密度较小。

肯尼亚有42个地方种族/语言组群。此外,在一些移民区还有一些其他语言,如印地语、古吉拉特语和乌尔都语等。整个教育制度就要致力于保存和发展这些不同语言所传递的丰富的文化、价值和遗产。语言政策要求学前教育、小学的前3年和成人教育要用学校服务区内的母语作为教学语言。

英语是肯尼亚的官方语言和小学高年级、中学直到高等教育的教学语言。肯尼亚的国民斯瓦希里语作为通用语广泛地用于全国、整个东非地区甚至直至扎伊尔的东部,它是小学与中学阶段的一门必修科目和第二语言。

由于缺少主要矿产资源,农业是肯尼亚最大的产业,农业收入占肯尼亚国内生产总值的27.3%,有80%的劳动力从事农业。16%的劳动力在现代化的城市部门工作,5.3%的劳动力就业于一些非正规部门。在现代化部门工作的劳动力中有约70万人就业于公共服务行业和政府机构。

在20世纪80年代末,肯尼亚的经济状况不佳,到90年代,经济形势更为恶化。造成这种经济状况的原因既有国际的,也有国内的。主要外部原因是全世界经济的不景气;其他原因包括沉重的债务负担(肯尼亚30%的外汇收入要用来偿还外债)和世界市场初级产品价格的下跌,世界市场初级产品价格的下跌对肯尼亚的经济产生了极大的负面效应,因为较低的价格减少了肯尼亚传统的获得外汇产品咖啡和茶叶的收入。国内原因包括恶劣的天气所导致的粮食产量严重不足而进口的成本高、高速增长的人口、1991年高达19.6%的通货膨胀率和高达6%的城市失业率(1988年)。

上述因素对经济产生了极大的冲击,特别是农业部门,产值净增长速度由1988年的4.4%下降到1991年的1.1%。制造业部门的产值净增长速度1991年是3.8%,而1990年是5.2%。同时,净人均收入1991年下降了0.3%(1989年是360美元)。

肯尼亚共和国实行由通过普选的总统领导的多党民主制。由188个民选议员和11个全国性或提名的议员组成的国民议会是肯尼亚的立法机构。国民议会具有至高的权力,并对政府负最终的责任。总统在议会成员中任命部长,这些部长要对本部的相关问题向总统提出建议,在总统、副总统授权或按照自身的授权下行使权力,他们的行动要对议会负责。由总统、副总统和部长组成的行政机构负责国民政策的制定和实施。部长们主要负责本部的政策制定与导向以及本部的管理事务。

肯尼亚设有一个由公共服务委员会委任的公民服务处,该处是归属于总统的一个行政权力的执行机构。肯尼亚全国分为8个行政省份:中部省、海岸省、东部省、内罗毕省、东北省、尼安萨省、裂谷省和西部省。每个省由一名省长所领导。各省划分为若干地区,各地区划分为若干乡,乡进一步划分为村。

肯尼亚政府承诺保证全体公民能够充分有效地参与国家的社会、政治和经济发展事务。自1963年独立后,肯尼亚政府就向国民保证要加强各民族团结,确保每一个肯尼亚人享有人性尊严和自由。政府认为要达到这些目的和目标,其中一个关键因素就是要拥有受过教育的高素质人口。

2. 教育政策与目标

自独立后,肯尼亚的国民教育目标和教育政策就已经在许多国家文件和政策中做出明确规定。在《宪法》、《肯尼亚非洲国民联盟(KANU,肯尼亚的执政党)宣言》、《非洲社会主义在肯尼亚的计划与实施1965年10号会议文件》、《肯尼亚5年发展规划》等文件中都记录了教育政策方针。

随着国家的发展，肯尼亚需要不断地面对新的挑战。出于对教育的重视，多年来，肯尼亚政府建立了一些专门的委员会对整个国民教育制度进行了评估和再评估，一方面为了能够普及基础教育以满足整个国家发展的需要，另一方面还要满足肯尼亚国民的个人发展需要。这些委员会发布了一些报告，然后这些报告就成为教育发展的政策指南。这些重要的文件包括：肯尼亚教育委员会报告（1964）、教育法（1968 年通过并在 1970 年修订）、国家教育目标与政策委员会的报告（1976）、总统工作组关于肯尼亚第二大学报告（1981）、下个 10 年及之后的教育与人力培训总统工作组报告（1988）。

肯尼亚政府一直在努力使教育具有民族的视野、民主化，考虑到肯尼亚人民的热切的文化需求和发展的需要，因此，教育目标与国民价值观相一致，这些国民价值观包括政治平等，民族团结，人性尊严，宗教信仰自由，社会公正，远离贫穷、无知与疾病，不分种族、宗教和肤色所有公民一律平等，国民收入分配的均衡，继承和发扬文化遗产等等。

反对党的纲领与执政党在教育目标的基本原则上并没有根本的分歧，区别可能会在一些具体的程序、教育制度结构和课程内容方面，但不在整体目标方面。

3. 正规教育体系

3.1 小学、中学和第三级教育

肯尼亚的教育在各级教育的学校数量和入学人数方面获得了巨大的增长。由于对教育的重视，肯尼亚政府在对青少年的教育方面投入非常多的资金，加上人民本着著名的肯尼亚箴言“齐心协力”的努力，教育的物质设施得到扩展。正是通过政府和社会各界的参与，肯尼亚的教育得到了引人注目的发展。1963 年，肯尼亚只有 6 058 所小学、151 所中学和 1 所公立大学。到了 1991 年，肯尼亚已经有 17 650 所小学、2 647 所中学、4 所公立大学和 11 所私立大学。1991 年肯尼亚各级各类教育机构的青少年达到 700 万，而 1963 年只有 100 万。

肯尼亚教育实行 8－4－4 学制，即 8 年小学、4 年中学和 4 年第三级教育。肯尼亚正规教育制度结构见图 1。

大多数儿童 6 岁开始接受初等教育。1991 年肯尼亚有大约 550 万名小学生，与此相比 1963 年有 89.2 万。1991 年，全国所有 6～14 岁儿童的入学率为 96%，当然各省区之间存在一定的差异。不过只有大约 69% 的学生能读到 8 年级，也就是小学最后一年。全部学生中，女生占 48.7%，各省之间也不尽相同。除了一些私立学校，大部分学校实行男女合校制。小学阶段一般来说前两个年级是每天 3.5 小时，其他年级为 5 小时。

肯尼亚的中学分为公立学校和私立学校两类，因为先前的哈兰比（Harambee）学校由地方社区出资和管理，后来政府为了促进公立学校之间的平等发展就接管了哈兰比学校。1991 年肯尼亚的中学

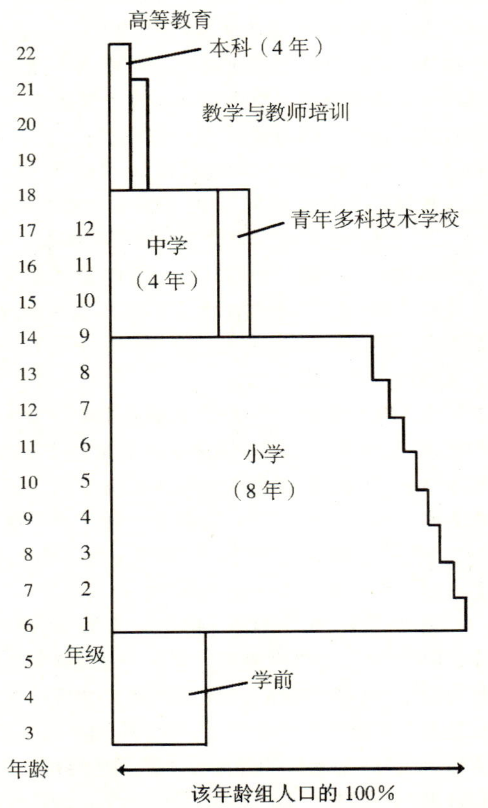

图 1　肯尼亚：正规教育体系的结构

生人数为614 161人，占所有15～18岁青少年人数的27%，与此相比1962年的中学生人数为2 647人。不过增长速度在1991年下降了0.75个百分点。女生的比例约为44%。

肯尼亚全国有4所公立大学和11所私立大学，1991～1992学年公立大学的学生人数为41 674人。尽管大多数学生都有接受高等教育的要求，但正规教育制度中的学生只有2%能够上大学，这是因为大学缺乏足够的设施与师资以满足学生对高等教育的要求。不过1991年为肯尼亚大学入学人数增长速度最快的一年，约为4.9%。

3.2 学前教育

学前教育是正规教育的一个基础性的准备阶段。正是因为看到了这一点，为了把学前教育完全纳入正规教育制度，使其成为正规教育制度的主要构成部分，1983年，肯尼亚教育部从文化和社会服务部手中接管了学前教育。教育部负责政策方针制定、学校注册、课程开发、教师培训和对学前教育机构的质量进行督察。

教育部除了扩大专业和管理服务的职能外，还在一些捐赠机构和国际非官方组织的帮助下在肯尼亚教育研究所建立了全国儿童早期教育中心(NACECE)。中心与18个儿童早期教育地区中心(DICECE)以及10个儿童早期教育联系中心协同工作，为各地区儿童早期教育中心教师提供在职培训，制定儿童早期教育政策。

1991年肯尼亚有17 650所学前学校，全国3～6岁年龄段的600万儿童中约有25%进入学前学校学习。学前学校的财政与管理由中央政府、地方行政、当地社区、宗教组织和个人合作承担。大约70%的学前学校由家长协会提供资金和管理，政府提供专业和管理的支持。

3.3 特殊教育

1968年，肯尼亚政府发布了特殊教育5号会议文件，制定了国家关于残疾儿童教育政策的基本框架。随后1971年在内罗毕建立了康复中心，教育部成立了特殊教育司。

1980年，肯尼亚总统发起了一个针对残疾人的计划，宣布1981年为肯尼亚的残疾人年，为联合国的残疾人十年发展计划作准备。这项计划的目的不仅在于为残疾人筹措资金，而且要提高肯尼亚公众对残疾人的困难的理解与关心。同时，这项计划还提出了要增加康复和训练计划，消除对残疾人的不公与歧视的目标。

1984年，教育部建立了25个教育评价与资源中心(EARs)。1988年教育评价与资源中心的数量增加到覆盖41个地区。中心的任务是：提供教育评价、巡回咨询与资源服务，进行儿童早期残疾甄别，对残疾儿童的父母及监护人提供康复方面的专业性建议等等。

建立肯尼亚特殊教育学院(KISE)的目的在于开展教师培训，承担研究任务和作为一个咨询中心来提供服务。学院的任务还包括提供教学帮助、为残疾儿童做鉴定和开发残疾儿童独立生活的计划。

1991年，肯尼亚全国有95个特殊教育机构，入学学生有8 808名残疾儿童。残疾儿童接受教育的比例只占全国残疾儿童的6%。当然，肯尼亚政府有必要进行一次全国范围的普查，以更新数据与信息，掌握各类残疾人的人数和其中学龄青少年所占的比例，提高残疾青少年接受教育人数的比例，并且制定相关的干预性措施。

政府所实行的政策是尽可能把残疾学生编入普通学校中接受教育。因此，政府在普通小学中建立了210个教学点。对那些能够上普通学校、尤其是能上普通中学和中学后学校的有视觉和身体障碍的学生，可以采取这种方式。

一些工业康复中心和农村职业康复中心为残疾人提供一定的职业康复培训。这些机构提供一些技工课程，在学生毕业时还会赠送其工具箱以帮助他们自谋就业出路。地方政府、一些国际非官方机构和宗教组织也提供相似的培训计划。

3.4 职业、技术和商业教育

为了使教育和生产紧密地联系起来，小学和中学的课程改革都引入了一些职业技术教育的内容，为学生提供一些职前技能，为进一步接受培训作准备。

许多组织机构都提供各种针对中学毕业生的职业培训。青年多科技术学校招收小学毕业生和部分从中学辍学的学生。技术学院(过去称为哈兰比技术学院)和技术培训学院为中学毕业者提供更高层次的技术教育。技术培训学院主要提供相当于技工层面的培训，不过现在技师层面的课程开设得越来越多。全国性多科技术学院为中学毕业生提供更高水平的培训，它也为更专业化的机构和部门提供培训。

政府根据学生的数量为技术学院提供教师和补助金。大部分的固定设备还要由国外的捐助者提供，而经常性支出则由政府与社区共同承担。接受培训者每年要交一定的学费。全国性多科技术学院从徒工中招收学生，费用由徒工的雇主承担。学习商业、管理及其他非技术性课程的学生由个人承担培训费。政府承担教师的工资，并提供经常性支出的经费。

商业和工业在技术职业教育中占有重要地位，因为主要由它们吸收从培训机构毕业的学员。国家工业与职业培训法案规定，作为分担培训成本的一种措施，雇主须交纳培训税。工业培训局（DIT）起着联系政府与企业的作用。一些企业和私人公司为其员工开发了培训计划和设置了培训机构。

除了上面提到的机构，肯尼亚还有583所青年多科技术学校、20所技术学院、17所技工学院和2所全国性多科技术学院，隶属于技术培训与应用技术部。不同的部也有本专业领域的一些人员培训计划和培训机构。另外还有16个国家青年服务处办的培训中心，它们由总统办公室负责管理和提供经费。

3.5 成人和非正规教育

肯尼亚政府的一个主要目标就是为全体肯尼亚人提供基础教育。在致力于普及小学教育的同时，也为成人文盲人口提供了一些特殊的课程。根据1988年所做的对肯尼亚30个农村地区的一项调查，10岁以上的人口中约有46%的文盲，肯尼亚全部妇女中有54%的文盲。政府的一项主要目标是尽力扫除文盲，同时政府也认识到，受过教育的国民生产效率更高，更有知识，因此能够更有效地参与国家的发展。

成人教育计划设有广泛的内容，如成人扫盲计划、职业技能培训、青年教育计划、社区教育计划等等诸多内容。非正规教育则由文化与社会服务部于1979年成立的成人教育局负责协调。在此之前，根据1966年通过的一项议会法案建立的成人教育委员会负责制定成人教育的所有相关政策。在非正规教育的实施中，成人教育局与非官方组织密切合作。

成人教育主要是针对年满16周岁的没能进入到正规教育系统接受教育和培训的青少年。但是，越来越多的低于这一年龄的从学校辍学的青少年参加非正规教育计划。1991年总共有128 107人参加了成人教育，教师人数为7 140人。

其他一些计划包括针对在非正规部门（普遍称之为家庭手工业）就业的青年人扫盲、扫盲后活动和技术培训以及针对成年人和流浪儿童功能性扫除文盲的计划。其中由非政府实施的最成功的一个计划是“兄弟会”，它为流浪儿童提供教育和培训活动。

4. 行政管理的结构与运行

教育部负责国家、省和地区的教育管理和服务。教育部长是教育部的政治主管、常务秘书、总的行政主管和财政官员。主任负责教育方面的所有专业事务。在省、区、乡一级设有教育的行政机构。

教育总署的专业服务管理事务包括对教育计划的管理、督导、检查，课程的开发与实施，教材的开发与生产，以及与教育部各个处和其他的相关机构开展合作等等。

教育总署还设有与各级教育（学前教育、小学、中学和大学）相对应的下属部门，分别管理各级教育事务。肯尼亚还有一个督导处，有检查委员会，由学校总督学领导，负责监督学校和管理课程。

政府制定的以地区为重心的农村发展战略（1983），开始了一项地方分权的计划，以提高教育服务的有效性和扩大地方与人民在教育决策方面更多的参与。在此之前建立的各地区教育委员会，和各地区发展委员会（DDCs）紧密合作开展工作。区教育委员会的作用是为其所在地区的教育发展和管理提出建议。

公立中学和培训机构，由教育部长任命的管理委员会管理。其主要职责包括学校的发展、日常工作和非教学人员的聘任等。在小学阶段，由任命的学校委员会负责学校的管理与发展,保证高水平的教育水平和学校纪律。委员会成员由地方社区成员和家长代表组成。

家长—教师协会与学校管理机构和行政人员合作,在小学和中学的发展中发挥着日益重要的作用。他们尤其在为学校提供物质设施、器材和课本,以及在有些情况下为解决教师住房问题,做出了显著的贡献。不同的学校发起人,主要是那些教会捐赠机构,对教育的发展提供了财政支持,他们也以在教育管理委员会担任委员的方式对学校管理发挥作用。

公立大学由教育部提供经费,同时教育部也负责制定高等教育的一般政策。不过在很大程度上公立大学是半自治的机构。每一所大学都是通过一项议会法案建立的,有办学特许证。大学委员会是政策制定的主要部门,高校的日常事务管理和学术水平保持则由大学评议会负责。共和国总统是所有大学的校长,每所大学由一名副校长领导。

高等教育委员会根据1985年通过的大学法建立,其任务在于协调高等教育事务,策划建立每一所高校,对高校进行认证等等。不过,有时候高教委员会的作用与功能和高校自身的功能有些重合。

5. 教育财政

教育部门的扩大的财政支出主要由公共经费承担,结果,1963年以来的教育财政支出增加了一倍多。不过政府对教育支出的增加,却很难跟上人口增长的速度和人口增长之后教育需求的增加。1963~1964年度,教育的经常性财政支出为13 567万先令(约210万美元),占国家财政经常性支出的27%,而教育发展性支出只有900万先令(约13.7万美元),占国家发展性财政总支出的3.2%。经常性教育支出和发展性教育支出所占国家预算的份额,由独立时的10%增加到1990~1991年度的27%(或占全部拨款的40%)。公立和私立教育与培训机构的经费合计占国内生产总值的9%。由于大学和第三级教育获得了前所未有的发展,高等教育的财政预算尤其是发展支出占了较大的份额。1990~1991年度,政府对高等教育的支出占全部教育经费的23%,中等教育和小学分别占17%和47%。

政府对学前教育的经费分配只占全部经常性支出的0.12%,其发展性经费由家长、社区、地方行政负担。1989年,肯尼亚小学生每年生均费用为2 100先令(约32美元),其中政府支出占47%;中学平均生均费用7 500先令(约115美元),政府支出占27%;大学生每年生均费用为72 500先令(约1 108美元),政府负担的费用则超过了60%;教师培训机构和多科技术学院,学生每年生均费用约为13 000先令(约199美元)和14 000~38 000先令(约为214~581美元),政府负担80%以上。

对于小学和中学来说,学生家长和地方社区负担了学生的很大一部分经费。1974年起,在大学阶段就设有非学费性质的对学生的贷款计划。1991~1992年,大学开始实施一项成本分担计划,要求学生交付一项名义费用,约为每年6 000先令(约92美元)。

私人对教育经费的分担,表现为向私立学校交纳的学费和对全国性考试中的成绩优异者所发的奖学金,特别是小学结束时的考试。也由一些私人公司和机构通过哈拉比基金计划为学校发展提供资金。

6. 师资

1991年教育部门的所有员工总数为250 900人。小学和中学教师总数为208 467人,其中小学173 370人,中学35 097人。小学和中学的教学人员中,37%为女性,在学前教育学校中90%以上的教学人员为女性。小学和中学的生师比分别为31:1和17:1,没有受过培训的教师所占的比例分别为25.5%和36.5%。在各级学校的一些技术学科和数学、科学等科目,以及一些专业性较强的学科如音乐和外语等科目,都存在着教师短缺问题。

教师培训由不同的机构进行,对不同学科不同类别的教师培训应用不同的方法。2年的在职教师培训分为两个阶段:对学前教育机构教师和成人教育教师举办的假期集中培训和远程教育(通过广播和函授)。小学教师和中学教师的职前培训学制2年,在20所公立和4所私立教师学院进行。对没有受过培训的教师也提供在职培训计划。小学教师学院招收的学生为中学毕业生。学前、成人和小学教师的培训课程由肯尼亚教育研究所开发。中学教师培训分为两个层次：4所学院开设文凭专业和在大学教育学院开设学士学位教育专业。那些进入学院和大学接受培训的学生必须先获得A级证书，文凭专业和学士学位专业学制分别为2年和4年。随着8－4－4学制的引入，培训的年限也增加了1年。

特殊教育的教师和教师培训者在肯尼亚特殊教育学院接受培训。肯尼亚技术师范学院培训技术和商业教育的教师。该学院的课程发展日益多样，以满足技术和商业教师不断增长的需要，使他们能适应在各种机构的教学。该学院也开设在晚上和周末授课的业余班，以为各种人员提供提高专业水平的培训。教师培训者（除了学前学校的教师由国家儿童早期教育中心所办的在职培训计划进行培训）在肯雅塔大学接受培训，他们在这里攻读教育硕士学位。

师范生的考试与评估要通过学院的考试与微格教学、教学实习和最后的课程考试。任教后的考核由学校的督学负责，特别是一些晋升考核。除了一些特别专业化的科目，没有经常性的针对在职教师的培训班和研讨会。

7. 课程开发与教学方法

肯尼亚教育研究所是全国的课程开发中心，负责开发学前、小学、中学、教师教育、技术学院和成人教育的全部课程。大学则由学校评议会开发本校的课程。教育和培训机构的课程开发是一个多方共同参与的过程。参与者有相关学科的督学、教师、肯尼亚全国考试委员会的代表、肯尼亚教育研究所的课程专家，以及官方与非官方机构的有关代表等等。指导委员会由教育部的主任领导，负责制定总体的政策性规定和各科大纲的目标。各学科工作组由本学科的督学领导，负责设计初步大纲。课程工作组由学校总督学领导，负责对学科小组设计的初步大纲做出评议，并向学术委员会提出建议。学术委员会也由教育部主任领导，负责批准课程的实施。

肯尼亚教育研究所也是负责教材准备与开发的机构。教材的开发也是一个协作的过程，这一工作也是与督导处协作完成的，要利用学校和其他教育机构选拔的各学科的专家来开发教材。教学和学习材料要在实验学校进行试点，然后进行必要的修改，最后批准出版定稿。之后，定稿由教育部的两家出版社（肯尼亚文献局和佐摩·肯雅塔基金会出版社）出版。商业性出版社出版的教科书要由学术委员会审查和批准后才能在学校使用。

小学阶段，所有学生学习全国统一的课程，包括语言（英语和斯瓦希里语）、数学、科学、农业、社会科、工艺、音乐和体育。小学的这些学科一般每班由一个教师全部讲授，除了高年级的某些学科由专业教师讲授之外。

中学的课程更加多样化，主要学科包括交流、数学、科学、人文、应用教育和体育。有八门考试学科，其中英语、斯瓦希里语、数学、生物学、物理学、地理学、历史学和政治为必修课程。学生还必须选学一门实用课程/宗教课程。外语学习主要在中学阶段进行，常用的语言有法语和德语。在一些中学和内罗毕大学教授阿拉伯语。个别学校还讲授古吉拉特语和印地语。

课程监督由学校督导处负责，不过对课程的评估也通过考试来保证。

8. 考试、升级和证书制度

肯尼亚的小学和中学一般是自动升级，不过当学生的成绩不能令人满意时，学校可以建议留级。学生的成绩由经常性课堂评价和考试决定。在学期和学年末有考试，通常以学校为单位举行。有时也举行村、乡、地区一级的统考，这些统考的目的在于评估学校和对各校进行比较。在小学阶段的最后，学生要参加肯尼亚小学教育证书（KCPE）考试，这一考试的目的也是为了选拔学生进入下一阶段的学习。在完成小学阶段学习的学生中只有50%的学生可以进入中学学习，只相当于同年龄段人数的27%。在中学阶段的最后，学生要参加中等教育证书（KCSE）考试，它用来选拔学生进入大学或其他中学后教育机构学习。

外部考试的竞争是非常激烈的，因为它决定了一个学生能否进入下个阶段的学习，对于小学毕业生,考试成绩决定了他们能够进入什么样的中学学习。这种考试带来的一些问题包括:复读现象严重,学生以期通过这种方法来提高成绩;由于学业跟不上造成学生辍学;教师教学过程中的应试倾向明显等等。尽管 8－4－4 学制期望改变这种应试制度,使课程职业化,更强调经常性的评价,但是这种考试却依旧未改,教师也继续沿用着应试的教学方法。

9. 教育评价、评估和教育研究

肯尼亚全国考试委员会是中小学、中学后培训(除大学和文凭教师学院是自行管理考试)的考试和证书管理机构。肯尼亚全国考试委员会通过由教育部、肯尼亚教育研究所、大学以及其他相关的公立和私立机构的专家与教授组成的各种委员会来进行管理。学科组负责向相应的专家委员会报告考试的进行情况、标准的制定、授予证书的方法以及大纲的变化等等。

肯尼亚进行教育研究的主要机构是肯尼亚教育研究所(KIE)、内罗毕大学发展研究所(IDS)、肯雅塔大学教育研究处(BER)。此外,在许多大学的教育学院也开展一些教育研究活动。肯尼亚全国考试委员会也设有研究室,主要研究有关评价和评估方面的问题。近来的研究活动主要集中于非正规教育与成人教育、8－4－4 学制的实施、妇女教育等等。在教育的质量和适当性、教育与工作、教育浪费和留级、边远地区和游牧民族的教育、影响妇女教育的因素、高等教育等等方面的研究还存在着差距。

10. 20 世纪八九十年代的主要改革

肯尼亚独立时继承了种族分离的教育制度,为 3 个主要种族提供不同水平的教育。非洲人的教育当时交给了传教士,但后来随着肯尼亚争取独立的斗争,正规教育被看成获得解放的重要工具,于是非洲人调动各种资源建立了自己的学校。肯尼亚独立之后的一项主要任务,就是废除种族分离的教育制度和按种族设计的教育计划,解除管理这种种族分离教育制度的各种公共的和教会的团体管理权,承担起各级教育的中心责任。国家采取了一些措施促进多元化社会的民族团结,增加教育机会以保证基础教育的平等和入学率,并且扩大第三级教育以满足新独立国家对劳动力的需求。同时也需要修改课程以使其与国家教育目标更加吻合。

在独立后的前 20 年,随着小学和中学数量大大增加,教育的质量和适用性成为政府关注的一个重要问题,这尤其是因为中学毕业生的失业现象日益严重。这些问题主要归咎于教育制度,因为课程设置和基本的教育导向是培养年轻人在城市和行政部门从事白领工作,这导致越来越多的年轻人从农村涌向城市。为了改变这种局面,按照总统工作组关于肯尼亚第二大学报告(1981)的建议,教育部在 1984 年开始进行一项重大的教育制度的结构改革。以新型的 8－4－4 学制取代了以往的教育体制,旧体制是以英国教育体制为基础,在中学 4 年级和 6 年级(第 11 和 13 学年)结束时,学生分别参加普通水平和高级水平的考试。

新学制重建了教育与培训结构,试图改进课程内容,更多地强调技术教育,并改变教育以考试为中心的倾向。新教育体制提出要使课程内容职业化,以促进职业技能的发展,体现自力更生和国家发展的精神。8－4－4 制的主要目标是使教育与国民经济发展的需要更具有适用性,发展学生接受进一步的培训/自我就业的相关技能。

11. 2000 年面临的主要问题

到 2000 年,政府的主要工作之一,是通过为所有人提供基础教育,实现普及初等教育(UPE)和扫除成人文盲。考虑到较高的人口增长率、有限的财政资金和偿还债务的压力,完成这一目标是对政府的一个巨大挑战,债务已经影响了该国对教育提供足够的资金,教育部门的经常性支出已经占到政府全部经常性支出的 40%。为了到 2000 年实现初等教育普及的目标,入学增长率将从目前的每年 2.25% 增加到 3.8%,还要采取适当的措施克服那些影响实现为所有人提供基础教育的因素。其中两个主要因素是高浪费率(尤其是在初等教育阶段)和成人教育项目的高流失率。

政府要应对的另一个主要问题是提高教育的

质量,尤其是初等教育的质量。教育缺乏足够的设施、设备、教师和学生教材,这是教育部门的快速增长造成的,可能会损害教育质量。未经过培训的教师仍然是各级教育的一个难题。政府已经在严肃对待这些问题,希望通过增加现有培训设施、在未经过培训的教师接受正规培训以前师资培训学院不再招收新的学校毕业生等办法,到 1997 年实现对所有未受过培训的初等教育教师进行培训的目标。毕业生失业率提高(尤其是初等和中等教育的毕业生)的问题增加了政府扩大高等教育的压力,并成为阻碍父母送孩子上学的因素。教育课程与行业需要之间、培养出的劳动力与不同职业和工作的实际要求之间的错位问题,也是目前职业性课程和未来课程定位,解决教育与工作要求的不匹配所要处理的大问题。

政府还要面对为弱势群体提供教育的挑战,这些群体包括不同文化人群中的女童和妇女、街头流浪儿、残疾儿童、贫困地区的儿童及越来越多的难民儿童。快速增长的高等教育也带来了教育质量以及教育与劳动力市场的适应性的问题。肯尼亚需要加强和提高现有研究能力,增加对该领域的资助,这是推动教育发展的关键因素。

M. 金那达(M. Kinunda) 著

刘瑞生 译

附录

Government of Kenya 1968 (revised 1970) *The Education Act*. Government Printing Office, Nairobi

Government of Kenya 1964 *Kenya Education Report*. Government Printing Office, Nairobi

Government of Kenya 1968 *Special Education*. Seasonal Paper No. 5. Government Printing Office, Nairobi

Kenyan African National Party (KANU) 1965 *African Socialism and its Application to Planning in Kenya* Paper No. 10. KANU, Nairobi

National Committee on Educational Objectives and Policies 1976 *Report*. National committee on Educational Objectives and Policies, Nairobi

Presidential Working Party 1981 *Report on the Second University in Kenya*. Presidential Working Party, Nairobi

Presidential Working Party 1988 *Report on Education and Manpower Training for the Next Decade and Beyond*. Presidential Working Party, Nairobi

其他参考文献

Government of Kenya 1991 *Development and Employment in Kenya. A Strategy for Transformation of the Economy*. Government Printing Office, Nairobi

Government of Kenya 1992 *Development of Education 1991 to 1992*. Government Printing Office, Nairobi

Government of Kenya 1992 *Economic Survey*. Government Printing Office, Nairobi

Government of Kenya 1990, 1991 *Statistical Abstracts* Government Printing Office, Nairobi

UNESCO 1992 *National Report for the UNESCO International Conference on Education, September 1992*. UNESCO, Paris

莱索托的教育制度(Lesotho: System of Education)

1. 基本背景

莱索托位于非洲南部,完全被南非共和国所包围,境内多山脉,海拔从 120 米到 3 300 米不等。莱索托是一个面积为 30 300 平方公里的小国,而且由于陡峭的地形和土地被腐蚀,可用于耕作的土地不到全国面积的 15%。此外,莱索托的 2/3 由山脉组成,这 2/3 只有少量的畜牧产品。冬季气候干冷,夏季气候湿热,而且长期的干旱往往导致农业歉收。

在 1831 年之前,巴苏陀人民都认为伟大的摩斯苏(Moshoeshoe)是他们最重要的首领,因为他打败了祖鲁侵略者,统一了他的人民。在 19 世纪 30 年代,莱索托受到波尔人的攻击,并且丢失了土地与人口。1833 年,在一些居住于莱索托的法国传教士的建议下,摩斯苏从英国寻求保护,并且在 1868 年获得批准。这样莱索托就成为了一个英国的保护国,一直到 1966 年 10 月莱索托宣布独立,它才成为了一个君主立宪制的国家。

莱索托人口约为170万,年增长率约为2.7%。大部分人口生活在低地。山区人烟稀少,村庄疏落。不像其他的非洲国家,莱索托的种族与语言问题并不严重。莱索托的民族语言赛苏陀语在全国通用,并且还是小学前四年的教学语言。赛苏陀语和英语是莱索托的官方语言。

尽管已经改善了很多,但是莱索托的交通仍然是一个很大的问题。独立之后,莱索托就一直在进行着一项大的公路修建计划,并且已经成功地将低地和丘陵地带的主要城镇连接起来,现在正向山区延伸。莱索托高地开发计划的成功实施在很大程度上要归功于这些地区的交通条件的改善。已经开通了飞往许多山区的地方固定航班。不过,仍然有许多山区的村庄交通条件恶劣,或是公路被雨雪毁坏,或是只能依靠马力,或者只能步行。这对这些地区的教育管理和教育设施的改善具有重大影响。

莱索托是个资源匮乏的穷国。多数人仍然以农业为生,农业收入占莱索托国内生产总值(GDP)的21%。全国的地方就业机会极为有限,25%的劳动力工作在服务部门,这些部门的收入大约占到国内生产总值的一半。尽管工业有所扩大,但仍非常有限,只能为10%的劳动力提供就业机会。不过,随着莱索托高地水利计划的实施,工业会进一步扩大。这项计划将改善从莱索托高地至南非共和国的水利,包括许多机械与建筑工程,它将为政府带来可观的财政收入,为熟练工人和半熟练工人创造许多就业机会。

由于地理位置所限,莱索托的经济和基本设施高度依赖于南非共和国。它和南非共和国(还有博茨瓦纳、纳米比亚和斯威士兰)订有关税同盟条约,这为政府提供了65%的税收。莱索托95%的商品进口,包括相当多的粮食,都来自南非。有相当比例的劳动力(大约男劳动力的40%,总劳动力的30%)都在南非工作。流动工人对莱索托极为重要,他们对于国家的就业、家庭收入和国民生产总值(GNP)做出了重要贡献(全国国民生产总值的46%是流动工人创造的)。不过,到了20世纪90年代初由于南非工人的竞争和南非国内的政治变化所导致的对巴苏陀劳工流向南非的法律限制越来越严,南非矿业的巴苏陀工人将会相对减少。

2. 教育政策与目标

远在巴苏陀民族受到欧洲的影响之前,他们就已经牢固地建立了自己的文化与教育模式。儿童与青少年的学习是非正规的,源于家庭和农田的一些实践活动。这种学习在进入正规的启蒙学校时结束,在启蒙学校,由地方领导人、医师和一些有智慧的长者来传授知识,男女生将分开学习,学习文化价值和哲学、个人与家庭的责任以及某个宗族、人群的职责。该教育系统没有辍学问题,"考试"是年轻人证明自己对社会需要的自然科学与文化知识和技能掌握程度的一种方法。传统教育中更为重要的内容包括礼仪和交流的方式;宗族成员、老人和祖先的知识;家庭和社会对一个人角色与工作的期望;通过谜语、故事和问题练习记忆力和推理技能;对陌生人和穷人的亲切与仁慈的价值观;掌握歌曲、乐器和舞蹈等文化表达方式。尽管20世纪90年代传统教育系统在某种程度上仍在继续,但是正规学校教育通过掌握和体现传统教育的特征,已在很大程度上取代了这种学习系统。

莱索托常常被作为农业国家中识字率相对较高(约为50%)的国家。宗教传教团的活动在这方面起到了重要作用。莱索托教育制度的起源和早期发展都完全依赖于传教团的机构。它的大部分历史就是三个传教团的历史,它们是:巴黎福音传教会(PEMS)、罗马天主教团和英国教会教团。后来,政府通过资助基金系统补充传教团的工作,但是直到1905年政府才迈出建立政府控制的同一的教育系统的第一步。

正规教育始于19世纪初期,当时PEMS的传道士们来到莱索托,为了改变人们的宗教信仰他们创立了一些学校。从那时起,来到莱索托的基督教传教团通过开办学校向它的跟随者传授教义。由传教团开始提供教育的传统和缺乏政府控制的局面,造成了传教团之间的不健康竞争,学校数量大增,但没有形成一个学校制度导致这些学校是毫无计划的建起，造成在资金、人力、管理和产出方面运转无效率和不经济的方式。

1900～1946 年间，莱索托公布了几个报告。1905 年公布了萨根特报告。1909 年，中央顾问委员会建立，委员会由教育部长和传教团的代表组成。1925 年《史密斯报告》提出政府应对全国的教育政策进行完全控制。1946 年的克拉克委员会报告，推动制定了《教育法》，该法规定了政府与教堂在学校管理中的角色。莱索托还建立了中央顾问委员会，它由来自政府及行政区的顾问委员、传教团和教学单位的代表组成。

莱索托的教育事业在稳定、持续地发展，到 20 世纪 90 年代政府与传教团的紧密合作仍然是莱索托教育制度的标志性特点。学校的所有权和控制权仍然基本掌握在传教团的手中，政府提供指导和负责教师的报酬。在这种背景下，人们普遍把教育看作政府/教会的共同责任，而后者拥有和开办 97% 的初等学校和 86% 的中等学校。但是，主要的高等教育机构，包括莱索托农业学院（LAC）、国立师范学院（NTTC）、莱索托国立大学（NUL）、莱罗斯利技术大学（LP）和国立医疗培训中心（NHTC）都属于政府所有。

在所有的五年发展计划中，对教育系统的政策和发展行使更大的控制都是政府的目标。另一方面，也一再讲政府不能“接管”教会学校。政府与教堂在学校运作方面的合作关系的加强，仍然是所有政府教育政策的基础。

3. 正规教育体系

莱索托正规教育系统的结构如图 1 所示，表 1 提供了初等和中等教育部门入学率与资源的统计数字。教育系统包括 7 年的初等教育、5 年的中等教育（3 年的初中教育和 2 年的高中教育）和 4～6 年的高等教育。

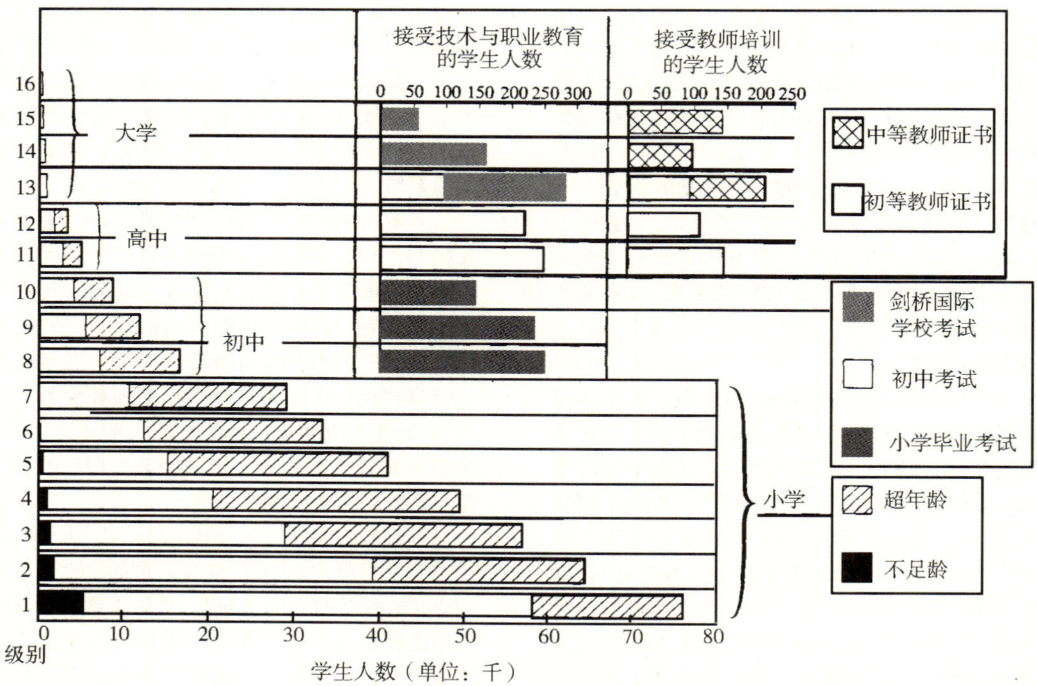

图 1　莱索托：正规教育体系的结构（1990）

表1　1990 年莱索托小学和中学的入学人数与其他资料

	小学	中学
机构数	1 190	175
学生人数	351 632	46 301
教师人数	6 448	2 217
有资格认证的教师	5 178	1 824
无资格认证的教师	20	17
移民国外的人数	–	21
生师比	55:1	21:1
教室数	3 552[a]	1 254
班级数	6 659	1 231

资料来源:教育部(莱索托)

a 该数字不包括840所用于教学的教堂

3.1　初等、中等和中等以上教育

莱索托有1 190所初等学校,其中大多数位于低地地区。位于人烟稀少的边远山区的学校很少,而且那里的学校多数不能提供7年完整的初等教育。

初等教育是大多数儿童能够有望获得的唯一的正规教育。它不是义务性的,也不是免费的,但是大多数父母都想尽办法送孩子上学。进入初等学校的官方法定年龄是6岁,最大是9岁。但是,许多更大的孩子也要入学,而且由于受学前教育和幼儿园教育的影响,越来越多低年龄儿童也进入初等学校,尤其是在城市地区和城市的郊区。1990年,莱索托的初等学校有351 652名学生入学。其中约有2%的学生的年龄低于6岁,33%的学生的年龄超过12岁。有一些家在南非的儿童也到莱索托上学。由于有低年龄、超年龄和来自南非共和国的儿童,实际的入学儿童超过了该国6~12岁儿童的总数。这样,初等学校的总参与率约为116%。

所有初等教育都是男女同校的。初等学校正常的学时是每天6小时,学年每年190天。初等学校前4年的教学用赛苏陀语,即国语,后3年使用英语教学。1970年采纳的自动升级的政策遭到家长和老师的强烈反对,1980年官方取消了这项政策。从此,极高的淘汰率成为初等教育的一项特征,尤其是在1~3年级,每年至少有22%的学生要留级,辍学率约为13%。

初等学校的教室和教学设施严重短缺,大多数现有学校的教室条件恶劣。教室短缺,加上超年龄、低年龄儿童入学和很高的留级率,造成教室极度拥挤。另外,初等教育还遇到教师短缺、教师不合格和不合格指导老师督察不力等问题。莱索托约有20%的初等学校教师是不合格的。

初等教育的主要改革就是通过建设新教室减轻教室拥挤的状况,尤其是设施落后的山区;通过增加教材供应提高学习质量;招收新教师以降低生师比例;增加在职培训机会;限制低年龄和超年龄儿童入学;降低留级率。

中等教育有3年或5年(3年初中和2年高中)。从初中升高中要通过国家管理的莱索托考试委员会的初中毕业证考试(JC)。初中毕业证是学习初等教师培训课程、技工水平课程和其他形式的职前培训的最低学历要求。高中教育结束,学生要参加国外考试——剑桥大学考试评议会特别委员会的剑桥国际学校证书(COSC)考试。这个证书是进入大多数中等以上教育,包括高等教育的条件。

由于公众接受教育的要求在增加,莱索托的中等学校从1979年的96所,增加到1990年的175所。1990年中等学校的总入学人数是46 301名,其中40%是男生。而且每个年级的女生都多于男生。中等学校的快速扩张造成教职工、设施和资金的紧张。

中等教育的质量和成本收益比例极低,还面临着教师短缺的问题;图书馆、实验室和实习车间等特殊的教学设施破旧(有时甚至根本没有);不合格教师的比例较高。莱索托还有大量教师移居海外,尤其是那些数学、科学和应用研究领域的教师。生师比例非常低:为20:1。教师总数是2 213名,其中17%是不合格的,有485名移居海外,他们占拥有学位教师总数的27%。

每学年180天,每天8学时。中等学校完全用英语教学。中等教育的改革策略是提高教学质量和效率;提高地方学校的运作、管理水平和使用资源的能力;提高教学过程的质量;通过供应更多的

教学资料，加强英语、数学和科学的教育；建设科学实验室和实验车间；在专业方面给教师以支持。

莱索托国立大学是该国唯一提供高等教育的机构。莱索托国立大学实行自治，由一个委员会进行管理。它可以授予教育、人文、自然科学、农业、社会科学和法律专业的学位。

3.2 特殊教育

莱索托目前的特殊教育中心只接收生理和情感智力方面有缺陷的儿童。这些中心，和每年从政府获得补助金的盲人资助中心，都几乎完全是由非政府组织资助的。这些中心约有250名残疾儿童，其中150名是生理残疾儿童。大多数是小儿麻痹症造成的，他们在中心附近的学校上学。在盲人资助中心有3名经过特殊培训的教师，指导中心的40名盲童，这些儿童在中心附近的学校上学。莱索托有一所聋人寄宿学校，该校有1名教师，负责指导7～16岁的40名儿童。莱索托还有一个中心招收智力障碍和有不同学习困难的儿童。

3.3 职业与技术教育

由教堂和政府控制的中等水平及中等以上教育机构，提供技术与职业教育和培训。一些职业学校只招收女生，提供3年初等以上水平的家庭经济专业教育。另外5个机构提供制革、建筑、木工和细木工、装配、水暖、机械技师、电子安装、基础电学、砖瓦工和家具装饰等专业的技工水平的培训。莱罗斯利多科技术学院，是政府所有的机构，提供建筑、土木工程、电气工程、机械工程、商品学、服装制造和裁剪等专业的文凭课程。

1990年，技术与职业教育机构共招收1 690名学生，其中672名是学习家庭经济专业的女生，其余的1 018名学生中，有785名是男生。除了教育部所有的职业培训机构，还有莱索托农业学院（属农业部）、国立医疗培训中心（属卫生部）和许多小的培训机构。中等以上教育的参与率（包括教师培训和高等教育）仅为该年龄人群的2%。

政府政策高度重视、优先发展提高技术与职业教育。把这种培训作为莱索托工业发展、创造地方就业机会的一个关键因素，尤其是考虑到莱索托工人在南非矿厂的就业机会下降的因素，就更应如此。1987年，《莱索托技术与职业培训法》通过。该法提出在教育部成立技术与职业教育和培训局，并成立技术与职业培训委员会，委员会由来自工业、商业和贸易的政府部长及捐助团体的代表组成。该法的目的是为个人提供商业和工业技能发展的机会。政府计划改善和扩大现有的中等以上职业培训机构，以提高技工水平的培训，整合不同的机构成为一个协调的国家性系统。

3.4 成人与非正规教育

尽管莱索托的识字率为50%，但是还有大量人需要基础教育。目前识字计划仅覆盖了4%的文盲。显然，莱索托需要更新计划，不仅要考虑成人，还要考虑那些因为种种原因不能进入初等学校或在获得基本的识字能力前就辍学的儿童。

成人与非正规教育由教育部通过莱索托远程教育中心（LDTC）和莱索托国立大学的校外学习研究所（IEMS）来提供。这个研究所在全国范围，针对不同成人人群提供短期课程。作为莱索托国立大学的一部分，它也提供校外商业研究和成人教育专业的证书与学位教育。

莱索托远程教育中心成立于1974年，它为那些没有接受过正规教育的人提供了一种可以选择的教育机会。为了达到这个目标，该中心具有一些功能，包括提供初中毕业证书和剑桥证书水平的函授课程；筹备正规和非正规的广播教育课程；负责教育部的成人非正规教育课程；开展扫盲课程和大量的青年与成人的校外课程；为私立机构和政府部门运作的各种非正规教育课程提供支持服务与教材；为莱索托的大众媒体提供支持。远程教育中心还承担着成人与非正规教育各个方面问题的调查、研究和撰写报告及出版物的任务。在与国立师范学院联合运作的莱索托教师在职教育（LIET）项目中，远程教育中心也发挥着重要作用。这个项目旨在提高初等学校教师和指导教师的学术水平与教学技巧。

4. 行政管理的结构与运行

如上所述，莱索托的教育是由政府、教会和社区联合承担的。政府负责95%以上学校教师的薪水。但是，学校管理者承担聘任、调动、管理教师的直接管理责任，学校管理者的决定要通过教育部长获得政府批准。学校管理委员会代表社区为学校所有人提供学校行政管理方面的咨询。教育部通过督导的方式实现地方管理。督导对于学校的作用主要是咨询性的:将报告分发给指导教师、学校管理者和教育办公室以便落实行动,并为教育部提供信息,如果有必要则采取后续行动。

除了教会拥有的3个技术/职业机构,所有的第三级教育机构均由政府运作,或者作为政府的部门由管理理事会或委员会帮助运作,当然除了那些自治的大学。国立师范学院和莱罗斯利多科技术学院的自治计划正在批准过程中。

除了支付教师薪水,政府还要通过资金预算提供学校设施。政府也负责公布政策、决定课程和教学大纲、制定标准、监督与评价教育系统。

5. 教育财政

莱索托政府日常教育开支从1980~1981年度的2 600万鲁梯(760万美元)增加到1989~1990年度的12 100万鲁梯(3 550万美元)(鲁梯与南非兰特的比是1:1)。另外,家长们一直在承担着学校全部开支的30%。这个数字还应加上非正规教育和职业教育的费用以及教堂、社团对学校建筑的捐赠数目。在1990~1991年度,日常教育支出占政府日常总支出的27%。初等学校每个学生的开支是213鲁梯(63美元),中等学校是327鲁梯(96美元)。学校建筑及其维护费方面,在邻国和国际性机构的援助下,政府大都使用贷款性资助资金。资助也包括为边远地区和山区的初等学校提供食物援助,为莱索托国内、地区性的和国外的特殊项目及培训奖学金提供技术性援助资金。高等教育中的全日制学生可以通过由国家人力发展秘书处管理的贷款资助基金项目获得资金援助。1990年,政府为1 038名莱索托国立大学的学生支付约400万鲁梯(120万美元)的资助,学生在完成学业时归还贷款。在国外就业的人要100%归还,在私立机构就业的归还65%,在公共服务部门就业的归还50%。

6. 师资

国立师范学院提供初等和初中教师培训。1975年成立该学院之后,政府分阶段停止了7个传教团所有的师范学院,长期以来,莱索托感到需要统一对教师进行职前和在职培训。

国立师范学院提供可以获得初等教师证书、高级初等教师证书和中等教师证书的各种3年制课程。1980年,国立师范学院设置了中等学校技术性专业教师培训(中等技术教师证书,STTC),1990年,STTC毕业生可以获得技术(教育)文凭。许多从国立师范学院毕业的教师,后来通过参加莱索托国立大学教育学士学位的文凭课程班,提升了他们的学历。国立师范学院与LDTC联合,还利用业余时间的在职课程培训初等教师,这个项目称为莱索托在职教师教育培训。这个项目从1976年开始开展,约有1 500名不合格教师经过培训获得了职业性证书。1986年,国立师范学院开展了针对学校指导老师的教育领导方面的在职培训。第一批的85名培训者于1989年获得了毕业证书。

莱索托国立大学的教育学院设有高中教师教育专业。专业主要有:4年的科学教育学士专业;艺术教育学士专业/一个4年专业学位加1年的教育证书——教育研究生证书。1989~1990年度,莱索托国立大学教育专业招收了487名学生。

1990年莱索托的学校有将近8 665名教师,其中,6 448名是初等学校教师,2 217名是中等学校教师。约有85%的教师是女性,但是全校职员都是女性的情况并不少见。

正像以上所述,初等学校和中等学校都遇到严重的教师短缺问题,而且职员流动性大造成经过培训的教师大量流失,尤其是流向了邻国。1991年4月,教师工资和服务条件都有所提高。为了缓解学校严重的教师短缺问题,莱索托正在计划增加国立师范学院的学生量。

7. 课程开发与教学方法

1980年,国家课程委员会建立,为政府提供所有课程方面问题的咨询。莱索托的课程开发是高度统一的,这项工作由国家课程开发中心(NCDC)负责。国家课程开发中心通过由教师、教师培训机构、督学和教师联合会的代表组成的全国性的学科专题小组开展工作。所有将要在学校使用的教学资料都要在国家课程委员会的建议下得到政府的批准。教学资料资源中心与国家课程开发中心紧密合作,帮助出版学科专题小组制定的教学资料的样本。另一个重要的合作者,学校供应处,负责教学资料的供应,及时地将资料分配给学校。

所有的初等学校都采用由政府确定的相同的课程、教学大纲。学生的课本、教师的教学指南和其他辅助性资料,都由政府制订,并通过国家性的书籍贷款计划来发放到学校。

初等课程包括赛苏陀语、英语、数学、科学、社会知识和实践性知识(园艺、农业、家庭经济)。尽管有政府的书籍贷款计划,学生的课本和教学资料的供应仍然短缺。1～3 年级的英语教学,通过为学校提供收音机和辅助性资料,每天广播每个年级的课程内容来进行。这对初等学校英语的教学产生了巨大影响。

政府用分类政策指导中等学校的课程。中等学校设有核心课程,如赛苏陀语、英语、数学、科学、社会知识,但也需要设置实践性课程,那将使中等教育具有职业倾向。人们有望看到增加中等学校,新增加的学校教授农业、家庭经济、基本的手工艺(木工、制作金属制品和技术制图)。这项政策是为了帮助学生为将来的工作作准备,并为那些有潜力和能力进入中等以上教育的学生打好学术基础。

8. 考试、升级和证书制度

莱索托的教育制度具有高度的应试导向。年终考试是所有年级都必须进行的,初等教育结业考试(由课程中心组织的初等学校毕业考试)、初中教育结业考试(由莱索托考试中心组织的初中证书考试)和高中教育结业考试(剑桥国际),是每个教育阶段结束时的公共考试,作为学生升入下阶段教育的选拔手段。

从小学阶段到 O 阶段[GCE(O),剑桥普通教育证书]的各阶段考试需要一个统一的机构进行管理,目前对这一机构的需要非常迫切。因为这个机构的建立能够减少不必要的重复设置的考试,同时可以更有效地利用资源。

此外,对于目前的国际剑桥考试也引起了人们普遍的关注,大家对其合理性是否能满足国家和学生个体的要求产生了疑问。而且考试费用越来越昂贵,1990 年对剑桥集团支付的考试费用至少有140万鲁梯。对以上问题必须逐步采取有效的步骤,使 O 阶段考试逐渐实现本地化。

9. 教育评价、评估和教育研究

教育评估一直由课程中心的考试和评估部负责,由于受人员所限,这种评估规模不大。该部主要负责小学离校考试的准备和预考的心理测量,分析初中考试和国际剑桥考试并向国家教育发展中心、督学、学校以及其他相关部门上报相关数据。

莱索托远程教育中心进行一些教育研究和评估,作为内部参考或受一些非正规教育计划委托提供资料。

莱索托国家大学教育学院也对教育的许多课题进行了研究。莱索托教育研究委员会也是一个独立的研究机构,其主要目的在于促进教育研究的发展,该协会还和一些兄弟国家如斯威士兰和博茨瓦纳的教育研究委员及一些国际论坛组织建立合作关系,共同进行教育研究和共享研究成果。

10. 20 世纪八九十年代的主要改革

莱索托 20 世纪 80 年代初提出了新的教育目标:

(a)提高学校的入学率,保证巴苏陀儿童至少能够接受小学教育。

(b)保证教育计划与国家的经济发展水平相当。

(c)保证有足够的学生获得一定的职业、技术和管理技能教育,以促进国家的社会经济发展。

为达到这些目标,20 世纪 80 年代,莱索托实施了重要的教育改革计划。小学入学人数由 25 万上升到 35 万,增加了 40%。中学的数量由 1980 年的 100 所增加到 1990 年的 180 所。此外,不合格教师人数大大减少,由于一些计划的实施,数学、科学和英语的教学水平提高相当显著。职业技术学校的入学人数由 1980 年的 1 200 人增加到 1990 年的1 700人。

11. 2000 年面临的主要问题

尽管几年来莱索托的教育有了上述的改善和发展,但是,还存在着不少问题,如教育质量低下、职业教育不能满足社会现实的需要、失学率和复读率较高、教学设施贫乏、中小学师资薄弱、收费过高、管理较差、缺乏有效的质量监督体制等等。

为了解决这些问题,国家打算于第一个五年计划(1991 ~ 1992—1995 ~ 1996)在把教育规模的扩大限制在最小的基础上加强教育的质量和有效性。整个教育制度的发展主要从加强这两个方面做起:首先是在全国普及基础教育。基础教育是提供个人与国家发展的最基本的素质和技能。为了达到这个目标,首先是普及小学教育,同时为青年和成人特别是那些没有接受过正规学校教育的提供继续教育的机会。第二是保证一定数量的人接受合理的职业、技术和管理技能的培训,以确保现代经济产业的发展。这可以通过正规教育和非正规教育来实现。

A. N. 施特考(A. N. Seitlheko) 著

刘瑞生 译

附录

Basutoland, Ministry of Education 1950 *Annual Report by the Director of Education for the Year 1950*. The Government Printer, Maseru

Central Planning and Development Office 1988 *Kingdom of Lesotho Fourth Five-Year Development Plan 1986—1987 to 1990—1991*. Ministry of Planning, Economic and Manpower Development, Maseru

Hawes H R 1977 Primary school curriculum change in Lesotho (a consultancy report). Maseru

Ministry of Education 1978 Report on the views and recommendations of the Basotho nation regarding the future of education in Lesotho. Report of the National Dialogue and Seminar, Maseru

Ministry of Education 1984 Secondary and high schools in Lesotho-strategies for improvement. Report of a Study Team on Secondary and High Schools in Lesotho, Maseru

Ministry of Education 1988 *Clarification of Lesotho's Education Policies and Priorities*. Ministry of Education, Maseru

Stevens R P 1967 *Lesotho, Botswana and Swaziland: The Former High Commission Territories in Southern Africa*. Frederick A Praeger, New York

利比里亚的教育制度(Liberia: System of Education)

1. 基本背景

利比里亚位于非洲西海岸,赤道以北,北纬4° ~ 9°之间。西濒大西洋,与几内亚、塞拉利昂、科特迪瓦为邻,面积为 111 369 平方公里。平坦的海岸平原有 15 ~ 55 公里宽、570 公里长,包括沼泽地、森林和大平原。北部的高地是利比里亚最大的高地,其中宁巴山和沃洛吉西山脉达到海平面以上 1 752 米高。利比里亚几乎 60% 以上的土地覆盖着雨林,属于典型的热带气候,平均温度在 21℃ ~ 28℃,湿度是 90%。

1989 年利比里亚人口是 250. 8 万人,人口增长率 3. 2%,自然出生率是 4. 5%,死亡率 1. 3%。平均寿命 55 岁。由于国内战争,1990 ~ 1991 年有 70 多万人离开利比里亚,大部分难民住在邻国的难民营里。大约有 3 万黎巴嫩人、美国人和欧洲人也在战争时期离开了利比里亚。

从 1980 年,经济急速下滑,部分原因是管理不善,但也有大量资金外流和主要出口产品——橡胶、铁矿石的国际价格过低的原因。在 1989 年,人均国民生产总值 395 美元,外债 16. 8 亿美元,出口 5. 05 亿美元,进口 3. 94 亿美元。外部援助达6 500 万美元,主要来自美国、欧共体、国际复兴和发展银行、日本和德国。

1989 年,70% 的劳动力从事农业,9% 的从事工业生产,21% 的从事服务业。

利比里亚人口的主要构成包括:16 个土著非洲部落、移民(获得自由的美洲奴隶)后裔的非部落利比里亚人和从邻近的非洲国家迁居过来的非洲人。主要的种族有:克佩尔、巴萨、吉奥、克鲁、格雷博和马诺。这些部落每个有10万人至30万人。其他部落有10万人或不足10万人,包括:克兰、戈拉、吉斯和瓦伊。尽管每个部落有自己的语言,但英语是该国的官方语言。

一般利比里亚被认为是基督教国家。不足1/4的人口为穆斯林。传统的信仰是利比里亚的村落生活中重要的组成部分。部落后裔们在尽力地保持他们的社会结构和规范。他们的生活在很大程度上受到不同性别的秘密社团的规范——男性的社团称为颇络(Poro),女性的社团称为桑地(Sande)或班度(Bundu)。通过传统的学校系统和其他的村落活动,这些秘密的社团在一代一代地传递着部落的文化。

利比里亚的人口构成模式具有典型的发展中国家的一些特征:几乎半数人口在15岁以下;首都和沿海地区的人口增长率相对较高;人口向城市中心区迁移规模巨大,这造成一些社会问题,诸如高失业率、贫民窟的形成和犯罪增加。

宪法把政府分为三个独立的部分:执行机构、立法机构和司法机构。执行权力由总统行使。1990年11月,过渡性总统举行了就职典礼,1991年1月悬而未决的总统大选,指定了全国联盟的过渡性政府。

在130多年中,利比里亚被认为是非洲最稳定的国家之一。除了部落之间的小的冲突,大规模的政治剧变很少,并且间隔较大。真辉格党(the True Whig Party)从1848年解放美洲奴隶建立共和国,到1980年4月一直统治着利比里亚。1980年4月,由塞缪尔·多伊(Samuel Doe)军官领导的军人在蒙罗维亚发动政变。1985年11月发生的一次未遂政变,遭到人们对其进行部落种族屠杀行为的谴责。1986年1月就职的文官政府,并没有获得多伊总统所希望的国内稳定和国际社会的认可。1989年12月,由前政府官员查尔斯·泰勒(Charles Taylor)领导的反政府武装在利比里亚东北部边境的宁巴县攻击政府。宁巴县的战斗发展成为多伊总统所属的种族——克兰族及其联盟曼丁哥族,与当地的吉奥和马诺部族的冲突。

多伊总统当政的10年间,他没能够完成社会的改造,没有能够让民主制度在这个非洲最古老的国家兴盛起来。另一方面,他处决了一些先前的盟友,改变了1985年选举的结果,监禁了反对派领袖,关闭了一些报纸,他的政策再次激起了部落的反抗情绪。1990年7月,大约600人在蒙罗维亚的一个教堂寻求庇护的时候,遭到多伊总统军队的屠杀。同年9月,多伊总统被逮捕、受到严刑拷打并被处死。11月22日,在西非国家经济共同体的支持下,阿莫斯·萨耶尔(Amos Sawyer)在蒙罗维亚就职任过渡总统。

虽然举行了和平谈判,但1992年内战又起。一些学校和医院被关闭。内战对利比里亚社会造成了震荡,它的人民、经济政治制度和社会的道德观念都为此付出了巨大的代价。

1992年,查尔斯·泰勒(Charles Taylor)仍然拒绝承认萨耶尔政府,他宣布自己是利比里亚的总统,将他的军队和管理机构迁至蒙罗维亚东北部的邦加(Gbarnga),创建了新的官僚机构的核心区。分析家认为他的军队有10 000人。许多士兵是10岁左右的男孩,他们没有带着书本去村里的学校上学,而是带着枪在村里的岗哨站岗。

2. 教育政策与目标

长期以来,利比里亚人已经认识到制约利比里亚发展和现代化的一个最为严重的不利因素,是缺乏合格的劳动力。在20世纪80年代,许多发展中国家的教育设施获得了前所未有的扩大,但是利比里亚却受到内战的影响丧失了机会。动荡的局面不仅使学校关闭,而且学生成为预备役士兵,教师们逃出国外。

个人对教育的反应,在很大程度上受制于他们行动于其中的社会结构,生活于其中的社会环境、生存的经济条件和他们自身身体及精神的健康状况。反过来,这种反应的质量,又影响着个体调节、控制和改善自身环境,满足自己个体需要和社会的社会性需要、政治性需要和经济性需要的能力。总之,教育作用和反作用于社会与经济构成的所有环节。

利比里亚目前的教育体系效率低下、管理不善。利比里亚和它的教育系统急切需要和平、稳定的环境。20 世纪 80 年代确定的教育目标,仍然是有效和可行的:发展人力资本;扫除文盲;增加学校的数量;扩建社区学校;使所有人都能接受教育;提高教师和教学的质量;使教育适应国家的需要;修订课程和改善教育设施。

推进作为国家发展途径的发展农村地区的策略,是利比里亚国家政策的主要任务。提供适宜的教育和培训是农村地区发展的前提条件。为实施农村地区发展,政府机构的人员需要进行在职培训;需要为当地人民提供与他们的主要经济活动相关的培训和教育,为他们开辟新的就业、从事个体劳动机会和农村地区经济多样化的可能。

3. 正规教育体系

3.1　初等、中等和中等以上教育

图 1 展示了利比里亚正规教育系统的情况。如图所示,教育系统(6 + 3 + 3)主要分为三个等级。初等和初等以下教育包括幼儿园、学前学校和 6 年的初级学校(1 ~ 6 年级);中等教育包括 3 年初中(7 ~ 9年级)和 3 年高中(10 ~ 12 年级);第三级或高等教育包括本科和研究生课程、各种学位课程。

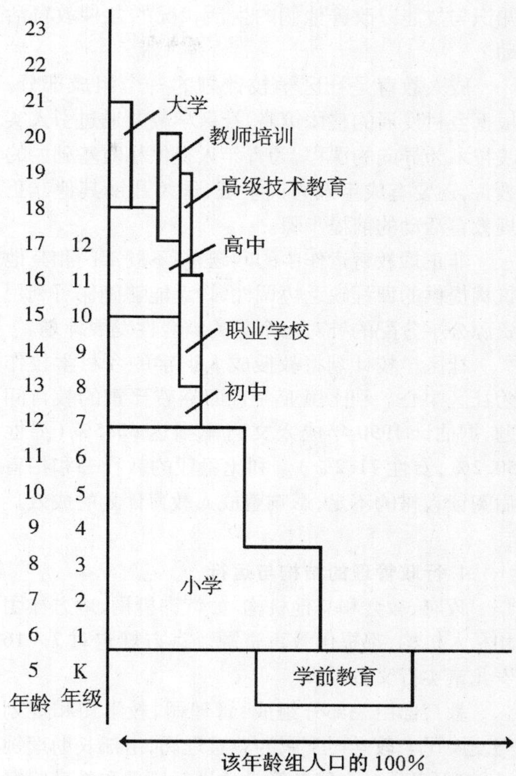

图 1　利比里亚:正规教育体系的结构

20 世纪 80 年代,学校系统(初等和中等)的学生数大约在 250 000 到 300 000 之间。约 60% 的学生是男生。利比里亚有大约 1 800 所学校,9 800 名教师,其中 2/3 为不合格教师。初等教育的净入学率是 40%。1988 年,利比里亚大学有 3 300 名学生。

高等教育机构有:蒙罗维亚大学、卡廷顿大学学院、WVS 土布曼(Tubman)技术学院和位于卡卡塔(Kakata)及佐佐(Zorzor)的教师培训学院。

3.2　学前教育

对学前教育的需求在增加。在有幼儿园的学校,小小的教室常常挤满了孩子,给他们带来了健康问题。20 世纪 80 年代中期,利比里亚利用一些厂房来促进学前教育的发展。但是,学前教育拨款不足仍然是一个问题。

3.3　职业和技术教育

创立于 1978 年的 WVS 土布曼技术学院,培养技术人员,使其担任从专业工程师到熟练技工的各种工作。完成学业要求的学生被授予技术方面的科学协士学位。

卡廷顿大学学院的乡村地区发展学院,为农业部的扩大服务和农业发展计划、农业产业中的私人研究机构及商业部门,提供旨在培养各种专业农业工人的两年制农业技术学位教育项目。

只要能够保持正确规划和系统协作,利比里亚自 20 世纪 60 年代以来创建的职业和技术教育机构,就能很好地满足国家对专业技术人员和熟练工人的需求。

3.4　成人和非正规教育

“非正规教育”意指正规教育系统以外的所有有组织的和系统的学习活动。在利比里亚,它以成人教育或识字班的形式出现,也包括农业部门和卫生部门支持的提高农民的生产力、使乡村人口获得知识与技能以改善他们的生活状况的各种教育活动。

成人教育是社区学校计划的一个组成部分。根据乡村发展的整体策略，社区学校要通过引入实践技术为导向的课程，为青年人提供相对基础性的教育，还要有成年人的识字班，作为开展其他非正规教育活动的前提步骤。

非正规教育运作中的问题有：不同部门和其他机构提供的课程缺乏协调性，缺乏能够确保可利用资源公平分配的针对每个县的综合性发展计划。

社区学校计划将教授成人识字的乡村学校作为社区中心。利比里亚一直面临着严重的教育问题，据估计 1990 年成人文盲率高达 60.5%（男性 50.2%，女性 71.2%）。利比里亚的教科书和扫盲后阅读教材的不足，影响着成人教育计划的成效。

4. 行政管理的结构与运行

政府、教会和其他机构，如特许机构、地方社团和私人机构，都提供教育资源。官方规定对 7～16 岁儿童实行义务教育。

教育部由三部分组成：管理司、教学司和规划与发展司。教学司下属的总管理局，由部长助理领导，其职责是对全国各级学校进行管理和教育监察服务。全国分成 3 个教育区域，每个区域由一名高级地区主管领导。各个县的教育管理由一名首席教育官员负责，其工作得到地区教育官员的辅助。

面临的问题包括缺乏资金、合格的管理者、教师和公共服务人员，缺乏充足的教育资料和交通条件差等。

5. 教育财政

在所有政府办的学校（公立中小学）中，教育是免费的，但是学生必须买课本和校服。除了政府办的学校，全国还有许多私人或教会办的学校。一些私立学校收取学费，但是学费没有固定标准。政府为大学教育提供 50% 的补贴。

20 世纪 80 年代，政府支付的教育经费每年 3 500万美元到4 500万美元不等。1988 年的教育支出是 4 200 万美元，相当于政府全部支出的 17.5%。

内战开始前，利比里亚的经济已经遇到了危机。在 20 世纪 80 年代，国民生产总值每年以 2%～3% 的速度下降。出口额从 1980 年的 6 亿美元下降到 1985 年的 4.3 亿美元。战争加剧了这种状况的恶化。有 1/3 的人口逃离了国家，外国专业人员则全部离开。教育系统的崩溃意味着学校重建和学习材料的提供需要巨大的投资。未来的利比里亚的政府将必须极其谨慎、非常明智地使用政府收入为人民提供基本社会服务。

6. 师资

从 20 世纪 80 年代早期起，利比里亚初等和中等教育的全部教学人员在 7 200～9 800 人之间，其中只有约 1/3 符合教师资格的正规要求。

利比里亚有两所学院主要负责为初等教育培养教师。它们是卡卡塔教师培训学院（KTTI）和佐佐教师培训学院（ZTTI）。KTTI 是一所主要培养职前教师的机构。ZTTI 则主要集中进行教师在职培训。两个学校都免收学费、食宿费和教材费。两个学校具有容纳 630 名学生的能力，但是两个学校总共招收的学生大大低于这个数字，主要原因是报考者够资格的人太少。两个学校每年的毕业生很少超过 250 人。

利比里亚大学和卡廷顿大学学院也为初等学校培训可获得学位的教师，但是它们的贡献（每年毕业教师数）不到 10 名。

20 世纪 80 年代建立的旨在提高初等学校中不合格教师的专业能力的函授中心，没能实现自己的目标。因此，目前利比里亚学校仍然是在具有许多不合格教师的条件下运行。

中等学校的教师在利比里亚大学和卡廷顿大学学院进行培训。两校每年的毕业生共有 30～50 名。

内战期间（1990～1992），教师培训学院的培训能力不断遭到破坏。因此，一直以来利比里亚存在的教育系统的人力资源供应问题，仍将是它在未来一定时间内发展的主要障碍。

利比里亚没有为技术和职业教育培训教师的机构。但是，位于卡卡塔的布克·华盛顿学院（BWI）有时安排职业学校教师的在职培训计划。

7. 课程开发与教学方法

课程开发是由教育部的教学司所属的课程开发处负责,该处还负责对各级学校教学使用的教材的评估。在地方,有一些县级课程中心作为教育部教学计划的执行机构。这些中心也为教师举办培训班和研讨会。

在20世纪80年代,初等和中等教育的课程进行了修订。1985年完成了设置初等教育的社会课程的方案,新的教材也制订完毕。80年代中期,还完成了对4~6年级数学教材的修订。适合中等学校学生使用的地图集也编辑、印制完成。初中学生的基础科学课程的一些单元也已完成。地方县级课程中心编制了故事书、单词表和简单读物。但是,许多学校仍没有拿到课程大纲。总体上,大部分学校的课本和教材短缺。

8. 考试、升级和证书制度

初等教育中,学生的升级由班级教师决定。学前阶段最严重的问题是:该上学的儿童仍然在学前班学习。据估计,90%的儿童的学习都是从学前教育开始的,学前教育期限是1~3年。由于大部分孩子的年龄相对较大,而且教材内容与他们的需要关系不大,因此估计40%以上的儿童在上1年级以前就辍学了。约有40%的儿童能够上到3年级,只有25%的可以上到6年级。

初中升高中是教师根据全国性的9年级考试的结果决定的。高中毕业要通过全国性的12年级考试。在全国教育系统中合格教师不到1/3的条件下,教数学、语言、科学和技术课的教师极为短缺,这个状况可以通过全国性考试的结果得以验证。据估计,1985年有52%的7年级学生升到12年级,约45%的学生可以毕业。

进入高等教育须完成高中课程,并根据全国性的12年级的考试成绩决定。

9. 教育评价、评估和教育研究

20世纪70年代,利比里亚对本土的学校系统进行了研究(Zetterstrom 1976,Duberg 1978)。科利等人(Cole et al. 1971)做过对学习和思维的文化背景的人类学研究。哈佛国际发展研究所曾对利比里亚教育系统做过初步调查(1976)。迪贝格(Duberg 1982)对教育与收入状况之间关系做过研究。利比里亚大学的几个学院在80年代中期,承担了对包括教育在内的几个领域的研究。由于缺少资金,交通条件不利,80年代中期,教育部的研究处非常谨慎,没有着手启动新的研究项目。它的活动主要限于监督和继续正在做的项目,包括1984年全国学校调查和联合国教科文组织开展的1988~1989年利比里亚国家分析。

10. 20世纪八九十年代的主要改革

20世纪80年代,利比里亚制定了新宪法(1986年1月6日)。教育部进行了重组,以提高教育计划、人力管理、教育管理和资金管理的质量,重新修订了初等和中等教育的目标和战略,开展了课程改革。但是,资金短缺、政策不稳定和内战,造成90年代初整个教育系统崩溃。

11. 2000年面临的主要问题

重建因内战而几乎全面崩溃的社会,将需要超出利比里亚能力的物力、财力。来自世界银行、美国国际开发署(USAID)和非洲发展银行的国际捐助,是解决教育系统和机构的目前问题的前提。

这些问题包括:低入学率;初等、中等、第三级教育和成人教育的发展不平衡;不合格教师的比例高;各级教育的高浪费率(不及格、重读、辍学);资金不足和包括学校建筑与资料在内的各种教育设施短缺。

R. 迪贝格(R. Duberg) 著

刘瑞生 译

附录

Cole H et al. 1971 *The Cultural Context of Learning and Thinking: An Exploration in Experimental Anthropology*. Basic Books, New York

Duberg B R 1978 *Forces Influencing Education Policy Making in Liberia: Socio-economic Changes and Educational Relevance* University Microfilms International, Ann Arbor, Michigan

Duberg B R 1982 *Schooling, Work Experience, and Earnings: Determinants of Earnings in a Third World Corporate setting*. Studies in Comparative and International Education, No. 6. Institute of International Education, University of Stockholm, Stockholm

Zetterstrøm K 1976 *The Yamein Mano of Northern Liberia*. Institute of General and Comparative Ethnology, Uppsala

Harvard Institute for International Development 1976 *New Directions for Education and Training in Liberia: A Preliminary Survey*. HIID, Monrovia

其他参考文献

Clapham C 1991 *Liberia in Africa: South of the Sahara 1992*, 21st edn. Europe Publications, London

Falk M (ed.) 1992 *Liberia and Sierra Leone*. The Swedish Institute of International Affairs (306), Stockholm

Dunn D E et al. 1988 *Liberia: A National Polity in Transition*. Scarecrow Press Inc., Metuchen, New Jersey

Guluma E L 1991 *The Trouble with Liberia, UFSI Field Staff Reports, Vol. 1990—1991 No. 4*. University Field Staff International, Indianapolis, Indiana

Holman M 1990 Liberia's agony unlikely to end with Doe's departure. *Financial Times* 1st August 1990

Liberia 1985 *Second National Socioeconomic Development Plan*. Government of Liberia, Monrovia

Ministry of Education 1984 *Annual Report to the Ministry of Education to the Interim National Assembly*. Ministry of Education, Monrovia

Nelson H D (ed.) 1984 *Liberia. A Country Study*. Foreign Area Studies. American University, Washington, DC

New African 1992 *Liberia: Slow Peace Process*. IC Publications Ltd, London

Noble K B 1992 In Liberian ashes, a guerrilla's flawed empire. *New York Times* 15th April 1992

The Economist 1990a *Vital World Statistics, The Economic Books*. Hutchinson, London

The Economist 1990b *Atlas, The Shape of the World Today*. Guild Publishing, London

利比亚的教育制度(Libya: System of Education)

1. 基本背景

大阿拉伯利比亚人民社会主义民众国(The Great Socialist People's Libyan Arab Jamahiriya)位于非洲北部,东邻埃及和苏丹,西邻突尼斯和阿尔及利亚,北临地中海,南邻尼日尔和乍得。利比亚国土面积 1 775 500 平方公里,大部分是沙漠,6% 的土地用于农业,森林占 1%。1991 年的人口是 4 350 742人,其中 76% 生活在城市,24% 生活在偏远地区。1989 年的平均人口密度是每平方公里 2.3人。利比亚首都为的黎波里,人口密度是每平方公里 360 人。约 80% 的人口居住在地中海沿岸。利比亚每年的人口增长率是 3.9%,15 岁以下的人口占 51%,1989 年的死亡率是 0.7%。

从种族构成看,97% 的人是阿拉伯和北非柏柏尔血统的伊斯兰逊尼派教徒,其余的是北非柏柏尔人、西非和中非的柏柏尔人、非洲黑人。官方语言是阿拉伯语,虽然政府规定书写和口头交往中要用阿拉伯语,但是在大城市人们也讲英语,少部分人讲意大利语和法语。

利比亚是非洲最大的石油生产国,也是世界产油大国之一。石油收入促进了该国国民生产总值和人均收入的提高,使它从一个贫穷国家转变成非洲人均国民生产总值最高的快速发展的国家。

因为利比亚在其历史上是一个依赖外国技术劳动力和非技术劳动力的国家,卡扎菲政府的政策一直致力于该国劳动力的"利比亚化"和收缩私有企业。外国工人的数量已从 1983 年的 560 000 人,下降到了 1989 年的 154 700 人。其余 840 700 的劳动力是利比亚工人,他们作为"合作者而不是拿工资的工人"经营着许多农业、商业和工业企业。

利比亚的国民生产总值已由 1970 年的 12 881 亿利比亚第纳尔,增长到 1989 年的 72 235 亿利比亚第纳尔。人均收入也从1970年的642利比亚第纳尔,增长到1989年的1 575利比亚第纳尔。除了石油工业之外,利比亚的主要工业还有:食品加工、纺织、家庭用品和手工艺品。主要农产品有:小麦、干草、蔬菜、水果、肉类、奶制品、蛋类和蜂蜜。然而,利比亚75%的食品是进口的。1987年,利比亚出口总值是24.32亿利比亚第纳尔,进口是12.78亿利比亚第纳尔。

利比亚的历史是被外国统治的历史,从古代的希腊、罗马到阿拉伯、土耳其、意大利、英国和法国的统治,直到1951年独立,成立了由伊德里斯(Idris)一世国王统治的王国。1969年,由卡扎菲(Muammar AI Qadhafi)领导的"自由军官运动"驱逐了国王,掌握了国家权力,宣布成立一个新的利比亚阿拉伯共和国,实行直接民主制度。根据该制度,从理论上讲,人民的权力建立在国民会议基础上,国民议会是国家的立法和执行机构。由总书记处领导的国民委员会是国家的内阁。国民委员会下属的不同部门,例如农业、教育、健康和住房委员会都有自己的书记处。财团、企业联盟和协会由人民委员会经营,人民委员会要对自己的人民会议负责。事实上,军队对所有政策施加了很大的影响。

卡扎菲将军成为政府领袖,1973年他倡导文化革命和阿拉伯民族主义。1977年制定了新的宪法,国家改名为:利比亚阿拉伯社会主义人民联盟。参与政治要加入阿拉伯社会主义联盟,它是该国唯一的政党。

2. 教育政策与目标

1969年,宪法规定实行9年免费义务制教育,加大了扫除成人文盲和教师教育方面的努力,着力为妇女、贝都因人和乡村居民提供更多的教育机会。从1973年卡扎菲的文化革命开始,公立教育被认为是实现革命目标的一个重要手段。学校课程强调阿拉伯利比亚文化,课文和教育活动要用阿拉伯语。文化革命的目的是实现伊斯兰社会主义——综合了资本主义和共产主义因素的伊斯兰社会主义,这也是教育的主要目标。这种社会主义致力于社会和经济的平等,工人要作为合作者,而不是雇佣者,管理农业和工业企业。卡扎菲在他的《绿皮书》(第三部分 P.48~49)中,倡导"社会应提高所有类型的教育,给人民自由选择他们希望学习的任何学科的机会。这要求有足够数量的各类型教育的学校……学知识是每一个人自然的、任何人都不能剥夺的权利"。他还强调了在学校中需要进行宗教教育。

教育被认为是获得国家未来发展的一个关键因素。公立学校要给学生讲授卡扎菲的《绿皮书》,并鼓励他们参与支持政府政策的政治活动。然而,大学生有时也会抗议政府的某些政策,例如:义务性军训制和试图关闭法塔赫大学的法语和英语学院。

3. 正规教育体系

3.1 *初等、中等和第三级教育*

图1列出了利比亚正规教育系统的结构,表1和表2注明了入学率和教育经费支出的统计资料。对6~15岁利比亚人的公众教育是免费和义务性的。4岁儿童可以在住所附近接受学前教育。初等教育6年。1989年,全国初等学校有852 593名学生、31 296个班,平均每班27.2人。学校9月份开学,一学年280天,每周上课6天。

初等教育之上,有两个并行的中等教育系统,第一个是普通预备教育,第二个是4年的普通教师培训,为学前教育和初等学校培养教师。学术性中等教育包括两个阶段:中间学校,或称普通预备教育,学制3年;高中,或称普通中等学校,也是3年。高中的第1年,对所有学生开设普通课程;后2年,学生可以选择理科或文科课程。1989年,中间学校有341 044名学生、11 467个班,平均每班29.7人。同年,高中有95 576名学生、2 922个班,平均每班32.7人。初等学校的留级率是12%,中等学校为10%。10年级的辍学率约6%,而且女生大于男生。初等学校的学生较多,随着教育层次的提高,入学率在下降。如果1992年,仍然保持阿拉伯联盟教育、文化和科学组织报告中显示的1980~1981年的辍学率,中间学校的7年级可能会有20%的辍学率,8年级和9年级的辍学率则是15%。在高中和技工学校,10年级的辍学率约5%,11年级3%,12年级8%,13年级7%,总之,

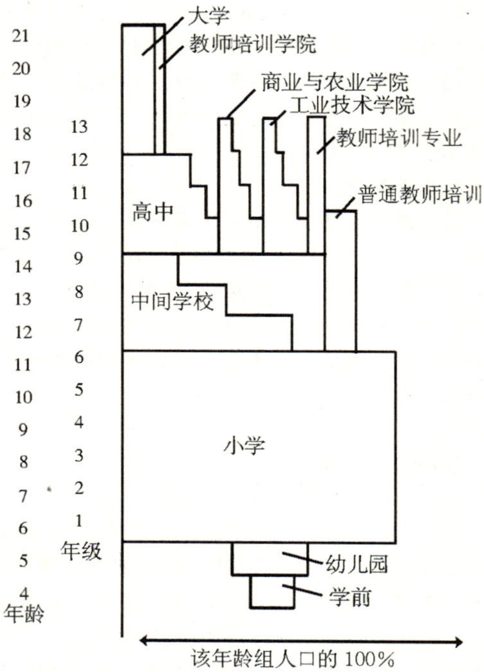

图 1　利比亚:正规教育体系的结构

表 1　利比亚 1989 年正规学校入学率

教育水平	班级数	学生人数	班级规模
初等学校	31 296	852 593	27.2
中间学校	11 467	341 044	29.7
高级中学	2 922	95 576	32.7
技术教育	912	27 301	29.9
教师培训学院	1 374	37 050	26.9

资料来源:统计和人口普查部 1989

尽管初等学校中女生的入学率持续提高,但是学校中的男生多于女生。

公立学校的男女同校教育情况较为复杂。在利比亚东部,是男女同校,但在西部和南部男女分校。即使在的黎波里,除了幼儿园,各级教育都实行男女分校。在乡村地区,由于受严峻的经济条件所限,实行男女同校,但男童坐在教室的前部,女童坐在后部。

表 2　利比亚 1975～1986 年正规教育的资源

	1975	1986
教育支出总值[a]	224 908	636 260
占国民生产总值(GNP)的比重	5.9	10.1
占政府总支出的比重	14.5	20.8
教育经费经常性支出总值[a]	122 485	506 260
占教育支出总值的比重	54.5	79.6
占 GNP 的比重	3.2	–
占政府经常性支出的比重	–	–
资本性支出	102 423	–

资料来源:UNESCO 1991

a 1986 年利比亚第纳尔与美元的汇率是 1:3.13,1991 年是 1:2.66

与普通中等教育阶段并行的,有以下三个分支:商业、农业、工业中等教育和为初等教育高年级及中间学校培养教师的教师教育专业。

除了公立学校,利比亚还有讲授宗教和《古兰经》的伊斯兰或古兰经学校。20 世纪 70 年代,私立学校占全部学校的 3%,但是政府的政策不鼓励私立学校在国内的存在,因此,它们在教育系统中的角色不突出。

高等教育是 10 所高等学院和综合性大学的领域。公立大学有的黎波里的法塔赫大学、本格拉的戈亚尼斯大学和玛萨布勒革的技术大学。位于不同城市的高级技术学院,给更多的学生提供了进行更高水平学习的条件。1989 年高等学院和综合性大学的全部学生有 47 300 名。另外,位于阿里·萨努斯的伊斯兰教大学,为古兰经中等学校的毕业生和其他有兴趣继续研究伊斯兰教的人提供了高等教育的宗教专业。

3.2　特殊教育

有学习障碍和身体障碍的学生在特殊教育学校学习。这些学校,位于大城市,提供特殊课程和个别化的学习机会,教师经过特别训练,能够教授智力或生理有障碍的儿童。而且,为满足公立学校中天才儿童的需要,也有特别的措施。在大城市以外的地方,需要特殊教育的学生,只能与其他学生一起在常规教室中学习。没有特殊教育的入学率的数据。

3.3 职业、技术和商业教育

随着对外国劳动力依赖程度的降低和劳动力的"利比亚化",各方面一致努力招聘和鼓励男性、女性参加技术、职业及商业教育。正如表1显示的那样,1989年技术和职业教育有27 301名学生、912个班,平均每班29.9人。

另外,有89个普通培训中心,培训了16 293名学员,这些中心是由不同的部门资助的,目的是征募新的劳动力,或为雇员提供不脱产教育。而且,还有中等教育水平之上的学院,提供更高层次的农业、商业、健康、工业和社会工作的专业培训。

职业、技术和商业教育被视为提高生产力与经济自足,实现伊斯兰社会主义目标的一个手段。

3.4 成人和非正规教育

1990年,15岁以上人群的文盲率据估计是34.2%,有890 300人。15岁以上人群中,妇女的文盲率是49.6%,男性的文盲率是24.6%。如果将1991年的文盲率与1975年(51%)相比,那么,显而易见,扫盲的努力还是有成效的。

各个部门以加薪、放假等方式为激励手段,给雇员们提供特殊的培训机会,这使得参与识字运动,识字和文化中心、公共图书馆和电视教学节目的人增多了。这种非正式培训根据培训的目标,期限不一,短的几个月,长至四年多。基本的培训旨在发展语言和计算能力,但各部门和企业的培训也可能集中培养与工人具体工作相关的一系列技能。尽管做了诸多努力,文盲问题仍是困扰利比亚社会的一个主要问题。

4. 行政管理的结构与运行

利比亚的教育是高度集中化的。教育与科学研究秘书处负责所有正规学校、伊斯兰学校、特殊教育学校和教师培训机构。至于职业与技术教育学院,教育秘书处负责它自己的职业与技术教育学院,例如商学院和应用工程学院等。其他秘书处,如农业和工业秘书处,负责自己所属学院的预算和管理,教育秘书处仍然负责监督教育工作和对这些学院的最终检查。

教育与科学秘书处制定全国的教育政策,教育官员和他们的技术人员,负责在46个领域监督公立和私立学校教育政策的执行情况。人民委员会管理大学,高等教育秘书处负责监督人民委员会。

5. 教育财政

由于利比亚的公立教育从学前教育到大学都是免费的,提供教育经费就是国家的责任。每年都要做国家预算,分配公立教育经费。

如表2所示,教育经费支出的总量和经常项目都在增长,利比亚是教育经费支出最高的阿拉伯国家之一。1975年的教育经费总量是224 908利比亚第纳尔,占国民生产总值的5.9%;1986年教育经费支出增长到636 260利比亚第纳尔,占国民生产总值的10.1%,该年政府总支出的20.8%。同样,1975年教育经费经常项目支出是122 485利比亚第纳尔,占总支出的54.5%,国民生产总值的3.2%;1986年,该项支出增长到506 260利比亚第纳尔,占总支出的79.6%,国民生产总值的8.1%。资本性支出也由1975年的102 423利比亚第纳尔增长到1986年的130 000利比亚第纳尔。

私立学校的收费标准由法律来规范。

6. 师资

初等教育之后学制4年的教师培训学院为初等教育培训教师。在该学院,学生在前2年学习初等学校开设课程的教材内容,后2年学习教学方法和教学实习。中间学校的毕业生,进入4年的教师培训学院,一般要进行专业方面的学习,以便能够在初等教育以上年级或中间学校教书。中等学校的教师,由综合性大学的师范学院和系部培养。如表1所示,1989年,教师培训学院共有37 050名学生、1 374个班级,平均每班26.9人。

利比亚多年来一直面临着教师短缺的问题。主要采取了两个解决办法:第一,聘用更多的妇女和大学毕业生,让他们教授所学科目,而不进行教学方法的培训。第二,引进外国教师弥补人力资源短缺。几年前,利比亚倡导实行对其他阿拉伯国家开放的政策,允许所有阿拉伯人来访和在利比亚居住。这个政策鼓励了许多阿拉伯教育工作者(其中大多数是埃及人）到利比亚工作，他们主要在中等学校和某些专业学院担任教师。另外，非阿拉伯人的外国专家也到技术教育学院和综合性大学，担任那些没有利比亚人和其他阿拉伯国家教师承担的教师职位。

这些年来，外国工作者的数量一直在波动。1975年，33%的劳动力是外国人，但是在1985～1986年，因为政治原因，利比亚驱逐了许多外国工人。在20世纪80年代，教育领域10%的人员是外国人。1985～1986年，初等学校、中等学校、大学和相关机构的教师人数是79 043名。1986年，幼儿园、初等学校、中等学校、技术学校和教师培训机构的教师数是78 840名。幼儿园、初等学校的女教师更多，但中等学校、技术学校和教师培训机构的教师，男性更多。绝大多数的教师在初等学校教学。教师培训质量不高和教师短缺，尤其是在技术课程方面，是利比亚教育面临的两个挑战。

7. 课程开发与教学方法

教育和科学研究秘书处在全国范围设置了统一的课程。每周，初等学校有26～35学时，中间学校有36～39学时，高中有42学时。每学时45分钟。

初等学校的课程包括：阿拉伯语、宗教、算术、科学、社会科学、美术、音乐、体育、男孩的农艺和女孩的家政。中间学校的课程除了初等学校的课程外，还包括数学和英语。中等学校第一年集中进行基础教育，是对前面提到课程加上法语课的进一步学习。中等学校第二、三年的课程，对文科和理科学生是不同的。理科和文科学生都要学习的课程是：宗教、阿拉伯语、英语和法语。更多的男生和女生倾向于学习文科。学生每周都要学习卡扎菲的《绿皮书》。古兰经学校的课程与正规公立学校的课程相似，但伊斯兰和阿拉伯文化课程的分量更重。技术和职业学校的课程有：工程、农业、医学、商业、社会科学和艺术，还有劳动技能培训。

教学的主要方法是讲授，所有的课本都是教育秘书处出版的。机械记忆是基本的学习方法。尽管在识字培训中使用了公众电视这一新的教育方法，但在教室中，教育技巧的使用和可能性是有限的。

总之，正规学校的课程是有局限的，没有与学生和社会的需要及工作领域的要求相联系。学校课程需要引入批判性思维和应用性内容，它必须建立在能够挑战学生并引发学生创造性的现代性教育材料的基础上。随着对现代技术的接触，外语应该在学校课程中贯彻始终。

8. 考试、升级和证书制度

除了在课堂进行的考试以外，还有两次决定升学的全国范围的考试。在中间学校学习结束，学生要参加并通过国家组织的考试，才能进入中等学校或学院。在中等学校学习的最后一年，学生要再一次参加和通过国家组织的考试，才能进入中等以上学院学习。这两次考试是由教育与科学研究秘书处的教师和教授委员会参与发展起来的，给全国的学生指定专门的考试日期和地点。考试答卷由书记处指派另外的教师和教授进行阅读、判分。考试结果将通知每位学生，并且通常还会在主要的报纸上公布。

考试形式僵化，以考知识为主，强调记忆，考试内容限于课堂教学范围内。一些没有通过考试的学生，不得不重新学习，准备来年参加考试。考试没有通过造成一些学生辍学。在某一学习阶段内升级，需要通过教师出题的考试，这些考试主要偏重知识记忆。

考试反映了教育系统的一个问题。考试需要与学生在课堂上所学到的东西相联系，也需要与他们社会生存必需技能相联系。除了知识以外，考试应该测试高级智力内容，如分析、综合和判断。解决问题、推理和创造性应该是课堂教育、课程内容的重要因素，因而也应是所有考试的重要内容。

9. 教育评价、评估和教育研究

该部分的资料稀少。不同时期，政府发布的教育发展计划及其执行情况都无从知晓。僵化而机械学习导向的考试，是判断学生能力的基础，并且是引导学生从事何种职业、技术，或科学研究的主要手段。

教育与科学研究秘书处所做的各种工作，似乎更多的是资料收集，而不是系统地研究和判断教育

系统的问题。一些研究中心的建立,可能使情况变得乐观些,研究工作也许可以在将来的教育改革中发挥作用。

10. 20世纪八九十年代的主要改革

在石油产业的巨大赢利和使教育成为国家发展手段的决心的激发下,近几十年利比亚的教育取得了一些进步。国家致力于鼓励更多女性进入初等学校、中等学校,甚至接受中等以上的教育。这些努力使女性在1986年已占全部学生的46%。建设新的初等、中等和职业教育学校,提供更多的教师,进一步扩大了所有学生的受教育机会。发动扫盲运动,全国普遍扩建识字和文化中心、公众活动图书馆,使文盲率从1951年的80%,下降到1990年的34.2%。

从1987年起,教育实行免费,国家给予大学学生资助。对6~15岁的学生进行义务教育的力度加大了。建立了更多的综合性大学、技术学院和农业学院。发展起一些新的大学系部,如核电子工程学和药剂学。如表2所示,1986年全部教育支出占国民生产总值的10.1%,占全部政府支出的20.8%。

强调对利比亚历史和文化的学习、对伊斯兰和阿拉伯的研究,努力使更多的学生进行科学技术研究,也是两个主要趋势。政府越来越多地将扩大技术教育作为自己的基本目标。

为扩展中的公众教育系统提供所需的各种专业人才,培养更多的教师也是一个需要集中力量开展的工作。

11. 2000年面临的主要问题

尽管利比亚的教育取得了大跨度的发展,但是,2000年它还面临着几个令人烦恼的问题。利比亚的教育高度集中控制。中央政府的角色与地方政府的角色,需要平衡、协调。地方权力部门、教师、管理者、学生和社区成员,都应参与教育计划的制定和发展有弹性的执行程序,以满足自己的需要。

尽管做了一些努力,合格的利比亚籍教师的供应量仍是不足的。这阻碍着国家为所有公民提供合格的、平等的教育。教师培养方针需要改革,应培养既精通教学内容,又精通教学方法的教师。教师的薪金应提高,以吸引更好的后备人才从事这一职业。为了鼓励在科学领域、工程领域、药学领域和技术领域中,掌握高级技术和精于专业的教师的发展,出国学习的奖学金应当增加,在课程中,应当强调外语课。

尽管学校的建设在不断扩大,但入学率仍是一个问题。乡村地区的青少年和少数民族不能平等地获得与他们在都市地区的同龄人相似的学校教育。此外还需要鼓励更多的女性入学,特别是中等学校、技术学院和大学。

学习科学和技术学科的人少于学习人文学科的人。除非技术和职业领域的人力资源供求平衡,否则,就不能完全满足国家21世纪的需要。

学校课程理论性太强,教学僵化,课本陈旧。教育过程和质量需要提高,应注重现代教学策略,追求在课堂上发展高级、有条理的智力技能。

考试系统过于死板,不能很好地与学生的需要和课堂学习相协调。考试注重知识的记忆,而不是推理和应用。这些考试曾使32 256名学生重读,占1982年全部学生的12%,而且每年造成一些学生辍学。

虽然扫盲运动取得进展,但扫盲工作还大有可为,尤其是在妇女、少数民族和乡村居民方面。

最后,制定2000年的教育计划,需要搜集系统的数据,客观估计和策略性评估。计划的制定过程,应当是一个协作的过程,所有涉及教育的部门、实体都是改革教育的参与者。改革的目标应当是现实的,为所有年轻人建立一个可行的教育体制,实现这一改革目标的过程应得到国家和地方权力部门的支持。

K. 革兹(K. Gezi) 著
刘瑞生 译

附录

ALECSO 1983 *Educational Statistics Bulletin for the Arab World, 1980—1981*. Department of Documentation and Information, Tunis

Department of Statistics and Census, Socialist People's Libyan Arab Jamahiriya 1989 *Facts and Figures*. Department of Statistics and Census, Tripoli

Qadhafi M n. d. *The Green Book, Parts 1—3*. The Public Establishment for Publishing, Advertising, and Distribution, Tripoli

其他参考文献

Faraj A 1988 *Education in the World*, International Yearbook of Education, Vol. XL. UNESCO, Paris

Massialas B 1988 Libya. In: Kurian G (ed.) 1988 *World Education Encyclopedia*. Facts on File Publications, New York

Massialas B, Samir A 1983 *Education in the Arab World*. Preager, New York

Metz H (ed.) 1989 *Libya-A Case Study*. US Government Printing Office, Washington, DC

UNESCO 1991 *Statistical Yearbook*. UNESCO, Paris

US Department of State 1985 *Background Notes: Libya*. US Government Printing Office, Washington, DC

马达加斯加的教育制度(Madagascar: System of Education)

1. 基本背景

位于印度洋上的马达加斯加,是一个面积为587 041平方公里的大岛。宽约400公里的莫桑比克海峡将它与非洲大陆隔开,它是一个典型的热带国家。该国分为四个主要地理区域。主要的稻米产区(稻米是马达加斯加人的主要食物)位于岛中部的高地,是首都塔那那利佛和许多城市集中的地区。肥沃的东部平原被印度洋、高地陡峭的斜坡和一些在雨季时无法进入的地区所包围。南部是半沙漠化气候,北部是该岛最富庶的地区(产咖啡、香草和可可豆),但在雨季时无法进入。地理上的分隔、气候、社会组织和困难的交通条件,都对该岛不同地区的教育发展产生了很大的影响。

1960年,在并入法国65年后,马达加斯加获得独立。除了以前殖民时期传教士在高地地区遗留下的教育遗产之外,塔那那利佛主要的教育基础设施是在法国殖民时期建立的。高地地区与海岸地区在经济和文化领域的差别,将影响以后的教育政策。

马达加斯加1990年的人口是11 197 000人,国家平均人口密度是每平方公里19.1人。半数人口集中居住于中部的高地,这里的人口密度是全国人口密度的两倍。超过23%的人口居住在西部的两个大省,这两个省的面积占全国陆地的一半。人口的不平均分布直接影响了学校的分布。由于距离远、交通条件差,教育系统的监督和管理较为困难。从1950年至1990年,马达加斯加的人口增长了一倍多。1990年的人口增长率是2.76%。如此高的增长率源于死亡率的降低、医疗条件的改善和居高不下的出生率。马达加斯加人认为孩子是财富的来源,是从事农业生产和普通农活的劳动力。这种观念是有78%人口生活的乡村地区学生辍学率高和入学率低的原因之一。马达加斯加人口呈低龄化,20岁以下人口占全国总人口的比例超过了50%。

全岛人口主要为亚洲、非洲东海岸和波斯湾人的后裔,全国有18个民族。尽管有一定的多元性,但马达加斯加全国使用一种通用语言——源于马来亚和玻利尼西亚语的马达加斯加语,当然也存在着一些地方语言。

农业在马达加斯加占主导地位。全国劳动人口约占总人口的55.5%,其中90%生活在农村地区。1985年,马达加斯加12岁以上的劳动力中,87%为传统农业劳力,6%为非正规部门劳力,其余7%为现代工业生产劳动力。这7%中,2%属于国有部门,3%为私有部门,私有服务行业部门占2%。由于农业生产主要为自给自足,农村地区的经济收入相当低。就业问题在马达加斯加是一个较为严重的问题。国有部门与私有部门的经济危机和低速的经济增长使就业机会减少。1980年后,马达加斯加政府引进了多种经济结构调整措施,并在1992年进行了经济部门的自由重组。政府的措施造成了更多的中小公司的出现。教育改革的基本内容主要是使教育适应经济发展的需要。

马达加斯加1990年人均国民生产总值为198美元。国民生产总值在各生产部门的分配如下:农业为40.5%,第二产业为16.1%,第三产业为

31.6%。1984 年,马达加斯加农村地区 15 岁以上的妇女中有 50% 从来没有上过学。农村妇女文盲的比例比城市妇女文盲的比例高三倍。20 世纪 80 年代以后,由于教育系统的发展和成人培训工作,尤其是对成年妇女的培训,使文盲率降低了。

1972 年第一共和国结束。到 1972 年,教育系统与殖民时期留下的结构相比,并没有太大的变化。1975 年,马达加斯加选择了社会主义。权力由中央机构和分散的地方社区共同分享。中央由执行机构——共和国总统、最高革命委员会和政府组成。立法机构由国家立法会构成。全国分为 6 个省、110 个公社、1 250 个区和 11 300 个村。马达加斯加重组了政治与管理机构,建立了与分散的社区一致的行政区划结构。宪法中确立的三个基本原则,涉及了教育政策,这就是:民主、马达加斯加特色和地方分权。和这三个原则相应的就是在不同社区建立学校,为所有人提供平等的教育机会。1991 年,上述结构结束。在 18 个月的过渡时期后,第三共和国宣布成立。但是,从 1990 年运用的教育策略保留了下来,它有 6 个重点,即:(a)提高教学质量;(b)提高管理水平;(c)控制成本和经费;(d)重组职业培训;(e)建立有效的中等后培训;(f)学生流动管理。

2. 教育政策与目标

如果国家的职责之一就是教育它的人民,那么国家预算的一大部分将用于教育。马达加斯加正在努力使大部分人民能够接受初等教育。初等教育的目标是使尽可能多的人接受教育,教给他们知识和技能,使他们成为劳动人口。初等教育系统也应该根据国家目前和将来的需要,为国家提供技术人员。对于人民来说,教育,尤其是普通基础教育是提高社会地位的基本途径,被认为是取得高文凭,从而获得更好收入和政府机构中稳定职位的手段。在政府部门,收入高低是由文凭的等级决定的。

初等教育入学率的快速增长,已造成有利于普通中等教育的社会压力,中等教育入学率的提高反过来损害了职业培训的入学率。在高等教育中,大学学习是围绕着学位层次组织的。准备取得最高学位的学生人数在增加,同时影响了直接准备参加工作的学生人数。80% 获得高中文凭的人进入高等教育学习。许多学生找不到工作,除了上大学没有别的出路,这使得大学的学位授予政策很宽松。已经在读的学生,即使因为同样的原因多次通不过课程,也还能继续读下去。一些父母认为,取得高中文凭后,国家应对学生就业负责。另一些人认为,掩盖失业的学位教育,有利于保障社会的稳定。

3. 正规教育体系

图 1 是马达加斯加教育系统的概略体现。

3.1 初等、中等和中等以上教育

教育系统分为 4 个等级。等级 1,也称"初等教育"或"基础教育",从 6 岁开始学制 5 年,毕业时学生获得初等教育结业证书(CEPE)。马达加斯加有 13 555 所初等学校。由分散的社区负责公共初等学校的建设和装备,国家予以资助。从 1975 年到 1985 年,由于执行了民主和分权的政策,初等教育的入学人数增长得很快,增长率为 62%。从 1986 年开始,初等教育的入学人数略有降低,部分原因是乡村地区的许多学校(1 700 所)关闭了。公共教育部的规划说明书记录了关闭学校的 19 个原因,这些原因从恶劣气候或缺乏维修造成的危

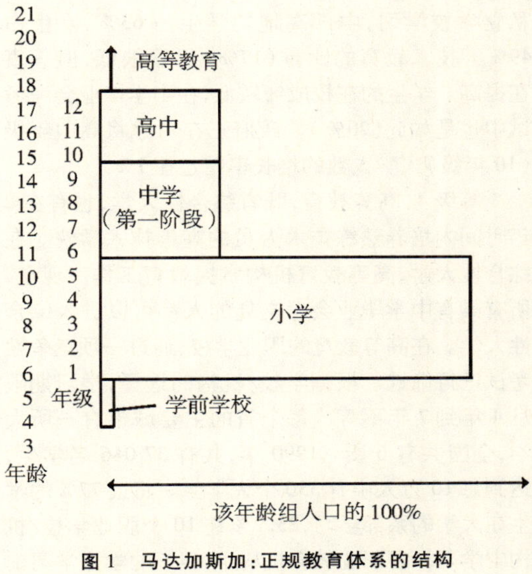

图 1 马达加斯加:正规教育体系的结构

房,到周边环境不安定等,不一而足。6~10 岁儿童的净入学率是 73.5%,但是地方情况各有不同。1990 年初等学校有 1 522 312 名学生,其中 17% 在私立学校学习,超过半数的学生是在高地的两个省。女生比例较高(48%)。平均每年留级率为 34.7%。班级平均规模是 40 名学生,生师比是 40:1。一学年有 204 天,每周 25~30 学时。

中期目标是以每年 4% 的速度,提高 1 年级新生的入学人数。按照这个方案,到 2000 年,所有适龄儿童都将进入初等学校。

等级 2 是中等教育的第一阶段,为每个区都建有的 4 年制的初中。1989~1990 年的平均毛入学率是 21.5%,但是南方是 16.4%,中部高地是 27.8%,各地有所不同。1990 年有 260 958 名学生,其中女生占 49%,99.3% 的在普通学校。私立学校的入学人数,从 1975 年占总数的 50%,下降到 1990 年的 32%。政府正在考虑将初中新生入学人数的增长率固定在 2%。

等级 3,公立中等学校(高中)设在每个公社,提供 3 年的高中教育。从理论上讲,该等级应该培养具备多种能力的中级执行人员,从而能够有效地就业。1989~1990 年的平均毛入学率是 21.5%,南部为 16.4%,中部高地是 27.8%。1975~1990 年,入学人数增长了一倍。1990 年,43% 的学生在私立学校学习,中部高地的学生占 63%,女生占 49%。技术教育的比重(17%)尽管很低,但一直在提高。学生的在校成绩较低,在中学毕业会考考试中也是如此(20%)。政府正在考虑将高中年级(10 年级)入学人数的增长率固定在 1%。

等级 4,高等教育,既有综合性大学,也有在 2 年时间内培养熟练技术人员的高等技术学院。在综合性大学,高等教育机构掌握教育工作。现在,所有具有中学毕业会考文凭的人都可以进入综合性大学。在高等教育的职业学校,通过一项竞争性考试进行筛选。根据学校/机构的选择,学习期限从 4 年到 7 年不等。每个省的主要城市有一所大学,全国共有 6 所。1990 年,共有 37 046 名学生,达到每 10 万人中有 330 个大学生。将近 77% 的学生在大学的系部学习,23.2% 在 10 个职业学校/机构中学习。在职业教育机构中,64% 的学生学习前 2 年的课程,74.7% 的学生在塔那那利佛大学学习。超过半数的学生有助学金,女生占 43%。

从 1975 年到 1985 年,入学人数增长迅速,平均每年增长率为 19.5%。这一时期正好是大力推行分权和民主化政策的时期。从 1985 年到 1990 年,高等教育的学生稳定在 37 000 名上下。1991 年,成立了 2 所设有 7 个培训方向的高等教育技术学院,这些专业主要在土木工程、工业领域(尤其是维修)和第三产业领域。以后,将在其他省建立类似的学院。

3.2 学前教育

学前教育仍处于萌芽状态。3~5 岁儿童的入学率 1987 年是 2.6%。全国有 480 个学前教育中心,大部分在首都(54%)。其中一半以上是天主教会和新教团体筹办的,38.5% 是私立的,3.3% 是在人口部赞助下由国家筹办的。私立学前教育机构是收费的,只有那些收入较高的父母才能把儿女送去。

3.3 特殊教育

特殊教育分为对生理和智力上有障碍的儿童与成人的教育。大多数特殊教育学校是私立的,或是在非政府组织的支持和国家小额资助下成立的机构。在接收聋哑人的机构,除了专门化的教育,还提供类似初等学校的培训。培训内容大部分是职业性的,使他们掌握规范的生产方法。经过培训,学生们开始进行个体劳动,或在这些机构的生产车间就业。

3.4 职业、技术和商业教育

政府给予技术和职业教育高度的优先权。根据开展与就业问题相联系的实践性培训的原则,技术和职业教育将进行重组。将建立一个协调工作机构。重组工作的资金来源将在多边和双边合作的框架下予以解决。

在公共教育部管理下的公共和私立教育机构中,技术和职业教育覆盖教育的 1、2、3 等级。等级 1 在初等学校毕业后,提供两年的实践性课程。等级 2 是在初中毕业后提供类似的课程(为 31 个机构的 1 780 名学生)。普通和技术高中为拿到初中毕业证书的学生提供 3 年的课程,他们通过 A 级技术考试后可以拿到技术文凭和公务员文凭。在公共教育机构,学生不用交学费。在高等教育领域,技术培训分布在高等教育学校中。

技术和职业教育领域的主要问题之一是,劳动力需要的那类培训不足。此外还有教育设施老化、设备陈旧、教师质量很低等问题。在大多数情况下,从技术和职业教育系统的高等教育毕业出来的人,就业失败率很高。

1992年,商业企业意识到需要投资教育,意识到在培训未来劳动力方面,商业企业与职业学校之间的紧密关系。因此,有望出现一种新的合作形式:商业培训组织。

3.5 成人和非正规教育

马达加斯加有许多有组织的非正规教育活动,但一般都是单独性的,没有协作性。马达加斯加没有一致、连贯的终身教育政策。职业类型的继续教育是由一些政府部门、私人和公共组织举办的。继续教育课程有两类:(a)长期(1年或1年以上)正规的基础培训,参加此类培训通常要通过竞争性的入学考试;(b)非正规型,不超过6个月,大部分集中于进修和再培训。该类中心还提供其他类型的培训。在20世纪80年代末90年代初,这些中心开始提供计算机学习课程。农业和工业部门的课程非常少。

为年龄小的辍学者和乡村成年人开展了扫盲和扫盲后的学习活动。扫盲和成人教育领导办公室,通过它分布各地的分支机构,培训教师、提供设备和乡村新闻。据估计,每年接受读写教育的成人有20 000人。对于那些从未进过学校的成人来讲,识字是最初的受教育阶段,它的目的就是消除文盲。联合国教科文组织和联合国儿童基金会的机构在支持着这类活动项目。

非正规和成人教育的另一个方面是在各种青年社会文化活动中进行青年人培训。各式各样活动的目的是协助减少失业,创造就业岗位。

4. 行政管理的结构与运行

公共教育部(MIP,前身是初等与中等教育部)负责初等和中等教育;大学部(前身是高等教育部)负责高等教育;其他教育活动由其他部负责(卫生、人口、就业与培训、农业等)。

公共教育部设有地域性和地方下属机构。公共教育部负责执行政府的教育发展政策。公共教育部有5个司,其中一个是教育规划司。它的任务是贯彻教育政策,制定教育规划与战略,规划和跟踪计划的执行。教育规划司制定规划时,要与公共教育部的初等教育司、中等教育司和技术教育司相互合作。公共教育部的中央机构负责招聘、安置教职员工,负责第2等级和第3等级学校的用地和设备。建在每个省主要城镇的公共教育部下属部门是中央机构的分支。公社级别的机构负责地区学校(CISCO)的初等教育管理与监督、中等教育、财政和行政控制及初等学校教师的自我培训,对于教育较"活跃"的地方,这些工作可由区级机构负责。但是,这些地方机构有时既无必要的手段又无必要的合格人员来完成这些任务,这造成教育服务与教育现实的矛盾。教育监督人员和顾问人员常常几年都不到学校去。尽管有所谓的"分权"原则,教育决策仍是集中于中央机构的手中。应当指出,这种结构和分布是在1992年初形成的,但是在第三共和国期间可能有所变化。

大学和高等教育机构由大学部负责。尽管大学是自治的,但是许多决策是由教育机构的中央部门做出的。国家提供几乎所有的经费开支,包括教职员工的工资。在计划进行的改革中,大学部的角色将限于支持、跟踪和控制大学的活动。大学实施的发展政策必须与行业战略一致。国家将设立大学校长委员会,讨论那些大学普遍存在的问题。

宗教或非宗教的私立教育有自己的中央和地方管理部门。国家私立教育局负责与公共教育部联系。从理论上讲,所有私立机构必须服从教育部的控制。但是有一些机构并不吏属于国家私立教育局,它们教授的课程与公立学校不同。

1987年,国家文化事务咨询委员会(CONACOAC)成立。这是一个高级别的委员会,它开辟了政府与社会团体代表之间关于各方面文化问题尤其是对教育问题直接对话的渠道。该委员会提出的建议将作为改进教育和培训体系的基本文件。

5. 教育财政

1989年,负责教育的两个部门的预算占国民生产总值的3%。1989年教育部门是国家开支中最多的,占30.3%。一般来说,73%的教育经费用于初等和中等教育,27%用于高等教育。公共教育部95%左右的经费用于工资支出,其余是管理性支出。没有可以用于学校教学目的的资金。1989年,初等教育、初中和高中的费用分别占公共教育部预算的49.6%、19.9%和9.4%,职业和技术教育占4.8%。各级教育的单位团体支出都很低。

在高等教育部门,用于培养和研究工作的资金是有限的,将近60%的支出用于社会性开支(奖学金、食品),8%用于管理活动,仅有32%用于培养和研究工作。据估计,1988年,每个学生的平均成本是600美元。

仅有国家资金不足以满足所有教育开支。在私立学校(初等、中等),每年每个学生的学费从30美元到250美元不等。对一个家庭来说,这是一笔数目相当可观的支出。另外,公立学校(初等、中等、高等教育)也有注册费、考试费和学校设备的使用费等费用。

6. 师资

1990年,各级教育部门共有54 893名教师。其中,初等教育37 932名,初中10 807名,高中5 093名,高等教育1 061名。高等教育共有非教学人员4 111名。

初等教育入学人数的快速增长要求招聘大量的教师。教师学科素养和教学技巧的低下是学生成绩差的原因之一。据估计,85%的教师需要再培训。在初中,接受过初始培训的教师都不足。为国家服役的学生,由国防部支付酬金,并安置在学校一年。他们几乎占教职员工的一半。在1992学年初,由于政府废除了获得高中毕业文凭的人的服役期,造成教师匮乏。马达加斯加的艺术类教师过剩,而数学、物理和化学课的教师不足。城市中的合格教师比乡村地区多。这部分是因为公共教育部的教师岗位的人员经费不足。

在高中教育中,教师的学历高一些。90%的教师具有学士学位。还有一些外国(主要是法国)技术助教。高等教育的教师也不足。超时工作损害着教师的研究活动。为了减小这些缺口,大学任用了兼职教师。它们不仅需要更多教师,而且需要更多合格的教师。具有高级职称的教授比率很小(仅有13.3%),尤其是在新建大学。高水平的教授,尤其是医学类,已是将近退休年龄。

为满足初等教育需要,开展了针对具有初中毕业(CFEPCES)文凭的国家志愿服务人员的3个月的教学培训,以及针对具有CFEPCES和初等教育教学性向证书的人的5周教学培训。在当过2年教师以后,志愿者可以成为正式教师。从1990年,第1等级教师培训学院已经开展了培训工作,进入这类培训需要通过竞争性的考试,培训2年。第2等级的教师培训学院开展了第2等级教师培训,入学者要通过竞争性考试,培训学制3年,最后培训者要参加高中毕业会考水平考试。现在,这类培训已经被国家教师培训学院(ENNNII)开展的针对具有第2等级文凭的人的2年培训课程所取代。入学同样要通过竞争性考试。高中教师培训是在大学的第3等级教师培训学院进行的,入学需要通过竞争性的考试,学制5年,每个学年末进行考试,第5年末学生进行答辩。

教师再培训的方式包括:培训前进行咨询访问、地方组织定期学习和学校教学委员会的指导。公共教育部将提供资料、设备、教师手册和调查者与咨询者的交通方法。在高等教育领域,为了提高教师质量,将向教师提供到外国大学学习、研究的奖学金。

7. 课程开发与教学方法

所有国立学校开设统一的课程,使用统一的课本和教学资料。在第1等级学校,每班只有1名教师;第2等级和第3等级学校的各门课由不同的教师讲授。在高等教育的各个年级,专业课程和学位是全国统一的,但是可以设计新教材。在前3个等级,课程大纲规定了教学目的、学校日程表和课程教学指导。

1990年以前,全国课程开发委员会(CNEP)负责设计初等和中等教育学校的课程大纲。1990年,建立了一个教学研究小组负责课程的安排和调整,教学材料先在试点学校试验、评估,然后,经过全国课程开发委员会的讨论再正式公布。教学调查与研究小组从现存的课本中评选了一些可以满足课程需要的内容。它也对课本、教师手册以及教学参考的内容、安排顺序进行了协调。在资料和课本的写作阶段,教学调查与研究小组使用了一些教师。从 1992 年起,学校用书局负责组织分配这些书籍。书籍先发至学校行政区,然后分送至教育"活跃"地区,最后发到学校。书籍可以以全国统一的固定价格卖给或租给学生。1992 年的一项关于课本分配的研究——《教育规划说明》显示:在分配中,交流和交通的困难造成了一些问题。其他水平的教学资料可以在大城市的书店买到。

从 1976 年起,马达加斯加语成为初等学校和国立中学的教学用语。在高等教育中,教学用语一直是法语。法语是小学和中学的必修课程;英语是第 2 等级和第 3 等级学校的必修外语课;德语、西班牙语、俄语为第 3 等级学校的选修外语课程。在日常的交流中,法语是常用的外语,因此也成为普及程度最高的外语。

一个最大的问题就是教学大纲和课程内容的改编,尤其是学生最后一个学期的教学大纲和课程内容必须与学生的实际生活结合起来。在教育中的确感到这种要求,特别是在第 1 和第 2 等级学校中,大部分学生都可能升入大学,因此教学大纲和课程内容的调整就更为迫切。但是由于教师水平的低下和教学设备、教材和课本的匮乏,这种调整在实际中很难落实。

8. 考试、升级和证书制度

每个等级的学校中,都实行基于常模参照的考试制度。学生的升级、留级和退学主要取决于其在这些考试中获得的平均成绩。在每个等级的学校毕业时,学生要参加国家组织举行的统一考试,以获取国家颁发的统一毕业证书(小学毕业为 CEPE 证书,初中毕业为 CFEPCES 证书,高中毕业为高中毕业会考证书)。另外,要想进入公立高等教育机构上大学,学生既要参加竞争激烈的入学考试,也需要小学、初中和高中阶段的国家统一考试成绩。

考试制度强调学生掌握基本的学业知识,鼓励学生获取毕业证书。教师的教学和教学内容主要以考试大纲为导向。当然,还存在着一定的教育公平问题。第 1 等级即小学阶段的毕业统一考试对农村学生有重大影响,一旦他们未通过考试或不再上学,他们当中有很多人会再度成为文盲。

9. 教育评价、评估和教育研究

对学生成绩的评价并未有效地落实,有关学生成绩和性向的评估信息主要建立在教师的判断之上。全国性的指标数据几乎集中于学生的升学和学科专业上。

在这样的评估体系的框架下,国家成立了教育研究部对教育评估和相关的教育导向进行研究。

10. 20 世纪八九十年代的主要改革

1978 年进行的教育改革在 20 世纪 80 年代见到了成效。1975 年开始的社会主义趋向产生了 1978 年的法令,即建立了整体的教育框架:以马达加斯加语作为教学语言,减少小学的年限,并相应地改革课程内容。马达加斯加大学变为 6 个自治的大学。在 20 世纪 80 年代马达加斯加还出现了私立高等教育机构。90 年代初,马达加斯加建立了高等技术教育机构。

在 20 世纪 90 年代初期,马达加斯加还进行了一些有关重建马达加斯加大学的研究。无疑,根据这些研究,在接下来的几年中会进行相应的改革。

11. 2000 年面临的主要问题

马达加斯加的教育制度将主要面对下列问题:各层次学校教育的教学质量低下和教育的内部与外部的成效不高;面对就业市场,职业与技术教育和培训不足;高等教育入学人数的骤增导致学生成绩低劣;各阶段教育的财政支出不平衡;高等教育的支出与学生人数严重失衡等等。教育行政管理制度的薄弱使得所有的这些问题更为严重。

要想解决这些问题,就必须:改革课程内容与教学方法;加强师范教育和教师的在职教育;加强对教师工作的督导;增加教材的出版量等等。对教育人事制度的改革,国家特别应该支持并制定规划与改革导向,提高人事信息的积累、规范管理和研究，同时及时地颁布相关结果。此外加强对学生流动的管理，提高教学资源的灵活性，提高对教学的管理等方面的措施和方法的研究应该重视起来。

R. 拉科道拉泽卡（R. Rakotondrazaka） 著

刘瑞生 译

附录

Ministère de l'Enseignement Secondaire et de l'Education de Base 1990 *Annuaire statistiques 1989—1990*. Direction de la Planification et de l'Orientation de l'Enseignement, Antananarivo

Ministère de l'Enseignement Supérieur 1990 *Donneés statistiques 1989/1990*. Direction de la Planification et de l'Orientation de l'Enseignement, Antananarivo

Ministère de l'Enseignement Supérieur 1990 *Rapport d'activités 1989 et 1990*. Ministère de l'Enseignement Supérieur, Antananarivo

Ministère des Universités 1991 *Repères et Références Statistiques de 1975 à 1990*. Direction de la Programmation et des Investissements, Service de la Statistique et Etude, Antananarivo

Office Statistiques et Informatique pour la Programmation du Dévelopement 1990 *La structure de l'Emploi dans le Secteur Moderne à Madagascar 1990*. Antananarivo

Rajaoson 1985 *L'Enseignement Supérieur et le Devenir de la Societé Malgache*. Antananarivo

Rasera J 1988 *Financement, coût, efficacité*. Université de Madagascar, Antananarivo

UNESCO 1986 *Priorités, Contraintes et Perspectives du Dévelopment de l'Education: Republique Démocratique de Madagascar*. UNESCO, Paris

马拉维的教育制度（Malawi: System of Education）

1. 基本背景

马拉维位于非洲的东南部，面积 119 140 平方公里，其中 20% 是水域。马拉维是一个内陆国家，北部与坦桑尼亚接壤，东部和南部是莫桑比克，西部是赞比亚。

1990 年马拉维总人口约 900 万，其中 100 万是莫桑比克难民。据估计，每年的人口增长率是 3.7%。马拉维在非洲属于人口密度非常高的国家，1990 年每平方公里约 94 人。10% 多一点的人口居住在城市地区。据估计，2000 年马拉维的人口将增长到 1200 万，人口密度每平方公里可耕地 229 人。

据估计，全国 1990 年的劳动力有 3 142 000 人，其中 498 000 人或 16% 是工薪人员。马拉维有 2 338 000 个拥有土地的农民（74%），136 000 人或 4.3% 的人口失业。

在 1964 ~ 1986 年间，马拉维的发展战略强调发展、支持直接生产部门，而不是社会服务部门。因此，政府开支集中于农业、交通和通讯等部门。相反，在有限的可利用资源的条件下，教育部门的经费和其他社会服务部门与直接生产部门相互竞争，受到制约。

在 20 世纪 90 年代，马拉维的倾向是增加教育经费。但是，由于国家经济困难，学龄人口增长，增加教育经费的计划受到限制。

2. 教育政策与目标

马拉维教育制度的目标多年来基本保持不变。初等教育的最大目标是逐步实现普及初等教育，重点是照顾入学率低的地区。中等教育和第三级教育一直致力于满足现代行业对具有一定技术、受过教育的劳动力的需要。1987 年，这样的劳动力约有 8 万名。因为仅靠正规学校系统根本不能降低文盲率（1990 年约为 61%），因此实行了成人识字计划以弥补正规教育的不足。

初等教育和成人识字计划试图覆盖所有相关人群，而中等和第三级教育的目标是满足对工薪劳动者的需求。由于向雇佣劳动部门提供受过教育并具有一定技能的劳动者多少有些稳定，因此"重点是培养全国的年轻人具有自我就业、独立创业的技能和精神，而不是用传统的就业方式教育他们"。

3. 正规教育体系

3.1 初等、中等和第三级教育

马拉维的基本教育制度是 8-4-4 制,但是,在中等和第三级教育有一些变化。图 1 绘出了教育制度的结构,表 1 列出了 1990 年的在学人数和教育资源的数据。

初等教育学制 8 年。正式的入学年龄为 6 岁,毕业年龄 13 岁。尽管初等教育对所有人开放,但它不是义务教育。1989~1990 学年的总入学人数是 1 325 000 人,其中 45% 是女生。净入学率 52%,平均生师比 64:1。每个学生的政府支出是 40 克瓦查(9.3 美元)。在 1989~1990 学年,仅有 8% 通过初等教育毕业证书考试(PSLCE)的学生,可以进入传统的中等学校的 1 年级。1990 年 PSLCE 的总通过率是 68%,其中男生 70%,女生 60%。初等教育每学年 210 天。

大多数中等学校学制 4 年(除了几所外向型学校提供 6 年的课程)。中等教育分为两个阶段。第一阶段为学生 2 年后的初中证书考试(JCE)作准备。通过初中证书考试的大多数学生继续学习 2 年制的马拉维学校证书考试(MSCE)课程,这项考试是为了获得进入大学的正常资格。1990 年,约有 4 400 名考生通过这项考试,其中约 750 人或 17% 进入了大学。没有进入大学的学生继续学习其他形式的第三级教育课程或者进入劳动力市场。

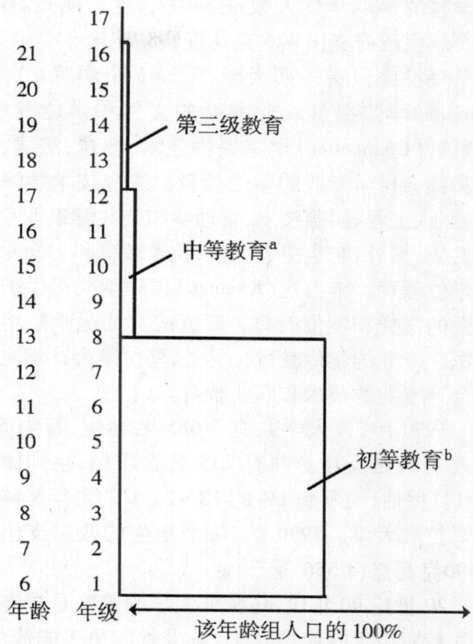

图 1 马拉维:正规教育体系的结构

a 不足该年龄组人数的 1%(估计数)

b 学前教育基本上不存在

1990 年,马拉维有 86 所中学。其中 66 所为政府资助学校,20 所为私立学校。总入学人数超过 29 000 人,净入学率是 14~17 岁年龄组的 4%。每

表 1 马拉维 1990 年正规教育的入学人数和教育资源

	初等	中等	大学	初等师范	职业技术培训
学生数[a]	1 325 453	29 326	2 685	2 909	7 702
适龄儿童入学率	52	4	–	–	–
教育机构数[b]	2 693	86	1	7	5
教育机构的平均学生数	492	341	2 685	416	154
生师比	64:1	27:1	11:1	15:1	13:1
学生人均支出(克瓦查)	39	425	6 690	1 886	2 181

资料来源:马拉维教育与文化部 1990

a 不包括马拉维大学远程教育中心的学生

b 仅包括马拉维教育与文化部下属的 5 所学院

个学校的平均学生人数是 340 人，生师比是27:1。每个学生政府支出 425 克瓦查(98.8 美元)。

马拉维只有一所大学，下设 5 个学院。布达(Bunda)学院提供农业方面的文凭和学位教育。阐瑟勒(Chancellor)学院提供艺术、教育、法律、科学和社会科学专业的学位教育。综合技术学院提供商业、工程、实验技术、管理学和公共健康等专业的文凭，另外，它也提供经营、技术教育和工程专业的学位教育。卡穆祖(Kamuzu)护理学院提供护理专业的文凭和学位教育。新近成立的医学院将提供医学专业的学位教育。另外，马拉维会计学院提供会计专业的技术和职业教育。

1990 年，该大学共有 2 685 名学生，其中 574 名或 21% 是女生。共有 235 名教职员，生师比是 11:1。据估计，不到 1% 的 18 ~21 岁的青年能够进入马拉维大学。1990 年，每个学生的政府支出是 6 690克瓦查(1 556 美元)。

20 世纪 90 年代，马拉维大学的策略是提高设备和教职员工的使用效率，减少教职员工的流失，提高文凭与学位教育的质量。它还计划扩大设施，达到容纳全日制学生 3 000 名(包括 200 名医学学生)，校外文凭学生达到 500 名。如果条件允许，还将开设研究生课程。到 1996 年，它计划将面向技术员水平以下的所有课程从综合技术学院转移到计划中的技术教育学院。

3.2 学前教育

1990 年，马拉维约有 120 万 6 岁以下儿童，占总人口的 20%。1992 年开始实施一项“早期儿童护理与教育”的试点计划。该计划将涉及 6 000 ~ 8 000名儿童。它将照顾到幼童的教育与健康的需要。政府将提供技术支持，各个社区将提供各种资源。到 1995 年，该计划将涉及 100 多万名儿童。

3.3 特殊教育

一项由马拉维国家统计办公室于 1983 年进行的调查估计马拉维有 19 万残疾人，它还估计这些人中有 93% 生活在边远地区。另外，该项调查估计 45% 的残疾人在 15 ~49 岁之间，10 岁以上的残疾人中超过一半从未接受过教育。1991 年 2 月进行的一个样本调查显示 431 名或 19% 的残疾儿童在上学。蒙特福德(Montfort)盲人学校招收视力障碍者。这些学校的招收范围有限。据估计，马拉维人口中有 4% 是智力障碍者。有限的教育资源造成这类孩子很少得到照顾。马拉维没有特殊的针对智力障碍儿童的政府项目，不过政府为关注严重残疾儿童的非政府组织提供一定支持。

3.4 职业、技术和商业教育

职业、技术和商业教育机构由一些政府的部、局、半官方机构和非政府组织负责。

教育与文化部(MOEC)培养初等学校教师。1990 年，在它的 7 所师范学院共有将近 3 000 名全日制学生，毕业班有 1 472 名学生。它的远程师范教育项目还有 4 500 名学员。另外，教育与文化部的 5 个技术学院有将近 800 名全日制学生和 60 名职员。这些学院和综合技术学院提供建筑、木工、电工、水暖工、机械、绘画与装饰、柴油机装配、秘书和会计专业的技术课程。1990 年，综合技术学院有 400 名学生和 50 名教职员工，生师比是 8:1。马拉维会计学院不时举办计算、管理和会计专业的职业性或非技术性教育课程。工作部在利隆圭(Lilongwe)培训中心也提供一些与工程有关的课程。

农业部下属的国家资源学院(NRC)培养农业劳动助手、兽医助手、野外勘察熟手、家庭手工业者、渔业助手、公园与野生动物管理助手等。林业部下属的马拉维林业学院提供林业专业的证书与文凭课程。

卫生部下属的利隆圭卫生科学学校提供有关医学专业的课程。同属于卫生部的祖姆巴(Zomba)卫生学校以及一些教会学校也开设护理与助产和其他卫生科学方面的课程。只要成本效益合适，其他所有部、局和半官方机构也设置一些社会需要的特殊专业课程，否则培训就必须由马拉维中央政府或在国外进行。

3.5 成人与非正规教育

1990 年，马拉维全国成人扫盲计划(NALP)有 2 185个扫盲中心，44 150 名学员，其中 85% 的学员是女性。它的目标是在今后的 5 年将扫除 65% 的成人文盲，到 2000 年使 59% 的文盲率下降到 30%。

除了成人扫盲计划，另一些非正规教育项目由不同机构管理以满足它们自身需要。例如农业部提供农业专业培训,卫生部提供卫生专业教育。马拉维青年先锋队组织每年为2 000名青少年培训生存技能。

4. 行政管理的结构与运行

在马拉维历史上,正规教育系统是高度集权的。行政管理指令从设在利隆圭首都山的教育与文化部传达到位于马拉维北部姆祖祖(Mzuzu)的地区教育办公室、设在中心地带利隆圭的地区教育办公室和设在南部布兰太尔(Blantyre)的地区教育办公室。地区教育办公室下分设有28个地方教育办公室,其中北部6个,中部10个,南部12个。

教育与文化部是政府中用人最多的一个部。超过33%的公务员是教师。1990年,教育与文化部的费用占国家预算的15%。高度集中的行政管理系统使教育与文化部在人力、物力和财力方面的使用效率低下。

1988年教育服务评估报告和人力管理与培训局1990年的督察报告,建议进行下列改革以改变目前的状况:

(a) 决策权力按照地理分布分权化和合理化,以便使最高层的行政管理能够集中精力制定政策。

(b) 明确确定工作目标,以工作成就作为业绩评估的基础。

(c) 重组教育与文化部。

(d) 教育与文化部的工作人员的晋升途径在政府中是最按部就班的,应当采取一系列的措施以提高工作人员的专业发展。

尽管这两个报告提出的建议可能提高教育与文化部组织和管理工作,但是这很大程度上还要取决于在实践中是否能够实施这些建议,否则,未来与20世纪90年代初期的现状不会有多大变化。

5. 教育财政

根据《1987~1996年发展政策》,教育占国家预算的比重将从1987年的大约10%,提高到1996年的15%。由于每年入学适龄人口在以4.8%的速度快速增长,目前入学率较低,存在大量未满足的需求,而且教育的质量还在下降,实现这个目标很可能还是不能满足教育的需要。不稳定的经济状况和沉重的债务,很难确定这个目标是否能够真正实现。

计划中的教育支出目标低于撒哈拉以南非洲国家的标准。根据世界银行的《撒哈拉以南非洲的教育》(1988)一书,中部非洲国家1980年教育支出占国家预算的18.5%,1983年是15.3%。马拉维用于教育的政府支出大约占国内生产总值的3%,这个数字与肯尼亚和赞比亚的5%以上、津巴布韦的将近7%和博茨瓦纳的超过8%相比,都较低。

仅仅政府支出这一项计划,可能不足以在20世纪90年代后期显著提高入学率和教育质量。除了至今能够获得的资源以外,需要从个人、社区、私人组织、基金会、非政府组织和捐助团体等等动员更多的资源,以提高入学率和教育质量。

6. 师资

在马拉维,初等学校的教师严重短缺。1990年,生师比是65:1,马拉维的目标是到1996年生师比降低到55:1。马拉维计划提高师范学院的招生数量,从1987年的1 640人增加的1996年的3 840人。每年培养教师从1992年的1 700名增加到1 920名。由于教师严重短缺,1990年,教育与文化部开办了大量3年制远程师范教育项目以缓解这个矛盾。该项目约有4 500名学员。在马拉维远程教育学院(MCDE)的教育中心,教师的数量和质量不容乐观。这个中心的教师大多数是初等学校的教师,而不是经过培训的中等学校教师。

正规中等学校和第三级教育的状况要好一些。1990年,中等学校的生师比是27:1。但是,科学和数学课的教师短缺。初等师范学院的生师比是15:1,技术学院是13:1。大学的生师比是11:1。总之,在传统的中等学校和第三级教育部门,师资状况基本上令人满意,但是初等学校和马拉维远程教育学院的师资严重短缺。

7. 课程开发与教学方法

人们已经发现在初等学校课程中存在的几个问题。课程过于理论化,而且强调机械记忆的学习方法;学习依赖课本,教学辅助手段用得不多;教材供应也不足;教授的科目过多,而且这些科目都是采取分科学习的方法;科目负担过重;对待科目的态度又是马马虎虎,每门课 1 周只有 1 小时;每周学生接受教学的时间不到 15 小时;教师指导的依据——教学指南又不反映马拉维的现实。课程评估致力于纠正这些缺点。

初等学校课程评估始于 1988 年。评价开始时面向 1~4 年级,最后阶段将评价 5~8 年级。所有的基本科目都要进行评价。监督者、管理者和教师都要接受培训。整个过程预计最早将在 1995 年完成。

中等学校的科目也过多。要求学生学习 8 门规定的核心课程,并在 7 门选修课程中选学 3 门。在实践中,科目的多少是由教职员和设施情况决定的。科目需要减少,课程内容需要跟上时代,尤其是数学、科学和农业课。

8. 考试、升级和证书制度

在初等学校,学生从 1 年级到 7 年级参加学校内部考试。这些考试是为学生参加初等学校毕业证书考试打基础,通过初等学校毕业证书考试是进入中等学校的必要条件。约有 10% ~12% 通过初等学校毕业证书考试的学生能够进入传统中等学校学习。其余的学生到马拉维远程教育学院的中心,重新上 8 年级,或者直接辍学。经过中等学校的 2 年学习,学生要参加初中证书考试以便升入中学 3 年级。在中学 4 年级,学生要参加马拉维学校证书考试。通过这个考试才能获得大多数第三级教育机构的入学资格。所有的第三级教育机构都有自己的内部或外部考试和证书制度。

9. 教育评价、评估和教育研究

每个主要机构或组织都有它自己的研究与评估部门,以满足自己的政策和实践的需要。这些机构包括教育与文化部、马拉维远程教育学院、马拉维教育研究所(MIE)、马拉维国家考试委员会(MANEB)和最近成立的教育研究与培训中心(CERT),这个中心设在位于祖姆巴的马拉维大学的阐瑟勒学院。该中心将主要从事政策研究。所有这些机构的代表组成了教育研究协调委员会,这个委员会将作为教育研究的信息交流中心,可以避免重复研究。总体上,资金不足和人员缺乏束缚了研究活动。

10. 20 世纪八九十年代的主要改革

教育系统的主要改革涉及处理那些有关提高入学率与教育平等、教育质量、教育的内部效率和管理的问题。入学率与教育平等必须提高,尤其是初等教育和中等教育阶段,因为入学率低和地区差距很大。在教育质量方面,马拉维初等学校和中等学校需要与现实相关的课程、更为有效的考试制度和更好的教学资料。还需要提高学校监督的频率与质量。通过减少留级率和辍学率,提高内部效率,以降低毕业生的高单位成本。最后,必须提高管理水平,尤其是加强计划、研究、预算和行政管理。

11. 2000 年面临的主要问题

如果上述提到的改革能够取得成果,教育支出在国家预算中的比重将必须超过 15% 的目标。另外,还需要从其他渠道,诸如非政府组织、教会、基金会、社区、私人机构、捐助团体等等动员更多的资源。考虑到 20 世纪 90 年代的经济困难,显然动员实现改革所需的足够的资源是不现实的。

马拉维必须建立一个有效的分权体系,否则教育部门仍将无法满足社会对教育的需求。最后,师资的供应及其质量必须提高,尤其是在初等教育。

马拉维的教育体系需要几个长远的变化。但是,改革面对的将是学龄人口快速增长和经济条件不能满足需要的不利现实。

S. 尼伦达(S. Nyirenda) 著

刘瑞生 译

附录

Economic Planning Division and Development 1988 *Statement of Development Policies 1987—1996*. Government Printer, Zomba

Economic Planning and Development 1991 *Economic Report 1991*. Government Printer, Zomba

International Labour Organisation (ILO) 1988 *Com-*

prehensive Human Resources Study. Montfort Press, Blantyre

Malawi Government 1990 *Malawi: Towards Education for All*. Government Printer, Zomba

Ministry of Education and Culture 1984 *Education Plan 1985—1995*. Government Printer, Zomba

Ministry of Education and Culture 1990 *Education Statistics (1990)*. Montfort Press, Blantyre

Ministry of Education and Culture 1991 *Education Indicators for Malawi: 1985—1989*. Government Printer, Lilongwe

Mmanga W R 1990 *Projections of Primary and Secondary School-going Age Population (1977—2012) and Status of Primary Education*. Government Printer, Zomba

National Statistical Office 1987 *Population and Housing Census Preliminary Results*. Government Printer, Zomba

Price Waterhouse 1988 *Education Service Review-Final Report*. Price Waterhouse, London

World Bank 1988 *Education in Sub-Saharan Africa*. World Bank, Washington, DC

马里的教育制度(Mali: System of Education)

1. 基本背景

马里共和国,面积1 204 000平方公里,是西非最大的国家之一。马里以前是法国的殖民地,1960年9月获得独立。它是一个内陆撒哈拉国家,20世纪70年代初起,持续的干旱对马里产生了严重的影响。

在政治上,该国曾经是殖民地;独立后的第一个政府选择了社会主义的发展道路;所谓的“第二共和国”,是1968年政变的产物,这个集权制的军人政府维持了23年,毁于腐败和镇压政策;第三共和国是在1991年3月的群众暴动中形成的,这次暴动是由失业的毕业学生、不上学的儿童和青年人发起的。这些事件从1962年改革到1991年9月的全国教育辩论及教育发展过程中的每件大事上都有反映。

1987年的人口统计显示,马里的总人口是7 696 348人,其中43%是就业人员。人口增长率是2.5%,但是到20世纪90年代可能达到3.2%。按此趋势,到2000年马里人口将达到1 270万,2050年达到6 300万。90年代初期,约有82%的人口居住在乡村。人口密度较低,并且地区分布不均。

这样的地理和人口状况影响着学校的分布与学校所提供的教育服务。在城市(特别是在首都巴马科),7~12岁人口的年增长率是4.2%,高于为这部分人提供的教育服务的增长率——2.3%,因此造成教育需求的巨大缺口。在乡村地区,这个年龄段的入学率只有14.1%。据估计,约有2 000个居民人数为500左右的村子没有小学,在80%以上的地区,两个小学之间的平均距离为18公里(Bureau Central de Recensement 1991, Ministère de l'Education Nationale 1991, UNDP 1991)。

另一个对教育规划有重要作用的因素是马里的民族和语言背景。马里全国有15个主要民族和大约12种主要语言。其中有几种语言跨越该国疆界使用于邻国部分地区。由于曾受殖民语言政策的影响,马里的这种多民族语言的情况就变得更为复杂。迄今为止,法语这门外族语言成为了马里的官方语言和国家通用语言。此外,一些地区使用单个阿拉伯字母,马里的语言直到1970年才有了字母表。

农业、畜牧业、渔业和林业占国民生产总值的45%,85%的男性和78%的女性以此为生。因为农村人口与失业现象关系不大,因此只有0.8%的有效劳动力没有工作。

全国55%的失业率中,文盲只占0.5%,而那些接受过中等教育、职业技术教育和高等教育的人平均失业率达到8%。技术工人与自由工人的失业人数占总失业人数的40%,失业率高达20%。按受教育水平对有效劳动人口进行的分类显示,87%的男性和93%的女性没有接受过任何正规教育。在受过正规教育的人中,占总有效劳动人口0.4%的人接受过扫盲教育,7%的人接受过基础教育,0.7%的人接受过中等后教育,包括受过高等教育或具有同等学历的人(Bureau Centural de Recencement 1991)。

根据联合国开发计划署(UNDP)1991年人类发展报告,马里的人类发展指数(HDI)为0.0072,名列160个统计国家的156位,位于第1位的日本为0.993。在这份报告中,马里的一些情况值得关注:

(a)总人口的44%生活在贫困线以下。

(b)国家在公共教育和公共保健方面的支出分别占国民生产总值的2.8%和0.7%。

(c)1987年马里所得到的官方发展援助(ODA)的19%用于发展教育事业。

(d)军费支出由1960年占国民生产总值的1.7%上升到1986年的2.5%。这相当于教育与保健支出的71%。同年,全国每2000人中有士兵1名,这个比例相当于教师占人口比例的38%。此外,1987年,马里的武器进口额占全国进口总额的40%。

(e)债务偿还性商品和服务出口占14.2%,1970年为1.4%。

2. 教育政策与目标

在法国对马里实施殖民统治之前,马里的教育主要是根据传统社会的规则进行组织与实施,最重要的形式是传授,即一种普通知识、技能和态度的传递。通过学习和参加文化活动,这种教育的目标主要是为了达到社会融合、传承人类技能和提供智力训练,最终使青少年进入成人社会。

马里的现代学校发起于殖民过程中,完全体现了法国对马里的殖民渗透的要求。1886年伽利尼开办了第一所"人质"学校(主要是招收那些传统社会中酋长的孩子们,因为是强迫他们入学,而违背了他们父母的意愿,所以称之为"人质"学校)。1910年该校更名为"酋长和翻译之子学校"。现代学校随之逐渐在马里普及起来。1916年,第一所职业学校(第一高中)建立起来。

谈到马里的教育就不可能不提到1962年的改革,此次改革的目标是为了加速马里人民的政治与经济的解放,建立一个现代国家。改革建立在民主和社会主义的原则基础上,即追求社会公平、教育机会均等和反对公民的文化隔离。这次改革主要有五个目标:

(a)促进高质量的国民教育。

(b)充分开发人的智力。

(c)提供与其他现代化国家同等的教育。

(d)不仅要提高非洲和马里人民的价值观,而且要改变世界观。

(e)建立一个教育体制,以在短期内培养出生产过程中所需要的干部。

马里的教育制度对殖民时期形成的体制雏形进行了继承和修正,1962年教育改革确定了教育制度的基本结构,使教育成为社会和经济发展的重要手段。这种政策的实施使政府必然从两个方面来发展教育制度:首先,对全体公民提供基础教育,使其成为社会发展的积极参与者(从横向来发展);第二,采取合理的政策来发展人力资源(从纵向来发展)。

尽管其间出现了一次政权更迭,但从1964年举行的会议、1968年和1978年的论坛及1979年进行的部门研讨来看,学校制度的整体目标并没有实现。1991年举行的国家教育研讨会,为建立民主、高效和服务全体人民的教育奠定了基础,会议重点落实1990年3月在泰国宗滴恩(Jomtien)通过的《世界全民教育宣言》(WCEFA)的精神。

尤为突出的是,国家教育研讨会是在向第三共和国过渡中召开的,会议重新考察了教育的结构和组织情况,提出了改革建议。改革的目标是:通过改善参加学习的条件和进行学校运作的民主化,为大多数人提供基础教育。建议中提出的办法有:扩大公立与私立学校,建立合作性或基础学校,在基层地区创建和加强学校,采用二部制和复式教学。

3. 正规教育体系

3.1 初等、中等和中等以上教育

图1列出了马里正规教育系统的结构。

1962年改革以来,按要求基础教育是义务性、男女同校、免费和非宗教性的。但是,1981年的执行指令则指出义务性教育须在国家预算能力能够承受的范围内。基础教育由两个阶段组成。第一阶段6年(6~7岁到12~13岁),依次包括2年的

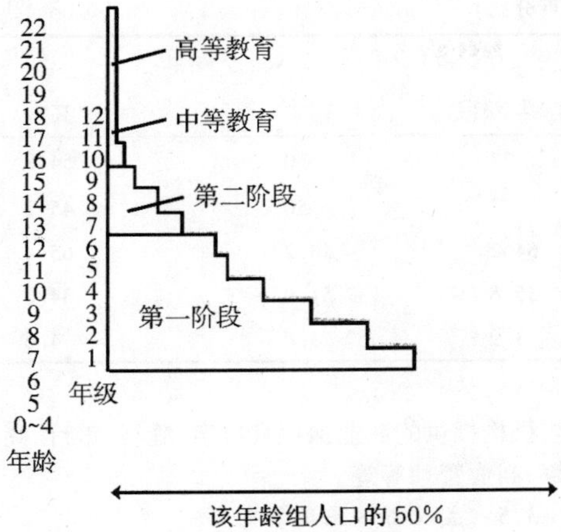

图1 马里:正规教育体系的结构

启蒙、2年的技能和2年的儿童指导教育。在第一阶段结束时,学生要参加初级毕业证考试(CFEPCF),以便升入7年级。第二阶段(7、8、9年级)3年(12~13岁到15~16岁),学习结束时学生参加基础教育文凭考试(DEF)。

基础教育有1 619所学校,577 000名学生。这些学校约有12 000名教师。由于教育基础设施没有跟上学龄人口的增长,教育资源的供求之间的差距很大。1987年的统计数字显示:全国6~9岁儿童有923 381名,仅有162 815人能用法文、阿拉伯文或一种民族语言读、写。首都巴马科地区的状况就是一个例子:1990年10月有超过40 000名学龄儿童没有入学。事实上,入学率从1960年的9%增长到了1981年的27%,1991年只有接近30%。如此低的入学率可以用两个因素解释:高出生率(45%的人口低于15岁)和1972年将入学年龄从8~10岁降低到6~8岁(Ministère de l'Education Nationale 1991)。

这里应当特别提到古兰经学校和寺院学校。前者提供阿拉伯—法语的双语宗教教育。虽然有80%的人口是穆斯林,但是仅有6%的人能够读《古兰经》。为了降低高文盲率,提供更多的教育场所,政府着手实施一项改革,旨在创建"改善的"古兰经学校和更为世俗化的寺院。新的古兰经学校尽管保持着宗教性的特点,也将实施基本的道德、公民和乡村化教育,开设教授使用国家语言或法语阅读、写作和计算的课程。

普通中等教育由两部分组成。普通中等教育学制3年,最后参加中学毕业考试,考试在11年级举行一次,12年级举行一次。技术性文法学校与普通中等教育并行,也是学制3年,最后参加技术性中学毕业考试。

普通教育有20所公立中学、2所技术性公立中学(其中1所的专业是农业)。但是,40%的普通中学和70%的技术中学位于首都巴马科地区。首都巴马科有46所中学和教师培训学院,而北部的廷巴克图地区仅有1所。在中等教育水平,男孩的入学率是女孩的5倍(分别是11.1%和2.8%)。

高等教育的布局较为特别。马里没有大学,仅有几个分散的高等教育与培训中心。有7所高等教育中心提供高等教育。学制从2年到4年、6年不等,高等实用研修学校(EHEP)和国家邮政与通讯学校(ENPT)是2年制,工程学、管理学和教师培养学校是4年制,国家医药学校(ENMP)是6年制。3年制的大学以上学位可以在应用培训与研究高等学院(ISFRA)通过学习获得。

进入中等后教育的学生从通过中学毕业考试的考生中筛选,或通过对完成中等教育的工作人员进行考试来选拔。除了位于卡提伯欧的乡村综合技能学院(IPR),所有其他的高等教育中心都位于首都。中等后教育的入学率是3.3%,男性入学率是5.8%,女性仅为1.8%。

自从1962年改革以来,高等教育的现存结构就是争论的焦点。1983年到1985年,在国际机构的援助下,有关在马里建立一所大学的研究,已经开展。在这些研究的基础上,1986年颁布了一项创建一所分权化管理和职业性大学的法律,该大学可容纳6 000名学生。20世纪90年代初期,又开展了一系列的研究。所有研究的结论是:建设分权化管理大学不仅花费大,而且如果不解决高等教育机构毕业生的严重失业问题,就会造成影响其他水平教育的问题。

正规学校面临着高辍学率和复读率的问题。表1给出了不同层次教育的全面状况。该表显示

表 1 各级教育的效率指数(百分比)

指标	基础教育 第 1 年级段	第 2 年级段	初中	高中
有效率	19	23	50	54.8
退步	81	77	50	45.2
辍学	70.4	64.2	48.2	65.4
复读	29.6	35.8	51.8	34.6
平均年限	7.2	3.9	3.8	4.6

了系统的内部效率在逐级提高。效率从基础教育第一阶段的 19% 上升到第二阶段的 23%,中等教育达到 50%,高等教育 54%,而辍学率从初等教育第一阶段的 81% 下降到高等教育的 45.2%。

3.2 学前教育

为城市精英阶层提供学前教育的幼儿园和日间托儿所的数量有限。这个系统是由私人经营和监管的。在 20 世纪 90 年代初期,国家试图创建自己的网络,规范该系统以将它整合到基础教育的结构中。古兰经学校也提供一些阿拉伯语的学前教育。

3.3 特殊教育

在马里,特殊教育是一个发展水平低下的教育部门。这种状况的结果是在某种程度上将生理有残疾的学生整合进本已拥挤的主流教育规道。智力与情感上的残疾人很难在教育系统中得到全面服务。为了改造青少年犯罪分子,马里还开展了一些特殊的工作。下面列出了少数几个特殊与劳教机构:残疾人教育中心、国家盲人学校和劳教中心(教育青少年罪犯)。这个系统的入学人数是不稳定、波动的,很难搜集、保存统计资料。

3.4 职业、技术和商业教育

马里有大量的机构提供初等教育第一阶段水平以上的各级职业、技术和商业教育。但是,这些学校主要集中在中等教育水平。在中等教育水平,完成 4 年制的技术与职业课程,可以获得不同专业的称为 BT 的文凭,完成 2 年制的技术与职业课程,可以获得职业资格证书。

马里有 53 所技术与职业教育机构,都隶属于教育部中等教育局。这些中心也提供商业教育。这些机构提供的商业课程有打字、缝纫、银行、商品清算、商业管理等等。

3.5 成人与非正规教育

成人教育包括:多方面的扫盲活动,乡村地区的延伸性培训、城市地区的职业与商业培训活动,这些活动涉及正规的和不正规的经济、社区发展计划和劳动力培训项目(Quane 1991)。

扫除成人文盲是 1962 年改革的任务之一;在最初尝试用法语对没有上过小学的成年人进行补救性基础教育失败之后,马里改为使用当地语言进行实用性识字教育,并且于 1967 年加入了 1965 年 9 月在德黑兰举行的著名的世界扫盲试验教育部长功能性扫盲大会发起的世界扫盲试验计划。

马里开展的功能性扫盲活动有两种类型:由乡村发展机构整合的计划和没有被整合的计划。1972 年,扫盲被整合到乡村发展活动以广泛发展任务。起初,它是由花生与食品耕种公司(OACV)和马里纺织品发展公司(CMDT)启动的。20 世纪 90 年代初期,约有 10 个乡村发展机构设置了扫盲内容。独立的计划主要由非政府组织和国家功能性扫盲与应用语言局(DNAFLA)运作的。

根据 DNAFLA 于 1990 年搜集的统计数字,在马里的 12 000 个村落中有 4 197 个已经参与了扫盲项目。约有 5 073 个功能性扫盲中心,9 654 名教育人员,其中女性 574 名。这些中心约有 10 万名学习者,其中女性 3 777 名。这项活动已培训了 18 732名新的识字者,其中大多数是女性(11 593 名)(MEN/DNAFLA 1991)。

尽管数量增长缓慢,但是从 20 世纪 70 年代到 1990 年在马里的所有乡村地区稳固地建立了功能性扫盲方案。有关的评估性研究显示扫盲对人民生活及乡村地区的进步、农业技术的普及、畜牧业的发展、建立村落的基本卫生保健与环境保护体系以及资金、供应、销售和地方社会组织的村民管理产生了影响。

许多工人通过在有教师指导或没有指导的自学基础上建立了自己的个体服务性行业。这些行业包括:缝纫、蜡染、金属工艺、自动机械、电工等等。

4. 行政管理的结构与运行

教育由教育部组织、管理和监督。教育系统的管理集中于3个层次:内阁、纵向管理的部门和横向管理的部门。

内阁是决策的中心。它附属有一些专业机构如:教育项目局、联合国教科文组织马里委员会秘书处和应用性培训与研究高级协会等。纵向管理部门控制、管理某种水平或类型的教育。它们有:国家基础教育局,它下设约32个“督导团”;国家普通、技术与职业中等教育局;国家实用性识字与应用语言局。

横向管理部门负责各级各类教育的研究、培训、管理和资金管理的工作。这些功能由国家教学研究所和管理与经费处执行。

马里还有8个地方性教育办公室负责管理所有中等水平的教育事务,它也应包括在横向管理部门里。

除了这些机构,顾问性机构(如教育与文化高级顾问委员会和国家教育与文化联盟)、发展的合作者(如家长协会)和某些发展机构在教育项目的组织中发挥了关键作用。

作为改革建议的一部分,曾有提议建立一个新的基础教育部(由4个分别负责基础教育、扫盲、学前教育和特殊教育的局组成)。家长协会应加强,在学校层次应建立两个新的顾问机构——即由现在和以前学生参与的学校合作组织,与学校顾问委员会一起监督学校的发展。

5. 教育财政

自独立以来,马里的教育基本是由公共基金支持的。平均每年用于教育的公共资金,从20世纪70年代初期达到国家预算的33%,逐步下降到1988年的28%,1990年后稳定在26%。公共教育经费的下降导致家庭和地方社区对教育的资金投入增加,尤其是在基础教育。1975年,家庭承担了教育部预算的10%,基础教育预算的20%。

在1991~1992预算年度,政府安排了185亿非洲金融共同体法郎(约7 400万美元)的教育经费,占国内生产总值的5.3%。政府其他部门用于教育与培训的经费占教育预算的4.9%,占国家预算的0.53%。几乎90%的政府教育支出用于支付教师工资和奖学金。用于设备和基础设施的投入来自家长、地方社团和合作者。这种状况说明了为什么马里的教育设备如此贫乏。

一般情况下,教育资金的59%用于基础教育。但是,这部分资金主要用于人员经费。用于基础教育第一阶段的资源(34%)仍然低于37%的目标。至于单位成本,一个中学生的成本比基础学校学生高7.6倍(Ministère de l'Education Nationale 1991)。

家长除了支付私立学校的书本、校服、交通、健康等费用和学费之外,还要支付捐赠款。家长协会的专项捐赠用于学校的建设、维护和装备。1988年,这些捐赠与其他资金合并成为“地方发展税”。权力部门征收该税时面临严重困难。而且,这笔税收用于教育的部分少于以前家长协会的捐赠。

马里发展过程依赖于外国的援助。从1985年到1989年,马里得到的援助中估计有3%~5%用于教育部门。这相当于增加了60~70亿非洲金融共同体法郎(2 500~2 600万美元)的年度收入。大部分的国外援助是基于双边的协议。但是,应当指出,基于双边协议的援助所占的比重从1985年的79%,逐步下降到1989年的51%。在多边援助与基金机构中,世界银行从20世纪70年代初期、非洲发展银行从80年代中期就致力于通过不同教育项目开展教育贷款。始于1990年1月的“第四期计划”,得到了用于实施结构性调整政策的2 070万美元的援助和世界银行3 200万美元的贷款。

6. 师资

根据1987年的人口普查,以教师为主要职业的人有18 640名。其中,女性占19.7%。基础教育的教师占教师总数的 80%，中等教育占 12.8%，高等教育占 1.5%。

基础教育第一、第二阶段的生师比率是 24:1，但是各地有差异。约 44% 的女性教师在首都工作，她们占该市教师的 34.8%。班级规模也有很大差异，全国平均47 人，在巴马科是 83 人，塞古 54 人，加奥 28 人。

教师在所谓的“师范学校”接受教育。基础教育教师在以下两类教师培养学院进行职前培训：普通教育教学学院（IPEG）和中等教师培训学院（ENSEC）。

1984 年以前，具有基础教育文凭（DEF）的毕业生可以直接进入这些学院，第一类学院需要学习 2 年，第二类需要学习 4 年。但是 1984 年以后，已经完成高中学习的毕业生要竞争入校。普通中等教育的教师要在高等教师培训学校（ENSUP）学习 4 年。

由于工作环境严酷、报酬微薄且不稳和提升机会有限，教师的表现和工作动力往往会下降。因此，有大批教师流失到邻国，如科特迪瓦、毛里塔尼亚和尼日尔，或到更富裕的国家如加蓬和利比亚。

7. 课程开发与教学方法

课程的设置、开发和监管权都是集中的。国家的教育目标通过诸如国家教学研究所（IPN）这样的中心机构转化为教学大纲和教材。

对于基础教育，专家与教育家中心组负责制订每门课程的整个课程发展过程，从评价需求到决定初级读本和教材的教学目标与顺序。这些专家小组承担了有关学生、教师用书的构思与制作工作。胶片是做好的，而印刷工作则分包给教材出版商或印刷商。每本教师指导用书，国家教学研究所要做约 2 000 份。

这种集权的方法是从殖民时期遗留下来的。马里人认为规定、实施国家性的核心课程，可以保证课程与整个学校系统的质量，同时促进国家的统一。这也是为什么 20 世纪 80 年代中期以前，不同的语言不能进入学校课程的原因。这些语言反映的文化差异，被错误地视为国家统一的威胁。70 年代后期，一项对基础教育教学内容与实施模式的研究，提议应实行教育的地方化和课程开发过程分权化。该项建议仅促成了教育管理的分权，建立了地方教育行政机构。

集权控制继续实行所谓的“启蒙教育”，如历史、地理和社会与环境研究。至于语言和科学课程教材，基本采用非洲法语国家设计和制作的法语版教材。20 世纪 70 年代后期实行的进一步改革，旨在根据乡村地区的特殊性调整学校日程和课程内容，使课程适应乡村地区学生的要求。

英语作为第一外国语从 7 年级开始开设，第二外国语可以从 10 年级以上开始学习。

课程政策具体体现为教材政策的两个目标：（a）根据规定的课程内容制作教材，以此实现根据学生熟悉的文化氛围创建学习环境；（b）以合理的价格出售教材，使父母们有能力买到所有基础教育所需的书籍（应当指出，在中等和高等教育阶段，国家是通过奖学金计划帮助学生得到书籍的）。

除了固定书籍价格以外，该项政策还包括设计高效的分送程序和建立课本循环基金。根据每年的新生数确定课本的印制数量。政府也将得到的双边和多边援助与基金机构的资金以捐赠和贷款的方式资助学校教材的制作。在 20 世纪 90 年代早期发起的“第四个教育计划”，通过将基础教育课本的平均价格固定在 500 ~ 1 000 非洲金融共同体法郎（约 2 ~ 4 美元）之间，使基础教育教材处于家长的购买力以内。

8. 考试、升级和证书制度

在一个教育阶段内，以学校为主的连续的评价程序在学校内部广泛使用，它决定学生是否可以升级。但是，不同教育阶段的升级是由全国性考试决定的。

初级水平毕业证书考试是第一次全国组织的考试。整个 20 世纪 70 年代和 80 年代，50% 的学生能够升入初中。初中学习结束，学生要参加基础教育文凭考试。80 年代，40% ~ 45% 的学生可以通过 DEF 直接升入普通初等教育和选择职业与技术中等教育机构。

高中毕业会考分为两部分，在 11 年级和 12 年级进行考试。马里还有一系列的职业性的专业文凭考试。通过高中毕业会考考试的可以进入高等教育机构,也允许学生经过竞争性的考试进入其他中等以上教育机构。

在入学问题以外,教育系统还面临着大量的质量和效率问题。建立一个连续的学业评价与升级监督体系势在必行,但是由于招生名额有限,筛选是必不可少的环节。

9. 教育评价、评估和教育研究

马里没有自身的评估体系,没有开展过有关评价学生和有关发展教育指标工作的有意义的活动。马里的教育指标仅有那些与升级、留级和辍学有关的数据。大规模评估活动仅有正在开展的有关阅读、书写、数学或科学方面的实验工作中所进行的那些评估。达喀尔应用语言中心(CLAD)在基础教育领域开展了关于阅读和书写专业方法的研究。设在法国的教学研究中心和国家教学研究所在20世纪80年代进行的一系列改革与创新就是建立在这些研究的基础之上的。

马里对教育评估或研究的预算没有具体的安排。应用性教育研究主要是由国家教学研究所和国家功能性扫盲与应用语言局开展的。这些研究使两个领域获益匪浅,即课程的乡村化和在学校课程教学中使用地方语言。这些课题,伴随着进入新的通讯时代对寻求解决持续而惊人的人口增长和环境问题的办法的迫切要求,推动了课程开发和实施研究工作采用整合、平衡与多学科的方法。

高等教育局的科学研究处负责研究活动,其中大多数研究项目是由从高等教育机构选出的专家组进行的,它们更多的是有关国家整体发展的问题,而不只是教育问题。

10. 20 世纪八九十年代的主要改革

实现学校系统运作的民主化、增加入学率、提高课程的适切性、提高教育系统内部的效率和使教育与就业相适应,是20世纪80年代和90年代主要改革探索的目标。

20世纪80年代以学校系统的"乡村化"为标志(即调整课程,以提高教育与学生周围环境的相关性)。它的主要目标是使学校关注直接影响乡村社会生活的问题。这样,学习和生产可以被和谐地整合起来,而且学校可以尽可能地自给自足。国家教学研究所在塞卡索(Sikasso)地区的九所学校开展了基础教育第二阶段的"乡村化"实验。这些学校都装备了技术和家庭经济车间、科学实验室以及蔬菜农场和饲养牲畜的劳动工具(Ministère de l'Education Nationale 1991)。90年代开展的"乡村化"更多的是以生产而不是以教学为导向的,这导致了家长们的反对。

所有教育研讨会都要提出的一个问题是在学校课程中引入不同的地方语言。1979年,国家功能性扫盲与应用语言局被授权在四所乡村学校开展小规模的实验。实验倾向于逐步实行基于儿童母语的双语制的教育,它得到了正面的评价。双语制大规模的应用始于20世纪80年代中期,它配合以"交叉方法",有助于提高最后对法语的掌握。

许多地区在入学需求的压力下采用了二部制(两组学生在不同时间使用同一间教室)和复式教学(两组不同年级的学生在同一个教师指导下于同一间教室上课)的办法。这本是个别学校的办法,得到了"第四个教育计划"的推广。在1990~1991学年,采用二部制的有117个教室,其中82个在巴马科。同期的统计数字显示,全国有18%的教室采用复式教学的办法。

11. 2000 年面临的主要问题

大部分马里教育系统反复出现的问题,都将是2000年的问题。其中最为严重的是教育资源缺乏、入学问题、提高教育系统内部效率和高等教育机构毕业生失业率上升等问题。

家长们和地方团体承担的教育费用与国家签订更多教育贷款的能力,都已经达到极限。但是同时,到2000年马里需要将入学率提高到70%。除了寻求替代性和内在动力性策略,还要致力于纠正性别歧视和提高贫困人群的入学率,尤其是撒哈拉沙漠边缘地区的游牧人口。

教育系统还面临着效率低下的问题。辍学率和留级率高是影响学校系统的两个主要因素。

A. 奎纳(A. Ouane) 著

刘瑞生 译

附录

Bureau Central de Recensement 1991 *Fréquentation Scolaire, Scolarisation et Alphabétisation. Recensement General de la Population et de l'Habitat au Mali: Analyse, Vol. 4.* Ministère du Plan et de la Coopération Internationale, Direction Nationale de la Statistique et de l'Informatique, Bamako

Diakité S 1985 Mali: System of education. In: Húsen T, Postlethwaite T N (eds.) 1985 *The International Encyclopedia of Education*, 1st edn. Pergamon Press, Oxford

Ministère de lEducation Nationale 1991 *Débat National sur l'Education.* Ministère de l'Education Nationale, Bamako

Ouane A 1991 LHarmonization des langues maliennes: Entre l'intégration nationale et régionale. *Int. Rev. Education* 37(1):99—114

United Nations Development Programme (UNDP) 1991 *Human Development Report 1991.* Oxford University Press, Oxford

其他参考文献

Belloncle G 1984 *La Question Educative en Afrique Noire.* Karthala, Paris

Dave R H, Perera D A, Ouane A (eds.) 1984 *Learning Strategies for Post-Literacy and Continuing Education in Mali, Niger, Senegal and Upper Volta.* UNESCO Institute for Education, Hamburg

Easton P 1984 *Education des Adultes en Afrique Noire: Manuel dAuto-Evaluation Assistée.* ACCT/Karthala, Paris

Ministère de l'Education Nationale 1973 *Contact Spécial: 10 Ans après la Réforme.* Ministère de l'Education Nationale, Bamako

Ministère de l'Education Nationale 1978 *Quelle Education pour Quel Dévelopment: Rapport Final de l'Etude sur l'Education de Base.* Ministère de l'Education Nationale, Bamako

Ministère de l'Education Nationale 1979 *Deuxième Séminaire Nationale sur l'Education 1 and 2.* Ministère de l'Education Nationale, Bamako

Ministère de l'Education Nationale 1979 *Deuxième Séminaire National sur l'Education: Documents peparatoires.* Ministère de l'Education Nationale, Bamako

Ouane A 1984 Alphabétisation et formation des formateurs: L'expérience de l'Afrique Francophone. *Int. Rev. Educ.* 30(3):329—350

Ouane A, Amon-Tanoh Y 1990 Literacy in French-speaking Africa: A situational analysis. *African Studies Review* 33(3):21—39

毛里塔尼亚的教育制度(Mauritania: System of Education)

1. 基本背景

毛里塔尼亚伊斯兰共和国面积 1 030 691 平方公里。它位于北部非洲与南部撒哈拉非洲之间。南临塞内加尔,东南部是马里,东北部是阿尔及利亚,西濒大西洋。它有长约 600 公里的海岸线,旁边是布满沙丘的警戒线。内陆有几座最低海拔为 915 米的山脉和大部分都富藏矿物(铁和铜)的孤立的岩石区。毛里塔尼亚有四个气候区:

(a)国家南端地区。该地区的年降雨量在 500~600 毫米之间。

(b)河谷地区,6~10 月的降雨量在 300~500 毫米之间。

(c)萨赫勒地区,一个 80~250 平方公里的警戒区,从塞内加尔河北部到马里边界。

(d)北部很少下雨的撒哈拉地区。

1988 年,毛里塔尼亚的人口约 190 万。他们分为两个族群:大部分居住在北部的阿拉伯一柏柏尔人和主要居住在南部的毛里塔尼亚黑人。后者包括:班姆布拉斯人、苏尼克斯人、欧劳福斯人和一些班巴拉人。每个族群都有自己的"传统的"生活形式,包括等级序列。最高的等级被称为"自由人"(贵族),第二等级是"职业人"(手工业者),第三等级是"奴隶"(已解放和未解放的奴隶)。阿拉伯一柏柏尔人的奴隶是毛里塔尼亚黑人的后裔。

自1965年以来,毛里塔尼亚人口的构成已发生了许多变化。当时,70%的人是游牧民。到1988年,仅有30%的人是游牧民。这是一项为游牧民提供永久居所的政策的结果,该过程被称为"定居"。它伴随着从北部向南部的迁移。但是,大部分游牧民仍旧生活在国家的中部。自20世纪70年代城市化的速度就很高——每年几乎达到22%。毛里塔尼亚的人口密度较低,每平方公里1.07人。目前,人口增长率在上升,人口寿命不高(仅有6%的人口在60岁以上)。约有44%的人口在15岁以下。

作为一个职业,农业占绝对优势(其中牛饲养是一个很大的行业)。20世纪70年代以来,铁矿石和渔业发展很快。1985～1989年,人均国民生产总值以每年3.6%的速度增加。1992年,人均国民生产总值是440美元。在80年代,毛里塔尼亚的经济和财政失衡,不得不采取了结构调整方案,以恢复微观经济平衡,从而促进经济发展。

1960年,毛里塔尼亚独立。以前它是法国的殖民地。毛里塔尼亚的行政组织继承于法国,非常集权化。国家分为12个省和首都努瓦克肖特地区。各个省由省长领导,下分为若干个县。每个县由县长领导,它又分为几个行政区。每个行政区的负责人向县长汇报。村和营地是居住民和游牧民的最小行政单元。

根据宪法,法语不再是官方语言。阿拉伯语和它的方言哈桑语是官方语言。民族语言包括布拉尔语、索尼克语和沃洛夫语。

毛里塔尼亚的教育制度以法国模式为基础。教育始于阿拉伯—柏柏尔地区的3所学校,法语和阿拉伯语都是教学语言。这种双语制是多年的传统,但是独立以后,毛里塔尼亚实行阿拉伯化政策,到1992年,阿拉伯化几乎完全实现。国家的教育制度与传统的古兰经学校一起发展。古兰经学校由学生家庭资助,并且仍招到许多学生。不到50%的学生上国立学校。这些学校都采用现代化的教育模式,全部位于努瓦克肖特。

毛里塔尼亚的文盲率很高:60%的10岁以上人口是文盲。约70%的妇女是文盲。具有任何形式教育文凭的人不到10%。这10%的人中的一半,甚至没有BEPC——中等教育第一阶段结束时授予的证书。受过高等教育的人为0.22%。仅有0.69%的人中学毕业,0.38%的人有DEUG(2年大学教育),0.03%的人有博士学位。

考虑教育制度时,必须看到来自财政方面的限制。毛里塔尼亚国家债务非常高。1989～1991年偿还债务的利息量,相当于全部补助金与服务业的37%。国家支出不得不缩减。教育支出则来自国家预算。

2. 教育政策与目标

1992年,毛里塔尼亚第一次多元化社会性选举成立了国家的民主机构(共和国总统、国民大会和议会)。国家教育制度的目标由政府确定。教育制度的目标兼有文化性与经济性:使学生获得阿拉伯意义上的文化和培训不同水平的工人,以创造经济发展需要的人力资本。

如前所述,自从毛里塔尼亚独立以来,教育制度的阿拉伯化已取得进步,而且几乎已经实现。但是,在一个多党体制的机构下,法语作为交流中介语言的问题再次出现,它是执政党与在野党之间的主要分歧之一。在野党提议保持法语作为工作语言。执政党提倡,根据宪法,应使阿拉伯语唯一化。

毛里塔尼亚已签署了世界全民教育大会(WCEFA)制定的目标,尤其是2000年实现全民教育的目标。但是,自从独立以来,教育系统的规模增加,受到结构性调整的约束,最为急迫需要优先实现的是:

(a)加速基础教育的扩展,提高它的质量与适切性。

(b)通过探索使教育制度适应国家发展的需要和要求的渠道与手段,提高教育系统内部与外部的效率。

(c)提高对全部教育活动的组织能力并加强其计划、管理和监督。

3. 正规教育体系

3.1 初等、中等和中等以上教育

图1标出了正规教育系统的结构,表1列出了入学率和教育资源的关键性统计数据。学校教育

表 1　　1991 年毛里塔尼亚正规教育的入学数据

	学校				
	小学	中学	技术学校	师范院校	高等院校
学生人数	166 036	35 221	800	676	5 339
按年龄分级的百分比					
7～12 岁	45%	–	–	–	–
7～14 岁	25%	–	–	–	–
学校	1 253	51	2	2	6
学生/学校的平均数	133	690	400	338	890
生师比	45:1	17:1	7:1	15:1	26:1
生均费用(乌吉亚)	8 467	3 503	–	–	150 000

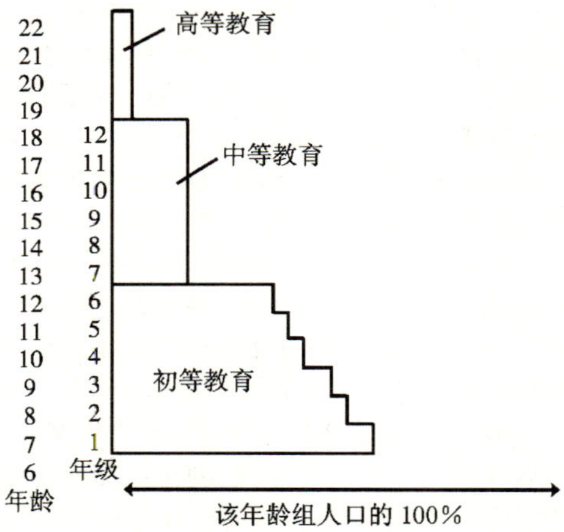

图 1　毛里塔尼亚:正规教育体系的结构

由三个等级组成:初等学校和中等教育的两个阶段,从理论上讲,从 7 岁到 18 岁。

儿童在 7 岁或 8 岁时,开始进入 6 年的初等学校。初等学校毕业时,学生可以获得初等学习证书(CEP)/参加竞争性考试,进入中学。1990～1991 学年,约有 166 000 名学生参加初等教育。这些学校的 92% 使用阿拉伯语讲课。毛入学率在 45%～46% 之间。在入学率方面,各地有很大差异。几乎 40% 的学生来自两个省份,其中一个是首都地区。城市的课堂很拥挤,并实行二部制,而在营地,大多数学校仅有一间教室。国家语言研究所正在进行关于使用三种民族语言进行授课的实验性研究。实验工作限于仅有的几所学校。

中等教育分为两个阶段:第一阶段学制 3 年,结束时学生可以通过考试拿到该阶段毕业证书——BEPC。如果他们在 20 分的总分中至少得 10 分就可以进入第二阶段,也是学制 3 年,结束时他们可以参加中学毕业考试。1990～1991 学年,中学毕业的学生总数是 35 221 名,其中 20 168 名是第一阶段毕业。女生占所有中学学生的 32%。约 78% 的学生是在阿拉伯语课堂上课,22% 的学生在双语制(即阿拉伯语和法语)课堂上课。大多数学校位于首都地区。初中仅有教育的第一阶段,而中学有中等教育的第一和第二阶段。全国有 25 所中学,26 所初中。其中 6 所中学和 4 所初中在首都地区。

高等教育由培训学院和一所大学组成。进入这些机构,学生必须通过中学毕业考试。在学习 2～4年后,学生得到一个文凭而成为中等学校第二阶段的教师(在教师培训学校学习),或者他们可以在高级科学技术研究院(ISS)或大学的两个学院中的一个(法律与经济或艺术与人文)获得学士学位。

1990～1991 学年,高等教育有 5 339 名学生。其中 4 495 名在大学,97 名在技术研究高级中心(CSET)。其余的在培训学院。在 20 世纪 70 年代,大多数学生出国接受高等教育。90 年代初,出国学生的数量下降到仅约 2 000 名。

3.2 学前教育

学前教育相对是一个新事物,仅首都地区有学前教育。儿童去幼儿园的费用由家长负担。费用从1 500乌吉亚(13.3美元)到3 000乌吉亚(26.5美元)不等。国立幼儿园的费用是每个儿童每月1 500乌吉亚(13.3美元),用阿拉伯语上课。这些幼儿园仅招收毛里塔尼亚人。招收侨民儿童和一部分毛里塔尼亚家庭儿童的幼儿园的费用是每个儿童每月3 000乌吉亚(26.5美元),用法语上课。

3.3 特殊教育

毛里塔尼亚仅有一个国家机构为智力和生理有残疾的人提供特殊教育。它有一所为盲人提供经验的盲文学校和一个培养手工与管理技能的技术培训机构。

3.4 职业、技术和商业教育

许多毛里塔尼亚人在职学习技能。毛里塔尼亚的职业与技术教育和中等教育并行。仅在努瓦克肖特和努瓦迪布(该国的经济之都)提供这类教育。它分为两个阶段。第一阶段学制3年。第一阶段结束,学生可以获得CAP,它是一种职业/技术文凭。这个证书也允许学生进入学制3年的第二阶段。第二阶段结束,学生参加中学毕业考试。而且,如果完成学业,学生可以进入技术高等教育阶段继续深造。

1990~1991学年,约800名学生参加了技术教育。其中超过630名学生学习电力工程和建筑业。这类教育中的女生很少。将近60%的学生用法语和阿拉伯语上课。

职业、技术和商业教育是教育系统的薄弱环节,尽管经济极度需要技术人员。服务行业的工作培训基本上由私立机构承担。1991年,私立机构培训的1 500名学生中的1 100名来自国立学校系统。但是,毛里塔尼亚没有建立各个企业之间的协作,没有建立对培训质量的监督机构,国家也没有提供技术性或教育性的支持。

3.5 成人与非正规教育

自从1988年毛里塔尼亚创建了一个扫除文盲的国务办公室之后,成人教育得到了优先发展。毛里塔尼亚有700个永久性成人教育中心。1990~1991学年,学员18 000名。约70%的学员是女性。识字活动使用的语言是阿拉伯语。

4. 行政管理的结构与运行

国家教育部负责政府教育政策的制定与实施。教育高级委员会提出了考虑到经济发展优先性的教育目标,不同实体提出建议,包括:技术顾问;两个督导委员会(一个负责初等教育,一个负责中等和技术教育)和教育部的各个行政部门,如负责财政、课程、监督以及初等、中等、技术与教师教育的部门等。

省级的初等教育由各省的初等教育办公室负责(DREF)管理和监督,它们要对教育部的初等教育局负责。初等教育办公室负责保证学校正常运转,监督初等教师和为地区内部学校指派教师。

文化与伊斯兰事务部为穆斯林神职人员提供培训与监督,它也负责AWGHAF,一个伊斯兰高级研究所。公共工作、劳动、青年与体育部,有一个局负责职业与技术教育机构(CEPP)和国家管理学校(ENA)。1992年,这个局还没有完全运转起来。

5. 教育财政

国家预算用于国立教育的经费比例从1975年的18%,上升到1989年的23%。1990年是21%。将近一半的教育预算用于初等教育。中等教育所占比例稍低,其余的用于其他形式的教育。在生均开支方面,毛里塔尼亚是非洲最高的国家之一。初等教育是8 467乌吉亚(75美元),中等教育是35 034乌吉亚(310美元),高等教育是150 000乌吉亚(1 327美元)。在初等教育和中等教育,分别有95%和93%的预算用于教师薪金。1990~1991学年投入的资金是14 960亿乌吉亚(132.5亿美元)。其中只有16.4%用于人力资源部分。

半自给的古兰经教育无法统计。在营地,学生通过做一些田野劳动支付教育费用。在城市地区,学生每天带给教师一定的钱(通常是40~50乌吉亚)。这已经造成了在贸易中心、银行和宗教场所后面的乞讨行为。一些古兰经学校接受国家拨款。

毛里塔尼亚缺乏国家教育系统基金,尽管私立教育部门已有所发展,教育需要的资金远远超过了可以得到的资金。这是并仍将继续是需要克服的困难问题。

6. 师资

初等学校的教师在两所位于努瓦克肖特和艾努(Aioun)的教师培训学院(ENI)进行培训。进入教师培训学院的学生具有BEPC,或接受过中等学校第二阶段的任何水平的教育。培训课程一般学制3年,但是具有中学毕业文凭的学生只要学习1年。1990~1991年,ENI有671名学生。其中,仅有200名有中学毕业文凭,175名女性,515名用阿拉伯语上课。

中等学校教师在教师培训学校(ENS)进行培训,学制2年或4年。ENS的学生必须有中学毕业证书。具有学士学位的学生只需要在ENS学习1年。

1990~1991学年,初等学校有3 741名教师,中等学校有2 091名,技术教育有115名,教师培训机构的教职员47名,高等教育教职员206名。在中等和初等教育的教师总数中,有16名女性。使用阿拉伯语进行教学的占初等和中等学校教师总数的66%。中等教育教师最小年龄是28岁。

毛里塔尼亚建立了各种教师委员会,提供初等和中等学校教育水平的继续教育。要成为委员会成员,教师必须学历合格,并具有2年的实践经验和视察期。具有外国大学文凭的教师,在得到文凭对等委员会认可后,可以加入教师委员会。教学委员会相对成立较晚,成员相对缺乏经验。

尽管发给教师奖金,并试图为这项工作赋予更高的地位,但是,许多教师很早就结束了他们的事业,以便到其他经济部门挣更多的钱。

7. 课程开发

教学大纲由国家教育部制定。所有学校的教学大纲是统一的。课本由国家教育研究所编写和供应。但是学校是否能够得到课本,因学科领域、分配机制和学校对此事的关注程度的不同而不同。约10%的学生有课本。约80%的教师没有教师指导用书。教学大纲和课本内容常常过于理论化,而且过于笼统。教师常常使用他们可以得到的任何教师指导用书,这就造成在教学实践中,课堂上实际教授的内容混杂。

在中等教育水平,所有中学生的39%选择学习人文课程,44%选择自然科学课程,17%选择数学课程。在高等教育水平,仅有10%的学生学习数学专业,其中女生占1.7%。

如上所述,尽管有阿拉伯语化的政策,法语仍然是一些学校的教学用语。在中等学校,法语作为一门外语教授。英语在中等教育第二阶段的1年级开始教授。

8. 考试、升级和证书制度

在评价升级制度以前,应当注意到仅有不到一半的7~12岁的儿童在上学。而7~14岁人口中上学的,仅有25%。初等学校的辍学率很高。假如100个学生上1年级,仅有81个能继续上2年级,71个上到3年级,69个上到4年级,73个上到5年级,72个上到6年级,仅有27个从初等学校毕业。

升级依赖于是否通过学校考试。不同教育等级之间的升级,学生必须通过一个外部的竞争性考试。BEPC不是进入中等教育第二阶段的充分条件,因为学生必须拿到20学分之中的至少10学分。中学毕业证书是进入大学的充分条件。外部的国家考试由国家教育部的相关机构组织。

9. 教育评价、评估和教育研究

毛里塔尼亚的教育经验研究相当少。国家语言研究所开展了在教学中使用国家语言的实验性研究。国家教育研究所开展了基础课程如算术、阿拉伯语、自然科学和法语等的教学方法的研究。教育评价只是由教师用非常传统的方法进行。

10. 20世纪60年代到90年代的主要改革

1960年以来,毛里塔尼亚进行了四次重大改革。第一次在1960年,始于将阿拉伯语作为教学语言的运动。第二次在1967年,继续强调阿拉伯语的地位,并调整教育系统不同阶段的学制与内容。第三次在1979年,继续致力于将国家官方语言作为教学语言。将初等教育从7年缩短到6年,将中等教育第一阶段从4年缩短到3年。1978年的改革,规定阿拉伯语是教学的法定语言,但是允许在一定水平以上的教育中使用法语。

11. 2000年面临的主要问题

毛里塔尼亚教育系统面临着大量的问题。上学的人数少,辍学率高。使用两种语言教学也增加了成本。另外,大多数人口仍是文盲。

选学人文学科的学生过多,学习科学与数学学科的学生不足。课程的内容并不适应一个发展中国家的需要。职业与技术教育太少。学校女生比例很低。在教育改革问题上,一直有争论与辩论。社会仍然优待那些具有学术称号的人,尽管他们几乎不具备什么对经济发展有用的实践性知识与技能。

显然到2000年,毛里塔尼亚根本无望实现普及初等教育。现存问题令人担忧。教育的发展和教育质量的提高必然依赖于国家采取重新分配资源政策、更有效使用资源和增加私人教育投资的能力。

D. A. 奥斯曼(D. A. Ousmane) 著
刘瑞生 译

附录

Ministry of Education 1989 *Statistical Yearbook of National Education*. Ministry of National Education, Nouakchott

Ministry of Education 1990a *Statistical Yearbook of National Education*. Ministry of National Education, Nouakchott

Ministry of Education 1990b *Expert Planner 1990*, activity report term no. 5. Directorate of Planning and Cooperation, Ministry of National Education, Nouakchott

National Office of Statistics 1989 *Statistical Yearbook of Mauritania 1989*. National Office of Statistics, Nouakchott

UNDP 1991 *Fifth-cycle program per country 1992—1996: Sector-based program for Mauritania*. UNDP, Nouakchott

毛里求斯的教育制度(Mauritius: System of Education)

1. 基本背景

毛里求斯是印度洋中的一个岛国,其民主政府体制建立于英国模式,教育制度也由英国模式发展而来。该岛最早是一个火山岛,面积1 864平方公里。第一所学校成立于1767年左右,到1992年,97%以上的初等学校适龄儿童入学。毛里求斯在20世纪80年代有一个快速发展时期,经济吸收了大量的失业人员。不断变化的社会和经济结构对教育系统带来了很大压力,推动了对整个系统的反思。1991年,毛里求斯公布了到世纪末的教育发展总计划。

尽管16世纪时,阿拉伯人和葡萄牙人曾到过毛里求斯岛,但是,荷兰人首先定居在该岛(1598～1710),居住了一个世纪左右。18世纪初期,法国殖民者和来自马达加斯加与非洲的苦役定居岛上。19世纪初期,法国将该岛作为在印度洋、甚至在印度打击英国的基地。随着1834年取消奴隶制,解放了的劳工离开了他们以前的主人,劳工们从事农业耕作。1968年,毛里求斯独立,1992年成为一个共和国。它是英联邦的一员。

到1990年,该国有长约1 865公里的沥青公路网,将学校与教育部及其他组织很方便地连接起来。学校物资供应运输方便,相对好的交通系统使教师可以每天往来于学校。全岛都可以使用自来水和电。大多数学校都有电话。国家电台和电视节目覆盖全国。

1991年,毛里求斯的估计人口为1 078 000人,人口密度是每平方公里578人。毛里求斯20世纪50年代根除疟疾之后,每年的人口增长率上升到3.1%。这些年来,这个数字又在下降,1991年是1.22%。人口增长率的下降——主要源于较好的教育条件、医疗保障条件和对高生活质量的追求——减少了为所有公民提供教育的难度。

毛里求斯是一个多民族、多语言和多元文化的国家,毛里求斯人的祖先是来自欧洲、非洲和亚洲的移民。它的官方语言是英语,法语也经常正式使用，通用的语言是克里奥尔语，在家中使用的有比哈尔语、北印度语、乌尔都语、泰米尔语、特勒古语或汉语及其他语言。各种语言的教授和它们应在哪个教育水平进入学校课程总是引起争论。儿童们在初等教育阶段学习英语、法语和一门亚洲语言。

毛里求斯的自然资源稀少，到20世纪70年代后期以前，它主要的经济活动是生产、出口糖，主要是向欧洲经济共同体出口。位于暴风带的地理位置使它的经济非常脆弱。70年代，政府建立了一个出口加工区，以创造更多的就业机会。80年代，手工业和旅游业也得到推进。1958年，糖业占国民生产总值的38%，和毛里求斯出口量的99%。1990年，农业占国内生产总值的12.3%，占出口产品总收入的31.5%，而加工业占国内生产总值的24%和出口产品总收入的67%。1990年旅游业的总收入是35亿卢比。毛里求斯人拥有相对较高的教育水平，他们正在致力于使工业基础多样化，尤其努力发展服务行业。1991年，按成本要素计算的国内生产总值估计为347.65亿卢比，大规模建设使用的劳动力是282 500人，占总劳动力的2/3。

20世纪80年代，就业率急剧提高。这主要归因于制造业的振兴。从1983年到1991年，该领域的就业量以平均每年14%的速度增加。女性在总就业量的比例从1983年的22.7%，上升到1991年的36%。

毛里求斯在历史上非常重视教育，这造成较高的人口社会流动性。1983年7月，失业人口有71 681名，其中61%只有1～6年教育水平，13.3%的人拥有至少剑桥学校证书。1991年4月，失业人数下降到11 182人，其中24%只有1～6年的教育水平，17.8%的人拥有剑桥学校证书。就业人员的教育状况没有相关资料。但是，应当指出失业人员的教育水平已经提高。

毛里求斯的民主政府体制以总统为国家首脑，总理为政府首脑。议会由70人组成，其中有25名负责不同部门的部长。教育与科学部长负责教育部门，对为批准其预算的议会负责。1957年的《教育法》，经过不断修订，为全国教育设施的统一供应提供了立法。集中化的教育管理体制相当成功地管理着教育系统。但是，从20世纪70年代末，毛里求斯在试图使教育管理与监督分权化。

2. 教育政策与目标

两个多世纪以前，法裔居民可以接受教育，但是奴隶和劳动阶层不能接受教育。政府逐步地承担了教育的责任，早在1815年就为一小部分人提供了免费的初等教育。解放的奴隶和劳动阶层很快发现他们获得完全解放的一个前提条件是教育。这样，那些保护劳动阶层的政党将他们代表的劳动阶层的教育列为首要目标。成立于1936年的工党，提出的教育目标包括下列条款：

(a)为所有国民提供免费初等教育。

(b)为所有在校的学生提供免费医疗服务。

(c)为小学生提供午餐和鞋子。

(d)更好的体育和娱乐设施。

1948年以前，普选的投票权限于拥有财产的人。1947年，英国政府规定所有可以用任何语言签署自己名字的人都有投票权。社会文化组织发起了教授工人阶层读、写技能和签署名字的运动。1949年，初等学校人数增加到5 315人。成立于1955年的毛里求斯党，保护统治阶层的利益。随着1959年投票权的普及，全体选民重新选举工党成为立法议会中的多数党。

随着投票权的普及，出现了改变社会政策的右翼政党。他们也保证为大多数人提供教育机会。政党目标之间的差异已经减少，他们都承诺提供更好的教育，更好的卫生保障和更好的生活条件。

教育目标，如1968年独立以来的所有发展计划所述，强调：

(a)机会平等。

(b)多样化的课程。

(c)推进科学、技术与职业教育。

(d)提高教育质量。

1977年以前，除了少数得到国家奖学金资助的学生，中等教育都是收费的。1977年之后，包括第三级教育在内的各级教育实行免费。1978年政府做出一项重大决策，对已经通过初等教育毕业考试的学生进入中等学校进行限制。这样，“社区学校计划”为大约1/3没有通过初等教育证书考试的人口提供了另外类型的教育。这是一种3年制的学校,利用初中学校教室在下午授课,它强调学习实践性专业如木工、金属工艺、厨师、裁缝和农业技术。该计划不大成功,1982年被放弃。

1984年的一份白皮书为教育系统重新定向。重点放在修订课程、考试和教学方法,使它们适应国家变化的需要。随后,毛里求斯组织了一些国际性研讨会,为教育的不同部门争取投入,从而有助于教育目标的重新制定。教育投资来自联合国开发计划署、联合国教科文组织、世界银行和国际劳工组织。1991年公布了一项教育发展的总体规划。该规划的主要目标是提高各级教育的质量和适用性。

在第三级教育,1965年成立了一所大学,1973年成立了一所教育学院,1976年在圣雄甘地研究所的基础上成立了东方与非洲研究学院。发展规划公布了教育系统的目标,相关的法律已经通过,使教育目标可以进入操作过程。1991年规定对12岁以前的儿童实行义务性教育。应当指出,个人的需要与社会的需要是不同的。虽然所有的计划都强调科学教育的需要,但是学习科学的人数在下降,1982年以后更是如此。在教育的初级水平,更为强调儿童的全面发展,而更高阶段的目标则更接近于国家的社会经济需要。

3. 正规教育体系

教育与科学部负责教育管理。初等教育、20岁之前的中等教育以及高等教育都是免费的。如图1所示,该国的教育系统是6-5-2制。

从1991年开始,毛里求斯实行5~12岁的义务教育。该年龄段的入学率估计在95%以上。

3.1 初等、中等与中等以上教育

初等教育对大多数学生的学制为6年,对那些没有通过初等教育证书(CPE)考试的学生学制为7年。第二次没通过CPE考试,但具备了一定的读、写和计算能力的学生,可以到工业与职业培训委员会开办的职业前培训中心学习。这些中心提供英语、法语与数学课程,以及实践性专业如农业、电工、家政与木工等。通过CPE考试的学生可以进入中等学校,5年后,参加剑桥学校证书考试。

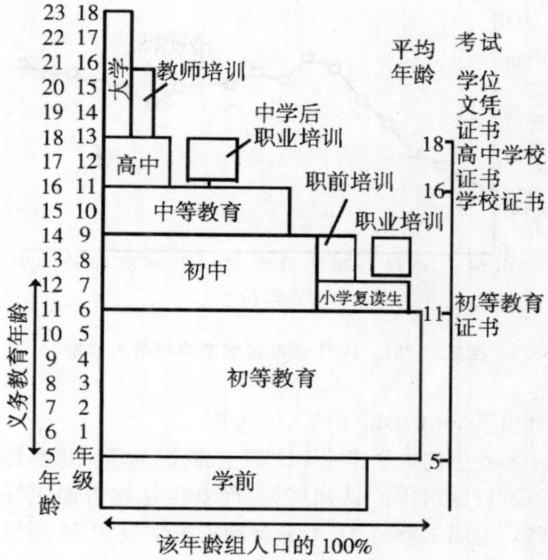

图1 毛里求斯:正规教育体系的结构

初等教育的入学人数,1961年是117 591人,到1971年达到151 614人的高峰后,1991年为291所学校135 233名学生。超过90%的儿童进入230所政府开办的和53所政府资助的初等学校,其余的儿童进入没有政府资助的私立学校。

约98%的初等学校适龄儿童在学校读书。初等教育的辍学率可以忽略不计。所有初等学校都是男女同校的。正常情况下,初等学校每日6小时,包括娱乐时间,每学年约185天。

中等教育学制5年,结束时学生参加剑桥学校证书考试。在这些考试中得到4分以上并且在上年度的11月30日时不到19岁的学生,可以进入2年制的高中学校证书课程。正常情况下,学生12岁时开始中学生活。中等教育的入学率已经提高,约50%的学生达到学校证书水平,12%达到高中学校证书水平。

中等教育的入学人数,1961年为24 851人,1991年增长到125所学校81 115人。125所学校中有23所是公立的,占学生总数的20%;有98所是国家资助的,占学生总数的79%;还有4所国家不提供资助的私立学校,有占总数1%的学生。私立学校的教学设备仅有20%优于公立学校。图2

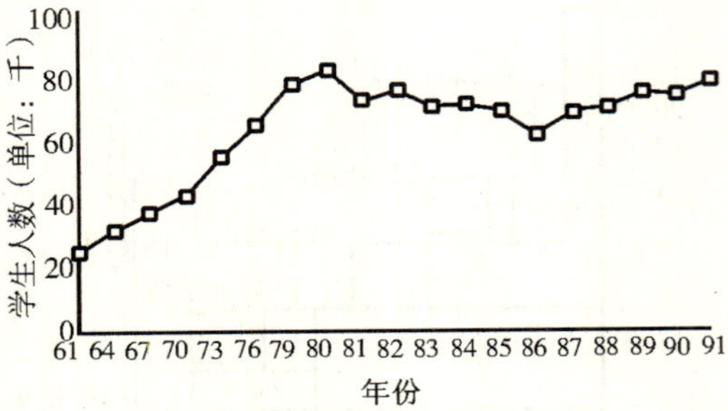

图 2　1961～1991 年毛里求斯中学的入学率

列出了 1961 年以来的入学人数。

女生的中学毕业率比男生高，因为考试仍然是测试较低水平的认知能力，而女生在这方面更好些。毛里求斯有 51 所男女同校的学校和 74 所男校或女校，其中 34 所是女校。中学每学年 185 天，平均每天上课 5.5 小时。

第三级教育包括技术/职业教育/培训中心、教师培训机构和大学。毛里求斯有一些中学后的培训中心，约有 2 000 人在此接受电工、接待业、纺织、电机工程与建筑、管理和商业教育。毛里求斯教育学院是唯一的教师培训机构，1991 年有学生 1 827人，其中 835 人学习学位课程，992 人学习非学位课程。80% 以上的学生是部分时间制的。1991 年有 98 名学生学习研究生证书课程。参加这种课程的最低要求条件是成绩较好的剑桥学校证书，而学习有文凭和学位的课程，则需要剑桥高中学校证书。

1990 年以前，毛里求斯大学只在农业、管理和技术专业提供证书、文凭与学位课程。随着对更高素质劳动力需求的增长，该大学在将课程多样化，从 1990 年，也提供科学、法律、管理、社会学科与人文学科的课程。1980 年在校学生 470 人，1991 年增长到 1 799 人。

另一个机构，圣雄甘地研究所，也在音乐与舞蹈、东方与非洲文化和美术等领域开设证书及文凭课程。

1991 年，高等教育的总入学人数是 3 626 人，为 1981 年的 5 倍多。大多数学生学习部分时间制课程。高等教育学生增加的主要原因是完成高中学校证书的学生更多了，而且经济的发展要求劳动力经过更好的教育与培训。进入高等教育机构的竞争很激烈，许多中学毕业生去国外（主要是印度、法国、加拿大、澳大利亚和南非）深造。

3.2　学前教育

大多数 4 岁的儿童进入 1 400 个私立学前学校，这些学校提供多种课程，教室通常是设在一些不合格的建筑内。学日从几个小时到 6 小时以上不等。一小部分（约 20%）3 岁儿童进入幼儿学校或半日制学前中心。

政府举办了 71 个学前中心，它的目标是到 2000 年为所有学前年龄儿童提供高质量的中心。政府提供咨询服务、玩具与参考书阅览室和为兴办学前中心的人提供培训机会。

3.3　特殊教育

特殊教育计划是为那些生理或智力有残疾的儿童设置的。在 20 世纪 80 年代末 90 年代初，3～8 岁的有一种或两种残疾的儿童估计有 6 000 名。障碍较轻的儿童倾向于进入正常的初等或中等学校。一些有中等到严重残疾的儿童，在特殊学校接受教育，如盲童学校、聋哑学校、弱智儿童学校和残疾人学校。这些机构大多数是由非政府组织开办、政府提供资助的，并设在城市地区。由于交通问题，乡村地区的儿童很难上得了这些学校。缺乏愿意从事这种工作并接受过培训的教师、适合的设备，加上物质上的障碍等因素，进一步减慢了特殊学校的增长。

1988 年由政府成立的残疾人信托基金，负责机构和工作培训，其目的是将残疾人整合到正常的工作环境中。

3.4　职业、技术和商业教育

毛里求斯有悠久的职业教育的历史。早在 19 世纪，园艺、机械工程和缝纫等领域就以学徒的形式进行职业教育。但是，为工人阶级开展的技术教育从没有兴旺过。

20 世纪 60 年代和 70 年代进行了几次尝试，试图通过建立中心学校、高级初等学校、初级技术学校和初级中等学校为离开初等与中等学校的学生提供职业教育，但是一直不大成功。1977 年以前，这种类型的学校被视为是为从学术学习主流中退出的学生或是上不起中学的学生开设的,因为那时中等教育是收费的。这种发展技术教育思路,加上缺乏适当的物质设备、设施和材料,进一步阻碍了技术教育的发展。

离校者的高失业率和20世纪80年代早期国家的快速工业化导致家长、社会和学生改变了对待职业教育的态度。1982年创建的第一所真正的技术学校也有助于人们态度的改变,到1990年有能力的学生都倾向于学习技术专业。许多中等学校都提供劳动力市场需求量大的会计、贸易与经济专业的教育。一些学校提供技术专业,如手工艺、设计和工艺学、时装与织物、食品与营养等等。从1988年开始,除了学术性学校证书之外,学生可以参加商业学校证书或技术学校证书考试。

成立于1989年的工业与职业培训委员会是一个半官方的组织,它进一步促进了技术与贸易专业的学习。工业与职业培训委员会有四个主要目标:

(a)为部长提供有关培训的咨询。

(b)与相关政府部门协商以指导培训需求。

(c)管理、控制和实施培训方案。

(d)提供、推动、协助和规范对从事或即将从事贸易、技术或业务的人的培训活动或实习活动。

工业与职业培训委员会促进了各个经济部门的各种水平的培训。传统上,培训只是集中于一个主要工业部门——糖业——而且是在职培训。第一个工业贸易培训机构成立于1968年。1992年,工业与职业培训委员会——由一个有相同数量的来自私人部门和公共部门的人士组成的机构管理——建立了一个鼓励更多私人部门参加的更以工业部门为基础的培训系统。许多工业部门,除了送它们的工人到培训机构培训之外,还建立了它们自己的培训中心。工业与职业培训委员会实施的培训体系得到政府从税收中的拨款,促进了旨在获得新的技能和提高生产率的培训。参加一个培训课程的人数从一个较低的水平,已跃升到一年14 000人。这个数字有望进一步提高。

3.5 成人与非正规教育

随着国家经济活动的多样化和快速的工业化,成人教育的参与者在增加。1991年,估计有5 000名成年学生参与了教育和培训课程。非正规教育在国家发展中发挥了重要作用,它在正规学校学习时间以外,组织了许多不同类型的课程。有3 000~4 000名学员参加了非正规教育课程。

成人教育班级有政府、市政当局和慈善机构、私人组织分别开办。课程包括科学与技术专业、烹饪、服装制作、家庭手工业、速记、打字、秘书课程以及计算和识字等。这些班级的目标在于为那些不能得益于正规教育系统的人和希望自学的人提供学习机会。

人们对接受更多教育的渴望,和不同社会团体保持其文化认同的努力,使非正规教育得到进一步发展。由政府资助的东方语言班在一些代表性的文化研究所大堂和俱乐部开办,不同族群的儿童在放学之后参加这些班级。

4. 行政管理的结构与运行

教育由政府负责,政府制定了适用于各级教育的法律。在这些法律的框架内,教育与科学部决定不同水平教育的政策和要求。

常务秘书,教育与科学部的责任官员,是部长的顾问。教育与科学部管理政府所属的学校,罗马天主教教育署与印度教教育署管理政府资助的学校。

几乎所有学前教育的学校都是私立的。在初等教育中不到1%的学生进入收费的私立学校,其余的上公立学校和政府资助的学校。在中等教育中,从1977年开始,即使私立学校也不收费。成立于1977年的私立中等学校署是一个半官方机构,负责管理政府对这些学校的拨款和教育监督工作。毛里求斯有四所私立的无政府资助的中等学校,由一个信托基金管理,它们的学生占总学生数的1%。

在第三级教育,各种教育机构由政府为管理目的设立的委员会或理事会管理。它们都由政府提供经费。

从20世纪80年代早期起,毛里求斯的各级教育都实行了免费制,为更多的人提供教育机会。

5. 教育财政

毛里求斯的教育主要由政府提供资金。1968年独立时,投入教育的预算是3 090万卢比,占政府支出的10.9%,国内生产总值的3.7%。1976年以前总预算中投入教育的比例变化很小,当时约92%的中学生进入收费的政府资助的私立学校。

1977年,教育实行免费制,教育预算增长到政府支出的17%。1990~1991学年,这个比例维持在14%。1990~1991年政府支出中用于教育的有11.08亿卢比,即12.3%。表1显示了不同教育部门的资金分配情况。

由于存在不同类型的学校,主要是在中等教育水平,加上家长希望自己的孩子上好学校,就加剧了这个系统的竞争性。几乎所有的家长都寻求为孩子请私人教师,这在相当程度上提高了私人用于教育的投入。1988年开展的一项研究揭示每年用于私人教师的费用有5亿卢比。一所无政府资助的私立中学每学年每个学生收费21 000卢比。

从1989年开始,政府为所有初等学校儿童提供免费的食物和课本。在中等教育中,贫困学生——约占人口的1%——可以得到类似计划的资助。在第三级教育中,学生要购买自己的必需品。

毛里求斯已经制定了一个雄心勃勃的计划发展各级教育。预计在今后几年将投入6亿卢比,以改善基础设施和设备,从而促进科学与技术教育。

6. 师资

毛里求斯的初等和中等学校约有10 240名教师,4 150名非教学人员。在初等学校的6 500名教师中,80%在公立学校,其余教师的大多数在政府资助的学校。在中等学校的3 740名教师中,74%是在政府资助的学校。学前教育约有1 500名教师,其中90%是自营职业者或给私人工作。公立中小学的教师,由公共服务委员会聘任。初等学校教师要在毛里求斯教育学院经过2年的职前培训。教育学院承担了1902年成立的教师培训学院的功能。科学和技术学科的教师比较难以聘任。

在1973年毛里求斯教育学院成立之前,中学教师只能到国外进行培训,而且仅有小部分教师是合格的,经过培训的。目前越来越多的中学教师参加了该教育学院的证书、文凭和研究生课程。1980~1990年,约有3 000名中学教师接受了培训。毛里求斯大学针对具有文凭的人开办了3年制的学位课程,以提高他们的教育能力。

1991年,初等和中等学校的生师比分别是33:1和20.4:1。由于学校学生数不再增加,教师的工作岗位在下降。学校的教师职位很稀缺。

毛里求斯有一套由学校领导和督导人员对教师进行评价、诊断教师弱点的制度,评价信息是保密的。政府付出了相当大的努力,以提高和更新师资的质量。除了组织讲习班和研讨会帮助教师与教育管理者,远程教育提供的可能性也将得到更好的利用。

表1 1990~1991年间政府对不同教育部门的支出

部门	数量(单位:百万卢比)	百分比
初等教育	435.1	39.3
中等教育	459.3	41.5
第三级教育	81.5	7.3
技术/职业教育	15.2	1.4
未细分	116.9	10.5
总计	1108.0[a]	100.0

a 估计数字

7. 课程开发与教学方法

教育与科学部全面负责所有学校的课程实施。毛里求斯教育学院主办的课程开发中心,和教育与科学部一起计划及开发初等、中等学校的课程。中等教育课程改革计划(1975~1980)和初等教育课程开发计划(1981~1988)已经完成。一项教育连续性评定与补偿教育方案正在进行,初中课程更新计划到1992年即将完成。

初等学校的课程是统一的。除了英语、法语、数学、环境课、缝纫和手工,儿童们还可以学习下列语言中的一种:北印度语、泰米尔语、特勒古语、马拉地语、乌尔都语、阿拉伯语或汉语。语言的学习占用了很大一部分课程时间。用于每种语言的课时和学习应当达到的程度引起了众多争论。目前,不同语言的学习都从1年级开始。

在初中阶段,学生要学习的核心课程包括:英语、法语、数学、环境课、体育和科学综合课,还要从下列选修课选学一些课:农业、艺术与手工、家政、贸易、音乐与舞蹈和一门其他语言。在中级中学水平,课程根据学校的设备情况而有所不同,而且倾向于教授非实践性课程。课程设置也受到剑桥大学地方考试辛迪加(UCLES)的制约,该机构已经将学生可以选修的课程增加到70门。新引进的课程包括如时装与织物、食品与营养、生活教育、家庭生活教育、技术设计和通讯设计等。在初等学校,班级教师负责教授除了亚洲语言之外的所有课,亚洲语言由专业教师讲解。在中学,课程由专业教师授课。

在小学和初中,实施课程的教学材料由毛里求斯教育学院编写、教育与科学部指定。除了指定的教学材料,教师还要求助于当地个人编写的书籍和试卷来辅助教学。在高中阶段,大多数情况下使用由剑桥大学地方考试辛迪加编写的和从国外进口的教材。

对于课程的主要批评是内容过重,教师和学生——主要在初等教育——应付不了。毛里求斯将建立国家课程研究与开发中心,以便持续地评价课程并进行调整以适应学生、国家和教师的需要。

8. 考试、升级和证书制度

在每个教育阶段结束,学生要参加全国性的和国际性的考试。在初等教育阶段,6年级以前都是自动升级,6年级时学生参加初等教育证书考试。整个教育系统的升级办法在本词条的第3部分已经描述过了。

目前的考试系统不能推动非考试科目的学习和儿童的全面发展。它强调对认知技能的掌握。新生录取和升级以证书考试为基础,拥有全国性和国际性证书非常重要,后者由剑桥大学地方考试辛迪加 授予。因此,国际性考试决定课程。学习要达到升学对技能和能力的要求。

9. 教育评价、评估和教育研究

对学生的内部评价通过口头或书面测验和家庭作业进行,这是教学中纠正学生错误的传统方式。这项活动由学校进行。但是,毕业时考试中学生的表现显示:并不是所有学校都正确地进行了这样的纠错活动。为了提高教育系统内部效率和学生的成绩,政府已经计划一项全国性对3年级学生的评价活动,以发现学习跟不上的学生,这些学生将直接进行第四年的课程学习,而不是正常情况下的3年完成CPE。毛里求斯将引进连续性评价方式,该评价的分数作为20%的权重来确定CPE证书的授予。

到1992年,国家评价识字与计算水平的唯一方式仍然是CPE考试,该考试既用于认证,也用于中学学生的选拔。毛里求斯计划引进一个新的评价框架(基本学习能力)测试要升入中学学生的算术和识字技能。

在学校中没有建立具有责任目的的评估制度。自毛里求斯考试联合处(MES)成立之后,一些研究项目已经开始启动。初等教育失败的原因、CPE考试的有效性、评估方法与评估技术等诸如此类的问题都是研究的内容,而且阶段性的研究成果已经对教育政策产生了影响。毛里求斯教育研究所(MIE)和毛里求斯大学也进行了一些课题的研究,比如说像课程开发、向个人收费的教育制度的重新定向等问题。20世纪90年代优先进行的研究项目由第三级教育委员会来定。

迄今为止,教育研究的进行始终没有明确的目标。预算的分配也不是很清楚。整体来看,对研究的支出少于教育经费的1%。

10. 20世纪八九十年代的主要改革

毛里求斯教育制度的职业化尝试始于20世纪70年代中期,当时是在世界银行的建议下开始的,但随后就放弃了。教师教育尤其是中等教育的教师教育的规模增加了。

小学课程得到了评估,初中课程变得"毛里求斯化"。教材由地方开发,在小学和初中实施了统一课程。

由于校舍的增加,小学阶段取消了轮班制。所有小学学生和中学贫困学生的课本是免费的。20世纪80年代高等教育的入学率增加了6~7倍,并且设置了大量的课程。

考试制度正在得到评估以促进非考试科目的学习,检测必要的学习能力,将校本评价整合到初等教育证书的授予中。

毛里求斯建立了工业与职业培训委员会,以促进培训及加强教育和生产之间的联系。

毛里求斯的小学和中学基本上能够满足学生的需求。20 世纪 90 年代改革主要是为了提高教育质量和满足全国各级的教育需求,为所有人提供九年基础教育,扩大第三级教育。

11. 2000 年面临的主要问题

毛里求斯的社会经济发展已经到了一个关键的阶段。经济刚刚升温,基本上没有就业矛盾。而继续保持这种低水平的教育和培训就难以跟上社会经济的发展。不断变化的社会经济条件进一步对教育和学校的课程产生了压力。毛里求斯的教育所要面对主要任务是:在小学阶段,提高教育的有效性;在中学,增加科学和技术教育;在第三级教育则是能力建设。毛里求斯全国教育和培训水平必须进一步提高。

S. 摩伯德(S. Munbodh) 著
刘瑞生 译

附录

Chinepeh V 1983 *Participation and Performance in Primary Schooling: A Study of Equality of Educational Opportunity in Mauritius*. Institute of International Education, University of Stockholm, Stockholm

Mauritius, Central Statistical Office 1990a *Annual Digest of Statistics 1990*. Central Statistical Office, Port Louis

Mauritius, Central Statistical Office 1990b *Digest of Educational Statistics 1990*. Central Statistical Office, Port Louis

Mauritius Institute of Education 1990 *Annual Report*. University of Mauritius, Reduit

Mauritius, Ministry for Civil Service Affairs and Employment, Employment Service Division 1991 *Statistical Review on Unemployment Jan-April 1991*. Government Printer, Port Louis

Mauritius, Ministry of Economic Planning and Development *National Development Plan 1988—1990 Education*. Government Printer, Port Louis

Mauritius, Ministry of Economic Planning and Development 1991 *Economic Indicators No. 137, Survey of Employment and Earnings in Large Establishments*, 20 December. Government Printer, Port Louis

Mauritius, Ministry of Economic Planning and Development 1992 *Economic Indicators No. 138 Educational Statistics 1991*, 17 January. Government Printer, Port Louis

Mauritius, Ministry of Education *Annual Reports 1982/84, 1985/86, 1987/88*. Government Printer, Port Louis

Mauritius, Ministry of Education 1984 *White Paper on Education*. Government Printer, Port Louis

Mauritius, Ministry of Education 1991 *Masterplan for the Year 2000*. Government Printer, Port Louis

Ramdoyal R D 1977 *The Development of Education in Mauritius 1710—1976*. Mauritius Institute of Education, University of Mauritius, Reduit

University of Mauritius 1987 *Visitor to the University of Mauritius June 1987*. University of Mauritius, Reduit

University of Mauritius 1988 *The Private Costs of Education in Mauritius 1988*. Government Printer, Port Louis

University of Mauritius *Calendar 1991—1992*. University of Mauritius, Reduit

摩洛哥的教育制度(Morocco: System of Education)

1. 基本背景

摩洛哥的国家政权形式为君主立宪制。在摩洛哥有 14 个政党和 8 个大的贸易联合组织。摩洛哥的面积为 710 850 平方公里。1991 年其人口约为 2 500 万,其中一半稍多点的人口生活在农村地区,人口密度为平均每平方公里 35 人,1982 ~ 1991 年平均每年人口增长率为 2.26%。在 20 世纪 90 年代初,摩洛哥 20 岁以下的人口超过了全国人口的一半。

从行政上来说,摩洛哥可以分成一系列单位:7个经济区、59个城市社区、9个自治区、40个自治中心和760个乡村社区。

1983年,摩洛哥采取了一系列的结构调整措施。结果国内生产总值由1983年的991.4亿迪拉姆增长到1990年的2 070亿迪拉姆。20世纪80年代,摩洛哥的教育总支出稍有下降,不过从90年代开始,教育总支出再度上升,占国家财政总预算的18%~26%。

城市地区的劳动力结构如下:农业部门的劳动力占4.6%,工业(主要由制造业、冶金业和手工业组成)占33.6%,商业占15.2%。农村地区的劳动力结构则为:农业78.3%,工业11.8%,商业4.0%。阿拉伯语是摩洛哥的官方语言,不过法语也是一门通用语言。几乎所有的摩洛哥居民都是穆斯林。摩洛哥的基础设施这些年来得到很大改善,只是在一些偏远地区还存在着交通问题。

因为需要有知识的劳动力,摩洛哥政府通过学校和成人扫盲计划下了很大功夫来根除文盲,特别是在农村地区。

2. 教育政策与目标

摩洛哥独立于1956年。从那时起,教育的机会均等和免费教育两个原则就成为了各阶段教育的主导原则。基础教育的年限为9年,分为两个阶段,第一阶段为6年,第二阶段为3年。各社会经济群体学生的入学平等原则还未贯彻到中等教育和第三级教育,尽管这一点在许多国家已经贯彻。而且教育部的这种高的、持久的财政支出也很难与需要政府支持的其他社会部门竞争。

1988~1992年的教育发展规划主要建立在1985年的教育改革基础上,强调依靠现有的资源以一种可控的方式扩大各阶段的学生入学人数。特别强调农村地区的第一阶段基础教育质量的提高和中等教育的多样化,尤其是注意扩大和改善职业教育。此外如上所述,开发了多种扫盲计划。在大学水平,继续推行反集权的政策,增强地方的自主性,使教育内容更适应劳动力市场的需要,提高教学质量,鼓励更多的应用性研究计划以促进国家的经济发展。

3. 正规教育体系

3.1 小学、中学和第三级教育

图1是一个教育制度的结构图。儿童7岁入学。基础教育的第一阶段到6年级(7~12岁)。1992年,这个阶段的学校教育注册人数为248.5万人。基础教育的第二阶段年限为3年(13~15岁),一般来说同年龄段的学生中在基础教育第二阶段的入学率为60%。那些不能进入基础教育第二阶段的孩子也许会在一些特殊机构学习职业教育课程。实际上,那些在基础教育第二阶段每个年级(7、8、9年级)放弃学业的学生都可以进入这些机构进行职业教育课程的学习。在9年级末,学生会决定自己是进入普通中学学习还是接受职业与技术教育。中学为3年(16~18岁)。在中学的最后,学生往往熬夜苦学以获取学士学位,因为能否获得学士学位将决定学生在中学毕业后是接受普通高等教育还是接受职业技术高等教育。由于经济所限,从基础教育第二阶段毕业接受中等教育的学生的百分比只能达到40%(指同年龄段学生进入到基础教育第二阶段的60%的学生中的40%)。也就是说,同年龄段学生中只有24%的学生能够接受中等教育,5%的学生进入职业学校。摩洛哥也有私立学校。在公立学校接受基础教育第一阶

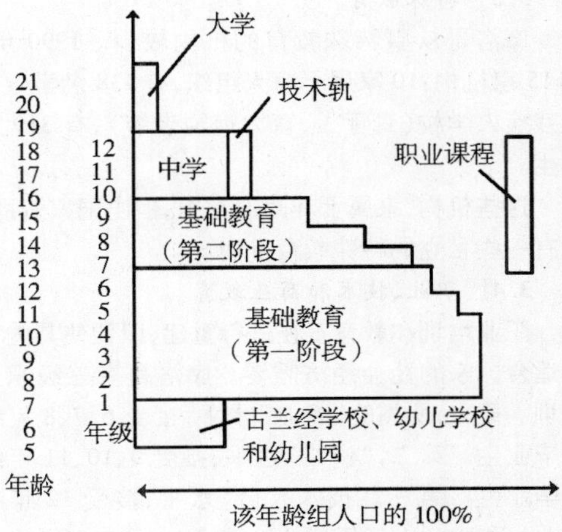

图1 摩洛哥:正规教育体系的结构

段教育的学生人数为 2 485 000 人,第二阶段为 790 200人,中学为 333 500 人。相对应进入私立学校学习的学生人数分别为 93 500 人、16 800 人、8 600人。

摩洛哥的高等教育有两类:一类是教育部所设的大学,一类是其他部所设的培训机构。1992 年,高等教育注册的学生有 220 000 人。其中,外国学生有 4 000 人。大约 90% 的学生在全国 11 所大学的人文学科类院系(艺术类、科学类、法律类、社会科学类)学习。约 6% 的学生在医药学和工程院系学习。其余的在技术学院学习。摩洛哥在努力增加院系的数量。它有一种更高的、"非大学"教育,包括由不同部委掌管的专业学校和研究所组成,以培养工程、行政管理、农业、电信、公共事务、冶金等各部门自己的技术人才,也包括教育部掌管的教学培训中心和专用中心,以培养教学人员、教学监督人员和行政管理人员。

3.2 学前教育

学前教育属于私立部门,但是必须接受教育部的监督。学前教育机构有两类,其中一个是古兰经学校。1992 年,788 400 名儿童参加了学前教育。约 83% 的儿童在虽然经过改变但仍基本采用传统教学方式的学校(即古兰经学校)学习。其他儿童在采用更为现代的教育方法的幼儿学校和幼儿园学习。

3.3 特殊教育

摩洛哥从事特殊教育的机构较少。1990 年,有 15 家机构:10 家属于盲人组织,有 238 名学生;5 家残疾人学校(聋哑人、智力迟钝者等),有 319 名学生。

这些机构,隶属于非政府组织,但由国家资助。也有一些私立的特殊教育机构。

3.4 职业、技术和商业教育

职业培训和教育正在进行重建,以便使其内容更适合国家的社会经济需要。摩洛哥有三级职业培训。第一,所谓的"专业"水平,接受 6、7、8 年级的毕业生。第二,"资格"水平,接受 9、10、11 年级的毕业生。第三,"技术人员"水平,接受 12 年级毕业生和大学 1 年级学生。专业水平有 2 年的课程,毕业后学生成为技术工人。资格水平也有 2 年的课程,毕业后学生成为专业工人。技术人员水平课程学制不同,毕业时学生得到一个技术文凭。1991 年,约有 105 000 人在职业教育机构学习。

3.5 成人与非正规教育

摩洛哥的非正规教育就是成人扫盲计划。1991 年,约有 255 000 人参与了这类课程。扫盲计划包括一个基础阶段、一个初级阶段和一个后续阶段。基础阶段 6 个月,每周学习 6 小时,目标是使参与者获得阅读、写作和计算的基本方法。初级阶段也是 6 个月,提供日常生活和工作所需的基本知识与技能。最后,后续阶段的时间不限,目标是通过布告的方式与学员保持联系,继续提醒他们教育的作用和倒退回文盲状态的危险性。

4. 行政管理的结构与运行

摩洛哥教育部分为两部分:一部分负责基础与中等教育,另一部分负责高等教育。两部分都由教育部长领导,教育部长由内阁和总理所支持。在总理之下,设有董事会,董事会之内有一定分工。教育部的任务是制定和实施机构与教育评价措施,以贯彻政府政策。尤其是所有教育机构的构建和设施配备都由教育部负责。

对于基础教育和中等教育,设有区的、省的、地方办公室,负责在本地区贯彻教育部的政策。各种高等教育机构则直接由教育部领导。

还有一些其他部门对教育的许多方面负责。公共事务部承担所有职业培训活动的合作。社会事务部负责各类扫盲计划。青年和体育部监督那些为失学儿童开设的教育计划。

5. 教育财政

大多教育和培训活动的财政支出由国家政府预算提供。1991 年政府对基础教育、中等教育和高等教育的预算占政府总预算的 26.3%,占摩洛哥国内生产总值的 5.67%。不过从 1990 年起,地方社区开始负责基础教育第一阶段学校的构建,地方社区的这部分投入大概占基础教育和中等教育财政预算的 1/3。应该提出的是其他部的一些部门在负责组织某些教育活动时,它们对这些活动同样有自己的预算。

摩洛哥从世界银行和非洲发展银行获得了贷款。此外,其他国际和区域性组织,像 EEC、UNFPA、UNICEF 等等以各种捐赠形式给摩洛哥提供了大量捐赠。

1991 年,摩洛哥政府和地方社区的教育总支出为 132.78 亿迪拉姆,其中 124.3 亿(约 94%)出自教育部,8.48 亿为其他部门所支出。平均每年每学生教育经费为:基础教育第一阶段 1 490 迪拉姆,基础教育第二阶段 3 600 迪拉姆,中等教育 6 630迪拉姆,高等教育 7 940 迪拉姆(1992 年 6 月汇率约为 1 美元 =8.35 迪拉姆)。

6. 师资

不同阶段教育的教师职前培养是不同的:基础教育第一阶段教师的职前培养年限为 2 年,入学要求为具有学士学位者。不过,对于那些获得大学第一阶段(2 年)证书的学生,只需要在教师培训中心学习 1 年即可。

基础教育第二阶段的教师培养在地区教学中心,入学者具有学士学位的培训年限为 2 年,获得大学第一阶段(2 年)证书的学生的培训年限为 1 年。尽管教师培训中心和地区教学中心招生的文凭规定相同,但是在学生获得的毕业等级和学习学科的专业性程度方面还是有所不同的。

中等教育教师的培养机构为师范学院。那些获得中学毕业会考证书的入学者的培养年限为 4 年,而具有大学学位证书的学生,培养年限为 1 年。

摩洛哥设有国家监察中心负责培训教师监督人员,凡具有 4 年教学经验的教师都可以申请培训。基础教育第一阶段监督人员的培训年限为 3 年,基础教育第二阶段和中等教育的监督人员培训年限为 2 年。

教育的计划与指导中心开办有一个 2 年的培训课程,使基础教育第二阶段的教师可以获得一个计划或者指导方面的证书。参加这个培训需要进行考试。完成这个课程,计划和指导人员还可以继续参加一个课程培训成为一名督察人员。

教师和行政管理人员也要参加在职培训。这类培训可以从几天到几周,长短不等。它的形式有:专题研讨会、实习、大型会议、查找资料和新生课程等。在职培训的主要目的是更新教学、监察、计划和行政管理的技能。随着整个系统改革的开展,组织召开了一些地区性和国家性的专题研讨会。

7. 课程开发与教学方法

基础和中等教育的教学大纲及教科书由一个指定的专门委员会负责,这个委员会由监察人员和教师共同组成。他们的活动要接受教育部的教学理事会的监督。教科书根据教学大纲编写。教科书要在相关试点学校试用,在正式使用之前要做修订。

一般来讲,教学大纲和教科书每 4 年修订一次。私立学校必须使用同样的教学大纲和教科书。包括科学课程在内的大多数教科书使用阿拉伯语,外语课有法语、英语和西班牙语。学生可以购买或租借教科书。每个学生可以以很低的价钱全年租用一套教科书。每年有一份教科书名单。1991 年,基础教育第一阶段有 42 种教科书,第二阶段有 30 种,中等教育有 57 种。

8. 考试、升级和证书制度

教师要掌握进行建设性和概括性评价的方法。教师要公布建设性的评价资料,以便使教师和学生都能了解学生学习的结果。每一年级,都有规范的学期和年度考试,在基础教育的第一阶段,教师对学生家庭作业和课堂作业的评价决定学生是否升级。学生是否能从基础教育的第一阶段升级到第二阶段,教师的评价和结业时的考试成绩都要考虑。

基础教育第二阶段的升级的程序与第一阶段相同。而且,每个学校都设立规范的学期考试,从基础教育升到中等教育阶段,要根据学期考试的结果。学校内部的由教师和指导者组成的委员会,对每位学生是适合继续进行学术理论性还是职业性中等学习做出评价。进入中等学校取决于有多少名额。

在中等学校,每年有两个地区性考试。这些考试旨在帮助教师和学生保持努力以按时完成学业。要获得学士学位部分取决于 3 年来每年两次考试的平均表现。新的考试形式采用不同的评价技术，包括书面和口头考试、实践性练习和家庭作业等。学士文凭的成绩决定一个学生是否能进入大学、大学以外的研究机构或职业培训机构的高等教育。

所有要取得文凭的高等教育学习持续 4 年。再继续学习 2～3 年可以获得硕士文凭，继续学习 3～5 年可以获得博士文凭。升级以每年的两次考试的结果为根据。但是，医学课程学制 7 年，药学和牙医课程 5 年。

在工程研究机构，学生必须在预科班完成 2 年的学习，再学习 3 年的课程才能获得国家工程文凭；学习 5 年可以获得研究预备证书；学习 8 年可以获得科学博士学位。

9. 教育评价、评估和教育研究

教育部负责研究和评价活动。20 世纪 80 年代后期，教育改革和职业培训改革实施之后，这些活动在数量上有所增加。

研究活动的主要领域覆盖课程、教学方法、成绩评定、行政管理、学校管理、人员培训、为农村儿童提供教育、教育财政、教育计划和学校与职业指导等方面，而且都得到了极大的关注。

10. 20 世纪八九十年代的主要改革

20 世纪 70 年代和 80 年代摩洛哥的社会结构与经济结构的变化，教育事业的迅速扩大，导致教育制度与整个社会之间出现了结构性功能紊乱。教育制度的效率下降，农村与城市之间的教育需求差别较大。为了克服这些问题，政府对学校制度的结构和内容进行了改革。将基础教育分为两个阶段：第一阶段为 6 年，第二阶段为 3 年。中学为 3 年，分为普通中学与职业中学两轨；优先发展基础教育和职业教育。改革的主要目标为：

(a) 到 1992 年 7 岁儿童的入学率达到 78%。

(b) 1992～1993 学年，从基础教育第一阶段到第二阶段的学生升学率达到 80%。

(c) 为了进行一定的职业教育，20% 的 6 年级学生将进入专业学习阶段，40% 的 9 年级学生将进入取证学习阶段，40% 的 12 年级学生进入到技工学习阶段。

(d) 从一个年级升入另一个年级的学生比例应该达到 80%～85%（留级率在 10%～15%，每个阶段的毕业年级的留级率不应超过 20%）。

为了保证教育的质量，改革重视课本内容的更新，在农村地区适当开设了一些地方课程，进行一些新的教学方法的实验，开展针对学习能力差的学生的学习活动，对课程的实施和教师教学进行评价等等。

此外，一些措施已经付诸实践，这些措施包括：提高农村地区教师的素质；提高社会服务的质量，特别是饮食和保健服务的质量；改进教育规划程序；增强地方教育服务等等。

11. 2000 年面临的主要问题

跨入 21 世纪，由于所处地理位置和经济条件，摩洛哥只要能够提高其国民的教育水平和职业培训，它还是能够在该地区发挥重要作用的。20 世纪 90 年代摩洛哥所面临的挑战主要是提高教育的民主性和提高教育发展与社会经济发展要求的正相关性。可以想像，所有的学龄儿童不论性别和地域都能够去上学，而且能够从 1 年级一直上到 9 年级，这正是政府要努力做的事。此外必须注重提高基础教育的入学率和质量。应该在农村建更多的基础教育第二阶段学校，提高女生的入学率。还有一个目标是基础教育第一阶段的毕业生中能够升入第二阶段的学生该占到 80%，基础教育第二阶段的毕业生中能够有 40% 的学生升入中学。中等职业技术教育要改善。应该开发更多的高等职业技术教育课程。国家要鼓励私人办学。最后，高等教育和职业技术教育之间必须搭建桥梁，使学生能够在二者之间转换。

M. 拉迪（M. Radi） 著

刘瑞生 译

附录

Banque Mondiale 1989 Project d'appui au premier cycle de l'enseignement fondamental en milieu rural (unpublished research report)

Banque Mondiale 1991 Projet d'appui au deuxième cycle de l'enseignement fondamental en milieu rural

(unpublished research report)

Ministère de l'Education Nationale 1990a *Bilan et perspectives de réforme et de développement de système éducatif*. Ministère de l'Education Nationale, Rabat

Ministère de l'Education Nationale 1990b *Le mouvmement éducatif au Maroc*. Ministère de l'Education Nationale, Rabat

Ministère de l'Education Nationale 1990c *Recensement annuel de l'enseignement primaire*. Ministère de l'Education Nationale, Rabat

Ministère de l'Education Nationale 1990d *Recensement annuel de l'enseignement secondaire*. Ministère de l'Education Nationale, Rabat

Ministère de l'Education Nationale 1991 *Note d'orientation sectorielle pour la préparation du plan 1993—1997*. Ministère de l'Education Nationale, Rabat

Ministère de Plan 1987a *Population active rurale, résultats détaillés*. Ministere de Plan, Rabat

Ministère de Plan 1987b *Population active urbaine, résultats détaillés*. Ministere de Plan, Rabat

Ministère de Plan 1990 *Annuaire statistique de Maroc*. Ministère de Plan, Rabat

Ministère de Plan 1992 *Projections de la population du Maroc a long terme*. Ministère de Plan, Rabat

莫桑比克的教育制度(Mozambique:System of Education)

1. 基本背景

莫桑比克的国土面积为783 000平方公里,有5条大的河流自西向东穿越而过,使得这个国家形成了北部大片的高地和南部肥沃的低地。

1980年人口普查莫桑比克的人口为1 210万,计划到1990年达到1 570万,1995年达到1 810万。国家的富饶将持续保持人口较快的增长和稳定。从1950年到1980年,每1 000人中的人口毛出生率仅仅在50~47之间浮动,而且,死亡率也在下降:每1 000人中的毛死亡率由1950~1955年间的35.2降到了1975~1980年间的20.7。死亡率的不断降低的结果是,莫桑比克的人口正在经历快速的增长。每年的人口增长率估计是2.7%,这样下去的必然结果是年轻人口将会增加各种需求,不仅是对教育的需求,还有对医疗保健、交通、交流、住房和就业等条件的需求。

只有1%左右的人把葡萄牙语当作母语,大多数人说20种不同的班图语中的一种或多种。值得注意的是这个国家没有一种单一的国家母语,因而,葡萄牙语成为1年级以前的教学语言。这似乎是高留级率和中途辍学率的最重要的原因之一。

15~59岁中有效劳动力估计有610万人,其中约50%被认为是职业人口。正规的私立单位雇佣约20万名员工,然而,公立行政机构中只有10万名。这也表明,10%的职业人口是在单位里挣工资。因而可以推断余下的90%要么是从事农业,要么在城市或农村的一些非正规单位里从职,要么是无业游民。

在正规的私立单位,制造业是最大的"雇主",占总雇佣率的10%,仅次于商业(22%)、农业(14%)和建筑业(11.5%)。由于省份和性别的不同,正规的私人劳动力的分配很不公平。马普托城(占44%)和马普托省(占15%)拥有最多的劳动力,索发拉(Sofala)占14%,而赞贝渣河(Zambezia)省和楠普拉(Nampula)省(它们是莫桑比克人口最多的两个省份)仅分别占8%和7%。在所有省份,所有经济行业里,男性占有优势,而被雇佣的女性占不到3%的比例。据联合国调查,幅员广阔的莫桑比克是世界上最穷的国家之一。1990年毛人均国内生产总值(GDP)约为80美元。常年的战争及遍及全国的灾难性的干旱导致了2/3的莫桑比克人生活在极度的贫困之中。国外援助在已知的GDP中占了2/3,出口进口比率在1992年估计是0.35。

莫桑比克共有11个省份,其首都是马普托。莫桑比克的议会享有立法权,其次就是部长理事会。全国共有20个部及一些秘书处。地方上有省政府,包括省教育董事会。在独立(1975)后的头几年里,莫桑比克确立了高度集中的一党制。紧随着,1987 年,中央计划经济转变为市场经济,在 20 世纪 90 年代早期,出现了一场去集权化的运动。1990 年,还发生了其他比较重要的政治变化,如一党制转为多党制。不过,去集权化要真正奏效必须得经历一段时间。1993 年,还有许多决策仍需要中央政府来进行。1993 年莫桑比克处于一党制到多党制的过渡阶段,是南非那场持续了 20 年之久的残酷的流血战争的后果之一。国家想要达到的主要政治目标是建立长期的和平,人们认为这种和平须以民主和社会经济的发展为基础。

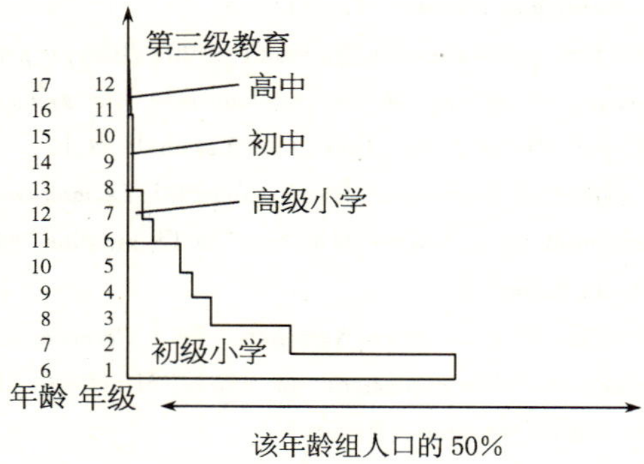

图 1　莫桑比克:正规教育体系的结构

2. 教育政策与目标

在 1983 年与 1992 年的法律条文中可以找到有关政治和教育目标的内容,其中提到教育体制必须扫除成年文盲,确立一种免费的普及的 7 年制的初等义务教育,并且能培养出大批为国家社会经济发展所需的骨干人才。同时,每个莫桑比克人都将享有平等的受教育机会。尽管这些目标是在一党制统治时期制定的,然而它们的价值是共同的,因而后来也被其他的政党所采用。事实上,与其说不同之处是实质性的,毋宁说是程度上的。来自社会不同单位的批评纷至沓来,说教育制度中囊括了太多的马列理论,因此,在 1992 年,法律重新修订,去除了马列的理论,可是这未能改变教育体制的内容或结构。

3. 正规教育体系

图 1 显示了国家教育体系的结构。

独立初期(1975),莫桑比克的文盲率是 93%,是世界上文盲率最高的国家之一,而且当时的教育制度也表现出了极大的歧视性。官方学校主要设立在市区,入学的多是葡萄牙人,少数莫桑比克人,还有被殖民统治同化的那些人的孩子。由于有被歧视的出身,教育制度的不完备,大多的莫桑比克人要么没有受教育的机会,要么进入主要存在于农村的一些教会学校就读。除了教会学校,也有一部分设立在市中心地区的私立学校,入学者通常是那些不能进入官方学校的学生。

为了保证所有的莫桑比克人都有非歧视性的、公平的受教育机会,政府决定使教育国民化,废除私立学校和教会学校。具有殖民内容的、有关葡萄牙的历史和地理教学等课程及教学计划均被有关莫桑比克的内容所取代。虽然课程发生了变化,但由于 1983 年新教育制度的引进,导致了政府后来开展了一项教育评估计划。每年增加一级,那么到 1994 年随着第 12 级的引进,教育制度将会逐步完善。实际上,这样的教育并非是义务教育,教育人数呈现出了一种金字塔状:底端宽,在第 1 级上,约有 50 万名儿童;顶端窄,在第 10 级上,约有 1 000 名,而且每年升入大学的只有约 300 人。在这个体系中,不到 1/500 的学生才有可能完成中等教育。

体系中不同层次的学生分配如下:86% 在初级初等教育,9.5% 在高级初等教育,3.7% 在初级中等教育,0.3% 在高等教育。

3.1　*初级初等教育、中等教育和第三级教育*

初级初等教育(EP1)从 7 岁开始,共有 5 个年级,学生的年龄在 7 ~ 11 岁之间。1991 年,约有 120 多万名学生进入初级小学学习,比起 1979 年减少了 14%,当年进入这个层次学校的学生数达到了历史最高——140 万名。1991 年的女生入学率为 41%,而在 1986 年达到 44%,但是,在高水平的教育上表现出了百分比下降的态势。从 1975 年到 20 世纪 80 年代,与入学人口占整体人口 2.7% 的比例相比,入学人口的年平均增长率仅仅大约为 16%。入学人数的快速增加本应该使文盲率大大减低,然而,整个 80 年代,自 1981 年到 1989 年,毛入学人口和净入学人口率却分别由 77.5% 和 50.6% 下降到 54% 和 37.5%。这种下降主要源于那场使经济和社会变得极不稳定的战争，致使 3 400所学校遭到破坏或被迫关闭。

随着人口由农村涌入城市的大潮，这些地区的人们对教育的需求激增，但政府还未能令人满意地满足这种需求。政府试图最小化这个问题，决定不再像最初计划那样划定两类转换，而是在大城市的所有初级小学中预设三种转换。结果是每生每年的受教育时数减少了 30%（从 850 小时到 595 小时）。计划到 1993 年增长 9%，一些学校还开设有夜课，专对不能在其他类型中获得教育机会的成年人和十几岁的年轻人。

私立教育规模小，主要是因为其在 1975 年被废止，直到 1990 年才重新开办。

就总体来说，初级初等教育中存在着较高的留级率和辍学率，效率十分低下。升级率低于 60%。

高级初等教育（EP2）仅包括 2 个年级（第 6 级和第 7 级），入学者是那些成功地完成了初级初等教育的学生，年龄在 12 ~ 13 岁。不像初级初等教育，高级初等教育的增长是稳定的。1991 年在高级小学中有 119 000 名学生。尽管人们在这一层次的教育上做出了大量的努力，入学率仍旧很低，在 1991 年，初级小学中仅有 10% 的学生升入了高级小学。1975 年，女生占高级小学学生总人数的 44%，但在 1991 年仅占 39%。不过，从绝对意义上说，入高级小学的女生人数在同一时期还是由 9 000人增长到了 46 000 人左右。在 1982 年至 1987 年间，由初级小学到高级小学学生的升学率平均为 70%，但是，因为初级小学的毕业生在增多，及高级小学学校的不足，1991 年的升学率约 64%。高级小学的内在效率也很低，第 7 年级的毕业生仅占第 6 年级学生数的 1/3。

初级中等教育（ES1）包括第 8 级、第 9 级和第 10 级，入学的学生年龄是 14 ~ 16 岁。这些学生主要是高级小学的毕业生，同时还有来自初等职业技术学校的学生。这些学生，只要他们愿意，也可以升入基础职业技术学校或者教师进修学校。初级中等教育因为满足了人们对专业训练、合格劳动力和能为高等教育预备学生的要求，因而相对具有重要的地位。

但是，几乎每个省份中的这类学校，数量都是有限的。初中的注册学生数一直在增多，1991 年，42 所学校中共有学生 26 000 人。虽然从第 7 级到第 8 级的升级率为 55%，仍旧只是高级小学人数的 2%。约有 4% 的初中的注册学生来自马普托。初中的女生人数尽管有相对上升的趋势，但依然较低，1975 年不到 20%，而到 1991 年则达到 34%。同样，初级中等教育的效率不高，如在 1990 年，52% 的初中的学生在第 8 年级时未能及格，而且这种体系仅培养出了 3 000 名新的毕业生。

高级中等教育（ES2）包括第 11 级和第 12 级。从政治意义上讲，这一层次的学校是以为大学预备学生而闻名的，入学者年龄在 17 ~ 18 岁左右。初中毕业的学生和基础职业技术学校的学生都可以升入此类学校，他们既可以学习职业技术课程，又可以修习高级初等教育中的师资培训课程。高级中等教育的重要性在于它不仅能为劳动力市场培养出中级水平的有素养的劳动力，又能为高等学校预备新生，从而使他们最终成为政界和经济界的领导人物。然而，它们虽然有重要地位，1991 年，在 11 个省份中仅有 6 个省有高中，入学人数是 3 400 名（女生占 32%），50% 的学生分布在马普托。注册的学生数中仅有 0.3% 是初中的毕业生。同年，从初中到高中的升学率是 44%。可是由于第 10 年级毕业生数的增加和高中的萧条，二者之间的升级率可能会下降，即使教育部于 1995 年到 1996 年间扩展了所有省份的教学网络工作，力图保持 1991 年的水平。内在效率也较低，1990 年全国总人口超过了 1 500 万，而此类型的教育只培养出了 500 名新的高中的学术型的毕业生。

高等教育包括一所大学、一所为中等层次的教师设定的教师进修学院和一所外交政治科学研究所，它们都没有开设研究生课程。1991 年，高等学校的注册学生人数约 5 000 名，存在着性别和宗教差别。大部分的学生来自国家南部地区（主要来自马普托）。女性在任何一所高等学校中都不超过 25% 的比例（1991）。

3.2 学前教育

学前学校数量少，主要集中于城市，学前教育不是义务性质的，通常在幼儿园里进行。郊区的一些社团组织也创办了幼儿园。教育与健康部和国家社会福利秘书处决定着学前教育机构的经营、运作和关闭。

3.3 特殊教育

特殊教育是为有生理、感觉障碍的儿童及青少年开设的，它提供一般的职业性质的训练，旨在促使那些学生能重新与一般学校的学生融合，并能过上正常的生活。学校的数量和注册学生数非常少，尽管战争使得有障碍儿童激增，并大大加重了他们的精神压力。

3.4 职业、技术教育和商业教育

职业技术教育的主要目的是为年轻人在既定的领域工作而准备的，使他们养成端正的工作态度，提高他们调查、创新、组织和科学地工作的能力。一般有三级：初级、基础和中级。每一级包括三类内容：农业、工业和商业。与普通教育相比，初级水平的教育共2年，相当于高级初等教育；基础和中级水平的教育都是3年，分别相当于初级中等教育和高级中等教育。

农业课有农业、畜牧、林业。工业课有国家建设、机械学、电力学、冶金等等。商业课有会计、秘书、管理及信息技术。

初级学校（小学）有两类：工艺美术和园艺。学校的数量受到战争的影响从1975年的12所减到1991年的1所。然而，1991年之后，一些学校重新开办，新的学校建设也开始出现。在1991年，基础水平的职业技术学校就全国来说总注册人数是7 600人（农业为12%，商业为27.2%，工业为60%），女生在基础学校的注册人数中比例是20.7%（农业为15.2%，商业为44%，工业为11.2%）。

中级水平学校的学科有20多种，但在1991年，11个省中只有6个省的共8所学校真正发挥了作用。同年，入学人数为2 100名（有20.8%的修习职业教育的师资培训课，26.1%修习商业课，17.5%修习农业课，35.6%修习工业课）。进入中级水平学校的女生比例仅为13.6%（2.5%修习师资培训课，8.3%修习农业课，8.8%修习工业课，32.2%修习商业课）。

3.5 成人和非正规教育

在独立后，政府采取了诸多措施以保证受教育机会的民主化。这种教育设有夜校，通过为成人提供便利条件，或者让他们参加夜课，使他们加入到扫盲运动中，接受职业技术教育。扫盲运动和成人教育越来越正规化，非正规化的成人教育几乎不存在了。

依据当时的人口普查，文盲率从1975年的93%降低为1980年的72%。参加扫盲运动的成人人数由1978年的275 000人上升到1980年的415 000人，之后，即在1989年又降到了46 600人。这种减少归结于战争的灾难性的影响，扫盲计划的过度正规化，葡萄牙语作为教育的媒介（当时许多成人不懂得这种语言）以及扫盲运动中教师和成人教育者的较低素质。

4. 行政管理的结构与运行

直到1975年，莫桑比克是被看作是葡萄牙的一个省，因而，教育体制是由省教育部和视察处共同掌管的。这两个机构的职员多半是葡萄牙籍人，莫桑比克独立后，他们逃到了国外。1975年，包括体育、运动的教育文化部创立了。由于暂时短缺专业水平的、合格的职员，许多普通人，包括教师，尽管在教育管理和规划中不具有优势，还是被录用到了各个部中。

到1993年教育部不再负责文化、体育，而是主要负责国民教育制度的教育规划、管理和监督。除了高等教育，课程和教育规划都是国家的事情，由教育部批准实施。也就是说，教育体制的管理原则上是中央集权式的，但在执行上是分权式的，即，省、地区和学校代表中央履行职责。

在中央层次上，教育部包括3个国家局，8个行政局和多个处。前者主管初等教育、普通中等教育和职业技术教育，后者主管教育规划、人力资源、行政和经费发放以及学校的社会福利。还有国家教育发展研究中心（INDE）和职业培训中心（IAP）等中央机关，和中央的其他诸部门相比，享有一定程度的自主权。爱达卢大学（UEM）和高等教育中心（ISP）是具有管理自主权的高等教育机构。在省级区级层次上，相应有省教育局和区教育局，两者

的局长都由教育部任命,尽管事实上他们都从属于省政府和区长官。一般来说,学校由教育局长、副局长和行政长官管理。

5. 教育财政

1980年的教育经费投入约占公共经费的12%,GDP的4%。之后,教育经费大幅度削减,到1988年才稳定在国家预算的8%左右。政府支出在GDP中的比例从1983年的4.5%下降到1987年的2.5%,到1989年又升到4.8%。以1980年的恒定价格来算,政府的人均教育支出在1981年达到255梅蒂卡尔,1987年降为128梅蒂卡尔,直到1989年上升到预计的199梅蒂卡尔。1987年的教育总经费以常规来计算约为1986年的2/3。到1989年费用几乎恢复到了1981年的顶峰水平。然而,在1993年,教育费用并未达到人们的期望值。

教育在20世纪90年代初的调整过程中比其他公共单位承受了更严重的资金削减,不过由于教育经费的实际削减主要引起了教师的实际工资的猛跌(1986年和1987年间下降了约50%),教育体制的负责人并未承受全部负担。但是,像维持学校和经费提供的节减一样,这种趋势很可能会对教育质量产生实质性的影响。

1980~1982年间教育费用固定地占有总经费的18%,而到1987年经济危机产生了,为了保证经济恢复,致使教育经费大幅度下降至10%。实际上,从1980年到1987年教育的固定经费每年平均下降17%,而且1987年达到历史最低。实际单位经费在此期间(1982年到1987年)削减了一半。从1988年起,教育拨款开始增多,固定教育经费的增多可以认为是成本较高的高级次教育中入学人数增多的结果。

1993年,外界赞助的非报偿性资金要比国内的教育拨款高出许多,几乎占总固定援助的一半。这说明支援起了基础性的作用。然而有关的援助仅限于少数领域,如教科书发行、食品、进口海关和运输的协助、对中央和省机构的资金投入。对许多诸如教师教学材料和教师基础设施的重要投入是远低于资助总基金的。

无报偿性支出的相对数量依教育的层次和类型而有很大的变化,在初级小学里,来自省经费的生均非报偿性费用在1990年是15美分,占固定费用的1%。在高级初等教育,同样的固定单位费用是10%。非报偿性的单位费用在中等教育、教师培训、技术学校中较多,然而这在很大程度上与多数量的寄宿学校有关。而且大量的非报偿性费用用在了为学生提供食宿上。在埃德萌德兰大学(Eduardo Mondlane),60%多的经常性费用是非报偿性支出(不包括技术援助),学生援助(28%)、国际合作(16%)、教室和住宿是主要项目。生均费用比那些初级小学的费用高出200多倍。

教育经费在政府经费中的比例1980年和1981年平均为3%,到1986年与1987年间,下降到1.5%。1988年,恢复并超过了1980年的实际经费水平。然而,教育费用占公共经费的平均份额在1980年至1989年间仅仅是2.6%,甚至不够重建被战争摧毁的学校。经费不足尤其影响了初等教育的建设。

6. 师资

战争使得60%的学校不得不关闭,约有100万的学生和大量的教师分别失去了入学和教课的机会,因而有关教职员的数据并不可靠。事实上,来自不同渠道如金融、人力资源、规划部及省教育处的教职员数据差别极大。根据教育部规划部的报道,1992年的莫桑比克,学校里的教师共有27 000人,非教育机构有9 700人。91%的教师就教于小学,6%在中等和职业技术学校,余下的3%在高等教育机构和师范院校里。总体上教室短缺,在初等教育中尤为如此。

初等教师培训中心为意欲执教于初级小学的人开设了3年的课程,1993年从第7级开始设有此种课程。以后将从第10级设课,课程将从3年缩减到仅仅2年。就教于高级小学的入学要求是从第10级开始,而且要在中等教育机构学习3年才能成为合格的教师备选人。高等教育机构为初级和高级中学教师提供培训,入学层次是第12级,其课程为时4.5年。也有为职业技术学校培训教师的专门师范教育机构。

在职培训要么稀少，要么不成体系，或者实际上并不存在。然而，已经制定了有关计划，旨在开展基于自主教学材料的应急项目，强调教科书的使用，多级课堂中不同群体的管理，其他和不利条件下课堂管理相关的问题。教育部也将使统一教育学区（ZIP）和在职培训重新具有活力，通过使用广播课、印刷材料和教学指导等。

国家书面考试和实际教学都是用来评价教师备选人的，在每一类型培训的末尾都发放证书。

7. 课程开发与教学方法

教育部通过了一项适应于所有学校的普通课程。所有学生都要接受这种课程，它包括读写算、科学、社会研究、美学、体育等。学生在第8级开始学英语，在第11级学习法语。课程中还增设有环境、人口、家庭生活等教育内容。在小学，由一个总教师教授所有科目，而在中学，教师一般教两门学科，如数学和物理，或化学和生物等。在高中，学生根据自己的能力和期望在将来上大学时想要学习的内容，可以专修自然科学或社会科学。

教育部的下属机构——国家教育发展所（INDE）通常负责为学校各门学科和各个年级制定教学大纲，对教学内容和教学方法进行明确规定。它同时确定学生教科书和教师手册，并为教师提供在职培训。从1991年起，此机构还制定了被教育部随后批准的教学大纲，但是教科书的编写采取投标方式。教育部对每个年级的每门学科的某本教科书进行审查，之后在全国推广。

教科书的一个问题是，由于时间紧迫，它们并未试用，尤其在小学。它们没有充分考虑到学生的文化、语言胜任能力就发行了。教师抱怨（评价报告认为他们的抱怨是理所当然的）教学大纲要求苛刻，为时过长。此外，葡萄牙语作为农村地区小学的教学语言，以及着重强调那种压制学生口语表达能力的教学方法，使学生养成被动的习惯，学习只用死记硬背式的方法，已经成为教学过程的一个普遍特征。

在20世纪90年代中期，课程将有一次彻底的修订，与国家发生的社会政治变化平行进行。多元文化教育、课程地方化、和平教育、一般理解教育将受到特别重视。预计，莫桑比克语将在小学的低年级使用，尤其是在农村地区。

8. 考试、升级和证书制度

在第5、7、10、11年级都有全国性的考试，分别对应于初级初等教育、高级初等教育、初级中等教育和高级中等教育的结尾。只有圆满毕业才授予证书。1991年政府在教育领域内采纳了一种从某一年级到下一级的自动升级制度，然而，尽管评价此项政策为时尚早，仍有一部分人采取抵制态度，因为教师并未参与到此项决策。

9. 教育评价、评估和教育研究

实际上并没有教育评价，但是，评价研究正在慢慢加强。20世纪90年代初，有3种重要类型的评价：从教育学角度对小学教科书的评价；教育体制管理和行政的评价；和教科书相比学生父母的购买力的评价。1991～1993年间，莫桑比克参与了世界数学评价研究（ISAM）。

研究所得的资助金较低，而且可利用的少数资金也是由国外或国际的一些组织提供的。教育研究者的工作相互隔离，研究结果很少用来为政策形成服务。出现了一些新的研究计划，将把重点放在通过找出可能会影响教育质量，尤其是小学和贫困地区的教育质量的因素，提高学校效率；通过学校与社区、学生和教师之间的互动关系的研究重视社会学和文化教育；鉴于国家多语言的现状，重视语言学和教育；重视心理学，尤其是聚焦于概念研究；使用有助于提高数学和科学教育质量的说教；环境和人口教育；有利于提高教育中决策形成的政策分析研究。

10. 20世纪八九十年代的主要改革

鉴于莫桑比克的教育体制改革是在1983年推行的，在1994年将进入最后阶段，预计莫桑比克的学制结构在2000年之前不会产生大的变动。不过，一些有关学制效率的研究表明，为使学习者更为集中，莫桑比克语在更多小学中使用，应该对课程进行某些改革。教师培训项目也应当进行适当的改革。

还有一些改革计划,主张整个小学阶段(从1年级到7年级)只要一个教师,或最多两个教师,为了使向有众多人口的农村地区扩展高级初等教育成为可能。计划还着手于通过发放学习指导书、印刷材料和提供广播课程,建立常规的在职培训主题,尤其为初等教育的教师。职前培训计划也将重新建构。

职业技术教育改革的可能性也大,因为这类教育发展政策和战略计划的研究,以及1994年至2000年间的硕士培养计划的拟定正在进行之中。这场改革将使雇主、商会和其他组织部分承担确定课程的责任,或是依据训练有素的劳动力的需要特别是农村地区劳动力的需要,实行专业化。同样,要确立对职业技术学校毕业生的评价。最后,教育经费的投入体制也需要改革。

11. 2000年面临的主要问题

由于存在着严重的政府财政限制,绝大部分人口的极端贫困,低入学率,学校人数的增多,高辍学率,莫桑比克处于教育质量提高与学校校舍扩张的两难困境。受基础教育的机会越来越有限,尤其是农村地区、贫困儿童及有些地区的女童。教育质量的提高受到严重损害:质量低且数量少的教学材料和教科书;较低素质的教育者;教学设施的匮乏(许多地区没有自来水和厕所);为时较短的学年安排,每天不足3.5小时的教学;教室过于拥挤,充斥着不同年龄、能力和天分的儿童。而且,十多年的内战给全体儿童和少年留下了情感与心理上的创伤。

学校内部效率低也是整个学制中的另一个大问题。例如,在入学的1000个1年级的学生中,经过5年的初级初等教育后,毕业人数只有将近77人。

就技术性技巧、行政、管理和教育规划来说,所有层次的教育单位都急需提高它们的机构容纳力,尤其要关注学校的教一学过程的地位。除此,急需对教职工进行专业训练、在职培训和专业化,不管是中央、省还是地方都要重视,以保证并促进教育政策的形成和确立,使这种教育政策具有现实可行性,并能与它们所在的社会背景兼容。省、地方的教育当局的去集权化应当逐步进行。

为使教育体制的管理更加有效,教育行政服务部门需要提高横向、纵向的协调能力,改进沟通体制。

A. 纳威托(A. Nhavotto) 著
尹天姿 译

附录

Assembleia da República 1983 *Lei e linhas gerais do Sistema Nacional de Educação. Boletim da República.* Imprensa Nacional, Maputo

Assembleia da República 1992 Lei nº 6/92 do Sistema Nacional de Educação. Boletim da República, Serie 1, 19:8—14. Imprensa Nacional, Maputo

Dzvimbo P, Plank D, Torres C, Verhine R 1992 *Mozambique: Education Sector Assessment.* IEES/USAID Project. Florida State University, Tallahassee, Florida

INDE 1992 Primary school textbook evaluation project. Reports no. 1 to 23. INDE, Maputo

Martins Z 1990 *Population Growth and Universal Primary Education in Mozambique.* University of Ghana, Faculty of Social Scienes, Legon

Martins Z 1992 Aproveitamento escolar no SNE: contribuições para um estudo das disparidades regionais e de sexo com refer ência ao ensino primário do 1º grau. *Cadernos de pesquisa do* INDE 1. INDE, Maputo

Ministry of Education 1981 Linhas gerais do Sistema Nacional de educação. Imprensa Nacional, Maputo

Ministry of Education 1988 Relatório do Ministério de Educação ao Conselho de Ministros. Mimeo

Ministry of Education 1990 *Balanço da introdução do SNE. A Educação em Moçambique.* Colecção documentos Nº1. Editora escolar, INDE, Maputo

Ministry of Education/World Bank 1992 *Education Sector Expenditure, Management and Financing Review.* World Bank, Washington, DC

Nhavoto A 1982 *Le système educative au Mozambique: Essay de diagnostic.* UNESCO/IIEP, Paris

Nhavoto A 1991 Custos e despesas do ensino em Moçambique: a busca duma racionalidade. *Cadernos de pesquisa do INDE*

Nhavoto A, Rego M, Sitoi A 1985 Balanço dos primeiros dez anos de educação em Moçambique. Mimeo. Ministry of Education, Maputo

Palme M 1992 *O significado da escola: repetência e desistência na escola moçambicana*. Cadernos de pesquisa nº2. INDE, Maputo

纳米比亚的教育制度(Namibia: System of Education)

1. 基本背景

纳米比亚位于非洲西南部,面积为824 000平方公里,是英国国土面积的3倍。南回归线从中经过,因此,它一半在亚热带地区,另一半位于南部非洲热带。总体上,气候干燥炎热。首都温得和克,1月份平均气温是24摄氏度,7月份是13摄氏度。3月份降雨量是81毫米,而在8月份没有降水。

纳米比亚分为4个地区:西部沙漠,中部半干旱高原,东部沙漠,最北部热带雨林地区,其中沙漠最多。大西洋沿岸的纳米比亚沙漠宽65~165公里,南北长为1 600公里。只有两条公路干线和两条铁路干线经过这里。中部是中心高原,平均海拔2 000米,这里气候稍微适宜,可以发展自给自足的畜牧业。这里也有一些城镇和散居着少量居民。东部像西部一样,大部分被沙漠覆盖,喀拉哈里沙漠(Kalahari)有很少的居民。只有在靠近安哥拉边界的北部,居住着几乎全国大部分人口并分布着自给自足的非洲传统农业。

纳米比亚地广人稀。据1981年开展的人口普查估计,1992年,人口达到120万~180万。独立前政府没有着力统计过人口,因此不可能提供纳米比亚入学率和各年龄组塔状入学百分比的专门数据。根据上述情况,可以估计纳米比亚人口密度是每平方公里2人,比城镇的20%还要少。温得和克人口最多,约15万。纳米比亚城市化程度低于非洲其他国家。出生率是4.5%,死亡率1.7%。年人口增长率是2.8%——这一数据类似于亚撒哈拉非洲人口平均增长率,预期寿命是60岁,这在非洲是最高的,公共健康状况也高于非洲平均水平。

表1 纳米比亚的民族和占总人口的百分比

奥万博人	49
卡旺郭斯人	9
白人	7
赫雷罗人	7
达马拉人	7
那马人	5
卡普瑞威斯人	4
有色人种	4
勒候薄什人	3
其他(包括布须曼人)	5
总计	100

像其他大部分非洲国家一样,纳米比亚是一个多民族国家。布须曼人是土著居民,但不足几千人。还有一小部分是在沙漠中艰难度日的游牧民族人口,他们被排除在主流社会及其教育体制之外。

如上所述,超过一半的人口居住在纳米比亚北部,那里水源充足,可耕地多。他们几乎都是奥万博人和卡旺郭斯人,而且他们是班图人,说班图语;达马拉人和赫雷罗人也属于班图族。但是,那马部族却不是班图人,也不说班图语。

19世纪80年代初纳米比亚被德国占领,在1885年的柏林会议上,纳米比亚被转化为德国的殖民地。当时称其为“德属西南非”。德国人最初住在高原地区和斯瓦科普蒙德(Swakopmund)与卢德兹(Ludeertz)的海滨城镇。德国教育体制被介绍引入,但学校清一色都是德国移民的子女。几十年前,芬兰教会在北部创建了郊区学校,但其中土生土长的本地人只占一小部分。德国和芬兰成功地促成了纳米比亚人的宗教信仰的改变,到1990年,75%的纳米比亚人成了基督徒,而且大部分属于路德教派。

1914年第一次世界大战爆发,英军和南非军队占领了纳米比亚。凡尔赛条约中将其作为国际联盟的托管地从南非手中划给英国对其管理,提出黑人应该社会性发展,包括教育,但事实并非如此。

相反,南非逐步推行种族隔离制度,甚至把大批黑人种族向北迁移,以便为其他白人移民腾出更多空间。最初,很少有人关注黑人任何形式的教育和培训。语言环境变得更加复杂。很多德国人仍住在先前的殖民地区,德语仍被采用。南非荷兰语成为官方语言(古老的荷兰方言,为许多南非人使用)。结果,在纳米比亚中等学校及所有阶段的"白人"学校里,讲授的是南非荷兰语。

直到1990年独立,英语才被确定为纳米比亚的官方语言。这一决定在政策上有很大好处,但却产生了教育困境。在初等学校,当地语作为教学语言,而英语作为一门学科来讲授;在中等学校,英语依然作为一门学科;在高校,英语只用于演讲。然而,在课堂上英语并不经常用到,在课堂之外,师生经常用南非荷兰语交流。

下面将要讨论纳米比亚大部分教师不合格及其对他们的教学和英语运用的影响。非白人教师有自己的本地语,也有一少部分例外,精于南非荷兰语。然而,迄今为止,他们听说读写很少用英语。教学时,他们不得不用第三种语言。

因此,在1992年,纳米比亚的状况是10种重要的非洲本地语和3种欧洲语言都在使用中。班图语,或者又叫奥万博语是最流行的语言。这些也用于教育中详细考察的学习成绩,有关民族及学生的语言学习状况。有一个不歧视任何民族(人群)的学校体制非常重要。在过去的教育政策中,在以往的教育中,宣扬的语言政策实际上是蓄意的民族种族隔离制度的一部分,以此剥夺了黑人平等获得社会、文化、经济发展的权利。

纳米比亚与非洲其他各国相比是比较富裕的。其人均国民生产总值估计是1 100美元,而只有极少非洲国家超过这一数目。因此,与其他发展中国家相比,纳米比亚突出的问题是各类财富和收入在各种人口群体中分配的公平问题,而非在这个国民生产总值阶段上创造出财富来。这主要归功于金刚石、铜、黄金和铀等矿产资源的丰富。专门的牛羊饲养场近5 000个,主要是白人的。尽管降雨量不足,使纳米比亚发展传统农业难以为继,这些牧场主仍能获利丰厚。北方的气候比较适宜,12万个黑人家庭在此耕种。然而,自给农业仍是相当原始和不发达的。因此,这些黑人农民的生活与白人农场主相比是很低的。过去,渔业也是沿海一带人们收入的主要来源,但是由于外国渔船过度捕捞,造成鱼类资源大量减少,阻碍了当地沿海居民贸易的合理发展。

1991年,商业和服务业收入占纳米比亚国民生产总值的50% ~60%,矿业占25% ~30%,农业和渔业占10%,其他产业占5% ~10%。但这些收入没有得到合理分配,占人口少数的白种人至今仍控制着商业、采矿业和获利丰厚的部分农业,而占人口大多数的黑人依然在从事自给自足的农业和收入低的商业、工业。旅游业也逐渐成为纳米比亚收入的一个重要来源,但是,这一部分也仍被白人劳动力所控制。

在纳米比亚的180万人口中,20万是正式劳动力,44万不是正规劳动力,35万人在非正式劳动力部门(他们都是黑人,而且大都住在北部)。后者约有90%是文盲。我们不禁要问:在独立的纳米比亚,他们及他们的孩子应该得到什么样的教育和培训?在过去,种族隔离制度使他们很少有机会获得发展,随后的独立是他们应拥有公正、平等的权利的时候了。白人学校的生均费用是黑人的10倍的状况再也不会发生了。

2. 教育政策与目标

1990年,新的教育部长拟定的扩大教育目标的纲要文件定名为《教育变革:创造我们的未来》,这些目标包括:

(a)教育资源与服务的公平分配;(b)提高学习成绩;(c)有关课程保证个体和社会的进步;(d)高等教育和就业机会的平等;(e)扩大受教育权;(f)更新特殊学校的承诺;(g)提供终身学习的机会。

这些可行性政策和计划相应地直接指向下列目标:

(a)扩大办学权;(b)理解性学习和提高学习成绩;(c)改进课程和考试程序;(d)促进教育资源与服务的公平分配;(e)改革中等教育;(f)扩大成人、非正规教育。

1990 ~1991年间,教育部长倾尽全力把重点放在着手建立坚实的基础以达到上述目标。建立坚实基础的核心是建立不分种族、民族、性别的统一的国家教育体制。

独立后的统治政府强调教育体制的优先地位，明确提出，先前的教育体制不能满足纳米比亚人的需求——尤其是经济、社会和文化的。以前的教育体制是不平等的，就入学率、学科内容、教师供给等此类问题来说，都是对少数白人有利的。目标的表述，计划的制定及相应的结果，都应做进一步的阐明。

3. 正规教育体系

3.1 初等、中等和第三级教育

1991 年纳米比亚的教育包括 6 年的初等教育、3 年的初中和 3 年的高中，末尾时有南非类型的大学入学考试。考试成绩分为：SubA、SubB 等 10 个等级。在接受完初等和初中教育后，也有外部考试。与普通高中教育体系并行的是一个小型的职业/技术/农业教育体系，并延伸到高等教育水平。

通过中等教育考试的学生能进入高校继续深造，高校包含作为“专科学校”的学院和不同水平的几种学院。

人们决定改革基础教育体制。初等教育将延长为 7 年。录取考试将由英国式的 O ~ A 水平考试取代，一共需要 12 ~ 14 学年（参看图 1），需要强调的是图表中的数据只是计划所要达到的目标，而不是经过实际调查而获得的。

1991 年的学生数为 431 000 人，学校 1 250 所，

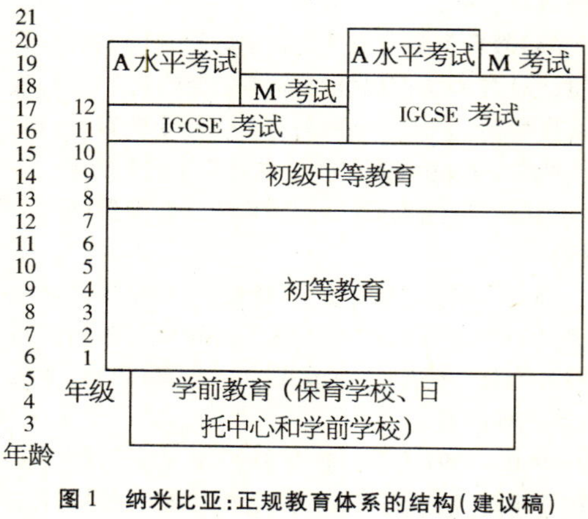

图 1 纳米比亚：正规教育体系的结构（建议稿）

教师 13 600 人。这比 20 世纪 80 年代增加了 50%，生师比是 42∶1 ~ 22∶1，平均生师比是 32∶1。每所学校平均学生为 350 人，只有 20 所学校的学生超过了 1 000 人。

教育体系内学生总人数中，小学生为 321 000 人，普通中学为 101 000 人，只有 3% 的学生在职业技术学校或其他类型的专门学校受教，这比例很小，根本不能满足未来劳动力的需求。而普通中学有 15% 的学生学习职前或职业科目，如农业、工业、国内科学和商业，这在一定程度上弥补了职业技术教育的不足。

如上所述，不可能统计出精确的净入学率。据粗略估计，基础教育的毛入学率是 130%，净入学率是 70% ~ 80%，这说明有相当一部分超龄或低龄的学生。北部的奥万博也有这种现象，而在白人学校中很少。据估计，中等教育的入学率为 20% ~ 25%，这说明基础教育后有相当高的辍学率。

教育中存在严重的地区差别。地区间各级教育的比较显示，1990 年，在温丹瓦（Ondangwa）地区 1 年级学生有 46 000 人，而 12 年级只有 600 人。这也说明，这一人口最稠密的地区输送的毕业生进入更高一级学校深造，或向劳动力市场输送的人才远远低于温得和克，而温得和克的人口只相当于温丹瓦的 1/5。

教育中也存在着微小的性别差异。1990 年初等和中等学校学生总数中 53% 的是女生（382 000 人中的 201 000 人）。这种情形在所有地区各级水平的学校中都存在。与大多数国家一样，农村与城市地区的入学情况存在着差别。但这一差别在一定程度上得到补偿，即有一大批来自农村地区的寄宿生。在纳米比亚的学校里，有超过 60 000 名的寄宿生，留级率也很高。SubA 结束后，留级率为 35%，在 SubB 是 25%。在第 1 年级，留级率是 23%，在第 10 年级是 7%。

在班级内也存在相当大的年龄差别，在奥万博尤为显著。班级内大的年龄差异归结为师生之间的教育学上的问题。与白人相比，所有黑人种族的学生念到第 4 年级时，年龄都很大了。

体育器材的配置因地区不同也有差异。首都温得和克的很多学校都有很好的建筑配备，优质的

教室、实验室,工厂和前面提到的好的教材。农村地区情况就不同了,在北部,甚至还有"树下的学校"。独立后,这种状况有所改善。学校规划报告在巴黎国际教育规划所得帮助下制定了,开始了一项重要的学校建设计划。

纳米比亚人口很少,这就限制了高教体系的规模,它包括如下学术机构:4个农学院、5个师范学院。

这些学术机构包括大学、技术学院、校外培训学院(COST)。大学约有学生1 500名,开设有艺术、经济、管理、教育、健康、科学等专业,有30个学位,可以获得毕业文凭。它也开办旨在提高教师素质的远程教育。技术学院有学生500名,开设的课程有农业、自然保护、管理、公共管理、会计、文秘训练、语言、商业和法律培训等等。COST相当于欧洲的理工学院,在温得和克招收600名学生及1 500名远程教育的学生。在北部,也有1 100名学生在预科。理工课程有土木工程、机械工程、电机工程、商业、头发护理等。全日制学院课程学习期限是1~3年。这些学院聘请有约300名讲师从而形成合理的生师比,还有其他的教职员工240人。

纳米比亚还有4所设备精良的农学院。然而,其中的2所已停办,而现存的2所共招收学生100名。北部农业发展对农业人才需求很大,4所学院都有望全部运营,可容纳约600名学生,并开设有关小规模农业发展的专门课程。

3.2 学前教育

在纳米比亚,学前教育地位不高,在20世纪90年代初,24所幼儿园共招收了6 000名儿童,约是适龄儿童的5%。白人孩子正如所预料的那样占有很大比例。

3.3 特殊教育

新任教育部长为那些身体上、情感上、思想上有缺陷的人设立了特殊教育分部,以管理和协调特殊教育计划。现在此类学校很少。政府经办的有6所,非政府组织经办的有4所。在校人数是700人,但不能满足对特殊教育的需求。政府决定扩大特殊教育规模,而资金又很短缺。

3.4 职业、技术教育和商业教育

像上边提到的,纳米比亚的职业、技术学校规模小。如果把类型多样的中学、理工学院、农学院包括在内的话,它共有22所。只有约15%的高中学生接受职前或职业教育。而在纳米比亚发展时期,对其的需要应该达到40%~60%。事实上,在初中阶段也应开设同样的职业课。

像其他国家一样,在纳米比亚,公共职业技术学校与劳动力市场的联系不是很紧密。过去,二者没有正式的联系。国家职业技术教育委员会在1991年成立。它的职责是管理课程、考试、职业技术技能测试、学徒年限的规划,招收新生及促进其发展,最大限度地利用学校现有的资源等等。一个很重要的议题就是促进教育部长、劳动力、农业领域的职业技术领域的协调。事实上,职业技术学校不得不在开放的市场招聘教职员工,并且这些人员费用很高,这是教育部门必须面临的两个问题。

3.5 成人和非正规教育

采矿公司、运输和电力企业及很多建筑公司也经营相当大一部分非正规教育与培训。其中也有教堂和其他非政府组织。这些实体/企业也开设与职业培训活动相关的文化课,以降低黑人中的高文盲率。迄今为止还没有这一方面的统计数据。

一些大的私人企业将自己的3%的经费分配在员工发展上,它是主要的欧洲公司平均水平的2倍。有关这方面的全面报道还没有看到。两个主要的基于文化基础的培训项目,每年招收600名学生,但辍学率是40%。据说,旨在创收的社区化培训计划已经纳入了1万名黑人。这样的计划的确有重要意义,但是,这只是游离在劳动岗位之外的44万人中,或者是每年从正规学校中辍学的4万人中的一小部分。

4. 行政管理的结构与运行

为了更好地制定教育政策、计划、教育服务以达到上述目标,教育部建立了一个灵活的、互动的、统一的、去集权化的组织结构。它的主要职能仍然是:(a)政策制定和制度规划;(b)行政与管理;(c)督导与控制;(d)统一和下放权力及教育服务。

教育部的政策制定及规划由教育部长、副部长及下级行政人员负责。这项职责包括:课程与教学;人员及后勤服务;项目发展;研究、政策分析;信息处理系统;机构建设和资源控制;教育部人员的

监督及控制等。

教育部的行政管理职能由常任部长及副部长协调。这些功能分为:正规教育,成人及非正规教育、文化,国家教育发展局,宗教教育办公室,协调办公室和辅助服务。各部门的监督和控制职能分散到各分部门及机构。在这个水平上,政策及计划具体化为实施、监督和控制等行为活动。

但是,教育部的职责被统一到国家教育及文化总部,在实施上才会下放权力。

5. 教育财政

以非洲的标准而言,纳米比亚是一个富裕国家。它的国民生产总值的10%用于教育,是世界平均水平的2倍。地方与国家用于教育的经费百分比也相当高,达16% ~20%。1991年,在各级教育中的分配是这样的:学前及初等教育是38%,中等教育是27%,高等教育是11%,成人及非正规教育是3%,行政管理、评价、考试、研究占21%。

行政方面的经费很高,而用于成人及非正规教育的经费不能满足文化培训的需要。尤其是在北部地区,中等教育经费的30%用于学生住宿。人员的工资发放是50%。小学教育经费比重很小,虽然它们占所有师生总数的80%。

生师比如上所说各不相同,北部是42:1,温得和克是20:1。生均经费也有很大差异,每生每年300 ~3 000兰特不等。生均经费在初等学校中是1 000兰特,中等学校是1 600兰特,后者数字是除去大笔住宿费用之后的。这些经费使用包括:工资、设备、家具、书、维修等。每年的资金投入占再分配的10%。这些理应考虑到在体育器材及设备上的适当投资。学校经费中70%由中央政府筹集,30%由地方政府筹集。家长为他们的孩子付住宿费的40%。独立后,一大批国际间及国家内的机构开始帮助纳米比亚改革其教育体制,也在一定程度上减少了教育机会的不平等及种族、地区的差异。向北部投资占有优先权。

6. 师资

在纳米比亚,教师的配置还不令人满意。1992年,小学、中学教师共13 000名,其中包括职业技术学校的100名教师。根据这些教师所受的教育和培训的不同,即从受过完全中等教育及7年制的最合格类型的教师(类型G)到第7个标准(9级)或者更低的完全没有受过任何培训的教师(za类型),把教师分成12类。资格类型如下:

(a) za——第7标准或更低的没有受过师范教育。

(b) zb——第7标准或接受过不多于2 ~3年的培训,或者第8、9标准的没有受过师范教育。

(c) zc——第8、9标准的加上2年教师培训或者是第10标准的没有受过师范教育。

(d) zd——低于第10标准(只用于教师职位提升)。

(e) zz——第10标准,受过2年高等师范教育。

(f) A——第10标准加1年培训。

(g) B——第10标准加2年培训。

(h) C——第10标准加3年培训。

(i) D——第10标准加4年培训。

(j) E——第10标准加5年培训。

(k) F——第10标准加6年培训。

(l) G——第10标准加7年培训。

传统上,纳米比亚教师工资很低,因此很难招聘到合格的教职员。1988年教师类型在不同民族之间的分布如表2。从表2可以看出,合格教师在各民族之间差别极大。根据国际标准,B类是教师的最低极限。根据这一标准,98%的教师在白人学校,而只有7%的合格教师在奥万博的学校里。纳米比亚教师的平均合格率是25%。在职业、技术学校中,教师缺少工业实践经验的现象也格外严重。

不合格教师造成的这种每况愈下的情形的原因是,人口群中不平等的工作量。在奥万博的学校,低生师比意味着班级人数很多——40人或更多。在白人学校,班级规模是他们的一半。现在,最不合格的教师带最大的班级,承担最繁重的工作量。结果,考试成绩、辍学率、留级率呈现很大差异。

新政府通过对教师的在职培训和各种教职员发展,正努力改善这种局面。但这需要花费很多年

表 2 **各民族教师合格状况**

少数民族	资格等级												总计
	za	zb	zc	zd	zz	A	B	C	D	E	F	G	
奥万博	355	2 261	1 354	16	494	89	255	51	37	6	–	2	4 920
纳特	76	317	450	25	210	92	84	145	212	53	12	22	1 698
卡旺郭斯	289	450	143	152	37	4	17	23	28	4	–	–	1 147
卡普瑞威斯	–	235	283	47	198	5	10	6	25	2	–	–	811
白种人	–	11	3	–	1	4	51	290	695	132	23	2	1 212
赫雷罗	73	195	228	23	23	19	11	20	20	1	–	–	613
有色人种	1	20	176	–	59	24	71	202	93	12	–	–	658
那马	31	130	148	29	35	30	22	57	45	3	2	–	532
勒候薄什	13	42	128	1	13	51	57	109	41	9	1	–	465
达马拉	26	61	209	2	19	12	13	33	42	6	1	2	426
查瓦纳	–	4	7	1	7	5	2	7	9	1	–	–	43
总计	864	3 726	3 129	296	1 096	335	593	943	1 247	229	39	28	12 525

才能达到纳米比亚地区之间教师分配的公平性。

针对中学教师的培训,由纳米比亚大学教育系承担,对小学教师的培训由温得和克教育学院、喀和玛斯达尔(Khomasdal)培训学院、卡普里维(Caprivi)培训学院、鲁度(Rundu)培训学院和温维迪瓦(Ongwediva)培训学院承担。

在专科学校和学院,参加职前培训的学生总数每年各不相同,但一般在 2 000 人左右。此外,还有 1 000 名远程教育的学生。这对规模相对较小的学校也是相当高的数字。如果目前学院的辍学率有所降低的话,这应该满足 2000 年对获得资格认证教职员的需求。据记载,通过率只有 50%。教育系、专科学校的通过率至今仍未获悉。但在 1989 年,第一届招生人数记载是 254 人,总人数是 462 人,而获得资格认证的只有 88%。

所有的学院重视学科内容的学习而教学实习的时间不足。比如,在温维迪瓦培训学院,两年制的课程中,只有一周的教学实习,教育课程也不受重视。从课程设置来看,他们的目的是高等教育而不是职业培训。

总之,教师不称职,他们的工作也不到位。依靠继续教育方式来达到教师资格水平的提高是很重要的,而且这还包括他们课堂工作的评估,实践技能考试,文化教学,地方、国家文化和公民义务。必须由当地教师和社区代表组成的地区性课程中心来负责制定课程。课程必须得到修正,包括幼儿教育、健康、营养、生态学、农业及社区发展。应该提供足够的教材,比如书、地图、教材教具,并充分利用当地可利用的资源。

7. 课程开发与教学方法

普通中、小学的教学大纲不能满足独立后的纳米比亚的发展要求,而且在很多方面也过时了。其教学方法和考试体制更多要求的是死记硬背式的学习。在 20 世纪 80 年代末,纳米比亚和南非都属于考试化国家之列。但是,失败率很高。课本也面临这样一个问题:它们是在南非制定,反映的是南非的国情与价值观。

每周有 40 ~ 41 个课时,每课时 35 分钟。再减去 43 天考试及考前复习时间,每学年只有 155 天。很多教育家呼吁在实际教学中,每年用于考试的时间为 26 天会更好。

1991 年对课程的总规定和批准,对所有中小学的统一规定没有考虑到种族背景。教育上这一方面的未来责任将由国家教育发展研究所及其机构,国家教育与评价局来负责。这些机构系统地检查和更新课程的教学大纲,以满足纳米比亚的需要。它们在有关考试和证书的事宜上与英国剑桥考试当局(BCEA)合作。但是,直到目前它们很少就纳米比亚的教育进行有关研究。

小学教育的内容及学科包括:语言技能(用英语和民族语说读写);社会技能(社会学习、宗教和道德教育);艺术和工艺(绘画、音乐、跳舞、体育和卫生学、园艺和手工);数学与科学(数学、环境科学)。

在初中,课程一般包括:语言艺术(英语和母语);社会科学(历史、地理、宗教和道德教育);科学与数学(数学、自然科学、生物学、艺术和运动);职前技能课,可从以下任选两门:家政学、木工、金属加工、商业、针织或制衣、农业生产。高中有文化课、体育、一般技术、英语、数学和作为核心科目的发展研究,有多种选择:农业、生物、化学、物理;生物、化学、物理,或者行政、会计和法律。

工科院校课程包括核心课程,有文化学习、体育、英语、发展研究和数学,还有农业(理论与技能、农业技术、农业管理)或工艺设计(理论与技能、一般技术、商业研究和会计),或者时尚纺织和编制(理论与技能、纺织品的工艺设计、商业研究和会计)作为选修课。

职业技术层次有英语(交流技能)、数学、基础科学和作为核心科目的文化学习。专业选修课包括金属加工和木工、自动化机械、器材销售和管道设备、电子安装、商业、文秘、维修技术与农业。

值得一提的是,农业课在初中便开设了,虽然许多初中学校没有农业课实习的场地。

纳米比亚复杂的语言情形意味着绝大部分的教学时间必须以牺牲其他科目为代价,来教授语言。

8. 2000 年面临的主要问题

1990 年纳米比亚独立,但是在许多方面,纳米比亚都要比其他非洲国家在独立后有更好的教育发展基础。有可以利用的资源,教育的目标将是比过去更为公平地将资源分配给纳米比亚人。事实上这正在发生,部分是因为有国外的帮助。我们有充分的理由相信这个国家能够成功地实现本词条第 2 部分列出的官方教育目标。

M. H. 克雷柳斯(M. H. Craelius) 著
尹天姿 译

附录

Angula N 1990, *Draft Proposal for Education Reform and Renewal*. Ministry of Education, Windhoek

Craelius M H 1990 *Vocational Education and Training in Namibia*. SIDA, Stockholm

International Labour Organisation 1989 *Namibia Training*. ILO, Geneva

Ministry of Education 1990 *Namibia. Statistics of Schools 1986—1989*. Ministry of Education, Windhoek

Ministry of Education and Culture 1990a *Pedagogy in Transition. The Imperative of Education Development in the Republic of Namibia*. Ministry of Education and Culture, Windhoek

Ministry of Education and Culture 1990b *Education in Transition: Nurturing our Future*. Ministry of Education and Culture, Windhoek

Ministry of Education and Culture 1991 *Explanatory Note and Remarks*. National Assembly, Windhoek

Ministry of Labor and Manpower Development 1991 *Draft Documents on Vocational Training*. Ministry of Education and Culture, Windhoek

Turner J 1990 *Education in Namibia*. Overseas Development Agency, London

United Nations 1989 *UN Institute for Namibia Report: International Conference on Teacher Education for Namibia*. UN, Lusaka

UNDP 1989 *Education in Namibia* UN, New York

尼日尔的教育制度(Niger: System of Education)

1. 基本背景

1960 年后,尼日尔成为一个独立国家,在此之前它是法国西非领土的一部分。尼日尔的首都是尼亚美。尼日尔全国分成7个区:阿贾德兹(Agadez)、迪发(Diffa)、多索(Dosso)、马腊迪(Maradi)、塔瓦(Tahoua)、蒂拉贝里(Tillabéri)和津德尔(Zinder)。

尼日尔的面积为126.7万平方公里,是撒哈拉国家之一,位于撒哈拉沙漠北部的区域占了国土面积的极大部分。它最长的边界正好位于与北尼日利亚接壤的居住区,从东经4°延伸到12°。就文化、历史因素和它们对教育政策的影响而言,它们是影响教育的主要因素。

在1991年,估计总人口有7 960 900人(49.5%是男性,50.5%是女性)。根据1988年的人口普查可知,每年人口增长率估计是3.41%,即便考虑到它在亚撒哈拉非洲区,这也是一个高数字。人的寿命仍旧相对较低(平均为47.7岁),性别差异较小。婴儿死亡率仍旧高达13.4%。

尼日尔从整体来说,城市化水平低:1988年15.3%的人居住在城市,1990年是19.5%,预计到2000年将达27%。由于尼日尔的生态特征,人口大量地集中在南部地区,那里雨水丰富,适合农活和广泛的畜牧。因此,虽然总体人口密度每平方公里只有6人,而在农业可耕区,每平方公里有163人。

尼日尔有9个民族,每一个民族说他们自己的语言(表1)。豪萨族人主要居住在北尼日尔的豪萨人地区,豪萨族语在传统和现代的机构里都是文化与教学的语言。这一地区的其他国家很多都有同样的少数民族,说同样的语言,如富尔贝语,是整个西非富尔贝牧牛人的语言。很多少数民族居民至少会说一种主要语言,那些母语不同的人的大多数会说豪萨语。

少数民族之间的关系比较复杂。由于一些豪萨部族宣称尼日尔应该是豪萨族人的国家,致使豪萨族人和其他民族的局势逐渐紧张起来。并且,豪萨族人的动乱使这个国度从未平息过,前者意图建立一个范围广阔的国内自治州,这一矛盾至今尚未得到解决。

尼日尔人的宗教是同根的。有98.6%的尼日尔人是穆斯林,不到1%的人因袭传统信仰。穆斯林国家汹涌的原教旨主义的浪潮也波及到了尼日尔。因此,全国大会和随后的临时政府面临着建立一个宗教性的、伊斯兰教国家的要求的挑战。

表1　人口中的民族构成百分比

豪萨族	52.89
哲尔马—桑海族	21.08
图阿雷格族	10.57
富尔贝族	9.81
卡奴里—满伽族	4.55
图布族	0.45
阿拉伯族	0.32
古曼其族	0.28
莫西族	0.05
总计	100.00

现代经济部门雇用的劳动力比例非常小。在51 000名雇员中,48.7%是文职官员或行政人员。而私人单位只有29.6%的雇员。人口的绝大多数是自我雇佣的,从事农业和畜牧业。贸易、工艺有悠久的传统,一些工艺业(如锻工、皮革业、纺织业)只限制在某些社会团体。这种传统社会的特征致使小学设立实用性学科比较困难。

正规学校制度起步晚,所以整体人口的教育水平很低,可以由表2看出。文盲率很高,被认为是全文盲的成人(15岁以上)有89.9%(男性85.3%,女性94.2%),2%或3%的人会说地方语却不懂法语(男性4.8%,女性0.5%),7.6%的人会读写法语。

表2　1988年各级教育水平的人数百分比

教育水平	男性	女性	总计
不接受学校教育	69.9	87.6	78.9
伊斯兰学校	15.7	4.6	10.1
小学	11.2	6.6	8.8
中学	3.0	1.2	2.1
高等教育	0.2	0.05	0.14

像其他撒哈拉国家一样,尼日尔的主导经济也是农业。在1988年,农业和畜牧业占国民生产总值的39%。政府费用占国民生产总值的15%(行政),贸易和旅游业占14%,除金融(银行业、保险)之外的管理部门占9%,制造业、建筑业占12%,采矿业占6%。在20世纪80年代早期,采铀业是国家经济的主导产业,而到90年代早期,采铀业因经济衰退而严重衰落。经济衰退导致正规经济部门的动荡,非正式部门的数量增多。80年代中期后萧条的经济情形,并没有创造出招收所有中学毕业生所需的就业机会,更不用说小学毕业生。尼日尔和布基纳法索一样,纯粹是一个向沿海国家输出劳动力的劳力出口国。

尼日尔在1989年以前一直是一个一党制的国家。军队经过几次政变后掌握了统治权。在1991年,经过长期的政治动乱后,军政府发起了政治运动,从而一党制被全国最高大会取代,其反过来任命了一个准备自由选举的临时政府。前政党(一党制时)提出了国家的总政治目标——创造发展化社会。

2. 教育政策与目标

临时政府没有制定自己的教育政策,1990年通过的全民教育行动法中提到的教育目标依然有效。其基本点是基础教育的民主化,质量的提高。这包括小学头3年要进行母语教学,开设实用性学科,以使教育更为适应学生的发展。可是,人们对教育目的的看法似乎对于促使人们参与教育体系、向国家施加压力有极为重要的作用。

人们认为教育是通向上流社会的途径,能使人们有机会获得行政职位或公职。这种看法以过去的经验来看是正确的,但是现在越来越受到唾弃,因为,教育看法将会对教育改革目标的认可度和实施的政策起决定性作用,如把非洲语作为教学用语,或开设实用学科。

3. 正规教育体系

传统的、前殖民时期的伊斯兰学校将包容在正规教育结构之中,虽然不被国家控制,它仍然是正式的教育,因为它有明确的课程、专业化教师和考试。另一方面,它确实提高了引进来的殖民管理。作为自己正规教育体制的一部分法国—阿拉伯学校,不仅教授官方课程,也教宗教课,而且阿拉伯语既是一门学科又是教学语言。

伊斯兰学校旨在满足男孩子的宗教教育的需要,女孩也可以入学,但是人数少。学校由服务于当地社区的宗教教师组织。男孩3~4岁可以入学。父母向教师付少量的学费。教学的第一阶段是用阿拉伯语记忆伊斯兰教经文,学会用阿拉语写字。学习的成绩要经过考试,而那些背诵伊斯兰教经文极为优秀的学生可以继续深造,学习阿拉伯语,作为第二种语言,并且能理解、解释伊斯兰教及其他学习内容。

根据1988年的人口普查,伊斯兰教育远未普及。9.8%的16~30岁的人就学于没有任何高等正规教育的伊斯兰学校。30岁以后的入学者比例是11.6%。

3.1 初等、中等和第三级教育

小学有6年,三个阶段,每阶段为期2年。第一阶段设有初级班,预备班;第二阶段设有基础课;第三阶段开设中级课。6年级末举行期末考试,合格者获得第一个毕业证书。初等教育是在正规学校(94.2%)进行的,法语是整个教学过程的教学语言,卫校和法国—阿拉伯学校有4.1%,而教学用语是儿童母语的实验学校很少。小学在1990年时共有2 305所。

中学教育有三种类型:普通中学教育,师范教育和职业、技术教育。普通中学有两个阶段:第一阶段和第二阶段。第一阶段为时4年,对所有被录取到中学的学生一样。优秀结业者获得第一阶段教育证书(BEPC),它是升入高级中学的前提。第二阶段为时4年,结束时进行考试,成绩优秀者获中学毕业会考证书。这种考试提供给学生接受大学水平的高等教育的机会。第一阶段在普通学校进行,第二阶段在高中进行。

高等教育由国立阿布杜大学和1992年得到官方认可的一所穆斯林高等学习所进行。国家大学有6个学院:人文社科学院,自然科学院,医院院,农业及相关科学院,经济、法律学院,教育学院。教育学院培养中学教师、教育学顾问、教育督察员。

此外,还有3个研究所,人文科学研究所、数学研究所和物理研究所。1990年,国家大学入学的大学生有4 000多名,占全国大学生总数的74.2%,而其他的学生在国外留学。总的大学入学人数是相应年龄段人数的0.5%。

图1是学制图。可以看出,小学的留级人数非常多。但是,显示的数字虽然只是就入学的儿童而言,必须意识到尼日尔是世界上入学率最低的国家之一。在1990年时,小学毛入学率是28.8%,净入学率是16.6%。1960年的入学率较低,自此之后,毛入学率的增长相当稳定,1970年为11%,1975年为16%,1980年为26%,1986年的全盛时期高达30%,之后开始下降,直至下降到1992年的28%。这种下降很可能和20世纪80年代末期的经济困难有关,当时学校建设极大地减缓下来。

中学的毛入学率在1990年是5%,净入学率是4.1%。多年来入学率极为稳定。

成人扫盲班的入学人数是15~30岁年龄段人口的1.6%,大多数参加者半途而废,而且0.8%的成年人都大于15岁。

1988年的人口普查,使估计小学入学情况的地区,性别差异成为可能,正如表3所示。

1990年的小学学生中女生占了36%。她们在实验学校中的比例略微高些,分别是38%和39.7%。女生入学率一直相当稳定,由1963年的31%,1973年的35%,达到1987年的36%。女性入学的地区差异非常明显。在首都的小学学生中,女生占49%,但是在马腊迪市的部门学校中,女生却只占26.7%。解释这种差别的原因之一似乎是女教师的比例过小。如同小学女生和女教师的比例随着时间推移而增高一样,城市和农村的这种状况也有平行关系。在城市,女教师的比例比男教师高出许多;在农村,情况恰巧相反。没有证据证明宗教或文化的因素在这方面起了重要的作用。

城市一农村入学差别巨大(表3)。农村地区的入学率也随着地区不同而有差异。还没有找出这种差异的原因。然而,暂时可以认为城市地区就业机会的集中,自我雇佣的机会较多,此时教育极为有用,这些是其差异的原因。而教育的经济功能,只有在城市才能直接显现出来。

私人学校入学学生只占所有小学学生人数的3.3%,原因也许是因为尼日尔不允许教会开办学校。就中等教育而言,首都的法语高中招收了大量的尼日尔学生,它们是由私人开办的。

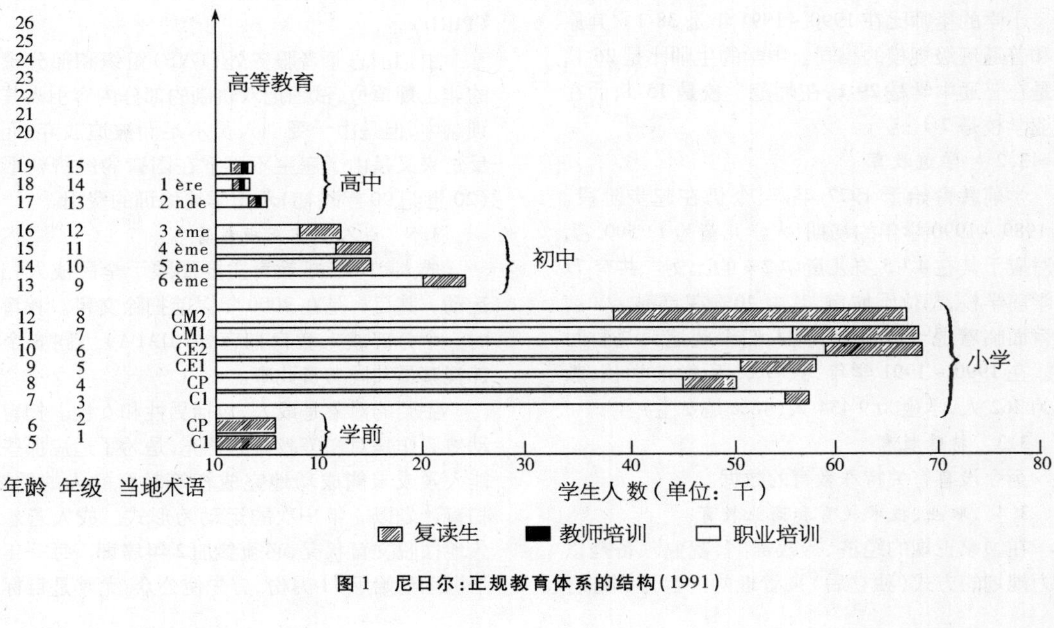

图1 尼日尔:正规教育体系的结构(1991)

表 3　城市、农村男女学生的毛/净入学率

地区	男学生		女学生		总计	
	毛	净	毛	净	毛	净
城市	64:1	47:7	53:5	41:3	58:8	44:5
农村	19:5	15:0	9:8	7:6	14:9	11:5

小学的教学时间是每天 6 个小时，每学年有 34 个周，每学周是 5 天。因而，教课时间是 1 020 个小时。官方学校 1990 ~ 1991 年的校历共有1 014 个小时。减去休息时间（每天 30 分钟），净教学时数是 930 个小时。然而教师缺课并未包括在内，形成数学教学大纲基础的 780 个小时的估计也许是更为现实的估计。中学的学年是一样的。每周的教学时间未知，但可以肯定，也不会超过 30 个小时。

迪发（Diffa）地区的班级平均规模是 27 人，而尼亚美是 55 人。但有两点必须注意：

（a）班级规模差别较大，在尼亚美，毕业班有 60 ~ 70 个学生也不足为奇。

（b）在许多农村地区，普通班级包括不同年级的学生，有时一个班有 6 个年级的学生，因此多年级教学是必要的。事实上，每班至少有两个年级的多年级教室在农村成为惯例。

小学的生师比在 1990 ~ 1991 年是 38:1。其原因和普通班级规模的相同。中学的生师比是 26:1，但是在普通中学是 29:1，在师范学校是 15:1，而在职业学校是 7:1。

3.2　学前教育

学前教育始于 1977 年，至今仍在起步阶段。在 1989 ~ 1990 学年的初期，入学儿童为 11 500 名，相对应于其在 4 ~ 5 岁儿童中 2% 的比例。共有 71 所学前学校，都位于城市，其中 40% 在首都。学前教育面临着退步的问题，但人们希望这只是暂时的。在 1990 ~ 1991 学年，只有 65 所学前学校，教师为 262 人，学生为 9 434 人（48% 是女生）。

3.3　特殊教育

至今没有有关特殊教育的数据。

3.4　职业、技术教育和商业教育

在国家正规的经济、行政部门，就业预备是以人力规划的方式（独立后）来管理的。因为训练有素的人力极为短缺（小学入学率在 1969 年仍然只是 11%），所有中学毕业生都能确保找到工作，但必须遵守严格的职业定向。职业定向始于中学的第二阶段，当然也有大学水平的。中、高等教育的成本都由国家负担。其结果是综合奖学金项目变得极为繁苛，而且由于学生对其施加了巨大的政治压力，奖学金项目引用了预算单位严格管理的因素。

职业、技术和商业教育处于发展初期。只有一所位于马腊迪的技术学院和一所位于尼亚美的专业培训学校。马腊迪的技术学院颁发技术业士证书，相当于在普通中学末发放的证书资格，而且据此可以深造。专业培训学校向完成 2 年培训课程的毕业生颁发专业技能证书，向完成 3 年培训课程的毕业生颁发专业技能文凭（证明其成为一个完全合格的，有技术技能的劳动者的证书）。

在 1990 年，进入正规职业培训机构的学生数为 843 人。除了上述的培训所外，还有其他大量的专业化机构，开设有职业教育，这些分别是成人扫盲专家培训中心（CTALS）、水电贸易中心（CTRWE）、全国邮政电信培训中心（NTCPT）、畜牧业培训中心（AHTC）、广播矿业学校（MSA）、国家行政管理学校（NSA）、国家公共卫生学校（NSPH）、全国青年人体育与运动所（NIYS）和农村发展实践所（PIRD）。

由德国志愿者服务处（GVS）组织和部分资助的非正规单位，试图把双轨制的部分内容引入其培训制中，但是由于受训人员不足而被迫放弃，而这反过来又是由于雇主不愿意在困窘的经济情形下（20 世纪 90 年代初）承担学徒培训的费用。

3.5　成人和非正规教育

成人和非正规教育主要局限于全民成人扫盲运动。其目标是在 2000 年以前扫除文盲。教育部的一个分部成人教育扫盲处（DAFA）协同 8 个分部视察员共同负责此事。

主要的对象是成人，包括男性和女性。扫盲运动被看作是对初等教育的补充，是为了适应那些不能入学或未能成功地完成初等教育的人的需要。扫盲计划以一年一次的运动为形式。成人若想永久地摆脱文盲状况，必须参加 2 年培训。每一年的培训运动始于 11 月份，首先使公众，尤其是目标人

群,对此项活动产生关注。鼓励社区开办扫盲班,这意味着学习者不仅仅是在课堂或其他适当场合学习的。扫盲教师招收后进行简短培训,以便2月份的扫盲课能正常开始。两个半月的教课工作相当紧张:1周6天,每天有3小时的强化课,所以最少要教授180个小时。教学语言是5种非洲语。之后有为时1个月的巩固先前所学知识的巩固期。每一次的扫盲运动评估在8月份结束。

1990年的扫盲运动约有1 400个学习组,参加者有25 400人。然而,参加率低(登记的每个学习组平均有17~18个学习者),又不固定,中途离开率高(占最初注册人数的1/3)。女性占参加者的8.5%,这有许多原因,首当其冲的是招收扫盲女教师非常困难。

扫盲运动的成功率相当低,而且进展缓慢。对参加扫盲课的人进行的初步评估表明,很多人参加过好多次的扫盲运动。不稳定的入学和中途离开是扫盲运动效率低的又一个原因。因此,虽然扫盲教师的每月津贴处于中等水平,阅读材料的成本低,然而每个扫盲班毕业生的单位成本估计是每个小学毕业生的将近4倍。

4.行政管理的结构与运行

教育由国家教育、科学研究部(MNESR)管理。在每个地区及首都,初等、中等、成人教育都有一个视察员。此外,还有两个管理学校的督察员监管阿拉伯教育。督察员组织他们地区的教育服务项目,提供教师任职的建议,管理、分配学校供给品,经管实习工作间并配备相应设施,组织教师在职培训。

在地方分区,有初等、成人教育的督察员,而中等教育的督察员可以同时管理几个分区。在初等教育的每一个地方或地方分区的督察机构中,存在着三个高级职位,其中两个分别是督察员和副督察员,一个是教育顾问。教育顾问对那些因为正规的学校视察而易于感到焦虑的教师提供专业指导。然而预算困难使单一视察不再可能。这样,被明确规定的教育顾问的职位目的至少部分地不能实现。教育顾问和督导员由教育学院培养。督导员从教育顾问队伍中招聘。

尽管理论上行政控制应去集权化,而在实际上却是高度集权化的。虽然大部分学科问题由中央处理,教师的薪水却由地方、地方分区的总部支付。

诸如课程怎样规划等仍是中央的事情,预计不会下放到地方。

5.教育财政

1989年,国家的教育总支出是1 987 300万非洲法郎(6 750万美元),占国民生产总值的3.1%。1980~1989年间教育在国民生产总值中的份额比较稳定,而在政府总支出中由22.9%急剧下降到了9%。在同一时期,日常费用却由1980年的47%增至1989年的78.2%。

教育经费的分配如下:初等教育占48.6%,中等教育占25.8%,其他类型的教育占25.6%。中高等学校中的学生有获得奖学金的权利,不仅仅是为了交学费,还是为了支付生活费。奖学金占中等教育日常费用的11.1%。没有小学前教育和非正规教育经费拨款的数据。

表4列出了1990年国家教育部的经费分配情况。

根据教育的级别来看,1990年的工资支出没

表4　　1990年教育部预算分布

专业项目	千非洲法郎	比率
教师和管理人员	17 040 000	79.6
中央行政	120 000	5.6
工资小计	18 240 000	85.2
初等教育项目非工资	813 980	3.8
材料	443 000	
交通、交通工具维修、汽油	98 340	
学校膳食项目	206 000	
电话	36 270	
水电	30 370	
中学非工资项目	2 346 594	11.0
非工资支出小计	3 160 594	14.8
总计	21 400 574	100.0

有降低。小学生每生的项目资料费用达 1 200 非洲法郎(4.08 美元)。共计 60 000 万非洲法郎(204 万美元)专用于教室建设和维修。

每生的单位成本在 1987 年是 33 200 非洲法郎(112.83 美元),在 1990 年是 31 000 非洲法郎(105.35 美元),是整个地区中最高的国家之一。只有毛里塔尼亚的单位成本较高(36 300 非洲法郎,1985 年)。

6. 师资

1990 年,学前学校教师有 262 名,所有教师是女性。和前一年相比,教师人数有所下降,这说明了教师职业的萧条。

1991 年,小学教师有 9 473 人(35.6% 是女性)。教师等级以其合格程度的高低分为三个等级:21.3% 的教师受过完整的师范教育,69.1% 的教师受过部分教育,9.6% 的教师没有受过师范教育。

中学的教职员工分配在 1989 年的分布情况如表 5 所示。

BEPC 级师范院校招收的学生是受过 4 年中学教育的毕业生。录取工作由教育部人力分部主管,以中学生受过 4 年中学教育后的 BEPC 成绩为依据。

受过完整培训的教师是在长期师范学院培养的,为期 4 年。前 3 年和公立中等学校的中等教育相同,最后一年专门进行师范性教育。受过部分培训的教师是在短期师范学院培养的,为期两年。

短期师范学院有两所:一所是塔瓦的女校,一所是多索的男校。长期师范学院也有两所,一所是蒂拉贝里的女校,一所是津德尔的男校。成功地通过长期师范学院的中学毕业会考的学生,给予一年继续学习的机会,以成为小学教师,或者在教育学院深造,为当中学教师作准备。

表 5　　1989 年中等教育教师分布

	男性	女性	总计
普通教育	2 019	430	2 449
教师培训	65	12	77
职业培训	58	5	63
总计	2 142	447	2 589

提高知识、技能的途径有两种:学制不等的在职师范课程,设在马腊迪,还有督察员组织的为期一天的讲习班。在职培训的长期课程能提高受训人员的素质,而大多数不合格的教师通过学习此类课程可以达到受过部分培训的教师的水平。

人们认为 4 年制的师范教育成本太大,效率不够高。有一些计划决定改变完全合格的小学教师的培训方案——依靠招收中等教育层次的学生,提供两年制的专业培训,几乎专教教育学和教学法,涉及内容的很少。

7. 课程开发与教学方法

尼日尔的课程是全国性的,没有考虑到地方或文化的适应性问题。初等学校共有三种不同类型:一种是主流的"传统"学校,一种是以阿拉伯语为教学语言的学校,一种是以非洲语作为教学语言的实验学校。普通教学大纲除了传统的学科(语言、数学、自然科学、地理、历史、体育)外,还以实用学科、家政学和公民课程为特色。因为语言课就是法语课,因而法语课占了每周教学时数的很大比例(小学前两年中占 55%,基础课中占 41%,中级课中占 36%)。

以阿拉伯语为教学语言的学校的课程包括如下附加课程:伊斯兰教、《古兰经》研究、阿拉伯语法、宗教唱诗、阿拉伯国家的历史。实验学校的课程和主流学校基本相同,但是还教非洲语,法语课时数相应地减少了。

课程研制是教育研究所的部分职责。它有三个分部:

(a) 人文科学部,负责法语、历史、地理、英语、非洲语、哲学。

(b) 自然科学部,负责数学、科学、实用学科。

(c) 指导、发布文件和在职培训部,负责所有培训活动、视听教学设备、图书馆和课程评估。

课程研制和教学材料的编写由著者组完成。在试行学校对新材料和教师手册进行为期 4 个月的试用。试行结果反馈给著者,以进行修订及最终编写。

督察员通过现场检查和班级学生分析,保证课程实施。

8. 考试、升级和证书制度

所有的考试由学校选举出来的作为考试点的督察员组织,全国统一安排。

小学毕业授初级毕业证(CFEPD),它包括8个领域,3个是法语,2个是数学。此外,还测试学生的书写、环境研究、绘画或缝纫。满分140分,70分及格。接受完阿拉伯语教育后授予初等结业文凭,满分100分,50分及格。督察员任命评审团,对学生的试卷进行评分。

令人失望的是,(这些努力)收效甚微。1990年,参加考试的学生中只有30.9%的通过率,而早些年还要稍高些(1975~1976年为43.3%;1978~1979年为43%;有好几次下降到25%或更低)。单科的平均成绩很低,大多数时候,平均成绩是10分(满分是20分)。最低成绩者要当众公布,数学中的问题解决成绩也不理想,但需指出的是,不止包括上述的4种语言技能。

小学生自动地由1年级升到2年级。在其他年级,留级人数限制在15%,只有在6年级,留级生人数不受限制。以下是留级率的分布情况:

(a) 1年级—2年级: 2.5%

(b) 2年级—3年级: 9.9%

(c) 3年级—4年级: 12.3%

(d) 4年级—5年级: 13.3%

(e) 5年级—6年级: 17.5%

(f) 6年级:41.7%

升入中学不再是自动的。1990年的中学留级率是19%,其中初、高中毕业班的留级率非常高,分别为30%和43%。

9. 教育评价、评估和教育研究

至今没有教育评价。测评和研究是INDRAP的责任之一。

10. 20世纪八九十年代的主要改革

尽管在1975~1976年间,在小学使用电视教学的试验尝试夭折了,其他一些改革虽然不如最初设想那样成功,但仍在继续。在1974~1975年间,整个教育体制的全面改革一直受到重视,改革提出应该在小学的头3年使用非洲语教学;同时,为了使教育具有适应性,尤其是适应农村地区的状况,应该开设实用学科。这些问题在20世纪80年代受到了高度关注。为此,在1982~1987年,召开了几次全国性的教育研讨会。

教学使用何种语言的问题备受争议,在一些实验学校进行了某种语言的试验,最初的一个是设立于1973年的豪萨语学校。到1993年,共有38所实验学校,用5种主要的尼日尔语教学。至今没有系统的效果评价,但是迹象表明,这种方法是成功的,而且测试的平均成绩似乎要略高于那些主流学校。据说学生参与更加自由,较少受语言障碍因素的约束或限制。

实用学科在1985年引入到全国的学校。至今很少有系统性证据表明这种革新是否有成效。尽管一些学校确实取得了突出的成绩,但是这种方法看起来不如其他那些试用此种方案的国家更能从中获益。

在1987年,出现了关于课程改革的大讨论,同时也更新了某些学科的课程内容。

11. 2000年面临的主要问题

入学率仍较低,其增长将依赖于经济增长的水平,以及能利用多少国外援助。然而,初等教育的扩展将很难跟上人口增长的步伐。

H. 贝里曼(H. Bergmann) 著

尹天姿 译

附录

Barnes V 1984 *Niger Education Sector Assessment: Florida State University/Howard University*. Institute for International Research, Albany, New York

Bergmann H, Yahouza I 1992 *Niger-étude sectorielle sur l'éducation de base*. Rapport pédagogique, No. 55. GTZ, Eschborn

Comité National de suivi et d'évaluation des recommandations de la Conférence Mondiale sur l'Education pour tous 1991 *Rapport sur l'évolution du systéme éducatif nigérien*. Comité National, Niamey

Ligappa S/UNESCO 1977 *L'éducation et l'environnement socio-économique-développements récents au Niger.* UNESCO, Paris

UNICEF 1989 *Société en crise et éducation au Niger.* UNICEF, Niamey

尼日利亚的教育制度（Nigeria: System of Education）

1. 基本背景

尼日利亚是非洲西海岸地理面积相当大的一个国家，完全处在赤道地带。尼日利亚的版图基本上呈长方形，南北相距 406 公里，东西相距 438 公里。其面积估计是 222 919 平方公里，西部、北部和东部的毗邻国分别是讲法语的国家贝宁、尼日尔、乍得和喀麦隆。其南部是大西洋，海岸线长约 313 公里。自 1960 年从英国殖民地的统治下独立后，南喀麦隆（属于英语国家），作为尼日利亚的一部分受到统治。之后，南喀麦隆和法属喀麦隆合并，使尼日利亚的海岸线被割去了东南一隅而变短了。独立后不久，法语引入到尼日利亚的学校的课程中，主要是因为这个国家完全被讲法语的国家环绕。

人口普查在独立后成为一个敏感的政治问题。在联合国的监督下，1963 年进行了人口普查，确定尼日利亚的人口有 5 560 万。1973 年的人口普查数据不被政府承认，因为许多领域都存在有通货膨胀的现象。因此，尼日利亚的人口近 30 年来都是依据 1963 年的普查数据，并认为平均每年的人口增长率和非洲人口的平均增长率一样，都是 2.5%。独立的研究认为人口的实际增长率稍高于 3%。1992 年 3 月公布的人口普查数据确定尼日利亚的人口是 8 850 万，比预计的要低得多。但是没有公布城市/农村、年龄、职业等人口分布的具体状况。人口数量的长期不确定，明显地使教育规划成为一件冒险的事情。诸如入学率等教育指标可能不准确。

尼日利亚是个多语言的国家，正如它的多民族性。汉斯福特（Hansford et al. 1976）报告声称尼日利亚有 394 种不同的语言与民族。布兰（Brann 1977）根据 1963 年的人口普查，指出人口中有 54% 的人说 3 种语言——豪萨语、约鲁巴语和伊博语（Igbo），说这 3 种语言的人口分别为 21.7%、18%、17.6%，而且，讲其他 9 种语言的人口占 31%，因而，说上述 12 种语言的人口有 85%。

尼日利亚殖民历史的遗留物之一是英语成为政府、商业部门的正式语言，而且在很大程度上也是教育的法定语言。政府把豪萨语和约鲁巴语指定为国家的主要语言，同时国家的教育政策规定中学的每个儿童都应当学习三种语言中的至少一种，而不是他/她自己的母语。这项政策之后规定小学头三年的教学语言应是邻近社区的母语，英语次之。关于使用母语作为教学用语的政策引起了相当大的争论。反对者认为一些数学、科学概念没有尼日利亚语的存在形式，因而不能用儿童的母语教学。埃菲（Ife）大学在 1969 ~ 1985 年间做了一个纵向的研究项目，试验组的小学生整个小学阶段都用约鲁巴语教学，极大地揭穿了反对者看法的虚假性（Fafunwa et al. 1989）。

教育的真正问题在于绝大多数语言没有书面形式，又没有多少人讲它，因而用此类语言制订教学材料比较困难。但是，这 12 种语言都有非常完备的拼字法。

独立时（1960）约有 80% 的劳动者从事农业。随着工业化的推进，职业结构也极大地改变了。虽然没有精确的统计数据，但是据估计，农业人口在 20 世纪 90 年代初有 60%。在教育方面，教育的有关政策极为慎重，鼓励学校为实现工业化和现代化培养出更多的科学或技术人才。在高等教育，政府采纳了 1982 年的坦那那立里夫（Tannanarive）高等教育会议的建议，即非洲大学学生中学习科学与人文学科的人数比例应是 60:40。然而工业和制造业并没有如期望那样发展良好，因此，即便是学习科学、技术的毕业生失业率也极高。在 90 年代初，银行金融业和商业似乎比工业与制造业更加兴盛，这开始影响高校学生的职业选择。总体上，国家涌现出了越来越多的专业精英。

独立后的尼日利亚的经济经历了根本性的变化。独立初期，对外贸易利润有 85% 来自农业，只有3.6%来自工业。

20世纪70年代早期石油的勘探和开采使尼日利亚经济繁荣起来,而石油成为对外交流的主要创收单位,约为80%。农业开始被忽略,对经济发展的作用一落千丈。随着石油业的兴盛,紧跟着出现了一段不控制开支的时期,尤其是大量进口包括食品在内的商品。当石油价格在80年代初开始下跌时,许多单位的对外交流收益猛降,开始债台高筑。尽管政府在1986年采取了紧缩财政的措施,进行结构调整,国家经济仍处于低谷状态。

教育的反复一直非常严重。基础设施恶化,越来越不合格;教育机构教学材料的严重短缺;许多教育机构教职员工的稀缺,部分是因为没有可以聘用的教职员,而在可获得教职员时却没有资金去聘任,而且存在着大量的人才流入较富国家,特别是流入发达国家的现象。由于对外交流问题,教科书、期刊和科学设备颇为短缺。值得肯定的是政府正在采取艰难的措施鼓励人们制订地方教科书,引进科学设施,而且这些举措开始在20世纪90年代初期初见成效。例如,两个科学设施制造中心成立了,还有一个正在建设之中。

尼日利亚在1960年是一个拥有3个大地区的联邦政府国家,后来渐渐地转变,直到1991年转成拥有30个州的联邦政府。有三级明确分工的政府,即联邦、州和地方。在1992年,共有589个地方政府。政府的着重点是去集权化,扎根于群众求发展。国家事务由联邦和州各部、地方政府的监督评议员管理。

教育的责任由这3个级别的政府共同分担。初等教育完全由地方政府控制。虽然有联邦政府中学,名为"统一学校",实际上在每个州都受联邦政府控制,但是中学要由州政府管理。高等教育也是由联邦政府和州政府共同负责。

2. 教育政策与目标

尼日利亚刚一独立就开始了5年的民主统治。1966年1月,军事政变宣告建立了军事统治,长达14年之久。1979年是权力重归民主选举的政府,但是在1983年,又发生一次军事政变。自此以后,尼日利亚一直处在军队的控制之下。1989年权力开始向民众转移。政府根据预定的宪法创立了两个政党。其中之一——国家共和党,在思想上认为右倾,而另一个——社会民主党则认为左倾。党员招收从地方开始,一层层地通向联邦一级。以两党的民主选举为基础,选举出地方政府议会、州执行会和议会众议院。联邦代表议院和参议院是在1992年选举出来的。

尼日利亚的最明确的政治性目的可以从第二个国家发展计划(1970~1974)中看出,它是在军事统治时期确立的。其目标是建设:(a)一个自由民主的社会;(b)一个公正、平等的社会;(c)一个团结的、强大的、自立的国家;(d)繁荣的、有活力的经济;(e)能为所有公民提供光明的、充分的机会的国家。

国家的教育政策最早公布于1977年,在1981年重新修订。而这5项目标成为当前国家教育政策的基本原则。5项目标反映在各个层次的教育的课程内容、规划与管理中。在1967~1970年间,东部地区为了脱离国家并建立一个独立的民族国"比夫拉"而试图引发一场内战,但是他们的企图落空了。然而,这次事件使尼日利亚对民族团结,及相关的受教育机会平等的问题特别敏感。这些担忧在教育政策和实践中都受到了特别关注。

最难以解决的问题之一是"教育的不均衡",特别是宗教和教育传统的不同而造成的南北各州之间的不均衡。伊斯兰教育首先由旅行的伊斯兰教学者传入到北尼日利亚,最远可以追溯到11世纪。而另一方面,西方教育在19世纪上半叶经由基督教传教士引入到尼日利亚南部地区。而在北部各州,人们坚决抵制西式教育。为了博得北部酋长国的好感,殖民政府发现保持南北教育体制的对立更为有利可图,其结果是在西式教育上,北方落后于南方。政府试图克服教育的这种不均衡现象,因此确立了这样的教育政策,即定额招收学生进入联邦中学和高校,在这类学校的入学考试方面,为各州确定了不同的水平线。这样的政策自然引起了很多争议,并导致州属中、高等教育院校焦虑重重。

新政党的理论导向可能影响将来的教育目标,但是这些差别有望是程度上的而非本质上的。

3. 正规教育体系

正规教育体系指“6－3－3－4”学制，即小学6年，初中3年，高中3年，大学4年，然后获得正式的学士文凭。实际上，中学教育也包括技术、职业院校和二级师范学院，后者培养小学教师。高等教育也涵盖有工科学校、技术学院以及培养中级水平的小学、初中教师的教育学院。

3.1 初等、中等和第三级教育

初等教育免费并且普及，但非强制性的。事实上，虽然正式的小学入学年龄是6岁，但是尼日利亚的入学年龄并没有强制性规定。95%以上的小学为政府所有，不过有越来越多的私人团体着手于创办小学校。这些私立学校通常要求交学费，因而倾向于精英教学。它们不接受政府津贴。

入初中的年龄通常是12岁。所有中学都收学费。初中毕业后，学生可以继续在高中或技术、职业学校学习，也可以进入二级师范学院学习。

高等教育学院设有3年制的课程计划，通向尼日利亚教育合格证(NCE)。工科、技术学院开设有2年和4年制课程，在毕业时分别授予国家文凭和高等国家文凭。一般来讲，前者的持有者必须再学习1年的工业课才能获得高等教育文凭。大学的时间浮动范围在4～7年不等。高等教育免收学费。

中、小学每学年一般有3个学期，每学期13周(每年39周)。每日课时是6小时。高校奉行的是每年2个学期制，每学期有15周教学时间，而2～3周用来进行录取、考试等管理活动。

图1是正规教育体系的结构，而表1显示了小学、中等/商业学校和大学及与大学相关的统计数据。其他类型学校的统计数据不容易得到。

1992年，大学有31所，其中2所是1990年以后建立的。大约有2/3的大学、1/3的工科学校和技术学校以及1/3的教育学院属于联邦政府所有，其他的都属于州，除了一部分教育学院是由宗教团体创办的。没有私人办的大学或是工科院校。然而，私立大学在1983～1984年间涌现出了一大批，当时最高法院是统治者，声称在宪法和国家法律中没有规定说不准私人办大学。在其统治的6个月中，全国成立了26所私立大学或者正在筹建之中。对此反应强烈的联邦军事政府，在1983年12月通过发动军事政变掌握了国家政权，在1984年颁布了一项法令，废止现存的私立大学，禁止私人再办大学。

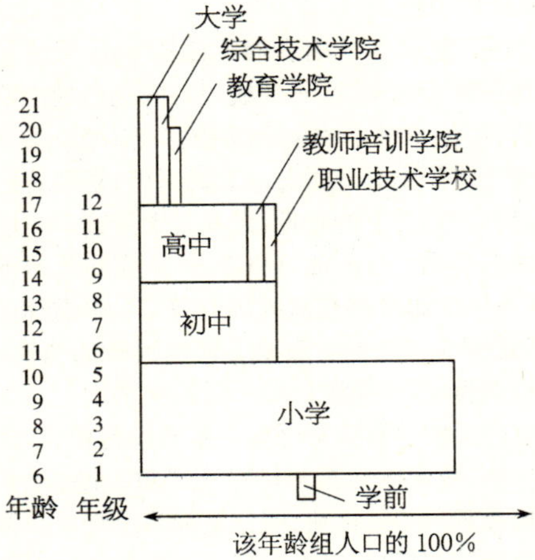

图1 尼日利亚：正规教育体系的结构

3.2 学前教育

在城市，许多儿童在3～5岁时进入托儿所。这些托儿所完全由私人个体和团体(宗教的、世俗的)开办并收费，而且只有那些家境好的家庭才能担负起孩子的各项费用。政府为托儿所的运转提供方针指导，不管是个体还是团体开办的都要求与国家教育部合作进行招生。

3.3 特殊教育

在国家的教育政策中，特殊教育受到了相当的重视。政府干预始于20世纪60年代末期。之前，大量的自愿的慈善组织和宗教团体在一些城市已经建立了一些特殊学校，尤其为盲人、聋哑人和生理有缺陷的人。1992年，特殊教育处开列于联邦和州的教育部中。特殊学校教师由许多大学和联邦政府建立的特殊教育学院培养。

政府的政策主要倾向于在中、高等教育层次上把残疾人教育体制和正常人教育体制统一起来。这种综合局限于中学的少数选定的学校。有精神障碍的儿童只能进入特殊学校。

表1 1975～1990年正规教育体系入学注册人数的发展趋势

各级各类	1975～1976	1978～1979	1981～1982	1984～1985	1987～1988	1989～1990
初等						
学校数量	21 223	35 328	37 614	35 281	34 266	34 904
入学注册人数	6 165 547	10 789 550	14 311 608	13 025 287	11 540 178	12 721 087
女性学生百分比	42.5	43.5	43.0	44.3	43.5	45.5
毛入学率	–		–	80.1	70.8	68.7
生师比	35:1	36:1	37:1	42:1	37:1	–
升学率	–	–	–	38.9	46.2	43.2
中等						
学校数量	1 513	2 249	5 594	5 406	5 547	5 868
入学注册人数	601 652	1 194 479	2 880 280	2 689 586	2 662 085	2 723 791
女性学生百分比	34.5	33.3	28.9	41.4	43	42
毛入学率	–	–	22.52	24.9	22.2	19.9
生师比	84:1	60:1	35:1	28:1	21:1	–
大学						
学校数量	13	13	24	25	29	29
入学注册人数	32 286	46 423	70 365	97 546	160 767	180 871
女性学生百分比	16.0[a]	–	22.5	22.8	25.8	27.0
生师比	11:1	9:1	–	–	14:1	15:1

资料来源：联邦教育部，统计部

a 仅包括新入学的

许多州政府设立了康复中心，残疾人在那里可以学到有利于就业的特殊技能。这类中心常由社会发展、年轻人、运动部管理。

在20世纪80年代末，联邦教育部发起了一项为天才儿童施加教育的运动，这项计划在90年代初基本上处于试验阶段，但是在联邦政府管辖区，一所天才儿童中学创立了。从1989年起，据估计，只有0.4%的学龄残疾儿童实际上进入了学校。

3.4 职业、技术教育和商业教育

职业教育是在初中后学校中进行的，教授多达39种职业，培训时间从4个月(焊接)到3年(自动化机械、木工/细木工)不等。1986年，此类学校有300所，入学人数73 741名。国家就业指导处组织了一项国家开放实习期计划。在这个计划里，要求年轻的中学毕业生把重点放在掌握手艺上，实习期6个月到3年不等。在此期间，每一个实习生每周都会得到一小部分补助。自1989年以来，全国有25个职业受到捐助，学生从较低的1 420人(皮革业)到较高的15 817人(打字、速记)不等。

3.5 成人和非正规教育

成人教育计划由全国组织，1949年在牛津代表团的帮助下正式启动。在新创立的伊巴丹大学学院，成立了一个室外研究处。这项研究计划开始时的理论基础是不受津贴的、自由的，旨在个人提

高。到计划实施后的头一个 10 年末，它通过不断调试，从而通向了诸如教育资格考试 O 级和 A 级的考试，这都是为了那些从中学辍学的，或是从来没有机会受中学教育的年轻人和成人。

到 1992 年，大学、工科院校、教育学院、政府各部门和私立学校里，都有多种多样的证书定位、工作技能定位、一般启蒙定位的计划。没有开放大学，但许多大学设有通向第一个学位的非全日制培训计划。

20 世纪 80 年代末，联邦政府建立了国家群众扫盲、成人和非正规教育委员会，以协调全国的成人和非正规教育。现有的教育部记载表明，在 1989 年，成人教育学校入学人数为 338 855 人，其中女性 189 554 人（占 55.9%）。在 1991 年，共有 72 010个扫盲中心，总入学人数为 910 110 人，其中女性比例是 47%。

4. 行政管理的结构与运行

直到 20 世纪 60 年代末，大多数小学和中学都为自愿机构（宗教的、世俗的）所有，受其控制。然而许多享有政府的大量赞助，政府还发放所有教师的工资。之后，政府完全接管了所有学校，向原来的所有者支付一定的报偿。允许私立小学的开办，在一些特殊情形下，还允许私立中学的开办。

前边早已提过，在 1992 年所有小学都受地方当局控制，中学（除了统一学校）处于州政府控制之下，高教机构部分为联邦政府，部分为州政府所有，并受二者的控制。

每一个州教育部和地方政府教育当局在它们管辖的学校中，分派有监督和质量管理的视察员。但是在联邦的各州，也有一个联邦视察员及分视察员。他们可以自由视察任一所中学或小学。他们的报告通常呈现给相应官方的此类学校和总部。

尽管教育机构的管理权下放了，但是还是有非常多的联邦协调机构。

关于高教，有以下三个全国委员会：(a) 为大学而设的全国大学委员会（NUC）；(b) 为工科院校和技术学院而设的全国技术教育委员会（NBTE）；(c) 为教育学院而设的全国教育学院委员会（NCCE）。

每一个委员会为处在它们控制之下的学校设置最低的课程和管理标准，组织学术认证。它们没有州一级的竞争者，只对联邦教育部长负责。

另一方面，全国群众扫盲、成人与非正规教育委员会，通过州机构和各州的非政府组织的扫盲中心发挥作用。成人教育的某些方面由诸如健康、农业、社会福利等各部控制。

在政策上，有两个有权力的联邦政府机构，以确保咨询服务建立在广泛的基础上：联合教育咨询委员会（JCC）和全国教育理事会（NCE）。

前者的成员来源广泛，包括联邦、州教育部的局长，大学校长、教育所的代表，西非考试理事会（WAEC），尼日利亚教师联合会（NUT）和全国人力委员会（NMB）。它有几个处理不同教育单位事务的参考委员会。来自不同教育机构的建议首先反映到适当的参考委员会，然后，它们再被反映到主要的联合教育咨询委员会。

后者包括联邦教育部长（主席）和所有州教育委员会的委员。它对联合教育咨询委员会和其他的委员会的建议进行考虑。它的决策经联邦行政会议的批准变成国家的教育政策。

5. 教育财政

教育经费占国内生产总值的比例的统计数据不容易得到。不过，在国家总经费中，教育所占的比例自 1977 年后稳步下降却是众所周知的。1976 年，普及的初等教育开始引入进来，教育的经费占了国家经费的 25%，其中的 60% 用到了初等教育上。

由于随后的经济衰退，到 1984 年教育拨款下降到 5% 多一点，此后保持在这个水平。不同教育层次的拨款比例也改变了，中、高等教育现在占了更多的比例。事实上，初等教育衰退得如此严重，以至于 1989 年，联邦政府不得不通过建立全国初等教育委员会（NPEC）来干预初等教育，并对其进行资金补助。首当其冲的是，联邦政府把相当于预计好的教师和非教师人员的工资的 65% 分配给了小学。全国初等教育委员会在 1991 年被解散。

总之，由于政府撤销了住宿、餐饮、教科书等的津贴，越来越多的教育财政负担落到了学生父母的头上。初、高等教育不收学费,但是中学收学费。助学金、奖学金项目正在逐步地重新引入到学校,而且有些计划还在准备引入学生贷款项目。

6. 师资

学校体系内的教师由三种机构培训:二级师范学院;教育学院;大学的教育学院。

二级师范学院为小学培养教师。它们开设有初中后的3年制的课程,通向二级教师合格证。

教育学院主要开设有高中后的3年制课程,通向尼日利亚教育合格证书,使毕业生有资格在初中任教。一些此类的学院被授权,与某些大学合作可以发放学士学位。

大学的教育学院既发放学士学位,又开设有研究生教育文凭(PDE)课,使毕业的学生能够在高中任教。它们还为那些想在教育学院任教的学生开设有高等培训课。教育计划中还开办有为时1年的、为培养有经验的二级师范学院教师的助理证书,预备毕业生就职于行政(管理)职位,如小学的校长,或初等教育的巡视员。

国家教育政策要求,到1998年教育合格证书将是教育体系内任教的最低资格。结果是,二级师范学院被取消,所有拥有一级或二级证书的教师都要学习新课程,有时要通过远程学习,来获得教育合格证书。

大学的教师通常来自各类学院培养出来的硕士、博士毕业生。现在高校中的大多数教师是尼日利亚人,外籍教师的总比例不到5%。

尽管每个层次学校的合格教师出现短缺,而那些取得资格做教师的人也有失业的,因为政府没有足够的资金支付额外员工的薪金。

联邦、州教育部和地方教育当局为了促进教师和其他类教育人员的知识更新,组织了教师进修课、讲习班和研讨会。组织此类活动的其他机构有大学、专业教育协会和教师联合会。

许多大学还为其他类型的教育人员开设学位课程,如教育规划人员、行政人员、管理人员,指导顾问,图书管理员,成人教育者和函授教育者,教育评价人员,体育教练。这类课程有本科水平的和研究生水平的。

7. 课程开发与教学方法

国家教育政策制订中小学的教学科目。课程制订在某种意义上是研制出这些学科的教学材料,其责任委托给了尼日利亚教育研究和发展理事会。这个机构制订全国课程指导方针,教科书、教师手册和其他教学材料。它有一个特殊教育分部,为有残疾的儿童研制特殊教学材料(如布莱叶盲文)。

一些专业社团(如尼日利亚科学教师协会)常常与商业出版商合作,根据教育研究和发展理事会的课程指导方针,研制教科书。有时出版商自己也召集学者,基于教育研究和发展理事会的指导方针研制教科书。

多年来,西非考试理事会决定中学课程,其课程对于五个讲英语的国家都是一样的。在西非考试理事会接管此项任务以前,剑桥考试联合组织(CES)担负大多数殖民国教育的同等角色。到20世纪80年代末,出现一种各国自己制订课程的趋向。在尼日利亚,西非考试理事会在教育研究和发展理事会指导方针的基础上,为高中准备考试大纲。

高等教育机构通常制定自己的课程计划,决定所教科目的范围。全国大学委员会、全国技术教育委员会、全国教育学院委员会通过它们设立的最低课程标准的认证过程,加强对高等院校的中央控制。就教学材料而言,每一所机构从来自不同渠道的市场现有的材料中选取教材。

当前,各级课程研制关注的是和地方现实的适宜性以及和国家社会、经济发展抱负的适宜性。

8. 考试、升级和证书制度

国家教育政策(尼日利亚联邦共和国 1981)提到:

(a) 在小学头6年结束时最终将不再有正式的考试。证书将以形成性评价为基础,而且由学校校长发放。

(b) 初中毕业证也将以形成性评价为基础,将由学校的校长和主任发放。

(c) 高中毕业证将以形成性评价与正式的终结考试相结合为基础。

实际上，在小学和初中的终结阶段，仍有州教育部组织的正式考试。不过正如高中的实际情况一样，证书以形成性评价与终结考试的综合为基础。在高中，终结考试由西非考试理事会管理。作为一项国家政策，每一级的形成性评价占 30% 的比重，终结考试占 70% 的比重。

每个高等院校管理自己的考试。综合形成性评价与终结考试分数的原则在实践中因院校不同而有所不同，而且在综合二者分数时没有固定的比例。传统上讲，教育学院附属于那些组织此类院校证书考试及发放证书的大学。现在出现一种趋势，即使教育学院从大学中独立出来，而 NCCE 发挥管理标准的功能。

大学和工科院校采纳了国外考试制度，来协调国内设定的证书考试。教育学院将来有可能采用同样的措施。

在中小学，从一个年级到另一个年级的升级，通常以学生每学年的成绩为依据。然而在小学，由于新生的压力，只有很少一部分的学生可以在任 1 年级留级。

教育机构的选拔考试不断变得集中化。联合招收、录取委员会（JAMB）指导三类高等院校的录取考试。不过，最终录取是由教育机构和该委员会协商完成的。招生基于联合招收、录取委员会和高中毕业证书。

西非考试理事会指导联邦政府初中（统一学校）和州政府要求的州属初中的普通入学考试。然而在许多州，教育各部管理州属初中的入学考试。高中录取初中生一般建立在学生初中毕业证书的成绩基础上。

为减少西非考试理事会的负担，两个新的全国考试机构成立了。其中一个将负责有关职业和技术的考试，而另一个则负责中学的录取考试。西非考试理事会因而将精力集中于高中考试。

9. 教育评价、评估和教育研究

公职结构要求每一个部都应当拥有一个规划、研究和统计局。这样的单位存在于联邦教育部和州的各教育部中，也存在于所有的委员会（如 NUC、NBTE、NCCE 和群众扫盲委员会）中。这些局应当组织评价、评估和有关它们各自文件的研究。

教育统计的搜集惯例上是每年一次。统计数据包括此类情况，如学生入学状况、教师人数、毕业生数、教育支出、升学率和入学人数比率。

专门研究是阶段性的，由联邦机构或州教育各部委托进行，关注的是一些专门问题，如教育不均衡；教授科学、数学和技术学科所需资料的调查；教育体制成效的跟踪研究；劳动力市场调研；考试标准、形式、政策分析的调查等等。

到 1992 年，没有全国范围内的固定的、系统的教育体制成效的评价，虽然正在计划贯彻这种评价。

许多有关教育的研究是在高校进行的，而且这些院校偶尔也参与国际调查。例如，伊巴丹教育研究所大学已经参加了 6 次国际教育成就评价协会（IEA）有关国际教育成效的调查研究。

大学经费通常会专门拨出一部分用来搞研究，因大学不同，费用数目也有所不同。人们越来越认识到了研究在教育规划和管理中的作用。

10. 20 世纪八九十年代的主要改革

主要的改革方案首次公布于 1977 年，而后修订于 1981 年，使得新的国家教育政策得以落实。大的结构变化发生在中学教育阶段。迄今为止，中学教育包括 5 年教育，通向教育资格考试的 O 级，随后是 2 年教育，通向教育资格考试的 A 级。这种体制被 3 年初中和 3 年高中所取代。因而教育资格考试的 O 级和教育资格考试的 A 级被废除，从而为初中、高中资格证书取代。中学的课程内容也变了。初中既是学术性的，又是职业性的。初中毕业生可以继续受教于三种学校：高中，技术、职业学校和师范学院。

另一个改革领域是课程。三个层次教育的课程都必须修改，以便符合国家教育理论和新政策中表述的国家发展目标。越来越倾向于科技教育。开始强调大学的整体学习，大学的目的是除了使学生专业化外，还使学生拥有广博的知识。在中小学的课程中，还引入了环境教育、人口教育等新的内容。

对高等教育的控制经由三个全国委员会,越来越集权化,而且引入了资格认证制度以加强高等教育的某些最低标准。

最后,有一项教育政策旨在下放公共考试团体的权力,如西非考试理事会,和另外两个全国考试机构。和考试结合的还有坚持形成性评价。

11. 2000 年面临的主要问题

像世界上其他发展中国家一样,尼日利亚的教育体制存在的一个重要问题是能否实现 1990 年在泰国的宗滴恩(Jomtien)召开的"为全体人的教育宣言"中所提出的"2000 年教育为所有人"的目标。基础教育普及、基础教育中的平等和教育机会均衡问题向尼日利亚提出了一个巨大的挑战。

教育机构资金、设备的短缺很可能会持续下去,学生,尤其是高校学生的贫困可能也会持续下去,从而导致学生骚乱。毕业生失业问题也可能仍将持续较长的时间。

E. A. 约罗耶(E. A. Yoloye) 著
尹天姿 译

附录

Brann C M B 1977 Language planning for education in Nigeria: Some demographic, linguistic and real factors. In: FME National Language Centre 1977 *Language in Education in Nigeria. Vol. 1: Proceedings of the Language Symposium of November 1977*. National Language Centre, Lagos

Fafunwa A B, Macauley J T, Sokoya J A F (eds.) 1989 *Education in Mother Tongue*. University Press, Ibadan

Hansford K, Bendor-Samuel J, stanford R 1976 *Studies in Nigerian Languages*. Ghana Summer Institute for Linguistics, Accra

Federal Republic of Nigeria 1981 *National Policy on Education (Revised)*. NERDC Press, Lagos

其他参考文献

Chizea C A (ed.) 1983 *Twenty Years of University Education in Nigeria*. National Universities Commission, Lagos

Fafunwa A B 1971 *A History of Nigerian Higher Education*. Macmillan, Lagos

Federal Republic of Nigeria 1977 *Implementation Committee for the National Policy on Education: Blueprint 1978—1979*. Federal Government Printers, Lagos

Ozigi A O L 1981 *Education in Northern Nigeria*. Allen and Unwin, London

Taiwo C O 1980 *The Nigerian Education System*. Nelson, Lagos

Yoloye E A 1989 Cross currents in the evolution of educational planning strategies: The Nigerian experience. In: IIEP 1989 25th Anniversary Workshop Booklet No. 5 *Educational Planning in Practice*.

卢旺达的教育制度(Rwanda: System of Education)

1. 基本背景

卢旺达的国土面积为 26 338 平方公里,人均产值约 310 美元(1989 年的统计数字),是非洲最不发达的国家之一。许多因素阻碍了它的经济发展,其中主要有以下几个方面:(a)被陆地所包围的地理位置,增加了大量的交通成本;(b)资源的匮乏;(c)出口单一,主要以咖啡为主,依赖外部因素,经济脆弱;(d)缺乏训练有素的劳动力;(e)可耕地越来越稀缺,这主要归因于人口的持续迅速增长。

据估计,1989 年,卢旺达的人口为 730 万,是非洲人口密度最高的国家,每平方公里约 280 人,这对有限的土地资源是个沉重的负担。人口中的 95% 在农村,主要以从事家庭农牧业为生,平均每家拥有土地 1 公顷。在 20 世纪 90 年代早期,卢旺达每年的人口增长率为 3.7%,是世界人口增长率最快的国家之一。人口的高增长带来的结果之一,就是对教育、培训以及大量就业岗位的需求。

从 1887 年到第一次世界大战,卢旺达是德国的殖民地;1917 年到 1962 年(这一年卢旺达独立),比利时行使着对卢旺达的管理权。

根据1978年的全国普查,卢旺达的社会结构由三个民族组成:胡图(89.7%)、图西(9.77%)和特瓦(0.46%)。此外,外国人占了人口总数的0.8%,具有卢旺达国籍的非土著人占了0.67%。三个民族之间的巨大不平衡,严重影响了卢旺达教育的实施和贯彻执行。教育的实施情况取决于哪个民族掌权。卢旺达使用的语言有卢旺达语和法语,前者是母语,三个民族都享有,后者作为一门学校课程讲授,且和卢旺达语一起在官方中使用。斯瓦希里语和英语在学校教育的第二个阶段讲授。

在卢旺达的经济发展中,农业居主导地位,占国民生产总值的46%。农业中80%为维持生计的粮食作物。这些农作物的出口占出口总额的85%(其中64%是咖啡)。但1964年以来,工业和服务业的贡献加大,出口额都有所增加,分别达到20%和33%。然而,粮食的供应不能满足人口的急剧增长,已经引起了较多的问题。这种供需的不平衡,不仅因为土地资源的匮乏,还因为森林资源被用作柴火,并占到总消耗能量的90%。同时,大量的失业、低就业率、高文盲率、营养不良、基本保健的缺乏、自然资源的匮乏等等,使得这一问题更加复杂。人口的高增长率是这种现象产生的最终的重要因素,它大大超过了政府通过投资和创造就业机会所带来的消化能力。这些问题的恶化已给国家的财政带来了极其恶劣的影响。例如:1987年,全部财政赤字约占国民生产总值的11.5%,1988年约为8.7%。这些赤字已使政府采取了新的措施,如财政限制、出口限制、结构性调整(1990)等等。

2. 教育政策与目标

学校是一个社会实体,也就是说,是一个反映社会的社会机构,它来自社会,反过来也影响社会。因此,为了弄清楚教育面对的问题,需对个体公民的需要,民族、国家的需要有一个令人信服的详尽的了解。卢旺达的教育体制是多民族的。社会结构和卢旺达的教育体制是,并且一直是紧密联系的。在卢旺达,尽管非政府组织也起了非常重要的作用,但是教育是由国家组织的,政府负责财政,并通过制定政策——包括公立和私立学校的——来控制教育并为学校提供经费。

在占人口少数的图西族(到1959年)君主政权的领导下,教育的主要目标是为地方管理提供帮助,并提供较低层次的劳动力。由于这种管理体制是由图西族领导的,因此,它需要本民族帮助其管理其他的民族。结果,仅图西族的子女接受教育,其他民族的子女只有少数人接受一些为宗教作准备的,或初等水平的教育。

为了打破图西族人对教育的垄断权,并纠正教育的不平衡。第一共和国(1962~1973)对所有人开放了教育。卢旺达国立大学的建立是这一阶段最重要的事件。

1962~1977年,教育制度的主要目标如下:

(a) 教育的民主化。

(b) 为职业生活和进入劳动力市场作准备。

(c) 为升入高等学校作准备。

1977~1991年的教育改革包括:

(a) 进入各层次教育途径的民主化。

(b) 满足经济需求,提高劳动力的质量和数量。

(c) 通过教育改革,提升本民族的语言和文化,同时通过外语的讲授继续加强对外交流。

为达此目的,有以下三种方式:

(a) 以农村、农业需求为重点的课程改革。

(b) 改革中等教育的纯学术性,使之多样化。

(c) 将高等教育和农业教育作为优先发展的对象。

3. 正规教育体系

1977年,政府决定改革以前的教育体制。1979年,初等教育改革开始,1981年,中等教育改革开始。改革的一般目标上面已做了描述。卢旺达的初等、中等教育主要起源于传教士的活动。现在仍有很多学校由罗马天主教支持。图1是卢旺达以前的教育体系结构图。

3.1 初等、中等和高等教育

1962年,卢旺达独立时,教育培训体系(ETS)还处于萌芽阶段,不适应大多数人的需求。1960~1979年,小学教育是6年,小学后教育(中间学校)

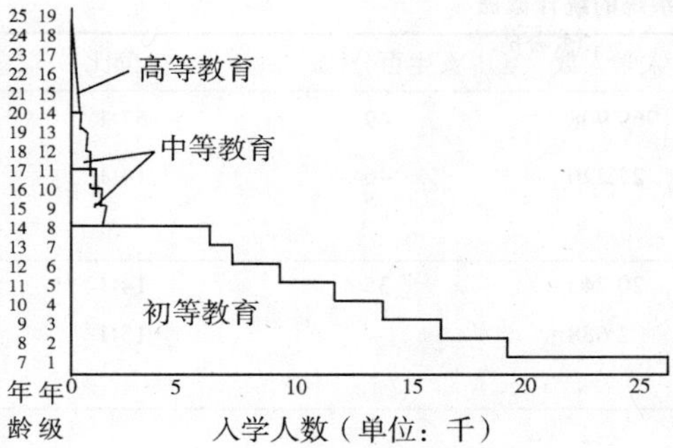

图1 卢旺达:正规教育体系的结构

是2年,重点是为男孩子提供农业、基本的手工艺方面的课程,为女孩子提供家务技能方面的课程。卢旺达的初等教育是免费的,要求所有适龄儿童入学。为满足不断增长的教育需求,1~3年级实行轮班制。增加了学校和教室,容纳学生的能力由1960年的197 656人增加到1977~1978年的463 422人。但由于缺乏充分的公众参与,1972年提出的教育改革没有实施。1977年的重大教育改革(确切地说在1979年推行)包含有重大的变化,产生了以下重大影响:(a)初等教育从6年延长到8年,接受7~14岁的儿童入学,在7~8年级引入了实践课程,把工厂的培训延接到了学校,一直到1986年,这都是全体初等教育的目标;(b)小学毕业生的90%进入农村手工教育中心(CERAI)接受基本的假期训练,这是在9~11年级;(c)另外的10%进入改革过的中等学校。其他计划的教改措施有:停办3年制普通学校,这种学校的目的是在实践课程方面培训小学教师;提高日校学生的比例;增加男女合校;扩大中等教育学校的规模,使最少招生人数达到240人;终结轮班制和自动升级制。到1991年,初等教育实行8年制,分3个阶段。头3年侧重于读写算;中间3年是全面教育,把法语引进了课程体系;最后2年以农业和基本的手工业训练为重点。这些基本的目标很好,但就如何实现引起了争议,并且,在学生人数、教师、建筑、设备等方面的超高标准,加上有限的财力,教师的缺乏,建筑业的低能使得目标未能实现。1981年废除了自动升级制,但是仍然保留了轮班制。计划建设的1 290个(CERAIS)也仅完成了195个。初等教育的入学率稳定提高,但11个县之间差别很大。表1显示,学生中的49%和教师中的42%是女性,生师比增长到57:1。然而,随着入学人口的迅速提高,1~6年级不合格教师的比率升到了66%,严重影响了教育的总体质量。随着工厂教师再培训的不达标,7~8年级的工厂课程的教学质量乏善可陈,同时,花在教科书、教育设施的开支很有限。但是,校舍的质量似乎有所提高,78.8%(1988~1989年的估计)的校舍的墙由石头和砖砌成,并配以硬屋顶,尽管家具、基本设施和照明设施在许多学校仍然是短缺的。

在小学后的教育阶段,1988年以前的(CERARS)和所谓的家庭部门合并成了328所CERAIS,它们还需要公众的充分认可。它们形成于非正规的教育体制。女生占学生人数的46%。此项教学计划旨在传授农村生活的技巧,但课程是临时凑合的,教学效果也不好。小学7~8年级的教育和CERAIS是同一目标,9~10年级学生入学人数的不多又使得充分利用资源显得困难。在这个阶段,生师比例很低,但在双流制下随着入学人数达到200人,这一状况有所改善。教学中,卢旺达语作为授课语言,而法语则作为一门课程讲授。

中等教育6年(9~14年级),改革目标之一是培养熟练劳动力。因此,这一阶段的教育具有强烈的职业倾向。它通过12个轨道、28个支流,把普通课和技术课连接在一起。1990~1991年间,这142所学校(74所公立、10所民办公助、58所私立)规模仍然很小,人数分配也并不均匀,新生的选择则促使其平衡。公立、私立、公助学校的女生比率分别为40.4%、43.4%、48%,生师比依次为14:1、19:1、15:1(1988~1989)。1980~1981年引进的新课程,既缺乏学校员工的充分参与,也缺乏经过训练的能教多种课程的教师。1984年,教师队伍中69%是合格的,全部教师中75%是卢旺达人。由于新生入学门槛低,教科书、学习材料缺乏,导致教育质量参差不齐。法语是新生的弱项,这一点表现得特别明显,而这对学生的成功是至关重要的,特别是1977年教育改革之后。

表 1　　1987～1988 年卢旺达教育系统的统计数据

	教育设施	入学人数	女生百分比	生师比
小学	1 633	969 908	49	57:1
小学后(9～11 年级)	328	27 220	46	14:1
中学(9～14 年级)				
公立学校	74	20 743	35	14:1
有财政援助的学校	10	2 688	–	15:1
私立学校(不被认可的)				
高等教育(1986)				
公立学校	9	1 675	15	7:1
私立学校	5	400	–	–
海外学校	–	700	–	–

高等教育的主要机构是卢旺达国立大学,它有 3 个校区,10 个系。此外,还有 4 个进行高等研习的私立宗教机构;一个 4 年制的军事学院;一个 2 年制的高等农业学院;一个 2 年制的经济学院,一个泛非应用经济学院;一个 2 年制的国立财经学院。注册人数中,卢旺达国立大学有 1 630 名,其他机构共 308 名。在国外学习的有 700 名。女生占总人数的 17%。学生的流失率很高,达到 43%,其中学习自然科学和商业的流失率更高。原因主要在于:(a)中等教育的课程和卢旺达国立大学缺乏衔接;(b)选择上的缺陷,大多是建立在地区性民族课程的标准上的;(c)卢旺达国立大学的教学有缺陷,并且缺乏参考书;(d)教员合格率较低,1983 年,教员中仅 23% 拥有博士学位。而且,管理信息系统并未有效地组织起来,这使得信息的综合收集和处理出现问题,而这些信息又关系到政策分析和相关措施的推出。

3.2　学前教育

1991 年,教育部才建立了学前教育机构。在此以前,学前教育机构的创建的主动权一直在社区、地方组织或父母那里。但 1992 年以来,通过国家行动计划和联合国在卢旺达的儿童基金项目,学前教育已成为初等、中等教育委员会行动方案的主要目标。学前教育从 2.5 岁到 6 岁,也就是到儿童入小学时。1992 年,有 188 名经过训练的教师,分散在全国各地,特别是分布在城镇地区的幼儿园中。学前教育的主要目标是促进儿童的全面发展,并为其进一步接受正规、非正规教育作准备。

3.3　特殊教育

卢旺达有两个残疾人教育机构。一个机构为那些生理有缺陷的人提供初等、中等教育,中等阶段的教育借助于实验室培训完成。另一个机构为聋哑人提供初等教育。由于缺乏有训练的教师和适当的器材,在实践中,没有为聋哑人提供中等教育。

3.4　职业、技术教育和商业教育

7～8 年级有培养学生创造和操作技能的课程。在中学阶段,有农业、商业、护理方面的课程,这些从本质上讲都属职前教育。还有几所提供中等水平技能的职业学校。在高中阶段,有 6 所提供商业课程的学校,4 所提供农学、医学、林学方面的技术训练的学校,余下的学校,有几个学徒式的,内容包括对职业的学习,获得证书的综合性实践训练或学术训练。实践训练的主要形式是传统的学徒制,接受训练的人(学徒)和有经验的手工艺人在一定期限内一起工作,以这种非正式的形式掌握技能。

有 2 所学校进行护理人员的培训,每年输送 10 名高级护士。

3.5　成人和非正规教育

在卢旺达,成人和非正规教育的主要部分由 6 个部提供。国家职业训练部(MINIFOP),它是一个国家就业机构,提供职前和在职高级课程。青年合

作部(MIGEUMA),为不在学校的年轻人提供培训。内政部(MININTER)监管继续教育体系,为城镇领导人、成人提供课程;在这个体系下,社区提供小学以及学前非正规教育。公共建筑能量部(MINITRAPE),为从 CERAI 毕业的学生提供4年的工程课程。国防部(MINADEF)管理一所军事学院,此学院开设技术和社会科学的培训课程。最后一个,邮政信息部(MINITRANSCO)下设3所培训学校,为邮政、电信、民航、气象服务。

除了各个部的这些计划课程,许多官方、民间组织也有一些成人课程。

4. 行政管理的结构与运行

有两个委员会负责教育各部的管理,它们是初等、中等教育委员会和高等教育科学研究委员会。在宗教方面,县里有县监事,社区有部门监事,分别代表初等、中等教育委员会负责。不过,并不是所有社区都有监事。

委员会内负责初等、中等学校的主要部门列举如下:

规划司。它直接隶属于秘书长办公室,包括策划处、统计处。主要职责是为初等、中等教育的发展制定短期计划、长远规划。有3个教育规划者直接隶属于领导办公室。规划司的主要成果是一年一度的统计公报,学校蓝图以及一些非正式报告。

研究评估部。它也隶属于秘书长办公室,总体上说是一个公关机构,接受、通知、确定到委员会的参观者。它还负责收集必要的信息供委员会和秘书长参考。由于缺乏人力、物力资源,尽管这个部的名字是研究评估部,但很少做这方面的工作。

财务服务部。它隶属于行政首长。负责学校财政的预算及所拨款项的执行,资助民办公助学校,搞好为学校建设提供资金的单位的关系,并支付教师工资。

财政控制部。它也隶属于行政首长,负责信贷管理的确认和控制,安排财政申报,分析财务报告,计算学校的运行费用,控制收据及(学生)父母所捐款项的运用。然而,由于缺乏资源,它不能进行有效的财政控制。

信贷管理储备部。隶属于行政首长,通过一年、多年度财政预告的复杂性分析,为初等、中等教育委员会服务。把设备、办公室分配给每个部门并管理。

考试部。有3个主要分部:(a)考试结果的研究和数据分析部;(b)学校职业定向部;(c)考试部。必要的亚结构的缺乏(管理设施、合格人员、交通、财政等),已妨碍了政府对11个县高效管理目标的实施。督学系统也由于同样的原因而受阻。在中心督导团的领导下(小学6个巡视人员、CERAIS 11个、中学6个),11个督学团管理97个部门督导人员及校长,负责340个区的调查研究和学校管理的事情。由于20世纪90年代教育培训体制(ETS)及改革的数量的膨胀,在相当程度上,督学忽视了此对教育质量的负面影响。且学校管理的标准依校长的变化而变化。因此,应重视督导人员的选择和培训,并设定督导管理的守则。总体上说来,与教会相关的学校经营得较好。

从1981年3月开始,教育各部的管理与监督已成为两个委员会——一个负责第三级教育,一个负责小学及初中教育——的主要任务。第一个督导层面(社区和地方的)在教学法和监管上存在某些严重的不足。在教育上,委员会给教师的建议和支持并不充分;而在行政上,地方督导人员又缺乏正确管理所必需的资源。

5. 教育财政

根据教育的类型、资金的来源,所有教育资金的分配都显示在表2中。1987年,政府经常性预算的24.4%给了教育,其中,初等教育占70%,中等教育占16%,高等教育占14%。实际上,教育经费占政府经常性财政收入的25.7%,并且在预计中这个数字不会提高。结果,扩大入学、教育质量的提高,都大大依靠经常性财政的增长,以及依靠持续增长的时间,教育结构和内容的调整,硬件设施的高效使用等等。

公共收入达到中央政府收入的8%。其中,教育所占份额很低(大多数社区约2%),更多的收入被用于扫除文盲。因此,正规学校基本上依靠中央政府的支持,以及收取的小学费用——人均300卢旺达法郎(约 2.4 美元)。

在卢旺达,缺乏有效的政策框架来提高私立教育的费用。在初等和中等阶段,政府资助几乎所有的宗教学校。但是,政府还没有认可那些更多由父母协会创办的小学,这给潜在的捐助者提供了一个消极的信号。在小学阶段,学生的收费占了单位经常性收入的 6%,而中等、高等教育阶段(分别为 9 000卢旺达法郎、20 000 卢旺达法郎),分别占单位经常性收入的 80%、6%。中等、高等教育的这种费用 20 世纪 90 年代已经开始收取,私立中等、高等院校的注册费用增长很快。

教育各阶段的部门中资源分配是高效的(初等教育和 CERAI 64.5%,中等教育 14.6%,高等教育 15.4%,行政管理 5.5%),但是,像教室资源这种与质量相关的投入却不足。例如,1987 年,中小学教师的工资达到经常性教育经费的 86.2%,然而,用于教育质量提高的仅占 2.4%,前景不容乐观。1982~1988 年间,教育经费中教师工资所占比例由 78.7% 上升到 86.2%,而与质量相关的投入却从 3.89% 下降到 2.39%。高等教育也一样:1982 年至 1986 年,奖学金和行政费用占高等教育委员会的经常性经费支出从 26.5% 上升到 31.3%。

与其他非洲国家相比,卢旺达小学阶段的经常性人均支出相对较低,而大学阶段则相对较高。

表 2　　教育资金的分布

单位成本(1986)	卢旺达法郎(FRW)	与小学的比率
小学	4 004	1:1
初中	15 467	4:1
高中	49 352	12:1
大学	343 978	85:1

1987 年教育经费的支出(单位:百万卢旺达法郎)

	经常性预算	%	资金	%
小学	3 861	70	–	–
CERAI	–	–	68	18
中学	848	16	204	53
高等教育	735	14	110	29

1986~1987 年间,小学阶段仅 4 004 卢旺达法郎(约 50 美元),中学阶段 49 352 卢旺达法郎(约 640 美元),高等教育阶段 43 978 卢旺达法郎(约 500 美元),其中 CERAIS 为 15 467 卢旺达法郎(约 200 美元)。这些高层次教育的单位成本反映了卢旺达资源的贫乏和不足,以及高等教育缺乏规模经济。

6. 师资

1989 年小学教师 17 000 名,其中 52% 是合格的。在小学教育的第一个阶段,不合格教师占总数的 78%(这个阶段被认为是学生获得基本技能和态度的最重要阶段);第二个阶段,不合格教师约 40%;第三个阶段约 48%。平均生师比约为 57:1。在 CERAIS 里,有 2 100 名教师,生师比是 10:1。在首都基加利,中等教育委员会中有大约 500 名行政人员,他们管理着学校教职员工。管理者和员工比为 1:42。在中等学校中,69% 的教师是合格的。大学教师 212 名,大多数不合格。1989 年,大学招收了 1 100 名助教,约 1.5 名学生拥有 1 名助教。总体上,高层管理者有较高的学历,但缺乏管理培训,频繁地更换职位使其效率更受限。在卢旺达,没有管理方面的培训设施,仅一部分人在国外接受了此方面的培训,全体成员和管理者的人员素质因此大受影响。

7. 课程开发与教学方法

1977 年,教育改革的一个重大质量改进是建立在客观方法基础上的课程发展。方法的目的是确保更多的学生在每个阶段结束时掌握本阶段应掌握的东西。然而,教育体制内部的效率已存在不足。事实上,负责小学和城镇教育的教学主管,还没能够达到教育的质量目标,即把课程发展、课程实验、教科书、教学指导、教学方法注入到小学教师的再培训中。其主要弱点是技术的缺乏和操作条件的落后,包括有限的经常性费用,使它脱离了班级这个现实环境。不管是公立的还是私立的学校都要执行课程计划。为确保课程内容的贯彻,国家、县、地方每一层次都有相关的督导人员。然而,由于督导人员缺乏交通费用,使计划受阻,且并不是所有社区都有督导人员。

8. 考试、升级和证书制度

在小学和中学阶段,每半学期都有评估学生成绩的考试。根据这些考试的结果,学生从一个年级升到另一个年级。学生复读率高。小学结束时,有一个全国性的进入中等教育机构的选拔性考试。考试目的是给学生排队,比较学生差异。它不提供学生成绩的任何信息,也不告诉学生自己的强势、弱势,来帮助学生改进。它的目的就是为有限的教育空间挑选有竞争力的学生(1988 ~1989 年,58 105名考生中,仅招生 7 057 名)。因此,学校收到的间接反馈,不是鼓励所有学生升到这一级,而是只有少数学生受益,"爬"到这一级,接受高层次的教育。小学、城镇教育教学董事会举行全国性选拔考试,这在所有学校都是一样的。另一个相似的考试是针对中学毕业生的,也是由教育教学董事会举行的。中学考试的通过率比全国性选拔考试高。在大学阶段,考试由教师负责,不再分学期,只是有规律地一学年举行一次。在大学学习结束时,本科生授予学士学位(BA, BSC),研究生授予硕士学位(MA, MSC)。

9. 教育评价、评估和教育研究

为了提高政策分析和开发的能力,以及监管和评价初等、中等教育委员会项目的实施,建立了研究和评估董事会。在全国、地方督导人员的协助下,分析教育质量的数据,认为在教育体制中有必要进行强制性的改革措施。不过,这个董事会需要加强,以便更好地确立它的现实的和潜在的职责。在 20 世纪 90 年代开始时,董事会没有自己的研究重点,但有倾向性的研究在进展中。除了为一些特殊的研究提供的奖金外,也为学校和其他的研究者做了些激励性的工作,如国外培训、为专家提供服务和装备、增加实施费用等等。定期收集的信息的最重要指标是:学校规划;教育费用;课程的发展和实施;教学方法;接受初等、中等、高等教育的学生增长率。

10. 20 世纪八九十年代的主要改革

小学学习时间由 8 年降到了 6 年,入学年龄也从 7 岁改为 6 岁。CERAIS 形成了小学后教育。1986 年,普及初等教育取得了成绩,因此,小学注册人数急剧增长。这时,小学合格教师的培养——特别是低年级的教师培养——又成了一个问题。

在大学阶段,本科生的学习由 3 年降到了 2 年,研究生保持不变(2 年)。全体教员没有一个获得博士学位的。为了满足 1979 年中等教育改革的需求,有必要在大学阶段设置新的课程,训练教师,以贯彻中等教育的教学内容。具体说来,高等教育改革的主要目标如下:(a)培训经济所需求的熟练劳动力;(b)使高等教育财政收入多样化,提高拨款效率和资源利用率;(c) 重新考虑本科生改革项目的实施长度,提高教学质量。

11. 2000 年面临的主要问题

考虑到继续严峻的财政限制以及迅速增长的人口这两个首要因素,对卢旺达教育和培训体制所面临的重大问题,可总结如下:(a)平衡明晰的、合理的教育目标与政治目标的冲突;(b)严格控制教育费用的应用;(c)提高效率;(d)体制膨胀之后的质量问题;(e)恰当的准备和实施技术教师的培训;(f)准备和实施恰当的机构设置方案,特别在中央和地方行政方面;(g)建立与毕业生就业机会相配套的教育评估体系;(h)计划和协调人口识字率项目。

在初等教育中,随着注册学生人数的增加,也不能期望与之相应的合格教师数量的增长;同时,书本也是缺乏的,或者并没有得到充分的运用;还有,在学校和班级的层面上,采取的策略既不明确,也远未与学校改革教学新方法相适应,乃至得到实现。7.8%的留级率和 19.8%的辍学率无望下降。在农村教育中,尽管教职员工中的小学教师的 2/3 是合格的,但他们不能教职前课程。还有,当校舍装备齐备时,实验室设备、易消耗品和教材的缺乏已严重影响了教育质量的提高。

CERAIS 的目标是在农村环境下为职业作培训,但是,由于就业机会的缺乏而造成的学生低能为此类学校打上了问号。在中等教育,职业教育的有效性是成问题的,原因是考虑到并不多样的经济,以及有限的就业机会。由此带来是否大量需要此类人才的争论。教师中 30% 是不合格的,这导致自然科学和科技课程的教学质量很差。

在高等教育中,效率存在严重问题。在卢旺达大学中,第一年的留级率约为 20%,辍学率约为 25%。这来自以下几个因素:不当的选择和对学生的不当指导,还有,在中等学校缺乏针对卢旺达国立大学的相关课程,以及该大学课程百科全书式的设置,最后一个原因是教师中合格率比例低。

P. B. 恩登杰豪(P. B. Ndengejeho) 著

张晓玲 译

附录

International Bank for Reconstruction and Development (IBRD) 1981 *Republic of Rwanda: Education Sector Memorandum.* Report No. 3559-RW, The World Bank, Washington, DC

International Bank for Reconstruction and Development (IBRD) 1984 *Controlling the Costs of Primary and Secondary Education.* The world Bank, Washington, DC

National University of Rwanda 1983 *Etude des causes d'échecs à l'université.* UNR, Butare

National University of Rwanda 1988a *Evaluation de l'enseignement primaire réformé.* UNR, Butare

National University of Rwanda 1988b *Evaluation de l'enseignement primaire, secondaire et ERAI: Rapport de synthèse.* UNR, Butare

Rwanda Ministry of Education *1978 Réforme de l'enseignement au Rwanda, Historique, orientation et identification des besoins.* MINEDUC, Kigali

Rwanda Ministry of Education 1978 *Education et culture.* Report No. 4 (May/August). MINEDUC, Kigali

Rwanda Minisry of Education 1983 *Etude et programmation des besoins en enseignants au Rwanda 1983—2000.* MINEDUC, Kigali

Rwanda Ministry of Education 1984 *Statistiques de l'enseignement: Année scolaire 1982/83, 1984.* MINEDUC, Kigali

Rwanda Ministry of Education 1989 *Analyse des rapports des commissions dévaluation de la réforme de l'enseignement rwandais.* MINEDUC, Kigali

Rwanda Ministry of Planning 1982 *IIIème Plan de dévelopment économique, social et culturel 1982—1986.* MINIPLAN, Kigali

Rwanda Ministry of Planning 1989 *Analyse de la situation économique et propositions de mesures de redressement.* MINIPLAN, Kigali

Rwanda Ministry of Primary and Secondary Education 1978 *Recueil des Principaux textes lé et réglementaires régissant l'enseignement rwandais.* MINEPRISEC, Kigali

United States Agency for International Development 1981 *Rwanda: Short Assessment of the Education Sector.* USAID, Washington, DC

World Bank 1988 *Report on the Costs and Financing of Primary, Secondary, and Higher Education* (Annexe 3: Rwanda). The World Bank, Washington, DC

塞内加尔的教育制度(Senegal: System of Education)

1. 基本背景

塞内加尔是一个位于撒哈拉沙漠以南的非洲国家,占地总面积为 196 200 平方公里(74 730 平方英里)。西部濒临大西洋,东部毗邻马里,北部以塞内加尔河与毛里塔尼亚隔河相望,南部接壤几内亚和几内亚比绍。它曾经是法属殖民地,现被冈比亚分割成两部分。

正如其他多数非洲国家一样,塞内加尔的人口(1988 年的人口普查结果为 700 万)增长较快,在 1988 年估计以每年 2.8% 的速度增长。尽管政府已经采取了控制人口的政策,但是人口增长较快在今后一段时间内还将持续下去。全国人口主要集中于西海岸地区。人口密度总体来说估计是每平方公里 35 人,但在全国几乎 2/3 的地区,人口平均密度是每平方公里 5 人左右。塞内加尔的主要民族是沃洛夫人(40% 多)、富拉尼人、迪奥拉人(Diola)、西瑞尔人(Serer)和曼迪卡人(Mandika)。从其他相邻国家(几内亚、毛里塔尼亚)或阿拉伯国家(黎巴嫩、叙利亚)来的移民构成了人口中一个重要部分。全国85%的人口是穆斯林,余下的15%主要信奉天主教,但也有少量人信奉传统的非洲宗教。

全国人口分布的一个重要的特征是高度聚居在首都(承继于殖民时代)达喀尔以及沿海岸地区。这些地区聚集了现代化的商业设备和社会服务设施,就业率极高,因而致使全国整体上看来,城乡之间、地区之间存在着就业状况的巨大不平等。塞内加尔的另一个明显特征是,自1960年独立以后,政府广泛地介入和稳定地控制着国家的各项事务,对社会职业、社会阶层影响较大,但这种状况在20世纪90年代早期正在发生变化。自1989年以后,一个新计划已经开展实施,它旨在缩减公共单位的数量,从而使之有利于私人、企业家和有组织的社团。

为促进现代化,国家采取了巨大的举措,但塞内加尔的经济并未脱离传统的经济主要支柱:水稻栽培、牧牛产业(用于满足国内消费需要)和花生产业(用于出口)。而且,这种传统经济非常萧条,现代企业也不景气。塞内加尔几乎一半的短缺资源和相对开放的经济,都受气候变化和不利的国际贸易形势的高度影响。塞内加尔缺乏其他西非沿岸国家丰富的农业潜在劳动力和矿产资源,所以塞内加尔的经济增长前景,只能主要建立在人力资源素质的基础上。表1表明了经济各部门劳动力的数量。

从1976年开始,塞内加尔的一党制政治体制发生了改变,成为多党制。在1992年,全国共有17个政党。政府结构中最高一级是共和国的总统,他由全民直接投票选举,5年的委任统治期,总统在政府各部门的协助下制定国家政策。1991年,国家任命了首相,以协调和落实国家政策,同时,首相还和其他对立政党的多数代表人物一起统治全国。伴随着共和国总统的选举,产生了单一院制的国会,其在同一时期(总统5年任期内)内享有立法的权力(国会成员有100名)。政府通过4~5年的社会经济发展计划,试图改造塞内加尔的社会。因而,迄今为止,由于过度的中央集权,社会经济结构中包括教育单位在内的各个单位只是取得了有限的成功。事实上,由于政府的资源有限,既不能满足社会各个方面的需要,又无法纠正存在于经济、社会各部门之间的大量失调现象。

表1　　1990年劳动力人口分配

部门	劳动力人口的百分比
农业	77
工业	10
服务业	13
总计	100

2. 教育政策与目标

19世纪早期(1817年,圣路易斯),法国殖民者建立了塞内加尔的正规教育,比塞内加尔彻底沦为法国殖民地还早。当时教育的使命就是培训经过精挑细选的法裔西非人,那时商业的发展如日中天,培训的目的就在于满足经营商务的劳动力的需求(主要是职员)。同化是教育的基本策略,旨在推广法国的语言、价值观,法国的历史和法国的生活方式。只有在1930~1940年这段时间,少数人才被允许脱离职员技能学习的束缚,学习旨在提高领导才能的教育内容。然而前景是相同的:那些受过充分教育的人只是另一种形式的"人质",或只不过是他们自己人民的法国大使。在塞内加尔创建的大量小学后学校都是为了教育所有法国西非裔人的子女,这类学校有:威廉姆·庞帝师资培训学院;医学校;提供铁路、邮政和函授服务的技术学校;在圣路易斯的两所大学预科学校(lycees Faidherbe)和达喀尔的渥伦霍夫学校(Van Vollenhoven)。达喀尔大学由1950年成立的高等研究所创办。精英主义教育一直占据主导地位,塞内加尔在经过一个世纪的教育后,小学的入学率仍然很低,在1960年仅为12%。

塞内加尔于1960年的4月4日赢得了国家独立,伴随而来的是政治、经济及社会领域等方面一系列巨大的变化。"发展"一词成为每家政治刊物的主题,它的含义或多或少地意味着赶上西方国家。在许多领域,对前殖民政权发展的模式、战略的复制根本没有考虑到历史背景,而后者对于理解诸多社会现象是非常必要的。教育由于其重要性也未逃脱改弦更张的一般驱动。教育承担着新的有别于之前殖民者委托的功用，它也是一个战略性单位，尤其肩负着推动其他子系统变革的责任，也对整个社会体系的总体变革负责。

如下的教育目标是塞内加尔于1971年的首次教育改革中确定的：

(a) 推动并巩固全民认同感。

(b) 提高自足、自立能力。

(c) 减轻文化、心理的依附。

(d) 加强地方学校。

(e) 使当初移居国外的本国劳动力地方化。

(f) 充分发展个体潜能。

(g) 在全国各地扩大教育(1961年的亚的斯亚贝巴会议的主要议题即是普及初等教育)。

这次改革的影响极其微小。教育体制的结构、组织和动态几乎和殖民时代一样，因而并不能引发人们所梦想的转折出现。人文环境和物质环境都无助于产生伟大的变革。教师和管理人员所接受的培训，不能提供给他们在执行任务时所需的新的心态、新的方法，他们甚至不能得到适应变化着的社会现实的新技能。舒适生活的力量习惯性地持续着。

除了环境的制约外，一个重要的问题是，教育改革计划中缺乏多方面的成熟考虑，以及良好的策划。这次改革的不同构成部分之间协调性较差，执行时没有充分的时间，也缺乏任何形式的用以测量成效层次、对行动进行指导的评价过程。综上所述的所有原因合在一起形成了1971年教育改革的特征：一种极大地限制了其影响力的即兴创作。

在1977～1980年间，塞内加尔政府面临着另外一个压力——来自要求教育体制更为激进地变革的教师联合会。对更为合理、充分的学校体制的呼声又形成了一股潮流，从而导致了1981年的教育改革。政治领导的变化又一次为审视教育体制提供了一个有力的契机。一个全国性的聚会组织成立(包括政治界人士、各领域的专家、宗教团体的代表、商业管理人员、教师和学生)，旨在研制出一种能够考虑到各个团体的需要、专注点的体制，并据此获得全国性的一致认可。这次会议被历史化，且被称作“教育基本状况”(指1789年法国革命会议之后的一次会议，目的是召集国家的各社会组成部门，以确立新的政治宪章——译者注)。各种重要思想得到了汇集，又成立了委员会来指导这次计划。他们于5年后的1985年完成了设计工作，政府通过1年的时间研究并批准通过。最后这项计划预计在1988年开始执行。

这次改革确定了教育体制的当前目标，主要如下：

(a) 实施一个全国性的、民主的、普及的教育体制。

(b) 对3～16岁的孩子实行义务、免费教育。

(c) 在课程中逐步引进民族语言。

(d) 在学校开展生产活动，从而为学生提供传统理论技能以外的实践技能的教育。

(e) 把三个不同的教育部门(高等教育、技术职业教育和普通教育)合并成一个部门。

(f) 重新组织教育场所和时间。

(g) 改善班级升级制度，并变革考试化倾向的教学实践。

这次教育改革从其初步的设计到最后的实施历经了7年的时间，7年过后落实改革方案时，并没有对原有的目标和战略计划进行重新审视或是更新。这次改革面临着一个主要的问题，即实施的费用(过去是，现在也是)问题。事实上，据估计实施费用还大于1981年整年的国家预算，即便在长时间(15年)内国家费用都花在其身上，而由于国家正在历经非常严重的财政危机，实施成本对于国家来说仍显得极为昂贵。一项包括全民参与的计划可望较多考虑到操作成本的问题，但这仍然不是一个已确定的事实，而依旧只是一种希望。这次选择还未产生预期的效果。

3. 正规教育体系

3.1 初等、中等和第三级教育

图1显示了正规教育体系的结构。有关主要教育单位入学人数的关键统计数据如表2所示。

义务教育年龄段为7～12岁(虽然这次教育改革的目的是实行3～16岁的强制性教育)，这个年龄段约有48%的儿童入学。许多儿童如果已经上了幼儿园，进入小学的年龄通常是6岁，但很少

3~16岁的孩子在入小学之前上过幼儿园。幼儿园教育主要由私人开办并经营,它们之中有一部分接受政府控制,那么就可通过公共资金得到资助,但是父母支付操作费用的大多数部分(除去教师和管理人员的工资)。

小学为时6年。在1991年,全国共有小学生708 448人,9.8%进入了私立学校。人口分散的现状使大量小规模小学的存在成为必然,主要是在农村地区。小学每学周通常有28个小时的教学时间,一学年共有1 116个课时。由于对初等教育的迫切需要,1986~1987年间引入了以下的做法:在农村地区开设多年级班级,在城市地区实行轮班制,这种做法的目的是为了在国家资源持续稀缺的情况下,更为有效地对这种需要做出回应。

中等教育分为两段:初中和高中。初中为时4年,然而由小学升入初中并不是自动的,而要经过一个全国考试,考试之后有约20%的小学毕业生升入中学。在1991年,初中生有134 148人,之中有25%的学生在私立学校学习。进入高中需要通过定向测试,之后约有近50%的初中毕业生升入高中(政府政策计划降低至40%)。高中3年,设有多种选择:艺术、科学、技术科目、经济学等等。在1991年,高中生有47 022名,22.2%就读于私立学校。这个级别上的女生占入学人数的30.4%。自20世纪80年代以后,政府加强了科技教育,但

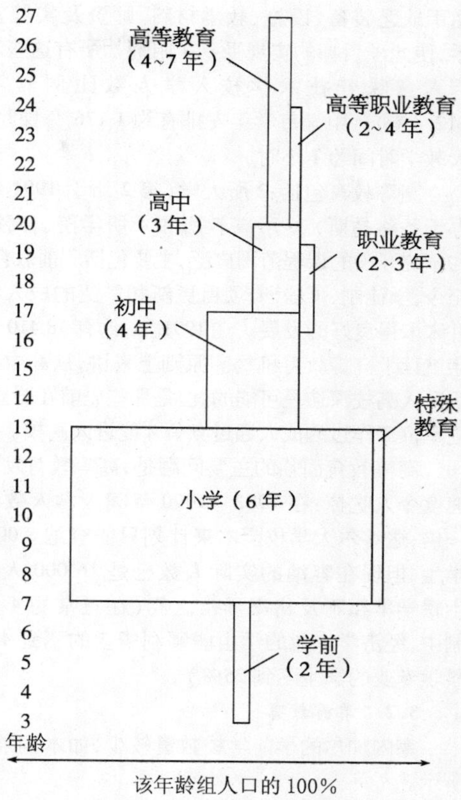

图1 塞内加尔:正规教育体系的结构

表2 1983~1990年各级教育的入学注册人数

各级教育	学校数量(1983~1984年)	班级数量(1983~1984年)	入学注册人数(1983~1984年)	学校数量(1989~1990年)	班级数量(1989~1990年)	入学注册人数(1989~1990年)
学前	95	121[a]	9 414	145	485	14 964
初等	2 150	9 822	533 394	2 422	11 171	682 925
中等						
初级中等	197	1 947	88 890	253	2 512	127 375
中等	–	–	–	–	–	–
普通和技术中等	43	641	24 127	59	1 033	39 288
第三级	–	–	11 293	–	–	15 231

资料来源:DPRE 1990

a 数据仅限公立学校

由于缺乏装备、设施、教学材料、师资及实验室助手,使此项目标的实现受到了阻碍。所有这些制约因素意味着技术学校入学人数比例非常低(12.4%)。中学每学年安排有约 1 176 个课时,每天教学时间为 7 小时。

高等教育包括:2 所大学(第 2 所于 1991 年开办于圣路易斯)、6 所高教所和 4 所学院。高教所和学院开设的课程范围广泛,主要包括职前教育,但至今,学徒制、再培训、项目更新和广泛的成人教育并未取得良好的发展。在 1991 年,约有 18 410 名学生就读于高等教育机构。原则上来讲,从高中毕业后升入高校深造是可能的,但是那些先前在公立、私立单位工作过的成人通过竞争才能进入高校。

高等教育面临的主要问题是,高等教育发展的速度令人吃惊:在 1982 ~ 1990 年间入学人数增长一倍,达喀尔大学校园本来计划只能容纳 8 000 名学生,但现在容纳的实际人数已是 16 000 人。学生辍学率和不及格率异常之高(在正常的 4 年学制中,经济学专业的学生能顺利毕业的不到 40%,科学专业的学生不到 25%)。

3.2 学前教育

塞内加尔的学前学校数量较少,如本词条 3.1 所示。

3.3 特殊教育

20 世纪 90 年代初期,为那些有生理、心理、精神缺陷的学生所开办的特殊教育并没有得到很好的发展。1992 年,只有 5 所特殊学校,就读的学生约 400 人。由于缺乏有关这个领域的可靠的统计数据,全国对特殊教育的总需求情况不能为人们很好地了解。一个有趣的现象引起了人们的注意,特殊教育在 1981 年后运行良好,而 1981 年恰是残疾人国际年。人们采取了措施使残疾学生(主要指那些有生理缺陷的人)能与主流学校或班级合并起来。

3.4 职业、技术教育和商业教育

在初中完成 3 年教育后,学生即可进入中等技术学校,职业学校,或一些专门的工作中心接受职业教育。这类机构提供的课程有:农业、畜牧业、水利林业、渔业、园艺、机械、电力学、冶金、锅炉制造、木工、秘书、会计、计算、贸易和手工制作。

职业教育面临的重要问题是入学人数的减少。大多数学校属于国立学校,它们的培养目标是为政府部门提供合格的人员。然而自 1985 年以来,塞内加尔着手于调整职业培训项目,众多目标中,首当其冲的是减少文职公务员的数量。1990 年进行了新的尝试,旨在把学生从私人机构或私人手中吸引过来,提高公立职业学校的入学人数。入学人数应当适合培训机构的容纳能力。由于国家供给的不足,私立职业学校激增(特别是在达喀尔),它们提供的课程是商业教育(秘书、会计和计算机应用)。

1990 年革新的一个目的是,使职业培训在数量和质量上都能更加适应劳动力市场的需要。由于在 20 世纪 90 年代初期,把工作和培训场所结合起来的机制并不完善,这种意图仍旧停留在纯粹的口号上。一个完善的结合机制还未确立起来。

3.5 成人和非正规教育

进入高校接受高等教育没有年龄限制,因此,虽然在正规教育体系内,成人学生数在 1960 ~ 1970 年间非常少,但是在 20 世纪 80 年代时急剧增多。据估计,成人学生是正规教育机构里学生总人数的 15%,约有 2/3 的这些成人学生年龄在 25 岁或以上。

非正规教育机构里的入学人数由于自身的原因,估算起来比较困难。非正规教育由扫盲部门和一些非官方组织提供,目的是降低高文盲率(62%)。在诸多捐赠者的扶持下,自 1984 年以来对这个领域采取了强有力的措施。政府负责制定发展计划和方法,明确教育材料的概念和提供教育材料,还负责对培训者进行培训。已取得的成就包括:发行了用 6 种地方语言编写的教科书,培训了超过 15 000 名教师。文盲的数量大大减少(在 1970 ~ 1990 年间降低到 25.9%)。

职业培训的出现,对非正规教育有着极为重要的意义。然而,国家的税收体制迫使雇主分拨他们薪金的 1% 给政府,以执行培训方案,这使得对职业培训的影响还并不是那么重大。全国职业教育办公室出于此种目的而成立,但在 20 世纪 90 年代初期,仍旧停留在组织非正规职业培训的过程上。

4. 行政管理的结构与运行

在塞内加尔,教育是政府的责任。教育部对政府学校的教师进行招收和任命;配备校舍,提供设备和材料;为学校提供有限的使用资金。但是,管理和配备人员已渐渐演变为地区教育视察官的责任。视察官在总部和学校之间进行沟通。1993 年的改革旨在委托视察官更多的权力(分散化的政策)。

私立学校必须符合规定的教育最低标准,才能注册并接受资助,而且必须讲授国家课程。教育部有一个专门办公室,负责控制这些学校的教学质量,并确定政府对它们补助的数目。

5. 教育财政

教育资金的主要来源有:政府的国家预算,在较低的级别上还有地方资金(农村、城市社团,父母—教师协会),最后还有一部分来源于国外援助(尤其是资本投资)。表 3 表明了 1986 ~ 1989 年间教育经常性支出的现状。

经常性教育支出于 1986 ~ 1987 年间形式上增加了 22%,在 1989 ~ 1990 年间实际上增加了 26%,它在总经常性预算中的份额增大,由 22.3% 到 26.0%。这种增长归因于工资和让渡(主要让渡给了高等教育)费用的增多,后两者的增长分别为 14%、55%。但是,对教育供给和维持的名义上的费用处于停滞状态,因而使实际的开支也下降了。这种经费模式致使学校的基础设施恶化,而且由于资源数量的缘故,学校的扩展到了面临危险的程度,而这些资源必须留着用于校舍的修复。运营开支与经费拨款通常是作为一个整体的。但由于国家几年来面临的现金流动困境,支付的资金数目通常较低。

表 3　1986 ~ 1990 年教育经常性开支(单位:百万塞内加尔法郎)[a]

	1986 ~ 1987	1987 ~ 1988	1988 ~ 1989	1989 ~ 1990
工资	38.8	40.3	40.9	44.5
供给和维修	2.7	1.9	2.8	3.0
转移	9.7	11.4	11.4	15.0
教育总支出	51.3	53.6	55.2	62.5
政府总支出	230.0	236.4	241.6	242.0

a 1990 年 1 美元 =270 塞内加尔法郎

关于资金支出,应当注意的是,地方团体修建的小学超过了总数的 50%。捐赠者通过各种项目,在这个领域担任着重要的角色(主要指小学后教育)。

根据法律,教育是免费的,但是,在高等教育领域,学生要承担自己学费的一部分费用。确定的数目为每生每年 18 美元,这里不包括那些适合经济补助的学生(为入学总人数的 10% ~ 15%)。在低等学校(初等、中等),学生家长协会(PPSs)筹集资金以便能够让学校实施教育革新。有关这种募捐的资金,其精确数字没有可靠的统计数据。估计每生的单位教育成本在 1990 年如表 4 所示。

6. 师资

在 1990 年,学校聘用的全职教师有 16 130 人。将近有 1 790 人工作在非教学岗位。约有 11 395 名教师受聘于小学,4 735 名受聘于中学。有近 22% 的学校教师是女性,然而,在学校中男教师比女教师更有可能占据较高的管理职位。

从 1970 年以后,采取了有力的措施以应对师资短缺和如何使教学人员地方化的问题。在一些诸如数学、物理和古典语(拉丁语和希腊语)学科领域,教师的短缺似乎长久存在着。在农村地区和不具吸引力的郊区,招收教师通常比较困难。政府制定的政策是,迫使新教师在谋得城市教学的职位之前,起码要有 2 年的时间在这类学校里从事教学工作。教师每年的平均注册率约是 2%。1979 ~

表 4　1990 年估算的生均费(单位:美元)

各级教育	单位费用
学前	348.7
初等	140.7
初中	607.4
高中	788.8
第三级	3 003.7

1980年之后，实施了结构调整计划，内容之一为减少公职人员的数量，这样至少从20世纪80年代初期就极大地限制了教师的供应。这种情形导致了对教师利用程度的加强，特别是在小学里。

师资培训在师资培训机构里进行。政府负责确定可接受的教师资格水平。根据受训人员是否完成了初中教育或高中教育，小学教师培训机构分为两类，两类课程均为期一年。若想取得中学教师的资格，要经过4年的高等教育，之后还必须进入中学教师培训机构学习一年的师范课程。私立学校教师的培养由学校自身提供。天主教学校设立了它们自己的培养机构来满足自身需要。

公立单位的教师提升是自动进行的，依据是法律规定的教师职业结构状况。每年由于受教育经费的制约，适合提升的教师中只有60%才能得到升迁。决定教师升迁的不是他们的能力，而是他们的资深。

为提高教师最初培训的质量采取了大量的措施。人力资源发展计划（HRDP）将于20世纪90年代中期贯彻落实，可望使培训的设施及装备现代化，同时提高培训人员的能力。教师的持续职业发展没有得到较好的组织。然而在小学，一个有趣的现象是，从1972年起，每一所学校都组织了每周两小时必修的同伴指导项目。

7. 课程开发与教学方法

教育体系中每一所学校的学生，都要求学习国家制订的标准化课程。在小学，课程包含的具体科目有：读、写、算数、科学、历史地理、表现表演艺术、体育。这些科目由班级里同一个教师教授。在中学，外语是必修的科目：初中一门，高中两门。学生可以在英语、德语和阿拉伯语之间选择一门作为他们的第一外语；从西班牙语、葡萄牙语、意大利语或俄语中选择一种作为他们的第二外语。

学习材料主要从法国进口。但是，在世界银行的帮助和日本的协作下，人们做出了巨大的努力以确定一项此领域的具有全国性容纳力的项目。在小学，一些书本由政府提供。一项旨在把这种努力重新构建为更为商业化的单位的计划正在实施。

8. 考试、升级和证书制度

在塞内加尔的每一所学校里，学生升级依赖于他们的成绩及教师董事会的决议。学生在小学教育的末尾，成功地通过外部全国考试（CEPE）后，被授予第一个正式的合格证书。全国外部考试每年一次，针对那些完成小学、初中、高中教育的学生。学生的学业成绩只有在中学考试的最末才会被考虑，尤其是当学生的外部考试成绩稍低于平均水平时。

塞内加尔的教育评价与测评没有得到很好的发展。越来越重视研究的现象出现了，而且基本上都受到了捐赠者的鼓励和资助。在20世纪90年代早期，这个领域还没有形成全国性优势。高等教育被看作是研究的催化剂，但还未形成教育研究的传统。

9. 2000年面临的主要问题

塞内加尔的教育体制在2000年面临的主要问题将是：

(a) 建构一个能促进社会、文化、科技与经济发展的体系。

(b) 利用各种资源支持全民基础教育的扩展，提高小学后学校的教育质量。

(c) 纠正性别、地区、经济等方面存在的不均衡和不平等现象。

(d) 使教育体系现代化，因而能够在科技发展方面与世界进程保持同步。

(e) 把学校管理、规划和财政权力下放给地方团体。

(f) 发展私立的高等教育，以满足人们不断增长的需求。

M. 索（M. Sow） 著

尹天姿 译

附录

Direction of Educational Planning and Reform (DPRE) 1990 *Statistical Yearbook of Education*. Ministry of Education, Dakar

Direction of Planning *Senegal's 8th Social and Economic Development Plan (1990—1996)*. Ministry of

Planning and Cooperation, Dakar
Director of Reform and Basic Education 1987 *senegal*: *The New School*. Ministry of Education, Dakar

塞舌尔的教育制度(Seychelles: System of Education)

1. 基本背景

塞舌尔共和国位于印度洋的西南部,是世界上最小的主权国家之一。它由115个岛屿组成,陆地总面积为455平方公里,分散在100万平方公里的海域里。塞舌尔最初无人居住,在1976年获得独立前,先后经历了法国和英国的殖民统治。人口为67 378人(1990年统计),人口由非洲人、亚洲人(印度和中国人)和欧洲人后裔组成,人口主要集中在4个岛屿:马埃(Mahe)、普拉斯林(Praslin)、拉第哥(La Digue)和斯豪特(Silhouette)。1980年至1990年间平均每年人口增长率为0.6%。

塞舌尔克里奥尔语是整个人口真正的母语,也是第一种国家语言,其他两种国家语言是英语和法语。然而英语一直是商业和政府中的主要语言,也是4年级后学校教学的主要语言。

1990年,正式在职人员是23 500人,占大约总人口的35%。1970年以来的趋势显示从事初级产业的人员减少,从事第二产业尤其是第三产业的人数增加。第三产业人数的增加反映了旅游和社会服务业,特别是教育和健康行业的增长。对于一个小国,这不足为奇。塞舌尔严重依赖进口,1990年进出口比率估计为11:1。塞舌尔主要靠旅游业赚取外汇,渔业也稳定增长。国内生产总值按1989年的市场价格是17.03亿塞舌尔卢比(3.28亿美元)。人均国民生产总值是24 145塞舌尔卢比(约合4 643美元)。

20世纪80年代末90年代初,塞舌尔主要在1977年当政的政府的指导下有计划地发展。该政府(由塞舌尔人民进步前线组成)的目标是:保持国家独立;提高公民生活标准;尊重人权并保障所有人的平等和尊严;利用土地和海洋的自然资源促进国家发展;对外关系上奉行不结盟原则。该政府使国家在社会、经济和文化生活方面产生了显著的变化。教育被看作是社会转变的一个主要因素,其自身也经历了巨大变革。

在维护基本原则的同时,政府决定将政治体制由一党民主转向多党民主。在1992年底,将颁布新宪法和举行选举。

2. 教育政策与目标

塞舌尔的教育政策有三个主要指导原则:为了所有人的教育;为了生活的教育;为了个人和国家发展的教育。

教育在国家统一和创建人人平等的社会方面被认为是一个关键因素。在20世纪70年代末80年代初,学校制度经历了一个转变:从更好地提供更经济的、对社会有利的教育转为向所有人提供平等的教育机会。这和政府致力于为所有塞舌尔人提供充分实现与自己能力、兴趣和社会需要相符的潜能的机会的原则一致。教育计划的目标是发展知识、技能,发展个人进步和参与社会的态度。在更高程度上,教育系统旨在满足国家对劳

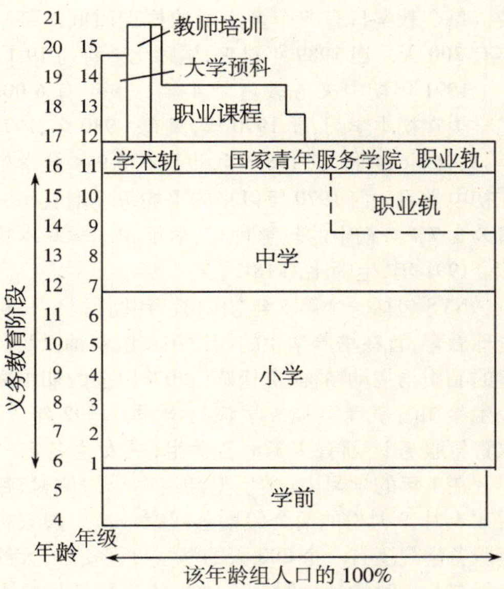

图1 塞舌尔:正规教育体系的结构(1992)

力的需求。

3. 正规教育体系

3.1 初等教育、中等教育和第三级教育

教育体系的结构改变始于1978年。小学教育从6年延长为9年。所有的儿童进入地方学校学习,学校教育是免费的和义务的。1981年,为希望继续初中学习的学生建立了2年制提供住宿的国家青年服务学院(NYS)。1983年,开办了塞舌尔综合技术学院,它是在重组了前高级中学和职业中学的基础上,扩大了课程范围而成立的。

1991年,进行了另一个系统重组。6年小学教育由25个地方学校提供,接下来的4年初中由10个跨学区学校提供。NYS只能持续1年。按学校系统重组计划而进行的学校转变和建设计划将于1995年完成,新的管理结构也将建成。

从6岁开始直到完成初中4年级学习或者是到17岁,属于义务教育。事实上,适龄儿童接受义务教育率达到100%。

小学为6年,1991年,共计有10 078名儿童在25所学校就读。自1970年以来,每年增长率达0.4%。所有的学校都是国立学校并且是男女同校。每个教学日有5个多小时的授课时间。每学年有200天。自1989年以来,生师比一直为19:1。

1991年初中义务教育为4年。该年有6 003名学生在初中学习,而1970年,只有1 980名,1977年,只有3 614名,到1985年,也只有5 944名学生在初中学习。自1970年以来的平均每年增长率一直为9.7%。初中的教学时间、学年和小学基本相似。1991年,生师比为18:1。

NYS包括一个第5年初中教育并且提供一种全球教育,旨在培养学生的团结和友谊精神以及自律的品质与主动精神、责任感。90%以上的初中离校生参加国家青年服务学院的学习。1992年,国家青年服务计划有1 378名学生,男女生各占一半。在1年的学习中,学生生活在两个居住村,每月和4月、8月份的两个假期各回家一次。国家青年服务学院还有一个200天的学校日程安排,大约每天有6小时的教学时间。学生的这种居住特点使得他们有大量课外的社会和文化活动以及有组织的学习时间。学生完成国家青年服务学院学习后要么参加进一步的学习,要么参加塞舌尔综合技术学院的职业培训(大约55%),或参加工作,有的是通过学徒计划或工作经验计划参加工作。

塞舌尔综合技术学院包括12个学院,提供各种职业领域培训课程和大学预科学术学习。

表1说明了1991年在综合技术学院学习的学生人数(课程1~4年)和1991年从综合技术学院毕业的学生人数。

除了塞舌尔管理学院开设管理课程外,塞舌尔不提供高等教育。由政府提供奖学金到海外进行进一步的学习,有的奖学金是通过与外国政府和组织的合作而募集到的。1991年,有300名学生在25个国家参加全日制学习。

在正规教育系统,教育和培训不对学生直接收费。

3.2 学前教育

国家提供2年免费学前教育。3.5~4岁的儿童都参加学前教育,实际上,全部合格的儿童都参加学前教育。1991年,3 228名儿童在33所学前机构

表1 1991年在综合技术学院学习的学生人数和1991年从综合技术学院毕业的学生人数

	入学人数	毕业人数
农业	54	45
艺术和设计	150	27
商业	255	98
建筑	138	40
教育和社区学习	302	51
(教育)	(241)	(44)
工程	158	70
健康	101	17
酒店和旅游	132	69
人文和科学	226	60
海运	80	27
媒体	8	8
总计	1 604	512

上学,学前机构作为小学的一部分,由小学来管理。

3.3 特殊教育

特殊儿童学校接收身体、精神及感情上有缺陷的4~17岁儿童。1991年有75名学生。鼓励残疾不太严重的儿童进主流学校学习,但主流学校的辅助结构需进行进一步发展。

3.4 职业、技术和商业教育

职业、技术和商业教育由塞舌尔综合技术学院的相关学院提供。塞舌尔管理学院为已就业人员提供管理、会计和计算机课程。

在综合技术学院,新课程被引进,已有课程被修改,以满足国家经济和产业变化的需要。学院与产业和雇主有联系,一般还通过咨询委员会与人力资源部有联系。

初中的课程被扩大,包括了和国家青年服务学院一致的职业前学习内容。

3.5 成人和非正规教育

塞舌尔多科技术教育学院继续教育学院为成年人提供一系列的收费夜校课程。参加学习的人一般是为改善初中教育,增进贸易技能和扩大就业前景。

该校还负责全国各地区读写能力和数理能力课程的组织,目的在于扫除文盲,为没有机会参加足够的学校教育的人增强自我认识,以及增加参与社会事务的能力。

4. 行政管理的结构与运行

教育系统高度集权,所有的功能都由教育部的不同部门来执行。

负责教育部的首席秘书是教育部的负责人,教育部分为三个主要的部门,每个部门由一个总主任来领导。计划和行政部负责体育教育和行政;教育管理部负责小学、初中、国家青年服务学院和综合技术学院的管理;教育开发部负责课程开发、评价和研究以及学生评价。每个部门又分别由几个分部门组成,每个分部门由一个主任领导。国际合作部门协调与外国和国际组织的关系,还管理海外课程的奖学金事宜。

根据需要,组成了工作组考虑特殊事务,并为教育计划和开发委员会提供建议,教育计划和开发委员会再为教育部提出建议。还有一个由部长、首席秘书和总长组成的长期管理委员会,处理政策和管理事务。由部长会议对主要政策问题做出决定。

5. 教育财政

事实上由国家提供全部的教育资金。1991年,教育花费占国家预算的18.7%,约占国内生产总值的7%。教育资金被分配到普通教育(例如:小学、包括国家青年服务学院的初中、学前教育)的比例是57.5%,被分配到塞舌尔综合技术学院的比例是16.5%。大约有11%的政府资金和国家与组织的捐款花在海外高等教育上。一个小学/初中学生每年的费用是3 967塞舌尔卢比(763美元),一个国家青年服务学院学生每年的费用是22 550塞舌尔卢比(4 337美元),一个综合技术学院学生每年的费用是14 606塞舌尔卢比(2 809美元)。

6. 师资

1991年,教育系统共有1 321名教师,170名在学前教育机构,501名在小学,335名在初中,102名在国家青年服务学院,194名在塞舌尔综合技术学院的各学院。教育开发部有50名职员,主要从事课程开发。教育部雇用了另外1 200名人员,主要由管理人员、国家青年服务学院的年轻工作人员和协助人员组成。学前教育机构和小学的教师主要是女性,但在初中、国家青年服务学院和综合技术学院男女人数基本相等。大多数小学、初中的主任教员是女性。在教育部的高级管理职位上也有女性。

自1978年以后,教育供给的显著扩大使得从外国招收教师成为必然。1991年,初中、国家青年服务学院和综合技术学院中40%的教师是外国人。考虑到扩大经济提供了其他许多工作机会,吸引年轻人从事教师职业的努力只取得了相对的成功。1990年,引进了提高工资水平和报酬的机制,以奖励服务年限多的教师。同时,与外国大学建立了联系,以培训初中教师。1988年,启动了教师在去英国苏塞克斯(Sussex)大学完成2年学习前要在教育学院培训2年的计划。

教育学院只用于培训学前教育机构和小学的

教师。现在也为初中水平的教师提供文凭课程(相当于大学第一年),并为教师提供职业科目的培训。课程包括在学校的实质性的教学实践会议,通过考试评价受培训者的教学实践和理论部分。在成为合格的永久雇员之前教师有一年的试用期。每年由主任教员对教师的表现做出评价并提交教育部总部的学校分部。评价有助于加强教师的培训和专业发展需要的一致性。

在职培训会议大多数是在假期举行,以使教师熟悉新教材和教学法。在业余时间进行的文凭课程提供了提高知识和技能的机会,这和海外的短训课程及学位课程一样。还注重改善学校管理,和加拿大位于特洛斯 - 瑞伟尔斯(Trois-Rivieres)的魁北克大学联合设置了一门课程,在管理领域培训主任教员和学校行政人员。

7. 课程开发与教学方法

教育部下的教育发展部下设课程开发部(CDS),负责学校和国家青年服务学院的课程开发。课程开发部(由课程开发官员组成)规定各科课程的大纲,决定大部分学习材料,推荐教学用方法论。教师参与课程开发部的各级工作。小学用的课本主要由课程开发部的人员编写,而大部分初中课本是进口的。

自 1981 年来,学校前 4 年级的教学语言是塞舌尔克里奥尔语。英语在小学 1 年级第 2 学期开始引入,在小学 5 年级成为大多数科目的教学语言。法语在小学 4 年级引入。

从小学 1 年级到初中 2 年级学生学习普通课程,从此分为两轨,一轨更侧重职业导向的工作(农业、艺术和设计、社会经济学和技术),另一轨更侧重学术性。初中 4 年级职业轨学生选择一个职业科目,在国家青年服务学院继续学习。法语、科学、历史、地理学以及体育、艺术和社会教育在学生整个就学过程中都要学。由于缺乏老师,只有小学才教音乐。1992 年,计算机学习限于国家青年服务学院,但已计划将其延伸至初中。

修改课程的工作正在进行以适应学生的各种能力和需要。在每一年级,学习目标由大多数学生能达到的核心目标为准,附加目标是为优秀学生设置的,同时对后进生也给予关注。

主任教员和学习协调员负责监管课程的进行情况。课程开发部的人员与学校和教师保持密切联系。然而,也能给教师更多支持以帮助他们适应规定的课程,更好地满足学生的需要。

8. 考试、升级和证书制度

学生根据年龄每年自动升级,只在特殊情况下才重读。对进入塞舌尔综合技术学院学习各门课程的学生的筛选在国家青年服务学院结束后进行。

由于塞舌尔教育系统比较小,通过国家考试对学生整体进行测试比较便利。考试由教育部的教育开发部负责,时间安排在小学 6 年级、8 年级和 11 年级末进行。很多国家青年服务学院和综合技术学院的学生也参加海外英语考试委员会的普通级考试。综合技术学院一些学院的学生参加高级考试,高级考试对要到海外接受高等教育的学生来说是一次重要考试。

在小学(6 年级)、义务教育(初中 4 年级)和国家青年服务学院毕业时颁发证书。综合技术学院向完成其课程的学生颁发证书。

学生评价的新方法,如轮廓测验法和课程评价法已被引入,在学术、实践和社会成绩等很多领域得到承认,降低了对期末考试的依赖。现在重点逐渐放在评价是否达到课程目标和不违背课程目标上。学生学习和职业选择的咨询也在增加。

9. 教育评价、评估和教育

随着对改善教育质量的关注日益增加,塞舌尔政府认识到开发评价和研究能力对于决策服务的必要性。1992 年,评价与研究部成立。

评价与开发部研究的几个主要问题包括:在学校中三种国家语言的使用,教师和教学,塞舌尔儿童的认知发展,职业教育,学生按能力分类。

10. 20 世纪八九十年代的主要改革

在 20 世纪 70 年代后期和 80 年代,由于政府社会和经济计划的转变,教育系统经历了相当大的改革。由于供给增加和学校资源的平衡,使各种社会经济背景的青年人都能接受各个层次的教育。

这些变化以及社会整体的变化带来了新的挑战。在20世纪90年代,课程多样化和拓宽课程以适应学生多样化的需要,并应对经济发展的需要,这些一直是领导者、课程开发者和教师关注的问题。自1991年开始的教育系统重组也显示出对教育的高效率和成本节约的重视。

11. 2000年面临的主要问题

发现有利于教育体系进一步改善的资源,培养大量国家发展需要的高等人才将是一个主要挑战。在20世纪90年代,成立一个印度洋地区性大学、教职员来自成员国的想法不太可能成为现实,对海外教育机构的依赖还将继续。

通过教育年轻人从事教师职业以减少外国教师的比例仍是一个主要目标,教师和教育人员的专业发展也是一个主要目标。课程开发、学生评价和咨询、更多的父母参与教育和学校管理也是人们关注的另外几个主要方面。总的来讲,挑战将仍旧是:增强国家维持和发展教育系统的能力,以应对面积虽小却富有活力的处于发展中的国家所需。

B. 萨姆利亚(B. Shamlaye) 著

王春玲 译

附录

Management & Information Systems Division 1991 *Republic of Seychelles Statistical Abstract*. Government of Seychelles, Victoria

Ministry of Education 1985 *Education for the New Society*. Government of Seychelles, Victoria

Seychelles Government 1991 *National Development Plan 1990—1994*. Government of Seychelles

塞拉利昂的教育制度(Sierra Leone:System of Education)

1. 基本背景

塞拉利昂位于非洲西海岸,国土面积约73 326平方公里,东西长约328公里,西部和西南部濒临大西洋,西北部、北部、东北部与几内亚共和国接壤,东部、东南部与利比里亚共和国接壤。

出于行政管理上的需要,塞拉利昂分为西部地区(首都弗里敦就位于这里)和省,1961年以前,以摄政政体而闻名。全国分为3个省:北部省、东部省、南部省。北部省分为5个区,东部省分为3个区,南部省有4个区。

1787年,人们希望开辟一块地方把非洲人民从奴隶制下解放出来,这就促成了弗里敦殖民地的建立。基于这种背景,学校几乎是在第一批殖民者到来之时就开始设立了。1840年以前,教会传教士教派和卫斯理公会教派来到弗里敦殖民地后,学校数量大增,到1840年,这两个教派在弗里敦已开办28所学校。1896年,殖民地腹地成为大不列颠的保护国,很多传教士教派如美国联合兄弟会和非洲卫斯理公会教派开始在塞拉利昂开办学校,对于办教育和教育的发展来说,这是西部地区早期与西方文明联系并向其他地区发展传播的切入口,然后开始向北部延伸,接着就是南部和东部省区。虽然大多数地区文明程度的距离已经拉近,但是在学校的设立上,在20世纪90年代的教育界,这种历史的痕迹还很明显。

据1985年开展的临时人口普查数据表明,塞拉利昂的人口在370万左右,比1974年人口普查时的人口增加了28.5%,年平均增长率为2.9%。17.2%的殖民地平均每平方公里人口不到100人。像这一类社区因为太小或者人口太少而根本无法支撑一所完全学校。在这种情况下,在小村庄里办起了"初级学校"。这类学校通常只有两个年级的学生,念完可以转学到邻近较大村子办的稍大的学校里去上学。

塞拉利昂民族多样化,正在使用的民族或者部落语言超过13种,而大多数人使用的是门德语和藤内语,一个重要的信息传播媒体克里奥语(即弗朗卡语)也被广泛接受。英语仍然是国家的官方语言和商业用语。除了传统的非洲宗教及风俗习惯外,基督教和伊斯兰教也广有人信仰。由基督教和伊斯兰教开办的教育机构大量存在。

塞拉利昂有丰富的矿产资源以及其他自然资源,也有适合热带农作物生长的气候,因而有巨大的经济潜力。从事农业活动的劳动力占劳动力总数的 65%，农业产值占国民生产总值的 30% ~ 35%，采矿业和服务业占 65% ~70% 。

20 世纪 80 年代早期，塞拉利昂的经济呈现出明显的持续的衰退，这里有内部因素和外部因素。出口下降，国家矿产资源的逐渐损耗，国民收入减少，进口石油价格急剧上升等。此外，国内流通货币（利昂）估价过高，使生产商不得不降低诸如咖啡、可可的出口价格。国际贸易的不足限制了农产品的进口，致使农产品减少和相应市场活动的开展。

尽管经济建设成绩多年来一直起伏不定，但经济发展总体趋势是在减速，国内生产总值年平均增长率在 1965 ~ 1973 年为 37%，到 1973 ~ 1983 年已经降为 1.9%。人均国内生产总值在 1984 年、1985 年、1986 年分别是 260 美元、128 美元、102 美元。

造成财政赤字的主要原因是向外国借贷过多，从而导致未付清的国外债务从 1982 年的 5.12 亿美元增加到了 1987 年的 6.59 亿美元，国家对债权国和其他援助国有大量尚未偿还的欠款。

1988 ~ 1989 年尽管国家致力于经济改革，但是外部收入和财政收支不平衡的现象依然存在，政府因此决定与国际货币基金组织和世界银行合作，开始开展全面而广泛的经济改革。

2. 教育政策与目标

实质上，自 1968 年起，全民大会就掌握了国家大权，塞拉利昂便一直由其控制。经过 1978 年全民投票表决后，全民大会的地位进一步得到了加强。塞拉利昂成为全民大会控制下的一党制国家。1991 年 10 月，国民法案的通过，重新恢复了多党制。

政府制定的全部教育政策受到几部纲领性的政策和计划的指导。这几项重要的政策及行动计划包括：亚的斯亚贝巴非洲教育部长会议（1961 年）；教育规划组报告 10 年经济、社会发展规划（1962 ~ 1963—1971 ~ 1972）；教育政策白皮书（1970）；塞拉利昂教育回顾（1979）以及第二国家发展规划（1981 ~ 1982—1985 ~ 1986）。

教育政策的总目标是为每一个儿童提供重视个性发展、兴趣、智力、态度形成的教育，以满足国家劳动力的需求、国家经济资源的利用，从而使儿童教育有利于国家发展。同时也为儿童更好地生活作准备。

在上述背景下，教育政策的制定导致了全国各级教育机构的扩张，重点放在初等、中等教育和职业技术培训及教育的农村化上。

3. 正规教育体系

3.1 初等、中等和第三级教育

表 1 显示了主要教育层次和类别的入学注册人数。图 1 是正规教育体系的结构。

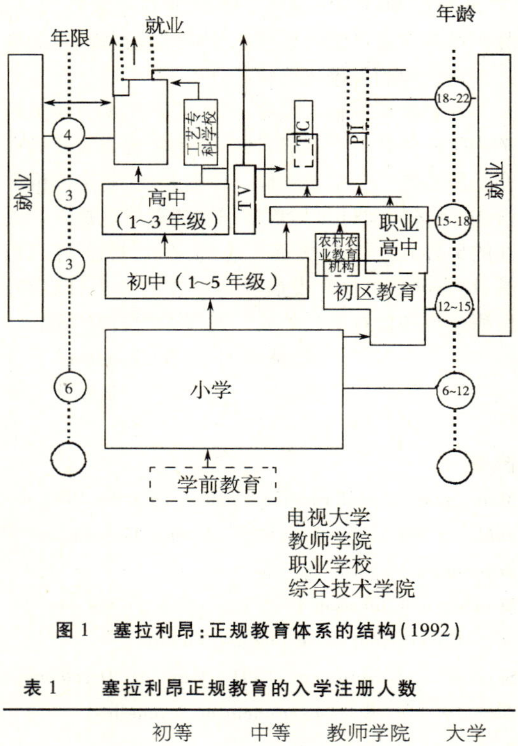

电视大学
教师学院
职业学校
综合技术学院

图 1 塞拉利昂：正规教育体系的结构（1992）

表 1 塞拉利昂正规教育的入学注册人数

	初等	中等	教师学院	大学
学生人数	393 593	101 695	3 210	2 125
学校数量	2 312[a]	205	6[b]	1[c]
教师人数	12 272	5 418	–	–
生师比	32:1	25[d]:1	–	–

a 包括 942 所初级学校

b 6 所中的 5 所学校培养小学教师

c 包括 3 所附属学院

d 过去的情形里政府决定每所学校的教师人数

目前,正规教育体系包括6年初等教育(6~11岁),5年中等教育(12~16岁),2年高中教育(17~18岁),其后是高等教育,特别是教师培训和大学教育。小学升入中学要通过选拔入学考试,这项考试是由西非考试委员会(WAEC)负责开展。这一考试包括对英语、数学、口头表达能力和算术能力的考查。通过考试的学生可以进入中学学习。

1980~1987年尽管入学人数增加了30%,但是小学入学率依然很低,此外,农村和城市地区的不平衡状况很严重,城市地区小学入学率是73%,而在人烟稀少的农村地区则只有20%。初等学校的发展受地理条件的限制,如地形崎岖不平,人口分布模式(全国人口的63%居住在小型社区,根本难以独立办起一所小学)。因此,孩子们不得不步行很远去上学,贫困和教育质量不高也阻碍了初等教育的发展。学生家长必须负担子女受教育费用的85%,包括教材、练习册、学校制服等费用,事实上大多数家长难以负担得起。校舍的不足,过度拥挤的教室,课桌椅和其他教学设备的缺乏,大量的低素质教师,这些都是造成教育质量低下的因素。

正规中等教育年限是5年,最后要通过WAEC主办的一般水平的普通教育证书考试。只有少数学生才能参加WAEC举办的高级水平的普通教育证书考试。这一学制是学术性的,通过高级水平普通教育证书考试最主要的动力是为了进入大学继续深造。这一情况,初等教育与中等教育没有太大差别。1980年到1987年之间,中学入学人数增加了57%。据估计,塞拉利昂1983年的中等教育入学率是17%,低于亚撒哈拉非洲的平均增长率18%。在中等教育阶段,尽管学校校舍不足,教学设备缺乏,但是相对于初等教育来说,情况好得多。但是讲授一些特殊学科如金属制造、技术设计、数学的师资严重缺乏也是很重要的难题。初等教育生师比是32:1,中等教育是25:1。即便如此,也限制不了中学班级规模超编50人。

高等教育有5个初级和2个中级教师培训学院,2所技术学院以及塞拉利昂大学属下的3所学院——符拉湾(Fourah Bay)学院、尼贾拉(Njala)大学学院和医药与健康科学联合学院。

尽管塞拉利昂的高等教育在西非国家中历史是最悠久的——符拉湾学院早在1827年就建立了。今天的高等教育仍受到一系列问题如国家经济困难、地方政府预算支出不足等的困扰。

国家初等、中等及中等后教育机构都是混合的。法律规定,人们不分种族、地区、政治或者宗教信仰,一律享有受各类教育的权利。

每日上课时间约5~6个小时,每周周一至周五上课,有少部分穆斯林学校在每周日和周四不上课。每学年分3个学期,小学和中学是9月至次年6月,共39周,中等后教育每学年约有37个学周。

1991年,尼日利亚和加纳为了拥有自己国家的毕业证书考试,退出了西非考试委员会的一般水平和高级水平的普通教育证书考试(GCE)。这就牵涉到塞拉利昂和其他成员国的教育体制。随着尼日利亚和加纳的退出,WAEC用于开发这些考试的经费受限制。此外,塞拉利昂计算机操作人员和其他资源缺乏,不能够为那些更小的国家提供考试服务。在这种背景下,塞拉利昂政府成立了一个特别工作组,专门研究塞拉利昂更好地开展自己国家高等学校毕业证书考试的可能性。同时,探索国际上认可的这一类证书考试也是特别工作组的使命之一。新的学制是小学6年,初中3年,高中3年,大学4年,在1992~1993学年度开始实施生效。

3.2 学前教育

塞拉利昂的学前教育可以追溯到1966年。1966年第一所幼儿学校在首都弗里敦成立。目前全国有80所幼儿学校,大多数分布在首都弗里敦和城市地区。一般招收年龄在2~5岁的儿童,主要是由幼儿学校联合会开办的。学前教育是非官方教育,政府不直接负责。但是政府要支付幼儿学校教师的工资。

3.3 特殊教育

国家残疾人社团联合会包括塞拉利昂聋人协会、盲人福利协会和塞拉利昂精神智力障碍者协会以及塞拉利昂柴郡家庭基金会(主要照顾身体残疾者)。每一个协会都开办有一所小学、一所中学,也相应有供盲人、有智力障碍的学生住宿的学校。所有的学校都在首都弗里敦(除了柴郡家庭基金会在首都之外)设有分支机构。

4个协会都深信特殊教育应当与正规学校教育体系相结合,才能实现教育目标,最终一些盲人学生已经能够进入大学学习,其他身体有残疾的孩子也被正规小学和中学录取。

然而,4个协会设立的全部的学校的入学人数只占全国适龄残疾儿童总数的1%。

3.4 职业、技术教育和商业教育

自1970年起,塞拉利昂政府就已经认识到技术、职业、农业、商业教育的重要性,并开始重视起来,给予了它们许多优惠的发展政策。

已经有新的教学设备,以适应中学课程的多样化。2所技术学院、2个商业中心得到扩充和升级。重点是继续对技术、职业教育的19所中学和商业学校校舍与教学设备的提供。为中学培养师资的职业技术培训计划也在弥尔敦－马盖师范学院(MMTC)开展,培养大量中学急需的教师。在塞拉利昂1974～1975年至1978～1979年的国家发展规划中,教育政策的主要目标就是加速扩大技术教育的规模。

技术、职业、商业教育分布在正规教育体系中的中学,技术、职业学院和商业中心。没有政策上的规定学生必须接受职业培训,然而直到20世纪80年代,职业教育的社会声望依然很低,而且有这样一种观念:只有考较低分的学生才进入职业学校。

职业培训与劳动力市场需求之间很少关联,培训机构与雇主之间的联系也不紧密,结果,造成一大批从商业中心毕业后持有资格证书者不能在接受培训的地方找到工作。在职业技术教育领域,对教师的需求量也很大。教师的待遇低于其他相应的职业的工作人员的水平。从而,获得专业资格和有经验的教师,远远不能满足实际需求。

还应该提到的是,青年妇女基督教联合会(YWCA)职业学院的职业研修证书。它偏重中等职业实践的职业培训,青年妇女就业培训的学习年限是3年,最后可以获得国家颁发的塞拉利昂第一张本国职业资格证书。

3.5 成人和非正规教育

政府开展的扫盲教育应追溯到1946年,当时省扫盲办公署发起一项全国扫盲运动。全部政策的目的在于使尽可能多的人运用本族语掌握基本的读写能力。直到1967年为止,一直是社会福利部负责成人扫盲教育。1967年教育部全权负责全国的成人教育。1976年教育部成立了成人教育小组,但是,实际权力有限,财政资源也很缺乏,该小组的活动只局限于中心城市。20世纪70年代对正规教育的需求急剧增长,从而校外教育比较薄弱。据估计,目前全国的成人文盲率平均为80%,农村地区甚至达到90%。这也许是20世纪70年代忽视非正规教育的一个直接后果。扫盲教育的一般目标是共同致力于扫盲、基础教育、职业技术教育、技能教育和继续教育,减少青年和成人文盲。目前,塞拉利昂开办成人教育的个人、组织越来越多。成人教育所和乡村研究所1986年出版的《成人教育提供者国家目录》,列举了144个开办成人教育的组织机构,既有政府组织也有非政府组织。这些成人教育机构开展的活动既有扫盲教育,又包括地区开发健康教育、农业推广和劳动教育。教育部成人教育小组担当国家扫盲委员会秘书处的职责,由首席教育官员担任主席。国家扫盲委员会是一个对扫盲教育工作者(如培训、教材开发等提供支持服务)开放的论坛。目前来自政府的拨款很少,大部分办学资金来自外部的资源,尤其是德国成人教育计划(DVV)。

4. 行政管理的结构与运行

整个教育体系包括大学,都由教育部管理和监督。尽管3个省都有教育部委派的地方主管教育官员,总体上教育体制是中央高度集权的。私立学校在所有学校中所占比例很小,这些学校没有得到政府拨款,因此很大程度上不受政府的控制。私人开办学校有优惠政策,但是必须达到教育部规定的最低教育标准。

初等教育体系的管理大部分是与就业机构协作开展的,后者大部分指宗教团体(天主教,或者穆斯林)、市政或地方当局,以及私人团体。初等学校的日常运营由教育部委派给就业机构负责,而就业机构通常把这种权力交给学校的校长。教育部委派的监督人员和视察官还对学校进行密切督导。

在中等教育,上述任务由教育部和各自学校经营者共同委派的委员会来负责。每个委员会成员包括5名学校经营者代表和7名教育部的代表,也有中学视导员。还值得一提的是,一些归政府所有并由政府管理的中学(13所)和一些地区教育委员会办的学校,直到1972年一直都由地方议会主管。

商业中心和技术学院由教育部教育长官(技术和科学)直接负责。

所有学院的收费标准,学期、假期的长短都由教育部来规定,所有被国家承认的教师的工资,所有受资助学校的经营费用都由教育部来支付,也给予学校发展所必需的补助。

在高等教育,教育长官(师范教育)通过委员会管理5所初级师范学院。根据议会决议,拥有自治权的弥尔敦-马盖师范学院理事会也有教育部的代表。该师范学院下设3个学院,其费用主要来自国家财政拨款,并通过补助的形式拨给每一所作为法定主体的学院。

5. 教育财政

表2显示了1980~1981年至1989~1990年政府用于教育的经常性支出的百分比。

1980~1981年至1989~1990年政府用于教育的经常性经费支出,平均占政府总经常性费用支出的15.3%。来自政府的教育预算份额最大,但由非政府组织、学生家长、宗教团体和私人部门提供的经费也占了重要的部分。还有来自国际上多国间合作的资金。国际上的资金往往是通过对专家顾问、学术成就、研究基金、物质设备,进行财政及技术支持,也提供教学设备和教材。

尽管教育经常性费用支出所占比重总体上是在逐年增长,但是相对数额在减少,从1980~1981学年度的4 720.4万利昂(约合8.6万美元)到1989~1990学年度的57 652.2万利昂(约合104.8万美元),但是分配给每学期的数目就相对减少。1989~1990学年度国家拨给教育的经常性经费预算比1980~1981学年度高出0.5个百分点。但是对教育资源的需求日趋增大,需要国家加大财政支持以补偿因通货膨胀压力而造成的资金短缺。

教育部门内部的经费分配上,教育经常性总支出的85%被用来支付教师工资和其他津贴,余下的15%用于非人员经费,如教育教学设备的购买和维修。

20世纪90年代早期就已经确证,在高等教育中,自费学生人数大幅度增长,只有极少数学生才能获得政府助学金。这与20世纪80年代早期情况完全相反,那个时候大多数学生享受国家全额奖学金。

塞拉利昂国家经济建设成果甚微,对外贸易严重不足,通货膨胀率急剧上升,而教育财政要放在这样的大背景下考虑。所有这些问题造成了政府经费支出的持续危机,以及财政和预算赤字的增加。像其他部门一样,教育部也是这种情况的受害者,这一问题随着教育规模的迅速扩大而不断加深。

6. 师资

全国各地的学校共约有1.8万名教师。这些教师中,约30%的是女性。中学教师占教师总数的30%。自1960年独立至今,国家给予了教师培训很多优惠政策,以满足学校学生的迅速增长,同时也为了提高教育质量。

表2 教育经常性支出政府预算的百分比(单位:千利昂)

	1980~1981	1981~1982	1982~1983	1983~1984	1984~1985	1985~1986	1986~1987	1987~1988	1988~1989	1989~1990
政府预算总计	361 859	442 558	427 074	608 097	545 591	899 541	1 287 710	1 579 647	2 321 296	4 249 229
教育预算总计	47 204	58 249	60 750	63 991	82 991	97 717	224 983	425 418	420 224	576 552
百分比	13.00	13.20	14.20	10.50	15.20	10.90	17.47	26.93	18.16	13.51

在本科生教育阶段，由5所师范学院为小学教师开设进修课程，修完这些课程的小学教师可以获得教师资格证书（TC）或者高级教师资格证书（HTC）。对小学教师的培训包括第五级后的3年，最后可以获得教师资格证书，除了那些在要求科目上已经通过一般水平普通教育证书（GCE O）考试的教师之外，都要参加入学考试。

全国中学教师培训集中在三家机构，它们分别是弥尔敦－马盖师范学院，塞拉利昂大学属下的符拉湾学院和尼贾拉大学学院。前者开设3年的课程，最后可以获得高级教师资格证书，大体上是为中学低年级教师准备的（1～3级）。但是实际上也出现这样一种趋势：越来越多持有高级教师资格证书的教师在诸如数学、科学等科目上讲授到第五级。此外，在20世纪90年代早期，弥尔敦－马盖师范学院是唯一一所国家在一些专业领域如音乐、艺术、工艺、技术和商业等方面教师培训的定点机构。尼贾拉大学学院开设4年课程，学术与专业训练相结合，毕业后可以获得教育学学士（BA）、教育理学士（BSc）和农业教育理学士、家政教育理学士。符拉湾学院教育系开设一年的课程，旨在获得教育毕业文凭，针对全国在中学里讲授至少两门学科的教师，最后可以获得毕业证书。无论这些学院为塞拉利昂培训师资上做出多么大的努力，它们所培训出来的教师仍然远远不能满足教育发展的需要。考虑到对教师的需求越来越大，而教师培训学院培养的人才相对较少，在不远的将来，把大量不合格教师（约占全国教师总数的60%）从教育系统内逐步淘汰的设想是不现实的。此外，对于接受培训的教师的保留能力，尤其是中学阶段，相对于其他行业更有吸引力的职位和待遇，从事教学工作的职业声望很低，所以，对教育系统来说，留住人才也是一大问题。

师范学院培养专门学科如科学、数学等方面的教师数量很少，而讲授这些科目的合格教师的流失率也很高。结果，教育系统不得不聘请“兼职教师”：有大学讲师，其他行业的人员，还有一些按照合同聘用来的人员，也有来自一些组织如美国和平组织或者英国海外志愿服务的非塞拉利昂人。

尽管政府引入了偏远地区补助项目，以吸引教师到农村地区任教，但是在教师的分配上，城市和农村依然比例严重失调。

教师一旦被聘用，一般要有一年的试用期。经过最初的培训后，除了参加一些特别的研究会和研习会之外，很难有再进一步深造的机会。

7. 课程开发与教学方法

教育研究所主要负责课程开发。在国家一级，国家课程发展中心（NCDC）在教育研究所内，作为一个独立的机构专门进行课程开发。

应该提到的是由伯纳姆布（Bunumbu）师范学院开发出的面向农村的小学课程大纲，现在已经合并到由国家课程发展中心设计开发的统一小学课程大纲。它包括四门核心课程（英语、数学、社会科学、科学），创作实践，宗教教育，体育及健康教育，职前学习。目前这一课程大纲用于小学，四门核心科目所用的教科书，是由成立于1985年的小学教材攻坚小组设计开发的。

国家课程发展中心负责开发的教材，还包括用于新普通教师资格证书课程大纲和统一高级教师资格证书初级课程大纲修订。1986～1988年开发出一部新的课程大纲，1988～1989学年度开始生效。有四门核心科目（同小学一样）、家政教育、农业科学、法语、技能教育。这一课程大纲用于初中，正计划开发出一部适用于高级中学的大纲。

在初等教育，一个班级的教师通常要讲授所有课程。还有一种“初级学校”，即两个到三个班级只有一名教师授课。

中等教育，在初等教育阶段有共同的教学计划，随后在高中阶段开始多样化，在艺术、科学、商业、技术等专业方面开始专业化和多样化。高中校长的职责通常是在WAEC一般水平普通教育证书考试，或英国皇家艺术、金融学会和行会指导的相应科目范围内规划学校的课程。中学里，教师必须根据自己的专业和所在学校的全部人员安排讲授一至二门课。作为官方语言和商业用语，英语是必修的科目。法语是中学里唯一一门面向所有学生开设的外语，有少部分私立小学也开设法语课。

课程开发与教材设计中碰到的最重要的问题是经费不足，这限制了大量新教材的开发，致使学校所能获得的课程和教材,远远不能满足学校发展的需要。

8.考试、升级和证书制度

通常是每学期安排一次考试,每年的期末考试非常重要,影响到下一年级的升留级。一些中学的升留级是根据累积的评分决定的。所有开设的课程学生都要考试。每周作业和月考用来考查学生及格分数一般在40~50分,那些没有达到最低及格分数线的学生要在下学期重修。

从小学升入中学要通过由西非考试理事会举办的选拔入学考试(SEE)。包括口头表达能力、算术能力、数学和英语。对大多数学生来说,次重要的校外(西非考试理事会主持的)考试是在第五级进行的GCE O考试。对SEE的批判归根结底是:它的考试范围的宽广度不足以涵盖小学儿童所有重要的学习经验。

随着6-3-3-4学制在1993~1994学年度引入,SEE和GCE O将逐渐被国家基础教育考试和国家普通教育证书考试所取代。

9.教育评价、评估和教育研究

塞拉利昂所有学校都实行非标准化测验与考试。编写这些试卷是为了便于老师评定学生学业成绩,每年或者每学期都要举行。由于财政上的限制,意味着连续的评价和实践评价技术提高的可能性很小。SEE主要是能力测试,由西非考试理事会主持的GCE O和GCE A考试都是期末考试。

学校评价结果主要用于学生下学期的升级或者留级,有时也用于某些科目的补习。SEE考试成绩用于升入中学学习的凭据。而GCE O和GCE A考试成绩用于决定学生就业和资格证书,准许进入职业学院、师范学院和大学。GCE考试成绩越来越多地用于研究,用于改进考试制度研究,或者学院和其他研究学生的学位论文和专著。20世纪90年代,研究重点将是中学新考试课程大纲的发展与评定,也涉及考试的心理测量学特征。

重要的教育指标包括入学率,生师比,教师资格,性别、地区等方面考察的教师分布。

10.20世纪八九十年代的主要改革

1985年以前,小学入学年龄是5岁,学制是7年。1985~1986学年,入学年龄和学习年限都调整为6年,这是依照1976年《教育评论杂志》的建议而改动的。这些改革最基本的动因是减少对初等教育的经费支出,提高教育系统的内部效能。然而,对内部效能的重组的评价仍需开展。

与此同时,小学和中学阶段的学费被取消。学生在其他方面的费用依然很高,证明这方面的教育改革是短命的。

影响最深远的改革可能要算是小学6年、初中3年、高中3年、大学4年学制结构的引入了。这一学制在1993~1994学年度开始实行。对教育体制将有深远的财政上的影响,直到2000年甚至是以后。

11.2000年面临的主要问题

随着对教育资源的需求持续不断的增长,据20世纪90年代的估计,教育经费支出必须增长到1990年水平的4倍,才能维持当前的学生规模、生师比和补助金。此外,1991年4月,塞拉利昂东部和南部省的一部分,被民族解放爱国阵线的武装分子占领,几乎毁掉教育在这些地区所取得的全部成就。教育机构遭恶意破坏,教学设备和课桌椅被盗,有些地方,校舍甚至被夷为平地。一些教育机构的修建和恢复要延续到2000年以后。最重要的问题是满足对这些资源的迫切需要。

此外,文盲问题也亟待解决,全国文盲率总体水平是85%,在一些农村地区甚至达到了95%。淘汰教育系统内大量未接受过培训和不合格的教师,阻止持有资格证的教师和教学经验丰富的教师从教学岗位向别的更有吸引力的职位上流动,这也是一个亟待解决的问题。

W. A. 泰勒(W. A. Taylor)
A. B. 塞斯耶(A. B. Sesay) 著
李慧娟 译

附录

Alie J A D 1990 *A History of Sierra Leone*. Macmillan,

London

Porter A T 1966 *Creoledom*. Oxford University Press, Oxford

Sierra Leone Government 1970 *White Paper on Education Policy 1970*. Government Printing Department, Freetown

Sierra Leone Government 1974 *National Development Plan 1974—1975 to 1978—1979*. Government Printing Department, Freetown

Sierra Leone Government 1981 *Education and Development Sector Study 1979*. Sierra Leone International Development Agency Project Unit, Freetown

Sierra Leone Government 1989 *Report of the Task Force on External Exams for Secondary Schools in Sierra Leone*. Ministry of Education, Youth, and Sport, Freetown

Sierra Leone Government 1990 *Annual Statistical Digest*. Central Statistics Office, Freetown

Sierra Leone Government 1991 *Report of the Advisory Committee on the Management of Schools*. Government Printing Department, Freetown

Sumner D L 1963 *Education in Sierra Leone*. Government Printing Department, Freetown

University of Sierra Leone 1976 *Sierra Leone Education Review: All Our Future*. University of Sierra Leone Press, Freetown

南非的教育制度(South Africa: System of Education)

1. 基本背景

南非正经历着政治经济的大变革时期,变革使南非以惊人的速度向非种族民主社会迈进。为了反映新社会的民主价值制度,南非的社会结构和各种社会组织都在形式、内容和功能等方面进行着改革。随着改革的深入,南非的各种规章制度不得不随之改变,针对这个问题的讨论也随之在不同层面展开。教育最终被提到议事日程。南非的《教育复兴策略》(全国教育部 1991b)以及非洲国家代表大会(1991)的诸多提议都明确指出教育所发生的根本性的变革是社会变革的重要组成部分。新的、即将产生的教育制度只有具有较大的适应性和适用性才有可能被大多数人所接受。面对有限的教育资源,教育平等的呼声越来越大。很显然,到 20 世纪 90 年代中期,对南非教育制度的如上描述就会很快过时。

南非共和国位于林波河南部,非洲的最南端。南非的国土面积为 1 123 226 平方公里,其中不包括被陆地所包围的、政治上取得独立的国家莱索托、斯威士兰以及所谓的特博文西(TBVC)四州(特兰斯凯"Transkei"、博普塔茨瓦纳"Bophuthatswana"、文达"Venda"和西斯凯"Ciskei"),这四个州的独立地位不为国际所承认。上述四州以及其他六个自治州(利波瓦"Lebowa"、夸祖鲁"Kwazulu"、侉夸"Qwaqwa"、加赞库鲁"Gazankulu"、夸恩德贝尔"KwaNdebele"和卡恩格瓦尼"KaNgwane")有权利自行实施教育,同时政府给予一定的财政支持。

民族和文化的多样性是南非的主要特点,这可以从 3 080 万居民(1990)所使用的语言种类中得到验证。多数白人的母语是南非荷兰语(56%)或英语(36%),有 760 万人讲祖鲁族语,300 万人使用班图语,说梭托语的人大约 760 万人(包括北梭托人、南梭托人和说聪加语的部落民族),150 万人讲聪加语,20 万人说文达语。不同的民族以及不同的语言群体是南非教育不能顺利实施的重要原因,选用何种语言做教学语言一直是人们讨论的热点问题。

针对不同民族实行不同的教育,是南非政府的一个基本的教育指导方针。这项政策正式开始于第二次世界大战后,那时,政府为黑人特意组建了一个教育分部。在南非,亚洲人、黑人、有色人种和白人分别拥有自己的学校,但是南非的各种条例倾向于消除针对不同种族进行分别教育的政策,这种倾向可以体现在如下法令:《人口登记法》、《土地法》以及《地区法》。

1990 年南非拥有人口 3 080 万,其中亚洲裔人 95.6 万,黑人 2 100 万,有色人 320 万,白人 500 万。南非人口年均增长 2.07%,到 2010 年预计人口将达到5 390万(如果包括TBVC四州,人口将在6 400万和6 500万之间浮动)。目前南非有49%的人口年龄低于18岁,这表明南非的教育需求旺盛,同时说明教育面临巨大的挑战。

1990年,南非有55.9%的人居住在城市。最近政府废除了人口流入制度,这给教育带来很大压力。在六个多月的时间里,有些市区的人口增长率多达100%,致使学校的入学人数骤增。

南非的国民生产总值由1970年的750亿兰特增长到1990年的1 190亿兰特。农业和矿产业在国民生产总值中的比例由1946年的35%下降到1990年的15.8%。1990年,南非的总出口额达720亿兰特,其中黄金净出口量为180亿兰特,进口额为670亿兰特。南非经济型的产业工人从1951年的460万人增长至1989年的1 090万人。同一期间农业劳动力占经济产业工人的比例由33%下降至13.6%。矿业工人占全部劳动力的比例由16%下降至8.5%。其余产业部门和工业部门的劳动力雇佣情况分别为:生产业15.9%,电力、水利和煤气工业1.1%,建筑业6.4%,交通和通信业4.8%,商业10.8%,金融业3.9%,社区、社会和个人服务业22.6%。大约11.1%的经济产业劳动力服务于职业或半职业领域,技术领域、管理行政层等领域,其中21%的人是黑人。南非经济的增长预示今后南非的教育必须更加多样化、专业化和职业化。

1985年,9.2%的职业人口接受过正规教育并已获得学校颁发的证书(学位证书、毕业证书、其他培训证书或贸易资格证书等),17.7%的人没有接受过正规教育。在全部职业人口中,那些没有完成小学和中学教育的人的比例分别为23.8%和30.5%,而接受了全部小学和中学教育的人的比例分别为8.5%和10.5%。

南非的失业人口大约为600万,到2000年失业人口预计达到1 000万。南非政府重视市场带动经济的发展,然而很多经济学家和政治家主张通过调动社会的力量、实施肯定性行动计划和消除不平等因素等途径来促进经济的进步。为了给这些问题找到合适的解决办法,南非的教育不得不承担更多的责任和压力。

2. 教育政策与目标

自从1948年以来,南非执政党一直是白人国民党。然而在1990年,非洲国民大会和南非共产党等政党开始走城市化道路,政府废除了很多歧视政策,如《隔离设施法》、《人口登记法》等,这些都为南非社会向协商和民主的方向发展铺平了道路。

1980年人力科学研究委员会在南非政府的要求下主持了一项教育调查,该调查涉及南非教育的方方面面。根据调查结果,南非政府制定了11项教育指导方针。事实表明不同的利益群体对11项教育方针的诠释有所不同,但是这些教育方针仍然是南非其他教育政策和教育目标的基础。11项教育指导方针如下:

(a) 平等的教育机会。

(b) 权衡共性与多样性。

(c) 选择自由。

(d) 适当。

(e) 建立正规教育与非正规教育之间的联系。

(f) 政府和家庭承担正规教育的责任。

(g) 政府和私有部门承担非正规教育的责任。

(h) 国家支持私立教育。

(i) 协调集权管理和分权管理的关系。

(j) 教育者的职业身份。

(k) 可持续研究。

这些政策的实施受限于当前的宪法框架、政府的政策和条例。上述方针中有的承认教育多样性的存在,如方针(b)即体现了政府对国家在语言、文化和信仰上多样性的重视。这些方针能否顺利实施一是在于能否消除实施过程中的各种局限,另外还在于家长、教师和社会等方面是否积极参与教育事业的建设。

南非的国家教育目标以条例的形式公布于众,强调让所有的人都能接受教育。它根据个人的教育需要(能力和兴趣)和社区的教育需求(劳动力需求)制定具体的教育政策。

一般来讲,南非的小学教育强调提高学生的识字能力、算术能力、儿童的一般性发展的能力和社会化的能力。而在其他国家,教育者倾向在高中和第三级教育中强调教育的经济和社会目的。

3. 正规教育体系

3.1 *初等、中等和第三级教育*

图 1 为南非各级各类正规教育体系的结构示意图,其主要教育机构的入学人数和其他教育资源的统计数据可以参阅表 1。

除黑人儿童以外,其他 7~16 岁儿童必须进入学校接受教育,包括初级小学教育、高级小学教育、初级中学教育(每级都为 3 年)和大多数高级中学的 1 年级教育。根据南非 11 个州教育部的规定,南非的教育可以根据人口状况的不同和民族的不同分别实施教育。但是,改革的趋势表明,分别实施教育的合法性将逐步降低(比如通过人权法案和取消人口登记法)。据统计,1988 年有 22% 的 6~14岁黑人儿童没有进入学校学习。

南非的正规教育体系提供学前教育、初等教育、中等教育和第三级教育。教育特点是不同地区的语言和文化很难具有相似处,教学通常用当地的母语进行。南非的所有儿童学习两种官方语言:南非荷兰语和英语。它们是儿童入学的必要参考科目,只有黑人儿童有权在学校的最后 3 年用一种非洲语言代替南非荷兰语或英语。在大多数黑人学校,前 4 年进行母语教学,之后学生将学习英语。然而在多数情况下教师更愿意继续用母语教学。

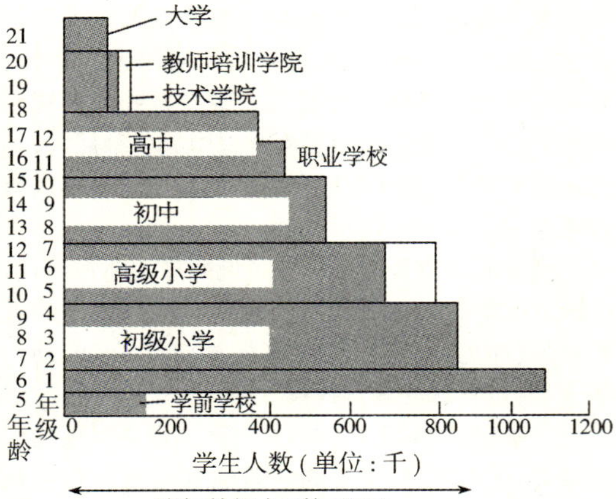

图 1 南非:正规教育体系的结构

表 1 南非 1990 年正规教育体系的入学人数和教育资源

	综合教育		第三级教育	
	初等教育	中等教育	教师培训学院	大学
学生人数[a]	5 263 129	2 254 927	133 508	286 910
入学注册人数占年龄组的百分比[b]				
年龄 15~16		76.4	–	–
17~18		42.9	–	–
20~24		–	–	–
学校数量[c]		20 207	85	17
每所学校的平均学生人数		372	1 570	1 687
生师比[d]		25.0:1	9.2:1	9.2:1
生均费[e](兰特)		1 480[f]	5 172	7 890

a 在校学生的数据包括私立学校和技术学院,包括教师培训、技术学院和 10 级以上技术学院的学生,大约有 35% 的大学生就读于远程学习中心

b 关于大学的数据没有

c 不包括特殊教育学校,但包括技术学院和私立学校

d 私立学校的职员未计算在内,但数据含相当于终身及全职的人员

e 学校数据是 1991~1992 财政年度的数据,包含政府支出的估计数据,由国家教育部提供。5 172 兰特专用于技术教育

f 指 1991~1992 财政年度数据

儿童通常在 6 岁时开始接受初等教育,学制 6 年。学生除了学习阅读、写作和算术外,还学习健康教育、数学、环境教育(或地理)、科学、音乐、艺术和手工艺、宗教教育、体育和语言(母语及英语)等科目。

南非的中等学校教育扩大不同学科的基础知识教学,为学生提供职业准备教育或升学教育。从 7 年级起,学生可以选择学习除官方语言以外的 4

门科目,这4门科目可以从以下科目中选取:综合知识、商学、自然科学、社会科学、技术、艺术、农业和家政科学等。然而多数学生会选择学习综合知识(1984年高于50%的学生)。1990年仅有1%的学生进入技术学院学习。

1991年12月初等和中等学校采取了一种新的课程模式,它为学生提供提前进行职业培训的机会。

1985年大约60万(6.4%)黑人儿童在农场学校学习,每个农场学校平均拥有不到100名的学生。农场学校的教师同时教授不同年级的课程,教学质量不高,学生很难升入中等学校继续学习。黑人学生的辍学现象非常严重,辍学比例比其他学生的辍学比例要高得多,人们通常将其归咎于教育条例的不平等。从事黑人教育的教师中有大约30%的教师为合格教师(即这些教师接受过12年的学校教育,并有3年的教师培训经验)。黑人学校的生师比为41:1(白人学校的生师比为20:1),课堂非常拥挤。20世纪80年代期间黑人学校的政治色彩很浓,罢工及其他形式的攻击性行为经常影响学生的教育。

南非的学校每年于1月份开学,学生在12月初结束一年的学习。通常情况下每年包括4个学期,学生每周学习5天,每天平均学习5.5个小时。学生每年平均在校学习天数为200天。

第三级教育主要在技术学院、教师培训机构(在下面的第6条中将有详细介绍)和大学中实施。目前为止多数学生在大学接受第三级教育。1990年在大学中学习的学生和在技术学院学习的学生的比例为7:2。尽管大学提供自然科学(包括医学和工程学)的教育,但多数学生愿意选择学习社会科学方面的课程。20世纪80年代政府缩减对大学的资金援助,这使得大学不得不努力寻找合理的出路。有的大学以院系合并的方式赢得竞争,南非大学(在校生多达11万名)和维斯塔大学(Vista)通过函授的方式为学生提供高等教育。南非的某些工作岗位出现劳动力缺乏的现象,这表明大学与以职业准备为目的的技术学院的数量比不相协调。1990年白人学生和黑人学生的大学入学比例为10:1。在大学接受教育的学生由1970年的82 909人增加至1990年的286 910人,在技术学院接受教育的学生由1970年的36 253人增加至1990年的83 424人。大学录取的最低要求是免除中学毕业证书,但是在特殊的学科或领域,多数大学会提出额外的入学要求。1991年南非大学的入学人口中男生多于女生(男生88 696人,女生68 736人),然而在黑人大学生中女性多于男性(女生59 195人,男生50 935人)。

3.2 学前教育

学前教育的最主要的目的是为学生提供一个丰富的学习环境,为今后的小学教育做好准备。尽管学前教育的实施有限,但是它已经得到人们的重视,有人认为儿童接受学前教育可以解决黑人教育中的高辍学率问题。

3.3 特殊教育

在南非,1990年大约3.4万名儿童在222所特殊学校中接受特殊教育,学生人数占全部学生数的0.01%。提供特殊教育的教育机构多种多样,可以满足不同的残障儿童的学习需要,如身体和智力上有障碍的儿童、孤独症患者、聋哑儿童、盲童或有视力障碍的儿童、癫痫患者、大脑性麻痹症患者以及那些有学习障碍的儿童。这些特殊学校大多受国家资助,同时借助其他资助者获得足够的运行资金。目前,特殊学校越来越注重职业培训,并提供相应的咨询使学生由学校顺利过渡到工作岗位。

3.4 职业教育、技术教育和商业教育

20世纪70年代以来南非经济的低增长甚至负增长和熟练技工的缺乏使人们越来越关注职业和技术培训以及商业性的课程。1991年南非的教育改革重视劳动力的开发。有证据显示南非的中等教育将承担更多的职业培训和教育。经济的低速发展致使教育资金匮乏,致使私立教育不能充分发挥其应有的作用。

20世纪80年代技术学院的入学人数增长了两倍多。学生除了在技术学院进行职业培训以外,还可以通过特殊"培训委员会"接受一些特殊的培训课程,如矿业、建筑业、印刷业等不同的工业领域的培训。很多私立的工商业培训中心可以为不同的需求群体提供不同的培训项目,比如学徒式的培训。1990年这些培训中心培训了514 598人。政

府为工人的培训提供很多资金支持。

3.5 成人和非正规的教育

南非的成人教育和非正规的教育既由政府主办也由私人组织主办。政府承办的主要目的是满足经济发展的需要——在高失业率、人口的高增长率以及人口的高文盲率的压力下。1988 年政府出台一项特殊计划为失业者提供相应的培训。根据人力资源部的调查，至 1990 年有 61 万人参加了此类培训。

健康和福利部主办的旨在研究人口问题的项目正在实施之中，它涉及出生率的控制、健康和营养等问题。南非政府同时启动了很多成人扫盲项目，它们由教育和培训部负责实施。

很多半国营的和私立的组织在人力开发和教育方面发挥了重大作用，如南非发展银行，它们越来越重视对人力资源开发的资助。私立教育部门为教育发展和培训规划建立了一个专门的委员会(PRISEC)。“独立发展信托基金”曾经为教育目的得到一笔价值 5 亿兰特的资助，该基金也开发和提供一些教育项目。

正规的培训机构(如各种技术学院)承担越来越多的非正规的教育任务，提供更多灵活的、适应性强的培训课程。这些课程意在满足某些专业领域的近期需要。

4. 行政管理的结构与运行

根据南非 1983 年宪法修正法案，南非四大人口群体的教育分别被描述为“自家的事务”，由此它们分别拥有自己的文化和价值框架，自行承担教育责任。根据“自家的事务”管理办法，每个人口群体负责自己管辖范围内的教育事宜，包括对大学和技术学院的管理。三个文化教育部门受宪法制约，分别对国民议会(白人)、众议院(有色人种)和众议院(亚洲人)负责。其他独立的教育部负责黑人自治州的教育管理。中央政府通过教育和培训部对南非其他地区的黑人的教育实施管理和控制。

《普通教育事务的国家政策》(1984 年该法案的第 76 款)给不同的人口群体限定不同的教育职责和权限，包括各种法令(标准、规定或描述)的出台，根据经营成本核定资助标准、教职员工的薪金水平、教师的职业认证、教学大纲和考试的制定标准以及其他的各种资格认证等。一般的教育政策由国家教育部长决定实施，之前他应咨询各州教育部长的意见。在咨询过程中很多法定委员会协助各部长间的讨论和交流。

国会通过全国教育部长负责教育预算和教育资源的重新分配。根据预算国会将资金分别分配给 TBVC 四州，预算的分配由外交部部长负责。

为了便于管理，南非被分为很多地区。州以下的部门负责管理这些地区。由图 2 可以看出南非现有管理体系的梗概。

负责不同人口群体教育管理的教育部门的主要职责包括如下方面：公立学校教师的聘用和委任，土地建筑和管理，教育器材和资源的分配以及各种课程的实施等。在白人学校，南非的四个省政府有极大的学校教育管理权力。原有的教育视察的功能已经发生了变化，现在视察的主要功能是咨询，咨询活动对教育的发展起着重要的影响作用。

白人学校通过选举产生学校管理委员会，委员会由学生家长、学校校长和副校长组成。除此之外，学生家长协会和家长—教师协会的建立使社区参与到学校的管理事务中来。这些协会帮助学校获得额外的资金援助，学校可以借此更新原有的教育设施。然而协会在学校的决策方面没有太大的权力。白人学校的管理委员会越来越为其他的人口群体所接受。

1990 年南非国民议会下属的教育文化部实施新的学校管理模式，即学校可以在三种模式——模式 A、B 和 C 中进行投票选择。实行管理模式 A 的学校为私立学校，但是国家会给予一些补贴；管理模式 B 要求学校降低学校的入学规定；而实行模式 C 的学校是国家资助的公立学校。有 200 多所学校选择了管理模式 B 并将学校的大门向其他种族的学生开放。

更值得一提的是，1991 年南非政府规定那些没有被利用或者没有被充分利用的白人学校应该主要为黑人学生提供教育。学校资源的重新分配围绕教育服务展开，由教育文化部的代理机构负责实施。

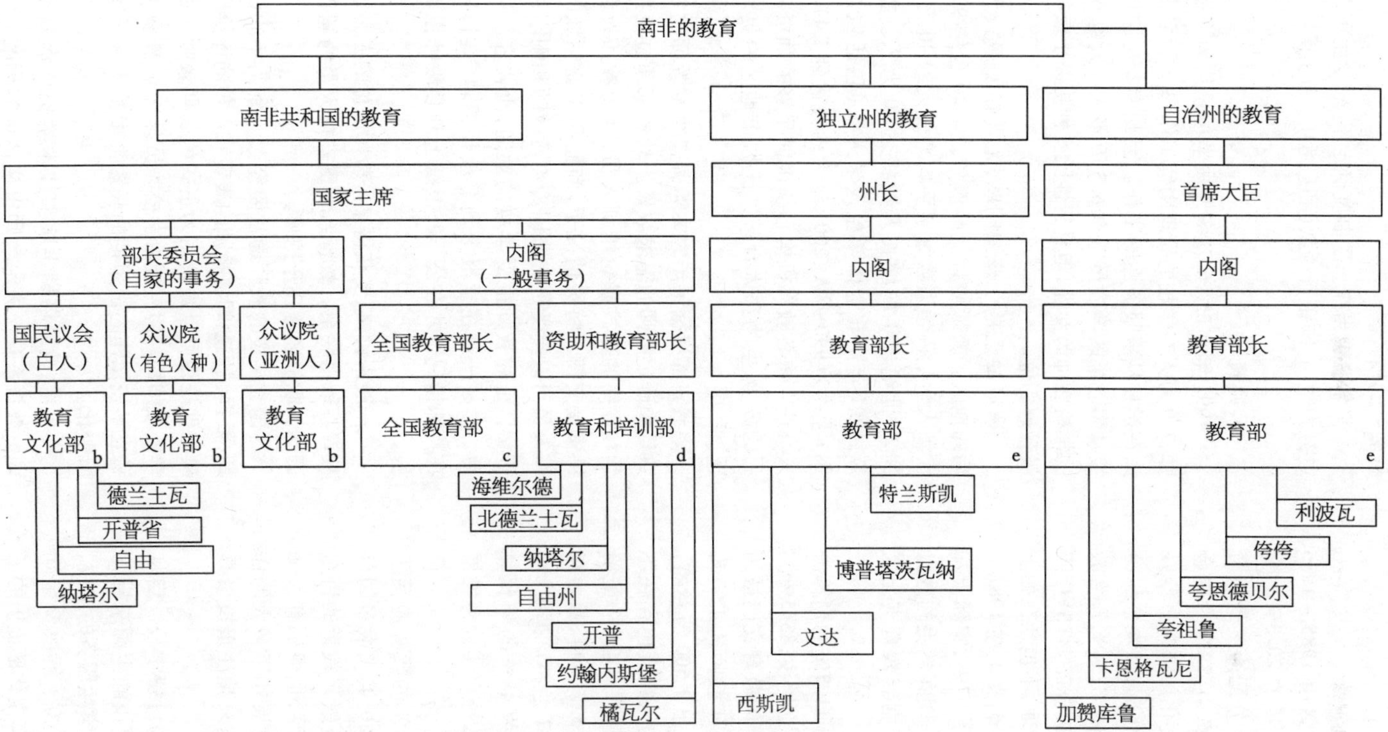

图 2　南非:教育行政管理地方分权结构[a]

资料来源: Du Pisani et al.1991

a 统一教育标准: 除了自治州和 TBVC 四州中的博普塔茨瓦纳、文达与西斯凯的考试由教育和培训部负责外, 其他所有的教育部拥有自己的考试机构。考虑到科目课程以及考试的规范和标准, 同时也为了在学校、技术学院和非正规教育课程完结时证书颁布的一致, 按照 1986 年第 85 法案的规定, 成立了南非证书委员会。委员会的使命是保证由该委员会颁发的所有终结性证书在教学标准和考试方面都具有一致性

b 确定白人、有色人种和亚洲人的教育行政事务为其"自家的事务", 由这些不同人种群体各自成立的教育部负责

c 在南非, 教育部负责制定教育政策

d 教育和培训部负责管理独立州和自治州以外的黑人教育

e 各自独立分散的教育部负责自治州和 TBVC 四州的黑人少数民族的教育事务

5. 教育财政

作为州预算的一种，教育预算由1985～1986年的16.2%上升到1990～1991年的20.3%。全国教育部根据已有的规定将资金分配给其他教育部门。1989～1990年的教育预算中，32%的资金被分配给国民议会下属的教育文化部；6%分给众议院（有色人种）下属的教育文化部；15%分配给众议院（亚洲人）下属的教育文化部；34%分给教育和培训部以及各个自治州的联合部。TBVC四州的教育的资助由外交部负责管理，不包括在如上的数字统计之中。尽管教育预算名义上在1987～1988年至1990～1991年间增长了57%，实际上却降低了6%，这主要是因为在同一期间学生的数量年均增长4.4%。1990～1991年南非教育支出大约占国民生产总值的5.5%。

1990～1991年的教育预算中11.3%的预算流向大学，2.7%技术学院，0.5%私立学校，85.5%其他的教育机构或部门。大约70%的教育支出被用于教师和讲师的薪金支付，1991年教师的工资每增长1个百分点，政府大约多支出1 500万兰特。在不同的人口群体中公立学校的人均支出存在不平等因素。1989年教育文化部（国民议会）分配给学院和学校教育的人均支出为3 527兰特；教育和培训部为927兰特；自治州为647兰特。据统计，白人的平均教育支出将吸收大约48%的州预算（仅在初等和中等教育方面）。这是南非教育发展的一个主要问题。

全国教育部建议将至少0.5%的预算应用于成人和非正规的教育。20世纪80年代很多国外资助项目提供对南非教育尤其是黑人教育的资金支持，但很难对这些资助进行计算，也很少有人知道这些资助到底对南非教育的发展起了多大的作用。私立和半国营的教育机构越来越注重投资具体的教育项目。

1990年南非有384所私立的付费学校。自从20世纪80年代初期以来这些学校的生源来自不同的群体。对于那些以往为白人学生服务的学校，现在为了适应黑人学生，同时也为了解决资金问题，政府鼓励这些学校选择由教育文化部提出的三种额外的模式。

奖学金被当作一项制度确定下来，学生可以通过努力学习，向银行贷款（利息适中）而获得。

6. 师资

1991年有25.6万多人被学校录用为全职教师，2.9万人在学校的管理岗位工作，3.5万多名工人在学校从事服务性的工作。因此南非全国不直接从事教学的学校员工有6.3万多人。大约61%的学校教师为女性，但是男性比女性更易于获得高级管理职位。

教师缺乏是个普遍问题，尤其在发展较为落后的地区。教师培训受政府资助。20世纪90年代黑人学生入学人数每年平均增长大约40万人，到20世纪末年均增长人数将达70万人。据估算，1991年南非全体学生入学人数（包括独立的州）大约为990万人，2001年大约会达到1 470万人。这要求各教育机构必须确保足够的师资。农村的数学、生物和体育教师比城市地区的更为缺乏。

教育部根据每年的实际调查决定教师的培训数量和确定教师的需求数量。教育部通过直接与学校联络的方式确定培训人员，并为教师教育提供资金支持。特殊情况下，商业和工业领域的工作人员可以接受师资培训。实习教师和刚刚通过资格认证的教师很受学校的欢迎，比较容易被录用。学校一般在学报上刊登教师招聘广告，只有在特殊情况下才在公开的报纸上刊登教师招聘广告。

一般来讲，想要获得某一教师职位的人必须与教育系取得联系。教育系负责安排人员的聘任和调动。职位通常公开招聘。

国立学校的教师通常要经过一到两年的试用期，根据试用期间该教师的表现和对他的评价结果决定他是否可以被录用为正式的长期教师。私立学校教师的聘用直接由学校委员会负责，新教师在私立学校工作的试用期的长短会根据实际情况有所变化。

大学、教师培训学院和技术学院负责教师培训。教育系有权决定教师资格认证的标准。中学教师的首次培训学习年限一般为4年,有的教师学习3年。教师学习的课程可分为两种:一种为前3年是学位获得阶段,学习涉及二门学科,后一年学习教育类的知识,并获得证书;另一种是4年内学习综合知识,同时获得学位和证书。

初等教育的教师通常需要完成3年或4年的证书课程学习。有些大学同时为初等教育的教师和学前教育的教师提供4年制的学位课程。很多有3年证书学习经历的小学教师通过进修1年的证书课程(如补习教学、咨询或教育管理等课程)来提高他们的资格水平。

在南非,不同教师的资格水平存在很大差别,因此很难确认一位教师是否合格。如果合格教师的最低标准被界定为该名教师必须接受12年的第三级之前的教育和3年的第三级职业培训教育,那么1991年南非有47.2%的教师不合格和52.8%的合格教师(全国教育部1991a)。

有限的提升机会、相对较低的工资水平和并不吸引人甚至在有些地方不能保证安全的工作环境都使人们不愿意从事教师这个职业。教师工资与其他公务员的工资相比低2个百分点,在教育领域工作的人员工资比在私营部门工作的人员工资低30%。这是教师流动性大的主要原因。

有关方面的负责人试图改善教师的工作条件、增加晋升的机会。教师能否得到晋升关键看他是否具有相当的教学能力和完备的资格证书,教龄并不是重要的参考依据。由于税收越来越有限,改善教师的工作条件存在很多困难。

为了满足当今社会迅速变化的需要和非种族、多元文化社会发展的新需要,学校重视锻炼新教师的适应能力,及时指导新教师的工作,同时学校还强调教师的在职培训。

学校增设新科目,学校的课程有了根本性转变,或某些科目不再存在时,在职教师有必要接受再培训。培训形式为正式学习,学员可以获得学位、证书或者其他培训证明。国家鼓励教师通过在职培训和远程教育的方式持续发展自身的职业技能。然而,为了满足不断变化、持续增长的培训需求,有必要建立综合性和协调性强的教师培训计划。

7. 课程开发与教学方法

《普通教育事务的国家政策》(1984年该法案的第76款)规定,全国教育部长有责任制定教育政策,涉及正规教育和非正规的教育。在制定教育政策时,全国教育部长应咨询主管各州教育的州教育部长。教育政策包括教学大纲的制定标准、考试标准和各种资格的认证等。

课程的开发由教育系主任委员会下属的纲领委员会负责。委员会成员由各教育系代表和来自大学或私立教育机构的某一学科领域的专家组成。他们负责开发、设计国家课程纲领,包括课程的目标、内容和评价大纲等,这些构成所有学校教学计划的基础。

由于不同的学校和院系教授不同的教学内容,加上学生越来越需要学校建立合适的课程尤其是职业课程,因此建立新的国家课程极为必要。

不同的学校有不同的教学大纲,可以设置不同的课程。教师拥有很多自主权利,他们可以自行决定以何种方式实施教学。然而多数教师愿意根据教材内容设计教学,他们对一些新的教学方式通常只能做到耳熟能详,却不愿意进一步尝试。

小学课程包括阅读、写作、数学、科学(健康教育)、社会研究(历史)、表达和表演艺术、宗教教育、体育和语言学习。小学1~4年级的课程由一般的教师负责组织实施,之后由专业教师接管教学。

中学根据学生学习目的的不同设置不同的课程,包括自然或社会科学、商学、家政学、农业类科目和技术类科目等。这些科目的实施过程通常遇到三种层次的困难:不太困难、一般困难和困难很大。大学的入学要求会影响到学生对课程的选择。据统计,黑人学生很少有人学习自然科学和数学。1988年仅有1 532人在10年级时学习体育科学、数学和技术绘图,这样的学生占所有黑人学生的0.3%。

课程开发的主要问题在于如何满足教育需求,如何确定不同课程的教育标准,如何协调具有不同文化背景的学校之间的关系。教育系主任委员会正在开发新的课程模式,该模式主张对学生进行早期职业培训。

8. 考试、升级和证书制度

学生每年都要参加学校举行的考试，学校根据学生考试情况决定学生能否升入高一年级继续学习。学生在接近完成10年级的学习时参加10年级考试。南非共有9个考试机构负责学生的考试事宜，学生在10年级参加的考试也由其中一个机构负责组织实施。联合录取委员会在协商的基础上制定考试标准，制定标准时，该委员会力求确保不同证书之间的相通性。制定考试标准是联合录取委员会的原始职责，它的另一项职能是规定大学的入学要求。

1986年国会建立南非证书委员会，该委员会有权规范国家证书的颁发，建立国家证书的颁发标准以及负责考试机构的人员委任和调动。由国家教育部负责编写的课程是确定证书颁发标准的基础。将来在学校获得的所有证书都要由证书委员会颁发。大学校长委员会有权确定大学入学的最低要求，具体事务由录取委员会负责。联合录取委员会主要管理私立学校学生的考试工作，将来它将被独立考试委员会取代。

证书委员会面临的最主要的问题是，如何使不同考试机构的考试标准达到相互认可。相关研究已经开始运行。此类的研究和评价由人力科学研究委员会和教育系附属的各种特殊研究单位负责。

9. 教育评价和教育研究

20世纪80年代南非的教育评价和研究发生了很多变革，但是直到现在南非仍然没有建立全国统一的教育评价系统。1985年，国家教育部主持收集、整理教育信息资料，这丰富了南非的教育资料信息库，推动了南非教育研究的发展。评价体系，尤其是教育财政方面的制度得到了相当的发展。

资料统计的最主要的结果是：人均支出额、生师比、合格教师的比例、6～16岁儿童的入学人数、1年级到10年级的学生比例、人口增长率以及学生一教室比率等。

人力科学研究委员会与不同的教育实体保持着密切的联系，它经常实施和资助教育研究项目。南非已经建立起比较完备的试题库，试题库包括各种客观性的标准测试试题。各项教育研究同时包括关于跨文化评价的研究项目，有关方面对研究进程作定期评估。

10. 20世纪八九十年代的主要改革

20世纪70年代以来的南非教育既有冲突和抗议，也有深入的调查研究，同时出现了几项重要的改革方案。20世纪80年代末期，随着南非政界的持续波动，政府根据教育研究的结果出台了几项改革方案。1981年南非人力科学研究委员会首次制定教育改革方案，1991年6月政府颁布教育复兴策略，1991年11月“资深教育专家委员会”颁布课程模式。这些改革大都由重要的教育问题引起，在对有关方面专家和代表进行了深入咨询后颁布实施。比较突出的教育问题是：(a)由于人口的快速增长，大量移民的流入和长期的经济不景气，使南非的教师、教室以及其他教育服务的供给不足，这在黑人学校表现尤为明显；(b)南非的政治冲突使教育沾染了种族的色彩，教育的方针政策在有些特定地区根本无法正常实施；(c)南非各地区教育的不平衡问题，民族、文化和经济的不同使不同地区的学校教育存在很大差别。

1991年2月1日，南非总统公开发表声明称，南非的教育制度必须改革，新教育制度必须遵循如下方针：

(a) 实施非歧视的教育。

(b) 提供平等的教育机会。

(c) 使多数人接受教育，并获得他们的支持。

(d) 给社区教育留出余地，以满足不同学生的需要。

南非的教育制度面临严峻、复杂的挑战，为了使南非走上繁荣、公正和民主的道路，南非的教育制度改革势在必行。

M. J. 伯德西奥(M. J. Bondesio)
S. J. 伯克霍特(S. J. Berkhout) 著
贾玉梅 译

附录

African National Congress (ANC) 1991 *Discussion*

Paper for the ANC on Education Policy. (mimeo)

Department of National Education 1991a *Education Realities in South Africa, 1990* (NATED 02—300[91/06]). Government Printer, Pretoria

Department of National Education 1991b *Education-Renewal Strategy: Discussion Document.* University of South Africa, Pretoria

Departement van Onderwys en Kultuur: Administrasie Volksraad 1990 *Die evaluering en bevordering van loopbaanonderwys.* Hoofverslag van die Komitee insake die evaluering en bevordering van loopbaanonderwys in die Departement van Onderwys en Kultuur, Administrasie Volksraad. Walters-verslag, Pretoria

Human Sciences Research Council 1981 *Provision of Education in the RSA.* Human Sciences Research Council, Pretoria

Raad vir Geesteswetenskaplike Navorsing 1989 *Die RGN/NOR Ondersoek na Vaardigheidsopleiding in die RSA.* Raad vir Geesteswetenskaplike Navorsing. Pittendrichverslag, Pretoria

其他参考文献

Behr A L 1988 *Education in South Africa. Origins, Issues and Trends: 1652—1988.* Academica, Cape Town

Central Statistical Service 1986 *Population Census: Report No. 02. 85. 07. Economic Characteristics: Statistics According to Occupation Industry and Identity of Employer* (DI D10). Government Printer, Pretoria

Christie P 1988 *The Right to Learn. The Struggle for Education in South Africa*, 4th edn. Sached Trust/Ravan Press Pty. Ltd., Braamfontein

Davenport T R H 1991 *South Africa: A Modern History*, 4th edn. Macmillan SA, Johannesburg

Department of National Education 1990 *Preliminary Education Statistics for 1990* (NATED 02—214 [90/08]). Government Printer, Pretoria

Du Pisani T, Plekker S J, Dennis C R, Straus J P 1991 *Education and Manpower Development 1990, No. 11.* RIEP, University of the Orange Free State, Bloemfontein

Heese C 1990 *Aspekte van die onderwys in Suid-Afrika.* Kernaantekeninge vir Vergelykende Opvoedkunde, Universiteit van Stellenbosch

Malherbe E G 1925 *Education in South Africa. Vol. 1: 1652—1922.* (Repr. 1975) Juta and Co. Ltd., Johannesburg

Malherbe E G 1977 *Education in South Africa. Vol. 2: 1923—1975.* Juta and Co. Ltd., Johannesburg

Republic of South Africa 1990 *South African Statistics 1990.* (Compiled by the Central Statistical Service). Government Printer, Pretoria

Republic of South Africa 1991 *South African Labour Statistics 1991* (D1, D6). Central Statistical Service, Pretoria

Republic of South Africa 1991—1992 *South Africa 1991—1992. Official Yearbook.* South African Communication Service, Pretoria

South African Reserve Bank 1991 *Quarterly Bulletin* (June) No. 180. South African Reserve Bank, Pretoria

苏丹的教育制度(Sudan: System of Education)

1. 基本背景

苏丹共和国是非洲最大的国家,领土面积250万平方公里。它位于非洲大陆的东北部,北纬4°~22°和东经22°~38°之间。这个国家的北部是沙漠,中部是富饶的草原,南部是稠密的丛林。目前只有12%的土地被开垦了出来,而22%的地区由森林覆盖。气候炎热,有时气温高达45℃,北部地区非常干燥,即使雨季降水也非常稀少,南部是热带气候。苏丹与9个国家接壤,分别是埃及、利比亚、乍得、扎伊尔、中非共和国、乌干达、肯尼亚、埃塞俄比亚和厄立特里亚。这一地区连年的战争和饥荒使苏丹在20世纪90年代早期成为100多万难民的避难所,多数难民来自厄立特里亚、埃塞俄比亚和乍得,这给苏丹有限的社会福利增加了沉重压力。

除了大约630公里的红海海岸线外,苏丹这个国家完全是个内陆国家。苏丹唯一的港口就在红海沿岸。首都喀土穆(实际上由三个城镇组成,这三个城镇是喀土穆、恩图曼和北喀土穆),距海岸线大约有1 260公里,主要沿公路而建,在青尼罗河和白尼罗河汇合处。辽阔的领土、高度分散的人口分布,以及缺少广泛的交通网络,使得苏丹的交通特别困难,致使最基本的商品和服务供应都受到很大限制,并且增加了成本。

1990年苏丹人口估计有2 500万,其中45%的人口在14岁以下。人口年增长率约为2.7%,比以前的3%略有降低。在过去的30年里,人口翻了一番还多,2000年预计人口将超过3 300万。如此显著的人口增长给公共服务施加了巨大压力,尤其是教育和医疗供应。

苏丹是世界上最贫困、最不发达的国家之一。1990年人口平均寿命为50.4岁,比1960年的39岁有了明显提高。同年的婴儿死亡率是102.4‰。这个数字较1960年的170‰有了显著改进,但依然很高。教育与医疗保健一样分布非常不平衡,尤其是荒凉和人口稀少的农村社区资源严重匮乏。文盲依然很多,最新统计数字为72.9% (1956年为86%),88.3%的妇女是文盲,而男性文盲为57.3%。

在1988年,人均国民生产总值是380美元,比1980年减少了1.8%。苏丹有153亿美元外债,对这样一个贫穷的国家来说,这是一个沉重的负担。可是,自1990年以来,苏丹经济已经得到一定的增长。

苏丹绝大部分人口生活在农村地区,有2/3的人口从事农业活动,并且多数属自给经济。估计还有200万人过的依然是完全的游牧生活。全国的出口产品中农产品占95%。苏丹发展农业的潜力很大,因为只有2%的潜在耕地使用灌溉。

最新的官方统计数字估计,只有22%的人口生活在城市。可是,如果将主要城镇周围未经允许建立的简易房屋计算在内,这个数字可能会更高。来自邻国的难民,以及1984~1985年的大干旱引起苏丹人大规模涌向首都,估计这导致喀土穆的人口从300万膨胀到500万(总人口的26%)。一些难民自愿回国,或被遣送回国使这一数字有所减少。

苏丹人口具有种族的多样性。根据1956年的人口普查,苏丹有597个部落,其中主要部族有19个。北方的阿拉伯人最多(占总数的40%),其次是南方的丁卡人(12%)。语言有115种之多,其中有10万人使用26种语言。将近60%的人口信奉穆斯林,4%信奉基督教(绝大多数生活在南方),主要部分在南部和西部的其他人口则是有灵论者。阿拉伯语是苏丹的官方用语,尽管英语在南方作为一种通用语言被广泛使用。

苏丹有56年曾是英国—埃及的托管地,实际上属于英国的一个殖民地。英国人为苏丹划分了一条边界,将南部西部的非洲人、北部的阿拉伯人、东部的含米特人划入苏丹的版图,这就使得苏丹这个国家种族多样化,各个种族间没有共同的文化、语言和宗教信仰。可是,传统上,人们一直认为苏丹南北两部分是由北部的穆斯林阿拉伯人和南部的非洲人构成。由于两个部分之间缺乏联系,以及各自发展自己的社会制度与政治制度,这使得在后来的国家发展过程中,这两个部分间依然缺乏信任和共同利益。而在当时,这种政策得到了英国政府的鼓励(直到1944年,南方的教育还全部由基督教教会提供)。

甚至到1956年独立前,北方在英国殖民统治的最后几年里,经济和政治获得了持续发展,使得北方逐渐在苏丹占据了统治地位,这种状况进一步激化了南北方长期以来形成的仇恨,最后促使一场内战爆发了。这场内战使苏丹在独立后仍有11年被卷入战争中。尽管1972年签署的亚的斯亚贝巴和平协议赋予了南方高度的自治权,使这一地区恢复了正常的政治生活,南方社会也得到了一定的发展,但1984年当纽梅瑞(Numeiri)总统决定在全国上下实施伊斯兰法(Sharia)的时候,苏丹再次爆发了全面内战。从那时起,内战一直持续,使南方社会彻底崩溃,而在这一地区生活着全国25%的人口。南方的许多人死于战争或饥荒,同时,还有很多人逃亡北方或周围国家。除了主要的城镇,包括教育在内的公共服务几乎全部停止发挥作用。国际货币基金组织估计这场战争每天要耗费苏丹政府 200 万美元,并且有 22% 的政府财政预算划拨给了国防。这对包括教育部门在内的其他部门的预算分配产生了明显的消极影响。

除了内战,苏丹还经历了大量的政治动乱。在苏丹历史上,只有三个经民主选举产生的政府,但执政的时间都很短。其他的时候则是在军人统治之下。由纽梅瑞任总统的军事独裁(1969 ~ 1984)是苏丹历史上存在时间最长、相对和平的政府。最近的军人统治于 1989 年 5 月掌握了国家政权。它采取了一种极端的伊斯兰社会政策和经济政策,并且实现经济自由化。由于这个政权的性质,以及它在海湾战争期间支持伊拉克,致使苏丹以前的阿拉伯盟国和西方盟国不仅从政治上,还从经济上将苏丹孤立出来,并且终止了对苏丹的很多援助。此外,苏丹现在没有支付国际货币基金组织贷款利息的能力,意味着它将不能从国际资金市场上获得更多的贷款。

从行政管理上说,苏丹全国划分了 9 大地区,首都喀土穆是一个地区,还有 3 个地区位于南方。这 9 大地区又被分为 19 个省。1991 年政府采取联邦制,这样,每个地区就成为州,每个州任命一名州长和数名部长。在南方,这种制度安排在现在(1993)没有任何意义。

就熟练劳动力而言,从 20 世纪 70 年代中期开始,大批熟练工人和专业人员流向石油资源丰富的阿拉伯国家,尽管在海湾战争后,很多人被迫回国,但这种人才流失使苏丹经济遭受了沉重打击。在 1983 年,国际粮农组织估计有 35 万苏丹人在国外工作,其中,受过一些职业培训的人中有 50% 以上已离开了苏丹。教育领域大量的教师流失到国外,尤其以大学教师和研究生导师居多。尽管人才流失带来了急需的硬通货,但熟练劳动力流失给国家发展带来的损失却是无法估量的。

尽管总体经济形势不景气,但政府在 20 世纪 90 年代初期发起了一项雄心勃勃的教育改革计划,其目标是在 2001 年实现基础教育的普及、使初等教育多元化、高等教育的入学率翻一番。这项改革的成本尚不可知。尽管从 1990 年开始,经济形势有所改善,但由于受 80 年代经济衰退的影响,这种改善的幅度很有限。当前实行的经济自由化政策对增加国家收入到底有多大影响,现在对这一问题做出判断还为时尚早。可是,如果没有大规模、持续的经济增长,如果不扭转 80 年代末期用于教育的开支大幅度下滑的形势,那么教育改革就不会是一个有意义的现实,只会导致现存资源更少的分布,而很久以来教育系统就经受着经费不足的折磨。在南方,如果希望教育能再次成为一项正常的社会活动,那么就需要进行大规模的重建和再培训行动。

2. 教育政策与目标

苏丹历届政府都认为:如果满足国家对有教养和掌握熟练技能劳动力的需要,教育必将在国家经济发展和社会发展中发挥重要作用。直到 20 世纪 80 年代中期,政府才开始定期将 10% ~ 15% 的国民预算划拨给教育。可是,在公共的压力下,政府开始允许中等教育和高等教育扩张发展,但却以牺牲初等教育为代价。尽管在政策文件中宣称要促进中等技术教育和非艺术类高等教育的发展,但压倒性的趋势却是大力支持学术性教育。这就意味着中学和高等教育机构的文科毕业生过剩,中级技术人员依然短缺。与此同时,整个教育系统的扩张速度快于经济增长的速度,导致大量毕业生失业(估计大学毕业生有 20 000 人失业)。考虑到这种不平衡,目前的政府正试图通过当前的改革,扩大基础教育的规模,与此同时,使教育更具终结性,更与经济发展的需要相关。它还试图给中等教育和第三级教育注入更多的技术教育和职业教育,并允许一定的科目扩大领域。修订课程,以便更好地反映和政府的政治、社会意识形态相一致的国家价值观与伊斯兰原则。

在 20 世纪 80 年代初期,苏丹开始实行非常有限的政治分权政策,其中包括将一部分的教育职责赋予各个地区。这一步在当前实施的联邦制体制下,获得了更加深入的发展。就教育而言,除了重要政策外,其他教育政策都是由各州制定。

3. 正规教育体系

图 1 是 1990 年的苏丹学制图。表 1 列出了主要的统计数字。

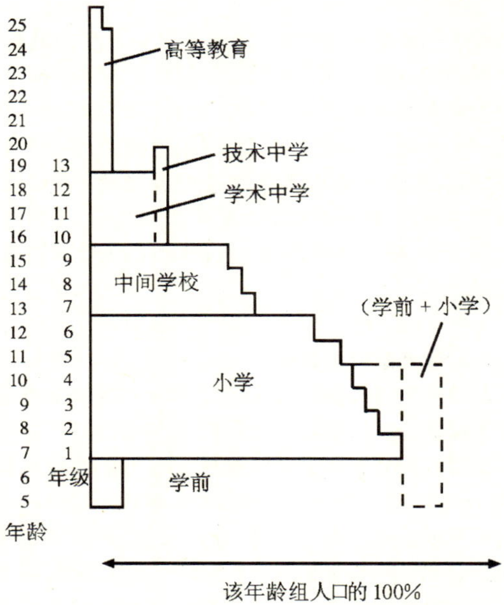

图 1 苏丹:正规教育体系的结构(1989)

3.1 *初等教育、中等教育和第三级教育*

作为10年普通教育计划的一部分,1991年宣布进行初等—中等教育改革,1992~1993学年开始生效。1989年宣布进行第三级教育改革,1991~1992学年开始生效。

在旧的教育制度下(1970年引入),初等教育为6年,中间学校3年,高级中等教育3年(或技术学校4年),儿童7岁入学。在苏丹南方,只提供4年初等教育的小学也很普遍。进入中间学校和高级中等学校学习都需要通过竞争性考试。中间学校证书成绩很高的学生可升入普通(学术性的)中等学校,而成绩差点的学生则可升入技术学校、商校,以及小学教师培训学校。

1990年,47%的小学实行男女合校制,实行男女合校制的中间学校不到3%。实行男女合校制的中等学校不到6%,它们是天主教教会学校或南方学校。北方的公立中等学校则全部是单一性别制。

教会学校作为教育系统的补充,尽管数量不多,但儿童可在伊斯兰卡尔瓦学校(khalwa)中接受初等教育,然后升入宗教性质的中间学校或中等学校。可是,教会学校的数量不多,只有37所中间学校,20所中等学校。教会学校的学生与世俗学校的学生参加同样的中间学校和中等学校毕业考试。取得高分的学生可升入伊斯兰大学。

1991年改革制定了一套非常激进的学校教育重建和扩张计划。8年基础教育加3年的中等教育取代了原来的6-3-3学制,这样,学生就由原来能最多享受12~13年的义务教育,减少到11年。同时入学年龄也降到6岁。将提供中等教育的普通学校和技术学校合并,在开设核心课程的同时,讲授普通科目和技术科目。对于有能力接受高等教育的男性来说,他们在读大学前,要有一段时间为国家义务服务。

表 1 **苏丹1990年教育制度**

各级教育	注册学生人数	男生	女生	学校数	教师人数
初等教育	2 026 519	1 146 263	880 256	7 939	60 048
中间学校	413 321	224 944	188 377	2 421	23 654
普通中学	247 896	141 880	106 016	485	7 884
中等技术中学	23 003	16 430	6 573	72	1 103
初等教师培训	5 328	2 452	2 876	16	683
高等教育(1989)	60 134	35 970	24 164	18	2 522
大学	54 558	32 065	22 493	8	1 933

在1991年改革前,第三级教育机构包括8所大学(苏丹最古老的大学是喀土穆大学)和10所专门学院。这些大学中除了2所不在首都喀土穆外,其余几所都位于首都喀土穆。开罗大学在喀土穆设有分校,这一分校由埃及政府提供经费,并且行政管理和人事安排由开罗大学负责。阿目德曼(Omdurman)大学是一所伊斯兰大学。2所教会大学精通以农村为基础的研究,其中一所位于吉支若省(Gezira),另一所位于珠巴(Juba,南方的首府)。同时还有2所私立大学,阿法德(Ahfad)妇女大学和阿里尔(Ahlia)大学。苏丹唯一的一所多科技术学院在1989年成为苏丹科技大学。在1989年,接受第三级教育的学生中,有91%的学生是在大学里接受高等教育的。

专业高等教育机构包括各种学院,如音乐与戏剧、体育、卫生、护理、射线摄像以及机械工程[在阿特巴如(Atbara)]。喀土穆大学里还设有2个研究生教育机构,一个是非洲和亚洲研究学院,另一个是非洲研究中心。

大学的入学竞争异常激烈。在改革之前,拿到中学毕生证书的学生中只有7.5%的人有望能升入大学。因此,许多年轻的苏丹学生到国外去求学,政府有义务为他们提供优惠汇率的硬通货。在1992年,估计在国外学习的学生有11 000人,他们大约占苏丹大学生的22%。在1984年,有21 700名学生在国外求学。

1991颁布的高等教育法,其目的是增加入学率、提高非艺术专业的学生人数,并使高等教育的招生在全国的分布更加平衡。政府还希望通过该法的颁布,鼓励在国外求学的学生回国接受继续教育。该法最初的动机是将高等教育的在校生人数从1989年的11 336人,增加到1991年的22 716人。1991年以来创立的8所大学有6所位于北部,还有2所是为南方举办的。可是,由于南方缺乏安全秩序,这就使得在可以预见的将来,要使这些大学发挥现实作用是极度困难的。事实上,珠巴大学不得不暂时搬到首都喀土穆,因为在一个战争地区举办高等教育是不可能的。

除此以外,苏丹还开办了8所私立的高等教育机构,授予学位和证书,其专业有民用工程、航空、商业管理、计算机研究以及伊斯兰教等。同时苏丹还有一所远程教育机构(开放大学)。这些私立机构将得到政府的一些财政支持,并且要接受国家高等教育委员会的一个专门小组的监督。

在苏丹,学校教育不是义务的,这也就意味着并不是所有想接受教育的人都能接受教育。在获得国家独立时,苏丹的教育条件非常有限;20世纪60年代和70年代,苏丹教育取得了惊人的发展,尤其是中等教育和高等教育。60年代各级教育入学的年增长率在10%~11%之间。1970年至1981年间初等教育的入学率翻了一番,中间学校和普通中学的入学率增长了6倍,而中等技术学校的入学率则增长了9倍。20世纪80年代,各级教育的入学增长率都有所减少,但在1981年至1991年间中等学校的入学率还是翻了一番。因此,初等教育7~12岁年龄组的毛入学率1970年为30.5%、1980年为38.8%、1985年为49.8%、1989年为58%(后面的数字只代表北方的6个地区)。中间学校13~15岁年龄组的入学率1981年为26%、1985年增长到28.2%,而到1989年则降低到24%(总入学率还是有所提高的,因为该年龄组的人口增长了)。中等学校16~18岁年龄组的入学率从1981年的12.8%,到1985年增长至16.6%,但到1989年降低到15.8%。尽管高等教育有了大规模的扩展,但在1989年,19~23岁年龄组的学生中,依然只有2.9%的人能升入大学接受高等教育。

这些数字并没有反映出各个地区之间、城市与农村之间、男性和女性之间存在的巨大的教育差距。传统上,喀土穆地区、北部以及中部地区(现在的州)的教育机会最多,而南方的教育机会则总是最少的。例如,1989年北部苏丹的初等教育入学率在北方地区是最高的,相应年龄组的入学率高达75%,而最低的东部地区只有42.5%。中等教育入学率最高的地区还是在喀土穆,其入学率为32%,而达尔弗(Darfur)地区(位于苏丹西部)最低,只有3.8%。南方的入学率总是比北部的地区低。例如,1986年南方初等教育入学率最高的地区伊夸托瑞尔(Equatoria)为40.2%;巴尔-耳-嘎扎尔(Bahr-er-Ghazal)地区最低,仅为9.5%。考虑到20世纪90年代初期,南方除了大城市外,其他地区的教育设施乏善可陈的话，否则目前的小学入学率会更低。可是，南方的一些学校暂时迁到了喀土穆，在这里能发现很多来自南方的难民。

城市地区总是比农村地区处于优势，男性比女性有优势。传统上女孩能接受教育的人数很少，主要是因为社会经济和文化的原因，但这一差距正逐渐缩小。在1989年，42.2%的小学生是女孩（占女性相应年龄组人口的52.6%，而男性的比率则占其年龄组人口的62.8%）。中间学校女性占44.7%，中等学校女性占42.7%，第三级教育女性占40%。尽管女性接受各级教育的人数还很少，但苏丹的这一状况比其他非洲国家要好得多，尤其是高等教育。

每日6个学时，每周6天上课，每年通常有200天上课（由于缺少教师、教科书、水、电以及其他基础设施，实际的数字有可能要低得多）。在1990年小学的生师比是34:1，中间学校是18:1，普通中学是31:1，中等技术学校是21:1。可是，各级教育的班级规模一般都超过60人，有的甚至达到100人。辍学率相对较高：在1989年，1年级只有80%的学生升入了6年级。

在北部苏丹，小学和中学的教学语言是阿拉伯语。1990年前第三级教育的教学语言是英语。可是，由于学生和教师的英语水平标准不断降低，以及国家希望教育在国家和文化发展中扮演更积极的角色，导致政府规定各级教育都要以阿拉伯语为教学语言，尽管这一举措有一定的进步意义，但由于缺乏合适的阿拉伯语教科书和材料，这一举措带来了许多难题。

南方习惯上使用地方语言作为初等教育前3～4年的教学语言，后面的几个年级用英语进行教学。英语在南方教育中将要发挥的作用还不可知，因为阿拉伯语在南方使用得不普遍，而且引进阿拉伯语，人们从文化上也接受不了。

在现在的教育改革目标指引下，将使小学1年级的入学率从1991年的61.2%提高到1994年的81%，到2000年达到99%，从而实现初等教育的普及化。这是一个雄伟的目标。2000年小学的学龄人口达到540万，这就要求至少吸收300万人接受基础教育。政府估计仅将入学年龄从7岁降低到6岁这一项，就需要为额外的96万名儿童提供教育机会，建设将近2万个教室和再雇佣2.6万名教师。

苏丹有相当一部分学校属于非官方学校，其中比例最高的是普通中学。大约20%的中间学校和50%的中等学校是非官方学校。可是，这其中精英私立学校为数很少。它们大部分位于主要的城镇，并且收取高额的学费。有几所精英学校是由天主教教会开办的 。

多数非官方学校是通过私人赠与，或通过社区捐赠，在自助的基础上建立起来的（阿里尔学校）。它们的收费很低。这些学校主要是应公众对教育的巨大需求而建立的，因为政府没有能力满足这种需求。这些学校的教学质量通常很低，并且有相当的教师没有接受过专业培训。同时，苏丹还有大约30所埃及学校（由埃及教师任教）和30所天主教教会学校（这两类学校都有几所提供各级教育的学校）。

1990年在私立学校注册的学生，小学不到1%，中间学校为11%，普通中学为43%，中等技术学校为18%。学前教育几乎都是由非政府部门提供的，或者是私立保育园，或者是教会学校。

如上所述，政府正鼓励建立更多的私立高等教育学校，同时由政府开办的高校也正积极寻找从私人来源获取更多经费支持的途径。

3.2 学前教育

1990年，有将近6%的5～7岁的儿童在幼儿园接受学前教育。另外，在不知确切人数的学前教育儿童中，有162 000个儿童在3 700所伊斯兰卡尔瓦学校接受教育，他们在这些学校里，要学习背诵《古兰经》。在卡尔瓦学习的儿童中，男孩占77%。许多学前年龄的儿童到6岁时（以前是7岁）要转到公立基础（初等前）学校学习，而少数学生将继续沿着这一教育阶梯，在平行的教会学校接受更高级的教育。

教育改革的目标是要在2000年为4～6岁的所有儿童提供学前教育。可通过三种途径实现：首先作为教育扩张的一部分，建立新的卡尔瓦学校，为儿童提供教育机会；其次，在现存的小学中开设保育班；再次，鼓励建立私立保育学校或社区保育学校。

3.3 特殊教育

苏丹提供的特殊教育非常有限。为残疾人开办了7所学校,可为大约700名儿童或成人提供教育机会,其中有5所建在首都喀土穆。教育由教育部和社会福利部提供。20世纪80年代后期,在世界劳工组织和世界银行的支持下,为残疾人建立了一个职业培训中心。

3.4 职业、技术教育和商业教育

在过去的数年里,中等教育和高等教育需要引入更多技术教育,虽然苏丹已经就此做了很多公开的声明,然而由于缺乏规划和协调机制,资源短缺,以及来自公众要求扩展普通教育的压力,使得今天的苏丹学校教育依然是以学术性为主导。尤其是,有半数的普通中学属私人控制这一事实,使得政府控制之外的教育扩张的方向与政府已宣布的政策方向背道而驰。同样,在教育扩张之前,有一半以上的学生在开罗大学喀土穆分校学习,这一分校开设的课程绝大多数是艺术、社会科学以及商务,而且它也不受苏丹政府的控制。

1990年,苏丹共有557所中等学校,其中只有13%是技术学校(72所)。这些技术学校开设的课程以工业、商业科目为主。人们一般更热衷于上学术性的中等学校而不是技术学校,因为技术性工作的薪水不高,与面向普通学校毕业生的工作相比,这些技术类的工作的社会地位不高。

当前的改革将把普通中学和技术中学合并成综合中学,开设三种方向的课程(学术性、技术性和宗教性)。与此同时,政府的最终目标是将学习技术科目学生的比率提高到60%(现在只有10%)。学习技术科目的学生将具有和学习学术性科目的学生同等的升入大学的机会(在以前的制度安排下,中等技术学校的毕业生通常被限于只能升入技术学院或喀土穆多科技术学院深造)。

在新成立的综合中学里,三个方向的所有学生在第一年都要学习宗教、阿拉伯语、英语、初等数学,以及其他科目。在第二年和第三年他们将进行专业学习。开设的专业课程有科学、宗教、工业、商业、农业、动物饲养、艺术和打字。各个学校可在每个课程类别中选择适合学校环境的具体科目。可是,由于缺少中学教师,特别是数学和与科学相关科目的教师,以及缺少合适的教科书和材料,将限制所有学校的选择范围,各方面条件都充足的学校除外。

苏丹科技大学为学生提供了学习职业课程、技术课程和商业课程的机会。开罗大学也有一个很大的商学院,阿法德妇女大学提供文秘学位课程。商业和商务学习在苏丹非常流行,因为私人企业的工资较高。同时还有几所开设有高级文秘课程的私立学院。

在1991年改革的影响下,现存的许多大学将开设附属学院,其专业包括环境研究、工商管理、会计、纺织技术、计算机研究、信息技术等。这些专业有的已经开设,但是因为缺乏合适的建筑、专业人员、用阿拉伯文印刷的课程材料和教科书,以及受到财政的限制,使得开设如此广泛的课程显得异常困难。

在非正规部门,同样存在着技术培训和职业培训机会。

3.5 成人和非正规教育

教育部、劳动部、青年部和社会事务部共同负责提供成人教育和非正规教育。在20世纪80年代,世界银行以及一些捐赠者给予了苏丹非正规教育相当多的帮助和支持。

1990年成人教育有注册学生59 000人。教育部管理着17个职业培训中心,学生只有2 000人。这些中心是针对中间学校的毕业生开办的,学制2~3年。

苏丹青年部设立了一些青年培训中心,为低收入家庭没有受过教育,或受的教育非常有限的年轻人举办能挣钱的培训活动。这些课程通常是2年制。

20世纪80年代,在世界劳工组织和世界银行的资助下,苏丹全国上下建立了大约24个综合农村教育中心(IRECs)。建立这些中心的目的是提供多种的教育,将正规初等学校教育和以农业为定向的成人教育结合起来。可是,现在发挥的功能却不是最初所预想的。

从20世纪60年代初期开始,在教育部的领导下,全国扫盲委员会已经开展了多次扫盲运动。这

已成为苏丹非正规成人教育的主要活动。1991年成立了一个新的委员会,专门负责一场全国性的运动,这场运动在学校、俱乐部、工厂、清真寺等地办班,工会、政治组织、全国服务领域,甚至受公众欢迎的保卫人员都被卷入这种课程班的管理中来。

苏丹所有非正规教育项目面临的问题是经费不足,缺少全国统一的领导组织,缺乏设备、资源以及受过培训的合格人员。

4. 行政管理的结构与运行

在1991年新成立的政府联邦体制下,以前的9大地区各自成为州(南方的3个地区只是在名义上成为州,实际上并非如此)。每个州都有自己的教育部和教育部长。各个州负责初等教育和中等教育的行政管理,而以前中等教育则由联邦政府负责。可是,高等教育的行政管理权依然归联邦政府所有,高等教育还负责教师教育,教师教育已成为了高等教育的一部分(参见下面的内容)。初等教育和中等教育的教师依然由各个州负责招聘和管理。

督学仍由中央政府任命。与教育相关的主要政策决议依然由中央政府做出,但是,和以前一样,各个学校的行政管理仍然是在各个州的领导下,由学区和省当局负责。

5. 教育财政

初等和中等的公立教育从名义上说是免费的。但是,由于政府财政资金不足,所以,家长越来越不得不为校舍建设、周期性成本、孩子教科书和其他材料提供支持。由于政府不能满足巨大的教育需求,许多学校是由当地的社区建造和装修的,但即使这样,政府也没有能力为这些学校提供师资。

所有社区资助的学校和私立学校都必须遵守教育部规定的教师服务条件(包括薪水)、课程和考试的标准。

在高等教育机构,除最贫困家庭的学生外,其他学生都要缴纳学费。学费的多少依父母的收入而定。过去学生不用缴纳住宿费,但现在这一规定已被废除了。

20世纪60年代和70年代,政府每年将12%~19%的财政预算用于教育事业。1974年,教育占到政府总开支的14.8%(国民生产总值的5.5%),但是,到1980年这个数字下降到9.1%(国民生产总值的4.8%),1985年又再次上涨到15%(国民生产总值的4%),但之后又不断迅速下降,到1991年只占1.7%。可是,在过去教育财政大部分由中央政府负责,但现在则期望各个州能负担更多的教育费用。只有高等教育的经费(以及教师教育)将继续由中央政府提供。

1990年,小学生的生均成本是670苏丹镑(51.6美元),中间学校学生是1 206苏丹镑(92.9美元),普通中学学生是1 636苏丹镑(126美元)。教育预算的84.3%用在了教职员工的工资上。

6. 师资

1989年,女性教师在初等学校占50%,而在中间学校和中等学校则分别为39%和21%。大学教师只有16%是女性。而从事学前教育的幼儿园教师则全部是女性,但95%的卡尔瓦教师是男性。

在苏丹,各级教育都存在受过培训和经验丰富的教师缺乏的问题。在1989年,北方地区的公立学校任教的23%的小学教师、32%的中间学校教师和53%的普通中学教师没有接受过培训。在由社区资助的学校里,这些数字可能会更高。

各级学校教育的迅速扩张给教师培训机构带来了巨大的压力。除此之外,由于教师地位和薪水的迅速降低,也使得很多受过培训的教师离开了教学岗位,或到国外寻找获利更多的教学岗位。这样引起的结果就是许多中学毕业生在没有受过任何专门培训的情况下,就被聘到小学和中间学校任教。受过培训教师的短缺问题在南方尤其突出,在这里,培训非常有限,教育的总体水平比北方地区要低得多,而且经常出现拖欠教师工资的现象。

在旧的教育体制下,小学教师由初等教师培训学院培养(PTTIs)。在1992年有6所这样的学院(尽管在南方的3所并不发挥任何作用)。初等教育培训学院每年招生150人,其中80%的人能顺利完成培训。中间学校的毕业生升入这些机构,接受4年的培养。小学教师学习期间要讲授初等教育的所有课程。

中间学校的教师是由中间教师培训学院培养的(ITTIs),在1992年苏丹有8所这样的学院。还有2所现在正在建设中。只有1所位于南方[在南方的玛瑞迪(Maridi)]。这些学院招收中等学校的毕业生,学制为2年。20世纪80年代,为加快教师的供应速度,2年制的学制被减少为1年制,以满足由于中间学校教育迅速扩张所引起的需求扩张。在80年代后期又改为2年制。年招收学生100~150人。

中等学校的教师是大学毕业生。通常他们没有接受过专门的培训。尽管有3所教育学院(分别属于喀土穆大学、珠巴大学和瓦迪尼大学)培养教育专业毕业生,但几乎所有的毕业生都到国外找工作,或不在教育行业就业。中等学校存在教师短缺的现象,尤其是科学、数学和英语教师最为缺乏。1990年,有39%的数学教师不是专门教师,或没受过培训,这样的科学教师和英语教师则分别为17%、13%。这一状况使得教育部在过去不得不从国外聘请这些课程的教师。科学和数学教师通常来自埃及,英语教师则来自英国。有提供英语教学、阿拉伯语教学和伊斯兰教的专门培训学院。

为了满足对受过培训的教师不断增长的需求,在1972年建立了一个替代性的培训机构,在开始时只为小学教师,发展到后来也为中间学校教师提供培训服务,它就是在职教育学院(ISETI),在地区中心培训实习教师。没有受过培训的教师每周有1天半的时间到离他们最近的中心去学习,这种学习为期2年。1991年开始,ISETI的功能没有了,这个机构现在主要为校长、督学和实习教师,特别是为新的基础教育系统开设在职培训课程。

在新的制度下,已经在努力增加大学毕业的教师数量。1991年在各所新的大学内建立了6个新的教育学院,以培养中等学校毕业生成为教师。现在的教育学院每年能培养大约350名毕业生。

为了满足新基础教育教师的培训需要,将于1993年开办7所附属于教育学院的新教育学院。这些学院将在现存的初等教师培训学院和中间教师培训学院的基础上建立起来。它们将由中央教育部(负责财政和行政管理)和各教育学院(负责学术和技术问题)共同负责,将从现在的小学和中间学校的教师以及刚从中学毕生的学生中招收新成员。获得教师证书的小学教师在学校任职一段时间后,可重返培训学院学习基础教育课程,以获得本科证书。其最终目标是有一个完全学位教学职业。

7. 课程开发与教学方法

各级学校教育都有一套国家强制教材。课程开发是中央政府的职责,传统上一直由苏丹最古老的教师培训学院负责,位于巴克特-耳-如达(Bakht-er-Ruda),这个学院现在已经成为全国课程开发和教育研究中心。教学材料由这个中心编制,然后到地方学校进行试验。基础教育的各个科目的教学大纲和教科书正在重新编写,其目的是提高内容的相关性,以及使课程材料更好地融合。中等教育也在进行大规模的课程开发,普通教育和技术教育正在合并到一起。

在北方旧的教育体制下,英语作为必修科目被引入中间学校教育的第一年,法语则作为必修科目被引入中等学校的第一年。教授这两门语言的教师的水平通常比较差。

南方一直以来都在教学大纲和教科书方面遵循自己的发展方式,以反映其不同的文化背景。从小学4年级起,英语便开始成为讲授的科目,同时也成为教学用语。

总体来说,教学手段还非常传统,在很多情况下,黑板和粉笔是唯一的教学手段(有时甚至连这些都没有)。各个科目受过培训的教师短缺,以及缺少教科书、教师用书和基本的教学设备的情况将继续对多数学校的教育质量造成不利影响。

8. 考试、升级和证书制度

在苏丹的学校系统中,没有从一个年级自动升到下一个年级的正式政策。学生要参加期末考试,由每个学校自行组织,独立评分(通常由班级任课教师负责)。学生在各级教育毕业时(现在只有基础教育和中等教育)都要参加毕业考试,这种考试由国家教育当局负责。在旧的教育体制下,颁发中等学校毕业证书(苏丹学校证书)是中央政府的职责,但是现在这一权力已经授予了各个州。在

1990 年,苏丹学校证书考试的通过率是 59.4%(从 1985 年的 67.1% 逐渐下降)。

9. 教育评价、评估和教育研究

苏丹有关教育的评估、评价和研究工作非常有限。督学的一贯职责就是对教师进行评价,主要是评价教师的课堂表现。通常,人们不认为督学还有咨询和支持作用。可是,在职教育培训中心开设了多种培训课程,帮助督学扩大其在教育系统中的角色和作用。

多数教育研究是在巴克特-耳-如达进行的,尽管喀土穆大学(例如,其发展研究调查中心和教育学院)和全国研究委员会也进行一些与教育有关的研究工作。

10. 20 世纪八九十年代的主要改革

在 20 世纪 80 年代,苏丹教育系统没有进行什么重大改革。1989 ~ 1991 年启动的当前改革,上面已经讨论过了,是苏丹数十年来影响最深远的改革。

11. 2000 年面临的主要问题

如果要使上述雄伟改革目标不仅仅是一纸空文,那么,中央和各个州就要采取更多的实际行动。改革的目标是扩大各级教育的入学率、提高教育质量以及使教育和社会生活的联系更密切。这就要求进行大量的建设工作,使为数众多的教师接受培训和再培训,以及进行积极的课程开发。在 20 世纪 90 年代初期,苏丹没有一支有高度奉献精神和战斗精神的教师队伍,没有高效的行政管理体制,这就使得教育改革举步维艰。特别是高等院校新开设的专业将面临优秀教师短缺问题。此外,教育改革将要求大量增加教育经费,而这只有当经济有了相对的增长之后才能实现,而且经济增长是教育系统扩张之后的毕业生能找到工作的前提条件。

F. 利奇(F. Leach) 著
吴志兰 译

附录

Government of Sudan 1991 *Comprehensive National Strategy, Social Development Sector. The Ten-Year Plan for General Education.* General Education Committee, Khartoum

Government of Sudan 1991 *Comprehensive National Strategy Conference Report of the Higher Education Committee.* Higher Education Committee, Khartoum

其他参考文献

Beshir M O 1969 *Educational Development in the Sudan 1898—1956.* Clarendon Press, Oxford

Brown G N, Hiskett M (eds.) *Conflict and Harmony in Education in Tropical Africa.* George Allen and Unwin, London

Daly M 1992 *Sudan.* Clio Press, Oxford

Economist Intelligence Unit 1993 *Sudan Country Profile 1992—1993.* Economist Intelligence Unit, London

Griffiths V L 1975 *Teacher-Centred Quality in Sudan Primary Education 1930 to 1970.* Longman, London

Ministry of Education 1991 *Summary of Educational Statistics.* Educational Planning Secretariat, Section of Educational Statistics, Khartoum

Ministry of Education 1992 *Educational Statistics Academic Year 1989/1990.* Educational Planning Secretariat, Section of Educational Statistics, Khartoum

Sanyal B C, Yacoub S A 1975 *Higher Education and Employment in the Sudan.* UNESCO IIEP, Paris

Sanyal B C, Yaici L, Mallasi I 1987 *From College to Work: the Case of the Sudan.* UNESCO IIEP, Paris

Twose N, Pogrund B 1988 *War Wounds: Development Costs of Conflict in Southern Sudan.* Panos, London

UNESCO 1991 *Development of Education in Africa: A Statistical Review.* Sixth Conference of Ministres of Education and Those Responsible for Economic Planning in African Member States, Dakar, July 1991. UNESCO, Section of Statistics on Education, Division of Statistics, Paris

UNESCO 1991 *Statistical Yearbook.* UNESCO, Paris

UNESCO 1991 *World Education Report.* UNESCO, Paris

斯威士兰的教育制度(Swaziland: System of Education)

1. 基本背景

斯威士兰王国是南部非洲最小的国家，领土面积17 364平方公里，南北长193公里，东西宽145公里，除了东北部的97公里国境线与莫桑比克接壤外，其他部分均被南非的德兰士瓦省(Trnsvaal)和纳塔尔省(Natal)包围。斯威士兰有4个地理区域，它们是海弗尔德区(Highveld)、米德尔弗尔德区(Middleveld)、洛弗尔德区(Lowveld)和卢邦博区(Lubombo)。这4个区分别占领土面积的29%、26%、37%和8%。首都为姆巴巴纳(Mbabane)，位于多山的海弗尔德区。米德尔弗尔德区和卢邦博区地势稍低(海拔610~762米)。洛弗尔德区属于灌木植物区，地势为海拔152~305米。在高原区为温带气候，而低洼区为亚热带气候。估计1976~1986年间人口为681 000，人口年平均增长率为3.2%。几乎有一半的人口居住在米德尔弗尔德地区，在那里有斯威士兰最肥沃的土地。

1907年，斯威士兰成为英国高级委员会所管辖的领导地，这种状态一直维持到1968年获得独立时为止。行政权力授予了国王，通过首相主持的内阁行使这种权力。这个国家分成几个部落，每个部落选出2名代表，参加首相的选举。在这个国家的4个区中，由选举团成员组成议会，负责执行政府的政策。

斯威士兰的经济基础主要是农业，人口中有相当一部分的人从事农业生产。用于出口和消费的农作物主要有甘蔗、玉米、棉花和菠萝。牛类饲养占据该国牲畜部门，但现在山羊、绵羊、家禽和猪的饲养正在迅速发展。其他经济活动包括林业、采矿业和制造业。

在宗教和语言方面，反映了它作为殖民地的历史背景。大约有60%的人信奉基督教(新教和罗马天主教)，其余的人则信奉传统的非洲教。官方语言是英语和西斯瓦第语(一种与祖鲁语有关的班图语)。

国王是国家的领袖，他接受由部长组成的内阁的建议，内阁对两院制的国会负责。另一方面，他还接受国家最高委员会的建议，这个委员会传统上一直向由斯威士兰成年人构成的斯威士兰民族委员会负责。由君主角色创造的这种政治二元性已经显著地影响了国家行政制度，以及斯威士兰人的生活，并且人们普遍认为这种制度安排确保了政治权力的平衡，同时也防止现代(西化的)精英派和传统(保守的)多数派之间发生任何冲突。

20世纪初，传教士将西方的教育引入斯威士兰，后来殖民地政府也参与到教育中来。教育是沿种族线发展的——学校分为非洲人的学校、欧洲人的学校和欧裔非洲人的学校。20世纪中叶，大量非洲人的学校限于初等学校4年制课程，随后扩充为6年制。虽然数十年来入学人数有了增长，但直到20世纪50年代，仍有一半以上的非洲学龄儿童不能上学，一半以上的教师未经培训。自第二次世界大战结束到获得国家独立之前的这段时间内，教育飞速增长。1945年仅有207所初等学校，在校生为11 600人，到1991年有在校生172 908人，预计到1995年将增加到将近200 000人。在同一个时期，中等学校的在校生从318人增加到1991年44 085人，预计到1995年这个数字将增加到58 220人。

2. 教育政策与目标

自独立以来，斯威士兰政府就制定了普及初等教育的目标。初等教育的目标是使儿童的道德、智力、文化、精神、美学价值得到发展，为他们做好生活准备。中等教育的目标就是通过学术和职业两轨教育，使学生在小学奠定的基础得到进一步加强；提供能发展学生素质和技能的教育，这些素质、技能对于无论是个人发展，还是社会发展都是非常有益的。高等教育关注培养高级和中级的人员，注重学术学习。

3. 正规教育体系

图1是斯威士兰的学制图。它的教育体系是由7年的初等学校、3年的初级中等学校和2年的高级中等学校构成的。

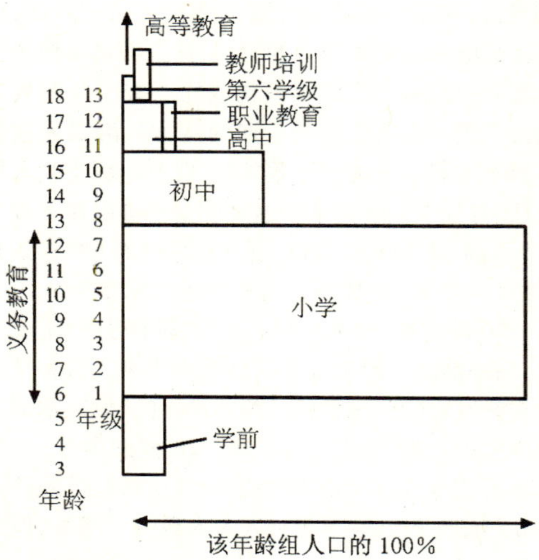

图 1　斯威士兰：正规教育体系的结构

3.1　初等教育、中等教育和第三级教育

孩子在 6 岁入初等学校，初等学校学制为 7 年，这就意味着从理论上讲孩子在 12 岁时，参加一个考试，如果通过就可获得斯威士兰初等教育证书(SPC)。

中等教育被分成两个阶段：第一个阶段是初级中等教育；第二个阶段是高级中等教育。可是，在斯威士兰有两所学校则不分这两个阶段，实行的是一贯制。初级中等教育是 3 年，高级中等教育为 2 年。这两个例外的学校则要多 1 年。

通过初级考试的学生获得一个初级证书，继续参加剑桥 O 级水平考试，如果通过，则可取得普通教育证书，这样就可进入第三级教育机构或大学学习；那两所例外的学校通过的是 A 级水平考试，如果学生能通过这种考试，那么他们就可直接进入当地 4 年制大学的 2 年级学习。

在 1993 年，如果小学毕业生拿到了初等教育证书，也并不意味着他们都能从初等学校升入中等学校，因为中等学校所容纳的学生有限。可是，现在教育部已经采取措施，为初等学校和中等学校提供尽可能多的必要设施，如教室、教师宿舍和日用器具。

由于教育的财政预算非常有限，政府正和社区一起努力提供必备设施，但由于教育的需求高涨，使得这些努力面对每年的教育需求总是显得不够。

斯威士兰大学是这个国家唯一开设学位课程的高等教育院校，同时，它还拥有附属的其他第三级教育机构。这所大学开设了农业、教育、自然科学、人文和社会科学的学位课程。它还有一个校外服务部。这个部提供成人教育、管理、商务学习课程。表 1 列出了某些年份的在校生数据。

3.2　学前教育

为 3～5 岁的孩子提供学前教育。学前教育强调儿童的社会化，发展他们的听觉—感官能力，培养他们用英语和西斯瓦第语交流的能力，挖掘潜在资质，促进他们的人格发展，塑造个性以及为他们升入正规学校系统做好准备。

尽管国家期待将学前教育普及化，但是否接受过学前教育并不是能否进入小学的前提条件。1993 年，有一些幼儿园是由社区、宗教组织、私人个体以及公司开办和管理的。1990 年，斯威士兰有幼儿园 260 所，在园儿童 6 113 人。

表 1　1991 年、1993[a] 年、1995[a] 年初等教育及中等教育和第三级教育的在校生人数

	1991	1993	1995
初等教育			
学生数	172 281	181 359	197 599
教师数	5 584	6 133	7 059
生师比	32.3	29.6	28.0
中等教育[b]			
学生数	44 085	50 662	5 820
教师数	2 430	2 927	3 523
生师比	18.1	17.3	16.5
大学[c]			
农业	258	242	–
教育	138	165	–
人文	261	252	–
科学	300	298	–
社会科学	778	773	–

a 估计数值　b 来源：教育部　c 来源：斯威士兰大学

3.3 特殊教育

特殊教育的目的是给残疾儿童提供教育机会。包括身体、智力残疾儿童,以及有视觉障碍和听力障碍的儿童。在1993年有4个提供特殊教育的中心或学校,它们为残疾儿童开设了正规教学课程,配备了合适的教育设施。

3.4 职业、技术教育和商业教育

在1993年,有3所提供职业教育的学院:(a)斯威士兰技术学院,既开设有职业课程,也开设有技术课程,入学要求是要有初级证书和达到O级水平入学要求;(b)职业与商业培训学院(VOCTIM),最低入学要求是要有初级证书,但由于竞争的压力,也招收O级水平毕业生;(c)玛之尼(Manzini)工业培训中心(MITC),为非正规学校系统的毕业生以及没有达到其他职业培训机构要求的学生,提供商业贸易培训。这个工业培训中心是以商业的形式运营的,在为客户提供修理服务和进行生产活动的同时使学生接受培训。其管理目标是随着商业活动的开展而实现自给自足。

3.5 成人和非正规教育

举办成人教育的目的是为没有接受过正规教育,或从先前教育中获益很少的成年人和青年人提供教育机会。成人教育的目标是培养成人的文化素养和计算能力,从而使每个个体都能够有效地参与社会生活,促进个体全面发展和社会的良性发展。

成人教育是在非正规的基础上由各种机构提供的。这些机构包括各所学院、农村教育中心、农业与工业培训中心,以及斯威士兰大学教育学院管理的校外服务部。

斯威士兰还有远程教育。举办远程教育的目的是提供函授教育、继续教育,以及在职函授教育培训。参加远程教育学习的学生包括错过接受正规教育机会的人,以及正在工作的年轻人和成年人。通过考试的学生可重新到正规教育系统学习,或继续通过函授教育形式接受更高一级的教育。在职教师教育也是通过远程教育形式开展的。

4. 行政管理的结构与运行

在斯威士兰,所有的学校、学院和大学均在教育部管辖之下,教育部由部长和副部长领导。在这些政府任命的官员领导下工作的是一名常务秘书、一位主任督学、数名学科科目督学以及地区教育官员。常务秘书的手下包括一名教育主任、一位助理秘书以及一个研究规划小组。初等学校和中等学校的主任督学,指导各个学科科目督学开展工作;各个学科科目督学视察学校,监督教学的质量。

5. 教育财政

用于教育事业的财政预算占国家财政预算的28.5%。这其中,初等教育37.2%,中等教育29.3%,高等教育17.9%。生均成本分别是初等教育492里兰吉尼(180美元),中等教育1 577里兰吉尼(575美元),第三级教育12 236里兰吉尼(4 468美元)。

尽管初等教育已经实现了普及化,但中等教育却面临学校和教室短缺的问题,现在仍无法满足人们对中等教育的需求。因此,政府希望家长和社区能提供经费资助或建设校舍。

6. 师资

斯威士兰教师培训学院有3所:那扎瑞(Nazarene)教师学院和恩格瓦尼(Ngwane)教师学院,这2所学院培养初等学校师资;皮特切尔(Pitcher)教师培训学院,这所学院培养初等学校和中等学校师资。小学的教师培训在皮特切尔学院进行。这3个培训学院都提供3年制的住宿课程。最低入学要求是达到O级水平。

商务和技术学校的教师由斯威士兰技术学院培养。斯威士兰大学也培养初等学校和中等学校教师,包括农业教育、农业准备教育和家庭经济学专业。斯威士兰技术学院和斯威士兰大学为中学教师分别提供为期3年和4年的学位课程。在中等学校任教的外籍教师人数已经减少了。

教师在职培训由大学或通过远程教育提供是斯威士兰教育的一大特点。刚独立之时,斯威士兰面临着严峻的合格教师短缺问题,因此雇用了大量的不合格教师以充实小学的教师队伍。但是截至1993年,初等学校的不合格教师只占教师总数的7%。

7. 课程开发与教学方法

国家课程中心负责开发课程，以及负责协调初等教育和中等教育的课程衔接工作。初等学校的课程开发水平非常高。课程开发中心正计划在不远的将来，进一步强化在中等教育课程开发中的作用。现在课程发展的趋势是课程多样化，以开设更多的课程，所以，课程开发中心关心的主要问题是如何使各级教育的课程很好地连接起来，以方便学生顺利升入下一级教育。例如，一些学校在7年级引入了实用艺术课。因此，木工艺术课就应在7年级之后的中学1年级或8年级开设。

8. 考试、升级和证书制度

学生能否升级要看他们在每个学年的成绩如何。为了确保学生能取得不断的进步，政府通过教育政策管理和技术项目(EPMT)获得了赠与帮助，改善教学法和开展教师培训。评估将以标准为参照，也就是说，学生在各个教育阶段获得的技能都达到一定的标准。所有小学教师都要接受教学法和校正法培训，以帮助学生达到标准。为了引进持续评估方法和改善考试制度，斯威士兰将剔除7年级和10年级考试，用一套诊断性测验来取代它们。

强化教育部教育测验、指导和心理服务司的作用，其目的是使它在帮助持续评估和诊断性测验开展方面发挥重要作用。它的主要任务将包括指导诊断性测验，以发现学习的优势与劣势；负责开展集权化的持续评估，以确保全国上下使用统一标准；发现学生的能力、才华和偏好。具体活动将包括为地方人员提供到国外机构实习的机会，使他们接受测验和持续评估培训；为教师和校长举办国内培训；开设研究生水平的长期培训活动；开发测验材料和指导策略。

9. 教育评价、评估和教育研究

教育部研究与规划司负责收集统计数字。同时，它还负责对已经实施的教育项目造成的影响进行评估，做出评价。20世纪80年代开展的研究工作包括学校分轨制度研究、学校图谱实践、消耗量研究、学前教育研究以及部门工作评价。

在1990～1993年，斯威士兰大学以及其他机构也开展了一些小规模的研究工作。其中包括：教科书分布、未来所需技能、对职业教育前的学生取得的成果进行跟踪调查、对学校收支进行核查。

10. 20世纪八九十年代的主要改革

20世纪80年代学前教育改革的内容包括：

(a) 合格教师领导。

(b) 健康检查(如免疫预防和其他医疗保健活动)。

(c) 在一些农村学校和城市学校开展反馈活动。

(d) 给予学前教育政府补助形式的资助和赠与经费。

(e) 家长/社区参与到幼儿园的自立项目中来。

(f) 教育部的行政管理服务以加强各个地区的学前教育为目的。

初等教育在1985年实现了普及化，并且初等学校的课程在一定程度上实现了多样化，开始包括实用科目。提出了实施9年基础教育的计划，中等学校开发学术性课程和职业前课程的计划已开始实施。大学开始引入研究生课程。

11. 2000年面临的主要问题

教育制度改革将给职前培训中的设备采购和维护带来巨大的成本压力。为适应上述改革而进行的教师培训，将关涉到详细的国内外培训计划。

许多现有的学校需要改善，并且需要建立很多新学校。

考试制度的全国统一和变革将使现有教育制度发生变化，而斯威士兰人已习惯了这种制度。新技术的引入使教师每年接受在职培训成为必然的要求。

E. 达兰米尼(E. Dlamini) 著

吴志兰 译

附录

Pott D 1955 *Swaziland: A General Survey*. South African Institute for Race Relations, Johannesburg

其他参考文献

Government of Swaziland 1973 *Second National Development Plan 1973—1977*. Government Printing Office, Mbabane

Government of Swaziland 1985 *National Review Commission Report*. Government Printing Office, Mbabane

Government of Swaziland 1991—1992, 1992—1993, 1993—1994, 1994—1995 *Rolling Development Plan*. Government Printing Office, Mbabane

Swaziland Ministry of Education 1986 *Wastage in the Education System*. Ministry of Education, Mbabane

Swaziland Ministry of Education 1990, 1991 *Education Statistics Reports*. Ministry of Education, Mbabane

Swaziland Ministry of Education 1992 *Education Preparatory Study*. Ministry of Education, Mbabane

坦桑尼亚的教育制度(Tanzania: System of Education)

1. 基本背景

坦桑尼亚是非洲东海岸的一个共和国。位于南纬1°~11°、东经30°~40°之间。在英联邦国家内部于1961年获得独立,称为坦干伊克。在1962年以共和国的身份宣布完全独立。在1964年,坦干伊克与那时新形成的桑吉巴人民共和国联合,建立坦桑尼亚联合共和国。桑吉巴是印度洋里靠近坦干伊克海岸的一个岛屿。尽管有两个政府,但只有一部宪法,并且在桑吉巴的政府有对桑吉巴内部事务进行自治的权力。联合政府全权负责国防、内政、外交以及其他亚部门如高等教育、民航、邮政、电讯等。其他的一些部门如:初等、中等、职业教育以及农业和工业则不属联合政府负责。

坦桑尼亚领土面积945 087平方公里,分成25个行政区。人口大约为250万,年平均增长率为2.8%。尽管正稳步朝工业化方向发展,但农业仍是主要经济部门。

2. 教育政策与目标

自1967年阿鲁沙(Arusha)宣言发表以来,坦桑尼亚开始遵从一种社会主义和自立的意识形态。这种意识形态在各种文件中得到了清晰表述,其中包括《社会主义与农村发展》(1967)、《自由与社会主义》(1968)。政府立志要实现的目标与理想是建立这样一个社会——在这个社会里,所有的成员享有平等的权利和平等的机会;在这里正义得到遵循,不允许存在剥削。直到1992年,这个国家还是一党执政的政治制度。但也是从这一年开始,开始朝着多党制发展。

该国的教育制度以自立教育(1967)哲学为基础,这一哲学从社会主义和自立的主要政策派生而来。该哲学提出个人与社区相融合的计划,反映了教育与社会的不可分离性。提出一种技能与学术学习相结合的功能教育,满足为个体学习者创造未来的需要。

坦桑尼亚希望教育能在生产国家发展进程中所需要的知识和技能方面发挥重要作用。不能过分强调坦桑尼亚为每个公民的发展所赋予教育的重要性。新的宪法(1977年制定,1984年修订)保护公民的受教育权利。1978年教育法第25条规定:"坦桑尼亚联合共和国的每个公民都有依据其能力享受不同种类、性质和水平教育的权利。"因此,每个人都有享受某类教育的平等的权利。教育总的目的与目标可概况如下:

(a) 为所有人提供基本读、写、算教育。

(b) 使坦桑尼亚人具备发展所需的适切和关键的知识、技能与态度。

(c) 树立每个公民的探究精神、自信、创造性和科学世界观,使他们更好地、更合理地选择战略以提高生活的质量。

(d) 使学习者欣赏、热心学习、提高国家的及生活的和文化的价值观。

3. 正规教育体系

3.1 *初等教育、中等教育和第三级教育*

接受初等教育是坦桑尼亚每个儿童的权利。初等教育入学年龄是7岁,学制7年。在坦桑尼亚,第一级教育包括7年制的初等教育和3年制的中等教育。在坦桑尼亚的大陆地区,毛入学率为81.3%(1991);在桑吉巴是65.0%。坦桑尼亚大

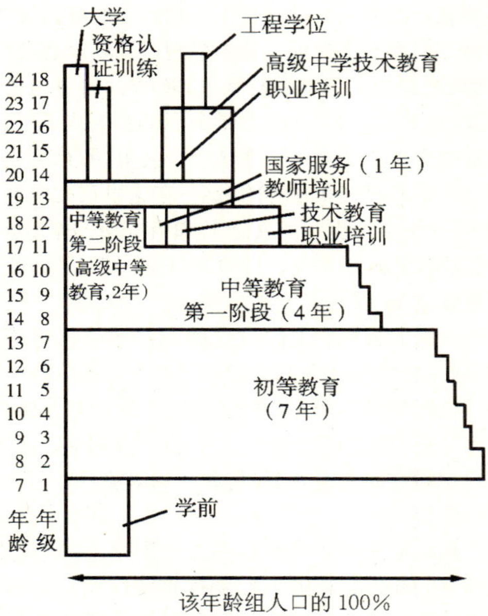

图1　坦桑尼亚:正规教育体系的结构

陆的学生只要参加并通过国家考试就可升入中等教育学校继续学习,这种考试是在坦桑尼亚国家考试委员会(NECTA)的监督下制定并管理的。能否升入中学要看中学提供的空缺数和学生的考试成绩。从初等教育升入中等教育的比例在1991年是15.4%。

中等学校课程由8门课构成,它们是斯瓦希里语(国家民族语言)、英语、数学、家庭经济学、健康、科学、实用艺术和宗教学习。

多数初等学校归地方政府所有,还有一些归非政府组织所有和管理,很少一部分归中央政府所有。由此,教学材料和设施要由学校所有者和管理者提供。教学人员的培训和分配由中央政府统一负责。

中等教育有两级。其中第一级为4年,并且在该阶段结束时参加全国性的考试才能决定能否升入下一级。升学要看空缺数和学生在考试中的成绩。在下一级结束时也要参加全国性的考试。在此之后,学生可升入大学、其他第三级教育学院或职业培训学院,或者参加工作。

中等学校由政府(中央政府和地方政府)和非政府组织所有,是非免费教育,学生需要缴纳象征性学费,数额由政府决定。1993年,在政府办的学校里,一名走读生要缴纳的年学费是5 000坦桑尼亚先令(11.30美元),一名寄宿生要缴纳的则为8 000坦桑尼亚先令(18.13美元)。这些学费只占教育成本的很小一部分,一个走读生的教育成本是186 000先令(426美元),一个寄宿生的教育成本是242 000先令(554美元)。政府资助大部分的教育费用。在非政府机构办的中等学校里,走读生要支付的年学费是35 000先令(80美元),寄宿生要支付的年学费是45 000先令(103美元)。与初等教育课程一样,中等教育课程也是由中央控制的。其中,学生必须学习7门核心科目:斯瓦希里语、英语、数学、综合科学、社会学习、计算机知识和宗教指导。除此之外,鼓励学生选读3门其他的科目:从各门科学或艺术中选取3门课,或者只学单独的纯科学或艺术(如物理、化学、生物学、地理和历史)。

第三级教育是由技术学院或大学提供的。1993年有高级技术学院3所,它们位于达雷斯萨拉姆(Dar es Salaam)、阿鲁沙(Arusha)和姆贝亚(Mbeya);有大学3所,它们是莫洛哥罗(Mologoro)的索罗厄尼(Soloine)农业大学,达雷斯萨拉姆大学及其附属学院,穆赫姆比里(Muhimbili)医科学院,和设在达雷斯萨拉姆的开放大学。所有提供高等教育的机构都属政府所有,隶属科学、技术与高等教育部管理。大学是半自治的组织,由坦桑尼亚总统任命的副校长负责管理学校事务。可是,它们的运行成本由政府补助。

3.2　学前教育

在1980年以前,学前教育机构由私立机构管理。各机构彼此间没有切实的合作,也没有明确的课程。现在3岁以下儿童的保育(日间托儿所)有了明确的政策规定,4~7岁儿童的教育(学前教育)也有了明确的规定。教育与文化部负责学校注册、培训教师,并予以督导和开放课程。课程包含各种各样的活动,如语言、数学、自然学习、艺术、音乐、体育教育、健康教育、良好行为教育以及品格培养。1991年在坦桑尼亚大陆地区有134所学前学校,而在桑吉巴则只有28所政府办的学前教育学校(教育与文化部1992)。

3.3 特殊教育

在1992年为残疾学生提供教育的教育机构(政府或非政府所有)有118所,其中100个这样的机构提供学前教育,其他则提供中等和学院水平的教育。这些学校中有一些学校只接受有特殊学习需要的学生。在这些学校里学习的学生由于有残疾而比较孤独。其他为残疾人提供教育的学校则是普通的寄宿或走读学校。多数身体残疾或患有皮肤色素缺乏症的学生可在普通学校接受教育。这样做是为了增加残疾学生和普通学生接触的机会,使这些残疾学生在自然的环境下茁壮成长。现在特殊教育发展的趋势是强调巡回教学课程而不是特殊学校。

为残疾学生提供教育的所有学校使用的教学大纲和教科书与普通学校是一样的。可是,前者要按照学生残疾的性质,通过额外的特殊设备和材料,教给学生课外学习的技能。要教盲人学生感应能力、用布莱叶盲文阅读和写作的能力、打字以及移动能力。全聋和有部分听力的学生除了学习普通学校科目外,还要学习讲话(手语)、唇读、听力训练以及学习农业、裁剪和木工。

与普通初等教育的控制和管理集中在地区政府一级相对照,特殊教育在部长和地区两个行政层次得到监督和控制。教育与文化部的总部内设有一个机构,它专门负责指导旨在提高特殊教育质量和扩展特殊教育的国内及国际活动。

3.4 职业、技术教育和商业教育

在坦桑尼亚,学生通常从接受初等教育就开始学习实用的生活技能。要求学生学习的技能课程包括农业知识、工艺技能、手工制作和商务知识等,这样他们在离开学校后就能成为有价值的雇员。中等学校的课程也要求学生至少学习一门职业科目,并可在学校中学习实际应用。这些科目有农业、工艺科目、家庭经济、商务和会计。学生掌握这些技能,走出学校后马上就能应用。学校在完成任何一个层次的教育之后都可以接受职业培训。有培训初等学校毕业生的职业学院/中心和机构,它们提供各种贸易培训。有些中心属教育与文化部初等教育司管理,而它们中的多数属劳工与社区发展部管理。还有一些由非政府组织管理。职业培训不是免费的。对政府管辖下的中心来说,学生要缴纳规定的学费;其他的机构则按每门课或学习的技能收费,费用的多少取决于市场对该项技能的需求情况。也有为完成初中或高中学习的妇女和男人们提供的职业培训,多数提供这一级培训的机构是由政府的各个部门负责。

能否进入这些机构学习取决于考试成绩、中等教育后工作的表现以及个人的偏好。由坦桑尼亚国家考试委员会颁发课程结业证书,这些证书有的是国家级的,有的是部级的。这些机构提供的课程没有中央控制,但其质量则由相应的各个部委控制。

技术教育在一些指定的学校从初中就开始。学生在初中毕业时,如果在相应的技术领域表现突出则可被选入技术学院或达雷斯萨拉姆工程系接受继续技术教育与培训。有时,还有很少的一部分学生在国外的大学继续学业。

技术学院的课程是由中央统一规定的,考试和证书都是全国性的。各技术学院由多个系组成。科目和行业包括电子学、电力、机械和结构工程、铅管工程、焊接、木工与铸造。

3.5 成人和非正规教育

成人扫盲教育的目的是帮助成年人(特别是农村地区的)获得解决如饥饿、无知以及包括营养不良在内的疾病的能力。成人扫盲活动包括在成人所在的社区为他们提供功能扫盲技能,其他技能包括简单的农业、农村建设技能,对他们进行健康教育、家庭经济和公民教育。

1968年开始以4个地区为试验基地进行成人扫盲活动,这4个地区是:玛若(Mara)、穆望扎(Mwanza)、尹杨嘎(Inyanga)和卡格若(Kagera)。1970年发起了一场全国性的扫盲运动。成人教育的目标是在创造一种观念意识的同时培养他们的技能。在改善大多数人口生活的农村地区的农业环境方面,这些技能将发挥工具性作用。

政府还组织了一些其他活动和项目。在1970年发起了名为“你的选择”的运动。这场运动强调决策与发展时实行参与式的民主。在功能性扫盲

方法的启发下，于 1972 ~ 1975 年发起了全国范围内的扫盲运动。在 1973 年举行了一场名为"健康人"运动，其主题是为了延年益寿而遵循健康的生活习惯，在 1974 年又举行了一场名为"农业即生活"运动。在这些运动中，向人们传递了许多重要的有关相应主题的技术信息。

成人扫盲班可主要分为三类：(a)教给成人读写算能力的班；(b)使已获技能得到保持的班；(c)以知识的应用与扩展为目的的班。

成人扫盲活动分 8 个阶段。1 ~ 4 阶段涉及不同类型的成人，按照读写以及运用或理解读写技能的能力划分的；5 ~ 8 阶段是为已接受完 1 ~ 4 阶段教育，但还有继续学习意愿的人提供的。不管是参与哪个阶段的学习他们都可免费获得图书和材料。

除了上述正规的活动外，在下列领域还提供成人教育服务的辅助活动：

(a)通过广播进行的教育，这种形式的教育与学习者保持每周一次联系。

(b)民间发展学院(FDCs)，开设为期 1 ~ 3 周的短期课程和最长时间为 2 年的长期课程，提供手工制作、家庭经济学和机械学教育。

(c)农村图书馆，大约覆盖 1/3 的乡村地区。

(d)农村报纸，在这个国家的 7 个地区都有发行，以低价向已具备读写算技能的成人教育学员出售。

教育与文化部成人教育司负责成人教育的管理和协调工作。除成人教育司外，还有一个成人教育学院，它是一个半自治的组织，以短期或长期课程、工厂实习、专题讨论会以及远程教育等形式为成年人提供继续教育，远程教育以函授为主。全国成立了一所开放大学，成人可以通过函授的形式获得大学教育。尽管没有任何明确的政策指导，但非正规教育在坦桑尼亚已存在了数年。可是，自 1961 年取得国家独立以来，在各种指导方针、声明、决议和教育政策中，成人教育活动的作用只得到了含糊的认同。

职业教育的校外课程可按照参加者的需要进行分类。这些包括有半科学定向的职业培训结构、汽车维修、传统的锡匠、钟表修理等等。例如：

(a)与销售业和社区服务有关的活动，如鱼贩、街道小贩等。

(b)小规模的农场经营，如蔬菜种植、家禽饲养和养猪等。

(c)职业定向的活动，如秘书服务与商业咨询服务。

(d)制衣、补鞋与手工。

(e)文化与娱乐活动。

这些活动的一个共同特征是它们都非常具体，并以顾客需要为导向。包括以下几类：

(a)与工业有关的活动，如小规模的工业活动。

(b)由非政府机构组织的活动，如一些教会组织，坦桑尼亚计划生育委员会和坦桑尼亚红十字会。

(c)由个人或私营公司组织的活动(如计算机销售公司、秘书服务公司和私营修车厂)。

职业教育活动的规模通常比较小，一般一次只有 10 ~ 60 名学生。其主要对象是小学毕业生、学校辍学的学生和想获得继续教育或一定技能的各种目标群体。个人要申请才能获准入学，并且多数活动要求学生具备基本的文化素养。有一些活动，学生要通过竞争性考试才能入学。各门课程由于目标各异其教学时数不同。大多数职前活动课程教学时数从 6 个月到 2 年不等。为已参加工作人员提供的提高其技能水平的课程教学时数从几天到 2 年不等。

对于多数活动，特别是非政府组织举办的活动来说，其资金主要来自自愿捐赠。私人所有的机构则要收取学费。除了政府负责的活动由政府组织人员配备外，其他机构的则自行解决。

4. 行政管理的结构与运行

教育与文化部长负责全国范围内所有教育计划的开发及实施工作，并且有一个咨询委员会协助部长完成工作。总秘书长是教育文化部的首席行政官。在总秘书的领导下，设有两个专员：教育专员是向部长提出有关教育政策和实践问题建议的主要顾问；文化专员就文化事务向部长提出建议，并负责协调从事文化与体育活动的各个司和单位的工作。

教育与文化部总部按不同的司组织起来:初等教育司、中等教育司、教师与成人教育司、教育规划司、教育行政管理司和人事司。其他的包括学校视察团、艺术、比赛与体育以及国家博物馆。还有负责国家文物和档案管理的单位。各个司由司长领导,他管理并协调相应水平教育机构的活动。初等与成人教育司的日常管理已实现分权化,行政上受地区行政部与当地政府的管辖。地区、学区教育官员是所在地区和学区教育与文化部的代表。

为将教育专家和专业人士分配到教育活动的设计、正确实施和评价等领域,并有效地发挥作用,教育部设立了独立的半政府性质的机构。课程开发研究所(ICD)负责开发教育内容和教学材料,而成人教育所(IAE)则确保成人扫盲活动与扫盲后教育活动的开发,坦桑尼亚国家考试委员会(NECTA)专门从事国家考试和证书的设计与管理工作。这些组织和教育与文化部专员办公室密切合作。其他半政府组织包括坦桑尼亚图书馆服务系统(TLS),它确保全国读者总数,促进学校图书馆的水平提高;坦桑尼亚伊尼木(Elimu)供应公司主要负责全国范围内的教材的分发工作。

大学和高等技术学院以前受教育与文化部领导,现在受科学、技术与高等教育部领导。

5. 教育财政

自独立以来,教育财政主要是中央政府的职责。但从20世纪80年代中期开始,要求家长和学校所有者负担一部分教育经费,以满足不断增长的教育成本需要。在20世纪70年代的多数年份里,政府用于教育的经费占其全年财政预算的20%。1980~1984年政府将财政预算的大约12%分配给教育。1984~1985年度以来,这一比例在4.8%~7.9%间徘徊。1990~1991年度为6.3%。

财政预算用于教育的比例下降部分应归因于成本分担政策。就学前教育而言,私人所有的幼儿园自行决定学费。政府所有的幼儿园尽管不需交费,但家长要负责饭菜和游戏材料费。在农村地区每个孩子每年的费用是400先令(0.9美元),城市地区是12 000先令(27美元)。在初等学校水平,政府要求父母每年要为每个孩子交纳200先令(0.5美元)的学习材料费。总的来说,初等教育的费用是非常低的。在1991年,每个学生的人均经费是3 200先令(7美元),而实际需求每生每年是17 000先令(39美元)。

在政府管理的走读中学学习的学生每生每年要交纳5 000先令(11.3美元),而寄宿学生要交纳8 000先令(18.13美元);在一所非政府组织管理的中学上学的学生要交纳30 000先令(69美元)至46 000先令(105美元)不等,要看他是在走读初中、高中还是寄宿初中、高中学习。

培训教师的费用和提供成人教育的费用都是中央政府的责任。

截至1991年,考试准备与管理、督导和改正费用都是由政府负担的。从那之后,除了初等学校的学生外,每一个参加全国性考试的学生都交纳小部分费用,以补贴考试材料费与考试管理成本。教育领域的开发项目严重依赖外部资助,多达75%的开发项目经费是由外部系统提供的。

6. 师资

教师培训是中央政府的职责。初等学校的实习教师主要从顺利完成初中教育的申请者中招募。在教师学院接受过2年的住宿培训,并成功完成课程的教师可成为A级教师。

与之相类似,高中毕业的申请者接受2年的培训就可被授予教育文凭,他们可在初中任教(中等教育的第一个阶段:即中等教育的1~4年)。

大学水平机构培训的教师可在中等教育的两个阶段或教师培训学院任教。能否接受教师培训要看未来候选人在毕业考试中取得的成绩和相应培训机构或学院中空缺的情况。每个教师培训机构都由一位教育与文化部任命的教育官员领导。任命的标准主要是学术水平、管理能力和领导能力,年龄也是要考虑的要素之一。教职员工配备和人事变动由相应的部门负责。教师纪律由学校/学院校长与学校/学院董事会共同处理。教师纪律也由教育与文化部总部和教师服务委员会负责。教师服务委员会还代表政府负责雇佣教师、提议教师晋升。学校/学院的校长没有解雇教师的权力。教育专员负责颁发教师证书与教师注册。

7. 课程开发与教学方法

在坦桑尼亚的大陆地区，课程开发所负责从幼儿园、普通学校、教师培训学院到初等后技术中心、特殊教育活动的课程开发。它通过由不同课程科目专门小组和课程委员会组成的系统网络进行运作。

课程科目专门小组审查各级教育各个具体科目的科目内容选择与组织问题，并建议教育专员批准学校采用。

在20世纪90年代早期，在教育与文化部的指导下，ICD提出了初等、中等和教师培训水平的课程设计变化方案。其重点是减少教师和学生容易掌握的科目的数量，改进教学方法。作为课程改革的一部分，还考虑到以下重要问题：

(a)旧课程存在的问题。

(b)父母、学生、教师和雇员的教育需求。

(c)教育研究成果。

(d)20世纪80年代全球课程改革的趋势。

(e)当代的教育理论与实践。

(f)在政府政策和申明中体现的教育哲学、目的与目标。

(g)在每个学校中要平衡理论内容与实际技能，使职业技能和生活技能多样化，给学生提供更广泛的课程选择，确定核心、必修选择以及以工作为指向的选择性课程。

为了使教师培训活动的课程更加明确、更加现代化，现在重点强调教育与教学原则、教育心理学与咨询、教学手段的学习，以此来提高教师的质量。

在1993年，ICD正在修订教学大纲、教学材料、设备和图表以及其他的视听辅助材料，而且为所有的教师接受新的内容和材料做了培训计划。

8. 考试、升级和证书制度

在每一级正规教育结束时都有一个终结性考试，它将决定学生能否接受更高阶段的教育，其中包括全国性的初等4年级和7年级考试。不能通过4年级考试并不意味着学生就要终止接受初等教育，但它为教育工作者提供了有关学生进步情况的信息。7年级考试是终结性的。不能升入中等教育学校的学生将加入劳动大军。

中等学校水平的考试有：国家标准2考试(9年级)；中等教育证书考试(CSEE)；中等教育高级证书考试(ACSEE)。后两种考试是终结性的。国家标准2考试提供了有关学习者进步情况的信息。

学习A级、B级和证书课程的受训者要参加教师证书考试。

9. 教育评价、评估和教育研究

教师根据学生的课堂表现、在自立活动中展现出的各种实践技能、对体力劳动的态度以及对社区活动的贡献等方面评估学生。但实际上，教师只能对学生掌握的知识进行评估。

选区、学区和地区水平的教育管理者，学校的校长，任课教师，坦桑尼亚考试委员会和督学团等都以各种方式参与教育评估。

学校督学负责评估各个科目的教学，教育机构的行政管理、财政管理和与这些机构的组织相关的其他问题。

在教育与文化部的总部设立了一个教育研究和开发的协调机构。它负责指导和支持不同类型小规模或大规模的研究行为。而且，它还为各种研究人员提供咨询服务，使研究活动更便利，并与其他机构一起组织或参与合作性的研究活动。它在向规划者反馈有关教育发展趋势的信息方面扮演着重要的角色，并以此影响教育政策的方向。

10. 20世纪八九十年代的主要改革

回顾20世纪80年代和90年代的教育政策可知，当时的主要教育改革包括以下几个方面：

(a)在1980年引入特殊教育学校检查服务项目。

(b)总统教育委员会面向2000年制定教育指导的首次尝试。

(c)1984年举办全国教育大会，讨论并采纳了1982年总统教育委员会报告中提出的建议。

(d)遵守国际儿童年的决议和建议，引入了一个早期儿童教育项目。这一项目是在1983～1985年实验的基础上发起，并继续得到小规模的发展，但期望在1993年能融入教育系统的主流。

(e)增加教育部门间的合作。自1985年以来健康和环境项目包括下面的活动:

儿童生存发展项目

学校伙食项目

艾滋病教育与预防

健康教育与环境卫生

家庭生活教育

(f)建立了一所开放大学以满足校外人口的需要,并于1988年任命了一个特别委员会。委员会负责进行需求评估调查并为行动提供建议。

(g)为了更有效处理科学与技术发展的关系,坦桑尼亚于1990年成立科学、技术与高等教育部;为了更现实地处理性别问题、妇女与儿童权益问题,成立了社区发展、妇女事务与儿童部。

(h)在1992年,根据技术变化的情况讨论了21世纪的教育制度问题,其最终目标是为坦桑尼亚大陆地区制定教育政策。

(i)修订课程并引进新的课程,包括科学与技术、环境教育、文化价值观、公民课程和社会研究。

(j)在联合国教科文组织的支持下,全国性的初等教育教师在职培训得到了继续。

(k)宗滴恩(Jomtien)全民教育大会召开后于1991年举行了一次全国性的教育大会。

(l)在坦桑尼亚,1991年开始了一项有关特殊教育需要的调查,以满足残疾人的要求。

(m)召开了一次全国性的特殊教育会议,其目的是扩展并改善教育以使残疾学生溶入普通学校。考察建立一所教师培训学院的可能性。

(n)1991年举行了一次有关早期儿童教育的专题研讨会。它是由教育与文化部和坦桑尼亚阿嘎可汗(Aga Khan)教育服务部门共同举办的。其目的是重振早期儿童教育并建立一个早期儿童教育的委员会。

(o)在南部非洲教育项目(EPSA)的支持下,全国性、亚地区性和地区性的教师在职培训的专题研讨会得到了澳大利亚政府的资助。

(p)通过政府的财政支持,举办了短期教师进修班和讨论会,以促进教师素质、技能和资格的提高。

(q)重建教育部,将它与文化融合,目的是通过改善教育促进文化发展。

11. 2000年面临的主要问题

随着2000年的临近,坦桑尼亚必须解决以下几个主要问题:

(a)消除剩余的文盲。

(b)确保所有学龄儿童能够享受完整的初等教育。

(c)提高基础教育的质量。

(d)强调科学与技术的重要性。

B. N. V. 伯塔(B. N. V. Buretta) 著

吴志兰 译

附录

Ministry of Education and Culture 1992 *National Report of the United Republic of Tanzania*. International Conference on Education, 43rd session, Geneva 1992. Ministry of Education and Culture, Dar es Salaam.

其他参考文献

Ministry of Education 1986 *National Report of the United Republic of Tanzania*. International Conference on Education, 40th Session Geneva 1986, Ministry of Education, Dar es Salaam

Ministry of Education 1989 *Education for All: Meeting Basic Learning Needs, to the Year 2000, Tanzania National Document*. Ministry of Education, Dar es Salaam

Ministry of Education 1990 *National Report of the United Republic of Tanzania*. International Conference on Education, 42nd session, Geneva 1990. Ministry of Education, Dar es Salaam

Ministry of Education and Culture 1992/1993 Budget speech. Ministry of Education and Culture, Dar es Salaam

多哥的教育制度(Togo: System of Education)

1. 基本背景

多哥共和国于1960年获得政治独立。它位于非洲西海岸，南临贝宁海湾，与加纳和贝宁接壤。其领土相对比较狭长，从东到西，宽只有 50 至 150 公里，从南到北，长 600 公里。1989 年其人口为 350 万，并且主要集中在南方。人口密度从南到北逐渐降低，北方人口相对分散。

尽管国家不大，但多哥的人口由 20 多个民族组成。然而大多数的民族彼此之间无法交流。在历史上，南方人很快就接受了（德国以及后来法国）传教士的教育，而北方人一直很抵制这种教育。截至 1992 年，从基础教育到高等教育所使用的官方语言一直是法语。在基础教育阶段也使用民族语言：南方使用埃维语，北方使用卡布列语。

由于受历史和地理因素的影响，教育存在一定的地区差别。表现为教育的数量差别（南方的入学率高于北方）和学校教育条件的差别（南方的平均班级规模比较大，而在北方乡村地区则要小得多）。

国家的社会经济特征影响教育的发展。就人口而言，估计 20 世纪 80 年代全国人口总增长率为 3.5%，预计 90 年代的人口增长率在 3.3% 左右。预期学龄人口在 1990 ~ 2000 年间将以 3.6% ~ 3.7% 的速度增长。15 岁以下的儿童人数与 15 至 65 岁的成年人人数相当，而且这种结构将至少持续到 2005 年。因此，人口负担非常沉重。

该国占主导地位的经济部门是第一产业，只有约 8% 的劳动人口在现代产业部门工作（1989 年为 70 000 人）。在现代部门中，公共服务和半公共组织又是主要的雇主。只有 21 000 人在私营部门工作（占现代部门工作人数的 30%）。从 1980 年开始，现代产业部门的就业率不断下降。公共服务和私人企业中分别有 20% 的人失去工作岗位。显然，在这种情况下，毕业生就业面临很大的困难。各级教育都有教师失业问题。

为克服这种萧条境况，政府从 20 世纪 90 年代早期开始制定计划对策。政府考虑引进经济私有化的因素和采取限制对生产企业的征税等政策与措施。然而，这些政策要在一定的时间之后才会奏效，而且创造新的工作岗位还需进一步的研究。此外，这些新的工作机会主要不是针对公共服务部门，其职业要求可能更低。

从 20 世纪 80 年代早期开始，多哥的国情特点（人口趋势、公共资源的可得性、经济部门对毕业生的需求）已经对其教育产生了重要的影响，在新的政策出台之前，这些国情还将在未来发挥作用。从 1992 年开始，政府已经在商议一项新的政策。

2. 教育政策与目标

与多数非洲国家一样，教育在多哥社会中扮演着举足轻重的角色。教育与政治形势之间存在着广泛的多元的关系。这种关系的表现之一是有关公众对教育的理解问题。教育通常被认为是促进社会流动的工具，同时也是人们参与现代生活的必要途径。这使得教育对多数人来说极具吸引力，但也使得部分人不愿意送子女上学。这种二元矛盾在决策者制定决策时表现尤其突出。有些决策者认为应将教育的目标与国家的现代化联系起来，而有的则认为教育应坚持满足地方需要的必要性。

另一种关系表现在语言的使用上。多哥是由多个不能彼此交流的民族构成的。在这种情况下，法语作为教学的官方语言发挥着特殊的作用。然而，法语被视为外来语言。所以在多哥一直存在着发展民族语言的争论。人们使用两种民族语言：南方使用埃维语，北方使用卡布列语。埃维语在南方被广泛使用，而卡布列语只是北方人所用多种语言中的一种。因此，人们并没有完全接受卡布列语。

教育与政治关系的第三种表现是：教师工会和高校学生在多哥是拥有重要发言权的两大团体，不仅影响着教育事务，也影响着本国的政治。但这种关系未必导致各级教育政策的平衡性发展，也未必导致下面的情形，即对那些没能入学的人们的需要做出公正的判断。

3. 正规教育体系

3.1 初等教育、中等教育和第三级教育

在第一次世界大战之前，德国传教士就已经在多哥开办了学校。第一次世界大战后，在法国的殖民统治下教育得到了一定的发展。直到独立时，学龄人口中实际的入学比率相当低，尤其缺乏接受过高等教育的大学毕业生。多哥正在尽一切努力，扩大国民受教育的机会，以培养国家发展所需要的合格劳动力。

与多数讲法语的国家一样,多哥的教育结构与法国的教育结构非常相似:小学6年,初中4年,高中3年。位于洛梅的贝宁大学和其他高等职业院校提供高等教育。表1列出了1989~1990年多哥学校结构的主要数量特征。

第一列表示初等教育各年级的入学率。学龄人口中只有76%的儿童进入小学1年级学习,并且只有58%的学生能升入6年级。由这两个数据得出,只有44%的学生能小学毕业。初中与高中教育的情况大致和初等教育相同:进入初中和高中1年级学习的学生有很大一部分中途辍学。

一方面由于财政紧缩的原因,另一方面由于人口的因素,入学率的增长速度还不足以使入学率保持在1980年的水平。就初等教育而言,净入学率下降了15%。1990年在初中注册的学生还不如10年前多。在1980~1985年间除高等教育外,各级教育的注册学生数明显减少,但1985~1990年期间这一趋势却发生了逆转。人们还不太清楚发生这种变化的原因,但教育正在恢复的事实是明显的。这种结果并不是通过增加教育资源获得的,而是通过减少生均经费取得的。1980年在多哥高等

表1　教育体系的主要量化指标[a](1989~1990)

	初等教育	初中教育	高中教育	高等教育
注册学生数	598 895	103 521	19 481	8 577
入学率(%)				
毛入学率	101	33	10	3
净入学率	63	21	6	–
生师比	58:1	35:1	22:1	31:1
学龄人口入学率(%)				
第一学年入学率	76	31	8	3
毕业率	44	16	4	1
完成率(%)	58	52	50	30
留级率(%)	35	32	n[a]	n[a]

a 此表的数据仅代表普通教育的情况。对职业教育而言,初中阶段仅有1 500名学生,高中阶段有4 400名教育机构中注册的学生为4 100人。到1990年注册学生数达到8 600人。这种学生人数的增长也是通过减少生均经费取得的。

在多哥不同性别间存在着明显的入学率与辍学率差别。有89%的男童进入小学1年级学习,而只有61%的女童能进入小学接受基础教育。并且,在接受基础教育期间女童的辍学率明显高于男童(男童和女童的毕业率分别为65%和33%)。在基础教育后的教育阶段,男童和女童的差别进一步加大。初中教育的最后一年,男孩和女孩的注册率分别为15%和6%;一年后,由于通过初中毕业证书考试的比例不同,在高中注册的女孩只占同龄人口的1.9%,男孩相应的比例则为6.8%。

父母所处的社会经济地位不同是造成教育差别的另一个原因。父母在现代产业部门工作的孩子比其他的孩子有更好的接受教育和进入更高层次的学校教育的机会。当涉及孩子能否坚持到小学毕业、能否升入初中时情况更是这样。以后,不同阶层间的差别进一步增加,但是差别表现最明显的时候是在小学。尽管人口只相当于总人口的

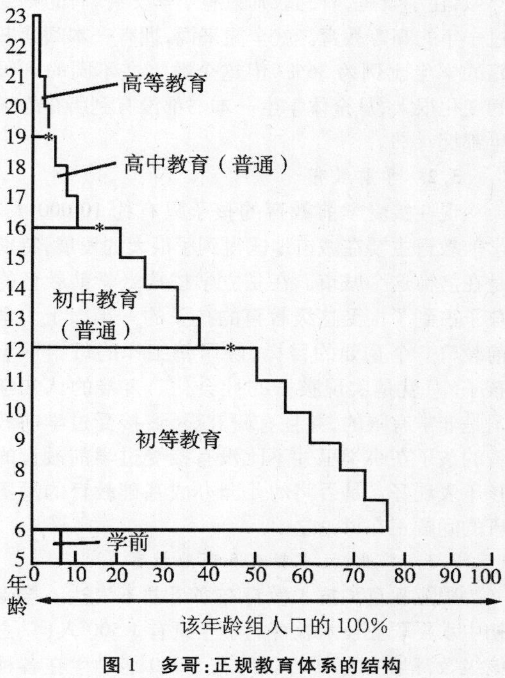

图1　多哥:正规教育体系的结构

8%，但在现代产业部门工作的人的孩子占到了接受基础教育的学生数的13%，占接受初中教育学生数的32%，占接受高中教育和高等教育学生数的37%。

城乡差别也同样存在。这种差别在一定程度上与社会经济地位有关。在马里迪米(Maritme)地区(拥有长期的教育开放的历史，而且人口稠密)净入学率达74%，而萨瓦纳(Savannah)地区只有30%，该地区对教育的需求较小，人口相对比较分散。地区内部也存在差别。例如在卡若(Kara)地区(卡拜尔语是这里的民族语言)，库扎哈(Kozah)省(卡拜尔语是人们使用的共同的语言)的净入学率达74%，而在巴萨尔省(Bassar)，净入学率只有40%，这里的人们使用当地的一种语言。

由于前面提到的辍学的问题，小学1年级的平均班级规模比小学6年级的要大得多。1986年小学的平均生师比为46:1，1年级的平均生师比为62:1，而6年级为24:1。即使就同一个年级而言，不同的学校在班级规模上也存在很大差异。比如，2年级的班级规模从15人到130人不等。与此相类似，在小学里，有的教师只有小学文凭，有的则受过一年的高等教育。就全国来说，拥有一本阅读书籍的学生比例为36%，但这个数字在不同的班级间变化很大，从全体学生一本书都没有到所有的学生都拥有书。

3.2 学前教育

现在接受学前教育的孩子只有约10 000人。学前教育主要在城市地区得到了很大的发展，特别是在洛梅这个城市。在私立学校接受学前教育的孩子占到了接受这级教育的孩子的一半以上。学前教育一个重要的目标(除了替工作的母亲照看孩子外)就是实现孩子的社会化。直接的认知学习是非常有限的，并且有研究显示：接受过学前教育的孩子在小学里并不比没有接受过学前教育的孩子表现好。是否将幼儿园办成基础教育的预备班的问题正在讨论之中。

3.3 职业、技术教育和商业教育

职业教育和技术教育在多哥并不发达。接受初中水平职业技术教育的学生只有1 500人(只占该级教育学生的2%)。约有5 000名学生在各种公立、私立的职业学校接受高中水平的职业教育，占接受该级教育学生的20%多一点。学习文秘和会计的学生占到接受职业技术教育学生总数的2/3，而学习机械、木工、金属加工、电工和其他专业的学生人数很少。对于受过普通教育的毕业生，其失业问题引起了政界的关注，政府开始优先发展职业教育，技术教育与培训部的成立是这一变化的最好说明。

与正规教育相平行，多哥有发达的学徒制教育。这与私营部门小企业和非正式部门的发展密切相关。这种弹性的学习制度好像与本国的需要非常合拍，因为这里存在真正的市场：雇主给予雇员在工作的同时接受培训的机会，个人为了能在今后更好地找到工作也愿意自费接受培训。

4. 行政管理的结构与运行

多哥的教育行政是中央集权制，所有的学校采用同样的课程。这一制度是在计划部的帮助下组织起来的。一般来讲，主要决策受政治争论的影响比受技术考虑的影响要大得多。

教育的行政结构由国家教育部(教学和规划)和地区教育部组成。地方的权力很有限，地区教育部主要扮演后勤角色。向各个学校分配教师和各种资源的决策是在国家一级统一做出的(尤其是中等教育水平)，这一过程还远谈不上完美，存在相当多的不一致。

全国范围的教学督导是由督导员和教学顾问管理的。他们依照课程和教学法控制教师与学校的教学活动。

5. 教育财政

在多哥，教育制度几乎全部由公共经费资助：在公立学校，尽管父母需交纳一定的费用，但只占总费用的很小的一部分。当然也存在私立学校：除了学前教育，私立学校占各级教育学校的比例均低于25%，而且主要由政府补贴资助。

在1990年，多哥将大约20%的政府财政资金拨给教育部门，相当于国家国民生产总值的5%，这一比例高于地区平均数(4%)。与撒哈拉南部讲法语的其他国家的平均水平相比，多哥的单位教

育成本要低得多。就初等教育而言,单位成本只相当于0.13个单位的人均国民生产总值,而与其相比较的其他国家的数字为0.19个单位。中等教育从总体上来说,估计多哥的单位成本相当于0.50个单位的人均国民生产总值,而讲法语的其他非洲国家则为0.90个单位。单位成本的计算主要看三个要素:生师比、教师的工资以及以资助或货币的形式给予学生的补助的数量。

就初等教育而言,多哥的生师比与讲法语的其他撒哈拉南部非洲国家相比要高得多(多哥为58:1,其他国家为47:1),而教师工资则低得多(多哥的教师工资平均是人均国民生产总值的5倍,其他国家则是6.5倍)。就中等教育而言,多哥的生师比是30:1(其他国家是27:1),教师的平均工资是人均国民生产总值的9倍(其他国家则为13倍)。奖学金占到拨给中等教育经费的6%,而与之相比较的国家这个数字则达到15%。就高等教育而言,与其他讲法语的非洲国家一样,奖学金占拨给这级教育资源的比例很高。这个比例高达50%,与其他讲法语的非洲国家(51%)比较差别很小,但比讲英语的非洲国家(23%)和亚洲低收入国家(7%)则高得多。

6. 师资

初等教育中,大约20%的教师是代课教师。他们没有接受过职前培训,通常连初中毕业证书都没有。56%的是"相对初级教师",他们通常有初中毕业证书,并且有一部分受过一年的职前教师培训(有的虽没有受过职前教师培训,但通过在职培训提高了其任教资格)。"相对高级教师"占24%,他们当中有的人拥有高中毕业证书并受过一年的职业培训,有的则有初中毕业证书并在教师进修学院学习过4年。

初中教育阶段,大约40%的教师是合格的小学教师,30%受过一年的高等教育,30%修完了"必修"的2年制的课程(DUEL或DUES)。在高中,大部分教师有任教许可证(3年的高等教育),被认为是合格的教师。

从1980年开始,无论是从事教学还是管理的各级教师的任职资格都较以前提高了:在初等教育任教的代课教师的比例从44%减少到20%,而"相对高级教师"的比例则从9%增加到24%。在初中任教的小学教师从75%减少到40%。人们倾向于从规范和教学的角度将这些变化视为质量的提高。可是,需要强调的是这种观点是从"输入"的角度来考虑教育质量的。但是,对于教育质量而言更为重要的是教育的"输出"情况。从"输出"角度考虑,学生的学习应放在质量的首位。

就基础教育而言,注意到的只是各类教师的教学效率,而没有考察各类教师对学生学习效果的影响。其实,人们发现,由"相对高级教师"和由"相对初级教师"教学效果没有什么差异。然而由于各类教师工资的差距约为30%,提高教师的资格所带来的变化与其说对学生的学习有积极的影响,不如说是增加了教育的成本。就初中教育而言,证明后者比前者更有效率,但与"真正"初中教师相比则没有差别。所以再一次证明了教师资格的提高对于成本的消极影响要比对学生学习的积极影响强得多。

7. 考试、升级和证书制度

年级复读现象(即留级)在多哥教育中特别普遍。就初等教育而言,留级的学生占35%。与之相比较,讲法语的撒哈拉南部非洲国家平均数字为24%,讲英语的对应国则只有10%。与此相似,多哥中等教育的留级率为32%,而与之相应的非洲国家分别是21%和2%。

督导员为其负责的学校提供统一考试,以使不同的学校在决定学生是否升级时有比较统一的要求。这种做法非常有效。可是,不同学校在决策时依然存在明显的不一致。能否升入下一个年级的决定是在班级水平上做出的。而能否获得某一级教育的证书(小学毕业证书、初中毕业证书和学士学位证书)以具备接受更高级教育的资格则要通过全国的考试来决定。

多数情况下,多哥学校教育进行的选择是在同一层次的教育内部进行的,而不是在各级教育衔接时进行的。因此,通过率比较低(只有66%的学生获得初中毕业证书),毕业考试起的作用非常有限。为了避免学生考试不及格,留级制度被广泛使用。所以,只要能成功坚持到最后一年,多数的学生都能最终取得毕业证书。

8. 教育评价、评估和教育研究

多哥既没有教育评估也没有教育研究。从输入的角度管理教育,没有根据督导员的直接和主观观察进行的对学生学习情况的实际评估。在20世纪80年代末,依照影响初等学校教育(2年级和5年级)学生成绩的因素进行了一次调查研究。在法国的学校中抽取一定的学生参加一项5年级的测试(在多哥督导员和教育家的帮助下设计的)。结果表明多哥的学生不及法国学校的学生。法语成绩差距特别大(多哥的平均标准差是1.3,比在法国学校学习的外国学生要低)。但是,数学成绩的差距非常有限,比法国学生只差一个标准差的0.8,比在法国学校学习的外国学生差一个标准差的0.5。研究表明:在法国留学的多哥学生在语法方面没有困难,较为困难的是处于法国的社会背景下的语言实践能力,这种语言能力基本上只有在校外才能学会及真正掌握。

9. 20世纪八九十年代的主要改革

曾经在1976年提出过一项主要的教育改革计划,当时,由于国际磷酸盐价格的上涨,使人们看好该国的宏观经济前景而设计的这个改革方案并没有实施。实际上,该项教育改革方案的实施受制于没有物质化的财政条件。在20世纪80年代,多哥的经济条件非常差,国民生产总值的增长不及人口的增长,更不及学龄人口的增长。因此,当时的教育政策非常保守。

在20世纪90年代初,伴随着政治的变化出现了许多社会问题。在这种环境下,多哥开始认真考虑改变其教育政策。目标是减少接受高等教育的学生人数(主要是学习人文和法律的学生人数),促进经济发展所需求的学科的发展。这些变化将有助于提高学习质量和增加毕业生的就业机会。与此同时,还将开发短期的职业课程以形成中级技术人才的流动规则,并且为学生提供实际技能以便于他们更好地进入劳动力市场(这对于不继续接受更高级教育的人更有帮助)。除此之外,为了实现教育的平等,多哥开始将优先发展权给予教育范围的拓展(尤其是女童教育)和提高初等教育的质量方面。

由于严格的财政限制,上述整个计划意味着必须追求高效益,可能还要让多余的财政资源流动起来。减少各个年级的留级人数被视为是节约成本的有效措施。其他有效的措施包括:运用复式教学法、雇佣"相对初级教师"而不是雇佣"相对高级教师",为所有接受初等教育的学生提供课本等。相关的讨论表明,人们希望外部捐赠参与到对重要部门调整的资助中,同时也希望国外的教育援助能更多的以优先发展的新领域为援助对象。

10. 2000年面临的主要问题

学生在教育系统内部流动的规则的问题是一个主要的、并难以解决的问题。每个层次的教育都被视为是通向更高层次教育的必经之路(各级教育所用的课程倾向于支持这一观点)。人们也倾向于认为只有高等教育才是教育的终端。因此,人们认为,在完成初等教育或初级中等教育之后就离开学校是对教育机会的浪费。由于相当一部分的毕业生正面临着失业问题,这有可能会降低家长对教育的信心。

A. 曼格特(A. Mingat) 著
吴志兰 译

附录

Cornavin R 1962 *Histoire du Togo*. Berger-Levrault, Paris

Dravie A, Dougna K 1991 *Coûts et financement de l'éducation au Togo*. Sigma-Etudes for DGPE/MEN, Lomé

Gbikpi-Benissan F, Dravie A, Gozo K, Nuakey Y 1991 *Adaptation du système éducatif à l'environnement socio-économique*. INSE, Lomé

Jarousse J P, Mingat A 1991 *Analyse des dotations à l'enseignement du second degreé*. DGPE/MEN, Lomé

Jarousse J P, Mingat A 1991 *Eléments pour une politique éducative nouvelle au Togo*. DGPE/MEN, Lomé

Jarousse J P, Mingat A 1992 *L'école primaire en Afrique: fonctionnement, qualité, produits: le cas du Togo.*

Cahier de l' IREDU no. 52, Dijon

Kudjoh A, Mingat A 1993 Towards a better understanding of the functioning of school systems for better decision making: the case of primary schools in Togo. In: Chapman D, Mählck L (eds.) 1993 *Strategies for Improving Educational Efficiency Through Better Use of Information*. IEEE, Paris

SOTED-IREDU 1991 *Amélioration de l'efficacité interne du système éducatif*. DGPE/MEN, Lomé

突尼斯的教育制度(Tunisia: System of Education)

1. 基本背景

突尼斯是北非国家,位于非洲大陆的最北端,在地中海的西流域和东流域之间。领土面积为162 155 平方公里。海岸线绵延 1 298 公里,与阿尔及利亚和利比亚接壤。突尼斯的地形以低地为主,境内最高点是舍阿奈比峰(Chambi: 海拔 1 544 米)。按照气候和地理位置可将突尼斯分成三个地区:北部地区多雨,土壤肥沃,人口也最为密集;中部地区以低地和高原为主,一直延伸到海滨地区;南部地区以沙漠为主,时而有绿洲点缀。

突尼斯的气候属于温带气候,平均温度在 12 月的 11.4 摄氏度和 7 月的 29.3 摄氏度之间。降雨量不均匀,主要集中在温季(占总降雨量的75%)。北部地区的平均降雨量在 1 500 毫米以上,而最南部地区则不足 150 毫米。北部高地有时还有降雪。

突尼斯最大的城市是突尼斯城(突尼斯的首都),斯法克斯(Sfax)、苏斯(Sousse)、加布斯(Gabes)、纳贝尔(Nabeul)、凯万(Kairouan)和比塞大(Bizerta)。1991 年突尼斯总人口为 820 万人,属中等人口国家,城市人口占总人口的 52%。近40%的人口在 15 岁以下,男性的平均寿命为 65.7岁,女性的平均寿命为 66.9 岁。人口密度在 1988 年是每平方公里 47 人。

突尼斯是一个公认有 3 000 多年历史的国家。古罗马人将它称为非洲,在后来,这个名字扩展为整个大陆的名字。建立于公元前 814 年的迦太基(非洲北部的古代都市国家)为了与罗马帝国竞争对地中海的统治权而不断地进行战争。公元前264 ~ 前 146 年爆发的布匿战争以迦太基城的彻底毁灭而结束。在罗马时代,突尼斯出现了史无前例的城市化和繁荣景象,成为罗马的谷仓。

在公元 7 世纪中期,突尼斯成为伊斯兰帝国的一部分,并且于公元 670 年建立了凯万城。直到 12 世纪,这个国家经历了一段和平和繁荣时期。后来,其东部海岸被诺曼底人占领。来自摩洛哥的一个王朝再次征服了这个国家,并于 1236 ~ 1574 年将突尼斯城据为首都。这一时期在现代社会学的开创者涂尔干那里以文化复兴的形式得到了最好体现。

16 世纪以西班牙和奥图曼帝国的争战为缘起,侯赛因·阿比 - 阿里(Hussein Ibn-Ali)于 1705 年宣布从突尼斯独立出来,他成为突尼斯第一位土著领袖。该王朝一直持续到 1957 年突尼斯共和国成立才退出历史舞台。

法国军队于 1881 年入侵了突尼斯。突尼斯土著领袖被迫签署了巴多(Bardo)条约,这样突尼斯就成了法国的一个"保护国"。很快,政治运动激起了人们反对法国占领的意识。20 世纪 30 年代中期,在"宪法党"的领导下,突尼斯于 1956 年取得独立。

突尼斯人民在 1957 年废黜了土著领袖,宣布成立共和国。1957 ~ 1987 年间突尼斯由其国父、共和国第一任总统哈比比·博尔归巴(Habib Bourguiba)领导。突尼斯在 1987 年进入了一个新时代,本·阿里(Zinel-Abidine Ben-Ali)总统宣布就职,突尼斯开始实行宪法领导下的总统制。

按照 1959 年制定、1987 年修订的宪法的规定,突尼斯是一个独立、拥有国家主权的共和国。其语言是阿拉伯语,宗教是伊斯兰教。

获得国家独立后不久,突尼斯就于 1956 年宣布了国家宪法,明确规定突尼斯现行的政治制度是总统领导下的行政、立法、司法三权分立的政治体制。立法机构由一个立法团体组成,这个机构在1976 年改称为人民代表大会,其 141 名代表是由普选产生的，任期为5年。行政机构由国家元首领导，也就是共和国的总统，任期为5年，可连任两次。他由领导国务院的总理辅佐。宪法规定，司法机关不受政府行政机关和立法机关的限制，完全独立的行使司法权。

突尼斯的经济以农业和旅游业为基础。尽管发展时间不长，但第三产业已位居国家经济生活的第三位。由于自然资源比较匮乏，所以，突尼斯决定依靠人力资源发展国家经济，并给予教育系统优先发展权。目前，大的公共部门的私有化要求建立私营企业。但这并不意味着政府就可以彻底放弃提供公共服务的责任。政府在诸如教育、医疗、交通等关键性的公共部门依然扮演着主要角色。为此，突尼斯正积极改革教育制度，以满足社会各个方面的发展需要。

2. 教育政策与目标

1958年，突尼斯通过颁布1958年教育法案，将全国的教育制度统一了起来。在殖民地时期，教育制度被分成了三个子系统：(a)哲东尼(Zeitouni)，传统的、古兰经式的；(b)殖民地，法语；(c)萨迪其(Sadiqi)，传统手段与现代效率的融合。在独立后，萨迪其教育制度成为统一的国民教育制度的模型，因为这种制度既有现代的教学手段，又根植于国家民族文化传统之中。由公共经费资助的这种教育制度对所有6岁的儿童开放。

在刚独立后的第一个10年里，突尼斯逐渐用自己的教师将法国教师替换下来，因为在突尼斯原来的教育系统中，法籍教师占多数。这样到1992年，与法国在教师领域的合作就被限制在高等教育的几个领域，主要是科学和技术专业。

从一定意义上说，1958年的教育改革是一场革命，这场改革为国家提供了科学技术人才，从而确保国家能在社会、智力、经济方面取得进步。这项改革由于官员总是更迭不定，而且他们经常又没有什么能力，使得政策的执行不时出现动摇，这样就使突尼斯的教育制度不久就失去了它光辉的一面，教育质量和数量都出现了滑坡。国家领袖博尔归巴在经历了很长时间的军事统治之后，开始感到年龄带来的压力，这时突尼斯出现了领导者缺乏的情况，这使得教育在20世纪70年代中期到1986年这段时间内几乎完全陷入蒙昧主义者之手。可是，1987年在经历了很长时间的优柔寡断之后，新总统开始领导突尼斯，并着手实施新政策。在这个新政策中，教育占据了中心地位，成为改革的矛头。

这个政策的目标是通过两条并进的途径实现国家的全面发展。这两条途径：一是民主化(政治多元化、全民参与、就所有与国家生活相关的问题扩大咨询)；二是知识。

1990年新教育法案通过，宣布教育是义务的，进一步强调了突尼斯教育制度中的民主因素。基础教育也由此开始。该法案第一条宣布，突尼斯教育制度在国家身份的框架内，它属于阿拉伯和穆斯林文明的范畴，其目标是：

(a)从儿童时期起就开始为孩子们提供教育，使他们掌握必要的知识，以增强他们的突尼斯民族身份意识；树立他们的公民意识；培养他们归属于马格里布、归属于阿拉伯世界和伊斯兰文化的意识；使他们对现代化和人类文明报有更开放的态度。

(b)教育青年忠实于突尼斯，效忠于突尼斯。

(c)使青年为这样的生活做好准备，这是一种决不允许任何形式的歧视和隔离存在的生活，无论性别、社会地位、种族和宗教信仰如何。

(d)为青年打好阿拉伯语基础，使他们能在学习、生产、社会科学以及科学技术方面使用这门语言。

(e)使学生至少学习一门外语，这样他们就能直接接触凝结着人类普适思想的作品、技术、科学理论以及价值观；他们就能更好地调控自身的发展，从而为国家文化发展做出贡献，为国家文化与人类文化的互动做出贡献。

(f)鼓励学生树立自己的个性，帮助他们早日成熟起来，成为有教养的人，有容忍精神和节制习惯的人。

(g)为提升学生的人格，发展他们的潜力作贡献。促进他们的素质和意志力的发展，使他们逐渐成为有教养的人，具备做出合理和审慎判断的能力，具有自信的态度以及在工作中发挥主动性和创造性的能力。

(h)努力实现各个学习主题的平衡，从而使科学、人文、技术、手工技能,以及认知、道德、情感、实际技能等方面的教育得到了强调。

(i)作为全面教育的一部分,为青年提供参加体育活动和运动的机会。

(j)通过各个层次的教育,培训青年,使他们为将来生活做好准备,这样,当他们离开学校后就能跟上迅速变化的现代环境,并为它的发展做出积极的贡献。

(k)培养青年对待工作的积极态度,培养他们的职业道德,使他们认识到劳动在人格养成,在保卫国家,以及在为人类文明做出贡献方面所起的作用。

(l)确保教育活动在国家的整个发展进步中发挥其作用,通过培养合格的、有能力的公民,来承担这种进步发展所带来的责任。

(m)通过教育制度各个阶段的培养,在课程和教学中,激发学生的公民意识和公民责任感。这样,在他们离开学校后,他们就成为国家的公民。他们就会知道,在一个以自由和责任相融合为基础的文明的、制度健全的社会里,权利与义务是不可分割的。

在一个为期两年的大会议结束时,突尼斯的教育系统被注入了新的动力。这个会议取得的成果已公布于众。突尼斯立法机关将会议所有观点进行了翻译,并达成了一项共识,首先递交给教育高级委员会(一个法律实体),然后交给了经济和社会委员会(一个立法实体)。

3. 正规教育体系

突尼斯现行教育制度正处在过渡期,旧制度正在逐渐被淘汰,新制度在1989~1990年开创后,正在逐渐被采用。这个改革要将学制从原来的6-(3-4)制,过渡到(6-3)-4制。也就是说,从原来的初等教育6年和中等教育7年分两个阶段(初级中等教育3年,高级中等教育4年的专业教育)的学制,转变为基础教育持续9年(初等教育6年,预备教育3年)和中等教育4年分两个阶段(2年普通教育,2年专业前教育)的学制。

学制的这种转变是由两个主要的因素决定的:一是人们对义务教育的需求在增长;另一个是人们认为在9年级就进行专业化太早了,因此要延迟到11年级。这样,中等教育的前2年就用来加强普通教育。与此同时,中等教育毕业资格的专业从现在的3个专业,又扩充了2个专业。它们是艺术、数学、科学、技术、经济学和管理。

3.1 初等教育、中等教育和第三级教育

基础教育为9年,属义务教育,由国家资助。因此,政府确保6~16岁的所有孩子都能接受基础教育,而他们的家庭不必为此承担费用。

基础教育可分成两个阶段。第一个阶段总共6年,其目标是使学生掌握获取知识的能力;具备读、写、算(也就是3Rs)能力;同时促进孩子大脑、智力、艺术感、体力潜质和身体潜质的发展;并努力灌输宗教教育和公民教育。这就是众所周知的初等教育阶段。

基础教育的第二个阶段持续3年,其目标是巩固学生在初等教育阶段所学的知识,增强学生的智力能力,并发展他们的动手能力。这就是众所周知的预备阶段。学生在基础教育结束时可获得一个基础教育毕生证书,能拿到这个证书的学生就可升入中等教育。

1991~1992学年,在初等教育和基础教育学校注册的学生数达到了6~13岁年龄组人口的87.8%,这个比率比上一学年略微高一点。女童大约占到注册学生总数的46%(城市地区为54%,农村地区为32%)。

表1反映了1989~1993年,基础教育和初等教育的发展情况。1992~1993学年,生师比为26.2:1,1990~1991学年则为27.8:1。

表1 1989~1993年初等教育的学校、学生、教室和教师数量

	1989~1990	1990~1991	1991~1992	1992~1993
学校	3 774	3 941	4 040	4 044
学生	1 369 476	1 398 119	1 417 803	1 432 112
教室	44 911	45 790	46 811	46 872
教师	46 077	50 280	53 652	54 740

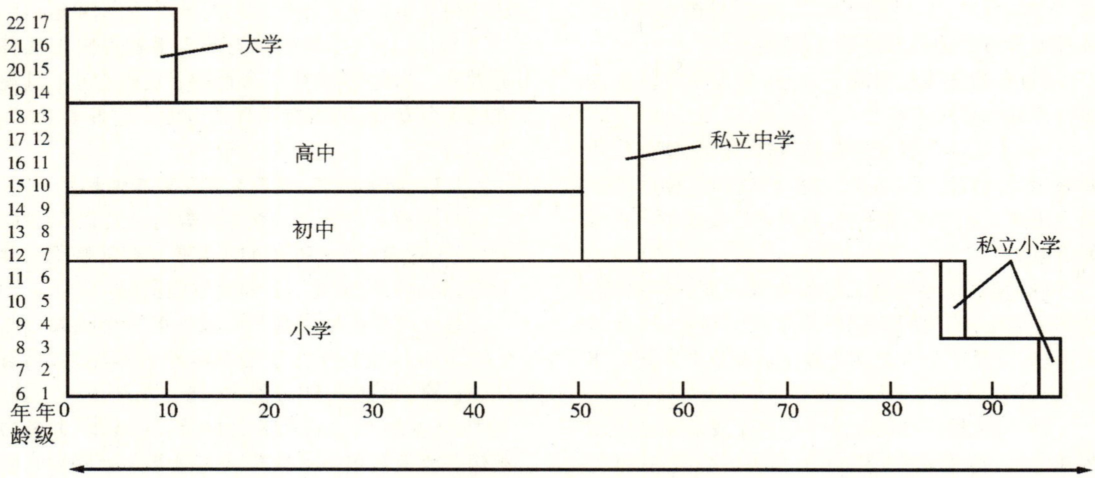

图 1　突尼斯:正规教育体系的结构

在过去的数年里,初等教育的效率有了很大提高,因为在初等教育结束时的通过率从 1990 年的 40.2%,提高到 1992 年的 57.8%。

中等教育可获得的统计数字都是有关旧学制的,而且这一学制还依然存在。可是,可将初级中等阶段的数据视为代表基础教育第二阶段——预备阶段的数据;高级中等阶段的数据可视为代表新中等教育制度的数据。表 2 列出了这些数据。

1991～1992 年有普通学校 599 所。如果将技术教育学校也计算在内,则学校总数就达到了 625 所,其中6所是"试验学校"。试验学校只限于招收在初等教育结束时非常出色的学生。设计这种学校的目的是,为学生在如下中等学习领域中提供选择的余地,这些学习领域包括科学与技术、艺术与人文以及体育。

表 2　1990～1993 年初级中等和高级中等教育的入学人数

	1990～1991	1991～1992	1992～1993
初级中等	299 498	308 126	342 305
高级中等			
普通教育	166 855	189 462	97 850
技术教育	27 990	20 318	11 877
合　　计	195 845	209 780	225 076

中等教育的生师比 1992～1993 学年是 21.6:1。在 336 所提供中等教育的学校中,私立初级中等学校 22 所,私立高级中等学校 28 所。

学生在中等教育结束时要参加毕业考试,也即大学入学考试。1992～1993 学年,大学入学考试科目包括数学、试验科学、数学与技术以及艺术。通过大学入学考试的学生可升入大学。1991 年的总通过率是 36.7%,1992 年则为 41.1%。

国家依照 1989 年教育法案管理高等教育。突尼斯的高等教育系统是由在 6 所大学里组织起来的 82 个公立高等教育学院组成的。这 6 所大学是:突尼斯艺术与人文大学(突尼斯第一大学),突尼斯科技医学大学(突尼斯第二大学),突尼斯法律、经济学与管理大学(突尼斯第三大学),艾兹图纳(Ezzitouna)大学(神学),中央大学(多科性大学),南方大学(多科性大学)。

高等教育面向所有具有大学本科入学证书或同等证书的学生。在一定的条件下,没有大学本科入学证书的学生也可升入大学。

尽管各种学习形式间存在很大差异,但突尼斯高等教育总体结构如下:

(a)技师、助理医师以及小学教师的短期培训(2~3年制)。

(b)可获得学士学位或实用工程学位的中期培训(4年制)。

(c)长期(4年制或更长)培训,开设的科目有医学、建筑、工程学等。

突尼斯重要学科科目开设了研究生课程,学制为2年,要求通过研究来撰写一篇毕业论文。

从20世纪70年代中期以来,高等教育发生了剧烈的变化。高等教育的机构数和在校学生数已经增长了4倍。20~24岁年龄组中升入大学的人数比率从1976年的3.58%,增长到1992年的9.39%。女大学生的比率正在提高,占到了学生总数的40%。在同一时期,教师的数量翻了3倍。在1991~1992学年,有教师4 941人。生师比是16:1。

高等教育的效率自20世纪80年代初期以来一直停滞不前。每100个在大学注册的学生当中,大约有40%~45%的学生能拿到第一个学位(2年制),或第二个学位(4年制或更长)。因此,毕业生的数量增长相对缓慢,1983~1993年间总增长率是43%。

高等教育是免费的,由公共部门资助;它的成本主要由政府开支负担。在20世纪80年代,高等教育的运作成本增长了3倍,因此政府的开支大大增加。如果加上资本开支,高等教育占到了政府开支总数的3~4%。以国民生产总值计算,这一比率在1%~1.3%间浮动。

3.2 学前教育

政府依照1990年教育法案管理学前教育,同时突尼斯整个的教育体制也是依照这个法案建立起来的。突尼斯政府成立了一个专门负责儿童事务的部门。除此之外,作为人权不可分割的一部分,突尼斯签署了国际儿童权利协议。

在青年与儿童部的监督下,突尼斯全国上下已经建立起了一个幼儿园网络。这些幼儿园有的是私人开办的,有的是由地方当局开办的(251所是由市政府建立的,164所由协会建立,315所由私人机构建立)。

1991~1992学年,在幼儿园注册的儿童有47 500多人,占3~6岁年龄组人口的5.5%。幼儿园共有教师1 899名,其中只有740人接受过专门专业培训。

学前教育的目标是为儿童提供教育环境,从而使他们的运动肌肉、语言能力、智力得到发展,并培养他们的社会角色意识。

3.3 特殊教育

为了满足最聪明学生的需要,中等教育系统建立了几所试验学校。另一方面,也给残疾儿童提供了一些特殊设施。20世纪80年代初期以来,试验学校的数量从2所增长到6所,并且这类学校在20世纪90年代还有望继续增加。它们适合精选的学生,这些学生以优异的成绩通过了初等学校毕业考试,或者是有希望学得更好的学生。已经成立的试验学校可能是普通学校,也可能是专业学校。在这些专业学校中,其中有一所学校的大多数课程是英语教学,还有一所专门提供体育教育和运动教育。

1989年人口普查显示,按照国际标准,突尼斯的残疾人口总数为53 500人。又可将这些人分成如下几类:盲人(有50%以上的盲人年龄在60岁以上);聋人(11 000名聋人中,有8 800人年龄在15岁以下);有运动障碍的残疾人,其中17%在15岁以下。

在突尼斯的教育系统中,教育与科学部已经采取了多项实际措施,确保为残疾学生提供充足而有效的教育。这些措施包括:

(a)与医疗当局密切合作,为残疾学生提供更多的预防性基础设施,并逐步普及。

(b)加强残疾人的权益保护,特别是在教育机构中,为他们提供接受初等教育和中等教育的平等机会,给予他们平等的待遇。

(c)增加初等学校和中等学校的班级数量。

(d)为教学人员建立联系途径。

(e)为学生提供直到法定就业年龄的教育机会。

(f)让专门给残疾学生上课的教师接受在职培训。

(g)在每个学校中组织个性化的训练活动。

(h)采取措施，以确保残疾学生享有参加全国性考试和竞争的平等机会(时间期限、条件等等)。

突尼斯特殊教育领域的总政策目标是将残疾学生融入到普通教育系统中去。已采取的措施是很多的，但仍然有很多方面还没有做到：

(a)满足残疾学生不断增长的需要。

(b)加强防御性措施，改善资源和服务。

(c)提供更多的融合班级或专门班级，与此同时，确保特殊教育更均匀的地理分布。

(d)改进教学材料。

(e)提高专门教师的质量和数量。

3.4 职业、技术教育和商业教育

越来越明显的是，如果在不受干扰的情况下，提供高质量的基础教育和初期的职业培训是年轻人进入职业生活和经济生活的先决条件。

两项改革的协同进行不仅考虑到对职业培训教育进行改革，而且，目标是加强这两个教育系统间的联系，使它们协同发展，逐渐过渡到使学生“再定位”而不是将他们“排除在外”的情况下。

就职业培训的目标而言，它必须为国家提供一套现代的制度，以改善年轻人的就业前景。在这种背景下的培训，一方面要为尽可能多的人培养技能，从而使他们有可能在迅速变化的就业市场上保持竞争力；另一方面要促使人们自己建立工作环境。

在第八个五年计划期间(1992～1997)，预计国民经济在农业部门之外，增加32万个工作机会。除此以外，考虑到新的人员需要和逐步改善技术能力的必要性，在这个五年计划执行期间，经济发展对合格人员的需求大约将达到22.7万人。其中14.5万人将在学校中接受培训，而其他的人则接受在岗培训。再者，职业培训中心将培训10万名熟练个人、2.7万名技师和1.3万名职员，以满足各个经济部门的需要。

3.5 成人和非正规教育

独立后，突尼斯为了扫除文盲，做了无数的努力。扫盲运动于1958年开始开展。在教育部的监督下，还专门成立了识字中心。1962年，扫盲运动的监督权传给了社会事务部，该部将扫盲运动扩大到突尼斯的多数省份。还建立了一个全国性的扫盲中心，以协调各地的扫盲运动，选择教学手段和教学材料。全国扫盲运动中心于1969年终止其职能，它的活动转由社会事务部下属的社会发展司负责。总的来说，这场扫盲运动取得了非常积极的成果。文盲率从1956年的84.7%下降到1989年的37.2%。可是，文盲(尤其是女性、农村人口)特别是年轻人当中存在的文盲，并没有彻底扫除。

1993年突尼斯将扫盲运动融入到社会教育活动中，这些社会教育活动包括：成人教育(有三个水平)；收容初等学校辍学的学生；在职业培训中进行文化教育。1990～1991学年，有4 457名学习者参加了这种教育活动(每1 000人中有2人)。女性占参加社会活动学习者的76%。这一活动有培训教师268名，他们覆盖了107个中心，此项活动接受各个部门、地方当局和各种其他组织的监督。

由于资源缺乏、覆盖率低以及毕业率低，使得突尼斯的文盲比率依然非常高，只有25%的学习者从这项扫盲课程中毕业。

1992年突尼斯政府制定了一个新的全国扫盲计划。这一计划的第一阶段(1992～1994)用于对需求进行主要评估。在这个阶段，专家将收集必要的数据，设计下一阶段的工作计划。新计划的第二个阶段(1994～1996)将是实施阶段。第三阶段和最后阶段将是评价阶段和后续活动阶段。

4. 行政管理的结构与运行

教育与科学部是负责教育的主要政府机构。可是，其他的部委在教育系统的各个阶段也发挥作用。农业部有它自己的中等学校和高等学校。卫生部控制着几所医学校和几所培养护士及其他医疗辅助人员的学校。社会事务部负责残疾人学校和高校。文化部负责音乐、戏剧和艺术方面的高等教育机构。在多数情况下，教育机构，特别是高等教育机构，要接受教育与科学部和相关部委的双重监督。由于绝大多数的教育活动接受教育与科学部的直接监督，所以，下面将讨论这个部的组织结构。

1992年11月，对教育与科学部的组织结构进

行了分析,将其权力扩大,现在它可对更多的教育机构进行监督。新结构确定由一个部负责三级教育:基础教育、中等教育和高等教育。可是,为了实际操作方便,这个部又分成了两个司:一个负责基础教育和中等教育,另一个负责高等教育。

部长委员会辅助部长工作:负责对呈递部长批准的所有事务进行集中处理和审查;传达部长的决定,并确保得到实施。委员会要将本部的一般活动通报部长。它同时还负责协调与其他政府机构,以及全国性组织的关系。

秘书长负责本部的日常管理,给予必要的激励,并协调部内的活动。它对各个部门,以及接受本部监督的机构进行的活动,负责确保其后续活动和协调工作。各个部门直接向秘书长汇报。它们是:人力资源(教育)、财政(教育)、法律事务(教育)、建筑物和采购(教育)、规划与统计(教育)、档案(教育)、人力资源(高等教育)、财政(高等教育)、规划与统计(高等教育)、法律事务(高等教育)、建筑物和采购(高等教育)、档案(高等教育)、方法与组织(教育和高等教育)。

基础教育和中等教育有中等教育、继续教育、考试、教育一般督导、初等教育、预备教育、私立教育、课程、文化活动和体育等行政部门。

高等教育有:普通高等教育部、普通项目部、项目与教育学部、学生事务部、高级技术学院部、高等教师培训学院部,还有一个国际合作部。

基础教育和中等教育由24个地区分支机构监督,它们对教育事务(财政、行政管理和教学)的日常管理有相当大的自治权。

过去的数年里,突尼斯的教育行政管理体制和监督体制在初等教育、中等教育与高等教育的彻底分裂,和它们的彻底融合之间摇摆不定。20世纪90年代初期所采用的是一种两者的妥协物,即由一位部长监督两个主要的部门,这两个部门位于不同的地理位置,并且其组织结构不同。这就需要增加各级教育间的协调工作,以及允许日常管理有相当的自治。

5. 教育财政

突尼斯自独立以来,一直将财政预算的大部分投入教育事业。这种持续努力解释了为什么突尼斯的各级教育能以罕见的速度发展。

1962~1971年,教育占国家财政预算的比例,以现金支出计算,从21.7%增长到34.5%;以资本支出计算则从6.7%增长到11.6%。教育开支在1960年占国民收入的4.7%,1968年则占到国民收入的10.5%。

1972~1981年,现金支出在经过1971年的34.5%创纪录比率后,开始降低,1975年降到28.1%,1978年则降到24.5%。1979年,由于不能轻易的削减工资和其他头目的支出,所以不得不削减管理开支和用于社会活动的开支。

1982~1991年,教育的现金开支平均每年以7.4%的速度在增长,教育部的财政预算有90%用到了给教师发工资上。在人口的压力下,在新学生不断涌入的情况下(中等教育增长了53.6%,高等教育增长了78.7%),资本投资比以前花费得更多了。

数十年以来,教育成本几乎全部由国家财政负担。家长的参与是非常少的,或根本就不存在。事实上,政府通过一套奖学金和补助服务制度,赞助和支持低收入家庭的学生。教育制度的主要目标之一就是教育民主化(覆盖面要尽可能广),尽管有迹象表明,家长现在通过给私立教育机构支付学费的形式,承担越来越多的教育开支,但教育民主化趋势在未来仍将继续。可是,教育经费是公共当局正认真考虑的一个问题,并且它还是20世纪90年代必然要仔细审查的问题之一。

6. 师资

在取得国家独立前夕,突尼斯教育系统的师资几乎全部由外籍教师担任,主要是法国人。随着学生数量和学校数量的增长,教师的数量也要有相应的增长。突尼斯为三级教育制度制定了一个教师培训政策。

在过去的数年里,初等学校的教师从中学毕业生中招募。为培训教师,建立了特殊中等学校,以尽可能快的速度培训师资,以满足初等学校对师资不断增长的需要。这些学校取得了令人羡慕的成绩,培训了成千上万的教师,但还是无法满足不断增长的需求。在20世纪80年代,初等学校不得不从大学肄业生中招募师资,以补充师资短缺。

伴随新的教育改革,初等教育师资培训在20世纪80年代末期,经历了一次重大的变化,建立了培养师资的高等教育机构。这种变化不仅涉及质量,还涉及数量。首先,这些机构开始从中学毕业证书持有者中招收学生,因此,把师资培养从中等水平提高到了专业化的高等教育水平。第二,这些机构培养的师资,每年为基础教育供应足够的教师,以满足需要和补充因教师退休出现的空位。这些机构颁发的资格证书成为要在初等教育系统担任教师的人必备的最低资格要求。

突尼斯现在正在采取很多措施,通过继续教育(远程教育)和现场培训,使现任教师接受在职培训。为了实现这一目标,教育与科学部为继续教育建立了一个新的专门组织机构。除此以外,突尼斯现在有一个教育与继续教育学院,满足初等教育和中等教育教师的需要。

高等教育的增长包括为中等学校系统培养师资。总的来说,突尼斯大学能为中学各个科目提供充足的合格师资。但是,有一些科目还是师资不足——特别是数学。

还应该注意的是除了一个机构外,中等学校的教师没有受过任何具体专门培训。他们通常是大学艺术类或理科的毕业生,没有受过任何专门的教师培训。由督学和教学顾问们组成的一个小组进行的现场培训弥补了他们在聘任前培训的不足。同时,还通过继续教育的形式为广大的不合格教师提供正规的再培训。

将初等教育教学人员从由外国人担任,转向由突尼斯人担任的活动办得非常的成功,而中等教育由于准备不充分,有时又有些蛊惑人心,所以其转向活动效果不让人乐观。突尼斯的新任教师无论在学科知识,还是教学能力方面,都没有接受足够的培训。事实上,他们当中很多人连从事教师这一行业所要求的大学学位都没有。而且他们也没有受过专门的教学法培训,从而不能以最有效的方式向学生传授知识。在1993年,中学里有的科目还由不合格教师担任。数学和法语的情况更是如此。这可说明为什么突尼斯中学系统自20世纪80年代初期以来,声望出现了降低现象。新的教育改革试图通过建立一个教师培训战略,尤其是教育科学方面的培训战略,以及通过将一定数量的研究生派往世界各地最知名的学习中心学习的方式,来补救上述情况。这项改革的目标是确保到2000年,教育系统中不再有不合格教师存在。

曾有一段时间,多数突尼斯高等教育的师资是由国外培养的,特别是在法国。这种情况主要适应于科学和技术类专业。到1993年,由突尼斯教授们提供的研究生教育,为突尼斯各所大学的各个专业领域提供了充足的、受过培训的师资。可是,政府依然致力于让学生在海外接受培训,特别是如果自己开设研究生教育成本效益不高的专业。

7. 课程开发与教学方法

在突尼斯,初等学校和中等学校的课程都是在中央(部)的水平上开发的,不论是公立,还是私立学校。

课程开发是在征求了专业人士和非专业人士的意见后进行的。一个教育改革高级委员会与各部门委员会和各专业委员会携手合作,进行课程开发。前者是按照学校中所教授的14个科目组织起来的。后者负责讨论教育中的技术性问题,如每周教学时间、假期、教学材料。

这些委员会的成员是由教师、督学、教育顾问,以及来自各种政治、经济、社会和文化组织的非专业人士构成的。这些委员会开发课程,教师提供咨询。采取措施,使教育和教科书中变得越来越严重的负面影响得到遏制,一旦新部长任命,就尽快改变课程。在以前,课程是部长一个人的专有决定,现在,教材是以一个集体的行为出版的,确保经过专业人士和有关非专业人士达成一致意见后,再版的教材能使用更长的时间。

以这些课程为基础,学校用书是通过由教育部组织的竞争,或者面向全体教师,或者通过指定的形式开发的,后两种方式尤其适用于时间太紧,或没有足够的合格教师的情况,因为在这两种情况下,竞争无法进行。教科书首先要接受一个委员会的审查。如果得到这个委员会的批准,它们就被授权可在学校中暂时使用。然后,教育部征求教师的意见,并组织讨论。教科书的最后定稿要将教师和专业人士建议的变化包含在内。这样开发的教科书也明确了要采用的教学法。从根本上说,突尼斯提倡教育对话和主动教学,使学生自己发现所学概念的意义。科学科目则采用理论和实践相结合的教学方法。

尽管在多数学校中,科学仪器不多,但通常能达到进行适当科学教学和技术教学所需的最少设备要求。可是,这是20世纪90年代要优先解决的问题之一。各级教育的各个科目都有教师指导用书。设计这些指导书的目的是帮助培训少的教师或个别教师,以最可能的方式行使他们的职能。

8. 考试、升级和证书制度

考试是教育系统评价过程不可分割的一部分。有两种考试:(a)在校长的监督下,由各个学校组织的学年期末考试;(b)由教育部组织的证书考试。在现在这种过渡时期,保留了两种全国性的考试,一是小学升中学考试,另一种是中学毕业考试,或大学入学考试。高等教育除了由各所大学自己组织的考试外,与上面同样类型的考试非常盛行。

开创6~16岁基础教育是义务教育的新教育改革,由此制定了相关政策,从而使学生更顺利地从小学升入预备学校。为了达到这一效果,将所有12岁的学生都要参加的竞争性考试剔除了出去,使其不再作为全国性考试。不久之后,学生从小学升预备学校将依据他们6年级的成绩,以及他们参加地区组织和监督的考试的成绩来决定。

基础教育系统将实行由中央统一组织和监督的证书考试,顺利取得这种证书的学生可升入中学。因此,有人认为这是一个主要过滤器,或是升学的一个主要障碍,其考试被推延了3年而已。这种考试是针对特定的学生群体,其年龄达到能够应付一项重大考试的成熟水平,而且达到这样年龄的学生即使不能通过考试,他们也能很容易、并且合法地进入就业市场。

中等教育毕业考试,即大学入学考试,依然是一个全国性的重要考试。人们将这个考试视为教育制度平等的保证,教育公平与正义的象征。

在突尼斯,各种类型的考试以20分制的平均分计算。学生获得平均分10分,就及格了。在有些情况下,平均分在9~10分的学生也可及格。为了保持教育的平衡,用权重来区别各个科目,从1分至3分不等。

在高等教育领域,各大学在同一科目的教学间提供尽可能少协调的趋势已经出现了。尽管这种协调并不一定导致统一的考试,但在一些领域,80%的课程科目已经统一化了,学生无论进入哪所学校,都能享受平等的教育,对此他们感到非常满意。这种转变促进了地区大学的发展。其余20%的科目由各个大学依据其环境和地区特点,单独决定。

9. 教育评价、评估和教育研究

1990年教育法案规定:教育制度、课程、教学手段必须接受地区评价,目的是确保教育水平能持续提高,能适应学习的进步,以及知识传递的效率,改善教学手段和提高教育产量。

这种评价是教育部工作人员通过调查、研讨会和专题讨论会的形式连续进行的,其中有教师、督学、教育顾问和教育研究者的参与。另一种评价是由突尼斯非教育部的专家或来自海外的专家进行的。还有就是由隶属于两个重要机关的大学研究者和学者进行的,这两个机关是:全国教育科学学院、研究与调查中心的教育科学部。通常,评价涉及下列教育活动:

(a)整个系统的功能适度情况。

(b)一定教育水平的课程适度情况。

(c)与科目问题有关的教学手段适度的问题。

(d)学生对课程的理解。

(e)各级教育内部,以及各级教育间学生的流动情况。

(f)各年龄组的入学率。

(g)学生的地区差异和性别差异。

(h)教育与就业市场的协调。

突尼斯的教育制度评价没有得到足够的重视,而且也没什么规律。上面列举的目标与其说是一个牢固确立的传统,不如说是一种新的选择。仅在1991~1992学年,教育部拟想了一个举办教育科学专家正规培训的项目。他们将在突尼斯和国外

接受培训，为突尼斯培养规划者、评价人员、培训人员和教育政策方面的专家等等。这一新的项目计划完善了以往由师范学校开设的培训课程，后者的目标显得不那么雄心勃勃。

10. 20世纪八九十年代的主要改革

在1958年教育法案通过主要教育改革计划，并在20世纪60年代实施之后，突尼斯的教育系统没有经历很多的停滞不前，而是经历了快速的、准备不充分的、经常是蛊惑人心的再定位。直到20世纪80年代后期，突尼斯一直没有拟出重大而成熟的改革，但到这时，仅对教育制度进行小修小补已经不够了。1987年制定的教育改革法案从1989年开始实施。这个教育改革法案的要点是：

(a)加强并扩展教育的民主化。

(b)实施6~16岁的义务基础教育。

(c)强调课外文化活动的重要性。

(d)使学生在各级教育之间，以及各级教育内部更顺畅地流动。

(e)尽可能使学生待在教育系统中。

(f)倾向教育的再定位，而不是排斥。

(g)提高各级教育的效率和产量。

(h)增加中等学校系统中优秀学校的数量。

(i)在高等教育中创造优秀学校（工程学校、实用高级技术学院）以使人才流失最小化。

(j)改善教育一就业市场的协调关系。

(k)使大学依据它的环境发展。

(l)通过学制更短更富终结性和弹性的高等技术教育，为不断崛起的工业提供充足的受过培训的技术人员。

(m)将小学教师的培养机构从中等教育水平提高到高等教育水平。

(n)为全体教学人员提供继续教育。

(o)加强高等教育机构间的合作（使至多80%的课程使用统一教材）。

(p)通过修订研究生课程，使高等教育有所创新。

(q)各个学校要更严格地实施课程。

(r)多数学校每年要增加一个月的教学时间。

(s)在学生中等教育结束时，为他们提供教师指导。

11. 2000年面临的主要问题

在20世纪90年代、2000年以及以后的时间里，突尼斯将面临很多重大的挑战，其中最重要的挑战与人口有关，尽管由于实施了合理的计划生育政策，使突尼斯的人口增长得到了控制。

截至2000年，学生数量有望翻一番，20~24岁年龄组中将有24%的人在学校接受教育。除此之外，这一发展将主要包括下列领域：科学与技术、法律、经济学、管理。为满足这些需要，制定了一个新的高等教育发展计划，在西北部和西南部地区建立两个大学中心。而且，突尼斯已经开始进行广泛改革，以提高高等教育的效率，满足国家对合格高级官员的需要。

在20世纪90年代，基础教育受人口增长的影响可能最小。因此，基础教育面临的主要是质量挑战，而不是数量挑战。政府在这个领域的目标是将6~12岁年龄组的教育覆盖率从1991年的89%，提高到1996年的95%；将6~15岁年龄组的教育覆盖率从1991年的79%，提高到1996年的87%。接下来的策略可能是通过处理教育失败的原因（贫困、距离等），使学生更顺利地从小学升入预备学校；以及通过再定位使学生学习终结性实用技能，通过这样的方式将不成功的学生保留在教育系统中。基础教育面临的另一个挑战是为所有的学校提供必要的设备和教学材料。

中等教育在20世纪90年代将不得不正视独立后婴儿爆炸带来的人口增长后果。它同时还要为更多的学生提供学习空间，这是因为制定了从小学更顺利升预备学校的政策，使要接受中等教育的学生数量提高了。预计在1991~1997年间接受中等教育的学生数将翻一番。这一剧烈扩张将要求提供更多受过培训的教师、建立新的学校，以及提供更多的设备。可是，人口增长率的降低将有可能减轻建立新学校的压力，因为婴儿爆炸潮流已经达到高峰，为此，到时可将一些小学改为中学。

婴儿爆炸人口效应对高等教育的影响将比对中等教育的影响更大。1991~2001年，接受高等教育的学生数量将有望翻一番。师资已经处于非常困难的境地的突尼斯大学，将不得不在师资培训方面采取空前的行动。

突尼斯已经制定了一个新的高等教育发展蓝图,以解决更多学生受高等教育的问题,使高等教育更贴近学生。20 世纪 90 年代,高等教育还要面临学生宿舍、餐厅和交通补助等方面的问题。要找到新的经费来源。现在的趋势是撤销奖学金制,而加强贷款制的实施。要鼓励私立部门的发展,它们对高等教育的兴趣才刚刚起步。很长时间以来,家长对教育资助的参与一直是一个禁忌性的问题,但现在也要拟想这方面的计划。

从质量上讲,突尼斯教育系统依然面临文盲、公民身份和现代化问题。6～16 岁的义务教育应该有助于降低该国的文盲率。可是,应该采取更多的必要措施,以避免受过学校教育的学生再次变为文盲。同时,尽管科学与技术非常重要,但它们不是教育的全部,所以突尼斯的学校还将不得不考虑如何培养学生,使他们成为国家的好公民,并教给他们在文明社会里生活的本领。最后,突尼斯还要求各级教育通过确立传统美德,以及正确建立对待现代文明价值观,如民主、人权和现代化的开放观念,避免出现愚民政策和教育狂热。

H. 本·贾巴尔(H. Ben Jaballah) 著
B. 拉米尼(B. Lamine)
吴志兰 译

附录

Abdessalem A 1975 *1875—1975 Sadiki et les Sadikiens*. Cerèsproductions, Tunis

Ben Jaballah H 1990 Rappot général des travaux de la Haute Commission de la Réforme du système éducatif. (Unpublished document) Ministère de l'Education et des Sciences, Tunis

Ben Jaballah H 1992 Réforme éducative et épopée des valeurs. *Le 7 novembre, la révolution paisible*

Ben Salem B 1991 *Enseignement Moderne et Politique d'Orientation Scolaire en Tunisie*. Tunis

Ben Salem L 1969 Démocratisation de l'enseignement en Tunisie: Essai d'analyse du milieu d'origine des étudiants tunisiens. *Revue Tunisienne des Sciences Sociales* 16:81—135

Bousnina M 1991 *Dévelopment Scolaire et Disparités Régionales*. Publications de l'Université Tunis I, Faculté des Sciences Humaines et Sociales, Tunis

Charfi M Réflexions et positions (Unpublished document). Ministère de l'Education et des Sciences, Tunis

Institut National des Sciences de l'Education 1991 *L' Evaluation dans le Domaine de l'Education*. L'Institut National des Sciences de l'Education, Tunis

Mahfoudh D, Dhahri N et al. 1976 Analyse critique des contenus des programmes scolaires de l'enseignement primaire eu égard aux objectifs définis par cet enseignement. *Revue Tunisienne des Sciences de l'Education* 2:67—117

Messaâdi M 1958 Les nouveaux fondements du système éducatif. *El Amal* (*l'Action*) 17 septembre p. 3

Ministère de l'Education et des Sciences 1992 *Statistiques de l'Enseignement, 1992*. Ministère de l'Education et des Sciences, Tunis

Tlili B 1974 *Les rapports culturels et idéologiques entre l'Orient et l'Occident, en Tunisie, au XIXème siècle (1830—1880)*. Publications de l'Université de Tunis, Tunis

乌干达的教育制度(Uganda: System of Education)

1. 基本背景

乌干达位于非洲中部,横跨赤道。领土总面积 241 139 平方公里,其中 17% 是沼泽地和水域面积;12% 是森林保留地和国家公园;剩下的土地中有不到 10% 的土地属可耕地。乌干达土壤肥沃,适宜耕作。该国有大面积的高草与乔木混合植被。同时还有浓密的自然森林,主要分布在西部地区。乌干达东北部(卡拉莫贾省)则多为半沙漠地带。

英国对乌干达的殖民统治从 1894 年开始,到 1962 年 10 月乌干达取得民族独立时止。乌干达继承了殖民地时期的教育制度。因此,志愿团体对它的教育有比较大的影响。

乌干达在几乎整个殖民地统治时期，非洲的教育在接受政府的一般指导下，几乎全部掌握在宗教性的“志愿团体”的手里。教堂教士协会（CMS）和白人神父协会的代表分别于1877年和1879年来到乌干达。他们主要是为了推动福音的传播。为了鼓励这一行为，文化教育被用于大力促进基督教的传播。伊斯兰教对乌干达教育的影响在1893年后加强。各个教会可根据它们各自不同，但又相矛盾的政策，享有开办和发展学校的完全自由。课程扩展到包括学术性、实践性和职业性的科目。

在20世纪20年代，菲尔普斯－斯托克斯（Phelps-Stokes）委员会报告（1924）发表，乌干达各项事业得到发展，与此同时，英国发表了有关热带非洲的教育白皮书（1925），这些重要因素使得政府意识到其应该在教育事业中扮演更积极的角色。由此，乌干达政府于1925年创立了教育部，负责教育政策的制定和指导。

成立教育部的目的是通过激发乌干达人的愿望和智力，创造一个教育政策，使它在更广阔的范围内满足保护国（英国）不断增长的繁荣需要。同时其目的还在于通过给予补助金和对学校工作进行检查与督导等手段，鼓励并促进教士的活动。教会与政府的合作帮助了教育系统把原来的“3Rs”课程扩展到包括很多其他科目。这一制度在独立前不断修改，但在独立后受到了很多批评。随着社会与经济环境的不断变化，这一制度更是引起了争论，改革势在必行。

1991年乌干达有人口1 660万，1980～1991年两次人口普查的增长率为2.5%。由于就业机会减少、国内战争、人口移往国外、艾滋病发病率增加等因素，使得这一比率与1969～1980年的2.8%相比有所下降。自1960年以来，乌干达的人口构成发生了很大变化：性别比从1969年的101.8下降到1991年的96.1；0～4岁儿童占人口的比例几乎达到了一半（48%）。因此，在乌干达就存在一个很高的人口依靠的比例，带来的影响就是社会服务（如教育、保健）的开支增长。有生产力的儿童和妇女总数占到了该国人口的一半多。这就使大量的教育优先权要赋予这些最脆弱的群体。

乌干达的农村和城市人口集中在维多利亚湖湾地带。全国多数咖啡、糖以及一些茶叶和牲畜、鱼、主要的粮食作物都盛产于这一地区。绝大多数人口生活在农村地区。如果将城市地区的人口视为2 000左右，那么实际上只有11%的人可划分为在城市中心居住。只有两个城镇——坎帕拉（乌干达的首都，其商业和工业中心）和津加（Jinja，一个工业中心），有城市的环境氛围。

20世纪50年代到60年代，卢旺达、扎伊尔和苏丹等邻国的政治动荡致使这些国家的很多人流亡到乌干达，加上保健设施的改善，使得乌干达在此期间的人口增长率达到了4.6%。由于生活标准的下降，以及死亡率的上升，使得70年代人口增长率下降到2.8%，到1991年则进一步下降到2.5%。人口的这种变化给教育带来了很多问题。人们越来越意识到教育有必要对人口的需要做出更积极的反应。人口增长率虽然在下降，但人们对教育的需求仍是巨大的，因为还有很多人没能享受到受教育的权利。

乌干达经济一直以来都是以农业为主，90%的人口以农业，或以农业为基础的工业为生。人口多在农村这一事实使得教育供应的主要领域应面向农村人口。但根据人人享有平等的受教育权的原则来分配教育资源，妇女和儿童将获得优先占有权（他们占人口的多数）。因此从总体上来看，农村人口无论从经济上，还是从教育上来说都处于不利地位。

其他需要劳动力并已得到发展的工业部门有：林业和渔业；采矿业和采石业；制造业；电力和水力；建筑业；批发零售业；餐馆宾馆业；交通、存储和电信业；金融业；保险和商业服务业；公共管理；教育服务以及其他的社会、社区和个人服务业。

与其他几个非洲发展中国家一样，乌干达也持续经受着缺乏高水平的技术人员的痛苦。这一问题已成为乌干达经济和社会发展的主要障碍。存在这一问题的主要原因是相应部门的工资很低，缺乏劳动力，以及这些部门的经济活动很少。国家的一般政治立场是应该提高教育的参与程度，增加对教育培训的需求；课程更多地应与国家的优先发展战略相关；个人应承担更多的教育扩张成本。现在的课程政策更强调实际技能、技术素养以及在团体中与他人合作的能力。

到1962年国家独立前，乌干达实行的一直是规模很小，但却高度集权的教育制度，这种状况一直持续到20世纪70年代早期。可是从70年代中期开始，由于政治动乱和经济衰退，这一制度开始解体。

到1971年，乌干达成为撒哈拉南部非洲国家中经济增长最快和最强劲的国家之一。1960～1970年的国内生产总值的年平均增长率为5%。因此，在这一时期，公共部门的就业率提高了42%；与此同时，私立部门的就业率也增长了23.5%。除此以外，城市中心区的社会和基础物质设施得到了充分的发展，从而为未来的经济增长奠定了基础。1971年当时的政府被推翻，这种增长模式也就宣告结束了。1972年乌干达驱除来自亚洲的商业阶层的企业家，这更加速了严重经济危机的爆发。经济被破坏，实体资本被忽视并迅速贬值，社会机构明显减少。

1972～1977年，整个国家和政府经历了一系列的政治危机。在此期间，乌干达的社会经济特征是雇员从公共部门转移到私营部门，从正规部门转移到非正规部门，这使得1972～1977年之间的国内生产总值只增长了0.5%。居高不下的通货膨胀率意味着实际工资大量缩水，从而又导致非充分就业率很高、生产力很低、工资收入很少。1979年解放战争期间发生的破坏又使经济进一步衰退。公共设施，包括学校在内，在战争期间更是遭受到了严重破坏。

随着1986年和平与政治稳定的恢复，政府最先采取的行动就是集中精力阻止经济的进一步恶化，并试图扭转经济衰退的形势。指导原则以制定宏观经济政策为基础，试图建立一种独立、统一和自给自足的经济。在1987年5月，一个由国际货币基金组织和世界银行支持的重要经济调整与发展项目启动了。得益于所采取的这些措施，乌干达的经济衰退趋势得到了遏制并扭转了过来，从1987年开始，国内生产总值每年都保持6%～7%的增长。尽管国内生产总值增长的比率提高了，但收支平衡继续经历困难时期，这主要是由不利的外部贸易环境和作为乌干达主要出口农作物的咖啡的价格降低造成的。债务负担和通货膨胀率依然很高。

2. 教育政策与目标

乌干达政府在教育财政、教育行政管理上发挥着主导性的作用，因此政府的教育政策就非常重要。乌干达历届政府都将教育的集权化视为是整个社会良性运转和经济增长的基础。自独立以来，历届政府制定的主要长期教育与培训目标是：

(a)使高速增长的学龄儿童中有更多的人能接受初等教育，直至初等教育普及为止；使每个公民都具备必要的基本技能和文化意识，以使他们能在动态的社会中度过圆满而富有成果的一生。

(b)提供各种类型和水平的充足人力资源，以满足乌干达不断扩展的经济对劳动力技能的需求。

各级教育作为乌干达社会文化进步与智力发展的一个因素所发挥的重要角色，越来越为人们所认可。因此，政府计划已经开始密切关注学校在社会经济发展中的作用。

国家的法律概述了教育部门和机构的宏观目标，并且在国家的主要经济和社会发展计划以及持续的国民发展计划与复兴项目当中也有所反映。从国家政策文件中呈现出来的基本教育目标和原则是：

(a) 塑造国家的统一与融合。

(b) 发展各个部门的民主机构和实践。

(c) 保证基本的人权，包括个人的人身安全权和财产权以及确保所有国民都遵守法律。

(d) 创造提升生活质量和自信心所必需的国民财富。

(e) 坚决维护国家的统一，坚持和保留爱国主义情感。

(f) 提高国民的道德与伦理观念。

(g) 促进公民间的博爱主义和合作意识。

这些宏观目标在各级教育当中重点有所不同。在教育的低级阶段更强调个人的发展和社会化；而从中等教育的高年级开始则更强调广阔的经济问题，以促进社会目标的实现。

3. 正规教育体系

3.1 初等教育、中等教育和第三级教育

图1是乌干达正规教育的学制图。表1则给

出了主要教育部门入学率和资源分配情况的统计数据。

乌干达的学制结构自独立以来基本上没有什么变化,反映了英国的传统。学制基本由 4 级组成。初等教育 7 年,接下来是 4 年的初级中等教育(UCE 或 O 级水平)和 2 年的高级中等教育(UACE 或 A 级水平)。大学教育要用 3 ~ 5 年才能完成。教育政策评价委员会(EPRC)报告建议把初等教育延长 1 年,初级中等教育减少 1 年。各级教育都不是义务的。

对各级教育的毕业生来说面临着几种选择。在顺利完成初等教育之后,毕业生可选择继续到中等学校求学,或到技术学校学习 3 年的工艺课程。

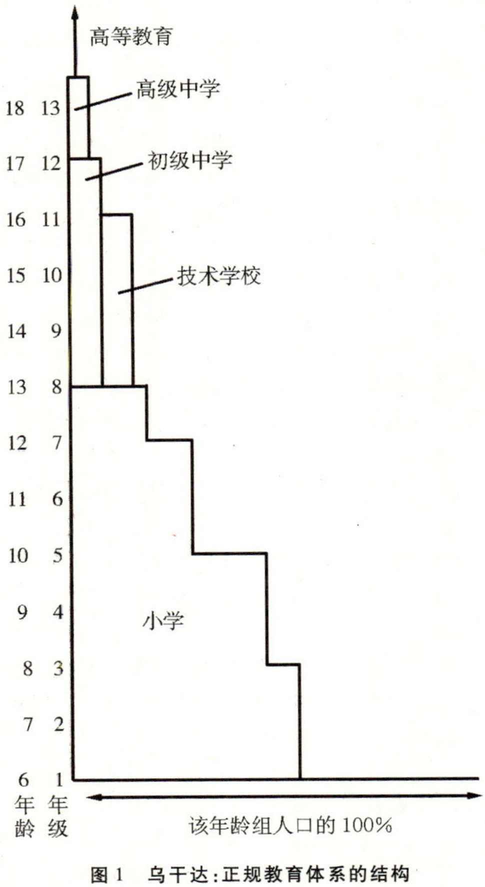

图 1　乌干达:正规教育体系的结构

可是,只有 25% 的初等学校毕业生能被吸收进这两种学校继续学习,绝大多数毕业生不得不进入劳动力市场。

对于顺利完成初级中等教育的毕业生来说,他们有四种选择:进入 UACE 继续学习;到技术学院学习 2 年制的高级工艺课程;或接受 III 级初等学校教师培训;参加一项政府部门的培训项目。UACE 毕业生可以升入大学,或到国家师范学院、乌干达商业学院、乌干达技术学院、国家商业研究学院、教师教育学院等机构学习高级课程。他们还可以进入政府部门的培训项目。大学毕业生不是进入政府部门,就是加入私人企业,而有很少的一部分毕业生继续接受研究生教育。他们在毕业后有可能到大学或其他高等教育机构任教,或从事研究工作。

尽管政治动荡和经济衰退,但在 20 世纪 80 年代教育事业还是得到了迅速的发展。面临政治的混乱,初等学校的数量增长是惊人的。这种增长是无序进行的,原因主要是几乎全部的学校是由当地社区举办的。在 80 年代,初等学校不仅在数量上翻了一番,而且学生数也翻了一番,到 1989 年学生数达到了 250 万。没有受过培训的教师数量的增长,刺激了这种教育扩张,也第一次表明在这一时期教育质量下降了。在教师数量翻了一番多的同时,没受过培训的教师比例也从 1980 年的 35% 上升到 1989 年的 48% 。

尽管初等学校的入学率增长比率超过了学龄人口的增长比率,但仍有很多初等学校的学龄人口不能接受学校教育。毛入学率从 1980 年的 50% 增长到 1989 年的 70% 。而净入学率就无从知晓了,据估计在 1989 年有大约 50% 的学龄孩子不能在初等学校接受教育。一些地区的毛入学率表明:6 ~ 12 岁的孩子中只有不到 1/10 的儿童在初等学校学习。低年级的辍学率大约是 8% ,这可能是由于家长不能再承担孩子继续求学的学费压力,以及家长感到继续将孩子送到缺乏效率的学校去求学而最终得不到什么回报造成的。从 1 年级到小学最后一个年级,这种情况不断恶化(在这期间辍学率增加,对女孩来说更是如此)。在进入小学 1 年级学习的学生中,只有32% 的学生能坚持到小学

表 1　1983～1991 年教育统计数据

	1983	1984	1985	1986	1987	1988	1989	1990	1991
机构数量									
初等学校	5 695	6 425	7 025	7 325	7 627	7 909	7 684	7 667	8 046
中等学校[a]	287	430	500	508	515	774	854	508	514
教师培训学院	55	68	73	73	92	94	68	n. a.	71
技术学校和学院	36	47	52	56	55	52	52	52	52
教师学院	4	4	10	10	10	10	10	10	10
乌干达技术学院	1	9	5	5	5	5	5	5	n. a.
乌干达商业学院	1	6	8	8	4	4	4	4	5
其他高等教育机构[b]	–	–	–	–	3	3	3	3	3
大学	1	1	1	1	1	2	3	3	3
教师、教授和讲师数									
初等学校	49 206	57 078	61 424	66 101	72 970	75 561	81 418	81 590	78 259
中等学校[a]	5 617	6 561	6 903	10 193	12 000	12 300	12 919	11 069	13 259
教师培训学院	558	743	906	1 105	1 105	1 429	1 429	n. a.	1 338
技术学校和学院	407	436	443	649	649	649	278	667	787
教师学院	138	151	163	176	276	276	331	234	548
乌干达技术学院	173	240	367	561	79	140	128	124	n. a.
乌干达商业学院	107	124	134	99	99	106	100	95	190
其他高等教育机构[b]	–	–	–	–	400	411	200	215	455
大学	369	390	435	485	558	558	573	579	579
入学率									
初等学校	1 730 299	1 930 698	2 117 000	2 203 824	2 307 800	2 416 800	2 532 800	2 281 590	2 539 549
中等学校[a]	117 087	144 527	159 702	196 010	224 375	238 111	238 467	223 498	235 245
教师培训学院	11 314	11 382	11 229	12 551	13 179	13 173	15 166	n. a.	15 980
技术学校和学院	4 995	6 079	6 932	6 491	6 548	6 556	3 804	8 094	8 579
师范学院[c]	1 175	1 670	1 650	1 674	1 412	1 819	3 008	3 464	4 178
乌干达技术学院	669	368	1 505	435	635	723	342	328	n. a.
乌干达商业学院	750	991	1 090	924	1 009	1 009	1 991	1 949	2 490
其他高等教育机构[b]	–	–	–	1 681	2 111	1 088	2 521	2 422	3 219
大学	4 854	5 042	5 271	5 390	5 533	5 405	5 405	5 746	7 468

资料来源:教育和体育部计划司,有些数据来自 1991 年的组织调查

a 1988 年和 1989 年的数据包括私立学校

b 肯雅穆博格(Kyambogo)的师范学院、乌干达技术学院以及那卡瓦(Nakawa)的国家商业学院

c 包括服务和普通招生

毕业，可算得上接受了基础教育。

初级中等教育的规模要小得多，但按比例来说增长的速度却更快。这些学校的数量增长了4倍，入学率增长了227%之多。从官方公布的数字可知：教学力量增长了260%，而生师比略有下降，从23:1到各地区平均为28:1。在顺利完成初等教育的学生中，只有大约25%的学生能通过O级水平考试（相当于人口的5%）；在这些学生中，又只有20%（相当于人口的1%）的人能通过A级水平考试。这些令人沮丧的统计数字反映的只是全国的平均水平，对于那些弱势群体，如女性、移民、游牧部落少数民族、穷人、孤儿以及残疾人来说，其内部效率就更低了。同时还存在明显的地区差距。在地区这一层次上，对差异的分析表明，地区间有代表性的差异指数超过5:1，因而，人们认为各个亚地区间的差异就更显著了。

同样的分析表明进入小学1年级学习的学生中，男孩完成4年初级中等教育的概率是女孩的2倍；这些男孩继续接受高级中等教育的人数比率几乎是女孩的3倍。这种状况从1年级直到基础教育结束在不断恶化。随着孩子们接受教育年限的增长，辍学率在不断提高，对女孩来说更是如此。女孩在初等学校的保留率比男孩要低得多。尽管还没有对辍学的类型进行详细研究，但很明显的是：开始中等学校学习的女孩人数只占学生总数的大约1/3（39%），而在小学1年级时女孩与男孩的人数是基本相当的（46%）。

女孩处于不利地位主要是因为经济更强调使男孩接受教育。在刚过去的时期，社区也认为女孩应该待在家里。这是由长期以来形成的社会和文化观念造成的。除此以外，各社区存在的大量贫困现象也使人们认为让男孩受教育更有益。通常是男孩得到优待，继续接受教育，而女孩则早早出嫁去照顾家庭。这种状况在农村地区更普遍。可是，人们正在改变这种状况，并且已经出现了一些态度变化。同时经过审慎考虑，出台了一个政策，特别是马克埃雷大学，给每个有资格接受高等教育的女孩加1.5分，以使她们在升入大学时更具竞争力。这一政策使校园的女学生数有所提高。

尽管平均入学率在持续增长，但城市地区的学校已非常拥挤，而在多数农村地区学校里，入学率依然非常低。农村地区极度贫困，多数人还没有意识到教育的价值。因此，在农村地区，有大量的学龄儿童没有进入学校学习。还有一个原因就是农村地区的学校非常少。

数十年来，马克埃雷大学是乌干达唯一的一所大学，但现在乌干达已拥有了4所规模较小的大学。这些包括乌干达第二所公立大学——乌干达西部的马克埃雷科学技术大学；私立的伊斯兰大学（由一个国际组织——伊斯兰会议组织赞助）；私立的乌干达胜战者大学，由天主教教堂赞助；以及东非基督教大学。这些私立大学主要开设教学成本相对较低的学位课程，如：教育、商务、护士和宗教研究。在乌干达还有很多其他第三级教育机构，它们的存在有助于扩大年轻人享受高等教育的机会。1991年马克埃雷大学的学生占到了公立大学注册学生总数的98%，相当于大学学生总数的95%。

估计残疾儿童占总人口的10%，但乌干达只有61所特殊学校，每个学校的平均注册人数为120人。特殊教育机构缺少充足的设施、必要的交通条件，教学材料更是缺少。

3.2 学前教育

乌干达的学前教育全然不受政府控制。学前教育活动是由有经济实力的个人和志愿团体提供的，几乎全部实行商业运营。这些个人和团体甚至还建立了寄宿制的学前教育机构。这就导致课程内容与质量、教学手段、设施、入学年龄、教师质量、学校收费等方面出现了令人不满意的趋势，最后甚至出现了违背儿童发展教学原则和社会心理原则的事。所以，政府不鼓励为正常儿童和贫困儿童建立、运营寄宿制的学前教育机构。政府已经同意对学前教育的质量行使部分控制权，并承担一定的责任，但即使这样，学前教育依然主要由私立部门负责运转。

3.3 特殊教育

特殊教育活动是为身体、智力或情感方面有障碍的学生举办的。尽管政府没有为特殊教育承担足够的责任，但志愿组织在支持特殊教育发展方面做出了非常有价值的贡献。政府支持特殊教育活动的开展，即专门为诸如聋人、盲人和有智力障碍的残疾人(身体、感觉以及智力功能缺陷的人)设计的教育。

政府已经意识到特殊教育机构不但资源缺乏，而且还面临缺少持久、直接收入来源的问题。因此，政府准备给所有特殊教育机构提供足够的支持，以使它们能够更有效、更有益地运转。

3.4 职业、技术教育和商业教育

乌干达的工业基础非常薄弱，并且很久以来工业部门在雇员培训方面发挥的作用非常有限。将教育与劳动力市场联系起来的需要越来越迫切，所以，对职业教育、技术教育和商务教育的供应越来越关注。自取得国家独立以来，许多中等学校不断拓宽课程，试图通过这样做来使其与职业需要更相关。与之相类似，对职业教育抱有偏见的第三级教育也增加了它的类型和层次，对于劳动力市场急需的专业领域，增加其学生人数，如会计、技术、商务、市场营销以及计算机。

这种类型的教育是在正规教育系统内部提供的，没有明确的政策规定哪些学生该参加职业教育，学生可自由选择，根据入学要求决定能否入学。乌干达对职业、技术和商业教育的不断强调对教育与工业界的未来关系产生了深刻的影响。

3.5 成人和非正规教育

乌干达举办成人教育和非正规教育的主要目的是促进年轻人和成人的个人发展，使他们做好扮演适当的经济和社会角色的准备。总体目标是改善个人和整个社会的质量。

教堂、地方识字协会和地方政府部提供读、写、算基础教育。尽管1964~1965年的成人识字运动收效甚微，但政府还是计划重新开展此项运动。

职业技术教育和职业培训由政府、基督教青年妇女协会、基督教男青年协会、贸易协会和教堂等部门实施。至于公民教育、政治教育和社区参与意识教育，则由政府、马克埃雷大学继续教育中心、基督教青年妇女协会、基督教男青年协会、贸易协会及执政党的乌干达人民议会来负责。

为成人提供正规课程的一些机构的工作是非常有益的。那卡瓦职业学校位于坎帕拉。该学校开设为期3个月的全日制课程，其课程内容包括动力机械设备、电器安装、电器设备和工业工程等。该学校还为完成2年中学课程的16岁青年提供6个月的全日制课程。位于肯雅穆博格的国家师范学院、教师教育学院和马克埃雷大学都开设了成人继续教育课程。通过这些课程，成人可获得继续教育。获得反映全国成人教育和非正规教育的数字是非常麻烦的事情。政府已经决定建立一个机构，由这个机构负责协调成人教育和非正规教育，并且希望它能够方便全国数据的收集。

4. 行政管理的结构与运行

乌干达的教育行政制度实行中央集权制，由教育与体育部全权负责。教育的行政管理由教育委员负责。除此之外，还存在几个半自治的机构，包括教师服务委员会(TSC)，这是一个法定的人事管理机构，就教师任命、认可、晋升以及教师纪律等有关事务向总统提出建议；乌干达全国考试委员会(UNEB)负责进行各种公共考试；乌干达全国课程开发中心(NCDC)负责课程开发。

尽管历史上教育与体育部发挥了很强的中心角色，但财政、交流和人员已经降低了中央在学区运作和学校运作方面的控制权。这种分权对初等教育影响很大。在初等教育领域，由校长和学校管理委员会负责学校的运作与管理，尽管教育与体育部派代表参加学校管理委员会，但它对学校的管理工作影响非常有限。学校管理委员会由校长任秘书，负责监督学校政策的制定与执行。它的活动包括监督学校财政预算、评估教育效果、检查学生和教师的纪律执行情况，以及为学校设施的扩展和修缮制定计划。

在中等学校由管理委员会负责政策的制定与执行。不幸的是，在多数情况下政策制定是为非教学目的筹集经费。

督学团是教育与体育部的主要助手，它负责监督教育系统的表现情况，包括就提高教育质量的事宜向教育与体育部提出建议。督学团由教育(督学)委员领导。它应该与NCDC和UNEB合作，以确保既定的教育标准得到了遵守。在地区水平，每个地区由一个地区学校督学团领导，它的人员当中至少要有一位高级学校督学，地区学校督学和一两名辅助督学。他们都要负责按正常程序考查学校。

可是，由于缺少交通工具、士气低下、缺乏培训以及工作人员短缺等原因使得督学团不能很好地行使上述职能。

在高等教育部门，各机构由委员会负责运行，在一些情况下，由校长委员会负责，它们的实际权力更大。自 20 世纪 80 年代以来，人们已经意识到有必要重组和改进教育制度。现存的行政管理体制在行使其职能时，已经变得缺乏效率和效益了。乌干达的教育制度正在经受着一系列彼此相关的缺陷的困扰，如士气低下的员工、多数职位没有指导方针和工作描述、决策制度的耽搁以及由此引起的低质量。因此，需要采取果断的措施，特别是鉴于要建立一个强有力的行政管理体制更应采取果断措施，从而使政府已认可的，由教育政策评价委员会提出的各种建议执行得到规划和管理。实际上，在乌干达出现了一种非常强烈的分权化趋势，即将大部分的教育管理、规划和行政权下放给基层。

5. 教育财政

政府是教育资源的主要提供者，但是 20 世纪 70 年代以来的经济衰退严重影响了教育财政。尽管教育在进行量的扩张，但教育部门已经受到了严峻的资源限制。

周期性财政预算和发展性财政预算都从 20 世纪 70 年代早期的 25%，下降到 1990 ~ 1991 年的 10%。在 20 世纪 80 年代，教育经费占周期性财政预算的比例几乎减少了 50%，总资源和设施整体水平也大幅度降低。实际上，1988 ~ 1989 年的教育预算只相当于 1970 ~ 1971 年预算的 71%。按人均计算，实际开支减少到 1970 年的 13%。经济战的持续影响、实际财政预算连年降低，再加上入学人数量的扩张使得每所学校和每个学生得到的资源非常有限，各级教育结构严重空虚，教师的工资非常低。教育部门在 1991 ~ 1992 年得到了周期性财政预算的 17.76%，发展性财政预算的 7.87%。这一比例与 1990 ~ 1991 年比基本没什么变化。发展性财政预算的整体增长意味着为教育部门开展开发性活动增加了 23% 的实际经费。

政府负责接受第三级教育学生的所有住宿、旅游以及其他生活开支；中等教育相当多的住宿开支是政府以按人头计算的奖学金形式支付的。由此可知，稀缺的财政资源很多不是用于教学目的上，致使非常重要的教学成本开支没有得到满足，初等教育的情况更是如此。

教师的工资待遇极其差。因此，许多教师被迫无奈不得不寻找兼职工作以补贴收入，这样就给学校教学带来了非常坏的影响。学校中资格不够或没受过培训的教师所占比例非常高。

由于来自政府的财政资源不断减少，这样就出现了一种形势，即家长不得不更多承担子女接受初等教育和中等教育的费用。这样筹集上来的钱已经开始用于补贴教工工资、购买教育材料，甚至用于建造教室和教工宿舍。对于没有能力从经费上给予学校帮助的家长，家长—教师委员会不得不让其子女退学，而且经济落后地区的教育发展也大不如其他地区。所有这些都在增加并加深教育机会的不平等，因此阻碍了国家整体的社会发展。

家长对第三级教育也要承担责任，这是通过成本分担政策以及大学招收自费生实现的。私立学校和学院的财政经费来源于私人以及学生学费和税收。事实上，各级教育的所有自费生都要达到学费要求和其他税收要求。

6. 师资

1987 年乌干达公务员部门雇佣了 289 528 人，其中 57% 是固定人员，47% 是团体雇员。1989 年的全国人力资源调查揭示了教育部门人力资源短缺的具体数字，强调指出存在很大的人员缺口。这份调查指出：在 1989 年，教育/培训机构只雇用到了 52% 所需教学人员。出现最多空缺职位的是政府教育/培训机构，在这里有高达 48% 的固定岗位是空缺的。这种严峻的形势和经费缺乏问题共同困扰着乌干达教育系统。然而自 1989 年以来，这种形势并没有出现多大改观。

乌干达的教师培训有三个水平，它们是：各个大学和肯雅穆博格师范学院（ITEK）；全国教师学院（NTCs）；III 级小学教师学院。小学学生在升入中等学校时，即小学高年级的学生，他们的教师来自 NTCs、大学以及 ITEK（1987 年以来）。有志成为初等学校教师的中学毕业生到 III 级小学教师学院接受培训。小学教师学院的教师是大学教育学院、ITEK 和 NTCs 培养的毕业生,与 NTCs 毕业生不同的是,这些毕业生可到大学和 ITEK 任教或继续研究生的学习。通过其他途径,一些教师和教师教育者成为教育系统的管理者、行政人员和督学。为了改善教育质量,特别是初等学校的质量,从 20 世纪 90 年代早期乌干达就已经开始对教师教育进行改革。

7. 课程开发与教学方法

在乌干达全国实行共同课程,包括英语、数学、物理、化学、生物、历史和地理。每门课的内容和范围由中央统一规定。小学开设的大多数课程由一位普通教师讲授,但学生在升入高年级时,这些课程就开始由专门教师讲授;而在中学由各个科目专家任教师。中学为所有乌干达证书水平的学生开设了范围很广的选修课;而在 A 级水平则开始出现明确的科学或艺术专业,以为学生接受第三级教育作准备。

国家课程开发中心承担为整个国家的学校系统开发课程的法定责任。它所有的工作由一个课程委员会进行。这个委员会由教师以及考试委员会、教师教育机构、大学和督学团的代表组成。这个委员会在国家课程开发中心的支持下,制订各个年级的科目教学大纲,编写教科书(或其他材料)和教师指南,并对试验、修订和印刷工作负责。所有的教学大纲要经过全国教育会议或教育政策评估委员会审定。这样做主要是为了确保课程与经济、社会以及政治相关联。

在修订和印刷之后,每个科目或年级的教材,或多个科目、多个年级的教材,在教育与体育部督学团的监督下开始使用。

学习材料和测验由各种团体负责。这些团体包括国家课程开发中心、各个大学、商业性的出版社、单个教师以及教师课程协会或团体。在 20 世纪 90 年代早期,学校和各个教师在学习材料上享有很多独立的选择权。

8. 考试、升级和证书制度

所有学校的学生根据年龄自动升级。他们在 12 岁可获得第一个证书,16 岁可获得第二个证书,在 18 岁升入第三级教育前可拿到第三个证书。由 UNEB 组织的外部考试决定学生能否升入下一级教育。

在第三级教育内部,学生不得不参加测验或考试,学校或学院根据他们的考试成绩决定他们能否升级。

有关是否引入连续评估以方便做出升级决定,以及将其作为授予证书的参考因素尚存在很多争议。

9. 教育评价、评估和教育研究

乌干达开展的教育研究非常有限。但是,现在已经出现了有关开展教育评估、评价和研究的讨论。UNEB 研究中心承担了一些这方面的工作。

10. 20 世纪八九十年代的主要改革

尽管存在政治动乱和经济严重衰退现象,但乌干达的教育事业在 20 世纪 80 年代还是取得了惊人的发展。其中,一个值得注意的变化就是进入小学学习和完成中等教育的人数有了很大提高。这一点从对第三级教育的扩张刺激就能反映出来。这已经激起课程、评估和学校结构发生影响深远的变化,教育政策评估委员会的报告对此有所反映。正在考虑如何吸引更多的人们加入教师这一行业,以及如何使人们留在这一行业。要为更多的人创造教育机会。这与增加家长对各级教育财政的参与是平行的。

11. 2000 年面临的主要问题

在乌干达,依然存在教育机会的不平等现象,并且各个学校的教学质量存在很大差距。寻求更多的教育资源,以支持不断扩展的各级教育的发展依然是个严峻的问题。有迹象表明:农村地区的入学率很低、城市地区的校舍过于拥挤,以及各个主要科目隐约存在着教师和学术人员短缺问题。

乌干达的教育被认为是缺乏效率和质量低劣的,辍学率高、教材过时、考试成绩和评估结果很差、教师培训不充分以及教师工资待遇低和工作条件恶劣就是其表现。教育系统缺少规划,管理不善,经费不足,教育投资缺少持续性。但是,快速的经济和社会发展对教育的需求却是毋庸置疑的。如果不进一步增加家长的负担,那么满足这些需求就是不可能的,并且课程处于这一主要挑战的核心。将继续培养师资,并且使教师继续获得新的技能和知识,从而帮助学生更好地预测社会变化,更好地跟上社会变化的步伐。如何开发教师和学术人员的奖励机制是乌干达面临的另一个主要问题。

除此以外,乌干达教育长期以来存在的问题将继续存在。想在短期内实现教育制度的重构是非常困难的。因此,乌干达的这种教育制度将继续影响孩子们的教育。

C. F. 奥达特(C. F. Odaet) 著
吴志兰 译

附录

Evans D R, Odaet C F 1991 *Teacher Education in Uganda 1990—2000: A Pre-investment Study*. A Report For The Ministry of Education

Fleuret A 1992 *Girls Persistence and Teacher Incentives in Primary Education*. USAID Study, Kampala

Ministry of Education 1989 *Education Policy Review Commission Report*. Ministry of Education, Kampala

Ministry of Education 1991 *Ugandan Five-year Education Sector Investment Program, 1992—1993 to 1996—1997*. Ministry of Education, Kampala

Ministry of Education and Sports 1992 *Government White Paper on National Integration and Development*. Ministry of Education and Sports, Kampala

Ministry of Finance and Economic Planning 1992a *Background To The Budget 1992/1993*. Ministry of Finance and Economic Planning, Kampala

Ministry of Finance and Economic Planning 1992b *Uganda National Program of Action for Children: Priorities for Social Services Sector Development in the 1990s and Implementation Plan 1992—1993 to 1994—1995*. Ministry of Finance and Economic Planning, Kampala

Ministry of Finance and Economic Planning 1992c *Rehabilitation and Development Plan 1991—1992 to 1994—1995, Volume 1: Macroeconomic and Sectoral Policy*. Ministry of Finance and Economic Planning, Kampala

United States Agency for International Development 1992 *Program Assistance Approval Document*. USAID, Washington, DC

World Bank 1985 *Uganda Progress Towards Recovery and Prospects for Development*. World Bank, Washington, DC

World Bank 1991 *Staff Appraisal Report, Uganda, Primary Education Development Project*. World Bank, Washington, DC

World Bank 1992 *Staff Appraisal Report, Republic of Uganda, Education Reconstruction and Development Project*. World Bank, Washington, DC

扎伊尔的教育制度(Zaire: System of Education)

1. 基本背景

扎伊尔位于非洲中部地区,领土面积 2 345 550 平方公里。它的主要河流是拥有众多支流的扎伊尔河。这片广阔的领土可分成 11 个地区和首都金沙萨地区。每个地区都有其独特的特征。扎伊尔的地形变化很大:多山地区气候较凉爽;中部地区是河谷地形,并有赤道森林;西部地区有一些高原。扎伊尔有几百个部落,他们使用的语言有两百多种(班图语和非班图语),这就使得母语教学非常难开展。尽管如此,仍可将扎伊尔分成 4 个大的语言区:斯瓦希里语、刚果语、林格拉语和齐鲁巴语。在初等学校用方言作为教学语言。尽管扎伊尔领土面积广阔,各地区各具特色,但全国上下采用同样的教育制度。这就使得一方面有助于国家的统一,但另一方面也意味着课程经常与当地的生活缺乏直接相关性。

1908 ~ 1960 年,扎伊尔曾是比利时的殖民地。在独立前的一年,有人口 1 450 万。到 1979 年这个数字增长到 2 640 万。据估计到 1994 年扎伊尔人口将达到 4 250 万。人口年平均增长率是 3.29%。可是,全国各地差距很大,绝大部分人口集中在东部地区,那里的人口增长率在 2.1% ~5.7% 之间。首都地区的人口增长率即为 5.7%。有 11% 的人口居住在首都金沙萨。52% 的人口是女性。继首都之后的两大市镇是卢本巴希(Lubumbashi)和东北部的基桑加尼(Kisangani)。

扎伊尔自然资源丰富,包括金、铜和钻石。土壤肥沃。80% 的人口生活在农村地区,从事农业生产。自独立以来,扎伊尔的政策是培养本地化人才,使他们能够胜任以前被欧洲人占据的管理职位。学校在全国各地建立起来,高等教育机构在 1970 年之后也紧跟其后得到了发展。但是,需要注意的是,在有劳动力人口中只有很小比例的人是靠工资生活的。教育制度与就业市场关系的扭曲变得越来越明显。尽管扎伊尔的国民经济各个部门(健康、基础设施、农业等)都存在着许多严重的问题,但人们经常将高等教育视为制造失业的温床。在 20 世纪 80 年代,经济形势迅速恶化。商务领域存在的问题是缺少空闲的工作岗位、缺乏原材料以及管理不善,不再有任何投资,并且 90 年代早期的政治问题使已经令人惊慌的经济形势更加糟糕。在 1993 年,通货膨胀出现了前所未闻的高涨:1 扎伊尔(扎伊尔的货币单位)在 1993 年只相当于 0.0000604 美元,而在 1967 年 1 扎伊尔却相当于 2 美元。由于国民经济的崩溃,扎伊尔人不得不依靠农业以维持生计(农业这一非正规部门在扎伊尔得到了充分发展)。

在短暂的历史时期内,扎伊尔已经经历了两个政治时期:第一共和国(1960 ~ 1965)时期以分权化的政治统治为基本特征,并且这一时期有联邦制的倾向;第二共和国(1965 ~ 1990)由人民革命运动党统治,这一时期以高度的中央集权为特征。在这两个时期,教育都是由政府控制的,但在第一个时期,私立教育得到了更好的发展。在第二共和国统治时期进行的学校国有化运动(1974 ~ 1977)已经被历史证明是教育的一段不幸经历。对教育的需求在不断增长。政府虽然举办了很多学校,但却不能给这些学校以充足的财政支持。在 20 世纪 70 年代中期,建立了几所私立的大学和高等教育机构,在这些学校要由父母支付孩子的教育费用。

2. 教育政策与目标

在这样一个高度集权化的国家里,教育的整个目标是由中央决定的。教育政策体现在宪法、法令、部长命令以及其他的官方文件和通知中。尽管总的来说教育政策的变化不大,但在方向上有一些变动。在 1960 年,开展了一场培养专业人员的运动,因为国家与欧洲决裂之后需要这样的人才。为了尽可能多地培养高质量的人才,开展了很多活动以创立合理的教育结构和课程。当时,国家宣布两个主要教育目标:(a)为儿童在将来的经济和社会发展发挥有用角色做好准备;(b)使有能力接受高等教育的孩子做好准备。

在 1961 年的亚的斯亚贝巴会议召开之后,扎伊尔开始考虑发展初等教育和中等教育。1971 ~ 1980 年间,在扎伊尔存在的基础哲学是培养有自己价值观的、真正的土生土长的扎伊尔人。可是,将这一真正扎伊尔人的概念付诸实施时,事实证明是非常困难的。

在 20 世纪 90 年代,主要教育目标是根据教育法第 86 ~ 105 条制定的。它重申了培养对国家发展有用的公民的必要性,以及建立一种对国家社会经济发展能够迅速做出反应的教育制度的必要性。主权国家委员会已提出了建立教育国家宪章的建议。这个宪章阐明了国家的教育哲学以及未来的教育政策,并介绍了国家培养的未来公民的概貌,如培养有创造力、有教养和有社会价值意识的具备生产能力的公民。高等教育面临的问题还跟以前一样,依然是如何培养能为地方和国家发展做出贡献的人的问题。隐藏在这一社会概念后的观念是以对变化中的教育制度进行批判分析为基础的。人们希望它能够实现。

3. 正规教育体系

图 1 是扎伊尔的学制图。

3.1 *初等教育、中等教育和第三级教育*

扎伊尔的教育制度可分为四级:学前教育、初等教育、中等教育和高等教育。

初等教育在儿童 6 岁时开始,学制 6 年。入学

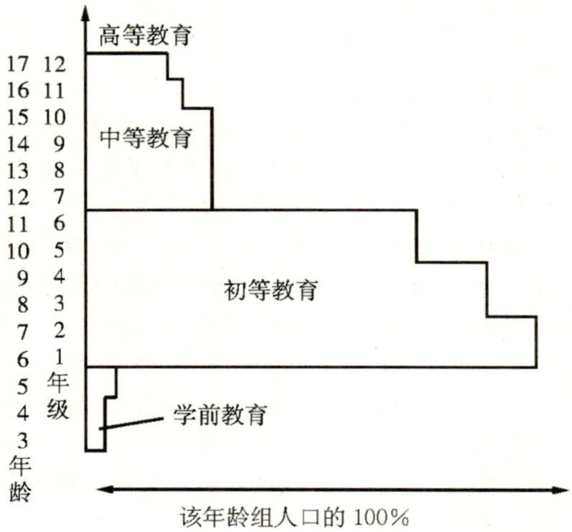

图1 扎伊尔:正规教育体系的结构

年龄只是个理论问题,因为父母要为孩子接受学校教育交纳一定的费用,而他们在金钱方面却存在一定的困难。可是,在20世纪60年代和70年代,先是国家,后是家长做了很大努力以发展教育。一项1991年的研究表明1987~1988学年扎伊尔的毛入学率达到了79%。

获得初等教育证书的学生可继续接受中等教育,中等教育持续6年。截至1980年中等教育的前2年是定向期,但在1980年这种制度废止了。可是,课程并没有改变。中等教育可分为3轨:普通、技术和短期的职业课程。从理论上来讲,普通教育一轨为学生接受高等教育作准备,技术教育一轨为学生参加工作作准备,但如果他们愿意也可以接受高等教育。每学年有202个学日,每天将近6个学时。班级规模很大,7年级平均班级规模是60人,12年级每班平均45人。城镇的学校有时实行每个学年2个学期制,因为许多人居住在城市。在1990~1991学年,初等学校和中等学校共有学生5 704 646人。其中80%是小学生。

高等教育由大学和高等教育机构组成。1989~1990学年在37所高等教育机构注册的学生共计66 617人。而正好在10年前,这个数字是26 508人。假设在1990年扎伊尔的人口是35 561 939人,那么也就是说每533名扎伊尔人中有学生1名。

扎伊尔的教育系统是由国家和私立部门共同组织的。在很多情况下,公立学校由教堂[天主教、新教和金班古(Kimbangu)]管理。原则上讲,私立学校是不接受政府补助的。但如果它们想接受政府补助,就必须接受政府的检查,并且要执行国家课程。每4个接受初等教育的孩子中只有1个能坚持到小学毕业,从这一事实可知,扎伊尔的教育系统缺乏效率。尽管1985~1991年间高等教育的入学率翻了一番,但事实上每4个获得中等学校毕业证书的学生中只有1人能真正进入高等教育系统继续学习。

3.2 学前教育

学前教育是为3~5岁的孩子举办的。这种教育只在城镇和大城市中有开展,还没有到达乡村地区。在乡村地区,大家庭依然在养育孩子方面发挥着重要作用。参加学前教育的孩子人数非常少。学前教育是由私人组织的。

3.3 特殊教育

扎伊尔给予特殊教育的关注非常有限。除非在很罕见的情况下,有精神或身体残疾的孩子没有受教育的机会。例如,像齐福(Kivu)这样的地区,尽管有居民600万,但却没有一个提供特殊教育的学校。可是,在卢本巴希和金沙萨有为盲人和有听力障碍的儿童开办的学校。

3.4 职业、技术教育和商业教育

正如上面已经提到过的,中等技术学校为学生参加工作作准备,但这些学生也可以升入高等教育机构。在中等学校毕业时,学生要参加一个全国性的考试,如果顺利通过考试,他们将获得一个国家证书,拿着这个证书他们就可升入高等教育机构。在技术教育内部又可分成商务与行政管理、农业、工业(电力和机械等等)。另一方面,职业学校则只是为学生参加工作作准备,这些学生没有升入大学的可能性。这类教育通常持续4~5年,教师培训、汽车机械、护士等等专业都属于这种情况。

这类教育存在两个主要问题。与工业的连接非常松散。这些学校培养的人才所具备的知识和技能通常与现实需要关系不大,并且雇主在课程内容的选择上没有发言权。为了抵消这种负面影响,一些大公司开办了它们自己的培训学校。第二个

问题是中等技术学校的毕业生在毕业时更希望能到大学深造,而不是直接参加工作。

3.5 成人和非正规教育

在1971年创立了教育发展跨学科中心。建立这个中心的目的是为成人提供培训,以满足他们的职业需要,并且随着技术的进步不断更新他们的知识。然而不幸的是,随着时间的推移,这个中心越办越像一所大学,而不是帮助雇主满足他们的需要。在扎伊尔还有一所为在职工人开办的职业培训机构,其目的是更新工人的知识和技能。由非政府发展组织开办的一个非正规机构,其目的是培训农民、工匠以及妇女等等。参加这些科目学习的成年人人数和具体科目内容依各个地区及各个工作的不同而不同。可是,现在成人教育的总体目标是使人民大众从惰性和受剥削中解放出来,从而使他们的活力和创造力复活,这样他们就能获得自我改善。

总之,国家为成人教育做得很少。同时需要注意的是,父母对男孩受教育要比女孩受教育积极得多,并且在农村地区参加这些科目学习的人数要比城市地区少得多。还存在地区的不平等现象。历史上,殖民者将学校建在他们居住的地方。因此,西部地区的学校要比其他地区多得多。尽管已经采取措施以减少这种不平等,但很多问题依然存在。并且试图通过制定地区限额制度来减少高等教育领域存在的不平等。

4.行政管理的结构与运行

在扎伊尔,教育的目标、受教育年限以及教育内容都是由国家来决定的。如前所述,国家在1971年将高等教育,在1974年将初等教育和中等教育国有化。这样,原来由教堂管理的学校就要接受国家的控制,并且学校的日常管理工作也由国家任命的人员负责。在初等教育和中等教育领域,这一决定得到了人们的抵制,最后不得不撤销。在1977年签订了一个名为"全国学校管理条例"的条约,将学校的控制权归还给它们原来的管理者。1986年法除了规定了教育的形式、内容和管理制度外,还允许个人在一定的前提条件下,建立私立学校。

因此,扎伊尔就有三种类型的学校:官办学校、宗教学校和私立学校。前两种属于公立学校,由政府负责为教师的工资提供财政资助等。二者不同点在于宗教学校由教会管理,由教会负责招募教师、任命校长以及组织各个学校的检查工作,但要以教育部的标准为基准。私立学校依靠来自家长或学校所有者的经费支持,必须执行国家课程,设备、物资供应、教师任职资格等要达到教育部规定的标准。它们的出现是对公立教育系统的效率低下问题做出的反应。私立学校的确切数目尚不知晓。

从行政管理的角度讲,扎伊尔的教育制度属高度的中央集权制。中央权力部门是教育部和大督学团。这两个机构在每个省又有分支机构。教育部负责管理和行使行政控制权。而大督学团负责教学事务。从1985年开始,成立了一个专门负责给教师发放工资的特殊机构(SECOPE)。在这三个机构间存在着很多误解。

高等教育由中央控制,依靠教育部和高等教育行政管理委员会来实行。可是,在1992年的全国峰会上颁布了几个修正案,允许大学和高等教育机构有更多的地方权力。

5.教育财政

教育财政很难准确描述,主要是因为私立学校并不对外公布它们的账目。因此下面的内容主要是有关公立教育(官办和宗教学校)的官方统计数据。

1971~1988年,教育开支占国家财政的百分比在0.6%~27.7%之间摇摆不定。比例较高的年份是1978年的12.83%和1979年的27.7%。比例较低的年份是在沙巴战争期间。到1988年教育开支占国家预算的比例达到7.6%。在20世纪80年代,政府机关和军队得到了国家财政预算的最大份额。这也是人民革命运动党处于权力的巅峰时期。

根据1991年的人类发展报告可知,扎伊尔将国内生产总值的2.4%用于教育事业,而在1980年这一比例是5.8%,1986年是0.4%。可是,在1988年有超过54%的教育经费用在了发展初等学校上。国家逐渐从教育资助事业中撤出来,但仍然坚持对课程内容和教师的控制。铜价的降低、入学率的增长以及政治开支使得政府用于教育的经费再也不能达到20世纪60年代的水平了。高等教育的情况也大致如此，由于分配给学生的奖学金数额减少，以及学生的交通费和医疗费的削减，使得家长分担的子女教育成本越来越多。

6. 师资

在扎伊尔，国家教育系统提供较好的工作机会。政府不仅聘任教师，还雇用辅助人员。

教师接受培训的方式有好几种。初等学校的教师在中等学校接受培训，可以是参加4年制课程的学习，在课程结束时可获得一种在小学低年级任教的D4证书；也可以是参加教育课程的学习，在中等学校毕业时可以获得一种在小学高年级任教的国家证书。这些课程将普通学习与教育理论和教学实践结合起来。目前的趋势是：在毕业后能到小学高年级任教的课程中注册的学生数要比到小学低年级任教的课程注册的学生多得多。

在1975年初等学校有教师80 489人，1992年这个数字达到了104 305人，每年培养的教师大概有1 400人。由于在初等学校中每个班级只需要一个教师，所以存在降低初等学校教师的数量的可能性。

中等学校的教师是由高等教育机构培养的，高等教育机构提供中等学校开设的所有科目。这种培训包括两部分：第一部分由3年的培训构成，在学业结束时学生是本科毕业生；第二部分为2年，如果他们能够通过竞争性考试则可获得任教执照。本科生可在中等学校的前4个年级任教；而执照持有者则可在中等学校的最高年级任教。1990年在29 883个班级中有中等学校教师189 281人，有注册学生1 160 676人。据估计12～17岁的孩子中有大约23%的人在公立中等学校就读。

在高等教育系统有科学人员和学术人员。1971年法规定高等教育系统中的所有人员的招募、晋升和工资是一样的。教授必须有博士学位，并且顺利完成为期6个月的试用期。

无论各级教育，教师或教授的地位已经有所下降。许多教师已经离开了教育岗位，以寻求国内外更好的工作。比如，布卡武（扎伊尔东部城市，旧称科斯特曼斯维尔）的高等教育机构每年培养大约100名毕业生和执照持有者。他们一拿到证书就迁往卢旺达或布隆迪。在1993年他们在这2个国家所获得的报酬是在扎伊尔所得的10多倍。能在诸如加蓬、刚果、阿尔及利亚和喀麦隆等国家发现来自扎伊尔的大学教授。这种人才流失造成的一个后果就是教育质量的降低。于是，各级学校被迫录用没有达到法律规定资格的教师。例如，在多数农村地区的中等学校当中，有很多根本就没有达到中学任教资格的教师。

除了几个私立机构外，在扎伊尔不存在教师的在职培训项目。知识的进步，特别是科学的进步，以及教学手段的不断改进带来的一个严重的问题是：各级教育当中存在的不合格教师根本得不到在职培训的机会。在扎伊尔有一个由比利时资助的教学管理行政中心，它为中学教师提供专题研讨会。然而不幸的是，扎伊尔于1990年终止了与比利时的合作。这样，这个中心也就不复存在了。

7. 课程开发与教学方法

每门课程或科目都执行全国通用的课程，不允许地方一级政府修订课程。

在初等学校课程包括数学、地理、法语、历史以及自然科学。在初等学校的低年级，教师要传授给学生读、写、算的基本技能；而在初等学校的高年级，要教授给学生基本的数学运算能力，用法语阅读和理解的能力（包括动词变化、语法和词汇）；在学生初等学校要结束时强调培养学生解决问题的能力和论文写作的能力。初等学校低年级和高年级的不同之处在于语言。在初等学校的低年级，东部地区使用的是斯瓦希里语；西部地区使用的是刚果语；中西部使用的是齐鲁巴语；北部地区使用的是法语和林格拉语。

中等学校的各个不同方向（即轨）使用的课程不同。最流行的方向是：艺术、科学（生物学/化学或数学/物理学）以及技术（商务、电力、机械、农业和服装制作等）。在各个方向使用的语言除了法语就是英语。每个方向使用英语教学的课时不同，通常每周为5个小时左右。

职业科目的课程与具体技能直接相关(汽车机械、木工、教师等)。

在20世纪90年代早期,高等教育的课程非常重视与职业有关的内容。这是1970年改革的主题。这种职业化在高等教育机构取得了一定的成功,但要在大学的各个学院实行这种职业化改革是非常困难的,因为缺乏必要的手段以及“大学”(指学术性大学)这一概念仍占主导地位。

8. 考试、升级和证书制度

能否升级要依据每个学年结束时的考试成绩。在6年级结束时,如果学生成功地完成了6年的学习,那么他们就能取得初等教育的证书。这一证书使学生具备了升入任何一所中学的资格。可是,从20世纪80年代末开始,由各所中学自行组织考试的现象变得越来越普遍,所以,学校只能按其容纳能力招收最优秀的学生。

学生在中等学校毕业时要参加校外考试(即众所周知的国家考试)。如果他们成功通过考试,则可获得国家证书。这种证书从1967年开始颁发,它不仅是一种评价的工具,而且还是学生能否接受高等教育的凭证。这种考试由督学来评分。在20世纪80年代参加这种考试的学生人数有所增长。1981年获得国家证书的学生只有约24 000人,而在1990年这个数字达到了53 360。

尽管这种考试制度结束了学校间的霸权之争,但对于这种国家考试,其可信度却受到人们的质疑。人们根据很多穷学生虽然通过了考试,却无缘接受高等教育这一事实,对这种将好学生从穷学生中区别出来、带有歧视性的考试制度提出谴责。

在大学水平,采用实习、小测验、口试和笔试等形式来考查学生是否有进步。

最后一点,应该要求教师学习评估技术。

9. 教育评价、评估和教育研究

扎伊尔不存在从整体上评价学校制度的正规评估机构。自1960年以来,这样的评估只是在特殊集会的会议上进行过。这些会议通常以定性评估作为结束,经常是重申会上提出的观点或重申已为人们所熟知的东西。根据这种评估而采取纠正行为是非常困难的,因为其解释因素并没有科学依据。

教育领域的研究成果经常是个别研究人员工作的结果。有时,这些研究是学生的论文或是要晋升的副教授开展的工作。多数高等教育机构有它们自己的研究中心。有些研究成果还是很有价值的,但很少研究与教育实践相联系。

20世纪90年代开展的一项主要活动就是促进研究工作和改善研究队伍。

10. 20世纪八九十年代的主要改革

在1981年,大众改革运动中央委员会坚决要改革扎伊尔的教育制度,以使它与当时的国情相适应。由各种委员会负责改革主要方面的问题,但收效甚微。初等学校和中等学校重新采纳了1961年前的课程;在初等学校的低年级使用民族语言;并且取消了学生在中等学校初期进行分轨的制度。事实上,尽管名称和专用术语有所改变,但内容却没有发生丝毫的变化。

11. 2000年面临的主要问题

教育财政的多寡决定学生的入学人数,日益增长的教育需求对此也产生了一定影响。实际上,20世纪90年代中期的教育迹象表明,提高教育质量比教育数量的增长更重要。但实现起来颇为困难,因为扩大教育规模是促进发展的唯一选择,而且,也不能遏制教育需求的增长。

同时,扎伊尔政府还面临以下挑战:提高教师质量;修订陈旧的课程;使课程内容更加贴近现实生活。在大学层次,1978年编制的课程还在使用。政府应该采取措施提高教师地位,虽然相关的讨论很多,但实质性的行动却没有。教师购买力下降,社会地位也不高,教育体系开始依靠不合格的教师队伍,这种情况不能再持续下去了。

不管怎样,联邦制的趋势对教育也会产生一定影响。地方政府将获得更多的自主权,私人团体间也需要加强沟通。不幸的是,这一切都不会改变地区间的差异、不平等和教师在职培训的现状。

J. 查·玛格布·莫万尼(J. Ch. Magabe Mwene) 著

吴志兰 译

附录

Amyot M, Nzuzi P L 1988 *Prévision de la population d'âge scolaire et estimation des effectifs scolaires du Zaïre et de ses régions, 1986 à 2. 000*. Direction de Planification et Statistiques, Kinshasa

Isango I W 1980 La politique d'éducation au Zaïre: Le cas de l'Université Nationale du Zaïre. Essai d'analyse des conditions d'adaptation de l'enseignement. (Doctoral thesis, University of Lubumbashi)

Magabe M 1992 Higher education in Zaïre. In: Clark B, Neave G (eds.) 1992 *The Encyclopedia of Higher Education*. Pergamon Press, Oxford

Mulier, V, Mulier S 1977 Analyse et bilan de l'enseignement primaire 1965—1975. *Cahiers de CRIDE* 17—18

Ngondo S, de Saint Moulin L, Tambashe B 1992 *Perspectives démographiques du Zaïre 1984—1999 et Population d'âge électoral en 1993 et 1994*. CEPAS, Kinshasa

Tshibangu T 1982 *La crise contemporaine; l'enjeu africain et l' université de l'an 2. 000*. PUZ, Kinshasa

Zaïre Afrique 1977 Convention de gestion des écoles nationales 114: 245—249

其他参考文献

Ministère de l'enseignement supérieur, universitaire et de la recherche scientifique 1991 *Project de Nationalisation de l'Enseignement Supérieur et Universitaire*. Ministère de l'enseignement supérieur, Kinshasa

Vanderlinden J et al. 1981 *Du Congo au Zaïre 1960—1980: Essai de bilan*. CRISP, Brussels

津巴布韦的教育制度(Zimbabwe: System of Education)

1. 基本背景

津巴布韦位于非洲南部,东部与莫桑比克为邻,南部与南非共和国交界,西部与博茨瓦纳相交,北部和西北部与赞比亚接壤。领土面积 390 759 平方公里,气候属热带大陆性气候,由于海拔较高,呈现出一定温带气候特征,特别是中部高地和东部高地地区。98% 的人口属于土著居民,剩余人口由欧洲人、亚洲人等构成。经过长期的解放斗争,津巴布韦终于在 1980 年摆脱了英国的殖民统治,获得了国家独立。

在历时 90 年(1890 ~ 1980)的殖民统治时期,津巴布韦(即南罗德西亚殖民地)由一个来自欧洲社会的殖民者领导,实行一种种族隔离制教育制度。本地人的教育主要由教会负责,而为欧洲人、亚洲人和有色人种建立的教育子系统则得到了国家很多的支持。1980 ~ 1990 年,津巴布韦政府将这两个子系统成功地融合到一起,但它们的教育资源基础依旧不平等。

1969 ~ 1982 年,津巴布韦的人口从 510 万人,增长到 750 万人,年增长率为 2. 9% 。估计 1990 年人口总数达到了 943. 5 万,以这样的速度增长,到 2009 年人口将翻一番。73% 以上的人口生活在农村地区。几乎有 40% 的人口属于学龄人口。

除了商业性的农场地区,农村地区的经济处境非常不好,人均收入非常少。1980 ~ 1990 年间,在政府和社区的共同努力下,农村地区的教育出现了大扩张。另一方面,经济上更繁荣的商业农场地区,依然是津巴布韦最缺乏教育基础设施的地方。

英语是津巴布韦的官方语言。绍纳语和恩德贝莱是津巴布韦的两种主要地方语言,它们在全国上下使用得非常广泛。除此之外,津巴布韦还有五种少数民族语言,它们是当地学校小学 3 年级以下的教学用语。政府的总体政策是鼓励非土生土长的津巴布韦人学会讲两种主要地方语言中的其中之一。

津巴布韦有一套高度多样化的经济制度,其基础是丰富的矿产资源,坚实的农业基础,发达的交通、商业和金融基础实施。在整个经济体系内,制造业占国内生产总值的 24% ,接下来是农业和销售业。在 1986 年多数人从事农业生产。在 1982 年,劳动力大约占总人口的 1/3:其中,有 3/4 的人口在农村地区,其余则生活在城镇地区。每年有

200 000 位毕业生竞争 15 000 个工作岗位,失业率和不充分就业率都在提高。考虑到这种情形,课程政策有意通过提高实用技术科目,特别是农业的教学,鼓励学生学会自立。

1982 年,5 ~ 19 岁的人口中有 72% 的男性、64% 的女性在校注册,15 岁以上的人口有 62% 的人接受过教育。因此,成年人文盲率非常高。这一状况促使在 1982 年开展了一场全国性的扫盲运动,以使参与者更好地参与经济生活。人们普遍认为,教育在经济发展中扮演着重要角色,并且教育应该为经济问题的解决提供答案。

2. 教育政策与目标

尽管多数初等学校和中等学校归地区委员会和教会所有,但由于中央政府在教育财政和行政管理方面起着支配性的作用,所以,中央政府决定教育政策。除很少一部分人外,所有教师由中央政府聘任和发放工资。除此以外,中央政府通过一套学费和建筑物补助制度,给教育提供额外支持。可是,津巴布韦从 1980 年开始由一个政党执政。反对党派的力量非常薄弱,在国会里几乎没有它们的代表。出于这个原因,津巴布韦的教育发展没有遇到政治争论。

1980 年以来,初等教育和中等教育的中心任务就是努力利用学校活动,提高学生的民族统一意识,建立一个不分种族的平等社会,为国家培养有生产能力和善于思考的公民。在这种情况下,意识形态问题与建立在科学、数学和技术上的课程同样重要。可是,事实上,这一指导原则下的教育目标并没有实现多少,因为在英国考试委员会的要求下,津巴布韦的教育依然还是高度的学术化。

教育部门的总体目标由教育法确定,这个法案不时要经过修订。教育法的细节涉及教育系统的结构、目的、目标,学校活动,评估和评价的程序。这些教育部以通告的形式公布。这些文件反映了在经济的整体发展中,劳动力的变化情况。这个方面在中等后教育阶段表现得更明显。

3. 正规教育体系

图 1 表示出了津巴布韦的教育结构。表 1 列出了 1979 ~ 1990 年有关入学率的统计数据。

政府宣称初等教育属于义务教育,但是事实上,并没有建立相应的机制,实施强制入学。一般来说,孩子们从 7 岁开始接受初等教育。在城市地区,3 ~ 7 岁的孩子中上幼儿园的人数非常多。尽管从 1980 年开始,政府启动了一个为农村地区建立幼儿园的项目,但是,还没有在农村地区实施。学前教育是当地社区的责任。政府已为在这些中

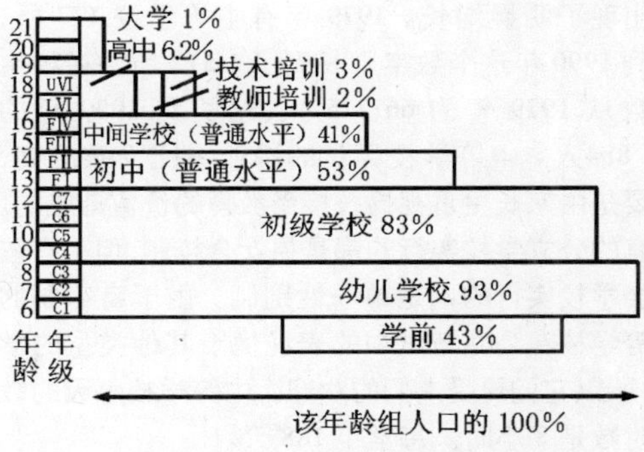

图 1　津巴布韦:正规教育体系的结构

表 1　初等学校和中等学校的学校数量和在校生数量(1979 ~ 1989)

	1979	1980	1981	1982	1983	1984	1985	1986	1987	1988	1989	1990
初等学校												
学校数	2 401	3 161	3 698	3 880	3 960	4 161	4 234	4 297	4 339	4 471	4 504	4 559
在校生数	819 586	1 235 984	1 715 163	1 907 225	2 044 487	2 130 487	2 216 878	2 265 053	2 251 319	2 212 103	2 214 939	2 119 865
中等学校												
学校数	177	197	694	738	790	1 182	1 215	1 276	1 395	1 484	1 506	1 512
在校生数	66 215	74 321	148 690	227 047	316 348	416 413	482 000	537 427	606 652	641 005	678 615	676 884

资料来源:1979 ~ 1989 年教育部年度报告

心工作的教师提供少量补助的形式参与进来，满足培训、管理和督导的成本需要。

3.1 初等教育、中等教育和第三级教育

初等教育历时 7 年。在 1990 年有初等学校 4 559所，在校生 2 119 856 人。尽管城市和农村学区委员会地区有充足的初等学校基础设施，但商业农场地区基础设施则很少。1980～1991 年，初等教育是免费的。可是，在 1992 年作为成本补助措施，引入了收费制度，但是，对来自不同社会经济背景的学生收取的学费数额不等。在处境不利的农村地区则全部免除了学费，不过家长要以其他的形式，为学校的发展做些力所能及的事情。所有的初等学校都实行男女同校制。初等学校每天的教学时间通常为 5 个小时，有组织的课外活动是 3 个小时。每学年 188 天。

中等教育历时 4～6 年不等，要看学生是在通过 O 级水平考试后离开学校，还是继续参加 A 级水平的学习，这种学习是为了升入大学作准备。20 世纪 80 年代，不仅学校的数量，而且在校生的数量都出现了明显增长。1979 年有中等学校 177 所，而到 1990 年这个数字则长到了 1 512 所。在校生人数从 1979 年的 66 215 人，增长到 1990 年的 676 884人。中等学校男孩的毕业率比女孩的高，主要是由家长更重视男孩接受教育的价值造成的。所有的公立学校实行的都是男女合校制，但是有些教会学校实行的则是单一性别制。由于寄宿制的中等学校在公共考试中的表现优于其他类型的学校，所以它们更受人们的欢迎。中等学校每天的教学时数是 8 小时。每学年 188 天。

1990 年以前，第三级教育由津巴布韦大学和各所学院构成，它们开设了非常广泛的课程。在 1990 年津巴布韦又建立了 2 所大学，它们是国家科技大学和一所由联合卫理公会建立的私立大学。除此以外，津巴布韦 2 所主要多科技术学院开设了技术方面的本科学位。各所学院开设的课程非常广泛，涉及经济发展对劳动力需要的各个方面，而且有全日制，也有部分时间制。为初等教育和中等教育培养师资的教师学院与津巴布韦大学有一个特殊的合作项目，通过这个项目它们可为毕业生颁发大学证书。

学院的基本入学要求是包括英语在内的成绩在 C 水平或以上的 5 个 O 级水平学分。大学的最低入学要求是学生要有至少 2 门课达到 A 级水平。因为有很多毕业生都达到了 O 级水平或 A 级水平，所以，大学和学院的入学竞争非常激烈。大约 3% 的 O 级水平毕业生能升入学院学习，还有 6.2% 的学生继续接受 A 级水平教育。在达到 A 级水平的学生中，有 50% 的人能进入地方的大学学习。其余的学生或者到学院学习，或者进入劳动力市场，或者到国外接受高等教育。

3.2 特殊教育

在 1980 年之后，人们充分认识到了特殊教育的重要性，为了开展特殊教育，建立了全国、省级、学区级和学校级的结构。特殊教育覆盖的学生不是有学习困难，就是在听力、视力和身体方面有残疾。特殊教育供应系统包括为严重残疾学生建立的独立设施，和将有轻度和中度残疾的学生融入主流学校和班级的设施。在绝大多数情况下，融合只不过是将男女学生安排在同样的物质环境中，这主要是由缺少足够数量受过培训，有能力处理合班制教学的教师造成的。可是，现在的趋势是向合班制发展，在将来这种形式将非常普遍，因为教师学院增加了特殊教育教师的培养数量。

3.3 职业、技术教育和商业教育

20 世纪 80 年代经济的吸纳能力较低，大量的毕业生失业使得政府强调，学校要重视教授学生职业技术技能，这些技能将帮助毕业生自立。教育部门对此的对应措施多种多样。首先，学校课程增加了实用技术科目。在没有实习设施的地方，开设了技术科目的课程。其次，作为普通教育课程的扩展，各个学校在试验的基础上引进了手工艺证书水平的职业培训。这种课程的规模已经降低了，因为它给学生施加的压力太大。作为替代，引进了技术/职业基础课程，它们提供自立技能，同时学生还可获得 O 级水平手工艺证书培训的机会。与此同时，由于人们感到仅有生产技能是不够的，所以引进了商务教育。学生需要具备会计和管理方面的能力，以便开创自己的事业。

在全国上下建立了技术学院，这样每个省都有一所开设职业、技术和商务教育课程的学院。建立与工业界的联系,以使学生能够获取在工厂亲身实践的经历。除此之外,工业界在一个正常的基础上提供劳动力发展基金。

3.4 成人和非正规教育

成人对教育的参与在不断增加,因为参加教育意味着更好的工作表现和更多的升迁机会。这种教育可以是由雇主赞助的,或是个体为了追求自我实现而进行的,可以大学和学院课程的形式举办。20 世纪 80 年代,随着欧洲专家的撤出,高等教育资格的重要性变得越来越明显。

在津巴布韦,非正规教育是指通过函授和学习小组的形式提供的学校外教育。主要供应者是私立的函授学院,但是政府也开始在这一领域施加影响。课程与正规学校部门相同。非正规教育的主要参加者是学校辍学的学生,但也有相当多的成人,通过函授的形式接受非正规教育。此外,津巴布韦还有一个全国性的成人扫盲项目,但影响非常有限。津巴布韦还有一些由教会和私立部门提供的不授予学位,主要依据兴趣设立的课程。

4. 行政管理的结构与运行

教育是国家政府的职责,由两个部门管理。教育与文化部负责管理初等教育和中等教育,高等教育部管理第三级教育。总统办公室还设有一个全国奖学金部。教育与文化部负责公立及私立学校的教师聘任和给教师发放工资,并且负责为公立学校提供建筑物和教学材料。在私立学校中,政府支持是通过相应的责任当局或学校委员会渠道,以学费和建筑物补助的形式表现。课程通过课程委员会由中央统一决定。管理、人事和督导职能分权给地区、学区和各个学校。

津巴布韦的多数学校属私人所有,隶属各种权力当局,这些当局由教堂、地方政府、董事会、委员会和个人组成。这样的学校大部分归学区委员会所有,学区委员会负责管理农村社区内的事务,而大多数津巴布韦人就生活在这样的社区。尽管多数教师属于由政府发放工资的公务员,但是私立学校为改善生师比,享有雇佣额外教师的自由。由多数白人富裕人口资助的高收费的私立学校里,雇佣额外教师的现象非常普遍。

除几所教师培训、商务和文秘学院外,几乎所有的第三级教育机构都是由政府管理的,政府负责教师的聘任和工资发放。尽管大学几乎全部依靠政府的经费维持运转,但大学是自治的。政府对这些机构的管理有非常大的影响力。

在 1980 年之前,历届政府对教育都实行直接控制。出于这个原因,分权化是以将职能非集中化的形式出现的,而有效控制依然是总办公室的职能。

5. 教育财政

1980 ~ 1991 年,用于教育的总财政费用平均是国家年财政预算的 15%。在 1990 ~ 1991 财政年度,政府给教育的拨款是 1 628 315 000 津巴布韦元(245 991 320 美元),占国家财政预算的 17.7%。对教育的这种大笔投资,反映了教育在为整个经济发展培养劳动力方面的重要性。

1990 ~ 1991 学年,有 1 410 224 000 津巴布韦元(312 044 080 美元)投入初等教育和中等教育,有 218 091 000 津巴布韦元(32 947 245 美元)投入第三级教育。有大约 85% 的教育经费用于给教师发放工资。其他则包括学费和建筑物补助。

截至 1992 年,无论是公立学校,还是私立学校,初等教育都是免费的。可是,在私立学校中,家长要交纳建筑费,用于补充政府的建筑物补助。在 1992 年,城市地区的初等教育开始实行收费制,但是,为保护处境不利人群的利益,做了特定安排,广大农村贫困地区则不实行这种制度。中等学校的所有学生都要交纳学费,但交费多少依学校类型而定。在私立中等学校,还要征收建筑物费。

在非公立的初等学校和中等学校,政府除了给教师发放工资,还要提供一定的学费和建筑物补助。政府给予初等学校学生的学费补助依年级而定,12 ~ 25 津巴布韦元(1.81 ~ 3.78 美元)不等,而给予中等学校各年级的均是 15 津巴布韦元(2.27 美元)。

在第三级教育水平,学生通过一套奖学金和贷款制度获得经费。学生要在完成教育培养,走向工作岗位后偿还贷款。工业界通过津巴布韦人力开发基金承担技术学院的部分培训成本。

6. 师资

随着入学率的增长，对受过培训的师资的需求在不断增长。在小学，教师人数从1980年的28 500人，增长到1989年的58 200人。在中学，教师人数从1980年的3 730人，增长到1989年的25 030人。在1980年有3%的教师没有接受过职前教育，而1989年这个比例则达到了大约49%。

多数教师属于国家公务员，他们的工资由政府发放。可是，由一些私立学校雇佣的额外教师的工资则由学校管理委员会负责发放。官方定的生师比，初等教育的各个年级都是40:1，中等教育1～4年级是30:1，5～6年级是20:1。

没有受过职前培训的不合格教师问题在偏僻的农村地区，在科学和数学科目以及实用技术性科目中最为严重。教学人员的流失率也很高。政府通过各种方式来对付这个问题——提高教师的工资待遇，将师资培养年限从4年减少到3年，启用外籍教师，以远程教育为基础，引进教师培训和教师辅助系统。其呈现的景象之一就是政府很有决心——但是没有取得全胜——改善学校系统中教师的数量和质量。

师资培养是教育学院和大学的责任。对学院水平的师资培养来说，对学生的成绩要求是取得5个O级水平的学分，包括英语在内，成绩要在C或以上。各所教育学院是津巴布韦大学的附属机构，津巴布韦大学负责给学院的学生颁发证书。大学水平的师资培养是由2个主要教学科目，学制为3年的教育和为期1年的研究生教育证书学习构成。除此之外，大学还开设了很多专业的本科教育和研究生教育课程。

教师在具备申请终身教职的资格之前，要有1年的试用期。除了得到来自学校校长的支持外，教师要接受学区及地区办公室的教育官员的检查和支持。

培养数量充足的师资，以及通过改善工作条件，提供一个有意义的教师辅助系统来减少教师的流失，将是20世纪90年代津巴布韦要解决的与教师有关的重大问题。

7. 课程开发与教学方法

津巴布韦实行的是统一的学校课程。它是由全国课程委员会统一决定的，这些委员会是由教育官员、教师、利益相关集团的代表（如大学、教会和教师协会）组成的。这些课程委员会的工作要接受教育与文化部内设的一个司——课程开发司的协调。初等学校的课程包括英语、数学、环境和农业科学、社会学习、体育、艺术与手工艺、音乐、宗教和道德教育，以及一种地方语言教育（绍纳语或恩德贝莱）。在使用汤加语、文达语、卡兰加、尚加和南姆比亚等当地少数民族语言的地区，小学的前3年要教授这些语言。在小学，每个班级由一位教师讲授所有的课程，而在中学，各门课程由专门教师讲授。

在中等学校情况就不同了。直到O级水平，学生学习的都是一种必修的核心课程，它们由数学、英语、科学构成。除了这些核心课程，各所学校可依据本校的设备，在一定的科目中自由选择。一名学生可从科学或人文类的课程中选一种，然后，学生可从两类课程的任何一类中，任意选择3门课程。只要学校的时间表允许，学生可跨类选择课程。

一些中学还开展了外语教学。最经常教授的外语是法语和南非荷兰语。法国政府为了促进津巴布韦的法语教学，设立了一个项目，以为大学水平的师资培养提供投资的方式促进法语教学。这个项目也为附属于法国高校的机构提供帮助。

教科书及其他学习材料由课程开发小组和私立的出版社准备。事实上，多数教材是由出版社编写的。课程开发小组更倾向于控制教学材料质量，而不是开发教学材料。各所学校可在课程开发小组批准和推荐的教学材料范围内，自由选择。

20世纪90年代的努力方向可能是要建立一个以研究为基础的课程开发程序，从而为人们提供更多能负担得起价格的教材，使教师更有效地利用教材。

8. 考试、升级和证书制度

津巴布韦的教育制度以考试为取向。可是，在各级教育内部,学生可自动升级。在7年制初等教育结束时,学生要参加一个全国性的统一考试,考试科目包括英语、数学、绍纳语/恩德贝莱,还有一个覆盖了所有科目内容的综合试卷。中等教育阶段有3个考试:在接受中等教育2年以后,学生要参加的初级证书考试;接受中等教育4年之后,学生要参加的剑桥O级水平考试;还有就是学生在接受了6年中等教育之后,要参加的剑桥A级水平考试,这个考试相当于大学入学考试。

初等学校毕业考试和津巴布韦初级证书考试由各个地方负责开发。剑桥O级水平和剑桥A级水平考试由津巴布韦教育部和剑桥大学地方考试联合会共同负责开发与管理。可是,津巴布韦的考试正在实行地方化,这将导向建立一个地方考试实体。

9.教育评价、评估和教育研究

在独立之后的10年(1980~1990)里,津巴布韦开展了大量的教育研究和教育评价工作。政府想亲自监控大量国家资源投入教育的情况,并对其取得的收效进行评价。与此同时,诸如联合国儿童基金会(UNICEF)、瑞典国际开发署(SIDA)、美国国际开发署(USAID)之类的教育捐赠部门,也想通过教育研究和教育评价,来监控捐赠的使用情况和效果。

在独立后的前8年,教育评价和研究的重点主要是监控资源的投入。教育部政策规划和评价小组进行了大量的评价工作,以决定教育扩张项目是否达到目标;是否有必要的实施能力;每年是否按规划建立了校舍;学校中的教学材料是否充足等等。各个捐赠者关心,津巴布韦教育部是否完全执行他们资助的项目。联合国儿童基金会资助了一个以培养小学师资为基础的远程教育项目,和一个涉及很多方面的项目,这个项目是为了促进儿童的生存和发展而建立。它进行研究和评价工作,以确定为了促进项目目标的实现,是否使用了诸如交通工具、印刷机之类的资源,以及供应是否能满足需求。

瑞典国际开发署和美国国际开发署,也对它们资助的科学与技术科目设备的采购、储存和分布情况进行了大量的评价工作。他们最关心的是津巴布韦教育部是否有能力实施它们资助的项目。

因此,教育部和各个捐赠者更关注监控资源的投入。当关注点转向关注学习成就时,转折点在1988年出现了。各个捐赠者将他们的关注领域扩展到如何在各个班级使用他们提供的材料。在捐赠的干预下,教与学是否变得越来越有效?教育部和各个捐赠者开始就课程的适切性问题、没有经过培训的教师对学生成就的影响问题、教师士气的重要性问题以及性别问题等开展研究工作。当世界银行在1990年开始对影响学生学业成就的因素开展研究时,这种教育研究和评价的倾斜得到了最好体现。与此同时,津巴布韦大学教育学院人力资源中心开始探讨与之相类似的问题,并鼓励研究生就这些问题开展研究。这一趋势在20世纪90年代有可能继续,并将附属于教育部开展的提高教育质量的活动。

与上述活动一致的是建立了津巴布韦研究委员会,这个机构将与其他机构一起,致力于开展研究工作,以为决策者提供教育成果,使教育研究成为教育发展的一个工具。

10.20世纪八九十年代的主要改革

20世纪80年代是津巴布韦教育的方方面面经历相当多改革的时期。初等教育、中等教育和第三级教育扩张得面目全非,在校生人数呈指数增长。

课程领域也发生了同样巨大的变化。初等学校课程除引进读写算教学的创新性手段外,成了一种灌输与健康、环境和人际关系有关的核心职能性技能的工具。

在中等教育水平,内容的相关性和教育质量问题导致科学与技术科目开始采用创新性的教学法进行教学。为了方便没有实验室和实习场所的学校开展这些科目的教学,使用自学材料和成套工具作为替代品。这一措施使得科学和技术类科目的教学不再依赖专业教室,因此,使这些科目的学习途径大众化了。职业化的努力还没有取得完全成功,还需继续研究一个可操作的程序。

这些创新性措施将会带来教育质量的提高,从而缩小教育数量与教育质量的差距。在20世纪80年代,津巴布韦的教育恰恰是以数量与质量之间存在差距为特征的。但是，这一新的趋势将成为20世纪90年代津巴布韦教育改革的一个特征。

11. 2000年面临的主要问题

2000年面临的首要问题将是找到改善教育质量所需的资源。学校基础设施严重不足，普遍缺少关键性设施，如图书馆、实验室、实习工厂和充足的教室。在各个学校，基本的教科书、参考书和辅助材料非常缺乏。在偏僻的农村地区，教师缺少住房是个大问题，这使得这些地区无法吸引和留住受过培训的教师。

除此之外，在2000年，大量教师没有接受过培训，和教师辅助系统非常贫乏问题将继续存在。与督导不够、大量教师流失和教师士气低下等相关的问题还应该继续关注。对能直接解决经济问题的课程开展研究，随着越来越多的毕业生不能在劳动力市场上找到工作，而变得更加紧迫。

B. S. M. 加塔瓦(B. S. M. Gatawa) 著

吴志兰 译

附录

Atkinson N 1972 *Teaching Rhodesians: A History of Educational Policy in Rhodesia*. Longman, London

Gatawa B S M 1990 The Zimbabwe Integrated National Teacher Education Course (ZINTEC). In: Koul B N, Jenkins J (eds.) 1990 *Distance Education: A Spectrum of Case Studies*. Kogan Page, London

Gatawa B S M in press *Quantity-Quality Dilemma in Education: The Zimbabwe Experience*. College Press, Harare

Ministry of Education 1980—1989 *Annual Reports of the Secretary for Education 1980 to 1989*. Government Printer, Harare

Mothobi B D 1977 Technical training in Rhodesia for African workers in industry with particular reference to apprenticeship training. University of Zimbabwe Institute of Adult Education, Salisbury (mimeo)

World Bank 1990 *Zimbabwe: A Review of Primary and Secondary Education: From Successful Expansion to Equity of Learning Achievements*. World Bank, Harare

Zvobgo R J 1986 *Transforming Education: The Zimbabwe Experience*. College Press, Harare

安提瓜与巴布达的教育制度(Antigua and Barbuda: System of Education)

1. 基本背景

安提瓜与巴布达国是由加勒比海群岛和西印度群岛中较小的安的列斯群岛中的三个岛屿构成的。安提瓜岛是这三个岛屿中最大的、主要的岛屿，面积280平方公里。巴布达岛是安提瓜岛的姐妹岛，面积167平方公里，距安提瓜岛北部有40公里。第三个岛，瑞都达(Redonda)岛是一个多岩石的、无人居住的小岛，面积只有1平方公里，距安提瓜岛西部8公里。

1991年人口调查的初步报告显示该国有居住人口63 880人：其中2%，即1 252人居住在巴布达岛。与1970年的64 794人相比，人口数量略有减少。首都圣约翰居民超过7 500人。18世纪被带到这里的种植园做苦力的非洲奴隶的后裔构成了人口的大多数。英语是官方语言，但也有各种方言以及从本地区或其他地区来的移民的语言。基督教是主要宗教。

在1967年，联合的国家(Associated Statehood)取代了完全的英国殖民统治，但英国保留了国防和外交职责。在1981年取得了完全的国家独立，并以英国的两院制为模型建立了由一个上院(或参议院)和一个众议院组成的国会制度。有一个独立的司法部。在1971年，进步劳动党(the Progressive Labour Movement)组织过一届政府，安提瓜工党(the Antigua Labour Party)从1976年开始掌握了国家政权。

旅游业及其相关服务业占安提瓜国内生产总值的60%，因此成为安提瓜主要的产业部门；并且从20世纪70年代开始，将种植园经济改造为以服务业为导向的经济，占国家出口创汇、国内收入和就业的大部分。国民生产总值在80年代的增长率在5% ~8%之间。主要的旅游市场是美国、英国和其他欧洲地区。轻工业、农业、渔业以及家畜生产是其他的主要国民经济促进部门。但由于多种因素,农业和制造业、旅游业等行业的联系松散、贸易的不平衡以及其他结构性问题等使安提瓜经济严重下滑,特别是在全球经济萧条的时期。

经济多样化的努力收效不大。从20世纪70年代中期开始,政府计划将棉花替代甘蔗,作为主要的农作物。但减产、病虫害、价格不稳定、缺少持续安全的市场等问题阻碍了它的发展。尽管政府采取了很多措施以刺激农业、渔业、制造业的发展,但由于国内市场狭小、劳动力少、自然条件恶劣,甚至是在加勒比共同体和共同市场(CARICOM)伙伴之间都存在的贸易政策中的保护主义等原因严重阻碍了这些部门的发展。同时还存在熟练劳动力短缺问题。政府各部门和其他机构正试图扭转这一局面。但对未来似乎又有些过于乐观。

即使是与其他先进的发展中国家相比,安提瓜的生活标准也仍然是可以的。在20世纪80年代中期,人均国民生产总值是2 030美元;尽管没有精确的数字可以提供,但人们通常认为在1993年这个指标提高了20%,失业率在10%以下。

20世纪80年代末期,安提瓜与巴布达的经济持续增长,社会也得以发展。在80年代早期,教育发展的重点出现了很大的变化。激起这一变化的一个特殊目标是开展各种行动以提高人们的文化素养,协调扫盲后活动和使人们更好地工作而开展的教育活动的关系。

2. 教育政策与目标

1981年宪法比较含糊地确认了人们享有教育的权利。1973年教育法进一步规定了国家教育原则的法律范围。教育法规定教育部长有权处理诸如举办学校,建立教育制度等相关问题的权力。在20世纪90年代早期,政府修订了这项法律。

在1988年,政府发布了1988 ~1992年度发展目标、目的和战略的白皮书(安提瓜政府 1988)。这个白皮书指出教育的主要目标是重新定位和重构教育制度,强调职业培训的发展,从而使它对国家经济进步与社会进步的贡献最大化。对劳动力系统的连续评估将有助于指导技能培训活动的开展,这些技能对国家发展来说是至关重要的。同时,将优先发展这样一些具体培训项目,即能满足缺乏熟练劳动力部门的需要的培训项目。

20世纪70年代和80年代,人们期望教育事业和生产事业能在国家发展战略中发挥重要的角色。90年代早期则期望不管哪个水平的学习者都能判断出其所处的环境,并与之融合,从而促进环境和社会转变。整个教育过程将成为一个决定性的实践,因为不得不调整课程,让其适应和支持真实的生活情景。尽管教育目标主要是由工党政府制定,但通常能得到工党的竞争对手——其他政党的支持。

在1990年10月,东加勒比海国家组织(OECS)成员国的教育部长决定:在OECS国家内部建立一个教育改革的亚地区,这一战略是深谋远虑和必要的。这样一个战略将为亚地区活动的开展和框架提供基础,为加勒比海内部的地区教育合作提供一个焦点。由此,建立了一个8人教育改革工作组,并授权他们开发一个OECS教育改革的概念战略。工作组名为“未来的基础:OECS教育改革战略”(OECS 1991),工作组指出:教育改革可从几个角度进行,其中政治角度是最常用的三个角度之一。它同时指出:OECS内部的教育政策和实践很大程度上是政策制定者和代表利益冲突的集团妥协的产物;结果是没有解决教育问题的真正方案,而只是政治性的交换协定;所以当出现政策制定者的更替和存在于竞争集团内部实力的变化的时候,改革实际就是一种必要的活动,它定期对价值取向、政策导向和实践进行再评估;随之而来的结果就是,改革经常是贴着现代标签的过去政策的重现。

人们希望这个文件中包含的若干建议将指导全国的和整个亚地区的教育改革与未来发展。

3. 正规教育体系

教育行政管理主要是政府的事情。所有由国家管辖的学校或公立学校是免费的。也有一些要交纳学费的私立教育机构,他们当中的一部分能得到政府每年颁发的补助金。5 ~16岁是义务教育年龄，但教育法规定：超过16岁的学生仍然可以留在学校里，但至多不能超过20岁。图1是安提瓜与巴布达国的学制图。

3.1 *初等教育、中等教育和第三级教育*

公立初等教育由三个阶段构成：幼儿教育（2个年级）、初级（5个年级）和高级（3个年级）。公立的初等教育共有29个学校，其中18所学校包含了高级部分或初等后年级。14所私立初等学校中的大多数学校也采用与此相同的阶段划分。

在安提瓜与巴布达，公立中等学校有9所，私立中等学校有3所。中等教育阶段有5个年级。学生在学完7年级（初级V）的课程后，顺利通过每年举行一次的统一入学考试就可拿到奖学金，升入公立中等学校。

安提瓜国家大学（ASC）是安提瓜仅有的一所提供第三级教育的机构。它有6个系组成：教师培训系、GCE高级水平系、工程系、商业研究系、商务办公培训系以及大学第一年学习系，大学第一年学习系提供社会科学、自然科学、艺术和普通教育课程。

教师培训系和高级水平系的学生不用交纳学费，但接受教师培训的住宿生要交纳膳宿费，因为在接受为期两年的培训期间，他们能继续领取全额工资。所有其他学生要交纳一点象征性的学费，因为安提瓜国家大学得到了政府的高度资助。

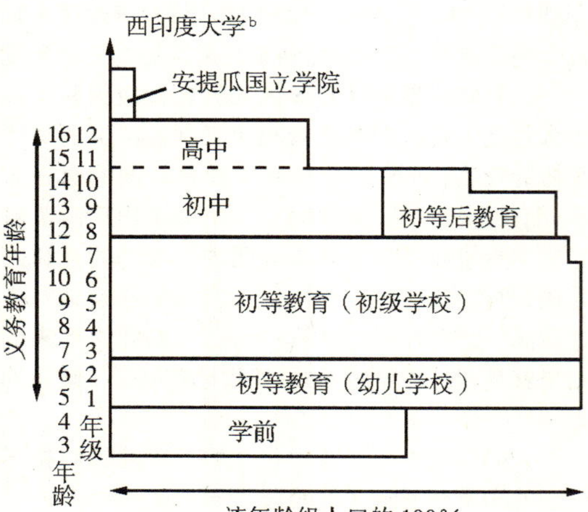

图1 安提瓜与巴布达：正规教育体系的结构[a]

a 没有包括教师培训，每年约有25人（全部是在职教师）接受教师培训

b 5%的学生进入西印度大学、继续教育学院或私立商业学校

与其他一些OECS国家的第三级机构一样，人们认为安提瓜国家大学毕业生的质量还不错。分析考试结果，特别是分析教师受训者和大学1年级学生的考试结果，就会发现：与西印度群岛大学（UWI）3个校园的学生表现比较，安提瓜国家大学的教育质量要更好。

3.2 *学前教育*

学前教育是为3～5岁的儿童设计的。它不是强制性的，但是初等学校孩子发展的一个非常重要的阶段。学前教育是私立的，但它通过教育部可获得一些政府补助。学前教育协调办公室的人员属于教育部工作人员。学前教育项目得到了联合国儿童基金会（UNICEF）的支持。

3.3 *特殊教育*

下列机构在公立系统内提供特殊教育：

（a）阿德勒（Adele）残疾人学校（主要招收大脑迟钝的人）。

（b）聋人学校（由教育部和当地的红十字会共同管理）。

（c）为视力有问题的人提供的教育项目，有一部分项目融入正常的初等学校；还有一部分以巡回的形式进行，即受过特殊培训的教师通过家访帮助这些孩子的父母和监护人正确定位。

通过上述服务，这些机构执行了政府制定的为所有学龄儿童提供基础教育的政策。

还有一个残疾人康复中心。这个中心为上面提到的特殊学校的毕业生提供技能培训，使他们获得正常的发展；它接受政府的一些资助，但由安提瓜与巴布达残疾人协会负责其运转。

3.4 *职业、技术教育和商业教育*

在安提瓜与巴布达，技术教育、职业教育与培训（TVET）获得高度的优先发展权，因为他们是实现提高教育质量和学校系统效率这一重要目标的主要战略（或机制）。包括商业教育在内的技术教育和职业教育可分成三种水平：初等后、中等和第三级。

就初等后水平而言,学生学习基础深厚的课程,这些课程包括工业艺术、家庭经济学、艺术与手工业。工业艺术课属职业教育(准备)前的课程,包括很多的建筑交易、金属工艺、自动机械以及技术制图。学生在家庭经济学课上要学习食物的准备、着装和纺织物以及家庭管理。3 所完全初等学校还开设了选修科目——农业科学课。

学生在中等学校学习的课程与上述一致,但达到一般手工艺水平的要求。此外,商业教育(打字、速写、会计、英语口语、数学)和农业科学是选修科目。

在第三级教育水平,国家大学和工程学院以及两个商业学院提供相当于高级手工艺水平的技术教育和职业教育。通常,中等技术职业学校的毕业生可升入安提瓜大学的学院继续学习。安提瓜计划扩展教学设施,以使更多的学生获得学习这些技术和职业科目的机会。

3.5 成人和非正规教育

自 20 世纪 80 年代中期以来,成人教育活动和非正规教育活动不断增加,他们以提供个人发展机会和改善职业条件为特征。其课程涉及范围非常广,几个政府和非政府的机构参与了进来。

在 1982 年,建立了一个成人教育和非正规教育的保护组织——安提瓜与巴布达成人教育协会。它的目标是:

(a)充当成人教育活动的协调机构、聚焦点和推动者。

(b)使教育工作者和社区与成人教育活动并行发展,鼓励成人教育的进一步发展。

(c)帮助成人教育从业者发展职业技能。

在从事成人教育活动和非正规教育活动的其他机构当中,比较出名的有:继续学习学院,妇女事务督导团(属该部的一个分支机构)。农业、土地与渔业部农业扩展司,青年技能培训中心,经济发展部宾馆培训中心。

各种机构组织的活动大多与经济部门事务有关,但是也有一些与社区发展、社会意识和民族意识有关的活动。这些活动可以分为如下几类:基本读写技能的培养和提高,工商业特殊部门的技能培训,个体职业者和创业者的手工艺培训,个人发展,领导角色、职业指导、健康与人类性行为。

有几个非常值得在此一提的活动。西印度大学的继续教育学院开设的大学第一年社会科学学位课程获得了巨大的成功,其课程包括:公共管理、商务管理和教育证书课程,职业秘书课程、办公程序和实践,计算机课,远程教育教学课程。

农业扩展司为督察和公司人员开办了特殊的教学课程,以更新他们的技能和专长;同时还为农民开设了作物生产、农艺学、家畜管理、林业和农业经济学等方面的培训课程。

4. 行政管理的结构与运行

安提瓜与巴布达的教育行政大体上属中央集权制,尽管安提瓜国家大学有一定的自治权;从狭义上来说,每个学校的校长和教职员工有权对学校的日常管理等问题做出决策。教育部负责分配资源、任命教师和制定政策。

教育法赋予教育部长修订、维持和管理安提瓜教育制度的权力。作为内阁成员,教育部长对内阁负责。尽管他享有建立诸如一个国家教育咨询委员会的权力,然而他从来没有行使过这种权力。

教育部教育司由首席教育执行官领导,他被认为是教育问题的技术专家。所有其他职业/技术人员在行使他们的职责时直接向首席教育执行官负责;首席教育副执行官是教育部与安提瓜国家大学的直接联系人;而高级教育执行官负责相当于中等水平的学校的行政管理。每个教育官员具体负责初等学校和中等学校的某一个阶段。

私立学校基本上不受政府控制。他们的登记、住宿标准和课程等信息通过教育规划执行官传递给教育部。

5. 教育财政

对 1992 年的经常性费用的初步估计表明:政府将总财政预算的约 13.5% 分配给了教育、文化和青年事务部。这笔预算的 85% 用于教育事业,其中初等教育 38%,中等教育 37%,第三级教育 10%。可是,个人报酬占到了教育司的经费的 76%。只有不到 25% 的经费分配给的其他服务部门,很显然,教育经费是非常短缺的。尽管有 25%

的经费用于商品和服务，但有近一半的经费用于兼职人员和其他非教学人员的工资报酬。以上经费的分配就带来了严重的问题，因为它意味着长期教学材料短缺问题的存在，教学材料包括教科书和参考书以及急需的教学设备。

尽管在1987～1993年间，教育经费有了一些增长，但总体上，教育经费非常缺乏。仔细地考察一下20世纪80年代教育经费的增长就很清楚：很多教育经费并非来自政府财政，而是来自其他途径。资本发展的经费，特别是用于基础设施和设备的经费，主要来源于联合国开发署等机构。

随着改革的继续，教育服务的实现需要越来越多的财政经费和其他资源，这样的需求越来越明显。自1988年以来，不管是公立还是私立的教育机构，为了获得更多的追加经费，已经开展了很多活动。

6. 师资

1991～1992学年末，初等和中等水平学校有公立教师719人。私立初等和中等学校有教师180人。就第三级教育而言，在安提瓜国家大学有导师和助教共计57人。719名教师中有512人受过专门培训，并且95%的人是大学毕业生。值得注意的是，有大约75%的教学人员是女性。可是，在整个学年期间，总是存在一定数量的教学人员短缺现象。这种短缺主要是由辞职（流失率在5%～7%之间）和获得海外高等教育机构的奖学金引起的。

进入教师行业所必需的最低资格标准是完成四门普通教育证书（GCE）的O级水平课程，或是加勒比考试委员会（CXC）的一般水平科目，再或是前面一般水平科目和基本科目的结合。通常，新教师在拿到奖学金到安提瓜国家大学的教师培训部接受为期2年的培训之前，要在学校里以实习生的身份代课2年。这种培训主要是适合初等教育水平的。在培训结束时，由西印度大学教育学院授予毕业证书。

公立学校的教师属国家公务员，他们的任命和管理由公共服务委员会通过内政部机构司负责。私立学校的教师由各个学校根据学校的需要和经费情况招聘。他们有时申请奖学金以便能到国家大学接受培训。

除了正规的教师培训外，教授职业科目的教师，如：工业艺术、家庭经济学、商务学习等，可在海外的机构里接受为期3年的辅助专业培训，在学业结束时可拿到毕业证书、文凭或学分。

作为教师的代表，安提瓜与巴布达教师工会就改善教师待遇和工作条件问题与政府进行了协商。在1993年，校长的提拔以及教育部内部职位的确定由几个因素决定，如：资格、工龄以及业绩等。

7. 课程开发与教学法

初等和初等后教育阶段的学校采用共同课程；中等学校的初级阶段（1、2、3年级）和高级阶段（4、5年级）课程由CXC科目教学大纲规定的。初等学校的核心课程包括语言艺术、数学、社会研究、普通科学以及创造性科目，如艺术、音乐和歌唱等；中等教育的初级阶段增加一门外语——法语或西班牙语，此外，还要学习职业科目和一门自然科学科目。体育、运动和学校内部的比赛如板球、足球等都是由教育部体育司组织的。

安提瓜与巴布达非常重视职业、技术教育和培训，并且开展了很多针对教师的在职培训课程，目的在于培养教师的基本技能。

有些学校自发地将计算机培训引入教学内容。但政府却试图使计算机培训成为普通教育一个常规组成部分。资源中心和幼儿教学中心共同确保所有的学校都能获得必要的教学材料和设备。尽管有这两个机构负责提供教学材料和设备，但是教师还是自己主动地准备一些材料和设备，以便更好地开展教学活动。

8. 考试、升学和证书制度

对正规学校教育的前7年来说，学生主要是根据年龄自动升级，从学前班到初级V（1～7年级）。对初等后教育来说，则要根据学生的年龄和成绩两个指标来确定他们能否升级；在中等学校，成绩是衡量学生能否升级的标准。

除了参加每个学校组织的学校考试外，学生在小学毕业时要参加第一次正规考试，这就是众所周知的中考。所有顺利通过考试的学生取得一个正式的证书,获得奖学金升入一所中等学校。没有通过考试的学生则要留在原来的学校里,参加初等后教育。3年之后,这些学生参加初等后考试。如果顺利通过,他们就可以取得一个初等后教育证书并获得奖学金,进入中等学校学习。这样的学生年龄通常在14~15岁,进入中等教育子系统的10年级学习。没有通过考试的学生有两种选择,或者留下参加具体科目的考试,或者就此终止他们的正规学校教育。参加科目考试的学生可获得单独的证书,如家庭经济学、工业艺术等的证书,这些证书可作为他们参加其他课程学习的参考,其他课程指由诸如宾馆培训中心组织的培训活动等。

中等学校的学生要参加CXC证书考试,可以是基础水平的,也可以是一般水平的。他们可在11年级或12年级参加CXC考试。参加一般水平考试,并且有3门或更多科目的成绩优秀的学生可进入安提瓜国家大学高级学院学习。其他中等学校的毕业生可以进入安提瓜国家大学工程或商务教育学院学习,或参加工作。

安提瓜国家大学的课程都是两年制。在第二年结束时,学习工程和商务教育的学生要参加皇家艺术协会(RSA)组织的考试;高级学院的学生则要参加英国剑桥委员会A级水平考试。这些高级学院的毕业生和第一年大学学院的学生谋求获得奖学金的途径,以便能够到国外的大学或其他高等教育机构接受更高级的教育。安提瓜国家大学可给毕业生颁发它自己的毕业证书。

9.教育评价、评估和教育研究

自1988年以来,安提瓜除了将常规的考试结果用于评估教育外,已经考虑并正在考虑制定新的评估教育制度的方法。现在更强调在数年期间评估学生的表现,以发现他们的优势与劣势;同时还强调其他有用的指标,这些指标旨在标明教育产品的质量或"成功产品"。对平时成绩的参考,使得引进一些正规的评价工具成为可能,但这些还没有给予详细的思考。作为评估教育产品质量的一种手段,安提瓜与巴布达正在认真地考虑建立一套跟踪调查制度。

事实证明,两年一次的评估报告对评估教育工作具有一定价值。这份报告涉及各级教师、教师与学生的优势和劣势、对于教育活动的正面与负面评价,以及改善教育和进行教育改革的建议与观点等等。

在安提瓜不存在正规的研究力量。每个在安提瓜国家大学学习的教师在第二年时通常都要选择一个领域,一个他认为构成问题的领域,然后到地方上进行一定的研究,以找到问题存在的原因、结构,并进行实验以解决这个问题,最后描述他们的发现。其他一些研究是由大学毕业生或研究生在准备毕业论文时进行的。

10.20世纪八九十年代的主要改革

教育改革的目标是提高教育系统的效率,并改善提供给学生的各级教育活动的质量。在此目标下,教育事业在20世纪80年代开始发展,90年代得到进一步加强。教育改革的具体目标是提高教育系统各级水平人员的效率,使教育活动与安提瓜与巴布达整个社会的职业需要更加相关。由此采取的一些重要战略如下:

(a)将初等后教育的设施集中化。

(b)通过在职培训和高级培训,帮助教师提高课程开发技能和培养他们开发教学策略的能力。

(c)开发教学材料和课程标准,特别开发技术教育和职业教育领域的教学材料和课程标准。

(d)不仅从类型,而且从水平上,提供最适合就业机会的课程科目。

(e)在教学过程中引进适当的教学技术并使其得到扩展。

这次改革取得的一个最显著的成果就是建立了一个多科技术和职业中心,这个中心将为来自5所对口学校的初等后学生提供恰当的教育。这个中心将开设包括工业艺术、家庭经济学、商务学习以及艺术与手工艺在内的大约16门课程。

这次教育改革的预期成果是:

(a)培养具备教学技能、知识和专长的、高素质的教师,以提高教学水平。

(b)改进课程,以加强教育和工作间的联系。

(c)更充足的基础设施。

(d)使学生更具备继续接受更高阶段教育所

需的能力。

1993 年正在计划中的另外两项值得一提的改革战略是:(a)引进一个夜间学院课程;(b)建立一个国家培训委员会。夜间学院将分成两个水平。一个是为成年人举办的,他们从正规教育系统辍学,但愿意提高或发展适合劳动力市场需要的技能,特别是技术和职业教育。另一个将满足雇员改善或发展他们的学术、职业以及技术能力的愿望。后者将设在安提瓜国家大学。国家培训委员会将同时包括公立和私立部门,并试图协调所有的培训活动,特别是职业教育活动;在正规教育部门与非正规教育部门间,工业与商业部门间建立有效的链接;帮助建立证书和认证标准。

11. 2000 年面临的主要问题

与许多其他的发展中国家一样,安提瓜与巴布达已经感受到了 20 世纪 90 年代早期的全球经济衰退对国家的影响。教育行政人员和这一领域的其他专业人士非常清楚:在 21 世纪,教育将在发掘资源,将教育用于资助和支持改革,扩展教育机会,尤其是扩展高等教育的机会方面,遇到更严峻的问题。安提瓜国家大学的设备是非常不足的,同样计划中的技术教育、职业教育以及培训领域的发展也严重缺乏设施。

20 世纪 80 年代经济与社会的迅速变革给教育系统带来了沉重的压力。有人认为教育机构应该提供解决所有挑战和满足社会需要的答案,但同时也有人抱怨说,课程的负担已经过重了。教育需求在不断增长。另一个问题是教师与其他公务员相比的地位问题。教师代表正在激烈讨论有关建立新的和修订旧的教师待遇与工作条件,以及建立一种职业进步与晋升的途径和各种各样的舒适条件的问题。获得学位的初等学校的校长要求得到尊重。人口中心的转移已经开始引发住宿问题。

这就是行政人员面临的重大问题,他们自己已经开始意识到,现在的行政结构不能有效地处理这些亟待解决的重大问题。即使到世纪之交,教育的不平等和不均衡现象仍将持续一段时间。

J. 诺尔斯(J. Knowles) 著

吴志兰 译

附录

Government of Antigua 1988 White Paper on development goals, objectives, and strategies 1988—1992. Ministry of Economic Development, Department of Planning (Government Printing Office), St John's

Organisation of Eastern Carribbean States (OECS) 1991 *Foundation for the Future*: *OECS Education Reform Strategy*. OECS

阿根廷的教育制度(Argentina: System of Education)

1. 基本背景

阿根廷共和国是拉丁美洲第二大国,位于南美洲的最南端。领土为 280 万平方公里。从西部最高的安第斯山峰阿空加瓜山(Aconcagua:海拔 6 959 米)开始,穿越了富饶的帕潘斯草原,向首都布宜诺斯艾利斯东北部的巨大河流延伸。其南部濒临南大西洋。大约有一半的辽阔地区人烟稀少,是不毛之地。然而,领土面积的 65% 是可耕种的土地。在这个辽阔的国家,空间距离是影响农村教育质量的主要因素之一。

阿根廷过去曾是西班牙殖民地的一部分。居住在布宜诺斯艾利斯的总督曾统治这里近两个世纪(1617 ~ 1810)。1810 年一场反对西班牙傀儡国王费尔南多七世的革命为 1816 年独立宣言的发表铺平了道路。自此之后,这个国家的领土和组织形式没有发生过巨大的变化。

根据 1991 年的人口调查,阿根廷人口为 3 242.3万,比 1980 年增长了 14%。人口在 20 世纪增长的原因,很大程度上是由于在世纪之交出现的大规模移民运动,特别是来自南部欧洲的移民。在 1900 年大约有居民 400 万,到 1947 年这个数字上升到近1 600 万。1980 年,由于移民潮的退潮和城市化的快速发展,人口增长率有所放慢,仅为前一时期增长速度的一半。在 1900 年城市人口与农村人口持平,而到了 1991 年,86% 的人口生活在城市,农村人口只占到了总人口的 14%。近 1/4 的人口(23%)都集中在布宜诺斯艾利斯及周边地区。

在拉丁美洲讲西班牙语的国家中,阿根廷最具有欧洲的特点。大约 90% 以上的人口中,祖籍是西班牙或意大利。自 1960 年以来的一个巨大变化是,多数阿根廷儿童的祖父母是讲西班牙语的阿根廷人。

19 世纪下半叶,在巨大的边界地区,游牧部落的残余已所剩无几。尽管西北部被印加人统治,东北部正处在著名的瓜拉尼印度教会(Guarani Indian Missions)兴盛时期,并且在耶稣会统治时期达到了长达两个世纪的鼎盛时期,直到耶稣会于 1767 年被驱逐为止,这一地区的文化已达到了很高的水平。但是,阿根廷仍没有什么重要的民族文化可以和阿兹特克和印加人的民族文化相比拟。

根据联合国开发计划署(UNDP)1991 年的报告,阿根廷的人类发展指数是 0.854。在被认为指数值较"高"的国家里名列第 43 位。经济上有劳动力的人口,包括妇女在内,高度集中在服务部门(53.1%),紧接着是工业部门(33.8%),最后是农业部门(13%)。1984 年农业部门的产值达到国民收入的 55.5%。

在过去的 50 年里,阿根廷的经济灾难主要是由社会和政治问题引起的。

第二次世界大战前,阿根廷一直是欧洲的面包原料来源地,也是世界上最大的优质牛肉出口国之一。1913 年,它的粮食产量是世界粮食产量的 1/3,它还拥有世界上最长的五条铁路系统中的一条。从 20 世纪 70 年代中期到 80 年代中期,阿根廷经历了空前的经济低速发展。由于一系列笨拙的工业化项目,加上不恰当的政治领导和随之而来的军事统治,使阿根廷遭受了高度的通货膨胀和政治衰退的双重折磨。腐败之风盛行。

但阿根廷雨量充沛。1940 ~ 1980 年,农业产量翻了一番。工业由原来的几乎完全朝着消费品方向发展以满足地方市场的需要,开始增加中间商品的生产,如纸、化工产品、工业机械。

铁路总长度 34 000 多公里,数年来一直在亏损运营。政府正开始着手实施包括多数服务部门在内的动态私有化计划。公路里程数达到 100 万公里,其中 46 000 公里的路面已铺设好。现在,通过收费制保证公路的保养维修。

1988 年阿根廷人均收入达到 2 520 美元。1991 年外债达 675 亿美元。截至 1993 年,时任的经济部长完全放开了对经济的管制,并允许美元的自由兑换。这一成功的举措表现在每月的通货膨胀降低到几乎为零,1991 年经济的增长吸引了至少 50 亿美元的外资。前些年从本国流走的资本(估计约 600 亿)有望在 20 世纪 90 年代回流。

1980 ~ 1990 年,国家以两方面的社会重要发展为特征:向民主制度的过渡和由于连续的高度通货膨胀而引起的社会经济危机。可是,在梅内姆总统领导的政府执政期间,经济部长所采取的稳定、分权化、私有化和解除市场管制的计划为阿根廷吹来了一股清新的风,使人们对未来的繁荣充满了希望。

作为正义党(亦称庇隆主义党——译者)的总统候选人,梅内姆在 1989 年就任总统。从 20 世纪下半叶开始,梅内姆和他的组建政党就开始占据阿根廷的政治舞台。为了更好地理解这一点,有必要简要地回顾一下历史。

1915 ~ 1955 年,阿根廷由保守党(大部分是上等阶层)、激进派(中等阶层)、庇隆派(下等阶层)轮流执政。每次轮换国家都面临着危机和发生军事政变。自 1930 年以来,这种情况很少有例外,国家一直由各种军队领导人控制,他们代表和反映了不同社会阶层和部门的人们的利益。自 1955 年以来,政治的焦点一直是在庇隆派和反庇隆派之间进行,并且双方都建立了军队。

庇隆统治阿根廷达三个总统任期,1946 ~ 1955 年的两个总统任期,另一个任期是从 1974 年开始直到他 1976 年去世。在 1958 年的大选中,弗让第兹总统(President Frondizi,属激进派)获胜,他一直统治到 1962 年被驱逐为止。其继任艾连(Illia,也是激进派)统治至 1966 年。从 1966 年到 1974 年军队再一次接管了政府,但后来又将权力再一次地转让给了庇隆(他在这之前已连任过两届总统)。在他去世后,他的妻子,艾沙贝尔·庇隆(Isabel Peron)取而代之。由于当时在拉丁美洲出现了最广泛的从事颠覆活动的游击战争,导致其政权无法维持,并濒于瘫痪的后果,艾沙贝尔的政权统治在1976年最终崩溃。1976年军队轻而易举地推翻了艾沙贝尔·庇隆,同时进行了一场反对游击队的血腥内战,直到把游击队彻底消灭为止。这场战争中许多人失踪,至今已无法统计。

1983年,在与英国的福克纳战争失败后再次进行了大选。激进派的让尔·阿方辛(Raúl Alfonsín)成为当然的胜利者。他就任的头两年取得的主要成就是和智利签订了一个和平条约,审判了对那场“肮脏战争”负有责任的前总统们,提出了“南方经济稳定计划”。然而,甚至连这个计划也在他统治的末期崩溃了。高度的经济膨胀再次成为一个严重的问题,直到由梅内姆政府进行的后继努力才使通货膨胀最终控制在合理的范围内:即每月1%或2%。靠下等阶层的选票获胜的梅内姆总统坚决实行更开放的自由市场经济。这一举措在20世纪90年代已最终显示出了经济良性发展的信号。

在整个后庇隆(Post-Peronist)军事统治时期,政府决策不仅没有公众参与,就连州立的教育机构也没有教育自治权,特别大学的自治权。在军事统治时期最重要的变化可能要算1956年对教育选择的认同。虽然允许私立大学存在,但国家不提供经费,很有限的一点补助金给予了私立的初等学校和中等学校。

1969年,阿根廷竭力去改革整个初等和中等教育体系,但唯一有持续效果的是把教师教育转变成中学后教育水平。10年后,重要的一个变化是对公立初等学校的管理分权化,他们将由地方政府管理。

2. 教育政策与目标

官方以“完善”教育的理想陈述教育体系的目标。据此,教育体系的目标涉及个体发展的方方面面:心理、智力、审美、社会、公民、职业和道德等,并将个人的职业和公共利益也考虑在内。换句话说,假定从量的角度讲,人人至少拥有了平等接受初等教育的权利,教育体系目标以这样的方式称述使它具有广泛的解释力。

两大政党(激进派和庇隆派)之间存在分歧。这些分歧从根本上来说是由历史和哲学观点不同造成的:激进派更自由而庇隆派则更保守。

可是,除了私立大学和高学费的私立中等学校外,政府提供几乎所有教育的经费。这种制度的好处是政府能够负担任何私人团体都负担不起的教育开支,而负面影响则导致了教育的低质量和低标准。换句话说,公立学校通常是世俗的(在学校中不能进行宗教教育),质量较差,影响力不大。人们要想接受高质量的教育就必须到私立学校去。这些学校通常是由天主教机构开办的。总之,政府事实上支持了低质量范围广泛的教育。想接受高质量的教育就必须付费到私立学校去,除此之外,鲜有例外。

除了各社会阶层表明的具体目标存在差异外,教育的差异并非源于社会不同阶层团体间的教育目标不同。通常,社会的上层阶级和中产阶级为子女寻求更好的教育,而工人阶级则存在使子女接受最低标准教育就满足的倾向。

3. 正规教育体系

3.1 初等教育、中等教育和第三级教育

图1是阿根廷的学制图,标明了在各个年级受教育的学生人数占相应年龄层人口的百分比。表1是阿根廷正规教育的入学率和教育资源状况的统计数字。

初等教育对6~12岁年龄层的儿童来说是义务的。辍学率中等。大约有60%的学生在7年内即可毕业。但10个学生当中有9个在学校里至少待7年。留级率在1年级特别高,将近25%,在接下来的年级留级率在10%~20%之间。贫困家庭孩子的留级率是上层社会和中产阶级孩子留学率的两倍,在落后的农村地区情况更是如此。只有18%的学生在私立学校就学。

大多数学生只是在上午或下午上课。1978年对初等学校系统进行了分权化改革,现在初等教育完全处在地方政府的管理之下。几乎1/3(30%)的学生就读于布宜诺斯艾利斯及周边地区。另外1/3的学生分散在3个最大的省(布宜诺斯艾利斯、科尔多瓦和桑多斯),剩下的学生分布在另外的20个省(占40%)。

表 1　　1987 年正规教育的入学率和教育资源状况

	中小学		第三级教育	
	小学	中学	教师教育	大学
学生人数	4 906 907	1 859 325	203 336	755 206
不同年龄段学生注册数的百分比				
6~12	100	–	–	–
13~15	–	74	–	–
16~24	–	–	36[a]	–
教育机构数量	21 025	5 870	1 057	483[b]
每所学校的平均学生人数	233	316	192	1 563
生师比	19:1	7:1	6:1	18:1

a 针对 1985 年全部高等教育而言

b 包括大学的全部系所

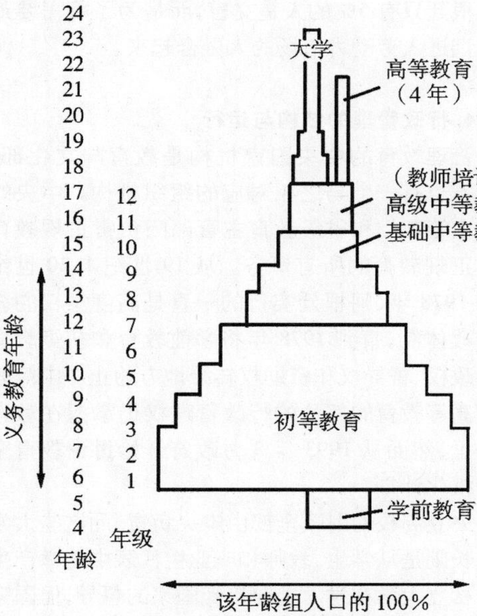

图 1　阿根廷:正规教育体系的结构

教育部在 1993 年时曾计划将中等教育分权化。在撰写本词条时,国会正在讨论是否批准这一计划。参加中等教育的学生年龄在 13~17 岁,占这一年龄组人数的 44%。它包括 3 个主要的方向:学士、商业、技术。选择农业或其他类型学校的人很少。对不同倾向的所有学生来说,他们在前 3 年接受的教育基本上是一样的,尽管每一个倾向都有特定的课程。中等教育阶段辍学率很高,平均来说,进入第一年学习的学生只有 50% 的人坚持到毕业。这么高的辍学率在很大程度上是由近年来该级教育的急剧增长造成的。中等学校的入学人数 1940~1950 年间翻了一番,到 1974 年又翻了两番。之后的增长步伐有所放慢,但到 1987 年人数还是增长到 1 859 325 人。流向最多的依然是学士(尽管发展了多种形式),有学生 770 615 人。

所有的中等教育都是以大学为定向。全国只有 51 所农业学校。中等教育课程的结构是陈旧的、大百科全书式的。

高等教育被分成大学教育和非大学教育。后者通常是在教师培训学校学习 4 年获得的。大学教育包括 5~7 年的学习课程,课程中没有提供选择的余地。

阿根廷有 25 所较大的公立大学和 20 多所较小的私立大学。他们是按照传统学院的方式,效仿拿破仑一世时代的模式组织起来的。在 20 世纪 90 年代采取的新举措是建立商业和农业学院以及技术大学。技术大学可追溯到庇隆时代,以培养工程技术人员为宗旨。这个学院向中等技术学校的毕业生提供高等教育的机会。新近，由于政府批准，私立大学增多，这个事实正改变着高等教育的舞台。

接受高等教育的学生总数 1987 年达到近 100 万(958 542)，其中 3/4 的学生是在校大学生。1980 年以来，接受高等教育的学生数增长了 54%。学生人数的增长严重影响了整个教育体系的质量。

3.2 学前教育

正规教育体系的结构意味着所有的省份为 5 岁的儿童提供义务的学前教育。一些省份的义务教育从 4 岁开始。在多数大城市，孩子从 3 岁或更小的时候就开始被送入日间托儿所。幼儿园通常附属于小学，其财政也是这种方式。私立幼儿园非常繁荣，在这里学习的儿童占该年龄层儿童总数的 31%。由于儿童入托率的提高，学前机构中孩子的社会背景正发生着迅速的变化。在 1987 年 8 677 所学校中有学生 766 138 人。

3.3 特殊教育

特殊教育的基本政策是使有问题的学生尽量融入正常学校班级中。可是，当这样做不可能时，则必须将这些孩子送入特殊学校。有为聋哑人、盲人和有精神障碍的孩子开办的小学。这些学生在正常中等学校继续学习。也有为轻度或中度精神问题的孩子开办的学校。为便利这些孩子加入劳动力大军，阿根廷为 14～21 岁的孩子提供了“受保护的作坊”。

3.4 职业、技术教育和商业教育

政府政策规定：职业、技术和商业教育的具体科目要由具备相关资格的人教授。例如，教授会计学的要是公共会计或经济学教授。

课程内容仅有的主要变化是在许多领域引入了计算机知识。

政策规定合作社收入的一部分要用于支持商业学校，工业界收入的一部分用于支持技术学校。但这些规定在实践中还没有执行。

3.5 成人和非正规教育

阿根廷负责成人教育的国家机构是成人教育司，并设有地方监督机构。中央一级和地方一级，政府为私立机构提供补助，并行使监督权。

成人教育的主要目标人群是希望取得小学毕业证书的 14 岁以上的初等水平文盲或功能性文盲，或者是想获得中等教育证书的有小学毕业证书的成人。但前一类人占的比例要大得多。

非正规教育的形式可谓多种多样。例如，在劳动协会和监狱中提供的教育，向老年人、战士提供的教育，向妇女提供的特殊课程如烹饪、缝纫、保健等等都属于非正规教育。

涉入广泛教育、社区服务和经济发展领域的私立机构很多，如北方诸省的伊库帕(Incupo)和南方的克鲁查加－帕塔格尼卡(Cruzada Patagonica)。伊库帕过去曾是拉丁美洲最大的广播学校之一，广播的听众达 120 万人以上。它现在更多地是以社区发展为工作中心。

根据 1987 年的统计，在 1 594 所成人学校中有学生 99 455 人，还有 95 695 人在 7 587 个素养培训中心学习。成人教育的目标不是为了扫除文盲，因为阿根廷只有 5% 的人是文盲，而是为了将需要最低培训进入劳动力市场的人融合起来。

4. 行政管理的结构与运行

管理教育的中央国家机构是教育与文化部。每个省也有一个与之相对应的组织机构。中央的教育主管部门和省级教育主管部门负责正规教育和非正规教育的所有事务。从 19 世纪末 20 世纪初到 1978 年，阿根廷实行的一直是高度集权的教育行政体制，直到 1978 年将学前教育和初等教育的行政权、督导权和资助权转给地方为止。中等教育和高等教育的部分的行政管理权仍掌握在教育部手里，然而从 1993 年 3 月政府开始讨论教育全面分权化计划。

公立高校的财政全部由中央负责，而这些大学的校长则是从学生、教师和毕业生代表中选举产生的。私立大学在学术上要接受国家的督导，但国家不给其提供财政支持。

依照宪法的有关原则，由国会或地方立法机关制定教育法规。

地方督导系统归督导员负责，他们是教育领域级别最高的非政治性的工作。督导员负责学前教育、初等教育和中等教育行政和教学的各个方面。在中等教育水平督导员是按教育分流的情况组织起来的。

5. 教育财政

在阿根廷,对教育投资进行实际的评估是非常困难的,不仅是因为没有现成的数据,而且另一个很重要的原因是曾遭受过高度通货膨胀和货币贬值。

政府财政的14%用于教育的传统在1984～1986年间得到了保持。其中地方财政的20.1%和中央财政的8.3%用于教育。政府财政用于教育的百分比不够稳定,1975年为17.4%,1982年为9.2%。

与1978年一样,学前教育和初等教育完全处在地方政府的管辖之下。地方政府对各级教育的拨款比例比较稳定:教育财政的81%用于初等教育,17%用于中等教育,而只有1.8%用于高等教育(非大学)。在同一个时期,初等教育支出占教育总成本的52%,中等教育占32.5%,高等教育占15.4%。

从1976年以来,由于经济危机致使教育投资稳步下降,影响了各级教育的发展。1979～1985年间初等教育的投资减少了61%,中等教育投资减少了39%,所有高等教育投资减少了51%。因此,教师的工资与20世纪80年代早期相比要低得多。

最后,据说私立教育部门只吸收了政府教育资源的很少一部分,约为13%;估计生均成本每年为150美元;由于入学率的持续上升,中等教育的生均成本从20世纪80年代初就已经开始降低。

私立学校的主要收入来源于家长支付的学费。

6. 师资

为了初等教育和中等教育培训。所有的大学毕业生可在相当于大学水平的机构任教。在1978年有609 009个教师岗位,但从这个统计数字还不能决定教师的确切人数。可是从一般的评估可知,好像不存在教师短缺问题。

没有为非教学人员提供的特殊培训。所有的教师培训都是中学后水平的,通常为学制4年的课程。也有一些是3年制或5年制。

政府为提高教育质量做了许多努力。公立或私立机构提供具体的课程(系统的或非系统的),尽管这些努力彼此孤立。有些课程对申请管理职位人是必修的,而其他的则是一般的在职培训课程。有些机构在培训方面非常有名气。如布宜诺斯艾利斯的比达玛(Biedma)学院,或提供领导技能远程培训的教育部咨询委员会。

政府负责监督和评价所有教师在职培训课程。证书考试不是必须,但有些形式的评估则是必需的。

7. 课程开发与教学方法

课程教学大纲是由教育部咨询委员会提供的。它是负责各个省的政府委员会。初等教育的地区差异在理论上是可以接受的,而实际上即使有差异其程度也是不明显的。课程中包括了各门学习的基本大纲,并且可在省一级或地区一级对其进行修订,不存在核心课程。

中央没有控制或批准商业性分散的教学材料机构,除非认定其内容有损于民族认同。所有教科书都要依据制定的教学大纲编制。由私立机构负责编制教科书。

从初等教育一直到高等教育不存在选修课。学生如果想学习有关语言或音乐的课程必须去私立机构学习。

英语是最受欢迎的外语,学校同时也教授法语和意大利语。

督导是官方确保课程实施的唯一途径。督导行动是由督导员或学院的校长实施的。

存在的主要问题是教师对变化的抵制。他们好像不能对他们的教学活动进行自我批评。这就造成不连贯行为的发生,行为也不按照逻辑顺序来进行。

8. 考试、升级和证书制度

国家制定了升学的最低标准,教师必须确定学生达到了最低标准。这种选择制度是非正式的,因为倾向于按社会阶层对学生分组。尽管也能找到为数很少的几所为下层人民提供高质量教育的学校,但学校教育的质量与社会结构密切相关。

中等学校20世纪90年代所采用的评估制度

是从1989年开始使用的，目标是将评估从证书中区分出来。而实施这一政策的总体结果是标准进一步降低。学生按3个等级评估（优、良、不及格）。在这之前使用的是定量尺度：按1～10个等级对学生进行评估。

现行制度缺乏可信度，很多人认为应对其重新考虑。问题是应接受必要的区别：证书与评估的区别、学业成绩评估与学生全面行为评估的区别，以及对勤勉精神、理解力和刻苦学习情况的评估等等。显然，这些通过单一分等级的形式是无法反映的。为建立合理的机制必须获得某种程度的一致。

9. 教育评价、评估和教育研究

没有成型的评估制度，就整个国家而言进行的研究也就非常少。官方预算不为研究划拨经费，所以，仅有的一点研究是由大学或私立机构做的。有一些研究人员，和一个由科多巴天主教大学首创一种教育博士项目。同时，科多巴天主教大学还有一个拉丁美洲教育文献中心（REDUC），中心进行教育研究和提供来自整个拉丁美洲的信息。20世纪90年代初曾试图成立一个全国性的REDUC网络。先前研究成果的传播是科学研究的基础。可以获得的教育统计数字截至1987年。

10. 2000年面临的主要问题

阿根廷的学校制度已经完成了一项“国家建设”的重要任务，积极促进了民族认同所需的最低基础的巩固：一种语言、一个国旗、一个政府，几乎没有文盲以及没有对妇女的歧视。

1970年以来，集权化一分权化问题居于阿根廷舞台的中心，这与各个部门的地理、地区控制问题密切相关。在90年代早期这一问题已接近于得到最终解决。

几乎所有的孩子现在都能上学，所以初等水平的教育机会问题已不再是什么迫切的问题了，尽管学生的成绩依然存在差距。

现在是需要广泛讨论有关初等和中等教育的质量的时候了。很明显，并不是所有的中学毕业生都能升入大学，尽管从理论上讲是可以的。所以，人们必须接受这样的观点：即有很多学生更适合于接受工作培训，而不是升入大学。虽然，有的人则可能从大学预备教育中受益。

这个问题是教育质量的问题之一。教师培训也存在同样的情况。教师培训应引入与整个教学活动相关的坚实哲学知识的介绍。教师只接受过教学法培训，通常意识不到他们的工作中隐含的理论。应培训教师解决问题的技能。这会使他们对现代科学和现代知识结构采取更灵活的态度，克服学生为中学毕业而学习的一套固定的僵化观点。

偏远农村地区的初等教育质量急需改善。学校教育必须与生产活动以及社区的发展、经济的发展结合起来。在这些地区工作的教师必须经过特殊培训，并且工资要足以补偿他们所经历的困苦。

大学教育迫切需要改革。自1918年科多巴改革以来，校长和系主任由学生、教师和毕业生提名。这一制度使各种政党实际上控制了大学的活动，使决策程序不能发挥作用，以解决真正的学术问题。大学教育的主要问题是教育行政和规划问题。阿根廷储备有相当多的优秀人才，但由于严重行政管理问题的存在，使他们在工作时面临诸多问题。

M. A. 佩蒂（M. A. Petty） 著

吴志兰 译

附录

Amadeo J *La Universidad condicionada: La Universidad de Buenos Aires y su Lugar en el Proyecto político del Siglo XIX.* Centro de Investigaciones Educativas, Buenos Aires

Argentina 1968 *Educación Recursos Humanos y Desarrollo Económico-Social*, Vols. 1, 2. Secretaria del Consejo Nacional de Desarrollo, Buenos Aires

Argentina 1979 *Perfil Educativo de la República Argentina.* Dirección de Políticas y Programación Presupuestaria del Ministerio de Cultura y Educación de la Nación, Buenos Aires

Argentina 1981a *Estadísticas de la Educación, Sintesis 1971—1975.* Departamento de Estadística, Buenos Aires

Argentina 1981b *Anuario Estadístico de la República Argentina, 1979—1980.* Instituto Nacional de Estadística

y Censos, Buenos Aires
Centro de Investigaciones Educacivas 1979 *Educación y Justicia en la República Argentina*. Centro de Investigaciones Educativas, Buenos Aires
Llach J J 1977 *Estructura y Dinámica del Empleo en Argentina desde 1947*, CEIL Documento de Trabajo No. 2. Centro de Investigaciones Laborales, Buenos Aires
Martinez Paz F 1979 *La Educación Argentina*. Universidad Nacional de Córdoba, Córdoba
Martinez Paz F 1980 *El Sistema Educativo nacional, Formación Desarrollo, Crisis*. Universidad Nacional de Córdoba, Córdoba
Mulhall M G, Muthull E T 1985 *Handbook of the River Plate*, 5th edn. Buenos Aires
Petrei A H 1989 *Ensayos en Economía de la Educación*. Talleres Gráficos de BALADO, Buenos Aires
Petty M 1979 Prioridades de investigación educativa. In: *Perspectivas de la educación en América Latina*. Centro de Estudios Educativos, Mexico City
PNUD 1991 *Desarrollo Humano, Informe 1991*. Tercer Mundo Editores, Bogotá
REDUC - UCC 1988 *Segundo Encuentro sobre el Estado Actual de la Investigación Educativa*. Córdoba
UNESCO - OREALC 1990 *Situación Educativa de América Latina y el Caribe, 1980—1987*. (Argentina: pp. 65—74). UNESCO-OREALC, Santiago
United Nations Development Programme (UNDP) 1991 *Report*. Tercer Mundo Editores, Bogotá

巴哈马的教育制度(Bahamas: System of Education)

1. 基本背景

巴哈马是加勒比海地区独立国家中最富裕的国家,但其经济基础并不稳固。巴哈马人口稀少,面积分散。文化、政治和经济生活一直深受英国影响,最近更大的影响来自美国。它的教育制度深受这些条件影响,其教育制度的发展仍将受这些条件的影响。除较远的岛屿外,教育供给相对较充足,但存在义务后教育和高等教育的供给较少的问题。巴哈马在教育上取得的成就,被其国内的贫富不均及民众缺乏文化认同感抵消不少。

巴哈马联邦由700多个岛屿和超过2 000个珊瑚礁组成,延伸的地区长达750公里,但领土面积不到14 000平方公里。最北端到美国的佛罗里达海岸,西南到古巴,东南到海地,这对其经济和外交都有影响。在有人居住的29个岛屿或岛屿群上,安得鲁斯(Andros)岛占总领土面积的40%,但面积稍小一些的新普洛维登斯岛(New Providence)、大巴哈马岛(Grand Bahama)、大阿巴柯岛(Great Abaco)和易路斯岛(Eleutha)也具有很重要的地位。亚热带的气候和岛屿地理特点使巴哈马在现代历史上以农业、渔业和商业为主。

1990年巴哈马人口约25.5万,其中有17.2万居住在首都拿骚,这构成了新普洛维登斯岛的主要人口。其他的岛屿中只有大巴哈马岛(41 000人)、大阿巴柯岛(10 000人)、安得鲁斯岛 和易路斯岛(每个岛各有8 000人),人口超过3 000人。人口密度为每平方公里18.7人,这说明在新普洛维登斯岛以外的岛屿的人口非常稀少。城乡分布更为明显,为59:41。在新普洛维登斯岛以外的地区面临着教育供给短缺和分配难的问题。

在20世纪70~80年代期间人口的年增长率为3.4%,1980~1989年间为1.9%。这在加勒比地区是相对高的人口增长率,部分原因是由于人口向富裕国家移民。1989年人口出生率为20‰,这相对于该地区其他国家来说较低。低经济增长和高人口增长率极大地限制这一地区非工业国家正常的教育供给,好在巴哈马这种现象不太严重。

巴哈马与其他的加勒比国家存在着同样的种族、语言和宗教结构 。种族主要由72%的黑人、12%的混血人和13%的白人构成。虽然有混合语言出版物,但英语为官方语言,应用很广。除了很少的犹太教和伊斯兰教社区外,很多人信奉基督教。主要宗教有浸礼教(31%)、英国的圣公教(20%)、罗马天主教(19%)、卫理公会(6%)和上帝教(6%)。国家从没有太大的文化差异中受益。

职业结构以服务性工业为主。有40%的就业人口从事旅游业,14%的就业人口在工业中就业,4%的从事农业和渔业。再就业人口中存在差别,从事服务业的集中在主要人口居住地,而传统的农业人口主要在较偏僻的地区。失业率较高,为12%,但是这在加勒比国家中并不突出。政府政策强调发展农业以解决对于进口粮食的依赖,以及发展轻工业,以满足因旅游业的发展需要建饭店和港口。这些政策需求反映到了教育计划之中。

在20世纪的后半个世纪,巴哈马的经济发展在加勒比地区中是最为成功的。1989年人均国内生产总值(GDP)是11 390美元,在该地区的独立国家中是最高的。与其相比,巴巴多斯为6 370美元,特尼尼达和多巴哥为3 230美元,牙买加为1 260美元。在20世纪七八十年代经济增长率较高,但在80年代后期以每年人均1%的速度下降。

历史上巴哈马的经济以商业和初级产品为主。旅游也是经济的主导产业,在20世纪80年代中期占国民生产总值的50%。因此,旅游业是主要的雇佣业,并促进了投资项目。政府在旅游业投入很大,教育供给也考虑到这一点。在20世纪90年代游客将增多,主要是美国的游客。受游客来源国的经济的影响,工业界要做出迅速应对。其他的商业和服务业对就业影响很小。在20世纪80年代巴哈马成为税收避难所和海外金融中心,其银行业有了很大发展。巴哈马有很大的公开注册商船队,这带来了很大的收益。非法的毒品交易,使巴哈马的很多岛屿成为向美国输入毒品的中转站,这促成了税收的腐败,影响了巴哈马的政治、经济和社会生活。

集中于马铃薯和亚热带水果、贝类和木材等出口产品的生产,取代了传统的糖类和香蕉等产品的生产。为了减少对进口食品的依赖,在政府的支持下,在20世纪80年代农业生产得以改进。为了出口和国内消费的目的,制定了农业产品多样化的计划,这与教育发展相关。

在20世纪80年代工业模式有了改变。在1985年作为支柱工业的炼油业几乎停止,而矿物(白垩、盐、氩)提炼业也开始衰退。但是运输仍很重要,加工业,主要是酒的生产有了增加。20世纪晚期,主要增长是与旅游业相关的建筑业。政府也大力鼓励轻工业的发展。

总的来说,巴哈马的经济是成功的,但是较脆弱。国外债务较低(占总债务的16%)。外贸余额主要产生于服务而非产品。在1980年到1990年之间通货膨胀率平均约为6%。而对于旅游业过于依赖,非法的毒品交易活动和非法的财政交易危及整个社会的稳定。

教育在新经济发展活动中起到很大作用,但主要局限于对已有的服务业的影响。但向制造业和经济作物的转变,要求发展有效的教育和培训。这些优先发展项目在官方的政策中得到了体现。与类似国家相比,这些项目在其实际运作中很少受到财政的限制。但是,能否采用更为宽泛的社会和教育价值,仍存在疑问。

政治结构和目标反映了这个自1973年从英国获得独立的国家的历史,自1492年哥伦布登上该岛后,西班牙人占领了巴哈马群岛。17世纪中期,在巴哈马居住的主要是由英国殖民者从卡罗来纳和牙买加运过来的奴隶。在美国独立战争后,英国移民和奴隶的人口开始膨胀。种植园奴隶经济一直延续到19世纪30年代,一直到20世纪英国土地拥有者保持社会和政治的主导地位。

由英国居住者建立了代表议会机构。但直到1964年,政治权力在英国殖民者的手中。但地方会议有立法的权力。长官是由英国政府指派的,其权力一直保持到1973年。

独立后,建立了英国式的议会政府并行使权力。首相和内阁由总督指定,总督是由英国政府选定的,但需得到议会的支持,议会是由普选产生的。宪法也提供了一个指定的参议院和独立的司法。

进步自由党(PLP)自19世纪60年代以来在人民议会中占绝大多数席位。在1987年的选举中进步自由党获49个席位中的31个。进步自由党的领袖平德林(Lydon O Pindling)爵士1962年成为首相,他担任这一职务一直到20世纪90年代。自20世纪60年代以来,政治一直高度稳定,只是在20世纪80年代有一些关于政治和官方腐败以及官方卷入毒品交易的丑闻。在20世纪90年代毒品运输较少,与美国政府在对付毒品运输方面有了较深的合作。

政治和权力的稳定是政府能够在经济和社会事务中采取有效行动。国家鼓励旅游业、农业和工业投资,教育主要是公共的,政府保证教育在发展中起到重要作用。

2. 教育政策与目标

自20世纪70年代中期以来,教育一直是政治争论中的高度受重视的议事日程。对于教育目标的主要重估出现在20世纪70年代中期,当时政治独立和新的社会、经济目标对于已有的教育目标产生了影响。1962年的教育法宣布教育目标是:

> 使巴哈马的孩子了解其作为社区一员的权利和职责,全面发展其自然能力,为国家进步和健康发展作贡献,努力成长为能自食其力的成人。

这一表述反映了陈旧的没有进取心的殖民教育观点。

与政治的独立相联系的是更高的具有推动力的教育目标。1973年教育白皮书强调,一个以个体为中心的教育机会平等目标,它强调为身体、情感或智力有残疾的公民提供教育的机会。为了个人和社会发展,扩大社区范围内的为年轻人和成人提供的教育。以社会为中心的目标强调教育为发展国家劳动力而做出贡献,并"鼓励选择和接受为一个基督徒和民主社会所珍视的理想行为努力"。教育目标考虑适当的教育学的方法和资源的发展。

在20世纪80年代到90年代这些目标大多得以保持。学校教育是个人在社会得到提高的方式。教育要鼓励保持独立国家的文化传统的意识。教育融入了经济发展之中,因而发展技术和职业教育一直与扩展旅游工业、改进农业和发展新型制造业的经济政策相联系。

自20世纪90年代以来,一直存在关于教育目标的争论,这部分是由于进步自由党自1967年的第一次全民选举中一直执政。自20世纪80年代以来,反对党的自由国家运动集中于对于大臣和官员的指控,以及他们与毒品相关的财政活动。结果,教育没有成为争论的中心。

官方的教育目标可能受到两方面的影响。一是教会通过其学校对教育的持续影响,二是私立教育的影响。在巴哈马生活中占主导地位的物质主义观点中,教会学校提供了一种可选择的观点。教会和私立学校的标准来自英国,特别是北美。若财力允许,父母和孩子希望接受美国的高等教育。个人的教育目标受这些需求的影响。

3. 正规教育体系

3.1 *初等、中等和第三级教育*

图1显示了巴哈马的基本教育体系的结构。教育包括对5~11岁儿童的6年的初等教育,对11~14岁年龄组的儿童的3年初级中等教育,和对14~17岁年龄组的孩子的3年高级中等教育。在巴哈马学院和西印度群岛大学提供各种各样的中学后教育课程,但在该国没有传统的全面高等教育。

在1877年教育法颁布以来,在巴哈马对5~14岁的儿童实施义务学校教育。多年来入学率一直很高。几乎所有的5~14岁年龄组的孩子都入学。年龄组中超过70%的孩子完成了全日制中等学校课程。完成中等教育中的绝大多数学生进入巴哈马学院或接收其他形式的高等教育。

1990年有初等学校101所,拥有25 452名学生;初级和高级中学37所,拥有学生23 502人。然而,在新普洛维登斯岛以外的岛屿上仍有86所为所有年龄学生提供的学校,其中有学生10 739人。在这些较偏僻的社区,接受教育受到更多的限制。

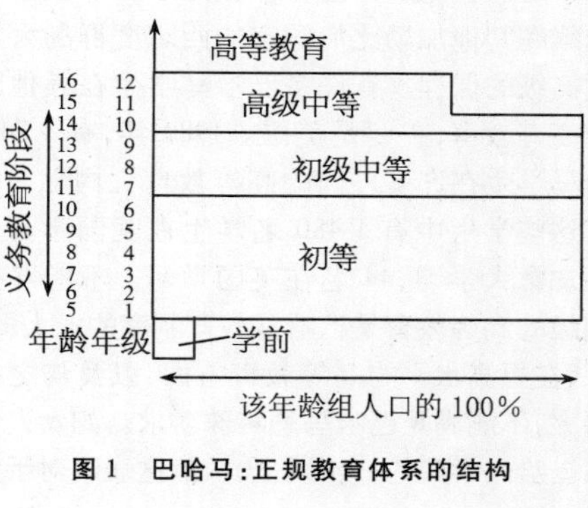

图1 巴哈马:正规教育体系的结构

自20世纪70年代早期引入普通中学以来，学校中阻碍学生进步的因素减少了。以前有学术性中等教育，主要由宗教组织自愿资助，并模仿英国的文法学校。引入综合系统后，获得教育机会的障碍减少了，还引入了从初级中学到高级中学的选择制度，在完成完整的中等教育之前学生的辍学情况与社会因素相关，在新普洛维登斯岛以外岛屿的家庭的孩子，上不了通常为寄宿学校的高中。在巴哈马的各级教育中很少有男女入学比率的差别。私立和政府资助的宗教学校仍占学校的20%。私立学校经常提供更高的教育和社会提升机会。

通过教育制度提升学生的主要障碍是高中课程的最后阶段。不到1/4的学生完成这一阶段的学习之后取得更高级的普通教育的资格。保留伦敦大学的一般水平普通证书考试(GEC O-level)作为接受更高级教育的终结性选择资格考试。

1990年，巴哈马学院有2 051名学生，提供各种各样的课程。它相当于美国的社区学院，只是要求完成6～7年的中学教育的17岁的学生上社区学院。学院创建于1974年，合并了两所教师培训学院、一所技术学院和一所高级中学。社区学院提供一般课程和职业课程。一般授予两年的文科、理科和社会科学学位，这占所有学生人数的1/4。教师和护士培训是重要的工业项目，受到更多的限制。绝大多数的学生接受包括秘书课程和与旅游业相关课程在内的商业学习项目。

西印度群岛大学的拿骚分校为饭店管理、旅游和教师教育提供非全日制学位水平课程。迈阿密大学和圣约翰大学，以及纽约大学也认可巴哈马学院的学习。在完成在巴哈马学院的学习后，学生可以继续在其他加勒比海国家的西印度群岛大学学习更高级的课程。有许多巴哈马学生在其他国家接受高等教育，主要是美国。1989年，有1 746名巴哈马学生在许多外国的高等教育机构学习。在所有这些学生中有1 480名学生在美国学习，219名在加拿大学习，44名在英国学习。不能够提供更高级的高等教育是巴哈马教育制度的一大弱点。结果，在更高水平的高等教育方面，以及与之相关的研究，不能满足巴哈马的特殊需求。妇女入学人数占巴哈马学院的一半以上，虽然这表明对于妇女没有明显的歧视现象，但是一些妇女之外的社会群体有能够在其他国家接受付费高等教育的特殊的优势。

3.2 学前教育

学前教育并未广泛存在，主要由私立机构负责。

3.3 特殊教育

为有特殊教育需求的儿童提供的特殊教育非常有限。1990年有5所特殊教育学校，主要是私立的，有268名学生。

3.4 职业、技术教育和商业教育

职业教育主要集中于巴哈马学院。自20世纪80年代以后政府政策强调发展旅游业的结构，与之相关，在巴哈马学院中扩展与旅游相关的课程和学生人数。在1992年，曾计划开设一所旅游和饭店业方面的培训学院。但政府强调发展轻工业和以经济作物为主的农业，与技术课程的增长不相匹配，需要很少的学生。1987年有103名大专或大专以下的商业毕业生，66名教育毕业生，108名一般教育毕业生，只有66名工程、工艺、农业和健康专业的毕业生。

3.5 成人和非正规教育

由于正规教育的入学率多年以来一直很高，成人教育有很高的社会和文化意义，而不仅仅是具有基本的识字和读写教育功能。在巴哈马有很长的历史、社会模式和语言传统，因而可以提供一些文化课程，这些文化课程在其他国家也可以经常出版相关的研究刊物。

4. 行政管理的结构与运作

对于国家教育的控制权主要集中于位于拿骚的教育和文化部，它负责履行议会通过的立法。教育部为政府的学校提供资金，并为独立的学校提供资助。他负责任命教师、决定课程和控制初级中学的考试。高级中学的考试仍然与英国伦敦大学和美国的大学相联系，同时，也与西印度群岛大学相联系，这些都对高等教育课程的内容和考试有影响。

教育制度是高度中央集权的。没有地区和地方代表。在外部岛屿由关于学校教育控制问题的

中央政府人员监督,对于教员的社区有分权的要求。

5. 教育财政

1987 国家教育的日常开支占政府总支出的 22%。自 20 世纪 70 年代末以来这一比率一直相当稳定。在独立以前的 1970 年,比率为 19%。政府的教育支出占国民总产值的比率从 1970 年的 4.9%增到 1978 年的 8.2%。到 1987 年又降至 4.1%。1987 年,政府在所有各级教育的每个学生的花费为 1 500 美元。教育经费还有如下筹集渠道:通过私立学校的学费,还有很多的私人捐赠。然而,20 世纪 70 年代的教育开支没能保持,但政府的教育的人均开支水平在加勒比地区是较高的。

6. 师资

1986 年,小学有教师 1 409 人,中学有 1 555 人。在 20 世纪 80 年代小学教师的人数减少,但中学教师同期却增多。小学的生师比从 1975 年的 25:1降到 80 年代中期的 18:1,然后又升至约20:1。教师人数的增多,使中学的生师比从 1980 年的 27:1降至 1986 年的 19:1。虽然以上的数字表明教师的供应较合理,但是,与社会财富相比还存在很大的差距。有相当多不合格和低资格的教师,主要在新普洛维登斯岛以外的岛屿,那里的生师比相差很大。小学和中学教师的教育和培训水平都不太高。受过良好教育和合格的教师会在国外接受培训或移居国外,这很难使其培训与当地情况相适应。

在巴哈马有两种形式的教师教育。教育证书课程 3 年,由巴哈马学院提供。课程的水平不高,由于巴哈马初级证书的入学资格主要是在初级中学课程完成后获得,教师教育的学术水平低于高级中学的水平。1989 年有总共 37 名学生从这些课程毕业。这足够补充教师力量的新陈代谢之用。

巴哈马学院和西印度群岛大学的教育系为在职教师提供更高级的 3 年教育学士课程。然而教育学士强调的是对于普通教育或教师的专业教育,而并不强调对教育过程的广泛理解。

在高等教育供应有限的情况下,在一个较小而且人口分散的国家中,提高教师水平的问题还将存在。

7. 课程开发与教学方法

学校课程主要由教育部决定。教育部的课程司面临着课程改革。在小学和中学的低级阶段的学校中宗教教育、英语、数学、科学、社会研究、体育和一个实践科目(木工、技术绘画、家政、农业)等为必修课。教会资助学校有其自己的宗教课程。也有提供现代语言,特别是西班牙语和艺术、音乐等的课程。

为高级中学提供的课程允许学生有更多的选择,从而为伦敦大学的普通、有时是高级水平证书考试作准备。虽然政府鼓励更多地关注技术和职业科目,但传统的学术科目占主导地位。而且,强调文科和生物而忽视其他理科。1991 年,有 2 594 人参加普通证书英语考试,1 181 人参加宗教学习,995 人学习英国文学,865 人学习历史,865 人学习生物,但仅有 288 人学习化学,263 人学习物理。

虽然国家有认可的官方课程,但是由于缺乏必要的设备和合格的教师,许多学校和学生却不能学习所有的课程,特别是物理学、外语和实践课程。许多高级中学的学生只选修为考试作准备的很少的科目,因为学校只能提供这些科目的教学。

相当数量的教科书和其他的学习材料不得不从北美和英国进口。这主要是由于教育体系很小,很难克服这一困难。很多科目缺乏合适的书和材料。

8. 考试、升级和证书制度

学生学习期间自动升级。有两种学校考试。巴哈马初级证书考试完全由地方控制和管理。在初级中学的毕业时(9 年级)举行或在高级中学的 1 年级举行(10 年级)。许多学生在这一阶段离开学校或学习其他课程。学生可以学习不同数目的科目,而且通过考试后可以获得证书。英语、数学和宗教教育是最受欢迎的课程。

完成高级中学课程之后,可以参加伦敦大学的普通水平考试。这也是学术考试,它使得学生接受独立科目的教育,而不是学习职业或边缘普通课程。普通证书课程是接受高等教育的门坎,因为,要通过5门(GCE)课程(达到A~C级的标准)才能接受高等教育。1991年,在英语方面取得这些登记的学生比率为33%、数学20%、英国文学29%、生物24%、宗教16%。有很高比例的学生因为这一考试而被高等教育拒之门外,即使在传统的英格兰和威尔士采用的这种考试也同样导致了其本国的高不及格率,1991年在英国仅有不到50%的学生通过了这种考试。在1991年的巴哈马只有少部分学生(51名)通过了GCE考试,这种考试是巴哈马学生进入英国高等院校的入门考试。

9. 2000年面临的主要问题

与加勒比海其他国家的水平相比较,巴哈马的教育体系高度发达,几乎普及了初等和中等教育。与此同时,教育支出相对较高。然而,自20世纪80年代早期,入学率和教育开支均未有显著增加。危机的主要原因是由于教育成就已经相当高,随后出现了停滞的局面。

主要的教育问题出现在教育的金字塔的顶端而不是底部,但不应忘记,在这个国家还缺乏让所有人受到公平教育的机会。相关年龄组的学生接受中学后教育的比率很低,所有的高等教育都要在国外进行。这一缺陷渗透于教育制度之中。在一些专业领域,如科学和职业科目,缺少合格教师。在教育机构中缺少合格人员教授有巴哈马特点的课程,也缺乏编写教科书和其他教学材料以及进行考试的人员。结果,巴哈马对外国教育影响有很大的依赖。

这些问题有地理和人口方面的原因,巴哈马这个国家人口太少,以至于无法创立一套完全自主的教育体系。现在人们一直还在为如下的问题争论不休:如何控制不可避免的外国教育的影响以保证本国教育的一贯发展。巴哈马还有一些其他加勒比海国家没有的问题,即为居住在边远岛屿上的少数民族提供教育机会。这些问题是长期的,也不易找到解决的方法。

M. 麦克莱恩(M. McLean) 著

耿益群 译

附录

Evans H 1989 Teachers and their preparation in the Western Caribbean and the Bahamas. Paper presented to the Caribbean Consultation on Education for All, Kingston, Jamaica

Lewis G K 1968 *The Growth of the Modern West Indies*. Monthly Review Press, New York

Ministry of Education and Culture 1973 *Focus on the Future: White Paper on Education*. Ministry of Education and Culture, Nassau

University of London Examinations and Assessment Council 1992 *General Certificate of Education Statistics 1991—1992*. University of London, London

Williams C 1982 *The Methodist Contribution to Education in the Bahamas*. Alan Sutton, Gloucester

巴巴多斯的教育制度(Barbados: System of Education)

1. 基本背景

巴巴多斯位于加勒比群岛的最东边,长34公里,宽23公里,总面积432平方公里,其地势比较平坦,最高处是希拉比山(Hillaby),海拔仅340米。

巴巴多斯的领土面积较小,但人口稠密,总人口为25.5万人。在1946年到1960年间,巴巴多斯的人口以每年1.3%的速度增长,自1960年以来,人口的年增长速度仅为0.3%。自1960年以来的较低的人口增长速度主要是由于两个因素:20世纪60年代至70年代的大量的人口外移,以及从1955年政府开始号召执行的积极的人口计划政策。

根据1980年到1981年人口统计数据,黑人占巴巴多斯人口的91.9%,其余不同种族人口的分布比率为:白人3.3%,混血人口2.6%,东印第安人2.5%,其他0.2%,没有统计的人口占1.5%。居民绝大多数为基督教信徒,英国国教是最大的宗教群体。英语是官方语言,也是学校的教学用语。

从1640年到1838年,巴巴多斯很长一段时间是作为英国种植蔗糖的殖民地,今天的巴巴多斯是从少数白人蔗糖种植主和商人主宰之下的奴隶统治发展而来的。这种种族一阶级结构保持了一个多世纪,直到1838年奴隶获得自由。然而,随着第二次世界大战之后的发展,这种发展由于以下原因得到加强:(a)1950年承认普选权;(b)1966年政治独立,人口占绝大多数的黑人在各种职位中占绝大多数。但是,在许多重要的职位如管理、主管和经理职位,1986年只由近3.6%的少数人从事这些工作。值得注意的是,在后殖民时代,巴巴多斯的发展计划者和政策制定者主要依靠教育作为社会向上流动的工具。

1990年巴巴多斯的国民生产总值为14.88亿美元(以1988年的美元比率计算),从1961年到1970年其平均年增长率为6.6%,1971年到1980年为0.1%,1980年到1990年为0.3%(美洲内部发展银行1991)。第二次世界大战之后巴巴多斯的经济发生了显著的变化,以蔗糖为主的服务性的单一经济发生了很大转变。如表1所示,1990年蔗糖生产净占国民生产总值的2%,整个农业部分占国民生产总值的6%。工业占生产的很重要的一部分,特别是制造业占8.0%,但是服务业占国民生产总值的75%还要多。1990年在国民生产总值中所占比率最高的部门是:批发业和零售业(19.9%),政府服务部门(18.5%),金融和相关服务(14.6%)。

表1　1990年[a] 各部门国民生产总值支出

部门	巴巴多斯元(百万)	比率(%)
农业	159.55	5.4
糖业	58.52	2.0
其他农业和渔业	101.03	3.4
工业	542.79	18.3
矿业和捕猎	19.52	0.7
制造业	237.64	8.0
电力、气和水	91.70	3.1
建筑	193.93	6.5
服务	2 263.02	76.3
批发和零售	589.06	19.9
旅游	338.50	11.4
运输、储存和通讯	244.47	8.2
金融及相关服务[b]	432.92	14.6
政府服务	548.73	18.5
一般服务	109.34	3.7
总的国民生产总值的开支	2 965.36	100.0

资料来源:巴巴多斯中央银行1991

a 临时的

b 包括财政、保险、房地产和商业服务

2. 教育政策与目标

巴巴多斯是以英国威斯敏斯特(Westminster)模式为基础的议会民主制国家,立法权在议会。议会由27名选举产生的议会成员,21名指定的上议会议员或参议院和政府总督组成。行政权属于内阁,由首相和其他政府大臣组成。政府总的管理由内阁执行,内阁对议会负责。有三个政党,都强调教育发展,三个政党的政策没有太大的区别。

1988年至1993年的五年计划规定,政府通过计划要实现四个目标。这些目标是:保持和提高议会民主制,使之成为巴巴多斯人的生活方式;并将这种制度作为符合巴巴多斯人民利益的决策的框架;加快经济增长和发展;提高所有公民的生活水平,特别是要满足那些处境不利的和最易受到伤害的人们的衣、食、住等基本生活需求;培养和保持智力和艺术的创造力,以及提高积极的国家认同感。

政府认为,巴巴多斯的发展依靠其教育制度的优越,认为国家有义务"发展教育制度,使所有人的能力得到充分的发展"。人们认为教育制度能够解决21世纪世界经济和社会发展所面临的挑战,为了实现这一任务,制定了一系列的教育战略和计划。

有一些重要教育组织致力于教育政策的制定。教学人员的组织比较完善，每一级教育都有教师协会。地方和地区非政府组织，特别是在成人和教育管理领域中，起到了很重要的作用。地区组织，如加勒比秘书委员会（CARICOM）在制定发展战略中具有很大的影响力。

3. 正规教育体系

3.1 初等教育、中等教育和第三级教育

学校教育制度包括6年初等教育和5年中等教育（如图1所示）。巴巴多斯有各种各样的正规教育机构。在小学阶段有110所学校，其中86所（占78.2%）是公立学校。有35所中等学校，这些学校分为三类，每种学校之间和学校内部的地位不同，虽然都称为“中等学校”。在第一类中有9所以前称为“文法学校”或“旧式中学”的学校，4所为第六学级中学。这些学校都归政府所有。第二类中等学校由“受资助的私立学校”组成，尽管最昂贵的私立资助学校地位比一些“新中等学校”高，但是，13所受资助的私立学校是地位最低的中等学校。“新中等学校”是第三类中等学校。在初等学校和中等学校之间处于中间地位的是“混合”和“高级”学校。

根据学生在巴巴多斯中学入学考试（一般称为共同入学考试，CEE）中的成绩，以及学生家长的择校意愿，进而决定学生是否上政府开办的中等学校。入学成绩最低的学生获得助学金上私立学校，不及格的学生上混合学校的高级部或上高级学校。

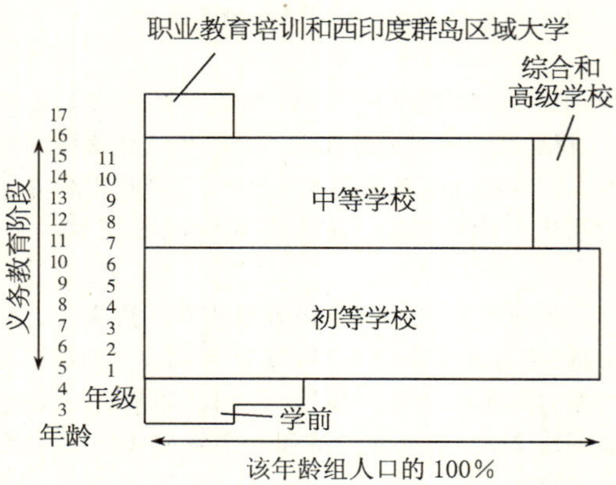

图1 巴巴多斯：正规教育体系的结构

官方指定四类机构提供第三级教育。艾迪斯顿（Erdiston）教师培训学院为小学和中学没有毕业的教师提供两年的基础教育课程。萨缪尔·杰克曼·普雷斯柯综合技术学院（The Samuel Jackman Prescod Polytechnic，SJPP）建立的目的在于：（a）培养熟练手工艺者的商业技能和职业能力；（b）为学生直接就业作准备；（c）为学生直接进入巴巴多斯社区学院技术部作准备 。建立巴巴多斯社区学院的目的在于提高社区的技术人员的技能、职业训练、中层管理和大学前的准备。第四种机构是西印度群岛大学的洞穴山分校（the Cave Hill Campus），它有艺术系和一般研究、自然科学、社会科学、医学、法律和教育等系。

在教育体制中的学生流动情况如下：（a）初等教育的在校生人数为98%；（b）完成小学教育的人数比率为100%；（c）有约96%的11岁儿童接受中等学校教育，其余的4%进入小学后教育机构（混合和高级学校）。约95%的12 ~16岁的人在学校读书。在小学实行自动升级制度，在中学的学生一般到16岁（第5年级）。约7%的小学生、18%的中学生在私立机构就读。第三级教育的在校生人数为19%，男女比率相同。

学校每天上午8时半上课，下午3时放学。每学年由3个学期构成，每学期有13 ~ 14周，每学期从9月份到第二年的6月份。在小学和中学的生师比为18:1。

3.2 学前教育

学前教育主要在3所政府幼儿学校中实施，也在以下机构进行：（a）小学的幼儿班；（b）有充足的空间、设施和教师的混合学校；（c）由私立部门设立的幼儿园。在3所幼儿学校中有360名在校生，每所学校有120名学生。由于出生率下降，小学的在校生人数减少，政府鼓励在小学和混合学校利用校舍进行幼儿教育。1987年，关于3 ~5岁儿童的注册人数统计数据显示，在8 325名在校生中，有3 602名儿童在政府兴办的幼儿学校中接受幼儿教育。

3.3 特殊教育

几任政府都强调特殊教育。在聋盲儿童学校、查尔诺(Challnor)智力障碍儿童学校和政府工业学校中进行特殊教育。政府的工读学校是为有过失的少年开设的寄宿学校。它进行普通和职业教育。学生的年龄从11岁到18岁,为了接受教育和培训分为两个年龄组。11岁到14岁的学生接受全日制的普通教育,14岁以上的学生学习职业课程。

3.4 职业、技术教育和商业教育

在正规教育中,技术、职业和商业教育主要在第三级教育阶段进行,但在非正规教育中也进行这类教育。在SJPP和巴巴多斯社区学院正规部门进行培训,也在全国培训委员会进行正规和非正规的培训。

由SJPP提供以下领域的培训课程:建筑、电力、工程、商业、人类生态、印刷、修鞋等。有全日制、非全日制和夜校等方式。这些课程可能获得地方证书,或由加勒比考试委员会颁发的地区证书,或是由伦敦学院的城邦及同行会(the City and Guilds of London Institute)颁发的证书。SJPP的在校生人数为1 629人,其中38%是全日制学生,62%是非全日制学生。通过由SJPP的考试的学生都可以上该学校。

巴巴多斯社区学院在文学理学院、美术系、健康科学系、科学、商业、礼仪研究、技术、普通和继续教育、语言和计算机系和体育系等分支部门中提供各类课程。学习的课程为两年,获得艺术或应用艺术、科学或应用科学的副学士学位。巴巴多斯社区学院总共有学生2 500人,绝大多数是全日制学生,并在商业领域学习,然后学习科学。入学要求是获得加勒比考试委员会的证书的第一和第二级,普通证书的A~C级。这些都必须包括英语成绩。

全国培训委员会主要负责公共部门的职业培训。在以下四个领域中进行培训:技能培训、学徒培训、在工厂的培训和特殊项目。技能培训是短期的培训项目,主要进行手工技能的培训,通常是为16~35岁的失业人员提供的3个月的培训;学徒培训课程为年轻人提供在职手工技能培训,培训通常为3年,由全国培训委员会与雇主联合监督,制度化的培训由巴巴多斯社区学院进行;在职培训包括为所有水平的工人提供的指导培训和新手培训,目的在于提高工厂的效率和生产;全国职业培训委员会还为15~16岁的中学生提供职前培训课程。总之,全国职业培训委员会每年培训约1 200人。

3.5 成人和非正规教育

成人教育由教育部和几个非政府组织提供。进行成人教育的非政府组织包括以下机构:西印地大学的继续学习学校、巴巴多斯管理和生产学院、男青年基督教协会和女青年基督教协会、家庭计划协会、巴巴多斯劳工学院、全国公共工人学院、加勒比地区成人教育委员会等。这些组织进行的教育课程涉及非常广泛的领域,并适合社区的需求。包括爱好培训和培训未来的就业人员,进行管理培训和发展,电视公共或社区教育课程,父母教育、表演和艺术等。在这些课程中,尽量减少传统的课堂教学的方法。

估计1992年到1993年,教育部将390万巴巴多斯元用于发展成人教育。占1992年到1993年总教育部投资(21 500万巴巴多斯元)的1.8%。但不是所有的成人教育投入都来自教育部。1990~1991年劳动部投入400万巴巴多斯元进行职业培训,主要用于全国职业培训委员会。该机构属于非正规部门,政府赋予该组织的职责是:(a)为巴巴多斯的各部门经济活动培养受过足够培训的劳动力;(b)监督学徒制和受培训课程;(c)考试和发放证书。

4. 行政管理的结构与运行

由于巴巴多斯的国土面积很小,正规教育制度的管理高度集中。1954年在首相的领导下建立了教育部,当时,巴巴多斯还是英国的殖民地。1958年,建立了独立的教育部,由巴巴多斯自己的管理人员和官员,帮助部长执行政府的政策。

教育部分为两个主要教育部门:技术和管理部门。总教育官员领导技术人员,并作为主要职业顾问。永久性秘书作为总的管理官员,负责财政。为了管理的目的,两个主要的部门又分为四个下属部门:学校部、计划和发展部、人事管理和服务部、财政部。

小学由教育部直接管理,中学由教育部指定的管理委员会管理，并对教育部负责。除西印地大学外，所有的第三级教育也受管理委员会管理，西印度群岛大学作为一个地区机构有其自己独特的管理方式。

教育部负责所有正规教育和部分成人教育的管理，但是不对所有教育和培训制度负责。

5. 教育财政

教育部门的支出占巴巴多斯财政资源和政府预算的很大一部分。1989 年，公共教育开支占国民生产总值的 6.9%，是当年非工业化国家中所占比率最高的国家（UNDP 1992）。自 1966 年独立以来，教育在公共开支中所占比例有了很大的增长。在 1980～1981 年度至 1990～1991 年度期间，教育开支在总的公共开支中的比率从 17.0% 到 22.3% 之间浮动。自 1990 年开始，随着巴巴多斯经济低谷的出现，1992～1993 年度教育预算在国家财政预算中所占的比率急剧减少到 16.9%。

如表 2 所示，在 1992～1993 财政年度，教育部预计将在各种各样的项目中开支 21.5 亿巴巴多斯元。国家预算在三个主要层次的教育中的分配是：30.7% 的财政预算用于初等学校，35.5% 的用于中等学校，18.4% 的用于第三级教育。

三个教育层次的开支大致情况如下：初等教育 672美元，中等教育913美元，第三级教育1200美元。初等教育单位开支比率为 1，中等教育为 1.4，第三级教育为 1.8。私人的教育投入在总的教育投入中所占的比率很难统计。统计在公共教育系统中，巴巴多斯的公民不缴纳学费，在中等教育和第三级教育中，一些学生要缴纳考试费和交通费，还需要自己购买书籍。学术教育中个人要花费 15% 到 20% 的费用，技术教育也是如此。成人教育的班级要缴纳较多的费用。

表 2　　1992～1993 年教育部的估计开支

计划	巴巴多斯元	比率(%)
指导和政策形成	7 808 307	3.6
学前教育	896 515	0.4
初等和混合学校	66 045 995	30.7
特殊学校	140 000	0.1
中等学校	76 015 297	35.3
第三级学校	39 545 663	18.4
成人教育	3 918 219	1.8
特殊服务	20 686 357	9.6
总　计	215 056 353	100.0

资料来源：巴巴多斯政府 1992～1993

第三级教育中有奖励拨款。每年，政府根据剑桥地方考试中心的考试结果，颁发巴巴多斯奖学金。巴巴多斯的学者可以从事本国的研究项目或是自己所选择的经教育部许可的项目。获奖者通常必须是上西印度群岛大学。获奖者没有明显的水平区分，政府支付全部学费、相关课程的开支和一部分维修开支。其他两个第三级教育的财政来源是国家发展奖学金和学生返还基金。国家发展奖学金为申请在西印度群岛大学学习与国家发展所需的相关专业的申请人提供奖学金，学生贷款返还基金是为在国家经济和社会发展被视为非常重要的专门职业和技术工作领域学习的合格学生提供的（巴巴多斯政府 1990）。

6. 师资

表 3 显示了 1989 年到 1990 年公立学校中教师的人数。这一年中公立学校中的教师为 2 810 人：小学和混合学校为 1 531 人（占 54%），高级学校有 49 人（占 1.7%），中等学校中有 1 230 人（占 43.8%）。71% 多的公立学校的教师受过培训，拥有大学学位的教师有 1 084 人，占教师总数的 38.6%。

20 世纪 90 年代早期，巴巴多斯教师供应充足，事实上，在 1991 年到 1992 年有几百名教师失业，这主要是由于政府实施国际货币基金组织资助的稳定计划，小学和中学中的教师和学生比保持世界银行所规定的水平，作为资助第二教育和培训计划资助条件。

没有学位的教师在艾迪斯顿学院接受培训，有学位的教师在西印度群岛大学的凯尔希尔学院接受培训。教育部通过工作室和研讨会努力提高教师培训的质量，通过在凯尔希尔学院进行的教育管

表 3　　1989~1990 年公立学校教师资格的种类

	初等教育(%)		高等教育(%)		中等教育(%)		所有公立学校(%)	
	总数	受训(教师)	总数	受训	总数	受训	总数	受训
研究生	236	98.1	1	100.0	847	69.8	1 084	76.1
特殊年级	6	100.0	–	–	31	80.6	37	67.6
教师	1 289	70.5	48	75.0	352	62.5	1 689	69.0
总计	1 531	75.0	49	75.5	1 230	83.6	2 810	71.9

资料来源:巴巴多斯政府 1990

理和行政课程等在职培训课程提高教育质量。

7. 课程开发与教学方法

小学和中学的课程都相当广泛,由教育部指定。小学教授的科目有:英语、英国文学、宗教知识和道德教育、科学、数学、艺术和手工、农业、历史、音乐、地理、社会研究、健康和体育。中学教授的课程有:农业、艺术和手工艺、英语、英国文学、宗教和道德教育、外语、历史、音乐、地理、社会研究、数学、科学、健康和体育、技术和职业教育(包括工艺、艺术、家政、布料和纺织、商业教育)。在小学和中学中,课程是全国性的、统一的。国家课程发展委员会是教育部制定政策和其他与课程有关政策的顾问。该委员会是由教育部建立的,由各种相关部门的人士组成。该机构与教育部课程部门合作对学校课程进行评估、修改和实施学校课程。

尽管有一些教师和教育者与出版社签约,授权出版小学和中学课本,但是地方的书籍出版受到限制。教育部的视听资助部提供海报、小册子、传单和许多文具、录像带、幻灯片、胶卷、印刷品、电影、磁带等供学校使用。由于当地的生产能力有限,很多学校使用的教育材料,特别是教科书都得从外部购买。

第 5 年级的学生参加中学离校考试(通常是加勒比考试委员会组织),要参加 7~8 门考试。学生从 3 年级开始选择这些考试,有两门是必修科目,即数学和英语。最受欢迎的科目是商业理论。中学教授两门外语:西班牙语和法语,西班牙语更受欢迎。教育部通过教育官员定期检查学校和管理委员会保证课程的实施。

8. 考试、升级和证书制度

在巴巴多斯,从小学到中学的升学率几乎为 100%,根据学生在加勒比委员会的考试中的成绩,11 岁的学生都能在不同的中学就学。在中学,学生按每学年的成绩升级。在资格考试中取得好成绩的学生能够参加校外考试。如加勒比委员会的考试。

20 世纪 90 年代面临的主要问题是:改进围绕共同入学考试的测试、升级和证书制度以及学生选择所喜欢的中学。显然,需要综合评价制度对学生的业绩进行评价,特别是小学学生的成绩。也需要对 7~9 岁小学生进行诊断测试。只有通考的问题得以解决,其他类型的测试才会卓有成效。只有从小学到中学的过渡问题解决了,才能真正解决 11 岁或 16 岁学生的评估问题。

9. 教育评估、评价和教育研究

在巴巴多斯,教育评估、评价和教育研究相对很少。这些工作一般由教育部的计划与发展处进行,主要是由西印度群岛大学的教育学院进行。对参加通考学生成绩所做的研究甚少,对于这些考试的分析数据也很少反馈到初等教育制度中。由教育部和各种咨询机构一起进行的大多数研究主要是为各种可能实施的计划所作的数据统计。

初等教育和中等教育中分配给教育评价、评估和研究的资金的比率尚无统计数据。20 世纪 90 年代起,开始强调教育开支的效率问题和职业化课程问题。经常收集的最重要的教育指数是:不同年级和性别的在校生人数、教师的人数和种类、教育开支在国家预算中所占的比率。

以学校为基础的研究主要由西印度群岛大学教育学院的研究生进行,作为学位课程的必修部分和获得更高一级学位的必修课。这些研究对制定教育政策非常重要。除此之外,大学教师进行教育研究,这是其工作的一部分。

加勒比地区是地区教育机构较发达的地区,所有的国家都受益于对加勒比问题的研究工作。从这一角度来看,加勒比教育委员会对该地区的教育研究和评估分析做出了很大贡献,加勒比共同体秘书处在教育政策和项目开发方面做出了很大的贡献。

10. 20 世纪八九十年代的主要改革

这一时期,在巴巴多斯已经完成和正在进行着很多重大的教育改革,主要有以下三次改革。1983年通过了新的教育法(1981 年教育法)。1981 年教育法代替了 1890 年教育法,1890 年教育法及其修正案在该国存在了近一个世纪。新教育法的目标主要是教育的民主化和所有中等学校的管理和运作的制度化。该法律规定,政府学校的所有教师都成为公务员。教育法覆盖了教育的所有方面,包括学校管理、私立教育机构的注册、教师管理初等学校和混合学校的职责、提供特殊教育等。1984年对教育法进行了修改,1990 年再次对该法进行修改,主要在以下几个方面:(a)将以前的文法学校置于教育部的控制之下;(b)明确现行国家公务员的新法律通过以前文法学校的教师的权利;(c)对各级各类的教育进行清晰的定义;(d)对处理学科问题和一些紧急问题等提出措施。

第二个重大改革是西印度群岛大学的重建问题。该大学是一个有 3 个校园的地区性机构:一个在牙买加的莫纳(Mona),另一个在特立尼达和多巴哥的圣奥古斯丁,第三个在巴巴多斯的凯尔希尔。1984 年 10 月,对大学的地区宪章、法规和命令进行了修改,以前的宪章明确规定大学是一个地区性机构,虽然接受各政府的资助,却不对任何政府负责。1984 年进行的重建包括:(a)很多的功能和权力由大学转移到每一个校园;(b)以前的统一观念消失了;(c)3 个校园所在的 3 个政府对于学校的有效控制问题。

第三个改革是男女同校问题。由于世界银行和美洲发展银行的资助,政府卷入提高质量和初等教育和中等教育的开支效率问题。在初等学校的融合过程中以及在中等学校的扩展问题上,政府抓住时机取消了以前的旧的教育制度中的单一性别学校,将促进男女同校作为一项政策。

11. 2000 年面临的主要问题

教育制度所面临的最重要的问题是教育开支的不断增长。这主要是由于较高的人均收入和总的发展水平,巴巴多斯没有一些发展中国家那么多的资助。为了解决这一问题,政府一直在削减各级教育的开支。政府削减开支的两个例子:中等学校教科书贷款计划没有按原定计划实施,1992 ~ 1993年度计划对西印度群岛大学的开支进行削减,从3 600万巴巴多斯元减少到 2 200 万巴巴多斯元。

随着世纪之交的临近,政府将采取步骤,统一中等教育。保证所有中等学校的教师和学生享有同样的地位和设施。实际上,从初等学校升入中等学校的主要问题是中等学校的统一问题。公立中学和私立中学之间的不同以及私立学校间地位的差别加剧了中等教育制度的差别,并阻碍了国家发展。

教育和就业也不断出现问题,巴巴多斯人口多,自然资源有限,失业率很高,向国外移民的机会减少。因而,教育政策要解决教育和培训问题,使之适应这种需求。

巴巴多斯面临一些小国家经常面临的教育问题,而且这些问题近年来才受到重视。包括:课程发展的依赖性、教科书问题、考试问题和计划问题。一些组织对小国问题的关注不断增强,研究人员希望能找到解决办法。

A. 兰尼(A. Layne)
L. 阿斯利(L. Atherley) 著
耿益群 译

附录

Central Bank of Barbados 1991 *Annual Statistical Digest 1991*. Central Bank of Barbados, Bridgetown

Government of Barbados 1988a *Labour Force Report 1981—1986.* Barbados Statistical Service, Bridgetown

Government of Barbados 1988b *Barbados Development Plan 1988—1993.* Ministry of Finance and Economic Affairs, Bridgetown.

Government of Barbados 1990 *Education in Barbados* Ministry of Education and Culture, Bridgetown

Government of Barbados 1992 *Barbados Estimates 1992/1993.* Ministry of Finance and Economic Affairs, Bridgetown

Inter-American Development Bank 1991 *Economic and Social Progress in Latin America 1991 Report.* Inter-American Development Bank, Washington, DC

Layne A 1989 *Higher Education in Barbados.* UNESCO/CRESALC, Caracas

United Nations Development Programme (UNDP) 1992 *Human Development Report 1992.* Oxford University Press, New York

其他参考文献

Layne A 1985 *Government revenue and expenditure on education in Barbados. Int. J. Educ. Dev.* 5(2):95—104

Layne A 1987 *Key issues in the allocation of pupils to secondary schools in Barbádos as viewed from a democratic perspective. Bulletin of Eastern Caribbean Affairs* 12(6):1—15

Government of Barbados 1986 *Recent Developments in Education in Barbádos.* Ministry of Education and Culture, Bridgetown

伯利兹的教育制度(Belize: System of Education)

1. 基本背景

伯利兹位于中美洲,北临墨西哥,西部和南部与危地马拉毗邻。国土面积为22 963平方公里。伯利兹曾是英国的一个殖民地,1981年伯利兹成为一个英联邦国家。人口为多种族,主要的民族包括:非洲后裔克里奥耳人(Creloe)、混血人种(Mestizos)、玛雅人(又分成柯齐人、莫潘人和尤卡坦人)和加里福那人(曾经被称为黑加勒比人)。也有少数的东印第安人、中国人和来自中东地区的人。过去20年讲西班牙语的人口快速增加,这主要是由于中美洲的人为了躲避本国战乱和本国的经济困境而大量涌入伯利兹。亚洲移民,特别是印度和中国移民也在增多。

估计1991年人口为191 000人,其中有50%多一点的人居住在农村。由近60%的人口年龄在20岁以下。约45 000人居住在以前的首都伯利兹市(1970年新建的首都贝尔莫潘代替了原来的首都)。

虽然伯利兹的经济曾一度依赖于森林业,目前,农业成为伯利兹经济的主要支柱。人们主要从事农业,许多人是艰辛的耕作者。

最重要的农业是种植蔗糖、柑橘、香蕉和放牧。在沿海地区,特别是圣佩德罗(Pedro)、龙涎香州(Ambergris Cay)和塞瓶人州(Cay Corker)等地区由渔业公司经营的鱼、龙虾、虾等渔业很兴旺。旅游业是正在兴起的工业。政府正在制定经济旅游业政策,重点放在自然环境及其保护上。1989年劳动力为47 325人,其中,40 700人为受雇用人员。

1991年国民生产总值为645 136 000伯利兹元,人均国民生产总值为3 381伯利兹元。同一时期政府总的开支为234 281 741伯利兹元,占国民生产总值的36.3%。教育部的开支为45 384 363伯利兹元,占国民生产总值的7%。

在20世纪80年代,伯利兹的经济经历了一段下降时期,这主要是由于前10年的能源危机后,紧接着世界市场蔗糖价格的降低所引起的。

到了1990年,市场有所改善。蔗糖、香蕉、柑橘的生产增长,建筑业也有所增长。然而,通货膨胀和失业率仍然保持很高水平。在20世纪90年代,政府的战略是通过经济的多样化实现经济的持续增长。教育的主要任务是使不断增长的年轻人接受教育并使学校课程适应国家需要。

2. 教育政策与目标

教育部的教育目标是使所有伯利兹人都有接

受全面教育的机会，使每个人的个性都得到发展，使每个人都能够积极、全面地参与国家发展建设。教育部承认要同教会和其他自愿机构合作。

在伯利兹，正规教育的财政资助和管理一直都是建立在国家和教会合作的基础之上的，人民统一党和联合民主党都支持教会国家教育制度。这在制定和实施国家教育政策时非常重要，要考虑到宗教学校管理者的观点、看法和喜好，来确定什么政策和教育计划是切实可行的。这样，现在的教育法规定了很多的有关教会学校管理者的权利和责任。包括学校的财产权、聘用和解聘教师的权力。两个政党都支持对小学年龄的儿童进行义务教育的政策、提高中等学校的入学率、从小学起提供技术和职业教育等。

对于中学后教育，两个党派都支持旨在发展大学水平教育的政策。然而，人民统一党倾向于将所有中学后教育融合进一所中央大学。这表现在建立和发展伯利兹艺术、科学和技术学院（BELCASYT 1978～1986）上。1984～1989 年执政的联合民主党解散了伯利兹艺术、科学和技术学院，倾向于扩大自治权，建立第六级的或其他类似学院，为 2 年制并授予学位的伯利兹大学和学院输送人才。伯利兹大学学院的管理人员将把其扩展成为 3 年制或 4 年制的羽翼丰满的大学。

3. 正规教育体系

3.1 初等教育、中等教育和第三级教育

对 5～14 岁的儿童实施义务教育，绝大多数的儿童 5 岁入学。自 20 世纪 70 年代，3～5 岁的儿童在学前教育中心的入学率不断增加。1990 年全国有 74 所这种学前教育中心，为 2 680 名儿童服务。这些中心主要由私人经营或由社区团体经营，政府提供一些资助。小学除少数规模很小的农村学校外，都是全日制学校。初等教育课程覆盖了 8 个年级，幼儿一级和二级，水平一到六级。所有政府学校和政府资助的学校都免费，但是父母要为孩子提供需要的书，为基金筹措活动提供基金。1991 年，小学在校生为 46 023 人，占小学学龄儿童的 90%。

图 1 是伯利兹正规教育体系结构。很难获得统计数据。该图是以估计数据为依据的。

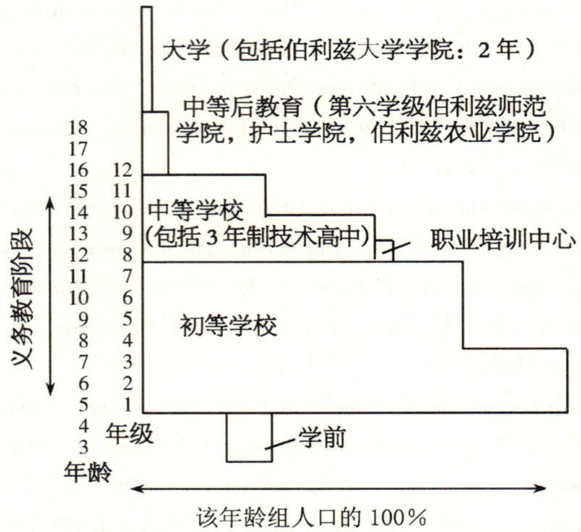

图 1　伯利兹：正规教育体系的结构

在 11 岁到 15 岁之间，学生由小学转入中学。约有 50% 的学生完成小学教育后转入中等学校，其余的在 14 岁后离开学校，或是在全年龄组学校继续学习到 15 岁或 16 岁。

在中等学校水平有三类学校：(a) 教会管理的学校；(b) 由官员管理的社区学校；(c) 政府学校。政府负责所有公立中等学校的管理，其他的提供资助。政府支付教师工资和学校开支的 70%。在所有的经过许可的建设计划中政府资助 50% 的开支。

自 1980 年起，中等教育有了很大的增长。学校数量和在校生人数都有很大增长。在这一阶段建立了至少 7 所学校，有些是在农村地区。1990 年，有 27 所中等学校，在校生人数为 7 372 人，性别分布较平衡。

20 世纪 70 年代，伯利兹技术学院重新组建成，成为进行两年高级中等教育课程和第六级课程的机构。它取消了中等学校水平课程。这一机构现在被称为第三级学院，提供各种自然科学和技术职业培训课程。圣约翰学院第六级可以被视为与伯利兹技术学院相似，是由政府开设的一所学院。圣约翰学院第六级是由圣约翰学院发展而来的，是一所耶稣中等学校，进行文理科教学，面向美国初级学院制度，但也为英国的高级证书考试

作准备。

此外,有两个中等学校提供第六级水平的课程,还有一所教师学院。伯利兹大学学院为在中学后教育中第六级或初级学员中获得足够学分的学生提供2年的第一级证书课程,伯利兹也是西印度群岛大学的成员,是委员会的代表。完成第六级的学生如果要接受进一步教育的话,可以上伯利兹大学学院(提供管理和教育的高级证书课程)或出国上大学,主要是西印度群岛大学,或是美国、英国、加拿大、墨西哥和中美洲的大学。

1990年全日制中学后教育中的总学生人数为1 649人。伯利兹大学学院的在校生人数为238人。

英语是国家的官方语言,但有些地区的母语是西班牙语、加里福纳语或玛雅语。克里奥尔语是伯利兹人的第二外语。英语是教育机构的普通用语,从一开始就培养所有的学生用英语交流的口语和书面技能。英语教师是一个问题,因为绝大多数学生在学习第二外语时都面临着教师教学方法的问题。

3.2 特殊教育

斯德拉·玛利士学校被看成是一所高等教育学校,而事实上,它是一个特殊教育机构。共有100名身体或精神有残障的儿童在该校接受教育。在伯利兹,特殊教育只是在一个很窄的范围内界定,被认为只是为残疾人提供教育,而不是对天才孩童或接受能力较差儿童而进行的教育,应该为残障儿童提供更好、更广泛的教育。

3.3 职业、技术教育

伯利兹的教育政策的制定者和人民普遍认识到学校中发展职业和技术教育的重要性。雇主们也不断要求工人有各种各样的技能。为了适应劳动力市场的这些要求和解决失业问题,在过去的20年中,政府一直努力通过在农村学校的园艺和在一些小机构的手工艺和家政中心,为年龄较大的初等学生提供实际培训。也有职业培训中心为少量的小学的离校者提供培训。在中等教育阶段,要求课程多样化,提供职业技术教育,以便使学生掌握参加某种工作的技能。在中学后教育阶段,伯利兹技术学院在1952年开办后一直增加所开设的课程。在教育部的直属院校之外还有伯利兹农业学院和伯利兹护士学校。

为了适应年轻人的就业需求,1986年建立了伯利兹职业培训中心。这一机构支持学校课程改革和教师培训。国家在职业和技术教育方面也存在问题,设施、设备和教学材料、受培训的劳动力都很不足。职业技术培训中心的人事需要提高,与工业的联系需要增强以保证相关的课程在学校中实施。其中的一个解决办法是建立就业培训中心。

3.4 成人和非正规教育

提供这方面教育的课程很少,有些是为需求者的学术需要开设的,其他的提供一些技能培训。这些课程主要是在城市社区开设。非政府组织和政府的各部(如卫生部、社会服务部和农业部等)提供非正规教育服务。教育部并没有广泛涉足非正规教育和成人教育领域。其他涉足该领域的机构没有相互协调,不能保证课程的有效性。最近的一项关于师资和成人教育的计划,预计在未来的几年中将从教育部获得更多的支持。

4. 行政管理的结构与运行

1990年,在国家议会通过的教育法规定,所有全国性的教育政策的最终责任都属于教育部。在这项法案的指导下,全国教育委员会作为教育部的一个顾问组织对伯利兹的教育起到重要的指导作用。

除了少数几所政府学校外,所有的由政府资助的小学都由教会管理,资助包括目前的开支、总的教师工资和对建筑维修的资金、家具和设备。政府也为经过允许的建筑资助50%。为学校提供书写和其他的材料。小学教师享有养老金计划。

从政策角度看,仅有很少的私立小学独立运作。其余的私立学校目前没有从政府接受资助。然而,只要这些学校愿意接受规定的条件,政府就能为其提供所需的贷款。

政府为中等学校提供资助,并且在一定框架下:提供70%的教师工资和学校定期开支的资助。政府还为每年的小学毕业生提供许多奖学金,使这些学生能够在完成小学教育之后继续接受中等教育。这些奖学金包括学费和书费。获得奖学金的学生必须离开家,以便领取奖学金,而对于真正需要帮助的学生，接受助学金以支付其食宿费用。接受奖学金的学生实际上相当于免费接受教育。常务秘书承担教育部的日常管理，首席教育长官也是首席职业官员，他为教育部的常务秘书与部长提供咨询。其他与教育部相关的官员包括一个副教育长官和两个主要教育官员(小学和中学)。除此之外，还有一些官员的主要职能是监督学校工作，以及帮助教师提高教学效率和提高教育水平。

在教育法的指导下，所有的学校，包括私立和政府资助的私立学校，以及政府资助的学校都接受教育部的监督和检查。监督和检查由住在首都、伯利兹城和其他地区的教育官员进行。监督的主要方向是改进教育与学习过程，现在，人们认识到只有教师与教育官员合作才能够实现这一目的。然而，每年只有很少一部分学校接受监督，因而，要提高学校质量必须强调加强监督。

5. 教育财政

在 1986 年至 1990 年间，总的教育开支急剧增长，政府教育开支从 16% 急剧增长至 23% 。这一快速增长主要是由 1988 年教师工资的增长所引起的。到了 20 世纪 90 年代在政府的总开支中，教育开支增长到了最高点，政府很难再长期维持这一增长水平。例如，1992 ~ 1993 财政年度公共开支减少了 5% ，而教育开支减少了 20% 。

人均预算开支及相关的项目资金由外部资助。1990 ~ 1991 年有 180 万伯利兹元的教育部的财政预算是地方基金，其中有 48%(86.5 万伯利兹元)用于初等教育。财政预算中最多的一部分的人均开支用于初等教育，这一部分主要是补偿由教会开办的学校的 50% 的人均开支。当然，这些总额并不代表教会对教育的总贡献。教育与其他部门相比，所接受的外部资金相对来说很少。初等教育项目的基金部分由世界银行资助，这将使教育人均外部资助的份额有很大的增长。

1991 年估计的单位支出表明，在初等教育阶段为 481 伯利兹元，中等教育为 844 伯利兹元，第三级教育为 1 862 伯利兹元。这些估计是以政府公布的周期性的开支为依据的。如果加上私人的捐赠，中等和第三级教育的水平还会更高。

6. 师资

1990 年在政府和政府资助的初等学校受雇的教师人数为 1 749 人，这些教师中有约 40% 的教师接受过培训，毕业于伯利兹教师学院。其余的 60% 的教师通过参加每年由教育部举办的一到三次的教师考试获得资格，有些则是不合格的教师。至今，小学教师的最低受教育水平是小学毕业证书。现在主要是从中学毕业生中招收小学教师。

正规教师教育在伯利兹教师学院进行，提供包括 2 年专科课程和 1 年指导教学的课程计划。1990 年，开始实施 3 个学期的课程，目的是加快教师培训的速度。在 1992 年初颁布的伯利兹初等教育计划的指导下，伯利兹教师学院进行重建，进行两个水平的教师培训：(a)新引入的 3 个学期的课程，称为教学第一水平证书；(b)第二水平证书，是在获得第一水平证书后，再进行一段时间的教学实习。伯利兹教师学院扩大了其功能，进行一系列的在职教师培训。

1990 年，中等教育中有教师 576 人。其中，201 人是大学毕业，其中有部分教师受过教学培训。其余的教师中，有 96 名教师是没有学历的受过培训的教师，其他的是不合格教师，有很多是从第六级学院毕业生中招聘的。这种情况在伯利兹大学学院开始培养有教育学位的教师后有所改变。

7. 课程开发与教学方法

教育部通过课程开发处负责为所有的政府和政府资助的初等学校提供课程指导。根据课程指导校长和教师都应结合具体的情况制定每年的工作计划。班级教师在其日常工作中依据课程指导和每年的详细工作计划开展工作。在基础学科领域，包括数学、语言、艺术、社会研究和科学中都有基本指导。也有健康和体育、艺术和手工等课程的指导。

中等教育阶段没有共同的国家课程体系。每个学校都建立自己的课程政策和计划。但在所有学校中的课程没有太大的不同。在所有课程中，如英语和数学是必修课程，在中学 4 年都要学习。学生还要学习西班牙语、一门或更多的自然科学和社会研究或历史。不太强调艺术和体育教育。在三十多年中,一直鼓励中等学校课程的多样化,鼓励提供技术和职业训练,中学都试图提供商业和基础商业课程,并主要为女学生提供家政课程。有些学校为男学生提供机会使其参加木工、金属工艺和农业学习。

1989 年,伯利兹中学校长协会与课程发展组织联合,制定了中学课程政策并经教育部的批准。政策文件提供了与所有中等学校相关的一个核心课程和一个中等学校课程计划,用来指导和支持英语、数学、社会研究和科学等学科,并为之提供教学材料。下一步是要研究制定一个国家中等教育毕业证书考试,以满足那些成绩较好的中学毕业生的要求。

8. 考试、升级和证书制度

在初等教育水平升级情况各不相同,但以年龄、学期和最后学校考试平均成绩为依据。在完成 8 年级后,小学生参加伯利兹全国选择考试,作为颁发初等教育证书和 350 名中等学校奖学金学生的依据。这一考试也作为中学的入学考试。

伯利兹全国选择考试是一种正规的参照考试,现在强调对其进行改革,即将它转化成以标准化的考试,并且还可以将小学考试从证书考试中分离出来。随着课程考试和评估机构的建立,预计现在的全国通考将得到改进。

中等学校的学生按学期的成绩和每年最后的学校考试成绩升级,在完成 4 年的学习后,学生参加加勒比考试委员会考试,并代替英国考试机构举行的海外普通证书水平考试(GCE - O)。在第六级结束时,学生准备高级证书考试。想从事技术学习的学生可以参加英国城市及行业协会统一考试。

9. 教育评价、评估和教育研究

目前,在伯利兹没有考试服务机构,也没有研究机构。考试和评价机构将要在初等教育各个阶段制定一系列的诊断测试,也将建立全国中等教育证书考试机构。随着教育部的计划机构的建立,考试和评估机构的关注点越来越集中于教育研究。班级教师没受过较好的训练来准备和指导考试。因此,急需对教师进行培训。伯利兹教师学院和伯利兹大学学院应当在这些方面的教师培训中起到主要作用。

教育部的课程发展机构一直是课程发展的主要机构,开发成本较低的教学材料。建立于 1975 年的课程发展机构为初等教育学校开发课程提供指导,也开发一些学习材料,主要是为初等学校开发教材。自 1989 年,指定的中等教育课程官员与英国海外发展机构合作,进行咨询。做了一些有关中等学校的课程工作。随着人力资源和物质资源的增多,这些工作仍将继续。自 1975 年开始,课程发展机构的职责一直扩大,包括学校考试和评估。在不久的将来,其结构和管理将得以改进,以适应各种不断增加的机构管理内容。这种机构将在 1992 年进行的伯利兹初等教育计划的实施过程中进行重建。

10. 20 世纪八九十年代的主要改革

在 20 世纪 80 年代,伯利兹教育有许多重大发展。初等教育有农村教育和农业教育计划(REAP),后来重新命名为与农业和生产相关的教育计划,该计划随着参加的学校从 20 世纪 70 年代中期的 9 所增加到 90 年代的 60 所小学,逐渐得以有效实施。这一计划作为一项革新计划,其目的是制订新的农村地区课程,使之具有相关性和不断丰富。其理念是以学生为中心,其方法论以活动为导向。使孩子能够从社会和他们所在社区的自然环境中学到知识。学校花园的作用是作为户外教育中心,具有特殊重要意义。遗憾的是,由于这一计划与传统的、分割的课程有冲突,这一改革没能起到应有的作用。

20 世纪 80 年代的另一项改革是引入伯利兹全国选择考试,初等学校毕业的学生要在完成八年的学习后参加这一考试。以前,初等学校的毕业生参加初等学校毕业证书考试,通过考试的学生被授予初等毕业证书,通过率很低。很少的有才能的学生参加奖学金考试,以接受中等教育。伯利兹选择考试是一种标准考试,授予学生小学毕业证书和中学入学许可,有些学生获得由伯利兹政府资助的奖学金。

在第三级教育阶段,伯利兹艺术、科学和技术学院建于20世纪70年代，是大学水平的机构的核心。开始提供一些小范围的技术方面的课程，但在20世纪80年代早期扩大了其范围，将伯利兹教师学院吸收进来，并与伯利兹护士学校、伯利兹技术学院、伯利兹农业学院和其他第六级水平的机构合并。伯利兹大学学院（UNB）取代了伯利兹艺术、科学和技术学院（BELCAST）开始为完成第六级或相关学习的学生提供2年学位课程计划。20世纪90年代开始，大学学院是一个变化了的大学水平的教育机构，主要依赖于外国机构，其各系主要着眼于提前进行计划。

1989年，教育部开始与世界银行协商贷款基金，以资助伯利兹的一个教育项目。这项计划目的在于提高教育质量，特别是初等教育质量。计划准备在1990年和1991年的前半年完成以下三部分任务：重建伯利兹教师学院，主要是小学教师培训机构；在教育部内建立和发展一个教育计划机构；发展强调课程、材料的开发和学生的评价的教育计划。

11. 2000年面临的主要问题

虽然努力解决了1981年发现的一些教育问题，但是，有些问题依然存在。在小学阶段，人数过多问题很严重，许多教室需要大的维修。考虑到现有的人口数量，尽管一直努力建立、扩大和维修学校，还是不能满足社会对教育的需求。也需要提高学生的学业成绩。造成学生学习成绩不佳的因素很多，包括教师的严重不足、课程不合适和对现有课程利用得不好、缺乏合适的教科书、缺乏教学材料和设备、学校的条件不好等。到2000年，这些问题仍将存在。教育制度对于培养国家所需的人才至关重要，在21世纪来临之际，中等教育和第三级教育应适应时代需要，进行技术和职业培训。

J. A. 伯尼（J. A. Benne） 著

耿益群 译

附录

Belize Today 1991 (August) Issue devoted to Belizean economy 1981—1991

Bethell G 1990 *Proposals for Examination Reform in Belize.* Ministry of Education, Belize City

Bridges D, Thompson C 1991 *Proposal for Teacher Training Component of the World Bank Education Project.* Ministry of Education, Belize City

Central Statistical Office 1990 *Abstract of Statistics 1990.* Ministry of Economic Development, Belize City

Curriculum Development Unit, Task Force Ⅲ 1990 Curriculum, development, learning resources and assessment (draft), *Proposals for Education Development Component of the World Bank Education Project.* Ministry of Education, BelizeCity

1991 *Education in Belize: Toward the Year 2000* SPEAR/CUBOLA Productions, Belize City

Ministry of Education 1990 Prioritization with regard to proposals of Task Forces. *Proposed World Bank project to be initiated January 1991.* Ministry of Education, Belize City

Ministry of Education 1991a *Development plan 1990—1995* (draft). Ministry of Education, Sports, Culture, Broadcasting, and Information, Belize City

Ministry of Education 1991b *National Paper on Education Policy.* Ministry of Education, Sports, Culture, Information, and Broadcasting, Belize City

Penrose P 1990 *Educational Finance.* Ministry of Education, Belize City

加拿大的教育制度（Canada: System of Education）

1. 基本背景

加拿大是世界上面积第二大的国家，但其人口却仅居第31位。加拿大将近2 700万人民所代表的文化背景，与其生活的地域一样具有多样性。从地理上来讲，加拿大既有广大的城市地区，又有肥沃的平原、农田，还有蜿蜒纵横的大山脉以及湖泊和北部荒漠、北极地带等等。

加拿大近2/3的人口生活在城市地区，集中在加拿大与美国的边界沿线地带。超过60%的加拿大人口生活在两个省：安大略——其人口主要说英语、魁北克——其地区的主要语言为法语。和加拿大的历史相关,加拿大是一个双语国家,它有两种官方语言:法语和英语。

从政治上来讲,加拿大是一个联邦制国家,分为十个省和两个地区。1867 年的联盟法案把加拿大四个原始省区合而为一试图建立一个拥有强大权力的中央政府,同时政府又确保各省区具有自治权,各省政府自己来处理本省的一些特殊的社会经济、语言、宗教、法律(如魁北克)特别是教育及其相关事务。这些权力逐渐扩大到其他一些地区,只要其一旦加入联邦便具有相应的自治权。这样,加拿大就没有形成国家统一的教育制度,也没有一个中央教育部门。特别是为了保证少数人的宗教和语言权利,教育完全处于各省区的直接控制下。当然,也有几个例外,联邦政府对一些方面负有直接责任。例如加拿大土著居民的教育(北美印第安人、因纽特人和梅蒂人),这些土著人约占加拿大总人口、军队人数和罪犯人数的 3%。此外,为了保证少数人口的官方语言教育(如安大略省的法语人口的法语教育),联邦政府也提供一些经济援助来支持这些教育计划的开发与维持的额外支出。

加拿大的人口增长中自然增长约占到 65%。1990 年的增长率约为 7%,是工业化国家中增长最高的,但却是加拿大历史中最低的一年。在 20 世纪 80 年代,由于出生率下降,1986 年学前教育和小学入学人数明显少于 20 世纪 60 年代的出生高峰期。不过,统计表明,20 世纪 90 年代,人口出生率将会比较稳定(1991 年是 15‰)或稍有增长。尽管在 20 世纪 80 年代 14 岁以下的人口数量变化不大,但是中学年龄段(14 ~ 18 岁)的人数在 1981 ~ 1986 年期间却下降了 15%。由于出生率下降和人口平均寿命的增长,加拿大的人口结构开始老化。1986 年,加拿大人口的平均年龄为 31.6 岁,达到历史最高点。

移民是加拿大人口增长的一个重要因素。传统上讲,加拿大的大多数移民来自英国,但 1986 年的人口调查显示 25% 的加拿大人口其族统既非来自英国,也非源于法国。除了欧洲移民,他们包括 20 世纪 70 年代西印第安人和非洲人口的移入,以及 20 世纪 80 年代拉丁美洲的避难移民和中东、亚洲移民。1989 年加拿大接收的移民达 19 万,其中一半来自亚洲。尽管 18 岁以下的移民在加拿大每年的移民中只占 1%,但他们中的 70% 聚居在加拿大 6 个主要城市中。而这些少年儿童中的 2/3 不会加拿大的两种官方语言,这样就造成加拿大城市教育制度中的一些特殊的问题。

加拿大从一个大的农业和资源基础型国家逐渐发展成为富有的工业化国家,不过像许多其他国家一样,加拿大经历了 20 世纪 80 年代和 90 年代的经济萧条时期。据 1986 年的统计,加拿大约有 6% 的就业人口从事农业、渔业和采矿业,而在 1891 年则有一半以上的人口从事这些工作。1986 年就业人口中制造工业占 17%,服务业占 40%,商业和运输业占 22%。

加拿大政府对教育经济投入很大,仅次于社会福利成为政府资金的第二大财政支出。1990 年,教育支出约占加拿大国内生产总值(GDP)的 7%。这种经济投入在劳动力的教育水平上得到了体现,1989 年加拿大 15% 的工人有大学的学位,42% 的工人接受过中学后教育(10 年前约为 29%)。不过,从另一个方面来说,加拿大有 9% 的劳动力只受过 9 年级以下的教育,另据估计约有 1/4 的加拿大人为基础性或功能性文盲。

2. 教育政策与目标

除了加拿大总理及内阁,每省区都设有自己的选举产生的立法机构,由每省区的执政长官进行管理和协商,规定省内的各项责任,教育也就属于省级的管理事务。

尽管各执政党在各种问题上表现不同,其政治思想也可能会有些或左或右的倾向,但加拿大不是一个政治极端国家。中庸与实用主义是加拿大的特点。作为一个建立在民主原则基础上的国家,加拿大的大多数公民享有民族机会平等权,享有多种福利,特别是从小学到学院或大学水平的免费教育。教育被看作是公民获得必要知识与技能,从而能够进行生产、获得收入、享有实践生活的一个必要过程。因此,教育目标中重点要解释知识与技能的概念与它们之间的不同以及如何获取的方法,而不仅仅是一些基本的原则。

同样引人注目的是，在20世纪后半个世纪中，随着教育规模的扩大和教育的重要性的凸现，尽管宪法禁止政府直接参与教育，但是加拿大联邦政府在教育上起了不容忽视的作用。自1963年起，国务部成为内阁对中学后教育方面的咨询机构，负责对所有联邦教育政策和计划进行开发、规划和实施。其最重要的方面是提供财政支持，特别是在中等后教育阶段。结果，联邦政府在社会与经济方面的发展重点不可避免地对教育产生影响，这可能与各省或地区的目标相冲突。

在20世纪的最后阶段，加拿大在经济与政治决策方面面临着严重的问题。联邦政府削减财政赤字的任务就意味着其要减少政府在服务方面的支出。联邦政府倡导的双语政策和多元文化主义政策不断受到质疑。最重要的是，关于魁北克作为"独立社会"的决议——不论是留在联邦还是一个主权国家，以及土著人自治的问题都对各阶段教育产生了重要的影响。

3. 正规教育体系

3.1 小学、中学和第三级教育

图1所显示的是省级水平教育制度的教育结构、学业年限的范围。加拿大教育分为三个阶段：小学、中学和中学后教育。每省的义务教育一般为10年。入学年龄为6岁或7岁，最低离校年龄为15岁或16岁。但是，小学、中学计划一般超过12年。各省区对于小学和中学的定义差别较大。在大多数省区的立法中小学指前6年教育，也有的省区把第7、第8年也划归为小学。中学则一般为5年或6年，并且再分为初中和高中。魁北克有独特的计划，即中学阶段为5年(7～11年级)，接下来是3年的职业高等学校(CEGEP)。

在一段时期中，加拿大的中等教育主要是学术型的，是为了使学生升入大学。职业和技术学校是单独的机构。尽管现在仍有一些独立的职业与技术学校存在，但大部分中学是综合性的，既开设学术性课程，也开设职业课程。

加拿大的约15 500所小学与中学绝大多数为公立学校，也就是说它们是免费的，是由国家财政税收来承担的。在几个省份，则提供由税收承担的

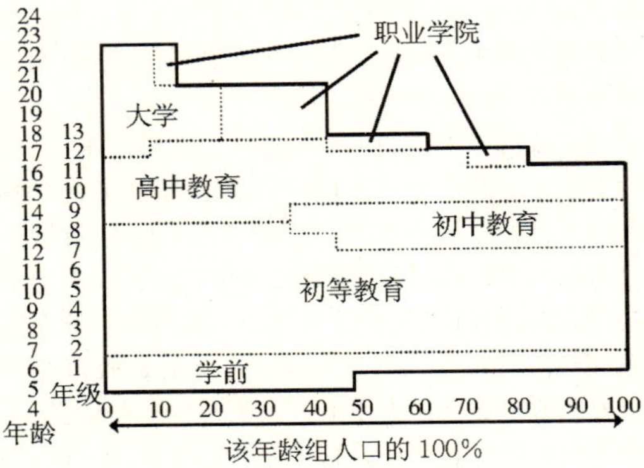

图1 加拿大：正规教育体系的结构

各教派的独立学校(一般为罗马教派和天主教派)。私立学校约占学校总数的4.6%，它们独立于公立学校制度之外，是收费的。尽管在一些省区，政府对私立学校也提供一定的财政支持。除了几所独立学校外，大部分公立学校实行男女合校。相比而言，许多私立学校在建校之初就实行男女分校，不过后来有一些私立学校也改为男女合校。

现在，中学教育通常实行分科，这种分科教育至少持续到12年级，一般至少分为商业和工业两类，以作为学生就业的最低标准。尽管加拿大政府致力于发展教育，但中学阶段的巩固率却是一个问题。这种情况对国家和青少年都有着明显的影响，这主要因为社会对高技能工人的需要日益增加，而那些缺乏技能的人或功能性文盲就业机会很少。

加拿大的中学后教育主要由政府财政支持，而且在第二次世界大战之后迅速扩大。1991年，加拿大有273所中学后教育机构，其中包括69所具有学位授予权的大学(1939年为28所)和204所没有学位授予权的社区学院。由于各省区的叫法不一，这里称之为社区学院是对此类机构的一种统称。社区学院这类机构设有一般范围的职业、技术和半专业的教育计划，有的学院也开设一些大学转换计划。还有一些社区学院则开设更加专业化的诸如艺术、渔业、海运技术和农业之类的教育计划。

加拿大大学的结构相对比较标准，所授予的学位通常都有三个级别：学士(文科学士或理科学

士)和第一级专业学位、硕士学位(文科硕士或理科硕士)、博士学位(PhD)或专业博士学位(如医学博士)。每个大学设定自己的入学标准,但基本的要求一般是中学(在魁北克是CEGEP)毕业。大部分大学都允许"成年学生"入学,即那些21岁以上的已离开学校若干年的学生。

小学和中学阶段的学年平均为180~200个教学日,从9月开学到次年的6月底结束。中学后阶段学年一般从9月开始一直到第二年的4月底或5月初。多数大学一般开设全课程(两个学期)和半课程(一个学期),也有一些学校一年设三个学期。有一些大学开设工学相结合的学习计划,学生交替进行课堂学习和有指导的正常就业。大多数大学都接受全日制和半日制学生,尤其是在本科生阶段。许多学校开设校外课程、函授课程或者充分利用现代通讯技术开设课程。在加拿大这样一个地广人稀、气候恶劣的国家,各级教育都设置了许多具有创新性的成功的远程教育计划。

在1989~1990年度,近600万加拿大人,略少于总人口的1/4,在全日制教育机构注册。由于义务教育阶段一直到15~16岁,这个年龄段的人几乎都入学学习。在总入学人数中,小学和中学约有500万,非大学的中学后教育机构为31.5万,大学为51.4万。如果把参加半日制大学的学生计算在内的话,大学的总入学人数中有71.6万名本科生和10万名研究生。图2显示了从1961~2001年三个阶段的教育的各年龄组的实际人数。

1990年,加拿大授予了近11万个学士与第一级专业学位,比1980年增加了23 500个。1981~1986年之间,加拿大大学研究生数量增长了432%,是这一期间加拿大总人口增长率65%的近7倍。从1981年起女学生获得学士学位的人数超过了男学生,1990年约占56%。硕士与博士学位获得者这10年也增加了不少,其中女生也逐年增长。尽管如此,女性在高级管理职位和全日制的终身学术职位的获得上仍然比例偏低。

入学人数中包括显著增长的外国学生。在1991年秋,各阶段教育的外国学生注册人数有87 000名,大多数人接受中学后阶段的教育。大约有超过一半的学生来自亚洲国家与地区,其中来自

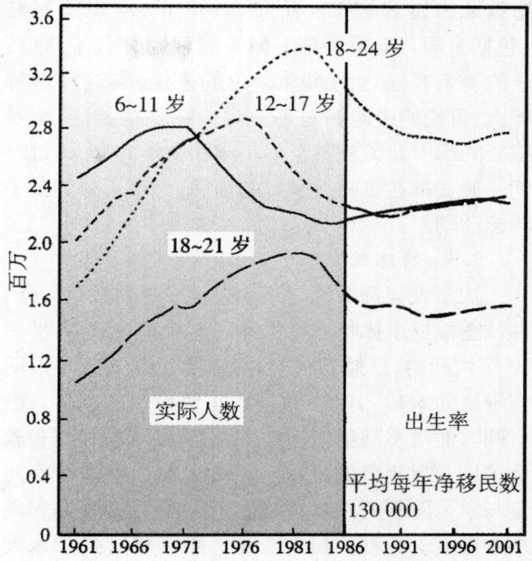

图2 部分年龄组的入学人数(1961~2001)

资料来源:加拿大审计署

中国香港的学生占全部外国(地区)学生总数的16%。

加拿大大学的学费很大一部分由政府补贴,本科生所缴学费平均每年为1 500加元(CDN)。来自国外的学生其学费要高出5倍,不过与美国和许多欧洲国家相比,这个学费依然具有吸引力。

3.2 学前教育

在加拿大尽管入学年龄通常为6~7岁,许多省在公立小学中都设有学前教育计划(一般称之为幼儿园班级),入学年龄为5岁。像曼尼托巴、安大略和魁北克省的一些学区设有4~5岁儿童的2年非义务教育。阿尔伯塔开办了别具一格的公立的、由省财政负担的"儿童早期服务"计划,教育内容综合了教育、保健、社会和娱乐性服务,儿童入学的年龄为3.5岁。在其他一些省区,作为公立教育计划的一种替代,在省各级行政督管下,常开办1年级前的幼儿私立教育。在1991~1992年度,大约有484 500名儿童参加学前教育。学前教育的儿童入学人数自1978~1979年度开始增长,这一方面是因为4~5岁年龄人口的增长,另一方面则因为入学率的大大提高,还有双职工家庭和单亲家

庭数量的显著增加。例如,1988 年,双职工家庭(包括全职与兼职)中有 64% 的家庭有孩子,有孩子的单亲家庭达到 69%。总的来说,与这种趋势相比,日托的设施相对不充足。在一些省区,照看孩子的场所及设施甚至与小学和中学共享,不过时间一般安排在正常教学日的前后,大小不一的孩子一起活动。

3.3 特殊教育

加拿大强调为所有儿童提供平等的教育机会,并试图根据个体特点提供不同的教育。从 20 世纪 70 年代开始,已经有将“特殊需要儿童”(几乎占所有学生的 5% ~10%)整合到正常教室的趋势。由于同时面对不同类型的学生,通常要求对课程和教师培训进行相应的调整。班级里包括生理残疾儿童与学习障碍的儿童,和常常直接学习更多内容或加快进度的课程的超常儿童。刚刚移居到加拿大的儿童或土著儿童,对特殊语言和文化的需求,也得到重视。另外,一些学校还开展了包括鼓励女生参与科学和数学及那些传统上男性占优势的学科的计划。一些批评家认为平等机会政策影响了教育的质量,例如那些天才学生比那些有学习障碍的学生所得到的关注更少。

加拿大也有公立和私立的针对不同类型残疾儿童的独立学校,例如为严重智力障碍或视力、听力残疾儿童设立的学校。

注册的印第安和因纽特儿童的教育,由联邦政府通过它的印第安与北部事务部进行管理。该部被授权维持直接为这些儿童设置的学校,它还为这些儿童提供进入公立或私立学校的教育机会。约有一半的土著儿童进入各省的公立学校。1986 ~ 1987 学年,联邦政府在印第安专用居留地办有 141 所学校,另外,土著地区议会按照内阁条例管理着 244 所学校。从 20 世纪 80 年代起,土著人开始越来越多地提出自治的要求。土著青年的辍学率和吸毒、酗酒、高自杀率等问题,已引起了所有加拿大人的注意,并且正在采取弥补过去错误的措施。未来一个可能的模式,是马尼托巴的温尼贝格于 1991 年开设的由省财政出资的中等学校。这个学校取代了居留地学校,它在大学和普通课程之外,强调教授土著语言、历史和文化。

3.4 职业、技术与商业教育

20 世纪 80 年代,尽管以往“分流”学生在 14 岁进入职业教育的系统并没有得到强化,但是在中等学校,职业准备扮演着越来越重要的角色。研究学校与工作关系的结果显示,应强调积极的工作态度和学习能力,而不是具体的与工作有关的技能。教育目标应是提供更广泛、更灵活的技能,以使青年人在社会和工作市场适应技术变化,发挥其应有的作用。

加拿大人普遍认为教育是工作的准备,尤其强调收入与正式文凭的关系,这无疑是 20 世纪 60 年代“社区学院”运动广泛开展的原因之一。这些机构创立了一些半职业性和技术文凭课程以补充或替代在职培训。对劳动力市场的强调也反映在大学教育上。职业性学位已增加,并成为找某些传统职业领域工作(例如法律和医学,而且包括社会工作、教师、图书管理、商业管理等领域的工作)的必要条件。

除了综合性中学和中等后教育机构开设的正规计划,社区学院、公共行业学校和职业中心也提供不同的职业和行业培训。1988 ~ 1989 学年,超过 234 000 名培训者参加了这些项目。企业内部也组织在职学徒培训项目,这些培训项目的规模较小。绝大多数课程可以在一年之内完成,对于那些复杂程度较低的职业,也可以在几周之内完成。只有离开正规学校系统和超过义务教育年龄的人可以参加,入学标准是完成 8 ~ 12 年级不等的教育。从历史上看,这类培训是联邦政府最早参与的教育领域之一,因为公立学校和大学很少提供这种培训项目。联邦政府最初的参与主要是在财政方面,第一次世界大战后开始支持省级项目。1967 年以后,联邦政府开始更多地关注培训的类型和项目的地理分布。目前首要问题之一是鼓励商业和工业部门在培训中扮演更活跃的角色。

3.5 成人与非正规教育

继续教育是加拿大的一个重要的教育成分,每年有 300 万加拿大人在成人教育项目中注册。各种机构都提供培训课程,包括学区委员、各省级教育部、大学和社区学院。非赢利组织、专业团体、政府部门及商业与工业单位,也发起或实施这类项目。除了传统课堂教学以外,还有许多不同方式的教学活动。通讯技术已经推广了“开放式学习”,使在偏远地区的学生也可以获得接受教育的机会。

第二次世界大战之后,大学的推广计划快速发展。在中等以上教育的课程中,一些是有学分的课程,另外的是没有学分的促进个人发展的文化性或娱乐性课程。职业发展性和进修课程也很普遍。

在所有教育管理权力部门,都在加强扫除文盲的项目。其中的一些项目使用制度化的教育方式,通过社区学院和社区性学校的晚间班开展。也有一些志愿性组织,提供信息和个性化的扶助。这种方法得到了广泛的认可,比正规项目更适应于扫盲任务。

4. 行政管理的结构与运行

加拿大的每个省都有教育部,由部长领导,部长是当选的省内阁成员。在育空省和西北部省份部长是行政委员会成员。在一些省,中等以上教育还有独立的部。

虽然省级的部长负责教育系统的总体政策和管理工作,但是,教育部的日常工作及其监督,是由副部长和他的永久性公务员下属进行的。部长们的职责包括监督、视察基础与中等学校;提供课程和学校组织的指南;制作教材;财政;教师资格认定;规定学校管理班子成员和教师的法规和支持服务性工作,例如图书馆、卫生和交通等。

所有省的学校都是由当地的权力机构(教育委员会)运作的,该委员会是由选举的或任命的学校管理成员或高级公共事务官员组成的。学区的范围由省里划定。近年来,许多小型学区已经联合形成具有核心的、地区性的组织。这些委员会的权力是省授予的,主要限于教育的组织管理,包括建立及维护和购买教育设施与设备、任命教师、筹集资金等。各省学校分权的程度不同。但是,大多数情况下,人们从思想认识上致力于地方控制以反映社区的需要。

大学的组织结构是根据省级法律条款来建立的。传统上,大学的管理结构是两层系统:一个负责最终政策决策的管理者委员会;一个教授会,它是大学的高级学术实体,负责有关诸如入学要求、批准课程与教学计划、授予学位和学术规划等学术政策的制定。

大多数社区学院也有管理者委员会,其成员由省级政府任命、地方政府选择或选举产生。但是,一些机构,主要是技术院校,是由政府直接控制的。委员会通常包括一些非专业人士、教学人员和学生。其他的管理形式包括政府、学院与学区委员会合作的方式(不列颠哥伦比亚)和魁北克的教育部与学院委员会的合作形式,外加非官方的学院联盟的补充。

省政府和地区政府在尽力为学校之间、省之间的学生与教师的流动提供方便。为了支持这项工作,加拿大教育部长委员会(CMEC)定期公布《学生转校指南》,介绍中等学校的结构和课程。该委员会成立于1967年,它为各省教育部长们提供了讨论涉及共同利益的问题的一个论坛和发表意见的场所,也对成员之间的合作关系进行协调。由于教育中的泛加拿大原则的优先地位已经有所增加,CMEC开展了一些重大的全国性活动。例如,与加拿大统计局合作,建立了加拿大教育统计委员会,它的主要目标是搜集和公布各省之间有一致性的、可比较的数据。

5. 教育财政

在20世纪60年代的教育扩展时期,教育支出以每年15%~20%的速度增加,占用了超过22%的政府支出,占国民生产总值的比例最高达到8.6%。从1981~1982学年到1991~1992学年,教育支出几乎增长了一倍,从255亿加元增长到506亿加元,平均每年增长7.1%。初等和中等教育几乎占总支出的65%。与其他工业国家一样,加拿大经历了80年代和90年代的经济萧条期。国民对政府高赤字和服务范围的疑虑越来越重,使1991~1992学年教育支出占国内生产总值的比率下降到7.0%。1989~1990学年,每个学生的初等和中等教育成本是5 817加元。

超过90%的教育经费来源于政府,私人的资金如学费、捐赠和投资收入等起到了平衡作用。传统上,初等—中等教育财政是市政府的责任,当地的财产税是基础教育绝大部分成本的来源。虽然地方税收仍然很重要，1991～1992年市政资金所占比重已经从1960年的49%降到了20.5%。在一半的省，大部分的或所有的学区委员会的资金直接来源于省财政。其他省，来自地方税收的经费大约占35%～50%。地方和省级的教育投入的比较关系在调整，既要保证最低的标准，又要减轻收入和财富的地方差距。在1991～1992学年，联邦政府在其管辖权限内直接资助的项目经费约达8.7%。另外，省级投入的一部分实际上包含了通过各省支付的联邦政府的资金。

中等后教育也基本由政府资助，联邦与省级政府的投入占其总资金的80%以上。从1951年到1966年，授予某些合格的大学和学院的直接运作的权力，除了一些对研究项目的资助，于1967年被一种对各省的转移支付制度所取代。1977年，加拿大建立了新的财政方式，在该体系中，联邦政府统一了对中等后教育、医院保险和医疗保障的资助。尽管人们期望1/3的财政资金能用于教育，但是省政府可能将资金用于其认为合适的一些项目。

联邦政府也设立了“加拿大学生贷款项目”，该项目为那些付不起全日制或半日制学习成本的中等后学校学生提供贷款。在学生毕业之后的6～18个月确定还款的时间，由政府支付贷款的利息。

大学取得额外资金的压力越来越大，教职员工和学生们抱怨设施与设备过时、教室拥挤和研究资金不足。人们已提出了多种方案，包括增加学费、对就业毕业生根据其工资水平加收收入税等。

6. 师资

1951～1971年，加拿大的入学人数增长了一倍，1976～1977学年中小学教师的数量达到了284 900名的新高，20世纪80年代中期之前，教师的数量稍有下降，但是中期以后又稳步增长。根据17.5:1的生师比率，1991～1992学年预计教师数为298 700名。教师数量增长的原因可能是教育改革和设置了一些新教育项目，如为越来越多的移民人口提供的ESL(英语为第二语言)课程和越来越重视计算机技术教育。

约有94%的中小学教师供职于公立学校，5%的任职于私立学校，其余的1%在联邦学校。1988～1989学年，尽管3/4的公立学校的管理者是男性，但是58%的教师是女性。与劳动力的总体情况一样，由于接受新人较少，留任率高，教师的平均年龄越来越大：1989年，30岁以下的教师仅有10%，而15年以前则是40%。

教师的工作条件，取决于各省教育部制定的有关规章和具体负责聘任的学区委员会的政策。所有省与地区都要求教师具有有效的教师资格证书，或获得认证身份。合格性条件一般要求具有获得认可的大学授予的4年的教育学士学位(BEd)，或同等学历。也可以是在获得其他专业的第一个学士学位之后，再读1年的BEd学位。申请资格证书的人，要由省级部门评审，省级部门也对资格水平(普通或专业)、专业科目范围和级别水平进行分类。新教师通常要完成2年的实习期。工资水平由资格分类水平和连续教学的年限决定。

加拿大学校面临许多增加新教育项目的要求，从教授第二外语、计算机技术、预防艾滋病、照顾多元文化到将特殊性学生纳入正规教室等。绝大多数省和地区为教师提供了在职课程，帮助他们适应变革、学习新的技能。大学和教育部也经常开设暑期课程班。

除了某些职业培训部门，进入中等后教育机构、大学的长期教师队伍，拥有博士学位是条件之一。一些社区学院教师也具有博士学位，尽管这些工作岗位的主要标准是具有一定的职业与技术教育经验。大学和学院还聘请一定数量的兼职或短期合同制讲师和教员。对中等后教育工作者所受正规的教学法的培训，则几乎没有任何要求。这种欠缺和许多大学更重视学术研究而不是教学的问题，是1991年关于加拿大大学教育的报告的主题(Smith 1991)。虽然研究成果和出版物比教学重要并不是一个新问题，但是该问题在20世纪90年代有可能引起更多的关注。

7. 课程开发与教学方法

加拿大教育系统在20世纪60年代和70年代

初期,进行了彻底的改革。诸如儿童中心式学习、持续进步、分组教学、发现教学法、开放式学校和视听教学设备等概念都被采纳,但在改革过程中有时不太注意教育效果或对教师培训的影响。各省教育部的教育改革主要针对学校课程中的大量义务教育学科及其课本,各省教育部对这些课程内容和课本进行了大量修订,同时也引进了一些新的课程计划。

从结构上来说,教育制度变得更为分权化。各省仍然颁布了一些指导性文件,但学区委员会和各个学校更多地控制了其具体实施、教材和教学方法的改革等等。教学的正规性越来越少,参与性却越来越强,与传统的讲座法和记笔记法呈反向发展。在教学中对于"事实"的学习强调越来越少,更重于培养学生获得一定的学习技巧,以使学习过程变得更加容易。

虽然,这些教育改革起到了积极的作用,尤其是在照顾学生的差异和满足社区的需要以及实施教育平等的政策方面,但是自 20 世纪中期之后,学校成为顾主、大学和学生家长的重要的批评目标。这些批评主要针对的是学术标准的下降和学生读写与算术能力的下降。处于公众的压力之下的两个方面多少又有些自相矛盾:一方面,社会希望学校要照顾到社会与民族问题,另一方面,又要求学校赋予学生牢固的"基础"。这样就导致了教育改革的新趋向:对基本的核心课程进行重新定义,其内容是多数必修学术性课程,主要是数学、科学、语言文学和社会科(通常为历史和地理)。20 世纪 70 年代后,大量兴起的选修课已经受到严格的筛选。然而,人们也认识到除了传统的读写算(3R),还有一些基本的新知识和技能,因此计算机技术和其他关于一些发展学生批判性思维和创造思维、提高学生独立学习能力和环境教育的内容也走进课程中。

作为对全国社会和文化政策的回应,教育部门花了很大的精力来消除学习材料中对种族与性别的成见。第二语言的学习也在课程中得到重视,在一些省份,学生有机会学习一些不通用的语言。例如,阿尔伯塔开设了克里语(一种印第安族语言)和乌克兰语,克里人和乌克兰人是对该省的文化做出贡献的两个群体。此外,课程强调性别平等,特别是通过设计一些女性的新的角色模型来鼓励她们去考虑一些非传统的职业,尤其是一些涉及数学和科学的学科。

各省教育部开发的课程材料,在得到教育部的正式审核之前,通常要经过学校的试点和修订。私人部门开发的课程材料,在得到正式审核之前,通常要得到省教育部和学区官员的批准。其他教材都作为辅导性材料。

8. 考试、升级和证书制度

连续性是初等学校的一个准则。中学实行学分制,学生是按科目而不是年级升级。某些地方已经部分或完全取消了按年龄编班的做法。总的来说,加拿大的开放入学的中等教育政策可以归纳如下:尽管中学不存在自动升级,但是学校课程提供了不同水平的内容广泛的课程学习,使学生的不同能力都能够得到发展。

中学毕业主要以学生所获取的各省规定的课程学分数量为基础。多数省的教育制度,由地方设置一些考试,学生可以在地方一级参加考试。不过,在几个省,比较明显的是不列颠哥伦比亚省、阿尔伯塔省和魁北克省(还有西北地区和育空地区,因为它们分别沿袭了阿尔伯塔省和不列颠哥伦比亚省的教育制度),一些毕业文凭科目的考试由省教育部统一设置。毕业文凭的种类和层次各地不同,不过大部分省份都颁发普通文凭和高级高中文凭,从而对那些不愿进入大学而参加修正课程计划学习的学生加以区别。高中毕业生中有 60% 的学生进入各种形式的中学后教育。

9. 教育评价、评估和教育研究

对核心课程的重新定义和扩大必修科目的趋向引起对教育成果评估的重视。不仅重视对学生成绩的评估,也重视对教育计划、教师、学校和学校制度的评估。

在初等教育阶段,更多注重发展针对学生日常学习的评估技术,而不仅仅是一个期末的一次性评估。有些省对特定的年级水平的一些特定科目,组织一些大范围的学生考试,不仅评估学生,对学校制度和学校本身也进行评估。

1989年,加拿大教育部长委员会的一些成员和一些教育评估专家联合开发了学校成绩指标计划。该计划主要提供数据以帮助各省区进行政策制定和规划改进计划。学生的入学率、毕业率和13岁、16岁学生的读写和数学成绩都成为重要的指标。当前的计划要求加拿大教育部长委员会向加拿大公众公布1993年的调查数据。

各省区都开展了教育研究,尽管由于人口密度的不同,研究活动展开的水平也不尽相同。许多研究活动是由大学教师、教育机构和教师联合会开展的。联邦政府是研究基金的主要来源,它主要通过社会科学与人文学科研究委员会提供资金,特别是向大学的研究人员提供研究经费。各省教育部和一些较大的学区委员会也支持一些地区或当地相关问题的研究,如项目评估。尽管认识到了进行全国研究的必要性,但是由于加拿大教育管理结构的特点,这样的研究难以付诸现实,也难以获得资金的支持。

有多种渠道公布研究结果,包括学术性刊物,通过手工或计算机查询的参考资料、由加拿大教育协会出版的《加拿大教育索引》发表的论文、安大略教育研究信息系统(ONTERIS)以及魁北克教育信息系统(EDUQ)。在国家层面,有加拿大统计资料,这是加拿大官方负责所做的调查,其收集的资料包括加拿大人生活的各个方面,定期制作一些统计报告、分析、规划和预测。

10. 2000年面临的主要问题

对恰当的课程达成一致、教育结果的测量以及消除功能性文盲,可能仍然是加拿大2000年的主要问题。

可能也有必要提高对复杂社会中学校地位以及优先发展教育的认识。在过去的几十年中,对于社会赋予的多种要求,加拿大教育制度几乎做出了一种机械的反应。学校能否在继续追求学术优异的同时,通过向年轻一代提供传统上在家庭环境中获得的生活技能、咨询以及道德和社会价值观来解决社会问题,这一点看起来大有疑问。

有种意见认为,尽管加拿大人很明显地致力于发展教育,但他们对学习的重视程度没有其他一些国家高。尽管加拿大是世界中学后教育入学率最高的国家之一,但是加拿大却仍然缺乏高技能工人,特别是在科学技术领域,而这些是一个国家在全球化经济中保持竞争力和经济繁荣的必要条件。据估计,在1989～2000年之间所创造的就业机会中有2/3需要最低为受过12年学校教育的人,40%的需要最低受过16年教育和培训的人。而目前中等教育辍学状况将有可能在世纪之交产生一个巨大的失业的、低技能的工人群体。因此必须优先发展返校教育和再培训计划,同时发展新的学习环境,提高教育的连续性。

大学和其他中学后教育机构则主要受到经济条件的限制,因此有必要探讨去寻找其他的资金提供渠道和更有效的办学机制。例如,有可能会出现一种趋势,目前提供一系列学科和专业计划的院校将变得更加专业化。

最后,不能忽视20世纪90年代的立宪危机,这种影响极有可能会带入21世纪。教育制度不可能独立于其所服务的政治、经济和文化之外,任何省份及各省之间或联邦政府的一些变动都将不可避免地对教育产生影响,因为它将对加拿大整个社会结构产生影响。

D. L. 贝格(D. L. Berg) 著

刘瑞生 译

附录

Council of Ministers of Education, Canada 1991a *Secondary Education in Canada: A Student Transfer Guide*, 6th edn. CMEC, Toronto

Smith S L 1991 *Report of the Commission of Inquiry on Canadian University Education.* The commission, Ottawa

其他参考文献

Canadian Education Statistics Council 1990 *A Statistical Portrait of Elementary and Secondary Education in Canada.* Statistics Canada and Council of Ministers of Education, Canada, Ottawa and Toronto

Corpus Almanac and Canadian Sourcebook 1991, 26th

edn. Southam, Don Mills
Council of Ministers of Education, Canada 1988 *Recent Trends in Curriculum Reform at the Elementary and Secondary Levels in Canada.* Report presented to the OECD's Centre for Educational Research and Innovation (CERI). CMEC, Toronto
Council of Ministers of Education, Canada 1989 *Education in Canada, 1986—1988.* Report to the 41st Session, International Conference on Education, Geneva, Jan. 9—17, 1989. CMEC, Toronto
Council of Ministers of Educaion, Canada 1990a *Adult Literacy, Canada.* Report to the 42nd Session, International Conference on Education, Geneva, Sept. 3—8, 1990. CMEC, Toronto
Council of Ministers of Educatoin, Canada 1990b *Improving the Quality of Basic Education in Canada.* Prepared for the Eleventh Conference of Commonwealth Education Ministers, CMEC, Toronto
Conucil of Ministers of Education, Canada 1991b *Teachers' Working Conditions in Canada.* Report prepared in response to the Inernational Labour Office questionnaire on The Conditions of Work of Teachers. CMEC, Toronto
Learning Well... Living Well. Draft discussion paper for pre-consultation meetings 1990. Government of Canada, Ottawa
Statistics Canada 1986 *Canadian Social Trends.* (Quarterly) Statistics Canada, Ottawa
Statistics Canada 1989 *Canada Year Book, 1990.* Statistics Canada, Ottawa
Statistics Canada 1990 *Education in Canada. A Statistical Review for 1989—1990.* Statistics Canada, Ottawa (Cat. No. 81—229)
Statistics Canada 1991a *Advance Statistics of Education, 1991—1992.* Statistics Canada, Ottawa (Cat. No. 81—220)
Statistics Canada 1991b *Canada, a Portrait.* Official handbook of present conditions and recent progress. Statistics Canada, Ottawa (Cat. No. 81—220)

智利的教育制度(Chile: System of Education)

1. 基本背景

从19世纪开始,智利就是一个独立的共和国。它绵亘于南美洲的西南海岸,从南到北延伸达4 300公里,而东西宽度仅为180公里,智利是一个多山国家,平原只占国土面积约20%。智利的地形南北部形成了明显的反差:在北部地区,沙漠覆盖了约1/3的国土,由深海沟和峡湾隔断的海岸占去了另外1/3的南部地区国土。这些特征造成了人口的分布不均,在中部地区人口集中,吸引了居民总数的90%,而且几乎包括了最重要的农业、工业和文化中心。仅首都圣地亚哥所在的大都市就拥有占全国人口总数的40%的人口。

就种族背景和语言而言,人口具有很高的相似性。这是由于从16世纪开始,当地居民同西班牙远征者以及后来同具有欧洲血统的移民成功地结合而形成的。

这些地理特征对教育体制的影响表现在行政管理和课程教材两个方面。国家南北两端通讯困难和信息闭塞,加之山区的地形,使得教育体制的管理特别复杂。就课程方面而言,困难在于必须使国家的文化统一性与不同地区的多样性相调和。

智利的人口一直加速增长:在1865年至1920年的55年间,人口增加了一倍;在以后的40年(1920~1960)间,人口又增长了一倍。1960年到1990年,人口增长不显著。在这期间,人口从890万人增至1 320万人,1982年到1991年平均年人口增长1.8%。1989年1 300万人的人均国民生产总值(GNP)为1 770美元。1965年到1989年人均国民生产总值的年增长率为0.3%。1989年国民生产总值增长率为10%。出口进口比例是85.79亿美元比70.23亿美元,从这一比值可以看出这个国家1990年的主要经济状况。由于农村地区人口外流,城镇人口的比率已由1920年46.2%增加到1982年的82.2%。

30%的人口年龄在15岁以下,在智利到1990年为止的50年中职业人口占总人口的30%~

35%，但是，这一时期，他们在智利不同经济部门的分布情况事实上一直在变化着。从事第二产业（工业）的人口比例保持相对稳定，大约占全部就业人口的20%左右。在农业、矿业（第一产业）的人口比例减少的同时，第三产业（服务业）的人口比例增加：1940年占35%，1980年占65%，1990年占56%。在同一时期，第一产业从1940年的43%减少到1990年的22%，其中，农业在这十年的增长较快，从1980年到1990年增长了4%。

从事各种职业的人口比例随之发生变化。专业人员、技术人员以及手工工人的比例一直保持相对稳定（1990年为9%）。销售人员和办公室人员的比例已从1960年的14%增长到1980年的27%，1990年又减少到24%。而渔民、矿工和农业工人的比例却从1960年的29%分别减少到1980年和1990年的17%和18%。

从经济活动的地理分布方面来看，在20世纪60年代和90年代并没有很大变化。首都圣地亚哥所处的都市地区仍是这个国家的发展中心，第三产业的劳动力达到40%以上，第三产业的生产力最高。这种过度集中已经带来一系列严重问题，由于它不仅引起了经济活动的集中，而且导致了人均社会投资的不同，进而限制了许多地区的经济发展。从20世纪70年代以来一项关键发展战略是国家的行政区化。1974年总共有12个行政区和1个都市区，每个行政区都拥有自己的管理体制以及决议自主权。在国家管理方面的这些变化已经被规定下来，20世纪70年代中期以来国家起到辅助的作用。同1930年至1970年这段时期国家在经济方面的干预不断增加相比，在20世纪90年代早期，政府的职能只是执行那些私营部门不能执行的职责，这或许是由于私营部门的性质，或许是因为与其他国家职能的相互依赖的缘故。1991年这一战略使经济活动中的分布开始有了很明显的变化。

这项发展战略所规定的目标主要是使经济稳步增长并使社会的发展与经济增长相一致。要达到这些目标，有几种重要因素。在这些因素中，人力资本的提高被认为是必要的。新的教育政策不仅包括了在常规体制方面的变化，而且也包括了成人教育职业资格认证方面的变化。教育管理正趋于分权化。

2. 教育政策与目标

20世纪智利的政治历史经历了很多变革，特别是从1970年到1990年。在1924～1925年和1931～1932年民主选举政府的总统制的传统被短期的实际政府所中断，从1973年开始在独裁军政府的统治之下，这一局面一直持续到1990年。到20世纪30年代晚期，智利政府是一种寡头政治。在1938年到1952年之间中左翼政党主宰了政治领域，之后有一些独立的和民主基督教政府，1970年社会主义政党开始掌权。社会主义政府一直持续到1973年，之后是17年的军事统治。1990年由民主选举的总统在中左翼力量的支持下成为智利政府的领导人。

由国家负责教育人民的观念在智利教育历史中一直占很重要的地位，在20世纪30年代晚期，总统塞尔达（Pedro Aguirre Cerda）曾将其总结成一句箴言——“统治即教育”。另一方面，教育等级结构是智利中等阶级的一个重要部分。

尽管有上述的政治变化，自20世纪20年代以来，教育制度的主要目标相当稳定。传统上，国家强调所有公民都有平等的受教育机会。这主要是为了降低文盲百分率（1940年为28.8%，1970年为11.7%，1990年为5.4%），保证人人都完成初等教育。20世纪90年代初，教育方面没有面临太大的挑战，教育机构也没有什么重大的问题。新教育政策的核心在于其内部过程和结果的质量，以及社会分布平等的问题。从1991年开始，智利政府在世界银行的资助下，通过六年计划的中期战略，智利政府的教育目标在于改进智利教育的质量并使其趋于平等。这一计划的目标还在于全面提高学前教育质量，通过改进对机构的评估和提高课程的选择性改进中等教育，以增强其适当性、质量和平等。

3. 正规教育体系

3.1　*初等、中等和第三级教育*

1990年正规教育制度包括6年制的学前教育（0～6岁），其又可以分为：托儿所阶段、中间阶段和过渡阶段;8 年义务的基础教育,其中前 4 年使用一种综合的方法;4 年制中等教育,分成学术和职业两个分支,二者都有同等的进入大学学习的权利;3~7 年的高等教育,直到 1980 年,一直是由智利的 8 所大学来完成的。除这些吸纳了智利绝大多数人学习的各级学校外,还有特殊教育和成人教育。

20 世纪 80 年代,政府实施了一种新的结构。与上面所描述的主要差别是在中等教育之后的选择范围更大,更适合劳动力市场的需要。1981 年高等教育做了很大的改变,大学不再是提供职业培训的唯一场所。其他的教育机构和技术培训中心也是职业培训的场所,但是 12 种只能由大学来传授的职业(包括一些传统的职业,如法律、医学、建筑学和工程学等)除外。

从 1940 年到 1990 年在学校学习的人数稳步增长,但是在所限定的四种层次上,在不同时期有着不同的增长。初等教育在校人数的最多时期是在 1960 年到 1965 年,中学在校人数最多时期是在 1965 年到 1970 年,而大学在校人数最多时期是在 1970 年到 1975 年。1975 年到 1990 年小学在校生人数略有所下降,主要是由于出生率的下降。虽然学前教育中的在校生人数从 1940 年的 5 000 人增加到 1990 年的 220 396 人,但是仅吸引了很小一部分(12%)0~6 岁的儿童入园。

7~14 岁的接受教育的净人数比率和总比率分别是 91% 和 101%,这种差别反映了留级人数为 10%。尽管升级的标准是根据上学情况而不是分数等级而定,但是有 10% 的 1 年级的学生留级,这一比率在社会经济地位较低的家庭的孩子中更高。在 4 年级和 7 年级,学生的留级率也很高。虽然留级问题很严重,但是在过去的 15 年中已有下降,1990 年在初等和中等教育中分别为 7.8% 和 12.4%。1~7 年级的永久(相对于暂时)辍学率在 1.0% 到 5.8% 之间浮动(1990 年初等学校的比率为 2.29%,中等学校的比率为 7.37%)。尽管存在留级问题和辍学问题,估计有 80% 的学生完成初等教育,其中有 20% 的学生留级一年以上才毕业。一般而言,学生平均需要 10.1 年完成 8 年的初等教育。下面关于就业人口的平均在校年限的数据反映教育系统的保持率的增长情况:1970 年为 4.33;1980 年为 7.60;1990 年为 8.58。图 1 显示了教育体系的结构,它反映了学生留级情况,特别是学生数增长的 6 年级、7 年级和 8 年级的留级情况。

在智利,男女受教育的机会一直是均等的。在小学,男生的比率稍高(1990 年为 51%),在中学,女生的比例稍高(51%)。在大学,1940 年男性明显占优势(当时男生占全部在校生的 75%),但 1990 年情况有所变化,男生占 56%。

1990 年,在教育制度的较低层,在校生的总数为 2 963 139 人,其中 7.4% 在学前教育阶段,67% 在初等教育阶段,15.7% 在学术中等教育阶段,8.6% 在职业中等教育阶段,1.3% 在特殊教育阶段。中等后教育有在校生 249 482 人,其中 52.8% 在大学,16% 在职业学院,31.2% 在技术培训中心。同年,成人在校生为 72 795 人,分布在初等,以及技术、学术和职业中等学校,在中等教育阶段的在校生最多为 54%。

1990 年农村的在校生占总人数的比例为 12.4%,在国家各地区分布不均:在最北部(第一、第二和第三区)、最南部(第十一、第十二区)、中间部分(第五区)和都市地区的比例在 8% 以下;而在农业区(第六、第七、第九和第十区),农村的在校生人数的比例在 25%~28% 之间浮动。

通常小学每周有 30~33 节课,每节课为 45 分

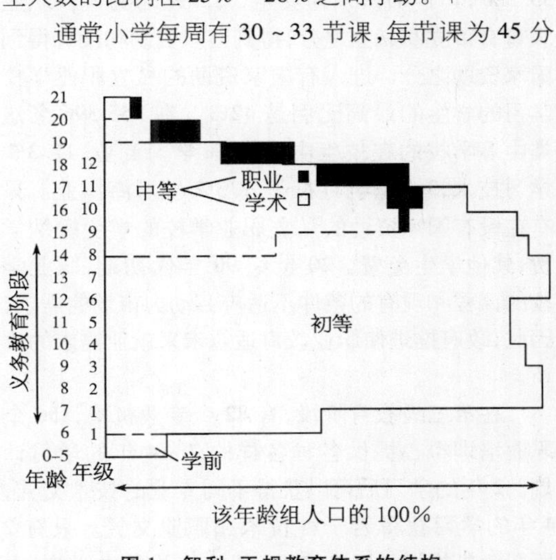

图 1 智利:正规教育体系的结构

钟,1～4 年级每节为 40 分钟;中学每周为 34～36 节课。一般班级规模为 30～45 人。

3.2 特殊教育

特殊教育的主要目标是使有学习困难的学生融入正常教育之中,它既可以是有永久性,也可以是过渡性的,从而使这些学生融入社会生活之中。特殊教育为有学习、语言、视觉、智力和行动障碍的学生提供教育。由属于教育部的特殊教育中心的专家对学生的状况进行诊断。1990 年,336 所特殊学校中的在校生为 31 746 人,其中有 130 所特殊学校位于都市地区。占 84% 的学生属于智力障碍,10% 的学生属语言障碍,3.6% 的有听力障碍,其他的是视觉和行动障碍。上市立学校的残疾儿童占 52.6%,上有财政资助的私立学校的学生占 46.8%,不到 1% 的学生上的是私立学校。教育部为特殊学校提供的资助要高于其他学校 50%。残疾儿童有特殊的学习计划,大多是全日制的,绝大部分残疾儿童在特殊教育机构中学习,因为很少有普通教育机构接收这些学生。在就业困难的情况下,特殊学校的学生很难找到工作。

3.3 职业、技术教育和商业教育

在中等教育和第三级教育中都开展职业、技术和商业教育。1990 年中等教育阶段的在校生总数为 255 396 人。占智利中等教育学生总数的 33.5%,其中 47.7% 为女生,52.3% 为男生。职业教育有市立和私立之分,得到国家资助和没有得到国家资助之分。进入有国家资助的私立职业学校学习的学生的最高比例是 42%。在 255 396 名这类中等学校的在校生中,41.6% 学习商业,17.3% 学习技术,3.3% 学习农业,1.3% 学习海洋业。只有在没有国家资助的私立职业学校的学生缴纳学费,其他学生免费。20 世纪 90 年代初期,职业学校的课程和现有的条件不适应劳动力市场的需求,因此,政府推进使职业教育适应未来就业需求的改革。

在第三级教育阶段,有 82 个专业机构,156 个职业培训中心提供各种各样的 2～4 年的学习计划。2 年的学习后可以获得不同专业的技术文凭,4 年的学习获得若干种技术和职业文凭。只有 2 所职业机构接受国家资助,其他的为私立学校,由学生及其家庭资助。在职业机构中,在校生人数最多的在管理和商业(24.6%)及教育(20.7%)领域。在技术培训中心里,有 47% 的学生学习管理和商业,29.9% 的学习技术。中学毕业后选择上这两种学校的学生与上大学的人数比较起来都较少,因为上大学的学生的工作机会和社会地位要更高些。

3.4 成人和非正规教育

成人教育一般在夜校进行,目的是为 16 岁以上的由于各种原因(如暂时辍学或过早参加工作)没能在上学年龄进行学习的人提供初等和中等教育,为成人提供的学习计划分为两种:一种是小学阶段的最多为 300 小时的基础教育和在某一技术专业的基本训练;第二种是提供持续 600～800 小时的初等或中等教育,目的是提供为进入劳动力市场的某一领域所应有的专门技术。1990 年,总共有 72 795 名在校成人学生,其中,21.7% 为小学阶段,1.5% 为职业技术领域,38.7% 为学术中等教育阶段,15.1% 在职业中等教育阶段,23.0% 为 2 年特殊的学术课程。绝大多数的成人上市立的免费学校。

非正规教育的范围相当有限而且没有规范。大学正通过其特殊社区扩展计划对非正规教育做出贡献。其中值得特别提及的有交响乐队、芭蕾舞团、合唱团、剧团、电视和电台等其他的课程,都是大学通常为社区开设的大众文化课程。

教育部提供非正规的教育的对象不仅包括学校学生还包括成人。政府主要为在校学生设立校外教育司。非正规教育被视为儿童、少年和成人发展的基本因素,是学校教育的补充。它的目的在于通过业余时间组织集体活动(俱乐部、桥牌和学术团体)将家庭和社区融为一体。校外教育司定义了五个方面的活动:文化—艺术、科学—技术、体育—娱乐、环境教育和社会参与(讨论诸如和平、人权等话题)。校外教育司还安排特殊活动,包括文学、科学和手工艺竞赛;集市、体育运动、戏剧和民族节日等。这些活动有国内的也有国际的。该部门还培训校外教育专家,为教师开办研讨班和提供远程教育。1990 年举办智利全国民族舞竞赛,有 12 万名小学生和中学生参加了这一活动;在为

小学生举办的一次交易会上有 2 500 件作品展出；全国针线作品展上有 2 520 件作品展出；科学技术交易会上有 18 450 名学生参加；全国体育运动有 40 万名小学生和中学生参加。绝大多数的活动都是由教育部和其他私立或公立机构组织的。教师在学校间联合组织活动，在省的各部门中有监督人员参与这些活动。而为成人组织的活动则非常有限。

4. 行政管理的结构与运行

自 20 世纪 80 年代开始，智利教育制度的管理和监督发生了巨大的变化。国家新的管理结构加强了市长和市政府的职能。公立学校的管理，一直是教育部的职能，现在则归市政府和私人管理。1990 年，所有学校(15 325 所)中，64% 为市立学校、28% 为有财政资助的私立学校、8% 为没有财政资助的私立学校，初等市立机构的比率最高(68%)。

教育部负责制定教育政策、颁布技术标准，并通过其具体部门来监督、指导和评价公共教育和私人办学。这些具体部门包括教育秘书和几个教育技术分支机构，如普通教育分支机构和计划以及预算机构、人事机构、高等教育机构。在每一个区内，教育部已把它的计划和监督的职能授权给教育部的地区长官，地方教育长官协调与教育部的活动，并协调与省教育部门的活动，省教育部门通过监督人员与学校相联系。因而，一定的权力又被移交到省一级并依次下放到社区和学校层次。

5. 教育财政

公共教育中的资金投入主要来自中央政府的财政预算、地区和社区组织、私人资助和学校自己的收入。私立学校的资金来源于学生的学费，或来源于政府资助，来源于政府资助的学校免收学费。随着学校责任的转移，市政府和私人团体对教育的投入增加。在高等教育中自我资助变得特别重要，20 世纪 80 年代通过的几个法律条文减少了国家对于高等教育的投入。1990 年对教育的投入为国家预算的 15. 95%，而 1940 年则为 17%，1955 年为 12%，1970 年为 21%，1985 年为 15%。自 1991 年的 10 年来，教育投入占国民生产总值的比率由 2. 0% 上升到 4. 1%。1990 年，教育预算在教育制度的各级教育的分配如下：学前教育 7. 5%，初等教育 51. 7%，中等教育学术中学 10. 7%，职业中学 8. 1%，高等教育 20. 7%。与 1990 年相比，1991 年对于教育的高度重视表现在教育预算增加了近 13%，主要用于增加教师的工资和资助最贫困地区的学校。

除了对市立和一些私立学校的财政资助，1990 年对初等教育和中等教育中每个学生一个月的资助分别是 12 美元和 14 美元，还有国家给予学生的几种其他形式的财政资助，主要是在学前教育和初等教育领域。这包括食物(1990 年每天近 120 万份餐饭)、教科书(1990 年分发了 4 523 938 本)和特别夏季课程(1990 年有 918 所学校参加)。完全由家庭资助的私立学校的财政统计数据则很难得到。

6. 师资

教师培训在智利很受重视，1889 年，建立了第一所公共教育机构培养中等学校的教师，这也是智利大学的哲学系和人文系的一部分。直到 1980 年，中学教师的培训还完全是大学的任务，被视为中学后教育。这种培训要进行 5 年，未来的教师要学习普通科目，但要有 1～2 门专业是日后在中学教授的科目，要接受教学法的训练。

直到 1966 年，小学教师在师范学校中培训，之后(1967～1980)在大学培训。现在小学教师除了在大学培养，也在一些专业机构培养。师范学校属于中等教育的职业教育分支，小学教师在接受中学教育的同时接受职业培训。直到 1981 年学前教育教师以及残疾儿童的教师在大学培养。从 1981 年开始，其他的中学后教育机构也同大学一样为各级教育培养教师。随着 1990 年立法的变化，大学成为唯一培养教师的机构。

1990 年，有 134 389 人供职于各级教育机构，其中教师约占 89%，其他为管理或技术性的岗位。在 134 389 人中 6% 在学前教育机构，2% 在特殊教育，57% 在初等教育，35% 在中等教育。总的来看，不缺少教师，从事教学的教师都达到合格标准。

1990 年，98% 的小学教师和 92% 的中学教师拥有教育学位。在有些省，主要在农村地区，合格教师的分配仍不均匀。女教师多于男教师，在小学和中学，女教师分别占 75% 和 55% 。

在职教师培训主要是通过教职工发展计划、工作室和由许多机构举办的研讨会进行。这些机构主要指大学，并且与教育部的在职培训中心、试验项目和教育研究中心进行合作。在职教师培训很受重视，每个市立学校和接受资助的私立学校的教师都接受一定的奖金以支付其所学的培训费用。供教师选择的课程种类很多，在智利增加公立和私立学校教师的工资也是鼓励教师培训的动力。

7. 课程开发与教学方法

1966 年到 1970 年进行了重大的课程改革。旧的课程是以内容为中心的，在新的课程中，科目的数量减少了，强调学生的行为和技能。新课程增加了课程内容、活动形式和评估过程的选择性。这些选择性给予教师很大的自由，使教师能够根据学生的特点完成教与学的过程。

在初等教育中，教育部颁发统一的全国性课程，从 1 年级到 4 年级的综合教育活动开始，逐渐形成了以科目为中心。中等教育的课程也是全国性的，不同的科目有不同的大纲，科目包括总体的和个别的目标，将内容组织成单元，每个单元包括推荐的参考书目。职业教育有不同的课程，开始阶段与学术中等教育课程相同（70%），但后来的科目差异性更大些。

在中等教育中，9 ~ 10 年级的课程包括共同课程［西班牙语、世界历史和地理、数学、自然科学、外语、艺术、体育、宗教（选修的）］和学习指导课程。11 年级和 12 年级业有 8 门共同科目，加上占每周总课时的 30% 的一系列选修课。外语教学从小学的第一阶段开始教授一种语言（通常为英语），接着在第二阶段教授两种（在多数学校为英语和法语），然后，在中学阶段教授一种外语（通常又是英语），没有能力的学校可以不教外语。

自 1976 年以来，教育部的在职培训中心、试验项目和教育研究中心主要负责计划和实施学校课程。为了与教育法保持一致，由学术界的重要人士组成了一个委员会，分析和提出针对小学和中学每个年级的基本目标，制定实现这些目标的最基础的必修内容。一旦教育部正式制定了基本目标和必修内容后，学校有权自由选择与教育部规定的目标和内容相一致的课程和大纲。教育部必须审查学校的课程，必要时提出一些改动，并且经教育高级委员会的同意为没有自己课程的学校提供一个全国性的课程。

教科书由私人公司出版，学校自行选择。每年教育部购买几百万的教科书分发给公立学校。教育部还准备了视听材料，学校可以以有竞争力的价格购买。也为教师提供教学方法的指导。

教育部专门培训省一级教育部门的监督人员，以完成对课程的指导和监督实施工作。在课程和教学法领域，主要的问题是学校强调低级的智力活动和较传统的教学方法。这使学校与校外生活之间产生了很大的差距，使得学生们认为所学的课程与生活实际没有联系，特别是中等教育阶段。

8. 考试、升级和证书制度

学生是否升级取决于教师，通常是依据学生不同课程的测试成绩。除了受资助的大学的全国性入学选拔考试外，在教育制度中没有特殊的升级考试。1990 年，这些大学的入学率约为 1∶1.6，这一比率与 20 世纪 70 年代和 80 年代中期的情况相比较要好得多。这主要是由于高等教育私立部分的扩展。考试包括一系列的测试，包括智力测验（语文和数学推理）和几个根据学生所学科目所进行的测试。考试在同一日期在全国举行，有 90% 的中学毕业生参加考试。大学从取得高分并在中学取得最好平均成绩的学生中挑选，这种大学的招生制度始自 1967 年。

9. 教育评价、评估和教育研究

1988 年，教育部指导下对全国 4 年级和 8 年级的学生进行考试，目的在于考查教育过程中教育目标的完成情况。该考试是对所有儿童进行西班牙语和数学的多项选择题型的客观题测试，和抽样对学生进行历史、地理和自然科学的测试。此外，还衡量学生个人发展的某些特点以及学生、学生家长和教师对学校工作接受程度的一些指数,同时,提供学校效率的指数(如及格率或不及格率、学习年限、辍学率等)。每一科目的成绩百分比都报告给全国的每所学校,班级和学校也可以与全国的结果和相类似的学校的结果相比较来评估其位置。根据结果为学校提出改进学校工作的建议,而学校利用信息和建议来改进教与学的过程。学校考试结果作为选择900所最贫困地区的成绩最低的学校的标准,以便为这些学校提供物质和人力支持,改进其教育质量。

智利的教育研究可追溯到20世纪初,并持续发展至今。但是,研究对决策的影响很小,只有少数的教育政策是以教育研究为依据的,其中包括对于留级现象的协调、提供初等教育的教科书和实施智利大学的入学考试。

从1950年开始,建立了几个公立和私立研究结构,其工作对1960年以后的教育改革有所影响。其中,智利大学的两个研究机构很突出:教育研究院和统计研究院。在教育部,主要的研究组织是1967年建立的在职培训中心、试验项目和教育研究中心。在私立机构中,主要的一个是1965年建立的教育研究和发展中心(CIDE),开始是与智利大学联系。教育研究在20世纪60年代受到高度重视,它在决策和评价变革中起到的重要作用受到广泛认可。在此期间,主要的研究方向是教育成绩的研究以及与之相关的变量,教育系统中各级学生的流动情况,学生心理和社会的特点的描述性数据等。

20世纪70年代,教育研究在设有教育系的大学更为普遍,自70年代末开始,许多非政府组织在教育研究中也起到了重要作用。研究的热点除了成绩的决定因素外,近年来还强调辍学率、语言发展和教育与社会背景中的各种因素之间关系等方面的研究。

20世纪80年代早期,主要研究问题是成绩、学前教育、非正规教育计划、教师培训和高等教育。从20世纪80年代晚期开始,学校的内部过程受到极大的重视,强调质的、人种志的研究方法。最受研究者欢迎的话题(根据1991年在教育研究者会议上提呈的教育论文数)是教与学的策略(28),课程改革(25),家庭、社区和学校(25),高等教育(23),教师培训和发展,早期初等教育(20)。在提高中等教育质量和平等的计划框架内,教育部将教育研究的目标定为,根据智利社会需要,为智利中等教育在课程领域、社会化和教学法、质量衡量方法、内部和外部效率、教师培训等方面提供信息。这些计划将由世界银行合作资助。

全国科学和技术研究委员会资助所有学科的研究项目,是智利主要的资助研究的全国性机构。

教育部收集并定期出版有关几个主要的教育指数信息,如普通和成人教育的学校保持率、覆盖率和入学率、教学方法的滞后、教育质量(学术目标的实现)、在校生人数、人员和资金情况、非正规教育和文盲率。

10.20世纪八九十年代的主要改革

教育管理的分权和长期以来国家在教育中的作用的变化,对教育产生了重要的影响,新的管理模式仍需巩固。20世纪90年代的改革将使智利教育的质量及平等性得到提高,主要是通过参与、分权、效率和公开计划使学校产生内部教育动力。1991年,中等教育改革的开始阶段的目的是使中等教育阶段更具有意义、更适应社会的需求。中等教育的改革将以研究数据为依据。

11.2000年面临的主要问题

自20世纪60年代以来,主要致力于教育规模的扩大,在校生人数有了很大的增长。90年代主要致力于不仅要增加初等学校的入学人数,还要增加学前教育和中等教育的入学人数。

当前和未来所关注的主要问题是,教育质量和平等问题。许多研究显示了在课程目标和学生学业成绩之间的巨大差距,特别是在教育质量和社会分配的公平问题上。20世纪80年代,教育制度的结构的变化和学校管理的变革已经开始。课程改革正在进行之中,努力提高教师对课程改革的参与程度。课程改革的最终目标是改进质量和数量两个问题。教育发展离不开社会,智利教育发展在很大程度上依赖于社会其他制度的发展。

C. 罗德戈兹(C. Rodriguez) 著

耿益群 译

附录

Diario Oficial de la República de Chile, Santiago, 10 de Marzo de 1990, Ministerio de Educación Pública, Ley No 18,962, *Ley Orgánica Constitucional de Enseñanza.* Empresa Periodística "La Nación." Santiago

Fondo Monetario Internacional 1991 *Estadísticas Financieras Internacionales. Anuario 1991.* Publication Services IMS, Washington, DC

Lemaitre M J (ed.) 1990 *La Educación Superior en Chile: Un sistema en Transición.* Corporación de Promoción Universitaria, Santiago

Ministerio de Economía, Fomento y Reconstrucción, Instituto Nacional de Estadísticas 1991 *Compendio estadístico 1991.* Imprenta INE, Santiago

Ministerio de Economía, Fomento y Reconstrucción, Instituto Nacional de Estadísticas 1991 *Encuesta Nacional del Empleo 1991 (Octubre-Diciembre, total del país).* Imprenta INE, Santiago

Ministerio de Educación Pública 1981 *La Educación en Chile 1979—1980.* Informe de Chile a la 38ª reunión de la Conferencia Internacional de Educación. Ginebra 10—19 de noviembre, 1981. Oficina de Relaciones Internacionales, Santiago

Ministerio de Educación Pública 1991, 1989 *Revista de Educación* No. 79, (2nd edn. 1989), No. 94 (1982). Centro de Perfeccionamiento, Experimentación e Investigaciones Pedagógicas, Santiago

Ministerio de Educación Pública 1990 Compendio de Información Estadística 1990. Departamento de Estadística, División de Planificación y Presupuesto, Ministerio de Educación, Santiago

Ministerio de Educatión Pública, División de Educatión General, Departamento de Educatión Extraescolar, 1991 *Documento de Trabajo: la Edcación Extraescolar.* Ministerio de Educatión, Santiago

Ministerio de Educación Pública 1991 *Resúmenes de los trabajos presentados al XI Encuentro Nacional de Investigadores en Educación.* Perfeccionamiento, Experimentación e Investigaciones Pedagógicas Serie de Estudios No. 226. Santiago

Ministerio de Educación Pública 1991 *Revista de Educación: Orientaciones Básicas, Objetivos y Componentes del Programa MECE.* Documento de difusión, Agosto 1991. Centro de Perfeccionamiento, Experimentación e Investigaciones Pedagógicas, Santiago

Schiefelbein E 1976 *Diagnóstico del sistema educational chileno en 1970.* Universidad de Chile, Departamento de Economía, Santiago

Schiefelbein E, Grossi M C 1981 Antecedentes para un análisis de la eficiencia de la educatión media en Chile. Corporación de Promoción Universitaria, Documento de Trabajo No. 229, Santiago

Schiefelbein E, Heikkinen S 1991 Chile-*Acceso, Permanencia, Repetición y Eficiencia en la Educación Básica.* Documento de Trabajo UNESCO-OREALC, 18 de abril de 1991.

World Bank 1991 *World Development Report 1991: The Challenge of Development.* Oxford University Press, Oxford

哥伦比亚的教育制度(Colombia: System of Education)

1. 基本背景

哥伦比亚位于南美洲西北角,是唯一地跨太平洋和大西洋的国家。国土面积为 703 248 平方公里,是南美洲第四大国。

哥伦比亚由 7 大地区组成,各地区具有不同的地理、社会经济与文化特征,由此构成了教育的特殊背景。地理与居民点分布特征提供了不同程度的教育机会,也要求多种多样的教育服务。

根据 1991 年《宪法》:"哥伦比亚是一个建立在法律基础之上的民族国家,也是一个统一的、非中央集权的共和国,实行地方自治,这样既发扬了民主又保持了多元主义。同时,它以尊重人和人的劳动为基础,以民众的团结和共同目标为基石。"(第 1 条)自 1810 年独立以来,哥伦比亚一直是一个中央集权的共和国,但是根据新《宪法》,它现在是一个非中央集权的国家。过去,教育是中央政府的职责,中央政府制定教育政策和经费预算方案。20 世纪 90 年代初,教育权力从中央政府转移到了地方政府,地方政府有权力根据本地区的需要调拨一定经费执行一些项目和方案。

哥伦比亚的人口组成情况:欧洲血统的白人、非洲血统的黑人、土著人和混血儿(包括白人和土著人的混血儿、白人和黑人的混血儿、土著人和黑人的混血儿)。白人、黑人和土著人的比例小于混血儿人数。

西班牙语在哥伦比亚占主导地位,土著人努力保留各自的语言,但他们仍然把西班牙语用作第二语言,为土著人开发用本族语编写的教材。

根据 1985 年最新全国人口普查结果表明:哥伦比亚有 3 000 万居民,估计到 1991 年将达到 3 360万,1995 年 3 620 万,2000 年 3 940 万。自 1960 年以来,哥伦比亚的人口有两个重大变化:城市化和人口增长率的下降。1964 ~ 1973 年的人口增长率为 3.2%,1973 ~ 1985 年下降为 2%。农村人口从占总人口的 48% 降低到了 1985 年的 35%。究其原因,主要是由于教育机会的增加、控制出生率运动、城市化和人口迁移(从农村到城市)等因素造成的。政治动荡与人们期待提高生活水平的愿望加剧了这些因素,大城市的这一情况更加突出。人口迁移使哥伦比亚最大的 4 个城市波哥大、麦德林、卡利和巴兰基利亚的出生率反而增加。

城市化和人口增长率的下降对教育机会和教育质量有很大的影响。传统上,教育机会一般涉及农村人口和城市人口。大城市中所谓处于"贫困带"的边缘群体所受的教育不充分,为了满足这部分人的特殊需求,必须制定新的教育内容、教材与教育策略。

从经济的角度而言,1958 ~ 1970 年的教育目标是促进工业发展,最终使国内产品代替进口。1967 年前后,哥伦比亚经济开始增长,结果是增加了外贸,制定了新的交换和商业政策。1980 年经济开始不景气。1970 ~ 1974 年,国内生产总值(GDP)平均增长率为 6.1%。主要原因是出口与世界贸易的少量增加,以及公共和私人投资。1974 ~ 1975 年,国内生产总值增长率仅为 2.3%;1981 ~ 1985 年更少,仅为 1.8%,原因是外部条件的恶化。这一时期的农业产品的增长仅为 1.3%,而 1970 ~ 1974 年为 4.3%,1975 年为 5.8%。

20 世纪 50 年代以前,哥伦比亚经济主要依赖农业,其教育制度很不发达。20 世纪 60 年代,哥伦比亚儿童受学校教育年限从 2 年增加到 6 年,预计到 2000 年哥伦比亚将实行 9 年制基础教育。

《1990 ~ 1994 年国家社会经济发展计划》号召扩大对外贸易;增加基础设施建设、运输与通讯方面的投资;刺激私人投资于农业、住房与工业;通过对儿童、青年和成人进行正规和非正规教育,加强人力资本投资。预计到 20 世纪 90 年代末,哥伦比亚经济的平均年增长率为 5.35%。

哥伦比亚将实施经济对外开放,为实现哥伦比亚经济持续有效的增长,扩大生产以增加就业、提高质量和降低商品和服务价格。教育成为提高生产能力的重要因素。此外,根据《1990 ~ 1994 年国家教育发展计划》,妇女教育被视为培养健康儿童的手段,通识教育被认为是促进社会流动的一个因素。

2. 教育政策与目标

哥伦比亚一度只有两个党派:自由党和保守党。自 1970 年以来,传统党派中演变出许多小党派,一方面影响了党派的内部稳定,另一方面诞生了新党派,主要有爱国联盟(UP)和国家联盟 M-19(National Alliance M-19)。前者与游击队运动有关,该运动通过同政府谈判最终融入了立宪民主制度,而后者是游击队运动的直接产物。

另一方面,国家的政治力量变得更加复杂,在国内,相关团体组织的游击队运动与政府进行和平谈判。随着谈判的进行,政界很可能出现新党派。

各个党派与游击队运动有不同的认识和意识形态,进而影响到各自的国际、地区和地方的发展政策。但是,有一点却是共同的,即他们都认为教育是一项人权,是改善个人和社会条件的重要组成部分,都支持实施普及基础教育的政策。当然,实现这一目标的策略、途径和工具却不尽相同。例如,有些党派认为,基础教育应是政府的职责;而其他一些党派则认为，应该由国家、社区与私人共同分担。

过去，两个传统党派有关教育立场的分歧在于受教育对象、教育内容，以及应该强调正式教育还是非正式教育。但是，在《1990～1994 年国家教育发展计划》中，两个党派都十分强调要在正式和非正式机构之间，特别是在高等教育领域内进行合理竞争。

自 1970 年以来，政治直接影响教育，政党、游击队和其他非政府组织（NGOs）在教育资源不足的农村、地区和大城市的边缘人群中实施了政治教育。

1991 年《宪法》强调民众参与社会活动，促进政治民主和制度化。以前总统任命国家官员和市长，1992 年初，选举产生的市长和政府官员将开始他们的第一届任期。

总之，政治在教育观念、价值观、期望和行动中扮演了并将继续扮演重要角色。当然一些问题也继续存在，其中之一就是政治党派、游击队运动和非政府组织对于社会意识的增长、自我改善与社区进步起到了多大作用；其二是这些党派和组织将对包括教育在内的上述问题起到何种作用。

3. 正规教育体系

3.1 初等教育、中等教育和第三级教育

1991 年《宪法》第 67 条规定：哥伦比亚义务教育从 5 岁到 15 岁，包括至少 1 年的学前教育和 9 年的基础教育。

哥伦比亚现《宪法》规定教育是公共部门的职责，尤其是对基础教育。但是，目前《宪法》规定：只要有支付能力，一些学术开支可以由个人支付。在具体实施过程中，家庭承担了一部分教育成本，主要形式有学费、杂费、书和其他学习材料、校服、捐赠等。

通常由官方和非官方机构提供教育服务，实施教育部制定的课程。

目前教育体系包括以下几个层次：1～2 年的学前教育，5 年的初等教育，4 年的基础中等教育和 2 年的职业中等教育以及 2～10 年的高等教育。下文将会专门论及改革对于学前教育、职业中等教育和高等教育的影响。

在哥伦比亚，初等教育基本上一直属于公共教育。在一段时期内，初等教育发展迅速：1933 年学生入学总人数仅为 50 万，1976 年增加到了 350 万。近 15 年来，入学增长率开始减慢，1980～1984 年出现了零增长。1984～1989 年又开始出现 1% 的增长率。目前，哥伦比亚初等教育阶段有 420 万在校生，但仍有 16% 的学龄儿童上不了学。

过去初等教育的主要问题之一是入学人数，目前主要问题是学生毕业率问题。20 世纪 80 年代有 90% 的学龄儿童上 1 年级，但其中的 40% 不能完成学业。留级生占了入学总人数的 1/3，1 年级留级现象更为严重。这和哥伦比亚初等教育在校时间和学年时间短有很大关系：每天的在校时间为

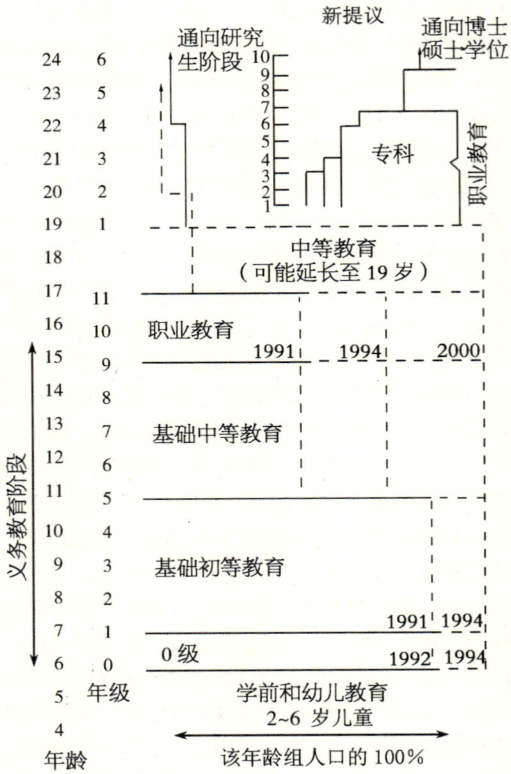

图 1　哥伦比亚：正规教育体系的结构

资料来源：健康和教育部 1994

5 小时,一学年为 180 天。虽然哥伦比亚努力解决这一问题,但成效甚微。

为了增加农村地区的入学人数,提高教育质量,哥伦比亚创造了一种叫“新学校”的方法,它通过个人化策略与积极的学生参与方法将不分年级的学校联合起来。这一方法使教师在学习过程中的角色发生了积极的变化。同时,学校和社区朝一体化方向发展:学校成为社区的中心,而社区也参与到了学校活动中。

初等教育平均班级规模从 1968 年的 45.3 人减少到 1984 年的 39.1 人,估计 1991 年将为 30 人。城市与农村学校的生师比 1933 年同为52:1,1964 年则分别为34.8:1和37:1,1984 年分别为30.4:1和28.4:1。预计 1991 年同为30:1。在小学分年级的学校中,通常每个年级只有一个教师,因而班级容量和生师比容易统计,但是不同地区的差别很大,特别是在城市中的贫困地区。在采用“新学校”方法的农村,不同年级的学生集中在同一间教室里,由同一名教师上课,因此,至今仍无法统计用这种方法上课的生师比。

中等教育从 6 年级到 11 年级。1990 年入学总人数为 260 多万,其中 60% 的学生在公立学校,40% 的学生在私立教育机构。1983 ~ 1984 年,入学人数的年增长率为 5%,但自 1985 年起接近 2.2%。

中等教育阶段的主要问题是入学率低(12 ~ 17 岁年龄组的人口中仅有 46% 的人接受中等教育,其中,大城市的比例为 58%,农村地区为 36%)。在 1 ~ 11 年级的公共教育中,初等教育、中等教育和中等职业教育之间没有形成教育的“立交桥”,连贯性差。私立教育机构也存在同样的问题。由此带来的结果是一方面高年级入学人数减少,特别是从 5 年级到 6 年级的过渡阶段,当然 6 年级后辍学率也很高;另一方面由于缺乏连贯性,标准、教师、教学方法和环境的变化影响了教育质量,这种低质量也可以从全国高等教育机构入学考试收集的数据中得到证明。产生低质量的原因主要还有教师培训质量较低、课程陈旧、教学材料不充足以及每天的学习时间不充分,因为公共教育机构实行“三班制”——早晨、下午和晚上。

中等教育的这种低普及率(46%)和低质量促使政府在 1991 ~ 1994 年优先发展中等教育。包括《1990 ~ 1994 年国家教育发展计划》在内的教育政策的目标是整合公共和私立教育,预计到 1995 年 12 ~ 17 岁年龄组的入学率达到 70%,2000 年达到 100%。一项整合初等和中等公共教育机构的计划正在实施之中;强调在通识教育阶段的 10 ~ 11 年级加强职业选择的自由,将技术和科技教育转移到高等教育阶段。

1989 年,哥伦比亚有 236 所高等教育机构,其中 30% 是公共教育机构,70% 是私立教育机构。超过 2/3 的机构为大学,其余的提供职业和技术教育。同年高等教育入学总人数为 47.5 万人,其中 42% 进入公立教育机构,58% 进入私立教育机构。同时,入学总人数中的 78% 进入大学,13% 在科技机构,8% 在技术职业教育机构。

1989 年,研究生院入学总人数为 9 904 人,其中 87% 的学生学习教育、卫生科学、经济和社会科学;7% 的学习工程;5% 的学习数学和基础科学;1% 的学习农业科学。约 56% 的在校生学习专门课程(获得专业学位后再学习 1 年),44% 的学习硕士学位课程;只有 15% 的学生攻读博士学位课程,其中一半人学习技术,另一半学习基础科学。

哥伦比亚高等教育中的主要问题是(按照重要性排列):教育质量低、教育体系中制度松散、政府财政支持的不合理分配。这些问题的主要原因是缺乏计划与信度较低,后者主要是由于扩张过快,而相适应的基础设施建设没能跟上,并且缺乏全国性的大学设置。

1991 ~ 1994 年高等教育政策导向:加强本科通识教育,而不再强调专业化;为了强调学生学习的价值,促进教师和学生共同从事研究工作,加强课程的弹性,重新制定教学策略;除此之外,计划使硕士和博士的新课程与研究项目和计划相结合。

3.2 学前教育

20 世纪 80 年代,学前教育的重点在 6 岁以下儿童。1982 ~ 1986 年之间,学前教育的入学总人数增加了 26%,虽然官方机构中的人数仅占目标人口的 7%。过去,学前教育完全是家庭的任务。现在,80% 的 4 ~ 5 岁儿童仍然没有得到帮助。卫生和教育部开发了一个联合项目，准备让福利院照顾最弱势家庭的儿童，由一位社区妈妈负责。

《1990～1994年国家教育发展计划》中有一项"零年级"计划，对象是所有公立小学中6岁以下的儿童，目的是为他们上小学1年级作准备，因为1年级的留级率较高，特别是在贫困地区。1987年，农村的1年级留级率为21.9%，城市为14.1%。人们期望"零年级"会增加教育过程中的内部效率。

3.3 职业、技术教育和商业教育

中等教育的最后2年（10年级和11年级）开始实施职业教育，同时，提供技术教育和商业教育的选择。

哥伦比亚的职业教育、技术教育和商业教育有三个目标：第一，反映中等学校学生的能力和爱好；第二，允许学生将知识应用于与生活和生产相联系的实际问题；第三，培训中途退学的学生、培训对某种手艺感兴趣的学生、培训将参与劳动力市场竞争的学生。第一个目标通过10年级和11年级的职业中等教育可以实现；第二个目标通过各级教育的教学可以实现；第三个目标则是为这个目的设立的各种公立和私立机构的职责。

这类机构中最重要的是劳动部下属的全国学徒服务中心（SENA）。中心下设的学校提供职业培训，这些培训与每个地区的特殊环境相联系。私立职业培训机构主要由宗教团体资助。

中等职业教育提供包括工业、农业和商业教育。哥伦比亚的教育体系也包括为接受高等教育的学术准备（特别是与人文、自然和社会科学相关的职业）、为初等教育培训教师。1958年，选择为升入高等教育机构学习作准备的学生中70%为男生，30%为女生。1980年分别为59%和41%。1958年，选择从事初等教育教师培训的学生43%为男生，57%为女生；1980年40%为男生，60%为女生；到1990年男生比率更小。

除为升入高等教育做学术准备之外，商业职业教育是学生的第二大选择。1983年，超过77%的在校生选择为上高等教育机构作准备，12%选择商业学校。选择工业、农业、教师培训、社会工作的分别为3.98%、1.71%、3.77%、1.46%。

3.4 成人和非正规教育

1951年，哥伦比亚10岁以上的文盲超过全国人口的38.5%，1985年减少到12.2%，但是仍然有230万成人文盲。1991年，农村文盲占人口的23.4%，城市为7.3%。初等教育最薄弱的是大西洋和太平洋沿岸地区。过去扫盲运动的效果显著，然而对成人进行初等教育一直很困难。

主要的问题包括：受教育机会少、课程不充分、受过特殊培训的教师和教材不足等。即使如此，1991～1994年的教育投入中并没有包括改进成人和非正规教育条件的额外计划。对此，非政府组织通过包括教育活动的社区发展计划为成人教育做出了贡献。

4. 行政管理的结构与运行

传统上，哥伦比亚教育是中央集权制。1968年和1976年的教育制度的重组目标主要是建立非中央集权化的管理体制。20世纪80年代形成的国家发展计划，主要是通过实施与地方特点和教育需求相适应的计划，增加入学人数、提高教育质量和教育机会。

1982年，为实现非集权化管理，哥伦比亚计划建立地方教育管理机构，称为"教育发展核心"。每个"教育发展核心"由与社会、经济和文化事务相联系的团体组成，相似的几个发展核心进一步组成教育区——第二层教育管理组织。教育秘书处是全国政治行政区的地区管理实体，它连接了地区和中央教育行政管理。到1990年，由于没能与市政机构很好整合，该计划没有取得预期的效果。

督导对发展哥伦比亚教育具有重要意义。第一个有关全国督导的目标和责任的立法可追溯至1936年。督导的责任是负责视察所有公共教育机构的组织和运作，包括学前教育、初等教育、补偿教育以及公立和私立的中等教育。1949年，哥伦比亚几大专业部门组织了监督，这样，通过学校在政府和人民之间架起了桥梁。1958年，人们认为，比起管理价值，督导更具有学术价值。1963年，建立了课程认可的标准。1970年出版的督导手册中对"督导"的概念进行了介绍。

基金的不足削减了督导对于教育发展的作用。

哥伦比亚现存的教育督导制度可能会在不久的将来废除,而分管教学的副校长、教学协调员和教育发展核心主任等地区和地方课程管理者将取而代之。

5. 教育财政

20 世纪 70 年代和 80 年代教育所占国家财政预算的比率逐渐增加。1970 年,教育占国家财政预算的 13.6%,1975 年占 16.5%,1980 年 19%。1980 年,37.69%的教育预算分配给了初等教育,21.1%给了中等教育,22.1%给了高等教育。

自 1971 年以来,为了调整地区间教育经费和教育机会的不平等,中央政府试图集中公共教育资金,把学校系统的行政权分给地方。到 1980 年,中央政府将 84%的开支资助公立学校,而 1970 年仅为 65%。

为了增加教育机会,提高教育质量,依据 1971 年的"46 法",政府增加了财政支持。这一法律要求至少将政府日常收入的 11.1%用于初等教育,它还要求将返还给各州首府和波哥大特别行政区的销售税的一半转交教育部,作为对中等教育的财政资助。

现在,教育开支包括公共拨款和私人资助。20 世纪 80 年代,教育开支占国内生产总值的 5%,公共拨款大约占教育总开支的 60%,而 1980 年占 84%。

1991~1994 年,各种项目和计划的资助情况如下:国家预算占 42%,市政、地方政府和私人机构占 58%。其中,国家基金对基础教育的投入包括普及初等教育的部分贷款计划。

私立学校的财政资助来源于学生的学费和私人企业的捐赠,有时也接受政府的财政支持。

公立高等教育教育机构根据家庭或学生的收入收取学费。自 1992 年始,公立大学的学费将与私立大学持平。但是,学生可以凭借学业成绩和收入情况获得奖学金。国家计划在 10 年内,学费占公立大学运作总经费的 33%,而目前只占了 5%。

20 世纪 50 年代,哥伦比亚海外技术学习学院(ICETEX)成立,它提供奖学金或者部分贷款,从而使哥伦比亚人能够上海外的研究生院。60 年代以来,贷款也用于学生在哥伦比亚或者海外进行专业学习。贷款一般包括学费、食宿、书费,当毕业生进入劳动力市场后,每月以低息偿还。虽然哥伦比亚海外技术学习学院在奖学金和贷款方面起了很大作用,但是仍然无法满足日益增长的教育需求。因此,1991~1994 年的政策目标是建立新的贷款资源,同时国家银行为低收入家庭的学生提供一系列的教育信贷。

6. 师资

初等和中等教育(包括基础教育和职业教育)中有 28 万名教师,公立学校占 20 万,其中的 12 万从事初等教育,其余从事中等教育。私立学校有教师 8 万名,62%就职于中等教育机构。

小学教师在师范学校中培训,师范学校是一种中等教育机构,其课程包括 4 年通识教育和 2 年关于小学所有科目的专业教师培训。20 世纪 80 年代,大学建立了特殊的小学教师培训项目,其中有些项目是通过远程教育方式进行在职培训。有数据表明教师的教育水平提高了:1950 年,2/3 的小学教师仅接受过稍高于小学水平的学校教育,其余的毕业于师范学校。现在约 68%的教师毕业于师范学校,17%毕业于其他中等学校,15%毕业于大学。

中等学校的教师一般接受大学教育学院的培训,教育学院为培训教师提供了中学主要科目的专业教育。大学水平的教师培训项目和其他高等教育的项目一样由哥伦比亚高等教育促进会(ICFES)进行评估和监督。

数据显示研究生项目中的 21.51%涉及教育,但是教师和教育管理人员中有研究生学位的还是很少。

大学教师由来自不同知识领域的专业人员组成。大多数大学资助教师获得研究生学位,鼓励教师为完成研究生学业申请奖学金。有些大学提供大学教学法的培训项目,特别是在工程、卫生和建筑领域。

通常,师范学院的教师通过教授成人教育课程增加其收入,20 世纪 80 年代,为成人和非正式教育提供本科生和研究生课程的机构很少。

基础教育的教师改革将包括：废除师范学校、给教育学院充足的培训小学和中学教师(6～9年级)的经费、将培训中等教育10～11年级教师的任务交给大学的人文、自然和社会科学学院。职业和技术教育的教师由大学的工程、建筑或其他系培养。

7. 课程开发与教学方法

传统上，中央政府负责课程设计和开发。教育部下属的课程开发部负责初等教育和中等教育(1～9年级)和职业中等教育(10～11年级)课程的设计和开发。

20世纪50年代，城市和农村小学的课程不同。1963年制订的新课程使农村儿童能够学习以前只有城市儿童才能接触到的课程。随后通过了国家课程，但是教学方法仍然是传统的以教师和教学内容为中心。后来才发展了上文提及的“新学校”教学法。

1978年课程革新计划正式实施。新计划包括四个基本领域：数学、自然科学、社会研究、西班牙语和文学，以艺术、体育、职业培训、宗教教育为补充。

哥伦比亚为城市和农村设计了不同的教材。现在，城市学校的材料是按教育部制定的特定标准出版的。这些材料免费分发给所有城市学校和一些小图书馆，作为普及初等教育的一部分。“新学校”教学法的学习材料由教育部的专业组设计，并由私人出版公司负责出版。

教育部为中等职业教育设计了不同的课程。20世纪80年代实施更具弹性的方法，以提供新的选择方式：欢迎地方和地区提出体现各地的特殊需求的中等职业技术教育新方案，出现了像戏剧、芭蕾、音乐、旅游和娱乐等职业培训项目。

高等教育部门自行规定课程。由教师组成的专门小组，在一名课程专家的帮助下，制定每一种职业的学习计划。高等教育部门中不同级别的行政人员对最终的课程设计进行评估，获得一致通过后才能提交给高等教育促进会，只有经过高等教育促进会最终批准，才能实施新课程计划和课程改革。

在多数本科课程中，很早就出现了职业领域的专业化。学生可以选择一些选修课，但通常只有很少的几门选修课能计入毕业学分中。

就方法论而言，现在的初等教育教学方法主要是为了促进学生的个性化学习，促进小组学习，鼓励学生在教学过程中起中心作用。“新学校”教学法采用的学习新材料和城市学校的新课程使上述目标的实现成为可能。中等职业学校的教学方法更为传统，但不同课程的教学方法也有所不同。高等教育阶段，教学方法要适应每个特殊领域：在工程、建筑和教育领域，强调学生与实际环境接触，学习中也很强调把研究作为手段。

按照《1991～1994年国家教育发展计划》，为基础初等教育8～9年级制订新课程的工作仍将继续进行。为了适应基础教育中职业选修课改革，中等学校课程也进行了改革。高等教育将会有一个新的结构：3年的通识教育，2年或3年的职业教育加上1年的专业化教育以及2～5年的硕士和博士课程学习。

8. 考试、升级和证书制度

初等教育的评估比较灵活，主要关注学习过程的质量和教育目标的实现情况。考试、书面作业和教师的直接观察是对学生进行评估的主要手段。每年向学生的父母发送4次学习成绩报告。

在采用新教学法和评估策略的城市学校希望每个年级的所有儿童都升入下一个年级，只有必要时才采取一些补救学习措施。尽管要求教师让学生自动升级，但是，一些学校仍然采用死记硬背的传统考试。

“新学校”教学法在处理学生自动升级方面显得很灵活，学生按照自己的课程进度学习，可以按照一门科目、多门科目或整个课程升级。父母能够定期了解学生的学习进步和存在的学习问题，从而融入了学校活动甚至学习活动之中。

包括基础和职业教育在内的中等学校评估过程更为严格。学生必须参加频繁的小测验和考试。每学年父母接到4次成绩报告。学年末得到的平均成绩将决定是否能够升级。中等学校的评估规则正在修改之中。

中等学校毕业生如果希望进一步接受高等教育，就必须参加国家考试。在申请者参加全国考试并达到一定的成绩之后,一些公立和私立大学还增加了额外的入学考试。每所大学自行决定进入某一学科的分数,自定标准评估学生的学习,从而决定其是否能毕业,是否能获得资格证书。

在评估、升级和资格证书方面存在的最重要的问题是:初等教育各个学校之间以及城市学校和农村学校之间的巨大差距。同时也存在教师培训不足的现象。中等学校的标准过于严格。大学和其他高等教育机构由于教育质量差别太大,造成学生转学困难。

9. 教育评价、评估和教育研究

为了对基础教育和初等教育进行持续评估,哥伦比亚正在制定全国评估体制。对数学、科学、西班牙语和文学等学业成绩的评估手段也正在计划当中。

传统上,教育评价缺乏统一的标准。特别计划,如"新学校"、全国中等教育多样性计划或师范学校等都有其自己的评价程序。只有"新学校"改进了方法,目的是为了进一步推广。

20 世纪 80 年代末,教育部邀请教育学院以地区为基础,对自动升级对学生成绩的影响进行评估,其结果尚未发表。

国家计划部和教育部教育计划办公室一直从事科研,以制定合理的教育政策。此外,有些研究中心和大学通过合同进行科研活动。由国家统计部发表基本统计数据,但是,存在的问题是数据不可靠甚至无法得到数据。哥伦比亚计划到 1995 年建立一个可靠的信息系统。

科研主要是大学和非政府组织的职责,COLCIENCIAS 是一个与国家计划部相联系的机构,负责促进大学和研究中心的科研。国家科学和技术研究计划正在实施,在这一计划的指导下,科研和研究生教育将成为促进社会经济发展的重要组成部分。

10. 20 世纪八九十年代的主要改革

初等教育的重要改革是寻求提高教育质量的有效办法。在初等教育普及计划的资助下,全国所有学校都有小型图书馆、教具、学校和班级的基本设备等。

城市初等教育学校引入自动升级制度给教学方法和评估策略带来了变革,这是一个进步。"新学校"教学法的实施不仅增加了教育机会,也变革了教学方法,结果教育质量得到了提高。

教师培训和职业技术教育计划通过远程教育战略得到了发展。

20 世纪 90 年代的目标包括:实现学龄儿童入学率达到 100%;到 1995 年,中等教育的入学率从 46% 增加到 70%;大学除了促进研究生学习以外,要加强科学和技术研究,从而推动社会经济的发展;为 6 岁以下儿童开设"零年级";在行政管理和教育财政方面加强分权。

11. 2000 年面临的主要问题

20 世纪 90 年代,哥伦比亚在即将进入新世纪之际,教育体系面临着挑战:

(a) 在人口增加的同时,寻求足够的教育资源以支持不断膨胀的初等教育;扩大中等和高等教育;解决公立大学迅速增长的财政赤字;加大对科学和技术研究的基础设施投入;还清外国贷款(有些教育方案是由外国贷款资助的)。

(b) 努力解决由于社会、经济和文化不平等带来的巨大文化差异。

(c) 改善教师培训和他们的工作条件。

(d) 促进文化课程和非正式教育活动的平衡。

(e) 实施全国统一的评价体系。

(f) 建立可靠的信息系统。

J. 莫兰(J. Mora) 著

耿益群 译

附录

Constitución Política de Colombia 1991 vigésima Edición. Editorial Tamis, Bogotá

ICFES 1990 *Calidad, Eficiencia, Equidad de la Educación Superiore Colombia, 1990. Seminario Permanente: Memorias*, Vols. Ⅰ and Ⅱ. Editorial Delfin Ltda., Bogotá

Presidencia de la República, Departamento Nacional de Planeación 1991 *La Revolución Pacífica: Plan de De-*

sarrollo Económico y Social 1990—1994. Impreandes, Bogotá

República de Colombia, Departamento Nacional de Planeación 1991a Plan de apertura educativa 1991—1994. Working paper (Documentos MEN-DNP-UDS-DEC-2518)

República de Colombia, Departamento Nacional de Planeación 1991b Plan de apertura educativa 1991—1994. Anexo Estadistico. Working paper (Documentos MEN-DNP-UDS-DEC-2518)

República de Colombia, Ministerio de Educación Nacional 1987 *La Planeación Educativa en Colombia 1950—1986*, Vols. Ⅰ and Ⅱ. Editorial MEN, Bogotá

República de Colombia, Ministerio de Educación Nacional 1988a *Análisis del Sector Educativo con Enfasis en sus Aspectos Administrativos y Financieros*. OSPE, Bogotá

República de Colombia, Ministerio de Educatión Nacional 1988b *Un Siglo de Educatión en Colombia 1886—1896*. Editorial MEN, Bogotá

Tirado Mejia A 1989 *Nueva Historia de Colombia. Vol. V: Economia, Café e Industria*. Editorial Planeta, Bogotá

哥斯达黎加的教育制度(Costa Rica: System of Education)

1. 基本背景

哥斯达黎加位于中美洲,国土面积 50 900 平方公里,北部与尼加拉瓜接壤,东南与巴拿马相接,东与加勒比海相邻,西面濒临太平洋。哥斯达黎加在 1821 年从西班牙的统治下获得独立,并在 1829 年爆发于中美洲的联邦共和制浪潮后成为一个独立国家。教育是哥斯达黎加经济和政治制度的基础,作为拥有该地区最古老民主政治的国家,哥斯达黎加的教育是其民主政治的一块重要基石。

多年以来,与在中美洲的诸多邻国和其他的拉丁美洲国家相比,哥斯达黎加一直有着较高的文化教育水平和入学率。在 1990 年,哥斯达黎加人口中仅有 7% 是文盲,年龄在 25 岁或 25 岁以上的人群中平均受教育年限为 5.7 年。在 1990 年,哥斯达黎加人口为 3 015 000,这其中的 47% 生活在城市地区。1980 ~ 1988 年,哥斯达黎加的人口增长率为 2.8%。哥斯达黎加人口中大约有 36% 年龄在 14 岁或者 14 岁以下。人口中的绝大多数是殖民统治时期欧洲人的后裔,在大西洋海岸的一些地区是例外情况,那里的人口主要是上个世纪末(指 19 世纪),来自加勒比海的黑人的后裔。西班牙语是哥斯达黎加的通用语言。

在 1989 年哥斯达黎加的人均国民生产总值为 1 780 美元。如果就国内生产总值而言,其中的 17% 来自农业,27% 来自工业,剩下的 56% 来自服务业。在 1983 年,城市人口中 10% 居民的收入只占城市人口总收入的 1.1%,另外 10% 的人却得到了该项收入的 40%,而且,50% 最贫困的人口仅靠该项收入的 19% 为生。收入分配的差距在农村地区并不是很显著。哥斯达黎加主导的农业经济模式是由大量的土地所有形式构建而成的,在农业经济中有很多中小型农场。在 1973 年,大约有 55% 的土地所有者拥有 200 公顷或者更多的土地面积,4% 的土地所有者拥有的土地面积低于 9 公顷,4% 的土地所有者拥有的土地面积在 10 ~ 19 公顷之间,25% 的土地所有者拥有的土地面积在 20 ~ 29 公顷之间,13% 的土地所有者其土地面积在 100 ~ 199 公顷之间。

在 20 世纪 80 年代,哥斯达黎加经历了一次严重的经济危机,经济危机的影响可以从人民生活水平的降低看出来,经济危机同样也影响到了教育领域。此次经济危机主要的成因是:1978 年咖啡豆价格的大幅下跌(咖啡豆是这个国家主要的出口商品),中美洲共同市场需求的恶化,石油危机,美国经济的衰退,债务危机。哥斯达黎加国债从 1970 年的 1.34 亿美元上升到了 1989 年的 34.8 亿万美元。在 1989 年,哥斯达黎加的总外债相当于其出口商品和服务的 236%,相当于其国民生产总值的 91%,而且外债的利息占到了哥斯达黎加全部出口商品和服务总值的 19%。自 1980 年开始,哥斯达黎加获得 7 笔来自世界货币基金组织的稳定的或调整的贷款以及3笔来自世界银行的贷款。货币的汇率从20世纪70年代的1美元兑换8.6科朗,降到了1991年的1美元兑换120.6科朗。在20世纪80年代哥斯达黎加的通货膨胀率达到了51%。在20世纪70年代哥斯达黎加的国民生产总值增长速率平均为2.5%,而到了20世纪80年代则变为了负增长。

2.教育政策与目标

在19世纪中叶,哥斯达黎加开始着手开展一项自由民主化运动,在该运动中教育是中流砥柱。哥斯达黎加宪法在1861年做出规定,宣布小学教育应该是免费的和义务的,小学教育接受市政当局的领导。在1870年到1882年期间,哥斯达黎加被一个独裁者所统治。从1882年到1888年,由于新的教育部长费尔南德兹(Mauro Fernandez)的上任,哥斯达黎加的教育有了新的推动力,新部长是一位律师,他曾就教育在社会中的作用发表了大量文章。他建议分阶段地进行一项教育改革,重点强调首先开展小学教育,然后是中学教育,最后是大学教育。在1885年,哥斯达黎加通过了一项总体的教育法,该法就受到了费尔南德兹思想的影响。该教育法的宗旨就是要将教育管理权集中统一起来,而管理权直到当时仍在市政当局手中。

在1908年到1948年期间,在哥斯达黎加进行了几项改革,这些改革受到了"参与式学校"思潮的影响,开展这些改革的目的是将学校转变为促进国家发展的工具。简化了课程设置,使课程与每日的生活更加息息相关,而且教育也开始被人们认识到是推动国家发展的工具。

约瑟(José Figueres)在1948年夺取了内战的胜利,奠定了现代化的哥斯达黎加的基础。在1949年通过的宪法将教育摆到了一个非常显著的位置。在1957年哥斯达黎加通过了一项新的教育法,该法提倡进行教育改革、加强教育制度的发展。

自1953年以来,哥斯达黎加建立了一个民主的政府,该政府有着很强的社会民主化进程表。哥斯达黎加以国家解放党(PLN)(由约瑟设立)为代表的社会性民主实际上控制了该国的立法,并在与小党联合执政的任期内发生了变化,后者支持新自由主义。PLN将国家定位在充当促进社会发展和保障社会安全的主要代理。该党支持政府高度介入社会经济活动中,推行一项激进的社会福利政策。

哥斯达黎加宪法规定基础教育是义务性质的和完全免费的。学前教育和中等教育同样是免费的。大学学生交纳名义上的学费。宪法同样规定国家应帮助贫困的学生追求高等教育并应向基础教育阶段的学生提供食品和衣物。

尽管在民主制度下给教育制度设定的目标有着很多的连续性,但在每次教育部长人选发生更替的时候都会出现政策的不连续现象,这主要是由于个人主义和缺少制度上的发展造成的。在1970年到1971年,哥斯达黎加开展了建立在广泛基础之上的全国性调研活动,该调研的结果就是准备一项教育发展的计划。该计划是18个委员会进行调查分析后的工作结晶,这18个委员会包括教育部的全体职员、计划部、教师工会、退休教师以及大学。在哥斯达黎加的14个地区组织召开了16次工作会议,会议的目的在于提高社区代表在该项计划的分析和筹划阶段的参与程度。该项计划有三个主要的目的:(a)提高全民平均受教育水平;(b)使教育制度实现现代化以满足经济发展的需要;(c)保持目前教育在国家财政预算中所占份额。政府创立了一套新的基础教育制度,该基础教育制度囊括了过去的6年制小学教育和第一轮为期3年的中学教育。该制度建议将这9年设为全体公民应受教育的最低水平,并在1973年对国家宪法进行了修订补充,包括将义务教育从6年延长到9年。

但是教师工会反对该项计划中所提议的教育改革,并举行了一次罢工,罢工一直持续到了1973年大选。尽管国家解放党赢取了这次大选,新的教育部长来自该党的不同部门,所以搁置了该计划中提议的大量改革,而这些改革也因此从未到达学校和课堂。该项计划中提议的新教育法也从未得到国会的批准。

因此,3年之后,在国际援助的大力支持下,全国掀起了一场教育改革运动,集中了全国的力量,时任的教育部长也希望由此创造教育改革的历史。结果却是,在教室中所发生的变化是微乎其微的。

当人们再次提及该计划时，所引发的无非是讥笑或者是遗憾的表情。

3. 正规教育体系

哥斯达黎加的教育制度构建在正规教育制度和平行的教育制度之上。正规教育制度包括4个级别的教育：2年的学前教育；9年的基础教育，分为3个阶段，每个阶段3年；多样化的中等教育，学制2年（学术性分支）或者3年（技术性分支）；高等教育。在普通基础教育的3个阶段都提供特殊教育。在现实生活中，基础教育的前两个阶段主要是由同一所学校提供的，而最后阶段教育是由相同的、开展多样化教育的中学提供的，这一情况反映了延续了5～6年的改革前模式在制度上的安排。

平行教育制度包括受教育部管辖的成人教育，以及由国家科学研究院管理的职业教育。

3.1 初等教育、中等教育和第三级教育

自20世纪60年代早期以来，教育在向外延伸的过程中保持了持续的改进和提高。在1960～1990年期间，小学教师和小学学校的数量翻了一倍。中等学校的教师数量增长了四倍，中等学校的数量也增长了一倍。哥斯达黎加全国人口中未完成小学教育的人口所占的比率从1960年的75%下降到了1990年的25%。年龄在15岁或者大于15岁的文盲人口所占百分率从1973年的11.6%下降到了1984年7.4%。图1和表1归纳了正规教育制度中的基础统计数字。

1990年，哥斯达黎加的基础教育招收了90%的适龄人口。公立中小学校的招生数量占总招生数的绝大部分，其中第一、第二阶段的比例达到94%，第三阶段达到84%。然而，在所有进入学校1年级学习的儿童中，只有80%能够完成6年的学习。小学的总入学人数占8岁儿童人口的99%。受教育机会方面，哥斯达黎加存在着很大的地区性不平等现象。在圣州斯（San José），进入1年级学习的儿童中，只有50%的学生能够完成9年制基础教育，在4个完成本阶段学习的学生中只有1个来自农业占主导的地区。这一情况是与下述事实有一定联系，从百分比来看，农村地区存在更多未

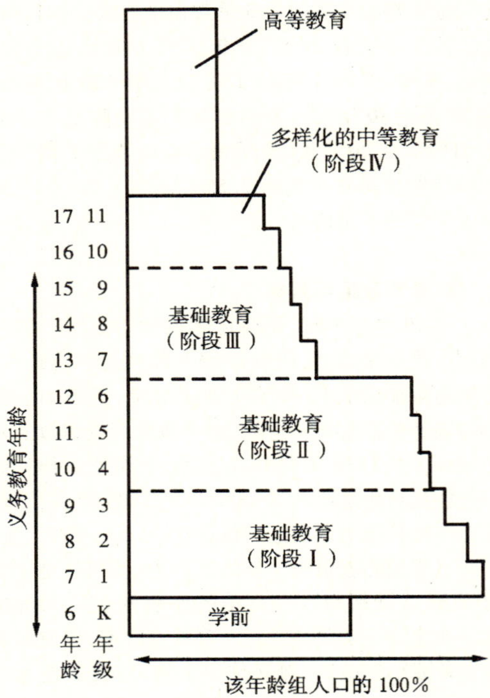

图1 哥斯达黎加：正规教育体系的结构

经过培训的教师和几个年级的学生挤在一间教室上课的学校。而在圣州斯，教员仅为一人的学校只占5%，在像柯托（Coto）这样的地方这一比例高达49%。虽然就全国而言，仅拥有一名教员的学校所占比例为31%，但在农村地区这一数字却高达45%。

年级复读率是严重限制哥斯达黎加国内教育效率的一个重要因素。1年级学生中有超过20%的人复读。在基础教育中，年级复读所带来的预计费用高达1 100万美元。但现实情况是：90%的学生至少要在学校中进行为期5年的学习。在那些完成基础教育阶段学习的学生中，有10%的人经过三次或者是更多次复读以后才能完成基础教育。平均来说，一个学生需要1.2年来完成一个学年（Schiefelbein and Heikkinen 1992）。

哥斯达黎加在1987年组织了针对4年级和12年级学生的知识水平测试，测试结果表明：学生们

表1 哥斯达黎加1990年在校生人数

水平	学生	教师	学校
学前	50 377	2 373	755
初等(阶段Ⅰ-Ⅱ)	422 021	15 671	3 236
中等	-	8 160	247
阶段Ⅲ	104 807	-	-
阶段Ⅳ	42 214	-	-
高等			
大学	65 531	3 954	13
其他	9 483	-	4
生均费用(科朗)[a]			
学前		20 545.21	
初等		23 143.91	
初级中等		38 861.64	
高级中等		41 721.92	
大学		123 985.83	

资料来源:世界银行1991,职员评估报告:哥斯达黎加

a 单位成本计算如下:1990年各级公共教育经费÷各级在校生人数(1990年,91.58科朗=1美元)

学到的东西太少了;通过那些测试中的基础科目考试的学生不到30%。农村地区学生的成绩比城市地区学生的低了37%。

从理论上来说,哥斯达黎加一个学年为期171天,尽管在实际生活中不同地区间的差异很大。在执行双轮班制度的学校中一个学日是4.5小时,但这只能代表大多数情况(98.4%)。在哥斯达黎加的课表中规定了一个学年要完成925个课时的教育,每个课时40分钟。城市地区的学校每周提供29个课时,每个课时48分钟,一个学年总计为600个课时。在仅由一名教师执教的学校里,总的授课时间被分割配置到了不同的年级,因此学生每周有22个课时,每个课时40分钟,而学生每年平均接受的课时数为450个。

私立学校所招收的学生数量只占总招生人数的一小部分(5%)。在1980~1987年期间,私立学校的学生数量增长了73%,这主要是由于大家普遍流行的一个说法,即公立中小学的教学质量在下降。

20世纪80年代的经济危机对中等教育的影响是最为剧烈的。在1980~1987年期间,中学教师的工资下降了42%。在完成基础教育的学生中,只有61%的学生可以继续进入中学学习;在中等教育中,适龄群体的入学率为41%。在1990年,哥斯达黎加的中学有学生42 214名,其中的8%在私立学校。

在1980~1988年这段期间,中学的招生数量下降了20%。招生数量下降部分是受到了下列因素的影响:公众开支中不成比例地削减了教育费用,为补贴家庭经济而造成的学生退学,学校供给中教育价格的上涨。

在哥斯达黎加有4所公立的和9所私立的大学,并有4所公立的高等教育研究机构。1990年哥斯达黎加每10万人口中有2 478名大学生,换言之,在该年龄群体中有25%是大学生。

从高收入家庭招收的大学生数量与哥斯达黎加的收入分配情况不成比例;在大学招收的新生中有43%来自收入分配中处在最顶端的20%的家庭,而大学招收新生中只有10%来自收入分配中最底端的20%的家庭。

在20世纪70年代末,哥斯达黎加开始了一项大学改革,意在提高全体收入群体接受高等教育的机会平等。然而,对此项改革的研究发现,即使大学从低收入群体中招收了更多的学生,该制度的分层也变得更加清晰,富裕家庭的学生进入较好大学的机会更高。此项改革并没有改变来自不同社会群体的学生的分布情况(Mendiola 1989)。

在20世纪70年代,大学的招生增加了两倍。哥斯达黎加大学也转变为多校园大学。大学的扩招主要表现在卫星校园方面。哥斯达黎加大学也和社会趋于同质。然而,在1970年,入学新生中的22%来自私立中学;在1979年,新生中的33%来自私立中学。

3.2 学前教育

学前教育学制一年或者两年,通过特设的教育中心或者小学的附属教室来开展。学前教育共招收了50 377名学生,这其中的11%进入了私立学校。5岁儿童中大约有58%进入学前学校。政府给予了学前教育扩招的优先权,在1980~1987年

期间，学前学校的招生以每年 10% 的速率增长。人口出生率的下降给这个阶段教育服务的扩展提供了可能，并允许小学教师重新定位。

3.3 特殊教育

在基础教育层次，每一阶段都提供公立的特殊教育。所有的特殊教育都是在正规学校的特殊教室中进行的；在哥斯达黎加没有出现特殊教育的主流群体。1987 年，哥斯达黎加有 10 478 名接受特殊教育的学生，其中的 80% 居住在城市地区，有 531 名教师工作于特殊教育课堂上。

3.4 技术教育、成人教育和非正规教育

技术教育是由教育部和国家知识技能研究院(INA)提供的。在初级中学教育(基础教育的最后一个阶段)和高级中学教育中都存在技术导向的课程。在技术方向中，学生们除了学习学术性课程之外，还学习与工作相关的技术技能。技术教育占教育部总教育费用的 7% 。此外，国家知识技能研究院还得到了 2% 的所得税资助。

20 世纪 80 年代，教育部成人教育班级的招生数量急剧下降，从 1980 年的 43 329 人下降到了 1987 年的 28 343 人。同一时期教师的数量也从 1 270人下降到了 1 178 人，学校的数量从 92 所降到了 59 所。

国家知识技能研究院提供两种类型的教育：学徒培训和在职培训。学徒式培训是一个学制 3 年的培训课程(如木工)，该课程针对年龄在 15 ~ 20 岁之间的学生。在完成了这一课程之后，学生就作为学徒被安置在工厂工作。该课程包括基础和中等教育，并向学生提供资金资助。在职培训是以短期课程形式提供的，通常少于 6 个月。在最近几年，国家知识技能研究院发生了一系列的变化，以适应开放经济日益增长的需求。举例来说，在贫困社区中的研习会向学员教授石匠手艺、金属冶炼、焊接技术等，学员在研习会中使用学院提供的设施，社区成员制造出的产品随后在当地市场出售。学院同样还提倡促进微型企业的发展，帮助那些小企业主建立他们自己的公司。

4. 行政管理的结构与运行

哥斯达黎加通过教育部、大学以及国家职业机构来管理全国的教育。国家教育委员会是哥斯达黎加教育领域最高的权威机构。国家教育委员会包括教育部、计划委员会以及经济委员会，来自各大学、国务院部门以及 INA 的代表。哥斯达黎加教育部负责实施由国家教育委员会制定的教育政策，管理学前、基础和中等层次的公共教育。教育部还负责对私立院校进行监督管理。

哥斯达黎加的各个大学是自治管理的。在哥斯达黎加有一个国家大学校长委员会，该委员会与国家计划委员会办公室一起协商制定大学教育的各项管理政策。国家知识研究院是一个自治的单位，它的财政资金来源于 2% 的收入所得税。

哥斯达黎加教育部是由 5 个司、23 个理事会和 39 个处组成的。教育部共有职员 31 572 人，这其中的 87% 是教师。在哥斯达黎加教育部有 17 个区域性理事会。每一个区域理事会名义上都负责该地区所有的基础教育学校和中等学校。每一个区域又被划分为 5 ~ 12 个区，每一个区大约有 20 所学校。每一个区都是由一个学校督学员管理的，并且每一个学校都设有由学生家长和校长组成的联合会，该联合会负责监管学校的开支和各种资源的使用情况。

在现实生活中，哥斯达黎加的教育管理权是高度集中的，90% 的管理人员都不在首都圣何塞工作。所有教育领域内人员的管理、对学校进行的监督以及资源分配的决定都是由设在圣何塞教育部办公厅做出的。

哥斯达黎加教育部的运作程序模式是过时的，并且效率低下。许多信息和控制系统都依赖以手工为基础的老式程序，在哥斯达黎加教育部很少使用计算机设备。财政预算是一个完全没有任何理性的过程，这是因为区域性理事会的投入是微乎其微的。在圣何塞的教育部所准备的预算请求是建立在每年 10% 的增量公式基础之上。

5. 教育财政

1980 ~ 1985 年期间，以不变价格来计算，哥斯达黎加的教育开支下降了 33% ，教育经费从 1980 年占政府总预算的 26% 下降到了 1989 年的 22% 。以教育经费占国民生产总值的百分比来计算，教育

经费从1980年占国民生产总值的5.6%下降到了1989年的4%。

教育经费的削减已不成比例地影响到了初级水平的教育活动。该级教育经费从1980年的66%下降到了1989年的60%。给予大学的投入从1980年占教育预算的22%上升到了1989年的36%,部分原因是由于宪法条款中的规定,即为高等教育设立一个专项基金,不能废除也不能削减该项基金。小学教育招生人数的增加以及在该级教育中资源投入的削减造成了在1980~1988年期间平均每个小学生的教育投入下降了32%。基本建设费用被大幅度削减,从1980年占总教育经费的23%下降到了1989年的1%。大约有3%的教育经费投入到了教育管理领域,35%的教育经费进入了高等教育,58%投入到了基础教育中,余下的投入到了其他的项目计划中。对教育领域产生影响的经济危机严重地限制了所有的非工资教育开销,随之而来的教育质量的下降。例如,自从1984年以来哥斯达黎加就没有再印刷过新的课本。小学要求学生家长每年向学校的供给中赞助1 000科朗。此外,每个学生每年的笔记本、供应品以及制服等开销合计达到7 000科朗,这些开销都增加到了表1中所描述的每个学生的开支上了,结果显示家庭承担了超过20%的公立中小学中直接初级教育的花费。在中等教育中家庭承担的份额要更高一些。

6.师资

1990年,哥斯达黎加3 551所学校中有21 535名教师。在这些教师中,有13 651名教师工作在初级教育战线,其余的教师在中学工作。

作为教育领域出现的资金短缺情况的体现,初级教育水平教师的工资在1980年到1987年间下降了33%。结果,哥斯达黎加教育的质量就持续地下滑。举例来说,在1981年到1989年间哥斯达黎加学校招生数量的增长却不得不面对大量未受过培训的教师涌入到教育领域这一现象。在那段时期受雇的6 200名教师中有44%未受过正式培训。对这些教师进行的成就评估的结果表明,他们中只有10%在6年级的4门基础课程考试中取得合格的成绩。

在1989年,初级学校的教师中有23%的教师未受过正式培训,而这些未受过正式培训的教员中的绝大多数又是在农村和城市边缘地区执教。

自1986年以后,哥斯达黎加教育部已经发展了一个项目,该项目要求未受过正式培训的教师与教育部签订一项协议,协议要求这些教员在执教的同时加到为期一年的资格证书培训课程,接受培训和考核。课程主要在夏季的周末举行。培训的教师人数仍显不足。目前,该计划每年只能培训588名新教师,而哥斯达黎加在1991年到1996年这段时期每年需要1 377名新教师。

7.课程开发与教学方法

进行课程研发是教育部的职责所在。在全国范围内的所有学校都要遵守这一课程设置。哥斯达黎加教育部对所有的课本进行审查并批准发行使用,通过这一过程来评估全部课本是否符合全国课程设置中的要求。

1990年,哥斯达黎加教育部启动了一项课程改革,该项改革在特别强调核心课程的同时,也加强了社会方面的课程,这些课程集中在生态学、卫生健康以及价值教育等方面。

从记载新课程政策的那些文件中可以看出,新课程强调了从现实生活行动中学习的作用和地位,以及对地方教育给予重视,并推出以学生为中心的学习模式。新课程设置高度突出了下列因素的重要性:采用民主化模式的教学过程,积极地和参与式的学习过程,集中在最终产品同时也注重教育过程的评估活动(Ministerio de Educación 1991b)。为了实施此项课程改革,哥斯达黎加教育部印制了针对每门课程的新授课计划以及各类教师指导丛书,诸如名为《在民主化社会的教与学过程》一书,该书被分发给了全体教师。此外,实施新课程所采用的另一套机制是在新教育改革的指导下编制的新教科书。

8.考试、升级和证书制度

在全部级别的教育中,从一个年级到下一个年级的升级主要依赖教师评定的分数以及学生在每一门课程的最终考试中所取得的成绩，教师根据每名学生在全年的表现进行评分。

在20世纪60年代，哥斯达黎加是拉丁美洲国家中首批试验在基础教育中采用自动升级的国家之一。在基础教育的每一阶段中，学生自动从一个年级升到下一个年级。此外，哥斯达黎加还取消了学生进入中等教育所必须参加的入学考试。哥斯达黎加许多教育学家都将入学教育的取消视为教育质量下降的原因——升级进入中学的学生越来越多，而他们所掌握的有效知识却越来越少。

对教育质量下降现象的关注，促使哥斯达黎加大学在教育部的要求下对该问题开展研究工作。哥斯达黎加教育部编制了全部基础课程的标准化考试（包括西班牙语、数学、自然科学以及社会研究），在基础教育每个阶段的最后时期和中学教育的末期，教育部都要组织全体学生参加这些考试。这些考试决定着是否向学生颁发毕业证书，并充当大学的入学考试。在1986～1987年，所有的学生参加了这些考试。而在1989年，哥斯达黎加教育部只组织了随机抽取的学生样群体参加考试。在1987年哥斯达黎加所组织的基础知识水平测试中，学生所取得的糟糕成绩引起了哥斯达黎加全社会的广泛关注，关注的结果之一就是对学生升级制度进行修订。在每个基础教育阶段的最后，学生将接受全部基础科目的测试，如要升到下一个年级，学生必须取得最少的及格分数。然而，最初的设想是在升级与否的问题上实施全国统考，而各地区在国家标准的基础之上编制的考试与国家标准化考试相比有了一定的变化。这些考试规定了学生从初级和中等学校毕业所必须达到的最低水平。每一个学生所取得的最后分数都是一个复合分数，50%是考试成绩，另外的50%是来自教师对学生做出的连续性评价。

9. 教育评价、评估和教育研究

尽管存在一个归属于教育部规划司的研究机构，在教育部的内部教育研究和分析能力还是非常有限的。在20世纪80年代的经济危机中，研究工作的价值被低估。

哥斯达黎加教育部收集标准化的教育数据（招生数量、师资情况）并以此计算一系列的内部效率指标（如结业率和复读率）。此外，教育部已拥有组织全国水平测试的经验以及在20世纪90年代早期运作中的教育改革方面的实践经历，改革意在建立一个学生成绩的正规管理制度。

大学设有一个教育科学研究所，该所发表了一系列极具影响力的报告，报告的注意力尤其集中在了学生和教师的低水平成效上。

大体上来说，来自政治的和其他考虑因素内的信息为政策的制定提供了依据，而在政策制定的过程中，技术分析并不占据重要的地位。

10. 20世纪八九十年代的主要改革

不考虑教育领域内的财政制约，在哥斯达黎加开展了教育创新和教育试验，意在解决教育制度面临的效率低下以及受教育机会不平等等根本问题。

在1986年，哥斯达黎加教育部开始了一项实验，在一个农村地区，让社区参与到课程中来。这是一个咖啡豆的主产区，在圣何塞以南70公里处，以基础教育的结业率尤其低下而著称，而教育部假定出现低结业率的情况是由于课程与社区不相关这一事实造成的。开展这一研究的目的是为了鉴别出一种合适的规划方法，由此设计出符合地方需求的课表。这项实验的核心是进行一系列的咨询和社区动员活动，开展的这些活动帮助设计地方学习需求档案。

在20世纪80年代，哥斯达黎加资助创立了一项基金（the Omar Dengo Foundation），该基金的宗旨是进行一项为期5年的实验，该实验内容是将计算机引入到一些学校里。在20世纪90年代，该实验项目由于得到了世界银行和泛美发展银行的资助而得以继续进行。此项实验起初是在大约1 000所小学内进行的，为各学校提供LOGO软件、微机并对教师进行了培训。小学生每周接受80分钟的LOGO教育。此外，哥斯达黎加教育部还专为天才儿童建立了哥斯达黎加科技学院。

在前面已经提及，教育部支持开展了几项活动来对学生的表现进行评价，这些活动是由哥斯达黎加大学开展执行的，其最终的目的是为了建立全国考试制度。

在1990年,哥斯达黎加向泛美发展银行(2 800万美元)和世界银行(2 300万美元)提出了贷款申请并得到了此项资助,哥斯达黎加政府以此项贷款来帮助一个旨在提高基础教育质量并加强教育部对教育实施管理的计划。该计划还得到了地方政府额外1.005亿美元的财政支持。这项计划将包括:对学校进行修缮和保养、课程的编制、教科书以及包括学校图书馆在内的教学资源的发展、计算机在学校里的应用以及教育部的管理发展。

在1991年,教育部启动了一项改革,此改革旨在削弱地方的一些管理职能。现行的管理制度建立在17个区域基础之上,这一制度将被6个区域、12个区和15个亚区所替代。在1992年,教育部对在学生、教师、家长、大学教职员工以及私营机构进行调查和研究的基础上编制了一套新的基础教育课程。在此课程中增加了四个新领域:生态学、文艺复兴、个人和集体安全以及健康和营养。在最后的三个领域内还包括价值教育。

11.2000年面临的主要问题

哥斯达黎加面临着在国家经济和政治发展策略的核心中对教育进行重新定位等诸多挑战。而与此同时,教育界还比较欣赏自现代哥斯达黎加巩固之后所拥有的地位,20世纪80年代的经济危机使得哥斯达黎加教育界付出了沉重的代价。教师的士气降低了,部分原因是由于教师工资的下降,但教师士气的降低更是由于存在于教育部和教师联合会之间旷日持久的冲突造成的。作为日益严峻的教育部与教师联合会冲突的一部分,教育部批评教师在20世纪80年代末期由教育部组织的统考中取得的成绩非常糟糕。

教育领域对这一调整计划做出了回应,使得公众在教育开支中的利益分配在不同收入群体中变得越发不平等。在1977年,30%的哥斯达黎加最贫困家庭所得到的教育资源比例为31%,而到了1986年这一比例则降到了27%。相反,40%最富有的家庭将他们所占有的教育资源比例从1977年的38.6%提高到了1986年的45.4%(世界银行1990)。

哥斯达黎加教育制度在2000年面临的一个关键挑战是:对改进基础教育领域内的效率和公平问题而必须采取的措施所进行的财政资助该如何进行。这一问题将包括在公众预算中对教育的总体分配,但目前更为急需的是对教育的财政预算进行再分配以使它更加公平。这就要求探究一些选择权来为高等教育创造额外的资源。

教师工作条件的恶化,教育部和教师联合会之间持续的冲突,这些问题都极有可能对哥斯达黎加的教育质量产生负面影响。目前这些问题带来的一个结果就是:大多数受过高级培训的教师都在寻求新的可替代工作。而且,教师工资的信号价值将进一步降低未来哥斯达黎加教育领域新增教师的质量。在20世纪90年代早期哥斯达黎加实施了一项政策,其内容是:聘用相对低一些级别的正规教育的候选教师来取代目前正在执教的老师,向候选教师提供短期的在岗培训,目前来看该政策还是有一定的价值的。

1991年哥斯达黎加开始了一项教育改革,尝试加强社会方面的课程,并在民主教育中投入了额外的费用,作为一个积极的信号,此行动旨在帮助教育领域从20世纪80年代所经历的灾难性创伤中恢复过来。

随着中美洲地区经济和政治形式的好转,对哥斯达黎加来说,作为民主计划的中流砥柱,返回到人类发展中的总历程中会变得更加容易一些。解决效率低下和教育领域的公平性问题,将是对这个计划所许诺要达到目标的一次真正考验。

F. 赖默斯(F. Reimers) 著

吴志兰 译

附录

Lourie S 1989 *Education and Development: Strategy and Decisions in Central America.* UNESCO, Paris

Mendiola H 1989 Reform of higher education in Costa Rica: Effects on social stratification and labor markets. *Comp. Educ. Rev.* 33(3):334—356

Ministerio de Educación Pública 1991b *Sintesis de la Política Curricular.* Ministerio de Educación, San José

Schiefelbein E, Heikkinen S 1992 Costa Rica: Acceso, permanencia y eficiencia en la educación bási-

ca. UNESCO-OREALC, Santiago (Unpublished manuscript)
World Bank 1990 *Costa Rica. Public Sector Social Spending*. World Bank, Washington, DC
World Bank 1991a *Staff Appraisal Report. Costa Rica: Basic Education Rehabilitation Project*. World Bank, Washington, DC

其他参考资料

Carnoy M, Torres C 1991 Educational change and structural adjustment: A case study of Costa Rica. (Unpublished manuscript)
Horn R, Wolff L, Velez E 1991 *Developing Educational Assessment Systems in Latin America*. LATHR Regional Studies Program No. 9. World Bank, Washington, DC
Ministerio de Educación Pública 1990a *Serie de Documentos del Proyecto de Planificación Educativa*. Ministerio de Educación, San José
Ministerio de Educación Pública 1990b *Plan General de Educación. 1990—1994*. Ministerio de Educación, San José
Ministerio de Educación Pública 1991a *Memoria Anual de Labores 1990*. Ministerio de Educación, San José
Ministerio de Educación Pública 1991c *Programas de Estudios*. Ministerio de Educación, San José
Pérez Cordoba R et al. 1991 *Los Procesos de Enseñanza y Aprendizaje en una Sociedad Democrática*. Ministerio de Educación, San José
Reimers F 1991 The impact of economic stabilization and adjustment on education in Latin America. *Comp. Educ. Rev.* 35(2):319—353
Rojas Y 1984 The politics of an educational reform process in Costa Rica: A case study. Unpublished doctoral dissertation, University of Wisconsin, Madison, Wisconsin
Sanguinetty J 1988 *La educación general en Costa Rica: La Crisis y sus posibles soluciones*. Development Technologies, San José
UNESCO-OREALC (annual) *Situación Educativa de América Latina y el Caribe. 1980—1987*. UNESCO-OREALC, Santiago
World Bank 1991b *World Development Report 1991*. Oxford University Press, New York

古巴的教育制度(Cuba: System of Education)

1. 基本背景

古巴共和国由古巴岛及其相邻的众多小岛构成。古巴共和国的全部国土面积是 110 860 平方公里。古巴坐落于拉丁美洲的加勒比海区域。古巴全国人口接近 1 100 万,人口密度为每平方公里 94 人,75% 居住在城市地区。

在古巴,基本的生产资料是属于国有的。从根本上来说,古巴的经济属于农业一工业复合类型。1989 年,古巴各生产领域占国民生产总值(GNP)的百分比分别为:工业(46%),建筑业(9.3%),农业(15.4%),交通运输业(6.9%),商业贸易(20.1%),其他生产领域为(2.3%)。从经济角度看,在古巴的生产领域内,其所使用的劳动力占自由劳动力的 70%,剩余部分的劳动力从业于服务行业。古巴的主要出口商品有糖、鱼产品、雪茄和矿物(主要是镍矿)。

古巴对下列行业的发展给予了重视,这些行业是旅游业、制药业、医疗设备制造业以及生物技术工业。合资商业企业也已经开始在古巴出现。在古巴,科学性研究已被认为是促进古巴社会和经济发展的基本方法。在 1989 年,古巴有 350 万国内工人,劳动力分配情况如下:管理性人员(7.1%)、技术工程人员(21.3%)、服务领域内的工人(13.5%)、行政管理人员(7.1%)以及劳动工人(51%)。

1990 年,古巴人民的平均寿命是 76 岁,每 1 000个新生婴儿的死亡率为 11.1 个。在古巴,每 303 个居民就拥有 1 名医师,每 1 623 人就拥有 1 名牙医。每人的医疗保健开支为 78 比索,此方面的开支还得到了保险体系的补充,古巴全部人口中的 9% 从该保险体系中获益。

2. 教育政策与目标

1959年，古巴的教育制度就是整个社会秩序的一个缩影，它反映了古巴所遭受的长达4个多世纪的殖民统治以及50年的新殖民主义的压榨。在这样的政治制度下，古巴的教育事业和文化事业所受到的重视是微乎其微的。

在1959年，古巴有超过100万的文盲（成年人群中文盲人口占23%）；有一半的儿童从未进入学校学习过；年龄介于13～19岁之间人群中的72%无法完成中级教育的学习，并且在古巴仅有三所官方性质的高等教育中心以及少数私立高等教育机构，这些私立机构作为少有的一些特例，只为享有特权的中产阶级精英服务。与此同时，在古巴还存在着令人困惑的情况，在那个时代古巴有近万名教师处在失业状态。

在古巴整个国家经济、政治以及社会结构方面所发生的变化框架范围内，教育开始被视作是谋求推动道德建设的工具，同时也被认为是有助于取得社会转型的手段。为此，古巴设立了三个基本目标，所有这些目标彼此之间都密切相关：实现全部学龄人口的教育；进行全国范围的扫盲运动；建立针对新的有文化人群的继续教育体系，以此来避免出现功能性文盲。首批步骤之一是扩大初级学校的数量。在古巴新开放了万所中小学校，6～12岁人群的入学率提高到了90%。将此成果归为全体教师的努力是有一定道理的，辅助全体教师开展教育工作的还有3 000名志愿教师，他们在古巴最为偏僻遥远的地区执教。

1959年12月，古巴通过了首部教育法。教育法建立了一套新的教育组织体系结构，该法指出，教育的总体目标是受教育者的全面发展。在1961年，也就是众所周知的教育年，古巴开展了全国文化运动。由全体人民选举出来的代表参加了此项运动：167 000名志愿教师（学生、工人、不计报酬的妇女以及正式的教师）在全国发现了超过97.92万名文盲，并教其中的70.72万人学习读书和写字。从此以后，文盲现象在古巴就消失了，这既要归功于在此领域所做的最初的努力，也得益于随后对居住地文盲现象给予的重视。

古巴同样在1961年通过了全民教育法，这一法律的通过使得教育迈出真正意义上的民主步伐具有了可能性。古巴宣布教育是为大众服务的并且是免费的，对国民开展教育是政府责无旁贷的责任。在首批改革项目中，古巴于1962年通过了大学改革法。在其他的措施中，改革所包括的内容有：让农民和工人的子女有机会进入大学学习；学生和老师全面参与大学的管理工作；大力发展科学研究；扩大高等教育院校的数量以满足整个国家的需要；建立学习—工作联合体；创立奖学金制度，向来自低收入家庭的学员提供资助使他们有机会进入大学学习。

目前在古巴生效执行的宪法第1条规定："古巴是工人阶级的社会主义国家……"第39条写道："对国民进行教育是政府的一项职能，并且是免费的……政府支持广泛的向学生提供资助的奖学金制度，并为工人提供大量的学习设施，这样工人们就可以取得尽可能高的知识和技艺水平。"

教育的目的是对国民进行人格的塑造，通过教育可以使国民形成完整的、多面的人格特点，并能够全面实现他们的社会角色，要完成上述任务需要对他们的智力、体力和精神方面的能力进行培养，并鼓励一种更高水平的人文感情和艺术品位，以此来将理想化的原则转化为人们日常所深信的理念和行为习惯。学校是教育制度的核心，学校是全体社会参与的一个机构，家庭在学校中发挥着必不可少的作用。通过全国教育体系，政府得到相应授权来实现向国民提供教育的职责。教育制度的一项基本原则就是将学习和工作有机地结合起来，通过理论与实践、学校与现实生活、教学与生产之间的联系来实现目标。此项原则在各个级别学校实施过程中出现的新颖的方法，对部分古巴教育方法论做出了重要的贡献。

教育是全体公民应该享有的一项权利和应承担的一项义务，这一原则的实际应用意味着首先在初级、随后是中等教育中实现普及教育，以及一项包含针对儿童、青年和成人的所有类型和全部级别的体系的建立。

古巴教育制度的另一个原则是，在国家教育制度和整个国家的全部经济和社会发展中的策划阶段进行沟通,以及教育和社会之间的交流。在另一方面,在国家教育制度内的全部级别教育中实施联合教育,可以确保男性和女性都有进入学校学习的机会,而不予考虑他们呈现在我们面前的性别和专业差异。

3. 正规教育体系

古巴的国家教育体系是由一系列相互关联的子系统组成的,这些子系统依次对应学前教育、普通工艺教育和岗位培训、技术和职业教育、教师培训和进修、成人教育、校外教育以及高等教育。图1呈现了古巴教育体系的整体结构。

古巴的教育部和高等教育局管理着整个的教育体系。后者负责管理所有的高等教育机构,而前者负责掌管中小学校和对应于教育体系内其他领域的机构。

学前教育是古巴教育体系的起始阶段。它的作用是为年龄达到5岁的儿童创造接受教育的条件,以及为他们进入初等教育作准备。

普通工艺教育的作用是在儿童和少年人格全面发展中提供一定的资助,此项教育建立在教育和工作培训中的紧密关联基础之上。普通工艺教育包括学前教育、基础教育以及在中级阶段的普通教育。

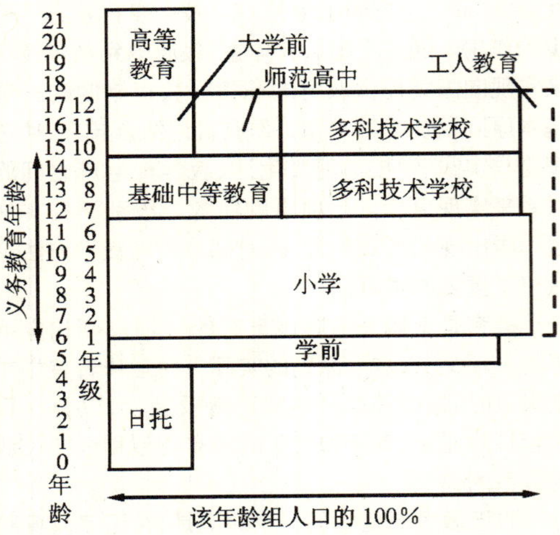

图1　古巴:正规教育体系的结构

学前教育是在基础教育之前的一个准备阶段,为期1年。儿童们既可以在幼儿园也可以在小学内完成学前教育。

3.1　初等教育、中等教育和第三级教育

初等或者是小学阶段的教育学制6年(在6~12岁年龄段)。小学教育被划分为两个阶段:第一阶段(1~4年级)所传授的知识是普及性的。在第二阶段才引入了更加专业化的科目内容和知识(5~6年级)。在1991年,古巴招收了887 800名小学生(占同龄人群的99%)。在1991年,这些小学生中仅有2.6%复读(但平均复读率在2年级为7.8%,在4年级为4.4%)。在每100个进入小学学习的学生中,有94人可以正常毕业。

基础中等教育学制3年(16~18岁年龄段)。在高级中等教育中,同样存在开展技术教育和职业教育的工艺类学校,它们的课程设置为2~4年,依学生所在的学校以及学生所选专业的复杂程度而定。

在技术和职业教育中,人们可能会发现商贸学校里,有尚未毕业的青年以及从普通学校辍学的学生可以在那里有机会学习某门商业贸易。在多功能的车间中,学习和工作有机地结合在了一起。

只有成功地完成高中学业的学生才能够进入高等教育机构学习。

在古巴有3种学校模式:日校、半寄宿和全寄宿学校。在小学阶段,学生主要就读于日校,但很多中小学校有时也有两种作息制度轮流更替。还应提及的一点是,在某些偏远地区存在着多年级混合在一个教室上课的情况。在基础中等教育阶段,存在着一些寄宿制学校,在偏远的农村地区这种情况更为普遍。在一些情况下,一些职业学校有着特殊的喜好,它们经常是在城市地区的寄宿制学校。然而,它们却招收居住在该地区的日校学生。

在古巴小学中,每学年40周。在更高层次的学校中,每学年有34周,而且学生必须在农村地区完成另外7周的生产性劳动工作。

在古巴,每个公民的平均受教育年级数从1953年的2.4个上升到了1992年的9个。此外,整个国家劳动力的23.5%完成了小学阶段的学习,49.3%的人完成了高级中学教育,18.3%完成了技术和职业类学习,还有8.9%是属于高等教育

毕业生。

在所有的教育体系领域内,保持率在逐渐地增加。在1990~1991学年期间,保持率情况如下:小学是98.7%,初中是95.7%,高中是92.5%,技术和职业教育是91.2%,教师进修培训学校是91.6%,特殊教育是97.3%。

高等教育的作用是培养高水平的专业技术人才,让他们所掌握的知识不断地得到更新,自身重新获得所需的资格。高等教育同样负责开展相关科目的科学研究工作,目的在于实时地解决这个国家主要的社会和经济方面的问题。这些机构包括大学、大学中心、高级农业机构、工艺学校、教师进修机构、艺术类院校、体育类院校以及医药科学学校。在那里传授3类课程:正规课程、面向工人的课程(下午/夜间和直接导向的)以及开放式导向或者是自由式课程。高等教育面临的主要挑战是提高培训的质量,改善绩效标准,并增加在大学中开展的研究项目的数量。

在高等教育中,辍学率是非常高的,尤其是在入学后的前两个学年,尽管辍学率自从1970年以来已经下降了一半。在全日制学生为什么离开他们学业的主要原因中,一个事实就是,只有在例外的情况下学生才能够重复某一学期的学业,重修学业的那些学生其学术方面的熟练程度将达不到预期的水平。

从1959年到1991年古巴中小学校的数量增长了一倍;绝大多数的现存幼儿园都对外开放;新建了1 871所新式小学和中学;创建了几乎全部的特殊教育学校,类似的还有技术和职业学校、教师进修机构以及成人教育。此外,在1959年古巴仅有3所大学。到了1991年,古巴的大学数量已经上升到了46所。1991年的教师数量为293 400人。

3.2 学前教育

出于对妇女成为社会生产的一个积极部分而带来的需求增长的回应,学前教育应运而生,学前教育主要是为有需要的、年龄达到5岁的儿童提供特别的看护。

在1991年9月,古巴有1 136所日托中心,这些中心招收的儿童数量超过了17 000人(几乎覆盖了这个年龄群体的20%的人员)。这些日托中心包括特殊教育中小学以及15所为残疾儿童提供服务的院校。在古巴同样有专为5岁儿童开办的幼儿园,在这一年龄段,该群体中的90%被招收进入了学前教育学校。

为了向那些仍未能够从中受益的人群提供学前教育,古巴已开发试行了试验项目来招收更多已达到4岁的儿童入学。这方面的课题取得了成功,在1992年古巴经过不懈的努力使得此项试验推广到了全国范围。

3.3 特殊教育

特殊教育确保那些有生理的、精神的或者是行为缺陷的儿童和少年能够得到适当的发展和培训,既有知识方面的,也有为将来工作考虑而设计的培训。在古巴有为盲人或者是有视觉缺陷的、聋的、智力发育迟缓的儿童开办的学校,有为行为紊乱的儿童开设的学校,有为生理上有残疾和口齿不清的儿童开设的学校。

3.4 职业、技术教育和商业教育

在工艺类学校中,学生们在完成至少九级或者是更高级别的学习后离开学校,工艺类学校学制2~4年,旨在培养有着一定技术技能的工人和中级技术工程人员。在20世纪90年代初期,古巴针对新兴农业而开办了43所工艺类学校,这些学校招收了12 000名学生。农业工艺类学校是扩大工艺类学校招收数量的一个组成部分。

在高等教育水平的教学中,提供给学生的课程数量在日渐增长,以此来培养高水平的技术和管理人才。

3.5 成人和非正式教育

成人教育的目的是为了确保全体公民能够获得长久的教育服务。成人教育包括对工人和农民的教育(小学水平的教育由4个阶段组成,各阶段的学习时间为一个学期),针对工人和农民的中等教育(中学水平的教育由4个阶段组成,各阶段的学习时间为一个学期),工人和农民的素质能力教育(高级中学教育由6个阶段组成,各阶段的学习时间为一个学期)。

开展成人教育的场地主要有,车间里的教室,在下午和夜间学校中的教室,在有着正常日校安排的学校的教室中以及其他一些地方。成人教育体

系种类很多，在时间和每周日程安排上有很高的灵活性，成人教育在提升全面的受教育水平方面做出了很大的贡献。

校外教育作为学校教育的补充，影响和丰富了学校的教育角色和地位，校外教育既在学校内开办活动，也同时在校园外举办教学活动。这些活动可以是爱国主义性质的，也可以是消遣娱乐的，体育运动的，技术和科学性的，与职业指导或者是专业导向息息相关的，或者是文化方面的。这些活动既可以是由教师组织的，也可以是由商贸企业举办开展，或者是由社会的、文化的、体育的、爱国主义的、儿童的、少年的组织举办开展。

4. 行政管理的结构与运行

所有在国家教育体系内的学校都是由教育部开设和赞助的。教育部负责普通的教育政策的制定工作，负责设计和实施教学大纲和课程表，向各学校推荐使用相关的教学方法，并监督和控制全国的教育活动。

高等教育机构从属于专门的国家机构，具体归属要根据科目领域而定。所以，医药学高等教育机构从属于公共健康部，负责对小学教师和中学教师进行培训的教师进修学校归属于教育部管理，艺术类院校归属于文化部，依此类推。高等教育局的职责是管理那些培养农业、工业、社会科学以及人文科学领域内的专业技术人员的院校和机构。在1976年进行的政府改革中给予了归属政府管理的院校机构更多的权利。就高等教育中心而言，它与社区的联系加强了。我们可以从加强社区地位和作用的角度来分析这些联系。

对教育的监管和控制从3个层次实施（国家级、省级和市级）。对管理和组织体系开展的改革，其目的在于更多地给地方放权和实现更大的灵活性。这些改革给予省级和市级政府更多的权限来采取新的动作，并构建与社区更加紧密的联系。古巴同样采取了提高教师和学校校长地位的系列措施，同时也采取相应措施来消除那些不必要的，而且给学校职员带来过多负担的活动。古巴正在努力尝试采取措施允许更加合理地使用授课人员，并竭力避免使教育花费变得过度昂贵。

校务会由学生家长、邻居、重要的公民以及那些证实他们工作有效性的院校代表组成，尽管这些代表的潜能尚未能够被充分地挖掘出来。一个例子就是，社区既向学校提供支持，同时社区还对学校提出了要求。

在高等教育中，现在有一种趋势，就是意在提高大学校长、系主任以及其他行政管理人员的社会地位，同时还要下放对教学方法的决策权。例如，早已在全国范围内实施的课程中，高等教育院校可以对课时做出决定，主要是依据院校所在地区的众多特点和需求而定。就研究生学习和科学研究而言，每一个机构都反映出了地方上的兴趣爱好，以及该机构的教学和科研人员的独特的能力。

国家控制体系能够确保对各级的教学过程进行分析和评价。这些控制体系在经历着持续不断的变化。古巴对执行这些控制职能的人员给予了特别的重视。他们是工作在全日制基础上的小组人员，而对他们中大多数人的选拔，则是在对他们的工作经历，以及被大家认可的专业特长进行分析的基础上进行的。他们中的大多数是教师，来自生产领域的专业人员，或者是研究人员（后两种是在高等教育中存在的），他们是在临时基础上开展工作的，以这样一种方式开展工作，他们的监督员的职能与接受其他人员监督结合在了一起。

学生组织在校园生活中发挥着重要的作用。在小学和初中有少年先锋队，在高中和技术及职业学校中学生参加中学生联合会（FEEM），高等教育机构中的学生参加大学生联合会（FEU）。与此相类似，教育领域的工人参加教育、科学和体育工人联合会（SNTECD），该联合会代表着他们在学校和其开展活动中的兴趣以及合作。在古巴还有科学工作者联合会。

5. 教育财政

在古巴，所有的教育经费都是由国家来运作并由国家提供财政资助。在高等教育机构中，有一些是出于商业目的考虑而进行的科学和技术服务及研究，此类服务和研究是由商贸企业自己出资赞助的。古巴给予发展教育的优先权，可以从国家财政预算中教育所占比率的持续增长看出来，国家财政预算中的教育开支从1959年的每个公民11比索增加到了1990年的175比索。1958年,国家财政预算总额为7 940万比索(合5 950万美元),1970年国家预算增长到了6.485亿比索(合4.864亿美元),1980年达到13.345亿比索(合10.008亿美元),1990年国家预算增长到了18.234亿比索。

6. 师资

古巴的教育制度已经经历了极为快速的发展,该发展既表现在数量上,又表现在质量上。教师在此项发展中是一个非常重要的成分。古巴对授课人员的进修和持续的提高倾注了系统化的努力。

对小学和中学教师开展的进修活动包括两部分内容,连续地跟班学习以及授课资格的再次确认,通过培训提高教师的基础文化背景知识,以及他们在授课时所用教学法/心理学的水平。

在古巴还存在对图书馆馆员和幼儿园职员进行培训的学校,以及高等教育师资进修学院。中学教师、特殊教育学校的教员以及技术和职业教育学校的老师在师资进修学院接受培训。高级师资培训学校同时向从事小学和学前教育的教员提供大学水平的教育。在该子系统的其他学院分别为国家教育改进学院、在省和市的学院,这些学院组织一些课程和研讨会,教师们在这里举办科技会议。

此外,在专为教师进修设计的紧急的和正规的课程中,对于自我提高给予了极大的重视。同时进行试验的还有改进教学选择体系的各种方法。由高等教育学校提高的评价研究显示,从总体角度讲,招入教育研究中的学员其生源质量并不是最高的,这是与他们参加其他研究相比较之后得出的结论。为了克服这一缺陷,人们将注意力放在了申请人所做工作的社会认可上,于是,自我提高的多种形式就得以采纳。在1992年,一种带薪休假制度被引入到小学教师之中来提高他们的资质。周期性休息年制度的实施以及小学教师社会地位的提高,使得绝大多数小学教师到20世纪末之前成为大学毕业生有了可能性,这些大学毕业的小学教师反过来又可以提高教学的质量。以下是在提高小学和中学教学质量的最重要的一些措施:学生在校园生活中的参与;授予他们专业活动的更多的独立性;根据地方社区的需要改进学校的课程设置;学校在教学骨干培训中的参与;解决各类教学问题的科研成果的应用。

7. 课程开发与教学方法

所有层次的学校教育实施全国通用的课程和教学大纲。采取这一行动的目的是确保在每一个层次所传授的基础知识都具有一致性。

课程设置和教学大纲经历着持续的改革,古巴在调整其中的内容以适应不断变化的社会需求。在1975~1981年这段时间内,新的课程设置和教学大纲开始在小学和中学实施,首先是在普通的工艺教育子系统中进行,随后推广到留下来的其他子系统中。

在改进课程设置和教学大纲背后所要达到的目标主要有:(a)获取对将要实现的目标一个更加清晰的描述,明了所要达到的目标,和确保实现目标的现实环境之间的特殊关系;确保教学方法具有一定的稳定性,这样就可以让所有的教师掌握目前正在使用的方法和程序,并有机会将它们应用到实践中去。(b)给予教师和学校更多的授权,表现为教师和学校可以根据他们地方的实际情况,对国家级课程设置进行修订。(c)确保工作技巧的责任、纪律和对工作的社会价值的认知程度不断向前发展,工作是在学习和工作统一体的古巴工作框架内的,这样就可以将古巴人民塑造成为精神财富的生产者而不是消费者。为了更有效地回应学生个人的兴趣爱好和特点,古巴在教育中引入了多样化的形式。整个国家的教育体系的普遍特征是扩大课程设置的选择范围,从而在工作进行的过程中有更大的机动性和灵活性,这样在稍后一个阶段就可以形成针对工作场所的特定技巧。

目前,国家教育体系的主要目标是提高教学的质量。除了课程设置方面的改进和权力的下放以外,古巴还制定了将学校教育与社区、国家和世界的经济、政治和社会生活相联系的诸多政策。

8. 考试、升级和证书制度

在古巴的小学教育中,一个年级到下一个年级属于自动升级。面临学习困难的学生会受到特别的对待但不会将他们从其所属的班级中分离出来。在全国范围内，为了在第6、第9和第12年级取得特定的最低限度的知识水平，古巴在这些年级设立了特殊的考试。此外，为了进入高等教育学院学习，人们根据所有的申请者在高中阶段所获得的成绩对他们进行了排名，此项排名还参照申请者在专设的国家级考试中所取得的成绩进行。

在改进小学和中学教育评估体系的过程之中，人们给予教师评价更多的肯定，教师评价作为学生在考试中所取得结果的补充部分。在技术和职业教育学校中，人们更加关注由学生开展的实践活动。

各个层次的教育对取得证书所要满足的要求进行了规定。不同级别的教育能够彼此相互衔接，古巴的国家级教育制度就是以这样一种方式设计的。该制度中有两个年级的出口可选数量最多，这一情况出现在第9和第12年级。然而，为了获得更多的灵活性，人们开展工作来增加出口点的数目，并使培训形式多样化，这样一来就可以满足学生的兴趣需要和能力要求。

9.20世纪八九十年代的主要改革

由于这个国家人口增长率的下降，在小学每一个年级的学生人数都少于初中每一个年级。而在中等教育中进行的扩招，导致了在20世纪80年代高中招生数量的过度增长。这一过度增长在20世纪90年代才得以矫正，采取的方式包括培训多样化，也包括增加技术和职业教育子系统的招生数量。

这一时期见证了大学高等教育招生中最大规模的增长，以及学院和研究中心网络的扩张。到20世纪80年代中期，大学生的人数出现了小幅度的下降。所有这些与这个国家的经济需求以及人口的个人兴趣有关。高等教育学校，特别是经过科学研究和研究生教育以后，开始把自身与社会经济现实相联系起来，这也就是说与企业、地方或者是国家级院校相联系。

在古巴，开始了一项在高等教育进修学院对小学教师进行培训的项目。此项目包括逐渐地取消中等教师进修学校。在本世纪末期，所有的教师都将是大学毕业生。

10.2000年面临的主要问题

节俭的计划带来了一个问题，那就是教育如何才能够获得经费。而在另一方面，“学习和工作”原则会在一定程度上减轻经费压力。

在1961年，文盲是一个普遍的社会现象。1981年进行的人口统计显示：文盲中的3.8%属于10岁或者更大年龄人群，文盲中的2.2%处在15~49岁之间。在10~49岁之间人群的文盲率为1.9%，在10~34岁之间的文盲率仅为1%。在1990年开始了一项探索性的调查来鉴别文盲，特别是在农村地区和山区。研究结果发现，那里大约有2万名年龄在15~49岁之间的文盲。古巴实施了一个特别的计划来消除这一与居住地相关的文盲现象。在1962~1992年间，超过150万成人从小学毕业，超过90万名成人从初中毕业。在1992年，超过9万名成人在高中阶段学习，大约有2.5万人进入语言学校。

成人教育对提高整个国家人口的受教育水平做出了很大的贡献。人们付出了更多的努力来使全民受教育水平提得更高。

为了更进一步加快教育的民主化进程，古巴设计了以下项目在20世纪90年代实施：

(a)扩大学前教育，同时在日托中心目前所用的教学大纲上进行本质上的更新。

(b)增加非正式学前教育项目，发现新的方式和途径来使这些选择获得更大的覆盖率。

在20世纪90年代早期，古巴的教育制度比以往任何时候都强大；古巴的教育制度已经重获大革命早期所声称的创造力，它对丰富的古巴文化教育传统给以密切的注视；它对全世界在教学方法论科学方面取得的成绩给予了高度的评价，尤其是在拉丁美洲这个在很多方面都与古巴相联系的地区。古巴人民正沿着一条自由和独立的道路为他们自己的未来进行筹划，该蓝图建立在原初的和创造性的观念基础之上。

E. 马丁(E. Martin)
Y. F. 法克斯(Y. F. Faxas) 著

吴志兰 译

附录

Ministry of Education 1976 *The Plan for the Improvement of Cuba's National Education System*. Ministry of Education, Havana

Ministry of Education 1989 *Statistics Yearbook 1989*. Ministry of Education, Havana

Ministry of Education 1990 *Brief Information on Education in Cuba*. Ministry of Education, Havana

Ministry of Education *General Guidelines by the Minister of Education for the Development of Teaching and Administrative Work During the 1991—1992 School Year*. Ministry of Education, Havana

Ministry of Education 1991 *Summary of Work Done by the Ministry of Education in the 1990—1991 School Year*. Ministry of Education, Havana

Ministry of Higher Education 1991 *Report on the 1990—1991 School Year*. Ministry of Education, Havana

多米尼加的教育制度(Dominica: System of Education)

1. 基本背景

多米尼加共和国是上风群岛(the Windward group)中最大的岛屿,也是东加勒比海地区讲英语的国家。多米尼加共和国国土面积为750平方公里。多米尼加岛坐落于法国瓜德罗普岛和马提尼克岛之间。多米尼加具有极端的高山地形,并且该地形还受到了众多的山谷及河流的分割。多米尼加置身在浓密的热带雨林之中,它的年平均降雨量达到了100毫米。

多米尼加气候的地理因素影响到了该国的教育制度,但却没有一个人能够察觉出这种影响。在多米尼加的热带气候区域,儿童在满3岁以后就开始上学了。尽管气候还会影响到对建筑设计和建筑材料的选择上,但教育机构还是在建筑的建设过程中使用了大量的水泥、砖和石料。

多米尼加1991年人口普查的初步报告显示:1991年多米尼加的人口总数为71 794人,与1981年的人口统计数字相比下降了3.8%。造成人口数量下降的原因是由于多米尼加的公民向国外移民。在多米尼加人口中,约有20 000人(占总人口的28%)生活在罗索城的城界范围之内。这一部分人口与1981年的人口普查结果所反映的情况是一致的。多米尼加人口中黑人或者混合种族所占的比例超过了97%,剩余部分的绝大多数属于美洲印第安人。

语言在正规教育系统和非正规教育体系中,表现为一个主要的教育问题。英语是多米尼加的官方语言,但在多米尼加还有一些方言,每一种方言都有它独到之处,这主要是依赖于该种方言在多米尼加岛的发源地而定。这些方言与多米尼加使用标准英语进行读写活动构成了一系列的冲突。为了解决目前在语言方面存在的重大问题,多米尼加人民想出了一个解决办法:将英语作为第二语言(ESL)来进行传授。实际上,将英语作为第二语言来进行传授的方式已经成为了教师暑期夏令营的关注焦点,此种夏令营已经持续了多年。

在非正式成人教育领域,成人教育中心使用克里奥尔语作为有效的口头交流语言,但在该中心的书面材料上使用的却是英语。

多米尼加在1979~1990年的《联邦制多米尼加国家组织计划》中,非常清楚地表明了多米尼加的总体发展目标。多米尼加政府社会经济发展政策的最根本目标是为了消除贫困,提高国民的生活待遇。

多米尼加政府希望通过下面的方式实现既定的目标:一是推动复合经济的发展,再有就是在经济发展的过程中对私营领域的发展给予鼓励。

此外,为了更好、更快地实现全部发展目标,在发展决策制定过程中的地方分权已变成了一个关键性的政策因素。

为了在全部的发展目标与教育制度之间建立联系,多米尼加计划在教育领域实现下列目标:

(a)提高人民参与社会经济发展的能力并提高人民的社会生活及福利水平。

(b)强调技术的和职业的目标,并提供教育方面的传递系统,这一系统将为国家现在和将来的发展提供必需的劳动力。

(c)提供全体人民中的功能文化水平。

(d)在正规教育制度之外发展和鼓励非正式教育。

(e)鼓励后中学教育的易接近性,将多米尼加建设成为一个有资格的国家。

(f)确保地方社区在教育制度中的参加与融合。

总体而言,这些目标并不是主要围绕初等教育水平的新的建筑物或者是工厂展开的,特别是按照稳定学校招生方面进行的。多米尼加集中精力来对教育制度进行调整,通过调整使教育制度满足国家的需要,多米尼加还努力来改善各类影响教育成果的因素。这些因素包括:

(a)初级中等教育计划,建立辅导中心。

(b)到 2000 年的时候,出于在多米尼加消除文盲现象而启动的全国文化教育计划。

多米尼加政府鼓励并确保社区在成人教育和初级中心教育领域内的参与。

根据 1989 年所做的劳动力普查(多米尼加联邦 1989)结果,多米尼加的职业人口为 3.6 万人。当时的总失业率为 11.0%。根据 1981 年的人口普查结果,职业人口集中在三个主要的就业领域:有娴熟技巧的农业和渔业工人(占 19.7%),手工艺者和相关的工人(占 17.6%),以及不熟练的手工和一般行业(占 20.8%)。在前两个类型中,劳动力主要是男性。另一方面,女性占主导的行业主要有秘书人员和商店职员,以及服务业和销售业领域的职员。

在多米尼加,男性从业的四个主要实业组织为:农业、林业和渔业,采矿和采石业,批发与零售业,建筑业。女性主导批发和零售商业、制造业、农业和其他服务。

在劳动力大军中的绝大多数人所拥有或接受的最高水平的教育和培训就是小学教育。然而,有 26% 的女性和 13% 的男性已接受了中等教育的培训,劳动者中有近 85% 没有任何证书或者学历。

在中学体系内女性所占的比例大大高于男性。但在进修培训中情况就不是这样了,与男性毕业生相比,女性毕业生的数量不超过男性的一半。

多米尼加 20 世纪 80 年代经济表现与年国内生产总值增长率混合在一起,它的变化范围从 1985 年的 1.75%、1986 年的 6.4% 到 1988 年的 5.6%。

在 1991 年的第三季度,多米尼加经济的全部活动有了明显的衰退。

2. 教育政策与目标

政府的主要政治目标是为了对其国民进行教育,教育是国民具备必要的知识、技巧和态度,所有的这些都将有助于提高国民的生活质量。

教育部的整体目标是建立和保持一个合适的程序和具有可说明性的制度,这样做的目的是为了确保能够较为合算地利用某一教育供给中的可及资源,该项教育将发展人力资源来满足国家的目标和需求。在实现上述目标的过程中,多米尼加教育部将寻求增强工作满意度的措施,并鼓励个人的职业成长,个人在职业方面的成长将能够满足组织的需求。

多米尼加教育部制度的特别任务是:

(a)鼓励和发展一个高度动员了的教职员工以便创造出效率/生产力。

(b)在政策制定过程中进行指导和信息交流,在实施政策的过程中给予资助。

(c)发展或升级现有的信息系统,这样就可以使多数据的收集、存储、使用、恢复、分析和汇报更加有效和准确。

(d)发展教职员工的管理技巧,这样不仅可满足组织的需求,还可满足职业的需要。

3. 正规教育体系

3.1 *初等教育、中等教育和第三级教育*

正规教育始于初等教育,学生的入学年龄为 5 岁,10 年的义务教育也由此开始。

多米尼加小学的组织结构与建立在东加勒比海国家的其他组织是相类似的,在学制两年的幼儿教育之后是学制 5 年的正规教育阶段。义务制教育的最后 3 年是属于初级中等教育。所有的义务制教育是在通常称之为“全龄学校”的校园建筑内进行的。

在多米尼加有 65 所小学:其中的 54 所小学是

归多米尼加政府所有的,5 所是由政府提供资助(即政府支付教师的工资)的归罗马天主教堂所有,余下的 6 所是私人所有的。

在多米尼加,有 14 314 名小学生以及 605 名小学教师。除 4 所小学之外,多米尼加的小学是男女合校。在多米尼加学校中,一天的教学时间是 5 个小时,一个学年的教学时间是 195 天。

初级中等教育计划(JSP)是在 1981 年引入到全龄学校的。主要的教育目的是在年级Ⅰ发展学生沟通能力,以及在年级Ⅱ和年级Ⅲ培养岗前技能。该项教育计划主要满足的对象群体是:在每年普通入学考试中失去资格进入中学学习的学生。

中等技术/职业教育计划的引入对许多学校的初级中等教育计划产生了影响。引入中等技术/职业教育计划后造成了许多学校招生人数的下降,在校生的能力和素质也低于以往的水平,这是由于技术/职业教育计划吸收了更多高素质的学生造成的。该项教育计划进而受到了有限的人力和财政资源的限制和冲击。

在 1991 年 9 月,多米尼加政府推行了一项旨在让初级中等教育计划更加合理的计划。多米尼加建立了中心化的学校作为教育辅导的中心。

在 1988 年以前的初级中等教育计划中,绝大多数的毕业生进入了就业市场,而其中成绩最佳的 25% 的学生,则进入年级Ⅲ中的学术科研性质的中学学习。

在中等教育阶段,多米尼加有 10 所中学:3 所中学是政府所有的,6 所中学是有政府资助的,还有 1 所中学是私立的。其中的一些中学提供的教育是以学术科研性质的培训计划为主体的,而其他的一些中学则提供的是学术科研与技术/职业相融合的培训计划。最近几年来,技术/职业培训计划已引入到至少 4 所全龄学校。该项培训计划,与其他的一些计划一起,努力向初级中等教育计划中的学生提供连续性的教育。

在 1991 年,多米尼加的中学招生数量保持在 4 586 人,教职员工总数为 251 人。

图 1 代表了整个教育体系的变化以及在各级教育中不同年龄群体所占的比例。

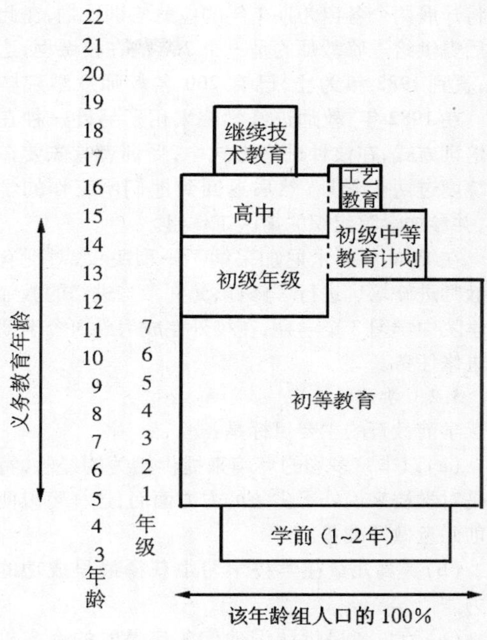

图 1　多米尼加:正规教育体系的结构

根据图 1 可以预测,随着技术/职业计划向外延伸扩展,从小学进入中学的学生百分比将越来越高。同样可以预料到,在初级中等教育计划之外会有一个最后阶段。

在 1986 年到 1988 年期间,初级中等教育和中学教育中辍学的学生数量是最高的。从 1988 年开始,从初级中等教育辍学的学生数量有了显著的降低。

多米尼加的高等教育集中于克利夫顿杜比格尼(Dupigny)艺术、科学以及工程技术学院,克利夫顿杜比格尼还包括一个技术的和学术科研方面的分支以及一个护理学校。它成立于 1988 年,它是伴随这位于罗索城内的(只收 6 年级学生的)高中与位于罗索城以外 3 公里的工程技术学院合并而出现的。

在 1973 年多米尼加教师进修学院开始招生之前,多米尼加的学校教师参加设在安提瓜岛的下风向岛屿的进修学院或者巴巴多斯的艾迪斯顿(Erdiston)学院的进修教育。在教师进修的前 2 年,学院将开展两个各自为期1年的应急培训计划,在此之后提供给进修教师的是一个2年的在校课程,这样,直到1982年为止,已有200名教师从学院毕业。在1982年,教师进修学院采用了另外一种在岗培训方式,在该种进修方式中,受训者首先要在学院度过两个学期,然后返回到他们所工作的学校,并参加学院组织的街区工作组。

在1986年多米尼加采纳了一项决议,对现有的教师进修培训进行了修订,允许参与进修的教师在学院中学习3个学期,在校外完成另外3个学期的进修任务。

3.2 学前教育

学前教育的主要目标是:

(a)以丰富多彩的环境来提供相关的经验,特别是对学校来说处于劣势的方方面面,这样可以使学前儿童做好准备。

(b)提高儿童在学校学习中获得最早成功的潜力。

(c)为儿童提供认识他们各自潜能的众多机会。

在多米尼加,有70所已注册的学前教育学校开展学前教育。在该教育项目中有近99名教师和近3 000名年龄介于3~5岁的儿童。这一数字代表着该年龄儿童群体中的75%。由于儿童的父母无力负担每学期或者是每月的学前教育费用,而造成剩下的25%的该年龄群体儿童无法接受学前教育。

在多米尼加,70所已注册的学前教育学校中有大约49所是私立性质,而其他的20所是由社会中心提供资助,其中还包括2所在社会中心联合体中的模范学校。社区中心协调学前教育项目的培训活动,并通过组织学生参观学校、教学演示和工厂车间等活动来对该类培训项目进行补充。

在多米尼加,学前教育指导委员会负责管理学前教育课程,该委员会由负责学前教育的教育部官员代表教育部行使职能,并且由社会中心的主任对委员会进行管理。

3.3 特殊教育

在多米尼加,政府没有为特殊教育进行立法或者制定相应的政策。然而,多米尼加教育部和体育部正计划开展一次全国范围的调查,通过调查来确定有特殊需求的儿童。根据调查结果,教育部与体育部将制定一部政策文件。

几乎就在同时,多米尼加的一些学院和培训项目都尝试着对儿童的特殊需求进行回应。聋儿学校主要招收有着各种听力残障的儿童。在1992年,该学校有一名委派的教师对学校的教育活动进行管理,学校共有16名学生。学校通过地方资助和来自海外的慈善捐助来经营运作。阿尔发(Alpha)中心由天主教堂于1974年建立,并由一个董事会自发地进行管理,它旨在教育精神残障儿童。平均来说,经常在此参加学习的有9~10个的招生量,而非可能的12个小学生的招生量。在一些学校中设置有资源房,它们是由几乎未受过任何特殊教育的老师操作的。

3.4 职业、技术教育和商业教育

进入到克利夫顿艺术、科学和工程技术学院(CDCC)的任何一个分支的行为,都是建立在有着良好规定的要求基础之上的。参加克利夫顿艺术、科学和工程技术学院的全日制学生每学期交纳20欧元的费用,而部分时间制学生每年交纳200欧元。克利夫顿艺术、科学和工程技术学院通过年度的预算分配来获得相应的财政支持,通过偶然的项目来获得所需的材料。

东加勒比海国家组织(OECS)的技术/职业项目提供9所(其中一个便是CDCC)培训机构的恢复/延伸服务,获取和利用改进以及更新的设备,为25位辅导员/督导员提供奖学金进修计划。

在这些分支领域的教育学家一直以来都深深了解课程起草过程中现代化力量的作用。实际上,在东加勒比海国家组织层次上,已对技术/职业课程进行了修订,现将其称之为"新课程"。此外,计算机文化项目也已得到了延伸扩展。然而,由于师资供应的短缺阻碍了此项革新进入主流教育。

3.5 成人和非正规教育

多米尼加社会发展和福利部建立了一个成人教育中心,在该中心实施成人教育项目。成人教育中心的职员主要来自:成人教育的官员、助理成人教育官员、野外操作督导员、七位地区官员以及辅助人员。成人教育中心的目标之一是2000年之前

在多米尼加消除文盲现象。

成人教育中心提供基础知识教育计划以及工作技巧培训项目,举例来说,家庭经济(缝纫、食品和营养以及烹调学)以及对建设计划的阅读。该中心同样还根据要求开展文化项目,以及在监狱、商贸地区、私人住宅等诸如此类的地方举办室内课堂。据估计,在20世纪90年代初参加成人教育中心培训的人数为800。成人教育所面对的主要目标群体和主要的参与者是年龄介于15岁到99岁的群体。

多米尼加教育部每年给予成人教育中心财政拨款,但成人教育中心所需的物质资源的很大一部分是通过开展项目获得的。美洲国家组织是成人教育中心最主要的赞助者之一。加勒比海成人教育理事会以及国家成人教育理事会同样对中心的工作给予了支持。

在多米尼加同样存在乡村成人教育委员会,该委员会是由热心公益事业的个人组成的,这些人就他们社区的教育发展出谋划策。

4. 行政管理的结构与运行

自从多米尼加在1967年成为英国的联邦制国家以及随后在1978年获得国家独立以来,多米尼加的教育部(官方称之为教育体育部)的组织结构就在不断发展变化之中。

教育部长是教育部的最高领导,他对多米尼加联邦共和国的内阁负责,教育部长同时还需就教育部的活动和计划安排向国会做出解释。

常任秘书长(PS)是教育部的行政领导,在教育的相关政策上为教育部长提出建议。除此而外,常任秘书长还对政策的实施进行监督,策划、安排教育预算,维护教育部的财政账户,并对人员事务进行管理。

教育司是教育体育部最大的司,该司的领导由首席教育官员担任。

在多米尼加教育体育部有九名教育官员(EOS),他们全部对首席教育官负责。有四名区教育官员负责对小学进行监督管理。有一位教育官员/培训,该名官员同时还是教师进修学院的院长,直接管理学院内的专业人员和辅助人员。其他的教育官员主要对中学教育、课程设置、技术和职业教育以及学期教育负责,他们管理全国范围内的学期教育并掌管着学期教育委员会。

教育的行政体系是中央集权制的。地方的自治权是非常有限的,只有极个别的例子除外,如推荐材料的提交、再次任命、财政资金的支出等诸如此类的项目;而且监督管理工作是在小区的学校内进行的。尽管如此,在1990年末,还是有一项提议欲对体育教育部进行重组,重组之后体育教育部的权威性可以向地方下放。

5. 教育财政

作为政府开支的一个组成部分,在1984年到1988年期间,多米尼加划拨给教育的款项每年都恰好超过政府当年总支出的17%。在1991年到1992年间,教育在政府开支中的比例为16.7%。

在1991年到1992年间,多米尼加政府划拨给教育的款项分配情况如下:0.15%划拨到了学前教育,57.9%划拨给了小学教育,25%划拨给了中学教育,1.1%划拨给了初级中等教育,2%划拨到了教师培训中,4.8%划拨到了进修/再教育中。每个学生年度教育经费情分别是,小学1 006东加勒比元,中学1 275东加勒比元。由于地方财政收入的投入使这些款项得到了大幅度的提升。

6. 师资

在多米尼加,对教师没有正式的岗前培训。希望成为教师的人员向小学的首席教育官员提出申请,并直接将申请提交给中学的首席教育官员。经过筛选,被选中的人员将接受1~2周的介绍性课程培训。在执教5年之后,他们才有资格进入教师培训学院接受培训。除了5年的教学经历之外,进入此类培训计划还需要获得四个普通教育证书(GCE),或者四个加勒比海考试委员会指定课程的合格证书,或者二者兼有。

中等教育不提供地方培训计划,这是因为教师的转换率很高,并且在多米尼加独立之后,很少有大学毕业生从西印度群岛大学提供的教育课程中拿到学位证书。除了上述情况之外,中等课程的多样化也使得在中等教育阶段开展培训的需求变得愈加紧迫。

多米尼加于 1991 年在东加勒比海国家组织的项目中开始了专为非大学毕业生的中学教师开办的教师培训课程。该项目主要围绕着大约 700 名非大学毕业的中学教师而进行相关的培训和证书授予工作，通过远程教育的方法，利用 4～5 年的时间对非大学毕业的中学教师开展培训。

办事员和行政管理人员同样于旨在为公众进行服务的研讨会中培训，这类研讨会是每年都举办的。在一项提高教师最初受训质量的尝试中，西印度群岛大学的继续教育学校讲授公共管理课，并鼓励人们加入进来取得证书。政府为公务员们安排时间脱产学习，并在他们成功完成培训计划后给予奖励。在多米尼加同样存在着正在进行中的职员发展实践活动以及短期的地方和海外培训项目。政府正处在实施一项行政改革计划的过程之中，该计划将取消奖学金年度自动增量升级，取而代之的是一个对所有公务员进行评价的以奖学金为基础的制度。

7. 课程开发与教学方法

课程研发机构负责课程材料的准备、发布以及评估，同时还对学校体系内的学生进行评价。有限的人力资源和物质资源对该单位从总体角度有效地实现其职能，特别是在学生评价工作中造成了严重的限制。

已针对该单位提出了新的组织框架，该单位随后将被称之为课程研发和考试单位。在适当的时候，早已存在一个具有广泛基础的委员会负责对课程研发进程进行指导。在 1991 年末课程小组负责制度开始生效。那些小组成员将来的职责就是为教师和学生准备课程材料和辅助材料。

在多米尼加的小学教育中执行国家课程大纲，该大纲同时也适用于初级中等教育。在中学教育中课程研发工作做得很不充分。在初级中等教育中的课程研发活动进行得并不协调，并且在阶段Ⅰ～Ⅲ中没有适用的国家级课程大纲。课程内容是由加勒比海考试委员会设立的标准决定的。

多米尼加在 20 世纪 90 年代开始了一项标准化运动。开展标准化运动的主要目的是为了确保学生所接受的学习材料与课程设置更加协调一致。

核心课程大纲的实施本身并不存在问题，但在诸如健康和家庭生活教育以及音乐等领域却带来了某些问题。有迹象表明，这种问题的原因并不是由于部分教师的不情愿，而是由于他们缺少传授这类科目的能力，而且就健康和家庭生活教育来讲，对这类科目的性质也存在着误解。

在初级中等教育中，学生必须学习法语/西班牙语。然而，待学生升入高中之后，法语/西班牙语就变成选修课程了。

8. 考试、升级和证书制度

在多米尼加，小学生从 1 年级到 7 年级的升级过程中没有全国性的标准和程序来进行指导的。在某些情况下，流动是持续进行的，儿童可以通过年级流动来进行升级。然而，在以成绩为升级基本要求的条件下，学生才能够跨越年级流动。在一些极端的例子中，留级现象也是会发生的。

多米尼加每年都组织 7 年级的学生参加普通入学考试，通过考试选取成绩优良的学生进入中学学习。

在初级中等教育中，年级Ⅲ的学生参加的是国家级评价考核。考核通过的学生可以获得Ⅰ级、Ⅱ级或者Ⅲ级的毕业证书。

在中学教育中，年级Ⅴ学生取得的是加勒比海考试委员会颁发的中等教育毕业证书。

在中学，学生是否升级取决于他所取得的成绩。一般来讲，学生最多只允许在同一个年级复读一次。

学生是否能够进入高等院校学习取决于有良好保障的标准。举例来说，能否进入秘书院取决于学生是否能够取得四个普通水平科目的一般证书，或者通过四个加勒比海考试委员会能力水平科目的考核。

此外，在从外部评估机构取得证书的过程中，寻求进入克利夫顿艺术、科学和工程技术学院技术服务分院的人们还必须通过该院设立的入学考试。在两年的最后一段时期，在科学和工程技术学院技术服务分院学习的人们还必须参加城市和行业协会的考核，而书记院的学生要参加伦敦商学院的考试。在两年的最后一段时期,学术科研院校的学生参加高级的普通教育结业证书考试。

教师学院的进修生在两年末期也要参加一场考核,该次考试是由西印度群岛大学的教师培训联合委员会举办的。

考试、升级和证书发放体制所面临的问题,主要是围绕在有限的受过培训的劳动力以及财政和物质资源的短缺上。

9. 教育评价、评估和教育研究

一个学生在一个年级内的提升,或者是从一个年级到下一个年级,或者希望取得奖励和奖学金,或者希望进入高等学府,以及希望成为劳动力市场中能够被选中的人选,都建立在对他的评价材料基础上。

1991~1992年,教育估价、评估以及研究在教育管理安置的预算被制定下来。教育行政管理拨款中的0.80%被预留出来进行估价、评估以及研究工作。

建立在正常收集信息基础之上的一些最重要的教育指标是:各级教育的入学率、各级教育中的教职员工人数以及评价结果。

10. 20世纪八九十年代的主要改革

将初级中等教育更加合理化是多米尼加在教育领域开展的主要改革。建议中的对多米尼加教师培训学院(DTTC)进行重组的计划是将该学院划归到社区学院的管理之下。现在有一项提交给加勒比海考试委员会的议案,让考试委员会来证明在多米尼加教师培训学院所讲授的工艺水平课程的质量。

另一个东加勒比海国家组织项目,计划要在多米尼加建立一个以农业特长为主的学院,该学院服务于东加勒比海国家组织。该类学院同时也准备在另外两个东加勒比海国家组织中设立,其中一个将会是商业学院。农业优势学院的最终建立将对多米尼加的农业产生积极的影响。

多米尼加国务院总理在1991~1992年度国家预算演讲中提及了服务领域的延伸扩展,并同意"我们必须对服务领域所需人力资源的发展提供支持"的观点。政府已授权对服务领域其发展的潜力、服务领域方面政策的鉴定进行一次全面的研究,这些研究是服务领域进一步扩展所必须的。

《教育领域的规划》一书的作者建议,大家共同努力对学校人群的社会方面的学习课程内容进行修订(教育部 1990)。

多米尼加为了在2002年前在教育领域取得优异的成绩而制定了一系列的任务,该任务的陈述形式如下:

教育部意识到了将多米尼加所有可能获得的资源进行最大化利用的需求,并将献身于每一个公民的全部发展之中,为此教育部将致力于:

(a)用参与式方法来进行教育规划、政策制定、课程研发以及教育评估。

(b)以系统化的步骤来对优先权做出决定。

(c)不断地用创新来充实多米尼加文化。

11. 2000年面临的主要问题

多米尼加教育领域在21世纪面临的主要问题是无法大量聘任受过培训的、有胜任能力的教师。

M. E. 彼得斯(M. E. Peters) 著

吴志兰 译

附录

Broomes D 1991 *Teaching Training For Non-Graduate Secondary School Teachers In The OECS*. University of The West Indies, Cave Hill, Barbados

Central Statistical Office 1988 *Statistical Digest: Dominica Ten Years of Growth 1978—1988*. Central Statistical Office, Roseau, Dominica

Commonwealth of Dominica 1989 *Labour Force Survey*. Central Statistical Office, Roseau, Dominica

Commonwealth of Dominica 1990 *External Trade Bulletin Summary of Tables, 4th Quarter 1990*. Central Statistical Office, Roseau, Dominica

Commonwealth of Dominica 1991a *Labour Market Information Bulletin 1984—1990*. Central Statistical Office, Roseau, Dominica

Commonwealth of Dominica 1991b *Quarterly Economic Indicators Third Quarter*. Central Statistical Office,

Roseau, Dominica

James-Reid O 1989 *Resources Management and Development in Some Caribbean Primary and All-Age Schools.* University of The West Indies, Cave Hill, Barbados

Matthew M 1990 *Report on the 1990 Junior Secondary Programme Assessment.* Ministry of Education, Roseau, Dominica

Ministry of Education 1990a *Education Sector Plan for Educational Development in the Commonwealth of Dominica 1989—1994.* Ministry of Education, Roseau, Dominica

Ministry of Education 1990b *Educational Statistical File 1988—1991.* Ministry of Education, Roseau, Dominica

Ministry of Education 1990c *Survey of Training Institutions in the Commonwealth of Dominica 1988—1989.* Ministry of Education, Roseau, Dominica

Ministry of Education 1990/1991 *Staffing File 1989—1990/1990—1991.* Ministry of Education, Roseau, Dominica

Peters M E, Sabaroche H 1990 *The Organization and Management of the Ministry of Education: A Case Study.* Commonwealth Secretariat, Roseau, Dominica

Regehr W (ed.) 1990 *Developing a Common Vision in Education Through 2002.* Ministry of Education workshop paper, Roseau, Dominica

Sabaroche H 1989 *Report on the 1989 Junior Secondary Programme Assessment.* Ministry of Education, Riseau, Dominica

Shillingford D 1991a *Report on the 1991 Junior Secondary Programme Assessment.* Ministry of Education, Roseau, Dominica

Shillingford D (ed.) 1991b *Rationalization of the Junior-Secondary Programme: Retrospect And Prospect.* Ministry of Education, Roseau, Dominica

The New Chronicle 83 (43): June 19 1991. Editorial "Parliament to seek approval for $209.7 million budget"

Turner T, Reid E H E 1979 *Dominica: An Evaluation of Its Education System.* University of The West Indies, Kingston, Jamaica

UNESCO 1982 *The Commonwealth of Dominica Education Sector Survey 1982.* UNESCO, Paris

萨尔瓦多的教育制度（El Salvador: System of Education）

1. 基本背景

萨尔瓦多是中美洲地区最小的国家，也是中美洲地区人口密度最大的地区。萨尔瓦多的国土面积为 21 041 平方公里（合 8 124 平方英里），它的北面和东面与洪都拉斯接壤，南邻太平洋，西接危地马拉。萨尔瓦多这个国家坐落在 25 座死火山之上，并经历着偶尔的地震（在 1986 年一场地震严重毁坏了萨尔瓦多首都）。在萨尔瓦多有三类典型的地貌区域：一是属于热带气候区域内的狭窄的太平洋海岸带，那里盛产棉花；一类是属于亚热带气候区域内的中心地带，由众多小山谷和平原组成，本类地区种植主要的谷物和咖啡；北部地区是连绵起伏的山貌地形。

在 1989 年，萨尔瓦多人口的官方预测数字是 510 万（世界银行 1991b P. 204）。1992 年人口的非官方预测数字为 540 万。萨尔瓦多人口的快速增长，以及人口对可耕地面积造成的压力，构成了这个国家面临的两个最根本性的问题。人口快速增长以及由此造成的人口压力，除了造成有关土地使用权问题上的社会以及政治方面的紧张之外，这些问题同样制约着诸如教育等社会公益事业的供给，规划者以及政策制定者在努力满足社会相关领域需求的同时，他们所承担的任务也更加复杂。

在 20 世纪的绝大部分时间里，萨尔瓦多的人口增长率始终处在非常高的水平。从 1960 年到 1978 年期间，萨尔瓦多的年人口增长率为 3%，但到了 20 世纪 80 年代萨尔瓦多的人口增长率下降到了 2.7%，但仍然被认为是拉丁美洲地区人口增长最快的国家。官方进行的项目预测，到 2000 年萨尔瓦多的人口将达到 670 万人。

萨尔瓦多人口的种族组成为:大约93%为混血儿(他们是美洲土著人与白人结合的后裔),5%是美洲土著人,2%是白人。在萨尔瓦多就美洲土著人的规模没有一个可靠的数字,这是因为该少数民族群体已与整个萨尔瓦多社会很好地融合在了一起。萨尔瓦多现在的美洲土著人是在1525年西班牙开始在当地开始殖民统治时期的居住在当地的皮皮人(Pipi)部落的后裔。由于过去文化同化所造成的影响,以及在过去实施的压制性政策,目前在萨尔瓦多几乎没有人能够讲众所周知的皮皮这种本地语言。西班牙语是萨尔瓦多普遍使用的语言,在儿童们开始校园生活的时候,萨尔瓦多的教育制度并没有处理双语问题。

萨国从1979年开始了连年的动乱和内战,并在1992年结束,当时政府和反政府军达成了一项和平协议。尽管该项协议被认为是非常脆弱的,但人们还是希望该项和平协议能够保持有效,这样就可以给这个国家一个重建家园和返回正常发展道路的机会。萨尔瓦多内战大约导致75 000人丧生,大约有750 000人外出逃避战乱,内战还严重地损坏了萨尔瓦多的经济。

在20世纪80年代,萨尔瓦多政府已被财政问题困扰着,但还是拿出很大一部分财政预算投入到国防中(1988年国防预算占政府预算的23%)。1988年国防预算伴随着萨尔瓦多债务利息的支付消耗掉了政府开支的41%,并对公益的社会性和经济性开支造成了严重的限制。以占国内生产总值(GDP)的比例计算,投入到教育和健康领域的资金下跌幅度最大。从1978年到1982年,萨尔瓦多GDP下降了22%,这一情况令人警觉,即使是政府部门在1983年能够阻止GDP的下滑趋势,从1983年开始萨尔瓦多的GDP增长率也仅为1.7%的平均水平。

农业是萨尔瓦多经济的主要支撑产业,但在20世纪80年代遇到了严重的问题,并在20世纪90年代早期继续处在困境之中。从1982年到1987年期间,虽然萨尔瓦多经济除农业以外的领域都显现出了些许恢复的迹象,但农业产量仍在下滑。咖啡豆是萨尔瓦多主要的出口商品,不论是在产量还是在出口量上都出现了大幅度下滑。由于农村地区在内战冲突的时候是主要的战场,大量的农村居民逃离了家园,农业生产也因此而停滞不前。

制造业主要是围绕在首都城市中心和周边地区开展的,在20世纪60年代和70年代的部分时期以超过7%的速率增长,但在1978年到1982年期间,产量下跌幅度超过了30%,制造业工人的就业率下降了19%。自从1982年开始,萨尔瓦多制造业开始部分地复苏,但平均增长率大约仅有2.3%,在1987年制造业增长率还要低于它在1978年时的水平。

萨尔瓦多这个贫困国家的经济以及内战导致劳动力资源的减少。人口外迁、战乱以及军队招兵都对适龄工作人群增长率的下跌造成了影响,适龄工作人群增长率从1970~1975年的15%下降到了1979~1985年的5%。在20世纪80年代,萨尔瓦多劳力供应的质量显著降低,主要是因为:与大多数人口相比具有良好教育背景的人口都向外移民了,同时也是因为那个时期学校的招生数量也在不断地下降。但直到20世纪80年代末期,萨尔瓦多劳动力供应的质量开始提高,到1987年的时候,适龄劳动力人口的增长率也回到了年均2.3%的水平。

但是我们无法在萨尔瓦多得到有关劳动力的受教育水平的可靠数据,以全部人口作为一个整体来考虑,那么1985年人口的受教育程度分布情况如下:31.7%从未上过学,25.2%的人口有1~3年的受教育经历,21.4%的人接受过3~6年的教育,10.3%人口接受过6~9年的教育,8.7%的人口有9~12年的受教育经历,2.5%的人有12年或者超过12年的受教育经历(Kast 1988)。我们假定到20世纪90年代早期全国人口的受教育资历没有发生显著的改善和提高,并假定萨尔瓦多的经济还在努力恢复到它在20世纪80年代损失的水平,则不难看出,萨尔瓦多的教育制度面临着严峻的任务。教育方面的规划者和政策制定者必须考虑制定出旨在逐步改善提高全体人民受教育经历的政策和计划,这些政策和计划同样对增强劳动力的质量有意料之中的积极效果。

尽管萨尔瓦多自从1940年以来出现了形形色色的宪法和章程,军方机构还是在政府的组织机构中占据着主导地位。然而，这种执政模式在 1982 年开始发生变化，当时任命了一个文官来做过渡时期的总统，并且从那之后萨尔瓦多都是选举文官来当总统。学校在现行政府组织机构的条件下所发挥的基本作用与其他国家的是不一样的，萨尔瓦多学校的基本职能是发挥教育作为增强整个国家的文化、经济和社会发展的得力工具的作用。

2. 教育政策与目标

我们假设萨尔瓦多的教育是由中央进行规划、财政资助和管理的，而且教育的目标与国家的宪法是一致的，在有关根本教育问题方面，各政治团体或者利益群体没有很多主要的且正在进行的冲突和斗争。对教育方面的事项进行讨论和解决的时机也就是对宪法中归属于教育方面的条款进行修订的时候，或者是计委为一个特定时期准备教育计划的时候。在上述情况下，人们采纳来自广泛范围内利益集团的意见并给予相应的考虑。通过这一过程制定出的绝大多数计划所伴随的问题是这些计划一般都倾向于宣称崇高的理想并开出理想化的处方，但却没有考虑任何实际的情况，如成本开销和实施等因素。

3. 正规教育体系

教育体系的正规组织结构，自从 1968 年改革以来没有经历任何重要的修改和变革，萨尔瓦多的教育体系包括五个层次：启蒙课程、学前教育、基础教育、中学教育以及高等教育（Escamilla 1981）。图 1 呈现了萨尔瓦多教育体系的结构。

3.1　*初等教育、中等教育和第三级教育*

基础教育，主要是设计用来为 7 ~ 15 岁的学生提供教育服务的，萨尔瓦多的基础教育是免费的，萨尔瓦多的基础教育被划分为三个阶段，每一阶段都为期 3 年。前两阶段涵盖了初等教育（1 ~ 6 年级），第三阶段涵盖了初级中等教育（7 ~ 9 年级）。正常来讲，开展基础教育的中小学所遵循的学年从每年的 2 月 1 日到当年的 10 月 31 日，教学时间是 175 天。然而，在内战期间，萨尔瓦多的学年制度经历了许多次中断，每年都浪费了多得无可计数的教学日。随着 1992 年在敌对双方间达成的停火协

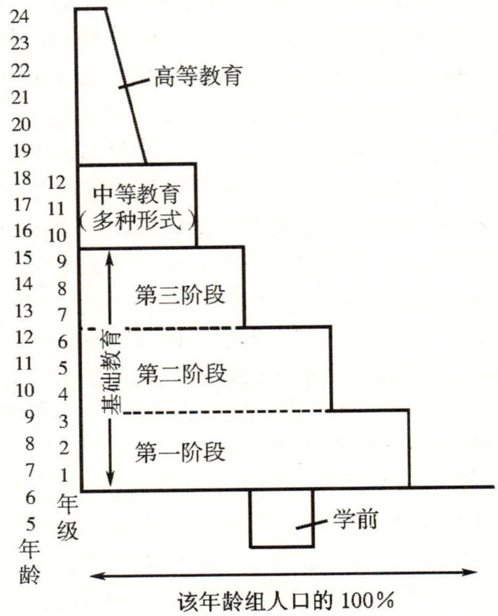

图 1　萨尔瓦多：正规教育体系的结构（1988）

议，政府权威人士鼓励学生和教师遵守官方既定的学校年历。基础教育和教育体系的所有其他层次的教育都是实行男女同校，在 1 ~ 5 年级男生和女生的比例趋于一致，但在 6 ~ 9 年级学生的性别比例略微倾向于男生。在 1989 年，城市中小学所招收的学生数量占萨尔瓦多基础教育招生数量的 59%，余下的部分是由农村地区的中小学来完成的。然而，这里应该提及的一点是，绝大多数的农村中小学并不提供全部的 9 年制基础教育。

在萨尔瓦多，初等教育的净普及率出现了严重的滑坡，从 1979 年的 80% 下跌到了 1981 年的 61%，但在 1988 年又攀升到了 72%。萨尔瓦多 1988 年的总招生率为 80%（世界银行 1991 P. 260）。在初等教育阶段所出现的低普及率之外，基础教育还受着低下的内部运作效率的困扰，主要以低毕业率和高复读率以及高辍学率为主要特征。据估计，城市学生中进入初等教育的结业率是 31%。在 1986 年，初等教育的辍学率是 15.1%，但在农村地区的中小学这一比例却是相当高的，在完成 6 年级的学习前农村中小学学生中有

23%中途辍学。自20世纪70年代以来,萨尔瓦多小学生的复读率居高不下,当时有11.5%的小学生留级复读,到1986年的时候,小学生复读率有了些许下降,达到9%(Kast 1988)。这种情况产生的后果就是,据预测要想培养一名6年级的学生,该生需要11个学年的时间来完成学业。

以上述所有的基础教育指标分析,萨尔瓦多是处在拉丁美洲地区基础教育最低水平国家之列。造成萨尔瓦多基础教育质量下降的其他相关和不相关的因素包括:(a)在1987年,萨尔瓦多大约66%的基础教育学校是属于不完全学校,这一情况意味着这些学校的年级设置不超过6年级,而且在这些不完全学校中有29%的学校只提供前3个年级的教育;(b)由于内战在1982年扩大了范围,萨尔瓦多3 000所中小学校中,大约870所被迫关闭,在1989年仍有575所中小学校未开放,这一情况导致了大约10万名儿童无学可上;(c)由于财政资源的短缺导致学校不可能购买教科书、基本的辅导材料和供应品,几乎全部(96%)可支配的资金都用于发放雇员的工资;(d)学校设施亟待维修和更换。

在农村地区,绝大多数个人都没有机会进入中学学习,因为只有15%的中学建立在农村地区。在萨尔瓦多缺乏可靠的数据来对进入中学的学生进行分析,但人们一般的认识是这里的内部运作效率很低。自从1968年的改革之后,各类中学已提供了多样化的课程,这些课程包括了普通科目以及职业教育科目的混合物(Escamilla 1981)。正常来说后者是为进行职业教育而提供的,但在现实生活中,职业课程在绝大多数情况下提供的是岗前培训教育。从一开始,多样化的培训项目就被用来提供一种混合的教育内容,包括一般的教育和职业教育,在下列年级中它们的分布比例为:在10年级,普通教育占80%,职业教育占20%;在11年级,每一个类型的教育各占50%;在12年级,它们的分布情况为职业教育占80%,而普通教育占20%。在课程中包括对职业教育领域包括:商业管理、家庭经济、工业工艺、农业、旅馆业和旅游业、导航服务与渔业、卫生保健服务以及教师进修培训。

尽管在萨尔瓦多有一些例外的情况,但这些中学的教学质量在随着时间的流逝而不断降低,最初配备的设备磨损严重或者废弃,并且得不到科技的资源来对设备进行维修或者更换。随之带来的结果就是,形式多样化的学校倾向于将注意力更多地集中在课程学术部分,而在职业教育培训阶段的投入逐步减少。私立的中学一般提供传统意义上的学术课程,而那些专职于职业培训计划的中学则倾向于提供商业管理方面的课程。

在1987年总计92 510的招生人数中,接受高等教育的学生占17%(Kast 1988)。而在20世纪80年代初现代破坏性力量对所有层次的教育领域产生了极其严重的影响,这股破坏力量尤其对高等教育产生了毁灭性的作用。在1979年萨尔瓦多有2所大学,公立的萨尔瓦多大学以及私立的中美洲大学。此外,萨尔瓦多还有几所后中学教育机构,如工程和建筑工艺大学。由于1980年萨尔瓦多社会和政治的动荡局面不断加剧,萨尔瓦多政府关闭了公立大学。然而,公立大学教职员工中尽职尽责的人员则设法维持该所大学部分地对外开放,他们通过租借圣·萨尔瓦多(San Salvador)的房舍作教室,他们还在萨尔瓦多的其他地方租借房舍作课堂。从1980年到1984年,据估计有1万名学生通过这种权宜之计的形式继续他们的大学学习,直至该所大学在1984年重新对外开放。然而由于该大学过去曾经被强制关闭过,所以萨尔瓦多大学被粗暴地掠夺过,也被恶意破坏过。因此,要想从过去所遭受到的损失中恢复过来需要一个很长的时间。另一方面,中美洲大学在动乱年代设法维持其运转,但状态仍不稳定,而且还得排除另一个现实的干扰:即该校同样遭受了很大的损失。

为了填补由2所主要大学业务运作缩减所造成的空缺,萨尔瓦多成立了多达25所的新私立大学,以此来回应持续增长的高等教育需求。因此,到1989年,据预测高等教育的48.6%注册人数进入了私立院校。但我们无法得到可靠的有关高等教育现状的统计数字,只能给出过去10年以来的混乱的历史,不难总结萨尔瓦多的这些教育指标是很低的。在20世纪90年代,萨尔瓦多的各类大学面临着艰巨的任务,因为他们必须重建大学,并且还得初步显示他们的教育质量。

3.2 学前教育

两个单独的部分构成了学前教育。第一个相对较小的称之为“启蒙”(早期的激励课程),此类教育基本上向0~3岁群体的儿童提供。该类教育发展得很不充分,并只能够向1987年的38万名该龄儿童中的3%提供服务(UNESCO 1990)。接受此类教育的儿童基本上是城市中的孤儿或者是其母亲参加工作的城市儿童,并接受司法部少数民族萨尔瓦多人理事会的管理。

第二类学前教育由教育部负责管理,它的服务目标群体是4~6岁儿童。在1991年,4~6岁儿童共有大约60万名,第二类学前教育只招收了该龄群体儿童的14%,入学儿童中的绝大多数(89%)是城市儿童,来自中产阶级和上层阶级家庭(UNESCO 1990)。

20世纪90年代的教育计划呼吁扩大对贫困的农村儿童开展的学前教育服务,以此作为提高小学教学质量的一种手段。开始于1984年的“给予0~6岁儿童全面关注计划”是由联合国儿童基金会(UNICEF)出资赞助的,该计划主要是为了使农村儿童脱贫。该项计划做出了郑重的承诺,并在到1989年的时候已向13 500名儿童提供了学前教育服务。政府在认识到该项计划的潜力之后,希望能够在20世纪90年代以此计划为模板在选定的农村地区开展类似服务,活动将利用来自世界银行与美国国际开发署(USAID)合作开展项目中的援助。该项计划(世界银行1991)预期将为25 000名农村儿童提供学前教育服务,并因此在到1994年的时候能将学前教育的普及率从14%提高到18%。

在1987年,由公立基金扶植的项目所招收的接受学前教育的学生占总招生人数的62%,余下的38%进入了私立学校。私立机构在教育中的参与率持续攀高,据估计到1990年,私立机构所占份额在40%~42%之间。在公立和私立学校中学生与教师的比例均为35:1(UNESCO 1990)。

3.3 特殊教育

据估计在1987年萨尔瓦多有216 900名年轻人需要接受特殊教育,他们中有101 552人年龄小于16岁。然而,当年这一群体中只有1.4%的人(或者3 039人)接受到了特殊教育。普通学校招收了1 754名特殊教育学生,另有1 339名学生进入特殊教育机构学习。换言之,萨尔瓦多的特殊教育处在令人可悲的短缺之中。

那些有限的特殊教育是直接由城市特殊教育中心提供的,它们所关注的目标群体是:智力发育迟缓和有学习障碍的儿童,存在听力和语言缺陷的孩子。开展特殊教育的资金主要来源于政府,同时还有社区的捐助。特殊教育是由萨尔瓦多教育部通过它的基础教育指导委来实施管理的。

3.4 职业、技术教育和商业教育

在萨尔瓦多,缺少有关职业、技术教育和商业教育的可靠数据。然而,很明显的一点是:中学以下的教育中事实上是不存在这一教育成分的。1968年教育改革在中学课程中增加了职业/技术教育这一部分,为的是向众多职业领域中的劳动力大军充实经过培训并具备入门工作技巧的工人,当然也包括中级技术领域在内。尽管在理论上来说该项教育切实可行,但要开展和维持形式多样的中学教育计划是非常昂贵的,并且政府也很难为此种教育提供充足的资源。因此,多年以后职业技术教育开始变得越来越少。此外,由于教学设备日渐老化,教师又缺乏起码的培训,以及实际上缺乏可运作的资金,该项教育与私立教育机构之间也仅存在着微弱的关系。

不计上述的诸多限制因素,从多样化的中等教育中走出来的毕业生可以马上进入到劳动力大军,或者在任何公立或者私立的高等教育培训机构中深造。在私立职业技术学校开展的培训活动主要集中在商业活动的一些特定领域。

在20世纪90年代,萨尔瓦多政府利用泛美发展银行提供的1 400万美元援助项目,希望能以此来提高中学中的职业教育。利用来自同一机构的资助,萨尔瓦多政府正准备在中等农业学校开展一个独立的职业技术教育项目。

私立教育领域通常是在特别的基础之上开展此方面的培训,但我们很难获得有关此方面的详细信息。在美国国际开发署的支持下,萨尔瓦多政府在1987年与私立教育机构发起了一项行动计划,该计划将提高私营企业所需工人的工作技能(国际开发署1987)。该项计划最引人注目的地方,同时也是计划在 1992 年完成的工作是:设立培训项目,并建立私营商业与培训机构的联系。一项私立基金对此项目进行管理,该基金名为教育发展企业基金(FEDAPE),是由萨尔瓦多商人出资设立的。此外,为了确定出私营企业中的培训需求,建立培训计划,提供资金来发放奖学金和贷款,并支持企业的发展培训,该项目将为 2 800 人提供教育培训,并将培训另外的 2 300 名在职员工,提高2 000 名管理人员的管理技巧,提高 100 名职业教员的施教技能。也许更重要的是,该项目将为政府提供一种在将来可以继续使用的培训教育模式。

3.5 成人和非正式教育

在萨尔瓦多,成人教育和非正式教育之间的差别是微乎其微的,二者都是受教育部统一管理的,并且其资金均来自公立和私立基金中。在 1987 年,有 140 万年龄在 13 岁或者 13 岁以上的人群被认为需要接受文化培训或者成人教育。当年,此类文化培训项目从城市招收了 34 343 名成人学生,从农村地区招收了 39 856 名学生。文化培训的普及率只略微超过了 5%(UNESCO 1990)。

同年,被命名为"成人教育"的培训计划共招收了 67 807 名学生,其中 31 824 名学生接受了文化培训,32 733 人被招收进入小学学习,还有3 250 人接受基本的职业技能培训。同样,进入这些计划中学习的人员仅占目标群体总人数的 4.8%。缺乏足够的资金来开办成人教育,是造成此类教育普及率低下的主要原因,内战所造成的支离破碎的环境也是主要成因之一。

4. 行政管理的结构与运行

由于在拉丁美洲的传统中大学是实行自治管理的,所以萨尔瓦多教育部对除大学以外的教育制度中的全部教育负有管理责任。从历史上来讲,尽管在 20 世纪 80 年代教育管理地方化方案中,管理权下放地方的某些行动取得了一点成效,萨尔瓦多对教育制度的管理权仍然高度集中在教育部手中。然而,在 20 世纪 80 年代的动荡环境下,整个教育制度的行政管理纽带要么被打断,要么被严重地削弱,导致教育部对教育制度的管理显得苍白无力,教育部的财政资源被大幅度削减,并且它的行政管理能力也与其所面临的严峻形势不相匹配。

20 世纪 80 年代,教育体系中各级的整体管理效率都在下滑。教育部削减了其学校规划运作,从而使其免于对基础教育做出必要的规划,从而也就无法得到分析数据。实际上,教育部的规划能力从来都不够强大,因为它缺少一个综合的、针对学生、教师、教育预算和教育设备提出不同种类数据的管理信息系统。由此造成的结果就是,教育部规划司制定了绝大多数的教育规划。

由于萨尔瓦多教育制度的中央集权化结构,使得它对学校的监督机制产生过度的依赖,该监督机制对学校的运作、教师的表现情况以及学生成绩产生过程等的效率进行监控,同时探寻学校的需求并在适当的时候提供必要的技术支持。然而,由于 20 世纪 80 年代严峻的财政形势和内战冲突,导致监督机制终止了其应有的职能。

20 世纪 90 年代,受来自世界银行和美国国际开发署的共同资助,推动萨尔瓦多开展了一个教育项目来努力增强教育部的某些管理职能。通过向地方分权这一行动来改善对教育的行政管理,在农村地区开展教育,建立一套教育管理信息系统,改革预算制定过程,并建立一套改进后的学校监督体系。

5. 教育财政

在长期的政治和经济动荡期间,教育和其他社会领域经受了严重的财政制约。在 1980 年,萨尔瓦多教育开支占国内生产总值的 3.9%,与该地区的其他国家相比,萨尔瓦多的教育开支在 GDP 中的比例是令人鼓舞的。然而,到 1989 年,教育经费在 GDP 所占比例下降到了 1.8%。以 20 世纪 80 年代的不变价格计算,萨尔瓦多的教育经费下降了 40%。教育经费的紧缩意味着在支付了教师的薪金(1989 年教师薪金消耗了当年教育开支的 96%)之后,留下来进行下列活动的经费就微不足道了,这些活动包括购置一些必要的物品,如教学供应品、添置教学仪器设备、进行校舍的维修保养以及对学校的运作进行监督管理。

公立教育为 85% 进入各级学校学习的人员提供服务,萨尔瓦多中央政府向公立教育提供财政支持。在 1989 年,所有可以获得的投入教育的资金分布情况如下:学前教育 3.7%,基础教育 70.5%,中等教育 4.5%,高等教育 11.2%,文化普及和成人教育 2.8%,社会文明教育 5.8%。此分配模式与以往分配模式的唯一区别在于:将应划拨到中等和高等教育的经费更多地划入了基础教育领域。私立教育服务的人群占学校总招收学生数量的 15%。私立教育是由用户交纳个人学费来提供财政资助的。我们目前还无法得到有关私立教育领域中现行的学费标准和开销水平的可靠数据。

由于在 20 世纪 80 年代和 90 年代早期投入教育的财政资源不断萎缩,萨尔瓦多政府被迫寻求和接受国外的援助并接受来自地方社区的捐助。1989 年,国外援助相当于 20% 的教育预算,这部分资金主要用于学校的建设和修缮、课本、教师的进修以及学校的粮食计划。20 世纪 90 年代,教育领域已接受了来自外部的援助共计折合 5 800 万美元,绝大部分承诺的援助将由美国国际开发署来兑现。

学生家长由于看到他们孩子所就读公立学校的条件日益恶化,所以自发地组织起来对地方学校进行社区捐助。据教育部统计,1987 年的社区捐助共计折合 200 万美元,1988 年的社区捐助共计折合 1 300 万美元,此笔捐助相当于 1988 年萨尔瓦多教育预算的 10%。

6. 师资

我们目前还无法得到萨尔瓦多教师队伍总体数量的可靠数字。1990 年教育部报告指出萨尔瓦多共有 33 000 名学校雇员,其中 24 629 人被归入教师行列,余下的 8 300 是管理人员和辅助人员。教育部在 1987 年给出了一个略微更加可靠的数字:学前教育学校有 1 939 名教师,基础教育学校有 23 000 名教师。尽管在该报告中没有给出中学教师的数量,我们可以根据 1987 年中学所招收的 99 300 名学生基础之上,估计出萨尔瓦多大约有 2 800名教师。

一系列的因素可以用来解释有关授课人员的种种模糊状况,但其中最重要的还是与这个国家动荡的政治经济环境有关。例如,在 1978 ~ 1987 年期间,教师实际工资下降幅度超过 50%,而就在同一时期萨尔瓦多教育系统有大约 6 000 名教师过剩。不令人满意的薪金状况,促使许多教师谋求第二职业,而这又造成了教师队伍中出现情绪低落、积极性降低和高缺勤率的状况。在教师加入到受内战威胁而寻求安全的其他人群之后,教师这一行也就变成了流动性很高的一个行业。许多农村教师放弃了他们的职业。

欣戴德师范(Cindad Normal)是一个政府的教师进修机构,它们向公立学校的教师提供岗前培训和在职进修服务。即使存在教师人员过剩和教师行业外部条件不稳定等问题,人们目前也没有对教师上岗之前进行培训的计划给予许多的重视。在 20 世纪 80 年代,萨尔瓦多大幅度削减了教师的在职进修,但在 20 世纪 90 年代又重新被激活,主要是由于各类外部资金援助的教育项目都包含教师进修部分,并提供资金开展在职进修。通过这些项目希望能够使与项目有关人员如教师、管理人员、督导人员以及社区团体接受培训以提高他们各自的技能。

作为欣戴德师范各类提供教师进修的基础模式,他们也呼吁将国家教育电视广播网与理工教学服务理事会合在一起。这些实体具有通过使用培训前和培训后所做的问卷、调研和测验来对其培训计划进行评估的相关工作经验(Escamilla 1981)。

7. 课程开发与教学方法

在经历了 3 年的准备,并作为 1968 年主体改革的组成部分,萨尔瓦多建立了其小学和中学课程的大致基础。从那以后,萨尔瓦多开展了各类课程改进和修订工作。设于教育部的理工教学服务理事会中的计划和项目办公室负有课程研发的责任。然而,进行根本性的课程变革的最初动议一般都出自教育部规划与组织办公室(UNESCO 1990)。当这些实体开展课程研发工作的时候,他们寻找到代表着大量利益交叉群体的相关组织来参与。

从他们的设想中可以看到,到 20 世纪 70 年代末全国范围内的小学和中学教育将各自使用统一的课程。然而在 20 世纪 80 年代引入了课程灵活度这一要素,以此来允许对课程做出部分修订来满足地方的需求(Escamilla 1981)。然而,课程的基本框架在全国范围内都非常类似,两级教育中的学业科目有着一个核心课程。小学教育课程被整合到了研究领域,但此种形式在很多情况下的实施却并不成功。

在20世纪70年代末期,除了由外部援助扶持项目所推动的课程研发工作以外,由于相关资源的短缺,进行的课程研发工作非常少。几乎所有的这类项目都包括课程修订和改进等几个方面的工作。这类项目同样推动并资助教材、教学指南以及辅导材料的生产和使用工作。20世纪90年代外部援助项目将继续造成学前教育和小学教育有关课本和材料的新的混乱。其中一个项目将帮助教育部创立一个中央集权的教科书发放单位。通过此类项目为基础教育生产的课本可以让学生在借阅的基础之上使用,这样其他的学生就可以在随后的几年继续使用这些书本。中学生一般必须在商业市场购买教育部批准的书目中所列的课本。

课堂教学法通常是以教师为中心——解释性的讲授知识。但绝大多数外部援助项目都强调对一系列教学方法的有效使用。一般来说,教师能够意识到强调学生参与的教学方法,要比以教师为中心的教学模式更有效。

尽管萨尔瓦多在学校讲授何种外语的问题上没有做出明文规定,但学校中最常学习的就是英语。初中和高中一般向学生讲授英语。但在一些特定的私立小学和中学中开展的却是法语或者其他语种的教育。

8. 考试、升级和证书制度

在小学和中学教育中留级的学生比例是很高的,这一情况证明了一个事实:在萨尔瓦多推行自动升级制度是不切合实际的。班级教师与校长决定着学生升级与否,他们所做的决定是以学生在课堂的表现为基础的,而学生表现的好坏高度依赖于老师为学生所准备的测试上。学生在完成基础和中级教育后将被授予证书或者学位。

9. 教育评价、评估和教育研究

在萨尔瓦多,国家级、地区级以及地方一级的评价体系是不存在的。教育部每年都发布年度报告,该报告包括学校项目以及最低限度的教育统计数字。建立在一系列预先决定的评估策略基础之上的课程评价在不断地向前发展,教育部在将来会对其进行研发。然而,如要为划拨给评价、评估和研究的资金设定一个最低的水平或者限度将是比较困难的。

在20世纪90年代,一些基本的评估活动开始制度化了,通过至少一项外部援助项目提供资金,年度评估的目的是对学前和小学教育项目对儿童发展的影响以及成效做出判断。此外,人们将加强教育规划,建立一套管理信息系统,并重新激活学校远景规划项目。

10. 20世纪八九十年代的主要改革

在20世纪80年代,最瞩目的改革是对农村地区的学校进行结构重组,此次重组旨在将农村学校的管理权下放到地方。人们利用学校规划来把农村学校组织成一个团体,每一个团体设立一个管理中心。最终结果是建立一个"学校核心体系",该核心体系将把集团中每一所学校与辅助体系联系在一起,该辅助体系从地方学校延伸到教育部。萨尔瓦多设立了地区办公室,来把先前由教育部掌管的管理权地方化。这方面的改革基本都失败了,这是因为没有提供建立和保持地方办公室的资金。然而,该体系的一些基本组织结构还是保留下来了并有希望得到再次利用。

在20世纪90年代有一次最为突出的改革,它是把学前和小学教育进行地方化和改进的一次新的尝试,此次尝试是通过从1992年延续到1996年的来自外部援助的一个项目来实施的。通过此番努力,教育部希望能够将其许多学校管理职能下放到地方社区团体。这一观点出自20世纪80年代学生家长和地方社区给予学校令人称道的支持之中。该项目计划使25 000名学前班的儿童和45 000名小学生受益,并对一系列的增强质量的投入予以资助,资金的投入主要方面有课本、供应品、教师进修、学校午餐、监督管理、体育设施以及加强地方办公室的建设。人们预期此番努力的结果将创立一个可在萨尔瓦多其他地域推广使用的模型。

11. 2000 年面临的主要问题

萨尔瓦多面临着对其整个教育制度进行修正的艰巨任务，而目前该制度正陷于重重危机之中。这就要求至少 10 年的认真细致的规划和进行管理方面的投入。显而易见的一点是政府将优先考虑解决那些社会、政治和经济问题，因为这些问题阻碍了建设一个和平的国家环境的道路。

20 世纪 80 年代的萨尔瓦多面临的全国性问题加剧了教育领域的财政赤字，该领域早已陷于重重危机之中了。教育领域存在的不足已经显现了很长一段时间了。

教育部和计委将对教育规划做出改进，从而针对该领域的复苏制定出了阶段化的发展方案。萨尔瓦多需要对教育的财政政策和相关程序进行改革，政府必须逐步提高对教育的财政投入。萨尔瓦多将鼓励各级别的教育更多地实现私有化以减少国家的投资。外部援助将继续对投入财政资源支持教育发展方面发挥显著的作用。然而，政府必须谨慎的一点是对此类援助不能产生依赖心理。

萨尔瓦多需要加强教育行政管理以确保对教育的投入能得到有效的管理，并得到最大化的利用。目前在项目中进行试验的管理模式，可能会为阐述管理权地方化议题和呈现在该领域普遍的、混合的复杂问题提供一种选择。

萨尔瓦多必须向农村地区的贫困人口提供更好的受教育机会，同时还得提高基础教育在适龄人群中的总体普及率。

萨尔瓦多必须提高各级教育中的内部效果，这意味着在其他事项中，教学质量必须得以提高才能减少教育领域稀有资源的浪费。

最后，即使政府已在人口增长问题上多次进行了强调，萨尔瓦多还必须投入巨大的努力来减轻人口过剩对有限国土资源造成的重压。

罗伯特·鲁伊斯－埃斯帕茨（Robert Ruiz-Esparza） 著
吴志兰 译

附录

Agency for International Development 1987 *Latin America and the Caribbean Overview: Education and Human Resources Development Portfolio.* USAID, Washington, DC

Escamilla M L 1981 *Reformas Educativas, Historia Contemporánea de la Educación Formal en El Salvador.* Ministry of Education, San Salvador

Kast M 1988 *Education Sector Report.* Salvadoran Foundation for Economic and Social Development (FUSADES), San Salvador

UNESCO 1990 *Situación Educativa de América Latina y el Caribe.* Oficina Regional de Educación para América Latina y el Caribe, Santiago de Chile

World Bank 1991a *Annual Report 1991.* World Bank, Washington, DC

World Bank 1991b *World Development Report 1991.* World Bank, Washington, DC

其他参考文献

Disken M 1986 *The Impact of US Policy in El Salvador, 1979—1985* (Policy Papers in International Affairs No. 27). Institute of International Studies, University of California, Berkeley, California

North L 1981 *Bitter Grounds: Roots of Revolt in El Salvador.* Between the Lines, Toronto

Russel P 1984 *El Salvador in Crisis.* Colorado River Press, Austin, Texas

哥德普洛岛和马丁尼克岛的教育制度（Guadeloupe and Martinique: System of Education）

1. 基本背景

法国早在 1635 年就占领了哥德普洛岛和马丁尼克岛，后者是法国曾在西半球进行过殖民侵略的最后遗迹。哥德普洛岛和马丁尼克岛的战略地位、以蔗糖生产为基石的经济，以及由此建立的一种非常有影响的种植园管理体制使得他们很长时间以来一直是法国政府非常珍视的财产。一系列持续不断的战争让法国拥有了对这两个岛的最终控制权,1763年的和平条约进一步确立了法国对这两个正处在发展中的岛屿的不可挑战的统治权。只是到了1946年才授予这两片殖民地(作为法国一个)部门的地位,实际上,是使他们成了法国社会基础机构的一个组成部分。

这种新授予的"海外部门"身份给这两个岛带来了一定的平等的民权,他们依然保留了对法国本土的依赖性。在1974年一个地区委员会建立之前,有关财政预算决策和需求都是在法国本土讨论,并依据巴黎认为和界定的需求做决策。地区委员会得益于弗郎克西斯·密特朗的自由分权政策,截至1983年哥德普洛岛和马丁尼克岛才取得了对地方税收、警察和经济事务的更多控制权。

就社会构成而言,法国殖民经济和政治的摇摆不定给哥德普洛和马丁尼克带来的是持续的进口劳工浪潮。黑人奴隶被从非洲运过来,从事繁重的甘蔗种植园劳动,代替不断减少的美洲人口(加勒比人)和固执的仆人。尽管法国大革命规定奴隶制违法,但是农奴们直到1848年才被解放了出来。殖民投机主义和重商主义在19世纪末20世纪初引起了数次高级管理人员和工人浪潮。因此,有少量的亚洲人、东亚人、中东人在这些岛屿定居。

哥德普洛和马丁尼克的严重的社会分层结构显然源自于这些殖民政策以及由此导致的异族通婚。如果白种移民(Bekes:富裕的大农场主的后代)依然拥有多数土地的话,那么黑白混血儿通常控制着私人部门和公共部门的高级和中级管理权。绝大多数人口是由皮肤较黑的人构成的,他们形成了社会的底层。最后,在阿尔及利亚灾难后被送来的来自六角地区(Hexagon)的法国移民,以及作为公共服务行政管理人员被派遣来的法国移民,进一步增加了这些社会万花筒般的性质,使生活在这些岛屿的各种群体间的种族和阶级矛盾进一步深化。

哥德普洛和马丁尼克位于西半球,是波多黎各加勒比海东南部的次安替列斯群岛的一部分。它们的面积很小,哥德普洛的两个岛加起来才有1 780平方公里,马丁尼克岛的面积只有1 100平方公里。两个岛屿的人口都很少,人口增长率很低。在1991年,哥德普洛有人口344 897人,马丁尼克有人口345 180人,人口年增长率还不到1%(哥德普洛0.8%,马丁尼克0.9%)(美国中央情报局1992)。每个社会的种族构成都比较相似。在这两个地区,90%的人是黑人或黑白混血儿,5%的人是高加索人,5%的是印度人、黎巴嫩人和中国人。95%的人信奉罗马天主教,而其余的5%不是信奉印度教,就是信奉非洲的当地宗教(中央情报局1992)。

尽管法语是官方语言,所有本土的岛民都讲一种由法国的上层和非洲的下层构成的克里奥耳语。由于文化和民族主义的意识提高了,克里奥耳文化和语言已经引起了语言、政治和人类学家的注意,并且在政治和贸易工会领域得到了很大的增长,在这里,他们已经与哥德普洛和马丁尼克的独立运动紧密地联系了起来。尽管在将当地语言融入初等学校和中等学校系统做了一些尝试,但是克里奥耳最重要的影响是在大学水平上,马丁尼克在高等教育层次上建立了一个克里奥耳语研究所。

这两个岛屿的生活标准在加勒比地区是最高的,在20世纪90年代初期,哥德普洛和马丁尼克的人均年收入分别是3 300美元和6 000美元(美国中央情报局1992)。他们的经济以农业、轻工业和旅游业为基础。旅游业已经成为哥德普洛和马丁尼克最重要的外汇来源,同时如在1988年,也是这个地区整体经济的主要贡献者。主要的农作物有香蕉、甘蔗、椰子果、车前草和菠萝。制造业发展得很慢,有限的工业主要是为当地消费生产产品,包括食品加工,如蔗糖生产、甜酒蒸馏和面粉加工。在20世纪80年代,由于没能创造新的机会,以抵消农业机制引起的失业,使得经济发展不稳定。高生活标准、薄弱的农业和工业生产,以及持续的贸易赤字导致这两个岛出现通货膨胀和高失业率现象。1990年,在哥德普洛岛有30%(29 427人)的劳动力失业,而在马丁尼克岛几乎有40%(52 094人)的劳动力失业(Europa 1992)。残酷的经济条件迫使许多岛民、移民到法国的大都市地区。据估计,现在居住在六角地区的马丁尼克人和哥德普洛人与住在这两个岛上的人一样多。

尽管不是那么明显,但是在加勒比的一些地区典型的令人难堪的贫困在法属西印度群岛的农村地区依然存在。饥饿问题几乎已经不存在了，但是营养不良依然是一个地方性的问题，由其在哥德普洛岛和马丁尼克岛的贫困地区更是如此。然而，由于法国政府的支持，这两个岛的经济有了一些财政的稳定性。官方政府试图为海外部门提供与本土相同的社会条件和经济条件。

2. 教育政策与目标

尽管海外部门身份使他们成为法国共和国的一部分，但是哥德普洛和马丁尼克在过去的数年里取得了一定的内部自治权。在法国分配的财政预算现在由一个地区委员会管理，它根据每个地区的具体需要，控制经费的分布。尽管依然由一个政府委员领导，每个岛由选举出来的委员会管理，并且还在法国国民议会和巴黎共和参议院选举了代表。可是，将海外人口同化进法国文化依然是政府的主要雄心壮志，这样一种目标主要是通过教育渠道实现。

在这个意义上，海外部门的教育目的与法国本土的是一样的——将年轻人培养成“完美的法国人”。出于这个原因，哥德普洛和马丁尼克的教育制度的结构和内容与法国的是一样的，尽管如此，还是在某些方面体现出了岛人的地理环境和非洲血统问题。自20世纪70年代初期以来，已经采取了一些措施，使人们的历史自豪感复兴，并且西印度文化的特性正在被逐渐地引入课程。

法国政府为两个岛内的居民提供与法国本土平等的教育机会的考虑，意味着在这两个岛上公共教育是免费的，义务教育年限是10年，孩子在公共学校从6岁开始接受义务教育，到16岁义务教育结束。有些学校是男女合校制，而有些则是单一性别制。无论公立，还是私立学校都与法国的教育结构相似，即初等学校、初级中等学校、中等学校和技术学校。高等教育是由行政管理办公室位于马丁尼克岛的安替列斯—盖亚那大学和代替了以前的教师培训学院的新建立的教师培训学院（IUFM）提供的。

3. 正规教育体系

尽管属于法国教育制度不可分割的一部分，但是马丁尼克、圭亚那和哥德普洛这三个海外部门从制度上来说，隶属于被称之为安的列斯群岛－圭亚那大学区的一个独特的行政结构，由大学区长负责行政管理。不过最终还是要接受法国教育部的最终领导。

从历史上看，最初具有西方风格的教育是由法国牧师提供的。由于这两个岛人口稀少，以及有限的经济基础，致使他们的教育进步缓慢。在第一次世界大战之后，公立学校和教会学校的入学率都有所增加。但在第二次世界大战期间以及战后，教育增长速度放慢，原因是法国在当时面临战争条件以及战后的诸多重建问题。从1946年开始，在这两个地区被授予了部门身份之后，无论初等教育还是中等教育都开始得到持续发展。哥德普洛和马丁尼克学校教育机会的增长多数是发生在比较近的时期，公共教育尤其如此。这两个岛屿基础教育制度的成功主要是反映在人民的识字率上，与加勒比海地区的其他国家相比，他们的识字率是很高的。在1982年，成人的平均识字率哥德普洛岛是90%，马丁尼克岛是93%（美国中央情报局1992）。

3.1　初等教育、中等教育和第三级教育

学制图参见图1。

与法国大陆地区的教育制度一样，这两个岛的义务教育从初等教育开始，接受初等教育的学生年龄在6～11岁。为了减少在同一个年级逗留年限在两年或以上的学生的人数；为了降低留级率，使教学实践更好地满足每位学生的需要，在全国范围内设计了一种教学“循环”制度。最初，选择了马丁尼克教育部门，就如何在初等教育阶段实施这些教学循环，进行试验研究。之后，大学区长决定推广这种试验，因此，早在1992年1月，这种制度就在这个大学区的所有初等教育机构中开始实行。这些新的教学循环的定义如下：(a)在幼儿园进行一种普及化的教学循环；(b)一种更加基础的学习阶段在幼儿园的最后一年开始，到小学的前两年继续；(c)在初等教育的最后3年进行一种精深的学习循环，至初等教育结束。

1964年，马丁尼克初等教育的在校生人数已经达到了76 467人。到1969年又增长了16%，人

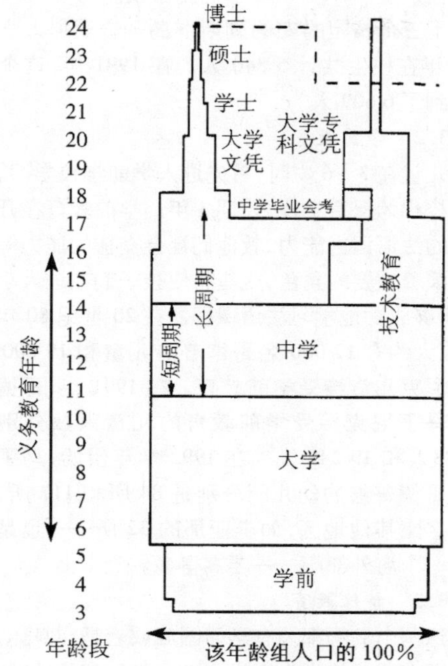

图1 哥德普洛岛和马丁尼克岛:正规教育体系的结构

数达到了88 818人,然后人数基本保持稳定,到1971年在校生人数为88 024人。在20世纪70年代初期,94%以上(264所)的初等学校是公立的,其余的16所是私立的。截至1977年,初等学校的数量增长到310所,而初等学校的在校生人数到1982年减少到50 142人。截至1978年,哥德普洛的312所小学有学生53 798人。在校生人数到1982年已经增长到62 000人。

在1990年,哥德普洛有学校222所,公立和私立学校的在校生人数共计39 290人,教师2 064人。而马丁尼克有学校210所,在校生人数(包括公立和私立在内)1989年为32 649人,教师人数在1986年是2 004人。在1991学年初,哥德普洛存在的学校有204所,在马丁尼克还在运行中的学校有189所,他们各自公立学校的在校生人数分别为35 188人和30 701人。在同一个学年,哥德普洛私立学校有在校生3 343人。

初等教育接下来是为期7年的中等教育,中等教育被分成两个阶段:4年的初级中等教育,3年的高级中等教育。因此,紧接初等教育的这一级中等教育被分成两个彼此平行,有时又是互补的阶梯。第一级阶梯可"长"可"短",学生要参加哪种阶梯要看他们的能力,这种教育主要由被称为"学院"的机构提供。在这些学校中,学生可在"短轨"(制下)学习,这种学习为期4年,他们在毕业时有取得一种被称为"晋升至学院"的机会,据此他们就可以加入劳动大军。他们还可以学习"长轨"课程,这种课程为期3年,在3年之后他们就有资格参加大学预科考试,这标志着高中阶段学习的结束。通过这种考试,并取得证书的学生有资格申请到大学学习,或申请到一种新发展起来的2年制的学校学习,这种学校为他们开设了一种技术高级证书(BTS)课程。没有通过上述考试的学生也可以修读BTS课程。

在"长轨"注册的高中生通常到一种被称为"公立中等学校"的机构中学习,在这里,他们在完成了为期3年的普通教育之后,就可以参加普通教育预科考试。选择继续中等普通教育的学生(与决定学习本词条3.4中描述的技术预科的学生相对照)有机会在6种普通教育课程"单元"中选择一种进行修读。

在20世纪70年代初期,马丁尼克有中等学校共计52所,其中公立学校43所(83%),私立学校9所(17%)。截至1982年,中等学校的在校生人数已经达到了44 000人。在哥德普洛,已经建立了52所中等学校,1978年和1982年在校生人数分别为46 692人和48 000人。

据报道,哥德普洛在1990年,公立和私立中等学校共有75所,在校生总人数为49 846人,教师人数为3 327人。1989年,马丁尼克中等学校的在校生人数是43 480人,在马丁尼克75所公立和私立学校工作的教师人数总共是2 745人。

由于中等教育阶段进行的改革,在教育部的官方出版物中列出的中等学校的数量情况如下:在哥德普洛,63所公共中等学校被分成了9所高中、12所职业高中和42所学院;在马丁尼克,公共中等学校共计62所,它们被分成7所高中、13所职业高中和42所学院。再加上圭亚那的21所中等学校,这个大学区的公共中等学校数达到了146所。

无论是在初级中等学校,还是在高级中等学校,在校生人数都在稳步降低,从1988年的99 000人,减少到1991年的95 000人。只有6%的学生在私立学校就读,而在法国大陆地区这一比率则是20%。然而,该大学区预测到2000年,在哥德普洛、马丁尼克和圭亚那注册的学生将分别达到48 500人、43 500人和20 000人。

在法属西印度群岛地区,高等教育是非常有限的,多数大学的主要目标是使学生为接受高级职业证书做好准备。哥德普洛的安的列斯群岛—圭亚那中央大学由艺术学院、法学院、体育以及自然科学学院构成。在马丁尼克,有数所经济学院和法学院。鼓励资质非常好的学生到法国接受更高级的学位,并且,政府通常为这些到海外学习的学生提供非常慷慨的财政支持。

由法国总统任命一位学区长领导,并且由教育部任命的督学辅助他开展工作。大学区区长的官方所在地位于马丁尼克法国港。

由于安的列斯群岛—圭亚那大学区的地理位置非常复杂——分散在三个部门,跨越两大洲,通讯的不方便阻碍了行政管理信息的适时流动以及协调。例如,给贫困学生提供的奖学金或财政支持经常被延误,给相应的个人带来损害。为了弥补这种缺陷,行政管理体制改革的一个目标就是到1992年年底,实现权力的分权化,每一所大学和每一所教师养成学院的权力尤其要实现分权化。这样,奖学金的分配和分发将完全由相应的大学自己决定。

但是奖学金分发问题绝不是这种地理分散性引起的唯一的问题。课程和班级的组织与安排也是令人难解的问题。使问题更加复杂的是,来自海地和多美尼加(甚至远自巴西和圭亚那)的教育水平比较低的移民,使基本上讲克里奥耳语的人遇到的插班问题更加严重。

截至1977年,马丁尼克高等教育的总在校生人数为1 656人,哥德普洛截至1978年,高等教育在校生人数则达到了1 645人。在1988年,哥德普洛有在校生2 373人,马丁尼克在校生为2 743人。分散于三个校园的安的列斯群岛—圭亚那大学在1989年在校生共计5 840人。在1991年,这个数字达到了6 609人。

3.2 学前教育

儿童在3~6岁时,首先进入学前学校学习,这种学校称为保育学校,为期3年。学前教育在开发儿童的法语语言能力,教他们社会交往的能力等方面扮演着重要的角色,这些将使孩子们在进入小学后,能够成功地学习法语课程。在20世纪80年代中期,大约有17 000名哥德普洛儿童和19 000名马丁尼克儿童接受学前教育。在1991年,哥德普洛和马丁尼克接受学前教育的儿童人数分别是18 088人和19 249人。在1992学年伊始,马丁尼克和哥德普洛的幼儿园分别是84所和117所,这些数字比其他地区,如圭亚那的32所——也是法国的一个海外部门——要高得多。

3.3 特殊教育

这两个岛屿都为有学习困难或者是在身体、智力方面有残疾的学生提供资助。教育部承认,所有残疾儿童和青年有接受适合他们特殊需要的高质量的教育的权利。给他们提供了三种类型的课程,以促进这些孩子的最佳发展,鼓励他们融入正常班级。

困难学生辅助网(RASED)——一个为残疾和障碍学生开办的特殊的辅助网络——为本大学区内的所有公立和私立学校服务。由198名特殊教育教师、45名学校心理学家和90名精神疗法专家以及45名教师构成的RASED,比如为马丁尼克有学习障碍或残疾的学生提供各种辅助活动。特殊教育教师提供的辅助工作比法国大陆地区的还要更进一步。在20世纪90年代初期又重构的这些活动,试图将接受特殊教育的学生融入主流教育系统中去。

3.4 职业、技术教育和商业教育

"高中"这个词是指两种类型的学校。一种是指所谓的"职业高中"(在1992学年,哥德普洛有这种类型的学校2所,圭亚那有4所,马丁尼克有13所),另一种是指"普通中等学校"(哥德普洛有这种类型的学校9所,马丁尼克有7所,圭亚那有

2所)。

在职业高中,有两种学制共存:(a)短期学制,颁发两种学位:CAP(职业方向证书)和BEP(这是一种高级职业能力证书);(b)时间更长一点的学制,它颁发一种更加高级的技术和职业学位:技术高中证书(需要指出的是,在所有讲法语的教育制度中,"职业"这个词通常是指手艺和技术构成课程基础的教育机构)。学生在取得CAP和BEP证书之后,绝大多数的人开始技术或职业生涯。

在马丁尼克,截至20世纪70年代初期,开设有技术课程的公立和私立院校共有8所。职业教育机会已经大大增加了,这是因为两个部门都建立了各种与公立中等学校的博雅课程相平行的技术教育学院。技术学院的课程包括家庭经济学、农学、机械学、商业课程、手工艺课程以及其他课程。

3.5 成人和非正规教育

显然,法属西印度群岛公共教育的一个目标是为所有的青年人和成年人提供职业或专业培训。每个部门的劳工部与马丁尼克和哥德普洛职业教育协会通力合作,为成年人提供簿记、打字、电器安装与修理以及旅游业宾馆服务等方面的培训。除此以外,还有为公共医疗领域的医务工作者开设的课程,同时,军队还提供各种技术技能培训。

通过无线电和电视提供的函授课程越来越盛行,还为要求有在职晋升机会的劳动者提供补习课程。全国远程教育中心(CNED)尽管主要在法国本土的各个城市中运行,但是它在马丁尼克设有一个分支机构。这个远程教育中心的工作涉及面非常广泛,开设了内容多样的课程,其目标人群是受过各级教育的人。学费在90~500美元之间不等,通常由受教育者本人负担,具体费用的多少要看学位的高低或证书的水平。

4. 行政管理的结构与运行

在1973年之前,这两个岛屿的教育系统都处在一个法国行政管理机构——波尔多大学区——的领导下,在地方则由一位副大学区长负责。接下来,西印度群岛获得了自治大学区的身份,其大学区长住在位于马丁尼克岛的法国港口。这位大学区长作为这个地区的教育长官,不但负责这个地区所有的教育服务的行政管理工作,而且还是大学的校长。与法国其他大学区一样,督学们在青年活动和体育运动、医疗和社会服务以及教育指导和职业指导方面辅助大学区长开展工作。

鼓励社区参与,并且有关公共教育学位、报告和研究事务还经常发给教师工会和家长协会,以征求他们的意见。1990年任命的大学区长设置了一个组织机构,由这个机构负责对多个利益群体的利益进行协调和澄清。与此同时,该大学区还邀请各所公立中等学校高年级的学生参加这个组织,他们可以就影响他们学习的课程的问题发表看法。

5. 教育财政

州通过地方税收给教育的拨款不能充分地满足地方的教育财政需求,因此,法国政府在不断地为这两个部门提供教育经费补助。大学区长在1990年9月发表的一份演讲中指出,政府在那一年给教育的支持又增长了8.9%。据估计,下一年的增长将达到9.3%。

除此以外,为了增加教师有关儿童发展的知识和提高他们的教学能力,法国政府为短期和长期的教师在职培训课程提供的专项经费。

6. 师资

如果是在过去,绝大多数的小学教师和中学教师是在法国的师资培训院校学习的,最近他们已经开始在岛上被录取和培训,并且到当地的师范学校学习。从1991学年开始,附属于安的列斯群岛—圭亚那大学的新成立的教师教育学院将提供这种培训。由于大学支持这个学院增强其能力,所以希望到2000年这所学校能培养大约150名更加有学养的教师,从而更有能力满足本大学区的具体需要。

从1991学年开始,设在哥德普洛的教师教育学院开放,它设有四种中等学校教学职业能力证书(CAPES)。三种其他的职业能力证书,其中有一种是更具体适合体育和运动教师需要的证书,这种证书将在不远的将来付诸实施。

尽管属于大学系统的一部分,但是教师教育学院从行政管理上来说，独立于大学。为了能利用一些共同的教育资源，它独立地与本大学区的各所大学签订了合同；为培养师资和对职前教师进行督导，它还与大学区委员会和它的督学们签订了合同。同时，它还就以前的师范学校(教师培训学院)使用过的建筑物的利用问题，与国民委员会达成了协议。这些教师教育学院通常位于大学城内，课程实行两年制。学生在取得学士学位之后，才有资格申请到这类院校学习。第一年主要学习专业课程，在一学年结束时，学生参加一个竞争性的考试，通过这个考试的学生才有资格继续第二年的学业。第二年主要是发展学生的教学技能，以使他们成为某个特定领域的教育专家，在学年结束时，学生只有在属于本地区或本民族的教育机构中取得任期保证，才表明他们成功地完成了学业。

非常清楚的是，他们意识到满足安的列斯群岛—圭亚那大学区的需要是非常重要的，即应该对教师教育学院录取的学生的教学和安排给予特殊的关照。在 1991 年，哥德普洛、马丁尼克和圭亚那地区可提供的教师岗位分别是 50 个、25 个和 100 个。由于圭亚那人口的突然增长，以及新近对技术的强调和对教学更多的需求，使得圭亚那部能够吸引并促进来自马丁尼克和哥德普洛的学生的中期转换。已经在马丁尼克或哥德普洛的教师教育学院学习了一年课程的学生可顺利地转到圭亚那，继续第二年的学业，并且能够在这个快速发展的地区获得教学职位。

7. 课程开发与教学方法

法属西印度国民教育部制定课程，并且就教师如何实施这些课程颁发教学指导。可是，允许教师选择他们愿意使用的教科书，并且就教学方法而言，允许教师有一定的灵活性。学生学习的课程与法国本土的课程是一样的。在初等学校，学生学习法语阅读和写作、数学、课程、历史、地理、手工艺和体育，接受道德教育和公民教育。在中等教育阶段，有几种可能供学生选择。学生可以学习文学、语言、经济学、社会科学、自然科学、数学以及有关技术和工业的科目。据报道，有六种专门领域为学生提供普通学习课程：(a)哲学和文学；(b)经济学；(c)数学和体育科学；(d)数学和自然科学；(e)技术数学。技术预科的选择范围包括：(a)工业；(b)社会—医学；(c)社会和经济研究；(d)计算机科学。

8. 考试、升级和证书制度

社会不平等对教育的影响，在这三个部门报道的学生很高的留级率中就能清楚地反映出来。如果在 1991 年的法国大陆，学习预备课程的学生的留级率是 8.1%，那么，在安的列斯群岛—圭亚那大学区在同一个学年，这个比率则会达到 11.4%。同时，据报道，在马丁尼克，15 岁的青少年中有 66% 的人没有任何证书。这个数字自 1982 年以来，一直保持稳定，它与全国的平均水平相比要高得多。而且，在 1986 年对初等学校和中间学校进行的一项调查发现，马丁尼克和哥德普洛地区的学生成绩与法国大陆地区的学生比，要低 25%。

1991 年，从整个大学区来看，有 74% 的在校生拿到了普通教育学士学位，52% 的学生取得了技术方面的学士学位。这些数字与 1987 年以来的比率相比，出现了净增长，在 1987 年相应的比率分别是 59% 和 49.6%。接受普通教育学士学位的学生的毕业比率哥德普洛、马丁尼克和圭亚那分别是 73%、78% 和 36%。对学习专业方面的学士学位的学生来说，哥德普洛和马丁尼克的毕业率分别是 63% 和 79.1%。

1991 年，所有学习 CAP 课程的学生中，拿到学位的学生比率哥德普洛、马丁尼克和圭亚那分别是 53%、51% 和 63%。学习 BEP 的学生，相应的比率则是哥德普洛 45%、马丁尼克 50%、圭亚那 62%。学生的毕业率在不断提高。

9. 教育评价、评估和教育研究

从全国来看，有关教育一般方向的 1989 年法案规定，必须认真对待学生实体中的地理和文化特性；采取一切措施，以将这种特性融入各种水平的课程和教育的各个阶段中去。大学区委员会在 1991 年决定选举出一个委员会，由该委员会具体研究将国家指导原则应用于地方现实的可能性。这个委员会的很多委员一致认为，学生的高留级率

(表现为较低的学习成绩)是因为他们本身主要使用克里奥耳语,但他们学习阅读使用的却是其他语言。从政治视角看,法国克里奥耳语的支持者公开宣称"文化的非殖民化",并且建议在学校中使用这种语言。可是,尽管有非常微弱的将教育过程克里奥耳化的尝试,尽管官方承认作为一种发展完善的地区语言,法国克里奥耳语可在公立学校中教授,但是这种语言的萎靡不振依然在持续。在1986年,由国家教学研究所进行的一项调查发现,有46%的低收入家庭反对学校教育的克里奥耳化。他们声称,使用法语是他们改善社会地位的最重要的工具。与之相反的是,25%赞成教育制度克里奥耳化的家庭来自社会的中产阶级和上层阶级。人们指责他们,试图通过将唯一能有效促进社会向上流动的法语边缘化,从而使现存的社会不平等状况得以延续。在20世纪90年代,尽管争议依然存在,但开发教学模式,以将法语融入克里奥耳语环境的研究工作还是取得了一定的进展。

大学正越来越多地关注与本地区需要有关的基础研究。由于本大学区进行的多数研究更多地具有地区性,所以国民教育部在1992年1月签署了一份新的研究合同,这份合同将导致一个全面的博士学位制度的创立。与此同时,本大学区2000年的一个主要目标是提高效率,并且加强它在加勒比海和美洲地区的地位。这样,多元文化主义和多语言研究得到了强调,并且整个加勒比海地区的邻近岛屿被视为是一个合作性的、统一的教育系统的自然合作伙伴。众多的教师交流、讲英语的岛屿为法语教师开办的广泛的语言学习班等是这种加勒比海内部地区合作的例证。而且,为了表明有在本地区研究和开发的决心,法国政府已经帮助建立了很多这样的项目。为实现这一目标,建立了一个地区合作委员会和一个负责合作活动的合作经费委员会。预测到对应用科学的需求将更大,特别是圭亚那地区——法国空间项目的所在地,将在1992年建立一个专门从事这一领域研究的特殊大学分支机构。

10. 20世纪八九十年代的主要改革

在20世纪80年代,哥德普洛和马丁尼克进行了一些适度的改革,以使学术性课程和职业性课程更好地适应西印度群岛的生活,而不再过多地关注欧洲的生活方式。为了实现这一目的,在初等学校和中等学校设置了更多种类的功能性循环。同时,开设了更多的大学学位课程,如经济学、法学和科学硕士学位,还有教师教育学院新近开发的课程。

法语是否作为教学用语的问题存在于20世纪80年代的教育舞台,这个问题在20世纪90年代依然存在争议。认为西印度群岛的儿童应接受克里奥耳语教学,而不是法语教学(他们认为,这种教学将使学生和文化遗产疏远)的有民族主义倾向的当地教师,是将教育制度克里奥耳化的坚定支持者。希望岛屿取得独立政治地位的积极分子也认为:"克里奥耳语的命运与西印度群岛人民的未来发展紧密相关。"马丁尼克和哥德普洛地区进行的各种教育改革似乎暗示着,他们支持赞成教育系统使用当地文化和语言的人提出的观点。有趣的是,在邻近的海地,与之相类似的有关法语和克里奥耳语的争论自20世纪70年代初期以来,已经成为一个主要争论议题。

11. 2000年面临的主要问题

正如上面提到过的,哥德普洛和马丁尼克的教育制度与法国的教育制度基本上是一样的,尽管他们进行了试图将这种教育制度适应西印度群岛特殊需要和条件的努力。长期的经费短缺和合格师资的缺乏问题长期以来一直是阻碍哥德普洛和马丁尼克教育改革措施实施的障碍。幸运的是,分权化的政治和文学人物,如塞萨(Cesaire)、达玛斯(Damas)、格雷廷(Gratian)、格里桑特(Glissant)等带来的对文化民族主义的高度敏感性,以及独立运动等帮助当局调整经费分配政策,鼓励他们补偿上述的地方性问题。阻碍改革的依然是官僚分子的态度,他们居住在这些岛屿上,认为从大都市进口课程,由法语和法国文化所联想到的等级和威望感令他们感到非常舒服。

可是,岛上的绝大多数居民却在这两个极点间挣扎。一方面,认为自己是独立分子的人正努力使众岛屿无论政治上,还是文化上都从对法国的重度依赖中解放出来，而官僚分子却强烈地维护身份说。困在这两者之间的人则害怕仓促的独立，他们希望有内部自治这个中间阶段，这个阶段将最终导致独立。现行结构和它的地区委员会似乎给了他们一些安慰，但是马丁尼克和哥德普洛政治地位的将来依然悬在这三股力量构成的微弱平衡状态上，这三种力量是官僚分子、独立分子和自治分子。在即将到来的数十年里，显然教育将在这些岛屿命运的战斗中扮演决定性的角色。

C. 米歇米(C. Michel)
G. 皮均(G. Pigeon) 著
吴志兰 译

附录

Bulletin d'informations de la cellule départementale d'action culturelle 1991 *Martinique Communication Culture 2000 MC2*, No. 8 (September). Inspection Académique de la Martinique, Martinique

Burton R D E 1978 *Assimilation or Independence? Prospects for Martinique.* Center for Developing Areas Studies, McGill University, Montreal

Centre National d'Enseignement No. Distance 1989 *Catalogue des Formations 1989/1990.* Ministère de l'Education Nationale, Paris

Europa 1982 *Europa Yearbook: A World Survey*, vol. 2. Europa Publications, London

Europa 1992 *The Europa World Yearbook 1992*, vol. 1. Europa Publications, London

Heon M 1990 Conference de Presse de Rentrée Scolaire 1990—1991 Introduction de M le Recteur Michel Heon. Martinique

Holmes B 1980 *International Yearbook of Education.* UNESCO, Paris

Institut National de la Statistique et des Etudes Economiques 1982 *Région Martinique: Tableaux économiques régionaux.* INSEE, Martinique

Ministère de l'Education Nationale 1991 *La Rentrée Scolaire 1990—1991 dans l'Académie des Antilles et de la Guyane.* Rectorat de l'Académie des Antilles et de la Guyane, Martinique

Notes et Etudes documentaires, No 4060 1974 *Les Départements d'Outre-Mer, La Martinique.* La Documentation Francaise, Secrétariat Général du Gouvernement, Paris

United States Central Intelligence Agency 1992 *World Factbook.* Central Intelligence Agency, Washington, DC

Valo M 1990 L'Inadaptation du système éducatif dans les DOM. Qù créole ne rime pas avec école. *Le Monde de L'Education*

其他参考文献

Claypole W, Robotton J 1990a, *Caribbean Studies Book One: Foundations.* Longman Caribbean, Harlow

Claypole W, Robotton J 1990b. *Caribbean Studies Book Two: The Inheritors.* Longman Caribbean, Harlow

Dossier d'Information 1990 *La Rentrée Scolaire 1990—1991 dans l'Académie des Antilles et de la Guyane.* Rectorat de l'Académie des Antilles et de la Guyane, Martinique

Heon M 1991 Conference de Presse de Rentrée Scolaire 1991—1992 Introduction de M le Recteur Michel Heon. Martinique

Knight F W 1990 *The Caribbean: The Genesis of a Fragmented Nationalism.* Oxford University Press, New York

Revue de l'Académie des Antilles et de la Guyane Juin 1991 *Education Avenir No. 0.* Rectorat de L'Académie des Antilles et de la Guyane, Martinique

Surhomme M, Biarnès J 1982 *L'enfant Antillais en France.* L'Harmatan, Paris

UNESCO 1982 *World Guide to Higher Education.* UNESCO, Paris

United States Central Intelligence Agency 1982 *World Factbook.* Central Intelligence Agency, Washington, DC

United States Department of State 1974 *Background Notes: Martinique.* United States Department of State, Washington, DC

危地马拉的教育制度(Guatemala:System of Education)

1. 基本背景

危地马拉共和国位于中美洲。西部与北部和墨西哥接壤,东临洪都拉斯和萨尔瓦多,北临加勒比海,南临太平洋。领土面积为108 889平方公里。危地马拉主要的地形为山地,大型火山链贯穿东西,由这些火山链形成了两个水文盆地,许多河流从此发源,流入墨西哥湾、加勒比海和太平洋。危地马拉的人口主要由两种民族构成:土著人和非土著人。

在行政上,危地马拉由分别属于22个区的330个城市构成,而这22个区又分别属于8个地区。和其他中美洲国家相同,危地马拉在20世纪80年代也没有能摆脱经济危机的影响,这个国家的所有事务几乎陷于瘫痪。

在1524年欧洲人开始征服美洲以前,该区域居住着许多以玛雅人为共同祖先的不同群体。1524年圣地亚哥一骑士危地马拉城市的建立,标志着这个地区殖民地时期的开始。这个城市是危地马拉王国的第一个城市,当时的城市从墨西哥的特旺特佩克地峡(Tehuantepec Isthmus)一直延伸到哥斯达黎加;在司法上,该城市对新西班牙的总督负责,在经济上则依靠西班牙的大城市。在殖民地期间,教育主要体现在由宗教团体开展的"基础教育学校"中,主要方法是用问答法教当地土著人卡斯提耳语。1676年建立了危地马拉圣嘉禄·鲍荣茂(St. Charles Barromeo)皇家及主教大学,这也是美洲第四所大学。

1821年,危地马拉脱离西班牙而获得独立,但一直作为墨西哥的附属国,直到1823年才获得完全独立。危地马拉和其他中美洲国家一直保持着联盟,直到该联盟于1847年解体。从1871年始,该国的自由革命运动使整个国家的社会和经济发生了巨大的变化,也影响了教育,使其成为非宗教的、义务的正式制度。

1990年,危地马拉的人口大约有920万,是中美洲人口最多的国家。有38%的人口居住在首都和其他大城市,约2万居民居住在城市以及主要的城镇。其他人口居住在农村,其中大部分居住在人口少于2 000的社区中。土著居民(约330万)占整个人口的38%,由不同的民族构成,使用25种语言,共包括一百多种方言。危地马拉人多数是玛雅人的后裔,其中人口最多的群体有基切人、卡克奇克尔人(Cakchiquel)、克克奇人(kekchi)、马梅人和楚图吉尔人(Tzutujil)。在这种情况下,尽管危地马拉的官方语言为西班牙语,但20世纪60年代以来,国内推行的却是双语教育,儿童学习阅读和书写自己的母语,把西班牙语作为第二语言。

危地马拉一直是农业大国,有着良好的农业基础。但工业的发展使国内的人口急剧涌入城市。城市化的年龄结构非常明显,几乎50%涌入城市的人口在15~44岁之间。这种现象促进了危地马拉社会福利的降低与基本需求的满足,对教育也产生了一定的影响,主要体现在人口的识字率上。危地马拉的武装暴力导致100万人口被迫迁移,50万人沦为难民,250万儿童成为孤儿。政府在不断寻求解决武装暴力问题的方法,他们采取了一些措施,如区域化和教育改革,在"全民教育"的框架下开展了许多教育项目,如建立"和平学校"。

危地马拉经济上有劳动力的人口约占总人口的50%,其中妇女的比例很小(25.5%),10~24岁的年轻人口比例比较高(36.1%)。经济活跃人口的受教育水平很低,这意味着必须花大力气扩大教育的覆盖面,并通过校外教学项目和远程教育来提高人们接受教育的机会。

2. 教育政策与目标

危地马拉的政府任期为5年,每一界的政府都要制定经济及社会发展政策。政策的制定主要由计划总秘书处来进行。自从1985年以来,就政府必须面对的问题,在各界政府间建立了一个具有连续性的政策制定程序。

作为国际协议签署国的危地马拉,制定了与中美洲教育发展计划紧密联系的国家教育发展计划。这从长远上使国家能解决一些拉丁美洲和加勒比国家共同面临的教育问题。因此,自从1985年以来，教育制度在危地马拉担负着重要的任务与作用，为此国家制定了特定的政策，将教育与卫生、家庭、就业、人口的营养等需要联系起来，并受到国家私人企业和其他非政府部门的支持。

教育部将这些政策转化为教育指南与教育目标，使之能满足人们日益增长的教育需求，实现所有人都能接受教育的目标。这尤其体现在学前教育和初等教育的发展上，从而提高入学率和教育质量。教育部还负责更新课程，以及将民主、人权、跨文化主义、工作、健康和环境保护的基本理念整合到课程中。教育部还要为来自不利环境的儿童提供补偿教育。

为了适应改革、提高教育质量，危地马拉极为重视培训教育系统各个部门的人员。政府致力于扫除文盲，并鼓励人们参与扫盲项目。为此政府也加大了对教育的经济投入，并在政府与私人企业间建立和合作伙伴关系。

3. 正规教育体系

图 1 是危地马拉教育体系的结构图。表 1 具体说明了入学情况和教育资源的状况。

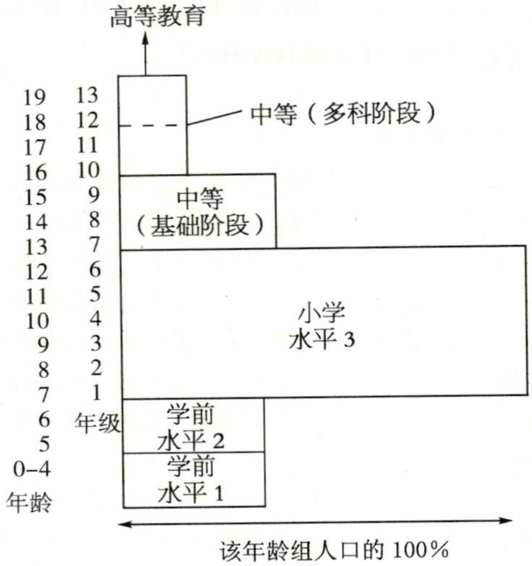

图 1　危地马拉：正规教育体系的结构

危地马拉的教育体系由学校教育、校外或平行教育构成。学校教育分为不同层次和不同年级；校外教育以不同的模式为组织形式，并以人们就业为主要目标。政府以及私人部门参与国家教育的发展与财政投入。

危地马拉的教育制度共分为五级：第一级以 0 ~ 4岁的儿童为目标；第二级为学前教育，接收 4 ~ 6岁的儿童（这两级的情况将在以下 3.2 中讨论）；第三、第四、第五级分别为初等、中等和高等教育。

3.1　初等、中等和第三级教育

危地马拉教育中的第三个层次，即初等学校教育以 7 ~ 14 岁（法定年龄为 7 ~ 12 岁）的儿童为对象，修学年限为 6 年，一年为一个年级。由于近一百多年以来，初等教育一直是免费和义务的，因此受到国家的大力支持。

然而，由于武装暴力、国内迁移、高贫困率以及农村人口的分散等社会经济原因，1991 年有 21% 的初等教育学龄儿童没有入学，因此有 79% 的学龄儿童进入私立和政府学校学习。尽管多数学校男女兼收，但也有一些男子学校和女子学校。一个教学工作日通常为 5 小时，一个学年最多由 180 个工作日构成。而且，危地马拉还为年龄超过 14 岁的少年提供特殊的加速这些大龄学生发展的正规教育课程，为期 4 年，以一年作为一个阶段。

危地马拉教育制度的第四级，即中等教育由两个阶段构成。一个是普通或基本中等教育，对完成初等学校教育的学生提供 3 年的中等教育。另一个阶段是多科教育，为期 2 年或 4 年，为完成普通初等教育的学生提供为进入高校学习而作准备的教育，或为成为教师或会计提供职业培训。在 1991 年，13 岁以及以上的学龄人口中约有 30% 接受基本初等教育，而 16 岁以及以上学龄人口中有 12% 的人接受多科教育。在中等教育的两种阶段中，学生进入特定学校、机构与私立学校接受教育，上课时间可以在上午、下午以及晚上。多数学校对男生和女生同时开放，但公共以及私立学校中仍有一部分只对单一性别招生。中等学校的一个教学工作日一般为 5 小时，全年约有 11 个月的工作日。

高等教育（第五层次）包括大学教育和属于非大学高等教育的特殊学院。危地马拉共和国宪法规定：危地马拉圣卡洛斯大学是国家的独立机构，

表 1　　1991 年入学人数与教育资源情况

	教育层次					
	初级	学前	初等	中等		高等[a]
				基础阶段	多科阶段	
学龄人口	1 607 886	591 016	1 583 602	685 419	812 881	–
入学注册人口	–	158 843	1 248 413	207 935	94 485	66 908
各级教育入学人数的百分比						
0 ~ 4 岁	–					
5 ~ 6 岁[b]		28.5				
7 ~ 12 岁			78.9			
13 ~ 15 岁				30.3		
16 ~ 19 岁					11.6	
教师人数	–	6.244	36 757	13 588	7 129	–
生师比	–	27.0	33.9	15.3	13.3	–
学校数量	–	3 496	9 362	1 277	526	5[c]
每所学校的平均人数	–	48	139	153	161	–
每个学生所需的费用(Q)	–	100	240	600	1 416	

a 仅指 1990 年圣卡洛斯大学的情况

b 从这一级教育开始,入学的儿童有至少超龄 1 岁现象:前初等教育——小于 5 岁的儿童,初等教育——大于 12 岁,基本阶段——大于 15 岁,多样阶段——大于 18 岁

c 包括私立大学

实行自治。圣卡洛斯大学和其他 4 所私立大学一起负责高等教育的发展方向、组织及发展。每所大学有自己的课程体系,涉及文科、社会、人类学和技术职业等国家经济和社会发展需要的学科。圣卡洛斯大学、拉菲尔(Rafael)大学和马里奥(Mariano)大学已经将它们的服务分化到国家的各个部分,建立了大学中心、学校以及部门等。

进入大学学习需要学生持有初等教育证书或学位。大学有些课程学制 6 年。每个学年又分为学期。有些技术课程则持续 2 ~ 3 年,这些课程根据其学科内容和大学的情况被分为 2 个月、3 个月或 1 个学期的课程。

大学学制 6 年的课程通常授予完成学业的学生学士或硕士学位,通常也同时授予专业学位。1990 年有 66 909 人进入国家大学学习,其中大学 1 年级人数占总在校人数的 19%。1992 年大学在校人数中的 60% 是在各种学院中接受大学教育的。

高等教育中的非大学学院为学生提供与大学或有关学位平行的课程,其中包括女子高级学院(IFES)和公共行政管理国家学院(INAP)。

3.2　学前教育

0 ~ 4 岁儿童的抚养与教育,无论是父母进行的还是由特定学校提供的,都是危地马拉教育的初级层次。初级教育项目的发展以健康、营养、环境教育以及社区和早期儿童的发展为目标。早期儿童的发展由托儿所、日托中心和幼儿园等国家以及私立教育机构直接管理。在 20 世纪 90 年代早期,早期教育机构入托率及入园率都很低,因为早期儿童接受教育的权利刚开始被人们所认识。

危地马拉第二层次教育——学前教育——以

4~6 岁的儿童为对象。教育项目一般包括一些社会心理发展活动,使儿童能掌握阅读、书写、算术等接受初等教育所必需的学习技能。危地马拉学前教育还有以多数土著儿童为对象的国家双语教育项目,为儿童提供母语教育和作为第二语言的西班牙语教育。开展学前教育是国家政府以及私人部门的责任与义务,然而 1991 年学前教育学龄儿童的入学率还不到适龄儿童人口的 30%。

3.3 特殊教育

危地马拉还没有具体的、针对残疾问题以及由此而引起的社会经济问题的政策法规,然而据国家统计表明,该国有 100 万残疾人口。有一些机构(多数为私人机构)为智力障碍者、精神病人已经在听力、动作、社会心理以及肌肉一骨骼等方面存在障碍的人提供一些定期或非定期的照顾。

3.4 职业、技术教育和商业教育

职业教育属于中等教育多科阶段中的一部分,分为四个领域:普通训练、技术训练、商业训练以及教师培训。这些职业学校招收基本中等教育学校的毕业生,这些学生在基本中等教育学校中接受过一些职业性向指导,帮助他们决定对上述四个领域的职业培训做出选择。几乎有 14% 的基本中等教育学校毕业生进入职业技术学校接受教育。技术培训局限于工业及农业领域。全国只有 3 所政府技术学校,提供各种技能训练,学校根据统一考试成绩录取学生。另 5 所学校为学生提供一种特定的技术教育,接受这种教育的学生可以获得中级教育证书及学位,毕业后或者进入高等教育系统继续学习,或者走上工作岗位。计算机教育近来发展迅速,但局限于首府城市的私立学校中,内陆地区发展缓慢。

约有 50% 基本阶段教育系统的毕业生进入商业教育学校。由于政府学校和私立学校提供各种与商业有关的秘书与会计专业教育,商业教育为学生提供了许多学习机会。然而 20 世纪 90 年代初,人们对商业教育的需求正逐渐减少。

危地马拉私人部门、工业、农业、商务和商业部门的其他领域对技术技能的正式培训不是特别关注,在许多情况下,技术教育培训的学生并不能满足国内市场的需要。

培训技术学院(INTECAP)是危地马拉工作与社会福利部下属的办公室,为培养私人商业领域需要的合格人才提供各种教育项目。学院以培训中心为单位开展短期培训课程,培养从事不同领域工作的工人,这些培训中心遍及首府城市和危地马拉其他地区。

3.5 成人和非正规教育

危地马拉教育制度还包括校外教育这个与正规教育平行的子系统。这个系统推行以 15 岁及其以上的边缘人口为教育目标的正式和非正式的教育活动。危地马拉共和国 7 个政府部门(包括教育部)及其下属办公室、共和国总统、公众大学、国家与私立大学以及 261 个非政府组织都参与非正规教育系统的工作。

危地马拉实行了一种模式系统,使得成人接受正式校外教育成为可能。危地马拉于 1980~1981 年之间开发了一系列学习模式,其中模式 1 受到了特别的关注。这个模式为成人制定了与健康、经济、社会与文化发展有关的最低基本知识,并规定成人的基本读写能力。由于之前教学水平的低下和高文盲率,危地马拉近来成人识字读写能力的培训项目在数据上取得了很大的成就。

参与非正式校外教育的成人人口很难计算。政府机构和私人部门都参与成人教育项目的发展,并以提高成人的就业为主要目标。

4. 行政管理的结构与运行

危地马拉教育部是专门负责为使国民身心全面发展、推动民族文化与人类普遍文化传播而为国民提供普通基本教育的部门。1987 年危地马拉教育部开始教育区域化和去中心化进程,总共建立 8 个教育区域权威机构,每一个机构管理该地区的技术指导,并与技术一教学和行政单位整合。

为了提高工作效率,教育部的结构分为四个层次:(a)管理;(b)协调与执行;(c)评价与计划;(d)支持。地方教育主任属于教育部的第二个层次,管理层次的职责主要是为整个教育系统以及行政过程的发展提供技术支持服务等。

教育部提供的主要技术支持之一是为不同地

区的人员提供在职培训。20 世纪 90 年代初,全国总计有 1 500 人参与了与学校管理、项目发展、课程开发以及教学法的培训项目。管理层则为 104 名官员提供奖学金,送他们到国外学习。在行政层面,主要是制定了一些法律和辅助法令,比如 1991 年 1 月制定了国家教育法。教育行政还对制定有关指南、教育监控活动的组织和实施、教师工资的提高和级别的晋升、为来自低收入家庭的学生提供补助等负责。

教育协调单位负责进行全国范围内对学校以及教师的督导和视察。这个系统正逐渐从地方教育主任分权到部门、城市以及地方级别。

1990 年危地马拉全国共有 13 980 所学校,其中 24% 属于私立部门。尽管私立学校和政府公立学校存在许多鲜明的不同之处,但两者实施的课程还是相似的。它们之间的区别主要是多数私立学校有更好的办学条件、教学资源,同时私立学校的生源也多数来自经济和社会条件较好的家庭。

总的来说,危地马拉城市地区的教育服务发展得比较好,因此尤其是 20 世纪 80 年代,教育部花大力气在农村地区推广教育。

5. 教育财政

在 20 世纪 80 年代,危地马拉政府部门中的教育财政来源于各种不同的渠道——中央政府的资金、国内外的捐赠以及由国际实体提供的贷款。教育部对教育财政的年度预算负责,1990 财政年度的教育预算为 4 947 万格查尔(约 990 万美元),占整个政府预算的 16%,是国民生产总值的 1.8%。联合国教科文组织对拉丁美洲和加勒比国家提出建议,建议他们至少把国民生产总值的 6% 用于教育预算。

危地马拉的政府预算吸收全部年度财政可使用额度的 50%。教育财政的 41% 用于支付从事教育工作人员的薪水,这 41% 预算中又有 93% 用于支付教师的薪水。其他项目是一些投资(全部预算的 3% 多)和现金转移(相当于总数的 46%)。投资项目仅以初等教育和改善教育系统的行政为主要目标。现金转移项目主要是为圣卡洛斯大学和国家识字阅读委员会拨款。1989 年,学前教育层次每个学生的总体费用为 100 格查尔(约 20 美元),初等教育为 248 格查尔(约 48 美元),中等教育为 600 格查尔(约 120 美元),高等教育为 1 416 格查尔(约 284 美元)。

危地马拉教育制度还接受一些国际机构和友好国家以贷款或捐赠形式提供的外部财政援助。1986 年至 1989 年之间,这些教育财政总计达 7.17 亿格查尔。

危地马拉教育系统私立部门的教育财政来源于国家补助、捐赠和社会费用。这些费用每年划分到每个儿童为从 40 美元到 900 美元不等。家长无须为学习的儿童支付学费,除了最初入学的时候要支付日常点心与学校家具的一些费用。在初等教育中,即使学生接受一些学校提供的帮助,家长也必须支付所有费用。基本中等教育系统中专设有“合作基础机构”,专门负责政府、城市与家长的教育财政工作。

6. 师资

1991 年,危地马拉有 6 万名教师在公共以及私立学校工作,其中有 7 000 名学前教师、3.7 万名初等学校教师和 2.1 万名中等教育教师。教师总数中 60% 以上为女性。在学前教育与初等教育中,女性教师占了很大的比例。然而教育体系中多数行政职位则由男性承担。

学前与初等教育教师的培养主要由教师培训学校进行,全国共有教师培训学校 114 所,多数为私立学校,只有 12% 是由政府运行的。中等教育教师的培养由大学负责进行。正式学校以基础中等教育教师为对象的教师教育项目一般为期 3 年,多数情况下,以多科中等教育教师为对象的教师教育项目也为期 3 年。在多科中等教育中,学习计划一般根据特殊的专业组织:学前或幼儿园教育、城市初等教育、农村初等教育、初等双语教育、音乐教育、体育教育以及家庭经济教育。

中等教育的教师培养项目由大学负责进行,为期 3 年。申请就学的学生必须有 12 年的学龄,即学习并完成多科中等教育阶段。危地马拉每年都有许多教师毕业,使得初等教育教师供大于求,但同时双语教师却供不应求,中等教育中的学科专家也很少。技术学校教职员工的缺失是危地马拉教师教育面临的最大问题。

教师职称的晋级与提升过程被称为“教师等级”,由人事评级委员会进行,根据教师的教龄和等级级别来提升教师的职称与级别。所有教师在其职业生涯刚开始时,级别为A级,以后每5年可以得到提升,直到达到最高级别F级。从B级开始,教师每晋升一个级别,其工资就能提高20%,到了F级,教师工资可以提高100%。除此之外,教师还能得到一些名为“紧急情况津贴”的额外补助,以帮助教师应付一些如1976年地震那样的灾害而导致的经济困难。

私立学校教师也能享受上述待遇,因为当这些教师从私立学校转入公共学校工作时,在私立学校的教学经历也作为教师的教龄。教师可以自行提出辞职,学校也能开除教师。在上述两种情况下,只要教师的教龄达到20年或以上,教师就有权要求获得退休金。如果教师由于非公正的原因而遭解雇,他们有权要求获得补偿赔偿。

7. 课程开发与教学方法

危地马拉实行全国统一的教学大纲,其所有政府公立学校和私立学校统一使用由教育部权威机构制定的课程指南。但同时各地方教育主任可以根据当地文化、社会以及经济特色而在国家课程之中整合一些特殊的课程。公立学校和私立学校在决定教学计划、使用更符合实际需要的教学方法中都享有一定的自由。危地马拉所有的学生都必须学习以下国家规定的必修课程:阅读、写作、西班牙语语法、数学、科学、社会研究、美术、音乐以及体育。

在公立学校和私立学校中,学生被分成不同的群体或班级,由一位教师管理。农村的情况则有所不同,根据学校的不同实际情况,一个教师可能负责不同的群体或班级。从7年级(中等教育的第一年)开始,学生也可以被分为不同的群体,每个群体由几位不同学科的专家教师为其制定学习计划。10年级开始的多科中等教育也同样采用这种方式。因此,由于教育内容的不同,如技术教育、商业教育或普通教育,教师的专长也有所不同。

中等教育学校唯一教授的外语是英语。然而国家也没有明令禁止学校教授其他外语,尤其是在私立教育部门。政府通过指定教育法对双语教育的规定,鼓励在土著人中开展母语教学。

1987年危地马拉教育部设立了国家课程促进委员会,旨在建立一个全面提高国家教育水平的综合项目,将人员培训、研究、课程发展以及由社区参与的教育技术普及化联系起来,全方位提高教育质量。项目还在持续进行的课程开发过程中不断寻求课程创新。课程的改善与提高是一个不断发展的过程,旨在对现有课程不断进行调整,以保证课程的可实施性、中肯、灵活性与相关性,同时也确保了教育教学过程满足国家、地区以及地方发展、国家文化和社会环境发展的需要。为了实现这些目标,政府特别成立了国家人力资源和课程调整改善系统(SIMAC),以协调、整合整个课程改善与提高的过程以及所需资源,包括人员培训等。同时,联合国发展促进会、联合国教科文组织以及荷兰政府等提供了必要的技术与财政支持。

危地马拉教育部教科书项目的工作是为政府初等教育学校开发阅读材料,主要是教科书。国内有许多本国开发的教育书籍,同时也有许多国外的书籍,在教材与教科书的选用上有很大的选择性。

8. 考试、升级与证书制度

学生从学前教育学校进入初等教育学校学习,必须在阅读、书写和算术方面达到熟练水平,达到规定水平的学生将被授予证明其能力的证书。但是有许多儿童,尤其是农村地区的儿童,他们被初等教育学校1年级录取的原因仅仅是因为他们已经年满7周岁了,还有一些儿童在7岁以后被录取。学生想要升入中等教育的学校,他(她)必须完成6年初等教育学校的学习。学生在完成每一年的学习之后,都会得到升级证书,在完成一个阶段的学习后,学生会得到毕业证书。

在中等教育中,学生完成了基本阶段的学习,想要继续进行多科阶段的学习时,他们也可以获得基本阶段中等教育的毕业证书,同时也能获得年级之间的升级证书。最后,当学生从多科阶段中等教育学校毕业后,他们将获得高中毕业文凭,对于在一些特定项目学习的学生,将获得教师、会计、文秘等学衔。学生可以凭这些证书与学衔进入高等教育学校学习。地区教育主任负责授予学生毕业证书以及其他学衔。在同等教育系统中,国内外的不同教育课程都能得到承认。与此同时,还提供在其他国家学习的机会,这些国家同危地马拉一道加入了"中美洲基础统一教育协定"。

9. 教育评价、评估与教育研究

危地马拉学校每年都会将学生的学习成绩公布,但国内并没有实行一定的制度,将评价结果与旨在帮助学生提高学业成绩的项目结合起来。

SIMAC 建立了国家教学教师培训项目,处理学校中教学—学习过程的反馈信息。同时国家也建立了一个考试制度,为更好改善学校教学而收集学生学习的信息。

从 1980 年开始,教育部学生福利办公室为接受初等教育的学生设立了奖学金项目和学习包。学习包为那些学习成绩优秀、经济条件困难的学生每月提供现金津贴。私立教育部门也有相类似的助学项目。

家庭困难的学生也能获得政府公立学校和非政府私立学校提供的学习材料、学校供应品和教科书。高校也为贫困学生提供奖学金项目。由于学生都要接受正式的评价,因此高校的奖学金项目正确地来说是以学校为单位开展的,每个奖学金项目都包括月度津贴和学费的减免额。

20 世纪 80 年代,情景化的学校机构评估得到支持并开始发展,为危地马拉的教育带来了两个主要影响:第一,为学校更好地满足社区经济社会现实的需要而采取了一些积极的措施与方法;第二,评价体现了教育行政以及教师培训方面改革的成功与失败。

危地马拉政府立法机构正致力于建立国家教育调查机构,届时有关缺乏教育研究政策的问题将得以解决。该机构的任务是将所有有关教育研究、调查以及科学研究系统地整合到教育体系之中。

10. 20 世纪八九十年代的主要改革

危地马拉在 20 世纪 80 年代对教育进行了一系列重大的改革。1982 年发生的政治危机导致了国家为了恢复国内经济和社会秩序而采取了一些严厉的征税措施。1985 年国民选举会议制定了新的共和国宪法,新宪法对教育制度的管理以及教育制度的结构、组织和运行等做出了新的规定,从而导致了教育领域的许多改革。1987 年教育部发布了一条法令,建立 8 个由地区教育主任监管的教育区域,从而开始了教育制度的分权化和地方化。教育行政分权化使学校条件得到了前所未有的改善,教学的分权化也大大提高了教育质量。社区参与课程改革也使得地区的利益、文化、社会和经济需求得到了很好的满足。

1989 年,教育部建立了 SIMAC,新的教育法也于 1991 年 1 月正式实施,其目的是协调已经实施的各种教育改革,从而确保教育的区域化、教育行政以及教学的分权化能得到深入发展和有力巩固,从而更好地满足国家社会经济发展的需求。

11. 2000 年面临主要问题

在 20 世纪 90 年代,为满足人们不断提高的教育需求而筹集教育资金仍是危地马拉教育面临的问题。如果在 21 世纪初,要想全面提高各级教育的入学率,危地马拉的教育集资必须以每年至少 1.5% 的速度递增。同时为使农村地区和边远地区的人口也能接受教育,国家还要采取一系列有效策略和步骤。

与此同时,为了满足未来教育发展的需要,必须大力开展以提高教师教学能力、技能为目标的教师专业发展和培训项目。同时,还要坚持团结各个不同部门,尤其是非政府部门和私人企业,从而更好地利用其资源与能力(行政上的和经济上的),为解决国内严重的教育问题,如扫盲和职业训练等而共同努力。

危地马拉教育制度受到的挑战主要是教育事业的发展,从而建立民主和更公正的社会,并且要在这么一个多民族、多语种、多文化的国度中建立所有国民的认同感。

M. 莱顿·索托(M. Leyton Soto) 著

缪 胤 译

附录

Instituto Nacional de Estadística (INE) 1990 *Encuesta Socíodemografica* 1989. INE, Guatemala City

Ministerio de Educación 1992 *Descentralización educativa en Guatemala.* Informe del Ministerio de Educatión de Guatemala a la Primera Reunión de Nivel Ministerial con los países de Centro América, El Caribe y la Península Ibérica. Ministerio de Educación, Guatemala City

Ministerio de Educación, CENALTEX 1987 *Constitución Polı́tica de la República de Guatemala.* Ministerio de Educación, Guatemala City

Ministerio de Educación, CENALTEX 1991 *Ley de Educación Nacional. Decreto Legislativo 12—91.* Ministerio de Educación, Guatemala City

Ministerior de Educación/PNUD/UNESCO/UNICEF/ACDI 1990 *Propuesta del Plan Nacional de Acción de Educación par Todos, Guatemala.* Ministerio de Educación, Guatemala City

Ministerio de Educación SIMAC 1991 *Guatemala: Situación del Personal Docente en el País.* Ministerio de Educación, Guatemala City

Ministerio de Educación SIMAC 1992 Situación y perspectivas de la educación en Guatemala. XXIII Reunióndel Consejo Interamericano de la Educación, Ciencia y Cultura de la Organización de Estados Americanos. Ministerio de Educación, Guatemala City

Ministerio de Educación/USIPE 1986 *Diagnóstico de la Educación Nacional 1981—1985.* Ministerio de Educación, Guatemala City

Ministerio de Educación/USIPE 1988 *Plan Quinquenal de Educación 1987—1991*, 2 vols. Ministerio de Educación, Guatemala City

Ministerio de Educación/USIPE 1989 *Plan Nacional de Acción 1989—1995.* Ministerio de Educación, Guatemala City

Ministerio de Educación/USIPE 1991 *Documento de Base para la Planifacación Educativa de Corto y Mediano Plazo 1992—1995.* Ministerio de Educación, Guatemala City

Ministerior de Educación, USIPE, Centro de Inform ˙tica 1991 *Estadísticas de la Educatión 1991.* Ministerio de Educación, Guatemala City

Ministerio de Educación-Asemblea Nacional del Magisterio 1991 *Reglamento de la Ley de Educación Nacional.* Ministerio de Educación, Guatemala City

SEGEPLAN 1991 *Proyecto "Lineamientos de Politica Económica y Social para Guatemala 1991—1995."* SEGEPLAN, Guatemala City

洪都拉斯的教育制度(Honduras: System of Education)

1. 基本背景

洪都拉斯共和国是拉丁美洲最小的国家之一，有112 088平方公里的领土，1988年的人口为4 443 721人。1974～1989年，人口平均年度增长率为3.4%(农村地区为4.5%)，人口密度为每平方公里39人。该国总人口的60%多住在农村地区，主要集中在弗兰西斯科·莫拉赞(Francisco Morazan)、科马亚瓜(Comayagua)以及国会行政区，这些地方被人们称为“中心走廊”。全国约有250万人居住在人口少于1 000人的村庄里。由于人口居住地比较分散，这在一定程度上阻碍了国家的发展进程。

洪都拉斯人口男女比例各占一半，总人口中有46.8%年龄在15岁以下。1988年全国有50%的人口在10岁以上，他们被看作是劳动力人口，而这个数字在1974年为44%。同一时期，妇女参与(社会事务)率由13%增长到21%，这部分原因是由于妇女在社会中地位的提高，但同时也是由于国内经济情况的衰退以及男子收入的急剧降低。

在20世纪80年代初，洪都拉斯劳动力供大于求。1980年至1986年期间，劳动力(15～65岁之间)增长了20%，但就业率只增长了13%，许多劳动力人口不能被经济系统吸纳。

在20世纪90年代早期，洪都拉斯经历了一次经济危机。在80年代生产增长率低于人口增长率:1980年人口增长率为3.4%,然而1980年至1987年之间的生产增长率仅为1.4%,人均收入也有所降低,是拉丁美洲人均收入最低的国家之一,人们的基本需求都难以满足。在1988年有150万人口处于极端贫困境界,100万人不能满足基本的生存需求。

与高贫困相伴的是高文盲率、农村与边远地区医疗设施的不足、人民居住房屋的减少和高失业率。同时将劳动力人口与国家正规经济部门整合这一措施前景也不是很光明。国家贫困的指标之一是人口的年平均收入由1986年的526美元下降到1990年结构调整项目实施时的177美元。然而,这些指标也表明,在1988年,全国最富有的20%人口占有全国家庭所有收入的60%。

在1979年至1990年间,洪都拉斯国民生产总值平均增加了1.9%,明显低于1976~1979年间8.8%的增长率。国民经济受外界经济动荡和其主要出口商品,如香蕉和咖啡的价格的影响很大,而这些商品占整个国家出口总量的80%。灌溉、渔业以及农业收入占整个国民生产总值的60%。然而,全国只有6%的学生接受过正规农业教育。同时市场已趋饱和的服务行业也大声疾呼提供有关培训。大量涌入城市的农村人口导致城市基本社会部门(健康、房屋、教育)和基础设施(生活饮水、供电、排水系统、道路、交通)产生很大问题。尽管政府已经花大力气解决上述问题,但情况还是不容乐观。所有这些因素产生了一些社会经济问题,从而阻碍了洪都拉斯教育体系的良好发展。

2. 教育政策与目标

洪都拉斯的义务教育(7~13岁)旨在提供以培养对自然和社会现象科学以及理性的认识,发展对社会经济和社会发展贡献的技能,养成维持和改善身体健康的卫生习惯以及发展良好的家庭,成为良好的市民以及拥有民主观念与价值观为目标的基础教育。中等教育是初等教育的继续,以培养学生为就业和接受继续教育为目标。

以下是洪都拉斯教育法中的有关规定,从中可以看出其教育目标:

(a) 教育是政府的一项重要职能,以保留、促进和传播文化,并使整个社会从没有歧视中获利。要长期执行建立在民主原则基础上的国家教育制度,并且要在学生中建立强烈的国家认同感,并要直接与国家的社会与经济发展过程相联系。

(b) 家长有权利为自己的孩子选择受教育的类型。

(c) 政府有义务为所有公民提供基本教育,并在公共教育秘书处的指导下建立必要的行政与技术组织。

(d) 所有由政府官方提供的教育都免费,政府支付所有属于义务范围的基本教育的费用。

3. 正规教育体系

洪都拉斯教育体系包括以下几个部分:前初等教育、初等教育、初级和高级中等教育。所有上述级别的教育都由公共教育秘书处指导和监管。高等教育由洪都拉斯国家自治大学协调。图1是洪都拉斯教育制度的总体结构图。

3.1 *初等、中等和第三级教育*

根据洪都拉斯宪法,初等教育是义务和免费的,以7~13岁的儿童为对象。这一层次教育受到国家很大的重视。1980年有83%的适龄儿童入学,而到1990年上升到85%。1980年全国共有5 517所初等教育学校(5 351所为政府公立学校,166所为私立学校)。这些学校的大多数位于农村地区,通常只有一间教室。1990年教室短缺达到1 604间,课桌则缺少137 653张。在洪都拉斯社会

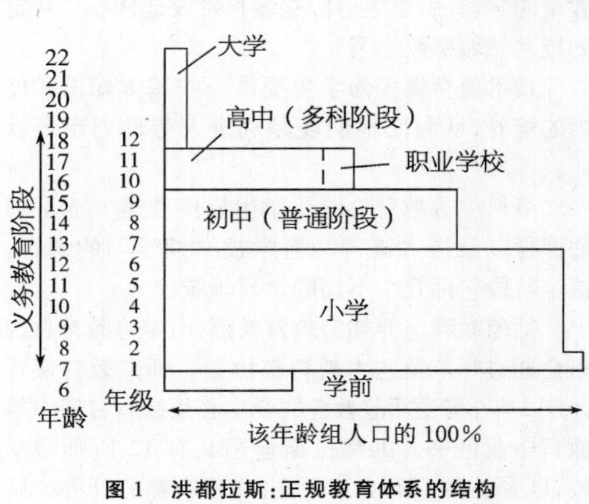

图1 洪都拉斯:正规教育体系的结构

基金的帮助下，这些问题得到了解决。

1980 年共有 16 385 名教师受聘于初等教育学校，1990 年则达到 25 118 名。1980 年的生师比为 37:1，1990 年则为35:1。在 1990 年以前，多数教师都没有获得教师资格，然而 1990 年降到只有 5% 的教师没有资格。初等学校的学生流失率为 4%，这个数字还比较合理。然而有 13% 的学生不得不留级。

中等教育是初等教育的延续，持续 3 年（14 ~ 16 岁）。这个级别的教育分为两个阶段：普通阶段和多科阶段。第一阶段由中等教育总理事会指导与监管。学生完成普通阶段的中等教育后可以立即接受多科阶段的中等教育。

中等教育普通阶段包括四类课程：（a）普通教育；（b）工业教育；（c）（普通）多科教育；（d）技术教育。普通教育课程为学生提供基本文化知识的学习、一些职业指导，促进学生在社会生活中的发展以及在多科阶段继续积累任何方向领域内学习所需的基本知识和技能。

工业教育课程建立在实验室和工作间，主要培养学生实用技能课程，还为学生提供一些基本的技术培训。在完成为期 3 年的工业项目后，学生可以到多科阶段继续接受技术教育，或者可以为成为合格劳动力而参加一些课程的学习。

（普通）多科教育课程为学生提供普通中等教育的一般课程，但同时也为学生提供基本的技能训练，使他们能在劳动力市场找到工作。在完成多科教育的学习后，学生可以在多科阶段选择一个特定的技术领域继续学习。

技术教育课程为学生提供一些基本知识和能力的培养，从而使他们能顺利进入劳动力市场就业。

多科中等教育阶段为学生提供获得专业证书的课程以及进入高等教育学校继续学习的课程。这个阶段包括几个不同的学习领域。

师范教育培养初等教育教师，由中等教育总理事会通过师范及艺术教育部协调。师范教育课程为期 3 年，接受师范教育的学生必须持有普通中等教育毕业证书。洪都拉斯全国共有 12 所师范学校，11 所由政府开办，1 所由非政府部分开办。同时洪都拉斯还有一所国家艺术学校，培养视觉艺术教师，1987 年共有 119 名学生。音乐教育由 3 所学院提供，其中一所是国家音乐学校，为国家培养音乐教师，另外两所接受完成 6 年初等教育的学生。洪都拉斯的师范教育每年为国家培养 4 000 名教师。

多科阶段的中等教育还包括为大学作准备的课程，学制 2 ~ 3 年。完成这一阶段学习的毕业生可以进入高等学校继续学习，也可以进入劳动力市场就业。在多科中等教育阶段学生可以根据自己的兴趣选择不同的领域进行学习，比如艺术与科学、社会工作、行政管理、工业技术、农业或者艺术教育等。这种选择的多样性可以扩展年轻人的就业机会，同时为公共组织和私立部门提供受过良好培训的劳动力。

多科中等教育阶段还为学生提供以下一些种类的课程：会计、文秘、实用农业以及实用工业技术等，同时还有如服装设计、美容化妆等课程，后者通常由私立学校提供，只要这些课程的开设得到公共教育秘书处的认可。

在洪都拉斯，年龄在 14 ~ 19 岁、进入多科中等教育阶段学校学习的学生占这个年龄群体总人数的 27.6%。在 1980 年至 1989 年期间，中等教育入学率增长了 8%，技术教育学校的入学率增长了 29.2%。导致入学率增长的主要原因是免费课程的增加以及人们对这些课程兴趣的增长，而这又主要是因为劳动力市场的需要。1989 年中等教育阶段，即普通中等教育和多科中等教育，14 ~ 19 岁学生的录取率为 47.8%。多数学生到国家开办的学校就读，但目前就读于私立学校的学生人数正在增加。

1980 年洪都拉斯的生师比为29:1，1990 年为 23:1，但教育中存在的主要问题是教师大部分依赖自己的实践经验教学，并没有完成师范教育或者没有达到合格教师的标准，因此教学效果不佳。

1980 ~ 1990 年，洪都拉斯高等教育入学率增长了 5%。1990 年 41% 的学生为女性。洪都拉斯主要有 5 所高等教育机构。中美洲技术大学成立于 1986 年，1990 年录取了约 1 000 名学生。洪都拉斯国家自治大学开设 35 个学士学位课程、14 个研究生学位课程,这个大学共有3个校区,不同校区之间开展远程教育。在1990年其录取的学生为33 000名。但这所学校经常受到公众批评,认为其学费昂贵但教育质量不高,而且允许学生延长修学年限。乔斯(Jose Cecilio del Valle)私立大学成立于1977年,由洪都拉斯高等教育促进协会开办,是一个私立的、非营利以及非政府组织。该大学提供学术及技术培训。1990年录取学生423名。圣佩德罗苏拉大学(San Pedro Sula)拥有7个院系,为学生提供从事服务业工作所需的知识和技能。洪都拉斯国家教育大学成立于1989年,其前身为高等教师学校。目前该大学拥有一个人文学院和一个科学与技术学院。大学有两个校区,为整个教育系统各个级别的学校培养教师,但还是主要以中等高级教育教师为主。

总的来说,洪都拉斯人文学科毕业生爆满。学校多数教职员工属于兼职(半日或按小时计算),这给教学与学生的学习带来了广泛的负面影响。

3.2 学前教育

洪都拉斯学前教育由初等教育总理事会直接指导与监管。学前教育以4~6岁的儿童为对象,以促进儿童心理、身体以及社会性发展为主要目标,尤其强调儿童良好性格与行为的养成,为他们进入初等教育学校学习打下良好的基础。学前教育分为3个层次:幼儿园前教育(以4~5岁的儿童为对象)、幼儿园教育(5~6岁儿童)以及小学入学准备教育(6~7岁)。1980年学前教育的入学率为9%,而到1990年增长到12.4%。为了提高学前教育儿童的入学率,洪都拉斯新建立了395个非正式学前教育中心(CEPENF)。1990年又建立了442家学校启蒙社区中心,使学前教育入学率增长到16.2%。1990年学前教育任职教师为1 700人,学前教育的第一学年生师比为40:1,最后一个学年为33:1。

3.3 职业、技术和商业教育

初级职业教育在普通中等教育学校中开展,比较高级的职业教育则主要在多科中等教育阶段,而高级职业教育则由大学开展。

3.4 成人与非正规教育

洪都拉斯共有150多家非政府举办的学校机构,提供有关农业发展、市场营销、社区组织、健康以及其他教育项目的教育与培训。一些项目由这些非政府机构和政府机构合作开展,这些合作项目以发展成人教育以及提高识字率为主要目标。

洪都拉斯国家专业培训机构负责国内成人职业技术与技术教育项目。1990年该机构开展的培训项目关注的领域有:商业及服务(49%)、工业部门(26%)、农业部门(25%)。1980~1990年间,该机构总共培养了332 102名人员。同时洪都拉斯全国还有19个职业教育中心,而多数国家部委(自然资源部、健康部、劳动部、教育部、社会福利部等)也开展自己的职业教育项目,但这些项目通常与非政府部门和其他机构合作开展。

4. 行政管理的结构及运行

洪都拉斯教育体系通过政府建立起来的行政管理程序来规范,教育部负责管理从前初等教育到高级中等教育(多科中等教育阶段)。高等教育则由洪都拉斯国家自治大学协调。所有各级教育皆由公共教育秘书处指导和监管,由秘书处通过初等教育理事会、中等教育理事会、技术教育理事会来对各个不同级别的教育进行不同的决策。

以下是有关教育行政管理的法令法规:

(a) 正式教育受一整套立法规定的管理。

(b) 洪都拉斯大学是国家自治机构,享有独立的组织、指导和发展高等及专业教育的权利。除了贷款和捐赠,每年国家还至少要将国家净收入的6%拨给洪都拉斯大学,以支持其发展。

(c) 教师培训是政府的职责和任务。

(d) 在初等教育学校任教的教师免除与收入有关的所有纳税义务。

5. 教育财政

洪都拉斯政府为国家所有教育中心的财政负责。教育财政主要是通过年预算的形式拨给教育部。1992年政府为教育部拨款约6 830万伦皮拉(约合1.08亿美元)。自1980年以来,教育财政以平均10%至15%的速度递增。这些教育拨款中,有3 100万伦皮拉(4 900万美元)(45%)拨到初等教育，中等教育为7 300万伦皮拉（11%）。

高等教育的财政由洪都拉斯自治大学负责，政府每年从总体财政预算中拨4%给洪都拉斯自治大学。

6. 师资

洪都拉斯教育教学人员主要由政府通过教育部供应。初等教育教师主要由特古西加尔巴（Tegucigalpa）、丹里（Danli）、拉·埃斯帕朗查（La Esperanza）、因提布卡（Intibuca）和拉·帕兹（La paz）地区的4个地方学院培养。中等教育教师由国家教育大学培养。由于缺乏建筑校舍的资金、教师工资的低下，洪都拉斯教师供应不足。

洪都拉斯通过为教师提供由教育部组织的地区研讨会、各种工作间和短期课程等方式来帮助教师更新知识、提高技能。每个参与课程的教师都会接受评价，当完成一定课程后，将授予教师证书。

7. 课程发展与教学方法

洪都拉斯教育部为各级别的教育制定并开发全国共同使用的核心课程。高等教育课程则由国家大学学术委员会开发。

教育部为每个教育机构提供得到正式认可的教学大纲，并对教育目标（学生行为目标）、内容分配、密度（理论学习与实践的时间分配）以及教学方法做了一定规定。全国执行统一课程，由教育部指派的专门人员通过定期到校视察来监管课程的实施。

8. 考试、升级与证书制度

学生是否能够升入下一个年级或下一个级别的教育系统学习，主要取决于每两个月定期进行的考试，成绩在60～100分之间的学生可以升级，而成绩在40～59分之间的则为不合格，这意味着这些“不合格”学生还要进行一次额外的考试。在一年之中，学生共有四次机会以决定是否可以升级。成绩在0～39分之间的学生则被认为彻底失败，如果一年之中有两次这样的成绩，他们就必须留级。

中等教育也采用上述同样的升级制度，但不同的是，学生只有两次考试机会。在定期的期终考试结束后，合格学生就可以升入下一级学习。

小学生在每一学年的学习结束后，都会被授予证书，证明是合格的小学毕业生。中等教育学生在顺利完成3年的学习后也将被授予证书，获得这个证书的学生有资格升入多科中等教育阶段（比如教师教育、计算机教育、商业教育、职业教育，为获得学士学位的教育等）继续学习。完成多科中等教育的学生也将获得证书。所有上述证书都属于终结性证书，除了那些为进大学获得学士学位的学生。

为了提高学生的质量，洪都拉斯正在考虑将合格的最低标准从60分提升到65分，并废除附加考试。

9. 教育评价、评估和教育研究

洪都拉斯没有对教育评价、评估与研究的规定，教育研究也只有由初等及中等教育学校开展的物理学、生物学、基础科学和商业教育等为数不多的几个研究项目。这主要是由于实验室和实验材料的匮乏而引起的。国家用在这些方面的资金很少。

10. 20世纪八九十年代的主要改革

洪都拉斯教育制度在20世纪八九十年代没有进行重大改革。

11. 2000年的主要问题

洪都拉斯合格的劳动力很少，该国教育并没有为国家提供足够的经济发展所需的人力资源。国家技术领域需要更多中级人员，以促进国家工业的发展。全国只有一小部分的学生能完成大学的学习。教育的流失率提高，离开学校的学生进入劳动力市场，但他们的地位和工资都比较低。

洪都拉斯教育的一个主要问题是需要建立更多的教师培训机构，从而为初等教育培养大量合格教师。

政府应该提高每年的教育拨款，用于建设新的教育设施、聘任更多教师。

为了使课程能更好地培养高质量人才和为劳

动力市场服务,洪都拉斯应该对不同级别教育的课程进行整体改革。

A. L. 德·瓦勒(A. L. De Valle) 著
缪 胤 译

附录

Secretaria de Planificación Económica, Ministerio de Hacienda y Crédito Público. Tegucigalpa, M. D. C., Honduras

Secretaria de Educación Pública, Tegucigalpa, M. D. C., Honduras

Universidad Autónoma de Honduras, Tegucigalpa, M. D. C., Honduras

牙买加的教育制度(Jamaica: System of Education)

1. 基本背景

牙买加是加勒比群岛国家中的第三大国,南部距离古巴共和国144公里,北部距离美国佛罗里达州600公里。整个岛屿南北长235公里,东西宽从35公里到82公里不等,国土面积11 292平方公里。一条迂回曲折的山脉从领土的西北延伸至东南,贯穿岛国的中心而将其分为北部海岸地区和西部海岸地区。该山脉的最高峰是蓝山高峰(Blue Mountain Peak),海拔2 256米。山地地形使得牙买加一些地方的自然环境极其恶劣,严重影响了教师质量、教育督导以及人们接受中等教育的机会。

1655年牙买加成为英国的殖民地,并通过大量使用非洲奴隶以及少量东印度和中国的劳工,发展食糖种植业而繁荣起来。种植业制度的建立成为现代牙买加种族混合、社会结构和教育发展最重要的因素,也是唯一的因素。被称为"熔炉"的牙买加大多数人口是非洲后裔(约占总人口的95%),其余人口由东印度人、中国人、叙利亚人、黎巴嫩人和白人构成。牙买加是一个分层的社会结构,不同肤色和种族的人之间有着相互联系的关系。白人和浅肤色人种在牙买加人口很少,但却是掌握很大权利的精英群体,他们处于社会阶层的最顶层,通常是富有的世代遗传的大庄园主。占总人口多数的则是非洲奴隶的后裔,他们处在社会阶层的最底层,具备少量谋生的技能,有的则根本没有技能,因此也没有工作。牙买加社会的中层阶级是由上层社会和下层社会结合的产物,处于这一阶层的群体通常是一些专业人士、技术人员和官僚。

1982年的人口统计表明,牙买加全国总人口为2 190 357人,而1991年人口统计的初步结果为2 366 067人,比1982年的数字增长了7.4%。人口在这几年的年平均增长率为0.86%。

英语是牙买加的官方语言,然而由于民族构成的原因,国内许多人也能听懂并会说一些非洲语言。这种官方语言和民间使用语言之间共存的现象也为国家各级课程的实施带来了一定的障碍。为了解决这个问题,教学材料由各地自主开发,并强调使用当地的情境和材料。此外,把英语作为第二语言,在初等教育阶段开始实施英语教学。

牙买加38%的劳动力是自我雇佣者,17.1%的劳动力受雇于熟练工种,15.3%的人口从事服务行业的工作,12%的人为公务员,9.4%的人在不需要熟练技能的领域工作。专业领域的工作和管理工作的从业人员占总人口的8%,而这8%的人员中有60%是女性。1990年,牙买加有15%的人口失业,这些人主要由25岁以下的人、妇女和没有一定技能的人构成。

牙买加在1962年完全独立,并在威斯敏斯特(Westminster)模式的基础上建立了牙买加宪法。牙买加实行的是国会民主制度,有一个由60名成员组成的众议院,议员每5年选举一次。

独立后牙买加的教育制度继承了英国教育制度的传统。为了提供适应不同地区需要的教育,政府采取措施与策略,使初等教育的课程和教学材料地方化,地方校外考试开始代替了英国式的校外考试。尽管政府采取了一些措施,牙买加的中等教育还是属于上层社会,需要政府进行重大改革,为国内所有人提供平等的接受教育的机会。20世纪70年代以来国内不景气的经济使得连续两届政府试图改革中等教育体系的政治目标连连受挫。

一直以来,牙买加的经济在很大程度上依赖农业，尽管从20世纪70年代牙买加开始将经济活动从农业转到服务行业。1990年27%的劳动力在第一产业领域工作，而1960年的数据为42%。1990年15%的劳动力在制造业工作，1960年则为43%。1985年和1989年出口与进口之间的比率分别为1:96和1:78。这几年进出口比率的微小减少，可能是牙买加政府为达到进出口平衡而采取了一系列措施的结果。

1978年77%的劳动力完成初等教育，21%的劳动力完成中等教育，而有26%的人没有接受过正规教育，只有不到1%的人接受过第三级教育。劳动力接受教育的平均年限为6.9年。1982年，牙买加约有65%的人口完成初等教育的学习，17.5%的人接受过中等教育，1.3%的人接受第三级教育。

1989~1990财政年度，牙买加的人均国民生产总值约为9 000牙买加元(400美元)。尽管20世纪80年代经济得到了一定的增长，但牙买加国内仍存在通货膨胀和债务危机等问题。债务偿还占用了出口收入的40%，从而减少了发展社会服务所需的资金来源。

尽管存在上述限制，20世纪80年代和90年代牙买加的教育开支开始有所增长，尤其是在第三级教育。在信息时代，为了跟上技术发展的速度，政府和私人部门都认为对教育进行投资能为他们带来最好的回报。

2. 教育政策与目标

牙买加两个政党，即牙买加工党(JLP)和人民国家党(PNP)，在过去的40年间实施了相似的教育政策，两大教育目标得以很好的实现，即普及初等教育和扩大中等教育以及第三级教育的机会。

20世纪60年代，牙买加工党为50所中等初级学校提供设施，使这些学校总共能容纳37 530名学生，从而扩大了中等教育的规模。70年代，人民国家党则在这些学校增加10年级和11年级，并宣布实施“免费教育”政策。国家对矾土出口的征税保证了实施这些措施所需的资金来源。

20世纪80年代，债务危机迫使牙买加工党对大学生实施所谓“捐税”(即学费)措施，以作为他们对教育捐助。政府还取消到西印度大学留学的学生和教师学院学生的住宿补贴，并实施了一系列收费计划(除学费以外的其他费用)。教育发展的重点被放在初等教育质量的提高上，而没有采取什么措施来扩大中等教育的规模。两党的政府都寻求分层、多样化的中等教育政策。牙买加工党政府对中等教育进行了一场改革，减少机构类型。1989年执政党替换后，人民国家党继续采取同样的措施，教育发展的重点还是放在初等教育质量的提高上，同时采取措施进一步统一中等教育体系。尽管人民国家党在80年代对有关大学生“捐税”的问题做出一定的承诺，但“捐税”政策仍旧没有终止。牙买加“五年教育和培训计划”(1990~1995)表明国家将对高级中等教育和第三级教育执行费用恢复项目。

3. 正规教育体系

3.1 *初等、中等和第三级教育*

牙买加的正规教育(包括早期教育、初等教育、中等教育和第三级教育)主要由公共部门提供，只有少部分私人部门参与。图1表示牙买加正规教育体系的年龄结构，各级教育入学人数、生师比和每个学生平均的费用水平可以参见表1。

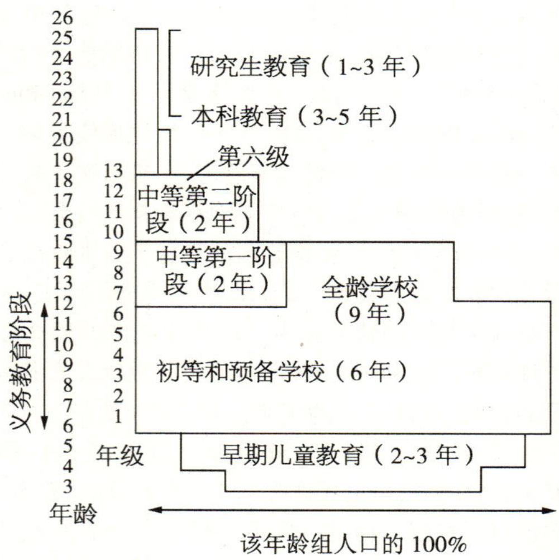

图1　牙买加：正规教育体系的结构

表 1　　1990 年各级教育入学率、生师比和每个学生平均的费用水平

机构	学校数量	入学人数	生师比	费用(牙买加元)[c]
初等和全龄(all - age)	787	387 023[a]	39:1[b]	951 04
特殊教育	11	2 511	–	556 376
中等教育	149	165 947	19:1	216 410
第三级教育	16	22 500	–	1 403 027

a 数据包括 56 761 名 7 ~ 9 年级的学生

b 比率的计算包括全龄学校 7 ~ 9 年级的教师

c 费用只表示公共机构的开支

牙买加 6 ~ 11 岁的儿童在公立初等和全龄学校以及由私人开设的预备学校的 1 ~ 6 年级接受初等教育。初等教育在牙买加已经得到普及,但不规则的出勤率是初等教育的一个主要问题。公立小学吸纳的学生占整个初等教育入学率的 95%,比 1970 年增长 6%。根据法律规定,全国所有的全日制公立初等教育学校每天教学最少为 5 小时,轮班学校的教学时间最少为 4.5 小时。一个学年的最少长度为 190 天。在一些地区,尤其是人口稀少的农村地区,所有年级(1 ~ 9 年级)学生的入学率为 62%。中等教育由 6 种不同公共管理形式的中等教育机构和一些私立中等教育学校提供,其中公立中等教育学校的入学率为 95%。

牙买加中等教育包括两个阶段。第一阶段的中等教育学制 3 年,即 7 ~ 9 年级,以 12 ~ 14 岁儿童为对象。1990 年,从初等教育学校升入中等教育学校 7 年级的学生占所有初等教育学校毕业生的 98%,而同年全国同年龄人中有 80% 升入中等教育学校 7 年级,其中女生占所有新录取学生的 51%。第二阶段的中等教育学制 2 年(10 ~ 11 年级),一些高级中等学校学年为 3 年。1990 年从 9 年级升入 10 年级的学生占所有初级中等教育毕业生的 71%,其中女生占 52%。

牙买加的第三级教育几乎都是由政府部门开办的,为接受教育的人提供学位、学历和专业证书。第三级教育系统要为国家培养专业人员、管理人员以及行政人员,以满足国家劳动力市场的需要。在 20 世纪 70 年代和 90 年代之间,牙买加接受高等教育的人数从 7 800 人增长到 22 500 人,猛增了 221%,90 年代第三级教育毛录取率为 8.7%。值得注意的是全国学生中,被西印度大学录取的女生人数占总数的 60%。

3.2　学前教育

牙买加学前教育以 3 ~ 5 岁儿童为对象,由公共、私人以及社区开办的机构提供。1990 年全国 3 ~5岁儿童中的 85% 进入学前教育机构接受教育。

牙买加早期教育的目的是为儿童以后接受正规教育提供补偿以及全面整合的教育。4 ~ 5 岁的儿童进入公共婴儿学校、初等以及全龄学校的婴儿教育部、私立的托儿学校、预备学校的幼儿园部以及社区运行的基础学校中接受教育。由社区运行的基础学校吸纳了牙买加 3 ~ 5 岁儿童总数的 70%。

3.3　特殊教育

特殊教育是为牙买加 4 ~ 18 岁,在心智、身体方面与正常同龄人应有水平相比明显存在差异的人提供的教育。特殊教育主要由私人志愿组织提供,牙买加教育部每年都会为这些组织提供预算拨款。

牙买加特殊教育的类型主要包括以下领域:为盲人和视觉障碍的人提供的特殊教育;为聋人以及听力障碍的人提供的特殊教育;为智障人提供的特殊教育;为多种残疾患者提供的特殊教育;为身体有残疾的人提供的特殊教育;为学习无能的人提供的特殊教育。除了由学校提供的特殊教育外,志愿组织还于有限的条件下在残疾患者家中和社区中心为严重残疾儿童提供一定的服务。1990 年牙买

加政府采取一定措施建立一个“天才机构”，旨在为学校中智力超长的学生提供适宜他们发展的教学项目和计划。

3.4 职业、技术教育和商业教育

早在初等教育阶段，当学生开始学习美术和手工的时候，牙买加政府就将职业、技术和商业教育整合到整个普通教育之中。在初级中等教育阶段，学校至少要为学生提供3门职业技术课程。在高级中等教育阶段，学生在10年级和11年级要从5个职业技术学科中选择一个并接受该领域的职前培训。高级中等教育阶段职业技术教育的目标是为学生提供日后工作所需要的基本技能，或者为学生进一步接受继续教育打下一定基础。职业技术教育教师的培训由各个第三级教育机构承担，国内一家非正规机构也为职业技术教育者提供课程，并授予有关证书。

20世纪90年代初，牙买加职业技术教育、商业教育和特殊教育的规模都比较小。特殊教育的技能训练也仅仅局限于听力障碍者，特殊教育部门也仅仅与一些志愿组织开展合作。

根据作为牙买加正规教育一部分的基本技能训练项目，教育部指导建立了一些私人部门咨询委员会。商业教育部门也参与了一些新中等教育学校和技术高级中学的项目工作。此外，牙买加计算机协会也为加勒比考试董事会（CXC）牙买加地区普通教育和技术教育能力测试中计算机科学教学大纲的设计和开发发挥了重要作用。

20世纪90年代牙买加教育政策举措之一是扩大职业技术教育以及商业教育的规模，以满足中高级劳动力市场的需要。为了回应国内会计、计算机和商业等行业领域对高级劳动力的大量需求，国家扩大了职业技术教育和商业教育的规模。计算机学科被引进学校课程，各个层次的技术学校都开设了管理信息系统课。政府还为艺术科学和技术学院更新、补充了许多设施，以便学院能开设新的科目。西印度大学受到的最大威胁便是商业教育，学院的设施和教职员工人数都得到了补充，并开设了一门新的课程。

牙买加并没有正式地将职业发展与职业技术教育、商业教育联系起来的机制。1991年，牙买加成立了国家培训机构以协调职业和技术培训。该机构将负责制定政策、开展研究、建立标准并对其进行监控、发展培训项目并对其进行评价。该机构管辖下的一个与专业协会相联系的国家职业技术教育和培训委员会将对职业技术教育机构进行认证，并鼓励公共和私人部门共同参与合作。

3.5 成人和非正规教育

传统上，牙买加的成人教育由与教堂和志愿社会组织有联系的非政府机构提供。自从20世纪70年代以来，政府开始逐渐参与成人教育，并建立了牙买加提高阅读书写能力运动（JAMAL）。自1973年以来，牙买加已经让国内248 000人掌握了阅读书写技能，从而将文盲率从1973年的45%降低到1987年的18%。1988～1989年，牙买加政府投入该运动的经费为410万牙买加元（18.2万美元），占当时政府预算的0.5%，比1983～1984年间的投入减少了1.8%。

牙买加还发展了一个人力就业和资源培训信托（HEART）机构，以满足国家发展对熟练技术人员的需求以及培养没有技能的人员，尤其是年轻人，从而使他们能满足劳动力市场的需要或者能够成为自我雇佣者。该国家机构建立于1982年，并授权为所有非正规技能培训项目进行财政、协调并对其进行监控。为了实现目标，该机构协调了4个项目，为全国10 500人提供了技能培训。牙买加法律规定，工资水平超过国家最低标准线的雇佣工人必须将其工资的3%上缴给信托机构，机构用这笔钱来为各级学校的在职培训提供资金或援助。1991年，HEART所挣税额达到1.15亿牙买加元（510万美元），这些税收成为该机构第二年的运行资金。

4.行政管理的结构与运行

牙买加教育部负责对教育系统进行行政管理，每一个教育机构都由一个教育部指派的管理委员会管理，董事会每3年进行一次改选，同时根据不同的教育级别和学校设备的不同，委员会的构成情况也不同。牙买加约有27%的公共学校的校舍是教堂所有的。管理委员会为受其管理的学校录用并指派教师以及其他教学人员，并受教育部认可。

在校长的选择上,管理委员会逐个审查候选人的情况,并将排名处于前三位的候选人的名单呈报至教师服务委员会,由该委员会向教育部推荐当选校长。教育部为学校提供校舍、家具、设备,并提供一定的资金供学校购买教学材料和其他补给用品。初等教育学校的教科书由教育部提供,中等教育学校则实行教科书出租计划,供学生租借的教科书由教育部提供。出租教科书收取的资金将用于定期替换由教育部提供的图书。

牙买加也有一批教育官员专门负责对学校行政和学校教学质量进行督导。视导制度以地方为单位展开,全国共有 6 个视导区,并由一位教育主管官员负责。其他行政功能则由教育部在首都的总部直接管理。有关法定机构则对阅读书写能力、技术培训、学校膳食以及图书馆服务等项目进行管理。

1989 年,独立(私立)学校在学前教育、初等教育和中等教育录取了 5.6% 的学生。一些私立学校属于教会所有,但多数由个人开办。

一些达到最低规定要求的独立学校由独立学校信托机构登记。

西印度大学是为包括牙买加在内的 14 个独立的加勒比国家提供第三级教育的地方机构。莫纳(Mona)校区(西印度大学 3 个校区之一)坐落于金斯顿(Kinstone),是大学行政管理中心。法定机构"牙买加大学理事会"(UCJ)于 1987 年在牙买加大学理事会法案下成立,旨在通过对第三级教育机构的课程和项目进行认证,提高人们接受大学级水平培训的机会。1991 年,牙买加为第三级教育成立了一个联合委员会,为第三级教育机构之间的咨询与合作建立机制。牙买加立法机构依然通过了建立国家教育理事会的草案,国家教育理事会将从全国各个利益群体吸收代表,为教育部指定教育政策出谋划策。牙买加教育部和部长内阁合作为教育政策的指定负责。

5. 教育财政

1989 ~ 1990 财政年度,牙买加教育费用为 12.45 亿牙买加元(5 540 万美元),占整个国民生产总值的 6.2%。教育支出在整个国民生产总值中的比重由 1962 ~ 1963 年度的 1.3% 增长到 1977 ~ 1978 年度的 5.1%。到 1986 年这个比重下降到 5.1%。导致下降的原因主要是牙买加的债务危机以及为增加外汇收入和减少财政赤字而采取的结构调整措施。

牙买加的教育财政由中央政府管理,政府为教育提供大部分资金。在 1989 ~ 1990 财政年度,68% 的教育经费拨给了初等和中等教育,20% 拨给第三级教育,2% 拨给学前教育,8% 给非正规教育。私立学校的教育经费主要来自学校所收的学费,每年可以高达 15 000 牙买加元(668 美元)。公立学校不收学费,但家长必须为其他项目支付一定费用,如教科书租用、设备的维护等。不同学校对这些费用的规定不同,最高可以达到每年 1 200 牙买加元(53 美元)。

教师协会和教师—家长协会也为学校筹集资金。自 1983 ~ 1984 财政年度以来,雇佣者必须缴纳教育税,目前教育税税率为其毛收入的 2%。工资收入超过规定最低标准的雇员必须向 HEART 信托缴税。在 1989 ~ 1990 财政年度,教育税收达到 2.04 亿牙买加元(910 万美元),HEART 信托则征集到 9 500 万牙买加元(420 万美元)。从 1987 ~ 1988 财政年度以来,大学生要为自己的教育费用支付一定的"捐税",由于专业的不同,这些捐税的数目也不同,从人文学科的 1 400 牙买加元(62 美元)至医学院全日制学生普通教育每年上缴 1 850 牙买加元(82 美元)不等。非全日制的学生支付的费用要少一点。

1984 ~ 1985 财政年度牙买加执行了考试协助项目,为贫穷的中等教育学校学生提供帮助。1991 ~ 1992 财政年度拨给该项目的经费为 450 万牙买加元(20.03 万美元)。1970 年成立了学生贷款办公室,第三级教育的学生可以申请贷款。1990 ~ 1991 财政年度有 2 593 名学生接受了总计达 1 350 万牙买加元(60.1 万美元)的贷款。贷款所需的资金从地方资源或海外资源获得(比如,地方不能获得的)。申请贷款的学生要接受经济情况调查。学生从毕业后的第一年以循环资金的方式偿还贷款,利息为 12%。一些大学学生有资格获得住宿补助,该补助于 1973 ~ 1974 财政年度开始实行，以在西印度大学和 CAST 大学学习的所有学生为对象，但 1985～1986 年度后，补助只对巴巴多斯洞穴山校区和圣·奥古斯丁校区的学生提供。在 1988～1990 财政年度，220 个补助对象共获得 65.4 万牙买加元的补助（2.9 万美元），比 1985 年为 4 092名学生提供 340 万牙买加元（15.1 万美元）的高峰下降了许多。

6. 师资

1990 年牙买加公共教育学前教育、初等教育、中等教育各学校共有教师 18 825 名，比 1980 年增长了 25%。初等教育生师比为35:1，中等教育为 19:1。这些统计数据并没有反映出地区之间的差异：在农村地区生师比为17:1，而在城市地区则高达60:1。这表明教师供给情况在某些地区严重不足，而在另一些地区则供大于求，使得全国教师分配不均。为了解决这个问题，牙买加教育部从 1987 年开始和牙买加教师协会一起合作，开展一项旨在重新调节各地师资力量的项目，以使所有初等教育学校和全龄学校的生师比达到42:1。由于教育部没有权力调动教师，因此必须与教师协会合作。牙买加中等教育合格英语教师和数学教师师资力量不足，尤其在 10 年级和 11 年级，这影响了学生在毕业考试中的成绩，也在一定程度上反映了牙买加中等教育水平不高。

牙买加第三级教育为前初等、初等和中等教育学校培养拥有学历证书的教师。西印度大学开始教师教育本科和研究生班。在 1981～1982 年牙买加在教师学院中重新开设了 3 年制的教师培养项目，取代了 2 年制的项目。教师学位项目的总录取人数由 1983～1984 年的 3 589 人降低到 1987～1988 年的 2 646 人。认识到要为教师提供持续不断的系统专业发展机会，国内所有主要的由国际机构资助的项目都包括了教师的在职培训。牙买加五年教育和培训计划提议在教育部建立一个专业发展部门，负责协调教育人员的专业发展。

牙买加教师教育联合董事会（JBTE）负责为早期教育、初等教育和中等教育教师资格证书的颁发并对师范学生进行评估。董事会通过为教师教育机构提供、建议使用一定的教学大纲以及对培训学生进行考查和评估来决定教师证书的授予。实习教师的评估则由教育部执行部门负责。教育部官员为负责教师指派与提升的学校服务部门和教师服务部门提供学生评估报表。

7. 课程开发与教学方法

20 世纪 70 年代末 80 年代初以来，牙买加政府为公共学校 1～6 年级的每一年级提供课程指南。课程指南为语言、艺术、数学、社会、科学、宗教教育、音乐、体育、美术及手工等课程提供课程主题、目标、一周学习活动、教学资源以及评价方式等提供指导意见。课程通常由一位教师提供，教师要对课程进行调整和重构，以满足学生的需求。课程指南在教师的参与下，由教育部核心课程和职业技术教育部门一起编制。

初级中等教育（7～9 年级）没有普遍使用的课程。不同学校的课程大致相同，都局限于工业艺术与家庭经济。在世界银行的帮助下，牙买加已经开始制订初等教育学校统一使用的课程。高级中等教育（10～11 年级）的课程由外部考试大纲，如加勒比考试理事会决定。多数学生学习英语和数学以及其他可供选择的科目。加勒比地区的教师参与教学大纲和考试的发展。在新的初等教育学校中，10 年级和 11 年级学生 40% 的学习时间用于职业性向的培训。13 年级的学生参加高级教育普通证书的考试。中等教育的教师通常是学科专家，西班牙语和法语是学校提供的外语。教育官员监管课程的实施情况。

初等教育学校的学习材料由初等教育教科书项目提供，该项目受到一些基金机构和地方私人部门的资助。一些教科书由教育部开发、发行，其他则从市场上选购。教育部每年都会为初等教育教科书的印刷和发行签订协议。出版社为其出版的每一本图书负责。中等教育实施了教科书租借项目，有关人员为每一门学科选定并从英国引进一些书目，这些书目将被分配到学校供学生租用。教科书租用项目在英国海外发展机构的资助下于 1987 年成立。

牙买加初等和中等教育一个主要问题是教育质量问题。前三届政府都把在初级中等教育阶段实施全国统一的课程作为政治目标之一,但主要的问题是中等教育还没有实现普及,并不是所有人都能接受平等的中等教育机会。要实现这个目标,牙买加必须对中等教育的统一和理论研究方面下大力气。

8. 考试、升级与证书制度

牙买加学生在同层次的教育内部由某一年级升入下一年级主要是通过年龄提升来实现的。学生在完成6年初等教育后,可以通过几种渠道升入各种不同的中等教育机构。普通入学考试(CEE11 +)将95%的学生筛选至高级中等教育学校学习。在竞赛中获奖的学生也能进入综合高中学习,这些学校接受其附属学校直接提供的学生,同时也接受通过CEE考试的从附近其他学校毕业的学生。通过CEE考试进入高级中等教育学校的学生占整个7年级人数的21%。其他学生自动进入新初等教育学校和全龄学校。7年级后,约有7 000名学生通过选择考试从全龄学校进入高级中学。在11年级,大多数高中学生参加加勒比考试理事会提供的基本、普通和技术水平考试。新中等学校的学生则参加由教育部管理的"中等学校证书"地方考试。在中等教育第6年(13年级)结束后,学生要参加剑桥大学GCE(高级水平)考试。

由于牙买加中等教育存在录取标准、课程、社会通行和费用各不相同的各类学校与机构,学生从初等教育升入中等教育的教育体系存在着一定的问题。具有高度选择性和体现一定精英主义的CEE考试机制仅能使牙买加中上层社会群体受益。为了解决这个问题,教育部开始实施使中等教育理性化的项目。另一个问题存在于中等教育结束后的证书问题上。学生在许多学科的成绩仍持续相对比较低的现象,在CXC普通水平考试中,学生成绩在30~40分之间。这意味着第三级教育录取学生的水平不高,同时也使牙买加为国家发展培养合格劳动力愿望的实现受到一定威胁。

9. 教育评价、评估与教育研究

20世纪80年代后期,在美洲发展银行的技术支持下,牙买加发展了一个国家评估项目,开始在1年级进行入学准备性鉴定,为3~5年级提供学术成绩及诊断测试,为6年级提供学习成绩测试。为6年级学生提供的学术成绩测试已经进行了3年,但目前还在发展阶段。

从教育的长远发展出发,牙买加政府决定在1~9年级之间实行全国统一课程,并减少9年级以下年级的选择性考试,并在1~9年级开展持续的校本学生评估项目,在9年级以后对学生进行选择,使其中一部分升入高级中等教育学校。1990年只有不到1%的教育预算用于教育评估,其中还包括地区加勒比考试理事会对政府的资助。

牙买加国内的教育研究主要由西印度大学的教育系开展。目前很难统计有多少基金用于教育研究项目的开展。20世纪80年代后期,在美国国际发展机构和世界银行的支持下,牙买加进行了一些教育政策研究,主要关注初等教育政策。研究所得的建议在20世纪90年代初很多都得到采用。一项有关教育系统的研究能力的研究提出了如下建议:将教育预算的0.5%作为教育研究经费;为西印度大学教育系的教育研究中心建立一个捐赠基金;成立一个咨询团体以及将教育部的研究部分单独划分为一个独立的部门。

牙买加经常收集有关教育指标的信息,包括录取率、出勤率、生师比、女童在各级教育中的入学情况、人均教育费用、为每一级教育提供的预算比率以及教育支出占整个政府预算和国民生产总值的比重。

10. 20世纪八九十年代的主要改革

牙买加的债务危机和为了达到机构调整而采取的措施使所有社会部门可利用的财政资源减少。发展援助以贷款和补助的形式出现。国家将重点放在提高基础教育的质量上。在提高基础教育质量的项目中,国家评估项目开发并实施了以初等学校为对象的持续评估系统。在中等教育阶段,在世界银行贷款的资助下,牙买加开始为初级中等教育学校7~9年级提供全国统一实施的课程。1984~1990年,在国际教育计划机构、联合国教科文组织和联合国发展项目的支持下,牙买加实施了学校地图绘制计划,为每个教区的每所学校绘制地图。同时还提出了有关巩固和联合全龄学校 7～9 年级的建议。在这一时期,牙买加还开始着手准备中等教育改革第一阶段的十年实施计划。

牙买加教育行政也开始地方化。许多目前由金斯顿(Kinston)直接履行的行政功能将被下放到6个行政区,国家也已经从世界银行获得贷款,以便在6个区域建立地方办公室。建立国家教育理事会,为教育部部长制定教育政策提供建议,这在提高社区参与方面还有许多工作要做。在技能培训方面,国家于 1982 年成立了人力雇佣和资源培训信托机构,这个培训项目由对雇佣工人进行征税而获得资金。

11.2000 年面临的主要问题

牙买加教育在2000年面临的主要挑战是寻求资金,提高初等教育质量,以达到可接受水平,通过将中等教育体系高度分权化,从而为所有人提供平等的受教育机会。此外,国家还要培养国内急需的劳动力,发展经济,以减少债务负担,提高外汇收入,同时参与国际市场竞争也需要国家拥有一定的资源实力。同时,国家也要使用一部分资源来补充熟练技术劳动力,以减少人才流失,并吸引、保留高质量的合格人才加入到教学队伍。牙买加女学生在各级教育中的成绩都超过男生,国家也要采取措施和方法来应对这种失衡现象。

V. R. 贝恩(V. R. Been) 著
R. R. 莫里斯(R. R. Morris)
缪 胤 译

附录

Figueroa P M E, Persaud G (eds.) 1976 *Sociology of Education: A Caribbean Reader.* Clarendon Press, Oxford

Jamaica Gazette 1981 *The Education Act, The Regulations 1980.* Jamaica Gazette, Kingston

Miller E L 1990 *Jamaica Society and High Schooling.* Institute of Social and Economic Research, University of the West Indies, Mona, Kingston

Ministry of Education 1977 *Five Year Education Plan Draft Two (1978—1983).* Ministry of Education, Kingston

Ministry of Education 1977 *Jamaica Education Sector Survey.* Ministry of Education, Kingston

Ministry of Education 1991 *Education Statistics 1988—1989.* Ministry of Education, Kingston

Planning Institute of Jamaica 1991a *Economic and Social Survey 1990.* Planning Institute of Jamaica, Kingston

Planning Institute of Jamaica 1991b *Jamaica Five Year Development Plan 1990—1995 Education and Training.* Planning Institute of Jamaica, Kingston

Psacharopoulos G, Arriagada A 1986 The Educational composition of the labour force: An International comparison. *Int. Lab. Rev.* 125(5):561—574

Statistical Institute of Jamaica 1986 *Population Census 1982*, Vol. 3. Statistical Institute of Jamaica, Kingston

Statistical Institute of Jamaica 1989 *Statistical Yearbook 1989.* Statistical Institute of Jamaica, Kingston

Statistical Institute of Jamaica 1991 *The Labour Force.* Statistical Institute of Jamaica, Kingston

Students' Loan Bureau 1991 *Twenty-first Anniversary 1970—1991.* Bank of Jamaica, Kingston

UNESCO 1983 *Development of Secondary Education – Jamaica.* UNESCO, Paris

墨西哥的教育制度(Mexico: System of Education)

1.基本背景

墨西哥是位于北美洲的联邦共和国,领土总面积约为 200 万平方公里。墨西哥北部和美国约有3 000公里的共同国境线,南接危地马拉和英属洪都拉斯,东临墨西哥湾和加勒比海,南部和西部则濒临太平洋。墨西哥共有 31 个州和一个联邦区,每个州都划分为若干下属市,全国共有 2 402 个城市。

墨西哥共和国总居住人口为 8 140 万(1990 年的统计数字),是世界上人口增长率最高的国家之一,自从 20 世纪初以来,其人口总数已从当时的

1 510万增长了5倍多。尽管在1970年至1990年期间,年平均人口增长的数目有所减少,但全国24周岁以下的人口占了全国总人口的60%。因此,对急速增长的人口提供教育已成为当务之急,这也是为什么正规教育入学率只有全国人口31%的主要原因。

墨西哥的官方语言是西班牙语,尽管还有500万人口讲90多种语言和方言,以及约有100万人口根本不讲西班牙语。同时,多数墨西哥人所用的语言是玛雅语系语言和那瓦特尔语,约有90%的人口是罗马天主教徒。

1990年墨西哥的劳动力为2 400万,其中19.6%是妇女。全国约有23%的活跃人口从事农业劳动,但产值仅占国民生产总值的8%,从事第二产业和第三产业的人口比率分别为28%和46%,这两个产业的产值分别占国民生产总值的23%和52%。

自从20世纪80年代以来,墨西哥在经历了80年代初由于石油价格下降引起的严重经济危机后,经济仍然不见起色,所举外债高达1 500亿美元。

自从在1986年加入了关贸总协定之后,墨西哥从实施保护主义政策转而实行提高工业竞争力的政策。1993年墨西哥和美国及加拿大签订了商业协议,并从1994年开始执行。

1987年亏损数额达国民生产总值16%的公共部门在1993年开始有所盈利,国家对公共部门的规模和活动都进行了重大的调整。许多国有企业开始私有化。国家在公共支出上的改变导致了社会发展所需资源的再增长。

从20世纪80年代初期起,墨西哥的出口也发生了变化。在80年代初期,石油出口在整个国家出口总量中占有很大的比重,但在1992年,尽管石油出口仍占总出口的18%,制造业出口已经占出口总量的77%。

通过不同的机制,墨西哥成功地就外债问题与债权国进行协商,并且,内债问题也得到了明显的改善。国家的公共净债务从1988年的62.4%下降到1992年的28.4%。

在连续几年的高通货膨胀和低增长率甚至负增长率之后,墨西哥经济从1989年开始以每年高于3%的增长率增长,1993年通货膨胀率已经降为个位数。然而,墨西哥经济收入的分配还是存在极度的不平衡,1993年还面临为新增长的人口提供80万个新的工作岗位的挑战。同时,墨西哥非正式部门增长很快,需要培训大量的工人。

根据1990年的人口统计数据,墨西哥全国人口受教育水平仍然很低,15~19岁人口的83%只完成小学的学习,超过10%的人口为文盲,其中女文盲的数量要多于男文盲。但同时在15~19岁的人口中,文盲人数仅占4.3%。

2. 教育政策与目标

墨西哥1917年宪法的第三款表明了墨西哥的教育目标,并阐述了一系列反映墨西哥人对教育的态度的原则以及教育在社会中的作用。教育应该是整合的、自然的、人性的、客观的与民主的。当由国家提供教育时,教育是世俗的和免费的。自从1917年以来,墨西哥宪法已经经过了几次改革,尤其在1991~1992年度,对宪法进行了两次修改,并得到通过。墨西哥社会的一些群体表示强烈反对禁止宗教组织提供教育,因此政府对宪法进行了修改,废除了禁止宗教组织开办教育的限制。教育的世俗化仍然被作为教育的一条原则,但私立学校可以不遵守该原则。有关教育世俗化的问题还没有得到完全解决,墨西哥社会仍然有一些人要求完全废除教育的世俗化原则。

墨西哥的教育主要通过各级公共学校提供,联邦政府负责建立和监督初等和中等教育学校、教师培训机构以及为工人和农民提供的所有教育的课程的实施。对教育服务的规定和由私立机构及学校提供的教育的认证则由联邦政府、州政府和市政府共同负责。

1992年,为了提高墨西哥人的受教育水平,墨西哥义务教育的年限由原来的6年延长至9年。自1993年开始,联邦政府将开办学前教育学校、初等和中等教育学校、教师培训机构的所有权利下放给除联邦区之外的州政府。

从20世纪50年代开始,墨西哥人受教育机会得到大大提高,但区域差异仍然很大。为了减少教育的不平等,墨西哥实施了特别的项目以扩大教育的覆盖面(即学校中某年龄群体的百分数),提高不发达州基础教育的复读率以及所有州中学复读率和辍学率较高的初等小学学生的复读率。

为了实现提高教育质量这个长远目标,墨西哥致力于改革基础教育课程,在实质上提高教师的工作条件,保证教师在职培训项目定期举行及其质量。此外,有关加大社区和家长参与学校工作的政策也将会带来新形式的组织和合作。

墨西哥的高等教育机构则面临着教育质量和声望下降的严重问题。导致这种现象的原因有几个,包括学生人数的增长超过教师的供应量、由于低工资和较差的工作条件导致教师和研究人员的流失,以及进入大学学生学术水平低下等原因。此外,高等教育并不能吸引学生从事墨西哥未来经济发展所需要的学科的学习。墨西哥为此已经探索了不同的方式以对高等教育机构进行评价以及高等教育机构开展的自评,希望提高其质量。国家研究者系统的建立使得研究者通过国家对他们的研究进行的评估过程而获得一定补充收入。

3. 正规教育体系

图 1 表示墨西哥正规教育体系的结构以及不同级别教育中年龄群体的比例。

墨西哥儿童从 4 岁起可以进入学前学校,5 岁的儿童在进入初等教育学校前应该已经完成 1 年学前学校的学习。根据图中所示,有 72.5% 的 5 岁儿童和 46.7% 的 4 岁儿童进入学前教育学校。

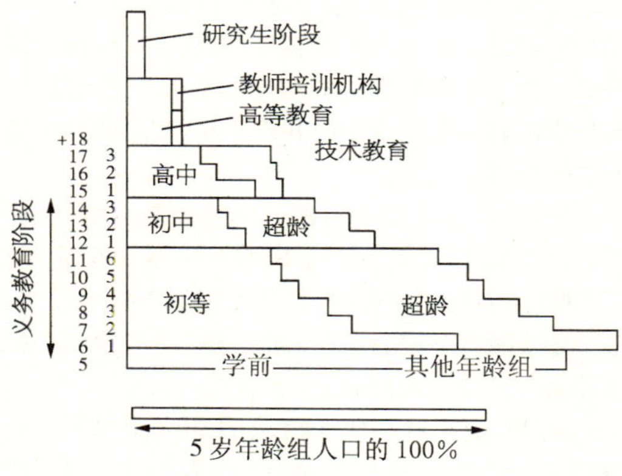

图 1 墨西哥:正规教育体系的结构(1993)

进入初等教育学校机构学习的正式年龄为 6 岁,但事实上,儿童在 6～12 岁之间都可以进入学校开始接受初等教育。尽管年龄大的孩子进入学校学习的现象目前已几乎为零,但学生的复读率和重入学率使每个年级的大龄学生都占有很大的比例(大于 30%),这从图中也可以看出。这种现象在墨西哥其他各级的教育中也有所体现。

学生的年级和真实年龄之间的差异使得对学生真实的保留率很难计算。作为参考,表 1 是从 1990 年的人口统计中得出的 20～24 岁年龄群体的保留率。为了更好了解不同时间内保留率的对比,40～44 岁年龄群的数据也列在表中。

墨西哥正规教育体系中的学生总人数从 1950 年的 330 万上升到 1990 年的 2 460 万。尽管每年学生在校人数增长 50 万人,但离实现初等教育各年龄群体的所有儿童都能入学接受教育的目标还很远。而且,无论是在城市还是农村,或者针对不同的民族,墨西哥教育机会的增长都呈现出区域不平衡的状态,北部地区和墨西哥城地区的入学率很高,但南部各州的入学率则比较低。

表 1 两个年龄群体的保留率

学习年数	学习成就年龄组百分比	
	20～24	40～44
1	93.4	80.9
2	92.6	77.8
3	90.2	69.7
4	86.1	58.5
5	82.6	52.7
6	79.5	49.3
7	60.8	28.8
8	58.5	27.4
9	54.6	25.1
>9	35.1	17.1

资料来源:XI Censo General de Poblacion y Vivienda, 1990. EstadosUnidos Mexicanos. Resumen General. Primera Reimpresion, 1992, INEGI, Mexico

墨西哥的教育由公立学校和私立机构提供,公立学校由各级政府管理(如联邦政府、州政府和市政府等)。基本教育主要由公立学校提供,自从1970年以来,基础教育入学率得到显著提高,尤其是学前教育和初级中等教育。私立机构开始积极参与中等教育,尽管在1970~1991年间有所下降。私立教师培训机构也有所减少,主要是因为教师培训的形式由原来的中等教育毕业生接受4年的培训改为由高等教育机构提供。自1970年以来,私立机构参与高等教育的程度也有所提高。

表2表示了墨西哥初等教育、中等教育和高等教育公立学校和私立学校入学分配图。

3.1 *初等、中等和第三级教育*

墨西哥教育制度的结构分为基本教育、中等教育和高等教育。基本教育由学前教育、初等教育和初级中等教育构成。1992年以前,宪法规定初等教育前6个年级为义务教育,而从那一年开始,义务教育被延长至9年,其中包括6年初等教育和3年初级中等教育。

基本教育之后是中级中等教育。墨西哥中级中等教育制度分为双轨:3~4年的技术教育和高级中等教育,也叫一般高中,学生学习3年,毕业后可以接受高等教育。

墨西哥多数高等教育机构提供为期4~7年的课程,包括为初等教育培养教师。研究生教育包括专业化教育、硕士和博士学位教育。

初等教育的总入学人数从1950年的300万增长到1980年的1470万,年平均增长率约为5%,但1976年以前对入学率的数据统计并没有可信的依据,只是对完成初等教育学习的学生年龄群体进行了一个大约的统计,具体数据可以参见表3。1981年以后,进入初等教育学生的新生人数有所减少,同时,1984年以后全国总入学人数也有所减少,其中主要原因是人口增长率的下降以及后入学者人数的下降。这种趋势将在一段时间内保持下去。

初级中等教育的总入学人数从1950年的7万人上升到1991年的420万人。从1971年至1982年,初中的毛升学率从60.0%上升到84.3%,1982年以后保持在81%左右。自从1989年以来,随着6年级入学人数的下降,初中1年级的入学人数和中等教育的总入学人数也有所下降。在20世纪90年代中期,随着9年制义务教育政策的推行,学生总入学人数增长了25%。

中等教育入学人数在1990~1991年间从31.3万增长到210万。在1981年以前,90%的新生被分流到高级中等教育学校和教师培训机构。然而从那一年之后,技术教育学校得到相当快的发展,到1991年,已经有19.2%的总入学人数在技术教育学校。但同时在中等教育的两个轨道中,学生的保留率很低,只有50%左右。

在高等教育人数激增(1970~1980年年均增长率为12.4%)以及在此期间新式高等教育机构建立之后,1980~1990年墨西哥高等教育增长仍非常缓慢,总入学人数的年增长率为3.1%。高等教育学生的保留率很低,只有不到60%的学生能完成学业,而且获得学位的学生则更少。

墨西哥初等教育一所单班学校能容纳200名学生,而在大中城市则容纳了400名学生。全国约有23%的初等学校只有1名教师,而15%的学校不能开设初等教育的6个年级。学校的教学日为

表2　公立学校和私立学校入学百分比

	1970			1991		
教育级别	公立	私立	总数	公立	私立	总数
学前教育	83.4	16.6	100	91.4	8.6	100
初等教育	92.2	7.8	100	93.7	6.3	100
初级中等教育	71.9	28.1	100	91.9	8.1	100
技术教育	61.1	38.9	100	71.2	28.8	100
高级中等教育	72.5	27.5	100	77.8	22.2	100
教师教育	65.2	34.8	100	73.4	26.6	100
高等教育	86.1	13.9	100	81.4	18.6	100

表3　完成初等教育选择性年龄群体的估计百分比

年龄群体	完成初等教育的百分比
15~19	83.1
25~29	72.7
35~39	57.2
45~49	40.5

4 小时，一个学年共有 200 天。自从 1993 年以来，国家采取措施延长教学时间并减少教师缺课的现象。全国各地的生师比和班级规模差异较大，但平均生师比为30:1，每个班级平均学生人数为 23 人。

中等学校规模比较大，平均学生人数为 400 人。每个班级学生人数为 21 至 36 人，平均生师比为18:1。高级中等公立学校的班级规模为 42 人，私立学校为 31 人。技术学校的班级平均规模比较小，为28 人。高中的生师比为52:1，而技术教育生师比为11:1。高中学校的规模很大，平均每所学校学生人数为 1 500 名，技术学校则平均为 22 名学生。

高等教育机构平均学生人数为 9 000 名，但不同学院由于录取人数的不同而规模差异较大，国家大学学生超过 10 万名，而一些州立大学则为 3 000 人。高等教育平均生师比为10:1。

针对居住在小地方以及边远地区的少数群体和儿童，墨西哥政府提供了特殊形式的初等教育。全国大约有 4.3% 的小学生进入双语学校学习。在这些双语学校，他们除了学习西班牙语，还学习自己的母语。在边远山区，中等学校的毕业生在小学担任教师，为 10 万名学生提供教学，其中每所学校的学生人数少于 30 人。

初中实行双轨制：普通教育和职业教育。此外，在边远地区，公立学校还通过电视网络，在家庭教师的辅导下，将事先录制好的课程提供给学生。职业学校的注册人数占初中总注册人数的27.3%，技术中等学校则占 10.9%。

在过去，多数高中教育是高等教育的一部分。在 20 世纪 90 年代，所有的联邦学校和高等教育分离，然而许多大学仍然提供这一级别的教育。高中教育占整个中等教育的 80.8%，其中 33.6% 的学生进入联邦学校，44.2% 的学生进入州立学校，其余则进入私立学校。技术教育中 53.9% 的学生在联邦学校学习，28.8% 的学生则在私立学校。

高等教育公立机构录取的学生占总人数的81.4%。高等教育公立机构可以被分为三类：包括国家工艺技术学院的联邦技术学院系统、州立和自治大学以及墨西哥国家自治大学、教师培训机构。技术学院的规模比大学小，开设工程和管理领域的学科，而大学开设的学科则要更广一些。全墨西哥共有 94 所技术学院，录取的学生占高等教育录取学生总数的 16.8%。墨西哥每个州至少有一所公立大学（共有 38 所），规模较大的大学在不同的城市都有校区，一些重要的私立大学也在不同的城市设立校区。

在所有高等教育中，管理和社会科学学院录取的学生人数最多（占 50.6%），其次为工程和技术专业（为 35.5%）、医学专业（6%）。从事自然学科和数学专业学习的学生不到 2%。

高等教育机构还提供研究生教育，开展研究项目。在包括联邦区在内的 14 个州，博士阶段招收 1 250 名学生，硕士学位招收 28 500 名学生，特殊专业学生 16 300 名。根据 1990 年的人口统计数据，全墨西哥有 350 000 人登记自己接受过研究生教育，其中 55% 的人集中在 4 个州，24% 的人在联邦区。墨西哥还有许多人在寻求到国外接受研究生教育。

墨西哥多数大学由学院组成，但一些 1970 年以后成立的大学则由系组成。大学中也有一些研究机构，提供社会科学、工业科学和工程学的研究生项目。

3.2 学前教育

墨西哥学前教育的入学人数从 1970 年的 40 万人上升到 1991 年的 280 万人。在 1970 年 4 ~ 5 岁的儿童中有 23.5% 进入学前教育机构，在 1980 年学前教育入学率为 47%，而到了 1990 年则为 58.5%。

墨西哥政府大力提倡学生在进入初等教育学校前至少有 1 年时间在学前教育机构学习。对于初等教育来说，学校要为少数民族学生和边远地区的学生提供特殊教学项目。在边远地区，教师通常由中等教育学校毕业生担任，这些教师同时也在开放教育体系中学习一定的职业技能。少数民族儿童进入学前教育机构学习的人数占学前教育总入学率的 5%，在一些较为孤立的社区中则占 6%。

学前教育的平均生师比为25:1，平均班级规模为 21 人，平均学校规模为 56 名儿童。学校开放时间为上午 9 时到中午 12 时。许多学校只有一两个班级，每个班级约有儿童 20 人。家庭经济条件困难的儿童还可以在学校享受免费的早餐。

3.3 特殊教育

墨西哥有一些为不同残疾程度的儿童提供教育的公立机构和私立机构。然而残疾儿童的入学率很低,根据联合国教科文组织的有关标准,墨西哥200万甚至更多的残疾儿童中只有23.9万名儿童进入特殊教育机构学习。

墨西哥残疾儿童中最大的群体是那些具有学习问题的儿童,约有14万名。为此,墨西哥进行了教师培训项目,培训教师能及时发现儿童存在的学习困难问题。以视觉障碍和听力障碍儿童为对象的教材开发项目进行的同时,也在尝试在教学中运用计算机来帮助聋哑儿童和诵读困难儿童。墨西哥特殊教育材料非常有限,只有少数布莱叶盲人用书。只有少数儿童被确认为天才儿童,全国约只有2 000名天才儿童能接受特殊教育。

墨西哥特殊教育的未来发展在于在职教师的培训,主要培养进行特殊教育的技能,同时要鼓励残疾儿童家庭能接受外界提供的帮助。

3.4 职业、技术教育和商业教育

墨西哥的技术教育在学生完成9年基础教育学习后由中等教育提供。尽管多年以来,技术教育一直被认为很重要,而且技术培训学校在很长一段时间内一直作为教育系统的一部分,但直到1980年,墨西哥才开始致力于扩大技术培训学校的规模。在1980年,墨西哥制定了相关的目标,即中等教育阶段中40%的学生就读于技术培训学校。技术培训教育方面存在的争论主要是在劳动力市场上,将五类职业的比率指标合为一类指标,即中级技术员。1993年进入中等学校学习的学生的实际百分比为21.3%。许多学生在选择学习内容时,仍然更愿意选择普通知识方向。和高中教育一样,技术学校学生流失率也很高。

技术教育涉及很多选择领域,但多数集中于工业和商业。在每所学校中,学生都可以有3~6个选择机会。技术学校每周平均教学时间为35个小时。

公共技术教育仍然由墨西哥政府管理。自从1978年以来,技术学校设备设施在很大程度上都依赖国际贷款。国家和技术教育学校都在寻求许多机制,将生产部门和学校联系起来,包括企业参与学校董事会以及“三明治”培训课程的组织等。国家和地区也在商业、工业和教育机构间就技术教育达成一定的协议。一些地区的一些学校在与商业和工业部门的协调和合作方面取得了一定的成功。一些学校甚至可以出售学生生产的产品。

然而技术教育学校的毕业生在进入劳动力市场时存在一定的困难。由于他们还年轻,缺乏一定的经验,这使得他们不一定能够找到一个和自己专业对口的工作。找不到就业机会,使这些毕业生不得不待业或者从事一些非正式的工作。

3.5 成人和非正规教育

墨西哥的成人和非正规教育包括为文盲和那些没有完成基础教育的成人提供的特殊教育项目,尤其注重启蒙教育和为少数民族群体提供的教育。墨西哥成人和非正规教育还包括一些技术教育和初中后阶段教育。

1981年,墨西哥各成人教育机构被整合到国家成人教育研究所,其主要目标是降低国家人口中文盲的人数、为成人提供其他形式的初中等教育。机构还为成人提供一部分职业培训。

国家成人教育机构的活动以1975年制定的《墨西哥国家成人教育法》为基础。墨西哥成人文盲率高达13%,其中妇女文盲率为15%,男子文盲率为10%。这意味着在1990年,墨西哥要对600万成人进行扫盲。这些文盲中有超过80万人在15~24岁之间,多数文盲年龄比较大,这使得扫盲工作任重而道远。国家成人教育机构和社区以及商业企业合作,开展扫盲活动。有读写能力的年轻人也参与教文盲识字书写作为补偿,但这种效果只能是微乎其微。商业企业和工会组织之间的协议是国家成人教育机构活动开展的框架,机构平均每年招收70万名文盲。

根据1990年的人口统计数据,墨西哥有1 130万15岁和15岁以上人口没有完成初等教育。有超过100万的成人在初中等学校注册登记,但许多成人在完成学业前就辍学了。

除了上文所讲的成人教育,墨西哥还有为家长、社区和少数民族群体提供的培训。启蒙教育由卫生和社会安全机构提供,以不同民族群体为对象而设计的特殊活动则由国家印第安研究所提供。

墨西哥还为年满15周岁、只完成初等教育的人提供工作培训，由全国3 500个职业培训中心为40万人左右提供为期3个月的短期培训课程，这些中心多数为私立机构。不同的机构、公立和私立大学以及教育部也提供开放或半正式的技术教育、高中教育、高等教育和研究生教育。墨西哥多数人都被吸引到开放高中教育以及在职教师的研究生教育项目中。除了由教育部门开展的教育项目，墨西哥还于1992年成立了一个新的社会发展部，提供一些符合其目标的培训项目。在教育部门中，约有3%的教育预算拨给成人教育。

4. 行政管理的结构与运行

尽管墨西哥1917年宪法规定教育服务应该由市政府来提供，1921年又规定联邦政府应该和州及市政府机构一起为全国各地提供教育服务。

1921年教育部的成立为联邦教育服务奠定了基础。教育部成立后的72年以来，不仅在课程定义和设计方面制定了一定的标准，对教育服务进行管理，而且全国现有学校中的70%是由教育部开办的。七十多年以来，教育部和各州联邦机构成立了各种机构组织，在工作人员和所起的功能方面也达到了一定的规模，但这还远远不够。

直到1992年，墨西哥联邦政府和州政府在基础教育的行政、监管和认证方面还存在着平行系统，只有联邦区例外，因为其教育直接由教育部管理。

1992年墨西哥的教育行政发生了重大变化。墨西哥宪法和联邦教育法都做了一定的调整之后，基础教育和教师培训机构都由州政府控制。自从1993年以来，州政府为所有公立学校负责，也就是说，所有联邦学校成为州立学校。从教育中央集权到地方分权的转化预计要到20世纪90年代末完成。联邦政府每年都会给州政府拨款以顺利完成转换。

教育部虽然规模减小了，但仍主要负责教育的有关标准和政策的制定。教育部的职权范围包括在以下几个方面：国家计划和课程的制定；基础教育和教师培训教材的监管；初等教育免费课本项目；为国家教育系统设立评价过程；维持一些如在职培训、初等学校效率的提高、识字读写项目以及减少地区间差异等项目。

墨西哥现有的督导体系更是行政性的，而不是学术性的。墨西哥实行的督导制度是一个督导人员负责25所学校，督导的质量也不一样。

与教育行政平行，墨西哥还存在一个技术理事会网络。这个网络分为国家、州和学校层次，为学术项目提供一个咨询、交流和反馈的环境。墨西哥还有一些参与教育活动的联邦机构。农业教育机构与农业部相互联系，启蒙学校和一些学前教育学校属于卫生部门。

墨西哥不存在同时包括技术教育和高中教育的机构。所有各种使用不同课程、学术结构、教师培训项目和发展政策的机构共同存在。也就是在墨西哥城这样的大城市，人们在努力协调不同学校间的入学比率。

墨西哥大学是自治机构，但自治的程度不一。联邦机构由中央政府管理。对于联邦学校和联邦高等教育机构来说，20世纪90年代中期，它们将经历更加分权化的管理。自从1979年以来，墨西哥实施了一项高等教育机构计划方案，以在高等教育机构之间建立起协调关系。国家、地区和州都成立了计划委员会。1991年墨西哥成立了一个国家评价委员会以鼓励高等教育机构建立系统的自评过程，以使资金分配标准和提高高等教育机构的质量和效率挂钩。墨西哥还有一个国家高等教育机构联合会（ANUIES），从而使有关教育政策和课程计划能被各个高教机构认可。

墨西哥在管理和组织不同专业组织方面还有一个国家法律，任何一个完成本科学习以及达到获得学位所需的学术要求的人都可以作为专业人士进行注册登记。这个法律的规定范围也包括对专业联合会的管理。

国家工会由属于联邦系统的教师和行政人员构成。州教师有自己的工会组织。当联邦学校转化为州立学校时，州权威组织也承认国家组织。大学和其他公共教育机构也有自己的工会组织。

5. 教育财政

1992年墨西哥用于教育的总费用为156亿美元，占整个国民生产总值的5%。全国教育费用中政府花费在所有花费中占91%，其中77%来自联邦资金。

墨西哥联邦公共部门的重组使得部门预算重新得到分配，这使社会发展部门，尤其是教育受益匪浅。联邦预算中对教育的拨款在 1983～1992 年间从 11.6% 增长到 20.9%。表 4 表明了 1983 年、1988 年和 1992 年联邦花费的分配。从 1988 年至 1992 年，教育预算增长了 67%，这导致了在通货膨胀时期严重受影响的教师工资得到大幅度提高。

自从 1978 年以来，墨西哥每天都会为基础教育学校建设 42 个教室。学校建设提高行政委员会（CAPFCE）负责制定教育领域建设的标准。标准包括学校使用面积和设备的标准化。1988～1992 年期间对教育设施的维护预算拨款主要来自社区的志愿工作和团结项目的资金。

1991 年教育行政花费占整个预算的 10%，然而高等教育实际接受的拨款大大超过其应该接受的拨款（主要根据入学人数）。自治和州立大学的公共资金主要来自联邦和州政府。其收入有 70% 来自联邦资金，除津贴之外的其他收入则非常低。学生的学费差异很大，从每年 1 美元到 50 美元不等，而私立学校学生的学费则高达每学生每学期 1 200美元。

墨西哥开展了一些特殊课程，提供一定资金，以帮助儿童（超过 50 万名）完成初等教育。各级教育的私立学校必须为占其入学率的 5% 的学生作为免学费的学生。除了一些特殊项目，墨西哥高中教育和本科教育阶段不提供学生贷款和奖学金。国家科学和技术理事会为国立高等院校的研究生提供 1 万个奖学金名额。由此，有必要成立一个特别委员会，对研究生阶段课程进行评估，同时，这个委员会必须由不同领域资深教师和研究者组成。大约为2 000个留学国外的研究生提供奖学金。

6. 师资

1984 年教师培训成为高等教育的一部分，在当时初等学校有 43.7 万名教师，学前教育有 11 万名教师。在职教师获得本科教育和证书的补充项目则通过半正式和开放系统进行，同时采取不同的奖励政策来吸引教师完成自己的学习。从 1987 年至 1992 年，这种制度产生了 17.5 万名新一代教师，另有 6 万名教师通过在职课程的学习完成自己的学业。

1984 年以前，师范毕业生在联邦教育系统中的教师职位得到政府的保障，在那之后，本科生必须通过考试才能成为联邦教师。

墨西哥学前教育教师匮乏和初等教育教师剩余，针对这种状况，墨西哥成立了一个将初等教育教师培训成学前教师的项目。尽管这样，师范机构录取的学前教育的教师还是比初等教育教师人数少。由于教师实际工资很低，教师这个职业失去了吸引力，许多教师也离开了工作岗位，寻求工资更高的工作。

教师培训课程也做了一定的调整。首先，为基础教育三个阶段开发共同核心课程，强调学会学习，以及课堂观察和实践技能。其后，将对课程进行重大的改编。

表 4　联邦预算（墨西哥比索，单位：百万）（1980＝100）

	1983		1988		1992	
部门	总数	%	总数	%	总数	%
社会发展	308.1	28.02	295.1	31.97	492.7	50.90
教育	127.4	11.59	127.9	13.86	202.2	20.89
其他	180.7	16.49	167.2	18.11	290.5	30.01
其他部门	791.4	71.98	628.0	68.03	475.3	49.10
总数	1 099.5	100.00	923.1	100.00	968.0	100.00

资料来源：墨西哥教育部 1992

由此，政府近来还启动了一个在职培训计划，将远程教育和正式课程、集体学习和信息交流联系起来。

1993年，一个新的提高教师质量的系统建立起来，通过水平移动的方式提高教师的工资。有趣的是，此方法通过对学生学术表现和考试成绩来评价教师。对学生和教师评价的过程由教育权威机构和教师工会联合认可。通过这种方式，教师的工资将得到提高，同时这种机制也能提高教学效率，教师也能从工资的增长中获利，在1990～1993年间，教师的最低工资翻了一番。

在后中等学校中，许多体系都设立了良好的档案和招生制度。多数教师在高等教育机构中接受过培训，然而也有许多教师（多于40%）没能完成自己的学业。

在一些高等教育机构中，教授必须至少拥有硕士学位。多数教授是兼职的，很少有全职教授。同时，墨西哥也有一些提高教学和专业技能的课程。

7. 课程开发与教学方法

墨西哥联邦政府通过教育部负责开发基础教育和教师培训课程。课程调整和修改则通过国家教育技术委员会进行，现有的国家理事会网络和每个学校的技术理事会也参与其中。最终制定的教学大纲由教育部授权，所有基础教育学校必须执行，但每个地区对课程也有不同的调适。

初等教育阶段执行国家核心课程，以边远地区的儿童和少数民族群体为对象的学校对课程可以酌情调整。墨西哥致力于向儿童提供除西班牙语外的其他语言和方言的学习，并提供用这些语言书写的教材。初等教育辍学儿童人数呈下降趋势，但在完成3年级学业以前就辍学的儿童将成为功能性文盲或文盲。为了关注这些儿童，国家为城市和农村地区10～14岁之间的失学儿童开设了特殊教育项目。

初等教育阶段包括7门核心课程：数学、语言、历史、地理、公民教育、健康和环境保护。初等教育采用单一教材，由政府自1958年起编制并免费分发。联邦政府也号召开发新的课本，并提出一定建议，建议由来自不同群体的专家、学术专家以及社会群体的代表组成的审议团评价。当一个新的课本最终定稿以后，由政府进行印刷和分发。1992年墨西哥印刷并分发了900万册教科书。

普通初中每周的学习时间为35小时，课程按照学科组织，包括数学、母语、世界和墨西哥历史、地理、公民教育以及自然科学。职业中等教育学校增加了额外的技术活动，占42周的学时。中等教育的教科书由私人出版公司开发，但这些私人出版公司开发的教科书要得到官方承认，必须经过教育部权威机构的认可。

在中等教育中，英语一直作为外语。在联邦高中，70%的课程为学生将来进入高等教学机构继续学习而作准备，30%的课程是职业训练，向学生展示广泛的职业选择范围。这30%的课程中一些以特定的工业或初级部门活动为取向，其他则更注重横向移动。学校一周的工作时间为35个小时。教育部长授权对课程进行改革。直到1982年，墨西哥中等教育还存在许多教学大纲和课程。从1993年开始，各种不同类型的所有中等教育学校都将采用共同的核心课程。

自治学校或州立学校可以分为两种或三种不同的行政子系统，存在多种课程模式，每种模式都自动地建立其自己的学术课程。国家已经采取各种措施建立一个共同的核心课程，但这些模式不但在学科的顺序上有所不同，在每个学科的学时和总的教学方法上也有所不同。

墨西哥的大学理事会的机构授权对不同高等教育机构和学院课程进行改革或调整。每一个大学或学院都有一个技术理事会，处理各种学术问题，包括提议将课程改革在大学理事会上进行展示。这个大学理事会的成员通常由学院成员、学生代表、学校指导主任、系和研究所主任等组成。

8. 考试、升级与证书制度

在墨西哥的初等和中等教育中，教师决定学生是否能从一个年级升入高一年级，但这必须符合教育部的有关标准。以前墨西哥的考试很少受行政的管理，但自从1993年以来，国家实行了初等和中等教育国家标准考试。

墨西哥国家权威机构授予小学生和学生证书。到1992年止，证书只授予那些完成初等教育的学生,初中学生接受“年级证书”和“教育级别证书”。

学生必须经过入学考试才能进入初级和高级中等教育学校或者大学学习。当某个高中附属于一所大学时,学生在获得最低毕业成绩后可以自动升入大学学习。

除了少数例外,墨西哥私立教育机构必须得到联邦或州权威机构、或者通过公共教育机构的认可才能提供学术项目。

9. 教育评价、评估与教育研究

墨西哥对从教师培训机构毕业的学生进行了系统的评价研究。研究结果用于教师的工作分配,同时有关信息也将被反馈到各个教师培训机构,供其所用。

墨西哥各个不同级别的教育也开展特定的研究。其中一个典型的例子就是对教师、学生、家长进行的调查,旨在发现基础教育中西班牙语教学和学习之间的关系。国家教育技术理事会对调查结果进行了协调,并成为课程改革建议的基础。

许多调查研究由不同机构展开,但没有一个系统的、好的机制来协调和交流这些研究结果。

就像上文已经提及的,学生必须经过考试才能进入高中和高等教育机构学习。由考试者填写的不同级别教育入学考试注册表可以作为教育体系评价过程的一个来源。不幸的是,这些年来收集的信息并没有成功地运用于评价过程,而且研究者也得不到这些信息,其中一个例外就是由国家大学开展的批判性分析,以评估中等教育为培养进入大学附属高中的学生的教育水平。

墨西哥有良好的信息收集、分析和传播系统。成立于20世纪70年代的教育统计数据系统,在建立后的几年内得到了很好的维持和改善。在一个学年中,学校要进行两次对入学情况和人力资源情况的信息调查。调查所得的总结数据要发表以公之于众,这些信息组成了包括人口和经济统计数据、国家和公共会计系统以及地理数据的国家信息系统的一个部分。尤其需要指出的是,墨西哥教育部门保留了历史上对录取情况和人力资源的信息。主要的指标包括录取率、入学比率、学生生存率、升级率、重读率和辍学率。各种不同的教育支出的数据也由此产生。

墨西哥的教育研究由私立和公共教育机构开展,有关建议和批判性的分析用来服务于实施新的项目和制定正确的政策。然而,墨西哥总体教育研究的数目还很低,对于教育研究活动的预算也很低。

10. 20世纪八九十年代的主要改革

将教育行政的权力由联邦政府下放到州政府,大大提高了墨西哥教育运行结构的效率。这个改革将使学校获益匪浅,因为学校将能够从更多的渠道获取信息和资源,可以在更好的机制下与其他学校以及权威机构进行交流。如果社区为属于自己的学校工作,那么社区及家长将更多地参与学校教育活动。

联邦财政支出的变化将使墨西哥社会发展项目,尤其是教育,得到更多的资源。

1984年墨西哥将教师培训机构转化为高等教育机构,这将使教师的水平普遍得到提高。但这种转化并不是一件容易的事情,需要大量时间,而且转化遭到一些教师培训机构的抵制,同时也没有配备足够的人力和财政资源。

在这一段时间,人们强烈建议进行墨西哥课程改革,政府由此开展了一定的课程改革项目。20世纪90年代提议的改革使墨西哥社会认识到必须提高国家的教育水平,这不仅是为了实现国家的现代化,同时也是因为墨西哥儿童必须为复杂而高度竞争的社会生活做好准备,他们必须拥有自己的个性以及社会和国家认同感。认识到对墨西哥各种课程进行改革不仅对教育权威机构和墨西哥社会来说意义重大,同时对教师和教师组织也具有重要意义。20世纪墨西哥将会对教育进行重大的改革。

11. 2000年面临的主要问题

墨西哥教育存在的一个中心问题,同时也是最重要的一个问题,就是教育质量不高。墨西哥最首要的任务就是提高初等教育的质量,而且目前已经采取了初步的措施。21世纪墨西哥教育面临的最大挑战就是,要寻求一种能长久起作用的方式来实施这些改革,从而为墨西哥的儿童打开新的天地,这无疑构成每天、每年的挑战。同时,如果墨西哥的教师要成为自尊、独立,有一定社会地位的人,墨西哥必须采取强有力的、高效的方式来提高教师培养的质量。

墨西哥必须减少影响留级率的因素,以保证实现所有学生都能完成6年初等教育。同时墨西哥也要扩大中等教育的规模。这要求国家制定一定的计划,强调培养初等教育所需要的合格教师,同时合理运用足够的资源,以避免只有数量的发展,而没有质量的提高。

对青年人的职业培训要求墨西哥对现有的课程进行改革,同时要求吸收学校毕业生的雇主参与到培训之中。墨西哥在专业工作领域和研究领域需要更多的拥有高技能的人才。虽然墨西哥也拥有研究群体和经验丰富的研究人员,但也需要一个良好的机构氛围和条件,以培养新的研究人员。

M. E. 雷耶斯(M. E. Reyes) 著

缪 胤 译

附录

Anexo Education 1992 IV Informe Presidencial 1992. Government Printer, Mexico City

Instituto Nacional de Estadística Geografía e Informática 1992 *XI Censo General de Población y Vivendia 1990. Perfil Sociodemográfica, Estados Unidos Mexicanos.* INEG 1, Mexico City

Instituto Nacional de Estadística Geografía e Informática 1992 *Resumen General del XI Censo General de Población y Vivienda*, 1990. INEGI, Mexico City

Instituto Nacional de Solidaridad 1992 *La Política Social en México, Síntesis gráfica y estadística.* INEGI, Mexico City

其他参考文献

Acuerdo Nacional para la modernización de la educación basica. Government Printer, Mexico City

Comentarios del Centro de Estudios Educativos al Acuerdo Nacional para la Modernización de la Educación Básica 1992 *Revista Latinoamericana de Estudios Educativos (México)* 22(2)

Diez J C, Lizaur M P, 1975 *Historia de las Universidades.* SEP, Mexico City

Economic Commission for Latin America and the Carribean 1991 *Educación y Conocimiento: Eje de la transformación productiva con equidad.* Comisión Económica para América Latina y el Caribe, Santiago

Economic Commission for Latin America and the Caribbean 1992 *Economic Survey of Latin America and the Caribbean, 1990*, Vol. 1. Economic Commission for Latin America and the Caribbean, Santiago

Instituto Nacional de Estadística Geografía e Inform ˙tica 1991 *Anuario Estadístico de los Estados Unidos Mexicanos.* INEGI, Mexico City

Instituto Nacional de Estadística Geografía e Inform ˙tica 1992 *Sistema de Cuentas Nacionales de México. Cuentas de Producción del Sector Público 1987—1990.* INEGI, Mexico City.

Interamerican Development Bank 1991 *Economic and Social Progress in Latin America 1991 Report* Interamerican Development Bank, Mexico City

Larroyo F 1970 *Historia comparada de la educación de México.* Porrua Mexico, Mexico City

Latapi P 1992 Libertad religiosa y legislación escolar. Las recientes reformas constitucionales de México ante el derecho internacional. *Revista Latinoamericana de Estudios Educativos (México)* 22(1)

Modernizar la escuela primaria. Siete propuestas de acción del Sindicato Nacional de Trabajadores de la Educación. 1991 *Revista Lantinoamericana de Estudios Educativos (México)* 21(3)

Padua J 1984 *Educación, industrialización y progreso técnico en México.* El Colegio de México y UNESCO, Mexico City

Secretaria de Educación Pública 1990 *Compendio del gasto educativo.* Secretaria de Educación Publica, Mexico City

Sierra F B 1992 *Estudio prospectivo de las ingenierias.* Mexico City

Sierra J B 1976 *Conversaciones con Gastón García Cantú*, 4th edn. Siglo XXI, Mexico City

Solana F, Raul C R, Raul B M 1981 *Historia de la educación pública en México.* Secretaria de Educación

Pública, Mexico City

Textos de la historia mexicana, Independencia y Revolución. 1985. SEP, Mexico City

Urquidi V I 1992 El convenio trilateral de libre comercio entre México, los Estados Unidos y el Canadá. *El Trimestre Económico* 59(2):234

Vázquez J Z et al. 1981 *Ensayos sobre historia de la educación en México.* El Colegio de México, Mexico City

尼加拉瓜的教育制度(Nicaragua: System of Education)

1. 基本背景

1979年以前,尼加拉瓜的教育制度一直由两个明确定义、各自独立的子系统构成:由国家通过教育部直接管理的非高等教育和由国家大学、中美洲大学建立的高等教育。

1980年和1990年之间,桑地诺分子(以尼加拉瓜1933年被杀害的民族主义者桑地诺命名的尼加拉瓜游击队员——译者注)取消了高等教育的自治权,将整个教育制度转化成完全以中央政府为中心的单一体系。在这个时代,尼加拉瓜政府将教育作为强化意识形态和统一国民的手段,结果导致中央集权结构的产生。

然而在1990年的选举中,联合国家反对党获得胜利,作为政治策略,桑地诺政体将教育系统分为四个子系统。在20世纪90年代早期,尼加拉瓜存在四个法律组织各自独立的教育机构,这些机构由一个新建立的国家教育理事会协调和联系。这些子系统包括以下部分:

(a) 教育部(MED)。教育部为在以下教育领域的登记人员提供服务:初等教育、学前教育、特殊教育、成人和中等教育以及教师培训项目。

(b) 国家技术研究所(INATEC)。该机构的主要社会功能是为国家生产发展,尤其是农业和工业生产发展培养劳动力成员,如中级水平的技术人员、基本水平的合格工人等。

(c) 高等教育,主要负责专业人员和高级技师的培养,以保证国家经济计划的需要。

(d) 文化研究所,负责博物馆、音乐、舞蹈和国家习俗与传统的解释及发展。

2. 教育政策与目标

尼加拉瓜政府社会发展计划包括下列几大目标:

(a) 尼加拉瓜社会政策的最终目标是促进尼加拉瓜社会、经济、政治的发展,以及提高国民的素质,并满足人民的基本需要。

(b) 在上述所有目标中,儿童以及年轻人基本需求的满足是最重要的。

(c) 家庭是社会发展动力,所有成员成长和幸福的自然载体,国家大力提倡建立对家庭的支持,这也是尼加拉瓜社会行动和实现国家团结的主要计划之一。

(d) 特别关注推动尼加拉瓜妇女参与社会生活各个方面的目标,同时保证妇女能享有健康、教育、工作、居住、食物、营养、培训和职业培训等各方面的服务。

(e) 国家将尽力保护处在困难环境中的儿童,并尽力消除导致这些困难的根源。

(f) 国家将更加关注有关和平进程的重要性和可行性。如果尼加拉瓜全国人民都能支持和平进程,这将会带来巨大利益,对此,国家也给予同样的重视。

(g) 在竞争极为激烈的市场经济环境中,在长期的社会政策指导下,国家将激励私人部门最大限度地发挥自己在社会中的作用。

尼加拉瓜政府的社会责任是为维持国民生理和心理健康创造条件,并为年轻人参与国家发展、实现社会现代化和变革而创造条件。在当今时代,尼加拉瓜政府建议对初等教育这个子系统进行课程改革,尤其是初等教育的头几个年级。成人教育将首先关注年轻妇女以及最贫穷的地区。大西洋区域的跨文化双语教育项目将继续进行,旨在将这个地区各个不同的群体联合成一个共同体,同时不破坏各个群体自己的文化认同(事实上,这个项目由于政府的冷落和缺乏一定的支持而受到严重损害)。

尼加拉瓜政府强调从婴儿开始就要加强文化教育,使学生意识到自己在新的时代和现实中的任务和责任。在运动领域,政府将主要致力于发展学校、大学、军队部门以及大众的体育项目。在技术教育方面,发展重点在于各种类型的农业教育,尤其关注军队退伍的年轻人和成人以及年轻的反对者(也就是为了推翻桑地诺革命的反对者或其他群体的人)的教育。

尼加拉瓜高等教育将关注教育的分权化和招生制度的改革,同时对课程进行改革,从而与国家发展计划保持一致。

尼加拉瓜 1992 学年的目标包括以下几点:

(a) 共招收学生 1 147 043 人。

(b) 提高不同教育子体系的毕业率和升级率。

(c) 改善并调整初等教育、学前教育、中等夜校、教师培训、农业技术教育、职业培训教育等的课程以及高等教育的核心课程。

(d) 培训初等教育、成人教育、双语教育、跨文化教育、学前教育、特殊教育、工业教育、技术教育和研究生教育的教师。

(e) 发展教育行政和机构管理中教育统计数据的基本信息,组织手册、教育项目计划和开发的新方法等。

(f) 提供基础设施和家具设备,尤其是初等教育和技术教育。

3. 正规教育体系

3.1 初等、中等和第三级教育

尼加拉瓜初等教育的目标是为国民提供在学习生涯的前 6 个年级中基本的阅读、书写、计算、科学技能和基督教道德价值。初等教育也是尼加拉瓜教育领域最受重视的。儿童在完成 6 年的学习后离开初等教育学校,在这 6 年中,他们获得了在中等学校学习的技能,或者能够学习中级技术课程、基本课程以及成为初等教育教师的课程。图 1 是尼加拉瓜教育体系的级别图。

尼加拉瓜中等教育的目标一方面是培养年轻人进入大学学习所需的知识和技能,另一方面,特别为学生进入中高级技术教育中心学习作准备。高中学制 5 年,基本教育阶段学制 3 年。

尼加拉瓜高等教育的目标是培养高级专业人员和技术人员,以促进国家技术、经济和社会的发展。高等教育课程有以下几类:农业科学、医药科学、教育科学、技术科学、国家科学、数学、经济学、人类学、法学和社会科学。尼加拉瓜的私立大学和公立大学共同构成高等教育理事会。

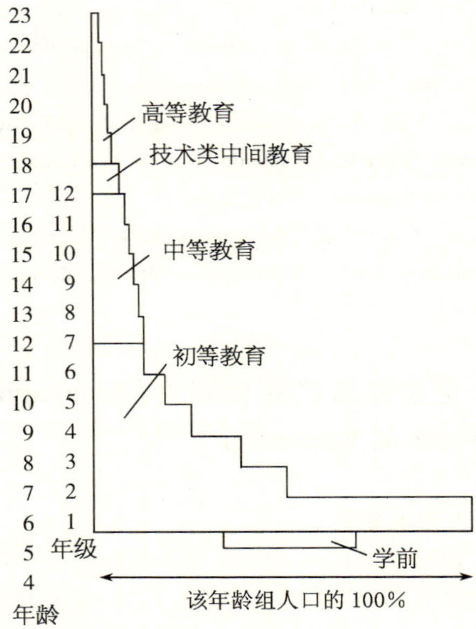

图 1 尼加拉瓜:正规教育体系的结构

3.2 学前教育

尼加拉瓜 4 ~ 6 岁的儿童进入学前教育学校学习,为进入初等学校学习所需的心理和学习技能打下一定基础。尼加拉瓜有两种学前教育机构:正式学前教育机构和非正式学前教育机构。

3.3 特殊教育

尼加拉瓜的特殊教育以存在视觉和听力问题或者精神及身体上存在残疾的残疾人为对象。同时,特殊教育还有一个目的,就是帮助残疾人口和劳动社会整合起来,使他们也能为社会做出自己的一份贡献。年龄达到 18 周岁的残疾人可以进入正式教育体系学习,学制 6 年,在这些残疾人毕业的时候他们达到相当于初等教育的水平。

3.4 技术教育

作为正规教育的技术教育,技术类课程以初中级水平为主,遍及几乎所有的部门。以各种形式提

供的技术教育可以分为三类:农业技术教育、工业技术教育、行政和经济教育。在尼加拉瓜,政府向完成基础教育的学生、中等教育日校和夜校学生以及退伍的战士提供非正式的技术教育,而这正变得越来越重要。

3.5 成人教育

尼加拉瓜成人教育项目主要满足国内城市和农村地区成人接受教育的需要,主要分为以下几个层次:

(a) 由志愿者教师提供的阅读、书写能力培训,教师由教育部培训和支持。

(b) 学习年限为5年的夜校,成人高中毕业生可以选择在夜校中学习中级水平技术课程或者在大学中继续接受高等教育。

(c) 对于那些没有完成初等教育的成人来说,他们可以接受为期3年的集中学习。他们可以选择继续他们的技术学习(中级水平或者基础水平)或者选择在夜校接受中等教育。

4. 行政管理的结构与运行

尼加拉瓜教育部的中心任务就是通过政策、标准和规章的制定来指导国家的教育,提高教育机构的效率。在教育部监管下的教育机构由以下各个层次构成:

(a) 执行委员会,负责政策、组织、系统和命令等。

(b) 秘书长,主要起到支持的作用,是执行委员会的成员。总秘书长的主要任务是对外部资源有关协议、草案的管理。

(c) 计划理事总会,从1991年起成为执行委员会的终身建议机构,承担教育计划和项目开发的任务。

(d) 督导理事总会,成立于1992年,主要任务是监管、建议实施由教育部指导的教育政策、计划和项目,同时也负责监管由教育部指导的资源、标准、法律和规则的合理运用和实施。

(e) 教育理事总会,主要管理与教育机构实质工作有联系的所有事物。总体教育理事会由学前教育、特殊教育、初等教育、中等教育、成人教育和教师培训机构等的理事会组成,这些教育理事会都有各自已经指定的具体目标。课程理事会作为总体教育理事会的一部分,主要负责实施由执行委员会制定的教育政策,以及协调教学计划、学习课程以及教育系统的评价等所有方面。

(f) 行政委员总会,负责保证行政的执行以及教育机构人力资源、材料以及财政资源的控制,从而保证教育目的和目标的实现。

在尼加拉瓜的高等教育领域,INATEC有一个和教育部类似的结构,但由于尼加拉瓜大学享有自治权,每个学院和大学都有各自的行政和监管结构。文化研究会也享有预算自治权,并根据自己所起的功能类型进行组织。

5. 教育财政

1992年尼加拉瓜教育部门的预算和全球预算(49 406万美元)、普通预算(33 740万美元)以及国民生产总值(170 764万美元)之间的关系可以参见表1。

6. 师资

尼加拉瓜教育部子系统的行政和教学人事情况可以参见表2。

表1 教育部门的预算(1992)

	1992年预算[a]	总体预算(%)	普通预算(%)	教育预算(%)	GDP(%)
教育部门	93 209 528.22	18.68	24.69	100.00	5.45
教育部	56 147 100.11	11.36	14.87	60.23	3.28
INATEC	9 246 005.65	1.87	2.44	9.91	0.54
文化研究所	1 610 422.46	0.32	0.42	1.72	0.09
大学	26 206 000.00	5.31	6.96	28.14	1.54

a 该表数据以美元为单位统计

表 2　　教学及行政人员[a]

项目	总计	行政人员	一线教师	城市	妇女
学前教育	2 291	248	2 043	1 775	2 525
初等教育	20 817	1 578	19 239	11 240	17 552
成人初等教育	425	22	403	218	294
中等教育	6 388	1 665	4 723	5 794	3 769
成人教育(CEDA)[b]	562	65	497	508	413
特殊教育	226	29	197	226	217
工人教育(CECO)[c]	38	–	38	38	35
总计	30 747	3 607	27 140	19 799	24 532

a 在总部办公室，教育子系统共有363名雇员，包括主任、咨询人员、技术人员以及辅助人员

b 成人发展教育中心

c 工人文化教育中心

对于高等教育这个子系统来说，各大学有4 154名雇员和32 550名学生。对于INATEC来说，其在20世纪90年代早期共有在农业、工业以及经济行政领域学习的学生19 450名。

7. 课程开发与教学方法

尼加拉瓜教育体系的教学和学习过程是在中央集权性质的国家课程基础上发展的，同时也是一个城市和地方水平上通过促进微观课程改善和计划的分权化的过程。

人们认为1991～1992年的课程是一种转型课程，这种课程体现了以下一些特色：回应国家拯救新政府的政策，体现在学校课程和课本去政治化；加强课程中有关基本价值观，如和平、民主、团结、自由、人权、家庭团聚和尊重、热爱国家以及国家的所有价值等的目标和内容。这一时期还提倡使用各种不同的教学方法、课文和教育材料。

尼加拉瓜课程开发计划可以分为两个已经规划完成的阶段：改进和转化。课程的改进仍在计划过程中，范围涉及普通教育的各个年级和初等教师培养项目，计划在1992年实施改进后的课程。转化是对新通过的课程政策的回应。在此阶段的重点是寻求课程组织更广泛的基础，调整课程评估和发展体系，以及创造一个更富有创造性和参与性的学习过程。上述领域的实验性研究已经正在进行，实验主要在初等教育几个低年级中的阅读、书写和算术等各个方面。高等教育改革的中心改革行政管理结构，建立与国家和地区社会经济发展相一致的地区课程中心。技术教育课程改革将围绕农业技术教育、对年轻人口和退伍战士的培养，旨在提高教育供给和生产。

8. 考试、升级与证书制度

在20世纪90年代早期，尼加拉瓜尽管已经开展了一些工作，但在教育领域还没有形成评价系统。在那个时期，主要是对学校在一个学年不同时期开展的活动进行评价，目的是促进学校的发展。尼加拉瓜主要有系统评价、部分评价和最终评价这几种评价方式。

尼加拉瓜对学生的评分范围是0～100分，主要分为以下几个类型：90～100分（优秀）、80～89分（非常好）、70～79分（好）、60～69分（及格）、0～59分（不及格）。教育部开展对学生行为质性评价的项目，但这种评价不针对技术学校和高等教育机构的学生。学生要想在学年结束或者学习结束的时候获得一门课程的最终成绩，他们在这门课中的出勤率必须至少达到80%，如果身体有病的话，则必须至少达到60%。

初等教育和中等教育的学生在学年结束的时候将获得自己的年级证书,证书上将注明学生每门课程所得的成绩。如果学生不及格以及重考的科目超过3门,他们将不会获得年级证书或者将留级。在每个学年的最后几个月,学校都会进行提前注册,而这将在下个学年正式生效,已经注册的学生可以进入下一个年级学习。只有高等教育院校才实施对新生进行的入学考试,这主要是由于不同课程可以招收的学生人数大大少于报名的人数,因此需要通过考试进行筛选。

尼加拉瓜在每个级别的教育完成后,都会给学生颁发相应的证书,包括:初等教育证书(完成6年级的学习后)、基础阶段教育证书(完成初等教育第3年级的学习后)、高中毕业证书的多样化教育证书(完成中等教育第5年级的学习后)和完成专业及高等技术教育课程后获得的证书(可能为期3年、4年、5年或者6年)。

尼加拉瓜由教育部、国家技术研究会和各个高等教育机构设立的课程有自己的考试、升级和证书制度。

9.教育评价、评估与教育研究

在20世纪90年代初期,尼加拉瓜在新一届政府的领导下,接受了由不同国际机构组织的社会研究和报告项目,尤其是在初等教育领域。这使得尼加拉瓜教育部和国家技术研究会的总体和机构政策得到了基本的改善和相关的调整。

这段时间以来,教育领域的机构研究和报告主要是在以下机构和团体的经济援助下进行的,包括联合国教科文组织、芬兰援助组织、联合国儿童基金会、泛美卫生组织、美洲国家组织、意大利合作组织、欧洲经济共同体以及拉美教育组织(REDUE)。这些活动是教育部和国家技术研究会开展的项目的一部分。

进行这些研究工作的人员通常是来自各种机构的技术人员,在特定情况下,国内以及国外的一些顾问和专家也参与其中。在多数课程研究和实验中,试验研究和实验起着非常重要的作用。

尼加拉瓜高等教育机构设有自己的特殊部门进行宏观和某些特定领域的研究。总体上来说,他们经常开展一些由国外政府、大学和组织提供经济援助的研究。这些研究由不同的私立和公立大学的研究部门开展。

10.20世纪八九十年代的主要改革

尼加拉瓜20世纪80年代开展的教育改革有这样一个前提,即教育,无论是正规的还是非正规的,是将全国人民紧密团结在马克思主义旗帜下的资源。为了实现这个目标,桑地诺政体对正规教育和非正规教育采取了两个明确的策略,规定了正规教育和非正规教育的作用。非正规教育旨在建立一种群众组织,并将该组织的理念传递给人们。正规教育则要开展以下几项活动:

(a)国家识字读写能力改革运动。这项运动被作为一项政治—教育项目开展,在1981年成功地将尼加拉瓜的文盲率降低了12.5%。然而由于缺乏后继项目来巩固该时期取得的成果,根据联合国开发计划署及其1990年的声明,1985年尼加拉瓜的文盲率又上升到了22%。

(b)接受社会主义国家的建议,尤其是古巴和东德的建议,对课程进行改革,实现唯物主义的教育目标。

值得注意的是,在这个阶段,尼加拉瓜教育的覆盖率有了极大的提高,一些传统上没有机会接受教育的人口现在也能上学。同时尼加拉瓜还针对国家农业发展和人口就业的情况对教学进行了一定的调整。

这个教育政策在尼加拉瓜产生了两个值得深思的后果。首先,整个教育系统质量的下降;其次,政府对教育基础设施建设中应起的作用减弱了。尽管新政府付出了一定的努力,在20世纪90年代初期教育质量下降的情况下,许多学生在上课的时候竟然没有自己的课桌椅。

11.2000年面临的主要问题

在国际机构和尼加拉瓜国内有关机构的努力下,尼加拉瓜对教育系统进行了全面的评价和报告,重点是对初等教育的评价。结果表明,尼加拉瓜教育系统存在以下削弱其作用的问题:

(a)缺乏部门教育制度,从而影响了正确教育策略的发展。

(b) 较高的留级率和辍学率,尤其是在初等教育的最初几个年级中。

(c) 农村地区的学校多数不能提供所有年级的教学,或者同时为几个年级提供教学(在多数情况下,只提供 1 ~ 3 年级的教学)。

(d) 没有接受过职业培训的教师比例很高,教师教学技术的质量也很低。

(e) 教职员工和教学材料的缺乏。

(f) 缺乏合适、可靠、相关的教育信息。

(g) 缺乏有一定连续性的教育分权政策。

(h) 缺乏使初等教育提供高效率服务的必要资源。

(i) 教育行政能力存在缺陷,进行有关决策时也缺乏一定的计划模式。

(j) 成人教育项目从整体上来说不能满足成人学生工作的需求,同时教学质量也比较低。

(k) 整个国家的文盲率约为 40%,而这些文盲中又有 40% 是农村人口。

(l) 现有的课程及其开发过程并不能引导教育为工作需要和家庭需要培养独特的个人。

(m) 有关教育的研究必须与商业和生产领域挂钩。

(n) 残疾人、退伍军人和处在危险处境的儿童并没有被适当地整合到教育系统中。

(o) 有关教育的资源分配不合理,缺乏对各种农业技术项目合理的评估。

H. 贝利(H. Belli) 著

缪 胤 译

巴拿马的教育制度(Panama:System of Education)

1. 基本背景

巴拿马是一个总面积只有 77 000 平方公里的小国。它从东到西穿越加勒比海湾,连接南北美洲。自从 1513 年巴尔博亚(Balboa,西班牙探险家、西太平洋发现人——译者注)宣称太平洋海湾属于西班牙王室后,巴拿马就成为了征服西半球的跳板。巴拿马城于 1519 年成立,自从那时起,巴拿马海峡就在世界商贸的发展中发挥着重要作用。在 1821 年和西班牙脱离政治联系之前的 3 个世纪内,巴拿马一直是西班牙的殖民地。20 世纪初在巴拿马地峡的中央挖掘了巴拿马运河。

1903 年巴拿马成为独立的国家,1993 年全国人口达到 240 万,人口年均增长率为负 1.9%。巴拿马人说西班牙语,是欧洲人、非洲人和美洲土著人的混血。巴拿马全国有 7 个民族群体,各个群体都有自己的语言和风俗习惯,每个民族人口约为 12 万。巴拿马全国约有 44% 的家庭生活在贫困线以下,全国问题最多的地区通常是不同民族群体混居的地方。

1990 年巴拿马 35% 的人口在 14 岁以下。和农村儿童相比,城市儿童在未来的生活和工作中获得成功的机会要多得多。农村地区的婴儿死亡率高达 25%。在城市有 99% 的儿童在出生时受到专业医护人员的看护,而在农村地区则只有 76%。其他有关调查表明,农村地区有 30% 的儿童在营养上存在问题,而在城市这一比例只有 10%。

巴拿马的经济建立在和世界市场紧密联系的服务产业基础上。随着第二次世界大战中期进口替代工业崛起和国内市场的增长,巴拿马的社会结构发生了巨大的变化,以企业家和专业人员为代表的、充满活力的中产阶级和越来越庞大的工人阶级要求在巴拿马的日常决策过程中发挥自己的作用。教育成为满足国家经济发展需求和为确保社会动力而培养熟练技能的劳动力的主要因素。

自由主义意识形态在巴拿马发挥着重要的作用,挑战了在多数拉丁美洲国家占主流的天主教传统统治。在 20 世纪的后半叶,为了巴拿马的经济发展,自由主义者重新确立了国家的作用。在这一阶段,巴拿马全国建立了一个庞大的教育系统,这个系统甚至覆盖了最边远的村庄。

巴拿马 20 世纪初的文盲率高于 90%。第一届教育部在全国成功地建立了初等学校网络以及巴拿马城国家研究所。20 世纪 50 年代巴拿马的文盲率下降到 50%。但这个成果还是被认为效率不高,国家采取了强有力的措施扫除文盲。在全国的城市和农村开设了小学、初级中学和高级中学。1990 年巴拿马的文盲率为 11%。

20 世纪 70 年代晚期和整个 80 年代,巴拿马处在经济衰退和生产停滞的困境中。教育系统的增长慢慢减速,而其他结构问题吸引了政府的关注。这使得 1991 年有 33% 的儿童(4 ~ 9 岁)未进入全日制学校学习,10 ~ 14 岁儿童中的 16% 根本不进入学校学习。

2. 教育政策与目标

巴拿马宪法规定,所有 6 ~ 15 岁的儿童都要进入学校学习。宪法同时也保证要为学生提供免费教育。国家为大学生制定了微不足道的入学费用(每学期约 26 美元),以鼓励大学开展研究。在 20 世纪 70 年代的意识形态之争之后,巴拿马的初等教育得到了飞速的发展,特殊培训所需的教育设施也得到了很大的改善。但由于经济衰退的原因,巴拿马的职业教育受到了影响,其发展停滞不前。

巴拿马的法律规定,教育系统分为"官方"和"私立"两种。官方教育主要由国家资助。"所有的教育都是公共的,因为所有的学校,无论是官方的,还是私立的,都为学生开放,而不存在种族、社会地位和宗教信仰的差异。"(联合国教科文组织/教育宣言 1992)

宪法的规定使巴拿马政府在所有有关教育的事务中发挥着决策的作用。政府通过教育部对教育体系进行协调、监管和控制。除了天主教堂,国家是唯一支持教育的机构。

3. 正规教育体系

图 1 表示巴拿马的教育机构以及学校中各个年龄群体的入学概况。

3.1 *初等、中等和第三级教育*

在理论上,巴拿马的初等学校学制为 6 年,中等学校学制也为 6 年。1960 ~ 1980 年期间,巴拿马初等教育学校入学人数从 161 000 人增长到 338 000人,这使得教师的数量也从 5 397 名上升到 12 107 名。1990 年,初等教育学校共有 351 000 名学生和 13 505 名教师。

巴拿马的中等教育分为两个阶段。初级中等

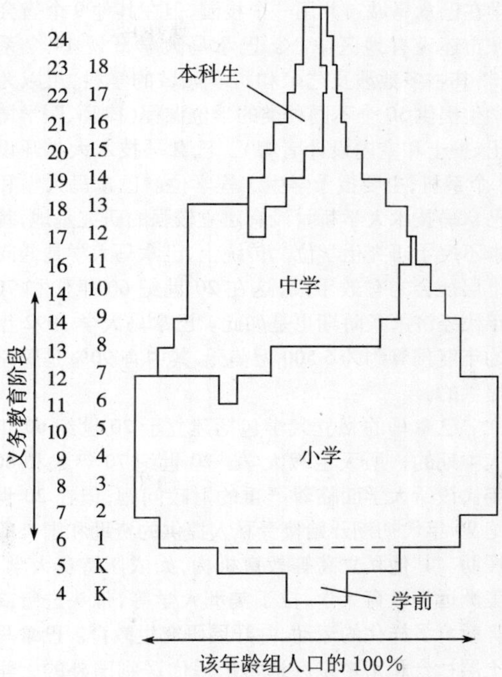

图 1 巴拿马:正规教育体系的结构(1990)

教育学制为 3 年,所学知识主要是建立在小学知识的基础上。高级中等教育学制也为 3 年,为学生提供更加多样化和特殊的课程。1960 年,巴拿马 108 所中等学校中的大多数属于私立。到 1980 年全巴拿马共有 310 所中等学校,其中将近有2/3为公立学校。1960 ~ 1980 年中等教育学校录取的学生人数增长了 5 倍多(从 36 000 名上升到 172 000 名)。到 1990 年为止,中等教育学校共有 196 000 名学生,9 754 名教师。然而,从图 1 中我们也可以看出,学生留级的现象非常严重,班级里超龄学生人数也很多。

在高等和第三级教育领域,建立于 1935 年的巴拿马大学制定全国所有大学必须执行的指南。1993 年巴拿马有 2 所公立大学和 4 所提供高等教育的私立机构。1990 年 2 所大学共有注册学生 46 990名,而在私立高等教育机构注册的学生总数则为 5 520 名。

巴拿马大学和巴拿马技术大学这两所公立大

学在巴拿马城市共用一个校园，但在其他9个省会城市还设有地区中心。巴拿马大学开设14个系科，其中多数涉及艺术和科学领域的学科，可以为学生提供50个不同种类的学位课程（律师、医学博士、护士和室内设计者等）。巴拿马技术大学开设7个系科，主要授予学生工程学位。巴拿马大学和巴拿马技术大学暂时没有建立较强的研究基地，基本不授予研究生学位。传统上，巴拿马大学是通向上层社会的有效手段，这在20世纪60年代和70年代经济萧条时期更是如此。巴拿马大学1992年的年度预算约为5 500万美元，其中有90%是国家提供的。

巴拿马的私立大学包括建立于20世纪60年代中期的一所天主教大学。20世纪70年代和80年代该所大学面临着严重的财政问题，但在20世纪90年代初期开始接受私人提供的资助和国外的援助。其他私立高等教育机构，如依斯特莫大学、美洲远程教育大学、拉丁美洲大学等，带头进行高等教育多样化的运动，并开展研究生教育。巴拿马上层社会和富裕家庭通常把后代送到国外的大学就读。

然而1993年巴拿马高层企业家雇用从美国毕业的经理、律师以及工程师等人才。在巴拿马，美国大学的学位、上层社会、高级企业之间存在着一种联系。20世纪60年代，当有事业心和积极进取的中产阶级专业人士取代上层社会大学毕业生而成为高级政府官员的时候，他们之间产生了激烈的竞争。这种情况在1989年美国入侵后得到缓解。

3.2 学前教育

巴拿马第一所正式的幼儿园是由泛美研究所建立的，是一所公理会教堂开办的学校。几年之后，又成立了两所有名的天主教幼儿学校，分别是1947年建立的拉塞尔（La Salle）和1948年建立的贾威尔（Javier）幼儿学校。巴拿马把学前教育看作是“非义务的，其主要目标是促进进入学校的儿童的全面和谐发展，刺激并发展他们良好的情绪情感和习惯……学前教育包括幼儿园和日托中心”（教育部1992）。

日托中心是巴拿马学前教育的一种形式，主要教育对象为2～5岁的儿童，目的在于促进这些儿童情感、身体和智力的良好发展。

联合国儿童基金对巴拿马日托中心的调查表明，“日托中心这个教育系统已经为巴拿马社区接受，是一个经济、有效、灵活和多机构的组织。同时日托中心也存在一些问题，其财政结构比较弱，对人员的培训比较有限，其行政机制也需要得到改善，有关儿童健康方面的教育也没有有效地组织起来”（教育协调委员会1985）。

巴拿马在日托中心接受学前教育的儿童80%来自城市地区，这个数据表明在生活着巴拿马总人口40%的农村地区教育问题的状况。表1是1980年的有关数据。

在1960～1980年的20年间，日托中心在巴拿马得到了飞速的发展。原因主要有两方面，一方面官僚机构的人员增长了5倍，从25 000人上升到125 000人；另一方面，从事商业和工业的人也成倍增长。教育的需要以及成立更多的日托中心以满足就业人口增多的需求在城市表现得尤为突出。

表2表示了1960年巴拿马日托中心的数量和学前教育数量。

表1　日托中心注册（准许注册的）

地区与学校类型（1980）			
种类	城市	农村	总数
公共	8 598	3 336	11 934
私立	6 108	94	6 202
总数	14 706	3 430	18 136

资料来源：全国教育协调委员会（1985）第五卷 表38 P. 42

表2　1980年标准下的日托中心和教师数量

	总数	大学学位	其他学位	没有学位
1960	104	0	73	31
1980	645	99	545	1

资料来源：全国教育协调委员会（1985）第五卷 表3A P. 41

3.3 特殊教育

巴拿马的特殊教育以身体和智力上存在障碍的儿童为服务对象。盲童以及聋哑儿童被看作是身体上存在障碍的儿童,行为上存在问题的儿童则被看作是心智上存在问题的儿童。以这些儿童为对象开展的教育活动在于帮助他们恢复一些基本能力并获得某些基本技能,从而使他们能融入社会。巴拿马特殊康复研究所在 1991 年共招收 6 015名学生。

巴拿马特殊康复研究所成立于 20 世纪 60 年代早期,在财政上享有自治,可以从政府以及其他私立部门获得补助。研究会设立有特殊的工作间,如缝纫室、橱柜制作室、金属制品室、玩具制造室以及捆绑室等。研究会还开设秘书学课程,并拥有培训农场。在荷兰的援助下,研究会还设立了一个奶牛牧场,并提供园艺课程。

3.4 职业、技术教育和商业教育

巴拿马中等学校为学生提供为期 2~3 年的职业课程,正式课程的学习之后还有实习培训。商业教育课程主要由第三级教育提供。

尽管教育部没有把职业技术教育和商业教育作为明确的教育项目,同时职业技术教育和商业教育也没有像其他类型的教育那样受到重视,但却是巴拿马教育体系不可缺少的一部分。目前教育部在其报告中开始强调要提高巴拿马的专业和技术教育水平,包括商业、工业和农业高中的教育。

教育部同时也在准备增强国家计算机教育政策的计划。计划实施的具体日期并没有定下来,但计划准备覆盖 84 所学校的 70 000 名学生。

3.5 成人和非正规教育

巴拿马教育部对成人教育有两个定义。一方面,成人教育以占人口多数的、没有掌握一定技能的人(如没有接受过学校教育的人)为服务对象,另一方面,成人教育也包括为那些没有完成初等教育或者中等教育的人提供教育。

根据巴拿马 1990 年的人口统计数据,大约有 145 000 人被认为是文盲。1992 年,全国有 16 000 人参加了由 458 个中心提供的识字读写课程,共有 784 名教师在这些中心工作。

巴拿马的成人教育主要以那些没有完成正式教育的人以及文盲为对象,满足这些人的需求,但同时也提供一些有关大众文化的职业课程和讲座。1991 年参加成人教育的人数总数达到 30 277 人,主要分布在以下领域:识字读写课程——4 935 人;初等教育课程——6 012 人;大众文化——5 147 人;中等教育课程——14 133 人。

巴拿马还有 3 所专门为工人提供课程的学校。这些学校以开放和灵活为特征,旨在提高成人的自尊和安全感。就读于这些学校的成人受到教师的鼓励,按照自己的进度学习,并根据他们心理成熟的程度到达新的知识和能力发展阶段。

教育部在巴拿马全国各地也为在监狱服刑的犯人开设教育课程,但没有此类学生人数统计的数据。这些项目开设的课程除了初中等教育课程外,也包括一些识字读写课程和大众文化讲座。

4.行政管理的结构及运行

巴拿马教育部由各个监管不同教育事务的全国办公室组成,如课程改革、人员雇佣、培训项目协调等部门。教育部还有下属的省级办公室,这些办公室长期的职责是监管项目、课程开展情况。国家还对私立学校进行监管,这些私立学校必须使用教育部规定的课程,巴拿马整个教育系统采用一种课程。

一方面,巴拿马建立了一个处理与教学有关的技术系统,另一方面,巴拿马同时还有一个行政系统。这两个系统都是阶层化的管理,从教育部开始,有不同级别的办公室,一直到一个小小的乡村学校。

巴拿马的立法规定了对教育系统负责的三个层次。最高层次负责政治领导和机构发展,第二层次教育支持系统,保证教育过程所需的必要资源和其他设备的供应,第三层次也就是实施课程和计划的学校。

1957 年,巴拿马建立了 12 个命令等级层次。最高层次为教育总指导委员会,接下来为国家初等教育、中等教育和私立教育指导委员会,检查、辅助和督导服务等,再下来为校长、副校长,最后到教师。1968 年巴拿马成立了国家职业和技术教育指导委员会、审查指导委员会、学生指导委员会、行政和预算指导委员会等。

巴拿马的教育系统受到国家宪法和有关法律的支持,然而一些操作层面却很难找到依据。一些批评家认为这主要是由 20 世纪 70 年代进行的改革而引起的。比如,教育总指导委员会不仅承担由法律规定的一些职责,同时还负责识字读写项目和成人教育项目。

巴拿马还存在另一个技术指导委员会,负责课程和教育技术、专业教育、教师中心(合作的)、艺术和文化中心、教育电视台和国家图书馆等方面的事务。

5. 教育财政

巴拿马对公共教育的投资约为 25 亿美元,约占中央政府预算的 22%。表 3 是巴拿马 1992 年的教育预算。

6. 师资

巴拿马初等学校的教师由师范机构(教师学院)培养,这些教师同时也能够在巴拿马大学接受继续教育和培训。中等学校的教师和高中教师则必须由大学培养。巴拿马大学开设教育系,为初等学校教师开设一些特殊课程,同时开设文学院,培训高中教师,以及高等教育研究所,教师可以进行有关教育的研究生学习。

巴拿马官方学校系统鼓励教师参加各种课程的学习,以发展他们的能力。学校有人事理事会(由教师和教育部的人员组成)来决定教师升职的事宜。这个系统最初成立于 1947 年,把教师分为 7 种类型。中等学校教师根据他们的大学学位可以分为 3 种类型。巴拿马 1979 年的法律则将教育系统所有人员分为 22 个级别共 136 种类型。这些不同的种类表明了一个教育工作者的教育年限、学位、责任以及工作。

表 3　1992 年教育预算

	总数(百万美元)	百分比
中央政府	1 248	100
教育部门	257	22
教育部	187	15
其他部门	70	7

资料来源:教育部 表 17 P. 216

教育部强调人力资源和物质资源的合理使用将保证教育系统目标的良好实现。在这一理念的支持下,教育部保留着长期的教师名录。在这种方式下,教育部可以根据国家的需求以及科学技术的发展来制定计划。

1993 年统计表明,教师和蓝领工人的购买力没有差别。

7. 课程开发与教学方法

巴拿马所有的教学计划都由教育部人员制定。课程部门负责编写学校教科书,所编写的教科书必须得到教育部的认可。

1992 年联合国教科文组织的一项报告表明,巴拿马在进行课程改革之前,必须对教师、教育行政人员、家长和学生进行一定的调查研究(UNESCO/Ministerio de Educacion 1992)。这种集体的努力将使教师能够将社区的文化和社会特征融合到课程之中。报告还指出,教师仍在使用传统的教学方法和已经过时的教科书。

8. 考试、升级与证书制度

完成初等学校所有 6 个年级的学业的学生将自动升入中等学校学习。在到中等学校登记之前,学生必须出示自己的 6 年级成绩报告单和初等学校毕业证书。要进入第二级教育系统(中等学校的第 4 年),学生必须向学校领导人出示自己的学分。巴拿马没有考试要求。学校的校长将为学生提供建议,建议学生接受某些由第二级教育机构提供的特殊课程。为了保证这种分配过程的合理性,学生可能被要求参加考试。

对学生的打分从 1 分到 5 分,学生必须至少获得 3 分才能通过一门课程。巴拿马的法律规定中等学校的升级必须要求学生通过每一门课程。任何一门学生没有通过的课程在下个学年开始的时候都受到极度的重视。重修课程的学生不能升入下一个年级学习。在学生升入下一个年级之前,学生顾问将对每一个学生的能力和性向进行研究,而学生能否升级最后还要得到校长的同意。

当一个学生在一个学年至少有4门课程不合格或者在2年之内有同一门课程不合格,学校权威人员将建议学生本人或其家长,让学生转到另一个部门或学校学习。

巴拿马一个学年被分成4个"双学期",每个学期为期2个月。教师在每个学期结束的时候对学生进行考察。在考察之前学生将提前得到通知,而且考察必须得到校长的认可。学生最后的成绩是四个双学期成绩的平均分,并保留小数。教师必须能够公正地为学生提供最后的成绩。

9. 教育评价、评估和教育研究

巴拿马教育部将教师评价过程作为教育督导系统不可分割的一部分。"评价过程应该激励教师专业化发展,应该是教师努力的展示窗口。"

教育部主要对两个领域进行评价,一个方面是教师的个性,另一个方面是教师的效率。对个性的评价主要分为五个明确的方面:健康和活力、个人外表、语音语调、领导能力以及人际关系。教师效率方面分为四个方面:教学质量、行政效率、兴趣爱好和发展的能力。

教育部每年都要对报告进行评价。对教师的评价包括教师自评、校长的评价、督导的审议以及由省教育主任的最后认可。

10. 20世纪八九十年代的主要改革

这一阶段,巴拿马的教育在政府机构和组织方面发生了一些变化,但是并没有什么大的改革。

然而,在20世纪70年代早期,高度敏感的教育系统进行了一个极富进取意义的改革。改革的核心是建立在一个名为"生产性学校"的概念的基础上的。这种概念认为儿童必须熟悉、了解现代工业社会基本的特点和要求,课程和学校教学及工业社会的特点相互联系,和工业社会的生产方式相互联系,这样一来,课程、学校和教师对学生来说就会有很大的吸引力,他们就愿意学习。在农村地区,儿童在很小的年龄就开始接触先进的农业技术、农业生产理念以及市场竞争等。

上述改革在进行过程中不断受到政治上的反对,使得政府在改革实行了将近10年后不得不终止。保守党、天主教会和一些政党认为政府没有能力很好地开展教育改革。保守党的胜利部分是因为教师本人并没有参与到改革的过程中来。在改革过程中,以前具有一定声望的教师可能在某些方面失去了一些权利,这使得他们并不是非常欢迎这种改革,另一方面他们比较倾向于保守党的政见。

11. 2000年面临的主要问题

面对国内的经济危机,巴拿马政府在20世纪90年代制定了两个教育发展的头等大事。第一个是确立巴拿马在世界教育领域中,将科学与技术教育整合到整个人生教育的过程的地位与作用。"教育必须能通过技术和所有生产部门的现代化要求的结合,而和经济发展结合起来。整个国家必须提倡科学知识和技术知识。"(UNESCO/Ministerio de Educacion 1992)

巴拿马教育发展的第二个重要问题是解决生活在极度贫困地区的人口的教育问题。"教育和社会发展必须首先考虑那些受到贫困威胁的人们。"教育部希望从非政府组织寻求资金,来支持那些贫困地区教育项目的发展。

巴拿马的教育仍然面临着提供科学和技术领域内的复杂培训的问题。20世纪90年代巴拿马的教育发展在这方面并没有取得很大的进展。要想实现教育现代化,巴拿马仍然有三个问题有待解决:仍然要扩大儿童接受教育的机会,寻求方法使更多的孩子能接受教育;同时,教育系统也要更好地引进并使用先进的技术;最后,高等教育的培训质量也有待进一步提高。

M. A. 甘德萨古(M. A. Gandásegui) 著
缪 胤 译

附录

Comisión Coordinadora de Educación Nacional 1985 *Estructura administrativa y régimen legal del sistema educativo panameño*. Ministerio de Educación, Panamá

Ministerio de Educación 1992 *La educación en Panamá. Informe anual 1991*. Ministerio de Educación, Panamá

UNESCO/Ministerio de Educación 1992 *Plan nacional de acción de educación para todos.* UNESCO, San José.

其他参考文献

Arosemena D 1988 Discurso inaugural (Escuela Normalde Santiago, 1938). *Revista Lotería* 372

Bernal J B 1991 *Desarrollo y equidad en la educación de base para adultos.* ICASE, Panamá

Candanedo A 1989 Educación y democracia. *Revista Panamenña de Sociología* 5

Céspedes F 1979 *Informe sobre la Reforma Educativa.* Ministerio de Educación, Panamá

Comisión Coordinadora de Educación Nacional 1983 *Filosofia de la educación panameña.* Ministerio de Educación, Panamá

Duncan J 1921 La educación pública en Panamá. *Memoria*

Fernández B, Garrido C 1990 Proyecto nacional y política científico-técnica. *Tareas* 75

Ministerio de Educación 1984 *Propuesta para estructuración del sistema educativo.* Ministerio de Educación, Panamá

Mejía B 1993 Situación actual del sistema educativo panameńno. In: Picón C (ed.) 1993

Picón C (ed.) 1993 *Educación para todos en Panamá.* Ministerio de Educación, Panamá

巴拉圭的教育制度(Paraguay: System of Education)

1. 基本背景

巴拉圭在 1811 年组建为共和国。该国的边界变动了许多次,这主要是因为两次长期战争(1865 ~ 1870、1932 ~ 1935)。它的国土面积是406 752平方公里,与阿根廷、巴西和玻利维亚接壤。巴拉圭分为两个非常不同的行政区:一是查科(查科)巴拉圭西部地区,其面积为 246 925 平方公里,居住人口占总人口的 5% 左右;另一个是东部地区,其面积为 159 827 平方公里。自从 1960 年以来,由于国内移民,东部地区的人口空间分布已发生变化。与此同时,巴拉圭也接收了许多国外移民,他们主要来自巴西和一些亚洲国家,如日本和朝鲜。

根据 1982 年的统计,巴拉圭的人口是 400 万。到 1992 年,它的人口估计将近有 550 万。自殖民地时期以来,这里就有许多种族共同生活在一起。1992 年,巴拉圭的本土人口不超过总人口的 2% ,而且还在一直下降。种族融合所产生的结果之一就是两种语言问题,即本族语和西班牙语的保留问题。根据 1982 年的统计,只有 40.1% 的人讲瓜拉尼语(Guarani),7% 的人讲西班牙语,而剩下的都讲日语、德语和葡萄牙语。讲葡萄牙语的人数在不断增加,这主要是在边境地区。人口的文化多样性不仅被看作是民族同一性的不可少的组成部分,也被认为是教育和文化发展过程中极为重要的部分。最近颁布的宪法已承认西班牙语和瓜拉尼语为共和国的官方语言。

巴拉圭的经济主要是农业。大约 80% 的出口都来自农业部门,农业从业人口也占到职业总人口的 45% 。20 世纪 90 年代早期,巴拉圭的经济增长率明显下降。在 1992 年,仅达到 3.1% ,当时最低工资相当于 168 美元,而且 1991 年的通货膨胀率达到了 34% 。在 1991 年,它的出口主要是初次产物(如粮食、矿石等),出口值大约是 1 亿美元;与此同时,巴拉圭的外债是 20 亿美元。

2. 教育政策与目标

与普拉特河地区有影响的国家相比,巴拉圭在历史上就是一个一体化的国家。因此它的政治发展继承了独裁统治的特征。自从自由统治随着查科战争(1932 ~ 1935)的结束而瓦解以来,独裁政权一直延续到 1989 年自由选举的举行和基本的民主机构的成立。政治方向上的这种根本性改变,对处于严重危机中的教育发展具有非常重要的影响。当时教育上的严重危机主要来自各政党在教育管理上的利益(冲突),和对教育体系内部权力的滥用上。新的民主政府所采取的主要措施之一,就是将教育确立为社会决策的优先领域。这一措施导致成立了由教育领域著名的专家所组成的专门的委员会,以在教育改革过程中为政府提供支持和建议。自这以后,这个委员会一直在起作用,负责制定教育改革基本方针,设计教育改革的策略以及参与方针的贯彻过程。国会的两议院都非常支持这一改革,而且颁布了负责管理大学运转的重要法规。1992 年的新宪法对教育尤为关注,规定国家将实行双语教育,以及教育经费在国家预算中的比例达到 20%。

随着民主政府的创立,巴拉圭采取了许多重要的措施来应对教育质量的明显下降:增加教育预算,提高教师的工资,从法令上规定幼儿教育从 6 岁开始,整顿地区教育中心并允许社区参与学习活动的管理。其中最后一点是分散行政权力的第一步,而且分散行政权被认为是教育改革要优先考虑的事情之一。根据创立新大学的需要,开设适量的私立大学组织也得到许可。

3. 正规教育体系

巴拉圭国家宪法规定九年基础学校教育是义务的和免费的。而且由各州负责促进中等教学、技术教学、农业教学、工业教学和高等或大学教学的发展。教育和文化部是负责这方面的政府机关。图 1 显示了该体系的结构。

3.1 *初等教育、中等教育和第三级教育*

巴拉圭的小学教育是 6 年。从 1993 年开始小学的入学年龄是 6 岁。紧随这一阶段之后的基础阶段学制 3 年,再之后,是多科中等学校(在这里学生可以选择专修某一特定学科)学制也是 3 年。

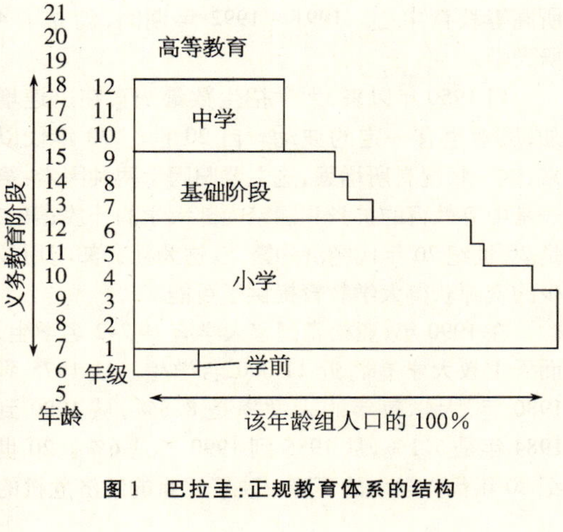

图 1 巴拉圭:正规教育体系的结构

在经历了 20 世纪 40 年代末和 50 年代初这段低谷期之后,学校的就学率持续增长。在 1980 年,学校的净就学率达到 90%,1989 年达到 93%,1990 年是 94.5%。1991 年,全部学龄人口中(7 ~ 12 岁)有 720 983 名学生就学,估计有 40 000 名儿童没有就学。1992 年,在全部学校人口中 85.9% 的学生都进了公立学校,14% 的学生进了私立教育机构;这些人口的分布状况是:44.5% 的学生在城市,55.5% 则是在农村。表 1 列出了 1991 年小学的有关数据。

虽然小学的就学率达到了可观的水平,但严重的问题依然存在。概括而言,农村和城市之间的差别依然是非常重要的。例如,根据 1989 年的数据,整个国家小学的完成率平均达到 47%,但农村地区只有 32%;整个国家的平均成功率是 43%,而农村地区只有 29%。根据城乡以及公立学校和私立学校的情况,教育质量上的大滑坡——以及由此带来的成功率的大滑坡——在不同的研究中都得到确证(Rivarola 1977, Rivarola 1991, Rivarola et al. 1977, Corvalan 1981, Corvalan et al. 1981)。

其中最严重的问题之一是没能通过升级考试的学生不得不复读一年。根据沙菲尔贝恩(Schiefelbein)和海齐能(Heikkinen)的研究(1991),这一问题在来自贫困家庭的孩子中尤为普遍,这些家庭的收入都处在收入分配曲线的 50% 以下,而且这样的家庭中有将近 40% 的孩子必须复读。

表 1 1991 年初等教育学生注册人数、教师职位和学校数量

	总计	城市	农村
学生	720 983	319 948	401 035
教师职位	29 172	11 402	17 770
学校	4 649	1 002	3 647
生师比	25	28	23
学生 - 学校比	155	319	110

资料来源:教育文化部 1992

教育资源是非常有限的。从全国来看,有33%的学校的学生不能完成学校教育。其中81%又是在农村地区,那里有相当一批学生只上到3年级(29%)或2年级(14%),而且大约有28%的教学岗位都是由不合格教师担任的。一般而言,农村地区的教师有42%都是不合格的,有些地区甚至达到了75%。

自20世纪60年代以来,文盲人数已经开始减少,但从20世纪80年代以来有迹象表明这种状况有所恶化。即使如此,与其他拉丁美洲国家相比,巴拉圭的文盲水平还是相对较低的。据最近的国家统计数据表明,15岁及15岁以上人口中有14.2%的人是文盲。其中有将近30%的人在农村地区,而这些人中又有19.1%是男性,22.9%是女性。

20世纪50年代中期,中等教育开始扩张。这主要与小学教育覆盖率的提高有关。而且中等教育的就学水平持续提高(在1972年,它的就学率达到20.3%,1985年是27%,1990年是32.5%)。

在1991年,总共有166 894名学生接受中等教育,其中151 391名(90.7%)是在城市的教育机构中接受中等教育的,剩下的(9.3%)是在农村地区。与此同时,78.4%的学生进入了公立学校。从1965年开始国家就认为,这些公立学校在中等教育的扩张过程中会表现出主要作用。

中等教育包括两个阶段:基础教育和多科教育,这两种教育的年限都是3年。其中多科教育又可以分为三个分支:人文科学证书、商务学习证书和技术教育证书。前两个证书可以进入大学或教师培训机构;技术教育证书可以进入工业或农业领域中的中等后机构。1991年,中等教育的分布情况如下:65%的学生接受的是基础教育,28%的学生是人文科学证书,6%的学生是商务学习证书,还有1%的学生是技术教育证书。

根据1989年的统计,13~18岁的年轻人中只有37%进入了正规教育系统。与此同时,中等学校的就学率只占到所有学生的17.9%,这可以参见表2。中等教育的扩张在城市地区尤烈。在1981年,有81%的中等教育机构位于城市中心,而到1991年这一数字上升到了90.7%。

表2　　1989年各级正规教育覆盖率

注册人数	数量	占全体学生人数的比例
学前	30 019	3.4
初等教育	656 877	74.6
特殊教育	1 286	0.1
识字和成人教育	31 393	3.6
中等教育	157 458	17.9
教师培训	3 384	0.4

资料来源:教育文化部 1990

与1989年全国平均完成率45%这一数字相比,农村地区的完成率只达到了17%。其中的原因之一是能达到文凭教育水平的机构的大量减少。有超过80%的教授中学六门课程的教育机构都位于城市地区,而全部中等教育机构中只有2.1%提供技术教育。

中等学校的一个严重问题就是学业水平低,尤其是处于国家中心地区的农村学校。主要原因之一是它们缺少合格的教师和教学设备。

直到1990年,高等教育都是由两所大学提供的:建立于1886年的亚松森国家大学(UNA)和设立于1960年的天主教大学。随着1989年民主政权的确立,独裁政权所强加的一系列管理新大学组织的限制条件都被取消了。这导致产生了5所新的高等教育中心。新宪法批准了国会所设立的一所高等教育中心。1991~1992年期间,创立了4所大学。

自1950年以来,大学招生数量一直在迅速增加,虽然也有一定的波动。自20世纪70年代以来,这一状况有所增强,这主要归因于两种因素:第一是中等教育的扩张和国家内部大学的开放;第二是20世纪70年代经济的繁荣,这为社会部门用较少的资源获得大学教育提供了可能。

在1990年,亚松森国家大学有19 742名学生,而天主教大学有将近11 000名学生。从1975到1980年,大学每年的入学率是8.8%,从1980到1984年是5.1%,从1985到1990年是6%。20世纪80年代入学率的下降反映了严重的经济危机的影响,而且自此以后一直影响着巴拉圭的经济。

进入两所传统大学,需要参加某种不同的入学考试。1970~1990年,平均淘汰率将近达到45%,虽然这比之前已有所降低(1981年是50.4%,1985年是48.6%,1990年是43.5%)。新的大学取消了入学考试,从而提高了注册人数。

巴拉圭的大学教育正面临深刻的危机,这主要是由于大学教育的完成率低以及它的教育质量水平的恶化。其中具有决定意义的一个因素是可用来为基础设备、组织和薪水提供经费的资源有限。确实,大学中没有研究活动,几乎所有的讲师都是兼职的,而且他们的工资收入都较低。合格讲师每月平均工资在210美元和180美元之间浮动。

3.2 学前教育

在1989年,全国有814所幼儿园,共有儿童30 019名,其中45%进入国家的幼儿园,55%进入了私立幼儿园。这些儿童中有86%是城市地区的,14%是农村地区的。学前教育的扩张主要受经济因素的牵制。这既说明了公立部门发展慢的原因,也表明了这一事实,即将近70%的这类机构都集中于首都城市:亚松森及其中心地带(环绕亚松森周围地区)集中了人口增长最快的地区。

3.3 特殊教育

虽然在20世纪80年代后期特殊教育获得很大的推动,但它的发展一直都很缓慢。为残疾学生开办的教育机构共有75所,其中71所是位于城市地区的。这些机构中有75%是公立的并依靠州政府的补助金。1991年,这些学校的总学生数为2 753人,其中男生1 629人,女生1 124人。同一年中,公立机构中教师总数是234名,私立部门有教师104名。

3.4 职业、技术教育和商业教育

20世纪90年代早期的职业教育和技术教育体系是以1956年草拟的教育改革为基础的。当年成立了专门的委员会来研究中学教育改革问题。依据委员会的研究,1960年通过了商业教育的"(课程)研究计划",并在以后的实施过程中对它进行了修改。

技术教育的一个重要里程碑是卡罗斯·洛佩兹(Pte. Carlos A. Lopez)私立职业技术学校的创立。该校的主要目的是使这个阶段的课程现代化,增添新的课程。私立教育部门也参与了进来。在1959年,按照天主教撒肋爵会(又称"慈幼会")教徒的要求创立了撒肋爵会教徒学校。1972年,设立了技术教育系以在诸如电学、电子学、力学和冷藏等领域发展新的项目。整个20世纪70年代,教育文化部实施了一系列创新性措施来扩张职业教育。

在20世纪70年代早期,中学教育被分成了三个相互分离的部分:商务、技术—农业地质学和人文科学。尽管公立部门和私立部门都强调技术教育、职业教育和商业教育,但是自20世纪70年代早期以来,它们的发展很缓慢。大多数学生还是学习人文科学。1991年,80.7%的学生都集中于人文科学,15.8%接受商业教育,而且只有3.5%接受技术教育。结果,中学课程的专业重组以及对职业技术教育的新的审视正受到高度重视。

最后,商业教育在20世纪80年代后期随着教育机构的扩张——主要是通过创立新的大学——就已经产生了。这些教育机构主要集中于会计学、工商管理、管理学和计算机科学。

3.5 成人和非正规教育

虽然已认识到成人和非正规教育的需求在不断增大,但从人力资源和物质资源两方面来说,教育部在制度上的接受能力仍是相当有限的。然而,应注意的是军队对读写课负有责任:服兵役的新征入伍的士兵都要参加这些教育活动。

在1991年开办的成人文化教育中心有540个。其中61%是位于城市地区,剩下的39%则是在农村地区;其中又有13个中心负责读写教育的,509个中心负责成人基础教育,另外8个负责培训。

考虑到1989年整个国家的文盲人数有25.9万人,而参加读写课学习的全部人数只有1 171人,因此所提供的这种类型的教育显然是不充足的。表3列出了1990年成人教育和非正规教育的入学信息。

4. 行政管理的结构和运行

巴拉圭教育体系的显著特征是高度的中央集权化。决策权既高度集中于教育部长和教育部内

表 3　1990 年识字和成人教育注册人数（按地区划分）

地区	总计	成人识字	基础教育	职业培训
总计	29 707	1 171	18 323	10 213
城市	22 680	896	13 062	8 722
农村	7 027	275	5 261	1 491

资料来源：教育文化部 1990

的其他高级官员手中，也集中于部门主任和督学手中。而且这种高度中央集权化被一致认为是中间性和地方性组织所开展项目无效率和失败的决定性因素之一。根据教育改革顾问委员会所进行的研究(1992)，影响教育管理的最主要的因素主要有：(a)制度上的不充分，这阻碍了地方和国家水平上的行动的开始和方向；(b)技术课程上的过度中央集权化，包括监督和财政管理两方面；(c)不同地区与教育社区之间以及技术管理教育单位间的不协调；(d)缺少人事任用的标准和对永久编制人员的工作和技能进行评价的机制；(e)当前的合法实践、标准、规章和官僚政治行动的混乱和不充分性。

巴拉圭的管理机构被普遍认为存在严重的不足。这些不足有：机制不健全，官员中盛行命令式的工作作风，政党具有强大的影响力，可以决定管理人员的选择及其责任。同时，它的管理机构也面临一些局限性。例如：(a)在选择人员和支持工作方面，政党标准具有优先性；(b)缺少为大多数管理者所接受的、改善教育质量的系统的培训；(c)管理者数量短缺，从而使他们负荷过重而且也不可能去关注其权限范围内的每件事；(d)独裁作风以及权力的大量集中，这使管理机构成为教育改革的最严重的障碍之一。

对教育行政管理机构的这一认识，使得教育改革顾问委员会和全国教育议会将之作为巴拉圭教育体系改革中最优先考虑的事。

5. 教育财政

1991 年，政府对教育部门的支持占到国内生产总值的 1.2%，将近中央政府全部财政预算的 12.4%。这与 20 世纪 70 年代期间的预算情况相比变化不是很大。正如前面已提到的，1989 年 5 月成立的民主政府将教育确立为政府决策优先考虑的对象。表 4 介绍了部分年份经常性预算和资本预算分布情况。

教育部的普通财政的大部分是从中央政府获得的，只有很小一部分是从其他渠道得来的，如卖邮票的收入、资格考试费以及来自捐款和特别费的收入。另外一种重要的财政来源是国际组织以贷款或捐赠形式所提供的资金。

根据已有的统计，在公共部门每年每生的花费是 32 美元。在拉丁美洲这个数字被认为是最低的一个，而且这在很大程度上说明了小学教育的低质量，尤其是为社会中最贫困部门所提供的（小学教育）。就中等教育而言，每年每生的花费是 124 美元，这个数字比小学教育更接近于拉丁美洲的主要平均数。教育财政的一个重要方面是与小学教育相比，中学教育和大学教育在资助方面获得更多的优势。

在私立教育部门的花费要比公立部门多得多。某些统计表明它的花费是公立学校的三倍。反过来，这也说明了两种部门间在教育质量上的不同。

表 4　1982～1991 年各级教育的经常性预算和固定资产预算

费用	1982	1985	1989	1990	1991
经常性	82.6	85.7	96.6	98.7	94.3
小学	33.7	34.5	37.7	40.4	42.0
中学	15.5	17.9	19.7	20.3	24.9
大学	19.3	19.2	23.8	24.3	16.9
教师培训	1.4	1.4	1.4	1.4	1.1
国家大学	17.9	17.7	22.4	22.9	15.7
天主教大学	0.0	0.0	0.0	0.0	0.0
其他教育形式	14.0	14.2	15.4	13.6	10.6
固定资产预算	17.4	14.3	3.4	1.3	5.7
总计	100.0	100.0	100.0	100.0	100.0

资料来源：财政部

在这种情况下,来自公立学校的学生——尤其是来自国家内部地区的学生——拥有较少的竞争机会进入更高质量的中等教育机构或大学,这是可以理解的。

6. 师资

总体而言,小学和中学的教师在数量上都是不够的,而且对教师的培训也是不充分的。1991 年,小学教育教师共有 20 534 名,其中 13 691 名(66.7%)接受过教师培训,5 000 名(24.3%)没有接受过,另外还有 1 643 名(8.0%)教师接受过专门学科的培训。

参加教师培训的条件是获得中学文凭后参加过两年的学习。符合这一条件后,就可以开始接受中学教学所必需的培训,且通常是在高等教育机构(ISE)和国家内部不同城市所设立的地方教育中心进行的。

就招生而言,教师培训只是高等教育或第三级教育的一个小的组成部分。它只占入学的 0.4%。在 1989 年,各地区的中学毕业教师只有 300 多名,就入学率的提高而言,尤其是该国的内部地区,这只是一个很小的数量。其中的主要原因是经济的下落,这影响了本身就不稳定的教师工资。1990 年,通过政府授权对教师工资的连续提高扭转了这一趋势。教师培训的不足是一个严重的问题。在 20 世纪 90 年代早期,接受培训的教师不超过 500 名,而每年需要接受培训的教师估计有 1 500 名。

在巴拉圭的所有教育机构中,从事教学需要进行 2 年的课程学习。教育部高等教育学院正在发展具有实验性质的 3 年课程计划。还有一年是学习专业化课程的。该国计划在缺少教师的地区培训小学层次的教师。

教育部将教师培训中的低成功率归为两种主要因素:(a)由于社会经济困难导致的学业失败;(b)对引进毕业生的低水平的培训,尤其是那些来自国家内部地区的毕业生。

就大学教学而言,学完高等教育机构一学期的专业课程的这一要求已经被确立为从事大学教学的前提条件,因此,单纯以专业资格和其他学术优势为基础的相当大比例的大学讲师是具备教学资格的。

7. 课程开发与教学方法

初等教育和中等教育的课程都是由教育部的课程发展局发展和实施的。在大学这个层次上,国家大学有发展自己的课程内容和结构的自主权。然而,私立大学的课程必须获得教育部的正式批准。教育部的监督局负责对公立学校和私立学校的课程实施进行控制,并且对课程计划进行评价。监督局有一个由管理人员构成的网络,这些人因为他们的专业行为所受到的强烈批判,就像在过去独裁政权时期因为他们的政治参与而受到的批判一样多。

过去政权的通常做法是官方的批准必须诉诸书籍的出版,既可以是私人出版物也可以是教育部自己设计的课本。成为政治策略的一部分的这一机制是造成规定教材质量低的决定性因素。这一制度已被废除。质量差的资料已开始消失,新的更好的课本慢慢地开始出现。

8. 考试、升级和证书制度

对小学教育的主要关注是学生的留级复读问题,尤其是前两个年级的复读率一直都很高。作为对这种情况的反应,引进了以出勤为基础的导向性自动升级制度。这一制度要求学生在整个学年的课堂出勤率要达到 80%。另外,小学教育第二阶段(3 年级到 6 年级)所使用的标准是:(a)继续使用与前两个年级相似的评价体系;(b)操行评价;(c)从一个年级到下一个年级的升级所赖以的基础是:不低于 75% 的出勤率和以总年级的平均成绩为依据的令人满意的成绩。总之,这一时期的升级依据两个标准:出勤率和成绩。

1982 年,由于操作上的困难,教育部制定了一条方针,即 1 年级的学生只要满足以下条件就可以升入下一年级:出勤率达到 80%;责任方面的等级达到“满意”;3 门最重要的科目的等级是“满意”(阅读、写作、理解,即算术运算和解决问题的能力)。3 年级之后,学生升入下一年级需要满足的条件是:75% 的出勤率;责任方面的等级达到“满意”;每一方面都达到可以接受的平均水平。

小学教育的升级制度中存在严重的异议,因此该制度还处于修订中。主要的批评意见认为,升入下一年级的学生还没有掌握进入那一阶段所必备的技能。这种观点或许可以说明辍学率高的原因，以及当这些学生进入初级中学时缺少牢固的教育基础这种总的印象。

就中学教育和大学教育而言，考试和升级是由课程决定的，在一个学年中，每门课程都给学生3次通过机会。中学阶段所发的证书有：(a)人文科学证书，顺利地完成3年初级中学学习和3年人文科学课程的学习后就颁发此证书，同时允许学生继续学习大学的科目；(b)商务证书，要求3年的初级中学学习和其他课程的3年学习，然后允许继续进入大学学习经济学；(c)技术证书，除了农学允许学生继续进入大学学习农学以外，这是一个终端性学位。

9. 教育评价、评估和教育研究

与拉丁美洲地区的其他国家相比，巴拉圭的教育研究工作是非常有限的。这主要有四个方面的原因：(a)总的科学研究的发展，尤其是社会科学研究的发展很慢；(b)独裁政权对这类活动采取强有力的限制姿态；(c)大学和政府组织的研究资源匮乏；(d)外在的支持有限。从1945年到1989年，311项研究中，25%是来自私立机构的，60%是来自各州，1%是来自大学，9%来自国际组织，以及5%是来自各种不同的独立组织。

研究的主题随着时间的推移而不断发生变化。20世纪60年代和70年代的部分时间里，主要关注的是教育体系的绩效问题，即诸如年级复读、辍学以及学校低下的完成率等具体方面。自20世纪80年代初起，研究者和计划者都关注的一个重要方面是双语教学，主要是依据它与教育绩效的直接联系以及它对教师培训过程的意义。其他研究主题涉及行政管理中央集权化和地方化问题。在80年代末，教育部设立了一个教育系统的中央集权化研究项目。这收到了良好的外部支持，而且还促进了对地方化这一主题的研究。

关于巴拉圭教育研究的一个显著的事实是对中等教育和高等教育的关注很少。一个例外的例子是技术教育，它已成为相当的研究对象(部分是由于外部合作的有力促进)。由于盛行了几十年的限制性的政治背景，教育几乎没有受到过关注。

教育文件领域通过拉丁美洲教育资讯网络(REDUC)所取得的例外性进步是非常重要的。除了文件的具体任务之外，REDUC在分析性摘要的准备和出版方面都做出了巨大的努力。该项目构成了巴拉圭未来教育研究的中心要素之一。

10. 20世纪八九十年代的主要改革

1989年5月新政府成立之初就采取了3项重要的措施：(a)颁布法令将教育作为政府社会决策的优先考虑对象；(b)提高教育部门的预算；(c)创设教育改革顾问委员会。分派给该委员会的职责有：准备一个教育改革报告，规划改革方案以及参与改革的执行过程。该委员会由教育部负责并有12个成员，其中3个属于教育部本身的，剩下的9个成员是研究者、教育家、学院派和参与教育主题的知识分子。这个委员会的主要成就是制定了指导改革过程的第一个文件。其详细说明了7项主要工作：(a)重构巴拉圭的教育目的；(b)改革教师教育体系；(c)教育地方分权化，这为地方教育委员会组织广泛的参与社区提供了空间；(d)着眼于地方分权，对教育部进行了行政改组；(e)教育体系的民主化，这被看成全国双语教育计划实施的要点之一；(f)教育体系的非政治化；(g)重建巴拉圭教育财政体系。

11. 2000年面临的主要问题

巴拉圭并不是在教育上存在显著不足的国家之一。它在某些领域中取得了非常重要的进步——如基础教育的扩张。不管怎么说，自20世纪80年代中期以来，它的教育体系在面对由外债危机和延续很长时间的资源不足所带来的问题时经受了严重的困难。对这些困难的正确评价可以从教育部制定的目的中窥见一斑：(a)通过专门强调基础教育和技术教育来提高就学平均水平；(b)通过社会子系统来满足不断增加的社会期望和需求；(c)将教育定向为工作领域；(d)正视文盲问题；(e)为特殊人口提供能使之受益的多种选择(教育上存在困难的人或者是有专门才能的人)；(f)使教育系统民主化和现代化。

通过对教育改革的尝试,视角也明显地拓宽了。在这一意义上,最显著的是教育危机的全球化特征,同时它要求政府和社会从总体上对此做出广泛的反应。其中主要问题之一是各级教育质量的持续下滑,这一现象将会涉及教师培训制度的改革,双语教育计划的构建和实施,课程改革,教师工资水平的提高,教育设备的改善等等。

另一主要方面涉及了平等问题。在试图改变教育分离化的过程中,在各级教育体系中都能感受到的一点是,必须避免成为教育差别化的又一工具。与世界的研究相比,当前课程的适度性不足这一点是很明显的,而且这也被认为是亟需解决的一个问题。从20世纪60年代开始,促进技术教育发展的努力既没有得到巩固,也没有创造出可行的选择模式。最后,人们一致认为,关于约束教育发展的本质要素是:教育体系中公共部门投资的不足和中央集权的、不完善的行政结构的持续存在。

D. M. 里瓦罗拉(D. M. Rivarola) 著

张小方 译

附录

Corvalán G 1981 *Paraguay: Nación Bilingüe*. Centro Paraguayo de Estudios Sociológicos, Asunción

Corvalán G, Marecki S, Schiefelbein E 1981 *Estimación del efecto de escolarización en el analfabetismo en el Paraguay*. CPES/REDUC, Asunción

Paraguay Comisión Asesora de la Reforma Educativa 1992 *Informe de Avance de Consejo Asesor de la Reforma Educativa*. Comisión Asesora de la Reforma Educativa, Asunción

Paraguay Ministerio de Educación y Culto 1990 *Diagnóstico del Sistema Educativo. Año 1989*. Ministerio de Educación y Culto, Asunción

Paraguay Ministerio de Educación y Culto 1992 *Anuario 1991. Desarrollo Educativo en Cifras*. Ministerio de Educación y Culto, Asunción

Rivarola D M 1977 *Educación y Desarrollo en el Paraguay*. CEPAL/PNUD/UNESCO, Asunción

Rivarola D M, Corvalán G, Zuñiga L 1977 *Los Determinantes del Rendimiento Educativo en el Paraguay*. Centro Paraguayo de Estudios Sociológicos (CPES), Asunción

Rivarola M M 1991 *Educación y Desarrollo Rural*. Universidad Católica/Centro Paraguayo de Estudios Sociológicos, Asunción

Schiefelbein E, Heikkinen S 1991 *Paraguay: Acceso, Permanencia, Repetición y Eficiencia en la Educación Básica*. UNESCO/OREAL, Santiago

其他参考文献

Banco Interamericano de Desarrollo (BID) 1980 *Paraguay, Informe Socioeconómico*. BID, Washington, DC

Centro Paraguayo de Estudios Sociológicos 1991 *Paraguay: Situación Económica, Política y Social*. CPES, Asunción

Centro Paraguayo de Estudios Sociológicos 1992 *Paraguay: Perfil Socioeconómico*. CPES, Asunción

Paraguay Ministerio de Educación y Culto 1991 *Informe. Cuarta Reunión Intergubernamental del Proyecto Principal en el Esfera de la Educación en América Latina y el Caribe (PEOMEDLACIV), Quito-Ecuador*. Ministerio de Educación y Culto, Asunción

Paraguay Ministerio de Educación y Culto 1991a *Paraguay. La Experiencia de la Descentralización Educativa*. Ministerio de Educación y Culto, Asunción

Paraguay Ministerio de Educación y Culto 1991b *Plan de Desarrollo Educacional. Periodo 1991—1993*. Ministerio de Educación y Culto, Asunción

Rivera Pizarro J 1991 *Investigación sobre Educación en algunos Países de América Latina*. IDRC, Ottawa

秘鲁的教育制度(Peru: System of Education)

1. 基本背景

秘鲁地处南美洲西部中心海岸,领土面积为1 285 216平方公里。全国各地地区差异很大,既有热带气候也有冰川气候;有极端贫瘠的土地,也有丰饶的农业区；有平原也有崎岖的山脉。安第斯山脉沿着塞拉高地绵延开去；热带雨林占全国总面积的57.6%。历史上，安第斯社会文明与西方殖民地文化（西班牙人）有过一次融合，他们以种族融合而著称。在秘鲁早期社会，有来自亚洲和欧洲的移民。

传统上，沿海岸地区是经济特许区，其次是高地，最后才是边远地区。从西班牙殖民时期开始，社会关系就开始带有浓厚的种族色彩。大部分印第安人遭奴役，很少有机会接受教育。在对外关系上，通过联合各个国家和地区，联合当地与西班牙文化民族世界，尤其是通过外界依赖秘鲁主要产业——采矿业，秘鲁根据自身客观需要，与外界建立了一系列的联系。

自1940年起，秘鲁人口急剧增加。20世纪80年代时人口增长率是2.2%。据估计，到1990年，全国70%的人口——约2150万人居住在城市地区（人口超过10万人的城市约占总数的47%，还有30%的人口在首都利马）。城市化进程归因于自然增长和农村地区人口向城市的迁移。农村人口向城市流动的主要原因是因为人口出生率暴涨，农村社会结构遭破坏，土地终身职业化制度已经僵化，大众传播媒体（尤其是广播）的快速发展极大地影响了这些文盲占多数的农村地区。

1981年的人口普查结果表明，5岁以上人口中27%的人说本族语（80%的人说奇楚亚语），政府加强了对地方方言的研究和整理，必须保证奇楚亚语人、艾玛拉语人的权利。其他民族和部落的人可以用本民族语言接受基础教育。在高地，各种各样的双语学校（西班牙语和本民族语）在试行；热带雨林地区，在一系列语言和社会文化传统科目课文和其他道德教育教材的编写上已经开始准许使用本族语。

西班牙语是官方语言，在某些地区，在法律限定的范围内，奇楚亚语和艾玛拉语也是官方语言。民族语言也是民族文化遗产。

1990年，职业人口是730万，农业劳动人口占34%，商业领域人口占15.6%，10.5%的劳动人口在制造业，还有26.7%的劳动人口在服务行业。20世纪80年代，整个国家就业率急剧下降。在占国民生产总值65%的首都利马，职业人口中失业率由原来的33%增长到94%。同时，关于人均国民生产总值，1980年是人均938美元，到1990年已经下降到人均674美元，只相当于1960年的水平。最近的研究表明，贫困的加剧，使超过2/3的职业人口抱怨社会上越来越多的妇女和儿童出来找工作。那些从学校毕业的人因找不到工作而感到极度苦恼，非正式经济的增长影响到近100万职业人口，占总数的50%。

针对职业人口的教育水平在1961～1981年间获得了实质性的提高。未接受教育比例从32.8%下降到13.5%，这些人中接受中学教育及中学后教育的人数比例从14%上升到42.4%。以上变化都是最先发生在城市地区。在农村地区，那些农业生产率很低的地区，农民的教育水平也相应很低。

人均国民生产总值的下降还伴随着社会支出的减少。据1991年联合国开发计划署（UNDP）发布的人类发展报告，秘鲁、安哥拉、乍得、巴基斯坦、叙利亚、乌干达、扎伊尔等国家用于教育和卫生事业上开支是军事开支的2倍。20世纪80年代，社会福利支出/公共经费占总支出的一半，而拉丁美洲平均水平是10%。国家对教育的支出在20世纪70年代的占国民生产总值的3.82%，到1980年已经下降到2.93%，到1989年只占国民生产总值的2.21%。

2. 教育政策与目标

国家和社会都有责任确保本国所有人口都有权利接受教育，认识学习自由的原则。国家直接负责公共教育中心，如在教育部管辖范围内的学校、属于其他部门的学院、国立大学以及市政府办的教育机构，国家的实际职能有两方面：教育政策规划和管理教育。

教育政策在全国范围内生效，对所有公立和私立教育机构有法律效力。全国分为12个经济和行政自治区，他们负责自己管辖区内的初等、中等和技术教育。这些都从属于国家法律。

20世纪60年代曾经出台一部扩大教育机会的教育政策，受教育人数增长率高于整个拉丁美洲的平均水平。入学率也高于人口增长率,1990 年文盲率是 11.40%,而 1960 年是 38.2%;高等教育入学率从 514 人/10 万人增加到 3 164 人/10 万人。大学入学率的过度增长已经超出了国家财政所能负担的能力以及劳动力市场吸收人才的能力。

所有的政治集团都关注教育体制的质量的改善,尤其是教师培训。他们还达成一个共识,都主张优先发展基础教育、扫除文盲和降低辍学率。为实现这一目标,国家鼓励和刺激知识和艺术创新、科学技术革新、职业与文化发展。这些活动由教育部全权负责。

3. 正规教育体系

图 1 说明了教育体制的结构,表 1 是有关各个教育水平上的入学率和资源的统计数据。

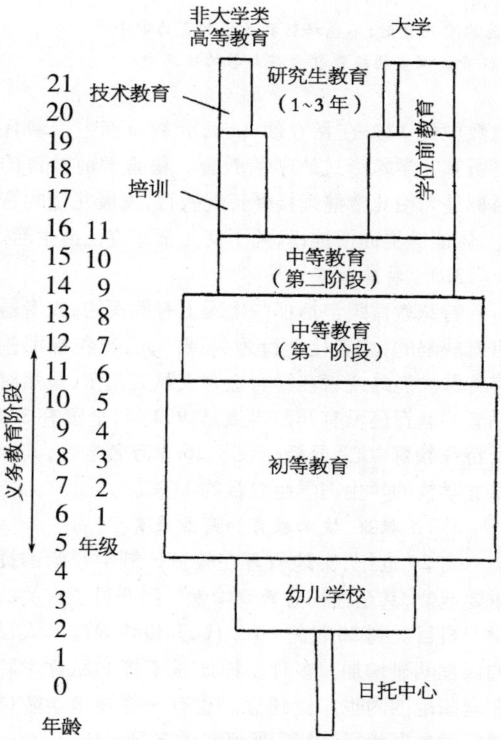

图 1 秘鲁:正规教育体系的结构

3.1 初等教育、中等教育和第三级教育

国家对所有国民提供教育。对于经济困难的学生,保健事业、食品、社会补助和学校的教材都由政府负担,当然,这些国家经济补助都是根据学生的学业成绩分配的。

初等教育属于义务教育,分为 6 个年级,学生 6 岁入学,但是也接受那些不能升级继续学习的或者是没有在适龄时入学接受教育的学生。据联合国教科文组织统计表明,秘鲁、哥伦比亚、墨西哥在拉丁美洲及加勒比海人中,毛入学率是最高的。1990 年,秘鲁全国有 190 万儿童入学,其中 12% 的儿童在私立学校学习。由于农村地区人口的低密度,全校只有 1 名教师的小学大约有15 000所。几乎所有的小学都是男女同校。有关法律规定,每周有 30 节课,每年有 38 个学周。

中等教育分为两个阶段,第一阶段:面向所有学生,年限 2 年;第二阶段,学习年限 3 年,在这一阶段,科学与人文及技术等科目的选修形式多样。但是在具体实施中,从 1994 年开始分为差别很大的两支。第一支着重于科学与人文的研究,第二支的着重点主要在技术领域。两者都是从 7 年级开始。中学通常招收年龄在 12 ~ 16 岁的青少年,而成人也可以进入中等学校学习。

1990 年,55% 的中学生比法定年龄提前 5 年进入中学;1984 年的情况与此相同。190 万名中学生中,男生略多于女生。但是女孩入学率在 20 世纪 80 年代急剧上升,大多数中学是男女同校。约有 14% 的中学生在私立中学学习,在 1950 年这一比例是 34%。中学每周有 36 个课时,每年有 38 个学周。

高等教育机构包括高等教育中心,高等学校、学院,研究生教育高等教育中心及大学。高等学院也提供为期 4 ~ 10 个学期的教师培训项目,开设职业技术方面的选修课。1990 年,全国有 24.2 万名学生接受高等教育。大多数学生年龄在 17 ~ 25 岁,他们大多数在同一时间学习和工作。

25 岁以上人口接受高等教育的比率与联合王国(英国)相似,在科技发展能力上高于拉丁美洲的其他国家。然而,全国有 65 万名接受高等教育的学生不能达到促进国家发展的标准。

表 1　　1990 年正规教育的入学注册人数和教育资源

	学前	初等	中等	高等	
				非大学	大学
学生人数[a]	504 200	3 955 100	1 906 600	242 500	442 900
占入学注册年龄组的百分比					
3 ~ 5	49	–	–	–	–
6 ~ 11	–	95	–	–	–
12 ~ 14	–	2	88	–	–
15 ~ 19	–	–	65	19	34
20 ~ 24	–	–	–	12	23
学校数量[b]	9 490	29 036	5 610	421	51
每所学校的平均学生人数	53	136	340	576	8 684
生师比	27:1	28:1	20:9	19:2	16:2
生均费(美元)[c]	61	53	122	133	269

a 中小学的入学注册人数包含了少数民族学生,但不包括成人学生。关于高等教育中非大学部分,入学人数包含了高等技术学院、高等教育学院和艺术教育学校

b 当成人使用相同的校舍,而这些校舍仅将为成人教育服务作为次要用途时,不包括这些成人教育的中小学

c 1990 年的平均汇率是:1 美元:547. 50 索尔。数据指公共教育经费。调查的经费包含在大学的信息中

1990 年,全国共有 51 所大学,其中 28 所是民办大学。1960 年只有 9 所大学。20 世纪 60 年代至 80 年代,高等教育得以迅速发展。事实证明,中等教育的飞速发展,对大学教育的需求也急剧增加。要通过高考才能进入大学学习。高考落榜学生的人数也由 1980 年的 18. 1 万增加到 1990 年的 25. 2 万。在通过高考进入大学的考生中,49% 是女生(1980 ~ 1987 年增长了 10 ~ 15 个百分点)。

20 世纪 80 年代,在高等教育阶段,人们在专业选择上发生了很大的变化。选择攻读工程和医药学位的学生比例分别占 18% 和 10%;攻读经济学、社会科学、农业科学、自然科学及精密科学的学生比例则下降到 1% 和 3%,攻读法律、教育学学位的人数增加。但是,事实上最终能够完成大学学业的学生比例很小。

3.2　学前教育

秘鲁的学前教育呈现出两种形式:学术形式,3 岁以下的孩子进入日托中心,幼儿园则招收 3 ~ 5 岁的儿童;非学术形式,专门面向农村及边远城市的贫困儿童。前一种形式的学前教育,其入学学生总数中的 12% 在私立幼儿园,而教育部主管着几乎所有非学术形式的学前教育。秘鲁学前教育的目标是为使儿童继续接受正规教育,发展儿童的智力、体能。更通俗地说,为了使儿童适应社会生活。

3.3　特殊教育

特殊教育既包括那些生理上有残疾的,或者器官有缺陷的,或者社会行为失调的人,也包括那些有特殊才能的或者在学习上有天赋的儿童,虽然对后者的教育还没有开始实施。1990 年,全国有 324 所特殊教育中心,已经招收了 26. 3 万名学生,其中私立学校的学生占学生总数的 11%。

3.4　职业、技术教育和商业教育

自 20 世纪,实地教育在教育体制中开始占据重要地位,甚至在初等教育中就已经开设了有关的学习科目。到 20 世纪 80 年代,开设培养技术人员的课程明显增加。多种多样质量不等的私立学院在全国范围内也广泛建立。也有一些技术学院传授给学生现代经济部门所必需的各项素质,还有一些优秀学生可以进入大学继续深造。他们中的一部分可以找到较为稳定的职业,而另一些学生很难

进入职业市场。针对这种情况,各种对年轻人找工作受限制的研究工作也正在开展。

一些部门都有自身的培训机制。国家工业技术培训机构(SENATI)为工业部门培训高素质的劳动力。他们的培训项目包括在职学徒培训、个体户及其他培训活动。对于建筑专业和旅游专业,教育课程由国家建筑培训机构(SENCICO)和旅游业研究中心(CENFOTUR)负责。

3.5 成人及非正规教育

成人教育的有关正式课程几乎全部由政府提议,1990年,在初等和中等成人教育计划中入学人数是33万人。然而,也有一些为各生产部门的成人和青少年(无论他们工作与否)提供职业培训的职业教育中心出现。他们提供的培训是短期的,一般都在一年以内,他们有灵活的教学设计,适合参加培训者的工作特点。1990年这类教育的在校人数是33万人,其中私人开办职业教育中心的学生占53%。

非正规教育开展得还不够。就其工作范围、工作方法、资格水平都还探索得不够。有许多教育部管辖范围内的(非管辖范围内的)的学院都是开展成人扫盲教育的中心,也开设为取得工业资格的成人培训。

4. 行政管理的结构与运行

对教育的管理自1962年开始实行分权型。行政管理分为三个层面:中央一级、地区一级及地方一级。中央一级是教育部,其基本职责是负责技术上的、标准化的和政治性的规定。地区一级教育部门理事会是地区发展组织的一部分,它们保持与教育部的联系,教育部门理事会贯彻执行涉及其权限、控制、管理教育服务的教育政策。最后,地方一级的职责实质上是负责各项工作的实际运作,还负责教育服务机构和教育中心。省市政当局还负责初等教育的协作,还必须督导初等教育的正常运作。

对教育行政的、教育技术的及教育督导的管理,是教育总巡查员以及地区及地方相应教育部门的责任,这些机构是常设的,保证所有教育机构和课程还有评估教学过程,指导课程的性质上的发展。但是由于财政困难而发不下薪水,限制了督导的开展。

所有的民办教育都不得以赢利为目的,它们必须获得国家认可,并接受国家的监督和指导。依据法律,任何私立教育都不得提供低于同等公办教育所提供的教育知识。这种类型的教育机构占地方学校的10%,而注册人数是全国总数的15.6%,由25%的私立教育所组成的宗教团体管理学校。

大学依据法律创办,可以是公立大学,也可以是私立大学。每一所大学在自身学术、经济、标准化及管理方面享有自主权;大学由法律及自身管理条例来约束。

5. 教育财政

1989年,国家拨款约5.8亿美元资助教育,占国家国民生产总值的2.2%和国家预算的15.6%。自20世纪70年代起,国家教育费用的支出开始急剧减少。在生均教育成本和教师工资方面反映特别明显。几乎所有公共教育费用都是由政府负担。学校自身收入还不到经费总支出的1%。从20世纪70年代开始获得国外合作项目的财政资金,专门用于学校建设及设备购置方面。

宪法确保教育每年必须获得不少于国家正常预算的20%的经费。这一水平很难维持,在1983年至1984年间,教育经费少于国家预算的10%。另一方面,学生结构的变化影响到经费支出的模式。1979年初等教育得到的经费占教育总预算的51.2%,到1989年,只占教育预算的36.3%;中等及高等教育经费支出由占教育预算的2.6%和7.3%分别上升到27.3%和28.3%。

1988年,大学生生均教育费用远远低于1970年的水平。即使是从国际范围内来看,也是很低的:1988年是人均255美元,而同期比利时每年生均教育经费超过18 000美元。国家免除大学及所有教育中心所有税费。国家法律鼓励社会各界力量对这些学院进行捐赠,还鼓励企业帮助教育中心筹措经费。比如说,纺织厂超过15%的雇员用自己工资的1.5%参与到SENATI财政中去,以此通过法律来调节最低消费。类似的做法在其他部门的培训学院也已经开始实行。

私立学校的教育费用由每个学校的费用及学

位委员会来决定。委员会由董事长、校长或者校长代表、一个教师代表、一个来自家长联合会的代表组成。学校每月的教育费用在 15 ~ 300 美元之间。某些教育中心由神职人员管理，还有一些私立特殊教育中心可以获得国家补助金，用于发放教师工资。

6. 师资

1990 年，全国大约有 31 万名教师在教育系统工作：初等教育系统内有 14 万名教师，中等教育有 9.1 万名，高等教育有 4 万名教师，学前教育有 2.2 万名教师，其余的在其他形式的教育部门。全国的教学人员一半是女性，17% 的教师在私立学校供职。

教师培训在 85 个教育学院（ISP）和 58 所大学进行。ISP 有统一的研修计划，而每所大学的具体安排又不都相同。

教师的低薪金导致教育系统内高素质教师的大量流失，而低素质教师大量增加（1990 年占总数的 50%）。许多教师必须在校外做兼职以养家糊口。这就使旷课现象显著增加，投入到备课及批改作业的时间相应大大减少。这说明教师教龄平均水平比较低（10 ~ 15 年）。然而，教育中对教师的需求依然很高。一部分是因为毕业后的就业前景，事实上并非所有接受培训的人员都具有教师的职业和专业素质。

培训服务由国家教育研究与发展研究所（INIDE）负责，有一部分教育学院及大学的教育董事会也负责这类培训。20 世纪 70 年代和 80 年代，国家在技术教育学领域做了很大努力，但是仍有很多问题亟待解决。在农村地区，教师工作条件很艰苦，甚至连最低限度的学习资料都缺乏。没有切实有效的策略确保教师每天都到学校。教师培训亟待开展，以培养教师在多级教育中心的综合能力，在班级中组织教学工作的能力，以低成本因地制宜依靠当地资源开发和利用教育资源的能力，运用教学方法论解决学习上的难题的能力。

7. 课程开发与教学方法

除了大学教育以外，教育部为所有学校制定了教学大纲和课程大纲。法律规定，教育阶段学习的年限不得少于 6 年。细化教学内容和建议教学策略是地方及地区教育部门的职责。这一任务还没有完成，因为还没有很好的办法解决诸如各地语言上的不同，针对每个地区的典型特征，也没有开发出足够的教育资源。

学前教育的课程目标是：（a）促进儿童的整体发展，照料儿童的饮食、健康和娱乐；（b）防止和发现儿童的生理学、心理学和社会学上的问题；（c）致力于使家庭尽善尽美。重点是教育活动必须考虑到多种语言使用的背景和社会的文化价值。到 20 世纪 70 年代，这关键的一步已经迈出，准许课程发展专门针对学前教育。

初等教育中，5 年级和 6 年级每学期课程的课时设置灵活多样。在其他年级，由教师负责来制定课程计划。在每学年开始之前，教师基于对学习科目及对学生背景和社会的分析设计开发课程。教育部可以批准实验课程、组织系统及评分方法的使用。在课堂上教学方法的运用是多样的。老师可以根据学生的心理、生理成熟度等标准来决定教学方法；选择自己的教学方式，选取必要的教材以辅助教学，开展儿童游戏和口头活动表达能力的训练；鼓励学生学会自学和在集体中学习；安排现有自然资源以及有关学科本质的资源的利用；现代技术的引进，如计算机在 20 世纪 80 年代的私立学校开始出现。

1970 年，开始致力于使贫穷社会阶层的儿童有机会进入到学校学习。然而，在农村地区，大多数学校还不能提供足够的教材。在城市边缘地带，这个问题也很突出。各地区计划在学校建立学校图书馆以弥补这种不足，但目前仍没有开展。

8. 考试、升级和证书制度

学生评价有三种形式：进步性评价、概括补充性评价、追加性评价。进步性评价每两个月进行一次。概括补充性评价每学年基于内容、各个方面或者必要的活动开展，分四个阶段进行。等级分数在 0 ~ 20 之间。初等教育，平均水平 11 分，在语言或者数学两方面达到及格即平均 11 分的学生需要提高。中等教育通过学科来评价。概括补充性评价与追加性评价在 3 月份——学期开始的前一个月进行,是针对那些在上学年 3 门科目不及格的学生的,还有一些一学年内旷课时间超过总学时的 30% 的学生也被判不及格。

修完初等和中等教育的可以领到毕业证书。大学颁发学士、硕士、博士学位,还发放资格证书、专业资格证,还包括更专业化的资格证书。学院及高等教育中心颁发专业的、技术的职业学位,也颁发更专业化的学位。

国家承认并确保独立开展的初等教育,也承认国外教育证书的合法性,被授权的教育中心每年进行评价,保证只有一个等级。

9. 教育评价、评估和教育研究

教育部通过国家教育研究与发展研究所指导、提升、监督的方式来评价研究项目。法律规定,可以自由开展教育科学研究和开发教材。教育部奖励教育技术革新及新教材开发等方面的试验。

从 20 世纪 70 年代开始,致力于教育的非政府组织明显增多。其中很多组织已经开始有关有助于提高教育质量的调查研究,然而,还没有开发出通用的学生评价测试以适应新的政策和新的教育目标。一些有关学生成绩的研究数据让人担忧。1981 年,教育部开展了一项研究,选取了 16 000 名 6 年级学生进行调查,结果表明 75% 的学生数学不及格,38.5% 的学生社会科学不及格,23.1% 的学生普通科学不及格。由国家部际行动计划委员会 1991 年开展的一项研究证实,1980 ~ 1990 年 10 年间,小学生的不及格率已经由 15% 增长到 16.7%。辍学率也从 7.9% 增加到 11.2%。夏费尔贝恩(Schiefelbein)1989 年在其联合国教科文组织的报告中指出,秘鲁小学生实际的不及格率是官方公布数字的两倍,尤其是 1 年级,不及格率已经达到 46.8%。

到本词条截稿之时,一项由天主教学校负责、有关教学效率的重要研究正在私立教育领域开展。它由一组测试组成,在全国各地不同的小学和中学里开展,用于评价语言和数学教学,这是标准化测试应用到所有学生的开始。为满足提高教育质量的政策的需要,对学校的进步及影响学校教育质量提高的因素的研究变得至关重要。

只有极少数大学有重要的研究成果。可以得到国家、国家间或者多国资金支持的大学也为数很少。

10. 20 世纪八九十年代的主要改革

20 世纪 80 年代最重要的进步是入学人数的增加,尽管政府对教育的投入显著减少。联合国教科文组织的统计数据表明,许多有严重经济困难的第三世界国家的入学人数都受到影响;另一方面,这是以牺牲教育质量为代价的,尤其是公立学校。虽然如此,国家还是基于整体关注、多方面共同参与的理念,将学前教育的不提供学费、奖学金的经验供其他教育单位参考。一些高等教育机构正在为国家提供切实可行的其他高等教育形式,包括高等技术学院(TECSUP)和秘鲁工商管理学院(IPAE)。这些机构和其他学院鼓励其他培训中心采取同样方式提高他们的教学服务,并使之现代化。

其他的改革就是非正规教育,尤其是大众教育。从 20 世纪 80 年代中期起,这种教育就已经获得了很大提高,现在也出现新的改革的趋向。非正规教育中的积极的方法和技术参与或群体动力是各类会议和研讨会的主要兴趣点。改革鼓励将以往经验的系统化、理论化,是理论到实践的发展过程。

11. 2000 年面临的主要问题

到 21 世纪初,上个世纪末的经济危机的影响依然存在,用于教育的公共资源投入很难有大的突破。经济危机最大的影响,是那些需要获得国家资助的人受教育的机会受到影响。

20 世纪 90 年代,教育的首要目标是提高教育质量,最大的挑战是确保最低限度学习需要的初等教育的质量问题。提高学生的学业成绩的关键因素是教师。教师就业状况需要改进,也需要更多更专门化的教师培训。

有关教育与就业之间的关系还不明确,科学研究应对政策制定进行理论指导。对于所有来自国家和个人的努力,需要有确定的计划以整合全部国民的努力以适应教育发展的需要。对就业来说,最大的挑战是以最富有想像力的方式使年轻人发展自身的职业选择。

V. H. 迪亚斯·迪亚兹(V. H. Dias Diaz) 著
李慧娟 译

附录

Ministry of Education 1981 *Diagnóstico del Rendimiento Académico de los Educandos del Sexto Grado de Educación Básica Regular*. Ministry of Education, Lima

National Interministerial Committee for the Plan of Action in Favor of Childhood 1991 *Prioridades Sociales del Desarrollo Humano, la Reconstrucción Nacional y la Paz*. Lima

Schiefelbein E 1989 *Repetición: última barrera para universalizar la educación Primaria de América Latina*. Bulletin N° 18. Principal Project of Education in Latin America and the Caribbean. UNESCO-OREALC, Santiago de Chile

SONRA (Consortium of Catholic Schools in Peru) in press *Evaluation of Scholarly Achievement in the Areas of Language and Mathematics Service*. SONRA, Lima

UNDP 1991 *Human Development Report 1991* Oxford University Press, Oxford

UNESCO 1987 *Statistical Yearbook* 1986. UNESCO, Paris

其他参考文献

Cardó A, Diaz H, Vargas R, Malpica C 1989 *Planificación y Desarrollo de la Educación en el Perú*. Report of Research N° 77. UNESCO, Paris

Lizarzaburu A 1984 L'Expérience del'alphabétisation intégrale des adultes au Peou: de l'utopie. *La Planification de la Education dans le Contexte des Problémes Actuels du Development*. Vol. 2. UNESCO, Paris

Ruiz D G 1983 Experience of educational microplanning in Perú through nuclearisation. *Educational Administration and Multilevel Plan Implementation: Experience from Developing Countries*. UNESCO, Paris

UNESCO-OREALC 1988 *Educational Situation of Latin America and the Caribbean. Principal Education Project 1980—1985*. UNESCO, Santiago de Chile

UNICEF 1991 *The State of the World's Children 1991*. UNICEF, New York

苏里南的教育制度(Suriname: System of Education)

1. 基本背景

苏里南共和国,领土总面积为 164 000 平方公里,位于南美洲的东北海岸,和圭亚那、法属圭亚那以及巴西接壤。苏里南以前是荷兰的殖民地,在 1954 年成为荷兰王国的组成部分,并于 1975 年获得了政治上的独立。苏里南最近的一次人口普查是 1980 年进行的,当时全国人口为 33.5 万,从 1972 年至 1980 年间下降了 6.5%。人口下降的主要原因是在苏里南独立前后许多居民移居荷兰。自从 1980 年苏里南发生战争以来,移居到荷兰的人口急速增长,有些有记录,而有些则根本没有记录可查。1986 年后,苏里南东部和南部的一些地区发生了反对军事政权的国内战争,难以数计的难民纷纷逃至法属圭亚那。但近年来,从圭亚那移民回来的人口超过了移出的人口,1989 年全国的人口约为 403 000 人。1964 年至 1972 年间,苏里南人口的年均增长率为 2.1%,而 20 世纪 80 年代的年均增长率约为 1.4%。

苏里南大约有 90% 的人口居住在长约 40 公里的海岸线上,全国有2/3的人口聚居在全国 10 个区域中的两个区域内——这些区域只占全国总领土的 1%。都帕拉马里博区(Paramaribo,苏里南首都,总人口约为 205 000)和万尼卡区(Wanica)是人口大区,因此,国家高级中等教育、高等教育学校和多数教育服务系统都位于这些首府城市。由于国家其他人口散居在全国各地,学校的布局就显得尤为重要,因为苏里南必须在人口稀少的地方开设学校,为生活在那些地方的人口提供教育服务。苏里南全国人口中有 39% 年龄在 15 岁以下,53% 则在 22 岁以下。

苏里南的人口状况还包括农村地区的沿干道

发展以及内陆地区沿河一带生活着一些部落群体。这些部落主要由巴斯黑人（以前为奴隶，约有40 000人）和土著美洲人（约6 000人）构成。除了土著美洲人，苏里南的其他人口群体都来源于世界其他各地，属于不同的民族，包括黑人和克里奥尔人（黑人和其他人通婚的后裔）、印度斯坦人、印度尼西亚人、中国人和欧洲人。这些人在苏里南已经生活多年，但仍然保留着自己的文化传统和语言。苏里南1/3的人口为黑人和克里奥尔人，约有1/3为印度斯坦人，1/5为印度尼西亚人。唐古语（Sranang Tongo，英语、非洲语言、荷兰语和葡萄牙语的混合物）被称为苏里南的通用语言。荷兰语是苏里南政府和教育所使用的官方语言，对多数苏里南人来说，荷兰语是外语和第二语言，在上学的头几年里必须掌握荷兰语。苏里南这种不同民族的双语特色和国家的多语言现象也为教育头几年的课程和教学提出了特殊的要求。苏里南学前教育和早期初等教育的主要目标之一就是要求学生熟练掌握荷兰语，从而能顺利地进入其他教育系统学习，因为苏里南的教学语言为荷兰语。

1975年至1980年，苏里南的国民生产总值实际数值以每年3.4%的速度增长（以1975年荷兰盾不变价格计算）。国民生产总值实现增长的主要原因在于苏里南政府接受了荷兰发展资助基金的投资以及对国内矾土矿的额外征税。然而，20世纪80年代苏里南经济陷入了困境。从1983年开始，荷兰对苏里南的投资开始减少，而矾土产业生产也有所下降（20世纪80年代后期开始有所回升），这些都导致了国民生产总值增长的下降。1989年苏里南的国民生产总值的部门分配情况如下：第一产业为19%，第二产业为27%，第三产业为54%。矾土产业的产值占政府收入的1/3。政府开支规模从1975年的26%上升到1985年的41%。在20世纪90年代初，政府开支占国民收入的35%。1989年苏里南人均实际收入（以1980年荷兰盾不变价格计算）为3 450盾（1美元＝177盾）。1980年至1989年，苏里南的出口从8.88亿盾略有增长，到1989年为9.66亿盾，而进口则从9.25亿盾下降到7.91亿盾。

1989年苏里南人口中的20.5%为经济活跃人口，国家不同产业的就业人口分布情况为：从事第一产业劳动的人口为7%，从事第二产业的人口为17%，从事第三产业的人口为76%（包括在政府部门工作的人口，占50%）。对劳动力的调查表明，1986年的失业率为15.8%，1987年为19.5%，而1989年则为18.1%。

1980年2月25日发生的军事政变使苏里南的政府结构发生了巨大的变化，国会被废除，建立了一个军事机构（包括三个部门）和政策中心（由两个军事部门和一个平民主席构成），这两个机构成为苏里南主要的权威机构，制定有关法律和政策。国家的首脑，即国家主席，就由上述这些机构和政府执行组织协商共同任命。各部委的部长和主席则由平民和军人共同构成。国家的司法机构保持独立，国家的宪法则由法令代替，这些法令包括基本的人权。自军事政变后，苏里南发生了好几次企图推翻军人政权的起义，但均告失败，而政府也采取了一些军事措施，于1982年12月处死了15名带头的市民，这些人包括学者、律师、记者和一些工会领导。荷兰政府对这些事件也采取了一些措施，停止了对苏里南的投资，这也导致了20世纪80年代国家经济发展的停滞甚至后退。

苏里南国内民众对国内的政治情况和军事统治也日渐不满。面对国内外要求恢复国内民主的呼声，苏里南的军事政权领导人同意在1987年11月开展全国选举，这使苏里南有了一个由三个主要政党联合执政的联合政府。在与军事政权领导人发生了一次冲突后，1990年12月，平民政府又一次被军事政变推翻，被一个临时政府所取代。由于军事政权的领导人希望能成立一个新的政府，因此，这个临时政府的主要任务就是组织在全国进行一次全民大选。选举在1991年5月举行，一些对此感兴趣的民主国家和国际机构也选派代表来到选举地点，对选举进行观察和监督。选举结果是又成立了一个联合政府，除上面提及的三个主要政党外，又有一个政党参与执政。由52名选举产生的代表组成国民议会，对国家立法和被选举产生的、具有一定行政权力的总统负责。苏里南中央政府由16个部委组成，包括各个部委的理事会，每一个理事会由内阁的一个部长领导。

苏里南反对军事政权的力量之一是"丛林突击队"武装组织。该武装组织从1986年开始对军事政权开展了游击战式的打击,主要在苏里南的东部和南部活动。这些地区的战争使得人口大量迁移:大约有6 000名难民逃至法属圭亚那。这些难民,包括2 000多名儿童,丧失了接受基本教育的机会与权利,直至1991年这些难民还在法属圭亚那,等待着重新回国。此外,还有大约5 000名黑人和土著美洲人移民至都帕拉马里博,但居住在极度贫困的城市边缘地带。

2. 教育政策与目标

苏里南政府的主要政治目标包括:重新建立民主以及民主机构、恢复生产(农业生产和工业生产)以及国民经济的增长、扩大就业率(为国民增加就业机会)、所有国民的共同繁荣和富裕、提高国民在社会经济发展中的参与程度。

因此,苏里南政府将重点放在提高教育系统的运行,为所有国民提供接受教育的机会。政府主要采取的措施是将教育体系更好地与生活和工作结合起来。职业教育,更为精确地说,技术教育成为国家关注的主要部分,其主要目的就是将技术教育与劳动力需求更好地结合起来。由于苏里南社会和经济发展的后退,校舍和其他教育设施遭到了破坏,教学材料也变得越来越稀少。政府正寻求外部资金以恢复教育设施,并提供教育基本材料。

3. 正规教育体系

3.1 初等、中等和第三级教育

自从1876年以来,初等教育对于6~12岁的儿童是义务的。到1950年为止,苏里南的初等学校分为:提供基础教育的小学(1~6年级)、高级小学(1~8年级)、更为高级的小学(1~10年级)。儿童在6岁时有权进入上述学校学习。多数小学中都有幼儿园,招收5岁的儿童。对于初等教育的技术和专业培训,包括一些教师培训,主要由少数夜校提供一些课程来开展。

自1950年开始,经济发展的要求以及人民对教育的需求的增长使得苏里南中等教育各种类型的学校得到发展,录取学生的数量也得到大大提高。中等教育学校的总录取人数从1950年的3.7万增长到1970年和1975年的13.5万,但此后则有所下降。在1985年再次增长之后又开始下降,到1989年则不到11.8人(参见图1)。中等学校录取人数下降的主要原因是国内移民至荷兰的人数增多。20世纪90年代初苏里南的教育体系(见图2)是参照荷兰的教育体系建立的。表1则说明了苏里南教育系统录取学生人数和教师人数的统计数据。自从1975年苏里南获得独立以来,各级正规教育系统都是免费的。

苏里南的初等教育为期6年,沿海地区初等教育学校已经相当普及,这些地区儿童的入学率达到约90%。学前学校和初等学校的一个学年大约有200天,学校1年级和2年级的一个教学日则为3.5小时,高年级则为4.5小时。苏里南所有农村地区和内陆地区都开设有初等教育学校。这些学校中的多数规模很小,而且比较偏远,因此,对这些学校的人员供给和必要的材料以及服务的提供为教育行政机构带来了很大的麻烦。在苏里南全国,学前教育和初等教育中公共学校和私立学校规模相当,学生和教师在公共学校和私立学校的分布也比较平衡。

苏里南的中等学校由各种学校提供,共分为两个级别:初级中等学校和高级中等学校。初级中等学校学制为3~4年。3年制的初级中等学校主要是初等职业技术学校,为学生提供技术教育和商业服务。苏里南约有90%的学生进入4年制的初级中等学校学习,4年制的初级中等学校又分为学术学校和职业技术学校。4年制初级中等学校的毕

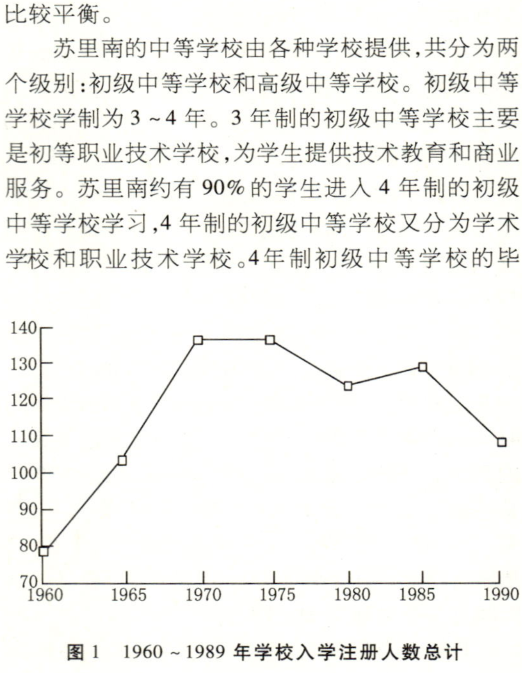

图1 1960~1989年学校入学注册人数总计

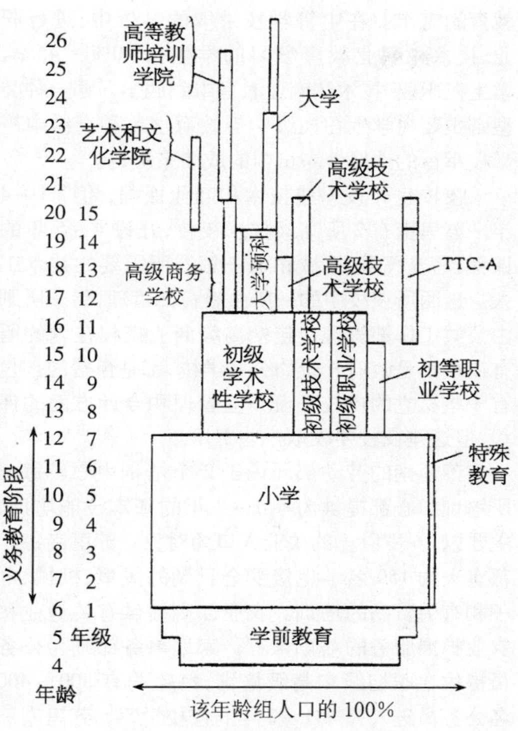

图2 苏里南:正规教育体系的结构(1991)

表1　1989年各级各类教育体系学生录取人数和教师人数

各级各类教育体系	学生录取人数	男生百分比	教师	生师比
学前教育	16 711	51	625	25.6
初等教育	61 435	51	2 733	22.5
初级中等教育	24 810	49	1 767	14.0
高级中等教育	8 355	38	722	11.6
高等教育[a]	4 234	46	495	8.5
特殊教育	1 954	65	180	10.9
总计	117 489	50	6 549	17.9

资料来源:教育部1991

a 包括412名兼职教师

业生可以进入就业市场,也可以继续进入高级初等教育学校学习。初级中等学校每学年约为200天,每个学日为5小时。苏里南的学术学校分布于全国各地,但技术和职业学校则主要位于首府城市地区,只有少数例外。进入公共中等教育学校学习的人数和进入私立学校学习的人数相当,性别比例也比较相当。

苏里南的高级中等教育也分为两个类型:学术性学校(包括前大学教育)和职业技术学校。这些课程的学习年限从2~4年不等。学生必须通过入学考试才能进入高级中等教育学校学习。苏里南教师培训学院和高级商业学校则不进行入学考试。高级技术学校开设化学、矿业、机械、电子和建设等领域的课程。高级中等教育学校的学年为190天,一个教学日则包括5小时的教学时间。令人意想不到的是,高级中等教育学生的女生在校人数从1981年的47%上升到1989年的62%。除了一所教师培训学院,苏里南其他高级中等教育学校都是政府开设的公立学校。

苏里南共有3个高等教育机构,它们都位于都帕拉马里博,分别是苏里南大学、教师培训高级学院、艺术和文化学院。苏里南大学建立于1968年,共有医药、社会科学和技术科学3个学院,法律和经济学科则包含在社会科学学院中。1989年苏里南大学共有在校学生2 164人,在10年的时间内,大学录取的人数增长了200%。1989年苏里南大学在校学生的分布情况如下:20%在医药学院学习,65%在社会科学学院学习,15%在技术科学学院学习。女生在所有学生总的比率为44%。教师培训高级学院主要为中等教育培养教师,开设学制为2~5年的课程,多数为半日制和夜校课程。要进入教师高级培训学院学习,学生必须持有高级中等教育证书。1989年该学院录取的学生中有90%是在职教师,他们主要是通过课程的学习来提高自己的专业水平。1989年教师高级培训学院共录取学生1 850人,其中女生占65%。艺术和文化学院成立于1985年,包括3个学院,每个学院都开设广泛的课程,都为期3年。这些学院包括造型艺术学院、文化教育学院、文学和交流研究学院。1989年艺术和文化学院录取的学生总数为210人,其中女生占70%。

3.2 学前教育

苏里南的学前教育几乎都包含在初等教育学校中,主要对象为4~5岁的儿童。在首府城市都帕拉马里博,也有一些提供学前教育的私立机构,但这些机构是收费的。苏里南有越来越多的4岁及5岁儿童进入学前学校,为他们在6岁这个规定年龄进入小学学习做好准备。总体上来说,学前教育机构的教育主要以社会学习和通过建构性游戏来学习荷兰语为主。1989年苏里南学前教育学校的录取率为82%。

3.3 特殊教育

苏里南的特殊教育以身体、智力和情感上存在困难的儿童为对象,主要由一些初等教育学校特殊教室、特殊教育学校和机构提供。1989年苏里南共有18个特殊教育教室和18所特殊教育学校,为2 000名儿童提供特殊教育项目,这些儿童约占正规教育录取儿童总数的1.7%。特殊教育录取学生中有2/3为男童。苏里南的特殊教育分为两个级别,包括培养学生基本的阅读、书写和计算能力的初等教育和培养学生获得一定谋生技能(如手工制作等)的教育。约有20%的学生进入技能培训学校学习。1989年特殊教育的生师比为10.9:1,共有180名教师。

首府都帕拉马里博共有3所特殊教育机构,其中一所为听力有障碍的人提供教育,一所为视觉有障碍的人提供教育,另一所则以身体上存在障碍的人提供教育。该城市还有2所为智力上存在严重问题儿童提供教育的机构。这些都是以教堂为基础的私人机构,但几乎都是由政府资助的。

1967年苏里南成立了名为教育机构的特殊教育部门,为特殊教育提供必要的支持和咨询服务,服务内容包括考试、与其他机构合作分配学生,并为学生提供指南、课程开发以及为特殊教师提供在职培训。

3.4 职业、技术教育和商业教育

苏里南的职业、技术和商业教育由正规教育系统中的初级中等学校和高级中等学校提供。人们对这些类型教育的需求要低于对普通教育和学术教育的需求。在中等学校录取的学生中,进行职业、技术和商业教育学习的学生占40%~45%。学生在职业、技术和商业教育中到底学习哪一种类型则主要由学生在初级中等教育学校和高级中等学校举行的选择性考试中的成绩来决定。

夜校也开设一些技术和商业课程,为期1~4年。苏里南有2所高级技术夜校,开设4~5年的课程,培养民事、机械和电子领域所需要的技术工人。这两所夜校中的一所由教育部管理,另一所则由公共工作部管理。包括高级商业夜校在内的所有夜校都是政府开设的公共学校,都是免费的。也有一些私立的夜校开设一些管理和会计方面的课程,但这些夜校要收取一些费用。

苏里南的劳动部开设了2个培训中心。每一所培训中心都提供为期1~2年的基本技能培训,主要以16岁以上的失业人口为对象。苏里南每年都有大约150名学生接受全日制的民事、机械、电子和有关贸易的培训。农业部则提供有关渔业和农业扩展服务的培训课程。家庭事务部则为公务员提供在职初级和高级培训,每年约有300~400名公务员进入为期1~2年的夜校学习。苏里南一些私立和半政府商业部门也为其雇员开设一些在职培训中心和项目。此外,苏里南的矾土矿业公司和电话公司也有自己的培训项目。

3.5 成人和非正规教育

苏里南的非正规教育由各个领域的公共和私立部门开展,自从20世纪70年代以来,政府在这方面开始加大投资和管理的力度。

1981年苏里南教育部进行了一项全国范围内的识字读写项目,以国内12岁以上的文盲(约占全国人口的19%)为主要对象。由于这个项目的效果不是十分令人满意,1984年苏里南又开始实施另一项更为轰轰烈烈的项目,名为“艾尔法84”(Alfa84),并获得了联合国教科文组织的技术援助。在拉丁美洲和加勒比成人教育和识字读写地区中心(CREFAL)的技术援助下,苏里南成人教育部于1987年发展了一个新的识字读写项目。该项目包括建立一个全国范围的非正规教育机制,并在各地建立办公室,在政府部门和非政府部门间建立合作并对此进行管理。成人学校的教室主要由正

式教师管理,在校外时间则使用由成人教育部开发的教材。在3~4年的学习后,这些文盲可以获得一个证书,这个证书相当于初等教育证书。由于缺乏资金,目前这个项目只在非常小的规模内开展,而且只有少数地区开展。1991年,约有500名成人进入识字读写班级学习。

苏里南内陆地区的一些部落居民也能接受识字读写项目的教育,这些项目主要由一些宗教组织提供,包括夏日语言学院。然而,这些项目的主要目标却是传播天主教的教义。

4. 行政管理的结构与运行

苏里南的初等和中等教育同时存在公共和私立学校。在初等教育和基础中等教育中,约有50%的学生被私立学校录取,这些私立学校中的多数是宗教团体(学校董事会)的附属机构,并受宗教团体的管理。这些宗教团体包括天主教、新教徒、印度教和穆斯林等。高级中等学校中只有10%的学生被私立学校录取,所有的高等教育机构则都是由政府运行和管理的。

除了极小部分的行政管理费用,苏里南的私立学校完全由政府提供补助。所有的学校,无论是公共的还是私立的,都在教育和社区发展部的管辖范围内。这个部门(下面称为教育部)主要负责制定教育政策,由内阁部长作为领导人。科学、文化和体育也在教育部的管辖范围内。除了在注册和投资方面必须满足规定的最低教育标准外,苏里南的私立学校不需要接受政府的严密管理。

私立学校由学校董事会控制人员雇佣和行政管理,公共学校则由教育部直接管理。苏里南对国内所有学校(包括公共学校和私立学校)委派教学督导。教育部有两个行政部门,大教育部门和文化部门,每个部门由一个秘书长(终身制)担任领导职务。大教育部门分为四个部分:监管、财政和行政服务、技术服务、发展服务,其中的每一个都由一个副秘书长(终身制)领导,对教育秘书长负责。苏里南的教育行政是中央集权的,所有的教育部门都在教育部所在的首府城市运行。只有督导是由各个区自己管理的。

然而,除了对教学进行督导的职责外,教育督导为他们地区的学校调节其他各种教育服务。在初等和初级中等教育中,学校(公共学校和私立学校)按照地理位置被组织成学校社团(6~12所学校),以使这些学校能共享设备和服务。同时,各个学校群体还组成一定的网络,在教师之间开展交流、合作思维和工作。学校社团是教育监管和咨询服务的主要目标体系。

5. 教育财政

苏里南的教育的资金,包括由宗教团体运行的私立学校,几乎完全由政府的财政预算提供。技术部、劳动部和一些私人机构与产业也提供一些培训与教育项目。然而要计算这些季候性的教育费用则存在一定的困难。

自从1975年独立以来,教育部的费用得到了大大的提高,从1977年到1990年增长了3.4个指数,这个阶段教育部得到的预算在政府整个预算中的比例也从12.4%增长到了22.4%。这些预算在整个国民生产总值中的比例也从5.9%上升到9.1%。1977年教育部的预算为7 240万盾,在1990年则为2.495亿盾。除了各个级别教育的扩大和高年级费用的增多以外,教育部财政预算得到增加的主要原因是中等教育的线性扩张。

1990年教育部财政预算的分配情况如下:行政费用占7.5%,包括学前教育在内的第一级教育为47.6%,中等教育为30.8%,第三级教育为8.8%,成人和非正规教育为0.6%,特殊教育为0.2%,奖学金占了2.4%。教育的基本预算不属于教育部预算的一个部分,它包括在公共工作部的预算中。资本投资主要来自荷兰、欧洲国家、美洲国家和一些国际发展基金组织。

6. 师资

在苏里南的第一级和中等教育学校中,总体生师比还是比较低的(参见表1)。在这些级别中,教师培训学院毕业的教师能足够满足新教师的要求以及补充20世纪80年代后期教师的大量流失。学前学校和初等教育学校教师的教学质量比较高,约有95%的教师甚至有资格在初级中等学校教学。然而苏里南的高级中等学校和高等学校则一直缺乏足够的教师。在高级中等教育中，只有1/4的教师是完全合格的，约有一半的教师是部分合格的，而剩下的1/4则是不合格的。这些级别的教师供应部分由外部资源提供。此外，苏里南高等教育学校中的大部分教师是兼职的。

苏里南的教师培训学院分为以下几类：A级别教师培训学院、B级别教师培训学院、教师培训高级学院。

A级别教师培训学院学制为4年，招收2～3年初级中等教育学校的学生，培养学前教育和初等教育低年级（1～2年级）的教师。这个学院还开设一年的课程，学习该课程的学生可以成为幼儿园的园长。尽管这个学院并没有限制男生入学，但其录取的学生全部是女性。

B级别教师培训学院也是4年制的，入学学生必须获得4年初级中等教育的证书（学术学校）。这个学院培养的教师有资格在初等学校执教。

教师培训高级学院提供2～5年的与学科有关的夜间课程，培养初级中等学校和高级中等学校教师。此外还为培养特殊教育教师而开设一些课程。学生要进入教师培训高级学院必须获得B级别教师培训学院证书或者高级中等教育证书。

7. 课程开发与教学方法

1980年苏里南成立了教育部发展服务部门（包括一个课程部），因此也就产生了一个课程开发及其与之有关的服务的基本结构。该部门的第一个措施就是为全国学校开发一个共同的课程。由于各个地区的差异以及学校之间的差异，苏里南初等教育和中等教育领域长期以来一直呼吁能够为它们建立一个核心课程标准。因此，在1980年后，教育部中央权威机构为全国的学校规定了核心课程和教学计划表。

1980年苏里南开展的初等教育课程改革在1990年接近尾声。除了地理学科，苏里南为各个年级的所有学科都开发、试验并实施统一的课程和教学材料。初等教育学校开设的课程包括：语言、阅读、书写、算术、地理、历史、科学、创造性艺术和体育。除了女孩能在某些学校选择学习针线课外，苏里南的初等学校不开设选修课。宗教学校则有权除了在提供核心课程外，开设一些宗教课程。在苏里南的初等学校中，教师被指派到某一年级教学，并要教所有有关课程。

苏里南在20世纪70年代中期开始对不同类型的中等教育学校课程进行更新与改革，这个过程一直持续到20世纪80年代。对一些学校来说，课程改革的结果是将学年延长了一年（比如说初级技术学校和职业学校）。在中等学校教学，教师必须获得学科领域教学资格。英语作为外语是所有中等教育学校的必修课，西班牙语作为第二外语只是初级学术学校的必修课。

苏里南课程和教学材料的开发是由一系列机构开展的，这些机构包括课程部、特殊委员会和团队、学科专家和有经验的教师。这些机构或人员在全日制或半日制的基础上工作。课程和教学材料一旦开发出来并得到认可，将由教育部生产并分配到各个学校。教学材料的分发则由教育指南部通过其指南办公室和学校群体网络进行。教育指南部还负责通过教室观察、咨询和教师的在职培训等来提高教师的教学质量。国家督导和教学监管人员则确保规定课程和教学方法是否在学校得到合理的实施。20世纪90年代早期，苏里南预计所有的课程和其他与教育质量有关的活动将由学习资料中心集中管理。

8. 考试、升级与证书制度

苏里南学前教育学校和初等学校录取学生的标准主要是年龄，学前学校的入学年龄为4岁，而初等学校的则为6岁。初等学校和中等学校学生升入下一个年级的主要依据是内部评价。初等学校在学生成功完成学习后，通常会授予学生证书，此时学生的年龄通常为12岁。

对多数中等教育学校来说，初等学校毕业证书和全国中等教育学校入学考试成绩是录取学生的主要依据。中等教育学校入学考试是选择性的，尽管有呼声要使各种类型的学校都公平，但这个考试还是使中等教育学校的学生得到分流。社会对提供学术教学的学校期望最高。学生在中等学校的升级通过内部评定进行。

为了诊断性目标，苏里南在学生完成初等学校

5年级的学习后举行一次全国范围的考试。这个考试可以对学生个人、学生群体、学校和地区间的教育成就进行一定的比较。在对考试数据进行分析和比较之后,国家会采取一些补救措施或者其他一些创造性措施来提高教育质量。

从初级中等教育学校进入高级中等教育学校的途径各不相同。在一些情况下,学生只要持有初级中等学校证书就可以了;在另外一些情况下,学生必须接受一次入学考试;还有一些情况,学生必须持有证书,同时还必须参加入学考试。这个全国范围统一进行的入学考试也是选择性的,从而强化了教育的分流。

苏里南所有的入学考试和诊断性考试都是由教育部的中央考试办公室举行,这个办公室同时还负责多数中等教育学校的期末考试。

9. 教育评价、评估与教育研究

苏里南一方面教育支出飞速上涨,而另一方面教育质量却不是十分令人满意,这使得对教育系统化评估和评价显得尤为重要和紧迫。20世纪80年代,苏里南在评价和评估问题上采取了一些特殊措施,这些措施都由指定的委员会执行,并以教育系统的某一特定部门或部分为目标。但对整个教育系统进行评价和评估的整体机制还没有建立起来。

国家在全国范围内开展的初级中等教育学校入学考试、高级中等教育学校入学考试和学校的期末考试成绩作为评价教育系统成就的指标。由于这些考试的标准化程度并不能得到保证,因此评价的效度和信度还存在一定的问题。然而,这是苏里南唯一的评价信息。1987年教育部实施的教育开支研究得出以下结论:(a)学生的留级率从20世纪60年代的25%下降到80年代中期的21%;(b)过去10年的入学考试成绩比较低,情况也比较多样化,在初级中等教学学校的入学考试中,及格率在35%～46%之间,而高级中等教育学校的入学考试及格率则在23%～35%之间。

这个数据表明苏里南教育系统的内部效率比较低。在学校教育的外部效率方面,人们普遍不是非常满意,尤其是对职业学校而言。

10. 20世纪八九十年代的主要改革

1980年苏里南开展了初等教育课程改革,这是与联合国教科文组织合作开展的一次研究的结果。这个课程改革项目包括三个部分:(a)为教师和教育官员提供在职培训;(b)通过全国教师展开讨论开发新的教学大纲;(c)为所有学科领域开发新课程和教学材料。该课程改革在1990年基本完成。

苏里南的军事政权在1980年提出了许多改革建议,并于20世纪80年代初期开展了相当规模的改革。许多改革准备工作不足,从而在具体实施的阶段终告失败。这些改革中的一个就是识字读写项目(Alfa84),该项目不得不在1987年改变其规模和发展速度。

在初等教育课程改革项目之后,苏里南在1986年开始了一个覆盖面更为广泛的教育项目,以提高初等教育的质量。该项目将包括建设并装修一个学校资料中心,该中心包括课程开发部门、教育指南部门、教育评估和研究部门、计划部门、中心图书馆和考试办公室。中心还提供一些培训设施。建设该中心的费用总计为1 000万美元。其中80%将来源于中美洲发展银行的贷款。该项目的执行,期限预期为4年,但现在已经被拖延,目前预计将为期6～8年。

苏里南在教育系统的输出和劳动力市场的需求之间存在着不平衡,这种不平衡是数量上的,同时也是质量上的。尽管劳动力市场紧缺技术人员,但能从事教育服务系统工作的待业人员则供大于求。政府认识到了合理的职业教育在经济发展中的重要作用,在1990年开始提高职业教育的质量。在荷兰的技术援助之下,职业技术教育项目包括改革教育结构、教育内容、教育行政,从而在职业技术教育和劳动力市场的需求之间建立平衡。

11. 2000年面临的主要问题

苏里南高级中等教育和高等教育需求的增长,以及与之有关的教育开支的增加将是其政府所要面临的一个主要问题。因此在2000年以及以后的几年中,教育开支分析和提高教育系统内部效率将成为苏里南政府必须面临的挑战。合理的职业和技术教育的发展将使苏里南本来就已经非常紧缺的教育资源雪上加霜。

如果苏里南的社会和经济情况仍然不见起色的话，那么，人力资源的流失将得不到缓解。对苏里南的发展而言，重要学科高级教师和学者的培养至关重要。然而，更为重要的是，苏里南能够在参与全球市场和经济时将已经拥有的高级人才和学者留在国内。政府在处理上述问题中的能力将决定苏里南教育和经济发展的未来。

W. W. 德瓦尔克森(W. W. Dwarkasing) 著
缪 胤 译

附录

Rensch E S, Murdoch J P, Van Kemenade J A 1979 *Preparing for Change in Education. Draft policy document.* Minov/Paramaribo and UNESCO, Paris

Suriname, Ministry of Education 1987 *National Report on Progress and Achievements in the Framework of the Major Project in the Field of Education in Suriname.* Ministry of Education, Paramaribo

其他参考文献

Dwarkasing W W 1976 *Development of an In-service Education System in Suriname: A Proposal.* UNESCO IIEP/IP76/4.1, Paris

Dwarkasing W W, Belfor F, Gulpen E, Tjon H 1987 *Eindverslag werkgroep: evaluatie onderwijsuitgaven.* Ministerie van Onderwijs, Paramaribo

Marshall E K 1975 The beginning of educational planning in Suriname. *J. Int. Soc. Educ. Planners* 3(4):81—92

Mathijsen A, Pollen P, Dundas J, Roell S, Meijer M 1990 *Beroepsonderwijs en volwasseneducatie in Suriname. Voorstellen tot herstructurering.* Factfinding Mission, Amsterdam

Mys A A 1973 Onderwijs en ontwikkeling in Suriname. Doctoral thesis, University of Amsterdam, Amsterdam

Netherlands Universities Foundation for International Cooperation (NUFFIC) 1989 *Onderwijs in Suriname, verslag van de identificatiemissie technische samenwerking onderwijs.* NUFFIC, The Hague

Suriname 1991 *National Accounts Statistics.* General Bureau for Statistics, Paramaribo

美国的教育制度(United States: System of Education)

1. 基本背景

美利坚合众国的国土面积为 9 847 305 平方公里，大部分国土位于美洲大陆，北邻加拿大，南壤墨西哥，东濒大西洋，西临太平洋。

美国分为 50 个州。在波利尼西亚、密克罗尼西亚(关岛、美属萨摩亚群岛和组成太平洋群岛托管领土的岛屿和环礁)和加勒比海(波多黎各岛和美属弗吉群岛)上都有美国的领土。

1990 年，美国人口为 24 997.5 万人。1960 年的人口增长率为 16.1%，到 1989 年下降到 10.1%。移民和难民是造成 20 世纪 80 年代和 90 年代人口增长的主要因素。这些移民和难民大部分来自亚洲和拉丁美洲。1989 年，有 109.1 万移民和 84 288 个难民从世界各地来到美国。

从 20 世纪 60 年代初开始，美国日益都市化，到 1990 年，77.5% 的人口都住在大城市，同年，美国有 23 个城市的人口超过 50 万。

美国公民的种族和民族构成极其多样。1989 年，白人占总人口的 77.6%，黑人占 11.4%，美洲土著和阿拉斯加土著占 0.7%，亚洲人和太平洋群岛居民占 2.7%，西班牙裔占 7.6%。

美国不同种族和民族团体的学习成绩差异极大。例如，在 1989 年，25 岁以上的白人中有 78.8% 学生至少用 4 年的时间才完成高中(共接受了约 9 年的学校教育)学业。而在 25 岁以上的黑人中，只有 67% 接受了同样年限的学校教育。

1989 年，贫困人口(65 岁或 65 岁以下的居民平均年收入在 7 372 美元以下)约占总人口的 12.8%。然而，到目前为止，少数民族是最贫困的美国公民。1990 年，约有 30.7% 的黑人和 26.7% 的西班牙裔生活在贫困线以下，相比之下，只有

10%的白人生活在贫困线以下。18岁或18岁以下的贫困范围随种族、民族的不同也有所不同。1989年,18岁或18岁以下的贫困人口占总人口的19%,这个年龄段的白人中仅有14.1%生活在贫困线下,而43.2%的黑人和35.5%的西班牙裔生活在贫困线下。

1989年,劳动力人口所接受的平均学校教育年限为12.8年,在这一数据上性别差异微小。在所受学校教育少于此年限的人群中,失业率最高:只上了1~3年中学的工人中有11.8%失业,而在有大学学位的人群中,失业率仅为2.2%。

人们互相攀比,对有限的公共资源进行索取,在这样的风气下,美国必须对人口数量如此巨大、人口组成如此复杂的大众进行教育,这就构成了巨大的挑战。因此,教育问题已成为国家议程的重要主题。

2. 教育政策和教育目标

美国教育体系的一个显著特点是高度分权。联邦政府、州政府和地方政府承担着不同程度的教育管理调控职责。

美国联邦政府没有权力管理或提供广泛的公共教育。这是因为美国的建国者们没有将教育问题写进宪法(宪法的起草者们声称,没有特别指出交给联邦政府的权力,都将属于地方政府)。

联邦政府制定了大量法规关注少数民族和残疾人的教育机会问题。联邦政府也资助教育研究。但是,美国没有中央政府控制的公共教育体系。

但这并不是说联邦政府不对教育问题施加影响。实际上,联邦政府的三个分支(行政、立法、司法)在教育政策的制定上都非常积极。特别是第二次世界大战以后,联邦政府参与了大量教育问题的解决,如废止在入学问题上实行种族隔离,实现教育经费分配的平等,为贫困儿童和残疾儿童提供教育机会,满足公众对不断提高学校教育质量和责任的要求。联邦政府在上述事务中的参与并不表明在美国存在一个联邦教育体系。但这却显示出联邦政府可通过各种各样的方式影响教育政策的制定。

美利坚合众国的50个州都有责任建立各自的公共教育体系。每个州政府对教育的集中管理程度各不相同。大部分州政府将大量的教育管理权下放给了被称为“地方教育委员会”的地方主管团体。地方教育委员会直接管理当地的学区(这是地理意义上的概念,学区里有一个或多个相关学校),这是通过直接开办公立学校来进行的,在极少数情况下,地方教育委员会通过为公立学校提供服务进行管理。1990~1991年,美国共有15 358个地方学区,每个学区都有自己的教育委员会。一些州有很多学区,比如,在加利福尼亚就有1 076个学区。而夏威夷州仅有一个正规的学区。

从某些方面来说,各学区之间差异极大,在这个意义上可以说美国有15 358个截然不同的教育体系。在通常情况下,教育委员会的委员经民主选举产生,但有时是任命的。一些教育委员会受委托负责开办一所学校,还有一些负责对许多城市里的学区进行监管。

美国除了那些负责公共教育管理的地方教育委员会以外,还有许多私立学校。1987年,美国共有26 807所私立学校,其中17 807所小学,2 423所中学,7 296所由小学中学合并的学校。

3. 正规教育体系

美国的每个州都提供免费的义务教育。大多数州为6或7岁至16岁的儿童提供义务教育。各州对接受义务教育的年龄段的规定有所不同。例如,亚利桑那州规定为8~16岁,威斯康星州为6~18岁。甚至一个州里不同的地方对接受义务教育的年龄段的规定也有差异。纽约州规定为6~16岁,而纽约市和布法罗市规定为6~17岁。

在美国,学年的平均教学时间为178天,每天的教学时间平均为5.4小时。

3.1 初等教育、中等教育和第三级教育

图1显示了美国的教育体系的结构。

一般来说,小学教育从6岁开始,到11岁完结。但也有例外,有的学区实行的是中间学校体系,这是非常重要的一类例外。在中间学校体系,学生约在10岁到13岁上中间学校。在美国,有99.78%的儿童6岁时已开始接受正规学校教育。

一些学区把中等教育分为初级学校和高级学校,分别称之为“初中”和“高中”。另一些学区的

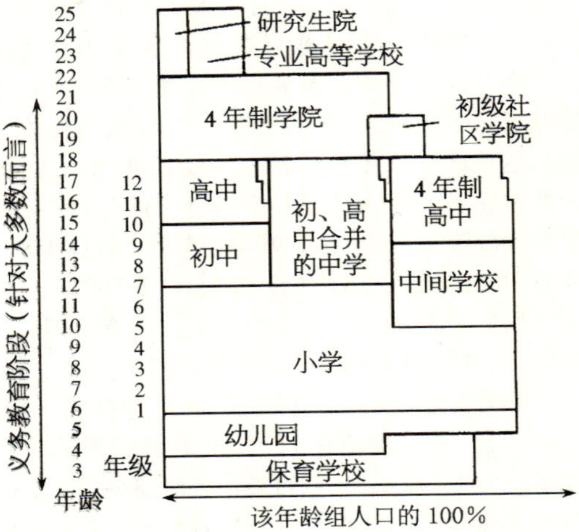

图1　美国:正规教育体系的结构

中学是单一、统一的,一所中学里包括有中等教育的所有年级。还有一些中间学校连接着3年或4年制高中。在同一个学区内,职业高中(贸易学校)的年级结构通常和其他中等学校的一样。一般来说,上述所有类型的学校都会在12年级结束时向学生授予文凭。

在美国公共教育的历史上,中学毕业率一直保持稳步增长。1870年,17岁的人口中仅有2%读到了中学毕业。到1950年,这个比率增长到了59%。1970年,中学毕业生在17岁人口中所占的比率为76.9%,达到了最高纪录。而到1980年,下降到了71.4%。1989年,17岁的人口中有74.1%已从正规的全日制中学毕业。

现在,提前退学被视为评价学校失败的一个标准。在16~17岁的学生中,每年约有6%的学生从中学辍学。如表1所示,不同民族、不同性别的学生在辍学率上有显著差异。必须注意的是,在某一年龄组的学生中,有94%上了12年级,但是,仅有74.1%毕业,其余的20%没有毕业就离开中学。

在20世纪70年代和80年代,公立中小学总的就学人数有所下降。这个情况反映出5~13岁人口数量的下降——1976年为3 351.6万,到1989年下降到3 179.3万。年龄在14~17岁之间的人口数量也从1976年的1 711.9万下降到1989年的1 347.6万。上述学龄人口的下降是在20世纪五六十年代就学人数达到高峰后出现的。那20年间出现的就学人数高峰是因为第二次世界大战后美国经历了一段出生率非常高的时期。表2显示了1990~1991学年的学生入学数据。

到20世纪90年代中期,小学的入学人数预计将有所增长。到1995年,年龄在5~13岁之间的人口数量预计将达到高峰,大约在3 385.4万左右。到20世纪末,这个数字预计会稍有下降。

据估计,中学的入学人数将稳步增长,其涨势会持续到21世纪。这是因为到2001年,年龄在14~17岁之间的人口预计会增长到1 538.2万(见表3)。

正规教育体系中的第三级包括三类高等教育机构:初级学院或社区学院、职业/技术学院和大学。初级学院和职业/技术学院一样,学制通常为2年到3年,毕业后授予副学士学位或证书,而4年制大学授予学士学位。有学生从2年制的学校转学到4年制的学校,但转学学生的具体人数不详。在一些州——如佛罗里达州、纽约州和加利福尼亚州——有2年制学校和4年制学校高度整合

表1　16~17岁年龄组中学辍学学生人数的百分比

全体	6.0
男性	5.9
女性	5.8
白种人	6.1
男性	6.4
女性	5.7
黑种人	5.6
男性	4.1
女性	7.1
西班牙裔人	12.5
男性	9.6
女性	15.7

资料来源:全国教育统计中心 1990

表2 美国:年龄/年级入学注册人数表(单位:千)(按照1~12年级招生的年龄划分),1990~1991学年

年龄	年级												总计	人数
	1	2	3	4	5	6	7	8	9	10	11	12		
5	159	10	0	0	0	0	0	0	0	0	0	0	169	3 792
6	2 886	164	11	0	0	0	0	0	0	0	0	0	3 061	3 679
7	855	2 604	218	18	11	9	0	0	0	0	0	0	3 706	3 744
8	47	834	2 491	191	11	9	0	0	0	0	0	0	3 583	3 592
9	3	80	886	2 462	208	17	1	0	0	0	0	0	3 660	3 676
10	6	10	112	843	2 416	205	2	6	0	0	0	0	3 610	3 627
11	2	2	18	114	940	2 278	217	14	12	0	0	0	3 597	3 611
12	4	3	5	16	112	822	2 158	212	8	5	0	0	3 345	3 354
13	3	1	2	6	17	156	933	2 157	197	9	1	0	3 482	3 499
14	2	1	0	1	3	26	187	844	2 028	183	6	4	3 285	3 299
15	0	0	0	0	0	0	35	154	842	2 008	210	15	3 264	3 321
16	0	0	0	0	0	0	8	4	216	765	1 968	178	3 139	3 294
17	0	0	0	0	0	0	0	0	48	171	741	1 827	2 788	3 297
18	0	0	0	0	0	0	0	0	18	38	148	603	807	3 419
19	0	0	0	0	0	0	0	0	6	7	38	166	217	3 645
20	0	0	0	0	0	0	0	0	4	2	1	39	46	3 649
总计	3 967	3 709	3 746	3 651	3 718	3 513	3 551	3 391	3 379	3 188	3 114	2 832	41 795	63 913

资料来源:最近人口调查中未公开的资料(由全国教育统计中心提供)

表3 部分年龄美国中小学入学注册实际人数和预期人数

	1976	1980	1985	1990	2000	2001
总计						
小学	29 255	28 212	28 424	29 522	30 267	29 995
中学	20 229	18 037	16 555	16 670	19 708	19 791
公立						
小学	25 430	24 220	24 229	25 303	25 876	25 636
中学	18 887	16 698	15 193	15 498	18 310	18 386
私立						
小学	3 825	3 992	4 195	4 219	4 391	4 359
中学	1 342	1 339	1 362	1 172	1 398	1 405

资料来源:全国教育统计中心 1990

的高教体系。在这样的州,学生更加频繁地从一类高校转到另一类高校。

第二次世界大战后,美国的高等教育经历了大发展时期。1944 年,随着《退伍军人权利法案》(也被称为《GI 法案》)的实施,高等教育开始进入大发展时期。这项法案向希望上大学的退伍军人提供联邦资金,补贴学费。实施该法案后,1944 年到 1951 年间有 220 万退伍军人进入大学学习。此次学生人数的迅猛增长开始了高校入学人数的扩张势头,直到现在,这种涨势都还没有停止。

1989 年,美国大学的学生人数达到 1 380 万,这是美国历史上的最高纪录。就学人数增长的一个重要因素是有更多的年龄较大的学生上大学。在 1970 年到 1989 年之间,24 岁或 24 岁以下的学生人数增长了 24%,而在同一时期,24 岁以上的学生人数增长了 141%。预计到 1996 年,24 岁或 24 岁以下的学生人数将下降 2% 左右,而 24 岁以上的学生人数将增长 8%。

3.2 学前教育

学前教育就是在达到开始接受义务教育年龄以前所受的教育。在 1965 年到 1989 年之间,学前教育有所发展。1965 年,在 3 ~ 5 岁的儿童中,有 27.1% 的儿童接受学前教育,到 1989 年,这个比例增长到了 54.6%。1990 年,接受学前教育的全体儿童中有大约 37% 全天上学。

1991 年,国家家庭教育调查(NHES)发现,美国的大部分学龄儿童接受过幼儿园教育。小学一二年级的儿童中,仅有 2% 没有上过幼儿园。在上过幼儿园的儿童中,有 33% 上的是全日制的公立幼儿园。

3.3 特殊教育

20 世纪 70 年代,特殊教育成为美国政治上关注的一个问题。1971 年,联邦地方法院规定宾夕法尼亚州的学校向年龄在 4 ~ 21 岁之间、智力上有缺陷的学生提供教育。此后,其他州也相继通过了类似的法令。

1975 年制定的《全体残疾儿童教育法案》标志着联邦行政部门开始介入特殊教育领域。这项法案要求每个州确定哪些儿童具备七种情况中的任何一种(语言障碍、无学习能力、情绪障碍、智力缺陷、听力损伤、视力损伤、内/外损伤),向他们提供特殊教育服务。在有可能的情况下,残疾儿童都应在正规教室里和那些正常儿童一起学习。如果残疾儿童不能和其他正常儿童在一块儿接受教育,他们应在医院、家里或其他一些公立私立机构中接受教育,他们的父母不需为此支付费用。法案还为特殊教育项目提供医疗、交通方面的资助。

《全体残疾儿童教育法案》规定,残疾儿童应该在限制尽可能少的环境中接受教育,这引起了"主流化实践"。主流化指在正规学校中对残疾儿童进行教育,而不是让他们上特殊班,与正常儿童隔绝。

1978 年到 1987 年之间,接受特殊教育的学生人数大幅上升,从 390 万增加到 440 万。这是由于被划为"无学习能力"的学生人数增多。如果儿童在语言发展和交流技能上有障碍,而且,造成这种情况的原因并不是视力损伤、听力损伤、运动功能损伤、情绪障碍或智力缺陷,那么,这类儿童就被诊断为无学习能力。无学习能力包括轻微的脑损伤、诵读困难、知觉混乱这样的情况。

1990 年,在所有公立学校的学生中有 11% 左右的人参加了特殊教育项目。

3.4 职业、技术教育和商业教育

联邦政府于 1963 年通过《职业教育法》,该法案对职业教育意义重大。法案规定,每个州都必须成立一个职业教育委员会,监控制定本州在职业教育领域的方针政策。联邦政府拨款给各州开展这些职业教育项目。在 20 世纪六七十年代,各州可从联邦获得数额巨大的资金。但是,1983 年通过《职业训练合作法案》后,联邦政府减少了对职业教育的资助。现在,联邦政府规定,要想得到资金支持,所有这样的职业教育项目都必须证明其有效性。

在美国,中等职业教育项目主要在公立中学中进行。综合职业教育和针对某项具体工作的职业培训课程都很普遍。

1984 年,在美国仅有 225 所中学被正式指定为"职业性的"。尽管如此,那一年在所有 16 岁或 16 岁以上的中学生中,有 56.9% 已完成 2 年或 2 年以上的职业性技术科目课程,如工艺美术课、车

间课或家政课。此外,有41.8%已完成至少2年的商业课程。

1984年通过了《卡尔·伯金斯职业教育法案》,阐述了产业教育、商业教育和职业教育之间的关系。该法案提供财政激励,支持各州的州立委员会吸纳私营部门成员。法案还努力促进产业部门和学校在课程发展和学位项目上的合作。

与传统的教育机构相似,大部分职业培训项目是由私营企业提供的。据估计,在1986年,这些职业培训项目耗资300亿美元,大约有3 700万劳动力参与。

美国还有大量的私立机构进行职业、技术和商业教育。1987年,有8 956所非学院机构提供中等后职业教育,其中只有830所是公立学校。

商业教育主要在大学里进行。在1987~1988年,共有1 312所高等教育机构授予工商管理学士学位,648所高校授予硕士学位,101所高校授予博士学位。同年,在美国所授予的全部硕士学位中,有23.3%是商业领域的。只有教育硕士的比例略高于此(26%)。

3.5 成人和非正规教育

直到1965年通过了《中小学教育法案》(ESEA)的第三章后,联邦政府才成为成人教育领域的重要参与者。第三章被称为“成人教育法案”,该法案把每个州和联邦政府结成合作伙伴。这种伙伴关系的目的是发起成人教育项目,帮助成年学习者突破对英语掌握的局限,提高基本教育技能,为接受职业训练和进修作准备,更好地行使公民的职责和权利。

1991年通过《国家文化法案》(亦被称作《国家素养法案》——译者注),对成人和非正规教育进行了调整。这个法案也非常有名,它给“读写能力”下了一个在全美范围都适用的定义——用英语进行阅读、写作和说话的能力;掌握一定的计算和解决数学问题的能力,使其能在工作岗位和社会中行使职责、实现个人目标、增长知识、发挥潜能。

美国还有多种非传统公立学校,他们开设的学科或使用的教育技术通常是传统学校所没有的。这些非传统学校包括“无墙中学”、校内分校、补习学校、多元文化学校和基础学校。

“无墙中学”所提供的教育项目以社区为基础,在各类公共建筑、私有建筑中进行;校内分校是在现有的公立中小学中实施的专业化教育项目;补习学校所提供的教育项目是专门为帮助公立学校的辍学学生、怀孕的少女和其他的高风险学生能继续接受教育而开设的;多元文化学校所提供的教育项目强调文化的多元主义和人际关系;基础学校提供保守的学术性教育项目。与此相对的是,大多数公立非传统教育项目都带有更加自由、先锋的色彩。

4. 行政管理的结构与运行

美国没有居于统治地位的中央教育管理机构。联邦政府、州政府和地方政府分担对教育的管理监督职责。

然而,联邦政府的确有一个部门代表联邦政府制定教育政策——1867年成立的教育部。后来,教育部变成了内政部的一个下属单位,直到1939年,又被变成联邦安全署的一个下属局级部门。随后,教育局成为健康教育福利部的一部分。

1979年成立了教育部,教育部部长是总统内阁的成员之一。

还有其他一些政府部门也会制定联邦教育政策。这些部门包括健康和公共事业部、农业部、国防部、能源部、劳工部和国家科学基金会。1987年,在所有用于教育的联邦基金中,这些部门所捐助的基金占50%左右。

5. 教育财政

联邦政府一直声称,在公立教育系统中,美国是世界上在学生身上花费最多的国家之一。为了证明此论断,最常引用的数据是生均费。从20世纪50年代至今,扣除通货膨胀因素,生均花费增长迅猛。从1950年到1986年,生均费翻了3倍。以1988~1989年的价格水平计算,1976的生均费为1 504美元。到1990年,这个数字增加到了4 841美元,预计到90年代中期会继续增加到6 000美元。

1990年,经济政策学会却对联邦政府的观点表示反对。该学会声称,如果做某些适当的调整,美国在义务教育阶段各年级上的公共和私人支出与16个工业化国家相比，只比其中的3个国家多。当对这16个工业化国家的公共教育支出进行比较时，美国在各级教育系统上的支出仅排到第14位。

从20世纪20年代到70年代中期，大部分教育经费来自地方政府。从1974年至今，地方政府所提供的经费在整个教育收入中所占的比例不断减少，到1990年，减少到了44%。1974年，各州政府所提供的经费在整个教育经费中所占的比例平均为16.55%，到1987年，这个数字增加到了50%。联邦政府的教育经费一直低于10%，1987年为6%。

地方学区征收地方房地产税作为学校经费的主要来源。由于全国各地的房地产价并不相同，这样的配置造成了学校经费上严重的不公平。因此，通常在贫困的学区，尽管房地产税率高，也只能收取数量有限的税金；而在有钱的学区，尽管房地产税率低，仍然可以收取相当多的税金。

6. 师资

1990年，美国有168万名小学教师，107.2万名中学教师。

州政府负责进行教师资格认证。对授予教师资格证需要具备哪些条件，各州都有自己特有的一套要求。此外，一些州还制定了“紧急”或“预备”证书方案，准许那些没有完全达到标准教师资格认证要求的人进行教学实习。

所有的州都要求持证教师必须完成学士学位教育，包括学科专业课程和教育专业课程，取得初级资格。但各州对附加课程的要求差别极大。在某些州，要求学习的附加课程包括特殊教育、滥用麻醉药品、酗酒、计算机科学方面的课程。

很多州授予分级证书。一般来说，取得教育学士学位后，授予一级教师资格证。取得硕士学位后，或在研究生教育阶段学习了一定时间、获得了一定年限的教学经验后，授予二级证书。三级证书通常是在取得二级证书后，再完成一定量教学时间的基础上授予。有几个州只要求初级教学资格；另一些州则规定，教师资格证有一定的时效范围，教师要继续教书就需要不断地获取新的资格证。大多数州还规定，必须通过笔试或面试后才有条件接受师范教育或取得、保留教师资格证。一些州还规定教师必须进修。

州政府还负责对学校管理人员（如校长、地方教育系统的主管）进行资格认证。各州对学校管理人员资格的要求差异极大。一些州对所有的管理监督职位颁发统一的资格证，而另一些州颁发多种管理资格证，有的州多达12种。

从1971年至今，美国公立学校和私立学校的生师比下降了20%左右（即每位教师教授的学生人数越来越少）。1990年，公立小学和公立中学的生师比分别为18.6:1和14.9:1，私立小学的生师比为15.0:1，私立中学的生师比为11.4:1。

预计到20世纪90年代中期，对新教师的需求将增加35%以上。大部分增加的需求来自中学阶段，并且，人们对在满足这一需求中将会出现的复杂因素有所预料。在对校长的调查中发现，要找到合格的物理老师、语言老师和数学老师非常困难。聘用并留住合格教师一直是农村学校最大的难题。

20世纪70年代的通货膨胀和80年代的经济衰退带来了教师购买力的下降，这对留住老教师、招募新教师产生了不利的影响。认识到这一现象以后，教师工资有所提高。在1989～1990年，美国教师的年平均工资为31 300美元，创造了教师工资历史上的最高纪录。

7. 课程开发与教学方法

美国学校教育的一大特点是，在中学阶段会将学生分到三个不同的课程轨道。这被称之为“分流”或“分轨”。第一轨被认为是大学预备轨；一般来说，第二轨的职业教育倾向多一些；第三轨通常进行较低水平的学术训练，现在一些学校教育系统取消了第三轨。分轨可以被看成是自愿的，学生根据自己对未来生活的期望、计划来选择进入某一轨道学习；分轨也可以被看成不是自愿的，学生在对分轨程序几乎毫无个人掌控能力的情况下被分到某一轨道中学习。不管分轨是自愿的还是不自愿的，在美国都是一个争议极大的问题。该现象一个突出的特点是，尽管没有全国统一的课程，分轨却在全国得到了广泛实行。

有关课程的政策一般由各州(通常是各地方学区或各学校)制定。有些州对教学内容的控制相当严,而有些州却给了地方社区和教师更多的自由。

1992年,国家教育标准和测试委员会(一个国会委任的小组)提倡在数学、历史、英语、科学、地理这几类科目上实行非官方的、全国统一的课程标准。这个建议已经得到了在教育政策方面极有影响力的各类人物的认可,其中包括全美教师联合会(一个重要的教师协会)的主席。尽管如此,还是可以预料到由于在美国由州和地方管理课程的历史由来已久,任何被认为是促成建立全国统一课程的行动都有可能会遭到抵制。另一方面,国家越来越关注国际经济竞争力和劳动力素质,这可能会推动教育系统建立全国统一课程,至少建立一套被更普遍接受的全面的学术标准。

教科书的出版几乎被商业出版社垄断,在1991年,7家出版社控制了约80%的市场份额。同年,有22个州制定了正式方案,此类方案列出了准许学校使用的教科书名单。教科书批准委员会大约每五年正式批准一批教科书。然后,学校教师可得到被批准的这些教科书,并从中进行选择。在有些州,教科书挑选机构是州一级的,而在另一些州,教科书挑选机构在地方学区级进行运作,还有些州的教科书挑选工作由州和地方学区两级共同承担。有28个州没有教科书采用政策,每所学校(有时是每位教师)根据自己的标准挑选教科书。

8. 考试、升学和证书制度

美国没有官方考试制度评估学习能力作为取得中学文凭的必要条件。地方学区一级所制定的各类政策将决定学生能否升级。

美国有各类私营考试公司组织测试,帮助一些大学选择招收中学毕业生。但是,各大学对这类考试的依赖程度是不一样的,有些大学根本不看这类考试的成绩。

9. 教育评估、评价和教育研究

1969年联邦政府对教育成绩进行了一项具有代表性的研究,即“国家教育进步评定”(NAEP)。同年,NAEP对9岁、13岁和17岁的学生在科学、写作、公民这三门课上的成绩做了评定。从那时起,NAEP每两年在全国范围内对处于某特定教育阶段的学生在不同学科上的成绩进行评定,收集资料。

NAEP的目的是研究美国学生的知识、技能和表现。它对所抽选的学生进行代表性研究,并不给出个体学生的分数。收集资料的目的是提供教育系统的相关信息,而不是提供个体学生的信息。

根据政策决定优先发展的学科的变化,NAEP每年选择进行调查研究的学科也有变化。受到重视的学科包括阅读、数学、科学、计算机能力、文学、职业发展、艺术、音乐和美国历史。

20世纪90年代初,联邦政府对NAEP的拨款增加了55%。拨款的增加反映出行政部门有兴趣把考试的广泛应用作为改进教育的一种手段。实际上,有人认为可以以NAEP为基础,逐步建立全国统一的考试体制。但鉴于美国没有对课程进行集中控制的历史由来已久,这是否可行还有待时日。

教育研究进步处(OERI)负责管理联邦的教育研究项目。OERI下设国家教育统计中心、研究办公室、实习进步项目办公室和图书馆项目办公室。

国家教育统计中心(NCES)负责对全国各级教育情况进行调查统计、资料汇编。NCES收集的数据包括就学人数、收入、支出、学校数量、教职工人数、毕业率等。各州的教育机关也会向NCES上报要求它们汇编的有关当地教育系统情况的数据资料。因为各州要求它的教育机关收集的数据资料类型有所差别,所有NCES必须做很多努力确保统计资料的可比性。

研究办公室(OR)对教育研究方案进行资助调整,办公室的内部职员也会做一些以政策为导向的研究。OR特别感兴趣的研究主题包括:师范教育、教学管理、中学后教学、教育技术、学生测试等。

实习进步项目办公室(OPIP)负责将研究结果告知教师、学校行政管理人员和其他进行教育实践的个人组织。OPIP试图通过开展多种项目计划,确保教育实践者们能知道新的、有效的教育和管理技术。

图书馆项目办公室（OLP）致力于改进图书馆和图书馆服务。

10.20世纪八九十年代的主要改革

20世纪80年代美国教育质量的下滑成为一个重大问题。大部分证据都表明，这个问题在未来的几十年仍然是国家需要解决的一大热点。

围绕这个问题所进行的主要行动是一系列有关美国教育的报告。从20世纪80年代早期至今，这些报告得到了广泛宣传。其中最有影响力的可能是国家高质量教育委员会在1983年发布的报告《国家处在危险之中》。这份报告指出，美国的教育处在可怕的危机中：

> 如果一个不友好的外来力量试图把当今现存的平庸的教育实绩强塞给美国，我们很可能会将其视为一种战争行为。但是，按照现在情况来说，我们已经让这件事发生在我们身上。

这份报告和大部分其他的报告一样，断定美国的教育需要彻底改革。这类报告还有20世纪联邦教育政策基金特别派遣团和卡内基教学进步基金会所发布的报告。

有些报告指出，美国学生在数学、科学、地理这些学科的国际对比测试中成绩很差，令人痛心疾首。其他一些报告关注国家城市学校系统中不断增多的校园暴力事件，以及无法接受的高辍学率。所有的报告都着眼于用多种尺度对学校的效率进行评价，而且都认为全面的教育改革势在必行。

美国这场改革的措施有着重要的共同特征。第一，改革措施都有一个共同的前提假设：大部分政策由州和地方制定。如果联邦政府需要承担一些职责，也应该尽量少一些。第二，改革提倡通过设定严格的教育成绩标准来提高教育质量。第三，通过某些方法密切监控这些教育成绩标准，如学生考试和对教师证书要求的严格遵守。第四，改革倡议重组学校内部的行政管理监督体制。以上四点主要涉及的是在学校内部进行的改革。

联邦政府的职责是宣传这类报告的结论。联邦政府还通过提供联邦经费、确立国家教育目标等措施来激励某些具有开创性的改革的出现。

11.2000年面临的主要问题

1990年，美国总统和各州州长联合确立了6项国家目标，用于指导从现在到20世纪末这一时期内美国教育政策的制定。这6项国家目标是：

（a）到2000年，所有的美国儿童都能入学。

（b）到2000年，中学毕业率将至少提高到90%。

（c）到2000年，美国学生在4年级、8年级、12年级毕业时，业已证明有能力在英语、数学、自然科学、历史和地理学科内容方面应付挑战；美国的每所学校要保证所有的儿童善于动脑筋，以使他们为做有责任感的公民，为进一步学习，以及为在转到现代经济中谋取有创建性的职业做好准备。

（d）到2000年，美国学生在自然科学和数学方面的成绩居世界首位。

（e）到2000年，每个成年美国人将能读书、写字，并将掌握在全球经济中进行竞争和行使公民权利、承担公民责任所必需的知识和技能。

（f）到2000年，每所美国学校将没有毒品和暴力，并将提供一个秩序井然的、有益于学习的环境。

报告发表、国家目标确立后，州和学区实施了大量的改革措施。这些改革措施包括提高教师工资待遇；修改教师证书要求和教师教育项目；减轻教师负担；设立自然科学、数学和语言核心课程；强制性考试；提供公立教育方面更多的选择；提高家长和教师在地方学校管理上的参与程度。

这些改革措施能达到的效果还不确定。有些人认为，由于美国制度上的惯性，改革可能改变不了学校教育的内核。还有一些人断言，学校教育结果的平庸与学校内部的事情无关。他们认为，许多体制因素和社会其他方面的特性才是造成平庸的原因。他们因而得出结论，现在的改革措施仅仅把目光关注在学校和教室，几乎没有成功的可能性。当前的资料表明，美国学生成绩没有再继续下滑，但也没有出现实质性的改善。

失业和经济衰退使得美国劳动力的经济竞争能力问题成为一个非常重要的政治话题。现在，由于美国的许多部门相信学校改革是重振劳动力素质(通过劳动力素质的提高重振经济)的关键所在,越来越多的私人团体(包括商业)可能会加入教育政策的讨论中。与此同时,因为同样的原因,整个20世纪90年代,联邦、州和地方当局可望进行大量的教育改革试验。

G. A. 瓦尔韦德(G. A. Valverde) 著
唐晓茹 译

附录

Bowles S, Gintis H 1976 *Schooling in Capitalist America: Educational Reform and the Contradictions of Economic Life*. Basic Books. New York

Cremin A 1988 *American Education: The Metropolitan Experience, 1876—1980*. Harper and Row, New York

Dacdalus – Journal of the American Academy of Arts and Sciences, Vol. 110, No. 3, 1981 America's Schools: Public and Private (special issue)

Kozol J 1985 *Illiterate America*. New American Library, New York

National Academy of Education 1991 *Research and the Renewal of Education*. A Report from the National Academy of Education, Stanford, California

National Association of State Directors of Teacher Education and Certification 1991 *Manual on Certification and Preparation of Educational Personnel in the United States*. Kendall/Hunt, Dubuque, Iowa

National Center for Education Statistics 1990 *Projections of Education Statistics to 2001: An Update*. US Government Printing Office, Washington, DC

National Commission for Excellence in Education 1984 *A Nation at Risk: The Full Account*. USA Research, Cambridge, Massachusetts

National Governors' Association Center for Policy Research and Analysis 1991 *Time for Results: The Governors' 1991 Report on Education*. National Governors' Association, Washington, DC

Tyack D B 1974 *The One Best System: A History of American Urban Education*. Harvard University Press. Cambridge, Massachusetts

US Bureau of the Census 1991 *Statistical Abstract of the United States: 1991*. US Government Printing Office, Washington, DC

乌拉圭的教育制度(Uruguay: System of Education)

1. 基本背景

乌拉圭共和国位于南美洲大陆的东部沿海,领土总面积为176 215平方公里。乌拉圭与巴西和阿根廷接壤,东临大西洋。其300万人口中的87%居住在城市地区,而几乎一半的人则居住在首府城市蒙特维多。乌拉圭国家不大,人口的集中居住都为教育资源的分配提供了有利的条件,使得该国在拉丁美洲国家中享有较高的识字读写率(95%)。

从种族上来说,乌拉圭国民基本上是西班牙人或意大利人的后裔,少数人口为欧洲、意大利、非洲人通婚结合的后代。社会和文化传统主要受西班牙的影响,国家通用语言也为西班牙语。乌拉圭主要的宗教是罗马天主教。人口的增长率比较低,这是20世纪70年代大量乌拉圭人移民至其他国家引起的。乌拉圭总人口中的16%年龄在60岁以上,31%年龄在18岁以下。

尽管乌拉圭识字读写率在拉丁美洲国家中是最高的,但农村地区以及社会低层人口的文盲率还是比较高,而且学生的留级率也比较高(12.9%),同时学生的辍学率也很高(15%)。

1990年乌拉圭的劳动力占全国总人口的50%。在城市地区的劳动力中,3.9%的人从事第一产业的工作,28.4%的人在第二产业领域工作,65.3%的人在第三产业工作。乌拉圭主要的产业是肉类加工和包装,肉类也是乌拉圭主要的出口产品,水电资源也日渐成为乌拉圭的出口产品。

乌拉圭于1830年成为一个独立的国家,并成立了民主政府。然而,从1973年至1985年,乌拉圭国内开始了军事独裁,导致了经济状况的严重滑坡。自从1985年以来,乌拉圭通过选举产生了民主政府,并采取各种措施恢复国家的经济发展。

2. 教育政策与目标

乌拉圭的民主政府组织非常关注教育的发展，培养国民的个性发展，并使他们成为富有责任心的国民，掌握足够的在民主社会生活所需要的知识和技能。为了使教育在国家和社会发展中发挥更重要的作用，政府正采取各种措施，对各级各类教育产生一定的影响。各级教育发展的主要目标是提高教育的质量。政府也将进一步将教育管理分权化，从而提高教育管理的质量。乌拉圭在教育方面的更深远目标是改革课程，使课程与20世纪90年代乌拉圭社会生活和发展联系得更为紧密。最后乌拉圭还将设置一种补充教育机制。

3. 正规教育体系

3.1 初等、中等和第三级教育

图1表明了乌拉圭教育体系的结构和入学情况。乌拉圭的公共教育是非宗教的，从幼儿园至大学都是免费的。义务教育从1年级一直延续到9年级，儿童在6岁的时候进入学校学习。乌拉圭的初等教育学校包括6个年级。在城市地区，初等学校的每天教学时间为4个小时（也就是说，每周20个小时），每学年共有180个学日。一些私立学校为学生提供更多的课程，因此，这些学校每个学日的教学时间也要稍微长一点。在农村地区，学生每周在学校学习25个小时，教师尽力将课程与学校所在的环境联系起来。初等学校的教学是协同教学，会有一名教师负责所有科目的学科。在少数的农村学校，整所学校只有一名教师负责1～6年级的教学。

1990年乌拉圭81%的初等学校学生在国家公共学校学习，其余的则在私立学校就读。在国家公共学校学习的学生中，有10%的学生在农村地区。初等教育学校中共有教师12 895人，生师比例为27:1。

初级中等学校——是乌拉圭教育的“基本级别”——学制3年。各个不同的年级每周教学时间从32个学时到36个学时不等，每个学年共有180个学日。初级中等学校提供的是普通教育，但也提供一些职业教育课程。初级中等学校的录取

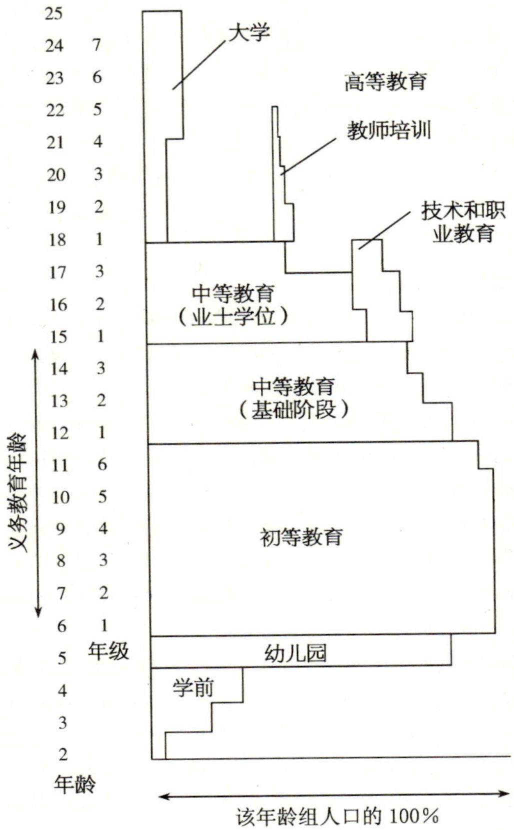

图1 乌拉圭：正规教育体系的结构

学生在1945年至1965年间增长了4倍，从1982年至1989年间增长了25.6%。这个级别教育中有17%的学生就读于私立学校。从图1中可以看出，每个年级都会有一定数量的学生辍学。学生在完成初级中等教育的学习后，可以进入为期3年的高级中等教育学校（大学预科性质）或者技术专业学校学习。乌拉圭的高级中等教育学校主要为劳动力市场和高等教育培养学生。大学预科学校一般提供几种相同的课程。乌拉圭的高级中等学校将学生分流为学术学习和多样化教育，从1982年至1989年分流的学生人数增长了57%。全国有15%的学术学习学生在私立学校就读。

乌拉圭的高等教育包括大学和教师培训学院。

高等教育的修业年限从4年至7年不等。高等教育的入学需要学生完成高级中等教育学校的学习或者技术教育。学生进入大学无须进行入学考试。乌拉圭有2所大学:共和国大学和乌拉圭天主教大学。1990年天主教大学的2个学院共录取983名学生,而共和国大学的12个学院则共录取学生6万名。

3.2 学前教育

1990年乌拉圭共有65 800名儿童进入幼儿园和学前班学习,其中有1/3在私立机构学习。在多数情况下,3~5岁的儿童可以进入幼儿园和学前班。在一些实验中,2岁的儿童也可以接受学前教育。一些学前班附属于初等教育学校。

乌拉圭的幼儿园提供典型的学前课程,但它们也为贫困家庭的儿童提供帮助(补偿教育的一种类型),使他们的母亲能够在工作的时候找到地方托人照顾自己的孩子。乌拉圭一些幼儿园每周开放40个小时,其他一些幼儿园则每周开放20个小时。1990年学前教育学校共有1 479名教师,占初等教师总数的11%。

3.3 特殊教育

1990年,乌拉圭共有9 000名学生在为身体和心智方面存在障碍的儿童提供教育的学校中学习。对于14岁以下的儿童来说,乌拉圭有与幼儿园和初等学校平行的特殊学校。这些学校一般是双班制。每周开放30~45小时(周一至周五)。这些学校也采取各种措施,使学生能提早康复,进入普通学校学习。特殊学校提供的课程包括基本技能的学习,在高级水平,还提供职业培训工作室的教育。特殊学校的教师接受过为特殊儿童提供教育的培训。

乌拉圭还为13岁以上的智力障碍儿童开设提供特殊教育的学校,这些学校也被称为“职业恢复工作室学校”。这些学校为培养特殊儿童进入劳动力市场工作提供基本的课程。在一些情况下,特殊教育学校的学生可以进入中等技术学校学习,这些学校也为在身体和心智上存在障碍的儿童提供特殊课程,同时也为社会边缘群体(如监狱犯人、老年人和处在危险中的儿童)提供课程。特殊教育项目建立在对每个儿童的评估的基础上开展,乌拉圭技术教育理事会为特殊教育提供教师。

3.4 技术、职业教育和商业教育

乌拉圭初级中等教育和高级中等教育中技术一专业教育的目标包括为学生提供知识,使他们能够根据自己的性向、技能和意愿进行职业选择。

在公共教育国家行政系统管理下的乌拉圭国家职业定向体制对职业、技术和商业教育负责,该体制主要致力于教师和技术培训,以及为学生开发各种可供他们选择的课程。国家职业性向体制还建立了一个网络,使教师能够分配到国家的各个不同地区。

3.5 成人和非正规教育

乌拉圭的成人和非正规教育主要为文盲以及没有完成初等教育的人提供课程,使他们能够继续他们的学业或者为他们进入劳动力市场做好准备。通常是工人下班后进入这些学校学习。乌拉圭非正规教育中有一些成人教育机构,如属于教育和文化部的劳动资格认证委员会(CECAP),主要以从正规教育系统辍学的年轻人(14~24岁)为对象;职业认证委员会(COCAP)为18岁以上的成人提供职业专业教育。其他组织(公共和私立)——也为工人提供培训课程以提高他们的知识和专业技能。乌拉圭一些企业也通常为职工和雇员提供一些培训课程,提高他们的工作技能并获得高水平的教育。

4. 行政管理的结构与运行

乌拉圭教育部负责为教育提供总体指导。教育协调委员会主要负责协调各个级别的公共教育,包括大学层次的教育。国家教育行政机构是一个独立的组织,负责对教育进行日常行政管理。国家教育行政机构包括中央理事会(中央指导理事会)以及初等教育、中等教育和技术教育的理事会。此外还有一些地方办公室,负责教育的地方行政管理和对学校的监管。学校校长和督导对教师进行监管。每一个理事会都有自己的督导。

5. 教育财政

自从20世纪60年代以来,乌拉圭国家预算和国民生产总值中对教育的拨款有所下降。1991

年，对教育的拨款约占整个国家预算的 2%。在 1990 年至 1995 年期间，教育预算预计占整个国民生产总值的 2.91%。1990 年，教育预算占国家整个预算的比例上升到 17.7%。只有 8% 的教育预算被拨款至基本开支，其余的则被用于经常性开支。教育预算中的 35% 用于初等教育，28% 用于中等教育和技术教育，23% 用于大学教育，而另外的 14% 用于教育行政和其他事务。

乌拉圭每个学生的教育费用在 1973 年至 1987 年间（初等教育）下降了 10%、（中等教育）14%、（技术教育）33%、（大学）30%。政府在教育花费上的最低年度为 1984 年，然而在教育的最初三个阶段在 1984 ~ 1987 年间的增长分别为 32%、22% 和 36%，大学教育阶段则为 50%。

6. 师资

乌拉圭大约共有 46 500 名教师，其中有 1.7 万名教师在基本教育从教，15 500 名教师在中等教育工作，7 500 名教师在技术教育领域工作，而 6 500 名教师在高等教育领域从教。

乌拉圭全国共有 22 所教师培训机构，培养初等、中等和技术教育教师。教师培训学院提供 4 年制的课程，课程涉及学科内容和教学方法。1990 年约有 2 000 名学生被培养初等教师的学校录取，4 000 名学生被培养中等教师的学校录取，而技术教师培训学校则录取了 200 名学生。在 1972 年至 1989 年间，初等教师培训学院录取的学生人数下降了 55%。学生要进入教师培训学校学习，他们必须完成高级中等教育学校或者技术教育的学习。所有教师培训学校的学生都必须学习他们以后必须教的学科的基本课程，学生还必须在他们要工作的小学校进行实习教学。在学习期间，在一定的时间要对学生进行评估。

教师硕士水平的继续教育可以在高级地方学院进行，这些学院还为学校校长、教育官员和督导人员提供培训课程。

乌拉圭考试的竞争激烈性仍然存在，教师必须通过这些考试获得一定的资格。教师在这些考试中的成绩以及教师的经验和评估将成为决定教师级别的主要因素。

乌拉圭的经济和社会因素导致了教师职业失去了吸引力，教师培训学院，尤其是初等教师培训学院的招生人数在 1970 年至 1990 年间有所下降。乌拉圭初等教育和初级中等教育以及中等教育某些学科教师缺乏。乌拉圭也采取了一些措施为教师提供一定的住房，使教师能够在两所学校进行教学，每周每个教师能够最多工作 40 个小时。

7. 课程开发与教学方法

乌拉圭每个种类的学校都有自己的教学大纲。初等教育学校有两种类型的教学大纲——一种是城市学校的教学大纲，另一种是农村地区的教学大纲。1980 年乌拉圭对城市学校的教学大纲进行了修改，1987 年则对农村地区的教学大纲进行修改。城市学校开设的课程包括：母语、数学、地理、历史、道德和民事教育、科学、艺术、音乐、舞蹈、节奏韵律和体育。农村地区的教学大纲和城市学校的基本相同，尤其是母语和数学教育，但农村地区的教学大纲更注重于农村生活的实际运用教学。国家公共和私立学校基本使用相同的教学大纲。学校可以使用不同的教学大纲，但学生必须通过一项国家考试，从而进入中等学校。

自从 1987 年以来，中等学校也有独立的城市和农村教学大纲。教学教育每一个特殊的科目都有独立的教学大纲。这些教学大纲由学科专家和教师组成的委员会制定，对这些大纲会定期进行修改，1991 年对教学大纲进行了一定的修改。

乌拉圭对于教科书和教学材料没有制定特殊的政策。总的来说，它们是由私人企业生产的，这些私人企业和课程专家和教师共同开发。在一些情况下，这些教科书得到督导和各个理事会的认可。

乌拉圭实施的一些独创性措施值得我们注意。乌拉圭在初等学校就进行实验，将英语作为外语进行教学。英语和法语是初级中等学校的选修课，而高级中等教育学校的语言选修课除英语和法语外，还增加了意大利语。在与阿根廷、巴西和巴拉圭等国的合作中，将葡萄牙语作为外语引进教育系统将成为可能。

在课程中增加生态内容被乌拉圭认为非常重

要,尤其是在学生的价值和态度发展领域。要在教育中开展独立学习方法将要求更多的教育资源。

8. 考试、升级与证书制度

乌拉圭学生在初等学校中从一个年级升入下一个年级要求教师对他们的评估达到"好",出勤率要达到 80% 以上。在结束初等教育的学习后,学生获得一个证书以证明该学生令人满意地完成了初等教育学校的学习。没有得到初等教育证书的学生不能进入初级中等教育学校学习。对于那些没有获得初等学校毕业证书的成人来说,他们可以通过一次特殊的考试获得这个证书,在考试过程中他们可以得到教师的帮助。在中等教育的学术教育学校和技术学校中,学生的升级主要通过教师群体对学生进行的评估进行。教师对学生的评估在一年中要进行 3 次,评估的尺度在学生的学术成就上主要用打分来表示,打分范围从 1 分至 12 分,同时,教师的评估也要考虑学生的行为表现和个性特征。学生要想升入下一个年级,他们的评估分数必须达到 6 分,同时出勤率要达到 80%。在高等教育的某些学科中,每年都要进行期末考试,学生是否升级主要以学科考试成绩为依据。

9. 教育评价、评估和教育研究

在 20 世纪 60 年代初,乌拉圭开始进行教育计划,以前用来诊断教育系统的指标仍然在使用中。然而需要注意的是,在 1965 年到 1985 年之间,乌拉圭没有对教育进行评估、评价或研究。从 1985 年开始,开始对全国范围内的教育进行研究,尤其是对初等教育和初级中等教育。一些研究和咨询机构,包括拉美及加勒比地区经济委员会(CEPAL)在内,开展了一系列研究,研究结果被教育改革所参考和采用。比如,成立了一些执行特殊作息表(一个学日教学时间为 8 小时)、使用各种社会教育资源的初等教育学校,从而提高初等教育学校的效率;另一个措施是为来自城市不发达地区的儿童提供特别关注的技术支持。教师们也接受有关提供补偿教育的培训。自从 1991 年以来,乌拉圭在暑假期间开发了一个特殊计划,为需要教育的儿童提供补偿教育,包括体育、游戏、艺术,该计划同时也为学生提供膳食服务。

10. 20 世纪八九十年代的主要改革

在 1985 年以前的 20 世纪 80 年代初期,乌拉圭没有进行教育改革。但从 1985 年开始,随着一项对教育制度建设的法律产生,乌拉圭开始重新建构教育制度,包括阶层化和分权化的教育行政以及每种类型学校的目标。

1986 年和 1987 年乌拉圭对教学大纲进行了修改。1985 年制定了教师教育的新课程,此外,私立天主教大学被正式组织起来。

在 20 世纪 80 年代末和 90 年代初,乌拉圭的大学引进了新的课程,同时也采取特殊的措施帮助学前学校和初等教学学校的发展。

11. 2000 年面临的主要问题

进入中等教育学校的学生人数增多,因此教学材料和人力资源必须满足这一逐渐增大的学生群体。提高教育质量,使教育能满足学生人数增多的需求,和为国内的劳动力市场提供合格的劳动力是乌拉圭教育面临的三个主要挑战。政府要采取措施降低学生的辍学率。学前教育的规模要进一步扩大,同时要为处在危险中的儿童提供特殊的项目,使他们能够发展特殊的手艺与能力。要提高教育的标准,而这些最终要依靠教育预算的增加。最后,随着区域间合作的加强,乌拉圭要对自己的政策进行调整,以符合区域对教育的共同政策要求。

M. T. 萨尔维奥·帕斯(M. T. Salvo Payssé)
R. E. 克鲁兹·卡登斯(R. E. Cruz Cárdenas) 著
缪 胤 译

附录

Anuario Estadístico de Educación 1990 *Dirección de Educación del Ministerio de Educación y Cultura de la República Oriental del Uruguay*. Ministerio de Educación Monteviedo

Government of Uruguay (annual) *Anuario Estadístico de la Dirección General de Estadística y Censas-1986 a 1990*. Government of Uruguay, Montevideo

Gran Atlas SPES 1979 *Universal y de la República*

Oriental del Uruguay. Bioliograf, Barcelona
Informe del Sistema Educativo Uruguayo 1990 *Elaborado en la Dirección de Educación del Ministerio de Educación y Cultura de la ROU 1990—1991*. Ministerio de Educación, Montevideo

委内瑞拉的教育制度(Venezuela: System of Education)

1. 基本背景

委内瑞拉位于南美北部,其国土总面积为91.2万平方公里。1811年,在西蒙·玻利瓦尔的领导下,委内瑞拉和其他四个南美共和国宣布从西班牙的统治下独立。

长时间来,教育一直是委内瑞拉政府政策上优先考虑的重点。在建国时,西蒙·玻利瓦尔常常提及教育的重要性,"我们最需要的是道德和启蒙",这是他的一句名言。1870年,古兹曼·布兰科(Guzman Blanco)总统通过法律确立了免费初等义务教育。

石油工业对现今委内瑞拉的经济政治格局影响巨大。1958年,民主制度得以巩固。石油收入造就了中间阶层的形成和教育,健康和社会改革方案的扩张,激起了大众对建立民主制度的热望。石油收入也造就了一个庞大的政府官僚机构和经济的畸形发展,这几乎抵消了其他相对优势资源。

1930~1958年间,委内瑞拉经济从主要建立在农产品出口上,转向建立在进口替代政策基础上的产业经济。在此期间,人口快速城市化。1989年,国内生产总值中只有6%来自农业,有46%来自工业(其中40%来自非制造业活动),有48%来自服务业。

人口从1945年的420万增长到1989年的1 900万。1989年,85%的人口住在城市,21%的人口住在首都加拉加斯。而在1945年,只有35%的人口住在城市。1980年到1989间,人口以每年2.8%的速度增长,和1965年到1980年间3.5%的增长率相比已有所下降。

委内瑞拉的人口主要由三类群体组成:本国各部落的原住居民,殖民时期作为奴隶被带来的黑人和西班牙殖民者。最近,委内瑞拉经济快速增长,在不同时期政府政策都保持着清楚明晰,这些吸引了来自世界各地的移民。西班牙语是其主要语言。

1989年的人均国民生产总值为2 450美元。在1987年,20%的人口掌握着51%的家庭收入,10%的人口掌握着34%的家庭收入。然而,40%的人口却仅靠14%的家庭收入生活。政府统计数据显示,1989年,有22%的人口极度贫穷,有31%的人口生活在严重贫困中。

20世纪80年代委内瑞拉经历着持续增长的外债危机。危机导致了80年代末大规模的经济改革。公债和公共担保的长期债务从1970年的7.18亿美元增长到1989年的253.39亿美元。1989年,委内瑞拉总的外债为331.44亿美元。

2. 教育政策与目标

从1958年至今,委内瑞拉一直由两大党统治着,它们交替执政,在国会中和其余小党派共享权力。1958年至今共有7位宪法承认的总统,其中5位来自社会民主党,2位来自基督教民主党。

执政的两大党和在国会中有席位的其余党派都清楚地表明,教育是其优先考虑的重点。两大党都视教育为委内瑞拉民主化工程的重要组成部分,在教育政策上,两大党无明显差异。

随着新民主制度的到来,1960年通过了一部新宪法。这部宪法宣称,所有的委内瑞拉公民都享有受教育权;向公民开放学校和教育服务,确保免费教育,这是政府的职责。20世纪80年代,国会通过了一部新的《教育法》,将6年基础教育延至9年。

1958年民主制度的到来使得各级教育均有所发展。在民主制度建立前,小学入学率每年增长7%。民主政权建立后的几年,小学入学率以每年超过20%的速度增长。这期间,中等教育的入学率也翻了一番。在独裁统治的最后一年,大学入学率增长了12%,而在民主制度建立的头年增长了60%。在随后的30年中,初、中等教育平均每年以4%的速度增长,高等教育平均每年以11%的速度增长。

1960年以后,各级教育的入学人数增长显著。然而,从1970~1990年,入学人数的增长集中在高等教育。1972年,小学的净入学率为83%,1989年增长到85%,但同一时期,高等教育的净入学率从11%增长到25%。

教育管理由各政党和派系控制,这样,每次政府换届,有时甚至同一政府内部长的改换,都会导致教育管理的不连续性。教育部门作为国家雇佣人员最多的行业,已成为权利和政治交易的首要目标。在公共教育系统内的任命和晋升中,能力和专业素质常常不敌拥有良好的政治关系。

3. 正规教育体系

3.1 初等教育、中等教育和第三级教育

各级公共教育都是免费的,9年级以前的公共教育属于义务性质的。图1和表1、表2显示了正规教育体系中的基本数据。1980年以前,正规教育系统包括6年的初等教育和5年的中等教育。而后国会(教育部1980)通过了一部新的《教育法》,该法确立了下列教育等级:学前教育,基础教育,中等教育和高等教育。该法还详细说明了下列教育类别:特殊教育、艺术教育、军事教育、宗教人员的教育和成人教育。

1980年教育法规定,基础教育必须包括前初级水平(1~6年级)和初中(7~9年级),将6年基础教育延至9年。如下面所论述的,这次教育改革中有很大一部分并未得以实施。官方规定基础教育每学年有180天,1 500小时的指导时间。然而实际上大多数学校的教学时间几乎都没有超过每天5~6小时,教师经常罢工,这缩短了学年的实际长度。

1990年,委内瑞拉基础教育阶段的9个年级中有3 871 040名学生,其中14%的学生上私立学校;高中有279 742名学生入学,上私立学校的占24%;高等教育机构中有528 473名学生,上私立机构的占27%。

基础教育阶段的公立学校受控于四类权力机关:国家的、州立的、市立的和自治的。1990年,基础教育的入学人数分配如下:67%的学生到国立学校,29%的学生到州立学校,4%的学校到市立学校和自治学校。

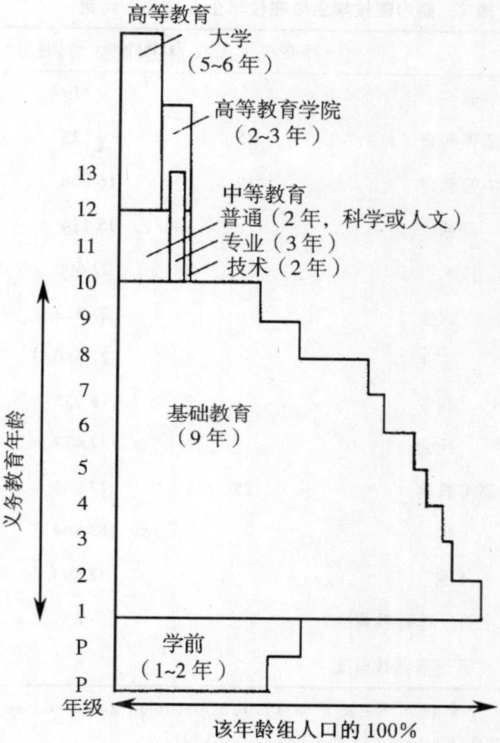

图1 委内瑞拉:正规教育体系的结构

表1 委内瑞拉1990年在校学生人数

	基础	中等	大学	其他
公共教育机构				
学生人数	3 339 173	211 375	332 091	54 547
教师人数	151 152	22 647	25 295	5 046
学校数量	13 270	763	16	36
生师比	22	9	13	11
学生一学校比	252	277	20 756	1 515
私立教育机构				
学生人数	531 876	68 367	59 654	82 181
教师人数	29 111	9 531	3 629	5 519
学校数量	1 903	691	13	28
生师比	18	7	16	15
学生一学校比	279	99	4 589	2 935

资料来源:教育部1990

表 2 委内瑞拉学生净在校学生人数和生均费

	净在校生人数	生均费(博利瓦)[a]
学前		9 419
基础教育	85	9 523
中等教育	19	16 666
普通		15 114
技术		22 600
农业		27 512
工业		27 680
商业		18 055
社会		42 477
高等教育	25	77 985
大学		83 864
其他		42 194
中等—基础教育比		2
高等—基础教育比		8

资料来源:教育部 1990, Schiefelbein and Heikkinen 1991, Fizsbein and Psacharopoulos 1991

a 1991 年 60 博利瓦 = 1 美元

1990 年,基础教育中有 171 431 名教师,其中 17% 在私立学校教书。在公立学校的教师中,71% 在国立学校,26% 在州立学校,4% 在市立学校和自治学校。

1990 年有 15 173 所学校,这些学校里面有基础教育的所有阶段或部分阶段(一些学校以轮流的方式共用相同的建筑;据估计,学校建筑数量为 12 500 所)。

1990 年,6 ~ 14 岁的儿童中有 85% 入学。虽然大部分(95%)孩子上了小学,有许多留级最后辍学的。据估计,1989 年基础教育阶段的全体学生中有 30% 留了一级。在基础教育阶段招收的所有学生中,只有 46% 的学生能从 9 年级毕业,其中有 50% 的学生是在留级三次或三次以上才毕业的。

来自贫困家庭的学生和住在农村地区的学生入学以及留在学校中都很困难。这些权利的差异说明国家未能提供平等的教育机会,这是因为穷人,特别是农村地区的穷人与中间阶层相比,他们得到的教育服务质量低下。城市地区的学校每年级有一个教师,而在乡村学校一个教师经常要教几个年级。城市地区教师的受教育水平和教育资源的监督配置均好于农村地区。

基础教育的低效反映在学生学习效果的低水平上。1990 年,教育部组织了一场基础科目的考试,检测对象为 4 782 名抽样选出的刚升入 6 年级的学生。检测结果(教育部 1991)显示出学生成绩差,住在城市地区和上私立学校的学生成绩相对好一些。只有 23% 的学生能够正确回答涉及加减的基本算术运用题的多项选择。

1990 年,中等教育 279 742 名学生中有 24% 上私立学校。私立中等教育的入学人数是私立教育中增长最快的,从 1980 年至今,每年以 1.8% 的速度增长。公立机构的学生中大约有 99% 在国立学校。1990 年,中等教育中有 30 447 名教师,其中 31% 的教师在私立学校。

中等教育分三类,在 1980 年教育改革前,它们更多的是作为正规教育系统的一部分存在。改革前,中等教育分为两段:基础的和多样的(初中和高中)。多样教育分三类:科学、人类学和专业。前两类教育为学生在大学阶段的继续学习作准备;第三类为学生参加工作作准备,这一类教育也授予高中文凭。但是,从理论上来说,多样教育阶段的这三类分支都使学生能继续更高一级的学习。除了多样教育阶段,还有几类技术项目。

当前中等教育的三种模式是科学或人类学一个为期 2 年的基础学术项目。1990 年全体学生中有 82% 在此项目中学习。中等技术教育有两种选择:一个为期 3 年的项目,将基础学术项目和农业、艺术、商业、工业或社会工作的专业化结合,1990 年全体学生中有 13% 在此项目中学习;还有一个为期 2 年的职业项目,包括农业、艺术、商业、工业、社会工作和各类技术职业。1990 年全体中学生中有大约 5% 参加这类项目,参加此类项目的学生中只有 8% 在私立学校。

虽然理论上中等教育中的学生应在 15 ~ 17 岁

之间,但实际上13岁到超过20岁的学生都有(这反映出在教育系统初级阶段的高留级率)。1990年,所有中学生中只有74%在15~17岁之间。这个年龄段的孩子中只有17%进入中学学习(占16~17岁群体的19%),然而更多的孩子在晚些时候最终能入学。总的中学入学率为23%(如果仅计算16~17岁人口,入学率达到35%)。进入中等教育学习的所有学生中有75%能毕业。

接受中等教育的大部分学生(95%)住在城市地区。在乡村地区很少有学校提供中等教育。15~19岁之间住在城市地区的学生中有58%入学,然而在乡村地区,仅有36%的女孩和21%的男孩入学。

1984年对中学毕业生进行的一场测试表明学生在中学教育中没学到什么。这次测试还显示了公立学校和私立学校、乡村学校和城市学校的毕业生能力的差异。表3提供了这次测试结果的概要。

委内瑞拉高等教育系统包括下列几类机构:大学、教师培训机构、多科技术学院、技术机构和公立/私立的社区学院。大学教育后能拿到学士学位,达到大学毕业水平。传统上,委内瑞拉的第一级大学学位是关乎各种职业的(法律、工程、医药)、相当专业化的训练,它更像法国的证书,而不是美国的学士学位。高级学习的其他机构提供各种类型的培训,包括长至4~5年的课程,短至2~3年的课程。原本计划各类机构和大学结合,这样,从各类机构毕业的学生随后能完成大学教育。而实际上,由于许多大学拒绝承认在这些机构中所学习的课程,教育系统的这种结合并未得以实现。

从1960年开始,委内瑞拉高等教育系统不断加快发展。这段时期入学率增长了30倍。20世纪初,高等教育系统仅由4所公立大学组成。到1960年增加了1所公立大学、2所私立大学和2所公立教师培训机构。1989年,委内瑞拉高等教育系统包括93个机构:16所公立大学,13所私立大学,36所公立高级学习机构和28所私立高级学习机构。

表3　高中毕业生6门基础学科平均测试成绩(标准1~50)

	科学	数学	化学	物理	生物	语言
公立	5.53	3.93	6.60	10.19	9.06	32.22
私立	11.98	9.76	12.07	16.45	14.14	39.73

资料来源:OPSU-CENAMEC 1986

1990年,高等教育中有528 473名学生,其中74%进入大学学习。在大学学生中,有15%在私立大学。进入大学以外的其他高等教育机构学习的学生中,50%以上在私立机构。

大学和其他高等教育机构中有39 489名教职员工。公立机构中大约65%的教师专职工作,但私立机构中仅有13%的教师专职工作。

1979年开始,中学毕业生通过参加考试进入高等教育系统,表明对学习的几种选择。根据学生的偏好、考试结果和在高中时的成绩,将决定学生升入具体的大学和院系。参加考试的学生中有大约40%能在高等教育系统中继续学习。

在委内瑞拉高等教育系统中,来自中间阶层和上层家庭的学生仍然比例不当。1986年,委内瑞拉有大约68%的工人家庭,然而进入委内瑞拉高等教育系统的学生中仅有36%来自工人家庭。总的来看,委内瑞拉高等教育系统中有70%的学生来自20%收入最高的家庭。

委内瑞拉高等教育系统虽然提供了更多的研究生阶段的教育,但本科教育仍是其主体。然而,高等教育系统效率低下。公立大学的学生中平均仅有26%能在5年或6年内毕业,但在同样的时间里,私立大学中有87%的学生能完成学业。

1974年,政府成立了一个基金会,以资助那些希望继续在国内外本科和研究生阶段学习的学生。到1990年,该基金会已发放了43 910份奖学金(其中51%发放给出国留学的学生)和9 520份学生贷款(其中33%发放给出国留学的学生)。

3.2　学前教育

儿童早期教育有几种类型。其中一种是以社区为基础的扩展性国家项目,强调儿童的照料和营养,由一个基金会和家庭事务部负责。教育部给予理论上的方向指导,增加参加各项目的人数。1989

年，有 570 615 名学生参加这类学前教育项目，其中 17% 在私立学前教育学校。教育部直接管理 80% 的公立学前教育学校，其余的学校由各州和少数市政府管理。

1980 年以来，学前教育在各级教育中发展最快，这段时期入学率增长了 35%。总体上，有 40% 4～5 岁的儿童和 49% 的 5 岁儿童进入学前教育学校。入学的儿童中有 85% 住在城市地区。他们的年龄在 3 岁到 7 岁之间，80% 的儿童 4～5 岁。1990 年，学前教育学校中有 34 450 名教师，其中 18% 在私立学校教书。有 7 566 所进行学前教育的学校附属于小学。

3.3 特殊教育

委内瑞拉有为残疾学生设立的特殊教育项目。由于委内瑞拉没有“主流化”概念，所有的特殊教育项目都在特殊学校进行。1989 年，132 250 名学生在政府部门参加了这类项目。委内瑞拉也有私立机构，但没有可得到的可信数据。

3.4 成人教育和非正规教育

成人教育由国家教育合作协会负责，其资金来源于从应付工资总额中抽取的 2.5% 的税收和教育部的划拨。1990 年，国家教育合作协会开设的课程超过 2.8 万节，培训了 36 万名工人。国家教育合作协会有自己的培训人员，在全国各州协会都有自己的办学设备，培训人员在那里或工厂里面开办课程。受训人员免费上课。国家教育合作协会提供从基础教育到技术课的各类课程。

1989 年，当委内瑞拉总统了解到国家教育合作协会的培训大部分属于过时的、毫无用处，机构里也有管理错误等问题，总统任命了一位来自最大的石油公司人力资源部的高级行政执行官为国家教育合作协会的会长，并授权重组协会。新计划包括在培训的提供、课程设置的合理化和现代化方面，鼓励私人部门更紧密地参与；运用各项调查确认雇员的需要；发展灵活的组合式培训，注重技能的提高而不是证书的取得。

除了国家教育合作协会，还有一些公立或私立机构以夜校的方式向成人提供初级课程和中级课程。夜校在相对较少的时间里教授同样的课程。1989 年，372 963 名学生上了成人教育班。

4. 行政管理的结构与运行

教育部设在首都加拉加斯一座有 20 层楼的建筑内，这个楼层的高度象征着委内瑞拉教育高度集权的程度。在这座大楼里决定着教育计划、研究工作、资金预算、课程设置、教科书的选择、人员安排、行政管理、履历保存以及考试和评价系统的建立，所有国立学校（国立学校学生占基础教育阶段学生总数的 67%，占高中学生总数的 99%）的维修后勤。私立学校也必须教授国家课程，在国家监督系统中登记，受其监控。

在委内瑞拉，很早以前就认识到了这种高度集权的教育系统效率低下，国家几次改革想将权力下放。然而由于当政府换届或改换教育部部长时会造成政策的不连续性，大多数改革实际上失败了。编写本词条的时候，教育部正在进行另一场权力下放的改革，然而还未详细说明权力下放的具体行动和其后果。人们相信，由于国家计划处在帮助实施 1990 年权力下放法，将权力移至各州的州长，权力下放改革成功的可能性多了一些。

学校建设由城市发展部这一政府机构负责管理。学校的维修后勤由教育部基金会和指导处管理。这两个单位应联合工作。

课程由国家统一设置。教育部还根据国家课程选择教科书。

3 541 名国家督导被安排在 23 个国家区域中。每一个国家区域隶属一个微型教育部，在各区学校和教育部之间充当媒介。国家区域没有制定政策的权力，其拥有的行政管理权也受到很多限制。国家区域收集有关数据（数据表交给加拉加斯的教育部），提出候选教师的名单，确定学校设施维修的轻重缓急，准备推荐名单交由教育部研究批准。

市立学校和州立学校由教育秘书管理。每州设立一名教育秘书，他们所属的部门和国家区域结构相似。与国家区域的督导相比，州秘书拥有较大的行政管理权和自由，这是因为州秘书向州长和能促进教育活动的州行政官员负责，并能直接找到他们。例如，州建设秘书咨询州教育秘书后分配维修和建设学校的资源。

国家大学理事会负责管理大学,还负责对所有公立高等教育机构的资金预算进行分配。这个委员会由教育部领导。委员会的所有决定投票表决。自治大学的每位校长有1张投票权,而每所实验大学和私立大学共有3张投票权,教师代表、学生代表、国会、国家科学和发展理事会有另外6张投票权。

5. 教育财政

委内瑞拉不断增加对教育的投资。教育在政府支出中所占的比例从1965年的18%增长到1988年的21%。实际上教育支出在1983年开始下降。教育支出在国民生产总值中所占的比例从1970年的3.3%增长到1988年的4.5%。

公共教育支出的80%由中央政府提供,余下部分由州政府、市政府和自治机构提供。教育部负责管理全部公共教育支出的58%,高等教育机构管理其中的28%,自治机构(如国家图书馆和国家教育合作协会)管理10%。城市发展部和教育部基金会将公共教育支出的6%用于学校建设。

教育部所有支出的1/3用于计划和行政管理上的支持,余下的2/3直接拨给各级教育。1988年,各项支出分配如下:24%用于学前教育和基础教育,5%用于中等教育,36%用于高等教育。由于这组数据没有包括基金会及国家科学和发展理事会,而这两个机构为研究工作和高级学习提供经费,因而对高等教育上的支出估计不足。

中央政府拨款给州政府,向州立学校和市立学校提供资金。教育部向招收贫困学生的私立学校提供补贴。

私立教育的资金来源于付给私立学校的学费,学校收取的学费差别很大。一些天主教堂开办的私立学校面向城市郊区的贫困学生,不收学费(这类学校由政府提供补贴)。私立贵族学校每年收取300美元。公立大学只象征性地收取一些费用。私立大学收取的学费差别很大,高的每年收600美元。公立大学只有3%的收入来自象征性的学费和服务费。其余资金由政府提供。

6. 师资

1990年,学前教育中有24 696名教师,基础教育中有180 263名教师,有32 178名高中教师,39 892名大学教师。还有37 112名职员为教育部工作(包括国家教育合作协会的6 973名职员和教员)。

1980年新教育法提高了对教师培训的要求,要求达到大学水平。结果,使得所有教师培训机构都相应修改他们的计划,并且这些内容被纳入到教育学大学体系中去。总体上,1990年有8 845名教师毕业于公立教育学机构,有199名教师毕业于私立教育学机构(一些公立大学和私立大学教育学院的毕业生也获得了教师资格),这样,有足够的教师数量填补新的职位空缺。

主要的挑战在于提高现有教师的能力,使其能适应根据教育改革制定的新项目。有35 637名基础教育阶段的教师和5 706名公立学校和私立学校中的高中教师没有受过培训。将教师培训要求提高到大学水平导致了另一问题——大学项目更多的是以培训高中教师为目的的,而忽视了基本的教授技能方面的能力,如阅读、写作、算术。委内瑞拉的教育者有这样一个印象,基础教育阶段的低年级儿童没在学习阅读,这个问题越来越严重。教师培训项目仿佛与学校教师遇到的现实毫无关联。例如,一些课程教未来的教师怎样安排课程,然而教师在实践中并没有自己安排课程的自由。

在实施作为1980年教育改革内容的新项目时,缺乏适当的资源和方案对教师进行再培训,这导致了在学校和教室中进行的实际改革实践几乎没有任何成效。

1991年,教育部通过了一部新的教育法案,目的在于通过使晋升机会更透明,少依赖于政治推荐,从而实现教师职业的职业化。

大学教师是从本大学毕业的,他们几乎没有受过任何教学方法上的训练,仅在研究生教育阶段受过少量训练。

7. 课程开发与教学方法

基础教育和中等教育阶段有国家课程。三类学校有三类不同的国家课程:城市学校,乡村学校和为原住人口开办的学校。课程所涉及的范围是相同的,但是所用的实例和练习不一样,目的是为了表现出不同地区的差异。

课程由设在加拉加斯的教育部制定。有一个专门的中心负责制定和改进数学和科学课程。教育部将所有教师必须遵循的课程大纲印制多份，并在审查教科书，决定教科书和国家课程大纲的一致程度后，确认使用哪些教科书（由私人出版社出版）。地方和学校没有权利斟酌课程内容，但教师能在所建议的一些可供选择的活动中进行挑选，以实现具体的课程目标。在课程大纲中没有选修课程。在基础教育和中等教育中要教英语这门外语。一些私立学校还提供其他语言的学习。学习人类学的学生在高中要学法语和拉丁语。

1980 年的改革对课程作了重大改变，试图使其现代化，各学科和各级教育间能更好地结合。然而，由于在 20 世纪 80 年代教育系统经历的财政危机，教育部没有经费将新的课程大纲制成手册发给教师。培训了一些教师，80 年代初分发了一些教师手册，但经费很快用完了，这些项目停止了。很多教师甚至从未见过新的课程大纲手册。90 年代的主要挑战是落实 80 年代的课程改革。需要制定宣传战略使教师了解新的课程大纲，使课程有关资料简单化，将这些资料分发出去并设置培训课程。

8. 考试、升级和证书制度

学年末学生需达到一定的分数才能升到下一年级。学生在整个学年中的表现由每位教师在定期检测中对其进行评定，期末成绩根据学生在全年中的表现来计算。

到 1986 年，在中等教育中，期末成绩占最后总成绩的 60%，其余的 40% 由所有学科的最后考试成绩决定。1986 年教育部取消了最后的考试。

教育系统中一个主要的问题是初等教育阶段学生的高留级率。由于没有统一的标准来评定学生的表现，教师在学生评价方面受到的培训有限，学生升级的机会不仅取决于学生的能力，还取决于教师用以决定学生是否升级的标准。

能否上大学取决于一项综合分数：学生在高中总的表现和他在基础学科考试中的成绩。申请上大学的学生中有大约 40% 能被批准。

9. 教育评价、评估和教育研究

除了大学入学考试，国家和地区都没有评定过学生的表现。教育评价和教育研究属于教育部既少又无足轻重的活动，对政策或项目的发起、终结没有任何影响.

教育部的统计处的日常工作是收集数据，但是这些数据不是决定政策时用作参考的。日常收集的数据包括学年初和学年末每个年龄段和每个年级的入学人数、升级和留级的学生人数以及教师的人数。由这些基本数据计算出一些比率，但这些日常收集到的数据产生不了任何结果。

10. 20 世纪八九十年代的主要改革

1980 年的新教育法是改革教育系统的一个重要尝试。改革后，基础教育阶段应从 6 年延伸至 9 年，教师培训应提高到大学水平，课程应现代化、综合化。

9 年基础教育阶段的课程应分为三阶段，每阶段 3 年：第一阶段（帮助阶段）应使各教学单元之间联系紧密，加强语言和数学的学习，应由同一个教师教授所有课程；第二阶段（巩固阶段）应学习更多不同的学科，每个年级至少应有 6 名教师，应加强价值观教育；第三阶段（独立阶段）应加强科学和工作教育，课程单元应高度区分，每门学科由一名专家担任教师。

然而，实际上由于经济危机影响了教育部门和整个国家，高度政治化的官僚机构效率低下，这些造成了在学校和教室中几乎完全看不到新教育法的影子。

1979 年设立了人类智力发展部，开展了一系列挖掘人类潜能的项目。这些项目中有些是在实验的基础上通过学校实施的，在学校开设一门新的科目，根据多种心理学原理教授创造性思维技能。1984 年初政府换届，人类智力发展部就被撤销了。一些项目被移交到其他的社会部门，但项目资金遭到大幅度削减。作为结果，那些项目中只有很少一部分还在实施。

最近几年，作为缓和由经济改革方案带来的艰难局势的手段，针对学龄儿童的社会项目得以发展。这些项目在教育预算中所占的比例从1988年的5%增长到1991年的25%;这些项目包括向1~6年级的学生提供食品和学校供应系统经费。

政府对教育和劳动世界之间缺乏联系表示关注,并相应采取了一些其他的教育改革措施。为此,总统任命了一个高层委员会负责改革技术教育,积极筹划国家教育合作协会的重组(这点前面已讨论过)。作为鼓励工厂培训工人的手段,允许工厂只交60%的税,少交的部分用于培训活动。

基金会有段时期经费来源减少,但最近几年,基金会多开展了一些活动。这一次,基金会重视学生贷款多过奖学金,还强调在任何可能的情况下在委内瑞拉的学习。基金会还开展了一项新的奖学金项目,目的在于发展特殊才能。1991年,415名优秀的高中毕业生得到了奖学金,他们可以选择在任何国家,任何机构进行大学阶段的学习。

实际上,更广泛的政治改革(如分权法和州长名义选举)可能会对教育管理分权有所推动,比起先前失败了的分权尝试,这次提出的教育管理分权的命运可能会好一些。

委内瑞拉政府正在就一项大规模的教育贷款进行协商,其目的是提高基础教育质量,改善学校的物质条件。

11.2000年面临的主要问题

教育系统面临的主要挑战是基础阶段的低效率:学生几乎学不到任何知识,太多学生留级,教师不准备贯彻10前就已重新制定的新课程大纲。另外,那些来自良好社会经济背景的孩子也学到更多的知识,这反映出教育系统没能提供平等的教育机会。

教育系统的扩张使劳动力接受教育的平均年限从1975年的4.6年增长到1989年的7.7年。然而,教育系统没有为所有的毕业生提供得到待遇好的工作所需的技能。人们发现,这个问题将严重制约委内瑞拉开放经济,提高企业国际竞争力的努力。市场对初等教育和中等教育相对短缺的反应是工资的上涨,而这种工资激励又提出了重视初等教育和中等教育的要求。1989年,小学毕业生的收入是没有上过学的工人的两倍,技术高中的毕业生比普通高中的毕业生多挣22%。初等教育的社会回报率为18%,中等普通教育为9%,中等技术教育为11%,高等教育为7%。

经济改革在继续,因而教育管理者和政策制定者面临的挑战是:怎样才能实现低投入高产出。由于各级教育的教师面临着不好的影响,它关乎教育预算的削减对其工资和工作环境造成的实际冲击,因而,教师的士气低落。

另外,在一个高度政治化的系统内,没有制定专业化政策的传统,因而资源制约方面的问题不断增加。这对于教育系统落实改革政策,努力向来自不同社会背景的孩子提供平等的教育机会,构成一个真正的挑战。

F. 赖默斯(F. Reimers) 著
唐晓茹 译

附录

Fizsbein A, Psacharopoulos G 1991 *A Cost Benefit Analysis of Educational Investment in Venezuela, 1989.* World Bank, Human Resources Division, Technical Department, Latin America and the Caribbean Region, Washington, DC

OPSU-CENAMEC 1986 *Diagnóstico del nivel de conocimientos en biología, matemáticas, química, física, ciencias de la tierra, y uso instrumental del lenguaje.* Ministerio de Educación, Caracas

Ministerio de Educación Ley Orgánrca de Educación. Ministerio de Educación, Caracas

Ministerio de Educación 1990 *Memoria y Cuenta. 1990.* Ministerio de Educación, Caracas

Ministerio de Educación 1991 *Evaluación del Nivel de Educación Básica – Primera Fase.* Ministerio de Educación, Caracas

Schiefelbein E, Heikkinen S 1991 Venezuela. Access, repetition and efficiency in primary education. (manuscript) OREALC-UNESCO, Santiago

其他参考文献

Hanson M 1986 *Educational Reform and Administrative Development. The Cases of Colombia and Venezue-*

la. Hoover Institution Press, Stanford, California

Reimers F 1990 *The Feasibility of Introducing Loan Schemes to Finance Higher Education in Latin America. The Case of Venezuela.* World Bank, Latin American and the Caribbean Technical Department, Washington, DC

Reimers F 1991a *Educación para todos en América Latina en el siglo XXI.* Cinterplan, Caracas

Reimers F 1991b The impact of economic stabilization and adjustment on education in Latin America. *Comp. Educ. Rev/.* 35(2):319—353

Rodriguez N 1989 *La Educatión Básica en Venezuela.* Academia Nacional de la Historia, Caracas

Villegas-Reimers E 1992 *An Analysis of Teacher Training in Venezuela.* World Bank Washington, DC

World Bank 1990 *Staff Appraisal Report. Venezuela Social Development Project.* World Bank, Washington, DC

world Band 1991a *Venezuela Poverty Strdy: From Generalized Subsidies to Targeted Programs.* Latin America and the Caribbean Regional Office, Washington, DC

World Bank 1991b *World Development Report 1991.* Oxford University Press, New York

国家“十五”重点出版工程项目

教育大百科全书

各国(地区)教育制度

(下)

[德]T.N.波斯尔斯韦特　主编

李家永　马慧　姚朋　译审

INTERNATIONAL ENCYCLOPEDIA OF EDUCATION

西南师范大学出版社

目　录

·亚洲

阿富汗的教育制度(Afghanistan:System of Education) …… 1
孟加拉国的教育制度(Bangladesh:System of Education) …… 7
不丹的教育制度(Bhutan:System of Education) …… 15
中华人民共和国的教育制度(China,People's Republic of:System of Education) …… 21
中国香港的教育制度(Hong Kong:System of Education) …… 26
印度的教育制度(India:System of Education) …… 34
日本的教育制度(Japan:System of Education) …… 43
朝鲜民主主义人民共和国的教育制度(Korea,Democratic People's Republic of:System of Education) …… 50
韩国的教育制度(Korea,Republic of:System of Education) …… 56
老挝的教育体制(Laos:System of Education) …… 65
中国澳门的教育制度(Macau:System of Education) …… 71
马来西亚的教育制度(Malaysia:System of Education) …… 78
马尔代夫的教育制度(Maldives:System of Education) …… 85
蒙古的教育制度(Mongolia:System of Education) …… 91
缅甸的教育制度(Myanmar:System of Education) …… 101
尼泊尔的教育制度(Nepal:System of Education) …… 109
巴基斯坦的教育制度(Pakistan:System of Education) …… 117
新加坡的教育制度(Singapore:System of Education) …… 123
斯里兰卡的教育制度(Sri Lanka:System of Education) …… 133
泰国的教育制度(Thailand:System of Education) …… 142
越南的教育制度(Vietnam:System of Education) …… 148

·大洋洲和太平洋岛屿地区

美属萨摩亚的教育制度(American Samoa:System of Education) …… 153
澳大利亚的教育制度(Australia:System of Education) …… 162
文莱的教育制度(Brunei Darussalam:System of Education) …… 169
斐济的教育制度(Fiji:System of Education) …… 176
印度尼西亚的教育制度(Indonesia:System of Education) …… 184

基里巴斯的教育制度(Kiribati:System of Education) …… 192
新西兰的教育制度(New Zealand:System of Education) …… 195
巴布亚新几内亚的教育制度(Papua New Guniea:System of Education) …… 203
菲律宾的教育制度(Philippines:System of Education) …… 209
汤加的教育制度(Tonga:System of Education) …… 217
图瓦卢的教育制度(Tuvalu:System of Education) …… 226
瓦努阿图的教育制度(Vanuatu:System of Education) …… 230

· 欧洲

阿尔巴尼亚的教育制度(Albania:System of Education) …… 235
奥地利的教育制度(Austria:System of Education) …… 240
比利时的教育制度(Belgium:System of Education) …… 249
保加利亚的教育制度(Bulgaria:System of Education) …… 255
塞浦路斯的教育制度(Cyprus:System of Education) …… 262
丹麦的教育制度(Denmark:System of Education) …… 269
爱沙尼亚的教育制度(Estonia:System of Education) …… 278
芬兰的教育制度(Finland:System of Education) …… 283
法国的教育制度(France:System of Education) …… 290
德国的教育制度(Germany:System of Education) …… 298
希腊的教育制度(Greece:System of Education) …… 306
匈牙利的教育制度(Hungary:System of Education) …… 315
冰岛的教育制度(Iceland: System of Education) …… 323
爱尔兰的教育制度(Ireland,Republic of:System of Education) …… 329
意大利的教育制度(Italy:System of Education) …… 336
拉托维亚的教育制度(Latvia:System of Education) …… 345
立陶宛的教育制度(Lithuania:System of Education) …… 350
卢森堡的教育制度(Luxembourg:System of Education) …… 357
马耳他的教育制度(Malta:System of Education) …… 364
荷兰的教育制度(Netherlands:System of Education) …… 371
挪威的教育制度(Norway:System of Education) …… 379
波兰的教育制度(Poland:System of Education) …… 386
葡萄牙的教育制度(Portugal:System of Education) …… 394
罗马尼亚的教育制度(Romania:System of Education) …… 401
俄罗斯的教育制度(Russia:System of Education) …… 405
斯洛文尼亚的教育制度(Slovenia:System of Education) …… 414
西班牙的教育制度(Spain:System of Education) …… 421
瑞典的教育制度(Sweden:System of Education) …… 429
瑞士的教育制度(Switzerland:System of Education) …… 437
土耳其的教育制度(Turkey:System of Education) …… 446
英国的教育制度(United Kingdom:System of Education) …… 452

· 中东地区

巴林的教育制度(Bahrain:System of Education) …… 460
伊朗的教育制度(Iran:System of Education) …… 466
以色列的教育制度(Israel:System of Education) …… 470
约旦的教育体制(Jordan:System of Education) …… 476
科威特的教育制度(Kuwait:System of Education) …… 482
黎巴嫩的教育制度(Lebanon:System of Education) …… 489
阿曼的教育制度(Oman:System of Education) …… 497
卡塔尔的教育制度(Qatar:System of Education) …… 502
沙特阿拉伯的教育制度(Saudi Arabia:System of Education) …… 508
叙利亚的教育制度(Syria:System of Education) …… 516
阿拉伯联合酋长国的教育制度(United Arab Emirates:System of Education) …… 525
也门的教育制度(Yemen:System of Education) …… 529

阿富汗的教育制度(Afghanistan: System of Education)

1. 基本背景

阿富汗共和国是亚洲西南部一个多山的内陆国家。该国领土面积为652 225平方公里,与其北部接壤的国家有新近获得独立的塔吉克斯坦、乌兹别克斯坦和土库曼斯坦(这些国家都是苏联的共和国),该国西部与伊朗相邻,东部和南部与巴基斯坦接壤,在阿富汗的东北部则是中华人民共和国。阿富汗分为32个省——204个区和90个分区。全国共有35 500个村庄。该国气候变化相当大,从东部地区处于亚热带气候的南加哈尔省(Nangrahar),到兴都库什山(Hindukush)终年积雪覆盖的萨兰山口(Salang Pass)。温度和降雨量也有很大变化。夏季,阿富汗的气候总体上说是非常炎热干燥的,而山区和高原的降雪则是寒冷冬季的标志。

关于学校的建立,全国不同地区分成寒冷、炎热和极寒几个区。在气候寒冷和炎热的地区,学校每个学年规定为9个月,而在极寒地区则是7个月。由于财政的制约,学校的校舍无法适应夏季和冬季的气候条件。一旦出现极端的天气,学校就不再进行任何教学活动。由于所有的学校都是采用相同的课程设置,因此,学年时间的不同使得完成认可的课程大纲变得困难起来。

根据统计部门的统计数字显示,1990年阿富汗的人口是1 769万,其中包括150万的流浪者。将近1 317万(即81.69%)人生活在农村,295万(即18.31%)人居住在城市。大约有53%的城市居民居住在首都喀布尔。全国人口的51%是男性。该国每年的出生率大约为1.92%,而且农村的人口出生率高于城市地区。

得到官方认可的全国通用语言有两种:普什图语(Pushtu)和达里语(Dari,也就是阿富汗人使用的波斯语)。全国80%以上的人使用其中的一种语言或者两种都用,这两种语言均起源于印欧语系。除此之外,还有20多种其他语言和方言。一直到1978年,学校的教科书和教学材料都是使用这两种官方语言。自1978年的事件之后,小学的教科书和教学材料逐渐开始准备使用另外三种语言:奥兹别奇语(Ozbeki)、土库曼语和布拉奇语(Bluchi)。有必要提一下的是,并不是所有说本族语言的人都居住在一个地区。这里有一个融合的过程。如此一来,一所学校内所使用的教育语言是生活在一个社区里的大部分人所说的那种语言。这造成了一个难题。

1990~1991年,符合条件的劳动力(年龄在15~59岁之间)人数大约为778万,其中79%的人构成了在整个国家中积极发挥作用的劳动力。约有500万人在生产一线工作,82%的人从事农业、畜牧业和林业,8%的人从事贸易活动,5.7%的人从事工业生产,1.65%的人在建筑业工作,2.7%的人在交通运输业和通讯行业工作。在公共服务领域(培训、公共健康、信息和文化、市民服务、政府机构及其他有关机构)工作的人数为894 190人(1990~1991)。如果想要被政府雇用,雇员至少应该持有高等学校的证书。然而,大多数的服务人员和工人都是文盲,为此,政府在机构中设立了增强读写能力和补习的课程。

教育制度中规定,从学前教育一直到高等教育,所有的教育机构都是免费的,由政府进行财政支持。由学校体系出来的大学毕业生很有特色地补充到政府和非政府机构。但是,非政府机构并不参与到对他们的职员进行教育的财政支持的活动中去。

阿富汗共和国是一个伊斯兰教国家,拥有一套建立在阿富汗共和国宪法上的政府议会体系。

2. 教育政策与目标

所有的教育机构都是由国家政府进行计划和管理的。为了在经济、社会、政治和文化领域的不同层次培训出相应的干部和职员,1990年制定的宪法包含了一项条款,其规定如下:

> 阿富汗共和国的全体公民享有免费受教育的权利。为了培养国家干部,在消除文盲、普及均衡教育、使用母语进行教育、履行义务的初等教育、技术教育和职业教育、高等教育人数增长等方面,国

家将采取必要的措施。创建私立教育学院是合法的,允许由私人部门和外国人进行管理。

教育政策和目标执行的责任通知到各个部门:

(a) 教育部负责普通教育(初等、中等和高等教育)、教师培养、伊斯兰教教育(1~14 年级)及读写教育。

(b) 高等职业教育部负责进行具有大学水平的中等技术学校(9~14 年级)、技术学校、职业学校和专业学校的教育。

(c) 劳工和社会事务部负责学前教育(截至1990 年,该项一直为教育部的职责)。

(d) 公共卫生部负责管理医学机构和护理学校(管理医学机构和护理学校的职责于 1981 年由高等职业教育部移交到公共卫生部)。

随着 1904 年现代教育制度的确立,教育的政策和目标在一群专业人员的努力下,已经得到很大发展。同时,在得到更权威人士赞成后,那些还没有得到该国教育者和其他有关人士意见的工作,已经开始得到考虑。不管怎么样,在 1990 年,为了征求全国各地公众的看法,教育的政策与目标由各个地区的专家进行撰写,并在主要的报纸上公布出来。

教育政策的要点如下:

(a) 儿童和青年的全面培养要按照伊斯兰教神圣的宗教原则进行。

(b) 全体公民,不论民族、种族、性别、宗教、社会和经济地位,都享有平等教育的权利。

(c) 国立学校免费教育。

(d) 为缺少父母关爱以及有经济、身体和智力问题的特殊群体提供教育机会。

(e) 小学里进行母语教育。

(f) 关于教育语言,学生有选择的自由。

(g) 全国各地实行统一的教育。

(h) 提供普及的、义务的初等教育。

(i) 提供良好的教育机会,为科学品质奠定坚实的基础。

(j) 根据国家的需要,发展教师培养机构。

(k) 授予教育证书。

(l) 发展伊斯兰教育学校和学院。

(m) 扩充护理学校和幼儿园网络。

(n) 持续进行反对文盲的活动,扩展成人的教育机构和教育网络,开始采取一切可能的行为来消除文盲。

(o) 不断调整教育规划,以适应国家经济发展规划。

3. 正规教育体系

3.1 初等教育、中等教育和第三级教育

教育体系的结构分为以下几种:学前教育(3 年托儿所,3 年幼儿园),普通教育(6 年小学,3 年中学,3 年高中),9~14 年级的技术学校,9~14 年级和 13~14 年级有学前学校和小学教师的教师培养学院,大学水平的高等师范学院。图 1 显示了 1991 年国家教育体系的结构和入学人数的情况。

初等教育是针对 7~12 岁儿童提供的免费义务教育。1990 年,1 年级入学人数为 132 000 人,占整个年龄群的 28%。所有小学入学人数为 70 万人,也占了整个年龄群(7~12 岁)的 26%。女生与男生的比率为 2:1。

所有完成小学教育的学生都可以升入初中。初中毕业生可以继续到更高的中级学校学习。完成了小学、中学学习的学生如果希望进入职业学校

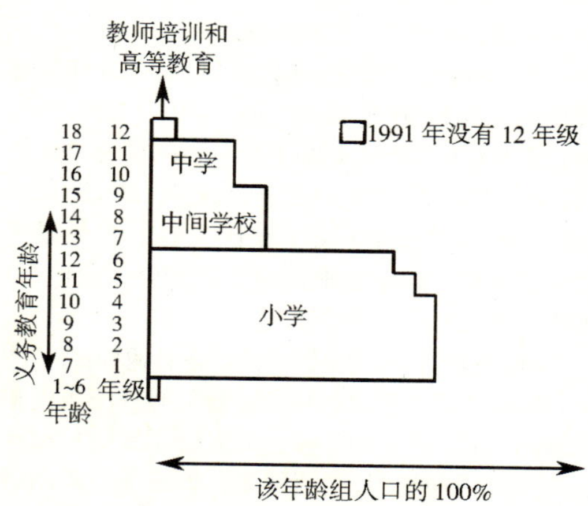

图 1 阿富汗:正规教育体系的结构

或技术学校,就必须参加入学考试。1990 年,在由不同部门进行管理的全国 72 所技术学院、职业学院和专业学院中,总共有学生 16 062 人。

作为一个伊斯兰教国家,阿富汗还有正规的宗教学院。1990 年,全国共有 22 所这种学院,在校学生人数为 9 519 人。宗教学院的目的就是培养具有伊斯兰道德准则和文明的学生,使他们将来成为宗教学校的教师,或者是在法院及其他有关领域内工作的专业人员。在清真寺和一些私人处也培养宗教人员。

1990 年,全国共有 8 所大学,在校的学生总数为 20 881 人。所有的高等和职业教育都是由国家进行财政支持。那些完成了普通学校和职业学校教育的学生,如果希望在学院(13 ~ 14 年级或 13 ~ 15 年级)或大学里继续他们的学业,必须参加入学考试。这是一次全国范围内的考试,由高等职业教育部安排进行。

3.2 学前教育

1990 年,阿富汗全国的托儿所和幼儿园的总数为 282 所,照顾着 21 000 名儿童,占这一年龄群(0 ~ 6 岁)总数的 0.5%。孩子的父母每年只要支付一小笔费用,不会超过 2 美元。

3.3 成人与非正规教育

政府正规的学校、学院和大学也为成人教育提供服务。在国家、首府和各省中心,有专门的夜校(7 ~ 12 年级),这是为那些完成了初等教育或任何一级普通教育,但没有继续学业的人建立的。根据高等教育的准则和规章,这些夜校的毕业生可以进入任何一所高等教育学院继续学习。

在教师培训学院(13 ~ 14 年级)和师范学院(13 ~ 16 年级及 17 ~ 18 年级),进行教师在职培训。尤其鼓励 12 年级毕业的教师参加在职学院,以此来提高他们的教学能力。1990 年,共有 1 217 名学生参加了这样的在职学习课程。喀布尔大学为那些工作而又想继续接受高等教育学习的人建立了 6 所进修夜大(13 ~ 16 年级)。1990 年,在夜大学习的学生有 877 人。

喀布尔大学在不同地区设立了硕士和博士学位,为那些想要完成学业的人提供在职学习的机会。在现有的规章中,允许夜大的学生获得硕士和博士学位。成人的在职培训以学位课程和研讨会(短期和长期)的方式运作,以此来提高他们的技能。在阿富汗共和国,这种工作是由国家和国际机构(UNESCO、UNICEF、WHO、WFO)共同进行财政支持。

在 7 ~ 12 岁之间的 270 万阿富汗儿童中,仅有 70 万人在小学学习,另有 200 万人失学。此外,在 100 个上小学的学生中,只有 65 个人能完成全部 6 年的学习。教育部所属的文化事务局负责提高人们的文化素养,这个提高不仅在 200 万儿童中进行,而且在成人中也要开展。不管实施的可能性如何,该部门都必须提供"补习"教育。

成人文化教育课程的主要目的如下:(a)在全国范围内建立文化课程;(b)将文化课程的内容与目标人群的需求联系起来;(c)制定成人的课程,让他们学会写字、做简单的数学题,向他们灌输与卫生、环境和营养有关的知识;(d)制定良好、更深入的教育计划,使学习者做到对伊斯兰教基础的基本理解;帮助文化课的毕业生向正规和非正规教育迈进。

对走读的学生来说,文化教育的目标是:(a)履行与开展普通教育的学校相同或相符的计划;(b)动员这些儿童进入普通学校。完成了为不在校儿童开设的课程的毕业生的水平与小学 4 年级相同。然后根据年龄,他们有可能进入正规小学的 5 年级学习。

最后,补习教育的目的是:(a)能够包含普通学校一直到 9 年级的教育内容,为学习者提供一些感兴趣的职业技能;(b)制定这些地区的毕业生继续学习 9 年级以上课程的计划;(c)鼓励并推广一直到中级和高等教育的教育网络。

4. 行政管理的结构与运行

普通教育的行政与管理、教师培训与师范学院、正规宗教学院及文化事务都是教育部的职责。教育部下面有各种不同职责的部门,它们负责教育政策和教育目标的执行工作,也就是:行政、规划与国际关系、宗教教育、普通教育、文化教育、体育教育、教师培养、编辑与翻译、师范学院与心理研究、自然中心、人事、审查、教育出版社、教育设计单位。

在每个省,都有一位由教育部任命的主席。他负责该省范围内与教育部有关的所有教育活动。除了教育部的工作外,教育主席还对本省官员负责。在省教育主席的领导下,还有教师培训学院主任、学校校长、文化事务部门主任、监督员、教师和学生。

高等职业教育部的主要结构几乎与教育部一样。全国所有的大学、技术学校、职业学校和专业学校都在高等职业教育部的有力管理下。大学里有校长和各系领导,学院有院长、各个不同系领导和行政部门,每个技术、职业和专业学校都有校长、教师和行政部门。公共健康部管理下的医学院、护理学校和其他职业学校的行政体系,与高等职业教育部所属的大学和职业学校类似。

5. 教育财政

如前所述,教育体制下各个层次的教育都是由国家政府进行财政支持的。要想从那些对各种教育部门负责的不同部门获得财政数据是很困难的一件事。表 1 显示了教育部的财政预算。

6. 师资

1990 年,教育部所雇用的工作人员是 38 723 人,其中,约 60% 为男性;26 726 名教师,11 997 人从事非教学的工作。1991 年,高等职业教育部的工作人员是 6 879 人,其中有 3 554 名男性。在这些人中,仅有 1 100 人是在大学工作的讲师,1 300 人是在技术、职业和专业学校任教的教师。1990 年,有 191 名教师在其他部门的技术和职业学校工作,4 020 名教师和 2 107 人在护理学校和幼儿园的非教师岗位上工作。

教师培训学校、师范学院和不同大学的某些学院都为整个教育体系培养教师。在教育系统内,还有对各种行政人员进行的在职培训,这些都是由政府和国际机构财政支持。教师的职前培训和在职培训在本词条 3. 1 已经陈述过。

7. 课程开发与教学方法

普通教育目标,也就是从 1 ~ 12 年级普通学校体系的每一个学科领域内的普通和专业目标应该由政府批准。普通教育的最后一组目标在 1990 年由政府批准通过。

教育部的编辑和翻译处负责制定每一个科目的课程提纲和课程设置,以符合教育政策和普通目标。根据课程提纲,这个处的不同部门要编写教科书和教师参考书。所有这些都要在书本交付印刷之前由出版委员会批准通过。普通学校里所有班级每周课程的时间设置也都由该处安排。表 2 所示的是 1993 年每个年级的时间设置。中央监督员和省级监督员监管课程设置的执行情况和学校里的指导材料,并提交有关教学进展方面成功或失败的报告。

8. 考试、升级和证书制度

1 ~ 3 年级由教师对学生进行的口头评价,及 4 ~ 12年级教师出题考试,形成了决定学生升级的基础。学生在小学、初中和高中结束的时候,都会获得毕业证书。这些考试以及它们所扮演的角色在本词条 3. 1 已经简要陈述过。

9. 教育评价、评估和教育研究

自 1904 年现代教育制度建立后,教育部还未建立任何一个具有测试、评价和评估职能的具体

表 1 1981 ~ 1990 年教育经费(百万阿富汗元)

年份	1981	1982	1983	1984	1985	1986	1987	1988	1989	1990
普通预算	1 912. 7	1 677. 7	2 238. 5	2 285. 0	2 120. 1	1 941. 7	2 790. 0	3 069. 0	3 375. 0	4 450. 0
发展性预算	26. 0	107. 0	54. 3	200. 7	150. 1	167. 0	577. 3	500. 0	193. 0	220. 0
总计	1 938. 7	1 784. 7	2 292. 8	2 485. 7	2 270. 2	2 108. 8	3 367. 7	3 569. 0	3 568. 0	4 670. 0

表 2　1993 年普通学校的教育规划和各级教育周课时表

课程科目	年级											
	初等(1～6)						中间(7～9)			中等(10～12)		
	Ⅰ	Ⅱ	Ⅲ	Ⅳ	Ⅴ	Ⅵ	Ⅶ	Ⅷ	Ⅸ	Ⅹ	Ⅺ	Ⅻ
古兰经	4	4	4	3	3	3	2	2	2	2	2	2
神学和法学	3	3	3	3	3	3	3	3	3	3	3	3
圣训(穆罕默德言行录)	–	–	–	–	–	–	2	2	2	2	2	2
阿拉伯语	–	–	–	2	2	2	2	2	2	2	2	2
母语(普什图语或达里语)	9	9	9	7	7	7	5	5	5	3	3	3
第二语言(普什图语或达里语)	–	–	–	3	3	3	3	3	3	2	2	2
书法	1	1	1	1	1	1	–	–	–	–	–	–
外语	–	–	–	–	–	–	3	3	3	2	2	2
数学/代数	5	5	5	5	5	5	3	3	3	3	3	3
几何	–	–	–	–	–	–	2	2	2	2	2	2
三角法	–	–	–	–	–	–	–	–	–	–	1	1
化学	–	–	–	–	–	–	2	2	2	3	3	3
生物	–	–	–	–	–	–	2	2	2	3	3	3
物理	–	–	–	–	–	–	2	2	2	3	3	3
自然和健康	–	–	–	2	2	2	–	–	–	–	–	–
社会学	–	–	–	2	2	2	–	–	–	–	–	–
历史	–	–	–	–	–	–	2	2	2	2	2	2
地理	–	–	–	–	–	–	2	2	2	2	2	2
绘画和实践	1	1	1	1	1	1	–	–	–	–	–	–
体育	1	1	1	1	1	1	1	1	1	1	1	1
修订	–	–	–	–	–	–	–	–	–	–	–	–
周总课时	24	24	24	30	30	30	36	36	36	36	36	36

部门，而这些工作的结果，可以当作制定课程设置的改善、发展、修改和管理资料方面决议的指标。

教育部的规划处收集信息出于以下目的：编辑统计数字，用以在国内普通教育的教育状况（1～12 年级）、教师培训学院、宗教学校和文化活动方面获得准确的资料；用于资料的分析，从而制定短期和长期发展计划；用以编辑规划部和统计部的报告；用以未来几年计划中指标的确定。所有的努力都是为了扩大所收集资料的指标数。

10. 20 世纪八九十年代的主要改革

自 1973 年阿富汗共和国建立后，普通教育的结构从 6－3－3 变成 8－4（8 年初级学校，4 年中级学校）。1978～1990 年间，普通教育的结构又发生了三次变化。1979 年，教育结构变成 4－3－3，1983 年，改成 5－3－3，1990 年，又变成 6－3－3。

倘若合格教师的培养是至关重要的，那么到了20世纪80年代，14所教师培养学校（9～12年级）把他们的培养周期延伸到包括13和14年级在内。1990年，14所教师培养学院中的5所发展成为师范学院，另外新建了3所教师培养学院。合格教师的培养是根据国家的经济和社会发展需求而制定的，因此，在20世纪90年代，不仅有喀布尔大学，而且还有另外5所大学相继建立——其中3所在不同的省。在整个80年代和90年代初，喀布尔大学又创建了6个学院。

11. 2000年面临的主要问题

阿富汗经常发生政治变动，战乱频繁，整个国家处于穷困状态。有多少阿富汗人会返回自己的祖国尚不得而知。尽管国家一片混乱，到处是不安定因素，人们还是竭尽全力为尽可能多的人提供高质量的教育。

2000年的主要计划是增加幼儿园的数量，使所有达到上学年龄的儿童都能入学，消除文盲。1991年，年龄在0～6岁（420万）之间的所有儿童只有0.5%的人进入幼儿园。幼儿园里没有专门的教学楼、设备和其他一些必要设施。必须提供这些设施。

1990年，年龄在7岁的儿童有467 000人，只有28%的人在第一级学习。在7～12岁的儿童中，只有26%的人在学校上学。或者，可以换另外一种方式看这个大问题，那就是指出来，在所有7～18岁（总共450万）的人群中，只有20%的人在学

表3 2000年教育发展规划[a]

	1990	1991	1992	1993	（1993）[b]	1994	1995	2000
普通教育学校的数量	1 400	1 460	1 520	1 600	（2 612）	1 680	1 760	2 260
小学（1～6）	560	600	640	680	（1 300）	720	760	960
中间学校（1～9）	490	505	520	550	（827）	580	610	860
中学（1～12）	350	355	360	360	（485）	380	390	440
在校学生注册人数	846 000	889 000	970 000	1 030 000	（1 754 685）	1 093 000	1 191 000	1 706 000
1年级入学注册人数	147 000	166 000	185 000	205 000	（230 000）	226 000	246 000	391 000
7岁儿童的百分比	40	45	50	55	（63）	60	65	100
教师人数	23 000	24 000	25 000	26 500	（49 662）	28 000	29 900	32 300
文化课程的数量（小时）	18 000	18 200	18 400	18 600	（22 854）	18 800	19 000	20 000
学生人数	324 000	327 000	331 000	334 000	（333 000）	338 000	342 000	360 000
师范学院数量	16	16	16	17	（18）	17	17	19
学生人数	5 000	56 000	64 000	7 000	（7 500）	7 600	8 500	10 000
教师人数	479	500	500	590	（560）	530	540	600
宗教学校数量	21	22	22	23	（120）	24	25	26
学生人数	7 400	7 700	7 800	8 000	（15 700）	8 150	8 300	10 000
教师人数	400	415	420	430	（780）	450	460	500

a 此教育规划制定于1988～1989年。一旦开始实施，其间的数据会有所变化

b 1993年实际的数据来自新伊斯兰国家政府的教育政策（1992年4月）

校学习。

在1978年的事件之后,大量的阿富汗人远离祖国。在1978~1991年间,有2 000多所学校被毁,2 000多名教师被害,另外有1 500人离开祖国或者是从事其他职业。

1990~1991年,全国共有1 401所学校,其中,548所有自己的教学楼,237所是租借的,616所学校没有教学楼。学前教育的逐步增长与学龄儿童的增加,要求有教学楼、设备、教学材料和培训过的教师。这将是主要的问题。

过去正规教育发展缓慢,使得到2000年将会导致文盲数量的增加。1991年,大约有37%的成年男性和9%的成年女性具备一定的文化素养。消除文盲仍将是一个主要问题。表3显示了和其他统计资料一起表示的2000年教育发展规划。

F. 哈克(F. Haq) 著

闫保华 译

附录

Kabul University 1988 *Kabul University During the Last Ten Years* (*1357—1367*) (*1978—1988*) Kabul University. Kabul (in Dari)

Ministry of Education 1991 *Education Policy and Objectives. Structure and Curriculum of the Schools and Educational Institutes*. Ministry of Education. Kabul (in Dari)

Ministry of Education n. d. *National Report from the Republic of Afghanistan*, for International Conferences on Education. Forty-Second Session Geneva (3—8Sept. 1990). Unpublished (in English)

Ministry of Education n. d. *Unpublished Documents* from the Literacy Dept., Teachers Education Dept., Administration Dept., Planning Dept., and Compilation and Translation Dept

Ministry of Education, Department of Planning 1968 *Education in Afghanistan During the Last Fifty Years*. Ministry of Education, Kabul (in English)

Ministry of Education, Department of Planning n. d. *Statistics of Education in the Year 1369* (*1990—1991*). Unpublished (in Dari)

Ministry of Planning, Central Statistics Office 1978 *Statistical Information of Afghanistan* (*1977, 1978*) Ministry of Planning, Kabul (in Dari)

Ministry of Statistics 1991 *Statistical Yearbook*. Ministry of Statistics, Kabul

Mirza Zada A K, Shafi M, Amaj A M 1990 *The History of Education in Afghanistan* (*1978—1988*), Ministry of Education Dept. of Curriculum and Compilation, Educational press, Kabul, (in Dari)

Yusofzia Aziz Ahmand 1978 The development and direction of the materials testing program of Afghanistan's curriculum and textbook project (1973—1976). Unpublished Doctoral Dissertation, Teachers College, Columbia University, New York

孟加拉国的教育制度(Bangladesh: System of Education)

1. 基本背景

孟加拉国的疆域内基本上都是宽广的河流,因此它的境内满是狭窄的巷道,以及夹在它们之间的低洼地,它的143 998平方公里的土地上生活着1亿多人口,而其中13%的人口居住在城市中。1988年,孟加拉国的人均国民生产总值为170美元。在20世纪80年代,城市人口的年平均增长率大约为5.5%。虽然贫穷的状况有所改观,但在1980年,生活在贫困线以下的人口所占总人口的比例仍相当高,差不多1/3的人处于失业状况。农业为61.3%的劳动力提供了就业机会,并且创造的价值占国内生产总值的46%。根据1991年的人口调查,成年人总的识字率为34.6%,其中成年男性和成年女性分别为45%和23.44%。

宪法第17条规定,国家教育政策的基本原则是"建立一个系统的、为大众服务的、面向全体的教育系统,并为所有达到法定年龄的儿童提供免费的教育和义务教育"。同时,通过教育可以培养和激励公民来为社会需要服务,这便是该条款的目的之一,即将教育同社会需要结合起来。而通过立法在规定年限内消除文盲为其目的之二。

2. 教育政策与目标

教育是开发人力的基本需求之一,因为沿袭精英教育,孟加拉的教育发展仅有少量扩展。为了纠正教育系统的不平衡,独立之后,便开始了改变这个系统的尝试。为的是让它对人们更有用和使它与人们更加息息相关。

1974 年,孟加拉公布了一份调查报告,随后,又在 1977 年的另一份临时教育调查报告中建议建立一个以需要为基础、以工作为核心的国家教育系统。1989 年,一项新的、增加了一些调查建议的教育政策也出台了。它们强调了孟加拉教育系统发展计划的显著特征。其中新政策的主要目的总结如下:

(a)对于基础教育,通过有效的初等教育措施,奠定一个有重大意义的扫盲基础,并且使所有公民享受至少 5 年的教育。

(b)为了使新生代有能力迎接他们将要面临的挑战,应该使其具备知识、能力和必要技能。

(c)通过在系统中提供各种各样的进入方式,使教育成为对所有人开放的体系。

(d)使学生具有世界上其他国家人民共有的高尚品德,并将学生改造成实践能力强、有科学头脑和良好社会品德的人。

(e)激励学生们表达他们独特的见解,并创造自由思考的社会风气。

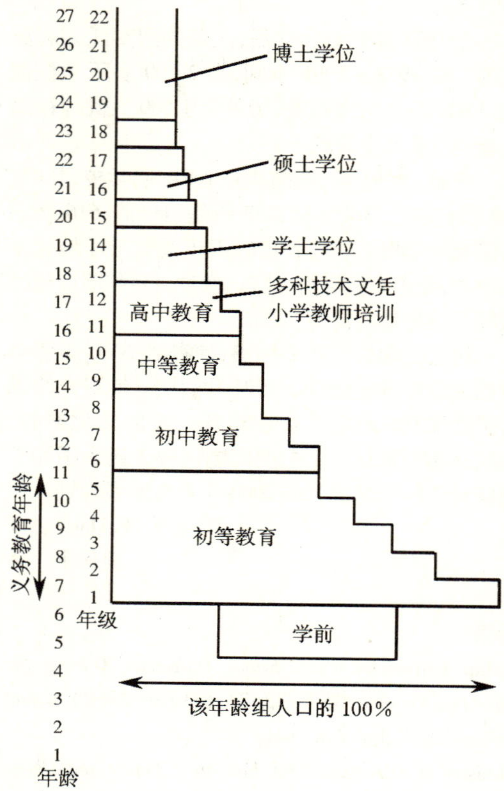

图 1 孟加拉国:正规教育体系的结构

3. 正规教育体系

3.1 *初等教育、中等教育和第三级教育*

孟加拉教育系统的结构构成见图 1。在初等教育阶段,从 1 年级到 5 年级,学制 5 年,学校采用统一课程。新学期开始于 1 月,12 月结束。小学实行轮换制,学生们分为两轮分别学习。6~10 岁的孩子都会接受初等教育。1~2 年级,学生们学习孟加拉语、算术和环境科学(普通科学和社会研究);3 年级之后,作为附加课程,将学习物理、美术、手工、音乐和宗教。英语作为第二语言将于 3 年级开始教授。所有 6~10 岁的儿童都会享受到免费的初等义务教育。

专门为 11~17 岁青少年服务的中等教育被分为三级:初级中等、中等和高级中等。其中初级中等为 3 年,中等与高级中等各 2 年(即一共 7 年)。初级中等学校包括 3 个年级,即 6~8 年级,实行统一课程,包括孟加拉语、数学、英语、普通科学和社会以及宗教。

在 8 年级之前,所有的女孩都可以在位于市区外的学院中享受到免费教育。政府提供了教师和其他职员的 70% 的工资,每个学院都有一个学校管理委员会(SMC)来管理和指导学校。

中等教育由 9 年级和 10 年级组成。大多数的高中都是由私人经营的。虽然大多数的中级学校都实行男女同校制度,但仍有一些“单性”学校。在 9 年级,课程和科目变得多种多样,学生们也主要被分为了两个方向:自然科学和人文科学。

中等教育由总务部长领导的中等和高等教育理事会管理。理事会有5个分局和8个地区分局。地区分局由地区教育官领导。

高级中等教育由11、12年级组成。孟加拉的高级中等教育由中级学院提供。另外还有一些学位学院将11、12年级合并在一起。课程主要有自然、人工、金融、国内经济、农业和音乐。中级学院和学位学院的中级部分不但要提供普通的教学课程,还必须协助地区中级教育委员会完成学术和考试方面的工作。

无论是官办学院还是非官办学院,所有教师或员工都能得到70%工资津贴。一个主管机构负责学院的管理,只有通过中高级资格考试的学生才能接受高等教育。之后,在通过2年及格课程或3年荣誉课程后,就可以在学位学院或大学里获得学士学位。而硕士课程的长短也不同,通过荣誉课程的学士课程为期1年,而及格课程的学士则需要2年。官办或非官办的单位学院都会提供荣誉或硕士学位课程。出于学术上和考试上的目的,学位学院将得到3个附属大学的协助——达卡(Ohaka)大学、里沙什(Rejshahi)大学和奇塔贡(Chittagong)大学。另外,为了举行考试和给予学位学校官方认可,还开办了一所全国性的大学。因此,这样的变化使上述3个附属大学不用对学位负责,从而使其更加专注于学术领域。大学也提供一些哲学硕士和哲学博士研究领域的课程。获得硕士学位后,需要再花2年或至少3年才能获得哲学硕士或哲学博士学位。大多数大学都实行课程考试制度或学期考试制度,总的来说,在最后的考试中,学位被分为甲等、乙等和丙等,它们分别需要确保60分、45分和33分。

伊斯兰学校是教育体系的一个重要组成部分。相对于普通教育来说它是属于教会教育,但并不偏重宗教教育。除了要学习伊斯兰教教义《古兰经》和圣训(穆罕默德言行录)外,课程还包括阿拉伯语、孟加拉语、英语、数学、社会学和自然科学。表1列出了伊斯兰大学教育体系的几个阶段。

除了管理伊斯兰大学教育体系外,官方机构——伊斯兰教育委员会还负责考虑所有课程的形式和其他运作问题。公开的考试由伊斯兰大学教育委员会组织,在奥齐尔(Dhakil)、阿灵(Alim)、发兹尔(Fazil)和卡米尔(Kamil)几个阶段中开展。其考试机制和普通教育机制相同。大约有16 000个伊斯兰学校,其初级教育(也称为Ibtedayee madrasah)包括5个年级,并因为国家要帮助加强初等义务教育而得到发展。同时,跨米式或尼扎米式伊斯兰学校分为1～14年级,每个年级教学计划为1年。年级是以阿拉伯语命名的,最高年级被叫作“多拉”。只要顺利完成了“多拉”课程就能取得毕业证书。另外,在一些跨米伊斯兰学校中还提供2～3年更专业也更深入的课程。这样的伊斯兰大学或学校在孟加拉大概有3 000个,它们中的一些在宗教学习中扮演最重要角色,吸引外国学生来研究和学习宗教。这样一些伊斯兰大学或学校由一个教育委员会的非官方机构主持,其办公地点在达卡的法里达巴德伊斯兰学校综合大楼里。这个委员会将为所有附属伊斯兰大学或学校的各阶段学历制订课程和教学大纲,规定和出版相关书籍并举行考试和颁布证书、学位。大部分的伊斯兰大学或学校实行住宿制。很多情况下还会为学生和老师提供免费住所。

另外也应该提到桑斯奇里特教育和帕里教育,两者一般是作为选修课程包含在一般学校、学院和大学的每个阶段之中的。达卡大学和奇塔贡大学会为上述课程提供荣誉和硕士课程。在传统教育体制下,桑斯奇里特和帕里教育一般只由被称为托勒查土什帕提私人学校管理机构提供。这些机构都从属于在达卡的孟加拉桑斯奇里特和帕里教育教育委员会。一般接受这种教育的大多数为印度教徒和佛教徒。进入上述学校至少需要桑斯奇里特和帕里的中等教育认证,课程一般需要3年,也

表1　孟加拉国伊斯兰学校教育体系

阶段	一般教育体系的等同水平	学习年限
依伯特达意	初等教育	5年
奥齐尔	中等教育	5年
阿灵	高级中等教育	2年
卡米尔	学士学位教育	2年
	硕士学位教育	2年

分为3个年级，即基础、中级和顶级。另外，还将根据这一年的学习和综合3年的学习情况作更全面的鉴定。

3.2 学前教育

虽然很多小学提供学前教育，但官方从来没有认可过。在城市中有学前教育需要的地方就会办托儿所、幼儿园、辅导班和预备军人学校。

类似玛卡布、福卡尼亚和跨拉尼亚这种以伊斯兰教为基础的伊斯兰学校机构也提供学前教育和宗教教育。它们会传授识字和宗教方面的内容。另外，还有像哈菲扎这样的以宗教课程为主的伊斯兰学校，在那里小学生会学诵读和背诵《古兰经》。

3.3 特殊教育

无论是官方或非官方，都为盲人和聋哑人提供了特殊教育。在孟加拉总共有6所盲人学校和11所聋哑人学校。

3.4 职业、技术教育和商业教育

孟加拉的技术教育分为三个阶段，即证书阶段、毕业阶段和学位阶段。经过8年学习后(8年级)，1~2年的证书阶段课程将使学生成为不同职位的技术工人。有工艺专科学院提供的毕业阶段课程旨在培养通向学位的工程师，又有至少是初中证书(SSC)的学生才能接受为期3年的毕业阶段教育。课程的两种分类大体如下：

(a)证书阶段课程：职业培训机构提供以下职业的2年职业教育，即农场机器维修、汽车修理、电工、收音机和电视机、机械、焊接、冷藏和空调、木工、石匠、船工业。

同时也提供各种时间相对较短，非正式的职业教育。

(b)毕业阶段课程：由18个工艺学院和3个专业学院提供为期3年的毕业阶段课程。主要的专业有工民建、机械工程、电子工程、电子学、建筑学、化学和食品技术、印刷学、陶瓷学和测量学。

另外，海事学院和人力资源部主持的11个技术培训中心将在教学方面辅佐技术教育委员会。孟加拉技术教育委员会负责授予证书和毕业证，另外也负责举办各类考试。在教学方面，委员会对技术和职业院校有绝对控制。

在达卡的孟加拉工程技术大学，提供更高一级的工程和技术教育。4个官方工程学院已经被重组成孟加拉技术委员会，下属的自主授予学位的各学院还提供4年的科学学士学位课程。将来，技术委员会(BIT)还负责研究生学位课程和毕业课程的设置。位于加兹帕(Gazipar)的孟加拉技术委员会，为工艺学院毕业生提供3年的同工学学士一样的工科课程，这样便使工艺学院毕业生可以追求更深的工学知识。位于达卡的纺织技术学院和皮革技术学院提供4年的学位课程，它们都是教育部下属的官方学院。

靠近达卡的通济(Tongi)有一个被称为伊斯兰技术和职业培训研究中心的国际机构，它负责为许多伊斯兰国家培养技术专家。在第三层教育中，它将为不同专业学生授予证书和资格证。

另外，私人或公众经营的专业培训学院也遍及全国，它们提供证书阶段和毕业阶段的课程。由教育部主持的、位于波加(Boga)的全国多种语言速记培训研究学院提供等同于高中证书(HSC)的工事课程。完成后将获得商业方面文凭。另外还有很多专业学院提供专业认证、证书和学位。

农业教育包括生产、贮藏、农产品运作和市场系统、动物管理、家禽家畜、牲畜学、养鱼学等等。这些各式各样的课程都由农业大学和三所农业学院提供，进入它们的最低要求是高中证书。

官方还建立了一所研究生阶段的农业学院。在奇塔贡还有一所森林研究所提供林学方面荣誉和研究生课程。另外，在奇塔贡大学里有一个研究所提供同等学力的海洋科学课程。

由农业部管理的11个农业培训研究所提供在SSC后的3年的毕业课程，它们也属于技术教育委员会管辖。

这里有8所官办医学院提供医学保学方面的课程。医学与研究硕士学院(IPGMR)是中高级医学教育研究中最好的学院。在这所学院会同国家其他专业医学院提供各种研究生课程。

位于达卡的牙科学院实行为期4年的牙科手术学士(BOS)课程。在护理服务理事会管辖下，有42所护理学校，它们会提供4年的较深层次的证书课程(3年护理学和1年助手术)，其中有38所为公立，另外还有8所健康理事会下属的医学辅助

培训学校,它们也提供3年的培训课程。在孟加拉,还有两所帕拉口腔医疗机构,它们也提供为期3年的保健方面的课程。另外,课程还包括实验技术、X光线照相术、卫生督导、药剂学和牙医。官办医院的医师也能加入这些课程。

顺势疗法委员会下面有38个顺势疗法医学院。达卡大学在教学上也承认一些学员,准许他们授予达卡大学医学院的学位。

传统的乌拉尼和阿育瑞迪克医学制度也很流行。在这些类型制度下主要有两类课程:一类是在完成阿灵SSC之后,再修4年的课程,另一类是在完成HSC/阿灵/发兹尔之后再修5年课程。而乌拉尼和阿育瑞迪克医学委员会也得到了政府的承认,另外,它还负责制订课程、大纲,组织考试和授予学位证书。

3.5 成人和非正规教育

要意识到孟加拉声称的扫除文盲的目的,在介绍完全部主流教育后,更多的应放在成人和非正式教育上。也正是出自这个原因,大众教育项目由教育部的初级及大众教育处直接管理。这个项目的主要目标是传授11~45岁的文盲一些实用的知识。

这个项目目标如下:

(a)到2000年,将现在成年人识字率从30%提高到60%。

(b)为确保大中教育项目继续有用和有成果,将建立一套有组织的体系。

4. 行政管理的结构与运行

由一名州(教育)部长辅佐的教育部部长主要负责政策制定、计划、督导和评估。另外,他还负责管理教育部、各级委员会(初等教育委员会、中等教育委员会、高等教育委员会、技术教育委员会),负责执行教育部制定的政策和监督所属机构教学情况。

教育部中有一个以社团形式出现的孟加拉国家委员会,它由作为其主席的教育部部长领导,教育大臣则是总干事。为了和政府的"分权"政策一致,它也被拆分为会计部门、初等义务教育部门、初等大众教育部门,后者由第一部长领导。

初等教育各级委员会对整个初等教育系统负责,还对整个初等教育执行情况负责。在初等教育委员会下,有一个叫作国家初等教育研究院的机构,它负责使初等教育有效地提高质量,另外,它还负责为初等学校教师举办在职培训和在职进修课程(包括研究和评估)和为教育认证举办考试。

中等和高等教育委员会负责包括伊斯兰学校教育和其他教育的中等和高等教育,它由一位总委员长领导。

技术教育委员会负责管理和监督技术职业学校,它也由一位总委员长领导。

另外,教育部的一些部门还负责完成一些专门的工作。现举例如下:

(a)教育管理研究所负责为中级和中高级阶段教师提供较高级的教学管理、在职培训。另外它还为孟加拉市政服务教育骨干官员举办基础培训。它由一位总委员领导。

(b)孟加拉教育信息统计署负责收集、整理、编辑、公布、传播从小学到大学的所有信息和教育统计,另外,它也是国家教育管理信息系统中的主管机构。

(c)检查和审计委员会负责中等和中上等阶段的标准教育机构的发展规划。

(d)基建委员会负责新楼的建造。它也负责从初级到高级教育机构和教育部下属的其他政府办公楼的修饰工作。

(e)国家课程和教材委员会负责课程的制定、印刷和为初等、中等和高级中等学生提供教材。

(f)公共大学通过提供包括音频和视频的远程教育和短期实用课程来授予教育学学士学位。

总共有64个地区和94个子地区,它们被称为塔那。在每个地区,都有地区主管负责教育工作的开展。在初等教育阶段,494个塔那教育官员与当地政府共同负责监督、控制、管理初等教育。这也被称为区域联合。

5. 教育财政

在教育方面,公共开支在1975年占国民生产总值的1.1%,在1980年为1.5%,1985年为1.6%,1986年为1.7%,1989年则为1.9%。毋庸

表 2　1974～1992 年部分年份的公共教育经费(单位:百万塔卡)

年份	教育收入	增加	总计
1974	822.10	206.20	1 028.30
1979	1 728.20	446.60	2 174.80
1984～1985	452.90	1 272.90	5 785.70
1989～1990	10 938.50	3 186.60	14 125.10
1990～1991	11 820.18	3 122.20	14 942.35
1991～1992	13 815.77	4 368.40	18 184.17

置疑的是教育经费每五年便会有超过一倍的增长。在表 2 中可以看到这一变化。

1990～1991 年,初等教育经费占教育总预算的 41.2%,由于 1991 年 1 月的 CPE 项目的开展,政府决定增加教育预算的份额,并保证初等教育的经费有能力保持在与增长要求持平的份额。

在第四个五年计划(1990～1995)中,政府为教育拨出了 237.27 亿塔卡(6 亿美元),这占到了国家预算的 4.8%。而在第三个五年计划中这个比例为 1.85%。政府给予了初等教育最高的优先权。这从其在第四个五年计划中占到行业分配差不多一半便可看出。

6. 师资

在孟加拉,教师培训分为五种:初级、职业、中级和第三级的体育教学、在第二级和第三级的技术教师培训、第三级的教师培训。

在初级培训学员,初级教师培训会延续一年。而职业教师培训则由职业教师培训学院负责。它为全国 51 个职业培训中心的教师提供 2 年的课程。在达卡的技术教师培训学院也为职业教师培训学院的教师提供短期培训课程(大约 4 个月)。分别位于达卡和拉吉沙希(Rajashahi)的体育教育学院,为取得高中证书的学生提供一年的认证学习(称为体育教育认证初级证书),另外还为已经获得大学学位的学生提供一年的体育学学士课程。

技术教师培训学院除了提供一年的技术教育毕业课程外,还为受雇于工艺技术学院的教师(技术文凭持有者)提供 2 年的教育学学士(技术方面)课程。另外,学院还为工艺技术学院和职业培训中心的教师提供短期在职培训。

由 10 所教师培训学院为中级学校和伊斯兰学校的教师培训提供一年的教育学学士课程,前提是要有一个大学学位或等同的学历。总的来说,接受这项培训的都是在职教师。在一些教师培训学院,教育学学士或文凭持有者还能接受到教育学硕士的课程。

国家教育管理研究所被赋予了为中级学院教师和教育学管理人员举办不同内容的短期在职培训,或者为他们制定各种纪律的任务。另外,它们还要为孟加拉市政府(教育方面)骨干官员提供培训。

7. 课程开发与教学方法

各个阶段要学的课程已经在本词条 3.1 部分提到。政府想将本国自己的人生哲学、思想体系、民族传统贯穿于教学过程中。一个国家课程和教材中心已经任命,负责初等和中等教育的课程和大纲的制订,而且还组建了国家课程和教材委员会。它负责监督中心提出建议的实施过程,更新条例和为各个年级提供教材。

8. 考试、升级和证书制度

在初等学校,从 2 年级开始每个年末都会有一个考试,而考试结果将决定小学生升级还是留级。在 5 年级期末有一个奖学金评定考试,以决定学生在中等学校能否得到奖学金。而在高级中等学校的 6 年级和 7 年级是没有考试的,在 8 年级期末则有一个称为"初等学问"的全国知识测试,成功通过的测试者将得到奖学金。在 9 年级,每科都会有考试,而学生获奖的最少的规定分数将决定他是否能升级。在 10 年级期末,有一个由达卡、库尔纳(Courilla)和杰梭(Jesore)中间和终极教育委员会共同主持国家中等学校资格考试。甲等、乙等、丙等的最低分数分别是 60 分、45 分和 35 分。只要得到 33 分就算通过考试。如果得到 75 分,学生将得到一个"星"的奖励,而如果每科都得到 80 分,那将得到"更好"的奖励。

9. 教育评价、评估和教育研究

考试发展中心不但负责改进考试系统,还负责建立可在全国通用的新的评定和评价程序。

每年都将进行学校人口的调查,在1983年,对所有非官办的学校进行了一项特别调查,这将帮助政府决定对他们提供帮助的大小。各种官方机构和大学也在教育的各方面进行了415小型的研究。可以预见,整个评定、评价和教学研究领域将得到扩展。

10. 20世纪八九十年代的主要改革

在20世纪八九十年代,进行了许多改革和创新。现举例如下:

(a) 户外教育让小孩子们通过和周围环境接触而学习,使学习更有趣。

(b) 在学校阶段进行的人口教育工程介绍提升了小孩子们对人口问题的认识。

(c) 学校双轮休的体制增加了现有的学校的吸纳学生能力,并且使体育和其他设施得到充分利用。

(d) 在伊斯兰学校中开办科学和手工课程,使学生们更具生产能力。

(e) 学校里增添的游戏设施、运动设施和精神方面活动,使学生们可以充分利用课余时间。

(f) 非官办学校和学员的国有化确保了管理和教学质量的提高。

(g) 移动图书馆使乡村地区的文化设置得以增加。

(h) 依附于现有中等学校的社区学校的建立使非正式的农业和技术教育得到加强。

(i) 通过课程的广播节目,中等教育得到了加强。

(j) 通过在每个塔那总区建立一所教授自然科学和手工课的高中,以及通过建立女子工艺技术学院,确保初级水平教育质量不断增加和增加妇女的就业机会(特别是教学方面)。同时,女性受教育的积极性得到提高。

(k) 在乡村,为了使教育成为以生产为基础和为了减轻普通教育的入学压力,建立起了很多职业学院。

(l) 为了收集、汇总、保存、传播教育信息和统计,建立了教育信息与统计署。

(m) 为了改进标准、课程、大纲、教学材料和为初等教育教师提供在职培训,建立了一个基础教育研究所。

(n) 由学生团体组织的义务社会生产加强了以生产为基础的教育。

(o) 地方教育委员会的成立通过当地人的加入增强了教育机构的力量。

(p) 将初等学校的管理权下放到查那(Chana)(一个下属地区)。

(q) 超过150所的非官办高中实现了国有化。

中学理科教育计划始于1985年4月,止于1991年6月,为其提供财政支持的是亚洲发展银行。这项计划的主要目标是提高中学教育质量,特别是理科教学方面。为了达到这一目标,更新和扩展了(中学和伊斯兰学校的)体育设施,提高了教师、教师培训者和教育主管人员自身的职业素质。

建立和装备了超过1 000个实验室,另外4 000个也得到修缮和翻新。与此同时,为了确保正确使用实验仪器和实验室,8 000名理科教师接受了再培训。

孟加拉市政服务的教育骨干的创立是主要发展之一,它为教师们提供了更保险和系统的服务阶梯。人们对它能对改进教育质量寄予厚望。

为了让更多的人接受高等教育,有10所学院被宣布为大学型学院,即提供某些方面的荣誉和研究生课程。与此同时,所有学校的运动场都进行了修饰和改善。另外还建立了3所新大学。

教师培训和教师的教学设施也得到极大扩展。1982年,有47个初级培训中心,到了1987年则为53个。国家小学研究中心为小学教师、初等培训中心职员和小学督导们提供在职培训课程。

1987年,中央教材图书馆和"图书银行"成立。这使得教育者和教育研究者能较容易地进入中央阅览室。另外,为了有效监督学校、学员和伊斯兰学校,还成立了核查和审计委员会。

11. 2000 年面临的主要问题

目前文盲还是孟加拉的一个问题，教育不得不给予这个问题优先考虑。教学设施已经建成，但还需要有配套的管理系统。社区的参与减少了，另外，不应忘记的是教育机构已经国有化。为了发展一个更好的教育管理系统，政府成立了国家全民教育委员会，后者负责在一个分权的、初等基础教育管理系统下就发展战略提供建议，并且这样一个委员会将社区参与也包括了进来。

M. M. 阿里(M. M. Ali) 著

唐晓茹 译

附录

Bangladesh Bureau of Educational Information and Statistics (BANBEIS) 1988 *Educational and Reform Development of Bangladesh during the Years 1982—1983 to 1987—1988.* Ministry of Education, Dhaka

Bangladesh Bureau of Educational Information and Statistics (BANBEIS) 1989 *University Education in Bangladesh.* Ministry of Education, Dhaka

Bangladesh Bureau of Educational Information and Statistics (BANBEIS) 1990 *Primary Education in Bangladesh.* Ministry of Education, Dhaka

Bangladesh Bureau of Educational Information and Statistics (BANBEIS) 1992a *Financing Education in Bangladesh.* Ministry of Education, Dhaka

Bangladesh Bureau of Educational Information and Statistics (BANBEIS) 1992b *Education System of Bangladesh.* Ministry of Education, Dhaka

Bangladesh Bureau of Educational Information and Statistics (BANBEIS) 1992c *Bangladesh Education Statistics.* Ministry of Education, Dhaka

Education Directorate 1974 *Education in Bangladesh.* Education Directorate, Dhaka

International Conference on Education 1979a *Country Report Bangladesh.* Brief report on the development of Bangladesh during 1976—1977 and 1977—1978, 37th session of the International Conference on Education, Geneva, 5—14 July. Ministry of Education, Dhaka

International Conference on Education 1979b Speech of Prime Minister Mr. Azizur Rahman. 37th session of the International Conference on Education, Geneva, 5—14 July. Ministry of Education, Dhaka

International Conference on Education1984 *Country Report Bangladesh.* 39th session of the International Conference on Education, Geneva, 16—25 October. Ministry of Education, Dhaka

International Conference on Education 1986 *National Report of Bangladesh: Development of Education 1984—1986.* 40th session of the International Conference on Education, Geneva. Ministry of Education, Dhaka

Ministry of Education 1984 *New Life in Education.* Ministry of Education, Dhaka

Ministry of Education 1985 *Third Five-Year Plan 1985—1990.* Education sector document, Ministry of Education, Dhaka

Ministry of Education 1991 *Education in Bangladesh.* Planning cell, Ministry of Education, Dhaka

Ministry of Education 1992 *Education For All. Draft National Programmes of Action for Bangladesh.* Ministry of Education, Dhaka

Ministry of Finance and Planning 1989a *The First Five-year Plan 1973—1978.* Planning commission, Ministry of Finance and Planning, Dhaka

Ministry of Finance and Planning 1989b *The Second Five-Year Plan 1980—1985.* Planning Commission, Ministry of Finance and Planning, Dhaka

Ministry of Finance and Planning 1989c *The Third Five-Year Plan 1985—1990.* Planning Commission, Ministry of Finance and Planning, Dhaka

Ministry of Finance and Planning 1990 *The Fourth Five-Year Plan 1990—1995.* Planning Commission, Ministry of Finance and Planning, Dhaka

National Council for Science and Technology 1979 Summary of national paper on Bangladesh for submission to the United Nations Conference on Science and Technology for Development, Vienna. Ministry of Education, Dhaka

UNESCO 1979 *Country Report Bangladesh*. Sixth Regional Consultation Meeting on the Asian Programme of Educational Innovation for Development, Bangalore, India. 22—30 April 1979. Ministry of Education, Dhaka

不丹的教育制度(Bhutan: System of Education)

1. 基本背景

不丹王国是南亚中部一个独立的内陆小国。它的国土几乎全部位于喜马拉雅山脉上,它的北边是中国的西藏自治区,东西南边和印度接壤。不丹的国土面积为46 500平方公里,从东到西最宽处为320公里,从北到南最宽处为177公里。北部边境沿着一系列非常高的山脉和西藏接壤,最高处海拔7 554米。南边和部分西边与印度接壤的地方恰在印度北部的印度—恒河平原上。与印度接壤的东部边境是多山地区。大部分河流从北流向南,一些河流是从西藏流下来的。气候多样,南部边界是热带气候,北部地区寒冷,海拔高。大部分人口住在南部边境肥沃的河谷里面。

不丹几乎没有道路和其他交通设施,特别是从东到西,交通困难,有时完全无法通行。不丹公民可以使用印度的道路,但大多数外国人需要得到特准才能使用。离首都廷布60公里远的帕罗有一个国际机场。

从1989年开始,政府一直在开展人口普查工作。虽然1991年的报告说人口有150万,但是到1992年,情况表明实际人口要少得多。各种迹象表明人口普查中显示出的数据在80万左右。1992年,人口增长率大约为2%。不丹有大量的移民人口,一部分移民没有官方身份。政府正在努力规范这种情况,将谨慎管理今后的移民事宜。从1989年开始,很多非法移民已经离开了不丹。

有相当大比例的教师,特别是初级水平以上的教师是移民。这些移民大部分来自印度。在政府官员中也有很多是印度人。由于不丹仍然缺少合格的人员,工资水平又远远高于邻国,要减少移民十分困难。

在不丹的北部和西部地区有一些经常迁徙的部落。有些部落定期穿越国界。

不丹87%的人口生活在农村地区,仅有两座人口超过1万的城市——廷布和不印边界上的庞特梭灵(Puntsholing)。河谷间多山的地区人口稀少。

超过60%的人口有藏族血统,他们说的语言和藏语很接近。大约有25%的人口说尼泊尔语,一种印度—雅利安语。一种以不丹西部七个地区所说语言为基础的宗卡语(Dzongkha)是不丹的官方语言。由于很多商人有印度—雅利安血统,尼泊尔语被广泛使用,在某种程度上,已成为商业语言。由于教育系统的扩张和发展,英语用得越来越多了。

人口的70%信仰佛教的红教,包括几乎所有有藏族血统的不丹人和一些有尼泊尔血统的不丹人。大约25%的人口信仰印度教,剩下的大部分信仰伊斯兰教。

自8世纪以来,国家政权掌握在有藏族血统的人手中。最初,世俗事务和宗教事务联系非常紧密。很多男性在为数众多的寺院中学习,他们的生命中大部分时间里都是僧侣。宗教上的领袖依旧是重要人物,他们的身份可与统治阶层相比。不丹的统治阶层是由数量极其有限的显赫家庭组成的,这些家庭支持国王和皇家咨询委员会。

虽然在家庭农场或家里做体力工作并未被社会看成是一种耻辱,但很多不丹人不愿为挣钱做体力工作。这类工作以前是由奴隶做的,这些奴隶大部分是战俘。近来,这些工作是由印度和尼泊尔来的移民做。政府决定减少移民数量,这导致了很难找到做体力工作的工人。

1988年不丹的国内生产总值是2.66亿美元。按80万的人口数来计算,人均收入在330美元左右。20世纪80年代国内生产总值以每年7.5%的速度增长。1992年,联合国将不丹列为"最不发达的国家"。1989年,农业和林业占国内生产总值的45%,吸收了工作人口的87%。国内生产总值的11%来自电力生产,6%来自工业、建筑业、贸易和交通。政府服务占国内生产总值的10%。

不丹主要是同印度进行贸易往来。进口产品包括道路交通工具、机器、纺织品和石油产品。大部分出口产品(93%)运往印度,出口产品包括电力、木材、木制品和食品(一些食品是加工过的)。1987年的出口总额大约为3 800万美元,进口总额大约为4 850万美元。在1978～1988财政年之前,印度政府的补助金占不丹政府收入的一半以上。

不丹的政府是世袭君主政体,国王和由150名代表组成的皇家咨询委员会共同管理国家事务。在皇家咨询委员会的代表中,120名代表是由村长(这些村长自身也是村民选出来的)选举出来的,20名代表是内政部指定的,10名代表是由僧侣团任命的。

政府仍然对海外游客的到达和在国内的旅游进行限制。政府这样小心谨慎是因为政府希望保护本地人民的生活和文化。不丹政府明白其他国家对不丹社会造成的影响,政府希望引导人民以一种设计完好的方式来适应变化。政府决定提供一个全民的初等教育系统,这是政府为现代社会做的准备工程的一部分。

减少包括教育在内的政府部门当前对海外人员的依赖,这是官方政策更重要的目标之一。政府在着手解决这一问题,然而仍有大量的政府官员是移民。1987年,在廷布的教育部和其他教育部门中有164名工作人员,其中54名是外国人。在学校和学院的2 221名教师中,有970名来自国外。

2. 教育政策与目标

许多世纪以来寺院教育一直存在,主要向男孩开放。寺院教育包括学习现在宗卡语的古语形式,达到能读能写的程度。许多寺院和有关的僧侣学校仍在使用这种古语形式。

20世纪初,不丹的显赫家庭开始将他们的孩子送到印度北部的基督教学校。当20世纪50年代建立第一批小学时,这些小学的主要任务是为儿童在国外的中等教育作准备。现在这些学校仍然有重大的影响力。

20世纪80年代,对教育目标的审查十分谨慎。这项工作是由佛教领袖和政府合作进行的。如果不丹社会要完全从经济社会发展中受益,必须改善教育系统,这一点变得十分清楚。另一方面,在邻国受过教育的人找不到工作,这个问题众所周知。直到80年代,教育系统主要是为完成一种输送,这一输送旨在为完成了严格的课程的年轻人提供到政府工作的机会,然而,这样的年轻人很少。

政府决定发展改善教育系统,基础教育阶段差不多面向全民,减少在教师和教学系统上对外国教育系统的依赖。1985年,在教育部内设立了一个新部门:课程和课本发展处。

虽然不丹政府严格控制邻近地区外国人的进入,但经政府和英国、加拿大等国家协商,不丹可以派教师和一些课程、师范教育方面的专家出国。很多教师是以合同的方式从邻国聘用的,这些教师主要来自印度。

过去,初等教育通常被看作中等教育的预备阶段,那时,政府决定把英语用作教学语言。由于几乎所有的教师必须从国外招聘,如果选择宗卡语或其他任何以藏语为基础的语言作教学语言都会造成各种问题。现在小学的英语教学水平不错,而且还在不断提高,几乎没有什么压力要求改变英语的教学语言地位。

许多住在乡村和城市的人们都说尼泊尔语,这种情况造成了一个更严重的政治问题。从1961年到1989年,南部边境地区的小学教尼泊尔语。

不丹政府长期实行相对孤立的政策。因此,那些负责不丹教育的官员跟不上亚洲教育的发展。由于大部分从印度招聘的教师没有将印度新的教育发展上的知识或经验带到不丹,不丹甚至连印度的发展都不知道。1991年,不丹加入了亚洲教育创新发展项目,这个项目是由曼谷的联合国教科文组织区域办公室发起的,将帮助不丹的教育者和所有亚洲、太平洋地区的同事交流经验。

3. 正规教育体系

3.1 初等教育、中等教育和第三级教育

不丹有一些为学前儿童开设的私立幼儿园。政府正在考虑开办其他私立小学和中学的合理性。然而,不丹的大部分儿童还是到政府开办的学校上学。通常,儿童在6岁时第一次入学,小学阶段有7年。1年级被称为“学前”(PP)班。1989年,不丹有202所小学,49 094名儿童,1 668名教师。由于有46所小学很小,它们被称为“社区小学”。社区小学包括学前班到3年级的4个年级。1989年有38%的儿童是女孩。31所中学(初中)还有初级班,招收了12 481名小学生。每所社区小学平均有61名学生。每所普通小学平均有300名学生左右。生师比大约为30:1。

每个班级的辍学率都相当高,因而学前班的班级比高年级的班级大得多。小学的低年级通常有50或超过50名学生。

许多儿童都超龄了,每年的留级率可高达20%。因此,要确定真实的入学率很困难。据估计,在人口相当密集的地区,入学率接近100%,而在一些偏远地区入学率低至30%。

包括小学在内的大部分学校提供寄宿条件。除了少数住在城里的孩子,大多数家庭住在大房子里,通常是几世同堂,这些房子之间隔得很远。一个典型的村庄占地面积在50或50平方公里以上。父母不愿意送幼小的孩子,特别是女孩,到离家很远的地方去。这可能是上学的女孩比男孩少的原因。在城市,男孩、女孩的入学率和在小学阶段的辍学率没有差别。1992年,政府决定,在每个有30名或超过30名入学儿童的社区开办社区小学。

1984年的《国家教育政策》宣布,中等教育和高等教育将继续是人们有选择的对象,必须适合国家的需要,必须满足那些能从继续学习中受益的人们的需要。

初中提供2年的课程,高中再提供2年课程。1989年,有2 793名学生在31所初中水平的学校学习,1 452名学生在10所高中水平的学校学习。初中、高中阶段生师比分别为25:1和20:1。女生在初、高中阶段的比例低于男生;1989年,女生在初中的比例为31%,在高中的比例为23%。

一所专科学院为要读大学的学生提供为期两年的预备课程,而一些高中也计划开办类似的课程。

直到最近,每学年结束都有一次考试,没通过考试的儿童留级或是辍学。读完学前班后,辍学率和留级率非常高。由于1990年开始实行新的小学课程大纲,辍学率从每年的20%下降到学前班末的10%和其他年级的5%。每年的留级率仍然高达20%。

教育部的规划和国际协调处确定,1989年4月学前班的16 045名儿童中有12 000名是新入学的儿童。据估计,1990年小学中新入学的儿童占所有儿童的67%。政府正在计划到2000年,至少80%的学生完成整个教育中小学阶段的教育,实现全民初等教育。

图1是学校在校生人数图。技术教育、职业教育和高等教育中注册的学生太少,无法在同样规模的图表中展示。

1959年,在59所学校和其他教育机构中注册的学生总数为1 500人。1990年,不丹有200多所学校,67 000多名学生。20世纪80年代末期,入学率以平均每年7%的速度增长。计划到2005年,招生总人数达到138 000人。

每学年从3月开始,冬天有一个长假,因为冬季在不丹行走非常困难,学校必须放一个长假,好让学生和教师有时间回家。在海拔高的地方、人口稀少的北部地区和丛林覆盖的中南部,走到最近的路上都需要5天或6天。学校每天教学时间大约5小时,但由于许多学生都寄宿,放学后有大量的运动比赛和其他活动。

传统的僧侣学校仍然存在。长期以来,学校以他们的方式运行,现在也一样。宗卡语是僧侣学校

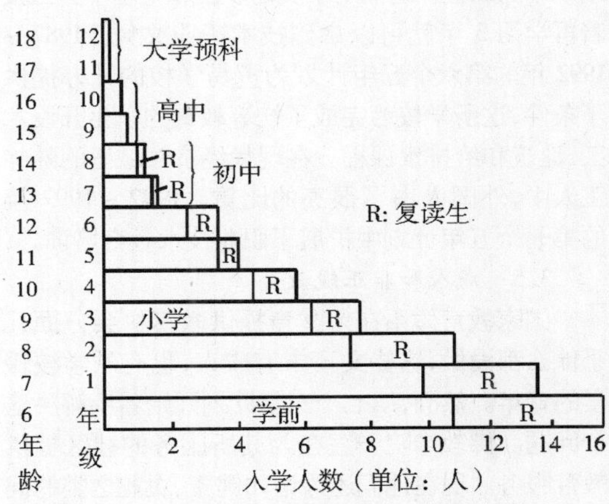

图1　不丹:正规教育体系的结构

a 估计67%的学龄儿童在学校上学(1989年的数字)

的教学语言。僧侣为今后在社区工作接受教育和培训。这种教育形式必须被看作和正规教育系统平行的体系。佛教领袖不是政府的管理人员，但是，包括学校系统在内，不丹社会中的所有行动都必须向他们咨询。1989 年，教育部在南部印度教地区设立了 5 所梵语学校。

不丹有两所可授予学位的机构。一所是东部地区的谢儒布茨（Sherubtse）学院。1989 年，谢儒布茨学院有 186 名学生在上学位课程，327 名学生在上大学预备课程。该学院的 29 名讲师中，仅有 7 名是不丹人。另一个高等教育机构是位于西南部三奇（Samchi）的国家教育学院。1990 年，国家教育学院有 62 名上学位课程的学生和 11 名研究生。

3.2 学前教育

国家教育系统没有提供学前教育。城市里开办了一些私立幼儿园。

3.3 特殊教育

1989 年，不丹仅有一所为残疾学生开办的学校，这是一所盲人学校，有 19 个男孩，8 个女孩。11 名教师中有 9 名是不丹人。

3.4 职业、技术教育和商业教育

不丹有两所职业技术教育机构。皇家技术学院（RTI）为完成了小学课程的学生提供为期 4 年的课程。皇家多科技术学院为初中毕业生提供为期 2 年的课程。这两所学院的学生和中学毕业生接着再学习 3 年就可以拿到技术毕业文凭。1987 ~ 1992 年的第六个五年计划为贸易学校的开办提供了条件，这所学校为完成了初等教育的学生开设木工、建筑和给排水课程。在现代经济领域里的熟练工人中，外国人占了很高的比重。1992 ~ 1997 年的第七个五年计划中扩展了职业技术教育培训。

3.5 成人和非正规教育

国家教育体系在为文盲提供教育机会方面几乎什么都没做，这些文盲中有成人，也有从学校辍学的青年。然而，第七个五年计划开始着手解决这个问题。佛教寺院一直在为其所服务的社区提供教育服务。现在他们还为诸如健康、农业之类的问题提供建议。政府正在考虑提供非正规教育服务。计划改善国家无线广播系统以支持这一项目，然而，多山地带使得为所有地区提供无线讯号变得困难而且费用昂贵。

4. 行政管理的结构与运行

不丹的教育是由教育局管理的。教育局是社会服务部中的一个部门。一名副部长把大部分的时间花在教育上。教育局有 164 名工作人员，包括在宗卡语（区）教育办公室的 18 名工作人员。全国分为 4 个区，每区有一名区教育官员（ZEO）。

宗卡语教育官员（DEO）负责管理学校，同时，所有这些官员和区教育官员由经验丰富的教师担任，许多有过在小学培训的经历。教育局有一个小规模的检查处。这个部门的检查员是学科专家，他们大部分的时间都在监控中学的效率。不丹的宗卡语教育官员和区教育官员和邻国相对应的官员相比，他们巡视学校的次数多得多。他们除了向教师和校长提出建议，还收集学校的有关信息定期向廷布的教育局报告。区教育官员在选择教师进行在职培训和晋升方面担负有相当大的责任。

教育局的下列部门都在廷布：规划和国际协调处、学校规划和房间修建处、课程课本发展处、学校健康和农业处、人事处、学校检查处、考试理事会。

20 世纪 90 年代的一项重要活动是学校的修建。政府已为城镇提供了所有中学和小学建筑，而乡村地区的社区则为许多小学提供了场所和建筑设施。乡村地区的建筑大多是有能容纳一个班的多个小房间的大房子，在乡村小学经常能见到这样的小规模学校。这些 80 年代开办的小规模学校现在被称为“社区学校”。在行政上，社区学校和邻近的一所小学或中学连在一起，两所学校之间可能会有一天多的路程。

教育局正在和重建发展国际银行（IBRD）合作实施一个项目，开办几所新的小学。在此项目中工作的建筑师正在准备标准学校设计图，许多这样的设计适合由父母们来修建。

很多学校都有寄宿生。世界食品项目（WFP）几乎为所有的学校提供食品。大部分乡村学校都有儿童看管的菜园，以此来补充世界食品项目的食品供给。健康和农业处为学校提供教学楼和厨房。

考试理事会负责准备小学和初中结业时举行

的考试。直到20世纪80年代末,高中课程结束时对学生的测试一直使用的是印度中等教育考试证书体系。1987~1992年的五年发展计划准备建立国家考试体系。

5. 教育财政

从1961年第一个五年发展计划以来,政府已增加了大量的教育经费。1961年,教育经费为940万努尔特鲁姆,占整个五年计划支出的8.77%。1987~1992年的五年发展计划拨出7.788亿努尔特鲁姆作为教育支出,占整个支出的8.2%。不丹平均每年的教育支出占国内生产总值的7%左右。这些数据没有包括皇家内务委员会为出国接受教育提供的大笔经费。

父母几乎不需要为教育经费或让孩子上学之类的事情提供任何东西。政府除了提供教学实施,还为学校提供包括书本在内的各种设备和必需品。在亚洲中部,几乎没有其他学校像不丹的学校这样得到如此好的运动比赛设施和娱乐设备。

20世纪80年代,学生需要为住校缴纳少量费用,但这只是一点象征性的费用,每年几乎没有超过1美元,对高中生的收费每年不超过2美元。现在教育经费问题正被认真对待。设立了一个委员会负责继续提供小学中不丹儿童的全部费用。但是,外国学生的父母和所有中学生的父母可能需要缴纳一些费用。

据估计,1989年,每个小学生每年平均支出约为70美元,初中生约为120美元,高中生约为270美元。1992年开始的第七个五年计划将政府教育经费从整个政府支出的8.1%提高到11.2%。

6. 师资

20世纪80年代中期以前,师资主要来自国外招聘。80年代在三奇和帕罗分别建立的国家教育学院(NIE)和教师培训中心正在开始着手解决这一问题。到1990年,小学教师中有40%、初中教师中有51%、高中教师中有56%不是不丹人。计划扩展两所国家师范教育机构的容纳能力和毕业生人数,但仍需要从国外招聘教师。小学教师中不丹人所占的比例在不断增加,每年的增长率约为7%。尽管担任教师的不丹人大幅度增多,但外籍教师的绝对数量没有大幅度减少。

1991年有两所师范教育机构:西南部三奇的国家教育学院和廷布附近帕罗的教师培训中心。1991年有183名小学教师在这两所机构上为期2年的课程。在国家教育学院有71名学生毕业,完成学制3年的课程后拿到教育学士学位。另外还有15名学生攻读为期一年的研究生证书教育课程。

不丹有一所起源于不丹文化的第三类机构。最初由新塔卡·若格尼学院教不丹人民文学和绘画,然而从1976年开始,这所学院主要培训教宗卡语的小学教师。学院现在提供更广泛的培训,包括培训其他学科的小学教师。1990年,该学院有442名学生和32名讲师,讲师中有25名是不丹人。

有相当数量的国家教师受到的培训并不全面,但几乎所有的教师拥有的最低文凭为初中水平。有一个较大型的在职教育的项目致力于这些教师的培训,这个项目所涉及的教师比例相当大。

从国外招聘教师主要是依据英语教学的能力。这些教师大部分来自印度。几乎没有外籍教师接受过初级或中级教师培训。

国家教师队伍较年轻,流失率低。就算国家政策没有要求替换外籍教师,由于他们在不丹待的时间都不长,也需要替换许多外籍教师。因此,每年需要替换约1 000名外籍教师,需要招聘约150名新的不丹籍教师以填补由于晋升或教育系统扩张所造成的职位空缺。

各级教师的地位都很高。20世纪80年代末,教师的工资水平和内政部其他人联系在一起。晋升到重要的管理职位和教育部门中的高层主要是从教师中选拔,这一点使得教师职业对于国民来说具有很大的吸引力。所有的区域和地区教育官员都曾当过教师,很多是从小学升上来的。

对教育行政官员的培训是教育发展项目中更重要的一项内容。包括瑞士和国际复兴与发展银行在内的一些双边捐助者已加入了这一项目。

7. 课程开发与教学方法

1961年建立的现代学校系统主要是为学生参

加由印度中等教育委员会设定的考试作准备。课程大纲为考试服务，这一点也是很有必要的。这样的课程大纲和高留级率、辍学率是联系在一起的。

初等和中等教育阶段所教授的科目基本相同，包括语言（宗卡语和英语）、数学、科学、地理和历史。这一阶段还提供广泛的非学术课程，包括运动比赛、艺术和音乐。

制定新教育政策后，在其指导下，努力开发和不丹儿童有关的课程，满足儿童和国家的要求。1985年设立了一个课程与课本开发处，从那时起，这个部门就一直在开发一个名为“初等教育新方法”（NAPE）的新课程大纲。在开发新课程大纲时曾进行过试验。1986年该试验涉及了13所学校，1989年扩大到36所学校。1989年对“初等教育新方法”的效果进行评价，决定从1991年开始在学前班采用新课程大纲。

新课程大纲是以每年级每学科科目教育目标的具体说明为依据的。要求教师参考这类目标对每位学生的发展进行监控。新课程大纲希望满足所有儿童的要求，包括那些在初等教育阶段末离开学校的学生。减少辍学和留级率是总目标之一。1989年开展的评价活动显示国家正在实现该目标。

新大纲将科学、历史和地理综合为一门新学科：环境学习。由于1990年以前使用的课本是印度政府为印度学生准备的，旧课本中的许多知识和不丹儿童几乎完全无关。1990年不丹开始采用了新课本，并为教师准备了特别详细的指南，里面包括详细的课程计划和教育目标表。

中学课程将继续为学术学习作准备。已决定为初中和高中阶段的学习准备新课程大纲。在改善中等学术教育的同时，正在努力改善职业技术教育学校和机构。为了扩展中等教育的范围，将在初中和高中的课程中增加和就业有关的课题。

谢儒布茨学院的高等教育模式仍然和印度的实践类似。课程基础十分广泛，有4个方面供选择：艺术、商业、生物科学和纯科学。该学院隶属于德里大学，这种关系可能会继续。不丹正在考虑建立一所国家大学。

8. 考试、升级和证书制度

每学年结束学生参加由教师出题的考试，从而决定能否升入下一年级。由廷布的考试理事会负责准备并管理7年小学和2年初中毕业时的考试，理事会还负责评改试卷。中学和两年学院预备课程结束时的考试是由新德里的印度学校证书考试委员会（ICSE）组织进行的。

1991年实行的小学新课程大纲要求设立一个新的学生评价系统。在小学阶段，将用儿童能力检查表来监控每个儿童的发展情况。1991年以前各级教育使用的考试体系仅要求对印度课本中的知识进行回忆，而许多知识是不正确的，或与不丹学生毫无关系。

谢儒布茨学院的学位水平考试是与德里大学合作进行的，而国家教育学院则与伦敦大学密切合作组织学位水平考试。

9. 教育评价、评估和教育研究

教育评定系统是与“初等教育新方法”的开发和实施共同发展的。课程大纲包括用一组为每门学科和每个年级精心准备的教育目标，对学生的发展进行不间断的评定。要求教师在一张表上记录下每个儿童的发展情况，这张表是由教育局的课程与课本发展处设计的。

在新课程大纲效果的评价过程中，1989年对20所城市和乡村学校学生的数学和文化成绩进行评定。这个小规模的研究调查影响决定了是否在所有学校实施新课程大纲。

1992年，不丹皇家政府筹备国家儿童行动计划。这个计划包括1997年和2000年在教育和其他方面所要实现的一些目标。计划委员会和统计中心办公室将联合监控这些标准，包括和每个目标相关联的净入学率。

10. 20世纪八九十年代的主要改革

20世纪80年代对国家教育体系进行了一次彻底的检查。为了让儿童为社区生活和工作做好准备，为接受中等教育和高等教育做好准备，不丹决定提供全民初等教育。人们质疑政府对各级教育的支持,包括提供学费、所有教学材料和几乎所有的寄宿费用以及对外国儿童和中、高等教育阶段的不丹学生收取的一些费用。

1989年决定实施新的小学课程大纲,改革考试体系。对中学课程大纲的改革也开始了。

20世纪90年代初,一些高中决定提供为期2年的学院预备课程。直到1991年,只有谢儒布茨学院提供了这样的课程。在多数情况下,初中的建立将通过现存小学的扩展完成。不丹有一个为全民提供九年教育的长期计划,也就是说,要把全民教育延伸至初中毕业。不丹已经做出承诺,到2000年提供全民初等教育,希望到1995年,除了最偏远的地区,全国都能实现这一目标。

现在正在认真研究设立国家大学的可行性,由于职业技术教育发展在某种程度上受到限制,建立国家大学的目的是扩展该领域。

11. 2000年面临的主要问题

不丹面临的主要问题将是如何保持20世纪80年代在质量和数量上的增长率。不丹的人均收入相当低,然而在亚洲,不丹政府对教育系统的经费提供最为慷慨。由于入学率的增长和辍学率的下降,不丹很难继续这样做。由于教育体系的扩展,当青年结束中等教育时可能会遇到工作问题。80年代,所有成功完成中学学业的不丹人都可以找到工作。由于缺乏大规模的工业和商业,政府又决定控制内务部的扩张,越来越多受过教育的青年会有找不到工作的危险。这样的问题已经在邻国出现了。

替换外籍劳工可能会创造一些就业渠道,但这要求对就业采取新的态度,特别是对体力劳动的态度。最大的挑战将是如何改革教育系统,使其能满足占主体的农业产业的需要,这需要有新的态度和新的技术。

C. T. 柯林(C. T. Crellin) 著
唐晓茹 译

附录

Hasrat B J 1980 *History of Bhutan*. Education Department, Thimphu

International Bureau of Education 1989 *Bhutan Country Report*. (41st International Conference on Education, Geneva) IBE, Geneva

Royal Government of Bhutan 1987 *Sixth Five Year Plan 1987—1992*. Planning Commission, Thimphu

Royal Government of Bhutan 1992 *Bhutan National Plan of Action for Children for the 1990s* Planning Commission, Thimphu

UNESCO *1991 Statistical Yearbook*. UNESCO, Paris

UNICEF 1991 *Children and Women in Bhutan 1991: A Situation Analysis*. UNICEF, Thimphu, Bhutan

中华人民共和国的教育制度(China, People's Republic of: System of Education)

1. 基本背景

中国是世界上最大的国家之一,土地总面积约为960万平方公里,占世界陆地总面积的6.5%。

1990年,包括台湾在内,中国总人口为11.6亿。和1949年的5.4亿相比,这个数字表明人口净增长了6.2亿,并以平均每年1.87%的速度增长。20世纪70年代以后,人口出生率由35‰下降到了90年代初期的20‰,而且由于计划生育政策的实施,人口的自然增长率也由25‰下降到了约15‰。中国大陆的城市人口占总人口的26%,而农村人口占了余下的74%。

中国是一个多民族国家,共有56个民族。汉族人占总人口的92%,其余的55个少数民族共占余下的8%。汉族人有他们自己的口头语言和书面语,并成为中国最普遍又广泛使用的语言。其他的55个少数民族大多数都有他们自己的语言,但是其中的34个少数民族在1949年以前没有自己的书面语。自1949年以后,相应的政府部门帮助了10个少数民族创建了他们自己语言的书面语形式,并使之标准化。中国政府规定,在少数民族地区,只要有书面语存在,班级教学就应该采用少数民族的语言,少数民族学生在学习汉语的同时应当掌握他们自己的语言。

中国传统上是一个农业国。在1952年，农民占了全国社会劳动力总人口的83.5%，工人占了7.4%，服务业人员占了9.1%。随着20世纪50年代早期及以后的大发展，固定工业资产数目已增加了50倍，独立的综合工业体系已经确立。农业生产也取得了巨大进步。到1989年，农业劳动力人口的比例已下降到了60.2%，而工业和服务业人口则分别上升到了21.9%和17.9%。

中国的经济体制是公有制基础上的社会主义市场经济。中华人民共和国的国家组织有：国家权力机构——全国人民代表大会和地方各级人民代表大会；国家行政机构——国务院和各级人民政府；国家审判机关——人民法院；国家法律监督机构——人民检察院。在20世纪80年代初，中国政府制定了为实现中国社会主义现代化的“三步走”的经济发展战略：第一步的目标是使1980年的国民生产总值（GNP）翻一番，并解决人民的温饱问题；第二步的目标是到20世纪末，使国民生产总值增长到1980年的4倍，提高中国人民的生活水准，并达到小康水平；第三步的目标是到下世纪中叶基本实现现代化，并使人均国民生产总值达到中等发达国家的水平。

2. 教育政策与目标

20世纪80年代后，中国政府在正确分析中国国情的基础上，确立了以经济建设为中心任务的基本方针，提出了四项基本原则（包括坚持无产阶级专政，坚持社会主义，坚持中国共产党的领导，坚持马列主义、毛泽东思想）和实行改革、对外开放政策。1985年的《中共中央关于教育体制改革的决议》申明“教育必须为社会主义建设的目的服务，社会主义建设必须依靠教育”。这个文件明确了教育和经济发展之间的正确关系，呼吁经济发展要依赖科技的进步和劳动力素质的提高。

中国教育发展的总目标是，到20世纪末，确立教育体制的基本框架，使之很好地适应社会主义现代化建设的需要，与21世纪的需求相协调，并体现中国的特色。

3. 正规教育体系

3.1 *初等教育、中等教育和第三级教育*

图1是中国教育体系的结构。中国的教育包括四个部分：基础教育（BE），职业、技术教育（TAVE），高等教育（HE）和成人教育（AE）。基础教育涵盖学前教育和正规的初、中等教育；职业教育主要在中专、技校、中等职业学校和高等职业技术学校实施；高等教育基本上指正规的高等教育机构中的教育；成人教育提供扫盲教育、各种类型的学校教育和为成人所设的其他形式的教育。

各级各类学校的教育年限分布如下：幼儿园招收学前教育儿童（年龄为3岁或更大）；小学，学制5~6年，入学年龄为6岁；中学有初中和高中，前者3或4年，后者为3年。在1986年，全国人民代表大会颁布了《义务教育法》，规定义务教育的总年限应为9年，包括小学和初中。中专招收初中毕业生，通常为时4年。高校的本科课程多为时4年，医学和一些工科课程为时5年，还有少量的医科大学开设6年的课程。

取得大专文凭通常要修学2~3年的课程。研究生学习分为硕士学位课和博士学位课，前者为时2.5~3年，后者一般为3年。

在1990年，小学适龄儿童的入学率达到了97.8%，升入初中继续学习的小学毕业生比例为

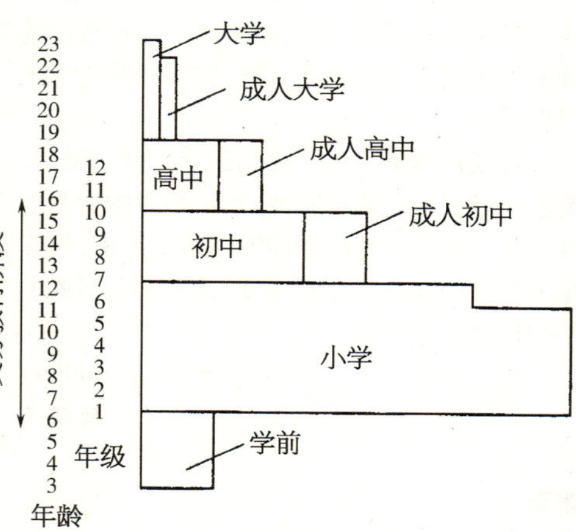

图1　中华人民共和国：正规教育体系的结构

77.8%。在中国,共有766 000所小学,共有学生12 241万名;72 000所初中,共有学生3 869万名;16 000所高中,共有学生717万名;1 075所正规高等教育机构,学生为215万人。

3.2 学前教育

中国学前教育发展的指导原则通常是:依赖公众和地方政府的力量。除了地方政府的努力外,学前教育在国家相应法律法规范围内,主要由各个部门、工作单位和社会团体开办。学前教育多是全日制的。幼儿园里的教育是通过游戏、运动、课堂活动、观察、身体运动和日常活动来进行的。1990年,全国有17万多所幼儿园,入学儿童有1 972万名。

3.3 特殊教育

中华人民共和国成立后,特殊教育得到了大力发展。为盲、聋、哑和智力落后儿童所开设的特殊学校,已由新中国成立前的42所增加到了746所,学生人数也由2 000人增到了72 000人。20世纪80年代后,共有5 000多名残疾青年进入高校接受教育。

3.4 职业、技术教育

20世纪80年代后,职业技术教育得到了快速发展,有力地表明了中国教育正在为适应现代化进程而做出更大的调整。在1990年,全国各类型的职业技术学校里学生数达到了604.8万人,是1979年的4倍。当前,职业技术教育的入学人数是高中入学总人数的45.7%。中专由国务院的相应部门或专门组织开办。这些学校的目的在于培养中级技工和各经济部门的预备管理人员。技校由地方专门组织和企业经管,以培养初、中级水平的技术工人。国家确保这两类学校毕业生的就业问题。职业学校包括职业中学和农业学校,由地方教育当局开办,以提供初、中级水平的技术人员、管理人员和高级劳动力。这些学校的学生完成学业后,就业问题不受保护。他们可以凭借自己的努力,通过择优录取顺利就业,也可以在他们专业范围内深造。

职业技术教育的经费主要来源于国家财政拨款(包括中央预算和地方预算),后者旨在开办各种类型的公立学校,或是帮助社团开办的学校。同时,也鼓励企业、公共机构、各种组织、个体和各种社会力量筹措资金,创办此类学校。

3.5 成人和非正规教育

成人教育是中国教育体系中的一个重要组成部分,它的主要目的是提高在职人员的素质,直接为社会经济发展作贡献。就成人教育的形式来说,中国的成人高等教育包括:广播电视大学、高级职工培训学院、农学院和高等教育自学考试制度。初、中等成人教育包括专科成人中学、专科成人班和成人技术培训学校。1990年,中国的成人高等教育机构有1 321所,共有学生156万名。另外还有58 501所成人中学,有学生1 529万人;258 134所成人小学,有学生2 282万人。这些成人教育机构为了满足成人的需要,设置了不同的学习模式,如有课堂教学、协助远程学习的视听材料和教科书、全日制或非全日制的学习以及业余学习等。虽然成人教育计划的资金来源主要是举办这类项目的组织的责任,但是学校可以向学生收取少量的学费。

中国政府极为重视扫盲教育。自中华人民共和国成立以来,共有1.69亿人通过扫盲教育学会了读写。从1978年到1990年,有4 250万文盲受益于扫盲教育。还有560万人正在参与扫盲学习,其中有超过50%的人脱盲。

4. 行政管理的结构与运行

中国教育管理制度的基本模式是,教育权力集中在中央、省级(包括自治区和直辖市)、地方级(或县)和镇级(具体负责全国的地方教育管理)。规划、财政、劳动力部门和各级政府官员协助教育当局制定教育发展计划,管理教育经费和基本的人员配备及工资体制。国家教育委员会(教育部的前身——译者注)是国务院直属的一个专门机构,其总的职责是对全国的教育进行管理。在1985年,中国政府决定把基础教育的权力委托给地方政府,并实施了由不同的教育管理部门进行管理的体制。农村乡镇政府因而掌管了一部分地方教育供给的权力。

中国的教育督导体制是指,较高层的政府官员对低层人民政府、教育当局和学校(初中、高中、师范学校和职业中学)的教育工作进行检查、视察、评估和提供指导。教育督导体制的目的是监督法规法令的实施,在大政方针上予以指导,监督有关教育政策的落实等等,以确保教育目标的实现和教育质量的提高。一个教育督导体系已经建立起来。

5. 教育财政

国家的财政拨款是中国教育经费的主要来源。国家财政拨款包括中央政府拨款和地方政府拨款。一般来讲,地方财政拨款通过地方政府,用于提供教育(开办和经营学校),而中央政府的拨款是在中央政府各部门的指导下,用于支持学校建设,以及作为特殊的补助来发展专门的国民教育发展计划。此外,各级人民政府为筹集教育资金通过尽可能多的途径做出了巨大的努力。这些资金包括:政府权力机构征收的教育附加费,取自于工业企业出于教育的目的而支付的费用,地方社团筹措或捐献的资金,通过社会服务和在职学习项目产生的收益(用于提高教育条件)、学费以及其他各种名目费用的收入等。1990 年,国家财政用于教育的总支出是 433 亿元(人民币),占了当年国家收入的 13.1%;其他教育基金和收益达到约 116 亿元(人民币)。1991 年,小学的生均教育经费是 115 元(人民币),中学是 255 元(人民币)。自 1981 年以后,中国开始积极地利用世界银行贷款来发展教育。

6. 师资

1990 年,中国各级各类教育机构中共有1 345 万名教学、行政和勤杂人员——其中有 1 037 万人是全职教师。这包括小学全职教师 558 万,主流中学教师 363 万和正规高校教师 394 500 人。和 1980 年相比,学校体系内受雇总人数增加了 191 万,全职教师增加了 104 万。因此,中国的师资队伍规模非常庞大,未来的首要任务是提高教师的思想和专业素质,并使师资队伍结构最优化。

为了保证教育、教学的质量与标准,国家确定了相应的学科资格要求和标准,以对中小学教师进行职业资格评价。国家鼓励教师通过继续学习提高自己的教学和专业水平。有两类培训机构:第一类是全日制培训和在职培训,它们主要由教育学院、师范学院和高校开设的本科或师范学位课程提供;第二类是电视大学、师范学院和函授学校。这样的培训也可在讲习班或教材、教法研讨会上进行。教师也可以参加全国高等教育自学考试。高校教师的在职培训通过高级访学计划、高级教师培训课程实施。除此之外,出于培训目的的考虑,还有大学之间教师的相互交流。政府和学校为教师培训提供必要的条件。参加培训的教师在培训期间仍带全薪,培训费用由国家支付。教师在成功地完成培训以后,国家会承认其资格,也会给予这些教师相应的待遇。

中国政府采取了一系列积极有效的措施,以使师资队伍稳定,并提高他们的素质。这些措施如下:

(a) 提高教师的经济地位,改善他们的工作条件。近年来,教师的工资几次得到了提升。中小学教师可因多年的教学而得到额外的津贴。教师的工资水平比其他公共单位人员高出 10%。在一些省市,有 30 年教龄的教师在退休后仍有权利享受全薪待遇。

(b) 确立教师的声誉、奖励制度。9 月 10 日被指定为教师节。成立了国家幼儿园、小学、中学教师基金会,旨在奖励那些做出杰出贡献的教师。

(c) 确立了中小学教师的终身制。中小学教师包含在专业人员范围体系内,他们因而享有与其他专职人员相同的工资标准。

(d) 鼓励优秀中学毕业生进入师范学校,从而确保这些学校所招收的学生能有较高的素质。为提高师范教育的质量而完善教育实习制度。

(e) 为中小学教师引进教师职业资格制度。据估计,在 1986 ~ 1990 年间,共有 162 万名中小学教师参加了教师资格考试。

随着国家对师范教育和教师培训愈加重视,并采取有效手段加以强化,教师队伍的整体素质正在不断提高。

7. 课程开发与教学方法

为了提高全民族的素质,确保基础教育富有成效的实施,国家教育委员会组建了专家组,还为全国中小学制定了课程指导方针。考虑到地区社会经济存在着极大的差异,国家教育委员会允许各省、市、自治区在落实指导方针时采取灵活的方式。在达到课程基本要求的条件下,可以针对地方的具体情况进行必要的修正。有两类6年制小学课程:一种是城市学校,另一种是农村学校。课程包括10门科目,包含德育、语文和算术等方面的内容。城市学校还应当为1、2年级的学生增设体育活动,而农村地区的学校则应当为6年级学生增设农业课。5年制小学不开设运动项目。中学开设有13门必修科目,包括思想政治、语文、数学和一门外语。高中要求开设选修课,科目所确定的内容应符合学生的意愿、社会需求和学校的特殊情况。英语是最普遍的一门外语,但有些学校也设有日语、俄语、法语、德语或西班牙语。每门科目的大纲、教材都由学科专家组根据对课程的要求进行编写,并经国家教育委员会的中小学校教材委员会批准通过。

关于高等教育机构,国家教育委员会为课程设置确立了基本的要求和原则。高校在考虑到其自身条件的情形下,负责编制本学校的课程和教学大纲,使之与国家教育委员会的要求相一致,并适应社会需要。作为一般模式,高校都提供必修科目之外的选修科目。高校标准教科书的采用必须通过国家教育委员会组织的专门学科委员会批准。

8. 考试、升级和证书制度

中小学举办的考试有四类:学期考试(TE)、学年考试(STE)、毕业考试(CE)和升学考试(EE)。在小学,学期考试、学年考试和毕业考试都限于语文和数学这两门科目。升初中的入学考试正在逐步取消。升高中的入学考试具有淘汰性,通常还要和中学的毕业考试结合起来。高中的毕业考试独立于高考,前者是一种鉴定考试,而后者具有淘汰性。高考是常见的全国性考试,文科与理科考试分开进行。成功通过中小学毕业考试的学生被授予毕业证书,而大学毕业生在通过各种考试和测评之后获得毕业证书和学位证书。

9. 教育评价、评估和教育研究

教育评价是对学校和教育机构业绩进行督导的一个重要形式。自20世纪80年代以后,教育评价受到了应有的重视,并经历了飞速的发展。在高等教育机构和专科中学里,评价的组成部分主要有:资格评价、标准评价和优异评价。在中小学,评价一般包括如下几个方面:学校的办学目的、学校的管理、教育质量和学校的办学条件。教育评价通常由地方政府和教育当局实施。

在教育研究方面,一个多层级的研究体系已经确立,全国现有一万多名全职研究人员。国家和地方政府通过特殊的基金或项目提供研究经费。教育研究的主题除了基本的教育理论外,多数集中在中国教育的变化和发展上,同时还关注教育、教学实践。研究的结果因而能够直接服务于教育决策和教育改革进程。

在20世纪90年代初期,研究的重要课题如下:农村教育发展与农村社会进步之间的关系;有关中国少数民族教育的理论与实践的主要问题;教育与生产劳动力相结合的理论与实践;中国教育立法的理论与实践;师范教育改革与师资队伍建设;中小学课程与教材的改革;教学方法和考试制度的改革;中国的扫盲教育等等。

10. 20世纪八九十年代的主要改革

从20世纪80年代早期开始,中国政府实施了一系列卓有成效的教育改革,包括:

(a)教育结构调整。在1980年,中国的中等教育主要由主流中学组成,相当于高中层级的中等职业技术学校的学生比例仅为19%。伴随着教育结构的调整,这个比例在1990年增加到了46%。高等教育结构改革也取得了极大的进展。其中在学科领域方面,社会最需要的专业迅速发展起来。1978~1990年,金融学与经济学、政治学与法学、艺术与文学类专业的全日制学生人数分别增加了12倍、32倍和2.2倍。大量的新兴专业和跨学科专业领域也得到了发展。在学科结构水平上,文凭教育发展加快了。到1990年,能颁发高等文凭的教育机构的数量增加到了455所,占所有高校总数的42.6%,在校学生为743 000人,是高校学生总人数的36%。研究生、本科生和攻读文凭的学生的比例由1949年的0.7:100:24,调整到了1990年的7:100:56,表明了高等教育的结构趋于合理化。

(b) 管理体制的变化。新的中央集权化管理体系确立起来，地方当局被授权负责基础教育。在提供教育方面，传统的模式——据此政府担负了全部职责——正在逐渐消减，企业和社会团体办学得到了充分扩展。此外，学校自治的程度加大。这种变化带来了巨大的成功，尤其在农村地区。在20世纪90年代初期，人们做出了巨大努力来加强学校的微观控制和内部管理体制。

(c) 综合教育改革。1987年以后，国家教育委员会在全国15个市、116个县发起了综合教育改革的试验运动。城市综合教育改革的主要内容有：加强政府的经济、科技与教育（各级各类）的整体合作；改革中专和技校的招生、就业分配体制以及改革相应的劳动力人员体制；完善城市教育的整体结构；促进高中教育的多样化。农村综合教育改革的主要内容有：农业、科技与教育的总协同及结合；对基础教育、职业技术教育和成人教育的整体管理，以促进社会经济与教育协调一致的发展。

11. 2000 年面临的主要问题

中国教育的主要问题在于：教育结构存在一定程度的不合理现象（如职业技术教育并未充分发展）；对教育和贫困学校投入不足；教育方针、内容、方法在不同程度上脱离了社会实际；教育体制的有效性不甚理想。因此，总的来说，中国教育体制还不能很好地适应社会主义发展的需要。

中国政府为促进教育发展，制定了一个“十年计划”和第八个“五年计划”，可以预测，到20世纪末，中国的教育结构将更为合理化，教育质量将得到充分提高，专业人员队伍将有所增扩，劳动力和专业人员的素质、标准将有进一步提升。教育体制将主要用来迎合国家经济和社会发展的需要。

滕藤（Teng Teng） 著
尹天姿 译

附录

Liu Huozi (ed.) 1990 *Chinese Encyclopaedia*. Chinese Encyclopaedia Press, Beijing

Li Jian (ed.) 1989 *Chinese Education Yearbook*. People's Education Press, Beijing

People's Republic of China 1985 *The Central Government's Decision on Educational Reform*. Government Office, Beijing

People's Republic of China 1986 *The Compulsory Education Act*. Government Office, Beijing

Xue Muqiao (ed.) 1990 *Chinese Economic Yearbook*. Chinese Statistics Press, Beijing

中国香港的教育制度（Hong Kong: System of Education）

1. 基本背景

中国香港特别行政区由香港岛、其他许多岛屿及中国内陆的一部分组成。1842年，香港岛变成英国的一块殖民地。后来，随着殖民势力的扩张，香港的面积也随之扩大。其中最大的一次领土扩张是在1898年，殖民势力租借了一块租期为99年的土地，这块地方就是现在的“新界”。租约要求英国于1997年将香港主权归还给中国，而这份租约所包含的内容在当时可能并没有被人们看重。由于在20世纪，新界与香港其他地区的界限变得十分模糊，到了80年代，谈判代表清楚地知道，整块领土的主权应该归还中国。香港的面积为1 071平方公里。

香港地区的人口大约为600万。其中将近98%的人是中国人，而他们中的大部分人都以广东话为日常用语。除了中国人外，其他人群中最大的群体来自菲律宾、英国、美国和印度。香港地区大部分的小学和大多数中学都使用广东话。而对于大多数的其他一些学校而言，虽然他们对那些从国外移居来的孩子也使用法语、日语和其他语言进行管理，但都是利用英语开展教学。

在第二次世界大战后期，香港地区的人口仅为60万。但是，随着那些在日本人占领期间离开香港地区的人返回故土，到1947年年底，这里的人口已经增加到180万。后来，香港地区接收了大量来自中国内陆的移民，到了20世纪80年代，香港地区当局开始强制实行严格的移民控制。这一措施，使每年的人口平均增长率减少至1.3%,由此带来的其他结果就是减轻了教育设施的压力。

人口普查的数据资料显示出由教育条件所反映出来的人力资本方面的问题。1961年,年龄在15及15岁以上的人中,仅占人口13%的人有条件获得高中和高等教育的资格。大学毕业生只占人口的2.4%。到1991年,两者的数字已经分别增长到44%和5.9%。实际情况显示了性别的不同:年龄在15岁以上,7.2%的男生和18.2%的女生要么根本没上过学,要么只接受过幼儿园水平的教育。

大部分香港人都住在城里。空间的压力要求学校只能有狭窄的操场,80%的小学都就读于轮班制学校(bisessional)。但是,在城市的边缘,仍然有一些只有两个教师、多个年级混班上课的乡村学校。

从经济的角度来讲,中国香港以高速的经济增长率而闻名世界。它与中国台湾、韩国、新加坡并称为"亚洲四小龙"。1991年,中国香港的人均GDP估计达14 100美元。经济的增长极大地推动了教育的发展。

由于中国香港自然资源十分有限,事实上该地区的所有食品、燃料和资本货物都依赖进口。1991年,香港地区的实物贸易(包括出口、再出口和进口)总量等于GDP的244%。农业和渔业只占GDP的0.3%,制造业占16.7%,商业、饭店和宾馆占24%,金融、保险、房地产和商业服务占20.6%。

1984年,经由中英政府谈判商定,香港地区作为英国殖民地的地位到1997年结束,此后,香港将是中华人民共和国的一个特别行政区。该地区的行政长官由特别委员会任命,这个委员会由各个非官方的和指定的成员组成。包括财政与学校在内的法律由立法委员会制定颁布。

2. 教育政策与目标

紧随战后的殖民教育制度是经过严格选拔的精英教育。它主要为一小部分公众和经济领域内的国际部门提供必需的、能使用两种语言的劳动力。尽管许多中小学使用中文作为沟通的媒体,但事实上,以英语为媒体的高等教育妨碍了这些学校毕业生的进一步深造。这些学校里许多有能力的学生不是继续求学,而是直接参与到家族事业中去(Sweeting 1991, Morris and Sweeting 1991)。

1960~1970年间,这种情况发生了明显的改变。1963年香港中文大学的建立,成为上述中文学校体系的顶点。另外,人们也很快意识到从高等教育获取的财政收益。扩充各个层次教育设施的压力使得香港地区政府于1971年实行6年制小学义务教育。此后,又于1978年规定3年的初中教育为免费,1979年起实行初中义务教育。在整个20世纪80年代和90年代初期,高等教育有了快速的发展。

不过,教育目标在殖民时代已经形成。例如,香港的主权在1997年归还中国是众所周知的,尽管香港土地上已经开始有了一些大的变化,但仍然没有关于中华民族自豪感方面的教育目标。

1990年,香港《基本法》规划了特别行政区的蓝图。关于教育方面,《基本法》(中国香港政府1990 P.47)有如下规定:

> 在原先教育制度的基础上,香港特别行政区政府将自主制定教育发展和教育改善的政策,其中包括关于教育制度与教育管理、教育语言、资金分配、考试制度、学术奖励制度及教育条件许可等政策。

香港特别行政区政府将如何自主运作,人们拭目以待。一些在转型时期出现的教育部门的压力,学者波斯蒂格廉(Postiglione)和梁(Leung)已经有分析文章(1992)。

3. 正规教育体系

3.1 *初等教育、中等教育和第三级教育*

图1所表示的是正规教育体系的结构,表1显示了从1991~1992年的入学人数。儿童从6岁开始接受初等教育,学制6年。对于普通的班级而言,最大班级规模为45人,如果是活动教学法的,则为35人。在小学1年级到3年级这一阶段,有40%的班级采用活动教学法。最典型的小学有24个班级,学生与教师的比例是26:1。每一位教师都要教授三门科目,任何一个班级的平均学习日都是由2~4个不同教师进行教授。

表 1　　香港 1991 ~ 1992 年各个阶段的机构和入学人数

	机构				学生人数			
	官立	资助	私立	总数	官立	资助	私立	总数
幼儿园	–	–	791	791	–	–	201 750	201 750
小学	50	554	82	686	34 112	449 079	51 259	534 450
中学	40	310	81	431	36 654	318 695	82 946	438 295
特殊教育	–	71	–	71	208	7 976	–	8 184
教育学院	4	–	–	4	2 351	–	–	2 315
被认可的专业学院	–	–	2	2	–	–	–	5 049
成人教育	–	–	111	1 111	–	–	28 074	28 074

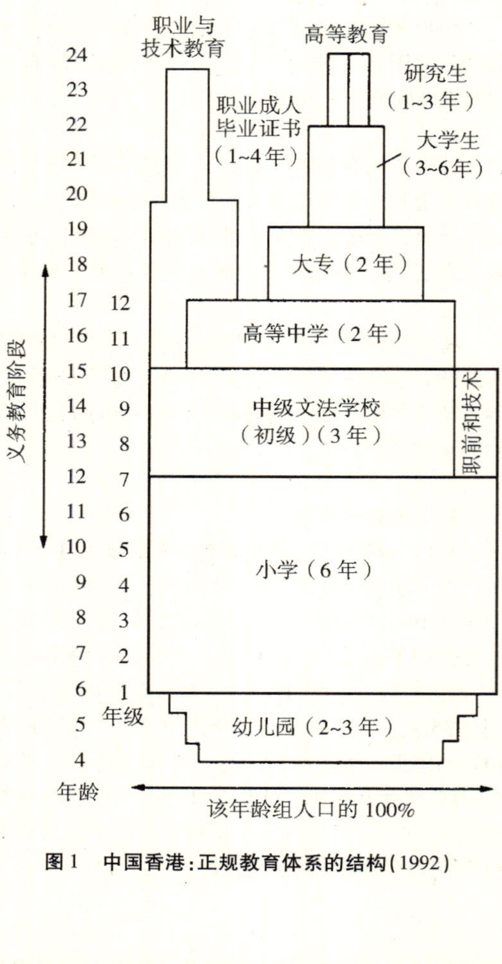

图 1　中国香港：正规教育体系的结构（1992）

中等学校一般开设 5 年制、范围比较广的理论课程，从而获得香港教育考试证书。尽管一些学校冠名是技术学校或职业学校，但实际上大多数的学校都是普通中学。1992 年，在香港所有的 442 所中学里，只有 22 所技术学校，23 所职业先修学校。职业先修学校至少有 40% 的课程设置是技术课程。但是，并没有此类的规定要求中级技术学校这么做，而且事实上职业技术学校的课程与普通中学的极为相似。中学的教师通常只熟悉一到两门学科，因此每个班级一周的课程可能会有六七名教师任课。一般的中等学校有 24 ~ 30 个班级，每个班有 40 个学生。在公立学校和资助学校里，学生与教师的总体比例是 22:1，而在私立学校比例是 31:1。

香港中学会考（HKCEE）的候选人可能参加为期 2 年、6 种课程的学习，参加 A 级水平考试后就准备进入到大学和工艺学校进行学习。自 1992 年开始，这种课程在职业先修学校、普通中学和中等技术学校就已经开设。

在初等教育阶段，有 6% 的学生在公立学校学习，84% 的进入政府资助的机构，10% 的学生到私立学校学习。中等教育阶段的相应的数据为 8%、73% 和 18%。大部分的私立小学都享有很高的声誉，而在中等学校中，有许多没什么声名，它们只是为了满足那一部分学生，因为他们不能在公立学校或者政府资助学校学习。

香港地区有3所大学,均为公立大学。香港大学创建于1911年,是历史最长的一所大学。该校开设的课程范围很广,用英语教学。前面提到的香港中文大学,建于1963年。它所开设的课程范围也很广。尽管该校大部分课程是用中文教授,仍有许多课程要求学生用英文阅读材料。香港地区最年轻的一所大学是香港科技大学,建于1991年,该校大部分课程用英文教授。

其他可以授予学位的机构有香港理工学院(建于1972年)、城市理工学院(建于1984年)、浸礼会大学(建于1956年)和岭南大学(建于1967年)。像其他大学一样,这些机构也是政府通过大学与理工教育资助委员会(UPGC)(现称大学教育资助委员会——译者注)进行资助的。

图2表现的是正规学校学生人数的增长率。在20世纪60年代和70年代,曲线表发生了明显的扩展。20世纪80年代学生人数的减少主要反映了不断下降的出生率。

高等教育的入学人数也有了明显的增长,尽管最近的增长更大。在20世纪80年代初期,处于这个年龄段的人只有3%左右的能在当地的大学学习。这种情况使许多人不得不出国学习,或者像许多在海外学习的人一样在家学习。80年代中期,政府雄心勃勃地宣布扩展目标,这些目标后来实施

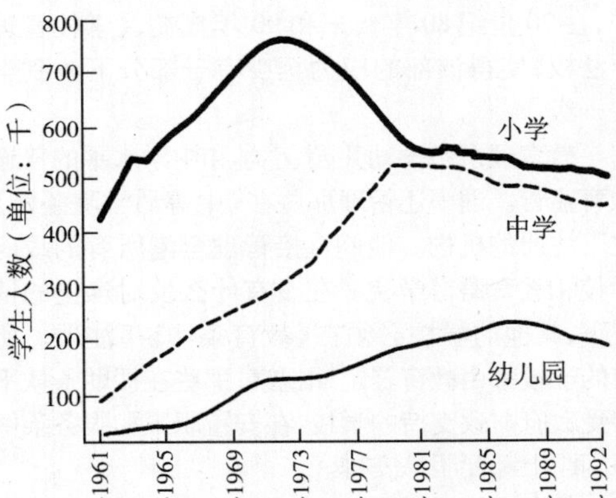

图2 从1960~1961年到1991~1992年香港幼儿园、小学、中学的入学人数

得更加具有挑战性。1989年,政府宣布第一学年、第一学位的学额将从1990年的7 000个扩大到1995年的15 000个,这样做部分是为了补充人才的流失,部分是政府的自信在公众前的证实。这一计划意味着同一年龄段的学生中有25%的人将获得高等教育的机会。通过与国际、地方标准比较,我们发现这是一个惊人的数字。

3.2 学前教育

学前教育是为了满足年龄在4~6岁之间、90%左右的儿童学习的需要。一些儿童从3岁就开始接受学前教育。

大部分的学前教育是在幼儿园进行,这些幼儿园都是在政府的教育署注册,但由私人运作。一些儿童进入托儿所,这些是在社会福利部门注册的。政府管理着一类示范托儿所,其他的均是私立的。其中一些是商业企业,而多数是在非盈利的基础上运行的。

注册数字显示,大部分的父母考虑到学前教育是年幼的孩子生活的基础。但是,政府却认为没有足够的证据来说明幼儿园是教育的基础,因此给予的资助是很少的(Opper 1991 P. 36)。政府官员视察幼儿园,给管理人员、教师、父母和公众提意见,在整个教育预算中,给予幼儿园的直接投资还不到1%。

在一定程度上,可能是因为这种官方政策的实行,该部门的教育质量遭受质疑。教师只能从上述一所教育学院中获得基本的专业培训,但仅有1/4的学前教育学校的教师真正得到培训。这种情况反映在工资结构上,那些极少数受过培训的教师因为受过培训而工资较高。幼儿园教师工资水平普遍都比较低,供职一段时间,在其他地方找到比较高的工资待遇后,许多人就离开了原来的岗位。

3.3 特殊教育

1990年,为残疾儿童开办的特殊培训总共有15 000个学额,其中9 000个学额分布在71所学校,专门为严重残疾的儿童提供服务。这些残疾儿童包括盲童、聋人、身体残疾者、智力残障者和心理失调者。其中,16所特殊学校提供了950处居住的地方。所有的这些学校都是由志愿服务机构进行运作,但是属于资助部门管理。此外,普通学校

中的418个特殊教育班级，为视力部分失明、听力部分丧失和学习有障碍的学生提供了6 200个学额。特殊学校的班级根据学校所招儿童的不同，每个班8～20人不等。每个班教师的比率是1～1.5。

调查和评估服务有助于在学龄儿童中明确特殊教育的需要，如此这般就能够尽可能早地采取补救措施。政府也将提供培训和顾问支持。重点是要及早诊断，防止轻度损伤演变成严重的或永久的残疾。

3.3.1　中央凸字制作中心

中央凸字制作中心（The Centralized Braille Production Centre）成立于1986年，在政府的资助下，由香港盲人辅导会管理。他们生产用英文和中文两种语言阅读的盲人读物。

3.4　职业、技术教育和商业教育

《学徒条例》为手艺工人和技术工人的培训提供了法律框架。它要求雇主在规定的42类行业中，雇用年龄14～18岁之间的工人时，要签订一份合同。合同必须交由技术教育与行业培训董事会登记。而与不是在指定行业的学徒签订的合同，或者与年龄在18岁以上的个人的合同，可以自愿登记注册。大多数学徒培训期限是3～4年。

职业培训委员会管理着8所技术学校，这些学校提供工艺和技术水平的课程。全日制的课程学习时间是1～2年，而半日制则要延长到3年。一些半日制课程是通过白天的"脱产进修"进行运作，而另外一些则是晚上进行的。大多数课程的目的是不断更新那些已经工作的人的知识和技能。

该委员会还提供行业培训。个人中心为16种不同的行业培训工人。中心以全日制或半日制的方式，每年为约21 000名培训生提供脱产的基础培训或更新培训。技术水平从熟练工人到技术专家都有。

在这一体系的最上一层，是理工大学开设的课程，一直从学士延伸到研究生水平。1991～1992年，香港理工大学有10 900名全日制班和工读交替制的学生，16 000名半日制班的学生。城市理工大学的规模要小一些，有7 000名全日制学生、5 500名半日制学生和300名插班学生。

3.5　成人和非正规教育

教育署成人教育司通过许多课程和活动，在晚间提供正规和非正规的教育，同时通过补助金计划来支持志愿组织。正规课程包括补习教育、二次教育和各种层次的提供个人发展的教育。有些课程是和其他政府部门联合开办的。非正规课程包括文化、社会、娱乐和教育活动，以此增强社会意识，培养创造力，发挥个人的才智和技能。香港共有19处在不同行政区运行的成人教育和娱乐中心。1990年，约有28 000人参加了这些课程和活动。

由志愿机构运行的补助课程是政府管理下课程的一种补充。1990～1991年，66个各组织运作的285个项目得到了政府提供的资助。

开放学习学院成立于1989年。它为那些离开校园后无法继续深造的人提供了二次学习的机会，也为工人和管理者提供机会，让他们能够不断更新自己的技术，扩展个人发展的空间。该协会在四所学校里有学位课程：科技大学、商业与管理学校、工艺和社科学校、教育学院。

4. 行政管理的结构与运行

香港地区实行单一的行政制度，只有一个政府，没有地方的或州的权力机构。

但是教育署除了管理总部的办公处之外，还管理着位于香港不同地方的另外19个办事处。此外，在20世纪80年代末和90年代初，《学校管理立法权》使得该部的权力至少有一部分下放到学校一级。

教育理事负责幼儿园、小学和中学水平的普通教育监管。理事还管理那些在《中等后学院条例》之下注册的机构。他们直接管理全港所有的政府学校和教育语言学院。在没有什么反对意见的情况下，其他的学校必须在《教育条例》下注册。所有的学校都由教育署定期视察，那些在援助条款下接受政府财政支持的学校，在安置职工和服务条件等问题上都要服从安排。

教育统筹委员会成立于1984年，是政府在教育上最高的顾问团体。其职权范围是：规定所有的目标；制定政策；推荐履行教育的优先权；调整各个层次的教育规划和发展；组织教育研究。

教育委员会是成立于1920年的一个法定咨询组织。它帮助学校部门规划和制定政策。

大学及理工教育资助委员会在高等教育的发展方面给政府提供建议。它还经管专科学院的资金。其历史可以追溯到1965年。

上面提到的职业培训委员会建于1982年。其角色是在保证技术教育和工业培训的综合制度,建立、发展和管理大学水平的培训等方面给行政长官提供建议。在委员会下有20个培训委员会和7个普通委员会。培训委员会包括了所有重要的经济部门,而普通委员会则集中在不止经济部门一处的相关培训上。

5. 教育财政

教育消费一般占整个政府预算的15%到20%,占香港地区生产总值的3.0%左右。在20世纪80年代后期,尽管这种比率有所下降,但在中期,教育消费还是有很大的增长。90年代,高等教育的扩大,要求政府承担沉重的财政义务,但是教育不得不同其他部门和很多引人注目的基础设施,包括一个崭新的、耗资巨大的机场进行竞争。

在教育部门里,初等教育的经费占了整个教育经费的30%,而投入到中等教育的比率则很少,另外有25%用于"其他教育"上。由于香港人口密集,政府避免将教育管理的费用运用到一个很大的范围。政府对成人教育几乎就没有什么投入。

在公立学校和资助学校,一直到3年级的教育费用都是免费的。3年级以上,人们要担负标准费用。1991~1992年,4年级和5年级的每年费用是2 100港元(合270美元),6年级和7年级是2 550港元(合331美元)。

人们还要负担高等教育的费用。直到1992年,学生负担的最高费用水平是1962年香港大学所收取的,当时的收入包括16%的经常性开支。随后的几年,费用水平下跌,因此到1982年政府的开支只包括香港大学3.8%的经常性开支和香港中文大学5.8%的开支。但是,在1987年,政府拟订了一份开支累进增长的进度表,其目的是到1994年时,能够达到12%的经常性开支。

从1969年开始,政府还实行了学生贷款的制度。这一体制是保证已经获得高等教育机构的学生,没有人因为缺钱而不能接受这种教育。在很大程度上,当局似乎已经达到了这个目标(Bray 1992)。这个制度考虑到补助金和贷款两个方面,前者包括教员的工资、学费、学生会开支,后者包括生活费。过去贷款是没有利息的,但自1987年开始采用了每年2.5%的利息。通常来说,贷款要在毕业后5年内偿还。

6. 师资

1992年,香港总共有45 000名教师。这些教师的学术能力、专业编制和服务期限存在很大的差异。尽管政府的长期目标是使所有专业的教师都是大学毕业生,但实际上在1992年,没有多少初等学校的教师是大学毕业生。即使是在中等教育水平的学校,还有1/3的教师不是大学生。大部分的教师都接受过培训,但仍然大约有1/4大学毕业的教师没有接受过培训。

香港有4所为中小学培养非大学毕业教师的教育学院。它们由政府直接筹资、安排职员,归教育署管理。其中的3所有一个大概的涵盖对象范围,而另一所则集中为中学和职业先修学校进行技术课题的培训。这些学院提供全日制初级教师教育课程和半日制最新课程。

大学毕业的教师所接受的培训在香港大学、香港中文大学和浸礼会大学进行。这些大学提供1年全日制的和2年半日制的教师教育课程。半日制课程是对那些已经在学校教过课的大学生进行培训的。尽管政府允许没有受过培训的大学生去担任教学工作,但他们的职业前景将受到限制。

香港大学和香港中文大学也提供全日制和半日制的教育行政硕士课程。这些课程服务于教育学院的行政人员和讲师,也服务于普通教师和其他人群。

7. 课程开发与教学方法

课程发展协会(CDC)主要对学前、小学和中学水平以及特殊教育的课程设置提供建议,而教育署辅导视学处则服务于CDC。

小学的课程主要有语文、英语、数学、社会研究、自然、艺术和手工、音乐及体育。由宗教团体管理的学校也提供与其信仰相适应的学习。中学里也开设类似的课程。每天至少都有两种语言的学习和数学的学习,而其他课每周只有两到三次上课时间。

在20世纪70年代,政府在初中引入了综合的自然与社会课,取代了理论化的学科研究。综合的自然课稳固地建立起来,而社会课则被那些执著于理论学科的校长和专业教师坚决抵制。提高实践课地位的种种努力也遭到反抗,其结果是初级中等教育虽然是普及的、义务的教育,但仍然是高度学术化的教育。这一趋势甚至在后义务阶段表现得更加严重,学习受控于公共考试(McClelland 1991年)。

所有的教科书都由商业公司出版,他们之间的竞争促进了高质量产品的出现。但是,学校只能使用规定的名单上的教科书。只有那些在教育上和政治上被接受的书才能加到名单上去。

教育电视观察(ETV)课程成为小学3~6年级、中学1~3年级的学生正规学校生活的一部分。ETV课程由教育署教育电视部和香港无线电视共同制作。这是课堂教学一个非常有益的视听补充。

8. 考试、升级和证书制度

儿童可以根据《1年级配置课程》进入小学,这里面重视了父母的选择,但主要还是受地理区域的支配。完成小学课程后,根据《中学学额分配制度》,学生们将分到1年级的学额。这一制度利用内部的学校评估,根据教育署举行的学术才能测试的比例来决定。

最重要的公共考试是香港教育证书考试,大部分中学5年级的学生都参加这个考试。这是由香港考试局(建于1977年的独立法定团体)管理的。考试局还举办A级水平考试,管理一些代表海外考试机构的考试。

在学校体系里,学生一般都是自动从一个年级升到下一个年级。学校可能会要求学生复读,但在一个学生上小学期间,一般只能复读一次。在中学阶段,官方政策把复读的比例严格限制到每年5%。

9. 教育评价、评估与教育研究

大多数的教育评估和研究都是由政府的教育署和高等教育机构共同承担。教育署的特定部门是教育研究所,它所进行的大部分工作都集中在政府自身的规划和政策上。高等教育机构的工作是广泛而多方面的。

高等教育有一个朝气蓬勃的教育研究协会,负责每年的会议和出版《教育研究学报》。香港中文大学的教育学院主办了一份《教育学报》,香港大学的教育学院则就选定的主题出版定期的《教育论文集》。

香港已经参与了国际教育成就评价协会(IEA)。项目包括数学、自然、学前教育和扫盲(Brimer and Griffin 1985, Holbrook 1990, Opper 1992)。尽管这些项目没有像所期望的那样影响到政策制定领域,但它们提供了有用的比较指标。

确定分配到估价、评估和研究领域的预算总额的份额,是一件难事,但是它不可能超过1%~2%。

10. 20世纪八九十年代的主要改革

20世纪80年代飞速变化的脚步到90年代初期并没有放慢。许多改革都与1997年主权归还中国有直接或者间接的联系。

如上面所提到的,一个意义深远的举措是高等教育明显地扩大。政策不仅对高等机构自身产生很大冲击,而且对那些以协会为来源的学校产生影响。政府希望到世纪末时,这种扩展能够对劳动力市场有显著的影响。

另一个重要行动是直接资助计划(DSS)。在这个计划里,受资助的中学能够转变成私立机构,但是仍然要接受大量政府资助。现有的私立学校也能够申请加入到这个计划中来,这样就可以得到政府的资助。DSS是在1988年由教育委员会提议,并从1991年实施,它显得有点精英主义,它的制定是为了结束过去10年来行政官员投入大量精力建起的某些单一的东西。计划为那些以前从政府资助的名单中排除出来的激进学校提供了一条途径;但是它还传播其他主要机构的影响力。

整个20世纪80年代和90年代初期见证了关于教育语言的广泛探讨。尽管提倡母语教学推动了以中文为媒体的教育,但是许多父母更偏向于英语教育,因为这将加强受教育者在劳动力市场的工作机会。事实是许多所谓的"英语教学学校"其实是用中文教学,或者以混合的模式突出教育的复杂性和矛盾。

1989年,教育署颁发了会议论文,建议所有小学6年级的学生都要参加英语考试,以决定他们的能力,从而受益于使用英语的中等教育。根据考试的结果,初中1年级30%的学生将严格地用英语教授大部分科目,剩下70%的学生严格地用中文教学。取消混合教学的模式。这个提议在对待难题的立场上,得到了教育署的赞扬,但是遭到了普遍的反对。最后,交由学校自己决定自己的政策,还和以前差不多。

11. 2000年面临的主要问题

到2000年,香港已回归中国。尽管《香港基本法》中的条款已经称允许该地区保留自己的教育制度,但是在与大陆的协调方面仍然会有一些不可避免的问题。

整个教育已经预示着一些压力。上面关于语言的讨论,主要是与英文和广东话各自的角色有关。与中国内陆的重新统一也要求人们更多关注普通话。在课程设置里已经有普通话的一席之地,教师将接受普通话培训。还有可能的是,香港的教育机构通过雇用内地的人员以推广中文简体字,而非使用曾经作为标准的繁体字。

另一个问题是关于教育制度的管理。尽管香港承诺高度自治,但是决策实体的影响和管理等问题会不可避免地出现。这些问题将从总体上关注学校等级和范围。

更多的问题将关注来自中国内地的认可条件。在第二次世界大战后10年,香港的殖民政府拒绝承认来自内地的资格证书。然而,这种情况在统一后不可能继续下去了。

最后,也是部分与上面的问题有联系,与中国内地的重新统一可能会给香港的工资水平带来压力。香港的教师和其他教育人员长期以来比他们在内地的同行们有着高出许多的薪水。来自内地的专业人员供应的增加和缩减差异的压力,都将大大地改变这种状况。

M. 布雷(M. Bray) 著

马 惠 译

附录

Bray M 1992 Financing higher education through student loans: The Hong Kong system in comparative perspective. In: Chung Y P, Wong R (eds.) 1992 *The Economics and Financing of Hong Kong Education*. Chinese University Press, Hong Kong

Brimer M A, Griffin P 1985 *Mathematics Achievement in Hong Kong Secondary Schools*. Centre of Asian Studies, University of Hong Kong, Hong Kong

Holbrook J 1990 *Science Education in Hong Kong: Achievements and Determinants*. Education Paper 6, Faculty of Education, University of Hong Kong, Hong Kong

Hong Kong/China Governments of 1990 *The Basic Law of the Hong Kong Special Administrative Region of the People's Republic of China*. The Consultative Committee for the Basic Law of the Hong Kong Special Administrative Region of the People's Republic of China, Hong Kong

Hong Kong Government of 1991 *The School Management Initiative: Setting the Framework for Quality in Hong Kong Schools*. Education and Manpower Branch/Education Department, Hong Kong

McClelland J A G 1991 Curriculum development in Hong Kong. In: Marsh C, Morris P (eds.) 1991 *Curriculum Development in East Asia*. Falmer Press, London

Morris P, Sweeting A E 1991 Education and politics: The case of Hong Kong from an historical perspective. *Oxford Rev. Educ.* 17(3):249—267

Opper S 1991 Trends in early childhood education in Hong Kong. *East West Education* 12:26—47

Opper S 1992 *Hong Kong's Young Children: Their Preschools and Families*. Hong Kong University Press,

Hong Kong

Postiglione G A, Leung J (eds.) 1992 *Education and Society in Hong Kong: Toward One Country and Two Systems.* M E Sharpe, Armonk, New York

Sweeting A E 1990 *Education in Hong Kong pre-1841—1941: Fact and Opinion.* Hong Kong University Press, Hong Kong

其他参考文献

Bray M 1992 Colonialism, scale and politics: Divergence and convergence of educational development in Hong Kong and Macau. *Comp. Educ. Rev.* 36(3): 322—342

Cheng K M 1991 Education. In: Lee M K, Sung Y W (eds.) 1991 *The Other Hong Kong Report.* Chinese University Press, Hong Kong

Hong Kong, Government of (annual) *Hong Kong 19xx.* Government Printer, Hong Kong

Morris P 1992 *Curriculum Development in Hong Kong.* Education Paper 7, 2nd edn. Faculty of Education, University of Hong Kong, Hong Kong

印度的教育制度(India:System of Education)

1. 基本背景

印度的学习与教育传统像它的文明史一样古老,它展示出了一幅令人印象深刻的科学与技术进步图景。但是,这种进步也伴随着大量的文盲和不牢固的教育系统。按照机构、学生、教师的数量以及教育活动的多样性来说,印度的教育系统极其多样,是世界上最大的教育系统之一。然而,尽管进行了诸多的努力,但是它的教育系统仍与整个国家的社会经济发展目标相分离。

据1991年的人口普查记载,7岁和7岁以上人口中非文盲的比例为52.1%。这是自印度独立以来,第一次非文盲的比例超过了文盲的比例。然而各地也有很大的差异。尽管克拉拉(Kekala)人口中具有读写能力的比例已达到94%,但是在北印度一带——也就是比哈尔、尤塔·普拉德什(Uttar Pradesh)、马德喜亚·普拉德什(Madhya Pradesh)和拉贾斯坦(Rajasthan)——能够读写的人口比例非常低,而且在农村有约47%的文盲。有2/3的文盲是女性,而在那些下等种姓阶级和部落民中,由于在经济上和教育上都处于不利地位,他们群体中能够读写的人口比例甚至更低。

印度拥有3 287 263平方公里的面积,是世界上最大的七个国家之一。在最近的一次人口普查(1991)中,印度的人口约有8.44亿人,是仅次于中国的第二大人口国。人口的74%生活于农村。主要的宗教团体是印度教(83%)和伊斯兰教(11%),基督教、锡克教和耆那教只占少数。在印度人们讲很多种语言和方言,这些语言和方言都有自己的文字和丰富的文学作品。

印度的经济主要是农业经济。农业活动及与农业相关的活动(如动物饲养业和渔业)占国家国民收入的34%,这一领域的成就对制造业有直接的影响,制造业占国民收入的27%。大体上,一个工人要供养两个非工人。非工人主要是家庭主妇、老人、学生和失业者。农业部门吸收了全国近69%的劳动力,其中超过1/3是农业劳动者,他们多数为文盲,依靠季节性工作生活。

印度实行的是计划经济,联邦对经济的引导正随着社会公平而发展。在1951年至1991年间,国家发布了七个五年计划,在其他年份中还有专门的年度计划。在印度,计划包括了公共部门以及私人部门,包括了社会服务以及人力资源开发,健康和教育也是其中一个部分。在按计划发展的40年中,国民收入已经增加,按实际收入计算每年增长3.8%,农业生产力每年提高2.95%,工业生产力每年提高6.3%,发电能力从230万千瓦增加到7 050万千瓦,这表示每年平均增长率为9.3%。

尽管取得了这些成果,但在1989~1990年,人均收入估计为4 252卢比(合200美元),印度是世界上最穷的国家之一,收入与财富分配的差距极大。根据官方估计(1987~1988),大约有30%的人口处于贫困户以下(也就是说,营养的摄入量低于最低要求)。

在大约150年间,印度一直是英帝国的一部分,直到1947年才获得独立。英国有计划地破坏了当地的教育系统,并以英语为中介引入了欧洲教育。英国—印度式的教育只面对经过挑选的少数人,这在受过教育者与目不识丁者之间造成了极大的鸿沟。独立时,14%人口能够读写,只有1/3儿童能够进入小学读书。

在英国统治时期,也有很多教育先锋,这些人同时也是独立斗争的领导人——如奥罗宾多先生(Sri Aurobindo)、拉宾德拉那什·泰戈尔(Rabindranath)以及圣雄甘地——开始探索复兴印度文化精神,建立适合于印度环境的教育系统。在独立后的最初几年,在那些试图保留英国—印度式教育系统与那些拥护其他模式,特别是圣雄甘地所设计的模式的人士之间进行过激烈的争论。

2. 教育政策与目标

1950年1月颁布的印度宪法为联邦政治体制建立了框架,列出了由中央政府和邦政府各自或共同负责的部门。教育出现在邦政府的责任列表上,尽管宪法修订案(1976)已把教育放在共同负责的列表上,但是教育的责任仍主要在邦政府。中央政府的责任主要在于保持和协调高等教育及技术教育的标准。在宪法中,邦教育政策的指导原则指导着邦为所有儿童提供自由的义务教育直到14岁。邦为所有人和那些需要保护的宗教上或语言上属于少数派的人士提供平等的教育机会。

独立后不久,印度就开始优先发展"基础教育"(按圣雄甘地的话说就是nai tallen),其目标是通过提供手工活动和生产工作,发展孩子的全部个性。同时甘地的基础教育为小学教育课程提供指导方针,系统地探索恰当的中高等教育,这促使印度政府分别在1948年和1952年任命了两个委员会。尽管根据这些委员会的建议进行了一些改革,但是被全国所接受的学制(10+2+3)仍不得不等到教育委员会(教育和社会福利部1966)报告出现之后才形成。

以教育委员会的建议为基础,并在咨询各邦政府意见,取得国会同意之后,印度于1968年宣布了国家教育政策。政策号召"转变教育体制,使之与人们生活的联系更加紧密;不断努力增加教育机会;做出持续的强有力的努力去提高各个阶段的教育质量;重视科学技术的发展;培育道德价值和社会价值"。

在1985年初,中央政府回顾了教育形势,决定着手制定新的教育政策。联邦政府准备好了新的教育政策和实施这一政策的行动计划与邦政府进行磋商,1986年联邦议会(人力资源开发部1986)批准采用新政策和行动计划。新教育政策新设了一个国家教育体制,这一体制将采取决定性步骤来普及小学教育,提高成人的读写能力,所以这一体制成为缩小教育差距的一种手段。体制建立在国家课程框架的基础上,这一课程框架包含了共同的基础课以及其他具有一定灵活性,符合特定地区的要素。共同基础课与学科领域不同,它被设计用来提高如印度人共同的文化遗产、平等主义、民主与世俗主义、性别平等、保护环境、去除社会障碍、遵守小家庭规范、灌输科学的思维方式等价值观。1986年的政策重视扩展大众受教育的机会,同时也要求巩固现有高等教育和技术教育。它也强调了教育需要更多的投资,至少应占国民收入的6%。

逐步建立的住宿学校倾向于提供给那些具有特殊天赋或潜能的儿童高质量的教育,而不管这些儿童的付费能力如何,这种学校已在全国几个地区建立。这些被叫作公立新式学校的学校录取的孩子大多来自农村地区和社会底层,它们试图通过这一方法来体现平等和社会公平,并以此来培养优秀学生。在这些学校共有1/3的名额是留给女孩的。到1990年总计有280所公立新式学校开张。

1986年的政策设想每五年回顾一次教育形势。1990年印度政府建立了一个回顾委员会,1992年对政策进行了一些无足轻重的修改。第七个五年计划(1985~1990)主张权利分散,并主张组织结构的改革,促进非正规的开放的学习体制的发展,在工业和发展机构之间建立联系,促进社会资源和社会财政的流动。小学教育和成人的读写能力被写入最低需要计划,并被给予很高的优先权利。第八个五年计划(1992~1997)在录取、保持、成绩三个维度上普及小学教育、根除文盲,特别是15～35岁的文盲。

尽管早期的教育计划方式认为,教育提供者方面的政策束缚是教育不发达的主要因素,但是经验显示,仅有的一点设备供应也不能确保它们的使用。低录取率和高退学率的原因在于社会经济结构和文化背景。为了战胜这种不利条件制订出了各种可选方法和可能性。一些重要的尝试目的在于完成为了所有人的基础教育的目标。这些计划包括由英国海外开发管理部门资助实施的安德拉·普拉德什(Andhra Pradesh)的小学教育计划,联合国儿童基金会资助的比哈尔教育计划,瑞典国际开发机构(SIDA)资助的李克·卢姆比什(Lik Jumbish)计划,以及荷兰资助的把教育看作妇女取得平等地位的重要途径的玛西兰·萨马基亚(Mahila Samakhya)计划。在组成了国家读写特使团(1988)之后,重要的读写能力运动开始了,这些运动也强调对不同世代的成人文盲的读写能力有不同的要求。

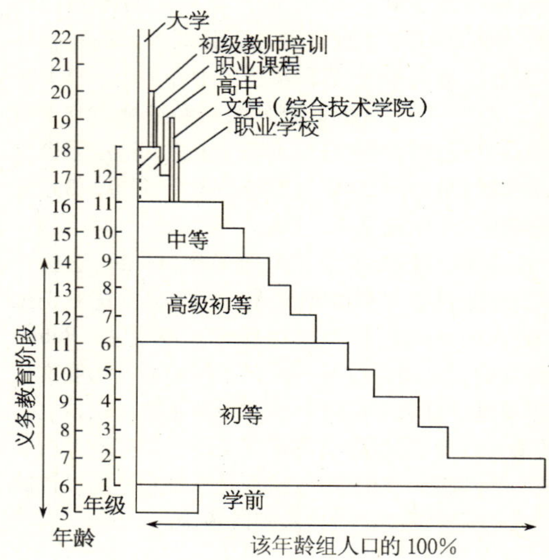

图1 印度:正规教育体系的结构

3. 正规教育体系

3.1 *初等、中等和第三级教育*

自独立以来(1947),印度一直试图建立一个共同的教育系统结构。教育委员会(1964～1966)已经推荐了10+2+3学制,这一学制被1968年教育政策所采纳。这一模式重视1～10年级的课程以及在中等教育阶段开始的职业和技术课程。为小学教师培训、医药和工程师而准备的职业课程开始于2年制高中课程结束之后(见图1)。

人们已经注意到教学设备上的广泛差距以及各种类型机构的标准问题。一种极端的情况是英国模式中所谓的“公学”以及新建立的公立新式学校。另一种极端的情况是设备极其糟糕,工作人员不足,监督管理极差的农村或地方学校。处于这两种极端情况之间的是各种私立学校,主要为中央政府雇员的孩子开办的资金充分的“中央学校”,以及由那些受甘地教育思想激励的人们开办的基础学校和后基础学校。

大体上,小学都是合作式教育。学期在夏季末开始,有秋假和暑假。基本上,在一个学年,教学日大约是200天。4年制的中学阶段被平均分成中学和高中。尽管几乎在所有学校中,由政府或类似政府的组织拨款并管理的教育标准都是令人不满意的,但是在中等教育中,建筑物及学校设备的质量,教师的数量和资格都相对更好。

普通高等教育在大学和学院中进行。所有的中央大学和其他一些大学主要是住校制的。在高等教育中,约83%被录取的学生来自附属学院。第一级学位课程中的技术和职业课程从3年到5年不等,学位后课程则非常具有竞争性。大学也提供研究设施,大学中的多数,特别是农业大学已经开发出非常有效的延伸计划。表1列出了不同水平教育机构的数量。

到目前为止,除了一个综合儿童发展服务计划外,很少有人关注小学教育,这个计划把健康、营养和教育作为它的组成部分。政府把提供小学教育放在优先地位。在1989～1990年间,6～11岁儿童的毛入学率已达到99.9%,这代表着自1950～1951年以来男孩的入学率增长了115.5%,女孩增长了83.6%(见图2)。自1950～1951年以来的入学率增长情况见表2。

表1　1950～1951 年至 1989～1990 年教育机构的数量

	1950～1951	1960～1961	1970～1971	1980～1981	1989～1990
大学	27	45	82	110	146
普通教育学院	498	1 043	2 598	3 425	4 755
技术和专业教育学院	102	470	641	727	891
中学	7 288	17 257	36 738	51 594	7 963
高级小学	13 596	49 663	90 621	116 447	143 747
小学	209 671	330 399	408 378	485 538	550 700

表2　1950～1951 年至 1989～1990 年各级教育的入学注册人数(单位:千)

	1950～1951		1960～1961		1970～1971		1980～1981		1989～1990	
	男性	女性	男性	女性	男性	女性	男性	女性	男性	女性
学前	15	13	97	82	190	168	501	417	732	621
初等教育(1～8 年级)	16 356	5 919	28 667	16 475	45 155	25 195	59 220	35 278	78 100	51 407
中等教育(9～12 年级)	1 058	162	2 340	547	4 872	1 708	7 593	3 201	11 552	5 660
高等教育	90	14	277	73	1 016	392	2 943	1 049	3 685	1 493

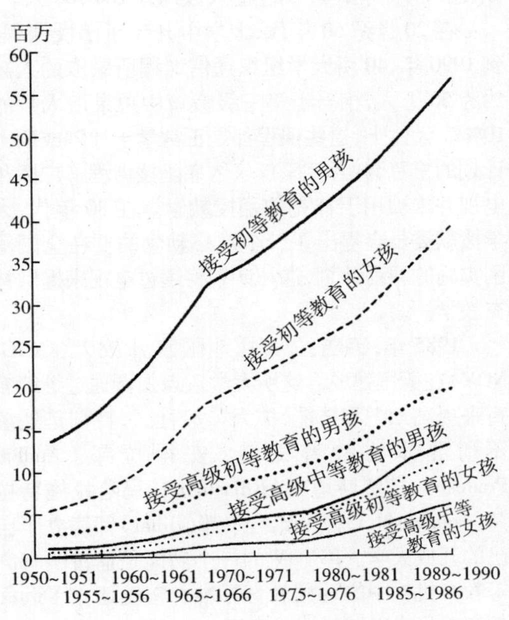

图2　1950～1951 年到 1989～1990 年间学校学生入学注册人数趋势

关于入学的状况,邦与邦之间的差距极大。大多数邦都有一个激励体制,鼓励学校教育。这些激励措施包括入学奖学金、午饭、免费的制服、免费的教科书等。1 至 5 年级的辍学问题是印度小学教育体制的致命伤。在 1986 年,辍学率约 46%(1951 年为 60%)。在女孩和传统落后的特定社会团体中,入学率非常低,而辍学率却非常高。

为了确保所有小学都能达到最低设备标准,1987 年印度提出了"可操作黑板"计划。该计划提出:(a)最少要有两间可以在任何天气中使用的带厕所的教室;(b)至少有两位教师;(c)基本的家具和教学—学习设备。1991 年前,在农村约 66% 的学校采用这种计划。

3.2　特殊教育

政府为那些身体上和心理上有障碍儿童提供一个完全的教育与福利服务,但是为了其他政策与之相协调,中央教育部和福利部已经提出了一些计划。综合儿童发展服务计划和早期儿童护理及教育计划强调预防性和发展性的工作。这些计划的范围包括了需要这些服务的相应年龄组中不到

12%的儿童。用于提供教育、综合学校及特殊的修复服务等的特殊学校已经运作了很多年。这一残疾儿童综合计划的范围已经涉及近6 000所学校中的30 000名儿童。四个国家级的最高机构从事每一主要残疾项目的教育、培训、职业引导、咨询、研究、修复以及服务模式开发的工作。总的来说,提供给有障碍者的教育设施严重不足,这些设施跟不上这一领域的变化步伐。

3.3 职业、技术教育和商业教育

传统上,印度的教育体制是与工作和职业相分离的。甘地的教育体制在独立斗争的过程中产生,强调学习与生产工作之间的相互关系。在印度独立之后,由于受教育人口中失业人数的不断增长,也给这一体制造成了压力。从20世纪60年代初开始,印度就努力引入职业课程,但是进展缓慢。1986年的教育政策强烈呼吁引入职业课程,把它作为高中教育中有特色的一轨。该政策设想在1995年以前约25%的高中学生应学习职业教育课程。1992年,约6%的高中生学习职业课程。

职业教育由两个级别组成:在中学阶段后的大约3年期的技术教育和高中毕业后4~5年的高等技术教育。在全国有约1 315所多科技术学校从事技术教育,这些学校的吸纳能力约为80 000人,还有277所工程学院或大学工程学院,吸纳能力约为40 000人。约有140个机构提供技术教育中所需的学位课程和研究设备。这些机构包括5所被国际承认的优异的印度技术机构和4所可为多科技术学校教师提供培训的技工教师培训机构。1987年,全印度技术教育委员会被赋予了法律地位,它是促进技术教育、维护教育标准的最高组织。

在20世纪60年代,印度开始了大规模的工业化进程。多数工业化发生在公共部门,共建立了四个印度管理机构用于满足高水平管理劳动力的需要。另外,有54所大学设有管理方面的学位课程。在印度,管理教育主要服务于公共系统较少关注的工业和贸易领域以及农村地区对管理的需要。

3.4 成人和非正规教育

值得一提的发展是非正规教育系统的建立——从小学到大学。这一体制补充了正规教育体制,满足了那些不能参加全职教育计划的儿童与成人的教育需要。

在小学教育中,第六个五年计划(1980~1985)开始制定一些业余教育计划,并在1986年的政策中得以扩展。整个教育计划灵活地规划了有关课程内容、期限、场所、教学时间以及管理中的权力分散等问题。该计划的实际运作涉及志愿机构,地方管理部门,特别是提供资助的管理(政府)项目。所用的课程及教学—学习材料与学习者的工作、生活及环境密切相关。新政策强调非正规轨道的学习水平和机会应与正规体制中相应的阶段具有可比性。计划在第七个五年计划即将结束时(1990)已取得了一定的进展。在1990年前已有近260 000个非正规教育中心,每个中心平均注册人数为22个学习者。

为中等教育提供远程教育计划的国家开放学校(NOS)建于1985年。NOS提供9年级至12年级的课程,也为中级工人的继续教育提供一些职业课程。1991年NOS的注册人数约为160 000人。

在20世纪60年代,大学中开设了函授课程。到1990年,40所大学组织通信课程所录取的人数约为50万人,相当于第三级教育中总录取人数的10%。大体上,这些课程都是正常学士计划或硕士计划的重复,并且几乎仅仅依靠函授课程。广播和电视并未被用于补充的函授教学。在80年代,大学拨款委员会提出了一个雄心勃勃的要在全国范围实施的课程计划,这一计划将通过电视来提供补充教学。

1985年,英吉拉·甘地国家开放大学(IGNOV)在德里建成。这所大学重点强调通过继续教育来提高知识和技能,扩大一般社区,特别是处境不利群体的教育机会。安得拉邦(Andhra Pradesh)、拉贾斯坦邦(Rūjasthan)、马哈拉施特拉邦(Maharashtra)以及比哈尔邦(Bihar)都建立了自己的开放大学。IGNOV的一个功能是监督所有高等教育机构中的远程教育标准。它还建立了远程教育委员会以履行这一责任。

尽管自独立以来已经组织了各种成人教育课程,但是这些课程都是小规模的。所有这些课程都

被整合在1978年发布的国家成人教育计划（NAEP）中。NAEP试图囊括所有从事成人教育的官方与非官方的机构，这些成人教育课程包括了读写能力、机能和意识。1980年，在NAEP中大约有25万个成人教育中心在运行。在每一个邦都建立了一个邦资源中心用于制作教学材料、培训和评估。NAEP的评估显示，尽管计划的范围很广，但在质量上及总的成绩上仍存在严重困难。

考虑到NAEP的优势与弱势，中央政府在1988年成立了国家读写使团（NLM）。NLM的目标是在1995年前使8亿文盲具有功能性读写能力。NLM的重点发生了转移，从提供传递体制转向试图激发大量的行动并创造一种环境，在这一环境中真正的读写要求可以被激发出来。NLM坚决要求所有人在语言和算术方面都应达到已确定的水平。特殊的教学材料也被开发出来用以鼓舞学习者的动机，这些材料也可能在评估时用于评价所取得的读写水平。一项旨在根除全部文盲的计划在喀拉拉邦（Kerala）的安那库林区（Ernakulam）公布出来，该计划正好发生在国际读写年（1991）。在那一地区有28万文盲在一年内掌握了读写能力。这种令人印象深刻的成功激起全国上下的热情。一场根除全部文盲的战斗在75个地区开始打响（1991），这75个地区占全国所有地区数的15%。据估计在1988年至1990年近2亿人在NLM的影响下具有了读写能力。

4. 行政管理的结构与运行

印度政府的特色是联邦制。尽管在宪法中，中央政府和邦政府共同负责教育，但是基本上来说，除了一些明确规定的领域外，教育主要被看作邦的事务。中央政府的责任是制定教育计划和政策，协调和保持高等教育及技术教育的目标，促进与学校教育、成人教育、有关的研究和训练，提高语言等。人力资源开发部（由教育、文化、青年人事务、体育运动以及妇女、儿童发展等部门组成）对教育负有主要责任。

中央政府于1965年成立大学拨款委员会（UGC），以履行其对大学的职权。正如大学拨款委员会在英国的类似的机构UFC，大学拨款委员会是一个法定的独立自治机构。尽管它的主要职责是协调高等教育的发展和保证教育质量，但经过数年的发展，大学拨款委员会已经成为政府评定大学院校资金需求和资金分配的有力助手。

中央政府已建立了三个国家机构用于帮助它发挥作用。国家教育研究和培训委员会（NCEPT）具有提高学校教育质量的作用。它的主要贡献在课程设计部分，教科书编写及考试改革。国家教育计划和管理处（NIEPA）承担了研究、扩展（宣传）、培训及咨询的各种计划。它在教育改革中扮演重要角色，新教育政策的实施是由NIEPA组织的。国家成人教育机构负责提供关于读写能力和成人教育计划的研究支持。

在每一个邦，都设有教育秘书处和单独的高等教育、学校教育、技术教育和成人及非正规教育的主管人员。邦一级的管理部门拟定并管理着教育体制的政策。在地区教育管理部门的上面是地区教育办公室，它设有几个代表和分代表，他们共同检查、监督学校。假如1986年的教育政策强调分散权力的微观的教育计划和管理，那么基础设施的支持和机构的支持就会在地区一级得以强化。学校的领导们建立学校时间表，和学生们一起上课，监督教师的工作。

5. 教育财政

教育是由中央政府、邦政府、地方当局以及一些私人资金资助的。中央及邦的教育预算被分为两类：发展性支出（计划）和维持性支出（非计划）。多年来，在教育支出方面有显著的增加，既在国民生产总值中占有一定比例（1990年时约占3.8%），又在政府支出中占一定比例（1990年约20%）。

尽管政府支出中教育的比例一直在提高，但是私人负担的教育成本也相当多。这些成本包括越来越多的教科书、文具、校服花费以及相关费用。私人对教育的资助并未显著增加，尽管它仍在教育总投资中占有很重要的一个部分。私人资金的来源包括个人和家庭救济、学费以及社区以建筑物和设备的形式所做的捐赠。在政府和地方当局开办的学校以及高等教育、职业技术教育中学费非常低。在印度设有一个设计面甚广的奖学金计划以保证教育机会的均等。几乎每一名来自经济底层和社会底层群体的接受高等教育的学生都有资格获得奖学金。在小学、中学及第三级教育中(1989～1990)据估计每名学生的消费分别大约为610卢比、2 655卢比、5 570卢比(29美元、125美元、262美元)。

6. 师资

在联邦教育部的支持下,大学和学院教师的工资已经显著提高。教师工资的多少有极大差异,尽管这种差异已经在缩小。邦与邦之间的差异也在逐步缩小,小学教师每月平均工资是2 000卢比(94美元),而高中教师则为3 500卢比(165美元)。表3提供了印度学校中有关教师数量的信息。

实际上所有被任命的教师都是从受过训练的人员中挑选出来的。要进入小学教师学院要求完成高中教育并完成相当于大学程度的中级教师学院。根据国家教师教育委员会的建议,大多邦已经为小学教师采用了2年制证书课程。在教育人员提高计划中,大学拨款委员会为那些希望进行研究的教师提供财政支持。在综合技术学院中,有四种教师培训机构。自1986年教育政策颁布以来,越来越重视在职教师的培训。约有275所(共1 500所)小学教师培训机构得以改善成为地区教育机构,主要培训功能是实施在职课程,大学拨款委员会已经资助了43所学术人员学院,为大学教师提供继续教育。

国家教育研究和培训委员会及其邦中相应机构已经提高教师教育的质量。NECRT已经帮助邦当局提高教师培训课程。1991年12月,中央政府决定赋予国家教师教育委员会的法律地位,以提高教师培训标准,规范那些私人教师培训学院,这些学院使对教师越来越高的要求变成商业的行为。

表3　　学校教师人数(单位:千)

	1947		1988～1990	
	教师	接受培训的教师百分比	教师	接受培训的教师百分比
小学	344	67. 1	1 602	89. 8
中间学校	50	58. 3	1 048	91. 7
高中/中学	93	54. 9	1 264	91. 4

7. 课程开发与教学方法

高等教育中的课程是大学的责任,大学也为其附属学院制定课程。在每一个邦,都设有一个中等教育董事会,负责开发中学和高中课程、编写教科书。在小学和中学阶段,课程开发的责任主要在邦教育部门。在大学中地域性的课程只延伸到附属学院,在每一个邦都有共同的中小学课程。

大学拨款委员会,中等教育董事会及国家教育研究和培训委员会为提高各级教育的课程而做出了巨大的努力。大学拨款委员会特别关注第一级学位课程的重构,并把它们与农村和城郊的需要联系起来。中央教育部资助了北印度语和方言的大学课本的出版。国家教育研究和培训委员会也已经从事了遵循国家政策指导方针的学校课程设计工作。邦中等教育董事会一直承担着旨在提高课程的研究与实验工作。在贯彻1986年教育政策所提出的训令时,国家教育研究和培训委员会在与相关邦当局磋商后,开发出了1～10年级的国家课程框架。该框架提出了国家学习模型,并反复强调如爱国主义、维护国家统一、信仰民主制度、妇女平等、保护环境及遵守小家庭模范等价值。中学和小学的教科书主要由教师编写,其他鼓励实施课程改革的措施包括对教师进行再培训,引入修正过的教学方法体系以强调学习者与环境的互动,以及在科学教学中进行实验。

圣雄甘地呼吁建立以学生需要为基础,开设有针对性的课程,在这种课程中,学习围绕着生产性的手工活动来组织。教育委员会(教育与社会福利部1966)重申这一点也是为了号召更加重视工作体验、国家和社会服务、伦理道德价值。尽管人们已经做出了一些努力去提高课程,在课程中容纳对社会有用的生产工作,但实际上课程仍缺少手工工作。传统的机械记忆法和将教育视为学习书本同义词的习惯仍占有很大空间。

8. 考试、升级和证书制度

在印度教育体制中,考试占有非常重要的位

置。传统上,重要的是考试中所获得的分数而不是教育的质量——这两者之间没有必然的联系。

实际上,在这个国家所有地区,教育体制中的阶段都被划分为年级或等级,从一个年级升入下一年级取决于通过期终考试获得的对学生的连续性评价,一般来说,这一考试都是在一个学期即将结束时进行。在开始阶段,考试是灵活的,属于每一学校内部事务,但到了更高年级考试中的外部因素增加了,在教育体制中被严格执行。学校教育中的头几年实行不留级政策,这意味着实际上所有的孩子从一个年级升入下一年级,一直到第五级标准,而不必重读。学校当局所提供的证书可用于进入中学。

尽管学生在9年级和11年级末的考试是学校的责任,但中等教育委员会在中学(10年级)和高中(12年级)阶段也举行考试。在编制科学或某一其他学科的试卷和实际练习,以及核对答案时,委员会请求有经验的学校教师和大学教师的帮助。在考试结果的基础上,他们奖给学生进入下一步学习或工作所需要的证书。

高中阶段的考试是大学的责任。基本上来说,每一所大学都设有考试部门,这一部门和学术人员磋商后,任命工作人员编制试卷,以及考试的监考者及主考者。在一些大学和其他高等教育机构,学术学习被划分成几个学期,评估在每一学期末由教师做出。

自独立以来,印度一直在努力进行学校考试体制的改革。1958年建立了中央考试协会(1965年与国家教育研究和培训委员会合并),系统性的改革计划开始了。大体上,目前的改革计划是以教育委员会(教育与社会福利部1966)的建议为基础的,从那时开始获得了一些经验。这些改革包括期末考试以及学校评估,也包括对负责考试的各类工作人员的集中培训计划。实际上改革已被所有中等教育委员会所采用。

1986年的教育政策加强了考试改革的必要性,把考试改革作为提供教育质量的一条途径。这次改革寻求降低对记忆力的考核,去除偶然性和主观因素。怀着降低考试和证书压倒一切的重要性的希望,以及使基础教学过程恢复其应有位置的明确意图,这次改革政策有选择地寻求把学位与工作相分离。尽管在这一政策出台前的几十年中,人们已经感觉到了使教育免于被就业市场所主宰的需要,但是只是在政策中,也正是在政策中,才可能更坚定地提出建议。国家评估组织(NEO)已经建立,这一组织可以指导考试,可以在自愿的基础上进行评估,可以确定对某一特定工作而言候选人的适宜性,可以为编制全国竞争模式铺路。NEO也将重视提高在校学习者的评估。

9. 教育评价、评估和教育研究

在印度,有系统的教育研究具有新的开端。在大学中,导致博士学位出台的研究仅仅开始于独立之后。随着国家社会政治的变化,对教育研究的兴趣也快速增加,到1972年已有50所大学提供设备用于博士阶段的教育研究。在20世纪50年代,中央政府建立了许多机构进行各方面的教育研究。1961年,这些机构被合并入国家教育研究和培训委员会,授予的博士学位数量也从1961～1962年的9个上升到1987～1988年的295个。尽管人们也期望国家教育研究和培训委员会承担对教育研究的阶段性评估,但是国家教育研究和培训委员会并未建立任何机制以完成这一期望。

在20世纪70年代中期,印度社会科学研究委员会发起了一项计划以调查在社会科学领域的研究。按正常的时间间隔,印度大学联合会出版了印度大学认可的所有论文的题目列表。在70年代早期,应大学拨款委员会的要求,巴罗达大学高级教育研究中心承担了一个项目以吸收所有已出版和未出版的研究,然后出版两本纪念调查文集。随后,国家教育研究和培训委员会接管这一任务,并出版了两个调查文集,这两个多卷文集中的最后一个出版于1991年。这些调查包括经过分类的几百份研究摘要。

那些吸引了最广泛关注的领域是教育测量和教育评估以及与成绩相关的领域。除了这组题目外,其他较受关注的是个性、学习和动机、课程、教学方法以及教科书。尽管一些主题的范围令人印象深刻,但是缺陷也很明显。例如,语言教学、学校教育的年限、损耗和萧条、学生运动——这些全是印度教育中的棘手问题——都没有得到充分的关注。同样，教育计划的长期影响，特别是小学教育和成人识字问题，极其缺乏关注。尽管没有一个设计好的体制使研究结果用于政策制定，但是从事研究的人士与决策过程具有一定的联系。

10. 2000 年面临的主要问题

在 1947 年获得独立后不久，印度就获得了改造教育的机会。整个国家响应着尼赫鲁（Jawaharlal Nehru）"和命运约会"的号召。甘地的基本的教育选择被广泛接受，在建立新国家的过程中，对教育的作用具有深刻理解的人士——圣雄甘地、尼赫鲁、阿扎德（Abul Kalam Azad）、拉德哈喀里什南（Rajgopalachari, Radhakrishnan）——处于教育事务的中央位置。然而印度的"婆罗门传统"（一种古老的体制，在这个体制中，教育只被赋予一小部分讲某种语言的人，并且教育仍为某一社会阶级所独有）已经阻碍了教育的重构。虽然取得了一些成绩，但是教育改革仍是一项未完成的工作。尽管印度拥有很多受过良好训练的技术、科学和管理方面的人才，但是绝大多数印度人不是完全被剥夺了教育的权利，就是只能接受质量低劣的教育。

1986 年的教育政策面临着许多怪事，例如，它似乎并不与印度的社会经济发展趋势相吻合。尽管有虔诚的、明显的原教旨主义迹象，但是政策非常强调世俗主义；尽管政府赞成自由市场经济，但是政策强调平等主义和社会主义社会；尽管在几个地区分离主义者和分裂的力量正在抬头，但是政策要求国家教育体制的创新性，这种体制赋予印度人新的认同感，使国家朝着新的国家统一、社会具有内聚力的框架发展。随着中央和邦政府集权和权威的提高，政策也强调分权，机构民主以及支持革新的必要性。也许，在短时间内，一些更加令人忧虑的事情是大学教师和学生中弥漫的沮丧情绪，以及缺少责任制。然而，正是这种环境使教育政策的实施成为极为重要而又极富挑战性的工作。已经有迹象表明政府对此问题的重视，并有新的具有广泛影响的立法提案被提出。

政府已决定在 20 世纪 90 年代中期，将国家收入的 6% 用于教育。政府将做出一切努力以巩固现有体制，同时创造必要的实施新政策的机构。在安德拉·普拉德什、比哈尔和拉贾斯坦邦，一些大型的改革和更新基础教育的项目已经开始实施。大众读写计划已经达到实施的状态，在这一计划中，不仅可以改造读写能力和初等教育的形势，也能够对整个教育发展具有意义。90 年代将表明，印度有能力做出具体的改造教育体制的决定，这一决定将带来社会经济秩序的根本性变化，当然，（目标的实现）还需要印度政府不断加强自身的凝聚力。

A. 布迪亚（A. Bordia） 著

孙东梅 著

附录

India, Ministry of Education and Social Welfare 1966 *Education and National Development*, *Report of the Education Commission (1964—1966)* Ministry of Education, New Delhi

India, Ministry of Education and Social Welfare 1978 *National Adult Education Programme: An Outline.* Ministry of Education, New Delhi

India, Ministry of Human Resource Development, Department of Education 1986a *National Policy on Education 1986.* Ministry of Education, New Delhi

India, Ministry of Human Resource Development, Department of Education 1986b *National Policy on Education 1986—Programme of Action.* Ministry of Human Resource Development, New Delhi

其他参考文献

Buch M B (ed.) 1974—1979 *A Survey of Research in Education.* Centre of Advanced Study in Education, Maharaja Sayajirao University of Baroda, Baroda

Buch M B (ed.) *Third Survey of Research in Education, 1979—1983.* NCERT, New Delhi

Buch M B (ed.) 1991 *Fourth Survey of Research in Education.* NCERT, New Delhi

Gandhi M K 1953 *The Problems of Education.* Navjee-

van Publishing House, Ahmedabad
India, Ministry of Education 1985 *Challenge of Education – A Policy Perspective.* New Delhi
India, Ministry of Education and Culture (annual) *Education in India: A Statistical Presentation.* New Delhi
India, Ministry of Education and Social Welfare 1951 *The Report of the University Education Commission.* New Delhi
India, Ministry of Education and Social Welfare 1953 *Report of the Secondary Education Commission.* New Delhi
India, Ministry of Education, Social Welfare and Culture (annual) *Annual Report.* New Delhi
India, Ministry of Human Resource Development, Department of Education, 1991a *Report of the Review Committee on NPE, 1986: Towards an Enlightened and Humane Society.* New Delhi
India, Ministry of Human Resource Development, Department of Education 1991b *Selected Educational Statistics.* New Delhi
Naik J P 1982 *The Education Commission and After.* Allied Publishers, New Delhi
National Council of Educational Research and Training 1963—1967 *Indian Year Book of Education* 4 vols. NCERT, New Delhi
National Council of Educational Research and Training 1989 *Fifth All-India Educational Survey.* NCERT, New Delhi
National Institute of Educational Planning and Administration 1990 *Education for All: The Indian Perspective.* New Delhi
Nurullah S, Naik J P 1974 *A History of Indian Education* Macmillan, Delhi
Saiyidain K G, Naik J P, Hussain S A 1966 *Compulsory Education in India.* Universal Publication, Delhi
Singh A, Altabach P G (eds.) 1974 *The Higher Learning in India.* Vikas, New Delhi
Srivastava H S 1979 *Examination Reforms in India.* UNESCO, Paris

日本的教育制度(Japan: System of Education)

1. 基本背景

日本是一个由 3 000 多座大大小小的岛屿组成的国家,这些岛屿沿着亚欧大陆的东北依次伸展开来,岛屿之间最长的跨度从北到南有 3 000 公里。日本全国的岛屿面积是 378 000 平方公里,但只有 15% 的土地适于耕种。随着 1872 年明治政府颁布《教育敕令》,日本学校教育体系开始建立。

1990 年,日本的人口是 1.24 亿,其中 24% 的人口居住在东京地区,而东京的面积仅是全国面积的 2%。1990 年,年龄在 65 岁以上的人占总人口的 12.1%,年龄在 15 岁以下的占 18.2%。人口的老化是一个明显的趋势,它表明,到了 2010 年,年龄在 65 岁以上的人口将占全国人口总数的 1/5。1989 年,人口自然出生率只有 3.7‰,总人口出生率是 1.57。城市人口集中和青年比率的减少造成了教育上一系列不同的难题。

从民族上来说,日本是一个单一民族国家,外国居民数量为 110 万。日语是唯一的官方语言,也是从学前教育到高等教育阶段的教育媒介。

日本是世界知名的高度工业化国家。1989 年,该国的国内生产总值(GDP)是 3 958 440 亿日元(36 320 亿美元)。其中,28.9% 的产值来自制造业,20.5% 来自服务业,12.7% 来自商业、农业、渔业,林业产值仅占 2.6%。在劳动力构成方面,所有雇佣人员中的 59.2% 属于第三产业,33.6% 的人属于第二产业。

自 1947 年宪法制定后,日本设立了两院立法机关,成员由直接投票选出。政府由一个政党内阁体系运作,而且自 1948 年开始,自由党及其后继者,目前的自由民主党垄断了国家政权。国家的教育、科学、文部省(在日本称为 Monbusho,以下均指教育部)担负着国家一级的教育行政管理责任。

从行政制度来说,日本分成 47 个辖区,并进一步划分为 3 246 个市。地方自治已经系统化到一定程度。每一个辖区与自治市均有由选出的代表构成的立法机构,各自的行政机构也是由直接投票选举产生。创建并运行区级和市级学校,也就是所说的"公立学校",其责任落在了区政府和市政府的肩上,是它们为教育行政体系建立了教育委员会。

2. 教育政策与目标

自1947年以来,在政府执政党方面并没有发生政权移交的事情,同时,由于自由民主党和教育部官员的共同努力,国家教育政策得到很大发展。有时,反对党会以选举宣言和其他的方式表明他们的教育政策,但他们对实际执行的教育政策没有多大的影响。

日本的教育目标在1947年的《教育基本法》中已经阐明,正如第一条款所规定的,其内容如下:

> 教育应该针对个人素质的全面发展,培养热爱真理与公正的人,使其思想健康、身体健全,他能够尊重个人价值,尊重劳动,有高度的责任感,同时,作为一个和平的国家和社会的建设者,充满独立精神。

在这一教育目标之下,以教育部的法律、条文和建议的形式制定了更多更详细的说明。一个类似这样的声明是国家教育改革委员会于1987年最终形成的一个报告,该报告提出了教育改革的建议。国家教育改革委员会将《教育基本法》作为审议教育改革措施的基础,而且在其最终的报告中,委员会强调,正如教育目标中所提到的,《教育基本法》表述了个人素质的全面发展,作为和平国家和社会的建设者,健康公民的培养等问题。报告还进一步声明,21世纪教育最重要的目标是:(a)发展个人开阔的思想、健康的体魄和创造力;(b)培养自由、自立精神和公共意识;(c)教育日本人生活在全球化的人类社会中。

3. 正规教育体系

3.1　*初等教育、中等教育和第三级教育*

图1简要勾勒出正规教育体系的结构,表1显示的是主要教育部门教育学院的数量和入学学生人数。在日本各地,每一个学年从4月开始,于次年3月结束。这是从学前教育到高等教育的情形。数量正在增长的高等学习机构采取的是学期制度。

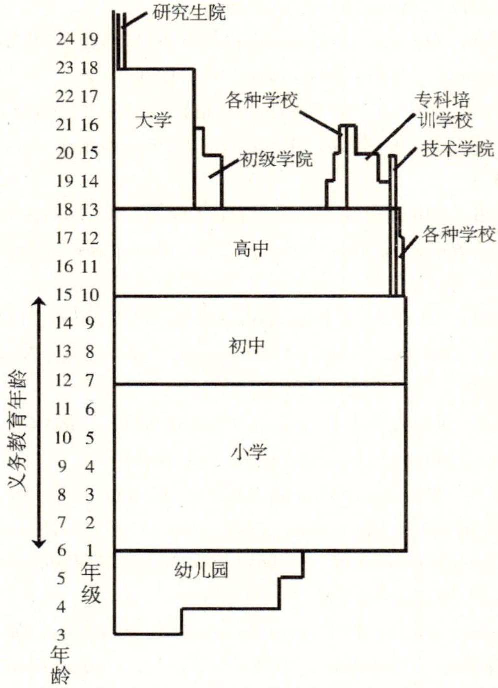

图1　日本:正规教育体系的结构

学校实行9年制义务教育,从6岁开始,儿童要接受6年的小学教育。小学的活动主要由以下内容构成:学习明确的学科课程、道德教育和一些专门的活动。具体学习的科目数量和在学校的学习时间根据年级而定。6年级的学生要学8门课程,每年至少1 015学时。每一学时为45分钟。由教育部批准使用的学校教科书是免费分发的。

1991年,全国约有25 000所小学,在校学生人数略多于900万人,其中99%都是在公立学校。1987年,小学学生人数是1 000多万人,学校人数的减少造成了一系列问题,如偏远地区和农村的小学很难再支撑下去,超额的小学教师,可用的学校设备的转让,诸如此类等等。

小学毕业生继续进入到为期3年、义务教育第二阶段的初级中等学校,除了小学所教授过的科目外,初中学生还将学习健康和职业先修(prevocational)科目。外语是选修科目,但几乎所有的初中都把英语作为一门外语教授。在初中,每年的学时

表1 1991年教育学院数量和入学人数[a]

	学校数量				入学人数			
学校类型	总计	国立	公立	私立	总计	国立	公立	私立
幼儿园	15 040	48	6 224	8 768	1 977 580	6 630	410 708	1 560 242
小学	24 798	73	24 557	168	9 157 404	47 234	9 045 129	65 041
初中	11 290	78	10 595	617	5 188 316	35 170	4 942 226	210 920
高中	5 589	17	4 170	1 334	5 621 970	10 349	3 870 569	1 643 636
	(86)		(68)	(18)	(165 618)		(97 416)	(68 202)
技术学院	63	54	5	4	53 698	46 436	4 190	3 072
初级学院	601	41	54	506	541 513	18 018	22 661	500 834
	(9)			(9)	(37 416)			(37 416)
大学	527	98	39	390	2 355 505	563 596	66 694	1 725 215
	(13)	(1)		(12)	(150 070)	(34 909)		(115 161)
专科培训学校	3 373	166	185	3 022	834 713	17 453	28 599	788 661
综合学校	3 310	4	84	3 222	406 618	60	6 734	399 824

a 括号里的数字代表相应课程的学院数量和入学人数,不包括代表电视大学和其学生数量的国立大学在内

最少为1 050小时,每学时为50分钟。由教育部批准通过的教科书也是免费的。

1991年,全国共有11 000所初中,入学人数500多万。在所有这些学生中,有4%的学生在私立的初级学校学习。在1986~1991年的几年时间里,初中的入学人数减少了100万。

高级中等学校是中等教育的第二阶段,这个阶段的教育不是免费的。申请入学的人要参加入学考试,初中95%的毕业生都将进入高中继续学习。学生要交学费,而且由教育部批准使用的教科书也不再免费。

高中根据学习时间的不同分成两种类型:3年全日制学校,3~4年半日制或相应的学校。一种新类型,被称为"学分制高中"出现于1988年。其目的是提供学校机会,以适应学习者的要求和具体情况。这一阶段将出现流动的情形,大约75%的学生参加普通课程的学习。专业课包括技术、商业、农业、数学/科学、英语、信息学等。

1991年,全国共有5 600所高中,在校学生人数约为550万人。高中人数也开始有所增长。高中29%的学生在私立学院里学习,人们认为人口规模的减少对这些私立学院的影响要比公立学校严重。

日本的高等学院可以分为三种类型:大学、初级学院和技术学院。

大学是传统高等教育的学术中心,可以获得学士学位,根据学科的不同,大学的学习时间从4年到6年不等。大学的入学要求是需要完成高级中等教育,并通过入学考试。大学可以建立院中院,也就是研究生院,学生能够在2年内获得硕士学位,在4~5年时间里获得博士学位。在日本,只有少数几所独立的研究生学校,没有本科课程。

1991年,全国共有514所大学,实行全日制或半日制的本科课程,在校人数210万。其中,将近3/4都是私立大学。在所有的学生中,40%的人学习社会科学,20%的人学习工程学,15%的人学习人文科学,7%的人学习教育,另外学习自然科学、农业、医学、牙科及其他专业的人各占3%。除此之外,还有一所电视大学,有12所大学提供相关课程。1991年,其在校生人数是15万。1989年,硕士学位的研究生课程有733种,博士学位的研究生课程有542种。学习社会科学的占整个硕士学位的30%,而博士学位27%的人学习医学和社会科学。研究生总数有将近10万人。

初级学院创建于 1950 年，是适应当时高等教育普及的需要。这一阶段的学习期限为 2～3 年，但是在初级学院学习自然科学和医学的学生是没有课程的。初级学院大部分课程是人文、家政、教育和社会科学。1991 年，有 592 所初级学院，在校人数 50 万人。根据这些数字可以看出，97% 的学院和 92% 的学生都是在私立初级学院里。1991 年，92% 的初级学院的学生是女性。

技术学院创建于 1962 年，是高等教育体系中一种独特的形式，专门为那些完成了初级中等学校学习的人提供技术和工程学方面的教育。学习时间为 5 年。1991 年全国有 63 所技术学院，入学人数 5 万人。大部分的技术学院是国立学院。

在日本，高等教育的呼声很高，从高级中等学校毕业的毕业生中，38% 的人（其中 40% 的女毕业生）都将进入大学或技术学院继续学习。1990 年，在高等教育学院学习的外国学生有 4 万人。其中，12% 的人获得日本政府的奖学金，30% 的人学习研究生课程。

高校委员会是教育部在高等教育方面的一个顾问机构，它是在国家教育改革委员会的建议下，于 1987 年创建的。该委员会提出一些激烈措施来改进高等教育，从而与社会发展的需要、科学技术的飞速进步和人口增长的趋势相适应。其中的一些措施已经实施，包括提高高等教育的质量和加强研究生教育。

3.2 学前教育

大部分儿童在入小学之前，都上过幼儿园和托儿所。幼儿园是一种学前教育的机构，满足年龄在 3～5 岁之间儿童的教育需求。托儿所是为年龄段一直到 6 岁的儿童举办的一种社会福利机构。托儿所里 3 岁及 3 岁以上儿童的教育课程，都是根据教育部制定的幼儿园教育方针安排的。1991 年，年龄在 5 岁的儿童有 64% 上了幼儿园，39% 的上了托儿所。1991 年，全国共有 15 000 所幼儿园，入学儿童将近 200 万。其中 80% 都是私立幼儿园。

3.3 特殊教育

特殊教育计划是针对那些由于身体或智力有残疾，不能在初级学校和中等学校的普通班级里学习的人而开展的。学校里提供的这种特殊教育计划主要是为下列人群服务：盲人、聋人、智力残障者、身体残疾者和健康损伤者。1991 年，从幼儿园到高级中等教育阶段，共有 960 所特殊学校，入学人数 9 万人。此外，残疾程度不是很严重但在普通班级里学习仍然有困难的人，就在普通初级学校和初级中等学校的特殊班学习。1991 年，全国有 21 000个特殊班，学生达 7 万多名。

从幼儿园到高级中等教育层次，针对特殊教育计划的课程设置方针，是由教育部制定的。从对残疾儿童进行整体教育的观点来看，鼓励用特殊班的额外指导在普通班里学习的措施已经被采用。残疾青年在高级中等教育层次学习需求的增长是另一个需要解决的问题。

从 1948 年开始，针对盲童和聋哑儿童的 9 年制教育实行义务教育，而对其他的残疾儿童，则是从 1979 年开始。

3.4 职业、技术教育和商业教育

职业和技术教育有正规教育和非正规教育两种形式。由于高等教育机会的增加和行业雇佣结构的转变，自 20 世纪 70 年代开始，高级中等教育层次的职业和技术等级的学生比率不断下降。1991 年，大约 25% 高级中等学校的学生在职业学校和技术学校学习。政府已经采取措施，恢复高级中等层次职业教育和技术教育的活力。这些措施包括新课程的设立，例如电动机械、生物技术和其他一些课程，从而与工业结构的技术和革新进程保持一致；新的综合高级中等学校的建立，使学生能够学到比他们所学的专业更深的知识；设施的更新。

专科培训学校也是职业和技术教育的学院。1976 年，通过升级综合学校，开创了专科培训学校的制度。1991 年，全国共有 3 300 所专科培训学校，入学人数 80 多万人。1989 年，技术和工程课有 42% 的男学生，反之，31% 和 20% 的女学生分别学习医学服务和家政学等课程。综合学校也开设职业课和技术培训课。劳动部所属的职业培训学院安排了许多培训课。1989 年，大约有 3 万左右的基础课，4000 左右的高级职业培训课。

3.5 成人和非正规教育

越来越多的自由时间、高收入、老龄化、科学与

技术的进步及其他因素,使终身学习成为一种需要。除了教育部门能够提供大量非正规学习的机会外,社会福利机构、职业培训学校和类似的机构也能够提供这样的机会。非正规教育制度有两种类型。一种是学校教育的形式,另一种是研究班或讨论会的形式。

在教育部的权限范围内,有3 000多所专科培训学校和综合学校是非正规教育计划的强有力途径。特别是,专科培训学校的高级课程与初级学院有着相同的学分。劳动部也提供了职业培训和技术培训的机会。而农业部、渔业部和林业部也为资历较浅的农民、渔民和林业工人,组织了各种不同的培训课程。

日本的非正规教育被教育部称作“社会教育”。教育部为社会教育工作,例如为图书馆、博物馆、公民娱乐场、青年活动中心等提供设施,人们可以在这些地方组织各种类型的研究班和讨论会。另外一些政府机构也建立相应的设施,提供非正规教育课程,典型的设施有社区活动中心、青年工人之家和儿童乐园。

大众传媒为非正规教育项目提供的内容非常广,质量也很高。私人部门也为非正规教育提供良好的机会。由文化中心举办的专题讲座和学术研讨会,以及技术培训的相关课程等,都是很有代表性的实例。大学、初级学院和高级中等学校还举办进修课程。

大学和初级学院数量的增长,打开了成人的学习机会,他们通过入学考试的特殊方式和临时学生的特殊限额等办法入学学习。在有些情况下,在这些非正规教育学习和培训学院里获得的学分,证明与正规的第二级和第三级学院里所得到的是相同的。那些完成了某些指定特殊培训学校学习的人有资格申请大学教育。

4. 行政管理的结构与运行

在国家这一级,教育、科学与文化部是与内阁、议会共同分担责任的机构,它要准备预算、起草教育法律、制定教育政策及保证教育标准的实现。教育部要把财政补助费分配到区和市的学校董事会,并用建议和技术指导的方式来帮助这些董事会。教育部还为从幼儿园到高等教育的整个阶段,规定了课程设置、课程和学分要求的方针。初等学校和中等学校的课程标准以“课程研究”的形式写下来,由教育部发行。教育部还负责审批初等学校和中等学校的教科书。

教育部负责从幼儿园到研究生院的正规国家教育机构、国家社会教育机构、国家运动与体育教育机关、国家研究机构。国家文化机关,例如国家博物馆、国家剧院,均在教育部的管辖范围之内。高等教育机构的正式批准和管理也是教育部的工作。研究和科学的进步,教育、科学和文化的国际交流,全社会运动和体育教育工作,文化活动,也都是在教育部的职责范围内。

正如在别的地方所提到的,47 个辖区中的每一个区都有自己的教育委员会,处理当地的教育事务。5 人委员会管理区教育机构,并安排辖区范围内的教育、文化项目。此外,区委员会颁发教学证书,补充和管理区内公共教育机构的人事,为教师提供在职培训课程,采购并管理指导性教材,促进特殊教育活动,保护文化资产,为市教育委员会提供建议和指导。

不管是独立的,还是与下一级的市联合,各个城市都有一个 3 ~ 5 人的教育委员会,他们的主要职能是建立和管理市教育机构,处理此类机构的人事问题,选择市里小学和中学的教科书,在自己的权限内为教育机构提供建议和指导。市委员会还负责促进社会教育、文化和体育事业,为学校教师提供在职培训机会及保护文化资产。

5. 教育财政

公共教育经费用由国家,各区、各市政府分摊,其资金来源是政府的税收和其他收入。1989 年,该项经费总额达 189 110 亿日元(1 730 亿美元),占国民生产总值(GNP)的 4.66%,占公共管理费用总额的 16.47%。同年,据估计,一对父母为一个刚入公立初级中等学校的孩子进行的全部教育活动,其花费是 248 000 日元(2 275 美元)。

20 世纪 80 年代,政府有一个国家预算政策,即减少出现赤字的国家债券的发行。这使国家不得不紧缩包括教育在内的行政费用。公共教育预算的增长率也远远低于国民生产总值的增长率。1980 年,该国教育费用曾占国民生产总值的 5.71%。私人部门(包括企业)的科研经费在 20 世纪 80 年代期间增长了 162%,而大学里的研究资金只增长了 59%。

为了维持国家的教育标准,教育部在教育人员费用、学校建筑和设施、指导性帮助和人才及其他教育规划上,能够提供更多的支助。教育部一半以上的预算用于上缴国库,分作义务教育费用。这意味着实行义务教育学校里,占总数一半的教师的工资是由政府支付的。

自从私立教育机构在正规教育体系中扮演重要角色以来,政府就采取各种措施来维持和改善私立教育机构的教育条件。以私立高等教育机构为例,1989 年,15% 的费用都是由政府补助金负担。在 1980 年,政府的补助金大约占了 30%。

6. 师资

幼儿园、初等学校和初级中等学校的教师,都是在师范大学、教育部门进行培训。

大学和初级学院里的教学课程证书由教育部批准授予。高中的教师在大学和研究生院培训。教学证书分为两种,一种是初级学校和初级中等学校,一种是高级中等学校,均由区教育委员会终身授予,在所有的区都有效。有硕士和博士学位的教师颁发特别的教学证书。

由于学校人数的缩减,对教师数量的需求也相应减少。但是,在一些特定的学科领域,如中等层次的科学与技术领域,经常有教师短缺的现象。

公立学校的教师被人们视为地方公务员。行政职位的晋升,如公立学校的副校长和校长,通常要求有一个选举过程,由独立的区教育委员会安排。

为了提高教师素质,教学证书的要求也有所改进。对刚刚招聘的教师而言,要进行为期一年的初级在职培训,另外,一些教育大学也为教师创设了在职进修课程。

7. 课程开发与教学方法

学校的课程是在教育部规定的学习课程基础上设置的,每一个年级的课程基本框架包括教育目标、内容、标准时间分配等等。区级和市级教育委员会在其管理范围内,为学校的课程开发提供指导方针,个人开办的学校要求在课程研究和方针的基础上,安排各自具体的教育规划。

教育部制定的研究课程大约每 10 年修订一次,以此克服教育中的缺陷,同时根据社会变化,改善教育的内容和活动。自 20 世纪 80 年代后期开始修订工作,最近的工作是从 1992 年开始执行初级学校的课程修订,1993 年修订初级中等学校的课程,1994 年修订高级中等学校的课程。课程研究修订的原则是:(a)重点强调基础知识和技能;(b)提高教育计划,使学生个性能够得到充分发挥;(c)在不同的教育层次,保持每一个学科领域课程的连贯性;(d)培养能够应付社会变化的能力;(e)加强自学能力。

学校课程设置的修订有如下步骤。教育部课程设置委员会,即教育部课程设置的顾问机构,根据教育部的要求,制定基本的指导方针,修改研究课程。教育部课程专家及其合作者使用由课程设置委员会制定的指导方针,将其作为编写每一个年级和学科目标的课程研究的基础。每一个年级和科目使用的教师参考书,也是教育部的学科专家根据最新修订的研究课程,在经验丰富的教师的帮助下,制定出来的。

1990 年,初等学校的每个班级的平均人数是 22.2 人。在中小学,每一个班级同时进行集体教育是一件很普通的事,但是为了解决日益增长的课程压力,处理好学生各种不同学习能力与资质的差别,教育部鼓励个别教学、同一成绩学生的小班教育和其他的教学方法。

学校教科书是课堂上主要的教育材料。除了教育部编写的一小部分教科书外,其他的教科书都是在课程研究的基础上,由商业出版公司开发的。它们必须由教育部批准通过,经地方教育委员会采用,在各个学校进行使用。

8. 考试、升级和证书制度

在日本,没有国外考试系统。升级和证书都是在国内评估的基础上完成的。义务教育中从低年级升到高年级几乎是自动的。从高级中等学校毕业的最低要求是要获得80个学分。只要每学期上35节课,或者教师认为成绩合格,就可以获得一个学分。毕业证书由各个学校校长颁发。

公立高中的入学考试由相关的教育委员会组织,反之,私立高中则组织自己的入学考试。教育部建立了全国大学入学考试中心,于每年一月组织全国范围的考试,评定申请者在高级中等学校学习后的学术水平。考试的结果将由单独的国立、公立和私立大学使用,在参考高级中等学校的学校报告、面试结果、作文考试和实践技能考试的基础上,作为录取的考虑因素。全国大学入学考试中心考试结果的使用与否,是由大学自己决定的,大部分的私立大学偏向于自己组织入学考试,而不愿意使用考试中心的考试成绩。初级学院也是通过自己的考试来选择学生。

对于那些没有完成高级中等学校课程的人而言,还有一种大学入学资格考试体系,通过该考试的人被授予大学入学的资格。

9.教育评价、评估和教育研究

教育部在统计和概率样本的基础上,常常进行全国范围的学术成果调查。调查的结果用于课程标准的改进。国家教育研究学会,一个教育部所属的研究机构、国际教育成就评价协会的成员与区教育研究机构合作,以将日本学生的学术结果放到国际水平比较的眼光,进行全国范围内特定学科领域的学术成果调查。

除了特殊教育由国家特殊教育研究协会管理外,国家教育研究学会还负责整个教育领域。这两个学会都实行理论研究和以实践为指导的研究。国家综合教育学会是另外一个政府机构,它利用广播媒体来管理与高等教育有关的研究工作。

在教育部里,有一个贯彻政策指导的教育研究和统计的部门。在所有的区教育委员会和主要的市教育委员会,有个被称为"教育中心"或"教育研究协会"的机构。这个机构的目标是为该地区的教师提供在职培训的机会。同时,它还管理着各种以实践为导向的研究活动。

教育部和地方教育委员会都鼓励教师以学校为基础的研究,从而促进教学方法和教学材料的改善。大学的教师也是教育研究中的一个实力强大的部分。其中一些大学有自己的研究机构或中心。

10.20世纪八九十年代的主要改革

飞速的社会变化对教育产生了极大的影响,各种问题和困难也随之出现。其中包括社会思潮对教育的个人职业、入学考试的过度竞争、青年厌恶社交和冷淡社交的态度、不断增长的校园旷课和暴力、教学中的辍学等产生重大的影响。另一方面,工业和雇佣结构的变化、科学与技术的进步(尤其是信息技术)、社会各种部门的全球化,要求教育要更加适应这些相关的变化和发展。1984年,国家教育改革委员会成立,这是首相的一个特别顾问组织,其目的是制定出教育改革的可行性措施。

委员会确定了在每一个教育部门需要根本性变革的目标,根据建设性的措施提出了改革的三个主要原则:(a)重点强调个体的原则;(b)终身学习制度的转变;(c)适应社会变革,其中包括国际化和信息媒体的传播。

委员会于1987年裁减,它曾拟定出四份报告,内阁发行了教育改革的贯彻执行的指导文件,它阐明了六个领域内的战略政策,也就是完善终身学习结构、改革初等教育和中等教育、促进科学研究、与变化的时代相对应的改革、教育行政和财政的改革。教育部所执行的来自这些战略的改革措施,其目的是使教育适应21世纪的需要。在所有的教育中,终身学习制度的规定,高级中等教育的多样化,高等教育的复兴是教育部所承担的主要改革措施。

11.2000年面临的主要问题

学校在校人口规模的减少将极大地影响到每一个教育部门,特别是21世纪初期的高等教育。随着人口问题的出现,日本教育的一个关键在于打破学校教育长期占优势的单一性,使教育能够满足各种各样学习者单独学习的需要。如何适应日益增长的对新知识的需求,将是另外一个问题。加强高等研究机构的科研能力是整个社会的要求,而与此同时,终身学习的系统化是需要解决的另一个主要问题。

学校教育还要求能够应对来自家庭和社会变革方面的问题,例如职业母亲的增加、每周五天工作制的实行及其他一些改变。对非日本居民的儿童进行公共教育这一不断增长的要求,成为日本教育一个新的问题。最后,不断涌现的全球教学问题,如环境问题、人口问题、贫穷和南北问题等,也是日本教育制度在21世纪需要承担的另一个基本目标。

T. 卡纳亚(T. Kanaya) 著
闫保华 译

附录

Asian Cultural Center for UNESCO 1990 *Outline of Education in Japan 1991.* Asian Cultural Center for UNESCO. Tokyo

Cummings W 1980 *Education and Equality in Japan.* Princeton University Press, Princeton, New Jersey

Dorfman C H (ed.) 1987 *Japanese Education Today.* A report from the US Study of Education in Japan. US Government Printing Office, Washington DC

Duke B C 1986 *The Japanese School.* Kodansha. Tokyo

Leestma R. Walberg J (eds.) 1992 *Japanese Educational Productivity.* Center for Japanese Studies. University of Michigan, Ann Arbor, Michigan

Ministry of Education, Science, and Culture 1980 *Japan's Modern Educational System-A History of the First Hundred Years.* Government of Japan. Tokyo

Ministry of Education, Science, and Culture 1988 *The University Research System in Japan.* Monbusho, Tokyo

Ministry of Education, Science, and Culture 1989 *Education in Japan. A Graphic Presentation.* Government of Japan, Tokyo

Ministry of Education, Science, and Culture 1989 *Japanese Government Policies in Education, Science and Culture 1989: Elementary and Secondary Education in a Changing Society.* Government of Japan, Tokyo

Ministry of Education, Science, and Culture 1989 *Outline of Education in Japan 1989.* Government of Japan, Tokyo

Ministry of Education, Science, and Culture 1991 *Monbusho.* Government of Japan, Tokyo

Ministry of Education, Science, and Culture 1991 *Wagakunino Bunkyo-seisaku.* Government of Japan, Tokyo

Nakane C 1973 *Japanese Society.* Penguin, Harmondsworth

White M 1987 *The Japanese Educational Challenge: A Commitment to Children.* Free Press, New York

朝鲜民主主义人民共和国的教育制度(Korea, Democratic People's Republic of: System of Education)

1. 基本背景

朝鲜位于东亚中部,面积为222 209平方公里(此为整个朝鲜半岛的面积——译者注),有122 762平方公里属于朝鲜民主主义人民共和国(北朝鲜)。朝鲜北部沿着鸭绿江和图们江分别和中国、俄罗斯接壤。其余边界都被大海包围。朝鲜的地形极其多变:平均海拔为440米,整个国土面积的80%由山地组成,最高峰是将军峰(Paektu:2 750米)。将军峰是国家的象征。朝鲜的气候非常温和,四季分明。

朝鲜的总人口为7 000多万(此为整个朝鲜半岛的人口——译者注),有2 000多万居住在北朝鲜,其人口的60%居住在大都市。1944年、1970年、1989年的出生率分别为:31.4‰、44.7‰和22.2‰;死亡率分别为:20.8‰、7.0‰和5.4‰;自然增长率为10.0‰、38.0‰和16.8‰。

朝鲜有近5000年的历史。1910年,朝鲜变成了日本的殖民地。结果,朝鲜人民被剥夺了学、说朝鲜语的权利,遭受到了占领区民族所遭受的所有苦难。在金日成的领导下,朝鲜人民举行了大规模的武装起义,将朝鲜从日本的殖民统治下解放出来。随着朝鲜的解放和第二次世界大战的结束,国家的分裂同时发生。随后,尽管有着相同的语言、文化和土地,朝鲜人民被分开了,在政治、经济、文化、教育等方面被迫走上了不同的道路。

解放前,朝鲜有230万文盲(其中76.1%是成人)。有超过60%的学龄儿童没有上学。但是,在不到4年的时间里,朝鲜的党和政府领导的识字运动消灭了文盲。

为满足不断增长的社会需求,义务教育分成几个阶段实施,现已全部落实:1956年,开始实施全民初等义务教育;1958年,义务教育延伸至中等教育(第一阶段);1967年,实施了九年义务技术教育;最后在1972年,义务教育延伸至11年。1959年4月,部长会议决定建立免费教育体系,国家负责资助超过1/3的人口,也就是850万在校儿童和学生。

1948年朝鲜民主主义人民共和国成立。社会主义革命完成后,1958年在独立自主的原则上,建立了一套独特的政治体制。独立自主是国家的主导意识形态,其中心哲学信条是:每个人有权决定自己的命运。根据此信条,人民是国家社会、经济进步的主人和主要推动力。在政治上,人民还负责维护"国家主权"原则;维护经济独立原则;自主决定国家安全事宜。朝鲜民主主义人民共和国代表着国家所有人的利益;主席是国家首脑,由最高人民大会选举产生。有三个政党:朝鲜劳动党、朝鲜社会民主党、天道教青友党。

第二次世界大战后,国家经济经历了前所未有的增长时期。在45年前,朝鲜还是一个落后的封建社会,几十年的殖民统治摧毁了朝鲜的国家意志感,1950年至1953年的朝鲜战争彻底摧毁了基础设施。在金日成主席实施的经济重建的英明策略和朝鲜人民积极的重建努力下,1957年到1970年的14年中完成了工业化。1984年,工业产出和1946年相比增长了431倍,在20世纪90年代早期,国家在13个小时内生产出的产品和1946年全年的工业产出一样多。在同一时期,工业产出以每年17.3%的速度增长。

到1974年,人平均收入已超过1 000美元;1979年达到1 920美元;1985年为2 200美元。

全民免费接受医疗服务;工人每年享有14~28天带薪假期。妇女有权享受150天的带薪产假(产前60天、产后90天)。平均寿命为74.3岁(男性为70.9岁、女性为77.3岁)。到1989年,全民至少都已达到了中学毕业水平(第二阶段)。

20世纪90年代,北朝鲜寻求与外国在经济和技术上甚至更加紧密的合作,使出口基地更加多样化。然而,根据独立、安全、统一原则,朝鲜人的最终、最高目标是重新统一。

2. 教育政策与目标

北朝鲜的教育被认为是国家关注的一个特别重要的领域,决定着整个国家的未来。从国家独立以来,朝鲜民主主义人民共和国政府努力发展教育,使其与政治经济进步一致,将其列入最优先考虑的对象。

从1975年以来,所有儿童在幼儿园接受一年的义务学前教育后,于6岁入学。在初等和中等教育阶段义务教育年限至少为10年。

普遍的11年制义务教育使所有的年轻人都能接受免费的中等教育,直到他们开始带薪工作。甚至在中等教育的第二阶段,组成教育的各类元素通常在全国范围内是一成不变的(除了一些特殊学校外)。在其他大多数国家,总的教育下分为不同的领域,如技术(工作)教育等等。但在北朝鲜的教育中没有这样的划分。全国范围所有的学生上同样的课程。

朝鲜的教育体系目标如下:

(a) 教育质量有明显提高,实施在《论社会主义教育》(Kim Il Sung 1977)中规划出的总体目标,加强教育体系的物质、技术基础。

(b) 在坚持第三级教育的基础上,通过为那些已经工作的人提供高等继续教育,并使后者得到提高,从而使得教育向全社会延伸。

3. 正规教育体系

正规教育体系结构如图1所示,该体系的一些统计信息如表1所示。

3.1 *初等、中等和第三级教育*

教育体系中包括了所有学龄儿童(5~16岁)。11年制义务教育体系旨在确保从学前教育到中等教育第二阶段的所有教育形式的连续性和一致性,

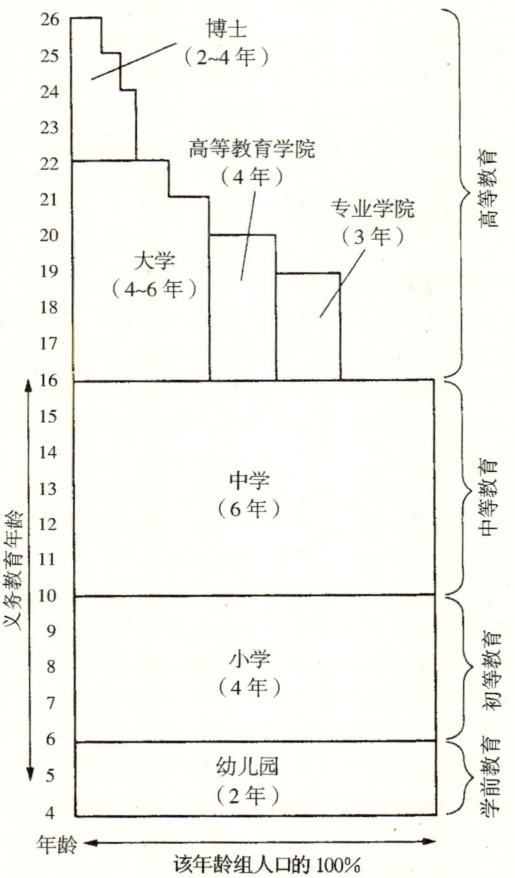

图 1　朝鲜民主主义人民共和国：正规教育体系的结构

将成就的高水平和广泛的基础教育与科学训练结合在一起。在这个体系里，要求学生打下牢固基础，用科学方法探究世界，用自然世界和社会的基本原则这类知识武装自己，至少掌握基本技能。

在 1945 年独立以前，北朝鲜没有高等教育机构。到 20 世纪 90 年代初，有 280 所大学和学院，有 456 所可供高等学习的专门机构，只要愿意，所有的朝鲜青年都可以接受高等教育。所有的高等教育机构，如金日成大学，以及一所技术大学和一所高等教师培训学院的校园都是分散的，以根据首都平壤和各省的需求来划分。各省为一区，每区至少包含一所高等专科教育机构。国家的每个地区都有几所高等学习机构：工业学院，农业、医学、教师培训机构（基础和高等都有）等。

在大学和其他高等教育机构中，有研究机构和博士学位授予机构。大学和学院为国家培养科技干部，其他高等教育机构负责培训在生产部门工作的工程师，专门机构培训高级技师。所有学生接受国家助学金。通过连续的再培训过程，致力于国家干部的发展，同时确保干部数量的增长。国家已经培训了 160 万高等教育毕业生。国家十分重视为所有人实施高等义务教育体系，为整个社会的知识化服务。这个目标被认为是国家文化革命最主要的任务，其目的在于提高全民对文化和技术水平的意识，使之达到高等教育毕业生的水平。一旦实现该目的，知识分子不再作为独立于其他社会成员的一个不同社会群体存在。

3.2　学前教育

学前教育以 2 年制幼儿园的形式出现。幼儿园的高级班是 11 年制义务教育第一阶段，使儿童为学术学习做好准备。幼儿园的学生学习日常生活和学术学习所需的基础词汇、已被接受的语言表达方式、简单的算术（加、减）、唱歌、跳舞、绘画。

表 1　　朝鲜 1991 年教育统计数据

	普通教育		高等教育		总计	幼儿园[a]
	初等	中等	专业学院	学院和大学		
教育机构数量	4 789	4 697	456	280	11 407	14 762
学生人数	1 601 000	2 169 000	188 000	401 000	5 000 000	728 000
教师人数	5 900	111 000	12 000	23 000	212 000	

a 1989 年数据，没有计入“总计”一栏

3.3 职业、技术教育和商业教育

北朝鲜的教育系统和其他国家存在的教育系统,如职业和商业教育,开放大学等等,在下面两点上截然不同:(a)所有的工人受教育达到中等学校标准(第二阶段);(b)贯穿整个工作阶段的继续教育系统。这使得全体工人只要他们愿意,均可在舒适的条件下继续追求学业而无须放弃工作。

工人可以通过多种途径参加中等后教育,地点在为产业工人、农业劳工、渔民开办的学院;通过相应课程,在夜校和为工人干部设立的继续学习系统学习。

各类继续教育的学习期限如下:在高级学校的专业机构学习需2~3年;高等教师培训学院需4~5年;相当于大学水平的机构需4年;大学和同类学院需5年;医学院需6~6.5年。

工人在此教育体系中的受教育程度达到工程师或助理工程师的水平,他们对国家经济、科学、技术的发展做出了巨大贡献。

4. 行政管理的结构与运行

在朝鲜民主主义人民共和国没有私立学校,所有学习机构都是公立的,属于国家或政府、社会及其他合作组织。

国家教育委员会由高等教育部和教育部组成。委员会设计并实施国家的教育发展计划,确立所有学习机构的课程。委员会还负责解决教育系统中出现的管理方面的战略性问题。例如,怎样组织领导教材和研究结果的出版并组织相关的教育研究,怎样有助于学校设施的集中生产和分配。

地方管理机构有权开展下列工作:学校建设项目,选拔学生接受高等教育,招收和安置教职员工,在本地区运用教学设施顺利实施统一的课程安排。

一些教学部门受文化艺术部、健康部等部门的领导。在朝鲜,根据在所有经济组织中运行的相同管理原则来领导和管理教学部门。管理中还兼顾其他因素:政治、经济、技术上的管理;国家的总体治理;学校对个体创造性的激发;民主和政策制定的协调性以及出于物质、政治和道德方面的考虑。

5. 教育财政

国家提供大部分教育经费。所有的收入来源,不管是集中的还是强制的,都属于公共合作机构。幼儿园、初等学校、中等学校、医学院、农学院、初高级教师培训学院都是由地方资助的。颁发学位的机构,专业高等教育机构和为产业工人开办的学院分别由它们所属的相应政府部门资助。所有其他的高等教育设施划入国家教育委员会的财政预算。国家总的教育财政预算持续增长(参见表2)。

国家给予所有在校儿童和学生丰厚的津贴。在从幼儿园到大学阶段这一教育过程中,每人得到15 800朝鲜元(7 524美元)的津贴。在1991年,国家平均增加大约1 000朝鲜元(476美元)给每个学生;给中等学校的学生419朝鲜元(199美元);给初等学校的学生342朝鲜元(163美元)。学校提供下列补助金:初等和中等教育中学习材料真实成本的60%以上,高等教育中学习材料真实成本的40%以上;学校制服的20%,幼儿园儿童制服成本的50%。这样,人均教育补助金为90朝鲜元,每个家庭平均得到的教育补助金为396朝鲜元。

6. 师资

朝鲜有相对结构完好的教师培训系统。要当一名幼儿园或小学教师,需要在初级教师培训学院(中等后教育水平)接受3年的培训;要在中学当教师需要在高级教师培训学院接受4~5年的培训。要在第三级水平学校当教师需在大学或同类高等教育机构接受4~6年的培训(负责实践教育的教师需在技术机构接受3~4年的培训);技术机构的教师在大学(或同类机构)接受4~6年的教育,然后要有2年的研究经验。

1988年,各类学校的教师人数近212 000人:初等教育的教师有59 000人,中等教育有111 000人,第三级教育有23 000人。妇女在教师职业中所占的百分比相对来说要高一些:女教师在幼儿园教师中占100%,在小学教师中占90%,在中学教师中占70%,在高等教育教师中占61%。

国家高度重视教师的在职培训,以提高其技术和专业技能。例如,大学讲师将接受下列再培训:

表 2　　1981～1991 年政府支出和教育预算的增长

年份	总计[a]	政府支出	
		增长百分比(和前一年比较)	教育预算的增长百分比
1981	20 333 000	7.9	7.6
1982	22 203 600	9.2	5.0
1983	24 018 600	8.2	4.7
1984	26 158 000	8.9	7.0
1985	27 328 830	4.5	4.2
1986	28 396 000	3.3	–
1987	30 085 100	5.9	5.8
1988	31 660 900	5.2	–
1989	33 382 940	5.4	5.6
1990	35 513 480	6.4	4.8
1991	36 909 240	3.9	3.9

a 单位:千朝鲜元

(a)由国家教育委员会组织的基础和先进科学方面的再培训。每隔 4 年或 5 年,教师接受为期 1～2 月,有时甚至 3～4 月的再培训,使其能跟上本专业的最新进展。

(b)通过集中的课程进行再培训。这种培训以 1～3 周课程的形式出现,由国家教育委员会的官员和各大学组织,目的在于提高对当前科学发展和教师专业实践能力的认识。

(c)在工作场所进行的再培训。教师到工作场所或是在教学中学习。这类培训每 5 年进行 3～6月,在技术领域则进行 6～12 月的培训。

(d)在研究机构通过攻读博士学位的研究。

7. 课程开发与教学方法

国家教育委员会为教育政策和教材的发展拟定长期和短期计划。

国家教育研究院制订教育方案,国家教育出版社根据国家集中制定的计划拟定编辑教材。一旦教育方案和教材制订出来,教育领域纲领的发展取决于国家教育委员会的最后同意:由全国课本修订委员会负责改编课本,然后在出版前交由国家教育委员会审批。

教育方案由两部分组成:课程和教育计划。课程大纲决定学习的具体课程,各科的分配和其时间安排。例如,每学期的时间、假期安排、考试和视察的时间。另一方面,教育计划规定了一年内每科教给每个群体知识的限度和水平、教授的形式、教授的科目和在整个学年里各科是怎样安排的。

朝鲜民主主义人民共和国十分重视外语教学。中学生必须学习一门或一门以上的外语(俄语/英语),大学生必须学习下列语言中的两种或三种:英语、法语、俄语、汉语、日语和德语。

8. 考试、升级和证书制度

教育评价的目的在于评估学习效果。在朝鲜民主主义人民共和国,教育评价包括发现教师对学生的教育(教学内容、教授过程、教授方法)是否得以正确实施,学生是否达到了国家教育方案中规定的教育目标。

对学习效果的评价基本上包括定期问答,和对家庭作业的检查和中间测验。最后,在期末和每学年末有对特定科目的考试。如果在期末考试中成绩不好,该学生必须重读一年。中学毕业考试的题目是由本市或本地区的委员们制定的。如果学生没有通过毕业考试,他们只得到一本教育证书,这意味着如果他们想得到中等教育文凭,他们必须在来年参加未通过的科目的考试。

9. 教育评价、评估和教育研究

国家教育研究院有400名研究人员,从事教学理论、教育心理、大众教育(初等、中等教育)的内容方法方面的研究。由高等教师培训学院的教师培训研究机构负责进行教师培训方面的研究。高等教育研究院负责高等教育领域的研究工作。

国家教育委员会对每个教育研究机构的工作进行协调管理。

10. 20世纪八九十年代的主要改革

教育培训结构性改革主要是针对高等教育领域,改革的目标是重组并发展教育科学技术体制。改革的概况如下:

(a)增加技术学院和高等专科学院的数量,改善专科技术教育,对工业部门的技术员进行培训,使其达到更高的工作标准,满足国家经济的需求,跟上当代科技发展的趋势。

(b)通过增加培训机会来改善高级工人的教育。

(c)进一步发展在职继续教育领域的教育系统,同时改善传统教育系统。

为了成功地实施这些改革措施,为工人、农民和渔民开办了更多的高等教育机构。根据行业规范和行政管理规范对这些新开办的机构进行高效管理,这一点被列为优先考虑的事项。改革中特别关注开办新的学部以满足需求,并通过鼓励培养工业领域(如机械电子工程和控制论)中的技术干部,通过推动重要科学领域(如电子学、生物工艺学和热学研究)的进步,来拓宽新学部的培训范围。

20世纪80年代和90年代,在高等教育领域还进行了教育培训内容方面的改革。改革措施如下:

(a)首先,如前所述,加强科技领域的教育工作,这一点非常重要。

(b)为了提高在工业制图教育和工作经历项目的内容和方法论上的水平,增加了实习训练的量。

(c)通过将专业实习培训和在工作场所的科学研究、技术创新活动紧密地结合在一起,实现高等教育领域中教学和研究的结合。

11. 2000年面临的主要问题

小学面临的主要任务是全面提高教育水平。为了实现这一任务,朝鲜工人党和朝鲜政府努力提高教师的技能。

中等教育领域的主要任务如下:

(a)增强科学技术教育。这一领域的教育必须建立在核心课程(如数学、物理、化学、生物)的基础上,同时,必须建立深入全面的核心课程基础。

(b)确保中学生学习一门以上的技术课程,以适应国民经济的需求和生产技术基本原理的要求。

(c)根除填鸭式的教学方法,代之以启发式教学。启发式教学强调激发学生的独立思考能力和创造力。因此,提高教师技能水平、引进先进的教学设备和教学方法,这一点也非常重要。

高等教育领域中的主要问题是维持如下两方面的平衡:一方面是对大学毕业生和深入全面的培训的迫切需求;另一方面是从国家长远的科技进步方面来看教育的发展、目标和质量。另外,尽快实现面向所有人的义务高等教育政策,这一点同样重要。

常光周(Gwang-Chol Chang) 著
唐晓茹 译

附录

Kim Sung I1 1977 *The Thesis on Socialist Education.* Pyongyang

其他参考文献

Chang Gwang-Chol 1993 *Etudes comparatives des systèmes d'ense¸gnement supérieur.* Paris

Charvin R 1984 *La République Populaire Démocratique de Corée.* Paris

KCNA 1980—1991 *Korea Central Yearbooks.* Pyongyang

Kim Jong Il 1984 *Pour un dévelopment continu de l'ensergnement.* Pyongyang

Pang Hwan Ju 1988 *Korea Review.* Pyongyang

Vishwanath 1992 *Encyclopedia Kim Il Sung*, Vol. 2. New Delhi

韩国的教育制度(Korea, Republic of: System of Education)

1. 基本背景

大韩民国(韩国)位于亚洲大陆东端的朝鲜半岛,面向日本群岛。朝鲜(在涉及1948年之前的历史,本词条中的Korea通译为朝鲜。1948年大韩民国成立之后,在本词条中的Korea通译为韩国——译者注)是一个高度单一民族的国家,有其自己的语言。韩国9万平方公里的土地上有4 200万人。它的人均国民生产总值是5 569美元,1990年世界贸易中排名第12位。识字率在97%以上。

朝鲜一直保持着国家主权,并拥有独特的文化传统。在此基础上,朝鲜的国家和文化认同在其四千年的历史中不断向前发展。朝鲜的历史可以追溯到"古朝鲜"(Ancient Chosun)。这是一个部落王国,从公元前100年直到公元前43年。在"古朝鲜"时代之后,出现了几个王国。"新罗"(Sylla)统一了这些王国,后来新罗又被"高丽王朝"(Koryo)所取代。高丽王朝统治着朝鲜半岛,并将佛教作为其国教。"朝鲜"(Korea, 或者还有较早的词:Corea——译者注)的名字就源自"Koryo"。

1392年,高丽王朝被一个新的朝代(李氏王朝——译者注)所取代。在这一时代,出现了一些新的发明,例如,被称之为"Hangul"的朝鲜文字母表。统治阶级与儒教有着深厚的联系,并且这种新的统治思想日益占统治地位,不利于思想多样性的发展。19世纪末期,这个"隐士"王朝被迫向外国工业力量打开了大门。从那时起,朝鲜经历了一系列痛苦而剧烈的变革。1910年,朝鲜被日本殖民政权占领。在殖民地时代,其为之骄傲的文化遭受极大的破坏。尽管1945年朝鲜得到解放,但它又被世界超级大国切割成南北两个部分,并没有获得独立。之后,又发生了朝鲜战争,让这个国家处于分裂和贫困之中。从那以后南北朝鲜一直处于敌对之中。1992年仍旧在寻求统一,南北朝鲜进行了一系列的对话,以实现和平统一。

在19世纪末期现代教学还未出现以前,儒学教育在传统学校中占统治地位,在高丽王朝和李氏王朝时期,高级政府官员的选拔是通过由全国考试机构举行考试,以考查他们对中国传统文化的了解来进行的。考试机构把佛学作为考查官员知识水平的最重要的手段。应试者实际的工作能力倒在其次。因此,在19世纪末以前,全国上下都注重背诵佛教的文章。

现代的教学由传教士在19世纪80年代传入。1885年政府发布了《教育改革法令》,要求在中央和地方建立现代的中小学、师范学校、职业学校。那时也出现了很多私立学校。在1910年至1945年期间,由于日本占领了朝鲜,实行殖民教育,朝鲜原有的教育体制就不复存在了。

20世纪90年代的教育体制是1945年后建立起来的。韩国政府采用了美国模式的6-3-3-4的阶梯体制。作为1949年的正规教育体制,1960年初等教育已经普及。而到了1980年,中等教育也已普及。到1991年,初等教育的普及率达到100%,初级中等教育的普及率达95%,高级中等教育达88%,而高等教育则为38.1%。学生占总人口的比例为26.7%。有超过1 100万名学生在2万所学校中学习,有约40万人在从事教育工作。

上大学的竞争非常激烈,那些不能升入大学的高中生会再复习一年以继续参加考试,或到私立学校学习。教育对于人们的流动和升迁来说是最重要的手段,也是为国家培养人才最基本的手段。但是在教育目标与教育成果之间存在很多矛盾。那些优秀学生的学业成绩并不能让他们满足社会的需求。有高中以上学历的学生并不能发挥自己的能力来适应社会的需求,这说明韩国的教育体制有很多的问题。因此,20世纪80年代中期以来政府对教育体制进行了改革。为了适应21世纪发展的需要,韩国的教育体制改革还需要进一步努力。

2. 教育政策与目标

韩国教育体系的目标之一就是在政治社会化方面,增强公众的政治参与意识,为行政管理输入大量的人才。开化民众,注入民主价值观,培养领袖等都属于教育的基本目标。

教育通过给人们提供未来发展的指向和鼓励人们成为现代和文明的人,来向人们注入新的价值观,根据韩国官方的文件,韩国教育有以下几个基本目标:

(a) 教育下一代,传承韩国的文化遗产。

(b) 促进全民在知识、性格、思想和身体上全面发展。

(c) 进行创造性教育,以便在全球日益激烈的科技竞争中增强民族的生存能力。

(d) 培养下一代在未来社会中应用各种技能的意识。

(e) 培养优秀的教师,创建多元的教育方案和方法来适应不同人的需求。

(f) 教学的多元化是为了充分发挥每个学生的潜力,学校的管理也应当多样化、灵活化以便适合不同的需求。

(g) 给予学校自治权,高度的自主能提高人们的责任感,每所学校都尽可能发挥出其创造性并充分利用自身资源。

(h) 通过创建自由、舒适的学习环境来使教育人性化。

(i) 通过调动全社会的学习积极性,并发挥家庭教育,尤其是通过媒体宣传教育的作用,把学校与社会连接起来。

3. 正规教育体系

3.1 *初等教育、中等教育及第三级教育*

图1勾勒出了正规教育体系的框架。几个主要教育部门的入学情况和资源情况都在表1中给出了主要的统计数据。6~14岁少儿接受的是义务教育,入学率达100%。大部分4~5岁的儿童在上学以前可以在幼儿园接受学前教育。小学是6年制的。1991年,全国的小学生有480万,其中有1.4%的学生在私立学校上学。

需要有很多小规模的学校来满足偏远乡村的儿童入学。所有的小学都是男女生同校的。学校里每天授课4~6小时,一年的教学时间是220天。

中学学制6年,初中3年,高中3年。学生一般是12岁开始上初中,15岁开始读高中。1969年废除了初中的入学考试。现在的学生都是就近入学,学校的选择是比较随机的。在乡村,义务教育已经延伸到初中,而且也在向城市延伸。大约60%的初级中学是男女同校的,30%的学生是在私立学校学习。

高级中学可分为普通高中和职业高中。1974年以来,新的入学体制使高中教育标准化。在高中录取学生以前,有一个全国统一的考试,申请职高的学生比普通高中的学生考试要求会低一些。在统一考试之后,不能被普通和职业高中录取的学生会参加另一项考试。通过考试的学生由计算机随机地安排到各地的高中学习。1991年,97.4%的初中生都考上了高中。约40%的学生在公立学校学习,有60%的学生去私立学校学习。

高等院校包括大学、学院、高等专科学校以及一些研究所及教师学院、广播电视大学、成人大学等。1991年,有100万名学生进入115所大学或学院学习,有40万名学生在118所专科学校学习。另外,还有11所教师学院、1所广播电视大学、7所成人大学在招生。

1991年约150万名学生进入高等院校学习。高等院校的入学率为38.1%。进入大学的竞争是非常激烈的,尤其是名牌大学。

高等专科学校提供2~3年的学习,相等于14年级,主要是为了适应高速工业化发展对技术人才的需要,其目的是培养有一定理论和技术的中级工程师。这些学校的专业课程有以下几类:工业、农业、护理、渔业、商业、国内经济、艺术及美学等。

本科生教育是4~6年制的,医学院需要6年。获得学士学位需要修140个学分。每学期16个课时的学习才能修到1分。

3.2 *学前教育*

学前教育是幼儿园为3~5岁的儿童提供的教育。学前教育的具体目标是:

(a) 形成终身健康的习惯;培养基本的思想和肢体的基本技能;发展身心的协调。

(b) 发展基本的交流技能,有效地表达自己并理解他人。

(c) 培养对日常生活中各种现象的兴趣,并形成好问的态度。

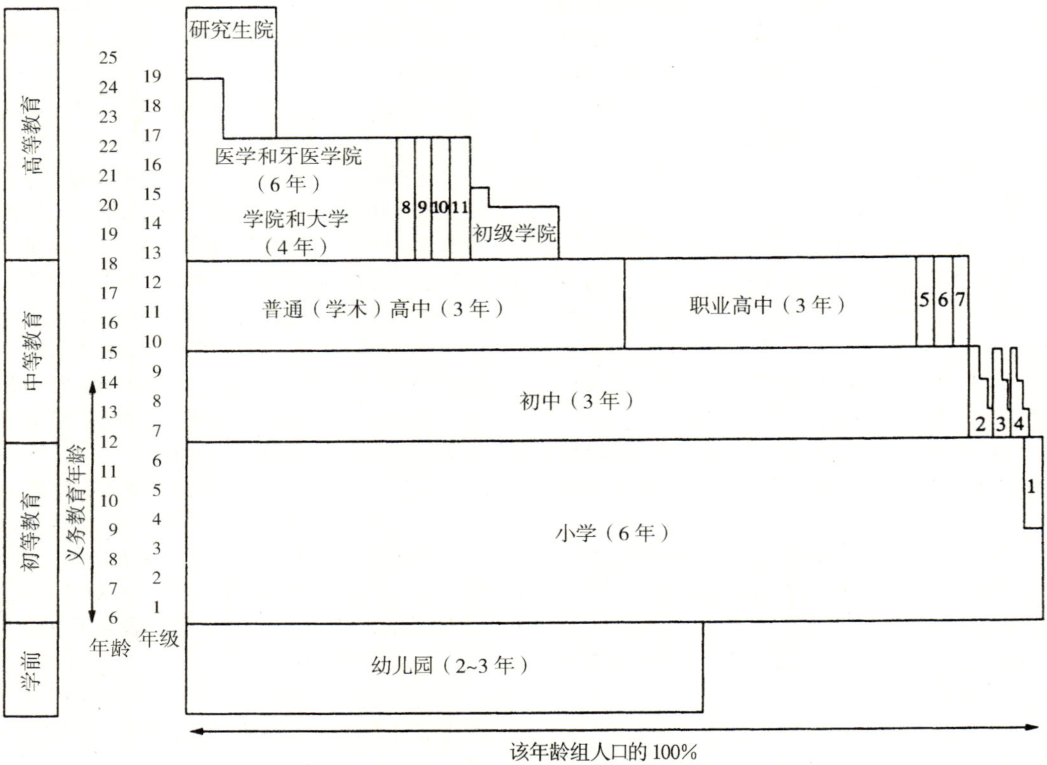

1 小学
2 特殊学校
3 中学
4 商业学校
5 高级商业学校
6 特殊高中
7 函授学校
8 教师学院
9 广播电视大学
10 开放大学
11 综合学校

图1　韩国:正规教育体系的结构

(d) 帮助孩子们获得自信,并帮助他们表达对日常生活中发生的事情的感受和想法。

(e) 培养孩子对家庭和朋友的亲善意识。

前述的幼儿园教育的目标具体说来就是五个方面,它们是:体力的、语言的、认知的、情感的和社会发展的。全国性的幼儿园课程是1969年首先建立的,并且定期修改。教学材料都是由教育部提供的。虽然多数的幼儿园是私立的,但是政府也在尽力增加公立幼儿园和注册入学的儿童的数量以提高幼儿教育的质量。

3.3　特殊教育

接受特殊教育的儿童分为七类,具体是:视障儿童、听障儿童、精神障碍儿童、肢体残疾儿童、情绪受障儿童、交流有障的儿童和其他。在公立特殊学校上学的孩子们在学习中获得全额的经济支持,而在私立特殊学校学习的孩子们则获得部分的经济支持。

1989年,政府制订了供特殊学校使用的标准

表 1　　1991 年各级学校的入学人数及其他数据

	小学	中学		高等院校
		初中	高中	
		4 443 000		1 540 000
在校生人数	4 759 000	2 232 000/2 211 000		
占所在年龄组总人数的比例				
年龄 6～11	102.4	–	–	–
12～14	–	95.3	–	–
15～17	–	–	86.6	–
18～21	–	–	–	38.1
学校数量	6 245	2 289	1 702	580
学校平均学生人数	760	890	1 300	2 700
生师比	34.4	24.4	23.2	29.9[a]
生均费(千韩元)	655	855	1 000	2 247[a]

a 只包括学院与大学

课程表,并在 1993 年正式投入使用。随后更多的时间和设施都投入到了促进职业教育的发展中。

特殊教育课程为特殊学生提供了从初等到高等教育的全过程。但是在学前教育阶段没有特殊教育。1990 年,大约有 104 所特殊学校和 2 757 名教师,为 19 971 名残障学生参与到特殊教育中。

1991 年,小学阶段有 2 502 个特殊班级,在中学有 668 个特殊班级。在普通的初级学校和高级学校里接受特殊教育的残障学生人数分别是 24 202 人和 5 645 人。

一项旨在促进残疾人就业的法案也于 1991 年颁布。

3.4　职业、技术教育和商业教育

虽然职业教育主要由职业中学和两年制的技术大专提供,但职前教育课程甚至作为普通课程的一部分在初等教育中就有提供。针对实际工作和科技的实践艺术教育是初等教育阶段所有学生的必修课程。至于普通高中和初中的职前教育,学生们都被要求学习一门技术教育课程,并从农业、工业技术、商业、渔业、海洋业和家政学中选修一门。

职业高等教育为工业发展补充技术人员。多数的职业中学是由政府建立并提供经济支持的。当然商业高等学校多是私立的。职业中学的学生像普通学校的学生一样交纳学费,但是职业学校的学生比普通学校的学生更容易获得奖学金。

职业中学为职业教育提供 3 年制的项目。职业高等教育的课程要求从 204 个到 206 个单元不等。在课程要求的范围内,每个学校可以根据自身的情况决定到底需要多少课程才可以毕业。职业课程包含 82～122 个单元,这些课程占据了整个课程要求的 40%～60%。

中学毕业的学生可以申请入职业中学。申请者的选拔是通过一个入学评估实现的,这个入学评估包括:考试分数、中学记录、来自中学的推荐信和一个选拔考试。职业中学的学生数量大约是全体中学生数量的 30%。完成 3 年制的课程后,每个职业中学的学生将获得毕业证书。通过一个全国性的认证考试,多数的学生将获得二级技术员的认证。获得证书的人将在就业中拥有更多的机会。当然,除了少数人进入 2 年制的技术大专或 4 年制的大学外,多数的毕业生都找到了工作。

所有的学生都要求实习。实习时间根据不同的学校有具体的要求,例如技术学校要求 1～6 个月的实习,农业学校要求 1～3 个月的实习,渔业和

海洋业的学校要求1~12月的实习。

总共有五种职业中学，它们是：农业、技术、商业、渔业和海洋业以及家政学。随着快速的工业化，农业学校的学生数量逐渐下降，并且这种趋势将持续下去。另一方面，为了满足工业化进程中需要的技术劳动力，在政府政策的支持下，技术中学已经逐渐地膨胀了。商业中学的学生数量占全部职业中学的学生数量的50%。在商业中学中女学生的数量逐渐增加。

国家政策也强调加强职业教育。在1989年，普通学校与职业中学的比例是2.5:1。教育部正在努力地使这一比例变为1:1。教育部正在运行一个长期计划以期从实地学习、学生注册、实地经验、教师培训和产校合作等方面重组整个职业中学教育系统。

3.5 成人和非正规教育

除了正规的学校教育以外，韩国的成人和非正规教育可以说是全方位的、终身制的。《成人和非正规教育晋升法案》是1982年颁布的，它确立了非正规教育机构和课程的认可基准，把这些机构和课程与正规教育学校的等级一一对比和统一起来。成人和非正规教育可以分类为：(a)半正式教育；(b)职业和技能教育；(c)普通文化教育。

半正式教育是从学校教育的阶梯中分离出来的，它的特点是学生并不需要全日制在校学习。半正式学校包括市民学校、高级市民学校、贸易学校、高级贸易学校、公司办夜校(中学和高中)、校办夜校(中学和高中)、电视与函授中学、电视与函授大学以及开放大学。

学院根据劳动事务部的要求在工作培训中心提供职业和技能教育项目，并根据教育部的要求对年轻人提供职业教育。由单独的教育委员会监督的私立的商业学院提供职业培训。部队和收容所也同样提供实用的职业技能培训。

公立和私立的组织都提供普通的文化教育项目以促进妇女、青年和老人的文化修养。这样一些能满足多样的教育需求的活动，如娱乐艺术等，希望帮助人们合理而优化地利用业余时间。一些大学也提供一些额外的无学历认可的课程，如儿童看护、家政学、商业管理和健康等。

4. 行政管理的结构与运行

教育行政管理包括教育部、地区和省级的教育办公室以及地方的教育办公室。

教育部是中央授权机构，负责履行全国教育的法律要求。在政府的教育政策基础上，教育部制定并推行了全国教育计划，批准并印刷了初等和中等教育的教科书，颁布了与教育相关的有关法律法规，进行了全国的教育预算，为执行教育政策的分支机构提供指导和协调，监督地区和省级教育委员会、高等教育机构和其他学校的工作。教育部还有许多受其监督和控制的辅助性机构。

教育部有3个办公室：计划和管理办公室、监督和教科书编写办公室、大学教育办公室。教育部还有5个局：初等和中等教育局、教师事务局、科学技术教育局、非正规教育和国际教育局、教学设备局。地区和省级教育办公室的权限是负责初等和中等教育。一共有15个教育管理部门：6个地区级和9个省级的。教育管理部门都在教育委员会和教育部的管辖之下。

教育委员会为教育条款、预算批准和教育办公室的审查负责。教育委员会由地方和省级会议选举产生。每个地区和省级教育厅的教育负责人是由相关的教育委员会选举产生。

地方教育局是教育管理的最低级的单位。地方教育局是在地区和省级教育厅指导下的、属于一个城市或农村的教育行政管理组织。这样的教育局共有179个。地方教育局的负责人是由地区和省级教育厅任命的。该负责人将实施所有的与教育相关的行政管理事宜，保持教学设施，颁布教学条款，并监管其管辖范围内的所有幼儿园、小学和中学。

5. 教育财政

教育资金主要有三个来源：中央政府、地方政府和私立教育资助。韩国的教育资金的主要来源还是中央政府的助学金和教育经费。相比较而言，来自学校的基金会和私立学校的贡献还是少量的，尤其是与其他国家类似的情况相比。

中央政府教育经费主要来源于税收。教育经

费主要用于以下方面:教育部、国立大学、研究学院以及地方自治政府发生的初等和中等教育费用。教育部的普通账目主要包括:当前运行成本、给予当地政府的资助、对国立大学和学校及其分支机构的津贴。教育部的特殊账目包括:教育条件的提高的特殊账目、教育税收特殊账目、私立教育基金特殊账目以及国立大学的医院的特殊账目。

在1991年,普通账户收入是1 314亿韩元(4亿美元),包括:国立大学的入学费738亿韩元(2.25亿美元),入学考试的申请费44亿韩元(1 340万美元),外国贷款517亿(1 340万美元),商店和实验室收入等校办经济15亿韩元(460万美元)以及其他。教育部的普通账户的支出包括:教育部和国立研究学院5 414亿韩元(17亿美元),资助给当地教育的42 866亿韩元(131亿美元)。

教育部的普通账户不包括对当地教育的资助,当地教育的资助的数目已经达到了12 453亿韩元(38亿美元),其包括:工资4 807亿韩元(15亿美元),占总数的38.6%;运作成本1 171亿韩元(3.570亿美元),占总数的9.4%;为教育服务提供的资金6 476亿韩元(19.7亿美元),占总数的52%。

自1990年开始连续三年政府的特殊账户每年投入3 700亿韩元(11.3亿美元)以提高教育环境。这笔投资是以中央政府出资的方式提高地方的中小学的教育环境。

教育税特殊账户是将教育税的收入留作提高中小学的教师质量之用。这个账户适用资助地方教育。

私立教育基金特殊账户侧重于建立一个私立教育基金,以帮助私立学校在商店和实验设施等方面的扩建和革新。这项基金的期望数字是200亿韩元(6 100万美元)。另外还有200亿韩元(6 100万美元)是奖学金基金,主要提供给聪明但是贫困的学生;还有60亿韩元(1 800万美元)是用作吸引聪明的学生进入教师这个职业。

国立大学医院特殊账户(1 750亿韩元,合5.33亿美元)侧重于为医院的医疗提供资金。其费用主要包括医疗费用、设备投资和其他费用。

1991年教育总预算是65 979亿韩元(200亿美元),是政府总预算(289 722亿韩元,合883亿美元)的22.8%。地方教育办公室在预计要提供的初中等教育需求的基础上准备教育预算单,并将这些预算递送给各自的自治地方政府。

为了稳定地方教育财政,中央政府负责义务教育中所有教师的报酬,并且将内部税收收入的11.8%专门用作地方教育的津贴。现在从普通账户中预留出固定比例的经费已经成为一种制度,它用作支援地方教育,此外还将教育税收用作改善教育环境。

私立教育的主要财政来源是入学费和学费。按照学生人数来统计,私立学校入园儿童占幼儿园儿童总人数的72.3%;然而,由于义务教育的因素,私立学校在校生只占初等教育总学生人数的1.5%,相比较而言,私立教育在中学、高中和大专、大学层次的教育上的相应比例却分别达到27.8%、61.9%、80.1%。私立教育在教育中扮演了一个至关重要的角色,因而也值得政府的支持。政府颁布了法令规定私立学校在取得和销售财产时,可以作为例外,不用纳税。同时政府还提供资助和贷款以帮助私立学校的设施设备的扩建和更新。这些资助还包括奖学金、研究基金以及私立学校的教师的部分养老金。

在1990年,私立学校的全部预算是26 613亿韩元(81亿美元)。

6. 师资

为了保证教师的职业化和其公众义务,教师培训院校的毕业生都要求按照国家法律规定的标准取得执照。他们主要分为教师、助理教师、特殊教育教师、图书管理员、主管实际工作的教师和保育教师。

负责教师教育的院校机构在规模和层次上各不相同,主要包括教师学院、教育学院、教师教育课程、学院和大学里的教育系、初级学院、函授学院以及教育研究生学院。这些教育机构每年大约培养出30 000名教师。

幼儿园教师的培训主要是来自4年制的学院、初级学院和函授学院。小学教师主要是11所教师学院培养的。在1981至1984年期间,两年制的教师学院都升级为4年制的院校,并且能够授予学士学位。教师院校的学生都免交入学费和学费，并享有奖学金，但是他们必须在毕业后从事教师职业规定的年数。

中学教师必须是教育院校、普通高等学院、大学院校的教育系毕业，在这些院校进修教师教育课程的毕业生，或者是在教育研究学院的研究生。这些学生必须交纳一定学费。教育学院的入学考试逐渐变得严格起来，并增加了能力倾向测试和面试。

特殊教育的教师主要根据他们期望教授的学校的水平而决定受教育的程度。学校图书管理员必须是大学或学院的图书馆科学专业毕业的学生。学校护士须是从初级大专或大学毕业，并获得了注册护士执照才能成为教师。

7. 课程开发与教学方法

韩国有一个严格规定的普通课程。在当前的课程体系下（也就是被称作第五次修订课程），几乎所有的课程的具体细节都是由教育部来决定，这样使得学校课程的内容和时间分配在全国和地方层次都非常统一，几乎没有什么变化。

在初中等教育层次，大多数的课程都是必修的。然而在高等教育层次，即使是同样的普通院校，学习的范围也是根据课程的不同而不同。人文社科类的学校里的学生与理工和职业学校里的学生都学习不同的课程，但是不管他们就读于何种学校，26 门必修课程中有 12 门是所有的学生都必须学习的。学校教师、学科专家、课程专家、教授和教育管理员组成委员会，该委员会起草课程提纲的草案。最终提纲则由教育部正式颁布。

初等教育的所有课程、中等教育的三门课程（韩语、伦理与教育、朝鲜历史）都是由教育部授权的教育研究所完成。教育部审查、修改并最终批准这些“一类”课本。其他课程的课本则由私人出版商负责，然后由教育部组织的“课本审查委员会”检查和批准。这类课本则被称之为“二类”课本。“一类”课本针对每门学科只有一个版本，而“二类”课本则可以有好多个版本：五种版提供给中等学校，八种版提供给高等学校。对于“二类”课本，每个学校根据自身的情况从五种版本或八种版本中选择一个最适合他们的版本。

第六次修订课程从 1994 年开始生效。在中等学校，“实用艺术与家政学”领域里可以从几门课程中选择一个加以学习。在高等院校，外国语和“实用艺术与家政学”都有一门课程可以选择。但是这些课程是由学校选择的而不是由每个学生自由选择的。一旦这些课程被选定了，所有在该学校上学的学生都必须学习这些课程，因而从这个意义上讲，这些课程叫作“限定选修”更为合适。

进入中学就开始教授英语；汉语也是在中学开始教授的，但是在韩国教授的汉语与在中国使用的汉语有所不同。当然在小学，英语也常被设置为课余的选修课程。在高等院校，学生们还必须学习英语之外的另一门外国语，可供选修的外国语包括：日语、汉语（与中国使用的一致）、法语、德语和西班牙语。从 1995 年起新的课程里还包括俄语。

教室里课程的实施主要由学校当局进行监管，在某些特殊情况下，也会有一个省级的学校委员会督察来监管。教育部的督察有时也会监管每一个省级的学校委员会对课程执行的状况。

课程和教学法仍然有许多问题。首先是课程的决策非常集中，对地区和地方的特殊需求很少有可以改变的余地。其二是这些课程的结构太正式和严格。其三是课程的实施（或管理）太严格和受控制。与第一种情况相关的问题是课程是由外来者发展和强加的。课程的实施者（教师们）没有太强的积极性去很好地实施这些课程。最后，学校课程实施的效率也是一个问题。学校基本上没有在学生的学业提高上取得成功。

教学法的问题也有许多。最严重的问题就是教学的实施并没有考虑不同学生的个别差异：教学材料、课堂教导方法、家庭作业和对学生的评估对所有的学生都是一样的。总而言之，教学的实施完全没有考虑学生的个人差异。第二个问题是教学法相对简单和严格。教师们讲课往往忽略了教育目标的不同特点。大班、大学校和教学设施的缺乏、互动教学材料的缺乏都是教学法太差的原因。

8. 考试、升级和证书制度

在学校教育的每一个层次，学生从一个年级升到下一个年级是自动的。一级、二级和三级的证书分别是在完成六年的小学、三年的初中和三年的高中教育之后授予的。这些都取决于学校内部的评估。所有申请职业高中的报名者都被给予入学考试的机会。每个职业高中都是根据考试的分数来选拔学生。申请学术高中的报名者将参加市区或省级的考试。

大学院校则通过大学入学学业成绩考试(SAECE)来选拔学生。自20世纪80年代以来,大学院校的入学考试发生了惊人的变化。直到1968年,大学院校都是根据各自组织的入学考试的成绩来选拔学生。从1969年到1979年,新的入学制度规定,只有通过了大学入学基本考试(PECE)的报名者才能参加各个院校自己组织的入学考试。后来,大学入学考试系统又根据1980年颁布的教育改革做了修改。大学入学基本考试被大学入学学业成绩考试替代了。后者的分数也不是入学合格的唯一决定因素。自1985年以来,高中时的学习成绩和在各自学院的指导下所完成的论文也是非常重要的决定因素。这个制度的特别之处在于报名者须在考试之前选定将要学习的大学或学院。

从1994年起,大学院校在选拔学生方面有了更大的主动权。每个大学或大专院校都可以从下面四个方面的成绩来选定某一个分数作为录取的条件:

(a) 高中综合成绩,全国大学学习能力测试(NLATC)和各大学院校自行组织的考试的成绩。

(b) 高中综合成绩和全国大学学习能力测试(NLATC)。

(c) 高中综合成绩,各大学院校自行组织的考试的成绩。

(d) 高中综合成绩。

9. 教育评价、评估和教育研究

基于学校的评估主要包括评测学生对知识获得程度的客观性考试。自20世纪80年代以来,作文考试和感性的评估占有越来越重要的地位。中小学教师们记录学生的平常表现。这些记录都是通过平常的观察得到的。当然也有作为学校生活和普通职业发展的记录,这个记录特别注重评估12年级的学生,并且这个记录也可以当作一个标准,1994年时还被当作大学选拔的一个条件。

中小学还进行地区性评估。在许多地区,小学必须参加这个强制性的统一考试,当然有些大城市并不包含在此列。通过比较其监管之下的各个学校的考试成绩与标准考试之间的差异,地区教育委员会将用这个考试的结果,指导各个学校教学质量的提高。

至于全国性的评估,既有国家教育评估协会(NIEE)提供的公立测试,也有私立机构的测试。全国成果测试每年举行一次,目的是监控以下课程的国家教育成果标准:3年级的8门课程、7年级的13门课程和10年级的12门课程。

私立机构测试是由私立测试发展协会规划和管理控制的。多数的学校自愿参加这个测试。每个月里,几乎所有普通高中里的12年级学生和私立教育机构的注册学生都参加这些测试。

教育研究通常是通过韩国教育发展协会(KEDI)实施的研究项目来实现的,韩国教育发展协会是一个政府支持的研究和发展组织。这个协会每年实施40~50个研究或发展项目。这些项目涵盖了教育基础和政策研究、课程研究和开发、电子教学和教育资料及信息的研究、函授教学的评估。

这个协会也在进行一些雄心勃勃的长期研究项目,比如应该如何规范教育评估以促进素质教育和学校教育的责任;大学入学考试系统应该如何去改善;如何履行公民的民主权利;如何培养创造性思维和评判性思维;教育该如何改造才能适应将来的需要。这些研究自1990年就开始了。

同时,也有一些持续性的、深入每个课题领域的研究项目:早期教育和特殊教育;环境教育;职业教育;计算机教育和成人及非正规教育。这些研究成果取决于各研究项目的不同特征,并被一些学校当作教学材料来使用,或者是当作教学政策变更的指南,或被当作其他科研的材料。

当然还有许多其他类型的研究项目。教育部还支持来自各个学校、大学和研究协会的单个研究项目,当然他们需要申请研究基金。在1991年,大约有2 500万美元提供给了3 744个研究项目。国家教育评估协会也开展了一些在入学考试、全国成果测试和情感领域的评估方面的研究。

自20世纪80年代后期,学校的责任已经逐渐引起人们的关注。随后的90年代,学校的自我评估开始广泛流行,各个层次的学校,从初级学校到大学,都在进行自我评估。韩国的大学教育协会同样对大学进行评估和分级。

教育部和国家教育评估协会每年都出具教育的统计年鉴。这个年鉴提供了整个教育现状资料。韩国教育发展协会每年都出版《韩国教育指南》。

韩国也参与了在数学和自然科学方面的国际评估,也参加国际数学奥林匹克竞赛,1990年由国家自然科学基金和国家教育统计中心主持了在数学和自然科学方面的评估。

10. 20世纪八九十年代的主要改革

20世纪80年代,韩国曾经在简化教育体系方面做过革新的努力。促进终身制教育的框架性规定已经被加进了宪法。培养"完整的人"已经被认为是教育的目标。完善性格和人类远景的发展也成为新的教育重点。道德教育也被给予了相当的分量。自然科学教育应该为年轻人生活在科学和技术不断前进的社会中做好准备。终身制教育应该为将来储备年轻人,应该培养年轻人自我指导的学习方式。

教育改革的一个直接的影响就是针对课外辅导(他们甚至超过了学校教育的部分)中长期存在的问题,因为课外辅导一度曾作为通过严格考试的一个增值的砝码。为了缓解这个问题,入学考试制度也进行了改革:大学入学考试被废除了,高中的成绩测试分量加重了,根据作业量调整了课程,各种高等教学机构的注册配额也极大地增加了,教师学院也晋升为4年制的,开辟教育税以资助教育改革,大学里的运动设施数量也极大地增加并且设施也得到更新,教师也被授予额外的奖金,政府及其联合机构都改变了聘用教师的标准。

为了支持总统的教育事务,1989年"教育制度之总统顾问委员会"得以成立。20世纪90年代,教育系统的改革加强了地方和教育机构的自主权。为了增强教育管理的地方自治,一个地方的教育委员会被重新规划,并且在1991年选举了新的委员会成员,这些成员里有很多非教育专员。每个学校和大学也得到了更多的权力,以决定自己学校的教育事项。一个新的大专和大学入学考试系统也将在1994年推出。

11. 2000年面临的主要问题

以下问题代表了到2000年为止应该得到解决的关键问题:

(a)"学院热"和以考试为目标的教育体系的问题。以考试为目标的教育忽略了学校教育的更深和更基础的作用,那就是性格和人的整体发展。当前的教育系统并没有考虑大多数将来并不会进入大学深造的学生的情况,并没有为他们未来的职业发展做好准备。

(b) 教育对性格的形成、合适的价值观的形成和情感的发展等的忽视。对大专入学的过度竞争导致了一个广泛流行的"文凭病"和文凭主义。教育没能成功地培养学生在合作精神和团结友爱方面应有的个性。

(c) 不合适的教育内容和方法的问题。学校的课程不能基于每个学生的才智、兴趣和能力提供不同的教育项目。以传授知识为目标的学校课程只会加重学生本来已经很重的学习负担。学校忽略了诸如实地考察和实验室操作等实际工作。各种教学互动的媒介和刺激学习的教育科技在学校里都不存在。

(d) 教育环境的荒废问题。大城市里的学校规模的过于庞大(比如,999所学校中的453所拥有49个以上的班级)导致了官僚主义和形式主义。班级过大也影响了有效的教学指导,本来这个指导应该考虑每个学生的差别和性格发展。校内实验室和工作场所设施都低于法律的要求,并且现存的设施的质量都很差。

(e) 教师职业水平过低的问题。每个教室都容纳了超量的学生(在一些主要城市的小学每个班有50名学生,中学有53名,高等技术学校平均有55.1名)。每周的教学任务都很沉重(超过30个小时,特别是小学里的高年级教师),而且管理工作也一样超量。

(f) 教育未能为将来做好准备的问题。由于缺乏充足的实验室和实验设施,以及教学方法的不灵活,一级和二级学校的科学和技术教育远远不能起到实际的作用。学校里的电脑教育也不足以为学生进入即将到来的信息社会做好准备。学校和教室里的设施也不能为精神和肢体有残障的学生提供方便。有天才的学生也被剥夺了将他们的潜力发展至极的机会。学校在国际化的教育中也没能提供相关的、有效的项目。

(g) 缺乏质量标准的高等教育的问题。个别教学机构缺乏自主权:学术和学生管理都还是非常正规和保守。国际竞争的能力还是非常的低,并且这种竞争对每个教授都有很大的教学压力。研究环境也不利,并且研究的资金也不充足。

金哲浩(Se – ho Shin) 著

闫保华 译

附录

Korea Education Newspaper 1991 *Korea Education Annual*. Korea Education Newspaper, Seoul

Korean Educational Development Institute (KEDI) 1991a *Educational Indicators in Korea*. KEDI, Seoul

Korean Educational Development Institute (KEDI) 1991b *The 7th Five-year Economic and Social Development Plan* (Sectoral Plan on Education). KEDI, Seoul

Ministry of Education (MOE) 1991 *Statistical Yearbook of Education*. MOE, Seoul

Ministry of Education (MOE) 1992 *Education in Korea*. MOE, Seoul

老挝的教育体制(Laos:System of Education)

1. 基本背景

老挝人民民主共和国(Lao PDR)是一个小国,国土面积为236 800平方公里,从北到南绵延1 700多公里,东西跨度为100 ~ 400公里。作为一个内陆国家,老挝在北边与中国接壤,东临越南,南接柬埔寨,西临缅甸和泰国。西部主要是南北走向的湄公河流域。老挝80%的土地是山,几乎半数的土地被森林覆盖(47%)。高山给运输和交通带来了困难。然而丰富的河流和山脉为水利水电等能源的开发创造了巨大潜力。老挝的森林资源丰富,物种多样,有相当多的矿物沉积,如分散在整个高山地区的铁矿石和煤。

老挝是东南亚人口密度最低的国家,平均每平方公里17人。1990年老挝大约有人口417万,据预测人口将以每年2.9%的速度增长。老挝大多数人口居住在小村庄或邻近小村庄的乡村地区。首都万象约有居民44.2万人,人口密度为每平方公里140人。北部的琅勃拉邦约有居民4.4万人。其他两座主要城市坐落在南部,帕克塞(Pakse)约有4.5万人,沙瓦那卡特(Savannakhet)有5.1万人。自然条件的特点和缺少发展导致老挝各地区,特别是乡村地区,在经济情况、健康、教育和其他一些方面发展不平衡。

除万象以外,老挝共分为16个省,每个省又可下分为行政区和乡村。

老挝是一个多民族国家。他们主要是居住在低地平原上的老泰人(55%),居住在山坡上的富通人(27%),还有居住在高山顶端的黑泰人(18%)。老挝政府正重点寻求如何让所有的民族都能更充分地融入到国家的经济和社会生活中的方法。

老挝大多数的劳动力都在农业部门工作,农业部门包括畜牧业、渔业和林业,他们中多数只能维持温饱。妇女人数占劳动力的45%。老挝主要的农业活动是耕作需要灌溉的低地和高地的水稻。其他农作物包括咖啡、茶叶、烟草、甘薯、木薯、玉米和花生。畜牧业包括养殖水牛、牛、猪和羊。剩下15%的劳动人口在服务和公共部门工作。目前老挝工业和服务部门的产值约占国内生产总产值(GDP)的40%。人均收入约为180美元(1990),其中不包括非货币化的部分。在1986年采纳的新经济机制的激励下,老挝工业、制造业和服务部门的批发和零售贸易都在稳定增长。国内生产总值的实际增长率是8.4%,首都万象年通货膨胀率为19.6%。进出口的比例为3:1。预算赤字为8 151

万基普(1 美元 = 694 基普)。1990 年政府开支为 6 986万基普。

连接老挝和泰国湄公河的新桥建成,大大加强了开放贸易。

老挝婴儿的毛出生率为 44‰。其中,婴儿和 5 岁以下的儿童的死亡率分别是 104‰和 156‰。人口平均寿命为 50 岁。改进健康和卫生设施对老挝是十分重要。

老挝各省的识字人口和小学入学水平差别很大。识字的成年人大约占总人口的 45% ~76%,毛入学率是从朗纳他(Louang Namtha)的 57% 到万象自治市的 131%。在一些乡村地区,只有 25% 的孩子入学。

不是每个村庄都有小学。在很多山区根本就没有学校,在其他地区只有 1 ~3 个年级,孩子无法完成全部 5 年制的学习。在很多乡村小学,混合年级的教学是由不合格或者没有受过训练的缺乏必要授课材料的教师来担任的。

几个世纪以来老挝一直处于内忧外患之中。法国出于战略原因将老挝殖民化。在 1953 年法国离开后,由于地区冲突加剧,老挝进行了持续 20 年的内战。在 1975 年当巴特寮(老挝左翼民主主义集团)通过共产主义运动夺得政权后给老挝带来了稳定。直到 1986 年末,老挝政府引进了东南亚版本"新经济机制"之前,老挝一直处于孤立和停滞状态。

总统是国家的元首,政府的主要机构是以总理为首的部长委员会。主要的立法团体是最高人民大会。地方政府结构是从省级到区级再到乡级。老挝人民革命党(LPRP)是唯一的政治党派。它由中央委员会管理,由执行委员会领导。这个政党组织结构和政府管理结构平行,即向下扩展到区级和乡级。

由于缺乏训练有素的人员,交通不便,缺乏资金,很多小的与孤立的省和区都遇到了一个问题,就是难以有效地履行它们的管理职能。现在正在逐步使中央、省级和区级的责任分配合理化。另外,大多数赋税和进口税收集的集中化以及主要政府花费决定成为了财政管理改革的一个重要部分。

2. 教育政策与目标

1990 年 6 月份老挝召开了一个国家教育会议,其目的是建立一个国家教育政策作为 1990 年在泰国宗滴恩召开的全民教育大会的继续。

为了回应到 2000 年实现全民教育的目标,老挝政府的教育目标是到 2000 年实现普及小学教育,使所有年龄在 6 ~ 14 岁的儿童都有学上,提高所有地区中等教育的入学率,提高小学和中学教育的质量和效率。从 1996 年开始,政府工作的重点将是为不利人口和少数民族提供非正规教育,并发展技术教育、职业教育和高等教育。

下列是由世界银行推荐的老挝国家教育目标:

(a) 增加可用的书籍和教学资源。

(b) 提高教师培训质量。

(c) 允许小学教育头三年进行自动升级。

(d) 鼓励学校变成非正规"文化中心"。

(e) 减少小学和初中教育教学科目的数量。

(f) 减少教科书的数量,降低价格以及保证分配合理。

(g) 简化教师培训,减少教师培训学校的数量。

3. 正规教育体系

图 1 列出了正规教育系统结构框架。表 1 是老挝主要教育部门的学生入学和教学资源的重要数据。

3.1 初等、中等和第三级教育

老挝在 1975 年对教育系统进行了重建。它现在由 5 年初等教育、3 年的初中教育和 3 年的高中教育组成(5 +3 +3)。幼儿园,是为 3 ~6 岁儿童提供的。义务教育年限为 5 年。一般孩子从 7 岁开始上学。

由于一些省有小学教师培训机构,小学教师一般都是由自己所在省培训。然而,技术和职业学校还有大学水平的教育机构主要集中在万象。

传统上,老挝女孩不能进入佛教寺院学校学习,因为她们要做家务和照顾更小的孩子等等。在 1989 ~1990 年,小学男孩的入学率超过了女孩 13 个百分点。随着教育级别的提高,性别差异也增大

表 1　老挝人民民主共和国正规教育中的入学人数和资源(1990)

	幼儿园	小学	初级中学	高级中学	教师培训[a]	第三级教育[b]
学生人数						
女生	14 008	245 005	37 758	12 251	3 512	2 737
男生	14 159	318 729	55 987	19 640	4 187	6 556
总数	28 167	563 734	93 745	31 891	7 699	9 293
净入学率	–	65.9		13	–	5
毛入学率	–	102.1		23	–	–
机构/学校数量	638	6 435	698	119	64	30
教师数量	1 519	19 970	7 441	2 607	1 105	1 265
生师比	18:1	28:1		12:1	7:1	7:1

a 教师培训包括小学和初级中等教师学院

b 除包括大学、教育和技术学院外,还包括职业学校

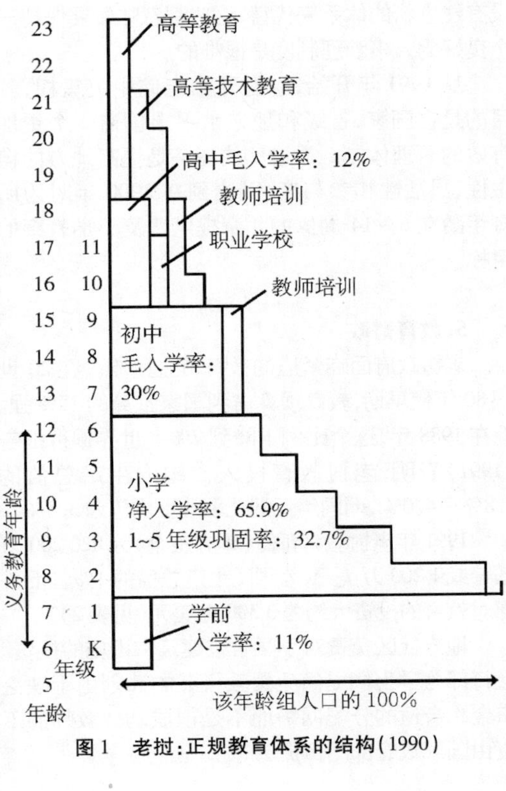

图 1　老挝:正规教育体系的结构(1990)

了。从学前教育到高等教育的女老师的比率显著下降。同时,在城市和乡村/山区之间,在区(省)之间,在不同民族之间,学生入学方面都存在着很大的差异。这给政府为了克服交通困难、山区人口密度极低的困难和不同民族语言文化上的差异来提供教育带来很大问题。

省和省之间在初等教育水平上学生的入学存在差异。小学毛入学率(国家报告为 102)的范围从与中国和越南接壤的朗纳他省的 57%,到万象的 131%。全国小学净入学率据报道为 65.9%。即使在同一个省内,乡村地区、山区和其他地区的比率也不相同。在朗纳他,乡村地区只有 25% 的学生入学。这不仅仅与对学校的忽视或消极态度有关,也与所提供给他们的教育质量有关。

留级率高。1988 ~ 1989 年全国小学教育平均留级率为 23.4%,1 年级的留级率平均为 39.8%。这意味着在 1 年级结束时 10 个学生中有 4 个不能升级。

在初等教育系统中学生的毕业率很低。全国平均从 1 年级学到 5 年级的学生升级率为 32.7%(例如,每 100 名 1 年级学生有 33 个学生能完成 5 年级的学习——其他 67 人都被淘汰了)。这种比

率地域差别自然会很大。全国平均的比率是32.7%，而在高山地区的比率为15.6%，在乡村是33.4%，城市地区为40%。

中等学校的净入学率经过计算是13%（毛入学率23%），第三级教育的入学率是5%。初步计算显示出初级中等学校的毛入学率为30%，高级中等学校毛入学率为10%。由于小学5年级学生的毕业率很低，所以有机会进入中等学校继续学习的学生很少。图2表明了不同民族在总人口和初级中等学校中的比率。从图2中我们可以看出，1988年，富通人（高地）只有14%、黑泰人（丘陵地带）6%的人可以进入中等学校进行学习。

3.2 职业技术教育

老挝现行教育体制也包括三级的职业技术教育：初中教育后加2年职业训练、高中教育加3年技术培训以及完成高中教育或技术学院之后加3年高等技术培训。

不同的高等专业教育机构从属于不同的政府部门：药科学校属于卫生部，法律学校属于司法部，外国语言学院属于教育部，交通和运输学校属于交通部等等。

尽管老挝有相对较多的职业学校和专门技术学院，但仍然满足不了国家对受过训练并掌握一定技术的人才的需要。特别是职业学校无法吸引足够多的学生来学习。其中一个原因可能是职业学校的课程设置无法满足目前国家的需要。而各级教育机构，包括高等教育机构在内都存在的经常性

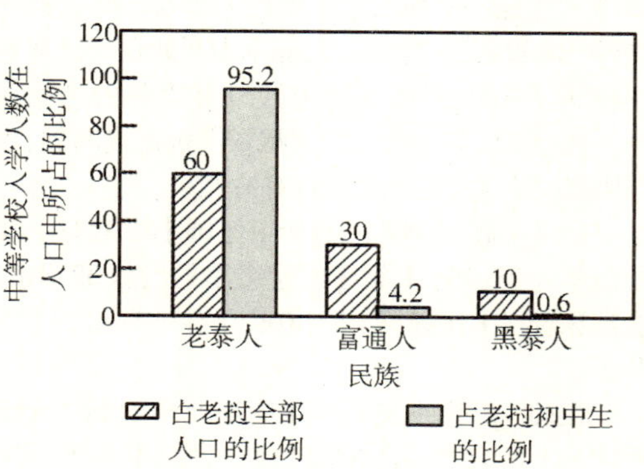

图2 老挝的民族构成

资料来源：ADB Data 1989

问题就是资金、人才和教学材料的缺乏。

3.3 成人和非正规教育

在20世纪90年代早期，老挝只提供三种主要的非正规教育：(a)为校外的成年人提供识字培训，通常以村庄为单位，教师来自中等学校或学生志愿者；(b)成年人升级课程，是全天集中授课；(c)政府职员的升级课程，以省或地区为单位，目的是让这部分人能够获得初中或高中教育。

4. 行政管理的结构与运行

老挝自从1975年解放后就进行了多种教育改革。教育管理权被分散到省级和地区级以满足地方需要。建立了许多小学，这些小学由地方政府和社区负责。然而，这种分权既没有在一个能够协调中央、省级和地方管理工作的合法框架下进行，也没有对地方学校管理者进行适当的培训。这些缺点就造成了地区之间的教育质量、课程、资金和管理体制的不平衡。而以前的监督系统被废除后又没有建立新的体系来代替，这些都意味着要保持一个良好的人事管理制度是很难的。

从1991年开始，老挝开始走向中央集权，其目的是在国家、省级和地方水平上创造一个更加有效的管理体制。最迫切的任务是提高地方的自主性、灵活性和参与度，以达到在2000年时为所有年龄在6～14周岁的儿童提供普及小学教育的目标。

5. 教育财政

老挝政府面临紧迫的教育资金困难。在20世纪80年代早期，教育预算占到国家预算的15%强。但在1988年，这个比例下降到7%。世界银行报告（1991）表明，老挝教育投入占国内生产总值的3.8%～4.0%，而同年亚洲此项的平均值为3.5%。

1991年老挝教育预算（地方资金）为820 200万基普或1 200万美元，为国民生产总值的1%。而外部对教育的投资大约为3 300万美元（见表2）。

地方社区负责对小学学校建筑和设施的投资。教育部为学生们提供免费教科书的计划由于缺乏资金和合适的分配网络而不是很成功。教师的工资由国家政府部门负责。

表 2　1991 年在教育方面的花费

地方资金	1 200 万美元(占国民生产总值的 1%)
外部资金	3 300 万美元
总计	4 500 万美元

资料来源:教育和运动部,计划和财政部门

6. 师资

老挝政府报告中说,自 1975 年开始大约有 18 500名新小学教师在教师培训学院中接受过培训。1990 年在 20 000 名受雇用的小学教师中大约有 35% 是不合格的,这样就只有 13 000 名受过培训的教师。这表明即使有足够的小学教师在中学教育系统中任教,仍有许多受过训练的教师放弃了教师职业。在老挝教师花在工作上的时间比率被证明是很低的,而这主要是因为他们为了养家糊口还要进行别的工作。相对于人均国内生产总值来说,老挝教师的工资低于亚洲其他国家的教师。根据世界银行报告(世界银行 1991),小学阶段教师工资应增长 40%,中学阶段应增长 75%。

小学教师的培训由各省负责。初中教育的教师是从完成初中教育并接受了 3 年教师培训学院的培训的学生中选择。而高中教育的教师是从完成高中教育并在万象的龙卡(Dong Dok)教育学院接受过 4 年培训的学生中选择。

总的来说,老挝有三种小学教师培训体系:(a)5 年小学教育加 3 年教师培训;(b)5 年小学教育,3 年初级中等教育,加 1 年的教师培训;(c)8 年小学和中等教育加 3 年教师培训。教师培训课程如图 3 所示。从图 3 中我们可以看出,心理学和教学法课程的时间只占全部课程的 5%,而小学教师需要更多在教学方法和学生评价以及课程开发方面的培训。17 个省中的 5 个省有对在职教师和督导进行培训的计划。

亚洲发展银行 1991 年的从属项目中的四个为:(a)生产并分发教科书;(b)提高职前教师培训学院的质量;(c)在龙卡教育学院建立教师发展中心;(d)探讨将龙卡教育学院变成国家大学的可行方案。

7. 课程开发与教学方法

在殖民地期间,老挝各级教育都用法语。在独立后,老挝在初等教育阶段进行了很多"老挝化"的努力,但在中等教育阶段仍沿用法语。1975 年后,有了老挝语版的各级教育教科书。然而,这种课程在全国情境中的适应性还有待提高。教育科学研究院和教师培训学院起草了一个包括学习课程、教师向导和材料的课程改革项目。并期望教师的教学方法和对学生学习的评价都能同此次课程改革一同开发出来。由于小学学生来自很多不同的少数民族,因此一个面向少数民族的特别培训计划也被提出。

有评论说,教师培训课程中的数学、物理、化学和生物(见图 3)占总教学时数的 41.3%,与将来的教师相比,这套课程更适合于普通高中学生。

8. 考试、升级和证书制度

小学和初级中等学校的学生升级是由教师根据学生的学习成绩和成熟水平决定的。因为教学水平落后,很多学生都达不到预期的学术水平,因此留级率很高。例如 1988 ~ 1989 学年 1 年级留级率平均为 39.8%,3 年级平均为 19.8%,5 年级平均为 13.6%。这就造成了教育方面的巨大浪费。因此,老挝政府正对要求在小学头 3 年级自动升级进行讨论。

中等教育学生升级主要依靠内部评价、每日所

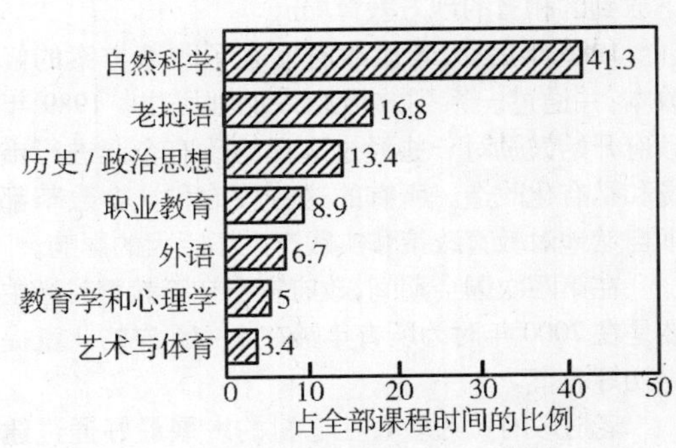

图 3　小学教师培训课程(1986 ~ 1987)

资料来源:老挝教育与体育部

完成的具体行为目标以及学科考试成绩。接受高等教育的学生要从完成高中教育和以前成绩好的学生中进行选择。

9. 教育评价、评估和教育研究

除了一些资助的研究项目,老挝实际上并没有以国家为基础的教育方面的系统研究。然而,为了明确"全民教育"的需要,老挝教育和体育部于1990年8月在万象举行了一次全国性研讨会。并对初等教育系统的浪费进行了研究,对农村和山区学校的入学率、重复学习率、失学率进行了调查。这次研究证实了老挝初等教育在不同地区之间的巨大差异。

最近起草的课程改革项目,是由教育科学研究院和教师培训学校联合起草的,其中也包含教学方法和学生的学习评价。

2000年教育战略强调要尽全力将教育和生产应用以及科学研究联系在一起。技术和职业机构要和生产机构紧密相连。此项战略要求对课程和培训课程进行整体修改。

10. 20世纪八九十年代的主要改革

老挝人民民主共和国在1975年成立后,教育部就担任了培训新社会主义公民并通过教育为革命工作服务的角色。在20世纪80年代早期,老挝教育重点主要放在成年人识字、学前教育、普通教育、技术教育和高等教育上。教学材料和手册都按照政府的新政策进行了修改。教育管理也将权力下放到区和省的地方教育局。

1986年后期,老挝政府发表了改革方案的修改本,并通过一系列的措施来加强民主。1989年政府开始鼓励对一些经过选择的政府企业进行市场和私有化改造。所有的这些政治和社会改革都很自然地对教育政策和实践产生了巨大的影响。

在第四次国会期间,政府宣布初等教育目标主要是在2000年时为所有年龄在6~14岁的儿童提供初等教育。

老挝政府认为教育在老挝的发展最好通过建立新的结构、体制和行政步骤来进行,同时也要提高职员的水平,完善设备、材料、工具的配备。而这些必须在国家的水平上进行,设置统一的国家标准,这样老挝又一次有将教育领导和管理集权化的趋势。

虽然经济上有困难,但老挝很愿意在人力资源方面进行投资,老挝政府已经邀请一些国际机构,如世界银行和亚洲发展银行来对老挝教育发展的可行性进行研究。这些邀请换来了一系列新的和进步的教育目标,并很可能会带来在20世纪90年代的一系列改革。然而,对老挝教育和发展更深层次的研究表明,1992年这种迅速的而且带有机械性质的教育改革遇到了很多的困难。

11. 2000年面临的主要问题

教育发展的集中投资战略,特别是贷款,对老挝的经济造成了沉重的负担。当涉及地方资金资助的发展项目,不同的承诺如职员工资和地方材料对经济造成很大压力。缺乏资金使发展工作面临越来越严重的问题。

缺乏受过训练的劳动力,包括受过很好培训的教师、督导和管理者是全国面临的普遍问题。由于缺乏基础设施、交通困难,很难说服年轻人参加到发展边远乡村地区和山区教育的活动中去。尽管老挝很需要建立一套教育的国家标准、要求和步骤,集权的方式却很难让地方发挥首创性。鼓励并保持以地方为基础,满足地方需要并融入地方生活的教育方式是需要很大的努力的。由于老挝的少数民族分布很广,所以这个问题就更加需要重视。

R. 迪贝格(R. Duberg) 著

王玉衡 译

附录

Far Eastern Economic Review 1991 *Asia Year-book*. Review Publishing Co. Ltd., Hong Kong

Iinuma T 1992 *Country Gender Analysis for the Lao People's Democratic Republic*. Swedish International Development Authority (SIDA), Stockholm

Phonekeo K 1966 *History of Education in Laos*. Ministry of Education, Vientiane

Phonekeo K 1975 *The Lao Challenge*: *An* "*Education Nonpolluting*", *Perspective 1*. Ministry of Education,

Vientiane

State Statistical Center 1990 *Lao PDR: Basic Statistics.* Ministry of Economy, Planning, and Finance, Vientiane

Sudaprasert K, Kampe K 1991 *Educationally Disadvantaged in Laos and a Community-based Approach to Education-Development: An Assessment and Program Proposal.* UNDP/Lao PDR, Bangkok

The Economist 1990 *Vital World Statistics, The Economist Books*, Hutchinson, London

The Economist 1990 *Atlas, The Shape of the World Today.* Guild Publishing, London

UNDP Development Cooperation 1990 *Report.* UNDP Development Cooperation, Vientaine

UNESCO 1989 *Areas for External Assistance to Education in Lao People's Democratic Republic.* UNESCO Principal Regional Office for Asia and the Pacific, Bangkok

UNESCO 1992a *Statistical Year-book.* UNESCO, Paris

UNESCO/International Bureau of Education 1992b *International Year-book on Education.* UNESCO, Paris

Whitaker D P et al. 1971 *Laos, A Country Study, Foreign Area Studies.* The American University, Washington, DC

World Bank 1991 Aide-Memoire, Project de Développement du Secteur de L'education, Mission de Pre-evaluation. World Bank, Washington, DC

中国澳门的教育制度(Macau: System of Education)

1. 基本背景

位于中国南海海岸的澳门只有 17 平方公里,它包括一个半岛和两个小岛。南岛和北岛通过一道海堤相连,北岛又依靠两座桥与半岛相接。澳门人口约 40 万人,人口密度为每平方公里 23 500 人。这个密度甚至远远超过了香港的人口密度(每平方公里 5 600 人)。

第二次世界大战期间,因为葡萄牙保持中立,所以作为葡萄牙的殖民地之一,澳门就成了许多中国人和欧洲难民的家园。澳门的人口也由 1938 年的 142 000 增长到了 1940 年的 400 000,但是战后的 1945 年又回落到了 150 000。随后澳门的人口就开始稳步增长,直到 1980 年的 267 000。在 20 世纪 80 年代,来自中国大陆的移民又使澳门的人口激增了 100 000。人口的大规模增长给教育系统增加了极大的压力。

澳门人口的 90% 都是中国人。然而,葡萄牙人和广为人知的混血儿——"澳门人(Macanese)"才是当地最主要的少数民族。许多葡萄牙人都在短期雇佣合同之下协助作行政管理、教育和其他的服务。

澳门自古以来就是中国领土,1553 年葡萄牙人借口暴晒水浸货物,进入澳门。1557 年通过贿赂守澳中国官员,得以在澳门半岛定居。

尽管最初让葡萄牙人感兴趣的是澳门所带来的经济利益,但是宗教和文化的因素也起了很大的作用。天主教教会建立了很多学校,其中一所在 1594 年变成了大学,该大学开设有神学、人文学科、希腊语、拉丁文、修辞学和哲学。这所大学一直开办到 1762 年才关闭,因为那时欧洲的宗教冲突导致了耶稣会在所有葡萄牙领土的被禁。但是随后耶稣会又重新兴起,并且澳门成为了西方教育和科学进入中国大陆、日本和韩国的一个主要渠道。

17 世纪中期以后,澳门开始走下坡路。因为东亚贸易竞争的逐渐加剧,葡萄牙也不再能保证其帝国地位和竞争力了。1842 年香港成为英国的殖民地对澳门是一个更严重的打击,因为香港在港口上的优势使澳门的战略重要性严重失色了。由此澳门变成了一个对内的港口和窗口。

1974 年葡萄牙自身也经历了一场革命。葡萄牙新政府对于国际事务有不同的观点,并立即着手其在非洲的领土的非殖民化。在亚洲,东帝汶岛也仅由印度尼西亚单独控制。在中国,于 1987 年葡萄牙政府和中国政府同意在 1999 年澳门回归中国。在回归以后,澳门将继续保持特别行政区地位 50 年不变。

1990 年官方数据表明,澳门人均国民生产总值为8 000美元。生产制造业占据了1/3,纺织品、玩具和人造花占据了出口总额的绝大多数。旅游业也有很大的增长,其中很大一部分与博彩业有关。

经济的增长也极大地推动了教育系统的扩充。然而人口的普遍教育水平仍然很低。1981 年的人口普查显示9. 9%的工人没有接受过教育,53. 7%仅仅接受过小学教育。另一方面,仅仅 2%的工人只接受过第三级教育, 34. 4%的接受过中等教育。

2. 教育政策与目标

直到20 世纪80 年代,政府部门对教育的参与程度还是很低的。政府当局只开设了少量葡萄牙语学校以满足政府官员的子女,和其他一些希望接受此类教育的人的需要。但是大多数的学校还是由私人开立,而没有政府的管理甚或是监控。即使在1979 年,也仅有 2. 1%的预算是投资教育的,这个数据即使在世界范围内也是最低的。政府对广大民众的教育缺乏兴趣可能很大程度上归因于殖民政策(Bray 1992)。

然而在20 世纪 80 ~ 90 年代却发生了巨大的变化。澳门逐渐接近回归的日子激发了许多人对教育的认识。葡萄牙政府当局意识到他们将失去在亚洲的最后立足点,并且开始着手强化有影响力的战略,他们期望该影响力能够在1997 之后继续存在。对教育的兴趣也同样受到当地人们的影响,因为澳门人民也渴望在主权回归以前建立起恰当的教育体系。

《基本法》(澳门 1992)中也确立了一些教育方面的条款,其中第六条这样表述:

> 特别行政区政府将自行决定教育政策,包括教育体系和教育管理、指导语言、教育经费体系、考试制度、学术学位的认证以及对教育发展的促进政策等。
>
> 现存于澳门的教育机构可继续运作。澳门特别行政区的学校亦可保留其管理自主和学术自由。宗教组织兴办的学校也可以继续提供宗教方面的指导,包括宗教教育中的一些课程……澳门特别行政区的学生也可继续享受在澳门之外的地区求学的自由。

这方面与香港的规定是相似的。法律架构来源于两条法律(澳门 1991a,1991b)。其中,一个涵盖了高等教育,另一个则包括了从幼儿园教育到中等教育。

3. 正规教育体系

3.1 *初等教育、中等教育和第三级教育*

直到20 世纪 90 年代,澳门都不能算有独立的、明确的教育体系。澳门所拥有的教育其实只是葡萄牙、中国大陆、中国台湾和中国香港的教育模式的一个不协调的混合体。小学、初中以及高中的学制根据不同的模式而有所不同。来源于葡萄牙的模式遵循 4 +2 +3 +2 +1 的模式,中国大陆的模式则是 6 +5,而中国台湾的模式是 6 +3 +3,从中国香港借来的主要模式为 6 +5 +1(见图 1)。

这个分类其实内含一个广泛的集合(见表 1)。这种多样性反映了澳门教育发展的随意、无计划的特点。尽管如此,仍能发现一些共同的特征(见图2)。而且,1991 年的教育法增强了教育体系间的一致性。

教育法同样也宣布了 9 年免费的义务教育的长期目标。但是即使没有强制,入学注册率仍然很高。在 20 世纪 90 年代初的时候,注册率超过了95%。

虽然多数的学校教育都是用中文,仍然有一些学校也使用葡萄牙语或者英语(参见表 2)。政府所办的学校大约占总数的 10%。剩下都是由宗教团体、社会服务组织、商业企业和个人等私人力量

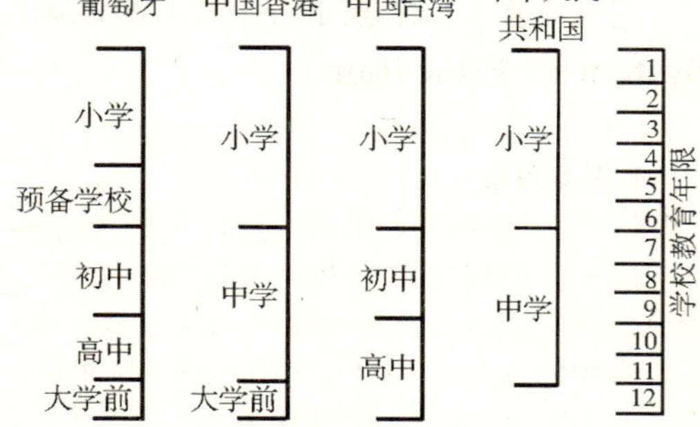

图 1 澳门:学校体系的结构

表1 澳门1989～1990年[a]各级各类学校的数目

	教学语言					
	葡萄牙语	中文	中文和葡萄牙语	英语	其他[b]	总计
学前	1	8		1		10
学前和小学	1	34	4	2		41
学前、小学和中学	1	12		1		14
小学	2	2				4
小学和中学	1	4	1	4		10
小学和中等职业技术学校		1		1		2
中学	1	5		1		7
中学和教师培训学校		1				1
中学和高等院校				1	1	2
教师培训学校		1				1
护理学校		1	1			2
高等院校				3		3
总计	7	69	6	14	1	97

资料来源:澳门政府:Governo de Macau. Inquerito ao Ensino 1989/1990 (Macau: dircção dos Serviços de Estatística e Censos,1991) P. 72

a 这些机构的规模差别很大。显示注册率的表格更表明每个语言系统的不同比例

b 表列中"其他"指东亚大学里不同语言的使用

表2 澳门1991～1992年[a] 学校数目和在校生人数

	学前教育		初等教育		中等教育	
	学校	在校生	学校	在校生	学校	在校生
公立						
中文	7	1 126	6	1 458	1	402
葡萄牙语	1	225	2	646	1	1 318
私立						
中文	56	19 562	57	32 342	24	13 997
葡萄牙语	2	198	4	564	2	346
英语	3	364	6	3 530	7	3 277
总计	69	21 475	75	38 540	35	19 340

a 与表1所示不相同的机构的总数。这是因为这些数字代表了不同的年份,而且含有多级教育的学校也把这些学校的不同级别的部分独立计算

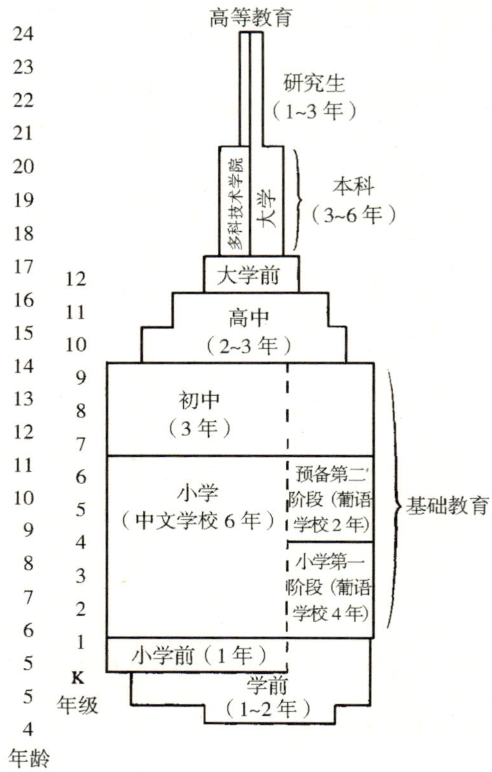

图2　澳门：正规教育系统的结构

开办的学校。其中有50%的学校是由天主教教会开办的。私立学校在聘任教师、决定服务条件和决定班级大小方面保持自由的地位。所有的政府办学都是男女生同校的，但是有一些教会学校是专门的男校或女校。

葡萄牙语教学的官方学校在第一阶段的4年里每个班只有一个老师，在第二阶段的2年里每个课程都有一个老师。每班平均有大约20名学生。私立的中文教学的学校在全部的初等教育的6年里，采用班级授课制和专业教师教学相结合的方式，每个班有大约50名学生。

澳门主要的中等后教育机构是澳门大学。澳门大学创立于1981年，是一所私立的商业学校，并且直到1991年才以东亚大学而闻名。因为学校的业主认为英语市场比中文市场和葡萄牙语市场都要大，他们把英语定为该校的主要教学语言。1988年该校的大部分被政府收购。现在许多课程改变了原来使用的教学语言，更多地使用中文和葡萄牙语来教学。但是，英语仍然是这个教育机构的主要语言。

3.2　学前教育

在1991～1992年，有21 000名3～5岁的儿童接受学前教育（参见表2）。尽管多数的教育机构是私立的，但是政府仍然管理其中的一些。在政府办学机构里，学习是免费的，而且在私立教育机构里，学习是得到资助的。

在过去，私立的幼儿园侧重于为小学提供指导性的教学。1991年的教育法鼓励和强调了在探索方面更广泛的需求。由此，一些针对实现此目标的项目也应运而生。

3.3　特殊教育

直到20世纪80年代，仅仅只有教会为儿童提供特殊教育。这些教育的提供能够满足一些需求，但是还远远不够。这些特殊教育主要针对聋哑儿童和智力残障儿童。

1982年政府为智力残障儿童开办了一所特殊学校，并且为其他一些在正式的学校上学但是在学习上有困难的学生提供帮助。在随后的十来年里，政府提供的这种服务虽然得到了扩大，但是据1990年的调查显示这些服务还是不够的。

1991年特殊教育的预算已经占到了整个教育预算的1%。这些教育服务是免费的，而且政府还努力加强培训和职业支持。尽管当局也尽力满足其他有特殊需求的学生，但是特殊教育主要还是集中在有智力残障的孩子们身上。

截至1991年，特殊教育项目已经满足了412名3～21岁的学生，这个数据是全体学生人数的0.5%。特殊学校和特殊班级里学生和教师的平均比率是7:1，但是几乎没有多少教师接受过特殊的培训。特殊教育的主要战略强调将残障学生的综合能力并入到正常的公立学校。私立学校的教育条件，尚不足以使它们具备（与公立学校）相抗衡的战略。

3.4　职业、技术教育和商业教育

1990年，技术和专科学校从大学中分离出来，

组成了一个独立的学院,致力于诸如计算机、酒店管理、旅游管理和社会工作等方面的技能。这些办学机构颁发2年的文凭和证明,并设立了以广东话和英语为媒介的3年制的学士学位的课程。

1985年在政府的工业局的支持下"工业培训和发展中心"建立起来,该中心以每年250 000美元的预算提供全日制和半工半读的培训。截至1988年,该中心已经有2 000名学生注册学习技师、手工和技工等方面的短期培训课程。技师水平的长期班包括时尚方面的文凭,这个文凭就是培训那些尚未进入但是又想进入此种行业的人们。手工和技工方面的短期班提供的主要是缝纫机技师、剪裁工人和模具分级人员以及类似的职业人员。

用政府津贴运作常规的工业培训课程的工业协会,则提供其他的一些培训课程。同时,澳门管理协会的职业培训中心也提供退税、语言、计算机、银行业和广告业等方面的课程。

3.5 成人和非正规教育

在20世纪40年代,中国商会开始为成人开设在记账和普通话等方面的职业课程。商会的学校是夜校,这个夜校从那个时期开始直到今天仍然处于运作之中。诸如康物(Kang Wu)初级夜校的办学机构和工会组织的课程都帮助成年工人获取读写和数学方面的技能。有些课程项目获取了政府的资助。抛开没有完成初等教育的人口比例还很大这一状况,在夜校完成初等教育的同等学力的人数还是很少。

大学和技工学校的创立为早期缺乏机会的成人学生提供了更新的机会去拓展他们的学习内容。那些没有完成中等教育的学生可以参加大学的入学考试。而且在1990年,大约2 000名成人学生注册学习政府办学机构开设的葡萄牙语课程。

4. 行政管理的结构与运行

政府和私人共同分担了教育的责任。私立学校被认为是独立自治的。政府的协调和管理已经得到加强,但是教育法还是认同了教育机构的自治。

政府的教育部门计划、管理和评估官方的学校。在学前和初等教育阶段,中央教育机构负责招聘和任命教师、提供设备、教材和膳食。对于中等教育,公立学校在管理学校的资源和评估教师方面有一定程度的自主权。

天主教学校协会和中国教育协会这两个机构联合起来,协调大多数的私立学校,而后者在左翼学校里扮演着更加强大的角色。

教育委员会则由不同的社会力量的代表组成,他们一起协商政府政策的主要问题。一个常务执行委员会由不同的教育专家构成,他们评估和监控教育政策的执行。

5. 教育财政

尽管直到20世纪70年代晚期,政府部门对教育的投入不超过整个预算的3%,但是20世纪80年代的教育活动使得教育预算得到了充分的增长。截至1989年,教育经费占到了7.6%的预算,而1991年,这个数据是11.6%。这些数据不仅反映了学校活动的增加,而且也反映出了政府对大学的收购和管理。不过,其他基础设施项目的建设使得教育经费的比例随之减少。

为了努力铸就一个连贯的教育系统和减少教育的不平等,政府为父母和私立学校提供了广泛的补助金。在1991~1992年,这些资助占据了整个教育预算的5%,并帮助了14%的受教育的人群。

尽管在建校的前七年里,东亚大学的所有者们希望避免成为贪婪的资本家形象,但是他们仍然收取了很高的学费,以保持他们真实的形象并和市场的回报一致。政府收购了这个学校以后,当地学生都获得了40%的资助。

自从20世纪80年代以来,政府也实行了为海外留学提供奖学金的制度。尽管学生也可以到其他地方留学,但这个制度主要还是为留学葡萄牙准备的。在1986年,这个制度得到了扩展,甚至包括东亚大学的学生,而且现在还包含了一个和资助类似的贷款制度(Bray 1991)。

6. 师资

澳门的教师很多都是从外面引进的。这一点在公立的葡语学校尤其明显,几乎所有的工作人员都来自葡萄牙。教会和其他的私立学校雇用相对多一些的澳门教师，但是他们也招聘大量的来自中国大陆和其他地区的教师。1989～1990 年的数字显示：仅有 36.9% 的教师出生于澳门，大约有 28.2% 的教师出生于中国大陆。因为澳门的薪水和工作机会与香港比较起来还是差许多，所以从香港来的教师仅占 10.3%。当地的员工主要集中在教育体系的底层，来自葡萄牙和中国大陆的教师则主要集中在中等教育阶段，而来自香港的则多数工作在中高层。澳门长期以来在教师尤其是小学教师的培训上存在问题。例如在 1987～1988 年，50% 的小学教师仅仅接受过中等教育。在中学，16% 的教师只接受过中等教育。

未受过培训的教师的比例很高，这主要归因于澳门的地域狭小，因为政府当局发现很难建立足够大规模的教育机构以获得规模经济。当然，教师培训机构也不是完全缺乏。自从 1952 年罗马天主教教堂开办了针对学前和初等教育的教师为期 1 年的全日制的课程以来，政府也于 1984 年建立了一个小型的葡萄牙语教育机构以培训成人教育、学前教育和初等教育的教师。同时也有一些初等教育的教师在中国华南师范大学接受培训，这一培训为期 3 年，其形式是半工半读的课程学习。

为了提高教育条件，澳门政府自 20 世纪 80 年代以来通过澳门大学也培训了不少教师。1987 年，一个为 24 名学前教育教师和 40 名初等教育教师培训的项目启动了，并且 2 年以后，全日制的学前和初等教育的培训课程也为 5 年级的毕业生启动了。至于中等教育教师，大学则为 6 年级的毕业生设立了全日制的教育学学士课程，1990 年甚至还设立了教育学研究生课程。

1991 年，教育局聘用了大约 1 000 人，其中 58% 的人是教师，而 8% 的是高级办公人员和技术人员，7% 的是行政管理人员和 24% 的是辅助人员。

7. 课程开发与教学方法

20 世纪的后期，主要的问题都围绕着学校课程而展开。这些问题的产生很大程度上与官方系统的殖民地出身、其他引进模式的多样性和本地教材的缺乏等原因有关（Bray and Hui 1991）。像这一教育体系的其他方面一样，课程的发展也是自由放任的。学校根据特殊的情况借鉴了其他国家的课程大纲和课程。葡萄牙语教学的学校采用了从葡萄牙引进课程大纲和教材，而私立学校使用的则是从中国香港、中国台湾和中国大陆来的教材。非政府办的学校被官方忽略和市场的狭小这两个问题，意味着直到 20 世纪 90 年代也不会有直接针对澳门私立学校的教材（课本）刊行。

《基本法》允许 1999 年以后葡萄牙语教学继续保留 50 年。《基本法》也支持私立学校在选用课程方面的自主权。然而，葡萄牙语的地位好像随着时间的推进在降低，并且所有的学校都需要课程发展的帮助。

8. 考试、升级和证书制度

直到 20 世纪 90 年代，澳门并没有全区域内的统一考试制度。接受葡语教学的学生采用的是葡萄牙的评估体系，而私立学校的学生或者参加国外的考试或者根本就不参加任何考试。

不实行全区域内的统一考试制度的主要因素是澳门的规模实在太小了。尽管稍大点的团体需要全国性的考试以比较不同工作的申请者，在澳门工作的员工能够从私人的交流中获得他们所需要了解的东西。文职的申请者参加一个葡语的书面考试，但是最终的选择却建立在推荐信和面试基础上。

一些评论家认为，没有统一的考试可能看上去更好，因为在一些其他（考试）的背景下，人们批评（考试）在教育过程中起到了负面作用。然而在澳门，年轻的学校没有一个标准可以同历史稍早的学校进行比较，并与之竞争。在澳门，一些希望出去求学的学生能够出去留学，因为他们的学校和中国香港、加拿大、美国的一些教育机构有合约。而另外一些学生就在这一点上处于劣势，因为他们无法出具标准的证书。有些毕业离校者在劳动力市场也碰到类似的问题。

自 1990 年以来，大学举行了向澳门地区的所有学校开放的入学考试。这样的安排不是没有问题的，因为这个考试对中级课程有非常大的影响，并且它是一个由第三级教育机构负责命题的考试，而不是由一个独立的考试机构命题。然而,这个考试的确有助于澳门教育体系的统一。

9. 教育评价、评估和教育研究

政府在教育的评价和评估方面扮演了一个相当积极的角色。这个体系的规模很小和这个社会的人性化的自然属性有助于这项详细工作的开展。所有计划中重要的手段之一就是每年一次的学校调查。

非官方的研究是有限的,但是其重要地位仍然不断地加强。大学里教育科系的研究成果仍然局限在少量的员工身上,并且受限于他们的时间的多少。教育机构已经建立了一个有关教育事务的信息库。

10. 20世纪八九十年代的主要改革

在20世纪八九十年代期间,整个情形已经改变,即从以前只关注公立学校而忽略了其他所有学校,转变到政府有了更宽泛的(针对所有学校的)政府行为。然而还有许多事情需要完成,现在教育体系中面临着更大的形式变革。现在教育要服务于更多的人们,并且要以更加有效的方式来实现这个服务功能。

自20世纪80年代中期以来,政府在高等教育上也扮演了一个更加积极的角色。1986年,政府任命了一名代表到东亚大学,并且在1988年,政府从该大学的私人业主那里收购了这个大学的主校园。根据政府的说法:

> 葡萄牙可以留给澳门的最大的传家宝应该是一个具有现代模式的大学。这个大学将成为知识传播的焦点和东西方交流的桥梁。(Hui 1990 P. 66)

这段话概述了官方对大学的期望。

20世纪90年代早期也曾讨论过将讲葡萄牙语的公立学校私有化。这一运动将允许政府投入更多的精力到中文教育机构。

随着1999年前行政管理的逐渐改变,从葡萄牙移民而来的官员和教师的数量将逐渐减少。培训本地的员工,特别是管理领域里的员工,将是一项艰巨的工作。

11. 2000年面临的主要问题

到2000年,澳门作为一个特别行政区,是中华人民共和国的一部分。不可避免的,普通话将在学校课程里占据一个很重要的位置。在原本就已经很紧张的课时表上找出普通话的位置,并保证这门课有充足的教师也是很大的挑战。其他的就可能关注到葡萄牙语和英语的地位、与葡萄牙的联系以及强化教学质量的方法等。

C. 阿尔梅述(C. Almeida) 著
M. 布雷(M. Bray)
闫保华 译

附录

Alves Pinto M C 1987 *Ensino em Macau: Umas Abordagem Sistémica da Realidade Educativa*. Gabinete do Secretário-Adjunto para a Educacao e Cultura. Macau

Bray M 1991 Strategies for financing higher education: Perspectives from Hong Kong and Macau. *High. Educ.* 21(1):11—25

Bray M 1992 Colonialism, scale and politics: Divergence and convergence of educational development in Hong Kong and Macau. *Comp. Educ. Rev.* 36(3): 322—342

Bray M, Hui P 1991 Curriculum development in Macau. In: Marsh C, Morris P (eds.) 1991 *Curriculum Development in East Asia*. Falmer Press, London

Hui P K F 1990 Development of higher education in the context of political and economic changes: The case of Macau. Master's dissertation, University of Hong Kong

Macau 1991a Ensino Superior em Macau, Decreto-Lei no. 11/91/M. *Boletim Oficial de Macau* 5:435—446

Macau 1991b Sistema Educativo de Macau, Lei no. 11/91M. *Boletim Oficial de Macau*, Supplement to No. 34, pp. 3693—3703

Macau 1992 *Texto da Lei Básica de Região Adminis-*

trativa Especial de Macau da República Popular da China. Conselho Consultivo da Lei Basica da Região Administrativa Especial de Macau da Republica Popular da China, Macau

Pires B V 1991 Origins and early history of Macau. In: Cremer R D (ed.) 1991 *Macau: City of Commerce and Culture*, 2nd edn. API Press, Hong Kong

其他参考文献

Bray M, Hui P 1991 Structure and content of education: Evolution and reform in the transitional period. In: Gremer R D (ed.) 1991 *Macau: City of Commerce and Culture*, 2nd edn. API Press, Hong Kong

Edmonds R L 1989 *Macau.* World Bibliographical Series, vol. 105. Clio Press, Oxford

Rangel J 1991 Prospects and directions for education. In: Cremer R D (ed.) 1991 *Macau: City of Commerce and Culture*, 2nd edn. API Press, Hong Kong

Teixeira M 1982 *A Educacão em Macau.* Direccão dos Servicos de Educacão e Cultura, Macau

Vong C S 1990 Sobre o problema das vagas escolares no ensino primãrio e secundãrio em Macau. *Administracão* (Macau) 10:815—829

Yee A H 1988 Universities in Hong Kong and Macau: A tale of two colonies. *Journal of Higher Education Policy* 1(4):16—22

Yee A 1990 A comparative study of Macau's education system: Changing colonial patronage and native selfreliance. *Comp. Educ.* 26(1):61—71

马来西亚的教育制度(Malaysia: System of Education)

1. 基本背景

马来西亚国土面积为 330 307 平方公里,由位于马来半岛南部的马来亚和位于婆罗洲岛的沙巴州、沙捞越州组成(这两个州位于婆罗洲岛的西北海岸地区)。这些地区被中国南海分开,相距约531 公里。马来西亚是个半岛国家,有 11 个州[玻璃市州、吉打州、槟城(PulauPinang)、霹雳州(Perak)、雪兰莪州、森美兰(Negeri Sembilan)、马六甲(Melaka)、柔佛(Johor)、彭亨(Pahang)、丁加奴州和吉兰丹州],首都是吉隆坡。纳闽岛亦是其组成部分,面积为 131 537 平方公里,与北部的泰国毗邻;而沙巴州和沙捞越州占地面积为 198 847 平方公里,和印度尼西亚的加里曼丹岛接壤。

马来西亚的历史起始于公元 1400 年之前建立的马六甲苏丹国(Melaka Sultanate) 时期。马六甲的发展主要归结于它正处在东亚和西亚的汇合点上,是当时的一个贸易中心。在 1511 年,马来西亚被葡萄牙人占领,后来于 1642 年沦为荷兰的殖民地,最后又于 19 世纪初被英国人统辖,当时英国人建立了海峡殖民地(马六甲、槟城和新加坡)。经过此后一段时间至 19 世纪晚期,英国确立了对马来西亚的统治,致使马来西亚的工商企业获得了发展,尤其在橡胶和锡矿业方面。这段时间由于马来西亚的劳动力出现短缺,经历了外来移民的大潮,许多中国人和印度人移入到了马来西亚,因而使当地社会呈现出了人口同质的特征。

马来西亚的人口呈现出多人种的、多文化的、多宗教的和多语言的特征。国家所实施的民族文化政策以增加民族团结为目的,成为建立民族认同和民族团结的必要条件。学校体系内用三种民族语言提供初等教育,以此为不同人群提供多样化的第一语言,这三种语言是:国语(即 Bahasa Melayu:巴哈萨马来语)、汉语和泰米尔语。1990 年马来西亚的人口估计是 1 776.9 万人,约有 1 300 万居住在马来半岛上,150 万在沙捞越州,120 万在沙巴州。马来西亚的三个主要人种是马来人和另外一些班米普特人(bumiputer:当地人)、华人、印度人。在马来半岛,马来人、当地人占人口的 56.5%,而华人占了 32.8%,印度人占 10.1%。在沙捞越州,70.1%的人是当地人,28.7%是华人。在沙巴州,当地人在总人口中的比例是 84.1%,华人只有14.9%。

人口的增长速度是 2.6%,在马来半岛是 2.5%,沙捞越州是 2.7%,沙巴州是 3.9%。和全国其他地区相比,沙巴州人口增长率非常高,其主要原因归结于移民的增加和人口的高出生率。

全国人口基本上聚居在农村地区。在1981~1985年间,因为农村人口流向了城市,城市地区的人口自然增长,新兴城市的发展,城镇管理的加强(扩大),使得城市化速度迅速加快。因而城市人口由1980年的34.2%增加到了1985年的37.4%。

巴哈萨马来语(Bahasa Melayu)是马来西亚的国语。1967年,在国会通过国语法(NLA)后,此语被指定为马来西亚的官方语言。为了加强国语,在全国学校和高等学习所,要求把此语作为主要的教学语言。同样,在政府行政管理部门,也把其当作官方语言。虽然政府强化国语是为了强化民族团结和统一,但是人们可以自由使用他们的母语和其他语言。英语作为第二语言被广泛应用于商务中。

过去,国家经济主要以农业为基础,重心在于水稻生产,其他主要产品有锡和橡胶。然而20世纪60年代以后,国家经济发生了变化,经济基础由农业转为了工业。1990年,经济活跃部门有制造业、建筑业和服务行业,失业率在当年是6%。在国家第六个马来西亚计划的指引下,就业形势可望保持有利的态势,计划就业率每年以3.2%增高,到1995年达到780万人,新增加110万个工作岗位。随着全国青年人和可造就劳动力供给的增加,工业(尤其是地方的)快速扩展将把重心放在地方劳动力市场上。为了缓解劳动力市场紧张情况,政府将采取措施,培养女工,使之具有更加市场化的技能。

现代工业技术和以提高生产率为目的生产过程的不断采纳,将对熟练劳动力的可得性提出更高要求,以补充资金密集型的运作方式。基于此,培训项目应当使技能培训体制能对市场和技术要求做出更加灵敏的反应,同时,鼓励较大的公立—私立企业之间的合作,促进私人企业充当更重要的角色。

2. 教育政策与目标

1957年马来西亚取得独立时,实行了多样化的学校教育,因而对教育体制提出了以下的挑战:能否使教育的发展作为一股统一的力量,把全国公民团结成一个统一的民众体,为国家的经济、社会和政治发展而服务。因此,所有的五年发展计划都强调教育的重要性,把教育当作一种手段,以促进民族团结统一,提供劳动力规划和促进其发展。一直到20世纪70年代,教育计划都强调学术性方面的发展,在80年代,教育趋向于促进个人的整体发展,在国家教育理念中即可体现出来并得到证实:

> 马来西亚的教育一直在不断地做出努力,深远地促进个体全面地、完整地发展自己的潜力,因而能够在坚定地信仰并热爱真主的基础上,培养出智力、精神、情感和身体方面都均衡和协调的个体。此种举措计划要培养这样的马来西亚公民:知识渊博,富有能力;拥有道德高标准;负责任;能够达到高度的个人幸福,同时也能够对社会民族的协调与改进做出最大限度的贡献。

教育因而成为了国家发展、民族团结、个人发展的一种工具,所以在财政拨款上受到了优先的保护。基于这样的理念,即推进私立单位参与国家的发展进程,教育也正在私人化,尤其在高等教育这一领域,使教育不仅成为扩大教育机会的手段,也使其能在为了满足全国劳动力需求而提供高质教育上分担国家的财政负担。

3. 正规教育体系

正规教育体系的结构如图1所示,有关政府资助的各级学校,其入学人数的统计数据,如表1所示。

3.1 初等教育、中等教育和第三级教育

初等阶段的教育对所有儿童都是免费的。虽然小学并非义务教育,小学的入学人数表明,几乎已经达到了普及程度,而且自1988年入学率一直保持在99%。小学6年,入学儿童年龄为6岁。

小学的教学语言有三种:国语(Bahasa Melayu)、汉语(普通话)和泰米尔语。家长有为自己子女选择哪类学校(国家学校、全国华人学校和全国泰米尔学校)的自由。在1990年,各类学校的入学人数情况如下:国家学校人数为1 770 004人,全国华人学校为581082人,全国泰米尔学校为

表 1　　1990 年各级教育的学龄人口、入学注册人数和入学率

	年龄组	人口	入学注册人数	入学率
初等(1～6 年级)	6 + ～11 +	2 415 800	2 447 206	99.8%
初中(1～3 年级)	12 + ～15 +	1 135 300	942 801	83.0%
高中(4～5 年级)	16 + ～17 +	735 500	361 411	49.1%

资料来源:马来西亚教育部、教育计划和研究处

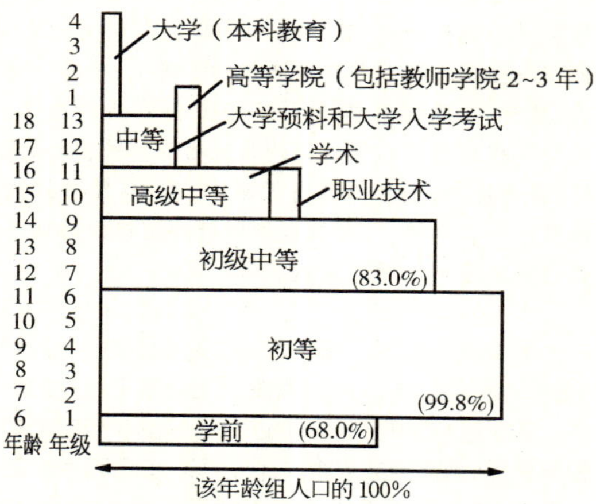

图 1　马来西亚:正规教育体系的结构

96 120人。小学校有 6 828 所。

小学的辍学率较低,为 0.6%。由小学到中学的升学率在 1990 年为 86%,而这个数字在近三年都保持在恒定状态。有 14% 的学生没有在主流教育体制内完成小学学业后进入中学受教育,他们可以选择就读于私立汉语学校、伊斯兰教学校或其他私立学校。

当前,中学教育为 5 年或 6 年,分为初中和高中。前者为时 3 年,后者为时 2 年。在全国华人学校和全国泰米尔学校毕业的小学生,要在特别班级学习一年后才能升入中学。进入特别班学习是为了促使他们在随后一年进入第一学级(初中)之前,便能获得充分的基础和机会,来提高他们对国语的熟练掌握程度,因为这种语言是中学的教学语言。在 1990 年,包括完全寄宿学校在内,全国的中学有 1 327 所。寄宿学校是建立的专门学校,针对那些能力高的学生,尤其是来自农村的有才能的学生,为他们提供更好的教育机会。除了这些学校,在国家与乡村部管理之下的低等科学院,也提供类似的教育。

高中教育包括艺术、科学、技术和职业等内容。对学生进行分流、录取的依据是学生在低等教育证书考试[在第三学级末(9 年级)举行]中取得的成绩。对于一些学生来说,由于他们的不及格而离开学校,从而加入了劳动力大军的行列,这种考试就是结业性的。在 1990 年,由初中到高中的升学率是 67.18%。在统一中学课程(ISSC)的规定下,先前的学生被录取到各类学校依据的是他们的学习成绩,如从 1992 年开始那样,在一般学术性学校就读的第四学级(10 年级)学生,将被允许在学习核心科目以外,选择选修科目。

在 1992 年,出现了两种中学教育形式——第六学级和入学考试班。第六学级教育是为学生通过高中证书考试(HSCE)而作准备的,由马来西亚考试理事会举办,这种证书考试是地方大学某些学科的基本要求。入学考试班为学生能够迎合某些大学特殊的入学要求而作准备的。在 1990 年,在中学后学校就读的学生数为 138 302 人,占 17 + ～18 + 年龄段总学生人数的 18%。

除了上述的两种教育形式外,技术所、学院也提供中学后教育。开设的内容包括:技术、商业、管理和行政。工艺专科学校开设有教育和商业培训教育以及技术人员、管理人员的培养。这些学校的学生数在 1990 年为 45 144 人。

学校遵循的都是学期制,校历开始于 12 月的第一周,每学年有 41 个学周。学校每天初次上课的时间是上午 7 时 45 分。马来西亚的许多学校,

尤其在城市地区,都是轮班制(如上午和下午)。

学校提供的寄宿教育是针对那些来自农村地区的低收入群体的儿童和那些家离学校很远的学生。学生支付名义上的食宿费用。中小学贫困的、值得帮助的学生依据他们的才能获得奖学金。这种资金资助由政府部门、州政府和私立单位提供。贫困学生还可在免费贷款的基础上领取教科书。

高等教育由7所大学提供,其中一所在地位上属于国际性大学。这些学校开设的课程有纯理论的或应用的艺术、科学两种。1990年,7所大学的入学人数是58 286人,占19+~20+年龄段人的2.8%。政府和半政府机构向优秀学生授予奖学金,以使他们能到国外深造。

从小学直到预备大学,各个层级上都有私立教育。私立教育主要有三种:华人私立中学、伊斯兰教学校和精英私立学校。精英私立学校虽然数量较少,但正在逐步增多。私立中学必须遵守教育部制定的各种规定,也即开设通用的课程,采取通用的考试。所讲授的其他课程也需经过教育部的批准。在1990年,从小学到中学,各级此类学校共有入学人数98 553人。中学后私立教育开设学术性和职业性课程,以让学生取得文凭和证书。越来越多的私立学院设置了与国外大学的双方合作计划,据此,学生在马来西亚的大学学习1年,后2年在国外大学学习。

3.2 学前教育

学前教育很普遍,在1990年,入1年级的70%的学生都在学前学校受过教育。现在人们采取措施以扩大学前教育的入学机会。1990年,共有6 046所学前教育中心,招收了328 813名儿童。约有77%的学前学校由政府机构和法律团体开办,而余下的学校由私人团体或非官方组织管理。所有的学前学校都收取学费,但费用数目因学校不同而有所区别。

3.3 特殊教育

"特殊教育"指对有生理、心理和精神上有缺陷的学生提供的教育。针对这类学生有两种类型的教育。第一种在特殊学校里开展,而第二种是由普通学校开设的,在这里,这些学生与正常学生一起学习。在1991年,此类学校的学生为4 717人,教育部经管有三种特殊学校,对象是视觉残疾和听觉残疾的学生。然而,国家政府部门把重心更多地放在了使残疾学生能融合到主流学校或班级里。

3.4 职业、技术教育

职业技术教育为学生提供基本技能的教育,以使学生能拥有相关的知识和技能。在职业中学,学生还被教授有关个人职业技能的实际培训。

1990年,有57所职业学校和9所技术学校。根据第六个马来西亚计划,将再增加8所。此外,国家出台了一项教育政策,允许在普通学术性学校里的学生,得到在新课程标准下学习职业科目的机会,职业科目与中学课程的合作,即是为了配合国家的此项政策。为了应付日渐增长的对熟练、半熟练劳动力的需求,以配合首相关于马来西亚到2020年的发展展望,职业教育的比例可望由20世纪90年代初期的7%得到充分的增加。职业学校的学生可以接受学术性教育,也可以接受技能教育。那些对技能教育感兴趣并表现出倾向的学生,在第四学级之后,得到分流学习2年技能培训课程。那些表现出学术倾向的学生继续升入第五学级,参加马来西亚证书考试(职业性的)。技术学校的科目是技术化的。

职业学校依据各产业的地位而对自己所设的职业进行定位。与企业的密切接触将使学生获得工业方面的优势,同时促进学生的实践经验。

高等职技教育由工艺专科学校、师范学院、MARA技术所和拉曼大学提供,开设的课程为学生取得文凭和证书作准备。

3.5 成人与非正规教育

非正规教育是作为培养年轻人、成人,能在特别技能和职业所里有所成就而存在的。其首当其冲的目标是,为学生积极参与商业、工业和其他经济企业的生产性活动作准备,提高他们对工作环境的认识,从而促进社会变革。提供教育和培训项目的政府机构有人力资源部、年轻人及运动部、农业部、土地及地区发展部、农村及国家发展部以及其他法律团体。教育方案包括开设课程,其中有学徒训练、技能提高、教育指导、技术技能、领导能力、商务、农业、学前教育、与工程有关的电子机械领域以及贸易。

4. 行政管理的结构与运行

教育部的行政机构有四级，即：联邦、州、地区和学校。在沙巴州和沙捞越州，地区称“分部”。

联邦级即是教育部，负责把国家教育政策转为教育规划、方案和设计，以符合国家目标和蓝图。对教育计划的贯彻、管理提出指导方针也由联邦决定。

教育部利用委员会制度实现决策程序。这些委员会的最高一级是教育规划委员会，由教育部长任命。教育规划委员会关注的是政策方针的形成，协调和实施。有6个其他委员会，负责一些专门的事务，如课程、发展、财政、高教、奖学金、培训、教科书。

教育部被分为12个专职分部和8个行政分部。教育规划、研究部（EPRD）负责教育的整体规划、政策分析、教育研究和评价、教育统计和教职工。教育方案、项目和活动的落实是学校部（SD）的职责。职前、在职教师培训计划的实施是师范部（TED）的责任。

课程发展中心（CDC）负责课程发展。它还提供辅助材料，推广有效的教学方式和方法，及制定新课程计划。考试董事会（ES）负有举行所有的全国考试和管理其他被批准的考试的责任。高校的证书考试是马来西亚考试理事会（MEC）的责任。

联邦学校视察官对学校的教学和管理是否有效进行检查和监督。技术、职业教育部（包括中学和工艺专科学校的课程）都属于技术、职业部（TVD）的权限范围。所有关于伊斯兰教教育的事情均归伊斯兰教部（IRD）管理。

所有的政府和私立学校机构，都必须遵守控制学校注册的法律规章。这种职责归于学校、教师注册部（STRD）。教科书部（TD）处理对教科书的评价，使用认可的教科书，管理教科书借贷项目。阿明鲁丁—巴齐学院（Aminuddin Baki Institute）负责提高教育行政人员的专业、管理技能和工作能力。

有关专业、非专业教职员工的招收和服务事项，由建设及服务部（ESD）负责并处理；财政及财务部（FAD）对教育拨出的教育资金进行管理；发展及供给部（DSD）管理着体育学校的计划，以及回应他们的要求，同时还包括学校计划的设计、供应并维持学校器材与设备，及外来的教育贷款项目；高等教育由高等教育部（HED）管理；外部事务部（EAD）负责地区和国家教育的合作事宜；奖学金部负责向某些专门学科的学生及教师提供资金资助。这个分部还负责管理国外部门中的马来西亚学生；最后，计算机服务部（CSD）提供计算机便利设备，信息服务管理上的技术精英，及计算机咨询服务。

在州一级，州教育处（SEDs）由州长领导。这些教育处负责州的所有教育方案，项目和活动付诸实施，它们还监管学校的课程方案，和向教师提供专业建议。州教育处的主要活动是在职课程，特别是有关新课程的出台、推广。对教育计划实施的经常性反馈会转送到教育部，其途径是在分部和教育部之间举行经常性的会议和开展讨论。

所有地区（分部）已经建立了教育办公室，但是有3个州教育办公室的建立，是出于连接学校和州教育处的目的。地区教育办公室协助州教育处监管区内学校的教育计划。

州资源中心（SRCs）和地区的教师中心（TCs）已经成立，以提高教师利用媒体服务设施和参考书资料的能力，从而完善教学过程。这些中心还为教师提供工作环境，在这种环境之下教师可以彼此产生影响，并接受帮助和指导。这类中心举办的活动包括工厂和教师在职培训课程。

5. 教育财政

对教育重视的程度，可以从拨给教育的财政经费比例上看出来。在1990年，教育总支出在政府总支出中的比例是18.3%，以市场价估算，是国民生产总值的5.91%。根据第六个马来西亚计划（1991～1995），教育拨款的平均数目是国内生产总值（GDP）公共发展总拨款和国家预算的15.5%。除了MARA低等科学院以外，政府学校的资金都来源于教育部，而MARA低等科学院受农村及国家发展部（MRND）资助。教育在1990年的单位经费如表2所示。

6. 师资

1989年，在政府学校和政府资助学校，受聘教师有 178 666 人,其中 111 729 人在小学教学,而其余66 937人在中学教学。在这些教师之中,13.9%毕业于大学,79.0%在学院受过教育,而 7.1% 的人受过其他形式的学术性教育。

教育体系中一直存在的一个问题是,受过培训的教师短缺。随着对科技的重视,对一些专门科目(具体包括数学等)的教师极为需要。在 1992 年,教育体系还面临着语言学教师供应短缺的问题,这些语言有国语和英语,历史、地理教师也非常稀缺。这种短缺情况在沙巴州和沙捞越州以及全国的农村地区更为严峻。为了缓解此种形势,刚受过培训的教师通常在提供给他们城市教书的机会之前,被派往农村学校、沙巴州和沙捞越州教学一段时间。

职前、在职师资培训都主要由师范教育部(TED)和大学经管。在师范教育部的督导下,有 28 个师范学院,它们预备在小学、初中教学的教师。在 20 世纪 90 年代初期,中学一些科目具有本科学历的教师出现了短缺,导致有些师范学院被选定来培养有本科学历的教师。大学为提供高中教师和中学后学校的教师作准备。教育部的其他一些分部、州教育处和地区教育办公室也开设在职课程。

在师范学院受教育的教师,通过 5 学期的教育活动后,获得教学的资格证书。在大学或是选定的

表 2　　1990 年教育各部门的教育支出

部门	支出(林吉特)
行政	179 017 534.58
初中等	3 290 994 040.45
职业和技术	111 254 306.07
学生福利	256 219 947.02
计划和研究	38 507 957.75
高等教育	778 189 179.57
教师教育	190 756 987.60
经常性支出总计	4 844 939 953.04
发展性支出总计	1 487 025 274.13
教育总支出	6 331 965 227.17

1990 年各级教育的单位经常性费用如下:初等教育:770 林吉特(308 美元);普通中等教育:1 296 林吉特(518 美元);职业中等教育:2 916 林吉特(1 166 美元);工艺专科学校:2 083 林吉特(833 美元);师范教育:7 829 林吉特(3 132 美元);大学:10 360 林吉特(4 144 美元)

师范学院,受过教育的本科毕业生,会被授予教师资格证书。

所有的教师受训者要经过一项合作课程培训,以使他们能够组织并开展额外的课程活动,在诸如以下的各种领域:统一地区(侦查员、女童子军、红十字会、圣约翰逊流动医院)、俱乐部及社团、运动及游戏。

对受过培训的教师进行任命和派遣,主要是教育部的职责。

1990 年,政府实施了一项新的教师服务计划,把教师分为两类——本科教师和非本科教师。非本科教师,特别是那些不具备教学基本素质的教师,需要接受短期的职业课程培训,以使他们能够适合自己的岗位。这种服务旨在鼓励教师参加师范学院或是州、地区教育办公室开设的短期在职培训。

培训的重点在于受训教师的素质,这也促使好几所师范学院,在许多专门领域(诸如马来语教育学、作为第二语言的英语、数学、教授国语时对计算机的使用、补习教育、语言教学中戏剧的地位)增设了额外一年的在职培训课程。此外,在如下专门领域,实行了短期的 14 周课程计划,有人与环境、补习数学、语言教学中媒体的使用,丰富补习计划,对语言教学的评价与评估。

师范部经常指导 5 学期制的师资培训方案,确保它能与正在付诸实践的课程改革相适应。在 1992 年,该部重新审视了 5 学期制,一项新的方案可望在 1994 年落实。

7. 课程开发与教学方法

马来西亚所有学校都遵从通用内容的课程,作为参考书的重要来源。这种课程由使用国家目标的课程发展中心来限定,而且是在国家原则和国家教育哲学的指导下。学校课程的主要目的是促使儿童能在认知、情感、心理领域等获得整体的、均衡的发展,并教育他们具备人们所期望的价值观和态度。其他受到强调的领域包括公民价值观和民族意识的培养。同样,也为国家培养出受过教育的熟练劳动力。学校课程由中央制定,同时有各级的代表性参与,包括实践一线的教师、教育家及州、地区教育办公室的官员。向所有学生讲授马来语,而英

语作为第二语言被教授。

小学课程在1981年进行了修订，在1983年颁布实施，其强调的是学生在身体、智力、心灵、社会、情感和道德方面的整体的、均衡的发展。小学课程分为两个阶段。

表2表明了小学课程有关各科目、时间分配的情况。课程旨在提供基础教育，因而它主要的目标是使学生获得识字、算数的基本技能。然而，身体、情感和个性特色方面的发展也受到了相当的重视。

要达到上述目标需依靠以儿童为中心的教学方式。所应用到的教学计划包括多种多样的教学方式，如对学生进行灵活分组，以适应新讲授的技能；通过补习和丰富多彩的活动对儿童的个体需要更加重视；使课堂教的技能与知识结合起来；对多样化材料的利用。通过开设“人与环境”、“操作技能”这样新的科目达到科技方面的目标，这两门科目在小学4年级时开设。

统一的中学课程是小学课程的扩展，学前教育在全国各个第四学级（10年级）之前的班级实施。课程旨在提供普通教育。它的方法模式是，把知识、技能、价值观、理论与实践、课程和合作课程以及学校文化结合起来。

知识和技能的获得受到了特别的关注，二者旨在提高学生思维能力的发展，以使学生能够分析、综合、阐释、下结论和创造出建设性的、有用的思想。其他受到重视的领域是价值观教育，正确使用国语（以获取知识、提高思维能力）。

在初中，制定核心科目的目的是为所有学生提供普通教育。在高中，除了核心课和增修课外，还有好几门选修课，以适应学生特别的兴趣和天赋。

为了满足对技术或职业日渐增长的需要，国家采取了措施，在一般学术性学校的高中阶段，开设职业、技术科目。在初中，开设了“生活技能”，它是一门新学科，包括操作技能、创业能力和家庭生活教育各方面。

初中每周的教学总时数是1 800分钟，分成45个教学时段，每个教学时段为40分钟。

合作课程的采纳是为了补充班级教学活动的不足。学生被鼓励参加至少一项如下类型的活动——运动和竞技活动、协同一致的活动、俱乐部和社团等活动。

8. 考试、升级和证书制度

在所有政府学校和政府资助学校，学生在9年级之前一直是自动升级的（没有淘汰性）。但在6年级末，所有学生都参加语言、数学方面的小学评价考试（PSAT）。在第三学级末（9年级），学生参加另外一个全国性的考试之后获得低等教育证书（LCE）。根据考试成绩，学生得到分流，他们要么进入学术性学校，要么到职业学校就读。从1993年起，这项考试被初中评价（LSA）取代。它包括中央和学校两级的评价。在第五学级末（11年级），学生参加马来西亚教育证书（MCE）或职业技术证书考试（TVCE）。根据考试成绩，学生或者修习2年制的预备大学课程，从而使他们参加高校证书考试以进入大学，或者进入诸如师范学院，或者进入为就业作准备的工艺专科学校。一些学生在获得马来西亚证书考试后加入劳动力市场。

随着人们越来越强调为学生在私立单位谋取就业职位作准备，对学术资格的要求降低了，而更多的重点放在了为学生就业作准备上，或就业前接受继续教育。参加额外课程活动比先前受到了更大的重视。

9. 教育评价、评估和教育研究

20世纪80年代的中小学教育改革，目的是为了促使学生个体在各个领域充分发展他们的潜力——智力的、情感的、身体的和心灵的。儿童的整体发展要求对儿童进行持续性评价。这种评价以标准为依据，而不是全部的或唯一的依据。初级小学强调的是学生获得“3Rs”的技能，这就要求对学生进行个体评价。测试因而更加基于学校和课堂化。为了达到这个目标，教师应在依据学校、学生的要求上提供使他们能发展自己合适能力的培训。最后，国家考试只在11年级末举行。教育体制还鼓励教师进行自我评价，作为自我提高的一个手段。

教育研究由教育部的教育规划、研究部协助进行。学校、课堂进行的所有研究活动需要通过此部的认可，以确保研究计划和所研究的问题不会对教育体制或学生产生任何消极的影响。其他的协调方面包括:决定教育研究所要求的优先领域,对研究结果公布,从而完善教育质量。教育研究的经费也由教育规划、研究部支付。

师范教育部越来越对以下事情感兴趣,如鼓励师范学院开展小型的研究项目,从而用于改善课堂教学。

10. 20世纪八九十年代的主要改革

20世纪80年代,主要是在教育体制内巩固教育改革的质的成就。中小学课程改革之后,紧接着是对师范课程的重大评价,并引入了好几个有关"1年"、14周在职教育计划。教育体制的管理结构呈现出了去中心化的现状,随之建立有一些地区/分部教育办公室。

有关评价、评估方面,教育体制试图更加重视个体的整体发展。在课堂上对儿童进行持续性评价也受到了更多的重视,以协助教师根据儿童的个体需要量体裁衣。

在20世纪90年代,实施的更多教育计划在支持、措施方面试图帮助教师。教师中心(一种机构)的观念拓展了,而且在全国建立了350所教师中心,旨在为教师提供有助于他们考虑课堂问题并找到解决方案的场所、体制。资源中心的建立,是为了有助于缓解课堂教师所需的视听材料的稀缺状况。

在1991年,首相宣布了"2020年展望",它是政府对国家到2020年的发展和进步所勾画的一个蓝图。"2020年展望"展望了一个得到充分发展的国家,并在国际经济、社会领域内占有一席之地。

11. 2000年面临的主要问题

虽然教育改革在质量上得到了改善与提高,但是教育体制仍旧面临着诸多问题。城乡地区学生成绩存在着不平等,特别是在中学的数学、科学和英语方面,问题持续存在,如果不能得到解决,将会制约有关国家人力资源需求展望的实现,影响人力资源相关领域的发展。对于一个处于快速工业化发展环境中的国家来说,获取信息所需的科技能力和机会都变得至关重要,这个问题就显得尤其严峻。因此,需要采取特别的、更多的措施,来解决农村学校教学中面临的种种问题。

另一个关注的领域是职业技术教育。相关的关注点有:需要在这个领域培养出合格的劳动力,在学校与工厂之间建立更好的连接关系。这使更多学生接受此种训练成为必要(约8%的高中入学新生接受的是职技教育)。统一中学课程是旨在解决这个问题而采取的积极举措,它向学生提供学习职业技术选修科目的机会。然而,普通学术性学校的职业化,以及职业学校数量的可望增多,都会增加对比较熟练的教职人员、便利设备的要求。这将导致政府的教育开支扩增,因而,需要采取的解决措施必须成本最低,但又最具有效性,而且切实可行。

A. A. 阿齐兹(A. A. Azizi)
S. 迈姆汗(S. Maimunah) 著
尹天姿 译

附录

Curriculum Development Center 1990 *The Integrated Curriculum for Secondary School (ICSS)*. Ministry of Education, Kuala Lumpur

Educational Planning and Research Division 1990 *Education in Malaysia 1989*. Ministry of Education Malaysia, Kuala Lumpur

Educational Planning and Research Division 1992 *Educational Statistics of Malaysia 1990*. Ministry of Education, Kuala Lumpur

Government of Malaysia 1991a *Sixth Malaysia Plan 1991—1995*. National Printing Department, Kuala Lumpur

Government of Malaysia 1991b *The Second Outline Perspective Plan 1991—2000*. Government Printers, Kuala Lumpur

马尔代夫的教育制度(Maldives: System of Education)

1. 基本背景

马尔代夫共和国是个岛国,位于印度次大陆西南部,有近1 200个珊瑚岛。有人居住的岛屿只有200个,这些岛屿形成26个天然的环状珊瑚岛,为行政管理之便将其划分为19个岛群或环礁。大部分岛屿都很小，有些岛的陆地面积不超过1平方公里。岛屿平均海拔1.6米，为此，增加海拔成为该国的主要问题。

马尔代夫的陆地总面积为298平方公里，其中，只有10%适合农耕。不过，作为新海洋法的获益者，马尔代夫有一个约9万平方公里的独立经济带——其面积约是陆地面积的300倍。

据说，在公元前4~5世纪，来自印度和斯里兰卡的移民首次在马尔代夫定居。早期居民的佛教文化在岛上盛行，直到12世纪，人们开始信奉伊斯兰教，从此，伊斯兰文化在马尔代夫确立并对传统的学校教育产生了重大影响。马尔代夫群岛在历史大部分时期有享有自治权，1887~1965年期间，马尔代夫赢得彻底独立时，成为英国的保护国。

1990年，马尔代夫的预计人口为213 215人，年人口增长率为3.4%。人口分布在200个有人居住的岛屿，其中，90%的岛屿人口不足1 000人，超过4 000人的岛屿只有4个。超过25%的人口集中在首都马累(Male)。对教育系统寓意深远的是人口日益年轻化，到1990年，5岁以下的人口比例达到18.5%(1977年是16.8%)，48%的人口在15岁以下。

马尔代夫的经济基础是渔业、旅游业和贸易，它几乎没有自然资源，没有矿产品，只有相对狭小的国内市场和面积极其有限的可耕地。因此，马尔代夫面对一系列难以克服的发展限制，人口过于分散和岛上人烟稀少导致基础设施供应的规模成本大量增加，此外，国内交通运输和电信的成本也因此提高。其他的发展障碍包括：土地资源缺乏，合格劳动力严重短缺，人口增长过快，自然环境本身带来的限制以及小岛的生态环境脆弱。

但是，马尔代夫也被赋予众多的优势，可以直接转化为有形的发展潜力。这些优势包括：独特的自然条件，丰富的海产资源，共同的历史、宗教、语言和文化以及人民对变革和发展所持有的积极态度等等。

2. 教育政策与目标

现行的国家发展计划(1991~1993)概述了马尔代夫的主要发展目标：

(a)保证提高生活标准和生活质量。

(b)确保公平地分享发展所带来的利益。

(c)实现更大程度的自力更生。

在教育和培训领域，确定的优先发展目标如下：

(a)到1993年普及基础教育(1~5年级)。

(b)到2000年普及扩大的基础教育(6~7年级)。

(c)增加接受培训劳动力和能够接受培训的劳动力，为国家发展服务。

(d)在维持数量增加的同时，提高教育质量。

3. 正规教育体系

在描述马尔代夫正规学校系统的实际结构之前，有必要先对教育总体状况进行解释。

3.1 *初等教育、中等教育和第三级教育*

马尔代夫教育发展的一个重要转变出现在1978~1990年间。根据首都马累小规模的学校系统和分布在全国的传统教育结构的非正规网络的现状，马尔代夫制定了一个现代教育系统框架。这一转变主要是由以下四个计划引起的：改善现有的校舍并建设新的校舍；开发国家课程和制作新的教学材料；培训教师和校长；开发和扩展非正规教育计划，如制作无线电教育课程。

传统教育和现代教育的独特结合构成了马尔代夫的教育特征。在马尔代夫，接受教育的人口比例相当高，超过90%(1989)，女性的比例还稍微高于男性，而且，城乡之间也没有差别。岛上存在一个传统的、本土的教育机构，属于岛上社区并由岛上社区管理，它们吸收人民的智慧、创造力而不断发展壮大，反过来又向当地居民提供基础知识。这一系统历经几个世纪延续下来，很好地满足了当地社区的需要。传统学校为所有学前和小学适龄儿童提供基本的宗教教育、读写训练和数理知识教育。传统学校系统的运行借助于以下不同阶段和种类的机构：艾德赫茹格(edhuruge)或者齐亚瓦格(kiyavaage：附近古兰经学校)、马卡塔布斯(makthabs)和马德拉萨(madhrasa)。

齐亚瓦格或艾德赫茹格是这样一种形式：孩子聚集在私人家中，目的是教育孩子学习和阅读古兰经、阅读和书写迪维希语(马尔代夫语),另外还提供一些算术基础知识。卡塔布斯较为正式,几乎总是提供相同的课程,但在分开的建筑物里进行。马德拉萨的课程更宽泛一些。

与此并列,在马累建立了以英语为教学语言的现代正规学校系统,由公、私两个部门管理。这一系统提供初等、中等和高级中等教育,学生最后要参加伦敦大学普通教育证书的普通级和高级水平考试。它们之中有国立的男女分校,提供达到普通级水平的教育,还有科学教育中心,一种男女合校的教育机构,传授高级水平的课程。政府正在通过在每个岛群设立岛群教育中心和岛群小学而逐步地创建类似的教育场所,开设7个科目的现代课程。随着受过培训教师的增加以及教科书和教学材料的获得,许多岛上社区学校开始模仿岛群教育中心和岛群小学。因此,马尔代夫传统的、本土的教育系统正处于与现代的正规结构相融合的过程之中,而后者在过去只是马累的专利品。教育部的规定助长了这一趋势,规定要求1~7年级坚持实行统一的国家课程。

像许多教育系统一样,马尔代夫的教育结构包括学术、职业、正规和非正规等传播系统。图1呈现了国家教育系统的基本结构。初级教育阶段为5年,学生一般6岁入学。在马累,在初级教育之前,还要先进行为期2年的现代学前教育。其他岛屿还不存在这种学前系统,但许多儿童参加非正式的就近学前活动。第6、第7年教育归为“中间学校”,而在传统上它们被视为中等教育的一部分,现在它们被重新界定为7年“扩大的基础教育”的一部分,为所有的儿童提供。因此,到2000年,5年小学和2年“中间学校”将成为所有儿童期望达到的最低教育程度(期望而不是强迫,马尔代夫不存在强迫教育)。

中等教育阶段(8~12年级)持续5年,分为初级(8~10年级)和高级(11~12年级)两个阶段。马尔代夫没有大学教育。越过中学高级阶段门槛、打算继续接受第三级教育的学生必须出国,或依靠奖学金或自费。

学生完成初级和高级中等教育时,要分别参加伦敦大学普通教育证书的普通级和高级水平考试,

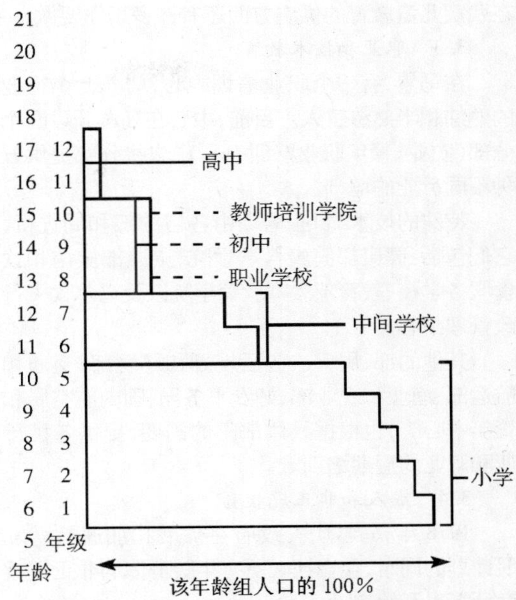

图1 马尔代夫:正规教育体系的结构

同时还要参加两个国家考试:初中证书(SSC)和高中证书(HSC),考试科目有两门:伊斯兰研究和迪维希语。

小学阶段的入学人数超过85%,但1989年,当中等教育总注册人数达到相应年龄组的平均20%之后,小学的注册率逐步下降。不过,这一成绩仍是值得注目的,因为时至1977年,相应的入学比例才只有2%。

传统上,马尔代夫的妇女进入当地社区学校接受教育,因而,女性接受教育的比例相当高,小学阶段入学不存在性别差异。所以,在小学,女学生占学生总数的一半,只是到高级中学阶段,男、女学生的数量差距才逐渐显现出来。

3.2 特殊教育

1985年,一项面向少量小学年龄阶段聋哑儿童的特别计划开始执行,该计划在马累的普通小学实施,由专门教师负责。

另一项残疾儿童计划由收留违法儿童的感化院提供,在有寄宿设备的学校进行,学校提供的基础教育含有很大成分的职业成分。总之,马尔代夫

在残疾儿童教育的供应方面还有许多工作要做。

3.3 职业和技术教育

在马累，有一个职业培训中心，培养七个行业的熟练和半熟练工人。目前，中心在岛群开设四个分部（农业、青年职业培训中心），这些分部提供五种不同行业的培训。

特殊的技术/职业培训由各自的部和局进行，它们包括：健康部健康科学学院、旅游部旅馆和饮食服务学校、教育部教师教育学院以及马尔代夫行政管理中心。

其他的部、局——包括规划和环境部、交通和航运部、渔业和农业部、妇女事务局、国内航空局和青年中心等，也根据具体部门的需要，提供各种行业和职业的短期培训。

3.4 成人和非正规教育

1978年，马尔代夫政府在扩展和加速教育发展计划的同时，包含社区所有年龄群体的非正规教育计划也开始启动。

在多数情况下，群岛教育中心是健康和营养、历史、文化、社会生活、职业技能等各种成人教育班的上课地点，中心还开设各种行业、职业和技能的短期课程。这些课程既针对特定群体也根据具体情况，在组织和实施上完全是非正式的。非正规教育小组承担着众多的教学任务，涉及以下一些领域：商业班、当地字体书法、岛群教师和政府官员的英语学习、超过适当年龄的小学阶段学生的特殊教育课程等，小组还承担传播信息的重要任务，包括出版每月的时事通讯和每个季度的杂志。

1984年以来，非正规教育的重点一定程度上从社区教育转向为大批超过适当年龄人口和非在校儿童提供教育服务。针对这一情况，非正规教育小组制定了一项教学改革计划，压缩1～7年级的教学大纲，将学习年限提速为3年。设想这一压缩计划（CEP）运行充分时，会加速完成普及教育的目标，并为各种培训课程特别是教师培训进一步提供补给来源。

非正规教育领域的另一项行动是在1984年开始实施的人口教育计划，提高对家庭规模、人口增长、家庭成员的义务和权利以及义务和权利之间关系等问题的认识，该计划的另一个目的是促进人们认识到人口规模和生活质量之间的关系。

非正规教育小组还开始了一项远程教育计划作为一项教育活动，该计划的主要目标如下：

（a）为马尔代夫的远程教育建设技术管理基础设施。

（b）对19个岛群的导师进行培训，使其能够指导、监控、评价远程教育课程。

（c）对撰稿、课程计划、反馈和评价等中央服务部门的职员进行培训。

（d）采纳6～7年级的压缩课程中的相关材料用于远程教育。

4. 行政管理的结构与运行

检测学校质量是否合格以及教育政策在学校的执行程度都需要对教师进行定期的监督和评价。而且，这种监督能够确保学校实行国家课程并向教师提供必要的帮助。

马尔代夫教育系统的管理工作直到20世纪70年代后期还是仅仅局限于位于首都马累的几所政府学校。随着教育场所扩展到全国，对教育系统的有效管理变得日益困难。主要的障碍有：缺乏有效的管理和监控机制，尤其是对岛群；指导和实施计划的合格人才短缺。主要教育机构的管理质量非常不稳定，鉴于国内正发生的重大变化，这一问题更是显得非常严重。

许多岛上学校由当地社区管理，首领担任领导。由于首领还承担着教育以外的许多职责，他常常无暇过问学校事务，因此，学校事务一般委托给学校的资深教师。而且，由于首领没有接受过正规教育和培训，使他无法向学校提供专业和行政支持。目前，正计划通过岛群教育中心培训校长，以便为岛群学校提供管理支持。

1989年，教育决策过程出现重大转变。政府组成国家教育议会，负责制定重要的教育政策。议会主席由马尔代夫总统担任，包括6个内阁成员和来自岛群、私立学校和教育部的数个代表。

5. 教育财政

马尔代夫正规和非正规教育的资金来源有很多，它们大致分为以下几类：政府、社区、学费和国际合作。

教育预算,主要通过教育部负责国立学校的所有费用,包括教育部的行政经常开支。20 世纪 80 年代末,政府开始了一项计划,为岛上社区学校提供财政支持,时至今日,这项计划已经运行十多年了。除此之外,许多社区学校还与社区合作,由社区提供劳动力和当地建筑材料,对学校的外观进行了翻新,政府则满足学校的其他要求,比如由政府出资向学校提供接受过培训的教师或暂时没受过培训的教师。实践证明,这些资助形式取得了积极的效果,是鼓舞人心的,对教育的扩展和教育质量的提高产生了深远的影响。近 80% 的政府资助投入到马累的国立学校,而这些学校的学生人数还不足总注册人数的 40%。社区是教育投入的第二大来源,通过集资的专门机构或以实物形式资助。

马累和岛群的国立学校都不征收学费,而多数私立学校和社区学校则向学生收费。政府开展的所有非正规教育都是免费的。

令人鼓舞的是,政府预算中的教育经费定期增长。1982 年,政府总预算中教育经费为 9.3%,1989 年提高到 16%。经费的增加为采取有限但有效的措施提高教育质量铺平了道路。同时个人和社区对教育的捐助也是很重要的,反映了强烈的社会需求和对教育的尊重。

马尔代夫有社区积极参与教育事务的历史,大部分小学教师由社区资助和管理。了解这些学校产生的历史、社会经济现实这一点很重要,各个岛屿都是隔绝的社区,很少与外界联系,即使到 20 世纪 90 年代,由于交通设施落后,进入这些岛屿还是比较困难。正是在这种背景下,为满足自身的教育需求,社区依靠自己的力量创办了本土的教育机构。它们属于社区并在社区的管理下延续下来,最近,政府的支持和鼓励更激发了它们的活力。多数社区学校通过个人账号和专门集资接受资助,社区还以提供建筑劳动力、专兼职教师以及各种现金和实物等形式捐助学校。

6. 师资

1977~1990 年取得的一项巨大成就是设立了系统化的教师教育。1977 年时,岛群社区学校配备的教师绝大多数是没有受过培训的教师和兼职教师。

在马累,以英语为教学语言的学校中,大部分教师是外籍教师,他们的问题是任期时间短、使用当地语言困难、对当地的条件缺乏了解。达到足够教育程度的合格教师的充足供应是教育系统发展、教学大纲和教学材料的有效利用所必需的,因此,制定系统的培训课程被赋予优先权。20 世纪 90 年代,教师队伍包括相当一部分是受过培训的教师和一大批当地教师。受过培训的教师不再只是机械地传授知识,而是教授学生学会真正地理解知识。

小学教师系统的定期职前培训始于 1977 年。教师教育学院现在开设 3 门主要课程:

(a)2 年以迪维希语为教学语言的课程,培训岛群学校教师。

(b)1 年以英语为教学语言的课程,专为首都马累的小学设计。

(c)1 年课程,培训首都马累学校的迪维希语课任教师。

1977~1990 年间,超过 850 名小学教师接受了培训。1990 年,受过上述课程培训的教师超过 130 位。教师队伍的现状表明,岛群大批教师没有接受过良好的教育和培训,许多甚至只有小学程度。不过,最近国立学校教师增加工资后,吸引了众多有较高资历的求职者参加教师课程培训。

在职培训不像职前培训一样系统、有效,主要的障碍是缺乏教师教育者、受过培训的校长以及有专业能力和技能帮助教师教学的视察员。

1984 年以来实行了一项岛群教师培训计划,在每个岛群,对没受过培训的教师进行 2 周的集中培训,并作为参加过职前培训教师 4 周教学实习的一部分。没受过培训的教师利用这个机会观摩实习教师采用现代化的教学方法,他们还参加晚上办的理论学习班。无线电广播也应用到在职教育,每个周定期播出“教师教育”,它特别为没受过培训的教师提供了一定形式的在职培训。

20 世纪 80 年代末,促进教师质量提高的重大进展包括以下几个方面:

(a)在岛群学校开展 2 年以迪维希语为教学语言课程的教学实习计划,主要培训岛群学校教师。

(b)在小型教学中心采用闭路电视。

(c)举办教师培训课程专题讨论会,开发低成本的教学用具。

(d)采用多级教学方法和培训系统中应对困难局面的教学方法。

(e)对岛群没有接受过培训的教师进行在职培训。

(f)通过现场教师教育计划,向岛群教师提供在职培训。

(g)改编教师培训课程,改革教师教育计划。

(h)培训新补充的教师教育者并对在职者进行再培训。

7. 课程开发与教学方法

1980 年,5 年制统一课程开发出来后,马尔代夫首次尝试使用统一的小学课程。在此之前,不同的学校教授的内容千差万别。在岛群,很可能同一岛上两所学校使用完全不同的教材,为成年人编写的一些传统课本经常被学校采用。

经过对 5 年制统一课程进行修订,小学和中间学校国家课程于 1984 年投入使用。国内所有学校都使用这种包括 7 个科目的新课程,随后,大部分课本、作业、教师指导书被陆续开发。因此,20 世纪 90 年代的重大挑战是开始修订现有的教科书。

新课程鼓励学生积极参与实现真正的学习,培养他们的责任心和创造力,还鼓励开展各种小组和个体活动。同时,新课程还强调教师进行持续的、系统的评价。目前,教师正在熟悉这些新课程和教学—学习材料。

中等教育阶段的课程直接来源于伦敦大学普通级和高级考试的预备要求,唯一的例外是迪维希语国家课程、伊斯兰研究和当地开发的渔业科学。

中学阶段的最显著成就是引入当地开发的渔业课程,作为伦敦大学普通教育证书水平考试科目。大纲设计的用意在于向学生提供马尔代夫生态和渔业的基本知识,培养他们对马尔代夫经济起举足轻重作用的渔业产生更大的兴趣。

课程开发在马尔代夫仍处于刚刚起步阶段,政府鼓励对新补充的课程开发人员进行培训,以改善教材的质量。

从有限的课程到扩展的现代课程的重大转变要求教师具有较高的知识水平和能力。因此,课程有效实施的一个主要障碍是缺乏受过一定程度教育、经过培训的教师。实际上,教学涉及的内容和教学水平主要是由教师的知识和能力决定的。因此,新课程的实施情况因校而异,因为教师的能力水平不同,而且学校可获得的资源也有差异。

8. 教育评价、评估和教育研究

在马尔代夫,系统地收集教育统计资料是近年来才开始的。1983 ~ 1990 年间,在收集、处理、出版教育统计资料方面取得了很大的进步。教育部设立了一个统计室,负责进行所有的制表和统计数据计算。为实现教育管理的现代化,开发了计算机教育管理信息系统并于 1987 年在教育部投入使用。现在,可以对从 1978 ~ 1989 年以来的资料进行深入分析,以便综合地描述过去所取得的进步和反映注册人数、学校、教师、财政、设施等教育现状。至于教育研究工作,马尔代夫还刚刚开始,近年来,开展了有关课程和教师培训效果方面的行动研究。

9. 2000 年面临的主要问题

1980 ~ 1990 年教育发展的分析结果暴露了存在的缺陷,最突出的是学校教育的质量和数量不平衡。在多数学校,教学质量的提高与注册人数的快速扩张并非同步,而且,新课程开发和教学材料的制作与注册人数的增加和新学校的建设步调不一致,主要原因是缺乏合格的人才和教科书发行存在技术困难。专业人员的严重不足还使得在职教师培训无法开展,特别是使用新课程培训的情况下。许多传统学校的教师至今还没有接受系统的培训,因此,教学质量在以下两个方面大打折扣:首先,没有覆盖国家课程的全部范围;其次,对实际教授科目处理肤浅。

此外,马尔代夫还面对下列问题:

(a)国立学校的注册比例快速增加(1978 年为 18%,1990 年为 40%)。

(b)由于复读和辍学产生的浪费而导致的内部效益问题——需要确认各地(岛群/岛屿)的浪

费模式并研究导致浪费的原因。

(c)非正规教育计划在内容和范围上都存在局限。

(d)中等教育机会相对不足。

A. H. A. 哈基姆(A. H. A. Hakeem) 著

李长华 译

附录

Ministry of Education 1990 *Development of Education: 1988—1990: Maldives Country Report to the International Conference on Education.* MOE, Male'

Ministry of Education 1985 *Education and Human Resource Development Plan 1985—1995.* MOE, Male'

Ministry of Planning and Environment 1991 *Republic of Maldives: Development Constraints, Plans and Strategies, Vol. I.* MPE, Male'

Windham D M 1991 *Education Sector Review: Republic of Maldives.* MOE, Male'

Institute for Teacher Education 1990 *Yearbook 1990.* ITE, Male'

Ministry of Education 1990 *Framework for Action to Meet Basic Learning Needs: Republic of Maldives.* MOE, Male'

Ministry of Education 1990 *The Edhuruge.* MOE, Male'

Ministry of Education 1990 *Development of Island Community Schools.* MOE, Male'

蒙古的教育制度(Mongolia: System of Education)

1. 基本背景

蒙古,蒙古人的家园,国土面积156.5万平方公里,相当于两个多土耳其或者四个日本的面积。蒙古是个内陆国,北与俄罗斯接壤,南与中国交界,东西之间相当于巴黎到莫斯科的距离。平均海拔超过1 600米,大致分为三个地区:高地大草原、半沙漠和沙漠。国土的近4/5都是牧场,养育着大批的家畜,其他地区则分布着森林或者贫瘠的沙漠。一大部分国土覆盖着戈壁沙漠,三座西南走向的大山脉纵贯全国。蒙古共分为18个地区和3个大城市:乌兰巴托(首都)、达克汗(Darkhan)和俄顿乃特(Erdennet),其中,18个地区又细分为298个行政区,它们接受国家大呼拉尔(代表议会)的领导。新宪法于1992年1月12日开始实施,规定国家大呼拉尔的结构将从1993年开始改变。

从人民共和国建立之初,喇嘛教与政府和教育活动分离,不过,仍保留形式上的信仰自由,因此,在蒙古,多种宗教活动并存(喇嘛教、佛教、黄教、伊斯兰教和其他教派)。蒙古人民革命党一直是唯一的政党,直到20世纪80年代末期的和平过渡导致多党制和市场经济体制的建立。1991年底,议会把国名从蒙古人民共和国改为蒙古,1992年中期的选举进一步改变了新的多党制下各党派之间的政权关系,而且,有迹象表明,宗教思想开始回潮,这一点在政治场所也可以感受到。总统、首相和议会拥有的权力相当于原来的政党、主席的权力,多数党的权力移交给议会。

蒙古共有人口204.34万(1989年人口统计),20岁以下人口远远超过半数,3/4的人口在40岁以下。平均人口密度(20世纪80年代)每平方公里1.37人。过去的15年间,平均人口增长率为2.6%~2.7%,结果人口增加了一倍。1985年,44.8%的人口属于1~15岁年龄组。人口的近1/3属于有劳动能力的人口,男子的平均寿命为64.6岁,妇女的平均寿命为66.5岁。

虽然估计有2/3的有劳动能力人口从事农业活动——他们主要是牧民、农夫和家畜饲养员(联合国教科文组织1990,1991),但目前出现了放弃游牧生活的趋势,估计现在有53%的人口定居城市和城镇,仅首都乌兰巴托的人口就占总人口的26%。城市居民、特别是大城市居民,日益脱离传统的耕作职业,尤其是牧场的家畜饲养,但与此同时,城市出现了失业现象。

农业资源主要包括大量的家畜(占农业生产的大约70%),家畜数量在20世纪大量增加,成为极有价值的出口商品。多数家畜是大型合作社生产的,而这些合作社大多成立于20世纪50年代末,每家合作社的平均面积4 420平方公里。蒙古耕种土地不足1%,并且由于夏季短暂,一年只能种植一季。大约4/5的农田种植谷物,其余多为草料作物(干草)。马铃薯和蔬菜仅占耕种面积的极小部分。大约4/5的农田由国营农场经营(平均每家农场占地1 820平方公里),其余均归合作社。但是,政府眼下正着手私营化进程,许多国营合作社和农场到20世纪90年代即将消失。

蒙古矿产资源丰富(煤、铁、锡、铜、金和银),其中有些已经得到开发。蒙古北部的河流有丰富的水力发电开发潜能,山区林业资源也很丰富,森林覆盖率占国土面积的10%。蒙古的大部分工业从事原材料加工或满足国内消费者的基本需求。家畜加工、食品加工和其他轻工业占工、农业总产出的40%。俄顿乃特(Erdennet)的采矿经营主要精选铜和钼矿石,收入相当于出口外汇的40%。乌兰巴托是轻工业中心,而重工业集中在达尔汗(Darhan),那里的许多项目是与苏联和东欧国家合作开发的。森林产品在苏克巴塔加工,蒙古还拥有规模不大但组织良好的旅游工业,吸引着世界各地的游客,主要是组织打猎探险队到山区打猎,那里的奇特野生动物非常丰富。

1990年,蒙古人均国民生产总值估计为1 600美元,蒙古并于当年加入了世界银行和国际货币基金组织。这些组织对蒙古的国民生产总值进行了重新评估,结果显示,1990年实际人均国民生产总值是463美元,根据这个结果,蒙古被列入经济最欠发达国家。但是,蒙古的教育系统远比经济排名预示的结果要好。

在世界银行和国际货币组织的指导下,蒙古在20世纪90年代开始了"结构调整"计划。根据世界银行的统计数字,1991年之前,政府一直负担着相当于国内生产总值15%的财政赤字。1991～1992年期间,社会部门的预算减少,1992年中期教育部有不到50个职业官员,比以前少了一倍。1992年的削减预算已经对学生注册情况产生影响,有些幼儿园缩小规模,而牧民子女的寄宿学校由于缺乏购买食品的资金而关闭。类似的趋势还要在下面进一步讨论。

2. 教育政策与目标

在1986年5月的议会会议上,蒙古人民革命党(原一党专政的执政党)决定从总体上重建经济和社会的国家战略。后来,改革家占宾·巴特蒙(Jambyn Batmonh)(后来担任人民革命党总书记)在1988年5月的贸易联盟会议上提议,鉴于执行党的决议"缺乏积极性",贸易联盟应当摆脱官僚主义,坚持开放、坦诚和民主。随后,1988年12月,党中央委员会在其第五届全体会议上决定应该加强社会经济结构各部门的更新和重建。

从1989年至1992年初,改革步伐显著加速。1990年3月,在经过一系列的政治运动后,持温和意见者控制了议会,蓬萨尔马金·奥齐巴特(Punsalmaagiin Ochirbat)取代占宾·巴特蒙担任政党领袖,他后来出任对外经济关系和供应部长。随后,人民大呼拉尔(上院)废弃了使政党在蒙古社会起领导作用合法化的宪法条款,并开始讨论制定新的宪法。1991年,新宪法通过,从1992年1月12日正式生效。1991年以来,议会重新命名国名为"蒙古",金融体系实行自由化,私人团体可以在任何汇率之下,筹措做生意使用的外汇。

更重要的也许是1991年5月20日,议会上院批准了一项计划,将蒙古多达70%的经济私营化。按照该计划,1991年5月20日每个在世的男子、妇女和儿童都收到一种收据,并附有三个粉红色的回赎票。按政府银行的兑换率计算,发行之初,每组价值约为1万图格里克或大约1 600美元;如果在合作社兑换的话,相当于上述价值的1/10。粉红色的回赎票用于购买或多或少的流动资产,包括家畜、汽车、仪器甚至小商店。主要收据(印有成吉思汗的头像)用来交换目前由大型国营企业经营的大约500个公司的股份,一旦认购完成,这些股份将在蒙古股票交易所进行交易,交易所配备受过培训的工作人员,乌兰巴托的主要广场也同时进行交易(Shapiro 1992)。

上述变化显著地改变着教育系统,意在使年轻人为新的政治和经济现实作准备。新的民族主义观念正在出现,对传统的蒙古字体的兴趣重新恢复,传统的蒙古字体在20世纪50年代初支持使用西里尔字母时被淘汰,现在又重新引进了学校。从总体上看,教育系统正脱离自20世纪开始支配蒙古的俄罗斯模式,而转向西方模式。门户开放政策鼓励西方国家的学者和知识分子来到蒙古参观访问,同时也积极鼓励蒙古的教育工作者和政策制定者去往西方国家接受深入培训。但是,资金的严重短缺可能限制了政府实现它所希望的显著改革的能力,不过,1992 年有迹象表明,一些基金机构已经注意到在目前的外部资助计划中,教育部门受到了忽视。

3. 正规教育体系

3.1 *初级教育、中级教育和第三级教育*

图 1 展现了新教育法 1991 年通过后蒙古正规教育体系的结构。各级教育关于注册情况的重要统计数据见表 1(中学、小学)、表 2(高等教育)、表 3(学前教育)、表 4(技术/职业教育)和表 5(技术/专业教育)。大约 1/3 的适龄儿童进入幼儿园,几乎所有儿童进入小学和中学,只是在从小学升入中学过程中,辍学学生的比例也在增加(目前为 10% 左右)。大约 26% 的人口在某个教育阶段注册上学。尽管接近半数人口为农村和游牧人口,蒙古的文盲率低于 10%。官方统计数字显示,1989 年35 ~ 44 岁年龄组中只有 2. 8% 没有完成中等教育,1979 年的数字是 10. 3%,这说明在随后的 10 年间,入学程度有了相当的提高。从 1987 年开始,蒙古实行 10 年制义务教育,只是有些希望参加工作的学生在学习 8 年后可以离校,通过成人教育或夜校或后来返回学校继续学习。

科学和教育部估计,截至 1990 年,接受学校教育平均年数为 8. 5 年。全国共有 260 所 10 年制"完全中学"(包括小学阶段)和 271 所 8 年制"不完全中学"(包括小学阶段)(见表 1),有 96 所 4 年制完全小学。1990 年,初、中等教育系统的注册人数大约为 44 万。

儿童 8 或 9 岁开始接受 6 年的基础教育,然后进入 2 年的基础中等教育,接着是 2 年的专门中等教育。第一个 6 年后的另一个选择是 3 年的专业中等学校,此外,还为少量的天才少年提供学制为 12 年的教育。因此,初、中等教育可能是 8 年、9 年、10 年或 12 年,取决于选择哪一轨(见图 1)。然而,实际上,8 年证书被视为不完全中等证书,只有 9 年的专业证书、10 年的专门中等计划和 12 年的天才学生计划才被看成是完全的。期满颁发高级专业学校文凭的 9 年轨或是最终的,或升入高级职业技术学校。所有其他轨的学生都有机会进入高中后院校,包括大学,当然,这要取决于学生在入学考试中的成绩。

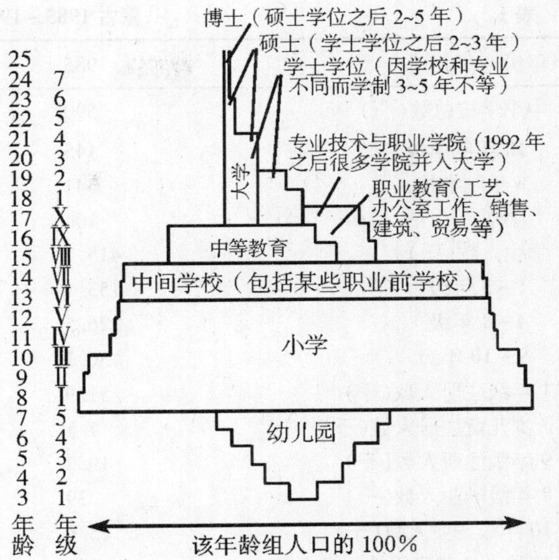

图 1 蒙古:正规教育体系的结构

资料来源:蒙古教育部 1992

多数年轻人至少完成了 8 年制初等/中等课程(常称为综合学校),这一阶段的辍学率不到 1%。城市儿童往往完成 9 年或 10 年计划,而多数农村(虽然许多综合学校有寄宿设备)儿童还达不到这一水平。各个年级存在着一定程度的复读现象,只是这部分学生的人数大大减少,1975 年 1 ~ 9 年级累计总量为 14 136 人,到 1990 年仅为 3 016 人(见表 1)。

到 1990 年,蒙古还只有一所大学——蒙古国家大学(1993 年改为蒙古民族大学),不过,另有 8 所高等教育机构相当于大学程度:工艺研究所、俄语研究所、国家教育研究所(乌兰巴托)、教育研究所、农业研究所、医学研究所、管理研究所和军事研究所。除了管理研究所外,所有上述机构都提供与大学大致相同年限的高中后教育,颁发的证书也与大学学位相当。

表 1　　蒙古 1985～1990 年的初等和中等教育

年份	1985	1986	1987	1988	1989	1990
中小学校总数(所)	590	591	604	607	615	634
10 年制学校	145	155	175	195	207	267
8 年制学校	341	339	329	317	314	271
小学	104	97	100	95	94	96
学生人数(千)	415.7	423.1	430.5	438.2	446.7	440.9
1～3 年级	153.1	155	157.8	162.9	165.4	166.2
4～8 年级	226.5	230.4	235.3	236.9	240.8	233
9～10 年级	36.1	37.7	37.4	38.4	40.5	41.7
1 年级注册人数(千)	51.9	54.2	53.8	55.8	57.8	57.1
7 岁儿童注册人数(千)	7.1	9.6	9.2	11.5	15.4	17.7
9 年级注册人数(千)	19.2	19.4	18.9	20.1	21.1	21.6
8 年级毕业人数(千)	39	41.3	41.6	43.6	44.7	45.2
10 年级毕业人数(千)	15.6	16.7	17.9	18.2	17.8	19.1
特殊学校或班级的儿童人数	2 498	3 154	3 594	3 588	3 627	3 540
工人学校数(所)	323	304	344	342	341	210
学员人数(千)	20.8	17.6	21.1	20.1	20.1	10.4
毕业人数(千)	8.9	7.8	7	6.7	6.7	5.3
学校员工人数	33 086	33 886	35 392	36 785	38 599	39 707
校长	532	527	507	517	547	546
副校长	1 074	1 088	1 136	1 163	1 153	1 137
教师	17 091	17 461	18 424	19 183	19 804	20 629
小学(仅 1～3 年级)	5 064	5 072	5 140	5 409	5 550	5 917
综合中学(1～8/10 年级)[a]	12 027	12 389	13 284	13 774	14 254	14 712
中学校舍中的座位数目	246 600	256 800	268 200	270 909	280 957	289 800
不合格校舍中的在校生人数	35 340	36 800	38 800	38 420	40 265	42 110
平均转学人数	1.69	1.65	1.61	1.62	1.59	1.52
住校生人数	74 967	75 466	74 320	73 331	73 300	64 362
占总学生人数的百分比	18	17	17.3	16.7	16.4	14.6
学校宿舍床位数目	51 700	52 000	52 500	52 900	53 754	55 234
不合格宿舍中的住校生人数	4 200	4 450	4 400	4 560	4 635	4 730
每 100 个床位的学生人数	145	145	142	139	136	117
综合学校的总开支(不包括寄宿费用)(以图格里克为单位)	273 183.9	282 921.2	305 916.5	315 513.2	320 861.5	363 656.9
寄宿的总费用(图格里克)	107 131.8	110 868.2	114 324.5	117 861.1	116 887.1	92 030.5
综合学校的复读学生人数	1 973	–	–	–	–	3 016
占综合学校学生总数的百分比	0.47	–	–	–	–	0.68
综合学校的辍学人数	6 333	–	–	–	–	3 292
占综合学校学生总数的百分比	1.52	–	–	–	–	0.75

资料来源:根据 1991 年 10 月教育部提供的数据汇制

a 虽然只有 1～8 年级的学校被称为"不完全学校",但 1～8 年级(或 10 年级)的学校都被称为"综合学校"

表 2　　蒙古 1985～1990 年的高等教育

年份	1985	1986	1987	1988	1989	1990
高等院校数	7	7	7	7	7	8
学生总人数,大学/高等研究所[a]	24 597	23 516	22 647	20 732	19 504	16 910
国内院校	18 487	17 358	16 482	15 074	14 101	13 397
国外院校	6 110	6 158	6 165	5 649	5 403	3 513
新生	5 367	4 884	4 967	4 184	4 474	3 768
国内院校	4 173	3 774	3 903	3 322	3 291	3 061
国外院校	1 194	1 110	1 064	862	1 183	707
毕业生	4 971	4 758	4 459	4 435	4 177	3 510
国内院校	3 909	3 857	3 505	3 522	3 376	2 849
国外院校	1 062	901	954	913	801	661
员工人数	2 973	3 002	3 006	3 014	3 035	3 023
教师	1 510	1 488	1 489	1 462	1 469	1 429
总支出(单位:千图格里克)	75 712. 6	75 374. 7	77 531. 6	77 931. 6	75 860	77 143. 1

资料来源:根据 1991 年 10 月教育部提供的数据汇制

a 大学与高等研究所之间的差别似乎已在消失,因为多数研究所或变成大学,或被并入大学

表 3　　蒙古 1985～1990 年的学前教育

年份	1985	1986	1987	1988	1989	1990
幼儿园年龄的儿童人数(不满入学年龄 8 岁)	307 000	317 000	305 600	314 000	269 600	276 700
幼儿园入园儿童人数	62 470	69 746	70 594	81 029	88 274	97 212
由政府资助	58 663	65 566	66 037	75 047	81 243	88 395
由企业资助	3 807	4 180	4 557	5 982	7 031	8 817
幼儿园数	680	696	718	770	822	909
由政府资助	639	654	670	695	726	779
由企业资助	41	42	48	75	96	130
幼儿园使用中的床位数	53 000	59 890	60 100	65 900	68 479	72 739
设施不完备幼儿园中的儿童人数	12 760	12 685	12 560	12 400	12 302	12 512
每 100 个床位的儿童人数	117. 9	116. 5	117. 5	123. 0	128. 9	133. 6
幼儿园员工	8 529	9 141	10 167	11 288	13 478	15 358
校长	584	609	622	676	737	801
教师	2 205	2 349	2 488	2 767	3 334	3 747
接受高等教育的人数	22	28	35	32	65	62
接受专门的中等教育的人数(10～12 年)	1 919	2 087	2 175	2 329	2 545	2 959
接受完全中学教育的人数(8 年)	252	226	271	392	690	688
接受不完全中学教育的人数(少于 8 年)	12	8	7	14	34	38
总支出(千图格里克)	101 224. 8	11 047. 9	121 045. 1	132 042. 1	149 910. 2	166 390. 1

资料来源:根据 1991 年 10 月教育部提供的数据汇制

表 4　　蒙古 1985～1990 年中等后职业、技术教育

年份	1985	1986	1987	1988	1989	1990
职业、技术学校总数[a]	40	41	43	43	46	44
专科职业、技术学校	19	22	26	26	26	26
学生注册总人数	27 718	29 276	32 053	33 797	34 137	29 067
专业学校学生人数	14 276	16 372	20 120	32 858	21 930	20 825
国内职业、技术学校学生注册人数	23 236	25 036	28 269	30 574	31 194	26 431
国外职业、技术学校学生注册人数	4 482	4 240	3 784	3 223	2 943	2 636
新生人数	13 092	14 207	14 574	14 820	14 382	10 517
国内职业、技术学校	11 210	12 857	13 367	13 622	13 322	9 697
国外职业、技术学校	1 882	1 350	1 207	1 198	1 080	820
毕业生	10 454	11 842	11 237	11 884	12 389	13 872
国内职业、技术学校	8 965	10 371	9 681	10 491	11 267	12 778
国外职业、技术学校	1 489	1 471	1 556	1 393	1 122	1 094
教职员工(总计)	3 902	4 117	4 538	4 683	4 866	4 168
教师	1 842	1 916	2 166	2 278	2 349	1 817
职业、技术学校校舍座位总数	16 370	16 810	22 151	22 151	23 471	23 471
学校平均轮换次数	1. 42	1. 49	1. 28	1. 38	1. 33	1. 13
总支出(千图格里克)	90 776	102 516. 8	112 092. 7	118 498. 2	123 195. 8	108 170

资料来源:根据 1991 年 10 月教育部提供的数据汇制

a 这些学校属于 1 年制或 2 年制中等后教育,招收职业中等学校(9 年制)或综合学校(10 年制)的毕业生,参见图 1

表 5　　蒙古 1985～1990 年中等后专科专业、技术教育

年份	1985	1986	1987	1988	1989	1990
专科职业、技术学校总数[a]	28	28	28	29	30	31
学生总人数	22 978	23 212	23 792	22 556	20 534	18 476
国内学校	21 612	21 714	22 336	21 248	19 223	17 609
国外学校	1 366	1 498	1 456	1 308	1 311	867
新生人数	7 652	7 376	6 930	6 023	6 283	5 617
国内学校	7 298	7 011	6 577	5 690	5 847	5 408
国外学校	354	365	353	333	436	209
教职员工	2 492	2 451	2 583	2 581	2 541	2 679
教师	1 237	1 224	1 253	1 201	1 159	1 260
总支出(千图格里克)	67 954. 8	71 217. 1	72 690. 6	72 967. 8	71 792. 5	75 306. 9

资料来源:根据 1991 年 10 月教育部提供的数据汇制

a 这些学校属于比 10 年制综合学校更高层次的 2～3 年学校教育,与表 4 中的学校不同,这些学校不从职业中等学校招生,参见图 1

1990~1991 年期间,俄语研究所变成外语研究所并与国家教育研究所合并成立了教育大学。工艺、农业和医学研究所也都升格为大学。管理研究所改成行政和管理开发研究所,现在招收其他院校的毕业生,这些学生希望进行一年或短期的在职管理培训。此外,还有一所经济学院,提供银行和金融、会计和商务管理等方面的课程,学制 3 年;人民议会高级政治学院正转化成一所公共管理学校,提供一年的大学后教育或高等研究所课程,培养公共管理技术方面的研究生。1991 年成立的商业和工业学院曾是一所附属于贸易和工业部的专门化培训中心,现在培养学士学位商业行政和管理、商务会计和市场营销等方面的专家。截至 1992 年 6 月,除了数所国立学院外,另有 15 所私立的高中后院校获得认可(多数规模较小,涉及某些专门领域如蒙古知识、语言和其他特别领域)。1992 年 6 月初,私立高中后学校协会成立,大概是想办成一种认证机构和自我检查团体。

1990 年,8 所大学和高级研究所共招生 13 397 人,另有大约 3 513 名学生在国外大学和研究所注册,比 20 世纪 80 年代中期(见表 2)接近 6 000 人的规模下降了不少。留学生大多去苏联和几个(大约 10%)东欧国家(主要是东德和捷克斯洛伐克)。未来的趋势是留学上述国家的学生将减少,而去西欧国家、美国、日本和其他国家的学生将增加,原因是原先那些国家提供的奖学金数额下降,而与此同时,蒙古对市场经济成熟国家的教育系统的兴趣日浓。

截至 20 世纪 90 年代初期,蒙古的高等教育系统在结构和内容上与苏联非常接近——主要阶段完成后获得专家文凭,从而赋予文凭持有者一定的从业资格,通常在学习 5 年课程并完成论文之后颁发(大学教育为 4~5 年,医科大学 5~6 年)。主要阶段完成后,那些在大学教书的教员通常进入高级阶段,他们在此期间属于候选人资格。包括个人研究在内的研究生课程至少持续 3 年,最后通过博士学位的期末考试。

1992 年 9 月初,大学的学位结构改为学士(根据具体学院,3~5 年不等)硕士(2~3 年)和博士(硕士研究基础上学习几年,附加博士论文)。

总而言之,许多高等机构培养 100 多个不同专业的专家,从内科医生到兽医,从中学教师到工程师和研究人员。在高等教育机构学习的学员平均年龄 25 岁,学习年限平均 5~6 年。1988 年,每 1 万人口中有在校大学生 185 人,每 1 万人口中有 265 名高校毕业生。除此之外,1988 年,有来自 10 个国家的 100 多名留学生在蒙古高等院校学习,所有学费和其他费用由政府支付。

高等教育的质量已受到新的审查,为"根本改善培训的质量和更好地界定专业学科的结构",高等教育需要进行深刻的改革(Dash et al. 1990),改革将更加重视工艺教育,创建环境科学等领域所需要的新专业,在开发和利用信息和电信技术进行教学方面,扩大国际合作。

在蒙古,研究工作有时由研究所进行,但未必一定与高等教育机构有联系。主要的科研机构——蒙古科学院估计有大约 60 个附属科研所。20 世纪 90 年代的高等教育政策表明,从事研究的责任重新赋予大学,而原有的众多研究所大量削减。例如,到 1991 年 11 月,科学院原法律研究所被蒙古民族大学的法律系合并。1992 年初,科学院的农业研究所加入农业大学,预计其他的研究所将来也会面临同样的命运。目前的思潮还对社会科学研究产生了影响,社会科学直言"社会学研究曾被教义幻想所支配,结果导致盲目的复制和简单化而非开辟新的发展前景"。

科学院不通过教育部发布报告,直到 1993 年初教育部改为科学和教育部,这将确保科研机构与大学的关系更加紧密,同时,科学院的几个研究所设立了技术大学,计划建成一个高科技小型研究所和培训中心。鉴于新院校可资利用的资源有限,加之技术大学业已存在,上述计划如何实现还将拭目以待。

直到 20 世纪 90 年代初,多种高等教育机构招收的学生数目由国家计划委员会控制,该部门现已取消。教育部通过教育研究所安排大学的入学考试,拿到 10 年制证书的高中生除了普通考试之外,可以选择参加人文、工程、农业、语言考试,然后大学从报考的学生中择优选拔。中等教育可以在工艺教育的普通学校进行,它们将普通课程与农业或工业具体部门生产相关的课程结合起来。接受高等教育(通常不是大学)的另一条途径是在8年普通学校教育之后选择2~3年的职业课程。高等教育机构还有许多读夜大的学生或者成人学生。

虽然以往几年对高等教育的投资比较稳定,但从1985年到1990年,大学学生注册人数下降了28%(见表2)。此外,到国外学习的学生更是下降了43%(近几年以前,主要是苏联、东德和捷克斯洛伐克)。出国留学学生下降的部分原因是奖学金缺乏以及20世纪90年代去往市场经济发达国家的趋势显著增加。国内注册人数减少可能部分由于80年代后期经济薄弱环境下高等教育机会缺乏,部分由于某些院校的入学限制。

科学和教育部为改革高等教育制定了多个战略白皮书,为实现改革成果现在正寻求双边和多边帮助。

3.2 学前教育

幼儿园的数目从1975年的542个增加到1990年的909个。1975年,幼儿园教师有1 367人(全部是女性),入学儿童36 900人(49.3%为女童)。1990年,幼儿园的入学人数达到97 200人(52.3%女童),相当于3~7岁所有儿童的大约30%。

大部分幼儿园直接接受政府资助,但其中的130所(相当于招生总数的10%)是由企业资助的,为本企业雇员子女提供部分日托设施。1990年,幼儿园员工总计达15 358人,其中多数接受过完全中等教育。政府估计,大约15%的儿童就读于设施条件不达标的幼儿园(完整的数字见表3,包括幼儿园的开支状况)。20世纪90年代初的预算紧缩正在对幼儿园的招生产生影响,许多农村的幼儿园已经关闭,城市的许多家长正为孩子办理退学,部分是因为收取的学费大幅增加。幼儿园的人均月费用从1990年的35图格里克猛增到1992年的166图格里克。

3.3 特殊教育

乌兰巴托有6所智障和身体残疾儿童学校,每个地区的许多学校都设立残疾儿童班。此外,乌兰巴托还有2所能力超常儿童学校:一所语言专科学校,另一所为技术类学校。政府1990年发布的数字表明,中、小学总人数44.09万人中,就读特殊教育学校或班级的儿童占其中的3 540人(见表1,1985~1990年的入学数字)。

3.4 职业、技术教育和商业教育

学校教育系统的各个阶段都提供职业、技术和商业教育(见表4和表5),从基础教育的高级阶段(9~11年)到高中后阶段的专门学院和大学。1990年,高中后阶段有26所技术专业学校,招收学生26 431人,学习计划1~2年。此外,另有2 636人在国外高中后职业学校学习(主要在俄罗斯和东欧国家),只是境外学习的人数正在减少,1985年达到1 882人,到1990年减少到820人(见图1)。

除中学以外,专门化的专业和技术学校也提供2~3年的学习计划,这种学校共有31所,共招生17 609人(1990年的数字)。在国外类似机构学习的学生有867人(与1989年1 311人以及前几年的数字相比大大减少)。预计这些高中后学校会做出调整,许多将并入大学,另一些可能成立学院,还有一些可能因为90年代初的财政紧缩导致的资金缺乏而关闭。

3.5 成人和非正规教育

科学和教育部有一个机构负责企业主和工人教育,该机构鼓励进行在职培训。多数大学和学院都提供在职培训,多数政府部门也提供本领域的工作培训。此外,蒙古儿童国家中心为少年儿童提供各种创造性活动,这些机构模仿其他原社会主义国家的类似机构进行艺术、音乐、戏剧和其他领域的教学。

高等技术和专业院校为在职成人提供短期课程。例如,行政和管理开发学院就开设这种课程(包括1年大学程度课程,最后获得证书)。其中,9个月课程的开销是600图格里克(按当时的自由市场兑换率折合为10美元),1周课程的开销为140图格里克(接近2美元),还有一些学院和大学开设函授课程。

虽然蒙古的文盲为数不多,但由于缺乏应用读写技能的机会,游牧家庭的妇女尤为如此,这就可能造成一些问题。1992年初,在戈壁沙漠开始实施一项丹麦人赞助的项目,专门为游牧家庭的妇女服务。项目设计运用无线电方式提供教育,并调整

阅读材料使之适合游牧妇女的要求以及其他培训和教育形式。

4. 行政管理的结构与运行

在国家层面，科学和教育部负责管理教育系统。以往的高等教育政策由国家高等教育和专门教育委员会以及蒙古人民革命党制定，实行多党制和人民革命党脱离决策机构以来，教育部和议会负责制定新政策和规划行政结构。例如，1991 年，议会成立了高等教育改革委员会，由议会代表和社会教育部的第一副部长共同主持，此外，还成立了私立“高等教育基金会”，鼓励私营企业和个人资助高等教育。有议论说，这两个团体将来要合并成立国家高等教育议会，既与大学合作制定政策和规划，又介入私立大学、学院的发展。

5. 教育财政

表 1 ~ 表 5 包括了从 1985 ~ 1990 年各级教育的开支情况，人们注意到，除了职业/技术教育，教育开支普遍增加了。这些数字是以图格里克计算的，1990 年，官方的兑换率固定在 6 图格里克:1 美元，但是，1991 年，乌兰巴托合作银行提供的非官方兑换率为 60:1，到 1992 年 6 月，自由市场的兑换率是超过 200 图格里克兑 1 美元。不过，出于比较的目的，表格中涉及的年份用 1 美元折合 8 图格里克的比率可能比较公平。

20 世纪 80 年代，教育支出约占国民生产总值的 13%；1985 ~ 1989 年间，生均成本为1 862图格里克。教育预算的分配情况如下：10 年制基础教育占大约 40%，幼儿园占大约 12%，职业学校约占 11%，职业学院约占 7%，高等教育约占 8%。大约 22% 用于管理、购买新仪器设施、教材和其他基础设施开支，教师和职员的工资占教育预算的 30%。

过去，所有教育全部为免费(幼儿园学费除外)，只是儿童一向自己负责购买教科书。农村地区的许多中小学还拥有宿舍，供游牧家庭的儿童居住。但是，目前的预算紧缩政策对这些寄宿学校产生了不利的影响，因为政府时常无法提供必备的饮食，结果，这种学校的注册人数在 1991 年、1992 年急剧减少。还有迹象表明，由于 20 世纪 90 年代初的经济问题和受过教育人员的失业问题，牧民正逐渐失去使其子女接受高水平教育的兴趣。

从 1993 年开始，蒙古引入了高等教育收费政策。从那年 9 月份开始，学生必须向就读大学缴纳学费，用以支付大学的教育成本。学生可以向政府借贷必要的学费(和生活费)，但开始工作时必须归还这笔贷款，如果将来在政府部门工作或担任教师一段时间，还款可以延期。

过去，大学录取的学生不但免缴学费，还领取生活费补贴。到撰写本词条为止，缴纳学费政策的影响还不得而知，但大学有些计划的入学人数会因此减少，而那些被认为完成培训后便能得到较好就业机会的计划反而会吸引更多学生。

预算紧缩影响了教育设施的质量，政府认为，目前各级教育的许多设施不符合标准。表 1 和表 3列举了幼儿园和学校的数目，政府认为必须对其加以改进，以履行教育系统在社会和经济任务新背景下对公众的职责。教育部于 1991 年出台的备忘录表明，为加强和改进教育需要外部援助大约2 840万美元，其中高等教育 208 万美元，农村和远程教育 250 万美元，教师资格培训 250 万美元，教授蒙古字体 170 万美元，计算机教育 42.5 万美元以及教育印刷设备 42.5 万美元。当然，上述数字在资助机构进行部门研究和其他分析之后无疑会有所变化，但是，很显然，要改善教育系统使其与参与世界市场经济以及建立成功的多党民主制目标相一致，蒙古将需要相当多的外援。

6. 师资

学前至中学阶段的大部分教师和管理人员是由位于乌兰巴托的教育大学和位于科夫(Khovd)的教育学院培养的。教育大学除了职前培训，还有一个专业学院，为教师提供在职培训。教育大学和学院都进行教育管理方面的在职培训，传统上，教师必须每 5 年完成不少于 1 个月的进修课程；有些学校教师，特别是数学、化学、物理和其他科学领域的教师由蒙古民族大学培养。

在各个教育阶段，只有极少量教师没有任何必要的教学资格。综合学校(学校教育前 10 年)的生师比28:1，职业学校和技术学院为15:1，高等院校为12:1。1990 年,教师和职员工资占教育预算的66.9%,乌兰巴托的教师供过于求,而农村教师供不应求。

7. 课程开发与教学方法

从前,蒙古多数课程材料和教科书都是苏联版本的译本,因此,现在的当务之急是制订新版教科书并开始使用传统的蒙古手写体,它在20世纪50年代初曾一度被斯拉夫语取代。多数课程和教学材料开发工作由科学和教育部的教育学院以及教育大学的课程开发和培训学院进行,一旦课程得到批准,由后者选择教科书的编写人员,而教育学院负责准备8年级和10年级进行的全国考试。除了以上考试,升级几乎是自动的,当地学校自行组织考试。

许多中学拥有大量视听设备和投影材料,它们是教育部负责提供的。但是视听材料似乎只有固定的几种(展品、模型等),编程教材也极少。过去,苏联帮助设立的特殊"教学法中心"负责开发编程教材,而随着与俄罗斯合作的减少,现在还不清楚由哪个部门负责该项工作。

教育大学拥有许多台式计算机,学校正尝试开发计算机辅助教学和利用计算机处理教材。要求所有中学开设计算机课程,只是许多学校实际上还没有计算机设备。所有高等院校都有一些计算机设备,但多数计算机的应用范围非常有限。

8. 考试、升级和证书制度

高等教育以前所有阶段的国家考试由科学和教育部的教育学院准备,由科学和教育部管理。科学和教育部通过高等教育部门安排大学的入学考试,并组织大学教师参与考试的实际编写工作,否则,每个学校自行组织考试、确定等级。在中小学,三级相当于及格,四级和五级分别是良好和优秀。

9. 教育评价、评估和教育研究

除了为各级教育编制考试,教育研究很少有对学生和教师的研究与评估。随着研究与大学相结合这一新目标的确立,预计将来的研究工作会广泛开展。

10. 20 世纪八九十年代的主要改革

1991年7月通过的新教育法和1992年的连续政策决议都包括了重要的教育改革。1991年教育法提到了"开放教育",由此,学生在完成至少8年的基础教育之后可以停学,以后还允许返回学校。如图1所示,如果学生希望充分利用这种教育,他们可以选择各种途径,这些途径都通往某种继续教育和在职教育。

中小学阶段20世纪90年代进行的课程改革包括增加自然科学(新科目),减少物理和天文学,引入历史、社会学(综合课程)、实际工艺和家庭经济、体育和健康以及道德教育等新课程。在9~10年级,每周进行15个小时的多样化职业学习,这一阶段(基础教育的后两年)基本上成为多数学生的职前培训过程。

对于非多样化的学校(9~10年级不提供繁重职业课程的学校)而言,学生面临两个选择,他们可以任选物理、化学、生物和地质学等传统学术科目。

希望进入职业技术学校的学生可以从7年级开始,学习年限为4年,这足以使学生表现出其个人的兴趣。职业学校的10年级课程随地理区域而定,意在开设有差别的课程以满足当地的就业需求。

根据预期的专门化工作数量进行的高等教育规划已经取消,注册人数规划业已非常分散,但是,劳动力市场(手工劳动仍大量存在,达几百个工种)仍存在非常复杂的分工制,学院、大学和专门化的高中必须培养学生胜任一个或多个工作岗位。随着大学转向西方式的学士、硕士和博士课程计划,而不是专门适应高度专门化的工作,学校课程和工作细则都将做出重大调整。

到1992年中期,预算紧缩已经开始对各级教育系统产生很大影响。高等教育阶段1993年9月开始的学生缴纳学费政策也会严重影响学生入学,大学开展的将科研和教学相结合的运动及社会科学院地位的相对衰落等都是很有趣的可供探讨话题。

从根本上讲,尽管蒙古拥有在发展中国家比较先进的教育体制,但其教育系统仍潜在着某种危机,今后几年可能会面临退步的危险:入学牧民减少、入托儿童减少、中学毕业的年轻人减少、进大学的中学毕业生减少。1992 年中期,上述倾向已经有所显现。

结构调整项目管理机构,如世界银行和其他国际咨询机构必须周密考虑调整时期降低教育系统重要性造成的长期影响。如果任由财政投入不足状况继续,需要经过数年时间才能从 20 世纪 90 年代初财政的相对投入不足中恢复过来。

11. 2000 年面临的主要问题

进入 2000 年,蒙古将越来越融入世界经济。现在,教育系统正在进行结构调整,使其接近西方主要工业国家的教育系统。在此过程中,在内容、方法、人员配备、结构、财政和管理方面都可能遇到问题,面临的挑战将是加强业已存在的传统的教育系统,并同时调整、增加并制定各种项目,改善现有系统并使其更加富有成效。

随着人力规划集中制度的取消,以及大学开始在学生、学费、研究基金和其他收入上相互竞争,一种全新的教育环境正在形成。并且,随着市场经济活力的增加,诸如教学等公共部门的工作将更加缺乏吸引力,在经济发展的同时,教育系统将不得不像在富裕国家一样,与工商业部门的高收入工作机会展开竞争。

蒙古的主要改革努力已经有了很好的开端。为实现预定目标,还需要技术引进和经济合作,与此同时,蒙古人正积极地进行各项改革,力求使教育系统更加高效、更加适应社会需求。蒙古人高涨的工作热情加之不懈的努力,使人们相信教育部门将不断变化、改善、富有活力。

S. 斯波尔丁(S. Spaulding) 著
李长华 译

附录

Dash M, Nyamaa D, Damdin D 1990 *Mongolia by the Year 2005*. UNESCO, Paris (BEP/GPI/60; BEP-90/WS/3)

The Economist 1991 The free market comes to Mongolia. 321(7729):92

Shapiro F 1992 A reporter at large: Starting from scratch. *The New Yorker*, January 20, pp. 39—58

Spaulding S 1990 Educational development and reform on the Soviet periphery: Mongolian People's Republic and Lao People's Democratic Republic. *J. Asian and African Affairs* 2(1):109—124

State Committee for Higher and Specialized Secondary Education (Mongolia) 1988 *Post-secondary Education and Its Diversification in Relation to Employment*. International Bureau of Education, Geneva (microfiche SIRE/02239)

UNESCO 1990 Mongolia: Re-introduction of the Traditional Ourgen Alphabet. Draft project proposal, UNESCO, Paris

UNESCO 1991 *Statistical Yearbook 1991*. UNESCO, Paris

其他参考文献

Academy of Sciences MPR 1990 *Information Mongolia: The Comprehensive Reference Service of the People's Republic of Mongolia*: (MPR). Pergamon Press, Oxford

Akiner S (ed.) 1991 *Mongolia Today*. Routledge Chapter and Hall, London

Bawden C R 1989 *The Modern History of Mongolia*, 2nd edn. Kegan Paul International, London

Middleton N 1992 *The Last Disco in Outer Mongolia and other Stories from the Steppes*. Sinclair-Stevenson, London

Severin T 1991 *In Search of Genghis khan*. Hutchinson, London

Worden R L 1991 *Mongolia: A Country Study*, 2nd edn. US Government Printing Office, Washington, DC

Yusuf S 1992 *Developing Mongolia*. World Bank, Washington, DC

缅甸的教育制度(Myanmar: System of Education)

1. 基本背景

这个国家的官方名称是缅甸联邦。在 1962 ~ 1988 年内,其官方名称是缅甸联邦社会主义共和国。“联邦”一词即表明：这个国家是在将几个不同民族群体和语言群体联合起来的基础上建立起来的。新的国家名称不再用以前名称中的“Burma”这个词，原因在于通过不在国家名称中只提及缅甸族这个词，来进一步地强调国家的统一，尽管缅甸人几乎占到全国人口总数的70%。

缅甸位于东南亚热带地区，领土面积有676 577平方公里。沿着孟加拉湾有很长的海岸线，其他的边境地带则主要是高山。西部与孟加拉国、印度接壤，北部和东北部与中国为邻，东部与老挝和泰国比邻。

缅甸有两大水系，伊洛瓦底江和萨尔温江(Sittang)，它们灌溉着缅甸大片的、非常肥沃的盆地；还有大片的肥沃的沿海平原。其他地区多数则被浓密的森林覆盖，过度伐木造成的后果现在越来越明显。

1990年缅甸人口是41 675 000人，多年以来，人口增长率一直保持在2.1%左右。绝大多数人口生活在沿海地区和伊洛瓦底河以及萨尔温江盆地。人口多数是由过去2 500年内移入该国的人的后裔构成的。在1947年取得国家独立之前，有相当多的人来自印度和中国，多数新来者在几个大城市定居。很多人，特别是印度人，在独立后又返回了印度。

人口超过100万的城市只有一座。这就是仰光，缅甸的首都。其他人口超过20万的城市是：位于伊洛瓦底平原北端的曼德勒和位于南部的毛淡棉(Moulmein)。从1962年开始，政府对人口的国内流动进行了控制。可能是因为这个原因，在缅甸，人口向规模大的、拥挤的城市流动这一社会问题比多数邻国要轻得多。

缅甸族来自北方，在1 000多年前就在伊洛瓦底河盆地得到了充分发展。与此同时，来自现在柬埔寨的蒙族(Mon)人占领了萨尔温江领域。到18世纪中期，缅甸族控制了所有的低地地区。在1855～1937年间，英国统治了这个国家，将它作为印度的一个省。有很短的一段时间是在伦敦的直接统治下。日本在1942～1945年间占领了缅甸。1948年，缅甸取得了国家独立。

英国强行将英语作为商业和行政管理用语，使已很复杂的语言状况更加复杂。蒙族和缅甸族的语言是不相关的，而源于中国中部的很多山地部落的语言与缅甸语的相关性也很差。缅甸人大约构成了人口的70%，蒙族只占2.4%。其他民族中，掸族人，在种族和语言方面与老挝人和泰国人有联系，构成了人口的8.5%。现在被官方称为“缅甸语”的国家语言是缅甸族这个主要民族的语言。

几乎90%的缅甸人是佛教徒。大约3.9%的人信奉基督教，他们主要生活在几个大城市，在山地部落中也有一些人信奉基督教，如钦族(Chin)和克伦族(Karen)。大约有3.8%的人信奉伊斯兰教，主要生活在城市和与孟加拉国交界的边界地区。

尽管人口主要来自北部和东部，但是印度对缅甸的文化影响非常大。佛教源于印度，可能是经蒙族人从柬埔寨传过来的。缅甸文字是古印度文的派生物。然而，无论从文化，还是从社会角度讲，与其说缅甸人与印度人相像，还不如说他们与东方人和东南亚人有更多共同点。一个重要的社会因素是数个世纪以来，女性与男性有相同的法律和社会地位。女性对所有的家庭财产有一半的所有权，在结婚后，可以保留自己的姓氏。

大约76%的人生活在农村地区。在英国的殖民统治期间，多数行政管理权都是由印度籍的人行使的。与此同时，华人广泛地参与到各种商业活动和工业活动中。1948年新成立的独立国家面临的一个问题就是如何建立一种教育、社会和行政管理制度，以使缅甸人以及其他在这个国家早就扎根的民族在政府和行政管理中能担当起重要的岗位。

文化和宗教中阻碍社会流动的因素很少，这与印度次大陆的情况一样。但是，在1947年以前农村地区中等学校的缺乏确实影响了社会流动。另一方面，缅甸的社会和英国的统治没有给体力劳动什么社会地位。

尽管缅甸与它在东南亚的邻国一起分享丰富的自然资源和人力资源，但是1988年的人均收入为250美元，是世界上人均收入最低的国家之一。在1987年12月，缅甸被划分为“最不发达国家”。包括林业在内的农业代表国内生产总值的近一半，大约雇佣了劳动人口的64%。制造业、采矿业和建筑业产值占国内生产总值的10.6%，雇佣了劳动人口的10.1%。包括交通、贸易、管理在内的服务部门构成了国内生产总值的37%,雇佣人口占就业人口的19%。

1988年出口大约是27 600万美元,进口是66 800万美元。必须谨慎地对待这些数字,因为存在大量的非正规和无序的进出口商品。农业和林业产品与宝石一起经常非法运出国境。包括服装和药品在内的消费商品,经常通过缺乏管制的边界地区运到国内。在海外工作的人员的汇款,特别是海员的汇款,是保持国家收支平衡的一个重要因素。

在1948~1962年期间,缅甸在多党政治制度的基础上颁布了一个宪法,定期进行全民大选。在1962年一个军人政府夺取了国家权力,宪法被废除。1974年,在缅甸社会主义活动党(BSPP)的支持下制定了一个新的宪法,社会主义活动党是唯一合法的政党。相当多的政府官员和高级公务员是在职的或退役的军官。

在1988年,以执政党为基础的政府和行政管理结构被推翻,军人政府取得了国家控制权,建立了国家法律和秩序恢复委员会(SLORC)。它允许一些政党的存在,提高了外资对商业和工业的参与。1990年进行了大选,国家法律和秩序恢复委员会支持下的政党被击败。然而,政府又不允许权力的交接,因此,多数外国资助者减少或停止了他们对缅甸的支持。

自独立以来,历届政府在坚持(代表)缅甸人民在世界事务中保持中立。这种政策从1962年开始被不断强化,因此导致其人民和机构与其他地方的发展联系几乎隔绝。

在1991年,缅甸终于加入了亚洲教育发展创新项目(APEID),这是一个以曼谷为基地的联合国教科文组织项目。自1975年以来,多数亚洲和太平洋国家已经开始通过这个项目交流经验。缅甸正在考虑加入东南亚国家联盟(ASEAN)。

2. 教育政策与目标

当早期的缅甸王朝在伊洛瓦底河领域刚刚建立,就有僧侣学校开始为多数男童和很多女童提供宗教教育和基础的初等教育。因此,缅甸人获得了很高的文化素养,直到今天,多数家长对孩子接受学校教育是非常支持的。

英国殖民者在他们经验的基础上,于1825年开始将他们的学校制度引入缅甸。英语成了很多初等学校、所有的中等学校和第三级教育机构的教学用语。这些以英语为教学用语的学校是收费学校,并且绝大多数位于城镇和几座大的城市。基督教教士开办了很多学校,有一些设在农村地区,但更经常的是设在山区。与传统的僧侣学校并肩存在的是在当地人民的支持下建立起来的以缅甸语为教学语言的初等学校。在以缅甸语为教学用语的初等学校毕业的孩子很少能升入中等教育阶段,部分原因是因为初等教育阶段以上的教育都要求用英语教学。

在1942~1945年日本占领期间,建立了一种以缅甸语为教学用语的单轨制学校制度。

独立后的缅甸政府致力于将初等教育普及化。为了促进国家的统一,缅甸语被继续作为教学用语,并将缅甸语作为国家各个领域内的商业和行政管理事务的用语。各级教育都将英语作为一门科目进行教学,并且有很多年都是第三级教育的教学用语。

在1962年以后,英语作为一门课程从初等学校的课程中被清除了出来,但在中等教育阶段却保留了下来,其目的几乎完全是为了培养学生的阅读和写作能力,不强调英语口语。人们认为这种教学对于学生理解第三级教育阶段的英语教材足够了。英语作为一门书面和口头语言在1981年被再次引入初等教育阶段。在20世纪80年代后期,英语成了第三级教育的教学用语,在1991年英语成为高中阶段科学、数学和经济学课程的教学用语。

在独立以前,政府对初等教育的财政支持是非常有限的,在独立后,它提供的财政支持也不过仅仅能为教师发放工资。小学的校舍通常是由社区提供的,家长要负责教科书和书面材料的费用。从1985年开始,国家规定初等教育是义务的,孩子从5岁开始接受初等教育,10岁小学毕业,共计5年。

在独立后的早期,为那些母语不是缅甸语的孩子提供的初等教育是很不充分的。当1964年国家民族发展大学建立后,这个问题才第一次被提了出来。与其他13所教师培养学校相比,这所大学为初等学校教师提供了更长时间的教育。

缅甸已经保留了从英国继承来的具有高度选择性的教育系统。家长和政府都将教育目标锁定高等教育。只是在20世纪80年代才开始认真考虑设立其他的目标。尽管绝大多数的孩子能进入小学接受初等教育，但是只有大约10%的学生能在规定的5年内完成初等教育。还有19%的学生能完成初等教育，但是要用9年的时间才能做到这一点。在接受完11年的初等教育和中等教育后，只有不到4%的学生有资格接受高等教育。

近些年来，教育制度已经在国家内部动乱期间受到了多次的干扰。因为有很多大学生参与城市地区骚乱，所以政府在1978年试图通过建立17所地区学院，将学生们分散开来。学生们在17所学院学习2年后，才能进入设在仰光和曼德勒的两所大学，再学习2年以完成大学学业。这种制度只存在了几年，就停止了。学校、大学和学院已经被关闭了很多次。在1988年8月，所有的教育机构都被关闭了。学校在一年之后，重新开放，但是高等教育院校直到1991年中期才再次开放。

3. 正规教育体系

3.1 初等教育、中等教育和第三级教育

缅甸的国家教育制度是以5年初等教育、4年中间学校和2年中等教育为基础建立起来的。这种说法是过于简单化了，因为留级率非常高。只有很少的学生能在5年内完成初等教育，平均完成初等教育的时间是7年。私立学校是不被政府承认的，但是在大的城市还是开办了几所私立的幼儿园和英语语言学校。在1988～1989年当所有的学校都被关闭了的时候，开办了几所无许可的私立学校，并且这些学校中有一些在20世纪90年代初期还依然存在。在政府开办的学校就学，但要个人交纳学费的现象是非常普遍的，有几乎一半的学生要自己交费。

缅甸教育制度的一个特点是，每个班级中都有很多孩子的年龄超过了规定年龄，但是低于规定年龄的孩子却非常少见。这部分是因为入学年龄晚，但主要是因为留级率非常高。图1给出了1989年8个城市地区和8个农村地区学生年龄的分布情况。这些数字来自缅甸教育研究局(MERB)的一项调查。这个局是设在仰光的教育部的一个机构。

在1987年，初等学校有在校生5 046 470人。毛入学率几乎达到了100%。由缅甸教育研究局和教育部规划统计司进行的调查显示，所有儿童中大约有80%的人在一定的时间在小学注册。研究显示，在学校被关闭一年后的1989年，注册率只有25%。

1987年，初等学校和中等学校的生师比分别是43:1和23:1。标准的学校教学周是35周，各级学校的课堂教学时间都是40分钟。初等学校的教师每周要上30节课，中等学校的教师每周则要上28节课。城市地区正在实行更短的教学作息制度，现在还处在过渡期。小学低年级的班级规模一般相当大。很多小学，尤其是农村地区的小学，在一个大教室里通常有几个班，学生总数是60人，甚至更

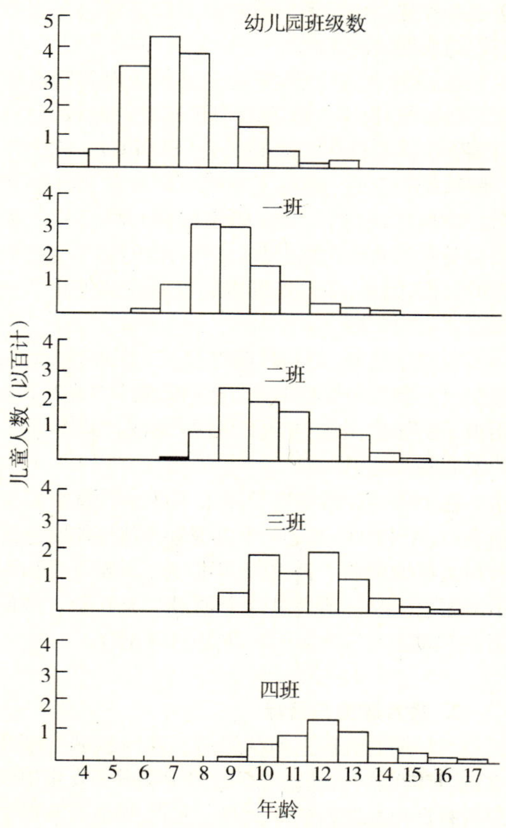

图1　16所城镇小学的学生年龄分布

多。由于阅读课文段落被认为是一种标准的“学习”方法,所以(课堂)噪音是一个很大的问题。

据报道,1987 年中间学校和中等学校的在校生人数是 1 336 199 人。标准的 6 年课程的平均年辍学率是 17%,留级率也非常高。中学最后一年的学生中,只有大约 20% 的能通过高中毕业考试。中等技术和职业学校的在校生人数是 15 631 人,在初等水平的教师培训学校中学习的在职教师受训者是 6 958 人。在 1987 年第三级教育院校的在校生人数是 202 381 人,其中有 87 881 人通过函授的形式接受第三级教育。

仰光和曼德勒有两所历史悠久的文理大学。1991 年在毛淡棉又开办了第三所大学。他们提供 3 年制或 4 年制的课程。仰光技术学院和曼德勒技术学院(1991 年开办)提供 4 年制和 5 年制的课程,还有一所农学院。图 2 给出了缅甸教育课程的开设顺序。

图 3 描述了缅甸教育制度的结构和在校生情况。正如上面已经解释的,由于上学开始的晚,所以留级率很高,并且存在超过适当年龄的学生的问题。因此,图 3 已经将每个年级学生分成正常进度学生、超过适当年龄学生或留级生。

3.2 学前教育

学前教育并不构成由教育部支持的官方学校系统的一部分。初等学校的第一个年级被描述成“幼儿园班”,但是,他们的组织形式与其他国家的初等学校制度中的 1 年级相似。官方规定的上小学的年龄是 5 岁,与亚洲多数其他国家相比要小一岁。有一些非正规的教育活动为母亲们提供一些教育,包括一些早期儿童教育的知识。在城市地区有一些规模很小的私立的幼儿园。

3.3 特殊教育

缅甸在给身体或智力方面有残疾的儿童提供适合他们的教育上没有采取什么措施。孩子们要通过一种每年举行一次的考试的要求,并且,学校很快就将在跟上有一定深度的学校课程有困难的学生排除出去。

3.4 职业、技术教育和商业教育

尽管这些领域的教育目标是为学生就业做好准备,但是却缺乏实际培训设备。而且技术、商业和职业教育中采用的考试和测验制度也不重视实际问题。

3.5 成人和非正规教育

很多孩子在没有达到文化素养能持续发展的水平就从学校辍学的现象在 20 世纪 60 年代变得明显起来。在仰光大学教育学院的指导下,一项利用大学生访问乡镇和城市的大规模的活动开展了起来。这项活动准备了特殊的书籍,据宣称其结果是使成人文盲的数量大量降低。这种活动逐渐消失了,但无论是在何种情况下,绝大多数规模小的社区还是不能为人们提供阅读材料,以使他们已经获得的素养技能得到持续发展和应用。

社会福利部已经发展了自愿性的初级夜校,主要为城市地区的辍学生提供教育服务。在 1990 年这类学校共有 187 所,在校生 13 281 人,志愿教师 508 名。

教育部技术、农业和职业司为 16 岁以上的有读写能力的年轻人建立了很多自愿学校。在 1990 年有手工艺学校 7 所,机械与维修学校 2 所,家庭科学学校 6 所。这些学校靠志愿教师才能维持,他们多数来自技术和职业学校。

政府对僧侣学校的鼓励政策在 1948 年已经有所波动。近些年来对这类学校的兴趣在不断提高,一份报告指出,大约有 10% 的农村孩子在僧侣学校上学。

4. 行政管理的结构与运行

缅甸的教育行政管理体制是高度集权制的,几乎所有的政策决定都是由设在仰光的教育部做出的。教育机构和学校由 3 个司负责:基础教育;高等教育;技术、农业与职业教育司。

基础教育司负责所有的初等学校、中间学校和高中以及小学和中间学校水平的教师教育。这个司控制了教育部 90% 的人员和经费。有相当比例的官员都有作为中间学校和高中教师的成功经验。

高等教育司负责管理 3 个文理大学、2 所技术和农业学院。这个司还管理一定数量的比较小的单位,如大学中央图书馆、缅甸语学院和外语学院。高中阶段教师的培养是由大学内部的教育系学院负责的。

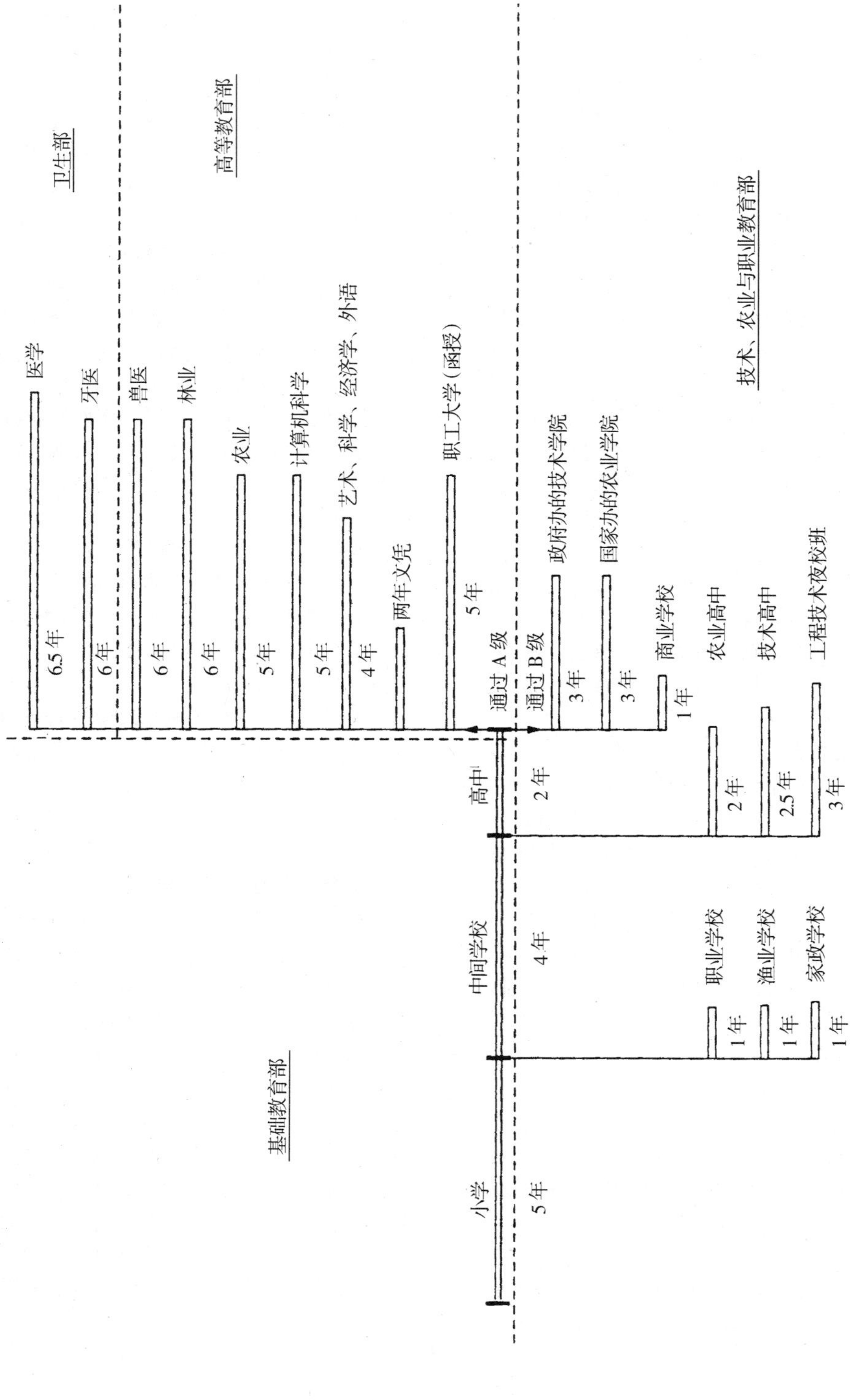
卫生部
高等教育部
技术、农业与职业教育部
基础教育部
医学
牙医
兽医
林业
农业
计算机科学
艺术、科学、经济学、外语
两年文凭
职工大学（函授）
政府办的技术学院
国家办的农业学院
商业学校
农业高中
技术高中
工程技术夜校班
6.5 年
6 年
6 年
6 年
5 年
5 年
4 年
5 年
通过 A 级
通过 B 级
3 年
3 年
1 年
高中
2 年
2 年
2.5 年
3 年
中间学校
4 年
职业学校
渔业学校
家政学校
1 年
1 年
1 年
小学
5 年

图 2 缅甸的教育程序图

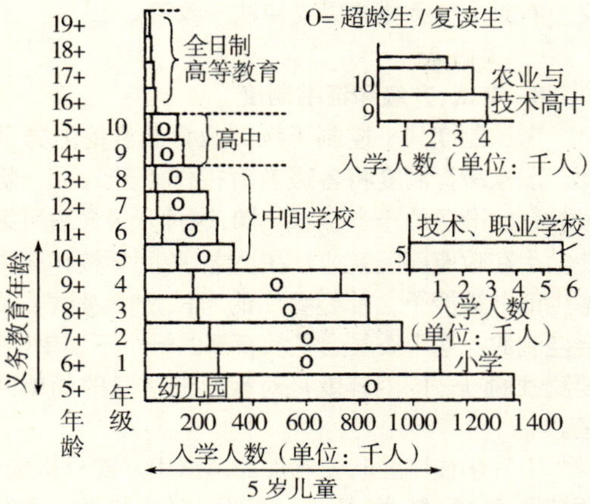

图3 缅甸:正规教育体系的结构

技术、农业和职业教育司管理66所学院:14所技术学院;9所农业学院;3所为中间学校学生开设课程的商业高中。这些学校的学生可到11所技术或7所农业学院继续学习3年的课程。还有招收小学和中间小学毕业生的24所职业学校。这个司还负责管理一个技术教师培训学院。

教育部的其他部门还有:负责小学、中间学校和高中毕业考试的考试委员会;缅甸教育研究局;规划与统计司。

在缅甸联邦共和国有7个部门和7个州。每个在基础教育司的领导下都有一个教育办公室。教育办公室有数量很少的行政管理人员和一组督学。这些办公室主要负责中间学校和高中。有318个镇教育办公室,每个镇教育办公室都有一位镇教育官员。这些官员当中有一些是高中的校长。初等学校的行政管理权和督导权几乎全部集中在这些办公室。部门和镇办公室的人员几乎全部是由有成功教学经验的官员担任的。一个严重的缺陷是非常少的人有初等学校教育的经验。

5. 教育财政

缅甸政府在1987年划拨给教育部的经费是1 290 519 000缅元(大约是2.1亿美元)。这占到政府全部开支的15.3%。其中,13%的教育经费划给了第三级教育;剩下的几乎全部经费都划拨给了初等学校和中等学校。据估计教育经费大约占国民生产总值的2%。

每个初等学校和中等学校的生均政府经费是33美元,接受第三级教育的学生的生均经费是140美元。家长给初等学校设施的贡献是非常大的,给各级教育的书籍和写作材料的贡献也都是非常高的。

成功地通过学校考试无论对学生的继续深造,还是将来就业都是极其重要的。出于这个原因,私人辅导在所有的社区,尤其是乡镇和城市地区是一项非常重要的活动。学校教师在很大的程度上依靠私人辅导。私人辅导的费用增加了家长的负担,只有中等收入的富裕家庭才负担得起这种辅导的费用。

非正规教育的几乎全部投入都是以自愿管理和教学服务的形式来自社区。

6. 师资

除了国家民族发展大学的几百名学生外,职前教师培养在缅甸已经不存在了。这个大学接受公共服务选择与培训委员会的管理。

每年大约有4 000名在职的但是没有经过培训的教师被选出来,在教师培训学校或学院接受为期1年的培训。这是一个成本非常高的过程,因为教师在住宿制的学校接受培训的同时,还能拿到工资。由于这些学校的教师在初等学校水平的教师培训方面缺乏经验,所以他们在初等学校教学方面能提供的东西非常有限。有40%以上的教师还没有接受过培训。

缅甸教学状况的一个特点是初等和中间学校的教师总想着"晋升"到更高一级。一些在职的教师培训支持教师的这种抱负。一位小学教师能升为一位校长,但是教育行政管理者、督学和教师教育家通常从高中教师中选拔。

从1988年开始,政府用于教师聘任的财政预算已经大大增加了,新教师的聘任速度比培训供应的速度要快得多。假定"淘汰"率是4%,人口增长率是2.1%,初等教育每年似乎需要7 000名新教师,中间学校和中等学校每年需要3 600名新教师。这就需要大大增加教师培训活动,并且要改善这种活动的课程的内容。

从好的方面来看，据报道，大约 40% 的小学教师是大学毕业生，并且又有 20% 的学生具备了升入大学的资格要求。这种有利的状况将被 1988 ~ 1991 年所有的第三级教育院校都被关闭这一事实抵消。另一方面，有一些小学教师不过只持有中间学校证书。

对教育行政管理而言几乎都没有什么正规培训。在各种教育领域工作的人员当中，只有很少的人在国外受过教育或培训。

缅甸正在认真检查教育人员培训中的所有问题，并且正在寻求外部援助。有一些援助来自多边或双边的组织，特别是给职业和技术教育、教师教育和英语语言教学提供的援助。

7. 课程开发与教学方法

基础教育司有一个课程开发组，或者说是一种教科书编写小组。缅甸教育人员同国外发展状况隔离的一个后果就是，对国外当前的课程开发实践和技术知之甚少。教科书的编写者们会参考国外的教科书，但是由于他们都是课程专家，而不是教育专家，所以在教科书中没有增加什么内容，以改善学生的学习经验。包括这部分内容的国外教科书通常假定教师受过非常良好的培训。只有很少的新信息能进入教科书；在使用中的图解书包括过时的地图，而科学和经济学数据经常不是不正确，就是过时了。

教科书供应一个值得注意的特点是，假定课本每年都要更换，这在亚洲低收入国家当中非常普遍。无论什么时候一种新的教科书被具体化，在学生能获得它们之前，总是有一个很长的延迟期。

课程是由基础经验司具体规定的，在实际中由外部考试决定。全国上下不同地方没有什么差异，几乎没有选修科目。自独立后开始，学生要学习的科目基本上没有发生什么变化。如多数亚洲其他国家一样，缅甸没有将科学和环境研究的教学引入初等学校的课程当中去。然而，当某种课程要做相当大变化的政策出台之后——如引入英语的教学和使用——在课程开发和教师教育的形式方面却又没有采取什么措施以支持这一政策。

8. 考试、升级和证书制度

考试制度几乎控制了缅甸教育制度的方方面面。国家教育制度将各级教育视作为升入下一阶段教育作准备的一个学术阶梯，这种升级最后可以使学生在政府部门就业。在小学、中间学校和高中毕生证书被授予之前要参加的考试是由考试委员会控制的。这个委员会是教育部的一个下属单位。要测试的唯一的内容就是对教科书信息的简单回忆。

中间学校毕业时要参加的考试由六部分构成：缅甸语、英语、数学、历史、地理和普通科学。高级的绝大多数学生都会参加这种考试，大约有 60% 的人能够通过。能否进入高中阶段，以及进入高中阶段三种分流中的哪一支，很大程度上取决于数学和科学成绩。

在 1988 年，有 217 193 名学生参加了基本教育考试，其中 42 001 名学生(19.34%)成绩为优，9 951名学生(4.58%)成绩为良。不及格率是 76%。只有成绩为优的学生才能升入高等教育阶段接受教育。从理论上讲，成绩为良的学生可以升入技术学院和职业学院，但是很多学生宁愿在下一年补考一次，也不愿进入这些学院。在下一年来临之前，不可能单独补考一个科目，也不可能有机会补考整个测试。

各级学校的每个年级的期末考试都是极其重要的，在课程结束时都有一次外部模拟考试。小学年辍学率平均值大约是 14%，中间学校和高中的年平均辍学率大约是 17%。在 1 年级、9 年级和 11 年级结束时辍学率达到高峰。小学的年留级率大约是 20%，中间学校和高中的年留级率是 25%。

9. 教育评价、评估和教育研究

缅甸教育研究局是一个规模小，但效率非常高的单位，它对缅甸的教育制度已经进行了多年的研究。它的经费有限，很多工作都是在外部机构的资助下开展的，如联合国儿童基金会、联合国教科文组织以及联合国发展项目委员会。然而不幸的是，即使在缅甸国内，对这个局发表的研究报告的宣传力度也是非常不够的。

规划与统计司在近年来开展了很多重要的研究工作,但是得到广泛传播的工作(成就)却不多。

基础教育司和技术、农业与职业教育司的官员中有很多人,对学校以及其他由他们负责管理的院校非常感兴趣。他们参观学校的次数与其他低收入的国家相比要多得多。镇教育官员参观学校的次数也非常多。仰光教育部的官员们对缅甸教育的当前情况非常了解。由于缺乏与教育家、其他海外人士的联系,以及政府信息的强硬控制态度,这使得教育部以外的其他人士很难获得有关教育状况的信息。

10. 20 世纪八九十年代的主要改革

联合国教科文组织和联合国发展项目委员会在 1990 年和 1991 年进行了一次缅甸教育部门研究。开展这项研究的一个原因是政府已经开始意识到当前缅甸教育的状况。在过去的三十多年里,教育行政管理和实施制度几乎没有发生过什么变化。在 1981 年进行了一次大的改革。即所有的小学从 1 年级就将英语作为一门课程引入教学过程。

11. 2000 年面临的问题

需要对缅甸的整个教育进行改革。但是,决定改革的工作应从哪里开始是非常艰难的。1991 年完成的教育部门研究可能是教育改革的第一步。

需要迫切注意的领域是:各级教育的课程开发;教师教育;教育评估,包括对教育系统有效性进行监控以及对个人进步情况进行监控的问题;教育作为就业的准备;成人教育和非正规教育以及教育行政管理。

C. T. 柯林(C. T. Crellin) 著
吴志兰 译

附录

Myanmar, Ministry of Education 1987—1988 *Education Statistics.* Ministry of Education, Yangon

Myanmar, Education Research Bureau (MERB) 1990 *Report on the In-School and Out-of-School Activities of Primary School Children.* MERB, Yangon

UNDP Burma 1986 *Annual Report.* UNDP, New York

UNESCO 1991 *Statistical Yearbook 1991.* UNESCO, Paris

United Nations 1990 Myanmar (Country Presentation), Second United Nations Conference on the Least-Developed Countries. September 1990. United Nations, Geneva

尼泊尔的教育制度(Nepal: System of Education)

1. 基本背景

尼泊尔王国,国土面积 145 504 平方公里,人口 1 846 万人(1992 年的人口普查估计)。人口密度与地理位置联系密切:与中国接壤的高山地区占总人口的 7.2%,人口密度为每平方公里 25.1 人;中央山区占总人口的 46%,密度为每平方公里 116.8 人;而与印度接壤的特赖(Terai)低洼地带占总人口的 46.8%,密度为每平方公里 192.7 人。15 岁以下儿童占总人口的 41.2%,农村人口超过 90%,但是城市人口以 7.4% 的年增长率递增。

1992 年的人口增长率为 2.1%,比 1982 年(2.62%)有所下降,但人口问题仍是尼泊尔发展战略的最大威胁。大部分成人教育程度低,医疗和社会服务机构缺乏,再加之普遍存在的贫困(71% 过着绝对贫困的生活)(世界银行 1990)等等,都是控制人口增长的最大障碍。人均国民收入估计为 180 美元,根据 1991 年人力开发指数,尼泊尔排在第 131 位(160 个国家)。不仅山区的社会服务机构极其缺乏,西部和大西部地区也由于地处偏远、政府忽视而发展缓慢。

尼泊尔虽然是个高度统一的民族国家,但由于地缘政治,它深受两个主要世界强国邻邦——中国和印度的影响。在国内,尼泊尔拥有高度复杂的人种和语种,兼之地势的起伏不平和偏远地区的交通闭塞,构成国家发展的严重障碍。国语尼泊尔语是 51% 人口的母语,75% 的人口使用法语,有大约 12 种主要语种。尼泊尔语是教育系统各个阶段的教学语言，从4年级开始教授另一种语言——英语。一党制政权禁止使用少数民族语言，但1991年的新民主宪法保证了所有少数民族的文化权利，但这一宪法条款对教育的影响还没有显现出来。

1988年，尼泊尔80%的人口从事农业，农产品占国内生产总值的56%（1980年为60%），但2.5%的增长率并不能令人欢欣鼓舞；受邻邦印度发展工业基础设施的影响，工业发展速度很快，达到8.6%，但工业产值仅占国内生产总值的17%。特别引人注意的是，尽管失业率估计为3.1%，但未充分就业率非常高，农村为41%，城市为46%。尼泊尔相当大比例的劳动力从事政府部门和商业部门(5.4%)的工作，正是这些部门吸收教育系统输出的学生。学校毕业生的急剧增加与日益上升的未充分就业率之间的明显矛盾是尼泊尔新当选民主政府面对的主要问题。政府规划战略由国家规划委员会制定，该委员会由政府指定，负责制定国家五年发展计划。1992～1997年计划将减轻贫困作为其首要主题，增加人力资源开发投入是其重要目标。

农业占国内生产总值的52%（1965年是65%），服务部门为25%，工业仅为6%。支出状况平衡在结构上非常薄弱，基础项目建设资金严重依赖外援。国内经济受印度经济的制约，特别是在就业机会增长方面。经济面临的最大挑战是都市化的大规模发展，只剩下有限的潜力用于工业增长。随着到2010年劳动力人口可能翻番以及可耕地出现饱和，创造新的就业机会成为国内经济发展的唯一希望，但同时也是对经济的最大挑战。教育政策至今还没有强调这种形势对于教育的潜在影响。

尼泊尔感受到近年来世界范围内民主化进程的影响。1990～1991年，一场群众运动推翻了长老会（“Panchayat”，无党派，但事实上是一党制，属于绝对的君主政体），1990年9月颁布了根据民主原则制定的新宪法，实行多党制和君主立宪制。自1960年以来的首次全民大选在1991年举行，1992年进行了国家和地方选举。新政府成立第一年、群众运动骚乱之后，政治稳定的局面似乎正在出现。政府最重要的决策是实行分权制，赋予地方当局相当的权力。预计这会对未来发展的模式产生深刻的影响，当地社区也通过选举将权力下放，而根据原有的制度，地方官员只有在政党组织提名之后进行选举。但是，无论如何，增加教育设施的需求对中央政府是否有能力提供教育发展所需要的技术和行政支持将是个严峻的考验。

2. 教育政策与目标

尼泊尔的教育政策与目标由国家教育委员会制定，经由议会根据教育法案批准。20世纪50年代，尼泊尔的教育事业开始起步发展，带有试验的特点，教育的启动和资金主要都是来自外国捐赠。1971年制定了第一个国家教育计划——国家教育体制计划，明确了政府对教育的责任，清楚地阐明了教育政策：“计划的主要目标是通过将教育系统与生产积极性和人人平等的原则有机结合，消除继承下来的教育系统的精英化倾向……计划要求教育与生产系统一致，满足国家的需求和渴望……为了国家发展将教育看作人力资源投资。”计划的直接成果是学校注册人数呈指数增加，特别是小学阶段。但是，缺乏巩固这一成果所需要的行政和管理以及政策监控结构，结果导致20世纪80年代产生了严重的问题，特别是在质量、入学机会和公平等方面。80年代后期，政府担心公众对发展速度普遍不满，遂发布了2000年基本需求政策，内容包括为所有人提供免费初等教育，增加接受中等和高等教育的机会。

20世纪90年代初期的政治变化，虽然没有导致取消基本需求，却使政府更加重视政策和规划问题，并注意发挥私立部门的作用。这样，研究的重点就开始投入到初等、中等和第三级教育，最终促成国家教育委员会的建立，委员会负责制定相关的教育政策，使之符合对新政治背景下的时局做出的合理评估。委员会于1992年6月提交了一份报告并获得议会通过，该报告为90年代的教育规划提供了框架。在尼泊尔，政治党派已经多年没有自由地发挥作用，随之也没有进行过教育问题的公开辩论，这些都说明了委员会的报告有些老好人腔调，它没有明确地说明政府面临哪些政策选择。

政府对教育的作用主要体现在两个问题：(a)政府的责任是扩大入学机会、保证公平和提高教育质量;(b)增加公共开支,用以维持服务机构的现有水平。根据目前的贫困程度,增加社区收入的机会很有限,无论如何,增进私有化程度仅仅有利于城市和相对发达地区。相反,通过降低系统内部的无效率程度,倒可以节省一大笔费用:据报道,5 年制小学毕业需要 9 ~ 12 年,进入中学的学生只有 15% 读完中学,并且这些学生里只有 30% 通过考试,大学课程的及格率为 5% ~10%。长远的解决方案很大程度上取决于对这种状况的政治反应,并与改善教育服务的专业发展相结合。

3. 正规教育体系

分析人员在分析教育部提供的学校注册数据时,必须经常面对缺乏系统、连贯和可靠的数据这一问题,原因是缺乏专业的信息管理系统,但问题的进一步复杂还另有隐情。例如,由于将拨款与教师人数挂钩,而学生人数决定教师人数,因而,1 年级注册人数被高度夸大。所以,正规教育系统的结构(图 1)只能看成是一个近似值,显示出一种趋势而非绝对的数量标准。尽管教育部宣布(初等教育)净入学率为 79.8%(1991),但另一项调查(1987 年人口统计样本调查)表明净入学率仅为 36%。1992 年的人口调查是根据教育程度、社会等级和种族等统计人口状况的,因此,希望这次调查能清楚地反映出目前的教育现状。

3.1 *初等教育、中等教育和第三级教育*

学校数量的急剧增长说明了尼泊尔在初等教育方面取得的进步:1950 年还不足 300 所学校,1992 年发展到 1.45 万所。然而,日益增加的人口,加之公众对教育的压力以及政府对公平的社会服务的义务,不仅要求修建更多的学校,还要为 20% 没接受教育的小学年龄段儿童提供教育支付费用。这些儿童居住在极为偏远的地区,可以说处境非常不利。但是,有关入学和教育参与问题的研究几乎没有,只有一项研究(CERID 1984)考察了农村教育参与的决定因素,它们主要包括:(a)与儿童相关的变量,如性别和儿童对家庭活动和家庭收入的贡献;(b)儿童所处的文化环境,根据父亲的教育程度、家庭的职业和经济地位反映;(c)与学校相关的变量,如教师和学校的特征。近年来的迹象表明,注册率从 20 世纪 80 年代中期开始减速的原因之一是农村家长认为初等教育不恰当。

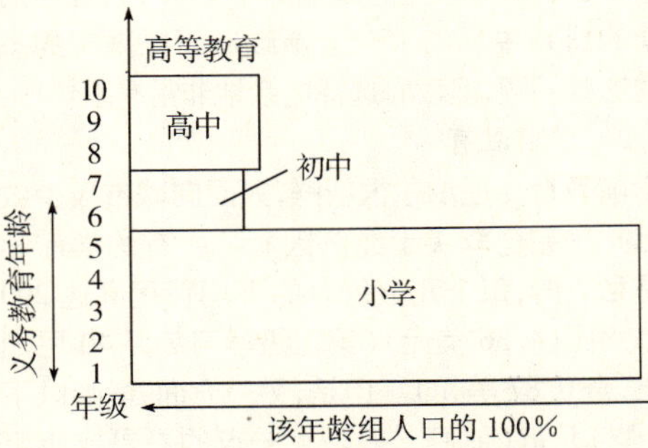

图 1 尼泊尔:正规教育体系的结构

小学学制为 5 年,不过 1981 年之前,政府颁布的小学教育为 3 年。大约 55% 的学校是独立的 1 ~5年级制,另有 20% 与初中(6、7 年级)合办,还有 10% 包括所有年级(1 ~10 年级)。政府允许开办私立小学,但私立小学没有资格申请政府拨款(教师工资和免费教科书),所以数量很有限(不到 4% 的学生在私立学校注册)。不过,对公立小学教育质量的日渐不满,导致私立小学开始增多,其主要出现在城市。

小学阶段最大的问题是内部无效率。根据 1986 年教育部的研究结果,全部辍学的 70% 出现在 1 年级,全部复读的 53% 也是如此。整个小学阶段的预计效率为 35%。原因是多方面的,例如,教学拙劣;缺乏监督;不进行学生评价;学校一家庭之间缺乏联系或者没有联系;教学/学习材料不恰当、教材制作粗糙等等,只是这些解释极少得到研究证据的证实。

外部效率同样糟糕。初等教育的目标是具备基本的读写能力、数理知识和掌握基本的生活技能,而这方面的最新材料也非常缺乏,但是一项 1984 年小学毕业生成绩研究显示,学生的数学、社会学习和科学的分数非常低,小学不实行标准化结业考试。

中等教育的结构从 1970 年开始变换了 3 次。最初是 5 -3 -2 制(小学、初中、高中),1971 年改为 3 -4 -3 制,1981 年又改为 5 -2 -3 制。有计划地将初中和高中合并,增加一段高级中学,容纳大学60%的选修非学位课程的学生，这样，学制将变为5－5－2制。结构上的频繁变化，伴随着目标和课程的改变，严重削弱了中等教育的质量，尽管其数量上有所增加。

1951～1985年间，中学的数量从11所增加到4 899所，学生从4 899人增加到496 821人，女生接近总数的25%。1990年，初中有3 964所，学生344 138人；高中有1 953所，学生364 525人。毛人学率分别为适龄人口的41%和29%。

政府支持“2000年全民教育”目标，这暴露出最严重的政策问题，因为全民教育目标的实现，必将导致中等教育的扩展并随之对有限的财政资源产生压力。1991年，新政府宣布中学第一年（6年级）“免费”（即政府提供与小学一样的拨款），这已经表明增加小学阶段产出和新多党制的政治压力两重效果。

中等教育的关键问题集中在内外部效率、入学机会、教育参与、平等、管理、监督和资金方面。初中的辍学率为45%，高中为50%，通过期末考试（SLC）的学生不到30%。教育参与率为24.9%，尽管这一数字对一个发展中国家来说相对较高，但女性的参与率仅为15%。按人口来看，中学分布非常不均衡，地理分布是其中部分原因，但也有政治动机，在凡德满都（Vathmandu）流域——政权所在地，适龄人口就读高中的比例最高。教育部试图采用一种新方式来监控中等教育的质量——停止给连续3年及格率达不到15%的学校拨款，但是，如果学校控制参加考试的学生人数，它们还是能够避免处罚。另外一个问题是，相当一部分教师是临时的，没有强制性的专业培训，并且教材稀少而且不足。考试导向也不恰当，期末考试有大量的再现型试题，强化了机械记忆式学习。

1985～1990年间，尼泊尔高等教育的注册人数翻了一番，1980～1990年10年内增加了3倍，1975～1990年15年间增加了4倍，1991年注册率达到5%，这一比例对于一个世界最低收入国家来说是非凡的。照目前的速度推算，1992年115 772人的注册人数到2000年将达到30万人。这其中带来的问题从以下事实可以得到充分说明：现在，如果实行单一班制，大学的物理专业的容量为3～4万名学生，许多校园轮换上课3～4次，结果教学质量严重下降。

高等教育的主要机构是特里布万（Tribhuvan）大学，由65个分校园和130个联合校园组成。分校园接受公共资助，占大学注册总人数的80%；而联合校园由私人出资，学生人数为剩下的20%。

高等教育存在的主要问题是：（a）注册人数迅速扩张；（b）资金不足；（c）管理不善；（d）结构不合理；（e）课程陈旧。只有量的扩张而没有质的提高将会使原本薄弱的系统恶化，而且，高等教育正在培养的毕业生无法就业，鉴于目前经济不景气状况，这种局面很可能继续下去。最近的一项调查显示，多于25%的毕业生从事的工作所要求的教育背景低于他们实际的受教育程度。

如上所述，从1985年到1991年，学生注册人数虽然翻番，但却没有添加教室、实验室和其他设备，而课程从20世纪60年代中期就再也没重新更换。财政的集中控制压抑了地方政府、社区和大学自身调配必要资源的积极性和变革精神。最近的一项调查显示，为了养家糊口，90%的教授不得不在附属校园轮班两次以后，再做一份工作。学生学费只是象征性的，每月不到1美元，但实际平均成本为每人每年300美元。大学共有教师5 065人，但行政人员达到5 511人。

上述问题的主要原因是近60%的学生在非学位阶段学习（主要是2年制的证书课程）。约30%的学生在学士学位阶段学习，8%属于硕士阶段。80%的学生注册人文科学、社会科学、管理和法律专业，而注册工程、农业、林业和医学专业的学生不足10%。女生占所有学生的比例低于25%，而且在后来创建的科系中只占15%。新政府正以现实的态度关注这些问题，但政府选择的余地非常有限。

3.2 学前教育

学前教育在尼泊尔很新鲜，只面向城市极少数人而且几乎完全取决于经济因素。所有的学前学校都是私立的，每个儿童每月的平均费用高达200尼泊尔卢比（4.36美元）（第三级学习每月40尼泊尔卢比，合0.87美元）。但是，另一方面，学龄以下（3～5岁）儿童（他们一般是大一点的哥哥或姐姐带到学校的）却占小学注册人数的5%左右，这个事实说明,学前教育的需求是大量存在的,不仅仅是为了儿童获得必要的心理与社会发展,也是为了使1年级的教学正常开始。

3.3 特殊教育

尼泊尔的残疾率相对较高,特别是耳聋,这种情况更多是由可预防的疾病而非先前缺陷或事故造成的。特殊教育设施非常有限,主要由国际和国内非政府组织提供。但是,现在政府认识到了残疾人的教育权利,设立了特殊教育国家议会,教育部也为特殊教育活动拨出专款。残疾儿童在完全学校(14所)或隔离学校(26所)接受教育,大多数在中央开发区。

3.4 职业、技术教育和商业教育

尽管公众明白可持续发展需要有技能的、激励性工作,但技术和职业培训机会的供应极其有限。20世纪五六十年代,高级技工从国外引进,或通过国外尼泊尔人培训项目培养。国家教育系统计划(1971)强调,需要培训大量的基础阶段的熟练工人,因此,要求初中提供职前课程,高中22%的课程用于技术科目。但是这些努力由于资源不足和缺乏有经验的教师而最终失败,家长对教育的兴趣更多集中在为高等教育作准备,而不是掌握终极的有用的技能。早期做出的努力被商业学校计划取代了,该计划由设立一个技术和职业教育董事会的技术和职业教育委员会负责,该委员会作为秘书处属于教育部的分支机构。1979年,委员会决定将职业学校与普通学校完全分离并制定一项技能加强职业培训计划。

技术/职业教育系统在20世纪90年代初包含的活动范围很广,从通过学徒制的非正规在职培训到具备充分资格的技校。技校分初中阶段、中学和高级中学阶段三类。其他政府部门,特别是负责劳动和工业的部门也开展一些培训计划,它们仅仅为本部门培训工人。尽管规划者和决策者极力提倡扩展数量有限的技校,但受到单位成本较高以及经济发展缓慢特别是工业部门发展缓慢等因素的制约。

3.5 成人和非正规教育

由于"脱盲"这一概念一直变化或者定义不甚清楚,而且缺乏任何评估系统,因而,很难确定尼泊尔的脱盲率,甚至1992年的人口调查数字也只是反映了每个成人对自己文化程度的估计值,20世纪90年代初公认的脱盲率为:男性52%,妇女18%(1952年分别是9.50%和0.70%)。文盲多集中在农村,特别是弱势群体和社会下层。全民教育促使政府更加强调成人教育,既为他们自己也作为国家发展的工具。从1990年开始,全国扫盲运动分阶段进行,旨在到2000年为估计500万成人提供读写能力教育。具体目标如下:(a)使15~45岁的每个人能够读、写和进行简单的数学运算;(b)增强成年人对自己所处环境的理解,培养积极的态度和自信;(c)提供日常生活所必需的信息;(d)使参与者了解尼泊尔的民主原则和政治、国家发展制度。教育部成功地制定了一个综合计划,分布在全国大部分地区的50多个非政府机构也采纳了该计划,尽管如此,每年只有10万人参与其中,而如果要实现2000年目标,每年至少应该有60万教育对象。

许多问题威胁着尼泊尔未来的成人教育:(a)传统上,成人教育只占教育预算的不到2%;(b)监控和监督不利使教育实施大打折扣;(c)扫盲后计划稀缺;(d)缺乏计算脱盲手段将继续削弱整个规划过程。不过,政府对成人教育的关注,特别是接受私立部门参与以及允许地方政府开发自己的策略,这些都使成人教育的发展颇为乐观。

尼泊尔几乎没有成人扫盲以外的非正规教育计划。然而,儿童基础教育特别是女童教育的非正规方法尤为引人注目,预计120万儿童没有就读正规学校,他们是"校外计划"的主要对象。该计划运作的规模很小,但充满希望。尽管高中后阶段问题的严重程度也要求远距离教学和开放大学体系等非正规方法,但至今还没有具体的计划出笼。

4. 行政管理的结构与运行

尼泊尔的行政系统来源于两个传统:一个是早期君主政体和关心安全和内部控制的拉拉制度,另一个是受印度公民服务政府的影响,而印度自身又主要受英国殖民制度的影响。因此,继承的主要遗产是牢固的中央集权制,强调忠诚多于技术或专业能力。行政改革的尝试始于1956年的第一届拉拉政府,1959~1960年的议会政府深化了改革,但进展甚微。长老会制度使行政系统政治化,使得宣布的分权化和实力者政治政策无法实施。1991 年新选举的政府赋予行政改革高度优先权,解散大规模公民服务机构的迫切要求也促进了这项改革,而这些机构是前任政府实施资助制度的产物。

教育部实行高度集权,最高层职员担负着做出一系列决策的沉重包袱,很少把权力下放。国家教育委员会是政策制定机构,但只有顾问身份。教育规划须经过五年发展计划系统批准。教育大臣负责日常运作,直接向部长报告,部长是内阁成员。中央一级有三个主要部门(规划、教育管理和普通管理)和许多开发活动董事会。还有一个地区教育董事会和学区教育办公室系统,前者起技术支持作用,后者纯粹是履行行政职能。实际上,由于预算直接从中央拨到地方,地区办公室权力很小,用于工作开展的资金也很少。

在新的民主制度开始之前,地区教育当局更多的是服从地方政治系统而不是教育部。人民对学校管理委员会的参与一直是有限的,同样,在此之前,委员会成员是政党提名的,他们更加关注政治控制而不是改善教育。

尼泊尔教育管理特有的一个方面是捐赠援助项目的半自治权利,尽管这些项目提供了以任务为导向、有质量意识和负责任的环境,但也要承担在部门内部设立平行结构的风险。各个层次的监督工作薄弱,部门虽有名义上的项目评估分部,但地区办公室很少到学区视察。学区管理人员虽然合格,但由于缺乏教育管理系统,不能对学校进行有意义的指导。系统的重要改革正在规划,但合格的受过培训的工作人员不足,将妨碍预想改革的实施。

国王是大学校长,但只是一种荣誉和象征。教育部长是助理校长,85 人的大学议会是大学的管理机构,发挥董事会的职能。大学系统的日常运转由副校长管理,由院长、首席学术官员和首席行政官员一注册主任协助。特里布万大学服务委员会是负责大学职员聘任和晋升的独立机构。

5. 教育财政

直到 1971 年,尼泊尔政府才开始承担资助各级教育的实质责任,资助的主要形式是支付教师工资和实行小学教科书免费计划。但是,增加的教育经费远不及政府总开支的增长速度,教育占国内生产总值的 2.2%(本地区平均为 4%),而且教育开支占政府总开支的比例持续降低,20 世纪 80 年代后期平均 10%,1990~1991 年度降为 8.6%。1991 年的数字显示,50% 的教育经费投入初等教育,17% 投入中等教育,第三级教育占 24%(1978 年,对应的比例分别是 44%、22% 和 27%)。

政府提供给中等教育的资助只是部分的,初中和高中分别有 75% 和 50% 的教师工资是由政府支付的。中等教育毕业生的成本包括离校证书在内估计为 1.3 万尼泊尔卢比(283.32 美元),其中政府的投入接近一半。如果彻底提高系统的内部效率,总成本估计会降为 4 000 尼泊尔卢比(89.12 美元)。

教育财政的主要来源包括政府提供的拨款、当地社区资助和外援。当地社区捐助现金、土地和为修建学校提供义务劳动;外援主要是来自世界银行国际发展协会(IDA)、亚洲开发银行(ADB)的“软”信用贷款以及来自联合国开发署(UNDP)、联合国教科文组织(UNESCO)、国际儿童基金会(UNICEF)、日本国际协力事业团(JICA)以及海外开发部(ODA,英国)等补助基金。除和平联合会(Peace Corps)和海外自愿服务组织等国际自愿组织外,还有许多非政府机构参与教育投资。但是,政府不愿意通过借款增加对社会部门的投入,因此,如果政府不改变现有的做法,很难预测“2000 年全民教育”的目标如何实现,因为很显然,如果政府打算到 2000 年招收约 340 万小学年龄儿童,预计政府不得不将国家总开支的 16% 投入教育,并把初等教育的分配比例提高到 60%。

高等教育开支的 90% 以上用于支付工资,而改进教学、教材、实验室和图书馆设施等周期性开支项目的开支所剩无几。

提高内外部效益率、增加并审慎利用捐赠捐助、引进成本回收系统(特别是在第三级教育阶段)、加大私人教育投资力度等等是政府维持 20 世纪 90 年代初入学水平和教育参与程度所必须实行的策略。

6. 师资

公共部门是受过教育工作者最大的就业部门,教育机构占其中20万就业人口的8万人。中、高级工作者主要由特里布万大学培养。6.7万名小学教师(女教师不足10%)只持有离校证书,而且这一资格还是从1989年才开始实行的。20世纪80年代中期采取废除强制性职业培训政策,因此,大部分教师没有接受培训。全国职员开发学院提供部分管理培训,而大部分教师培训由国家大学的教育系进行。1989年,政府决定对教师实行150小时强制性基础培训,但由于执行不力,现在正在接受审查。存在的主要问题是缺乏教师培训综合性政策,这样的政策应该由高质量的培训课程支撑,并且对教师职业的前途有着明确的说明。学区员工的招收和培训尤为薄弱,再加上频繁的调动和高损耗率,这些都说明了教育管理水平的普遍低下。

尽管公共服务委员会公布所有的岗位任命,但无法证明在加强教育服务的技术和实力方面,这是一种有效的干预手段,希望1991～1992年的国家行政改革委员会能够建议大幅度裁员,在公共服务部门所有阶层强调创造力、责任心、资格和培训。

7. 课程开发与教学方法

尼泊尔课程开发的历史反映着根深蒂固的中央集权传统。所有的课程都由中央政府确定,大部分包括在官方的教科书中,每门核心课程仅只一本教科书。可以毫不夸张地说,进入大学的学生几乎没有读过1～10年级指定教科书以外的任何读物。所有阶段的课程大部分都是与学生需要无关的、陈旧的,也没有经过课程开发任何公认的程序。初等和中等教育阶段的课程开发是教育部课程、教科书和管理开发中心(CTSDC)的责任,其他阶段可以自己确定课程,但必须经过国家教育委员会批准,只不过就第三级教育而言,这一职能是由大学议会行使的。

官方课程的不足和教科书标准低下仅仅是尼泊尔教育质量下降的两个主要原因。与其说课程、教科书和管理开发中心是一个开发机构,倒不如说它是个行政机构,特别是作为课程开发,也只是刚刚才采用合约作者这种方法。教科书的全部出版和印刷工作均由国立公司——贾纳克(Janak)教材中心进行,销售工作由一家公立企业——萨加(Sahja)出版社负责。

主要问题起源于课程开发没有采用过程方法:没有进行需求预测,材料没有经过预先测试,课程规划和设计人员极度缺乏,现有人员也主要是依靠自学,总体上缺乏编辑、设计和出版能力,评价能力即使有的话,也极其有限。生产的教科书质量低劣,使用周期不到1年。纸张浪费严重,主要是由于机器老化和操作的各个过程缺乏质量控制。但教科书还是运到了全国各地,运输费加价到书本上,使得偏远地区的学生处境极为不利。所幸的是,课程改革采取项目运作的方法,开始对小学的课程开发产生影响。1993年,全国各地开始使用新的小学课程,到1997年覆盖整个初等教育阶段。尽管新课程的准备过程没有体现过程方法的所有方面,但至少经过了3年的反复实验阶段。改革中学和第三级课程的计划正在进行,计划的实际实施需要可观的技术投入,但尼泊尔在20世纪90年代早期还没有掌握这些技术。

小学课程在结构上分两层:低年级注重获得基础读写能力、数理知识和一些社会学习技能,后来还要进行健康教育;高年级除增加道德教育、工作教育、体育、艺术和手工艺外,还补充英语和科学。但是,学校往往只教授那些考试科目(语言、数学、科学和社会科学)。初级中学包括10门科目,分配给每门课教学时间和考试的相对权重根据尼泊尔的"分数"制度:尼泊尔语分数最高,120分(17%);数学100分(14%);健康20分(3%)。高中阶段开设了选修科目,但是由于教师缺乏,有些课程无法提供。尼泊尔语、英语、数学和"职业"是核心课程,科学为选修课。

教学方法是由教科书支配的,由于教科书内容繁多并且由学者而非课程开发人员编写,最常见的教学方法就是机械记忆、抄写笔记和讲授,而教师缺乏培训、特别是缺乏教学方面的培训,这些因素使教学质量低下的局面更加恶化。

8. 考试、升级和证书制度

小学终结考试由各个学区安排,对学生升入中学(收费)不构成严重障碍。5 年级之后直到 10 年级,没有明显的退学现象,10 年级结束时要参加离校证书考试。现在,有许多学院正逐渐由自己设计入学考试,反映出离校证书考试不适合作为确定成绩和性向的手段。由于平时不进行持续的评估,期末考试分数显得非常关键。通常的做法是,把原始分数制成表格,将 32% 学生的成绩作为是否及格的分界线。考试设计不当,打分容易出现不稳定,也没有反馈机制使学校、教师和学生对自己的考试成绩进行分析。及格率非常低,中学估计约为 30%,第三级学院在 5% ~20% 之间。

9. 教育评价、评估和教育研究

考试结果是唯一起作用的评估形式。只有离校考试证书和较高阶段的考试分数记录在案。有一些动议提出引进学生评估作为小学新课程的组成部分,但这充其量只能在进行样本试验之后进行。教育研究是零星开展的,而且多出于高层次学术论文的规定,而非系统本身的需要。已经开展的全部重要研究都是由教育研究、改革和发展大学中心进行的。然而,缺乏政府资助而只依赖捐赠和特别项目援助阻碍了系统研究的开展。特别薄弱之处是政策研究领域。教育部正在开发教育管理信息系统,学校计划实践行动也在进行之中,这些都会为以后的评价提供非常有价值的基础性资料。入学率、辍学率、升级率和留级率以及性别比例等是其中最重要的一些指数,教育部将利用它们来监控教育发展。

10. 20 世纪八九十年代的主要改革

把尼泊尔 20 世纪 80 年代的特征归纳为以项目为核心的教育试验再合适不过了。1981 年,小学阶段延长至 5 年。这 10 年当中,许多课题都具体地针对入学、公平、质量和管理等问题。90 年代初,制定了基础和初等教育总计划,随后根据总计划制定了基础和初等教育计划,由政府、捐赠机构(多边和双边信用贷款)和社区共同合作出资。现在,中等教育和第三级教育正受到关注,政府提出增加新一级教育水平的决议,即高级中学,以容纳大批非学位学生,这显示了要进行变革的意愿。第三级学费的增长,虽然幅度很小,但近来民主制度再次引入后,学生活动增加而使得增长显得尤为重要。新的小学课程,虽然不尽完善,但比原先的课程有很大改进,而且,由于采用过程方法,新课程能够根据反馈机制进行及时的改变和调整。

11. 2000 年面临的主要问题

尼泊尔所有教育问题都与经济问题密切相关。如果质量是重要问题,那么要取得关键的、质的进步,就必须增加对非经济部门的投入。教育方法也急需根本的转变,要更加关注掌握思维能力和知识技能的应用,使教育系统更加符合尼泊尔农村、农业部门的需要。"2000 年全民教育"不应该是尼泊尔的目标,按目前推算来看不太可能实现,相反,到 2000 年,尼泊尔应该设法拥有运转良好、成本效益高并节省成本的教育系统,使之有能力为 21 世纪的尼泊尔提供服务。

T. R. 克哈里亚(T. R. Khaniya)
M. A. 克兰(M. A. Kiernan) 著

李长华 译

附录

CERID 1984 *Determinants of Educational Participation in Rural Nepal*. Center for Educational Research, Innovation, and Development, Kathmandu

Ministry of Education and Culture (MOEC) 1991 *The Basic and Primary Education Master Plan*. MOEC, Kathmandu

Ministry of Education and Culture (MOEC) 1991 *Education Statistic Report of Nepal*. MOEC, Kathmandu

Ministry of Education and Culture (MOEC)/USAID 1988 *Educational and Human Resources Sector Assessment*. MOEC, Kathmandu

World Bank 1990 *Nepal: Relieving Poverty in a Resource-Scarce Economy*, Vols. 1 and 2. World Bank, Washington, DC

其他参考文献

Aryal C N, Pant, Y R, Kafle B D 1990 *Promotion of Primary Education for Girls and Disadvantaged Groups.* Ministry of Education and Culture, Kathmandu

CANEDCOM International Limited 1988 *Nepal Teacher Education Project: Final Report.* CANEDCOM Int. Ltd., Toronto

UNICEF 1992 *Children and Women in Nepal: A Situation Analysis.* UNICEF, Kathmandu

World Bank 1989 *Nepal Social Sector Strategy Review*, Vols. 1 and 2. World Bank, Washington, DC

巴基斯坦的教育制度(Pakistan: System of Education)

1. 基本背景

当印度次大陆被分割,变成以印度教徒占多数和伊斯兰教徒占多数的两个独立的主权国家时,巴基斯坦于1947年8月14日正式成立。最初巴基斯坦包括两个部分,即由1 600公里的印度疆土分割成两个部分——东巴基斯坦和西巴基斯坦。东巴基斯坦在1971年12月脱离巴基斯坦,成立了独立的孟加拉共和国。巴基斯坦现由旁遮普、信德、西北边疆省和俾路支四个省份组成,另外还有联邦的首都伊斯兰堡和联邦政府管制地区。巴基斯坦北临阿富汗和中华人民共和国,东部与东南部与印度接壤,西部与伊朗为邻。

据1981年的人口普查,巴基斯坦共有人口8 380万,与之相比较1972年人口是6 530万,独立时人口是3 250万。据估计1991年1月人口达到了1.03亿,到2000年人口有可能达到1.53亿。人口年增长率约为3.1%。据1981年的人口普查人口密度是每平方公里106人,估计1990年人口密度提高到每平方公里142人。人口在各个省份之间的分布是不平衡的。旁遮普省是人口最为密集的省份,其人口占到全国总人口的56.1%,第二大人口大省是信德省,占全国人口总数的22.6%,西北边疆省和俾路支省则分别占总人口数的13.1%和5.1%。城市人口占总人口的比例在1961年人口普查时是22.5%,到1972年和1981年这一比例则分别提高到25.4%和28.3%。1979~1990年,有超过370万的阿富汗难民到巴基斯坦避难。巴基斯坦出于人道的目的不得不为他们提供社会服务。现存的教育设施对于满足本国人口的教育需求都已经不够充分了,还要为阿富汗难民中的学龄儿童提供教育服务,因此他们面临的压力非常严重。

巴基斯坦基本上是一个农业国家,小麦、大米、蔗糖和烟草是其主要作物。巴基斯坦是大米和棉花的主要出口国之一。估计在1990~1991年劳动力人口为3 280万,其中2 400万属于农业人口,880万属于城市人口。在1991年估计失业人口为100万。估计有大约51%的人口从事农业生产。第二大主要部门是制造业,雇佣了将近13%的劳动力。教育系统培养的毕业生通常在现代经济部门从事工作,而这种部门在巴基斯坦相对来说还是比较有限的。农业部门还不能提供就业机会。受过教育的年轻人离开了农业部门,农村地区情况更是如此。巴基斯坦于1974年在中等教育阶段引入了农业一技术教育,但是其规模和覆盖面还非常有限。大约有46%的学生选择学习医学预科和工程教育,这样他们就不用学习农业一技术教育。其他形式的选择也是可以的。因此,只有很少一部分的学生(20%~25%)学习农业一技术课程,这些课程是不用考试的。教师的素质比较低,实验室和实习设施不足,财政资源缺乏。政府放宽了政策,现在鼓励私人企业家投资现代经济部门,从而为受过教育的年轻人提供就业机会。

巴基斯坦有大约97%的人口是伊斯兰教徒,全国上下通用的语言是乌都语。另外还有一些地方性语言,如旁遮普语、信德语、普什图语和俾路支语。英语被广泛应用于商业、法律以及其他官方事务当中,同时也是大学和学院的教学语言。人口的高增长率、文化障碍(特别是女性的教育问题)、农业社会结构在农村地区占主导地位,以及社会经济发展的低水平,致使巴基斯坦人口的文化水平令人沮丧的低下。据1981年人口普查可知,人口的受教育率估计为26%,城市地区为47%,农村地区只有17%。男性的受教育率是35%，而女性的受教育率只有16%。巴基斯坦在20世纪90年代是发展中国家当中人口受教育率最低的国家之一，然而与1951年的13%、1961年的18%和1972年的21%的受教育人口相比，还是有了很大的提高。受教育率在各个省份间差异很大。为了提高人口的文化水平，巴基斯坦正试图通过提供基础教育设施，以及通过正规教育和非正规教育，举办成人教育活动的形式，将初等教育普及化。1981年建立的一个素养和大众教育委员会（LAMEC）在1990年被重新命名为国家教育与培训委员会（NETCOM），负责举办成人教育活动。与此同时，设在伊斯兰堡的阿拉玛—伊克布尔（Allama Iqbal）开放大学也开始提供功能性扫盲活动。巴基斯坦现在还不能解决文盲问题，这被视为落后的表现。

2. 教育政策与目标

自独立以来，巴基斯坦政府为使教育体制与国家需要相适应，做了很多尝试。在1947年召开了全巴基斯坦教育会议。在会议之后，成立了各种各样的委员会，它们要定期向政府呈递报告。这些报告总的说来构成了巴基斯坦多种教育政策的基础。1959年国家教育委员会呈递的报告在教育的改革历史中占有一席之地。该报告被视为是有关巴基斯坦教育问题的最全面和详细的文献记录。它涉及了各级教育以及教育的方方面面。它提出的建议被引入了第二个五年计划（1960～1965），这个计划也被巴基斯坦人视为国家规划历史的一个重要里程碑。在接下来的15年里，又成立了几个其他的委员会和出台了相关政策。这些政策无一例外地强调了这几点：(a)教育朝伊斯兰意识和品格培养定位；(b)普及初等教育，提高公民的文化素养；(c)向科学和技术定位；(d)提高教育质量；(e)减少教育机会的不平等。

1973年颁布的宪法规定，国家应该做到以下几点：(a)采取特殊政策，提高落后地区的教育发展水平和经济发展水平；(b)扫除文盲，提供最低年限的免费、义务中等教育；(c)使技术教育和职业教育普及化，大学要根据学生的成绩录取新生，从而为学生提供平等的接受教育的机会；(d)通过教育、培训、农业与工业发展，以及其他手段，使不同地区的人们能够全面地参与各种形式的国家活动，包括在服务部门就业。

自1973年以来，巴基斯坦在1988年和1989年举行了一系列的会议。并且于1991年提出了一个教育政策草案。同时政府还在1991年任命了一个伊斯兰化的教育委员会，目的在于确保巴基斯坦的教育制度建立在伊斯兰有关学习、教学和品格培养的价值观的基础上。因此，上述政策的制定过程被推迟到教育伊斯兰化委员会呈递报告之后。

3. 正规教育体系

3.1 *初等教育、中等教育和第三级教育*

图1勾勒出了巴基斯坦正规教育体系的学制图。表1依照各级教育，列出了有关教育机构数、在校学生数以及教师数的主要统计数字。巴基斯坦的正规教育制度是一个多层次的结构。教育的第一个阶段是初等教育，学制为5年，学生年龄在5～9岁之间。初等教育的普及化是巴基斯坦历届政府都坚持的目标。不幸的是，这个目标在20世纪90年代似乎没有实现的希望。估计初等教育的入学率大约为58%。初等教育要实现普及化，面临很多限制。其中一些限制如：(a)女童的入学率很低；(b)5～9岁的学龄儿童人口数量快速增长；(c)约为50%的辍学率；(d)缺少接受初等教育的机会；(e)财政资源缺乏；(f)学时不具有吸引力；(g)农村地区的学校建筑条件非常差；(h)教师的故意旷职。女童的入学率在各个省份之间又存在很大差异。在埤路支省女童的入学率只有8%，而旁遮普省则为26%。造成辍学率居高不下的因素，如贫困、家长的态度、学校没有吸引力、教师的素质不高，以及课程缺乏与生活的相关性。

紧接着初等教育的是3年的中间阶段和2年的中级阶段及2年的高中阶段。估计学制为3年的中间阶段的入学率大约是36%，学制2年的中级阶段入学率是22.5%。高中阶段又被称为过渡阶段，被人们视为大学教育的一部分。估计这个阶段的入学率在7.3%左右。学生要想获得一个学位，那么他们必须在历时10年的初等教育和中等教育之后，再接受为期4年的高等教育。学生在一

表 1　1947 ~ 1948 学年和 1990 ~ 1991 学年有关学校数量、在校生人数、教师人数情况一览表

各级教育	学校的数量		在校生人数		教师人数	
	1947 ~ 1948	1990 ~ 1991(估计值)	1947 ~ 1948	1990 ~ 1991(估计值)	1947 ~ 1948	1990 ~ 1991(估计值)
初等教育 I – V	8 413	127 575	770[a]	8 856[a]	17.8[a]	218.3[a]
中间学校 VI – VIII	2 190	7 389	221[a]	2 513[a]	12.0[a]	70.2[a]
中等教育 IX – X	408	6 215	58[a]	866[a]	6.8[a]	114.0[a]
中等/职业教育	46	930	4[a]	108[a]	–	8 722
文理学院	40	426	14[a]	496[a]	–	17 593
职业学院	–	99	4 368	85 500	–	4 032
大学	2	22	644	77 400	–	4 425

资料来源:巴基斯坦经济调查 1990 ~ 1991

a 千

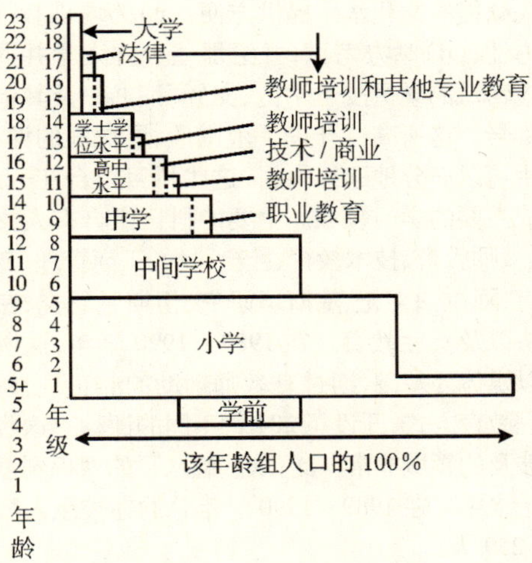

图 1　巴基斯坦:正规教育体系的结构

级学位学业完成以后,被授予艺术或科学的本科学位,年龄通常在 19 岁。如果想完成优等课程,则需要再附加 1 年的学习。

技术和职业领域的中学后教育学制不等。多科技术教育是 3 年制。学生在完成过渡阶段(12 年的学校教育)的教育后,还要经过 5 年的学习才能获得一个医学本科学位。与之相类似,工程或兽医本科学位在学生通过过渡阶段的考试之后,还要再经过 4 年的学习才能获得。如果想取得硕士学位,那么就要在拿到本科学位之后再学习 2 年。在拿到硕士学位后,再经过 2 ~ 3 年的学习,就可获得博士学位。估计高等教育的入学率在 2.8% 左右。

对于没有适当设备的教育机构来说,巴基斯坦的气候条件是非常恶劣的。因此,有些教育机构在冬天和夏天会被关闭。各个地区之间假期安排差异很大。把官方假期和其他假期都算在内的话,每个学年大约 6 ~ 7 个月。学校每天的开放时间是 6 个小时,其中休息时间大约为 30 分钟。星期五是法定假日。

与英国统治时期引入的现代教育体制并存的是传统的宗教教育体制,提供基于《古兰经》、《圣训》(先知穆罕默德言行录)、伊斯兰法学、伊斯兰逻辑学等方面的伊斯兰教教育。附属于清真寺的麦克塔步学校属于初级教育阶段,学生在这里学习《古兰经》,并接受最初的宗教教义。马德拉萨斯(即伊斯兰学校,或者称达鲁尔乌洛姆)则传授有关伊斯兰教方方面面的高级教义。两者共同构成了宗教教育的组织机构。为了使传统的宗教教育体制与正规学校体制有效地结合起来,人们试图在伊斯兰学校中引入现代课程。这些学校有它们自己的管理体制,不受省政府或联邦政府的干涉。尽管如此,政府还是为这些学校提供了拨款。根据教育部在 1987 年进行的一项调查可知,巴基斯坦有这样的学校2 862所,在校生 207 448 人。伊斯兰学校的毕业生被称为法兹尔,他们具备在中级学校做宗教教师的资格。

3.2　学前教育

随着政府对私立部门的鼓励,大量的托儿所和幼儿园涌现出来，它们为不满5岁、还没有达到正规学校入学年龄的儿童提供学前教育。在农村和城市地区都有为儿童提供学前教育的公立学校，他们将这种教育作为使儿童社会化的一个过程。在公立学校学习学前课程的儿童不被作为学校的一部分，但是在他们接受了6个月的学前教育之后，他们可升入1年级，注册为学校的一名正式学生。

3.3 特殊教育

特殊教育在巴基斯坦还是一个新的、正处在发展过程中的领域。没有足够的经过训练的师资是这种教育扩展的主要障碍。阿拉玛伊克布尔开放大学，以及其他设在伊斯兰堡和卡拉奇的大学开始设置了导向特殊教育硕士学位的课程。为了能够给教师和视力残疾的人提供培训，在伊斯兰堡建立一个国家流动和独立培训中心。还与国际机构，如海外发展署、世界卫生组织、联合国儿童基金会、联合国教科文组织、联合国发展项目委员会、国际劳工组织等，建立了合作关系，以对劳动力培训、设备支持、咨询服务、国家项目开发，以及定向访问和面向国外的培训的形式参与规划和开发项目。设在伊斯兰堡的国家残疾人研究所在1989年得到了加强，并且建立了45个特殊教育中心，能招收学生3 500人。在伊斯兰堡还建立了一个国家残疾人培训中心。为了使特殊教育和残疾人的康复领域的试验工作得以开展，在卫生、社会福利和特殊教育部的领导下，巴基斯坦于1985年建立了特殊教育总体规划办公室。

3.4 职业和技术教育

工程大学、技术学院以及多科技术学院在省教育部和联邦教育部领导下运转。巴基斯坦有工程大学7所，技术学院9所，多科技术学院26所（其中19所只招收男学生，7所只招收女学生），13所商学院和70所商业学校。在国家职业培训项目的领导下，巴基斯坦还有职业培训机构，它们接受各省劳动部和劳动、人力、海外巴基斯坦人管理部的管理。在1988～1989学年，有职业学校235所，在校生12 113人。这些学校培养操作层面的熟练工人，如木匠、石匠、机械工人、焊接工、电工等等。还有一些其他的组织，如社会福利董事会、地方政府与农村发展部、小工业团体、巴拉尼（Barani）地区发展机构、农业（旁遮普）董事会、矿物开发董事会、海外巴基斯坦人基金会和农业合作部等等，它们在2 924个学校内提供职业培训，1988～1989学年有在校生92 737人。政府为女性举办的职业学校进行一些手工和家务技能方面的培训，如缝纫、裁剪、绣花、编制、皮革装潢、木工手艺、食物保存、烹饪、美发、速记、打字等等。

3.5 成人和非正规教育

1974年开放大学法案颁布后，建立的阿拉玛—伊克布尔开放大学是一所提供非正规教育和远程教育的高校。这所大学的主要目标是：(a)为那些不能脱产和离家的人提供学习上的便利；(b)为民众提高文化水平提供方便；(c)为培训教师提供方便；(d)举办考试，并给那些允许入学并通过相应考试的学员授予学位、文凭、证书以及其他学术称号。这所高校开设了范围广、层次多的课程，学生可以充分地选择科目，这些科目组合在一起，形成主要的学习领域。主要的科目组合有人文科学、教师教育、技术教育、社会科学、工商管理、商务教育、阿拉伯文、巴基斯坦研究、伊斯兰研究、家庭经济以及女性教育。在1989～1990学年，这所大学以媒体为基础，通过有教师辅助的非正规教育/远程教育方式，开设了204种不同的课程。这些课程涉及的领域非常广泛，从基础水平的课程到哲学硕士水平。在1989～1990学年总的在校生人数是235 259人。

4. 行政管理的结构与运行

尽管要接受联邦教育部的领导，但一直以来，巴基斯坦的教育事务主要是由各省管辖。联邦政府继续为教育制定总方针、负责协调和咨询工作。坐落在联邦首府所在地的教育机构以及分布在全国各地的其他国有教育机构均由联邦教育部管理，那些分散在各地的教育机构位于重点城市、地区研究中心。位于各省的大学由各省负责管理，但都无一例外地由联邦政府通过大学拨款委员会拨款。

联邦教育部由教育部长领导。教育部中地位最高的文职官员是教育秘书。各省教育厅由各省的教育厅长负责。教育厅中地位最高的文职官员也是教育秘书。

为方便教育管理,各个省份均被划分为几个地区。地区教育局由局长负责。每个地区再划分为几个学区,各个学区由区教育区长负责。小学由学区教育区长管辖;中学由地区教育局长行使行政管辖权。学院则各自有自己的理事会。而大学则是自治机构,由自己的大学管理会特别委员会监督管理,特别委员会由各省省长任命。每一个特别委员会都由一名副校长领导,他是学校的学术和行政管理带头人,同时也负责校内的学术和行政管理团体。各省省长同时也兼任省内各大学的名誉校长。位于联邦管辖区内的大学的名誉校长则是巴基斯坦总统。

5. 教育财政

联邦政府为所有的教育发展活动提供资本开支经费,而各省政府要为循环开支拿出与之相匹配的经费。为了给教育产生额外的收入来源,联邦政府根据1985年通过的财政法案,向进口商品征收5%的附加税。在1985~1986年通过这种附加税收集到了40亿卢比(25卢比相当于1美元),到1990~1991年这种收入增长到60亿卢比。

通过附加税获得的额外收入并没有全部都投入教育部门。如果这笔收入都投入教育部门的话,那么用于教育的开支将增长到占国民生产总值的3%。1988~1989年的教育开支占国民生产总值的2.44%,到1989~1990年和1990~1991年这一比例则分别下降到2.33%和2.25%。为了解决教育经费的短缺问题,政府已经开始采纳一种自由的政策,通过一系列的激励措施,鼓励私人部门建立教育机构/研究机构。不仅在联邦一级,而且还在各省一级建立了多个教育基金会,以鼓励私人部门建立教育机构/研究机构。生均公共开支小学、中学和大学分别是27美元、50美元和1 335美元。

6. 师资

教师这一职业在巴基斯坦不具有吸引力。毕业后从事教师职业的多数毕业生以前的学习成绩大多不好。这就为职前培养和在职培训机构带来了压力,他们必须有适当的设备和优秀的师资。尽管职前培养机构还能满足需求,但是在职培训机构却遇到了问题,特别当课程被修改了,教师的能力要提高时,他们面临的问题就更加严重。在一些偏僻落后的地区,很难找到合格的教师。为了促进这些地区教育的发展,政府正在考虑降低对师资的最低要求。

有关各级教育的在校生人数和教师数量情况可参见表1。估计小学和中学的生师比分别是40:1和36:1。除中等教育和职业教育的生师比是80:1外,其他水平教育的生师比则有所降低。

在20世纪90年代初期,小学教师培养活动在87所培训学校中进行。有两种证书:一种是小学教学证书(PTC),另一种是教学证书(CT)。这两种证书的修业年限都是一个学年。获得小学教学证书的教师可在小学教授1~5年级的课程。申请教学证书的申请人要有10年的学校教育经历。获得教学证书的教师则可以教授1~8年级的课程,包括英语。申请这种证书的申请人要有说明已受过12年学校教育的FA/FSc证书。阿拉玛—伊克布尔开放大学也通过远程教育的形式,开设了小学教师证书课程和教学证书课程。教师教育在20世纪90年代初期使用的教材是教育部在1983年颁布的。

培养中学师资的机构被称为“教育学院”;提供高级培训,学生可通过这种高级培训获得教育硕士学位的机构被称为大学的“教育和研究所”或“教育系”。在20世纪90年代初期,有4个教育研究所、2个教育系、11个教育学院为中学培养师资。培养中学师资的机构开设了两种课程:一种是为期1年的教育学士课程(14+1模式);另一种是为期3年的教育学士课程(12+3模式)。学生获得教育学士学位入学资格的基本要求则是,他们得从一所被正式承认的大学中获得学士或硕士学位。

教师的合格后职业发展是课程局和扩展中心的责任。为教师开设的课程的授课频率依各地条件的变化而变化。有四种在职培训课程:(a)初级学院为没有受过培训的教师提供的以全日制为基础的(带薪的)课程;(b)课程局和扩展中心举办的为期3个月的集训课程;(c)课程局和扩展中心举办的短期新教师培训课程;(d)有限的几个机构,如由可汗基金资助的设在卡拉奇的师资资源中心,在系统的基础上为私立和公立学校的教师提供实习课程。在巴基斯坦全国上下,有 13 所在职教师教育中心/机构为新任教师提供在职培训。

在伊斯兰堡已经建立了一个科学教育与培训促进研究所,目的是培养科学教师,开发以研究为基础的课程和教学设备,以改善提高科学教育的水平。在伊斯兰堡还有一所国家技术教师培训学院,这所学院为多科技术学校和技术学院培养初级师资和高级师资。在带薪拨款委员会的支持下,还设立了一个国家高等教育研究院,为大学教师在职培训提供方便。此外在伊斯兰堡还设有一个教育规划和管理研究院,培训管理人员,如大学校长、地区和学区的教育官员,以及教育规划和管理领域的学区和地区厅长、规划领导等。亚洲发展银行已经就巴基斯坦教师培训机构的情况进行了一次调查,该银行有可能以此次调查为基础,开发针对巴基斯坦的财政资助项目。

7. 课程开发与教学方法

国家教学课程与教材司是联邦教育部的一部分。各省也设有课程局和教材委员会。国家课程与教材司负责协调各省课程局和教材委员会的各项活动。课程开发由各省创办,但是最终由国家教学课程与教材司和各省课程局共同决定。

小学教育使用国语(乌都语),或经过批准使用的各省语言进行教学。中级和高中级教育也使用乌都语教学。但是大学的教学语言是英语。

一般说来,课程设置在全国上下是统一的。8 年级以后课程开始多样化。开设了文、理、职业/技术三类课程,学生可根据自己的兴趣和能力从中进行选择。医学和工程学是最有声望的课程,因此,竞争也最激烈。

教材由各省教材委员会提供,在与课程局的咨询后,委派作者。在高等教育阶段,特别是科学和技术学科领域还规定使用国外的教材。但是由于这种教材的价格昂贵,多数学生难以拥有一本教材以便深入学习。为此,巴基斯坦建立了一个国家图书基金会,以在当地复制这些教材,从而使学生们能够得到这些教材。此外,大学的校园内还建立了书库。与国家图书基金会并肩存在的还有国家图书委员会,这是一个自治性的实体。这个委员会鼓励当地学者撰写各个学科的图书,并确保在全国发行。

8. 考试、升级和证书制度

在 1 ~ 9 年级时,学生可自动升级。希望申请奖学金的学生可在 8 年级的时候,参加由各省教育厅举办的 8 年级考试。公共考试在 10 年级和 12 年级结束时进行。这些考试是由中级和过渡阶段教育委员会举办的。通过 10 年级考试的学生就可获得一种中等学校证书;通过 12 年级考试的学生则可获得一种高级中学证书。由单独的技术教育委员会负责各种技术科目的考试,以及证书颁发工作。大学负责为自身以及附属于它们的学院组织考试。很长时间以来,公共考试制度一直受到人们的批评。人们认为这种考试是不健全的、缺乏效率的,在一定程度上甚至是腐败的。在半年制考试失败后,现在已引进了 1 年制考试。为了提高评估系统的水平,教育部正在考虑建立一个国家考试服务机构。

灌输宗教教义、由公共捐赠资助的学校有它们自己的考试和证书制度。可给完成小学教育的学生授予的证书,如《古兰经》阅读,《古兰经》背诵,《古兰经》背诵技巧。塔哈尼(Tahtani)考试包括阿拉伯语言和文学、伊斯兰法和法学,以及翻译古兰经的精选章节。塔哈尼考试与完成正规中等教育是等值的。毛克夫·阿莱(Mauqoof Alaih)是一种高级水平的考试,包括阿拉伯语言和文学、历史、逻辑、翻译古兰经以及先知穆罕默德的预言片断。这种考试相当于学士学位水平的考试。道瑞·汉蒂斯(Daurai Hadeeth,专门学习和理解先知穆罕默德的预言)相当于硕士学位。这种与正规教育制度建立起的等价关系,使得从宗教学校毕业的毕业生能够到正规教育系统就业,成为宗教教育教师。

9. 教育评价、评估和教育研究

巴基斯坦只有少数几个教育研究单位。主要的研究所都分布在伊斯兰堡、拉合尔、白沙瓦和海得拉巴。个别研究由这些研究所中的研究生承担,作为他们获得硕士学位的必备条件。过去在教育部内还设有一个教育规划与管理司，承担规划和政策制定方面的研究任务。这个司在1982年已经被转变成教育规划与管理研究院，承担有关教育规划和管理方面培训和研究工作。该研究院在培训研讨和实习的基础上，已经发表了大量报告。同时，它还就教育方方面面的问题开展了一些研究，并且在哈佛国家发展研究所的合作下建立了一个名为“桥梁”的项目，在这个项目开展的过程中，这个研究院就初等教育的各个方面进行了广泛的调查研究。此外，教育部还附设了一个计划办公室，负责处理教育方针的制定、教育项目的鉴定、评估等日常事务，并负责从财政部获得资金。巴基斯坦联合国教科文组织全国委员会(PNCU)准备了大量的有关教育事务的报告，以便在联合国教科文组织和国家教育局的年会上陈述。1972年建立的国家教育委员会负责对本国教育政策进行监督和评价。但是，由于这个委员会缺乏教育部的鼓励和支持，只在1981年的时候召开过一次大会，而且，教育部还建立了一个与之平行的机构——各省教育厅长会议，致使它不能发挥有效的评价职能。国家教育委员会发表了很多有关初等教育、中等教育、技术教育以及女性教育的报告。课程研究由各省课程开发局负责。

10. 2000年面临的主要问题

20世纪90年代巴基斯坦面临的主要问题是初等教育的普及化，提高全民族文化素养；增强中等教育、技术教育与工作的相关性；在更高的水平上，促进科技教育；改善教育系统内部和外部的效率；使不同性别、不同社会阶层和不同地区(特别是农村地区)的人享有均等的教育机会；为教育问题的科学分析和教育政策开发建立健全的研究基础。同时，与受过教育的年轻人失业相关的诸问题将继续困扰本国的决策者、设计者和管理者。

A. 加富尔(A. Ghafoor)
R. A. 法鲁克(R. A. Farooq) 著
吴志兰 译

附录

Akhtar R 1988 *Pakistan Year Book 1988—1989*, 16th edn. East and West Publishing Company, Karachi

Farooq R A 1990 *A Survey of Pedagogy, Research, and Curriculum Development in Pakistan.* Academy of Educational Planning and Management, Islamabad.

Ghafoor A 1980 Financial management of education in Pakistan. *Educ. Rev.* 1(5):112—129

Ghafoor A 1988 *Technical and Vocational Education in Pakistan.* Academy of Educational Planning and Management, Islamabad

Haq S 1965 *Education and Development Strategy in South and Southeast Asia.* East-West Center Press, Honolulu, Hawaii

Mufti A G 1980 Human resource development through education in Pakistan, occasional paper. Pakistan Manpower Institute, Islamabad

Pakistan Government 1972 *Education Policy 1972—1980.* Ministry of Education, Islamabad

Pakistan Government 1974 *Pakistan Education-A Sector Assessment.* Ministry of Education, Islamabad

Pakistan Government 1979 *National Education Policy.* Ministry of Education, Islamabad

Pakistan Government 1988 *Deeni Madaris Pakistan Ki Jame Report.* Ministry of Education, Islamabad

Pakistan Government 1989 *Special Education and Social Welfare Division - Performance 1989.* Ministry of Health, Special Education, and Social Welfare, Islamabad

Pakistan Government 1989 *National Education Conference Working Papers.* Ministry of Education, Islamabad

Pakistan Government 1990—1991 *Pakistan Economic Survey.* Economic Advisor's Wing, Ministry of Finance, Islamabad

新加坡的教育制度(Singapore: System of Education)

1. 基本背景

新加坡是一个岛国，陆地面积约633平方公里，这包括最大的一个岛和其他58个小岛，新加坡本岛是最大的岛，从东到西大约42公里，从南到北23公里。从世界地图上看，新加坡位于东南亚的中心，北部有一个千米长的堤道，通过这个堤道，它和近邻马来西亚半岛相连；南接印度尼西亚；东部隔着中国南海与文莱、马来西亚东部的沙巴州和沙捞越州遥遥相对。新加坡是东南亚国家联盟（ASEAN）和东南亚教育部长组织（SEAMEO）的成员国。

新加坡日平均温度较高，降雨量充足；草木茂盛，品种多样，而且终年常绿，生长特别快。政府非常重视利用这些优势，把新加坡打造成了“花园之都”，换句话说，就是“有一个清洁卫生的环境，一个有环保意识和责任感的民族，坚持可持续发展道路，并且积极参加有关环境的国际性论坛”（环境部 1990）。

1819年，自从斯坦福德·莱弗士爵士建立新加坡以来，新加坡一直处于英国的殖民统治之下，在第二次世界大战中，新加坡被日本占领，历时大约三年半。1959年，新加坡宪法宣布，新加坡从此获得了自治，虽然英国仍然掌握着外交大权。

1965年，新加坡和马来西亚分离开来以后（1963～1965年新加坡和马来西亚合邦），新加坡获得了真正的独立，成为一个独立自主的国家。从此以后，新加坡实行议会制，多党执政。在1991年大选中，人民行动党第八次组阁。

到1990年，新加坡已经成为一个经济繁荣的现代化国家，其生活标准居亚洲第二，人均国民生产总值达20 031新加坡元（合12 381美元）（据1991年工商业部统计）。为了进一步实现新加坡的远景目标，政府“致力于改善人民生活，提高人民的生活水平，增加人民的工资”（新加坡政府1991）。

1990年，新加坡拥有居民3 002 800人，作为一个多种族的国家，新加坡77.7%的居民是华人（209万），14.1%是马来西亚人（38.06万），7.1%是印度人（19.1万），1.1%来自其他种族。1990年，参观访问新加坡的人数达到了530万，这个数字几乎是当地居民的两倍。居民的平均年龄是29.8岁。1990年，15岁或者不到15岁的儿童数目超过了新加坡居民的23%，而1980年，该比例是28%。1980年到1990年，60岁以上的老年人的比例从7.5%上升到了9.1%。马来语、汉语（普通话）、泰米尔语和英语都是公用语言，其中马来语是国语，而英语多用于行政和商业。除了这些语言以外，老一代的华人和印度人在家里都说自己各地的方言。所有的这些因素意味着为孩子提供双语教育的必要性（从学前教育开始）。学习英语和母语的双语教育政策于1979年首次引入学校，一直以来它都没有多少变化，直到20世纪90年代才进行了一些改革。

2. 教育政策与目标

新加坡的远景目标《下一步：新加坡1991》是成为每一个居民都受过良好教育的社会。其中20世纪90年代的教育目标分为四层，也就是：

（a）使每个个体都接受教育，并发挥他或者她的最大潜能。

（b）培养更多独立思考的个人，他们具有创新思维和适应新环境的技能。

（c）培养领导素质和职业道德。

（d）培养公民和道德意识。

为了达到这些目标，教育体系为每个孩子提供至少10年的普通教育。这个体系根据孩子的不同能力使每个孩子都得到最大限度的发展。

3. 正规教育体系

3.1 *初等、中等和第三级教育*

图1是新加坡正规教育体系的结构图，该学制是根据1991年新加坡政府公布的《改进初等学校教育》中的建议制定的。1994年正式实施，此次改革改进了初等学校系统，并且在中等和中等后教育阶段进行了相应的改革，从而使新学制代替了1979年以来的旧学制。

根据1991年学制改革，新加坡的每个孩子至少接受10年普通教育，它包括6年初等教育和至少4年的中等教育。为了满足学生的不同需要，教育系统提供了多种选择机会，包括技术—职业教育、大学预科以及中学后高等课程。

初等学校系统的目标是：熟练掌握母语，使每

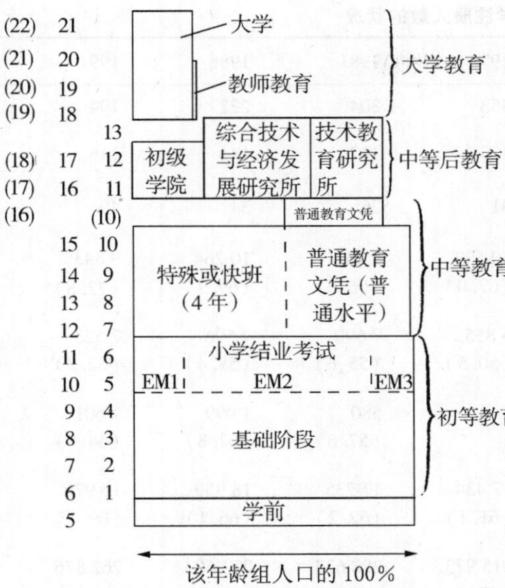

图1　新加坡:正规教育体系的结构

个学生奠定英语和数学的基础,为升入中学做好准备。初等教育分为两个阶段:基础阶段和定向阶段。

基础阶段(1年级到4年级)强调读写和计算的基础知识。学校保存每个学生前3年的学习档案,在4年级结束的时候,根据学生在英语、母语和数学的成绩进行分流。父母会得到自己孩子不同课程的成绩,知道他们的倾向,然后根据学校的建议,为孩子选择适当的学习道路。但是,最佳教学语言的选择权完全取决于父母。

定向阶段(5、6年级)根据学生在基础阶段的成绩,为学生提供三种语言选择中的一种。

学生根据各自的能力分别进入3种语言流学习:第一语言流EM1(英语和母语都作为第一语言),第二语言流EM2(英语作为第一语言,母语作为第二语言),第三语言流EM3(英语作为第一语言,母语是口头语言),如果确实需要,新加坡也提供第四种选择,即ME3(母语是第一语言,英语是口头语言)。两年的定向阶段不仅考虑评价学生的能力、兴趣和智能,而且考虑从一种语言的分流转换到另一种语言。

中等教育阶段,学生有4种课程的选择,这些课程都和他们的学习能力、兴趣相适应,因此,虽然他们接受了4年或者5年的中等教育,但是每个学生的课程重点是不同的。

新加坡为10%的优等生提供了特殊课程,这些学生或者学业特别突出,或者特别善于学习语言,所以对于这些学生来说,英语和母语都是第一语言。

普通(学术)课程的学生(大约20%~25%)在参加普通教育文凭(GCE)普通水平(O级)考试前,必须完成5年级的学习,因为他们的学习进度比不上快速课程的学生。

普通(技术)课程是为剩下的10%~15%的学生提供的,这些学生对学术课程丝毫没有兴趣。这一政策在1994年1月第一次实施。技术课程的目标是继续提高学生在英语和数学方面的数量程度。除了英语和数学以外,还包括计算机应用,后者强调键盘操作和软件应用,这3门课程组成了必修课,在中等教育4年级的时候,这些学生必须参加普通教育文凭初级水平[Normal(N)level]考试。合格者可以继续上5年级,学习相同的课程,最终参加普通教育文凭普通水平考试。这一课程的引入使那些选择学术课程以外的学生获得了好处,说明学术课程上比较薄弱的学生也能够从10年制普通教育中获得好处。

据1985年统计数据显示,初等教育辍学率达到1.7%。1993年,中等教育辍学率大约2.7%。

10年制普通教育完成以后,如果学生希望继续学术领域的学习,他们可以选择上初级学院(也就是11年级和12年级),也可以选择上综合技术学院或者具有职业倾向的技术教育学院。这些学院的入学资格严格按照普通教育文凭普通水平考试的分数。

进入初等学院的学生中大约25%的人最终完成了2年普通教育文凭高级水平的考试后,准备进入高等教育。大学的入学资格要求学生高级水平的新加坡—剑桥公共考试中的成绩。

综合技术学院的教育目标是为40%学生提供教育,这些学生有能力完成学业,并且已经通过了普通水平/高级水平考试,他们希望学习4种综

表 1　学校数量、教师人数和学生入学注册人数的状况

分类	特征	1976	1981	1986	1991
学校数量	小学	353	304	222	194
	中学和全日制学校	123	137	144	146
	大学预备学校初级学院和中央机构	31	26	34	40
教师人数	小学(政府资助)	10 597 (67.0)	9 465 (66.5)	10 264 (69.7)	9 843 (72.8)[a]
	中学(和大学预备学校)	6 855 (50.5)	7 690 (55,6)	7 596 (58.4)	7 523 (62.2)
	初级学院	–	580 (57.6)	1 099 (62.8)	1 601 (64.6)
	总计	17 434 (61.1)	17 735 (62.2)	18 959 (66.1)	18 976 (69.1)
学生入学注册人数	小学和预备年	315 973 (47.3)	288 622 (47.7)	273 603 (47.2)	262 876 (47.3)
	中学(政府资助)	161 779 (50.9)	157 307 (50.2)	173 538 (49.5)	156 746 (48.9)
	初级学院,大学预备中央机构	14 391[b] (54.2)	18 153[c] (58.3)	27 598[c] (55.0)	27 224 (56.3)
	艺术轨[d]	60 631 (60.1)	34 433 (63.9)	42 434 (64.9)	35 522 (62.6)
	科学轨[d]	5 509 (42.1)	25 336 (48.6)	36 225 (42.9)	43 044 (45.9)
	技术轨[d]	19 951 (27.2)	18 330 (23.0)	21 601 (20.2)	15 330 (15.1)
	商业轨[d]	5 328 (71.8)	10 066 (76.2)	17 768 (70.8)	19 198 (71.7)

资料来源:教育部 1991

a 括号内是女性教师的百分比

b 仅包括初级学院的注册人数

c 初级学院和大学预备学校的注册人数

d 中学第 3 年级到大学预备学校的注册人数

合技术学院中(技术、商业、设计和护理)的任何一方面的专业知识。1993 年,综合技术学院学校提供了范围广泛的 59 种全日制课程和 69 种半日制课程,总入学人数分别达 30 736 名(全日制)和 7 079 名(半日制)。教师达到了 3 488 名,使生师比提高到10.8:1。

全日制课程颁发 3 年制文凭和 2 年制证书。培训课程范围非常广泛,包括了工业和商业领域。

1993 年最热门的课程是建筑技术(人才需求是人才供应的 8.8 倍),紧接着是旅游管理、生物技术、造船工艺和海事工程。

经济发展部(EDB)下属的学院也提供了其他形式的技术培训,这些学院包括法国—新加坡学院、德国—新加坡学院、日本—新加坡技术学院。这些学院培训计算机软件设计、微处理器设计、计算机运用、工业自动化和机械技术方面的技术员。

技术教育学院的教育对象是大约 25% 业已成功完成 5 年普通(技术)课程的学生。2 年或者 3 年全日制课程具有职业倾向,颁发全国统一的商业证书(2 级)。学有余力的学生可以进一步学习高一级的课程,通过这些课程的学习可以获得商业或者办公室技能的证书。

教育体系的目标是到 1997 年,至少 90% 的学生能够学习 2 年或者超过 3 年的中学后教育。目标是大约 20% 的学生进入大学。进入新加坡国立大学(NUS)和南洋理工大学(NTU)依靠学生在普通教育文凭高级水平考试中的成绩,如果报考师范专业,还必须进行面试。1994 年 1 月,新加坡开放大学提供了远程学习课程,它和新加坡管理学院联合推出了全日制学习课程,为学习者提供了更多的选择。

新加坡国立大学有 8 个学院,50 个系,4 个研究生院(药学、牙科学、管理和工程学),还有 3 个高级研究所(分子和细胞生物研究所、系统科学研究所和微电子研究所)。1990 年,该大学入学人数达到了 15 193 人次,还有全日制和半日制的 2 263 名学生,以及 1 400 名教师。这些学院提供学位,并且培养艺术和社会科学、建筑和房地产管理、商业管理、法律、科学、工程学、药学、牙科学等学科的研究生。研究所主要从事科研,促进信息技术应用、生物技术和微电子方面的发展。

南洋理工大学(由南洋理工学院发展而来)是新加坡第二大综合性大学,建立于 1991 年 7 月。它有两个校园,第一个校园有 5 个学院:土木工程及结构工程学院、电气及电子学院、机械及生产学院、会计和商业学院、应用科学学院。第二个校园即国立教育学院,下设有 4 个学院:科学学院、艺术学院、教育学院和体育教育学院。南洋理工大学和其他一些国际著名研究单位在研究和教学方面进行合作,比如:斯隆管理学院、麻省理工学院,日本机械工程实验室(MEL)。南洋理工大学通过建立大学和地方工商业单位的密切合作,保证了培训课程的现实性和有效性。

1991 年,新加坡小学生共 26 276 人(占学生总人数的 58.83%),中学生156 746人(31.6%),初等大学学生 42 553 人(9.5%)。中小学不是强制义务教育,但是入学率几乎达到了 100%。

绝大多数学校,特别是公立中小学是男女同校的。上午班的上课时间是从上午 7:30 到下午1:00。随着学校设施的改善,每所学校在每天的下午提供了丰富多彩的课外活动和课程。下午班的上课时间是从下午 1:00 到晚 6:30。

各个学校还提供一系列特殊的课程。一些小学和中学提供了天才教育方案(GEP),这个方案是为了那些智力超常儿童设计的。在 1992 年的普通水平考试中,天才儿童方案的学生在最好的 6 门课程的总分平均是 7.2,这意味着他们已经基本上达到了所有课程的目标(A1)。另外,科学研究方案是为了鼓励初等学院的学生在大学导师的直接指导下尝试科学研究。

一些中学实施音乐选修方案,除了提高学生的音乐素养以外,也是为了发展在音乐方面有天赋的学生。同样,一些中学为了发展学生美术方面的智能,制定并实施了美术选修方案。

人文学科奖是为了鼓励初等学院和综合大学中自然学科学生学习人文学科,目的是加大培养人文学科知识和自然学科知识兼备的学生。

一些初等学院为语言方面有天赋的学生设计了语言选修方案,为他们提供第三种语言(指英语和母语之外的语言),也就是汉语、法语、德语和日语。

3.2 学前教育

学前教育是非强迫性的。父母通常需要交纳学费,几乎 99% 的儿童都接受了 1~3 年的学前教育。

尽管学前教育是私立性质的,但是社会发展部(MCD)为保育中心制定了严格的指导方针和管理,而教育部负责检查幼儿园的运作。1992 年,新加坡有345所保育中心和幼儿园,注册儿童总数达到了94 318人,年龄分别从6个月到6岁。在这些儿童中,18 732名(占总数的20%)注册了全日制或者半日制的保育中心或者幼儿园。据报道新加坡每年有5万名新生儿,1992~1994年,每所保育中心的注册人数都翻了一番,从62 185人上升到了147 556人(据《海峡时报》1992年2月报道)。其中有一些保育中心设置在工厂里,目的是让母亲们安心从事全日制的工作。教育部为全日制保育中心的每个孩子提供130新加坡元(合80美元)资助,因此教育部每年这笔费用总数达650万新加坡元(合400万美元)(据《海峡时报》1993年3月报道)。和保育中心不同,幼儿园每天的课程只有3~4个小时,有时候甚至只有1~2个小时。

学前教育提供了分级教育课程,发展学前儿童的各项能力,为儿童接受正规教育提供良好的基础。为此,绝大多数学前中心提供了日常活动课程,包括两种语言的学习、小学前的准备工作、室内自由选择活动、户外游戏、故事/诗歌时间、音乐和运动,以及社会技能活动。家长通常会选择满足孩子语言需要的课程。

1993年,有1 000多名合格经过专业训练的幼儿园教师,这个数字是保育中心助教、教师和行政人员的3倍。由于保育中心的注册人数急剧增长,为了和这一趋势相适应,在南洋教育学院接受培训的教师将获得基础和中级教师证书,而从事早期儿童教育的管理人员需要获得高级证书。除了南洋教育学院以外,一些中心里的具有丰富教学经验的教师成了培训保育教师的人员,他们为没有接受过培训的教师提供室内培训。从长远看,合格的学前教师的数量将决定学前教育的发展规模和速度。

3.3 特殊教育

特殊教育属于新加坡教育部负责的范围,但是它由家长代表、自愿福利组织(VWO)和教育部组成的一个三位一体的部门具体管理,从而使残疾人获得更多的受教育机会,并且支付特殊学校的费用。

特殊教育的目的是发展残疾儿童的智力、体力和社会交往能力,使他们融入社会,为继续教育和就业做好准备。《残疾人顾问理事会报告》(1988)认可了8个不同的自愿福利组织,认为这些组织最有能力管理14个特殊教育学校。这些组织以热诚宣传它们受委托的事务而闻名。同时,这些学校的自治权利允许其采用灵活和及时的措施,以满足残疾人变化的需求。

虽然没有确切的残疾人的注册人数,但是据粗略统计有8 403人。其中,6 438人或者说75.5%的人在14所特殊教育学校中。大约70%的人属于弱智,4.3%的人属于永久性残疾,剩下的人或者是脑瘫患者(7.2%),或者在视力、听力方面有障碍。残疾儿童一共大约占学校就学人数的3%。2 100名残疾儿童在特殊学校学习,生师比大约8:1。271名教师里面,大约2/3的人是教辅人员,没有接受过专门的培训。专家(比如临床医学家和法律顾问)和孩子的比例大约是1:100。

要成为特殊教育的合格教师,必须拥有由国家教育学院颁发的半日制证书(3年)或者全日制文凭(2年)。同时,特殊教育也需要大学不断增加医务专家的培训,特别是语言障碍矫正。

儿童能否进入普通学校得看他们从普通学校教育获益的程度。大部分残疾儿童都进入了特殊学校,只有一小部分(主要是有视力障碍者)会进入普通学校或者多科职业学校。

职场联结中心是一个职业评估中心,而且根据公开的市场聘用规则,为残疾人安置工作,积极为接受过公共教育的残疾人顾客寻找就业机会。1993年,这个中心为1 300名残疾人提供了帮助。

1992年,自愿福利机构和相关部门接受了大约1 350万新加坡元(830万美元)用于课程建设。残疾儿童人均每年获得3 000新加坡元(1 854美元)的资助,这是普通小学生均资助费用的两倍,教育部支持合格的教师填补特殊教育教师和技术的不足。新加坡政府认为如果要赶上美国和英国,用于特殊教育的生均费用就应该达到4倍于普通小学生的费用,即6 000新加坡元(3 709美元)。

4. 行政管理的结构与运行

新加坡教育由教育部集中管理,教育部控制教育的发展方向、行政事务,并且实施政府的教育政策,这些政策涉及中小学和所有的大学,即综合大学、综合技术学院、新加坡科学中心和技术教育学院。私立学校、普通学校、特殊教育学校和幼儿园也必须符合教育部的政策指导。

教育部下属的7个司中的4个专门负责对学校和学校的教学进行专业的指导(这些部门包括中小学司、课程计划司、科研及考试司和新加坡课程发展研究所),这4个司和各个学校有非常紧密的联系,而另外3个司受教育部长的直接领导,负责学校的行政、人事、信息和服务。其中学校督导司对学校管理提供指导意见,并且对学校进行评估,评估内容包括课程,具体涉及课外活动、特殊语言学习、宗教关怀和职业指导。另外,这个司还负责学生注册、视察私立学校(一共有340所私立学校,容纳了4 714名教师和132 990名全日制和半日制学生)和幼儿园。

5. 教育财政

政府的两大主要职责是提供教育经费和实施教育政策。1991年,新加坡教育部拥有数目最为庞大的国家公务员队伍,达25 316人,占公务员总人数的40.9%。1990的发展经费约2.35亿新加坡元(1.45亿美元),占国家总发展经费的5.6%。这个数目比1989年增加了62.02%,1989年1.45亿新加坡元(8 950万美元)。新加坡教育部1993年的预算经费是32亿新加坡元(20亿美元),比1992年增长了20%,占政府经费支出的20%。

教育部给每个小学生和中学生分别补助2 000和3 000新加坡元。学生就读小学是免费的,中学和初级学院收取名义上的学费,一般仅为5~6新加坡元。独立中学(大约超过6所)每个月收取70~200新加坡元。付不起学费的学生可以向教育部申请全额资助。

从1993年开始,教育部为每个6~16岁孩子额外提供一笔教育存款,目的是让家长可以用这笔存款支付孩子的学费,比如参加兴趣班、补习班,家长也可以把这笔钱用作孩子未来的教育经费,总之,家长可以自己决定这笔存款的用途。当然,教育部的这笔费用主要是为每个孩子投资,也是为了新加坡的未来。

6. 师资

教育部人事司负责学校教师的录用、调换和发展。教育部人事司和中小学司管理学校的人事,根据教育政策的要求制定相应的用人计划。比如到1994年为止,当新的教育政策出台,要求每个学生至少要接受10年的通识教育,所以增加了800名中学教师。教育部还通过媒体和招聘会有计划地扩充教师队伍,任用途径非常广泛。每年申请成为教师的人数大大超过了需要,供远远大于求。但是,近年来新加坡也面临教师供给不足的现象,原因是择用时对新教师的标准过于严格,应聘者不仅要满足必需的录用资格,而且要表现出能够胜任教师和承担教师义务的能力。

南洋理工大学的国家教育学院是新加坡唯一的教师培训学院。它提供各个层次教师教育,从职前教育到职后教育,后者包括对在职教师、教育行政单位工作人员、校长和副校长的培训。

新加坡一个学年包括两个学期,分别开始于7月和1月,每个学期15周。每个学期注册学生总人数达2 000人。入学的最低要求是获得普通教育文凭高级水平考试,报考者一旦被录取,接受职前教师培训课程期间,都能够享受一笔奖学金,数目不等:对大学生来说,每年3 200新加坡元(1 978美元);对于研究生学历的受培训者来说,他们接受培训的第一年里面,每个月的奖学金是1 300新加坡元(804美元);对于本科学历的受训者来说,在接受培训的两年里面,每个月的奖学金是700~750新加坡元(433~464美元)。1991年,接受教师培训的人员的平均成本是13 035新加坡元(8 057美元),其中教育部提供了大概90%的费用,当然前提是接受培训的人是新加坡人。毕业以后,教授必须根据培训的性质和时间为政府服务3~5年。

国家教育学院提供了4种类型的学位计划,包括研究生教师教育。职前全日制培养计划包括:(a)4年制文学士和理学士,授予教育文凭/体育教育文凭;(b)2年制教育文凭/体育教育文凭;(c)2年制体育教育(小学和中学);(d)1年制研究生教育文凭(小学和中学)。

职后培训计划包括为教育行政部门人员提供

的教育专业化文凭，为学校校长和副校长提供的教育管理文凭，为汉语、马来语和泰米尔语教师提供的高级教育文凭。各种短期职后培训课程主要是为从事不同课程教学的教师提供最新的学科信息。

研究生学位包括教育硕士和博士，前者主要通过课程学习和论文著述，后者主要是科研。另外，文科、自然科学和体育教育也授予教育硕士和博士学位，主要看申请者的科研情况。国家教育学院也提供其他的培训，除了为特殊教育提供2年全日制文凭或者3年半日制证书，还为学前教师提供咨询。

7. 课程开发与教学方法

教育部下属的课程计划司负责评价和修正国家课程，使各个学校的必修和选修课程满足教育政策的要求。具体到每一门学科，课程教学大纲拟定了小学、初中和高中各个学科的教学原理和具体目标，内容非常详细。课程教学大纲和课程计划为每个年级制定了必须完成的教学内容。另外，新加坡也非常强调教育方针、教育方法，以供教师参考，最终达到预期的学习效果，所以课程教学大纲列出了一系列的阅读数目和教学资源。

教学和考试大纲为行政、管理和国家课程的实施提供了清晰的框架体系。1年级到8年级（小学到初中）的课程由地方规定，9年级到12年级由新加坡—剑桥考试会决定，新加坡—剑桥考试会制定了普通教育文凭的内容和评估标准，证书分标准、普通和高级3级。

当课程教学大纲制定以后，课程开发人员、作家、各个领域的媒体专家联合教学第一线的教师，在新加坡课程发展研究所（CDIS）的指导下，把课程教学大纲制作成教学多媒体包。每个年级的每一门课程都会有一个教学包，其中包括图表、图片、录音与录像带和幻灯片。教学包已经在1年级到8年级的试验学校普遍使用，根据各个学校的反馈意见，将会出版最后的版本供各个学校使用。

在教科书和相应的教辅材料进入各个学校之前，课程专家（课程计划司的官员）和中小学司下属的教科书小组会提出评估意见。不管是新加坡课程发展研究所的教学用书，还是出于商业目的的教学用书都严格执行相同的标准。目的是为了保证教科书的内容和课程教学大纲中预设的教学目标、教学内容、教学标准相适应。

教师可以自由选择教学用书，最好地满足学生的需要。一般来说，教师总是优先使用新加坡课程发展研究所出版的教学用书。同时，国家教育学院在进行职前和职后教师培训时，也适时地提供一些课程和教学方法变革方面的信息，以更有效地使用教科书，促进课程的教与学。

表2是中小学和中等后教育学校的国家课程概要。在课程设置方面，英语和母语、数学必须至少学习10年。在新加坡这个多民族的国家，非常强调双语学习，同时保证每个孩子具备基本的阅读和计算能力，以适应现代工业化经济的要求。

6年制小学进行德育教育，4年的中学进行公民和德育教育，这都是非考试课程，用母语教学。这表明教育体系的一个重要职责“是学生继承他们的文化”，然后“成为一个有责任感的公民，忠诚于自己的国家，关心自己的家庭和社会”。

核心课程体系（包括考试和非考试学科）和大量的选修课程大大增强了学生的灵活性，这些学生来自不同的语系，选择不同的学科（中学），从而“使自己的能力和天赋得到最大限度的发展”。为了在学校有效实施课程改革，教师接受了培训或者正在接受培训，以学会使用新加坡课程发展研究所设计的多媒体教学包。虽然这并不能保证课程得到最理想的实施效果，但是随着时间的推移，教师们会更加接近预期的教学目标和国家课程目标。

8. 考试、升级和证书制度

在中央教育系统，比如像国家课程一样的国家考试为学校设立了标准。在6年级结束的时候，小学生参加小学毕业考试（PSLE），考试科目分别为作为第一语言的英语，作为第二语言的母语（口头和笔头），数学和科学。学生达到必需的标准以后，分别进入中学学习特殊课程、快速课程和正规课程。

小学毕业考试通常只有英语、母语（口头熟练程度）和数学。达到了要求的学生就可以进入中学学习普通（技术）课程。

表2　　中小学和中等后教育学校的国家课程概要

所有年级(必修科目)
考试科目(1~12年级):英语,母语(马来语、华话和泰米尔语)
非考试科目:道德教育(1~6年级),公民和道德教育(7~10年级)
小学阶段(1~6年级)
考试科目:英语,母语,数学,科学(从3年级开始)
非考试科目:道德教育,社会课(从4年级开始),艺术和工艺,音乐,体育,健康教育(从5年级开始),学校活动
(注:1~2年级每周有47节课,每节课30分钟;在"基础阶段",例如1~4年级,两门语言课和数学课的课时数占总课时的80%;在"定向阶段",例如,5、6年级,每周有49节课。核心课程的课时数占总课时的78%;核心课程的11+考试中,选择EM3的学生不参加科学课考试。)
初中阶段(7~8年级)
考试科目[特殊课程/快班/普通(学术)课程]:2门语言课,数学,科学,文学,历史,地理,艺术和工艺,设计和技术课或家政课
非考试科目[特殊课程/快班/普通(学术)课程]:公民和道德教育,音乐,体育,学校活动
考试科目[普通(技术)课程]:2门语言课,数学,计算机应用,科学和技术课,家政课
非考试科目[普通(技术)课程]:社会课,公民和道德教育,音乐,体育,学校活动
高中阶段(9~10/11年级)
核心课程科目:
特殊课程/快班课程:英语,母语,数学,人文科目一门,科学科目一门,2~4门选修课(参见下面目录)
普通(学术)课程:英语,母语,数学,2~4门选修课(参见下面目录)
普通(技术)课程:英语,母语(口语),数学,计算机应用(软件的使用),1~3门选修课(参见下面目录)
选修类考试科目:
特殊课程/快班/普通(学术)课程:高级数学,文学,历史,地理,家政学,普通科学,物理,化学,生物,人文社会生物,经济,计算机,音乐
普通(技术)课程:技术课,科学,食品和营养学,时装和织物学,办公室行政,艺术和工艺
非考试科目:公民和道德教育,音乐,体育
初级学院阶段 (11~12年级)
核心考试科目(普通和高级水平):普通教育,母语
选修类考试科目(普通和高级水平):从下列科目中选修(最多4门)
科学:物理,化学,生物,自然科学,数学,高级数学,计算机
人文:英语语言文学,地理,历史,经济,数学,高级数学,艺术,音乐
商业:会计原理,商业管理,经济,数学

完成4年普通课程(包括学术课程和技术课程)的学生参加普通教育文凭初级水平考试,合格者升入5年级,继续学习正规课程。完成5年的普通课程的学生,他们会和4年特殊和快速课程的学生一起参加普通教育文凭普通水平考试。如果成绩合格,学生就升入2年制初级学院或者综合技术学院。如果想要成为初级学院的合格毕业生,学生需要参加普通教育文凭高级水平考试。成绩合格者,就进入大学,如果没有通过考试,即普通水平毕业生就到综合技术学院继续学习,或者进入经济发展部下属的学院和技术教育学院。

评估学生成绩和学校的教学水平,除了国家公共考试,学校也有自己的体系对学生的学业成绩和课外活动进行持续和标准化的评估,其形式有月考、小测验和期中考试,这些成绩会按照一定的比例列入期末成绩里,从这种形成性评价中可以看出一个学生在一年中的学习进步情况。这也是反馈的手段之一,为一年一度的教师/家长会议提供了参考。

9. 教育评价、评估和教育研究

新加坡教育部科研和考试司下属的3个科——考试及评价科、科研科、监测及评估科——负责教育评价、教育评估和科研。它们也管理国家考试,设立成绩标准,提供组织、课程和考试的反馈意见,使之符合教育系统的目标和具体目的,从而为决策提供咨询意见,这些决策包括教育政策、教育方案和具体实施细则。

在国家教育学院的教育应用研究中心(CARE)的配合下,个人/团体也从事决策导向的研究。除了管理研究生(教育硕士和博士)的学习,该中心已经完成的课题有:(a)为期10年的对儿童认识和社交能力发展(1983~1993);(b)发展和测试职业导向支持系统(JOBS),主要是利用计算机为学生提供职业指导;(c)小学生塑型方案;(d)跟踪监控和分析学校及教师的效率;(e)调查分别学习3种语言流和数学的学生的学习策略。CARE和政策研究院合作,共同构建了生活质量指标和新加坡种族关系管理的评估框架。

CARE还创造了一个综合教育研究框架,把教师教育研究扩大到4个广泛的领域,也就是:(a)通过输入—输入输出总和—输出的研究,打下扎实的知识基础;(b)在教师培训中,理论和实践相结合;(c)学校教师效率研究;(d)探索教学新方法。

自从1980年以来,新学制的推行带来了科研和考试方法的变革,一些科研和考试方法,获得了成功,其中包括根据学生学习成绩分流的管理;对修订课程方案引入的创新方法进行本质的、形成性和累积性评估;双语教育政策的效果和地位和由此带来的社会—语言心理学问题;整个小学和中学德育教育的效益;影响学前儿童入小学的因素研究;4种媒体中阅读和语言技能的综合评估和考试。

教育部加入了国际教育成就评价协会(IEA),并且至少参加了3次大规模的国际调查,包括阅读素养(1989~1992)、国际科学学习(1983~1987)、国际数学和科学学习(1991年开始)。

在许多测验和考试的创新方案里面,一个最有意义的方案为英语、汉语、马来语、泰米尔语、数学和科学设立了试题库,以用于学校期末考试。当考试条款随着教学大纲而变化的时候,中小学的领导也会接受考试技能方面的进一步培训。由于考试具有选拔和分流的作用,这里的分流是指将学生分到不同的语言和学术课程中,1983年第一次引入了项目反应理论(item response theory),以便使测试随着时间的推移,学生成绩仍然具有可比性。

所有这些研究、改革和测试的经费都在教育部和大学每年的经费预算内。

10. 20世纪八九十年代的主要改革

1978年,新加坡教育部的一份报告带来了整个教育系统的大变革,变革主要导致了1979年新学制的实施。《教育发展》总结了新加坡共和国25年来的教育发展和改革。

从那以后,不同种族的学生进入了学校,他们至少能够说流利的英语和母语。母语使他们认识了自己的文化,而文化植根于亚洲的传统价值。中小学的语言和学术分流系统总的来说使学生能够根据自己的能力接受最合适的教育,所有这一切都促进了学业成绩标准的提高。

新加坡课程发展研究所为课程计划和大纲与课程实施手段之间架起了沟通的桥梁。教师直接或者间接地加入了课程改革中。

整个学校系统实现计算机化,教师和学校可以通过网络获得学生、教师、学校和考试数据库的信息。现在,关于学生和政策方面的信息的获得变得非常及时。

信息技术的使用使教学获得了新的、创造性的方法,比如出现了交互性的视频技术(比如基于计算机的CAI/CML),学生可以在学校或者家里收看教学节目,教学系统努力实现因材施教,满足不同学生的需要。

11. 2000年面临的主要问题

教育目标需要不断地评估和修改。新加坡经济全球化的影响,学生和家长的期望不断提升,带来了教育重点的转移。提供素质教育是为新加坡人服务,但是更为重要的是教育也是一种投资,因为未来的新加坡必须依靠年轻人,年轻人是最可贵也是唯一的资源。对于新加坡这个人口稀少的国家来说这是一个长期面临的问题。

《改善初等教育》的报告聚焦人力资源开发,以提供有才智、有技术的劳动力,教授亚洲价值观,为经济的快速发展和社会变革奠定稳定的文化基础。

双语教育必须保证学校和课程适应学生的不同能力和智力,目的是使每个学生都享受相应的和完满的学习体验。

20 世纪 90 年代以来的 10 年里,劳工短缺,劳动力的质量和生产力成为新加坡进一步发展的最大障碍。因此,“新加坡需要她的每一个公民变得更加优秀——甚至最优秀,直至每个人都变得才华横溢,而一般的人则变得更优秀,弱者变成强者”。如果达不到这个目标,那就会导致个人和国家资源的浪费。

O. C. 约(O. C. Yeoh) 著
陈剑琦 译

附录

Goh K S, Review Committee to the Ministry of Education 1978 *Report on the Ministry of Education.* Ministry of Education, Singapore

Government of Singapore 1991 *Next Lap: Singapore 1991.* Times Editions, Singapore

Kam K W, Soh K C 1990 25 years of research and testing. In: Yip J S K, Sim W K 1990

Ministry of Communications and Information 1991 *Singapore 1991.* Ministry of Communications and Information, Singapore

Ministry of Community Development 1988 *Report of the Advisory Council on the Disabled. Opportunities for the Disabled.* Ministry of Community Development, Singapore

Ministry of Education 1991a *Education Statistics Digest: 1991.* Ministry of Education, Singapore

Ministry of Education 1991b *Education System, 1991. Implementation Guidelines. Primary School.* The Schools Division, Ministry of Education, Singapore

Ministry of the Environment 1990 A Statement on the Concept of the Model Environment City. *Straits Times* Dec 27 1990

Ministry of Trade and Industry 1991 *Economic Survey of Singapore, 1991.* Ministry of Trade and Industry, Singapore

Republic of Singapore 1991 *Budget for the Financial Year 1991/1992.* Presented to Parliament, February 1991, Singapore

Straits Times (daily). Singapore

Yip J, Review Committee to the Ministry of Education 1991 *Improving Primary School Education.* Ministry of Education, Singapore

Yip J S K, Sim W K 1990 *Evolution of Educational Excellence: 25 Years of Education in the Republic of Singapore.* Longman, London

其他参考文献

Ang W H, Yeoh O C 1990 25 years of curriculum development. In: Yip J S K, Sim W K 1990

Yip Y S W, Eng S P, Yap J Y C 1990 25 years of educational reform. In: Yip J S K, Sim W K 1990.

斯里兰卡的教育制度(Sri Lanka: System of Education)

1. 基本背景

斯里兰卡共和国是一个梨形的岛国,领土总面积 65 600 平方公里,南北长 435 公里,东西宽 225 公里。它位于印度次大陆的东南角。该国气候属于典型的热带气候,季节雨雨量非常充沛,低地地区的平均气温在 27 摄氏度左右,中部高地平均气温在 10 ~ 20 摄氏度之间。

估计 1990 年人口将近 170 万。人口增长率从 20 世纪 60 年代的 1.9%,下降到 90 年代的 1.5%,但是到 2000 年人口有可能突破 200 万,到 2040 年有可能达到 270 万。75% 以上的人口是农业人口。

35%的人口年龄在14岁以下这一事实对教育规划来说是一个严重的挑战。由于人口出生率的降低,老年人口占人口的比率正逐渐超过年轻人。这就预示着对基础设施需求的变化,进而预示着对教育需求的变化。人口密度全国上下不等,有的地区每平方公里有2 909人(科伦坡地区1989),有的地区每平方公里则只有36人,如马拉提乌地区(Mallaitivu)。

锡兰人占斯里兰卡人口总数的74%,斯里兰卡泰米尔人占12.6%,印度泰米尔人占5.5%,摩尔人占7.1%,其余的是欧洲人和马来人等,他们只占人口总数的0.8%。1981年的人口普查显示,大约有69%的人是佛教徒,15.5%的人是印度教徒,7.6%的人信奉伊斯兰教,7.5%的人信奉基督教。锡兰语和泰米尔语是斯里兰卡的两种全国通用语言,同时它们还是教学用语,尽管英语作为第二外语得到了广泛使用。人口构成的多种族、多语言、多宗教性造成了各种各样的社会经济问题(在教育方面表现更明显),同时还是民族冲突的根源,这种冲突主要发生在锡兰人和泰米尔人之间。在取得国家独立后,这种冲突便开始出现,到20世纪80年代则升级为武装冲突。随着1977年自由市场经济政策的采用,以及现代就业部门的扩展,人们对英语的需求越来越大,因为人们将英语视为进入现代部门的关键。

斯里兰卡基本上还是一个农业国家,出口收入主要来自茶叶、橡胶、可可豆,它们占到出口收入的将近60%,国内生产总值的26%。水稻是最重要的粮食作物,也是人们的主要粮食来源。作为经济基础的工业依然比较薄弱,主要的工业是水泥、纺织、皮革和橡胶制品、造纸、制陶业,以及石油产品。非传统出口产品如宝石、服装等在出口创汇中的重要性正在增长。1989年国内生产总值的构成情况是农业26.0%,工业25.6%,服务业48.4%。国民生产总值(以1990年的价格计算)是284 553亿卢比,相当于71.03亿美元,人均国民生产总值是418美元。在1990年,进口超过出口7.05亿美元。

1991年就业的人口中,多数人从事的是初级职业(39.5%),接下来是熟练农业工人(25.2%),手工业以及相关工人、机器操作人员等(14.3%)。只有12%的就业人口从事的是高级或管理工作、专门职业或技术及相关职业。据报道,所有就业人口中只有50%以上的人属于职业人口,但是这一群体中又有大约14%的人属于失业人口。20~34岁人口中超过70%的人、15~19岁人口中30%的人处于失业状态。因此,就出现了失业的年轻人问题,因为与在岗人口相比,这批人的教育水平要高得多。

令人难堪的贫困问题迫使儿童从事各种行业的工作,如沿街叫卖的小贩、家政服务、私营公共汽车司机和售票员,或从事修理以及其他行业。这些孩子不是过早辍学,就是从没有进过学校。

尽管经济发展的水平还很低,但是斯里兰卡已经取得了非常明显的社会进步,这要归功于历届政府自取得国家独立以来,为满足人们的基本需要而采取各种福利措施,如食品补贴、免费教育和医疗,以及将关键部门国有化。这一点可从斯里兰卡在160个国家中人类发展指数(HDI)排名第75位反映出来,尽管它的国民生产总值排名还非常低,在120位左右(UNDP 1990)。具有讽刺意味的是,正是这种与经济发展相比,失衡的成绩给本国的社会经济制度带来了巨大的压力。从1989年开始,政府开始优先发展摆脱贫困的活动,开展了一个重大的跨部门战略,被称为贾纳塞维亚项目,其目标是解决收入差距拉大、失业、土地减少、营养不良等问题。

随着经济活动的扩展,对熟练劳动力的需求——尤其是建筑、工业、金融、旅游以及其他服务部门——已经大量增长。同时,不断增长的外部需求,尤其中东国家对技术领域的熟练劳动力的需求进一步提高了培养熟练劳动力的必要性。

对于一个发展中国家来说,斯里兰卡拥有令人满意的基础设施。这个国家通过水利,大大提高了发电能力,并且拥有很好的公共交通系统,即使偏僻的农村地区也可以到达。

斯里兰卡有一套比较完善的医疗制度,西方与传统的医疗方式并存,关注人们的基本医疗保健条件的改善,因此死亡率、婴儿和母亲的死亡率大大降低,人均寿命得以增长。

斯里兰卡于1948年从英国的殖民统治中获得

国家独立,政府采用议会制。在1972年宣布属于英联邦中的一个独立共和国。中央政府从1987年开始将一定的权力下放给省政府。建立省政府的目的是使国家行政管理权力分权化,在单一国家的框架内,将权力下放。教育与教育服务受省政府权限的管辖,各省政府将分配给一定地区的教育权力进行了限制和具体化。权力下放给斯里兰卡的教育规划与教育发展带来了一个新的契机,尤其对课程开发、教师教育、学校水平的教育评价和认证,对学生进入第三级教育的机会问题也有一定影响。

2. 教育政策与目标

从公元3世纪佛教引入时就开始发展的传统教育制度的基础,随着西方强国的入侵逐渐被侵蚀——葡萄牙人、荷兰人和英国人——从16世纪到20世纪。20世纪40年代采取的一些激进的教育改革政策奠定了教育民主化的基础。最显著的改革是在1945年引入从幼儿园到大学的免费教育制度,采用母语作为孩子们的教学语言。人们希望这些措施能提供更多的平等的机会,促进社会流动。自1948年独立以来,历届政府都宣称要坚持教育民主化政策,去除精英主义和特权,为所有人提供平等的机会。

由政府更迭而引起的政治策略的摇摆,致使历届政府都试图通过教育改革,满足其政治和社会经济需要,这就使教育制度处在高度的无序状态。一届得到多数锡兰佛教徒支持的政府,在执掌国家政权之后,进行了一系列急剧的教育改革,以消除教育系统中存在的、以西方为定位的、用英语进行教学的精英教育和基督教特权教育造成的教育不平等现象。无论这些教育政策改革效果如何,多数中产阶级还是认为,教育是促进社会流动的关键性因素,他们要求建立一种教育制度。这种教育制度能使他们的孩子在毕业后,能到社会中令人尊敬的行业就业,如医生、工程师、会计、律师行业,或者使他们具备到国外从事高薪工作的资格。

因此,重建教育制度,使它更接近本国的社会经济需要和现实的企图遇到了来自一定社会阶层的家长的强烈抵制。这种情况被政治上的竞争对手在全民大选时为讨好选民而利用,他们在竞选声明中,提出从专业的角度来看不可靠的反对提案。

20世纪90年代政府的主要政治目标是消除贫困;实行一种自由市场经济制度,鼓励快速经济增长;采取适当措施,以解决锡兰人和泰米尔人之间的民族冲突,确保国家的统一。这些目标的实现将需要学校课程的现代化:要特别强调科学和技术、英语和其他外语、多元文化理解的重要性,要提高人们对两种通用语言的掌握水平;加强为普通人口提供非正规基础教育;将向省政府的权力下放制度进行结构改革,使微观层面的管理更加有效。

3. 正规教育体系

3.1 初等教育、中等教育和第三级教育

斯里兰卡有两种类型的学校——官方学校和非官方学校。非官方学校包括私立学校、财产学校、教会学校、被批准/认证的学校、幼儿园、国际学校、特殊教育学校。教会学校是附属于佛教寺庙的教育机构,主要为佛教僧侣提供教育,也有为世俗学生提供普通教育的班级。1989年有官方学校9 805所,教会学校427所,财产学校12所,私立学校37所。在这些学校中,有4 430所学校属于小学,开设有1~5年级(或1~8年级)课程的班级;3 511所学校开设有到11年级课程的班级;1 864所学校开设有到13年级课程的班级。有2 000多所小学被视为"小学校",因为它们的学生人数不到100人,只有1~2名教师。还有30多所规模很大的、令人尊敬的被称为"国家学校"的一类特殊学校,每个学校的学生人数都在3 000~6 000之间。

图1列出了斯里兰卡正规教育的学制图。表1则给出了有关主要部门在校生人数和资源拥有情况的重要统计数据。表2则给出了有关学生留级率和辍学率的数据。普通教育被分成四个阶段:初等教育(1~5年级)、初级中等教育(6~8年级)、高级中等教育(9~11年级)、高等教育(12~13年级)。

入学年龄是5岁,所有学生都要在学校中学习11年(到15岁),虽然没有执行义务教育的法律规定。

各级教育的留级率和辍学率都很高,这从表2中就可以看出来。1986~1988年的入学率按百分

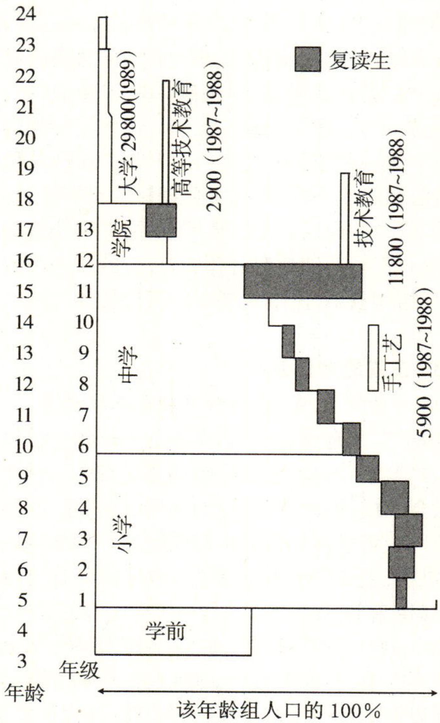

图 1　斯里兰卡:正规教育体系的结构

表 2　1987 年留级率和辍学率(%)

学年	1	2	3	4	5	6	7	8	9
留级率	8.0	9.6	9.4	9.7	8.5	6.4	6.6	4.6	3.6
辍学率	-	0.8	2.1	3.1	5.2	6.0	6.3	6.2	7.1

资料来源:教育部

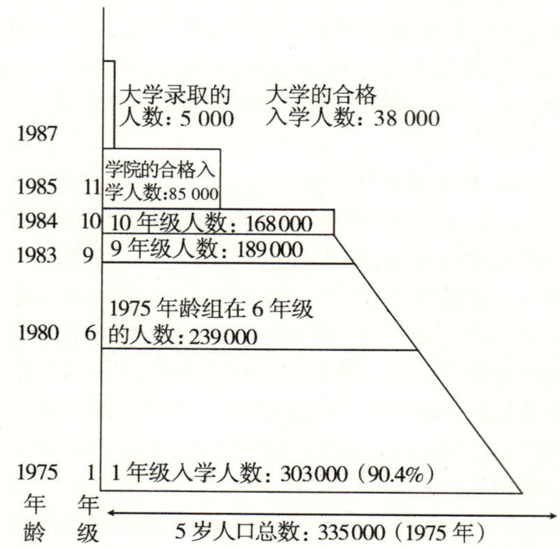

图 2　1975~1987 年的学生分布图

资料来源:斯里兰卡教育部

表 1　1989 年在校生注册人数和公共教育经费

学校数量(公立和私立)	10 253
公立学校数量	9 805
在校生人数	
初等(1~5 年级)	2 085 700
中等(6~11 年级)	1 783 200
高等院校(12~13 年级)	188 800
总计	4 057 700
教师人数	151 434
普通教育和高等教育经费(百万卢比)	7 477
教育预算占公共支出的百分比	7.9
教育预算占国民生产总值的百分比	3.36

资料来源:教育部 1989,斯里兰卡中央银行

比计算,各级教育分别是:初等教育 100%、中等教育 71%、第三级教育 4%(UNDP 1991)。整个学校系统有在校生 4 230 000 人,教师 180 000 人,平均生师比是23:1,初等教育的生师比是32:1。就入学率或完成率而言,男性和女性之间没有什么差距。单以 1987~1988 学年的入学率为例,"女性与男性的百分比"初等教育是 100%,中等教育是 109%。

在所有国有和国家辅助的学校中,各级正规学校教育都是免费的(几所要征税的私立学校除外),母语是学生的教学语言。直到高级中学(11 年级),主要的教科书向所有学生免费提供。从 1989 年开始,向所有学生提供免费午餐的计划正在酝酿之中。

学年从 1 月份开始,一直持续到该年的 12 月份,其中被三个假期分成三个学期,每个学年至少有190个教学日。小学低年级(1~3年级)每天的教学时间是4个小时,而小学高年级、中学和大学每天的教学时间则是5.5个小时。

从20世纪40年代开始大学教育得到了迅速发展,到1989年已经有大学8所,总在校生达到了29 800人,其中女性有12 600人。斯里兰卡还有一所开放大学,这所大学通过远程教育,开设了各种学术性课程和职业课程。

除此以外,还有10所其他高等教育机构。在1992年,国家采取行动建立了9所附属于大学的学院,每个省一所,其目的是为大量由于国家大学招收能力有限而失去了接受高等教育机会的学生,提供接受高等教育的机会。

3.2 学前教育

学前教育不属于由国家管理的普通教育的组成部分。可是,有一些学前教育的设施却是由地方政府当局、非政府组织,以及私营部门在对学费征税的基础上提供的。据估计,有大约50%的斯里兰卡儿童接受学前教育,接受这级教育的时间从几个月到一年不等。许多学生没有受过系统的学前教育,农村地区的学生更是如此。

3.3 特殊教育

提供特殊教育的课程形式有两种:一种是整合特殊教育课程,残疾儿童和正常儿童一起到普通学校上学,接受教育;还有一种是非整合特殊学校课程,残疾儿童在特殊学校里学习,多数是寄宿制。斯里兰卡对待残疾儿童的政策导向是让他们尽可能在普通学校学习整合课程。特殊教育是为这些类型的孩子提供的:视力有障碍的儿童、有听力障碍的儿童、有智力缺陷的儿童、瘸子和学习能力低的儿童。教育部内设有一个特别的单位,负责特殊教育课程的实施,以及协调其他与之有关的活动,如与保健和就业、不同部委有关的协调工作。

3.4 职业、技术教育和商业教育

职业、技术教育和商业教育涉及各级职业与技术教育的方方面面,由大约20个部和国家机构下的多个机构负责行政管理。下面是一些主要的部委:教育与高等教育部、青年事务与体育部、农村工业发展部、地方政府、住房与建设部、教育部、劳工部、渔业部和卫生部。一些私营部门建立的机构也为少数学生提供工业培训课程。

在1981年,政府就教育改革的建议发表了一份白皮书,针对辍学学生、已经接受完普通教育的学生开展的技术/职业教育扩展与巩固工作提出了建议。其中主要建议包括:在9~11年级,将技术教育和学术性普通教育证书(O级水平)教育平行化;为退学者提供相当于初级中等教育水平的艺术类课程;建立一所提供非正规类型扩展课程的“开放学校”;在“技术教育局”的领导下,开设技术、商业、艺术和学徒制课程;开放大学课程;(大学水平的)职业学院开设有关多种职业的课程。这些建议中的一些建议到目前为止还没有得到实施。

可以从大的方面将现存技术/职业教育课程分成四类:相当于大学水平的专业工程教育;技师水平的技术教育;手工艺水平的技术/职业教育;还有为各级技能水平开设的职业培训课程,这种课程多数是短期的。除此以外,还有由雇主提供的在职培训,以及由受过培训的工匠以传统行会的形式提供的非正规培训。

有2所大学的工程学院和开放大学开设学位水平的职业教育。总共有24所技术学院和教育与高等教育部领导下的5个附属单位开设了文凭及证书水平的课程,这些课程涉及的领域非常广泛,包括商业、会计、速记等等。除此以外,数所学院还开设了全日制和部分时间制的手工艺(贸易)水平课程。国家学徒与工业培训局(NAITA)在200多个工业机构中,为11 000多名学徒开设了多达150种的贸易课程。这些课程都与工业界和就业市场有一种内在的联系。国家青年服务委员会和劳工部在当前市场需求的基础上,开设了职业培训课程。国家和由国家资助的机构承担技术教育与职业教育的主要责任,私营企业的参与比较有限,通常通过国家学徒与工业培训局协调。国家资助的课程通常是免费的。在国家学徒与工业培训局接受培训的学徒可获得国家的财政支持,在完成学业后,被吸收进工业企业。像“人人幸福”这样的志愿者组织,以及一些私营机构也开设职业培训课程。

由于大量的政府机构和非政府机构都参与到技术/职业培训中，所以，这些课程在标准化以及水平流动、垂直流动问题上，在通过质量改善获得的高度市场性与生产率问题上，缺乏适当的协调。为了改善这种情况，斯里兰卡建立了一个第三级职业教育委员会(TVEC)。

随着经济的扩展和现代化，斯里兰卡引进了新的课程，并对有的课程进行了适当修改，特别是与计算机和信息技术、旅游业和酒店管理，以及新的非传统工业有关的课程。

3.5 成人与非正规教育

成人和没有上学的儿童的教育需要没有得到政府的高度重视，这种状况一直维持到20世纪80年代，这时在教育部内建立了一个非正规教育司，并且启动了几个项目。非正规教育现在是公认的政府政策的一部分。在1992年，非正规教育司为儿童、青年和成年人举办了四种学习课程：为退学者举办了技能发展课程；为没有上过学的人、小学的辍学学生开办了扫盲课程；教育/社区教育；为成年人开办了英语学习班。还有几项新的课程项目正在计划中。

非正规教育是由捐赠机构支持的，如联合国儿童基金会和瑞典国际合作发展署(SIDA)。同时还利用了正规学校教育部门的现存基础设施。在全国范围内引入“开放学校”网络，为已经离开正规学校的人，开设多种短期课程，或是引进一个更加全面的“开放学校系统”，这是新的教育改革项目中，一个正处在讨论中的建议。在国家教育研究院内建立了一个非正规教育研究所，来进行教育领域的研究与开发工作。

在非政府部门，很多社会服务组织和志愿者组织为成年人及儿童开设了各种类型的非正规教育课程，主要是一些为学习者创收的活动，如手工艺和农业。

4. 行政管理的结构与运行

教育与高等教育部(MOE&HE)(以前是两个独立的部委，但是从1990年开始合并到一起)负责斯里兰卡普通教育、教师教育、高等教育、技术教育/职业教育的设计、实施、控制和保持工作。教育与高等教育部的行政长官是部长，一位国家教育部长、一位教育服务项目部长、一位高等教育项目部长辅助他开展工作。教育与高等教育秘书，也是教育总书记，是本部中最高级的公务员，负责整个教育系统内部的督导和管理工作。公共服务委员会领导下的、一个被命名为“教育服务委员会”的独立机构行使这样的职能，如教师和教育服务官员的录用、晋升和纪律问题。大学拨款委员会负责与大学和其他高等教育机构有关的问题。以前由教育部行使的一些职能(如课程开发、研究、远程教育、教育行政管理人员学院的管理等)现在已经转给了新成立的国家教育研究院(NIE)。

因此，斯里兰卡的教育结构和行政管理是高度集权化的。随着权力向省委员会的下放，这种情况已经有所改变。各省由教育厅行使中央政府分配他们的权力和职能。中央教育部正在进行适当的组织安排和结构变化，从而确保中央、国家教育研究院，以及各省委员会能协调开展工作。

在教育官员联合会领导下形成的一种行政管理和督导单位的“学校联合会”，从20世纪80年代开始，已经让位于一种“学校群体制度”。这些学校群体由学区教育办公室管理。学区办公室是隶属于省教育厅的次一级单位。

5. 教育财政

1989年政府用于教育的经费是74.77亿卢比，相当于政府全部开支的7.9%，国民生产总值的3.36%。从独立以来，投入教育的经费总是在波动，数量多少一般取决于各届政府的优先发展项目以及教育政策。教育经费占国民生产总值的比例从20世纪50年代不断增长，从1952年的3%，增长到1960年的4.8%，到1965年则增长到4.9%，然后直到1972年，一直保持在4.0%～4.9%之间。从1973年(3.4%)开始稳步降低，到1977年只有2.8%，1984年2.48%，在80年代末期又逐渐提高，大约在3%左右。从1983年开始，大约每年收到国外资助3 700万卢比。这还不到普通教育经常性开支的1%。大约80%的教育财政预算用于给教师发放工资。教育经费在各级教育的分布情况是：用于初等教育和中等教育的经费大约为93%,7%用于第三级教育。每年生均总经常性开支是906卢比(1985),而非工资经常性开支是136卢比。

由于几乎所有的正规教育系统都是国立的,因此,除了几个学费要征税的私立学校,资金和经常性开支均由国家提供。学校可能要学生交设施使用费,以弥补课外活动成本,如体育运动。学校发展团体和校友会有时也会帮助学校提供设施。

尽管从1年级到学生完成大学的第一个学位的教育都是免费的,但是来自低收入家庭的学生还是需要得到财政支持,以不至于辍学。有几个资助项目,为需要这种财政资助的学生提供帮助。由教育部举行的5年级测试,以及其他几个项目,为贫困学生提供奖学金。还有为高校大学生提供的银行贷款和奖学金。

6. 师资

据估计,1990年公立学校教师的总人数大约是18.4万人,其中只有10.6万人受过专门的培训。大学中的教学人员数量在1988~1989学年大约是1 785人。

教师的录用标准有两个:大学毕业生;在大学结束时(13年级)要进行的普通教育证书考试(高级水平)中,3门科目达到最低通过分数的毕业生。教育的迅速扩展致使大量没有受过培训的教师被学校任命。在1990年,全体教师中仍有42%的人没有受过专门培训。在1992年有四类最初培训:16所教师学院为非大学毕业生提供为期3年的在职培训课程;7所教育学院开设了为期3年的职前课程;由国家教育研究院管理的一种远程教育课程;由3所大学的教育系和国家教育研究院为研究生教师提供的研究生教育证书课程。教师学院和教育学院由教育部领导。

除了最初培训外,国家教育研究院和各省教育厅还开设了在职教育课程,使教师具备适应课程和教学法变化的能力。为了实现这一目标,"硕士教师计划"正处在实施的过程中。有几个专门培养英语师资的项目。国家教育研究院在一些选定的专业内,开设了教育学士课程。国家教育研究院的教育管理发展所开设了各种培训校长、副校长以及管理人员的课程。

7. 课程开发与教学方法

为了课程开发的目的,可认为学校教育由本词条3.1部分所勾勒的四个阶段组成。1~11年级使用的是统一规定的国家课程。小学低年级的课程具有高度整合的特征,包括母语、数学、环境研究、创造性和审美活动以及宗教。在小学的高年级,课程具有半整合性,更加强调按科目教学,同时还引入了一门"初学者科学"课和作为第二外语的英语课。中等教育阶段的课程由以下科目构成,有些课程具有跨学科性:宗教、母语、英语、数学、综合科学、社会研究和历史、审美教育、保健、体育、生活技能/技术科目。生活技能为7年级和8年级的学生开设,9年级的学生则可在53种职前教育的科目中选学任一个科目,这类课程覆盖了多种职业领域。学生在10~11年级时,可从几种选择中选学一个技术科目。

在11年级结束时,这也是对所有人来说普通教育结束的时候,学生们要参加O级水平普通教育证书考试(GCE O)——这是一种中央控制的有计划的全国统一毕业考试。只有达到O级水平普通教育证书考试一定规定标准的学生才能升入大学(12~13年级)。一般来说,只有25%的学生具备升入大学的资格。这个阶段的课程以科目为导向,由内容广泛的科目组成,可将这些科目分成三组:艺术、科学和商业。学生可从任何一组课程中选四门课。在这一阶段的教育结束时,要进行A级水平普通教育证书(GCE A)考试。有GCE A级水平科学课程组的学校开设了有关计算机方面知识的科目。

国家教育研究院负责为学校课程准备教学大纲、教师手册和教科书。课程开发小组由研究院的专门官员、教师教育家、教师组成。教育出版社负责教科书的出版和发行。

初等教育和中等教育的课程最新的重大修改时间是1986年,高等教育的则是1979年。可是,斯里兰卡的课程处在一个持续的、非正式的、质量不断提高的过程中,从而将内容、教学法中出现的重要变化,以及不断出现的最新问题囊括到教材中。但是在课堂上实际使用的课程却没有达到规定的要求。尽管努力在教学中引入以活动为中心的教学方式,而不是以教学为中心的教学方式,但是,教学法依然是非常传统的、灌输式的,尽管开发了无线电教学和电视教学,以支持学生学习科学、数学和英语。

政策缺少连续性已经导致课程的突然变化,这给教师的教学活动和学生的学习活动带来了困难。课程的相关性和平衡,以及它的偏见和缺少弹性,使它经常成为批评家质疑的对象。

因此,使学校课程既能满足希望接受高级专业培训的少数人的需要,又能满足没有能力或不愿继续求学的多数人的需要的问题依然没有解决。多数教师和学生采用的以考试为目标、死记硬背的教学与学习方法也是一个大的问题。

8. 考试、升级和证书制度

原则上,学生可从一个年级升入更高的年级,但是也有例外,这一点从留级生的人数就可看出来。1991 年强制实施的规定要求只有在 9 年级时取得初级技术证书的学生,才能继续求学。11 年级结束时的 O 级水平 GCE 考试是一种重要的、全国性统一考试,这是为学院的三种分流方向选择学生的一项考试。尽管在 A 级水平 GCE 考试中获得的成绩作为学生取得证书的依据,但是在全国上下以成绩为基础,同时以一个学区的配额为基础,大学利用累计成绩录取新生。

斯里兰卡社会更相信由中央控制的、同样标准和准绳的全国性考试,而不信任分权化的、或以学校为基础的评价程序。在各个时期引入的、以学校为基础的持续性的评价制度遇到了来自家长、教师的强烈反对,因此不得不废除。这就导致课堂上的教授—学习过程越来越以考试为目的,致使课程中设定的更可取的目标被忽视了。各种全国学校考试都是由考试院负责。

9. 教育评价、评估和教育研究

国家教育研究院的研究所主要负责开展研究工作和促进研究。在国家教育研究院建立之前,教育的研究和评价工作由教育部的各个部门以及官员个人自发地进行。大学中进行的研究主要限制在为获得学位而呈递的学位论文领域。教育部规划司每年都要进行学校调查,处理得到的数据,向决策者提供总结性的统计数字。考试院对 GCE 的 O 级水平和 A 级水平两种全国性考试的结果进行分析,这给教育研究提供了一些反馈信息。

国家教育研究院的研究所已经开展或赞助了多项有关下列问题的研究,如学校有效性指标、管理改革、教师要求、学校形象、政策变化、学生成绩、地区差异等等。

正如国家教育研究院预言的那样,20 世纪 90 年代教育研究的主要重点是有关下列方面的问题:一定科目的成绩差问题,如数学、科学和英语科目;为初等教育建立一种最低学习持续期;基础教育的非正规教育方法;5 年级奖学金考试的合法性问题;科学教育中的实验活动;由民族冲突带来的问题的解决方式问题;向省委员会下放权力;教师教育的质量改善问题。

没有为初等教育和中等教育的评价及研究工作提供专门财政预算。

10. 20 世纪八九十年代的主要改革

教育改革是由 1977 年任命的教育改革委员会(ERC)开创的。教育改革委员会报告(1982)建议对教育制度的结构和内容进行一定的改革。1981 年教育改革白皮书(教育部 1981)为斯里兰卡 20 世纪 80 年代的教育改革提供了一个基本框架,被认为在学校和技术/职业教育改造方面迈出了关键的一步。这些建议涉及教育制度的方方面面,引起了公众的激烈讨论。一些建议,如学校科目组、持续评价等受到了公众的批判。有一些建议得到了实施,一些在经过试验之后被废除了,还有一些有待实施。

政府在 1991 年任命了一个国家教育委员会,这是政府的一个咨询机构,它负责在有关改革与创新、协调、教育政策的合理化方面向政府提供咨询建议。这个委员会的注意力已经被吸引到如何在与雇主的密切合作下,将教育系统的产品多样化,以及如何使教育系统成为一个多层次、更加有效的人力资源开发系统的问题上去了。

11. 2000 年面临的主要问题

到目前为止,就教育参与率和人们的文化素养而言的教育的量的进步方面,斯里兰卡已经取得了明显的进步。因此,教育未来面临的挑战是如何提高教育质量,以及教育系统内部的效率,以满足快速变化的社会需要,以及从对教育的巨额投资中获得更多回报的问题。在上面的论述中提到的主要问题是:教育系统内部的低效率;种族之间的和谐相处;课程缺少相关性;大量的没有受过专门培训的教师;缺乏问责制度、有效监督、监控与评价制度;教育政策在全国范围内缺少一致性和连续性,这就造成了教育系统内的无秩序,系统内部门间以及与本系统外的其他部门间缺乏适当的连接和协调。

历届政府都面临着这样的问题,即如何确保教育系统培养出来的人才能够具备提高个人生活质量,以及承担实现国家目标的任务所需要的知识、技能、态度和价值观的问题。受过英语教育的、以西方为定位的精英与受过母语教育的、多数人是农村人口的大众之间存在的"大众—精英差距"向决策者和规划者提出了一个严重的问题。受西方价值标准和偏见影响占支配地位的精英文化表现出来的,对打破从殖民统治时期继承的传统教育模式问题,以及对打破目前由发达国家强加的教育制度的抵抗问题,以及对变化的抵制问题一起,使斯里兰卡教育改革面临的任务更加艰巨。教育未来面临的总的挑战是打破对传统正规教育制度的过渡依赖,创造一种能融合正规、非正规教育以及非正式部门,并且能利用社会所有环境的创新性教育制度,从而实现个人发展和国家发展的目标。

A. M. 拉纳维拉(A. M. Ranaweera) 著

吴志兰 译

附录

ERC 1982 *Towards Relevance in Education: Report of the Education Reforms Committee 1979*. Ministry of Education, Colombo

Ministry of Education 1981 *White Paper on Education Proposals for Reform*. Ministry of Education, Colombo

Ministry of Education 1989 *School Census 1989*. Ministry of Education, Colombo

Sri Lanka 1990 *Annual Report for the Year 1990*. Central Bank of Sri Lanka, Colombo

UNDP 1991 *Human Development Report 1991*. Oxford University Press, New York

其他参考文献

De Silva W A, Gunawardena C 1989 *Educational Policies and Change 1977—1986*. National Institute of Education, Maharagama

Gunawardena G B n. d. *A National Study on Secondary Education in Sri Lanka*. National Institute of Education, Maharagama

Herath J P 1991 *Sri Lanka Country Paper for SAARC Expert Group Meeting on Modernization of Curriculum*. National Institute of Education, Maharagama

Jayasuriya J E n. d. *Educational Policies and Progress during British Rule in Sri Lanka 1796—1948*. Associated Educational Publishers, Colombo

Jayaweera S 1988 *Educational Policies and Change from the Mid-twentieth Century to 1977*. National Institute of Education, Maharagama

Nystrøm K 1985 *Schooling and Disparities. A Study of Regional Differences in Sri Lanka*. Institute of International Education, University of Stockholm, Stockholm

Singhal R P et al. 1989 *Education and Training in Sri Lanka*, Vols 1—4. Educational Consultants India Ltd., New Delhi

Sri Lanka 1969 *Education in Ceylon (from the 6th Century to the Present Day): A Centenary Volume*, vols 1—3. Ministry of Education and Cultural Affairs, Colombo

Sri Lanka 1990a *Report of the Presidential Commission on Youth*. Department of Government Printing, Colombo

Sri Lanka 1990b *Statistical Pocket Book of Sri Lanka 1990*. Department of Census and Statistics, Colombo

Sumathipala K H M 1968 *History of Education in Ceylon*. Tisara Prakasakayo, Dehiwala

泰国的教育制度(Thailand: System of Education)

1. 基本背景

泰国国土面积为513 511平方公里,是东南亚面积最大的国家。泰国历史上不曾沦为西方国家的殖民地。泰国国家的形状类似一把斧子,分为中部平原、北部、东部、东北部和南部五个地区。全国共76个省,首都是曼谷。

1961年,泰国以"全国发展"的若干规划对国家的发展进行规划。全国教育发展规划是作为全国经济和社会的发展规划的不可分割的一部分。每个规划为期五年。本书编写之时,第七个五年计划(1992~1996)正在推行之中。

第一和第二个五年计划期间,泰国的人口增长率为每年3.2%。从第三个五年计划(1972~1976)起,推出了第一个人口规划,同时开始实施计划生育。

1990年,泰国的人口为5 670万,平均增长率为1.5%。占人口大多数的是泰国人,但是并存着许多其他民族,包括华人、印度人、越南人和许多山区部族。交流和教学语言是泰国语。有些省的教育由于语言问题很难推行,尤其是南部边陲、北部的山区部族和东北部偏远的农村地区。语言问题是影响学生学习效果的因素之一。1989年,小学的入学率占适龄儿童的92%,其余8%主要包括山区部族、移民和残疾学生(全国教育委员会办公室1991)。

1960~1990年,泰国的人口可以划分为两个社会团体:城镇上层阶级的团体和农村下层阶级的团体。城镇的居民具有新型的生活方式,崇尚个人的成功,强调竞争,注重物质享受。而农村地区的居民则仍然缺乏先进的科技。这种社会的贫富差距已经引起了泰国政府的重视。

1990年,全国经济增长率为8.3%,低于上一年的10%。进口总额为8.2亿泰铢(合3 064.7万美元),与上年相比增长了27%。出口总额为5.9亿泰铢(合2 205.1万美元),比上年增长16%。其中农产品出口额为8 750万泰铢(合327万美元),非农产品为5.44亿泰铢(合2 033.2万美元)(泰国银行1991)。

1990年11岁以上的劳动力为3 170万,但是实际就业人口为3 020万。其中农业就业人口占60.9%,制造业占10.3%,其余的来自其他行业。熟练的技术工和专业工,如工艺师和工程师短缺,反映了劳动力的供需之间在质量上存在出入。

从失业人口受教育程度来看,小学水平或受教育程度更低的失业人口的人数最多,后面依次是职业和技术教育、初中教育、高中教育、大学和教师教育(全国经济和社会发展委员会办公室1990)。

泰国政府将教育事业作为达到全国发展目标的必不可少的基础。自1960年以来,教育成为促进经济的独立发展和实现社会稳定的重要手段。教育应该为经济增长和目标实现服务,因此,教育与全国的经济和社会的发展息息相关(教育部1987)。

为了响应在吉隆坡召开的全民教育的世界宣言大会,泰国政府1990年试行了一项计划,即从1990年起在小学和中学将基础教育由6年延长至9年。当然,这一计划要以足够数量和质量的教师队伍和硬件设施为前提(全国教育委员会办公室1991)。

除了政府在普及义务教育和延长基础教育所做的努力之外,1991年全国教育委员会办公室草拟了全国教育规划修订稿,对1977年的教育规划进行了修订。根据修订后的规划,学生素质的发展,自律能力的培养,价值观教育,国家的传统、文化和艺术的教育将成为各级教育的重点。

2. 教育政策与目标

国家以政策作为指导和保证教育制度有效运作的基础。国家的政策称为"全国教育规划"。1991年全国教育规划提出的泰国教育事业的目标是注重四个主要方面的发展:智力、精神、体质和社会。

规划中提出的理念和革新方向的实施计划体现在全国教育发展计划上。该计划提出,教育的主要目标是促进人们的道德、品质、智力、体质和职业等各方面的发展。教育旨在提高人们的知识和技术水平,使人们可以自食其力,在君主立宪的政体下过上幸福的生活,增强人们对生活的调节能力以及提高生活的积极性与创造性。并且,在资源有限的情况下,他们将成为经济和社会发展的力量源泉,满足个人、集体和社会的不同需求。

3. 正规教育体系

3.1 基础、中等和第三级教育

正规教育包含四个相互衔接的阶段:学前教育、基础教育、中等教育和高等教育。

1997 年全国教育规划实施以来,泰国的学制从以前的4-3-3-2改为6-3-3-4。小学6年为义务教育,初中和高中各3年,大学本科为4年或者4年以上。

基础教育的基本目标是通过培养学生的基本技能,促进个性发展,教授一些与未来就业有关的课程,促进学生的全面发展,培养学生成为家庭和社会的合格成员。这级教育属义务教育,免费入学。

中等教育面对的人群是青少年时期的学生。泰国的中等教育分为3年初中阶段和3年的高中阶段。中等教育比起基础教育增加了青年教育和某些程度的职业训练。高中学生着重接受与学生所选择的职业相联系的专门化职业训练,而初中学生着重接受知识以及技能和能力的训练,为将来继续学习作准备,并且成为社会传递知识、艺术和文化的过程的一部分。

高等教育包括本科教育和研究生教育。高等教育的目标是促进人各种能力的充分发展和成熟,推动知识和科学技术的发展,为国家的发展提供高水平的学术和专业人才。高等教育的形式有学院、大学和提供专门学习的机构。为响应国家关于促进人力资本开发的要求,以及满足高等教育的需求,尤其是中等教育的毕业生和在职成人的教育需求的政策,1971 年泰国建立了第一所开放大学:拉姆卡汉(Ramkamhaeng) 大学。但是,和其他大学一样,这所大学仍然主要是以学校面授的方式进行教学。这是不符合关于开放大学的普遍理念的。因此,1979 年一所新的开放大学——苏卡泰·沙姆他(Sukhothai Thammathirat)开放大学应运而生。该大学的目标是提供更多高等教育的入学机会。它利用大众传媒工具如电视广播等提供远程教育,或者利用课本、练习卷和其他教育辅助材料提供函授课程。总之不是以传统的课堂面授的形式。图1为泰国的学制以及各级教育的入学率。

在各级教育和除教师教育(只有公立的)之外的各类教育中鼓励发展私立教育作为公立教育的补充。1989 年公立学校占78%,私立学校占22%。各级教育公私立学校的入学人数的比例分别为:学前教育,77%和23%;小学,91%和9%;初中,88%和12%;普通高中,93%和7%;职业高中,56%和44%;高等院校,68%和32%(全国教育委员会办公室 1991)。大部分的公立和私立学校是男女同校。男女接受教育的机会平等。由于3/4的人口居住在农村,因此泰国农村地区入学的学生比城镇地区多。

正规教育中从学前到高中各级教育通常实行每日7节课,每节课50分钟。一学年大约200天。对于高等教育,教学时间相对灵活,以满足学生的需求。每学年大约180天。表1为1989年各级正规教育的相关数据。

3.2 学前教育

学前教育包括3~5岁的儿童的养育和教育,

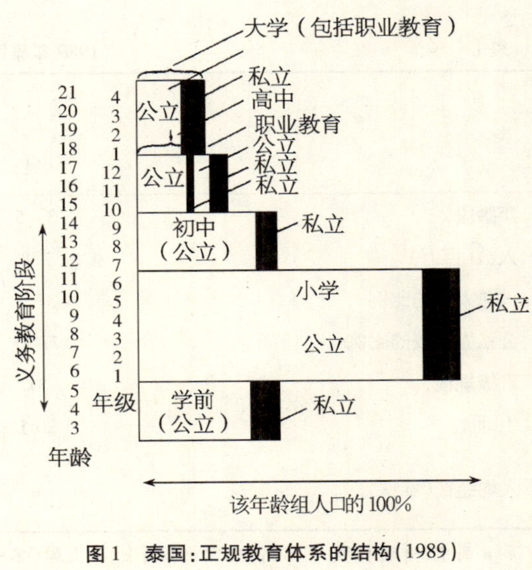

图1 泰国:正规教育体系的结构(1989)

也包括出生后婴儿的保育。由于认识到儿童早期教育是教育的最好阶段，因此早期教育的重点将放在培养儿童的自制能力、与人合作的习惯以及爱和信任等情感之上。儿童早期教育的主要场所包括家庭、社区儿童活动中心、保育学校和幼儿园。

3.3 特殊教育

在身体、智力、心理和社会交往上有缺陷以及被认为与正常儿童有别的儿童，他们需要特殊的教育环境。残疾儿童的教育必须一方面满足儿童的基本需求，另一方面又要满足残疾儿童的特殊需求。为满足残疾儿童的特殊需求的教育就是“特殊教育”。泰国的特殊教育和正规教育一样从幼儿园起设立各级教育。1989 年，特殊教育领域的学校、中心和组织为 64 个，其中 13 个是公立的，51 个是由私人和慈善团体创办的。这些组织需要大量的捐款和资助。残疾分为四类：智力、身体、情感和社会交往。依据智力高低，儿童分为天赋或超常儿童、正常或普通儿童、弱智儿童。身体残疾分为四类：视力残疾、腿脚或其他外部肢体残疾、听力残疾和口腔发声残疾。特殊教育的对象还包括在情感和社会交往方面有障碍的儿童。对于中等残疾的儿童，他们和正常儿童一样在正规的公立学校接受正规的教育。而对于无法进入正常学校学习的严重残疾的儿童，公立的福利中心为他们免费提供适合他们身体状况的职业教育，使他们可以生活自理或者得到一份有报酬的工作。1989 年，接受学前、小学和中学教育的残疾学生共 5 705 人。

3.4 职业和技术教育

职业和技术教育开始于中学阶段，延续到中学后阶段。职业教育与普通中等教育分开，设立专门提供职业教育的学校。职业教育分为公立和私立两部分。课程有四种类型：(a)职业教育证书——9 年级后参加 3 年课程（相当于高中教育的水平）；(b)高等职业教育证书——高中教育后参加 2 年的课程，相当于毕业证书或者副学位；(c)技术证书——普通中学 12 年级后参加 2 年的课程（相当于副学位）；(d)4 年的学士学位课程。

每级职业教育课程主要涵盖五个领域：工业、农业、商业、家政以及艺术与手工艺（1989 年，入学人数共计 556 907 人，其中 338 258 人接受高中职业教育，其余的 218 649 人接受高中后职业教育和大学本科教育）。上述五个领域可以继续分为各种专业。比如，工业包括电力、电子、金属加工、机械自动化等等。其他领域也包括若干专业。这些专业领域的课程将定期修改，以适应新兴技术的发展和社会各种职业模式的变化。

1989 年提供高中后职业和技术教育的机构的类型与数目如下：

表 1 1989 年泰国正规教育的数据

	各级教育				
	学前	小学	初中	高中	大学
年龄段	3～5	6～11	12～14	15～17	18～21
人数（百万）	3.8	7.6	3.7	3.7	4.9
占总人口的比例	37.7	92.3	34.6	13.5[a] 9.1[b]	16.8
公私立学校的比例	77:23	91:9	88:12	93:7[a] 56:44[b]	68:32[c]
班级规模	31	26	41	36[a] 35[b]	–
生师比	20:1	20:1	17:1	16:1[a] 18:1[b]	12:1[c]
人均经费（泰铢[d]）	–	–	4 214	5 169[a] 11 304[b]	35 594[c]

a 高中（普通教育） b 高中（职业教育） c 大学（不含走读大学） d 25 泰铢 =1 美元

(a)颁发职业和技术教育毕业证书与技师教育毕业证书的2年高中后课程。这些课程设在提供职业技术毕业证书的副学位课程的学院。这些学院中,204所学院是由教育部下属的职业教育司管理。兰杰汉拉技术学院(RIT)隶属于教育部,在全国29个校区开设2年的高中后课程,其曼谷北校区隶属于大学事务部(MUA),也开设这类课程。余下的341所私立职业和技术学校与学院都开设高中后课程。

(b)颁发学士学位的大学本科课程在不同的学院都有开设。兰杰汉拉技术学院的8个校区,开设工程技术、家政、工商管理、艺术和农业方面的本科课程。蒙库(Mongkut)国王技术学院(KMIT)在它的3个分校都开设了本科和研究生的课程。本科课程的对象是所有在相关领域持有职业和技术教育毕业证书,同时又希望继续学习2年拿到学士学位的学生。

获得毕业证书的课程任何专业都是为期2年。持有证书的学生可以停止学习,到劳动力市场申请技师之类的工作。如果他们希望继续学习,可以申请2年学位课程。

职业和技术课程的教师主要在4所院校培养:兰杰汉拉技术学院和蒙库国王技术学院的3个校区。普通课程的教师在教师学院和公立或私立院校培养。

职业技术教育的资金来源是全国关注的问题。公立的学校和学院开支大约80%来源于政府的补助。其余的资金来源于学费和私人的捐助。公立学校的收费为每学生每年学费800~2 600泰铢(25泰铢=1美元),而私立学校为每年7 000~9 000泰铢。私立院校的教育经费来源主要是学生的学费和捐款,因此私立院校的学费比公立院校高出三到五倍。

3.5 成人和非正规教育

接受非正规教育的泰国居民不断增多。长期以来非正规教育在大约占全国人口50%的泰国人的教育中起到了重要的作用。

教育部下属的非正式教育司是负责非正规教育的主要机构。50%以上的私立教育机构也设立非正规教育的课程。

非正规教育作为正规教育的补充,提供终身学习的机会,其主要课程包括以下三个方面:

(a)成人功能性扫盲,比如,相当于6~9年级水平的识字、算术和其他课程,在某些程度上,达到12年级的水平。

(b)生活技能和职业技术的训练,例如,短期职业培训班、兴趣小组等等。

(c)通过社区或村落的图书馆、学习中心以及教育和技术信息广播等提供新闻时事与各种资讯。

20世纪90年代初,各种各样的活动纷纷开展:非正规教育向弱势人群延伸,为适应当地的需要和条件的限制设立多样化的课程,并且和其他的服务相融合以产生更有力的影响。

1989年根据非正规教育司的统计,接受非正规教育的人数为636 543人。第一类,成人功能性扫盲的人数为331 614人;第二类,培训课程,共112 774人参加短期职业课程;其余的为第三类。

4. 行政管理的结构与运行

泰国的教育行政部门和其他的公共行政部门平行。教育管理主要分为三个等级:中央和国家的管理、地区的管理、当地的管理。泰国国家教育管理机构主要有四个部门。教育部负责小学与中学、教师教育和职业教育。教育部也负责从学前到中学,甚至到一些高中后教育的私立学校和院校的运作。内务部负责曼谷都市管理委员会(BMA)小学,以及全国各地自治的小学。大学事务部管理所有公立和私立的大学及学院。全国教育委员会办公室隶属于总理办公室,负责教育政策和发展规划的制定。

5. 教育财政

在第六个全国教育发展规划中(1987~1991),公共教育经费占国内生产总值的比例为3.2%。其中教育预算中所占比例最大的是学前和小学教育,为56.5%,中学教育为16.5%,高等教育为13%,职业和技术教育为6%,教师教育为2.5%,非正规教育为2%,教育行政和宣传为3.5%(预算司1991)。政府还向私立的小学和中学提供补助。而且,政府的财政资助还投向私立大学和学院的技术发展。表 1 中有生均教育经费的相关数据。

6. 师资

普通课程的教师由 36 个教师学院开设的本科和中学后课程进行培养，由教师教育司管理。大约还有 40 所院校负责专业科目的教师培养（比如，物理教学、戏剧艺术、美术、职业和技术教育等等），由物理教育司、美术教育司和兰杰汉拉技术学院负责。所有这些机构都隶属于教育部。大学事务部在公立大学开设教师培养的本科和研究生课程。在 1989 年，教师培养院校的招生总数为 33 850名，其中，3 888 名学生参加本科课程。未来教师培养的重点将放在专业科目的教师培养上，而不是普通科目教师的培养上，一方面为了避免受教育后的失业状况，另一方面为了满足对专业科目教师的需求。

许多新教师接受了教师教育之后，往往还缺乏成为一名优秀老师应具备的知识、技能和责任心。因此教师的在职培训越来越受到重视，推动教师职业生涯的发展。

教师培养毕业前的一个必经阶段是半个学期的教学实践。教学工作由教师学院的监督员进行监督。实习生的表现的评估采用依照一定参考标准的方法，集中考察他们的能力、行为和决断力等等。参加工作之后，每位教师的评估包括工作表现、行为、迟到早退等等。评估一年进行两次，评估结果将作为学校领导决定教师每年升职的考虑因素。

7. 课程开发与教学方法

特殊的教育决策部门对过去经验进行评估，对需求进行调查。教育目标的完成情况和教育体制的背景知识的了解是课程开发及修订的基本要素。

小学和中学的课程由教育部下属的课程与教学发展司（DCID）负责，而职业教育和高级证书课程的开发由职业教育司和兰杰汉拉技术学院负责。大学的课程开发一般由各学院、系所提出，经教授会、大学委员会和大学事务部研究通过。大学事务部批准课程之后，还应通知公民服务委员会，以使资格认证和工资表做相应的改动。

小学的核心课程包括以下五个方面的内容：

（a）第一方面：能力和工具科目，包括泰国语和算术。

（b）第二方面：生存技能，包括处理生活和社会问题的能力、科学的技能以及良好的生活方式。

（c）第三方面：个性发展，包括培养学生具备好的习惯、正确的道德价值观、积极的态度和良好的行为，为成为良好的市民作准备。

（d）第四方面：职业意识的培养，包括基本的职业观的培养和职业知识的积累。

（e）第五方面：兴趣小组，针对学生兴趣的课程。

初中的必修核心课程有 6 门，包括：泰国语、科学、算术、社会、健康教育和艺术教育，共 57 个学分。另外，3 门必修的课程有社会、健康教育和职业教育，共 18 学分，5 门选修课程共 33 学分，包括：（a）语言课程（泰国语和外语）；（b）科学/算术课程（科学和算术）；（c）社会课程；（d）个性发展课程（健康教育和艺术教育）；（e）工作/职业教育。

高中课程包括 3 门必修的核心课程（泰国语、社会和健康教育）与 3 门必修课程（健康教育、科学和职业教育基础）以及 5 门选修课程（泰国语和外语、社会和个性发展课程、健康教育和艺术教育、科学和算术课程、职业教育）。

地方政府和学校在遵照教育部的相关规定的基础上，可以根据当地的环境和学生的需要适当调整必修课与选修课的内容。但是几乎没有学校调整课程内容的余地，原因在于课程与教学发展司对 2、4 和 6 年级的学生定期举行考试，而且下一教育阶段的入学考试倾向于考察上一阶段的学习成果。

课程与教学发展司还负责编写教材、手册和教学材料。在大城市，教育局各部门决定课程所用的教材。在各地区，地方教育局在地区教育厅的领导下负责教材的选择。学校如果希望采用与地方教育局所选定的教材不同的教材，必须提请地方教育局的批准。

1992 年外语教学引进了新的教学计划，旨在拓宽外语学习的机会，有利于国家的发展。但是，出于某些原因,汉语在5、6年级以后才能教授。在所有外语中,最热门的是英语。

8. 考试、升级和证书制度

1978年小学的课程大纲就明确提出,原则上,小学除了最后一年也就是6年级之外,各学校自行组织期末考试。而且,1、3和5年级的学生必须达到80%的出勤率和各科考试的通过率达到60%。2、4和6年级必须参加并通过考试,出勤率达到80%。

中学阶段的评估和评价的尺度由同一地区的邻近的7~10个学校联合制定。6、9和12年级学生证书的颁发在经过学校联合的同意下,由各学校领导决定。

在第三级教育阶段,州立大学的入学竞争异常激烈。多项关于入学机会的研究显示大部分成功被大学录取的学生都是来自富裕的、有专业背景的和管理阶层的家庭。政府已经采取若干措施以调整社会阶层之间的不平衡。措施包括建立地区和开放大学,为在经济和社会地位上处于弱势的人群引进特殊配额制度。

9. 教育评价、评估和教育研究

在国家政策制定的层面,全国教育委员会负责制定对全国教育计划和全国教育发展规划进行评价的国家政策。全国教育委员会还对当前教育的状况进行研究,调查政策实施的情况,在此基础上向内阁和相关教育部门提出政策建议。

在政策的实施和操作层面,教育各个部门做进一步的研究和评估工作。课程与教学发展司负责课程实施情况的跟踪研究,以监督每年教育质量的状况。教育督导员、教师和技术职工合作建立:(a)外部的学校评估体系;(b)七个方面的测试,其中重点在于三个方面:语言、算术和科学,其余的涉及批判性思维、解决问题的能力、职业、社会交往能力;(c)内部学校评估体系的指南。

基础和应用科学研究并重。教育部下属的教育机构的重点在于,提高关乎农村地区生活质量的科研和开发,而大学事务部下属的教育机构则重在基础研究,推动科学和技术的发展,增加知识的总量。科研方面的拨款总额占教育预算的比例从1982~1986年期间的3%增长至1987~1991年的7%。

目前政府仍然没有对评估和评价拨出的特别款项和资源,但是在全国教育发展第六规划中,教育预算中的0.18%分配给课程与教学发展司,这为分配在这方面资源的比例提供了指导。

10. 20世纪八九十年代的主要改革

1987年全国教育委员会对全国教育体系进行多方面的研究。该研究由多个研究机构开展(比如高等教育机构和负责当地教育发展与学习化网络建设的地方研究机构),研究的目的是探求未来的需求和教育发展的方向。1977年计划中提出的课程内容、指示和政策已经不能适应信息技术革命带来的巨大变化。教育计划起草委员会于1992年颁布了新的教育计划。

另外,法律和机构改革正在进行。改革的重点在于政策和计划的一致性与一贯性,而不是教育管理和权力下放以及当地政府的教育决策。州立大学为增加灵活性、提高学术水平和学术自由,有走向非制度化和自由化的倾向。

11. 2000年面临的主要问题

2000年许多方面将进行调整。泰国教育政策主要由政府制定,政府即将进行机构和法律改革。由于教育部门人员的工资占据教育预算将近80%,使教育规模扩大和质量提高所需的资金紧缺,因此泰国政府决定将以分流和再教育的手段,缩减教育部门的人员以提高效率。教育系统将面临不断上涨的需求,原因是政府和工商企业需要高素质的劳动力。

目前迫在眉睫的问题是劳动力的开发,这是国家的自主和发展的重要基础,也是国家发展的力量源泉。扩大基础教育的规模,使所有适龄儿童接受9年教育,为基础后阶段的教育提供后备军,最终形成学习化的社会,从而使民众可以对国家的发展贡献力量。国家和人民正在携手共同朝着这个目标前进。

T. 布恩克亚尔(T. Boonchuay) 著
M. 西龙(M. Siaroon)
蒋盛楠 译

附录

Bank of Thailand 1991 *Thailand: Economic Developments in 1990 and Outlook for 1991*, Special Supplement. Ministry of Finance, Bangkok

Boonchuay T 1991 *A Country Monograph on Vocational/Technical Education in Thailand.* International Institute for Education Planning(IIEP), Paris

Bureau of Budget 1991 *Budget Allocation Fiscal Year 1987—1989.* Office of the Prime Minister, Bangkok

Office of the National Economic and Social Development Board(NESDB) Human Resource Development Division Thailand Development Research Institute (TDRI) 1990 *Directions and Employment Opportunities During the Seventh Plan.* NESDB, Bangkok

Ministry of Education (MOE) 1987 *Ministry of Education, Thailand, 1987.* Amarin Printing Group Co., Ltd., Bangkok

Office of the National Education Commission (NEC) 1991a *An Effort to Raising Achievement Level in Primary School in Thailand.* A state-of-the-art review submitted to Southeast Asia Research Review and Advisory Group (SEARRAG). NEC, Malaysia

Office of the National Education Commission (NEC) 1991b *Annual Report on Thai Education 1989.* NEC, Bangkok

其他参考文献

Department of Curriculum and Instruction Development, Ministry of Education 1987 Report on curriculum development by level and type, (mimeo.) MOE, Bangkok

Office of the Permanent Secretary, Ministry of Education 1988 *A Summary Report on Research for Planning Educational Resource Distribution.* Charoenpol Press, Bangkok

Office of the National Economic and Social Development Board (NESDB) 1991 *Summary: The Seventh National Economic and Social Development Plan.* Chumnoom Sahakorn Press, Bangkok

Office of the National Education Commission (NEC) 1987 *Vocational/Technical Education in Thailand.* A state-of-the-art review submitted to Southeast Asia Research Review and Advisory Group (SEARRAG). NEC, Malaysia

Office of the National Education Commission (NEC) 1989 *Report on the Implementation of the National Education Scheme 1977.* Roongroengsan Press, Bangkok

Office of the National Education Commission (NEC) 1990 *School Management in Thailand.* A state-of-the-art review submitted to Southeast Asia Research Review and Advisory Group (SEARRAG). NEC, Malaysia

Office of the National Education Commission (NEC) 1991 *Teacher Education in Thailand.* A state-of-the-art review submitted to Southeast Asia Research Review and Advisory Group(SEARRAG). NEC, Malaysia

越南的教育制度(Vietnam: System of Education)

1. 基本背景

20 世纪 90 年代,越南具有丰富的人力和自然资源,但近一个世纪的殖民统治和 30 年的破坏性战争制约了它的发展。现在,国家已经稳定下来,人们开始认识到它所具备的潜力。越南环绕东南亚的东海岸线,跨越东南亚两条最大的河流——红河和湄公河流域。两条河流的三角洲是世界上最肥沃的稻米产地之一,越南是世界上最大的稻米出口国之一。33.17 万平方公里的国土还蕴藏着大量的煤炭、铁矾土、宝石,森林覆盖率也相当高。在沿海发现了石油和天然气,人们普遍认为在这里能找到储量最大的石油和天然气。

越南有 6 440 万人口,近 80%(5 240 万)属于农村人口。大部分人口居住在河流三角洲和沿海地区。最大的城市是北方的河内(120 万人)和南方的胡志明市(原西贡,320 万人)。就民族而言,多数人口(87%)属于京族,少数民族人口 840 万,最大的少数民族有岱族、泰族、华族、高棉族、芒族和侬族等,共50多个独立的少数民族分布在全国各地,但多数居住在中央高原和北方山区。1991年人口增长率减缓为2.1%,1989年婴儿死亡率为5.4%,平均寿命为62.7岁。

在越南的历史行程中,长期受到儒家文化的影响。1858年法国势力侵入。1874年越王室和法国签订和约,把南部割让给法国。1884年沦为法国"保护国"。1930年胡志明创立了印度支那共产党。第二次世界大战中越南又被日本侵占。1945年越南共产党领导八月革命成功,9月2日宣布独立,成立越南民主共和国。同年9月法国再次入侵越南,越南人民进行了抗法战争。1954年关于恢复印度支那和平的《日内瓦协定》得以签署,越南北方(北纬17°以北)获得解放,南方仍由法国(后成立由美国扶植的南越政权)统治。1960年越南南方民族解放阵线成立,1961年起越南开始进行抗美救国战争,1973年,美越在巴黎签订关于在越南结束战争、恢复和平的协定,同年3月美军开始从南方撤走。1976年7月宣布全国统一,定国名为越南社会主义共和国。1975年越南刚统一时,最初的发展模式以指令性经济和高度集中的管理为基础。主要的农耕经济实行集体化,国内经济萧条,并与世界和地区市场相隔绝。越南认识到了早期存在的问题之后,逐渐开始放松中央控制。1980~1985年期间,家庭合同体制引入农业,生产决策和规划权下放到地方与企业一级。下一个五年计划(1986~1990)增加了新的措施,国内贸易障碍消除了,在农业上实行家庭长期租借土地,允许农民以市场价格出售自己的农产品,而不是上缴国家或合作社。最果断的改革措施始于1989年,政府决定实行政府管理下的社会主义市场经济。

2. 教育政策与目标

越南政府主要的政治目标是通过将现有经济体制转换为市场经济从而推动经济增长和发展。设想在现有的社会主义框架之内实行市场自由化。不过,这一框架与有些社会主义国家不同,而是含有很大程度的地方分权。政府打算在维持政治权威的同时,继续维持分权制并提高分权的程度。通过解除价格管制、工资制度的货币化、取消对国营企业的津贴和强制性目标、鼓励外国投资、建立开放的银行结构和保持货币(盾)稳定等政策,国内经济获得了很大的发展。然而,依然有着许多问题需要克服,除了由于美国的阻挠无法获得国际机构基金外,通货膨胀仍旧非常严重。

在越南,人们认为教育和经济有着密切联系。与社会主义制度和传统文化基础相一致,越南始终高度重视教育,因此,人民接受了相对良好的教育,接受教育的人口比例为86%。根据1989年的全国人口调查,从未上学的10岁和10岁以上儿童只有12.3%。然而,强调经济增长和发展对教育系统提出了新的、更富有挑战性的要求,因此,改善教育系统的外部效益将是优先要考虑的事项,重点是培养有技能的、合格的、有创造力的毕业生。还需要教育系统具有更大的灵活性,对就业市场的需求做出反应。现在迫切需要改善对管理人员和企业家的教育。

在教育改革的同时,保持以往取得的成果也很重要。越南的社会主义制度导向教育系统的高度公平并强调满足社会弱势群体的需要。向市场经济的过渡将会影响这一倾向,因此,必须注意继续确保教育满足社会弱势群体和少数群体的需要,同时满足从农业到工业社会过渡以及培养更多熟练劳动力的需要。

3. 正规教育体系

3.1 初等教育、中等教育和第三级教育

越南的普通教育始于6岁,包括5年小学、4年初中、3年高中、2~8年第三级或职业教育(见图1)。

小学到初中实行义务教育,但辍学率很高,初中进入高中的升学率很低。过去,曾尝试将小学和初中教育连接成9年基础教育,许多小学和初中联合学校建立起来,但实现初中义务教育的目标推迟了,所以,注意力转移到保证适龄儿童至少接受小学教育。

1990年,小学阶段有860万学生和25.2万教师,生师比为34:1。初中有学生270万,教师15.1万,生师比为18:1,独立初中有1 880所。全国有小

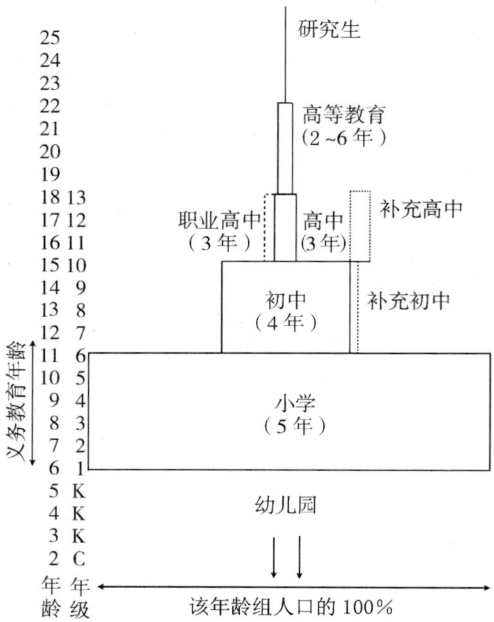

图1　越南:正规教育体系的结构

学和初中学校14 300所,其中小学和初中的联合学校7 942所,独立的小学4 634所。在这一阶段,学生转学两次的现象很普遍,转三次学的学生人数也不少。高中阶段有学生69万,教师4.1万,学校1 078所,生师比为17:1。初中和高中阶段的注册人数都在下降。在小学阶段,1 000名学生中完成学业的有448人,读完小学的平均年限为5.43年,平均辍学率为15%。大约72%的小学毕业生进入初中,30%的初中生升入高中。初中的辍学率为25%~30%,高中为15%~19%。

高等教育全日制学生的注册人数从1980~1981年的近12万下降为1985~1986年的8.6万,1989~1990年又回升到9.3万。102所大学、学院、初级学院和研究所中共有12.6万全日制、部分时间制和在职培训学生,这样,每1万人口中有大学生20名,这一数字远远低于亚洲其他国家。长期和短期高等教育课程提供各种专业证书,从副学士(3年)、学士(4~5年)、硕士(2年)到博士(4年)。

3.2　学前教育

越南历来认为学前教育非常重要,认为它不仅可以发展儿童的潜力,还可以为以后的学校教育作准备。虽然对它应该受到多大的重视还存有争议,全国6 850所幼儿园呈现出明显的学术倾向。近100万3~5岁儿童在幼儿园注册入园,由于缺乏扩大发展的资金,这一数字连续数年保持相对稳定。还有1.3万个托儿所对3岁儿童提供早期护理。但是,幼儿园儿童的人数从1985年的120万人减少到1990年的55万人。投入学前教育的大部分政府预算用到了幼儿园(学前教育占教育预算的5.3%,其中的3.3%用到了幼儿园),认为托儿所应该更依靠家长和当地社区,但这种做法在20世纪90年代初期不像80年代那样可行。托儿所教师有8.5万人,幼儿园教师7.6万人,生师比分别为6.5:1和21:1。现在,托儿所儿童占年龄组总数的13%,主要设在城市;幼儿园的注册儿童占3~5岁年龄组的33.7%。

3.3　特殊教育

9~13岁的人口中有近2%为残疾儿童。在河内和胡志明市有专门为盲童和聋哑儿童设立的特殊学校,但数量太少,无法满足需要。

3.4　职业和技术教育

职业/技术培训由中学阶段的各种专业学校和职业中学提供,通过地区中心的在职培训课程、高等教育机构和企业以及中学与第三级阶段的专业课程进行。政府各个部门和其他机构也提供职业和技术培训,总之,这一系统很复杂,各部门之间需要协调。

初中学习2年或高中学习1.5年的学生可以进入职业教育商业学校。这类学校的注册人数从1980年的24.4万人下降到1990年的10万人,学校也从1985年的313所减少到1990年的242所,其中119所由中央管理,另123所由地方管理。商业学校提供7个专业领域:农业及林业和渔业(120所)、通信和邮政(7所)、建筑(46所)、机械(49所)、机械学和电学(71所)、商业(30所)、其他(19所)。

中等职业教育由270个机构提供,中央和地方分别管理其中的100所和170所,共提供5个专业领域:农业与林业和渔业(41所)、文化和艺术(75

所)、经济学(60所)、工业(38所)、医学与体育和运动(47所)。初中毕业的入学者学习3年,高中毕业的学生学习2.5年。20世纪80年代,注册情况保持稳定,1990年,在校生13.85万人。

自1986年来,近200个职业中心的短期课程(连续不超过6个月)的注册人数有所增加,而注册高等教育机构的在职教育课程的人数减少了,从1986年的28.5万人下降到1990年的5.36万人。参加企业在职培训的人数也呈下降趋势。

3.5 成人和非正规教育

青年和成人的校外计划可以划分为扫盲、补习、在职、职业/技术和社会福利教育课程。它们由许多部门和机构管理,如妇女协会、青年协会。20世纪70年代末80年代初,扫盲计划受到了特别重视,对越南现在接受教育比例高达86%的成就做出了贡献。扫盲计划的注册人数在80年代末开始下降,1990年为18.9万人,占参加补习教育学生的35%。补习教育的总人数从1980年的近39.9万人增加到1990年的55.3万人,增加的数额多数出现在高中阶段,从1980年的18.4万人增加到1990年的28.4万人。初中阶段的补习教育人数在80年代下降了。

上面已经提到职业/技术课程,这里不再赘述。社会福利教育包括不同目标、不同阶段和不同传播方式的各种课程。例如,健康教育课程为160万个母亲提供服务,而27.6万名妇女注册参加增加收入课程。这些课程的资金来自学员学费以及工作单位、自治会、非政府机构和国际组织的援助。不过,大部分资金来自政府。

4. 行政管理的结构与运行

教育政策由国家制定,但政策的实施和运行是省级及省级以下政府的责任。初等教育由地区和公社管辖,而中等教育则归属省级教育部门,有些初级学院也由省级部门管辖。如上所述,各种部门与机构监督在职教育、职业/技术教育和一些社会福利教育课程,因此,监督、检查和资助教育是中央及地方的共同责任。中央政府提供的资金用于支付工资和奖学金,省、地区和公社的资金则用于其他开支。

1987年之前,国家一级的教育事务由4个独立的部门监督和指导,它们在1987年合并为2个部:普通教育和高等教育部、技术教育和职业教育部,这2个部在1990年又进一步合并为单独的教育和培训部。该部设15个分部、2所国家级研究所和许多部级学院。15个分部包括:部长办公室、规划和财政、组织和人事、国际合作、科学和技术、督察、学前教育、普通教育、在职和补习教育、技术和职业教育、高等教育、研究生教育、学生事务、教师、体育和运动。2个国家级研究所是全国教育科学研究所、全国高等教育和专业教育研究所。省级教育部门设5个办公室,分别是学前教育、普通教育、职业教育、补习教育、财政和规划。地区办公室设2个局:督察管理和设备。

5. 教育财政

教育经费占政府预算的比例从1986年的6.9%增长到1989年的8.1%,相当于国民生产总值的2%左右。教育预算在各级教育之间的分配情况如下:学前教育5.3%,初等教育50%,中等教育8.4%,高等教育15%。高等教育和职业教育约99%的开支(其中,奖学金占大约25%)由中央政府支付,但普通教育预算中仅有20%来自中央政府。近75%的教育总预算由地方支付,只是地方的投入因地而异。

多数教师的工资由中央政府支付,教师和管理人员的工资相当于政府教育预算的77%左右。其他的教育费用通过地方税收、征款、捐助或学费等形式由地方提供。当地公社自愿捐助资金帮助学校的建筑、修缮和满足其他重要的需要。

初等教育的生均单位成本,如果以越南盾计算,城市大约为3.8万盾(3.6美元),山区6万盾(5.6美元),内陆和平原地区为3.2万盾(3美元)。初中的生均单位成本是5万盾(4.8美元),高中为8.5万盾(8美元)。初等教育标准费用为100万盾(94美元),中等专业学校为70万盾(66美元),职业学校为72万盾(67.8美元)。小学免费入学,但1992年教育部的一项调查显示,学生费用的26%是由家长支付的。初中要求家长支出相当于1.5公斤大米的费用,而高中家长要支付相当于3公斤大米的费用。

6. 师资

政府部门劳动力有370万,其中,教师占80万,构成政府部门最大的一个专业团体。政府支付60万名教师工资。教师在越南非常受尊重,但他们的工资与亚洲其他国家相比非常之低。小学教师的工资平均为0.8至1.2与人均国民生产总值的乘积,其他亚洲国家则是2.6与人均国民生产总值的乘积。工资虽然显著提高了,但由于通货膨胀,工资的实际购买力反而下降了。1985年,一位大学教师的平均工资相当于87公斤大米,同样的工资1991年底仅能买到34公斤大米。为补充其定期收入,许多教师在校外做兼职。

教育系统每个阶段都有大批的不合格教师。小学教师只有33%接受过规范的全日制职前培训,接受过规范的全日制职前培训的初中教师有48%,高中教师有90%。

小学教师的最低资格是初中毕业后培训3年或高中毕业后培训2年。初中教师的最低资格为高中毕业后培训3年。

越南的教师培训属于分散型,全国共有9所国家级教师培训学院,8所国家级小学教师培训学院,30所省级小学教师培训学院。1989~1990年,这些机构招收了3.4万名学生,相当于高校全日制学生总数的36.7%。在职教师培训计划也在开展,并利用省级小学教师培训学院的设施(经常在暑期),但由于资金不足,这一系统的规模不大。

像许多发展中国家一样,教师不愿在农村、边远地区和落后地区工作,那里不仅工作条件恶劣,还可能对提拔、职业晋升前途产生不利的影响。因此,这些地区的教师相对缺乏,小学某些学科专业,如音乐和艺术,也遇到教师短缺的问题。

7. 课程开发与教学方法

为使更多儿童完成初等教育,越南实行3级课程:多数学生采用为期160周的完全课程,少数民族学生采用120周课程,边远地区学生采用100周课程。完成小学全部课程需要5年,每年165个工作日。小学上课的统一时间是每周24小时,初中26~28小时,高中30~32小时。小学课程包括以下科目:文学和越语、数学、道德教育、自然文化和军事训练、音乐、绘画和劳动。中学课程包括:历史、地理、公民教育、外语、物理、化学、生物、技术、自然文化和军事训练、劳动和技术培训。每12年进行一次课程修订,一个阶段需要一年。教师们发现很难覆盖全部课程,所以,他们往往集中于语言和数学——证书资格考试的重点。

8. 考试、升级和证书制度

教师每天都对学生的绩效进行评价,由学期考试确定学生的分数。然而,绩效标准不是标准化的。希望进入高等教育的学生必须参加两个考试:高中离校考试和大学入学考试。有时,这两种考试之间的关系不甚清楚。

学生升级不是自动的,小学的复读率在4%~14%之间变动。许多农村的少数民族学生由于教学语言(京族语)的听说能力差而受到限制。中学的复读率接近12%,约72%的小学毕业生升入初中,30%的初中生升入高中。

9. 教育评价、评估和教育研究

教育系统的分权特征和教育资源的缺乏限制了越南开发全国性教育评估系统的能力,因此,没有提高教育质量和绩效的有效措施。教育部有一个考试开发小组,但工作人员缺乏资金和专业培训。

教育研究由大学和国家级研究所进行。1982年以来,教育科学研究所以及高等和职业教育研究所发布、发表了500多份研究报告与论文。1991~1992年,教育和培训部在联合国教科文组织与联合国开发署的帮助下,开展了大规模的教育和人力资源部门复查。

10. 20世纪八九十年代的主要改革

1975年国家重新统一以来,越南政府强调扫盲培训以及扩大发展基础教育和学前教育。20世纪70年代末80年代初开展的群众性扫盲计划将成人脱盲率提高到1990年的86%。

同时,政府做出很大努力,鼓励发展5岁儿童的学前教育。在当地由工厂或公社开办的托儿所既充当学前学校,又起到日托中心的作用,一度发展迅速,但20世纪80年代末期注册人数逐渐下降。为大一点儿童设立的幼儿园不断扩大规模,强调学术技能,为儿童进入小学1年级作准备。

1986年之前,政府认为基础教育只包含小学,之后,将初中也纳入基础教育,并建立了许多小学—初中联合学校。1991年,普及初等教育目标确立之后,联合学校开始分离。

1990年,教育系统从4-3-3制转变为5-4-3制。北方学校初中增加一年(10年级),原因是当年高中生大量辍学。

教育体系自1975年实行很大程度的统一管理。70年代参与提供教育服务的4个部门合并为包括所有主要教育分部的一个部门。1992年,提供校外职业/技术培训的有许多部门,希望它们能进一步协调统一。

11. 2000年面临的主要问题

越南2000年社会经济稳定和发展战略确立了教育与培训的目标:开发人力资源;提高人民的知识水平;培训有才能的人民;设立能够为国家进入21世纪创造条件的知识分子、商人、管理人员、技术专家和熟练工人代表团。还要改善教育和培训系统,提高质量和实际效益,与此同时,扩展教育和培训系统数量,与社会经济发展目标保持同步。

在普通教育领域,力量与精力将集中在落实"全民教育"的目标和普及初等教育、扩大初中教育、杜绝文盲、巩固和改善学前教育、改善成人教育上。通过正规和非正规传播方式发展技术及职业教育,由集体、私立机构和国营学校组织,提供长期和短期培训课程。

重建高等教育系统,根据社会经济与文化环境确立教育和培训的新目标,改进教学内容和教学方法。调整高等教育的机构和网络,在本科生和研究生阶段,将规模小的、分散的机构重新组合并纳入到有多学科教学和研究计划的大型机构。设立国家级和地区级科学、文化发展中心。

国家将优先考虑为少数民族和边远地区居民开发的教育培训计划,增加教育培训活动的经济和其他资源的投入,并使资源的获得多样化,改善教师的工作条件也将得到特别关注。

D. C. 伯纳德(D. C. Bernard)
李沙坎(Le Thac Can) 著
李长华 译

附录

Communist Party of Vietnam 1991 *Seventh National Congress Documents.* Vietnam Foreign Languages Publishing House, Hanoi

Ministry of Education and Training 1991 *Education in Vietnam 1945—1991.* MOET, Hanoi

Ministry of Education and Training and UNESCO 1992 *The Socialist Republic of Vietnam: Education Sector Review and Human Resources Sector Analysis Draft Phase I Diagnosis Report.* MOET, Hanoi

美属萨摩亚的教育制度(American Samoa:System of Education)

1. 基本背景

美属萨摩亚,亦称东萨摩亚,位于太平洋南部中心,由七个小岛聚集而成。1900年后,由美国所控制。尽管,从总体上来说,东萨摩亚的学校体制由美国所创建,并仿照美国的模式。但是,20世纪60年代至90年代,学校体制发生了变化,对此我们另加讨论。

东萨摩亚人的本地人是波利尼西亚人,许多世纪以前,他们的祖先乘着有舷外撑杆的小舟漂流到了这个岛屿上,建立了一个氏族社会,由族长领导。19世纪早期,也就是在欧洲人到来之前,岛上的教育是各式各样的。东萨摩亚人只有语言,没有文字,所以,孩子们通过口传的故事和谚语来了解他们的文化制度。在日常生活中,通过和父母进行各种各样的劳作,来获得职业技能。

1830年,伦敦传教协会的牧师们,为东萨摩亚建立了教堂和学校,发展了拼字法,引进了正规的学校教育,为萨摩亚的语言创建了文字,目的是用岛上的文字来印刷《圣经》和圣歌。不久,循道宗信徒和天主教传教士也来了。结果，几十年里，所有的东萨摩亚人由基督教徒教导。教导的内容中许多是读写算方面的。传教士建立了学校，在这些学校里，大多数教员是东萨摩亚牧师和他们的妻子。每天上课的地点设在教堂里或者牧师家里，学生在那里学习读写算，基督教教义，一些地理和历史知识。所有的课程都用萨摩亚语教授。在整个19世纪，牧师学校一直是正规教育的主要源泉。现在，尽管所有的东萨摩亚孩子进入了公立和私立学校，接受用英语授课的教学，但传统的牧师学校依然存在。早上或下午晚些时候或整个假期期间，有许多世俗学校的孩子到这些牧师学校学习。

20世纪早期，开始了世俗学校教育，并逐渐用英语作为教学手段，这对萨摩亚语的牧师学校是一个补充。最后，公立的世俗学校成为正规教育的主导形式。

在欧洲和美洲向太平洋扩张的整个殖民时期，东萨摩亚的政治经常处于混乱状态，没有一个高层领导人能够使整个岛屿的领土处于安全控制之下。作为一种解决政治争端的方式，德国和美国把领土分成了两部分。以17°经线为界，面积较大的西部由德国占领，在那里，德国拥有种植园的商业利益，东部由美国占领，美国之所以占领东部是保持其在帕果帕果(Pago Pago)湾的煤码头。

在不同政权的领导下，两个萨摩亚存在至今，学校形式也逐渐开始分化。这种分化，在1914年后，也就是在第一次世界大战结束时，新西兰取代德国掌管西萨摩亚时仍在继续。

1900～1950年间，美国海军掌管东萨摩亚。1950年后，美国内政部负责岛上的事务。1977年以前，东萨摩亚的总督由美国首都华盛顿政府任命；1977年后，东萨摩亚可以自己选择总督。

今天，东萨摩亚约有46 000人，大多数居住在农村，分布在凹凸不平的岛上。许多人长年累月地从事牧业和渔业。靠工资生活的居民，大多数是在政府部门工作。其他人做些小生意或者在帕果帕果港做金枪鱼罐头生意。

2. 教育政策与目标

1962年，因为一系列与教育直接相连的政治事件的发生，东萨摩亚开始了教育的现代化。在整个1900～1961年期间，岛上的学校明显不如夏威夷和美国本土地区，这可以从校舍、教学设施、员工的工资、教师的教学技巧、学生在成绩测验中的表现看出来。到1961年，7～15岁的儿童，大部分进入了公立和私立学校，但这并不具有普遍性。一些儿童，小学很早就辍学了，而大多数上学的儿童也是不定时地上课。

1960年，美国国会人员来到岛上调查情况，发现东萨摩亚的学校及其他社会服务都遭到了严重忽视。1961年，委员会的报告指出，东萨摩亚的学校房屋破烂不堪，教师水平差，课程不适用，儿童接受中等教育的机会少得可怜(Everly 1961)。岛上的其他社会服务同样缺乏。

第二个事件发生在1961年，由《读者文摘》上的一篇文章引起的。文章的题目是《东萨摩亚——美国在南部海上的羞耻》。这篇文章告诉美国公众，美国对波利尼亚人进行了悲惨的殖民统治。第三个事件发生在这之后的南太平洋委员会会议上。它是定期举行的，1962年在东萨摩亚。会议由南太平洋群岛的不同国家的代表参加。

政治上的尴尬促使美国国会采取了直接的措施，以此来纠正其在东萨摩亚的社会服务上所犯的应受谴责的错误。

2.1 电视教学时代

雷克斯(Rex Lee)被任命为新的总督来处理这些事情，在视察了学校之后，他断言：提高教育质量的最好办法是，建立一个覆盖全岛的教育电视体制。这个决定在随后的20年，借助于电视教学的付诸实践，引起了世界的关注。

利用美国上亿元的投资，雷克斯领导班子用24个现代化、坚固的学校代替了50所摇摇欲坠的村落小学，用现代化的高中代替海军时代留下的唯一高中，并聘请华盛顿社区的教育广播国家协会设计、操作教学电视设施。结果，到20世纪60年代中期时，学校的每一门基本的科目，都通过一个电视中心，传播到所有1～8年级的教室中。这个广播体制有6个频道，鼓励教育者把每天的讲课，送到特定的中等学校的教室中。在20世纪60年代末，这种电视教学体制达到了运作的巅峰，每周有

180 小时的电教课,电视中心和工程人员的数目增长到了 110 人,同时,又有许多设计和提供课程内容的作家与教师(Schramn et al. 1981)。

然而,20 世纪 70 年代,这种趋势开始改变。受各种因素的影响,电视的使用率急剧下跌,到 1980 年时,任课教师又成为学生学习的主要指导者,电视仅偶尔使用一下,且还是作为教学的补充,主要用在英语口语课上。这些促使电视教学改变的因素包括:(a)教育领导者渴望使教学更多地适用于不同学生的不同天赋上;(b)教师培训体制的提高;(c)资金的缺乏使得从事电视教学的人员数急剧减少,而这些人员原本设计了大量电视教学所必需的课程。到 20 世纪 80 年代早期时,仅剩下很少的电视教学节目,而且几乎全是前几年的录像带。以电视为中心的教学时代已经过去(Thomas 1980)。

2.2 教育目标

尽管电视不再是教学的主要手段,但电视在公共学校所经历的变化,将成为东萨摩亚岛上教育事业的永久性特点。这些特点之一是目标的确定,即学校被期望达到的目标。

1900 ~ 1960 年间,教育体制的目标偶尔发生变化。在 20 世纪 30 年代以前,课程强调的重点是,把东萨摩亚人教育成为说英语的美国人。在 20 世纪 30 年代,随着教育进程不断向前推进,教育目标更多地强调学习岛上的生活。然后,爆发了第二次世界大战,之后,学习的目标以及教材主要来自美国大陆。学校中对萨摩亚语和文化的重视很少,或者根本不重视。

然而,教育的电视时代开始后,确立了双系统目标。学校的使命有两个:一是让学生在传统的东萨摩亚社会中成功地生活;另一个是在美国大陆过现代人的生活。因此,20 世纪 60 年代早期后,小学和中学教育中就开始实施所陈述的中心目标,即,每一个东萨摩亚学生能够"说一口流利的萨摩亚语和英语,并且尊重东萨摩亚的传统和文化",学校也要使每一个个体能够选择个人满意的,又对社会有用的生活(教育部 1974 P.5)。对东萨摩亚的年轻人来说,谁若想在中等教育之后继续上学,学校就给他提供机会,让他获得很好的教育背景,以便使他能够进入美国大学或学院,并且能够和其他美国学生在同一水平线上竞争(Bronson 1968 P.9)。

让年轻人既掌握传统的东萨摩亚文化,又掌握美国大陆文化,这个雄心勃勃的目标在政治上流行于那些控制议会的萨摩亚人当中,也流行于普通大众,同时,华盛顿和本地的政治家也持有同样的观点。这样不仅尊重和保持了东萨摩亚的传统,也使到美国大陆定居的东萨摩亚人,能够在找工作时成功竞争,且很容易适应当地社会条件。尽管向这个目标迈进中遇到了难以克服的困难,但双系统目标一直保持到 20 世纪 90 年代。几年来,在英语的标准化测验中,东萨摩亚学生做得很成功,但与美国大陆的学生相比,东萨摩亚的普通成绩明显下降,双语目标的批评家们认为,让学生既掌握东萨摩亚的语言和传统,又掌握美国的文化传统,这超越了许多学生的能力。因此,政治上流行的双系统目标,与实实在在的学生的成就之间继续存在着重大差距(Tomas 1981)。

1990 年,彼得(Peter Tali Coleman)总督召开了一个会议,重新明确了岛上的教育,经过他精确地描述,那就是要把东萨摩亚人教育成这样的人:(a)能够用流利的东萨摩亚语和英语交流;(b)有为社会作贡献的技能;(c)尊重环境,善于利用自然资源;(d)意识到所有的人都是彼此联系的,与其他人和睦相处;(e)运用新的高科技技术;(f)抵制有害事物的诱惑;(g)愉悦自我,懂得怎样享受生活(教育部 1990 P.3)。

3. 正规教育体系

在 20 世纪 60 年代早期以前,公共教育体制由基础教育、初中和单一的高中组成。在 20 世纪 60 年代至 70 年代,教育阶梯向下延伸,扩展到了保育学校,接受 2 岁、4 岁、5 岁的儿童;向上延伸,在东萨摩亚社区学院,提供中等后教育。

原来的一系列私立学校继续开办,其中大多数代表过去的传教士传统。它们是与公立学校平行的。就像表 1 所显示的,公立教育机构中有15 539 名学生,几乎占了学生数的 85%。最近 10 年里,公立学校几乎保持了与此相同的比例。20 世纪 60

年代早期，引进了教育电视体制后，小学和初中年龄的儿童，绝大多数入了学。到 1990 年，6～16 岁的儿童，入学率超过 96%。1960 年，15 岁以下的儿童平均上完 6.5 年的学，到了 1985 年，增长到了 10.5 年(东萨摩亚政府 1990 P. 38，46)。

尽管东萨摩亚人口出生率一直相当高，但岛上约46 000的人口增长的速度并不快。这是因为东萨摩亚人是美国的一个公民，能够很容易移民到美国大陆。许多人也做了这样的选择，据估计，有20 000东萨摩亚人居住在夏威夷，65 000人居住在加利福尼亚和华盛顿。这意味着，岛上的学龄儿童和年轻人并没有像出生率所显示的那样增长迅速。20 世纪 80 年代，公立学校的人数保持相对的稳定，甚至还有所下降。有数的人口增加的时期仅出现在 20 世纪 80 年代到 90 年代间(见表 2)。

在 20 世纪 90 年代早期时，学校中每一个年龄群的比率显示(见图 1)：3～4 岁的儿童中，几乎 85% 进入了学前教育中心，5～13 岁的儿童中，98% 在 8 年制的初等学校中，14～17 岁的人中，90% 进入了 4 年制的高中，18～19 岁的，据估计有 26% 的人在社区学院(东萨摩亚政府 1990 P. 42)。

3.1 初等、中等和第三级教育

截止到 20 世纪 90 年代早期，本土教育体制中，除去学前教育之前的部分，余下的部分主要由

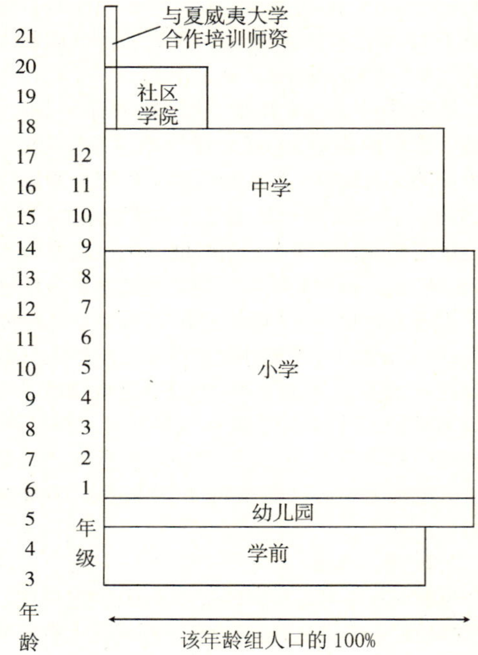

图 1 美属萨摩亚：正规教育体系的结构

以下几项组成：29 所 8 年制的初等学校，8 所 4 年制的中等学校，1 所 4 年制学院(见表 1)。从幼儿园到 8 年级，本土内有 22 所公立初等学校和 7 所私立学校，共招收了 8 300 名儿童。学生中有约 83% 在公立学校。在偏远地区的学校，人数少的仅有 65 人，而位于主要的商业中心的一所最大的学校中，人数超过1 120人。

中等教育阶段的3 335名学生中，86% 在 6 所公立学校，剩下的 14% 进入了 2 所私立高中。这 2 所私立高中由天主教主导，并且由玛利亚兄弟和姐妹学校管理。在东萨摩亚社会管理中，传统上，因为岛上的许多政治、社会、商业等领袖人士都毕业于玛利亚学校，所以它一直担当着重要的角色。

在 1970 年，模仿美国的初等社区学院建立了东萨摩亚社区学院，它为学生提供高等教育机会，最初是 2 年制。从一开始，学院就采取开门入学的政策，任何满 18 岁，能从学院的课程中受益的学生，学院都欢迎他入学。

表 1 美属萨摩亚 1990 年公立学校与私立学校的入学情况

	学校	学生
学前总计	85	2 869
公立学校	80	2 420
私立学校	5	449
小学总计(K—8)	29	8 248
公立学校	22	6 825
私立学校	7	1 423
中学总计(9～12)	8	3 335
公立学校	6	2 875
私立学校	2	460
特殊教育(公立学校)	1	76
大学(公立学校)	1	1 011
总计	124	15 539

资料来源：美属萨摩亚政府 1990

表 2　美属萨摩亚 1980～1990 年增加的学校入学人数

	1980[a]	1985[b]	1990[b]	1980～1990
学前总计/幼儿园	1 952	1 522	2 869	+47%
公立学校	1 952	1 522	2 420	+24%
私立学校	0	0	449	—
小学总计(K—8)	6 892	7 428	8 248	+20%
公立学校	5 397	6 153	6 825	+28%
私立学校	1 497	1 275	1 423	-5%
中学总计(9～12)	2 926	3 262	3 335	+14%
公立学校	2 427	2 780	2 875	+18%
私立学校	499	482	460	-8%
特殊教育(公立学校)	103	50	76	-26%
大学(公立学校)	900	758	1 011	+12%
总计	13 973	13 020	15 539	+11%

a 资料来源:教育部 1980 P. 11　b 资料来源:美属萨摩亚政府 1990

学院提供的学习有全日制的,也有部分时间制的。1990 年,参加全日制学习的学生有 45%,1985 年是 48%。1985～1990 年间,女性的入学率与男性相比,有较大的增加。1985 年,参与学院学习课程的女性占 52%,男性占 48%;1990 年,女性占 58%,男性占 42%。

学完社区学院的课程,可得到文学学位、理学学位或表明一个人在某职业领域很熟练的证书。在社区学院,文科和职业领域内的科目都有。1990 年,学生中的一大部分——学生中的 48%——进入了最新建立的英语系,这个系是为想在英语领域获得高级技巧的学生准备的。紧接着最流行的课程是文科,占 17%。另外的 15% 的学生还没有确定一个主要领域。剩下的 30% 分别进入了如下领域:护士、基础商业、会计、秘书科学、健康服务、自由机械、建筑绘图、人力发展。传统上,一直是东萨摩亚主要职业追求的农业科学,却仅有 3 名申请者。

在 20 世纪 80 年代早期到 90 年代早期,获得一个 2 年制相关方面的学位的人数,每年平均有 100 人,其中一半是文科的,一半是理科的。

1990 年,入学院学习的有 1 011 人,根据国籍,其中有 614 个是东萨摩亚人,193 个西萨摩亚人,185 个美国大陆人,7 个汤加人,4 个韩国人,4 个菲律宾人,4 个其他国籍的人。

现在,在东萨摩亚,参加学院学习的人口比率翻了两倍多。1960 年,15 岁以上的公民中仅 5% 读完了一年或一年以上学院教育,而 20 世纪 80 年代中期,这个数目增长到了 16%。

3.2　学前教育

1969 年以前,没有专为东萨摩亚儿童所设立的幼儿园和保育学校。1968 年晚些时候,在本土总督的建议下,来自美国大陆的儿童发展教授和东萨摩亚的教育者共同创建了一个岛上儿童教育中心。40 个村庄的居民提供了房子,有些人志愿当教师。这些教师接受 10～15 周的教学培训,然后用东萨摩亚语进行教学活动,教学的对象是 3～5岁的儿童。到 20 世纪 80 年代时,5 岁的儿童进入了和初等学校相衔接的新建的幼儿园中。因此,这些早期的儿童中心,只接受 3～4 岁的孩子。

20 世纪 90 年代早期,学前教育中心每年教学 40 周,每周教学 12.5 小时。中心约有 1 600 个儿童。另外 4 岁的孩子,在轮换制的基础上,每周有一天的时间,进行用英语的特殊教学或其他内容的教学。这个教学活动覆盖三个基本的领域:智力发展、社会服务、健康服务,同时还有一个重要组成部分,即父母的参与和培训。

3.3 特殊教育

1971年，岛上开始有第一批支持特殊教育的宣传。特殊教育服务的对象是耳聋者、听力有困难者、说话有障碍者和住在医院的人。在这个组织中，有7个员工，照顾7个全日制的、35个部分时间制的学生。随后的几年，发展了这个项目，扩展了服务的类型，并做了很大的努力，让残疾人呆在正规的教室里，在那儿，他们能得到特殊的帮助，还能和非残疾儿童做伙伴。

1975年，教育部的特殊教育分部，组织了几个主要的工程。第一个是“资源体制”，用来辨别残疾儿童。第二个是语言和听力工程，由2名专家组成，每年为50个儿童进行语言治疗。第三个是为生理或心理有残疾的儿童所设的工程，这些儿童在正常的初等学校教室不能充分地学习，甚至在特殊的帮助下也是如此，因此安排他们进入一个特殊的教育课堂或在家接受教育。第四个工程是在农场进行的一个小型的工作职业课，它是为高中年龄的学生所设的。第五个是为有学习问题的儿童开设的个人指导计划。

到20世纪90年代时，有残疾的儿童，但能在正常的课堂情况下完全生活的，就在正常的教室中学习，而75名或80名的严重残疾者，则被安排在特殊教育的课堂中。

3.4 职业、技术和商业教育

高中和社区学院提供正规的职业教育，1990年，在新起草的规划蓝图下，社区高中提供商业教育、家庭经济学、应用技术方面的职业学习。商业教育包含会计、文书、秘书方面的专家培训。家庭经济学课程主要强调东萨摩亚社会的基本单位——家庭。1988年，应用技术课程代替了现存的工业艺术课程，课程包括绘图、木工、管子工、电子、机械和维修方面的学习。许多年来，玛利亚姐妹学校管理的女子高中也开设商业方面的课程。

可以从东萨摩亚社区学院中获得各种领域的高级职业课程，就像前面所描述的，下面的这些领域都提供专家培训：护士、教学、基础商业实践、会计、秘书学、健康保健、公正管理、自动机械、建筑绘图、农业等等。

3.5 成人教育

正规的成人教育主要在社区学院中进行。上的课有职业培训方面的课程、学术前沿方面的课程、个人成长方面的课程。而且，通过本土的电视频道，还可以获得信息教育的机会。在20世纪70年代后期，教学电视体制废弃后，电视频道主要播放从美国引进来的商业课程。

4. 行政管理的结构与运行

负责管理东萨摩亚的公立教育的是一个中心教育部。这个部是东萨摩亚最大的部，它由20多个分部组成，约有1 500个员工。这个部对公立学校有控制权。私立学校被迫遵守这个部制定的某一些基本政策，但可自由选择它们的员工、教学程序、资金来源、课程设置等细节。

如图2所显示的，岛上的最高权力由总督掌控，他任命教育部长，后者负责管理教育体制。有4个副部长，分别管理计划、财政、教育服务、行政服务，他们对部长负责。有11个其他项目的部长和教师资格证书办公人员，他们对副部长负责。

自从1921年建立公立学校体制以来，所有的行政决定都由中心办公室来做。然而，从20世纪80年代末期开始，除了课程和财政方面的决定，其他方面的控制权慢慢转到了学校校长处。

5. 教育财政

东萨摩亚的公立学校的资金来自地方政府和美国政府。20世纪90年代早期，教育部每年的财政预算平均约2.6亿美元。其中约一半资金来自联邦拨款，剩下的1.3亿美元，一半来自美国内政部，一半来自东萨摩亚(教育部 1992 P.1)。

私立学校所经营的资金，有学生的收费，有当地和海外教堂组织的捐赠，也有通过活动募捐来的，如宾戈游戏和其他社会活动所得的费用。

6. 师资

20世纪60年代以前，公立和私立学校的高层领导者都是外国人，而大多数教师则是东萨摩亚人。这些教师通常没有接受正规的教师教育，英语的能力很差。在电视教育时代，许多美国本土人来

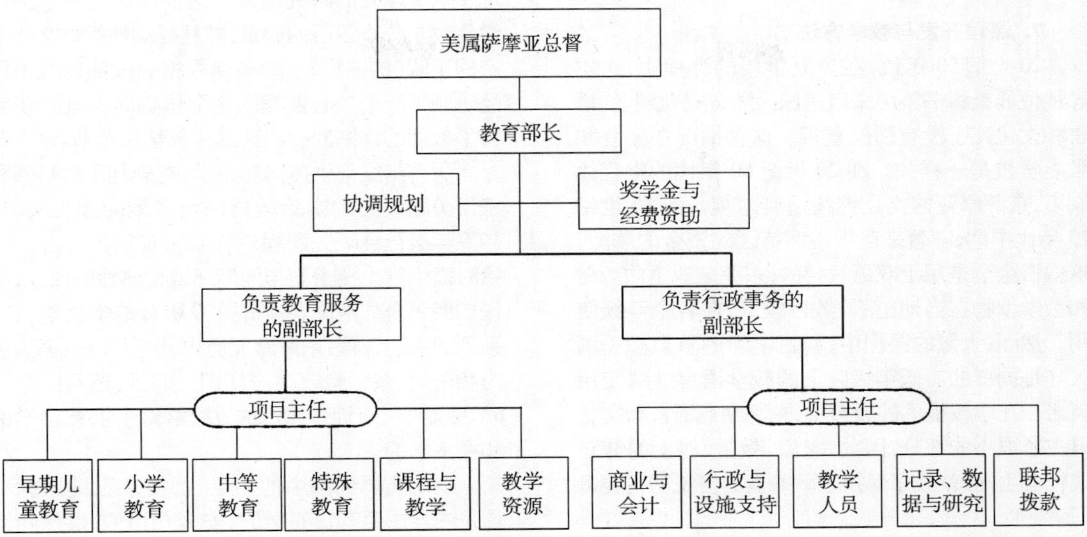

图2 美属萨摩亚:正规教育体系的结构

到了岛上。这些人中,不仅有课程发展和办公人员,还有基础学校的校长,高中教师和管理者。然而,20 世纪 70 年代,随着电视在学校中的作用的逐渐消逝,公立学校中非东萨摩亚教育者的比例大大降低了。20 世纪 70 年代后,教育部中的大多数高层管理职位和规划职位由东萨摩亚人占据。与大量的教学管理者由东萨摩亚人组成相对,近十多年来,招聘了许多来自美国本土的教师,尽管他们没有成为教育体制中典型的永久性的成员,而是服务几年后会转到其他机构。

20 世纪 90 年代后,公立教育体制的主要人员来源于一系列地方员工的培训项目。这些项目利用了夏威夷大学提供的支持项目,从海外招收人员,主要是从美国大陆,这一情况对教师来源做了补充。

夏威夷与东萨摩亚社区学院合作在当地举办了两个项目。第一个是"东萨摩亚教师教育项目",它提供教育上和工作中的文科课程学位,并颁发教师证书,而且,学院提供的较低部分的工作课程可转到海外的 4 年制学院,作为学士学位的基础。第二个可选择的培训是"当地教师帮助培训项目"。它是社区学院和夏威夷大学合作举办的。这个项目由常规的课堂和在职工作的工作间共同提供教师所需要的工作课,教师可得到证书和学位。课可以在学院管理的校园里上,也可以在校外上;在整个学年中,既可以在夏天上,也可以在放学后的时间里上。学校中参加学习的全体人员可以分为四类:(a)还没有获得 2 年文科学位的教师;(b)报名参加学士学位项目的教师;(c)还没有达到教育部所要求的标准的教师,追求高层次学习的人;(d)特别是想获得硕士学位的人。

学前和幼儿园的教师由儿童工程项目培训,它是由美国中部政府创建的,由夏威夷多功能资源中心提供培训支持。这个工程的重点是,为一些不太精通英语的学生作准备,使他们在以后的初等学校学习中获得成功,因为这些学校主要用英语教学(教育部 1992 P. 1)。

最后,教育部发起了一项活动,即发展公立学校的管理者的领导技能,该培训主要针对课程评价、硬件设施评估、员工管理。参加者在地方员工发展工作间从事工作,并从事海外学习,这个海外学习是夏威夷教育管理人士部的实习项目。

7. 课程开发与教学方法

20世纪50年代，在公立学校的课程中，占主导地位的教科书集中来自美国大陆，东萨摩亚的语言和文化几乎没有引起重视。这种情况在公立和私立学校是一样的。在20世纪60年代的电视体制下，东萨摩亚的文化继续遭到忽视。但20世纪70年代中期，随着来自华盛顿特区的资金的刺激，这些资金全是用于双语教育的，东萨摩亚语的教材和教学读物在当地出版，数目较多，在各个年级使用。然而，大量的课程中，科目学习的重点和美国大陆是同样的。低年级以上的教学语言继续使用英语。在学校提供的教育中，东萨摩亚语言和文化只占了很小的部分，因此，家庭、教堂、村上的非正式社会生活，就成了保持东萨摩亚的传统的主要责任者。

到20世纪90年代早期，在公立学校中，从幼儿园到8年级的每一个学生都要学习以下科目：艺术、英语、文学、数学、东萨摩亚研究、科学、社会学习、健康和物理教育。公立学校的课程由两部分组成，一部分是所有学生都必须学的必修课，另一部分是选修课，通过它学生可以在他们所选择的领域丰富他们的教育（教育部 1991）。

20世纪80年代后期以来，初等学校英语的学习围绕着基础读物教材组织，这些教材来自美国大陆，提供所有语言艺术和文学的经验。在中学阶段，语言学（读、写、听、说、文字）是以阅读为中心展开的，没有与特殊的教材相连。对高中生来说，按他们的阅读程度分为三个教学分支：第一个是以精通为标志的分支（他们在当前的阶段阅读，或低于此年级一年的美国标准化测验水平）；第二个教学分支是主流派（低于就读年级两或三年）；第三个分支是需要补救（教）、改正的一支（低于就读的年级五或者更多年）。

从美国大陆来的教科书，提供初等阶段数学方面的课程内容。中学里，根据学生过去在数学上的表现，学生被分流进入三类学校。对于高级学习者，可得到的研究课题包括：微积分、模糊数学、计算机编程。

1985年，从幼儿园到12年级的所有年级都引进了东萨摩亚的研究项目。这个项目是为了保证学生对东萨摩亚语的要求，并且提供他们对文化遗产的了解（的课程）。教育课程指导分部的成员已经研制了一个核心课程。这个核心课程进一步完善了教师的详细的授课计划和教学参考书。

所有年级都讲授自然科学，充分利用教科书和来自美国大陆的实验教材以及当地的远足实验。初等年级社会研究课程遵守水平扩展的方法。开始时提供给小孩子们与他们环境相熟悉的课程，慢慢扩展到全球范围。中等阶段所有的学生学习一系列的4门课程：东萨摩亚历史、世界历史、美国历史和美国/东萨摩亚政府知识。而且，还可以学习6门选修课，有地理领域的，法律体制的，社会学的和经济学的。

从幼儿园到高中的学生，都要求上健康教育课。内容主要有营养学的，安全知识的，疾病防治的，包括药物、酗酒、性行为、艾滋病传播等方面的信息知识。

在小学阶段，艺术是必修的，而在中学阶段，仅仅是一门选修课。

8. 考试、升级和证书制度

近些年，东萨摩亚的公立学校要进行三种考试：第一，美国大陆举行的标准化成绩测验，此测验通常用于检查东萨摩亚和美国大陆学生相比，学生的进步处于什么水平。检查的领域有英语、数学、自然科学、社会研究。第二，与教科书和基本课程材料相配套的测验（这样的测验用于测量学生的特殊学科或者学习方面的进步）。第三，由教师或者教育部或者研究分部的成员举行的考试，目的是确定学生学习数学和语言的合适进度。

学生从一个年级升到另一个年级，不是严格建立在对某一年级的最低的学习目标掌握的充分度怎么样，而是，且更重要的是学生的社会和身体发展水平，聪明程度，以确认他们是否能升级，或者是干脆留在原来的年级重读反而对他们更有利。

学生能否从中学毕业依靠两个方面：一个是所获得的学分数，另一个是某一项技能的展示，比如数学技巧测验方面的展示。毕业生所获得的学位使他们能够申请进入大学，或者从事高级职业研究,或者找一些要求完成中等教育的工作。

在社区学院完成学业的学生,被授予文科学位或证书或者授予理学学位或证书,这可以使他们成为某一特殊职业领域的专家。

9. 教育评价、评估和教育研究

教育部的主要评估活动有:通过测验项目检查学生的进步,定期评价课程的进展。课程和发展分部在小学和中学建立了五年循环一次所有科目的制度。每年,在评价学习材料的基础上,出台一套不同的课程。这些课程有新的学习目标,新的材料,以便在下一年运用。

10. 20 世纪八九十年代的主要改革

20 世纪 80 年代和 90 年代早期,在公共教育体制中进行了著名的教育改革,改革主要针对课程和教学领域,例如,所有高中都开设了计算机基础培训课。而且,为了刺激学生在学术追求方面的兴趣,开展了各种各样的一年一度的联合课程活动。包括年轻作家的文章竞赛,数学技巧竞赛,智力竞猜和精确数学竞赛,定期举行科学表演和年度科学技巧竞赛。

11. 2000 年面临的主要问题

所有的能预见的问题有,如何提高学生的成绩,保持课程的最新,保证教育中的人员供应,促进学校的资金良好运行,保持硬件设备的更新等等。

20 世纪 80 年代,用标准化测验来检查学生的成绩,确实对学生的成绩提高不少,在以后的十年,学生的平均成绩达到了一个稳定状态,但仍远远落后于他们的对照组——美国大陆。到 21 世纪初期,教育体制中,仍可能缺乏既了解东萨摩亚文化又熟悉美国大陆文化,且受过良好教育的年轻人。

因为东萨摩亚的教职员工的工资普遍低于美国大陆的,所以东萨摩亚教育体制将继续面临如何招聘和保持先进的管理者及教师的问题。而这些管理者和教师在夏威夷与美国大陆既得到了工资,又得到了先进的学习机会。

因为岛上的教育运行严重依靠美国政府的财政支持,所以当美国经济萧条时,岛上的东萨摩亚学校就陷于资金困难。当美国政府提供的财政支持缩减时,岛上的财政资源就不能弥补联邦政府供给减少的损失。

到 2001 年时,1961 年电视时代新建的学校已经 40 年了。20 世纪 90 年代,许多建筑需要修补。特别是 1991 年,一场灾难性的飓风严重破坏了学校设施,以致许多学校必须停课。因此,时间的消磨以及岛上的不定期的恶劣天气将继续对教育设施的保持提出挑战。

R. M. 托马斯(R. M. Thomas) 著
张晓玲 译

附录

Bronson V 1968 *A System Manual for the Staff and Faculty of the Department of Education.* Government of American Samoa, Pago Pago

Department of Education 1974, 1980, 1990 *Think Children.* (annual reports of the Department of Education) Government of American Samoa, Pago Pago

Department of Education 1991 *Instructional Program.* Department of Education, Government of American Samoa, Pago Pago

Department of Education 1992 *Briefing Paper: The American Samoa Department of Education.* Department of Education, Pago Pago

Everly H V 1961 Education in American Samoa. In: United States Congress 1961 *Study Mission to Eastern (American) Samoa.* United States Government Printing Office, Washington, DC

Government of American Samoa 1990 *American Samoa Statistical Digest.* Government of American Samoa, Pago Pago

Schramm W, Nelson L M, Betham M T 1981 *Bold Experiment.* Stanford University Press, Stanford, California

Thomas R M 1980 The rise and decline of an educational technology: Television in American Samoa. *Educ. Commun. Technol.* 28(3):155—167

Thomas R M 1981 Evaluation consequences of unreasonable goals – the plight of education in American Samoa. *Educ. Eval. Policy Analysis* 3(2):41—50

其他参考文献

Thomas R M 1986 *From Talking Chiefs to Videotapes: Education in American Samoa-1700s to 1980.* ERIC File – ED 273 544 (microfiche)

澳大利亚的教育制度(Australia: System of Education)

1. 基本背景

澳大利亚是一个岛国,地广人稀,位于亚洲东南部,紧靠南太平洋。陆地面积约 770 万平方公里,总的来说土地十分贫瘠。居民大部分是欧洲后裔,其基本体制源于英国。来自世界各地的移民促进了各个民族的融合,澳大利亚也由此成为一个多元文化的国家。尽管澳大利亚是一个相对富裕的国家,但是 20 世纪 80 年代和 90 年代早期经济很不景气。自从 80 年代早期以来,社会和经济跌宕起伏,教育界也由此展开了讨论,并且进行了一系列的改革。

1788 年,英国的一些刑事犯被流放到悉尼,由此开始了英国对澳大利亚的殖民统治。到 1850 年为止,全国建立了 6 块主要的殖民地。在 1901 年之前,每一块殖民地都直接受英国的管理,到 1901 年之后,澳大利亚获得了独立,成为联邦国家,先前的 6 块殖民地成了州。尽管这些州把很多权力都交给了新的联邦政府,但是它们仍保留了教育权,而且还有 2 块领地拥有和州相同的教育权。因此,澳大利亚没有单一的教育体系,但是各州的教育也没有很大的差别,而且随着时间的推移,这些差别会逐渐减少。

1990 年,澳大利亚人口1 700万。2/3 的人口聚居在城市,特别是东南部,每个城市的人口一般都超过了 10 万,悉尼和墨尔本是澳大利亚最大的城市,大约住了 40% 的人口。由于这个国家的大部分地区人口稀少,社区和社区之间间隔很远,所以远程教育历来受到重视。19 世纪,立法部门就为澳大利亚学校教育制定了目标,即保证各个州教育的一致性,高度中央集权化的行政体制在此表现得相当成功。但是,大约到了 1970 年,这种行政体制表现得越来越不适应日益多样化的社会,不能满足不同的需求。从那以后,中央教育部门和地方学校进行了各种集权和分权的尝试。

从 1950 年到 1990 年,澳大利亚人口翻了一番,主要原因是大量移民的涌入,大约 3 个澳大利亚人中就有 1 个是第一代或者第二代移民,约一半的战后移民来自英国或者爱尔兰,还有大量移民来自欧洲的南部或者北部,在 20 世纪五六十年代情况更是如此。最近,中东和亚洲东南部成为移民的主要来源地,其中包括许多难民。这种变化使学生的教育期望和文化背景变得更加多样化。

在受英国殖民统治期间,澳大利亚境内大约有 30 万土著人。随着白种人的增加,土著人数目迅速减少,到了 1950 年,人们普遍认为土著人将很快灭绝。但是,随着出生率的增长和对土著文化的重视,土著人现在成了社会中重要的一部分。大约 2.5% 的澳大利亚儿童是土著人的后代,他们中的许多人住在与外界隔离的社区里面。总的来说,土著人在经济和教育上仍然处于不利的地位,因此,有识之士认为需要提供适当的教育来满足他们的需要。

英语是普遍使用的语言,教育和劳动力部门为来自非英语国家的移民提供语言课程。除英语以外的语言在一些移民团体和土著人中仍然扮演着很重要的角色。政府的政策是鼓励更多的澳大利亚儿童学习第二语言。

澳大利亚早期的经济受农业和矿业控制。当然,这些产业对于出口仍然显得很重要。但是,这两个部门目前大概只雇用了 10% 的劳动力,剩下的大约 20% 的劳动力受雇于生产部门,还有 70% 的劳动力受雇于服务型行业,比如建筑业、交通业、通讯业、零售业、金融业、教育和卫生行业。1950 年以来,劳动力职业结构发生了巨大的变化,澳大利亚人口中大约 25% 是经理或者教授,15% 是商人,15% 是牧师。为了适应劳动力市场的这些变化,课程日益强调交流和研究技能、计算机和团队合作的能力。

1990年,一半以上的劳动力达到高中后教育水平(学位、文凭、证书和商业资格)。1981年,劳动力一般都接受过11年的正规教育。由于高中和高等教育的发展,劳动力的受教育程度在20世纪80年代得到了很大的提高。1979~1989年的10年时间里,拥有高中毕业证的劳动力比例从36%提高到了46%,增加了10个百分点。占失业人口比例最高的是那些受教育程度不高的人,一般只接受过最基本教育。

尽管20世纪80年代处于经济困难时期,但是,澳大利亚还是一个相对富裕的国家,1988~1989年人均国内生产总值高达2万澳元。另一方面,虽然经济增长迅速,但是失业和通货膨胀仍然相当高,外债高筑。这些困难促使国家进行深刻的自我反省,对教育的批评也蜂拥而至。大家一致认为要增加教育和培训,课程应该和国家优先发展的行业息息相关,个人和雇主应该共同分担增长的教育费用。

2. 教育政策与目标

政府在教育的投资和管理中处于支配地位,这就意味着主要政党的教育政策是非常重要的。不同政党的政策有所不同:社会民主党派(工党)更加重视平等的入学机会,选修课,以及教师和家长在决策制订过程中的重要性。自由和民族党强调学科标准、择校权、设置与职业相关的课程。

20世纪80年代,两个主要政党都提出减少对经济的干预,促使公共部门展开竞争。这些政策对教育体制的影响非常明显,特别是对高等教育而言,比如,现在大学公开竞争付费留学生;研究经费也需要通过竞争才能够得到;在一些高就业率的专业——比如会计和计算机科学——对教师的吸引力也更大。这些变化引起了一些反对意见,但是不管哪个政党掌权,这些变化都是不可阻止的。

教育部门和公共机构的目的以法律的形式固定了下来,而且在具体的目标陈述中得到了补充。在义务教育阶段,主要强调培养个人发展能力,实现社会化。在高中和高等教育阶段,强调更加广泛的经济和社会目标。

3. 正规教育体系

3.1 初等教育、中等教育和第三级教育

义务教育年限从6岁到15岁(塔斯马尼亚州是16岁),这个年龄段的学生入学率已经达到了100%。尽管如此,绝大多数儿童5岁便开始入小学。大部分儿童4岁进入幼儿园,通常都是部分时间制的。地方政府和社区资助幼儿园的一部分费用。还有非常多的3岁儿童也进入幼儿园或者别的学前教育中心,而费用一般由父母全额支付。

初等教育持续6年或者7年(各州自定)。1990年,澳大利亚大约有180万小学生,其中的

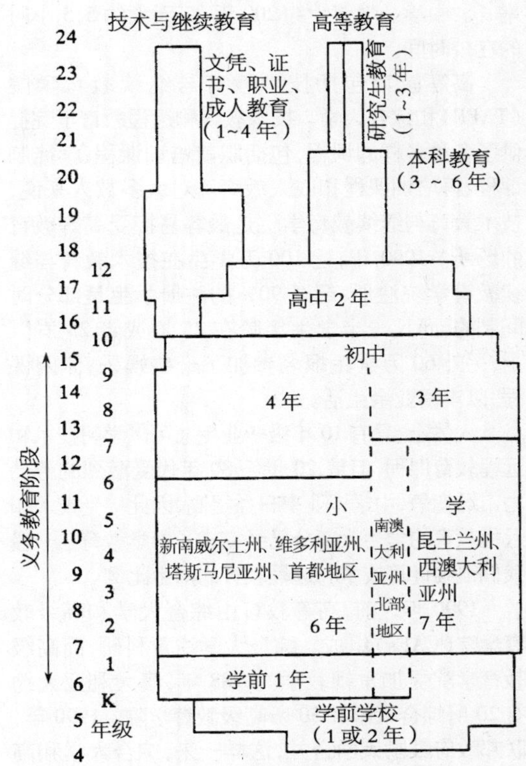

图1 澳大利亚:正规教育体系的结构[a]

a 学前教育、技术与继续教育和高等教育的数据包括部分时间制学生

25%进入私立学校。分散的农村居民建立了许多规模非常小的小学,目前这类学校的数量在不断下降。所有的公立小学和大部分的私立小学实行男女同校。小学一天的教学时间一般是5个小时,一学年为200天。

根据各州小学修学年限,中等教育的修学年限也不尽相同,分别为5年或6年。学生一般12岁进入中学。能够顺利读完中学的学生比例从1980年的35%增长到了1990年的64%,而且女生的毕业率明显高于男生,因为更多的男生辍学去当了学徒。几乎所有的公立中学都是男女同校的,但是绝大多数私立中学是男女分校的。大约30%的中学生就读于私立学校,这个比例从1970年以来有所增长。中学一学年大约200天,每天大约5.5小时的在校时间。

高等教育包括技术教育与继续教育学院(TAFE)和综合大学。技术教育和远程教育学院提供了各种各样的课程,包括职前培训课程、学徒制课程、再培训课程和成人教育。对大多数人来说,技术教育与继续教育学院是最容易接受高等教育的场所。1990年,近100万学生在技术教育与继续教育学院注册,超过90%的注册学生是部分时间制的,而且一半学生年龄在25岁或者25岁以上;另外60万学生报名参加了一些娱乐、休闲课程,以丰富业余生活。

大体上,只有10年级毕业生才可以学习技术和远程教育课程,但是,20世纪80年代受激烈的劳动力市场竞争,中学毕业率日益提高,因此接受技术和远程教育的学生大部分已经完成了中学教育。一般我们很难计算技术和远程教育的师生比例。

1990年之前,高等教育由综合大学和高级教育学院(CAEs)组成。综合大学注重科研,而高级教育学院更加重视教学。1988年,澳大利亚大约有20所综合大学和50所高级教育学院。1990年,联邦政府鼓励大学合并,这样一来,综合大学和高级教育学院的差异缩小了。这次合并将原先独立的研究机构减少到55所,这55所研究机构中包括35所综合大学。这项措施的目的是在澳大利亚建立约35所高等教育研究机构,这些研究机构都是拥有多个校区,并且具有相对高升学率的综合大学。20世纪80年代后期,澳大利亚建立了第一所由私人资助的大学。

1990年,高等教育注册总人数达到近50万人次,比1980年同期几乎增加了50%,究其原因,很大程度上是由于中学毕业率的稳步提高。12年级毕业生在结束中学后的1~2年内,其中约50%的学生升入了大学。进入大学需要看中学的学习成绩,或者由校外人士或者机构主持的考试。要想进入声望较高的大学,竞争就变得异常激烈。大学也接收没有读完12年级的申请人。大约2/3的大学生是全日制的,约15%的学生进入研究生行列。20世纪80年代以来,尽管高等教育迅速扩展,但是高等教育从管理到专业分布上还是比例失调。

3.2 特殊教育

特殊教育课程的对象包括身体、智力和情感上有残疾的人。1990年,澳大利亚有450所特殊学校,为2万名学生(占学生总数的0.7%)提供课程,这些学校几乎都是公立的,生师比平均是5:1。从20世纪80年代早期以来,人们日益强调让残疾儿童进入主流学校和班级,因此特殊学校的学生比例逐渐减少了。虽然没有权威的统计数据,但是很有可能目前进入主流学校的残疾儿童要比特殊学校的数量多。

3.3 职业、技术教育和商业教育

20世纪80年代,受经济萧条的影响,职业、技术和商业教育受到了重视。许多中学调整了课程设置,增加了职业课程的比例。同样,高等教育也增加了热门专业的招生人数,因为劳动力市场对这些热门专业(比如会计和计算机)的需求相对比较大。职业、技术和商业教育的困难主要在于职业培训或者学徒制很容易受到经济条件的影响。尽管政府对那些会在未来劳动力市场受阻的人给予了引导,但是并没有清晰的政策表明哪些学生应该接受职业培训。大部分传统的澳大利亚企业很少关心职员的培训。但是,正如我们下文指出的,政府强迫企业提供最低限的培训费用,使局面得到了一定的扭转。社会环境的变化也促使企业进行缓慢的改革,鼓励职员选择了更灵活的职业道路,提高生产力,提供更多的在职培训的机会。尽管这些改革没有完全开展,但是它暗示了未来教育和企业关

表 1　1990 年学生入学注册人数和教育资源[a]

	学校		第三级	
	小学	中学	技术和继续教育学院	大学
学生人数[b]	1 765 000	1 275 000	965 000	485 000
占入学注册年龄组的百分比[c]				
15～16	—	82	11	—
17～18	—	20	24	14
20～24	—	1	13	11
学校数量[d]	7 100	1 640	250	55
每所学校平均学生人数	220	520	3 700	8 800
生师比[e]	19.0:1	12.6:1	—	12.8:1
生均费[f](澳大利亚元)	3 100	4 700	—	9 000

a 在进行跨区域比较时,需要注意的是不同术语、数据采集方式和采集的年份存在一定差异

b 学校数据包括特殊学校招收的学生;技术和继续教育学院的数据不包括修读娱乐、休闲和个人拓展的课程;90%在技术和继续教育学院注册的学生属于部分时间制学生

c 中小学和大学采用的是 1989 年的数据,技术和继续教育学院的数据是 1988 年的

d 学校的数据不包括 820 所中小学一体的学校和 440 所特殊学校

e 采用的是 1989 年的学校数据,不包括特殊学校的数据。大学的生师比是对注册不同水平和类型的课程的学生人数进行加权后计算的。科研教师不包括仅从事科研的人员

f 采用的是 1988～1989 财政年度的数据,并包含了对公立学校政府支出的估计值。大学采用的是 1989 年的数据,并在对一般经常性学校支出(不包括科研经费)的估算和学生人数进行加权后的基础上计算的

系的变化。政府政策反复强调职业教育的重要性,认为通识教育中应该增加职业课程,正是出于这种考虑,州和联邦政府同意到 2001 年,95% 的 19 岁公民应该完成 12 年的教育,或者具备同等学历,参加类似的教育或者培训。

3.4　成人和非正规教育

成人参加正规教育的数量不断增加。整个 20 世纪 80 年代,参加大学课程的成人学生数目提高了 25%,其中大约 1/3 的学生年龄在 21 岁或者 21 岁以上。

非正规教育的注册人数更难统计,因为它的课程由不同的中介或者研究机构提供。高等教育中研究机构、技术教育与继续教育学院都提供非正规教育,后者可能是非正规教育的主要提供者。上文已经指出,1990 年,大约 60 万学生参加了丰富业余生活的娱乐、休闲课程,大量的社区学习中心、民族团体和成人文化补习班都提供非正规教育。

在职培训在非正规教育中显得非常重要。从 1990 年以来,联邦政府运用税收系统强迫中型或者大型企业的雇主拿出至少所有职员薪水总数的 1.5% 培训职员,让他们有计划地学习课程。当技术教育与继续教育学院提供大量此类课程的时候,私人培训部门也受益了。

4. 行政管理的结构与运行

教育是州和地区的责任。州教育局负责招聘公立学校的教师;提供校舍、设备和材料;提供学校可以任意支配的资金。在绝大多数州,教育管理、师资安置和课程安排的权力转移到了地区教育局或者学校。大约到 1975 年,所有的州聘任了督导检查公立学校和教师质量。督导的作用在于考察各级教育部门的权力,同时,为州和学校架起沟通的桥梁。当然,目前情况有所变化,督导仅仅在一个或者两个州还起着举足轻重的作用,取而代之的是各个州发展选择机制,以管理学校、评价学生。

私立学校在教育体系中特色鲜明。1990 年，私立学校吸引了 28% 的学生。几乎所有的私立学校都与宗教有关，而且绝大多数与天主教有关（约 70% 的私立学校学生选择入天主教会学校）。每个州都有天主教会学校。大约 850 所私立学校是独立的，它们类型各异，可能是历史悠久、名声显赫的学校，也可能是刚刚建立不久、带有宗教色彩的新建学校。除了必须满足最低的教育标准（如注册、投资目的）以外，私立学校不受政府的影响。但是，事实上大部分私立学校提供的课程和公立学校没有差别。

高等教育中，技术教育与继续教育学院接受州政府的管理，州政府主要通过培训董事会机制进行管理，这个董事会有相当数量的雇主成员。由于技术教育与继续教育学院显得越来越重要，所以联邦政府在资金投入和管理技术教育与继续教育学院上扮演了主要角色。高等教育中的研究机构是自治体，但是要受到州法律的约束。从 1974 年以来，几乎所有的高等教育经费都由联邦政府提供，所以联邦政府对教育各部门的影响加强了。

从 20 世纪 70 年代以来，联邦政府在教育中的角色日益明显，一部分原因是因为各州对它的依赖性增强了。各州用于不同用途的经费（包括教育在内）中，超过 50% 的经费来自联邦政府。州教育部长对联邦政府负责。联邦政府和州的教育部长通过澳大利亚教育委员会定期会晤。

从 20 世纪 80 年代后期以来，联邦政府鼓励州政府在入学年龄、教师工资和课程改革等重大问题上采用共同的措施。传统上，州政府往往抵触联邦政府对学校教育的提议，但是联邦政府的经济权力和改革压力意味着 90 年代后会出现更多统一的全国性的教育举措。

5. 教育财政

1988 ~ 1989 年，澳大利亚教育总支出是 178 亿澳元，占国内生产总值的 5.2%，20 世纪 70 年代中期这个比例曾经达到最高点，即 6.3%。经费比例减少的原因主要是学生入学率相对稳定，教育成本相对于总的价格变动来说下降了（主要是教师和研究人员的工资）。

州和联邦政府为教育部门提供了超过 90% 的经费。1988 ~ 1989 年，几乎 60% 的政府教育经费直接拨给了中小学，20% 拨给了高等教育部门，10% 拨给了技术教育与继续教育学院，5% 拨给了学前教育部门。一般而言，州政府拨款资助公立学校和技术教育与继续教育学院，而联邦政府资助私立学校、高等教育，并为学生提供助学金。当州政府提供给公立学校和技术教育与继续教育学院的资源不足时，联邦政府给予补充。1988 ~ 1989 年，公共教育经费的 60% 由各州提供，40% 由联邦政府提供。

教育经费的私人投资主要是来自私立学校的学费。公立学校是免费的。私立学校的学费各不相同，在一些教区小学一年可能只需 300 澳元，而另外一些中学却高达7 000澳元。所有的私立学校也接受政府拨款。联邦政府的资助视各个私立学校的能力而各不相同。1990 年，在一些资源丰富的小学，联邦教育拨给每个学生的经费为 350 澳元，而一些资源短缺的中学会高达1 900澳元。同时，州政府也为私立学校提供一部分资金。对于资金越是短缺的私立学校（主要是天主教会学校），联邦和州政府的拨款可能占这个学校总收入的 80%。对于政府要不要给私立学校提供拨款的问题，一直以来都争论不休。

全日制中等和高等教育学生都可以通过一定的程序获得补助，这种补助不是建立在竞争基础上的。1990 年，经济上依赖家长的学生，补助最高达3 600澳元；经济独立的学生，补助最高达5 500澳元。1990 年，大约 45% 的合格高校学生接受了补助。

从 1989 年以来，高校学生被要求支付一部分教育成本，对于全日制学生来说，学费大概是每年2 000澳元，相当于政府平均为每个学生支付的教育经费的 20%。学生可以自行选择付费方式：注册时一笔付清（可以享受一定的折扣）或者大学毕业后通过收入税收系统支付。后一种付费方式只有在毕业学生的年薪达到 2.5 万澳元时，才开始运行，此年薪大约是居民的平均收入。这个计划目的是帮助高等教育扩大经费来源，让个人分担教育经费。联邦政府鼓励更多雇主开设更多的培训课程的目的也是如此。

6. 师资

1990 年,澳大利亚中小学全职教师人数约 20 万名,非教学人员达 4.5 万名。大约有 9.3 万名教师受雇于小学,10.2 万名教师受雇于中学,剩下的 4 000名受雇于特殊学校。其中 60% 的教师为女性。但是,中小学处于高级管理职位的却多为男性。

到 20 世纪 70 年代末,澳大利亚一直存在师资短缺问题,接受教师培训的学生都会得到一笔奖学金。最近,稳定的入学率和教师辞职率的减少使教师在一些课程和地区过剩了。但是,仍然有一些课程长期出现教师紧缺现象,比如数学、语言和物理科学。另外,在边缘地区的学校或者郊区也常常很难吸引教师。一些公立中小学教师为了在城市获得合格职位,不得不先在乡村学校工作一段时间。

高等教育的研究机构实施教师培训。各州负责决定教师资格。正常情况下,要成为中学教师,必须接受 4 年高等教育,前 3 年学习将来要教授的学科,通过后 1 年的学习获得教育文凭。小学教师一般需要接受 3 年的专业教育。许多小学教师后来通过 1 年特别培训,涉及的专业包括图书管理学、特殊教育和语言教授等,由此提升自己的资格。

公立中小学教师在永久受聘用之前通常有 1~2年的试用期。在试用期过后,对那部分教师必须进行正式评估,各州互不相同。在一些州,当教师申请职位的时候,评估就开始了;而另外一些州的评估则是周期性的。最终,各州结合督导、校长、同事的评估意见,决定教师升迁。私立中小学教师直接由学校聘任,教师的工资和福利则由工业法庭来决定,这一点和公立中小学一样。

1989 年,教师平均年龄为 37 岁。职业老龄化、职位升迁过程中的各种限制条件、相对低的工资和相应带来的教师职业吸引力日益减少,这些问题引起了教师职业机构的变化。许多学校体系在教师职位升迁时,强调价值,反对资历。政府支持引入一种名为"高级技能教师"的新的教师分类。这些教师的选择建立在资格和已经证明的能力基础上,他们需要负责众多的事务,包括课程改革和新教师的指导,因此其工资也略高于其他教师。

在新教师培训方面,澳大利亚也进行了改革,努力提高新教师的质量。1989 年回顾总结了数学和科学教师教育,提出加强教师教育家和聘用教师机构之间的联系。教师继续教育也受到了广泛的重视,但是,在继续教育领域成体系的课程却寥寥无几。

7. 课程开发与教学方法

澳大利亚没有统一的中小学课程。各州采取的普遍形式是中央权威机构制定广泛的课程指导方针,中小学在具体制定课程和教学方法上有相当大的自主性。这种形式在小学和初中特别普遍。在这两个阶段,学校之间的课程差异相对来说小一些。实际上,所有的学生接受的课程都覆盖了阅读、写作、数学、科学、社会科学、人文科学、表演艺术、体育和外语。在小学,几乎所有的课程都由一个教师教授,但是在中学,一般不同的课程由不同学科的教师来完成。整个义务教育阶段(约 10 年级之前),许多学生能够选修的课程非常少,各个班级所上的课程基本相同。

高中阶段课程分类更加细致,学生的专业化程度更高,学校一般提供大量选修课。1990 年,12 年级学生中约 30% 的专攻人文和艺术课程,30% 选择数学和科学课程,10% 的学生选择商业,最后剩下的一部分人学习多个学科的课程。

中学普遍开始教外语,小学则不那么普遍。但是,外语学习并不是强制性的,因此到了 1990 年,大约只有 10% 的高中生学习外语。法语、德语、意大利语、希腊语、印度尼西亚语和日语是最普遍的外语。联邦政府热切鼓励更多的中小学教授外语,特别是位于亚洲的一些澳大利亚主要贸易伙伴国家的语言。

1989 年,教育改革主要体现在联邦和州教育部长采用了 10 条教育目标。这 10 条教育目标包括发展学生的阅读、数学、计算机、除英语以外的语言、富有创造性的艺术和环境认同等方面的知识与技能。这些取得一致意见的目标是为了在课程改革和评价的合作上提供一个框架,也促进了全国课程的统一。

学习材料和考试由不同的机构提供。这些机构包括各教育部的课程部门、研究所、商业出版社和教师课程联合会。1990年,州和联邦教育部长建立了课程协会,这是一个半自治的单位,目的是在商业基础上改革课程教材。一般而言,学校和教师在选择教材上有相当大的独立性。

课程的关键问题包括如何有效地协调学校和中央机构的课程设置,如何使新教材适应多文化的澳大利亚社会,如何使学生适应不断变化的经济环境,以及如何促进全国课程的统一性。

8. 考试、升级和证书制度

绝大多数中小学学生都自动按年级升级。如果通过了学校内部的评价,10年级结束会得到第一份正式证书。12年级结束时,所有的州都会颁发证书。学校外组织的考试在大部分州的12年级证书获得上扮演主要的角色,但是目前的趋势是学校评价的作用在日益提高。在昆士兰州和澳大利亚首都领地没有外部考试,学校评价的范围不仅仅包括学生的学业成绩,同时,建立统一的指标体系,使学校之间具有可比性。

对学生的学业成绩、身体素质和社会交往能力综合评价日益引起人们的兴趣。同时,评价实行标准化。这些发展是基于人们认识上的进步,即12年级不应该仅仅是高等教育的预备学校。

9. 教育评价、评估和教育研究

从20世纪80年代以来,学生评价和教育督导受到重视。各级政府原先注重教育资源输入,现在更加关心学生学业成绩。一些州委托澳大利亚教育研究委员会(ACER)评价学生读写和计算成绩,另外一些州建立了自己的考试评价项目。联邦政府试图建立统一的评价体系,1990年,第一份全国性的学校教育报告的出版是一个里程碑。联邦和州教育部门共同提供报告所需的教育资源与学生成绩方面的数据。

1975年和1980年,澳大利亚教育研究委员会对10岁和14岁学生进行了抽样,组织了全国统一的读写和计算考试。考试结果表明学生成绩进步甚微,这引起了一些团体的反对。澳大利亚教育研究委员会也实施了全国性的数学和科学考试,作为国际教育成就评价协会(IEA)评价系列的一部分。这些考试意味着澳大利亚学生大致和其他工业化国家保持了相当的学习水平,但是随着时间的推移,澳大利亚和其他国家相比,相对有所滑坡。

20世纪80年代,澳大利亚日益强调评估。联邦政府资助要求普遍实施独立的评估。在绝大多数州,公立中小学被要求每隔若干年进行一次总结和评估。这些评估的重点逐渐倾向于学校改革和社区的义务。联邦和州教育机构积极开展科研,同时委托其他单位实施科研项目,特别是联邦教育机构,它们已经成为一些领域的主要科研单位,这些领域包括督导、学生经济资助、女童教育,以及在学校毕业率增加的情况下,教师面临的挑战。

澳大利亚教育研究委员会也进行大量的科研。从1990年到1993年,它实施的项目大约涉及五个主题:义务教育后教育和培训;认知、技术和教室;教师和教学;教育管理和教育改革;评价和报告。

高等教育层次科研政策的主要变化在于1989年澳大利亚研究理事会(ARC)的成立。成立该理事会的初衷是,联邦政府试图改变高等教育的“科研文化”,它采取的途径是把科研重点放在应用领域,在科研经费的分配上引入竞争机制,增强全国科研的统一性。1991年,澳大利亚教育科研的策略发生了显著的变化,这个变化是重要的资金资助机构、政府权威机构和科研人员专家联合会进行合作。这一变化证明了澳大利亚教育科研的现状,确立了中期和长远计划,提出了重新建立资助和科研机构调整的新策略,它建议培训教育科研人员。

10. 20世纪八九十年代的主要改革

20世纪80年代澳大利亚教育在许多方面都进行了改革,其中一个显著的变化是完成中等教育的年轻人比例的大幅度提高,这一变化带来了课程、评价和学校结构的变化。如何吸引和留住有能力的教师成为改革的重要组成部分。在高等教育领域,基本消除了大学和高级教育学院的差别;通过合并,研究机构变少了,但是规模变大了;改进了科研经费的分配;规定学生交纳一定的学费。

这些改革涉及一个共同的理论基础:教育应该使澳大利亚经济更具有国际竞争性。一些人反对改革措施,批评教育和经济的联系过于密切,但是还有一些人提出了解决的办法。如何解决这些紧张形式成为90年代改革的主流。

11. 2000年面临的主要问题

如何寻求更多的教育资源,支持高中和高等教育的持续发展成为澳大利亚教育的一个难题。在20世纪90年代初,各种报告显示高等教育中人满为患,并且在一些主要学科领域,科研人员的力量捉襟见肘。社会和经济的迅速变化要求教育部门进行相应的改革,如何在不增加课程负担的基础上满足这些要求成为教育部门面临的挑战。教师需要学习新技能和知识,帮助他们的学生预见和控制这些变化。教师职业结构和科研机构的变革成为一个主要问题。

另外,澳大利亚教育中的一些长期存在的问题仍然没有得到妥善解决。这些问题包括:为分散的人口提供高效率的课程;合理分配中央和地方教育部门的权力,如何使中央政府履行教育责任,又发挥地方教育部门的热情;还有就是如何消除社会、性别和经济的不平等。

P. 麦肯齐(P. McKenzie) 著

陈剑琦 译

附录

Australian Bureau of Statistics 1990 *Year Book, Australia 1990.* ABS, Canberra

Australian Bureau of Statistics 1991 *Expenditure on Education, Australia 1988—1989* ABS, Canberra

Australian Bureau of Statistics 1991 *Schools, Australia 1990*. ABS, Canberra

Australian Education Council 1990 *National Report on Schooling in Australia.* Curriculum Corporation, Melbourne

Australian Education Council 1991 *Young People's Participation in Postcompulsory Education and Training*. Australian Government Publishing Service, Canberra

D'Cruz J, Langford P (eds.) 1990 *Issues in Australian Education.* Longman Cheshire, Melbourne

Department of Employment, Education and Training 1990 *Australian National Report on the Development of Education.* Australian Government Publishing Service, Canberra

Department of Employment, Education and Training 1990 *Education Participation Rates 1990.* Australian Government Publishing Service, Canberra

Department of Employment, Education and Training 1990 *Selected Higher Education Statistics 1990.* Australian Government Publishing Services, Canberra

Department of Employment, Education and Training 1990 *Selected TAFE Statistics 1989.* Australian Government Publishing Service, Canberra

Keeves J (ed.) 1987 *Australian Education: A Review of Recent Research.* Allen & Unwin, Sydney

Logan L 1990 *Teachers in Australian Schools. A 1989 Profile.* Australian College of Education, Canberra

Maclean R, McKenzie P (eds.) 1991 *Australian Teachers' Careers.* Australian Council for Educational Research, Hawthorn

Psacharopoulos G, Arriagada A 1986 The educational composition of the labour force: An international comparison. *Int. Lab. Rev.* 125(5):561—574

文莱的教育制度(Brunei Darussalam: System of Education)

1. 基本背景

文莱达鲁萨兰国(意思是和平之岛)坐落在婆罗洲的西北岸,占地5 765平方公里。沿南中国海的海岸线长约161公里。赤道北有442公里。北临南中国海,东西南三面与马来西亚的沙捞越州接壤,并被它分隔为不相邻的两部分:东半部是淡不隆区,西半部包括文莱-穆阿拉、都东、马来奕。

文莱是这一地区最古老的王国。史书记载的证据表明:1414年,文莱是印度教—佛教国家,后来在14世纪中期时变成了伊斯兰教徒的土地。在15世纪和16世纪上半期,文莱一跃成为群岛中最伟大的帝国之一,拥有婆罗洲和现在菲律宾的主权。1571 年,也就是当文莱的统治开始腐败的时候,遭到了西班牙、葡萄牙、荷兰、英国的干涉,这种干涉在 19 世纪最后 25 年达到顶峰。1888 年,文莱成了英国的保护领地,1906 年,当林梦(现在是马来西亚的一部分)被割让给英国时,文莱的国土面积减到目前的5 765平方公里。

文莱成了英国的保护领地后,建立了一个居民体制,其代表在所有的事情上——风俗、习惯、伊斯兰教——对苏丹(穆斯林国家的最高统治者——译者注)提出建议。1959 年,文莱与英国政府签订了一项书面协议,允许文莱内部自治。1971 年,除了国防和外交事务外,允许文莱实行充分的自治。1979 年,又修改了此协议,签署了第二个条约,文莱获得了完全自治。1984 年,文莱成为世界上第 159 个拥有独立主权的国家,并成为英联邦、东南亚国家联盟(ASEAN)、联合国和伊斯兰组织成员。

文莱领土的 70% 属于热带雨林,由丛林构成,并由穆阿拉、都东、马来奕、淡布隆四个区组成。其中最大的区是文莱 - 穆阿拉,它也是人口密度最大的区,占人口总数的 61.5%。据估计,1989 年的人口约为 24.9 万人。本地人大多数是马来人,占人口总数的 70%,紧接着的是华人(17.8%)、来自其他地方的当地人(5.3%)以及其他人(8.1%),男性占人口总数的 51%。

人口中,几乎 46% 是在 20 岁以下,仅 6% 是在 55 岁以上。平均年龄是 21.9 岁,人口年增长率是 3.1%。

文莱的母语是马来语,但说英语的很多,且被广泛应用于教学体制中。

文莱的人口少,不能充分满足国家对劳动力的需求,严重依靠国外的输入,包括技术性的和非技术性的,这些人,许多来自邻国的马来西亚、泰国、菲律宾。据 1986 年的人口调查,劳动人口总共是 8.9 万人,政府雇佣了其中的 4.6 万,是最大的雇主,余下的大多数人在文莱石油公司、文莱皇家航空公司、建筑公司工作。

文莱的经济严重依赖石油和天然气,这两项收入占了文莱国家收入的 93%,国民生产总值的 80%。文莱意识到国家的经济不能长久地太依赖石油和天然气,因此,在 1986 ~ 1990 年的第五个国家五年发展计划中,确立经济的发展目标是使经济多样化。以前把重点大部分集中于发展国家的基础设施。

文莱苏丹行使文莱最高行政权力,系国家首相,行政权力集中于内阁政府。苏丹遵循传统和改革相结合的策略,把首相和大臣结构结合起来,变成具有确切职责的内阁政府,作为最高权力者。苏丹体制由下面的委员会组成:宗教委员会、内阁政府、财政委员会、立法委员会。

2. 教育政策与目标

1984 年 1 月,重获独立后的文莱建立了内阁制。教育归教育和健康部所管。并对教育政策做了重大改革,改革的前提是:文莱的教育体制应多样化,具有不同的语言体系。结果,1985 年,出台了教育的双语制。国家在出台这个新的教育体制之前,9 岁的儿童要参加公共考试,并依此来分流学生,通过考试的学生进入以英语为教学语言的学校,未通过的进入以马来语为教学语言的学校。

1984 年,废除了 9 岁儿童的选拔性考试,之后,所有儿童都有升级的机会,即依据儿童自己的潜力,儿童不用再参加不必要的、对学生不利的双语制考试。按照这一规定,双语制的意思是,学生用母语(马来语)或英语学习一定的科目,并且依据不同的阶段来决定何种语言作为教学语言的重点。在学前和小学初期,马来语作为教学的媒介被特别强调。随着教育阶段的向前推移,英语的应用提高得很快。自然科学、数学、社会科学(历史除外)这些科目的教学是用英语。文莱之所以意识到英语的重要性,是因为意识到学术成绩的重要性。拥有好的学术成绩,文莱学生可进入到国外的高等教育机构学习,而国外的教学语言是英语。好的英语会减少其在国外的困难。

新的教育体制也把目标的实施放在了重点。建立这些目标的基础是,1984 年 1 月国家已经独立,特别考虑到了文莱是一个马来、伊斯兰教的君主制国家。马来、伊斯兰君主制的国家原则是:在国家的教育体制中,倾向培养儿童的心灵、生活态度、积极的个性品质。而所有这些既帮助建立一个体现文莱传统价值观的社会,又有对伊斯兰信仰的坚定,对君主的忠诚,对进步和发展的渴求。

因此,国家教育目标政策可归结如下:

(a)增进和保持文莱的教育体制,马来语继续占主导地位,但并不忽视对英语的学习。

(b)提供伊斯兰宗教教育,同时,通过适当的课程,确保伊斯兰教的价值观和生活方式与教育体制的紧密结合。

(c)为每一个文莱儿童提供至少 12 年的教育,即 7 年的小学教育(包括学前)、3 年的初中教育、2 年的高中教育或者职业教育。

(d)在国家的所有学校中,提供一种统一的课程和统一的公共考试。

(e)为文莱的所有儿童提供充分的机会,即积极动员所有的民众,让他们在国家的发展中扮演有用的角色,满足国家发展的需要。

(f)根据国家的变化需求,为那些有能力的儿童提供高等教育。

(g)以培养对君主和文莱的忠诚为基础,通过各种考试,培养文莱的国家认同感,同时积极地引进高效、灵活的教育体制,进一步满足国家发展的需要。

文莱的教育虽不强制,但却是普遍的,几乎每一个儿童都进入学校求学,直到 14~15 岁,即到中等教育的初级阶段,这个初级阶段是 3 年。

3. 正规教育体系

3.1 初等、中等和第三级教育

图 1 是文莱的正规教育体系结构图。文莱的教育不是强制的,但实际上,所有 5 岁的儿童都入学,接受 1 年的学前教育。学前教育在全国的每一所学校都有。小学教育是 6 年,结束时有一个公共考试,即小学标准化考试(PCE)。通过考试的学生进入初级中学,学习 3 年。学业结束时,要参加另一个公共考试,即文莱的初级标准化考试(BJCE)。高级中学教育是 2 年,或者是 3 年,3 年的是为那些需要额外 1 年学习的学生所设,它通过一项公共的考试来结束,即文莱的中等水平剑桥普通教育标准化考试(BCJCEl)。此后,学生接受 2 年的大学预科教育,毕业时参加文莱的高等水平的剑桥普通教育标准化考试。通过考试的学生,有资格进入当地的大学或国外的大学。

理论上,就像 1972 年的教育政策所陈述的那样,每个儿童都接受 9~10 年的免费教育。但在实践中,因为 3 年的初级中等教育之前,教育都是实行自动升级制,它允许儿童在每个阶段重读,此后,不考虑他们的表现都必须升级。结果,儿童接受的实际免费教育要长于 9 年或 10 年。不过,3 年的初等教育后,若儿童不能通过考试,则成为辍学者。若儿童通过了所有的公共考试,并且是合格的,他的免费教育可直到大学阶段。

由于 3 年初级中等教育的重读的不成功情况,出现了辍学,这又引起了失业,之所以这样,原因是辍学的学生在最低雇佣年龄 18 岁以下。教育部面对此类现象所引起的社会问题,出台了一项新的政策,并在 1993 年付诸实施。这项政策使免费教育延长到 12 年,因此使雇佣年龄和毕业年龄相一致。3 年的初级中等教育的考试制作为一个特征保留了下来,但仅仅作为分流学生进入学术性和职业性

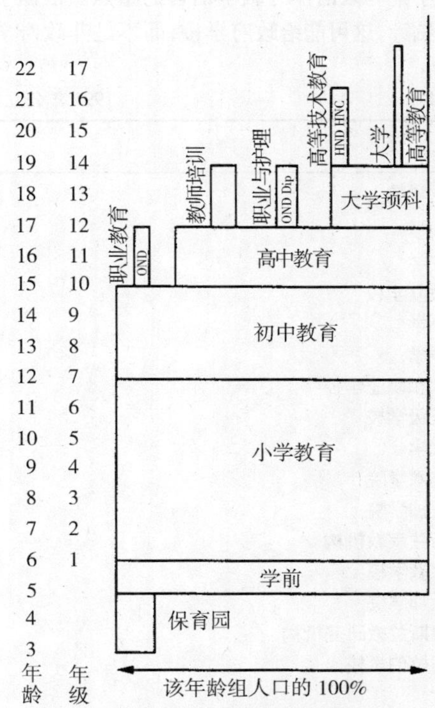

图 1 文莱:正规教育体系的结构

学校的最后一个判断的工具。

每年,学生平均在校 202 天。从 1 月开始,分为 3 个学期,最长的间隔是在“赖买丹月”。既然“赖买丹月”是在每年的早些时候(如 1992 年的 3 月),这导致第 1 学期短,第 2 学期长。不过,相关部门正在做些努力,重新安排 3 学期制,以使每学期都有相等的天数。这或许意味着学校必须在“赖买丹月”开学,并且开始在国家的高等教育机构中实行。

学生的人数和来源的数据统计显示在表 1 中。人数的统计包括政府和非政府学校的学生,非政府学校没有政府补助,许多是保育园和幼儿园,尽管有些提供直到高中阶段的教育。这些学校收取学费,但必须得到教育部的批准才能实施。保育园和幼儿园接收 3 岁的孩子,一旦孩子到了入小学的年龄,父母可把他们转到免费的国立小学或继续让他们在私立小学中就读。

1992 年 1 月,双语教育政策全面实施,它要求在小学把马来语作为教学语言的重点。根据学校人数估计,这可能给政府学校,而不是非政府学校带来更多的压力,这是因为后者先前就是用英语教学。

文莱有另一个由宗教事务部支持的正规教育体系。通常情况下,小学和初中阶段,儿童可接受 6 年的宗教教育。儿童可自愿在主流学校接受教育,上午、下午都行。6 年结束时,学生要参加一个公共考试,凭此获得的证书,他们可进入宗教教师培训学院,此学院也由宗教事务部管理。另外的教育机构有:伊斯兰教研究学院,它提供伊斯兰宗教研究方面的文凭或高级文凭;以及 2 个阿拉伯学校,它们也提供主流学校的课程,只是规定的科目的教学语言重点是阿拉伯语。

1985 年以前,因本国缺少高等教育机构,文莱学生主要在英国接受海外高等教育。1985 年 1 月,教师培训学院的升格标志着文莱学位课程的开始,并结束了完全依靠国外高等教育的历史。1985 年 10 月,文莱大学建立,并在 1987 年由教育系合并教育学院。由于国家的人口很少,考虑到成本和功能的高效性,很可能只保留文莱大学,它提供的课程旨在满足国家对劳动力的要求,以及相应带来

表 1　　1991 年公立学校与私立学校的入学情况

机构	机构数	学生数	教师数	生师比
公立学校				
小学	117	32 136	2 198	15:1
中学	17	20 149	1 557	13:1
非公立学校				
小学	22	6 838	377	18:1
中学	16	11 979	517	23:1
技术和职业学校		1 114	277	4:1
第三级学校				
大学	1	891	17	5:1
技术学院	1	156	36	5:1
医护学院	1	94	16	5:1
伊斯兰宗教机构				
宗教学校	110	25 941[a]	966	26:1
教师学院	1	378	33	11:1
伊斯兰教研究机构	1	64	12	5:1
阿拉伯学校	2	1 575	134	11:1
总计	289	101 315[b]	6 140	16:1

a 公立与私立学校的学生总计　b 实际入学人数

的主导性的教师教育。其原因是文莱缺乏有技术的劳工,教师也是其一。大学中4%的学生进入了教师教育学院。参加的项目有:艺术和社会科学系、管理系、公共政策系、科学系(提供有限的工程科目)。

1985年,文莱也创建了技术学院,它提供高等国家文凭和高等国家科目证书。

国家的唯一的一个其他教育机构是护士学院,建于1987年。它提供3.5年的护士文凭证书和1年的衔接课程,此课程使经过培训的文莱护士(获得证书的)得到护士资格证书。

随着学生在国内就能接受高等教育,国家目前的政策是,如果此项目在国内就能得到,就不把国家奖学金提供给到海外留学的人。文莱大学提供大专、本科、研究生课程,这些课程只能使学生得到公共管理方面的硕士学位,以及教育管理方面的硕士学位或博士生结业证书。其原因在于教职工的有限,以及其他资源的限制所致,比如该大学的校园仍是临时的。

3.2 特殊教育

有3个国家机构(教育部,健康部,福利、青年及运动部)直接照顾有特殊需要的孩子。除了在小学阶段为智力有缺陷的儿童提供"补救教育"外,教育部还必须为智力以及情绪上有缺陷的儿童提供特殊教育的项目。这样的"补救教育"开始于1979年,在每一个学区有很少部分的学校提供。

1970年后,福利、青年及运动部为残疾儿童组织了特殊的班级,并在1983年建立了自己的中心。这个中心只提供小学阶段的主流课程,学生一旦到了入中学的年龄,就会从事一些基本的、带职业倾向的项目,如编篮子等等。

健康部有一个残疾儿童游乐组织。一旦儿童到了5岁,上面3个部的代表就会确定,这些儿童是应该进入主流学校还是特殊学校。

考虑到接受特殊教育的儿童的机会有限,教育部正研究运用特殊教育的方法。有1 977名儿童列入需特殊教育的行列。因为许多父母不愿意给他们的残疾孩子注册,所以,有更多儿童没有算进去。据估计,每年平均有18个残疾婴儿出生,他们大多是智力迟钝者。

3.3 职业、技术教育和商业教育

1976年以来,已建立了7个由国家提供财政支持并进行控制的技术职业教育机构,它们提供全日制和非全日制科目,招收的学生包括成人。这些科目范围广泛,覆盖了工程、商业、管理、计算机、农业、艺术、手工艺和技术培训。另外2所职业技术学校,按照计划,它们是培养适当的有训练的商人和技术人员,为国家的发展服务。大多数职业技术教育机构由教育部管理。然而,农业培训中心由农业和基础资源部负责,残疾人培训中心由福利、青年及运动部负责。

10年级或12年级后,学生进入各种各样的职业技术教育学校。不幸的是,有一个把进入这些项目的人与低成功者联系起来的倾向。教育部正考虑出台一个政策,这个政策将不再在3年初中教育后(15~16岁),让学生参加一个公共考试,而是进行有选择的评估,分流他们进入学术性或者职业性学校。这个政策也将根除15~16岁儿童的辍学问题。因为这个年龄,他们太年轻,不能通过任何形式被雇佣。

为了吸引成绩好的学生接受职业技术教育,国家已建立了职业技术教育委员会,来监督职业技术、商业教育的顺利经营和实施。目前,职业技术教育几乎完全依靠伦敦城镇及行业协会、商业技术教育委员会、艺术皇家协会证书委员会和学位授予委员会。教育部为确保对相关项目及内容的设计和发展的独立性,已经及时考虑到,文莱应该有一个自己的地方奖学金控制体系,这可通过一个国家认证实体来实施。然而,为保持目前奖学金的可信性及平等性,教育部也认识到与海外的合法实体继续保持联系是必要的,两者需通过一个协调阶段。

3.4 成人和非正规教育

继续教育作为拓展教育(学校一种相关部门的名字,此部门负责组织课程,培训参加工作的成人及走出学校的年轻人)而闻名。扫除文盲是最初实施的教育,但重点后来转到了提升个体的全面教育,强调技术、技能的获得,丰富的闲暇活动的提供,特别是为家庭妇女及工作和非工作女性提供的课程。

识字人数增长得很快,识字率已从1947年的

26%增长到1991年的90%以上。这个数字仍在攀升。政府希望随着正规教育的稳定扩展,文盲率最终降到接近于零。

继续教育的中心也有一些政府学校,其中教师大多是从政府学校中的全职教师中聘请来兼职的,主要在晚上和周末上课。

其他的项目包括,通向高等考试的中等教育科目,商业研究,残疾人教育,城镇协会的课程,家庭经济,甚至监狱居住的教育。为更好地理解伊斯兰教教义,提高阅读《古兰经》的能力,也积极组织了宗教教育。这些科目,不仅在政府学校的中心举行,也在清真寺、办公室、公共设施处进行。这些课仅对成人收取一些象征性的费用,但基本的识字课是免费的。

4. 行政管理的结构与运行

教育部负责主流学校体系直到更高级的教育。宗教事务部负责伊斯兰教教务,包括主流学校体系中作为学校课程一部分的伊斯兰教课程,宗教教师的供应。2个部都有它们自己的学校督导人员。在教育部中,督导部(负责管理、咨询)是拥有董事会席位头衔的6个主要部之一。

5. 教育财政

文莱的公立学校的教育费用完全由政府承担,尽管没有强制的义务教育体系,但教育对所有公民都是免费的。如果儿童的居住地离最近的学校有8公里或以上,他们或者由校车接送,或者由学校提供包括膳食在内的免费的住宿设施。也有对几乎所有儿童都提供点心的餐饮计划,对乡村孩子提供免费的午餐。对于儿童,教科书可免费借给。

然而,政府的政策正慢慢转变,即向父母征收孩子一部分教育费用。例如,学校餐饮计划正慢慢取消,免费练习本的供应已完全取消,等等。这并不意味着文莱正面临着一个不容乐观的经济状况,而是政府希望父母分担他们孩子的教育责任,使父母和孩子认识到这样一个事实,即不应该把免费的教育看作是理所当然的。

政府投入到公民身上的几乎整个教育津贴,使教育成为公共款项的主要获取者。政府在教育上的财政分配大量增加,直到1989年,即降低政府所有部门的费用成为政府政策时。到1992年,政府财政预算每年增长5个百分点。文莱实施了一个五年国家发展计划,预计投入到教育的款项很大。由于财政预算、开支、计算的特点,使得每年度把国家财政的几个百分点拨给某一特殊的部门的决定相当困难。然而,根据花销(在年末,最终由财政部计算出来),各个部的开支还是计算了出来,在此,教育又一次成为高开支部门之一。1991年的数据显示,教育开支占国家收入的14%。

私立学校不从政府获得任何财政支持,但如果学校中有政府雇佣的马来语以及伊斯兰教师,私立学校将从政府获取财政支持。同时,直到1971年,政府才给予本国内的华人学校1:1的财政帮助。

6. 师资

这一点表1中已显示,教师有5 103人,学生有71 153人(生师比约为14:1)。这些教师中83%(4 259人)在政府学校中,8.1%在私立学校中。中学有32.6%的外国教师,他们和政府签有3年的合同。职业技术学校以及高等教育,对国外教师的依赖程度更深,文莱大学运行的最初4年中,仅有少于10%的当地学术教员。到1992年,仍有超过8%的外国教师。非政府学校也严重依赖国外教师。

就像上面所提到的,文莱极其缺乏技术人才,包括各种类型的教师。持有教育资格证书的教师大多在国内接受培训。然而,拥有硕士学位的毕业生大多由国外培训,这种状况至少持续到文莱的大学建立,并且输出有毕业教师时。

证书阶段的教师培训持续了3年,同时期的还有一个4年的本科生培训计划,这种状况一直持续到1985年大学建立。在海外大学的留学生,也必须在国外拿到研究生证书和海外的教育学位。假如在拿到第一个学位后,没有立即去拿第二个,那么就必须进行3年的服务。只有在获得教育学位职业资格并且已经被相关的权威机构认可后,教师职位才被确认。

根据文莱公众委员会的需要,所聘用的教师大多来自英联邦国家,特别是英国和澳大利亚。许多教师也来自马来西亚和新加坡。教育部极其关注教育标准的提高,并实施了各种各样的项目来提高教学质量,以及学校领导层的质量。为此,开办不同类型的在职课程、小型讨论会以及设置了用于学习的工作间,来长期提高学校教学和行政管理的有效性。

7. 课程开发与教学方法

1992 年 1 月,全国的每一所学校——除了一些招收非本地儿童的学校——都遵循国家的教育体系。因此,每一所学校都有统一的课程,统一的教学大纲,统一的考试制度。然而,英国剑桥委员会对课程,尤其是高中和大学预科的课程影响很深,它控制着这些阶段教育的公共考试。

小学阶段和初中阶段的考试由文莱考试委员会控制。课程规划司负责发展这两个阶段的课程和教学大纲。

课程的范围很广,包括读、写、算、科学、社会研究、人类学、艺术和体育,但外语教育很少,仅在中学阶段提供。在小学,除了宗教外,所有的科目几乎都由一个全面的任课教师教授,而在中学,由不同的学科专家讲授。选修课很少。

由于文莱教育是双语制,以及国家哲学反映的是马来、伊斯兰教君主制,所以,教育改革是和伊斯兰教知识、概念的灌输紧密联系的。它运用的方法是把学校中和其他教育机构的学科内容与伊斯兰教教义融合在一起。课程的实施是学校督导团、课程规划司、教育部监控单位的责任。

8. 教育评价、评估和教育研究

除了文莱大学中个人所做的研究项目,文莱还没有任何正规的教育评价、评估研究。

9. 20 世纪八九十年代的主要改革

1984 年后的一个时期,文莱对教育体制进行了大量的改革。最明显的变化是上面所论述的教育的双语制。学校课程、教学方法改革的重点是,以发现和以学生为中心的教学。还有另一个改革,即国家教育体制向非公立学校扩展,因此引进了一个统一的课程、统一的教学大纲的概念,把它们应用到国家的所有学校中,这一点公布在新教育政策中。

尽管教育在法律上不是强制的,但每一个学龄儿童已入校。因此,教育质量的提高并由此惠及这些孩子实在是一个挑战。文莱通过教师在职培训、职前培训以及吸引优秀人才加入教师行列来提高教职员工的素质。父母、社区参与教育过程的积极性也有提高。通过领导培训、学科学习、小型讨论会来提高学校行政和管理的效率。

10. 2000 年面临的主要问题

对教育发展来说,财政资源的限制并不构成一个主要问题。然而,过分依靠国外教师而导致的教师短缺问题仍将继续。培训合格教师要花 3 ~ 4 年,那么过程的缓慢是明显的,且很多人对教师行业不感兴趣,不能胜任,也使每年国内培养出来的教师很少。

到 2000 年,中等教育教室的短缺将成为其特点,需要建立更多的中等学校来容纳增长的学生数,而且要清除仍存在的教育的双学期制。现在要努力的是迅速增加校舍的数目。因此,毋庸置疑,提高教育标准,以及提供一种对国家发展没有阻碍,又与对伊斯兰教君主制的热情紧密联系的教育,是现在和未来教育面临的主要挑战。

D. H. A. 阿布杜兰(D. H. A. Abdullah) 著

张晓玲 译

附录

Curriculum Development Department 1985 *Education System of Brunei Darussalam.* Ministry of Education, Brunei Darussalam

Department of Examination 1991 *Analisa Keputusan Peperiksaan PCE, BJCE, BCGCE O Level (1980—1990)*. Ministry of Education, Brunei Darussalam

Department of Information 1990 *Brunei in Brief, 1990.* Office of the Prime Minister, Brunei Darussalam

Department of Planning, Research and Guidance 1989 *Educational Planning of Ministry of Education, 1989* Ministry of Education, Brunei Darussalam

Economic Planning Unit 1986 *The Fifth Five-Year Development Plan, 1986—1990, of Brunei Darussalam.* Ministry of Finance, Brunei Darussalam

Economic Planning Unit 1989 *Brunei Darussalam Statistical Yearbook 1989.* Ministry of Finance, Brunei Darussalam

Ministry of Education 1989 *Education in Brunei Darussalam, 1989.* Ministry of Education, Brunei Darussalam

Ministry of Education 1991 *Educational Statistics.* Ministry of Education, Brunei Darussalam

Office of the Prime Minister 1984 *Brunei Darussalam: Facts & Figures.* Office of the Prime Minister, Brunei Darussalam

State Secretariat 1972 *Report of the Education Commission Brunei.* State Secretariat Brunei, Brunei Darussalam

斐济的教育制度(Fiji: System of Education)

1. 基本背景

斐济是一个由300多个岛屿组成的南部中心岛国,其中100个岛屿能够居住人。东北部和澳大利亚接壤,边界线长约2 730公里,北部和新西兰接壤,边界线长约830公里,陆地总面积18 272平方公里。南北跨越大洋,长约1 127公里,东西宽约789公里。两个主要岛屿,维提岛和瓦鲁阿岛。两者合起来占陆地总面积的87%。总人口715 000(1986年的统计数字),其中46%是当地斐济人,48.7%是印度人,其他人占了5.2%。人口增长率2%,与1976年的2.1%相比,有所下降,但与1966年的3.3%相比下降更多。人口中60%居住在农村。国家的跨岛屿性,对教育规划人员提出并将继续提出挑战,即如何为农村以及较小的岛屿提供合理的、经济上适用的可能的教育。

1643年,第一个欧洲人塔斯曼(Abel Tasman)发现了这个群岛并把它绘制成图。19世纪早期,第一批外国居民到来,他们是"被遗弃者,被放逐者,旧世界的潦倒者,其中一些是他们中最坏的、最恶劣的"(Derrick 1946 P. 37)。他们把新的疾病带给了岛屿上的人,这给斐济人带来了厄运。

1835年,基督教以循道宗的形式到来。循道宗传教士用斐济语言引导人们学习文字,教人们读《圣经》和其他宗教著作。随后又来了天主教,这两个主要的基督教派别,是以后80年内教育的主要提供者。

1874年,斐济由英国占领。5年后,殖民统治者从印度运进了第一批师徒制劳工,让他们在甘蔗种植园中劳作。在师徒制终结的1920年,斐济已有6万名印度人。随着人口的自然增长和从印度的进一步移民,1987年,印度人占了总人口的48%多,岛屿上的多民族构成产生了许多不同的教育机构,其中不少是在20世纪20年代开始的。印度人对更多的教育和更高层次的教育的需求,使殖民政府必须为印度和斐济人提供一些高等的教育。

除了师徒制和一系列移民引起的种族多样性,还有宗教信仰的多样性(不同派别的基督教、印度教、伊斯兰教),语言的多样性(主要是斐济语、北印度语、乌尔都语、英语,也有泰米尔语、特勒古语、古节拉第语、罗图马语和华语),这些多样性都给教育体制带来了压力,即如何使教育体制容纳不同的语言和宗教。

在历史上,传教士到达的前50年,教学的语言是斐济语。所有的教育都在教堂中进行,甚至是在被英国占领后仍是如此。在斐济的教育体制中,天主教是第一个教学生英语的。1916年,殖民统治者正式成立了教育部,之后,英语在教育体制中占了更为重要的地位。部分原因在于殖民统治的行政机关工作的需要,部分原因是来自印度人口的压力,因为他们要接受更多的教育,而教育中所用的语言更多的是英语。20世纪30年代后,当循道宗教堂放弃了其为政府建立的小学,在学校教育体制中,英语的使用又有了一个增长。结果,在1970年,斐济独立时,英语作为教学语言已稳稳扎了根。本地语、斐济语和北印度语(以及后来的乌尔都语、罗图马语、波利尼西亚语)在小学的前3年被用作教学语言,随后直到10年级,才成为学习的科目。在20世纪80年代，本地语的学习延伸到12年级。

在20世纪80年代，斐济人开始强烈关注他们自己的语言，特别是当一些城镇斐济人，既不精通母语，又不精通第二语言(英语)时，这种关注更加明显。与此相反的是，除了一些当地的教育人士，印度人很少关注英国的语言和文化的影响。这些对语言的关注很可能继续出现，不管教育的语言重点是否从经济倾向转到更多的社会文化倾向。

许多斐济教育体制的特点，是由地理因素决定的。到20世纪60年代，斐济人中的大多数人居住在主要岛屿的农村地区，或者居住在较小的岛屿中，而印度人却聚集在城镇或离城镇较近的地区。人口的分布导致大量的来自单一民族的班级。1970年斐济独立后，努力的重点放在了容纳更多民族的学校建设中，只要这种建设是可能的。尽管这些努力在独立后立即着手，但学生状况的历史模式在大多数学校依然继续。

像许多发展中国家一样，斐济的农业生产和出口占经济主导，手工业多种多样，旅游业增长很快。1976年，15岁以下的雇员中，约7%的人从事服务行业。1986年，从事服务业的人翻了一倍，达到15%。历史上，斐济人从事小规模的农业，也在行政部门、教育、医疗业工作。印度人在松软的土地上大量种植甘蔗，从事小规模的商业和贸易。较大的农业公司主要由澳大利亚人经营。独立后，从事商业和教育的印度人在规模上及范围上都增长了很多，而且，斐济人正努力要较多地参与国家的商业生活。

在20世纪80年代末，像许多其他国家一样，斐济没有摆脱失业的困扰，社会关注失学儿童，这些儿童并不想回到自己的村子，但却没有能力找到工作。这时，一个非正规教育机构出现了，它为这些辍学儿童提供一个获得一些就业技巧的机会，这些技巧或者使他们自立，或者使他们能够回到农村过上比以前好的生活。这些情况继续出现在斐济人身上，而不是印度人身上。因为土地的80%由当地斐济人拥有，并且不能买卖。印度人继续把教育看成是他们从土地上解放出来的一种方式，是获得社会自由的主要方式。过去，这两个民族的抱负不同，这种不同仍将继续。然而，对于斐济人来说，压力不断增加，促使他们参与国家的更多的商业生活。

在20世纪后半期，劳动力的全面教育水平已明显提高。在前半期，6~8年级的教育是常见的。独立后，随着农村教育的发展，提高到了10年级。然而，25岁或25岁以上的人中，有大约11%的人没上过学，35%的人没完成小学教育。

20世纪80年代中期后，进入行政机关的大多数年轻人已经完成了至少12年的教育。技术学院的发展为国家的小型手工业部门提供了技术工人。

1987年，军方发动政变后，国家的主要政治目标经历了急剧的变化。20世纪90年代早期，他们确保政治权力掌握在当地的斐济人手中。最终，1987年后的宪法中，议会中的政治代表偏向了斐济人。这与独立时采用的比率明显相反，那时，分配给两个主要民族的是相等的席位。而且没有规定首相必须是斐济人。20世纪90年代可能进一步加强斐济人的政治权力，印度人的教育机会可能缩小。斐济人继续怀着远大的教育目标，努力鼓励更多的斐济学生接受高等教育，同时鼓励他们保持自己的民俗和文化。

2. 教育政策与目标

从20世纪开始，斐济教育目标已经发生了巨大变化。但直到1916年，殖民政府才对国家的教育体制进行了监控，这与基本的读写、识数的发展相一致。然而，1920年，师徒制终结后，对更多的教育，特别是中等阶段的教育需求掀起了高潮。政府必须对这一需求做出反应，尽管它做得很少。宗教团体，包括基督教的和非基督教的，建立了它们自己的学校，出现了一种情况，即所有类型的867所学校中，仅29所(3.3%)是政府学校(1987年的统计数字)，余下的由宗教特殊利益团体和亚文化组织控制。

尽管政府和非政府学校的数目差距很大，政府仍能够影响教育体制。方式是通过对课程、考试的控制，以及拨款体制。在20世纪70年代，教育部竭尽全力建立了一个课程开发小组，它研制课程和教材，并对此做出设计，使它与一个独立的太平洋国家的需要联系更紧密。这些教材已经在所有的学校中运用。以这些教材为基础的国家考试，确保了国家教学目标的统一性。

20世纪70年代中期，政府的五年计划阐明了教育的广泛目标，它包含以下四个方面：

(a) 提供一个项目，此项目考虑学生个体的能力、兴趣和天赋，使个体在变动的社会中得到充分的发展。

(b) 指导所有的市民从事与国家发展相适应的大量活动，发展斐济的人力资源，继而加速经济的发展。

(c) 鼓励斐济人拥有更强的国家意识感、自立感和拥有作为斐济人的自豪感。

(d) 提高斐济人的文化认同感，提高斐济人与外部世界的联系(《斐济八项发展计划》1981～1985 1981 P. 254)。

因为国家的教育目标中没有强调它和个体目标以及社会目标相一致，所以，现实中，教育的广泛目标并没有被广泛意识到。城镇和城市生活的诱惑，使年轻人通过雇佣这一微小的机会，拥向城市。对他们有较大吸引力的工作是白领工作，而不是蓝领，因此，政府对职业、技术教育的政策的有效性缩小了。

3. 正规教育体系

3.1 初等、中等和第三级教育

斐济的教育不是强制的，也不是免费的。1972年，1年级引进了免费教育，并且逐年扩展，从1年级到了8年级。然而，每个学生12斐济元(10美元)的收费，对经营一所学校是不足的，必须通过学校集资活动来补充。

学校中的年级结构是混合的。在1969年以前，教育体制的初等阶段是1年级到8年级，中等阶段是从9年级到12年级，1989年，教育委员会提议，小学阶段由1～6年级组成，中学阶段是7～10年级，高中阶段是11～12年级。新旧体制并行导致小学中一些学校的最高年级是6年级，而一些学校的最高年级是8年级。中等教育体制类似这样的情况，有些学校从7年级开始，有些学校从9年级开始。在20世纪70年代至80年代早期，初中的概念正慢慢的消失，这是因为教育部在社区的压力下赞成发展11年级和后来的12年级。

教育中，除了小学和中学，1968年，建立了南太平洋地区大学，以满足南太平洋地区的国家需要。1987年，斐济人在全日制学校中有879名，部分时间制学校中有183名，远程教育有2 047名。同时，斐济的医学学校也有一小部分学生，这些医学学校提供医学学士学位和外科学士学位，也有护理课程。其他的小型的高等教育机构提供农业、理论研究(2所)，以及护士方面的研究课程。

图1概括了正规教育体制的结构。图2给出了学生数的关键数据。两个都是以1987年的数据为基础的，并且出自1990年斐济议会关于教育的报告，同时，一些数据必须从报告中已公布的数据中进行估计。

从图1可看出，学前年龄的儿童中，约10%进入了学前教育中心。6～11岁的年龄组中，99.5%进入了全日制学校。教育中的前8(包括1～2年级)，学生损失率约为25.2%，在初一(8年级)和初四(10年级)间，有一个小数目的辍学率。从高一到高二，仅剩下一半的学生。1987年高三的学生数很少，他们由有意接受大学教育的学组

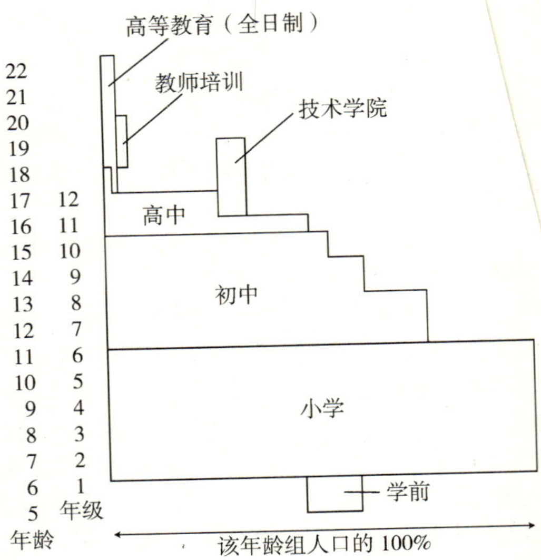

图1 斐济：正规教育体系的结构(1987)

成,也有一些学生,他们是高二结束时,没有被教育部选中进入地区性大学接受基础项目的学生。1990年后,斐济政府不再送任何学生接受大学的基础项目,而是扩大高三的设施,来应对正规教育体制中最高年级阶段出现较大数目的学生的问题。1992年,高三的学生数大约为2 300人。表中显示的大学生数仅代表900名全日制大学生,没有考虑183名非全日制和2 000名在外面注册学习的学生。约10%的学生,在中等后技术学校,接受职业技术课程教育。约7%的学生进入了大学、基础培训学院和医学院。

3.2 学前教育

学前教育的项目是提供给3~5.5岁的儿童。这些项目由学前教育中心提供。它们不和正规的小学衔接。1987年,有238所学前教育中心,注册人数6 217,大约占同龄儿童的10%,有335名学前教育的教师。

学前教育继续增长(1992年约8 300名),但大量的是非正规的,教师的合格情况参差不齐。教育部在政策上支持学前教育,但没有为这一部门贡献多少资源。不过,随着对教育体制较低端教育的关注,在20世纪90年代可能会有所变化。

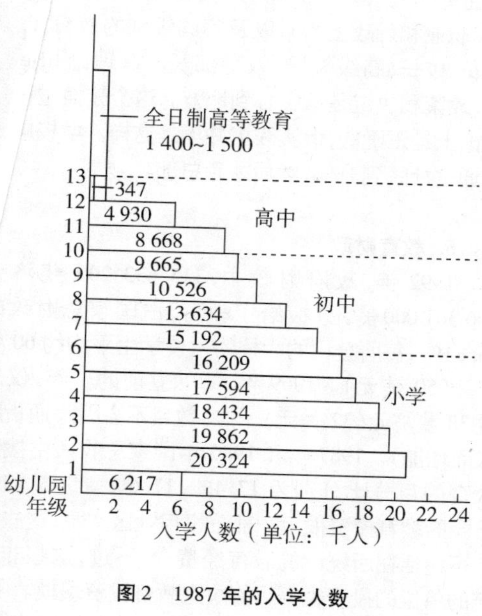

图2 1987年的入学人数

3.3 特殊教育

特殊教育为下列残疾人提供:身体残疾者、听力受损者、智力迟钝者、视力受损者。1987年,有13所机构,大多集中在城镇,为上述类型的人提供教育设施,但对于视力受损者,仅有1所机构。

这些机构由一些团体经营,比如斐济育人协会。这些学校的教师的工资由政府支持。大多数教师接受了培训,但很少有正规的学历。教师工资由教育部承担,但机构自己必须筹集额外的资金以满足其他方面的花销。学生从这些学校到工厂,没有特殊的行政机构为其转变提供帮助。任何得到雇佣的学生都是凭借机构的努力或者主要靠运气。

教育体制没有提供任何行政性机构,在这些机构里,学生能走出教室,接受特殊的教学。那些没有到13个特殊机构的儿童,继续留在原先的教室里学习。

3.4 职业、技术教育和商业教育

20世纪70年代后期到80年代,毕业生就业困难,这引起了对学校课程扩展的呼吁。诸如,为女孩子所设的家庭经济学,为男孩子所设的工业艺术科目得到了政府的支持。以至于到1987年,在10年级结束时的国家考试中,37%~49%的学生参加了职业科目的考试。在随后的两个年级,参加职业科目考试的学生数目急剧下降。社会上继续认为,这些科目对学生来说,缺乏学术方面的选择。

有关技术领域的学校课程由两个因素决定:现代技术的成本以及对一个小的岛国来说合适的技术的概念。即使致力于第一个因素是可能的,但第二个因素看起来对课程选择有更为重要的影响。

在社会上,特别是农村地区,发展技术技巧中的战略部分,国家已经为初中四年级毕业的学生开发了一个多元的手工艺项目。这个项目提供两年多的学校课程,包括农业、渔业、建筑业(轮船的装修和制造)、轻工业、家庭手工业和工业。这个课程的前提是满足培训学生的需要,把学生培训到一个恰当的层次,即在他们的环境中,他们能过他们所期望的生活。这样的环境不可能支持和提供高级的技术,所以,这个项目也是一种尝试,即把农村中的年轻人分流到城镇中。

在首都和维提岛等主要岛屿的较小的城镇上，斐济提供有高层次的职业技术教育。斐济技术协会提供职业技术教育的多样的标准、多样的学位层次的科目，有工程技术的，商业的，旅店方面的，酒席方面的，还有印刷方面的。通过学徒制，坐落在首都的一些企业也卷入了培训中。

政府对提升技术教育的倾向是明显的，这可从政府赞成提升斐济技术学院，并使它拥有提供学位层次科目的能力中看出。这种发展，或许会提供职业技术教育和高等教育之间的联系，这种联系以前已经错过。

3.5　*成人和非正规教育*

成人和社区教育在20世纪80年代得到了加速发展，原因是正规学校教育的结果不能令人满意，尤其是由此带来的较低成就。一系列的机构关涉到教育：政府通过教育部管理一些项目，其他的机构通过青年和运动部管理一些项目。此外，像基督教女青年会（YWCA）和教堂这样的组织也提供成人与非正规教育。一个从众多组织代表中选出的委员会，充当国家对成人和非正规教育的咨询实体。

政府出台了许多方案。政府的成人和社区教育中心，与初等和中等教育部门相比，在数量上很少，它是通过设置在全国的选择性学校中实施的。1987年，有22个这样的中心，其中许多是在农村地区，其目标亦针对农村人口。另一个由政府管理的方案是多种手工业项目，它是针对辍学的年轻人的（这在上面已经提到过），并同样是在教育体制内。这些后来建的中心由于得到新西兰政府的帮助，发展很快。政府还经营了一种为青年人所设的国家青年训练营（1987年有78个），所学的课程有农业、木工业、轻工业。所有这些方案都直接针对农村青年。城镇的学生可在斐济技术学院接受技术方面的课程。1987年，有2 376名学生在斐济技术学院接受了各种各样的课程。

大量的非正规教育是在农村进行的。既然它是非正规的，参与这项计划的人数就难以估计。这些科目的主要目的是为农村青年提供信息和技术，使他们在他们自己的环境里过上更充裕的生活。

成人和非正规教育（斐济技术学院除外，它是为工业生产提供技术工人的）的首要目的是提供在农村环境下能够使用的实践技巧，以降低农村人对城镇服务的依赖性。

成人和非正规教育每年的花费难以估计，因为有大量的社区现金和类似的投资且非政府组织也通过各种各样的渠道筹措资金，因为政府的补助很少。例如，1987年，非政府组织（NGOs）总共收到20 250斐济元（16 875美元），1987年，政府投入在成人和非正规教育上的费用（不包括斐济技术学院）是146 455斐济元（122 046美元）占教育总投资的0.19%。

4. 行政管理的结构与运行

教育由教育部负责，许多职能集中在首都的总部。所有的政策、教师的安排、课程的变化、考试、财政都集中在此。总部的政策通过4个分部，4个分部又把它分到9个区，来付诸实施。每个教育分部都由一个教育分部长领导（在首要教育长的水平上）。每个区有一个高级教育分区长。从理论上讲，区应该是和学校校长联系的第一级。

教育政策的制定是通过一个王室部，付诸实践是通过一个永久性的秘书（教育首长），两个秘书（职业和行政上的），以及不同级别的教育官员：首长、校长、高级领导、教育部长。在理论和实际上，政策和决定是从中心到地方。这个转换过程理论上是正确的，但实践上并不是这样。学校应首先通过社区到分部，然后才到总部。

5. 教育财政

1992年，政府财政中，115 633 200斐济元（96 361 000美元）拨给了教育，占国家总财政的16.84%，每所登记的学校的入校学生平均约60斐济元（50美元）。1969年，即独立前的一年，仅超过38斐济元（32美元）一点（数目不会因为通货膨胀而增加）。1987年和1980年国家总收入中拨给教育的百分比分别为17.4%、17.6%。教堂和委员会的教育投资很大一部分来自社区本身，这些资金不包括在所统计的教育经费中，不过，这些非政府的单位的投资也不可能决定教育投资规模。

政府为非国立中学提供助学方案的补助,这些补助占这些学校教学和教职工工资的 80%,1987 年达到总教育经费的 7.7%。而且,政府还给非国立学校每个学生进行补助,以及建立在父母工资基础上对学生进行补助,1987 年,这两项补助分别占全部经费的 1.%、1.9%。从全部经费中取出 11%以下的教育经费,还必须拿出一小部分资金,作为资本投资的津贴给非国立学校。

从 1987 年中期以来,正规教育项目,包括学术的和职业的,由教育部负责,而成人与非正规教育由青年和运动部负责。

政府也资助了南太平洋地区的大学,资助的计算基础是来自斐济的全日制的、部分时间制的以及接受远程教育的学生数。1987 年,斐济对这一大学的财政贡献是6 194 700斐济元(5 162 250美元)。

6. 资

19 年,教育体系中,有7 600多名教师,其中 4 760 在小学和幼儿园中,2 570名在中等教育学校中 名在特殊教育机构中,206 名在职业技术学校,31 名在教师培训机构中。1987 年,国家发生政变后,许多中等学校的教师迁到了其他国家 中等教育的教师出现了短缺。这些短缺由一些 经过培训的,或者从国外来的志愿者教师来填补 1990 年,根据教育部从它的校长协会的地址上引用的数字,学校体制中,未经过培训的教师 40%,而 1987 年是在 20%以下。

1987 年,所有教师中,女性占了 57%,其中小学占了很大一部分比例。在中学,比例发生了转变,男性教师占了 53%。学校中的高级行政管理职位由男性所占,而不管教育体制中女性教师所占的比例是多少。

小学教师培训由 3 个教师培训学院进行,一个由政府管理,另两个由教堂组织经营。政府培训学院和第七日基督复活学院都提供 2 年的课程,而天主教堂学院则提供 3 年的课程。从 20 世纪 70 年代,教师培训学院的产出质量已有很大提高,原因是引进的教师接受了较高级的基础教育。在这一体系中,进入教师培训学院的门槛是完成了 10 年级的学习或更低(约 30%)阶段的学习者,而这时教师课程的申请者,占绝大多数的那些人,完成了 12 年级或者 13 年级的学习。

直到 1985 年,中等教师的培训才在南太平洋大学进行,方式是通过一个第一学位的同期教育计划,或者是作为一个最终的教师学历。初中教师接受一个 3 年的课程学习。1984 年,教育部决定,未来进入大学和希望成为教师的斐济学生要完成一个两年的学士学位,之后,教育部将进行一个中等教师的培训项目。不幸的是,教育部还没有开始教师培训项目时,一些毕业生已经进入了中等教育体制。1989 年以来,这些教师被安排进行一个集中的教师培训课程,课程跨越暑期。它是一个澳大利亚的援助项目,由来自澳大利亚培训者进行。

斐济政府为了克服中等教师培训的难题,已向澳大利亚政府寻求帮助。结果,1993 年 2 月,一个提供中等教师培训的高等教育学院开始运行。

教育部在不同的教育区对所有的教师进行在职培训,而且不管他们在哪种体系下教学。这些教师培训的目标是,使所有教师熟悉教育部课程发展中心开发的新课程,同时引导他们发现新的教学技巧。财政的问题必定限定这些课程的长度,所以这些课程通常几天、一星期,其中以一星期的居多。如果教师在一个地区性大学完成了一个学位,教育部会颁发给他在职培训奖。例如,1987 年,有 37 名教师获得此奖。在海外接受培训的教师也可获得为海外专家设的在职培训奖。这些奖或者通过特殊的斐济政府奖提供,它是其他国家和斐济政府之间双边互助的一部分;或者通过如联合国教科文组织这样的组织所设的普通基金奖提供,这是一种技术合作的形式。教育部全体成员也有资格申请这些奖,通过这一方式来确保教育行政官员很好胜任其工作。

对教师教育没有特殊的监控程序,培训学校所提供的课程的质量,既依靠讲授者的质量,也依靠学院校长的质量。大学有它自己的监控和质量控制体系。

教师表彰是最主要的监控教学和提供晋升信息的方式,这是由校长进行的。先前,职称高低常常是最主要的晋升标准之一,但现在,它不及正规的学历重要。民族成分也会对晋升——特别是在

Mangubhai F 1984 Fiji. In: Thomas R M, Postlethwaite T N (eds.) 1984 *Schooling in the Pacific Islands*. Pergamon Press, Oxford

Mann C W 1935 *Education in Fiji*. Melbourne University Press, Melbourne

Ministry of Education 1987 *Annual Report for the Year 1987*. Parliamentary Paper No. 17 of 1990

Rabukawaqa E 1992 Designing educational priorities for Fiji: Beyond the year 2000. Paper delivered to the 71st Principals' Conference held in Suva, April

Vakatale T 1992 Keynote address by the Honourable Minister of Education delivered to the 71st Principals' Conference held in Suva, April

Whitehead C W 1981 *Education in Fiji*. Australian National University, Canberra

印度尼西亚的教育制度(Indonesia: System of Education)

1. 基本背景

印度尼西亚共和国是一个群岛国,它拥有世界上最多、最大的群岛。领土上的3 000多个岛屿,位于赤道海面处,从东到西绵延5 000公里,把澳大利亚和东南亚各大陆分割开来。印度尼西亚是世界上第五大人口国。在20世纪80年代,居民人口超过1.8亿。1985～1990年间,平均每年人口增长约2.1%。据估计,到2000年,人口数量将超过2.1亿。1990年,人口中约41%在18岁以下。尽管如此,92%的6岁儿童和97%的7岁儿童都报名入了学。且几乎所有小学,每个年级都有单独的班级。然而,人口稀少的地区,有所谓的"小学校",它把不同年级混合在一起,每所这样的学校仅有3名老师。

17世纪早期到20世纪早期,印度尼西亚被一系列荷兰殖民者的后裔征服,他们是这片土地的最初开发者。350年间,来自荷兰的海上商人和士兵,赢得了越来越多的岛屿的控制权,最终形成了荷兰东印度殖民地,它存在于第二次世界大战以前。同一时期,伊斯兰教也早早地由印度商人引进来,传播到整个群岛的民众中,并成为这个地区的主要的宗教(随后建立的穆斯林逊尼教派学校表示了对苏菲派的忠诚)。然而,在北苏门答腊和北苏拉威西,有一小片地区是基督教徒区。

1942年,日本海军、陆军抢占了东印度群岛,赶走了荷兰殖民者,控制了这片领土。这一控制一直到1945年末,日本被盟军打败后投降,荷兰又重新控制了这片地区。然而,1945年8月,群岛上的本地人宣布他们独立,并且在随后的4年,同荷兰殖民者进行了斗争。在1949年末,他们赢得了完全自治。

目前,从根本上来说,印度尼西亚的教育体制受到了两方面的严重影响,一个是国家的地理状况,另一个是荷兰的殖民统治以及伊斯兰教的统治。地理状况是,大量岛屿彼此相隔,以致几百年来形成了许多明显不同的文化群体,被大海群山、稠密的丛林相隔的民众也形成了不同的社会群体。这种分隔状况集中表现在400多种语言和方言的发展上。

如此多样的群体和语言给政府领导人与教育者带来了问题。1945年,当国家宣布独立时,什么语言能充当国家语言以及整合不同的社会群体成为首要问题。这一个问题当时得到了解决,共和国的领导人选中了马来语的一个版本作为官方语言,并把它标上印尼语的标签。自那之后,印尼语几乎成为每一个人乐意学习的语言。印尼语已经成为政府语言,众多媒体的语言,所有小学2年级以上的学生学习的语言。地方语言在小学2年级以前是教学语言,在2年级以上作为一门科目学习。

设计这样一个教学语言模式是为了提高国家的凝聚力。但这样的语言政策使教育者面临特殊的问题。如教科书的出版、教师的培训、教师的安置等等。

印尼独立时,只有很少的一部分学校体制确定了下来,满足年龄群中占比例相对较小的一部分人。教材用荷兰语。政府授予教育优先发展权。但1970年后,小学入学人数急剧膨胀。1970年,小学和中学人口是300万,1990年增长到了380万。1990年,约100万儿童进入了私立幼儿园。

7~12岁的儿童普遍进入了小学,小学中有270万人(男女代表人数相等)。初等学校中,有700万人,代表了7~15岁年龄组的略小于一半的比例。然而,据估计,小学阶段,有大约25%的学生辍学,40%的小学毕业生没有进入中学。

全国有28个省,324个区,3 500个分区,66 000多个村。1985年,每个家庭平均4.6口人。年龄在10岁及10岁以上所有人口中,文盲率是19.1%。人均国民生产总值是570美元。

国家的地理位置以及岛屿上的人口分布状况,影响了学校的集权体制管理的效率。这个学校的集权管理体制的中心位于爪哇岛上的首都雅加达。由于岛与岛之间距离很远,加之交通设施的短缺,所以,对学校的供应以及官方的指示到达边远的岛屿需要上月的时间。因此,从全国各个地方收集精确的数据,以此来设计全国性计划是比较困难的。

印度尼西亚的财富大部分来源于石油和矿产资源,其次来源于农业生产,如咖啡、橡胶、棕榈油。尽管大多数人居住在农村地区,政府还是通过引进现代技术,全力以赴地挖掘工业部门中的经济潜力。所以,从20世纪70年代开始,政府计划投资教育,以生产工业经济所需的知识、技能和与之相适应的价值。

1990年,劳动力中,60%从事农业,10%从事工业,12%从事服务业,由于越来越多的人离开农业进入其他部门,所以必须改变基础课程,从伊里安岛的雅雅(Irian Jaya)的农村地区,到雅加达的现代文明地区,有许多种不同的文化,这一点已经提到。这在教育上的要求是:一方面,需要国家课程,另一方面也要考虑不同的文化需要不同的课程。

位于雅加达的教育部与省区之间的沟通是一个问题,但现在沟通比以前容易多了。印尼语扩展很快,尽管地方语言和文字不同,但从3年级开始,在使用国家语言作为教学语言方面是没有问题的。为了保证国家和省区之间课程的平衡,国家课程中心尽了最大的努力。与此同时,考试也考虑到了课程的不同。考试中心已经建立了一个不断更新的试题库,这既可以检验学习统一课程的学生成绩,同时也可以在国家规定的统一标准范围内检验学习不同课程的部分学生的学习成绩。

我们应该记得,荷兰占领末期,年龄组中仅80%的人接受了基本的正规的学校教育(在荷兰管理下),不到50年,几乎所有的儿童都接受了小学教育(在印尼的管理下),并且适龄儿童中,有较大比例的人接受了中等教育(也是在印尼的管理下)。

2. 教育政策与目标

1945年,宪法的序言中陈述了国家的目标:提高整体人民的幸福,保护所有印尼人,保护印尼人的所有土地,发展国家的文化生活,为建立一个独立、强大、和平、公正的有秩序的生活而努力。为了实现这个目标,国家文化生活发展就成了印尼国家教育体制的主要任务和责任。宪法进一步陈述:每一个公民个体有权获得教育……国家将建立一个国民教育体制,并且用法律来规范。

政府任命教育文化部实施教育文化领域的整体任务中的一部分任务。建国五原则(亦即1945年宪法)以及国家政策的指导性条例是教育文化部执行任务时遵循的基本准则。

1989年的教育法把国家的教育目标具体化了,即国家应把印尼人作为一个完整的人来看待,发展他们的文化生活,以及所有印尼人应忠诚于真主,全身心地为真主贡献,拥有知识和技能,身体健康,精神健康,个性鲜明、独立,成为社会和国家中有责任感的人。

国家教育体制建立的基础也是建国五原则,它包括国家的五个哲学原则。根据1945年的宪法,这五个原则是:信仰真主;公平和文明的个性,包括对所有人的宽容;印尼的团结;由人民所代表的聪颖的智慧所指向的民主;对所有人的社会公平。

3. 正规教育体系

图1是印尼正规教育体系的结构图。然而,我们应该记住,学校教育之外有一个非常庞大的校外教育体系。

学校教育由普通教育、职业教育、专业教育、宗教教育和军事教育组成。普通教育是让学生获得基本的能力,以此进一步接受教育或进入工作领域。职业教育是让学生掌握某一种技能以从事工

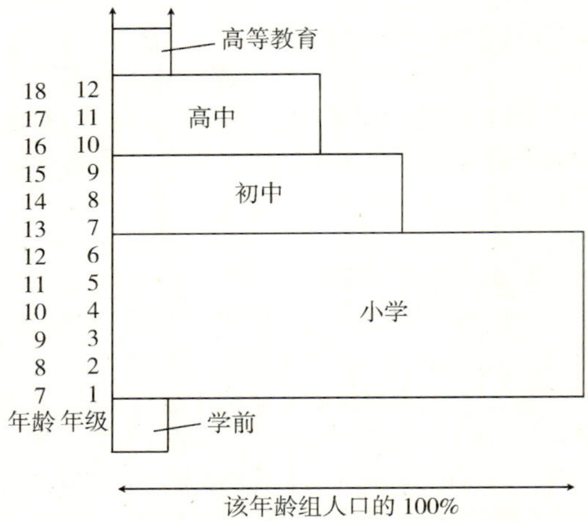

图 1　印度尼西亚:正规教育体系的结构

作,同时也为他们能够继续接受高层次的职业教育作准备。专业教育是指学生执行他们任务的纯熟度。宗教教育是帮助学生执行宗教领域的任务。军事教育为可能成为印尼军队的成员的学生作准备,内容是加强和提升学生在执行军事任务时的能力,这一教育局限于学生作为印尼军队的成员时。

根据教育的阶段,现存的教育结构包括初等教育、中等教育、高等教育。正规的学校教育由教育文化部管理,也由宗教部管理。伊斯兰教学校是小学阶段,它包含学前阶段,以及处于高级教育阶段的伊斯兰教学院(IAIN)。宗教部也负责管理许多伊斯兰教组织。

3.1　*初等、中等和第三级教育*

小学是单独设置的,学制 6 年。1988 ~ 1999 年,有将近 14.6 万所小学,有学生约2 700万。这些学校中,几乎所有的都是国立的。每个年龄组中的儿童约超过 450 万。从小学毕业的学生有 340 万。

中等教育由初中和紧接的高中组成。初中有普通初中、技术初中和职业初中。每一类学制都为 3 年。从小学毕业的学生有资格进入这些初中。1988 ~ 1999 年,初中有20 334所,有学生 650 万人。每个年级组的儿童有 220 万,其中,毕业生有 190 万人。

高中由普通高中、技术/职业高中、教师学校组成。三类高中每一类都是一个独立的单位,学制 3 年。然而,有些职业技术高中学习年限为 4 年。这些高中向初中毕业生开放。但那些从职业或者技术初中毕业的学生,仅能继续在相应的职业或技术高中学习。1988 ~ 1989 年,高中有10 682所,学生有 390 万。

高等教育有两种类型的课程:授予学位的课程和不授予学位的课程。授予学位的课程有各种各样的水平,水平 1(硕士学位),水平 2(法律课程),水平 3(博士学位)。不授予学位的有下面的课程:3 年的理工课程,文凭 1,文凭 2,文凭 3,文凭 4,专业 1,专业 2,专业 3。总体上说,不授予学位的课程是周期性的。授予学位的课程,强调学术性或职业的学术性工作;而不授予学位的课程,强调的重点是职业性或技术性的工作。

为了给社会上一些人提供上大学的机会,这些人既想接受高等教育,又不想离开他们的家或工作岗位,印尼建立了开放性大学。这种大学的组织形式是在家就能学习。自学的指导性材料通过书本的形式提供,还可以通过广播、电视媒介作补充。开放性大学有教学方法体系,有教育科学、经济学、社会科学、数学和应用统计学课程。它提供覆盖几个学习领域的 S—1(硕士)学位课程,也提供非学位领域文凭 2 的课程,如数学、英语、社会科学、印尼道德教育方面的。开放性大学也有这样的任务:发展和从事远程教育来再培训小学教师。1988 ~ 1989 年,有 792 个这样的高等教育机构,学生总数超过 100 万。在这 792 所高等教育机构中,仅 48 所是国立的。

3.2　*学前教育*

小学之前的儿童教育,家庭被认为是主要的责任者。然而,1988 年,有36 190所幼儿园(其中 57 所是公立的),儿童入学人数超过 150 万。学习年限最多的是 3 年(4 岁、5 岁到 6 岁)。考虑到国家的社会的极其多样性,以及学前教育的财政经费,国家来计划和从事学前教育还将有一段时间。

3.3　*特殊教育*

1988 ~ 1989 年间,有 447 所特殊学校,其中 22 所是公立的。在这些学校中,将近有20 000名儿童。这些儿童大多是身体有残疾或弱智。

3.4 职业、技术和商业教育

职业、技术和商业教育本词条在3.1中已经提到，并且在第7节中还将会看到，初中和高中有一定数量的职业、技术和商业学校。初中大约有300所职业/技术学校，高中接近1 000所。这些学校大多是私立的，而且就像本词条3.5中提到的那样，学校的大多数精力倾注到了学校外教育的项目上，目的是培训没有入过学的孩子，让他们拥有一技之长，以帮助他们生存。

3.5 成人和非正规教育

学校外教育包括技能教育，扩大视野的教育，家庭教育，以及扩展学生文化宗教的教育，技术或技能教育。通过这些类型的教育，每个公民都可运用终生学习的原则，扩大文化视野，发展个人品质。技能教育是让学生获得从事某项工作的能力，如打字、缝纫等。扩展视野的教育使学生扩大他们的文化视野成为可能。家庭教育，提供学生基本的知识和技能，培养他们的宗教信仰，教给他们道德价值、社会规范、生活观点，目的是使学生能够在家庭和社会中生活。

有关学校外教育的活动，包括与之相配套的两方面：一方面是，让参与者获得经验，这些经验与提高他们生活标准的工资息息相关；另一方面是，使社区成员更好地在社区生活中从事教育和文化活动。学习外教育的普遍对象是7～44岁的社区成员，这些社区成员没有获得过教育机会，或已经辍学，也可能是获得了某方面的教育文凭但没有接受过正规的高层次学习，或者是需要额外的知识和技能的人，这些知识和技能能够提高他们的生活水准。

印尼的学习外教育是通过社区教育者供给的，即通过步骤A学习小组和生产工资学习小组来实施的。步骤A的学习目标是根除文盲，掌握国家语言，获得基本的教育。而生产工资学习小组的目标是提高社区成员对知识和技能的掌握程度，特别是职业技术领域的知识和技能。同时，为完成9年制义务教育，发展了步骤B，它是步骤A的继续。可以假定步骤A相当于小学，步骤B相当于中学。

4. 行政管理的结构与运行

教育文化部负责政府的教育规划和实施。这个部直接对共和国的总统负责。这个部的协助者有一个秘书长，四个总干事(初等和中等教育一个、高等教育一个、学校外教育一个、文化管理一个)，一个负责监管工作的督导者，一个负责政策形成的研究和发展的研究员。另外，也有其他的单位和组织，管理其他活动。

每一个省有一个省级的教育办公室，每一个省内，也有区教育办公室，甚至分区的教育办公室。然而，中学直接由省教育办公室管理。这个体制主要是集权化的，每一个单位都要执行上级单位的要求。然而，就课程发展来说，省级部门的作用正在逐步加强。省教育办公室不负责高等教育机构的管理。这些高等教育机构直接归高等教育管理部负责，在省级，有一些私立的协助其管理高等教育的相应的办公室。

5. 教育财政

在印尼，教育是家庭、社区、政府共同的责任。教育发展的资金来源于不同的渠道。政府供给每年度的经常性经费，主要有工资、旅差费、办公设施费用，以及用来支持发展项目的保持和发展的资金。家庭支付现金为教育的不同阶段做出贡献，有时通过父母教师协会为教育提供资助。中等和高等的学习机构收取学费，小学教育是免费的。社区人士按自愿的原则提供支持，作为他们参与社区教育的表现。

1990年，教育经费约占国民生产总值的2.95%，占国家全部财政收入的13.8%，这里的教育不仅仅限制在教育文化部管理下的项目。举例来说，在1989～1990年间，教育上的经常性经费约11.9亿印度尼西亚卢比(5.95亿美元)，相当于全部国家经常性财政收入的5%。

6. 师资

教育机构最重要的人员是教师或讲师、学校校长或领导、学校监管者。例如：1989～1990年，有146 558所小学，20 985所初中，11 550所高中。有和学校数目一样多的学校校长。在这些学校中，有1 141 486名小学教师，467 122名初中教师，347 425名高中教师。根据规定，每个学校监管者负责监管的学校最多是15所。也有几类非学校式设置的监管者，这些学校包括社区教育、体育运动教育、年轻人文化教育项目。

以前的小学教师是小学教师培训学校的毕业生，他们在初中毕业后，接受3年的教师教育项目(高中毕业的也是同样的层次)，然而，为了提高小学教育质量，政府决定提高小学教师的质量。教师从原先的初中毕业升到高中毕业，高中毕业后，接受2年的学位教学计划(学位2课程)。小学教师的学位2课程由教师培训教育科学机构(IKIPS)进行。同时，政府通过开放性大学，在全国设立小学教师的在职培训项目。它的目标是，培训现在的教师，使之与学位2有相对应的水平。

初中教师大多是师范学校(PGSMTP)的毕业生(相当于学位1和学位2的教师培训)，学位2的教师培训由教师教育的机构和人员经营管理。初中也有一些拥有较高学历的教师，如有些教师有学位3和水平1学位(IKIP的毕业生)。现在，初中教师至少接受过学位2的教育。高中教师大多招聘的是师范学院的学生(相当于学位2教师培训)，学位3和水平1学位的毕业生。仍有许多教师的文凭低于规定的要求，或者许多教师没有教学背景(如，有些学科的教师没有参加过教师培训)。

一定层次的学校的校长是从那个特定层次的教师中招聘的。被任命为学校校长的人也要达到一定标准，如，具体的教育的最低层次，教龄，某一行政机关的头衔，管理能力等等。学校监管人员通常是从校长中招聘的，他们也必须满足最低的标准。

招聘学校外监管者的标准(管理社区教育、年轻人事务、运动和文化)不像招聘学校监管者的标准那样清晰。如，没有要求学校外管理者必须满足最低的教育层次，教龄需要的特殊标准等等。招聘条件的限定权掌握在省级教育文化的办公室手中。高等教育机构的新的教师至少是水平1和高等教育的毕业生。

7. 课程开发与教学方法

课程设置的基础是国家教育体制的目标，并考虑到了学生的发展阶段、当地的环境、国家的发展、科学和技术的发展、艺术的发展。

在一个确定的教育机构中，教与学活动实施的基础是核心课程，这是为所有学生设计的，还有选择性的课程项目，它是适应教育活动发生的环境需要。核心课程包括学校教育和学校外教育的一般指导纲要，由许多科目组成。

课程内容由一系列教材组成。编写这些教材的基础是课程纲要，还有对以前实施的课程做些尝试性修改后的内容。整个课程内容分为以下几个部分:建国五原则、宗教、公民、文化科学、技能以及运动和健康。

20世纪90年代初，小学中使用的课程是1975年课程的修改版，有10个科目。原来的9个科目是:宗教教育、国家意识形态的道德教育、印尼语、社会研究、数学、自然科学、运动和健康教育、文科教育、技能教育。1984年，引进了一门新的科目，国家独立斗争史，它覆盖了印尼的历史和政治。

每天，儿童都接受大多数科目的教学。每星期总共的教学时间从1~2年级的26小时到4~6年级的36小时不等。每年，官方规定的学校上课的天数是245天，但实际的教学天数比这少。表1显示了每个科目每星期所分配的时间。1~2年级每个课时是30分钟，3~7年级每个课时是40分钟。

1984年，对初中的课程做了新的开发。开发后的新课程有三部分，即普通教育、学术教育、技能教育。在普通教育中，强调了国家哲学的道德教育和宗教教育。这两项反映了国家的普遍的道德价值。除此之外，普通教育类中还有运动和健康教育，文科教育类中的其他科目。

学术教育包含6个科目的内容:印尼语、地方语、英语、数学、自然科学和社会研究。技能教育包括必修和选修的技能，二者都是实践性的。必修技能课的讲授是在单学期，选修技能课的讲授是在双学期。在课时分配上，普通教育中，每个科目每星期2个课时，运动和健康教育除外，为3个课时。学术教育每星期4个课时，印尼语和数学除外，这二者每星期是5个课时。技能教育每星期6个课时。

1984年也开发了高中学校(SMA)的课程。对所有的学生来说,第一年的课程是一样的,由15门科目组成。第一年的第一学期要上13门,第二学期要上13门。所有在第一学年上的科目都被列为“核心课程”。核心课程中还有一些科目,如国家哲学道德教育、宗教教育、印尼语和世界历史,这些科目在三个学年都要上。在第二年,学生被安排进入分支课程中的一支,有:课程A—1,物理学;课程A—2,生物学;课程A—3,社会学;课程A—4,语言和文学。在10年级,每星期38个教学时,到了12年级,降到36个学时。

20世纪90年代初,开始对学前、小学、初中、高中的课程作重新修订,以调整它们适应科学、技术的发展,也适应新采用的教学方法(1989年实行)的要求。9年基础教育的课程放在了优先发展的第一位。1994~1995学年将实施新的课程,这个新课程的主要特点是教育部只负责发展国家的核心课程,它占整个课程的80%。另外的20%和地方内容相连,由省办公室连同学校提供。在一些情况下,国家的核心课程做了调整以适应地方情况和需要,这个新政策已经直接引起教师、教材、其他类型的教学设施,以及管理、监管、定期的课程评价的改变。

表1　　小学课程

科目	年级水平					
	Ⅰ	Ⅱ	Ⅲ	Ⅳ	Ⅴ	Ⅵ
宗教教育	2	2	2	3	3	3
建国与原则道德教育	2	2	2	2	2	2
印尼语	—	8	8	8	8	8
社会	8	—	2	2	2	2
数学	6	6	6	6	6	6
科学	2	2	3	4	4	4
运动和健康	2	2	3	3	3	3
艺术教育	2	2	3	4	4	4
技能教育	2	2	4	4	4	4
每周总课时	26	26	33	36	36	36

8. 考试、升级和证书制度

每一学年结束时,小学和初中、高中都要举行考试。学生在每一个学习阶段的最后一年都要参加国家结业考试(如6年级、9年级、12年级),这些考试由国家计划,由地方管理,二者共同决定考试的主要科目中学生成绩的水平。考试的目的是给每一门主要科目提供一个成绩,这个成绩是学生总成绩中的主要部分,学校评价的标准之一。而且,国家考试适中的学生分数通常用作挑选学生进入下一个较高阶段学习的依据。

学校教学中的科目,并不是所有的都包括在国家考试中,例如,小学考试中,包括有国家意识形态的道德教育、印尼语、数学、自然科学、社会研究,其他的如宗教运动、职业技巧等不包括在国家考试的科目中。尽管这些不包括在考试中的科目的学生的分数,是建立在教师评定的基础上,并包含在学校授予学位的评价标准之中。

小学、初中和高中的测验的设计是在国家级水平上,同时,是自吸收了省办公室意见的基础上发展起来的。高中测验的试题库由省规定,并在国家级水平的基础上考试。小学和初中的测验的试题库和测验也是在省级水平上发展起来的,考试中的每一个科目有5~7套的平行测验,其中2套留作以后使用。省里能选择5套平行测验中的2套用于初中和高中的考试,同时,省里的每一个区能选择5套平行测验中的3套进行考试。

对于国家学校考试中的管理,基础和中等教育总干事规定每一步细节。这些规定包括,考试时间的安排,考试的打分,决定学生是否通过考试等。实际上,在省级设置了一个委员会来管理这些事情,它的管理包括从考试试卷的印发到决定谁通过考试的所有步骤。国家一级也设立了一个考试委员会。

学生从一个年级升到另一个年级,要看他们在学年中的表现。在小学中,他们的表现由他们的老师和班主任评定,初中和高中由他们的任课教师来评定。学生表现的状况显示在学校进步报告中。印尼的教育体制不是自动升级制。事实上,小学中,每年级的重读率是很高的,1989~1990年,是

9.8%，而初中和高中的重读率分别是1.2%和1%。

就像上面所提到的，国家考试中的分数仅是毕业证书中最终或总成绩中的一部分。在毕业证书上，学生的分数包括国家考试中的分数，和学生在学校进步报告中的分数。这些最终的分数决定学生是否被授予学位。具体规则中有关于如何做出决定的细节，但基本上，有关分数来自国家考试中的分数和学生在进步报告中的分数。然而，就像上面提到的，是否升入下一个阶段学习，通常是以学生在国家考试中的分数为基础的，而不是上面提到过的学校毕业证书上的最终分数。

9. 教育评价、评估和教育研究

基本上，有两类机构从事教育上的重大研究（包括评价、评估）。一个是文化研究教育研究发展办公室，另一个是教师培训机构里的教育人员。教育文化研究发展办公室是教育文化部的一个主要单位，它的主要任务是计划、执行、调节教育文化部中的教育政策研究和发展。教师培训机构的主要任务是：培训中学教师，主要进行基础教育方面的研究和教学过程中的应用研究。有时，教师培训机构也进行许多政策方面的研究专题，但通常，这些专题的范围是小规模的。这些机构所研究的国家范围的政策专题，通常是通过和教育文化部主管处签订合同来进行的。教育文化研究发展办公室也通常和这些机构协同工作，进行它的专题研究。另一方面，在规范的基础上，教育文化研究发展办公室也进行一些更多的大规模的政策专题研究。

教育文化研究发展办公室有四个中心和一个秘书处。这四个中心是：政策研究中心、计算统计（信息）中心、课程发展中心、测验服务中心。在教育研究发展办公室之外有另一个中心，在技术上，它是在教育文化研究发展办公室领导的管理下，叫作技术中心。开始时，这个中心属于教育文化研究发展办公室的中心之一，后来，成为一个独立的中心，但组织上，它是在教育文化部总干事的领导下。

在总体上，政策研究中心的主要任务是：计划、执行、协调教育和文化政策。计算和统计中心是计划、执行和协调有关学校统计中收集的数据，它编纂年度学校统计，并且执行教育和文化中的数量方面的计划研究专题。课程发展中心负责管理有关学校课程的研究和发展，特别是初等和中等教育中的研究与发展。测验服务中心则负责有关学校测验和考试的研究与发展，如测验试题库的发展，高效测验和考试的方法。教育技术中心进行学校和培训传输体制研究，以及包括技术革新方面的研究和发展，如研制幻灯片、录音带、录像带和电影等先进的教学工具。

10. 20世纪八九十年代的主要改革

教育发展项目是国家五年发展计划的一部分（1992年，是五年发展计划的第四年）。这期间，在教育的数量和质量方面做了许多改革。下面是几个例子。

小学入学人数从1971年到1988～1989年翻了一倍还要多（从1 290万到2 890万）。1992年，净入学率是99.6%，剩下的没有接受小学教育的儿童是这样一些人：他们居住在偏远地区，或者家庭贫穷，或者身体、精神有问题。

中学的学生数也从1979～1980年度的290万学生增长到1988～1989年度的770万，入学率分别是20%、65%。在高中阶段，同期净入学率从12%增长到37%。类似的，大学净入学率从2.29%升到了8.5%。为了提高这些增长率，举行了许多发展性的活动，如建造了数以千计的新的学校建筑，招聘了许多新的学校老师。为了容纳居住在偏远地区的小学学龄儿童，政府举办了多个年级在一起教学的初等学校（以小学校而闻名）。步骤A的学校外教育项目，是为不能每天进入正规学校学习的年轻学生和成人准备的。开放的初中是为居住在偏远或荒凉地区的13～15岁的学生准备的。所有进行的发展模式都是普及九年制基础教育的模式。

1984年，建立了开放性大学，它是为中学毕业的学生以及在高等教育机构难以每天都上课的教师准备的。它提供以书写模板，以及收音机、录音带、电视等为媒介的教学计划。1988～1989年度，约有13.7万名学生参加了各式各样的课程。1977年以来，为学生和教师，政府出版了90亿本学生和教师的教科书,并为大多学校的教师提供在职培训。还提供诸如学校科学读物的教学的帮助。所有这些措施都提高了小学和中学的教学质量。

在进行评价的基础上,1984 年对 1975 年的课程进行了改进。有关课程的进一步研究关涉发展课程内容,使它适应在地方情况下讲授,包括为所有学校提供的国家的核心课程的改进。为确保学校年级和阶段的连续性,针对核心课程进行修改。这一努力面对现实情况——即许多小学毕业生在数学计算上有问题——将教学重点更多地放在了数学上。

为了进一步提高小学教学质量,开展了教师支持体系和积极性学习的研究和发展,它开始于 1979 年,在西部爪哇省的昔安贾(Cianjur)区的三个分区实施。这一体系的主要目标是更好、更多地提升学校中的积极学习。这一体系的突出特征是它运用积极的学习方法,在课堂上进行更多的讨论,让更多的学生对教师提问,代替大多数情况下教师说、学生听的状态。在昔安贾区内,这一体系已经传播到更多的学校以及其他省内的一定的区域内。

研究表明,总体上来说,小学教师的质量仍是低的。为了提高教师质量,政府逐渐用学位 2 的教学项目(高中后学习 2 年)。学位 2 的项目现在由教师培训机构经营。开放性大学提供的项目旨在提升小学教师的水平。这些教师接受过 SPG 教育,并期望在 3 年内获得学位 2 文凭。1990 ~ 1991 年后,举行了一些有政府支持的,教师自助的培训项目。按 1989 年的政府规定,优秀教师比其他教师提升更快。

11. 2000 年面临的主要问题

从 1989 ~ 1990 年度到 1993 ~ 1994 年度的第五个五年发展计划中,教育发展的最重要的目标之一是提高各种类型、各个阶段的教育质量,并通过各种各样的项目来付诸努力,包括通过职前和在职培训提高教师质量,通过改进体制和加工资来提高教师的福利,改进学校课程,提供教科书和其他的学校设施,允许高等教育机构在其他事情上更自主。

尽管做了这么多努力,可以预计,20 世纪 90 年代的主要问题仍是所有类型和各个阶段的教育的质量问题。得到这个结论的原因是基于这样的事实:教育资源以及教育可得到的资金是有限的,并且从本质来说,教育的质量的改进,只能慢慢地随着教育体制的所有方面的改进而改进,以及国家的经济的发展而提高。

举一个例子,根据 1993 年的估计,小学教师中,培训相当于学位 2 的文凭的在职小学教师(总共超过 100 万人)将花 20 年,除了这方面,就数量和质量来说,许多学校的教科书和教学设施是不充分的,要改善这种状况需花许多年。改进学习和教学习惯,以及建立有利于提高学习效率的学校和社会环境,这都需较长的时间。

第二个问题将是改进教育的入学方式。到目前为止,印尼已经完成了 7 ~ 12 岁的儿童的初等教育的普及化。在 1994 ~ 1995 年度开始的第六个经济发展计划中,国家为 7 ~ 15 岁的儿童发动了普及九年制基础教育的运动。为了准备这个计划,进行了各种各样的活动,包括:建立类型广泛的初中,以服务来自不同社区的儿童,建立新的学校建筑和新的教室,招聘新的教师,提供学校设施。尽管做了这么多努力,据估计,到 2000 年,初中的下一个入学率将仍是 72% 这么低的水平,高中和高等教育分别是 45%、12%,这自然会成为国家人力资源发展的一个主要问题。

在所有教育的阶段上,教育的比例也许将成为一个问题。在基础教育阶段(小学和初中),这个问题是怎样提供一个和地方适应的课程(占总课程的 20%)。高中阶段(包括职业教育)的问题是,考虑到社会上需要各种各样的人才,怎样确定基础教育和职业教育的适当的比例。大多数学生被录取到了社会/人文科学专业,所以高等教育阶段的问题是,且特别是自然科学和社会/人文科学的极不平衡比例。最后,可以预料,教育的效率仍是一个主要问题。这可以从这样的指标中看到,如较高的辍学率和重读率,特别是在小学。举例来说,1990 年,小学的重读率高达 10%。1971 ~ 1990 年,小学、初中和高中的平均辍学率分别是 5.2%、5.8%、5.0%。

教育的低效率体现在教育体制的各个方面，如教师的分配问题（有些学校/地区缺乏教师，而有些学校/地区供过于求），部分学校人员的集中，以及学校和地区之间资源分配的不平衡等等。

蒙吉蒂（Moegiadi）
杰越奥（Jiyono） 著
张晓玲 译

附录

Boediono W, Mcmahon W, Adams D (eds.) 1992 *Education, Economic, and Social Development.* MOEC, Jakarta

Ministry of Education and Culture 1988 *Fifth Five-Year Development Plan.* MOEC, Jakarata

Ministry of Education and Culture 1989. *Education Law No. 2/1989.* MOEC Jakarta

Ministry of Education and Culture 1990a *Educational Indicators: Indonesia.* MOEC, Balitbang

Ministry of Education and Culture 1990b *Compilation of School Statistics 1989—1990.* MOEC, Jakarta

Ministry of Education and Culture 1992a *Education in Indonesia in Brief.* MOEC, Jakarta

Ministry of Education and Culture 1992b *Education in Indonesia.* MOEC Jakarta

基里巴斯的教育制度（Kiribati: System of Education）

1. 基本背景

以前，基里巴斯是和现在的图瓦卢连在一起的，作为英国的殖民地，被称作吉尔伯特和埃利斯群岛保护领地。1979 年，基里巴斯才获得独立，独立的原因是：英国的磷肥委员会和巴那巴岛（以前称大洋岛）上的居民的长期斗争，斗争的起因是岛上的居民向英国磷肥委员会索要损失和未支付的矿区使用费。

基里巴斯由三大群岛组成。最主要的是吉尔伯特群岛（17 个岛屿），位于赤道附近，经度约174°。向东方向是菲尼克斯群岛（8 个岛屿），位于南纬 4°，东经 174°，在吉尔伯特群岛上的国际日期变更线的另一边。最后一个是莱恩群岛（18 个岛屿），位于北纬 5°，东经 157°。因此，从新西兰的北部到夏威夷的南部，基里巴斯跨越了太平洋的大部。

在三大群岛中，有 33 个相当小的珊瑚岛，尽管它们的总面积是 719 平方公里。圣诞岛（属于莱恩群岛）是世界上最大的珊瑚岛，有 388 平方公里。沿赤道4 000公里分布的基里巴斯的岛屿，使得国家的面积很大，超过 350 万平方公里。除了一个巴那巴岛超过海平面 84 米，大多数岛屿在海平面以下 1.5 米处。巴那巴岛蕴藏有丰富的磷酸盐。基里巴斯的首都是塔拉瓦，位于吉尔伯特群岛。

基里巴斯全国约有72 000人，大多数居住在吉尔伯特群岛上，居住在首都塔拉瓦的更多，占全国总人口的 2/3 还要多。许多人工作在海外，如瑙鲁、图瓦卢，还有的工作在太平洋上的其他岛以及轮船上。全国人口平均密度为每平方公里约 100 人，然而塔拉瓦每平方公里约1 600人。城市人口约 32%。估计识字率为 90%。

总体上，基里巴斯被称为密克罗尼西亚民族，尽管有人认为他们的祖先是美拉尼西亚人，也有人说基里巴斯和萨摩亚群岛有密切的联系，这可追溯到 13 世纪。基里巴斯的地方和官方语言（吉尔伯特人或基里巴斯）是密克罗尼西亚方言，它通用于所有岛屿中。也有很多人说图瓦卢语，这和他们与图瓦卢的联系有关。在图瓦卢通常说英语，且在所有政府部门中都能通用。通常情况下，其他岛屿居民不说英语。在学校里，学生至少 5 年级开始学英语，尽管一些学校 1 年级就开始学了。

自然资源的缺乏以及狭窄的生产基地，限制了基里巴斯的发展。与未来市场的脱离，贫瘠的土壤，人口资源的不足以及人口的分散也使其发展受限。主要工业是椰子汁、手工业、服装和渔业。经济上宽裕的人中，80% 在传统的稳定的部门工作。海藻工业已代替椰子汁生产成为对外出口的主要产品。基里巴斯有约1 200人在海外轮船上工作（主要是德国），他们由此所得的收入以及捕鱼执照的酬金是其主要的收入来源。在未独立前，基里巴斯的经济严重依赖磷酸盐的出口，单这项收入就占政府收入的50%,出口外汇的80%。然而,采矿业现在已经被取消。

独立后,基里巴斯共和国已稳定下来。有41个选举出的立法成员,任期4年。两大主要政党是基里巴斯国家党和圣诞民主党。总统蒂陶(Teatao Teannaki)是1991年选举出来的,他成功地挫败了塔拜(Tabai)。后者在基里巴斯独立后一直任总统,现在是非常重要的地区组织秘书长论坛的秘书。副总统是陶马蒂(Taomati Iuta),而内阁成员不超过8人。

2. 教育政策与目标

基里巴斯独立后,基础教育的政策没有变化。因此,1975年颁布的政策继续使用。总之,政策规定,政府必须做到:

(a) 对所有小学生提供免费的义务教育。

(b) 初等教育有单独的统一的体制。

(c) 有一系列提供乡村课程的社区高中。

(d) 在中等教育中提供充分的余地以满足经济的需要。

3. 正规教育体系

3.1 *初等、中等和第三级教育*

图1显示了基里巴斯正规教育的结构,表1是教育的各个主要部分的注册人数和资源情况的重要数据。

现在,基里巴斯的初等教育是7年免费的义务教育。在整个岛屿中,小学有110所,学生人数13 860,教师人数486。也有2所私立小学,分别由第七日基督复活者教堂和上帝教堂管理。政府已提议,假如这些教堂愿意的话,将把它们纳入学校教育体制中。但到目前为止,提议已被拒绝。

中等教育是7年。在进入大学之前,必须获得3年的初中教育,另外4年的随后的教育。全国有6所学术性中学,全部是男女合校,并提供住宿设施。它们倾向提供技术、职业、行政方面的培训。这些学校有:北塔瓦拉天主教高等学院,位于阿拜安(Abaiang)的天主教中等学院,位于贝鲁(Beru)的西拉姆·宾汉高中,位于阿贝玛玛(Abemama)的第七日基督复活学院,南图瓦卢摩们门教徒高等学

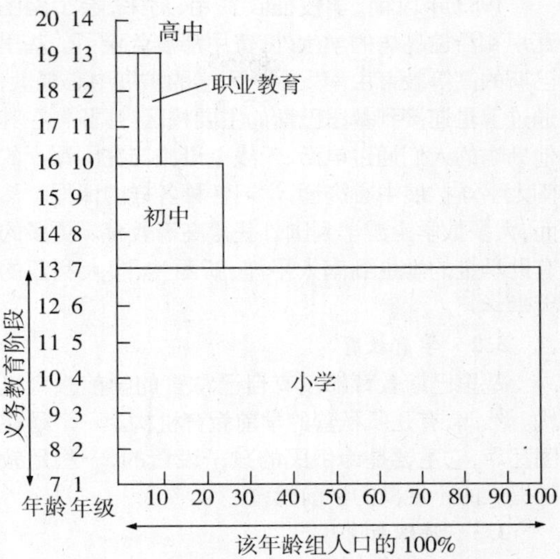

图1 基里巴斯:正规教育体系的结构

表1 基里巴斯1990年基本教育统计数据概览

	初等	中等	技术/职业
学生人数	13 860	3 005	395
教师人数	486	192	—
学校数量	110	6	3
生均费(美元)	—	—	—

校,以及位于图瓦卢的乔治大街的男校和女校。所有社区高中已关闭,把它们重新分为小学和学术高中。

1980年以前,教育体制是6年制的低层次、3年制的高层次小学课程。在6年级结束时,学生必须通过考试才能进一步到学术性中学。非常少的学生,约8%能通过考试进入这一阶段。剩下的大多数人继续留在高级小学阶段,这一阶段提供倾向乡村的课程。人们不认为,学术性中学提供的教育与基里巴斯的发展有关。1975年,一则汇报提议,小学限制在6年,紧接着是与学术性中学平行的社区高中。1977年,这项提议计划在4个学校进行试点。后来,调查显示,这些学校所表述的目标不被父母和学生关注,但也认为它可与学术性中学相提并论。确实,这项调查的陈述甚至影响到了议会,议会支持提供更多的社区中学的观点。

1983 年以前，学校征收费用，后来，除了南图瓦卢和沿途岛屿的学生外，费用都被免除了。基里巴斯的高等教育由南太平洋大学的扩展中心提供，通过卫星连接到基里巴斯的主要校区。同时，在其他岛屿的人们通过电话、无线电设施与在图瓦卢的南太平洋扩展中心沟通，学习各种各样的课程。然而，大多数学生游学到国外获得高等教育。更多的有助学金的学生到南太平洋、新西兰、澳大利亚的大学学习。

3.2 学前教育

基里巴斯教育部没有自己掌管的学前教育机构。然而，有几所私营的学前教育机构。一个是在图瓦卢，它主要是为侨民的孩子设置的，一些是教堂提供的小规模的学前教育。

3.3 特殊教育

1993 年，基里巴斯还没有提供特殊教育，尽管这一问题以各种各样的方式被激烈争论。缺乏充裕的经费是一个关键。

3.4 职业、技术教育和商业教育

图瓦卢教师学院提供职业技术培训，形式有全日制、部分时间制、夜校。所提供的课程广泛，有秘书、会计、文书，还提供传统的商业课程乃至基础的计算机课程。由于各种原因，过去几年，注册人数明显下降，从 1983 年的 659 人、1985 年的 362 人到 1990 年的 226 人。还有一个基里巴斯培训中心，此中心提供 1 年的基础性的海运课程（如甲板操作、海上酒席），还有各种各样的短期课程（如火警救助、船上救助）。学生必须至少通过 3 年级的考试。许多学生已从这个学校毕业，且有1 000多名已被海外轮船所雇佣。

3.5 成人和非正规教育

基里巴斯的成人和非正规教育很少。从南太平洋扩展中心能够得到，在那儿，有各种各样的课程。就像上面所提到的，图瓦卢技术学院也提供一些夜间课程。也有不同的团体，如教堂，提供一些这方面的课程。这些课程覆盖范围广，从小的商业操作到家庭计划。

4. 行政管理的结构与运行

基里巴斯教育部任命一个永久性的秘书管理教育，也有一些分部负责管理日常工作。管理是集权式的，个体的学校很少获得这方面的权力。

5. 教育财政

政府、教堂、父母共同承担教育费用。一些捐助者，如一些工厂也做了贡献。1993 年，用于教育的费用占国家财政的 25%，为满足教堂经营管理的学校所需，政府也提供大量的经常性财政收入。政府收入的大部来自收入平等保存基金，这一基金来自殖民统治时期的磷肥收入，它的目的是帮助磷肥收入取消后的资金花费。世界利率的下调导致基里巴斯资本投资收益的下降。因此，基里巴斯的年度财政已受到严格限制。

6. 师资

塔拉瓦教师学院负责基本的初等水平的教师的培训，提供职前和在职课程。20 世纪 80 年代早期以来，注册人数满足了需求且稳步提高。进入这一学院的要求是成功地完成了中等教育。

基里巴斯在海外进行中等教师教育。获得助学金的学生在南太平洋、澳大利亚、新西兰的大学学习。许多教师、教师学院的员工、教育部的人员由英国提供，特别是通过海外发展基金（ODA），其他捐助者也时不时地提供一些人员。在 1993 ~ 1995 年间，供应人数渐渐减少，尤其是当英国撤销对申请人员的资金援助后。

7. 课程开发与教学方法

课程发展是教育部所依托的课程发展中心的责任。被任命的课程组织者召集课程小组人员，修改、制定和检验新的课程版本。小学和中学的模式是一样的，所有科目的课程已经经过修改，并且几年来不断提高。有时，也得到一些资助者所任命的专家、学者的帮助，这些学者和专家主要来自澳大利亚的机构，以及南太平洋大学的短期参观者。然而，到 1993 年，还没有一个全面的课程版本。

同时，社区高中经营存在着大量的混乱，混乱的原因是社区高中服务目的不明确，因此，不知该贯彻哪种课程。教育部表示，学校应教育孩子或者帮助他们了解基里巴斯的文化和公民职责。教育

部强调了学校的非学术性角色,并打算转变学术性学校。然而,父母批评教授传统技巧,并宣称这种教学父母会比学校做得更好。1980 年政府废除社区高中,停止了实验性计划,学术性课程继续着。

8. 考试、升级和证书制度

为了给中等学校挑选学生,在小学阶段结束时要举行一个全国性的升学考试。因为可容纳学生的空间很有限,竞争很激烈,所以通过率只有约 20%。

在初三年级结束时,有一个全国性的初中证书奖金考试。获得这个证书的学生有机会进入基里巴斯行政机关。约 1/3 的学生能够继续在高中学习,尽管他们必须转换学校。

在中学 6 年级(高三)结束时,学生要通过剑桥大学举办的学校证书考试,或者太平洋高级中等证书考试。后者是基里巴斯当局连同斐济的南太平洋教育评估部门(SPBEA)共同举办的。通过这项考试的学生在进入大学之前,要花一年的时间读完南太平洋基金大学的课程。

9. 教育评价、评估和教育研究

基里巴斯没有参加任何国际性的研究项目来评估本国所提供的教育,也没有尝试它自己的直接评估,尽管一些人,尤其是那些与教师学院有关系的个人,已经以非正式的形式尝试做了一些课程方面的评估。

10. 20 世纪八九十年代的主要改革

独立后的 13 年来,基里巴斯几乎没有尝试引进教育体制方面的重大改革。实际情况是,仍沿用独立前的教育目的,尽管一些方面的有限使用反映了保持地位独立的主流态度。

基里巴斯的主要教育实验是社区高中,这在前面已经叙述过。这项实验在现实中展现为社区高中是学术性还是职业性的争论,这一争论频繁出现在举行的教育计划中。20 世纪 90 年代,不可能进行任何另外的重大改革,特别是面临吃紧的财政限制。

11. 2000 年面临的主要问题

2000 年,基里巴斯教育将面临目前同样的问题。并不是所有希望入学的孩子能够进入甚至进入的是初中这样的学校。资金的有限制约了学校的容量。就业前景将继续暗淡。

基里巴斯教育者将面临的重要问题是,初等和中等阶段教育的衔接问题。因为岛上企业的发展没有真正的希望——也许除了线岛群岛中的圣诞岛的一处还有点希望。由此,基里巴斯的孩子将继续为生活而接受教育,或者是为有可能成为精英分子中的一员而接受教育,进而能够在现代的部门工作。教育的目的仍缠绕着基里巴斯,它还没完全确定下来。基里巴斯就大多数问题举行探讨的传统需要或许意味着:2000 年,这个问题的答案仍将是不确定的。

J. N. 约翰斯通(J. N. Johnstone) 著
张晓玲 译

附录

Hindson C E 1985 Kiribati: The search for educational alternatives in a Pacific microstate. *Int. J. Educ. Dev.* 5(4): 289—294

Ministry of Finance 1987, 1992 *National Development Plans (6th Plan 1987—1991 and 7th Plan 1992—1996)*. Government Printing Division, Tarawa

Pacific Islands Year Book 1992 Pacific Publications, Sydney

Pollard S J 1987 *The Viability and Vulnerability of a Small Island State, Islands/Australia.* Working paper 87/14. National Centre for Development Studies, Canberra

University of the South pacific 1979 *Kiribati: Aspects of History*. University of the South Pacific, Suva

新西兰的教育制度(New Zealand: System of Education)

1. 基本背景

新西兰位于太平洋的西南部,由两个大岛和许多小岛组成,国土总面积为 26.8 万平方公里,和日本或不列颠群岛差不多大。1840 年，新西兰变成了英国的殖民地，从那时候起，英国的制度和生活方式就深刻影响了新西兰的政府、法律体制、宗教、社会生活和教育体制的发展。但是，大约从 1960 年起，由于毛利人的人口增加（20 世纪 90 年代初占总人口的 14.4%），以及他们越来越都市化，在政治上的影响力越来越强，所以毛利人的制度、生活方式和《怀唐基条约》的重要性也得到了越来越多的认可。《怀唐基条约》是在 1840 年由英国王室和毛利人酋长签署的。也是从 20 世纪 60 年代起，新西兰经历了新的一场波利尼西亚人移民浪潮，这些太平洋岛上的居民要么已移民到新西兰，要么出生在新西兰，他们占到总人口的 4% 左右。新西兰还有一些小群体的祖先是从欧亚各国来的——德国人、瑞士人、斯堪的纳维亚人、荷兰人、波兰人、意大利人、希腊人、南斯拉夫人、印度人和中国人。其中，中国人是最多的。

1990 年新西兰人口为 330 万。从 19 世纪晚期开始，新西兰的整个人口发生了巨大变化，变化的模式和其他西方国家所经历的一样。人口已变得高度城市化，虽然新西兰继续依赖农业出口。在新西兰的历史上，大部分人口住在国家北部，这种现象仍然存在，而且不断有人从南部向北部迁移。

毛利人口增多，青壮年人口数量多（1986 年，39% 的毛利人在 15 岁以下，而在整个新西兰的人口中 15 岁以下的仅占 24.4%），毛利人不断向城市迁移，在城市里越来越容易见到他们——这些使得人们注意到需要对《怀唐基条约》中所体现的合作伙伴概念加以更多的承认。这意味着在学校教育中必须给毛利语和英语一样的教学地位，需要找到提高毛利人学业表现的方法。

和其他西方发达国家一样，在新西兰的就业人口中，“白领”所占的比例在很长一段时间内都保持了增长的势头，与此相应，蓝领工人的比例在不断下降。历史上，农业曾在新西兰的经济中占支配地位。现在，虽然农业及其相关产业依然重要，但其工人数量在就业人口中所占的比例稳步下降。就业人口中增长最快的是从事“行政管理”的人口。失业人数不断增长，在 1991 年有 10% 的劳动力失业。在年轻人和毛利人中失业率较高：1990 年，毛利人占整个劳动力的 8%，却占失业人数的 20.5%；在毛利人的失业人口中，有 30.8% 在 15～19 岁这一年龄组中，而失业的非毛利人口中仅有 23% 在 15～19 岁之间。这些情况的发展敲响了一些新问题的警钟，如学校教育的目标应该是什么，最适当的教学科目是什么。这些情况的发展也导致了更多的学生在中学的高年级逗留越来越长的时间。

在新西兰的历史上，中央政府一直是经济领域的主要影响力，用货币手段和规章制度缓和或改变自由市场大部分领域内的运转方式。但是，随着大不列颠联合王国加入欧洲经济共同体，联合王国作为新西兰主要的、确定的出口市场这一传统终结了。随后，劳工政府于 1984 年开始强调实行力度很大的放松管制政策或“更加市场化”的政策，尤其在金融经济领域改革的速度和力度非常大。不论是其他西方国家或是太平洋地区国家，它们在先前 20 年中所做的改革可能都无法与之相比。公共行政部门也做了类似的重大改革。1988 年通过《国家部门法》，重新定义了部长和各部门常任领导的关系。与经济政治领域重大的改革相适应，教育系统也做了重大改革。

2. 教育政策与目标

1876 年新西兰废除了各省的自治形式，很快建立了中央政府的统治权威。形成了一个国家教育体系，经国会批准后，由所有划拨给教育的公共经费集中为国家教育体系提供资金。教育局的集权也不断得到加强。新西兰国会通过了《教育法》和其他一些法案，确立了所有公立教育机构的法律权力。

1936 年选举产生的第一届劳工政府把新西兰建成了一个福利国家。1939 年教育部长发表了一项声明：“所有的人——不管是穷人还是富人，不管住在城市还是乡村——都享有免费接受教育的公民权利，所受教育的类型应是最适合他们的，所受教育的程度能最大限度发挥他们的能力。”这项声明表明了新西兰人希望教育体系能为他们和他们的子女实现的目标，作为最重要的哲学传承下来。福利工党认为，教育是一项公共利益，中央政府有责任提供教育服务、发展教育事业、改善教育质量、让人们能接受到免费的教育。这些基本原则被所有主要的政党接受。

1984 年以后,劳工政府开始实施放松管制政策,向更加自由的市场体制迈进。现在的国家政府继续实施这样的政策。1990 年 10 月,新西兰总理宣布实施一场新的经济社会改革。他说,这是当前的经济形势决定的。随后,教育部长称这场改革对于政府的教育政策来说也是非常合适的。改革的原则是:

(a)公平——应充分满足那些真正需要帮助的人们的需求,但是,应鼓励那些有能力的人为自己的需求提供更大的满足。

(b)自立——政府实施的方案不应该培养对国家供应的依赖,而应该激励个人提高照顾自己的能力。

(c)效率——社会公益服务所展现出来的质量和数量都应该体现投资到其中的每一分钱的最大价值。

(d)更多个人选择机会——应该有更多的健康服务、福利服务、住房供给和教育的提供者,让人们有更多的选择满足其需求。

在某些领域,教育服务供给的市场化倾向已变得十分明显。政府已提高了对私立学校的经费资助。在坚持义务教育阶段(6 ~ 16 岁)公立学校的免费原则的同时,在认为自己能够负担的社区,更多的教育成本由个人支付。

新改革中的宪章部分同时体现了每所教育机构的国家教育目标和地方教育目标。每所机构和所在社区之间是合作伙伴关系,它们需要思考自身的特殊目标和特性,然后制定出使命声明,阐述教育机构的教育目的和想要实现的教育结果。每所教育机构的委员会每年都必须详细阐述和所在社区之间进行商议的方式方法。这包括决定、研制地方课程目标,必须考虑到社区的特殊愿望和资源、教职工的特殊技能和资格条件、学生的个人需求和兴趣。使命声明会为所有主要的计划决策提供一个参考点。

重要的国家目标和指导原则在宪章中也有体现。从 1877 年开始,新西兰有了国家课程,每所学校都必须达到教育部所规定的新西兰课程目标。每所学校的校董事会需批准一项政策声明,这项政策声明在宪章中有所体现,详细阐述学校将怎样发表课程大纲。校董会还需保证通过教职工研制的学习和教授方案来实施课程。方案将包括具体的学习目标和在多方面成绩上实际显示的结果。宪章中也体现了公平的目标。

3. 正规教育体系

3.1 基础教育、中等教育和高等教育

图 1 描绘了正规教育体系的大体结构。从 6 岁开始实施义务教育,但儿童通常在 5 岁时就开始接受小学教育。大部分儿童 5 岁以前上早期儿童中心。一般来说,小学和中学每天教学时间为 5 个小时,小学一学年为 200 天,中学一学年为 190 天。

16 岁以前都必须接受义务教育。小学的最后两年可以在完全小学、中间学校、区域学校上,也可以在有 1 ~ 7 年级的复合学校上,这由儿童所生活的地方决定。中学 2 年级结束后(一般经过 8 年),学生通常升入中学的 3 年级。1990 年,新西兰有 420 426名小学生,其中有12 890名上私立小学。

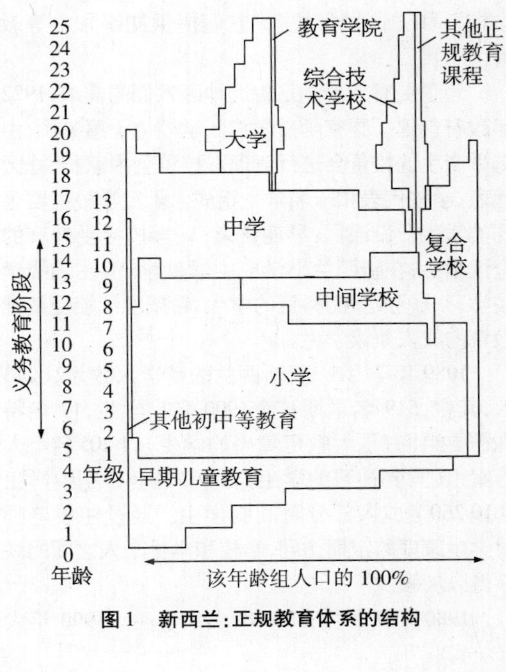

图 1 新西兰:正规教育体系的结构

大部分国立中学是男女合校的学校。1990年，新西兰有242所国立中学，19.1万名学生。私立学校共有11所，大部分为男女分校的学校，有3 560名学生上私立学校。这些学校在登记注册之前必须达到一定的膳宿、教学标准。1975年通过了《私立学校条件综合法案》，准许私立学校自愿加入国立教育系统。现在加入国立教育系统的私立学校日益增多。

在中等教育阶段一个值得注意的趋势是，学生过了离校就业的合法年龄后还继续留在学校。中学生留在学校的最后一年不毕业的比例从1981年的16%上升到1990年的36%。在与经济合作与发展组织中的大部分发达国家相比较中可以看出，新西兰需要采取进一步的改进措施，调整义务教育后教育的某些领域中的学生的比例。还有一个值得继续关注的现象是，毛利学生比其他学生更可能在第三学年结束之前离开中学。

过去30年中的一个重要特征是较小的农村学校之间的合并。合并的目的是为了让农村地区的儿童享受到较大学校的特殊教学设施和更专业化教学的有利条件。复合学校也发展成为能容纳更多学生的学校。复合学校被称为“1～7年级学校”和“区域学校”，它们提供初等和中等教育。

为了更有效地满足偏远地区人们的需求，1922年政府创建了国家函授学校。学校位于惠灵顿，由选举产生的校董会进行管理。校董会由家长、社区代表、学校代表和一名学生组成。函授学校主要为四类学生开设课程：早期孩童；从学校接受教育的全读学生；在新西兰小学或中学就学、但在函授学校学习一门或多门科目的学生；希望继续接受基础教育的成人兼读学生。

1989年7月1日，新西兰的就学人数为21 213人，其中，519名早期孩童，900名小学生，17名特殊需要组（有重大教育障碍的学生），1 205名个人方案组（需要补习的学生），1 203名全日制中学生和10 260名成人部分时间制学生。通过住校老师对学生家庭的定期访问，学校和学生个人之间的联系得以加强。

1980年新西兰有30 989名大学生。1990年大学生人数增长到49 546名，其中大部分是全日制校内学生。1990年新西兰还有15 748名部分时间制新西兰学生和13 625名外籍学生。新西兰共有24所综合技术学院，提供多种职业教育课程，开设的科目不断增加。

3.2 学前教育

在4岁的儿童中，约有90%接受了某种形式的学前教育。提供半日制短期教育方案的主要机构是新西兰自由幼儿园协会和新西兰游戏中心联盟。提供此类教育方案的机构还有早期孩童流动单位、小学中的早期孩童班和早期孩童医院组。有各种各样的托儿中心提供半天或全天教育方案，对其进行管理的机构包括各类社区和教会组织、志愿代理、私人盈利机构。所有希望获得政府拨款的早期孩童中心都必须有特许状，没有特许状的必须有营业执照。

“语言巢”通常由毛利人发起创办，由政府拨款。“语言巢”一方面提高了毛利儿童接受学前教育的比例，一方面提供了一个教授毛利语和文化价值观的场所。1989年，5岁以下的毛利儿童中有73%接受了各种形式的学前教育，其中，有45%左右上的是“语言巢”。

3.3 特殊教育

和其他教育服务一样，特殊教育受到了1989～1990年新西兰教育改革的冲击。1989年成立了特殊教育服务处（SES），作为王室独立的一个机构。1989年的《教育法》规定，SES的主要职能是“为21岁以下有学习或发展困难的人提供建议、指导、支持”。SES依照和教育部签署的“工作协议”及每年与教育部长磋商达成的服务合同行使其主要职能。一个由7人组成的委员会负责监督这些协议中所规定的服务项目的执行情况。

SES让完全不同职业的群体以合作的方式聚集起来——学校心理学家、语言临床医学家、聋儿指导老师、家庭访问教师（当儿童在学习上有困难或行为出现问题时，家庭访问教师负责学校和家庭之间的联系）。SES还承担了一系列新的职责，为有特殊需要的幼儿、学前儿童及其家庭提供全面的早期干涉服务。SES由国家总局和12个地区组织组成，大约700名职员。

3.4 职业、技术教育和商业教育

新西兰的许多职业教育和培训是在24所综合技术学院中进行的。综合技术开放学校和技术中心学院一起，提供其他教育机构所没有的职业课程。综合技术学院开设了过渡性课程，其中包括链接教育项目，通过此项目，中学生可以接受专业化的职业教育和培训。

1990年的《教育修正法案》设立了教育培训供应总署，负责管理和开发与体制外劳动力市场的教育培训有关的项目。职业发展与过渡教育服务中心提供教育、培训和职业的相关信息资源，帮助教育者和培训人员在各类场所开展过渡与职业教育项目。

20世纪90年代初，政府也在改革中宣布在即将实施的修订后的国家课程中加入一项新的"学科—技术"课。有些成人希望在工作地点或专门的学习场所继续接受教育培训。国家证书是专为这些重新学习的成人设置的，为他们提供达到国家资格的机会。中学生也将能根据他们的偏好上这类学校或跟着国家证书课学习。

上述改革措施越来越被看作是实现下列目标的紧急需要：改善劳动力全面的教育素养，为学生能成功地过渡到高等教育阶段或接受高级职业教育培训作更好的准备，增加接受再教育和更新技能的机会以更好地适应现代经济的要求。

3.5 成人和非正规教育

1987年以前，国家成人教育委员会负责向部长提出成人教育发展方面的建议。但是现在，非正规教育团体的需求和经费问题由一个托管委员会负责管理。非正规教育被视为一个国家资源中心。根据教育部和新西兰社区学习委员会签订的合同向非正规教育提供经费。新西兰社区学习委员会就非正规社区教育问题向教育部提出建议，并向非正规社区教育团体提供经费。

新西兰的7所大学都有专业进修教育中心。专业进修教育项目的特点是人们可以通过多种途径接受这类教育，它开设的课程多种多样。

但是，大部分有组织的成人教育由建立在中学基础上的走读学校和社区教育班提供。1975年通过的一项《教育法》的修正案准许成人回到中学，白天上课，参加全日制或非全日制学习。这导致了成人班的增加。在成人班上要进行学校证书考试。成人班开设多种可考查的和不可考查的课程。

大约40年前实验性地开办了社区中心，成为今天建立在学校基础上的社区学习中心的前身。新西兰总共开办了13所这样的学习中心，它们和中小学之间有联系。

许多志愿组织为专业进修教育提供一些资助。对于大部分这样的志愿组织(如游戏中心联盟和国家妇女协调委员会)来说，专业进修教育仅仅是它们全部活动项目中的一部分。但有几个组织(如新西兰工人教育协会)把社区教育作为它们的主要目的。

4. 行政管理的结构与运行

从1989年开始，教育系统中每一部分(从早期孩童教育到高等教育)的行政管理体制都进行了重大改革。改革的特色包括：在目标设定、财政管理和人员安排上给予每个单独的教育机构更多职权；增加个体教育机构对地方社区和教育部长应负的责任；设立新程序对教育机构的表现进行评审，评审标准是教育机构经过协议后同意的目标。一个新的教育部取代了以前的教育局。教育部更加关注政策分析和建议，对教育系统内部细节的直接监管少了，直接提供的教育服务也少了。到1989年10月，全国共有57名中学巡视员、102名小学巡视员。所有的巡视员都是教育局从教师队伍中招募的官员。巡视员除了承担对学校进行评估的职能外，还提供在专业、课程、管理和综合决策方面的支持。废除教育局后，需要组建一个新的机构评估教师及学校的表现和效率，于是成立了教育审查处，作为教育部一个独立的机构。

第三级教育系统也进行了改革。以前，大学资助委员会负责就大学经费、教育和研究的需求向政府提出建议。但是，1990年的第三级教育系统改革撤销了大学资助委员会，引入了更加分权的管理体制。现在教育部负责就高等教育机构的经费问题向教育部长提出建议，从这方面来说，教育部承担了以前大学资助委员会的职责。一个日益明显的趋势是，政府将高等教育系统(大学、综合技术

学院和教育学院)作为一个整体来对待,并且尽可能做到给予三类高等教育机构同等的对待。例如,三类高等教育机构现在都被包括在单一的《国会法案》里面,其经费统一划拨、统一进行,其管理委员会的组织结构一样,所承担的责任要求也一样。

综合技术学院和教育学院有了越来越多的决策权。而在以前,只有大学才享有这些权力。现在,这两类高等教育机构拥有的决策权和大学一样多。一个重大的改革是,所有的高等教育机构现在都有设定学费标准的自由。

5. 教育财政

中央政府负责为公立中小学提供经费。20 世纪 90 年代初的改革给予了选举产生的校董会有限的经费自主权,但是,教师的工资、学校运输费用、基本建设工程费用和长期维护费用是由教育部直接提供的。国立学校的学生家长不付学费,但每年需要向学校自愿捐款以支持学校各项活动的开展。

在 1990 年 6 月结束的财政年度,所有的教育费用超过 400 万新元,占国内生产总值的 5.8%。1986 年,教育支出占国内生产总值的比例为 4.5%,此后,这个比例一直在缓慢而稳步地上升。教育在政府净支出中所占的比例从 1985 年的 11.3%增加到 1990 年的 15.7%。政府教育费用中约有 60%是直接拨给学校的,28%给高等教育,3.5%给学前教育。

6. 师资

1990 年,新西兰共有 33 855 名全职教师和代课教师,其中,早期孩童教育系统有1 363名教师,小学有18 396名教师,中学有13 145名教师,区域学校(1~7 年级)和函授学校有 951 名教师。另外,特殊学校有 516 名教师。在各级各类学校中还有5 623名兼职教师。

最近,就学人数的下降导致某些学校、地区和学科领域的教师超员。但是,某些领域仍缺乏教师(如数学),有时在非主要城市的某些规模较小的学校,很难开设中学所应开设的所有科目。

教师培训在 7 所教育学院中进行。教育学院开设 2 年制的早期孩童教育课程、3 年制的小学教育课程,为接受培训的中学教师提供 1 年制的端点课程。鼓励接受培训的小学教师进行大学学习。几所教育机构之间已建立了联合的教育学士学位。

改革给教师选拔和教师教育带来了巨大的变化。以前,每年招聘的教师是由中央决定的,中学教师教育局的地方官员和小学地方教育委员会负责挑选教师。现在,新的大学委员会拥有包括教师挑选在内的更多自主权。教育部仍有权设定教师水平最低线,以保证各学校教职员水平的公平。教师教育不再受分区制的限制,这意味着希望接受教师教育的申请人可向国内任何一所教育学院申请。

为教师进修开设了多种专业教育考试,大部分考试是为了提供文凭资格证明。帕默斯顿北教育学院的教师高级学习班通过函授教育,为教师和其他成人学习者提供进修机会。

7. 课程开发

新西兰有设立国家课程的传统,规定学校学习内容的框架和许多细节。课程大纲中规定的小学和中间学校的课程有英语(包括口语、写作、阅读、拼写和书法)、数学、社会学科、工艺、自然科学、体育、健康教育和音乐。教毛利语的学校越来越多,新西兰有官方的双语国立小学。共有 75 所小学和 20 所中学开办了官方双语班。在中间教育阶段(1~2年级)还开设了车间工艺课和家政课。

在中学的前两年,共同核心课程包括英语、社会学科、普通科学、数学、音乐、工艺和体育。在这些核心课程上,中学必须为所有的学生提供最低教育量。在 5~7 年级阶段,学生可以在多种学科中进行选择。

中学和某些小学开设外语课。1986 年有 321 所学校教法语,到 1990 年下降到 296 所,但法语仍是最常开设的外语科目。从 1986 年到 1990 年,开设德语的学校从 155 所下降到 135 所,开设拉丁语的学校从 74 所下降到 50 所,开设毛利语的学校从 217 所上升到 233 所,开设日语的学校从 73 所上升到 145 所。

1990 年教育部在递交给政府的简报中声称:

"现在已基本完成行政改革,我们可以给予学习和评估更多关注,这两样才是教育的核心。是重新关注课程发展和适当的评估方法的时候了。"1990 年 12 月,教育部长宣称,政府希望"在课程、学习和评估领域进行改革,作为再次推动教育改革的主要动力"。

1992 年对国家课程目标进行了审查。政府宣布了一项新的"成绩改革"以实现进一步提高学校教育成绩水平的目标。改革包括:为各级义务学校教育建立清晰的成绩标准,研制发展新的教学科目(如技术)。与此同时,组织改革也影响了课程的发展。教育部政策司的学习和评估组仍有权设定国家课程目标,在多种有关课程的事宜上提供政策建议,包括国家语言政策。和以前的教育局不同,教育部并不是课程发展的直接供应者。现在,课程发展通过教育部内部的某种合同安排进行。教育部的一个新的学习媒体组负责提供以前由教育局承担的服务项目,包括学习资源的计划、发展、生产、分发和促进。重点是证明、支持学校课程的材料,如课程大纲、教师手册、学生用书。所有的课程资料在学校使用之前都要经过测试修改。对早期孩童教育的支持是一个重要的新焦点。

8. 考试、升级和证书制度

一般来说,小学和初中的学生随着年龄的增长每隔一年自动升级。3 年中等教育结束时,大部分学生都要参加学校的证书考试。除了兼职学生外,每名参考学生的学习科目必须包括英语,虽然学生不必参加这门科目的考试。一名参考学生可以任选不超过 6 门的考试科目,每门科目可得一个学分。

当学生圆满完成一门超出学校证书水平的课程(为期一年),将被授予一个建立在单一学科基础上的第六级证书。学生所学科目不能超过 6 门。

以前,学生在 6 年级时参加大学入学考试,但现在这已被废除。现在,已被接受进入 6 年级学习并圆满完成一门为期两年的高级课程的学生,当他们完成 5 年的课程学习后,会被授予高等学校证书。如果学生在大学奖学金考试中得了一个 B 等奖学金证书,也会被授予高等学校证书。大学奖学金考试和大学入学奖学金考试通常是针对 7 年级的中学生进行的,都是竞争性的考试,学生通过考试竞争大学学习的补充奖学金。

政府正在改革高中资格体系,1993 年设立了一个国家证书,作为一个全新的国家资格框架的一部分。

9. 教育评价、评估和教育研究

1989 年建立了一个政府工作小组对学习进行评估,这反映了新西兰越来越重视开发更适当的学生学习评估方法。报告(《明日标准》)强调,需要对学校成绩进行系统监控和汇报以满足多种目标的实现,与此类似,监控和汇报的方法也需要多样化。需要开发多种学校质量指示器。

教育部建立了一个教育评估秘书处,检查并调整政策发展和项目,以实现对学生成绩评估更有效的监控,并能更有效地将此类信息报告给家长和更大范围的社区。在 1991 年所开展的大量活动中包括,为毛利教育者召开一个全国性会议(会议主题是对毛利学生的评估和给予毛利学生优先权方面的问题);建立一个教育评估国家机构,对讲授职前、在职课程的大学教师,和其他涉及教育评估工作的教师进行教育评估。

改革中还建立了一个教育审查办公室,监控学校和其他教学中心在实现其学校宪章中所设定的目标方面的效力与效率。教育审查办公室作为教育部的一个独立部门,代替了以前的督学体制。除了外部审查,审查办公室还帮助学校改善它们自己的监控和汇报系统。

国家标准由进步成绩测试(PATs)监控。PATs 是国家标准化成绩测试,由新西兰教育研究委员会研制,供小学 2 年级到中学 4 年级的学生使用。考试成绩结果显示,从 1968 年到 1990 年,学生的能力没有显著变化。

新西兰参加了国际教育成就评价协会(IEA)的研究,研究显示了新西兰学生和国外学生相比较的情况。1968 年加入 IEA 后,新西兰已经参加了 5 项重要的研究,总的来说,新西兰学生表现不错。例如,在 1981 年第二届国际数学研究中,新西兰学生和英格兰与威尔士、美国、芬兰、以色列学生的成绩基本在同一水平上。

新西兰教育研究委员会于1933年成立,其经费来源于政府资金、教育团体的捐助、它自身的贸易活动和优选法试验(优选法试验所提供的经费在增加)。教育研究委员会研究的重点也反映了国家关注的焦点。现在的研究重点是教育成就(评估、监控和汇报)、改革中的教育机构(政策和实践)、毛利语和政策问题。

教育部通过它的研究统计部门为职员及优选法试验项目提供经费。这包括资助一个为期3年的重大纵向研究,监控行政改革对学校的影响。这些行政改革的领域包括校董会成员的特点、校董会的运作、学校宪章、公平问题、评估、学校社区关系和管理实践。教育部开展项目发表的其他一些报告包括:家长支持和教育;学校项目课程审查研究(CRRISP)关于教育合作决策的一个总结性报告;双语数学教育;教师评估发展培训;一个关于第六级法语证书的适度试验;非传统妇女综合技术培训;太平洋岛语资源需求。即将发表的报告包括:校外保育的经费问题;以学校为基础的工作开发计划;新西兰托儿中心的婴幼儿;学生对待技术的态度。

研究科学技术基金会(政府资助)的成立和高等教育改革对研究经费与方向有影响。基金会资助对公众有益的研究项目。在研究机构、私营部门、大学或其他高等教育机构工作的社会科学家有机会申请到基金会的经费。在某些条件下,承担社会科学研究(课程要求的一部分)的研究生也有资格申请。1992 ~ 1993年,分配到经费的研究项目属于下列领域:新西兰历史、文化;社会和个人发展、关系、福利;政治、经济、国际关系;知识、教育和培训。

10. 20世纪八九十年代的主要改革

1988年至今,整个教育系统各方面的重大改革都在以上的各章节中简要叙述过了。欲知详情,请察看本词条附录所列的参考目录。

11. 2000年面临的主要问题

20世纪90年代初,经济衰退给各级各类教育领域带来了压力,经济形势好转后需改善这一情况。为所有人提供平等的教育仍然是一个重要目标。由于毛利学生的成绩和其他学生相比仍差很多,所以毛利人仍然是备受关注的群体。新西兰虽然取得了稳步的进展,但在高中和高等教育学生的入学比例上,在劳动力的教育资格水平上,新西兰仍落后于许多其他的经合组织成员国。因此,需要在这些领域进一步的改革。

J. M. 巴林顿(J. M. Barrington) 著

唐晓茹 译

附录

Barrington J M 1990 Historical factors for change in education. In: McKinlay P (ed.) 1990 *Redistribution of Power? Devolution in New Zealand.* Victoria University Press for the Institute of Policy Studies, Wellington

Committee to Review the Advisory Services 1990 *School Development.* Committee to Review the Advisory Services, Wellington

Lauder H, Hughes D 1990 Social inequalities and differences in schools outcomes. *New Zealand J. Educational Studies* 25(1):

McLaren I A 1974 *Education in a Small Democracy: New Zealand.* Routledge and Kegan Paul, London

Minister of State Services 1991 Address to Education Sector, March 6

Ministry of Education, 1989—1990 *Annual Report.* Ministry of Education, Wellington

Ministry of Education 1991 *New Zealand Education at a Glance.* Research and Statistics Division, Wellington

Monitoring Today's Schools Research Project 1990 *Report No 1: Getting Started, Report No 2 Who Governs Our Schools?* University of Waikato, Hamilton

New Zealand council for Educational Research 1990 *The Impact of Tomorrow's Schools in Primary Schools and Intermediates.* Highlights from the NZCER 1990 Survey, Wellington

New Zealand 1988 *New Zealand Yearbook* Government Print, Wellington

OECD 1990 *OECD Economic Surveys: New Zealand.* OECD, Paris

Office of the Minister of Education 1989 *Tomorrow's Schools: The Reform of Education Administration in New Zealand.* Government Print, Wellington

Report of the Taskforce to Review Education Administration 1988 *Administering for Excellence.* Government Print, Wellington

Report of the Early Childhood Care and Education Working Group 1988 *Education To Be More.* Early Childhood Care and Education Working Group, Wellington

Scott G, Bushnell P, Sallee 1990 Reform of the core public sector: New Zealand experience. *Governance: An International J. Policy and Administration* 3(2)

Treasury 1987 *Government Management: Brief to the Incoming Government, Vol 2: Education Issues.* Government Print, Wellington

Working Party on Assessment of Better Learning 1990 *Tomorrow's Standards. Learning Media.* Minister of Education, Wellington

巴布亚新几内亚的教育制度（Papua New Guniea: System of Education）

1. 基本背景

巴布亚新几内亚有800多种语言，地形复杂，因而使历届领导人形成全国性的一致意见颇为困难。自1975年独立以来，各届政府都赋予了教育高度的优先权。20世纪90年代初期，随着国家的采矿业的繁荣，更多的国民接受中小学教育显得愈加重要。近些年来教育发生了重大的变化，而最近教育体制又被要求，应该对公众的教育需求有所响应。初等教育的核心是背诵，中等教育的核心则是入学的机会或入学途径。

巴布亚新几内亚位于赤道的南边，距南部的澳大利亚约150公里。巴的东部是新几内亚大陆，大陆东部和北部有位于俾斯马克（Bismark）和所罗门海的100个小岛。土地总面积是463 840平方公里，陆地的面积是85%。它和印度尼西亚毗邻。

巴布亚新几内亚境内横亘着连绵的群山，且拥有太平洋的最高点（12 500英尺），覆盖有大片的热带雨林，因而总体上气候常年炎热，东部地区平均气温为34度。

1990年的人口普查估计人口为400万左右，1/3居住在高原地区。人们的自然特征是典型的梅拉尼西亚人。然而，随着地区的不同，在身体、语言、文化上也表明出不同的特征，在巴布亚新几内亚有800多种语言的事实突出地说明了其人口群体的成分何其复杂。

1873年第一批欧洲人来此定居之后，它才开始有正规的学校制度。当时的教育是教会的责任，集中于教授基本的读写能力来阅读《圣经》。教育的真正起步是在1946年，作为巴布亚新几内亚政府联合执政府内阁的一部分的教育部成立了。1952年，第一部教育法产生，在法律上规定了政府有权对学校进行监管（登记和免税），发放教师证书，支付补助金。然而直到1955年，全国第一部教学大纲问世并试用后，这项法令才得以贯彻。随后，对登记和教师认证的控制加强了。

事实上，在20世纪50年代，有两个相互平行的教育体系：一个由政府控制，一个由教堂和教会控制。这两种教育机构管理灵活、有效，通常向学校提供资金或是物质。60年代晚期，人们认识到教育体制需要协调与教育有关的所有活动，因而政府任命了3人维登咨询委员会负责对执政府辖区内的教育实施咨询。

维登报告（Weeden 1969）促成了两个重要成就：产生了巴布亚新几内亚教育法（1970）和成立了巴布亚新几内亚教师服务委员会（1971）。二者给教育体制带来了诸多变化，而且它们一同勾勒了一幅教育（除了国家教育制度目的）的图景。

在巴布亚新几内亚独立（1975）后，省政府组织法案建立了省政府制度，把教育的某些责任权下放到省里。这意味着，从理论上讲，各省几乎拥有全部的权力，即规划，融资，人员配备，维持社区学校、职业学校及省高中。不过，国家教育部保留了一部分资金的分配权。社区、省、国有高中的课程，以及时间分配，教学大纲内容，评价和视察都是国家的责任。国有高中、技术学校和初级教师学院的监管也是国家的职能。

去集权化使一些省受益，原因在于省公务员比国家职员有更便利的条件去发现当地的需要，并协调各种服务部门。然而去集权化也有其弊端。权力的分散使得教育的管理变得十分棘手。19个省教育分局的设立和地方化的驱动，都使那些本需要共同决策的或责任权不明确的许多教育问题，在全国范围内的制定、协商、实施和执行较为困难。

2. 教育政策与目标

教育体制的主要目标在于提供素质教育。"素质教育"被定义为一种能够加强国民认同而非排斥他们自己的社会的教育。在这种背景下，教育体制强调的是适合社会发展的端正的态度、知识和技能。这种体制的目的还在于培养在英语、数学或科学上均获得了实际能力并取得了相应学位的个体，并保证那些致力于自身发展、把教育看作是连续不断的终身过程的国民的发展。它还鼓励适合国家需要的教育的发展，在全国确立、维持和提高教育的标准，使尽可能多的人受教育，并从中受益。

3. 正规教育体系

教育是国家资源的最大消费者，也是国家最大的一个单一雇主。教育体制囊括了学前教育到大学教育的整个体系。正规教育有三个层次：初级、中级和高级。图1标明了教育体系的结构。

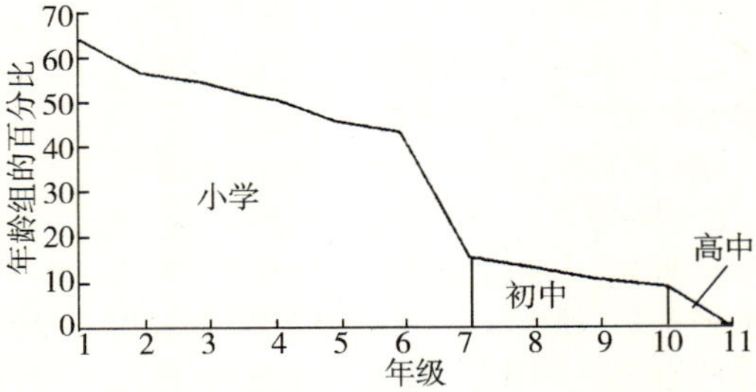

图1 巴布亚新几内亚：正规教育体系的结构(1979～1989)

3.1 初等、中等和第三级教育

小学教育的目的在于提供基本的读写算能力。小学被称为"社区学校"，因为它们与社区联系紧密，共包括6个年级。虽然规定的入学年龄是7岁，实际上超过7岁的儿童也能入学。国家的一项政策是，到2000年使所有7岁后的儿童接受基本的教育。而在1992年，这个年龄上只有73%的儿童进入此类学校。

虽然没有正式的学前教育，一些省份还是设立了一年制的小学预备课，让学生在正式入学以前学会在母语的环境里进行初级的会话、识字。

1992年，全国共有约2 510所社区学校，26所国际教育机构，向约413 089名学生提供教育。全国的毛入学率是73.2%，平均每年增长1%。社区学校中约44%是女生，全国男女学生之比是52:48，生师之比是32:1(1989)。1990年共有教师12 514名，女教师的比例是31.6%。

中等教育包括两个层次：初中，从第7级到第10级；高中，包括第11级和第12级。初中的学生年龄是12～16岁，目的在于教育学生成为社会的有用之才，并具有生产性，特别重视已得技能、知识的应用和积极态度的保持，同时也向学生提供自我实现的机会。高中以"省高中"而著称。1991年共有130所省高中，学生有53 494人，37%是女生。女生的平均毛入学率较低，1989年是12.1%，而男生当年的入学率是18%左右。生师之比是27:1，而且省与省之间因情况的不同而稍有差别。

国有高中的中学教育包括第11级和第12级，被看作是普通教育的继续，大学的预备。大约有2 000名11级和12级的学生在4所国立高中就读。1992年，女生的比例是29%，生师之比是19:1。

除了主流学校，还为那些不能进入主流学校的学生设有替代的中等教育，即远程教育，主要是通过远程教育学院和省中心的职业学校。替代中等教育的另外一个办法是为成人开设课程，这是由巴布亚新几内亚大学延伸教育系提供的。

高等教育为学生提供由技术、师范教育到大学学位文凭或证书等的多种选择，高等教育机构包括60所学院、2所大学，还有8所社区教师学院和4所技术学院。这些机构多数并未正式成立，只不过是因积极回应政府各部门的使命呼唤而发展起来的。这些机构在很大程度上满足了社会对技术人员的需求,然而人们发现其单位成本很高,不能充分反映劳动力的需求,而且有时培养出来的毕业生素质极低。

设备、装置的折旧率高达46%。这些设备及教职员工的时间都未得以充分利用。高等教育委员会(CHE)负责协调巴布亚新几内亚的高等教育。它的目的有:根据巴布亚新几内亚的资源需要合理地安排高等教育,富有成效地实施高教,保持高质量。由高教委员会制定的全国高等教育规划(NHEP)已经简略地描述了满足上述目的的战略计划。

3.2 学前教育

正规教育体制始于1年级,而全国范围内的预备学校或预备班级却蓬勃兴起。原因是社会各界的关注,他们认为儿童需要在他们的语境中学会初步的识字能力,并能够与他们的文化更紧密地结合在一起。这种学校以乡土语言学前教育为人们所熟知,最初主要提供本地语的初级识字教学,但是许多学校的课程内容拓宽了,如增加了算术和健康。

预备班级的教育经费制度和协调计划呈现出极大的差异。有些预备班单独运作,而另外一些则与社区学校相联系。预备课时长度为1~2年。1991年,不同组织开设了预备班级教师培训课。此类培训课为时6周,生均材料的成本费约为800基那(821美元)。

3.3 特殊教育

据估计,在1980年巴布亚新几内亚每1 000人中就有0.247个人是残疾人,许多残疾人或聋或盲,这意味着大量的残疾人不能从正常的教育中受益,需要残疾学校的教育。

巴布亚新几内亚境内专对残疾儿童或有缺陷儿童的学校非常少,而且多数学校位于市区。这些学校得到许可,独立于国民教育体制之外,由国家残疾人委员会协调管理。

3.4 职业、技术教育和商业教育

在分权化的组织法指导下,职业教育被归为非正规教育这一类,因此被看作是省政府的责任。1991年,共有105所职业学校,受培训人员有6 000名,教员有400名,每年成本为500万基那(513万美元)。

职业教育的目的在于养成学生自我经营或开办小型企业的能力,促进其与生计高度相关的能力的提高。尽管如此,与高中或技术教育相比,不管从师资还是从资金来源来说,职业教育并未受到同等的扶持。

技术教育关注的是培养人们在正规单位既定的岗位工作的技能。技术教育是在6个技术学院和2个商学院进行的。这些学院受国家教育部技术局(TDNDE)的指导。

所提供的计划第一种是一年制的职前技术培训课,旨在让学生适应日后的实习期,或者为进入商业部门直接就业打下基础。第二种课以8周长的附设课而著称,提供实习培训的基本内容。也有一些课程(第三种课),是为了让学生获得证书,以及适应较高水平的技术教育。第四类课是特为迎合经济需要而开设的,如电焊和水利。

3.5 成人和非正规教育

巴布亚新几内亚的非正规教育包括基于农村的识字课,对象是儿童、青年、成人。内容有农业,健康,省、社区的图书馆,为离开学校的人开设的远程教育。尽管它对于个人、社区、省乃至国家的发展都极为重要,但是政府对非正规教育的扶持是比较分散而又零乱的。幸而,非政府组织对非正规教育的活动给予了最大的支持,这些组织的努力通常会受到社会的肯定。

在省一级层次上,20所成人教育办公室机构于1973年创立。它们后来改为省非正规教育办公室,赋予了职业学校的权力。只有为数较少的省设有的非正规教育囊括了各级教育。

4. 行政管理的结构与运行

教育部对大学、高等教育委员会、国家教育处和教学服务委员会(TSC)负责。对巴布亚新几内亚教育的管理是项复杂的任务。由于存在着大量的教育机构,又没有垂直的领导制度等诸种因素,实行有效的管理相当艰巨。

大学自治,但要对教育部直属的国家政府负

责。教学服务委员会的职责是监督与此相关的所有事情和教学服务的状况。高等教育委员会处理与高等教育相关的所有事务。国家教育处的建立是为了在国家教育委员会的指导下管理所有巴布亚新几内亚人的教育,是教育部的执行分部,它部分负责社区(初级)教育和中等教育,对高等教育负有全责。1991 年结构重组后,根据不同类型的教育所提供的服务不同,教育部分成四个部分,即特殊教育、标准、普通管理(GA)和普通教育(GE)。

教育管理规划有三级:在国家上,有国家教育委员会(NEB);在省级上,有省教育委员会(PEB);在学校或地方上,有地方政府委员会、骨干教师或教师。

省教育分局(PDE)受省教育委员会的领导,每一个省教育分局都有监督特定领域教育的官员。在学校层次上,骨干教师、教师、社区学校管理委员会和高中主管委员会,负责对学校管理、规划。

表 1 显示了国家、省、地方各自职权的情况。

表 1　各级政府对中小学教育职能的划分

职能	国家	省级	本地
计划	X	X	
学校选址、扩展或合并		X	X
学校和教师建筑楼的建设,设备和维修		X	X
教师职位的确定	X	X	
教师培训	X		
教师在职培训	X	X	
教师资格	X		
教师评定、监督、提升和终身制	X		
教师任命、转移和报酬			X
教师纪律	X	X	X
最高师生比	X	X	
教师工作时间	X	X	
课外活动教师职责	X	X	
学生选拔		X	X
学生纪律	X	X	
课程内容和语言	X	X	
学习年限(年限/每学年天数)	X		
终结考试	X	X	
学生升级和复读	X	X	
学习材料		X	X
学费制定和征收	X	X	
学校董事会的筹建		X	X
学校关闭	X	X	

5. 教育财政

巴布亚新几内亚的教育体制近年来由于资金短缺受到了极大的影响。1978 年到 1988 年间实际的公共教育经费下降了 39%。1983 年到 1991 年间即便此时的入学总人数由374 524 人增长到 488 524 人,分配给教育的实际经费并未增长。随着政府要求未来的初等、中等教育体系有越来越高的保持率,并且不断扩展,这样就有必要加大对教育的经费投入。在 1989 年,初等教育的单位成本估计是 200 基那(205 美元),中等教育是 350 基那(359 美元),第 11 级和第 12 级是 2 000 基那(2 053 美元)。

6. 师资

教育的目的不仅仅是促进个体的发展,而且也是为了培养出合适的、合格的、有良好动机的劳动力。总体来说,巴布亚新几内亚人占全国劳动力人数的 96%。近年来地方化的趋势稳步加强。地方化的加强也反映在培养巴布亚新几内亚人从职于教育领域所取得的巨大成就之中。1990 年,中等教育教师约有 2 021 名,其中 207 人是非本国人。

教育部的地方化政策之所以被看得很重要,是因为它指出:(a)巴布亚新几内亚人应当自己管理国家,自己作决定;(b)由于雇佣机会不多,应给那些失业的公民以优先权;(c)因为招收合同工成本大,雇佣更少的合同工将意味着能省下好多钱,从而资助教育的其他发展。

教育部教职员工培训单位(SDUNDE)创立于 1984 年,其职能是指导地方化,为教育处和教学服务委员会所雇佣的巴布亚新几内亚人进行在职培训。教职员工培训单位合成两个委员会,二者都负责对教职员的录取、评估和培训进行监管、协调,并且选用教育体系内的教员教课或参加会议。

共有 9 所社区教师学院,培养社区(初级)学校的教师,其中 7 所是教堂开办的,1 所是市政府开办的。1991 年招收了 1 419 名学生,大多数毕业于第10年级,有25%的人是女性。这些学院共有教学人员144名,非教学人员127名。初中教师教育是在巴布亚新几内亚大学的2个师范学院戈勒卡(Goroka)和维加尼(Waigani)进行的。其中,前一个是初中教师的主要培训地。

职业教师培训是在波特莫斯比在职培训学院进行的,提供两类培训方案(男教师1年、女教师2年)。在职培训缺少设施、援助、材料,受重视的程度也不够。1991年教育部门研究(ESR)建议,应通过在同一所机构内实行为期2年的职业、技术教师的培训来加强培训计划。

7. 课程开发

人们越来越担忧巴布亚新几内亚的教育,认为它不能帮助多数人成功地参与到社区活动和国家的发展中。为研制出一种与绝大多数人相关的课程,人们正在做出各种尝试。1986年教育理论的采用拉开了课程重构的序幕。

所有课程和材料的研制都由教育部课程发展局履行。课程单位的工作由研究委员会(BS)指导,由课程咨询委员会(CAC)审批并通过教学大纲,同时监督课程和材料的研制。

在计划改革的初级领域,初级水平的课程将提供儿童语境中的初步识字能力教学,并把这种技能迁移到英语学习中去;完整的以活动为基础的小学和初中教育,在高层小学教育上引入抽象学科;重新重视社会、文化、精神、民族、道德和职业教育。

后一种重视也将适应于中等教育和更完整的教学上。在高中,课程、考试结构的变化将考虑到学生的不同能力,包括提供高等课程以使那些最有能力的学生获得国际认可。

8. 考试、升级和证书制度

国民教育体系内学生学位的授予是教育处的责任。教育处服务测量单位(MSUDE)负责6级、10级、12级的全国考试的举行及管理。每一级的最后结果的公布略有不同,虽然它们都用于同一基本目标——录取下一级新生。

6级的学生要学习两门25分的基础技能课,参加标准化考试,以评价英语、数学基本技能的胜任力。每份试卷都写明学生成绩的档次,以备考虑能否被录取到中学。最后录取是以两门学科共达到50分为指标的。不过,各省最后录取的标准是多种多样的。每个学生都有标明其完成了6年初等教育的证书,证书上没有附带考试结果。

评价10级的学生是以他们的内部、外在分数为基础的,全国性的英语、数学、科学、社会科学考试共得50分。全国考试的分数和学生内部分数相调和,以便在全国基础上评价学生。每个学生都获得证明他们完成了4年制中学教育的证书。调整后的成绩附在证书上,而其他内部评价学科,将根据学生在学校的成绩层次进行排名并公布。学生若想被更高级的学校录取,要求在4门考试科目中取得特定等级的成绩。

12级的学生要参加多学科的全国性考试。全国考试的分数和学生的内部分数相调和,以在全国的基础上评价学生。每个学生都获得证明他们完成了2年国有高中教育的证书。调整后的成绩等级记录在证书上。学生若要被大学录取必须在被选的科目考试中获C级或者更高的级别。约65%~70%的12级学生升入大学,而且余下的大多数学生会想办法进入其他高等教育机构学习。

9. 教育评价、评估和教育研究

有三个主要从事教育研究的机构,它们是:教育部的研究评估处、巴布亚新几内亚大学以及国家研究院(NRI)。前者最初设立于1981年,主要是评价世界银行项目。1984年它得以扩展,并把先前的研究分部纳入其中。其职责是协调一系列的研究和评价研究,包括教育部之内和之外的。

教育部的研究评估处执行教育部和省教育分局要求的各项研究与评价活动,它通过识别评价、研究的需要及优先权,指导研究,汇报结果,引导教育处通过的外部研究计划,履行自己的职责。一个研究、评价委员会(REC)对它的活动进行指导及监督。

虽然近年来研究遍及许多教育领域,然而多数可以归纳为如下几类:教育管理和技术规划、人员培训和发展、课程发展、识字、高等教育和职业教育。

10. 20 世纪八九十年代的主要改革

影响国家发展的大的教育问题主要有：初等教育的普及，保持率，女生入学率，初中、高中受教育机会的扩大，课程的合适度，去集权化，机会均等，地方化，质量，资金，人力资源和就业状况等等。

20 世纪 80 年代，涉及上述问题的许多教育发展是以大项目的形式出现的。这些项目旨在迎合特定层次教育的需求，通过国外机构如世界银行的贷款来筹集项目费用。国家、省政府也资助一些项目，其中一些省特别重视非正规教育，通过综合的农村发展计划来发展教育。然而，直到 1992 年，教育体制还是将重点放在了正规教育上，尽管已经认识到并非所有人的教育需求都能靠正规教育得到满足。

教育部连同联合国教科文组织研究了教育在国家发展中的地位（教育部 1991）。这项研究目的在于发现当前教育体系中的不足之处，成功调动各省的积极性，有计划地进行大的改革。

按计划进行的教育改革，覆盖范围广，包括教育体制的重构（见图 2）。更确切地说，这种改革要求：(a)6 岁儿童入学机会的增多，初级识字和儿童语境中的早期教育；(b)由上述条件引起的深层次的文化认可，当地或离家较近的 11 年的教育，不再有 6 年级辍学者；(c)由语言政策的调整，及更完整的活动化的课程的调整所引起的高保持率和高标准；(d)初、高中受教育机会的增多（几乎增加 50%）；(e)中级职业教育的大提高；(f)录取上的偏见——技术的、农业的、商业的，包括“高质量学院”——的改善；(g)12 级人数的增多，并伴随着更低的成本。鉴于改革的综合性特征，人们正在制定一项能够保证计划彻底实施的方案。

11. 2000 年面临的主要问题

2000 年的主要问题将是受教育的机会、保持率和适当性的问题。上 1 年级的学生，年龄差别很大。初级识字课和教育主要采用了外语教学，导致许多儿童辍学，成为功能性文盲。同一年龄群中只有 73% 的人就读于社区学校，而在入学的学生中，只有 55% 的人能念完 6 年级。这意味着普及初等教育依旧有相当长的路要走。而且，只有 32% 的儿童能够在读完 6 年级后继续深造，所以公众迫切要求有机会接受继续教育。

在初中，只有 15.5% 的学龄儿童（13 ~ 16 岁）入学。大约有 20 000 名学生通过远程教育学院提供的函授课程学习中级课程。在升入 7 级的学生中，只有 66% 的人能读完 10 级，而在念完 10 级的学生中，只有 1/3 的学生能够升入高一级的教育机构，接受深造或是培训。在高中，只有 3.8% 的高中生（17 ~ 18 岁）有机会进入 12 级，或是在技术学

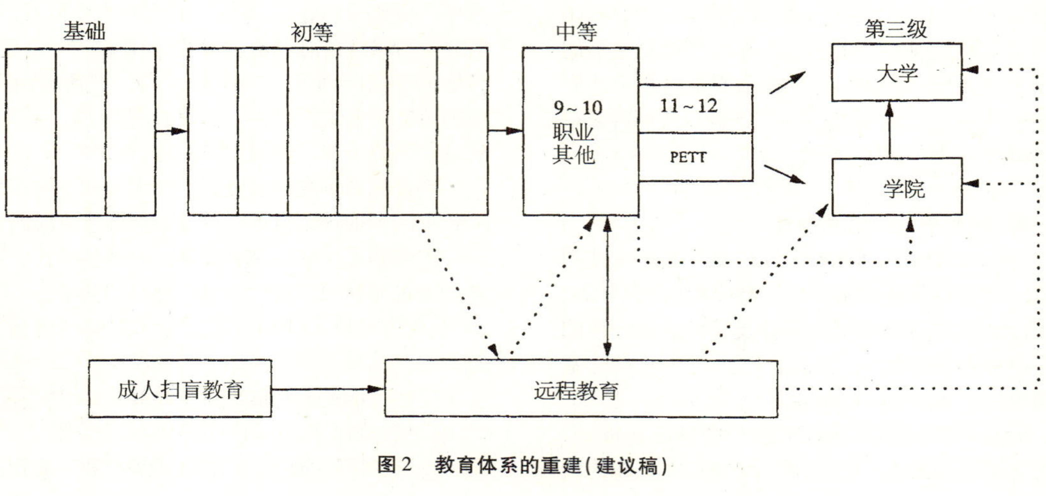

图 2　教育体系的重建（建议稿）

院、师范学院接受教育。此外,教师严重短缺。许多这类问题是由国家教育改革任务组提出的,并且可望由该组提出对策来解决这些问题。

H. 豪(H. Hoi)
P. 旺利(P. Wari) 著
尹天姿 译

附录

Department of Education 1991 *Education Sector Review, Deliberations and Findings*, Vol. 2. Department of Education, Port Moresby

Weeden W J 1969 *Report of the Advisory Committee on Education in Papua New Guinea.* Department of Education, Port Moresby

其他参考文献

Commission for Higher Education 1985a *Towards a Strategy for Higher Education in Papua New Guinea.* Commission for Higher Education, Port Moresby

Commission for Higher Education 1985b *Annual Report.* Education Printshop, Port Moresby

Department of Education 1981 *Education II Project Documents, 1981—1987: A World Bank Project on Primary Education in Papua New Guinea.* Department of Education, Port Moresby

Department of Education 1985 *Five Year Education Plan: Community School Sector 1986—1990 1976—1980.* Department of Education, Port Moresby

Department of Education 1985 *Growth of Education Since Independence 1975—1985.* Department of Education, Port Moresby

Department of Education, Planning Branch 1991 *Facts and Figures 1991.* Education Printshop, Port Moresby

Hees R, Allison C, Bahr K, Russell P, Johnson C M 1987 *The Costs and Financing of Education in Papua New Guinea*, Report No. 6767-PNG. World Bank, Washington, DC

Papua New Guinea, National Planning Office 1984 *Medium Term Development Strategy: Education Strategy 1984.* Discussion paper. Government printing Office, Port Moresby

Papua New Guinea, Department of Finance and Planning 1986 *National Manpower Assessment 1982—1992.* Government Printers, Port Moresby

Pearson M R 1988 *A Report on the State of Localization in Various Areas of the Papua New Guinea Education System for the Year 1988.* Department of Education, Port Moresby

Weeks S 1988 *A Proposed Plan for Educational Development in Papua New Guinea 1989—1993.* National Research Institute, Port Moresby

菲律宾的教育制度(Philippines: System of Education)

1. 基本背景

菲律宾共和国由7 107个岛屿组成,这些岛屿延伸在太平洋西边长1 840公里的海域内,海岸线长达18 400公里。陆地总面积为309 010平方公里,在陆地面积之间还包含了1 300平方公里的海域面积。两个最大的岛屿是北部的吕宋岛(Luzon)和南部的棉兰老岛(Mindanao),这两个岛屿占了国土陆地总面积的2/3。中部由一些分散的岛屿组成了维萨亚(Visayas),这是全国第三大主要地区。菲律宾这种群岛的国家性质使得教育监管和管理困难重重、成本高昂。

菲律宾有大约111种文化和种族群体,共有87种语言,其中11种是大多数人讲的语言。但是菲律宾还有一种国家语言,即菲律宾语,菲律宾语主要来源于麦特奥马尼拉(Metro Manila)的唐哥劳语。英语是学校教育和政府交流的语言。

全国有6 200万人口(1992),分布不均。根据1980年报告人口增长率为2.4%,一直没有很大变化。大约70%的人口居住在农村地区。城市人口主要集中在马尼拉及其郊区和城镇。大约46%的人口为15岁以下。16岁及16岁以上的人口被称为人口中"年长的那一半"。65岁以上人口占不到总人口的3%。这种年轻化人口结构形成的原因是由于出生率一直居高不下，而医疗服务和生活条件、健康和营养的改善使死亡率稳定下降。

菲律宾是一个民主共和国家。立法权属于国会，国会由参议院和众议院组成。法律执行权归总统，司法权归一个最高法院和几个低级法院。

国家经济和发展局为国家制定总计划，负责国家政策的规划和经济社会发展计划的制定。减轻贫困和失业率的发展计划显然有利于国家教育目标的实现。工业不断合理化，朝着增加出口竞争力和加强与农村的联系方面发展。为遏制人口迅速向发达地区流动，工业正向一些偏远地区转移。

农业占菲律宾国内生产总值的1/3，出口大部分靠农业。大约有40 470平方公里以上的土地已用于耕种，有大约80 940平方公里的土地一年收获两季或两季以上。菲律宾有多种自然资源，其中铜是主要的矿产品。菲律宾有几千个岛屿、绵长的海岸线，这为渔业提供了天然的基地，海洋面积是陆地面积的5.5倍。

20世纪80年代后的发展给教育带来了新的挑战。这一时期经济复苏，1986年经济增长率为1.9%，但是1987年的经济增长率达到5.9%，1988年达到6.7%，1989年达到5.8%。经济的增长带来教育和其他社会服务事业的高额开支。教育一直占社会服务事业开支中的大部分，1988年占69%，1987年占62%。

自然灾害和人为造成的灾害阻碍了20世纪90年代早期国家的发展。比那托布山（Mount Pinatubo）灾害性火山爆发引发的强台风破坏了一个正在迅速发展的岛屿——宿务（Cebu）以及维萨亚的奥毛克市（Ormoc）；同时，菲律宾三个主要地区的暴乱也阻碍了经济和社会的发展。

巨大的债务负担使国家不能为发展计划提供足够的资金，也限制了对教育资源的分配。1988年，偿还债务占总开支的46.1%，然而在1989年降低到41.3%，由于偿还债务的减少，1989年政府开支中教育占的比例上升到13.8%，而教育在社会服务总开支中占的比例上升到11.1%。然而，从学生人口不断增长而设备和资源严重缺乏的角度看，这种增长不会维持太久。

2. 教育政策与目标

1987年一部新宪法正式通过。菲律宾教育制度的目标和方针在新宪法、1982年的教育法案以及1987～1992年的菲律宾发展计划里有明确表述。

1982年的教育法案为建立和维护完整的教育体制提供了保障，该法案的目的在于统一和协调教育制度。这种结合是将正规教育、非正规教育和专业教育相结合。

1987年的宪法规定："国家应该保护和促进全体公民有权接受各种层次的高质量教育，并且应采取适当步骤，以使人人都享有受教育的机会。"该法进一步规定：

（a）按人民和社会的需要建立、维护和支持一个完整、充分和结构合理的教育体系。

（b）在小学及初中建立和维护一个免费公立的教育系统，不限制父母培养儿童的自然权利（对所有适龄儿童初等教育是义务教育）。

（c）对公立学校、私立学校应受奖励的学生，特别是贫困学生，建立和维护一套奖学金机制、学生贷款计划、资助计划和其他鼓励措施。

（d）鼓励非正规、正规学习体制以及自学、独立学习和校外学习计划，特别是能适应社区需要的校外学习计划。

（e）为公民、残疾人和已离校人员提供公民课程、职业方面和其他技能方面的培训。

宪法中的上述条款已列入菲律宾中期发展计划，该计划由国家经济发展局与政府其他部门共同制定。根据该计划，1987年至1992年间教育、文化和体育部的主要任务是：

（a）改善教育质量，增强教育和培训之间的联系。

（b）增强弱势群体接受各级教育的机会。

（c）加速中高层次劳动力的培养，朝着经济复苏，稳定增长，提高就业率、生产率和自给自足方向发展。

（d）保证教育体制真正以菲律宾人为主导，开放思想，接受外来有建设性的观念，但同时对有损本国尊严的影响保持警惕。

1992 年,基于 1987 年菲律宾宪法,提出了下列教育理念:

菲律宾教育应扎根于菲律宾文化和传统,这些文化和传统已扎根于人民的价值与信念之中。教育应培养有文化和国家感的公民,具有民主理想的公民,能够无私地为国家服务,并且为是一名菲律宾人而感到自豪,然而也善于接受国际发展思想的公民。还应进一步培养热爱上帝、有创造性、自律、多产和自力更生的公民,使他们过有意义的生活。

3. 正规教育体系

菲律宾教育体系和其他国家的相似。教育体制分为正规教育和非正规教育,正规和非正规教育都有公立、私立之分。

正规教育指垂直结构、按年级分的传统学校体制,在正规教育体系内,需有证书才能升入高一年级学习。正规教育分为三个层次:小学、初中和高中。非正规教育指任何正规教育体制外的有组织的、为特定人群服务的教育活动。

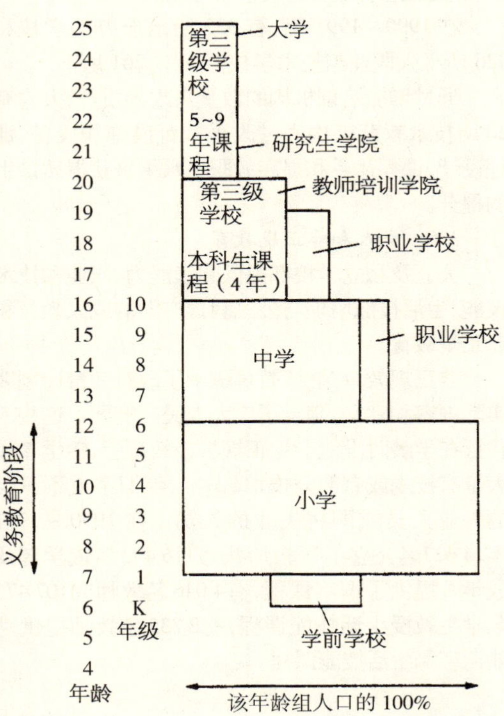

图 1　菲律宾:正规教育体系的结构

私立教育在菲律宾教育发展中起着重要作用。1991 年,6% 的小学生和 37% 的中学生是在私立学校接受教育。但由于 1988 年免费初中教育计划的实施,使进入私立初中学习的学生人数发生了很大变化。私立高等学校学生人数占高等学校学生总人数的 85%。

3.1　*初等教育、中等教育和第三级教育*

菲律宾正规教育开始于 7 岁,包括 6 年的小学教育(一些提供 7 年的小学课程的私立学校除外)、4 年初中、4 ~ 9 年的高等教育。

小学教育对 7 ~ 12 岁儿童是免费的义务教育。在 1991 ~ 1992 年,大约有 1 060 万名(或 99.5%)适龄儿童在全国的 34 081 所小学学习,其中 7% 是在私立学校学习。

中学是免费的,但不是义务教育。1991 ~ 1992 年,有 420 万名学生在菲律宾 5 500 所中学学习,其中大约 45% 是在私立学校。

公立中学按政府资助的程度不同分类,如直辖市学校、省一级的学校和城市学校。在几种中学中,学术类中学提供一种 4 年制学院准备课程。大多数私立学校提供普通教育课程,这些课程不仅能满足要升入大学学习的学生的需要,还能满足那些毕业后立即就业或做家庭主妇的学生的需要。普通课程在菲律宾是除贸易、农业和师范学校以外的公立学校的标准课程。贸易学校提供 2 年制或 4 年制的中学学习。2 年制贸易学校为学生提供广泛培训,以便迅速就业。农业和农村中学提供中学农业课程,这些农业课程培养学生在农业地区从事农业生产和管理家务(女生上家庭经济学的课程)。中学渔业课程提供渔业方面的技术培训。

任何 4 年制中学毕业的学生,只要国家大学入学考试(NCEE)合格,就有资格进入学院或大学学习。

菲律宾的高等学校大部分由私人开办。2 071 所高等学校中,1 261 所是高等技术职业学校,809 所是学位授予机构,其中只有 80 所是国有的。在 1991 ~ 1992 年,有 206 万名学生在高校学习。

高等教育的课程从1年到9年不等，但是正规学士学位是4年制。大部分高等教育机构提供研究生课程。

高等教育委员会是教育部长在制定政策时的顾问团。各学科的技术小组向高等教育委员会提出各学科的政策和标准。这些小组由公立和私立学校教育协会、专业组织、商业和企业界代表组成。

长期以来，菲律宾政府通过加强使所有学院和大学自愿参加认证的机制，来解决高等教育中的质量问题。

3.2 学前教育

在菲律宾，学前教育大部分由私人控制。然而，在家长的支持下，小学也越来越多地提供学前教育。为扩大学前教育的机会，这些公立学校允许免费使用它们的设施，但是教师的工资由父母或地方政府或自愿组织承担。更传统的幼儿园或托儿所已到处涌现，尽管这些幼儿园和托儿所的费用相对较高，并且是迎合中上层阶级的需要。

在1990～1991年，大约有40万名儿童参加学前教育。预计这个数字在20世纪90年代还将大幅增长，原因是国家全体公民教育行动计划将早期儿童的照看和发展作为国家发展的一项重要计划。

3.3 特殊教育

自20世纪早期开始，特殊教育已为八类有特殊需要的个人提供服务，包括身体残疾、弱智、智力超常、视力减弱、语言缺陷、有行为问题的儿童以及有特殊健康问题的儿童。有关的入学数据则表明，比起为那些其他方面有缺陷的孩子，大量课程要么是为智力超群的孩子，要么是为精神有问题的孩子而设计的。

在各个地方，人们发现最可行的计划是：(a)在特殊教育中心为智力超常儿童、弱智儿童、聋哑儿童、身体残疾儿童、有行为问题儿童开设自控课堂；(b)为盲人儿童开设综合巡回教育；(c)正常学校的资源空间服务。在国家的首都地区，是公立和私立特殊学校集中的地方，有各种服务系统。1992年，大约有1 000名教师在教育、文化和体育部的特殊教育部门接受特殊教育培训。其中，64%的老师积极参与了特殊教育计划。每个班级平均有15名学生，教师的数量不能满足所有特殊儿童的需要。

特殊教育已成为全国普通教育的一个重要组成部分。然而，特别服务的范围还是不充分的。1990～1991学年，有8个特殊教育中心，25所特殊学校，97所有一体化课程的小学。只有22 096名有特殊需要的儿童在政府开办的学校里上学，这个数字还不到需要特殊服务的特殊人口的2%。

3.4 职业和技术教育

职业和技术教育由公立与私立学校提供。能达到的教育水平是使技术工人、技工、手工艺工人、技师具有从事一定技术工作的适当态度、才能和技术。

职业和技术教育主要包括五个主要领域，即贸易(技术、通讯、电子、计算机、交通等)、农业、渔业、家庭工业和非传统课程。这些领域包括250多种不同课程，学习时间从6个月到3年不等。这些课程包括某些专业领域的正规学校课程及相关的学术课程。在1年、2年或3年的课程学习过程中，还要在合作公司接受企业培训。

在1990～1991年，有335所政府办的学校和926所私人职业与技术学校，共计1 261所。

通过增加培训机构的数量来改善质量，大约有20所技术教育机构通过改善教育设施和设备、课程设计、课程体系和提高教职员水平来获得质量上的提升。

3.5 成人和非正规教育

公立及私立学校都提供阅读能力、职业和技术技能、生活技能培训与公民教育方面的成人教育和非正规教育。

非正规教育/继续教育赋予了政府教育计划以实际内容和意义，满足了广大人民的需要。这些人包括在学龄时没能接受正规学校教育者、辍学者和大量有技术或有部分技术、识字、半识字或不识字的失业人员或即将失业的人员。在1990～1991年，4 627名公立小学教师共为116 493名辍学者及成年人提供了识字课程，有4 046名教师向107 473名学生教授生活技能课程，有2 235名教师提供功能识字和生活技能课程。

4. 行政管理的结构与运行

教育、文化和体育部是菲律宾教育系统的指导机构。它具有管理和监管教育体制、规范教育机构的任务,它被授权制定总的教育目标和政策,制定长期教育计划,颁布学校系统的规则和法规。

教育、文化和体育部经过一系列重组,以提高其服务的效率。教育、文化和体育部的权力被分散,各地的特殊需要和不同地区关心的事情是各地区主任的事务,这些主任直接向教育部长汇报。

教育、文化和体育部的教职员管理局(即小学局、初中局、高中局以及非正规、技术和职业教育局与体育教育和运动发展局)对地区和学科办公室执行功能性管理。高等教育局管理各种奖助学金计划。

14 个地区办公室(不包括穆斯林敏大拿自治区)直接向教育部长汇报,负责对本地区教育活动的监管和评价,这种机构组织的目的是使教育更好地服务于当地需要。

地区办公室下设省一级和市一级的学校管理部门,都由地方教育官员领导,地方教育官员由一到两名负责学校总的协调和管理的助理教育官员协助。每个学校管理部门都有学科督学,负责监管整个省或城市的学校教育工作。

在每个学校管理部门都有地区办公室,由地区督学领导,地区督学负责学校的监管,学校负责管理和监管教学计划。然而,有一个通过不填补已退休地区督学的方式来逐步取消地区督学职位的计划。

对教育的监管是学校校长、各地区督学、各科督学的职责,中央办公室的学术官员对全国的学校进行功能性监管。

5. 教育财政

1970 年,教育、文化和体育部的经费约 8.3 亿比索(约 3 000 万美元),几乎占国家预算的 25%。1980 年跌至 9%,1981 年更是跌至 7.6%。部分原因是因为国家把国防和基础建设放在了优先考虑的位置。

1989 年,教育、文化和体育部的预算是 270 亿比索,占国家总预算的 20.15%,但是在 1990 年降至 17.26%。如果把州立学院和大学的教育拨款也列入教育、文化和体育部的预算,那么 1990 年教育的总支出将是国家总预算的 20.20%。

教育投资是国民生产总值的 1.3%,据预计,随着经济的增长,以及按宪法的规定将教育放在财政支出的首位,加之当选的总统拉莫斯(Fidel Ramos)强调教育的重要性,在 20 世纪 90 年代,教育投资占国民生产总值的比例还将增长。

私人的教育投资采取的主要是以付给私立学校或者公立学院或大学学费的方式,公立学院或大学收取的学费比私立教育机构要低。

学生父母为父母—教师协会捐赠大笔资金,以改善学校条件。在一些城镇和城市,父母和社区的其他成员为学校的项目捐资,如修建电子照明系统,建设教室,购置学校办公用具,购买学习用品,建设卫生间。当政府为学校紧急项目的拨款不够时,学生父母和社区成员一般都愿意捐款以为儿童提供更好的学习条件。

政府为学生提供奖学金和资助计划,力图使高等教育中奖助学金的颁发民主化,使生活贫困但有天赋的学生有同等的受教育的机会。也同样关注来自农村地区,包括国家文化社区、山区的部族、合格的返校者、以前有不同意见但已返回学校学习适应当地需要的职业或专业课程的人。

国家奖助学金计划,建立于 1965 年,被称为国家奖学金法,对象是贫困但在科学、艺术和文学领域有天赋的学生。奖学金的获得者是通过全国奖学金考试被挑选出来的。国家综合学习助学金计划和选择种族集团教育帮助计划主要是为文化社区而设。工作学习助学金计划也向反叛回归者提供。

"现在学习以后付款"计划是让受让人与借款机构签订贷款协议,后者向受让人提供学习期间的学费、书本费、生活和个人花费。该计划由五个借款机构管理,每个借款机构拨出 500 万比索用于该项目。

每个学生每年的奖助学金平均金额从 7 000 比索(250 美元)到 8 000 比索(286 美元)不等。学生学位计划的平均贷款为 5 000 比索(179 美元),非学位计划的平均贷款为 3 500 比索(125 美元)。

为了使政府对私立教育的资助具体化,1989 年通过了一项法律,对私立中学、学院和大学收取学生学费低于一定限度的给予补贴。学费贴补是私立学校每年增加学费的一种办法。另外,从中学出来而进入附近私立中学的学生,学费由政府支付。奖学金也向在私立大学学习一些重要课程的学生提供。每年总计有140万名学生从政府的资助计划中受益。

6. 师资

1992年,教育、文化和体育部有44万名职员,占全国政府部门工作人员总人数的1/3。大约38万人是教师,大约有4.1万人是学校管理人员(例如:主任教员、校长、地区学监、地方教育官员)和包括学科学监在内的职员。

1990~1991年在政府设立的小学中有教学人员306 181名。这个数字包括8 551名校长、7 283名主任教师、23 148名高级教师、266 210名教师、280名指导协调员、101名指导顾问、6名学校图书管理员。从这些数字可以看出,不是所有的学校都有图书管理员、指导协调员和顾问。然而,学校通常的做法是从适合做这些临时性工作的教师中指派业余图书管理员、指导协调员和顾问。

高级教师是由工作出色的任课教师提拔上来的,他们帮助校长进行教师在职教育。一般都是高级教师被提升到校长的职位。还想继续做老师的高级教师可以拿和校长一样的工资。这种鼓励措施可确保有能力的教师继续留在教师岗位。

教师基本的职前培训包括4年制课程,完成4年制课程学习可获得小学教育科学学士学位或中学教学科学学士学位。为小学教师开设的课程规定,他们必须选一个特定的科目作为自己的专业。这些课程的毕业生需要通过菲律宾教师委员会考试(TBET),以获得国家机关永久的或正规的作为教师的任命。

要在学院或大学任教,至少要有相应的硕士学位。在高等学校要获得一个较高的职位,比如教授或系主任,博士学位是必需的。

在地区或国家教育系统中,管理人员或学监的职位要求至少有硕士学位,但是很多这个职位上的人都拥有博士学位。要具备做地方教育官员或助理教育官员的资格,必须通过地方教育官员资格考试,按照应填补的人数,这种考试每5年或10年举行一次。只有有充足的教育监管经验、满足规定的教育方面和成绩上的资格才能允许参加这种考试。即使通过考试也不能保证会被任命为教育监管官员,除非他们能通过学监培训计划的考试。

那些被任命为教育局主任、教育局助理主任、地区主任、助理地区主任、助理部长和副部长的官员通常需要修完由菲律宾学术部管理的一种职业执行服务培训计划。通过这种计划,他们就被授予职业执行服务官员(CESO)的官衔,工资也会进行相应调整。

菲律宾一直进行各种努力来提高教师、管理人员和学监的职业能力。已建立了一种学习行动小组(LACS)来维持面向所有教育人员的继续在职教育计划。国家教育学会成立,以致力于为重要教育人员的再培训提供一个场所。

除了在职培训计划,重要教育人员还有机会通过参加本国或外国教育机构举办的培训课程来提高资格能力。

其中一个此类机构是位于昆遵市(Quezon)的东南亚教育部长促进教育革新和技术发展区域中心(SEAMEO/INNOTECH),到1992年,该中心已培训了820名菲律宾重要教育人员,培训涉及的领域包括计划、管理、改革、技术、监管、研究和评价、应用于教育的计算机及非正规教育。这些人员现在在倡导教育改革的运动中起着领导作用。

7. 课程开发与教学方法

学习材料由中央和地区办公室的课程专家准备或由教学或监管人员准备。教学材料在评价反馈和教育部的指导方针的基础上,在高级教师和来自教师培训机构的学科专家的帮助下,进行修改并获得批准生效。

小学或中学的课本由公立和私立学校共同准备,在竞争的基础上进行挑选。被认为是最好的课本将被印刷,并由教学材料公司发行。尽管课本是免费发行的,但由于严重的资金紧张问题,每个学生都有一本课本的理想仍待实现。

课本和其他用作课本的教学材料,或高等教育中要求学习的材料由科目专家编写。试用版由教师/教授进行评论以决定其有效性、相关性和正确性。学院和大学有自由权来选择和决定学生使用哪种课本。在许多情况下,大学采用的大多数课本都是由外国人编著的,在出版商的特别安排下又进行了重新印刷。

在大学阶段,技术小组和高等教育委员会在决定各种课程时具有重要作用,这关系到确保不同科目的课程之间是否相关以及质量是否可行。

课程一旦被通过,就会在各地区的相关领域得到应用。小组讨论和工作间则是传播这些课程的好时机。地区办公室和各分办公室的科目督学负责监管实施情况。在职教育计划旨在使教师、管理者和学监适应课程的变化。中央和地区办公室的人员监管与评价课程的实施情况,启动和应用在职教育计划以进一步提高教师讲授课程的能力。

自20世纪80年代早期以来,教育、文化和体育部一直在为实现提高教育质量的目标而努力。该部提供了教师在职教育计划以改善教学方法。

这些计划强调最大限度地理解学生,发展对工作满意的态度,发展以学习为导向的教学方法论。

在小学阶段一个重要的进步是学习资源中心的建立,该资源中心一直致力于用多媒体方法来改进教学,几乎所有的小学都有学习资源中心,然而,根据学校领导的不同而有所不同。

8. 考试、升级和证书制度

小学的学生只要达到该年级的学业标准,每年都可升入高一年级。例外的是聪明的学生可以根据他们在全国考试中的表现,在一年中迅速升入高一年级(只限于1~5年级),这种全国考试的目的在于识别成绩好的男孩和女孩以及他们的成熟水平。

在1~6年级,每年每学科学生都要接受4次评价。等级递加评定机制是升级的基础。及格分数是百分制中的75分。定期评定通过个人报告卡向学生和父母报告,个人报告卡对学生的行为提供了一个简单的描述性评价。圆满完成小学6年的课程后学生得到一张小学毕业证。

升入中学不要求入学考试。一些私立学校对有潜力的学生实行入学考试。像在小学一样,中学学生一年也是评定4次,如果学生在某一门课程中不及格,他下一年要重修这门课,但是,他下一年仍然升级。中学毕业生也颁发证书。

所有的中学毕业生,若想进入至少4年制的高校学习,则必须通过由国家教育测试研究中心管理的国家大学入学考试。该中心负责管理菲律宾教育等级测试(PEPT),辍学者想重新接受正规教育须参加测试,在他们测试成绩的基础上,对他们所达到的年级水平给出评估,他们就会被允许重新返回学校上学。这种对非正规教育进行认证的机制拓宽了正规教育的渠道,特别是在高等教育层次上,使更多的人有接受正规教育的机会。通过对那些学习已被认证的辍学者的行为表现的研究,可以证明,非正规教育在促进学习方面可以和正规教育一样有效。在参加菲律宾教育等级测试的一些辍学者中,有几个人重新回到学校时读的年级比他们离开学校时读的年级要高一到两个年级。

9. 教育评价与研究

自20世纪70年代中期以来,评价、研究与教学评估一直都很受重视和得到很大支持,也对提高教学质量做出了贡献。一些研究项目已致力于研究由于教育人口迅速增长而使教育系统空前膨胀带来的问题。

20世纪70年代最有意义的研究是小学教育结果调查。目的在于根据经验来确认小学教育是否取得了成功。小学教育调查结果的一个重要发现是,小学教育需要改革。其建议包括:减少和修改课程,课程计划增加灵活性,缩小城乡学校的差别,提高教师教学能力,改善体育设施,开发更有效更相关的学习材料,调整地区之间的不平衡,采取革新的方法来解决教学中的严重问题。该调查提供了基础教育重大改革计划——地方分权的教育发展计划(PRODED)的基础。该计划引入修改后的课程、提供新课本、扩大和改进教室设备与设施、启动教师继续发展计划和对重大教育问题进行研究。

1979年,在菲律宾小学开展了读写记忆保持的研究,一个主要的发现就是3年级是关键期,是形成永久读写和算术能力的最佳时期。

在20世纪80年代和90年代早期，就学校、家庭和社区因素对学校成绩与参与的影响展开了纵向研究。研究结果对发展介入课程以进一步提高小学教育的质量提供了方向上的指导。

1987年对菲律宾双语教学进行了评价，其发现及建议对修改与重新制定教育、文化和体育部的语言政策提供了基础。这次评价主要是定量研究，对全国范围内的学生和教师进行了测试，然后对其结果进行了分析，并提供了这些教师和学生所在学校的机构分析图。同时还进行了另一个研究，这个研究的定量研究特点不如上一个明显。

在正规教育的三个层次和非正规教育中都引入了几种干预措施，以提高这些计划的效率和有效性。对于每一种干预措施（如培训计划），都有一种内置的评价成分，以决定这种干预措施是否达到了目标。评价反馈是提高教学水平和确保教学效率的一种补充办法。要评价在小学和中学的教育计划是否有效，由国家、地区、部门和学校在学年中或在学年即将结束时进行标准参考测试，这对所有学校决定是否能满足每年将成绩提高2%的目标是绝对必要的。

10. 20世纪八九十年代的主要改革

20世纪80年代和90年代初期进行的改革在教育系统中已有先例，这些先例明确指出了改革的方向，最重要的改革是修改小学和初中课程。

在小学，课程的改革和实施是其他相关改革中最重要的一点。所有这些改革由教育、文化和体育部构想一个庞大的计划以改善基础教育的总效率及质量。这一分散的教育发展计划在1982～1988年实施，它还有另一个缩写语：PRODED，但前者却更为人所知。

地方分权教育发展计划中最有意义的结果是学生成绩合格率从37.8%升到47.3%，辍学率从3.8%降到1.8%，7岁儿童的入学率从74%增至93%。从政策的角度看，基于地方需要的资源分配更加合理，劣势地区得到更多的资源，通过使用非传统计划，实现了教师资源的最大化利用，在中间年级生师比从5.3降至4.3，招生人数增加，进步的体制对学校产生了更好的支持力，因此使教育浪费最小化。

在地方分权教育发展计划中，为小学第一批毕业生准备的第二课程进行了结构重组。像地方分权教育发展计划一样，中学教育发展计划提供了一份修改过的、更新的课程，其主要特色是强调价值教育，注重科学和技术导向，强调促进继续学习的技术，发展职业技能技术。其目的是为学生升入学院、参加工作、在一个公正和有人情味的社会成为一名引人注目的公民而作准备。

免费的公立中学教育从1988年开始实行。有机会接受中学教育的人数急剧增加。以前是由地方政府负责中学的资金和老师的工资，现在转为由国家负责。

通过承认优秀教学计划和优秀私立学校，将私立教育机构的运行非制度化，提高教育、文化和体育部的工作效率，创造了有利于私立教育发展的环境。

为了和全球全民教育运动保持一致，菲律宾宣布1990～1999年为“全民教育的十年”。并且准备了一个十年的全国全民教育行动计划。它介绍了和全民教育计划相关的一些改革和进展：早期儿童照看和发展制度；优质小学教育普及化；加强消除文盲的可选择的机制；加强继续教育。

1991年，由教育委员会提交了一份改革日程。其中有意义的建议包括：强调基础公立教育；为文盲发展多种可选择的学习；使用方言和菲律宾语作为教学语言；丰富职业技术教育；重组教育、文化和体育部；确保更多的穷人有接受教育的机会；使国立学院和大学教育更相关。立法行动将会使提出的这些改革建议成为现实。

11. 2000年面临的主要问题

拉莫斯政府设想的新世纪末社会和经济迅速发展，以及需要时间才能抑制住的人口的迅速增长，这些都对未来教育形成了挑战。

教育资金的增长不能满足基础教育提出的全部要求，有建议提出教育资金应包括小学教育和中学教育。要使所有菲律宾人通过正规和非正规教育都能接受基础教育，需要几十亿比索来减少教师和教室短缺的现象，增加教职员工资，培训教师，开发更相关的课程,生产足够的课本和其他学习材料。

随着越来越多的菲律宾人有机会接受中学教育,高等教育也需要扩大,为更多的学生提供膳宿。由于教育的高成本(特别是私立教育)和政府的能力有限,私立学校和父母要应付这么多费用将要求有新的、可行的办法来解决这个长久遗留下来的问题,而这还需一段时间。私立学校将需要消化增加了的运营和资本成本,在很多情况下,这需要靠增加学费来实现。如果政府和父母想要负担得起高等教育不断增加的成本,经济就必须快速发展。如果国家决定将教育推上快速发展的轨道,那么,对于政府来说,要满足一个国家的教育需求将是一个很大的挑战。

M. C. 苏塔拉(M. C. Sutaria) 著

王春玲 译

附录

Cariño I D 1992 *Is Education Manageable?* Department of Education, Culture, and Sports, Manila

Congressional Commission on Education 1991 *Making Education Work: An Agenda for Reform.* Congress of the Philippines, Manila

Department of Education, Culture, and Sports 1991a *Inventory of DECS On-going Projects, Calendar Year 1991.* DECS, Manila

Department of Education, Culture, and Sports 1991b *DECS Statistical Bulletin, School Year 1990—1991.* DECS, Manila

Department of Education, Culture, and Sports *Handbook on Special Education.* DECS, Manila

Fund for Assistance to Private Education 1991 *Philippine Educational Indicators.* Fund for Assistance to Private Education, Manila

Fund for Assistance to Private Education 1992 *Policy Issues in Philippine Education.* Fund for Assistance to Private Education, Manila

Gonzales A, Sibayan B (eds.) 1987 *Evaluating Bilingual Education in the Philippines.* Manila

National Committee on Education for All 1991 *Education for All: A Philippine Plan of Action 1991—2000*, Vol. 1. NCEA, Manila

National Economic and Development Authority 1990a *Philippine Development Report.* NEDA, Manila

National Economic and Development Authority 1990b *Updates on the Philippine Development Plan 1990—1992.* NEDA, Manila

Sutaria M C, Elequin E The educational research environment in the Philippines. In: Gopinatham S, Nielson H D (eds.) *Educational Research Environments in Southeast Asia.* SEARRAG/IDRC, Singapore

Sutaria M C, Guerrero J S, Castaño P M 1989 *Philippine Education: Visions and Perspectives.* National Book Store, Manila

汤加的教育制度(Tonga: System of Education)

1. 基本背景

汤加王国是一个由 170 个群岛组成的国家,36% 的岛屿有人居住,其总面积是 695 平方公里,海洋面积占了 364 000 平方公里。南北相距 720 公里。汤加西北是斐济,东部为纽埃岛(Niue),东北部为萨摩亚。努库阿洛法(Nukualofa)是其首都,坐落在最大的岛——汤加塔布(262 平方公里)。

汤加自然地形成了三个区域:南边的汤加塔布岛最大,包括尤埃岛(87 平方公里);北边的瓦哇岛(147 平方公里),包括尼纽阿的两个岛(69 平方公里),面积小于前者;中部的哈阿派岛(130 平方公里)又次之。汤加经常遭受严重的飓风和地震的袭击。

汤加的诸岛很小,之间互相隔离,相距甚远,又比较分散,加上自然资源匮乏,这些都极大地影响了教育的政策和实践。岛上的学校面积小,需要的是身兼多班课程的教师。大多数学校教职员的住房条件差,交通工具依靠代价高又不正规的海运或空运,所以教职员的招聘成为一个问题。任职的教师通常是男性,比较年轻,没有教学经验。

1986年的人口普查结果为汤加的人口有94 649人,其中,47 611人是男性,47 038人是女性。这些人中约98%是汤加族人。汤加人从种族、文化和语言特征来说都属于波利尼西亚人。他们说汤加语——波利尼西亚语言中的一种。人口分布反映了教育和经济的优势,而非地理的便利性。67.4%的人(比例过大)居住在仅占陆地总面积37.7%的汤加塔布岛上;16%的人居住在占陆地总面积21.1%的瓦哇岛上;9.4%的人居住在占陆地总面积18.7%的哈阿派岛上;4.6%的人居住在占陆地总面积12.6%的尤埃岛上;只有2.5%的人居住在占陆地总面积9.9%的尼纽阿的两个岛屿上。

在1956~1986年间,人口呈下降趋势。基础医疗保健的完善大大地促进了国内人口的增加,在1956~1966年间,增长率为36.2%。然而,在1966~1976年间,下降到了16.4%,而在1976~1986年间又下降到了5.1%。这意味着稳定增长的话,20世纪80年代的人口会以每年0.5%的速度增长,总体看来较低,移民是其主要原因。同一时期的出生率为3‰,死亡率是6.5‰,因此人口的自然增长率是23.5‰,这只考虑了国内人口的增长,而并未考虑移民因素,净移民率约为18.5‰。

针对20世纪五六十年代人口的空前增多,政府的反应是承担更多发展初等教育的责任,入学率1957年是52.5%,1970年是63.9%,直到1980年的93.4%或更多。小学入学人数从1957年的15 816名上升到1970年的17 864名及1980年的19 012名(增长了6.4%),但是到1991年时,下降到16 655名(减少了12.3%)。同时,教会把注意力从小学转移到了中学,其结果是中学入学人数激增,由1957年的2 963人增长到1970年的10 057人(增长了239%),1980年的14 125人(增长了40.4%),乃至1984年的17 479人(增长了23.7%),当年达到历史最高。政府对教育的干预仍旧稳定在10%(1957~1980),直到1987年后,即90年代早期才上升到20%。

源于外来移民造成的人口缓慢增长说明,自1987年以来,小学和中学的入学人数都逐年减少。不过,为教育或利益驱动的进城大潮仍在继续。政府采取的对策是在偏远岛区实施高质量的中等教育,加强师资培训,完善设施和课程。

在欧洲人到来之前,汤加社会只有一种语言,一种文化。汤加语没有书面形式,教育纯粹是非正式的。首批传教士把西方的教育引入到汤加,并确立了汤加语的书面形式。其目的是使汤加人能用他们自己的语言独立地阅读《圣经》。汤加语是教学语言,但是,随着其他需要的产生,如学会一门国际语言,尤其是那种能促使基督教教育机构的产生和发展的语言,英语开始作为一门学科而教授。英语是中学的教学语言,也是官方交往的最主要的语言,还是上流社会和商界的语言。人们对汤加语能否承受住冲击表示担忧。结果,教育部发起了一场综合语言运动,旨在汤加所有中学中同等重视汤加语和英语,发展双语技能。

虽然政府于1965年采取各种措施使国家的经济多样化,汤加基本上仍是自足经济。1986年的人口普查把一半多的人归为"非劳动力"人口,其中包括做家庭主妇的女性,但这些人也可能从事农业或家庭手工业。在"劳动力"(43.2%)人口中,39.3%的人是雇佣劳动者,其中46.5%是农业人口、12.2%是专家、10.9%从事行政、12.9%是产业工人。1976~1986年间,所调查到的人口职业的差别是微小的,而主要的差别是一种流动趋向——从业(4%)到行政到管理业,这种流动反映了在政府部门任职,或在旅游业从事相关的服务工作日趋重要。

但是,基础产业(种植业)仍然是经济的主要支柱,尽管20世纪70年代中期起产量没有提高,其在国内生产总值中的比例由50%(1974~1975)下降到了30%(1988~1989)。这主要归结于低出口价格、劳动力短缺和不利的天气状况所导致的诸如香蕉、椰子这种传统商品作物的生产率十分低下。不过,其他单位的产量却在增加,如制造业,由3.6%(1982~1983)上升到4.8%(1988~1989),这主要是由于外来援助和汇款对国民活动产生了影响。商品贸易反映了经济结构的单一性。出口量占国内生产总值不到10%,其中农产品占60%,但是,商品进口占国内生产总值的40%,其中食品和饮料占了将近30%。

发展计划的主要目的是实现有助于人均收入提高的经济的可持续增长,创造更多的就业机会,恢复并控制对外的财政平衡。教育的任务是提供给人们实现上述目标所需的适当的技能、知识和态度。因此,此时的教育制度试图在初级、中级水平上实现素质教育,而且近年来,直至20世纪90年代,它的优先发展目标不仅是且仍将是中学后教育的发展,尤其是急需创造就业机会和实现经济可持续增长所需的技能训练。

汤加的政府结构之所以不同于太平洋地区其他国家,在于它一直处于世袭的君主立宪统治之下,而不像大不列颠王国。其行政人员、内阁和枢密院的所有人员都由国王任命并只对国王负责。国王任命的官员占立法部门(12)的1/3多。另外9名成员是从世袭王公(33)中选举出来的,都由国王任命其头衔,还有9个是从平民中选举出来的。法官来自上诉法庭、最高法院和地方法院,及土地诉讼庭。总法官和其他法官都由国王经枢密院同意后任命。

汤加的政治体制始于1875年的宪法,是由图珀(Tupou)一世授予汤加人的。这是一个不寻常的举措,因为普通人的解放是由人们自己从统治者手中奋力争取来的。但是立法部门中普通人的占有率不到1/3,因此国家的决策主要是"宣布性的",即三个政府部门保留着制定决策并实施的权力,而不需要人民同意或否。学校和教育制度被期望能加强并维持这种现状。由于政府并不提供所有层次的教育,或是针对所有人,因而实际上,教育理论的目标以及计划呈现很大的变化。这些变化未必符合政治主流的期望。

2. 教育政策与目标

汤加的政治体制无论是在欧洲人到来之前,还是在现在都是高度集权化的。有关教育的诸多决策权归属于教育部,并通过1974年教育法赋予的权力而行使的,职权范围有:与教育目的、目标相关的问题,教学大纲,学校课程,考试,教学方法和内容,评价程序,还有关于教师和教师聘任的规定。

自政府介入汤加的正规教育之后,教育的主要目的通常是培养熟练的劳动力以满足政府和国家发展的需求。而近年来由于情形发生了变化,教育的侧重点明显转移了。在1828~1881年间,教育的重点是基本的读写能力、算术和传教士认为养成恰当的"文明"习惯所需的技能与知识。在20世纪上半叶,重心转移到普及初等教育,发展中等教育和职业教育,学习英语。而在下半叶,随着50年代晚期、60年代早期普及义务教育的完成,人们仍然认为要优先考虑提高初等教育,扩展并提高中等教育,但是,经济发展成了首要任务,教育体制因而做了相应的调整。然而,从80年代中期,当时多多少少地完成了中等教育的普及,开始出现了一种从提供初等教育到不断强调中学后教育到高等教育的渐进转移。正如第六个发展计划(SDP 1991~1995)所阐明的那样,教育的主要目的之一是"扩大那些有助于国家发展的领域的中等后教育培训计划(如技术技能、健康、旅游业等)"。

但是,8所非政府教育机构(7所教堂学校、1所独立组织)仍旧提供中等教育和中学后教育。分别占80%和53%。政府学校重视学业能力和那些能够促进经济繁荣的项目,而非政府学校强调神性的发展。非政府学校认为,政府的教育目标集中于经济增长和投资、资源利用、公司产权、债务管理和扩大出口,而它们自己的教育目标是以人为中心,管理人的以及人民的幸福,还有就是自理、国内市场的发展、基本需要、环境管理的职责和可持续发展等等。两种教育体制在实践上的应用都比其在理论上要缺乏二元性。

自从政府对非政府学校的资助减少到每位学生每年仅有50潘加后,人们就不得不依靠非政府教育机构的自愿精神而非立法和财政的控制来实现二者的合作,以达到国家的教育目的。非政府教育机构请求政府予以财政资助,而政府为了加强控制会满足它们的部分要求。如果政府不能满足非政府教育机构的期望,像在20世纪90年代初期的经济大萧条时那样,非政府教育机构就会利用此来证明它们越来越偏离教育轨道的教育发展是正当的。

3. 正规教育体系

图1呈现了正规教育体系的结构。

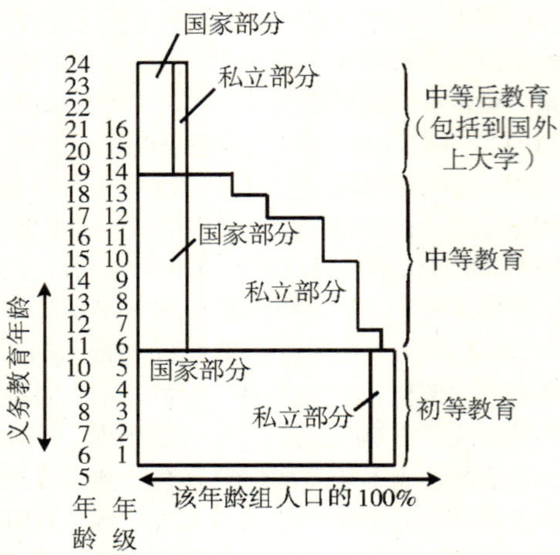

图3 汤加:正规教育体系的结构(1991)

6~14岁的教育是免费的义务教育,1862年通过的法案又规定,此年龄段之后的教育也是义务的。汤加的金融资源极为有限,因而不得不优先发展教育。因此它注重国家持续发展所需的教育活动,如提供基本的初等、中等教育和必备的中学后教育。

3.1 *初等教育、中等教育和第三级教育*

汤加自20世纪50年代以来一直实行义务的初等教育,70年代末期80年代早期,开始普及中等教育,尽管事实是所有的中学包括政府办的,都是免费的。小学有6年,从1年级到6年级,1年级的法定年龄是6岁。所有的学校都是男女合校。每天上课的时间是上午9点,按规定的放学时间是下午3:20,其间有1.5小时的休息时间,让学生得以吃午饭或是回家。每学年包括3个学期,每学期14周,而且法律规定每学年必须至少有200个学日。1991年小学共有115所,入学人数为16 655名,其中有15 380人(92.3%)是在104所政府办的小学里就读的,教师有626人。余下的1 275人(7.7%)就读于11所教会学校,教师有63人。因为农村和岛屿地区相互隔离,又比较分散,所以那里的许多学校要么是混合学校,要么是混合班级(73.3%在瓦哇,84.2%在哈阿派)。

进入中学要通过中学入学考试(SEE),它是由教育部管理的,常安排在6年级。中学选取新生是以学生对学校的选择和考试成绩为基础。中学有6年,从1级到6级。然而许多5级的学生在参加过汤加学校认证考试(TSCE)后就毕业了。一些教会学校还设有1级的学前班,被称为"7年级",还有设在第5级的高级5级班。一些学校有两个阶段的中等教育:初中,含1、2级;高中,含3、4、5、6级。许多学校依从政府学校的规定(每学年含3个学期,每学期有14周),每天的教学时数是6小时。学校考试法规要求所有学校每学年必须至少有200个学日。

1986年的人口普查对学校入学情况做了调查,所得的数据显示,6~15岁的儿童入学的比例基本上是100%。在16岁的儿童群中,只有80%的人继续上学,而在17、18、19岁的人中继续上学的则分别为61%、43%和24%。自从政府向每一个有人住的岛提供行程内的教育后,在小学入学情况上不再有性别或农村—城市的差别。但是,在中等教育上,1991年的入学人数表明,4级之前,女生多于男生(而在4、5、6级,男生则分别是53%、52%、50.2%)。哈阿派地区是唯一一个没有政府高中和6级中学的地区,1989年计划内的入中学人数比较显示,哈阿派中学的学生人数在所有中学人数中的比例越来越小(1984年为80%,而到1989年则为34.6%)。这表明大量的学生出于教育目的的考虑而转移到了汤加塔布去接受教育。

1991年,共有13 839名学生就读于40所中学,教师有876人。学生中有2 551人(18.4%)就读于7所政府高中,有教师181人,而余下的11 288人(81.6%)就读于33所非政府学校,教师共有695人。除了3个学校是特例[1所政府学校(男生),2所免费卫斯理学校(1所女生、1所男生)],其他所有的学校都是男女合校。很多中学为来自农村和岛区的学生提供住宿。在汤加塔布上高中的学生大都和亲属住在一起,或者住在哈阿派和瓦哇的主要市区。

汤加和这个地区的其他小国的中学后教育有一个共同的普遍现象,即是它们多多少少都依赖外来资助。然而在1985年,政府建立了社区发展和培训中心(CDTC),以协调这个层次上的所有培训并合理利用珍贵的人力、物力资源。此中心旨在提高短期的、具有灵活性的,基于国家发展的专门技能的中学后教育培训计划,其成本适中,又易见成效。它还扩充了机械学,自动化管理,建筑、建设,木工业,管道工程,电力学、电子学,制冷和计算机管理等的技术培训。上全日制课要付费,但又常常能从雇主那里得到补偿。由于国外援助成本不断增高,增加国内中学后培训,甚至是达到普及化的趋势很可能会加速。

1985 年以前,政府性的中学阶段后培训由每个部指导,如警察培训中心、护理学校、初等教师学院等。最低的入学资格是通过汤加高级毕业认证考试(4 级的水平)。非政府组织包括神学院,技术、秘书、农业所。1985 年和 1989 年的入学人数分别是 1 224 人和 1 840 人,这里不包括海外机构的自费或拿奖学金的学生,他们的人数估计是上述人数的 2 倍。

中学阶段后培训的逐渐地方化所产生的直接结果是政府机构中的受训人数猛增,从 1985 年的 246 人上升到 1989 年的 867 人(252.4%),在这个层次上的受训者占有率由 20.1%(1985)增长到 47.1%(1989),而且非全日制学生的人数也有所上升(30.3%)。正规教育必备的资格提高了。认证的最低资格是通过 TSC(在 5 级时),若想获得学位则要求至少达到第 6 级的资格。非政府教育计划被合理规划,把重复建设和纰漏降到最低点。中学后教育的机会无形中集中到了城市地区及男性身上(并非必然),因为教育通常是在市区进行的,而且多在那些传统上男性占主导地位的领域,如技术和农业教育。在 1989 年,女生仅占中学后学校学生总数的 43.7%。

汤加还没有设立国家大学,只有一所私立大学——阿腾尼西(Atenisi),但是不被政府认可。南太平洋大学(USP)在汤加设有分校,招收函授学生,讲授大学的课程,大部分课程不授予学位。这所分校在 1990 年时招收的学生有 194 人,而在 1986 年则为 800 人,这种猛跌反映了公务员薪水在提高。刺激入学的一个办法是每完成两篇学位论文便提高一次薪水。

汤加仍然依赖于同一地区的国外教育机构和澳大利亚、新西兰等国来满足其高级劳动力训练的需求。1990 年,主要由于澳大利亚和新西兰的资助,在国外留学的学生有 153 个获得了奖学金。因为技术、农业领域的奖学金发放份额较大,所以得奖学金的女学生只有 53 人。

3.2 学前教育

汤加虽然有一年制的培养幼儿园教师的师资培训方案,但没有官方办的学前学校或是幼儿园。不过,在这个国家到处可以看到质量参差不齐的幼儿园,而质量高的幼儿园常位于纽阿罗发(Nulualofa)地区,主要是为了适应精英儿童的发展需要。

3.3 特殊教育

尽管非政府组织为有严重生理、心理缺陷的儿童开设有特殊教育课程,但是汤加并没有正式的特殊学校以适应那些儿童的特殊需要。

所幸的是,1987 年教育部开始在正规教育体制内开展了一项初级的特殊教育计划,名为 LINK,目的在于培养职前、在职教师,研制出能帮助学习困难儿童的特殊材料。

3.4 职业、技术教育和商业教育

在人口少的小国,尤其是像汤加这样资源严重稀缺的国家,提供职业、技术教育和商业教育常常很成问题。这种教育要求有高级设备和专业教师。在 20 世纪 70 年代中期,汤加和同一地区的其他国家出于技术发展的迫切需要,实施了一项包括中级水平的工艺、国内经济、商业研究和农科在内的职业计划,而由于财政和人员的困难,该计划未能如愿。社区发展和培训中心设立后,政府最近的计划是提供给人们能接受的最高水平的高质量的普通教育,以便培养出能及时适应多变的先进技术的灵活的劳动力。但是,孤立、狭小以及经济和熟练劳动力资源的稀缺,严重限制了汤加与世界技术、科学的发展齐头并进的努力。

4. 行政管理的结构与运行

政府体制高度集权化。经由部长和内阁的批准,教育部进行招聘、任命、薪酬支付或解雇所有政府学校的各个层级的教师,还提供校舍、材料和装配等。中学、中学后的政府教育机构允许有较大程

度的管理经费的权力。

8 个非政府教育管理机构对教育部负责,负有对整个教育机构进行管理和行政管理的责任。教育咨询理事会(ACE)的成员由教育部长任命,各种教育体系中都有它的人员,而且据此非政府教育机构和教育部门进行设施合作和对话。实际上,教育法在执行上是很灵活的,非政府组织多少有以自己的方式管理自己事务的自由。免费的卫斯理教堂是最大的非政府教育机构,在 1991 年时,招有小学生 658 人(4%)、中学生 3 986 人(28.8%)和中学后学生 145 人(14.7%)。天主教堂(RC)和后日圣人(LDS)招收的中学生和政府学校的不相上下,而且 RC 管理着汤加唯一的一所商学院。阿腾尼西是仅有的一个独立的教育机构,开办有一所中学和一所大学。

教育部督学分部负责初、中级学校的管理和教师业绩的评定。1988 年以前一直由新西兰督察员协助,后者主要关注汤加的中学能否达到新西兰学校资格和大学入学考试关于素质教育与合格教员的要求。课程发展处(CDU)指导课程设计计划的试验和实施。两者都为政府和非政府的学校服务。

汤加的中学后教育关注的是其培训项目的国际信任度。评价许多中学后教育方案的效度标准主要来自国外,如南太平洋大学,新西兰和澳大利亚。这种外来的效度有望成为中学后教育和培训的恒定特征,以此来确保其质量与国外有名教育机构的标准相吻合。虽然没有全国性的认证委员会,教育部和总理办公室的经办处共同合作承担了这一层级的所有培训任务,它们负责全民服务。但是,各种方案不停出现,旨在确立一个全国性的资格认证的权威机构,从而将负责所有正规、非正规教育的资格认证。

不管是政府学校,还是非政府学校,都对管理它们的当局负有直接责任。它们由一个校长管理,校长对教育主管负责。在一些实验中学,政府依靠合并教会学校建立起社区高中,反映这种合并的州长委员会也建立了,由校长直接负责。绝大部分中学后教育机构由委员会控制,而那些没有的正在建立之中。

5. 教育财政

政府拨给教育的费用以平均每年 14.6% 的速度稳定增长(1986 ~ 1987,1990 ~ 1991),1990 ~ 1991 这一财政年的教育经费是 859.3 万潘加(572 万美元),占国家同期总预算的 17.9%。这一财政年之所以例外是因为当年拨给教育部的经常性支出以当年货币价格计算,提高了 40%(1989 ~ 1990 年为 7.6%),其原因是结构调整,教师和其他官员的工资出现了总的增长。这说明同一时期国家财政拨给教育的费用提高到了 18%(从 1989 ~ 1990 年的 13.5%)。因此,教育单位所得的部门拨款在政府同期经常性支出中是最多的(如高于医疗单位 65%,高于公务员 120%)。

在 1990 ~ 1991 财政年的总经费中,323 万潘加(215 万美元),或 37.6% 的教育经费拨给了初等教育;中等教育获得的教育经费为 158.8 万潘加(105 万美元),占总经费的 18.5%;中等后教育获得了 214.9 万潘加(143 万美元),占总经费的 25%,其中包括拨给地方院校经费(如 USP)、海外奖学金和国内培训经费。各级教育的生均费(仅指国内)如下:初等教育从 1985 ~ 1986 年的 93 潘加(62 美元)上升到 1989 ~ 1990 年的 139 潘加(92.6 美元);中等教育从 1985 ~ 1986 年的 311 潘加(207 美元)上升到 1989 ~ 1990 年的 325 潘加(216.6 美元);但是职业、技术培训的生均费却从1 500潘加(1 000美元)下降到 782 潘加(521.3 美元),从 2 176潘加(1 451 美元)下降到 862 潘加(575 美元)。这些数据不包括从非政府部分获得的资金,如家长和毕业生。统计数据显示出的差异倾向反映了在初级水平教师工资的增长情况。

对于由非政府举办的教育,还没有相关的官方统计数据。但是,相关报告显示,对于由非政府组织举办的中学而言,其经常性预算为 513.8 万潘加,总收入为 241.1 万潘加,收入的大部分来自学费。1989 年政府开始对由非政府组织举办的学校进行资助,1989 年每名学生的资助额为 20 潘加(13.3 美元),1990 年上升到 50 潘加(33 美元),总额为 499 438 潘加(332 958 美元)。固定资产支出达到 168.4 万潘加。从这些数据得出,来自非政府组织的生均费为456潘加(304美元),这比同期同级教育水平的政府生均费还高。出于平等的原因,非政府的教育机构恳请政府增加对中等教育的投入,使其生均费(1990~1991年估计为607潘加)达到政府水平。这意味着教育预算的大幅增加,政府却不能负担。政府还以提供课程和考试材料、免除教材的进口关税以及提供教师培训机会等形式资助这些学校。

汤加依靠外援来开展大部分的发展活动。1985~1986年,450万潘加发展项目资金中的82.5%来自国外援助,其主要用于职业和技术培训。1989~1990年的国外援助达到180万潘加,其中98%用于海外培训。这些数据不包括非政府教育机构获得的外援。据估计,在海外学习的、由个人付费的学生远远超过了获得全额奖学金的学生人数。

6. 师资

1991年中、小学的生师比分别是16:1和23:1。但是,小学教师中有10%未受过专业训练,还有另外9.5%的教师属于专业水平最低的那一类。大量混合学校(有54%)为保持小学教育的高质量而要求较低的师生比。在中学,教师队伍中有1/3是侨胞和未经过专业训练的人,他们的比例分别是13.5%和21%。另有24%的人作为小学教师的后备军而接受培训。

小学教师的供给情况令人满意。到1992年底,小学的教师队伍都受到了充分的培训。在1987年,政府为中小学教师引进了综合性的3年制文凭项目。学生经过1年的普通核心课程学习后,可以选择是否专修小学或中学的师范教育。小学教师可以教1年级至2年级的学生,中学教师可以教5年级以内的学生。据预测,中学对于教师培训的需要直到1997年才能得到满足。在1994年,为满足更加专业化的需要,计划引进了1年的职业后培训项目。这类项目将包括咨询,使英语作为第二语言而被教授,体育、运动,教育行政、管理、规划,课程发展和教育评价,计算机学习,以及单科文凭如物理、音乐。经过1989年的工资调整后,比较优秀的受训人员都逐渐吸引到了普通教师队伍中,但是,高中、中学后教师队伍仍然得和有声望的职业如法律、医疗专业竞争最好的毕业生。因此,技术、科学领域教师的严重短缺将会持续一段时间,同样,会计、经济领域也面临此种情况,在这两个领域中私立企业更易于吸引到最优秀的毕业生。

在偏远的岛区,由于大多数学校缺少标准的教职人员住宿条件,而且社会习俗阻止了女性谋取教学岗位,结果这些小学校在教职人员的招聘方面仍然存在极大问题。第六个发展计划中的一个主要项目即是向农村地区和岛区的学校提供标准的教职人员住宿设施。在教师招收方面早已存在着实际的区别政策,这种政策对男性有利,从而确保了新招收的教员中至少有50%是男性,然而事实上,更好的应征者通常是女性。即便存在着这种政策,68.9%的小学教师是女性。在中学,女性仅占教师队伍的45%。所有官方教师都要求在偏远的岛区学校教学3年。

在任教师按照惯例要接受在职培训。小学部的员工基本由领域内的长官担任,后者随着新需要的产生指导学校内、地区和全国范围内的专题学术讨论会。中学教师的在职培训通常由CDU依据新的或是更新后的课程来教学,或是由教育部依据新考试规定、大纲来组织。国外国际组织诸如联合国教科文组织、世界卫生组织、澳大利亚国际发展援助局(AIDAB)和新西兰国际发展局(NZODA)等在汤加国内、地方与大城市开展的专题讨论会、研讨会和短期培训课程,汤加从中受益匪浅。

按照证书级别而得到培训的小学教师被要求参加专业考试,这种考试把他们划分为三级:1级至3级,其中1级最高,工资与此相应。所有教师每年都会受到业绩评估,评估结果实行5分制,1分最高。上述两种评价标准用于为教师的升迁服务。

7. 课程开发与教学方法

教育部长负责批准通过所有学校的课程和考试规章,并且规定核心课程。政府课程发展、考试部门在教师学生的协助下研制全国范围内学校的课程,举行公共考试。但是,非政府学校在部长的批准下可另寻不同的方案。除了独立学校是特例外(此类学校遵从的是新南威尔士学校和高中证书项目的规定），其他所有学校遵照的都是政府的规定。在小学，核心课程包括汤加语、英语、数学和环境科学（一种综合性的科学、社会研究科目），音乐、体育、运动和汤加文化也是必修的，但它们是非考试科目。汤加语是小学的教学语言，英语作为一门学科从1年级开始教授。所有小学遵循共同的时间表，时间表由中央研制，分发给各个学校，由学校自由管理。学生参加4门科目的SEE考试：汤加语、英语、环境科学和数学，除去唯一一所以英语为教学语言的小学，这所小学遵照不同的方案，考试科目有英语、高级英语、数学和通识学习。小学的教师是通才，但现有的计划预备培养出专教英语和汤加语的专业教师。

在中学，专业化开始出现，并要求教师是专业教师。1年级和2年级的核心课程包括汤加语、英语、数学、科学、社会科学、音乐、体育和健康教育。选修科目有：工艺科、农科和家庭经济学。在3～5年级，必修的课目是汤加语和英语，但是大多数学校也开设科学和数学，并把它们作为核心学科。在3～4年级，学生通常修学8～9门科目，到5年级时便减至5门或6门。这些科目有汤加语、英语、会计、经济学、地理、历史、科学、数学、工艺科、家庭经济学、农科、打字、速记、音乐、艺术、法语和日语。多数学校开设上述的所有科目，但是日语和法语除外，这2门科目仅在少数学校开设。中学的终结性考试是TSCE，它的考试规章及大纲由课程、考试部门在教师学生的协助下制定。

6年级一般只开设9门科目，有英语、数学、物理、化学、生物、会计、经济学、地理、历史。这个层次的终结性考试是太平洋高中证书（PSSC）考试，这种考试是一种地区性考试，由南太平洋教育评估董事会（SPBEA）管理，它最终取代了新西兰大学入学考试。考试规章和大纲的制定仍是在地方教师和学校的协助下完成的。PSSC考试仅是一个暂时性的测试手段。一个基于新西兰奖学金考试的7年级项目将于1996年在学校中付诸实施，以此来取代PSSC项目。5年级以后，会有一个2年项目，通向7年级证书，从长远眼光来看，如果资金和专业知识允许，这种证书也可望完全地方化。

在澳大利亚和新西兰的主要帮助下，汤加正在采取重大的课程评论及发展措施，主要目标是为中小学的关键学科领域研制出适宜的、有意义的、高质量的课程，以提高学生基本的识字、算术、科学技能、知识等方面的能力。150万潘加（100万美元）项目（1991～1993）认为在人的一生中，应受到优先对待的学科是从小学的1年级到中学的7年级都教授的汤加语、英语、数学和科学。人们还采取了大量措施，目的是把小学与中学的各项目协调起来，使职前师范教育与在职的相结合，从而确保它们之间能够互补，避免重复或是遗漏。通常的途径是以儿童为中心，以问题为基础，特别重视技能、概念的发展。

大部分非政府教育体系以它们自身特殊的体系内活动对全国核心项目做出了补充。许多学校在指定的项目范围内也可以研制它们自己的标本课程，制定评估策略和程序。中学学费用来举办终结性考试和向绝大多数中学分发课程材料。

8. 考试、升级和证书制度

小学的一般政策是使学生自动地由一个年级升到下一个年级，但是，学校被容许有极大的自由选择权。因为LINK项目仍处于试验阶段，如果学生被教师认为还没有获取下年级所要求拥有的基本技能，便可被允许留级，尤其是在1年级时。在6年级末尾，所有学生都参加SEE考试。进入政府学校的只限于那些在考试当年还未达到12岁的学生。

在中学，多数学校要求学生若要升到随后的年级，应当达到学校规定的某些最低标准。学生如果没有达到标准，要么留级，要么转到别的学校，要么退学。公共考试的举行是在2、5、6、7年级。考试部管理普通的2年级考试事务和5年级的TSCE，前者的主要目的在于检测这一层次上全国学生的成绩，后者的前身是新西兰学校证书考试（NZSCE），现在变得地方化起来。SPBEA管理本地区的4个国家在6年级的PSSC考试，这4个国家是汤加、西萨摩亚、所罗门和基里巴斯。新西兰允许汤加人参加新西兰在7年级举行的奖学金考试。一些学校用USP的基金项目替代7年级项目，但基金项目在1992年底终止。内部评价（IA）

正在逐渐地显示其重要性。教育部负责研究把 IA 的一些做法引入到 SEE 的可行性。TSCE、PSSC 和 NZ 奖学金项目要求的多数课目都包含有 IA 的成分。在汤加,由于教师和学校没有经验,致使 IA 的应用受到了限制,但是当教师和学校获得足够的能力且拥有自信时,校本评价可能会应用得更加广泛。

9. 教育评价、评估和教育研究

像世界上其他国家一样,汤加也一直关注以下问题,即提高学生成绩,特别是在基本的识字、算术方面。尽管没有全国性的各种考试来检测不同层次的业绩,但 SEE 和 TSCE 一直用来区分学生、学科、学校、地区和不同年份之间的业绩。规划部(PU)、教育部和服务部门(ID)也经常收集数据,举办研究、评价活动,以评价各种不同教育项目的有效性。汤加也参加了本地区的类似组织,最近的一次是由联合国教科文组织举办的太平洋岛屿识字水平(PILL)活动,PILL 对 9 个太平洋国家(94 所学校的 2 529 名 6 年级学生)的识字、算术水平进行了评估。如世界其他地方的同类研究一样,它也引起了一些争论,但是总的结论是积极的,因为许多学生都掌握了基本的识字、算术能力,约有 75% 的学生在他们参加的 2 门语言考试中都达到了基本的水平,而且,研究发现女生在所有层次上的成绩均好于男生。

在 21 世纪来临之前,主要的研究重点将放在中学后层次上。汤加最近和其他太平洋国家一起加入了泛太平洋教育及卫生通讯实验(PEACE-SAT)项目,这将允许汤加有条件使用夏威夷大学的信息和数据,以及其他能够利用的图书馆、数据库资源。

10. 20 世纪八九十年代的主要改革

20 世纪 80 年代汤加的教育经历了许多重大改革。随着中小学教育普及的完成,主要的重点不再是增加学生入学的机会,而是提高基础教育的质量。中小学的课程变得更有意义、更加适宜,这个过程以 1987 年 EU 的建立和 TSCE 的地方化为发展的高潮。终结性考试由 4 年级时的汤加高中毕业考试(THLE)更换成了 5 年级时的 TSCE。

政府把中学体系扩展到了大多数偏远的岛区,除去哈阿派,后者可望到 1994 年接受新的政府高中体系。中学后教育也扩大了,职前教师培训在 1987 年由仅初级的 2 年证书项目更新为包括初中级在内的 3 年文凭项目。1985 年成立了 CDTC。在 1988 年,汤加和美国、西萨摩亚、太平洋国际高级技术研究中心(PICHTR)共同建立了太平洋教育联合组织(COPE),这个组织旨在帮助太平洋成员国提高本国的科技能力。

20 世纪 90 年代及以后将会出现上述活动的巩固和扩展。汤加要求在 6、7 年级举行外部考试。多数中学将变为 1 ~ 7 年级的学校,而非1 ~ 6年级的学校。更多的国内培训发生在中学后阶段,乃至本科、研究生阶段,途径是充分利用新信息与通讯技术。诸如航海科学这样优先发展领域的应用研究将要确立起来。汤加海事工艺学院(TMPI)在德国的资助下扩大了规模,以适应非海事方面的技术培训和研究,它将成为一个全新的科学技术学院。同样,澳大利亚对 CDTC 提供的有关提高和扩展方面的培训进行了资助,而且将在 CDTC 的支持下建立 3 个其他学院:教育研究所(目前的教师培训学院)、健康研究所和高等教育所。汤加还期望充分利用新近建立的学习共同体所提供的机会,并从中受益。

11. 2000 年面临的主要问题

汤加教育问题通常集中在两点:财政支持缺乏,熟练人力资源稀缺。中学后教育的发展将会增加大量有能力的中级专业人员,同样,奖学金项目正在提供大量所需的高级水平的熟练劳动力。但是,经济形势仍显得不确定。汤加几乎所有的教育的发展都严重依赖外来的帮助,但是外来帮助不管其善举有多么公正,都不可避免地对汤加的教育理念和实践施加了不同程度的控制。如果国家的最终目的是赢得自立,那么将面临着一些非常困难的选择:或是将教育发展的势头限制在政府控制和管理的能力范围内,或是继续目前的发展趋势。

A. M. 陶夫'乌龙基(A. M. Taufe'ulungaki) 著

尹天姿 译

附录

Biles J, Low B, Dunkley M(eds.)1981 *Aims of Education for Tonga*. Pacific Programs, Macquarie University, Sydney

Government of Tonga 1956—1991 *Report of the Ministry of Education for the Year 1956* [*to 1991*]. Government Printer, Nuku'alofa

Government of Tonga 1956—1993 *Estimates of Revenue and Expenditure and the Development Estimates for the Year 1956/1957* [*to 1992/1993*]. Government Printer, Nuku'alofa

Government of Tonga 1991a *Sixth Development Plan 1991—1995*. Government Printer, Nuku'alofa

Government of Tonga 1991b *Population Census*. Government Printer, Nuku'alofa

UNESCO 1992 *Pacific Islands Literacy Levels: A Criterion-referenced Study*. South Pacific Board for Educational Assessment, Suva, Fiji

图瓦卢的教育制度(Tuvalu: System of Education)

1. 基本背景

两个太平洋岛国——基里巴斯和图瓦卢自1892年作为大不列颠殖民地加入吉尔伯特和埃利斯群岛保护国之后独立。1974年,图瓦卢岛单独举行了公民投票,单独独立的图瓦卢于1975年10月1日成立。1978年10月1日图瓦卢宣布脱离英联邦,实现政治独立。

图瓦卢由位于南纬5°~10°之间、东经176°的9个岛组成(图瓦卢这个名字的意义只包括8个岛,因为在最初命名时最南端的一个岛没有包括在内)。其中6个岛是围绕泻岛形成的环行珊瑚岛。某些证据显示图瓦卢有人类居住的历史将近2 000年,尽管除了最近的700年人们对此知之甚少。

9个岛都很小,尽管它们的长度有580公里,但是总陆地面积只有26平方公里。最大的岛是5.6平方公里的王舍城(Vaitupu)。它们分布的状态使该国有近100万平方公里的专属经济海域。大多数岛的海拔不到1.5米,但是,有一个岛有一个海拔4米的地方。首都是富纳富提。

有大约9 500人生活在图瓦卢,而图瓦卢人实际上约有近10 000,因为人口普查统计数字没有包括图瓦卢在海上或在基里巴斯和瑙鲁工作的人。由于陆地面积狭小,图瓦卢的人口密度很高,约每平方公里900人。城市化的程度达到30%。识字率据估计达到96%。约21%的人口至少上过中学,约有5%的人接受过第三级教育。在上次人口普查中,在居民人口中有35人有学位。

图瓦卢人是波利尼西亚族,图瓦卢人的祖先曾与萨摩亚群岛和汤加群岛有较强的联系。在北部的几个岛,还受到密克罗尼西亚的强烈影响。当地语言是图瓦卢语,大多地区还讲英语。由于与基里巴斯有起源上的联系,一些人讲吉尔伯特语。

由于缺乏自然资源,图瓦卢在发展经济和出口工业方面有很大困难。人均国民生产总值约为550美元。主要的工业是椰子干、可可豆产品、手工艺品和渔业等,这些产品与邮票是这个国家的主要出口品。约70%的职业人口在传统的或自给自足的部门就业。

图瓦卢的政府非常稳定,没有正式成立的政治团体。现任总理肯尼贝尤·帕埃尼尤1989年当选。总督托瑞皮·劳蒂(Toaripi Lauti)是1990年任命的,他在1978~1981年曾任总理。图瓦卢有四个部长,各自负责几个部门。

由于缺乏经济发展的机会,图瓦卢的经济在独立前依赖于英国,并一直依赖于援助。例如1988年,约有75%的政府支出(资本与经常项目)依赖国外援助。为了降低对外国的依赖性,图瓦卢政府在当时的财政部长亨利·奈萨里(Henry Naisali)的领导下在20世纪80年代中期成功建立了一个信托基金。这个基金接受不同援助性的捐助,从而形成投资的基础。基金的利息可以用于资助政府的经常性支出。

图瓦卢的经济还依赖于在海外工作的图瓦卢人和他们寄回的汇款。但是,这样的经济结构与其他国家的状况有紧密联系。大约有300名图瓦卢人在瑙鲁的磷酸盐矿场工作,但是这个矿场预计在1996年关闭。还有250名图瓦卢人在国际船舶公司工作,但是,这些职位的竞争在加剧,需要的雇员数也在减少。

2. 教育政策与目标

在图瓦卢这样的小国,有关教育目的的问题至关重要。但是,对这个问题,政府并没有直接通过一系列政策上的支持和措施来处理。出现这一缺陷,部分原因是由于捐助者在所有活动上的巨大影响和他们希望捐助所产生的效果(并且常常是强加于人)。

图瓦卢的教育制度希望提供高质量的教育,并符合国家的需要。识字当然是基本需要。其他的基本需要是培训海员,使其能够在各国的商业船只上工作。

由于是小国,因此教育体系的规模也很小,这使得教育对每个学生都很重要。这个国家的未来依赖于入学的每个学生。但是,经济的规模限制了教育支出,尤其是教材不足迫使教师不得不做临时准备。

对劳动力的需求来自四个领域:生活部门(占劳动力的72%)、政府(12%)、出国工作(10%)和私人与合作企业(6%)。

3. 正规教育体系

3.1 *初等、中等和中等以上教育*

图1绘出了图瓦卢正规教育的结构,表1提供了主要教育部门的入学率和资源的一些关键数据。

所有6~15岁的儿童的教育都是义务性的。初等教育6年,中等教育6年。每个岛都有1所政府建的小学和3所基督复临安息日教会办的小学。在小学学校寄宿的学生数从20世纪80年代初期已经增加了约15%。

在小学阶段结束时,有一次竞争性考试(参阅本词条第9部分)以进入该国唯一的中学。这所学校就是位于王舍城岛的蒙图富瓦中学。仅有25%的学生能够进入该校,许多学生必须到海外接受中等教育,其余的到社区培训中心(参阅本词条

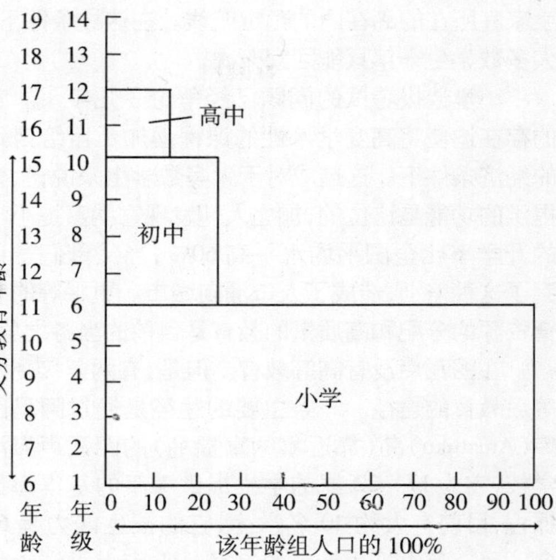

图1 图瓦卢:正规教育体系的结构

表1 1991年图瓦卢教育统计基本数据摘要

	初等教育	中等教育	技术与职业教育
学生数	1 349	300	100
教师数	61	21	6
教育机构数	11	1	1
学生人均支出(美元)	100	570	1 260

第4节)。没能考入蒙图富瓦中学的一些学生可以重新到小学去读所谓的第7年级,从而可能再次参加入学考试,但是,成功率很低。

在政府承担经常性支出的条件下,由图瓦卢的教会开办另一所中学的问题讨论了好几年。这个提议将显著影响初等—中等教育的升学比率。对这样一所学校提供经费的协议——这将动用政府相当数量的资金——现在尚未达成(1993)。

蒙图富瓦中学的学生要面临其他国家中学生所没有的困难。岛与岛之间的交通很困难,只能乘船。因此,要回家就要求船只在放学时离开王舍城岛,并在上学前到达,要求船只的航行要有包括学

生家庭所在的岛在内的预定航线。在这种条件下,大多数学生一年只能回家一次。

小学选拔考试的问题已经争论了几年了。它的存在迫使将高度学术性的课程强加于自给自足的经济条件下。这造成对于大多数学生来说,教育提供的功能是错位的,加之人们发现富纳富提小学的升学率比全国平均水平高 60%,当父母们意识到了这种差别,造成了人口涌向城市。更平等的教育资源的分配和高质量的教育是目前的当务之急。

在图瓦卢没有高等教育。但是,有两条接受中等后教育的途径。一条主要的途径是通过阿马图库(Amatuku)岛(靠近富纳富提岛)的图瓦卢海洋学校,它为 17~22 岁的学生提供 1 年的基本海员课程,目前有大约 40 名学生,它的招生能力是 60 名。另一条中等后教育的途径是上南太平洋大学的图瓦卢附属中心。该中心可以提供斐济南太平洋大学的大部分课程。

3.2 学前教育

学前教育系统已建立起来。但它不是政府的部门。1993 年,全岛有 13 所私立幼儿园。

3.3 特殊教育

图瓦卢没有特殊教育。

3.4 职业、技术和商业教育

对于不能进入蒙图富瓦中学的学生,有进入社区培训中心的机会。每个岛有一个中心。它们能够提供的课程是有限的职业性科目。这些课程是否开设取决于是否有师资,1993 年在所有社区培训中心设有打字课。教师来自当地的社团,许多人没有教学经历。人们在讨论是否可以将其开发成为课程基础的高质量模块。

这些中心要实现它们的目标面临相当多的困难。按照规定,它们接受没能进入蒙图富瓦中学的学生和上不起海外中学的学生。这马上有一个形象问题,反映在缺课率高和 20 世纪 80 年代后期入学下降了 10%。

天主教会近几年一直在计划开办一个教育中心,它可能将中等教育和校外培训结合在一起。这将是提议由图瓦卢教会建立的学校之外的另一个教育机构。

除了这些中心,国际劳工组织和联合国开发计划署也在某些职业领域开办了基于课程模块的培训。学习这些课程的学生可以参加技能考试,如果通过可以获得正式的证书。

安装与焊接、水暖工、木工和电工技术等职业培训也可以通过斐济技术学院的配套课程进行。这些课程的优点是实践性课程的附加部分普遍可以在图瓦卢组织,因此增加了它的适用性。正常情况下,参加这类培训的学生可以在资助性奖学金的支持下在斐济全日制学习。

3.5 成人与非正规教育

图瓦卢有几个成人与非正规教育的机构。政府商业发展咨询局(从 1993 年 7 月 1 日起称为发展银行),为希望学习商业技能经营私人机构的人提供多种课程。南太平洋大学通过它的分支机构也提供一些课程。

一些非政府组织也不时提供其他教育项目。例如,救助儿童办公室提供家庭规划、营养和卫生等方面的培训。妇女委员会也提供一定范围的课程。

4. 行政管理的结构与运行

图瓦卢的教育是作为社会服务部的职责的一部分进行行政管理。图瓦卢有一个高级教育官员负责初等教育。蒙图富瓦中学的校长和海洋学校则直接向社会服务部秘书长报告工作。因此,在行政管理和政策责任方面存在不协调之处。

尽管存在着与外部岛屿交通困难的问题,也不存在决策上的放权,即使是微小的学校事务的决策也必须提交给首都富纳富提。

5. 教育财政

教育系统的财政来源于图瓦卢政府。1993 年教育系统占政府支出的 18%。学生家庭还要支付各种费用,如私立学校的学费、到海外上学的费用和在蒙图富瓦中学的食宿费。

6. 师资

小学和蒙图富瓦中学的教师都是在海外接受培训的,主要是在斐济的南太平洋大学。一些教师在其他地方接受培训,例如新西兰、澳大利亚或英国。他们的奖学金是援助基金提供的。另外,图瓦卢在某种程度还依靠已移居国外的教师到蒙图富瓦中学和海洋学校教学。

外岛(指首都富纳富提以外的岛——译者注)上的儿童经常处于缺乏教师的不利状况。教师的流动很频繁,一些职位很长时期都是空缺的。除了在富纳富提,负责小学的教师的额外责任没有任何报酬,这也造成管理和行政上的困难。

7. 课程开发与教学方法

图瓦卢已经在做出努力,在模仿斐济和新西兰的课程的基础上,至少是在某种程度上开发图瓦卢的课程。这种开发由于增加了与图瓦卢现实相关的内容,将是非常有价值的。正如在其他部分提到的,这些变化还要融入初等教育后 2 年教育重点的变化,这后 2 年的教育主要是为参加蒙图富瓦中学的入学考试在作准备。

教学方法是非常传统的,很少利用现代的教学辅助手段。所有学校能够得到的电力资源稀少。每个岛都必须备有发电机,只有首都富纳富提的小学有一个电源点。

8. 考试、升级和证书制度

如前所述,在小学毕业时有一次选拔性考试,允许 25% 的小学毕业生进入蒙图富瓦中学接受中等教育。这项考试由图瓦卢的教育行政部门负责,只考英语和数学。在初等教育后 2 年的教学就以考试为主了。

在 10 年级结束时,学生要参加斐济初级资格考试,这项考试中引入校本评价的变化必然影响图瓦卢 10 年级资格的变化。在 12 年级结束时,学生要参加新西兰学校资格考试。同样,这项新西兰考试规则的变化已迫使图瓦卢政府要组织图瓦卢学校资格考试了。南太平洋教育评价委员会对这项考试的质量控制工作提供了帮助。

9. 教育评价、评估和教育研究

图瓦卢对教育成绩和质量没有全国性评价。与斐济和新西兰联合进行的考试,由于考试的本质和目的有很大不同,也无法进行分析。

10. 20 世纪八九十年代的主要改革

自图瓦卢独立以来,有一些图瓦卢教育方面的报告。几乎都由援助者负责撰写,有时是捐助者联合负责。但是,除了一些小的改动,没有实现什么真正的改革。这并不是说图瓦卢的教育没有任何进步,20 世纪 90 年代初期的图瓦卢教育系统要好于 10 年前。但是,教育系统的定位和所面临的问题基本上还是老问题。

援助者的某些行动由于缺乏作用或起到反作用,偶尔也造成些变化。蒙图富瓦中学的总体规划是其中一例,该计划打算对蒙图富瓦中学进行改建或更新所有设施。这个规划尽管已有 5 年了,仍没有实施,将来可能还要有另一个捐助者参与这个计划的制定。

11. 2000 年面临的主要问题

为 15 岁以下的所有儿童提供适合他们的教育的问题,仍将是图瓦卢教育规划者 2000 年前的一个最大的问题。未来公民的需要必须明确确定,因为可以带来出口收入的资源很少。因此,人力资源是经济发展的主要条件。课程需要改革,尤其是初等教育后期的课程,更多的学生应接受包括学术性、技术性和职业性的中等教育。再者,目前的社区培训中心要废除。

改革的成本很高而且具有很强的政治性。尽管像图瓦卢这样的小国,也会发现上述改革尽管必要,但是困难却很大,而且建议者的建议多种多样。因此,在可能的条件下需要克服这些困难,根据国家优先的原则,必须考虑经济活动的水平、信托基金投资和环境等问题。

J. N. 约翰斯通(J. N. Johnstone) 著

刘瑞生 译

附录

Faaniu S et al. 1976 *Tuvalu: A History*. University of the South Pacific, Suva

Hancock G et al. 1988 *Education for Life: A Review of the Manpower, Education and Training Needs of Tuvalu*. A Report to the Government of Tuvalu,

Government Printers, Funafuti

瓦努阿图的教育制度(Vanuatu: System of Education)

1. 基本背景

太平洋岛国瓦努阿图是一个独立国家,它位于斐济的西边,所罗门岛的东南边,新喀里多尼亚岛的东北边。它由散布在西太平洋长 900 公里、宽 500 公里范围内的 80 个岛组成。其中最大的 10 个岛的面积几乎占该国陆地总面积的 90%,约 11 900平方公里。由于岛屿多山,约有一半的陆地面积适合农业生产。仅有 1/6 的可耕地在耕作。

到 1992 年,瓦努阿图的人口超过了 150 000 人,每年的增长率约 2.5%。只有不到 20% 的瓦努阿图人生活在城市地区。目前该国人口增长显著,与 19 世纪后期和 20 世纪初期人口下降的状况形成鲜明对比,那时流行疾病和劳动力应征大大减少了岛上的人口。

瓦努阿图的种族组成是,95% 是美拉尼西亚人,其余有中国人、越南人、法国人、澳大利亚人和英国人。散布在各岛的土著居民,讲 100 多种美拉尼西亚语言或当地语言,这些语言都没有成为全国使用的交流工具。大众交流和教育中使用最多的是三种语言:英语、法语和比斯拉马语(一种洋泾浜英语)。由于以前的两个殖民势力的影响,前两种语言是官方语言,在行政管理和法律系统以及英、法移居者经营商业的交易过程中和英裔、法裔建立的两个学校系统的教育过程中使用。比斯拉马语在全国广泛使用,有助于调和不同人群的利益和目标。

瓦努阿图于 1980 年获得独立。历史上它被称作新赫布里底群岛,近百年来,它一直是由英国和法国共同管理的。这种管理使这个地方形成了一个双重系统:两套法律、两种医院、两套警察队伍、两种学校、两套殖民思想和两种官方语言。英国和法国的影响一直在某种程度上存在着竞争。这种竞争尤其影响了教育、教育规划和行政管理的方式。在一定程度上,比斯拉马语有助于避免因两个前殖民者的观念影响而出现分裂。

1992 年,瓦努阿图的国民生产总值人均约 780 美元,每年的增长速度是 0.7%。主要出口产品是干椰子肉、牛肉和可可豆,主要工业有食品加工、饮料、烟草和木材。

独立以后,瓦努阿图政府希望将两种学校制度统一成为一个全国性体系。即使在 1993 年,瓦努阿图识字率据估计仅有 53%。瓦努阿图政府统一教育系统的计划还面临着一些棘手问题。一个问题是英国国教教会学校系统虽然接受政府的资助,但在行政管理上基本上是自治的。而在新教方面,由 15% 的英语学校组成的基督复活安息日教会系统却没有接受政府资助。天主教学校属于法语系统。用英语教学的初等学校招收 6 岁以上的儿童,他们的学前教育全部靠学费支持,完全不受政府的行政管理。使用法语的学校体系招收 3 岁以上的儿童,不需要家长交费。

2. 教育政策与目标

从独立到 1991 年,执政党是沃尔特·利尼领导的原英属区的瓦努阿图党。经历了一系列的政治困境和挑战之后,马克西姆·尤洛特领导的原法属区的政党在 1992 年成为执政党。人们预期此届政府任期内将在很多方面重新调整方向,尤其在教育方面。

瓦努阿图政府承诺使所有公民都有接受教育的机会,并提高教育质量,使它适应现代世界。在这个背景下,教育部制定了为大多数儿童提供高质量教育的 10 年长期目标。在中短期,优先发展的是提高瓦努阿图所有阶段教育的质量,并为在能够承受的条件下扩大教育体系而努力。

3. 正规教育体系

图 1 绘出了瓦努阿图正规教育的结构,表 1 则列出了主要教育部门入学率和资源方面的关键性数据。

教育部负责正规教育系统。尽管瓦努阿图有各种非正规教育,但是它的情况复杂多样,因此管理责任也是由各种政府和非政府组织承担的。大

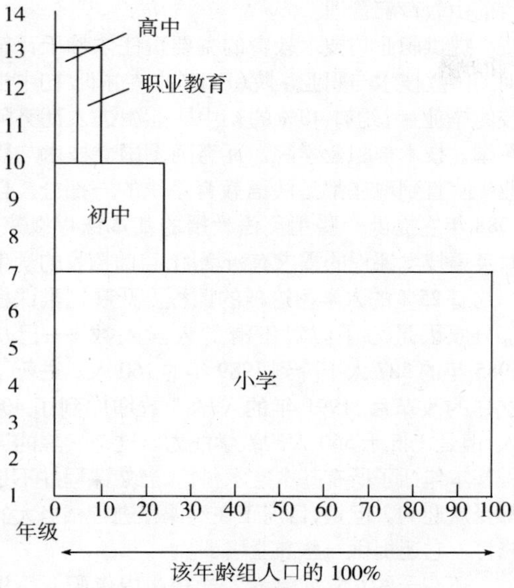

图1 瓦努阿图:正规教育体系的结构

表1 1990年瓦努阿图基础教育统计摘要

	初等教育	中等教育	技术与职业教育
学生数	26 267	3 799	400
教师数	984	125	23
教育机构数	78	14	1
学生人均支出(美元)	170	500	—

多数正规教育是由公共机构提供的,但是有一些学校是宗教的附属机构,有一些是由私人机构承办的。

3.1 *初等、中等和第三级教育*

瓦努阿图教育制度是初等教育6年、初中4年、高中2~3年。从初等教育到高等教育的教学语言,根据招收的学生决定用英语还是法语。正如第1部分所说,英语和法语都是官方语言,但都不是大多数瓦努阿图本地儿童的母语。一些初等学校在一些班级用本地语言和混合语——比斯拉马语教学,但是这种实践不是官方的。

学校分布在全国60多个岛屿上,大多数岛屿只能用船只到达。几乎所有瓦努阿图本地儿童都能进入初等学校,6岁儿童的入学率在95%以上。可以认为大多数初等学校的儿童都可以完成初等教育,但是没有可靠数据来证明这一点。尽管从1988年实施了自动升级政策,留级率有所下降,但是留级率仍偏高。

对初等学校的规模需求在不断增加,这主要是因为向城市地区流动的人口多,而且出生率较高。人口普查的统计数据显示城市人口以每年7.5%的速度增加,学龄人口以每年2.7%的速度增加。因此,在主要地区,招生名额供不应求,这些地区的许多学校目前要求初等教育新生须接受过学前教育。由于学费过高,家境贫穷的儿童——尤其是生活在城市主要地区的儿童将发现进入他们家庭附近的学校会越来越难。

独立以来,初中教育显著发展,尤其是在1986年实施了新的扩展计划后。到1993年,政府将会宣布除了一个地区以外,政府将为所有人提供初中教育。但是,仅有20%~25%的初等学校毕业生进入初中学校。留级只是一个小问题,辍学率仍很高。为了接受初中教育,许多年轻的瓦努阿图儿童必须到海外自费学习,这部分学生可能占入学人数的10%。由于这种办法成本很高,大多数学生的教育需要是得不到满足的。

1993年,有3所学校提供初中教育:玛拉帕学校、法语高中(都设在维拉港)和玛特维鲁学校(在桑托岛)。玛拉帕学校和玛特维鲁学校,教学使用英语,学制是两年制。在法语高中教学使用法语。在莱萨里和他菲,建成了两所新学校,它们也提供高中教育。虽然当两所新学校全面运行后,能够接受高中教育的人会增加,但是目前只有20%~25%的10年级毕业生可以进入高中。

瓦努阿图的女童比其他国家的女童受教育的机会要多些,当然这方面还有进一步提高的余地。初等教育入学人数中约有53%是男生,初中教育中男生占56%。但是,高中教育,男生的比重上升到65%。

学校建设是一个问题。许多学校没有或很少得到维护。两所新学校和玛特维鲁学校都建在边远地区,都没有辅助的基础设施。由于没有维护工作的预算资金,这些学校的状况——它们是按照高成本的大城市的标准使用世界银行和澳大利亚援助资金建设的——可能很快就会恶化。从玛特维鲁学校三期工程已经完成的两期来看,恶化的状况已经引人注目。

瓦努阿图没有大学,所以学生要接受高等教育就必须到海外的教育机构上学。斐济的南太平洋大学可能是最普遍的选择,虽然在20世纪80年代后期和90年代初期来这里学习的人数有所下降,在维拉港目前有一个南太平洋大学的分校,可以招收讲英语和法语的学生。在南太平洋大学瓦努阿图分校学习的学生有不同的要求和做法。来自法语高中和INTV(参阅本词条第3.4部分)的讲法语的学生,学习南太平洋大学法语分校设计和审查的课程。相应的,讲英语的学生一般通过南太平洋大学完成以前附设机构的课程,或接受海外的中等教育。约有30%的学生来自玛拉帕学院13年级。这些学生学习修习基础课学年的课程,以便能够进入大学,但是这个课程将在1993年废除。

完成大学入门课程的学生可以竞争海外大学的奖学金。1990年和1991年两年,每年都有21名学生本科毕业,1987~1991年有83名毕业生。今后几年,每年的毕业生数目有望增加到40名,毕业获得学位的人数也要比1991年的4名要多。

3.2 学前教育

在社会团体和强烈希望发展学前教育的个人的努力下,学前教育已发展起来。瓦努阿图学前教育协会制定了大多数教育规划。学前教育的资金都来自个人,尽管政府目前任命了在该领域帮助个人的合作者,但是目前的状况肯定还要继续下去。

根据学校和它的位置,收费标准也有很大不同。在首都维拉港,费用可以高达每学期4 000~5 000瓦图(35美元)。

3.3 特殊教育

瓦努阿图没有特殊教育。一些私人团体做过一些尝试为有某种残疾的人提供教育,但是尚没有得到政府的正式反应。

3.4 职业、技术和商业教育

在卢甘维尔有一所技术学校,它提供中等技术与职业教育。它的学生很少,对它的支援也有限。目前由教育部管理。

提供职业与技术教育的主要责任依赖于瓦努阿图国立技术与职业学院(INTV)。它招收初中学校的毕业生,约有40%的初中毕业生进入瓦努阿图国立技术与职业学院。瓦努阿图国立技术与职业学院直到现在都是法语教育系统的一部分。自1988年它提供一些用英语教授的基本课程以来,对英语技术课程的需求有所增加,目前招收的学生中约有25%的人学习这样的课程。开展这类课程部分原因是为了应对下滑的入学人数——已从1985年的387人下降到1989年的160人。进行了这样的改革后,1991年的入学人数增加到了400人,但是仍低于560人的教学能力。这个学院的课程基本包括了所有基本技术科目,当然课程并不是都受欢迎的。但是,目前正在对课程进行相当大的修订。它还提供一些商业培训。

还有一些私立或宗教的学校也提供职业培训课程,尤其在文秘或基本行业领域对这类课程总是有较高的需求。

有几个政府部门提供职业性课程。例如:政府培训中心采用持续和循环的方式为政府雇员提供多方面的培训课程。这个中心有各种援助基金的支持,而这些援助基金并不总是能够让中心去满足所有需求。现在正在对它的运作情况进行评价。

其他提供职业教育课程的机构有瓦努阿图护理教育中心、塔干比农业学院和警察培训学校。还有一些乡村培训中心。

3.5 成人与非正规教育

在瓦努阿图几乎不可能接受成人或非正规教育。这方面主要是通过南太平洋大学分校使瓦努阿图本地学生接受南太平洋大学的各种课程教育。除了这个学校,就是斐济的南太平洋大学分中心,提供许多教育项目。这些项目的课程从几天到几个月,涵盖大量的专业内容。教学方法包括书面资料、视听资料,通过面授或电信会议的方式进行指导。

4. 行政管理的结构与运行

教育部有一位高级部长,他来任命一名终身制局长。教育部有5个负责不同专业事务的教育官员。

瓦努阿图所有的部委在公务员系列的基本机构之外都还有一个系列的机构。它就是由3个政治性秘书处组成的政治性机构,它的表面功能是确保政党利益。相对于公务员系列,政治性秘书处的人员可以是也可以不是教育专业人员。因此,可能出现——事实上并不是偶然现象——专业的教育人士做出的决策,会被政治性秘书处推翻,至少是拖延实施。

但是,这样的机构安排有一个主要的优势,就是教育系统的行政管理至今是统一的。不必分别迎合学校的两种意见。因此,某些管理功能也就有可能实行分权管理,目前已建立了11个地区教育办公室。

总教育办公室(初等与中等教育)还建立了一个特殊的主要顾问系统,以配合地区办公室的工作。尽管学校有远有近,但是全国都建立了这种系统。地区官员和顾问们的责任是每年两次到所有学校视察,以帮助教师提高教学技能、落实课程改革政策。他们要在各地举办在职培训课程,尤其是教授在复合班级教学的技能。

5. 教育财政

教育是瓦努阿图政府优先发展的部门,并接受了最大比例的公共支出。1986年,教育支出占政府全部支出的25%,但是,1991~1992年这个比例下降到19%。由于总预算支出也下降了,所以教育部可以得到的预算减少了27%,从1986年的约13.95亿瓦图,下降到1992年的9.5亿瓦图。每个小学生的实际支出从1987年的30 000瓦图下降到1991年的20 000瓦图(250美元到170美元)。同期,每个中学生的支出也从109 000瓦图下降到63 000瓦图(900美元到500美元)。

教育部不得不采纳特殊而又严厉的策略以弥补资金的减少。尤其是,它增加了生师比,初等学校约为30:1,中学的班级规模增加到约30人。在20世纪90年代这两个数字可能会更高。瓦努阿图还全面实行自动升级政策,这意味着除了小学阶段结束的6年级外留级生很少。6~7岁入学的政策也几乎完全得到贯彻。在像瓦努阿图这样的国家,这种政策很难实现,但是似乎该项政策已经对入学人数产生了作用。

遗憾的是,对学校的援助也减少了。最大的问题是学校建筑的维护问题。这种状况在经费减少之前就已经很严重了,仅维修边远初等学校一项就需要约20亿瓦图。但是,1993年初等学校维护费总共只有2 500万瓦图。

6. 师资

在瓦努阿图独立时,使用英语的学校约有400名培训过的瓦努阿图本地教师,而且大多是在教会学校,使用法语的学校中约有240名这样的教师。另外约有300名未培训的教师。

瓦努阿图教师学院为初等教育的两个学校系统培训教师。现在要当一名初等教师,必须具有教师学院的初等教育资格证,或相当水平的海外学校的证书。初等教师的在职培训——有时与地区教育顾问团联合——也是教师学院的一个主要功能。该学院还不断举办培训中学教师的在职或职前特别课程,最近的课程是1990~1993年度的。为初中培训教师的工作和利用奖学金到海外学习,主要目的就是为了替代初中的外籍教师。本地化的计划已取得巨大成功,瓦努阿图本地教师的比例从1985年的40%上升到1991年的70%。遗憾的是,教师学院没有制定连贯或持续的计划以继续走下去,或者甚至建设自己承担这种形式培训的能力。因此,培训这类教师将是未来面临的一个主要问题。

在高中阶段,瓦努阿图依然非常依赖于外籍教师,近期内不可能期望本地化水平达到很高。然而,从海外回来的毕业生在增加,尽管新出现的私立学校或其他政府部门,对新毕业生具有很强的吸引力,使他们离开学校去寻找更有吸引力的职位,但是这个因素将发挥一定的影响力。

7. 课程开发与教学方法

瓦努阿图教育研究所负责课程开发和教师教育工作。在这个研究所有两个分支:课程开发中心和瓦努阿图教师学院。1988年之前,课程开发由一个高级教育官员负责,但是没有一个课程官员和课程小组的编撰人员可以连续工作与相互影响的真正的中心。一个新建筑的落成标志着课程开发中心的创建。

使用英语的学校的课程与使用法语学校的课程有很大不同。教育部的官员长期以来对这种状况很不满意，1987 年做出了对它进行调整的决定。教育部制定了一些计划，开发了一套普遍适用的初等教育课程，并尽快在学校实施。政府使用一个主要由新西兰援助支持的澳大利亚援助项目和法国援助的一部分资金，来落实这项任务。1993 年，1～2年级的课程及教材将实现统一，1996 年将实现所有初等教育课程的统一。那时，教师和学生将可以得到更多的教材，而且教育质量将更好，对社会事务的适用性将更大。这些计划还准备了 10 年级的通用课程。大多数科目的有关工作也已展开，但是 1996 年之前不大可能完成。

两个学校系统的教学方法也有很大的不同。在使用英语的学校，教学倾向于发现和实验活动与一定的死记硬背相结合的方法。在使用法语的学校，死记硬背几乎成为唯一的教学方法。直到 1993 年，许多课程重视那些与法国有关的主题和知识，而不是与瓦努阿图有关的或普遍与太平洋岛屿有关的知识。在统一课程尤其是统一初等教育课程的工作中，这种差别是一个主要的问题。

引入新的考试机制——太平洋高中资格证书——可以视为在高中水平建立校本课程的办法。但是到 1993 年，这个机制还没有完全引入。

8. 考试、升级和证书制度

在瓦努阿图，高中学生不能直接升入大学。在使用英语的学校，12 年级的学生要参加中等教育国际通用资格证书考试，但是这个证书仅是 11 年级水平的考试。考试之后，玛拉帕学校和玛特维鲁学校都提供一年额外的学习，这一年相当于南太平洋大学(斐济)的预科学习。从 13 年级毕业的学生可以升入南太平洋大学的修习基础课学年，如果通过再进入大学。有极少数 12 年级最优秀的学生到新西兰重读一年后继续争取新西兰奖学金，以便可以直接进入新西兰的大学。

使用法语学校的学生，起初可以参加巴黎的高中文凭考试。但是几年都没有学生通过，法语高中降格，学生仍然参加国内的 12 年级考试。这个考试(或有时是在 11 年级之后的考试)成绩最好的学生进入努美阿的学校。

资格证书考试(使用英语的学生)和国内考试(使用法语的学生)现在都将被 12 年级水平的太平洋高中资格证书考试取代。这个考试将适用于两种类型的学校，以使高中考试合理化。它将作为相当于进入南太平洋大学预科学习的考试，所以学生在进入该大学之前还要完成一个修习基础课学年。太平洋高中资格证书系统要求瓦努阿图成为位于苏瓦的南太平洋教育评估委员会的成员。实际的证书考试是以瓦努阿图的课程为基础的，但是要经过一系列调整，以确保考试质量和使用与其他太平洋岛国相当的标准。太平洋高中资格证书的一个优势是它将使大学之前的教育年限从 14 年减少到 13 年，并使瓦努阿图本地学生可以到其他太平洋岛国去学习。

9. 教育评价、评估和教育研究

在瓦努阿图，几乎没有做过评估教育成就水平或评价教育系统的工作。联合国教科文组织曾做过的一项研究，是该组织评估太平洋岛国识字水平工作的一部分。该项研究结果显示瓦努阿图本地儿童的识字和计算水平等于或高于其他太平洋岛国的学生。然而这仅是一项研究，它不可能用于评价在采取了相当多的改革措施后，教育质量是否发生了变化。

10. 20 世纪八九十年代的主要改革

第二个发展计划强调教育资源的使用计划要区分提高质量和提高数量的工作。它建议在该计划期间发展应强调质量。外部援助，尤其是来自世界银行、澳大利亚政府和英国、新西兰、法国政府的援助相当多，可以用来解决质量的问题，同时促进数量上的扩大。

关于初中教育数量方面的一个主要的争论，发生在 1985～1987 年。这场争论导致政府发表了一个公报，从那时起要正式建设一些新学校。但是这些学校大多没有房子，教师的供应也不足。最后——部分因为捐助者要求关注质量问题的压力——政府裁减关闭了一些学校。

11. 2000 年面临的主要问题

考虑到种族和大众语言繁多的背景,瓦努阿图本地教育者为一个新的统一的学校系统提供文化统一的课程并承担统一的教学语言的任务,这实际是无法完成的。文化的不同造成了教育的复杂局面,不能过高估计政府的统一性工作。

瓦努阿图地理特征也给教育计划者们提出了为所有儿童提供相等的入学机会和学校如何建在最适当位置的问题。边远地区、人口稀少地区和需要交通联系地区的教师与学校供应的问题,解决起来也非常困难。

2000 年以前的这段时期,瓦努阿图教育官员和计划者们面临四个主要问题。它们是:

(a) 在所有问题中语言问题可能是最根本性的。瓦努阿图这么大的国家,财政资源有限(并在缩减),不能期望应付提供两种语言教育的需求。对于大多数学生,教学语言至多是第二语言,更多的是第三语言。这给学生学习概念和知识时以相当大的约束,学生常常感到概念和知识是非常奇怪与陌生的。即使有最好的愿望,一个发展中国家也不可能提供一种语言的足够资料,以确保有经验教师和教育设施的匹配。然而瓦努阿图试图利用它所能获得的援助,完成这项任务。

(b) 初中和高中教育规模上的限制,是培养瓦努阿图自己经济发展所需人力资源的一个主要障碍。从一级教育升入更高一级教育的比例很低,但是出生人口快速增长,越来越大的压力使教育系统不能应付。因此,升学率在未来将继续下降。

(c) 瓦努阿图没有提供培养中学教师的机会。在 20 世纪 90 年代对中学教师的需求将显著增加。但是瓦努阿图没有设置用于教师培训的课程。目前的"应急性课程"不是一个可以选择的方案,因为它完全是澳大利亚援助项目支持的外国教程。因此,希望成为中学教师的瓦努阿图本地人,就不得不通过奖学金项目或去国外得到斐济或巴布亚新几内亚读书的特殊资助,来获得学位。这所有的途径都不如开创一个全面、经济的在瓦努阿图举办的课程,更适宜于瓦努阿图。

(d) 如果得不到维护,教育设施状况将继续恶化。建筑和设备的状况已经很差,尤其是使用率较高的按照大都市标准建造的学校和许多由援助者提供的设备。因此,期望儿童从中学习和在将来启发他们的灵感的学术氛围,可能也将恶化到起负面影响的程度,降低人们希望在本国接受教育的愿望。

J. N. 约翰斯通(J. N. Johnstone) 著

刘瑞生 译

阿尔巴尼亚的教育制度(Albania: System of Education)

1. 基本背景

阿尔巴尼亚共和国是欧洲东南部的一个国家,位于巴尔干半岛的西部,沿爱琴海和亚得里亚海有漫长的海岸线。国土面积 28 748 平方公里。总人口 3 255 900 人(1990),人口自然增长率 1.96%,平均寿命 72.2 岁。阿尔巴尼亚人口由工人、农民、商人和知识分子组成。约有 36% 的人口居住在城镇,其余人口生活在农村(1990)。

阿尔巴尼亚人是伊利里亚人的后裔。伊利里亚人是在 3 世纪时,在古派拉兹皋 · 阿尔巴人的基础上形成的自治的族群。今天的阿尔巴尼亚语也是派拉兹皋伊利里亚语系直接派生的语言。在阿尔巴尼亚国内外,有大约 900 万阿尔巴尼亚人说这种语言。

伊利里亚人曾创造了高度的物质和精神文明。有组织的教育活动始于公元前 11 ~ 前 5 世纪的奴隶制国家形成时期。在一些伊利里亚城镇与沿海地区的其他希腊人居住地考古发掘的物品中已经发现了教育和文化机构的遗址,如体育馆、带看台的体育场、圆形剧场和图书馆。公元前 2 世纪的阿波罗学院,是最为著名的学院之一,进行多种科学、哲学和修辞学的研究。

15 世纪,阿尔巴尼亚遭到奥特曼帝国的入侵。在漫长的占领期,阿尔巴尼亚民族教育在传统、习俗的基础上得到发展。中世纪的学校具有宗教性质——既有基督教学校也有穆斯林学校。这些学校开设的课程用希腊文、拉丁文和阿拉伯文教授。

17 世纪，建立了几所使用阿尔巴尼亚语授课的学校。

沃斯克波珈学院(1750)在巴尔干和欧洲知名度很高。它作为一所大学，讲授古典语言、逻辑、物理、数学及其他科学。该学院还有一个出版机构。18～19 世纪，建立了贸易和手工艺学校。19 世纪初，建立了第一所非宗教性的国民学校。

阿尔巴尼亚 1912 年赢得独立，但是根据 1913 年伦敦会议的决定，它的大部分领土仍在祖国之外。1924 年爆发了资产阶级民主革命，1925～1939 年，阿尔巴尼亚是一个君主国家。

在第二次世界大战期间，阿尔巴尼亚被意大利法西斯军队占领(1939)，后又被德国军队占领(1943)。阿尔巴尼亚于 1944 年 12 月 29 日获得解放，1946 年 1 月，阿尔巴尼亚宣布成立人民共和国。1976 年，阿尔巴尼亚制定了新宪法，宣布阿尔巴尼亚为人民社会主义共和国，1991 年改称阿尔巴尼亚共和国。

2. 教育政策与目标

在 1944 年国家解放以前，阿尔巴尼亚的教育政策是非普及性的。阿尔巴尼亚是欧洲最落后的国家之一。85%～90% 的成年人是文盲。学校极少，没有高等教育系统。尽管在法律上确立了义务教育(1921～1928)，但是仅有 25% 的学龄儿童上小学。1945 年，宪法规定男童与女童都有接受免费教育的权利。

这个时期开始一项旨在消除 40 岁以下人口中文盲的改革。在教育领域进行了以下改革：

(a)1946 年的教育改革为独特、义务性的学校体系奠定了基础。学校与宗教分离，允许国家的少数民族——希腊人与马其顿人用自己的语言接受教育。

(b)1963 年的教育改革强化了多科教育技术。

(c)1969 年的教育改革进一步强化了教育的政治性、多科技术性和专业性，以确保新一代在综合全面发展和社会主义理想方面，得到更好的培训。

1945～1990 年期间，各级教育的入学人数大幅度增加，但是教育质量没有跟上。学校的过于政治化、集权特点、低水平与低质量的教学方法、形式主义和教育上的官僚化，是阿尔巴尼亚教育体系的若干特征，对教育产生了很大的负面影响。

1992 年 3 月选举成立的民主政府，为阿尔巴尼亚共和国确定了新的教育目标。新目标保证，通过各级教育全面与和谐地发展学生的智力与道德，使学生能致力于社会与物质财富的进步，从而保证每个学生的充分与自由发展。

3. 正规教育体系

图 1 列出了教育系统的结构，表 1 提供了有关统计数据。

3.1 初等、中等和中等以上教育

义务学校(1～8 年级)为 6～14 岁的儿童提供教育。它分为两个阶段：初级阶段(1～4 年级)和高级阶段小学(5～8 年级)。中等学校招收 15～18岁的学生。中等学校教育分为普通中等学校教

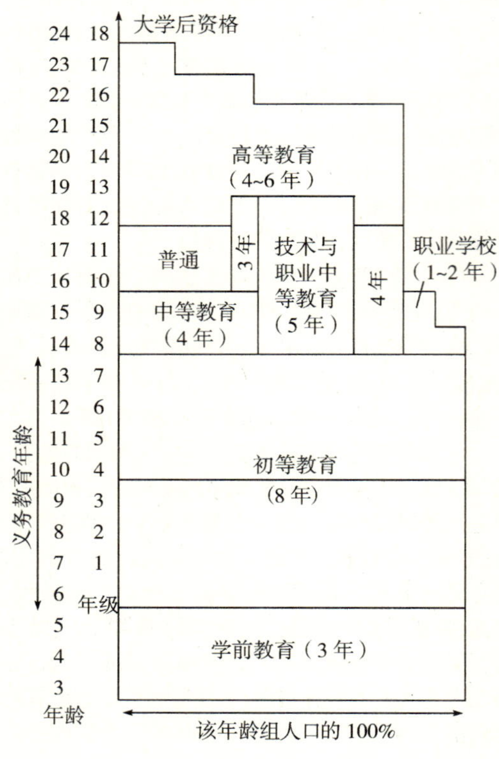

图 1　阿尔巴尼亚：正规教育体系的结构(1990)

表 1 各级教育的学校、学生和教师数(1990)

学前教育	
幼儿园	3 926
儿童	130 000
教师	5 664
初等教育	
学校	1 726
学生	557 000
其中全日制学生	551 000
教师	28 798
中等教育	
学校	513
学生	206 000
其中全日制学生	145 000
教师	9 708
中等职业教育	
学校	466
学生	138 000
其中全日制学生	89 000
教师	7 390
普通中等教育	
学校	47
学生	68 000
其中全日制学生	56 000
教师	2 318
高等教育	
高等教育机构	8
学生	27 000
其中全日制学生	22 000
部分时间制学生	5 000
教师	1 806

育(高级中学)和技术与职业中等教育。

普通中等教育(高级中学)学制4年,分为2个阶段,每个阶段2年。第一阶段包括9~10年级,为学生进行更高水平的学习(在普通中等学校的第二阶段或技术学校)作准备,或为在经过一定时间的职业培训后就业打基础。第二阶段包括11~12年级,为学生进入大学或接受专业性的职业培训作准备。

技术与职业中等教育包括各种专业方向,目的是为各种经济和文化部门对学生进行职业性培训。这类学校和在校学生数都得到增长。

高等教育招收读完普通中等学校或学制更长的职业学校的学生。高等教育的学制从4年到6年不等。男生和女生的比例相当。这类机构有:地拉那大学(成立于1957年)、地拉那的综合技术大学、斯库台的瑞吉大学、爱尔巴桑的亚历山大·朱瓦尼大学、吉诺卡斯特的艾其勒姆·凯贝大学、地拉那的卡迈兹农业大学、考斯综合技术大学、地拉那艺术学院、地拉那体育文化学院、地拉那陆军军事学院和其他一些军事院校。

学生以往的学业成绩是入学资格的基础。在艺术学院、体育文化学院和地拉那大学的建筑专业,招生有名额限制。1993年,所有高等教育专业方向的招生都要经过竞争性的选拔。但是,那些父母因为政治原因被处死的孩子有优先权。

1992~1993年阿尔巴尼亚对教育进行了以下的重建工作:给学院以大学的地位,开设4年的课程;体育文化学院的学制从3年延长到4年;工程学院成为一所综合技术大学;开设了一些新学院:德语、旅游与统计、管理与商业和饭店管理与旅游等;还新建了一所社会工作学院。

3.2 学前教育

阿尔巴尼亚有13万名儿童(1990)在各种类型的幼儿园和儿童之家中学习,它们招收3~6岁的儿童。

3.3 特殊教育

特殊教育为残疾儿童和在生理、智力和情感上有障碍的儿童提供教育。为有视力和听力障碍的儿童开设了一所盲、聋、哑学校(成立于1963年)。1992年,248个盲童、50个聋哑儿童分别在62名和16名教师的指导下学习。阿尔巴尼亚有一些特殊学校(如设在地拉那和都拉斯的特殊学校),在维罗拉、斯库台和爱尔巴桑的学校1~8年级设有特殊班级。1992年这些学校有480名学生、120名教师。但是,需要这种教育的儿童远远多于此数。

阿尔巴尼亚的一些城市还有为轻微智力迟钝儿童开设的学校,以及其他为严重智力迟钝儿童开设的寄宿型学校。这些学校由卫生部负责。

3.4 职业、技术和商业教育

在新的教育改革的框架下,农业、技术和职业中等教育将建立适应市场经济需要的更灵活的结构。此外还要重建饭店管理、旅游、商业和计算机应用方面的特殊培训计划。

技术和职业中等教育将包括：

(a)学制3~5年的技术学校(普通中学9~13年级或技术学校11~13年级)，对学生进行工业、贸易、海运、旅游、商业等专业的某些领域的培训。

(b)学制4~5年的艺术与音乐学校，音乐学校有时根据学生专业情况延长学习时间。

(c)学制4年(9~12年级)的外语与体育学校。

(d)教师培训学校，已完成8年教育的学生学制5年，完成普通中学第一阶段的学生学制3年。

(e)学制1~2年的职业学校，培训农业、造船、建筑、冶金和纺织领域的技术。完成这些职业性课程的学生不能进入高等教育。

3.5 成人和非正规教育

成人教育实行部分时间制，招收已就业的年轻人。一般下午上课或函授。

教学计划和教学大纲几乎与全日制学校的相同，只是学制长1年。相当多的工人在这些部分时间制学校接受培训。20世纪80年代末90年代初，部分时间制学校中的1~8年级学生大幅度下降，但是部分时间中等学校的学生数量增加了。1990年，有6 000人上8年制学校，6 000人上中等学校，5 000人接受高等教育。

在新的改革中，以后的工人和技术人员职业培训将在职业培训中心进行，主要采用短期课程班形式，旨在提高他们的素质，和培训、再培训那些未工作过的或换了新工作的人。

4. 行政管理的结构与运行

阿尔巴尼亚共和国的教育由国家提供和管理。人民大会(议会)制定教育政策，批准基本教育法和教育系统的结构。部长委员会批准各项法规，责成教育部或其他部执行其他法律规定。

教育部是该国负责各类学校、幼儿园和教育系统的其他机构的一般性组织、管理和监督的最高国家部门。

有关教育改革的新法律允许私人、外国组织或宗教中心建立独立/私立教育机构，但是，它们要遵守教育部批准的法规，必须从教育部获得相关的许可。

大学、学院和其他高等教育机构享有特殊地位，主要是具有教学、科学研究和交流思想方面的学术自由。它们也可以独立建立与其他机构和外国科学研究中心的联系、合作。

在地区级、市级和地方行政区的教育管理方面，各级教育委员会管理所有学前教育机构、8年制学校和中等学校。各个地区的教育机关直接与地区委员会的教育财政部门合作。它们负责招生，保证学校在学生的学习权利、学生助学金、教师出差、学校建筑的建设以及学校各种设施供应方面要履行应尽的义务。教育的行政管理部门隶属于市级政府和地方行政。

学校的教学和其他教育活动由其校长和副校长直接管理。这项工作包括与学生家长保持紧密合作。

5. 教育财政

1990年，用于教育和文化的经费是9.84亿列克，相当于国家预算的11.6%。从1950年到1990年，人均教育支出增加了11倍。

所有校舍、设备、设施和教学材料由国家提供。对于住在学校的学生，政府提供助学金。但是用于教育的财政开支一直不足，物质基础极其薄弱。在前共产主义者执政的过渡时期，教育系统出现了许多问题，使教育财政进入了困难时期。

6. 师资

1990年，教育系统有近46 000名教师，其中52.8%是女性。

中等教育教师培训学校和以前的3年制高等教育培训机构为幼儿园培养教师。8年制学校(高年级)和中等学校的教师，要在大学的教育学院所设的高等教育教师培训机构中接受4年培训。专业人员(如工程师、农艺师等)要在特别的教育专业学习。艺术和体育学科的教学人员在相关高中学校接受培训。

国家根据教师所接受培训的层次，制定了分类的教师资格体系。对教育管理人员也有专门的专业。通过附加的大学及大学后研讨班、课程班的考试和通过获得大学后学术资格,可以取得更高的教育资格。1990年,教育系统具有学位的人员包括:107名教授、116名科学博士、226名研究员、431名大学助教和1 255名科学学士。

为了给教师提供完整的科学知识和教学技能,预计教师培训和任职资格认定的整个系统会发生根本性的改变。教师的薪水,尤其是那些工作在偏远地区的教师的薪水,将会提高。阿尔巴尼亚还将努力降低教师的工作量,制定教学规范。被认为表现出色的教师将被授予类似"杰出教师"的称号,一级、二级和三级奈姆·福莱舍瑞奖章,以及"优秀教师"、"人民教师"等称号。

7. 课程开发与教学方法

教学计划和教学大纲由专家组负责编写,并由教育部批准。教育研究所与一些实验学校合作,开发并跟踪研究新的实验性教学方案。

幼儿园的课程根据年龄组,以不同的方式开设,包括身体锻炼、卫生与健康教育和智力、道德与美育。

8年制学校的教学计划和教学大纲集中于学生基础教育,包括社会科课程(44.6%)、数学与自然科学(33.8%)、艺术类课程(7.3%)、体育(7.3%)和劳动课(7%)。

在普通中等学校,课程包括基础性学术训练、综合技术与劳动教育和体育。为了发展学生个体的能力与兴趣,中学的新课程中计划开设选修课程和职业课程。

高等教育的课程由教师们设置,一般有综合理论与实践、讲授与讨论、练习与实验等组合。

新的教育改革给学校课程带来了根本性变化。在8年制学校,"社会"教育的课程取代了道德与政治教育。军事训练与体力劳动的内容,和马列主义课已经取消,并为其他的社会学科所取代。这样,一门新课程——"社会知识",已经在普通学校中开设。社会、人文、经济、法律或艺术方面的所有课程都采取了非政治化的和价值中立的态度。

8年制学校和中等学校中的数学与科学课程,已在向发达国家的课程靠近。学校教授的语言有:英语、法语和俄语,也引入了德语和意大利语。高等教育现存的所有课程也在改进和重组,增加了一些新的内容。

教学材料由一些国家出版社出版,包括学校用书出版社(成立于1967年)和大学用书出版社(成立于1987年)。出版工作常常与外国机构和团体,尤其是联合国教科文组织、欧洲委员会、世界银行和伊斯兰世界组织等合作进行。

8. 考试、升级和证书制度

对学生成绩的评价与控制是针对每个学生不断进行的。学生升级要根据他们每年的学习进展情况。考试仅在中间年级进行。在8年级结束,学生参加"毕业考试"(阿尔巴尼亚语和数学,包括口试和笔试),通过考试可以得到证书。在12年级末,所有学生参加4门"成熟"考试,通过考试可以得到"成熟证书"。

高等教育应用一套特殊的学生评价制度,如学术报告、实践性任务和讨论会等。学生要参加考试,但每年不超过9次。在大学结束时,学生得到文凭。学生还可以获得荣誉奖状、金制奖章、天才学生的特殊文凭等等。

9. 教育评价、评估和教育研究

阿尔巴尼亚从事教育研究的机构主要是教育研究所(成立于1969年)。它从事有关课程内容、教学方法和教学过程的研究和实验,并出版研究结果报告。它也开展有关教育心理学和教育史领域的研究。教育研究所的工作与科学院、大学和地区教育委员会相互合作、协调。而且,它也出版《教育评论》、各种简报和教育文献。

1991~1995年期间的主要研究集中于解决新教育改革、新的教育立法、课程重建、教育技术应用的贯彻与发挥作用的问题和有关数学、阿尔巴尼亚与外国语言课程教材实验。

10. 20世纪八九十年代的主要改革

1982年的改革旨在提高学校教育的质量,在课程、教学目标和教学方法方面都发生了一些相应的变化。但是,改革是局部的,没有提高学生的学业水平,相反,教育的形式化与官僚化甚至比过去还严重。

1990 年,中等和高等教育进行了改革。义务教育从 8 年增加到 10 年,但是,由于体制转型,社会动荡,这一改革并没有真正落实。民主革命以后在职业教育、高等教育、教师教育和课程等方面的多种规划的改革,在以上各部分已经提及。

11. 2000 年面临的主要问题

主要问题是要寻求贯彻新教育改革的手段与资源,尤其是重建中等与高等教育,成立新的学院、专业,引进现代教学技术。

此外,为了使教育适应经济、文化和社会的发展,应在实验的基础上扩大新的教育项目。最后,在下述方面也会遇到一些问题,这些方面包括:教育的差异性,从旧的教育向民主教育的转变,在学校、家庭、社会、学生和教师之间建立一种新关系。

S. 特莫(S. Temo) 著

刘瑞生 译

附录

Albania 1992 *The Constitution and Regulation of Higher Schools*. Tirana

Gjinushi S On the perfection of the educational system and further qualitative strengthening of school. *Zıri i Popullit* July 7

Mısuesi 1992 Draft law on educational system. October 24

Ministry of Economy 1991 *Statistical Annual of Albania*. Ministry of Economy, Directory of Statistics, Tirana

Misja V, Golemi B 1987 *The Development of High School in Albania*. Tirana

Temo S 1984 *Education in the* PSRA. The Publishing House, Tirana

Temo S 1985 *Education in the People's Socialist Republic of Albania*. The Publishing House, Tirana

Vejsiu Y 1992 The progress of our school in democratic processes. Speech given in the People's Assembly October 15. *Mısuesi* October 17

奥地利的教育制度(Austria:System of Education)

1. 基本背景

奥地利位于欧洲中部,是一个很小的内陆国家。领土总面积 83 855 平方公里。从地理位置上讲,奥地利有将近 2/3 的领土位于阿尔卑斯山地区。德语是第一语言,在全国 7 812 000 人口中,有大约 99% 的人口讲德语。有人口很少的少数民族,如斯洛文尼亚人、克罗地亚人、匈牙利人和捷克人。大约 89% 的人口信奉罗马天主教,6% 的人口信奉新教。预计在 20 世纪 90 年代和 21 世纪的前 10 年,人口数量的增长将非常有限,这主要归因于国家移民数量的不断增长和人口老龄化。预计学龄人口的数量将进一步下降,劳动力人口增长将停滞,老年人口数量将大大增加。

在 1989 年,大约 8% 的劳动力从事农业或林业生产,37% 受雇于工业部门,54% 受雇于服务部门。

以国民生产总值计算,奥地利在西欧工业国中的排名处于领先位置。在 20 世纪 80 年代末期,失业率约为 5% 。奥地利的社会保障制度和国民医疗制度的标准被认为是很高的。奥地利的经济制度被称之为一种"社会市场经济体制"。奥地利政府在 20 世纪 80 年代末期采用了稳健的私有化政策。奥地利是欧洲自由贸易委员会(EFTA)的成员国之一,已经申请加入欧洲共同体。奥地利经济体制的一个显著特征是社会合营公司体制。其目标是以"筹备者院外集团"的方式,制定有关工资、价格,以及许多其他经济和劳动力市场的决策。这种"筹备者院外集团"由雇主组织和贸易工会的代表组成。这种制度安排将会降低经济动荡的发生率,并且对涉及的组织影响非常大,但是,有些人认为,这种制度缺乏对问题公开的讨论和大众的参与。

2. 教育政策与目标

在 1955 年,奥地利和四个同盟国签署了国家条约,从此奥地利成为一个独立国家。1962 年通过了一个奠定现行教育制度基础的法律。通过忽略一些有争议的问题,如初级中等教育的结构问题,这个法律得到了两个主要政党的一致赞同。

从20世纪60年代末期开始,奥地利政府的明确目标是提高国民的普遍教育水平。采取的政策包括:在国家的每个区建立高级中等学校;快速扩张职业学校教育的高级部门和中级部门;提供经费,以扩大教育的参与程度。

3. 正规教育体系

图1勾勒出了奥地利教育体系的大致轮廓。政府为属于奥地利永久居民中6~15岁的所有儿童提供义务教育,在这个年龄段内,实际入学率为100%。从图1可以看出,有一些6岁儿童并没有在学校注册,这是因为注册的最后日期与年终不一致。到了7岁,大约有1/3的儿童在学校注册。

所有的公立学校都实行男女合校制。法律将班级规模限定在30人,而实际的数字通常比这个数字要低得多。在1989~1990学年,奥地利的所有学生中,大约有7%的人上的是私立学校,这些

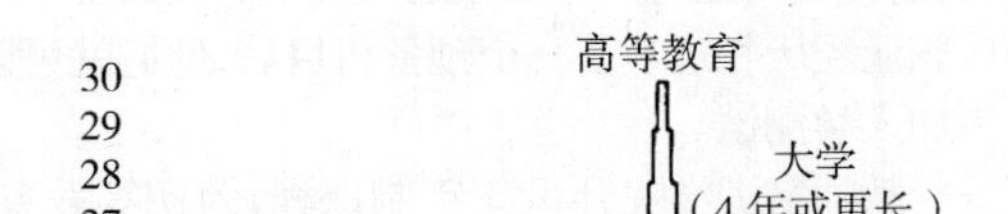

图1 奥地利:正规教育体系的结构(1989)

学校多是由罗马天主教教会,或其附属机构开办的。大多数私立学校遵守国家法律,能授予学生与公立学校等值的证书。

每个学年从9月初开始,一直到第二年的5月末结束。每天大约8点钟开始上课。初等学校下午没有教学活动。

3.1 *初等教育、中等教育和第三级教育*

家长必须领孩子到学校注册。已经达到入学年龄,但学校当局认为他们还太小,还不能参加正常小学1年级的学习的儿童(大约占相应年龄组人口的10%)要参加为期1年的学前班学习,这些学前班为儿童升入初等学校作准备。一个儿童的正常学校教育从参加学前班或初等学校开始,初等教育包括四个年级,其目标是为所有儿童提供一种共同的基础教育。

初级中等教育从10岁开始,到14岁结束。在初等学校结束时,学生有两种继续学业的选择:中等普通学校,这些学校没有入学要求(除要通过4年级的考试外),通常被认为是普通人参加的学校;另一种选择是进入低层次的高级中等普通学校(AHS),人们传统上认为这些学校是为受过教育的人的子女提供教育的场所。进入后一种学校的入学要求是,学生在初等学校的最后成绩单上,德语、阅读、数学科目的成绩要达到1分或2分(5分制)。

两种学校的教育目标是一样的。开设的课程是一样的,教学大纲也是相同的。中等普通学校引进了德语、外语和数学的三级考试制度。而这种制度在高级中等普通学校(低层次)是不存在的。

只有4%的中等普通学校学生升入高级普通中等学校(高层次)继续求学,大约22%的学生到高级中等技术学校继续求学。可是,有62%的低层次高级中等普通学校学生升入高层次的高级中等普通学校学习,而33%的学生进入高级中等技术学校。尽管奥地利采取了措施,使学生在义务教育阶段能从一种类型的学校,升入另一种类型的学校,但是,这种情况还没有发生,旧的学校分轨制度依然存在。

初级中等教育阶段问题被认为是初级中等学校制度未来发展面临的主要挑战。高级中等学

校——旧式的德国高等学校——最初被人们视为是位居前5%的学生才能进入的学校，而中等普通学校是“大众学校”，适合剩下的95%的学生。可是，在1992年，这一比例是30:70，而不是5:95。在1992年，如何改革这种教育制度依然是讨论的话题。

初等教育和初级中等教育的主要任务是促进普通教育，而给高级中等教育加了一个任务——即提供职业资格。高级中等教育面临的问题是如何从结构上分解、融合或调配普通/学术性定位的教育和职业/专业教育。所有的学术性学校和职业学校，构成了高级中等学校教育的一部分。

1年制的综合技术课程使学生在义务教育的范围内，能够完成基础普通教育。相应年龄组中有大约24%的学生学习这些课程。这些学生是典型的志向最低、能力最差的学生。

4年制的高级普通中等学校由大学前普通教育构成。尽管学生要专门学习一定的科目，但是他们还要继续学习大学前教育的所有课程。在课程结束时，他们要参加一种入学考试。通过这个考试的学生，就具备了升入大学的权利。在1990年，14岁(1989～1990)的学生中有大约21%的人在这种类型的学校学习。

五年制的高级中等技术学校(BHS)将高级普通教育和高级职业教育结合了起来。学生接受工业、贸易、农业、社会经济等职业方面的培训。其课程反映了高级中等学校的相应课程，但是还包括了与未来专业，如设计、工厂实习等有关的理论课程。最后的考试相当于AHS入学考试，以及各种职业资格，要依学校类型而定，这种资格可能是中间水平的技术学校(开设了一系列的学徒贸易课程)资格，或中等职业后资格。在经过3年的职业实践之后，工程、农业或一些贸易科目的毕业生被授予工程师的专业头衔。这种“双资格”对家长和学生都非常具有吸引力，因此，在这种类型的学校注册的学生数量在不断增长。有关职业教育的详细内容参阅本词条3.4部分。

在奥地利，大学课程有三种类型。所有课程(医学除外，其博士学位课程至少为6年，学生至少在6年后才能取得第一个学位)的第一个学位可通过一种研究生课程获得。有107个专业开设了研究生课程。其法定最低年限为4到5年，但是实际的年限从6年(商务经济学)到8年半(心理学)不等。只有6%的学生在法定最低年限内能够修完课程。

第二种类型的大学课程是博士学位课程，已取得硕士学位的学生最低修业年限是两年。要上交一篇博士论文，由两名——通常是内部的——考官评判。如果论文通过，那么，这名学生就要参加涉及几个科目的一个口试，包括为他的论文答辩。第三种类型的课程由多种课程组成，这些课程多数是非学位的继续教育课程。

1989年，12所奥地利大学和6所艺术学院的在校生超过169 000人。其中，42%的学生是女性。该年龄组大约有19%的人口在大学注册。获得一个大学学位的人占总劳动力人数的5%。除了几个例外情况(如美艺术学院的入学考试)，大学向所有获得了高级中等学校毕业证书的学生开放。对没有获得一个传统的高级中等教育证书的学生来说，他们可通过其他途径进入大学。在具备了一些职业经历和选学了一个预备科目后，他们就可以参加入学测试。

教师培训学院开设3年制课程，为初等教育、中等教育、特殊教育、多科技术教育培养师资。其入学要求也是高级中等学校毕业。已登记的社会工人，在各学院学习为他们开设的、学制为3年的课程，并在学习结束时获得证书(例如，非学术性学位)。入学要求是除了有高级中等学校毕业资格，还要通过一种性向测验，如果申请者参加过一种学制为一年的预备课程学习，那么就不需要该毕业证书了。在医学—技术学校，课程一般要进行2～3年。毕业生获得非学术性的证书。从数量上讲，这种非大学的中等后教育依然发挥着一定的作用。所有中等后教育阶段的学生中，大约89%在大学注册，3%在美艺术学院学习，6%在教师培养学院注册，大约1%在医学—技术学校注册，还有不到1%的学生在社会工人学院学习。

奥地利的第三级教育存在很多问题。各所大学、学院和成人教育(参阅本词条3.5部分)机构是三种彼此分离的、缺乏协调的系统(例如，从学院转入大学是不可能的)。大学学习的平均年限很长,学生的流失率很高。只有57%的男性和44%的女性能最终从大学毕业。奥地利几乎没有中等后教育机构,以作为大学的替代物。可是,已经有提议建议,除了要建立培养教师和社会工人的机构外,还要建立培养其他职业人员的非大学中学后教育机构。

3.2 学前教育

学前教育不是义务教育,它由两种幼儿园构成,一种是为非常小的婴儿提供养护的保育园,另一种是为3~6岁的儿童提供教育的幼儿园。学前教育以各省立法为基础,由公立和私立机构共同负责。在1989~1990学年,奥地利3~6岁的所有儿童中,有大约70%的儿童进入了幼儿园,但是各个省的情况又有所不同。幼儿园提供的教育机会还不能充分满足孩子们的需要。

3.3 特殊教育

奥地利在整个义务教育阶段,为在身体或智力方面有缺陷的儿童建立了独立的特殊学校。这些学校有特殊的教学大纲。一个年龄组中,有1.4%~3.3%的儿童在这种学校学习。随着学校总的学生人数的减少,特殊学校中的学生人数也在不断减少。其次,将(残障学生)纳入正规学习班级的运动或“融合”运动已经取得了一定的成果。在1989年,开创了“融合教育”的法律基础,试验项目启动了,包括为“融合班级”提供一名额外(全职或兼职)的教师。这些教师为残疾儿童提供尤其适合他们需要的补助教学。

3.4 职业、技术教育和商业教育

在实行双元制的职业教育中,学习商业和工业的学徒不仅在他们工作的地方接受实用职业培训,而且还参加部分时间制的职业学校,他们通常每周有一天时间在学校中学习,因此,包含了一定的“普通教育”成分,并且已经引入了一门外语教学。在义务教育结束之后(15岁),能否参加这种双轨制职业教育,要看个人是否已经签订了一个学徒合同。在1989~1990学年,大约有47%的学龄人口取得这种学校颁发的资格证书。课程年限2~4年不等,但是多数为3年制(多科技术学校除外)。取得职业资格证书后,持有人就可被批准在一定的法定行业从事工作。奥地利有227种学徒行业。大约有5万家(公司总数将近20万家)公司培训学徒。考虑到奥地利的经济结构,这就意味着,所有学徒培训中,大约有80%的培训是在小型和中型的商业、贸易与旅游业公司中进行的。

中间职业学校(BMS)基本上是全日制的学校,与实行学校和学徒双轨制的职业教育是等同的。其课程学制1~4年不等(但是典型的是3或4年制)。它是由学徒行业培训构成的,但包括很多“普通教育”。学生顺利完成这种学校的学习,就可取得职业执照。这种职业执照有时比双轨制下颁发的资格证书的适用范围要广。在1989~1990学年,14岁的所有学生中,大约有27%的学生选择进入这种学校学习。

高级中等水平的职业教育(高级中等技术学校)已经成为奥地利学校制度的骄傲,因为它不仅培养了优秀的商人,还为一定比例的人升入高等教育提供了途径。有关高级中等教育的讨论包括下面的问题。雇主组织感到,参加普通中等教育的人数太多了,因此有相当的人没有取得基本的职业资格。行会和一些教育研究人员则对双轨制度的分裂和过度专门化,提出了批评。双轨制被人们视为是一种“教育的死胡同”,因为它没有为学生升入高等教育或高等职业教育提供很好的机会。普通中等学校不提供任何职业或专业资格证书。因此,它就成为从初级中等教育受益最多的学校类型,其62%的学生将升入到高级中等教育阶段学习,并且他们将全力以赴,升入高等教育。

3.5 成人和非正规教育

继续教育或成人教育机构是第三级教育机构的补充机构。有一系列的机构,开设了各种各样的课程:公立机构,如教育学院,负责教师的在职培训;商业部和劳动部设立的各种继续教育机构;半私立的机构,但国家要给予补助,如人民成人教育学院;出售课程的私人公司,如管理培训机构。有长期课程、短期课程、非正规一般兴趣课程、职业资格课程,甚至还为没有取得高级中等学校毕业资格的成人,开设能升入大学的课程。奥地利从1981年开始,制定了一个发展计划,以协调各种成人教育活动,可是,到目前为止,还没有取得有效成果。

4. 行政管理的结构与运行

所有教育事务的一般立法是联邦议会(参见表1)的职责,省议会有权通过次要细则,因此,在奥地利全国上下,无论学校组织,还是学校课程、学校活动的安排都是相似的。

所有的教育法规都是宪法性质的事务。因此,教育法规及其修正案必须经过奥地利议会下院2/3的多数通过。这样,奥地利的两个主要政党就确保如果没有双方的同意,就不能对教育制度进行改革。这就使得奥地利的教育制度相对比较稳定,因为对有争议的问题,是通过不改变现有结构,而取得妥协的形式解决的。省和学区当局的责任非常有限(主要行使实施权或接受委托权)。

普通中等学校和高级职业学校教师的工资是由国家直接发放的,在所有其他类型学校工作的教师的工资则是由各省发放的,但联邦政府要全额返还各省(职业学校除外,只返还50%)。

学校的行政管理和督导由教育与艺术部负责。为了行使这一职能,它还在省一级和学区一级创立了特殊当局。这些机构保留了一定的自治权,主要是因为它们是根据相应的省的政党的相对权力创建的。

除此之外,还存在各种咨询机制。在法规通过之前,给各省政府及各种院外集团(如雇主、行会、教师组织和家长组织,以及青年组织)评论和提出建议的机会。建立了多个咨询委员会,如学校改革委员会,负责向教育与艺术部提供咨询服务。还建立了联邦一级和省一级的家长、学生咨询委员会。

在中等学校,建立了"学校社区委员会",家长、学生、教师都有代表参加这个委员会。他们决定各种事务,如学校事件(如运动周)、家长咨询日、学校规章制度、职业咨询和健康保健等。

科学和科学教育不受国家的限制,这是一个宪法原则。可是,这种"学术自由"被理解成个人的权利,而没有赋予大学完全的自治权。于是,建立了一种复杂的直接、委派式的国家行政管理制度,以及各大学对自己的日常事务实行自我管理的制度。

奥地利所有的大学和美艺术学院都是公立的,依联邦法规管理,财政主要来自公众的腰包(它们的财政只有3.1%不是来自国家)。大多数大学人员属于公务员,受公务员一般规章制度管理。可是,教学人员和研究人员有一些具体的特权。

联邦政府的责任如下:大学法规、财政预算和人事;大学人事聘任(包括教授);人事管理;各个学院的建立、命名和解散;大学学位课程的开设;校舍的建设与保养。公共管理权的一部分,特别是与人事管理有关的问题,委派给了大学。大学是自治机关,主要体现在与下列方面有关的事务中:大学组织的选举;大学权力机关与教师的协调和控制;新岗位的分配;经费;初级教员的招募;暂时教职的任命;教师的任命提案(可是,校长由教育部任命);决定课程;教学规划和协调;考试管理;学位的授予;以及研究工作。

表1　奥地利教育制度的责任分工一览表

	联邦政府	省	其他
一般立法	国家		
外部组织(建筑物和设备)	普通中等学校、中间学校和高级职业学校的实施	普通中等学校、初等学校和职业学校的实施	依照省法律,将权力转给市政当局
教育雇佣	同上	同上	
行政管理当局教育督导	联邦教育部间接领导普通中等学校、中间学校和高级职业学校	省级教育委员会直接领导普通中等学校、中间学校、高级职业学校,间接领导一般中等学校、初等学校和职业学校	学区教育委员会直接领导一般中等学校、初等学校和职业学校

大学的首席行政官员是校长,亦是全职教授,由大学委员会(由同等数量的教授、其他教师和学生组成)选举产生,任期为两年。他负责执行由学术委员会做出的决议,并负责管理大学的内部事务。

5. 教育财政

所有公立学校都免收学费,往返学校的交通费和所有教科书也都是免费的。1988～1989 学年,有大约 93 500 万奥地利先令用于购买学校课本。

奥地利于 1972 年取消了大学学生所有费用都免收的制度。除此之外,国家提供家庭津贴、27 岁之前的免费交通、减少学生家长要缴纳的收入所得税、直接的学习贷款、天才奖学金、国外学习补助、学生医疗保险补助。

教育经费主要来源于联邦税收和其他私人来源,家庭的直接支付非常少。在 1988 年,有 429.13 亿奥地利先令的国家财政预算划拨给了学校系统,其中有 181.12 亿奥地利先令划拨给了大学和研究工作。这分别占到了国家财政预算的 7.54% 和 3.18%,总计占国内生产总值的 5.6%。教育预算分配给各级教育的比例是,学前教育 5.8%,初等教育 17.1%,中等教育 47.1%,第三级教育 19.7%。

6. 师资

在 1988～1989 学年,学校系统(包括非大学的中等后机构)共雇佣教师 111 582 人。其中,女性教师占教师总数的 62%,将近 8% 的教师在私立学校工作。生师比和其他详细数据请参见表 2。

奥地利有两种主要的教师资格。第一种类型是初等学校教师、特殊学校教师以及普通中等学校和多科技术科目的教师,他们由教师培训学院培养。第二种类型是高级普通中等学校的普通科目教师,中间水平和高级职业学校的教师,他们是由大学培养的。

普通中等学校教师的工作量一般是每周 23 个学时(每个学时 50 分钟),而在高级中等学校中,一名由大学培养的外语教师每周的工作量是 17 个学时。奥地利公立学校的教师,在经过一个非终身制合同的试用期之后,可被授予终身公务员身份。大学培养的教师和学院培养的教师的工资差距从 1983 年的 8.4%,上升到 1992 年的 15.3%。可是,他们的工资都是以从教年限为基础,在一定的工资范围内发放的。除了升为校长之外,教师的职业发展机会非常有限。

表 2　1988～1989 学年各级教育入学情况一览表

	幼儿园	小学	初级中等		职业学校	高级中等学校		中间职业	中等后教育机构	
			一般中学	普通中学		普通中学	高级职业学校		大学	非大学
学生数量	184 027	368 204	239 111	91 500	157 789	67.82	99 594	57 937	196 702	6 931
占该年龄组的百分比										
3～6 岁	70	—	—	—	—	—	—	—	—	—
10～13 岁	—	—	69.6	26.6	—	—	—	—	—	
15～16 岁	—	—	—	—	50.6	16.6	18.8	12.3	—	—
第三级教育的入学率	—	—	—	—	—	—	—	—	18.9	4.6
学校的数量	3 876	3 383	1 187	314	244	314	285	619	18	35
生师比	11.4:1	12.6:1	7.3:1	10.4:1	34.8:1	7.7:1	8.8:1	—	23:1	(4.3:1)

资料来源:奥地利教育部 1990

教师参加在职培训以自愿为基础,除非是引进了新的课程或结构。所有的在职培训课程,绝大多数是由在职培训学院提供的,每个省都有这样的学院。

奥地利各所大学在 1988 ~ 1989 学年共雇用了 1 732 名教授、5 294 名讲师和 802 名其他学术人员。这导致学生一教授的比率为 101:1,学生一教师比率为 23:1。与学校系统一样,女性在大学占据高级职位的比率非常低。除此以外,还为大学专业教学设立了 17 991 个临时教学职位。

7. 课程开发与教学方法

奥地利全国上下所有学校(包括非大学的中学后机构)使用的教学大纲都是统一的。它们是由教育与艺术部内部的专家委员会,在经过复杂的咨询之后制定的,听取了所有具有影响力的社会利益集团的意见,如雇主组织、雇员组织、教会、教师协会等等。它们是以部委命令的形式颁布的,在颁布之前,必须听取各省的意见。这些教学大纲具体规定了教育的一般目标、目的和特别项目与课程的教学原则,还包括课程表,列出了每个年级的课时数和教学周数。

尽管人们将这些课程大纲视为需要选择和具体化的"框架课程",但不希望各所学校制定与课程有关的学校政策,或准备更加具体的"校内课程"。对于这个框架内的主题的选择和具体化,以及它们的教学方法选择由各个教师自行决定。但实际上,教科书在很大程度上确定了教学内容和教学方法。教科书由商业出版社负责出版,这些出版社通常雇佣大量的有经验的教师编写教科书。所有教科书和与教学有关的材料都要经过教育部各专家委员会的批准。通过与课程有关的在职培训和师资的职前培养,由督学和校长负责确保新教材的实施。可是,这一过程通常并没有得到严格的监控和执行。

初等学校课程不以教授各个单独科目和机械学习为取向,而是要在更复杂的环境下,刺激学生主动学习。这样做的目的不只是为了发展与学生的个性有关的智力因素,还是为了培养孩子们的社交能力、情感能力和体质能力。各学校从 3 年级开始,以非正式的方式开设一门外语(绝大多数学校开设的是英语,有时也开设法语)。对两种类型的初级中等学校来说,除初级普通学校多开设了一些科目外,它们所使用的教学大纲基本上是一样的。因此,6 ~ 14 岁的所有学生使用的是一种无论教学目标,还是教学内容几乎都是一样的全国统一的核心课程。要为 8 ~ 15 岁的所有学生至少开设一门外语(通常是英语)。选修科目的概念是比较新的。高级普通中等学校直到 1989 年才引入了一些选修科目。

20 世纪 80 年代进行了与初等课程、高级中等普通教育和计算机学习有关的重大课程改革。从 1985 ~ 1986 学年开始,普通中等学校所有 9 年级的学生必须学习信息技术。其基本哲学理念是将新的信息技术融入到现存的课程中,而不是提供硬件和软件的专业培训。社会关心的其他新领域,如环境教育、健康教育和公民教育等并不作为独立的科目,它们以"学习原则"的形式被介绍,即所有的科目都要分担这些方面的教育责任。

8. 考试、升级和证书制度

考试制度由法律规范,主要以各个班级教师做的持续评估为基础。顺利完成每个年级学业的学生每年都会拿到一个"成绩单",这是他们升入下一个年级的凭证。奥地利学校系统中存在很强的墨守成规思想,它以人们将这些"成绩单"视为"行政命令"这一事实为基础。

奥地利学校考试通常选择性不强。在 1989 ~ 1990 学年,所有学生中大约有 4% 的人不能升入下一个年级。留级比率普通中等学校是 1.9%,多科技术学校是 7.4%,职业学校是 1.9%,而高级普通中等学校(5 ~ 12 年级)是 7.2%,高级技术学校是 15.8%,高级商业学校是 12.6%。

除此以外,学校与大学就名望和颁发的证书在劳动力市场上的价值而言,差别不大。这种制度的选择性通过在学生完成一定的学校教育前,就将一部分学生淘汰出去的方式运行,特别是学生在 10 岁和 14 岁时要经过筛选。在选择了一种具体的学校类型后,学生就会被输入进具体的教育领域,这大致决定了他们下一步要接受什么样的教育。除非投入大量时间和精力,否则他们是不能轻易打破这些教育轨道的。

9. 教育评价、评估和教育研究

在奥地利的学校系统中,不存在对学校和学生的外部评价。而且,检查主要关注于个人,而不是机构。问责的理念对具有中央集权传统的奥地利来说是舶来品。可是,奥地利的教育统计非常发达,其关注各个科目学生和教师的数量,关注投入指标信息,而不是产出指标信息,此外还关注质量差别。

奥地利没有一个教育系统综合发展规划,而且全国性和地方的媒体对教育事务的讨论也很少。教育规划是在政治当局、社会利益群体和各个部委的相互影响下制定的。从20世纪70年代开始,教育部一直倾向于由它自己的各个部门负责进行教育研究和开发工作,而不希望由外部的研究机构和大学进行这方面的工作。因此,教育部各个部门进行的教育研究和开发与大学开展的工作在很大程度上是不协调的。可是,奥地利教育研究的文献记录做得非常好,有定期出版物,并且和欧洲教育档案与信息系统(EUDISED)联网。

对大学教育的评估非常少。可是,在1990年,多家报纸根据学生意见和一些研究指标,按大学、师资和科目刊出了两个大学排行榜。与此同时,出于规划、制定研究和教学的优先发展领域,以及评估重大投资的影响等目的,为大学和它们的院系规定了"绩效考试"的法律基础。通过一个同行评估程序,评价物理研究,通过一个商业性的咨询公司,评估整个大学。这些事件导致人们对问责、评估大学效率的讨论越来越多,特别是从评估似乎成为教育部新政策的一个最主要的部分开始,这种讨论越来越多。教育部此次改革的目的是重组大学系统,使它更具弹性和竞争力。

10. 20世纪八九十年代的主要改革

奥地利的法律和社会框架条件是不赞成改革与创新的,墨守成规和官僚作风盛行。一方面,这样做有助于保护当事人,但另一方面又压制了人们的主动性。这会使教师和学校被剥夺所有的创造性和主动性,而他们的创造性和主动性又是保证教育质量的前提条件。在奥地利,连续性和统一性被赋予了很高的社会价值与管理价值。改变,只有在被认为完全必要时,才会被视为是奠定"法律基石",接下来便是长期的巩固,而不是将其作为一个永久的调整过程。正如格拉伯(Gruber)所指出的那样,在讲德语的国家中,学校制度好像"尤其抵制机构和课程变化……(学校制度)坚持早期'普通'中等教育政策,并且严格区别普通教育和职业教育"。

奥地利也不例外,20世纪80年代教育改革停滞不前。许多改革举动很早就终止了,或是完全失败了,许多重要问题悬而未决,很少有令人信服的新理念。甚至在进行了成功的综合试验之后,初级中等教育的改革还是被推延了。这就导致了初级中等阶段教育问题。由于初级中等教育的问题悬而未决,所以整个中等教育的课程开发几乎都没有进行。普通教育与职业教育的结构分离在高级中等教育阶段依然存在。学校教育的法律组织都进行到致使越来越多的人认为学校受到的"管制过多"的程度。而如果有教育改革,要么是来自世界发展的压力(如:计算机课程),要么是在违反相关人员意愿的情况下进行的(如:少数民族初等学校的新组织)。或者说,它们游转在"课程边缘",以避免实质性的改革。从回顾可知,20世纪80年代比较突出的唯一的重大改革措施,就是对初等教育的重新组织。

11. 2000年面临的主要问题

可是,改善的迹象是有的。地方上的教师通过课堂取得发展,试图克服政策停滞不前的问题。各学校将彼此连接在一起,抒发它们的志向以及分享彼此的经验。一些地区在职培训机构中,正通过课程、咨询和合作项目的形式,支持这样的地方开发举动。家长群体正更明了地提出他们的要求,促使当局制定新政策,如将残疾学生融入正常学校的政策。

教育与艺术部和科学与研究部已经开始由新的部长领导,他们热衷于在大学改革领域开创发展、增加环境教育的经费支持(在这个领域地方教师做了很多工作)、给予学校更多的自主权。尽管如此,挑战依然很多。学校要是想"违反规定",只有为承担新任务做好准备,只有采取措施建立校内发展和决策制定结构,并得到地方的支持,以及加强教师的专业化,解除管制的政策才能成功。初级中等教育的结构问题不能再忽视了。这个领域的改革将影响到教师教育。移民数量的不断增长,以及有可能加入欧洲共同体都将需要加强跨文化教育。非常重要的是,为了能够为高速发展的社会和社会发展不断增加的复杂性做好准备,就需要通过去除教育"死角"的方式,鼓励拓宽人们接受继续教育和同步教育的途径;建立更加复杂和动态的学习文化,将重点由强调对知识的接受,转变到对问题的界定能力和解决能力的强调,以及强调对地方性知识、经验的挖掘。

H. 阿尔特里克特(H. Altrichter)
P. 波施(P. Posch) 著
吴志兰 译

附录

Altrichter H 1991 Schulevaluation als Anstoss zu autonomer Schulentwicklung? *Schulheft* 64:204—216

Altrichter H, Posch P, Somekh B 1993 *Teachers Investigating Their Work. An Introduction to the Methods of Action Research.* Routledge, London

Altrichter H, Schratz M (eds.) 1992 *Qualität von Universitäten—Evaluation und Entwicklung.* Studien zur Bildungsforschung und Bildungspolitik, Vol. 5. Österreichischer Studien Verlag, Innsbruck

Bundesministerium für Unterricht, Kunst und Sport (BMUKS) 1990a *Österreichische Schulstatistik 80/90.* BMUKS, Vienna

BMUKS 1990b *Education in Austria.* BMUKS, Vienna

BMUKS 1990c *Bildungsforschung in Österreich 1987—1988.* BMUKS, Vienna

Bundesministerium für Wissenschaft und Forschung (BMWF) 1990 *Hochschulbericht 1990* 2 Vols. BMWF, Vienna

BMWF 1991 *Die neue Universitätsstruktur—Reformkonzept.* BMWF, Vienna

Brezovich B 1990 *Schulrecht-kurz gefasst.* Trauner, Linz

CERI-INES 1991 INES—*General Assembly on International Educational Indicators—Education at a Glance.* OECD, Paris

Federal Press Service (FPS) 1990 *The Austrian Educational System.* Federal Chancellery, Vienna

Gruber H 1989 Gemeinsamer Unterricht behinderter und nichtbehinderter Kinder in Österreich-ein Situationsbericht. *Erziehung und Unterricht* 139 (5): 262—269

Gruber K H 1990 School reform and curriculum development: The Austrian experience. *The Curriculum Journal* 2 (3): 315—322

Gstettner P 1988 *Zwanghaft Deutsch?* Drava, Klagenfurt/Celovec

Lassnigg L 1989 *Ausbildungen und Berufe in Österreich.* IHS, Vienna

Meister-Steiner B et al. (eds.) 1989 *Blinder Fleck und rosarote Brille.* Österreichischer Kulturverlag, Thaur

Österreichische Physikalische Gesellschaft (ÖPG) 1991 *Bericht der Kommission zur Evaluation der physikalischen Forschung in Österreich 1990/1991.* OPG, Linz

Österreichische Statistisches Zentralamt (ÖSTZ) 1990 *Statistisches Handbuch für die Republik Österreich 1990.* ÖSTZ, Vienna

Posch P 1990a *Towards a New Culture of School Learning.* ARGE Umwelterziehung, Vienna

Posch P 1990b *Dynamic Qualities and Environmental Sensitivity in Education.* ARGE Umwelterziehung, Vienna

Posch P, Altrichter H 1992a *Schulautonomie in Österreich.* Bundesministerium für Unterricht und Kunst, Vienna

Posch P, Altrichter H 1992b *Entwicklungsperspektiven des østerreichischen Bildungswesens.* Österreichischer Studien Verlag, Innsbruck

Rasch J 1991 Das Pilotprojekt "Offene Lernformen" in der Mittelstufe. *Erziehung und Unterricht* 145(9): 721—725

Schratz M 1991 Von der Systemanalyse zur innovativen Bildungsarbeit. *Die Österreichische Volkshochschule* 42 (159): 1—6

Thonhauser J 1992 Erziehung und Bildung. In: Mantl W (ed.) 1992 *Politik in Österreich. Die Zweite Republik: Bestand und Wandel.* Böhlau, Vienna

其他参考文献

BMUKS 1990d *Kenndaten des østerreichischen Schulwesens 1989/1990.* BMUKS, Vienna

BMUKS 1990e *Austria: Developement of Education: 1988—1990.* BMUKS, Vienna

Dermutz S 1983 *Der østerreichische Weg. Schulreform und Bildungspolitik in der Zweiten Republik.* Verlag für Gesellschaftskritik, Vienna

Österreichische Raumordungskonferenz (ÖROK) 1990 *Bevølkerungsprognose II.* ÖROK, Vienna

比利时的教育制度(Belgium: System of Education)

1. 基本背景

比利时是欧洲共同体的成员国,也是欧洲最小的国家之一,领土总面积 30 521 平方公里(11 779 平方英里)。北临北海和荷兰,东部与德国接壤,南部和西部与法国相邻。首都布鲁塞尔也是欧洲共同体(ECC)和北大西洋公约组织的行政中心。从 1830 年独立以来,比利时一直处在几次移民浪潮的交通要道,并且处在两次世界大战战乱的中心地带。从 20 世纪 90 年代开始,比利时的人口形成了一个多种族、多语言、多宗教和多种哲学的多样化社会。比利时是个富裕的国家,有居民1 000万,其中,外籍人口约为 869 000 人(占总人口的 9%),他们是第一代、第二代和第三代移民。其造成的结果是明显的"分割的多元文化",对教育有一定的影响。

由于 1970 年对宪法进行了修订,所以,比利时在 20 世纪 70 年代早期成为了一个联邦制国家。这些修订创造了数个文化社区和地区,并把不受 1958 年学校协定管辖的一些教育事务转交给这些社区和地区。这包括与人员有关的问题,如保健、对下层社会公民的救助等。从 1988 年 4 月 8 日起,教育事务全部分配给社区负责。1989 年 1 月 18 日通过的与社区和地区财政相关的特殊法拟订了为期 10 年的财政与预算资源,特别是有关教育、教学和研究的资源。需要注意的是,在比利时,教育是免费的。从这一天开始,三个社区——佛兰德人社区[位于北部,佛兰德(古时国名)居民和布鲁塞尔讲荷兰语的居民]、法国人社区(南部的华隆人和布鲁塞尔讲法语的居民)、位于亚丁(Ardennes)规模很小的讲德语的社区(与德国接壤)——被授予了处理上述问题的自治权。

在每个社区内都有几种教育制度共存,它们是:(a)位于 9 个省 589 个地区接受官方补助的教育;(b)为大约 92% 的天主教徒,6% 与宗教教派无关的人,2% 的新教徒、犹太教徒和回教徒提供的自由补助教育;(c)以前由国家组织和资助的教育。

学校制度、组织当局和教育机构的数量的增加是与政治、经济,以及比利时过去 150 多年的社会历史相关的多种因素共同造就的结果。19 世纪的自由资产阶级渴望让其子女接受普通教育,并为其商业发展培养训练有素的劳动者。罗马天主教教会希望拥有一种能宣扬其所信仰的价值观和社会正义精神的教育。社会主义的拥护者倡导公平原则、平等主义和公立学校为所有人的观念。因此,全国无论是农村地区,还是城市地区,都建立了学院、中等学校、地方学校、职业学校和技术学院,以满足由工业化引发的所有新科学和技术技能的教育需要。无论是分离还是联合,上述的三种社会/政治力量已经构成了涉及教育结构、财政、教学大纲规划与证书问题的所有妥协的基础。它们的影响支配着比利时社会(贸易工会、保险公司、医院网络、文化与慈善委员会、出版社以及各种各样的联合会等等)。由于权力取决于全体选民的投票(情况),而这些投票又依靠各层次(选民)的分布比例,也就是要依靠联盟,所以各个社区和选区,以及各个省和地区的政治多数与中央政府中的政治多数是不同的。

讲佛兰德语的人和讲法语的人的语言分化,导致了政治党派的分裂，因此，为行使各种行政权力，需要各个党派的联合。在各个系统间（在保育教育、初等教育、中等教育、艺术教育和高等非大学教育间）建立起了对等与稳定的学校协议。比利时经济的增长使取得这种平衡成为可能。通过增加每种学校的预算达到了所有必要的妥协。

由于人口过密（每平方公里有居民 330 人）、快速的都市化（50%住在城市里，95%住在都市地区）、讲佛兰德语（60%）与讲法语（40%）的人口失衡，以及由于法律条款的影响，学校的数量急剧变化（1983～1984 年为 11 853 所，这个数字到 1987～1988 年下降到 11 222 所，或减少了 5.3%）。

原则上说，父母有在距家 4 公里以内选择初等学校，在 12 公里以内选择初级中等学校，以及在 20 公里以内选择高级中等学校的权利。如果在这一范围内没有学校，则社区要支付学生的交通费。就高等教育而言，比利时有全日制大学 8 所，大学水平的学院 9 所，407 个长期和短期的高等教育机构。

从第二次世界大战以来，比利时的人口增长就微不足道，正在经历人口的加速老龄化。尽管移民当中出生率较高，但还不足以弥补向外的移民数和正常死亡率。据估计，从 1992 年开始，比利时的人口总数将持续减少。这一现象将对教育造成不少影响，特别是教师年龄的急剧提高，将有碍招募年轻的小学教师和中学教师。造成班级内比利时人和外国人数量的失衡。外国人高度集中地区的学校将受制于不稳定的教师供应和教育标准的降低。

学校人口也在持续减少，导致所需教师数量的减少（按照现存的教师培训标准）。1955～1966 年教育大发展导致学校雇佣了大量教师，这些教师都将在 20 世纪末退休。如果教师的职业培训、工作条件、薪水和社会地位等没有明显改善，将出现严重的教师短缺问题。事实上，从 1990 年开始，和上述问题有关的罢工就已经开始了。

2. 教育政策与目标

尽管其社会政治制度复杂，比利时教育的主要目标是保持高教育标准。事实上，要想以仅有的 1 000万人口，保持在世界贸易力量的前 15 名的位置上，比利时政治、经济领域内的决策者必须投资于教育、研究和培训。只规定到 18 岁的教育是义务的，以确保对工作岗位的需求与供给平衡是不够的。还必须根据当前的经济需求和个人的志愿，实施充分的培训，并且要保证培训时间和内容的灵活性。

在比利时，任何教育体系的一个原则目标，就是创造一种能为每个人作为个人、作为公民、作为社会经济参与者的发展，提供最好的机会。为妇女和各个社会阶层的人提供平等的机会，给予处境不利群体特殊的关注和大体上更好的准备是 20 世纪 70 年代教育改革的主要推动力。

从 1950 年以来，教育的民族化已取得了显著的成绩，但仍然需要做更多的工作去创造适当结构、资源和技能以实现所有目标。由于学业落后（甚至是初等学校水平）和高辍学率（中等学校的辍学率约为 30%，高等教育的辍学率高于 50%）使人们担心，实现这些目标所需的时间要延长。

3. 正规教育体系

比利时在 1912 年就引进了 6～12 岁儿童接受义务教育的制度，但直到第一次世界大战结束才得以实施。同时要确保义务学校教育的年限渐进地延长到 13 岁，后来到 14 岁。在 1970 年，平均离校年龄是 15 年零 8 个月。1983 年法律要求参加 12 年学校教育成为所有年轻人的义务，不管是比利时人，还是在比利时的外国人。学年从孩子 6 岁开始，到他们 18 岁长成青年人为止。

可是，在学生过了 16 岁后，全日制义务学校教育就不能是强制性的了。至少，初等教育和全日制中等教育的前 2 年是强迫和免费的。如果一名学生通过考试，那么他就能在 15 岁时离开全日制学校而接受部分时间制教育。否则，这名学生只能等到 16 岁才能进入部分时间制的经过批准的中心，接受公认的培训。

3.1 初等教育、中等教育和第三级教育

比利时的教育制度由四级组成：学前教育（2～6岁）、初等教育（6～12 岁）、中等教育（12～18 岁）、高等教育（持续 3～5 年甚至 7 年）。如表 1 所示，自 1975 年以来接受前三级教育的学生人数

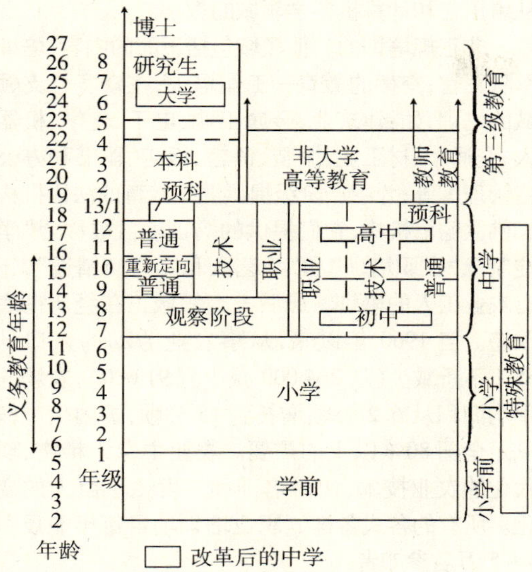

图 1 比利时:正规教育体系的结构

明显减少。相反,高等教育则持续扩张。

学前教育的入学率到儿童 2.5 岁时已达 30%。从 3 岁开始持续增长,到 5~6 岁入学率达到 99%。对初等教育而言,在有些地区,处境不利人口在学校中出现了明显的未经批准的长期缺席现象。有研究发现,中等学校(义务的)的入学率持续下降,在 15~18 岁间从 100% 下降到 40% 多一点。由于缺乏必要的规范机制,采取控制措施几乎是不可能的,采用限制性手段也容易给人带来误解。

表 1 比利时 1974 年和 1988 年在校生人数(按每千人计)

	1974~1975	1988~1989	差	比率
学前	439	363	−76	−17.3
初等	932	743	−189	−20.3
小计	1 371	1 061	−265	−19.3
中等[a]	775	923	+148	+19.0
高等非大学	73	118	+45	+61.6
大学	81	104	+23	+28.4
合计	2 300	2 251	−49	−2.1

a 与到 18 岁的入学人数的扩展相联系的增长

一个年龄组中有约 60% 的人在离开学校时取得了至少一个普通教育、技术教育或职业初级中等教育的证书。在 20 世纪 80 年代,几乎每 3 个 18 岁离开中等学校教育的人中就有 1 个人没有拿到毕业文凭;开始大学学习的人中,有 40%~50% 的人不是放弃学业,就是重新定位高等教育或非大学教育。完成中等教育并取得毕业文凭的年轻人当中有约 25% 的人实际上取得了高等教育毕业文凭。

在法语社区存在两种类型的中等教育(第一类——1971 年 7 月 19 日有关改革教育的法律;第二类——1957 年 4 月的协调法律),而在佛兰德语社区只存在一类中等教育(自 1990 年 7 月 31 日与中等教育的新基本框架相关的命令颁布以来)。

教育的这三种结构反映了比利时教育制度的复杂性。设计这种复杂教育制度的目的是通过从一种教育到另一种教育的转化,而将普通教育与技术教育、艺术教育、职业教育结合起来,从而使年轻人能够根据其能力发展,在学习的过程中不断给自己重新定位;使他们能获得毕业证书,取得接受高等教育的资格;或者是使他们在完成义务阶段教育的同时,获得最好的职业培训或技术培训。

3.2 学前教育

参加学前教育的孩子可分成三个年龄段:2.5~4 岁、4~5 岁、5~6 岁。幼儿园设置在靠近孩子生活的地方,以使孩子们在他们自己的环境下接受教育。社区和教堂是负责学前教育的机构。教师们不采用传统的教学方式,主要是开发孩子的智力与体力,刺激他们对周围环境的感知,帮助他们发展自我表达能力和与人交往的能力,使他们富有创造性和自足感。

3.3 特殊教育

1986 年修订的一部 1970 法案确定了比利时有关身体或智力残疾儿童教育的国家政策,3~21 岁能接受教育的残疾儿童在正常教育系统之外接受教育。法律规定,无论是学前教育,还是初等教育或中等教育,都要尽可能地使特殊教育的入学条件、课程组织、学生选择和教职员工的雇佣与正常学校系统相同。

特殊教育在特别设计的公立或私立机构中进行。教育部负责其行政管理和事务管理，但把教学和后勤工作分权给8个机构，由它们负责那些智力低能、中度或严重残疾、人格问题、动力协调功能失调和长期住院治疗者以及盲人、聋人。能否进入这些机构要看能否通过教育部举办的多项评估的结果，评估成本由教育部负担，但有来自个人或公司以及慈善组织的捐赠补助。

在特殊教育机构注册的学生约有6万人。他们参加日校，或在家学习，或通过函授课程学习。对于不能重新适应社会，或在特殊环境中接受职业培训的人，按照他们残疾的具体程度，接受教育。他们获得的毕业文凭和证书与正常教育系统的是一样的。特殊教育教师得到医生、语言治疗学家、护士以及社会工作者的帮助，他们以团队的形式一起工作。

3.4 职业、技术教育和商业教育

有关这方面教育的内容在本词条的3.1和3.5部分讨论。

3.5 成人与非正规教育

比利时为成年人和在接受正规教育时遇到问题的年轻人提供了几种课程。促进社会进步的教育观念源于19世纪出现过的“成人学院”和“工业学院”。成人教育使大约25.5万人（法语社区12万人、佛兰德语社区13.5万人）能够补偿基础教育（垂直进步），或是使他们重新定位、水平更精湛，以及从更新知识或再培训与培训（水平进步）中受益。这种教育的形式是极其异质化的。

远程学习在上述两个社区的发展是不同的。1984年之后，法语社区将这种教育重新组织成四种路径：(a)使成年人做好参加招聘考试或各种考试的准备；(b)参与教师继续培训；(c)补偿初等教育；(d)发展这些课程学习者的个性。法语社区远程学习给仅有的5万名学生开设了180多种课程。

法语社区将其远程学习与两个创始者连接起来，它们是：(a)黑伦开放大学（位于荷兰）；(b)开放高等教育（有多所大学和一些佛兰德语非大学机构的支持）。

私立商务部门也涉足到远程教育中来，主要是从事语言和计算机科学领域的教学。

非正规培训的其他领域包括下面的内容：培训军队军官；交替的教育—工作培训；在众多分支领域的培训，如：建筑业、金属工业、电子、化学、机器人、交通、木材工业、服装、语言、饭店、秘书和办公室管理等等；为中产阶级提供继续教育的法语机构和佛兰德语机构，它们提供的培训项目被称为“学徒制”、“在职培训”和“手艺人和零售商精通”，还有农业工人的培训。最后一个领域正在经历彻底改造。自1960年以来，从事农业劳动的人口从65%不断减少（从264 000减少到91 600），农场的平均面积从6.2公顷增长到15公顷，国内生产能满足全国80%以上的需要。农业中引入精密、现代化的农业技术，使得培训项目发生了巨大的变化。所有的各式各样的职业培训项目每年能吸引4～5万名参加者。

4. 行政管理的结构与运行

（国家）授权每个社区就与该地区的教育相关的问题做出决策的权力，除了下列几个方面：(a)义务学校教育的年限；(b)授予毕业文凭的最低条件；(c)教师的津贴、失业与疾病/残疾保险。各自负责教育的机构是教育部。这些行政机构对三种教育制度［它们是由社区组织和资助的教育；受补助的教育（省和地区）；自由、受补助的教育］的学校与机构进行管理和监督。

基本规则和预算的决定要由每个社区的社区委员会（地方议会）投票表决。相关决策由每个社区的行政部门（地方政府）通过。

根据每个社区采用的具体学校制度和机构，利用非常复杂的计算，以决定培训的标准和数量（或者基础培训，或者要接受教师培训的总人数），能被雇佣教师人数（将校长、中等教育教师与初等教育教师、辅助教师、督导人员和秘书的人数明细化）以及可使用的资源量。所有人员的工资直接由每个社区教育部的行政部门支付。每个机构都是独立运转的。每个网络都有学校建筑物经费，同时要受到每个社区公共当局的财政干预。

由社区组织和资助的教育，在法语社区直接接受教育部部长的领导，而在佛兰德语社区则是接受

社区教育自治委员会的领导。

在直接由社区组织和资助的教育制度下,对教育机构的日常管理中存在广泛的分权,主要表现在以下四个领域:

(a)管理和运作结构。

(b)教学(教学大纲规划、学生的入学条件和转学条件、教学组织、教学开支的分配)。

(c)教师的选择与任命。

(d)会计与财政管理以及材料购买。

可是,政府依然有确定标准的责任。管理与教学督察要确信各个学校运行良好。一经发现任何学校不遵守这些规则,则暂时撤销其财政贷款与补助,以及对其证书的认可。

5. 教育财政

从1980年开始,用于教学的政府开支占普通国家财政预算和国民生产总值的比例不断减少。对普通国家财政预算需求的大幅度增长,是由失业和国债引发的严重财政压力造成的。在35年里,用于教育的开支增长了36倍,从1955年的90亿法郎增长到1990年的3 230亿法郎,按同一时期的不变法郎比率计算,增长约为200%(1990年数字)。

国民生产总值分配给教育的比例1960年是3.2%,1970年是4.5%,1975年是6.1%,1980年是6.6%,1985年是6.2%,1990年是5.1%。在20世纪90年代,教育预算总数量有可能进一步减少,其原因是人口出生率的下降,政府采取措施将经费压力从国家转嫁到其他经费来源(父母出资,私人公司的赞助与捐赠等等)上。除预算外的这些干预是难以量化的,原因是教育机构的管理自治使得它们难以计算。

6. 师资

在比利时,受雇于所有教育制度和各级教育的总人数,从幼儿园到大学,包括教师、行政人员和辅助人员,超过了工作人口的7.5%。单说教师——从幼儿园到大学——代表大约20万全职或兼职的人员,并且从20世纪80年代以来,女教师所占比例不断提高。有一半多的教师受雇于中等教育机构,大约1/3受雇于初等教育机构。其他的则受雇于幼儿园以及特殊教育和高等教育机构。

表2列出了1988~1989年每个社区的教师人数。

在佛兰德语区和法语区,女教师分别为57%和63%,但有相当一部分是临时教师(尤其是兼职工作)。在幼儿园和初等教育机构工作的几乎100%是女性。

下列因素促使教师职业下降为二流收入工作:低工资、社会地位的丧失、人口不断增加的流动性、系统持续的教师培训的缺乏、工作安全的缺少和就业市场的不断扩展。

长期教师的平均年龄非常高(初等教育约为43岁,中等教育约为44~50岁)。从中期来看,当教师这一职业对未来年轻的教师失去吸引力时,如何替换这些上了年纪的长期教师就成了一个问题。

培训的长度(大学毕业需要4年、中等教育后高等非大学教育需要3年)和毕业文凭的价值使教师有权利要求更高的社会地位,因为他们构成了经济发展所需的知识和专业技术传播的主要有用资源。

表2　　1988~1989学年的教师人数

	佛兰德语区			法语区		
	男性	女性	合计	男性	女性	合计
长期教师	43 431	55 872	99 303	25 316	40 200	65 516
临时教师	7 784	11 845	19 629	4 677	11 109	15 786
总计	51 215	67 717	118 932	29 993	51 309	81 302

7. 课程开发与教学方法

在三个社区当中的任何一个社区，基础（初等）与中等水平教育的教学大纲开发和课程设置，都是在遵守学校法规定的条件下相应教育机构的责任。尤其是要遵守一个教学大纲和一个法律规定的最低时间表，并使它们经过胜任的教育部长的批准，这样才能从补助中受益。非大学高等教育受督导的控制，但其每个组织当局都可以自由选择教学手段。

学习材料（书籍、教学大纲和练习册等等）是由教师和督学以个人行为的方式产生的，然后再由私人公司将其市场化。他们关心的问题是确保各级教学水平间的互补和教育的连续性。为协调整个制度，每个系统中都设有学习大纲委员会，该委员会由各门科目的督学主持。比利时没有中央课程开发机构。

由各个学校颁发的中等教育证书和毕业文凭，必须经过一个由公立和私立学校的教师组成的评估委员会的批准。这个委员会将检查是否达到了大纲中规定的标准。在同一种教育制度中，各个学校的教学方法各异，甚至在一个学区或地区也不同，这是追求民主化与多样化的必然结果。因此，家长有必要不断去了解，与其他学校相比，一所学校的质量如何，有时可能是在很短的时期内。家长做出的评价是比较主观的，是靠嘴表达的，因为比利时没有中央认证组织，也没有能用于学校比较的普遍有效标准。然而，比利时与其他国家的学术比较结果表明：比利时的教育标准是很高的，可与国外最好的课程相媲美。

8. 考试、升级和证书制度

孩子6岁开始在该学年的9月份接受初等教育，只有到了12岁，并且获得了能证明他已成功完成初等教育的学习证书，才能升入中等教育。

可是，在没有获得这种证书的情况下，只要家长同意，学生也能进入中学第一年学习，接受心理—医疗—社会中心的建议和招生委员会的有利观点。在各种中等教育部门内有许多后继的再定向途径，以使前面设立的条件得以实现。为了能升入高等教育，申请者要具有高级中等教育证书（CESS）；而要升入大学，则需要具备升入高等教育的能力证书（DAES）。

在初等教育阶段，由教师决定一个学生是否能从一个年级升入下一年级。在中等教育阶段，与定向升入下一个年级有关的决定由班级委员会做出，班级委员会由在那个年级任教的全体教师组成。

授予证书是每个学校的职责。通常采用的标准需要考虑所有科目的成绩、与学生和其父母的讨论情况、过去的学习表现以及行为举止。对于职业学习来说，必须通过资格测试才能获得证书，证书由教师和专家组成的资格委员会颁发。

9. 教育评价、评估和教育研究

进行教育评估和研究是大学、几个中心和几所教师培训学院的职责。在比利时，没有整体的教育研究和评估计划，而是由每个研究人员自己，或在教育部的要求下，制订研究项目或评估项目。从1965年开始，研究人员可获得政府的经费支持，以开展紧迫问题或严格限定问题的研究工作。所覆盖的问题包括：教学手段、教育技术（计算机科学）、学习机制、教育失败、资金流动、教育成本、健康教育、机会平等、学术路径以及教育与就业的关系等等。由于在20世纪90年代，有的问题还尚未解决，所以有理由相信，投入到教育研究与教育评估中的资金资源和人力资源应该增加。

10. 2000年面临的主要问题

在比利时，教育财政已成为基本的经济和政治问题，原因在上面的论述中已有所提及。人口的老龄化、出生率的下降、偏高的教师平均年龄、教师更新与继续培训问题，还有课程与教学手段对科技变化，以及在扩大的欧洲背景下，对经济目标的适应性问题等等，所有这些构成了严峻的挑战。比利时的历史表明，19世纪末和第一次世界大战与第二次世界大战后曾遇到过与现在相类似的挑战，但都得到了很好的解决。例如，教育的民主化、义务学校教育、妇女与处境不利群体的融合，以及意识形态的对抗等问题都成功解决了，而关键的是要意识到这些问题的存在。

A. 菲力帕特(A. Philippart) 著
吴志兰 译

附录

Alaluf M, Vanheerwynghels A 1988 *Adéquation enseignement-marché de l'emploi*. Fondation Roi Baudoin, Brussels

Brassinne J 1989 *Les nouvelles institutions politiques de la Belgique*. CRISP, Brussels

De Groof J 1989 *De grondwetsherziening van 1988 en het onderwijs – De schoolvrede en zijn toepassing*. Story Scientia, Brussels

De Landsheere G 1986 *La recherche en éducation dnas le monde*. PUF, Paris

Devos G, Vandenberghe P, Verhoeven J C (eds.) 1989 *Schoolbeleid: Mogelijkheden en grenzen. Een empirisch onderzoek*. ACCO, Leuven

Leirman W 1990 Adult education and the state in Belgium and the Netherlands. In: Pøggeler F (ed.) 1990 *Adult Education and the State*. Peter Lang, Frankfurt

Ministère de l'Education Nationale 1988 *Le mouvement ducatif en Belgique: Dévelopment de l'éducation 1986—1988*. Ministère de l'Education Nationale, Brussels

Ministère de l'Education, de la Recherche et de la Formation 1991 *Effectifs scolaires: Régime linguistique francais 1990—1991*. Coll. Etudes et Documents, Brussels

Ministerie van Onderwijs 1990 *Statistisch jaarboek van het onderwijs 1988—1989*. Dienst onderwijsstatistieken, Brussels

Monard G 1990 Meer ruimte voor lokaal onderwijsbeleid? *Brandpunt* 17(8): 224—230

Organization for Economic Cooperation and Development (OECD) 1991 *Les systèmes ducatifs en Belgique: Similitudes et divergences*. OECD, Paris

Van Haecht A 1985 *L'enseignment rénové de l'origine à l'éclipse*. Editions ULB, Brussels

Wielemans W 1987 *Structuur en organisatie van het educatiefbestel*. ACCO, Leuven

Ylieff Y 1990 *L'enseignement de l'an 2, ou 50 questions sur l'enseignement communautarisé*. Brussels

保加利亚的教育制度(Bulgaria: System of Education)

1. 基本背景

保加利亚共和国位于欧洲东南部,巴尔干半岛的中东部。北部与罗马尼亚接壤,东临黑海,南临土耳其和希腊,西临前南斯拉夫(马其顿共和国和塞尔维亚共和国)。总面积 110 994 平方公里,人口 8 990 600(除有特殊说明外,所有的统计数字都是 1990 年的)。首都索非亚(有居民 1 141 000 人)是主要的行政和文化中心。其他大城市包括普罗夫迪夫(376 543)、瓦尔纳(318 767)、伯格斯(225 101)以及露思(209 991)。人口总的趋势是:出生率下降[从 1980 年的 14.5‰下降到 1990 年的 11.7‰,1990 年是有史以来第一次人口死亡率(12.1‰)高于出生率的一年]、人口从农村向城市流动(居住在城市的人口占总人口的比例:1948 年 26.4%,1965 年 26.5%,1990 年 68%)。人口发展的这一趋势影响了入学率,第二种趋势则影响了人口稠密地区的学校结构。官方语言是保加利亚语(属于斯拉夫语系)。这就是为什么俄语作为唯一的斯拉夫国际语言,传统上一直是保加利亚国家课程的一部分。有大约 7%(630 000 人)的保加利亚人母语是土耳其语。与教授这种母语相关出现了一些教育问题。第二大少数民族是保加利亚吉卜赛人(200 000 ~ 300 000 人)。将像吉卜赛人这样的少数民族的儿童在 16 岁之前待在学校是非常困难的。

传统的宗教是东正教,但有 10% 的人口信奉回教。尽管没有具体的统计数字,相当多的人并不信奉任何宗教。基督教和回教的机构与国家是分离的。

大约有 46.3% 的劳动力在工业和建筑行业工作(1980 年为 42.5%),17.6% 的人从事农业和林业方面的工作(1980 年为 24.2%),36.1% 的人从事服务业或其他行业方面的工作(1980 年为 33.3%)。总计有 3 694 417 人在国有经济部门工作。543 067 人受过完全的高等教育或半高等教育,583 453 人受过中等职业教育,920 845 人受过普通中等教育,1 647 043 人受过初等教育。这些数字分别占总数的 14.7%、15.8%、24.9%、44.6%。劳动力的平均受教育年限 1980 年为 9.0 年,1985 年为 9.6 年,1989 年为 9.8 年,1990 年为 10.2 年。

1991 年,保加利亚为实现从计划经济到市场经济的转轨推出了一项重要的经济改革。该项改革引起了经济结构的剧烈变化。剧烈变化主要是由将出口从原来的经互会国家(东欧和苏联结成的贸易联盟——译者注),转向西方国家的再定位,以及向保加利亚的生产企业开放新市场的需要引起的。价格的自由化、紧缩的货币政策、国家预算的削减、国有企业的反垄断化,以及农场的私有化改革,导致了剧烈的经济结构和就业结构的变化。1991 年生产减少 30%。1991 年 9 月失业人口高达 377 000 人。

保加利亚教育制度的历史背景是和欧洲最古老的国家结构之一的发展相联系的(从公元 681 年开始,保加利亚就已作为独立的国家存在了)。第一所学校是由西里尔(Cyril)和梅瑟迪斯(Methodius)的学生创建的,他们还发明了古代斯拉夫语字母——这些字母首先在保加利亚发明,然后和基督教一起传到了其他的斯拉夫国家,包括俄国。最大的学校是奥瑞德(Ohrid)的克莱蒙特学校(公元 888 年),共培养了 3 500 多名学生。土耳其人侵之后,在奥斯曼帝国的统治(1396 ~ 1878)下,保加利亚的教育事业出现了滑坡。但到 1878 年保加利亚赢得解放前,它还有 1 000 多所学校。

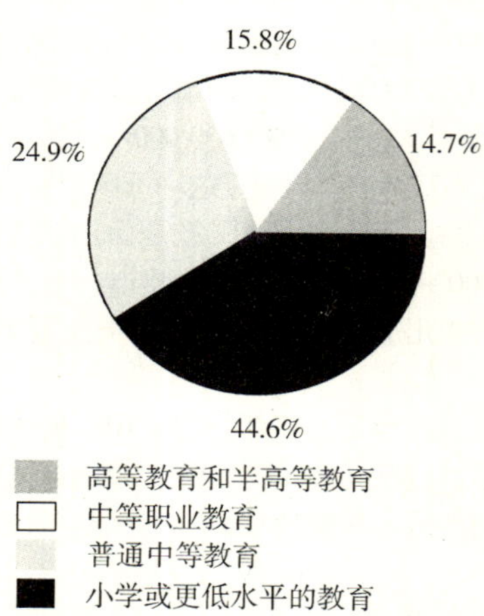

图 1　保加利亚:正规教育体系的结构(1990)

在新独立的保加利亚,教育事业得到了快速的发展,到 1922 年义务教育的年限已达 7 年,并且是免费的。这个国家还一直存在国家课程。第一所保加利亚大学是 1888 年成立的索非亚大学。

2. 教育政策与目标

很明显的是,与保加利亚教育制度的发展相关的政策,是由政治和经济制度的翻天覆地的变化决定的——从计划经济到自由市场经济。

宪法、学校教育法与学术自治法是教育制度的现有立法基础。宪法规定:受教育是每个人的权利;学校义务教育到 16 岁;在国立和社区学校接受中等教育是免费的。在一定的条件下,在国立大学受教育也是免费的。允许开办私立(独立)学校,但必须达到国家的教育要求(标准)。学校教育法明确列出了这些要求和标准。教育部被赋予了管理各类学校的权力。

学校教育法规定:教育是世俗的,学校和幼儿园可以是国家、社区或独立开办的,它们是法人主体。所有学校的校长由教育部任命。校长行使教学领导权,拥有管理学校的财政权和教师任命权。在学校中有两种集体组织——教师委员会讨论和处理主要的教学问题;学生委员会是由学生、教师、家长和社区代表组成的一个选举与咨询机构,负责就一系列的问题向校长提出建议。

学校教育应促进保加利亚语的学习。在国家的保护和控制下,母语是非保加利亚语的学生有权在公立学校之外学习自己的母语。3 ~ 8 年级的学生每周学习 4 个小时的母语是可能的。

依照学术自治法管理高等教育。该法规定:所有的大学和高等教育机构有独立处理与教学及研究相关的所有问题的权力;有决定学校结构和活动的权力;有决定教师数量与资格的权力;有设置课程和教学大纲、决定学生证书程序的权力;有决定预算和经济活动的权力。大学和高等教育机构由国民大会、学术委员会和校长管理。校长和学术委员会的委员由国民大会选举产生。学术委员会由教授、副教授以及非教学人员、学生和知名的工业界、商业界等社会各界代表组成。高等教育机构的所有活动,包括属于它们的公司从事的商业事务,都是免税的。对投资教育的企业国家也可减税。

3. 正规教育体系

3.1 *初等教育、中等教育和第三级教育*

图2是学制图,并注明了各级学校的入学率。

根据父母的意愿,孩子可在6岁或7岁开始接受学校教育。幼儿园是学校系统中重要的一部分,3~6岁的多数孩子都会上幼儿园。地方当局给予部分资助。低收入家庭的学费是减免的。4 590所幼儿园容纳了303 800个孩子,相当于学前儿童总数的71.2%。研究表明:由于低出生率和失业率

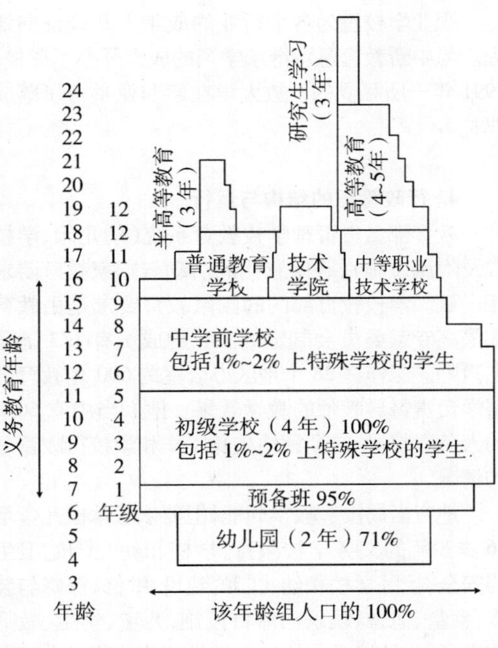

图2 保加利亚:正规教育体系的结构

的提高,总的趋势是这一数字在不断减少。将近92%的孩子上的是全日制幼儿园。由于人口持续从农村地区流向城市,致使城市地区的幼儿园位置(每100个孩子94个位置)少于农村地区(100个孩子127个位置)。从事学前教育的教师有28 800人。幼儿园内的教学活动是按照教育部设计的课程进行的。其目标是通过不同的活动、游戏和角色扮演,使孩子的智力和身体素质得到全面的发展。为患有慢性病或有特殊要求的孩子开设了特殊的幼儿园。

在学校教育开始1年之前,孩子们就要在附属于幼儿园或附属于学校的预备班学习。并且为保加利亚语掌握不好的孩子,组织了特殊的预备班级。

学校教育分普通教育和职业教育。普通教育可分为以下几个阶段:小学4年、初中4年、高中最多可为5年。保加利亚有小学673所、初等学校(1~8年级)2 263所、37所初中、63所高中(9年级到中学毕业)和432所完全学校(从1年级到中学)。普通教育学校有学生1 102 400人,教师72 300人。1990年有117 500名学生完成了初中教育,41 900名学生完成了普通中等教育。学校实行男女同校制。每周5天学习制,小学或中学每天教学时数为4~5或5~6个小时。各个年级在校天数不等,在160~180天之间。有许多提供特色中等普通教育的学校:强化外语(法语、英语、俄语、德语、西班牙语等)学习的中学,在这些学校第1年主要用于学习外语(每周22个小时),并且部分课程用外语讲授;数学和科学学校;体育学校(从6年级开始到中学毕业);艺术音乐学校等等。在中学的最后阶段,所有中等普通教育学校将面临两种选择:让学生详细学习与将来大学学习有关的科目,或为他们提供广泛的职业培训,主要是涉及服务领域的培训(旅游、商业、传播、管理与计算机)。

高等教育分为:半高等教育(2.5~3.5年)、高等教育(平均5年)、研究生教育(3~4年)。

保加利亚公立和私立高等教育机构分别为30所和3所。它们提供不同领域的教育——8所提供自然科学和人文科学教育;10所提供工程与技术教育;4所提供经济学和商务教育;2所提供畜牧

业与农业教育;5 所提供医学、牙医学与制药学教育;4 所提供音乐、戏剧和美艺术教育;1 所体育高校。最古老规模最大的大学是索非亚大学,有 14 个不同学院。

半高等教育由不同高等教育机构或大学的 46 个学院提供,其中有 12 个学院提供教师培训(主要为幼儿园和小学培养师资),17 所从事工程和技术教育,其他的学院提供健康与社会服务教育。学生总数为 31 943,教学人员 2 947 名。

大学生为 151 510(差不多是 1980 年的 2 倍)人,其中 35 000 名函授学生,教学人员 20 716 名。有研究生 5 370 人,其中 541 人于 1990 年获得了博士学位。

3.2 特殊教育

身体、智力与情感方面有障碍学生的教育、培训和恢复工作主要由 126 所特殊学校提供。注册学生总数 14 700,生师比为 7:1。特殊学校(大部分是寄宿学校)在保加利亚是非常充足的。但将一些有特殊需要的孩子从特殊学校,转到普通教育学校去的观念却是在教育的强力推进下,才得以传播的。在更接近真实生活条件的学校学习,将有助于有障碍的学生更好地与社会融合。

3.3 职业、技术教育和商业教育

职业、技术和商业教育是由 257 所技术学院和中等艺术学校、262 所中等职业技术学校提供的。技术学院的教育在学生 8 年级完成之后开始,学制为 4 年,为培养技术人员、科学技术专家、经济学家和会计提供职业教育,同时也进行普通中等教育。许多技术学院(1991 年 81 所)的教育在学生 7 年级完成之后开始,有 1 年用于集中的外语学习(英语、德语或法语),接下来学习普通技术学院课程。中等职业技术学校为培养工人提供 82 种不同的职业教育(也进行中等普通教育),学制为 3 年。在 1990 年,有 27 000 名学生进入技术学院,47 000 名学生进入中等职业技术学校(分别占基础教育毕业生的 23%、37%)。技术学院的总学时为 4 290 小时,其中 1 770 小时用于普通教育,2 520 小时用于职业培训;在中等职业技术学校这三个数字则分别为 3 108、1 467、1 713。每个学年 36 周。由于经济体制从计划经济向市场经济的转轨,以及劳动力市场的出现所引起的各种变化,对职业教育造成的挑战最为严重。这些变化涉及课程、培训的组织,以及扩展职业资格以使其更适应劳动力市场。

3.4 成人和非正规教育

成人教育和非正规教育有各种各样的形式。有 260 个儿童中心,为孩子们提供多种领域的课外活动,如:艺术、音乐、民族舞蹈、唱歌以及戏剧。在 1991 年大约有 111 220 名学生参加了这些活动。

还有为学生提供技术科学活动场所的中心(全国有 70 个这样的中心,参加者有 28 383 人)。它们为在数学、信息学、多种自然科学、应用工程与建筑学、农学以及生态学领域有才华和浓厚兴趣的学生提供条件。成人和学生一样都能在全国 10 个公共天文观测台学习或进行研究。为孩子们特别设计的体育活动与比赛的地区体育中心有 38 处,参加者有 39 000 人。

由为数众多的小公司或个人组成的私立部门为儿童和成人提供种类繁多的课程,如外语、数学、各种自然科学、文学、管理、商务等。

职业学校也为各个行业的成年人开设证书课程。为中断教育愿意继续学习的成人开办了夜校。1991 年一所私立的开放大学在索非亚举行了落成典礼。

4. 行政管理的结构与运行

教育部负责管理学校教育系统(幼儿园、学校以及附属设施),确保它们的活动与国家教育要求相一致。学校教育部门的国家教育要求是由教育部最高专家委员会制定的。它的成员有 1/3 是著名教师。工作在 28 个地区办公室的 600 名教育部督学负责督导教师的教学效果。他们当中有 60% 的人负责督导、定期评估校长工作和学校行政管理的情况。

地方当局没有教学职能,但要依法承担儿童至 16 岁少年的义务学校教育,学校和幼儿园的卫生与安全,社区学校和幼儿园的建设、维修、保修与装修,食堂、宿舍、娱乐与体育设施,儿童、学生、教师的交通,为处境不利的学生提供部分的奖学金和财政支持等责任。

高等教育机构和大学是自治组织,它们与国家的关系通过学术自治法调节和管理。

5. 教育财政

分配给教育的国内生产总值比率1980年为4.24%,1988年为4.6%,1990年为5.48%。财政预算是整个教育系统资金的主要来源。比如,在1988年,教育的总开支占国内生产总值的4.6%,其中95%来自国家财政预算。

1990年财政预算的分配情况如下:学前教育31.5%;初等和中等教育包括职业学校48.8%;半高等教育和高等教育10.8%;非正规教育3.5%;辅助活动、帮助教师、教育研究5.4%。需要注意的是,学前预算实际上要少得多,因为没有扣除家长交纳的学费,据粗略估计这些学费大约占学前开支的一半。1980~1984年国家财政预算用于教育的比率为12.5%,1985~1989年间为11.7%,1990年为12.8%,1991年为14.5%。1991年比率的增长是经济体制向市场经济的转轨造成财政预算结构的变化引起的,这没有反映教育经费的真实增长。1990年,普通教育学校的生均成本每年是8 750列弗(折合486美元),技术学院、中等职业学校或特殊学校是10 150列弗(折合563美元),半高等教育或高等教育是12 000列弗(折合666美元)。

初等教育、中等教育以及职业教育是免学费的,一直到16岁,学生的教科书也都是免费的。大学接受免学费教育的学生比例很高,最高可达90%。中等学校和大学的学生依表现及家庭收入可获得奖学金。中等学校学生获得的奖学金相当于国家最低工资的35%,大学学生是60%。

表1　1990年的入学率

	幼儿园	学校	半高等教育	高等教育
儿童与学生数	303 800	1 366 927	31 943	151 510
机构数	4 590	4 081	46	33
教师数	28 776	92 182	2 947	20 716
生师比	11:1		11:1	8:1
普通教育学校		15:1		
特殊学校		6:1		
技术学院		12:1		
中等职业学校		17:1		
生均年开支(美元)	——		666	666
普通教育学校		486		
技术学院、特殊与职业学校		563		
各年龄层入学比例	3(56.7%)	6(30.5%)	19~24(17.9%)	
	4(68.0%)	7~12(94.5%)		
	5(76.6%)	13~14(93.0%)		
	6(55.3%)	15(82.4%)		
		16(77.2%)		
		17(69.7%)		
		18(34.6%)		

在保加利亚，学校和大学的资金都非常困难，正努力使经费来源多元化，如减少用于教育目的的活动的税收，学生教师父母从事一些非赢利的经济活动等等。

今后 15 ~ 20 年最需要解决的问题是城市地区的校舍建设问题。这些地区大约缺少 8 500 间教室。

6. 师资

学校系统的教职员工总数为 235 000。其中，学校校长、幼儿园园长、他们的助手以及学校的主任会计师 11 500 人，教师 140 000 人(65 000 人受过半高等教育或高等教育)。在小学工作的有大约 63 000 人。获得大学学位或比大学学位低的学位的大约 5 700 名不同的专家与 65 500 名工人在学校一起工作(其中很多人在职业学校)，约有 23 500名教师和教授在高等教育系统工作。

在幼儿园工作的多数是女性。该国大约 77% 的教师是女性。从 1960 年以来，从事教学职业的女性明显超过了男性。人们还没有分析这一相对新的现象所带来的影响。

英语是唯一一门缺少教师的课程科目。计划在 1992 ~ 1993 年开办一项培训教师的特别项目。尽管在城市地区有教师失业发生，但在农村地区有时却很难找到合格的教师。

高等教育机构和大学提供教师职前培养和教师在职培训。大部分幼儿园和小学教师受过 3 ~ 3.5 年的半高等教育，大部分中学教师受过 4 ~ 5 年的大学教育。在他们毕业前要进行为期几个月的义务实习。教师的在职培训是在附属于大学的教师培训中心进行的。有两种教师毕业学位，一个是一级教师资格。要获得这种资格，还要求通过一定数量的研究生课程考试。在成功通过一个特殊项目考试，以及与这个候选人的职业有关的论文取得成功后，那么就能被授予二级教师资格。校长提出建议后，由地方当局或国家财政预算资助教师的在职培训。

教育部和各种科学职业协会赞助教师组织全国性的专题研讨会及各种会议，以总结各门课程领域取得创新性的教学、教学法成果，或讨论大家共同关心的话题，并且有大学学术人员的积极参与。

7. 课程开发与教学方法

直到 1989 ~ 1990 学年，普通教育和各种类型的职业学校使用的都是统一的国家课程，而且，每门课的教学大纲都要经过教育部各种特别委员会的批准。强制的教学时刻表适用于每个教师和每个班级。这样的一种制度安排使教师和学生受到了严格的限制。教师不能选择所需要的教学方法和教学助手，以达到一定的教育目标；学生不能按照他们个人的特质、能力和愿望，接受教育。因此，这种限制性太强的教学制度需要自由化。

在 1990 ~ 1991 学年及以后，教育部修改了课程政策和教学大纲政策。制定了知识技能新的教育标准，并得到了教育部最高专家委员会的批准。教育部只控制要实现的教育目标，教师或不同教科书的作者有选择教学方法和助手的权力。与此同时，普通教育学校的教师委员会可从推荐的三套课程中选择。课程内容包括要讲授的科目的名单、每门科目的学时以及学分。课程有必修和选修的部分。必修科目有几组(语言与文学、自然科学与数学、社会与哲学、音乐与艺术、自然文化与运动、技巧与技术)。在保加利亚的学校里，有 2 门外语是必修的(俄语、法语、英语、德语、西班牙语、意大利语中的一种)。外语教学通常在 4 年级之后进行，但也可以早点开始。在强制的学校时间框架内，每个学生可依据自己的兴趣爱好选择 4 ~ 5 门课。在这些时间之外，最后一个年级的学生可以选学不同的科目，其中就有母语不是保加利亚语的孩子的母语教学。

从 1991 ~ 1992 学年开始引入新的课程大纲。这些大纲包括最低程度的必修内容，其他部分则由教师根据学生的兴趣和他们自己的想法自行决定。

可以预知的是，知识技能评估新教育标准被批准和引入后，引发的主要变化是将出现各种各样的教科书和教学材料，这样会带给学生和教师更多选择的自由，提高他们追求卓越的动力以此实现国家课程的目标。

8. 考试、升级和证书制度

小学生可按照年龄自动升级。初中、高中和高等教育机构采用5分制:2分表示差,意味着必须补考;3分表示令人满意;4分表示好;5分表示非常好;6分表示优秀。考试成绩为2分的学生必须留级。新教育法规定,学生通过已获认证的考试就可被认为是完成了初等阶段和中等阶段的教育。然而,考试的数目和程序还没有确定。大学生要通过30~40门不同的考试,并且在毕业之前要通过论文答辩或参加一种国家考试,这种考试涉及所学专业的主要内容。在每一阶段教育结束或每一年级结束时,授予学生一个证明他通过的证件。持有这样的证件学生就可以升级或进入下一阶段继续学习。

9. 教育评价、评估和教育研究

评价通常由教师负责。但是,教育部在学生高中结束时要组织一次国家考试。

总的来说,保加利亚需要一套评估学生知识和技能掌握情况、教师教学质量以及教材质量的现代的目标评价体系。这一体系要有两个层次——国家性的和个人性的(为了每个学校和教师)。为了达到这两个层次,要进行大量的研究和开发并借鉴外国经验。

许多高等教育机构、大学和保加利亚科学院进行教育方面的研究。教育部有自己的教育研究机构。

当前研究的主题主要是:教育制度不同阶段结构和内容的替代试验;创立国家教育标准的原则和技术;知识与技能标准以及不同科目两个层次的评估;评估教师教学效果的手段和制度;教学材料与手段的新的基础结构;人本主义、人权与公民课程;功能性文盲,成人教育体系;在双语条件下进行保加利亚语和母语教学;发现并开发天才儿童的制度;学校与文化背景相互关系并将其用于教育学生的研究;文化传统与外语教学。

十几年来,研究的成果在许多学校得到了实施,促进了不同科目(与双语和三语教科书结合从语言到科学、数学、艺术、计算机以及社会科学等科目)的完整教学。这一项目是由保加利亚科学院和索非亚大学的教育家与科学家进行的,已取得了卓越成绩,特别是在前8个年级。新制度的一些特征已经被普遍体现出来。

保加利亚有一套收集各种教育指标数据的国家系统。这些教育指标与不同年龄、教育阶段、学校和高等教育类型的入学率相关。一群社会学家和一个专家委员会研究公众对不同教育问题的看法,以及其他与制定国家教育政策决策相关的问题,并将研究成果上报教育部。

10. 20世纪八九十年代的主要改革

现在的教育改革使人联想到保加利亚的政治与经济变化。这项改革的框架和它的主要原则是新的学校教育法的基础:高度自治的学校、校长和教师权力;国家对教育的控制集中在一个单一的能胜任的教学实体——教育部督导团;新教育标准以及在包括独立学校的多样化的学校类型方面所扮演的角色;新的财政规则;地方当局的职能等等。

在制订改革计划时最重要的任务是:研究、开发和实施有关知识技能以及普通教育与职业教育评估的新的教育标准。一些最困难和最基本的问题与下列因素相关:人类道德价值观教育、民主社会基本的哲学原则、人权、公民、欧洲意识、自由市场经济以及生态意识等。人们的共识是有关这些主题的教学应渗透在整个教育过程中,从1年级一直到中学最后一个年级。因此就需要借鉴世界上现行的最好教育标准,来修订更新教学大纲的内容。要鼓励教科书和教学材料领域的自由竞争。

无论就全国而言,还是就每个学校而言,都应该在评估领域继续努力。各所学校和大学应实行新的评估工具和手段。

对保加利亚的教育家和整个社会而言,一个严峻的挑战是职业教育改革,以及职业教育的自由市场经济取向。在许多欧洲国家和美国的帮助下,计划重新组织15~20个实验性的技术学院,期望能在下列领域树立起当代独特的教育范例:个体农业、旅游、宾馆餐饮与管理、商务等等。职业培训领域现存的丰富经验,以及拥有无数高质量的教师,使我们有理由相信，整个国家必将发生迅速的变化。

整个国家经济形势的好转，将使教育设备和资源得到改善。最迫切的任务是在城市地区建设几乎两倍于现有学校的新学校。学校的现代化、大学图书馆系统的计算机化与网络化和免费进入制度，非常引人注目。在市场经济体制下，如何实现出版业，特别是与教科书生产及发行相联系的出版业的重组和顺利过渡，将是至关重要的。

M. D. 玛蒂夫（M. D. Mateev） 著

吴志兰 译

附录

The Constitution of the Republic of Bulgaria 1991 *Darjaven vestnik* No. 56, (July 13, 1991)

Law on School Education 1991 *Darjaven vestnik* No. 86, (October 18, 1991)

Law on Academic Autonomy of the Higher Education Institutions 1990 *Darjaven vestnik* Nos. 10 and 12, (February 2, 1990)

Statistical Data Handbook 1991 (ISSN 0204—4889). Central Statistics Bureau, Sofia

Education and Qualification of the Labor Force and Labor Conditions 1990 Central Statistics Bureau, Sofia

General and Vocational Education 1990 Central Statistics Bureau, Sofia

Kindergartens and Houses for Orphanages 1990 Central Statistics Bureau, Sofia

塞浦路斯的教育制度（Cyprus: System of Education）

1. 基本背景

塞浦路斯位于地中海东端，是一个岛国，领土面积 9 251 平方公里，长 226 公里，宽 98 公里。两个平行的山脉从领土西部一直延伸到东部，覆盖了这个岛屿近一半的地区。因为是一个很小的岛国，所以在教育中引进新的创新机制非常容易，与来自其他国家的教育制度的交互作用也更快。

1881 年人口普查时，塞浦路斯人口总数为 186 173 人。1881～1931 年间人口年平均增长率为 1.3%；1931～1960 年间为 1.7%（1960 年塞浦路斯取得国家独立）。在 1960 年塞浦路斯人口为 573 566人，到 1973 年人口为631 778人。在接下来的年份里，人口增长率逐步提高，到 1976～1982 年间平均增长率达到 0.8%，1984 年达到最大增长率 1.4%。从此之后，人口增长率又开始稳步降低，1982～1990 年间平均增长率为 1.2%。据估计 1990 年人口为706 900人。在 1990 年末估计塞浦路斯自由地区有人口575 000人，而城市总人口接近 70%。塞浦路斯人口增长方面的主要原因是由政治问题引起的人口出生率不断下降，以及人口移出塞浦路斯。

估计 1990 年的人口构成是希腊人 80.1%（包括亚美尼亚人、马罗尼特人和古罗马人）；土耳其人 18.6%；外国人 1.3%，主要来自英国、希腊和黎巴嫩。国家取得独立后，每个种族群体都保留了自己的教育制度，教学语言是希腊语或土耳其语（它们都是官方语言）。英语主要在进行贸易交易时广泛使用。

依照职业分类系统（国际劳工办公室 1990）的划分，手工业以及相关产业的工人（20.1%），从事服务业、商店和市场销售的工人（18.3%），简单职业（14.5%），技术人员以及相关职业人员（13.2%），工厂与机器操作员和装配工（12.5%）等构成了主要的职业群。其他职业有立法者、高级官员、经理（3.2%），专业人员（9.1%），办事员（8.8%）。这些不包括从事农业的人员。在仅有的 1.8%积极从事经济活动的人口中，失业率非常低。与此同时，失业率在中等学校毕业生或中途辍学者当中最高（43.8%），接着是第三级教育毕业生（30.7%）。

第三产业（贸易、宾馆、交通和服务业）雇佣的人员数占总雇佣人数的 57%。第二产业（制造业、电力和建筑业）以及第一产业（农业和采矿业）在 1980～1990 年间的雇佣比率分别从 29% 减少到 14%。政府在这个岛国的经济发展中扮演着重要角色。在 1990 年，有一半以上的劳动力拥有一个中等或中等后教育证书(学位、毕业证书或从事贸易活动的资格证书)。据估计,与1980年的8.9年相比,1990年劳动力接受正规学校教育的平均年限达到了10.1年。1980~1990年间拥有一个中等或中等后教育证书的劳动力比率从46%增长到58%。

塞浦路斯是拥有主权的独立共和国,政府实行总统制模式。1960年宪法将行政权力赋予共和国的总统,总统每5年普选一次。总统通过由他任命的部长委员会确保拥有行政权力。立法权由众议院行使,众议院80%的议员每5年普选一次。政府的主要政治目标是确保塞浦路斯的统一、独立与主权完整。由于教育量的扩张已达到相当高的水平,政府教育政策的目标是:改善学校与生产过程的连接;满足劳动力对经济的要求;给所有人提供平等的机会;服务于更宽泛的文化目标。

2. 教育政策与目标

在过去的两百多年里,塞浦路斯都非常重视教育。在19世纪只有很少一部分人受过教育。在20世纪特别是第二次世界大战后,受过教育的人口迅速增多。在1960年独立前,教育的主要目标是提高人民的生活标准,灌输国家观念和加强民族意义。宗教领袖不仅从精神上,还从财政上支持教育的发展,特别是支持不受政府控制的中等教育的发展。

独立后,人们将教育视为享有更好就业机会和提高社会经济地位的手段。政府和各个政党也将教育视为提高人民生活标准的途径——通过使人们接受更好的培训,使生产力最大化,以及最有效地利用自然资源。再者,政府还将教育视为一种人权,因此政府的职责就是为所有的公民提供平等的教育机会。

所有这些决定因素提高了人们对各级教育的需求。在塞浦路斯,教育的总体目标是通过培养人格全面发展的自由、民主的公民,促进本国科学、社会、经济和文化的进步。

3. 正规教育体系

图1是塞浦路斯正规教育的学制图,表1按各级教育和生均费用两个指标列出有关学校、教师和学生数量的统计数据。塞浦路斯正规教育制度实行中央集权制。学前教育、初等教育、中等普通教育、中等职业/技术教育、特殊教育、非正规教育,以及第三级教育的一些部门接受教育部的直接领导,教育部是制订教育政策的最高权威机构。1992~1993学年塞浦路斯有史以来第一次开始提供高等教育。以前学生只能到国外接受大学教育。除了公立教育机构外,塞浦路斯也有数量很少的私立初等和中等学校,以及一定数量的私立第三级教育机

表1　按各级教育列出1960~1961与1989~1990两个学年的学校数、教师数和学生数以及1990~1991[a]学年的生均费用

各级教育	学校数	教师数[b]	学生数	学校数	教师数	学生数	生师比	生均开支
	1960~1961			1989~1990				1990~1991
学前教育	14	27	603	540	917	22 008	24.0:1	349
初等教育	548	1 940	68 773	378	2 824	60 841	21.5:1	536
中等教育	45	1 027	25 888	108	3 526	43 219	12.3:1	1 143
第三级教育	3	30	367	26	481	5 852	12.2:1	1 099
特殊教育	3	28	163	12	133	672	5.1:1	
非正规教育	—	—	—	526	785	74 989	95.5:1	—
公立教育	570	2 623	85 279	928	6 750	145 032	21.5:1	—
私立教育	43	429	10 515	662	1 916	62 549	32.6:1	—

a 由于缺少足够的统计信息,没有在表中列出被占领区的相应数据

b 教师=全职教师

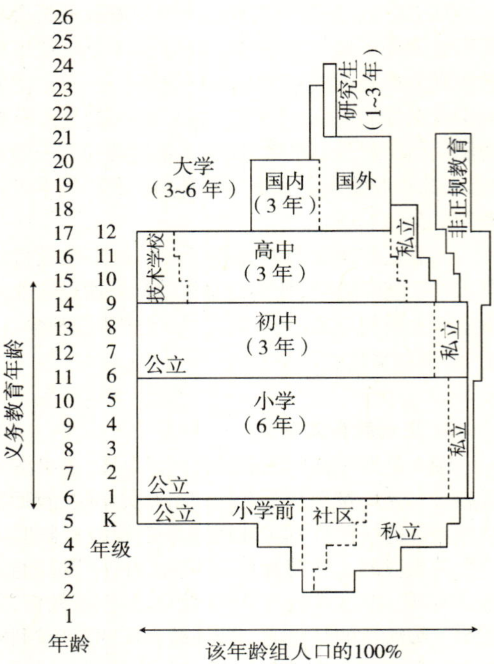

图1　塞浦路斯：正规教育体系的结构

构。从5.5岁到15岁的教育是义务的，在这一年龄界内的学生必须到学校上学。

3.1　*初等教育、中等教育和第三级教育*

初等教育分6个年级。所有公立学校采用统一的课程，但教师可根据当地环境对其进行自由改编。在1990年，初等学校的在校生有60 841人，其中4%上的是私立学校，66%上的是城市地区的学校，34%上的是农村地区的学校。所有城镇和乡村的初等学校招收15名或15名以上的学龄儿童。中央学校为邻近规模小的社区内的至多15名学龄儿童提供教育服务。多数规模大的学校被分成两个阶段：A阶段和B阶段。A阶段由1～3年级组成，B阶段由4～6年级组成。一个学年教学时间有205天左右，初等学校每天的教学时间大约是5.5个小时。从1962年以来，初等教育就已经是免费的和义务的。尽管在1962年以前塞浦路斯的初等教育不是义务的，但从1945年开始教育就已经很普遍了。公立和私立初等学校的生师比分别是21.9:1和16.1:1。

公立中等教育学制6年，可分成两个阶段：第一阶段为普通中学，如初中；第二阶段为公立中学或技术中学，如高中。所有初等学校的毕业生无需考试即可自动升入中学。初中为所有的孩子提供普通核心课程。在20世纪80年代，一项显著的改革措施引入高中，即引入LEM（公立中学选修科目）。在这种安排下，学生可根据未来计划和个人兴趣，从5组科目中选择1组（艺术、科学、经济学、商业/秘书和外语）。技术学校提供两类课程，即技术课程与职业课程。在一定年龄组中，18岁从中学毕业的学生比率稳步提高。1971年、1981年和1991年的相应比率分别是62.7%、71.9%、80%。预计在第一阶段公立中学学习的学生将从1989～1990学年的14 000人增长到1993～1994学年的16 000人。同一个年龄组中完成中等教育的男孩与女孩人数几乎相等。有10%的学生在私立学校接受中等教育，在1971年这一比率是15.3%，但到1973～1977年间逐渐降低到4%～5%，然后又逐渐增长。1973～1977年间比率的降低主要是土耳其入侵后出现的财政问题引起的。中等学校每学年教学时间大约是180多天，每天的学时是6个小时。公立中等学校和私立中等学校的生师比分别是12.2:1和12.7:1。

1992年塞浦路斯大学开始运转。在1992年以前，学生不得不到国外的大学去接受高等教育。塞浦路斯的第三级教育是由公立和私立的机构提供的，它们颁发的毕业文凭相当于高等教育证书。这些学院开设了多种多样的课程，包括林学、工程学、计算机科学、护理、初等学校教学、商务、银行业务、会计、宾馆和餐饮等等。大约48%的中等学校毕业生（占该年龄组的38.5%）或者在塞浦路斯（50%），或者在国外（50%）继续接受教育。在塞浦路斯，有6所公立和18所私立的学院，其中有5所只提供相当于高等教育证书水平的学位。还有1所提供研究生教育的机构。有一些私立学院附属于英国或美国的多科技术学院和大学，在很多情况下其考试是和国外的考试机构相联系的。在1989年，在国外接受第三级教育的学生有9 410人。其中，70%的是全日制大学生；13%是非大学高等教育学院的学生;8%是研究生,其中博士生占一半;其他的学生在职业或预备学校学习。自1980年以来,在国外注册的学生人数几乎减少了33%。与此同时,在塞浦路斯的第三级学院中注册的学生人数有所增长。这一增长主要归因于财政的原因,因为在国外上学要比在国内上学贵得多。同时,还因为当一些从国内学院毕业的毕业生到国外的大学或多科技术学院继续求学时,他们可以获得一些在国内学过的课程的学分。塞浦路斯期望到私立第三级学院学习的学生人数能有进一步的增长,以满足地方和国外对这一级教育的需求。1990年在公立和私立学院学习的学生人数是5 852。在他们当中,69%是在私立学院学习。自1980年以来,在塞浦路斯参加第三级学院学习的学生数增长了385%。其中,妇女占到学生总人数的55%。

公立和私立第三级学院的生师比分别是8.9:1和14.5:1。塞浦路斯教育学院已停止行使其职能,现在由新成立的塞浦路斯大学承担学前和初等学校师资的培养任务。塞浦路斯大学在它的第一个发展阶段将建成三个学院,到充分发展时,将有4 000名塞浦路斯学生和外国学生在这里求学。它的三个学院将是人文与社会研究学院、理论科学与应用科学学院、经济与行政管理学院。

3.2 学前教育

到达学前教育年龄(4.5~5.5岁)的多数孩子都到公立、社区或私立的幼儿园上学。在1990年,在学前学校注册的孩子数超过了22 000。4.5~5.5岁孩子的入学率为99%;3.5~4.5岁为56.4%;2.5~3.5岁为31.6%;2.5岁以下的为15.8%。学前教育不是义务的,50%的学前教育学制1~2.5年。幼儿园的活动通常关注有结构的游戏。公立幼儿园是由福利服务部建立,由政府资助的。社区保育学校由社区内的家长联合会在非营利的基础上运营,并且由教育部补助。私立保育学校要在教育部登记,并要接受定期的检查。公立学前教育学校和私立学前教育学校的生师比分别是22.3:1和25:1。

3.3 特殊教育

依据法律规定,由政府负责教育5~18岁的所有儿童,包括有学习或行为问题的儿童。这个法律还要求每个区要为残疾儿童建立一个委员会。为接受任何可能的特殊教育,任何儿童可被委托给适当的当局部门。1989~1990学年在特殊教育学校学习的学生有672人。特殊教育活动是为有智力障碍、身体残疾、盲人、聋人或有精神病的学生提供的。1990年有12所学校为672名残疾学生提供特殊教育,相当于学生总数的0.6%。在过去的几年里,中度残疾人学校为学生提供了语言疗法、职业疗法和自我照管活动等培训。盲人、聋人学校组织了各种活动,以开发学生的各种能力,发展他们的社会适应性。残疾人职业恢复中心帮助他们适应并融入工作与社会当中。还有为严重障碍儿童开办的养育院。需要特殊教育的孩子当中,大约80%的人参加了一定的项目。政府的政策不是将有身体、智力或精神残疾的学生与正常学生隔离开,而是为他们创造机会,使他们能够和正常学生一起,在正常的环境中成长和学习。使他们尽可能的在正常学校学习以满足他们的心理和生理需要。在1989~1990学年,508名5.5~13岁的孩子得到了来自初等学校的专门教师的帮助,其中37名教师在中等教育第一阶段任教,127名教师在中等教育第二阶段任教。在公立特殊教育学校中生师比是5.1:1。

3.4 职业、技术教育和商业教育

学生在15岁顺利完成中等教育第一阶段教育后可进入技术学校学习。技术学校开设技术和职业课程。技术课程除了技术理论和技能外特别强调科学和数学。技术学校的学生在经过3年的学习毕业后,可到学院或大学继续求学。职业课程也是3年制。在职业教育的第三年,学生每周有2天要到工业部门进行实习,其他3天在学校上课。职业课程更注重实际技能的培养。

公立技术和职业学校的教育目标是为工业界培养各种专业技术人员和技工,如:机械与汽车工程、计算机、电子、建筑、制图、服装加工、金匠、制鞋业以及其他专业。政府已经计划提高技术学校的学生人数,使之达到公立中学(中等教育第二阶段)学生数的25%或该年龄群人口总数的20%。其他的计划还包括改善信息供应、拓宽专业范围、建立新的技术学校、制定一定的条款,以使技术学

校的毕业证书成为人们从事服务业的各种技术部门工作的所必须具备的资格凭证。公立技术学校是免费的,其周期性和公务开支由政府支付。1990年公立技术学校总数是11所,有学生3 117名,并且84%是男性。

3.5 成人与非正规教育

非正规教育包括夜校和下午班。几所公立和私立机构开设了多种水平的课程。有一些班是要收费的,但对公立非正规机构来说,其他开支由政府负担。非正规教育的目的是帮助很早就离开学校的人补偿基础教育;帮助中等学校毕业生更好地进入劳动力市场;帮助正在工作的人们获取必要的职业知识。

非正规教育的注册率非常高。据估计,18岁以上人口中有9.5%的人参加了由各种机构和团体组织的非正规教育。这些机构和团体有初级中等夜校、业余大学、成人教育中心、企业培训局以及塞浦路斯生产中心等等。它们提供有关语言、音乐、舞蹈、经济学、计算机、作为外语教学的英语等课程。在1990年非正规教育吸引了大约75 000名学生,20%是初等学校学生,30%是中等学校学生,50%是成人。非正规教育机构有教师2 135人,其中26%是全职教师。

4. 行政管理的结构与运行

在1960年塞浦路斯取得国家独立后,《希腊裔塞浦路斯人与土耳其裔塞浦路斯人公共宪章》依据宪法有权对所有的教育、文化和宗教事务行使立法权。这两个立法团在与目标、规划及实施程序等有关的问题上和中央政府联系非常松散。在1965年,希腊塞浦路斯立法团请求中央政府收回其权力。所有的行政职能转给了一个新的部门——教育部。从此之后,在塞浦路斯教育由政府负责。公立教育系统的整个结构是高度集权化的。政府通过教育服务委员会——一个独立的有5个成员组织的机构——招募、任命教师,同时提拔教师为校长和督学。政府还负责建筑物、设备、材料的供应以及给学校提供可用的有限经费。同时还负责行政管理、人事和课程。教育部负责与教育相关的法案的准备以及执行教育法律。在塞浦路斯,学前学校、初等学校和中等学校都有督学。他们的任务是指导、监督和评估教师。督学拥有相当大的权力,在初等教育、中等教育的校长和学校间提供了一种链接。

私立学校由家长支付的学费支持。私立外语学校由各种宗教团体在非营利的基础上运转,更强调语言和通识教育。教学语言是英语、法语或意大利语。私立学校由个人或团体所有和管理。私立学校是独立的,不属于某一具体的系统,并且不对政府负责。

公立第三级机构按照不同的学院而分属不同的部管理。塞浦路斯林业学院由农业与自然资源部领导;高级技术学院、宾馆与饮食学院、地中海管理学院由劳动与社会保障部领导;护理学校由卫生部领导。私立学院是自治机构,但它们当中有一些与国外大学有密切的联系。自1987年以来,出台了一部规范私立学院建立、监督和运行的法律。所有私立学院必须在教育部注册。经过注册的学院有权为它们的项目申请认证。

5. 教育财政

公立教育主要由政府和学校委员会的地方当局资助。父母不需为在正规政府学校学习的孩子支付学费。私立学校的教育经费来源于个人交纳的学费。私立外国学校由海外当局和组织支持。公立教育的资助方式则不同:公立幼儿园由劳动与社会保障部福利服务司资助。社区护理学校由教育部补助。政府负责公立中等学校中的学校人员的工资、奖金和补助金。公立技术学校的经费则由政府全权负责。公立第三级教育机构由不同的部提供资助。

自1960年以来政府用于教育的经费有了显著增长,1990年占政府财政预算的11.7%,占国民生产总值的3.6%。1989年公立和私立教育的开支是国民生产总值的5.5%。对各级教育来说,公立教育开支从1984年的5 290万塞浦路斯镑(10 560万美元)增长到1989年的8 190万塞浦路斯镑(16 280万美元),增长了54.8%。1989年公立和私立教育的开支是12 510万塞浦路斯镑(25 000万美元)。

总的教育经费按照百分比的形式分配如下：学前教育4.9%，初等教育23.2%，中等教育38.5%，特殊教育与非正规教育4.8%，当地中等后教育4.4%，海外教育22.3%，还有1.9%用于行政管理。1989年周期性和公务开支的情况如下：公立和私立学前教育的生均成本分别是339塞浦路斯镑（678美元）和274塞浦路斯镑（548美元）；公立和私立初等教育则分别为493塞浦路斯镑（986美元）和260塞浦路斯镑（520美元）；公立中等教育和技术教育以及私立中等教育则分别为1 103塞浦路斯镑（2 062美元）、1 751塞浦路斯镑（3 502美元）、1 251塞浦路斯镑（2 502美元）；第三级教育在公立地方学院是1 738塞浦路斯镑（3 476美元），在私立学院是725塞浦路斯镑（1 450美元）；公立特殊教育是1 987塞浦路斯镑（3 974美元）；在海外学习是2 924塞浦路斯镑（5 848美元）。

6. 师资

在1990年，各级学校雇佣教师8 666人（全职）。其中学前教育占10%，初等学校占33%，中等教育占41%，第三级教育占5%，特殊教育占2%，非正规教育占9%。大约55%的教师是女性。

1960～1970年间中等学校教师出现了相对短缺的现象。然而，到20世纪80年代末，一方面由于入学率相对稳定和教师退休人数的减少，另一方面由于很多教师从大学毕业，造成中学各个科目教师出现大量过剩。他们当中有些人将永远不会被雇佣。而初等教育情况则不同，由于每年进入教师学院学习的学生数在毕业时与初等教育系统对教师的需求人数一致，所以不会出现人员过剩现象。

初等学校和学前学校的教师培训都是由教师学院提供的，其学制是3年。从1991～1992学年开始，教育学院将不再接受新生，其职能由塞浦路斯大学的教育系接替，它提供为期4年的教师职前培养课程。所有初等学校的教师必须在教育学院接受一个具体的在职培训以提高自己的职业资格和工资水平。对中等学校的教师来说，拥有某一科目的大学学位是进入教师这一行业的唯一要求。这个学位通常包含一个主要学科。为改善教师学术资格的质量，塞浦路斯采取了很多措施。为实现这一目标，教育学院组织了免费的选修或必修专题讨论会。有两种必修的专题讨论会，一种是为中学教师实习提供的，另一种是为中学的副校长提供的。所有中学的实习教师必须到教师学院参加为他们专门设计的为期1年的课程，每周学习2次。成功修完这一课程是获得终身任职的前提。第二种课程学制也是1年，但每周学习1次。

教师的评价由督察负责。正常情况下，教师评估每两年进行一次。督察和校长一起评估教师，但由督察做出最终决策。出于晋级目的的教师评估标准是：教学经验、教学表现、学术资格。要晋升的候选人必须通过口试在教育委员会面前展现自己。

7. 课程开发与教学方法

在全国采用统一核心课程。教育部规定所有学前、初等、中等公立学校的课程。课程开发是教师、督学和学校委员会的共同责任。

课程开发小组通过开发教学材料，促进教育内容与生活的联系。所有初等学校和初级中等学校的学生学习同样的课程。在初等学校，多数科目由一名教师讲授，而在中等学校，每一门科目都由一个专门教师讲授。允许公立高中的学生除了学习一定领域的必修核心科目外，还可以选修一些科目，这是义务的。在1990年，高级中学里的学生有7%专修古典文学、17%专修数学和科学、44%专修经济学/商业、5%专修语言、17%学习技术和职业课程，而其他学习科目则挑选自几个学科领域。中等教育的目标之一就是使学生为生活做好准备。课程的开发与新科目（如计算机）的引入则直接指向这一目标。

外语是所有中学生的必修课。英语作为目前在塞浦路斯最流行的语言是必修的，学习年限为6年。法语作为第三种语言也是必修的，学习年限是2年。在小学，学生们在小学的最后2年学习英语。

课程开发小组在非商业的基础上，按照现代化的教学大纲准备教学材料。通常，教师无权选择使用什么样的教科书。他们不得不使用由课程开发服务部准备的教科书，其他教科书来自适合塞浦路斯情况的希腊图书。学前教育、初等教育和特殊教育使用的课程是由督学团和教师工会,以及教学机构共同开发的。视听辅助手段如录像机、投影仪、录音机、电视、视觉资料和计算机得到了广泛使用。每个班级学生人数很少使教师更容易进行个性化指导和引进补救性教学。

8. 考试、升级和证书制度

在塞浦路斯,初等学校和中等学校都没有升级考试。在初等学校内,几乎所有的学生都能自动升入下一个年级。只是在小学 1 年级留级率约为 1.5%。学生在顺利完成小学 6 年的学业后取得第一个证书,依据连续性评估的结果决定他们能否取得证书。这个证书决定学生能否升入中等学校。学生在接受中等教育时,在每个学期末收到 3 次成绩单。这些成绩单包括学生学习过的所有科目的成绩,考试分口试和笔试两种。9 年级和 12 年级所有的学生都要参加由教育部组织的统一毕业考试。1991 年教育部规定所有 12 年级的学生必须参加由外部机构组织的毕业考试。每个专业的科目不同。从 1992 年开始,9 年级的学生要参加 4 个科目的强制性共同考试。

私立学校与公立学校是不对等的。私立学校的毕业生不能到国外入学。如果想要取得与公立学校毕业证书对等的证书,那么他们就要参加教育部组织的特殊考试。第三级教育机构给毕业生颁发它们自己的学位证书和毕业证书。

9. 教育评价、评估和教育研究

从 1985 年开始,以问责为目的的学生评估活动频频出现。教师学院的研究与评估系已经开展了几项研究和评估活动。所有的这些活动都覆盖到了初等学校和中等学校。开展这些研究活动的目的是为教育当局制定决策、教师组织教学活动提供大量的有用信息。教育研究的优先领域是与各个科目的学生成绩、课程、教师教育与评价、普通教育参数相关的领域。

1990 年,教育学院组织了 7 年级、8 年级和 9 年级学生的全国数学统考。新的语言和科学考试也在进行之中。除了国际教育成就评价协会(IEA)就阅读素养、数学和科学进行的国际研究外,塞浦路斯还和美国、德国、希腊以及英国的大学或研究组织合作进行了几个项目的研究,主要是出于比较的目的进行的。在今后 5 年,研究的重点领域是:教师与教学;学生主要科目的成绩;教育技术;问题解决教学法的效果;古希腊语;语言、数学与科学评价;对科学的误解;教师对数学学习的认识;作为一门外语的英语;计算机等等。

10. 20 世纪八九十年代的主要改革

1984 年塞浦路斯在学校中引入了“劳动周”,11 年级的所有学生要有 1 周的时间离开学校,到工厂、作坊、商店以及办公室等地去劳动。1987 ~ 1988 学年建立了部门负责人制,并且所有的高级中等学校和一部分初级中等学校均任命了部门负责人。1991 年和 1992 年引入 9 年级和 12 年级的统一毕业考试。在教育部与教师的职业组织协商的基础上,引入每周 5 天工作制。

1990 ~ 1991 学年在几个初等和初级中等样本学校实验的基础上,开始实施 9 年义务教育的一种实验课程。强调的重点是对初等和初中课程的科目内容的再分配。这种再分配将不仅针对继续接受高中教育的学生,同时也针对已经停止求学的学生。

在 1990 年一个明显的改革是:在初级中等学校引入设计技术;技术学校引入有关新技术的课程。学校中现存的传统工艺开始与现代社会的需要相吻合。中等普通教育的 10 年级以必修课的形式引入计算机。

由各个部、半政府组织、工业及贸易工会、教师工会以及其他关心技术教育与职业教育的机构和委员会的代表组成了一个咨询机构,它负责就有关技术教育政策制定以及其发展问题提供咨询建议。同时还成立了一个第三级教育咨询委员会,它负责审查与私立第三级教育部门有关的问题。

塞浦路斯已经意识到有必要引入统一的考试制度。出于这一原因,塞浦路斯正就授予一种教育证书的统一考试进行研究,这种证书将满足国内外高等教育机构和大学的升学要求,同时还能满足学生在私人组织就业的要求。对所有初等学校教师进行的广泛在职培训将促进他们学术水平的提高,

将使他们的薪水与中等学校教师的薪水保持一致。

11. 2000 年面临的主要问题

一个主要的问题是校舍的短缺问题,还有就是教育设备的短缺问题。学校人口的预期增长将使这种情况在中等学校和初等学校更加严重。还有城市与农村间学生分布的不平衡问题。这一问题通过重构现存的教育区域以及在农村地区建立新学校来解决。尽管教育设备尤其是昂贵高级的技术设备的供应是由政府负责的,但政府却还没有给予这个问题足够的重视。

另一个主要问题是缺少对当代社会要求和快速技术发展的相容性,因为社会需要的是多才多艺和有良好适应性的劳动力。这一问题可部分归因于教学手段、人员的职前和在职培训等方面存在的问题。非正规教育的发展表明,教育还远没有满足人们的教育需要。中等教育的多样性造成学生人口缺少同质性也是问题出现的原因之一。

与各级教育都有关的其他问题还包括改善组织结构、学校规模、农村地区教育的质量等等。

C. 帕潘斯塔西欧(C. Papanastasiou) 著
吴志兰 译

附录

Demetriades E I 1985 Cyprus: System of education. In: Husén T, Postlethwaite T N 1985 *The International Encyclopedia of Education*, 1st edn. Pergamon Press, Oxford

Department of Statistics and Research 1990a *Statistics of Education 1989/1990*. Series I, Report No 22. Printing Office of the Republic of Cyprus, Nicosia

Department of Statistics and Research 1990b *Registration of Establishments 1989*, Vol. II, Series I, Report No 16. Printing Office of the Republic of Cyprus, Nicosia

Department of Statistics and Research 1991a *Demographic Report 1990*, Series II, Report No 28. Printing Office of the Republic of Cyprus, Nicosia

Department of Statistics and Research 1991b *Labour Statistics 1990*, Series 14, Report No 9. Printing Office of the Republic of Cyprus, Nicosia

International Labour Office (ILO) 1990 *ISCO 1988 International Standard Classification of Occupations*. ILO, Geneva

Karageorgis A G 1986 *Education Development in Cyprus 1960—1977*. (Author publication, Nicosia)

Ministry of Education 1988 *Development of Education 1986—1988. National Report of Cyprus*. Ministry of Education, Nicosia

Ministry of Education 1990 *Development of Education 1988—1990. National Report of Cyprus*. Ministry of Education, Nicosia

Papastavrou A S 1988 Education system in Cyprus. In: Markou G et al. *Comparative Education. Education in Europe* (in Greek). Gutenberg, Athens

Persianis P 1981 *The Political and Economic Factors as the Main Determinants of Educational Policy in Independent Cyprus (1960—1970)*. Pedagogical Institute, Nicosia

Planning Bureau Commission 1989 *Five-Year Development Plan 1989—1993*. Printing Office of the Republic of Cyprus, Nicosia

Press and Information Office 1990 *Cyprus*. PIO, Nicosia

Press and Information Office 1991 *Cyprus: The way to Full EC Membership*. PIO, Nicosia

丹麦的教育制度(Denmark: System of Education)

1. 基本背景

丹麦的总面积是 43 000 平方公里。丹麦地势较低,它由日德兰半岛和众多的小岛组成。法罗群人和格陵兰人是丹麦人口构成的一部分,但他们享有充分自治的权利。自 1920 年以来,丹麦的边境始终没有改变。

丹麦总人口是 510 万,其人口平均密度为每平方公里约 120 人。大约 26% 的人口分布在首都。在 1992 年，11% 的人口的年龄在 70 岁以上。据估计，这种人口构成状况会持续到 2010 年，2010 年之后，丹麦人口老龄化的趋势将会有所加强，到 2030 年，老人所占的比例将达到 15% 左右。

丹麦的移民主要来自北欧和西欧国家，其人口流动速度适中。在 1992 年，国外移民人数在丹麦总人口构成中所占的比例达到了 3%，来自北部边远地区的移民引发了许多的教育问题。

将近 90% 的人口信仰国教——路德教。但是，丹麦有充分的宗教信仰自由，宗教信仰完全被看作是个人的事情。路德教义和其他的宗教教义可以同时在学校传授。有的家长要求自己孩子不要接受宗教教育，但这很难付诸实践。

丹麦语基本上是生活在丹麦的所有人的母语，移民除外。拥有 47 500 人的法罗群岛也讲丹麦语。法罗群人的儿童从上学第三年或第四年起就开始学习丹麦语。他们的部分教育仍用丹麦语。格陵兰岛大约有 55 500 人，在某些方面，它仍然是丹麦一个独立的行政地区。这里的儿童从上学第一年起就学习格陵兰岛的语言。从 3 年级开始，儿童开始学习丹麦语。格陵兰岛上的学校教育目标和丹麦的学校教育目标非常相似，相当一部分的老师还是来自丹麦。在德国北部的石勒苏益格 - 荷尔斯泰因（Schleswig-Holstein）地区，约有 5 000 名孩子进入了丹麦语学校，在那里他们也可以学习德语。

对学生而言，家庭背景对教育的影响，要比地理上的障碍和城市化的程度对教育的影响大得多。如果不能通过一个相当完善的教育制度，和在全国大部分地区开展教师培训服务来发展教育的话，教育的公平性将很难实现，这也将导致教育的极大不平衡性。

农业部门是一个重要的就业部门，但在 1992 年，仅有约 1.7% 的劳动力在这个部门就业。工业部门雇佣了整个人口中 22% 的劳动力，教育部门、保健服务部门、社会服务部门和公共管理部门容纳了整个人口中 34% 的劳动力。对外商业性航运业和旅游业是另外两个重要的就业部门，这两个行业发展很迅速。丹麦是一个相当有发展潜力的国家。但是，由于许多年来丹麦一直处于财政困境之中，所以失业率一直在上升，在 1991 年失业率达到了 10.6%。

丹麦是一个依据国会的民主原则进行管理的王国。从 20 世纪 30 年代到 80 年代，丹麦主要由社会民主党人当政，而这些社会民主党人从属于丹麦工党，执政的社会民主党人通常得到社会自由党的支持。但是，自 1970 年以来，丹麦政局一直动荡不安。自 20 世纪 80 年代早期以来，丹麦一直是由保守政党当政的。

2. 教育政策与目标

丹麦的小学与初中的重要特点是存在正规教育和非正规教育两种形式，而且非正规教育在与父母协作方面发挥的作用尤为显著。由于父母对学校的影响在逐步加强，所以父母与教师增进合作的表现很明显。关于小学和初中教育目的立法的问题一直处于争论之中。一个主要目的是，在社会的框架中个人必须得到最优的发展。

关于小学和初中的教育法包括以下几点：

（a）依据目前的法律规定，小学和初中是由地方自治的。

（b）小学和初中的任务是与家长合作，为学生提供获得知识、技能、问题解决方法以及发展表达能力的机会，这些能力的获得将有助于学生个体的全面发展。

（c）小学和初中的所有活动中，应该尽可能创造一切机会来发展学生的自我体验和自我表达能力，这将会有助于学生学习自觉性的提高，有助于扩展学生的想像力，发展学生进行独立判断和表达自己观点的能力。

（d）小学和初中应该培养学生在生活中积极参与一切活动的习惯，使学生在民主社会中形成决策的能力、勇于承担解决问题的能力。学校的教育活动和它的日常安排要体现学生学习自主、学习民主的教育理念。

3. 正规教育体系

丹麦的义务教育是免费的，教育年限是 9 年，学生入学年龄是 7 岁，毕业年龄是 16 岁。约有

90% 的学生进入了公立的小学和初中,约有 10% 的学生进入了私立学校。这些私立学校是由国家财政支持的,其中约有 80% 的学校财政开支是由国家提供的,这些资金主要用来支付教师工资和学校的其他开支。

3.1 初等教育、中等教育和第三级教育

丹麦的小学和初中每学年的教学时间有 200 天,每周 5 天,每周有 20 ~ 36 个课时。班级的平均规模较小,每班有 19 个学生,生师比为 10:3。

在 6 年的小学学习阶段,其学习内容全部是必修的,在 3 年的初中学习阶段,除数学、英语、德语、

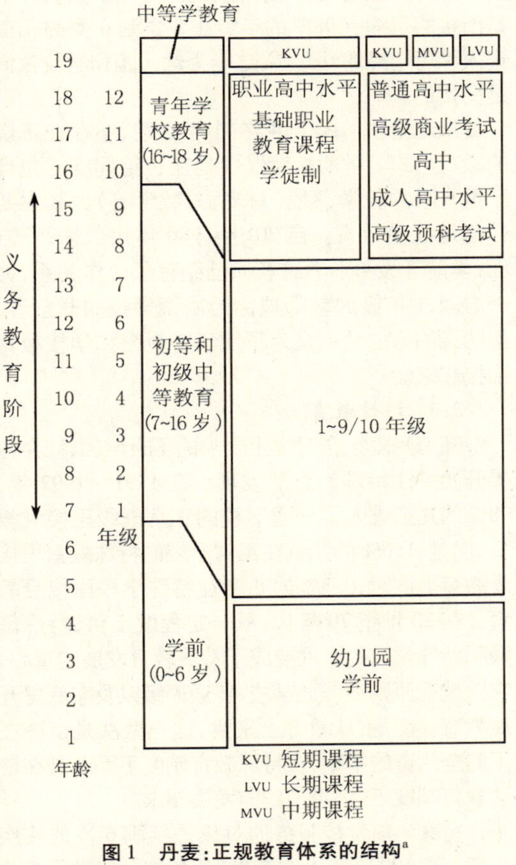

图 1 丹麦:正规教育体系的结构[a]

资料来源:教育和研究部 1992

a 高级商业考试在完成 1 年或是 2 年的补充课程后举行。其中 1 年的补充课程与普通高级中等教育接轨,2 年的补充课程与职业高级中等教育接轨

物理和化学外,其他学科的学习内容也是必修的。在数学、英语、德语、物理和化学这些学科中,学生可以依据自己的实际情况选择一门基础学科和一门优势学科。自 1975 年来,越来越多的学校已经实施了全面教育实践。在 1992 年,在一个全面教育学校中,有 2/3 的学生是小学生和初中一年级与二年级程度不等的学生。

初中三年级的课程是可以选择的,并且这些课程是可以讨论的。初中三年级结束后,一般情况下,有些学生将从此离开学校走入社会,有些学生将通过相关的考试而进入高一级教育机构继续学习。从原则上说,修完初中二年级课程的学生可以离开学校接受更高一级的教育。这些年来,有关教育机构不断重建的讨论一直未断。

丹麦也存在许多不同的有关青年教育和成人教育的项目。地方性的青年学校与小学和初中有很亲密的合作关系。一些年轻人在小学和初中里任教,另一些年轻人在青年学校里任教。而且,也存在相当多的继续教育学校,这些学校大多是为了扩大同龄人的受教育机会而扩建的学校,这些学校提供类似于小学和初中的正规教育水平的课程。在 1990 年,约有 14 000 个学生进入了这些继续教育学校。从一定程度上讲,进入继续学校的这些学生主要是那些想在正规的小学和初中以及私立学校之外接受教育的学生。

大约有 57% 的学生选择了职业教育,约有 34% 的学生进入了高中或者高一级的预备学校,9% 的学生在完成义务教育后离开了学校。在 20 世纪 80 年代后期,义务教育学校的入学率是 100%,高中的入学率是 91%,大学的入学率是 30%。

约有 1/3 的学生选择了传统的通向高中毕业考试的 3 年制的大学预科班课程,或是选择通向高级预科考试的 2 年制课程。两种职业性的考试选择是高级商业考试和高级技术考试,这两种考试与高中毕业考试是类似的,它们都是进入高等教育阶段的必要性考试。另外,通过参加 2 年的培训或夜校课程也可以进行高中毕业考试;学生通常也可以在大学预备班或成人教育中心学习高级预科考试所要求的全部或部分课程。

已经完成初中二年级或三年级课程的学生可以由他们所在的学校出示他们学习合格的证明后进入大学预备班。根据所选择的课程,学生必须以令人满意的成绩通过一部分课程的毕业考试,同时还必须继续其他学科领域的基础课程的学习。

大学预科班分为两类:一类是语言,一类是数学。但是,约有 50% 的教学时间用在了全体学生必修的公共课程上,剩下的时间才用在了学生可选择的课程上。学生可选择课程的学习又分为两个水平,高级水平和中级水平。为了成功地完成大学预科班的课程学习,学生必须参加 10 次书面考试和口头考试来应对高中毕业考试。尽管大学在录取学生时还要进行大学相关专业的考试,但是高中毕业证书是学生进入大学和其他高等教育场所的通行证。所有学生可以参加与他们所选择的学习领域相近的其他课程的补充考试。对于高中毕业考试和高级预科考试而言,在一些重要的学科上,这些补充性考试是可行的。

政治浪潮席卷了 1967 年的丹麦,它要求扩大社会新群体的受教育权限,直到这时,高级预科考试才被引入了丹麦。从根本上说,这一做法是为了创建 2 年制的课程,而这一课程主要是为那些在教师教育方面有潜力的人群而开设的。但是,有些人认为,这一做法有可能导致教育的失败。所以,这一课程方案被改变成了一条仅供选择的通向高一级教育和继续学习的路径,这一路径和已经存在的通向高中毕业考试的正规的 3 年制课程是相类似的。

修习新的高级预科考试课程(与教师培训学院和大学预备班共享师资与教育场所)的学生主要是成人。但是,高级预科考试也吸引了一些年轻人,这些年轻人是由于社会的、个人的以及性别的原因不能通过大学预科班,结果进入高一级的教育机构。因此,高级预科考试是普通高中教育的过滤器。在大学预备班里,中产阶级的学生占绝大部分。虽然高级预科考试对女生的录取条件很严格,但是男女生录取比例适中。这类考试分为书面形式和口头形式,并且与高中毕业考试一样,书面考试由教育和研究部命题,口头考试由各科教师提供考试问题,而且这些问题必须得到其他学科教师的认可。

丹麦的高等教育允许学生在上大学期间选择不同的学校和修习不同学校的课程,并且承认学生已经获得的学分和学位。除了以上提到的那些考试外,已经拥有其他入学资格的申请人也可以通过相应的评估而进入大学。但是,许多教育课程都有相当多的条件限制。

从整体上看,丹麦的课程类别和欧洲大陆的一些国家很相似,一般的学习年限都在 5 ~ 6 年之间。

3.2 学前教育

学前教育是自愿的。约有 50% 的年龄在 3 岁到 6 岁的儿童进入了幼儿园,幼儿园与学校教育不是衔接的。约有 98% 的年龄在 5 岁到 6 岁的儿童进入了可选择的幼儿园,这一类幼儿园和学校教育是衔接的。

从理论和实践上讲,在小学之前,不存在正规的教育形式。学前教育仅仅是在一定程度上包含了很有限的教学课程(丹麦语、数学等)。其主要目的是社会教育。自 20 世纪 80 年代以来,一方面,学前班级和小学的老师已经有了合作关系,另一方面,1 年级的教师被称为协调学校的开创者,但协调的目的并不是为了使学前教育和学校教育衔接起来。

3.3 特殊教育

随着丹麦社会对学生要求的不断增加,社会各界开始关注特殊教育的发展。在 1991 ~ 1992 年,98% 的儿童进入了普通学校的正常班级里接受教育,但是,1.6% 的儿童在正常学校的特殊教室里接受教育。同时,0.3% 的儿童在特殊学校里接受教育。在 20 世纪 70 年代,从一定程度上讲,特殊班级和特殊学校的发展变成了特殊教育发展的重心。它以就近原则在普通学校、普通班级以及家庭里开展教育。但是,从教育上来讲,这一做法是试图在不健全儿童的早期,在特殊教育制度下而不是在普通教育制度下,满足他们的发展要求。

特殊学前学校服务的对象是年满 6 岁的残疾儿童。在 1992 年,大约有 2.3% 的这一年龄段的儿童接受了特殊教育,其中接受教育的男孩的人数是女孩人数的 2 倍。

进入丹麦公立学校接受特殊教育的学生主要

有以下几类:

(a) 大约有13%的儿童在动作协调上存在问题。

(b) 大约有14%的儿童在智力上存在问题。

(c) 大约有6%的儿童在表达上有障碍。

(d) 大约有7%的儿童在感官或身体上有缺陷。

(e) 大约有60%的儿童在学习上有问题,其中大部分儿童接受的是阅读教育。

现在,将近12.5%的学生在丹麦公立学校接受特殊教育,其接受教育的时间是有规定的。把所有形式的特殊教育都考虑在内的话,约有25%的在校学生在他们上学过程中都要接受一定的特殊教育服务。这些接受特殊教育的学生共有两种类型:一类是接受过较短时间的特殊教育(可能只有几个月的时间),一类是一直在接受特殊教育。

在小学和初中阶段,独立的班级主要由以下类型的学生组成:(a)有严重精神缺陷的学生;(b)大脑受损的学生;(c)有极端阅读障碍的学生;(d)听觉严重受损的学生;(e)身体有残疾的学生。有更严重缺陷的儿童通常都在特殊学校接受教育。不存在仅因为学生有严重的缺陷而把学生转移到特殊学校的成文规定。但是,在有些情况下,学生导师在一定时间内必须对学生负责。

14~18岁的年轻人可以进入青年学校接受教育和培训,以便提高他们的就业率和融入社会的程度。那些不能完成特定培训任务的、再进入教育系统接受教育有困难的、已经失业的年轻人还可以到生产学校接受相关的教育以改变原有的现状。有残疾的儿童也可以接受高中阶段的特殊教育。

要求为成人提供特殊教育的法律规定,地方当局要为身体或精神上有残疾的成人提供普通教育和特殊教育,其目的在于补偿和限制这些残疾人给社会造成的影响。特殊教育机构包括治疗言语障碍的诊所,帮助盲人和耳聋人的教育机构,帮助学习障碍者和有心理障碍者的学校等教育场所。地方当局也可以和私人组织合作,让私人组织提供特殊教育费用。每年约有75 000个学生修习100万节课。在1991年,地方上对特殊教育的投资额约有580万丹麦克朗。

3.4 职业、技术教育和商业教育

由于教育的供给(努力帮助不合格者达到合格)和私人企业与公共单位对教育的实际需求之间存在一定的局限性,在20世纪90年代初期,整个职业培训制度进行了变革。1990年的《开放教育法》提出要发展成人职业教育。在1991年,对年轻人职业教育和培训进行了改革,这次改革是由教育和研究部主持进行的。整个教育制度的目的在于确保高水平的专业技能,并对社会生产的需求有很好的应对能力。

丹麦职业培训的基础是"三明治"的体制。对年轻人而言,既是学生又是学徒(双元制);对成人而言,是工作和短期(一个星期或是夜校)课程的互动。一个典型的技术课程的学习年限是4年,其中约有80个星期是在学校。在商业学科领域,课程的学习年限是3年制的双元制(46个星期在学校)。课程的具体结构是由商业委员会制定的。所有的课程必须有官方权威机构的认可,政府和社会参与团体共同确定教育目标。对于从一开始就已经获得培训认证的学生而言,其学习年限可以相应缩短(60个或者24个星期在学校)。

学院是自治单位,这就意味着它们摆脱了当地政府的束缚,有较多的自由。但是同时,与此项目和课程有关的当地社会参与团体在自治董事会中必须占有一定的席位。劳动部为有技术和有准技术的劳动者提供了标准的短期课程。

3.5 成人和非正规教育

除了以上提到过的职业教育课程外,从一定程度上讲,成人教育和青年教育是非义务性的。其理论基础是基于学习自由的传统理念。

涉及普通教育的法律要求,每一年国家要对丹麦的成人教育组织提供10亿丹麦克朗的资金支持。而且还要分别给教育协会和继续学校(地方性的自愿青年学校)提供5亿丹麦克朗的资金支持。丹麦的教育协会——从房主协会到贸易协会,从家庭主妇团体到环境组织——对非正规教育的发展做出了相当大的贡献。即使这不是正规教育的一部分,但它对于发展普通教育而言是很重要的。

成人夜校也是很普遍的。一周上一两次课,上半年还是上更长的时间,是根据学生的个人兴趣而

定的。这些夜校提供了相当广泛的课程系统。不同行业人员都参与到了夜校的学习中,他们可以分享不同的学科知识。过去,夜校是免费的,但是现在,夜校制定了不同的收费标准,这也引起了相当多的问题。94%的成人教育课程是由私立教育机构提供的(大型的教育组织和地方性组织)。为了减轻受教育者的学费负担,国家对开放教育课程进行了一些资金支持。

进入民间高中的学生年龄必须是在17岁以上。约有15 000人参加了5~8个月的长期课程,约有44 000人参加了一周的短期课程。从很大程度上来讲,这些民间学校(在1992年有102所学校)是按丹麦牧师和诗人格罗特维希(Grundtvig,1783~1872)提出的原则建立起来的,其原则首先是国家应该介入到所有的教育体系中。公众的资金支持能解决民间高中任职人员的工资问题。

有关成年移民教育的法律指导相关的地区为成年移民提供教育,使他们在丹麦社会中发挥自己的作用。这样的教育主要包括丹麦语、丹麦文化和丹麦社会状况等方面的课程。在1991年,这一教育活动的参与者约有36 450人,与之相应的课时为751 851节,地方性的移民教育预算将近有2.54亿丹麦克朗。

1990年的《开放教育法》整合了在教育和研究部管辖范围内的几个教育领域,并主要讨论了政府拨款的问题,然而,关于具体内容的选择仍是各个顾问实体的职责,这些顾问实体有大学、教育和研究部等。这一法案的目的在于以职业合格为目标的业余教育课程和单科课程,为成人提供继续教育的机会,帮助此教育活动的参与者提高他们的职业资格,无论是对他们当前的职业或是未来的职业而言,这都是很有益的。

在教育和研究部管辖的一些教育机构内,开放教育主要是在职业技术教育机构和高等教育机构(大学、商业学校、工程学院等)里开展的。为了能进入这类教育机构,学习者通常要达到这些教育机构对普通学生的教育水平和资格的要求。课程的组织是以这样的方式进行的,即学习者可以在全职工作时间之外进行这些课程的学习,即使失业了,也可以通过这些课程的学习而得到好处。对开放教育活动的参与并不能使学生得到国家的教育支持。

4. 行政管理的结构与运行

丹麦有许多地方政府,这些地方当局对当地的教育负责。学校的管理是分散式的,但是教育和研究部起统领作用。从原则上讲,理想的模式是政府对教育机构实行有限权限管理,当地的教育机构能有一定程度的自治权限。然而,在实际运行中,从很大程度上讲,教育经费是政府集中控制的。

学前教育是由社会事务部管理的。小学和初中是由当地政府管理的。大部分高中由县和郡管理。大学和其他的高等教育机构是由国家管理的。所有的县立学校、市立学校和私立学校都可以得到国家的财政支持。

市政府对小学和初中的管理职能通过市董事会和它下属的教育委员会来实现,家长的影响在逐步增强。各级教育部门都在为获得一个强有力的领导体制而努力,事实上,当它们与具有很强影响力的传统管理员工进行沟通时,很多复杂的问题就产生了。

一般情况下,高中和大学预科班是由县董事会管理的。每个学校都有一个校董事会。学校的时间安排必须得到校董事会的认可,校董事会也可以参与学校经费预算的决策。每个大学预科班(包括与高级预科考试课程有关的那些教育机构)的管理是由校长进行的,这些校长都有不同的管理实体的支持。

继续教育与高等教育是由大学和一些专业技术学院提供的。绝大部分的教育机构是由教育和研究部管辖的。校长主要负责校外事务,同时对日常的学校管理进行监督。他们的职责是确保每一项决策都必须得到校董事会的同意。大学和高等教育机构的管理是争论的焦点。学生的影响在逐年增长,但是,在20世纪90年代早期,为了在高等教育机构管理阶层中取得更有力的地位,学生代表做出了一定的让步。

5. 教育财政

在1991年,丹麦在教育上投资了38亿丹麦克朗,相当于整个经费支出的12%,国民生产总值的7.5%。而社会服务费用和社会保健费用在国家总财政预算中则分别约占40%和9%。

自20世纪80年代早期以来,教育经费的分配已经有了相当大的变化。过去初等教育和中等教育经费在整个教育经费预算中所占的比例是50%以上。但在整个20世纪80年代,初等教育和中等教育在整个教育经费预算中所占的比例下降到了42%。职业技术教育和高等教育经费在整个教育经费中所占的比例增长了约20个百分点。但是,教育经费增长最快的是成人教育经费,在1991年,成人教育经费在整个教育经费预算中所占的比例约为14%,这个比例是20世纪50年代早期的2倍。

国家大约要支付公立学校财政开支的80%,学生家长支付公立学校财政开支的20%。同时,私立学校的教育经费也在增加,而小学和初中的教育经费减少了。

在1982年,初等教育和中等教育总的教育费用的6%分配给了私立学校,但是在20世纪90年代早期,这一分配比例已经增长到了7.25%。

国家对教育的财政支持包括各级教育的奖学金和学习贷款,这些奖学金和学习贷款的服务对象是18岁以上的学生。在20世纪80年代,各级教育的奖学金和学习贷款在不断地增长。在1988年,这一教育财政支持制度改变了,在20世纪90年代早期,从很大程度上讲,要求学生必须在规定的时间内完成自己的学业。奖学金数量增加了,而学习贷款减少了。

6. 师资

在1989~1990年间,丹麦约有85 000个教师。在20世纪80年代,初等教育和中等教育阶段的兼职教师数量减少了。在1992年,为小学教师和初中教师提供培训的学院有18所。绝大部分的教师都经历了4年的培训。他们都通过了高中毕业考试或者是与此对等的考试。他们的培训课程包括心理学、教育理论、社会调查、教学实践、丹麦语、数学、宗教以及其他的选修课程。

培训之后,教师具备了教授从小学到初中各个年级的资格。从很大程度上讲,教师可以申请更进一步的培训,尤其是接受丹麦皇家学校的教育学习,它提供的既有短期课程也有学位课程。同时还有许多地方性的培训服务课程为教师培训提供便利条件。教师培训服务体制现在面临很大的压力,因为相当多的培训是要收费的。

一般而言,高中教师都是大学毕业生,他们已经完成了大学学习,并进行了6个月的教育理论培训和实践。培训职业教育教师的国家学院为在职业学校固定教学的教师提供相应的培训课程。由于技术学校的教师资格是不同的,有些教师已经完成了高等教育,而有些教师学习的课程相当广泛,所以对他们的补充教育要采用不同的方式。

大学教师和在高等继续教育学校的教师都是本校毕业生,他们的注意力全放在了科研能力的培养上。同时成人教育的教师要有广泛的学科背景,他们中的大部分人除了担任教学工作外,还从事行政工作。

7. 课程开发与教学方法

教育和研究部为各级教育的所有学科都制定了教学目标。但是,地方当局和各个学校对学校的日常运作有很大的影响。教师可以自由选择他们认为好的教学方法,并且每个学校可以在教育和研究部设定的总目标的范围内决定自己具体的教学目标。

教学材料是由私人书写的,大部分由商业性的出版公司出版。对教材的范围和具体内容没有控制,其竞争也是很激烈的。新技术的引入可能会对教学材料产生一定的影响,但是到20世纪90年代早期,越来越多的人认为电脑应该取代现有的教学材料,尤其是在小学和初中,教学工具的选择已经相当现代化了。

丹麦作为一个变化迅速的社会,在语言教学这一领域,更新教学材料的速度如果与社会的变化速度保持一致的话,这在技术上不仅是不可能,在财政上也是不允许的。举个例子来讲,学校地理、历史、数学、文学等方面的教材根本不可能和社会的变化保持同步。但是,图书馆的高效利用——公共图书馆、学校图书馆和当地的教育材料中心,可以在一定程度上弥补教育资源严重不足的问题。

丹麦很可能会对外国语教育进行更多的关注。同时，国家支持加强丹麦语作为母语的教育，主要是在小学和初中学习阶段加强，也可以在其他的教育系统中加强。国家规定，加强丹麦语的阅读、丹麦文学和丹麦文化的学习，不仅是因为丹麦与欧洲的关系更加亲密了，而且因为丹麦也有很多移民。

相比学生的差异，教学的差异更是在逐步增长，这不仅是教师教学组织的一个问题，而且从本质上讲，不仅是单个的学生，班级亦将逐渐加入到其自身的学习体系中。因此在一个给定的时间内，学生与老师一道设定（和体会）那些个人和共同的学习目标。在这一过程中，学生学会了选择充足有效的学习方法、材料，并（与老师及同学）一道为教学和相应的评估——不管设定的目标是否实现——承担责任。这就需要作为个体的学生现实地了解他的自身学习途径和能力。

到 1993 年，国家依据教学存在差异的原则，对如何组织日常教学的问题并没有明确的指导方针。如果参与教育的所有团体都不来共同分担责任的话，那么，这只是一个原则而不能付诸实践。

8. 考试、升级和证书制度

在丹麦所有学校中，学生可以依据年龄不同自动地升级。在初中学习阶段，没有期末考试安排。在义务教育的前 7 年内，不给学生的学业成绩打分。

在初二和初三，学生的学业成绩实行 10 分制。在初二期末安排有毕业考试，在初三期末安排有更高一级的毕业考试。这些考试都是单科考试，并且不设定通过分数线，学生自主决定是否参加这些考试。在这种情况下，升级是不成问题的，只有少部分学生不能升级。但是，班级内设有广泛的特殊教育制度，采用统一的打分标准。在大学预科班，分数具有更重要的意义。而且老师经常给学生打分，为了得到毕业证书，学生必须通过每一科的考试。高级预科考试课程平常不进行打分，只在毕业考试时进行打分。

大学和其他高等教育机构的考试制度与北欧国家以及欧洲其他国家是非常相似的。在 20 世纪 90 年代早期，丹麦政府曾做过这样的尝试，即让丹麦的教育制度与欧洲共同体内其他国家的教育制度，以及丹麦学生经常留学的国家的教育制度保持一致。

从理论上讲，丹麦的学生可能从幼儿园到初中二年级结束从没有参加过任何单科测试，也可能从未进行过任何正规的考试。但是，在阅读和拼写方面，为了在一定程度上决定一个学生是否应该接受正规或非正规的特殊教育，通常都要进行一些考试。专家指出，如果为了进行特殊教育的话，应该再进行一次由经过特殊培训的教师、顾问和学校的心理医生组织的考试。

数学方面，经济型的准备考试方式经常在一定范围内采用，而这也仅是个别老师或学校的做法。在 20 世纪 80 年代，丹麦国家教育研究协会设计了一些诊断性的阅读和拼写考试的试题。这些诊断性的考试在普通教育中越来越受欢迎。它们主要是针对初中二年级以前的学生而设计的。

9. 教育评价、评估和教育研究

教育研究和发展一直是教育界的重心。自 20 世纪 80 年代中期以来，政府越来越重视教育质量的提高。为了鼓励学校和教师更加关注素质教育，各式各样的教育印刷品、书籍和书架等教育用品都已经准备就绪。值得提及的是，素质教育的开展不能仅靠政府、学校或学生、父母和教师而单独进行。但是，关于鼓励学生素质的发展的方法，或者更为重要的是素质究竟包含哪些内容等方面还没有达成完全一致的意见。

与经济合作和发展组织以及其他的斯堪的纳维亚国家、西方国家的有关教育评价方面的合作正在进行。来自这些国家的研究人员和政府官员组成了旅游团、调查小组、研究团在努力地对丹麦的教育制度进行部分评价。

关于建立统一的系统的教育评价制度的建议已经开始讨论了。丹麦国家教育研究协会进行的讨论尤为激烈。虽有如此多的建议，但是，能达成共识的却没有。丹麦已经参与了国际教育成就评价协会（IEA）的阅读识字学习评价。在 20 世纪 90 年代，又参与了国际教育成就评价协会的数学和科学学习评估。

要想确认学校的哪些经费用在了教育评估、评价和研究方面是不可能的,从斯堪的纳维亚国家和西方国家经常与丹麦进行对比的情况来看,这一现象带有普遍性,其原因可能在于相对有限的金额。

10. 20 世纪八九十年代的主要改革

自20 世纪70 年代以来,丹麦的教育制度一直处于持续的变革之中,但是改革的重心不断在转变。

一个相对灵活的行政管理原则已经发展了原有的传统,在这一传统中,变革可以在现行的法律规定框架内连续进行。同时,关于教育制度的公开讨论一直都存在。对教育进行立法的传统,至少对义务教育进行立法的传统,事实上已经形成了,并且得到了发展,因为丹麦国家已经出台了很多与教育相关的法律。

11. 2000 年面临的主要问题

9 年义务教育可能继续执行,年轻人有可能接受更多的职业教育,周期性的教育(例如继续教育和在职教育)可能将以各种各样的形式出现。在所有的可能性计划中,继续教育和在职培训将急需财政上的支持。这样的培训有可能由公立企业和类似于私立的企业承办,有可能在私人商务部门和公立教育机构内进行。

虽然人口的增长率比过去有所降低,不断扩大的同一年龄人口将还是能接受更多的教育。继续教育和在职培训将得到越来越多的重视。这一趋势表明,尽管公众关于为教育水平较低的年轻人和成人提供更多的教育机会方面有许多的建议,但拥有中等与高等教育程度的个人将是继续教育和在职培训人员的主力军。

丹麦面临的实质性的——也是最艰难的——任务是,需要建立一种传统,这一传统使得学生能够利用专业教育赋予他们的胜任力,并将这种能力和自身的优势知识及理解力联系起来,而这些优势知识和理解力又关乎他们的一般知识及他们的专业。

20 世纪 80 年代,功能性文盲是讨论的主题。对于大部分人而言,这似乎是不合理的,因为大多数丹麦人都能识字——许多人还识字很多。同时,因为伴随着受过良好教育的年轻一代逐步取代年老一代,功能性文盲的绝对数量将下降。丹麦的图书馆制度是世界上最发达的图书馆制度之一。从世界范围上来看,丹麦人的阅读水平是很高的,尤其是儿童的阅读水平。

但是,随着社会和雇主对雇员要求的不断增高,仍然存在功能性文盲的问题。这与其他的领域存在许多相似之处,例如,数学和外语的功能性能力等。

对个人能力方面所提出的要求相当多,同时也有不断进取的推动力。可以预见,由于这一推动力要求对于不同的年龄阶层要有不同的可供选择的教育制度,所以让正规教育制度起到推动力的作用是很困难的。

M. 詹森(M. Jansen)
S. 克雷纳(S. Kreiner) 著
贾丽丽 译

附录

Ministry of Education and Research 1992 *Education in Denmark – The Education System.* Ministry of Education and Research, Copenhagen

其他参考文献

Blake M E 1984 Reading in Denmark: A relaxed atmosphere is the key. *Read. Teach* 38(1):42—47

Danish School Libraries 1982 *Danish School Libraries.* The Danish Association of School Librarians, Copenhagen

Jansen 1985 Language and concepts: Play or work? Seriousness or fun? Basics or creativity? In: Clark M M (ed.) 1985 *New Directions in the Study of Reading.* Falmer Press, London

Jansen M 1987 *The Fight Against Illiteracy – Described from a Danish Starting Point.* Report prepared for The International Office of the Ministry of Education and Research. The Danish National Institute for Educational Research, Copenhagen

Jansen M 1989 Literacy. In: Galton M, Blyth A (eds.) 1989 *Handbook of Primary Education in Europe*. David Fulton, London

Lundberg I, Forst J, Petersen O P 1988 Effects of an extensive program for stimulating phonological awareness in preschool children. *Read. Res. Q.* 23(3): 263—284

Mejding J 1992 Reading ability-More than basic skills. In: Belanger P, Winter C, Sutton A (eds.) 1992 *Literacy and Basic Education in Europe on the Eve of the 21st Century*. Swets and Zeitlinger, Lisse

Ministry of Education and Research 1973 *Special Education in Denmark*. Ministry of Education, Copenhagen

Ministry of Education and Research 1988 *The Folkeskole-Primary and Lower Secondary Education in Denmark*. Ministry of Education, Copenhagen

Ministry of Education and Research 1989 *Special Education in Denmark-with Particular Emphasis on Reading Disabilities*. The Danish National Institute for Educational Research and the Ministry of Education and Research, Copenhagen

Ministry of Education and Research 1991 *Act on the Folkeskole*. Ministry of Education and Research, Copenhagen

Ministry of Education and Research 1991 *Handicapped Students in the Danish Educational System*. Ministry of Education and Research, Copenhagen

Ministry of Education and Research 1991 *The Folkeskole*. Ministry of Education, Copenhagen

Ministry of Education and Research 1991 *The Danish Gymnasium*. Ministry of Education and Research, Copenhagen

Ministry of Education and Research 1991 *The Danish Higher Preparatory Examination*. Ministry of Education and Research, Copenhagen

Ministry of Education and Research 1993 *Facts and Figures. Education Indicators-Denmark*. Ministry of Education and Research, Copenhagen

Pagaard P E 1991 *Reading Development and Reading Comprehension*. The Danish National Institute for Educational Research, Copenhagen

爱沙尼亚的教育制度(Estonia: System of Education)

1. 基本背景

爱沙尼亚共和国是波罗的海地区最北部的国家,领土面积 47 500 平方公里。爱沙尼亚南部与拉脱维亚接壤,东部与俄罗斯交界。北部海岸由芬兰湾环绕,西部海岸由波罗的海围绕。爱沙尼亚的首都是塔林。

爱沙尼亚现在居民的祖先早在 5 000 年前就已经在这一地区定居了。1918 ~ 1940 年间,爱沙尼亚是一个独立的国家。1940 年爱沙尼亚成为苏联的一个加盟共和国。在 20 世纪 80 年代末期,爱沙尼亚又重新恢复了对国家行使主权。在 1992 年爱沙尼亚通过了一个新宪法,接下来,选举了国会和总统,建立了政府。原来高度集权的体制被一个民主化的、政治多元的议会制取代。在 1991 年,有居民 150 万人,其中 61.5% 是爱沙尼亚人。苏联时期爱沙尼亚的人口结构有所改变。在 1940 年之前,有 90% 的人口是爱沙尼亚人。人口结构受到了来自苏联不同地区的集中移民的影响。在爱沙尼亚,有俄语学校、报纸、剧院、文化组织等,在讲俄语的人口集中的东北部地区情况更是如此。

多数人生活在城镇(1991 年为 71.4%)。急剧的城市化从第二次世界大战结束就开始了,到 20 世纪 80 年代末期才结束。在 20 世纪 80 年代末期,大多数人在工业或服务部门工作。全体劳动力中,只有 11% 的人从事农业生产。在苏联时期,爱沙尼亚没有私人经济。从 20 世纪 90 年代初期开始,经济制度发生了根本性的变化(私有化、新技术、市场经济的重新定位、浮动汇率制的引入)。经济的重新组织导致一些企业倒闭,财政出现赤字,以及在社会主义时期一个闻所未闻的现象——失业。

爱沙尼亚的教育制度是在 13 世纪、14 世纪创建的大教堂学校和修道院学校的基础上建立起来的。在1583年,耶稣会会员建立爱沙尼亚第一所高等学校。在1632年,瑞典国王古斯塔夫(Gustavus II Adolphus)建立了爱沙尼亚第一所大学。从16世纪开始,路德教派的教堂对爱沙尼亚的文化和教育事业产生了一定的影响。在17世纪,为农民建立了第一所学校,并且到了17世纪下半叶,建立了为农民学校培养本国师资的2年制学院。到18世纪末期,有大约2/3的农民具备阅读能力。根据1881年的人口普查,有大约90%的爱沙尼亚人受过教育。从1918年爱沙尼亚取得国家独立后开始,包括大学在内的国民教育制度获得了发展,爱沙尼亚语是教学用语。

2. 教育政策与目标

从1940年开始,对于爱沙尼亚发展独立的教育政策,其可能性非常有限。但是,尽管面临高度政治化和苏联统一的教育结构及课程的压力,爱沙尼亚依然使用爱沙尼亚语进行教学,保留了分层的学校制度。

20世纪80年代末期出现的政治复兴,也激起了爱沙尼亚教育事务中的民族身份意识。政治家们非常赏识一种去政治化的、以儿童为中心、人道主义的教育形式。到1993年,社会民主主义者和自由主义者为教育草拟了更精确的指导原则。

1992年通过的爱沙尼亚教育法案规定,除了进行一般的人文教育,教育的主要目标是促进少数民族的发展,促进爱沙尼亚语和文化的发展。

3. 正规教育体系

在20世纪80年代末期,爱沙尼亚教育制度进行了两个关键性的改革。首先,用9年义务基础学校代替义务中等学校。其次,将4年制学院水平的机构引入第三级教育,使其与大学并肩发展。私立教育机构作为现存公立教育机构的补充,开始发挥作用。

图1给出了爱沙尼亚正规教育体系的学制图。教育体系包括学前教育、初等教育、中等教育、职业教育、大学/高等教育和成人教育。除大学外,各级教育都可依据使用的教学语言,分成爱沙尼亚教育机构和俄语教育机构。在大学中,也有使用俄语教

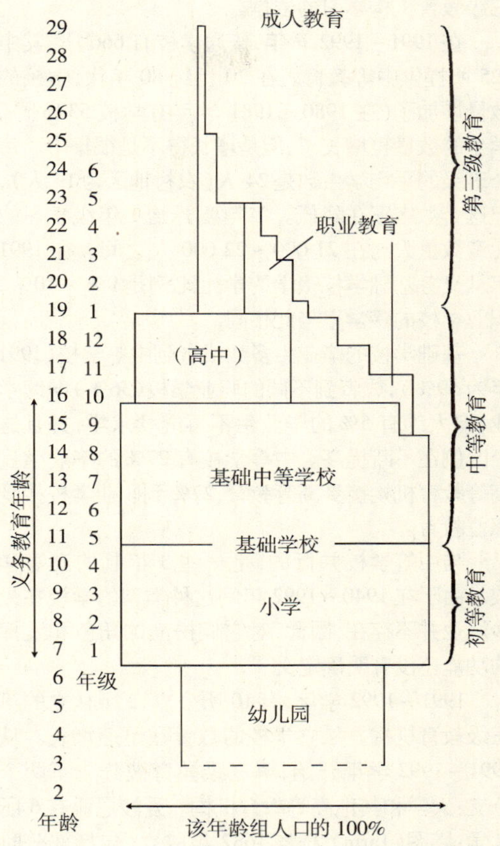

图1　爱沙尼亚:正规教育体系的结构(1992)

学的学科小组。在爱沙尼亚教育机构接受各级教育的学生比例分别为:基础学校61%、中等学校75%、职业学校63%~68%、第三级教育84%。

3.1　初等教育、中等教育和第三级教育

义务教育从7岁开始,前4年属初等教育。中等教育被分成两个阶段:基础教育(5~9年级)和高级中等教育(10~12年级)。初等教育和基础教育(1~9年级)构成了义务学校教育,即使学生没有达到16岁。基础学校证书为学生进入下一个阶段学习提供了依据。基础学校之后,学生面临两个主要选择:高级中等学校(10~12年级)和职业学校。一些职业学校除了提供职业教育外,还提供中等教育。中等教育证书是学生升入大学或其他第

三级教育机构学习的依据。

在 1991 ~ 1992 学年，普通学校有 666 所，其中 225 所提供中等教育。在 20 世纪 80 年代，学校的数量增加了（在 1980 ~ 1981 学年有学校 537 所）。学生的数量也增长了，但是增长得不是很集中。每个班级的平均学生数是 24 人（农村地区为 19 人），但这个数字正在降低。每年要开始 1 年级学习的儿童数量大约在 21 000 ~ 22 000 人之间。在 1991 年从义务基础学校辍学的学生比例是 9% ~10%，职业学校的辍学率与此相同。

基础学校的毕业生多数或者到中等学校（1991 年为 59%），或者到不同的职业学校（36%）继续学业，但大约有 5% 的毕业生不再继续求学，并且这个比例在不断提高。中等学校有 27% 的毕业生到高等教育机构接受高等教育，27% 到职业学校接受职业教育。

与中等学校并行的，是一些 3 年制的高等学校。由于在 1940 ~ 1992 年间这种类型的学校在爱沙尼亚并不存在，因此，对它们扮演的角色和发挥的功能还没有明确定义。

1991 ~ 1992 学年，有 10 所公立、2 所私立的第三级教育机构。私立学校的数量在迅速增长。从 1991 ~ 1992 学年开始，第三级教育被分成了两个分支：大学和其他高等教育机构。爱沙尼亚有 6 所大学：塔图（Tartu）大学，1632 年成立（包括部分时间制学生在内，共有学生 8 000 人）；塔林技术大学，1918 年成立（9 000 人）；塔林艺术大学，1938 年成立（500 人）；塔林音乐学院，1919 年成立（500 人）；爱沙尼亚农业大学，1951 年成立（4 000 人）；1952 年成立的塔林教育大学（3 600 人）。在 1991 ~ 1992 学年，大学的总学生数是 26 000 人（包括5 300名大一学生），非大学学院总学生数 760 人，私立高等教育机构总学生数 250 人。绝大多数学生（88%）是从普通中等学校直接升上来的。非大学高等教育机构成立比较晚，主要是根据以前的技术学校建立起来的。

3.2 学前教育

在 1991 年，爱沙尼亚有 794 所幼儿园，在校儿童 81 000 人。平均来说，城镇地区每所幼儿园有 137 名儿童，农村地区每所幼儿园有 46 名儿童。1 岁儿童大约有 4%、2 岁 38%、3 岁 60%、4 岁 68%、5 岁 72%、6 岁 69%、7 岁 25% 在幼儿园注册。教学用语是爱沙尼亚语（65% 的儿童）和俄语（28%）或双语教学（6%）。尽管广泛的幼儿园机构网络得到了政府的支持，但从 20 世纪 80 年代末期开始，幼儿园的入学率出现了大幅度下降。

3.3 特殊教育

年龄在 1 ~ 3 岁，有中度和严重身体或智力残疾的儿童，由一些门诊部门和相关领域的服务机构照顾，这些服务只有大的城市和地区才提供。3 ~ 7 岁有讲话、视觉、听力障碍与智力缺陷或畸形的需要特殊教育和培训的儿童，可参加特殊教育幼儿园。自 20 世纪 80 年代末期以来，这类儿童的数量（占该年龄组的 3% ~4%）略有下降。

1992 年，为身体、智力或情感方面存在障碍的孩子提供特殊教育的特殊学校有 50 所。爱沙尼亚为大约 10 500 名学生，或 1 ~ 9 年级 5. 5% 的学生提供特殊教育服务。在他们当中，2. 7% 在特殊学校、特殊班级注册；2. 8% 接受部分时间制的修正教育和讲话疗法。平均生师比幼儿园/弃婴医院为 2:1，寄宿学校为4:1，特殊走读学校为 8:1 到10:1。将残障者纳入正规的学习班级的活动从 20 世纪 80 年代末期就开始了。在特殊学校初等年级注册的学生的人数减少了，但 11 岁以上有行为问题的功能性文盲学生比率却上升了。20 世纪 90 年代初期以来，爱沙尼亚扩大了为中度智力障碍儿童提供的教育服务，这样就使更多的残疾儿童有机会到特殊学校接受教育。引进了多样和弹性的方案，以便使有学习困难的学生能够在正常班级接受教育。其目标是通过将智力或情感方面存在障碍的孩子融入正常班级，从而使他们学会独立生活，但 20 世纪 90 年代以来，实现这个目标的希望破灭了。为了将早期诊断和恢复治疗结合起来，引入了家访式学习方法，以使家长和他们的残疾孩子得到培训。

3.4 职业、技术教育和商业教育

20 世纪 90 年代以前，爱沙尼亚的职业教育要与苏联的政策保持一致，这种政策在第三级教育和职业教育系统之间设立了人为的界限。通常，义务中等教育要以一种职业培训的严格形式为补充。

在1981年,爱沙尼亚有81所不同的职业培训机构,有在校生28 000人,为100多种不同的行业培训人员。20世纪90年代初期以来,有6所第三级教育水平的职业教育机构。为了满足国家和市场经济发展的需要,已经开设了一些新专业(如:商务管理、航海、航空、旅游以及警察和军事教育等)。为了确保更多的人能接受职业教育,爱沙尼亚将非第三级水平的职业教育机构的行政管理权下放给了地方市政当局。出于同样的目的,一些中等学校也开展了一部分职业培训。

3.5 成人和非正规教育

到20世纪80年代末期,爱沙尼亚有多种形式的成人教育,通过它,人们就能继续职前或职后的普通教育或职业教育。为了实现个人的自我发展,组织了丰富多彩的文化活动。这些活动可在各种学校小组、闲暇俱乐部、娱乐中心等地进行。20世纪90年代初期以来,无论是公立的,还是私立的教育机构都积极地参与到成人教育和非正规教育中来,特别是以前被忽视的领域,如人文科学、讲俄语人口的爱沙尼亚语教学、现代语言、家庭疗法、商务立法与行政管理、计算机应用和宗教等。职业组织和一些国家机构正在着手开发职业证书标准(医学、工程、法学、教育和行政管理)。有一个名为"安德拉斯"的志愿性组织,它试图协调各种成人教育活动。

4. 行政管理的结构与运行

由国会决定教育制度的原则和一般结构。政府负责建立和保持公立教育项目,调整大学和其他高等教育机构的管理。文化与教育部负责公立教育项目和标准的制定与实施工作,它同时还为私立教育机构颁发执照。

地方市政当局负责建立和执行地方教育制度,建立并资助地方市政教育机构。地方自治形成了管理幼儿园以及初等教育、中学教育和职业教育机构的结构单位。

1993年年初,教育的行政管理和督导机制仍在开发之中。教育标准的制定已经开始了。除大学外,公立教育机构的课程由文化与教育部批准。

5. 教育财政

1989/1990~1993年间,国家财政预算用于教育的比率,官方数字是:1989~1990年度11%,1991年12%,1992年16%,1993年17%。这些数字不包括地方政府教育经费和来自私人、国外的经费。高等教育和中等教育的生均成本比例是2.5:1。公立初等教育和初等教育依然实行免费制,但是在大学里,有些类型的学生要交纳学费。为学生发放的奖学金数量已经大大减少了。引进了一套学习贷款制度。私人资助和来自国外的经济支持不仅覆盖了初等教育和中等教育,而且还覆盖了正规和非正规教育的其他形式。

6. 师资

综合学校和中等学校教师的数量超过了19 000,占总劳动人口的2%。在1992年,各级教育的生师比分别是:幼儿园9.3:1,初等学校17.9:1,中等学校11.9:1,第三级教育机构8.8:1。教师的受教育水平要看他们是在什么样的学校任教。在幼儿园,多数教师受过2~3年的第三级教育,并且有1/6的教师读完了完整的大学教育课程。50%的初等学校教师和81%的中等学校教师受过大学教育。通常,城市地区教师的受教育程度比较高。初等学校和中等学校的多数教师是女性(85%),但是,在职业学校30%~40%的教师是男性。在教师这一行业中,30岁以下的教师占25%,13%的教师到了退休年龄。由于长期以来教师的薪水很低,所以教学职业并不受年轻人的欢迎。由于长期缺乏师资,特别是在一些偏僻的农村地区,使得学校的师资非常困难。

在爱沙尼亚,由3所大学和5所教育学院培养教育人员。塔林教育大学培养幼儿园教师、初等学校班级教师,以及为基础学校和中等学校培养科目教师。同时还有为教师和学校管理者开办的在职培训项目。从20世纪90年代初期开始,还培养了社会教育教导员和学校顾问。在塔图大学,学生在为期1年的学术性学习之后,就可获得基础学校和中等学校的科目教师资格,或者是在教育主要科目的本科生学习的同时即可获得。1968年在塔图大学建立了一个特殊教育学院,以为特殊教育和补救教育培养师资。塔林音乐学院为音乐教育培养师资。

7. 课程开发与教学方法

1940~1987年间开发的课程,不得不从苏联教育意识形态的一般原则出发。尽管这些原则严格要求统一课程,但是爱沙尼亚仍保留了一些自己的教育传统,如用母语教学、使用由爱沙尼亚作家编写的一些教科书、上课时间超过1年、音乐教育一直进行到学生中等教育毕业等。

1987年,爱沙尼亚教师协会开始了重建,从1989~1990学年开始,进行了课程改革。课程去政治化,将很多教学大纲现代化,减少记忆性材料,分配给选修科目和外语的时间增加,并引进了新的科目。

学生要至少学习两门外语,至于要学习哪门外语由他们自己决定。3年级开始学习一门外语,6年级开始学习另一门外语。最受欢迎的外语是英语、德语、芬兰语和法语。在高级中等学校,学生还可能学习第三门外语,但这是选修的。

按照苏联的课程进行教学的爱沙尼亚俄语学校,于1990~1991学年开始进行课程改革。到1992~1993学年,爱沙尼亚基础学校和俄语基础学校的课程完全一样了。

全国实行核心课程,但是学校和学生对一些科目有选择权。根据1992~1993学年的课程表,初等学校每个年级每周的教学时间分别为:1、2年级20小时,3、4年级25小时,6、7年级29小时(加2小时的选修课),9年级32小时(加3个小时的选修课)。在中等教育水平,核心课程每周24小时,还有不同科目8小时,以及选修课4小时。中等学校教育每周的教学时间是36小时。就这一级的学校教育而言,爱沙尼亚学校和俄语学校的课程是不一样的。

8. 考试、升级和证书制度

学生的学业评价、学生从一个年级升入另一个年级,以及学生从学校毕业等事务都是由文化与教育部学校司管理的。学生的学业成就以5分制计算。在基础教育和中等教育的每个年级期末发放成绩单,以监控学生的进步情况。考试,无论是口试,还是笔试,都是从6年级开始。不采用成就测验。在基础学校(9年级)学习结束时,给学生颁发第一个正规证书。在中等教育结束时颁发第二个证书。金质奖章和银质奖章授予最优秀的学生(在1991年,有50名学生获得了金质奖章,获得银质奖章的有312人)。

获得中等教育证书并不意味着学生就能自动升入第三级教育机构或大学。申请者必须通过入学考试。

9. 教育评价、评估和教育研究

爱沙尼亚正在重建它的教育制度。到1993年,学校的类型结构和课程内容已经发生了一些变化,但是现在还没有什么具体的反馈。估计现在的这些变化所能得到的效果,要几年后才会显示出来。

教育效率的评价以爱沙尼亚所有学生不同科目的笔试成绩,和各个年级期末考试的成绩为基础。

10. 20世纪八九十年代的主要改革

20世纪80年代进行的仅有的一次教育改革是和1987年爱沙尼亚教师大会联系在一起的。在这个会上,批准了重建教育政策的决议。在20世纪90年代,需要修正、改善和发展80年代教育改革的观点。

11. 2000年面临的主要问题

爱沙尼亚教育在20世纪90年代几乎对教育的每个方面和领域都进行了仔细检查,并宣布需要修订与重建。其中最值得注意的是:教育的结构;各级教育之间的关系;教育质量;教育与经济的关系;教育与文化的关系;教育与人权、自由的关系;教育立法与行政管理;公立教育与私立教育的相对比例;人员的供应和教育财政。

当爱沙尼亚的教育正朝着2000年迈进时,它面临的主要问题是如何以稳定的方式建立一套灵活反馈的教育机制。

O. 穆斯特(O. Must)
J. 科尔吉萨尔(J. Kõrgesaar) 著
U. 卡拉(U. Kala)
吴志兰 译

附录

Eesti Õppeasutused 1991/1992 Õppeaasta alguseks. Statistika aastaraamat. Eesti Vabariigi Riiklik Statistikaamet, Tallinn

Rajangu V 1992 *Educational Statistics Album of Estonia.* Eesti Vabariigi Haridusministeerium, Tallinn

Rajangu V 1993 *Das Bildungswesen in Estland. Grundlagen, Probleme, Perspektiven.* Böhlau, Cologne

Ruus V 1992 Eesti hariduse probleemistik ja eesmärgiseade. (Unpublished manuscript.)

Siimaste E 1992 Eesti haridus arvudes. *Haridus* 5, 6

芬兰的教育制度(Finland:System of Education)

1. 基本背景

芬兰是位于北欧的一个共和国,在瑞典和俄罗斯之间。在这之前,也以"独立时代"著称。芬兰大约有6个世纪的时间是属于瑞典王国的一部分。在属于瑞典的时代,斯堪的纳维亚法律和社会系统在这个国家建立起来,教育体系的框架也建立起来。第一所大学建于1640年。小学教育和教育培训是模仿自治时期中欧的体制。

从20世纪50年代的农业社会过渡到20世纪80年代以服务为导向的现代社会,芬兰经历了巨大的变化。1950年,46%的劳力靠农业和林业为生,但是40年后,靠农业和林业为生的人降低到8%。1990年,31%的劳力就职于工业部门,61%的劳力在服务行业。出口占国内生产总值的23%,工业的主要部门是木材加工、金属、食品加工和化学。在20世纪80年代的经济增长时期,芬兰成为世界上最富裕的国家,人均国内生产总值为105 000马克(27 400美元)。在20世纪90年代,经济衰退,然而,仍能满足教育的需要。

芬兰有两种官方语言,尽管大多数人讲芬兰语,但是有6%的人讲瑞典语。官方的双语制可以确保讲瑞典语的人有同等的机会接受各个层次的教育。20世纪80年代,萨米尔人要求增加其民族的文化和语言权利,萨米尔人是一个生活在芬兰北部的少数民族,有1 700人(例如,更多地用本民族语言——萨米尔语讲课已成为可能)。

在芬兰的500万人口中,有65%的人口生活在城镇和城市。全国有338 000平方公里面积,其中65%是森林,10%是内河水路。平均而言,每平方公里有16个居民。然而,有一半以上的人生活在只占全国面积1/10的南部。首都赫尔辛基,有大约50万人口。最北部的人口密度只有每平方公里2人。

从20世纪50年代以来芬兰人口增长了大约1/4,增长大约将持续到世纪之交。16~19岁年龄段的人口将增加,然而,综合学校学生年龄将逐渐降低。在20世纪90年代,劳动力人口的比例在工业国家中还将是最高的,这是由于第二次世界大战后的"大年龄组"造成的。然而劳力正在老化,妇女雇员不断增加,以至于70%的妇女从事工作。

自1970年以来,接受一些形式的义务后教育的人口翻了一番。芬兰的特点是年轻人受教育水平高,特别是年轻女性。1989年,83%的25~29岁的人接受某种形式的义务后教育。但是,整个劳动力人口中,38%的人没有完成最低的义务教育。成年人的职业培训仍然是发展的一个重要方面。

随着20世纪60年代以来的经济增长,各级教育也在不断扩张和改革:70年代,9年义务教育综合学校方案实行;80年代,在中学教育和职业培训方面进行了改革;1977~1984年间,大学教育管理和奖励机制进行了改革。教育在数量上也有了发展,特别是职业教育和高等教育。

在芬兰每一个自治区都有一所综合学校,高中和大学平均地分布在全国。过去由于地区和语言因素而引起的教育中的差别显得不再重要。

2. 教育政策与目标

芬兰国会(1992年30%的代表是妇女)决定教育政策的总纲,通过教育立法,决定国家财政中的教育经费。国会、教育部和中央教育当局执行决定。

教育计划体制除了基于由政府官员开展的工作外,还包括委员会和工作组的工作。教师的组织水平很高,教师工会代表几乎整个教师行业。

教育体制强调政党的重要性。教育体制的主要改革是在所谓的“国民前线政府”期间进行的,该政党是政治中心和左派的联合体。然而,改革确实得到了右翼国民联合党的同意。瑞典人民党也经常参与政府事务,来捍卫讲瑞典语的少数民族的权利。20 世纪 70 年代和 80 年代教育计划遵循的原则是“平等”。它强调地区和经济平等,性别平等,最后是不同年龄组的人平等。

在芬兰,教育历来就很受尊重,教育对社会和经济发展的意义是众所周知的。尽管左派有强调平等的倾向,而右派强调个性和高效,各政党的教育政策本质上没有很大差别。20 世纪 80 年代末右翼国民联合党参政和 90 年代初非社会主义政府的参政显示了社会价值的变化。今天,各政党日益强调利润问责制、个性化和分权。

3. 正规教育体系

教育和研究以及成人教育的管理,主要集中在教育部。教育部强调按照终身教育的原则发展整个教育系统。第一个发展整个芬兰教育系统的总的五年计划在 1991 年底公布。

3.1 初等教育、中等教育和第三级教育

芬兰正规教育包括综合学校、义务后普通和职业教育以及高等教育。所有的教育都是男女同校的,大部分是免费的。在综合学校和普通高中,一学年是 190 个教学日。

自 1973 年以来,自治区有法律责任提供日托以满足需要。强迫性的学前教育由社会事务的健康部管理的日托儿所提供。在人口稀少的地区,日托很难安排,幼儿的教育一般在综合学校进行。大约 60% 的 6 岁儿童和1/3的 3 ~ 6 岁儿童参加各年级的学习。20 世纪 90 年代的目标是保证所有 6 岁儿童有权参加作为教育和社会福利合作的学前教育。

在芬兰,参加义务教育是和是否完成综合学校的教育相联系的,义务教育从 7 岁开始,一共 10 年,直到毕业。特殊情况下,一个学生可以早上学

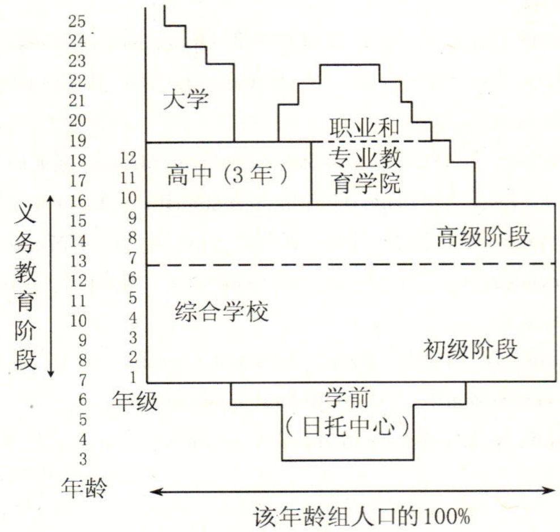

图 1 芬兰:正规教育体系的结构

一年或晚上学一年。从实际情况来讲,整个适龄人口都完成了义务教育。

综合学校是 9 年,分为初级阶段 6 年,高级阶段 3 年,在初级阶段,每周上课课时从 19 小时到 26 小时不等。在高级阶段,每周有 30 小时。学校也提供额外的(可选择)的第 10 年级。

在 1990 年秋季学期,大约 590 000 名学生在综合学校学习。他们中的大约 6% 是在瑞典语学校,只有 1.5% 在私立学校。20 世纪 90 年代早期,不得不设立初级学校,以使学生不必离家 5 公里上学。这是造成某些学校的规模很小,但是学校数量很多的原因。1991 年,大约 65% 的这种学校只有 1 ~ 3名教师。因为学区很大,高级阶段学校的数量很少。

高中是 3 年普通高中,结束时有一个注册考试。是以课程形式授课。一些学校没有严格的年级划分,这样在 2 ~ 4 年内可完成学业。每周的课时从 28 到 32 不等。在最后一年级,测验和注册考试占据了春季学期的大部分时间。

职业教育有 25 个基本科目,这些科目又进一步分为 200 多个专业。为学生提供三种水平的职业资格:学校水平证书、学院水平证书、高等职业教育文凭。因学生的学习领域和基础教育水平的不同,修业年限从 1 ~ 6 年不等,只要完成学业规定的

要求即可。对于综合中学和高中毕业不参加职业学习的学生有不同的计划。

修完综合学校的课程,学生就有机会进高中学习或接受职业教育。1989 年,83% 的综合学校毕业生不间断地继续学习。这些毕业生大约有一半接受高中教育,进入高中学习的女孩(59% 的综合学校女毕业生)一般比男孩(40%)多;大约有 34% 的综合学校毕业生进入职业学校学习,进入职业学校的男生(43%)往往比女生(24%)多;大约 6% 的综合学校毕业生选择进入自愿性的第 10 年级学习。据估计,有不足 10% 的离开综合学校的毕业生不接受职业教育,也不接受第 10 年级教育。

自 20 世纪 50 年代以来,高中人口剧增。在 1990 年,大约 45% 的 19 岁青少年参加注册考试,然而在 20 世纪 50 年代只有 10% 参加注册考试。自 1947 年以来,女性已占参加注册考试人数的一半,为了沟通普通高中和职业教育之间的鸿沟,已采取了多种努力措施。自 1970 年以来,普通高中和职业教育已呈平行发展状态,并且自 1991 年以来,职业教育机构授予的高等职业文凭也同样可参加高等教育入学考试。为了年轻人(16 ~ 18 岁)的教育实验正在进行,实验的目的是为义务后教育计划新的统一形式的课程。并且有人提出建议,未被录取而准入大学的学生比例应为 5% ~ 15%。

被大学录取的学生可在职业教育和大学之间进行选择。学生中的一半以上选择继续在职业学院学习,但他们中只有 1/5 直接这样做。他们中的大多数开始先学习主要为大学生设计的课程。在 1990 年,高中毕业生占进入大学学习的学生人数的 20%,选择进学院或高等职业教育机构的学生占高中毕业生的 60%,当年被录取的学生占大学录取总人数的 16%。

教育和劳工部门为保证离开学校的人能接受继续教育做出了很多努力。大约每个离开综合中学和高中的学生都有 1.4 个在职业教育和高等教育中选择的机会。大学总的接收能力是适龄人口的 1/4。离开综合中学和高中的学生中,10 个人中有 9 个接受职业教育或大学教育。辍学率、多元教育、没有文凭从一个学校转到另一个学校的现象都有所增加。一个学生可以同时申请几个学校,也可能同时被几个学校录取。

1992 年,芬兰有 20 所高等教育机构,每个高校都执行研究功能并提供研究生教育。自从 20 世纪 70 年代和 80 年代初期的学位改革以来,废除了几乎所有的学士学位,芬兰的基本大学学位是硕士学位。从世界范围来看,大学生的年龄相对较高。大学一年级学生的一般年龄是 21 岁,一般获得基本学位的年龄是 27 岁。

有 11 万名以上的学生接受高等教育,其中大约一半是女性。在 20 世纪 80 年代,学生的数量逐渐增加。部分原因是由于招收的学生数量的有计划增长,但还有一个原因是因为在高等教育的学习时间长。从 1981 年到 1989 年新生的数量增长大约3 000人。增长最大的主要是在科学和技术领域。

在 1991 年,对职业高等教育机构(综合技术学院)的实验开始。目的是提高学院和高等职业教育的水平,并且使教育系统合理化。1996 年,这些新机制和高等教育(大学)等级评定很有可能被引入芬兰教育系统。

3.2 特殊教育

义务教育对残疾儿童也适用。对于那些不能在正常综合学校学习的学生来说,义务教育从 6 岁开始(有 2 年基本教育),持续 11 年。

综合学校为不能参加正常学校学习的残疾儿童提供特殊教育。教育在特殊课堂进行,如学生学习或适应有困难,就以业余家教辅导的形式进行。特殊学校,自治区或国家办的学校,或私立学校,是为严重残疾的学生开设的。1990 年,有 362 所这种学校,这些学校遵循综合学校的目标,但做了一些调整。

还有一些特别安排和设施来帮助参加高中或大学学习的残疾学生。在职业教育中,按照特殊教育的需要,学生可以参加正常教学,也可参加特殊课程学习,或可以参加特殊职业教育机构的学习(1991 年有 16 个)。这种教育的目标是为这些学生获得和其他同学同样的职业资格。

特殊教育主要为综合学校里在讲话、阅读或书写能力方面有残疾的学生提供。1987 年,17% 的综合学校学生参加某种形式的特殊教育。大多数学生是男孩。精神错乱和适应社会能力不良的学生轻微增加。大约 2% 的参加职业教育的学生会被给予特殊指导，0.2% 的学生参加高中学习。

由劳工部资助的劳工办公室在残疾人进入劳工市场时，为他们提供特殊服务。这些残疾人将得到选择专业和如何找到合适工作方面的帮助，还对他们进行工作和教育方面的实验性安排。

3.3 职业、技术教育和商业教育

职业教育已发展成为教育系统中不可缺少的部分。通过扩大教育机会，拓宽课程，将决定权下放给地方和教育机构等措施来适应工作变化的需要，也开始使教育课程适应特殊地区的需要。职业学院可以建立咨询委员会，以保持和发展与工作的联系，并促进活动。

大多数职业学院有成人教育部门，并且建立了单独的职业成人教育中心。从 1991 年以来，劳力市场官员可以根据客户需要，从职业成人教育中心和大学、私人教育组织或在职培训机构购买职业教育。

学徒教育由教育部监管，由地方董事会管理。为获得工作经验，职业教育机构的毕业生也能参加此类教育。每年学徒生的数量大约一直为 8 000 名，大多数学生是成人。

3.4 成人和非正规教育

随着工作的不断变化，劳动力的老龄化以及失业率不断增长的趋势使成人教育的重要性突显出来。芬兰按照继续教育的原则，努力将成人教育列入教育系统。1978 年，芬兰政府规定了成人教育目前的发展轮廓，优先权放在职业教育的发展上。职业教育的管理和组织机构在 20 世纪 80 年代建立。在全国的各个地区都提供职业教育课程。大约有 1 000 个机构和组织每年为大约 1 500 万名成年人提供教育。1/3 参加成人教育的成年人是在正规教育系统内接受教育。从 1980 年以来，接受成人教育的人迅速增加，职业成人教育学生的数量增长了 10 倍。1989 年，有大约 44% 的雇员参加在职培训。

普通成人教育由人文教育机构如成人教育中心、民间中学、夜校和学习中心安排。在 20 世纪 80 年代所有的大学都成立了继续教育中心。在开放大学和夏季大学，也可接受到大学层次的成人教育。公共图书馆网络为学习提供了很好的支撑服务。职业成人教育几乎都由职业成人教育中心、职业机构、由企业和实业经营的特殊机构、作为学徒培训中心的机构提供，职业成人教育提供学徒培训。劳动力市场培训也是职业成人教育的一个重要方面。

成人教育机构的资金由国家、自治区、雇主和学生来提供。各种形式的成人教育由政府资助，学生在职业教育机构的学费由国家和地方当局负担。芬兰为成年学生设立了一个特别资助计划，申请的学生不仅可获得奖学金和贷款，还可获得收入损失的补偿。

4. 行政管理的结构与运行

教育立法和总的轮廓由国会制定。政府和教育部实际执行工作。因而，教育部是最高教育和研究权力机关。几乎所有的教育，包括成人教育都是属于教育部或由教育部监管。有关国家安全、制度和交通方面的培训由相应部门管理。高等教育机构直接从属于教育部，这些高等教育机构在处理内部事务时有相当大的自治权。

省一级的办公室和学校部门负责地区教育的管理，市政当局和教育机构负责地方教育管理。教育机构有的有自己的管理委员会，有的有和其他机构联合组成的合作委员会。

大多数综合学校和高中是由自治区管理的，剩下的由国家或私立学校所有者管理。这些学校也从国家和自治区获得大部分资金。大约只有 1% 的学校是私立的。大约有 45% 的职业学校由市政府或市政府联合经营的，有 1/3 以上的学校是国有，剩下 20% 是私立的，但是私立学校也是由地方当局监管的。国立学校有可能交给市政当局管理。

最近的发展策略主要集中在管理上。发展原则是：政府决定发展中的数量和质量问题，但是决定权逐渐由中央管理交给地方当局、学校和高等教育机构管理。国家教育委员会成立于 1991 年，是由国家普通教育委员会和国家职业教育委员会合并而成的,主要从事教育发展研究和提供专家服务。

5. 教育财政

1989 年教育系统的开支大约为 290 亿马克(72.5 亿美元),占国民生产总值的 5.6%。综合学校占开支的 44%,高中占开支的 8%,职业机构、高等教育和成人教育分别占 25%、15% 和 8%。教育上的公共花费在 1979 ~ 1989 年间每年增长 2.7%。增长最大的是高等教育、职业教育和成人教育。1990 年,综合学校每个学生的费用为 20 900 马克,高中学生的花费为 19 900 马克,职业学校的学生的费用为 40 900 马克(平均),高等教育中平均每个学生的是 26 800 马克。

国家和自治区为教育系统提供大约 90% 的资金。1993 年教育的资金将有所改变。资金的分配权将留给自治区。高等教育机构直接通过国家预算获得资金。将会进行改革以增加高等教育机构自身的经济决定权,强调分配资源的具体结果。

学校教育是免费的,吃饭也是免费。在综合学校,甚至教学材料也是免费的,自治区为家离学校远的学生安排交通(或住宿)。高等教育免收学费。国家在大学生的吃饭、住房、健康服务和旅行方面也给予资助。然而,20 世纪 90 年代初开始的经济衰退使人萌发了对义务后教育收取一定费用的思想。

自 1969 年以来,国家一直为义务后教育提供资金帮助。这包括不必偿还的贷款和政府保证贷款。对学生的资助是以学生成绩和经济情况为基础来确定的。在 1991 ~ 1992 学年,最大金额的资助是每月 2 860 马克,其中有 1 860 马克贷款。对于职业学校和高中的学生来说,总金额不足 300 马克。资助机制在 1992 年进行了修改,但最初仅仅是针对大学生。助学金的比例增加了,但是要征税了。

6. 师资

1989 年,在综合学校、高中、职业学校和大学有教职员 69 300 人,其中 56% 是女性。综合学校大约有 38 000 名教育者(其中 63% 是妇女),高中有 5 600 名教师,职业教育机构有 18 000 名教育者,大学有 8 000 名教育者。根据数字统计,1988 年大约有 129 000 人就职于正规教育系统。

自从 20 世纪 70 年代以来,综合学校和高中的教师培训在大学里进行。通过学习可拿硕士学位。低年级教育科目的教师的培训大约需花 5 年时间。综合学校和高中任课教师要经过培训,对所教科目进行理论学习、教学方法学习和教学实践。职业教育机构中的教师要有大学学位或职业文凭。他们在职业教师培训机构完成教学方法培训和教学实践。教师继续教育的主要责任在于经营该学校的组织,但也包括国家的支持。教师的责任包括每年一个短时期的在职培训。

教师任教的资格由法律规定。一种职位的资格要求在全国是相同的。教师由市学校董事会任命,在职业学校或私立学校,教师通常由监管委员会任命。

尽管自 1970 年以来,任课教师几乎翻了一番,在某些科目和某些地区仍出现缺少教师的现象。调教师到大学接受培训延长了学习时间,毕业的任课教师的数量逐渐减少。在数学、艺术科目以及特殊教育中一直存在缺少教师的现象。

芬兰已采取措施扩大教师教育以满足需要:增加引入教师的数量,为教师提供文凭和学位上的额外培训,为正式但不能胜任教师工作的教师提供补充培训。采取的另一个措施是将不同教师按能力分配到不同的部门和层次去教学。对职业教育和成人教育中需要发展教师培训方面也做了特别的努力。

7. 课程开发与教学方法

综合学校和高中教的课程和科目在法律里有规定。国家委员会决定不同科目之间时间的分配。执行委员会根据教育委员会规定的原则编制学校课程(分别为芬兰语和瑞典语学校)。每个学校起草一份每年的工作计划。学校和职业教育机构可根据课时分配制度组成教师工作组。自治区可在课程里加进有关的科目,学校可强调一些特别的科目(如音乐)。高中可强调语言、体育、艺术等方面的教学。

低年级大部分是统一课程。儿童学习本族语，或其他本国语言或一门外语、环境学习、生物学、地理学、公民学（包括学生指导）、宗教或种族学、数学、音乐、绘画、手工艺学和体育。在高年级，他们还学另外一种语言、社会学、物理学、化学、家庭经济学、纺织学和技术工程。8 年级学生必须每周修 6 小时的选修课。最受欢迎的选修课是计算机科学，其他包括语言、商业和艺术科目。课程中还包括一课时的职业导向课。按大多数学生的信仰提供宗教教育。

芬兰学校力图给儿童提供良好的全面教育。课程的强迫性和学习太多科目成为批评的主要目标。

芬兰儿童学习许多语言。在综合学校和职业教育机构，学生必须学习第二种本国语和一门外语，对大多数人来说也就是英语。其他可学的外语是德语、法语和俄语。在高中，学生仍必须学习一门甚至两门语言，这是根据学生是否选修了普通数学课程或数学提高课程而定。芬兰还努力使学生在整个教育中都继续学习他们在综合学校选择的语言。在芬兰全国还掀起了是否应把学习瑞典语作为一门必修课的讨论。

高中是普通教育，提供进一步学习所必需的教育。大约 70% 的课程是必修的，剩下的是选修的。所有的学习都是以课程的方式进行。对于职业教育而言，一直努力建立一种具有灵活性的课程，给学校一定的按需要决定所选课程的自主权。大约 30% 的职业方面的课程应被考虑作为选修课。

综合学校和高中的国家课程将于 1994 年进行修改。修改后的课程强调环境和艺术教育，强调数学、自然科学和工程技术的重要性。国际化程度的不断增加要求建立外语多媒体课程和学校。

在尝试的基础上，在一些高等和职业学校，学生可以学习其他学校的一些科目。在一些学校里，也可以同时修本校和外校的课程，然后获得一个一些职业高等教育机构认可的文凭。

课本主要由私人公司出版。国家教育委员会生产的材料，发行量有限，例如萨米尔语言材料。也有计划建立地方教学材料中心，为教师生产教学材料提供资金上的帮助。教师有选择教学材料和教学方法的自由。教师也引导学生独立积极地学习、对学习进行整体把握。学生灵活性和个性化逐渐成为教学计划的基础。

8. 考试、升级和证书制度

综合学校、高中和职业教育机构的学生评价是内部事务，由相关的教师作为评估人员。国家教育委员会为学校提供评价指导。评价是用数字表示的，但在综合学校的前 4 年可由语言表达。每学期做出评价报告，毕业证书全国有效。

成绩低的学生可重读一年，或者可在夏季参加补考测验。升级由任课教师和校长共同决定。在综合学校学生的复读率为 1.5%，在课堂形式的高中复读率约为 4.0%。在综合学校和高中，男孩的复读率比女孩要高。复读一般是在综合学校的一年级和最后一个年级，以及在高中的第二个年级。必须注意的是，到 20 世纪 90 年代末，所有的高中没有年级划分。

学生经过全国范围的共同选择，被分配进高中或职业教育机构学习。对于高中而言，选择是以学校成绩为基础。对职业教育而言，学生的兴趣和工作经验也被考虑在内，还有面试和才能测试。在异性超过2/3的计划中，申请人还会得到几分的奖励。技术、艺术和手工艺学校的入学是按入学考试成绩来定。另外，还有一个叫作“弹性”的特别程序，如原先的学习、特殊倾向、国外学习经验、健康问题也被考虑在内。

全国大学入学考试由大学入学考试委员会安排（由教育部任命）。考试包括四门必修科目：母语、第二本国语、外语和数学或瑞爱拉（在瑞爱拉中，学生从下列科目中选择要考的科目：历史和伦理学、心理学和哲学、生物学及地理学）。另外，考生可在数学、瑞爱拉和外语中选择另外两门进行考试。因为对高中教学造成很大压力，所以大学入学考试一直受到批评。对于大学入学考试是否可提供更多可供选择的科目和延长考试时间的讨论一直在进行。

大学的选择标准是大学入学考试。因为申请者很多，大多数学习领域的高校入学名额有限制。除了大学录取考试，大学还使用入学考试和高中证书、能力倾向测试、面试等方法。对于有高等职业学校文凭的申请者,入学考试是最重要的选择标准。学位全国有效。

9. 教育评价、评估和教育研究

基于利润评价的资源计划和分配的新机制将于20世纪90年代被引入芬兰教育,新机制要求按功能评价。教育部和国家委员会已起草备忘录和报告。在备忘录和报告中,对教育和教育政策做出了评价。

芬兰统计局和国家教育委员会提供有关学校的信息。大量关于高等教育运行的数字可从由教育部管理的高等教育统计数字获得。芬兰也参加由经济合作与发展组织执行的关于高等教育运行指标的工作(将于1994年完成)。教育的质量认证是该机构的责任。对学科和教育机构的全国性评价是教育部、国家委员会、芬兰学会和大学的共同责任。在几个不同学科中,芬兰也参加了国际评价。

教育研究由教育部、国家教育委员会及芬兰学会资助。出发点就是由教育部和国家教育委员会对芬兰教育改革进行系列研究和基本的国际比较。除了对高等教育的大规模研究,芬兰学会现在还资助一个有关成人教育的综合研究。

教育研究主要由教育和社会科学专业的大学教师及研究机构承担。最大的研究机构是大学教育研究学院,它又分为不同研究部门,分别研究普通教育、职业教育、高等教育和基础教育。在20世纪90年代初,该机构进行了一项综合性研究,以搞清各地区开设的课程,实现综合学校的教育目的。自20世纪60年代,该学院还参与了国际教育成就评价协会的成绩研究。这些研究的结果说明:与其他国家相比,成绩的差别不大,总的来说,研究认为,成绩还是高的。

为了促进对高等教育和社会之间关系进行的大范围研究,在20世纪80年代末成立了两个新的研究机构:特库大学教育社会学研究中心、塔姆皮尔大学工作研究中心。

自从20世纪80年代末,研究和发展活动一直是芬兰社会发展最迅速的部分。关注的中心集中在基础研究、研究者培训、增长的技术以及其他应用研究。

10. 20世纪八九十年代的主要改革

自从20世纪60年代以来,教育经历了数量上和地区上的扩张。在各级教育上都进行了大规模的改革。在20世纪80年代,综合学校运行良好,学位制度改革后的高等教育网络遍布全国。职业教育进行了改革,立法包括了综合学校,高中得到发展。年龄大的人口的教育转向强调成人教育,特别是职业教育。

学校和高中的课程正在进行。年轻人(16~18岁)的教育在发展,职业高等教育正在进行实验。大学在一段时间内没有授予学士学位,现在又将开始提供学士学位。与欧洲相结合、扩大国际联系、移民的增加,这些都是各级教育及整个教育管理系统制定教育计划时面临的主要问题。

社会的政治和经济发展产生了教育政策中的两个潮流。在一方面,有对教育高效的要求,在另一方面,强调多样性和个性化。在教育中,教育管理和资源分配以及教学计划都会受到影响。人口的发展和技术的变化、职业结构要求教育系统提供更多的灵活性。要实现这些目标,应按继续教育的原则,通过更新课程、将教育管理权交给自治区和学校等手段将教育作为一个整体来发展。全面发展的基础是提高教育水平和质量。

11. 2000年面临的主要问题

在芬兰,过去的20年经济开始衰退,失业率增加。公立教育必须合理化。随着资源的持续减少,教育目标必须实现。同时,20世纪90年代早期的经济衰退以后,将出现对技术雇员的需求。随着资源的减少,市政府将被授予更多的决定权。降低学校成本最简单的方式将是增加班级人数——综合学校和高中大约70%的费用用于教师工资。然而,这和教育中发展个性和多样化产生了冲突。

因为人口稀少地区的人数不断减少,教育中地区平等的观念受到挑战。经济和职业结构的变化意味着教育需求在几个领域会降低。教育机构必须合并,各级教学机构中都有一些学校会关闭。年轻人的抱负和社会需要之间、多元教育和辍学率之间的矛盾将一直成为问题。总之,在一个迅速变化的社会和世界里,要增加教育制度的灵活性,在未来还有很多工作要做。

M. 赫拉恩(M. Herranen) 著
王春玲 译

附录

Council of State 1990 *Suomen koulutusjärjestelmä, koulutuksen taso ja kehittämislinjat. Valtioneuvoston koulutuspoliittinen selonteko eduskunnalle 22. 5. 1990.* Government Printing Center, Helsinki

Lappalainen A 1991 *Suomi kouluttajana.* WSOY, Porvoo Lehtisalo L, Raivola R 1988 *Koulutuspolitiikka ja koulutussuunnittelu.* WSOY, Juva

LEIF—Life and Education in Finland 1991 (Special issue devoted to adult education) 26(2): entire issue

Ministry of Education 1990a *Higher Education and Employment: The Changing Relationship. The Case of the Humanities and Social Sciences.* Report prepared for OECD. Department for Higher Education and Research Publication Series No 73. Government Printing Center, Helsinki

Ministry of Education 1990b *Developments in Education 1988—1990 Finland.* Reference Publications 15. Government Printing Center, Helsinki

Ministry of Education 1991 *Koulutuksen ja korkeakouluissa harjoitettavan tutkimuksen kehittämissuunnitelma vuosille 1991—1996.* Helsinki University Press, Helsinki

National Board of Education 1991 *Vocational Education in Finland.* Government Printing Center, Helsinki

Statistics Finland 1991 *Education and Research 1991; Koulutus-Education in Finland 1991; Statistical Yearbook of Finland 1991.* Government Printing Center, Helsinki

UNESCO/CEPES 1988 *Higher Education in Finland.* (Monographs on Higher Education) CEPES, Bucharest

法国的教育制度(France: System of Education)

1. 基本背景

法国国土面积551 000平方公里,是国土面积最大的西欧国家。城市化的法国面积为543 965平方公里。自1918年阿尔萨斯–洛林归还法国以来,法国领土面积一直未变。然而从1871年至1918年,阿尔萨斯–洛林地区一直保留某些德国法规,而在此期间法国通过的部分法律也只有部分在该地区实施。

除在阿尔卑斯和比利牛斯高山地区存在的、正在逐渐消失的寄宿学校外,气候和地理特征对教育制度的影响不大,至少在法国城市化地区如此。

地区差异在由于工业化及大众传播所引起的社会和政治生活变迁中,所起的作用并不大。但是,有关私立教会学校的地位仍有很大的地区差异。在法国西部,有40%的学生上教会学校,而在全国,平均比率为17%。

据1990年的统计,城市化的法国人口总计5 660万人,人口密度为每平方公里102人,法国是西欧国家中人口密度最小的国家。3/4的人口是城市居民。城市和郊区人口最多的是巴黎(有900万居民),其次是里昂和马赛(分别有居民120万和110万)。法国一直保有欧洲较高的人口自然增长率(+4%)。移入和移出国家的居民人数相当,这使得外国居住人口稳定(1990年有360万,而1982年有370万)。大多数的外国居住人口在法国居住10年以上。这些家庭的孩子通常上普通的法国学校。开设的有关家庭母语方面的特殊课程是选修的。中学阶段可以学习地方的巴斯克语、科西嘉语、奥克西坦语等。虽然在科西嘉地区高达15%的学生选修地方语言,但总体而言,很少有学生(不到1%)选修地方语言。

就业人口占总人口的55%,使法国成为欧共体中受欢迎的国家之一。有工资收入的工人占85%,可分成六类:农场主和佃农占5.1%;手工艺人、商店店主和小业主占7.2%;管理人员和高级知识职业人员占9.6%;中介职业人员占19.3%;白领工人占28.6%;蓝领工人占30.2%(1989年的数据)。法国有210万公务员和120万市政雇员属于后四类。105万教师占法国公务员总数的一半。

据1990年国际劳工局的数据,法国有220万失业人员,占劳动力人口的9.4%,其中受影响最大的是手工工人和白领工人。这使得人们更加相信教育和职业训练是对付失业的有效办法。妇女占从业人口的42%,她们的就业比率一直在上升,而且她们的工作也很少像以前那样由于生孩子而被打断,这主要是因为日托学校和保育学校普遍接受2岁以上的孩子。外国人占从业人员的7%,其中有57%是手工工人。

从经济的角度看,初级部门仅占劳动力市场的6.3%,占国民生产总值的3.4%。中级部门(主要是工业,建筑业除外)分别占20.8%和23.3%。法国的开放经济和出口总量占国民生产总值的22%。

在15岁以上的不在校人口中,约51%没有文凭或仅有初级教育证书。而11%的人口有法国中学毕业文凭以上的证书。强调培训国家经济所需的足够数量的合格工人和工程师。

一个世纪以来,政府结构没有变化,但1958年宪法增加了政府的权力,特别是由普选所选举的法国总理的权力。对于执政的各党派而言,教育一直是一个重大问题,是政治辩论的主题和公众关注的焦点。

教育制度由中央集权的教育部控制。自1982~1983年实施分权以来,地区和省有了更大的独立管理权,地区和省分别负责公立高中(市立中学)和初中。这实际上是使地区和省拥有了对于初级学校的责任,其责任主要是负责学校建筑及维护。在地区和国家之间有学校网络联合计划。早在20世纪90年代初,考虑到学校建设方面的问题,该计划将高等教育排除在外,当然,高等教育是国家的职责,并且可以展望的是,地方各区在教育事务方面将起到更大的作用。

2. 教育政策与目标

早在1560年,天主教会在教育中的作用开始受制于王权。虽然有效的职权仍保留在教会手中,但《奥尔良敕令》使教育成为王室的特权,教育是国家事务,并且应该由那些有权的人来决断,这样的理念在1789年之前就已存在。法国大革命采纳了18世纪早期提出的理念,但同时宣布国家教育是政治自由和加强国家认同的关键,特别强调通过语言统一的手段。在整个19世纪,教育国家化的进程不断继续,但其主要的结构是在第三共和国(1875)早期开始形成。教育国家化的努力主要集中于初等教育,其次是大学。政府颁布了一系列的法令:使初等教育免费(1881),在6岁至12岁之间实行义务教育(1882),教育非宗教化(1882)等。这样就将宗教法令排除在官办初等教育之外。教育早在1905年国家与教会分离20年之前就世俗化了。大学得到了国家不断增加的财政支持,而学位证书的授予权被垄断。

中等教育变革很小,在拿破仑时代的公立中学只有一点变化,在路易王朝时期建立的耶稣会学院一直未变。这些付费学校只有社会精英阶层才能上,而且长期以来一直如此。与高等教育不同,中等教育制度中,国家控制和教会控制的结构数量相等。

在1945年之前,法国有两个平行的教育体系:一个是初等学校(称为区),以及大部分学生上的"高级初等学校"(一种中等学校)或职业学校,这些学校的教师和父母对学生的教育都不是十分重视。另一个是市立中学,进行古典的中等教育,其学生主要来自市立中学所属的初等学校。接受这种古典教育可以获法国中学毕业文凭,获中学毕业文凭的学生可进入大学。而高级初等学校的学生不能参加中学毕业文凭考试。每个体系都有其各自的初等和中等学校,有其各自的教师,各自招收学生的模式以及不同的教育目标。

1936年旨在消除这些不同的尝试没能成功。1945年要建立一种真正的统一的教育制度之后,"民主化"一词被广泛使用。1946年宪法中加入了这一条款,规定"在各级教育中实施免费、公立、非宗教的教育是国家的责任"。虽然在郎之万-瓦隆(Langevin-Wallon)委员会之后没有进行任何立法和政府规定,但其中的一些内容至少部分地引起了激烈争论,并且影响到了政府的决策。继而,教育目标被第一次明晰地表示了出来:(a)提倡教育机会均等;(b)满足生产系统对合格职员的要求;(c)给每一个儿童以个性发展的优先权。之后,法国努力统一其教育制度。市立中学所属的“预备”学校逐步关闭,第一类教育体系的学生完成中等教育后都进入学院。民主化的另一步骤是1959年宣布,并于1967年生效的法令,将离开学校的年龄延伸到16岁,1968年,学生运动成功地取消了被认为是与民主教育精神相悖的大学入学的限制,改革了大学管理。

最后,1959年的法令采取措施将私立学校与国立学校相融合,以补偿其人事的财政开支为条件,私立学校(主要是天主教学校)同意遵守教育部关于大纲、班级组织等要求,同意接受教学检查。

1989年,教育法重申学校的目标是给予所有个体以发展其个性的机会,提高个体的教育水平,参与社会和职业生活,享有充分的公民权。该法保证每一个人的教育和培训权,确保了学校为所有人提供平等机会的原则。其主要目标是使每一个年轻人达到应有的水平,即80%要达到中学毕业证书水平,而达到中学毕业证书水平的要继续接受高等教育。

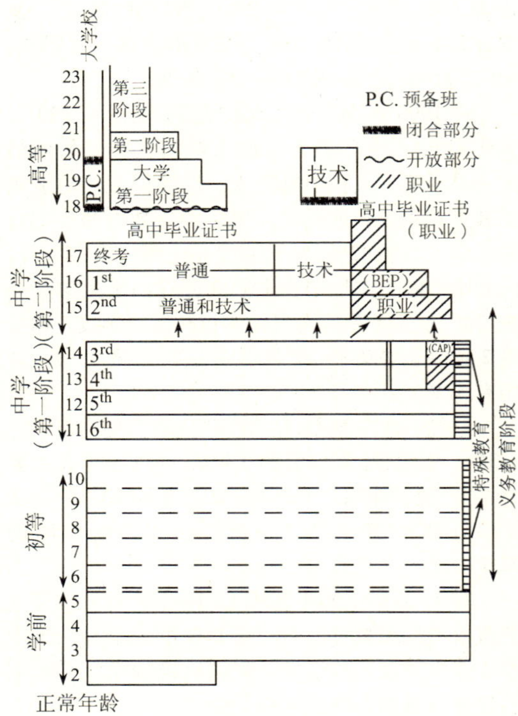

图1 法国:正规教育体系的结构

3. 正规教育体系

3.1 *初等、中等和第三级教育*

图1以图解的形式表明了法国正规教育体系。

在国立和私立教育之间没有结构上的不同。在6岁到16岁之间是义务教育。越来越多的年轻人继续其学校教育,与1961年占人口中2岁到22岁人口的66%相比,1990年在校人数占人口中2岁到22岁人口的82%。各级教育中的学校都是男女同校,上下午都有课,上课时间从初等教育每周26小时到中等教育每周30小时或更多。36周的学年分成5个相等的学期。

由于出生率下降,初等学校的入学人数减少(从490万减到1990年的400万)。初等教育5年,适合于6岁到10岁的年龄组。1990年约15%的学生上私立学校。这一年龄组的教育属义务教育,不能辍学。此外,留级率正在下降。例如,1年级的留级率从17.6%下降到1990年的8.1%。人们普遍认为1年级留级会对学生的将来产生不好的影响。这也是将学前教育的最后一年和初等教育的第一年联系起来的原因。1991年25%的学生在其初等教育的最后一年与1961年52%的学生相比少了一年或更多的教育时间。人们认为来自社会弱势背景的学生的留级率更高,然而,社会差距在逐步缩小,1991年每班平均有22.5个学生。

近年来,在中等教育领域发生了重大的数量变化和质量变化。中等教育分为两个阶段,中等教育的第一个阶段,学生花4年在初中学习,总的留级率保持稳定(在7%~11%之间)。相反,上职业教育预备班的学生的比率从1984年的30%下降到1990年的14.5%。在1975年,66%的学生完成了初中4年的学业,而在1986年升至75%。在1991年平均每班学生为24.3人。

中等教育的第二阶段发展很快。在1960年至1990年之间,进入中等教育第二阶段的学生是原来的两倍半。20世纪90年代,每一个年龄组中有

70%的学生在16岁之后继续学校教育。这主要是因为社会期望的增加,并非因为人口出生率增长,同时这一增长仍将持续。

中等教育的第二阶段分为两支。普通和高级技术学校中学生学习3年,有70%的学生参加中学毕业证书考试。中等教育第二阶段的入学率占总入学人数的40%,从1960年以来入学率增加了两倍。需要特别指出的是,这一水平级的辍学率降低,而留级率很高,第一年为16%,第二年为12%。主要是由于自1991年每个班级的学生人数增加到了31人。私立学校的入学人数占这一水平总人数的1/5。由于高留级率,1980年中学生平均年龄降低的趋势停止。1991年仅有36%的学生毕业时年龄为17岁或更低。1973年有35.4%的学生完成了自初中到高中的学业,1980年有45.6%的学生完成了这一目标。参加中学毕业文凭考试的学生有3/4通过考试。其中1/3是技术中学毕业证书。来自较低社会背景的学生从这一普遍提升中受益最多。例如,1973年,25.5%的来自手工工人家庭的孩子完成了从初中到高中的学业,而有79.5%的来自高级管理层家庭的孩子达到了这一目标。而1980年这一数字分别为35.4%和83.7%。必须承认,教育仍存在很大的不平等。这体现在选择一种还是另一种的中学毕业文凭,较富裕的家庭选择科学文凭,而来自较差家庭背景的学生则更多选择技术文凭。许多人认为,中学宣扬的只是表面的而非真正的平等。

中等教育第二阶段的另一分支是高级职业学校。在1960年至1990年间,这些学校的入学人数翻了一番。占相关年龄组的30%,但辍学率占学校总辍学率的40%。高级职业学校的学生学习两年获专业技能合格证书(CAP)。现在更多的是不太专门化的职业学习证书(BEP)。1/4的学生上私立学校。1989年约一半有BEP的学生参加工作,1/4的学生回到普通技术中学学习,另1/4的学生留在高级职业学校,准备获得1987年设立的职业中学毕业文凭,这占当年中学毕业文凭的6.3%。这种文凭将受到更多学生的青睐。

教育需求增高,每年离开学校而没有毕业证书或仅有中学毕业证书的学生从1983年占总人数的39%降到1989年的31%。在这31%学生中离开学校而没有任何职业资格的学生仅占总数的14%。1990年,约44.4%的相关年龄组的学生通过中学毕业文凭证书考试,而在1960年和1970年分别为11%和20%。达到中学毕业证书水平的学生的比率从1973年的30%升至1990年的54.5%。女性学生在中等教育的第二阶段占多数(54%),而在职业高级学校中占少数(46.8%),这部分是由于女学生成绩好,部分是由于职业教育传统上更倾向于男子的职业。

地理上的不平等正在缩小,但在法国西南部和西部比北部有更多的学生达到中学毕业证书水平。这种差异由1975年的17点降到1990年的13点。这不仅仅是文化的原因(在北部,在工业中从业的人员更多),而且有教育制度本身的原因。比如,有较少学生达到中学毕业证书水平的地区通常是很难招聘到教师的地区。90%的有中学毕业文凭证书的学生继续其教育,而且有越来越多的学生通过这一考试,因而高等教育的需求在不断增长。1990年有1 584 000名学生,而学生人数将继续增加。在法国,大学进行普通教育而非专业教育,也涉及科研,保持与大学的传统上的区别。虽然差别在减小,但大学校选择其自己的学生,进行专业化的高等教育。

约69%的学生上大学。除理科外,女学生人数占半数以上。1/3的学生学习人文和社会科学,1/5的学生学习理科,1/4的学生学习法律和经济,1/10的学生学习医学(医学是唯一的选择性入学的学科)。大学中的半数学生为一年级和二年级的学生,这说明在这一水平的高入学率和高辍学率,据估计,大学一年级学生中有20%的辍学率。自19世纪70年代起,大学制度中就创设了职业训练课程,包括大学技术学院的从技术工程师到合格工程师的各种水平的训练。这些课程通常为选修课程。此外,技术训练课程还在中学的高年级开设,有12%的学生学习这些课程,而且,这一数字还在迅速增长。

被称为大学校的机构构成了高等教育的又一主要部分。这些大学校主要是工程学校和商业及管理学校。大学校通常为私立机构,而且,上大学的学生人数极少，约有6%的学生上大学校。大学校的原则是宁精勿滥，即通过学生参加竞争性的考试，从而招收到最好的学生，并且宁愿保持较小的规模，这些高级中学的普通科学部通常只招收市立中学中优秀的学生（构成学生总数的4%的预备班的学生）。某些大学校进行科研工作，这些大学校是通往法国知识界的直接途径，来自上层社会的学生一般上大学校而不上普通大学。

3.2 学前教育

法国的学前教育系统非常发达。幼儿园的教师与小学教师要求具有同等的教师资格。幼儿园被视为在早期发现孩子认知障碍的地方以及减少社会不平等的工具，主要功能是发展孩子的语言能力。幼儿园接受2岁以上的孩子。2岁孩子所占的比率很稳定（1990年为5.6%）。有99%的3～5岁的孩子接受学前教育，而这一年龄段的孩子在1964年只有42%接受学前教育。1990年总共有250万的孩子接受学前教育（占学生人数的19%），这一数字在未来不会有很大变化。

3.3 特殊教育

为残疾儿童提供的教育大多由公立学校承担。初等教育（涉及1.1%的学生）可在普通学校的特殊班级进行或在特殊的机构进行。自20世纪70年代中期起，残疾学生的人数减少了一半，这主要是由于早期诊断和将残疾学生融入普通教育系统的政策。残疾学生在普通中学的特殊教育部继续其中等教育，也有可能在特殊学校接受职业训练。这一数字自20世纪80年代以来一直保持不变。除此以外，有0.8%的残疾学生在卫生部管理下的机构中接受教育。

3.4 成人和非正规教育

由于法国没有开放教育，非正式教育主要包括成人继续教育。1971年成人教育法规定，雇主负责成人教育的主要费用。所有的工作人员都有权利接受成人教育，每年有1/4的工作人员受益于该法。目标是职业提高和改善普通教育。统计表明，受益于该法的工作人员大多是合格的在职男性，大多数在25～40岁之间。然而，培训项目主要是为将进入劳动力市场的年轻人和失业人员创设的。这些项目主要是由雇主所选择的公立或私立团体运作的。教育部安排约1/6的职业培训项目。

4. 行政管理的结构与运行

虽然在1982～1983年间进行了分权化改革，教育部仍一直沿用法国传统的中央集权式管理体制。教育部控制几乎所有的教育事务，只有由农业部管辖的法国农业高级学校（1984年该类学校有学生134 000人）例外，各种各样的高等职业教育机构由其他部管理，如司法部、总理办公室和国防部等部门。

法国教育部已有一个半世纪的历史，但在1932年才命名为教育部。事实上，所有任职于国立学校的教员都是国家公务员。其薪水总额是所有各部中最多的，因此，其预算在国家预算中通常也是最高的。教育部针对学校管理和监督问题制定了大量的法规，私立学校也要遵守这些法规。此外，教育部指定了一个委员会负责私立学校中高级商业文凭证书和工程学校的毕业证书的颁发。

法国分为28个学区。每个学区大致与其地理分区一致，由代表教育部的学区长负责，后者负责初等和中等学校的管理，以及在学区范围内实施国家的各种法规。与此同时，学区长还是所在学区的大学的校长，并要求学区长实施目前有关高等教育的决策。

在学区内，有学区督学代表学区长负责地方教育，其主要职责是监督初等教育，但不能干预高等教育。

5. 教育财政

在1990年，教育开支为4 140亿法国法郎，占国民生产总值的6%。教育主要由国家资助。然而，自1982～1983年分权化以来，随着教育开支在国家支出比率中的降低，地方教育管理经费有所增加。有6%的国家教育资金以成人教育项目的支付形式由雇主提供，雇主若不支付成人培训项目的话，须付学徒税。9.9%由利益分享者分担，包括资助学校食堂（约占学生人数的一半）、寄宿学校（占学校人数的5%）和高等教育的入学者（1991年学校的入学费用从1 000法国法郎至2 000法国法郎不等，即183～366美元）。教师工资占国家教育开支的82%。表1概括了教育部预算的变化情况。

1991年教育部预算总数为2 478亿法国法郎，其中90.6%为人员开支，包括退休金。开支如下：初等教育为26.1%(其中包括国立学前教育占6.1%)；中等教育为53.5%(中学第一阶段为18.2%，国立高级中学为11.4%，国立职业学校为6.9%)；高等教育为14.4%；一般教育机构为6%。

初等教育开支数字之所以低是因为初等教育学生人数的减少，以及到目前为止初等教育教师薪水低于中等教育的教师的薪水，而中等教育阶段的学生人数在不断增加。

依据不同的教育水平，每个学生的平均费用是在变化的，主要随师生比和教师薪水的波动而变化。由于较高的运作开支和较庞大的教师队伍，大学中的技术学院和工程学院的学生费用较高。

除食宿开支和社会文化开支以外，家庭在学校日常开支和衣服上的费用随教育水平的提高而增加。从中学第一年每个学生每年平均费用1 000法国法郎(183美元)到市立学校每个学生每年平均费用1 600法国法郎(293美元)不等，高等教育中每个学生每年的平均费用为3万法国法郎(5 495美元)。奖学金主要由教育部提供。在初等教育阶段没有奖学金，但是依据家庭收入，在中等教育阶段有1/4的学生接受资助。对于上高等职业学校的学生来说这一比率更高，为1/3。在1991年，市立中学的学生得到资助的多少依据学习水平而变化，资助额一般为1 770法国法郎。

在法国，初等学校和中等教育第一阶段，学生的教科书是免费的。高等教育阶段约有23%的学生接受某种形式的资助。绝大多数的资助按家庭收入的多少进行分配(1990年17%的学生接受资助)。在20世纪90年代早期，目标是提高资助规模(平均每年1万法国法郎，即每年2 381美元)，并使25%的学生接受资助。在1990年，国家为完成大学一年级的学生设立了三年银行贷款项目。

6. 师资

在1990年，有1 012 300人受雇于教育部，其中73万人为教师。在法国，对学校的管理、对学生的指导和监督均是教学人员之外的其他人员的任务。表2表明各级教育中的教职员的数目，包括私立教育机构。

约61%的国家雇佣的教职人员为女性。女性在国家雇用的教职人员中所占的比率从学前教育的95%及初等教育的74%到中等教育的55%不等。在私立学校这一比率更高：初等教育中91%，中等教育中65%为女性教职员。

1990年中等学校的教师人数超过了初等学校教师人数，而在1990年之前，初等学校教师人数比中等教育教师人数多。从1950年到1990年教师数目增长了3倍。由于教师的短缺，曾经有很多辅助教职员，1990年由国家支付薪金的辅助教师占5%。绝大多数教师在中等教育阶段任教(12%的教师任职于国立学校，47%的教师任职于私立中等学校)。从1991年至20世纪末，国家将计划招聘约13万的初等学校教师和18万的中等学校教师，这一计划可能较难实现，特别在招聘理科教师方面。

自1991年，初等和中等学校教师的职前培训都是统一的，由附属于大学的教师培训学院培养。受训者接受综合的指导和包括传授知识的能力在内的实际训练。培训进行两年，注册时需持学士学位。受训者一年后参加不同的教师招聘考试，通过考试后成为国家受训公务员。第二年强调实际训练体验。在评审委员会授予文凭的同时，受训者获得国家公务员身份。

表1　　教育部教育预算变化

年份	1952	1957	1960	1963	1965	1970	1975	1980	1985	1988	1989	1990	1991[a]
占国家预算比率	7.4	10	12	13.6	16.3	16.9	18.1	19	16	18.3	17.9	18.5	19.3
占国民生产总值比率	1.33	1.85	2.30	2.35	3.08	3.23	3.22	3.61	3.85	3.50	3.40	3.50	3.60

a 估计

表 2　　1990 年各级教育中教师数

	学前教育	初等教育(包括为残疾学生开设的学校)	中等教育			高等教育[a]	
			第一阶段	第二阶段（技术学校）	第二阶段（普通学校）	全职教授	总计
公立	74 503	221 783	172 520	58 348	108 112	14 226	46 338
私立	42 195		46 056	82 423		—	—

a 私立大学没有长期的全职教职员工

招收市立高级学校教师仍要通过竞争性考试，而且只招收获得硕士学位者(经四年大学学习)。大学教师培训学院也培养希望成为中学教师的竞争者。在高等教育领域中对教师没有培训要求。

大学教师培训学院也提供在职培训。初等学校教师在其职业生涯中原先需 36 周的继续培训，现在被由当地教育委员会安排的一到两周的教师训练所代替。仍存在为中学教师准备的学术培训项目，但这一水平的教师没有全国的在职培训义务。

学前和初等学校教师培训结束后要进行一系列的资格考试，中等学校中负责通识教育，技术教育和职业教育的教师也要通过一系列的考试。

督学经常检查学校，并以教师的教学业绩来评定其教学水平。这种评定对教师的职业提升很重要。

7. 课程开发与教学方法

法国教育制度在课程与教学大纲上没有明显区别，学校课程是二者的混合，并主要由其知识内容决定。对于每年用于初等和中等教育科目的时间有严格的规定。课程计划是由部长指定的校外专家组成的国家课程委员会制定的。没有地区变化，在全国范围内采用由教育部制定的计划。

学校的教科书和其他教学设备由私营企业生产，不受教育部控制，事实上，这些私营企业起到了解释官方计划的作用。

中等教育阶段提供十多种外语的教学，所有中等学校至少要教授三种外国语言。外语学习是强制性的，中等教育的第三年的学生必须学习第二外语。上中学第二阶段的学生可以选择第三种语言作为选修课。总共由 85% 的学生选择英语作为第一外语，有一半的学生选择西班牙语作为第二外语。

督学定期到学校实地检查课程完成情况。此外，学生在课堂学习的所有科目都是中学毕业资格证书考试内容的一部分。

高等教育的情况有所不同，大学有决定其课程的自由，但在授予国家认可的毕业证书之前其课程内容必须由部长同意。国家课程委员会有责任确保课程在内容和进度上的前后一致，不仅要强调知识的获得，也强调必要技能的获得。

8. 考试、升级和证书制度

升级不是自动的。在每年底，教师决定哪些学生升入下一年级。在初等学校是由教师组成的团体决定的，但在初中和市立学校是由班级委员会决定的。在初中这一决定必须有家庭的同意，而在高级中学学生家长可以申请反对决定。研究表明有一半的学生申请反对留级。

班级委员会(由教师、学生父母代表和学校领导组成)也在指导顾问的指导下决定学生如何定向。家庭可以申请反对对于学生的定向。在中学第二年做出关键的决定，然后在中学第二阶段的第一年再次做出决定，这是决定学生是继续在普通教育体系中学习还是接受职业训练。家庭的影响会得到考虑，但家庭的期望是因其社会地位的不同而不同的。

在完成中学第一阶段学习后获得第一个学业证书，即毕业证书，表示学生完成了 9 年的学校学习，对学生的学习生涯没有影响。主要的学业证书是中学毕业文凭证书,这一证书证明学生完成了中学教育,并允许学生进入大学(除有入学限制的大学,如医学院等)。事实上,并非所有的中学毕业证书持有者都享有同等的权利。为了上封闭的高等教育机构,如大学校、大学的技术学院等,需要普通中学毕业证书,特别是科学部的中学毕业证书。

大学学生在入学的第一年后获第一个证书。这种机制的引入是为了防止在这一阶段学生由于感到没有任何收获而辍学。

9. 教育评价、评估和教育研究

教育评价和教育体制是以几个水平进行的。教育部进行统计调查来研究学校不同学生的情况,督学总委员会进行研究来评估教学方法或地区性的不平等。对所有学校的初等教育完成3年教育的学生和中等教育完成1年教育的学生进行评估,以检查其技能掌握情况、掌握结果,但不将其公之于众,以避免为学校排出等级。

这些调查包括对于学校学习过程的研究,对于20世纪90年代初的学前教育和初等教育的认识,也是这一研究的部分结果。其他的研究主题是关于学习过程以外的容易导致学习成功或失败的各种因素,例如,教育结构的组织及其运转模式、各种因素在教育制度中的作用、不同教育机构之间的地区差异等。对于各级教育中的辍学现象给予特别关注,同时也特别关注达到中学毕业证书水平的学生的人数。

10. 20世纪八九十年代的主要改革

正在进行的改革和已经完成的改革,旨在以重构的方式而非激烈的改革方式对教育体制进行改进。目标是到2000年,使每个年龄组中80%的人接受教育并能够达到中学毕业会考的水平,使所有学生至少达到职业资格水平。为了实现这一目的,学前和初等教育被分成3个阶段,代替了原来分为6个不同的班级的模式,这就使在6年期间跟踪每一个学生更加容易,而且避免了不必要的班级重复。对于中等教育的内容和教学方法有各种各样的建议,但都在统一的国家教育计划的框架之下,学校能够决定如何在满足学生需求的情况下充分实施国家计划。

在高等教育阶段,要以组织好大学第一年和提供更具职业性质的培训课程的方式减少辍学人数,最后,未来的初等和中等学校的教师要在大学的教育学院(IUFM)接受共同的核心培训,并特别强调专业方面的培训。

11. 2000年面临的主要问题

从教育体系可能发展的方向来看,可以推断,由于中等教育和高等教育需求的增加,主要的问题会集中于如何培养更多的受过更好教育训练的教职人员。同时也需要处理好在学校和学生中间不断增长的文化差异问题。在初中和市立中学阶段分流是否促成教育民主化方面,以及在来自低收入家庭是否构成学生学业失败的一个原因方面存在着争论。总体来说,困难在于如何使整个一代人接受较高的、相对统一的教育,以及如何培养学生的个性。

最后,尽管存在财政问题和对上述问题的各种不同反响,但是,人们仍然可以期望,目前存在于政府和地方之间角色的平衡会在将来有所改变。

A. 莫切伯龙(A. Monchablon) 著
耿益群 译

附录

Bienaymé A 1986 *L' Enseignement supérieur et l' idée d'université*. Economica, Paris

Cahiers francais 1991 *Le système éducatif*, *249*. La Documentation Francaise, Paris

Charlot B 1987 *L'Ecole en mutation*, *Crise de l' Ecole et mutations sociales*. Payot, Paris

Collège de France 1985 *Propositions pour l'enseignement de l'avenir*. La Documentation Francaise, Paris

Commissariat Général au Plan 1991 *Eduquer pour demain. Acteurs et partenaires*. La Documentation Francaise, Paris

Dubet F 1991 *Les lycéens*. Le Seuil, Paris

Durand-Prinborgne C P 1989 *L'administration scolaire*. Sirey, Paris

Legrand L 1982 *Pour un collège démocratique. Rapport au Ministre de l'Education Nationale*. La Documentation Francaise, Paris

Lesourne J 1988 *Education et société. Les défis de l'an 2000*. La Découverte, Paris

Ministère de l' Education Nationale (annual) *Repères et références statistiques*. Direction de l'Evaluation et de la Prospective, Paris

Prost A 1968 *Histoire de l'Education en France, 1800—1967*. Armand Colin, Paris

Prost A 1986 *L' Enseignement s'est-il démocratisé?* Presses Universitaires de France, Paris

Tenzer N 1989 *Un projet éducatif pour la France*. Presses Universitaires de France, Paris

德国的教育制度(Germany: System of Education)

1. 基本背景

1945 年 5 月,随着纳粹统治的覆灭和德国无条件向盟国投降,德国政府不复存在。后来,一些自决权逐渐恢复,1949 年德国出现了两个政府并存的局面。在苏联占领区建立了马克思列宁主义的以计划经济为主的一党制国家——德意志民主共和国(东德),在美国、英国和法国占领区建立了多党制的以自由经济为主的德意志联邦共和国(西德)。在地区多样性的基础上,两个国家都以传统历史地区划分构成行政管理区。1952 年在东德取消了行政管理区划分,建立了新的中央集权制。而在西德保持了联邦制,保留了联邦政府自决的特点。

20 世纪 80 年代末,东欧剧变,东德解体。在 1990 年 10 月 3 日,原来的五个区并入西德。由于长期的分离造成了包括教育在内的发展的极度不平衡,20 世纪 90 年代初的特点是使国家两部分的社会生活和工作条件保持平衡。

德国地处欧洲大陆中部,面积为 356 957 平方公里。总人口数为 8 000 万,其中 8% 为非日耳曼民族。其中很多是在 20 世纪 50 年代末由于招募手工工人而来自欧洲南部国家和地中海国家的人。最多的是来自土耳其的或土耳其后裔的人群。其他的移民为了逃避迫害、战争和经济困境来到德国。第三类移民包括来自东欧和东南欧的日耳曼人(即使德语并非他们的母语),与其他两类移民相比,这类移民一到德国就获得了公民身份。由于即使对于长期居民来说也存在着语言障碍,更不用说对于刚刚到达的移民了,所以要将移民学生融入教育体制之中,并为其提供适宜的学习和培训机会,对于教育体制来说是一个很大的挑战。在德国有四个不同语言的少数民族,丹麦人、弗利兰人、欣蒂人(即吉普赛人)和索布人。其人数都不超过 10 万。国家努力为这些少数民族的学生提供母语教学。德语为国家的主要语言,但有很多不同的方言。

德国的自然资源不太丰富,农业产品也不能满足市场需求。因而国家依赖进口产品和出口成品。德国在海外的投资一直大于外国在德国的投资。然而,由于在社会保障体系中的高工资和巨大的劳动力开支,使德国作为一个出口国家的地位继续受到国际贸易市场的挑战。显然,这也对教育提出了挑战。研究和开发及生产高附加值产品需要高水平的培训。在德国快速变革的社会中对于商业和社会服务部门有同样的要求。此外,自 1990 年,资金流向原东德地区,以重构金融、改进基础设施和实施应对失业的措施,都成为政府的重大负担,这也限制了政府在教育上的投资。

在 1990 年,西德和东德的生产水平之比为 3.5:1。这反映在人均国民生产总值上,西德为 20 059德国马克,东德为 6 355 德国马克。失业率也有很大的差别。到 1990 年为止,在东德没有官方统计的失业率,但生产水平很低。到 1992 年第一季度,原西德地区的失业率为 6.3%,原东德地区为 10.3%。因此,需要在这一基础上来重新估计德国统一以后的教育。

2. 教育政策与目标

从历史上来看,德国教育有两个直接来源:教会和国家。教会的传统可以追溯到中世纪早期,各领地都宣称为教育负责。在17世纪末,各地宣布普及初等教育,这被视为一个里程碑。私立学校比较少,其中的一些在20世纪早期进行过一些改革。从数量上看,私立学校教育是被忽视了。教会的影响逐渐削弱。因而,教育成为各种政治力量的责任,以及教师、父母和学生等直接相关的群体的责任,由此来决定教育体制的状况和变革。

在战后的西德,有一段时间强调传统的涉及三个团体的学校制度,同时,政治上自治的大学经历了一个前所未有的扩展和质量改革时期(1965~1973)。自1949年的联邦宪法建立了国家对教育事务的裁决权,在各联邦各主要党派之间的权力分配的变化成为教育改革的主要争论焦点。社会民主党认为政府倾向于强调将教育作为公民权利,强调自我实现、平等和强制行动(其结果是产生了综合学校制度)。更具保守性的基督教民主党认为政府要坚持更集中的目标和行动来服务于公共利益,比如,提供高质量的毕业生。为建立双方都认可的新的教育制度而进行了几种尝试。结果这些尝试均告失败。但却保留了各联邦对于离校资格证书的共同认可。

在东德,教育政策和教育目标有很大的不同。1946年,早在选举进行之前,执政当局就通过了法律建立一个"民主的统一学校",目的是打破特权阶级的"教育独裁",保证被剥削的群体如工人和农民家庭的子女能够接受高等教育。到1949年,2/3的纳粹统治时期的教师被迅速培养的"新教师"所代替。有一段时期(1958~1959)采取苏联模式(如"多种技术教育")。官方的总目标是"全面发展社会主义人格"(1952)。由于国家执行计划经济,导致了劳动力需求和教育计划的紧密联系,这是西德所不能相比的(Anweiler 1988)。结果东德的教育也经历了一段数量扩张和质量改革时期。而西德的总趋势是更高级的教育证书,20世纪70年代东德教育的数量扩展趋于稳定。自80年代早期显著的趋势是培养优秀学生以在国际市场上取得优势。

由于以前的意识形态基础消失,以及政治制度的变化,统一使得东德各联邦采取西德已有的教育制度。因此,国家宪法的条款和专门的《学校与大学法令》拓宽了教育目标,强调要同时发展个人能力和公共生活参与能力。

3. 正规教育体系

图1描述了西德的正规教育体系的结构,描述了各年龄组参加某些项目的百分比。1992年,原东德的各联邦仍然在进行彻底的变革,所以不能提供一个完整的德国的教育制度图景。

3.1 初等、中等和第三级教育

由国家供给,义务教育持续9~10年,通常入学年龄为6岁。有详细的何时完成义务教育的特殊规定(如较晚入学或留级等情况)。如果学生离校时没能获得资格证书,那么,就没有资格获得正规教育,进而就会面临个人严峻的社会和经济困境。

初等教育通常包括4年的学校教育。柏林有6年的计划,其他几个州进行第5和第6年级的教育以使其学生能够参加各种中学学习项目。还有其他的条款使学生能够于第5和第6年级时在不同的学校之间转学。每年初等学校大约有190个教学日,按年级不同学生从早上8点到中午上学。

在4年级结束(有些情况是6年级)时,学生被分到不同的中等教育学校中接受中等教育。依据所颁发的离校资格证书所代表的"学术程度",

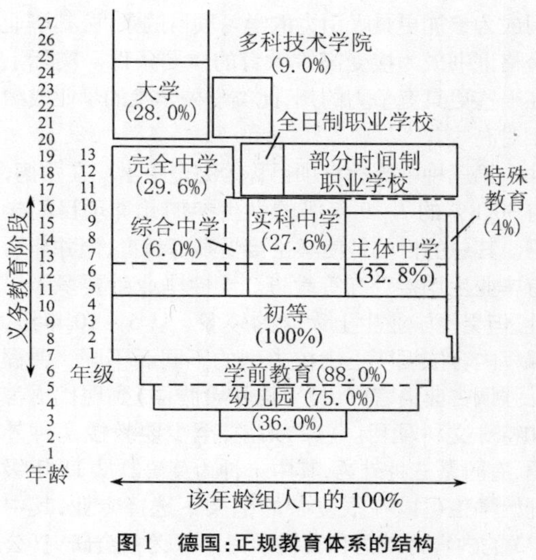

图1 德国:正规教育体系的结构

这些项目有很明显的等级区分。事实上划分过程主要依据社会背景的影响。在8年级,学生所上的学校类型与父母的教育程度相关系数为0.5。从理论上讲,对于不同项目的选择主要是由父母进行的。初等学校教师的作用主要是依据学业成绩对学生进行推荐。如果不遵从教师的推荐,将被视为过分要求。因而,在7年级之后很多学生参加不太具有挑战性的学习,在这一阶段,一些中等学校进行第二外语教学。

1990年,有超过34%的西德7~9年级的学生参加学业水平要求较低的学习项目,即主体中学。这类学校所提供的教育为学生获得毕业证书后参加学徒教育作准备。课程包括为学生日后的生涯作准备的内容,同时,也提供一门外语教学(通常为英语)。从数量上来看,这种学校呈减少趋势,1960年有近64%的相关年龄组的学生参加这一项目的学习。由于此类学校吸引了很多学业成绩不好和很高比率的移民青年学习,这类学校通常被称为"仅有的选择",因而引起了争论,呼吁要废除此类学校。

在相关的人群中,有28.8%的学生参加较高的被称为实科中学的项目,即中间学校。这类学校至少教授一种外语,而且通常还要教授第二种外语。通常此类学校的教学目标是为将来白领工作作准备。自20世纪70年代以来,完成此类学校学习成为参加更具吸引力的学习项目的条件,其毕业资格证书成为接受高等教育的重要条件。实际上在一些更具竞争力的州,此类学校学生的学业成绩相对高些。

第三种中等教育项目称为完全中学。在西德,有30.8%的7~9年级的学生参加此类项目的学习。其总的目的是使学生接受高等教育,但并非所有毕业生均接受高等教育。女性毕业生要多于男性,但男性毕业生上大学的较多。从5~10年级,课程内容依据所上学校类型的不同而不同。课程从强调古典语言(如拉丁语和希腊语)到现代语言和特殊文科项目。总的来说,至少要教授两种外语,有时是三种外语,其中一种为英语。从11年级开始学生可以在很复杂的框架下选择专业,其中1/3的内容为外语和文科学习,1/3为社会研究(公民教育、历史或地理、宗教与哲学)和1/3为数学和科学。体育也是必修课。

在13年级通过最终考试的学生可以上大学。高等教育学习项目可能设定基本分数线(如医学),但通常中学高级阶段的专业与高等教育阶段的学习没有严格的联系。在中等教育阶段,每年约有190个学习日,学生从8点到13点学习。

自20世纪70年代,重建德国教育制度的计划主要集中于为不同地区的儿童引入综合学校,内部进行课程分流和实施不同的毕业资格证书。这些计划引起了很多争议。一些早期的综合中学试验计划由于比较政治化,而很难使公众接受。不同的州政府对于建立综合中学也有不同的看法。委员会的研究没有把争论之中的意识形态因素抛弃。在20世纪90年代初期,出现了有些保守的州开始终止综合中学试验的状况,社会民主党认为应将综合中学看成是四种中等教育中的一种。在7~9年级的学生中仅有6.2%的相关年龄组的学生在综合中学学习,由于此类中学与其他两类学校争夺生源,因而废除此类中学的呼声很高。

在第三级教育中,有两种教育机构。第一种为多科技术学院。这类学校通常培训学生学习实用科学知识(如设计、建筑和工程发展或法律、经济、社会科学等领域的公共管理)。这些学院要求完成12年的教育。这些学院的学习计划通常包括较严格的课程,非常强调实践经验。第二种为强调将教学与科研融为一体的大学。大学通常给学生以很大的选择自由,特别是在人文课程方面。在学习某一特别项目之前不要求一般的研究,在本科生和研究生之间没有明显的界限。在完成4~6年的学习后可获得第一个证书。而且辍学率非常高,学习时间通常超过最低限度好几年。

西德在20世纪70年代改革阶段,有多次将多科技术学院融入大学的尝试。其中一些仍在进行,但此种模式不能广泛推广。例外的是,将教师教育学院融入大学或者把其提升为新大学。在东德,1945年以后没有建立新大学,在统一时,有很多高度专业化的第三级教育机构。在适应西德教育标准的过程中,这些机构被转变成为多科技术学院或大学。更为详细的关于高等教育制度的材料请参见柯姆(Kehm)、泰什勒(Teichler 1992)和莫勒(Mojle 1992)的著作。

3.2 学前教育

学前教育在德国有着很深的历史渊源。在18世纪和19世纪,存在一些为贫穷孩子建立的福利机构,提供基本的《圣经》教义教育和寻求解决早期工业化所带来的负面影响的途径。结果,在20世纪90年代早期,西德约有1/3的幼儿园由政府提供资金。很多的幼儿园是由独立的团体所资助的,多数情况下是由教会资助。公共和独立的机构均要求父母交费。为3岁到入学年龄的儿童提供幼儿园教育,在特殊培训学校培训幼儿园教师。幼儿园通常不进行识字和算术教育。对于达到入学年龄却没有入学能力的儿童提供学前教育项目。不包括1年级的教学内容,这些项目的目的在于促进儿童平稳接受正规教育。在同样的教学方法下,为5岁的孩子提供自愿参加的学前班。

在东德解体之前,国家的两部分学前教育供给有很大不同。西德托儿所为仅有1%的0~2岁的年龄组提供看护,而在东德则有56%的0~2岁的孩子接受看护。在东西德分别约有80%和90%的3岁到入学年龄的年龄组的儿童上幼儿园。在西德不同地区的教育供给存在很大差别,不同年龄组的儿童的入学率从3岁的36%到6岁的90%不等。这些对比与东西德的妇女就业率的不同相关。同时,也与东德的政党和政府执行马克思主义并由一个统一的教育部的控制相关。除了学前教育项目外,西德的学前教育项目更多的是青年和家庭事务部的责任,强调多元主义和父母的参与。

东德的政治和经济的崩溃,使东德的学前教育在某些方面的供给减少了,这给生产和政府开支造成了很大的困境。同时,在西德,相对低的出生率使人们期望到20世纪90年代末为3岁到6岁的儿童提供较为充足的学前教育机构。

3.3 特殊教育

1989年东西德均有4%的残疾儿童接受从学前到初中的教育。此外,在东德为约1%相关年龄组的天才儿童提供学术科目、艺术或体育教育的特殊学校。在西德,天才儿童的特殊教育完全被忽视,只有很少的个人发起的实验项目。因而,这一部分主要考察为残疾儿童提供的特殊教育。

传统上将残疾儿童按其残疾的特点进行分类(如盲童、身体残疾儿童和智障儿童)。据此分类建立特殊班级和特殊学校。仅有原西德有关各类残疾儿童分布的准确数据。根据这些数据,有40%的接受特殊教育的残疾学生参加专为残疾儿童准备的项目(包括长期疾病所需的费用和对各种残疾的特别资助)。有两种进一步的分类,构成了德国特殊教育的主要部分,3%的特殊教育有“行为失常”的特点,56%的有“学习障碍”问题。后一类很难做出令人满意的定义而且没有明确的诊断程序。

目前,越来越多的是将残疾儿童教育融入主流教育之中。1992年开始,在特殊学校注册的学生人数开始减少。令人满意的模式是,由一个受过培训的专家和普通教师一起在教室中合作,但一些财政问题和实际的限制,影响了这一方案的实施。

3.4 职业、技术教育和商业教育

德国的义务教育不仅仅局限于普通教育。在中学低级阶段毕业有普通毕业证书的学生,以及那些9年义务教育之后没有获得资格证书的学生,必须参加部分时间或全日制的项目,有些项目已达到官方认可的职业资格水平。

在职业、技术和商业教育领域,实施这一资格制度及其相关的规则非常复杂。为学徒提供的最常见的项目是在公司里获得实践培训技能,同时接受其业务方面的理论指导和普通教育内容(如德语和公民教育)。授课时间为每周一到两天,并且通常持续几个星期。由于职业教育由公立学校进行,而最终的资格证书由地方行会、工业界和商会发放,因而被称为“双元制”。资格证书由官方发放并为国家认可的。然而,有近400种职业注册,每种都有联邦相关机构提出的理论和实践培训要求。

虽然有些内容是相似的,但完全在教育当局的裁决下,在全日制的基础上操作。职业专门学校提供学徒制学习所涉及不到的职业(如有些早期儿童看护方面的职业),或者提供学徒制学习较少涉及的职业课程(如化学实验室助手之类的技术职业)。这些职业专门学校的入学要求为普通学校毕业证书，在双轨制中，最终的毕业证书能够使学生在此系统内部接受更高级的教育。

其他项目对有特殊志向的少数群体提供直接教育。“基本职业培训年”的课程设置是相对广泛的，目的在于使离开学校的学生获得更多的签订合同的机会。“补充职业学校”为那些缺乏正式资格的毕业生提供资格证书，使得他们接受更高级的培训。技术学校为已经完成职业、技术或商业教育项目的受训者提供更高级的课程，或者在一个给定的范畴内，为有高级毕业证书的学生提供更高级的课程。

在中等教育高级阶段有更具职业倾向的形式。从法律上说，这是一般学术体系的一部分，在完成课程后能够接受大学水平的研究。同时，课程主要在经济、社会和技术领域。同时还向完成职业、技术和商业培训项目的学生开放。

所以，这一教育制度作为一个整体是由一系列规定来约束的，这些规定涵盖了入学的基本要求、入学过渡以及毕业资格等方面。有时，其特点是几乎被“授予综合征”所笼罩着。但是，它确实为教育水平较低的学生提供了多种学习机会，通过学习可以使这些学生获得好的成绩，并且为他们接受更高一级的教育提供了条件。

尽管在原东德几乎完全排除了私有公司，进行了很多改革，但传统的双轨制的重要特征仍然保存下来了。同样，以前的将职业、技术教育课程融入中等学校课程之中，加上等级资格制度为原西德一些地区提供了一系列获取职业资格的机会。所以，后一种制度在原东德的推广，是建立在培养高素质的工人的共同传统之上的。尽管由于战后的分离造成了东德和西德诸多的差异，而且这些差异并没有完全根除。

3.5 成人和非正规教育

在德国成人教育通常分为三大类：普通教育、职业教育（包括技术和商业教育）和政治教育。1972 年的联邦立法鼓励参加成人教育，主要是通过给成人以财政支持和额外假日使其参加职业课程（有时有政治和普通教育方面的课程）。这些措施的采纳主要是由于迅速变化的经济、政治和社会条件，要求人们提高其能力以适应新的需求。估计每年在西德约有 40% 的劳动力参加某种形式的成人教育。

业余大学承担普通成人教育，它们通常是由社区资助的，并且可以由非营利机构注册。课程包括（提供的课时递减）：(a) 语言；(b) 经济、数学和科学；(c) 健康；(d) 手工艺；(e) 学校课程；(f) 政治和社会科学；(g) 教育、心理学和神学；(h) 文学和艺术。教会提供相似的课程，但其侧重不同。

业余大学提供的课程有些被视为成人职业教育，它们亦是这些课程的最重要提供者。其他的机构为工商界商会或行会、某些职业学校、第三级教育部门和远程教育的特别机构。没有关于由雇主安排的公司内外的项目的统计数字，但是应该说所有的现代企业中都运作此类计划，并且，通过经济活动，很多先进的技能得到传播。应特别关注失业机构组织的资格证书与再培训措施。自 1990 年开始，这类机构为东德的劳动力提供大量的培训项目。这些项目为长期失业的工人和公司已经倒闭的雇员提供了机会。

政治成人教育主要指与政党有关的活动。也与由行会提供的课程有关。参加人数每年约有 50 万，不超过通过成人教育而获得高级资格证书人数的 10%。

由于涉及成人教育的项目和机构有很大的不同，因此，很难区别正规教育与非正规教育。从国家认可的证书的角度讲，属于正规教育的活动很少。而许多项目的实施都是由经过训练的人员来进行的，并有详细的课程和教学计划。因而将成人教育作为德国教育的第四部分不是没有道理的。

4. 行政管理的结构与运行

自联邦宪法规定各州有对正规教育的决定权后，几个州在其宪法中有相关条款规定对教育事务的管理权，所有的州都特别立法在其各自的体系内规定教育目标、建立教育结构、规定教育内容和过程。国家教育职能归属文化部。在较大的州学校不是直接由文化部管辖，而是由地区管理机构管理。地方社区通常负有提供必要的基础设施的责任，还可能涉及教学人员任命方面的责任。

文化部有直接和间接监督检查学校的权力。

除少数州外,各州的教会在学校中没有任何监督作用。学校监督有三项主要的作用:教学、立法和行政监督。监督的第一个功能是在"劝诫和支持"的基础之上的,其他两点涉及如果违反相关法律时直接干预的可能性,以及行使相关的行政权力(如任命、评价和提升)。后两点之所以适用是因为大多数教师是终身制国家公务员,因而需要特殊的立法。在理论上讲,学校的监督是各州文化部的主要职能。很明显的趋势是越来越趋向于劝诫的职能。

同质性的需要协调了德国多极的教育结构,它们同意在全国范围内建立文化部长常务委员会,来制定全国性的教育决策和处理国际教育事务。联邦和各州政府在教育计划和研究支持联合委员会中都有选举权,该委员会负责推荐和实施实验项目。1969 年联邦宪法修改后,有一些第三级教育的裁决权从各州转移到联邦政府手中。

5. 教育财政

除第三级教育外,教育财政主要是由各州和地方社区掌管。原则上,所有的人事支出由国家负担,而基础设施建设由社区提供。联邦政府在第三级教育中的作用主要是与物资和第三级教育机构的扩展相关,同时,与提供研究资金和教学设备以及对研究活动的支持有关。包括第三级教育在内的几乎所有教育都是免费的,联邦政府为中等教育和第三级教育中的学生提供充足的资助,其中有些资助是以贷款为基础的。私立学校(如由教会运作的学校)很少,而且许多私立学校接受相当多的公共预算(将近 90% 的运作支出)。这类学校通常也是免费的。

1990 年西德的公共教育支出占国民生产总值的 3.7%,其中 1.7% 的资金用于研究和个别支持措施。研究和发展中的私人投资以及成人教育项目占 3.9%,因而,1990 年总的教育支出约占国民生产总值的 9.3%。

值得注意的是,自 1975 年以来教育在公共支出中的份额开始减少,这标志着教育总体扩张阶段的结束。也预示着自 1985 年起私立教育开支在公共支出中的份额开始减少。1989 年在公立教育机构中生均花费为 6 200 德国马克(3 650 美元),而在高等教育中生均花费为 17 100 德国马克(10 060 美元)。

6. 师资

传统上完全中学和商业教育中的专门教师在大学中培养,非常强调专业和教学法的培训。其他类学校的教师,包括各种各样的职业和技术教育教师,都在其他类型的第三级教育机构中接受培训,入学要求较低。到 1990 年,在东德双轨制的特征得以保留,而在西德自 20 世纪 60 年代开始,以前的教育学院开始并入已有的大学,或成为新建立的大学的核心部分。总的趋势是使各种各样的教师教育平等,使其资格有可比性,这一目标只在很少的几个州实现。

一般来说,在大学的系中,专业学习涉及两门专业。对有些专业来说,提供某些领域的通识教育,如未来小学教师的阅读教育和为将在特殊教育机构任职的教师提供诊断性教育。在教育系中,主要强调历史、哲学和实践性的方法。

关于教育人事方面,资格证书由各州负责。在大学或教师教育学院中的学习结束后,由各州负责进行监督的考试,并由各大学的教师作为监考人员。然后,再参加实习,实习包括有指导的教学实践和额外的课程教学。这种培训通常要进行两年,最后由各州进行第二次考试。由于仅有很少学生能够通过,或愿意在完成官方规定的三年半到四年半的大学学习后获得第一级水平证书,因而,在西德,完全合格的教师在开始教学工作时都超过了 30 岁。这与东德的情况完全不同,小学教师开始其教育生涯的年龄通常在 21 岁。

7. 课程开发与教学方法

各州教育部根据立法决定课程内容(只有少数职业和技术教育例外),通常有以下三种方法:(a)列出每周授课时数以及每年级的课程科目和学校类型;(b)课程指导;(c)教科书编写权。

各州的课程有很大不同。如巴伐利亚州的学生(从 1 年级到 10 年级)的授课时间比汉堡的相应年级的学生多近 20%(Mitte 1990)。对于不同的科目的重视程度也有所不同。

学校立法规定了总的目标(经常在国会法案的前言部分规定),特殊规定印发在课程指导中。这些都是由各州教育部规定的,包括大纲、建议性的教学方法和课程计划模式。只有教学大纲是强制性的,教学方法由教师自主决定(教师接受监督人员的劝诫)。课程指导通常由指定的专家组解释,专家组有时和大学或研究与发展机构合作。值得关注的是,课程大纲并非以试验结果为基础,而是仅仅考虑到标准问题或纯粹出于政治纷争的考虑。

只有经过教育部批准的教科书才能在德国使用。学校和教师可以在经过许可的教科书中进行选择。有观点认为这种机制赋予教育部以很大的权力来控制教育,但实际上,教师在教学中广泛使用自己复印或准备的教学材料。这使得在不同班级学生的学习机会有很大不同。

如上所述,是否采取某种教学方法大多由教师决定。由于生师比的减小(从 1960 年的 30:1 减少到 1980 年的 15:1,主要是人口原因),明显的趋势是从以教师为中心向以学生为中心转变。自 20 世纪 80 年代开始,"开放教学"的概念强调学生自我学习成为小学的普遍模式,也在中学的低年级中采用。

8. 考试、升级和证书制度

除少数情况外,不将正规考试作为评价教育成绩的手段。这些例外主要指诊断性的考试(如确定不同种类的阅读障碍),也存在一些商业性的成绩测试(Trost et al. 1992)。对于学生的评价一般完全以教师的书面考试成绩及学生的"口头合作"为依据。结果或以书面报告的形式(主要在小学阶段)表示或以六个等级打分。对于非正式的考试有最少间隔时间的规定(在高年级为 5 小时)。但很大的比重放在课堂参与上,家庭作业也计算在内。

由于评估程序的不同,不同学校乃至不同班级的学生的成绩没有可比性,因为是以个人不同的判断以及完成不同的任务为评价依据的。有些州每年规定中心任务和标准化的计划以促进教师的反馈,但这不属于课内教学评价。

尽管留级现象很少(1990 年,初等学校中每年级的留级率为 1.5%,中等学校为 4%),但除个别情况外,没有自动升级。在完全中学高年级阶段较特殊,完成课程的学分要通过四个学期的积累(一般为 16 级),期末考试有笔试和口试两种形式,考试成绩要加入总得分数中。所有取得的证书(离校资格证书、大学毕业证书和国家考试证书)都具有法律和高度正式的特点。各州都认可这些证书并使学生能够进入更高项目的学习,以获取更高的薪水(如高级公务员),获得职业头衔(包括学术头衔)。州教育当局保证授予离校资格证书的最低标准。其程序在各州是不同的,在多数州,成功完成主体中学和实科中学教育最后一年级学业的学生可获得毕业资格证书,而完全中学的最后考试由教育部负责。在其他州有三个水平的考试,有的州还混合运用以上方法。

9. 教育评价、评估和教育研究

没有统一的全国性的教育评价。国际教育成绩评估协会的《德国读写研究》(Elley 1992)是第一个在 20 年中关于学生学业情况的调查。此外,联邦资助几个大的研究机构。有些州保留其自己的机构,但政治上由教育部控制,各州之间处理有争议的问题时处于较微妙的地位。另一种较典型的形式是专门化的中央机构,处理各专业领域(如科学)的事务,不同的学校体系(如职业、技术和商业教育)及研究领域(如国际比较研究)的事务。

评估被定义为项目评估,完全是委员会的研究。在联邦范围内,联邦教育计划和研究支持联合委员会提供官方的实验项目认可,其资金主要由联邦和各州教育部提供。指定的评估小组(通常来自大学)在评估中起关键作用。在综合学校的实验中,一些评估研究由于其明显的政治偏见而受到批评。

与其他国家相比,德国在教育研究方面没有太多的实证研究。同样,在德国教育研究中的方法论革新较少。在东德,小规模的实证研究有较广泛的传统,但由于缺乏计算机而受到局限。在中央控制的研究中虽没有缺乏计算机设施的问题,也能进行大规模的研究,但由于政治原因,没有公布其研究结果。在西德由于历史原因和标准化倾向不存在上述问题,而受实证研究影响较大。

10. 20 世纪八九十年代的主要改革

1975 年,随着德国教育委员会的废除,标志着西德官方要建立一个新的完整的教育制度的重大教育改革结束了。自此,保守的州政府倾向于保持传统的中等教育的三部分结构,而社会民主党的教育部试图设置综合中学来作为一种选择,如果不能代替三部分结构的传统中学的话。尽管如此,还是有一些重大变化。在主体中学的注册人数有所减少,而在完全中学的注册人数有所增多。在中等教育高级阶段学术和职业学校越来越平行,在完全中学引入了新的职业倾向的课程,增加在此类学校的入学人数,鼓励中等教育阶段的各类学校的融合。在大学教师培训方面的课程也有所变化。在教学中,开始采纳新的教学方法。同样,采取新的教学内容,如和平教育、环境教育,以及对于妇女问题的研究等。

1990 年国家统一后,根本性的教育改革仅在五个州进行,却是具有重大意义的变革。到 1992 年,原东德地区的五个州废除了以前的统一教育制度并采纳了西德的诸种教育制度。在职教师培训目的是给在职教师提供新的课程、新教科书,并广泛采用较少教师中心的方法。建立了完成这一重大项目的新的管理结构和新的组织,并开始运作。在所有层次的教育中,这一进程被视为内部改革,在原东德地区建立稳固的西德教育制度。

11. 2000 年面临的主要问题

虽然统一以后有很多重大的教育问题,但 20 世纪 90 年代的所有教育问题都围绕在东西德两部分的教育机会均等问题上。除了上述教育机构的变革,对于所有团体来说,从高度的中央集权的教育制度转变到各自自由的教育制度,无不包含很大的风险。变化中的教学方式和评分标准、全新的决策方式(如中等学校的选择性和对自由职业选择)、非传统的价值观和个性化原则的内化,对于所有人来说都是一个沉重的负担,所有这一切都出现在严重的经济困境的背景之中。毫无疑问,这些问题会一直持续到 20 世纪末或更久。同时人们希望通过对财政资源、政治和管理经验、人事制度的改革来克服这些困难,但这只是希望而已。值得注意的是,原东德教育制度中的一些优点(如对于弱势学生教育的成功,以及保持较高的教育成绩的能力)在转变之中即使不会完全消失也会逐渐减弱。

统一后的德国会面临一系列的问题,问题还会不断增加,却很难得到解决。学校以外的问题会对处在充满矛盾的社会背景中的学生产生负面影响。不断增加的移民儿童的融合问题,以及为这些儿童提供平等的教育机会的问题,都对教育制度提出了挑战。残疾学生社会融合的需求与社会所能提供最好的教育之间的平衡将继续成为人们关注的焦点。总之,如果可能的话,扭转就业困难尚需重大改革。最后,随着社会对教育需求的不断变化,在一定程度上讲,就教育作为改变社会需求的结果,如困扰着人们的主体中学(Hauptschule),对于保存还是改革整个德国教育制度长期争议就变得有些多余了。

R. H. 莱曼(R. H. Lehmann) 著

耿益群 译

附录

Anweiler O 1988 *Schulpolitik und Schulsystem in der DDR*. Verlag Leske and Budrich, Opladen

Elley W B 1992 *How in the World do Students Read? IEA Study of Reading Literacy*. International Association for the Evaluation of Educational Achievement, The Hague

Ingenkamp K, Jäger R S, Petillon H, Wolf B (eds.) 1992. *Empirische Pädagogik 1970—1990. Eine Bestandsaufnahme der Forschung in der Bundesrepublik Deutschland*. 2 vols. Deutscher Studien Verlag, Weinheim

Kehm B, Teichler U 1992 Germany, Federal Republic of: System of higher education. In: Clarke B R, Neave G (eds.) 1992 *The Encyclopedia of Higher Education*, Vol. 1. Pergamon Press, Oxford

Mitter W 1990 Grundfragen im Überblick. In:

Bundesministerium für innerdeutsche Beziehungen (ed.) 1990 *Vergleich von Bildung und Erziehung in der Bundesrepublik Deutschland und in der Deutschen Demokratischen Republik.* Verlag Wissenschaft und Politik, Cologne

Möhle H 1992 German Democratic Republic: System of higher education. In: Clarke B R, Neave G (eds.) 1992 *The Encyclopedia of Higher Education*, Vol. 1. Pergamon Press, Oxford

Tietze W, Rossbach H G, Ufermann K 1989 Child care and early education in the Federal Republic of Germany, In: Olmsted P S, Weikart D P (eds.) 1989 *How Nations Serve Young Children. Profiles of Child Care and Education in 14 Countries.* High Scope, Ypsilanti, Michigan

Tillmann K-J 1988 Comprehensive schools and traditional education in the Federal Republic of Germany. *Int. J. Educ. Res.* 12: 474—479

Trost G, Ingenkamp K, Jäger R S (eds.) 1991 *Tests und Trends: 10. Jahrbuch der Pädagogischen Diagnostik.* Beltz, Weinheim

其他参考文献

Arbeitsgruppe Bildungsbericht am Max-Planck-Institut für Bildungsforschung (ed.) 1990 *Das Bildungswesen in der Bundesrepublik Deutschland. Ein Áberblick für Eltern, Lehrer, Schüler.* Rowohlt, Reinbek

Bundesministerium für Bildung und Wissenschaft (ed.) 1991. *Grund und Strukturdaten.* Verlag Karl Heinrich Bock, Bad Honnef

Bundesministerium für innerdeutsche Beziehungen (ed.) 1990 *Vergleich von Bildung und Erziehung in der Bundesrepublik Deutschland und in der Deutschen Demokratischen Republik.* Verlag Wissenschaft und Politik, Cologne

Führ C 1979 *Education and Teaching in the Federal Republic of Germany.* Inter Nationes, Bonn

Hüfner K, Naumann J 1971/86. *Konjunkturen der Bildungspolitik in der Bundesrepublik Deutschland*, 2 Vols. Klett-Cotta, Stuttgart

Rolff H-G, Bauer K-O, Klemm K, Pfeiffer H (eds.) 1992 *Jahrbuch der Schulentwicklung. Daten, Beispiele und Perspektiven*, Vol. 7. Juventa Verlag, Weinheim

Statistisches Bundesamt (ed.) 1992 *Bildung im Zahlenspiegel.* Kohlhammer Verlag, Wiesbaden

希腊的教育制度(Greece: System of Education)

1. 基本背景

希腊位于欧洲的东南部,它覆盖了巴尔干半岛南部的大部分地区。其面积大约有 13.2 万平方公里。在 1992 年,希腊人口达到了 1 030 万。从地形上看,希腊是一个三面环海的国家,其中爱琴海上和爱奥尼亚海上有众多大小不一的岛屿。希腊的小社区和乡村学校呈散落状分布,小社区的数量正在逐步减少。然而,希腊的城区相当集中。约有 60% 的人口分布在城区,而且这些城区大多是临海的。首都雅典就聚居了全国 1/3 的人口。

由于出生率的严重下降以及人口的不断老龄化,希腊的人口构成变动很大。在 20 世纪七八十年代,大批的移民被遣送回国,这些人中有相当一部分是在 1946 ~ 1949 年内战结束后回国的。同时,许多拥有希腊人血统的苏联居民和阿尔巴尼亚居民在 20 世纪 80 年代也永久性地在希腊定居了。这些移民的后代所面对的语言与文化的整合问题成为希腊教育的新挑战,而且至今这一问题仍未得到很好的解决。

希腊是传统的农业经济国家。当 20 世纪 90 年代后工业主义的挑战到来时,希腊却还未过渡到真正的工业经济时代。经济的发展带来了各部门劳动力的重新再分配。在 1961 ~ 1981 年间,各部门劳动力出现了大幅度的流动。第一产业流失了 23% 的劳动力,第二、第三产业则分别增加了 10% 和 13% 的劳动力。在 90 年代初,第一、第二和第三产业劳动力的分配比例是 30:30:40。

雇主和自己经营的劳动者占整个国家职业人口的 40%,这是希腊经济的一大特点。家庭内部不付报酬的人员和辅助劳动人员也相当多,这与制造业和农业部门主要是以小型家庭为单位有关。

与上述情况相反,广大的公共部门则成为重要的工作机会提供者。一方面,这与私人团体和政治党派有关(因为它们能直接满足公共部门增长的需求);另一方面,这与企业精神的缺失,以及时常导致开支亏空而带来巨大公众债务的工业发展有关。和这些经济因素有密切联系的是不断扩展社会对教育的需求,尤其对普通教育的需求。

希腊整个人口的教育水平是相当低的,但是年轻一代和老年人的教育水平分布是不均衡的。据1981年的调查显示,将近55%的劳动力仅仅是初等教育水平,约有16%的劳动力还未达到初等教育水平,接受高等教育的人数比例是11%。然而这些比例是在不断变化的。

职业群体的教育水平表明了受教育程度与社会地位有密切的关系。教育水平较低的、文盲以及半文盲人员在农业部门就业时受影响,而且体力劳动者和技工也受影响。然而,教育作为从社会底层向上层流动(主要向服务部门流动)的主要途径,这一功能始终发挥着作用,尤其是20世纪50年代以后。

在1981年,希腊加入了欧洲共同体,这必然对其教育产生一定的影响。从一定程度上讲,欧洲共同体正在逐步形成一种成员国共同制定教育政策的趋势,其目的在于实现国家教育制度的现代化以及国际间的合作,在统一的欧洲形成一种不受任何束缚的劳动力流动体制。

2. 教育政策与目标

希腊的教育体制是高度集中的。国家教育部统一制定、规划和讨论一切教育政策与教育目的。教育政策主要是以政府法律和总统政令的形式由教育部长决定。这样的程序使得政府能直接对全体选民负责,能接受来自公众和教师联合会的监督。

重大政治团体政权的更迭不仅对教育问题很难达成一致意见,而且使教育改革的进程十分缓慢。保守党和自由党主要是在有关教育的正式语言、义务教育的年限以及学校引入职业技术教育等问题上存在分歧。到了20世纪70年代,在这些问题上才达成了共识。

在20世纪90年代初,一方面,由于社会活动党在1985年不仅制定了关于初等和中等教育目的的法规,而且强化了这些目的的意识形态,所以获得教育目的和意识形态之间的一致意见是不太可能的。另一方面,由于社会普遍设定和追求的教育目标与具体的教育实践也很难协调。所以,《1985年教育法》允许一种自由思想意识的存在,它的目的是通过让儿童成为活动的中心,积极主动地参与教学来推动儿童个性和创新性的发展。然而,具体的教育实践重视确定知识的传授、国家文化精华的传播,采用的是传统的教学模式。很明显,这种教学模式与高等教育的选拔模式是一致的,即国家以对书本知识的考查作为选拔学生进入高等教育阶段的主要标准。

在高等教育方面,社会普遍关注的问题是通过公正、客观的选拔程序来保证广泛、平等的高等教育机会。这种要求将会强化书本知识的考试模式,间接地保留了学校教育的传统特色。而这将会阻碍《1985年教育法》所提出的教育目的的实施。

有关发展私立高等教育的争论也引起了教育和政治关系的论战。反对方认为,发展私立高等教育是违反宪法规定的,因为宪法规定高等教育是国家提供的,而且是免费的。支持方则认为,大批学生到国外留学的事实,已经间接地打破了只有国家提供免费高等教育的现状。

3. 正规教育体系

3.1 *初等教育、中等教育和第三级教育*

图1是正规教育体系的结构。表1显示了各级学校部分统计数据。学前教育的教育年限是2年,招生对象是年龄在3.5岁以上的儿童。自1978年实行教育改革以来,义务教育的教育年限是9年,学生入学年龄为5.5岁以上。义务教育阶段包括初等教育阶段和中等教育的低级阶段——初中。中等教育的高级阶段——高中存在多种类型的学校,其中包括职业技术高中。在初等和中等教育阶段,学生是自动升级。高等教育是由科技教育学院(TEI)和大学提供的,其中大学的入学标准是学生

表 1 **希腊 1991～1992 年正规教育的入学注册人数**

	幼儿园[a]	初等	中等		第三级	
			初级	高级	科技教育学院	大学
学生[b]	134 000	791 000	439 000	423 000[c]	73 000	119 000
学校	5 615	7 660	1 820	1 710	12	17
教师	8 200	39 000	28 000	30 000	5 000	5 900
每所学校平均学生人数	24. 1	103	241	247	6 083	7 000
生师比	16. 3:1	20. 3:1	15. 7:1	14. 1:1	14. 6:1	20. 2:1

a 幼儿园的数据仅涉及教育部管辖下的公立或私立机构

b 除了科技教育学院和大学的入学注册人数是 1990 年的数据外，其他均属于 1991～1992 学年的数据

c 包括 2 年制职业技术学校

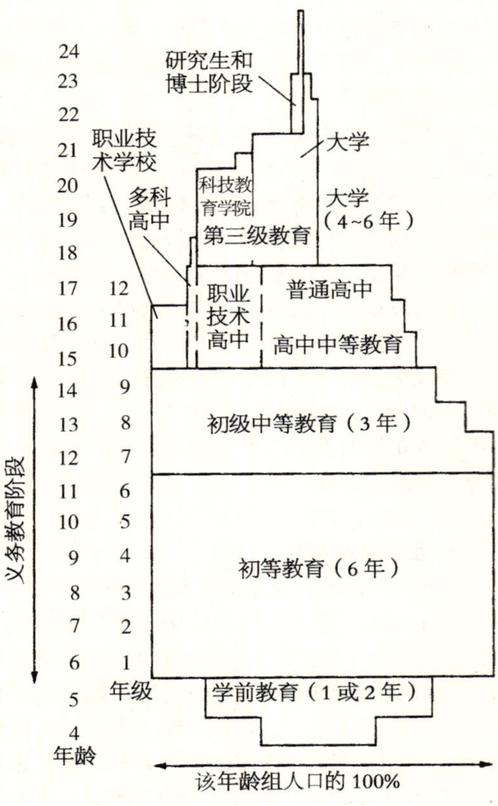

图 1　希腊：正规教育体系的结构

a 学前和中等教育的入学注册人数由教育部的数据大致估算而得出

的学业成绩。

小学学制 6 年，每学年的教学时间是 170 天，每周 5 天，每天有 5 个学时。在 20 世纪 80 年代，随着希腊人口出生率的下降，学生入学人数比原来减少了 11. 2%。在 1991～1992 年，在校生人数为 790 100 人，适龄儿童入学率达到了 100%，其中在私立学校接受教育的学生人数占学生总数的 7%。同时，全国平均的生师比几乎达到了 20:1。所有的学校均为男女同校。

学生在完成初等教育后，平均年龄在 11. 5 岁左右，学生可以自动升入初中继续学业。初中学制 3 年。每学年的教学时间为 165 天，每天有 6 个学时。这个阶段的学校教育主要是普通教育，但也有部分学校提供体育、音乐等方面的专门教育，同时也存在一些基督教会学校。

9 年义务教育实施后，相当多的学生进入了大学预科班。在 1991～1992 年间，共有 439 245 个学生进入了大学预科班，其中约有 4% 的学生进入了私立学校。教育部的相关统计数据显示，在 1991 年，大学预科班内有略高于 80% 的学生在学习初期就毕业离校了，而在 1981 年，这一比例为 70%。复读现象虽然已经明显减少了，但至今仍有 8% 左右的学校存在复读问题。

中等教育学校也是男女同校的。进入大学预科班并顺利毕业的女生人数要多于男生。这不仅是因为女生的学习成绩较好，而且也因为很多男生很早就被迫进入了技工学校。

高中的学习年限一般是3年,这一阶段的学校主要有3种类型:普通高中、综合高中、技术高中。同时也存在少量的教会学校,一些职业技术高中的学习年限是2年。自20世纪80年代以来,进入高中学习的学生人数比原来增长了38%。虽然在大学预科班初期就毕业的学生选择了不同类型的学校,但大多数学生选择了普通高中。在1992年,共有378 000名学生进入了高中,其中在普通高中的学生比例是68%,在综合高中的学生比例是5.6%,在职业技术学校的学生比例是26%。同时,男生选择职业技术学校的人数要多于女生,而女生选择普通高中的人数则多于男生。

普通高中在前2年开设的课程是面向全体学生的。在第3年,学生可以从4套课程类型中选择1套来为高等教育入学考试作准备。对于那些不准备上大学的学生有另外的课程方案。在职业技术高中和综合高中,既开设有职业技术方面的课程,也开设有普通教育方面的课程。希腊政府的决策表明,普通高中现行的成套的课程体系将被另一种在1993年为进入高中的学生而设立的课程选修体制所取代。对于学生而言,对付高等教育入学考试的实用方法是到非正规的和私立的学校接受填鸭式的教学训练。

据教育部的相关统计数据显示,那些放弃高中学习的学生人数已经超过了原定录取人数的20%。在1991年,77.5%的高中毕业生中约有48.5%的学生有资格参加高等教育的入学考试,这些学生的年龄为17~18岁。

高等教育机构包括大学和技术教育学院,其中后者是由许多没有大学地位的高等教育学院组成的。决定一个学生能否进入他所申请的大学专业的标准是学生的综合分数,这个分数由两部分组成,一部分是学生参加大学入学考试的分数,另一部分是学生高中毕业时的学业成绩分数。大学的每一个专业对所录取的学生都有一系列的相关规定,这些规定每年都是由教育部来制定。考取大学的竞争是很激烈的,对于那些处在城区的大学和一些诸如医学、电脑、科学等热门专业而言,竞争尤为激烈。

在1991年,128 000个申请学生中仅有1/3的学生获得了接受高等教育的机会。其中,约有55%的学生进入了大学。在1980年和1970年,申请高等教育的学生的录取比例分别是28.5%和25%。但在1980年,被录取学生中约有58%进入了大学,而在1970年,由于当时存在的非大学机构很有限,被录取学生中约有80%进入了大学。在1990年,约有189 000个学生进入了高等教育阶段,这个数字略高于20世纪70年代和80年代。

在1975~1985年间,接受高等教育的女学生人数比原来增长了12%,在1985年,接受高等教育的女生人数约占学生总数的48.9%。在文学、教育、美术、法律、建筑以及医学等学科领域女生占有绝对的人数优势,但在工程、科学、数学等学科领域女生却处于人数劣势地位。

大学的学习年限一般为4年,医学和建筑专业除外。不存在半工半读制度,研究生学习基本上是有名无实的,仅仅提供很有限的博士生学习。据《1985年教育法》和《1988年教育法》要求,大学开设了几门研究生课程,但是研究生文凭还未得到正式认可。

随着创建新区域大学政策的实施,教育部对几所大学进行了重新命名和界定。由国家投资的17所大学享有行政管理自由和学术自由。虽然希腊宪法不允许外国大学和私立大学的存在,但这并未能阻止公众和党派对这一问题的讨论。

自20世纪60年代以来,希腊经济、社会发展所面临的一个问题是大学生和研究生到美国及欧洲其他国家留学的数量在与日俱增。在1985年后,由于希腊高等教育招生比例的扩大,到国外留学的学生人数已经有所下降。但在20世纪90年代,到国外留学的人数仍不少。另一个问题是在20世纪90年代,如何提高TEI的社会地位和教育质量并做好TEI与大学的衔接。这些问题至今仍未得到很好的解决。

3.2 学前教育

在进入初等学校之前,在上午时间内,3.5~5.5岁的儿童可以进入教育部直属幼儿园接受教育。他们的日常项目主要有游戏和学习等活动,其主要目的在于促进儿童多方面的发展。依据1989年总统签署的法令而制定指导方针要求。在1992

年,教育部直属的幼儿园有 5 600 所,其中约有 2.6% 的幼儿园是私立的,接受学前教育的儿童人数占此年龄段儿童总人数的 50% 左右。

同时,婴儿学校也为相应年龄段的儿童提供白天保育。这些婴儿学校主要是由国家保健和社会福利部门开办的,当地的权力机关和一些私人组织也参与了婴儿学校的创建。虽然没有精确地统计过有多少儿童接受了这样的保育服务,但可以估计约有 30% 的 3.5 ~ 5.5 岁年龄段的儿童进入了这样的学前学校。40 天以上的儿童可以在护理中心接受白天保育服务。

自 20 世纪 60 年代以来,社会对学前教育的需求在与日俱增。随着母亲就业形式的转变,自 70 年代早期以来,学前教育的发展幅度是相当大的。

3.3 特殊教育

在 20 世纪 80 年代中期,希腊政府开始对特殊教育的发展予以关注和管理。在这之前,特殊教育是由私人组织开办和管理的。《1985 年教育法》明确指出要发展特殊教育,并要求对那些身体、智力以及精神方面存在缺陷的学生进行特殊的职业训练。其目的在于开发他们的潜能,使其被社会所接纳。这一法律还指出,可以通过创建特殊教育教室,和在普通学校开设特殊教育课程等措施来实现其教育目的。同时,职业技术学校也为那些身心有缺陷的学生提供了特殊的培训项目。在 1989 年,希腊已经开设了 164 所特殊学校,在普通学校创建了 285 个特殊教育教室,培训了 850 名特殊教育教师,200 名受过特殊教育培训的员工,在校学生达到了 8 200 人。这些数字表明,自 80 年代以来,特殊教育得到了前所未有的发展。

3.4 职业和技术教育

纵观整个 20 世纪,任何尝试通过建立和发展职业技术教育来改变传统的由中等教育阶段进入大学的趋势的努力都未取得成功。1976 ~ 1977 年的教育改革推动了职业技术高中的发展,但是进入这类高中的学生数量比预计要少。这主要是因为职业技术高中和职业技术学院毕业的学生的社会地位较低,而普通高中和大学毕业的学生的社会地位较高。但是,在 1990 年,进入职业技术高中的学生人数由 1981 年占整个高中学生总数的 26.7% 增长到了 37%。

接受高等职业技术教育的学生人数也在明显增长。在 20 世纪 80 年代,入学人数是过去的两倍。这是因为高等职业技术学院每年录取的学生中有 32% 是来自职业技术高中。尽管这样,希腊教育制度的双轨性也正在逐步地形成。

3.5 成人和非正规教育

在 20 世纪 80 年代,成人和非正规教育发展的主要目的在于填补职业技术学校发展水平不高的空白,解决由技术变革所带来的失业问题,以及满足社会对新技术知识和技能的需求。

成人的非正规教育和培训主要由以下公立与私立机构提供:

(a)在各部门职权范围内的公共管理单位和私有法人实体。

(b)非营利性单位和关心公众的社会机构。

(c)商业组织和合作型组织。

(d)大学和职业技术学院。

(e)私人部门。

自 20 世纪 80 年代以来,成人教育的主要对象是 25 岁以下的失业人员和 25 岁以上长期失业的人员。成人教育的部分经费是由欧洲社会基金所资助的。这一举措极大地推动了成人教育的发展,每年约有 20 万人参加成人教育培训。

希腊国家教育部直属的普及教育秘书处专门为成人提供职前培训项目和在职培训项目,以及有关文化与社会的兴趣、教养和基本技能等方面的培训项目。国家农业部也提供了有关农业方面的培训课程。国家劳动部直属的人力资源部为失业工人和面临失业危机的工人设有一定的培训项目,这些培训项目有的在专门的培训学校进行,有的在私人企业或公共企业内部进行。另外,一些私人组织和公共团体也开设有管理、市场营销、公共关系以及电脑技能等方面的课程。

4. 行政管理的结构与运行

国家教育部拥有决策和行政指导的集中权限。这些权限包括行政管理、行政监督、财政拨款、课程发展、教材制定、人事任命以及除高等教育外的各级教育的基本建设和配备等许多方面。教育学协会是附属于教育部的一个咨询机构,专门为初等教育和中等教育的课程发展与教材制定等方面的问题提供咨询。

对学前学校、初等学校和特殊学校的行政管理与行政监督,以及对这些学校的人事安排的职责是由初等教育办公署实施的。初等教育的办公署是基于国家各个行政管理部门和附属行政管理部门的需要而设立的。同样,中等教育办公署对所有的中等教育学校也履行这些职责。这些办公署是国家教育权力的执行机构,拥有很少的独立权限。这些办公署把教育部的决策传达给学校,在自己的职权范围内,它们和学校的法律顾问合作,同时,学校的法律顾问对于课程的实施,和学校自身所进行的教育实践等问题拥有知情权。每一所学校由一个指导者进行管理,这个指导者是一个在管理方面有经验的教师,他可以和学校的教师协会与学生家长代表在诸如学校的有序运作等问题上进行沟通及交流。

高等教育机构通过自治机关自行控制学校的运作情况。职业技术教育机构的管理是由一个被选举出来的校长和系领导执行的。他们和教师员工委员会及学生代表进行合作。从一定程度上讲,大学的教学和科研是自由的。大学的管理是由一个被选举出来的校长和副校长共同监督进行的。校长和由一定比例的教师员工代表、学生代表及管理部门代表组成的评议会能够融洽地工作。大学的系是由系成员大会管理的,这些成员包括教师员工、学生代表以及系里选举出的一个主席。系里的决策必须考虑本系的学习的计划、员工任用政策等问题。大学范围内的决策服从于校长委员会的决定,校长委员会由校长和副校长、学生代表及管理人员代表组成。

5. 教育财政

公立教育直接由中央政府拨款,各级教育也是免费的。投资于教育的政府财政资金正在逐步地增长。在20世纪70年代,教育经费占国内生产总值的2.6%,到了80年代,教育经费占国内生产总值的3.47%,1991年,教育经费占国内生产总值的4.28%。

在1991年,教育经费的支出占国家财政预算总支出的8.3%,1984年教育经费占国家财政预算总支出的10.7%,1978年教育经费占国家财政预算总支出的12.2%。学前教育和初等教育在整个教育总支出中的比例1991年下降到了33%,在20世纪80年代其比例是34.7%,在70年代是40.4%。中等教育经费在整个教育总支出中所占的比例70年代为28.7%,在80年代达到了34.5%,在1991年达到了35.6%。这些变化部分是由于出生率的下降导致了初等教育入学人数不断下降,部分是由于义务教育的普及引起了中等教育入学人数的不断增加。同时,在1990年,大学的教育经费在整个教育总支出中所占的比例从原来的13.6%增加到了20%,而在1991年却下降到了17.7%。高等职业技术学校的教育经费在整个教育总支出中所占的比例1990年为6.7%,而在1991年下降到了5.3%。

在1970~1990年间,学前教育和初等教育阶段的生均成本也在不断地增长。1990年的生均成本几乎是1970年生均成本的两倍。这一变化主要是由入学人数的减少所导致的。在中等教育阶段,虽然这一时期接受中等教育学生人数增长了,但1990年的生均成本几乎是1970年生均成本的3倍。同时,在1970~1980年,大学的生均成本也明显增加了。在80年代,尽管进入大学的人数也在不断地增加,但大学的生均成本却一直很稳定。

国家提供的各级教育都是免费的。在由私人捐款的私立学校里,家长必须交纳学费。整个私立教育的费用在国内生产总值中所占的比例在1.5%~1.9%之间,这个比例是整个教育总支出在国内生产总值中所占比例的一半。然而,私立教育与公立正规教育费用的比例已经从1970年的0.28%下降到了1980年的0.07%,由于公立教育的大幅度增长和私立教育费用的不断下降。在私立学前教育和初等教育阶段,个人花费与国家花费的比例从1970年的26.8%下降到了1988年的12.4%。对于中等教育而言,这一比例从1972年的41.8%大幅度下降到了1988年的6.6%。

非正规教育在整个公立教育费用中所占的比例基本维持在7%。相当多的私人捐助主要是针对提供预备式、填鸭式课程的私立学校，当然，这些准备课程为的是国家升学考试、外文考试的教育体系之外的中学后课程。还有，很明显的是，相当多的私人投资主要是父母以外币的形式为在国外学习的学生支付学费和生活费用。

6. 师资

公立的学前教育学校、初等学校以及中等学校的老师由教育部统一任命，并从一系列毕业生申请表中进行择优选择。在 1992 年，初等学校大约有 39 000 名老师，中等学校大约有 58 000 名老师。这两级学校的教师总构成中，女教师的比例是 52%，但是在高层的行政管理和决策职位中，女教师的比例是比较低的。在 1992 年，高等职业技术学校大约有 5 000 名教职工，而大学将近有 6 000 名教职工。在 1985 年，35% 的大学教职工是女性，但其中仅有 5% 的教职工是教授职称。

学前教育学校和初等学校的教师通常要在教育学院接受 2 年左右的教育培训，但是在 1989 年这些学院被取缔了。自 20 世纪 80 年代中期以来，教师教育由大学的教育系以 4 年学制的学习形式来提供。在有关学前教育和初等教育教师一般学位的讨论中，一些大学认为，这些教师只要具备从事教师职业的一些必要资格就可以。

大部分中等学校的教师都在大学期间接受了所教授学科的专门培训或者与其所教授的学科相关学科的专门培训。就职业技术大学预科的教师学历而言，大部分教师持有高等职业技术学校的毕业证书，很少的一部分教师仅有中等职业技术学校毕业证书。专门学科的教师资格要求教师有必备的专业技能。

在 20 世纪 90 年代初，普通教育阶段的教师数量是过剩的，除了在中等教育阶段一些稀有的学科领域外。毕业申请人为了在公立学校获得一个教师职位，必须等待 10 年左右才行。新教师必须在偏远地区生活一段时间，必须有充分的家庭原因才能成为一所城市学校的教师。晋升只是工资的增加，如果考虑到行政管理和咨询职位的话，这就和教师的工作年限有关了。

大学的教授们必须持有博士文凭。他们是由同等学历甚至更高水平的相关系科成员组成的委员会任命的。职业技术学校的教授是由教育部委员会任命的。

在职培训经常是很有限的。区域教育中心即将执行在职培训的职能。学位持有者在进入聘任阶段前将接受 4 个月的教育科学培训。同时，除了区域教育中心外，雅典有一所进行这种培训的非大学性质的学校，在萨洛尼卡（Thessaloniki）也将建立几所这样的学校，为希望晋升高级管理、教育咨询职位以及在区域教育中心获得工作等的教师提供进一步深造的机会。

为了在教育领域获得大学学位，接受过 2 年培训的教师可以进行其他课程的学习。自 1991 年以来，一些大学的教育系已经为教师们提供了相关的课程。

7. 课程开发与教学方法

集中统一是希腊学校课程的主要特点。学前教育学校和初等学校实行的是国家统一的课程计划，课程范围和具体内容是由国家教育部制定的，每一个年级具体的正规的课程提纲是先由教育学协会制定，然后由教育部批准生效的。各科教材是先由学校依据国家课程大纲进行选择，然后由教育学协会确定，最后由教育部批准生效的。每一个年级的每一学科都有与国家课程提纲相一致的具体教材。同时，教师依据各年级的不同课程的特点，采用相应的教学方法。由于教师教学方法论培训内容有差异，很可能会在教学中产生一系列的问题，这种做法可以很好地解决这些问题。课程大纲、教材、教师指导以及其他教育材料是由教育部指定的专门机构出版的。在公立学校里，学生和教师的教材以及其他的出版物都是免费的。

在初等教育和大多数中等教育阶段，对学生而言，所教授的普通教育科目都是必修的。这些科目涉及了语言、人文、数学、科学、社会科学、艺术、体育以及宗教等方面广泛的知识。在中等教育的最后一年，学生必须在四套课程类型中选择一套作为核心课程，以便为高等教育中相关的专业考试作准备。在 1991 年，大约有 20% 的学生选择了 A 套课程，它包括科技、建筑、工程、数学、科学以及教育研究等学科;大约有7%的学生选择了B套课程,它包括保健科学和教育研究等学科;大约有21%的学生选择了C套课程,它包括人文、法律、社会、科学以及教育研究等学科;大约有52%的学生选择了D套课程,它包括社会科学、政治科学、经济学以及教育研究等学科。

在大学里,这些学科及其内容的教授是由各系的成员大会决定的,这个成员大会由教师员工和学生代表组成。一般情况下,在大量的选修课程中,学生必须选修一些核心课程,而且要求其实践经验要多于理论修养。同时,每一门课程的教材都是唯一的,而且是免费的。

在初等教育阶段,所有课程是由教师在教室统一教授的;而在中等教育阶段,课程是由专家教授的,这些专家几乎没有接受任何的教学法培训。实际上,传统的以教师为中心、以学科教材为中心的教学方式仍然是各级教育的主要教学方式,即使有机会进行班级讨论、团体合作以及在图书馆和实验室工作,也是很少的。当大学教育系的新一批毕业生走上工作岗位时,初等教育阶段的教学方法的普遍变革才有可能发生。

英语和法语主要在中等学校教授,一小部分的初等学校也教授英语和法语,只不过教学要求较低。但教育部要求,所有的初等学校都要引入英语课程,所有的中等学校要引入第二外语课程。

学校领导和法律顾问都希望能通过对教师当时的课堂教学记录的登记,来实现对每一个班级的相关课程大纲的实施进程进行适当调控和管理。

现在希腊课程发展和教学方法论改革的核心问题是如何使课程大纲与教材跟上社会科学的发展步伐,如何对各级教师的教学方法论进行有效培训。

8. 考试、升级和证书制度

初等学校和中等学校的教育评价是班主任及学科教师的职责。教师依据个体学生学业的表现对其进行评价,学生的学业表现主要是基于学生是否能够尽可能地复述和教材一模一样的内容,书面复述和口头复述都可以。

在1981年,初等教育阶段和中等教育低级阶段的书面考试升学制度已经被废除了。同时,初等学校等级制的评价方法已经被取消,中等学校等级制的评价方法也已有所减弱。在1991年,书面考试的升学制度在初等教育的最后两年和中等教育的低级阶段又被恢复了,但是,教育评价的实质和做法仍未有所改变,这与教育当局者的初衷是背道而驰的。

通常情况下,初等学校学生自然地由低年级升入高年级,并由初等学校升入初中。初中阶段学习结束后,学生可以获得一个低级中等教育毕业证书。然后学生可以结合自身能力被中等教育高级阶段——高中的各类学校所录取,高中阶段学习结束后,学生可以获得一个高级中等教育证书。

高等教育的入学考试是国家教育部统一组织的全国性的客观考试。在每一学期末(通常是2月和6月),大学生通常都要参加考试,并由本学期的任课教师和实验指导教师对自己的学习表现进行评定。考试形式可以是书面的,也可以是口头的,有时也可能是书面考试和口头考试相结合,考试形式由任课教师选择决定。如果学生第一次未能通过考试,在9月学生将有一次补考的机会。4年后,当学生完成所有的课程并通过考试后,他们将获得大学授予的学位。

9. 教育评价、评估和教育研究

国家级水平的教育评价模式是对研究成果的评估,它依据国际教育成就评价协会(IEA)的标准进行统一评估。自1987年以来,希腊国家中心一直承担着IEA的研究项目,其研究对象主要是读写教育、计算机教育以及数学和科学教育等方面。这些研究项目得到了教育部和中央科技与研究秘书处的大力支持,但是这仍需相关机构对各自的信息与资金有足够的判断力。

教育研究从来没有被认为是一个重要的、有组织的活动,也从未有相应研究机构对此有所支持。教育学机构、国家社会调查中心、规划和经济研究中心以及教育部很少进行教育研究,自1960年以来,只有个别机构单独进行过些许研究。更为重要的是,教育研究的资金很有限,因为中央科技与研究秘书处在制订总体发展规划时,赋予教育发展的优先权很少。据可考证的有关希腊教育研究和政策问题的报告显示，只有大学的教学和科研人员、国内外的博士生以及一些类似经济合作与发展组织这样的国际性组织曾对教育研究有所关注。

在20世纪80年代，教育领域形成了三种研究传统。这在一定程度上应该归功于大量归国研究者，因为在回国时，他们已对国外大学教育系的建立过程有了相当的了解。在大学教师和研究人员的精心呵护下，这些传统有了一定的发展。其发展趋势是相当明确的。首先是爱奥尼亚大学养成的从历史的视角来看待教育研究，其次是萨洛尼卡大学从自由的角度对教育研究的功能类型进行了分析，再者，佩特雷大学从结果和历史的角度引入了实验与成就研究趋势。

10. 20世纪八九十年代的主要改革

20世纪80年代的改革集中在大学的组织和管理以及大学教师教育系开设的问题上。1982年颁布的《高等教育法》被社会活动党所借用，其目的在于拓宽各个系的行政管理集团内部和大学行政管理集团内部专业水平较低阶层人员与学生的参与权及决策权，降低老教授们的传统权限。取缔了在2年制教育学院进行教师教育的做法，要求在4年制大学内进行教师教育。

11. 2000年面临的主要问题

一方面，社会对教育的需求和教育的供给存在矛盾；另一方面，虽然教师掌握了相关的教育理论，但由于教学技能的欠缺致使教学实践不理想。

由于20世纪70年代和80年代社会、经济、科学以及科技的发展，致使社会对专门劳动力的需求不断上涨，要求变更教育制度的呼声也很强烈。尤其是随着职业结构、生产和消费模式的不断变化，新技术的不断应用，特别是在希腊加入欧洲经济共同体之后，希腊在国际劳动分工中将起着越来越重要的作用，这就对社会提出了新的挑战，同时也对职业教育与培训提出了新的发展要求。

由于社会要求变化的需求在不断增强，而希腊社会现实中又存在种种的不足，到2000年，希腊将面临以下问题：

(a)引入创新机制，使教育内容和实践多样化，提高教师培训水平和教师聘任质量。

(b)提供、配备实验室和图书馆等现代化教育设施及教育场所，尤其要关注土地价格昂贵的城区学校。

(c)要顺应科技发展和社会进步的潮流，不断变革课程和教材内容。

(d)创造和发展高质量的研究生学习，降低到国外留学的学生数量。

(e)改革大学学习的结构、内容和教学方法，把新的科学技术引入到学科教学中。

(f)富有创新性的把新的科学技术引入到课程改革中。

(g)适应社会和经济发展的需要，发展成人教育和培训，并做好二者的衔接。

(h)顺应国家教育政策的趋势，发展教育研究和评价，并做好二者的衔接。

(i)扩大并发展义务教育，采取一切可行的教育措施来提高希腊整个社会的人口素质。

G. 科特格亚诺鲍劳－波利多雷迪斯
(G. Kontogiannipoulou-Polydorides)
T. 麦劳纳斯(T. Mylonas) 著
J. 所罗门(J. Solomon)
D. 韦尔吉迪斯(D. Vergidis)
贾丽丽 译

附录

Dimaras A 1973—1974 *The Reform Which Never Occurred*, 2 vols. Ermis, Athens

Ellou M 1988 *Educational and Social Dynamic*. Poria, Athens

Fragoudaki A 1987 *Language and Ideology*, *Sociological Approach to the Greek Language*. Odysseas, Athens

Gotovos A 1980 *The Logic of Existing School*. Contemporary Education, Athens

Kazamias A 1974 *Education and Modernization in Greece*. University of Wisconsin, Madison, Wisconsin (mimeo)

Kontogiannopoulóu-Polydorides G 1989 The main characteristics of the entrance examinations. In:

Varvaklon Alumni Association 1989 *The Transition from Secondary to Tertiary Education.* Varvakion Alumni Association, Athens

Kontogiannopoulou-Polydorides G 1991 Greece. In: Wilson M (ed.) 1991 *Girls and Young Women in Education. A European Perspective.* Pergamon Press, Oxford

Lambiri-Dimaki T 1967 Les chances d'accès à l'enseignement en Gréce. In: Castel R et al. (eds.) 1967 *Education, Développement et Démocratie.* Mouton, Paris

Makrinioti D 1992 *Childhood as a Social Phenomenon National Report, Greece.* European Center, No 36/12, Vienna

National Statistical Service of Greece 1990 *Results of Population Survey of 1981.* NSSG, Athens

National Statistical Service of Greece various years *Statistics of Education.* NSSG, Athens

Organization for Economic Co-operation and Development OECD(1980) *Educational Policy and Planning: Educational Reform Policies in Greece.* OECD, Paris

Papakonstantinou P 1990. *History of Education, I. Teachers' Training, II. Educational Reform and Social Distinction.* University of Athens, Athens

Pesmazoglou S 1987 *Education and Development 1948—1985.* Themelio, Athens

Psacharopoulos G 1980 *Returns to Education: An Updated International Comparison.* Staff working paper no 401, World Bank, Washington, DC

Tsoukalas K 1977 *Dependence and Reproduction: The Social Role of Educational Mechanisms in Greece.* Themelio, Athens

匈牙利的教育制度(Hungary: System of Education)

1. 基本背景

匈牙利共和国是东欧中部的一个小国,位于多瑙河山谷,被喀尔巴阡山环绕。领土面积为93 030平方公里(35 918平方英里),大约占欧洲大陆的1%。多瑙河穿流匈牙利,把东部的平原和西部的丘陵一分为二。

公元10世纪,马扎尔人生活在喀尔巴阡山盆地。人们信奉基督教以后,形成了独立的匈牙利王国。15世纪是马蒂亚斯·科尔温努斯(Matthias Corvinus)统治时期,也是匈牙利国家经济、政治和文化发展的鼎盛时期。随后匈牙利成为向外扩张的奥斯曼帝国和哈布斯堡王朝之间的缓冲地带。1867年到1918年,奥匈帝国统治该地区。1920年的《翠安侬和平公约》(the Peace Treaty of Trianon)缩减了匈牙利的领土。匈牙利失去了70%的领土和60%的人口。在两次世界大战期间匈牙利社会经济发展缓慢。第二次世界大战给匈牙利带来了严重的破坏。从1949年到1989年为"社会主义时期"。从20世纪60年代开始,政治环境的相对宽松使经济文化有了一定的发展。1990年的首次自由选举推动了政体的改革。在20世纪90年代早期,匈牙利成为一个多元民主国家,全力建立自由市场经济体制,并为成为欧共体的成员国而努力。显然,政治和社会的变革影响了整个教育系统:价值观、行政管理、课程及课程政策、正规教育结构。

匈牙利人口稳步增长,到1980年人口超过1 000万。1980年以后,人口发展趋势有所改变,出现负增长(-0.1%)。匈牙利的人口密度为每平方公里113人。从1950年到1990年,人口稳步从乡村流向城市地区。然而,在农村仍有很多小村庄。目前正在考虑是否应该在这些小村庄建立它们自己的学校(小学)。首都布达佩斯是一个典型的欧式大城市。

城乡差别成为匈牙利的一大教育问题。通过对学生父母的社会经济地位考察,发现学生学业成绩的不同与其所在学校的城乡地理位置的差别有很大关系。匈牙利民族比较统一,人口的96.6%均为匈牙利族。少数民族按其人口数量的顺序为:日耳曼族、斯洛伐克族、塞尔维亚—克罗地亚族、罗马尼亚族和斯洛文尼亚族。估计有5%的吉普赛人,包括几个亚群体。在很长一段时间里,吉普赛人被忽视。

在20世纪90年代，经过40年的社会主义之后，宗教及宗教生活的复兴成为匈牙利社会生活新的一方面。这对教育思想及其实践有很大影响。根据1991年的一项民意测验，有一半左右的人认为自己是虔诚的教徒，有46%的人宣称自己不属于任何宗教团体。有2/3的宗教信徒信仰罗马天主教。信仰卡尔文教、路德教和犹太教的人也很多。

1989年，匈牙利的人均国民生产总值为2 560美元，平均年增长率为1.4%（世界教育报告1991）。因此，从经济上来说，与其他欧洲国家相比较（如匈牙利的西邻奥地利，其人均国民生产总值为17 360美元，是匈牙利的7倍），匈牙利属于较贫穷的国家。但匈牙利的文化教育却一直享有较高的声誉。匈牙利在文化教育方面的很多成就赢得了世界的高度赞扬。

长期以来，工业被视为匈牙利经济中的最重要部门。匈牙利的社会主义工业化发展迅速，但匈牙利的经济仍具有农业经济的特色，这部分是由于历史的原因，部分是由于其地理原因（如矿产资源的缺乏、国家的地表特征和气候特征）。

1990年，就业人口占总人口的43%。有45%以上的就业人口在服务部门，有36.8%在工业部门，有18%在农业部门。从1970年到1990年，在农业和工业部门的就业人员缓慢减少，而在服务部门就业的人员迅速增加。在20世纪80年代，总的人口数和就业人口在总人口中所占的比率都开始下降。在劳动力中，蓝领工人（特别是半熟练和非熟练工人）和女工（占44%）所占的比率相当高。失业成为匈牙利社会经济生活中的新现象。1991年，有6%左右的劳动力失业，预计这一数字将继续上升。职业分布与人口的教育水平有很大的关系（见图1）。匈牙利仅有9.4%的人拥有大学文凭。在20世纪90年代初期，匈牙利的主要任务是解决过去遗留的问题，赶上其他西方国家。

20世纪90年代冷战结束。在东欧中部发生了巨大的政治变革。匈牙利的经济、政治和文化都经历了从苏联社会主义模式向西方民主模式转变的重大变革。到1992年，多元民主所应具备的所有主要的体制基础都已确立。但是，经济形势很不稳定，生活水平不断恶化。一方面，对前国有资产进行着私有化，从计划经济转向市场经济；另一方面，出现了失业和人们精神萎靡的现象。经济压力导致了政治上的混乱局面。这种“转型”影响到个人和社会生活的方方面面，包括教育。

2. 教育政策与目标

在考察20世纪90年代初教育政策的趋势时，应考虑到匈牙利的教育有着悠久的传统。还应考虑到1990年的政治变革对教育价值观、教育目标、教育内容，乃至整个教育系统都产生了深远的影响。

匈牙利的文化传统可以追溯到一千年以前。匈牙利的第一所学校开办于公元996年。1777年玛丽亚·特蕾萨皇后颁发了有关国家课程的第一部皇家法令。1868年由国会通过了第一部有关公共教育的教育法案，还通过了借鉴西方国家的其他类似的法案。1968年教育法规定对6～12岁的儿童进行义务教育。

现在，匈牙利教育政策的基本目标是在教育的各方面发展民主，保证社会各阶层免费接受学校教育，并实现教育现代化，以赶上西方发达国家。政府和反对党都将公共教育看作是重建社会经济的具有战略意义的部门。

目前在匈牙利，民主首先意味着每个人有自由选择教育和提高其能力的权利。政府不应给教育和学校强加一种单一的价值观。教育基本上是世俗化的。不再要求教师必须教授什么是“好的”，什么是“真的”。学校和教师应遵循在国家宪法、《人权宣言》和《儿童宪章》中所表述的价值观。

1990年，废除了国家对教育的垄断。国家负

表1　四个相关阶段的教育发展水平

年龄组[a]	1970	1980	1990
10 +	1.9	1.1	1.0
15 +	51.4	66.1	78.1
18 +	15.9	23.4	30.1
25 +	4.3	6.5	9.4

a 10 +：至少10岁没受过任何学校教育；15 +：至少15岁读完8年级；18 +：至少18岁已经通过中等教育的最后考试；25 +：25岁或更大已从学院或大学毕业

责维持学校的运转,但与地方、教会、基金会和个人共享所有权。所有这些法人实体只要达到了法律所规定的标准,都可以开办学校。

从20世纪70年代末开始,匈牙利致力于教育制度的现代化。教育管理的分权化,以及给予学校和教师更多的自主权成为改革的主要目标。1985年,通过了一项到现在仍有争议的教育法。许多人认为这一教育法是匈牙利教育改革的里程碑。随着政体的转变,旧的目标得到加强,新的目标也产生了。1993年7月,通过了一部新的教育法。

所有对公共教育现代化感兴趣的人在以下三项任务上都达成了共识:(a)将面向所有人的通识教育从8年延伸到10年,其中包括义务教育年限(6~16岁);(b)扩大中等学术和职业教育的范围,并提高其质量;(c)给学生提供更多的接受高等教育(包括学院和大学)的机会。第二项和第三项任务表达了大家普遍关心的问题——从中等教育和高等教育这两方面来看,匈牙利属于欧洲的最不发达的国家之列。

教育仍被视为社会流动的主要渠道。人们普遍认为,学校教育可以减少现存的社会差别。

3. 正规教育体系

3.1 *初等、中等和第三级教育*

改革中的匈牙利公共教育结构如图1所示。基本的学校类型是:普通学校、中等学术学校(文法学校)和各种各样的中等职业学校和商业学校。这一结构在40年中几乎没有改变。这一僵化的结构已经不能适应社会和教育发展需要,因而,开始从精英主义和民主主义出发,对现有结构进行改革,以实现政治自由。应特别注意两个结构上的变革是八年的文法学校和六年的中等学校。二次世界大战以前,8年文法学校是传统学校系统的基本组成部分。这类学校的改革者通常参考德国的预科学校(Gymnasium),而6年中等学校的改革者则参考西欧和美国的教育模式。当然,也有专家认为应改革现有的8年制普通学校,使其与斯堪的纳维亚模式一样。1992年初,中等教育系统中约有57所学校进行了各种不同的结构改革试验,但向教育部申请的学校的数目在增多。表2显示了教育系统中的学校、学生和教师的数目。

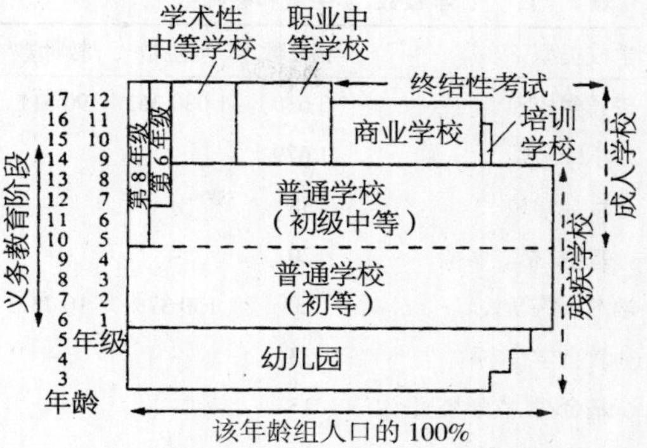

图1 匈牙利:正规教育体系的结构

在20世纪90年代中期,由于新的教育法的颁布,很可能会出现新型学校。人们希望在中等教育的低年级和高年级出现多种多样的学校教育模式(出现不同的学校类型)。从而,20世纪90年代早期的公共教育模式(4+4+4或4+4+3)可能会逐步被8+2、4+8、6+8、8+4或12模式所取代。

1992年,普通学校包括8个年级,对6岁到14岁这一年龄组的学生进行教育。普通学校被分成了小学阶段和中等教育低级阶段。在4个低年级有班级教师,在4个高年级有学科教师。

在乡村地区,为了提高教育水平,在1970年到1990年间关闭了许多规模小的学校和大部分没有划分年级的学校。1970年,全国有5 450所普通学校,其中包括3 103所完全或部分没有划分年级的学校。到1990年,情况完全变了,在3 630所普通学校中,仅有596所学校保持部分年级甚至完全没有年级。有1 000多所学校只开设了低年级。新的规定允许地方开办或重新开办规模较小的学校。许多人认为小型学校更能满足乡村地区的教育要求。学校在其所在的社区也扮演着一定的社会角色。

实际上,普通学校和为残疾儿童开设的特殊学校招收了所有应接受学校教育的适龄儿童。从1960年开始,入学率几乎为100%,在98.2%和98.9%之间浮动。表3显示了普通学校入学人数方面最重要的数据。

表 2　　学校数、学生数和教师数

学校类型	学校数	学生数	教师数
普通学校	3 630	1 080 362	90 511
小学校[a]	1 679	–	–
教会学校	58	–	–
基金/私立学校	20	–	–
学术中等学校	233	130 378	10 732
教会学校	33	–	–
基金/私立学校	13	–	–
六个年级形式	15	788 +	–
八个年级形式	42	2 205 +	–
中等职业学校	422	178 973	13 285
中等学术和职业学校	125	–	–
中等学校(总数)	780	309 351	24 017
商业学校及有中等职业教育班级的商业学校	495	204 655	12 044
培训学校[b]	93	12 149	719
为残疾儿童开设的特殊普通教育学校[c]	175	–	–
有为残疾儿童开设特殊班级的普通学校	440	36 400	4 755
成人普通学校	161	11 536	–

a 普通学校仅有基本年级(1 083),没有年级的普通学校(442),部分没有年级的学校(154)

b 速记打字员和护士学校

c 智力障碍(159),听力障碍(9),盲人(3),行动障碍(3),语言障碍(1),+为估计数据

第一栏和第二栏的数据变化反映了人口的波动情况。大部分学生能够在 8 年中完成 8 个年级的学习,少数学生留级重读一年,因而,要晚一到两年毕业才能完成 8 个年级的学习。义务教育持续到 16 岁,到 16 岁不能完成八个年级学习的学生通常辍学。这其中,有些学生后来在成人教育机构继续接受教育。

表 3　　普通学校的入学人数

学年	学生数(以千计)		从幼儿园升到 1 年级的百分比
	普通学校	1 年级	
1960 ~ 1961	1 392. 4	229. 1	36. 5
1970 ~ 1971	1 115. 4	138. 9	54. 7
1980 ~ 1981	1 162. 2	171. 3	85. 6
1984 ~ 1985	1 286. 6	171. 9	90. 0
1990 ~ 1991	1 130. 7	125. 7	92. 1
1991 ~ 1992	1 080. 3	–[a]	–[a]

a 没有数据

完成在普通学校的学习后,学生可以从三类中等教育机构中进行选择:学术中学、职业中学和商业学校。有近 90% 的普通学校的毕业生会继续在中等学校学习。1990 年,42% 的学生在商业学校学习,27. 5% 在职业学校学习,21. 1% 的学生在学术中学学习。

学术中学或文法学校提供通识教育。想上大学的学生一般上这类学校,并获得相应的能力。没有做好决定的学生通常也会选择此类学校。一般来说,学校中女学生占 2/3,男学生占 1/3。每年的辍学率在 10% 左右。

职业中等学校提供普通教育,传授基本技能,并在职业领域进行广泛的实践。这些学校有特殊的职业定位,如机械工程、化学工程、动物饲养和经济。每年职业中学的辍学率为 15% 左右。

职业中学的毕业生可以接受第三级水平的教育(特别是适合其职业倾向的学院和大学教育),也可以参加工作。参加工作的毕业生在经过较短时间的工作之后,可以成为熟练工人或技术人员。有 2/3 文法学校毕业的学生,和 1/3 职业中学毕业的学生进入高等教育机构学习。

商业学校和培训学校负责培训熟练工人,重点在于进行专业化的职业教育:有实用价值的知识和技能。职业教育正在改革之中。

大部分中学集中在城市,但已出现了在乡村地区建立一些文法中学的趋势。有些小城市("学校城市")一直因其文法学校而闻名。

高等教育机构包括学院和大学。自1970年以来,学生人数缓慢但稳步地增长(见表4)。然而,入学率仍然很低,这引起了许多人的关注。1988年,每10万居民中有956人上大学(世界教育报告1991),但奥地利、芬兰和捷克斯洛伐克分别为2 667人、3 134人和1 193人(在欧洲,只有阿尔巴尼亚和罗马尼亚低于这一数字)。

高等教育领域中另一个焦点是,有相当多的学生上夜校和函授课。毫无疑问,在这些部门的教学和学习质量很低。因而,从1980年开始这一数字的下降说明了教育质量的提高。

自1970年以来,高等教育机构的数量波动很大。在20世纪70年代,有几所教育机构(如规模较小的学院)并入不同的大学中。自1980年以来,为了适应高等教育入学人数增加的要求,建立了许多学院甚至一些大学,并重建了以前的几所学院。1990年的政治事件推动了这一进程。有些新建立的教育机构是私立的,教会也开办了一些学院和大学。高等教育的自治已经得到了法律的广泛认可和保证。匈牙利有在大的经济和城市中心建大学的传统,如布达佩斯、德布勒森、塞格德、培克斯、威兹培日穆和米什科尔茨。

3.2 学前教育

学前教育的对象是3岁到6岁的儿童。1990年,这一年龄段中有87.1%的儿童上各种各样的幼儿园。1991年,匈牙利有4 718所幼儿园,分为全日制和非全日制两种。从1950年开始,学前机构由国家或大的工厂维持。工厂开设幼儿园是为了吸引年轻妇女(能够得到的最廉价的劳动力)到工厂工作。到20世纪90年代,大部分市政当局开始负责幼儿园的维持,但教会和私人也开设了此类机构。

幼儿教育一直是匈牙利教育系统中最发达的部分,许多人认为幼儿教育是人的发展和社会化的基础,但同时也反映了国家对家庭事务的参与。在社会主义制度下,幼儿园和家庭生活非常合拍:母亲参加工作,儿童从幼年起就开始接受由国家控制的教育。

表4 第三级教育结构数目及学生人数

年份	机构数目	学生数目	在夜校及相关课程的学生的比率	教师人数
1970	74	53 821	49	9 791
1980	57	64 057	58	13 890
1990	77	76 601	34	17 302

3.3 特殊教育

如表2所示,有许多不同类型的幼儿机构和普通学校为残疾儿童(如智障儿童、盲童、聋哑儿童和行动障碍儿童)提供特殊教育。约有2.5%的儿童需要接受某种形式的特殊照顾。一般认为残疾儿童应与正常儿童一起接受教育,在实践中也基本上是这样做的。根据智障儿童的残疾程度决定其是否应与正常儿童一起学习,还是应该在特殊班级(甚至特殊学校)中学习。在布达佩斯的一所学院中对有着不同任务的特殊教师进行培训。培多(Petö)学院负责培训照顾行动残疾的儿童和成人的"导师"。

3.4 职业、技术教育和商业教育

在1950年到1990年间,普通教育和职业教育之间的论争是匈牙利中等教育的特色。在一段时期内,学校政策强调普通教育(为分流学习打下良好的基础),但更多的情况下是优先考虑职业教育。争论的焦点主要强调职业教育的实用性。同时,工人家庭倾向于职业教育,而中产阶级家庭倾向于让其子女接受学术教育。职业教育继续受劳动力需求的影响,还受到很多内部问题的困扰,如怎样确定职业教育主要分支的基本教学内容、如何避免在中等教育阶段过分专业化。大部分著名的中等职业教育机构(技术学校)在20世纪70年代中期转变成为技术学院。这样,高等教育的发展是建立在牺牲中等教育的基础上的。

公共教育部分中的职业培训可分为两个水平:(a)在10个大领域(工业、技术、商业、农业等)中的中等职业教育;(b)商业学校和培训学校为24个领域、约100种行业提供特殊培训。

3.5 成人和非正规教育

第二次世界大战后,匈牙利的非正规教育实践和教育机构发展起来,其目的是为那些由于社会原因没能在应该上学的时候上学的人提供教育机会。

成人学校在消除文盲的过程中起到了很大的作用。然而,从20世纪70年代开始,成人学校的这一作用逐渐消亡,开始发挥另外的功能:补偿功能。在20世纪90年代初,成人学校是接受教育的一种渠道,其对象是辍学的学生和由于社会和行为原因在达到义务教育年限之前离开学校的学生。在成人普通学校注册的学生中,有超过半数的学生年龄低于16岁。这类学校的辍学率在30%到40%之间。同时,在成人普通学校接受教育的学生人数急剧减少,这说明这种非正规教育形式已过时了。随着新的非正规教育形式(如开放大学学习形式)的出现,有些早已被人们遗忘的旧的教育形式(如"人民的高中"运动)也会出现。

4. 行政管理的结构与运作

20世纪70年代末开始进行的教育改革把给各学校以更多的自主权、减少对学校的管理和政治控制作为其改革目标之一。高度集权的国家管理体制逐步转化为分权的体制。1990年的政体变化促进了这一改革。

1991年,三级部门负责教育行政管理:文化和公共教育部、市政当局(负责学校的维持)、学校董事会(包括教师)。文化和公共教育部从国家预算中划拨资金,提供基本信息对教学进行指导(通过课程和考试体系进行),并负责对整个教育系统进行法律监督。地方教育当局(市政当局)根据当地居民的要求拥有、维护、运作并指导学校。在一般情况下,地方当局负责补充国家教育资金不足的部分,但依据所拥有的经费资源的多寡,地方当局提供的补充资金量也有所差别。同样,不同地方的课程由当地地方当局批准实施。学校董事会由教职工、家长组织和市政当局的成员组成。他们负责咨询任务。

只有教育部有过管理学校的经验,而许多市政当局没有管理学校的经验。在这种管理真空中,许多学校无法达到在专业和政治上的要求。当然,许多学校也习惯了以前那种严格的控制。

以前的学校监督体制早已受到严厉的批判。争议集中在"检查员或顾问"的问题上。一般来说,学校校长和教师喜欢"顾问"制度,而管理部门喜欢"检查员"制度。在20世纪90年代初的管理真空中,这种争议近期内几乎没有达成妥协的可能性。但可以预测,要保证在一个复杂的系统中实现高度专业化的目标,检查员和顾问都是必需的。

5. 教育财政

1988年,公共教育预算占国家年收入的5%~7%,占国民生产总值的5.4%。与欧洲其他高度发达国家相比,匈牙利的年教育经费很低。但是,对于匈牙利来说,这已经是一个显著的发展了。

1990年,按学校类型的不同,公共教育系统中不同部分的生均教育经费有很大差异(见表5)。1991年进行了制度改革:引入了标准化的国家财务(按人均计算)。如表5所示,由于市政当局可能会在国家提供的生均经费上加以补充,生均教育经费会增长。事实上,大部分市政当局拿出了补充经费。

表5 1960~1990年不同教育部门每个学生的教育支出

			中等学校			
年份	幼儿园	普通学校	商业学校	学术学校	职业学校	高等教育
1960	2 596	1 414	4 314	4	175	19 267
1970	4 379	2 713	4 955	5	878	29 367
1980	9 941	8 822	16 646	15 840	19 973	59 667
1985	15 919	13 651	21 448	17 339	24 576	78 013
1990	39 583	37 169	47 728	48 877	58 974	200 133
1992[a]	—	36 000	—	51 000	—	

a 人均数字来自1992年国家预算

中等教育和高等教育相对较高的开支包括各种不同的社会福利(学生旅馆、宿舍、餐饮和奖学金等)。在1970年到1990年间,高等教育中有超过80%的学生接受定期资助。据推测,这一制度在未来几年内将发生变化:许多学生继续接受资助的同时,其他一些学生则根据其家庭的收入付一定的费用。

6. 师资

各级公共教育系统中的教师在学院和大学接受培训和专业化教育。不同的学院培训不同的教师:幼儿园教师(培训3年)、小学教师(培训3年或4年)、初中教师(培训4年)。中学教师由大学培养(培训5年)。中等职业学校也培养幼儿园教师。1990年,超过37 000名大学生在属于上述五类机构的35所学院和大学中接受培训。与1980年相比,学生人数略有增加。实际上培训系统的结构虽保持不变,但在培训内容上却有很大的变化。

自20世纪80年代以来,在教师培训中出现了几个问题。许多人认为,在未来教师的选择过程中,过分强调教师的学术水平而忽视了教学能力。教师培训课程的内容也受到了严厉的批判。现在正在进行试验,目的在于建立统一但分级的新型教师培训制度。

人口的不规则变化以及第三级教育中相对较低的入学率严重影响了教育的人事供给。在普通学校经历了多年的教师短缺之后,出现了教师失业现象。英语和德语教师极为短缺,但俄语教师过多。以前的俄语教师必须开始学习英语和德语,否则就可能会失业。

7. 课程开发与教学方法

以前,课程是由中央统一制定、批准和实施的。事实上,统一课程这一传统可追溯到大约二百多年以前。但是,教育研究者们坚决反对高度集权的课程政策,试图找出不同的中间道路(Bathory 1986),特别是在20世纪80年代。在1990年政治变革的推动下,对课程政策进行了改革。1991年,教育管理机构(文化和公共教育部)彻底打破了高度的中央集权,开始为实施正常的课程创造条件。在此过程中,开始详细规定国家核心课程,并采用新的公共考试制度。这类核心课程没有将任何单一的意识形态或宗教强加于学校,反而提供了各种途径帮助各学校改编课程使其适应自己的需要(Nagy and Szebenyi 1990)。除了核心课程之外,各学校和教师有自由决定教学内容各个方面的权利。鼓励教师研制适合本地或本校的课程。对于许多教师来说,这一新的课程政策意味着会有一个相当长的过渡时期。它还意味着会进行在职教师培训,并建立一个容纳不同的教学大纲、课程框架、教科书和教具的市场。

在历史(社会科学)和文学等科目的内容上有了很大的变化。人们似乎达成共识,学校将来应更强调人文科学(如基本的伦理和宗教知识),甚至可以以牺牲科学和数学为代价。外语教学方面的变革最为激烈。以前俄语是所有匈牙利学生的必修课,是主要的外语。现在英语和德语受到欢迎,但缺乏教师。虽然学习英语和德语的学生人数迅速增加,但小学生(6~14岁)中学习英语的仅占8%,中学生中占20%。德语是在小学和中学阶段第二受欢迎的外语。

根据教学目的和教学内容的不同,教学方法形式多样。鼓励教师采用新的教学方法,进行创新。教师们经常就怎样才能发现最有效的教学方法进行不断的争论。在学习过程中,非常重视学生的学习态度和积极参与。

8. 考试、升级和证书制度

在公共教育系统中有两个决定性的转折点。从普通学校毕业后,几乎所有的学生不用经过任何考试都能继续学习。但是,学生可选择的学校的类型是由他所取得的成绩决定的。这一转折点受到了强烈的批评,它让学生不得不在很小的年龄(10~14岁)就进行选择。显然,在绝大多数情况下是父母为其进行选择的。

在所有中学中,毕业生(在12年级的17~18岁的学生)可选择是否参加最后的考试(被称为成熟考试)。参加这类考试时,大部分学生由一个考试委员会对其进行考查,这个考试委员会是由其他学校的高级教育官员领导的。商业学校的学生为了获得资格证书也要参加最后的考试。

希望接受第三级教育的学生要通过由大学董事会举行的入学考试。入学考试包括口试和笔试两个部分。总分数由两部分构成:考试成绩和中学后两年在重要科目(如文学和数学)上所取得的成绩。最低的入学总成绩由各大学和学院自行决定。

升级制度受到了强烈的批评。为了提高教学效果(特别是在中学的各年级),适应新的课程政策,正考虑实施一套新的国家考试制度。预计这种考试制度有两个阶段:第一个阶段是在完成义务教育的最后一个年级(10 年级)的学习后,第二个阶段是在中等教育完成之后(“成熟考试”)。人们普遍认为,这种新的考试制度会与相当自由的课程政策相得益彰。相应的是,评估和考试方法论也会现代化:将引入客观的、标准化的方法。

9. 教育评价、评估和教育研究

匈牙利从 1968 年开始进行国际教育评估。迄今为止,匈牙利与国际教育成就评价协会(IEA)合作进行了九次调查。匈牙利还参加了美国的教育进步国际评价组织(IAEP)。世界性的评估推动了几个全国性的和地区性的调查。1986 年,建立了覆盖基本知识(阅读理解、数学、计算机)领域的国家监督系统,并建立了一个 1991 年的后续机制。公共教育机构评价研究中心除了发表最新科技发展状况的报告,还报告成绩变化趋势。研究出了带诊断目的的评估方法,并在学校得到广泛应用。评估被视为制定全国性和地区性学校政策的重要依据。收集有关学校的描述性数据在匈牙利有很长的历史了。匈牙利的研究者们十分了解经济合作与发展组织(OECD)的指数项目。

在很长一段时期内,教育研究受理论论证和历史方法的影响。实证的方法在 20 世纪 60 年代才开始出现。实证方法出现的动力来自社会的急迫需求和在其他社会领域(如社会学和心理学)的需求。在 20 世纪 90 年代初期,形成了下列优先研究的重点:

(a)对于新的国家核心课程领域的教学内容的研究,以及对于开发校本课程的方法的研究。

(b)对于公共教育结构的研究(如上所述,学校的类型和整个结构处于变化之中)。

(c)有关非传统教育的研究(理论、方法和应用),特别是对于教育的人文研究方法和各种宗教解释受到关注(这些活动的结果是,建立了新的、非传统的、免费的幼儿园和学校)。

(d)对于教学过程的研究,这是一个较为复杂的领域,其目的在于建立有差别的研究方法,以应对教学和学校生活的不同侧面,同时,提高整个教育的有效性(课程研制和评估、国内和国际调查都属于这类研究)。

其他的研究课题包括教师培训、教育管理和财政、教育媒介等。

10. 20 世纪八九十年代的主要改革

20 世纪 80 年代早期,要求对教育各个重要方面进行改革的社会压力非常强烈。随着民主变革的进行,改革的焦点变化也很大,并不断获得新的改革动力。除了一般的现代化目标(如教育内容、结构和管理),在教育哲学和教育政治(如学校所有权、权力分配、价值观和目标等)上的现代化目标也得到普遍认同。一部至今仍有争议的教育法案(1985)结束了以前的改革时期。据预测,新的改革思想将融入新的教育法。

11. 2000 年面临的主要问题

前面已论述了很多在社会、政治、经济和教育方面出现的问题、变革、改革和各种期望。匈牙利教育存在两大问题,应在 2000 年以前解决。第一,学校教育的组织及管理要遵从民主原则,要独立于纷争变化的政治舞台以及各政治党派制定的各种优先政策。第二,匈牙利教育应实现全面的现代化,赶上西方水平(或者是斯堪的纳维亚国家的水平),这样,学校可以提供适当的人文教育、有效的培训和社会安全感。为学生提供平等的机会。

Z. 巴斯里(Z. Báthory) 著

耿益群 译

附录

Báthory Z 1986 Decentralization issues in the introduction of new curriculum: The case of Hungary. *Pros-*

pects 16(1)

Halász G 1987 A new Educational Act. *The New Hungarian Quarterly* 28(106)

Halász G 1990 School autonomy and the reform of educational administration in Hungary. *Prospects* 20(3)

INFO 1991 Társadalomtudomány, 17. szám

Nagy J, Szebenyi P 1990 Hungarian reform: Towards a curriculum for the 1990s. *Curriculum Journal* 1(3)

UNESCO 1991 *World Education Report 1991*. UNESCO, Paris

其他参考文献

Báthory Z (ed.) 1992 Achievement surveys in Hungary. *Stud. Educ. Eval.* 18(1)

Mihály O, Horváth A 1990 Globalization of education and Eastern Europe, *Prospects* 20(2)

Kőznevelés 1991 Public Education. *Kőznevelés* (special issue)

Szebenyi P 1991 Teacher education in Hungary: Standardization versus autonomy. *Br. J. Educ. Stud.* 34(2)

UNESCO 1991 *World Education Report 1991* UNESCO, Paris

冰岛的教育制度(Iceland: System of Education)

1. 基本背景

冰岛地处北极圈以南,是大西洋中的一个岛屿,位于挪威和格陵兰岛之间。面积为 103 000 平方公里,其中有 78 000 平方公里在海拔 200 米以上。

最初到冰岛定居的人几乎都来自挪威,第一批挪威移民于公元前 874 年到达冰岛。冰岛长期属于丹麦统治,经过长期的奋斗,冰岛终于在 1944 年获得独立。

冰岛居民全部居住在海岸线沿线和延伸到内陆的谷地中。冰岛的首都为雷克雅未克,位于冰岛的西南角。全国大约一半的人口居住在雷克雅未克及其附近地区。

表 1 显示了自上个世纪末以来人口的增长及人口的城乡分布情况。

自从 9 世纪冰岛有固定居民以来,冰岛的人口在近一千年中没有增长。1801 年居民数仅为 4.72 万人。自 1940 年人口开始增长,到 1991 年增加到 26 万人。如表 1 所示,在 20 世纪,相当多的人口从乡村迁移到城市。

冰岛人口从农村向城市的迁移是由于国家传统工业的变化,以及农业和渔业技术的更新而引起的。与此同时,特别是 20 世纪 70 年代以后,其他工业产品也一直在增长。这些变化和生活水平的提高使得服务业和商业也有了巨大发展。

过去,很少有外国人定居冰岛。近年来,来自其他国家的人数开始增加。冰岛语是冰岛的官方语言,冰岛语是日常生活中的唯一用语。但许多冰岛人会说一到两种外语,大都是英语和一种斯堪的纳维亚语。不存在不同语言和种族的问题。

表 2 显示了在 1982 年和 1990 年冰岛各工业部门中相应的工人分布的情况。从 1960 年到 1980 年劳动力分布的主要变化是从事农业和渔业的人数的减少和银行保险与公共服务业人数的增加。

20 世纪 80 年代,接受中等以上教育和大学水平教育的学生人数开始逐渐增加。接受更高的教育被视为获得良好工作的关键。现在参加工作的人的受教育年限要比以前多。以前,年轻人如果能得到一份较好的工作就常常会中断学业。这种状

表 1 1901~1991 年人口的增长和城乡分布情况

年份	人口(单位:千人)	城市(300 人以上的城镇)(%)	农村(%)
1901	78.5	26.9	73.1
1920	94.7	45.7	54.3
1940	121.5	66.7	33.3
1960	175.7	82.3	17.7
1970	204.6	85.9	14.1
1980	229.2	88.6	11.4
1991	259.6	90.4	9.6

表 2　1982 年和 1990 年劳动力的职业分布

主要职业(%)	1982	1990
农业	7.2	4.9
渔业	5.0	5.7
渔业加工	8.6	6.1
工业(除渔业加工外)	14.5	12.5
建筑和发电厂	11.2	10.8
商业、旅馆业和服务业	13.6	14.5
运输、通讯	7.0	6.7
银行、保险业	5.6	8.1
公共服务业	16.7	18.3
各种各样服务和其他经营	10.6	12.4
	100	100

况在近几年开始改变,主要是由于经济困境和各工业部门对受过专门培训的劳动力的要求不断增长。

自 1944 年冰岛成为独立国家后,政府一直致力于两党或更多的党派合作。不论哪个党派执政,都对冰岛学校制度的目标和结构表示关注。

公共机构的自治权逐渐增加,在一切被视为可行的领域中都由私人企业取代了政府运作的商业。

教育也受这种趋势的影响。学校应具有生产性,并且要使各种工业对课程的结构和组织发挥更大的影响,以确保学生为在某一领域工作做好准备。学校间不断激化的竞争使努力确保合理使用教育基金受到关注。有人建议在冰岛大学和中等以上学校学习的学生按这些学校运作的费用来支付学费。对这些问题的看法存在分歧,结果如何尚待观望。

2. 教育政策与目标

在冰岛与教育相关的法律中,每个人有权利接受平等的教育是一项基本的原则,法律还规定在教师和学生中要遵守性别平等的原则。法律还进一步规定,学生不论居住何地必须接受平等教育。

虽然冰岛政府是联合政府,但是政府是左翼还是右翼取决于执政党的性质。尽管在教育目的上有广泛的一致意见,但不同的党派对如何实现这些目的存在分歧。一方面,有观点认为要竭尽全力为学生提供最好的教育;另一方面,有观点认为,学生有责任自己选择最感兴趣的教育或职业培训,并充分利用教育制度所提供的教育机会。这些观点在冰岛教育制度中都没有占主导地位,经常是采取折中政策。

3. 正规教育体系

3.1　初等、中等和高等教育

图 1 是冰岛学校教育体系的结构,表 3 显示了学生人数和政府投入教育的资金。

义务教育的年龄在 6 ~ 16 岁之间。这一年龄段的入学率为 100%。每所学校约有 4 300 名学生,1990 年全国有 220 所义务教育学校。

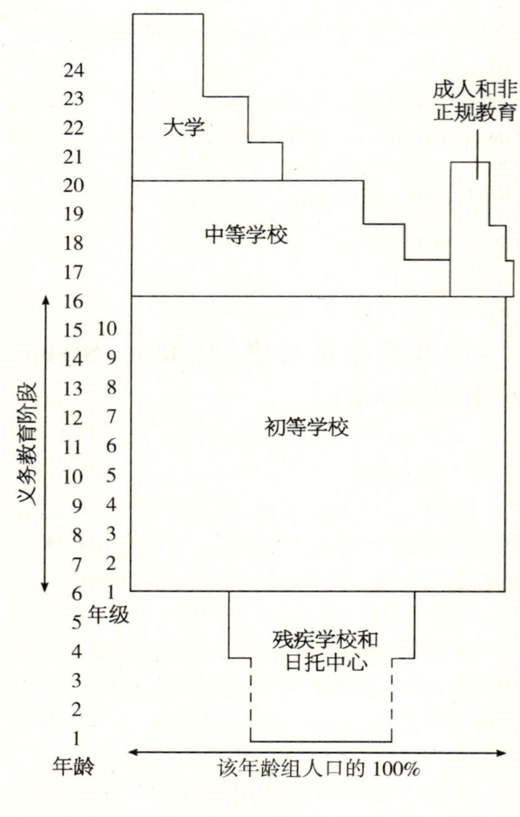

图 1　冰岛:正规教育体系的结构(1991)

表3 冰岛教育制度的一些基本数据

	义务教育学校	高级中等学校	大学	国外
学生数:	42 450	17 817	6 161	2 935
年龄组入学比率				
16 岁		83	—	—
17 岁		72	—	—
18 岁		62	—	—
19 岁		60	1	—
20 岁		34	9	2
21 岁		22	16	2
22 岁		17	17	4
23 岁		12	17	4
24 岁		10	15	5
25 岁		8	11	5
26 岁		7	7	5
27 岁		6	5	5
28 岁		4	4	4
29 岁		4	3	3
学校数	213	62	7	—
每所学校的平均学生数	199	287	880	—
生师比	15:1	13:1	—	—
每个学生的开支(美元)	1 945	3 247	5 252	

义务教育学校的目标是:

与家庭配合,为学生在持续发展的民主社会中的生活和工作做好准备。学校的组织和工作应以宽容、基督教的价值观和民主的合作为指导方针。

开拓学生的视野,帮助学生理解人类的生活状况和环境、冰岛的社会和历史特点,并培养学生对社会的责任感。

义务教育学校应努力使其工作与学生的天性相和谐,尽量满足学生的要求,发展有益于每个学生的一般能力,使学生成熟、健康,使每一个个体都得到发展。

义务教育学校应给学生提供获得知识、发展技能的机会,并使学生学习到获得知识和发展技能的方法,使学生能够通过不断努力提高其受教育水平和更趋成熟。因而,学校应使学生打下独立思考的基础,培养学生的合作精神。

高级中等学校为4年,由于提供教育的种类的不同,某些学习课程可以在任何地方学习1~4年。高级中学的入学人数一直在增加。1991年秋季,女学生入学率高于男生。城市中上高级中学的学生要比农村多。

高级中学的教学目标是:

(a)通过改变环境使所有学生都能学习和成熟,使学生为在民主社会中生活工作作准备。

(b)通过为学生提供通向职业资格的职业培训,使学生为将来的工作作准备。

(c)通过为学生提供必要的教育和实际训练,使学生为在特殊学校和大学中接受更高级的教育做好准备。

冰岛的大学很少。大学水平的教育既有理论性又有实践性,实践性是指为各种职业提供培训。最大的是冰岛大学,在冰岛绝大多数接受高等教育的学生都上该大学。大学中的课程很受局限,因而很多学生在国外上大学(见表3)。

3.2 学前教育

冰岛有为6个月到6岁儿童开设的游戏学校和日托中心。1991年出台涉及该类学校的法律。地方政府负责建立和运作该类学校。教育部确认这些学校设施齐备之后,才允许其运作。教育部为游戏学校和日托中心提供教育计划,规定此类学校在养育和教育儿童中应起的作用。这类学校的目标是为儿童提供全面的教育环境,使儿童的学习和游戏能够促进其各方面的全面发展,激发儿童的创造力和相互交往能力。在1990~1991学年中,有一半的上述年龄组的儿童上游戏学校和日托中心。

3.3 特殊学校

一般的政策是鼓励需要特殊照顾的残疾学生上普通学校,这些学生按照其残疾程度得到特殊帮助。为不能上普通学校的残疾学生开设特殊课程。这些课程的目的在于为学生提供某些工作的知识,或使不能工作的学生学会如何自理。有严重残疾的学生则上专门为不同种类的残疾学生设计的特殊学校或机构。

3.4 职业、技术教育和商业教育

职业和技术培训在高级中学和大学以及工厂进行。在高级中学阶段，这种教育主要由高级综合中学和特殊学校提供。这类学校还应提供其他教育，职业教育和其他教育遵守相同的规则。想接受职业教育的学生也应遵守这些规则，同样，职业科目的教师和学术科目的教师都应遵守这些规则。

在某一领域受培训的学生可以选择两种方式完成其学业。第一，学生可成为一名学徒，师从其受培训领域的一位负责实践方面的技艺高超的师傅，然后，再回到学校接受理论学习；第二，实践和理论学习都在学校里进行。

职业培训课程在很大程度上由在某一特殊行业中的人负责制订。在许多情况下，课程也规定学生在获得其职业资格所需要的技能。

学习职业、技术和商业课程的人数开始减少。对 1984 年和 1991 年的入学人数的比较表明，在职业和技术培训领域学习的学生不到 5%，有不到 4% 的学生学习商业。相应的，在其他课程学习的人数开始增加。在高级中等学校完成职业、技术和商业培训的学生，可以在技术学院或大学继续学习，并获得更高的资格。

3.5 成人和非正规教育

成人教育由各种各样的机构提供。许多高级中学提供成人教育的晚间课程。除此之外，它们还与工业界或者某一领域的雇员工会合作，组织和开设特殊课程。那些参加这些课程学习的人最低付 1/3 的学费。

冰岛正在努力在某些领域和职业中建立远程学习计划。在未来的几年中，这种教育形式很可能会有所增加。

有一些协会联合开办相应的成人学校。这类学校接受国家资助，但主要的收入来源于学费。各种各样的机构和社团也提供成人教育，但与普通教育制度没有关系。同时，有些私立学校提供特殊领域的课程，如计算机和外语等。

4. 行政管理的结构与运行

冰岛议会有权就任何与教育相关的法律议案进行争论，然后通过或者否决。因此，在一定时期内，议会主导着教育政策。教育大臣负责使教育法规定的内容付诸实施。

中等教育的高级阶段由教育部直接管理，完全由国家资助。义务教育学校由地方市政府管理。冰岛有 8 个教育局，每个教育局有一个主任。教育主任负责地区义务学校的管理，并直接对部长负责。

教育部长负责任命义务教育学校和高级中等学校的教师。高级中等学校的教师由校长雇用。义务教育学校的教师由当地教育主任雇用。

教育部负责监督学校工作。这种监督的作用主要针对学校的预算，而对于实际教学的作用很小。因此，对教育的监督，主要通过全国联考以及由教育部发送给各校的统计数据和对学校的访问来实现。

5. 教育财政

游戏学校和日托中心完全由地方市政资助和运作。义务教育学校由地方市政运作，学校的建筑资金也由地方市政提供。教师的薪水和教育开支全部由国家支付。中等教育高级阶段的学校由国家运作，但是地方市政为新的学校建筑支付 40% 的资金。大学阶段的学校全部由国家负责运作。

有关地方市政在学校运作中所提供的总的开支情况没有足够的数据。

1990 年，国家财政预算的 14.77% 用于教育，占国民生产总值的 3.93%。占国家财政预算 14.77% 的资金是按以下方式分配的：5.14% 用于义务教育学校预算，3.42% 用于中等高级学校，2.19% 用于高等教育学校，2.33% 用于贷款和学生资助，1.7 % 的用于教育部门的其他活动。国家的教育基金从 1980 年的 12.74% 上升到 1990 年的 14.77%。

6. 师资

教师培训在大学阶段进行。大学的教育学院为义务教育学校培养教师。受培训的教师传统上在 3 年中完成其学业，但是 1992 年的项目中增加了 4 年学习计划。阿库雷里大学也通过 3 年的学习课程为义务教育学校培养教师。该大学的培训课程与大学教育学院中强调的方面不同。

中等高级学校的教师要在冰岛大学完成 4 年的学习:2 年时间(或 3 年)用来学习某一特定的专业科目,1 年用来学习教育。

1990 ~ 1991 学年,有 2 741 名全日制教师受雇于义务教育学校。其中有 2 266 名教师拥有合格教师资格,有 475 名教师没能达到法律所要求的教师资格。1992 ~ 1993 学年有 1 360 名全日制教师受雇于中等高级学校。其中有 980 人是完全合格的教师。

以上这些数据表明,在冰岛缺乏完全合格的教师。教师缺乏状况主要在农村地区表现明显。农村地区的社会服务较差,教师工资低,不能吸引教师到这些地区工作。在这些地区缺乏受过培训的数学和科学教师。造成这种现象的主要原因是获得这类资格的教师很容易在其他领域找到工作。教师联合会认为不能吸引合格教师到学校工作的主要原因是教师工资太低。

7. 课程开发和教学法

教育部为学校规定课程。课程在全国范围内适用,所有学校都应遵循所规定的主要原则。

法律规定在义务学校教育阶段所应教授的科目,这一阶段的课程规定所教授科目的主要目的、所教授的内容、评估程序,并建议采取相应的教学方法。学校有决定每门科目所需课时的权力。在义务教育学校的 1 ~ 10 年级,要教授以下课程:母语(27%);现代外语,即英语或丹麦语(9%);数学(17%);自然科学(6%);社会研究(10%);艺术和手工艺(17%);体育(10%)和其他科目(4%)。多数学校根据教育部颁布的课程制定各自的学习计划。学校制订课程计划将有助于把当地因素考虑在内。

在第 8 年级、第 9 年级,多数情况下是第 10 年级,学生有选择某些课程的自由。学生可以要求在某些科目上接受更多的指导,也可选择学校所提供的其他选修科目。最受欢迎的选修科目是:簿记、家庭经济学、生物、艺术和手工艺、计算机研究和打字。有超过 25% 的 10 年级学生选择这些科目中的一种或两种。

全国教育资料中心提供义务教育所需的教科书和其他教学材料。这一阶段学生的教科书是免费的。

中等高级阶段的课程适用于这一阶段的所有非专业学校,它包括有关学校和学生的权利和义务的一般规定,教师和学生所应注意的事项。课程进一步定义了各学校所能提供的学习科目以及列出要学习的科目。在中等高级阶段,学习目的是要为学生工作或在专门学校或大学学习作准备。每种课程所学的科目不同,但是,很少的几门科目,如母语、现代外语和数学是所有学生应共同学习的。要求所有学生学习某种现代外语。要求外语专业的学生比其他学生学习更多的现代外语(丹麦语、英语、德语和法语)。一些情况下,学生选择西班牙语,而非德语和法语。

在多数的学习课程中,学生可以在选修课中进行选择。这主要是用于要参加入学考试的学术课程。课程中包括在课程中所规定的选修科目。所有学生要在特殊的框架中进行选择。

没有一个机构起到提供高级中学教科书的作用。学生必须从任意书店中购买学校所推荐的教科书,因而,高级中学的学生缺少适当的教科书。为了弥补这一不足,教育部每年给高级中学的教科书的作者一些资助。

义务教育和高级中学的课程是由特别指定的负责这一任务的专家制订的,并由教育部监督。教育部在这两级的课程实施之前负责审定。

在达到高级中等水平的学生中,由于来自不同的义务教育学校,因而,水平也有所不同,学习能力也不同。中等高级中学的主要问题是,要在提供的课程和教学方法上满足所有学生的不同的需求。解决此类问题需要为学校提供充足的资金、给予教师不同的培训和更多的专家帮助。

8. 考试、升级和证书制度

在义务教育学校,学生自动升级,而不考虑其学业成绩。在义务教育学校除了在 10 年级进行两门科目的全国联考外,评价主要由教师自己进行。虽然也给成绩,但只在学生完成义务教育之后才发考试资格证书。

许多高级中等教育学校按“单一学分制”组

织。在学习开始时,学生制订学习计划,规定何时开始学习和在学习每门课程时要达到的最低要求,以便进入下一阶段对同一课程的学习。试卷制订和评价都是由教师自己负责。

一般认为,应该掌握更多的学生及其学习状况的信息。这在学生申请上高级中等学校和大学时表现得更为明显。为改变这一状况,建议除了对学校工作的制度性评估外,还应进行更多的全国性联考。

9. 教育评价、评估和教育研究

在20世纪初,经济萧条影响到国家和地方市政,人们关注如何最充分利用教育资金,这引发了冰岛教育制度的效率问题。缺乏对学校工作的评价成为教育制度的薄弱环节,人们开始关注对这一问题的解决。开始研究引入更多的全国性联考的可行性。到目前为止,学生只在义务教育阶段参加一次关于两个科目的考试。正在研究综合评估每所学校工作的切实可行的办法。这样的评估可能在改进每个学校某些方面的工作中起到促进作用。

10. 20 世纪八九十年代的主要改革

20 世纪 80 年代,关于游戏学校和日托中心的新的立法正在筹备之中。按照 1991 年通过的法律,这些学校为 6 个月至 6 岁的孩子开办。地方市政负责建立和运作这类学校,但教育部有对该类学校的专业管理权。地方市政要提前几年提出在学前教育方面的计划。使这项法律付诸实施将是今后几年的主要工作。

1991 年的法律规定 6 岁的儿童必须接受学校教育。义务教育从 9 年延长到 10 年。

冰岛正在致力于教育管理的分权化。为了实现这一目的,以前属于教育部的责任交给了地方教育当局和各学校。新法律改变了国家和地方市政在教育管理中的作用。伴随着这些变化,市政在学校管理方面比以前有更大的职责。

同时,也制定计划增加学校的独立性。学校将有更多的自由来决定如何管理学校事务,决定每门科目教授的课时数。

1989 年实施新的义务教育课程,新课程反映了旧的课程被取消后教育政策制定的变化。

11. 2000 年面临的主要改革

20 世纪 80 年代,冰岛在教育领域虽然取得了很大的成绩,但是仍有很多问题尚未解决。教育很难适应科技的快速发展和冰岛社会的飞速变化。20 世纪 90 年代早期,冰岛修改了在义务教育和高级中等学校的立法,像教师培训这类教育因素都受到关注。在这种背景之下需要考虑以下领域的教育问题:教育制度的结构,学校——主要是高级中等学校所能提供的教育和工业界参与职业课程的学习,以确保这种形式的培训为学生未来的工作做好准备等。由于社会状况的变化以及学校应起的作用的变化,冰岛很有必要重新评估它的教师培训。

H. 拉鲁松(H. Lárusson) 著
耿益群 译

附录

Guðmundsson G 1992 *The Changing Role of Vocational and Technical Education and Training.* Menntamálaráðuneytið, Reykjavik

Hagstofa Íslands 1992a *Landshagir: Statistical Abstract of Iceland.* Hagstofa Íslands

Háskóli Íslands 1992b *Undirbúningur náms við Háskóla Íslands.* Kennslumálanefnd Háskóla Íslands

Jónasson J T 1992 *Ábyrgð og stjórn i islenskum skólum.* Samfélagstiðindi

Jónasson J T, Jónnsdóttir G A 1992 *Námsferill i framhaldsskóla.* Félagsvísindastofnun Háskóla Íslands

Menntamálaráðuneytið 1989 *Aðalnámskrá grunnskóla.* Menntamálaráðuneytið, Reykjavik

Menntamálaráðuneytið 1990 *Námskrá handa framhaldsskólum.* Menntamálaráðuneytið, Reykjavik

Menntamálaráðuneytið 1992 *Nám að loknum grunskóla.* Menntamálaráðuneytið, Reykjavik

Nordisk Ministerråd 1990 Skola och Skolförvaltning i Norden. *Nord* (1990): 8. Nordisk Ministerråd, Copenhagen

爱尔兰的教育制度(Ireland, Republic of: System of Education)

1. 基本背景

爱尔兰岛位于欧洲的北部边缘。在1922年以前,爱尔兰岛是大不列颠及北爱尔兰联合王国的一部分。1922年后该岛有6个县(称为“北爱尔兰”)仍然属于英国,其余的成为一个独立的国家,称为爱尔兰自由国,1937年爱尔兰采纳了目前的宪法,并在1994年成为共和国。近年来爱尔兰开始扩展其国际联系。1973年成为欧共体(EEC)的成员国,并采取了强烈的亲欧洲态度。爱尔兰是经合组织(OECD)以及欧洲理事会的创始国之一,并于1955年成为联合国成员。由于其较高的移民移出率,爱尔兰与美国、加拿大和澳大利亚等国有许多文化和社会联系。

爱尔兰共和国领土面积7万平方公里,占整个岛屿面积的84%。1991年人口为3 523 401人。与其他欧洲国家不同,爱尔兰自20世纪60年代早期至20世纪80年代经历了年轻人口的快速增长,然而,自1980年开始,年出生率开始下降,从1980年的7.4万人下降到1990年的5.2万人,这就影响到未来的学校供应及计划(教育部1992)。爱尔兰的人口特点是年轻化,有一半的人口年龄在25岁以下。几乎有1/3的人口接受全日制教育和训练。在欧共体国家中,爱尔兰共和国人口密度很低,平均每平方公里50人。人口主要是从乡村向城市迁移。全国人口的1/3集中在首都都柏林。移居国外是该国长期以来的传统。1987年移居国外的人口达3.2万人,但许多国家的经济萧条导致近年来移居国外人口的下降。人口中绝大部分受天主教派的影响,90%以上的人为天主教徒。

爱尔兰共和国是在宪法指导下的议会民主制共和国。议会由两院组成;总统由选举产生,作为国家首脑;还有一名总理,作为政府首脑。宪法规定民族语言爱尔兰语是国家第一官方语言。英语作为国家第二官方语言,实际上,英语是绝大多数人的日常语言。日常讲爱尔兰语的人口仅有5.5万人,讲爱尔兰语的人包括一些居住在被称为“爱尔兰语区”的居民、沿西海岸的居民以及有些城市地区的家庭。

到20世纪60年代,爱尔兰的经济主要以农业为主,并在受保护的市场结构中运作,严重依赖于对英国的出口。自1958年的第一经济计划实施以来,采取了更具活力的经济发展方式,使经济保持繁荣至20世纪70年代中期,期间经济年增长率达4%。提高教育水平被认为是这一增长的关键因素。教育是社会服务之一,受益于不断增长的投资。除农业部门外,工业、制造业和服务部门是主要的就业部门。1961年,42%的劳动力就业于农业部门,到1987年这一数字降到15.7%。更自由的贸易政策和更大的市场促进了出口,吸引了很多的国外投资,这成为经济增长的动力。人均收入从1970年的1 360美元增长到1987年的7 541美元,但爱尔兰仍然是经合组织最贫穷的国家之一(OECD 1991)。由于20世纪70年代后期的石油危机,经济增长开始降低。然而,自1973年加入欧共体之后,农业经历了一个繁荣时期。共和国外债到1980年达到了危险的高度,导致了支付危机、高通货膨胀和高税收。为了和其他国家保持一致,国家开始削减公共开支,这成为以后生活的一大特征。自1987年,随着较平衡的贸易,经济开始了复苏时期:年增长率为2%～4%、利率降低、通货膨胀率降低和出口盈利大幅度增长。在提高经济水平中的一大弊端是不断持续增长的极高的失业率,失业人口占总劳动力的20%,爱尔兰是经合组织成员国中失业率最高的国家(OECD 1989)。

2. 教育政策与目标

各政治党派对于教育问题很少发生冲突。政府的更迭没有导致教育政策的急剧变化。下面是共同接受的教育目标,这些教育目标反映了与经济、文化、平等、管理和伙伴关系相关的内容。

一般认为要对每个人实施全面的、均衡的教育,以实现其个人的和社会的目标。一直到中学毕业,学校的课程都属于宽泛、综合和自由的教育,没有早期的专业化或双轨制。在这一综合的课程政策中,政府强调进行更强的科学和技术科目的教育,这与国家为了实现更快的经济增长而培养企业文化的目标一致。

爱尔兰独立后一个主要的教育政策目标是复兴爱尔兰语言，这是文化民族主义者的议事日程的一部分。教育制度在促进语言方面取得了很大的成就，这是学校本身所不能取得的根本的社会变革。现在对于学校能取得什么样的成就的看法更现实一些。然而，人们仍然认为学校在实现爱尔兰的双语国家的目标中起着核心作用。

另一个被广泛认同的教育制度目标是建立更平等的教育，特别是对于那些在社会、经济、身体或智力方面处于不利地位的人们。20 世纪 60 年代所进行的数量扩张和质量改革，导致了教育机会的极大提高。例如，在 1965 年到 1991 年之间中学的入学率增长了 130%，高等教育的入学率增长超过 230%（教育部 1992）。基于社会变革而产生的压力，政府在 1992 年的绿皮书中提出要对教育机会均等有更深层的理解，强调采取更综合的目标和更明确的行动。

新制度的目标是，要以独立的文化改变中央集权的传统，并在改进地方学校管理的基础上发展各级自治。这与改革教育部的作用相一致，教育部的职责集中于制定战略、保证质量、进行预算。与这些教育政策的变革相一致，教育体系的各个层面有了更大的权责及透明度。

为了与许多国家的教育发展保持一致，爱尔兰正在更大的范围内加强教育机构和劳工及企业界的联系与合作。在爱尔兰与欧共体进一步融合的背景下，在教育体系内以各种各样的方式促进欧洲维度的教育也是教育政策的目标之一，其中也包括促进现代欧洲语言的学习。

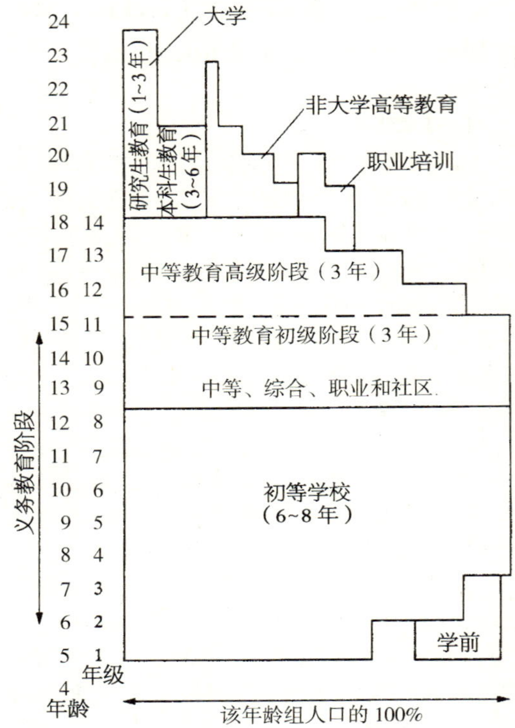

图 1 爱尔兰：正规教育体系的结构

3. 正规教育体系

图 1 显示了正规教育体系中学生的分布情况。在独立之后，教育制度中教育管理及政策的权力集中于国家教育部。按 1930 年立法所设置的职业教育委员会负责基础教育后学校中很小一部分以及某些高等教育学院的教育职责，教育部直接管理各个学校。不存在中间的地方教育权，也没有国家教育监督委员会。宪法规定父母有权利及义务为其子女提供教育，保证父母有为子女选择受教育场所的自由。宪法规定国家要保证儿童接受最低程度的教育。宪法平衡私人和国家的责任，这反映在教育结构和教育制度的运作之中。这一教育体系主要是由国家资助的，虽然绝大部分的教育机构不是公立的和由国家控制的，但国家提供了绝大部分的资金和日常支出。绝大部分学校是教会学校。

“平衡权利”的概念根植于 19 世纪教会和国家之间关于对学校控制权的斗争，二者均未能完全控制教育。而是发展了一种合作的方式，由国家控制课程和课业，制定管理规章，规范教职员、管理机构和负责设施，地方管理机构负责学校费用的一部分，指定教师，在学校层面执行政策。在教育部和学校管理者、教师协会和家长联合会等各利益群体之间签订契约、达成共识。

独立后，国家并没有制定一个全面的教育法案，而是维持现存的各种各样互不关联的规章制度。教育制度主要是由各部的法规控制,而不是由法律控制。近年来,国家出版的白皮书《教育发展》(教育部 1980)和《教育行动计划》(教育部 1984)以及最近出版的绿皮书《面对变化中的世界的教育》(教育部 1992)等指出,国家采取了更全面的办法来制定政策,在 1992 年发表白皮书之前政府宣布,将颁布一系列的教育法令来更新教育法,以使教育发展适应新的世纪。

3.1 初等、中等和第三级教育

初等教育中有 95% 的爱尔兰儿童上国家资助的国立学校。有 3 225 所这样的学校,约 54 万儿童在这类学校中学习(教育部 1990)。在 6 岁至 15 岁(不久将提高到 16 岁)之间为义务教育。长期存在的传统是儿童 4 ~ 5 岁入学。目前,约 80% 的学校是男女同校。绝大多数学校在招收学生和管理上是宗教性质的。学生按年龄分成 8 个年龄组。然而,没有孩子因其宗教背景而被拒绝接收,在学校中,儿童的宗教信仰受到法律保护。按父母的要求建立了少量的多宗教学校,这些学校与宗教学校一样接受国家的资助,有少数的私立小学满足约 2% 的学生的这种多宗教的需求,但这些学校不接受国家资助和国家监督。

国家提供至少 2/3 的小学的建筑支出,绝大部分的日常开支,以及教师的全部薪水。每所小学的最终职责在于学校的“监护人”,通常是由相关教派的主教负责。学校管理的董事会由监护人、教师和父母代表组成,负责学校的日常运作、维修维护、教师任命和执行教育部规则。许多小学都很小,43% 的小学有 3 名教师或更少。学校每年的教学时间是 184 天。

中等教育的入学率急剧增长,自 20 世纪 60 年代以来增长约 150%,而且保持率很高。例如,在义务教育后阶段,有超过 90% 的 16 岁学生,75% 的 17 岁学生和约 50% 的 18 岁学生在全日制学校就读。在年龄组中有约 73% 的学生完成共 6 年的中学教育。为了适应各种需要出现了各种各样的学校,有中学、职业学校和社区学院。中学为最古老的形式,由传统的文法学校演进而来。中学是私立机构,几乎所有的中学是宗教性质的。中学占全部学校数的 60%,占学生总数的 62%。职业学校建立之初,目的是提供直接的职业倾向的课程和技术科目。但现在它们为 25% 的学生提供各方面的中等教育,且由地方选举的职业教育委员会(VECs)控制。一些学校在这些委员会的支持下被指定为“社区学院”;而综合学校则可追溯到 1966 年,是由国家作为师范学校建立的,具有更为综合的课程方针;至于社区学校,可追溯到 1973 年,是对综合学校观念的发展,在社区教育中起到很大作用,其资源为其所处社区充分利用。综合学校和社区学校满足了约 13% 的中等教育阶段的学生的要求。至于学校的起源和传统,在这些学校中存在差别。学生作为顾客的概念,教师培训和课程提供等不断趋于一致,教学法在所有学校中应用。在中等教育阶段,共有 34.3 万名学生就读于 800 所学校。中等教育阶段的生师比为 19.5:1,但在不久的将来,这一状况将会得到改变。学校一般都比较小,其中 1/4 的学校有不到 250 名学生,仅有 1/3 的学校有 500 名以上的学生。

高等教育部分自 20 世纪 60 年代中期以来有很大的扩展而且更加多样化。学生人数从 1965 年的 2 万增长到 1992 年的 7.5 万,计划到 2000 年将这一数字提高到 10 万(教育部 1992)。再教育机构的类型非常多样化,有大学、技术学院、地区技术学院、教育学院和许多其他提供艺术、音乐、商务和技术课程的机构。有 4 所大学,其中 1 所(爱尔兰国家大学)是联邦大学,由 3 个部分和 4 个学院组成。在高等教育中几乎一半的学生上大学。适龄人群中约 40% 的人接受高等教育,其中约一半的学生参加学位课程计划。约 50% 的学生受益于与方式、能力和居住地点有关的国家资助。

高等教育局建立于 1968 年,作为政府和许多指定机构之间的计划和预算单位。中央申请办公室(CAO)于 1976 年建立,作为几乎所有申请高等教育机构的学生的信息交换中心。

20 世纪 90 年代早期,高等教育发展的趋势包括建立以单位开支分析为依据的新的资助机制,还包括与课程的模块化、与工业更密切的联系、为质量保证而建立的绩效指标和为了满足机构不断变化的需求以及机构与现代社会的关系而引入的新的立法。

3.2 学前教育

在爱尔兰，早早进入主流学校教育是一个由来已久的传统。几乎所有的5岁儿童和2/3的4岁儿童上国立学校的学前班。在某种程度上，在其他国家被认为是学前教育的阶段，在爱尔兰被融入了初等学校体系。学前教育是卫生部的职责。自愿为残疾儿童和某些弱势群体提供学前教育的机构都会得到教育部和卫生部的资助。只有一小部分父母把孩子送到付费的私立学前教育机构中。

3.3 特殊教育

虽然仅有2%的学生接受特殊教育，但是，特殊教育的教育供给在过去的30年中在公共政策领域中越来越重要。现在已经形成了为各种各样的残疾儿童提供教育的综合特殊教育体系，为智力、身体、感官有残疾的儿童，以及有情感障碍的儿童提供教育。这样的残疾儿童既可在特殊学校中接受教育，也可在普通学校的特殊班级接受教育，同时，可在提供适宜的教育服务的志愿中心接受教育。在所有接受义务教育的学生中，接受特殊教育的儿童人数（6～15岁）约占1.29%，这一数字在欧洲是很低的。政府正在设法使特殊教育融入主流教育之中。

师生比在特殊学校和普通学校的特殊班级中非常低。广泛的学校交往体系为学生和家长提供了便利。同时，特殊学校中教师之间也存在合作，学校心理服务中心和卫生部门要为学生提供令人满意的服务，而且正在制定促进残疾学生上中学和接受高等教育的政策。也存在为不能出门的学生提供的访问教师计划，有为从事特殊教育的教师提供的特殊培训。1991年9月，教育部长设立了特殊教育评议委员会来提供改进特殊教育所需的建议。

3.4 职业、技术教育

随着1930年VECs的建立，职业和技术教育成为这些委员会的主要任务。在20世纪90年代，允许职业学校提供中等教育的所有课程，职业学校的学生能参加公共考试。国家的政策希望职业学校提供综合的课程。20世纪90年代的政策强调加强中等教育中的职业技术教育。在执行这一政策所采用的措施中，其中之一就是扩大职业毕业证书课程，使中学阶段参加这一课程计划的学生从20世纪90年代初的5%增加到30%。学生们必须学习一门理科课程和一门新科目，企业和技术是必修科目。工作经历被列入更多的学校课程，工业和商业界的代表参加学校的管理。培训方法强调宽泛的基础，而不局限于某一专业，高级技能是以高水平的普通教育为基础的。

为离开正规学校课程教育而没有参加工作的人提供的职业教育和培训有了很大的发展。约有1.9万名年轻人参加职业准备和培训计划，包括VPT1和VPT2。工业培训局管理某些特定行业的学徒训练制度，有10 000人在职业学校接受脱产教育。1993年，制定了新的学徒制度，这是以学习水平为依据的，而不以学习时间为依据。“年轻人达标”计划是为那些辍学的学生准备的，社区培训工作室也参与该计划。有CERT和职业技术委员会负责饭店和旅游业的培训。VECs也负责为长期失业的人提供职业培训机会计划。国家职业授予委员会是建立一个新的机构的基础，是教育和职业授予委员会的前身，教育和职业授予委员会是一个复杂的机构，负责所有职业教育和培训项目中国家证书和有效标准的管理。

3.5 成人和非正规教育

为了赶上国际发展，成人教育受到了公众的极大重视和支持，“终身学习”的观念被普遍接受。提供成人教育的机构非常广泛。在50个成人教育组织机构和成人教育委员会的帮助下，VECs在为成人教育提供资金方面起到了主要作用。社区和不断增加的综合中学都在成人教育中起到了很大的作用。地方的技术学院和绝大多数大学都提供成人教育和课外教育课程。不断增加的第二次机会使早期离校的成年人能够再次接受中等教育。大学实施灵活的计划促使成人学生进一步接受高等教育。国家远程学习中心开始开设证书及学位课程，使远离大学中心的人们能够有机会学习。

许多其他机构，如工会和自愿团体提供各种各样的成人教育课程。在某些地区特别开设成人识字课程。国家成人教育协会（AONTAS）是成人教育的主要监督和顾问机构，作为所有参与成人教育机构的一般会议机构。该机构得到教育部的资助。

4. 行政管理的结构与运行

除少数自愿的中学外,所有的学校接受由委托人、父母和教师代表组成的董事会的管理。有些中学也有来自当地工商界的代表参加董事会。职业学校和社区学院的董事会来自职业教育委员会。其他学校直接受教育部管理。1992 年,教育部发表的绿皮书《面对不断变化的世界的教育》,为所有学校董事会勾画了一个更具广泛权利和具有更大责任的框架。

学校视察团作为初等学校的监督机构,负责保证教育水平。中等学校也有一个视察团,但其权力不大。在公共考试中取得成功也是说明学校水平的途径。多数学校都举行正式的家长教师会,以给家长提供反馈,使其子女继续接受教育。部长对教育的控制主要依据学校的认可度,部长有解释国家课程、监督视察团、教师认可和管理中等教育的公共考试的权利。多数高等教育机构有立法管理机构,其中的绝大多数与高等教育局就预算和计划问题有联系。政府为了保证教育质量计划引入绩效指标。大学中,传统的学术自治在不断增长的国家预算之下受到影响。

5. 教育财政

几乎所有公共教育机构的开支来自中央政府。1992 年,总的公共教育开支达 16 亿爱尔兰镑(23 亿美元)。几乎占政府公共服务支出的 20%,占国民总产值的 6%(教育部 1992)。这说明与 1965 年相比,教育经费有了很大的增长,那时教育经费所占的比率分别为 15.8% 和 3.6%。学生入学性质的变化,反映在各部分教育开支比率的不同上。1966 年,初等教育经费占总经费的 52%,第二级占 30%,第三级或高等教育占 8%。1992 年,三级教育经费所占总教育经费的比率分别为约 35%、37% 和 22%。1992 年,教育系统的中央管理费用为总支出的 5%(教育部 1992)。教师的薪水占目前教育经费的 80%。

据不精确统计,约有 85% 的教育经费由政府支出,其余 15% 来源于地方和学生的学费。在所有国家资助的小学和 93% 的中学里,学生免交学费,学校教科书和制服的费用由父母支出,但国家为少数贫困而需要这些物品的学生提供资助。在距当地学校 4 公里外的学校交通费用免费,但是父母要缴纳交通税。

对于接受高等教育的学生,基于其能力、收入情况和地理位置,国家有一个资助项目。有些资助是通过欧共体社会基金提供的。1992 年资助有了很大的增长,在新的资助条例下,约 53% 的国家资助的高等教育机构的学生接受某种形式的资助金。计划在不久的将来在所有的教育机构引入单位开支机制,这一机制将使各机构在预算时更加谨慎。

6. 师资

1990 年,有 20 321 个全职教师在小学任职,11 630个全职教师在中学任职,4 825 个全职教师在职业学校任职,2 293 全职教师在综合和社区学校任职;此外,还有 1 345 名教师在中等教育中兼职。爱尔兰的生师比很低,1992 年,小学的生师比为 26.5:1,中学为 19.5:1。人口的减少导致对初等教育学校教师需求的减少,进而影响到中等教育对教师的需求。教师作为一种职业,传统上享有较高的社会地位,这一职业仍然继续吸引有较高智慧和能力的人。

初等学校的教师要在大学的教育学院接受 3 年的教育学士学习。他们在大学的 3 年学习受学校视察团的监督。绝大多数中等教育学校的教师要参加连续的教师培训项目,在项目结束后或取得大学学士学位后,要在大学中再接受一年的职业证书教育课程的教育。专业科目的教师,如体育、艺术、家政、木工等,在接受 4 年的教育之后,多数由大学培养,少数由国家教育资格授予委员会培养。中学教师注册委员会是绝大多数中学教师注册的机构。

所有教师的薪水都是相同的等级,对于资格和职责有额外的份额。如果改革计划能够付诸实施的话,教师的在职教育将被认为是头等重要的事情。绝大部分教师属于 3 个教师工会,教师工会能够严正地维护教师的利益。

督导这类学校体系的其他人员，是从非常合格且教学技能高超的教师中招聘的，并且受到高级检查团的培训。学校心理学家通常是从获得大学心理学证书的教师中招聘的。有特别措施针对学校增加指导和补充教师。目前，越来越多的学校管理者学习学校管理证书课程或教育硕士课程。

7. 课程开发与教学法

小学和中学的课程须经中央政府的教育部批准。1987 年，建立国家课程和评估委员会，教育部在这个机构的协助下设计课程。1971 年，实施小学课程，以儿童为中心的课程代替了狭窄僵化的课程，结合广泛的科目，鼓励积极实施与当地适宜的和与环境适宜的教学方法。这一课程是以初等教育课程评价团体的一份报告为基本原则的（1990），但它更强调 3Rs，并寻求更多的目标课程。1992 年的绿皮书有同样的观点，强调读写、识数的重要性，更强调理科和体育教育。本着指导的目的，正在寻求更具普遍意义的针对 7 岁和 11 岁的学生的以指导为目的的标准化考试。

自 20 世纪 60 年代中期以来，政府在中等学校中实施综合课程，所有学校一直到高级阶段都有适合学生各种各样能力的课程计划。中等学校学生人数的增长导致了许多课程发展和课程试验机构的产生，如都柏林职业教育委员会课程发展单位和山南（Shannon）课程发展处。爱尔兰课程发展协会于 1971 年建立，反映了教师在这一发展中的意见。在 20 世纪 70 年代晚期和 80 年代早期，爱尔兰为了和其他欧共体国家合作，参加了广泛的从学校到工作的课程发展计划。但将课程试验融入主流课程之中非常困难。

随着 1989 年中等学校初级证书的设立，1992 年，经第一次审查，初等学校的课程更加明确，中等教育的前 3 年的内容、教学法和评估更具创新性，新大纲的设置使许多教师对课程改革更有热情。为了适应不断急剧增长的 15～18 岁年龄段学生的需求，正在进行新的高级证书课程的设置工作。目的是试图保留一个综合的、统一的高级阶段学校框架，该框架能满足各种各样的选择需求。雇主的观点受到了重视，政府强调学校教育应加强职业和技术内容。高级阶段为 3 年。传统上中学的教学法是以教师为中心、以专业课科目教师的讲授为主。教学方法的改革将强调学生解决问题能力、多向思维的发展和促进学生独立自主，这有助于促进创造一种企业文化。

有指导和心理服务帮助学生制定教育和职业计划。教科书通常由有经验的教师编写，由许多教育出版社出版。出版商和教育视察团协商适宜的内容，初等学校的教科书要有官方的批准。

8. 考试、升级与证书制度

传统上，公共考试在爱尔兰中等教育阶段起着很重要的作用，没有对初等学校毕业生的正式评估手段，但学校校长可以将反映学生状况的课程记录卡移交给学生将转入的学校。小学升级是自动的。1992 年的绿皮书表明缺少对 4 岁到 15 岁年龄段学生的水平进行衡量的客观标准。计划在 7 岁到 11 岁年龄段中引入标准化测试，主要是为了起到指导作用。对于学校和父母来说，测试结果将是保密的，但教育部可以得到以汇总表格形式的结果。

在中学第三年结束时，学生要参加初等毕业证书考试，这是由教育部组织的外部考试。主要是以最后的书面试卷为依据。计划以学校为基础的评估形式在考试中将占很大一部分，这将使教师以更具差异性的标准来评价学生，使评价融入了正在进行的对教学内容与教学法的探索。然而，教师不愿如此直接卷入对于其所教授学生的公共证书考试之中。学生评估特别委员会将于 1992 年秋季发表一份报告。

以学校为基础的评估在中学高级教育阶段变得更为重要，因为，最后的考试对于高等教育的选拔和就业都十分重要。学生学习两年之后获得毕业证书。考试形式为笔试，竞争性很强。在批准的 35 个科目中，多数学生选择 6 个科目。对于毕业证书课程和考试有很多的批评，认为这些课程和考试并不适合学生增多的现状。国家课程和评估委员会与教育部联合，正在设计一个新的高级证书计划，这一计划将更灵活，提供很多选择，而且以多种途径进行评估。毕业证书在雇主、高等教育机构和父母中间有很高的可信度。为 90% 的学生设计一个具有普遍意义的计划将会是具有挑战意义的。

国家职业授予委员会于1991年建立,作为一个确认和合作机构在校内外提供广泛的职业课程,这些课程都包括在主流教育之中。

9. 教育评价、评估和教育研究

绿皮书(教育部1992)非常强调问责、透明度和质量保证,在这一背景之下,强调对教育制度总体的、更为有力的调控。措施包括教育部的一个更具综合性的报告、对教育视察团的作用的重新界定、学校董事会具有更重大的权责、在所有学校引入标准化测试、绩效指标的应用和高等教育机构的公开报道。1991年,经合组织的《爱尔兰教育回顾》对教育制度进行了总体的回顾,认为,由于有更为正规的监控和基于公众利益的公开报道,爱尔兰教育的运作和教育经费支出情况良好。

最近几十年,由于许多机构的参与,教育研究有了巨大的发展。经合组织的《爱尔兰教育回顾》认为,教育研究在爱尔兰发展很快,教育研究的总量和多样性对于这样一个小国来说是引人注目的。为了加强教育发展,还需更具政策指导意义的教育研究。

教育研究中心、语言学院和经济与社会研究所是大学的教育系中几个重要的研究机构。爱尔兰教育研究协会是教育研究者的总协会。研究涉及问题广泛,包括政策分析、学校效率、课程改革、教育的经济方面、语言教学和双语教学、评估技术、社会平等和性别问题、学校组织模式和科目、教育与劳动市场和教师教育。研究通过会议、研讨会、教育杂志和媒体报道得到传播。为了有助于合作和确立教育研究的优先地位,教育部于1992年建立了研究与发展委员会,其中包括一些外部顾问。

10. 20世纪八九十年代的主要改革

为了与总的公共开支保持平衡,20世纪80年代教育经费缩减,尽管如此,教育改革仍在进行。不断扩大中等学校和高等教育的入学人数是重要的改革之一。计划在20世纪90年代将完成中等教育的人数由1992年占人口总数的73%增加到90%,计划将适龄人群接受高等教育的比率由40%增加到45%。与入学率相关的是课程问题,要保证年轻人受到令人满意的、能从中获益的教育。由于新的初级证书和高级证书制度的引入,20世纪80年代的课程改革在90年代被正式引入教学之中,并由1987年建立的国家课程委员会指导。学校和劳动界的联系在中学中仍在继续。评估程序的改革仍在进行,以使之更具多样性和灵活性,以适应课程政策的变化。

正在对教师的职前培训进行改革,大学在教师教育中正起到越来越大的作用。接受一贯的教师教育项目在新教师教育、过渡阶段教师教育和在职教师教育中受到高度重视。20世纪90年代,在职教师教育的扩展将受到重视,但有限的教育资源妨碍了其进展。

随着高等教育在校生人数从1965年的2.1万人增加到2000年的10万人,建立和实施了各种各样的高等教育机构和计划。计划以各种各样的途径发展高等教育和工业界的联系。另一项改革是增加成人学生接受高等教育机会和增加各地区扩展远程教育所需的设备。

11. 2000年面临的主要问题

学校供给的合理分配是主要问题之一。学生数目的减少使小学规模变得更小,目前,43%的小学只有三名或更少的教师。政府的目标是以拥有四名教师的学校为最小规模。然而,由于许多乡村地区与学校有密切联系,将学校视作其未来的象征,这一目标引起争议。这一问题在中等教育阶段也将成为热点,因为,中学将从目前的800所减少到2000年的500~600所。新的课程政策使合理分配教育供给成为当务之急,特别是在中等教育阶段。约25%的学校有不到250名学生,由于学生的减少,地方学校要为生存而斗争。

到2000年,如果政策转变成功,学校将有更大的自主权,这涉及文化、态度和技能等地方学校特点。学校的质量管理和领导也将面临重大的挑战。教师方面也将发生重要的变化,传统教师的个人主义将被团队协作所代替,传统上,学校作为各自独立的组织而存在的特点将被地区与学校之间的密切融合与协作所代替。

在未来的几年中,有关社会群体、性别、能力和地区的教育制度中的平等问题将成为主要问题。主要目标是那些生活于不发达地区的、和学习不好的学生以及那些过早离开教育体系的人。

中等教育的高级学校中的课程均衡、课程多样化、教学方法、评价过程和学校氛围等等也是重要的问题。使相关年龄段中 90% 的人接受全日制的学校教育,这将是前所未有的挑战。在很小的、开放的岛国经济和高失业率的背景下,财政短缺也是未来存在的其他一些问题的原因,充足的财政是保证一个高质量的教育制度的根本。爱尔兰改革的士气很高,但要到 2000 年实现所有计划的目标将需要付出很大的努力。

J. 库拉汉(J. Coolahan) 著
耿益群 译

附录

Coolahan J 1981 *Irish Education: It's History and Structure*. Institute of Public Administration, Dublin

Department of Education 1980 White Paper: *Educational Development*. Stationery Office, Dublin

Department of Education 1990 *Annual Statistical Report*. Stationery Office, Dublin

Department of Education 1992 Green Paper: *Education for a Changing World*. Stationery Office, Dublin

OECD 1989 *Employment Outlook*. OECD, Paris

OECD 1991 *Review of Irish Education*. OECD, Paris

Review Body of the Primary School Curriculum 1990 *Report*. Stationery Office, Dublin

其他参考文献

Akenson D H 1975 *A Mirror to Kathleen's Face: Education in Independent Ireland, 1922—1960*. McGill-Queens' University Press, Montreal

Barber N S J 1989 *Comprehensive Schooling in Ireland*. Broadsheet Series Paper No. 25 Economic and Social Research Institute, Dublin

Clancy P 1988 *Who Goes to College? A Second National Survey of Participation in Higher Education*. Higher Education Authority, Dublin

Department of Education 1984 *Programme for Action in Education, 1984—1987*. Stationery Office, Dublin

Department of Education 1991 *Rules and Programmes For Secondary Schools*. Stationery Office, Dublin

Hannan D 1986 *Schooling and the Labour Market*. Shannon Curriculum Development Centre, Shannon

Hannan D F, Shortall S 1991 *The Quality of Their Education: School Leavers' Views of Educational Objectives and Outcomes*. Economic and Social Research Institute, Dublin

Hannan D, Boyle M 1987 *Schooling Decisions: The Origins and Consequences of Selection and Streaming in Irish Post-primary Schools*. Economic and Social Research Institute, Dublin

Higher Education Authority 1991 *Accounts and Student Statistics 1989—1990*. Higher Education Authority, Dublin

Mulcahy D G 1981 *Curriculum and Policy in Irish Postprimary Education*. Institute of Public Administration, Dublin

Mulcahy D G, O'Sullivan D 1988 *Irish Educational Policy: Process and Substance*. Institute of Public Administration, Dublin

National Council for Curriculum and Assessment 1991 *The Curriculum at Senior Cycle*. NCCA, Dublin

Buachalla S 1988 *Education Policy in Twentieth Century Ireland*. Wolfhound Press, Dublin

Primary Education Review Body 1990 *Report*. Stationery Office, Dublin

意大利的教育制度(Italy: System of Education)

1. 基本背景

意大利是欧洲古代国家中最先在政治、文化和语言统一等方面达到比较发达水平的国家。这主要是通过罗马共和国的扩张而形成的(公元前 3 世纪到 1 世纪),在这一时期,罗马帝国使用的拉丁语成为亚平宁半岛的通用语言,尽管由于不同民族的语言有所不同而存在一些细微的地方差异。在若干世纪之后,半岛的政治和语言统一性遭到破坏,新拉丁语(在某些情况下,被认为和原来的语言截然不同)得到发展。在文艺复兴时期,建立了新的意大利语标准。在19世纪中期,意大利开始寻求新的政治上的统一和独立,而在第一次世界大战结束后,意大利才获得真正意义上的独立。因此,当时意大利面临的最关键问题是:(a)巩固新近获得的、还不太稳固的统一局面(为了实现这个目标,当时的选择就是实行高度中央化的行政管理,包括教育方面);(b)与当时欧洲多数其他国家相比,在经济和教育领域得到快速发展,赶上其他国家的水平;(c)减少意大利国内北部、南部在经济和教育上存在的巨大差异。

在19世纪中期,意大利是欧洲国家中文盲率比较高的国家。图1表示了在意大利统一和独立初期小学录取人数的增加、教育取得的发展以及文盲率的减少之间的关系。1971年以后学校录取人数的急剧下降的主要原因是出生率的下降,而这是自20世纪60年代以来工业化社会出现的普遍现象。

图2表明了1871年至1991年间意大利经济的巨大变化。在这个阶段内,意大利从一个农业国家转型为工业国家,并表现出一些后工业社会的特征(服务业和公共管理大大超过了工业)。国民生产总值以12的系数增长,人均国民生产总值则以5的系数增长。

随着20世纪50年代和60年代世界经济的高速增长,意大利成为世界上工业化程度最高的国家之一,这一时期,意大利大量人口从从事农业生产转为从事工业生产,从南部地区迁移到北部地区,

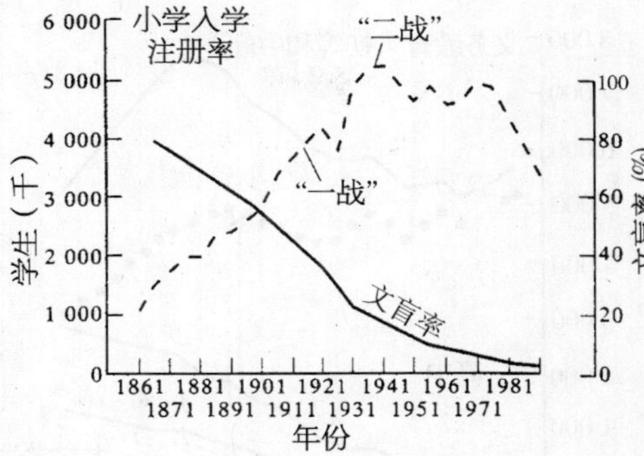

图1 1861~1991年小学入学人数和文盲率

还有一些人则永久或暂时迁移到欧洲其他国家。因此,这抵消了高出生率(在当时相当高,尤其是在意大利南部)造成的人口增长。意大利的出生率在稳步下降,到20世纪90年代早期,意大利的人口增长率几乎为零。

意大利的教育系统1860年以后在数量和结构方面发生了巨大的变化,尽管也还保持了一些意大利刚独立时具有的特色。20世纪晚期意大利在教育上面临的许多问题产生于新实施的教育政策与原有的结构和习俗之间的矛盾及差异,因此,意大利必须采取具体措施以解决入学人数激增带来的问题(参见图3)。

意大利的学校制度于1859~1861年间在全国范围内建立,然而,学校——大众学校和为统治阶级开办的学校——在学校制度建立前就已经在各个州存在了。总的来说,意大利的学校是宗教性质的,但有时则由市政府运行。在一个较短的时期内,皮德蒙地区(Piedmont)通过有关法律(Legge Casati 1859)将其教育法扩展到别的地区,这个教

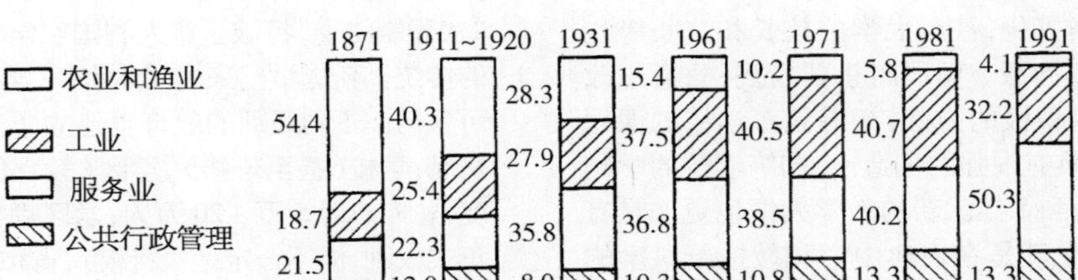

图2 国民生产总值在不同产业部门的比例(特定年份)

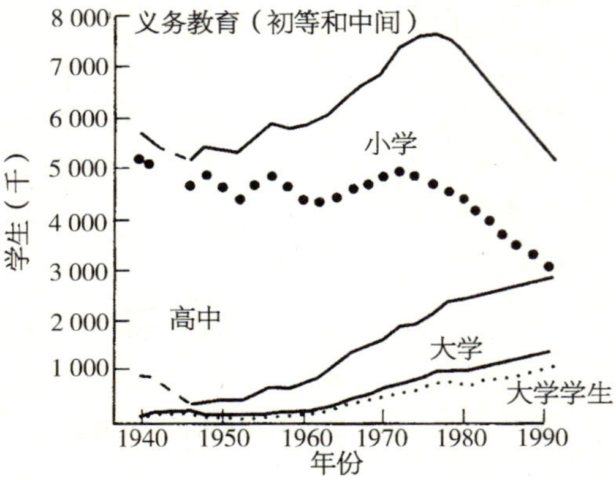

图 3　1940～1980 年义务教育阶段、高级中等和高等教育的入学注册人数

育法恰恰在伦巴第被吞并的时候推行，它强调中央集权管理。尽管一些教育任务被指派给各个市政府，所有的基本权力，包括为各种类型的学校制定教学大纲，则集中掌握在国会或者教育部手里，并通过中央督导和各省的督导实施。许多比较开放的学者都对这种"拿破仑"式的管理方式颇多微词。这种高度中央集权的教育管理方式在法西斯时代（1922～1934）得到了强化，并一直保持到 20 世纪 80 年代而没有发生重大的变化。

詹泰尔（Gentile）在 1922 年成为意大利教育部长，并进行了一次非常重要的教育改革。这次改革终止了一些教育发展趋势，使原本朝着更为灵活的方向发展的教育更加保守（比如，大学中如果不学习拉丁语就不能进行科学研究等）。因此，拉丁语不但又成为进行学术研究和进入大学学习的唯一决定因素，甚至也成为学生进入技术学校和高级中等教育学校学习的必要条件。教育制度进一步中央集权化，甚至大学的校长和院长等也必须由教育部指派。但同时也要看到，詹泰尔改革也存在一些积极的方面：初等教育学校的课程更加丰富，并具有很强的创造性，初等学校的学制也从 4 年延长到 5 年。新的教学大纲也更加具有历史批判性，尤其是在古典中学和教授新科学的公立中学中。这位法西斯教育部长强调中央主义和严谨性，将政治宣传大规模地引进学校，并重新引入和增强了宗教教学。

2. 教育政策与目标

第二次世界大战后，意大利的教育在短时间内没有重大的变化。在国会和政府拥有大多数，或有时候拥有绝大多数席位的天主教民主党继承并强调中央集权的政治传统。政府通过由教育部指派到全国 100 个省的教育督导实现对公共教育的管理。但政府官方支持私立学校（多数为天主教学校）的倡议被其他政党拒绝。尽管 1947 年宪法规定了相当民主的教育原则，意大利在第二次世界大战后第一个对教育结构进行讨论并得到国会通过的议案发生在 1962 年——在 8 年义务教育结束后开设为期 3 年的中学。

意大利宪法允许地方政府（市政和省级地方）享有更多的教育自主权，并主要针对 20 个地区，一些地区由于民族、语言和历史独特性而在教育方面比其他地区有更大的自主权。"共和国为教育制定总体标准，并为各级教育设立国家学校"，而地方政府则在"手工业和技术教学以及奖学金资助方面"享有一定的立法和行政管理权。但直到 1977 年意大利才对这种责任分担机制的具体实施过程制定了"法律原则"。该"法律原则"规定，政府对学前教育、义务教育、高级中等教育和高等教育负责，并对包括科学和技术在内的大众文化的规章负责。技术教育则由地方组织与监管，应该限制在短期范围（不超过 2 年）之内。技术教育以提供高度特殊的知识和技能培训为目的，并作为国家教育和劳动力市场的互动因素。意大利的各地区教学系统的发展速度存在一定差异（在北部地区发展比较快）。

1973 年制定的法律和政府在 1974 年公布的"代表制法令"打破了意大利国家学校中央集权化的传统。新选举出来的团体家长、学生以及市民均可参与。不同级别的教育也建立了部分自我管理机制：学校（甚至班级）、学区（教育的一个新的维度，总人口为 5 万～20 万人，学区理事会依法享有正式权利，但不一定是执行权）、省和国家。

在地方上，意大利建立了教育研究、教育试验、教师在职培训等特殊地方机构，同时还建立了国家佛罗伦萨教育教学档案图书馆和罗马教育欧洲中心。1974 年的法令也允许学校在经过教育部同意或在教育部的计划下进行教育试验,甚至是有关新课程和结构的试验。因此,教育的中央集权在一定程度上分散了。

意大利中央集权管理的教育体制虽然受到批评,但从"两害相权取其轻"的角度,并考虑到国家地区间的差异性,尤其是北部地区和南部地区之间的差异,该教育管理体制还是得到了国民的认可。有关研究也不断表明文化教育上的差异存在于意大利不同的地区。有关教育的国家比较研究也表明,意大利初等教育的平均水平比较好,中学的教育水平要差一点,高级中等教育学校最后一个年级学生的学业成就不是十分令人满意,不同区域的情况也不同。意大利的"成熟度(maturity)考试"也不是一个保证地区间学术成就一致性的良好工具。

3. 正规教育体系

意大利教育体系一个最引人注意的特点是,义务教育阶段(所有学生必须接受的 5 年初等教育和 3 年初级中等教育或者中学教育)全国完全统一的结构和比较混乱的高级中等教育之间形成的强烈对比。图 4 表明了意大利不同年龄的儿童在不同级别的学校中的分布情况,但这张图并不能显示出高级中等教育学校的不同类型,因为大多数学校是技术和职业学校。意大利的工业技术学院有 31 种不同的轨道,职业学院学制不一,提供 18 种不同的课程和资格证书。意大利的私立学校也没有被单独列出,这些私立学校中的多数为天主教学校,其招收的初等教育学生占学生总数的 8%,初级中等教育学生占总数的 4.5%,高级中等教育学生则占 9%。

意大利从初级中等学校升入高级中等学校的学生人数比率较高(1990 年超过 86%)。高级中等学校毕业生进入大学学习的人数也比较多(1990 年约为 76%)。但意大利义务教育后的中等教育和高等教育一个比较显著的特色是辍学率比较高。1990 年有 45% 的学生完成了高级中等教育学校的学习,而只有 10% 的学生获得了大学学位。

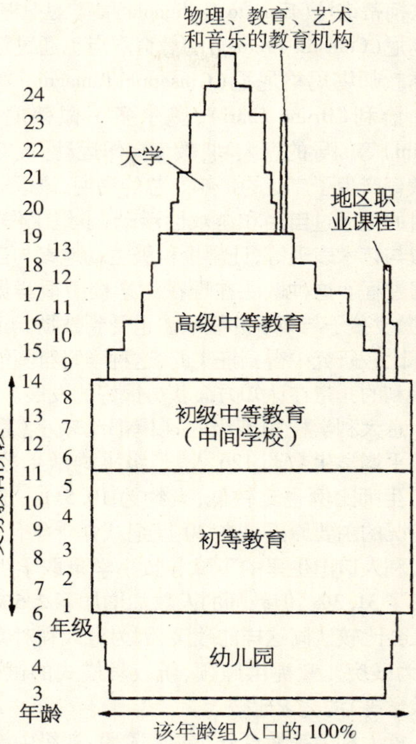

图 4 意大利:正规教育体系的结构(1990)

3.1 *初等、中等和第三级教育*

意大利的小学和中学都是由国家统一组织的,使用国家统一的课程。1990 年的法律规定学校一周教学时间为 27 小时,如果学校教授外语的话,教学时间为 30 个小时。一些小学被评为"实验小学",而另一些学校则被授权试验新的课程和教学方法。事实上,这些试验新的课程和教学方法的学校主要将试验放在外语教学和所谓的教学模式的组织上,也就是说试验是让 3 名教师负责 2 个班级的教学,或者在某些情况下,让 4 名教师负责 3 个班的教学,这样一些小学一周就能进行 40 个小时的教学。

意大利的初等教育有一个良好的传统,就是对学生进行智力开发,这些开发以最新的心理学研究为基础,并吸取历史上著名教育家们的经验,如玛利亚·蒙台梭利、拉迪斯(Giuseppe Lombardo Radice)、柯蒂诺拉(Ernesto Codignola)等。法国教育家佛列尼(Celestin Freinet)的教育观点也通过意大利优秀教师塔玛格尼尼(Giuseppe Tamagnini)、布鲁诺·恰利(Bruno Ciari)、奥尔多·佩蒂尼(Aldo Pettini)等倡导的意大利“教育合作运动”而对意大利教育产生了广泛的影响。总的来说,该运动的主要目的是通过自由和游戏性活动、小组工作、交际交流与艺术表现等,让学生积极主动地参与自己的学习过程。这种做法在现在的学校中很鲜见。同时,激发孩子与环境的联系法也受到鼓励。正如在国际比较研究中得到证实的,这种学习氛围能够使意大利的儿童在认知方面获得很好的发展。

意大利学校和班级的规模都比较小(意大利学校平均学生数为126人,班级平均学生数为16人),生师比例也比较低,大约为10.5∶1。造成这种情况的主要原因是在20世纪八九十年代期间,意大利人口出生率的下降导致小学录取学生人数下降了31.3%,但教师的人数却增加了2.5%。教师工会比较认同这样的政策,因为意大利对特殊教师(为残疾儿童提供照顾、新教学模式的试验、外语教学等)的需求比较大。

意大利中等教育分为两个阶段:初级中等教育(中间学校)和高级中等教育(各种不同类型学校的总称),而且这两个阶段呈现出非常不同的特点。中学是意大利义务教育的一部分,遍及意大利全国。中学一般的平均规模是230名学生。尽管意大利中学实行的是全国统一的课程,但中学教师在课程实施过程中享有一定的自主权和灵活性。中学每个班级都有几名学科教师:一位教师负责“文学”科目(意大利语、历史、地理、民事),一位教师负责科学科目(数学、物理、生物和地球科学),一位教师负责外语教学,一位教师负责音乐教学,此外绘画表现、技术教育、体育、天主教(为选择宗教教育的学生开设的,但通常选择宗教课程的学生人数比较多)等学科也各有一位教师负责。

意大利高级中等教育学校的情况有所不同,自从中学建立以后,对高级中等教育的结构进行改革的尝试已经宣告失败。意大利高级中等教育学校的结构一直延续到20世纪90年代:古典学校(拉丁语和希腊语,除了实验学校外,最后3个学年无须学习外语)、科学学校(不学希腊语,学习一门外语,更注重数学和科学等学科)、技术学校(将普通文化课程与各种技术结合起来,共有第二产业中的31种技术技能)。所有这些类型的高级中等教育学校学制都为5年。艺术学校和培养小学教师的学校学制为4年,培养幼儿园教师的学校学制为3年。第二次世界大战后,在一系列政府法令的要求下,意大利还建立了技术学院,学制为3年。这些学院的规模不断扩大,目前已经能提供160多种中低水平职业的技术资格证书。1969年的法律规定这些学院在3年的学习后还要提供“后资格”课程,因此学生在这些学院经过5年的学习后能达到专业上的成熟。然而意大利在职业教育和技术教育领域开展的实验计划已经改变了这种方向(参阅本词条第10部分)。

表1是意大利中等教育学校主要类型学校录取的学生百分比以及进入大学的学生的百分比。

意大利一些高级中等教育学校保持了它们的学术传统以及大学预科特征,但和过去相比,技术甚至职业学校中越来越多的学生也进入高等教育学校学习。

意大利越来越多的年轻人进入高等院校,19～24岁进入高等院校学习的年轻人从1980年的不

表1　　1990年意大利中等教育学校录取的学生百分比

学校类型	录取学生百分比	进入大学的学生百分比
职业学院	18.9	7.8
各种技术学院	45.5	37.0
工业学院	(11.5)	—
商业学院	(23.3)	—
测量学院	(5.9)	—
教师培训学校与学院	6.5	7.6
科学学校	17.7	26.0
古典学校	8.0	15.2
艺术学校	3.4	6.4
总计	100.0	100.0

到1/5增长到1990年的1/4(约为23.8%)。意大利有45所大学,2所多技术大学,几所以外语和教育专业为主的“高等学院”。意大利拥有一些世界上最古老的大学,其中博洛尼亚大学(成立于1170年)被认为是最古老的大学,但也有一些新建立的大学,如罗马第三大学、拿破仑第二大学等。有关意大利高等教育的详细描述可以参考马丁内尼(Martinelli)发表的英文著作。

3.2 学前教育

意大利0~3岁的儿童可以进入私立或公立的托儿所(意大利公立托儿所由地方政府举办)。3~6岁儿童中,有90%的儿童进入幼儿园,这些幼儿园中有一半由国家直接管理,剩下的幼儿园由市政府管理或是私立的,多数私立幼儿园属宗教性质。意大利的幼儿园有着悠久的教学传统,可以追溯到19世纪,但意大利幼儿园规模的巨大扩张发生在20世纪70年代。1968年意大利的法律才真正将幼儿园教育纳入教育体系中,根据宪法,国家政府建立自己的幼儿园。自从1968年以来,意大利幼儿园的数量急剧增加,更新并制定了新的幼儿园教学大纲,意大利还为幼儿园指派了特别的督导。

3.3 特殊教育

自从20世纪60年代以来,意大利制定了将智障儿童与残疾儿童整合到正规主流班级中的政策。单独的特殊教育学校数量和规模都有所减小,剩余的特殊教育学校则是为问题极其严重的儿童提供教育和服务的学校。意大利还废除了学校中的特殊班级。为残疾儿童和问题儿童提供教育的特殊教师和教学辅助人员由2年制的大学培养。为最多有三方面特殊需求儿童提供的课程班,其学生人数被限制在20名以下。意大利特殊教育的总体原则是强调学生的社会适应能力,将各问题儿童留在同一个班级中学习,即使他们的学业成就低于最低标准。然而在必要的时候这些儿童可以留在某个年级重读一年,但前提是这种做法有利于该儿童的认知得到更好的发展。让特殊儿童重读某个年级的决定由教师集体做出,家长和公众也可以就这个决定进行热烈讨论。总体来说,这种具有一定灵活性的方法在补充教育年级中效果令人满意。然而,在高级中等教育则出现了许多问题,主要发生在特殊学生进入劳动力市场时。意大利一些地区为这些特殊学生建立了“保护性实验室”,有时他们也会被雇佣去帮助和他们有着同样问题的特殊儿童,尤其是那些患有唐氏综合征的儿童。

意大利为那些来自缺乏关爱和安全的家庭的儿童建立特殊教育的机构。这些机构中的多数为私立的,通常由宗教组织管理。这些机构大致可以分为为40~200名年轻人提供住处的机构和在司法及社会服务体制下为12名个人提供住宿的社区。被特殊法庭判定犯有一定罪行的14~18岁的年轻人将被送至特定的拘留所,在拘留所,根据法律的规定,必须对每一个青年人制定一个“教育计划”。在所有情况下,这些年轻人都将接受与他们年龄特点相符合的教育,通常在他们住宿的机构之外的寄宿制学校和普通学校接受教育。

3.4 职业、技术和商业教育

在意大利,有一批由中央政府管理的技术学校和职业教育学校,尽管根据宪法,创办和管理职业教育学校应该是地方的责任。技术学校招收的学生约占高级中等学校学生人数的42%。意大利的技术学校开设工业、农业、海洋业、空中交通、商业和会计等领域的5年制课程(其中商业和会计录取的学生占多数)。意大利共有31种不同的技术学校,它们为中等以及高等特殊行业培养专门人才。国家举办和管理的职业教育学校录取超过22%的高级中等学校毕业生,并开设广泛的课程,这些课程几乎涉及中低行业的所有领域。但学生在学习完之后,可以继续留在学校学习,以达到“专业熟练”水平,从而有机会进入大学深造。1992年,教育部发布一道法令,将职业学校的专业减少到18种。职业学校在3年的资格课程学习结束后,可以和地方进一步开展合作项目,以提高学生的特殊专业水准。

意大利的地方政府开设短期的职业教育,在3个不同的层次为学生提供为期2年的职业课程。这3个层次分别为:为只有中间学校毕业水平的学生提供的职业教育、为完成2~3年高级中等教育的学生提供的职业教育和为完成全部高级中等教育的学生提供的职业教育。参加地区职业课程学习的学生人数约为27万人,在1991年这个数字只占在国家职业教育学校学习的学生总人数的一半。地方职业学校可能由地方政府直接管理，也可能由认可的机构派代表管理。地方职业学校及其录取的学生数量北部地区要高于南部地区。

在中低等专业职业教育中，教育发展的一个趋势就是提高学生获得资格证书的标准。例如，意大利培养护士的传统方法是，先让至少在高级中等教育学校中学习了2年的学生接受为期3年的专门理论知识和技能的学习，然后再进入医院进行培训。但自从20世纪90年代初期以来，意大利在护士的培养方面采取了新的规则和方法，要求想成为护士的学生必须参加由大学提供的3年制的第三级教育。

意大利的地方政府还要为18岁以下的想在艺术领域工作的学生组织“学徒”课程，而这也是每一个艺术学生的必修课。这也成为被称为“形成劳动”的工业和服务业领域学生的必修课。

意大利的私人机构在职业教育中发挥着重要的作用，尤其是在商业领域。私人机构创办职业教育学校或者是由地方政府授权，或者完全是自主的行为，尤其是在信息、设计和时尚行业中。这些私人机构通常由工会、职业联合会或者企业团体组织。意大利的大企业集团通常组织公司内部的在职培训活动。

3.5 成人和非正规教育

意大利的成人教育可谓是多姿多彩，人们对成人教育的兴趣和投入也很大，意大利还有专门为成人提供教育的“第三年龄大学”。成人教育学校一般由地方管理和资助，此外，一些国家技术和职业学校也为成人提供夜间学习的课程。20世纪70年代，意大利工会获得了一定的补助，从而为那些为了提升自己的专业知识和能力而不能工作的成人提供特殊形式的津贴与补助，使这些人能更好地专注于自己的学习。在多数情况下，意大利的成人教育是免费的，教育内容主要集中于中低水平能力的培养，其中包括2 500多种实验性课程，共有70 000名成人参与这些课程的学习，其中多数为男性，而18岁以下的学生则占了学生总人数的1/3。提供成人教育的教师有4 000人，他们中的大多数为女性。意大利还有为文盲提供的各种实验性课程，课程的数量和一般成人教育课程数量相当，但由于文盲数量及其需求数量的减少，课程的数量也正逐渐减少。国家在成人教育方面的花费约占整个义务教育花费的2%。意大利的成人教育没有正式教育的地位：由地方政府执行有关成人教育的立法的议案从未被国会通过。应该值得注意的是，意大利的国家电台和电视台（私人电台和电视台则在较小规模上）也提供多种教育节目，这些节目涉及的范围比较广泛，有为文盲提供的教育，也有为医生和教师提供的进修课程。

4. 行政管理的结构与运行

意大利的公共教育部及其各个不同分支部门负责对学前教育、初等教育和中等教育进行行政管理，教育部还对高级中等教育的不同级别，如学术及科学学校、技术学校、职业学校等进行管理。意大利共有100名省级督导，负责监督地方法律和规则的执行，另外全国共有几百名教学视察人员，他们在中央、地方或者省一级对教育教学情况进行视察。技术教育视察人员通过对班级教学与学习情况的观察，对教学活动进行指导和管理。但这种视察活动通常由各个学校的校长完成。他们工作有一定的积极性，但通常担负着繁重的行政职责。高级中等教育学校的教师、家长和学生参与校外活动的组织。教师在教育内容和教学方法上享有一定的自由，这种传统也削弱了高度中央集权的教育制度的特点和作用。由教育部授权开展实验课程和教学的学校则享有更大的自由。意大利有许多学校参与了国家实验计划、卫生教育项目以及由欧盟倡导并部分资助的“学习和工作轮换”项目。

意大利的高等教育由大学及科学技术研究部管理，但主要的责任则在各个独立的高等教育机构和理事会，理事会成员通过选举产生，主要是各个学院的院长以及大学校长。同时，每个大学的秘书长则是由大学及科学技术研究部指派的政府官员担任。

5. 教育财政

意大利公共教育的资金直接来自国家政府（约占74%）、市政府（约占18%）、省（约占4.5%）或者地方(约占3.5%)。国家政府财政中的98%用于教育工作人员工资。技术和职业学校享有行政自主权,有时通过与私人以及公共部门签订协议而获得额外的资金。意大利义务教育是免费的,学生的教科书由各州的市政府全额或部分负担。中等教育阶段,家长只需支付少量的费用。大学费用比较高,但也只是所有高等教育费用中很少的一部分。在中等教育和高等教育中,家庭收入低、经济条件比较困难的学生可以免交学费。大多数大学的运作资金是由各个部提供的,而其他一些部门则将其预算中的一小部分用于文化和教育事业,这些资金约占公共教育和大学部支出的0.5%。

20世纪60年代和70年代意大利在教育方面的公共支出有了很大的增长,但随后在国民生产总值和国家预算中的比例都有所下降:1990年分别是5.9%和8.3%——略低于经济合作与发展组织国家的平均水平。在第三级教育中,消极差异是23%。

6. 师资

意大利学前教育和初等教育的教师传统上由高级中等学校培养,中等教育各年级的教师则由大学培养。几乎所有的中等教育教师都必须通过4年或5年的大学学习以获得终身教职的身份(通过全国范围和地方上的选拔),有时甚至是为了获得在公立学校和"法律上承认的"私立学校的临时职位。但目前由于缺乏技术和科学领域的师范毕业生,大学在校学生也开始承担技术和科学教师的工作。学校校长和视察人员通常在学校现有的教师中选举产生。在20世纪80年代末,学校开始雇佣图书管理员、学生指导和咨询人员、教育技术专家以及负责对智障和残疾学生提供教育的特殊教师等。意大利学前教育学校、初等和初级中等学校中女性教师占绝大多数,但高级中等教育的技术和职业学校及课程班中则男性教师占多数。

意大利学校中的非教学工作人员(秘书、看门人、搬运工等)无须接受有关学校教育的特殊培训。国家和省教育行政人员则由法律或者经济专业的毕业生通过国家聘用的形式担任,但由于专业的缘故,这些行政人员在与教学人员就有关教育问题进行讨论时产生了一些问题。

7. 课程开发与教学方法

意大利的课程主要由教育部发布的法令中规定的教学大纲来确定,但教师可以根据各地情况的不同而进行一定的调整。实验学校获得授权,可以开发新课程,学校、教师团体以及教师个人进行教学方法的设计。教育部的内部通告和地方政府的决策表明的趋势是加强学校内部以及课堂上的合作与规划,并强调跨学科和学科际内容。

8. 考试、升级和证书制度

意大利在学生每完成一个阶段的教育(如初等教育、初级中等教育、高级中等教育)后都会为他们举行一次考试,但不同类型的学校并没有入学考试。在同一个教育层次中,学生能否升入下一个年级继续学习主要由在各个班教学的教师团体决定。20世纪60年代以前,意大利义务教育学校在每年9月举行补考,但这种做法在60年代被废除,学生留级的情况也很鲜见,通常在对学生相当全面、完整的档案记录进行分析后,觉得该学生必须复读时,才会有留级的现象发生。高级中等教育学校的情况则不同了,每个学年结束的时候或者通过9月某些学科的考试而对学生进行"消极"选择。初等教育和初级中等教育的评估通常是由教师团体对学生进行,每个学生都有一张评估表,教师完成后寄给学生家长。在完成每个层次的学习后,学生都会获得一张证书,这使得他们能继续进入下一个层次的任何学校学习。但在某些情况下,学校会通过一些荣誉标准或学生家庭住址分布等条件控制学生的入学人数。意大利初等教育学校和中学每门学科的评分都采用5分制,高级中等教育学校采用10分制,其中6分是学生升级的最低标准。学生在学习生涯中最重要的一张证书是他们在完成中等教育后获得的证书,这张证书以学生的"成熟考试"成绩为基础,成熟考试由校外部门即教育部指派的委员会组织。考试内容包括2篇论文,论文题目由学生从教育部指定的题目中挑选,同时学生还要参加口试,口试的主题为4个,学生可以从中选择2个。这些题目或主题都由教育部指定,而且每年都有所不同。

9. 教育评价、评估和教育研究

义务教育阶段对儿童的评价以"积极评价"为取向,并和儿童的咨询辅导与个别化教学联系起来,逐渐减少消极的评价。意大利也为如何在儿童的认知、社会和情感方面进行积极评价而制定了一定的法律和法规。由于实行了对儿童的积极评价,意大利初等教育中儿童的留级现象已经大大减少而变得十分罕见。在高级中等教育阶段通常使用的评价过程则非常不同:在各个学科的口试和笔试中,教师根据每个学生的表现对这门课程的学习打分,而对每一名学生的评分也作为积累机制中一个分散、独立的因素。在这个阶段通常让学生参加笔头考试(至少每门学科都要有一个笔试成绩),但很少对学生进行客观性命题考试。在技术教育学校和职业教育学校,对学生的评估则更注重实践能力。意大利对高级中等教育的学生在社会和情感等方面的发展及成熟程度不进行评估。对项目和创新计划的评价在意大利不是很普遍。总的来说,意大利在理论和历史研究方面有着良好的传统,但对教育实践的研究发展还是比较缓慢。意大利大学和科学技术研究部指派的特别委员会在 1992 年进行了有关调查,调查报告指出,意大利教育实践研究的数量,在欧洲国家中位于倒数第三位。

10. 20 世纪八九十年代的主要改革

1980 年至 1992 年间学校的创新改革以及有关尝试,大多数是采取实验的形式进行的,实验包括由教育部新开发的教学大纲以及由各个学校在教育部指导下或者自己提出的新结构。例如,对学生进行的有关特殊成熟考试的语言 lycea,在改革前只在私立学校或者实验学校中进行,但改革后,已在众多国家公立学校中试验开展。意大利在这个阶段最重要、最具有创新性的教育改革,除了上文提到的义务教育中的改革外,是在技术教育和职业教育领域内的国家计划,建立在"有援助的实验"基础上的国家计划。针对技术教育和职业教育的国家计划都旨在重构并简化教育结构及革新课程。职业教育领域的国家计划于 1992 年结束,并使职业教育的结构发生了总体的变化:不但专业被减少到 20 个左右,而且教育头两年的课程在文化方面也更加丰富了,使课程在一定程度上具有同质性,第三年的教育集中在范围比较狭窄的专业知识和技能的学习上,使学生能够或者走上工作岗位,或者通过由同一政府学校提供的地方课程而继续深造,或者进入技术学校学习,或者为残疾专业成熟考试而继续学习。

意大利也发展了中等教育学校的儿童实验计划,或者将一些课程(如计算机科学、外语等)整合到整体课程之中,或者把这个计划作为重构/充实计划的第一步。

总的来说,意大利在这个阶段有 50% 的学校参与了某种类型的教育实验,旨在提升或推广整个教育系统的质量和影响。然而由于国会把注意力集中在将义务教育的年限提高到 16 岁,意大利高级中等教育的改革进行缓慢。

11. 2000 年面临的主要问题

意大利 20 世纪末要解决的主要教育问题是高级中等教育和高等教育中的高辍学率。由于意大利没有达到经济合作与发展组织成员国在中等及高级专业人员供应方面的要求,这个问题将变得越来越严重。而有人预计 2003 年意大利中等教育和高等教育录取的学生数将有所下降,估计将是 1990 年人数的 28%,这无疑使上述问题雪上加霜。这个数据在预算过程中综合考虑了人口出生率的下降和学生转学及重读率的"自然"增长。在控制学生的重读率的同时又要保持水准是一件比较困难的事。在不同阶段的学校之间建立良好的"持续性"对于意大利的教育来说至关重要,而且要将重点放在高级中等教育第一年和第三级教育之间的联系上。针对高级中等教育学校中的"扩散"问题,有几个项目研究正在进行,但要想扩大其影响并取得一定效果,还必须在意大利不同地区、文化及社会环境下开展。

在第三级教育中,必要的一项措施是不仅在大学部的计划和鼓励下开设大学"短期课程",还要在高级中等教育学校与大学之间开展合作项目。同时,意大利也急需对高级中等教育及其最后资格及证书的授予体制(通过成熟考试)进行结构改革。

需要关注的其他重要问题还有:提高大学的教学和行政管理的自主权,并逐步扩展各级学校的自主权。与学校自主权相联系的一个问题是建立国家教育评价服务,许多教育专家和教师也非常关注这个问题,并大力呼吁。然而要实现这些目标,意大利必须系统地进行教育实践研究和实验,从而能达到其他国家相关领域的水平。

A. 维萨伯希(A. Visalberghi) 著
缪 胤 译

附录

Martinellini A 1992 Italy. In: Clark B R, Neave G R (eds.) 1992 *The Encyclopedia of Higher Education*, Vol. 1. Pergamon Press, Oxford

其他参考文献

Ambrosoli L 1988 *La scuola alla Costituente.* Paideia Editrice, Brescia

Battistoni L, Ruberto A 1989 *Percorsi giovanili di studio e di lavoro.* Franco Angeli, Milan

Borna E, Genovesi G (eds.) 1988 *L'istruzione secondaria in Italia da Casati ai giorni nostri.* Cacucci, Bari

CENSIS (Centro studi investimenti sociali) 1991 *Sulla situazione sociale del paese (25th report).* Franco Angeli, Milan

CERI (Center for Educational Research and Innovation) 1992 *Education at a Glance.* OECD, Paris

Gattullo M, Visalberghi A (eds.) 1986 *La scuola italiana dal 1945 al 1983.* La Nuova Italia Editrice, Florence

ISFOL (Instituto per lo sviluppo della formazione professionale dei lavoratori) 1991 *Rapporto 1991.* ISFOL, Rome

ISTAT (Instituto italiano di statistica) 1991 *Le regioni in cifre.* ISTAT, Rome

ISTAT 1992 *Bollettino Istruzione 4.* ISTAT, Rome

Malizia G 1992 *La prolongación de la enseñanza obligatoria en Italia: CESE (Comparative Education Society in Europe) Reformas e innovaciones educativas en el umbral del siglo XXI: una perspectiva comparada.* UNED, Madrid

Ministero della pubblica istruzione 1990 *Nuovi modelli nella formazione post-secondaria.* Le Monnier, Florence

Ministero dell'università e della ricerca scientifica e tecnologica 1992 *Formazione e ricerca nell'area della pedagogia e delle scienze dell'educazione.* Istituto Poligrafico dello stato, Rome

Moscati R (ed.) 1989 *La sociologia dell'educazione in Italia.* Zanichelli, Bologna

Trivellato U, Zuliani A 1979 *The Determinants of Student Achievement in Italy.* Almqvist and Wiksell, Stockholm

Vertecchi B (ed.) 1991 *Una scuola per tutta la vita.* La Nuova Italia, Florence

Visalberghi A 1981 Aspetti generali del sistema scolastico italiano: sua storia e sua organizzazione. *Scuola e cittá* 10: 417—429

拉脱维亚的教育制度(Latvia: System of Education)

1. 基本背景

拉脱维亚是一个小国,且相对而言是一个历史较短的国家,领土总面积为 64 000 平方公里,与爱沙尼亚、立陶宛和独联体国家(苏联)相接壤。拉脱维亚成立于 1918 年,1940 年成为苏联的一个加盟共和国。1990 年 5 月 4 日,随着苏联的解体,拉脱维亚国会通过了拉脱维亚共和国独立宣言。1991 年 9 月 17 日,拉脱维亚成为联合国成员国。

根据 1990 年的人口统计,拉脱维亚总人口为 270 万,其中 70% 的人口居住在城市,30% 的人口居住在农村地区,并多数居住在村庄和小镇中。拉脱维亚有 34% 的人口居住在首都里加,但该国许多农村地区则人口稀少。拉脱维亚政府进行了一系列经济改革,其中最重要的一项是土地改革,鼓励人们去当农民,从而改变农村地区的社会基本结构。土地改革过程最重要的一个步骤是开设小型农村学校(其中一些招收的学生还不到 10 人)。拉脱维亚城市学校面临的一个主要问题是场地不够,以致一些学校必须通过上下午轮班来满足人们的教育需求(20% 的城市学校学生在下午到学校上课)。在20世纪90年代初,拉脱维亚幼儿园和日托中心的儿童入园人数也有所变化,许多家长在孩子进入小学学习之前,情愿自己在家抚养、教育孩子。

在第一次世界大战以前,拉脱维亚的人口为255万,1920年战争结束后人口下降至160万。第二次世界大战前,拉脱维亚的居民人数上升到200万,到1950年则又下降到110万。在接下来的40年间,拉脱维亚人口增长了一倍,主要是由于俄罗斯、白俄罗斯以及乌克兰等国的移民人数的增加,这使得共和国人口得到了平衡,但对拉脱维亚人来说则是不利的。1940年前,拉脱维亚人口中70%是拉脱维亚人,30%是其他民族人口,1990年共和国的人口包括52%的拉脱维亚人,34%的俄罗斯人,2.3%的波兰人,4.5%的白俄罗斯人,3.4%的乌克兰人和3.8%来自其他一些民族的人口。

在第二次世界大战以前,拉脱维亚有许多使用不同民族语言教学的民族学校,但在苏联时期,学校中只有两种教学语言——拉脱维亚语和俄语。同时学校中也有强烈的"俄罗斯化"运动。20世纪90年代初,一些国家民族学校(波兰、爱沙尼亚、立陶宛、乌克兰)重新开始招收学生。拉脱维亚还为犹太人开设学校,这些学校的教师部分来自以色列。同时,拉脱维亚还计划在小学中采用民族语言进行教学,同时教学时将重点放在学生对拉脱维亚语的学习上,因为该语言是国家的官方语言。在一段时间内,拉脱维亚一些领域的教育(如飞机工程学、海运等)并不用拉脱维亚语教学,但现在已经把拉脱维亚语作为教学语言。此外,国家还为那些俄语社区的人们提供特殊的拉脱维亚语教学项目。

在第二次世界大战以前,拉脱维亚主要是一个农业国家。20世纪90年代初,拉脱维亚30%的劳动力从事农业工作,40%从事工业领域的工作,30%则在服务行业工作(教育、健康、文化等)。然而由于向市场经济的过渡,这种情况将可能发生改变。向市场经济的过渡可能将导致失业率的上升,教育也将为人们提供新的领域如计算机操作以及管理方面的继续教育项目。尽管1990年拉脱维亚就业人员平均接受过12年的正规教育,其中60%的人员还接受过一些继续教育。同时由于以农业为主要产业的国家对实际知识的要求偏低,上述数据还是比较令人满意的。然而,随着国内形式的发展,必须对国民的综合素质提出新的要求。

20世纪90年代早期拉脱维亚面临着严重的经济危机:生产水平在降低,失业状况也每况愈下。拉脱维亚政府致力于引进自由市场经济体制,企业私有化,并创办拉脱维亚自己的货币体制。拉脱维亚的自然资源并不是十分丰富,但却具备有利的地理条件,是连接东方和西方的桥梁。拉脱维亚这种特殊的地理位置也要求拉脱维亚拥有能在新的经济条件下工作的、接受过高水平教育的国民。

2. 教育政策与目标

拉脱维亚仍然是一个中央集权的国家,联邦政府仍在国家事务中发挥着重要作用。1988年,拉脱维亚大众阵线提倡教育的人性化和民主化,而反对教育及学术领域的意识形态化。

到1991年,新的政党在不断形成,而且政治的多元化也在快速发展。在20世纪90年代早期,很少有政党关心国内的教育问题,不同政党在教育领域开展的项目和计划非常相似,而且也比较模糊,但都强调高度的学术标准和及时更新课程。拉脱维亚国内对大学以及其他高等教育机构或学校收费与否还存在争论。拉脱维亚教育体系的目标是在义务教育阶段为国民提供普通教育,使人得到全面发展,在高级中等教育及高等教育阶段则旨在提供高标准的学术教育和全面的职业培训。

3. 正规教育体系

图1是拉脱维亚正规教育体系的基本结构。表1是教育主要部门招收的学生以及教育资源的基本统计数据。

3.1 *初等、中等和第三级教育*

拉脱维亚对6~15岁儿童提供的教育是免费的。儿童在6岁开始书写的时候进入学校学习,但正在进行的改革要将儿童入学的年龄从6岁提升到7岁。在这种情况下,我们可以从图1中看出,100%年龄组的学生人数包含了6岁的儿童。拉脱维亚6岁以下的儿童中有一部分进入幼儿园学习,在幼儿园中儿童通过有组织的游戏进行学习。拉

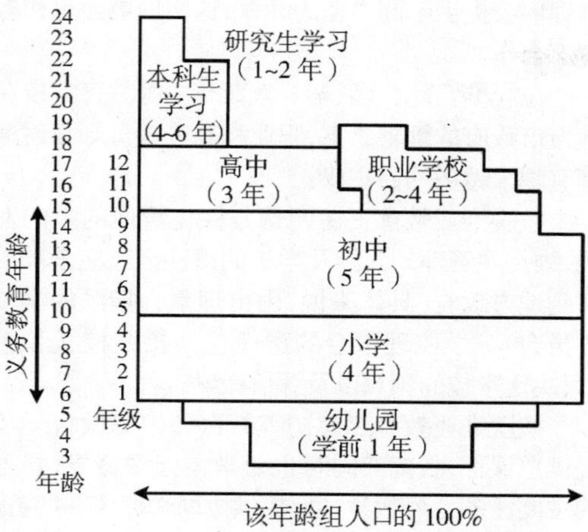

图1 拉脱维亚:正规教育体系的结构[a]

a 学前、职业教育和高等教育的数据包括部分时间制学生

脱维亚幼儿园由地方政府资助,家长只需要支付幼儿园费用的1/4。

拉脱维亚初等教育学制4年,儿童在公共教育学校中学习。这些学校是由政府资助的。拉脱维亚第一所私立学校于1991年创办。公立学校在1、2年级一天有4节课,在3、4年级则一天有5节课。初等教育学校一个学年共有180天。

初等教育之后是初级中等教育,学制5年。在这个阶段,教授的科目有所增加,有更多的教师从事不同学科的教学(在初等教育学校,一位班级教师几乎可以教初等教育的所有科目)。拉脱维亚初级中等教育学校的每个班级都有班主任老师。初级中等教育学校一天有6节课,一个学年也为180天。1992年拉脱维亚还没有私立的初级中等教育学校,所有现存的学校都是男女合校。在这一阶段几乎没有学生辍学。

完成义务教育的学生中约有一半的学生在高级中等教育学校中继续他们的学习,而高级中等教育主要是为学生进入大学学习而作准备。其余一半的学生则进入职业学校学习。拉脱维亚选择学术性课程的女生比较多,而进入职业教育学校学习的则男生比较多。高级中等教育学校平均一天有7节课,一个学年大约有200天。然而拉脱维亚的

表1 拉脱维亚1991年正规教育的招生和资源情况

	初等以及初级中等教育	高级中等教育	职业教育	高等教育
学生人数[a]	309 990	28 220	67 409	45 953
招收的年龄群体[b]				
15~16岁	10	41	45	—[c]
17~18岁	—[c]	20	51	9
20~24岁	—[c]	—[c]	8	19
学校及机构数量	979	377	153	10
每所学校的平均学生人数	317	75	440	4 177
生师比例[d]	10. 2:1	8. 1:1	7. 1:1	8. 0:1
每个学生的教育花费[e](卢布)	957	1 220	2 660	4 116

a 学生人数包括特殊学校招收的人数。职业学校招收的人数是1990年的数据,10%的录取学生是半工半读的。高等教育中约有50%的学生是半工半读的

b 所有的数据参考1989年的数据所得

c 约等于零

d 数据不包括特殊学校。高等教育的数据来自对招生的层次和种类以及教职员工的权重上估计而得

e 数据参考1991财政年的数据

高级中等教育系统和义务的初级中等教育紧密联系,这两个层次的教育拥有同样数量的教学人员。

如果学生完成了义务教育阶段的课程,那么他就可以进入职业学校学习(约有35%的初级中等教育学校毕业生进入职业学校学习)。拉脱维亚还有技术学校(2~4年)、医药学校(4年)、农业学校(4年)、教师培训学校(4年)和艺术学校(4年),这些学校都强调职业培训。拉脱维亚也正对这些领域的教育进行改革。

拉脱维亚共有 10 所高等教育机构：拉脱维亚大学、里加技术大学、拉脱维亚医学院、拉脱维亚音乐学院、农业学院、艺术学院、文化学院、体育学院以及位于陶格夫皮尔斯（Daugavpils）和利耶帕亚（Liepaja）的教师培训学院。1990 年拉脱维亚大学录取的学生总人数不超过 10 000 人，但这个数据比 1989 年增长了 25%。高级中等教育学校的毕业生中约有 49% 的学生进入大学学习。拉脱维亚大学根据学生在学校中的学术成绩和大学录取考试成绩录取学生。约有一半的学生选择半工半读或者函授的方式学习。同样的，拉脱维亚也要对高等教育进行改革。

3.2 特殊教育

拉脱维亚的特殊教育以身体、智力与情感方面存在障碍和问题的儿童为对象。1990 年拉脱维亚有 54 所特殊教育学校，共招收 6 805 名学生，占总学校人数的 2%。特殊教育学校每名教师负责 4～5名儿童。拉脱维亚特殊教育的主要目标是尽可能将残疾儿童整合到普通学校的教育中。

3.3 职业、技术和商业教育

拉脱维亚这些类型的学校中的大多数正根据国内经济形式的转变而改革它们的课程。高等教育学校提供的职业、技术和商业教育则将课程与商业、经济及计算机领域等结合起来，从而使毕业生在新的就业市场上增强竞争力。在拉脱维亚，各种培训课程也大受欢迎。

3.4 成人和非正规教育

拉脱维亚的正规教育中也有相当数量的成人学生，但拉脱维亚对全日制学生有一个年龄的限制（35 岁），但对半工半读以及函授学生则没有年龄的限制。拉脱维亚约有一半的半工半读以及函授学生的年龄大于 25 岁。

拉脱维亚的非正规教育由一些不同的组织提供。非正规教育的目标是增加学生个人的知识和经验，其中一些课程由政府支持并提供资金。

4. 行政管理的结构与运行

教育部负责整体教育政策的制定、研究以及体育活动的开展。农业部监管农业专业教育，文化部管理艺术和音乐学校。拉脱维亚还有其他一些国家理事会提供不同类型的教育，这些理事会也和教育部合作。

拉脱维亚幼儿园、初等教育和中等教育学校在地方市政府的管辖之下，职业和高等教育则正逐渐享有越来越多的自主权。

拉脱维亚教育正在朝着分权化管理的方向发展，维持并管理幼儿园及学校的责任已经完全被转移到地方政府（具体来说，由市理事会指派的学校委员会）。学校理事会的责任包括指派校长和教师，决定学校的预算以及评价教学过程。

拉脱维亚教育部为初等教育和中等教育学校提供总课程，教育部同时也为学校指派督导，督导的主要任务是为教学过程提供协助和建议，并监管整体教育标准。拉脱维亚的私立教育通常不受政府控制。职业教育的管理非常中心化，多数职业学校由教育部直接管理。

拉脱维亚高等教育机构有开设课程以及制定学术标准的自主权，而教育部则决定高等教育机构可以提供的学位以及为高等教育机构提供预算。拉脱维亚整个教育系统是建立在 1991 年的教育行动法案基础上的。

5. 教育财政

在拉脱维亚，与其他公共事业相比，教育受到政府的关注是最大的。1990 年国家用于教育的费用是 56 700 万卢布（是国民生产总值的 6.9%）。拉脱维亚 20 世纪 80 年代中期在教育上的费用是国民生产总值的 6.1%，但这些数据无法与 1990 年数据进行比较，因为 1990 年是拉脱维亚自第二次世界大战以来第一次作独立政府预算。还有一点要注意的是，1990 年拉脱维亚的国民生产总值比 1989 年的还要低 3%，但政府在教育方面的支出仅次于对农业的补助，约占整个国家预算的 19%。

拉脱维亚的各级教育都是由政府进行财政支持和管理的，可以分为以下部分：预算中的 45% 拨给各级学校，25% 拨给职业教育，15% 拨给高等教育，15% 拨给幼儿园。按照法律规定，学校和幼儿园由地方机构提供资金，高等教育和职业教育由联邦机构提供资金。职业学校学生和大学生能够获得相当于拉脱维亚最低收入水平 50% ～60% 的补助(国家奖学金)。拉脱维亚各级公立学校无须交纳学费。私立学校的情况则有所不同,尽管拉脱维亚私立学校的数量很少,而且20世纪90年代还是由政府提供部分补助。

拉脱维亚所有的高等教育都是由政府进行财政管理的,国会来决定高等教育的费用,并作为年度预算的一部分。高等教育费用中约有5%为独立资源(协议、研究工作等)。从拉脱维亚目前的经济状况来看,需要私人机构对教育进行投资,因此国家鼓励各个企业进行捐款以促进教育的发展。

6. 师资

1991年拉脱维亚学校教师人数为31 561人,其中1 628人在特殊学校工作,而一些教师则同时在初级中等学校和高级中等学校中任职。1991年,拉脱维亚85%的教学人员是女性,60%的学校行政人员为男性。

拉脱维亚并没有教师短缺现象,但总的来说缺乏好的外语、音乐和体育教师。乡村地区则存在请不到教师的问题。拉脱维亚还存在提高教师素质的问题,因为只有80%的教师接受过特殊培训。1990年拉脱维亚城市教师的平均年龄为35岁,乡村地区则为40岁,此外还有许多教师在退休后(女教师退休年龄为55岁,男教师退休年龄为60岁)仍然从事教学工作。教师这个职业在拉脱维亚地位不是很高,而且教师的工资也比较低。1991年教育部开展了一种新的评价教师级别的制度,从而使能力较高的教师的工资有可能得到提升。根据这个制度,拉脱维亚的教师被分为以下几类:教师、高级教师、教师方法学者、高级技能教师。

拉脱维亚的教师由拉脱维亚大学、位于陶格夫皮尔斯和利耶帕亚的教师培训学院以及里加的3所教师培训学校培养。体育教师则由拉脱维亚体育学院培养。这些机构根据学生入学考试成绩和他们在高级中等学校学习的学术成就来录取师范生。师范生要进行为期4~5年的学习,包括理论知识学习和在学校中的教学实习。拉脱维亚新任教师没有实习期。

提高教师培训的质量是拉脱维亚教育发展的当务之急,一项特殊的教师培训法案决定了不同类型的教师(幼儿园教师、初等教育学校教师、初级中等教育学校以及高级中等教育学校教师等)的学术要求。拉脱维亚的教育改革也开始关注教师的在职培训问题,拉脱维亚大学、教师培训学院以及教育发展研究会等开始提供一些在职培训课程,时间从几天到几个月不等。

7. 课程开发与教学方法

根据1991年的教育法案,学校教学必须根据由教育部提供的课程指南进行。课程指南包括义务教育的基本原则大纲和目标、各种学科内容的基本框架、教学时间的分配等。指南的原则是使儿童认识到自己以后在社区生活中所要扮演的角色和承担的责任。指南还强调学校和社区之间的联系与互动。在这些指南的基础上,学校可以提供自己开发的教学项目。学校负责制订课程计划以及决定教学大纲的内容。然而值得注意的是,少数民族的儿童必须和拉脱维亚儿童一样获得平等的教育机会。拉脱维亚高级中等教育学校的学生可以根据他们的兴趣选择几门学科学习,但义务教育阶段所有的学生都必须学习一些课程,包括:母语、数学、一门外语、历史和体育。拉脱维亚语也是少数民族学校的必修课。

20世纪90年代早期,外语教学在拉脱维亚得到了前所未有的重视。学生可以学习好几门外语。拉脱维亚学生在3年级的时候开始学第一门外语,5年级开始学习第二门外语,并在高级中等教育学校中开始学习第三门外语。可以供儿童选择的语言包括英语、法语、德语和俄语。一些学校还开设芬兰语、瑞典语和其他语言。1991年,学习人数最多的语言要数俄语,这主要是由于拉脱维亚50年作为苏联的加盟共和国的历史的结果。然而拉脱维亚最受欢迎的外语是英语和德语。

拉脱维亚的教学材料由教育部的课程部门和学术专家、教师以及教学机构联合开发。为了确保课程的实施,教育部设置了一系列的考试来检验课程实施的情况。

总的来说,拉脱维亚新的教育体制的目的是培养年轻人为在新的社会和经济条件下生活而作准备,同时也开始更加关注环境教育。

8. 考试、升级和证书制度

拉脱维亚的义务教育是综合性质的,在9年级以前,一个班级内的学生尽可能保持在同一水平,这对于儿童的社会化和教育发展都是至关重要的。学校中每个班级都有一名被指派的班主任。拉脱维亚学校教育采取的基本方法是强调混合能力小组中学生的个别差异,学校必须根据学生的能力提供适宜的教学。学校中学生留级的现象非常少见(只有在留级对学生来说有益的情况下才会考虑让学生留在该年级再读一年)。义务教育结束时学生必须参加两次考试:用母语写一篇论文和一次数学考试。如果学生想继续进入高级中等教育学校学习,他们必须在上述两次考试中取得令人满意的成绩。

学生在完成高级中等教育学校的学习后将获得一张证书。要完成高级中等教育学校的学习,学生必须通过5项考试:用母语写一篇论文,其他4项考试则由学生自己选择。在少数民族学校,学生必须参加用母语进行的考试。除了用母语写一篇论文外,拉脱维亚的学生也必须参加外语考试。

9. 教育评价、评估和教育研究

课程指南为拉脱维亚各个级别的学校介绍了各种教育教学的评估方式,评估的重点是促进学生在学习中的进步和发展。学校应该在一个学年中至少两次将学生的成绩报告给家长。拉脱维亚初等教育学校中的头3个年级没有正式的评估。

拉脱维亚对全国的教育质量进行了一次调查研究,结果在1992年公布。拉脱维亚也参与了一些由国际教育成就评价协会(IEA)组织的国际研究。这些研究的主要目的是给为提高总体教育质量而进行的教育决策提供事实依据。

10. 20世纪八九十年代的主要改革

拉脱维亚20世纪80年代进行的教育改革与苏联亦步亦趋,改革的主要内容是行政结构和初等教育学校的改革。然而,自从拉脱维亚独立以来,形势发生了很大的变化,对教育也要进行大力改革。旧有的教育财政制度、课程开发和教师培训等都要进行改革。这些改革的目的是使拉脱维亚的教育(并最终导致经济)在国际上具有一定的竞争力。

11. 2000年面临的主要问题

拉脱维亚教育面临的主要问题仍然是财政问题。经济与社会发展对教育势必会提出更高的要求。拉脱维亚教育的一个主要目标就是将少数民族群体(尤其是俄罗斯民族)整合到拉脱维亚共同体中。

A. 皮巴尔格斯(A. Piebalgs) 著
缪 胤 译

附录

Builis A 1975 *Vidējās izglītības problēmas.* Zvaigzne, Rīga

Builis A, Gailīte G 1984 *Tautas izglītības perspektīvas Latvijas* PSR. Latvijas PSR Zinību biedrība, Rīga

Builis A 1985 *Mūsdienu skola.* Zvaigzne, Rīga

Drīzule M 1967 *Latvijas skolu vēsture.* LVU, Rīga

Inkis R 1966 *Tautas izglītība Latvijā agrāk un tagad*, Dokumentu krājums (edited volume of documents). Liesma, Rīga

Latvian Bureau of Statistics 1990 *Year Book, Latvia 1990.* LBS, Riga

Latvian Ministry of Education 1991 *Brief Survey of School Statistics.* LME, Riga

Staris A (ed.) 1987 *Tautas izglītība un pedago giskā doma Latvijā līdz 1900*, Rakstu krājums (edited volume of articles). Zinātne, Rīga

立陶宛的教育制度(Lithuania: System of Education)

1. 基本背景

1990年3月11日,立陶宛宣布独立。1940年至1990年立陶宛是苏联的一个加盟共和国。独立之后,立陶宛重新建立了政府机构,并且根据立陶宛的教育传统建立了新的教育制度。新的教育制

度的目标是重新融入欧洲教育体系。

立陶宛共和国位于波罗的海东岸。其领土面积为65 200平方公里,人口密度为58人/平方公里(1989)。1990年时,共有3 723 000人,其中57%为劳动力人口。在全体劳动人口中,30.2%从事工业,17.8%从事农业,11.9%从事建筑业,9.8%从事教育、文化和艺术。69%的人口居住在城镇。人口自然年增长率为4.8%。立陶宛人口最多的城市是其首都维尔纽斯(592 000人),其次是考纳斯(Kaunas)(430 000人)和克莱佩达(Klaipéda)(206 000人)。

立陶宛的民族构成为:立陶宛人,79.6%;俄罗斯人,9.4%;波兰人,7.0%;白俄罗斯人,1.7%;乌克兰人,1.2%;拉脱维亚人,0.1%;德国人,0.1%;其他,0.9%。0.3%的人口信仰犹太教。

第二次世界大战使立陶宛的人口骤减,其民族结构也发生了根本性的改变。从1940年到1953年,立陶宛失去了大约100万人口:30万人口被驱逐,21万人口被纳粹杀害,其中135 000人是犹太人。在第二次世界大战以前,犹太人曾占立陶宛总人口的7%。

立陶宛语属于波罗的海语系,波罗的海语系是印欧语系的一个分支。

立陶宛正规教育制度的发展开始于14世纪,完成于16世纪。1579年,建立了维尔纽斯大学。在此之前,年轻人在宅邸内的家庭学校中学习,还有的人则到西方的大学学习。学校的结构与所教授的科目都和欧洲教育体系一样。在学校高年级所使用的教学语言是拉丁文。在18世纪末,立陶宛—波兰联合结束之前,曾进行了一场教育改革,要求将教学语言从拉丁文改为一种正在使用中的语言。但是,在高年级采用了波兰语教学,总体上,立陶宛语被认为是平民的语言。

在19世纪,俄国占领立陶宛期间,发生了几次反对沙皇政府的暴动。在1830~1831年暴动之后,俄语开始成为学校里的教学语言。1863年暴动之后,学校里完全没有了立陶宛语和立陶宛文化的空间。使用立陶宛语的教师和学生会受到惩罚。这就是为什么当时在立陶宛创建了许多秘密的立陶宛语小学的原因。直到1905年俄国革命后情况才变得好一些。

1918年,立陶宛重新获得独立,成为一个民主共和国。但是,它太过于农业化,在第一次世界大战中遭到毁坏。

在俄国的统治时期,立陶宛总人口的30%都是文盲。新生的独立政府的主要任务就是重建教育事业。到1938年,立陶宛国家预算的大约15%被用于教育事业。通过组织和扩充班级等措施,成人教育得到了扩展(1928年有450个成人课程)。因此,到1940年,仅有2%的人口属于文盲。

在20世纪90年代进行的教育改革中,必须注重立陶宛的民族和民主结构,注重经济发展的需要和巩固民族与国家的政治目标。

1991年,全国有995 000名工人,其中228 000人从事农业,453 000人从事服务业。劳动力的73%从事工业部门的工作,27%从事非工业部门的工作。在每1 000名工人中有145人接受过大学教育,734人拥有高中学历。

立陶宛经济的两个主要部门是工业和农业。主要的工业领域包括电力工程和燃料工业、机器建造和金属制造、化学和石油化学工业、林业、造纸和纸浆业、灯具制造业以及食品工业。农业中私有业主的数目正在持续上升。服务业的领域也在逐渐扩展。在专业教育领域的改革过程中,一个目标就是要创建更多的专业,以促进上述领域的发展。

立陶宛是一个议会制的共和国。政府的最高机构是西玛斯(制定法律)和立陶宛共和国政府(履行行政部门的功能)。这些机构的主要目标是根据财产私有制和普遍认可的公民个人权利与自由的原则创建一个富有的民主制国家。这些就是立陶宛即将进行的改革的主要基础。

2. 教育政策与目标

在《立陶宛共和国1991年教育法》中阐明了立陶宛教育改革的主要目标。该法认为:教育是国家优先发展的部分,是立陶宛共和国发展的后盾。教育应该为民族的文化、社会和经济的发展做出贡献,教育还应该加强人民的团结、宽容和合作精神。立陶宛的教育体系的主要任务是提高个人的精神和体质,为道德和健康的生活方式奠定坚实的基础，为激发个人的智力发展创造条件。教育的其他任务还包括根据当代科学和文化的水平，为年轻的一代获取常规和专业化的知识提供机会；增强公民意识，了解个人对家庭、民族、社会和整个立陶宛共和国的权利和义务，参与共和国的文化、公众、经济和政治生活。在改革的过程中，发展教育结构的多元化和刺激私人在教育范围内的积极性被认为是必需的。

3. 正规教育体系

3.1 *初等教育、中等教育和第三级教育*

图1显示了学校系统的结构。教育被分为初等（1～4）、初级中等（5～9）、高级中等和职业教育（10～12）。

不过，学校主要有三种类型：初级小学（1年级到4年级），小学或者是9年制学校（1年级到9年级），中学（1年级到12年级）。1990年总共有2 042所学校：其中778所初级小学，590所9年制学校和674所中学；461所（22.5%）分布在城市，1 581所（77.5%）在农村。自1980年以来，由于向城镇的移民增加和出生率的降低，农村人口一直在下降。非城市学校的数量以及全国学校的总体数量都呈下降趋势。在农村，1970年有3 778所（86%）学校，1980年有2 205所（81.8%），1985年有2 103所（79%）。第二次世界大战以前（1939），立陶宛有2 319所小学和116所普通中学。普通中学总共有四种类型：以拉丁文为主要教学语言的人文科中学，以外国语为主要教学语言的人文科中学，以数学和自然科学为主要科目的“真正的”中学，以及商科中学。大约有37所（32%）普通中学是私立的。

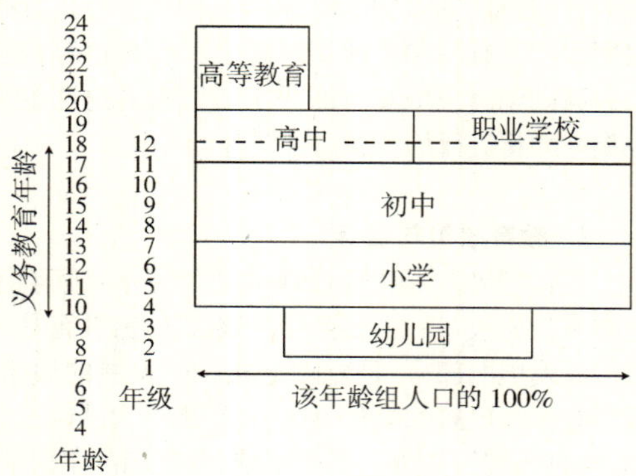

图1　立陶宛：正规教育体系的结构

1990年，总共有525 000名学生在公立学校学习，其中初级小学有14 800名，9年制学校有48 800名，中学有43 800名。另外，11 400名学生在为精神和身体残障的儿童开办的特殊学校里学习，有12 100名学生在夜校学习普通教育的课程。

儿童小学入学年龄为6～7岁。义务教育一直持续到16岁。根据法律的规定，14岁的学生可以离开中学，升入职业学校。因为义务教育一直持续到16岁，所以不存在辍学的问题。

至于种族方面，立陶宛的学校反映了共和国的构成。在1990年，立陶宛学校里的学生中，有82.6%的学生在立陶宛语学校学习，15.1%在俄语学校学习，还有2.3%在波兰语学校学习。自从1989年以来，俄语学校的数量一直在减少，但是波兰语的学校数量却在增加。这些变化主要和这两个因素相关：俄国人开始离开俄语学校，一些离开俄语学校的学生现在到波兰语的学校学习。

中学数量不能满足需求。1990年时，293所（14.3%）学校都实行两班制工作制度，而这些学校大多数是位于城市。这样的学校的数量从1985年的222所增加到了1989年的281所。完成义务教育后继续中等教育的学生人数处于变化之中。在1990年，大约50%的学生升入高中，而另一半则进入了职业学校。

中等教育系统需要相当的人才储备。1990年，在中学当白班的40 300名教师中，85%的人已经完成了高等教育，并且超过80%的教师都是女性。生师比是13∶1。但一个严峻的问题是，相当数量有资格的老师并没有学以致用。大约38%的教师所教的课程不是他们在大学里所学习的专业。

立陶宛的中学的学年是从9月1日开始的。教学时间因年级不同而各异：1～4年级为175天，5～8年级为195天，9年级为180天，10～11年级为195天，12年级为175天。在9年级和12年级结束时进行期末考试。1990～1991 年学生每周的课时数:1～4 年级为 87,5～9 年级为 149,10～12 年级为 93。

中等教育体系的改革是众望所归。改革后,除了一个基础课程外,还增加了一个高级课程,并提供许多的课程选择。此次改革的目的是鼓励学生们在中学里的学习时间尽可能延长,并鼓励他们推迟选择职业教育的时间。政府也将建立贸易和制造业学校。在这些学校里,学生能够根据自己的能力继续学业,同时,还能为他们的职业做好准备。

课程也将有所改变。将有更多关注道德教育、美学与生态意识、种族文化、健康生活方式的基础和现代语言的课程。也可以将信仰指导作为一门选修课程。那些没有选择信仰的人可以选择其他的与道德和公民教育有关的课程。

在立陶宛有 15 所大学院校,在这些学校里有在校生67 300名,教师5 000～6 000名。其中最著名的学校有:维尔纽斯大学(15 200名学生)、考纳斯科技大学(13 700 名学生)、维尔纽斯技术大学(6 300名学生)。1989 年,维陶塔斯大学得以重建;1991 年,克莱佩达大学也对外开放了。其他学校还有:维尔纽斯教育大学、施奥里埃教育学院、立陶宛音乐研究院、维尔纽斯艺术研究院、立陶宛农业研究院、立陶宛兽医科学研究院、立陶宛体育文化学院、立陶宛政治科学研究院、考纳斯神学院以及考纳斯医学研究院。

1991 年,男女学生的人数几乎相等。有一些院系的教学语言是俄语或波兰语。在完成两个阶段的研究之后,将被授予学士和硕士学位。在完成毕业研究和成功通过科研论文答辩之后,将被授予博士学位或者大学教师资格证书。

3.2 学前教育

在 1940 年总共有 197 所幼儿园。在苏联时期(1940～1990),学前教育是集中而统一的。孩子们是按照传统教授知识的方式学习。

1992 年学前系统包括:托儿所(适合 1.5～3 岁的孩子)、幼儿园(适合 3～6 岁的孩子)、托儿所/幼儿园和学前小组的结合(适合 5～6 岁的孩子)、幼儿园和学校的结合(适合 3～10 岁的孩子)。几乎所有的学前机构都是由政府管理的。私立幼儿园非常少见。在 1991 年共有 5 个托儿所、351 个幼儿园、4 个幼儿园/学校、1 314个托儿所/幼儿园。

到 1990 年底为止,3 岁以前进入学前教育系统的学童占该年龄段的 24.5%,而 3～6 岁的则为 58.6%。在城市里这个比例比在农村里要高一些。自从 1985 年以来进入幼儿园的儿童年龄段比例一直呈下降趋势,特别是在农村地区。

1991 年,各个种族团体都期望为孩子们创造最好的学习环境。发展这个领域的一个方法就是鼓励单语种幼儿园的建立。在苏联时期,这种条件只是为俄罗斯孩子创造的,而那些波兰或者犹太人或者其他民族的孩子几乎没有任何机会学习他们的母语或本族文化。在 1991 年,共有 115 所俄语学前教育的学校(15 000个孩子),19 所波兰语的学校(450 个孩子),1 所犹太语的学校(23 个孩子)。

到 1991 年末,有18 400名教师在学前教育系统工作。其中只有9 860名教师(53.5%)有学前教育背景。新的以埃里克逊(Erikson)和皮亚杰(Piaget)的人道主义心理学为基础的学前教育课程计划已经启动了。幼儿园课程按照蒙台梭利(Montessori)和斯泰纳(Steiner)模式来准备。

3.3 特殊教育

在苏联时期,精神严重受损的儿童被认为是不可教的,并且多数情况下,他们被领回家当作残疾人看待。那些精神受损很轻微或者那些仅仅在视觉、听觉、语言或外形等方面残疾的孩子被给予更多的关注。在立陶宛重新获得独立后,有特殊需求的孩子们的教育以及他们如何适应和融入社会等问题获得了更多的关注。

1990 年,共有 101 所残障儿童的学前教育的学校:5 所针对聋哑儿童、64 所针对有语言障碍的儿童、7 所针对有轻微精神残障的儿童。另外有 3 所住宿学校专门服务于中等程度和较严重的精神及肢体受损的孩子们。在 1990 年,大约有4 500名学生在特殊学校接受教育。

1990 年,有 56 所为肢体和精神残障的学生提供普通教育的学校,并且有11 400名儿童在此接受教育。另外,还为这些学生提供 33 门特殊课程。

总计有8 933名智力发展缓慢的孩子(其中的1 424名是孤儿或者被遗弃的孩子)在接受特殊教育。

1所针对有交流障碍学生的言语障碍学校(有279名学生)、1所针对患有小儿麻痹症和大脑性麻痹后遗症的学生的学校(153名学生)、针对盲童及视力受损学生的学校和班级(347名学生)、为聋儿提供的特殊教育学校(473名学生)等等都包含在特殊教育机构里面了。

这些学校的根本目标是培训这些学生使其能够独立地生活并且融入立陶宛的社会生活中。

文化和教育部监管5所少年罪犯的特殊学校、10个学前学生之家、11个孤儿学生之家以及寄宿学校、15个中等寄宿学校以及3个疗养学校。大约有5 786名学生在这些特殊的地方学习和生活。

1991年,第一所为精神受损的学生服务的学校得以建立起来,并且幼儿园里的残疾儿童小组也成立起来。同时,建立特殊机构以满足这些学生的需求:精神治疗中心、儿童精神健康大学中心、发育不正常诊断中心以及学校心理服务中心。这些服务中心将帮助提高对学生发育不正常的诊断,以及发现和选择特殊小组的成员。班级或学校将给家长及老师以经过认可的帮助。

3.4 职业、技术教育和商业教育

立陶宛的第一个初级和高级职业学校以及学徒学校是在1919年开设的。初级培训需要2~3年,高级培训需要4年。这些学校主要是为农业工人服务的,但是也有一些针对女孩子的学徒制的、学习记账的学校。在1939年,立陶宛共有78所学徒学校,38所农业学校。

在1940年,职业学校被划归为政府所有,并于1945年成为共和国劳动力储备委员会的附属机构。职业教育主要包括2年的学徒学习和6个月的工厂车间培训课程。1956年,技术学校也建立起来了,从普通中学毕业的学生可以到这里来学习。1959年,劳动力储备学校重新组织成为城乡职业—技术学校(VTS),并且共和国劳动力储备委员会也变成了国家职业技术培训委员会。

在20世纪60年代和70年代,全国既有职业学校(2~2.5年)和技术学校(1~1.5年),也有少量的职业技术中等学校。在70年代末80年代初,职业培训的目标被定为提供并培养高素质的工人。职业—技术学校又与职业技术中学重组在一起,学生在这样的学校里学习3年后,既可以获得职业教育也可以获得中等教育。1984年,各种类型的职业学校都重组为职业中等学校。1990年,有23 200名合格的工人从这些学校里毕业。

大约有64所介于职业学校和大学之间的技术学院,为国家的经济培养了高素质的专业人员。在1991年,这些学校被重组为大专层次的职业/技术学校。

从管理的角度划分,职业—技术学校分属于文化与教育部管理,农业学校归属于农业部,高中归文化与教育部管理。

职业技术学校、高中与产业部门密切合作。商业部门和农场为职业学校提供设备与材料,并且雇佣学生在工厂里实习。私立部门的代表可以聆听学生们的毕业论文答辩。自1990年以来,毕业生开始自己寻找工作,并且与用工者签订劳动合同。通过这种方式,劳动力市场很快发展和活跃起来。课程将与其他欧洲国家的课程联系起来。双重职业培训系统的原理将被采纳。

3.5 成人和非正规教育

在1990年之前,普通教育有成人和青年夜校、职业培训学校、高级培训设施、为孩子们提供的课外活动。在独立之后,一个现代的成人教育体系得以组织起来,并且为孩子们提供非正规教育的机会。1992年,立陶宛成人教育协会成立。新的、非国家的私立非正规成人教育开始繁荣起来,在这种教育中,外语和各种实用技能(缝纫、编织、驾驶等)是人们学习的主要方面。由于失业率的增长,随之而发生的职业变化也变成很紧迫的问题了。

1990年,在成人教育的范围内有4所学院水平的学校(有41 300名学生)、7所高中(19 200名学生)、15所职业学校(12 700名学生)和59所普通教育的学校(12 100名学生)。总共有85 300名学生在这些学校学习(参加夜校、高级培训课程、函授学习)。成人在175所公立学校学习。这些学校和教育项目的设立都由政府通过注册及发放执照等方式进行管理。

到1990年末,共有课外组织400多个(有

220 000名学生):55 个学生娱乐中心、16 个青年技师俱乐部、11 个青年自然主义者俱乐部、152 个夏令营、94 个儿童音乐和艺术学校、137 个青少年运动学校、26 个儿童图书馆。在这些组织中,孩子们可以发展他们的才智,可以满足他们自我表达和自我教育的需要。多数的成人和非正规教育设施部分或全部由政府监管。新的成人教育系统是终生教育的一部分,斯堪的纳维亚模式应该是一个指导模式。工人的高级培训和贸易交换中心也将迅速发展。

4. 行政管理的结构与运行

行政管理结构是一个带有适度自我管理的中央集权系统。学前和普通教育学校从属于地方的行政管理机构。职业学校由文化与教育部管理(农业学校除外,它们从属于农业部,也有一些职业学校从属于其他国家部门)。高中的活动(拥有广泛的自主权)由政府的信息、科学和研究部门监管。文化与教育部通过中央和地方的检查办公室对所有国立及私立学校的教学活动与普通教育课程的教学进行监管。教育组织的重组和清理由教育部负责。所有的教育机构都必须使用教育部批准或认可的教育大纲、课程和课本。地方教育的监管是由地方政府机构——文化与教育办公室来执行的。这些办公室都在文化与教育部管理权限之内。

5. 教育财政

国家教育机构的资金主要来源一直以来都包含在国家预算内。大部分的经费都是由省级机构承担,负担学前、普通中学和课外活动组织的经费。

为了保证教育能达到国家的标准水平,政府做了一些规定,为私立的教育机构提供法定的资助。

表 1 显示了 1965 年到 1990 年立陶宛的教育资金的数据。通常,每年的经费不超过整个国家预算的 12% 到 13%,但是人均费用却在逐渐增加。1990 年,人均费用是:学前 555 卢布,普通中学 446 卢布,辅助学校和儿童看护设施1 471卢布,高中 915 卢布,大学1 084卢布。高等院校里的优秀学生可以得到政府提供的奖学金。

一个多渠道的、协助地方和国家筹集资金的网络正在发展中。积极鼓励教会的捐赠和调整收入系统以支持教育。

6. 师资

1 ~4 年级和普通公立学校的老师是由维尔纽斯教育大学培养,1 ~4 年级和学前儿童的老师由 4 年制学院水平的施奥里埃教育学院培养。另外,教师也可以在其他的高等教育的院校里接受培训,例如,维尔纽斯大学,立陶宛音乐学院,维尔纽斯艺术学院,立陶宛农业学院,立陶宛体育教育学院,克莱佩达大学,考纳斯维塔陶斯大学。

在立陶宛并不缺乏教师,但是存在的问题表现在,38% 的教师都在教授一些他们并没有接受过专业培训的课程。教授职业教育、美术和音乐的教师极度缺乏。在波兰人、俄国人和白俄罗斯人聚居的立陶宛东部地区,教授立陶宛语言和文化的老师也

表 1　1965 ~1990 年教育财政

	1965	1970	1975	1980	1985	1990
教育费用(单位:百万卢布)	149.7	198.0	281.8	362.0	442.4	581.8
国家年度以预算的百分比	16.09	12.08	12.98	14.15	11.63	12.95
所分配的百分比						
学前教育	8.4	11.9	13.5	15.3	16.5	15.6
普通中学	55.2	47.3	42.9	38.3	36.9	39.4
职业学校	6.7	7.9	10.1	11.5	12.2	12.6
专科学校	9.3	9.5	9.9	9.3	7.9	7.2
大学	11.7	13.1	12.6	13.2	11.8	12.5

是极度缺乏。

教师们在4年或5年制的教育学院或者是3年制的学院层次的教育学校接受培训。大家都感到教师培训的质量在教育心理学、比较教育、儿童培养理论等方面不够"现代"。另外，教学大纲和课程并没有和新的教育改革配合好。高等教育改革的本质是引进科学学士学位和科学硕士学位以便改进当前的情形。大学里的一些机构也提供在职教师培训的服务。多数的教师（大约每年15 000名教师）在在职教师培训学院进修，以提高他们的教学技能。提高教师的素质也与教师的资格认证紧密相连。教师证书分为4类：教师、高级教师、教师—教学法学者、教师—专家。每位教师的薪水都取决于他们的资格认证和以往的工作经验。

7. 课程开发与教学方法

在苏联时期，大纲和课程在很大程度上进行统一而集中的管理。对所有学科的新国家课程的开发在立陶宛独立之后才开始进行。这些课程都得到了文化与教育部的认可。文化与教育部也认可了针对所有学校的大纲。这些课程都是由教育学院的专家开发的。当然这些专家也得到了有经验的、在职的教师以及大学里的讲师的帮助。课程的草案都在文化与教育部的专家委员会里进行过讨论、修改，并且得到了他们的认同。这些委员会也对课本和其他的教学辅助材料及文学课程进行了审批。

全国性的课程对所有的学校而言都是必修课。针对少数民族，大纲和课程可以增加民族文化的课程（特别是在民族语言、文化和艺术等领域），但是学校每周给予选修课的时间是很少的。

直到独立之时，俄语一直是所有学校的必修课程。其他外语（英语、法语或德语）也在学校里教学。新的教育法规定所有的外语都是平等的，它们的教学取决于父母的愿望以及学校根据自身条件可能做出的选择。

新的课程将有8门适合所有学校类型和水平的交叉课程，它们包括：立陶宛语言、民族文化、道德教育、生态文化、美学教育、健康、公民教育和工作教育。另外，根据反映在哲学、普通科学理论、社会哲学、文化理论、美学、自然哲学和普通语言学等方面的普通法律与概念，多科性将被引进到课程的开发中来。在新课程的准备中，避免过于强调知识点的记忆，要强调对同时代的科学思想和对现实的理解。将引进更多的选修课。某些学科的两个层次的课程（即基础型和加强型）以及基础和中学的毕业考试都被法定化了。

8. 考试、升级和证书制度

直到9年级，学生的升级取决于老师评定的成绩。在9年级末，所有的学生都必须参加3门功课的考试：母语（书面考试）、数学（书面）和母语（口头）。通过考试的学生将获得基础学校学习证书。在高中学习结束时，学生们必须参加5门科目的考试，其中有4门是必修课程：立陶宛语言与文学（书面和口头）、数学（书面）和历史（口头）。第5门课程是学生自己选择的课程。在少数民族学校里，学生们必须参加3门必修课的考试：母语（书面）、数学（书面）和国家语言（口头），以及2门选修课程。通过考试的学生将获得毕业证书，这个证书就是他们进入大学或大专的前提条件。

教育改革将规定3门所有学生都必须参加考试的课程：母语（书面）、数学（书面）和外语（口头）。考试仍然包含2门选修课程。每一份努力都是为了使立陶宛的教育体系与其他欧洲国家教育体系更加相似，但是同时立陶宛的教育体系也仍将保留自己民族学校的特点。

政府将开发针对不同层次的全国考试系统，这样使得高等院校可以基于全国性的考试，对学生将来的学习做评估和判断。

9. 教育评价、评估和教育研究

科学研究主要是由教育研究所和大学里的教育院系来运作的。这些研究主要针对以下几个方面：普通中学里9～12年级学生的教学法，社会—文化和跨学科的融合，连续性指导的开发，职业培训。一个包含教师和学校的数据银行正在建设之中。共和国教育的许多数据正在由国家统计服务中心收集。

10. 20 世纪八九十年代的主要改革

立陶宛教育体系的改革于 1988 年开始,是以普通中学的重组为标志的。基于立陶宛独立战争的历史,改革强调了国家学校里的民族精神。民主和人道主义精神在学校中得到宣扬。1989 ~ 1990 年期间,共和国教育体系里其他领域的改革的理论基础也得以完备,并且新的教育法草案也已完成。1992 ~ 1993 年,学前学校和普通中学按照新的课程开始运作了。

在新的经济条件下,职业学校也进行了改革。培训和再培训将会更加重要。成人教育、教学体系的持续开发、教育系统与欧洲教育系统的融合都被优先考虑。这些目标的实现将会决定 2000 年前立陶宛的教育变革。

M. 卢克森内(M. Lukšiené) 著
Ž. 杰克斯(Ž. Jackūnas)
闫保华 译

附录

Baltic States. A Reference Book. 1991 Estonian Encyclopedia Publishers/Latvian Encyclopedia Publishers/Lithuanian Encyclopedia Publishers/Tallinn, Riga, and Vilnius

Bendrojo lavinimo mokyklos ir ikimokyklines istaigos 1990 metais. 1991 Šviesa, Vilnius

Lietuvos statistikos metraštis: 1990 metai. 1991 lietuvos Statistikos Departamentas, Vilnius

Ministry of Culture and Education of the Republic of Lithuania 1991a *Education in Lithuania.* The Publishing Center, Vilnius

Ministry of Culture and Education of the Republic of Lithuania 1991b *The Educational System of Lithuania: Aims – Structure – Reforms.* The Publishing Center, Vilnius

Ministry of Culture and Education of the Republic of Lithuania 1991c *The Law on Education of the Republic of Lithuania. The Law on Science and Studies of the Republic of Lithuania.* Šviesa, Kaunas

Tautine mokykla 1989 *T. I. Mokyklu tipu koncepci-ju projektai.* Šviesa, Kaunus

Tautine mokykla 1990 *II. Ugdymo turinio koncepci-ju projektai.* Šviesa, Kaunas

Universaliosios ugdymo programos (Eksperimentines) 1991 Lietuvos Respublikos Kultūros ir Švietimo ministerijos Leidybos centras, Vilnius

卢森堡的教育制度(Luxembourg: System of Education)

1. 基本背景

卢森堡大公国,1815 年被维也纳会议确立为独立的国家。它位于西欧的正中心。北部和西部与比利时接壤,东临德国,南靠法国。卢森堡国土总面积为2 586平方公里(998 平方英里),人口总数大约为389 900。14% 的人口居住在北方称为厄斯林(Oesling)(大约占国土总面积的 32%)的多山、相对贫瘠的区域。卢森堡的中部和南部,也称为邦佩斯(Bon Pays),包括卢森堡的首都卢森堡城和南部的工业区。在卢森堡城不到国土总面积 2% 的土地上聚集着 20% 的人口,而南部工业区则居住着全国 30% 的居民。

1993 年,外国居民的人数超过了总人口的 30%,在欧洲是外国居民比例最高的国家。外国居民中 90% 来自欧洲国家,包括人数众多而且还在不断上升的葡萄牙人(40.4%)和意大利人(19.8%)。卢森堡家庭的孩子出生率在持续下降,而外国人家庭的孩子出生率在持续增长。卢森堡家庭每1 000居民的出生率为 11.4%,而外国人家庭的相应数字是 15.8%(1991)。卢森堡人口的统计学分布也不再是金字塔形的了,从表 1 可以看出,老年人口的比例正在急剧上升。这些现象给卢森堡教育体系带来了很多问题,因为卢森堡的教育制度还没有适应这种教育,即教育那些不会说学校里所使用的语言的外国孩子。

卢森堡的语言状况是一种以母语——卢森堡语为基础的重叠的三语结构。1984 年,作为全国性语言,卢森堡语得到推动和发展,它是当地人日

表 1　　1971～1991 年根据年龄和国籍划分的人口类别百分比

	1971			1981			1991		
年龄	卢森堡	外籍	总计	卢森堡	外籍	总计	卢森堡	外籍	总计
0～14	17.0	5.1	22.1	11.6	6.9	18.5	11.3	6.0	17.3
15～64	53.0	12.3	65.3	49.6	18.3	67.9	46.4	22.0	68.4
>65	11.6	1.0	12.6	12.5	1.1	13.6	12.3	2.0	13.4
总计	81.6	18.4	100.0	73.7	26.3	100.0	70.0	30.0	100.0

常交流所使用的本国语，同时，也日益发展成为一种书面语。法语和德语是卢森堡的官方语言，主要在行政管理和法律事务中使用。大部分卢森堡人都使用这三种语言，而且很多人的英语也非常流利。在卢森堡，不存在少数民族语。卢森堡是一个独立的君主立宪制国家，由大公作为国家的首脑。宪法规定，国民享有最高权力，政治职责由政府、议会（由 60 名议员组成，任期 5 年）和立法机构共同承担。从 1945 年以来，政府的构成就是由至少三个主要政党（天主教社会党、社会主义工人党和民主党）中的两个组成。

19 世纪后半期，卢森堡经历了一些重大的经济变革。南部地区煤矿的发现使这个纯农业国家在过去的 100 年中转变成了一个现代化的工业国家。表 2 表明了 1970～1992 年卢森堡主要经济部门工人的分布。

从 20 世纪 70 年代初以来，从事农业（牲畜、农作物和酿酒业）的人口数一直大致保持稳定，但是，主要由钢铁业构成的重工业的从业人口却在持续下降。钢铁产量从 1974 年的 640 万吨下降到了 1991 年的 340 万吨，相应的从业人员的数目也从 25 000人下降到了大约9 900人。因此，卢森堡加大了在其他产业方面的投资（主要是化学和玻璃生产、旅游业、银行业和中小型工厂）。正是由于以上在多样化方面所做出的努力，卢森堡从 20 世纪 70 年代以来就开始成为欧洲经济发展态势最好的国家之一。例如，卢森堡已经成为了一个国际银行业和经济中心，银行的数目由 1960 年的 19 家上涨为 1992 年的 213 家，银行业雇员的人数也从1 321 人上涨为 17 250 人。劳动力人口总数达到 20.1 万（1992），其中43 910人是来自法国、比利时和德国的外国人。在 1993 年，卢森堡的失业率为 1.4%，在西欧是最低的。

进口和出口代表了卢森堡大约 75% 的国民生产总值，大约是人均 94.7 万卢森堡法郎（31 600 美元）。在卢森堡的出口中，钢铁占了 38%，化学、塑料和橡胶产品占 18%，纺织品占 6%。进口则更加多样化，除了各种各样的普通消费品之外，主要包括可乐、铁矿和燃料（13%）。

从 20 世纪 60 年代以来，各届政府都大力发展国家基础设施建设。建造了新的输水管道和公路，同时铁路系统和电信网络也得到了扩展和改进。卢森堡国际机场已经成为了一个主要的国际航空运输平台，航空货运业在国民经济中也占有一定比重。除此之外，视听业也在日益发展，制作了越来越多新的国际广播和电视节目。卢森堡一直以来努力将其发展成为一个电影制作中心，1985 年，成立了一个人造卫星发射公司，1994 年之前将运转 4 颗人造卫星。

卢森堡城是欧洲议会总秘书处、欧洲法庭、欧

表 2　　在重要的经济部门中就职的人数

部门	1970	1980	1990	1992
农业	1 600	1 200	1 500	1 500
工业	46 100	42 300	37 900	34 900
建筑	12 400	15 100	17 900	20 600
服务业	39 400	61 300	93 400	105 200
公共管理	13 100	17 100	20 700	21 400
其他	27 600	21 200	17 700	17 700
总计	140 200	158 200	189 100	201 300

洲委员会的几个部门、欧洲投资银行、欧洲货币基金组织等机构的所在地。卢森堡为国际经济环境做出了很大的贡献,它的经济也是很繁荣的,人均收入在欧洲是最高的。多样化、扩展、高新技术革命以及一个小国家所面临的持续快速适应变革着的经济环境的需要均对卢森堡的教育制度提出了挑战,促使卢森堡教育部不断地审核现行的学校课程,开发新的课程。

2. 教育政策与目标

教育部在《明日的学校》(教育部 1992)中规定了卢森堡教育制度的政治目标,指明了知识的获得程序。《明日的学校》主要集中于全球技术、能力和自我学习能力的发展,以及促进对体制的重新解释和更好地与经济环境相适应。最后,《明日的学校》指明将努力使移民工作人员家庭儿童的教育融入卢森堡教育体系,发展教学方式,提高大学毕业生的人数。

3. 正规教育体系

3.1 *初等、中等和第三级教育*

卢森堡的教育制度分为 4 个阶段:学前教育、初等教育、中等教育和高等教育。在 2 年的学前教育阶段和 9 年的正规学校教育阶段,实行义务教育。图 1 展示了卢森堡教育制度的结构。

初等教育从 6 岁开始,一共 6 年,由地方社区管理部门负责。这些公立学校不收学费。教育部负责制定全国统一的初等教育课程。主要科目为阅读、写作、算术、艺术、体育、环境科学和社会行为发展。每周从周一到周六共有 30 节课,其中每天上午 4 节课,周一、周三、周五下午 2 节课。但是,由于特定的语言环境,卢森堡的教学环境还是很独特的:在小学,一开始用卢森堡语和德语进行教学,而德语实际上几乎已经成为小学里所有科目的教学语言。从 2 年级中期开始,开始教授法语。

在完成初等教育之后,学生们必须接受至少 3 年的某种形式的全日制初等后教育。为了进入普通中学或者技术中学,他们必须参加入学考试。不想进入或者不能够进入以上两种中等教育机构学习的学生必须在补习学校完成必修的课程。在 3 年中,这些学生将学习普通科目以及为转向成人和工作生活而作准备的实践导向的科目。

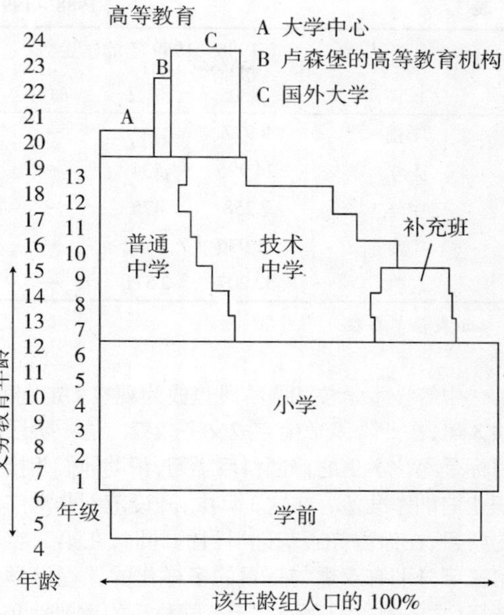

图 1 卢森堡:正规教育体系的结构(1990~1991)

1989 年教育改革之后,普通中等教育分为初级阶段(前 3 年)和高级阶段(之后的 4 年)。第一年称为定向班,帮助学生适应中等教育。在第二年,学生可以在古典部分或者现代部分之间进行选择。在古典部分,开设拉丁语和英语,分别作为第三和第四语言(从第三年开始),现代部分则要求学生学习英语。在初级中等教育阶段,教学语言是德语,但是到高级中等教育阶段,教学语言变为法语。高级中等教育阶段由多科阶段(第四和第五年)和专业期构成。1989 年教育改革计划将以前在第三学年进行的专业选择推迟,改为提供更多样化的选修课程。在多科阶段,学生可以在文科和理科中进行选择,这两者主要的不同在于数学的难度和在一两门选修课中选择特定科目。在专业期,学生可以在文科或理科的 7 个特殊部分中选择一个。在第七学年末,学生参加进入卢森堡或者国外的大学和高等教育机构继续学习所必需的中等教育毕业考试。

表 3 1988 ~ 1991 **年中小学人数的变化**

学校体制	1988 ~ 1989 年的学生数			1989 ~ 1990 年的学生数			1990 ~ 1991 年的学生数		
	公立	私立	海外	公立	私立	海外	公立	私立	海外
学前	7 977	—[a]	—	7 965	—	—	8 354	—	—
小学	24 996	534	—	26 538	575	—	26 612	633	—
中学	7 258	475	—	7 518	486	692	7 589	509	745
中专	11 976	1 562	—	11 740	1 564	462	11 341	1 599	469
总数	52 207	2 571	—	53 761	2 625	1 154	53 896	2 741	1 241

a 表示不存在

中等技术学校初级阶段也成为观察和定向期，共 3 年，在此阶段学生完成义务教育。这一阶段的目标是深化学生的普通科目学习，帮助他们为接受职业培训作准备。在这 3 年中，开设范围非常广泛的科目，在保留普通基础科目的同时，在第二年和第三年分别有双重与三重的多样化的课程供学生选择，主要的不同之处在于不同科目的重要性和教学方法。它们也被称为教育定向，目的是发展每一个学生的不同的能力。中等技术学校的中级和高级阶段分为三个部分：职业、技师和技术。职业部分，也称为学徒制，由 3 年的课程和第三年在一家公司进行的兼职实习构成。最后，学生将获得职业和技术熟练证书。在理论学习上有困难的学生可以参加为期 2 年的技术和职业起步课程的学习。这是一种基础职业训练，学生可以在一家公司进行学徒的同时，按照自己的速度学习理论知识。学生们也可以参加考试，获得职业和技术熟练证书。技师部分，位于职业部分和技术部分之间，主要是培养学生使其将来成为工厂里的熟练工人。学习时间为 4 年，学习结束将获得技师证书。毕业获得技师证书的学生可以立刻开始工作，也可以到相关领域的高等教育机构学习。技术部分强调理论和普通科目，包括一些特殊的职业课程。毕业获得的文凭与普通中等教育毕业文凭相当，学生可以进入大学学习。

卢森堡的私立学校几乎都是罗马天主教学校，但是，必须服从政府非常严格的认可和管理。为了获得教育部的认可，私立学校必须教授和公立学校相同的科目，使用相同的课本，遵守相同的教育纲要。在 1991 ~ 1992 年，有 680 名小学生（占小学学生总数的 2%）和2 108名中学生（其中 509 人在普通中等学校，1 599人在中等技术学校）在私立学校接受教育。从 1988 年到 1993 年，进入私立小学和中等技术学校的学生的数目上升了 46.5%，而进入私立普通中等学校的学生数目降低了 34%。但是，教育部的一项研究表明：1990 年到 1991 年，1 241名卢森堡家庭的中学生（约占中学生总数的 5.5%）在国外就读，主要是比利时（85%）、法国和德国。这种现象当然是由于卢森堡学校系统的需求，这个系统在一定程度上过于强调语言的教育和学校课程的数量。

其他的私立学校有：卢森堡欧洲学校，主要向欧共体雇员的孩子们提供使用 9 种不同语言的教育；卢森堡美国学校和迈阿密大学分校，仅向美国儿童提供教育；法国小学和中学以及渥尔多夫学校。

尽管卢森堡还没有建立发达的高等教育体系，但是现在已经有了几个高等教育机构。卢森堡中心大学提供 3 个系（法律和经济、艺术和人文以及科学）的第一学年的大学课程，其课程设置与邻国的大学课程一致。最主要的入学要求就是卢森堡或者外国中学的毕业证书。在卢森堡中心大学完成第一学年学习的学生会得到证书，并且可以到澳大利亚、比利时、法国、德国和英国几乎所有的大学继续第二学年的学习。法律和经济系还向那些希望能够快一些进入所选行业的学生提供为期两年的实践和应用经济学以及信息科学的课程。高级技术学院向拥有普通中学或者中级技术学校毕业证书的学生提供为期 3 年的技术培训课程。所开设的课程主要包括机械学、电子工程、工民建和计算机科学,完成以上课程的学习,将授予技术工程师证书。教学语言为法语和德语。高级教育研究学院成立于 1983 年,以前是 2 年制的,现已改为 3 年制,专门提供幼儿园和小学教师培训。教育和社会研究学院提供两种课程:一种是面向持有中学毕业证书的教师;另一种是面向至少已经从事 5 年中等教育的教师。正常的课程为期 3 年,但是对于在特殊教育领域兼职工作的学生可以扩展到 6 年。1990 年,还开设了一种新的 2 年制的中等教育后技师课程,主要提供以下实用课程:秘书学、会计学和商业管理以及动画制作。

在 1990 ~ 1991 学年,有4 407名学生(1975 年是2 000名,1980 年是2 500名)在卢森堡(共有1 156名学生,其中 611 名在卢森堡中心大学,214 名在高级教育研究学院,254 名在高级技术学院,77 名在教育和社会研究院)或者在国外的大学(3 033名学生)继续接受高等教育。其中大多数学生去了比利时的大学(43.4%),其次是法国(27%)、德国(20.8%)和澳大利亚(4.3%)。学生总数占工作人口总数的 2.2%。

3.2 学前教育

卢森堡的学前教育是免费的,受教育部的管理。教育部为大约 2/3 的学前教育机构提供资金,1/3的花费、管理和维护由当地社区负责。不到 1% 的学前儿童就学于私立学前教育机构。1990 ~ 1991 年,学前教育机构共有8 354名儿童,其中大约 30% 的母语为非卢森堡语。尽管不向孩子们提供正规教学,学前教育阶段还是负责培养孩子们的身体、智力和社会能力的发展,帮助他们为进入小学做好准备。

3.3 特殊教育

教育部特殊教育管理部门包括儿童指导处,儿童指导处主要是为残疾儿童及其父母提供诊断和咨询服务。儿童指导处将把收集的案例向国家医学—心理教育委员会报告,该委员会的专家将和家长合作,决定哪个教育机构最适合该儿童的需要。心理教育和教育治疗处包括一所聋哑儿童学校、一所视力有障碍儿童学校、一所小脑习惯性行动不足学校和一所严重残障儿童学校。而且,还有一些为残疾儿童提供的由地方社区和教育部提供资助的特殊教育机构;一些向年幼的残疾儿童提供基本手工训练,帮助他们在受保护的车间甚至是工厂里进行工作的中心;一个残疾儿童研究所;一些对有社会行为问题儿童进行教育的机构和一所孤独症儿童学校。总之,有 240 名心理学家、专门教师、教育者和教育助手在照顾着1 000名残疾儿童与幼儿,这部分费用占卢森堡国家预算普通支出的 0.5%。

3.4 职业、技术教育和商业教育

前文已经介绍了中等教育阶段的职业和技术教育。教育部职业培训处的目标是在技术和经济转变的情况下,开发持续的专业培训行动。教育部通过专业培训中心组织面向年轻人的定位课和面向拥有的专业资格不充足或者不合适的人提供的再教育课程,以帮助他们再就业。1990 年,800 人从这一行动中受益。存在失业可能性的人的专业教育由教育部负责,而在业人员的专业培训则由一个叫作“国家专业培训发展学院”的私立的公共效用机构组织。其目标是分析公司的培训需要,开发适当的培训策略,创建特殊的培训单元。

3.5 成人教育和非正规教育

教育部的成人教育处创建于 1991 年,主要是组织进行语言学习的夜校(1991 ~ 1992 年共有3 962人参加了卢森堡语言中心的夜校)、成人中学课程班(296 人参加)和普通兴趣班(1 120人参加)。

专业协会,尤其是卢森堡银行和银行家协会通过银行业培训学院也组织专业培训课程,但是其性质却是私立的。伊普洛培训成立于 1989 年,是一个为期 2 年的培训年轻银行职员的项目,培训包括 65% 的银行实践工作和 35% 的银行理论课程学习。银行业培训学院也组织针对银行职员的普通和专业课程、研讨会,并于 1992 年创设了“欧洲银行业研究院”,这是一个为期 2 年的工商管理硕士层次的专业培训项目。

4. 行政管理的结构与运行

卢森堡教育制度的组织和全面管理由教育部负责。训导员负责学前教育和初等教育机构的行政

管理及人员管理。普通中等学校和中等技术学校的校长负责自己学校的行政管理和教学活动安排。

5. 教育财政

自从1970年以来,卢森堡国家预算中的教育经费增长了14%,主要增长的部分是教师的工资。如表4所示,1993年,总教育预算(占国家预算的11.40%)的43.68%用于学前教育和初等教育,19.84%用于中等教育。一般运作费用由社区或者国家预算中的其他部分支付。

6. 师资

学前和初等教育教师培训为期3年,由高级教育研究学院负责。参加培训的人员是根据他们在国家普通中学毕业考试中的排名选拔出来的,从1992年开始,还要参考他们所参加的卢森堡语、法语和德语口语考试的成绩以及音乐、艺术或者体育科目的实践性测验成绩。参加教师培训的教师人数通常很有限(每学年50~60人),因此就出现了严重缺少合格教学人员的现象。很多班级的教师都是不合格的,这是卢森堡教育制度面临的一个严重问题。直到20世纪90年代,只有顺利地完成高级教育研究学院课程的学生才能获得教师的职位。但是,由于欧洲的规定,在外国教师培训学校接受过培训的申请人也是可以获得教师职位的,并且,从1994年起,所有的教师职位申请人都必须通过一个录取考试。在1992~1993年,有1 614名小学教师、250名学前教育教师、181名补习班教师和93名特殊教育教师(总计2 138名)。

普通中学和中等技术学校教师,必须在国外大学接受4年与在卢森堡中学所教授的科目相应学科的教育。教师候选人必须通过入学考试才能进入中学教师培训项目,因为通常候选人的数目大于实际需要的教师数。教师培训课程由3年的中学实践教学和由卢森堡中心大学教育系开办的理论课程以及一篇相关学科的论文组成。在1992~1993年,教育部雇佣了840名中学教师,其中81名参加了教师培训课程的学习。

7. 课程开发与教学方法

小学新课程由巡视员决定,由专家和教师联合开发。在中等教育阶段,由专业教师组成的学科国家委员会提出每一学科的课程计划。此外,国家委员会还就课本提出建议。在中学和小学,教师不会对课程和教材产生影响,但是他们可以决定教学方法。

8. 考试、升级和证书制度

小学每学年分为3个学期。在这一阶段应用了持续控制制度,是否能够升级取决于3个学期法语、德语和数学的平均成绩。必须通过包括法语、德语听写、语言练习和数学在内的入学考试才能升入普通中学继续学习。没有进入各种形式的中学的孩子必须进入补习班,进补习班不需要考试。中学也是每学年分为3个学期。除了最后一年要参加国家考试,其他学年是否能够升级都要根据每学期成绩的加权平均值,其中,第一学期的权值为1/6,第二学期为1/3,最后一学期为1/2。是否能够升级由学校的班级委员会决定,主要是根据每门科目的最后成绩。从1989年起,为了防止出现不必要的处罚,采取了补偿制度。中学的最后考试持续8个半天,在最后的成绩中试图包括学年的各学

表4　国家用于教育的预算百分比

年份	学前与小学	中学	中专	高等教育	特殊教育	在国家预算中的百分比
1970	47.22	29.52	19.51	1.59	2.13	8.92
1980	50.09	21.06	21.60	1.73	5.51	9.20
1990	44.08	20.01	28.00	2.41	5.49	10.69
1993	43.68	19.84	28.31	2.81	5.36	11.40

科的成绩以及口语能力。教育部颁发以下文凭:普通中学毕业证书、中等技术学校毕业证书、技师证书、职业和技术能力证书以及动手能力证书。

9. 教育评价、评估和教育研究

教育部教育改革与研究处[后来被教育研究与改革合作处(SCRIPT)所取代]和高级教育研究学院的心理—教育研究系负责进行教育研究以及对现有的课程进行评估、提出新的课程计划。这两个部门由卢森堡的教师和研究专家组成,在外国大学和专家的帮助下,现在他们正在开展越来越多的研究项目。

研究项目主要集中在:各级教育的信息和通讯技术;初等、职业和专业教育的新课程的评估;国家学校电视系统的开发;移民工人子女的融合,目的是为了减少学校面临的问题和没有获得各种资格就离开学校的孩子的人数。

10. 20世纪八九十年代的主要改革

20世纪80年代的教育改革非常少,但是在90年代计划开展大量的教育项目和教育改革。作为普通初等教育的课程的重新定义的结果,课本和教学材料都正在重新开发之中。在小学后教育的层次,补充班级正在重组并融入中等技术教育。职业的需要以及合适的培训方式都在根据职业培训的情况逐步建立起来。在中等技术学校较低的层次,正在引进以法语作为教学语言的班级和课程;在较高的层次,增加了口语表达能力作为评估标准之一。最后是针对教师持续性教育的一般框架也在重新定义中。

11. 2000年面临的主要问题

由于卢森堡的外国人的比例较大,存在语言较多的情况,卢森堡学校系统的基础性改革势在必行。为让移民的后代融入卢森堡社会并给这些外国孩子以合适的教育所准备的特殊班级仍不是很充分。在卢森堡这样一个国家里,自然资源几乎不存在,出生在20世纪60年代的人,仅仅只有40%完成了中等教育,13.2%的人通过结业考试,7%的人获得大学学历。减少不成功学校的数量,而且,在不减少本已经不足的普通层次的教学的前提下增加毕业生的数量,仍然是非常必要的。所以主要的挑战是淡化新学校系统中的选择性特征,并且在这个系统里,应该具有更合适的机构,以及不再过分强调知识的获取,而是强调将每个人的技能和才智的发展作为主要的目标的教学方法。

大学的缺乏变得越来越突出,讨论的结果是很多人都支持建立一个卢森堡自己的、在欧洲大学结构模式基础上的、全课程的大学。尽管卢森堡的学生都到不同的国家去学习能够带来一定的优势,但是一个自己的大学的创立,也能够使这个国家在面临工业与科技的快速发展对社会和经济产生冲击的情况下做出更好的准备。

M. 安特(M. Ant) 著
闫保华 译

附录

Ministère de l'Education Nationale 1992 *Demain l'école. Le sytème éducatif luxembourgeois face au changement.* Ministère de l'Education Nationale, Luxembourg

其他参考文献

Ant M, De Cillia S 1991 Logique d'une formation professionnelle moderne. *Letzebuerger Land* 24:53

Gengler C 1991 *Le Luxembourg dans tous ses Etats.* Editions de l'Espace Européen, La Garenne-Colombes

Kaiser L, Levy J 1990 *Population étrangère, langues et enseignement vus par les Luxembourgeois.* Service d'Innovation et de Recherches Pédagogiques, Ministère de l'Education Nationale, Luxembourg

Press and Information Service of the Luxembourg Government 1993 *The Grand Duchy of Luxembourg.* Press and Information Service, Luxembourg

Statec 7/1992 *Luxembourg en Chiffres.* Luxembourg

Unité Nationale d'Eurydice 1991 *Education in the Grand Duchy of Luxembourg.* Ministère de l'Education Nationale, Luxembourg

马耳他的教育制度(Malta:System of Education)

1. 基本背景

马耳他共和国由马耳他岛、戈佐岛(Gozo)和凯穆纳岛(Comino)组成,位于意大利南90公里,非洲大陆以北290公里处。1991年,大约345 000名马耳他人居住在这片方圆316平方公里的土地上,使马耳他成为人口密度最大的国家之一。20世纪50年代,许多年轻人移民到澳大利亚、北美和英联邦国家,人口持续减少,50年代后人口有所增加。经济状况的改善切实地减少了移民现象。同时,社会医疗服务的提高也延长了人们的寿命,降低了婴幼儿死亡率,马耳他每年的出生率和死亡率分别是17‰和10‰。

马耳他最早的居民出现于石器时代,他们的墓地可以上溯到公元前5000年,有世界上已知最古老的自由立式墓碑。马耳他居于地中海的中部,具有极好的战略位置,再加上它拥有优良的天然港口,使马耳他从腓尼基时代就开始成为地中海霸权势力争夺的商业和军事要地。从马格雷阿拉伯语中分化出来的马耳他语是马耳他人的公用语言,大多数马耳他人也讲英语(第二种官方语言),这也是高校和中等学校的第二种教学用语,许多马耳他人将意大利语作为第三种语言。马耳他人多数信奉罗马天主教。历史和地理环境导致地中海人难以养成独立的天性。例如,马耳他教育演变为当前的混合系统,从教育思想到教育实践都深受欧洲和英国影响。

1787年,拿破仑结束了圣约翰帝国长达268年的统治,后来,马耳他人借助英国的势力推翻了法国的殖民统治,直到1964年马耳他独立,英国一直统治着马耳他群岛。马耳他1974年建立了共和国,并确立了真正的民主议会制,提高了马耳他的自治能力,并且5年进行一次大选。戈佐岛作为一个小岛屿完全参与国家的政治和社会生活。在国际政治地位上,马耳他是一个非联盟国家,却与西欧有着密切的政治经济联系。同时,它也是联合国、英联邦以及欧洲法庭的成员之一。马耳他与欧洲共同体保持了长达27年的亲密合作,并于1991年申请成为了其正式成员国。

数个世纪以来,马耳他的经济受制于殖民国家,以致在地中海战乱纷争的不安定局势里,马耳他只能充当统治者的军事基地。和平时期,马耳他的天然港口在这个地区的经济贸易发展中发挥中心作用。由于上述原因,马耳他的基础工业很难发展,也难以替代马耳他群岛的军工厂。

独立之后,马耳他政府发展了经济出口项目,以期将收入的军事来源转向到以出口为导向的工业。现在,这些项目包括:高质量的纺织生产,精密的工程和电子仪器生产,专业的船舶加工和修理,以及海外银行。同时,马耳他群岛天然的和历史的魅力,以及马耳他人热情好客的优良传统,扩大了马耳他旅游业的发展。1991年,游客达到80万人次,旅游业已经成为重要的外资来源。马耳他人均国民净收入从1980年的924美元增长到1991年的1 347美元,同年,马耳他人均国民生产总值达到3 787美元。

整个20世纪70年代和80年代,一个由社会科学家组成的行政部门计划建立马耳他混合经济结构,这种结构下,国家可以增加计划经济政策,同时也让国家直接参与经济发展。1987年的政府改革鼓励人们信奉自由的市场经济、突破常规和分权,并重点强调私人企业。这次变革的政策导向也影响了政府的教育政策。先前的政府要求各级教育教授实用科目,尤其是在第三级教育中,尝试在国家控制下发展私立教育。新的政府却把工作重点放在文化和普通教育,并且颁布有关教育分权的法律,以此来维护私立学校的合法地位。

2. 教育政策与目标

从14世纪开始,马耳他已经存在各种各样的学校,大学的雏形可以上溯到1592年。然而,创办大规模普通学校的尝试是从19世纪末开始的。1924年颁布了义务教育入学的法令,但是全面的实施却是在第二次世界大战结束之后。1946年的教育法保障所有的6~14岁的孩子的初级义务教育权利,1971年开始实现普通中等教育。1988年义务教育的年限扩展到5~16岁,1970年开始试行免费的大学教育。1978 年,国家创办收费的大学教育,这些大学设置实用科目选修课程。最终,这一系统向公立中等后教育学生开放。从 1987 年开始,中等后教育和第三级教育的学生可以获得奖学金,以保证他们在父母的工资没有保障的情况下能够顺利完成学业。

3. 正规教育体系

3.1 *初等教育、中等教育和第三级教育*

马耳他的义务教育从 5 岁开始,83% 的儿童在 3 岁或 4 岁接受由公立或私立的幼儿园或托儿所提供的学前教育。

义务教育初级阶段从 5 岁到 10 岁,共 6 年时间,所有的马耳他人都接受初等教育,其中,26 399 人在全部免费的公立学校,10 807 人就读于私立学校。这些私立学校名义上收费,但 1992 年全部转变为国家支持的免费学校。所有的公立学校和大部分的私立学校是男女合校的,一个班平均有 30 个学生。马耳他初级教育的目标在国家最低限度课程标准(NMC)里得到了强调,这一课程标准作为新教育法的一部分在 1989 年 9 月开始生效(马耳他政府 1988)。

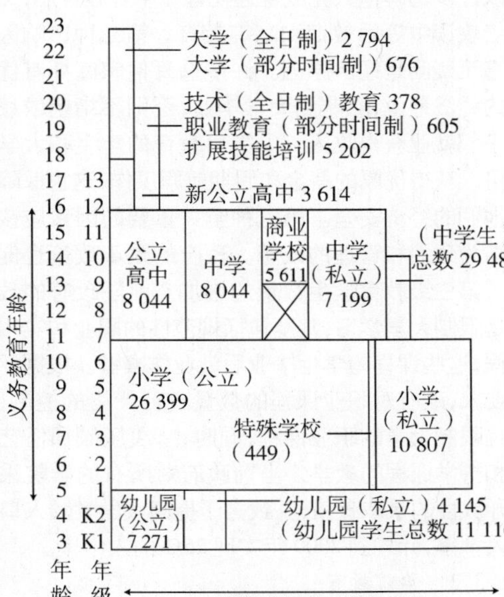

图 1 马耳他:正规教育体系的结构(1990)

最低限度课程标准鼓励初级学校的教师采纳综合的教育方法,激励学生学习,并建立在问题解决基础上,充分利用在学习过程中学生获得的成功满足感(马耳他政府 1989 P. V)。NMC 的专家强调指出,这样的方法目的在于培养学生自制、自信、自立的能力。

伴随学校教育竞争越来越多,越来越激烈,学校教育的压力成为马耳他初级学校的一个重要特征。教育者和立法者都尽可能地减少学校教育对学生、家长以及教师们构成的压力。竞争和压力一直是马耳他教育系统的显著特征,但是,自从 20 世纪 70 年代以来,当公立中等教育由高度选拔性的文法学校教育转变为完全综合的教育的时候,这一现象变得尤为突出。大多数家长担心学校教育学术水平的下降,都尽力将孩子们转到私立的文法学校学习,而这些学校却难以容纳所有的申请入学的学生。最终,国家重新建立一小部分选拔性的中等学校,结果使得进入学术水平较高的私立和公立中等学校的竞争比以前更为激烈。

这些事件,过去曾经对初级学校教育的教学方法产生了极大的冲击,初级学校学生训练、教育、测验以及公立和私立中等学校的入学模拟考试等都受到影响,而且这种影响至今犹存。正在实施的大众化教育计划提倡一种更为宽松的中等教育入学政策,致力于缓解竞争的压力和家长的焦虑。然而,很多家长即使同意这种教育观点,也不情愿冒险将自己的孩子送入普通的中等学校。最终,这种竞争虽然得到片刻的缓解但仍旧居高不下。

马耳他的学生在 11 岁时,将转入单一性别的学校中学习五年,直到义务教育阶段结束。顺利通过中学入学考试的学生将继续就读于公立初级文法学院或大学,其余的将就读于地方的公立中学。

1991 年,公立和私立中学的学生总数分别达到14 879和7 199。在中等教育的第二年,学生们可以选择升入公立商业职业学校,以学习某一手艺或获得基本职业训练和资格认证为目的。1991 年,就读于这种职业学校的学生人数达到5 611人。

中等教育前 2 年的班级规模是每个班级 30 个人,在后 3 年减少到 25 人。职业学校的学生有较高的缺席率，主要原因在于，他们缺少学习的动力以及职业学习会与他们今后的生活密切相关的观念。自从私立学校接受政府的资助以及家长的捐助以后，所有的中等教育不管是公立还是私立都属于免费的教育。

马耳他的中等教育也接受最低限度课程标准的指导，它试图保证学生基本的教育技能，不仅仅为将来的就业作准备，而且要促进他们的智力、道德、体育和社会性发展（马耳他政府 1990）。

马耳他的三级教育系统也产生了一些严重的问题。初级学校严格的教育方法在中等教育阶段甚至更加强烈。进一步，由于文法学校的入学名额有限，形成了严格的选拔性考试。这在一定程度上造成了对那些有潜力学生的偏见，这些学生在学业结束时被贴上学术成绩差的标签。这种标签更是不加选择地用在那些进入职业学校学习的学生身上。被非正式地确认为学业失败的学生，将在一个没有动力的教育环境中待 3 年，直到他们义务教育结束。教育界的权威正在寻求一种途径，消除这些学校之间的学术和社会差异。例如，增加初级学院的招生名额，使更多的学生可以进入这些学校学习，从而逐步淘汰地方中等教育。另外，职业学校的课程逐步减少职业导向，以期能够提供给学生一种更加稳定和谐的教育。

尽管存在这些不足之处，马耳他的中等教育系统为寻求正式学业资格的学生打下了良好的教育基础，例如，中学毕业生可以获得马耳他大学入学考试的普通资格证书、英国大学颁发的普通教育证书，这些都是进入中等后教育的通行证。

马耳他的中等后教育有几种形式，其中第六年级和高级文法学校正变得越来越普遍，进入这些学校学生可以获得大学录取考试的高级资格和普通教育证书，并最终升入大学。公立高级中学吸引了3 209名学生，有 405 个学生被私立学校录取。这些学校有三种不同的分支：一支是自由艺术和语言，一支是算术和科学，最后一支是正在变得越来越流行的商业。

马耳他大学是马耳他群岛上最高级别的第三级教育机构。它有 10 个院系，包括建筑和土木工程、艺术、牙医、经济管理和会计、教育、法律、机械和电子工程、医药学、科学以及神学院。

大学结构体系的重大发展是建立了一些研究机构和中心，吸引跨学科研究和卓越的专业领域研究。这些机构和中心包括盎格鲁意大利人研究、远程学习、能量技术、保健、语言学以及地中海研究。而且，马耳他大学国际研究基金会，充当着马耳他国际水平的研究和培训工作的组织者与催化剂。这个基金会包括国际环境研究会，欧洲地中海海水污染危机中心，地中海社会科学网络等一些机构。大学的国际海洋研究机构反映了马耳他对全球环境问题热切的兴趣和国际主动精神，尤其是对那些与人类遗产、海洋研究、人权等密切相关的全球问题。

大学的院系与研究机构一般在其专门的教育和研究领域提供本科及研究生教育。1991 年 10 月马耳他大学招收了3 470名全日制或部分时间制学生。这个数字占 18～22 岁学龄人群的 13%，相比于 1981 年的 9% 已经是巨大的提高。

大学人数的迅速增加是由三种主要因素促成的，最主要的因素是完成一定水平的教育的人们继续追求更高、更好、更多教育的普遍的社会现象。所以许多马耳他人完成普通初等和中等教育后，又继续攻读中等后教育和高等教育。第二种影响因素毫无疑问是经济原因。许多马耳他家庭拥有优越的经济地位，除非到大学毕业，否则不指望依赖孩子们就业获得收入。中等后教育的学生和大学生可以获得优厚的薪金和假期兼职工作，这也保障了他们的经济安全。第三种至关重要的因素应该归结为政治和管理的改革。政府的改革政策也促使了第三级教育学生数量的增加。前任政府的政策是限制大学学习，甚至包括规范性的职业和实用课程，这些课程为学生毕业后就业作准备。根据评估要求，政府对职业课程的数量进行严格的控制，并且限制大学的职业课程，同时，坚决压制通俗艺术和科学课程的教学。当前政府对所有的学院采取开放性的录取政策，并致力于提高大学学龄人口的入学率，计划到 2000 年实现 25% 的入学率。

3.2 学前教育

学前教育既定的目标是对孩子们介绍家庭之外的教育环境，通过组织化的游戏帮助他们完成社会化的任务。托儿中心的建立使年轻妈妈可以有机会进入劳动力市场,采取这种选择的妇女的数目正在增加。公立幼儿园的平均班级规模是由2名保育员负责30~40个孩子,私立幼儿园的比率更高一些。

3.3 特殊教育

残障儿童教育是由盲人学校、聋哑学校、严重身体和精神障碍儿童的学校以及边缘儿童的学校共同来承担的。虽然这些学校提供的教育服务继续存在,马耳他当局的教育政策计划在可能的时候将残障学生并入正规学校进行教育。

3.4 职业、技术教育和商业教育

商业职业学校在中等教育水平已经有所涉及。相关机构提供的中等后技术教育满足了378个全日制、605个部分时间制学生的受教育需求。完成商业职业学校教育的学生,如果希望接受继续教育,可以进一步进行拓展技术训练项目,这一项目实行边学习边做学徒工的课程形式,并且吸引成绩比较优异的学生到更高一级机构就读。职前学校,如卫校、农业学校、建筑学校以及船员学校都是为学生从事某一个具体行业的工作作准备。

3.5 成人和非正规教育

非正规教育由政府组织和非政府组织共同提供,非政府组织包括大学、职业实体、贸易联盟、教会组织、政党、运动和文化俱乐部以及慈善机构等。非正规教育课程在性质上、学制以及学业成就水平上都有所不同,这些课程都比较热门,尤其是学习某项职业导向的课程的人数正在增加。

4. 行政管理的结构与运行

教育部负责教育政策的制定,并且作为最高行政机构,负责全国的公立和私立教育服务。教育主任掌管公立教育部门,并且由一个教育部副主任负责其附属初等、中等、中等后教育部门。教育部聘任教学和后勤人员,制定课程标准,拥有和维护学校基础建设,提供教材,并且集中管理所有正规和非正规公立教育。尽管公立学校的校长名义上对所有的学术和学校管理事务负责,但实际上,教育部依旧对地方学校事务施加影响。马耳他面积较小,各级之间的沟通也比较快捷、有效,这使得马耳他教育部门的主管能和最远的学校保持密切联系。通过学校领导和负责某一特殊教育部门的副主任之间的接触,并由地区教育官员加强这种联系,从根本上确保了政府教育政策得到有效的贯彻。

直到20世纪70年代中期,教育官员一直被称作“学校巡视员”,其职责是评估和报告教师的教学业绩,以及监管学校领导者的学术、管理和领导质量。因为拥有这样的特权和优势,学校教师们都服从巡视员的指导。然而,1975年马耳他政府和教师联盟达成了改编协议,为了强调他们的顾问职能而不是监控职能,将他们的头衔改成了教育官员,从根本上改变了他们的角色。与学校校长相比,他们也失去了在公务员等级中的优势身份地位,结果他们的行政地位也受到了影响。80年代,与快速增加的中等教育和商业职业学校部门相一致,改革后的行政管理风格也形成了一个管理和权力的真空地带,尤其是在那些领导缺乏经验、能力较弱的学校。现在,教职员工已经意识到教育官员的巡视规模应该减小,但是职能还是应该保留,他们的主要职能应该是在课程具体领域提供专业化的建议,以及教育方法的指导。

1988年教育法案提出地方学校行政的新发展动向,即建立学校理事会。这种学校理事会代替了以前的家长—教师协会的非正式的地位,并且肩负起个别学校大部分非教育的行政管理职能。每一个学校理事会的成员包括:教育部任命的主席,学校校长担任秘书和财务管理的职务,3个教职员工代表,3个家长或学生代表(后3个可以从年龄过16岁的学生中选出)。学校理事会将处理学校的非学术事务,例如学校设备的购买与维护,学校资金和服务的管理。但是,他们没有权力改变课程以及干涉教师的教学任务。政府将学校理事会当作减少集权化传统的途径,并且,借此可以改变控制马耳他公共管理所有部门的集权化文化。现在断言学校理事会可以提供公立学校所希望的自治尚为时过早,尽管这也是私立教育相应的部门所希望的。

马耳他私立学校发展程度已经比较高。20世纪70年代,私立学校获得大规模的发展,此时,正值公立学校经历一系列学术和管理剧变,这促使家长们追求私立学校这一更加稳定的教学环境。1991 年,1/3 的家长依然更倾向于送孩子去私立学校。尽管私立教育的发展已经促进了非教会私立学校数量的扩大,并且鼓励私人组织和基金会建立独立的学校,但是大部分私立学校依旧附属于教会。

根据法律,国家教育部授权管理私立学校的学术和行政事务。例如,私立学校要想运营必须获得国家承认的执照,教师也像公立学校的教师一样需要取得教师资格证书。实际上,除了满足国家最低限度课程标准的学术条款,遵守国家规定的招生、学校规模、教职员工的标准,私立学校,甚至那些接受国家资助的私立学校在行政上都是自治的。

5. 教育财政

马耳他当局将教育当作马耳他群岛人力资源的重要贡献者,在 20 世纪 80 年代继任的政府将国家预算的 8% 投入到教育。1990 年,国家将7 500万美元的资金投入到教育,而卫生事业、社会保障、能源与利用、基础设施、军事上获得的投入分别是 77. 5 万、2. 6 万、117 万、114 万、2 160万美元。除了国家投入的大量资金,据估计私人部门的资助也达 400 万美元。

因为马耳他群岛每一个部门的教育基础设施建设比较充分,所以,大部分预算基金都投入到周期性消费和薪金中。马耳他大学是个例外,因为它不得不扩充双倍的空间以吸纳大量学生的流入。马耳他的教育家意识到马耳他经费有限,国家不得不将资金分配到其他社会服务中和满足其他社会需要。然而,教育研究、新课程的开发以及教师继续教育等方面确实存在经费不足的现象。这一缺点在技术教育领域表现尤为突出,它需要源源不断的教育经费投入到教职工的聘任、设备和实验室的更新以及新方法的发展上。

6. 师资

目前,马耳他教育系统在职的教师有3 322人,其中2 249人在公立学校任教,另外1 073人在私立学校。而且,大约有 250 名教师作为非授课人员受聘于教育部,其中不包括私立学校中受聘于教育部的非授课教师的数量。大约 2/3 的教师是女性。

马耳他公立学校中,几乎 29% 的教师拥有教师文凭或学历文凭或高级教学资格证书,43% 拥有教师资格证书,2% 拥有技术资格证书,26% 没有经过正式的教师培训,只拥有中等后教育证书。我们没有获得私立学校的完全数字,但是可以肯定的是,资格认证与公立学校中的类似。

缺少正式资格认证的教职工的比例也反映了马耳他地方教师的匮乏。这种迹象表明,经济不景气的时候,年轻人都倾向于选择公共服务领域中稳定的工作。经济复苏的时候,教师缺乏的现象变得更加尖锐。教育服务不得不暂时依赖没有经过严格训练的中等后教育毕业的年轻人。1991 年,马耳他经济飞速发展,马耳他学校中非正式教师的数字也达到了顶峰。政府宣称要建设一支训练有素、接受过大学教育的教师队伍,但下列的原因对实现政府预定的目标极为不利。首先,尽管大量、高水平的教师队伍需求一直持续增长,但马耳他教育系统本身也在不断扩展。第二,尽管教师数量正在增长,但是教师工资相对于工业、商业、服务业部门的薪金要低得多。第三,尽管 1988 年教育法案确认了教师的职业身份,肯定了教师的地位,许多教师依然在抱怨职业压力大,工作疲劳,而且严重缺乏提升的机会。

教师教育的正规途径是完成马耳他大学教育学院提供的两种教师教育课程之一,即 4 年的学士教育课程,或者 1 年教育硕士学位课程。这些课程每年平均能为初等教育或中等教育培养 170 名教师。教育部下属的教育局在基础教育部门为没有培训过的临时教师安排新工作,也负责正规教职员工安置工作,马耳他大学、国立教育局、马耳他教师联盟均提供由教育学院组织的教师继续教育培训。它们也资助经验丰富的教师参加教育学院组织的夜校课程班,学习教育行政管理、指导与咨询、图书管理以及特殊儿童的教育等。从 1977 年起,教育学院一直提供教育硕士学位课程,也打算在 20 世纪 90 年代开办博士学位课程班,教育学院也领导和协调不同教育领域中的研究,比较著名的有教师职业发展、小国家教育发展、课程改革、教师的职业压力、教学情景研究、马耳他教育的社会变迁等。

大学的其他学院,如艺术学院和科学学院为教师提高某一专业领域的学科水平发挥了很大作用。

7. 课程开发与教学方法

马耳他的普通初等和中等教育在第二次世界大战以后开始改革。那时人们感到了马耳他与英国之间特殊的密切关系,并且当时很多当地人一度追求效仿英国人的生活方式,马耳他的教育也模仿了英国的教育体系。因为大多数学生都接受英国考试委员会举办的考试,所以教学大纲和课程标准不是反映马耳他的关注点,而是反映了英国的热点问题。1988 年教育法案中关于国家最低限度课程标准,也正是针对这些缺点提出的。

到 1988 年,马耳他的学校原则上是可以自由设置和发展课程的,但是事实上国家体系的主权文化意味着,学校必须遵循上级部门制定的教学大纲,而私立学校也必须符合公共考试的要求。然而,个别学校忽视一门或几门重要的科目也是可能的。例如,20 世纪 70 年代后期,物理和阿拉伯语成为 6 年级的必修课。许多学校删除历史和地理。一些私立学校忽视了马耳他语和马耳他历史的教学。国家最低限度课程标准从法律意义上确定了初等、中等、中等后教育的基本必修科目。

初等学校的学生由一个教师授课,几门科目的课程差异很大,但是教师被要求采用综合方法教授师生共选的课题。在早些年,大多数授课用马耳他语,渐渐开始用英语教学,从而保证学生完成中等教育时能够用两种语言会话和阅读,许多学生完成中等教育后可以应用两种语言。在中等学校里,课程是明显不同的,每一门课由一个专业的教师教授。前两年,学生学习一门公共核心课程,在后 3 年可以自由选课。攻读 5 年级以上学业的学生,可以选择继续选读大学录取考试中规定的高级课程,或者选择参加中等教育毕业考试。

对民族身份的强烈认同体现在对学校课程的重新审查方面,这样做的目的在于更好地适应当地文化和需求,加强马耳他群岛和欧洲的密切联系。新的审查不仅仅包括教学大纲的修订,还扩充了地方大学录取考试和中等教育考试的范围,即到 1992 年 6 月,这两种考试将涵盖以前由外国考试委员会提供的所有科目。

8. 2000 年面临的主要问题

像马耳他这样的小国家,教育经费的缺乏是持续困扰教育者的一个重要问题。每一个理应公平对待的项目因为有限的教师队伍和资金而竞争,这已经成为一个争执不下的问题。

人力资源的缺乏也导致另外一个持久的结构性资源的缺乏。像马耳他这样的小国会导致地方性比例失调,尤其是在教育服务领域的劳动力市场。尽管面积小,马耳他仍旧需要一个基本的教育行政部门,包括教育部,教育总部,教育官员,教师队伍和财政部门,专门的教育单位,考试机构等等。事实上它需要拥有比它大 1 000 倍的国家所需要的一切基本服务和机构。马耳他实际受雇于教育部门的人数比意大利要少得多,但是这种差异与居民的总数是不成比例的。所以,马耳他若要提供充足的教育服务人均所需的费用与人力资源的需求远远大于比它大得多的国家。

伴随着经济的发展和居民生活水平的提高,对多样性和优质的教育服务的需求也变得尤为突出。马耳他旅游业的发展,向欧洲大陆出口贸易的发展,大批量手工业生产到电子和尖端技术工业的转型,以及马耳他群岛成为海外银行和商业中心的目标都要求在课程中有所反映,要求教授更多的语言、新职业和商业的课程。

结果,首先是中等学校,后来是大学都不得不开设一些满足新的发展需要的课程。这些变化也反过来影响了新课程、学校基础建设的增加以及额外的教职工培训的投资。从国际标准来讲,资金的实际数量和所涉及的人员是很少的,但是相对于马耳他财政和人力资源来讲这已经是奇高无比了。

马耳他这个小教育系统不久将面临一个重大人口结构问题——教师人口老龄化。到 20 世纪 90 年代后期,60 年代聘请的教师面临退休,除非有新的教师力量来补充,否则 90 年代初期开始出现的教师队伍匮乏的现象将变得更加尖锐。公立教育部门即将退休的教师占教师人口总数的 21%。国家正采纳几项建议来克服这一问题,包括延长退休年龄到 61 岁、鼓励受过训练的已婚女教师重回讲台、提供更高薪金和改善生活条件等。每一项建议都需要经过仔细的评估,以避免破坏已有的社会和经济生态。例如,退休年龄的延长将可能阻碍年轻教师的晋升机会,这是一个两难选择,一方面会影响教育系统的需求,另一方面影响年轻教师人才的积极性。

晋升机会的限制是小规模教育系统最致命的阻挠因素,因为许多有能力的、自信的年轻教师感觉到他们的职业和经济发展受到严重的阻碍。他们不断受到好机会的吸引,而这通常来自繁荣发达的大国。而且,保持智力和有价值的高度熟练的专业技能也需要长久的努力。这一问题被国立教育部门特殊的就业模式强化,这一模式是偏斜的组织结构,大量的人才集中在低收入阶层的低端,而工资越高人也逐渐减少。这种结构使得晋升机会更少,并且竞争更加激烈。20 世纪 90 年代初期,马耳他重新编排了教师的工资规模。教师们可以不必离开教学岗位就可以晋升。这样,大量经验丰富的教师得到提升,同时继续提供他们训练有素的专业服务,而不必从事他们或许并不适合的行政岗位。

独立后,马耳他不得不建立独立的财政,确立本国的国家和国际政策,并且制定一个稳定的国家规范。在大多数国家企事业部门,从工业到教育正变得越来越自信和自立。这种现象将持续到 20 世纪 90 年代。马耳他大学正在计划建立新的学院和机构,一些项目已经开始开展,资金已经启动。尽管马耳他教育系统只拥有有限的教育者和教育资源,但是当地参与教育的积极性正在激增。职业教育文化,课程发展,试验教育,满足当地具体需求的结构性项目以及小规模的繁荣发展的教材出版业都反映了马耳他人在摆脱国外的思想和产品控制方面所做的积极努力。马耳他教育系统中,大学充当了新发展的先锋角色,包括在地方性工业、数字技术、地方剧院、艺术、民间文艺、马耳他语以及文化旅游,所有的这些都将对马耳他的社会同一性的复兴有利。

小型的国家拥有自身的生态系统,马耳他教育不得不面对自身的学术、社会、行政、经济和政策问题,这些方面对于马耳他来说都是独一无二的。从全球的视角看,这些问题或许微不足道,但是对于马耳他人来说,却是至关重要的现实问题。马耳他人正致力于建立一个高效的、具有前瞻性的教育系统来解决这些问题。

C. J. 法鲁西亚(C. J. Farrugia) 著

刘丽洁 译

附录

Government of Malta 1988 *An Act to Consolidate and Reform the Law Relating to Education in Malta*, Act No. XXIV. DOI, Valletta

Government of Malta 1989 *Education Act 1988*, *National Minimum Curriculum Regulations 1989* (*Primary Level*). DOI, Valletta

Government of Malta 1990 *Education Act 1988*, *National Minimum Curriculum Regulations 1990* (*Secondary Level*). DOI, Valletta

其他参考文献

Borg M, Riding R, Falzon J 1991 Stress in teaching: A study of occupational stress and its determinants, job satisfaction and career commitment among primary schoolteachers (in Malta). *Educ. Psychol.* 11(1): 59—75

Director of Education 1991 *Department of Education: Annual Report 1990*. DOI, Valletta

Farrugia C (ed.) 1988 *Education in Malta: A Look to the Future*. UNESCO, Paris

Farrugia C 1990 Malta: primary education. In: Pusci L (ed.) 1990 *Primary Education in Europe*. CEDE, Frascati

Farrugia C (ed.) 1991 *A National Minimum Curriculum for Malta*. University of Malta, FIS, Ministry of Education, Valletta

Farrugia C 1992 Authority and control in the Maltese education system. *Int. Rev. Educ.* 38(2): 57—73

Farrugia C 1992 Malta: Educational development in a small island state. *Prospects* 21(3)

Farrugia C, Attard P 1991 The Malta case-study. In: Bray M (ed.) 1991 *Ministries of Education in Small*

States. Commonwealth Secretariat, London

Fenech J 1991 Laying the foundations for cultures of teaching. *Education* (University of Malta) 4(2):2—8

Sultana R (ed.) 1991 *Themes in Education: A Maltese Reader.* Mireva Publications, Msida

Wain K 1991 *The Maltese National Curriculum: A Critical Evaluation.* Mireva Publications, Msida

Xerri C 1990 *The Development of Education: 1988—1990—National Report For Malta.* Planning Section, Department of Education, Valletta

荷兰的教育制度(Netherlands: System of Education)

1. 基本背景

荷兰是欧盟成员国中比较小的国家,国土面积大约4万平方公里,其中大部分是平原,只在南部和东部有一些山脉。荷兰有27%的国土低于海平面,但有60%的人口居住在这些地区。荷兰有12个省,每个省又分成若干自治市,每个省拥有的自治市的数量差别很大,弗雷渥兰(Flevoland)省有6个自治市,而诺德-布拉班特(Noord Brabant)省有125个自治市。通常情况下,小学学校和学生家庭的距离是非常近的。

荷兰是世界上人口密度最大的国家之一,平均每平方公里442人。荷兰共有人口1 510万,人口的构成变化很快,老龄化是当前非常重要的人口现象。

荷兰没有国教,而且教会和政府是分离的。1989年罗马天主教成为荷兰最大的宗教团体,信仰天主教的人口占总人口的36%,信仰新教的人口占1/5,另外还有1/3的人口没有登记宗教信仰。荷兰的通用语言是荷兰语。在弗里斯兰(Friesland)省,弗里斯兰语(Frisian)和荷兰语都是官方语言。在弗里斯兰学校,两种语言都被要求学习,而且弗里斯兰省的学校可以选择弗里斯兰语作为正式用语。

荷兰越来越变得多民族化了,从20世纪60年代以来,地中海国家的移民工人和荷兰前海外疆域国家的移民陆续到荷兰定居,主要定居在西部城市的老城区和一些工业城市。1992年大约有7%的人口是非荷兰裔的移民,还有2%是荷兰裔的外来移民。少数民族的孩子每周最多可以上5节本民族的语言和文化课。

1992年少数民族人口的失业率超过了30%,其中许多人的受教育水平很低。基本产业部门有交通、商业服务和非常发达的农业与园艺业。商品和服务的出口占国民生产总值的50%多。20世纪70年代以来失业率一直是个大问题,1992年失业率是8%,预计失业问题将会持续存在,尤其在少数民族和受教育水平低的人群中。妇女参加工作的水平低于欧洲平均水平,妇女的经济自立长时间以来受到社会安全计划和税收政策的阻碍。

荷兰劳动力中的5%分布在农业部门,27%在建筑业和制造业,68%在交通、服务和公共领域。荷兰的议会制度从1815年开始,1848年开始实行君主立宪。宪法规定,第二议院、12个省的议会以及约700个市议会都由直接选举产生。第一议院的75位成员由省议会选举。荷兰政党制度是多党制。荷兰在1917年给予男性公民普选权,1922年给予女性公民普选权。教育政策一般由国家制定,但管辖公立教育的自治市有自己特定的作用。

2. 教育政策与目标

19世纪末和20世纪初,政治和宗教作为两大支柱,对社会生活各个方面的影响都很大,这种支柱现象是荷兰政治和社会结构的典型特征。20世纪60年代以后对社会组织而言,支柱作为权威原则的作用降低了,但在某些领域仍然明显存在。教育就是一个最好的例子。教育自由受宪法保护体现在三个层面上:建立学校、管理学校和为学校选择宗教信仰。教育自由这个特征体现在荷兰教育体制的各个方面,使荷兰的学校千姿百态。荷兰的小学有2/3是私立的,绝大多数信仰天主教或新教,但从1917年起它们的资金是由政府提供的,之所以被划分为私立学校,是因为它们有自己独立的管理委员会。这种独立性是荷兰学校的重要特征。

教育的主要政治目标是:教育机会平等、提高教育质量以及发展个人和公民的责任感。

3. 正规学校体系

图 1 显示了不同教育水平的入学率。图 2 是正规学校体系的主要结构。表 1 提供了有关主要教育领域的重要数据。

3.1 *初等教育、中等教育和第三级教育*

荷兰的儿童从 5 岁到 17 岁必须接受义务教育,这个年龄段的入学率是 100%。直到 1955 年幼儿教育法案通过后,中央政府才对幼儿教育负责,但幼儿教育与初等教育是分离的。1985 年的初等教育法案把幼儿教育与初等教育结合起来,创造了新型的初等学校。初等教育学制 8 年。1980 年有 174 万名小学生和8 727所小学校。1988 年下降到 143 万名小学生和8 426所小学校。然后小学生的人数逐渐增加,预计到 2000 年会上升到 162 万名。荷兰的学校有以下几种类型:公立学校(拥有全部小学生人数的 31%);私立非宗教学校(5%);天主教学校(33%)和新教学校(31%)。

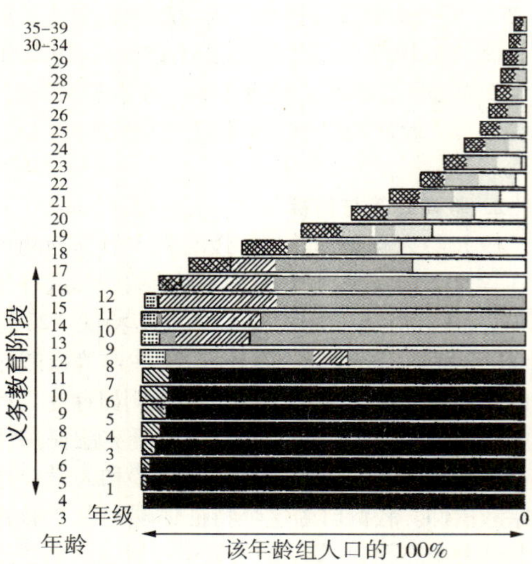

图 1　荷兰:正规教育体系的结构(1993)

表 1　正规教育的入学注册人数和教育资源(1990)

	初等教育	中等教育	高等教育
学生注册人数(×1000)	1 545[a]	1 613[b]	385[c]
占入学注册人数的百分比			
4~11	99.4[d]	—	—
12	44.0	55.5	—
13~16	3.7[e]	95.0	—
17~18	—	75.0	5.5
19~23	—	19.3[f]	8.4
24~28	—	5.4	5.7
学校数量	9426	1835	141[g]
每个学校平均学生人数	164	880	2 730[h]
生师比[i]	17.5	15.8	11[j]
生均费用 (×1000 荷兰盾)[k]	5.2	5.7[l]	8.4[m]

a 包括特殊教育(106)

b 参见图 1:大学预科(VWO)和普通中等教育(AVO)。前 3 年(480)和后 3 年(209),中等职业教育(VBO)人数(176),IBO(49),MBO(248),vt - KMBO(27)。包括中等教育和成人教育部分时间制学生(DAO 119),dt MBO(15),LLW(138),Vormingswerk (8)和其他中等教育(149)

c 高等职业教育(HBO)全日制(183),HBO 部分时间制(50)以及大学(161)

d 特殊中小学教育的学生人数持续增长,直至 11 岁,然后降低(5 岁:1%,10~11 岁:7%,15 岁:3%)

e 中等特殊教育

f 包括部分时间制课程,不包括函授、校外口头教学和商业课程

g HBO (73 所全日制学校,56 所部分时间制学校),WO (12 所大学)

h HBO 全日制学生(2 507 名),部分时间制学生(967 名),大学(13 879名学生)

i 所有关于人员数据均按照全职人员计算

j 不包括行政和辅助人员,不包括研究机构人员。包括上面所有人员,生师比将会是 5.7:1

k 人员、材料、房屋和其他

l 财政年度报告,Min. O&W 1990 年

m 包括来自学生的赞助

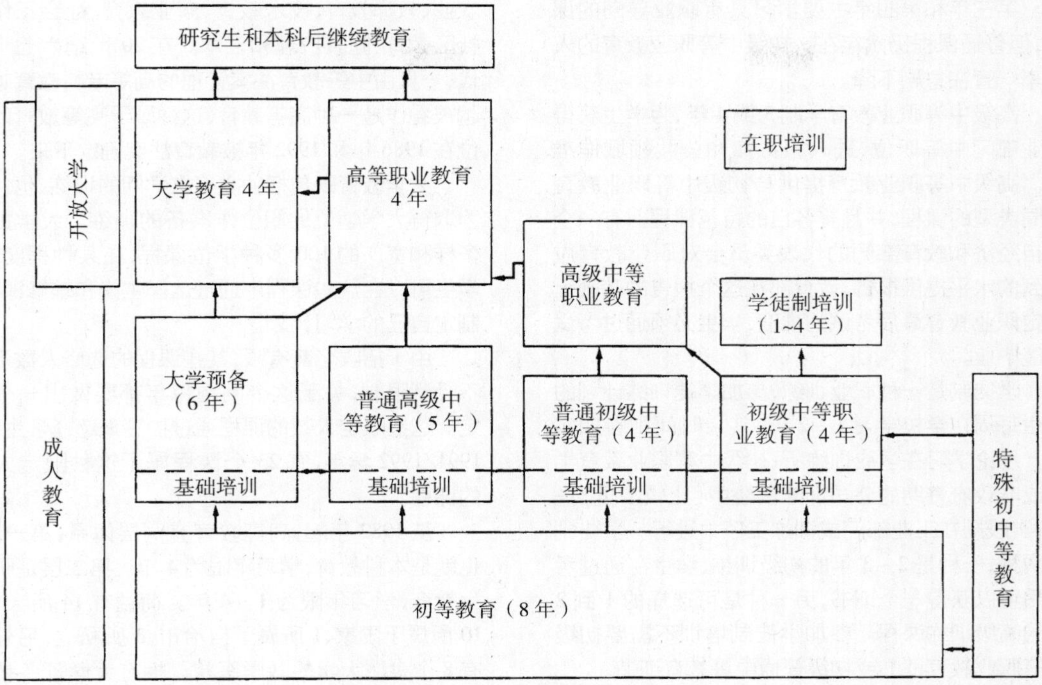

图2　教育体系的组织结构

资料来源：荷兰教育与科学部

1990年有3 585个地方学校委员会,其中2 197个只负责1所小学,996个负责1~6所小学,392个负责6所以上的小学。

在初等教育的前3年,孩子们总共必须学习2 240个小时,相当于每学年最少480小时。剩下的5年中每年孩子们必须至少学习1 000小时。每天的教学时间最多不能超过5.5个小时。在决定这些时间的内容安排时会考虑读书和活动的平衡。

中等教育学制4~6年,与普通初等教育和特殊初等教育相衔接,学生的年龄一般是12岁到18岁。中等教育明显地分成两部分:普通教育和职业教育。在20世纪80年代,由于人口减少,学生人数有所下降,其中中等职业教育(初级)的入学率下降最大。

中等教育的第一年是过渡期,起一个连接小学教育和中学教育的作用,并且将不同类型的中等学校联系起来。中等教育中的前一阶段属于义务教育,这个阶段的中等学校每周上5天课,每年的总课时在960到1 280之间,相当于每周24~35个课时(每课时50分钟)。

大学预备教育(VWO)学制6年,是为学生进入大学或高等专业学院(HBO)作准备的。高级普通中等教育(HAVO)学制5年,是专为准备进入高等专业学院的学生设计的;初级普通中等教育(MAVO)学制4年,学生毕业后可以进入高级普通中等教育的4年级、进入高级中等职业教育(MBO)、参加学徒训练计划或非正式的非全日制教育。

初级中等职业教育(VBO)提供4年的职前教育课程,学生可以选择技术课程、家政学、商业教育、零售贸易教育和农业教育。前两年主要学习普通课程,包括荷兰语、几何、一门现代外语和普通技术。第三年和第四年主要学习具有职业导向的课程,但普通课程仍然存在。初级中等职业教育的入学率一直在急剧下降。

高级中等职业教育学制 3 或 4 年,为学生获得工业部门中等职位、进入服务业和公共领域作准备。高级中等职业教育提供与初级中等职业教育相同类型的课程,并且有各自的特色课程。有一个来自经济和教育部门的代表委员会对职业教育应达到的水平提供报告,教育部在这个报告的基础上决定职业教育最后考试的难度,学生必须通过考试才能毕业。

学徒制是一种职业训练,参加学徒训练计划的学生每周在学校学习 1 ~ 2 天,其余时间则参加实践。理论学习在学徒训练所、初级中等职业教育学校或非政府资助的公司训练学校中(比较少见)进行,实践则在工业部门或训练工厂中进行。学徒制有两种,一种是 2 ~ 3 年的初级训练,学生在通过考试后可以获得一个证书,另一种是可选择的 1 到 2 年的高级训练课程。参加学徒制培训不需要初级中等职业教育证书或初级普通中等教育证书。

如果初级中等职业教育或初级普通中等教育的毕业生在高级中等职业教育或学徒制中找不到合适的课程,他们可以选择专为他们设计的短期高级中等职业教育(2 ~ 3 年),这种短期课程为 16 岁以上的学生提供获得初等职位的教育,其中无论是学校内还是学校外的实践都是很重要的一部分。

从 1975 年以来,如果一个学生到了 16 岁以后不愿意继续升入全日制学校,那么这个学生必须接受为期 1 年的非正规教育,每周在非全日制的学校里上 1 天或 2 天的课。这种非正规教育包含许多由专家带领的社会和教育活动,目的是帮助学生进一步发展自我,适应社会。实施这种非正规教育的教育机构必须隶属于全国年轻工人非正规教育组织或全国新教年轻人非正规教育组织,这样它们才能得到资金。上述两个组织都制订一些非正规教育的标准。

高等教育包括高等专业教育、大学和开放大学。高等专业教育为需要更高专业资格的工作提供理论和实践训练,与中等教育的高级类型相衔接(HAVO,VWO, MBO)。高等专业教育包括 7 种:农业、教师教育、技术教育、商业教育、社会工作和社区教育、健康护理和艺术。在 20 世纪六七十年代,一直由中等教育法案管理的高等专科教育越来越被看作是一种高等教育,这种属于高等教育的地位在 1986 年和 1992 年被教育法案确定下来。

大学教育既包括独立追求学问的训练,也包括为取得大学学位的职位作准备的训练。大学提供多样和宽广的 100 多种学位课程,在某种程度上,学生可以在这些课程中通过选择主修和辅修课程,制定自己的学习计划。

由于招收名额有限,某些课程的选修人数不得不受到限制,关于这个问题每年都要做出一个决定。这些限定人数的课程通过抽签来选择学生,在 1991/1992 学年,有 23 个课程属于这种限定人数的课程。

从 1982 年起,高等教育有两层体系,第一层,也就是本科教育,学习年限为 4 年。第二层是研究生教育,学习年限为 1 ~4 年。荷兰有 14 所大学,10 所属于国家,1 所属于自治市,3 所私立,另外还有 8 个隶属大学的教学医院。拥有大学预备教育或高等专业教育文凭就可以申请上大学。

圆满完成学业的学生被授予博士(drs.)、硕士(法律专业毕业生,mr.)或工程硕士(工程专业毕业生,ir.)。国际上,他们可以使用硕士的头衔。研究生层次的培养目标是研究者,教师或专家(医学领域)。大多数情况下博士需要 4 年的学习时间。

3.2 学前教育

从 1985 年 8 月份起,义务教育的起始年龄是 5 岁。荷兰不存在正式的独立的学前教育,几乎所有的孩子都在 4 岁时上学。许多 2 岁或 3 岁的孩子在入学前上幼儿园。通常 2 岁孩子的教育不受国家资助,家长支付全额费用。幼儿园由私人或地方权威组织开办,但福利、健康和文化事务部一直帮助幼儿园的发展。有些学校在校园内建立了幼儿园,有些特殊类型的学校接受 3 岁的学生。

3.3 特殊教育

特殊学校的服务对象是 3 岁以上的残疾儿童以及有学习或行为障碍的儿童,为他们提供比普通中小学更多的帮助。原则上,特殊小学的入学年龄和普通小学相同,但不同的特殊学校的入学年龄并不相同,大致在3~6岁之间。特殊中学的入学年龄是12岁或12岁以上,最大不能超过20岁。只有在极特殊的情况下才有例外。

特殊学校在专家委员会建议的基础上接受孩子入学,并每两年对学生进行一次检查。

荷兰特殊学校的种类一直在增加,面临各种学习困难的学生(例如聋、盲、听力有障碍、语言障碍、视力障碍、肢体残疾、智障、心理失调等等)都可以找到适合自己的特殊中小学。虽然特殊学校学生的绝对数目增长幅度较小,但相对增长比较大,因为这个年龄段的孩子的总体数量在降低。令人惊讶地是,在整个特殊教育领域,男孩子与女孩子的比例大于2:1。在1991年共有1 004所特殊学校和大约109 000名学生,其中学前阶段3 000名、小学阶段74 000名、中学阶段32 000名。平均生师比是6:1。少数民族儿童的人数增长很多,1991年占特殊学校总学生数的12%。

大约有60%离开特殊学校的学生进入中等教育,6%的学生进入初等教育,其余的学生则离开整个教育系统。特殊教育学校和参加工作的衔接由地方政府负责。

现在越来越多的人强调应该让残疾孩子进入主流的普通学校。1985年荷兰通过了特殊教育法案,它的许多条款与初等教育法案类似,因为特殊教育法案的目的就是鼓励特殊学校与普通学校的衔接,特殊教育法案还鼓励特殊学校和普通学校的合作。

教学建立在学校工作计划的基础上,学校工作计划提供整体的教学安排和教学内容。课程必须包括普通小学所有的科目,当然可以为了适应残疾孩子而做些修改。每个学年7岁以下的孩子至少学习880个小时,7岁以上的孩子至少学习1 000小时,每天的课时在2.5小时与5.5小时之间。

3.4 成人和非正规教育

在荷兰,组织成人教育和非正规教育,不管是公立还是私立,都是国家的责任。成人教育向18岁或18岁以上的人开放,包括成人基础教育、成人中等教育、职业课程和非正规成人教育。成人基础教育是指帮助成人获得对个人和社区必要的最低限度的知识、态度和技能。少数民族可以得到特殊的服务,例如使用少数民族自己的语言作为教学语言。但是成人教育的主要目的还是帮助他们在荷兰语社会中立足。初级普通中等教育、高级普通中等教育、大学预备教育和高级中等商业教育(MEAO)中都有白天或晚上的课程向成人开放,并提供学位课程。成人也可以一次只选读一门课。学习这些课程的最低要求是已完成义务教育。高级普通中等教育、大学预备教育和高级中等商业教育则有其他具体要求。

成人职业教育包括为取得职业资格而设计的课程,成人可以按照自己的兴趣申请入学,也可以根据地方雇佣办公室等组织的建议来申请入学。

成人教育不由公共资金资助,信息有限,但是它似乎是一个很大的部门。1989~1990年大约有22.6万人参加,其中有13万人参加面授教育,同年有16.2万人参加电视课程。

开放大学于1984年创办,它提供远程教育课程。除了年满18周岁,开放大学没有别的入学条件。开放大学在全国有18个学习中心,它的学生可以自由设计自己的学习计划,并且可以在家里以自己的进度学习。教学主要是通过函授进行。许多课程提供大学或高等专业学院(HBO)的学位。1990年有53 000人参加开放大学的学习项目,其中男性占60%。有些学生已经拥有高等教育文凭,但他们依然选择开放大学继续学习,并且数量惊人。开放大学的主力军还是那些已经参加工作的人。从1988到1990年,开放大学的学生每年增长25%。

成人教育和非正规教育每年的经费大约是65 000万荷兰盾(32 500万美元),占国家教育经费的2%。主要经费来源是民间,地区项目有时接受国际基金会(主要是欧洲)的赞助。

4. 行政管理的结构与运行

荷兰教育体系建立在强大的法制基础上,各个特殊领域的具体法规都以法律为基础。具体法规通常都以委员会命令的形式出现。议会有权力要求委员会在付诸实施前提交给议会。立法的重点在教育的投资和组织。

荷兰教育体系有一个明显的特点：存在一个中央教育政策。中央政府的主要责任在于组织、投资（包括教育职员的人事、法律方面的事务）、监督、视察和促进革新。省主要负责教育的管理，但也在成人教育中起作用，最近又增加了计划和建议的工作。学校的管理以当地为基础实施。自治市管理公立学校，基金会或委员会管理私立学校。自治市还行使许多不同的管理任务，例如保证义务教育法得到贯彻实施。自治市也为公立和私立学校的设施付钱。

教育和科学部负责协调科学和教育政策，还负有监督视察教育的责任，监督责任具体由督学团实施。督学团是个分权化的团体，1990 年它有 14 个地方办公室，共有 500 个职位，其中 237 个由督学充任。督学团的责任是保证法制被遵守、推进教育发展并向部长作报告，报告可以是在部长要求之下而做，也可以是主动做出。大学和高等专业学院中的审查委员会是一种自我评价，高等教育督学团负责为其提供支持。

外部团体可以对教育政策提出建议。教育委员会和教育咨询委员会一般会对教育政策提出建议。教育科学部部长和各种咨询团体讨论教育政策的制定，咨询团体的成员来自教育机构、父母、教师和学生。有相关利益的社会力量可以通过各种咨询团体影响教育政策，荷兰主要有 4 种学生保护组织：天主教的、新教的、私立非宗教派别的和公立学校的。每个学校必须建立一个由父母和教师参与的委员会。

5. 教育财政

除了由农业和渔业部资助的农业教育，正规教育由教育科学部提供资金。资金主要来自税收，部分来自学费。高等教育机构可以从基于合同的教学和研究中获取收入。非政府资助的教育也占很大一部分，其费用完全由学生、学生家长或雇佣者提供。政府资金按一些条件分配给各部分的教育，有关条件包括学生数目、班级规模和教师工资水平等。另外关于教师待遇、资金成本和日常开支还有专门的法规。“超支”法规源于宪法所规定的公立学校和私立学校之间的财政平等，如果在某一学年某自治市对公立教育的财政支出超过一定限度，它必须给当地私立学校提供相同数目的资金。1987 年地方政府为教育设施支出大约 6.8 亿荷兰盾（3.4 亿美元）。

荷兰是经合组织成员国中高等教育支出占国民生产总值比例最高的国家之一。1976 年和 1987 年间荷兰的教育支出持续增长，教育支出一直保持在国民收入的 7%，但教育支出占国家预算的比例在 1975 到 1983 年间有所降低，然后保持在 15%。1990 年荷兰政府所能支配的资金中的 15.5% 分配给教育部（如果去掉学生录取系统的预算的话是 13.2%）。

1992 年教育科学部所能支配的资金中的 21% 拨给了初等教育，5% 拨给特殊教育，20% 拨给普通中等教育、大学预备教育和初级中等职业教育，9% 拨给其他职业教育和成人教育，24% 拨给高等教育、科学和研究政策，18% 作为奖学金，3.4% 拨给教师培训、教育支持组织、督学团和一般开支。

初等和中等教育中的生均教育费用有所增加。高等专科教育中的生均费用降低了 15%，而特殊教育中的生均费用增加了 18%。1988 年初等教育中的一个小学生花费3 612荷兰盾（1 806美元），特殊教育中是12 641荷兰盾（6 321美元），普通中等教育是5 583荷兰盾（2 792美元），初级职业教育是6 493荷兰盾（3 247美元），高级职业教育是5 461荷兰盾（2 731美元），高等专业教育是7 867荷兰盾（3 934美元），大学是10 120荷兰盾（5 060美元）。

6. 师资

教师培养是高等教育的一部分。小学教师由高等专业教育或专门培养小学教师的教育专科学院（PABO）来培养，学制 4 年，目标在于保证每个小学教师都有能力教授小学中的所有科目，1987 年以前注册学习培养小学教师课程的人数曾严重下降，但目前增加得很快（1987 年有3 000 ~ 4 000人，1990 年有6 000人），毕业生也在增加（1987 年 1 700人，1989 年2 600人）。

中学教师有一级或二级两种资格。二级教师

可以在初级普通中等教育、初级中等职业教育、高级中等职业教育以及大学预备教育和高级普通中等教育的前三年任教。一级教师可以在中等教育所有类型的学校中任教任何年级。高等专科教育为培养二级教师提供普通科目的课程,其学习年限为4年。1979年以来还有5年的技术科目的课程。虽然毕业生的数目仍在下降(1987年有2 254人,1989年有1 755人),但是学习这些课程的人数在增加(1987年有3 148人,1990年有4 427人)。

如果要获得一级教师资格,必须在大学毕业后再接受1年的研究生教师培养课程,学习这些课程的费用全部由政府支出。如果要在特殊学校中任教,必须在获得高等专业教育的教师资格后再学习2年的课程。高等专业教育也提供业余的教师培养课程,参加这些课程的人数在减少。由于媒体的负面报道、与其他专业相比工资较低、升迁机会少以及缺乏流动性等,教师专业的吸引力在降低,因此对新教师的招募和培养引起了关注。

小学教师正常情况下每周工作40小时,中等学校教师的标准工作量是29个课时。教师的工作不仅包括教学也包括非教学的责任。如果教师被给予额外的工作,例如职业指导,就会被减免部分教学工作。

大学教师由另外一套法规来管理,这套法规以公务员制度为基础,但根据大学的具体环境做了修改。

7. 课程开发与教学方法

受宪法保护的教育自由受制于教育科学部规定的教育标准,标准包括在某一特定类型学校中,法律规定必须学习的科目以及其他有关毕业考试内容的具有约束力的规定。但还没有为所有类型的学校设定成就目标,因为教育科学部部长认为,与意识形态自由和课程自由一致,教学内容的产生和评价也不应该服从中央规定。学校理事会负责选择课程。

在初等教育中,学校工作计划是学校理事会的主要工具。在教学人员的建议的基础上,教育计划的组织和内容至少每两年制订一次,教育计划包括学习内容的选择、教学方法以及检测和报告学生进步的方式。每年都有一个为具体课程设计的教师和学生的活动计划。学校工作计划由督学团批准,活动计划可供督学团检查。

在中等教育中,教学人员制订课程计划,并由督学团批准。学校必须提供有关科目、时间、组织和学校如何处理多元文化社会背景的详细信息。教育部长设定了每门科目所用时间的上限和下限。从1993年起,所有类型的中等学校的学生学习15门"核心课程"(每年3 000个课时)。学校课程的20%可以由学校理事会选择。

20世纪60年代课程开发开始系统地组织起来,全国课程发展中心在1975年建立,主要任务是提供和促进对课程的建议。学校联合会决定采取哪个或哪些建议,然后各个学校的理事会决定怎样实施。除了全国课程中心,一些大学的研究和发展中心以实验的形式开发课程。

教学材料的生产和发售是商业化的私人运作,但大多数情况下建立在与全国课程中心的合约基础上。教育出版集团代表30个出版社,它们的营业额加起来占荷兰整个教育出版市场的90%。

8. 考试、升级和证书制度

在大多数小学,学生自动升级,通常情况下学生在12岁时通过考试得到第一个正式的证书,考试由中央考试发展研究中心设计。1990年有58%的小学生参加该考试。外部考试已经变得很少见。

在普通中等教育中最后的考试有两部分:学校的考试和全国考试。两种考试都在最后一年举行。学校考试在全国考试之前进行。各个类型学校的全国考试同时举行。初级中等职业教育的考试分四个层次,其中最难的两个由教育部主持进行。高级中等职业教育的考试也由教育部主持,举行一个全国性的统一考试。大多数情况下,各学校自己安排与"成就目标"相关的考试。

高等教育第一年结束时有一个考试,以决定学生是否可以继续以后3年的学习。在4年的学习结束时,学生必须参加最后的考试。学校理事会(在高等专科教育中)或教师协会(大学中)负责组织考试和保证考试的质量。通常情况下每所大学或每个院系都有自己的考试委员会。

9. 教育评价、评估和教育研究

评价研究，也就是对教育状况和教育成果的调查，有助于提高教育质量。在初等教育中，每门科目每8年接受一次评估，评估结果可能带来政府的干预。学校也可以把自己的评估结果和全国的数字作比较并且做出调整。

对特殊学校学生数量增长原因的研究揭示：初等教育的课程僵化、教师缺乏工作热情、特殊学校不再局限于残疾学校的名声、对孩子的期待、要求和给予孩子的支持之间的平衡被打乱。特殊学校学生数量增长与其说是因为有学习困难的孩子增加了，不如说是一个社会问题。

在提高高等教育机构自主权的同时，政府也加强了对教学和研究质量的重视。控制质量的方法发展起来。督学团的作用也明朗起来，主要是发起和组织质量控制和质量评估。

10. 20世纪八九十年代的主要改革

1985年引进新型小学校，允许学生自由自主发展。采取措施鼓励学生从特殊教育转入普通教育。特殊学校的种类增加了。

1975年，在长期争论教育应否是社会改革的工具之后，教育部提议建立综合学校，这是一种为12～16岁之间的所有学生开办的学校，通过分层教学来处理学生之间的差异。在长期争论之后，建立了15所实验性的综合学校。之后的僵局一直持续到1986年，那一年，政府政策咨议会做了一个关于基础教育的报告，报告把讨论的重点从教育结构转移到教育内容上。由于学生在中等学校选择的课程给高等教育带来越来越多的问题，所有的学生，尤其是女生，学校鼓励他们选择数学和科学科目。学生必须选择两门外语，在高级普通中学和大学预备学校中还必须选择数学。

所有中学生必须增加一门考试科目的学习。为了达到考试科目的平衡，哲学和社会学被作为考试课。几乎所有的学校都开设了计算机和信息科学的选修课，信息技术是否应该作为独立的科目在高级中等教育和大学预备教育中开课还在讨论之中。

20世纪80年代高等教育的结构变化很大，本科教育被减为4年，高等教育机构被给予更多自主权，双层体系被引入，高等专业教育取得了可观的经济收益。350所院校被合并为51所大型的综合学院，其中大多数是专门培养小学教师的院校。合并被认为可以促进自主和课程的改革。现在的学院必须至少有600名注册的学生。

在1982年和1986年大学教育发生了两个重大变革。第一个变革的目标是缩减3.17亿荷兰盾(1.58亿美元)的开支，因此53种课程被取消，牙科学的教师从3个减到1个，2个人类学系和4个哲学系被关闭，社会科学、人文科学和医学都有所缩减。第二个变革从1986年开始，教育科学部部长不得不亲自采取行动，因为大学不再提交建议，节省的1.29亿荷兰盾(6 400万美元)中有7 000万荷兰盾(3 500万美元)被返回大学作为改革的费用。

11. 2000年面临的主要问题

尽管初等教育法案(1985)致力于为学生提供不受干涉的全面的个人发展，但实际的进展还是远不令人满意，只有35%的学校采取分层教学和个性化教学这两个对实现该目标很必要的工具。另外幼儿教育仍然是一种独立的教育，许多学校仍然没有有效地把幼儿园和小学教育结合起来。虽然对于多元文化教育的重要性有广泛的赞同，而且来自少数民族的学生在增多，但其实施却非常困难。

教育优先政策的目标是消除教育的不利因素，重点是学生的社会经济背景和民族背景。在来自不利教育背景的学生比较多的地方，提供了额外的资金。评估显示该政策有所成功。然而，在大城市的某些地区，由于大多数学生来自少数民族，越来越多的学校变成了“黑色学校”。白人父母往往把自己的孩子从这些学校转走。

初级中等职业教育越来越遭到忽视。基础教育应该提供一种核心教育，使学生能在这种教育的基础上能够不断获取新知识和新技能。

没有拿到任何证书就离开全日制中等教育的学生在增加，其中一些学生继续接受非全日制的教育并获取证书，没有证书的毕业生很难找到工作。

由于选课不当,许多从大学预备教育和高级普通中等教育进入高等教育的学生遇到很多困难。高级普通中等教育和高等专业教育的交接有很多问题,因此,高级普通中等教育的毕业生在高等专业教育学生中的比例降低。高级普通中等教育的学生数量在未来几年将会减少,这已成为人们关注的问题。

在教师培养方面,中等教育和大学教育中的某些科目(数学、经济、精密科学和技术)存在教师短缺的问题。

E. J. 维克(E. J. Vuyk) 著

贾玉梅 译

附录

Central Bureau for Statistics 1992 *Statistical Yearbool.* CBS, The Hague

Inspectorate of Education 1992 *Onderwijsverslag over het jaar 1991.* Inspectorate of Education, The Hague

International Association for the Evaluation of Educational Achievement (IEA) 1988 *Science Achievement in Seventeen Countries; A preliminary Report.* IEA, Oxford

Ministry of Education and Science 1989 *Richness of the Uncompleted Challenges Facing Dutch Education. Reviews of National Policies for Education. The Netherlands'Report to* OECD. Ministry of Education and Science The Hague

Ministry of Education and Science 1989 *School op weg naar 2000, Een besturingsfilosofie voor de negentiger jaren.* Ministry of Education and Science, Zoetermeer

Ministry of Education and Science 1990 *Basic Education in the Netherlands. Newsletter No. 45E.* Ministry of Education and Science, Zoetermeer

Ministry of Education and Science 1990 *Education Funding in the Netherlands. Newsletter No. 38E.* Ministry of Education and Science, Zoetermeer

Ministry of Education and Science 1990 *Primary Education in the Netherlands. Newsletter No. 40E.* Ministry of Education and Science, Zoetermeer

Ministry of Education and Science 1990 *Weer samen naar school: perspectief om leerlingen ook in reguliere scholen onderwijs op maat te bieden: hoofdlijnennotitie.* J Wallage, Zoetermeer

Ministry of Education and Science 1991 *Referentieraming 1991.* Ministry of Education and Science, Zoetermeer

OECD/OCDE 1990, *Education in OECD countries 1987—1988, A compendium of Statistical Information.* OECD, Paris

Science Council for Government Policy (WRR) 1986 *Basisvorming in het onderwijs.* WRR, The Hague

挪威的教育制度(Norway: System of Education)

1. 基本背景

挪威国土面积20万平方公里,与英国、波兰和意大利相当。挪威海岸线总长度为2 656公里,港湾众多。目前全国人口总数为400万,与19世纪晚期相比增长了一倍。人口密度为每平方公里21人,是在冰岛之后欧洲人口密度最小的国家之一。随着19世纪中期挪威工业的发展,大量的人口涌入城镇,尤其是东南部地区。但是,挪威仍是地广人稀,城镇的规模较小,事实上许多人口相对集中的小社区的存在正是挪威社会的鲜明特征。

保持原有的人口分布模式,有助于保证挪威人民的生活水平,这在挪威的政界是达成共识的。教育机构是维持这样的人口分布模式的重要因素。

当代挪威社会人民的生活水平高,经济和社会的公平程度高,人口的同质性高。少数的移民没有给挪威带来多文化和多民族的背景。在北部地区,居住着萨米族人。他们以放养驯鹿、打猎和捕鱼为生,他们的语言和挪威语完全不同,萨米族人保留了他们大量的传统文化。

1814年,长达400年的挪威与丹麦同盟结束,这标志着挪威现代史的开端。之后挪威颁布了民主宪法,成立了君主立宪制的国家。从1814年到1905年,挪威与瑞典结成了新联盟。

从1935年至1981年工党(即社会民主党)长期掌权,其中只出现过两次中断。之后由工党和中间及右翼政党轮流掌权。

第二次世界大战后,挪威的产业结构发生了巨大变化。基础产业的就业人口大幅度减少。重工业的就业人口数下降,而服务产业的规模迅速增大,从1972年到1989年间服务产业的就业人口数增加了55%。

自从1890年收入均等化的运动以来,当今挪威社会几乎没有阶层的差别。实现经济增长和高就业率是重要的政治目标。1987~1988年度的失业率非常低,但是1990年失业率上升至5.2%。失业率对青年人造成了最严重的打击,教育制度已经成为政府与失业作斗争的工具之一。

挪威的石油和天然气资源十分丰富,石油和天然气的产量迅速增长,为国民生产总值做出了重要贡献。挪威被认为是当今世界最富有的国家之一。

对于来自不同社会和文化背景、不同性别、不同居住地的所有人教育机会均等,这是教育政策一贯坚持的重要目标。早在1920年,国会就建立起单轨制,以保证所有的继续教育都应该建立在完整的七年义务教育的基础上。

尽可能让孩子们在家附近就能完成小学至高中的教育是国家非常重要的目标。这意味着学校规模非常小在挪威是普遍的现象。

人人都有平等的受教育权利。各级公立的学校和大学都是免费的;几乎所有的孩子都进入公立的小学和初中学习,96%的孩子进入公立高中。所有的学校都是男女合校,不分阶层。课程对男女也没有差别。

2. 教育政策与目标

向所有学生提供相同的小学和初中教育是达成共识的教育目标。在挪威,对11岁或12岁学生进行分流,让他们进入不同的学校,这是难以想像的。但右翼党派提出了在初中最后阶段进行一定的分流,并且颁布更严格的课程大纲。虽然如此,这方面意见的分歧是较小的。

在高中教育的结构问题上则存在较大的分歧。1974年高中教育法案在国会辩论,当时工党希望所有的为16~19岁的学生设立的学校都办成综合学校(比如提供广泛课程的学校,包括学术课程和职业课程、统一管理、统一校园),国会则不接受这一提议。大多数人认为当地的政府作为学校的所有者,有权决定学校的组织形式。因此,值得注意而且非常有趣的事情是1974年以后建立的学校无论其所在地区当局的政见如何,都采用综合学校的形式。其中一个原因是这种学校组织形式有利于实现在人口稀疏的地区建立独立的高中。但是即使在城镇地区,综合学校也纷纷建立起来。综合学校的学生接受与专门学校相同水平的教学,在他们所选的课程上参加相同的考试。

挪威的各级教育基本上是属于公共事业,但是州应该对那些具有宗教背景的学校和采用趣味教学法的学校进行财政上的支持。右翼党派希望看到更多的私立学校得到州的支持,使州立学校处于更激烈的竞争中。他们希望在选择学校上给学生更多的自由,而其他党派则希望避免出现学校间质量参差不齐的状况。

有人可能认为工党和中间党派更强调机会的均等,而右翼党派更注重提高学术水平和满足经济和产业发展对教育的需求。但是,他们之间的分歧与其说是不同种类的差别,不如说只是着重点和程度上的差别。在国会对教育问题进行辩论的时候,关于教育的目标和原则问题几乎是没有异议的。

但是,在建立全国教育改革委员会的问题上总是存在着一些不同的意见。全国教育改革委员会承担了30年来挪威学校的改革和发展的主要工作。委员会在引进九年义务教育(1969)和制定高中教育法案(1974)的过程中起到了关键性的作用。中间和右翼党派在1981年上台后废除了全国教育改革委员会,并且建议总体上应该将改革工作落在具体学校上,改革应该源于当地的需要和调动当地的积极性。

3. 正规教育体系

3.1 初等教育、中等教育和第三级教育

图1是挪威的正规教育体系的结构图。表1是关于各级教育的入学人数和学校资源的数据。

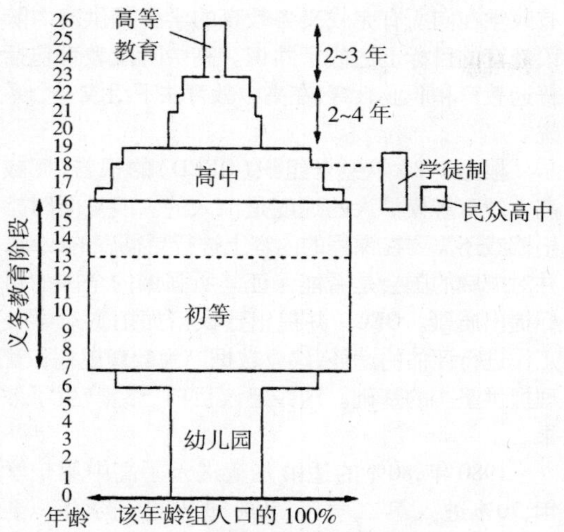

图 1　挪威:正规教育体系的结构

1887 年教育法案规定所有的学生都必须接受七年的义务教育。1969 年基础教育法将义务教育的年限延长到 9 年,并且提出消除城镇学校和农村学校的差别。

基础教育阶段包括 1 ~ 6 年级,初中教育阶段包括 7 ~ 9 年级。初中学校的数量很多,因此 7 ~ 9 年级的学生可以上专门学校,专门学校可以向学生提供更专门化的设备和变换环境的机会。

教育部规定课程的种类、最低教学时间和任课教师的资格。小学和初中的课程大纲规定全国教学的总体框架。课程大纲规定教学原则,确定所有科目的目标和核心的必修内容,并对教学方法和教学评估等提出意见。具体的课程安排由各学校具体负责。

班级的最大规模是每班 28 人。小学每班平均 18 人,初中平均 22.5 人。学校的规模太大会影响形成良好的学习环境,新学校的最高学生人数限定为 450 人。

1 ~ 3 年级的课时有所增加。从 1997 年起入学年龄降低到 6 岁。在严寒地区或家庭离学校的距离很远的情况下,允许 7 岁入学。

随着单亲家庭和女性就业的增多,政府逐渐意识到在学校正式教育之外组织更多活动的必要性,并努力地推动其发展。

表 1　1990 年挪威正规教育体系的生源和资源情况

	学校		高等教育	
	小学和初中	高中	地区学院	大学
入学注册学生人数	473 000	224 000	70 000	60 000
占年龄组注册学生总人数的百分比				
16 ~ 17 岁		95		
17 ~ 18 岁		80		
18 ~ 19 岁		70		
19 ~ 26 岁			—[a]	—[a]
学校的数量	3 406	678	131[b]	14[c]
学校的平均学生数	139	330	535	4 286
生师比	14:1	12:1	14:1	14:1
生均费(挪威克朗)	35 000	33 000	27 000	61 000

a 数据缺

b 包括接受政府资助的 22 所私立学校

c 4 所大学和 10 所研究学院,包括接受政府资助的 4 所私立大学高中教育负责衔接义务教育和高等教育。高中阶段包括10～12年级，高中学生的年龄在16～19岁之间。由于越来越多的人回到学校继续完成或补充高中阶段教育，因此高中学生的年龄有增大的趋势。高中阶段的教育向所有已经完成义务教育的人开放。

经过了10年的筹备工作后，挪威于1974年颁布了高中教育法。该法案的出台是希望为不同兴趣和能力的学生建立一个更加复杂灵活的教育体制，从而适应经济和社会发展的要求。该法案的目标是加强教育的实践层面，促使教育的学术层面和实践层面的融合，使大多数的青年人有机会接受高中教育。

高中阶段教育的规划和管理的责任落在各地区政府上。他们负责为所有申请的学生提供高中入学机会，尽量满足学生的个人意愿。政府在强调教育符合经济生产的需求的同时，也要重视学生个人的意愿。更进一步的目标是在全国的所有地区扩大高中教育的规模，从而实现所有学生教育机会均等的理想。

高中学生可以选择普通教育课程，或者在9类职业课程之中选择其一，或者对前两者进行组合。如果申请人数多于录取人数，学生以前的学习成绩就成为选拔的主要标准。

在挪威关于教育的辩论此起彼伏。批评家们认为高中教育的水平在下降。争论的焦点集中在普通教育上。那些为新高中教育体制辩护的人提醒人们注意这样的事实：接受普通教育的年轻人的比例从20世纪60年代的15%上升到40%～45%。并且他们认为为学生提供选择课程的更大的自由空间是必要的，这样才可以满足不同兴趣和能力的学生的需求。新高中体制必然将取得更大范围的成就，从而促进人口的整体受教育水平得到提高。

学徒制是技术和生产领域的传统做法。政府制定了许多激励措施鼓励生产部门为学生提供更多的学徒岗位。现在许多职业教育可以完全通过在公司接受培训进行，或者完全在学校接受教育，又或者两条途径相结合。

欧洲传统的精英学校在挪威已经被取消。所有政党在向所有完成义务教育的学生提供高中阶段教育的目标上达成了共识。高中阶段教育包括普通教育和职业教育，在高中教育法下组成一个系统。

根据1987年经合组织（OECD）的报告，挪威高中教育规模扩大的速度是惊人的。但是同时指出挪威还需要在课程的内容上进行更彻底的改动，并对挪威的国会是否能保证其所强调的全国的目标提出质疑。OECD并提出建议诸如拓宽对学校工作进行评估的途径，建立数据库为教育规划和管理提供坚实的基础。这些建议目前已经产生了效果。

1980年，80%的适龄儿童进入了高中第一学年，70%进入第二学年，50%进入第三学年。至1990年该数字则分别升至95%、80%和70%。普通课程也进行了充分的改进，几乎所有学生都能够修完3年的课程。但是，在某些职业教育的课程中，即使把学徒算在内，为2年级和3年级设立的课程也是不充分的。这种状况随着20世纪80年代高中申请人数的增加显得更加引人注意。许多学生被录取到连续基础课程，因为他们往往没能升入下一个年级。因此政府开设补习班，以此缓解大量年轻学生无法升级和失业现象恶化的状况。

教育的目标是为所有希望接受3年高中教育的学生提供机会，或者接受学校教育或者参加某种培训课程。从1994起，接受高中教育已经成为每个人的法定权利。

高等教育包括高中阶段后的所有形式的教育。起初所有的高等教育都是由传统的学术机构承担。挪威历史最悠久、规模最大的大学是奥斯陆大学，它建立于1811年。第二次世界大战后，在柏根、特隆赫姆赫和特朗索建立了大学。

这些大学具备两个特征：一是大学具有双重功能——科研和教学；二是大学的高度自治。4所大学颁发3个等级的学位：低级（4年后）、高级（5～7年后）和博士学位。另外，大学和其他高等教育和研究机构设立学制为5～7年的专业，如法学、医学、农学和工程学。

另一类中等后教育机构是地区学院，其中历史最悠久的是教育学院。20世纪60年代末一种新型的地区学院出现了,它向希望在某一具体领域工作的学生设立短期课程,成为学生除长期大学课程之外的另一选择。地区学院吸引了大批的学生。

地区学院也为设立诸如现代语言和传统艺术等基础课程的大学减轻了压力。学生可以在地区学院和大学之间组合自己的课程。

地区学院在挪威的高等教育的权力下放的过程中起到了重要的作用。地区学院的目标是尽力为学生提供接受高等教育的机会,为地区培养更高层次的人才。

在20世纪七八十年代之间,许多类型的学校升级为高等教育机构。其中包括教育学院、护士学院和工程学院。入学的条件和其他类型的学校一致,教师的资格水平比以前有所提高。地区学院也从事一定数量的研究工作,一般都是与该地区的需求紧密挂钩。

现有学院的升级和新地区学院的建立使各地区建立起一个由州财政资助的学院网络。但是由于许多学院规模极小,相邻院校之间进行合并的工作正在进行,这一方面考虑到促进资源配置的优化,另一方面是为了增强学校的学术力量。

20世纪80年代接受高等教育的人数大约从75 000人上升到115 000人。1988年以来,许多高校扩大招生。1990年秋季公立院校的招收人数达到了130 000,其中的50%进入地区学院。大约35%~40%的适龄学生接受了某种形式的高等教育。

高等教育机构的经费全部来源于州政府。少数得到认可的私立院校设立经济学、技术专业和神学等专业。私立院校被看作是州立院校的补充,接受相当高的政府的补助,但是学生必须缴纳学费。

挪威长期以来有着海外留学的传统。尽管高等教育的急速膨胀,但是仍然有8 000名到9 000名年轻学生留学海外。对于所从事的研究与国家利益紧密联系的学生,政府提供奖学金和贷款。

3.2 学前教育

1975年教育法规定幼儿园可以是公立的或者私立的。私立的幼儿园只要其教学楼、教学设备和教师符合要求,就会得到政府的大量的财政支持。幼儿园的教学活动原则上注重建构性的游戏。当地政府负责幼儿园的发展工作,但是中央政府给予财政支持。20世纪80年代幼儿园的数量翻了一番,但是挪威学龄前儿童幼儿园的入园率仅为40%。因此首要问题是学前教育的教师培养和增加幼儿园的数量。

3.3 特殊教育

1975年教育法规定残疾儿童和正常儿童一样享有受教育的权利。残疾儿童在家庭环境中接受教育或者到当地的学校接受教育。这是一个基本原则。招收残疾儿童的班级,应该增设特殊的设备。如果学生不能被完全融入班级,那么应该以小组形式向他们提供教育。极少数特殊学校是为那些在正常学校学习需求仍然得不到满足的学生设立的(2%)。

1985年高中教育法修正案给予了残疾学生优先录取的权利。至1990年6%的适龄儿童在这一法规下进入了高中。该法案同时为落实该政策,要求当地和地区政府应该建立教学/心理咨询服务中心。

3.4 职业、技术教育和商业教育

职业、技术和商业学校的教学一部分在学校进行,一部分在工作场所进行。1974年高中教育法颁布以后,商学和办公室文职专业课程扩招,为学生参加大学入学考试设立三年完整的课程。技术和工业方面的专业正在引进更多的学徒制,学生数目也增加了一倍,达到20 000人。政府鼓励学生在前两年在学校接受教育,最后一年到具体的企业去接受训练。

由各行各业提名形成的培训委员会,推出许多培训课程。当地的考试委员会负责颁发专业和手艺的证书。学校课程的设计以企业培训为基础。因此企业的代表对学校职业教育的课程设置有着举足轻重的作用。

3.5 成人教育

成人教育被看成是教育体系中的一个重要部分。挪威具有成人教育的传统,一部分是独立机构,一部分是民间高中学校的形式。

独立机构的成人教育的目标传统上不是提供具体的证书或考试的培训。目前学校负责提供各种公共考试的补习课程。成人教育的另外一部分是劳动力市场培训班,以配合政府的就业政策。随

着失业率的增高，这些课程的数目迅速增加。远程教育在人口稀疏的挪威也有很深的根基，它开始是函授课程的形式。20 世纪 90 年代初颁布了函授学校法，大约 16 所函授学校得到了资助。1988～1989 年间，745 000人（其中女性占 57%）参加了独立成人教育机构开设的课程。

民间高中是为年轻的成人开设的普通教育课程，按照学校的基本模式建立。20 世纪 90 年代挪威大约有 100 所民间高中，大部分是由各种机构创办的寄宿学校。大部分资金来源于州的资助。

4. 行政管理的结构与运行

教育是挪威全国的事业。当地政府负责义务教育的管理（1～9 年级）；地区政府负责高中教育（10～12 年级）；而中央政府负责高等教育（包括大学和大学水平的高等教育机构）。

国会负责立法，通过总理提交的年度预算，在政府的白皮书的基础上讨论教育政策的长期目标。

政府为小学、初中和高中的管理提供财政资助。大学和其他高等院校的经费全部来源于中央政府。

20 世纪七八十年代，在各级教育管理上出现了明显的分权趋势。当地政府对小学和初中教育管理权下放到由政府任命的教育委员会。高中教育管理权下放到由地区政府任命的教育委员会。

高等教育的管理分为两部分。一部分是大学和传统的科研机构。它们依据 1990 年 1 月 1 号颁布的大学法，拥有较大的自治权。每所院校选举产生校长并由教师、学生和职工组成董事会对学校进行管理。另一部分是地区学院。它们也有较大的自治权，同时由教育部任命的高等教育地区委员会参与对地区学院的管理。

教育、研究和宗教事务部对各级教育拥有最终的责任。对各级教育的组织和管理预计不久将进行改革。1991 年顾问委员会被取消，它的工作分别由教育研究和宗教事务部、全国教学援助中心和地区教育总长委员会承担。

5. 教育财政

高等教育和科研的经费由教育部向各院校发放。高中阶段教育的经费是按照一定的标准，将资金拨给地方政府。类似的是，小学和初中的经费也是将资金拨给当地政府。

接收学徒并和他们签约的公司得到州财政的资助。学徒的工资是全职员工的 50%～90%。

1990 年教育和科研经费预算（公共支出）在 460 亿挪威克朗左右。教育经费在国民生产总值中所占的比例从 1945 年的 2% 上升到 1980 年的 6.4% 再到 1990 年的 7%。20 世纪 90 年代初教育经费大约占政府公共开支的 15%。从这些数据可以看出，挪威是世界上生均教育经费最高的国家之一。政府计划加大高等教育和科研方面的投入。

6. 师资

1990 年公立学校中全职教师的总人数为 54 000人：其中小学和初中教师为34 000人，残疾儿童设立的特殊学校的教师为1 000人，高中教师为 19 000人。其中女性大约占 43%。

1973 年颁布教师教育法对教师培养的所有方面做了规定。该法案规定了获得从学前教育到高中教育的从教资格所应该具备的专业要求。法案还定义了教师的 3 个资格等级：达到基本要求的教师，符合初级资格的教师，符合高级资格的教师。技术和工业方面课程的高中任课教师除了应该接受一定时期的教学培训外，还应该拥有相应职业的证书和一段时间的工作经验。

初级资格教师必须至少经过 4 年的学习，高级资格教师必须在获得初级资格后经过 6 年的学习。他们必须学习过 2 门有关教学的科目，并参加一个学期的教学实践。大部分教师都拥有这些学术背景。教师达到的学术水平决定教师的工资，而学校的类型和课程决定教师与班级学生交流的时间。

第二次世界大战以来，培养教师的院校的生源总体上比较充足。另一方面，研究生课程的招生则不大稳定，教育专业的研究生的生源时常出现短缺。政府正采取各种措施鼓励学生就读与学校相联系的专业方向的研究生课程。

总体上，从教师培养机构的生源充足的状况可以看出，教师的地位是相当高的。培训学校和教育局举办许多教师在职培训活动，大部分活动由教师志愿选择参加。教师的在职培训更多地以校本形式进行。

7. 课程开发与教学方法

1971年颁布小学和初中的第一个课程大纲(1987年修订),该课程大纲主要是目标和指导方针,提出关注每个学生的需要,但不涉及具体的课程设置。

前7个年级的学生设置的课程大体相同。8、9年级学生除了必修课外还可以选择几门选修课,但是义务教育阶段基本上是以班级为单位,除了选修课是由不同的班级的学生组成。

第一外语是英语,英语从10岁开始是必修课。学校强调语言的灵活应用,大多数挪威青少年的英语十分流利。14岁时学生可以选择第二外语,德语是第一选择,法语是第二选择。学生除了英语外选择第二外语的比例不理想,仅有40%。

目前课程的设置更多地源于每所学校的当地情况,但是必须强调的是教育法的规范作用以及课程大纲是各所学校设置课程的依据。

高中教育的重要目标在课程中得到体现。每门学科的课程计划的拟定,教学内容的选定和教学方法的提出都体现了高中教育的目标。高中教育的课程也是以课程大纲的形式出现,但是考试和证书又对学校的课程设置产生巨大的影响。这就形成了两难的局面。

所有的学生都应该参加3种类型的课程:普通课程、专业课程、选修课程。大多数职业教育的课程设置中只包括一小部分的普通课程和选修课程。而普通专业课程具有最大的灵活性。

最主要的学习工具还是课本。教材由教育部指定,由商业出版社印刷。但是在20世纪80年代教育部曾出于发展教学软件的考虑,首先提出了一个关于将信息技术引入学校的行动计划。

8. 考试、升学和证书制度

小学没有正式的评估制度。初中每年两次对必修科目进行考试。最后在挪威全国范围内进行3个科目的笔试,包括挪威语、英语和算术。虽然高中教育是向所有完成义务教育的学生开放的,但是学生必须符合最低的要求才能升级。

对于高中开设的商学和神学的普通专业课程和专业课程,全国有统一的考试,包括挪威语和一门或两门专业课。学生证书的颁发考虑到学校的平时成绩和考试的成绩。其他专业课程,由当地组织考试。学生完成商学和神学的普通专业课程和专业课程,或者其他课程的组合,符合大学入学的基本要求。对于许多大学,还要求特别的课程组合。

9. 教育评估、评价与教育研究

1987年OECD的报告指出挪威应该建立新的评估体系以保证全国教育目标的实现。和其他国家一样,挪威正致力于探索对学校进行合理评估的尺度,而同时促进学校的创新和发展。1992年以来,各地区政府的教务总长负责收集和整理该地区整体教育状况的信息,并且为中央政府了解全国教育发展概况提供资料。

教育研究传统上是集中在教学领域的研究,对教育研究的批评主要在于它过于理论化,与实践相脱离。最近,所有大的课题都要接受外部的评估,因此关于评估的研究成为了热点。教育部推出了一个五年的计划,旨在鼓励教育研究。

10. 20世纪八九十年代的主要改革

1987年小学和初中的课程大纲进行了修订,修订后的课程大纲强调各学校方针目标的管理,提高了第二外语的地位。而且,提出注重发展为6岁儿童建立的正规学校和所谓的"全托学校"。

高中的规模不断扩大,尤其是职业教育和学徒培训。但高级技术和工业课程的招生名额太少。一方面年轻学生就业机会减少,另一方面需要具备更高级的资格证,因此学校有必要扩大招生。

除此之外,职业高中教育的结构将简化,将扩大课程的范围,增加理论课程,推后专业化的阶段。这正体现了1992年白皮书的精神,终身教育的发展和拓宽高等教育的门径将成为趋势。更深远的目标是首先加强语言的学习,不仅是对接受通识教育的学生,而且包括接受职业教育的学生;其次各类教育应该提供为期3年的课程;再次所有的课程都是以大学入学考试或获得职业证书为目标。同时，高等教育的入学条件应该降低，向所有职业教育背景的人群开放。

在高等教育领域，重点应放在高级学位、博士的培养和科研方面。自1994年以来地区院校开始合并，所有的大学和大学水平的院校将在全国形成一个网络，使学生可以在转换到不同学校。

11. 2000年面临的主要问题

就业形势的变化使得大多数的年轻学生在完成了小学和初中的教育之后还必须继续学习。18岁就业是有可能的，但是就业的机会很少。许多进入高中阶段的学生学习积极性不大，因此设立对这类学生感兴趣而且有用的课程是一个难题。如果这些问题不妥善解决，那么学习的环境将会恶化。这样反过来，将增加教师的负担。教师没有经过足够的培训以应付各种各样的新问题。大学大量地扩招对大学教学提出了更高的要求。因此各级教师的培训都应该加强。

另外一个问题是在全国管理权和地方管理权之间寻求平衡。教育部正寻求建立一个全国的教育评估体系，以使中央政府了解全国教育目标的贯彻情况，同时促进当地教育的创新和学校的不断改进。

I. R. 比约恩德尔(I. R. Bjørndal) 著

蒋盛楠 译

附录

OECD 1987 *Reviews of National Policies for Education, Norway*. OECD, Oslo

其他参考文献

Bjørndal I R 1992 *The Norwegian Educational System*. Royal Ministry of Foreign Affairs, Oslo

Central Office of Statistics 1991 *Statistical Yearbook of Norway*. Central Office of Statistics, Oslo

Ministry of Education 1991a *Education in Norway*. Royal Ministry of Education, Research, and Church Affairs, Oslo

Ministry of Education 1991b *Government White Paper on Organization and Management in the Educational Sector*. Royal Ministry of Education, Research, and Church Affairs, Akademika, Oslo

Ministry of Education 1991c *From Vision to work*. Government White Paper on Higher Education. Royal Ministry of Education, Research, and Church Affairs, Akademika, Oslo

National Council for Compulsory Education 1990 *Curriculum Guidelines for Compulsory Education in Norway*. National Council for Compulsory Education, Oslo

Rust V D 1989 *The Democratic Tradition and the Evolution of Schooling in Norway*. Greenwood Press, New York

Ness E (ed.) 1990—1991 *Skolens Arbok*. Aschehoug, Oslo

Telhaug A O 1986 *Norsk skoleutvikling etter 1945*. Didakta, Oslo

波兰的教育制度(Poland: System of Education)

1. 基本背景

波兰位于东欧中部。国土总面积为312 683平方公里，人口3 830万。波兰东接德国，南邻捷克和斯洛伐克，北临波罗的海，和俄罗斯部分国土接壤，东边是苏联解体后的一些国家(如立陶宛、白俄罗斯、乌克兰)。

波兰大部分国土地势平缓。南部有该国唯一的两座山系：苏台德山和喀尔巴阡山。北部有许多湖泊，波兰气候温和，华沙是波兰的首都。

波兰的教育现状是200年来发生的一系列事件的结果。前波兰国建立于一千多年以前，于18世纪末解体。想拯救国家的波兰人意识到了教育的重要性。于是，在波兰共和国被瓜分前20年，即1773年，成立了国家教育委员会。这是世界上第一个教育部。1795年，波兰灭国，被3个邻国瓜分：俄罗斯、奥地利和普鲁士。在随后的120年里，这3个国家在波兰国土上各自实施其教育政策，大部分教育政策是和波兰民族的需求背道而驰的。普鲁士发展基础教育,企图在语言和文化上将学生"德国化"。在被俄罗斯瓜分的那部分国土上,教育发展缓慢,教育的主要目的是波兰社会的"俄国化"。只有在第一次世界大战马上就要爆发前的十年间,才又出现了在学校中教授波兰语的可能性。奥地利占领区的教育情况相对来说是最好的,有两所可以用波兰语教育知识分子精英的大学。在其他的两个占领区上根本不存在这样的可能性。第一次世界大战后,波兰结束了长达120年被奴役的历史,建立了独立的波兰共和国,其国界和以前的并不重合。而且,有33%的人口不是波兰人,这33%主要是由乌克兰人、德国人、犹太人和白俄罗斯人组成。战后的波兰从以前奥地利和普鲁士的占领区上继承了相对较好的教育状况,也从俄国的占领区上继承了糟糕的教育状况。在一些地区,特别是在农村,文盲率高达65%。第一次世界大战刚结束时,小学入学率不到50%。在两次世界大战期间,教育成为国家优先发展的重点之一。到第二次世界大战前,7~14岁儿童的入学率达到了90%。中等教育也得到了很好的发展,虽然其发展趋势更多的是人道上的,而非技术上的。两次世界大战间隔20年,到这20年的后期,只有1/3的小学生毕业后能升入包括职业学校在内的中学。接受高等教育的学生大概在5万左右。

这些努力带来了虽缓慢但却稳步的教育状况的改善。然而,由于第二次世界大战的爆发,所有的努力化为乌有。1939年9月1日,希特勒统治下的德国进攻波兰;9月17日,苏联进攻波兰。德国仅保留了波兰儿童的基础教育。德国和苏联都实施了一套详细的计划以摧毁波兰的知识分子精英——德国将他们押送到集中营,苏联把他们流放到西伯利亚。侵略者虽对教育实行严禁政策,但地下教育却得到了发展:非正式团体组织秘密会议,学习中等和高等教育课程的内容。然而,第二次世界大战刚结束那段时期,由于大部分知识分子精英此前都被消灭了,因此,有5年的时间中高等教育一片空白。

作为《雅尔塔协议》和《波茨坦公告》的结果,波兰成为东欧社会主义阵营的一员,1/3的国土被吞并。许多少数民族不得不住在苏联,波兰历史上的文化中心也变成了苏联的一部分。在西部和北部,以前属于德国的一大片领土被划分给了波兰。国土间的这种相互交换引发了人口流动。结果,一些地区教育网的发展不得不从零开始。

20世纪80年代初,波兰的出生率在7%到9%之间摆动。从1985年开始,出生率迅速下降,1991年仅为3.7%。据估计,到2000年,人口大约为3 950万,其中20%为青年儿童。到2000年,小学中的儿童将减少,而中学里的学生预计会增多。

有35%左右的人口住在农村地区,其余的住在城市。波兰有3个高度城市工业化的地区(卡托维兹、华沙和罗兹),聚居着全国20%的人口。在人口相对稀少的北部和东部地区,有两种选择:修建较大的、教学设施相对较好的学校,但由于学校所处地理位置不太理想,学生不得不长途跋涉来上学;在离学生近的地方修建小一点的学校,但这类学校的教学设施较差。由于经济原因,学生上学的交通条件发展缓慢。

从民族这个角度来说,波兰异常地整齐划一。少数民族团体(德意志民族、乌克兰民族、白俄罗斯民族、立陶宛民族和斯洛伐克民族)在整个人口中的比例不超过2.5%到5%。20世纪80年代,有一百多万人——主要是受过良好教育的年轻人——离开了波兰。认识到这一点对于理解20世纪90年代初的情况来说非常重要。经济情况仍然是造成移民的因素之一。波兰教育当局认为,向居住在立陶宛、拉脱维亚、白俄罗斯、乌克兰和哈萨克斯坦的一百多万波兰人提供帮助,以满足其教育需求仍然是教育当局的任务。

20世纪70年代末,劳动力人口占人口总数的45%(劳动妇女在其中占很大一部分比例)。国家机构中容纳了70%左右的劳动力。有30%左右的劳动力在非国有部门,这部分人口主要是由农业工人和小手工业者组成的。在服务产业工作的人相对较少。在20世纪80年代末,开始了一场影响深远的改革。这场改革中出现了少量的企业家。但同时,有200万人口(占劳动力总数的11%)失业。失业人数现已达到300万。

1989年以前,社会主义经济以"五年计划"的方式运行。社会主义计划经济时代结束后，波兰向着市场经济的方向发展，就再未制定长期计划。

1990 年，在 15 岁以上的人口中，有 7% 的高中毕业生，25% 接受了职业工读中等教育，39% 接受了完整的初等教育，6% 接受了不完整的初等教育。

2. 教育政策与目标

1991 年，拟定了教育体制改革的长远目标。虽然，这些目标将影响 20 世纪 90 年代的教育形态，这些目标究竟能实现多少并不清楚。这些目标是在 1991 年的秋天成形的，当时，波兰的经济形势非常糟糕。而且，毫无疑问，这种情形在来年还将持续。同 1990 年相比，教师的工资水平在 1991 年还有所下降。教育支出在国民生产总值中所占的比例被削减。因此，就算教育目标得到普遍认可，可能也要在未来才能实现那些耗资巨大的目标。

在基础教育和中等教育阶段，重点将放在所学知识的应用方面，而不是机械地死记硬背。外语将得到高度重视。20 世纪末，所有接受了中等教育的学生必须掌握英语，70% 的学生还必须精通另一门外语——法语、德语或俄语（这几种语言到现在已经学了好几年了），或是学校课程中所包括的其他任何一门语言。

在小学低年级开设计算机课程，这一点非常重要。接受完中等教育后，每个学生都必须掌握计算机运用方面的基本技能。教育改革的一项重要任务是将重心从职业教育转向通识教育。现存教育系统的一个特点是，只有 20% 左右的小学毕业生接受完整的中等教育，而在完成了中等教育的学生中，有一半在为特定工种提供专业培训的职业学校中学习。从发达国家的经验来看，只有通过通识教育才能灵活地适应劳动力市场的需求，专业划分过细的职业教育则不能做到这一点。如果接受此假设，就意味着必须调整教育体制，让更多的学生在普通中学中接受教育。这场教育改革还将努力增强教师在课程上的影响作用（教育部仍保留选置核心课程的权利），扩大教师在教学方法上的自主权，开放教科书市场。

高等教育系统也必须改革。1992 年，仅有 10% 的中学毕业生能进入高等院校学习。改革后，到 20 世纪末，能接受高等教育的中学毕业生必须增加到 20%。要实现这个目标，必须取消波兰以前实施的五年制课程，代之以和其他国家类似的两年或三年制课程。

教育改革的另一项重要任务是成人教育改革，让成人在新的政治社会环境下能更好地适应劳动力市场的变化。

3. 正规教育体系

3.1 *初等、中等和第三级教育*

波兰教育系统中包括以下几类教育层次：幼儿园、小学、中学和大学。图 1 更加详细地说明了波兰教育体系的组成。所有的学校都是男女合校的。

人人都必须在公立的八年制小学中接受教育。儿童 7 岁入学，完成初等教育时不能超过 17 岁。小学入学率基本达到 100%。

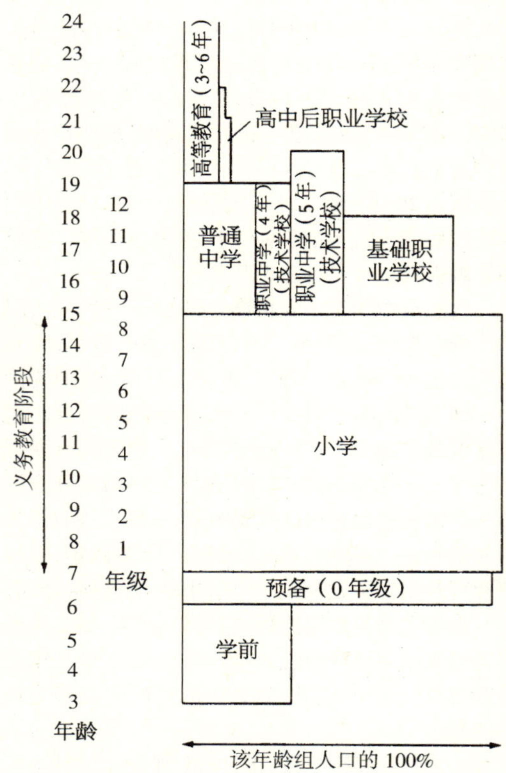

图 1　波兰：正规教育体系的结构

初等教育的目标是促进学生在社会、智力、道德和体质各方面的全面发展,为他们接受普通或职业中等教育作准备。

全国实施统一的小学课程,但如果学校得到地方教育局的批准,可以自己设立课程。零年级是波兰教育系统特有的现象。所有6岁的儿童都必须上0年级。0年级可设为幼儿园的最高年级,也可设为小学的最低年级。小学分为两个阶段:基本教育(1~3年级)和系统教育(4~8年级)。

在1990~1991学年,波兰全国有19 446所小学,5 146 982名学生,313 401位老师。到1995年,在小学就读的学生数预期将略有增长,但1995年以后,预期会下降到460万。

1年级每周有20个课时,2、3年级每周21个课时,4年级25个课时,5年级27到28个课时,6年级28到29个课时,7年级27到29个课时,8年级28到30个课时。然而,必须指出,在1990~1991学年实行了削减政策,每个年级每周的课时数都被砍掉了4个。削减政策同样波及到了中学和职业学校。具体削减哪些科目由学校校长决定。这种削减是临时的,可能会实施到1994年或1996年。

平均每个年级有25~35名学生,学生人数主要取决于学校的地理位置。在大城市,班级往往大一些,而在农村地区班级会小一些。

7~14岁的儿童中,有98%的儿童在上小学。与前述情况相同,城里小学的教学质量往往好于农村小学的教学质量。

波兰的初等后教育包括普通中学(4年)、职业技术中学(4年或5年)和基础职业学校(3年)。

小学毕业后,有96%到98%左右的学生进入初等后学校接受教育。在1990~1991学年,小学毕业生中有23%进入普通中学,27%进入职业技术中学,47%进入基础职业学校。但是,一些学生中途辍学或换到学习年限相对较短的学校。在15到18岁这一年龄组中,只有83.5%的学生读完了中学。这一年龄组中,有19%左右的进入约1 300所普通中学学习。在普通中学的学生中,只有1.7%来自农村地区(35%左右的人口居住在农村),1.2%的学生来自父母没有技术的工人家庭。一般是城市里受过良好教育的父母才会选择让孩子上普通中学。普通中学里的大部分学生是女孩(60%~70%)。男生往往认为,普通中学不传授职业技能,只有那些最聪明的学生或是那些还不确定自己要做什么的学生才会选择上普通中学。

从上普通中学的第一年起,学生可从以下几类课程中进行选择:人文学科、古典学科、数学/物理、生物学/化学、教育学、综合学科。这类中学为进入高等学校学习或接受高级职业培训打基础。每周有28~30个课时。学生必须学习两门外语(每门外语每周学习3个小时)。有50%左右的学生学习英语,16%左右学法语,44%左右学德语,85%左右学俄语。

1989年,法律准许开办私立学校。在1990~1991学年,波兰有430所私立学校,共31 000名学生。在这些私立学校中,一半是私立小学,一半是私立的普通中学。大部分私立学校是非营利机构,里面大部分学生的父母受过良好教育。

每一学年从9月1号开始,到6月20号左右结束,中间有3个假期。暑假从6月20号开始,到8月31号结束。每一学年有大约190个教学日。

高等教育是免费的。高等教育机构归教育部(MOE)和其他几个部门管。1991年,有234 691名学生在教育部管理的高校中学习。其中,有96 902名学生在10所综合大学里学习,64 045名学生在18所高等技术学院里学习,27 682名学生在9所农业学院学习,17 967名学生在5所经济学院学习,28 095名学生在10所师范学院学习。

其他部门管理着11所医学院(有35 883名学生),2所航空学院(1 979名学生),17所艺术学院(6 853名学生),6所体育学院(9 449名学生)。除此之外,还有一所私立大学(卢布林天主大学,有4 731名学生),两所神学院(有1 339名学生)。

高等教育系统中共有280 000名学生。另外,还有大约85 000名学生上夜校和校外班。一般来说,高等教育的年限为4年半到5年。

必须指出的是,还有一些2年制或3年制的中学后学校未被列入高教系统。这类学校被称为“中学后职业学校”。波兰一共有大约900所中学后职业学校,有约111 000名学生在里面学习。

3.2 学前教育

波兰的学前教育在幼儿园和0年级中进行。3至6岁的儿童上幼儿园，小学在0年级中为6岁的孩子开设学前预备课。幼儿园由地方政府开办并管理。波兰也有私立幼儿园。每7～30名儿童分为一组，儿童每天在幼儿园待上5～9个小时。

1990年，在3～7岁年龄组的孩子中，有35%左右的在上幼儿园。在6岁的孩子中，有略多于92%的在接受学前教育。从1991年起，接受学前教育的儿童数量一直在减少。造成数量减少的因素有三：第一，对幼儿园的管理被委托给了地方教育当局，而对地方教育当局来说，幼儿园不是他们优先考虑的对象；第二，上幼儿园的费用由父母支付，此项费用大幅上涨；第三，越来越多的妇女失业，失业后的妇女待在家中自己照看孩子。

3.3 特殊教育

残疾儿童接受特殊教育。实施特殊教育的机构包括：特殊幼儿园、正常幼儿园中的特殊班级和正常幼儿园中的“综合班级”。那些在视觉和听力上有缺陷的儿童和轻度或重度弱智儿童上特殊幼儿园。

在初等教育和中等教育阶段，有特殊小学、特殊教育中心和公立小学中的特殊形态。特殊教育也可通过个别辅导进行。教育部为实施特殊教育的学校制定专门的课程，但此类学校也会根据学生的潜能调整为正常儿童开设的课程，使这些课程能为其所利用。

有3%左右的青年儿童上特殊学校。当他们完成特殊职业学校的教育后，可在正常的企业或为残疾人开办的合作企业中工作。劳工和社会政策部负责他们的就业问题。

虽然特殊教育主要是在单独的特殊学校中进行，但也有正常的学校为需要特殊照顾的儿童提供各种形式的教育。

3.4 职业、技术教育和商业教育

大多数学生小学毕业后，进入培养技师和技术工人的职业学校学习。

通过在基础职业学校3年的学习（在极少的情况下为2年），可获得基本技能资格。这些基础职业学校培养大批工人，同时也提供最小限度的通识教育。从理论上来讲，学校所提供的这种通识教育应该为成人在中等学校的继续深造打下基础，但实际上，职业学校的绝大多数毕业生不会继续上学。因此，这类学校并不被看作是真正意义上的中等学校。在1990～1991学年，上职业学校的学生人数超过80万（其中约有34%的学生在15～18岁之间），男生人数多于女生。在15～18岁这一年龄组的学生中，上职业学校的人最多。

完成中等技术学校或职业学校的学习后将获得技师文凭。职业学校的学校年限为4年或5年。

中等职业技术学校提供中等通识教育和中等职业教育。这类学校的学习年限为4年或5年，成功完成在中等职业技术学校的学业后，学生将获得毕业证书（matura：在欧洲其他国家也指高中毕业会考、会考成绩——译者注）。中等艺术学校、中等医学学校和中等音乐学校的组织管理与中等职业技术学校相似。在1990～1991学年，上这类中等职业技术学校的学生人数在63万左右（其中约有23%的学生在15～18岁之间）。这类学校每周的课时在30～40个之间。

在1990～1991学年，上各类职业学校的学生人数约为150万。大多数职业学校归地方教育当局管理，而地方教育当局直接向教育部报告。但是，也有一些职业学校归其他国家级部门管。这些学校包括专门的林木工业学校、矿业学校、能源学校、航海航河学校、海洋渔业学校、铁路交通学校、农业学校、医疗保健学校和艺术学校。波兰还有一些附属于企业或协会的职业学校。职业学校由国家提供经费，不收学费。

现在正在进行改革职业培训体系和课程的准备工作。经济领域的许多部门都参与到职业资格要求、职业科课程的建设中来了。参与课程建设的团体的任务是更新职业科课程，使其能适应经济和技术领域的变革。

3.5 成人和非正规教育

成人学校教育归地方教育当局管。波兰有170所成人小学（14 000名学生），234所成人普通中学（50 000名学生），1 900所成人职业学校（20万名学生）。这些学校开设校外班或夜班。

波兰教育体系中的一大特色是中等后职业学

校,这类学校既招收正在工作的学生,也招收没有工作的学生,它们不属于高等教育。波兰有约900所中等后职业学校,约11万名学生(其中大部分是成人)。

波兰没有国家机构组织管理校外成人教育。担负校外成人教育的结构有社会团体、协会、基金会、公司、工会、私人和一些研究机构,还有企业和经济部门的在职、职前培训中心。校外成人教育这一领域正在经历自发的发展,但我们没有发展规模上具体的数字。

成人教育在日班、夜班和校外班中进行,主要是为成人开办的。虽然这些成人有就业、失业之分,但都应具备担任某项工作的能力。成人教育的费用完全由参与者支付,由于学费通常都比较高,只有那些有能力支付的才能承担。一般来说,由企业为员工的培训支付费用。

成人教育的课程多种多样。最受欢迎的课程是:那些提供最新知识,和能补充自身知识缺陷的课程;让人们有能力承担新工作的培训;能增强人们承担某种任务的教育素养与生活经验的课程;能让学生掌握某项生活技能,使其个性得到发展的课程。

从20世纪80年代末起,大众对一些课程的需求大幅增长,这些课程包括外语(主要是英语)、簿记、银行、管理、市场和计算机操作。这类课程主要是由私人、公司、基金会和协会开设。

技能发展中心、波兰经济协会、总技术协会和组织管理学术协会也负责开始一些课程。

波兰正在进行政治经济改革,成人教育发挥着越来越重要的作用,然而,政府在这一领域并没有制定出一套全面完整的方针政策。一些有关成人教育的研究发展工作已经开始了。校外的成人教育主要是由私人或企业提供经费,国家提供的经费极少(约占所有教育经费的1%)。

4. 行政管理的结构与运行

教育部负责管理监督整个教育系统。其他国家部门管理的某些中等或高等职业学校由该部门和教育部共同监控。

波兰划分为49个省。在每个省里,地方教育当局的局长负责教育管理工作。教育局长代表教育部管理本行政区内的所有教育事宜。学校由地方教育局提供经费,但是,幼儿园是由更小的行政单位财政处提供经费的。从1994年起,财政处也必须为小学提供经费。

大部分教学大纲是由教育部制定的,或是在教育部的监督下制定的。每个地方教育局里有地方教育方法论中心帮助教师实施教学大纲。

教育部也负责高等教育机构的管理。在高等教育的问题上,高等教育高级理事会是教育部的顾问团。大学和其他高等教育机构在其课程安排和日常活动方面享有高度的自主权。高校的自主权仅被限制在一件事上——教育部从国家财政预算中拨款,向其分配资源。

5. 教育财政

从1958年到1990年,教育经费在国民生产总值中所占的比例一直在变。1958年为6.5%,1977年为3.3%,1985年为4.8%,平均为4%。从1985年到1990年,教育支出有所上升,但在1991年,教育支出在国民生产总值中所占的比例急速下滑到3.8%。

表1说明了1991年教育经费在每一类学校中的分配情况。教育经费支出的一大特征是,仅有8.8%用于购买投资,剩余的经费都用于学校的经营运作。约有75%的教育经费用于支付工资。

表1　1991年教育预算

	百分比
幼儿园和日托	3.9
初等	54.1
中等	
普通	3.5
职业	15.4
高等	18.2
其他[a]	4.9
总计	100.0

a 包括对养育院、学校营地、职业中心体育、其他活动、旅游、的分配

波兰学校里的生师比非常低，这不是由班级的小规模造成的，而是因为合同规定教师和学生接触的时间很短。官方称教师和学生接触的时间为差时。在初等和中等教育阶段，差时为每星期 18 个小时；在高等教育阶段为每星期 4 ~ 7 小时。这样，初等教育阶段的生师比为 15.5%，中等教育阶段为 17.9%，高等教育阶段为 5.8%。

前面已经说过，波兰的学校不收学费。但是，从 20 世纪 80 年代末起，高校里的学生如果留级就必须支付学费。书本和其他教学资料所需费用由家长支付。

私立社区学校是收费的，但政府为在私立社区学校学习的每一位学生补贴所需费用的 50%。1991 年，有 9% 左右的中学生和 54% 左右的大学生领到助学金。

6. 师资

1991 年，教育系统中共有 110 万名员工，其中，中小学教师 62 万名，大学教师65 000名。学校缺乏合格的教师，约 15% ~17% 的教师属于这种情况。这是因为只有极少的大学毕业生具备担任外语、数学、波兰语老师的资格，而教师的工资非常低，根本不能和经济部门的工资水平相比。波兰学校每年大约需要30 000名新老师。

培训教师的机构有 10 所大学、10 所教育大学、92 所 3 年制的师范学校和 29 所师范技术学校。这类机构招收的学生必须有“中学毕业会考成绩”，并且通过了入学考试。入学考试通常包括一门外语和其他两门学科。1990 年，波兰开办了 55 所 3 年制的外语教师培训学院，14 所教师管理学院。教师管理学院为幼儿园老师、小学各科老师和数学物理老师提供 3 年制课程，这类课程强调学科内知识和教学方法论，而大学则提供更学术、更理论的课程。

在职教师培训由在职教师培训中心和 49 所地方方法论中心组织协调实施。这类机构的任务是负责组织研究中心、大学、方法学讨论会、车间、研讨班和课程之间的协作。方法学教师顾问向教师提供工作上的帮助。参加在职培训并不是强制性的。据估计，平均每位教师每年参加培训活动的时间为 3 到 5 天。

教师取得 3 类专业学位、提升他们的素质之后，他们的工资会得到增加。

7. 课程开发与教学方法

每个年级、每门学科都有一套课程指导方针，每套方针介绍了该学科应教授的内容及结构。课程指导方针受到激烈抨击，被指责为过分强调事实信息的堆砌，而忽视这些信息内在的联系整合。因此，从 1990 年起开始对其进行改革。教育部挑选大学教师、其他教育机构中的教师和一些专业人士组成了课程小组，开始对核心课程进行改革。此外，独立的实验性课程也正在研制中，经教育当局批准，可能会在各个学校开设实施。

到 1990 年为止，一直是由学校和教育书籍出版社负责挑选作者、研制教学资料、刊印课本。该出版公司和教育部中的某些部门的合作非常密切。这种垄断性经营已被逐渐淘汰，现在，每位作者、每家出版社都可以自行研制课本并申请教育部的批准。

在 5 年级到 8 年级(11 岁到 15 岁)开始学习第一门外语。第一外语可以是英语、俄语、法语或德语中的任何一种。在中学的 9 年级到 12 年级(15 岁到 19 岁)，学生必须学第二门外语，学生可以从上面提到的那几门外语中任选一门，西班牙语也是可供选择的对象。有的学校也开设其他语言课，如瑞典语、匈牙利语、日语、意大利语，但这种情况极少。最受欢迎的语言是英语，其次是德语，再次是法语。虽然俄语并不太受欢迎，但许多学校都开设了俄语课，因为波兰有许多合格的俄语老师，却缺乏教西方语言的合格教师。

地方教育当局雇佣巡视员负责对课程在各校的开设实施情况进行督导。

宗教课在每所学校都不是强制性的。小学里的二外课和中学里的信息学课也是选修课。

8. 考试、升级和证书制度

如果学生拿到的分数在 6 分(优秀)到 1 分(不理想)之间，就可以升入下一年级学习。那些到学年末拿到一个 1 分的学生不能升级。如果某一科的分数不理想,可暂准升级。不能升级的学生要重读整个学年,即两个学期。天才儿童可在所有学科或某些学科上跳级。

学生必须参加入学考试后才能升入中学或大学。中等教育结束时学生参加的毕业会考中就有波兰语,并根据学生所读的中学类型另考一门科目。普通中学所考的另一门科目是外语。

在这一领域,教育系统存在的主要问题是毕业会考和大学入学考试的衔接问题,还有如何使高等教育选择学生的形式适应现代社会的发展。

9. 教育评估、评价和教育研究

20世纪70年代,对学校所取得的教育成绩的研究,要么是为了在全球范围对学校的水平进行比较,要么是为了在地区范围对其进行比较。但是,这类研究后来终止了。

教育研究在大学或研究中心里的教育部门中进行,如教育研究院或教育史研究院。教育史研究院是波兰科学院的分支机构。准备博士学位论文的也会做一些研究工作。大部分研究关注某些具体学科讲授中出现的问题、学生和家长们想在教育上取得的成就或是对学校的态度问题。其他一些研究兴趣的焦点包括有天才学生、个体差异和某些青年团体中出现的社会病理学。

定性研究方法现在受到普遍欢迎,诊断方案和行动实践研究正在取代定量实验和调查。

然而,小规模的研究通常不涉及教育改革方面的问题。小规模的研究不具备普遍意义。至今,波兰的研究者在教育研究领域仍不能与世界同步,这是因为长期以来波兰的教育学科受到意识形态的控制。

10. 20世纪八九十年代的主要改革

20世纪80年代末和90年代初进行了教育改革,并且开始开设外语科目(以前只教俄语)。

教育体制改革的重点是教师职前培训和教师在职培训改革。建立了新的3年制教师管理学院体系,对教师进行培训,以及针对密切联系实践的学科的教学方法进行培训是教师管理学校优先考虑的重点。

现在波兰正在进行初等和中等课程改革,改革的主要目的是改进核心课程,详细说明学生可以选择的学科组。完全不同的学科也可整合成为一个大的学科组。

11. 2000年面临的主要问题

波兰整个国家的经济财政状况是决定教育向前发展或停滞不前的主要因素。所有有关向市场经济转变的速度和成效的预测都表明,至少在20世纪90年代的前半段经济形势会很严峻。学校缺乏基本的教学资料和教学设备。教师的工资很低,这是造成教学质量低下的原因之一。为了提高教学成效,必须提高生师比,让教育行政人员与教师对教学成效承担更多的责任。

波兰需要解决的基本教育问题已经在第二部分中论述过了。波兰必须发展外语教学,降低计算机文盲率,调整中等教育结构,让更多的青年接受普通中等教育。高等教育体系必须创建新的、学习年限短一些的办学形式,招收更多学生。政府还必须制定清晰的成人教育和终身教育方针政策。

H. 洛莫罗斯卡(H. Lomorowska)
A. 亚诺夫斯基(A. Janowski) 著
唐晓茹 译

附录

Edukacja narodowym priorytetem 1989 *Raport o stanie i kierunkach rozwoju edukacji narodowej w P. R. L.* Panstwowe Wydawnictwo Naukowe, Warsaw

Glowny Urzad Statystyczny 1991 *Szkolnictwo 1990—1991*. Glowny Urzad Statystyczny, Warsaw

Institute for Educational Research 1991 *Changes in Poland: The Implications for Education.* Institute for Educational Research, Warsaw

Janowski A 1992 Polish education: Changes and prospects. *Oxford Studies in Comparative Education* 2:

Komorowska H 1991 Second language pedagogy and language planning in Poland. In: *Proceedings* 1991 Georgetown University Round Table on Languages and Linguistics, Washington, DC

Ministerstwo Edukacji Narodowej 1991 *Szkolnictwo*

Wyzsze—informator. Ministerstwo Edukacji Narodowej, Warsaw

葡萄牙的教育制度(Portugal: System of Education)

1 基本背景

葡萄牙的国家形成是许多政治、经济、文化和地理等因素综合作用的结果。国家的根源最早可以追溯到8个世纪之前,当时,伊比利亚半岛又一次被基督教徒所征服。在几年之内葡萄牙最终确立了国土的主要边界,直到20世纪末这些边界仍不曾有大的改变。

形状上几乎是矩形的葡萄牙大陆,大约占据伊比利亚半岛的15%,它的表面面积是88 944平方公里,加上在亚速尔群岛和马德拉群岛中3 041平方公里的地方。在北部,有一块很大的高山地区,属于地中海气候;而南部的平原则属于大西洋气候,这两个地方的气候是由于他们在大西洋中的位置和火山爆发引起的海拔高度的许多变化决定的。

葡萄牙语是国家学校义务教育的正式语言。所有的孩子(本地的和移民的)都一律平等对待。为了加速移民孩子学习语言的进程,政府为他们开设了额外的班级。

1970年以前,全国人口缓慢下降,这主要是由于向外的移民。1970年之后,特别是1974年和1975年出现了人口爆炸,这主要是由于许多葡萄牙人从先前的殖民地返回来了,出现了生育的高峰期。此后,人口以每年大约1%的增长率稳定增加。在1992年,人口大约是1 030万。

在20世纪90年代早期的葡萄牙人口分布,在一定程度上是过去遗留的产物。因为北部有更多肥沃的土地,温和的气候,更多的工业,更多的就业机会和便利设施,所以,人口主要集中在北部和沿海地区。城镇地区继续吸引人们,更多的人口密集居住在那里。然而,媒体的作用(交流的中介)、识字率的提高和高等教育机会的扩大等等因素改变了乡村人们的生活方式。在市中心和沿海地区学校非常集中。

在20世纪50年代经济开始增长,与之相伴的是制造业的崛起和农业部门的显著下降。然而在1974年政治变革时期,农业仍旧是主导部门。在随后的几年里,部分因为政治和经济的不稳定,失业水平增长。

在20世纪80年代,在第三部门就业率有了很大的增长。在1992年,劳动力在第三部门中占47.9%,在第二部门占34.1%,在第一部门占18%。失业率仅仅占4.7%。

农业占国内生产总值的67%,第二部门占38.3%,而且服务业占55%。

自从葡萄牙对外经济开放以来,它就紧密地融入了欧洲共同市场中,出口占71%,进口占63%。传统部门中的产品像牛肉、白酒、纺织品、布匹和鞋类是领先的出口产品。

劳动力中的58%受过4年或4年以上的教育,38%受过5年和11年的教育,仅仅3.2%的人受过高等教育。

葡萄牙共和国是在经历8个世纪的君主专制之后,于1910年建立的。然而由于后来一个时期政治的不稳定,民主平等的共和国理念从来没有实现。虽然萨拉查的新政府(Salazar's Estado Novo 1933)打算带给这个国家政治和经济的稳定,但是该政府也是高度集权的。教育发展和民主几乎停止了。在最后的几年里,萨拉查的新政府在教育界推行了一些改革措施(义务教育延长到6年,新的高等教育体制的建立等),但是直到1974年,总体上的政治民主和权力下放才影响了教育的民主和权力下放:中等教育的两个分支被完整的中等教育体系代替,还有随着责任转移到地方当局和学校自身,教育体系的权力下放也开始了。

在1991年选举获胜的政府声称将实行基于下面主要目的和目标的发展政策,即发展现代化和权力下放。

(a)外部合作。

(b)葡萄牙语言和文化的提高。

(c)公共管理的现代化。

(d)地方权力和下放。

(e)对话和社会共识。

(f)文化和教育的提高。

(g)社会福利和机会均等。

2. 教育政策与目标

随着国家民主化进程,就教育体系的一般目标而言,许多政党和国内组织在很大程度上趋向一致。在1986年,一个全面的、基于下面一般原则的教育体系法律获得通过:

(a)所有葡萄牙公民有接受教育和文化(陶冶)的权利。

(b)国家负责提高教育的民主化和保证公平,有效的教育机会的质量。

(c)所有葡萄牙公民要保证尊重教学自由的原则和选择学习内容的自由,并牢记下面的原则:

i 这个国家不能根据哲学的、美学的、政治学的、人类学的或宗教的学说来获得决定课程教育和文化的权利。

ii 国家举办的教育是非宗教性质的。

iii 保证建立私立和公立学校的权利。

(d)国家教育体系要满足社会需要,并为公民的个人发展作贡献,使他们成为有责任心的独立公民,以及使他们成为劳动力群体中的生力军。

(e)促进民主和多元精神的发展,尊重其他民族及其思想观念。

在1989年,教育发展规划规定了三个基本的目标和提出了完成目标的措施:

(a)提供教育的一般途径包括:幼儿教育的发展、新教室的建设和设施装备、住宅的建设和设施装备、特殊教育的发展、职业教育的发展、成人教育的扩展以及高等教育的发展。

(b)学校基础设施的现代化包括:重新调节第一个阶段的学校教育网、维护并且革新学校教育网、建设体育场地、信息技术的获取途径和学校媒体技术的发展。

(c)教育质量的提高包括:促进教育成功、职业信息和指导、基础、中等教育的在职培训。

3. 正式的教育体系

3.1 *初等教育、中等教育和第三级教育*

1986年教育法确立了葡萄牙教育体系的总体结构,包括幼儿教育、学校教育和校外教育。学校教育包括基础教育、中等教育和高等教育。图1呈现了教育体系的结构。

基础教育是义务的、普及的和免费的教育,一共9年,被分成三个阶段。第一个阶段由公立、私立和合作学校提供,采取综合(科目)教学的形式,由一位老师负责管理。第二个阶段包括两种类型:在初等学校的直接教育和利用电视为周边和边远地区提供的间接教育。后一种类型逐渐减少,原因在于国家采取了多种措施,意图通过直接教育覆盖整个国家。在这一阶段,教学按照跨学科领域来组织,每位老师负责一个领域。第二阶段包括5~6年级。第三个阶段包括7~9年级,通过预备/中等和中等学校来组织。在这个阶段,统一的课程包括各种职业领域,每门科目或一组科目由一位教师教授。完成基础教育后授予毕业证书。

中等教育是选择性教育,在义务教育结束之后,年限三年(10~12年级)。中等教育的课程包括两类,一类主要面向职业生活,另一类主要以升学为目的。同时,还提供两种课程间的转换。理论上,每位老师对一门科目负责。完成中等教育后授予毕业证书。职业导向的课程包括了步入现实生活所必需的素质培养。学生完成以升学为目的的课程后,参加一个入学考试,由此升入高等学校。

高等教育包括大学和多科学院。大学授予学士(4~6年的学习)、硕士和博士学位。多科学院

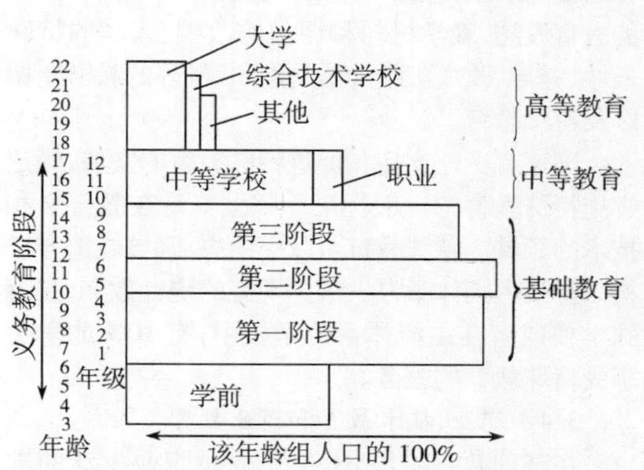

图1 葡萄牙:正规教育体系的结构(1991~1992)

提供专科课程。根据地方兴趣和(或)学校性质的不同,这些课程能够与更广泛的部门和单位构成联系。这些学校授予学士学位(3 年制)。在经过两年或两年以上的学习后,学生可以获得专科学位,相当于(4～6 年学习)的学士学位。超过 25 岁而又没有中等教育证书的人在通过一种特殊的考试后,有资格进入高等院校。

星期六不休息的学校,其一个学年的教学时间是 197 天,其余的学校的教学时间则是 167 天。在基础教育的第一个阶段从星期一到星期五,每周 25 个小时(每天 5 个小时)。在基础教育的第二个和第三个阶段,从星期一到星期五,每周平均 31 个小时。在中等教育,每周在 28～33 个小时之间。

在基础教育的第一个阶段,每个班的平均学生人数是 25,在基础教育的第二个和第三个阶段以及中等教育,每个班有 26～34 人(根据教室的大小)。

高等教育的学校条例由各学院的执行机构来规定。在许多高等学院,一个学年分为两个学期(一般是 15～16 周),然而许多学科是以学年的结构来组织的。

3.2　学前教育

幼儿教育辅助家庭教育,为 3 岁儿童到学龄儿童提供。它由中央、区域和地方的机构以及其他私人团体来举办。

3.3　特殊教育

特殊教育针对基础、中等阶段公立学校中有特殊需要的学生,包括一系列的措施,其中有:补偿性的教育设施、教学材料和课程的改编、入学的特殊条件、辅导、改变班级的结构组织、额外的教学支持以及特殊教育。

国家有责任支持和促进特殊教育的发展,确定实施特殊教育的一般标准——尤其是在教育学和技术的领域。特殊教育可以由中央、区域或地方机构以及私人团体举办。根据现有的统计数字,在特殊学校或者在主流体系的学校中,有 10% 的学生享受特殊教育的服务。

3.4　职业、技术教育和商业教育

在基础教育阶段,学生完成对职业生活的准备。除此之外,职业教育也为进入现实生活而作准备,同时它也为进入学术性中等学校提供教育服务。职业教育的目的是,在中等技术方面,培养有技能的专业人员。

职业教育学制 3 年,课程包括 3 部分:社会文化,科学、技术知识和技能。前两类占总课程的 25%,最后一类占 50%。学生顺利完成这些课程后获得职业证书和中等教育文凭,后者是继续学习(包括高等教育)的凭证。

3.5　成人和非正规教育

在 1990 年,葡萄牙估计平均文盲率是 13%。文盲的人群主要是老年人、农村人口和妇女。成人教育被分成两个子系统。回归教育是学术性教育的一种特殊类型的教育,拥有独立的方法和组织形式,授予和正式教育一样的证书。继续教育由国家或私立组织的教育活动构成,旨在促进个人在社会中的全面发展。这些活动对学校教育既是一种补充,又是一种替代。为年龄在 15 岁以上的人群提供的回归教育包括 3 个阶段的课程,和基础教育的 3 个阶段等同,并授予和正规教育一样的证书文凭。远程教育涉及学校教育和高等教育层次,由开放大学提供。政府开设特殊的课程,提供在职教师培训。

4. 行政管理的结构与运行

教育部管辖教育事宜,负责制定正规、非正规教育以及体育的教育政策。在具体的领域,例如职业教育,由教育部和劳动与福利部联合管理。同时,教育部也和其他部门、公共和私人机构保持紧密合作,目的是在现有的构架和资源条件下充分利用财政资源。

教育部的组织结构包括中央和地方两级。中央部门确保国家教育法律的实施,负责颁布指导方针,对技术—管理和规划的支持,协调研究和发展,指导和协调教育体系的方向,以及社会政策的指导、计划和协调。为保证教育体制运行,教育部由许多的咨询组织、技术和计划部门以及协调团体组成。

咨询组织包括国家教育委员会、私立和合作教育委员会、高等教育—企业合作委员会以及国家学校体育委员会。

(a)国家教育委员会是教育部级别较高的一个独立团体组织,拥有行政和财务的自主权。委员会由和教育直接相关的机构代表组成,不管这些机构是生产者和消费者的团体,还是政治和社会部门。主席通过议会选举,就总的教育政策发表其观点、报告和建议。

(b)私立和合作教育协调委员会负责向教育部提出相关措施,以促进私立和合作教育在现行教育体系下的联合。它由教育主任、教育检察员、地方教育主任、私立和合作教学机构协会的代表、全国家长和学生协会和工会组成。

(c)高等教育—企业合作委员会负责为高等教育机构、团体、组织和经济体制提出国家合作政策,并负责提出完成这些政策的措施。

(d)国家学校体育协会是一个咨询机构,参与为发展学校体育制定政策。

技术和计划部门有:

(a)秘书处负责技术和管理方面的协调,就这个领域中的组织、信息技术、教育部的人事和设备管理、中央部门服务和地方教育部门等提供支持。

(b)计划和研究局开展长期系统的教育研究,以及相关的问题解决,帮助起草总教育政策。它也负责国际合作和筹资协议等活动的计划和启动。

(c)财政管理局负责起草教育部预算,将资金分发给不同的部门、服务处和单位,指导所有资金的经济和财务管理。

两个研究和发展协调团体是:

(a)葡萄牙语言和文化机构,负责葡萄牙语言的传播和文化的对外交流,赞助和资助与这方面主题有关的会议。

(b)教育改革机构在教育发展的不同领域促进研究的发展。

负责协调教育体系的单位有:高等教育署,基础教育和中等教育署,成人教育署,学校管理署,技术、艺术和职业教育署,地区教育部门(地区部门负责 5 个地区的教育运作和管理)。

直到 1974 年,中小学由教育部任命的署长和校长管理。这种情况在 1974 年后很快就变得不稳定了,成立了各种各样的“管理委员会”。这种自发产生的运动被随后的立法制度化了,立法把预备教育阶段和中等教育阶段(5 ~ 12 岁)的管理权转交给了 3 个团体——执行委员会、教育学委员会和管理委员会。小学教育(1 ~ 4 年级)的管理更简单,它包含一个选举出来的首席教师。与此同时,校委会则由所有的老师组成。

在 1991 年,立法起草了一个新的由四个团体管理的管理模式:学校委员会、教育委员会、管理委员会和执行主任。这个新的体系被认为更适合在 20 世纪 90 年代初的权利下放和实现的进程,以及适合学校的自主权。它也包括家长的大力参与。

在大学层次上,每个大学被授予起草自己学校规章制度的权力,并且在通过教育部的同意和正式印行后,可以在 60 天内批准其规章制度。每个大学的管理单位也有科学的、教育学的、管理的和财政的自主权。管理这些大学的机构是大学议会,它负责批准大学章程以及选出大学校长。此外,大学评议会不但执行规训权力,而且可以批准大学的总的方针,以及包括大学的发展计划和每年的活动报告,预算财政,年报告和财政,所有的学术计划和管理。最后,行政管理委员会负责完成管理、财产和财政的经济功能。

综合技术学院起草他们自己的规章制度,通过教育部的法令认可。综合技术学院由下列团体管理:(a)校长,是由学校教学员工、学生、管理人员和社区代表组成的管理团体任命的;(b)总委员会,是由学生协会、教师和每个学校的学生、学校职工和社区的代表组成的;(c)管理委员会,它由校长、副校长和管理者组成,行使学院管理、财政和资产重组的权力。

5. 教育财政

在 1970 年教育经费仅仅占国内生产总值的 1.9%,占国家财政的 1.1%。在 1975 年,随着政治上的一些变化,上面两个比例分别增长到 4.3% 和 18.5%。在 1989 年这两个数据分别是 4.9% 和 17.5%。在 1989 年分配给各级教育的经费如下:幼儿教育是 2%,基础教育是 47%,中等教育是 30%,而且高等教育占 18%。特殊教育、成人教育和葡萄牙的海外教学机构是 3%。

私立大学在20世纪80年代的后半期第一次出现，很快吸引了20%的学生。在1989年，来自私立部门的资金（仅仅考虑私立教育机构收取的学费）估计占总教育支出的6%。

在1989年，基础、中等教育和高等教育用于社会教育支持的资金分别占总教育支出的1.6%和1.7%。就基础教育和中等教育而言，其教育经费的26%用于社会经济的支持，64%用于基础教育第一阶段的学校食堂和食物供应（学校教育的第一个4年）。在高等教育，11%用于学生宿舍（11%），59%用于食堂和30%用于奖学金。除了这些外，自1984～1985年，地方当局负责提供学校楼房的建设。

6. 师资

1989年全国教师总人数达133 077，其中，2.6%在学前学校，29.3%在基础教育学校的第一个阶段，20.3%在第二个阶段，38.3%在第三个阶段和中等教育学校，9.9%在高等学校，1.0%在其他学校。20世纪80年代出生率下降，学生的入学人数也由此下降，因此在第一个阶段和第二个阶段的教师的人数也相应减少。同一时期，随着招生的增长，教师人数在基础教育的第三个阶段、中等教育和高等教育阶段获得增长。

综合技术学院的高等教育学校培养幼儿教育和基础教育第一阶段的教师，采用专门的起始培训课程。课程学习年限为3年，结束后，毕业生获得专业证书。对于其他层次的学校来说，拥有教育专业证书和学术学位文凭的教师大约占60%。

对于在基础教育第二、第三阶段以及中等教育的教师来说，有两种培训方式。假如他们拥有一个学位文凭并且已经被选拔出来在学校里教学，他们能进入学制两年的在职培训，包括理论和实践的培训。培训课程由大学教育学院或教育学校来组织，后者和初级中等学校的教师有着密切的合作关系。假如他们没有学位文凭，他们要在大学里接受学制4年或5年的提供学科理论和教育培训的综合课程。

在学校内部，大学和综合技术学院（教育系、教育学院和教育学校）都提供教师在职培训，各种各样的公立和私立组织，像外国语言学院和教师协会也提供教师在职培训。

1990年，非教学人员接近62 000名。学校管理署和地方教育部门负责非教学人员的培训，通过一个合作机制进行。管理署的目标是培训班主任，开发培训计划和教材供给。地方教育部门负责非教学机构领域的课程开发、技术和职业技术人员人事管理、行政管理、日常运作和辅助人员管理。

7. 课程开发与教学方法

基础教育执行国家课程标准，但仍然提供一些选修课（也即是，在第一阶段提供个人和社会发展教育和宗教教育的选修，在第二阶段增加外国语教育选修）；在第三阶段的选修领域里，学生可以在下面三门科目中一门：第二外国语、音乐教育和技术教育。

中等教育存在双轨制：一轨面向继续接受高等教育，另一轨面向职业生活。这两轨课程都由三部分构成，每一部分包括几个主题：共同核心部分，两轨各自领域和课程的具体部分，以及两轨各自领域和课程的技术部分。

在基础教育的第二个阶段，语言和社会学课程的教学时间每周有12个小时（包括外国语言课的4个小时）；数学和科学有7个小时；艺术、技术和音乐8个小时；物理3个小时；个人/社会/道德教育1个小时。

在第三阶段，课程和第二阶段大体一致，只不过增加了历史、地理和第二外国语（选修的）。但是，更多的教学时间分配给科学课程，尤其在8年级。

表1给出了中等教育教学时间的具体分配。

教科书和偶尔由教师提供的材料是主要的教学辅助形式。典型的教科书是教师撰写，并由商业出版社出版。教育部通过基础教育和中等教育署，制定了学校在选择教科书时应该遵循的标准。

自从20世纪90年代开始，为了给学校配备科学实验室和计算机，政府加大了这方面的投资力度。

8. 考试、升级和证书制度

在基础教育的第一个阶段，教师根据连续性原则来评定学生。升级是由学校委员会决定的。在初等教育的第二、第三个阶段以及中等教育,教师按照1~5个等级(中等教育是0~20)评定学生每门功课。在每个阶段末,假如学生有两门或更多的科目上得到等级3,他们不得不复读一年(这也是由学校委员会决定的)。然而,年级复读现象很少的。在中等教育阶段,每门课通过的分数是10。

所有学校都参加的全国成就考试在基础教育和中等教育结束时举行。考试将决定是否授予毕业证书。

学术成就通过强制考试的手段来评定,这是为参加私立和合作教育学校的学生举行的。接受家庭教育的学生可以参加这样的考试。

从中等教育进入高等教育,需要考查三种不同的标准:在中等学校学期末的一般成绩,某个具体考试的分数和大学入学考试的分数。

9. 教育评价、评估和教育研究

20世纪80年代以前,评估主要是根据统计调查(提供关于入学、复读和辍学率)和其他指标进行,由此来审视教育体系,并最终估计是否有效率。

在20世纪80年代的第一年里,着手研究青年学生离开学校进入劳动大军的问题。然而,直到20世纪80年代末,定期的教育评估研究才以葡萄牙参加国际项目的形式出现,如由IEA、ETS和OECD组织实施的(CERI的国际教育指标项目)国际项目。同时,国家的教育统计体系也得到了发展。通过分析在全国范围内收集的数据,使得在任何时间进行教育体系的审查和评估成为可能,同时,也包括进一步研究教育需求和供应的关系。在1990年的现有教育指标中,对决策者和公众观点影响最深的有:

(a)督促就学、保留学生、退学和由于学生地理的、社会的、经济文化的背景的成功率。

(b)中等教育学生的分布(学术和职业学校)。

(c)高等教育入学率和不同水平和地区的学生分布。

(d)葡萄牙学生的数学和自然科学成绩。

(e)离开学校后的就业机会。

(f)返回教育的比率。

10. 20世纪八九十年代的主要改革

在20世纪80年代和90年代初,主要的改革有:

(a)义务教育由6年扩展到9年。

(b)发展综合技术高等教育作为进入综合大学的一种现实的选择,前者更适合于职业素质的培养。

(c)学校管理体制的变化,允许地方机构组织(父母、地方当局、经济和文化组织)更加积极地参与。

(d)改革学校教育课程,确保在交叉学科上,在不同学习阶段的科目内容序列上获得更大的整合,而在中等教育阶段(10~12年级)上减少差异。

(e)设立地方教育机构,以强化中央层面的法律和决定,进而使教育非集权化。

(f)国家支持私立部门的职业教育(这构成9年级之后的基础后正式教育的一种选择,以便在中

表1　中等教育各类课程的课时数

	通向继续深造一轨			通向现实生活一轨		
	10年级	11年级	12年级	10年级	11年级	12年级
全体学生必修的普通核心课程	12/13	12/13	7/6	12/13	12/13	7/6
特定的课程	12/13	12/13	15/18	12/13	8	6
技术课程	12/13	12/13	15/18	12/13	8	6
由学校开发的跨学科项目	6	6	6	10	10	10

等水平上培训年轻人)。

11. 2000 年面临的主要问题

由于教育体系的扩张和义务教育延长到 9 年,学校学生的异质特征导致了教育质量下降的问题。在中等教育水平上,国家经济的增长导致了教育需求的增长,这引起了教育的瓶颈效应,加重了资源的短缺。然而,由于缺乏系统的提高和培训教师的计划,在很短的时间内完全地解决这些问题是困难的。

在迈向 2000 年的这些年里,葡萄牙教育体系将不得不去应对下列问题,对教育体系而言,这些问题是对其效率的巨大挑战:

(a)学校设施和设备质量和数量的发展要适合不断增长的教育需求,这主要是在中等教育和高等教育层次上的需要,同时,还要满足更多的教学/材料需要。

(b)系统的、总体的教师在职培训活动,通过培养教师新的教学态度,能导致新的教学实践和激发学生(越来越多的被学校外的世界吸引)的兴趣,这样就能避免学业失败和退学现象。

(c)提供进入劳动力大军的职业教育课程,这些课程对传统课程而言,是颇具吸引力的另一种选择,同时,这也能提高劳动力的质量。

J. M. 劳(J. M. Rau) 著
王秀明 译

附录

Assembleia da República 1986 *Lei de bases do sistema educativo, Lei no. 46/86, de 14 de Outubro.* Assembleia da República, Lisbon

DirecÇão-Geral do Ensino Básico e Secundário (annual) *Ensino especial: dados estatísticos 1989/1990.* Ministério da EducaÇão, Lisbon

DirecÇão-Geral de Extensão Educativa 1990 ExecuÇão financeira de 1990. Ministério da EducaÇão, Lisbon

Gaspar J 1981 *Portugal em mapas e números.* Livros Horizonte, Lisbon

Gaspar J 1989 *OcupaÇão e organizaÇão do espaco: uma prospectiva.* FundaÇão Calouste Gulbenkian, Lisbon

InspecÇão-Geral de Ensino (annual) *Análises de conjuntura.* InspecÇão-Geral de Ensino, Ensino

Instituto Nacional de Estatística 1982 *Inquérito ao emprego: 1982.* INE, Lisbon

Instituto Nacional de Estatística 1984 *Estatísticas da educaÇão: 1984.* INE, Lisbon

Instituto Nacional de Estatística 1986 *Estatísticas da educaÇão: 1986.* INE, Lisbon

Instituto Nacional de Estatística 1989a *Estatísticas da educaÇão: 1989.* INE, Lisbon

Instituto Nacional de Estatística 1989b *Estudos demográficos: 1989.* INE, Lisbon

Instituto Nacional de Estatística 1991a *Inquérito ao emprego: 1991, 20. trim.* INE, Lisbon

Instituto Nacional de Estatística 1991b *Portugal em números: 1990.* INE, Lisbon

Marques A H O 1985 *História de Portugal, vol. 1.* Palas Editores, Lisbon

Ministério da EducaÇão 1989 *Decreto-Lein. 344/89, de 11 de Outubro.* Di ˙rio da República: I série, Lisbon

Ministério da EducaÇão 1991 *Folha informativa para os pais e encarregados de educaÇão dos alunos dos ensinos básico e secundário: ano 1990/1991.* Ministério da EducaÇão, Lisbon

Ministério da EducaÇão, Gabinete de Estudos e Planeamento 1992 *Sistema educativo português 1990: situaÇão actual e tendências.* GEP, ME, Lisbon

Presidência do Conselho de Ministros 1991 *Programa do XII Governo Constitucional, cap. III.* Conselho de Ministros, Lisbon

Unidade Portuguesa de EURYDICE 1992 Dossier nacional sobre o sistema educativo português. Gabinete de Estudos e Planeamento do Ministerio da EducaÇão, Lisbon

Universidade de Lisboa 1991 Portugal económico: do vintismo ao século XX. *Análise social: revista do Instituto de Ciências Sociais da Universidade de Lisboa, Vol.* 26. Universidade de Lisboa, Lisbon

罗马尼亚的教育制度(Romania: System of Education)

1. 基本背景

罗马尼亚位于欧洲东南部,濒临黑海并与乌克兰、匈牙利、前南斯拉夫以及保加利亚相邻。以喀尔巴阡山为中心区域的罗马尼亚拥有33%的平原,36%的丘陵和高原以及31%的山脉。罗马尼亚国土面积为237 500平方公里。1980年拥有人口2 230万,1991年拥有人口2 300万。1930年,人口只有14 280 729人。1948年,23%的罗马尼亚人居住在城市,与此相反到了20世纪80年代初54%的罗马尼亚人居住在城市。罗马尼亚族占全国总人口的88%,匈牙利族占8%,吉卜赛族占4%,日耳曼族占1%,此外还有一些塞尔维亚族、土耳其族、乌克兰族及其他的民族。罗马尼亚语属于印欧语系,语言结构和词汇起源于拉丁语。

自上古时期罗马尼亚就已有人类居住。公元前达西亚人和盖蒂人就已居住在罗马尼亚。他们整治所属领土并与黑海沿岸的希腊城邦以及其他一些邻邦建立友谊。第一个在著作中提及达西亚人和盖蒂人的是希罗多德(公元6世纪),他称他们为"在色雷斯人当中最勇敢、最正直的人",并称色雷斯人"人口众多,仅次于印度人,居于第二"。

1944年8月,在国内举行武装起义后,罗马尼亚军队掉转枪口与德军作战。罗马尼亚积极与苏军联合,参与解放北特兰西瓦尼亚、匈牙利和捷克斯洛伐克的战争。第二次世界大战之后,在苏军的影响下罗马尼亚建立了社会主义制度的国家。社会主义制度在罗马尼亚的存在时期为1944年到1989年。受1985年东欧出现的社会和政治新形势的影响,1989年12月16日到22日,在蒂米什拉、布加勒斯特、克卢日、锡比乌以及罗马尼亚的其他城市爆发了人民群众争取自身权利的运动。1991年11月罗马尼亚颁布了现行宪法,规定总统每四年选举一次。

1979年罗马尼亚的国民生产总值是34.26亿美元,人均1 580美元。1979年工业人口占35%,但工业产值占国家收入的60%。从1948到1978年,工业产值增长了53倍。石油化工、机器制造、纺织以及食品加工业都是罗马尼亚最重要的产业。为了训练合格的劳动力以满足迅速发展的工业部门的需要,罗马尼亚的教育体系得到了发展。然而在20世纪80年代,大学前和大学阶段的教育却被忽视了。1979年农业人口占30%,农业产值占国家收入的15%。在20世纪90年代初,农业仍然在经济生产中占相当大的比重,农业现代化处于领先水平,畜牧业具有重要的地位。

同许多东欧国家一样,罗马尼亚在20世纪90年代初发生了政治剧变。一个新的教育体系仍在讨论之中,在本词条中所谈及的正是这种新的教育体系,而非1990年以前的教育体系。

2. 教育政策与目标

早在1990年初,政府还有教育与科学部,决定改变原有的教育体系低效率和相互之间缺乏协调的情况,这也正是由教师和学生最早提出的若干改革行动。新的教育体系既注重教育的结构与内容、教育评价,也重视师生关系的质量。教育的内容转变了,增加了被原有教育体系所忽视的人文、哲学、艺术的教育内容。直到1989年12月前,所谓"劳动生产教育"和对应各种不同职业的技术教育占用了大量课时,并且经常影响正常的教学。与此同时,90%的高级中学是以工业和经济为导向的,余下的以人文和艺术为导向的高级中学不但数量少而且质量不高。在新的阶段,自1990年开始,所有学生开始接受人权、国民教育和民主教育。在课程和教材中,那些混淆现代社会和文化的意识形态的内容被删除了。这些意识形态的内容曾经阻碍了罗马尼亚的教育系统和其他文化和学校进行交流。

20世纪90年代罗马尼亚教育体系的主要目标可以主要划分为以下几点:(a)为所有接受9~10年义务教育的学生提供一个相对开放并且完整的教育(1992年有关义务教育的年限问题仍在讨论中,12年的义务教育或是9年的义务教育加2年的职业训练);(b)在科学技术教育与人文艺术教育之间达到平衡;(c)教育学生不仅热爱本国文化,还应尊重世界文化和少数民族的文化。非正规教育将有助于达到这一目标,不正规教育也有同样的作用(借助电视扮演这一重要的角色);(d)根据学生的兴趣和能力进行教育和职业指导是教师和受过教育心理学训练的专家的职责,而后者的指导将在高级中学及学校督学团的各个部门得到贯彻与执行;(e)确立终身教育的长远教育目标,发展学生自我评价的能力;(f)促进师生关系的民主化,提高教育与学生在学校与大学管理中的参与度;(g)改善学生评价体系,改进高级中学和大学的入学考试;(h)制定一个有关鉴别与提高天才学生的政策;(i)制定一套致力于帮助学习困难儿童、孤儿、单亲家庭学生以及残障儿童的工作方法。现有的学校网络将被扩展,并由高素质的群体提供服务。

3. 正规教育体系

1980 年,罗马尼亚的学龄人口接近 5 585 000 人。1990 年初在校生人数下降,所以 1990 年至 1991 学年,只有 500 万学生登记注册,占总人口的 21.6%。目前有大学生约 20 万人,但是预计由于更多的地方可以接收一年级学生,大学生的人数仍将增加。1990 年初,罗马尼亚建成 6 所新的州立大学。卫生学校教师约 40 000 人,初级学校教师约 60 000 人,中学教师约 144 000 人(从 5 年级到 12 年级),还有超过 14 000 个终身学者。大量来自摩尔达维亚的学生被准许在罗马尼亚学习。所有的少数民族都拥有可以使用本民族语言教学的学校:匈牙利语、日耳曼语、塞尔维亚语、乌克兰语等等。

3.1 *初等教育、中等教育与第三级教育*

图 1 呈现了新教育体系的结构。大学前教育的计划结构是 4 + 5 + 3,义务教育的年限为 9 年。为了避免把中等教育变成两级,原来的 10 年义务教育被取消,与此同时农村和城市有同样高质量的义务教育。完整的教育结构如下:

学前教育的对象是 3 岁、4 岁和 5 岁的儿童。幼儿园分为三类:第一类是周托型的幼儿园,幼童每周可以在这类幼儿园被托管 5 天,幼儿园的设施优良。第二类是日托型的幼儿园,儿童每天在这类幼儿园被托管 8 到 9 个小时,幼儿园提供一顿午餐。第三类幼儿园,儿童可以每天在幼儿园学习 4 到 5 个小时。此外一些幼儿园还开展了外语教学。

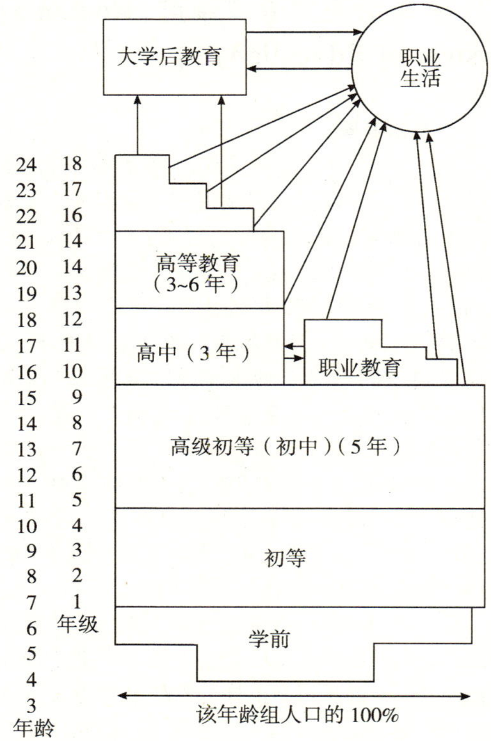

图 1 罗马尼亚:正规教育体系的结构

初等教育的对象是 6 ~ 10 岁的儿童。艺术课和体育课由专门的教师教授。在低年级、中年级和高年级间有一定的间隔,用于进行评估重构学生们已学的知识,并为他们升入更高年级作准备。教师将由教育心理学顾问协助。

中等学校或初中的招收对象是 10 ~ 15 岁的学生。罗马尼亚计划在所有的学校里使用统一标准考试,教学的记录文件、老师和调查员的评估将会被使用。学生的记录将包括综合测评和由专家顾问们协作制定的教育与职业指导委员会的建议(为每一个重点中学的建议和为 2 到 3 个小一些的中学的建议),这些建议将帮助学生升入不同类型的职业学校或者是高等中学。

高等中学学制 3 年,毕业生将会获得学士学位。学位委员会的主席由大学教师担当。根据不同类型如科学、人文、技术、师范、艺术以及体育,不同的高等中学都会有其核心课程。

将建立高等中学后教育体系(非大学教育)。这类教育的课程设置为2年,将为特殊行业培养人才,包括美容业、餐饮业、旅游业和文秘。

教育部或学校都非常关注对于正规教育和非正规教育的表述。同时,国家和各级主管以及不同的文化宗教机构都忙于重新定位和加强成人教育。

高等教育包括培养学前和初等学校教师、初级工程师和其他类型的专业人才的3年制学院。大学承担着培养专业人员(数学、经济或地理方面)的任务。大学课程4年,学生学业合格才能获得学位。有天赋的学生将会有机会接受另外一年的专业训练(4+1),并且毕业后可以在研究机构或高级教育机构工作。一些专业的课程设置为5年,而另外一些专业(医学、建筑学)的课程设置为6年。研究生教育由博士(包括含奖学金的全日制4年教育和函授教育)以及进一步的职业培训课程。重点在于采取必要的方法来发现、培养、评估有天赋的儿童,同时强调进行对教育天才儿童的教师的专门指导。

3.2 学前教育

如前文所述,学前教育的对象是3~5岁的儿童。这一级的教育方法和教学内容都与这一年龄段的儿童相关,但是对于某些儿童,最后一年的教学大纲是比较困难的。儿童从4岁或5岁开始学习外语,特别是在城市中,学习的外语包括英语、法语或者德语。幼儿园分三类:第一类是设施良好的周托型幼儿园,幼童每周被托管5天。第二类是日托型幼儿园,儿童每天被托管8~9个小时,幼儿园提供一顿午餐。这类幼儿园由教育部或企业提供资助。在第三类幼儿园,儿童每天可以学习4~5个小时。家长可以从这三类中选择他们喜欢的幼儿园。将来教师(总是由女性担当)在拿到学士学位以后还需要在师范学院里培训3年或是在大学里担任社会助教的工作(4年)。

3.3 特殊教育

1989年12月以前的10~12年间,特殊教育没有受到重视。在所有的大学院系中,针对不同类型的残障儿童的教师的培养被忽视了。1992年这种情况有了根本的转变,中央和地方政府针对这一级别的教育财政预算都大大增加了。国家教育研究院建立了一个特殊教育所。一些老的大学如布加勒斯特大学、克卢日大学、雅西大学都建立了培训此类教师的部门。当务之急是如何使残障儿童逐渐进入正常儿童的学校就读,或是让他们进入职业学校。

3.4 职业、技术教育和商业教育

可能是由于大部分的学生在完成义务教育之后,想尽快获得一份工作和收入,所以职业学校的入学率很高。热门的专业是服务类的专业(如饭店、宾馆服务)和一些工业分支类的专业。1992年研究性中学的入学率比过去有所增长。这类学校包括专门招收具有音乐、美术和舞蹈天赋儿童的专业中学。

1989年12月以后,中央或地方都保留了数量众多的技术中学:工业、经济、医学等方向的中学。与此同时,教育部更新了课程内容,增加了信息、市场营销、管理、统计等方面的内容。20世纪90年代初,一些商业、私营销售和管理方向的高中后学校就组织策划与各个教育部门或国外的基金会合作。

3.5 成人和非正规教育

成人教育与非正规教育的重要性在1989年12月前后没有变化。虽然学生们希望组织远足、竞赛、聚会、旅行等活动,但是他们不希望通过正规的青年组织或由专业人员来组织。1991年和1992年人们热衷于教会、童子军、环境保护组织以及文化、体育基金会的创建。1992年文化部与欧洲委员会合作联合召开了旨在加强和重振成人教育辅助体系的会议。

4. 行政管理的结构与运行

教育与科学部将继续扮演重要的角色,但是从新的教育议案可以预见分权的趋势。学校和县学校检查团都有重要的责任。校长由教师委员会选出,通过竞争激烈的考试招募调查员,校长和调查员都要上培训课。现在大学拥有真正的自治权,这一点可以清楚地从对院长、系主任和校长的任命,教学内容和研究课题的选择,与国内外大学的联系

等活动中体现。全国校长会议和全国资格认证委员会（博士学位的授予和教授的评审）在全国范围内广泛地开展。现已组织了一个学术委员会，该委员会的作用是评估高等教育机构、认证私立学校的办学资格、审查大学纪律委员会的决定

高级中等教育和高等教育将会有全日制课程、函授课程和夜间课程，目的是为了让课程结构更加合理以满足学生的学习需要。如果私人教育机构符合法律规定的条件，他们也可以招收学生。

5. 教育财政

由于减小了每班最大班容量（从 40 ~ 44 人到 30 人），以及减少了教师的每周工作量，并且由于 1990 年前政府没有为教师的许多额外劳动支付报酬，因此，1991 年国家拨给教育 10% 的财政预算。这个预算水平有可能保持甚至可能有所增长，因为还有大量的校园建设计划要进行。教科书仍然是免费的。奖学金将会增长，特别是在职业培训领域。

6. 师资

在获得学士学位以后还要接受为期 3 年的培训才能成为学前和小学教师。要成为初中和中学教师需要在大学接受为期 4 年的培训，并且必须获得由师范学院颁发的毕业证书。工业技术讲师将在工艺或农业学院接受培训。教师职前培训是在终身教育的框架下引导的。在职培训是一个结构良好的次级培训系统，包括了每 5 年一次的必修课，在教学 3 年之后教师要参加考试，以保证教师完全合格。被证明精通教学并具有教学改革能力的教师将有机会升为二级教师，之后还能升为一级教师。

高等教育的教师类型包括助教以及从讲师到教授各个级别。助教是从大学里最优秀的学生中选出的。大学其他等级的教师职位都是通过个人学历、学术成果、教学经验等方面的激烈竞争获得的。

7. 课程开发与教学方法

由课程专家、研究人员、大学雇员和教师组成的专门委员会，根据科目的时间分配，为所有的科目制定课程大纲。这些委员会（例如数学、生物或外语）由一个中心委员会协调。由教育部提供的大纲为教师和学校教材的编写者提供基本的指导。全国同类学校的课程（课程大纲和教科书）是统一的。课程内容的统一使得在全国范围内和同一个地区考试和评估的问题变得容易。在每个年级的课程中都有必修课和选修课。1992 年政府考虑建立一个全国课程改革委员会。要求教育研究机构发展并完善课程的呼声日益高涨。根据学校课程，教师培训项目的内容已被制定。

在高等教育领域，每一个院系都发展制定了自己的课程，学校正在努力制定更多的跨学科的课程。随着课程内容的设计，各个层次的教育以及可能的教育及教育学的努力正在做出尝试。

8. 考试、升级与证书制度

不同的评价方式（口试、笔试、实践、连续的和定期的）要求学生不能仅仅重复和简要说明他们所学习的知识，而应该对知识重新组合、选择和综合。目前我们正在进行使用更有创新和体系化的评估的尝试。在实践中，由每个教师在班级中进行系统的学生评价。地方的检查人员自由决定阶段性的评估（为了提高和比较学生在某个特定科目的成绩）。正在进行的对于大学前和大学级别的评估方法的再次检验，是为了设计出满足教育客观性和年轻人期待改善的评估体系。高级中学和高等教育仍然采用竞争激烈的入学考试，考试内容是教育部指定的科目，考试形式是笔试。

9. 教育评价、评估与教育研究

罗马尼亚的主要教育研究机构是设在布加勒斯特的教育研究会。大学的教育系与心理系以及教师培训机构同样引导教育研究。在布加勒斯特大学、雅西大学、克卢日—那波卡大学里，教授的研究得到许多专门的研究员的协作。其他教育研究团体包括了青少年问题研究中心、联合国教科文组织全国教育委员会，其中后者在 1992 年与 11 个中学合作，承担了“为了一个新欧洲的课程”的课题研究。

教育部是这些研究的主要受益者。把教育研究的成果转化为实践的问题已受到关注,现阶段的任务在于组织实验学校,同时加强教师们在所在学校中自发的教育改革实践与系统研究之间的联系。研究基金的出版物的目的在于一方面让公众与学校主管了解新的教育思想(例如终身教育的理论、教育过程的系统方法、辅助教学),另一方面为了使教育者不断得到所需咨询,并对他们的职业工作有很浓厚的兴趣。教育研究主要致力于以下问题:教育质量、学生学业成就、提高课程组织的方法、活动方式、评价标准、教学过程最优化。

10. 2000 年面临的主要问题

20 世纪 90 年代教育的发展被认为是受到其他欧洲国家教育发展和其他领域发展(例如经济、城市生活、文化生活)的影响,并与青年人谋求发展的强烈愿望有关。教育发展研究是 20 世纪 90 年代社会经济学研究项目的一部分。研究内容涉及职业、科学、文化等领域的变迁以及这种变迁对教育的影响。教育发展的预设目标是提高新的选择课程内容并保持课程内容连续性的方法、采用较好的教学结构与教学目标、满足终身教育和民主教育的需要。

G. 瓦伊代亚努(G. Văideanu) 著
米 丽 译

附录

Academy of Social Sciences 1980a *A Concise Geography of Romania*. Editura Stiintifica si Enciclopedica, Bucharest

Academy of Social Sciences 1980b *A Concise History of Romania*. Editura Stiintifica si Enciclopedica, Bucharest

Giurescu D 1981 *Istoria ilustrată a Românilor*. Editura Sport Turism, Bucharest

Maliţa M (ed.) 1981 *Enciclopedia statelor lumii*. Editura Ştiintifică şi Enciclopedică, Bucharest

Niculescu A 1981 *Outline History of the Romanian Language*. Editura Ştiintifică şi Enciclopedicϖ, Bucharest

Romania, Ministère de l'Education et de l'Enseignement (Direction Scientifique G. Văideanu) 1973 *L'Enseignement dans la République Socialiste de Roumanie*. Ministère de l'Education et de l'Enseignement, Bucharest

Romania, Ministère de l'Education et de l'Enseignement 1978 *Loi sur l'éducation et sur l'enseignement*. Editura Didactică şi Pedagogică, Bucharest

Văideanu G 1982 Les structures de l'apprentissage en Roumanie: Unité et diversité. *Int. Rev. Educ.* 28:210—226

Văideanu G 1991 *Vers un curriculum de l'éducation européenne*. UNESCO, Paris

俄罗斯的教育制度(Russia: System of Education)

1. 基本背景

1991 年东欧"社会主义阵营"形势剧变,尤其是苏联八月政变失败后发生的剧变,将许多问题放到了天平之上。这个曾经是苏维埃社会主义共和国的国家开始演变为独立国家的松散联合,"社会主义(Socialist)"中的"S"也变为"独联体(Sovereign)"中的"S"。虽然已经明确的是,拉脱维亚、立陶宛和爱沙尼亚成为独立的国家,但现在仍不十分清楚这个联盟中究竟有多少共和国。

由于独联体的形成,在已消失的苏联的单一教育"系统"下描述俄罗斯的教育体制已变得不现实,因为现在所有关于教育的决策都取决于各国自身。但是,由于教育系统自身的惯性(好的或不好的),其短期内不可能发生巨大的变化。因此,本词条反映的是 1992 年 10 月的现状。在这一特定背景下,这里的"俄罗斯"是指作为苏联 15 个加盟共和国之一的俄罗斯联邦。

存在于 1917 年"伟大的十月社会主义革命"之前的俄罗斯帝国,是通过武力和谈判双管齐下的方式来进行原始积累的。自 1922 年 12 月以来,它一直是 15 个共和国的联盟。直到 1991 年,三个波罗的海国家脱离联盟。广阔的疆域和民族的多样性(超过100个民族以及数量众多的民族群体和语言),使得我们几乎不可能对其人口密度和增长率进行概括。在1941～1945年的战争后有一次“生育潮”,其间人口每年增长近2%(1946年为1.3%,1950年为1.7%,1960年为1.78%)。尽管自1965年以来,全俄罗斯的人口增长率开始稳步下降(1989年为8.4%),但在乡村依然很高,相形之下,大城市则要低得多。现在超过2/3的人口居住在城市。人口密度为每平方公里10.6人(俄罗斯平均值),其中,莫斯科地区为327.6人,而西伯利亚地区的亚库特亚地区为0.3人。

尽管俄语是各共和国和各民族沟通的天然语言,但是俄罗斯联邦内部的一些共和国不再愿意把它作为第二国语,因为他们都越来越意识到他们民族的特性。许多非俄罗斯人说俄语,这使得他们更容易与人交流,在学校后教育机构学习也更为便利。

在1917年以前,75%以上的人口居住在农村地区,他们主要从事农业。与其他工业化国家相比,当城市人口占据主流时,前俄罗斯的“农民”仍占很大比例(1989年为37.1%)。17.8%的劳动力居住在城市,与居住在农村的8.7%人口相比,他们拥有更高的教育水平。

20世纪20年代中期,经济高度集中。甚至是特定产品的生产配额(包括消费品),也需要依次经过政府机关到工厂、到集体农场来进行决策。这种集中化(该术语专指戈尔巴乔夫改革领导下的“命令和行政系统”)将经济带向停滞。与1990～1991年间迈向市场经济的谨慎步伐一道,加剧了各个经济领域的衰退与混乱。20世纪90年代初,政府为克服这些困难,开始实行一些极不受欢迎的决策。当然,结果是难以预料的,而事实上,到1992年11月,有40%的人口处于贫困线以下。

2. 教育政策与目标

前一节提到的种种困难由于政治走向的不确定性而进一步加剧。联盟的结构已经崩溃,新的独联体把所有实权都掌握在它们自己手中。这些地区依次宣布独立,这对国家经济的稳定十分不利。不过好在俄罗斯本身也是一个民族区域和群体的聚合体。过去政治上的同一性(总体目标是建立共产主义社会,基本原则是“各尽所能、各取所需”)现在已不复存在,而且没有相应的替代物。一些人主张回到资本主义,另一些人则主张剔除资本主义,同时强调应将市场经济作为首要目标(不是作为实现富裕目标的一种途径)。国家层面缺乏清晰的政策,这对教育计划产生了负面的影响。过去,建立共产主义的总体政治目标与“个人的全面发展”结合在一起,形成教育的终极目标。国家被认为是社会需要的最好诠释者;对个人而言,他或她的利益很少被考虑到。紧随其后的,是人民需求与国家供给之间严重失衡(体现在不同水平学校间的选择,也体现在工资几乎与所接受教育的质量和数量无关等等)。然而,最重要的后果是,教育的声望极其低下,尽管在20世纪90年代初,政府曾许诺会将教育放在预算的优先位置,但多数民众都对这些许诺持谨慎的态度。而事实上人们看见的却是,工资常常与受教育年限成反比。

虽然1992年俄罗斯议会通过的《教育法》宣布要优先发展教育,但是教育经费仍然严重不足。这部法律提出了“国家教育政策”的六项原则,它们是:教育的人文主义特征以及普遍人类价值的优先性;文化统一性和联邦中教育的位置;国家教育机构中世俗(宗教自由)教育的存在;教育自由与多元主义;教育民主化管理与机构自治。制定联邦教育一般标准的任务将在不久的将来开始实施。在此项任务完成后,将开始制定总体教育目标,目标将通过概括性术语来表述,例如为人格在智力、道德、情感和体力方面的发展创造良好的环境和条件;学习一种科学的世界观;学习关于自然、社会、人类以及独立工作的系统知识。

人们认为非常重要的一点是,任何特定学习机构都应有其自己的一套教育价值和目标体系,这与过去过度集中的目标形成了鲜明对比。这并不是说,当前的做法是值得赞同和鼓励的。有时,学校和其他公立教育机构还没有为自主和自治做好准备,这种自主权也是私立教育机构所希望的。

3. 正规教育体系

3.1 *初等教育、中等教育和第三级教育*

图1是对俄罗斯正规教育体系的概括介绍。

20世纪80年代中期以前,儿童入学年龄为7岁,其间很少例外(高加索地区的一些学校是6岁),义务教育的年限为10年(在一些波罗的海地区的共和国,如拉脱维亚、立陶宛和爱沙尼亚等为11年)。1984年教育改革宣布将入学年龄提前为6岁,此举引起许多学者和父母的强烈反对。他们相信(许多人都持有此种观点),学校并没有为接收这样低龄的学生做好准备,担心这样会"剥夺孩子的童年"。有关方面为这一措施辩解,举出国外的事例加以比较,但是反对者并未被说服。作为这种愤怒情绪的结果,一些家长开始自行决定孩子上学的年龄,做决定时得到学校医疗和心理委员会的帮助,通过一定的测试来考察孩子是否已经为上学做好准备。

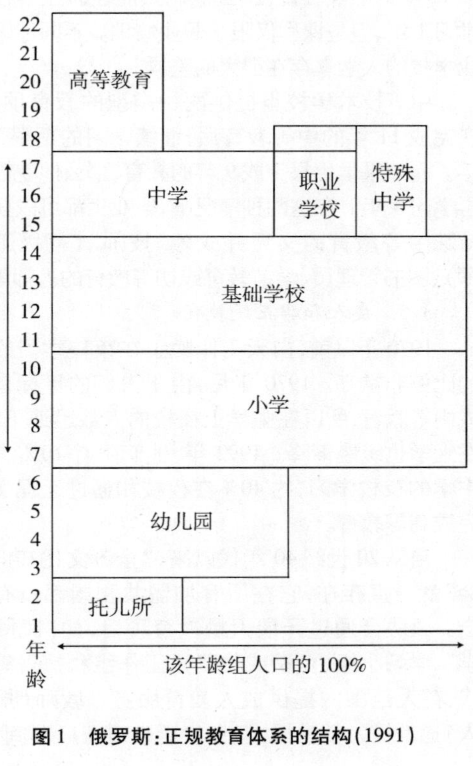

图1 俄罗斯:正规教育体系的结构(1991)

从技术上看,初等教育是中等教育系统的一部分,学制4年。初等教育的目标是,教授儿童基本的学习技能和关于生活的基本常识。通常情况下,一名教师负责教授一门课程,课程大致按照学科分类。体育课和艺术课一般由经过专门培训的教师来担任,但规模很小的学校例外。在极端情况下,一个学校教师与学生的数量可能一样多。大约1970年以前,这些学校陆续关闭。由于学校的关闭,最终导致乡村教育的衰落,父母不得不离开乡村为孩子寻找学校。

中等教育从5年级开始,学校课程科目由专业教师来教授。

根据1992年的教育法,完成11年中等教育的要求被取消。尽管有能力的孩子要求接受11年的中等教育,但是法定的最短年限为9年(所谓"基础中等教育")。

11年制中等教育可以通过几种方式来实现。一个学生可以在一所中等学校中接受全部11年的普通教育;或者在中学接受9年的教育,然后在职业学校接受额外的普通教育;或者选择进入一所中等技术学校(一种初级大学),接受普通教育和培养蓝领工人的职业教育。目前,非公立学校种类繁多。在1991~1992学年之初,有600所公立中学和古典中学。尽管与学校总数相比,数量很少(见表1),但这只是开始,发展更多的是受到缺乏校舍的阻碍,而不是受到行政管理的限制。

高等教育包括综合性大学、学院和研究院。虽然,通常大学确实享有更高的声誉,提供更广泛的

表1 1992年俄罗斯正规教育系统统计数据

	教育机构的数量	学生数量	教师数量
学前教育	87 800	9 634 700	968 300
普通教育	66 679	19 930 000	1 465 000
职业教育	4 300	2 000 000	196 000
中等特殊教育	2 600	2 300 000	120 800
高等教育	514	2 800 000	224 100

教育,但在很多情况下,大学的学习期限都是相同的(5 年),医学教育除外(7 年)。

高等教育院校的招生建立在竞争性的入学考试基础上,不同学院的申请者数量存在较大差异。多年来,人文学科的招生指标高于工程学科。随着向市场经济的逐渐转型,越来越多的学生申请学习经济、市场等学科。在表演艺术、绘画、建筑等领域竞争最为激烈。尽管如此,近年来高等教育的竞争已经逐渐减弱,这是因为在几乎所有的工作中,接受高等教育并不能为个人带来多少物质利益。

向那些已经接受高等教育的人提供继续教育通常是高等教育机构(在日常生活和专业语言中都简称为"vuz")的职责。一位拥有高等教育文凭的专业人士,通常需要每隔 5 年进行一次拓展培训,在许多情况下,培训项目是由 vuz 组织提供的。

3.2 学前教育

儿童从出生到 3 岁可以进入托儿所(creches),然后是幼儿园,一直到小学。1992 年,学前教育机构中有 9 634 700 名儿童。这些儿童也可以接受半日制的学前教育,具体的时间比例在很大程度上由他们的父母和家庭收入来决定。许多家庭由于收入微薄,不允许母亲呆在家里,当然,许多母亲的确也不愿只做家庭主妇。

在许多情况下,学前教育只包括保育和促进儿童德智体全面发展的教育。但是,在幼儿园里也教授某些科目(例如,"3R"教育,艺术教育,偶尔也有初级外语教育)。直到最近所有这些花费都非常低。20 世纪 90 年代初,初等教育学费提高,出现一些专为有支付能力的父母准备的私立幼儿园。但是,学费数额差别很大,总的趋势是逐渐提高。

3.3 特殊教育

在 1991 ~ 1992 学年,6 ~ 17 岁年龄段中有 1.5% 的儿童因为身体和智力障碍进入特殊学校(这种学校有 1 843 所)。虽然有更多孩子需要特殊教育,但是,由于资源有限,他们并不都能接受特殊教育。也有这样一种情况,父母不愿将孩子送进特殊学校,因为他们还抱有一线希望,认为孩子在普通学校接受教育会更好。由于特殊学校的数量远远不能满足需要,因此后一种情况也不在少数。

有专门针对盲童(或弱视)、聋童(或弱听)和智力障碍的儿童进行教育的学校。对于那些先天障碍(智力或身体)过于严重,以至无法进行教育的儿童,有专门的治疗中心。同时,针对那些身体虚弱和存在严重身体障碍的学生,也有专门的学校(它们可能坐落于自然环境良好的任何地方,常常被称为"林间学校")。

不同的课程取决于某个儿童残障的严重程度。同时,学校本身也经常对这些课程进行补充和修改。这种修改一般包括使智力正常但身体严重残疾的学生进入普通学校(这样的例子在其他国家也屡见不鲜)。而且,根据不同情况也可以选择不同的就读方式,如全日制或半日制。儿童可以选择在特殊学校走读或住校的方式来学习。

3.4 职业教育

职业学校负责培训熟练工人,它们的培训项目有两类。那些完成 9 年中等教育的学生可以接着进行为期 3 年的职业培训。如果一个学生已经完成 11 年的中等教育,那么他们只需在职业学校再学习 1 年,但是课程仅限于职业培训。不同地区职业学校的入学率存在很大的差异。

中等技术学校也提供两种类型的教育项目。在完成 11 年的中等教育后,继续学习的期限为 2 年。而如果学生只完成 9 年的教育,那么他就需要再学习 4 年。在这两种情况下,毕业生都可以获得特殊中等教育的文凭并成为"技师"(初级工程师)、图书管理员、学前教育或初等教育的教师等。

3.5 成人和非正规教育

1970 年以前,白天工作晚上在夜校学习的人的比例非常高。1970 年后,由于人们的目标是完成中等教育,所以在中学上夜校的人数迅速下降,在大学也缓慢下降。1992 年,他们中有 10% 参加中学的夜校学习,约 40% 在夜校和通过远程学习完成高等教育。

自从 20 世纪 40 年代以来,"全苏文化知识协会"就一直存在,它在所有加盟共和国都设有分会。该协会通过开展大量教育项目,如"民间大学",学习小组(免费或收费)、工作组和报告等形式,在大范围内提供成人教育服务。教师(报告人)通常是大学教授,但也包括来自工厂车间、艺术机构等部门的人。

20世纪90年代初,苏联所有教育机构开始走向四分五裂,同时伴随着严重的财政困难,作为一种完整统一的学习组织的"知识协会"开始转变为一系列自负盈亏的独立组织。而且,许多教育机构(大学、学院、中等技术学校等,包括普通中学)也向成人提供不同的教育服务。一些是成人自己付费,另一些则由他们的雇主付费。由于这种机构刚刚兴起,所以目前还没有相关的统计数据。

在成人教育中,学生的积极性一直是一个问题。由于缺少闲暇时间(更严重的是缺少消费品和日常服务),学生参加任何成人教育都需要发自内心的强大动力。然而,很少有人能感觉到教育有任何市场价值或它能增加任何物质财富。这就是成人教育比正规教育系统更成问题的原因。同时,成人教育的财政基础也不明确。过去,国家承担了"知识协会"的大部分支出。随着自负盈亏时代的到来,许多组织只能独善其身,所以,根本不可能从统计上说明成人教育的实际支出。尽管如此,各层次的教育主管部门还是接受了继续教育的理念,人们希望,随着国家整体教育条件的好转,成人教育也能够再次复兴。尽管俄罗斯事实上根本没有文盲,但功能性文盲的问题并没有得到关注。

许多年来,俄罗斯半数以上的大学生通过同等学历和夜校的形式完成学业,但教育的质量常常无法保证。更糟糕的是,这些课程是与全日制课程接近的复制品,它们不会关心成人某方面的特定兴趣(如课程是无法选择的)。直到最近,俄罗斯建立了开放大学,它引进西方远程教育的理念,能够根据成人(多为年轻人)不同的兴趣对其进行不同的激励。

4. 行政管理的结构与运行

行政管理和运行机制方面的发展也不平衡。自1984年的教育改革以来发生了很多变化。

联邦教育部被废除,代之以国家教育委员会。其目的是要建立一个单独的实体来负责整个联邦地区的总体教育计划。而现在这些都已成为过去。20世纪90年代,俄罗斯负责教育管理的两个最高实体是教育部和国家高等教育委员会,教育部负责除高等教育外的所有教育事务,国家高等教育委员会只负责高等教育事务。苏联总统戈尔巴乔夫曾颁布一项法令,宣布所有大学和同等高等教育机构实行自治,但是,在自治宪章生效之前应当有一个"证明"的过程(相当于美国的资格认定),任何教育机构所提供教育的质量都要通一个权力部门的官方认定。这一法令在20世纪90年代初逐渐开始实施。

在许多前加盟共和国中,许多教育机构都是由教育部管理的。在地区和城市一级,设有教育委员会,但它们只负责普通教育的学校,有时也关注一些职业学校。校长通常由地区或城市政府任命。在改革的高潮时期,社会生活的各个领域都获得了更多的民主,校长开始由教师团体、高年级学生代表和父母组成的学校委员会选出。然而,经验表明,学校委员会通常是无力的,而且,相反,它有时还会为特定群体和个人的利益而滥用权力。民间发起了一场浩大的运动,呼吁恢复校长任命制。至于教育和教学的内容,学校自身在这方面具有越来越多的权力。这在学生占儿童总数不到1%的选择性学校中体现得尤为明显。它们被称为"中学"、"古典中学"、"公立中学"或"学院",对于在其中工作的人来说,它们的差异并不明显。通常,古典中学更加强调课程中人文主义部分的内容。公立中学是那些对自然科学或人文科学有强烈兴趣的高年级学生的学校,其特殊目的在于为学生进入高等教育作准备。学院通常在大学或其他高等学校的管辖之下,多数学生离开中学后进入这种高等教育机构。多数情况下这些非正规教育的学校是收费的,而包括公立高等学校在内的公立学校是免费的。

尽管从理论上讲,这些选择性学校在教学和课程上应当更少依赖教育部,但是,它们在行政和财政方面仍要服从教育部的管辖。一所学校与教育部(以及其他行政机构)的关系在很大程度上取决于这所学校的管辖单位。在某些情况下,这些管辖单位仍然扮演着严密控制的角色,而另一些单位则起到帮助和支持的作用。

一直以来,非正规教育总是教育部门之外的一种服务。"知识协会"在理论上是独立的,但事实上它受到各级政府官员的严密控制。在控制消除以后，"知识协会"分解为若干独立自主的社团和协会，目前，我们尚不清楚这一系统将如何发展，它的经费来自何处以及如何对它进行监督和管理。

尽管教育监督在地区和城市层次最易实施，但事实上各级行政部门都有监督权。在过去的教育系统中，共和国教育部（主要针对普通教育的学校）或国家教育委员会（主要针对后中学阶段教育）挑选出一个城市或一个地区进行督察。这在没有国家考试服务机构的情况下具有一定的重要意义。在20世纪90年代初，随着分权过程的加剧，督察也主要局限在地方或城市进行。

教育督察员本应从最好的教师中选出。而事实上，督察员工资低下造成选择这一职业的是那些不能胜任学校教书工作的教师。结果，导致学校和教师对这些督察员常常置之不理，甚至会抵触他们的工作。自20世纪80年代晚期以来，学校督察员们所扮演的角色与其说是严肃的鉴定者，不如说是助手。然而，需要经过很长时间才能使教师和督察员双方都接受这种角色的转变。

5. 教育财政

在大约1988年以前，教育经费是高度集中化的。苏联政府为每个加盟共和国分配各项预算，同时决定预算用于各部门（如教育）的比例。自1988年以来，财政控制权开始逐渐转移到加盟共和国层面，到1991年底，事实上苏联政府已经不向教育划拨任何款项。独联体的建立使整个模式发生改变。俄罗斯在20世纪90年代初，开始致力于在国家、城市和地区层面合理地分配教育经费。但是，这里的情况仍不明朗。在一些城市，管理者和政策制定者在以下思想中发现了灵感，这种思想认为，通过税收渠道可以为教育（至少可以为本地区的教育）征集大笔资金。其他地方则更倾向于采用更传统的方式，如中央划拨资金，只是不再有苏联意义上的"中央"罢了。

人们通常认为，教育预计需要的资金总是比它实际得到的多。这也是导致教育财政系统走向分权的一个动因，这样，教育在从中央获得经费的同时，也能从地方政府那里得到资金。但是，从20世纪90年代初的情况中很难看到改变的迹象。自从第二次世界大战结束后，教育经费的确在缓慢地增长，但与其他国家相比并没有显著的变化（见表2）。计算非正规教育的实际经费始终不太容易，而由于上述原因，这在20世纪90年代初是几乎不可能的。

有关方面也采取努力吸引私人投资。过去，在原苏联根本不存在合法的大额私人资金。随着向市场经济的过渡，出现了大量的股票交易、私人企业和私人贸易。或者是出于利他的目的，或者是为了享受低税收（目前尚未落实），他们中的一些打算投资教育。由于缺乏统计数字，因此我们只能说这种趋势还在上升，而它们投资的总量也存在巨大的差异。这些投资数量不等，从为大学文凭而学习学生的父母的小额捐赠，到私人企业对中学和大学的直接投资。

一直以来，各层次的所有教育都是免费的（除了一些非正规教育课程如编织、摄影等，还有一些选择性学校）。但是，越来越多的教育机构（尤其是选择性学校和大学层次的教育机构）开始向学生收取学费，有时学费的数量相当可观。所有高等职业学校的学生都能够获得奖学金（"生活津贴"）。这些奖学金不仅数额小，而且数量少，所以许多学生在上学期间都会在夜间做兼职工作，甚至有时是在上课时间。成绩好的学生能够得到高于其他学生20%～25%的奖学金。同时，也有以政界和科技界杰出人物的名字命名的高额奖学金。

20世纪90年代初，社会出现一场讨论，焦点在于国家和私人企业是否应当向中学后教育阶段的学生提供贷款，但没有关于这方面的文献记录。

表2　　俄罗斯的教育经费状况

	1970	1980	1985	1990	1992
国民收入（亿卢布）	119.4	182.3	217.2	224.3	–
总教育经费（亿卢布）	8.1	12.2	14.4	15.7	211.7[a]
占国民收入的比例	6.8	6.7	6.6	7.0	–

a 由于1992年发生剧烈的通货膨胀，看似巨大的数字，即211.7亿卢布，并不能掩盖以下事实，实际教育经费仍然比过去少得多

然而,1992年的《教育法》为学生提供了选择的权利。在现实中,它意味着如果学生选择收费的私立学校,该生(或其父母)将得到一张面额相当于在公立免费教育机构就读开销的支票。根据法律,这张支票应由私立学校接收,剩余的经费由学生负担,这只是一个大致的想法。与《教育法》配套的政策文件将很快出台。

6. 师资

表1显示了俄罗斯各层次教育教师的数量。有42所大学、4所师范大学、93所教育学院和353所中等师范学校提供教师培训,其中,中等师范学校专门培养学前和初等教育层次的教师。进入教师职业的竞争一向不激烈,选择这条道路的通常是那些本想进入其他类型的教育机构,但害怕自己不能通过入学考试的人。另一个例外是外语系和历史系,在这里许多学生事实上也不打算在毕业后成为教师。

各层次的教师培训项目包括普通教育部分(过去大多为诸如党史这样的意识形态课程所占据)、专业科目部分(今后将执教的学科)、职业部分(心理学和教育学)。各部分所占比例不同,这主要取决于教师所接受教育的层次。学前和初等教育教师培训中职业部分的比例最大,而中等教育层次教师培训中职业部分的比重则相对较小。没有专门针对大学(或其他类型的高等教育)教师的培训项目。大学教师通常来自高等教育机构中成绩优良的学生,他们每隔5年要进行一次系统的在职培训。在高等教育机构中也有教师资格候选人培养和博士生培养计划。科学教师资格候选人是第一个科学学位,它需要至少3年时间来准备论文和考试,通常包括一个大学教师培训项目(比如,一些关于教育理论和教学实践的报告),但是它安排的时间太短,无法明显改变候选人的能力。

教师供给总是不规律的,一些学科的教师供过于求,而另一些学科的教师则供不应求。但是在后来的几年,由于教师工资的增长比其他工人慢得多,所以,无论是在大城市还是在边远的山村,几乎所有地方都存在教师短缺的压力。在那些边远的山村里,简陋的住房条件和消费品的严重短缺使得问题进一步加剧。而且,班级规模也存在很大差异,过度拥挤的教室(有时超过40名学生)严重限制了教师的工作,许多教师因再也无法忍受这样的环境,而寻找新的工作。

俄罗斯有着非常好的教师在职培训系统。在每个大城市都有一个"在职教师培训中心"为所在城市和地区服务。它们提供的培训项目包括为期数周的讲座和研讨会,以及不定期的各种研习会等。中学校长和副校长每隔5年也有为期2~4个月的在职培训,培训由大学和教育学院下属的特定部门来组织。这种培训也面对大学教师开放。经常进入规模大的大学深造对那些工作在边远小城市(尤其是几百公里外的小城市)的教师来说非常具有吸引力。

所有教师的在职培训一般包括它们的学科课程、心理学和教育学,计算机培训也常常包括在内。这些课程对教师们非常重要,因为在校教学期间繁重的教学任务使他们很少有时间和精力来自主学习。

7. 课程开发与教学方法

正如前面所提到的,苏联一直是一个社会生活各领域管理高度集中的国家,教育也不例外。引人注目的分权运动开始于20世纪80年代中叶,它在90年代获得了强大的动力。现在,政府已经制定了一些政策,使得整个俄罗斯的课程和高等教育机构在决定课程方面获得了越来越多的自主权。

尽管部分教育内容仍由(共和国)中央推荐,但现在60%以上都在城市和学校层面决定,并且学校部分的决策所占比例越来越大。俄罗斯的教育工作者并不使用"课程"这个词,从广义上来讲,课程包括学科和教学方法与媒介的总和。每门学科有"学习计划"(学科教学所需要的时间)和课程大纲。过去,整个苏联的"核心"课程包括俄罗斯语言与文学、数学、物理、化学、苏联历史和世界地理以及生物。现在,俄罗斯联邦从一种综合的思想出发,决定将本地语言与文化、俄罗斯历史、体育文化和其他联邦特有事务作为一个整体,从这方面看(也包括其他方面),个体教育机构将会获得越来越大的自主性。

普通教育中的所有“学习计划”、课程大纲和课本都由苏联教育科学院的研究者们制定，但从技术上讲，需要得到教育部和国家教育委员会的批准。一些课本由中学教师和其他机构的科学家编写。至于中学后教育阶段的课本，通常由来自大学和学院的教师编写。20世纪90年代初情况大致也是如此，唯一不同的是，原苏联教育科学院被重组进入俄罗斯教育学院，而且许多教育机构倾向于使用非正规教育系统的课本。这一做法现在受到鼓励。

到20世纪80年代中期，尽管中学有在规定课程以外开设新课程的权力，但是中学里仍然没有选修课。1984年的教育改革为贯彻教育分化的思想提供了动力，选修课占到总课时的10%。中学也有一些特色学校，侧重某个特定学科或科目（如外语、物理、数学等）。从1990年开始，选择性学校的这种侧重变得更加明显，选修课时间可以占到30%。

所有学校都从3年级开始教授外语。当然，在没有外语教师的情况下例外，虽然这并不常见，但这种情况在农村学校的确存在。60%的学校将英语作为主要外语来进行教学，而法语和德语则占据第二位，学校很少教授其他语言。随着国际交流的增加和人们市场意识的增强，学习外语也变得越来越热门。由于学校按惯例并不需要教授语言的使用知识，校外群体和私立教育（有时收取高额学费）的数量也日益增加。

在20世纪90年代初，人们认为教学方法应由教师来决定。但过去并非总是如此，那时，教育研究者不仅要为教师准备一般性方法，而且还要针对大纲和特定主题的某一点作详细的“方法评论”。一些教师的确希望拥有这些详细的指南。但是在很多情况下，这些指南中提到的往往只是一些原则，如主动学习，多采用小组讨论而非单独演讲，留出问答时间等。

8. 考试、升级和证书制度

自20世纪40年代初以来，考试、升级和文凭系统频繁更迭。在第二次世界大战以后，在许多科目上，所有4年级以上的儿童每年都要参加考试。学生参加过8年级和10年级（或11年级）的考试后可以获得毕业证书。在20世纪90年代初也是如此，不同的是，学校自身有权决定一门必修科目是否需要考试。在其他年级，教师决定一个学生是否升级。这种进度以一种累计的方式来计算，教师就学生回答问题进行评分。学分最高为5分，最低为1分，及格分数为3分。如果一个学生有2~3门功课得了2分，他或她也可以升到下一年级。如果学生在毕业时得了2分，这门学科就不会出现在学生的证书上，而如果该学科很重要，这将影响学生进入高等教育机构。

机会均等和无差别原则贯穿几乎整个苏联学校教育的历史。这也意味着，所有学生，无论他们的兴趣和能力，其各门学科至少应达到3分。虽然许多教师仍然不同意改革，但现在情况已不再如此，因为这种做法对一些能力欠缺的学生来说的确有难度。

9. 教育评价、评估和教育研究

在20世纪90年代初，分权化的趋势使得教育评价和评估不再可能在整个俄罗斯层面上展开。总体上，几年前那个作为整体的国家教育评价和评估体系也不再存在。过去，虽然考试系统由中央组织和管理（见第8节），但从来就不存在一个中央教育考试服务机构。最重要的原因是，考试本身长期以来被认为是“反动的”或“资产阶级的”。但是，自从大约1970年以来（或更早），情况发生了变化。教育部门不再大批量地制定测验方案，各类测验由教师自己制定。有时，苏联教育部和联邦共和国教育部在选定的学校进行一些“控制性的工作”（试卷），但是在使用结果的方式上从来没有形成政策。在大多情况下，紧随这些控制工作之后的，是颁布文件对那些表现不好的学校提出批评，并要求他们改变现状。

1992年颁布的《教育法》规定，要对俄罗斯的教育状况进行定期评价，这促进了各种考察测验系统的应用，和“全俄罗斯（中等）教育标准”的产生。但是，这些都还处于计划阶段。

自1967年以来，苏联教育科学院一直是最重要的教育研究机构（它曾一度更名为“俄罗斯教育学院”)。在学院中有超过20个研究机构,约1 700名研究人员。他们中的一些主要进行理论研究,另一些则负责制定课程、大纲和课本。过去,学院只对普通教育的学校感兴趣,在20世纪90年代初,它开始转向整个终身教育系统的研究。

所有大学和教育学院(教师培训学院)的教育学教授也进行教育研究。

10. 20世纪八九十年代的主要改革

最近的普通教育和职业教育改革始于1984年。它扩展了义务教育的年限(由10年改为11年),使一些形式的职业教育变成义务教育,规定上学年龄为6岁,制定一些改进学校设备、提高教师工资的规定,并要求通过引导学生自主学习等方式促进有效教学。但是,这次改革投入的运作资金有限,而且,戈尔巴乔夫的改革使得这场教育改革不尽彻底,随后的几年间,相继颁布了一系列法规,更深入地推进教育管理的民主化,如创建学校委员会(该委员会拥有的权力相当大),实行教育分权,允许开办非正规学校等。

教育民主化和多样性的理念也被介绍到后中学阶段的教育中,同时,继续学习的观点也为整个教育体制所采纳。

在教育战略性计划中出现了新的内容,即联邦教育发展计划的条款(包含于《教育法》中),它是由政策制定者、行政官员和学者以竞争的方式制定的。它取代了自发性的改革,成为以后教育改革的基础。1991年,教育部采纳了一个教育稳定与发展计划。按照前面第二节介绍的原则来决定教育改革的方向。

11. 2000年面临的主要问题

到2000年,教育存在的主要问题是前加盟共和国(包括俄罗斯)要找到自己的教育认同(包括其他领域)。独联体在对苏联一片批评的浪潮中建立起来,但是,立比破更困难。实际上,这意味着国家教育的面貌也应当焕然一新,由于联邦自身的民族差异,教育对俄罗斯不再像对苏联那样重要。

同时,教育财政也比苏联时期困难得多。尽管教育法律中有了教育优先的条文,但是将其贯彻实施也并非易事。

当然,教育质量也将成为一个重要问题。对教育的过高期望,加上经费不足和不稳定的社会环境,使得人们学习的动力很低,许多聪明人都有理由认为,他们能够在教育以外的其他领域获得不错的薪水(这使得培训好教师成为一项艰巨的任务),而聪明的学生也认为他们不受教育也能很快挣钱,可以以后再接受教育。

从权威型学校(管理)向民主型学校(管理)、从硬性强加的同一性到多样性的一个重要转变,在许多教育机构中都已逐渐体现出来,但在非正规教育的学校中则体现得不明显。学校课本用多种语言出版,其庞大的支出可想而知,如果政府允许意识形态的多样化,也会出现不同版本的课本。这样,完全贯彻父母和高年级学生选择学校的理想也就不难实现了。过于拥挤的学校和轮班制授课(有时是三班倒)以及高昂的费用,使得许多学生无法进入他们选择的学校,而这正是真正难以克服的问题。

很可能只有在新一代教师(甚至父母)出现时,我们才能找到这些问题以及同样问题的解决方案。

N. D. 尼坎德鲁夫(N. D. Nikandrov) 著

刘丽洁 译

附录

Dneprov E D et al. (eds.) 1991 *Rossiyskoye obrazovaniye v perekhodniy period: Programma stabilizatsii i razbitiya*. RSFSR Ministry of Education, Moscow

Goskomobrazovaniye 1990 *Norodnoye obrazovaniye v SSSR v 1989/1990 uchebnom godu*. State Committee for Public Education, Moscow

Goskomobrazovaniye 1991a *Pedagogicheskiye kadri obshcheobrazovatel'nikh shkol 1986—1989*. State Committee for Public Education, Moscow

Goskomobrazovaniye 1991b *Statisticheskiye materiali poobshcheobrazovatel'nim shkolam 1986—1990*. State Committee for Public Education, Moscow

Ministerstvo Finansi i statistica 1989 *Narodnoye obrazovaniye i kul'tura v SSSR*. Ministry of Finance and Statistics, Moscow

Ministerstvo Finansi i statistica 1990 *Narodnoye khozyaystvo SSSR v 1988 i 1989 godu*. Ministry of Finance and Statistics, Moscow

Ministerstvo nauki, vysshey shkoly i tekhnicheskoy politiki Rossii 1992 *O gosudarstvennoy politike v oblasti vysshego obrazovaniya*. Ministry of Science, Higher Education, and Policy on Technology in Russia, Moscow

Ministerstvo obrazovaniya 1992 *Sistema obrazovaniya Rossiyskoy Federatsii*. Ministry of Education of the Russian Federation, Moscow

Nauchno-issledovatel'skiy institut problem vysshey shkoli 1990 *Vissheye obrazovaniye segodnya: tsifri i fakti*. Research Institute for Higher Education, Moscow

Zakon Rossiyskoy Federatsii ob obrazovanii. *Uchitel'skaya gazeta*, 4 Avgusta 1992 goda, N. 28

斯洛文尼亚的教育制度(Slovenia:System of Education)

1. 基本背景

斯洛文尼亚是欧洲最年轻的国家之一(1991年6月赢得独立,1992年1月得到国际社会承认),在地缘政治和民族的意义上,它位于众多重要力量的交叉地带。

从地理上看,斯洛文尼亚总面积2.02万平方公里,包括阿尔卑斯、潘洛林地区、喀斯特和地中海等部分区域(被喻为"欧洲的缩影")。斯洛文尼亚毗邻德意志、罗马、(芬兰)乌戈尔和斯拉夫等民族国家,在历史上,斯洛文尼亚不得不通过反抗其强大的邻居,尤其是巴伐利亚(后来的奥地利)和意大利,来获得独立。

历史上斯洛文尼亚的领土曾是奥匈帝国的一部分,直到第一次世界大战结束后,它的大部分领土被并入新成立的塞尔维亚、克罗地亚和斯洛文尼亚共和国,后来更名为南斯拉夫。此时,它不过是中央统治国家下的一个行政区。

在第二次世界大战期间,斯洛文尼亚被德国、意大利和匈牙利占领并瓜分,这种分割对其民族的存亡构成了重大的威胁。战时,多数斯洛文尼亚人加入了抵抗运动的行列,战后,斯洛文尼亚获得了南斯拉夫联邦民主(后来是社会主义)共和国的一个加盟共和国的地位。1948年,它拒绝加入东欧国家组成的苏维埃集团,共产党政府逐渐开始引进特定形式的自治政府和一定程度的分权,但这并未成功解决国家的问题。

1990年春,随着第一次自由大选的顺利举行,斯洛文尼亚的政体开始由一党制向议会民主制过渡。1990年12月,公民投票决定国家从南斯拉夫中独立出来,1991年6月开始实施。接着,塞尔维亚控制的南斯拉夫军队对斯洛文尼亚进行了短期的武力干涉。1992年初,国际社会承认斯洛文尼亚共和国的独立,推动了斯洛文尼亚的政治、经济、社会等方面走上正轨并不断发展。

斯洛文尼亚特殊的地理、历史背景表明,它的教育系统受到奥地利教育系统的影响,整个国家高度重视教育。

1991年,斯洛文尼亚有居民196万人,其中87.5%为斯洛文尼亚族人。其他民族包括克罗地亚、塞尔维亚(二者总计约10万人)以及历史上从南斯拉夫其他部分迁入的民族,此外,还有少数匈牙利和意大利人以及其他少数民族。

许多斯洛文尼亚人都居住在现在的斯洛文尼亚的国界之外。这一疆界是在1918年划定的,它将意大利、奥地利和匈牙利的大部分斯洛文尼亚人口排除在外。经济政治移民的浪潮使得居住在海外的斯洛文尼亚人数量有所上升。

在20世纪80年代,尽管死亡率下降,但由于低出生率,斯洛文尼亚的人口增长出现停滞,甚至出现负增长。1981年出生率为15.2‰,1985年为13.5‰,1990年为11.2‰。所以,政府高度重视人力资源问题,尽量避免宝贵的人力资源被浪费。

过去,天主教是斯洛文尼亚主要的宗教。也有少量新教、东正教、伊斯兰教以及其他宗教团体,现在,越来越多的人已不再信仰宗教。

斯洛文尼亚语属于斯拉夫语系。它是斯洛文尼亚的第一大语言,海内外有约170万人使用该语言(包括在奥地利的5万人,在匈牙利的1万和在意大利的10万人)。

在整个发展历史中,斯洛文尼亚一直固守自己的语言和文化,以对抗来自强邻的巨大压力。因而,教育主要被视为促进文化和民族认同的工具,而不是促进经济增长的工具。诗人被认为是斯洛文尼亚历史的塑造者,而得到人们的尊重,相反,科学家、军事领袖和政治家则未能享此殊荣。

在第二次世界大战前,斯洛文尼亚仍然是一个以农业为主的社会。第二次世界大战后,由于工业的迅速增长,社会也经历了一些变迁。私人企业雇工的比例由1960年的9%下降到1990年的2.6%,同年制造业工人的比例由63%下降到54%,而服务业工人则由28%上升到43.5%(这些数字主要反映了国有企业的情况)。城镇居民占总人口的比例由1948年的27%上升到1991年的51%。1990年人均国民生产总值为7.23美元,进口对出口的比率为81%,而到1991年则达到93%。

第二次世界大战后,各层次学校、教师和学生的数量迅速增长。增长在20世纪70年代后期趋于平稳。不熟练或半熟练劳动力的比例由1976年的38%下降到1991年的31%。同时,接受中等及以上教育的劳动力的比例则由24%上升到35%。1986年,15岁以上的全国人口平均受教育年限为9.9年,而失业者的教育水平通常较低(1989年平均受教育年限为9.1年)(Bevc 1991)。

社会主义时期的计划经济体制缺乏弹性,它更多地面向生产部门的需求,而不是面向未来。由计划经济向自由市场经济的过渡,使得教育需求重新定位。同时,社会失业率的上升(由1989年的4%上升到1992年的12%)也给教育带来新的挑战。斯洛文尼亚的妇女就业率是世界最高的(1990年总就业人口中妇女占到45.5%),这也对教育系统产生影响,尤其在学前教育层面。实现了男女通向不同层次教育的机会的平等。但是,在一些领域也存在差异,如在自然科学和技术领域,妇女在政治和经济的领导位置上的数量与男性相比仍存在很大差异。

斯洛文尼亚独立以后发生的主要政治变迁之一,就是由社会主义计划经济下严格的一党制,转变为自主经营主导的议会民主制,这也在教育系统中留下了痕迹。

自1990年以来,国家开始致力于建立一个尊重人权的多元主义民主社会,发展市场经济(对财产实行重新私有化),并在新的基础上发展对外关系。这必须首先保证国家的安全和独立。

尽管我们现在仍无法预测斯洛文尼亚未来社会经济发展的详细图景,但可以肯定的是,它正发展出一种分权的体制、“软性”和“折中”的发展方式和生态安全、劳动力密集型的技术。

2. 教育政策与目标

政府和政治结构由一党制向多党制改革的内容之一,是教育系统目标的重新建构。由于政党面临其他更紧迫的任务,所以它们在教育领域仍没有明确具体的主张。但各党派达成的共识是,课程中应当摒弃一元论的意识形态倾向。同时,学校系统开始逐渐告别那种忽视个体差异的整齐划一的模式,而呈现出多样化的趋势。

社会的发展需要接受过高级培训、具有中等或高等教育水平的人才。这要求教育更加灵活、宽泛,而不必过分专门化。同时,应当发展人们的进取精神。

3. 正规教育体系

3.1 *初等教育、中等教育和第三级教育*

图1显示了8-4-4学制下教育体系的基本结构,在某些地方的具体情况和这一总原则有一定偏差。

斯洛文尼亚有着悠久的初等义务教育的传统。早在1764年玛丽亚·特蕾莎(Maria Theresia)统治整个奥匈帝国的时期,它就建立起6年制的义务教育。1869年延长到8年。4年级后,学生能够在初等学校再待4年,或进入8年制的中学。

为减少社会经济出身对学生的影响,1958年的联邦法案规定在全南斯拉夫建立综合性的8年制初等教育。这一做法的积极结果是,来自不同社

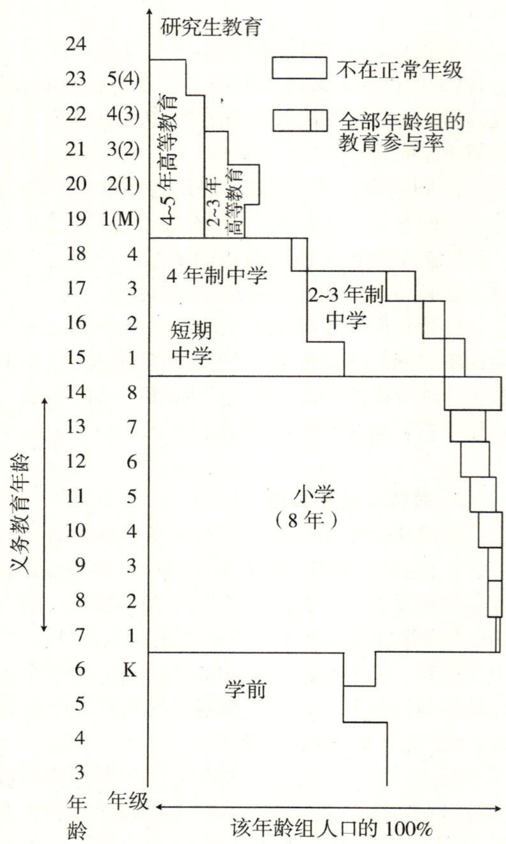

图 1　斯洛文尼亚：正规教育体系的结构

会阶层的儿童顺利完成 8 年制教育的比例有了实质性的提高。但是，这种统一的课程却忽视了个体的差异。

1984 至 1989 年间，斯洛文尼亚 95% 至 99% 的儿童顺利完成了 1 ~ 8 年级的教育，95% 以上的儿童完成基础教育（包括 2% ~3% 的学生用 9 年时间完成基础教育）。表 1 显示了不同类型学校中学生的人数。

儿童在 6、7 岁的年龄开始上学，在 20 世纪 80 年代末，入学年龄降低了几个月，但仍比一些欧洲国家的入学年龄高。初等教育的前 4 年主要进行一般性的课堂传授，而后 4 年主要教授专门的学科，这一转变给一些学生带来了困难。

表 1　斯洛文尼亚各层次教育机构、教师和学生的数量

	教育机构	学生数量	教师	助教
学前教育	942	76 279	3 957	–
初等教育(1 ~8 年级)	831	229 932	14 840	–
中等教育(9 ~12 年级)	161	92 405	6 700	–
高等教育(12 年级以上)	28	36 506	1 376	786
特殊教育(1 ~12 年级)	64	4 458	893	–
音乐教育	96	18 750	1 068	–
少数民族教育				
学前教育	11	798	47	–
初等教育	19	1 931	207	–
中等教育	5	475	68	–

资料来源：Nacionalni 计划 1992

低年级的学生每周有 20 到 24 节课，而高年级的学生每周有 30 到 33 节课。教师的工作量是每周 20 节课。整个学年有大约 190 个学日（其中一些为文体活动）。许多学校实行半日制，一周上 5 天课。生师比在 14:1 到 16:1 之间，班级平均规模是 25 人。

小村庄里的学校逐渐消失，而事实证明，在新的城市定居点建立规模较大的学校（超过1 000名学生）也并不是最佳的解决方案。

许多初等（包括中等）学校都有一个学校咨询机构，在那里，师生能在解决个人、教育以及其他问题上面获得专家的帮助。

传统上，中等教育至少包括 3 种类型的学校，它们是：2 ~3 年制的职业学校，4 年制的专业学校（技术、卫生学校等），直接通向大学的普通中学。

1974 年，斯洛文尼亚全国进行了一场浩大的中等教育系统改革，这次改革旨在用单一类型的多元目标、综合性的职业中等学校替代这种“三位一体”的中等教育系统。起初的两年，中等教育开设“共同核心课程”，它提供了大量普通学科和职业学科，以及在企业中实践的机会。

每所中学都拥有双重的目标：一要为学生在特定领域工作作准备，二要为他们未来的学习作准备。这种综合性中学系统的另一个目标是:推迟决定职业的时间,保持教育的"一贯性"(尤其为那些来自较低社会经济阶层的学生),并拓宽面向全民的普通教育。

1980年,斯洛文尼亚为应对严峻的挑战,尤其是学生的能力、兴趣和职业计划迥异对班级授课的挑战,开始引入目前的教育体系,并对其稍作修改。但这使得矛盾更加突出。到1990年为止,教育体系发生的最重要变化是重建过去三位一体的中等教育体系的现代版本。学校拓宽了各个年级和专业的选择面。

在1989~1990学年,中等学校的学生中有约60%进入4年制中学(约22%进入普通中学),31%进入3年制中学,剩下的学生进入短期中学(2年制或更短)。在1983~1984学年,相应的比例分别为50%,12%和38%(Piciga 1992)。

在4年制中学的毕业生中约有一半的学生继续接受第三级教育。

斯洛文尼亚人长久以来就渴望拥有自己的国立大学,这一愿望在第一次世界大战后实现。1919年,卢布尔雅那大学建立。斯洛文尼亚的第二所大学于1975年在马里博尔市建立。

卢布尔雅那大学包括22所学院,马里博尔大学包括6所学院,本科生阶段学习有2年制、4年制、5年制和6年制不等。1991~1992学年,2所大学中共有36 504名学生,但其中15%是部分时间制学生。1980年,部分时间制学生的比例上升到30%。在20世纪80年代,部分时间制学生的数量有所下降。超过半数的本科生和研究生是妇女。

所有高等教育机构都包括在卢布尔雅那大学和马里博尔大学之内。政府制定计划,建立高等教育层次的职业学校。表1显示了高等教育机构中教师的数量。其中妇女只有17%,但是39%的助教是妇女。教授每周的平均工作量为6至9小时,助教每周的平均工作量为10至12小时,并呈下降趋势。学生、教师和教育机构的数量在20世纪60至70年代迅猛增长,到20世纪70年代中期趋于平稳,但90年代初又略有上升。1991年,每10 000名居民中有170名学生。许多欧洲国家都低于此数字。进入高等教育的人数受到限制,一些学院设有入学考试(医学院、建筑学院)。

大学课程相对固定,科目众多和交流时间过长使得学生的学习任务沉重。许多学生每周要上30节课(根据新规定为25节课),这使得学生很少有时间来单独学习。

公众对大学研究的低效率问题日益关注。辍学率居高不下(大学一年级几乎有一半学生辍学),进入高等教育系统的学生只有60%能够最终毕业。平均学习年限非常长,例如,1986年为6.7年。每年10 000名居民中只有20~25名毕业生。研究生所占的比例也非常小。1991年,完成2年制本科学业的学生为3 046人,完成4年制本科学业的学生为2 393人。但是,其中只有352人获得硕士学位,121人获得博士学位。在所有就业人员中,完成4年制高等教育的比例为6%。

通过大学间的交流项目和一些国际项目,国际间的合作得以扩展。

3.2 学前教育

由于妇女的高就业率,需要发展起一套完备的学前教育系统。在一年的产假后,妇女将小孩送入学前教育机构。1981年,学前教育机构中2岁以下儿童占9%,2~4岁儿童占53%,5~6岁儿童占51%。1991年相应比例分别为12%、67%和55%。那些低收入家庭的儿童进入学前教育机构可以得到一定的资助。在新的政治体制下,开始出现最初的私人幼儿园。

针对那些少数民族和拥有特殊需求的儿童也有专门的教育计划。

3.3 特殊教育

一些特殊教育机构(针对视力或听力存在障碍的学生)产生于19世纪中叶,有着悠久的传统。

1990年,斯洛文尼亚面向有各种障碍的儿童共有64所特殊教育机构(主要在初等教育层面)。平均生师比为5:1。

现在,出现了一种趋势,即让更多的残障儿童,尤其是那些障碍不严重的学生,进入普通学校上学。这需要转变教师的态度,也需要教师具备专业化的知识与方法,而这恰恰是当前特殊教育的不足。

针对有特殊需求的青年的中学层次的特殊教育机构(短期职业课程与教育)非常少。教育者鼓励并支持学生进入普通中学,甚至普通大学。但是,这些年轻人的确面临就业困难的问题。

3.4 职业、技术教育和商业教育

在本词条3.1节中已经介绍过这一系统的主要特征。

20世纪80年代,在综合教育体制下的职业教育系统中几乎没有学徒培训(取而代之的是在职培训和正规教育)。在90年代,为满足传统手工业和汽车、电子等新兴职业领域的需要,学徒培训再度出现。

由计划经济向市场经济的过渡,在市场、工商管理、银行和会计等领域,越来越需要高效、多样化的培训。

3.5 成人和非正规教育

在第二次世界大战过后的第一个10年中,成人教育主要以“职工大学”的形式开展,它主要是发挥着补充性的功能——弥补现有劳动力中初等教育和中等教育欠缺。后来,也出现了其他的功能:培训熟练和半熟练工人适应新工作所必需的新技能,如使用电脑、专业外语、金融和管理等。1992年,成人参加正规教育和其他类型教育的比例占到总人数的10%。

20世纪90年代,政治体制的剧烈变迁,导致自我管理类课程和同类性质的社会政治课程的迅速减少。而人格发展、闲暇和普通教育(通识教育)的课程以及由私人机构提供的课程开始增加。在这里,有必要提及的另一领域的发展,即1984年专门针对退休人员的“第三代大学”的建立,这种大学教育主要以自愿参加为主。

许多企业部门(银行、电脑公司和铁路等)都有自己的培训体系,为自己的员工提供不同层次的培训。

每年都有2/3的成人参加不同形式的成人教育,但是以短期培训和非学历职业技术教育为主(1989年,每年人均培训时数为3.6小时)。成人教育中只有10%与特殊职业培训相关。

在1992年以前,政府对成人教育机构的投资一直很少(占约GNP的0.09%)。这些机构主要由公司和学生来赞助。

成人教育中心作为成人教育管理、培训、研究和发展中心于1992年成立。

4. 行政管理的结构与运行

由于斯洛文尼亚没有联邦教育部,所以早在独立前,学校的行政管理就有一定程度的自主权。任何统一课程的尝试都会遭到坚决抵制。

斯洛文尼亚教育与体育部负责所有学校的政策制定、管理和经费,包括学前教育(过去部分属于健康与社会事务部的管辖范围)和高等教育(科学技术部负责对研究活动进行管理和资助)的学校。

教育与体育部通过它在地方的机构对学校进行监督。过去,督学拥有比现在大得多的权力。现在,督学的任务是通过定期对整个学校进行检查来实现个别的监督,此外,他们的工作还包括咨询和鼓励创新。教育与体育部也负责校长和教师的在职培训。现在整个教育系统呈现出越来越集中化的趋势。同时,规范各领域各层次教育的五项新法律也正处于酝酿之中。

5. 教育财政

在自主经营的社会主义时期(1976~1990),所谓“自主经营的利益社区”是作为“使用者”的“联合起来的工人”的代表和作为“生产者”的学校汇集的场所,二者就学校经费、课程和其他相关部门(卫生、建筑、经济等)的问题进行协商。自1991年以来,教育财政体制改革作为了一项公共支出(预算),并颁布了新的法律,对其组织和经费加以规范。

过去,中等教育和高等教育的财政主要由国家负担,而初等教育则主要由地方政府负担,这导致富裕地区和贫穷地区的不平等。自1992年以来,初等学校教师的工资也成为一项国家支出,教师成为公务员。但是,初等教育的其他开支仍由地方政府负责。

国民生产总值分配给教育的比例由1984年的4.0%下降到1990年的3.5%。对各层次教育开支

的分析表明,初等教育支出占总支出的19%,初等教育占45%,中等教育占18%,第三级教育占16%。就各层次的教育而言,60%的教育支出用于支付教师工资,28%用于学校管理和教材,4.4%用作奖学金(Tratnik 1991)。中等教育和第三级教育中约半数的学生是奖学金获得者。

初等教育和中等教育是免费的,父母只需支付课本和课外活动的费用。在第三级教育中,正规的本科生教育是免费的。部分时间制学生和研究生须交纳学费。

6. 师资

表1显示了各层次教师的数量。数学、自然科学、技术等领域缺乏合格的教师,而人文社会科学的教师则略为过剩。

初等教育和中等教育教师的培训总是存在一个明显的二元主义倾向:前者是完全职业的和实践的,但学术性不强;后者则正好相反(Marentič Požarnik and Kotnik 1988,Marentič Požarnik 1991)。现在这种二元主义倾向仍然存在。由于教师培训已经上升到大学层次,所以它的职业成分已经减少。

教师培训学院由属于中等教育层次的教师教育学校演化而来(自19世纪中叶以来一直存在),它在20世纪60年代成为2年制学院,在20世纪80年代成为4年制学院。自1987年以来,所有教师(包括任课教师)都接受过4年制课程的教育。只有学前教师教育的课程仍然为2年制。

职业学科教师(工程等)的在职培训,通常包括基础性学习以及教育学、心理学、教学方法等课程的学习。

有关部门对教师培训的引导期(教师教学的第一年接受的培训课程和专家的帮助)和在职培训越来越关注。同时还定期出版核心课程和实习活动的目录。奖励系统以辅导功能、在职培训以及创新和发展性工作为依据,并需要与一套教师素质评价系统联系起来,而现在它已经不存在了。同时,有关部门也采取措施,通过职业发展计划提高大学教师的教学质量(Marentič Požarnik 1989,Soljan 1989)。

7. 课程开发与教学方法

初等教育和中等教育的所有年级的所有科目,都有国家规定必修的核心课程。它要经由教育与体育部专家委员会的批准。课程规定了个体学习的科目、目标和内容。学校监管部门负责对课程的实施加以监督。教师和学校在教育方法和课本的选择上拥有自主权。地方根据自己的情况可以对课程稍做调整,这种做法通常受到鼓励,尤其对低年级的课程更是如此。

由于国家参与了CHEM学习项目和其他国际项目(IEA,TEMPUS),所以关于课程、教材和教学方法的理念,在一定程度上受到引进的“新数学”、“生物科学”等国际课程的影响。一些课本由专家小组系统编写,另一些则由个人编写。这些都需要得到官方的批准。

所有儿童都从5年级开始学习外语(除了一些特殊学校的学生外)。他们主要(约85%)学习英语,剩下的学习德语。现在出现的趋势是开始学习外语的时间提前1~2年。在一些4年制和3年制的中学也教授第二外语,它可以是德语、法语、意大利语、西班牙语、拉丁语或俄语。

由于大量互不相关的学科和数据的存在,通常会出现课程负担过重的问题。同时,很难介绍一些新的跨学科的主题,如健康与环境教育。许多人认为课程不应当只以内容和成果来定位,而应更多以目标和过程来定位。而且,应当由过去灌输式的教学方法转变为基于问题解决、项目工作和其他更积极的方法。这种转变需要在教学方法和课程理论上接受过严格训练的专家来完成。

8. 考试、升级和证书制度

在初等教育和中等教育层次,根据内部评价给予1~5学分(1分为不能通过)。初等教育层次的奖励以各科成绩优秀为基准,同时考虑学生成绩的总体评价。

现在,该系统发展呈现出两种趋势:第一,对于初等教育前几年的评价,用学生各领域进步的情况的口头评价代替数字的分数评价;第二,在特定阶段,尤其在初等教育和中等教育末期,引入外部测验。一些教师担心,这是一种试图控制他们工作质量的做法。

9. 教育评价、评估和教育研究

斯洛文尼亚参加国际教育成就评价协会、美国教育考试服务中心(Lapointe et al. 1992a,1992b)组织的国际项目,和联合国教科文组织的"读写研究"项目,同时,学士学位的国际化也提高了国内对评价问题的认识,但是,这也带来了一些问题,如教师自主权、国家教育目标与外部评价标准的关系等。20 世纪 80 年代,教育界展开了大型的评估研究,尤其是对中等教育层面评估的研究,这对大众的观念产生了影响,并导致后来的改革。

设在卢布尔雅那大学的发展中心也在第三级教育层面开展了同样的研究。例如,一项为期 10 年(1976~1986)的学生跟踪研究揭示了高等教育系统的低效率问题(Stergar 1988)。

教育部门定期汇集教育领域关键性指标的数据,尤其是关于学生成绩及其发展情况的数据。1991 年,斯洛文尼亚建立起一个国家考试中心,负责试卷的设计与发送,其他形式评价的现代化,以及该领域的研究和培训。

斯洛文尼亚在一个广泛的领域内开展从发展到理论的教育研究。相关的研究部门包括教育研究院、大学的教育系和心理系、教师培训学院等机构。

现在,教师在行动研究和方法论的研究与发展方面扮演着积极的角色,这似乎是对如何弥合理论与实践的鸿沟这一长期存在的问题的一个回应。

10. 20 世纪八九十年代的主要改革

20 世纪 80 年代的一项重要改革(在整个联邦范围内进行),旨在建立一套综合性、职业性的中等教育系统。结果,这次改革所建立的中等教育系统仍未能摆脱低效的痼疾,由此导致 1990 年的"对改革的改革",如上文所述,这次改革重新确立了三位一体的中等教育体系。

在此期间,政府制定计划,通过将中学预科学年纳入义务教育,使得义务教育年限延长为 9 年(甚至是 10 年)。同时,政府还设想,针对那些未进入其他类型中学的学生,在其初等教育中增加一年。对于初等教育,政府还计划增加低年级的课程,并加强毕业年级课程的多样性(如设立选修课、能力小组等)。

在教师培训领域,20 世纪 90 年代的任务是,寻求弥补宏观结构低效弱点的有效途径,正确处理学术性与专业性、理论性与实践性之间的关系。同时,拓宽教师在职培训的领域,提高培训质量,争取达到每位教师年均接受 30 小时培训的目标。

在 20 世纪 90 年代,还将实现私立教育,尤其是满足特殊需求(如问题儿童、天才儿童等)的私立教育部门的扩张。另一项重要任务是建构一个高效的成人教育体系。

11. 2000 年面临的主要问题

2000 年面临的一项重大问题是由辍学和留级导致的教育系统的低效。20 世纪 90 年代政府的教育目标是:让所有完成初等教育的人接受适当形式的中等教育;提高第三级教育入学(和毕业)人数的比例;通过一套外部考察系统贯彻欧洲教育质量标准;通过提供多种形式的公立和私立教育服务,满足有着特殊能力和兴趣的儿童的需要;推进面向大多数人的终身教育(Nacionlni 计划 1992)。

另一个问题,是如何使课程和教学方法适应未来社会、经济和技术方面的多重(和不确定的)变革,如何使其保证斯洛文尼亚这样一个小国的生存和它的民族特性。不能只靠增添新内容并将其"传递"给年轻人的方法来解决这一问题。应当寻找新的教学方法和学习方法来发展学生的自主性和智慧,而不能只是被动地适应变化,而这将是 20 世纪 90 年代的一项重要挑战。

B. 马伦提克·波扎尼克(B. Marentič Požiarnik) 著

刘丽洁 译

附录

Bevc M 1991 *Ekonomski pomen izobraffievanja*. Didakta, Radovljica

Lapointe A E, Mead N A, Askew J M 1992a *Learning Mathematics*. ETS IAEP, Princeton, New Jersey

Lapointe A E, Mead N A, Askew J M 1992b *Learning*

Science. ETS IAEP, Princeton, New Jersey

Marentič Požiarnik B, Kotnik N 1988 Practical components in teacher-training programmes in Slovenia (Yugoslavia). *European Journal of Teacher Education*. 1:41—48

Marentič Požiarnik B 1989 Some data and reflections on research and development in higher education in Slovenia/Yugoslavia. *Zeitschrift fur Hochschuldidaktik* 3:150—169

Marentič Požiarnik B 1991 Issues and trends in teacher education in Slovenia, Yugoslavia. *Action in Teacher Education* 3:30—34

Piciga D (ed.) 1992 *Znanstvene in strokovne podlage za prenovo osnovne šole*. Slovensko društvo raziskovalcev šolskega polja, Ljubljana

Stergar E (ed.) 1988 *Proučevanje študijske poti študentov v SRS: Generacija 1976 Zbornik* (with English summary). Center za razvoj univerze, Ljubljana

Šoljan N N (ed.) 1989 *Higher Education in Yugoslavia*. Andragoški centar, Zargrb

Tratnik M 1991 Presentation synopsis of education in Slovenia. Prepared for XXVII IIEP Annual Training program in Educational Planning and Administration 1991—1992 at the International Institute for Educational Planning, UNESCO, Paris

Nacionalni program preduniverzitetnega izobraževanja v republiki Sloveniji 1992 *Okvirni program modernizacije vzgoje in izobraževanja v Republiki Sloveniji do leta 2000*. Ministrstvo za šolstvo in šport, Ljubljana

其他参考资料

Lazarini F 1989 Development of education in the SFR of Yugoslavia 1986—1988. Report prepared for the 40th session of the International Conference on Education (UNESCO/BIE). Yugoslav Commission for UNESCO, Ljubljana - Belgrade

Leitner E, Marentič Požiarnik B 1986 Curriculum research in Yugoslavia. In: Hameyer U, Frey K, Haft H, Kuebart F (eds.) 1986 *Curriculum Research in Europe*. Swets North America/Berwyn

Rečnik F 1991 *Izobraževanje v Sloveniji za 21. stoletje. Globalna koncepcija razvoja vzgoje in izobraževanja v Republiki Sloveniji* (with summary in English). Zavod Republike Slovenije za šolstvo, Ljubijana

Publications of Zavod Republike Slovenije za statistiko

西班牙的教育制度(Spain: System of Education)

1. 基本背景

西班牙位于欧洲大陆西南部的伊比利亚半岛。与非洲大陆的密切联系促成了西班牙与北非土著文化的交流融合,但它基本上仍然是欧洲历史和文化的重要组成部分。它的地理位置和历史意义已经使得西班牙成为多种文化的汇合处。它多样化的传统和语言——加泰罗尼亚语、加利西亚语、巴伦西亚语、巴斯克语以及传统上已经被当作官方民族语言的卡斯提尔语等,也是由文化的交汇、融合和共存而产生的。而且,西班牙在美洲的发现和殖民化中的作用也使它在欧洲和美洲国家连接上占据特殊地位。

西班牙拥有 504 782 平方公里的国土,巴利阿里群岛、加那利群岛占领土的 15%。1990 年它拥有 3 900 万人口,人口密度是 77 人/平方公里。沿海地区比首都马德里以外的内陆地区人口密度更大。1988 年 77% 的居民居住在市区。

1980 ~ 1988 年期间,每年的人口增长率是 5‰,出生率和死亡率分别是 12‰和 9‰。从 20 世纪 60 年代开始,人口出生率逐渐下降,1980 年每 1 000居民中有 15 个新生儿,到 1989 年却下降到大约 10 个新生儿。

西班牙的现代化和重新整合到发达的西方世界中的进程是从 20 世纪 60 年代开始的,最终在 70 年代中期建立了类似于其他国家的民主体系,到 80 年代中期并入欧洲共同体。

在 20 世纪 60 年代,西班牙的经济取得了重要发展,并且伴随着大规模的国内移民和工业化发展。70 年代以经济危机和政治体系变更为主要特征,1978 年西班牙通过了一项宪法,宣布建立一个由政党控制的君主立宪制民主政体。80 年代西班牙致力于政治体制的巩固和持续的经济增长,所有政策的目标集中于西班牙加入欧洲共同体的进程。90 年代主要的政治导向是致力于更进一步、更好地加入欧洲共同体,以及区域自治、分权的国家体系的实现。

自从 20 世纪 70 年代初的经济危机爆发以来,西班牙的经济状况没有可喜的发展,但是相比于经合组织(OECD)成员国家的平均水平来说,在 80 年代,伴随着生产投资的激增和经济转换进程的加速,西班牙确实保持了快速的发展。1988 年,西班牙人均国民生产总值(GNP)达到 7 740 美元,但是在 90 年代初存在通货膨胀(大约 6%)、失业(大约 15%)以及大规模的对外贸易逆差等问题。

西班牙从 20 世纪 60 年代经济开始快速发展,也导致了大量的社会变化——工作种类、人们生活水平、生活方式(这一方面应该归因于逐渐有大规模的妇女流入劳动力市场)以及人口城市化增长。如表 1 所示,西班牙人口职业结构发生了一些变化,从事第一产业的人口比重出现持久的、显著的降低,而从事第三产业的人口比重显著增长。

2. 教育政策与目标

从 20 世纪 60 年代开始,社会经济和政治变革对西班牙的教育系统造成了重大的冲击。60 年代的现代化进程导致了教育系统的改革,其中关键的一环是 1970 年的普通教育法(LGE)。这项改革的主要目标是依据机会均等的原则,扩展教育为全民范围内的教育。这项法令直到 1983 年,对高等教育以及 1990 年对非高等教育水平的教育依然有效。普通教育法的结构和条款将继续实行,直到

表 1　1950～1990 年西班牙部门人口职业结构的变迁

部门	1950	1960	1970	1980	1990
第一产业	51	43	26	18	12
第二产业	23	28	36	35	33
第三产业	26	29	38	47	55

1990 年 10 月颁布的教育系统总体部署法案规定的新结构被逐渐接受,据估计,这一过程大约需要 10 年时间。这项新法令的主要目的是在实现了至少为全民提供 8 年学校教育的目标后,将致力于保持较高的教学质量。

1978 年宪法界定了教育管辖的原则,并确立了公民受教育的基本权利,它更改了国家的地方性组织,开始了大规模分权过程,在宪法结尾,它预期将政府的权力分散到按国土分成的 17 个自治区,其中就包括与教育相关的权力。

教育政策的总原则,首先集中在全体公民受教育的基本权利上(基础教育被确立为义务的和免费的),公共权威负责教育系统的监督,也应该承担起全社会参与教育规划的责任。其次,教育政策的总原则强调促进人类个性全面发展的教育,并伴随着共存的民主原则和基本的权利与自由。第三,人们建立私立学校,人们依法接受教育权利的自由,以及父母亲让孩子们按照父母的意愿接受宗教道德教育的权利都得到确认。第四,教师、家长、学生参与公立学校的管理和运营的权利受到保障,最终,大学也被确定是自我管理的。宪法规定的其他与教育相关的权利是:思想和宗教信仰自由,国际上已经达成共识的儿童和人类的一般权利,尤其是身心残障的人们和感觉不公正待遇人们的权利。1983 年的高校改革法案(LRU),1985 年教育权利法案(LOPE),以及 1990 年教育系统总体规划法案(LOGSE)都是实施宪法原则的法律。

3. 正规教育体系

1990 年教育系统总体规划法案确定了西班牙非大学教育系统法律意义上的有效性,但是,这仍然处于提议的过程中。这意味着,在 1991 年真正存在的体系依然是在 1970 年旧有的普通教育法基础上建立起来的,可以获得的数据也是依据这一旧有的体系。

3.1　普通教育法体系

图 1 提供了 1991～1992 年西班牙教育体系的结构。

普通教育法体系分为四种水平的教育:学前教育、普通基础教育(EGB)、高中教育(BUP)以及高

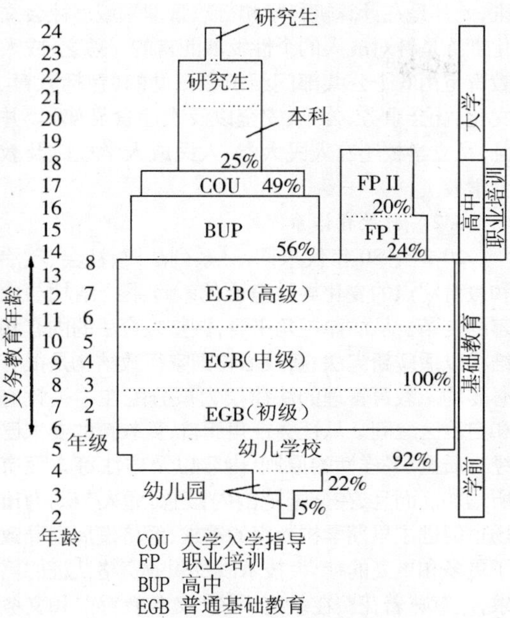

图1 西班牙:正规教育体系的结构(1991~1992)

等教育。尽管存在基本的差异,职业培训也构成教育系统的有机组成部分,并且职业培训同学士教育一起构成西班牙的国民教育,他们称作初级教育。

学前教育和普通基础教育没有入学要求限制,学前教育分为两部分——幼儿园(2~3岁)和幼儿学校(4~5岁),其主要宗旨是发展孩子们的个性。普通基础教育是综合的、全面发展的教育,对所有的孩子都是平等的,学制8年,分为低、中、高三个阶段(2+3+3)。前面两个阶段是全面的普通教育,在最后一个阶段开始进行分科专业教育。在人口分散的农村地区,存在复式教学(经常只有一个教师),在这里只有一个教师教授程度不同的所有学生。普通基础教育的授课时间是每周25小时,每个学年从9月15日到6月20日。

第三种水平的教育是学士学位教育(BUP),持续3年时间,大学定向课程(COU)包括1年的过渡时间,重点是为高等教育作准备。一般由大学毕业的教师提供指导。

职业培训(FP)分为两种阶段(2+2或2+3),它是普通教育系统和劳动力市场之间的桥梁。一部分培训是在公司里进行一段时间的训练,尤其在职业训练的第二阶段。BUP和COU的授课时间是每周29小时和26小时,然而,职业训练的第一阶段包括32小时和34小时(2年级),每周加上9小时的实践课。每学年从10月1号开始,6月30号结束。

高等教育以系为单位进行组织,并且分为三种类型的机构:大学、学院以及高级技术学校。大学提供一个阶段的课程(3年),学院和高级技术学校至少包括两个阶段的课程(一般为5年)。第三阶段提供博士学位(一般2年),并确定研究的基本方向以及研究课题。1992年西班牙有31所公立大学以及4所私立大学。

1970年教育法也规定了其他类别的教育,比如成人继续教育(EPA),特殊教育,远程教育,夜校课程班以及没有被纳入正规教育体系的专业化教育。成人继续教育可以在专门的机构完成,也可以在正规教育系统中进行。虽然教育法规定了广泛的可能性,但是只有基础成人教育被付诸实践。远程教育的课程是全国范围的,一般围绕公立基础远程教育中心(CENEBAD)、国家远程学士学位机构(INBAD)以及远程大学(UNED)进行。

图2提供了1963~1988年之间不同水平的教育机构入学人数的进展情况。入学人数变化的趋势展现了20世纪70年代学校数量的扩张,这段时间可以扩展到1968~1987年。80年代后义务教育阶段的发展,80年代中期以后学前教育和普通基础教育人数的降低,都可以归因于出生率的降低。

西班牙学校分为私立学校和公立学校,私立学校可能是宗教的也可能是非宗教的,都接受政府和其他途径的资金援助。教会学校在私立学校的发展中的贡献是不可磨灭的。基础教育和初级教育中大约30%~40%的人就读于私立学校。

普通基础教育的生师比是28:1,BUP和COU的生师比是17:1,职业学校是15:1,高等教育中,学院生师比是21:1,大学是19:1,高等技术学校是11:1。

3.1.1 特殊教育

特殊教育是满足有特殊需求学生的受教育愿望的教育。其基本目标是使具有特殊需要的学生

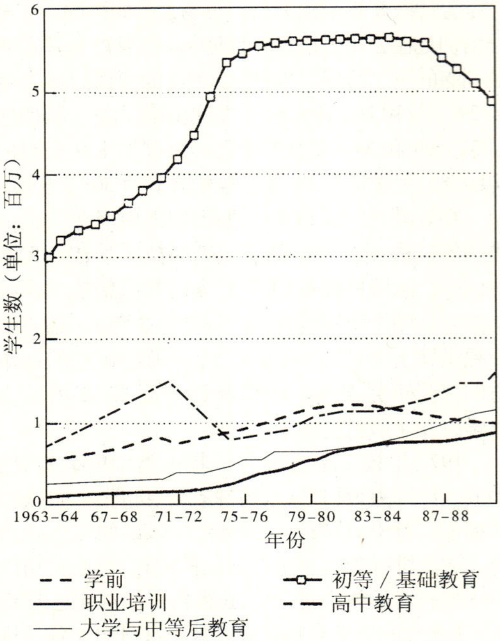

图2　教育体制规模的变化

能够完成正规学校为所有学生规定的教学任务。换句话说，学生们的需求难以在正规学校中得到满足的话，就让他们到特殊的班级或学校中接受教育。1988～1989年，4万名学生受教于独立的特殊教育学校（54%在私立学校），大约6万名学生在正规学校中学习（其中，90%就读于公立学校）。特殊学校调整教育目标，以期望适应这些学生的能力，并根据职业训练重新定位，使他们能够适应社会和劳动力市场。

3.1.2　成人和非正规教育

成人教育大体上分为三种类型的机构：文科的、职业的和社会文化教育机构。学术机构教育的目标是完成语言文学教育和成人教育。1987～1988年，大约20万名学生通过授课完成学习，1.3万名学生报名参加远程教育项目，另外，2.2万名学生接受远程学士教育。职业教育是以就业为导向的教育，除了从国家机构中获取资金，也接受欧洲社会资金的援助。大约有27.5万名成人接受基本的职业训练课程，另外，20万名参加精英课程班，尤其是在计算机科学和行政管理领域。社会文化训练是针对成人的个性发展而言的。总之，成人教育是由6个公共部门组织和资助的（包括教育、文化、社会事务、公平、安全以及农渔食品部）。并且，私立学校还有人民大学、人民成人学校以及教会学校。

3.2　新教育体系

20世纪80年代末期，一系列法律、社会、政治和教育观点的变化导致全面的教育系统结构与内容的变革。从法律视角来看，调整教育法的内容和结构以适应新宪法、新政治和国家行政结构是很有必要的。教育管理的法律权力被分配在中央政府和自治区之间。从社会视角而言，受教育的要求已经在质量、多样性的原则、内容以及方法等方面有所增加。而且，在全国范围内，妇女涌入劳动力市场也促进了早期学校教育的需求，经济发展也导致了更多和更高的社会、技术以及职业资格认证的需求，这意味着花费在教育系统（义务教育前和义务教育后）的时间正变得越来越长。

西班牙加入欧共体的进程，扩展了西班牙社会的范围并且需要迎接经济发展和社会福利方面的新的挑战，这就要求教育质量的进步和竞争水平的提高。与此相似，公民在欧共体框架内活动的权利要求提高教育和职业培训的国际水平。最后，从教育的视角来看，修正1970年教育体系的不足是很有必要的，这些不足中最引人注目的是：入学年龄太小，正规幼儿教育的失败，课程的刻板、僵化，学校缺乏自治能力，以及大学预备课程结构性的不足等，而且复读率和辍学率也相当高。

1990年教育法确立了教育系统的新结构，并把教育划分为两类：普通教育系统（幼儿教育、基础教育、初中义务教育、后义务教育或者学士学位教育、高级职业培训以及高等教育）和专业教育系统（艺术教育——音乐、舞蹈、戏剧教育、3D艺术，设计以及语言），在图3中显示了普通教育系统的新结构。

幼儿教育包括0～6岁儿童，分为两个阶段（0～3岁和3～6岁）。1989～1990学年中已经有100%的5岁儿童和92%的4岁儿童就读于幼儿学校，但是，幼儿教育不属于义务教育的范围。幼儿教育的目的是提供一系列的促进幼儿身体和人格发展的丰富经验，使幼儿发展到能够学习的成熟程度。教师一般是专业化的，并且在幼儿教育的第一阶段由专门训练的专家任教。

初等教育(6~12岁)和中等义务教育(12~16岁)构成10年义务教育和全面的基础教育。初等教育分三个阶段，每个阶段两年，目标是促进孩子们对西班牙文化的认同并提供给他们基本的交流和认知技能。课程包括语言文字、数学、社会和自然环境知识、艺术教育(音乐和3D艺术)、一门外语(从8岁开始)以及体育。初等学校的教师将负责一个包括各个年级学生的小组，也可以由体育、

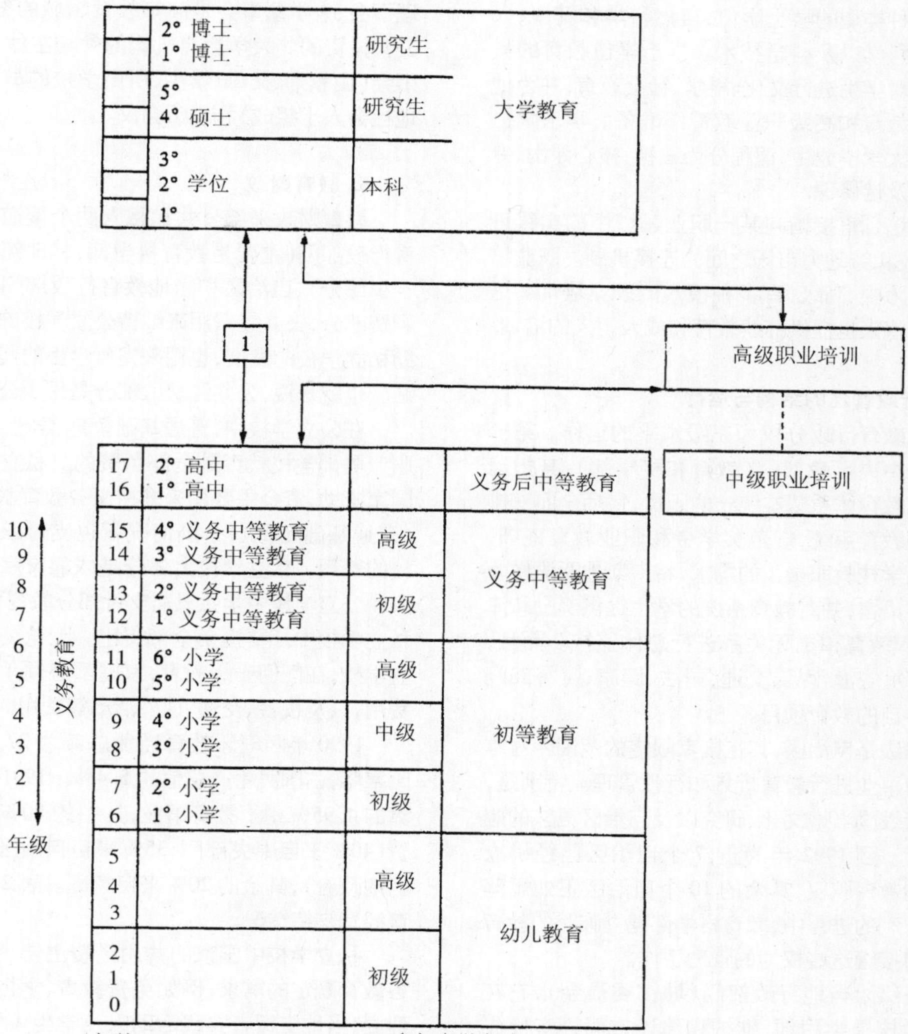

图3 普通教育体制的新结构

资料来源：教育规划(1990)

外语和音乐领域中的专业教师协助教学。

中等义务教育(ESO)也分为两个阶段,每个阶段学制两年,在所有核心课程之外逐渐增加选修课。第一年选修课占总课程的 10%,第二年占 35%,科目包括自然科学、体育、2D 和 3D、地理、历史和社会科学、外语、语言与文学、数学、音乐和技术。

有三种类型的学士学位,自然科学和健康、人类和社会科学以及科学技术。学士学位教育的具体目标是对学生进行文化、科学、社会教育,并为他们的高等教育和高级职业教育作准备。学士学位的教师是大学毕业生,课程分为三种:核心课程、专业课程以及选修课。

职业培训直接指向某一职业领域中的实践训练,是学校和劳动力市场之间的连接机制。职业培训教育分为中、高级,有多种模式的职业培训。这些模式在将来也提供继续教育和成人工人的培训。

4. 行政管理的结构与运行

国家教育行政分权为三级水平的运作。第一级水平是中央行政部门(教育和科学部),其担当确保国家教育体系基本统一的职责,包括全面安排全民正规教育系统,规范奖学金和职业教育证书,确保满足学校教职员工的需求,将卡斯地亚语作为普通官方语言,并对教育系统的学生提供奖励和津贴,对远程教育和国际关系进行总体监控。而且,国防、劳动、农渔食品、交通、司法、健康、监督部门也资助各自的教育项目。

第二级是自治区,其在国家限定的范围内对本地区教育事业进行教育规划和行政管理。特别是,他们负责鼓励当地文化、研究以及自治区语言的应用和教学。到 1992 年为止,7 个自治区已经确立了全面的教育职权,其余的 10 个自治区正处于落实这些权利的进程中,教育科学部建立临时的教育部门暂时接管这些权力的管理工作。

第三级为当地行政部门(城镇委员会),它在为公立学校提供用地、维护和建设方面拥有优先权,通过组织教育活动和合作组织来协调学校生活。

对系统的监督而言,中央和自治区行政部门都已经实施了各自的监督系统,建议和支持教育进程,确保法律政策落实到位,确立学校和教育行政部门之间的交流。

教育事务的国家分权进程包括鼓励社会的参与。国家一级的参与主体是公立学校理事会、普通职业理事会、大学董事会。社会理事会、大学员工会议、管理理事会、公立学校理事会、高等技术学校理事会、大学董事会是高等教育领域的参与主体。公共投资的非大学教育机构的参与主体是学校董事会(由教师、父母、学生、所属学校的员工以及当地社会人士组成)和职工会议。

5. 教育财政

教育财政来自公共和私人两个渠道。中央教育行政部门(主要是教育科学部,其他部委只提供一小部分)、自治区和当地教育行政部门提供公共经费部分,公共经费用来维持公立学校的运转和资助私立学校的发展,也用来支付学生的奖学金和津贴。也就是说,公共经费大部分是用于公立教育。

在公立学校中,普通基础教育、学士学位教育、职业培训学校教育是全部免费的。私立学校接受国家资助,资金主要用来维持义务教育水平的教育(普通基础教育),个别情况下也支付职业培训学校的费用。私立学校大部分是依靠家庭的教育投入。公立学校中学生只需支付部分教育费用,而在私立学校中却要担负全部支出。无论公立还是私立学校,在任何一级教育,家庭都必须承担教材的费用,以及校餐、交通、课外活动等费用。

1990 年西班牙教育经费总额为 27 178.17 亿比塞塔,占国民生产总值的 5.4%。1991 年国家预算的 4.95% 用于教育事业,其中的 80% 是公共经费(40% 来自中央部门,35% 来自自治区,5% 来自当地政府),其余的 20% 来自家庭。表 2 显示了教育经费支持情况。

私立学校中国家的共用经费主要用来满足义务教育既定的需求,例如免费教育、学校董事会的建立、当地支援者实践活动以及学生入学、教师晋升、师生比例的标准的使用等。这些经费包括教职工工资、管理和服务、设备的保护与维修以及投资等费用。

表2 1989 年教育经费分类

种类	百分比
教育活动	89.7%
学前学校	38.1%
BUP – COU – FP	22.1%
高等教育	14.3
特殊教育	2.1%
其他教育	4.35
职业培训	8.8%
额外活动	10.3%
行政管理	2.6%
校办工厂和津贴	2.9%
补充服务	2.0%
教师培训	0.7%
其他活动	2.1%
总体公共费用	100%

国家也为非义务教育阶段天资聪慧但又无力完成学业的学生提供奖学金。1991 年大约有 70 万名学生接受这类奖学金,总额达到600 亿百万比塞塔。在义务教育阶段,国家为校餐、交通等提供津贴和补助。

家庭提供的教育经费占个人消费的 2%,大约80%的经费直接用于教育活动,20%用于课余活动和学校的基础设施建设。

6. 师资

1989～1990 年超过47.5 万名教师供职于教育系统:学前教师38 864 人,普通基础教育教师占228 174人,学士教育和大学定向课程班有92 014名教师,大学教师有54 008人,5 551人从事特殊教育,8 560名教师任教于其他类型的教育。各类学校中女教师的比例分别是:学前教育 85%,普通基础教育 61%,学士教育和大学定向课程班 54%,职业培训教育 41%,高校 29%。

为了能够胜任各级各类的教师工作,除了接受教师培训,还必须获得大学文凭,其中包括 3 年的普通基础教育和 5 年的其他教育。1990 年教育法中一个重要变化是要求学前教师必须获得资格认证。从 1990 年起,西班牙的基础教师培训已被具体分为 7 种类型(幼儿、艺术技能、外语、体育、音乐、特教以及听力和语言),学习时间 3 年。同时,在公立学校任教必须通过国家统一的考试,私立学校的聘请程序依靠职业劳动合同。在职教师培训一般包括实地学习一些专门的课程和训练。大部分在职教师培训是在由教育科学部管辖的教师进修中心以及由自治区接管的类似的中心进行的。1990～1992 年间,91 744 名教师参加了这样的课程培训,另外有 10 608 名教师在他们工作的学校接受培训。从 20 世纪 80 年代中期开始,培训的重点放在外语教学,新技术,健康教育,环境教育,成人教育和补偿教育等领域中。

7. 课程开发与教学方法

1970 年教育法确定教育系统的一个显著特点,即设立由中央行政部门制定的、面向全国的核心课程。1990 年教育法重新确定了基础课程设计,这一设计包括全国范围内的核心课程及其每个教育阶段的总教学目标,授课的课程范围,课程内容的分块,以及具体的讲义和评估指导。

在国家层面上,教育科学部确定一个总课程标准(即课程大纲),这是全国范围的一个课程标准,自治区可以根据当地多元文化在此之上附加一些条款。由此,学校将形成一个与环境密切相关,并且适应本校学生的课程计划。学校的课程计划是由学校教师代表小组设计完成的,并以此来作为特殊背景下的教学方法计划。最终,教师将对学校的教学计划转化为适应每个班级、每个学生的计划,并且把教学内容、教学活动以及评估程序分解成为适应学生水平的具体的教学单元。总之,课程标准要求进行各种类型的转换,来满足不同社会文化背景下的禀赋不同、兴趣不同的学生的需求。

像已经规定的,外语的学习必须在 8 岁开始,并且,应该在中等教育一开始就设立第二外语作为选修课。

8. 考试、升级和证书制度

学前教育和普通基础教育的学习过程评估是连续的,学前教育的学生自动升级。普通基础教育每个阶段最多只有一年可以复读，直到学生至16岁。义务教育结束，学生可以获得两个文凭：顺利完成的学生可以获得中学毕业证（可以继续攻读学士学位和升入职业培训学校），其余的学生可以获得中学毕业文凭（仅仅可以继续升入职业培训学校）。

完成3年学士课程学习的学生不进行任何终结性考试就可以获得学士文凭，完成大学定向课程之后，可以参加大学入学考试，继续攻读高等教育文凭。

职业培训学校的学生完成1年级（FPI）学业，可以获得本职业的助理技术员证书。完成进一步的课程后，他们可以进入2年级职业培训阶段（FPⅡ）（相当于学士学位水平），在这一阶段结束时，他们可以获得技术专家证书。

在高等教育阶段，高校授予学生以专业医师、建筑师、技术工程师的文凭证书。工艺学校和高级技术学校授予毕业证、建筑师证书和工程师证书。学生完成前两个阶段的学习，可以进入第三阶段的学习（博士学位）。在一些工艺学校和高级技术学校，大学专业医师、建筑技术人员和工程技术人员可以直接进入第二阶段学习。

根据1990年的新教育法，学前教育评估依然是连续的和自动升级的。为了获得每个学生发展状况的信息，初等和中等教育将设立连续的评估环节。主要的考试评估方法将引导学生的活动、有组织的观察、作业分析以及听写和实践测验。成功地完成前一阶段任务的学生可以进一步进行下一阶段的学习。没有完成预期目标者可以再复习一年，但是整个义务教育阶段复读的最高期限是两年。中等教育后，完成所有规定目标的学生可以授予高中毕业文凭，借此他们可以继续接受学士学位教育和中级职业教育。没有获得这一文凭的学生可以从学校获得证明其修业年限和学分的证明文件。学士学位教育所有科目成绩优异的学生，可以获得学士证书，借此，可以进入高级职业学校学习或者可以参加大学入学考试。

职业教育阶段结束之后，学生被授予职业培训合格证书，中级和高级职业学校毕业之后，学生可以被授予相当于欧共体2～3级水平的职业证书。

9. 教育评价、评估和教育研究

西班牙的教育科研任务主要由大学和教育科学评估中心（CIDE）承担。CIDE是投资研究的主要实体，每年大约拨款4亿比塞塔，保证大约100个研究项目的运转。20世纪80年代以来，最热门的研究课题是学业成就和教学方法，但对教育心理学和课程问题的兴趣正在增加。

教育系统运营的评估研究是CIDE和技术教育检察员的主要职责。它们通常就教育系统的改革和公平性方面进行评估。也常与国际教育成就评价协会、国际教育进步协会、经互会组织等国际实体合作进行国际教育评估研究。1990年教育法为教育系统、学校、教师、学生提供全国范围内的评估研究，即将建立的质量与评估机构负责国家和教育系统全国范围内的评估研究。

90年代初，研究经费不足，负责规划的机构之间也缺乏有效的信息传递机制。而且，中央行政部门和和自治区政府之间关于评估和研究的权利分散问题比较严重。然而，教育研究质量持续提高，其重要性不断上升，以及研究和评估国际化的趋势和国际协作研究的增加，是这一领域的积极现象。

10. 20世纪八九十年代的主要改革

西班牙任何教育系统的纲领都是对一定时期内教育改革成果的描绘，整个西班牙的教育系统从20世纪70年代起就开始了全方位的变革。

强调这一点是很重要的，1985年教育法（LODE）确立了西班牙学校（公立和私立）的总体框架，并确立人们受教育的权利，强调国家满足人们受教育的需求，这样可以使得所有的西班牙人在一个平等的起点上选择学校。LODE也建立了一些机制，使社区参与学校生活。1990年教育法改革了教育系统的法律构架，特别改革了课程，并制定了一些规章制度，如让有特殊需求儿童融入普通学校，在教师培训中心对教师进行继续教育，鼓励学校中对学生的心理指导。这些改革措施已经持续改变了非大学教育。

1983年大学改革法案（LRU）界定了国家、自治区和大学本身的行政管理权的分配问题。这一法案改变了大学的组织和运营,加强了部门结构,重构了大学教职工的结构,并且很大程度上确定了大学新的课程标准。所有这些都极大改变了高等教育的面貌。

11. 2000 年面临的主要问题

到2000年西班牙教育系统面临着几大挑战。第一是包括结构、内容、教学方法的新教育体系的实施。这一计划实施过程中最大的困难是缺少充足的资金。各级水平上教育质量的提高是教育系统第二大重要目标。另一个挑战是提高、改进在职教师的继续教育系统。然而更进一步的问题是有效的职业培训系统的重构和建立,包括如何提供与现实不脱节的、与产业结构相关的职业技能,以及怎样成功地完成向工作转变的过程。

高等教育中主要问题是提高研究工作的质量和重要性,密切与国际科学组织的关系。同时限定进入大学教学行业的人数,以保证大学讲师教学和研究工作质量。

最后,在国家和自治区政府之间的教育权力分配过程中寻求一种适当的平衡状态,同时强调教育质量以适应欧共体的要求,是西班牙教育政策面临的两个重大挑战。

G. A. 吉尔(G. A. Gil) 著

刘丽洁 译

附录

CIDE 1992 *El Sistema Educativo Español. Informe Nacional para la Red Eurydice.* Ministerio de Educación y Ciencia, Madrid

El País 1991 *Anuario 1991.* EI País, Madrid

McNair J 1984 *Education for a Changing Spain.* Manchester University Press, Manchester

McNair J, Beattie N (eds.) 1991 Education for the New Spain. *International Monographs in Community and Educational Policy Studies* 3 (entire issue)

Ministerio de Educación y Ciencia 1973 *Ley General de Educación y Disposiciones Complementarias.* Ministerio de Educación y Ciencia, Madrid

Ministerio de Educación y Ciencia 1989a *Libro Blanco para la Reforma del Sistema Educativo.* Ministerio de Educatción y Ciencia, Madrid

Ministerio de Educación y Ciencia 1989b *Plan de Investigación Educativa y de Formación del Profesorado.* Ministerio de Educación y Ciencia, Madrid

Ministerio de Educación y Ciencia 1990 *España. Informe Nacional de Educación. Conferencia Internacional de Educación, 42ª reunión, Ginebra, 1990.* Ministerio de Educación y Ciencia, Madrid

Múñoz-Repiso M et al. 1992 *El Sistema Educativo Español. 1991.* Ministerio de Educación y Ciencia, Madrid

Múñoz-Repiso M et al. 1992 *Las Desigualdades en la Educatión en Espana.* Ministerio de Educación y Ciencia, Madrid

OECD 1986 *Spain: Reviews of National Policies for Educacion.* OECD, Paris

Riviere A et al. 1988 *El Sistema Educativo Español.* Ministerio de Educación y Ciencia, Madrid

瑞典的教育制度(Sweden: System of Education)

1. 基本背景

瑞典位于北欧,面积45万平方公里,南北长1 650公里。现在的边界是1815年确定下来的。瑞典的人口从1800年的250万增加到1900年的510万和1992年的840万。人口出生率从20世纪20年代一直很低,但这一点被不断提高的平均寿命和不断增加的移民所抵消。人口密度很低,每平方公里只有20人。

在民族构成方面,20世纪50年代以前瑞典的人口为同一民族。人口数量不多的少数民族包括北方的拉普人和东北边境一带说芬兰语的人口。除去一小部分人,瑞典由占人口大多数的瑞典人构成,他们以瑞典语作为国民语言。占统治地位的宗教是基督教路德教派。1950年以后,从国外移入的人口超过了移入他国的人口。移民及其子女现在达到100万，他们几乎全部居住在城市中。这在相当程度上对学校制度产生了影响。1974年，作为外语的瑞典语开始作为一门学校课程。学校对几乎所有的移民学生也教授他们的母语。

从事经济活动的人口1990年为470万。表1是各部门就业人口所占的比例。20世纪70年代初以来，制造业和矿业的就业人数略有下降，从事健康、社会服务和教育的人数增加了。政府在劳工、工资和公共福利方面的政策，在结果上导致了各社会经济阶层之间的均衡和一致。在可支配收入和工作条件方面的差距，看来要小于任何其他国家。

宪法规定瑞典是一个君主立宪制国家，有一个代表民主的议会。1908年实行全体男性公民的投票权，1919年全体女性公民也取得投票权。在地方的政治选举中，移民有权参加所居住地区的投票。选举每三年一次。瑞典政治上的稳定性是一般改革活动的一个重要因素。占统治地位的政党是社会民主党。从1932年到1976年，一直是该党执政。但是，1976～1982年和1991年以后，瑞典由一个右翼的自由党执政。地方政府的政治环境也与此大致相同。与政治上的稳定相伴随的是相对来说没有冲突的劳动力市场。

另外一个重要因素是物质上的日益丰富。用人均国内生产总值(GDP)作为衡量标准，瑞典通常是世界上最富的国家之一。通过社会福利方面的立法，瑞典在诸如失业保险、基本老年人退休金和低工资补助金、公共卫生和医疗护理以及对儿童和住房的补助金等方面，对所有人有很高的标准。从学前到高等教育的教育制度改革是这一福利计划的一部分。它包括对所有人的福利，如免费的学校教育和高等教育。

表1　1990年从事各产业的人数的百分比

	百分比
农业、林业、渔业和狩猎	3.9
矿业、制造业、建筑、电气、天然气和供水服务	29.5
批发与零售、餐馆、饭店	14.5
运输、储藏与通讯	7.0
财政与保险	8.3
服务业	36.9

2. 教育政策与目标

1950年，瑞典议会为整个学校体系的未来发展制定了一项综合性的策略，其主要目标是提高总体的教育水平。义务教育年限必须延长。同时，希望通过改善以前处境不利群体的教育机会，用综合体制取代三轨制的中等学校体系以创造更加平等的教育机会，从而使学习体系"现代化"。实践培训会取得与理论("学术")训练同等的地位。这些目标既构成一项社会计划，也构成一项教育计划。

通过在全国范围内的12年试验活动之后，1962年确立了一个新的学校结构。在学校法、教育规程和中央政府的课程指导方针中都规定，首要和主要的教育目标是使每个学生得到符合其性向的发展。第二个一般性目标以社会为中心：学校要教育每个人参与社会事务、社会生产和社会公益活动。第三个目标涉及传统和价值观念，即文化遗产，从老一代传递给年轻一代。在这些目标的解释上，平等和公正是每个人的权利，不论其社会、经济、种族或地理上的条件如何。

3. 正规教育体系

从1962年到1972年，9年制义务教育综合学校在全国推行。1971年，又在全国实行一体化高中教育，即在同一所学校包括学术、普通和技术职业教育。1967～1971年间对学前教育结构进行了改组，高等教育(大学和相应的第三级教育机构)在1975年、1977年和1992年进行了改组。

这样，传统的学前、小学、中等和职业学校等几个阶段，改组后变成义务教育前、义务教育和义务教育后等阶段(见图1)。私立学校的作用不显著。教育法(1962)对那些希望自己为子女提供教育的私人或私人团体没有设置障碍。只要他们遵守政府基本的学校法规，他们还可以像正常的市镇学校一样得到国家和市政的补贴。

绝大多数7～16岁的儿童在义务教育综合学校上学。私立学校的学生只占总数的2%。学年从8月底开始，到7月中旬结束，包括40周。初

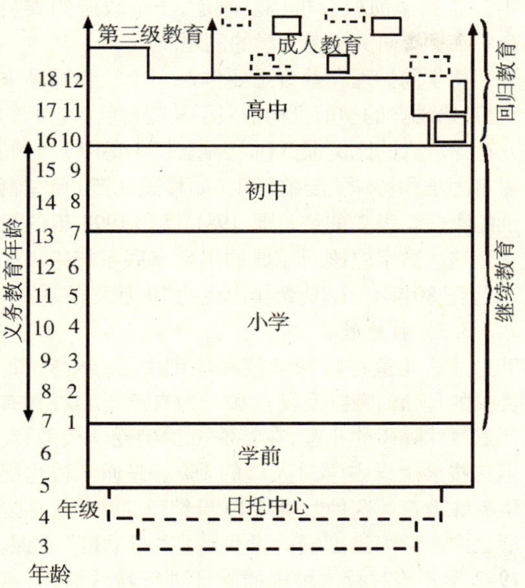

图 1　瑞典:正规教育体系的结构

等、中等和高等教育的学年基本一样。1978 年之前,最大班额为 30 人。义务教育学校的平均班额为 22.6 人,高中 24.0 人。1992 年的情况与此相似。但是,由于小组或个人教学可能性的增加而带来的一个结果,是生师比大大下降。由于这一点和在 20 世纪 80 年代的其他变化(主要是减少教师的平均年教学工作量),到 1992 年,在义务教育学校,每 100 名学生有 9 个全日制教师。高中学校的相应比例为 7.5:1。

瑞典公立教育最重要的分界线是在儿童 16 岁时,义务、全日制和连续的教育在这时结束。学生要到义务教育后学校上学,学校不一定是全日制和连续的,而常常是部分时间制和周期性的。传统的高中可以利用得比较灵活,就像高等教育和各种形式的成人教育更为灵活一样。周期性的教育可能会根据个人希望如何规划其学习与工作而在时间安排、长度和内容上各不相同。

3.1　初等、中等和第三级教育

1972 年以来,在义务教育后阶段之前,没有单独的中等学校。英语是 3 ~ 9 年级的必修课程。1 ~ 6年级通常由包班制教师上课,7 ~ 9 年级由专业教师("包班制"教师教一个班的所有课程,"专业教师"教自己专业领域的课程——译者注)上课,大多数教师教两门课程。在 7 至 9 年级,学生有 10% ~15% 的时间学习选修课程、第二外语或普通科目的附加课程,除此之外的时间学生学习共同课程。不论选修课程是什么,学完完整的 9 年学校课程就达到在高中学习的要求。

9 年制综合学校的实行,使一种新型的义务教育后高中发展起来。1971 年,各种类型的义务教育后学校合并为一种一体化的高中。作为一种正式的国民学校,这种形式在世界上是独有的。它的一个重要目的,是赋予这一阶段的学术、普通和技术 - 职业教育同等的地位:普通"学术"教育应该"职业化",技术 - 职业教育应该"普通化"。一体化高中的学习主要有三部分:艺术与社会类、经济与商业类以及科学与技术类。在其中的每一个部分,都有学术、普通和职业课程。大多数学生从 25 种专业中选择一种。这些专业学制 2 ~4 年。高中阶段的这种一体化也说明了为什么本词条后面没有对职业、技术和商业教育的专门介绍。

原则上说,学生可以自由地选择高中阶段的学习路径。学校为所有完成义务教育的学生提供学习机会,超过 90% 学生继续接受高中阶段的培训。由于某些专业名额有限,学生不可能总是被第一志愿录取。当申请人数超过招生名额时,就根据综合学校阶段的考试成绩有时也根据其他资格如工作经历来择优录取。学生对学习专业的喜好在很大程度上受劳动力市场状况的影响。

在传统的瑞典中学中,辍学曾经是一个问题。在 9 年制综合学校,这一问题已经得到根除,尽管有时有少数学生最后阶段的学习"不完整"。在一体化高中,将近有 1/5 的学生从所学课程"辍学",但大多数以后又回到高中或在成人教育中完成这些课程或学习其他课程。在回归学习和终身学习的背景下,"辍学"的概念正在得到重新定义。

1975 年,议会批准了一个新的高等教育体系的总则。本科生阶段的学习专业分为五组(技术、管理 - 经济 - 社会福利、医学 - 护理、教学、文化 - 信息),再进一步分为单科课程。努力开设更具有多样性的本科生专业是新政策的一个重要部分，其目的是要培养新型的学生队伍。学习专业在内容和结构上的开发，被视为建立新型学生队伍而实行的新的录取规则的一个必要补充手段。

几个世纪以来，瑞典只有两所大学：创建于1477年的乌普萨拉（Uppsala）大学和创建于1668年的隆德（Lund）大学。20世纪五六十年代，斯德哥尔摩和哥特堡（Goteborg）的高等教育机构改组为大学。在林可平（Linkoping）创建了附属于斯德哥尔摩大学的学校，在卡尔斯塔德（Karlstad）创建了附属于哥特堡大学的学校，在奥里布若（Orebro）创建了附属于乌普萨拉大学的学校，在未可金（Vaxjo）创建了附属于隆德大学的学校。在人文科学学院中最受欢迎的科目（社会科学和数学－自然科学）都在这些分校开设。设在林可平的附属大学于1970年成为一所独立的大学。

在高等教育的规划中已经考虑到地区发展的政策。在乌普萨拉以北——该地区占瑞典总面积的2/3以上——过去没有高等教育和研究机构。1963年在默奥（Umea）建立了一所大学，在律勒欧（Lulea）建立了一个高等教育学院开展高等技术教育和研究。

1977年以来，高等教育除原有的7所高等学校外，还包括在14个城市中建立的由国家管理的高等教育机构。这些城市中的大多数已经有中等教育后学校或各种类型的专业学院。1990年，瑞典的大学和其他第三级培训学院共有学生165 000人，其中92 000人是女生。

职业、技术和商业教育被整合到高中和高等教育中，作为市镇中等教育和政府的中等教育后教育体系的一个部分。只有几所这一类的学校和学院是非公立的。

3.2 学前教育

日托班、保育学校、幼儿园和各种相应的学前一护理机构的建立，主要被视为一项社会福利事业。当然，学前机构在地方通常由卫生和福利委员会，而不是由教育委员会来管理。义务教育学校要从7岁开始入学。提前入学的问题已经讨论了很长的时间。1973年，议会决定仍保持7岁入学的做法，同时决定应为所有6岁儿童（“共同学前年”）提供学前教育机构。但是，一个政府的委员会正在调查研究提前入学的问题。

将学前护理和教育主要作为一个社会问题来对待，给瑞典的学前机构带来了某些特色。它们的儿童－成人的比例很低（很少超过5:1或6:1）。它们对有困难和特殊需要的学生（如移民儿童）负有特别的责任。表2的统计是1981年和1990年的数字。这些数字应该同瑞典的出生率联系起来。在20世纪80年代，瑞典每年出生约10万人。

3.3 特殊教育

智力落后儿童在特殊学校和培训中心接受教育。类似的是，聋、哑以及视觉和听力有严重困难和有严重身体障碍的儿童，在特殊机构接受学校教育。但这些学生只占学龄人口的1%。普通学校也提供特殊教育。这种做法从19世纪后期就一直在发展之中。学习进度慢的学生编在“帮助班”上课。1942年开始对教这种班的教师进行特殊培训，这些班级也有了自己的结构。在9年义务教育综合学校中，也为那些被判断为还不够成熟来开始接受学校教育的儿童、阅读有困难的儿童以及在交往和情感方面有问题的学生组织特殊班。

从20世纪60年代以来，这些特殊班逐渐被实行个别化教学的特殊课或与特殊班教学相类似的所谓“临床”小组教学所取代。图2说明了两种形式的特殊教育之间的比例，在新综合学校的实施过程中所发生的变化。按照在特殊教育上“教师每周对每个学生上课节数”（TWP/S）来衡量，特殊教育的总量从1962～1963年到1974～1975年翻了一番。图中的下半部分代表特殊班的教学量，上半

表2　　日托班和保育学校的儿童人数

	日托班[a]		保育学校[b]	
年龄	1981	1990	1981	1990
0～4	87 800	162 000	2 300	1 600
5	27 500	49 400	14 300	11 000
6＋	26 600	54 800	79 000	50 500
总计	141 900	266 200	95 600	63 100

a 全日制　b 有些是部分时间制

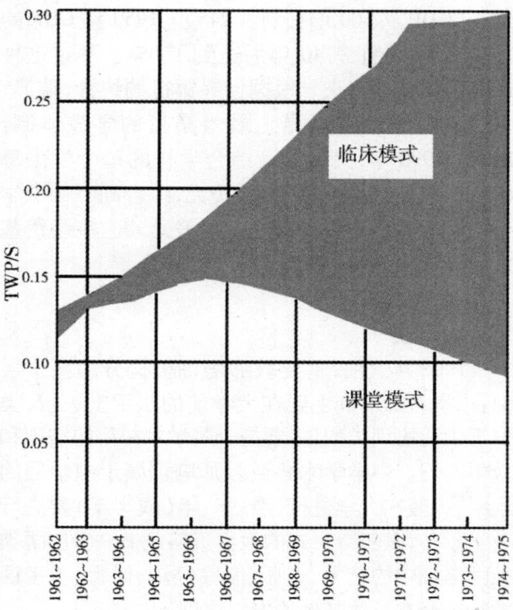

图2　瑞典义务教育学校中特殊教育的发展,1961/1962~1974/1975

部分代表临床、个别化或小组形式的教学量。临床模式从20世纪60年代中期不断增加,同时班级模式不断下降。

两种模式之间的比例在1974~1975年之后基本没有变化。1972年,"教师每周对每个学生上课节数"在特殊教育中的上限规定为0.30。这意味着在综合学校中大约每5位教师中就有一位是特殊教育教师。从1978年开始,特殊教育由地方当局决策,尽管仍由国家在总体框架中提供经费,因此这一上限规定也随之取消。1978年以后,没有特殊教育的官方统计。

3.4　成人和非正规教育

成人和非正规教育在瑞典有三种类型:大众运动教育、市镇成人教育和劳动力市场培训。

大众运动教育有两种形式:民众中学和夜校学习小组。第一所民众中学建立于1868年。到1992年,瑞典已经有100所民众中学。这些学校主要由郡县一级的议会和一些特殊的组织及协会管理。这些学校多为寄宿学校,学制为2~3年,全日制,提供普通的公民教育,目标在于使学生深刻认识到他们作为人和社会成员所应担负的责任。每个学校设计自己的教育计划。民众中学设法去满足正规学校不能达到的教育要求。学生入学的最小年龄为18岁。

夜校学习小组是一种非正规的成人群体,通常5~20人一组,在最少4周的学习时间中要进行至少12次夜课学习。有一个组长来管理本组。全国有11个成人教育协会来开办民众中学和夜校学习小组,所有学校都要经过国家的批准。这些协会与多种组织,诸如白领工会、蓝领工会、政党和教会等等都建立有紧密的联系。成人教育协会和图书馆和其他文化机构也进行合作。这些协会设有广泛的学习科目。1990年近两百万人参加了学习小组的学习。

1967年,议会决定由地方学校权力机构负责为成人教育提供机会。成人学生人数增长迅速。70年代和80年代,每年约有20万人参加上述的学习计划进行学习。这个人数与每年接受正规高中教育的学生人数相当。瑞典280个市区提供有城市成人教育。

劳动力市场培训为那些失业的或即将失业的人提供职业教育。培训经费由政府负责,有一些特定的培训中心和在正规教育体系内举办职业教育。职业教育的重点是制造业的生产操作。参加劳动力市场培训的人数每年都有很大的变化,1981年有4万名培训者,1991年人数增长到12.5万。

4.教育管理的结构和运行

小学和中学(后者包括职业和技术教育)服从地方学校委员会的领导,每个学区设有一个学校委员会。在中央层面,它们都服从政府包括教育部的领导。

1991年之前,瑞典设有特殊的教育管理机构——全国教育委员会(NBE),瑞典的教育委员会和大多数其他国家的一样,都是教育部的非政治性的分支管理机构。瑞典教育委员会的地位相当自由和独立,不过它不仅仅隶属于教育部,它还服从政府的领导。因此,在1950~1980年中,在国家的一般指导下,教育委员会负责对瑞典义务教育学校和义务教育后学校进行了意义深远的改革。

1991 年,全国教育委员会被一个小一些的中央机构——中央教育厅(CAE)所取代。这是具有重大意义的教育行政分权运动——即把中央对学校的管理权下放到地方教育行政机构的进一步体现。地方学区变得大了,但是数量少了(1950 年地方学区的数量约为2 500个,1953 年为1 000个,1962 年为 800 个,1974 年为 280 个)。

全国教育委员会对高中的督学制度在 1980 年取消。义务教育中隶属于督学的地区通讯制度于 1991 年废除。这些职责相应地由地方学区和学校领导执行。

大学和学院有自己的董事会。在中央层面,它们受政府管理,并且长期以来受全国高校委员会的领导。1992 年全国高校委员会为四个小一些的管理机构所代替。

5. 教育财政

学校教育支出的增长情况在表 3 中可以看到。出于比较的目的,1950 ~ 1951 年度的数字设为 100。1989 ~ 1990(39 年后)年度的教育支出增长了近 6 倍(固定汇率的情况下)。每个学生的教育支出也从 100 增长到 405。

1950 年代开始,瑞典的物质财富有了一定的增长(GDP 从 100 增长到了 245)。1950 年 GDP 的 2.3% 为教育经费,40 年后达到了 6%。不过这种增长已经基本停止。根据世界银行的统计,瑞典、丹麦和挪威拥有世界上最为昂贵的学校体制。1989 ~ 1990 年,义务教育综合学校的每个学生每年所花的教育经费为 76 00 美元,综合高中每个学生的教育经费更是达到 8 300 美元。这些经费基本由国家和各城市平均分担。

表 3　中小学一些年份的教育成本
(以 1950 ~ 1951 年度为基准年)

	1950 ~ 1951	1960 ~ 1961	1970 ~ 1971	1980 ~ 1981	1989 ~ 1990
教育成本					
总额	100	214	395	640	636
生均成本	100	192	262	411	405
GDP	100	138	206	242	241
教育成本占 GDP 百分比					
国家	1.3	2.1	2.8	3.5	2.9
城市	1.0	1.6	2.5	3.6	3.1
总数	2.3	3.7	5.3	7.1	6.0

6. 师资

1968 年之前,主要教师培训机构分为两个层面:小学教师培训主要在大学前的水平上进行,类似于学徒培训类型,主要是一些学术科目的培训和教学实习。中学学术科目教师培训属于中学后的水平,一般在大学进行,最后一年(或半年)要进行教学预备,以获得正式的教学资格证书。参加两类教师培训中的艺术、音乐、家庭经济、体育、手工课教师还会有一些其他的专门培训。

从 1968 年以来,第三级教育逐渐开设不同的教师培训(小学教师、中学学术课教师和非学术课教师)。同时也采取了些补偿教师工资和改善教学条件的措施。一般来说,学前教师的培训为 2 年,小学教师培训为 2.5 年或 3 年,中学教师最少是 4 年。1988 年,义务教育学校的教师培训延长至 3 年半或 4 年半,因专业而不同。

从 1952 ~ 1972 年,由于义务教育延长和义务后教育拓宽,瑞典出现了严重的教师短缺。1972 年后,在教师的需求和供给方面基本达到平衡。

7. 课程开发与教学方法

学校教育的前 6 年的主要目标是使学生掌握基本的读、写、算技能和一般的社会与科学知识。早至 3 年级开始,外语(英语)就成为必修课程。1970 年开始,所有的小学教师都获得了正式的讲授英语的资格。

1962 年,义务教育学校采用了一个国家课程,在 7、8 年级设有一些选修课,9 年级实行分流。1969 年所有义务教育学校中的分流被禁止。7 ~ 9 年级(初中)有 15% 或多一些的教学时间用来设置选修课,学生可以选修第二外语(德语、法语以及其他移民的母语)、技术课程、经济、艺术等等。1980年,议会决定:义务教育阶段可以单独设置一些义务教育阶段后水平的培训来作为选修课供学生选择。

高中课程是分轨的,不过所有类型的高中都包括瑞典语、公民教育和体育。有6种分轨主要是学术性的,每种设有超过10门的课程。不过从1993年起,设有各种混合综合课程的高中分轨制度为16个叫作学习计划的课程所取代,在16个学习计划中,学生有一些机会选择自己的课程。1992年义务教育和义务阶段后教育的课程大纲被再次修订。这个修订大纲于1993年到1995年逐步实施。

8. 考试、升级和毕业证书制度

在义务综合学校和综合高中没有最后的考试。在义务教育学校中,升留级的概念已经被取消。在学年结束时,所有学生基本都能够升入下个年级。

在义务教育学校,8、9年级的秋季、春季学期末,学生会得到课程成绩。学生9年级末的成绩将成为一个基础,以决定学生在义务教育后阶段的进一步学习。学生在秋季、春季学期末得到所有科目的课程成绩,成绩按5分计,1分最低,5分最高。选择学生进入高校的基础就是学生12年级的平均成绩(也有一些高校是看学生11年级的平均成绩)。

1977年开始,自愿性中央入学考试(检查学生是否适合高等教育的学习)的成绩也可以作为进入第三级教育的基础。第三级培训机构中约40%的学生是参加这个考试的,约60%的学生则是依据其高中的课程成绩。高等教育的申请者必须满足入学的一般规定和特定规定。普通规定是修完中学,也可以是一些其他的相当经历。特定规定则是申请者所获得相关科目的中学课程成绩。

在第三级教育阶段,大部分机构和远程教育都设置一个基本的考试,通常在3年或4年的全日制学习后。一些学校在基本的毕业考试和博士学位之间设有学士学位或硕士学位。考试成绩等级为优秀、通过和没有通过。

在瑞典,第三级教育之后一些职业领域的专业证书已经取消。医学和法学专业一般在学业结束后还需要特定的证书,但是对于大部分专业,第三级教育的一些相关科目的考试已经足够了。

9. 教育评价、评估和教育研究

据说1962年的新学校的考试是连续的,不管学生所获得正规考试成绩如何。1944年,小学的读、写和数学已经设有中央标准化考试,1959年又增加了英语。在高中除了这些科目的考试,还有物理、化学、德国和法语(有时候还会有商业经济和会计)等。

小学的标准化考试对于老师来说是自愿的,但是90%~95%的教师会使用它。1980年代,考试成为强制性的,只限于8、9年级。在高中,中央考试自1971年施行开始就成为强制性的。教育委员会设有专门负责考试的处,但1982年这项任务被下放到一些教育研究机构。考试的主要目标是帮助教师对全国学生的成绩进行比较。考试结果不登记到学生的最后的证书中。

另一类考试是全国义务教育评估。1989年起开始实施。考试对全国的2、5、9年级的一些班级进行取样,每隔3年进行。学校课程的主要科目的学生成绩将要被评估,还要研究学生工作、学习和交流的方式。

从20世纪60年代起,瑞典参加了学生成绩的国际比较研究。迄今为止,最大的计划是国际教育成就评价协会(IEA)所组织的对10岁、14岁和大学前年龄段学生的取样考试。一般来说,瑞典学生的成绩达到平均成绩及以上。

除了对成绩进行研究,瑞典政府1962年开始还设置了一些教育研究的资源。这些基金由全国教育委员会所管理,1991年起改由中央教育厅管理。在研究活动的最初十年,基金优先用于“发展计划”,还包括对学习方法和教材的研究和与当时教育技术发展水平相当的学习辅助设备的开发。从那时起,研究的范围逐渐拓宽至许多其他领域的研究。基金的数额在1977~1978年度之前逐年增长,1977~1978年全国教育委员会对教育研究和发展提供了相当于750万美元的资源,相当于政府教育经费的0.4%。1978年开始每年的基金数额降至1977~1978年度的一半以下。

10. 20 世纪八九十年代的主要改革

从 1950 ~ 1980 年这一时期,瑞典的整个教育制度基本形成。与这一时期相比,20 世纪 80 年代的最显著的特征则是平静和巩固。新的国家义务教育课程大纲于 1980 年建立。这 10 年也是教育行政地方分权的时期,许多教育行政权力下放到地方学区和学校。在宽泛的国家框架基础上,国家允许地方的学校组织和安排上出现一定的多样性。20 世纪 80 年代开始,7 ~ 9 年级(初中)的选修课拓展到学校课程的任何学习领域,尤其是一些跨学科的地方课程。培养地方就业人员的职业实践导向的课程过去只限于 8 年级,并且只有两周的课程,这时开始拓展到 1 ~ 9 年级,课程时间也增加到 6 ~ 10 周。更为宽泛的工作生活导向的课程则由地方决定。

1985 ~ 1988 年期间,高中(10 ~ 12 年级)是各地进行有关内部学习形式与外部的学校组织结构的改革试验的重点。这些试验成为后来 1993 ~ 1995 年实施变高中分轨制为学习计划制的起点。

高等教育最重要的变化是把 5 年的普通学习计划改为更为自由的含有职业教育培训的计划,新的课程计划 1993 年开始实施。

11. 2000 年面临的主要问题

主要的教育问题可能是关于如何去寻找一种新的和建设性的平衡,以协调两派力量的矛盾,这两种力量对于社会和 1950 年开始制订的教育政策看法不同。左翼的力量主张提高教育的民主性,即延长教育年限,缩小综合教育制度的差别。而右翼的意见则要求在所谓的“成型化”学校中得到更多的自由,强调赋予中央集权管理下的学校以独立性。

这样的力量和意见的对话包括一些普通的问题和特定的问题,比如说平衡教育政策制定和社会福利政策制定。其中有一个长期讨论但仍未能解决的问题,即学生接受学前教育到义务教育的年龄。1993 年,学生入学年龄为 7 岁,2000 年或在此之前可能改为 6 岁。

S. 马克隆德(S. Marklund) 著

李家永 刘瑞生 译

附录

Gurgsdies E 1975 *Schulreform und Chancengleichheit. Ergebnisse der schwedischen Gesamtschulreformen.* Dietz, Berlin

Hörner H 1970 *Demokratisierung der Schule in Schweden, Erziehungswissenschaftliche Forschungen*, Vol. 4. Beltz, Weinheim

Jüttner E 1970 *Der Kampfum die schwedische Schulreform.* Mannheim

Marklund S 1980 *The Democratization of Education in Sweden: A UNESCO Case Study*, Studies in Comparative and International Education, No. 2. Institute of International Education, Stockholm University, Stockholm

Marklund S 1980 The role of central government in educational development in Sweden. In: Hoyle E, Megarry J (eds.) 1980 *Professional Development of Teachers. World Yearbook of Education 1980.* Kogan Page, London

Marklund S 1981 Sweden: Setting up the comprehensive school. *Prospect* 11(2): 161—179

Marklund S 1984 Sweden. In: Hough J R (ed.) 1984 *Educational Policy. An International Survey.* Croom Helm, London

Marklund S 1984 Effects of educational research on educational policy-making: The case of Sweden. In: Husén T, Kogan M (eds.) 1984 *Educational Research and Policy. How Do They Relate?* Pergamon Press, Oxford

Marklund S, Bergendal G 1979 *Trends in Swedish Educational Policy.* The Swedish Institute, Stockholm

OECD 1981 *Educational Reforms in Sweden*, Reviews of National Policies for Education. OECD, Paris

Sweden, Ministry of Education and Cultural Affairs 1991 "*Growing with Knowledge.*" *A Reform of Upper-Secondary and Municipal Education in Sweden. Government Bill and the Decisions of Parliament in June 1991.* Ministry of Education and Cultural Affairs, Stockholm

Sweden, Skolöverstyrelsen (various years) *Läroplan för grundskolan 1962, 1969 och 1980.* Skolöverstyrelsen,

Stockholm

Sweden, Skolöverstyrelsen 1970 *Läroplan för gymnasieskolan 1970*. Skolöverstyrelsen, Stockholm

Sweden, Skolöverstyrelsen 1990 *Anslagsbetänkanden för åren 1950/1951—1990/1991*. Skolöverstyrelsen, Stockholm

Sweden, Statistiska Centralbyrån 1991 *Statistisk Årsbok, åren 1950—1991*. Statistiska Centralbyrån, Stockholm

Wieser K 1974 *Bildungspolitik und Gesellschaft in Schweden. Dargestellt unter besonderer Berücksichtigung der Einführung der Gymnasieschule als Berufsgrundschule*. Jobst Schultze, Hamburg

瑞士的教育制度(Switzerland: System of Education)

1. 基本背景

瑞士是位于欧洲中心的一个小国,面积大约41 300平方公里,或15 945平方英里(全国有1/4的面积不能种植)。从地理上来说,瑞士由三个主要部分组成:侏罗、中心平原和阿尔卑斯。全国的河流发源于阿尔卑斯地区,流入北海、地中海和黑海。1291年瑞士成立(当时有三个州),经过几个阶段的发展,于19世纪初,在结束了与拿破仑的战争后,形成了目前的状况(当时有25个州,1978年成立了第26个州)。

1990年,瑞士的人口中有675.1万人是本地居民,112.7万人(占16.7%)是外籍居民。在1980年至1990年间,平均人口增长率为0.6%,因而总人口数增长缓慢。然而,在瑞士,人口的年龄结构却发生了显著的变化:在1950年至1990年间,0~19岁年龄组的人口占总人口数的比例由30.6%降至23.4%,同时,65岁以上的人口却从9.6%增至14.6%。这种越来越朝着老龄化社会发展的趋势对工作资格的层次和结构有重要影响,并产生了特别的教育需要:由于以年轻一代为主的劳动力人口越来越缺少机会获得工作资格,所以通过进一步的培训来更新职业人口的工作资格就越来越重要。瑞士人口中,预期的平均寿命仍将上升,目前人口的平均寿命女性为80.8岁,男性为74.1岁。由于瑞士的地理位置(其邻国为德国、奥地利、法国、意大利和列支敦士登)以及政治倾向,所以瑞士是一个多元文化和多语言的国家。大约65%的人口讲德语,18.4%讲法语,9.8%讲意大利语,0.8%讲列托罗曼斯语,其余为讲各自母语的外国人。在宗教信仰上,47.9%是罗马天主教徒,44.3%是新教徒,3.2%属于其他宗教,还有4.6%没有专门的宗教信仰。

在经济上,瑞士跟随着欧洲国家的总体改革,从一个农业国发展成为一个工业国,最后形成了以服务业为主导的经济结构。但是,在1800年,职业人口中约有65%在第一产业工作,到1990年,这一数字减少到5.6%,在第二产业中,相应的数字大约分别是25%和34.9%(在1965年左右这一数字达到最高峰,大约为50%左右),对于目前仍在增加的第三产业,在1800年时这一数字不到10%,而到1990年,已经上升到59.5%。经济结构上的这一变化伴随着都市化的进程。1990年,瑞士14.2%的人口生活在城市,40.2%生活在农村。瑞士的经济严重依赖于出口,主要是高质量(高科技含量)产品的出口(然而,进口通常还要超过出口,在1990年,进口超过出口9.5%),并依赖于占有很高比例的外国劳动力(在1990年,外国劳动力占总劳动力的26.8%)。女性劳动力占总劳动力的37.5%。人均国民收入(按美元计算1990年人均30 600美元)是世界上收入最高的国家之一。

在政治体制和行政管理上,瑞士划分成三级管理:联邦,26个州和3 029个市自治体。每一级都有自己的立法权和管理权。目前这种组织形式的现代国家是在《1848年联邦宪法》的基础上建立的,中央政府(联邦委员会)由七个职能部门组成,它代表了四个重要的政治派别的联盟。中央政府以极大的稳定性为特征。

联邦一级的立法权包括两院:国家委员会(有200个席位,代表10个政党)和州联合委员会(有46个席位),席位的分配采用非常简单的左—中—

右模式，也就是说，1990 年，国家委员会有 138 个席位属于中间派别和右派，另外 62 个席位属于左派。在外国事务上的中立（这一问题引起了越来越多关于瑞士能否加入欧洲社会的争论），自由市场经济以及增强社会的安全，这些是政府政策长期重视的一些突出问题。人们对投票选举越来越缺乏兴趣，越来越少地参与选举，这是目前瑞士民主系统的主要问题所在。

2. 教育政策与目标

瑞士正规的学校教育开始于中世纪的修道院学校，当时的教育目的在于为社会培养牧师。从 12 世纪开始，一些所谓的"小学校"开始满足处于上升阶段的中产阶级的需要，开始教学生语言、小学数学和地理。学校教育由于改革与反宗教的改革而加强，但是中学与拉丁语学校仍局限于城市，同时，乡村地区的学校仍被宗教教学所主宰。启蒙时期给这种宗教主宰的局面带来一些解放，数学与科学的教学被加强。在启蒙时期，出生于日内瓦的卢梭（1712 ~ 1778）提出了他的教育概念，教育实践家和理论家裴斯泰洛齐（1746 ~ 1827）建立了自己的学校，并根据自己的理论指导学校工作，同时他还写出了自己的教育专著。

19 世纪——由于现代国家的出现，经济的革命以及新思想的传播——出现了普通义务教育。人们认识到，年轻一代的教育问题是公立教育将要完成的最重要的目标。瑞士的各州都制定了学校法律，建立小学，在州内创建中学。原有的大学被重新组织，新的大学被建立。目前仍在发挥作用的公立教育系统在那时就被建立起来了。

瑞士政治体制的一个突出的特征是永远在联邦权利和各州的权利之间寻求平衡。瑞士教育的权力主要在州的管辖范围内，联邦政府在这一领域很少做出干涉。结果，在联邦不设有教育管理部门。1874 年，在修宪时，曾经尝试在教育问题上赋予联邦更大的权力，但这一尝试失败了，然后在 1973 年，当时的宪法修正案以微弱的优势被选民所接受，但是却被最不可能占有优势的各州所否决。这些失败表明州政府急切地想要维护其在教育问题上的几乎是独一无二的权威地位。所以，不存在一个（全国范围内的）教育体系，但是却存在着 26 个州的教育体系。接下来对"瑞士教育系统"的描述实质上在竭力突出各州教育系统间的差异与共同特征。

由于在教育中不存在中央权威并且在国家级别不存在真正的教育计划，所以教育系统的目标不容易被定义。义务教育的目标被 26 个州的学校法律所规定。对高中阶段的中等教育来说，教育目标被陈述在有关职业训练的联邦法律和联邦发展规则中。总的来说，这些目标涵盖了三个领域：(a) 个人发展；(b) 通过向学生灌输基本的文化及其他价值观，使年轻一代融入社区与国家，进而在更广的程度上融入欧洲与世界；(c) 经济上的胜任。

3. 正规教育体系

图 1 显示的是瑞士教育体系的基本概况。然而，在教育的组织结构上，在教育服务的丰富性和多样性上，26 个州的教育系统之间存在显著的差异。所以，在一些小的人均收入较低的乡村州，教育服务有时局限于学前教育（包括特殊教育的义务教育），在高中阶段只有一所高级中学和一所职业学校，不再设有第三级教育（除了私立成人教育）。另一种极端的情况是，在那些人均收入很高的市区内，在高中和大学以及非大学的第三级教育方面提供了极其多样的教育机构，对那些生活在小的乡村州内的学生来说，假如距离不太远的话，就学于另一个州的高等教育机构不存在主要障碍。由国家政府资助的州奖学金制度为那些经济上无特权的学生提供了广泛的教育机会。

3.1 *初等教育、中等教育和高等教育*

学校义务教育被分为初等教育和初中教育，它的期限已经逐渐被延长。1992 年，几乎在所有的州内，义务教育的期限都达到 9 年。这一级别的教育的入学率实际上达到 100%。（见图 1）

初等教育中，所有学生都生活在同一类型的学校，它的期限在 4 个州内为 4 年，在 3 个州为 5 年，在其他 19 个州为 6 年（见图 1）。由于在初等教育即将结束时学生面临着教育系统的第一次选择，所以 4 年制的州有延长义务教育 1 年或 2 年的趋势。从课程的角度来看，1975 年至 1990 年期间，瑞士

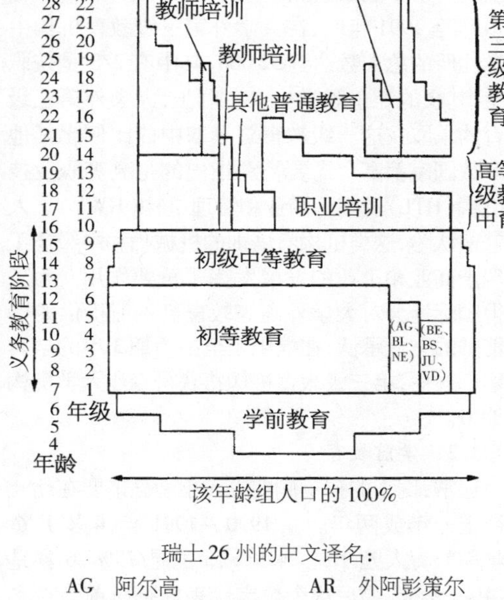

瑞士26州的中文译名：

AG	阿尔高	AR	外阿彭策尔
AI	内阿彭策尔	BL	巴塞尔乡
BS	巴塞尔城	BE	伯尔尼
FR	弗里堡	GE	日内瓦
GL	格拉鲁斯	GR	格劳宾登
JU	汝拉	LU	卢塞恩
NE	纳沙泰尔	NW	下瓦尔登
OW	上瓦尔登	SG	圣加仑
SH	沙夫豪森	SZ	施维茨
SO	索洛图恩	TG	图尔高
TI	提契诺/泰辛	UR	乌里
VD	沃	VS	瓦莱
ZG	楚格	ZH	苏黎世

图1　瑞士:正规教育体系的结构(1990～1991)

教育以数学改革和在4年级或5年级引入外语教学为特征。

在瑞士教育系统中,一个越来越重要的特征是外籍学生占有很大比例。如图2中所显示的那样,外国血统及讲外语的学生的比例在不同的州也有不同,从日内瓦州的超过40%到下瓦尔登和上瓦尔登州的不到5%不等。但在瑞士各州这些学生所占的平均比例是17.5%。瑞士州公共教育部长会议关于外语学生学校教育的问题已经发布了几条建议。大体上来讲,在这一政策领域内,其特征(的形成)具有几个不同的阶段:同化阶段(20世纪60年代),整合阶段(20世纪70年代和80年代早期)以及跨文化教育阶段(从80年代中期至今)。

在1990～1991年间,在小学教育中平均班级规模是19名学生(汝拉州最小,为15.3名学生,图尔高州最大,为21.4名学生),在中等教育中平均班级规模是17.8名学生(格劳宾登州最小,为14.2名学生,提契诺州最多,为19.9名学生)。

初中教育由不同类型的学校提供。一些州已经使用多种方式组织他们的初中教育,而在另一些州,那些不同类型的学校可以被分为两组:完成基本要求的学校和完成额外要求的学校。在1991年,31.3%小学生进入第一种类型的学校学习,68.7%学生进入第二种类型的学校学习。

高中教育可以被划分为四种主要的类型:为进入大学作准备的高级中学;其他普通教育学校;教师培训机构;职业培训机构。(见本词条3.4)

与其他学校不同,高级中学由联邦制度来管理。最初,只有两种类型的高级中学(其期末考试成绩可提供进入大学的机会):A型(重视希腊语

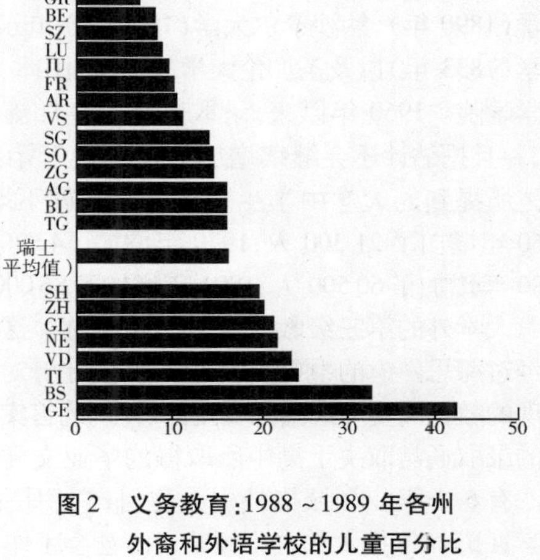

图2　义务教育:1988～1989年各州外裔和外语学校的儿童百分比

和拉丁语）和B型（重视拉丁语和现代语），C型（强调数学和科学）是在1925年增加的，D型（强调现代语）和E型（强调经济学）是1972年发展起来的。1992年，瑞士对这项联邦制度进行了修改，把这些不同的类型合并为一种，提供给个体学生大量的选择机会。在与所有对此问题感兴趣的政党磋商之后，联邦政府将做出最后的决定。

在第二次世界大战前，高级中学主要为一小部分精英服务，战后，特别是1960年后，学校的录取比例显著增加。在1960～1970年和1970～1980年，录取的人数几乎成倍地增长。在1991年，录取人数为54 300人。这种增加是对两项教育政策的回应：极大地提高合格工作人员的经济地位，减少因地区、社会阶层和性别而带来的教育机会不均等。提高录取人数的方式主要是分散高级中学的权力，发展教育基金系统。

在这一教育层次上，其他普通教育学校（1991年总录取人数是12 000）主要是为学生升入某一非大学的职业领域作准备（如医务辅助领域和社会领域）。

传统意义上第三级教育主要是大学教育，但是现在出现更多的、大学以外的各种形式的第三级教育。

学术教育由2所联邦综合技术学校（苏黎士和洛桑）和7所州立大学提供，这7所大学是：巴塞尔大学（建于1460年）、伯尔尼大学（1834年）、弗莱堡大学（1889年）、日内瓦大学（1559年）、洛桑大学（1890年）、纳沙泰尔大学（1909年）和苏黎士大学（1833年）以及圣加伦大学的经济、法律、社会科学学院。1960年以来，录取人数的增加蔚为壮观，并且据估计还会继续增加一段时间。所以，在上述所提到的大学中学生总数已经有如下增长：1960年增加了21 300人；1970年增加了42 200人；1980年增加了60 500人；1991年增加了86 000人。

大学外的第三级教育以多样化著称。这不仅是经过深思熟虑的中央政策的结果，也是针对不断涌现的教育需要所给出的实用的、特别的答案。大学的录取通常取决于高中所取得的毕业文凭或证书。有6个职业领域格外引人注目，它们是：(a)教学；(b)高等技术和农业领域；(c)社会工作；(d)健康领域；(e)贸易、交通、管理和通信部门；(f)文学艺术。除此之外，在大多数以学徒制来学习的行业以及高等职业课程和考试也较引人注目。在1990年至1991年间，在大学外第三级教育机构中入学注册的总人数达到52 000，其中有2/3是兼职学生，其余的为全职学生。在瑞士，大学外第三级教育的录取在这一级教育总录取中的比例比其他大多数国家都高。需要特别指出的是高等职业技术机构（HTL）及高等商业和管理机构（HWV）。人们普遍认为，这类机构所培训的机械师和中级技工对瑞士商业和工业的发展发挥了重要作用。为了取得国际社会对大学外高等教育机构所提供的毕业证书的充分承认，在提供了至少为期3年的学习和培训之后，第三级教育机构将获得专业大学机构的地位。

3.2 学前教育

通常，瑞士的孩子们在进入小学之前要在幼儿园待上一年或两年。在1990～1991年，4岁儿童的学前教育入园率是24.9%，5岁是75%，6岁是98.4%（然而，最后这个数字代表的是学前教育和学校教育的混合）。但是城市和乡村之间存在着显著的差别。1990～1991年的总入园人数是139 800，入园比例稳定增加，并且可能还要继续增加。

像这些数字所显示的那样，学前教育的入园率不同于义务教育。学前教育被认为是家庭教育的补充。大约2/3的州制定了州一级的学前教育管理条例。然而学前教育的最重要公共主体是乡镇，其发展趋势是将学前教育作为非义务教育的一个部分，但是要通过州的立法提供给每个儿童一年或两年的教育机会。诸如设立流动幼儿园等特别的举措已经出现在乡村。另一个发展趋势是很多儿童离开私立的机构而就学于公立机构，然而私立机构仍然扮演着重要的角色。除了传统的私立机构（通常是教堂进行管理）外，主要由父母经营的新的游戏场地也发挥着越来越重要的作用。瑞士还特别关注从学前教育到小学教育的过渡。

至于学前教育的理念和思想，在讲德语地区的瑞士州与讲法语和拉丁语地区的瑞士州之间存在着差异，讲德语地区的瑞士学前教育，它的整个系统建立在福禄贝尔(1782～1852)的思想的基础上,讲法语和拉丁语的学前教育,它的系统是在克拉帕雷德(1873～1940)、费雷尔(1879～1960)和蒙台梭利思想的基础上建立的。然而,在教育实践中,这种差异似乎越来越不明显。

3.3 特殊教育

为了扩展学校义务教育,瑞士为有缺陷的儿童提供了特殊教育(1990～1991 年,总入学注册人数为36 000 人,占义务教育学生人数的5%)。像许多国家一样,在90 年代,特殊教育领域的发展也经历了争论,即特殊教育是应该与正常儿童分开还是一起的争论。为了保持在正常班级中学习有困难儿童的增加比例,也为了减少重读比例(在义务教育课程中,有14%的儿童复读),各种形式的特殊教育辅助手段被开发出来,这些辅助在越来越多的州发挥了巨大作用。

3.4 职业、技术教育和商业教育

在义务教育(通常约16 岁到19 岁)结束后,绝大多数年轻人进入职业培训领域(在一个年龄组中超过70%,1991 年总入学人数是221 000)。这种教育常常通过学徒制来组织,包括两个基本要素:在企业中进行有关工作的实践培训(每周3.5 天到4 天),在职业学校进行理论学习和基本的教学(每周1 天到1.5 天)。第三个要素是在训练中心进行的基本课程,它把同一工艺或行业的学徒聚集在一起学习几周,这一形式越来越受到欢迎。遵照前工业时代的一个非常古老的传统,学徒制是通过师傅(雇主)与学徒之间所签订的合约来管理的。在建立工种、培训程序和考试规则过程中,行会成员和贸易协会发挥了重大作用。职业培训由联邦法律所管理,主要的行政管理责任由联邦公共经济部门的工业、贸易、劳动办公室共同承担。除了农业和公共健康专业外,在工业、手工业和各服务部门中约有280 个行业存在有组织的学徒制(为期2～4 年)。在20 世纪70 年代初,一种带有扩展课程的职业学校吸引了一批特别有天分或雄心勃勃的学徒来学习。

除了对大学外第三级教育机构的改造(参阅本词条3.1 节)和接受欧共体教育政策的影响外,在基础职业培训领域将引入一项重要的改革:学徒们将获得接受额外的普通教育(大约有1 200 种课程)的机会,学习过这些课程之后可以参加考试,这些考试将提供给学徒们进入相应职业领域的专门大学的机会。另一方面,从高中层次的普通教育学校毕业后再进行一年的职业实践,也将被允许进入这些专门的大学机构。

高等职业培训可以划分为两种主要类型:高等技术和职业学校(大多为全日制,还有一些为部分时间制)和其他高等职业培训(多数为部分时间制,见图1)。像上面已经解释过的那样,大多数高等技术和职业学校(1990 年时总入学注册人数15 000人)将被改成专门的大学机构。然而,那些所谓的技工学校(1990 年总入学注册人数为5 000人)却不会成为专门大学。其他高等职业培训(1990～1991 年总入学注册人数为32 000人)主要是为贸易领域的人士参加考试而准备的业余课程,这些考试主要是以培训师傅而著称的高等职业考试。在成功地完成学徒制训练课之后就可以参加这种考试。"师傅"头衔的授予使这一头衔的拥有者可以训练学徒。

3.5 成人和非正规教育

成人教育几乎完全是私人的事情。在职业教育方面,工业和其他经济部门组织了内容广泛而深入的公司内部和公司之间的培训课程,相反,普通成人教育是由许多组织和协会来提供的,有时以教育理想为基础,有时以商业目的为基础。瑞士联邦中约有90 个最重要的从事成人教育工作的机构,它们成立于1951 年。每年由联邦政府所组织的课程都会有约90 万人参与,总计约有1 700 万个学时。仅在深入的职业培训领域,每年参与者的数量都约在50 万人,大约占25～64 岁年龄组人口的17%。

参与继续教育与基础教育水平明显相关:水平越高,对继续教育的参与比例也就越高。接受过大学教育的人口中有1/3的人愿意积极参与继续教育,相反,那些没有接受过义务教育之后的基础教育的人的参与比例只有1/10。

4. 行政管理的结构与运行

像上面已经提到的那样,教育的责任主要在州

政府。每个州都有它自己的学校法律和自己的教育系统。所有的州政府都设有教育部门。在一些州中,政府在一个选举而来的顾问团的帮助下处理教育事务。在许多州,但并非在所有州,下一级监督系统是区。地方有关教育的决定由当地教育当局做出,地方教育当局是由社区人员选举并组成的一个团体,在这一团体中,当地教师代表有参谋发言权。每一位教师都接受检查员的监督。在另一些州,这一团体由一些业余的会员教师或外部人士组成,还有一些州,则由全职的教育部门的工作人员组成。这种分散权力的多层次监督结构的结果是人口与其教育系统之间的联系更加紧密。另一方面,由于所有重要的决定都要通过公民投票,所以教育系统中的变化通常很缓慢。

以权力分散和州对教育的权威为特征的教育体制要求和谐与协调。这是瑞士州教育管理者会议(SCCDE)的主要工作,这一会议始于1897年,但是直至1970年前后,它才有效地扩大了它的活动范围。会议的主要组成部分是学校间的协调合作合同(始于1970年)、一些委员会和几所机构。合同规定了义务教育的入学年龄(6岁)、义务教育的年限(至少9年)以及学年开始的时间。在过去的十多年中,关于学年开始的时间曾经进行过广泛地讨论,并在一些州进行了投票(在一些州还多次举行这样的投票)。由于许多州不能自己解决这一组织问题,所以最后在联邦对一个提案进行了投票:通过瑞士人民自己的选择,现在所有州的学年都在8月和10月之间开始。

更重要的是,合作合同出台的目的在于解决教学计划的共同原则,共同的教科书和参考书等问题。在会议的各种协调机构中,建立于1972年,负责学校义务教育工作的教学委员会可能是最重要的机构。委员会的活动以密切联系协调和教学改革为特征。

州教育管理者会议有一个常设秘书处,还有四个设有地方秘书处的地方会议:讲法语和拉丁语的瑞士,西北的、中心的和东部的瑞士(这三个都讲德语)。在文化上,这些地方比整个国家更具有同质性。作为全国与州之间的中间机构,地方会议发挥了重要作用。然而,在多数事情上,最终的决定都是由州做出的。

州教育管理者会议设有几个国家级机构:日内瓦的瑞士教育资料中心,阿尔高的瑞士教育研究协调中心,卢塞恩的瑞士中等学校在职教师教育中心。前两个机构是SCCDE和联邦政府共同领导的机构,他们是所谓的教育合作联邦主义的表现。瑞士大学委员会,一个州与州之间的及州与联邦之间的大学教育计划与协调团体,它也体现了这种合作联邦主义。另一方面,在科学与教育事务上,联邦政府也获得了一个叫瑞士科学委员会的咨询团体的帮助。

5. 教育财政

1989年,用于教育和科研的总公共支出中,53.2%被用于义务教育,14.5%用于职业学校,12.5%用于高中教育(除了职业教育外),17.7%用于大学和联邦技术及研究机构,2.1%用于其他事务。另一方面,这些财政资源的分配显示,有12%的用于教育和科研的公共支出来自联邦,53.8%来自州,34.2%来自乡镇。

1989年,在教育和科研上的全部花费是145.6亿瑞士法郎,占总公共支出的18.6%,在公共花费中所占比例最大。在教育上的公共支出占国内生产总值(GDP)的5%左右。

开始时,大学的财政完全是州的责任。然而在1960年以后,随着学生人数的不断增加,州没有能力满足大学不断上涨的支出要求。1968年,瑞士开始实施一项对州大学进行补贴的联邦法律。在20世纪70年代,当联邦的财政预算开始遇到困难时,大学的财政来源不得不又被扩大。由于来自所有州的学生都在8所州立大学就读,所以那些大学所在州开始要求无大学的州承担部分的大学财政。1981年,无大学的州第一次向大学州为其每一位学生付一定数额的资金。

图3显示了不同教育水平下每位学生的大概的公共支出。1988年,学校义务教育中生均公共支出在不同的州之间存在着差异,数额在6 739瑞士法郎到14 421瑞士法郎之间。有11个州的费用不到8 000瑞士法郎,10个州在8 000至10 000瑞士法郎之间,5个州超过10 000瑞士法郎。

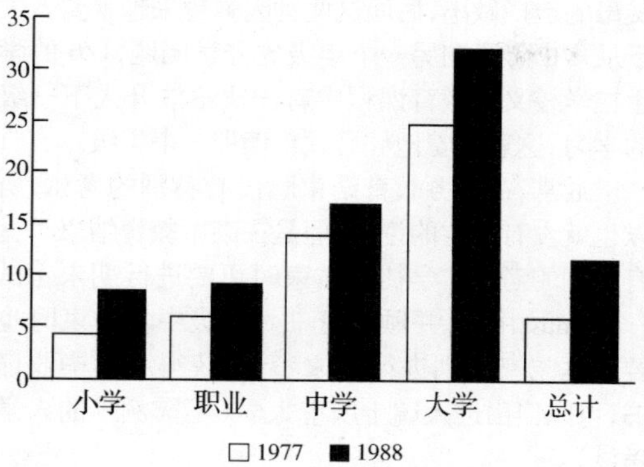

图3 1977～1988年各级教育的生均公共支出(单位:瑞士法郎)

6. 师资

尽管教师培训机构多种多样,但是仍可以划分成两种类型。传统的类型是研讨会,它在学校义务教育之后开始,通常以四年制的教育计划来培训教师后备人员。在普通教育课程与职业准备教育课程之间不存在严格的区分。在20世纪末70年代初,当研讨会越来越成为人们批判的对象,它的培训预算越来越少时,有人提出了两个可选的解决办法:(a)仍保留研讨会的课程结构,但延长学习时间为5年或6年;(b)把培训改为巴塞尔和日内瓦所用的方式。在第二种方式中,后备人员首先完成高中教育,取得中学毕业证书,以此巩固他们的普通教育,然后在大学或在第三级教育机构中进行为期二年的职业培训。在70年代,许多州都进行了改革,一个明显的趋势是选择第二种培训方式,但是改进后的研讨会方式仍保留着传统的重要性。至少还需要一些时间这两种方式才能够融合。在上面提到的机构中接受培训的老师一般会获得在小学教学的资格,有时也会获得初中教学的资格。

高中教师需要完成他们将要教授科目领域内的全部学术课程后才能获得资格证书。人们几乎一致认为,这些教师训练中的专业知识(教育学方面的课程)应该被加强。在业余职业学校中由不同的教师为学徒讲授普通教育课程和职业专门知识。后者通常是受过一点教师培训的工匠师傅,而前者如今都在瑞士职业教育机构接受过培训,这一机构是70年代初由联邦所创建的。对所有教师来说,继续培训都是非常重要的,这种继续培训部分是自愿参加的,部分是必须参加的,部分是由教育当局组织的,部分是由州、地方,有时是国家教师协会组织的。有些州已经建立了全职的继续培训机构,教师在进行了一定年限的实践工作后就可以返回这些机构学习。通常,这些课程持续6个月,在这6个月期间,教师仍可以享受全薪待遇。

大多数教师培训改革都受到《明天的教师培训》报告的重大影响,按照瑞士各州教育管理者会议的委托,这一报告于1979年公布。报告的建议包括了关于教师开始在职活动之初以及在进一步培训中的结构、课程、道德原则、监督等的详细说明。有关教师培训的基本研究也已由有关初中教育(1983)、高中教育(1989)以及继续教师培训(1991)的权威国家报告所完成。

在1990～1991年间,有8 100名师范专业的学生在50多所高中层次的机构中接受培训,3 900名学生在约120所大学外第三级教育机构中受训。第一个数字已经在减少(从9 900降至8 100),第二个数字则在过去的10年中得到了增长(从3 100增至3 900),所以可以认为,师范教育的发展趋势是朝着第三级教师培训的方向发展的。

瑞士目前仍不存在全国的教师统计。表1显示的是在学校义务教育中教师总数的估计值;在小学教育中,女性比男性多,相反在初中教育中男性比女性多。

与其他国家相比,瑞士教师的工资是世界上教师工资最高的几个国家之一:在20世纪90年代初,小学教师的平均工资已经达到了其最高的尺度,大约是57 900美元。然而,在不同的州教师工资有极大的差异。

除了传统的检查员制度外,在20世纪90年代

表1 1987～1988年教师的估计值

	小学	初中
总计	27 000	19 000
女性	16 000	6 000
男性	11 000	13 000

初教师评估问题也开始被重视。一些州引进了工资效益评估制度，这一评估建立在外部评估的基础上，而其他评估更多地建立在内部评估的基础之上。

7. 课程开发与教学方法

和教育体系中的大多数情况一样，课程开发也是由州政府负责。基本上，每一个州都有自己的义务教育课程。在20世纪70年代和80年代，几乎所有州都对其课程进行了修改。通常情况下，开发过程包括州委员会和工作聚会，工作聚会由那些相关的教师参与。瑞士的4个教育区中已有2个建立了地区性研究与开发机构：瑞士法语地区教学研究和文献中心（IRDP）是为讲法语和拉丁语的瑞士人而建，“瑞士教育服务中心”（ZBS）是为位于中心的瑞士人而建。在其他任务中，这些机构负责为在该地区的所有州开发共同课程。在国家级别上——但这仅限于数学和外语教学——需要通过基本的建议和所谓的“满足点”（设定目标标准，这些标准在学校义务的特定级别中应得到满足）来协调一些课程。

在高中教育中，有一些集中开发的职业培训课程，1992年，瑞士教育史上第一次公布了高级中学国家课程建议。

在教学方法和教学材料上，教师个人通常拥有很大的自由。除了几本义务教育教科书外（规则在州与州之间不同），教师通常可以在广泛的学习材料中进行选择。在教学方法领域，有许多改革和开发项目，其基本趋势是朝着小组工作和个别学习的方向发展（例如，90年代初在瑞士西北部开发了一个重要的地区项目“增加学习的形式”）。

8. 考试、升学和证书制度

就像经合组织（1991）在它的瑞士国家教育政策中所说的那样，瑞士教育系统的一个特征是它的选择性。最重要并通常具有决定意义的转折点是从小学向初中的过渡。关于学生是接受基础性初中教育还是扩展性初中教育的决定通常是基于小学最后一年学生的在校表现（不同的州有不同的方式），或参照特别的考试，或根据教师的建议或父母的选择做出，后面这两种因素越来越重要。关于从一个年级向另一个年级的升学问题，1/6的学生在学校义务教育课程中有一次不能升入下一级的学习，这意味着他们必须重读那一个年级。

通常，在义务教育结束时没有特别的考试，所以也就没有特定的证书，但是在高中教育结束时就有专门的考试。学徒期结束时更要进行期末考试（全国都如此），并颁发证书。高级中学结束时也要根据国家规则进行期末考试，获得中学毕业证书，可以自由进入瑞士所有大学（不需额外的入学考试）。

9. 教育评价、评估和教育研究

在法语地区，教育研究相对具有较长的历史，克拉帕雷德和皮尔·波维特（1878～1965）于1912年建立了让·雅克·卢梭机构。让·皮亚杰（1896～1980）也曾在这一机构工作，这个机构现在成为日内瓦大学心理学和教育科学学院。在德语地区，第二次世界大战之前的教育研究几乎全部都是以哲学为基础的。教育中的实验研究和经验研究始于20世纪60年代末70年代初一些研究机构的建立（见图4），可以划分成三个主要类型的机构：(a)大学机构，大多在教育、心理学或社会学领域；(b)州或地区教育管理部门的相关研究机构（多数重视开发活动）；(c)私立的和半公开的机构。在职权上，教育研究的重要性由瑞士科学委员会在几种场合下加以强调。在委员会1973年关于紧迫的研究需要的报告中，教育研究是被赋予最优先权的几个学科之一。

1971年，瑞士教育研究协调中心的建立是科学委员会一项提案的结果。这一中心的主要工作是促进研究、教学实践、管理和政策间的协调，公布关于项目研究和开发的信息。这些持续的调查结果显示，总的来说，研究还是合理地分散开来了，并且小型的项目居多，只有少数机构能够有效、连续地进行研究。

过去就有，并且现在仍在运作三个大的全国性的研究项目。教育和现实生活（1979～1985）是一个国家级项目，由瑞士国家科学基金会资助。这个项目有三个部分：(a)工作环境下的个性发展和职

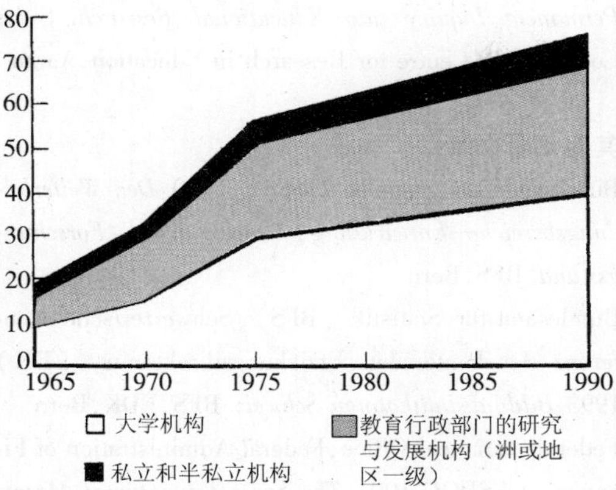

图4 1965～1990年间教育部门研发机构的进展情况

业培训;(b)职业培训机构的组织问题和教学与学习过程的组织;(c)职业与生命循环中的过渡问题。小学教育形势总回顾(1978～1986)有四个部分:(a)小学教育的目标——理想及现实;(b)对小学进行评价的作用与形式;(c)从幼儿园到小学的衔接;(d)学校与家长之间的合作。国家研究项目"教育与培训系统的效率"1991年至1997年也是由瑞士国家科学基金资助,目的在于提高教育子系统和机构的自我评估能力和创新能力。

瑞士教育研究越来越多样化,人们也越来越认识到研究的重要价值,这一点也被1975年建立的瑞士教育研究协会(SSRE)所证实。该协会公布一项叫作"教育研究与实践"的科学回顾,1988年,它又提出了"瑞士教育研究发展计划"。

从20世纪80年代开始,瑞士一直参与国际教育成就评价协会的国际项目。1992年包括了这一领域内最重要的联邦和各州权威在内的国家教育研究政策协调会议的举行。

10. 20世纪八九十年代的主要改革

在20世纪80年代至90年代重要的教育改革包括:

(a)提前开始第二语言的学习(从小学4年级或5年级开始)。

(b)数学以及义务教育其他大多数学科的课程改革。

(c)把计算机引入初中和高中(有时是小学)教育。

(d)目的在于弥合高中级别上的普通教育与职业教育之间鸿沟的措施(引入职业中学毕业证书)。

(e)修正中学毕业考试规则。

(f)重组大学外第三级教育。

(g)对基本的以及进一步的教师培训的持续改革。

11. 2000年面临的主要问题

任何针对未来问题的估计都有一定的主观性,在其他事情上,对未来的估计取决于不同政党的价值判断,然而,在2000年前后,瑞士教育系统必须面对的一些主要问题如下。

像在许多其他国家一样,20世纪90年代前半期,瑞士也遭遇了公共支出的财政限制,这种限制也波及教育。这可能对教育质量有一定影响(如师生比率、不能在大学教育中创建新的席位、改革计划延缓等)。90年代后半期,教育的发展取决于经济的发展,教育仍相对缺少公共财政来源,这可能将成为2000年的主要问题。

如果瑞士教育系统仍没有联邦结构的话,那么它的长期问题——这一问题在2000年时也将存在——是在全国寻求更大程度的协调与和谐,甚至在权利分散的体系中也有必要这样做。随着欧洲越来越趋于统一(不考虑瑞士是否将成为欧盟的一员)以及其他因素的作用,教育发展的趋势似乎朝着加强协调性与一致性的方向发展,所以也要加强教育政策中国家的作用。简单地说,问题在于不管它的联邦结构如何,瑞士是否要制定国家教育政策?

朝着教育机会均等的发展也取得了有限的进步。然而,经济出身、性别和地区来源仍在学生的学校生活中起到重要作用。所以,在2000年,采取哪些措施促进教育机会平等仍将是一个主要问题。

假如人们接受下面这一假设,即一方面生活越复杂在将来越要求更多的教育,另一方面,启蒙的正规教育年限不应被进一步延长(许多年轻人的身体状况和与社会经济地位之间的差异,最可能是年轻人动荡的根源),那么就会出现提供更多的教育而又不延长初等教育的挑战。这一问题的解决办法是求助于终身教育和回归教育的原则。这将要求第三级教育和高中教育进行结构上的改革。而这将对整个教育系统产生影响。同时这种变化可能带来承认教育的延伸,并将逐步整合进教育系统。假如教育结构延伸至进一步教育中,那么就很难不扩大接受了相对较好的教育的人口与接受了相对较差的教育的人口之间的差距。

其他结构上的改革可能集中于初等教育,这些改革试图减少基础学校与扩展学校之间质量上的差距。随着结构的改革,在这一级教育中也必须引入教师培训改革。

可以认为,教育具有下列基本功能:(a)发展人格(广义的);(b)赋予资格证书(严格经济意义上的);(c)社会化(传递价值,整合进社会);(d)社会地位的分配和合法化。在即将到来的几年,甚至几十年中,可以预计这些功能之间的冲突会加剧。所以,寻求这些功能之间的平衡可能是不远的将来的一个问题。

A. 格雷特尔(A. Gretler) 著
孙东梅 译

附录

Organisation for Economic Co-operation and Development (OECD) 1991 *Reviews of National Policies for Education: Switzerland.* OECD, Paris

Schweizerische Konferenz der Kantonalen Erziehungsdirektoren (EDK) 1975 *Lehrerbildung von morgen.* EDK, Bern

Schweizerische Konferenz der kantonalen Erziehungsdirektoren (EDK) 1992 *Rahmenlehrpläne für die Maturitätsschulen.* EDK, Bern

Schweizerischer Nationalfonds zur Förderung der wissenschaftlichen Forschung (SNF) 1991 *Die Wirksamkeit unserer Bildungssysteme angesichts der demographischen und technologischen Entwicklung und angesichts der Probleme in der mehrsprachigen Schweiz.* Ausführungsplan zum Nationalen Forschungsprogramm 33, SNF, Bern

Swiss Co-ordination Centre for Research in Education *Permanent Inquiry into Educational Research.* Swiss Coordination Centre for Research in Education, Aarau

其他参考文献

Bundesamt für Statistik (BFS) 1990 *Der Weiterbildungsbereich—Entwicklung, Strukturen, Forschungsstand.* BFS, Bern

Bundesamt für Statistik (BFS), Schweizerische Konferenz der kantonalen Erziehungsdirektoren (EDK) 1993 *Bildungsindikatoren Schweiz.* BFS, EDK, Bern

Federal Statistical Office, Federal Administration of Finances, CESDOC 1991 *The Swiss Educational Mosaic – A Study in Diversity.* Swiss Federal Statistical Office, Bern

Schweizerische Gesellschaft für Bildungsforschung (SGBF/SSRE) 1988 *Entwicklungsplan der schweizerischen Bildungsforschung. Sondernummer von Bildungsforschung und Bildungspraxis.* Schweizerische Koordinationsstelle für Bildungsforschung, Aarau

Schweizerische Konferenz der kantonalen Erziehungsdirektoren (EDK) 1983 *Die Ausbildung der Lehrer für die Sekundarstufe I.* EDK, Bern

Schweizerische Konferenz der kantonalen Erziehungsdirektoren (EDK) 1986 *Primarschule Schweiz. 22 Thesen zur Entwicklung der Primarschule.* EDK, Bern

Schweizerische Konferenz der kantonalen Erziehungsdirektoren (EDK) *Bildung in der Schweiz von morgen.* Literaturanalyse 1988, Expertenbefragung 1989, Schlussbericht 1990. EDK, Bern

Schweizerische Konferenz der kantonalen Erziehungsdirektoren (EDK) 1992 *Reform des Fremdsprachenunterrichts in der obligatorischen Schule.* EDK, Bern

土耳其的教育制度(Turkey: System of Education)

1. 基本背景

土耳其位于地中海东北部的亚欧大陆交界处,

总面积为 815 000 平方公里,97% 的国土在亚洲,其余的 3% 在欧洲。土耳其与邻国的陆地疆界长 2 753公里,海岸线总长 8 333 公里。其海域包括黑海、马尔马拉海、爱琴海和地中海,疆域包括安纳托利亚半岛的中部、东部和东南部地区。

土耳其的政体是议会共和制。1923 年,首任总统凯末尔·阿塔图尔克(Kemal Atatürk)领导人们建立了一个政治经济独立的、世俗的、西方社会意义上的民族国家。1924 年,政府关闭了宗教学校而代之以拉丁语法学校,并将所有学校都置于国家教育部的控制之下。

1927 年土耳其有 1 360 万人口,而到 1990 年为 5 700 万,接近当年的 4 倍(国家统计局 1990)。由于第一次世界大战和独立战争后(1919 ~ 1923)人口数量大幅下降,政府便采取鼓励生育的政策,此项政策一直持续到 1965 年。1965 年通过的《人口计划法》体现了一种反对鼓励生育的政策(UNICEF 1991),1990 年的人口增长率为 2. 5% 。

几十年来,土耳其社会的构成发生了结构性的变迁。在 1935 年到 1960 年间,土耳其有超过 3/4 的人口居住在农村。在 20 世纪 50 年代,农村人口的数量开始下降,到 1991 年占总人口的 49% 。

土耳其的人口是年轻化的。15 岁以下人口在城市占到约 1/3,在农村则占到 2/5。人口的高增长率被视为影响入学率和教育质量的最重要的负面因素(Baloglu 1990)。

大批人口不断从农村地区流动到像伊斯坦布尔、亚达拿、伊兹密尔这样的商业中心和首都安卡拉。这导致在大城市周围形成流动人口暂住区。从安纳托利亚东部和东南部到西部的人口流动最为剧烈。接受这些移民的商业中心,需要向这些新移民提供足够的基础设施、教育和健康服务,这对上述的商业中心来说,日益成为一个挑战。城市化程度高的城市也遇到一系列教育问题,如大型班级和轮班制学校等。

在 1960 ~ 1975 年间,土耳其也有大规模的向欧洲的人口流动。这是住在北非、中东和阿拉伯半岛的土耳其工人。今天,有超过 440 万土耳其人居住在海外,其中 1/3 是儿童。国家教育部和这些接受土耳其人的居住国展开合作,向居住国派遣土耳其教师,以解决这些工人子女的教育问题。但是,尽管如此,生师比仍达到 142:1,对这些教师的需求远远超过供给。从种族上看,土耳其绝大部分人口由土耳其人组成,但也有部分库尔德人和阿拉伯人。土耳其语是多数人的母语,在一些地区人们也使用库尔德语。在 20 世纪 90 年代,以非土耳其语为母语的人口增加不断对教育计划的实施构成挑战。

1928 年,政府采用土耳其拉丁语法来转录土耳其语。这一系统的字母和发音间具有高度的对应性,因此它有助于提高识字率。尽管存在地区和性别差异,但识字水平持续提高。到 1990 年,土耳其在 14 ~ 44 岁年龄段实现了 90% 的识字率。一系列政府干预行动,包括 1982 年的识字运动,使识字率从 1981 年的 72% 提高到 1990 年的 90% 。男性的识字率(96%)高于女性(84%),发达地区的识字率高于欠发达地区。而地区越发达,男性和女性间识字率的差距就越小。

土耳其帝国继承了奥斯曼帝国的经济遗产,1923 年的经济结构与 20 世纪 90 年代初迥然不同。经济以农业为基础,单位资本利润低,劳动力缺乏足够的教育。从 1923 年到 1950 年间,主要的经济政策是计划经济,不愿接受外国投资并对本国工业实行高度保护是其最重要的特征。然而,自从 1950 年以来,自由主义的经济政策越来越占据主要地位。20 世纪 90 年代的政策致力于加强竞争性经济,鼓励私人部门投资,以及发展与支持教育为人民的社会经济利益服务。

尤其是在 20 世纪 80 年代,土耳其经济因其在农业、工业和服务业的高速增长取得了卓越的成就。劳动力结构也发生了巨大的变化。在 1989 年,农业雇佣的劳动力占劳动力总数的 50% ,工业占 15% ,服务部门占 35% 。工业和服务业中就业人口的增长促进了经济的发展。因而,经济结构的变化导致对职业技术教育的需求的上升。

就业率依据教育水平、性别和地区分布的不同而有所不同。根据 1988 年的人口普查,人口失业率为 8. 3% ,农村失业率高于城市(分别为 13. 2% 和 5%)。失业率最高的人群是中学毕业生。解决失业问题的一个可能的办法,尤其是针对欠发达地区，是创办一些能提供新技能和新知识的非正规教育机构。

2. 教育政策与目标

自1924年以来，国家教育部一直负责代表国家实施、监管和控制所有的教育服务。这在实现教育统一方面迈出了一大步。1973年，《国家教育基本纲领》开始生效。《纲领》的总体目标是：(a)培养公民的民族主义精神和凯末尔主义的改革精神，使他们献身于保护和发扬土耳其民族的国家、道德、人文和文化价值；(b) 传授公民培养兴趣、能力和才智所必需的知识；(c) 培养拥护祖国统一和社会文化发展的土耳其公民。实现这些总体目标的纲领是：(a) 教育平等（无论种族、性别和宗教，教育机构向所有人开放）；(b)满足个人和社会的需求；(c)适应性（个人可以根据自己的兴趣、天赋和能力接受相适应的教育）；(d)持续性（国家采取措施保证成人的继续教育）；(e)凯末尔主义（凯末尔主义的改革精神和原则是层次教育系统课程的基础）；(f)世俗主义；(g)教育中的科学规范；(h)男女同校教育；(i)教育规划（国家教育计划以经济、社会和文化发展为基础）；(j)学校与家庭合作；(k)普及教育(MONE 1989)。

1983年标志着教育体系内部一系列重组措施的开端。这些重组既影响了教育体系的结构，也影响到国家教育部的组织。

3. 正规教育体系

3.1 *初等教育、中等教育和第三级教育*

国家教育部负责组织、监督和管辖正规和非正规教育。正规教育包括学前教育、初等教育、中等教育和高等教育机构，非正规教育是处于学校教育系统之外的教育。图1显示了正规教育体系的结构。

学前教育是非强制性的教育，它主要针对尚未到达初等教育入学年龄的儿童。早期儿童教育由国家教育部、社会福利总理事会和儿童保护机构负责。国家教育部为4~5岁的儿童提供教育。

基础教育是指6~14岁年龄段儿童的教育。它包括5年的初等教育和3年的中等教育。为了

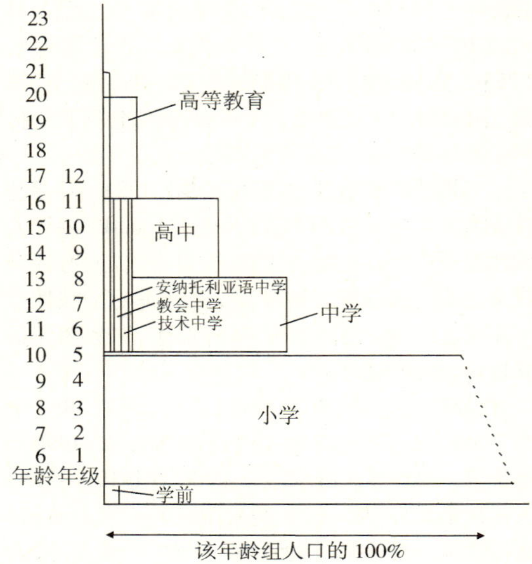

图1　土耳其：正规教育体系的结构[a] (1990)

a 由于存在留级现象，所以，事实上，初等学校的一些年级特定年龄群体的入学率超过100%

将义务教育由5年增加为8年，需要对基础教育进行重构，在一些学校已经开始实施8年的义务教育。在初等教育和中等教育完成后向学生颁发文凭。基础教育是义务教育，因此公立学校提供的义务教育是免费的。该阶段也存在私立学校，但它们同样受到国家教育部的监督和管辖。1989年基础教育阶段有700万学生，而其中仅有5%就读于私立学校。基础教育阶段所有公立和私立学校都实行男女同校的教育。成人通过参加规定的考试也能够取得基础教育的文凭。事实上，这是20世纪50~60年代成人教育一种非常通行的方式。

在人口居住分散的地区，并不是每一个定居点都有学校。在这种情况下，几个乡村集中起来，成立具有寄宿设施的“地区初等学校”。

在1924~1991年间，基础教育入学率出现显著增加。1924年，基础教育入学率只有22%，1984年增加到86%，1991年则增长至94%。虽然，到1991年入学率几乎接近100%，但是，入学率的性别差异仍然存在。根据1985年的调查，在一些发达的省份男女入学率几乎相等，而在欠发达的农村

地区,女孩的入学率为 52%,男孩的入学率为 72%。而且,在欠发达地区,女孩毕业的机会低于男孩。女孩入学率低的原因是:早婚、交通不便、家庭对男孩教育的态度优于女孩。

在一些地区,初等学校中的学生人数日益上升,这就需要实行轮班制的学校。轮班制学校在城市占到初等学校的 71%,在农村地区占到 17%。平均每位教师对应的学生数,在农村为 29 名,在城市为 33 名,但是这些数字也呈现出地区差异。在那些接受大量流动人口的城市,班级规模达到60 ~ 70 名学生。拥挤的班级被看作是影响初等教育质量最重要的因素。

城市与农村初等学校学年的长度有所不同。在城市,一学年为 175 天,在农村,一学年则为 155 天。初等学校的一个学日相当于 5 个小时的教学时间。

从初等学校毕业后,学生可以选择进入中等学校,这种独立学校提供 3 年的教育,或者,如果学生进入一所基础教育学校,接受初等教育和中等教育,他或她可以在这种学校里完成 8 年的基础教育。中等学校中有大约 10% 的学生进入私立学校,或公立的“安纳托利亚语中学”,对于后者,学生需完成额外的一年预科教育来学习外语。这些学校的教学语言是英语、法语或德语。一些私立学校和安纳托利亚中学设有严格的入学条件,学生评价以中央政府组织的入学考试为基础。

中等教育包括普通、职业和技术教育机构。中等教育的目标在于为学生进入大学和参加工作作准备。多数中等教育机构是政府兴办的学校,属于免费教育,也有小部分是私人开办的。绝大多数中等教育机构实行男女同校的教育。中等教育的学年为 175 天,普通高中的一个学日相当于 5 个小时的教学时间,技术中学一个学日则相当于 6 小时的教学时间。

高等教育包括所有提供至少两年中等以上教育的机构。这些机构包括综合性大学、学院、高等学校、音乐学校和高等职业学校。只有约 23% 的中等教育毕业生能够接受高等教育。进入高等院校的资格由中央政府举办的大学入学考试来控制。这是一种竞争性的考试。1989 年,有 82.4 万名学生参加大学入学考试,只有 19.3 万学生获得进入高等教育机构的资格。许多学生参加私人开设的为大学入学考试作准备的课程班。1991 年,有 22.6 万学生参加这种课程班。

高等教育由政府提供,征收少量学费。学业成功的学生可以获得奖学金,但奖学金并不提供给经济上不利的学生。许多大学也在不同领域开设研究生项目。

大学的数量从 1981 年的 19 所增加到 1991 年的 29 所。进入高等院校的学生数量也急剧上升。1981 年,高等教育机构中的学生数为 232 627 人,到 1991 年这一数量增加到 434 748 人。教师数量也从 1981 年的 20 917 人增加到 1991 年 34 469 人(YOK 1991)。1991 年,高等教育中每位教师对应的学生数为 39 人。

3.2 学前教育

学前教育的目标是发展儿童体力、智力和情感方面的能力,为他们接受基础教育作准备,帮助他们获得土耳其语言的充分知识,并为来自恶劣环境的儿童创造一个正常的环境。近年来尽管学前教育中心的数量有所增加,但是现有的机构远不能满足需要。1990 年,4 ~ 5 岁儿童中仅有 5% 能够接受学前教育。

3.3 特殊教育

特殊教育服务由特殊教育与顾问理事会提供。在 1924 ~ 1951 年间,这些服务由国家卫生部提供。特殊教育针对那些存在视、听、外形和智力障碍的儿童。一些服务由特殊教育学校提供,而另一些则由普通学校的特殊班级提供。在一种整合的方法的指导下,一些有障碍的儿童也能够进入普通的班级。1989 年,总计 1.9 万名学生接受这种特殊教育服务。现有的特殊教育班级约一半以上是初等教育层次的。

特殊教育服务由政府提供。也有少数私立学校提供此项服务。大学专门为特殊教育的教师提供进修课程。

3.4 职业、技术教育

128 所高等职业学校提供职业与技术教育。在 1989 ~ 1991 年间,高等职业学校的数量翻了一番。有关部门启动了一系列项目来提高这些学校的教育质量。

3.5 成人和非正规教育

成人教育和非正规教育由正规教育系统外的教育机构提供。它的目标是向那些未上过学或辍学的个人提供新技能,如读写、健康教育、职业培训等。人们认为这些技能能够提供新的生活机会。

成人教育是由政府提供的免费服务。但一些教育项目也可能收取学费。除识字项目外,非正规教育中的学生有87%是少女或妇女。这可能是因为女孩并未享有与男孩同等的正规教育机会,所以她们后来要尽力弥补自己的欠缺。

在非正规教育之下也提供学徒培训。1986年学徒培训课程进行了重组。新的项目每周提供一次免费的理论课程。在一周剩下的四天里,学生将在适当的工场里实践他们学习的技能。

4. 行政管理的结构与运行

国家教育部代表国家负责所有教育服务的计划、实施、贯彻和监督。1983年,国家对已有的教育结构进行了重组,并建立起现在的教育结构。各层次教育都以一个由公共基金管理的中央结构为基础,国家教育部开设正规和非正规教育机构或为这些机构颁发许可证。自1984年来,国家教育部将教师提名和晋升的权力下放到地方政府。

教育督察也在国家教育部的控制之下。事实上,督察是保证政府对教育监督的连续性的一种方式。1990年,有365名部级督学和1 763名初等教育的督学在国家教育部领导下工作。

作为高等教育改革运动的一部分,高等教育理事会于1981年成立。高等教育的计划、合作和管理事务由高等教育委员会负责,该机构也是根据1981年的《高等教育法》设立的。

5. 教育财政

自1970年以来,教育经费占国内生产总值(GDP)的份额持续下降。1971年,教育占GDP的比重为4.4%,而到1977年降低为3.5%,到1989年降为2.77%。这种下降给教育机构带来了大量问题,也使这些教育机构提供教育的质量出现问题。教育占国家预算的份额也有所下降,从1975年的16.5%下降为1989年的12.2%。

教育内部经费的最大部分用于人员的支出。59%以上的教育预算用于基础教育。

私人对教育的投资则连年上升。“开办自己的学校运动”发起于1981年,旨在帮助提高教育支出中私人的份额。同时,一些基金会也对教育进行资助,它们资助的主要方式有:捐赠建筑、土地,建造校舍和综合体育馆,为国内或国外的土耳其教育设立奖学金等。

6. 师资

有三种类型的机构开展教师教育:(a)教育学院培养初等教育的教师;(b)大学教育系培养中等教育的教师;(c)大学科学与文学系提供基础的社会科学教育项目。1990~1991学年,教育学院开始提供一种为期2年的本科生教育课程,现在该课程已经改为4年制课程。因此,现在高等教育阶段的教师培训至少需要4年时间。1989~1990学年,土耳其全国的全职教师中,学前教育有教师6 734名,初等教育224 382名,中等教育47 239名,高等教育105 700名。

教师的低工资意味着教师职业的吸引力已经下降。在1980~1988年间,各层次教育中教师的工资都有所下降。1980年,初等教育教师的月平均工资为171美元,1982年为157美元,1984年为124美元,到1988年为148美元。中等教育中教师的工资也经历了同样的下降。教育学院学生的学术水平反应了教师职业吸引力的下降。1986年,在进入教育学院的17 984名学生中,没有一名学生在所修的一百多个学分中平均成绩(GPA)超过80分。

由于近年来对教师资格要求的提高,出现了为期两年的在职培训和研究生学历教育项目。而且,也有另一些在职培训项目,提供计算机、外语以及其他可选择的能力培训,旨在提高各层次教师的知识和能力。

7. 课程开发与教学方法

土耳其实行全国通用的课程。在初等教育层次,所有学生基本学习同样的课程。在中等教育中也有少数选修课程。现在,有关部门打算采取努力增强课程的灵活性,根据学生的兴趣和能力,为他们提供可选择的课程。但是,这项改革尚未实施。

各层次教育使用的教材或者是由国家教育部制定的,或者是由国家教育部批准制定的。学校需要从教育部批准的一系列教材中进行选择。

从中等教育阶段开始教授外语,教学的密度取决于中等学校的类型。一些学校非常重视外语学习,教学语言主要使用外语。然而,也有一些课程需要用土耳其语来教授。英语是教学中最普遍的外语,也有一些学校把法语或德语作为外语来教授。

8. 考试、升级和证书制度

所有学校都根据学生的学业成就来奖励学生。学生在完成5年的初等教育后获得一份证书。同样,学生上完初中和高中后都将获得资格证书。没有单独的学历考试。

9. 教育评价、评估和教育研究

尽管学生评价并不在国家和地方层次进行。但是,制定学生评价方法却是国家教育部的计划之一。

教育研究由国家教育组织和高等教育中的学院来进行。自1984年以来,研究经费迅速增长,研究资金的划拨以同行评议为基础。

10. 20世纪八九十年代的主要改革

20世纪80年代,教育系统发生了许多变化。最显著的变化是义务教育由5年延伸为8年。到1991年,这一变化仍处于转型阶段,一些试验班开始实行8年的基础教育。只有在设施齐备,教师培训完成后,整个教育系统才能转变为8年制的义务教育。

在高等教育层次,1981年高等教育理事会(YOK)的建立标志着高等教育系统的最重要变革。但是,高等教育理事会也受到批评,批评认为它通过将包括教师任命在内的所有主要学术决策权集中于中央,从而导致将全国高等教育系统的标准化。事实上,该组织2/3的成员是由教育部和总统任命的,而只有1/2是选举产生的,而这也是大学在政治干预下强烈呼吁的结果(在1990年多数缺点已得到纠正)。尽管如此,高等教育理事会在提高小城市的一些新建大学的教育质量方面还是取得了成功,它也从总体上提高了亟需的大学教师的数量。

11. 2000年面临的主要问题

土耳其教育体系的主要障碍是人口持续稳步增长导致教育系统中学生数量日益增加,但教育却不能成功满足社会日益增长的教育需求。因此,轮班制教育、拥挤的教室、空间不足、课程和资源的局限,最重要的是,教师短缺,已经成为土耳其教育系统面临的主要问题。显然,有限的教育资源构成所有这些问题的共同障碍。

另一个问题是教育区域不平等引发的日益增强的张力。尽管向所有人提供均等的教育机会是国家教育最重要的目标之一,来自不同区域学生的成功率表明,对这一目标已经有所偏离。另一个值得注意的现象是升学率的性别差异。对男孩和女孩的教育需求都加以满足以符合整个社会的利益。

国家需要根据社会和经济的需要来重构教育系统,而国家教育部已经显示出一些要进行长期改革的迹象。

B. A. 奥尼(B. A. Öney) 著
刘丽洁 译

附录

Baloğlu Z 1990 *Turkiyede Eğitim: Sorunlar, ve Değisime Yapisal Uyum Önerileri.* Apa Press, Istanbul

MONE 1989 *1990—1992 Board of Education Work Plan* (in Turkish). Ministry of National Education Press, Ankara

State Institute of Statistics 1990 *General Population Census: Preliminary Results.* State Institute of Statistics, Ankara

UNICEF 1991 *The Situation Analysis of Mothers and Children in Turkey.* Yenicag Printing House, Ankara

Yüksek Öğretim Kurulu (YÖK) 1991 *Türk Yüksek Öğ*

retiminde On Yil 1981—1991: 1981 Reformu ve SonuÇlan. Yüksek Öğretim Kurulu, Ankara

英国的教育制度(United Kingdom: System of Education)

1. 基本背景

大不列颠及北爱尔兰联合王国包括英格兰、苏格兰、威尔士和北爱尔兰(前乌尔斯特省的一部分)。它的领土多是小岛屿,位于欧洲大陆的正西方。尽管本词条主要探讨的是英格兰和威尔士的教育体制,但是也尽可能地涉及了苏格兰和北爱尔兰的一些情况。

英联邦的总人口约 5 680 万:英格兰为 4 730 万,苏格兰为 510 万,威尔士为 280 万,北爱尔兰有 160 万。英格兰被划分为 8 个地区,其中有 3 个地区的人口要多于苏格兰。全国东南部地区的人口密度最大,1988 年,0 ~ 16 岁的儿童有 1 157 万人,据估算到 2003 年,人口将以每年 0.8% 的速度递增,之后会有较小幅度的下降。

从历史的角度来看,至少在苏格兰和威尔士,政府几乎不干预教育,教育最初都归属于教会的职责范围。在 1870 年,由于初等教育的普及,地方学校董事会成立,以补充教堂办学的不足之处,中央政府的财政资助也加大了。在 1902 年,学校董事会被地方教育当局(LEAs)取代。自此以后,这类团体担负起了兴办教育的主要职责。1944 年教育法在制度上保证了所有的人都必须接受中等教育。在 1947 年,中学生的毕业年龄上升到了 16 岁。一位教育国务大臣被委派对新教育体制进行总监管,并通过地方教育当局发挥“指导和控制”的作用。1980 年以后,地方教育当局的职权范围逐渐减小。

苏格兰、威尔士和北爱尔兰的教育大臣都是英政府的成员,他们承担所有学校的教育和继续教育的责任。现存的非官办学校,主要由宗教团体开办,如英国圣公会,罗马天主教,还有犹太人,这类学校的资金主要来源于公众资助。

1944 年教育法阐明了教育体制的目的,即在于“确保孩子们有一个比较快乐的童年,为以后的生活奠定良好的开端”,随后的教育改革即是基于教育机会均等的理念而展开的。20 世纪 70 年代初期以前,“均等”的观念一直主导着教育,教育被一些人看作是实现社会改造的工具。教育的革新出现了,如综合中学,混合能力班教学的实施,以及 11 + 岁考试的废除。在初等教育领域,普洛登(Plowden)报告(1967 年由教育科学部公布)——《儿童和他们的小学》具有较大的影响力,它赞成当时以儿童为中心的教学和“进步”手段。它还建议实行“积极的区别对待”,这对那些弱势儿童非常有利。它还创建了“教育优先领域”(EPAs),教育优先领域取得了局部的成功。

在 20 世纪 70 年代和 80 年代,高等教育和继续教育出现了大规模的扩展,涌现出了更多的大学,有 30 所新的工艺学校建立,还有另外一些教育学院旨在进行师资培训(它们中的许多学院后来要么关闭,要么以各种方式转成高等教育学院)。继续教育学院得到了扩充,其主要提供非全日制课程。

2. 教育政策与目标

教育目的仍旧广泛地建立在 1944 年教育法的基础上。儿童应当依据他们的年龄、能力和性向接受相应的教育,以促进他们在心灵、道德、智力和身体的发展,同时与他们父母的愿望相符合。

20 世纪 80 年代以公众不满和政治不满为标志,当时注重的不再是教育的目的是什么,而是如何实现教育目的。教育“理论家”受到批评。家长们认为教育标准过低,他们在自己孩子的教育问题上发言权太少。政治家也有相应的反应,他们也在探讨高等教育和继续教育,认为二者应当更加职业化。“消费者选择”成为流行的口号,因此到了 80 年代末,家长们被赋予了为自己孩子选择学校的权利。

20 世纪 80 年代中期,政府设立了独立的教育委员会,在考虑到教育的特殊之处后,把教育改革提到了议事日程。委员会的“报告”被当作是改革的依据,尽管一些报告显得微不足道。教育的政治化意味着中央政府对教育实行更多的直接干预,同时独立报告体制被废弃,改革的步伐因而加快了。

3. 正规教育体系

3.1　初等、中等和第三级教育

图1标出了正规教育体系的结构。有关苏格兰和北爱尔兰的单独最新资料无法得到。表1和表3显示了入学情况。5～16岁是义务教育年龄段,初、中等学校的入学率实际上是100%。

学前教育包括2～5岁的保育教育。在1990年,官办保育学校和小学5岁以下学生的入学率为46%,但是这个数据没有包括少量的2岁学生,也不包括私立学前班中额外的6.4%。学前教育的教学通常不是全日制的。此外,还有大量的托儿所和非官办的幼儿集体游戏所存在,这些学校附属于工商企业,或是由学生家长开办。幼儿集体游戏所可能会接受地方当局的财政支援。

初等教育指幼儿阶段(5～7岁)和低年级阶段(8～11/12岁)。初等教育通常为时6年,从5岁到11岁。1990年时,官办(地方性)学校有小学生390万人,就此有人认为,小学里的学生(5～10岁)必须再增多191 700人。规模较小的学校在可行的地方,正在合并成为较大的学校。每日的教学时间约从上午9点到下午3点半或4点。所有学校的学年为195天,教师合同中规定教师每一年须工作1 265个小时。

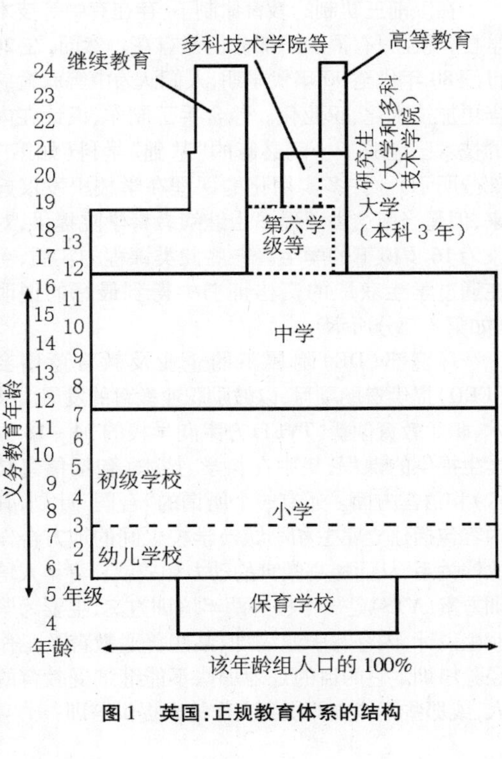

图1　英国:正规教育体系的结构

在1964年和1968年的教育法的指导下,地方教育当局被允许(非强制)为那些10岁半到12岁或13岁的儿童创办"中间学校",这个阶段可以划分为小学或是中学。

表1　教育统计(单位:千人)

官办学校	学生	教师	比例
保育学校	58.4	2.7	21.6:1
小学	4 662.8	213.3	21.9:1
中学	3 551.7	237.0	15.0:1
继续教育学院	4 175.0		
高等教育			
大学	469.0		
多科技术学院	562.0		

资料来源:英国教育与科学部 1991

表2　16岁及其以上年龄的学生数(单位:千人)

	21岁以下	21～24	25+	总计
学校	509	0	0	509
继续教育	1 094	495	2 035[a]	4 175
高等教育	376	236	343	956

资料来源:英国教育与科学部 1991

a 包括成人"休闲"班

表3　各个年龄段的教育参与率

	16～18	19～20	21～24
学校	20	—	—
继续教育	33	14	13
高等教育[a]	4	15	6

资料来源:DES 1991

a 高等教育中大学占全部学生数的46%,多科技术学院和高等教育学院占全部学生数的54%

中等教育包括最少 5 年的课程(苏格兰为 4 年),然而也有 7 年的课程(6 所在苏格兰)。在 1990 年,有 290 万学生进入了官方中学就读。除了持续存在一些文法学校(更多是学术性质的)和单一性别的学校(男校或女校)外,这一层次的教育一般是综合性质的,采取的是男女合校方式。约有 20% 的学生在超出法定的毕业年龄后,仍然留在学校,但是另有 33% 的 16~18 岁年龄组学生修学继续教育的全日制课程。16~19 岁年龄组的人一般在中学受教育(在众所周知的第六学级),或者在专门机构(第六学级学院),或者在高等院校以及继续学院里受教育。

公学约有 313 000 名学生。在这些一度主要是单一性别的学校里,出现了男女合校的趋势。从 1984 年起,这类学校的学生人数增加了 8.5%(在中学和小学)。私立学校在 1990 年的学生人数是所有中小学学生总数的 7.4%。一个官方的援助项目资助了一些较为贫困的学生,约有半数的这种名额被那些父母薪金低于平均工资水平的学生所填补。

1987 年后,部分变化在前面已经提及,13 所"城市学院"建立了。这些学院由教育部(DFE)直接控制,并提供资助,目的是为那些中学年龄段的学生服务。所有学院位于市区,并且分为两类:一类是城市技艺学院(CTCs),一类是城市艺术学院(CCTAs)。前者重在科学和技术,后者则重在表演和创造艺术中所应用到的技艺。

1988~1989 年度,苏格兰的中学留级率为 53.7%,远高于英格兰。在北爱尔兰,有两类受补助的中学:中间学校,提供至 16 岁的教育;文法学校,提供 7 年的学术课程。后一类学校的分流年龄为 11 岁,依据是学生在英语和数学方面的测试成绩。

高等教育机构包括大学(含开放大学)、师范学院、高等教育学院、技术和继续教育学院。在 1989 年,义务后官办高等(16+)院校里的学生约有 960 万人:74% 接受的是继续(非高等)教育,17% 接受的是高等教育,9% 的学生仍留在中学。总之,这些学生的 73% 都不是全日制学习,43% 的人年龄在 25 岁或以上。

3.2 学前教育

学前教育旨在为儿童接受正式的全日制教育作准备。所开展的活动强调的是:指导性的游戏,社会化和身体发展。然而,由于没有官方硬性的规定,读、写能力训练受到鼓励。

3.3 特殊教育

那些有特殊需要(定义为心理、情感或身体有缺陷的学生)的儿童在特殊学校里受教育,但是自 1981 年以后,特殊教育的目的是尽可能地和一般学校合并起来。把私人开办的学校计算在内,现在全国约有 2 000 所特殊学校,它们为所有年龄段的学生提供特殊教育。每个年龄段约有 1.4 % 的人进入这种学校,约有 1/4 的学校提供膳宿。那些在教育上一般弱智或是严重弱智的人占了入学总人数的 2/3,约 10% 的学生遭受着精神失调的痛苦,余下的人有着各种各样的生理缺陷。此外,一般学校也可能设有特殊班级或单元,用以对待那些由于智力、情感或生理失调而产生学习困难的学生。

3.4 职业、技术和商业教育

在以前三轨制的教育体制下,存在有中等技术学校,现在只有很少一部分仍然存在。然而,在 20 世纪 80 年代至 90 年代早期,人们认为中等教育应当更加技术化、职业化。包含手工制作、设计在内的技术已经成了一门必修的"基础"学科(如第 7 部分所示)。许多实用化的课程在学校里发展起来,但是当前这类课程多由继续教育学院提供,对象为 16 岁以下的学生。一些此类课程的实质,可在通过学生获取的资格证书中得到最好的说明(如第 8 部分所示)。

环境部(DE)附属下的企业及教育董事会(EED)提供资助项目,以鼓励职业教育的发展。技术、职业教育创新(TVEI)方案向学校的 14~18 岁学生提供的课程,集中在科学、技术(包括信息技术)和语言方面。还有一个所谓的"合同"计划,其内容包括建立雇主和小城市学校之间的地方合作伙伴关系,从而提高教育的动力和成就。青年人培训方案(YTS)是一个校外两年培训方案,主要为毕业生设计,内容有职业培训、某些普通教育及工作经验培训。它的目的是为那些不能继续受教育的人,或那些不能立即找到工作的人提供培训。

3.5 成人和非正规教育

成人教育是在高等院校的成人教育中心进行的,其途径是通过开放大学开设学位水平或低于学位水平的课程。大学的外部研究部门和诸如工人教育协会之类的非官方团体,也提供此类课程。

非正规教育一般在继续教育学院进行。约有50万成人参加休闲班(主要是夜班)学习,学习范围极为广泛的科目。

4. 行政管理的结构与运行

教育部对英格兰的教育负总责任,它也对英联邦的所有大学负责。教育部部长是主管教育、科学的教育大臣,得到国家各部长(也是政治任命)和约有2 500名文职公务员的人员队伍协助。政府和学校的直接接触途径是,往学校派遣视察员,视察员从专业人士中选取。但是,学校的日常运作及更具体的教育,一般掌握在地方教育当局(LEAs)手中。因此,对英联邦教育体制的描述应为"是国家的,但又是地方管理的"。地方教育当局对地方教育委员会负责,后者由地方理事会选出的代表和合作社成员组成。

大量的非官办学校仍然存在,它们通常由圣公会教徒、天主教徒或犹太人开办。受资助的非官办学校是这样一种学校,它们的宗教教育、招生和人员配备由宗教团体控制,学校维持的部分经费来自地方教育当局的拨款。受控制的非官办学校是指学校的所有费用由地方教育当局资助,但是学校本身仍旧在宗教教育方面占有一席之地。有些政府官员被指派为"学校官员",其职责是保持学校的宗教特色。

苏格兰教育办公室(SEO)对苏格兰的包括大学在内的所有教育负责。它处在苏格兰教育大臣的管辖之下,后者处理所有的苏格兰事务(和威尔士的设置相似)。苏格兰被分为9个地区、3个岛区教育当局(EAs)。1980年教育法巩固了苏格兰之前的教育现状,并以立法程序确立了三种类型的学校:公立学校(如"地方学校"),受补助学校和公学。苏格兰教育办公室为12个教育当局制定了规章制度,为有特殊需要的儿童提供服务,它控制着苏格兰考试委员会,并操纵着教师薪金确定机制。

北爱兰的教育由北爱尔兰教育处(DENI)掌管,北爱尔兰教育处是北爱尔兰办公室的一部分。1947年,建立了一种新的体制,对英格兰于1944年确立的体制进行了重组。在地方运作有5个教育委员会,但是和英格兰不同的是,它们的任免权在于北爱尔兰教育处。牧师根据惯例占委员会成员的1/4。有四类学校:民办公管学校、公管整合学校、地方性的非官办学校、非地方性的非官办学校。民办公管学校由地方教育委员会通过学校管理者而开办,所有的费用由北爱尔兰教育处支付。公管整合学校——即从宗教意义上被整合的学校——仍旧存在。地方性的非官办学校,通常是天主教性质的,85%的资产基金来源于北爱尔兰教育处,目前它的费用由教育委员会支付。非地方性的非官办学校主要是文法学校,或是新教徒开办,或是天主教徒开办。这类学校由市长委员会经管,后者的成员多为官方代表以尽其职责。85%的资产支出由北爱尔兰教育处供给,但是开办成本有一部分来自中央当局的拨款和费用,而后者常由教育委员会支付款项。

在英格兰和威尔士,随着更多的控制权过渡给中央政府,以取代地方教育当局,出现了一种赋予学校更多自主权的趋向。1977年的报告——《我们学校的新伙伴》(DES)提出了以下建议,认为对学校的管理和支配应由管理团实施,之中家长(还有适当的学生)和地方教育当局任命者的代表应有公平的比例。管理团将享有最大限度的地方教育当局的自主权,反过来也将自主权赋予学校的校长。州长将决定学校的办学目标,接受培训的方针。这些建议融入到了早期的法律中,并在1988年教育改革法中得到了强有力的详细描述(如第10部分所示)。

校长"负责学校的内部组织、管理和控制"。每一所学校必须公布"创办计划书",让现在的学生家长和潜在的学生家长知晓,还要阐释其规章制度,包括考试结果等。承担何种义务取决于学校的类型。因此,官办(地方性的)学校一般对地方教育当局负责。新的"受补助的地方性学校"是在1988年教育改革法的精神下建立的,然而,它直接向教育部负责。非官办学校对地方教育当局负责,也对创办此类学校的宗教团体负责。公学的一些方面受到教育部的监督。

5. 教育财政

1990年，据估计，教育和科学的支出费用占政府总支出的14.1%，和10年前一样。教育费用估计为国内生产总值的4.5%。尽管中央政府提供了大量资金，但这些资金主要被地方教育当局利用了。英格兰地方教育当局在1990～1991年间的总费用估计约有172.72亿英镑，和中央教育部门花费的36.47亿英镑相比，分别占到总数的83%和17%。

学校的主要费用花在了教师工资上，这笔费用约占学校支出的70%。中央政府对所有的高校进行资助。前理工科学校（现在变为大学）和高等教育学院，经由理工学校、学院基金理事会（PCFC）接受资助。大学和研究机构是通过大学基金理事会取得资金的。

受补助的在职师资培训（GRIST），通过地方教育当局的一个培训补助项目取得资助，它的主要精力放在了适应教育部专门划分的“国家优先领域（相关的）”，或者地方当局指定的“地方优先领域”。还有可利用的特别基金，用于为移民提供额外的培训。

教育部和地方教育当局的教育费用分配如下：学校61%，高等、继续教育29%，研究理事会4%，行政6%（以1989年的数字为依据），英格兰和威尔士的生均经费是1 200英镑，而苏格兰的生均经费是1 900英镑。

1991年，有人建议给予所有学校宽容的地位，这种地位已被城市新技术学院和独立学校获得，这将使学校能够获得并享有资产免税权。国家收益扶持补助（RSG）是中央政府拨出的一笔总基金，涵盖了地方当局要向其负责的所有服务项目。地方当局也接受中央政府的其他补助，以及来自全国性的非本地产产品消费税的款项。这三种补助项目称为“来自外部的财政资源总额”，由中央决定数目并分配到地方各当局。地方教育当局的收入来源于诸如休闲班所收取的学费等各种费用。地方当局从各种渠道所得的资金，约半数用到了教育上，但是教育经费的比例正在下降。

6. 师资

视察官（陛下视察官，或“HMIs”）附属于教育部，人数约500名。视察官主要从现有教师中招募。他们主要在地方开展工作，监督一批学校和高等学校。每名视察官的上级领导是分部视察官。在教育部工作的视察官负责特殊的教育事务，比如，外语教学或特殊教育。高级总视察官负责7个主要视察官，后者协调分部各视察官的工作。苏格兰、威尔士和北爱尔兰有它们自己的视察人员。

20世纪90年代的教育体制将经历基础性的变动。一个建议是大量减少HMIs的人数，建立视察官小组，这些视察官不仅仅从专业队伍中招收，也从非专业人员中招取。在HMIs的监督下，这些视察官小组和地方教育当局共同执行对学校的视察工作。每个地方教育当局都由一个主要教育官员（通常是一个前任教师）对地方教育体系的运作负责。主要教育官员在专业人员的协助下开展工作，这些专业人员有离休教师、心理学家、职业官员、青年人、社区工人等。

每所学校设有一位校长，在副校长和班级教师以及辅助人员的协助下开展工作。为对校长进行培训引入了关于领导管理的课程，校长一般从教师当中选拔。最初的教师培训在教育学院（许多教育学院和高等教育学院合并了）、工艺学校和大学的教育系进行。重点放在了“更好的”教师培训上，并详细说明教师培训应当更切实际、更少理论化（如第10部分所示）。这样，在20世纪80年代早期，教育部的师资培训机构把更多重点放在学科教学和班级工作上。学院和大学的教师培训部门对此做出的回应是引入了更加学校化的课程。

从1984年以后，新上岗的教师必须拥有相关学科的学位。教育部也引入了“许可证”制度。获得“许可证”的教师必须拥有相关的学位，且有工作经验。他们不需要参加培训课，但需要在岗学习。2年以后，他们被授予合格教师的资格。希望这种权宜之计最终能缓解当前在一些学科领域存在的师资短缺情况，这些学科有科学、手工艺、设计、技术、现代语言。在1990年，有44 771名学生进入高校的教育专业。

7. 课程开发与教学方法

1988 年,中央政府第一次在英格兰和威尔士的所有学校里实行规定课程。对所学习的学科范围、内容都做了详细的规定。这是对 1944 年教育法的重大背离,当时此法把课程研制的职责赋予了地方教育当局和学校自己。

国家课程标准包括"基础"科目,其中有三门——英语、数学和科学是"核心"科目。其他科目有:外国语、历史地理、技术、艺术、音乐、戏剧、设计、体育。在小学,重点是核心科目,不学习外语(但在威尔士,威尔士语可以是一门基础学科,学习课程以威尔士语为媒介)。在中学,30% ~40%的时间必须花在核心科目上,45%的时间放在其他基础科目上。余下的时间由学校选择,可放在非基础学科上。科学科目在中学得到重视。

课程标准化总的来说受到了教师学生的欢迎。这也为中央政府提供了从测试中得到珍贵数据的机会,可以用来比较全国范围内的地方教育当局、学校、教师和学生的业绩。引进国家课程标准模式所产生的影响是有限的,也是激进的。1987 年的报告表明在最近两年的中学教学上,学生平均来说已经把他们时间的 42% 花在了核心科目的学习上。事实上,这些年来外部考试的要求决定了课程内容,并且现在这仍然是一个事实。

新规定的课程的结果是剔除了"混杂"学科(这些学科内容通常由地方教师编订,是跨学科的),它还对诸如"稀有"外语——俄语和拉丁语等的"少数科目"施加了压力。规定必修科目的一个深远结果或许是造成了一个显著的趋向——男生注重科学,女生注重人文学科。在小学这意味着回归"基础",及对教学方式的革新,但是,中央权威机构规定的课程,其主要影响是缩减了地方教育当局的权力,即地方教育当局可以直接控制课程,也可以通过向学校提供教员和提出资源要求对课程施加间接的控制的权力。

在英格兰,建立了国家课程标准委员会(在威尔士是课程委员会)以监督新课程的实施。在苏格兰,至今没有实施类似的通用课程,尽管苏格兰教育处在穆恩报告(Munn)(苏格兰教育处 1977)中设置了这样的课程。在北爱尔兰,课程模式广泛地遵照英格兰和威尔士的做法。然而,由于北爱尔兰保留了具有选拔性的中等教育体系,基于规定课程的 11 岁考试的成绩将具有重大意义。

8. 考试、升级和证书制度

一系列的全国成就考试正在引入到了 7、11、14、16 岁的儿童中。为 7 岁儿童举行实验性考试的后果之一是,决定只使用笔试。在 1992 年,针对 14 岁的中学生举行的、为时 6 个小时的第一次全国考试的科目为数学和科学。现有的考试难度分为 4 个不同等级,教师可为自己的班级选择适宜的水平。教师为自己的学生成绩打分,并对学生的能力水平给出自己的评价,但是外部调节器对评价标准进行检测。从 1993 年起,增加了英语和技术科目的考试,到 1994 年,又增加了历史和地理科目的考试。关于考试范围的一些理念可以从以下事实中窥见一斑,如每年约有 50 万名 14 岁的学生参加考试。

16 岁时参加的考试对学生进行最终评定,目前,经过两年学习后,以获得中等普通教育证书(GCSE)的考试作为终结。这次考试首先于 1988 年开始实施,涉及英格兰、威尔士和北爱尔兰地区。针对 16 岁或以上的学生,升级依据的是 7 分标准。除了正规考试外,课程作业也可以作为评分的依据。然而目前的趋向是减少后者的分值比例。

在 GCSE 之后再过两年,学生可参加高级水平的普通教育证书(GCE,A 级),这种考试是种学术性考试,考试的科目为 2 ~4 门(通常为 3 门),进修教育学院的学生也可以参加这种考试。尽管认为考试范围太狭窄的争论已经过去了半个世纪,但这种考试模式基本上仍和 1951 年初次引入时保持一致。

在职业前、职业教育方面,有不少于 600 家不同的团体进行证书授予,证书包括的范围极广——约有 6 000 种资格证书。现在的政策是使设置的选择合理化。许多的资格考试处于全国职业资格委员会(NCVQ)领导之下。伦敦商界与行业协会(CGLI)开设有约 200 个"手工艺"科目,分为 3 个级别;皇家艺术协会(RSA)授予商业、语言方面的资格证书;商业、技术教育委员会(BTEC)开设有3个级别的培训项目,以授予技术、商业方面的资格证书。这3个机构都鼓励学生在学校内获得职业资格证书、普通教育证书,但这些证书通常是在进修教育学院取得。1986年,职业前教育联合董事会(JBPE)设立了职业前教育证书(CPVE),这种证书是16岁后的学生在学校,或进修教育学院取得的。它主要包括基础学科和职业选修科目,在经过1年的学习后即可获得。其目的是为学生的工作生涯作一般性的准备。它很可能会取代其他的资格证书。

在苏格兰,自1986年以后一直存在着标准年级课程,考试分为3级——基础的、普通的、学分的。经过4年的中学教育,学生被给予一个有关自己能力的扼要描述。在这个意义上,苏格兰考试程序和GCSE有所不同。再经过1年的学习后可参加高年级考试,考试科目有4~5门。再过1年,约在18岁,学生可参加第六年学习证书(CSYS)考试。苏格兰职业教育委员会(SCOTVEC)授予基准证书,课程覆盖了所有形式的技术、职业和商业教育。

9. 教育评价、评估和教育研究

以上提到的全国考试接受教育部管理下的一个组织的监督,教育部负责管理学校考试和评价委员会(SEAC)。现在着手的措施正致力于对教师的业绩进行系统的评价,使教师业绩作为教师责任的辅助方面。如果这种评价由其他教师执行,一般都会受到教师联合会的欢迎。

经济形势影响着教育研究所能得到的资源,而且在任何情形下教育研究都不能从中央政府得到多大的好处。在教育经费中,可能有不到0.1%的费用直接用到了学校研究上。从慈善基金会获得的私有资金也几乎枯竭。但是,全国教育研究基金会(NFER)仍旧进行着教育研究和发展研究,它受到地方教育当局的部分资助。教育部不以研究作支柱,而是依靠专门的委员会开展研究,这些委员会就某一个专门的问题进行调查,然后向教育部汇报,但并不参与详细的调查工作。

10. 20世纪八九十年代的主要改革

20世纪八九十年代的一些重大改革在前面章节已经有所提及。事实上,80年代把深远的改革付与了初步的实施。

在1986年、1988年立法规定之下,教育部赋予了学校管理者对学校进行地方管理(LMS)的责任,因而有效地缩减了地方教育当局的权力。从1986年以后,对个体学校的管理是管理委员会的责任,该委员会的组成成员包括:少数地方教育当局任命的代表,大部分学生家长(在学生家长之中选举之后),教师(由学校的其他教师选举出来)和部分增选的委员(包括来自地方商业团体的人)。如果18岁以上的学生生源充足,学生也可能作为管理委员会的一员参与管理。管理委员会负责筹措学校经费和教职员工的招聘。他们的职责在于确保学校讲授国家课程,监督学校对有特殊教育需要的学生做出安排,保证学校开设性教育,力阻对学生进行政治灌输,同时向学生家长进行每年一次的汇报。

在苏格兰运作的一项类似的教育法规定,教育当局必须任命学校董事会,以增强家长和地方社团的参与。因此,家长、教职员工和合作社成员组成了学校董事会,其规模取决于学生数量。学校董事会被授权可以享有教育当局的职权。虽然它不能控制有关教职员工、课程及招生方面的事务,但是它确实控制着学校的人头税补贴(如教材费用等等)。北爱尔兰的教育部表明了引入此种设置的意图。

权力因而转移到了中央,也下放到了学校一级,以取代地方教育当局,后者的作用已经在逐步消减。在地方管理计划下,拥有200多名学生的学校,便可以向教育部申请完全脱离所有地方教育当局的支配。这种安排有效地将学校分为两种类型:一种由地方当局控制,一种是脱离地方当局控制并成为受补助的地方性学校(如直接从教育部取得经费)。家长投票决定是否让学校脱离地方控制。到1992年初,285所学校投票表决退出地方当局的控制。

如果申请脱离成功,除了剩余一些权力归属于教育部外,学校的掌权者将接管先前委托给地方教育当局的所有权力。在对学校经费严格限制的情况下,学校承担的最重要的责任是负全责。这类"脱离"学校负责教师的工资和学校日常运作的费用,但另一方面,这种经费支出并不是学校关心的事情。

英联邦的教育如其他任何地方一样,一直被看作是促进社会整合的一股力量。移民大潮的出现,使他们子女的教育问题向历届政府提出了挑战,特别是那些非洲-加勒比裔人、南亚次大陆(巴基斯坦和孟加拉国)人。早在20世纪80年代,以下有关移民子女的教育问题引起了巨大的争议,诸如"多元文化主义"和"同化",它们被认为是必要的。

有两个报告强调了西印度人子女在教育上的未充分发展现象(Rampton 1981,少数民族群体子女教育审查委员会1985),已得到确认的原因之一是种族主义,通常并不是人们存心的,但是和学生的"思维定型"有关。其他原因有:学前教育的缺乏,课程、教学方式与西印度人子弟的需要不相匹配,对英语用语的偏见和各种社会经济因素的限制。已提出的补救办法(包括有特殊的师资培训)已被较多的少数民族群体广泛接受。而且,所有儿童的教育都应为在多元文化社会中生活作准备。为少数民族子女设有一些学校(如单独学校)和双语教学,但这种权宜之计受到了拒斥。然而,教育的目的并不是完全的同化,而是为了让少数民族子女和主流社会相融合。

11. 2000年面临的主要问题

事实上很多移民的子女现在出生于英国,这种现状再加上更加严格的移民控制,意味着以往产生的教育问题将会逐步减少。但是,一些伊斯兰教领导人要求为伊斯兰教徒的子女,尤其是女孩,设立单独的学校,直到今日,这种做法仍遭到抵制,因为人们认为教育的标准是男女合校。但是由于其他宗教团体开办的学校持续存在,因此,对于穆斯林学校是否应该继续存在产生了分歧。

然而最迫切的要求是增加更多的资金来源。约有1/3的校舍维持并不令人满意——据估计,要使它们达到标准需要40亿英镑(以1992年的价格估算)的花费。它们的更新因而也需要高度优先考虑。同时,教师工资是否需要提高以吸引更多教师,也产生了争论。

和教学较高标准如何联系成为一个问题,它与学生学业成绩标准和提前毕业有关。在中小学当前的大众化教育体制下,学生成就偏低成为人们关注的焦点。多于半数学生离开全日制教育的年龄是16岁——这种现象在西欧任何地方都未出现过。一般的看法是,应当为16~19岁年龄段的人设置更多恰当的课程,可以理解的一个需求是,与企业合作开设适当的职业课程,这可能会使学徒培训项目得到改善并扩大规模。学术性课程应得到全面修订,学科的专业化可能会被基础更为广泛的课程所取代,这种课程不仅强调高考的学术性训练,也注重为学生以后的就业作准备。较为适当的课程安排和更为合理、有效的考试制度,将成为取得上述目标的先决条件。

高等教育预计要大规模扩展,进入大学受教育的条件可能会被简化。自从理工科学校在1993年取得大学的地位后,高等教育的双元制行将消失。也许一些大学的主要任务将被指定为搞科学研究,而另外一些大学则主要开展教学活动。在学前教育上,英联邦落后于大多数欧洲国家,所以在20世纪末,保证对学前教育的更多参与,成为时代呼唤的优先发展领域。

对师资培训的研究已在着手之中,它将成为一项主要任务。学校化的培训观念正在被更为激进的、基于学校的培训所取代。一个建议是,那些目前学习36周课程的本科生,应当在课堂上接受80%的师资培训。没有受过大学教育的教师也将遵从类似的安排,即4年的学位教育减少为3年,而且起码要有一年的时间花在课堂实践上。经常提到的"教师教育学校"的概念体系,类似于法律、医疗业已经运用到的体制,重新流行起来。但这种观念如何落实到实际工作中还未得到详述。一些学校将被指定为"实习学校",受训者将被委派到优秀教师手下工作。

鉴于欧洲师资培训的趋势是和大学相结合,英联邦的趋向呈现出不同发展方向的特征。教师教育大学理事会(UCET)是一个半官方的咨询机构,总的来说，它支持较长时间的实习教学，而且格外重视这个方面，它还指出学校教员优先考虑的必须是如何教学生，而不是培养未来的教师。

虽然教育权力有可能由地方转到中央政府，但是学校的控制权仍然是一个有争议的话题。中央政府保持着对学校的控制权，但是只要它认为合适，它将把权力委托给学校自身。

人们对上述诸多目标怎样实施，所持的看法不尽相同，但是这些目标还是取得了政治上微弱的一致同意。任务的进展取决于经济形势，但是不论如何，成本效应的驱动将会持续下去。

W. D. 哈尔斯(W. D. Halls) 著
尹天姿 译

附录

Committee of Enquiry into the Education of Children from Ethnic Minority Groups 1985 *Education for All* (The Swann Report). HMSO, London

Department of Education and Science 1967 *Children and Their Primary Schools* (The Plowden Report). HMSO, London

Department of Education and Science 1977 *A New Partnership for Our Schools*. HMSO, London

Rampton A 1981 *West Indian Children in Our Schools*. HMSO, London

Scottish Education Department Consultative Committee on the Curriculum 1977 *The Structure of the Curriculum in the Third and Fourth Years of Scottish Secondary School* (The Munn Report). HMSO, Edinburgh

其他参考文献

Bowles G, Fidler B (eds.) 1989 *Effective Local Management of Schools: A Strategic Approach*. Longman, London

Brett M (ed.) 1988 *Education Yearbook, 1988*. Longman, Harlow

Department of Education and Science 1987 *Statistical Bulletin 10/87: The 1984 Secondary School Staffing Survey —Data on the Curriculum in Maintained Secondary Schools in England*. HMSO, London

Department of Education and Science 1991 *Statistical Bulletin 9/13: Education Statistics for the United Kingdom*, 1990 edn. HMSO, London

Husén T, Halls W D, Tuijnman A (eds.) 1992 *Schooling in Modern European Society*. Pergamon Press, Oxford

Statham J, Cathcart H, Mackinnon D 1989 *The Education Fact File. A Handbook of Education Information in the UK*. Hodder and Stoughton, London

Tomlinson J 1989 The Education Reform Bill—44 years of progress? *J. Educ. Policy* 4(3):275—279

The Treasury 1991 *The Government's Expenditure Plans, 1991—1992 to 1993—1994*. HMSO, London

巴林的教育制度(Bahrain: System of Education)

1. 基本背景

巴林距沙特阿拉伯的东海岸约有 24 公里，离卡塔尔更远一些。它是一个岛国，由 33 个岛组成。巴林的首都麦纳麦位于最主要和最大的岛——巴林岛上。巴林的总面积仅有 700 平方公里。巴林的人口主要由来自阿拉伯半岛的阿拉伯人组成。

1971 年，巴林结束英国的统治赢得独立。此后，巴林的国家政策一直关注于国家内部结构的建立。但无论是人口的规模还是其结构，都难以实现这个目的。因此，国家招聘了一大批来自阿拉伯国家或非阿拉伯国家的具有一定素质的劳动力。因此，自 1991 年巴林总人口的增长主要是大量移民到来的结果。1981 年，巴林的总人口为 350 798，在这其中，有 68% 是巴林人。到 1991 年，总人口估计为 516 446，有 67% 是巴林人。外来人员的大多数是 20 岁到 50 岁的男性，在 1991 年，这类人群占巴林整个外来人员的 51%。外来人员都比较喜欢巴林宗教自由的环境，纷纷建立了各自的学校。

几乎 43% 的巴林人都在 15 岁以下，这一事实严重影响了教育的发展，也明显牵连到国家教育资源的配置，因为巴林的国家政策就是给巴林的孩子提供免费的教育。

所有的巴林人都是穆斯林,他们的语言是阿拉伯语。但英语使用比较广泛,而且在日常生活中、尤其是商业中扮演了一个重要的角色。因此,从初级学校第四年开始,英语作为一门外语在正规教育中的各阶段被教授。

巴林是一个酋长国,实行的是君主政治体制。埃米尔(穆斯林国家的酋长、贵族或王公)来自埃尔哈里发家族,这个家族自从1970年开始就一直掌管着巴林。

在1930年以前,珍珠是巴林国家收入的主要来源。但是,由于日本人造珍珠的出现,巴林失去了一大部分市场。1932年石油的发现促进了巴林的经济发展,并在石油开采和提炼以及其他的服务业方面创造了大量的工作岗位。政府的政策目标是建立一个广阔的商业和工业市场。巴林位于欧洲、远东和澳大利亚的中间,这一战略性的位置非常有利于经济的复苏,尤其是在连接和服务两大陆方面。自1975年以来,这种政策的影响已经反映到国家总产值中石油、工业和服务业所占的比重上。从1975年到1990年,石油所占比例由原来的31%下降到27%,而同一时期的工业则由15%上升到19%,服务业由33%上升到36%。1980年,34%的劳动力都受雇于团体、社会和个人的服务业,机械工业雇佣的劳动力占8%,而另外的58%的劳动力都在类似于运输、建筑、批发、零售、通信和金融这种服务性工业领域工作。

2. 教育政策与目标

教育政策和目标受到了伊斯兰教义、宪法和国家发展需要的影响和规定。在公立学校,教育部必须确保各种计划在标准框架之内实施。而且,教育部要确保私立学校的政策、目标和计划不能与国家政策相冲突。在高等教育层次,巴林大学和阿拉伯海湾大学可以独立地制定它们的政策。但是,教育部长必须是这两所大学的理事会的理事长,而且,大学校长的委任由政府决定,通过这种方式,教育部间接监督大学的政策制定。

教育政策主要关注以下三个方面:

(a) 全民教育:虽然教育并不是义务性的,但是教育部总是强调每个孩子要有平等的教育机会去接受各个层次的教育。事实证明,这是可以实现的。因为在巴林,国家为每个孩子提供免费的教育,往返学校的交通费和书本费也都是免费的。

(b) 教育质量:自1980年以来,有助于提高教学水平的教师教育和培训受到了极大的关注。教育内容和教学方式上的主要改革也纷纷亮相。而且,为了将非正规教育和正规教育在内容、评价和可比性上联系起来,也采取了一些措施。

(c) 将教育与职业市场的要求联系起来:今天,外来的劳动力在很多岗位上都是本国劳动力的一个很强的竞争对手。因此,政府的人力资源部计划关注相关职业的巴林本地化。教育部在这一前景的实现过程中起着重要的作用,尤其是在高等教育中学位的颁发。教育计划将主要关注提高职业教育的容量、将课程与劳动力市场的需要尽可能地连接起来。

3. 正规教育体系

3.1 *初等教育、中等教育和第三级教育*

在巴林,有三种学校模式:

(a) 公立学校。这些学校的资金全部来自政府,并为所有的孩子提供免费的教育。但在各个阶段男孩和女孩分别上不同的学校。除了教授像英语和法语这样的外语以外,科目的教授都是用阿拉伯语。1990年到1991年间,巴林约有158所公立学校,包括100 500名学生和5 800名教师。

(b) 本国私立学校。这些学校中男女生是同校的。国家制定的课程既可以全部也可以部分的被教授。但必须给每个学生教授阿拉伯语。每年的学费大约在1 300美元到4 400美元之间。1990年到1991年间,巴林有6所本国私立学校,共2 490名学生,230名教师。

(c) 外国私立学校。这些学校都是由在巴林的外国团体所举办的,只开设这些国家自己的课程。对阿拉伯学生而言,阿拉伯语是必须学习的。每年的学费在26美元到6 000美元之间。1990年到1991年间,共有23所这样的学校,包括来自不同国家的10 454名学生和718名教师。

巴林的正规教育创办于1919年。第一所小学男校是由一批投资于学校的巴林人创办的。这所学校也接受政府的帮助，由公共教育委员会管理，同时还开设一些其他阿拉伯国家的课程。1928年，创办了第一所女校小学。但是，一直到1930年，政府才接管了这些学校。第一所男校高中创办于1939年，而第一所女校高中创办于1952年。

20世纪90年代，巴林的正规教育年限已经超过了12年，并划分为三个阶段：小学(6年)、初中(3年)、高中(3年)。巴林的正规教育体系如图1所示，在校生人数如表1所示。每学年通常从9月中旬开始，到来年6月底结束。每年各阶段的学生在校学习日为172天。小学的前3年级学生每天在校学习时间持续5个小时，但对小学后3个年级、初中以及高中学生而言，这个时间将持续6个小时。1990年至1991年间，有54 922名巴林孩子进入小学学习，其中的3.7%进入私立学校学习。

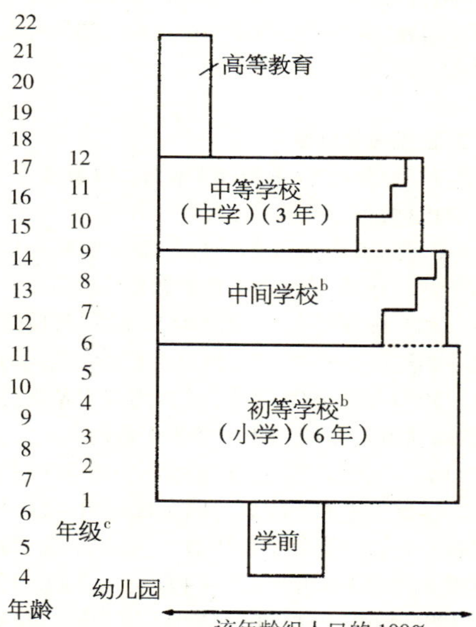

图1 巴林：正规教育体系的结构[a] (1990)

a 数据来自对巴林1990年1月1日的人口估计，以及1989～1990学年学龄人群的实际在校生人数

b 在小学和中间学校期间，辍学率很低

c 教育体系的结构是6－3－3，但学生修读的年限可以比政府规定的年限还长

表1 1991年巴林正规教育体系的入学注册人数和资源

	初等	中间	中等	高等教育
学生人数	57 612	24 362	16 911	6 865[a]
占年龄组入学人数的比例				
6～11	92			
12～14		100		
15～17			83.6	
学校的数量	93	42[b]	22[c]	15
生师比	22:1	16:1	12:1	15:1
每年生均费(BD)[d]	400	450	550～1 000	–

a 包括239所研究生学院

b 包括19所初等－中间－贯制学校

c 包括3所中间－中等－贯制学校

d 1巴林第纳尔相当于2.6美元(1991)

几乎所有完成小学学业的学生都会继续进入初中学习。1990年至1991年间，进入初中学习的巴林学生为23 319名，其中的2%进入私立学校学习。巴林的高中由3个部分组成：普通、商业和技术。普通的教育包括艺术、科学和科学应用这几个部分。巴林的高等教育由几个独立的学院组成：

(a) 巴林大学创立于1986年，当时只有2个学院——理科、文科、教育合并在一起组建的学院和海湾工艺学院。现在的巴林大学由以下5个学院组成：文科学院、理科学院、教育学院、工程学院和经济管理学院。1990年至1991年，这些学院包括2 542名男学生和3 048名女学生以及350名教职工。

(b) 成立于1976年的保健科学学院接受的是卫生部的监督管理。它可以颁发保健科学领域内的副学位和护士专业的理学士学位。1990年至1991年间，这所学院共有1 138名学生和94名教师。

(c) 由海湾各州创办的海湾大学成立于1980

年。这所学校被认为是一所很有特色的学校,因为,它强调教育质量而不是教育数量,关注教育研究和研究生教育。这所学校主要由3所学院组成:医药学院、应用科学学院和教育学院。

3.2 学前教育

6岁以下的儿童都能够进入私立幼儿园。幼儿园机构可以被划分为以下几类:私人创办的、爱心社团创办的(如妇女社团、宗教团体等)和附属于私立学校的。

1990年至1991年,全国共有65所幼儿园,这些幼儿园里共有约9 100名来自不同国家的孩子,其中的70%是巴林人。幼儿园教师有352名。教育部负责管理着这些幼儿园,包括幼儿园所在的园内建筑物的设计、教育课程的目标以及幼儿园管理者和教师的专业水平。由私人或者爱心社团创办的幼儿园每年的学费不能超过520美元,但是,附属私立学校的幼儿园每年的学费却可以超过3 100美元。

3.3 特殊教育

在巴林,有三所主要的机构为那些残疾的孩子提供特殊的教育。

(a) 由劳动和社会事务部所投资和管理的康复中心。它的主要服务对象是智力障碍和听力受损的儿童。1990年至1991年,中心共招收288名孩子。

(b) 由一个私人社团所创办和管理的残疾儿童希望学院,主要是为6~15岁有智力障碍的孩子服务。该学院也接受劳动社会事务部和一些私人机构的资金援助。学院既开设一般的文化课程又开设专门的训练课程。1990年至1991年该学院招收130名孩子。

(c) 成立于1974年的盲童学院是由中东委员会为了盲童的福利而创办的一个地方性院校,这是一个寄宿制学院。盲童学院的学生可以免费享用住宿、饮食、服装、医疗检查和日常生活照顾。该学院的课程包括一般的文化课和超过9年的专门训练。1990年至1991年该学院招收有104名学生。

3.4 职业、技术教育和商业教育

巴林的职业教育的历史可以追溯到1936年为男孩创办的第一所工业学校。职业教育包括两个部分:技术教育(只教授给男孩)和商业教育(男女孩都可以被教授)。自从1980年以来,学生数目显著增加。1990年至1991年间,职业学校招收学生5 585名,而1980~1981年间,仅有2 749名学生。劳动部专门设置了一个培训中心,这个培训中心开设了一些关于职业科目的课程,招收12~25岁的初中毕业生或者放弃接受正规教育的学生。1990年,这个中心的支出约为169 000美元,而学生共有250名。信息部管理着旅馆餐饮培训中心,这个中心成立于1974年,其目的是为了促使旅馆形成巴林化的特色。1990年至1991年间,这个只有22名教师的中心共招收120名学生。除此以外,银行金融学院还为银行部门提供教育培训,拜提尔科培训学院还为通信部门提供内部的教育培训服务。

3.5 成人和非正规教育

教育部负责扫除文盲的工作。1981年,整个巴林人口中的27.2%都是文盲(10岁及以上)。20世纪80年代,扫盲工作的政策得到重新考虑和审议,改变了扫盲工作中的方法、课程、资金来源以及互助伙伴形式。教育部也给成人提供英语课程、办公室事务和作为外语的阿拉伯语的学习。1990年至1991年,接受这些课程的人共有590名。

在20世纪90年代早期,巴林有20多所开展各种培训的私立教育机构,这些机构的培训内容包括:计算机、管理、文秘、音乐、绘画、摄影和语言。巴林大学开设继续教育课程,这类课程包括经济管理和工程学两大类的高等教育内容。1990年至1991年,公立和私立部门共招收200名学生。

4. 行政管理的结构与运行

教育部负责招聘、任命和提升公立学校的教师,它也负责教学设备、教科书、交通和所有学校的其他要求的供应与满足。教育部通常会让教育专家来监督管理或者指导学校的学习过程。这些专家在联系学校与政府的过程中发挥了重要的作用。教育部里的不同的委员会在管理和指导学校的工作中有着很大的权力。这些委员会体现了教育部内不同部门的一种民主和合作形式。巴林大学的教师就是这些委员会的成员。在这些委员会内,一定数量的教师也通常受到邀请，参与其中。教育部内共有15个这样有着不同专业和不同机构职能的委员会。近期，产生了一种新的关于组织管理方式的计划，那就是把学校看成一个独立的教育单位，该计划的一个特别目的就是为了提高学校内部的民主。虽然管理部门或者理事会代表着管理者和教师，但管理部门主要负责学校的规划、监督管理和教育政策及组织政策的控制。

巴林大学和海湾大学有相对的自主权，是独立于教育部的。大学的政策主要由大学的理事会所监控。

5. 教育财政

在过去30年里，教育支出有了很显著的增长。1960年，仅有120万的巴林第纳尔用于教育。到1990年，这个数目增加到6 400万巴林第纳尔。从20世纪60年代到70年代，教育预算占国家总预算的20%，占国民生产总值的6.7%。但后来这个比例下降到教育预算占国家总预算的11%，占国民生产总值的4%，自1980年以来巴林的教育就一直保持着这个比例。在总的教育经费中，小学的经费支出占近50%，另外50%的经费被用于初中(24%)和高中(26%)。高等教育预算中的900万是给巴林大学、120万是给保健科学学院的。一些私人企业也不断给高等教育捐赠，1990年，巴林大学接受这样企业的捐赠共53 000巴林第纳尔。

6. 师资

1990年，巴林各个教育阶段的公立学校共有5 832名全职教师。男教师中的42%、女教师中的20%都不是巴林人。在像英语、科学、数学和技术这些学科内，巴林籍教师非常缺乏，担任这种学科的教师通常是埃及人。教育领域内，有35%的巴林教师拿到了专科文凭，31%拿的是文科或理科的教育学士文凭，还有其他的26%拿的是文学士或者理学士文凭。在小学阶段，教师每周教授22节课，而在初中和高中，教师每周教授20节课。所有的教师和教育者都享有特殊的基本工资制度，他们的津贴比一般的岗位的基本工资要高15%。教师每年的提升可以在3个等级上进行。较高等级的范围限定为高级教师和管理者。根据成绩和资历，教师可以被提为高级教师或管理者。20世纪90年代初，教育部考虑在教师专业领域内建立一个更广范围的级别提升。

教师培训主要是在巴林大学进行的。巴林大学和教育部合作，建立了一个专用于班主任制(每个班级都有一个主要的教师)的教师前期培训活动计划。每个活动持续4个学年，由教育部出资。参加这个活动计划的学生将授予学士学位，但在毕业后必须教授小学前3个年级的学生。巴林大学主要颁发教育证书给两类学生：拥有文学士或理学士学位并打算当教师的学生，以及那些资格还不够、但定向进入公立学校的学生。后者不仅可拿到教育部所颁发的奖学金，还可拿到全职工资。

培训活动计划、研习会和定期的研讨会都会在教育部内不断地举行。私立学校可以自行委任教师，但教育部负责决定和监督管理是否赋予教师资格。

7. 课程开发与教学方法

一直到20世纪60年代，公立学校所采用的课程仍然是其他阿拉伯国家，尤其是埃及的课程。从70年代开始，教育部开始研发本国课程，这是由1975年取得理事职位的课程部完成的。对所有的公立学校而言，课程都是一样的、通用的。课程包括阿拉伯语言、数学、科学和社会学习、英语、美术、体育和音乐。除了英语以外，其他所有科目都是用阿拉伯语进行教学。在小学的前3个年级，课程主要强调的是阿拉伯语(阅读和写作)和数学。高中学生有了选修课目，包括法语、美术、电子学和音乐。在小学的前3个年级，学生每周有25节课，小学后3个年级的学生每周有30节课，初中和高中学生每周则有35节课。

在高中阶段，学分制是基于以下4类科目确定的：公共课、必修课、专业选修课和公共选修课。普通教育和商业教育要求有156个学分，而技术教育则要求有216个学分。课程主要关注自学的方法并采用形成性的评价方式。同时，也非常关注补偿性教育，尤其是在小学阶段。在教育过程中，还做了大量的努力以优化学习资料、加强视觉效果，所做的这些努力的核心是对所有的图书管理员进行培训活动。这种活动的目的是要在每所学校建立一个学习资源中心。

8. 考试、升级和证书制度

评价在每学年的两个学期都会进行。每学期,教师都会运用多种手段、持续性地评价学生的成绩。在小学的前3个年级,评价主要是根据对日常活动的观察进行。学生是否能顺利升级是由教师所决定的。在小学,还专门为那些反应较慢的学生进行补课,以此来提高学生的成绩。从小学4年级到高中3年级,学生每学期的最后成绩是由学生日常课堂表现、期中考试和期末考试所决定的。但是,如果学生不能达到令人满意的阿拉伯语言水平,就不能够顺利升级。在初中和高中阶段,如果学生仅有一门课没有通过,那么该生还可以升级。但是,这些学生必须在参加至少75%的补课后再接受这门学科的考试测验。

在初中结束时,根据学校所评阅的公共考试结果,学生可以被授予第一个正规的证书。第二个证书是在高中结束后,根据由中心委员会所评阅的公共考试结果获得的。在实行学分制的高中学校里,证书是由学校所授予的。

9. 教育评价、评估和教育研究

1983年,教育部建立了教育研究和发展中心,但一直到1988年,这种中心才真正开始起作用。1990年,教育预算中的78 000美元用于教育研究。在1992年,这个数字增长到近18.2万美元。教育研究被认为在教育政策的陈述中有着重要的作用。1985年至1995年间,有47个关于教育计划的研究项目。教育研究主要集中在小学、初中、高中和成人教育。课程评估、教学方法、教师培训和评价过程也受到相应的关注。

10. 20世纪八九十年代的主要改革

在小学阶段,班主任制(每班都有一个主要的教师)被介绍进学校。这种模式最开始是在1983~1984年在小学的前3个年级实施的。人们希望能在20世纪90年代末期以前在所有的小学实行这种模式,还希望能够同时提高教学方式、改变教学内容和改善学校建筑。这种教育模式要求每班规模固定为30个学生,这意味着每班将要减少10~15个学生。在1986~1987年间,教育部将副班主任制也引进了学校,在小学的后3个年级中实施。这种体制区分了两大类整合性的科目:一方面是语言和社会科学,另一方面是数学和理科。相应的,这种体制可以为每个整合性的科目专门配备一名教师。

高中阶段最重大的变化是20世纪90年代初期在高中的教育体系中引进了学分制。人们希望,到1995年所有的高中都实行这种学分制。学分制能为学生提供弹性的选择、区分个别差异和鼓励学生自学。而在此之前,1988~1989年间,技术教育已经完全实现了这种学分制。

1983年,为了满足教育系统的三个层次发展的需要,教育部在组织结构上做了一些改变。新的组织结构特别强调了教育信息、教育技术和教育研究。由此,成立了一个独立的教育研究和发展中心。因为非常重视计算机的使用,所以在信息文件中心内又成立了一个新的计算机部门。

学校作为最基本的教育单位也将进行一次改革,它影响到每所学校内的管理和教育过程。改革计划给学校更多的自主权,以扩大校长和教师做出多种选择的权力。1990~1991年,有10所学校作为这次改革的试验点,在以后,这种改革将推广到整个学校体系。

11. 2000年面临的主要问题

巴林整个国家的收入严重受到了石油价格波动的影响。1991年的海湾危机影响到所有的经济活动,结果导致国家的财政预算受到限制。虽然在资源配置过程中,教育部按常规都有优先权。但是,教育分配仍然低于预期目标所要求的花费。

在20世纪80年代,教育领域里出现了一个显著的改变,一种不同于、甚至是与旧的方式相矛盾的新的方法将被采用。虽然学校的教师和管理者都高度信任将带来改变的这一决定,但在实现改变过程中仍然遇到了比较严重的抵触。教育部做出比较谨慎的安排以确保学校能接受这种变革。一年一度的教育讨论会照常召开，其目的就是为了讨论教育新趋势以及改进教育过程中所采用的新方法。参加这个讨论会的有不同教育阶段的教师和管理者代表。

巴林社会的价值观限制了女孩学习职业教育中的商业科目。在 1991 年，商业教育招收了 16% 的高中女学生。但毕业于商业高中的女学生所面临的最大问题就是失业。1979 ~ 1980 年间，教育部在普通高中内专门开设一些特殊的课程，以便给女孩在劳动力市场上创造就业机会。这些课程被限制在巴林社会所能接受的领域：保健、纺织和旅馆饮食业。但是，在吸引女孩子学习这些课程方面仍然有些困难。1990 ~ 1991 年，参加这种课程学习的女生不超过高中女学生总数的 2% 。但是，为女孩开设其他方面的职业课程（如广告和设计）的尝试正在进行之中。

N. 瓦伯（N. Wahbe）
L. 阿曼纳（L. Almannai） 著
A. 阿莫他瓦（A. Almotawa）
杨 青 译

附录

Directorate of Plans and Programming 1990 *Educational Plan of Ministry of Education 1989/1990—1994/1995*. Ministry of Education, Bahrain

Directorate of Statistics, Cabinet Affairs 1982 *Bahrain Census of Population and Housing 1981*. Cabinet Affairs, Bahrain

Hammod R 1987 *Education in Bahrain*. Arab Bureau of Education for the Gulf States, Riyadh

Information and Documentation Center 1990 *Development of Education in Bahrain between 1987/1988—1989/1990. Report presented to the 42nd Session of the International Conference on Education, Geneva, 3—8 September 1990*. Ministry of Education, Bahrain

Information and Documentation Center *1992 Educational Statistics 88/89, 90/91*. Ministry of Education, Bahrain

Saydawi A 1991 *Educational Change in Bahrain during the 1980s*. Ministry of Education, Bahrain

伊朗的教育制度（Iran: System of Education）

1. 基本背景

伊朗伊斯兰共和国是一个多山的高原国家，面积为 164.8 万平方公里。领土北接里海和几个串联在一起、却又各自独立的国家，南临波斯湾，西为土耳其和伊拉克，东为巴基斯坦。这种地理位置，使伊朗成为连接中东和亚洲的交通要道，因此，伊朗具有很重要的战略位置。

伊朗的矿藏资源丰富（如铜、石油、天然气和煤），石油出口是其外汇的主要来源。

据 1986 年的调查，人口为 4 980 万，其中，45.5% 在 15 岁以下，3% 是 65 岁（包括 65 岁）以上的人。1976 到 1986 年间，每年人口增长率为 3.2% 。根据这项调查，6 岁（包括 6 岁）以上的人口中，38.3% 是文盲。

伊朗民族中，近 66% 的人的祖先是波斯人，25% 的人的祖先是土耳其人，5% 的人的祖先为库尔德人，4% 的人的祖先为阿拉伯人。伊朗民众中，近 99% 的人是穆斯林，其中 91% 是什叶派教徒。伊朗的官方语言是波斯语，国内流行波斯语和阿拉伯语。

公元 642 年，波斯教在伊朗占统治地位，那时阿拉伯人还没有征服伊朗，伊斯兰教也没有在伊朗盛行。波斯教强调，伊朗的父母和社会在教育孩子时，要教三样东西：虔诚的思想，好的行为，还有好的语言。同时，为确保孩子健康的体魄，也要教授体育。公元 642 年后，国家发生了变化，开始信奉伊斯兰教，伊斯兰教义成为学习的中心。出现了古兰经学校，课程为神圣著作《古兰经》，还有逻辑学，阿拉伯语，文法学。这些古兰经学校在很多世纪占据主导地位，直到 1894 年，仿照中央集权国家法国的模式，在教育体制引进了新的模式。然而，这种教育体制的效果不佳，文盲率仍很高。20 世纪 50 年代和 60 年代间，教育尝试了新的目标：提高和扩充教育。伊朗参加了联合国教科文组织的世界扫盲项目。1965 年，世界教育部长级会议在德黑兰举行。1968 年，在伊朗首都德黑兰建立了一个世界性的扫盲机构,伊朗的识字率提高了,男性达到55%,女性达到30%。然而,成百上千的人依然不能阅读和写作,学校入学率依然很低,特别是在农村地区和女性中间。

1979年,伊斯兰革命之后,教育体制发生了改变,所有的教学将要遵循伊斯兰教的原则,教学的重点保证把儿童和年轻人培养成坚定的伊斯兰教徒。教育上的所有努力是使用经典《古兰经》,采用伊斯兰传统。伊斯兰共和国的宪法是教育的基础,里面制定有教育的目的。

2. 教育政策与目标

伊朗伊斯兰共和国的宪法规定了伊朗教育发展的基本框架。根据宪法第三款,政府为伊朗公民提供免费的教育,直到他们升入中等教育阶段。宪法的第三十款,强调了同样的原则。后者强迫政府提供免费教育,并为公民升入高等教育提供便利条件。

伊朗的教育目的和具体目标源自许多地方,包括宪法,以及高等教育部的报告,这一报告是为伊朗教育的根本变化而制定的,由高等文化改革部授权所做出的。教育的目的和目标强调,促进国家发展是教育的首要目的。同时,发展教育是用来提高生产力,促进国家和社会统一,培养学生的公民、道德和精神价值观。其中重点是,加强和鼓励学生忠诚于伊斯兰教。人们强调,教育的作用是为不同层次的经济培养劳动力,因此教育被认为是对未来的一种投资。

3. 正规教育体系

伊朗正规教育体系的结构图如图1所示。

3.1 *初等、中等和第三级教育*

小学6岁入学,学习5年。随后是指导或定向课程,学习3年。这8年教育是普通教育。中等教育为4年,分成了两个主要的分支:技术、职业性的和学术性的。

伊朗的这种教育体制开始于20世纪90年代,它根据学生的态度和性情,提供给学生合适的学习机会。对大多数高中毕业生来说,高等教育的大门一直为他们开放着。高等教育的机构包括大学、教师培训中心、技术学院。要进入这些机构学习,学生必须完成高层次的中等教育。大学下面设有一个和更多的学院,它们通常提供4年的课程,但医学、牙科、兽医专业需学习6年。

表1显示了1980年和1981年不同教育阶段的学生入学人数。在1980~1990年间,在正规教育中,学生数从750万增长到1 450万,增长了93%。在各个教育阶段中,女生人数的增长高于男生。1990年,小学、初中、高中的纯入学人数,男生依次为119人,86人,43人,女生依次为106人,63人,32人。1980~1990年,高等教育的规模扩大了。1990年,高等教育机构有126所,学生有31.2万人,近90%的学生在61所大学里就读。1984年,全国建立了几所"开放型的大学",招收了20万学生。1987年,建立了一所"远距离大学",这所大学主要通过相应的科目和视听器材教学。

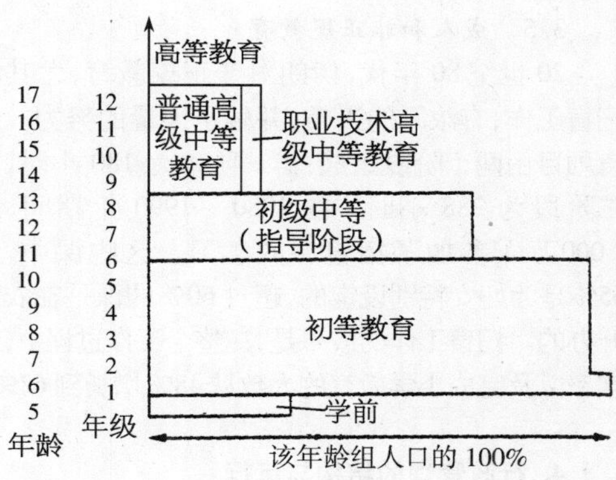

图1 伊朗:正规教育体系的结构

表1 1980~1990年间入学注册人数的增长

	入学注册人数(千)和女性百分比			
	1980	%	1990	%
学前	172	47	227	48
小学	4 799	40	9 370	46
初中	1 575	38	3 233	41
高中	1 143	36	1 819	41

3.2 学前教育

1990年,整个学前教育招收了22.75万名儿童。这些儿童大多数说法尔西语。因此,属于伊朗的多数民族。还有一些主要民族群体,他们说阿拉伯语、土耳其语、库尔德语和其他的语言。

政府表达了它的意图,即在经济不发达的地区和少数民族地区扩展学前教育。典型的幼儿园是私立的。学前教育的总的目的是为学校教育作准备。学前教育的活动包括小组游戏、讲故事、唱歌、角色扮演、简单的手工制作。

3.3 特殊教育

伊朗为智力和身体有残疾的儿童设置了特殊学校。

3.4 职业、技术教育和商业教育

1990年,在高中阶段,学习技术教育、职业教育和农业的学生大约占12%。高中教育中,也有一些技术和商业管理的课程。

3.5 成人和非正规教育

20世纪80年代,伊朗对非正规教育,尤其是扫盲工作,有浓厚的兴趣,并做了大量的努力。扫盲项目由两个阶段组成:第一阶段为180小时,第二阶段为288小时。在1980～1990年期间,约1 000万人参加了扫盲课的学习。这些课中,约65%是为妇女特别设定的,超过60%的课是在农村开办的。扫盲工作的成果是,在整个工作过程中,识字率以及完成小学教育的人数从48%增长到62%。

4. 行政管理的结构与运行

伊朗的现代教育体制是紧紧模仿法国的模式而建立的,因此是高度集权化的,教育部通过它的中心官方机构和地区代表,对小学和中学实行管理、投资。高等教育部,作为一个自治和法律实体,表决通过对大学前的所有教育政策和规章。

伊朗正努力建立地区教育委员会,并扩大它们在分配资金和管理教育方面的职责。在学校五年规划中(1994～1998),政府已经表达了它的意思,即扩大父母交费的非营利性学校。

高等教育中,教育活动的行政管理权归属科学高等教育部,以及医疗健康部。还有一个机构,高等教育文化改革部,它主要对与高等教育相关的决策进行表决。

5. 教育财政

1990～1991学年度,小学、指导学校、普通中学总的财政支出为17 110亿伊朗里亚尔(约10亿美元),这占伊朗国民生产总值的3.2%。国民生产总值中分配给这些类型教育的比例,从1982年的3.8%,下降到1990年的3.2%。

教育资金中,90%以上的资金由政府提供。1991年,不到1%的学生进入了私立(非营利性)学校。通过一些活动,尽管家长对公立学校的经常性财政支出,如教学准备及其维修进行了投资,但公立学校是免费的。私立学校的费用也不是很多。

政府的所有收入中,约20%花在了教育上。教育的经常性收入中,90%用于发放教师的工资。以学生为单位计算,学校分得用于物质准备和养护的费用,但这些费用太少,不能达到对教学进行装备及保养维修的标准。

6. 师资

1990年,学校里从事教学工作的教师有近45万人,从事非教师工作的有近15万人。小学中,约有26万名教师,指导学校中约有11万,中等学校7.3万,特殊学校中有400人。所有教师中近50%为女性。

从1973年起,直到1979年的伊斯兰革命,阻碍伊斯兰教育增长的因素不是资金问题,而是教师问题。伊斯兰教育没有解决、并且依然存在的危机是合格教师的供应。农村地区教育的扩展缺乏合格教师,中等教育、职业学校的扩展也缺乏合格的教师。

伊朗的入学人数增长很快,1917～1918学年,仅有2.4万名学生,1960～1961学年,学生数已经提高到150万,1980～1981学年,增长到了750万,1990～1991学年度,达到1 450万。学生人数如此大规模增长,需要提供教学人员不言而喻成了特别关注的问题。伊朗采取各种各样的策略解决教师供应问题。小学、指导学校以及残疾人学校的教师,需在教师培训中心学习两年。通过全国范围入学考试的中学生,可进入这些中心。教师培训中心的数目从1979年的28所,增长到1989年的175所。1979~1989年期间,有15.2万名教师在教师培训中心接受培训。

高中的必修课的教师需在大学和高等教育机构接受培训。学生学习4年,学的科目为本专业知识,还包括教育科学和心理学内容。1989年,有3.5万名学生在这些大学或高等教育机构学习,毕业生有3 800人。

教师培训中心以及大学还不能满足农村地区对教师的需求,因此,政府被迫用军人充当农村和不发达地区的教师。士兵教两年课可代替他们正规的兵役。因为教师行业对那些从事工业或类似行业的人缺乏吸引力,造成技术、职业、农业学校缺乏教师。同样,高等教育的急剧扩张,也需要合格教师及人员。

7. 课程开发与教学方法

伊朗的课程发展是高度集权化的。教育中引进的是5+3+4模式。在前8年学校教育中,伊朗政府设想为所有学生提供宽泛的普通教育。小学(还有指导学校)的课程是全国统一的。

小学课程的重点是发展学生的读写算的基本技能,并根据环境中的情况,就物理、社会现象、宗教训练进行学习。

在指导性学校,其教学内容直接把从小学中获得的知识、技巧、价值观统一起来。在这一阶段,学生继续学习小学中引进的课程内容,但深度增加了。从这一阶段开始学习外语(阿拉伯语和英语),政府鼓励学生学习更多的外语。通过一系列活动,学校有意识地帮助学生开始熟悉科学,目的是使学生在下一阶段的教育中,确立自己的学习兴趣,选择自己的学习领域。

高中阶段的课程学习有两个目的:一个是为学生升入高等教育,从事更高阶段的学习作准备;另一个是为学生进入技术学院,接受职业学习或者进入社会参加工作作准备。高中学习的课程包括外语、数学、科学、工作经验、社会科学、体育、宗教。科学包括物理、化学、生物。社会科学包括历史、地理、公民学。

1979年伊斯兰革命后,对学校课程进行了广泛的评估,从根本上改变了学校的教育目的和内容,强调伊斯兰宗教价值的教学,工作经验的教学,计算机教育,并分配给这几科更多的教学时间。

8. 考试、升级和证书制度

学生从一个年级升到另一个年级,主要依据学校内部的年终考试结果。在每一科中,学生可得到10~20的分数。平均每科至少得10分,学生才能升级。那些得分低于10分的学生必须重读。这种体制适合于小学和中学。小学结束时,举行地区性测验,通过测验的学生将被授予证书。

初中结束时,要举行省级的测验,同时也授予成功的学生一个证书。高中结束时,要求学生在某一特定的学习领域达到一定的水平。

高中结束时的考试,由国家举行,能否进入高等教育机构,依据年度全国范围内的、多项选择题式的国家考试结果而定。

9. 教育评价、评估和教育研究

教育研究通常由大学和研究机构进行。教育研究委员会确定研究的优先顺序,管理研究活动;在指导教育研究时,对参与研究的大学人员制定规划。

对研究报告进行分析可知,教育管理、教师培训、考试和评估以及指导和咨询方面的研究有很多,对课程领域也进行了研究。但有批评说,这些研究成果,没有用到政策制定过程中。

10. 20世纪八九十年代的主要改革

1979年的伊斯兰革命之后,社会、政治、文化和经济都发生了变化。重新检测教育原则、目的、目标以及教育中的政策,成为教育部的一个迫切任务。1980年,成立了高等教育文化改革部,由几个委员会组成。成立这些委员会的目的是修正各阶段教育的各个方面。高等教育文化改革部,负责教育的改革,改革的内容是小学和中等教育。高等教育改革部根据伊斯兰教义、教育原则、教育目的、教育结构、教育政策设计了一个改革草案。这个草案于1992年,由高等教育文化改革部通过。

新的教育体制为6+3+3学制。高中阶段,把学年制改成了学分制,普通教育将采用自动升级制。新教育体制将会怎样,还有待实践的检验。

不过,除了 20 世纪 90 年代的这些努力外,1980~1990 年期间,教育中的许多方面都进行了大量的改革。另外比较值得提及的两个改革是:在所有的教育阶段中,学生入学人数的比率以及儿童入学人数的比例都有迅速的提高。大量的学生需在学校里学习,但教室已被炸毁。政府通过提高教育财政,建立半日制学校,并通过电视或类似的方法播放教育节目来解决这一问题。1990 年,非营利性学校的建立,是迎接教育扩张的另一尝试。

1991~1992 年,高中出现了新的形式,它是为成年人所设立的。这种类型的学校实行的是自由学分制,那些没有完成中等教育的人,可在晚上学习上课,获得证书。可以相信,许多正规教育的学生也将会进入这种新的学校类型中学习。

20 世纪 80 年代所发生的许多变化,都有一个普遍的根本原因,那就是:找到新的教育资源或设法获得资源,以更好地解决教育的不断扩张的问题。

11. 2000 年面临的主要问题

20 世纪 90 年代,伊朗将面临教育体制运行中的一些难题,寻找资源来支持高中或高等教育的扩张,是一个主要问题。1990 年,有 126 所高等教育机构,31.2 万学生,全日制和半日制教师大约有 2.3万,但是,校舍和设备只够一半所需。在中学,校园亦是拥挤不堪,于是不得不在原本并不是教室的屋子里上课。合适的设备和设施通常阙如,同时,保修、维修也很不善。如何不牺牲教育质量,而吸收那么多的学生,是伊朗高等教育面临的一个重大挑战。

中等学校以及高等教育中的教师培训,也是一个问题。因为,教师需要新的知识和技巧,帮助学生贯彻 1979 年通过的新教育体制中的教育内容。不仅如此,教育中的老问题依然存在,如:在农村和人口稀少的地区,提供合格的教师;教育集权化向教育分权体制的转变。

H. 阿齐兹-扎德(H. Aziz-zadeh) 著

张晓玲 译

附录

Aziz-zadeh H 1988 *Educational System and Development of Education in the Islamic Republic of Iran*, Paris

Aziz-zadeh H 1989 *Educational Development in the Islamic Republic of Iran: Past Trends and Future Perspectives (1976—2001)*. Paris

Ministry of Culture and Higher Education 1991 *Statistical Yearbook 1990*. Ministry of Culture and Higher Education, Tehran

Ministry of Education 1990 *Education in the Islamic Republic of Iran, Now and in the Future*. Ministry of Education, Tehran

Ministry of Education 1990 *The Development of Education*. Ministry of Education, Tehran

Ministry of Education 1991 *Statistical Yearbooks 1980—1991*. Ministry of Education, Tehran

Redjali S M 1985 Iran: System of education. In: Husén T, Postlethwaite T N (eds.) 1985 *International Encyclopedia of Education*, 1st edn. Pergamon Press, Oxford

以色列的教育制度(Israel: System of Education)

1. 基本背景

以色列成立于 1948 年 5 月 15 日。它的建立是在结束英国的强权统治之后,根据联合国 1947 年 11 月 19 日旨在解决犹太人和阿拉伯人之间的冲突的决议实现的。但在这个决议颁布后不久,以色列新政府和它的阿拉伯邻居之间爆发了一场战争(1948 年的独立战争)。这场战争的结果是,在随之而来的停战协定上确定了以色列的国土边界。以色列的土地面积约为 28 000 平方公里(即绿色线)。以色列的领土还包括 1 176 平方公里的戈兰高地(在 1967 年的"六日战争"中被以色列兼并)、5 706 平方公里的西岸土地以及 1 352 平方公里的加沙地带(至今仍在以色列的军事占领之下)。

以色列位于地中海岸、黎巴嫩的南边、阿拉伯沙漠的西边、西奈山半岛的北边。以色列的北部气候潮湿,而南部气候干旱。每年降水量约 17 亿立方米。但由于以色列人口的不断增加以及在发展工业和农业过程中的特殊需要,水资源仍然很缺乏,这些因素最终导致了供水量非常有限。

南方的内盖夫沙漠(包含了以色列 60% 的领土)和上加利上部的人口都非常稀少。虽然这两个地区靠近国家中心地区,而且为了促进发展也做出了一些特殊的努力,但这两个地区仍然相当落后。狭窄的海岸平原上的城市聚集了全国的大部分人口。就全国而言,大多数经济和文化活动都在耶路撒冷、特拉维夫和海法这几个地区举行。

巴勒斯坦的第一次人口普查是在 1922 年英国统治下进行的,人口约为 757 182。第二次人口普查的时间是 1931 年,人口增至 1 035 825。从 1948 年到 1951 年,每年人口以 25% 的比率增长。大多数以色列人都是第一代或者第二代移民。

到 1991 年 6 月,以色列人口总数约为 496 万,其中犹太人占了 82%,非犹太人(主要是穆斯林和基督教徒)占 18%,在 1990 年的前 8 个月,有 10 万新移民前往以色列,比往年增加了 9 倍。大多数移民来自俄罗斯和埃塞俄比亚。这种现象对种族融合产生了巨大的影响。大量的移民导致了一个多元文化社会的形成,而这又促使主要的教育问题和教育计划都是关于文化吸收和社会整合的。在 1991 年,学校专门设置了固定的教学时间向新移民介绍希伯来和以色列文化。

以色列经济主要基于工业、农业、建筑业、高科技产业和旅游业。在 1 603 000 名劳动力人口中(1989),91.9%(1 461 000)是在职的,而 8.9%(142 000)是失业者。农产品出口占国内生产总值(GDP)的 3.5%,约为5 270亿谢克尔(INS:以色列货币),建筑业占国民生产总值的 8.5%,旅游业的收入总值为 15 亿谢克尔。

从 1990 年到 1991 年,在每年对国家收入的财政预算中,约有 65 亿谢克尔是关于社会服务行业的。军事防御所占的预算比例最大,约为 20%。教育预算在社会服务的拨款之外,约占政府预算的 7.4%。

以色列每四年举行一次议会民主制选举,其体制比较复杂。其政府内阁以联盟的形式存在。1991 年的联盟政府包括右翼保守党派、国教党和正统宗教党派。工党和左翼党派是在野党。1990 年 6 月 11 日,以色列议会通过了新政府的政治目标,即吸收新移民(包括在住房、劳动力就业和教育方面的一些政策),维护以色列的独立,确保福利,加强和周边国家的和平共处。

以色列的教育体系是高度中央集权的,初级学校的教育内容(课程和教材评价)、教育政策、学校监督、教师招聘以及师资力量配置,甚至整个教育经费预算和教育发展都是由国家文化教育部统一管理,文化教育部要派代表向议会的教育委员会汇报相关情况。国家教育理事会是由各政党代表及文化教育部官员所组成,但他们很少被召集在一起,对文化教育部的日常工作也没有什么影响。

2. 教育政策与目标

自从以色列成立以来,教育部就确立了其政治目标:吸收新移民,并调整体制以满足他们的需要,促进社会各阶层和各文化团体的融合,加强犹太人和阿拉伯人之间的联系。

1953 年颁布的国家教育法令进一步明确地指出了教育体系的目标,即:发展基础教育,坚持犹太文化的价值观,推进科学技术的运用,热爱祖国和人民,维护祖国和人民的尊严,加强农业和手工业的实践,实行先进的训练方式,为建立一个自由、平等、宽容、互助和友爱的社会而奋斗。

以色列有 70% 的学校是世俗性、非宗教性的,这些学校的学生在校园内都接受一般的、非宗教的教育。以色列社会差异主要存在于宗教团体和世俗社会之间。这些年来,宗教政策制定者在宗教和政治行为上与过去相比有了些细微的变化,从而影响到这些群体的孩子们,包括他们的日常学校活动。

一般而言,犹太教分为温和派和极端正统派,这两派别都建有自己的学校网络体系。正统派的学校是由教育部监督和投资兴办的,但这些学校的课程和教师聘任相对来说是独立的。全国宗教党(Mafdal)的学校也是受到教育部的监督,但这些学校在各方面都接受教育部的管理。在正统派和国教党的学校中都有关于宗教的学习。

3. 正规教育体系

3.1　*初等教育、中等教育和第三级教育*

以色列的学校系统被划分为以下几个阶段：幼儿园（3～5岁）、初等学校（6～12岁或者6～14岁）、中等学校（12～18岁或者14～18岁）、师范学院、社区学院和大学。那些通过了在18岁时举行的考试并且被录取的学生可以免除服兵役。图1显示了以色列学校体系及相应各阶段学生的年龄范围。

初等学校是按区建立的，生源通常来自该区及附近地区。中等学校通常被分为三类：学术的、技术的（或职业的）和农业的学校。在20世纪60年代早期，为了在对学生进行职业培训的同时加强学生的文化教育，原来从属于劳工部的技术学校改为由文化教育部管理。从1970年开始，技术学校的学生数量显著增加。1987～1988年，约有42%的中等学校学生（10～12年级）就读于技术学校，但他们大部分属于弱势群体。

20世纪70年代后期，学术学业上出色，有能力的学生开始转向技术中学，毕业后，成为合格的技术人员和应用工程师。政府鼓励从技术学校毕业的学生就职于以色列的国防技术部门，以便他们升入高等院校继续深造。

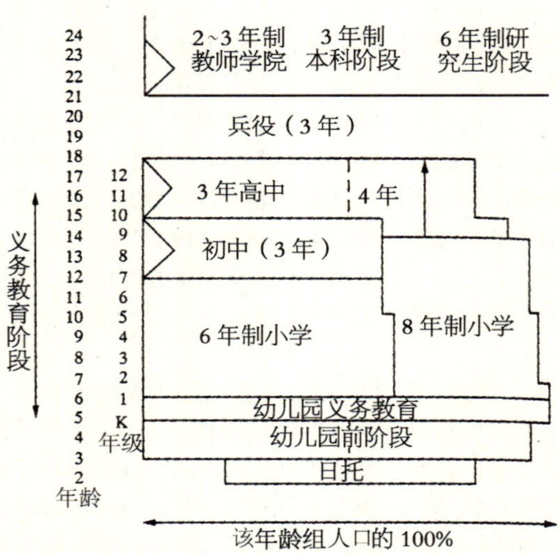

图1　以色列：正规教育体系的结构

在电子和通讯技术方面，技术学校教育提供了广泛多样的课程，从美发设计到电子，以及通讯。20世纪80年代末到90年代初，学习电脑技术、遥感技术、工业自动化的学生人数明显增加，这种现象在男女性别、城市和农村地区上并不存在着差异。

在以色列，几乎没有私人（以营利为目的）的学校。无论是犹太人还是阿拉伯人，他们所举办的初等学校都是由国家和非营利组织管理运作的。

学校实行6天工作制。教育部正在考虑实行5天工作制，以满足教师委员会提出建议，即调整教育系统，以适应在工业和其他服务业实行的5天工作制状况。但是，由于社会和经济的压力，学校实行5天工作制的计划将被延迟实现。初等学校的教学时间较短（从早上8点到中午12点），中等学校则一直持续到下午（从早上8点到下午2点）。初等学校每学年从9月1日到第二年6月30日，中等学校每学年从9月1日到第二年6月20日。每班的平均规模约为30个学生。

3.2　*学前教育*

学前教育的投资主要是根据社会和国家的需要进行的。学前教育促使母亲加入到劳动力大军中。对那些家庭不能提供较好环境以促进个人发展的孩子而言，学前教育无疑是一种可以接受的解决办法。

以色列的幼儿园教育早在1884年就已出现。后来，正规幼儿园由妇女自愿者机构、福利机构并最终由当地政府建立。教育法（1949）指出，孩子在5岁时必须接受一年的幼儿园教育。

早期的儿童教育工作主要是关于0～6岁的孩子的教育问题。但在教育部的工作体系中，儿童教育主要针对3～6岁的孩子。根据法律，5岁的孩子必须接受免费的教育。前义务教育阶段的幼儿园机构通常由当地政府、妇女机构、私人和团体组织管理。他们根据孩子父母的收入来决定各幼儿园的收费情况。

学前教育的各种机构主要由教育部监督评价。对0～3岁的孩子，教育部主要强调通过提高父母的技能以促进婴幼儿的发展。例如，有64%的两岁儿童都参加了“日托中心”。

早期儿童教育体系的教育对象约有42万名儿童。在犹太地区,约有96%的儿童都接受了早期儿童教育。而在阿拉伯地区,这个比例约为50%。

3.3 特殊教育

在初等学校和中等学校的1 463 945名在校生中,约有8%～10%的学生是特殊教育的教育对象。

以色列通过法律确保特殊教育工作的开展。特殊教育主要针对那些生理、智力或情感上有缺陷的学生。在国家成立之初,特殊教育是与正规的主要教育体系相分离的,但自从20世纪80年代末期开始,出现了一种融合的尝试,即可能在普通学校为特殊儿童设置单独的班级。针对不同学习障碍的学生,纷纷建立了不同的学校。比如,对自闭症儿童、盲童、聋童分别设置不同的学校。这些特殊学校或班级主要接受文化教育部的监督管理。

由教育部和地方心理学专业人士、教育人员和社会工作者组成的地区专业委员会实施对特殊儿童的测试。对测试结果不满意的家长可以向更高一级地区政府提出要求。

在医院里也存在一些特殊教育,但这类教育是在教育部和卫生部共同指导下运作的。

对学生而言,关于从学校到就业的转变的相关指导非常有限。事实上,几乎所有的中学毕业生一毕业就马上被招募到军队服务。因此,当他们退役后,就造成了一个学校与工作、或者是中学与高等教育之间的断裂。专门帮助青少年在退役后找到一个合适工作的就业指导服务往往处于一种无政府状态。

3.4 职业、技术教育和商业教育

一直到中等学校的12年级,职业技术教育都是免费的。学生在初等学校毕业后,可以在学术、职业、技术、航海或农业这几类中等学校中做出一个选择。商业教育是正规职业学校中的一部分学习内容。

职业技术教育的经费来源于教育部。有些情况下,非营利公共组织也负责管理和投资这些学校。这类组织和教育部、当地政府一起承担起职业技术教育学校的经营。康复训练机构和支持犹太人复国的国际妇女组织也设置基金以帮助维持这类学校,给予那些教育部所不能提供的经济资助。

由犹太人事务局和教育部以及当地政府联合举办的“青年中心”是唯一一个将职业和特殊教育联系在一起的机构。这类中心吸引了很多离开常规学校的辍学者,给那些不希望进行学术研究的学生提供了一种特殊的职业教育。产业也扮演了一个有自身偏好的角色,在企业中,往往只有一小部分职业高级学校(由劳工部举办)。这种学校的教育任务与上面所提到的“青年中心”是一栏的。

3.5 成人和非正规教育

成人和非正规教育是教育部两个相互独立的部分。成人教育包括在伊潘尼姆学院(Uipanim,一种专门给新移民教授希伯来语言的组织——译者注)中给新移民或者旅游者教授希伯来语言,还包括扫盲教育。在20世纪80年代早期,地区院校往往建立在乡村。这些院校开设多种多样的关于一般知识、艺术和工艺的课程。在20世纪90年代初期,在全国各地共有12所院校4 784名学生。学生往往根据他所选择课程数目来支付学费。这种学校一般由教育部管理。

非正规教育包括课外活动、学校组织的旅行、兵役的准备训练以及教育价值观的教授以及像“全国侦察”这样的政治或非政治青年运动。国家青年运动委员会往往和教育部合作,给这类活动提供资金并对其进行管理监督。青年人和成年人往往被自然保护社会组织鼓励参加一些关注生态平衡和环境保护的活动。

在高校里,所有的活动都是必须参加的,是对教育课程内容的一种补充。只有参加了各种青年活动,学生才可能拿到高校的毕业证书。

成人教育的总花费约为5 650万谢克尔(约为20 635 500美元),占教育部财政预算的1.5%。非正式教育的预算约为4 825.3万谢克尔(约为17 623 447美元),占教育部总预算的1.28%。

4. 行政管理的结构与运行

以色列的教育体系是高度集权的。位于耶路撒冷的教育部处理各种教育以及管理事务。教育部掌管初级学校教师的招聘与师资配置。初等学

校的管理人员要根据学校的需要安排好相应的教学实践。

教育政策主要是由教育部总部制定的。政策的实施则主要由教育部的监管处和当地政府官员实施的。每年都是由教育部和内务部根据法律协商调整,为地区教育委员会制定出相应的教育政策。

中等教育一直持续到18岁。中等教育是在当地政府和自愿者组织的授权下开展的,因此也接受当地政府和这类组织的管理。

中等学校教师的招聘是由地区政府或公共组织(如康复训练组织等)管理的。招聘中等学校教师的机构负责雇佣或者解雇教师。全国的大部分教师都毕业于师范院校,他们接受教育部的监督人员的管理。只有在学校的监督人员对教师的工作做出否定时,该教师才可能被解雇,其他地区的监督人员在对某区教师做检查时,对该教师的评价也有重要的影响。

宗教性质的学校的监督者也必须接受国家宗教委员会的领导。

5. 教育财政

国家的教育经费包括各种教育支出、教育服务和新建筑新设备所需资金。初等学校和中等学校的支出占教育总经费的一半以上。其他的教育支出主要用于中等后教育、大学、新校舍的修建和新设备的配置。1991年的总的教育经费为37亿谢克尔(约为13.5亿美元),其中,有88.1%都用于正规教育。教育经费约占国民生产总值的8%~9%。

自1985~1986年度以来,国家的教育经费在国民生产总值所占的比例逐渐增加。但是,教育经费在国民生产总值中所占比例仍然低于1984~1985年度(9.3%)。国家和地区政府拨款在教育总经费中的比例由1975~1980年度的84%下降为1988~1989年度的76%。但是,一些非营利机构在教育中投资经费的比例逐渐增加。

6. 师资

初等学校教师数量超过了49 000名。因此,师资并不短缺。大多数由俄罗斯移民的教师教授科学、音乐和体育。初等学校教师在师范院校接受3年的培训。中等学校的教师先在大学的各个系接受教育,然后用1年的时间接受大学教育学院的教育培训。他们将阶段性地接受教育部监督者的检查。但在暑假期间,政府和学校鼓励教师参加在大学里开设的各种培训课程。

7. 课程开发与教学方法

初、中等学校的课程开发都是由教育部负责的。由教育部内的大学专家所组成的学科委员会负责科目的制定。国家鼓励中等学校开发新课程、开展多媒体教学以及进行合作性学习等。在学校将科目列入教授科目之前,其应该得到学校监督者的承认。学习这些科目的学生应该参加由教育部承认的毕业考试。

教科书由个人编订,但必须得到教育部的批准和认可。大多数情况下,编订者的教材都包括了某学科领域内官方所制定的课程内容。

以色列的通用语言是希伯来语。但在全国范围内,从五年级开始,英语就成为一门必学的外语。阿拉伯语、法语和西班牙语都可以在中学时有选择性地教给那些感兴趣的学生。

8. 考试、升级和证书制度

近年来,以色列的大学入学考试制度做了一系列的改革。1975年,在小范围的学校内进行了一次变革尝试,并且事实证明是非常成功的,因此,这种变革随后被运用到整个教育体系中。这次考试制度的变革使得学生能够选择更多的课程,学生还可以根据自己的能力接受不同水平的考试,同时也鼓励毕业生撰写一篇论文来代替最后的笔头考试。

1989年,就读学术课程的应试者占58%,另外42%的应试者都是选择职业课程或者农业课程,在所有的应试者中,有78%的学生参加了最后的考试。在1987~1989年中,毕业于职业学校并参加最后的考试的学生比例有所上升。

为了检查学生的学习情况,在初等学校内会举行定期的全国考试(这种考试包括对课文和数学的理解)。对某些比较"贫困"的学校,要给予特别的关注和大量的鼓励以确保一定的教学时间。

9. 教育评价、评估和教育研究

教育研究主要由大学里的教育学院的学术团体进行。研究行为科学的佐尔德－亨丽埃塔学院(Henrietta Szold Institute)也会根据要求对教育系统作相关的研究。研究项目包括:潜能开发、学校中的交往、长时效学习等。教育技术中心主要关注用于提高教学效果的新方法。

10. 20 世纪八九十年代的主要改革

20 世纪 80 年代的教育体系主要着眼于加强教育以促进犹太人和阿拉伯人的共存。在 20 世纪 80 年代早期,教育部采取一系列措施以实现这个目的。为此还有一套专门的指导性丛书帮助教育者完成这个重要的任务。也组织学校之间的相互参观。这些措施最终产生了一种建设性的理解,也使得阿拉伯学生和犹太学生在相互了解对方的文化和语言的同时采取一种开放性的对话方式。

天才儿童教育成为一项公开的政策。在普通学校里专门为这些天才儿童开设特殊的班级。研究行为科学的佐尔德－亨丽埃塔学院已研究出专门的技术以尽早地在初等教育阶段辨别出天才儿童。

在 20 世纪 90 年代早期,科学艺术学院对全国所有的高中毕业生敞开了大门。教育部计划专门设置一些学校培养一批特殊的学生,这些学生除了学习常规文化课程以外,还要学习科学、艺术和戏剧。但这些学校受到了来自教师委员会的强烈反对,教师委员会认为,这类学校将会对 20 世纪 70 年代改革所产生的结果——“综合性高中”产生威胁。

11. 2000 年面临的主要问题

教育体系现在面临的,甚至到 2000 年仍然要面临的主要问题是对新的一批来自俄罗斯和埃塞俄比亚的移民学生的吸收与融合。新移民学生的到来,使得学校建筑、劳动力、教学设备、教师甚至个人心理指导的需要呈上升趋势,而满足这些需要,将要求大量资金的投入、对旧的教学方式的反思以及适应新移民学生的文化和个人需要。这同时也导致了教育体系不得不应对的两个问题,一个是教师的“再教育”问题,还有一个是对新移民的家长和学生的熟悉与了解的问题,因为这些学生是来自与以色列学校氛围有着天壤之别的民主自由体制国家。

大多数的俄罗斯移民有着良好的阅读能力,而且他们中的大部分人都是大学毕业的水平。教育体系在吸收新移民过程中的主要任务是:促进文化和社会整合;为居住在一个民主的复合型的社会(与这些移民以前所在的体制是截然不同的)的个人提供必需的技能;通过教授希伯来语,使这些移民熟悉犹太文化;帮助这些移民在新国家里找到归属感。

社会的飞速变化需要教育系统不断开发新的技术、做出新的努力。应该为那些给新移民学生讲课的教师开设一些新的课程,以帮助教师掌握“新”的、专业性的以色列教学方式,以及特殊的管理和监督方式,特殊的希伯来语言学习方式以及特殊的辅助手段(比如运用录像带教学以促进新移民学生的学习)。

以色列教师参加这些课程有利于他们迅速成功有效地实现这些目标。在以色列,有 140 多所学校运用现代计算机程序进行阿拉伯语教学。6～9 年级中计算机化的课程可以提供快速反馈、发现细微缺点以采取相应的纠正措施,以提高学生对阿拉伯语的掌握。1991 年,12 年级的 1 900 多名学生接受了阿拉伯语的高校入学考试。这比 1990 年学习阿拉伯语的学生增加了 30%。

E. 苏尤里(E. Shmueli) 著
杨 青 译

附录

Eisenstadt S N 1967 *Israel Society*. Basic Books, Inc., New York

Israel Government 1990 *Year Book*. Israeli Government, Jerusalem

Ministry of Education and Culture 1990 *Facts and Figures on Education and Culture Systems in Israel*. Ministry of Education and Culture. Jerusalem

Bentwich J 1965 *Education in Israel*. Routledge & Kegan Paul, London

Yifhar Y (ed.) 1984 *Laws of Education and Culture*. Ministry of Education and Culture. Jerusalem

Ormian C (ed.) 1973 *Education In Israel*. Ministry of Education and Culture, Jerusalem

Wallach J, Lissak M(eds.)1980 *Carta's Atlas Of Israel*. Israeli Ministry of Defence Publishing House, Jerusalem

约旦的教育体制(Jordan: System of Education)

1. 基本背景

约旦是一个小国,国土面积为9.1万平方公里。国家的东部主要是沙漠和半沙漠地区,它占据了整个国土面积的3/4以上。约旦的中部是一条贯穿南北的多山的隆起地带,这便是首都安曼和其他一些主要城市的所在之地。长峡谷蔓延整个国家的西部,它包括了约旦峡谷、死海、阿拉巴旱谷(Wadi Araba)和红海伸向北方的亚喀巴湾。

约旦是发展中国家,1921年,在阿卜杜拉王子的领导下建国。1946年,约旦脱离英国独立后,阿卜杜拉登基成为约旦哈希姆王国的国王。1948年阿拉伯—以色列战争以后,巴勒斯坦(约旦河西岸)的部分领土与约旦于1950年合并。1967年阿拉伯—以色列战争后,西岸被以色列军事占领。

约旦实行议会制度和世袭的君主制。依据宪法,国王被授予广泛的权力,该权力通过内阁来行使。立法权属于国民大会(人民委员会),它包括参议院(上议院)和代议院。

约旦是阿拉伯国家,大部分约旦人是穆斯林。国民人口的4%是基督徒。人们广泛使用英语,所有学校都把英语作为第二语言来教授,但是,阿拉伯语才是国家的官方语言。

1979年,约旦人口(不包括被占领的西岸)为215万。1990年人口约为345万,其中2/3居住在市区。人口年均增长率为2.7%。

约旦经济缺乏生产性基础,易受到诸如海外援助等内外部因素的影响。作为其主要出口产品的磷酸盐的价格,甚至还受到降雨量的影响。在这种环境下,人力资源发展(从总体上说)和教育(从具体上说)在国家发展计划和政策中很自然就占据了重要地位。从这一方面来看,值得提出的是:劳动力市场的后来者平均都接受了11年以上的正规教育。

约旦既是劳动力的输入国,也是劳动力的输出国。20世纪70年代到90年代期间,国家的失业率急剧波动。直到20世纪70年代初期,8%的失业率是很平常的,到了70年代末期,失业率下降为不到2%。20世纪90年代海湾危机造成了许多在海湾国家工作的约旦人重返家园,受其影响,失业率又上升到20%以上。约旦的劳动力大军仅仅占总人口的21%。劳动力的分布是这样的:8%在农业部门,22%在工业部门(包括建筑业和矿业),70%在服务行业(包括教育、医疗、财政、商业、运输等)。劳动力大军只占人口的少数是因为大约一半的人都在16岁以下,16岁也是学校义务教育的最后一年。因此,对教育体系的要求也很高。

尽管失业率很高,但约旦的劳务市场的一个特征是存在着很大比例的移居者,他们来自邻近的阿拉伯国家,并占据着低技能的职业。这就对教育体制的外部效率提出了质疑,教育体系越来越受到这样一种压力:它要对劳动力的需求和劳务市场的要求做出更好的回应。

2. 教育政策与目标

尽管约旦政府实行议会制,但国会并不常常只代表一种政治背景或一种思维模式。这就有助于使许多政府机构,尤其是那些与公共服务有关的机构,如教育部,在处理自己的事务时有较大的自由,而较少受制于内阁制定的政策和指导。然而,教育体制之外的许多机构和个体常常参与到教育政策和法规的开发中来。

一般而言,伊斯兰的传统和西方文化的影响构成了约旦教育政策背景的两个主要来源。《教育法》所阐述的教育哲学的原则应包括:信仰真主,阿拉伯国家的团结和自由,政府的议会制度,国际合作以及参与人类文明的发展。这样的原则还包括:对个体完整和自由的尊重,以及对社会整体利益的重视。

基础教育强调的重点是个体的发展——身体上,心理上,情感的以及社交方面。在中等教育和高等教育阶段仍然强调这个重点,此外还强调社会的需要及社会经济和人力资源发展的需求。

3. 正规教育体系

3.1 *初等教育、中等教育和第三级教育*

图1描绘了约旦教育体系的结构。表1提供了关于入学的一些主要数据。

公立学校的基础教育是义务的和免费的。它包括10年共同的、无差别的全面教育,其中6年是初等教育,4年是预备(初中或中低等)教育。要想进入小学1年级,在相应的那一年的9月,小孩的年龄至少应该达到5岁零8个月。在1989~1990学年,教育部的学校容纳了基本教育人口的76.4%。其余人的教育由联合国难民救济及工程局的学校(15%)、私立学校(7.6%)和其他政府学校(1%)来提供。

在1989~1990学年期间,6~16岁年龄段的人中,90.4%的男孩和92.5%的女孩都在学校里接受教育。

自从1988年取消了全国统一考试(它过去被用来标志义务教育的结束),进入中学几乎不受限制。学生所进入的教育的类型依赖于其学术成就、个人选择以及可获得的空额。教育部已经采取了一些程序,依据学生在8、9、10年级的学习成绩,对不同种类中学的学生进行分流。

结束了作为义务教育的基础教育以后,大多数学生继续接受两年的教育,或者是普通中等教育,或者是实用中等教育,后者的目标是为培训中心和正式的见习组织准备技术工人。中等教育的目标是:为成为公民做好准备,为高等教育做好准备,通过职业教育和培训为工作做好准备。

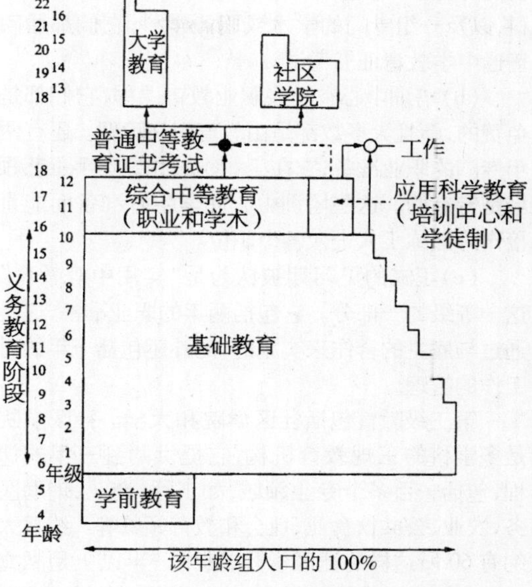

图1 约旦:正规教育体系的结构(1990)

在1989~1990年间,教育部的学校容纳了中等教育人口的86.6%。其余的由私立学校(5.5%)、联合国难民救济及工程局的学校(0.5%)和其他政府学校(7.4%)来满足。在16~18岁年龄段的人中,58.6%的男孩和63.9%的女孩都在校读书。下面就是对中等教育的每种类型的学校的一个简短的描述:

(a)普通中等中学取代了两种分离的学校:普通(学术)学校和职业学校。这两种类型的学校在20世纪90年代初以前,一直在教育体制中占优势。普通中等教育的课程从1993~1994学年开始

表1 1974~1975年至1989~1990年间的净入学率(年龄组百分比)(按照阶段和性别划分)

教育阶段/年龄	1974~1975		1979~1980		1984~1985		1989~1990	
	男性	女性	男性	女性	男性	女性	男性	女性
幼儿园	7.9	6.1	16.2	13.4	20.9	18.6	30.6	27.9
基础	97.1	86.0	92.7	85.2	88.8	89.1	90.4	92.5
中等	53.8	37.8	76.1	61.0	68.6	69.7	58.6	63.9

从1988~1989年开始,基础义务教育阶段年龄范围为6~16岁

将变得有效，它包括一个普通的综合文化核心学科，以及一组专门的学术或职业学科，它们都通向普通中学教育证书考试。

(b)培训中心有一些职业教育课程，它们都是免费的，而且大多数都是由教育部来管理。还有两年专门的职业准备，它在工业领域和妇女手工艺领域是专有的。这些培训中心使学生有准备而能直接作为熟练工人进入各个职位。

(c)正式的见习期被认为是"实用中等教育"这一等级的一部分。它包括两年的职业准备，这是通过与雇主的合作来实施的，此外还包括一年的对工作的管理。

第三级教育包括社区学院和大学。社区学院是多学科的正规教育机构，它提供两到三年的课程，包括一百多个专业领域，如工程、商业、辅助医务、农业、公共饮食业、社会和教育领域等。约旦大约有60所这样的社区学院，其中一半以上是私立的。这些学院多数是男女同校，接受那些通过了普通(学术或职业)中学教育证书考试的学生。每年的入学人数总计将近20 000。

1983年，社区学院引进了普通的综合考试，以避免教育标准的下降，尤其是由于私立部门的财政困难的增大。从那以后高等教育部的集中的责任是要对社区学院毕业生进行证明，同时，它将教育认证制度应用于社区学院。

约旦的大学接纳那些通过了普通中学教育证书考试的学生，他们主要是来自学术这一等级。除了通常持续4年的第一级课程外，在大多数学科中有更高的文凭课程和硕士(第二级)课程。另一方面，博士学位只能在有限的几个学科中获得。有4所公立大学和5所私立大学，每年接受的学生约为13 000人，其中公立大学接受了3/4以上的学生。

在1988年，约旦高等教育机构的总入学人数将近60 000人，大学和社区学院几乎各占一半。此外，将近有20 000名约旦学生在阿拉伯和国外的大学就读。

3.2 学前教育

约旦的学前教育既不是义务的，也不是免费的。它持续两年，几乎完全由私立机构来管理。要想进入幼儿园接受学前教育，在相应那一年的9月份，小孩至少应该有3岁零8个月。

在1989～1990学年期间，在4～6岁年龄段的小孩中，30.6%的男孩和27.9%的女孩都在接受学前教育。表1说明了1979～1990年间学前教育的发展情况。

教育部负责批准成立幼儿园、保持教学标准、考查学前教育的教师。虽然没有正式的课程，但有指导的活动和游戏占据了小孩的大部分时间。人们期望小孩在进入小学时具备"3R"的一些基本技能。

教育部出版了一些手册和指南以帮助幼儿园的教师，这些教师多为女性。学前教育的平均生师比约为24:1。

3.3 特殊教育

社会发展部作为政府机构，负责监督管理那些为残疾人提供教育、医疗和社会服务的机构。它通过自身所管理的，或通过一些非官办组织所管理的特殊部门来进行监管。这个趋势是，将有残疾的儿童融入到普通的由教育部监管的政府学校或私立学校。当然，这需以儿童的残疾程度容许这种融合为前提。一般而言，为残疾人提供的特殊教育服务不能满足需求。

3.4 职业、技术教育和商业教育

职业、技术和商业教育是为人们成为手艺精巧的人和熟练技工作准备。它在以下四种类型的教育和培训机构提供两年的课程：普通学校、专门化职业学校、培训中心、正规的见习中心。现实的职业教育和培训课程的类型包括以下领域：工业、农业、商业、护理、公共饮食业。所有在16岁完成了基础义务教育的学生中，大约30%(其中40%男性，20%女性)学生接受职业教育和进入培训机构。教育部计划到2000年把比率提升到50%。

在普通学校和专门化职业学校中，职业教育几乎完全由教育部来提供。它是和谐型的教育，实践训练、技术理论学科、综合教育学科分别占据了学习课程的40%、20%和40%。这样的教育导向一种综合测试，并因此导向更高的技术教育。

培训中心(它是由教育部、联合国难民救济及工程局和其他一些非官办机构所管理)为工业课

程和妇女手工业课程(这些课程极为偏好职业的需要)提供了培训科目、技术理论学科和综合教育学科,它们分别占据了教育课程的60%、20%和20%。

正规见习课程由职业培训公司与雇主合作来实行。该课程的内容与培训中心早期提到的课程相似。有代表性的是,在培训中心,一个实习生将把一周工作的一半用于综合教育、技术理论和基础训练,另外一半的时间是在雇主的公司接受有指导的在职培训。

3.5 成人和非正规教育

以下列出了约旦成人和非正规教育领域的主要机构。

识字课程主要在学校和工作时间后开设,它由教育部,从更次要的程度上来说,由非官办组织所提供。在1991年15岁以上的人的识字率达到了82%。教育部计划到2000年把这个比率提高到92%。在1989~1990学年参加识字班的不同年龄段的成人数大约达到了9 000人,其中88%为女性。

职业培训公司为成人工人提供了多种在职和职前培训课程。这些课程中有很大比例是通过与雇主的合作来进行的,其中包括:再培训、进修培训和管理培训。在1990年,大约5 000人参加了这样的课程。另一方面,大学和社区学院通过它们大量的、一系列的教育系提供了若干非正规的培训课程。约旦公共行政学会和约旦管理学会为公共部门和私立部门的参与者提供了在职的行政和管理课程。

私立成人教育中心是营利性中心,它提供的教育和培训课程主要在如下领域:商业、财经、计算机、语言、职业培训、妇女手工艺、美术。在1990年,大约有18 000名成人参加了全国181所中心的这些课程学习。

自发的非政府组织(NGO)中心在提供(尤其是为妇女)特殊成人教育课程和非正规教育课程方面起到了重要的作用。

雇主的在职培训课程包括大范围的在职的和离职的培训课程,这些课程由私立和公立部门的雇主来提供,其目的在于提升雇员的技能。

4. 行政管理的结构与运行

教育部对第三级教育之前的教育包括基础教育(小学和初中)和中等教育负有全面责任。教育部的责任包括:在预算规定之内,将资金分配到各种教育活动和行政部门全体成员中去;教师资格认证;政府学校的建造以及课程和教科书的设计。教育部长受到秘书长的协助,秘书长主管一个行政机构,该机构包括许多"总理事会",它们安排教育、计划和研究、财政、行政事务、学生事务、考试、在职培训、文化和公共关系、项目和学校建筑、课程和教科书、财政和行政监控。职业教育是由教育总理事会之内的一个行政单位来安排。

在地方一级上,一位教育主任对23个教育总理事会中的每一个都进行领导,这些理事会在它们的领域中对于学校系统负有完全的责任,其中包括对学校系统的视察。

私立机构(其中一些加入了各种宗教团体)在约旦的教育中起了重要的作用,尽管私立学校的学生比例相对来说较小。一所私立学校通常是由代表其业主的一个理事会来管理。由于这些学校不能得到政府的财政支持,它们在管理和财政上享有一种自治的地位。然而,它们必须与政府学校一样,提供同样的课程和教科书。另一方面,它们的教育活动由相应的地方教育理事会来监管。然而,安曼私立学校的数量相对较多,于是成立了一个独立的教育理事会来管理学校事务。

联合国难民救济及工程局为巴勒斯坦难民免费提供基础义务教育设备,并提供一些职业教育和教师教育。联合国难民救济及工程局的学校拥有与私立学校相同的地位。

职业培训公司(VTC)是公共机构,它在管理和财政上享有一定程度的自治。职业培训公司的理事会由劳动部长担任主席,主席由内阁来任命,内阁成员包括以下部门的代表:劳动部、教育部、公共建设工程部、计划编制部、工业理事会、工程师协会、职业培训公司、劳工联合会以及一些以私人身份出现的个人。

职业培训公司主要与职业教育和培训这一类活动有关,这类教育和培训通常在与雇主的合作下进行的。它包括了正规的见习、技能培训和提级培训。

约旦高等教育部(最初是在1985年成立)一般负责第三级(中等教育后)教育的管理和发展。这类责任包括:将政府资金分配到公立大学,对私立大学进行合格鉴定,批准大学的专业和入学人数。另外,在行政和学术问题上享有一定程度的自治。对于社区学院,高等教育部的责任又包括:批准课程、普通考试和毕业证明,以及对许多这样的学院的直接管理。

分权的政策给地方级教育理事会在以下领域几乎完全的职责,这些领域包括:学校监管、私人事务、教职员训练和教师在职培训。教育部仍然控制课程和教科书、学校建筑、教师资格认证和资金分配。

5. 教育财政

对于第三级教育,教育部承担了大约74%的教育成本,而联合国难民救济及工程局、私立部门及其他政府机构则分别承担了11%、14.5%、0.5%的教育成本。

约旦为公立学校和联合国难民救济及工程局的学校的基础教育(小学和初中)和中等教育阶段提供免费教育。基础教育中,教科书是免费分发给学生,在中等教育中则是要收费的。另一方面,私立学校要收费以负担支出。

以下列出了教育部的教育活动的资金来源:

(a)国家预算占经常性支出的95%。

(b)教育税总计是建筑物租金价值的3%,它占经常性支出的2%。实际上,这些收益用于为学校建筑物征购土地、学校建筑的维修以及租金的支付。

(c)教育部的学校的学生名义上的捐款占经常性支出的2%。这些捐款主要用于学校设备的改善。在20世纪90年代初,每个学生每年的捐款在5~10美元之间。

(d)社区的捐款在数量和种类上是多样化的,而且通常是由个体、企业或家长—教师协会捐资。实际上,这样的捐款用于具体的项目或用于学校设备的改善。

(e)当地的和国外的贷款是用于基本建设的资金,尤其是为新的教育机构的建筑和设备提供资金。国外的贷款通常是通过特殊的协议来担保,如与国际机构(如世界银行)和其他的国家达成双边协议。

(f)当地的和国外的赠款,尤其是从与约旦有友好关系的国家获得赠款,时常可以通过以下方式来获得:技术援助、为特殊的教育项目提供资金。

在20世纪80年代,教育部的预算平均是国家预算的8%,是国民生产总值的3%还多。从1960年到1990年,教育在国家预算中的比例从7%提升到8.75%。在1989~1990年,每个学生在基础教育和普通中等教育的费用是153第纳尔(221美元),商业中等教育的费用是298第纳尔(430美元),工业中等教育的费用是419第纳尔(605美元),农业和旅馆中等教育的费用是1 000第纳尔(超过1 443美元)。

雇主也对职业培训的费用进行直接的捐助。除了支付见习生已经减少了的工资外,雇主的捐助还包括:为在职培训提供培训设备;就重要的雇主来说,还为全职、在工厂的教师支付工资,并提供其他设备。

一般而言,第三级教育不是免费的。学校为取得了优秀学术成就的学生设立了奖学金制度。政府的社区学院和公立大学的学费通常只占教育费用的一半不到。在私立社区学院和大学,学费包括了所有的费用。除了学生的学费外,政府社区学院的资金来源与上面所谈到的基础教育和中等教育的资金来源相类似。此外,公立学校定期能获得收入,它来源于约旦所有进口商品专门税收的1%。

6. 师资

《1988年教育法》将大学学位文凭列为教师职业的必要条件。对于基础义务教育(1~10年级)教师,可在公立大学学习4年由师范教育所组成的学位课程。另一方面,对于中等教育(11~12年级)的教师,是从各种相关学科的大学毕业生中招收的,而且要求他们在进入教师职业之前或之后获得教育方面的研究生文凭或学位。

要想从事教师职业,申请者应该由教育部做出资格鉴定。公立学校的教师是公务员。因此,与他们的招收、分级、提升和退休相关的一些事务,都按《文职人员法律》管理。

尽管存在这样的事实,教师可得到特殊的津贴和其他一些额外的利益,这是其他公务员所不能得到的,但是,教育是属于国家的优先发展之列,考虑到教育的这个重要性,教师的工资让人觉得还不是足够的。

在1990年,除去社区学院和大学的教师,约旦教师的数量将近是45 000人。另一方面,行政人员、监管人员、教辅人员总计将近24 000人。教育部在教育方面雇佣了整个劳动力总数的77%。另一方面,联合国难民救济及工程局、私立学校和其他政府机构分别雇佣了劳动力总数的6%、15%、2%。女性在教师人员和行政人员中的比例分别为62%和44%。

一般而言,申请从事教师工作的女性毕业生存在过剩的现象。对于男性来说,这种过剩现象更严重,尽管甚至在英语、数学和物理科学这些学科中还存在少量的不足。在为偏远和贫困地区招收老师时会碰到一些困难,尽管这些老师能得到额外的津贴。

为了与新《1988年教育法》的条文相符合,公立大学引进了一个10年的资格认证方案,以便提升两万多从业教师的资格,将他们从社区学院文凭提升到大学学位。

教师的在职培训,尤其是教育的一套工作方法,是教育部活动的一个突出的特征。大学为各类的教师和行政人员提供了在职的研究生文凭和学位课程。

7. 课程开发与教学方法

课程和教科书的开发是教育理事会(它由教育部长担任主席)全国性的集中的活动。它由18个成员组成,这些成员分别代表相关的政府部门和机构,同时也代表其他个人。

基础教育是迎合6~16岁年龄组人的需求的。基础教育中的课程是全国性的,无差别的。只是在以下情况有一些小小的例外:为非穆斯林的学生进行宗教教育以及职业教育前的教育。基础教育的课程除了包括严密的科学、自然科学、社会科学和人文科学外,还包括物理、艺术、音乐、职业教育前的教育和计算机教育。

中等教育(高中)是迎合16~18岁年龄组人的需求的。它存在两条主要的教育支流。普通中等教育中有共同的核心课程,此外还有一组专门化的学术或职业课程,学生可以根据自己的能力和爱好来选择这些课程。共同核心课程包括伊斯兰文化、阿拉伯语言、英语、公民和社会科学、普通科学,这些课程占据了学生学习计划的40%。

实用中等教育的共同核心课程占据了学习计划的20%,它来源于普通教育这一支流。此外,在培训中心和正式的见习计划中,还有一类专门化的职业学科,其目的在于为工业和妇女手工艺行业准备技术工人。

所有的课程和教科书都是由特殊的委员会来准备的。该委员会的成员主要是从大学教师、教育部督学(检查员)、从业教师和专家中挑选的。

英语作为一门外国语,在5~12年级是强制性学科。许多私立学校和数量有限的政府学校教授法语。

一个主要的发展在于,对课程和教科书有了完全的评价,其目标在于加强学习的实验方法、批判性思维和满足每个个体不同的需求。在《教育发展计划》(1987年开始实施)中,这些因素作为教学方法发展的需要而得到了强调。

8. 考试、升级和证书制度

约旦教育体制是开放式的,不存在全国性的或普遍性的考试,除了在中等教育结束之时,教育部会举行普通中学教育证书考试,以便对进入高等教育的学生的流量进行控制。中等教育结束之时,学校证书也会相应发放给学生。

尽管教育部制定了规则,阐述了考试和升级的概要,但在基础教育和中等教育中对学生的评价是教师的唯一的职责。留级仅仅在有限的年级中是被允许的。学生可以在5~9年级之间留两次级,而且要征求家长的意见。

《教育发展计划》所面临的一个挑战被认为是:完善考试和评价制度,以便能够进行更全面的评价，而不仅仅是评价学习的认知因素。

9. 教育评价、评估和教育研究

在教育部，两个总理事会与教育评估、评价和研究有关。它们所覆盖的主题包括：评估学生成绩、评价技术的发展、实用的教育研究、教育经济学的研究、公布相关的统计资料。研究计划由教育研究委员会所制定，该委员会的成员来自教育部和约旦大学。

为了加强教育研究，约旦于1989年成立了一个国家教育研究和发展中心（NCERD），以进行实地研究，而且还建立了资料库，为《教育发展计划》提供支持。此外，3所约旦大学的教育学院在教育领域进行了研究，这些研究是在硕士学位水平上进行的。20世纪90年代初期的研究的重点包括教育经济学、教育投入评估、教师工作评价。

10. 20世纪八九十年代的主要改革

经过对教育制度进行了两年的批判性检查后，在1987年制定了一个10年的《教育发展计划》。该计划所采纳的主要的改革有：

(a)从1988年开始，将基础义务教育的年限从9年延长到10年。

(b)学前教育在数量和质量上的发展完善。

(c)为各种系列教育的课程和教科书进行完全彻底的检查，重点放在以活动为导向的（activity - oriented）学科、教学的实验方法、批判性思维，以及满足个体不同的需要上。

(d)到2000年，将中等教育（高中）中接受职业教育的学生比例从30%提高到50%。

(e)在学校和全国两个层次上，改革考试制度。

(f)将教师职业的最低资格要求从社区学院文凭提高到大学学位，而且必须受过师范教育。

(g)在对私立大学的禁令解除以后，发展大学教育（从20世纪80年代末期到90年代初期，大学的数量从4所跃升为10所）。

11. 2000年面临的主要问题

人们认识到，到2000年，教育体制最有可能面临三个主要问题。第一是：完善教育体制的产出与社会和国家发展计划之间的相适性，尤其是考虑到高等教育毕业生巨大的过剩和失业状况，以及相应的基础职业层次的劳动力短缺。第二个问题与教师有关，而且主要是态度方面的问题，教师感觉到提高自身在现代教学技能方面的需要。第三个问题是，考虑到相对较高的人口年均增长率，用于支持不断扩大的教育以及提升教育质量所显现出来的资源短缺。

M. 马斯里（M. Masri）
T. 伯马米特（T. Bermamet） 著
杨启华 译

附录

Central Bank of Jordan *Monthly Statistical Bulletins*. Central Bank of Jordan, Amman

Masri M 1987 *Issues and Models in Vocational Education*. Amman

Masri M, Durra A, Aruri F 1991 *Population and Education (In Jordan)*. National Population Commission and UN Population Fund, Amman

Jordan Ministry of Education (annual) *The Educational Statistics Yearbook*. Ministry of Education, Amman

Jordan Ministry of Higher Education (annual) *The Annual Statistical Report on Higher Education in Jordan*. Ministry of Higher Education, Amman

Tall A Y 1979 *Education in Jordan (1921—1977)*. National Book Foundation, Islamabad

Jordan, Vocational Training Corporation *Annual Report, 1990* and previous years. Vocational Training Corporation, Amman

科威特的教育制度（Kuwait: System of Education）

1. 基本背景

科威特位于阿拉伯湾海岸的西北部，国土面积为9 600平方公里。它的西部和北部与伊拉克相邻,东部以阿拉伯湾为界,南部与沙特阿拉伯接壤。

在18世纪中期以前,科威特的居住者是一些阿拉伯小部落和许多渔民。然后,许多阿奈扎部落的家族从沙特阿拉伯的内志省移居到海湾的海岸边,也就是现在的科威特。萨巴赫家族是这些人的后裔,并成了科威特现在的统治者。此后,有其他邻近的国家,包括伊拉克和伊朗的人移居科威特,移民的人数在慢慢地增长。

在1899年,科威特酋长与英国签订了《保护条约》。该条约的要点是:酋长保证不将科威特的任何一部分租借给任何国家除了英国和它的国民;保证不接受外国代表除非征得英国政府的批准。而英国方面同意向科威特提供经济援助,并在科威特受到任何外来入侵时提供保护。

从此,该条约一直有效。直到1961年,两国政府签订一个友好条约,这才宣布了科威特是一个独立的国家。在1962年11月,一项新的宪法宣布了科威特政府是一个民主政府,人民是所有行政权力的来源。宪法还认可萨巴赫家族可以保持王位继承权。

科威特主要依赖石油收入来为生活的各方面提供资金。在伊拉克于1990年8月入侵科威特之前,科威特已经确立了一个工业计划,它预计用10~20年的时间取代石油。然而,该计划被完全破坏了,而这种替代也将会花费更长的时间。教育完全由政府负担经费,政府将收入的10%投入教育中。1992~1993年,教育部的预算为3.85亿科威特第纳尔(1科威特第纳尔=3.4美元)。

留学生(包括外国工人)教育主要限制在私立学校系统。政府为私立教育提供帮助,但不提供财政资助。

2. 教育政策与目标

科威特的宪法和它的不同的机构确定了潜在于社会和国家结构中的体制和原则。这些基本的原则中包括:与教育及其在社会中的地位有关的原则;强调国家政治因素的原则。所有这些原则形成了确定科威特教育目标的主要来源。

科威特的公立教育体制是由以下的宪法原则所规定:(a)对年轻人的照管是国家的责任;(b)教育是社会进步的关键因素,它由国家保护和资助;(c)初等教育是科威特公民的权利和义务。

1987年法律中有关普通教育的陈述是:

> 教育的目的在于为学生提供机会,这将有助于他们完整和全面地在精神、智力和体力方面发展。这些发展应该是在他们的能力范围之内,并在伊斯兰原则、阿拉伯遗产、现代文化、科威特社会的特性和传统的背景之中所实现的。这样的教育应该对学生灌输民族主义精神,以及对祖国和埃米尔(科威特长官)的忠诚。此外,它应该确保学生自我意识的平衡,使学生有资格为科威特社会(从特殊方面说)和阿拉伯国家(从普遍方面说)的进步做出贡献。

科威特的教育,在价值、文化、状态、潜能、需要、问题和态度方面,源自于穆斯林、阿拉伯湾和科威特社会的特性。因此,它的目标在于:(a)向学生灌输伊斯兰教的忠诚观念;(b)向学生介绍他们的伊斯兰/阿拉伯遗产,以及科威特的历史、社会和传统的发展;(c)使学生确立这样一种感觉:他们是科威特、阿拉伯国家以及伊斯兰世界的一员;(d)增强民族团结和民族精神;(e)个人为民主社会作准备;(f)使个体熟悉他们的权利和义务;(g)依照科学的方法,提高思维能力;(h)指导学生创新和现代化;(i)提高学生的抱负;(j)对资质特优的学生和弱智学生给予同样的关心照顾;(k)造就坚强的一代人,使他们具有这样的特性:认真、坚韧、献身精神,并具有一定的能力、技巧和态度,使他们能胜任将来所要承担的职责。

对于初等教育,更具体的目标表述如下:

(a)依照伊斯兰教的原则和信念,促进学生精神、智力和人格的发展。

(b)提供读、写、算三项基本技能的基础知识。

(c)鼓励学生参与艺术和手工科目的学习。

(d)帮助学生正确评价社会的观念,尤其是合作和负责任的品质。

(e)通过学习国家历史,使学生建构民族特性和民族意识。

中间教育的目标是：

(a)使学生能够理解并获得关于他们的国民性的知识，以及以下学科的知识：阿拉伯语言、社会科学、初级自然科学、数学和英语。

(b)引导学生的能力和爱好，以便为中等阶段的教育做好准备。

(c)为学生获得手工劳动的专门技能和经验提供机会。

3. 正规教育体系

科威特教育的等级是4-4-4式：4年初等教育，4年中间教育和4年中等教育。这种普通教育之前是2年的幼儿园阶段。

图1介绍了学校体系的结构以及相同年龄阶段人的入学百分比。

3.1 *初等教育、中等教育和第三级教育*

初等教育是义务教育，该阶段的学生年龄是6~9岁。中间教育阶段的学生年龄是10~13岁。所有该阶段的孩子都进入同样类型的学校，这就是人们所知道的普通预科学校。

中等阶段包括对14~18岁学生的教育。学生在中间阶段顺利地度过了4年之后，就进入中等阶段。这一阶段，学生主要是为大学和高等教育作准备。在这一阶段开始的2年中，所有的学生都学习

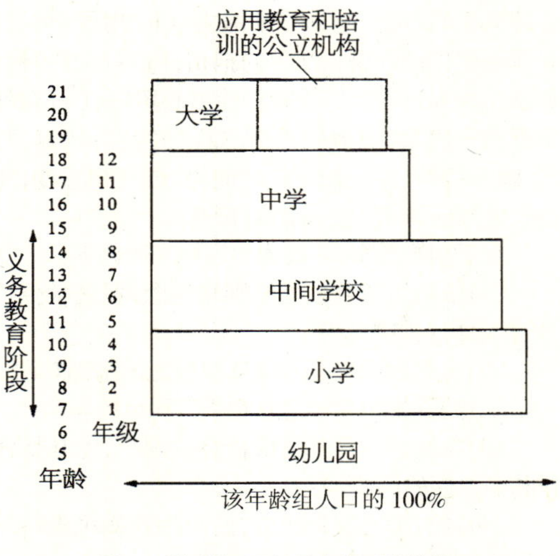

图1 科威特：正规教育体系的结构

共同的课程，然后，在第三年，他们才能选择科学或文科作为学习的方向。在1992年，大约60%的学生选择了文科。这引起了教育部的关注，教育部已经开始了一项调查，以找出造成这种偏向的原因。

宗教学院接受那些完成了初等阶段教育的学生。在进入开罗的伊斯兰教学院，以及开罗的达阿乌鲁(Dar al-Uloom)学校之前，学生在宗教学院准备专攻伊斯兰法学、阿拉伯文学和语言结构。从1966年起，学生也进入科威特大学、阿沙利亚(Al-Sharia)大学或沙特阿拉伯的宗教学院。宗教学院课程的设计，既提供关于古兰经、伊斯兰传统和伊斯兰法学的普通的知识，也提供高深的知识教育。

公立学校是由教育部负担经费和进行管理的。除此之外，还有各种私立学校既由个人所有，又由外国传教士所拥有。教育部对它们进行密切的观察，以确保进入这些学校的学生能获得满意的教育。它们能得到所有必要的建议，而且那些用阿拉伯语进行教学的学校会得到所提供的书本和其他经济支持。那些从国外移居的小孩，不能在公立学校找到任何位置，他们通常进入这些学校学习。从国外移居的小孩要想在公立学校读书，必须符合这样的规定：小孩的家长必须在科威特至少生活了10年。很少有科威特人去美国学校或英国学校上学。

在1971~1989年间，进入私立学校上学的学生人数明显增加。在1971年，7 162名学生进入私立学校，23 019名学生进入科威特学校。到1989年，学生人数分别上升为93 135人和39 132人。

1966年以前，所有想继续接受高等教育的科威特学生只好进入阿拉伯国家的大学或西方国家(如英国和美国)的大学学习。在20世纪60年代早期，在这些大学的科威特学生的数量急剧上升，国家对不同领域的专家的需求也在上升。正是这种发展以及所有发展所带来的深远影响，最终促成科威特在自己国家建立了一所大学。

这所大学于1966年创办，当年只有两个系(科学和艺术)。到20世纪80年代初期，大学所设立的系有：艺术、科学、商业、法律、工程和石油、医学、综合健康教育、教育和伊斯兰研究。学校的入学人数由1966年的418人增长到1988年的14 106人。

3.2 学前教育

幼儿园阶段不是义务教育,它招收4~5岁的小孩。它的主要目的是使小孩熟悉学校环境,为他们提供交往的伙伴,发展他们生活中的社会行为。这是唯一进行联合教育的阶段。它通过某些学科,以正式的方式使小孩熟悉社会的基本观念,这些学科主要有:伊斯兰教、阿拉伯语言、算术、初级科学、艺术、体育和音乐。

3.3 特殊教育

除了前面所提到的各种类型的教育学院外,科威特尽力为残疾人提供特殊教育机构。教育部已经建立了许多学院以为身体和精神上有缺陷的人提供教育。这些学院配备有各种所需的设备和资助,以推动对残疾学生的教学,使学生能适应他们身体状况和社会处境。

3.4 职业、技术教育和商业教育

这类教育是在教师培训学院、商业学院、公共卫生学院和科威特技术学院进行的。在顺利完成了中等教育后,学生可以申请进入这些学院学习。

在成功地通过了中学教育证书考试后,学生会被接收进入教师培训学院学习。该学院提供4年的教程,这些课程提供了教育理论和实践的知识,以便能满足为初等教育阶段提供师资的需要。在以下学科之一,学术研究从一开始就是专门化的。这些学科是:(a)科学(普通科学和数学);(b)文科(阿拉伯语言、伊斯兰教和人文学科);(c)艺术;(d)体育;(e)音乐。

商业学院在该国提供不同的商业和工业机构,其专家来自以下部门:银行业、保险业、计算机经营以及管理行业。该学院成功地引导许多机构雇佣年轻的科威特毕业生,并成功地阻止了移民流向科威特。

公共卫生学院的目标是提供训练有素的护士,这些护士将在学校或医院工作。进入该学院的学生通常是那些在中学教育证书考试中分数较低的学生。

科威特技术学院为国家提供经过训练的技师,它包括这些学科:机械制造学、电学和电子学。为了鼓励年轻的科威特人到该学院学习,学生们每月都可以得到200美元的津贴。优秀的学生在毕业后,将被送到国外的学院进行更进一步的培训,除此之外,所有的学生都可得到全额奖学金。尽管这所学院创办了十多年,迄今为止,国家还没有感受到这所学院的毕业生所带来的影响。

3.5 成人和非正规教育

成人教育受成人教育部和扫除文盲部的监管。它包括两个阶段:中间阶段和中等阶段。中间阶段每星期提供20小时或21小时的教育,学科包括:伊斯兰教育、阿拉伯语言、英语、数学、科学、社会学科和国民(民族)教育。在中等阶段,每个星期有24、26或27门课程。中等教育的3年级分为艺术和科学两种学科。普通教育学校改进过的课程被用于成人教育中心、伊斯兰教育领域、国民教育和数学教育。

成人教育部和扫除文盲部一直在努力为不能参加晚上课程的人开办早上课程,以鼓励他们继续学习。这个实验得到了贯彻,并通过对结果的评估来对实验进行评价。一般而言,早上课程受到男性学生和女性学生的赞同,而且有助于他们经常到校上课。

在所有的成人教育中心和成人教育阶段,以及晚上的成人宗教教育中心,卫生知识课程作为一种补充而开设。这些课程包括:卫生学;地方的和国际性的问题,如作为国际卫生组织项目之一的艾滋病。中间教育和中等教育阶段安排了对准备学术研究学科的竞争。开设了娱乐课程、运动课程、艺术课程和实践课程,其目的是为了艺术的表达和娱乐消遣,除此之外,实践课程中的培训是为了训练日常生活技能。

非正规教育由各种团体来监管,这些团体与政府部门以及教育和科学机构有关系。古兰经背诵中心为这些学生提供学习机会:凡18岁以上,希望背诵神圣的《古兰经》中的章节,希望学习伊斯兰教的原则和历史,希望学习历史的学生。这些中心的学习持续时间是4年,每个星期上3天课。根据规章,依据学生经常出席的情况报告,学生可以获得年度奖金。博学的人每学年会被颁发一个成功证明书。教科书是免费分发给学生的。

伊斯兰研究学院隶属于沃卡夫(Awkaf)部和伊斯兰事务部,它是宗教教育中心,旨在提升这些

中心的毕业生的科学水平，并在立法科学方面专业化。某些方面的课程，如《古兰经》、《圣训》（伊斯兰教教规）以及伊斯兰法学，其目的在于为学生将来成为教长（伊玛姆）、传教士和教师做好准备。

最后，社会事务和劳动部负责青年、运动领域和孩童时期这些部分。它管理青年中心、孩童的运动场、青年宿舍、青年营、为残疾人设立的科威特俱乐部、训练运动领导者中心。这些活动的目的是为了给年轻人提供机会，以发展完善个人能力和他们的个性。

其他的非正规教育活动有：公共事业社团，隶属于社会事务和劳动部；地方服务和继续教育处，隶属于应用教育和培训政府当局；科威特大学社区服务中心。

4. 行政管理的结构与运行

科威特教育由中央政府管理，它要资助大多数学校。不过，应该指出的是，中央行政进行了某种地方分权的试验，它将国家划为行政区，每个行政区有自己的教育委员会。目前已经成立了5个教育委员会：阿·阿赫马迪（Al-Ahmadi）、阿·贾赫拉（Al-Jahra）、阿·哈瓦利（Al-hawally）、阿·阿色马（Al-Asema）以及阿·法瓦尼（Al-Farwaneiah）。在首都的教育部也有中央行政委员会。该委员会的组成成员为：教育部长、副部长、所有的副部长助理，五个教育行政区的主任也参与其中。

教育部长和副部长都有许多专门的理事会或委员会来提出建议并提供帮助。副部长有5个助理，每个助理负责一个部门。这些部门是：财政和行政部、教育部门、学生信息部、公共教育、计划和发展部。这些部门的每个部门都分为5～9个小部门。

该部门还有许多的咨询委员会，一方面是为国家的每个区域提供帮助，一方面是为私立学校提供帮助。咨询委员会是教育部中的一个重要组成部分。在监督学校方面，顾问是部门的代表。他们也要负责课程的开发、草拟新课程提纲、准备新教科书、监督对学校的提议。顾问由教育部副部长任命，都是从中学教研室主任中挑选出来的有经验的教师。

咨询委员会再细分为不同的部门，每个部门负责一个具体的学科。因此就有负责各种科目的委员会，这些科目如：数学、阿拉伯语、英语、宗教、科学、法语、社会科学、体育、美术、音乐教育、家政学、图书馆教育和手工艺。每个咨询委员会包括：总顾问、负责每个教育委员会的总顾问、负责私立学校的顾问等等。

5. 教育财政

国家坚信，教育是着眼于未来的重要投资。年轻的科威特人从进入幼儿园（它不是义务教育）的那天开始，到他们从大学毕业的那一天，他们的教育都是免费的。科威特的免费教育，不仅意味着不收学费，而且还提供各种必需的教科书和设备。因此，毫不奇怪，教育在科威特的预算中处于最优的地位。从1980～1981年到1992～1993年，教育部的预算从1.813亿科威特第纳尔增长到3.85亿科威特第纳尔（1992年，1科威特第纳尔＝3.4美元）。伊拉克对科威特入侵和占领为期7个月（从1990年8月到1991年2月），这意味着大多数的教育设施被劫掠和毁坏，这迫使政府花费数百万第纳尔，用于重建学校和其他教育机构。

表1列出了对不同部门和教育系统的资金分配情况。

6. 师资

教育系统开始之时，政府从国外去寻找教育人员。第一批教师和行政人员是巴勒斯坦人和埃及人。随着学生和学校数量的增长，对教育人员的需求增加了。表2展示了从1988年到1991年这段时间的教师（科威特人和移居者）的人数。

7. 课程开发与教学方法

海湾阿拉伯国家教育研究中心（GASERC）总部设在科威特。在1981年，它在数学和科学方面开始了一项计划，该计划包括四个主要的阶段。第一阶段：对所有海湾国家的这两门学科在1981年的地位进行详细说明，以此为基础，为所有的年级规划出普通的和具体的学科。这些受到了评价和修正。它对于教科书和教师手册的设计也给出了建议。第二阶段:对2~4年级的教科书进行试验和修改,对教师进行培训,以及具体地执行。第三阶段包括:对5~9年级的教科书进行试验和修改,对教师进行培训。第四阶段(1992)针对10~12年级,步骤与前面相同。

在科威特的小学,每个星期有30个学时。重点强调的是学习阿拉伯语(每周10或11个学时)、算术(4或5个学时)、宗教(3个学时)、普通科学(2或3个学时)、艺术(2或3个学时)、体育(2或3个学时)以及音乐(2个学时)。社会学科在4年级开设。同时,还有一两个自由活动时段。

在中间阶段,每周有37~39个学时:英语和阿拉伯语(每周8学时)、数学(4)、普通科学(3或4)、社会科学(2~5)、宗教(2~3)、体育(1或2)以及音乐(1)。对于艺术和家政学,在男生和女生之间有区别。艺术教育:在5年级和6年级,男生是4个学时,女生只有2个学时。家政教育:在5、6、8年级,女生是3个学时,而男生不接受家政教育。在7年级和8年级,男生和女生都接受2个学时的艺术教育。

表3展现了中等普通教育阶段规定好的学习计划表。

课程的四个独特时期可以确定。在“古老时期”,也就是20世纪50年代以前,科威特在所有学科的教科书方面完全依赖于埃及。因此,埃及学生所学习的内容也就是科威特学生所学习的内容。

“发展时期”是从20世纪50年代到70年代,它涉及教学内容和方法的更新。科威特是海湾地

表1　1985~1990年间教育部教育预算的分配百分比

课程	1985~1986	1986~1987	1987~1988	1988~1989	1989~1990
公共事务	7.85	7.95	6.85	6.42	6.48
幼儿园	7.77	8.40	8.65	9.09	9.07
初等教育	24.84	23.72	22.45	22.29	22.06
中间教育	25.61	25.40	24.90	24.57	24.70
中等教育	17.50	17.64	19.52	19.73	21.43
其他教育形式	2.77	2.66	2.63	2.32	2.40
公立教育服务	6.45	6.60	7.10	7.85	8.58
其他服务、任命对私立学校的资助等	7.21	7.63	7.90	7.74	5.30
总计	100	100	100	100	100

表2　教师人数

年份	男性			女性			总计
	科威特人	外国人	小计	科威特人	外国人	小计	
1988~1989	2 944	8 988	11 932	8 915	6 987	15 902	27 834
1989~1990	3 100	8 848	11 948	9 125	6 914	16 039	27 897
1990~1991	3 414	5 599	6 013	8 812	3 266	12 078	21 091

表 3 **中等教育阶段的教学大纲**

科目	每周课时数		人文		科学	
	1	2	3	4	3	4
伊斯兰教育	3	3	2	2	2	2
阿拉伯语	7	6	7	8	5	5
法语	6	5	7	7	6	5
数学	–	–	5	5	–	–
科学	5	5	1	–	6	6
社会	3	6	1	–	11	12
自由活动、实践活动和美术	2	2	–	–	–	–
家政(针对女童)	2	2	2	2	2	2
体育	2	2	1	1	1	1
总计　男童	31	31	31	31	31	31
女童	33	33	33	33	33	33

区课程改革的先驱。这不仅导致了数学教学的彻底的改变,而且也唤起了其他学科的专家的出现。随后形成了专门指导委员会来规划不同学科的课程,以满足科威特学生的需求。

"调整时期"直到20世纪80年代中期。在新课程在学校实施以后,以及在学校对新课程的反馈得到了以后,就要对它进行改善或调整。这就是该阶段的主要任务。规划委员会开始对这些课程进行调整,包括对教科书的重新编写。

"统一时期"预计持续到20世纪90年代中期,它涉及为海湾国家规划统一的课程。

8. 考试、升级和证书制度

考试和评价部是教育部的一个部门。该部门负责所有的证书,这些证书是科威特学生从全世界所获得的。此外,它还通过次级委员会组织中等阶段学习结束时(第12年级)所举行的中等考试。

在小学,学生的升级依据每月的考试。及格分数是50分,大多数学生都可以达到这个分数。有少部分的学生不能达到这个分数,其中,只有那些两门以上的科目都在50分以下的学生才需要留级。实际上,留级学生的比例非常少。

在中间和中等阶段,学生的升级依据两类评定等级。一类是他们每天的、每周的或每月的考试成绩。另一类是依据普通考试,这种考试在每个学年结束之时举行。这些类型的考试都是由学校负责每门科目的校长所编写的,校长要向这些科目的顾问进行咨询。

第12年级的考试完全是考试和评价部的责任。考试由教育部的顾问与科威特大学的专家合作编写。每个12年级的学生每门学科至少应该取得50分,才能被授予中等考试证书。如果任何一个学生在任何一门学科中没有取得50分,他可以在2个月以后参加同样学科的另一场考试。学生不允许参加三门以上的科目的重新考试。如果出现这样的情况,学生就被要求在明年重读同样的年级,而且这将是他的最后机会。否则,学生将不被允许继续接受学校教育。

9. 教育评价、评估和教育研究

在1985年,科威特埃米尔殿下发布了一个政令,创建了高级委员会来评价科威特教育体制,该委员会的主席是教育部长。委员会的组成部分包括许多的次级委员会,它们从所有的方面评价科威特的教育体制,并在1987年提交了报告。该报告中的结论和发现传达给了每个与教育有关的团体。这是对教育体制的唯一的评价,但在1993/1994年计划着手进行对学生成绩的评估。

教育研究中心是教育部的重要组成部分。该中心参与以下的活动:(a)为每个教育阶段和每门学科规划教育目标;(b)评估课程的不同方面;(c)进行课程计划的研究;(d)收集地区的、全国的、国际的有关教育规划的所有的文件材料和参考资料。

10. 20世纪八九十年代的主要改革

在20世纪80年代初期,教育部开始试验在学校实行学分制,目的在于使中等学校体制有一个较大的改变。该试验在2所学校进行(1所男校,1所女校)。随后的每年,试验学校的数量都在增加,直到试验学校在1992年达到20多所才停止下来。在1992~1993学年,另外的12所学校将转向新的体制。教育部希望到1996~1997年,所有的中学将在新的体制下运转。教育部还在1992~1993年试验了所谓的"新定向学校"。开始之时,每个阶段2所学校。累计起来,每个教育区域有6所学校,而总计共有30所学校。该试验的目标是给学校更多的管理自由,教育部只是作为顾问的角色。

在1990~1991年,伊拉克对该国的入侵和占领长达7个月。在此期间,科威特学校教育短缺。1992年11月召开了主修课程会议,目的是为了开发新课程,使科威特能够从学校教育的短缺中恢复过来。

11. 2000年面临的主要问题

自实行正规教育体制之时,科威特就面临着师资匮乏的挑战。在伊拉克入侵科威特之前,科威特几乎建立了稳定的渠道,以便为教育系统提供高质量的人员,这些人员来自几乎所有的阿拉伯国家。当科威特被伊拉克占领时,由于各种原因,科威特丧失了大多数的合格教师。而且,在国家解放之后,科威特自已又不允许一些教师返回,还有一些教师由于个人的原因而选择不回国。因此,20世纪90年代的主要问题将是:组建一批质量优秀的教师。教育部与科威特大学的师范学院和应用教育和培训政府当局(PAAET)的师范学院合作,已经确定了一个计划,该计划预计,在20世纪90年代期间,科威特所有教师中,大部分将来自科威特本国。

应该指出的是,在科威特解放之后,政府对于学校的重建给予了优先权。大约花费了3亿美元来使80%的学校开学和重新开始运作。

另外一个主要的问题是进行课程改革,以便科学地满足科威特未来一代人的需求,并解决伊拉克的入侵和占领对科威特所造成的心理影响。

M. G. 侯赛因(M. G. Husein) 著

杨启华 译

附录

Gulf Arab State Educational Research Center 1992 *GASERC's Scientific Efforts in the Domain of Developing Education in Arab Gulf States*. Arab Bureau of Education for the Gulf States

Husein M G 1987 *The Mathematical Attainment of* 13-*year-old Students in Kuwait*. Ministry of Education, Kuwait

Kuwait University 1989 *Kuwait University in 22 years*. Kuwait University, Kuwait

Ministry of Education 1992 *Midyear Report*. Ministry of Education, Kuwait

Ministry of Education 1992 *Ministry of Education Annual Report*. Ministry of Education, Kuwait

Ministry of Planning 1990 *Statistical Abstract in 25 Years*. Ministry of Planning, Kuwait

黎巴嫩的教育制度(Lebanon: System of Education)

1. 基本背景

黎巴嫩共和国坐落在地中海东海岸。领土面

积为10 450平方公里(4 035平方英里)。国内多是连绵不断的山脉,这一地理优势使黎巴嫩几乎一直处于自治或独立状态,由此吸引了大批遭受宗教和种族迫害的人来到这片山脉中,寻求避难所。黎巴嫩是世界上最早的人口定居地之一。

土耳其帝国衰落后,国际联盟授权法国管理(1920～1945)黎巴嫩。1975年,黎巴嫩爆发了几起严重的暴力冲突,起因是巴勒斯坦问题。黎巴嫩有近50万巴勒斯坦人,双方间的关系很敏感。这个时期,双方间微弱的平衡关系被打破。其实,战争的爆发还有几个方面的原因(宗教、氏族、左派与右派间的斗争等),国外的介入加剧了这场冲突。黎巴嫩被占领过几次。1990年,中央权力的重组才开始。在写本词条时,国家仍被以色列和叙利亚军队分别占领着。

黎巴嫩是联合国的成员国之一,阿拉伯联盟的发起国之一,已经加入了阿拉伯联盟教育、文化、科学组织。

现代的黎巴嫩是一个议会制共和国。1926年,宪法宣布,共和国的总统由议会选举产生,任期6年。政府对议会负责。1943年的非正式会议规定,总统必须是马龙派教徒、总理是逊尼派教徒,议会发言人是什叶派教徒。为避免国内17个宗教派别之间的冲突,各级政府和行政机关都分别安排不同宗教派别的人,安排人数的依据是不同派别的人数以及不同派别的重要程度。这样的传统,削弱了政府的职能,因为主要的决定需要各派达成一致的意见。1990年,在阿拉伯联合酋长国的塔夫镇(Taef)签署的一致协议中,对上面的规定做了修改,打破了政府(马龙派教徒)、总理(逊尼派教徒)和议会(什叶派教徒)之间的平衡。

黎巴嫩实行自由经济,第三产业如商业、银行业、旅游业、通讯业占优势。1991年,第三产业占国民生产总值的70%,工业占国民生产总值的21%。虽然如此,1975年至今,工业和基础设施建设的生产率已经严重下滑。国家必须投巨资,恢复工业部门的建设。农业发展,尽管很有希望,但只是一小部分,1991年,仅占国民生产总值的10%。

16年的战乱,使国家的基础设施遭到严重破坏。水利建设,电力设施,信息通讯,以及道路建设都面临恢复和现代化问题。它们在黎巴嫩经济重建中处于优先发展的地位。

黎巴嫩的对外贸易一直处于逆差状态。自1945年国家独立后,出口额一直在进口额的20%～40%之间波动。不过,由于流入黎巴嫩银行的资本,以及一些商业方面的三角贸易,还有黎巴嫩人移民到石油国家的收入,所以,支付后还有余额,这个余额占进口额的5%～40%。1975年之后,拥有一技之长的人移民到国外,增加了流入黎巴嫩的资本。这种情况对国家的经济也有消极的一面,因为不可能弥补熟练劳动力这一损失。这也是行政部门被破坏,不能再重建的原因。

由于缺乏官方的调查数据,所以要求个体对人口状况进行研究和调查。估计1991年,黎巴嫩的常住人口有275万。这说明从1975年至今,人口减少了25万。大多数人居住在城市,主要是贝鲁特及其周边地区。1975年爆发的暴力冲突,以及一些其他因素,使人口增长率由1975年的2.3%降低到1990年的1.1%。

2. 教育政策与目标

法国和美国影响了黎巴嫩的教育体制。早在19世纪,法国传教士已经开始在黎巴嫩开展教育活动。在传教士的努力下,在穆塔萨里费亚(Mutasarrifiah)自治时期(1861～1914)建立了西方式的学校。1866年,美国长老会的教士们建立了贝鲁特美国大学(AUT)。1882年,法国耶稣会建立了圣约瑟夫大学(USJ)。

最初,对政治和文化精英的培养数目有一定的限制,学校和大学的数目是稳步增长的。黎巴嫩的识字率在中东最高。其技术人员和大学毕业生一直是海湾石油富裕国家经济发展的主要因素。同时,黎巴嫩出版商在阿拉伯出版业中占有最大的份额。但1975年后,投资缺乏,改革力度不够,黎巴嫩的教育出现紧张。入学人数的增长导致教育质量的下降。比如,文盲率达到前所未有的最高点:38万人(1991年联合国教科文组织统计)。黎巴嫩还没有强制入学的法律。

超过半数的黎巴嫩人懂两门语言。在学校的每一阶段,学生都学习两门语言:阿拉伯语(官方语言)和法语(有 75% 的学生学习)或英语(25%)。学生学习第二门外语也很常见,特别是在私立学校。

在黎巴嫩,政府没有自己的教育政策,也没有清晰的教育目标。然而,教育是建立在某一指导原则上,所有的政党都遵守之。最重要的原则是教育的自由:自由地提供教育,自由地选择自己喜欢的教育类型。教育部门必须遵守宪法,遵守教育部的要求,按照黎巴嫩认可的文凭要求来实施课程教学。

黎巴嫩资源很有限,人口密度大,达到每平方公里 300 人,又总是经历大的移民浪潮(一方面是进入国内的难民,另一方面是黎巴嫩人为寻求更好的发展机会到国外)。在这样的国家里,教育在社会中的地位很高。任何教育问题都可成为严重的政治问题,对教育的激情以及由此产生的冲突可能迅速扩展。因此,就教育展开全国性的探讨以及做出全国性的决定就很困难。

1991 年,就教育的目的和目标问题,教育部组织了一个全国性的委员会。就此问题达成了一个非常广泛的一致意见:教育是面向所有人的,小学实行义务教育,阿拉伯语为第一语言,还可讲授别国的语言,强调技术、职业教育的重要性,教育是自由的。

3. 正规教育体系

3.1 *初等、中等和第三级教育*

黎巴嫩既有公立学校,又有私立学校。私立学校的财政由学生自费提供。这些学生主要来自中、高层收入家庭。公立学校由政府管理,政府投资,学生主要为中、低收入人群。

在小学阶段,还有第三种类型的学校:这些学校由私人经营,但政府给予补贴。这些学校的学生系低收入家庭的孩子,他们付不起私立学校的高额费用,但居住地又离公立学校远。这些学校已成为教育部的负担,因为它们被认为是公立教育,质低价高。

学生入学人数的数据由教育部的不同部门不定期发布。但 1975 年后,数据资料不易获得。数据的可信度也降低了。1973 年后从教育研究和发展中心可获得一些数据,这些数据来自世界教育报告(联合国教科文组织 1991 年统计)。这些数据是由到黎巴嫩的联合国教科文代表团于 1991 年 5 月收集来的。表 1 是 1974 ~ 1975 年、1986 ~ 1987 年两个学年度,不同类型的教育阶段学生数的比较。

1986 ~ 1987 学年与 1988 ~ 1989 学年相比,大学预科阶段的学生人数从808 468人下降到719 515人,小学、中间学校和中学入学人数减少了约 13%。各个阶段的学龄儿童人数显示:有 20% ~ 30% 的小学学龄儿童(6 ~ 10 岁)和 50% 的中学学龄儿童(11 ~ 17 岁)辍学。表 2 提供了 1988 ~ 1989 年,各种类型的教育(包括公立学校和私立学校)的学生人数。数据显示,各个阶段中,学生的性别差异不明显。

这些资料显示,与 1975 年相比,学生人数减少了 5%。尽管 1986 年的总的学生人数达到 80.8 万,但随后人数急剧下降。主要原因是附近学校设施的缺乏,以及到黎巴嫩的移民人数的减少。

1980 ~ 1990 年间,公立学校学生数为237 054人,而 1974 年,公立学校的学生数却为320 825 人(见表 3)。尽管学生人数下降,但公立学校的教师人数却增长了 25%,生师比达到了 8.8:1。教师人数的增长对教育质量,以及教师的地理分布都是有害的(见下面第 6 部分的分析)。学前教育(由几所私立学校提供)结束后,是 5 年的小学教育,紧接着是 7 年的中等阶段的教育(4 年为普通中间学校和职业学校,3 年为普通教育或技术教育)。然后,学生获得一个官方的毕业文凭,它是打开大学之门的凭证。

黎巴嫩的高等教育,对形成一个人的文化智力、生活、学术生活以及在中东大多数国家从事政

表 1　1974 ~ 1975 年和 1986 ~ 1987 年入学注册的人数的发展

各级各类教育	1974 ~ 1975	1986 ~ 1987
大学前普通教育	756 992	808 468
大学前技术教育	25 791	31 045
大学教育	33 427	83 891
总计	816 210	923 404

表 2　1989～1990 年学生注册人数(按各教育和性别划分)

年龄组	层次	入学注册人数	毛入学率[a] 总计	男性	女性
4～6	幼儿园	131 217	—	—	—
6～11	初等	346 534	125	116	106
11～15	中间	172 424	66[b]	61	57
15～18	中等	695 554			
18	大学	83 891	24.8	31	18.9

a 男性、女性的毛入学率和总计是 1988 年的数据

b 中间和中等教育的毛入学率

治活动的前途,具有决定性的作用。

黎巴嫩的高等教育由 7 所主要的大学组成,各个大学的入学人数情况如表 4 所示。

战争冲突引起了大学组织形式的变化。大多数校园过去主要集中在贝鲁特地区或其周边地区。1975 年后,为满足一些群体的需要,建立了一些分校,这些校园覆盖了大部分黎巴嫩地区。1987 年之前,黎巴嫩的高等教育的特征一直是艺术、文学、人类学占显著优势(三类学校共占 75%),课程中一小部分是科学和技术类:包括圣约瑟夫大学和贝鲁特美国大学。

表 3　1974～1975 年和 1988～1989 年大学前教育阶段各类学校入学注册人数的变化

	1974～1975	1988～1989
公立		
人数	320 825	237 054
百分比	42.4	32.9
私立/收费		
人数	195 924	352 515
百分比	25.9	48.9
私立/资助		
人数	240 243	130 146
百分比	31.7	18.2
总计		
人数	756 992	719 715
百分比	100	100

3.2　特殊教育

黎巴嫩的特殊教育由慈善组织所设,一些外国的非政府组织也提供帮助。特殊教育主要面向身体有残疾的儿童。关于这类学校,得不到统计数据,学校很少。

3.3　职业和技术教育

职业和技术教育机构有 210 所(22 所为公立,188 所为私立),大部分设在大贝鲁特地区。1986～1987 学年度,公立和私立学校总的学生数为31 045人(8 246人在公立学校,16 373人在私立学校,私立特殊教育项目为6 426人),所有这些人,仅占大学预科教育的 3%。

20 世纪 60 年代后,国家的独立以及其他更多的特殊的原因,黎巴嫩试图发展技术和职业教育。成立了技术和职业教育指导委员会,它和技术教育

表 4　1986～1987 年高等教育入学注册的人数

院校	入学注册人数	百分比
黎巴嫩大学	39 654	47.3
贝鲁特美国大学	5 308	6.3
圣约瑟夫大学	5 404	6.4
贝鲁特大学	4 300	5.2
贝鲁特阿拉伯大学	3 055	3.6
学院	24 039	28.7
黎巴嫩学院	555	0.6
其他	1 576	1.9

教学方法部(负责课程发展和教师培训),以及全国技术和专业教育办公室共同组织和发展与工业部门的关系。

这些措施促使职业教育向更高阶段转型。1954～1987年间,在所有部门(技术和职业),职业教育所占份额从8.5%下降到7.7%。职业教育中,女生人数占总人数的40.2%。

职业技术教育的主要问题是:一方面,没有与课程相配套的教材,许多教材是20世纪60年代的,已经过时;另一方面,社会上对这类教育缺乏认同感,尽管这种现象已经开始改变。通常说来,私立职业和技术教育质量很低,这与私立普通教育的高质量刚好相反。

3.4 成人和非正规教育

教育部不管理成人和非正规教育,也从不开展扫盲和非正规教育项目。这些事情由社会事务部和面向社会发展的半公立部门负责。这两个部门在战前已经举行了好几回扫盲以及非正式的工作培训活动(手工业、农业方面)。

1975年后,这一领域出现了许多非正式组织和慈善机构,这些私立部门发展迅速,取代了公立机构。然而,在结构和组织方面,这种类型的教育和培训(识字,计算,学徒工作,新的职业培训项目)急需做出大量的努力,以帮助年轻人成为各种类型的预备役部队的积极成员。

4. 教育结构的管理与运行

教育部的机构是高度集权化的,它由5个分部组成,这5个分部都是在它的直接管理之下。这5个分部是:联合行政机构,国家音乐机构,青年运动委员会,技术和职业教育委员会,普通教育指导委员会。另外,还有3个自治实体:城市运动实体、黎巴嫩大学以及1971年建立的教育研究和发展中心(CERD)。1991年后,教育部增长了对黎巴嫩大学的管理权。

教育部和教育研究和发展中心共同承担组织、控制和管理教育部门的责任。教育部负责学校的所有的管理工作,以及教师的招聘、任命和调度。教育部由两个分部组成,一个负责初等教育,一个负责中等和私立教育。

原则上,教育研究和发展中心负责教育的所有技术方面的事情:教育规划、课程发展、教育技术、教材提供、教学辅助工具、对指导教育改革所设立的行政机构的研究、学校的建筑、教育研究和发展,以及24所公立教师培训机构的管理。

教育研究和发展中心的设立还没有几年,由于战争的影响,国家被分成了几个小的具有政治影响的实体和地区,中央政府丧失了所有的权力。因此,教育研究和发展中心没有发挥它的作用,证明它的可信度和可行性。在黎巴嫩教育重建的背景下,教育研究和发展中心迫切需要重新恢复其功能,对依然很保守的教育改革和管理发挥作用。

黎巴嫩的教育体制的一个重要特征是,学校的监管隶属于共和国总统的监管委员会,在世界的大多数国家,这应是教育部的一部分责任。不过,近20年来,监管委员会几乎没有对学校进行过检查。

黎巴嫩的所有学校讲授的课程有统一的标准。私立学校必须依照课程的主要内容。它们的学生也必须参加全国统一考试。大学阶段是比较灵活的。

5. 教育财政

在整个的国家财政中,教育部和文艺部所占的份额在22%(1974)和11.7%之间徘徊。平均额为16.5%。1988年,所占份额为16.8%。1984年后,由于国家丧失了收入,对教育上的投资实质上已经不存在。教育上的大部分投资——就像所有的其他部分一样——只有周期性花费(主要是工资)。因此,财政拨款全用在了保持体制的运行上,校舍的维修、设施的更换、新的设施的建立,都要通过外国的援助才能进行。

与此同时,私立学校的学生人数不断增加(1975年占57%,1989年占67%)。公立学校,包括私立公助的学校总的学生人数是下降的。这说明了一个问题,即战争给私立教育带来的损失比给公立学校带来的损失小。被战争破坏的私立学校能迅速地修建和恢复,继续提供教育服务。因此,他们能够吸引公立教育部门的学生。

1980年,教育研究和发展中心进行了一项研究,结果表明:在私立学校里,每个家长需要为儿童所付的平均费用在各个阶段的数额如下:学前教育阶段1 240黎巴嫩镑(0.72 美元),小学阶段1 650黎巴嫩镑(0.96 美元),中间学校2 150黎巴嫩镑(1.25 美元),中学2 790黎巴嫩镑(1.62 美元),大学阶段4 350黎巴嫩镑(2.53 美元)。在公立教育体制中,总的花费平均要少 20%。

6. 师资

战争给教育带来的一个重大变化是,自 1975 年以来,教师人数持续不断地急剧上涨。更精确地说,公立学校的教师人数比私立学校的增长的比例更大,但私立公助的学校的教师人数却下降了。

总的生师比从 1975 年的 17.9:1 下降到 1989 年的 13.8:1(公立学校生师比为 8.8:1,私立学校生师比为 17.3:1)。1982 年,教师有 52 017 人,其中,公立学校有 26 895 人,私立学校有 20 305 人,私立公助学校有 4 817 人(见表 5)。

教师人数的增长,并没有成为教师素质提高的原因。表 6 中,我们可以看到,公立学校的教师素质急剧下降。

除了优秀教师退休的原因外,引起教师质量下降的另一个因素是政府权力的丧失,武装组织的领导迫使政府招收大量的他们的人员,进入公立教育部门。被招进的人员,全部为不合格的教师,他们领取工资,却不教或教很少的课。而在 20 世纪 80 年代末,教师培训学院也关闭了。

为适应不同地区的教师培训的需要,吸引教师到农村地区,教师培训学院的数目从 1973 年的 9 个增加到 1982 年的 21 个。培训学院的数目的增长的另一个因素是战争,包括人口的混乱以及各种各样的分裂组织划分的分界线。这些都需要提供独立的教师培训设施,以服务于小地区的需要。

1973 年到 1987 年,有 9 460 名教师得到了培训。相对小学和中间学校来说,得到培训的教师还是不够的。因为公立学校中,还有许多教师未培训过。教育研究和发展中心已经停止提供大范围的教师在职培训。在战争的最后几年里,政府采取紧急措施,指派 5 000 名未培训过的教师,继续从事基础教育服务。教师培训学院关闭后,收回了这一命令。

表 5　1974～1975 年和 1988～1989 年教师人数的变化

各类教育		
公立		
注册人数	320 825	237 054
教师人数	21 244	26 895
生师比	15.1:1	8.8:1
私立/收费		
注册人数	240 243	352 515
教师人数	14 250	20 305
生师比	16.9:1	17.3:1
私立/资助		
注册人数	195 924	130 146
教师人数	6 691	4 817
生师比	29.3:1	27.0:1
总计		
注册人数	756 992	719 715
教师人数	42 185	52 017
生师比	17.9:1	13.8:1

表 6　1974～1975 年和 1986～1987 年合格教师百分比

分类	1974～1975	1986～1987
初等/中间教师培训学院	44.2%	42.0%
大学学位	9.8%	1.0%
高中或同等资格	35.0%	23.1%
初等教育或以下	11.0%	33.9%

教育研究和发展中心对完成中等教育的学生进行培训,培训时间为 10 个月,他们可成为学前教育或小学教育的公立学校的教师。中间学校的教师由完成 2 年大学专业教育的人承担。中间学校的教师必须有教学领域的大学文凭,必须在黎巴嫩大学教育学院接受过 2 年的培训。

在私立教育部门,各个阶段的教师培训由大学提供,比如贝鲁特美国大学、贝鲁特学院以及圣约瑟夫大学。

教育部的管理队伍,1975 年之前就不属强势,现在从质到量更已成为一个空架子。退休、辞职、对现状的无能为力和人员缺乏能力等等,使得教育部无法满足现实的需要,如重新恢复工作,教师培训,针对新的现实采取新的体制诸如此类的需要等等。

7. 课程开发与教学方法

如上所述,自 20 世纪 60 年代后,黎巴嫩的课程一直未变化过。1971 年建立的教育研究和发展中心有责任管理教育研究和发展。但 1975 年以前,教育研究和发展中心没有时间,也没有政治实力应对课程变化的问题。

20 世纪 70 年代主要的政治问题是:课程的黎巴嫩化(如所有课程都用阿拉伯语讲授)。这遭到了私立教育部门的反对,原因是,公共学校的教师缺乏教外语的素质。为提高外语教学的质量,提供更多的学习外语的公平的机会,教育部已开始进行一项大规模的大学预科教师的外语培训项目。

大学预科阶段的科学教育也被给予极大的关注:所有的公立学校的实验室都用标准的现代化设备重新装备,并进行科学教师的培训。

就技术和职业教育的发展来说——尽管 20 世纪 60 年代以来没有修改国家课程——20 世纪 70 年代中期,已经开始进行现代化的尝试。这种尝试由于 16 年的战乱耽搁了。但现在,又重新开始了,教育部根据国家重建的需要,优先发展技术和职业教育,并对其进行更新。

一旦课程内容被官方批准,教材的编写和出版就相当自由,教育部很容易赞同出版的教材。在公立小学和中间学校,教材读物的出版由教育研究和发展中心负责。原则上,教育研究和发展中心的教辅书籍应覆盖大学预科以前的所有阶段的用书。然而,私立学校可自由从市场上选择自己需要的书籍。

尽管发生了战争,一些私立学校的教学方法依然进行了改进,在一些方面,可以和大多数先进工业国家的教学方法相比。

8. 考试、升级和证书制度

一个学生是否升级一般由教师和学校决定,但在中间学校和中等教育结业时则例外,此时学生要通过官方考试进入大学。进入技术学校需要中级结业证书,进入大学则需要通过两级中学毕业会考。

尽管这些考试运用了老方法,政府设法保持中学毕业会考的高选择性(通过率为 50% ~100% 之间)。

大学阶段,情况较为复杂,各种类型的大学有权授予他们自己学校的学位,组织他们自己的考试。然而,在医疗、牙科、制药、法律领域,教授和考试内容有很大相似性。同时需要感激的是那些职业机构,是他们促成了对标准的控制。否则,在上述专业之外,所有的毕业生——包括国内的毕业生和国外的毕业生——可自行其是。

9. 教育评价、评估和教育研究

在公立学校,教育评价、评估和研究由两个部门进行,这两个部门是教育研究和发展中心和黎巴嫩大学教育学院。如果说 1975 年后,公立教育机构所进行的类似研究项目已经停止,但是,研究者个人或者通过这两个部门,或者与私立教育机构协作继续进行相关的研究工作。

在私立学校,情况恰恰相反,战争反而促使了在以下大学的相关研究升温,即贝鲁特美国大学和圣约瑟夫大学、马卡塞德(Makassed)教育学院等。而且,他们已经进行了几个深度研究和评估。

10. 20 世纪八九十年代的主要改革

由于 1975 年爆发了战争,自 1970 年以来,教育领域没有发生主要的变化和改革。1991 年,战争结束后,才重新进一步考虑教育改革的问题。这要求联合国和双边机构帮助黎巴嫩的教育改革,并对此做出贡献。黎巴嫩的教育部门的彻底改革以及培训有望在 1992 年开始。

11. 2000 年面临的主要问题

16 年的战争后,黎巴嫩面临着国家重建的任务——物质上的和精神上的。战争给黎巴嫩的教育体制造成了深层次的破坏。战争以前,黎巴嫩的教育体制以无序的方式进行着(大学的分权,未培训的教师数目的增加)。在敌对的战争状态下,它适应了生活情况,也适应了 20 世纪末自然状态下国家变化的需要。但战争情况下,教育资源急剧减少,公众的收入降到最低限度,国家的货币贬值了100倍。教师和公务员离开岗位,且没有替代者,学校和大学遭受破坏,成为战利品。

2000年教育上更重要的问题是,提高教育质量。公立教育体制尤其需要提高教育质量。公立教育的现状如下:

(a)小学中,45%的教师是不合格的。

(b)由于破坏、丢失、缺乏投资,提供教学辅助读物、教材、设施的可能性较低。

(c)86%的学校不能发挥作用——1975年以来,一些原来被设计用来住宿的地方,有250处之多被摧毁和破坏了。

(d)教育部和艺术部的缺乏协调。该部门管理和设计一项教育计划的能力严重萎缩。

在大学阶段,由于黎巴嫩大学在国家重建中的重要地位,以及目前改进的情况说明,需要对其进行明确重新定位。

总之,对教育进行重新定位,以及进行教师培训,第一步是需要强化并增进协调。根据国家的步骤,以及避免党派的不同态度,需要对未来的教育重新研究和设想:

(a)公立学校教育质量的改进,重点是改进教学技巧,提供教材和辅助读物。并且要强调教育部门的集中管理和计划。

(b)根据学校的发展计划,恢复被破坏的学校,根据学校标准提高的情况,重建新的学校。

(c)改进技术和职业教育的课程,能够提升其社会价值,并且能够明显地增加其入学人数。

另一个极其紧急的问题是,通过设计合适的方案,进行职业培训和公民教育,把退伍军人融入到社会中。

黎巴嫩政府如何应对财政问题,更为重要的是,如何计划、组织、贯彻以上事项,这仍然是不清楚的。黎巴嫩的人力、财力资源已经遭到破坏,剩下的仅能维持体制的生存。任何恢复和改进都需要很长时间,但这种需要是迫切的。而且,在新形势下,人们对教育服务的要求不断增长。

G. 朱阿恩(G. Zouain) 著

张晓玲 译

附录

Center for Educational Research and Development (CERD) 1977—1981 Educational Statistics. In: CERD 1977—1981 *Year-book for 1973—1974 and Preliminary Statistics for 1977—1978, 1978—1979, 1979—1980, 1980—1981*. CERD, Dekwané

UNESCO 1991a *World Education Report—1991*. UNESCO, Paris

UNESCO 1991b *Needs Assessment Mission in the Fields of Education and Cultural Heritage - Lebanon (8—18 May 1991)*. UNESCO, Paris

其他参考文献

Labaki B 1989 *Lebanses Emigration during the War (1975—1989)*. Centre for Lebanese Studies, Oxford

Abou-Rejeily K 1986 Displacement of population in Greater-Beirut, *Plus*, 4: 50—56

Bryce, J, Armenian, H 1986 *In Wartime: The State of Children in Lebanon*. Kuwait Society for the Advancement of Arab Children, AGFUND, American University of Beirut, Beirut

El-Amine A, Nizam J 1987 Les programmes scolaires au Liban: étude de l'équilibre des programmes scolaires dans l'enseignement général. In: UNEDBAS 1987 *L'éducation nouvelle*. UNEDBAS, Amman

Al-Chehoumi A M 1988 *Integration of the Handicapped in Technical Education in Lebanon*, (arabic). UNEDBAS, Amman

Chidiac L-M, Kahi A, Messara A N (eds.) 1989 *La génération del a relève, pédagogie nouvelle pour la jeunesse Libanaise de notre temps*. Bureau Pédagogique de la Congrégation des Saints-Coeurs, Beirut

Faculté des Lettres et des Sciences Humaines 1991 *Annales de la Faculté des Lettres et des Sciences Humaines, Université Saint-Joseph, Vol. I: Propositions pour une réforme des programmes scolaires, Vol. II: Vingt ans d'enseignement au Liban, bilan et perspectives*. Université Saint-Joseph, Beirut

阿曼的教育制度(Oman: System of Education)

1. 基本背景

阿曼位于阿拉伯半岛东隅,海岸线长 1 700 公里,东与沙特阿拉伯和阿联酋接壤,南与也门毗邻,东临阿拉伯海,北接霍尔木兹海峡,面积 32.2 万平方公里。阿曼的大部分领土都是沙漠,寸草不生,并且至少有 80% 的领土面积上覆盖着沙石。在阿曼海岸沿线和霍尔木兹海峡附近矗立着很多岛屿,同时还有位于阿拉伯海中的马什拉岛(masirah)和阿尔-哈拉尼亚特岛(al halaniat)。阿曼的气候从北到南变化颇大。在沿海岸地区,夏天炎热潮湿,在边界地区,气候炎热干燥,而南部地区,气候较温和。

阿曼境内绝大部分是阿拉伯人。同时也有一些少数民族,主要是巴鲁什尔斯人(balushies)、柯贾-拉瓦蒂亚斯人(khojas lawatiyas)以及来自印度和巴基斯坦的海德巴迪音人(hyderbadiyin),也有桑给巴尔人,这些人曾经在桑给巴尔待过,现在又返回了阿曼。据估计,有 85% 的阿曼人是阿拉伯人。阿曼的官方语言是阿拉伯语,但人们普遍讲英语,同时英语也用作商业目的。

阿曼从来没有做过人口普查,因此很难知道该国的确切人口数。这主要是由于阿曼人散居在各个地区,因此很难收集到那些生活在山谷、山上以及沙漠地带的人口数,然而,估计人口数在 180 万到 200 万之间浮动。阿曼政府将最高的数字看作是适合其发展目的的数字。

1970 年以前,农业和渔业是阿曼经济的主要支柱。1954 年,阿曼领土上发现了石油,但是直到 1964 年才开始出口原油。当苏丹·卡布斯(HM Sultan Qaboos)执政后,阿曼的经济发生了变化。这种变化与两个因素相关:第一是新的政府模式,第二是原油的输出。原油的出口以及所引起的随后政府收入的上升,对国内的经济产生了巨大的影响。除了石油,在阿曼境内还发现了铜。1985 年,铜的产量是20 000吨,而据估计 1992 年为38 000吨。

1970 年后,阿曼面临的基本问题是劳动力短缺。五年发展计划强调人力资源发展的重要性。而政府所强调的发展人力资源的政策主要在于它的培训政策。为培养合格的劳动力,建立了很多技术学校和技术学院。自从 1970 年起,教育和训练投资是政府优先发展的目标。

2. 教育政策与目标

1940 年以前,阿曼人并不了解现代教育。在那个时候,最普遍的教育形式是"库塔"(kuttab,即古兰经学校),在那里教授学生们背诵《古兰经》,有时候,学生也学习一些基本的写和算的技能。这种类型的教育在寺庙、房间甚至在树下进行。没有组织好的教室、没有桌椅,除了《古兰经》外,也没有明确的课本。教师负责从组织教学方法到选择教授的书籍类型的一切事情。

1940 年,阿曼建立了第一个官方的教育监督管理机构。在 1940~1970 年间,阿曼仅仅有 909 名男生接受培训,而全国总共有 30 名老师。尽管"库塔"仍然是教育的主要形式,但在"现代"学校里,还教授其他的一些课程,以及伊斯兰教义。然而在 1970 年,出现了巨大的教育发展和教育转移。教育的主要目的是使所有的孩子都有机会接受教育,尽管这种教育可能在树阴下或在帐篷中开展。同时,他们还认识到应该提高教育的质量。

阿曼的教育体系建立在伊斯兰教义和伊斯兰教教法的基础上。同时,他们还致力于促进教育的现代化以使教育能够符合现代世界技术发展的需要。教育的目的应该是使个体和 群体得到解放,并免受忽视与落后,还应该使公民能够获得国家发展所需要的必要的技术、职业知识和技能。

接受教育是阿曼全体公民的一项权利。苏丹政府对教育的社会需求毫无限制地做出了回应。教育旨在培养个体的心智,以使他们能够理解科学事实并获得实践技能。教育也旨在通过教授伊斯兰教的基本教义以及源自这些教义的基本思想,来加强个体对真主的信念,这样学生的宗教生活很有可能会引导他们的言行举止。教育追求培养学生积极的情感和态度以使他们尊重自然并能欣赏自然之美,也能帮助个体珍视智力和科学创新,尤其是在这些领域中能对伊斯兰教的思想有所贡献。

教育试图对学生的身体成长给予足够的关注，以使他们能够养成良好的习惯，促进身体的健康发展。个体身体的成长应该与其心灵和个性的发展相适应。教育也要培养学生的爱国主义思想以及公民心，并且尊重他们的传统、增进国家的进步以及阿拉伯人的自豪感。最后，教育要更好地为其人民的利益以及社会的利益服务。

3. 教育体系的结构

3.1 初等教育、中等教育和高等教育

阿曼的教育体系建立在6－3－3学制模式的基础上，也就是包括6年的初等教育，3年的预备教育和3年的初等教育。这三种水平与大多数阿拉伯国家的教育体系相似，他们都采用了1965年在克力欧(Cario)举办的阿拉伯联盟会议的建议。苏丹阿曼的教育结构可以划分为几个阶段(图1)。

阿曼的教育系统中没有针对于学龄儿童的义务教育。初等教育向全国所有的学龄儿童(6～8岁)开放。那些年龄超过8岁的孩子可以参加成人教育学校。阿曼实行男女分校。

那些年龄达到6岁的儿童可以接受初等教育，在那里提供基本的教育并为学生接受预备教育和初等教育作准备。在初等教育中开设的课程有阿拉伯语和英语、伊斯兰教育、普通科学、数学、社会研究、艺术以及体育。

预备阶段是继初等教育阶段之后3年的教育。

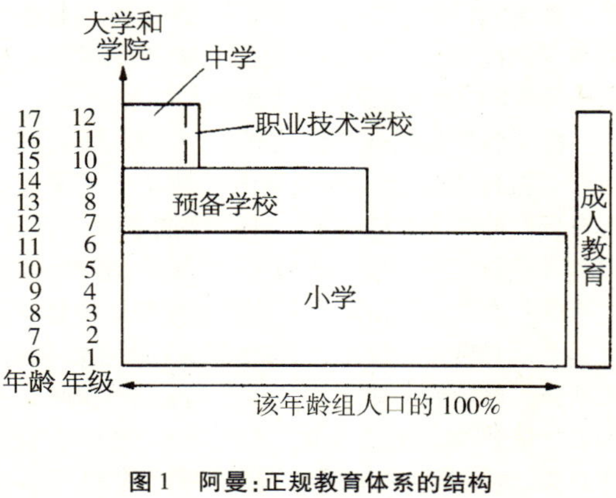

图1 阿曼：正规教育体系的结构

尽管该阶段是在1972～1973学年引进而来，但要求能促进学生的迅速成长。

初等教育是继预备教育阶段之后、最后3年的教育。在这个阶段的学生一般而言或者准备继续接受大学教育，或者接受其他进入职业市场所必需的专门教育。这个阶段的教育最早出现在1973～1974学年。在该阶段的第一年，学生接受通识教育，在第二年学生选择接受理科或者文科教育。理科包括数学、生物、物理和化学，而文科则包括地理、历史、社会学以及心理学，文科和理科教育中都要涉及阿拉伯语、英语以及伊斯兰研究。

另一种类型的中等教育是伊斯兰教育。这种教育类型强调对伊斯兰教的教学。全国总共有7所这种类型的机构。

农业、商业以及技术学校在它们各自的领域内都提供了职业教育。这些学校的学生一般要为职业市场作准备，尽管一些人为了要在职场中能承担中层管理职务而在他们各自的领域内接受过培训。

阿曼有三种类型的高等教育方案。第一种是培训。1979年，第一个教师训练机构正式建立。不过，在1977年，全日制的教师训练已经出现了，这种训练由某所男生中等学校提供。这样的类型，连同1978年出现的两种新类型，为这种新的机构提供了基点。1984年，教育部引进了一项新的政策，将中等教育后的培训提升为2年。同时也将这种机构的名称改为中间学院。这项新的政策旨在为初等教育阶段的两种性别的学生培养教师。有9所这样的学院，其中有5所是为男生开设的，还有4所是为女生开设的。

阿曼的工业学院于1985～1986年间开设。接受社会事务和劳动部的管理，后来又接受劳动和职业训练部的管理。在工业学院中，有两门主要的课程：技术部分和商业部分。1992年，职业训练机构接管了对工业学院的管理权。

苏丹卡布斯大学于1985～1986学年创办，包括5个学院：科学学院、医学学院、农业学院、工程学院以及教育和伊斯兰研究学院。

应该指出的是，在阿曼，有两种类型的私立学校。其他一些学校则由国内的其他社团创办。诸如英国学校、印度学校、巴基斯坦学校以及其他一

些学校都遵循他们各自的教育系统,而私立学校在课程设置上则要遵循阿曼的课程体系。

3.2 学前教育

阿曼初等教育前的保育由私人开办,并且数量很少。

3.3 特殊教育

阿曼有一所名为聋哑人希望学校的特殊教育学校。该学校设立在阿曼的首都马斯喀特,为男女学生提供为期两年的混合课程方案。关于那些能够从事教育的残障人的教育政策,是他们可以进入其他海湾国家的残障学校,尤其是巴林和科威特的残障学校。教育部要做好准备为他们提供免费设施,并且也要最大限度地为他们准备各种类型的可以帮助他们和社会的工作。

3.4 职业、技术教育和商业教育

职业训练在阿曼起步较晚,可以追溯到1967年,当时阿曼的石油发展中心试图训练其低水平的技术人员和普通职员。该中心设在达塞特(Darsait),主要是要提高职员的具体技术和一般劳动力的技能。到1973年,达塞特职业中心接受社会事务和劳动部的管理。这是阿曼第一个由政府正式运作的职业中心。自从1973年起,阿曼全国职业训练的发展发生了巨大的变化以满足劳动力训练的需要,并且在社会事务和劳动部内设立了职业训练董事会。社会事务和劳动部于1975年设立职业训练协会。职业训练协会的主要目的是:

(a)细化国家在各专业领域内训练劳动力的需要。

(b)设计职业训练项目以满足训练劳动力的需要。

(c)建立财政资助职业训练项目的方式和资源。

(d)设定职业训练项目所需要的标准。

政府的一个重要的目标是,通过在不同的区域创立职业中心来扩展职业训练,为区域提供设施,来训练不同工作岗位所需要的技能。

到1979年时,阿曼创立了两种类型的技术中学。创立商业和农业学校以满足苏丹对熟练劳动力的需要。创办中等技术教育现在是教育部的职责,并接受技术教育部的监督。教育部和社会事务和劳动部都承担着技术教育和职业训练的职责。

第二个五年发展计划是技术教育和职业训练的成熟阶段。全国有9所职业训练中心。1984年时,这些中心从预备水平提升为初等水平以使职业训练更具吸引力。

然而,在1983年以前,技术教育和职业训练还是一个男性的领域,直到1983年,首个女子商业中等学校开设。1985年,教育部出台的一项法令提出要创立工业学校,以提供高度熟练的劳动力来促进国家的发展。

影响国家技术教育和职业训练发展的三个主要因素是:(a)从1970年到20世纪90年代,阿曼国内所产生的巨大发展;(b)石油的出口所带来的财政收入;(c)这个新兴发展国家熟练和半熟练劳动力的缺乏。

第三个五年计划(1986~1990)强调技术教育和职业训练中心的进一步发展,提高职业训练标准的必要性以及促进所有经济部门生产力的发展。同时还有一个日益增加的挑战是减少阿曼境内外来劳动力的数量。

3.5 成人和非正规教育

阿曼的非正规教育远在正规教育(除了3所初等教育学校之外)出现之前的很多年就存在了。早在20世纪70年代,政府就答应要为那些没有机会接受正规学校教育的人提供教育。

教育部负责发展成人教育。教育部提供4年的初等教育、3年的预备教育和3年的中等教育。另外,学生还可以注册在家学习,而仅仅参加最后的考试。在初等阶段,有四门课程:伊斯兰教育、阿拉伯语、数学和普通文化。在预备阶段和中等阶段与正规学校教育的预备和中等阶段教授同样的课程。

4. 行政管理的结构与运行

阿曼的教育系统由政府控制,提供面向所有人的免费教育。然而,幼儿园以及少数的私立和社区学校由私人开办。教育部负责普通教育,同时也负责一些专门的职业教育如中等教育阶段的农业、商业以及技术教育。

教育部创立了9个区教育部门,负责确保每个区的学校系统都能有效运作,使所有人都能享受教育。

5. 教育财政

阿曼苏丹所有的政府和准政府教育以及技术和职业训练的经费均由政府提供，因此，各个阶段的教育对所有人而言都是免费的。随着时间的推移，政府对教育的财政分配增加迅速，从 1971 年教育经费占国民总支出的 5% 上升到 1984 年的 16%，并且，仍然在逐年上升。

在 1992 年，政府对每个学生的平均教育投入在初等教育阶段为 176 美元，在预备阶段为 277 美元，在中等教育阶段为 320 美元，在高等教育阶段为1 336美元。

表 1 显示了 1991 ~ 1992 年间不同阶段的教师和其他行政人员的人数。

6. 师资

除了初等教育阶段外，阿曼的大多数教师都是侨民。这主要是由于本国现代教育的引进以及教师训练的滞后。在 1989 ~ 1990 年间，初等教育阶段的阿曼教师数为3 057人，而外籍教师的数目就占到5 639人。在预备教育阶段，仅仅有 211 名阿曼教师，而外籍教师的人数为3 437人。在中等教育阶段，有 83 名阿曼教师，而有1 268名外籍教师。重要的是要加强教师的培训，使得阿曼各个教育阶段的合格教师能逐渐取代外籍教师。

负责教师培训的机构有 3 个，也就是初等教育教师培训中间学院、苏丹卡布斯大学教育系以及教育学会。

7. 课程开发与教学方法

直到 1970 年，阿曼仍然在使用卡塔尔的课本。这项举措加强了阿曼的卡塔尔教育，人们根据他们自己独特的价值和需要来强调不同的教育目标和教育内容。通过修改卡塔尔课本，取得了与社会和经济改革运动计划相关的一些目标。然而，显而易见的是，很有必要设计能够符合阿曼的客观实际、阿曼的哲学体系以及其发展的课程体系。在 1974 年的时候，人们意识到了这个问题，并成立了专门的委员会来设计学校课程。

表 1　1991 年教职员、学校和学生的人数

教育阶段	学校数	教师人数	行政人员数	学生数
初等教育	381	9 816	417	209 003
预备教育	359	4 686	628	48 129
中等教育	83	1 973	361	31 092

8. 考试、升级和证书制度

所有顺利完成了 6 年级课程的学生都可以自动接受预备阶段的教育。经过 3 年的预备阶段，学生要参加全国考试，如果考试通过，他们就会得到预备教育毕业证书。这样学生就有资格接受中等教育。经过 3 年的中等教育阶段的学习，学生要参加全国性的考试。如果他们能够通过考试，他们就能得到中学毕业证书。

在每个教育阶段内，学生是否能升入上一个年级主要取决于教师的判断。

9. 教育评价、评估和教育研究

教育部下设的教育研究部管理与教育评价相关的教育研究。另外，还有一些相关的研究由大学教育系的教师来承担。

10. 20 世纪八九十年代的主要改革

初等教育的入学人数从 1980 ~ 1981 年间的91 652人上升到 1991 ~ 1992 年间的272 068人。同一时期，接受预备教育的人数从13 729人上升到84 129人，接受中等教育的人数从1 551人上升到31 092人。从这些数字中，我们可以看到仍然需要提高预备教育阶段学生的入学数。

在技术教育和职业训练领域投入了相当的精力。同时，阿曼本土教师所占的比例也有所提高。

11. 2000 年面临的主要问题

从以上所提供的信息中可以清楚地看到，需要提高预备教育阶段的入学率，同时还需要不遗余力地增加阿曼教师的数量。必须提高教育的质量尤其是教育的成绩，必须扩展职业和技术教育以为国家培养高质量的、有效率的工人。1992 年成立的职业训练机构可以在这方面有所裨益,现存的教育项目会得到人们的重新审视与重组。新的课程体系和现代化的工厂会得到发展。私营部门也会加入培训的行列。这样,阿曼本土人就可以取代外籍人。

A. M. 阿里-沙法瑞(A. M. Al-Shanfari) 著

赵清梅 译

附录

Ahuja Y L, Birks J S 1982 Manpower and development in the Sultanate of Oman. Unpublished report presented to the Ministry of Social Affairs and Labor

Al Khabori B K 1985 Manpower planning and training development in the Sultanate of Oman. Master's thesis, University of Leeds

Al Ougaly A 1990 Omanization Policy. Unpublished paper submitted to the Training Week, May 23—27 Seminar, Oman Chamber of Commerce and Industry, Muscat

Al Raesi I et al. 1989 An evaluation of technical education schools and institutes in the Sultanate of Oman. Ministry of Education, Muscat

Al Shanfari A M 1990 Technical and vocational education in Oman. Conference Paper presented at a Conference on Planning and Management of Education and Human Resource Development in Small System, Institute of Education, University of London

Al Shanfari A M 1991 The development of government policy in technical edcuation and vocational training in the Sultanate of Oman. (Doctoral thesis, University of Wales)

Al Shanfari S M 1989 Impact of oil revenue on the economic development of the Sultanate of Oman. (Master's thesis. Colorado School of Mines)

Ali H A 1988 Vocational training: Its aims and its reflection upon Omanization in the government and private sectors. Unpublished report presented to the Seminar, Direction of Omanization in Both Sectors, Government and Private, Muscat

Arab Bureau of Education for the Gulf States 1980 *Industrial Education in the Gulf States: comparative Study*. Arab Bureau of Education in the Gulf States, Riyadh

Arab Bureau of Education for the Gulf States 1988 *Higher and Intermediate Education: Technical and Vocational. Special Study*. Arab Bureau of Education in the Gulf States, Riyadh

Birks J s, Issa M A, Ahuja Y L 1983 Education training and manpower needs in Oman. Overview and Leading issues. Manpower Report No. 4presented to Ministry of Social Affairs and Labor, Muscat

Development Council 1976 *The First Five-Year Development Plan*, 1976—1980. Development Council, Muscat

Development Council 1978, 1987, 1989 *Statistical Year Book*. Development Council, Muscat

Development Council 1987 *The Third Five-Year Development Plan, 1986—1990*. Development Council, Muscat

Development Council 1988 *Oman Facts and Figures*. Development Council, Muscat

Ibraham M 1990 A plan of manpower strategy. Unpublished memorandum presented in Development Council, Muscat

Ministry of Education 1978 *The Philosophy of Education in the Sultanate of Oman*. Ministry of Education, Muscat

Ministry of Education 1979 *The Educational Development in the Sultanate of Oman between* 1976—1978. The Omani National Commission of Education, Culture, and Science, Muscat

Ministry of Education and Youth 1982a *Focus on the Development of Education in Oman*. Ministry of Education and Youth, Muscat

Ministry of Education and Youth 1982b Low enrollment in technical and vocational education and its impact upon the development plans in Oman, with special solutions. Seminar, Baghdad

Ministry of Education and Youth 1985a *The History of Education in Oman: Overview*. Ministry of Education and Youth, Muscat

Ministry of Education and Youth 1985b *Development of Illiterate Education in Oman*. Ministry of Education and Youth, Muscat

Ministry of Education and Youth 1987, 1988, 1990, 1991 *Annual Report*. Ministry of Education and Youth, Muscat

Ministry of Education and Youth 1988 Educational Planning Committee recommendation: Formal letter on 15. 12. 88 regarding the evaluation of technical education. Ministry of Education and Youth, Muscat

Ministry of Education and Youth 1989 Agricultural education and its role in meeting the demands of agricultural development in Oman. Unpublished working paper presented to the Arab Regional Experts for drawing new strategy for developing agricultural education, Alexandria

Ministry of Education and Youth 1990 Local seminars recommendations for technical education. Unpublished

Ministry of Information 1988 *Oman*. Ministry of Information, Muscat

Peterson J E 1978 *Oman in the Twentieth Century*. Croom Helm, London

Rakhyoot A M 1991 Freedom of passage for Arabian gulf oil is of vital importance to the world economy. Oman's role and contribution

Razik T 1987 Evaluation of curriculum. The case of Oman: Primary Level. Part 1. Unpublished paper, Ministry of Education, Muscat

Razik T, Kight H R 1985 Student occupational preferences and the implications for education. Vocational training, planning and manpower development in Oman. A Preliminary Study, Unpublished paper, Ministry of Education, Muscat

The State Consultative Council 1988 The recommendations of the State Consultative Council for developing the policies of education and TVT and traditional handcraft. Unpublished notes, Seminar, October 2—6, 1988, 4th session

Townsend J 1984 Philosophy of state development planning. In El Azhary S (ed.) 1984 *The Impact of Oil Revenue on Arab Gulf Development*. Croom Helm, London

Turky A, Gahfar S 1985 Suggestions for the fundamental trends for education and instruction in the Second Five-Year Development Plan: 1981—1985. Unpublished note, Ministry of Education, Muscat

卡塔尔的教育制度(Qatar:System of Education)

1. 基本背景

卡塔尔是个半岛国家,坐落在阿拉伯海湾的西海岸,具有很重要的战略位置。卡塔尔的领土面积约有 11 427 平方公里。除了西北部一些小山外,地势普遍较低。其北部雨量充足,覆盖了一些绿色植被;南部干旱,是大片的盐碱地。

1992 年,卡塔尔约有 40 万人。其中,3/4 的人居住在首都多哈。剩下的 1/4 零星分布在采油区、小村庄、沙漠中。

卡塔尔的大多数居民是在三次移民运动中来到这个地方的。19 世纪 70 年代,居住在科威特和阿拉伯东海岸的部落家族由陆路来到了卡塔尔。大约在 19 世纪末,也就是瓦哈比教徒增长时期,原居住在阿拉伯海湾的一些家庭也由陆路移民到了卡塔尔。第三次移民运动约在 20 世纪前 50 年,一些邻近阿拉伯海湾的居民由海路来到了卡塔尔,其中大部分来自波斯西海岸。

所有的卡塔尔人都是穆斯林,大多数人追随圣行派(Sunna),一小部分(来自波斯)是什叶派教徒。卡塔尔社会很保守,风俗习惯来源于伊斯兰教义和游牧部落的传统。

1971 年 9 月,卡塔尔政府完全独立。此后,它一直是阿拉伯联盟和联合国的成员。

卡塔尔的独立标志着其在政治、经济、社会生活上发生根本变化的开始。独立对文化造成的影响更普遍,也更加明显,在教育上尤其突出。不过,卡塔尔掀起教育的改革浪潮不是始于独立。进入 20 世纪后,教育的改革一直是个连续不断的过程,并在 1956 ~ 1957 年宣布教育的普及化时,改革达到高潮。

2. 教育政策与目标

有不少关于卡塔尔教育体制及目标的论述。卡塔尔政府的宪法中所载入的教育目标如下:

> 把卡塔尔建成这样一个国家,其成员身体健壮,智力良好,信仰真主,行为端庄,以伊斯兰传统为自豪,知道他们的责任和权利,知识丰富。

卡塔尔课程所遵循的普遍目标被阿拉伯文化联合协议所认可、赞同。其内容如下:

> 培养一代这样的人:他们信仰真主;遵守伊斯兰教义,并以伊斯兰教为骄傲;忠诚于国家,并为国家作贡献;具有公正和宽容的情感;灵魂、心灵、身体、意识同时得到发展;渴望工作,并为自己的国家、宗教、全人类而奋斗。

1982 年,一项关于教育政策的陈述被采纳。1989 ~ 1990 年,一批联合国教科文组织成员对其教育体制进行了评估,并认为有几项目标需要改变。教育部和卡塔尔大学成立了一个特殊的协调委员会。重新制定了基础教育的目标。在写这个词条时这些目标仍在考虑中。目标的具体内容如下:

(a)培养这样有教养的一代人:他们信仰真主,遵守伊斯兰教义,充分认识到人类、宇宙、生命的价值,并为他们的原则,如教义、敬畏之事、道德、行为准则而奋斗。

(b)培养这样一代人:他们以与阿拉伯国家的联系为骄傲。明确意识到他们在世界文明中的角色。维护国家的统一和完整,积极应对国家所面临的问题和挑战,还能够从各个方面武装自己,来迎接这些挑战。

(c)促进卡塔尔人、阿拉伯人、伊斯兰教徒的利益,给有教养的人人道主义援助,并加强他们对自己的权利和责任的充分认识。

(d)培养有教养的、身体健康的、智力健全的、心理健康的、社会交往良好的公民。

(e)鼓励对先进及有用的知识的不断探究,尊重个体的发展阶段和能力,发展他们对相关实用性的科学知识、高深的科技成果的应用能力,对科学知识与科技成果能趋利避害。

(f)鼓励个体学习知识,发展自我教育,并获得在知识社会中所需的技能。

(g)培养受教育的人的文化艺术兴趣,并使他们把这些兴趣表达出来,培养他们对公众和心理健康、安全感和处世原则的健康心态。

(h)培养个体自如地在社会中交往的技巧,尊重他人的观点。使所有人都具有批判性思维、合作工作的能力,以及与环境、社会和谐共处的能力。

(i)培养这样的公民:他们通过身体力行,观察并学习一些具有建设性的社会传统和文化文明遗产。

(j)确保卡塔尔人代与代之间以及各代与社会之间进行积极的、重要的沟通和联系。

(k)培养天才公民,并使这些天才公民的兴趣与社会的兴趣联系起来;公民应接受技能培训以满足社会发展的需要。

(l)培养学生对相关问题的敏锐感,以及高效处理这些问题的能力。促使学生为人类的文明担当重要角色而作准备,促使学生在人权、公正、自由、平等的观念上加深国际间的理解,努力建立和平共处的社会。

(m)使学生认识到其他国家的文化、文明,并能坚守自己的特征,坚守阿拉伯和伊斯兰的文化、价值和传统。

3. 正规教育体系

1956 年,卡塔尔建立了第一所政府学校,在此之前,没有官方性质的学校。此后,卡塔尔的学生和学校数目迅速增长。最初的时候,卡塔尔的课程设置、教师以及教材都依靠阿拉伯国家。慢慢的,在阿拉伯文化共同认可的框架内,卡塔尔开始出版自己的教材。20 世纪 70 年代,教材的数量和质量都有大的发展。1973 年,卡塔尔大学成立,此时,大学只有一个学院,分男女两部分。到最后,卡塔尔大学发展到了 5 个学院。

3.1　初等、中等和第三级教育

卡塔尔没有强制的义务教育，但政府却不遗余力地提供设施，使每个人都能接受教育。1992 年，卡塔尔起草了一个法律草案，准备实施强迫教育，但这个法律草案目前仍在探讨中。

图 1 用表格的形式描述了卡塔尔的教育体系：7 年的小学教育、3 年的预备学校（初中）、3 年的中等学校（高中）。小学是面向所有学生的，预备学校分两类，即普通学校和宗教学校。中等学校分四类：普通中学、宗教中学、技术中学和商业中学。卡塔尔没有社区学院，有两所专门性的大学，一所是护士学院，隶属于公共卫生部，一所是音乐学院，隶属于信息文化部。

卡塔尔有一所特殊的语言教学机构，主要为政府官员所设。在这所机构里，阿拉伯人学习英语和法语，非阿拉伯人学习阿拉伯语，时间为 4 年。教育部还管理了一所行政学院，这所学院招收国家行政人员，学习 2 年，这些国家行政人员已经完成中等教育。

卡塔尔的教育不分种族、出身、语言、宗教信仰，向所有人开放。小学招收 6～16 岁的儿童，预备学校招收 11～19 岁的儿童，中学招收 14 岁及以上的儿童。

1990～1991 年，全日制学校里有 63 596 名学生，比上一年提高了 2.7%，这些学校隶属于教育部。学校中的男女比例大致相等。

3.2　学前教育

卡塔尔有许多私立幼儿园，招收了约 6 000 名儿童。大部分是 5 岁的孩子。

20 世纪 90 年代早期，教育部考虑建一所公立幼儿园，以作为私立幼儿园的典范，并培训学前教育教师。

3.3　特殊教育

1982 年，卡塔尔设置了两种类型的残疾人学校（分别为男生、女生所设）。

1991～1992 年，各类学校学生数如下：247 名儿童在智力教育学校（153 名男生，94 名女生），93 名在听觉教育学校（49 名男生，44 名女生），总的学生数是 340 人。

3.4　职业、技术教育和商业教育

技术的发展，促使教育部不断扩展中等工业学校，扩展的依据是政府、组织的需要，以及内容发展和培训的需要。为此，还时不时邀请一些地区专家，或阿拉伯及世界级水平的专家到卡塔尔。为了支持这项工作，内阁赞同拨款 405 万卡塔尔里亚尔（包括建筑费在内），在 阿布－哈穆尔（Abu Hamur）地区建立了现代化的工业学校。1990～1991 学年，学校有学生 409 人，1991～1992 学年有 412 人。

自 20 世纪 60 年代中期后，中等商业学校没有

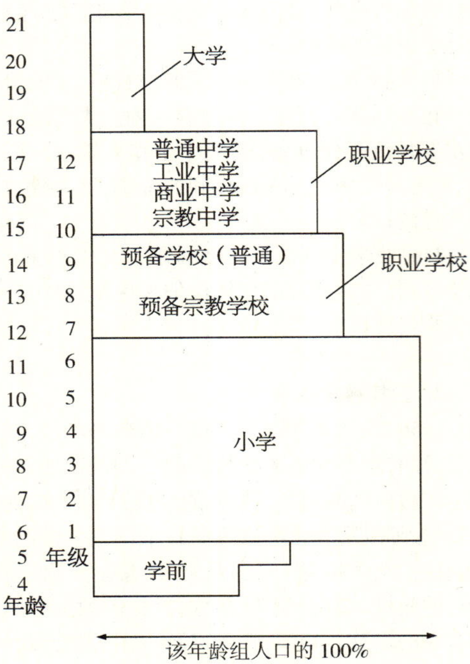

图 1　卡塔尔：正规教育体系的结构

表 1　在私立阿拉伯学校和国外学校的学生人数

	男童	女童	总计
学前	3 262	3 136	6 398
初等	7 132	5 455	12 587
预备	1 454	1 404	2 858
中等	670	674	1 344
总计	12 518	10 669	23 187

获得任何重要的发展。因此,联合国教科文组织专家们对商业学校的现代化给予了特殊的关注。此后,教育部为学校配备了先进的商业培训教室,里面有电脑、点钞机以及与外界沟通的各种设施等等,配备如此之好,是为了使学生享受这一领域的最新的发展成果。1990~1991 学年度,在校生有 110 人,1991~1992 学年,在校生有 129 人。

3.5 成人和非正规教育

卡塔尔的成人教育体制中包括扫盲项目。1990~1991 年,有 6 759 人参加夜校或提高学历的学习,其中男士 3 956 名,女士 2 803 名。上课的核心地点有 65 个,覆盖了所有的城镇和大的农村地区。

4. 行政管理的结构与运行

任何教育活动的高效率的运行,主要依靠其领导人员的素质、思想、专业和能力,还依靠其领导人员所采用的行政方法,这种方法在客观上可使教育资源得到较好的利用,而且用较少的消耗获得较大的回报。卡塔尔内阁与咨询委员会协商之后,决定采用有关教育政策、战略构建和长期规划。与相关的部门协商后,教育部还负责教育政策的执行。有一组咨询委员会参与准备和执行这些决定。另外,教育机构中还有一些课程委员会成员(科学、数学、英语、社会学方面的)、教育评估人员、教育研究人员、一般教学人员、学生以及学校领导人员。

在教育事务上,在对一项事情做出最后决定之前,需通过提问、征求意见和一般的探讨方式,了解教育部门专家、学生、教师、督导人员以及学校行政人员的意见。用这种方法,来达到集权和分权之间的力量平衡。

1974 年,教育部决定采用特定学生群的样本方法,对学校工作效率进行综合研究。教育部首先为学校的领导人员和他们的助手开设了一些科目,举行了一些会议,并就提高教育效率方面的概念、技术、模式、因素展开了讨论和对话。随后,设立了"卡塔尔学校教育效率"这一综合性研究项目。希望这个项目的设立有利于提高卡塔尔的办学效率。

1971~1972 年,也就是卡塔尔独立后的第一学年,就建立了中央教育行政机构。1990~1991 学年,这一组织机构有了进一步的发展。教育部用新的方法对这一机构进行了重新组织。教育的普及化开始至今,已经给中央行政机构输送了高素质的专业人员。国家刚独立时(1971~1972),教育部有 213 名行政人员(182 名男士,31 名女士)。1992 年,教育部的行政人员增长到 992 名(758 名男士,234 名女士)。

独立后,卡塔尔政府一直在努力承担这样的教育职责:即无论怎样,使有能力的国民获得机会,增强经验,发展能力。

1990~1991 学年,教育领导人员的职位、头衔如表 2 所示。

1990~1991 学年,教育部的所有人员,包括教师,有 7 778 名(3 212 名男士,4 566 名女士)。其中 4 258 名是卡塔尔人(614 名男士,3 644 名女士)。

5. 教育财政

1985~1986 学年,教育部的总财政支出是 1 012 358 900 卡塔尔里亚尔(1 美元 = 365 卡塔尔里亚尔)。教育财政的分配状况如下:工资 5.4 亿卡塔尔里亚尔(占 53.5%),经常性支出 224 311 700 卡塔尔里亚尔(占 22.1%),教育维持和扩展的费用 17 500 000 卡塔尔里亚尔(占 1.7%),基建费用 228 225 000 卡塔尔里亚尔(占 22.5%)。

1990~1991 学年度,教育财政支出升到 9.3 亿卡塔尔里亚尔,比上一年增长了 11 439 675 卡塔尔里亚尔(1.2%)。1990~1991 学年度,教育的财政分配状况如下:工资 7.3 亿卡塔尔里亚尔,经常性支出 173 027 000 卡塔尔里亚尔,中等教育投资 5 790 000 卡塔尔里亚尔,普通教育投资 18 978 115 卡塔尔里亚尔。

教育部力求采用一个新的财政供应体制,以便较好地服务于实际财政状况,达到对现有资源的最优化利用,为一些教育发展项目提供必需的财政支持。

根据教育费用的支出情况,卡塔尔政府仍给教育部门提供普通财政支持。同时,给每名学生一定的费用,在 1991~1992 学年,这项费用为 15 000 卡塔尔里亚尔。

表 2 **教育管理(1990～1991)**

	卡塔尔人		非卡塔尔人		总计		百分比
	男性	女性	男性	女性	卡塔尔人	非卡塔尔人	
副部长	1	–	–	–	1	–	100
助理秘书	4	–	–	–	4	–	100
主任	24	4	3	–	28	3	90
主任助理	12	5	1	–	17	1	94
部门领导	31	10	13	–	41	13	76
总计	72	19	17	–	91	17	84

6. 师资

1956～1965 年间,从事教学的教师,主要依靠移居到卡塔尔的国外人员,特别是依靠来自埃及、约旦、叙利亚、黎巴嫩和苏丹的人员。1956 年,第一批从卡塔尔教师培训学院毕业的学生,成为第一批卡塔尔教师,他们全部是男性。1971 年,第一批女性教师毕业。然而,所有的毕业生只任教于初等学校,预备学校和中等学校的教师仍雇佣国外人员。雇佣的方式,有直接协议和双边框架协议两种。

20 世纪 80 年代早期,通过雇佣阿拉伯国家的教师,预备学校和中等学校的短缺的教师才得到了补充。

初等学校的教师水平不太令人满意,导致教育部逐渐废除了教师培训学院。从 1975 年起,初等学校的教师由卡塔尔大学中的教育学院培养。

1992 年,选派了许多中等学校的女毕业生进入教育学院学习,以此来提高她们的教育层次。通过学习,她们可获得普通或特殊文凭,之后可直接成为教师。1978 年,第一批这样的教师担负起了教师的任务。从 1979～1980 学年开始,中等学校的毕业生可通过下午学习获得学士学位,从而在小学任教。到 1990 年,没有这样的文凭是不能被聘任的。卡塔尔大学的毕业生只进入学校和教育行政机关。

为了解决全国性的学校教师短缺问题,教育部和卡塔尔大学决定引进教师培训机制,教师培训内容如下:

(a)为在小学前 4 年级任教的教师设置普通教育文凭,提高教师水平。教师通过夜间学习 2 年(72 个学时),获得文凭。持有此文凭,并在小学任教两年的教师,可继续学习(144 个学时),获得文学学士学位。

(b)为在小学 5、6 年级任教的教师设置特殊教育文凭,提高教育水平,学习方式为夜间授课,学习年限为 2 年(72 个学时)。课程的重点主要由两个领域:宗教和阿拉伯语以及数学和科学的学习。

(c)为那些大学毕业,但没有教师资格的,任教于预备和中等学校的教师提供普通文凭教育证书,获得此证书需学习 1 年(36 个学时)。

(d)为那些持普通文凭证书的人设置特殊文凭教育证书,他们需完成 1 年的学习(36 个学时)。

7. 课程开发与教学方法

独立前,卡塔尔的课程已经发生了变化。课程不再源于阿拉伯国家,而是反映了阿拉伯文化团体的背景情况。建立在这一背景的基础上,设置了卡塔尔的课程。1971 年,也就是国家独立那一年,编写、出版了卡塔尔自己的教材,这些教材适用于 1～12年级学生。

1966 年,建立了课程和教材中心,任务是发展课程,编写、出版教科书。然而,那时中心资源有限,课程委员会给中心提供了大量的帮助。教育督导人员也参与发展课程、编写书籍。自那之后,中心不断得到发展。

20世纪70年代,卡塔尔做了一系列的工作,对各学科的课程都进行了开发。例如,卡塔尔有自己的数学课程研制人员,除了他们自己的工作,他们还与阿拉伯教育局、阿拉伯教育研究中心进行联系和沟通。这些努力产生了成果:9年级以前都有连贯统一的数学教材,6年级以前都有连贯统一的科学教材。

1970年,卡塔尔开始开设外语——英语。学生从5年级开始学习英语,课程由英国教师讲授。1974年,在英国专家的帮助下,成立了一个本国专家组织来开发课程,并出版了一套教材。后来,阿拉伯国家也开始为海湾地区的所有国家研制课程,并出版教材。

阿拉伯语、历史、地理、公民、社会科学课程也得到了开发,并出版了教材。所有的课程开发的程序是这样的:确定普通的目的,具体的目标,编写教材;然后,对教材精心实验并修改教材;最后,通过职前和在职培训训练教师,并在学校中发行新的教材。

1987年,政府决定在学校中引进计算机。1990~1991学年,有7个学校开始设置计算机课程。政府引进计算机的最终目的是:在所有的中等学校的各个年级中,计算机成为学习的助手,成为信息交流的媒介。

小学1~3年级,每周授课30个小时,4年级每周授课33个小时,5~6年级每周授课36个小时。学习以下的科目:阿拉伯语、英语(仅在5~6年级)、数学、综合科学、公民学(3~6年级)、文学和体育。

中等教育阶段,学生周学时为36小时,另外6小时为特殊科目的学习。

10年级教授的科目有(仅为普通中等学校第一年):宗教、阿拉伯语、英语、现代数学科学(物理、化学、生物)、文学和体育。11年级和12年级分为两种:科学类和文科类。两种类型的学习都从11年级开始。

8. 考试、升级与证书制度

考试在教育体制中占据着非常重要的地位。从1年级到11年级的每学期末,教师都要出题考试。学生必须通过最低分数线才能从一个年级升到另一个年级。1989年,在9年级结束时,设立了一个全国性的考试,考试由教育部考试中心举行。1991年,这一考试监管权下放到了每所学校中。从1991年起,只在12年级结束时,举行全国性的统一考试(发放普通和特殊中等学校证书)。

9. 教育的评价、评估和教育研究

通过技术研究中心,教育部成立了一个特殊委员会总揽教育问题。这个特殊委员会的研究内容包括所有教育过程的投入、产出等重大事项,如:学生、教师、教科书、课程、学校建设、其他的课程教学实践、教学资助。

教育部和卡塔尔大学的学者、专家还成立了一个普通委员会。主要对特殊委员会的研究成果提出可行性建议。1980年,卡塔尔大学成立了教育研究中心。

从1990年至今,教育研究主要针对教育发展规划与市场需求对教育产出的要求两者之间的协调问题。研究项目包括大学的产出(指毕业生)与现在劳动力市场的连接。研究的方法有:大学中学习一门专业与学习两门专业之间的对比;对非本学科领域的教师再培训是否适用;大学英语系的重新安排是否与不同教育阶段对英语输出成果的要求相一致;文科类教师的效率的评估;引进社区学院在满足特定需求的可能性问题。另外,还准备了一组中等教育的多样化研究,包括:教育过程中建设性工作的开展;中等教育的分科;中等教育阶段的课程问题;把计算机作为一门科目讲授是否恰当;中等教育阶段分科后的转轨。最后,还有一些其他的研究课题:每一阶段对教师和学生的评价;私立学校的升级;模范实验学校的评估;在不同阶段,实践研究的引进。

10. 2000年面临的主要问题

20世纪70年代国家独立以及财政的繁荣,促进了国家各个领域的发展,这其中也包括建筑工业。人们都选择定居在某一地区,而不愿在其他地区定居。这反过来给学校的校址带来了问题。大量国外的人来卡塔尔工作,卡塔尔人也从国外回来,这些因素导致了人口的剧增。人口增长出现混乱，使得制定中期教育计划很困难。

有时，学校不能及时建造校舍，这使学校建筑容量遇到困难。这个问题涉及几个部门，问题必须被解决。如果要制定高效的教育计划，必须先制定国家层次的综合发展计划。与此同时，国家财政体制的分权状况，使教育部在财政方面无法自由行事，因为它必须首先征得财政和石油部的同意，才能决定使用某一笔款项。必须采取措施，使一部分决策权能够考虑到教育的花费。

卡塔尔没有政府办的幼儿园，考虑到幼儿园是家庭和学校的衔接点，国家应该计划把它引入公立教育体制中。

卡塔尔需要引进新的教育形式，来满足国家的发展。为此，必须研究国外的改革，选择适当的改革措施进行实验。

直到1989年，卡塔尔才成立了高级计划委员会，这时，各个部门才开始制定严格的客观性计划。在此之前，任何部门都没有全国性的客观性计划。之后，教育部制定了一个全国性的发展计划（1992～1995）。独立那一年和1986年，尽管卡塔尔官方对教育进行了统计调查，但并没有出版相关的数据资料。没有可靠的数据资料，很难制定计划。卡塔尔必须建立一个高效的数据收集和发放机制，确保官方能根据这些研究以及研究成果制定决策。

卡塔尔的教育内容、教育方法、教育资助体制和评估体制（连贯一致的课程发展等）都需要不断的现代化。为赶上现代化的发展，满足社会的真正需要，必须更好加强技术教育，还必须加强教师的职前和在职培训。

A. A. 阿里－舒贝（A. A. Al-Subaie） 著
张晓玲 译

附录

Ministry of Education 1983 *Education Policy in Qatar*. Ministry of Education, Doha

Ministry of Education 1990 *Education System in Qatar—Assessment and Evaluation-A Report by the* UNESCO Team of Experts. Ministry of Education, Doha

Ministry of Education 1991a *Education in Qatar in the 20th Century*. Ministry of Education, Doha

Ministry of Education 1991b *A Three-year Educational Development Plan, 1992—1995*. Ministry of Education. Doha

Ministry of Education (annual) Reports on the development of education in Qatar from 1970 to 1990. Ministry of Education, Doha

Ministry of Education (annual) Statistical reports from 1970 to 1990. Ministry of Education, Doha

Ministry of Education 1992 *Achievements of the Ministry of Education during the School Year 1990—1991 Report*. Ministry of Education, Doha

沙特阿拉伯的教育制度（Saudi Arabia: System of Education）

1. 基本背景

沙特阿拉伯占据了阿拉伯半岛的大部分地区，阿拉伯半岛的面积大约是300万平方公里，沙特阿拉伯王国的面积是220万平方公里。沙特阿拉伯毗邻波斯湾和卡塔尔，东面是阿拉伯联合酋长国，南面是阿曼和也门，西面是红海和阿卡巴海湾（Gulf of Aqaba），北面是约旦、伊拉克和科威特。

沙特阿拉伯王国这个正式的国家名称是1932年出现的，在那一年，同时是汉志（Hijaz）国王和内志（Najd）苏丹的伊本·沙特（Abdul-Azeez Ibn Abdur-Rahman āl-Saud）把其所统治的两个国家合并在一个政权和一个国名下。沙特（Saud）这个词来自统治家族沙特。1744年，沙特阿拉伯的创建者穆罕默德·伊本·沙特（Mohammad Ibn Saud）是汉志（阿拉伯的中心地带）的一个很小的半独立村庄国家迪里雅（Diri'yah）的统治者，他与一个信奉正宗伊斯兰教派的改革者，穆罕默德·阿卜杜勒（Muhammad Ibn Abdul-Wahhab,）结成了政治和宗教的联盟，从那时起，沙特家族就开始统治现在属于沙特阿拉伯的大部分地区。这个政治和宗教的联盟为沙特的统治提供了合法性，也为那个正宗伊斯兰教派的改革者提供了军事和政治支持，以使他“净化”大众的信仰，消除非正宗的信仰。在20世纪90年代，在沙特（Mohammad Ibn Saud）的继承者和宗教人士团体之间的这种联盟仍然很活跃,并且是沙特的合法性的重要组成部分。

从地理上说,沙特阿拉伯可以分成3个南北方向的条状部分。东面一条是东省,中间一条是中省,西面那条有2个省:西省和南省。除了西南部分多山的南省,沙国的大部分地区是干旱的沙漠,每年的平均降雨量是100毫米。

在历史上,由于严酷的自然环境,再加上营养不良和缺乏医疗设施,沙国的人口非常稀少。在20世纪30年代统计的人口在150万到200万之间。石油收入的增长(尤其在20世纪的六七十年代)带来了教育、营养和医疗条件的改善,因此也降低了婴儿的死亡率,延长了人均寿命并消除了向外的移民。

在1991年,也就是有记载的最后一年,沙特的总人口大约是1 600万,其中1 150万是公民(72%),450万(28%)是流动人口,大部分是外来工人和他们的家属。本国人口的增长率大约是3.65%,增长方式是生育。外来人口的增长率是4.3%,增长方式是移民。

石油工业和与发展有关的工作、工程使农民、游牧民迅速城市化。在1970年,全国人口的20%居住在大城市里(超过10万人口的城市),20%居住在小城市里,60%居住在乡下。1980年的相应比率是42%、12%和46%(计划部1980年第三个发展计划)。游牧民人口几乎全部定居下来,但是还有2%的人口仍然处于半游牧状态,因为他们既居住在沙漠(通常在春天)地区,也居住在定居地区(城市或乡下)。在这种半游牧的家庭中,男人经常在定居地区工作和居住,女人和其他家庭成员则居住在沙漠里,男人在周末或月末回家。

在1938年开始石油的商业生产之前,政府收入非常少,而且大部分来自外国的支援、外国穆斯林朝圣者的税收以及每年来自农牧业的税收。1938年之前政府的年收入从未超过500万美元。在1945年,政府从石油中得到了2 000万美元的收入,从此石油收入飞速增长,在1980年沙特政府的石油收入达到了最高峰:1 200亿美元。10年后的1990年,沙特政府的石油收入将近320亿美元,是1945年的1 600倍。收入增长带来了人口、社会和经济的根本改变,例如大多数人口城市化、国民收入几乎全部依赖石油、传统生产方式(农业、渔业和牧业)的价值遭到贬低等,并且政府的作用前所未有地重要起来:管理国家收入、提供社会服务、规划和执行"国家发展计划"(1970年开始了第一个五年计划,然后接着又有4个五年计划)。1990~1995年的发展计划的主要目标是:(a)稳定国家经济;(b)公共和私人领域的组织化发展;(c)扩大私人领域;(d)发展经济结构;(e)加强经济竞争力;(f)发展沙特劳动力并提高效率;(g)保持沙特社会的生活质量;(h)达到地区发展之间的平衡;(i)加速科技发展;(j)扩大沙特的国际关系。

2. 教育政策与目标

自从1932年沙特阿拉伯统一,尤其从1954年建立教育部起,教育一直受到国家的关注。发展计划把教育的目标制度化,并寻求使教育与国家发展相统一。在国家发展中,教育被赋予3个目标:(a)为所有公民至少提供基础教育;(b)为学生提供变化中的经济发展所要求的技能;(c)以伊斯兰文化的信仰、行为和价值观教育学生。

教育最高委员会拥有协调沙特国内教育力量的官方地位,委员会由主要教育机构的领导人和其他知名人士组成。教育单位从行政上说是相互独立的,但是它们的目标和功能相互依赖并且经常雷同。下面逐一介绍这些教育机构。

教育部建立于1954年,代替了自1926年起掌管教育的教育董事总会。1926年以前,教育主要局限于伊斯兰学校,教育内容是宗教原则、文学和算术。贸易和手艺通过学徒方式学习。学术几乎都是宗教性质的,才华出众的学生在更细分的科目上接受训练,通过参加由已被公认为权威的专家的讲课达到进一步学习阿拉伯语和伊斯兰法律的目的。

19世纪末期来自外国的穆斯林慈善家开始试图在教育中引入世俗内容。一些世俗化的学校在西部省建立起来。在1926年,当教育主管会建立时,沙特大约有12个这样的学校,拥有学生700人。将近25年后,在1950年,沙特有325所公立学校和40所私立学校,拥有42 000名学生。

3. 正规教育体系

3.1 *初等教育、中等教育和第三级教育*

管辖沙特正规教育的机构多种多样并且互相独立,但它们的基本课程是相似的。小学从6岁开始,学制6年,接着是3年的中间阶段,第三阶段是3年的中等教育。进入大学的学生需要4年的时间来获得社会科学或艺术专业的学士学位,需要5年的时间来获得科学学士学位。图1显示了教育体系的结构,图2、图3、图4分别代表了1950年以来小学、中间学校和中等学校的入学人数的增长。

学生人数的增长反映了社会经济状况的变化。在1990~1991年,在教育部建立将近37年后,教育部管理的学校达到了8 782所,共拥有1 446 226名男学生。这个数字占全国学生总人数的47%,比1978~1979年的57%降低了10%,这种降低反映了属于其他教育机构的学生人数的增长,尤其是女生人数的增长。

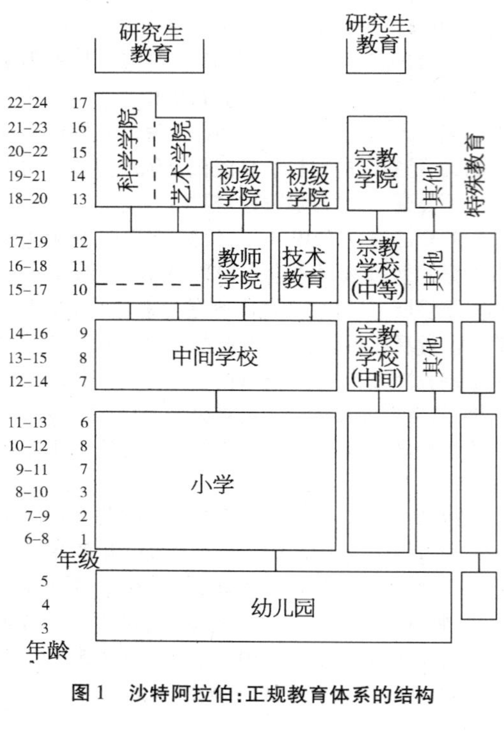

图1 沙特阿拉伯:正规教育体系的结构

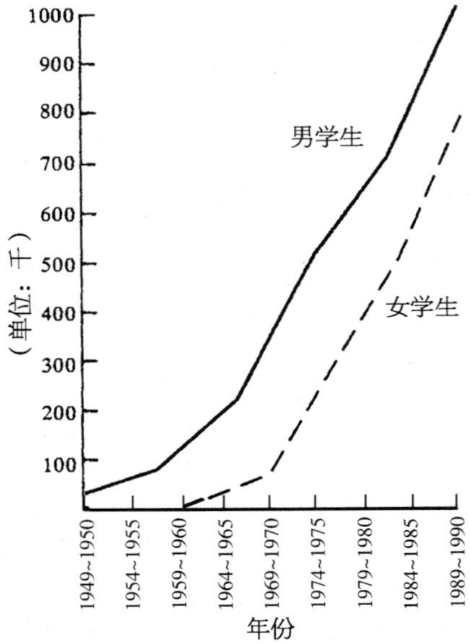

图2 1950~1990年小学学生入学注册人数

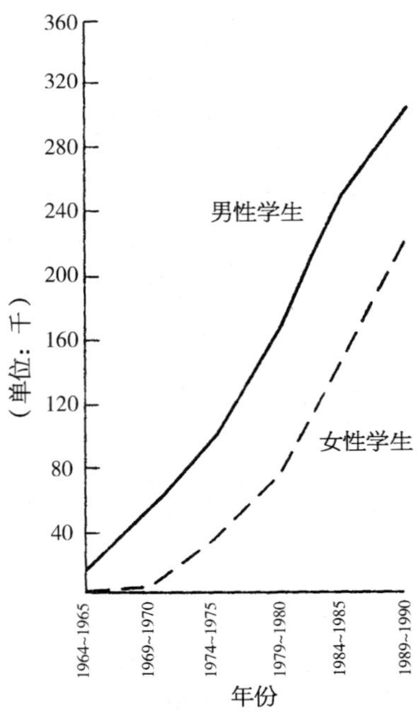

图3 1965~1990年中间学校学生入学注册人数

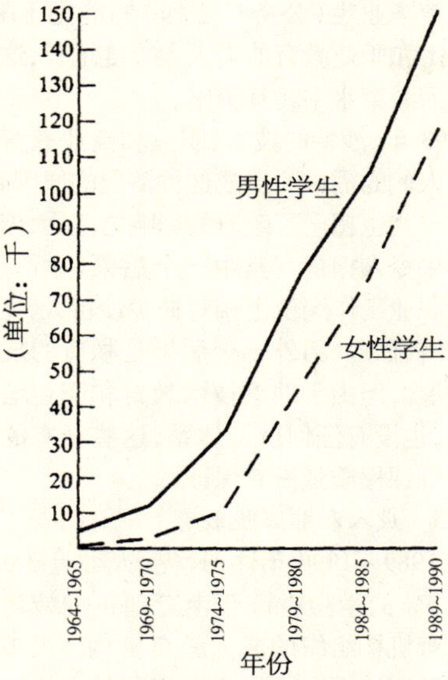

图 4　1965 ~ 1990 年中学学生入学注册人数

女子教育管理机构(GAGE)在 1960 年建立。但是,父母和宗教人士反对女子学校,因为他们害怕这样的现代学校可能会对女孩造成不好的影响,因此直到 1960 年政府才开始建立女子学校。女子学校处于宗教人士的管辖之下,因此独立于教育部。女子教育管理机构在成立的第一年建立了 16 所学校,大约 30 年后,也就是 1990 ~ 1991 年,它管理着 6 644 所学校,主要是小学、中间学校和中等学校,共有 1 247 498 名女学生,将近占全国学生总数的 40%。

在 1989 ~ 1990 年沙特有近 8.7% 的学生既不属于教育部主办的学校,也不属于女子教育管理机构主办的学校。他们就读的学校由高等教育部、国防部、健康部、社会事务部或其他政府部门主办,提供特殊种类的教学。这些政府部门的主要代表是技术教育和职业培训组织、宗教院校管理中心等。

私立学校是沙特最古老的学校类型。在政府提供学校之前,富裕的家庭往往把孩子送到邻近国家的私立学校或沙特国内仅有的几所私立学校。在 1950 ~ 1951 年,私立学校占全国学校总数的 11%。在 1979 ~ 1980 年,私立学校占全国学校总数的 4.3%。私立学校所占比例的下降反映了政府对教育的管理快速扩张,尤其在建立教育部以后。但是,在 1950 ~ 1951 年至 1979 ~ 1980 年之间,私立学校的绝对数目持续稳定增长。私立教育的发展反映了几个人口和社会经济因素。首先,高出生率意味着进入政府学校的压力增大,由于沙特人有优先权,流动人口常常把他们的孩子送入私立学校。其次,由于越来越多的母亲参加工作,小孩子往往被送进看护中心和幼儿园,而私立教育机构的 1/3 属于看护中心和幼儿园。第三,沙特社会的中上层阶级扩大了,他们中越来越多的人选择把孩子送到质量更好的私立学校中去。在 1989 ~ 1990 年,全国私立学校的学生有130 084人(78 188名男生和51 896名女生),占全国学生总数的 4.3%。

3.2　学前教育

无论是公立还是私立的学前教育都由女子教育管理机构进行管理,原因是学前教育机构的所有工作人员(行政人员和教师)都是女性。这些机构几乎都是男女同校的,到 7 岁时男孩子和女孩子就得分开上学了,男孩子上教育部主办的学校,女孩子上女子教育管理机构主办的学校。

在 1985 ~ 1986 年,沙特全国有 492 所学前教育机构(公立 176 所,私立 316 所),为 51 604 名儿童提供服务。5 年后,在 1989 ~ 1990 年,幼儿园的数量是 551 所(公立 238 所,私立 263 所),儿童数量是 79 940 人(34 852 名男孩,42 088 名女孩)。在一个有 1 600 万人口的国家中,这个参加学前教育的儿童数目是很小的,然而因为以下 3 个原因,预测的数目将要上升:(a) 儿童接受学前教育有助于他们以后在学校的学习;(b) 工作的母亲继续增加;(c) 失业女大学毕业生的增多可能迫使开办更多的学前中心(尤其是幼儿园)来为她们提供工作。

沙特的学前教育不仅在数量上落后,在质量上也比较落后。大多数学前教育中心的教师素质不高,教育设施低劣,财政窘迫并且管理不善。有的课程和活动浅薄、随意,有的则严格、正式。尽管有这么多缺点,研究显示 1 年或更长时间的学前教育提高了儿童在小学尤其是小学前 3 个年级的学习成绩。学前教育的积极影响在 2 年级开始减弱，在 4 年级就完全消失了。

3.3 特殊教育

在 1985～1986 年，有 27 所特殊教育机构为 2 820名学生服务（1 840名男生，980 名女生）。5 年后，在 1989～1990 年，有 35 所特殊教育机构为 4 551名学生服务（2 953名男生，1 598名女生）。这些学生的分布如下：833 名在保育学校，2 918名在小学，480 名在中间学校，108 名在中等学校，还有 212 名在职业学校。

需要接受特殊教育的学生数量远远超过现有的接受特殊教育的学生数量，这是沙特教育体系的一个明显缺陷。普通学校没有设施或教师来接受轻度残疾学生。由于没有足够的特殊教育机构，大多数沙特残疾儿童得不到教育、培训和制度上的关注。

3.4 职业、技术教育和商业教育

无论是在课程还是在管理上，沙特的职业和技术教育完全与普通教育分离，两种教育体系差不多是平行的，但二者互相独立，竟到了彼此不相容的地步。在 1980 年以前，劳动和社会事务部与教育部管理技术和职业教育体系的不同方面。在 1980 年，沙特建立了技术教育和职业培训组织（GOTEVT）来掌管技术和职业教育体系，该组织独立于教育部与劳动和社会事务部，但是有特殊需要的其他政府部门也可以提供不同形式的技术教育。

在 1985～1986 年沙特有 86 所中等教育水平的技术教育机构，为 17 885 名学生服务。5 年后，在 1989～1990 年，有 67 所这样的机构，为 22 183 名学生服务。同一时期，后中等教育水平的机构从 6 所（有 576 名学生）增加到 11 所（有 2 680 名学生）。1989～1990 年，两种水平的技术教育机构的学生在专业上的分布如下：工业 6 815 名、商业 7 564名、农业 399 名、健康 6 782 名、技术 2 314 名以及其他专业 989 名。加起来总共是 24 863 名，这个数字不包括军事院校的学生或大学的学生。但是，技术和职业教育的学生只占中等教育和后中等教育学生总数的 7%，为了不仅满足国家对劳动力的需要，而且满足学生对技术教育的要求，技术和职业教育还有很长的路要走。当前劳动力逐渐变得专业化，而且相对于人口的增长而言，政府雇佣普通教育毕业生（公务员工作）的能力下降了，所以对技术和职业教育的需求大幅度增长，这种需求在中等后教育水平尤其突出。

1993 年，沙特的技术、职业和商业教育体系无法满足人们的需求。造成这种情况的原因有很多，其中有一些也超出了政府的影响力范围，但这种情况的后果令人担忧。其中一个后果是所有水平的技术和职业工作岗位上相对缺少沙特人，尤其是在私有经济领域。另外一个后果是私有的技术中心蓬勃发展。但由于缺乏技术教育和职业培训组织的管理，也没有任何认证体系，这些私有的组织提供的培训课程质量没有保证。

3.5 成人和非正规教育

在 1989～1990 年注册学生人数是 3 020 442，其中 4.5% 的学生就读于由管理正规教育的 4 种主要教育机构组织的成人教育机构。表 1 显示了非正规教育体系中的学生在不同教育组织机构中的比例。

成人教育的目的一般是消除文盲。1982 年沙特成人（15 岁或以上）的文盲率是 70% 到 80%，相对于联合国教科文组织在 1962 年所统计的 97.5%，这个比率已经下降了。消除文盲对某些人来说是一个目的，但大多数接受成人教育学生的目的是获得职业或升迁机会。在沙特，除了少数女子学校，技能培训不是成人教育的目标。少数女子学校教授打字等技能，这些技能在想加入劳动力市场的妇女中越来越流行。

然而有趣的是，成人教育在整个教育中所占的比率下降了，1979～1980 年占 9.8%，而上面提到

表 1　成人教育中学生的分布情况

组织机构	学生总人数	男性	女性
教育部	62 930	62 930	–
女子教育管理机构	61 167	–	61 167
其他政府机构	8 854	7 402	1 452
私立学校	2 258	2 258	–
总计	135 209	72 590	62 619

的1989～1990年的比率是4.5%。造成下降的原因既有体制方面的因素也有社会经济方面的因素。首先沙特的成人教育是普通教育的成人翻版,缺乏职业或与工作相关的培训。其次,虽然政府仍然坚持消除文盲的目标,但实际上根本没达到这个目标。第三,随着收入的增长,许多人觉得非正规教育与自己当前的利益无关,所以不值得付出努力去学习。

4. 行政管理的结构与运作

在1989～1990学年中,沙特共有3 020 442名注册学生,其中将近47%就读于教育部开办的学校,将近39.4%就读于女子教育管理机构开办的学校,9.3%就读于其他政府组织开办的学校,4.3%就读于私立学校。

教育部专门负责男子的普通初等、中间和中等教育,但它也开办一些特殊学院。女子教育管理机构则专门负责女子教育,它也开办自己的女子大学。高等教育部负责对大学的监督管理,大学为不同的省服务,在沙特国王大学、阿齐兹因大学和费沙尔国王大学提供艺术和科学课程,石油和矿业大学主要提供工程方面的课程。伊斯兰大学是宗教性质的,主要提供宗教、伊斯兰法律和阿拉伯语教育。

沙特的绝大多数学校接受3个层次的管理:学校、地区和国家。在学校层次上,校长处理日常工作(纪律、时间安排、注册、监督教师等)。某一地区的所有学校属于一个地区管理协会,地区管理协会把各个学校和它们所属的教育部或其他中央政府组织联系起来。地区管理协会处理教师的分配、教师和校长之间的分歧、家长的要求、学校后勤等事务。教育部或其他全国层次的机构在首都利雅得,主要负责雇佣教师、制订教育政策、安排课程、分配教育资源、选择教科书以及对教育的宏观监督和管理。

5. 教育财政

除了私立学校,沙特的所有学校都是免费的,有些教育机构(如大学、宗教学院、技术和特殊教育机构)甚至每月向学生提供补助金。政府的教育经费在20世纪60年代后大幅度增长,反映了两个互相影响的事实:(a)政府的石油收入增长了;(b)教育发展加快了。

尽管这个时期政府的教育开支稳定增长,1979～1980年的教育经费突然攀升,反映了政府为各级教育建立和改善物质设施的决心。但是,大多数小学校和中间学校仍然使用租赁的建筑,其中许多建筑根本不适合学校使用。1979年政府的一个出版物宣称"粗略的计算表明,政府对教育的投入是人均500里亚尔,承担各级各类教育中平均每个学生4 000里亚尔的费用"(教育部统计数据中心1979 P.109)。在1989～1990年这个数字几乎翻了一番,每个学生达到7 451里亚尔(大约2 000美元)。

6. 师资

沙特教育的快速发展带来了教师短缺的问题。政府采取了3种主要政策来应对教师短缺问题:雇佣外国教师,大部分是来自邻近阿拉伯国家的教师;雇佣不够资格的沙特人做教师和管理人员;为沙特教师建立培训机构。沙特教师的资格有所改善,在教育部和女子教育管理机构建立的初期,它们雇佣的教师往往只具有识字水平。

为了给不断扩大的初等学校体系提供教师,建立了很多小学教师培训学院,这些学院为小学毕业生提供2年的课程,后来这些学院升格为中间学校的毕业生提供3年的教师培训课程,现在沙特的小

表2　部分年份政府教育支出

年份	教育支出	占全部预算的百分比
1945	130	6.3
1949～1950	9 433	7.5
1954～1955	48 000	6.3
1959～1960	122 068	16.5
1964～1965	408 000	13.0
1969～1970	596 000	10.0
1974～1975	3 760 000	8.2
1979～1980	16 269 082	10.2
1984～1985	23 031 700	11.5
1989～1990	22 504 900	16.0

学教师大部分都是由这些学院培养的。尽管有些教师只接受过2年的教师培训,中间学校和中等学校的绝大部分教师都是4年大学的毕业生。在1989～1990年沙特共有127所中等水平的教师培训学院(13所男子学院,114所女子学院),提供低于大学水平的3年的课程。同年,还有40所中等后水平的教师培训学院,大部分是从2年的初级教育学院升格到4年的教育学院,其中22所是男子学院,18所是女子学院。另外还有6所大学的教育学院,它们是男女同校的,但仍然是分开上课的。还有7所非常成熟的专门为妇女开办的教育学院。除了培养教师,这些学院也为学校的校长、管理人员和教师提供在职培训课程。

在1989～1990年为教育部和女子教育管理机构工作的162 620名教师中,大约71%是沙特公民,这个比例在1979～1980年是60%。沙特本国教师的增加有两个因素,首先是教师的工资具有吸引力,其次是培训教师的学院增多。具有讽刺意味的是,几年前沙特的教师短缺问题还非常严重,但在未来几年沙特将培养出太多的教师,以致这些教师无法被全部吸纳。这种情况已经在大城市和全国的小学阶段出现。把初级教师培训学院改造成综合技术学院或社区学院可能是一个解决的办法。

7. 课程开发与教学方法

由于缺乏现代教育专家,沙特的教育体系基本上采取了其他阿拉伯国家的课程,尤其是埃及的课程,特别强调宗教教育。相同阶段的男子学校和女子学校的课程大致相同,但女子学校提供家庭管理课,而男子学校提供女子学校没有的体育课。

法律要求私立学校提供和公立学校相同的课程,但是许多私立学校设法提供像英语或计算机这样受欢迎的课程。

教育部和女子教育管理机构都设有课程中心,但课程至今没有什么变化。两个组织都雇佣教材作者、印刷教材和发送教材到它们的下属学校,因此全国的课程是相同的。课程的主要组成部分由表3显示。

有许多不同的方式来保证课程的实施,例如校长和地区办公室的监察员,还有一套覆盖某一学期应该学习的所有内容的考试体系。

教学法因学科而不同。宗教课程的教师强调记忆宗教课本内容,很少使用除黑板以外的教学辅助手段。阿拉伯语教师也使用黑板并要求很多的记忆学习。科学课程的教师使用实验室,如果他们学校有实验室可用的话,但是大多数实验室在设备和人员方面都很落后。有些精英学校有用来教学英语的语言实验室。

初等、中间和中等教育中的教学语言是阿拉伯语。大学中的艺术、人文学科和社会学科使用阿拉伯语,工程、医药和自然科学使用英语。阿拉伯语的大学教材非常少,因此,那些不得不使用阿拉伯语的大学教师常常打印出自己的笔记,并用它做基本的教材,结果造成一些大学院系教育标准的浅薄。

教师和学生之间的关系非常正式。班级管理依靠道德和尊长权威、说服、警告和惩罚。体罚被官方禁止,但是在中间学校和小学校体罚非常普遍。父母和教师的联合会没有什么权威,每年只开一两次会议。

8. 考试、升级和证书制度

从1年级到12年级,每个学年被分成两个学期,学习内容也被分成两半。每个学期期末有一个考试,学生两个学期的考试成绩被加起来作为一年的成绩。如果某科最后的成绩低于某个分数,通常是50%,学生就必须在暑假结束后参加补考。如果补考再次失败,学生就得留级,重新学习一年的课程,包括考试已经通过的课程。这样通过所有科

表3　　课程科目及周课时数

科目	1年级	6年级	9年级	12年级 理科	12年级 文科
高教教育	12	9	8	4	4
阿拉伯语	9	9	6	3	11
社会	–	3	4	–	8
数学	4	6	5	9	–
科学(和健康)		4	4	12	–
绘画	3	2	2	–	–
体育	2	2	2	1	1
英语	–	–	6	6	6
总计	32	35	36	35	30

目的考试就是从低年级升到高年级的唯一标准。

大学也以学期制度为基础,但有些大学采用学分制,因此某一门功课失败的学生不必重复一年或一学期的课程,而只需要重修考试失败的那门必修课。

然而在1991年学分制遭到强烈批评,除了石油及矿业大学,沙特所有的大学都放弃了学分制,这样一来,大学就又回到了学期制度的统一轨道上:选修课的数量被降到最小程度、灵活的时间安排没有了,并且由院系决定大学生应该学什么和什么时候学。

9. 教育评价、评估和教育研究

20世纪80年代沙特的教育研究质量有明显的改善,但是改善局限于教育学院的教授和研究生的学术研究工作。教育部和女子教育管理机构的研究中心缺乏人才、财政窘迫,所做的研究在质量、数量和范围上都很不足。

不过,虽然学术研究的质量从普通标准而言可以接受,但是学术研究缺乏重点,没有任何研究计划和研究重心。主要的教育机构很少为研究提供资助,甚至很少建议研究的题目,因此大部分教育研究与教育实践与当前问题毫无关系。教授和他们的研究生随意地选择研究题目,所以整个国家系统积累有关研究的能力被抑制。沙特的教育研究处于支离破碎的状态。

10. 2000年面临的主要问题

沙特在教育体系的发展壮大上取得了显著的进步,但随着教育体系的发展壮大也出现了一些严重的问题,以下就是最重要的一些问题:

(a) 虽然政府强调把教育和发展目标相结合,但实际上两者之间存在巨大的鸿沟。沙特只有8.6%的中学生上职业中学,只有2.6%的中学毕业生上技术大学,只有20.6%的大学生主修科学和应用领域的专业,其他79.4%的大学生的专业都在人文和理论领域。

(b) 到20世纪90年代中期时,沙特的教师供应将能自给,但是教师培训的质量不够高,在职教师教育也很不发达。最重要的是需要建立评价制度,因为当前松散的评价不鼓励优质教学,而且终身教职在被聘用时就自动获取了。

(c) 学校建筑、设施和设备仍然是个大问题。对于像沙特这样富裕的国家来说这是无法解释的。

(d) 48.9%的文盲率仍是一个非常严重的问题。整个成人教育需要重新组织和注入活力。

(e) 特殊教育还有很多工作要做,许多残疾儿童或者待在家里,或者被送往国外。

(f) 技术教育需要扩大、需要招收更多女学生、需要和劳动力市场的要求相适应并且需要改善和普通教育和高等教育的衔接。

(g) 沙特仍尚未建立义务教育体系。10%到15%的适龄儿童未能接受学校教育,主要是沙漠和边远地区以及社会底层的儿童。

(h) 由于内耗,每年损失的教育费用达20%~30%。内部效率被“留级”或“失败”所降低,如果一个学生没有通过最后的考试就得重复整整一个学年的学习,因此,男生平均完成12年教育(1年级到12年级)所需要的时间是18年,女生平均需要15年,教育体系显然效率低下而且浪费严重。由于国内劳动力有限,沙特不应该使许多年轻人把时间浪费在失败和重复上。

(i) 高等教育面临为越来越多的高中毕业生提供位置。政府不允许开办私立大学,但来自父母和市场的压力一直在增长,私立大学的出现将是必然的。建立一个认证体系来保证质量是面临的挑战。

总之,沙特教育发展得非常快,满足了迅速增长的人口的暂时需要。但随着21世纪的临近,沙特教育体制表现出疲软和失调的症状,它所面临的挑战是做出改革,变得更为成熟、有效,以更好地应对新世纪和新的社会经济情况的需要。

H. M. 阿里-巴蒂(H. M. al-Baadi) 著
贾玉梅 译

附录

Al-Jeraisi A 1986, The economic social, and familial background correlated with school failures among female students of the first elementary grade in the city of Riyadh. (Unpublished M A thesis, College of Education, King Saud University, Riyadh) al-Rasheed M, al-Baadi H 1992 External efficiency of university education in the Gcc countries and its relationship to their development plans. Paper presented to the Fifth Symposium of GCC University Rectors, University of Kuwait, Kuwait

Al-Uqaili R 1986 The influence of kindergarten on school achievement of female students throughout the elementary school years in the city of Riyadh. (Unpublished MA thesis, College of Education, King Saud University, Riyadh)

Badawood A S 1986, The impact of kindergarten on the increase of vocabulary of female students in the first elementary grade in Riyadh City. (Unpublished M A thesis, College of Education, King Saud University, Riyadh)

Cheney M S 1958 *Big Oil Man from Arabia*. Ballantine Books, New York

General Administration of Girls Education 1992 *Girls' Education in Thirty-two Years 1960—1991*. GAGE, Riyadh

Hamidi A S 1992 *An Introduction to Andragogy*. al-Farazdaq Press, Riyadh

Jamal A M 1945 Matha fi al-Hijaz? Dar Ihyaa al-Kutub al-Arabiyyah, Cairo

Ministry of Education, Center for Statistical Data 1979 *Progress of Education in Saudi Arabia*. Ministry of Education, Riyadh

Ministry of Planning 1980 *Third Development Plan*. Ministry of Planning, Riyadh

Ministry of Planning 1990 *Fifth Development Plan*. Ministry of Planning, Riyadh

Stacey International 1977 *The Kingdom of Saudi Arabia*. Stacey International, London

Twitchell K S 1953 *Saudi Arabia*. Princeton University Press, Princeton, New Jersey

其他参考文献

al-Hammad M A 1974 Notes on the educational systems in Saudi Arabia and the Arab countries. (Unpublished Notes in Arabic, Mu'assassat al'Talib, Riyadh)

al-Zaid A M 1977 *Education in Saudi Arabia: A Different Model*. Dar Ukaz lit-Tiba'ah, Jeddah

Arab Information Center 1966 *Education in the Arab States*, Information Paper No. 25, Arab Information Center, New York

Ministry of Education, Center for Statistical Data 1978 *Educational Statistics*. Ministry of Education, Riyadh

Ministry of Education, Center for Statistical Data 1980 *Preliminary Summary of Statistics on Education*. Ministry of Education, Riyadh

Thomas A Jr 1968 *A Study of the Educational System in the Kingdom of Saudi Arabia*. American Association of Collegiate Registrars and Admission Officers, Washington, DC

UNESCO 1955 *World Survery of Education: Handbook of Educational Organizations and Statistics*. Les Petits-Fils de Leonard Danel, Paris

叙利亚的教育制度(Syria: System of Education)

1. 基本背景

在历史上,“叙利亚”是对位于东地中海沿岸与北阿拉伯沙漠之间的肥沃地带的称谓,它几乎覆盖了目前除伊拉克之外的位于中东的阿拉伯北部的所有国家。1992 年,叙利亚在地中海东岸还是个相对较小的国家。

叙利亚现在的地形是在 1920 年沦为法国的托管地时形成的。叙利亚北与土耳其接壤,东与伊拉克交界,南与约旦和以色列毗连,西与黎巴嫩和地中海相连。国土面积为 185 180 平方公里,其中有 800 万公顷的可耕种土地。

第一次世界大战对中东的主要影响是结束了土耳其对叙利亚长达 4 个世纪(1516 ~ 1918)的统治,并且在国王费萨尔(Faisal)一世的领导下建立了哈桑王族联合王国。1920 年 7 月,叙利亚和黎巴嫩被法国占领,并成为法国的托管地,哈桑王族联合王国宣告解体。直到 1946 年 4 月,法国才从叙利亚撤军,至此,叙利亚宣布独立。

在 1945 ~ 1958 年间,叙利亚确立了代议制政体,但经常因军事政变而中断。1958 年,叙利亚与埃及建立了政治同盟,称为阿拉伯联合共和国,但 1961 年 9 月联合宣告中断。此后叙利亚一直被称为"阿拉伯叙利亚共和国"。1961 年由军事力量所建立的政体在 1963 年 3 月因再次军事政变而中断。从 1963 年起,叙利亚社会党上台执掌政权。

1973 年,叙利亚通过并公布了现在的宪法,确立叙利亚阿拉伯共和国为社会主义民主政体。叙利亚的政治体制可以说是总统制与代议制的混合体。总统行使首要的执行权,享有主要的权力。总统由选举产生,任期为 7 年,由选举产生的总统选择副总统、总理以及各部门部长。人民议会享有立法权,该议会中的成员已经上升到了 250 名。叙利亚对成立的党派的数目有所限制,其他党派必须接受复兴社会党的领导,同时还必须由执政的"全国进步主义阵线"和政府来代表。

在 1990 年 5 月的议会选举中,该阵线拥有 2/3 的席位,无党派人士,其中包括 21 名妇女,占了剩下 1/3 的席位。

有 80% 以上的叙利亚人以阿拉伯语为母语。据估计,在 1990 年中期有 12 116 000 人以阿拉伯语为母语。阿拉伯语也是官方语言,所有叙利亚人都会讲阿拉伯语。在叙利亚,还有一些人讲库尔德语、亚美尼亚语、土耳其语、切尔克斯语、古代叙利亚语以及希伯来语。英语和法语是学校中主要教授的外语。

叙利亚人口主要集中在沿海一带以及与海岸平行的平原地带,在 1990 年,叙利亚居住在城镇的人口与居住在乡村的人口大致相等。西部和南部地区人口最为密集,总的来说,叙利亚的人口密度相对较低:平均每平方公里上有居民 66 人。造成人口密度较低的原因主要有两个:(a)沙漠是领土的主要部分;(b)叙利亚在历史上是一个较易受侵略的国家——不利于人口的居住。然而,叙利亚是世界上人口增长最快的国家之一,从 1960 ~ 1970 年间平均每年增长 3.28%,到 1970 ~ 1981 年间平均每年增长 3.35%。直到现在,仍然保持这种较高的增长速度。因此,叙利亚的人口年龄结构表现为极度年轻化,15 岁以下的青少年占整个人口比例的 49%。

影响叙利亚教育和发展的主要人口因素为:

(a)人口增长率高。

(b)在所有人口中,15 岁以下的青少年所占比例日益上升。

(c)在全国范围内人口增长分布不均衡:从乡村到城镇的人口迁移有所下降,但仍然很显著(城镇地区的人口增长率仍然高于乡村,3.9:2.9,主要在于乡村人口向城镇人口的迁移)。

历史上,叙利亚以农业经济为主。然而,自 20 世纪 60 年代早期开始的工业化运动为叙利亚建立了大型的工业基础。从 20 世纪 80 年代的就业结构和就业分布来看,叙利亚的经济变化并不显著。

叙利亚从事农业的劳动力占到整个劳动力的 1/3(在 1980 年,农业的产值占国民生产总值的 16%)。在 20 世纪 80 年代末期,农业劳动力下降到 1/4,在 20 世纪 90 年代初,由于这个时期经济的停滞,出现了一点变化(农业劳动力又占到 1/3)。事实上,最主要的变化还是 20 世纪 70 年代所实现的就业结构和就业分布。

叙利亚有 44% 的 15 ~ 59 岁的人口处于劳动年龄阶段。在 1990 年,劳动力仅占全部人口的 1/4,其中还有 6% 的人失业。女性劳动力占到 16%。由于青年人占的比重较大,同时妇女从事劳动的比重较低,因此,人口的依赖率很高。就全国范围来讲,1 个劳动力平均要养活 4 个非劳动人员。因此,很难达到经济的迅速发展,尤其是当投资主要集中在满足人们的基本社会需要(如教育、健康等)时,更是如此。

另一方面,在很多职业和专业方面,劳动力市场上显示出了劳动力供需方面(短缺,过剩)的不平衡。

在古代,叙利亚是很重要的文化中心,有享有盛名的乌加里特城(Ugarit)、毛伊岛(Mari)、厄尔巴岛(Elba)、大马士革(Damascus)、阿勒颇(Aleppo)等。在乌加里特城发现的最早的著名的字母表,可以追溯到公元前 14 世纪。

在土耳其占领叙利亚期间(1516 ~ 1918),学校的主要目的是教授《古兰经》、宗教教义以及初步的读、写、算。并且向成年人教授伊斯兰教教义和语言。通过与西方交流，在叙利亚引入了一些教育改革，从而导致了19世纪50年代土耳其国立学校的建立，建立的目的是要使学生能够为服从于统治权威而作准备。由于外国势力的保护，国外传教机构学校以及基督教社区学校扩展了由土耳其官方所控制的教育，其中仅仅有一些学校教授阿拉伯语。因此，依据现代学校的教学内容、教学方法以及教学材料来看，现代学校的模式看起来既具有革新性，同时也与以往的学校模式割裂开来。

叙利亚的国立学校多于阿拉伯地区的其他省份，然而土耳其对教育的财政支出却非常有限。大多数人们仍然没有机会接受教育。教育仅仅属于那些有名望的人以及公务员之子的特权，并且将土耳其语作为教学语言。

费萨尔国王统治下的阿拉伯王国开展了一些重要的、具有象征性的符号性教育方案，对教育产生了有益的影响：运用阿拉伯语为教学语言；在西方模式的基础上建立了新的学校；建立了阿拉伯专科学校、阿拉伯科学协会、制定了学校法、创办了一些医学机构。

在法国的托管统治（1920～1946）之下制定的1928年宪法指出：

（a）教育应该是免费的，并且应该在基础教育阶段实行义务教育。

（b）应该将阿拉伯语作为公共部门的官方语言。

（c）规定技术教育为义务教育，以满足国家对技术员工的需求。

以上改革中仅仅有一部分在法国的托管统治结束之前实施过。法国官方根据他们自己的目的来管理教育。在1945年，教育支出只占财政预算的5%，而学校教育则主要由地方来拨款。

叙利亚在独立之后不久，便采取了很多措施，如1946年开设高等师范学院，为教育机构设立全国文化委员会，颁布有关职业训练的法律，在1948年制定了有关初等教育法规，在1949年设定有关教科书的标准等等。在1947年，教育部的财政支出上升到政府财政预算的16%，学生人数在1946年的水平上增加了40%。在与埃及建立政治同盟期间（1958～1961），小学从5年制改为6年制，学生可以在年级之间自动升迁，并且在两个国家之间做了有关统一小学和中学课程的尝试。

2. 教育政策和目标

20世纪60年代，政府对教育给予了强有力的支持，尤其是在复兴社会党上台执政以来。然而，教育政策和内容在某种程度上，受其自身的教育原理和意识形态的影响。

在1973年议会中创设的教育和课程目标在多篇文章中都有过相关的陈述：

> 教育和课程提议旨在将阿拉伯联合王国的后代培养成复兴社会党党员，使他们具有科学的思维方式，对他们的土地和历史产生依恋感，对他们的传统具有自豪感……复兴社会党所属的文化将成为建立统一的阿拉伯社会的基础。将以提高道德价值，实现阿拉伯国家的理想等等为目的……科学、社会研究以及其他所有的科学成就构成了阿拉伯复兴社会党社会取得进步的手段，政府将给予全力支持。政府保障教育的权利。在所有的阶段上都实行免费教育，并且在初等教育阶段实行义务教育。政府将不遗余力地延长义务教育阶段，监督教育并以一定的方式指导教育，使得教育能够适应社会和生产的需要。

这些目标可以通过脱离一般的框架并作为课程策略的基础来给予最佳的解释。

3. 正规教育体系

图1呈现了叙利亚的正规教育体系。

3.1　*初等教育、中等教育和高等教育*

叙利亚的教育体系包括1～3年的学前教育、6年的初等教育、3年的初中和中间教育，以及3年的高中教育。中等教育后的教育可能由大学、高等技术学院或者中间学院来承担。

1990年，小学的入学率男生达到100%，女生达到95%。在1981年之前，初等教育是免费的，但不是义务教育。为了实现义务教育，政府将其上升为一项巨大的工程，以鼓励家长让所有处于初等

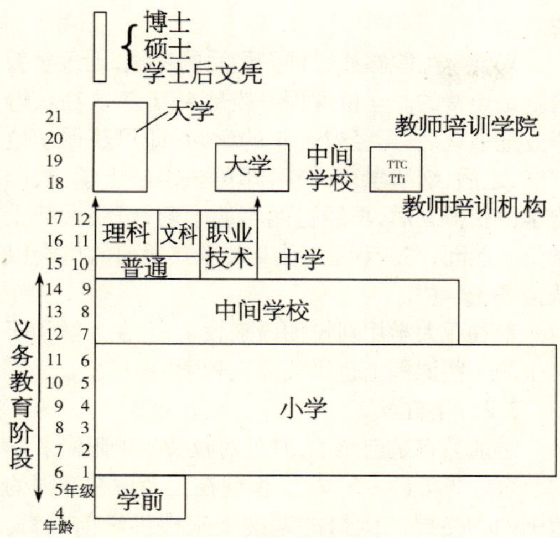

图 1　叙利亚:正规教育体系的结构

教育年龄阶段的孩子都接受教育。并采取特别的措施以使 10 ~12 岁之间的孩子入学接受教育。为监督和评价适龄儿童的就学情况,在教育部设立了新的义务教育部门。尽管如此,在地区以及性别之间仍然存在一些差异。不管怎样,三任总督(Deir Elzhor, Hama, Pakkha)在就任期间的入学率仍然在95% ~98%之间。不能达到100%的入学率的原因包括:在叙利亚,很多人仍过着游牧生活,生活贫穷;在一些只有少数人口的偏远山区缺乏教育设施;以及在制定义务法时,政府党派之间没有达成一致。

初等教育过程延长到 6 年,孩子在 6 岁开始入学。初中生每天的在校时间为 5 个小时,一年的教学时间为 200 天。大多数学校由政府管理,也有一小部分(不足 3%)是私立学校,其中,联合国难民救济及工程局(UNRWA)开设的学校占2%。私立学校和联合国难民救济及工程局都使用教育部所制定的课程。所有成功地完成小学教育的学生都可以进入中间学校。在 1970 年以前,在升入 7 年级时有一个入学考试,但是,该考试后来被取消了。

初中或中间教育是 3 年,实行免费教育,但不属于义务教育。课程包括在初等教育阶段所教授的全部科目,并且还增加了英语、法语以及“女子教育”。在 9 年级末,有一个中级文凭考试。在1990 年,7 年级的入学率达到 80%。就学中间教育的学生达到63.1 万人。大多数学校由政府来管理,但也有一小部分(不足 4%)是私立学校,同时还有 2%的学校是由联合国难民救济及工程局开设的。私立学校和由联合国难民救济及工程局所开设的学校都使用教育部所制定的课程。自从1970 年以来,持续的教育计划包括要实现将初等教育和中间水平的教育(1 ~9 年级)融合为基础教育阶段,并在该阶段实行义务教育的目标。该目标在 1992 年时还没有实现,但是,如果政府能提高财政支持的力度,则可以达到。高中阶段的教育也是3 年,并且也是免费的,范围是 10 ~12 年级。有两种类型的高中:普通高中和技术高中。要升入高中,学生必须能通过 9 年级末举行的中级文凭考试,具有选择性。那些年龄是 15 岁的学生可以自由选择是上普通高中还是技术高中,但那些年龄超过 15 岁的学生则必须进入技术高中。在 1989 ~1990 年间,中等教育的总的入学学生人数为 27.3万人。

普通高中一直以来都最受欢迎,在 1990 年,入学的学生人数占到整个高中学生人数的 78%。在高中的第一年开设的是一些介绍性的课程,第一年之后,学生被划分成文科和理科两类。完成该阶段的学习之后,学生获得高中毕业证书。该文凭是升入高等教育机构的唯一资格。大约有 90%的普通高中都由政府来提供,有 10%的学校是私立学校。

技术和职业学校的范围涉及工业、商业以及农业领域,以及有关家庭经济和育婴等女性领域。这些领域分别占到技术教育的 51%、22%、7%和20%。中等技术学校由教育部来管理。76 所工业学校提供 10 个工程职业方面的教学。

另一方面,中间工业和银行机构也提供了 17个工业行业方面的教学。每个星期提供 18 个小时的课堂教学和 20 个小时的实际训练。那些在实际操作考试中不及格的学生必须重修一年。在这一阶段的学习结束时,学生获得技术学士学位,而这些文凭持有者只有很少的继续受教育的机会。然而，那些成绩优异的学生可以继续上大学。剩余的学生可以进入属于高等教育部的中间学院。其他的行业领域（农业和女性教育）没有学士学位考试。

宗教教育由奥卡夫（Awkaf）部来管理，提供6年的与世俗教育系统中的中间教育和中等教育相平行的教育。宗教学校的学生人数不足世俗学校的学生人数的1%。而所开设的课程与教育部规划的课程在本质上有所不同。

高等教育由大学、高等学院和中间学院构成。在叙利亚，有4所大学［大马士革大学、阿勒颇大学、拉塔奎什（Lattaquieh）大学以及胡姆斯大学］，一所高等政治学学院，一所高等管理学学院，以及47所中间学院。1986年，大学和学院的入学人数分别为138 700人和44 200人，并且自20世纪60年代早期以来，入学人数迅猛增长。在20世纪90年代早期，学生人数呈现稳定增长。大马士革大学是最古老的大学，也是最大的大学，设有15个系。阿勒颇大学有9个系、拉塔奎什大学有7个系、胡姆斯大学有6个系。在叙利亚，有相当一部分大学生去国外深造。其中有一些学生能获得奖学金，但绝大多数学生都是自费出国。高等教育的另一种形式是两年制的中等后中间学院，提供技师级别的训练。这些学院由技术部来管理，包括农业、工业、人力资源、公共建设工程等等。中学毕业证书是入学更高一级学院的必备条件，这些学院多数为2年制。只有普通高中的毕业生才有资格进入那些由高等教育部管理的学院，而那些由教育部门和其他技术部门管理的学院则对技术和职业中学的学生敞开大门。政府希望通过这种类型的高等教育来调整日益增长的职业技术中学的毕业生比例（大约50%）。

1973年，叙利亚发布《合并法》（*the Law of Absorption*），使那些获得普通中学毕业证书的学生能够进入大学。然而，事实上存在名额限制，也就是说，仅仅是允许前一年刚刚中学毕业的学生入学，并且是要依据高等教育协会对每门课程指定配额内的学生成绩来接受申请者。一般而言，那些持有技术中等学校毕业证书的学生没有资格申请上大学，而医学系和工程系则会接受这方面的高分学生。

只要学生能够通过他们最后的考试，则大学教育就是免费的。学位课程一般是4～6年。在获得毕业证书之后，再经过一年的学习，即可获得学位证书，之后，继续学习一年，即可获得硕士学位，硕士学位获得之后，再经过两年的学习，可获得博士学位。然而，在叙利亚，很少人能有学习的机会以获得博士学位。

叙利亚大学用阿拉伯语来教学，但在大学和研究生的一些课程上也用英语来教学。

3.2 学前教育

学前教育是自愿的，并且对收费不加限制。学前教育为3年(3～5岁)。但现在正考虑在有限的范围内和在提高供给的基础上来提供学前教育。有一些学前教育机构附属在小学；有一些由私人团体（有60%以上的儿童）或者由一般的叙利亚阿拉伯联盟或者教师联盟来开设。在1989～1990年，有84 800名儿童（大约占到这个年龄阶段儿童的5%）接受学前教育，有793所幼儿园和2 711名学前教师。在20世纪六七十年代，人们对学前教育相对较为忽视。但是，由于工作妇女人数增加，政府现在支持扩充学前教育。1928年宪法将小学阶段的义务教育作为一个要实现的目标——经过半个多世纪的努力，现在终于实现了。

3.3 特殊教育

在叙利亚，有关残疾儿童的可靠信息并不充分。但叙利亚已经开始在人口统计中将对残疾人统计包括在内。那些略微有困难的学生一般在普通学校接受教育。然而，他们的需要一般不能予以足够的确认，从而使他们很容易在小学阶段的教育中掉队。

将特殊教育作为教育体系的一部分，在叙利亚还比较陌生。人们一般将教育分为正规教育和特殊教育。社会事务部和劳动部设置了照顾聋、哑、盲人的20个中心，从而为大约2 500个残疾学生提供特殊的项目和服务。这些学生占到大学前学生的0.07%。

3.4 职业、技术教育和商业教育

在上面的3.1部分中已经论述了中等职业和技术学校以及中间工业学校。他们在成人教育和

非正规教育系统中承担了大量的职业训练事务(见下面的3.5部分)。

3.5　成人和非正规教育

在叙利亚,有两种类型的非正规教育形式:一种是扫盲教育,另一种是涉及范围较广的职业和文化活动。

在1990年,据估计,叙利亚人的识字率为70%。在1972年和1978年,在高等文化委员会的监督下,叙利亚开展了两次扫盲运动。文化部负责协调所有的项目,并且开设扫盲班。每个地方政府也有他们自己的地区文化委员会。扫盲课程包括两部分:6个月(360小时)的基本训练和3个月的综合训练。其他实行扫盲训练和职能训练的技术部和技术机构有:社会事务和劳动部、农业以及工业部、妇女职业联合会、农场主和学生。到1989年成功地实现了对434 511人的扫盲工作。

文化部负责管理成人教育中心和通俗文化机构。这些中心为那些完成初等教育和年龄超过15岁的青少年提供了很多业余职业课程(编织、缝纫、家务管理、艺术、音乐)。同时,社会事务部还开设了手工业中心,教授传统的地毯编织技能和制作垫子的技能。

社会事务部通过社区发展中心,提供诸如家庭经济、保育、兽医以及电影放映等方面的课程和活动。农业部为16岁以上具有读写能力的农民提供短期和长期的培训课程。自从1975年以来,对农民的训练成为农民联合会的职责。这种超政府组织在各地区均设有训练中心,且每年都开设有关合作管理方面的课程。

工业部负责为受过教育的成人提供多种职业训练课程。这些课程包括对基础入门水平的工作技能的加速训练,为公共产业提供15~18岁熟练工人的长期工业师徒制课程,为掌握新技能而开设的专门的职业训练项目,以及为满足公共部门需要的在职训练。在工厂学校或训练中心各提供两种类型的训练项目。这些课程仅仅向那些公共事业单位的职工开设,这些职工是预备学校的毕业生。训练中心提供更多普通科目的训练,如电子、电力、纺织、手工等等。公共建设工程部也开设了多个加速训练建筑业内人士的训练中心。一些其他的国际非政府组织或机构也承担了非正规的教育活动,但它们是通过国家职权而逐渐开设的。几乎所有的这些项目以及中心都受到中央财政的支持,但有关此方面的详细统计资料还不充分。

4. 行政管理的结构与运行

在叙利亚,实行的是高度集权的教育管理体系(以及全面的管理体系)。存在两种水平的教育管理:中央一级和地方一级。叙利亚的教育主要由中央政府负责。然而在20世纪七八十年代,教育的组织管理有所改变,地方也逐步参与教育的管理与运作。这次改革的主要原则是在观念和规划时的集权,以及在执行时的分权。地方政府的教育董事会创设小学和中学,并且自主决定校址,以及确定他们地区的教育定位。它们任命老师、发放教学材料、组织培训计划以及管理小学教育。

在叙利亚,唯一关注教育的两个机构是教育部和高等教育部。然而,其他机构也会对一部分职业和技术教育负责。联合国难民救济及工程局和私立部门在该领域承担有限的责任(公立学校的学生超过95%)。

教育部负责管理大学前的所有教育(除了农业部门管理的农业中等学校)以及一部分中间学院,这些中间学院为小学、中间学校或者技术学校以及各专门领域(音乐、手工、体育)训练教师。教育部制定政策规范、执行主要项目,并向政府的主要子部门分配资源。教育部设计教学项目和教科书。如同一个完整的国家一样,对教育项目的执行,主要由学校的督导来实现。教育部负责制定学校课本,从而也负责为各类学校印刷和分配教科书(仅仅在小学阶段是免费的)。

高等教育部管理和协调4所大学、高等政治学院、高等管理学院以及其他中间学院。这些学院之间的协调主要是通过高等教育协会来维持,高等教育协会是高等教育的主要执行机构,并且由高等教育部来主持。该协会也负责规划、制定政策、分配学院项目、基金和入学配额。

另外,还有多个涉及不同的教育和训练(正规和非正规)类型的部门,这些部门包括健康部门、计划部门、信息部门、工业部门以及农业部门。

1967 年,叙利亚对社区学校和外国学校实行了国有化。自从那时起,私立学校就开始接受教育部的严格管理,由教育部来任命学校校长。然而,由于20世纪90年代开始时的财政危机以及国际政治的发展,教育当局开始意识到扩充公立教育所带来的局限。因此,可能会对学校进行新的定位,对各级水平的私立教育给以更多的确认和自治权利。因此,在教育领域,私立部门将可能承担更重要的角色。

5. 教育财政

由于纸币的价值并非恒定,所以很难绝对地对当前的财政预算与20世纪四五十年代的财政预算进行比较。然而,可以说,20世纪七八十年代所做的财政预算与1946年所做的财政预算之间几乎没有什么共同之处。相对而言,1975年与1987年之间的教育(不包括第三级水平的教育)的总预算(货币支出和资产支出)占政府总支出的比例从1975年的7.8%上升到1985年的11.8%,以及1987年的14%。占GDP的比例,由1975年的3.9%增长到1985年的6.1%,到1987年的14%。当时的教育支出,在政府的总支出中所占的比重,1987年是12.6%,1988年是11.4%,1989年是12.1%,1990年是12.7%。与之相应的高等教育所占的比重是:1987年为2.95%,1988年为3.2%,1989年为3.05%。

联合国教科文组织有关公共教育货币和资本支出在恒定价格(以1980年为基础)上增加的相关数据显示,在1986年为96(1975年是57)。1975年至1985年间,在教育的货币支出和资产支出有了实质性的增加之后,到1990年又低于1980年的水平。1986年后,通货膨胀率通常高于每年公共支出的增长率。另一方面,对每个学生的平均财政支出,在1980~1987年间,各级水平的教育上几乎波动很小,波动的比例为0.14。这些总体数据表明,高等教育财政支出有所下降,而中等教育和基础教育财政支出相应增加。

在1990年教育财政预算的分配中,高等教育前的教育所占的比重是81%,高等教育占剩余的19%。同年,高等教育前教育资金的分配如下:小学和学前教育为49%,中间学校和普通中学为27%,中等技术学校为8%,学校建设项目为11%,其他为5%。应该指出的是,地方政府对小学教育也提供一定的财政支出。教学材料和奖学金的百分比分别从1975年的5.9%和2.5%下降到1987年的2.6%和0.6%。另一方面,教师薪水和报酬占到全部货币支出的90%以上。

由于还有其他部门参与教育,也应该将他们的支出算作教育部门支出的一部分。因此,应将以上提到的百分比看作是最低数目。

6. 师资

1990年,受雇于学校的教师有将近14.5万人。小学和学前教育机构大约有92 000名教师,各种类型的中等学校中有教师51 000人。其中,女教师的比重占到75%。

直到20世纪80年代晚期,各初级教育水平上的教师都存在不足。那个时期,辅助教师和合同制教师(临时和业余的基础上)也接受雇佣。义务教育的实行(以及学前教育的扩展)增加了公共部门对教师的持续需求。在20世纪80年代,这种需求主要通过雇佣女教师而得以满足。1980年到1990年间,由于上述两方面的因素,教师的数量得到增加。然而,学前教育阶段预期的扩张将需要有更多教师加入。另一方面,自1986~1987年以来,在中间学校和中学就职的教师人数有所减少。在中间学校,自1986~1987年以来,入学人数几乎呈零增长,而自1988~1989年以来,普通教育入学的人数也有所减少,自1984~1985年以来,技术教育入学的人数有所减少。然而,与之相比,自1989年以来,中等职业学校入学的人数略微有所增加。生师比在某种程度上有所降低,但仍然很高:小学为31:1,中间学校为36:1,中学为35:1。

对于小学教师和中间学校的辅助教师,他们可以在教育部管理的20所两年制的中学后教师培训学院,以及22所两年制的中学后辅助教师培训机构(在那些存在教师短缺的科目方面)里接受训练。中间学校和中学的教师,可以参加大马士革教育学院提供的一年制培训课程,以获得大学学位。然而,这种培训不是义务的。由教育部所管理的大学和中间学院是为技术和职业中学培养教师和训练者的主要源泉。

定期的在职培训在叙利亚并不普遍。在1988年,有24 097人(包括行政人员和教师)参加了由教育部的培训部门所管理的各级水平上的不同类型的培训课程。而在1989年,人数下降到6 000人。

7. 课程开发与教学方法

在叙利亚,课程在全国范围内都是统一的。由中央当局制定详细的课程提纲。教育部的课程与研究部门负责开发课程,确定学习资料以及开发教学方法。另外,还负责检验大学前各种水平上的学习材料。在初等教育领域,课程包括:阿拉伯语、数学、宗教教义、科学和健康教育、社会和公民教育、艺术教育、音乐教育以及体育。在1989年,有不足300所小学为4~6年级的学生每星期提供4小时的农村教育。在中间学校和普通中学,课程包括在小学所开设的所有科目,同时,还增加了英语或法语以及实际工作和女子教育(并为男生开设了农村教育)。在中等技术学校,2/3的课程以科学和实践培训为导向。

很长时间以来,叙利亚的课程以传统课程和理论课程为特征,强调人性和事实而非科学概念、态度、技能以及价值。教育部通过成功地确定教学目标、内容、教学法以及用实际的练习最终评价学生的成绩等来开发课程。20世纪80年代末,在小学和中学领域以及在教师培训学院进行了各种各样的课程改革。这些课程改革的目的在于将与实际的生产性工作、营养、环境以及人口科目等相关的内容引入课程。这些改革还在继续进行,并且对于其在多大程度是成功的并未给予任何评价。

有一个实验是在小学的5、6年级教授外语。然而,实验的结果还未曾知晓。

私立部门还被授权在官方设定的课程中增加一些时间来教授外语。在一些领域,地方教育董事会可以决定为中间学校增加农业方面的课程。

在叙利亚,教学法在很大程度上是指令性的和口述性的。而在职训练和自我培训方面,迄今还没有取得任何进展。正在做的一些尝试是在教学中,尤其是在综合教学、语言教学以及文化项目中试图引入无线电设备、电视机等。在教育部的材料和设备部门创设了教育材料印制中心。当局认为它将是阿拉伯在教学材料开发方面合作的基础,并且愿意促进它的发展。

8. 考试、升级和证书制度

在小学阶段,随着学生年龄的增长,他们自动从低一年级升入高一年级。然而,为了确认最后的成绩,必须对学生进行评分,他们的阿拉伯语成绩占50%,其他所有科目的平均成绩占50%。在中间学校结束的时候(9年级)以及在中学毕业时,为获得中间学校毕业证书和中学毕业证书,有一个全国性的公共考试。在中等技术学校毕业时,学生能获得中等技术文凭。而只有那些成绩优异的学生才能够升入大学。在小学和中学,考试不及格的学生的比重从1975年的10%和16%下降到1987年的7%和13%。

那些获得中等毕业证书的所有学生都有权利进入大学,但存在一个由当局来决定的名额限制。由大学所授予的文凭包括:学士学位、文科或理科硕士学位、一些诸如法律和阿拉伯文学等博士学位。

大学学位,尤其是最高等的博士学位,传统上很受人们的尊重。由于从东方国家和西方国家以及阿拉伯毕业的学生的人数的增加,这些学位的社会和经济价值有所降低。

与思维方式、态度和技能相比较,叙利亚的考试更多是建立在对知识的记忆和确认的基础上。叙利亚教育体系一方面依赖于书面或口头的形成性评价;另一方面,在最后的考试中,又采用了终结性评价,由学校督察员实施正规的教师评价,并且比较学生在综合考试中的成绩。直到现在,人们仍然认为综合考试能够获得自我发展,并且能够提高课程的严格性。

9. 教育评价、评估和教育研究

一般而言,作为教育管理机构的教育部关注的焦点,更多是监督资源的输入而非学生的成绩,因此，很少运用评价和评估手段。当然，实际上，人们亦认为评价是监控教学过程的手段，并且在实施过程中，没有规定明确的标准。在大学前的各个阶段，计划和统计部以及课程和研究部负责教育研究和教育科研。最初的研究是关于部门研究和诊断性研究，而第二项研究则主要是有关教育过程的研究。已经开展（假定研究的结果已经用于规划和决策）的主要研究包括：(a)将环境教育、人口教育和健康教育引入课程；(b)将基础教育引入教育体系；(c)在中学和大学阶段，将学校发展计划用作区域教学规划的工具；(d)在教育体系的管理和研究中，开发电脑化信息；(e)在小学创设学习外语的环境；(f)监控教育电视项目的影响；(g)监控教育体系中辍学学生的一些情况。作为研究项目的一部分，大学阶段的研究由大学的系所来承担。

10. 20 世纪八九十年代的主要改革

将人口教育引入中学。持续进行的改革包括对中学课程的修改，并且决定整合教育思想。另一方面，期望能制作教学材料（教师指导、人口教育的参考书）。该项目由 1986 年发起，预期在 1994 年实现第二阶段的发展目标。提出的其他改革包括：设立教育发展研究中心，设立基础教育后 1～3 年制的职业培训课程，开通中等技术学校、中间学院以及大学中设置相同专业的相关系所之间相互联系的渠道或途径，为每个学校提供特别的财政拨款以设立专门的科学研究部门，以及设立基础义务教育（从 1 年级到 9 年级）。

11. 2000 年面临的主要问题

面向新世纪，叙利亚教育存在两个突出的问题：义务教育的年限延长至 9 年以及教育质量的提高。政府意识到当前策略的局限性，但规划和实施两项改革所面临的主要限制是财政的不足。事实上，这两个问题之间互相依赖。第一个问题表明，随着基础教育的引入，有必要进行与之相适应的现行课程的深层修改，教师职前和在职培训的改革，以及诸如教师和学校等主要资源的重新分配等。第二个问题表明，在其他事情之间，有必要改革课程和教学法，引入外语教育，根除小学中一个教师带多个年级的现象，以及改善教师的在职培训等。

1987 年形成的教育目标是：20 世纪 90 年代初，完成基础教育之后，有 60% 的学生走向劳动力市场，而 40% 的学生进入中学；1995 年，进入中学的学生中，有 70% 的学生接受中等技术和职业教育（中等技术教育 10%，中等职业教育 60%），而剩余的 30% 的学生接受普通中学教育。应该将以上所提到的两项改革看作是实施这些目标的手段。

A. 根劳乌伊(A. Gennaoui)　著

赵清梅　译

附录

Akrawi M 1967 *Arab Education During Fifty Years.* Amman

Alrabaa S 1985 Sex division of labor in Syrian school textbooks. *IRE* 31:335—348

Azzam M 1985 Syria: system of education. In: Husén T, Postlethwaite TN (eds.) 1985 *International Encyclopedia of Education*, 1st edn. Pergamon Press, Oxford

British Council 1979 *Syria, Education Profile.* British Council, London

Central Bureau of Statistics 1991 *Syrian Arab Republic: Statistical Abstract 1991.* Central Bureau of Statistics, Damascus

Gennaoui A 1990 Etude régionale: Bilan et Perspective de la Planification et de la Gestion de l'Education dans les pays arabes. Congrès International de Mexico 1990. UNESCO Paris

Ministère de l'éducation 1990 *Le Développement de l'Education en RAS* 1989—1990, *ICE 42ème session* Genève. Ministère de l'éducation, Damascus

Ministry of Education 1990 *Education in SAR for the school year 1989—1990.* Ministry of Education, Damascus (in arabic)

UNDP 1990 *Development Co-operation, Syrian Arab Republic. 1989 Report.* UNDP, Damascus

UNESCO 1991 *Statistical Yearbook* 1991. UNESCO, Paris

阿拉伯联合酋长国的教育制度(United Arab Emirates: System of Education)

1. 基本背景

阿拉伯联合酋长国(UAE)是一个联邦国家,由七个阿拉伯海湾的酋长国组成,它们分别是阿布扎比(Abu Dhabi)、迪拜(Dubai)、沙迦(Sharjah)、哈伊马角(Ras Al Khaimah)、乌姆盖万(Umm Al Qaiwain)、富查伊拉(Fujairah)和阿治曼(Ajman)。这些酋长国以前以土鲁阿曼著称,在19世纪和20世纪早期的大部分时间里,都被联合王国(英国)所统治。1971年12月,阿拉伯联合酋长国脱离"东苏伊士"的英国统治。新成立的国家成为联合国的第132个成员国。阿拉伯联合酋长国还加入了一些地区性的组织,如阿拉伯联盟、伊斯兰慈善组织。它还是海湾合作会议组织(GCC)的开创国之一。

在阿拉伯海湾的南岸,阿联酋的边界线绵延900公里,还有90公里的边界线处在阿曼海湾。阿联酋的气候炎热干旱,平均降雨量为65毫米,主要在4月到11月份。阿联酋北部和西北部与阿拉伯湾接壤,西部为卡塔尔和沙特阿拉伯,东部为阿曼苏丹和阿曼湾。

联邦政府是国家的中心权力机构,但每一个酋长国仍然有自己的统治者和地方政府。最高议会是国家的最高权力机构,由七个酋长国的统治者组成。议会从它的成员中选举联邦总统,并任命内阁部长。最高会议对法律做出提议,供40名被选举出来的联邦政府会议的成员协商通过。

阿联酋中的所有国民都是阿拉伯人,信奉伊斯兰教。1992年,估计总人口有180万。几乎80%是非阿联酋国民。1970年,阿联酋强劲的发展计划和经济扩展政策,创造了大量的就业机会,因此,有许多非阿联酋人来到了这个国家。这些外来人员的出现没有带来教育问题,因为学龄儿童可进入阿联酋的国家教育体制的学校中,也可进入他们自己在阿联酋的社区学校。移民主要是亚裔人,而且多数是男性,他们大多是文盲或上过一些学。在整个人口构成中,这些特征非常明显,在一些社会和经济方面也表现得很鲜明。但移民中的一部分人,有非常高的技术,特别是在石油工业领域。

阿联酋的经济主要建立在石油和石油副产品的生产上。1958年发现石油后,20世纪六七十年代,它的生产量就稳步上升。到1980年,产量达到626 630 000桶。仅石油工业雇佣的就业人口就占劳动力总量的一半,剩下的50%主要从事服务业,如建筑、商业、教育、地方服务、交通、医疗。农业、渔业、轻工业仅占经济中的很少一部分,大量的基本食品必须从国外进口。

2. 教育政策与目标

自1971年建立联邦政府后,教育就成为阿联酋教育部的责任。这是因为,国家的教育体制是高度集权化的。阿联酋宪法第17条规定"教育是社会进步的基本保证,初等教育是强制教育,教育的所有阶段都是免费的"。为鼓励公民接受高等教育,高等教育也是免费的。

教育的大目标是"使好的公民具备和谐的个性……鼓励他们获得和发展天赋、能力、技能和积极的价值取向。从特殊方面来说,让他们能够参与阿联酋的社会和国家发展,从普遍方面来说,让他们能够促进人类的进步"。

阿联酋有许多交费的私立和社区学校,这些学校可以采用任何课程,但如果这些学校想获得教育部的认可和教育部授予的证书,就必须教授一些特定的科目,比如语言和宗教。学生可转学到这些私立或社区学校,以获得其在某一方面满意的服务。

3. 正规教育体系

在政府的总体计划和努力中,教育被放在一个极其重要的优先位置上,目的旨在发展教育以及实现教育现代化。1953年以前,总结阿联酋的教育体制,有两个主要的特点:(a)从总体上来说,教育是非正规的;(b)大多数教育是建立在宗教教义和《古兰经》教义基础之上的,也有一些简单的语言和数学学习。1953年,在现代化的背景中,由沙迦的酋长带头,开设了一所正规的教育学校,图1是阿联酋的教育体系结构图。

3.1　*初等、中等和第三级教育*

阿联酋的初等和中等教育分为4个阶段(见图1)。幼儿园为2年,招收4岁的儿童,小学有6年,1990～1991学年度,学生数为154 548人,其中一些学生是私立学校的。在大多数政府办的学校里,所有的教育阶段中,男孩和女孩就读于不同的学校里,但他们具有平等的学习机会。正规小学里,上学从7:30开始,13:30结束,一个学年有200个教学日。

预备教育阶段为3年,学生大多在12岁入学。在这个阶段,许多学生进入了私立学校。一个学年大约有200个教学日,每天授课7小时。

中等教育阶段为3年,入学年龄在15岁。一年的基础课学习后,学生分别进入理科班和文科班。与他们的选择和能力相适应,分科后的学生分别学习两类科目中的一科。3年的中等教育结束后,两类科目的学生都参加普通中等证书考试,通过考试的,有资格进入大学和高等教育机构。

阿联酋大学创建于1976年,仅在国家独立5年之后,校址在阿尔－艾恩(Al Ain)。阿联酋大学有7个学院:文学院、科学学院、教育学院、管理和政治学院、农学院、工程学院、医疗和公民健康学院。大学还有几个研究中心。阿联酋大学建立那

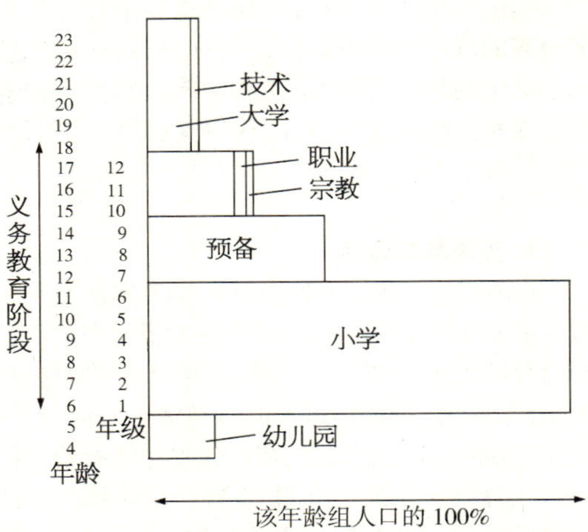

图1　阿拉伯联合酋长国:正规教育体系的结构

一年,招收了502名学生。到1990～1991学年,学生人数已经增长到9 564名。

高等教育还可以在一些其他的机构和学院中获得,不同的专业学习不同的课程,学习时间为3～6年。这些高等教育机构和学院有以下几个:高等技术学院,招收男生和女生(学习3年);迪拜医学院,招收女生(学习3年);迪拜航空学院(有3年的课程);阿治曼(Ajman)技术学院(学习5年)。这些机构中,学生人数相对较少。这是因为中等学校的毕业生(包括公立和私立学校),有好的机会进入了阿联酋大学或者找到了有收入丰厚的工作。

3.2　*学前教育*

在主要的城市中,有许多迎合需要的保育学校,特别是满足双职工需要的保育学校。这些学校有现代化设施,由私人经营,需要交费。

3.3　*特殊教育*

阿联酋的特殊教育项目是为一些身体或精神有疾病的儿童所设的。劳工社会部,而不是教育部负责管理这些学校。特殊学校的数目以及分布覆盖了阿联酋的各个地区,只要父母需要,想送他们的孩子接受这样的教育,就能得到满足。

3.4　*职业、技术教育和商业教育*

1958年,当第一所学校在沙迦建立时,就开始了技术教育。1969年,又增加了两所。第一所在迪拜,第二所在哈伊马角(Ras Al Khaimah)。这三所学校都进行专业教育,分别提供商业、技术和农业课程,为期3年。在获得这些学校颁发的证书的学生中,有一些有限的名额,获得这些名额的学生可进入阿联酋大学。

3.5　*成人和非正规教育*

教育部直接管理扫盲和成人教育。教育部开办了夜校教育中心,招收大量的男女公民。目前,有135所成人教育中心,参加者有19 209人。这些中心提供的课程和小学一样,第一阶段为1、2年级的识字课,第二阶段为3、4年级的课。完成这两个阶段的学习者,可进入5、6年级的学习。

4. 行政管理的结构与运行

除特殊教育外,教育由教育部负责。教育部招聘、任命政府学校的教师,提供校舍、装备、教材。

教育部由中心和地区两部分组成,而教育区根据不同的酋长国的边界划分。

中心教育部的功能包括:制定总体教育计划、财政预算、颁布管理国家课程和教材、管理教师的聘用、制定保障教育机会均等的基本条规,以及制定出高水准的教学方案。

区一级有6个区和2个教育办公室。教育区和办公室负责它们各自的区,贯彻执行教育计划,管理教育,为教育的进一步发展提供建议。学院一级的学校直接接受教育区的管理和指导。

5. 教育财政

教育财政是联邦政府财政的一部分,教育花费不断上升。1989~1990学年,教育部支出20.3亿迪尔汉(UD)(5.53亿美元),占整个政府财政支出的14.9%。教育财政支出的很大一部分是用来建设学校,满足阿联酋儿童和居住在阿联酋的移民的子女的需要。私立学校的资金大部分通过学生学费的形式获得。

无法得知有关各个阶段生均花费数据。但是,还是可得到三个方面的花费数据:工资,占总教育支出的80.4%;服务,占总教育支出的18.2%;特殊花费,占总的教育支出的1.4%。

6. 师资

教育体制中的人员主要有两类:本国的和国外的。因为教学语言是阿拉伯语,所以,移民来的国外教学人员主要来自阿拉伯国家,他们的数量远远超过本国人员。所有移民来的教学人员都是经过培训的,并且根据教育体制的需要进行了精心的挑选。在教师性别、专业方面,也经过特殊的考虑,以期平衡分布。因为教学服务期相对较长,所以,人员选择很有竞争性,被选择的教师和管理者素质高且有经验。

经过大量的职前和在职教师培训,教育体制内成员的比例稳步提高。教育上的完全国家化(比如在教师聘任上)有可能在不久的将来实现。为此,也对大学阶段的教师培训给予了特殊的关注,对已经聘用的教师也给予了关注,形式是部分时间制的在职培训,这种关注没有性别差异。有两种类型的教师培训,即数学、科学和计算机的教师培训处于优先地位。要想获得阿联酋大学的学士学位,学生需在有经验的老师的带领下,从事充分的教学实践。从事学校的行政、管理和监督等工作的成员也要参加培训项目,这些项目是为这些人员提供的短期的特殊项目。

7. 课程开发与教学方法

所有的学校都按照中央权威制定的国家课程上课。中央教育部有一个特殊的部管理课程开发。这个部和部里的成员所做的努力的比较重要的目标是取得以下成就:

(a)所有学生应该在阅读、写作、数学、科学、和人文科学方面获得尽可能高的水平。

(b)应该有一个稳定的、普遍的核心课程,适用于联邦的所有的区。

(c)所有的学校应采用相似的教学方法,目的是可以在全国性的考试中获得可以比较的结果。

(d)应该加强语言(阿拉伯语和英语)、科学、数学、计算机科学这些科目的学习。这些科目对石油工业的发展有很重要的作用。

国家教材委员会从事教材的编写工作。委员会成员由有经验的教师组成,这些教师由课程指导部门选择,课程指导部门的领导是委员会的主席。所有书籍都要由全国教育部正式认可、批准。

8. 考试、升级和证书制度

在小学,预备学校和中等教育中,学生从一个年级升到另一个年级,需看两个成绩,一个是由任课教师评定的学生的日常成绩,另一个是在年终测验中,学生考试的成绩。如果是从一个阶段的学习进入另一个阶段的学习,或者是当理科班与文科班分科,其结果需由学生在年终考试的成绩决定,同时,考试由学生所在的学校命题。

最后的中等教育考试,是进入高等教育机构的选拔性考试。这一考试在所有的阿联酋的学校中都是一样的。这一考试集中统一管理,因此被认为是一次全国性的考试。这次考试,根据中心教育部制定的细则进行。所有的教育区以及其他区都认为举行这样的统一考试是必须的。它有利于对成功的学生证书进行认可,有利于保持国家统一教育标准的成果。

大学、技术学院的录取,以及中等教育毕业生的就业(就学术成绩方面来说)都根据中等证书考试中的成绩而定。在期末考试中,并不是所有课程中的所有科目都有同样的分量。语言、科学、数学占的分量较重。论文没有通过,或者某一科没有通过的学生,将被拒绝录用,他们可以申请重读。

9. 教育评价、评估和教育研究

阿联酋没有进行过全国性的评价和评估。学校总体人数太少、教育在该国极其短暂的历史以及集中的考试体制,都使得教育评估和评价没有得到考虑。然而,对教育进行评估的重要性和必要性已经被充分认识。有时,会雇佣一些国际的咨询委员会就某方面作有限的评估,比如学生成绩,特别是英语、科学和数学成绩的评估。

教育研究不断提高,但仍主要限定在大学的教育学院里,并且,在大多数情况下,以国内外硕士、教育硕士(Med)、博士论文的形式出现。有关这些方面的研究还没有形成固定的研究项目,而这些项目与教育的优先发展有很密切的联系。

10. 20 世纪八九十年代的主要改革

阿联酋大学和教育部开始着手进行小学教学的衔接的基础性工作,认为这方面最重要。为满足人力资源和劳动市场的需求,改进中等教育的工作也开始了,改进的方面包括评论识字教学的效果以及具体的教育目标、教学方法。毕业生教育的多样化是 20 世纪 80 年代和 90 年代改革的主要方面。

11. 2000 年面临的主要问题

阿联酋是一个快速发展的发展中国家。教育的主要问题在很大程度上也是整个国家的主要问题的反映。阿联酋需要在教学人员方面国家化,就国家的教师供应来说,应该自给自足。这种自给自足应该不破坏教学标准,并且应该在最短的时间里完成。

即使不是在 2000 年之前,那么也应该在 2000 年的时候完成扫盲工作。在这方面,随后应做的也是特别应做的工作是,建立整个民众的终身教育(而不只是儿童的教育)。

即使不存在政府的激励,对教育的自发性需求应该处于上升趋势,而个人则应该待在学校直到完成他们的学业。

阿联酋需在几个方面找到平衡点,特别是:女童和男童教育的平衡、所有阶段中理科和文科教育的平衡以及正规和非正规教育的平衡。

M. A. 阿里－纳亚迪(M. A. Al-Nayadi) 著

张晓玲 译

附录

Al-Nayadi M 1988 *Educators' Perceptions of the Teacher Evaluation System in UAE* (Unpublished doctoral thesis, George Washington University) Washington, DC

Daa'ir S 1991 *Educational Change in the United Arab Emirates (1977—1987)*. The Cultural Foundation, Abu Dhabi

Garzarolli 1979 *Education at the Double*. UAE Ministry of Information and Culture, Abu Dhabi

Head B F 1982 *From Trucial States to United Arab Emirates. A Society in Transition*. Longman, London,

Khader F et al. 1986 *Educational System in the UAE* Alwataniyh Press, Dubai

Ministry of Education 1988 *Development of Education 1986—1988 National Report of United Arab Emirates*. Ministry of Education, Abu Dhabi

Ministry of Education 1991 *Educational Statistics*. Ministry of Education, Abu Dhabi

Ministry of Information and Culture 1981 *UAE: A Record of Achievement*. Ministry of Information and Culture, Abu Dhabi

Mursi A 1978 *The United Arab Emirates: A Modern History*. Croom Helm, London

Mustafa S, Najat A 1986 *Educational Administration*. Dar Al Qalam, Dubai

也门的教育制度(Yemen:System of Education)

1. 基本背景

也门共和国(ROY)坐落在阿拉伯半岛西南部,北与沙特阿拉伯和"空白地带"(Empty Quarter:指阿拉伯半岛南部沙漠的空白之地——译者注)接壤,南与亚丁湾和阿拉伯海相邻,西为红海,东为阿曼苏丹。总领土面积(包括空白地带)为55万平方公里,其中有大量的平原,特别是在海岸边。肥沃的中心高地夹有内陆河谷和平原。国家的东部是半沙漠地带。

也门共和国是1990年5月由也门阿拉伯共和国(YAR)和也门人民民主共和国(PDRY)重新组合而成的。直到18世纪中期,当哈德拉蒙特(Hadramout)和后来拉贾(Lahj)地区宣布脱离萨那(Sana'a)的中央政府独立时,也门还是一个联合国家。1839年,亚丁由英国统治,这进一步加剧了分裂。后来,英国扩张了它的统治范围,把所有的南也门地区都包括在内,英国的这种占领直到1967年12月,南也门独立才宣布结束。

也门的北部也由外国占领,1827年落到土耳其手中。从19世纪90年代末,也门北部人民反对土耳其统治的斗争就已经开始,并一直持续了下去,直到1918年,北部赢得独立。在伊玛目(Iman Yahia)和他的儿子阿麦德(Ahmed)的统治下,北也门很少受国外的影响,也缺乏现代化的经济和教育体制。1962年爆发的九二六革命结束了北也门的封闭状态,也结束了哈米度丁(Hamidudin)王朝的统治(1891~1962),宣布成立了也门阿拉伯共和国。然而,在建立现代化经济和基础设施方面,包括引进和扩充现代化学校方面,也门阿拉伯共和国面临着巨大的困难。内战(1962~1969)的爆发,使国家面对这些困难所做的努力受到了严重的影响。

在重新组建也门共和国之前,也门人民民主共和国在社会和经济发展上,采用的是社会主义计划经济;而也门阿拉伯共和国采用的是自由经济体制。两种相反的政治体制对彼此来说都是别扭的。在20世纪70年代,至少有两次偶然因素,使它们之间爆发了武装冲突。20世纪80年代,一种体制想吞并另一种体制的失败、资金的匮乏、可怕的经济困难以及东欧的巨变,都是1990年5月也门共和国统一的关键的因素。

1990年,也门的总人口为1 130万,由于人口每年以3.1%的速度高速增长,以及海湾危机和非洲战争爆发,来到也门的移民达到80~100万,所以,1991年也门总人口达到1 250万。这种情况给国家有限的资源带来了巨大的负担,也对国家的社会服务尤其是教育增加了巨大的压力。

也门人口中,约少于1/4(21.4%)的人居住在城镇地区。剩下的78.6%居住在农村地区。许多人居住在低矮的中心高地,或者内地,以及海岸边的平原地区,仅一少部分居住在东部的半沙漠地区。然而,大多数人口分布在面积很小的地区(超过6万个地区),人口密度仅为每平方公里21人。这种居住的分散现象给教育带来了巨大压力,需要建立许多校舍,提供更多的教师和行政管理人员,来满足小量人口定居地的需要。人口统计数据表明,年轻人在人口中占多数,如,14岁以下儿童占5.2%,15~64岁的人占44.2%,仅3.3%的人是在65岁(包括65岁)以上。因此,也门的教育体制必须解决这样的问题,让大量有资格的人上学,因此,必须准备和提供教师、管理人员、监管人员、教育设施、校舍这些可获得的有限的资源。

教育体制中,每年人口的高增长率,以及非常分散的人口定居状态,农村人口在人口总量中占多数,人口结构中年轻人居多,这些状况在20世纪90年代可能会继续。这些情况对教育产出的结果(毕业生质量)是不言而喻的:即入学人数的高增长,相对于可提供的人力和财力的资源来说,会以牺牲质量为代价,而且,教育体制还需完成其他社会服务的职能。

许多也门人都是同一祖先,他们说阿拉伯语,信奉伊斯兰教。在很大程度上,也门是一个传统国家。农村社会,特别是北部和东部的农村社会的一个大的特征是强大的部落体制。除去其他的社会因素,部落的对抗和价值观的问题在一定程度上阻碍了也门女子教育的发展。为避免部落冲突,也门当局在部落附近的村落建立不同的学校。这进一步加剧了教育上对人员和校舍的需求。

尽管20世纪70年代和80年代，也门阿拉伯共和国和也门人民民主共和国实行了各种各样的经济和社会计划，但经济仍然是传统性的。农业人口占劳动力人口的62.9%，建筑业人口占7.5%，商业和旅馆经营占4%，交通和通讯占4%，手工业占3.9%，公立和私立教育部门占12.9%。从事教育的劳动力层次是很低的，仅有3.8%有中等教育及其以上的水平。1990年，260万工人中，从事职业和技术工作的占3.1%，从事行政工作的占0.4%。一般职员占3%，从事商业活动的占4.9%，从事服务业的占6.7%，从事农业的占64.1%，从事制造业的占16.3%，从事其他行业的占1.5%。

也门是一个贫穷国家的事实，给教育带来了另外的难题。从1985年后，经济增长一直处于较低的水平，这种情况不管是在也门阿拉伯共和国还是在也门人民民主共和国都是如此。农业在国民生产总值中的份额从1985年的28.2%下降到1989年的23.8%。手工业和服务业分别占到了国民生产总值的13.7%和56.7%，而且几乎保持不变。唯一增长的部门是前也门阿拉伯共和国的采矿业和采盐业，从0.7%上涨到35.8%。这种增长是石油生产所带来的。不仅如此，也门还面临着财政赤字、失业、通货膨胀、外债、浪费以及低投资，这些都进一步加剧了国家的混乱。

经济的萧条以及生产力的低下，促进政府更多地意识到中央在人力资源和发展中的重要性。因此，政府普遍增加对教育和培训的投资，特别强调对基础和中等教育的投资，提高基础和中等教育的质量，并把教育质量和国家的需要联系起来，优先发展基础和中等教育。

2. 教育政策与目标

也门共和国的新的教育目标是政治妥协的结果，妥协的双方，一方是人民代表大会，它是前也门阿拉伯共和国的执政党；另一方是也门社会议政党，它从前统治着也门人民民主共和国。新的教育目标包括在新的教育法中，这部法律是在1992年5月由国会通过的。

教育法具体阐述了也门教育的普遍的目标，以及各级各类教育的目标。法律强调了伊斯兰宗教原则和价值观在形成教育体制的哲学和目标中的重要性。它还强调了给学生提供全面和完整教育的重要性，认识和满足学生的需要和能力的重要性，同时，教育工作应满足国家的需要，提供合格的劳动力。

教育法要求基础和中等教育采用9+3学制。基础教育主要是灌输伊斯兰宗教原则和价值，提高学生对环境的理解力，获得基本的学习技巧，特别是阿拉伯语、英语、科学和社会知识方面的学习技巧。中等教育进一步发展学生的学习技巧，奠定学习的基础，使他们能够进入劳动力市场或者接受高等教育。

3. 正规教育体系

图1是正规教育体系结构图。表1提供了主

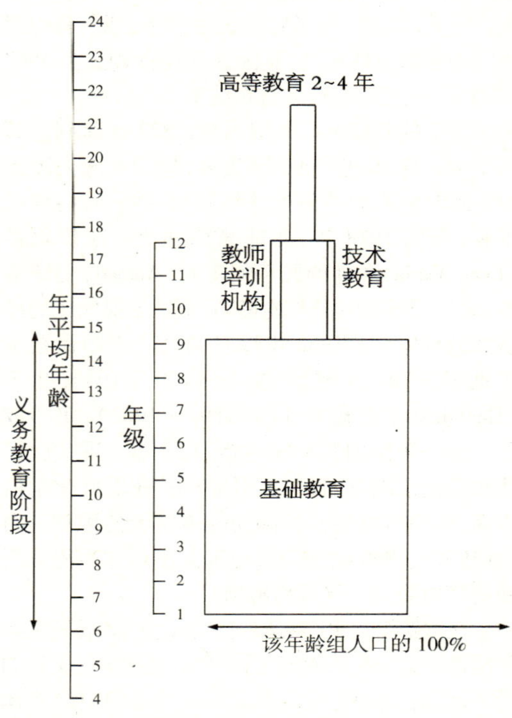

图1　也门：正规教育体系的结构（1990～1991）

表1 也门1990~1991年正规教育体系的入学注册人数和资源

	基础教育	中等教育	高等教育
入学注册人数			
学生人数	2 200 963	118 372	43 169
占年龄组的百分比			
6~15岁	59.4%	–	–
16~18岁	–	13.3%	–
19~22岁	–	–	5.9
学校数量	11 254	724	
生师比	37:1	23:1	
资源			
教育支出占下列项目的百分比[a]			
国家预算(所有阶段)	17.2		
国民生产总值	7.9		
国内生产总值	7.7		

a 1990年的预算

要教育类型的学生人数以及教育资源的主要数据。

1993年,有两种类型的教育体制:北部管理区的6+3+3学制,南部管理区的8+4学制,这种学制的不同反映了它们过去的分裂情况。前也门阿拉伯共和国的教育政策是对6~11岁(小学)的儿童实行义务教育,而在前也门人民民主共和国是对7~14岁(统一学校)的儿童实行义务教育。20世纪60年代以来,两种教育体制在提高学生入学方面都做出了重大贡献,但实行义务教育却失败了。

3.1 初等、中等和第三级教育

统一后,新的教育体制只是得到了一部分执行,采用的是9+3学制,把义务教育延长到9年(6~15岁年龄组),随后是3年的中等教育(16~18岁年龄组)。也门的基础教育是强制的,它涵盖了6~7岁到15岁的儿童。1991年,基础教育中注册的学生有208万,其中女生占24.9%。注册的学生总数占6~15岁学龄组人口的59.4%,其中男生占男生学龄组人口的85.5%,而女生仅占女生学龄组人口的30.9%。女生入学人数少,原因是女校严重缺乏——特别是在一些农村地区;还有一个原因是女童辍学率高。1991年的记录表明,基础教育入学人数从1970~1971年度的234 313人增到1980~1981年度的680 259人,到1991年达到一个极高的水平。其中1970~1971年度、1980~1981年度,女生分别占入学总人数的15.5%和18.9%。

中等教育招收基础教育学校的毕业生,学习3年。在成功完成第一年的学业后,学生分流,他们或者进入文科班,或者进入理科班继续学习2年。1991年,中等教育入学人数达到118 372人,其中女生占15.9%。中等教育的入学的人数占16~18岁年龄组的13.3%。其中。男生占男生同龄组的27.8%,女生占女生同龄组的5.8%。1970~1971年度,入学人数从3 846人迅速增长到1980~1981年度的21 083人。在2个年度中,女生分别占入学总人数的14.4%和24%。中等教育的学生数少,原因在于基础教育前6年辍学率高,约达到40%,由于早婚的社会传统,女生辍学率更为普遍。不过,中等教育的辍学率较低,原因是那些能够进入中等教育学习的学生,有很大的可能性成功地从中等学校毕业。

高等教育由社区学院、专业预备学校和大学组成。大学教育由萨那大学和阿曼大学提供。萨那大学建立于1970~1971学年,有8个学院,提供多种类型的专业教育。包括伊斯兰法律、教育、科学、文学、商业和经济、农业、工程学、医疗和保健。萨那大学还在6个城市建立了教育学院。从1971年萨那大学建立开始,入学人数已从64人急剧增长到1981年的4 519人,1991年达到37 754人。阿曼大学1971年的入学人数为103人,1981年增长到3 731人,1991年,仅达到4 415人。阿曼大学的选择性入学政策,造成了学生人数少,它不像萨那大学那样采取开放入学政策。

也门的社区学院正迅速发展。社区学院隶属于萨那大学和阿曼大学的教育学院。社区学院的数目有望增加,入学人数和学生学习的项目也有望进一步多样化,以此来满足中等水平专业的社会需求。预备学校提供两年的专业课程学习,学习的领域有公共行政、会计学、健康学、水利工程学和人际关系学，但这些教育类型的入学人数不超过1 000名。

1991 年，所有的高等教育中的学生人数达到43 169人（17.2% 为女生），高等教育的规模适中，但它与 1970～1971 学年的 167 名学生相比，规模已经有很大的增长。高等教育的总的学生人数占19～22 岁年龄组的 5.9%（其中男生占其男生学龄组的 9.8%，女生仅占女生学龄组的 2%）。在高等教育中，女生所占比例小是社会束缚和经济原因导致的。

由于成功完成中等教育学业的人数不断增长，高等教育的入学人数有望继续增长。为了满足这一增长需求，高等教育和科学研究部正计划在塔伊兹（Taiz）和哈德拉蒙特地区开办两所新的大学。而且，高等教育部打算推广社区学院体制，并使其教育项目多样化，以满足国家对中等水平技术人员的迫切需求，减缓学生对大学的需求。

3.2 学前教育

有很少一部分 4～5 岁的儿童进入了公立和私立学前教育中心。这些学前教育机构主要分布在城市，特别是萨那、阿曼、塔伊兹、霍戴达哈（Hodeidah）地区。教育政策有计划发展学前教育，并把它和基础教育连接起来。而且，自 1990 年以来，在发展和扩充学前教育上，私立教育机构的兴趣不断增长。私立教育机构对学前教育的兴趣，会增加大量的 4～5 岁的学前教育中心。这个阶段的教育的发展可能被限定在城镇地区，在那里，有大量参加工作的母亲需要这种服务。政府办的学前教育机构，父母只需付一部分费用，而在私立学前教育机构，父母需付全额费用。

3.3 特殊教育

对于进入基础和中等教育阶段的学生来说，没有特殊的教育项目。但对于生长在主要城市的少数残疾孩子（少于 500 人）来说，有这样的项目。这种特殊项目的辅导是分开设置的，比如有盲人中心、社会指导中心（少年犯中心）、身体残疾中心和智力障碍中心。所有的特殊教育项目由社会安全和社会服务部组织和管理（MSSA），并由政府投资。由于缺乏政府政策和财政支持，特殊教育发展缓慢。20 世纪 90 年代，由于政府出台了一项新的政策，来扩大特殊教育机会，也由于私立部门对这一领域的兴趣，特殊教育的入学人数有望增长。

3.4 职业教育、技术教育和商业教育

在统一前，也门有两种不同的职业和技术教育（VTE）体制。在前也门阿拉伯共和国，除了健康教育外，职业和技术教育体制由教育部管理。小学毕业后，职业培训为 2 年。而技术、商业、农业、健康、和兽医教育为 3 年。在前也门人民民主共和国，职业和技术教育是在预备阶段结束后，由教育、劳工、职业培训部管理，从统一中学毕业后（1～8 年龄组）继续学习 2～5 年。

新的公共教育政策打算统一这种入学层次，并使这种体制多样化，以满足公立和私立教育的需求。学生在完成基础教育之后，可接受 2 年的职业培训，取得进入劳动力市场的资格。技术教育的毕业生将学习 3 年，之后或进入劳动力市场或继续在这一领域的专业中深造。教育部和劳工职业培训部共同负责管理新的职业技术教育体制。但是，由于财力的缺乏，以及公立教育部门缺乏连贯的一致性，因此阻碍了职业技术教育体制的发展。

3.5 成人和非正规教育

成人和非正规教育限定在扫盲和技巧培训项目上，主要由教育部通过扫盲和成人教育组织进行。非正规教育项目，主要针对城镇和农村的男女文盲，以及那些没有达到识字水平就辍学的人而言的。20 世纪 80 年代早期，入学人数开始增加，1984 年达到 11 万人，1988 年下降到 75 677 人，但1991 年又上涨到 122 500 人。女性入学人数从1984 年的 20% 增长到 1991 年的 50%。其中，大多数（67%）人来自农村地区，而来自城镇地区的仅为 33%。

成人和工作培训项目的短缺，一直引起了极大的关注，特别是在一个文盲率达到 55% 的国家。更进一步可以说，67% 的劳动力是文盲，仅 3.8% 的人有中学或中学以上的教育水平。20 世纪 80 年代，扫盲和成人教育项目减少了。在 1991 年，仅为 6.8% 的文盲劳动力提供了服务项目，这说明了财政数额分配之低。教育部所做的努力，和新的劳工和职业培训部的未来角色，有望在 20 世纪 90 年

代扩展成人教育,并使成人教育项目多样化。

4. 行政管理的结构与运行

也门的教育是国家的主要责任之一。1990年,也门统一后,教育管理发生了重大变化。目前,教育体制由许多部管理。教育部负责管理基础和中等教育,它负责加强教师培训,提高教师、管理者、学校行政人员和所有教育领导者的素质。在中央一级,教育部负有主要的责任,特别是在政策制定、规划、课程发展、输送教师、人力和财政资源分配方面。政府监督管理地区有关政策的执行,而学校则追求具体的教育目标、政策以及课程的执行。在政策制定和规划上,低一级的单位如果想参与,不仅受限制,而且几乎不可能。年轻人和成人的非正规教育的管理责任,由教育部和劳工和职业培训部共同分担。劳工和职业培训部已经被分配负责非正规教育,为输送熟练和半熟练劳动力作准备。

1990年建立的高等教育和科学研究部有可能限制两所大学以及隶属于它的社区学院的自治权。高等教育和科学研究部有可能在高等教育的运行规划和指导方面,以及制定招收政策、人员评价、研究活动方面施加更多影响力,也有可能对社区学院的发展和扩张进行更多的控制。

政府的基本教育政策是逐步下放权利,教育部的政策是授权地方的机构管理和评价教育。同时,也鼓励私立部门通过支持公立学校的校舍建设或建立、经营各种类型的私立学校(包括职业、技术、和高等教育),参与教育发展。

5. 教育财政

1990年,教育上总共获得了6 190亿也门里亚尔,占国家总的财政支出的17.2%。这个数字表明教育上所分得的财政资源有很大增加。在也门人民民主共和国,教育上分得的财政份额从1970年为5.5%,增长到1980年的12.7%,在也门阿拉伯共和国,教育上分得的财政份额从1971年的14.2%增长到1980年的16.9%。这种增长反应了学生人数以及教师和教育管理人员的工资的增加。

在也门,许多教育花费由政府提供。1990年,教育上的财政分配额大致如下:基础教育65%,中等教育12%,教师培训8%,职业和技术教育2%,高等教育13%。从1年级到大学的教育几乎是免费的,学生只需交少量的注册费、考试费和考试证书费。1990年,财政中教育服务获得的总的费用仅占1.5%。而且,政府对私立学校提供了额外的资源,用来补充部分教师的工资。这作为一项政策,来鼓励私立部门投资建校以及经营学校。虽然无法得到私立学校的入学人数以及教育花费的数据,但这些数据是有下限的。20世纪90年代,由于公立学校教育质量的下降,人们对私立学校的兴趣不断增加,所以私立学校的入学人数和教育费用有望提高。

在20世纪70年代和80年代,世界银行通过贷款和资助的形式,对也门进行了财政援助,阿拉伯和其他国家也对也门进行了援助。这些援助对也门的教育发展起到了重要作用。阿拉伯国家,特别是科威特提供的贷款和资助是萨那大学的主要资金来源。然而,1990年海湾危机过后,这一部分援助完全停止了。

6. 师资

1991年,教育部门雇佣有60 282名教师,其中55 011名从事基础教育,5 271名从事中等教育。在基础教育中,也门本地的教师占所有教师数的53.7%,海外教师占了46.2%;在中等教育中,也门本地教师占了46.1%,非也门教师占了53.8%。这其中雇佣有28 283名海外教师,说明了也门合格教师的短缺,应该吸收和保持从事教育职业的教师。教师短缺的原因,是教育上的资金刺激力不够,学校条件不佳,特别是在一些农村地区。

也门各种层次的教师培训都有。基础教育中,前6年级的教师培训,由中等教育的教师培训机构(STTI)和隶属于教育学院的教师社区学院进行。基础教育中7~9年级的教师和中等教育的教师,在教育学院接受4年的培训项目。教育部打算吸引合格学生进入教师职业,以提高教师素质、改进课程、教学方法;以及实施中等教师培训机构的教学,扩展两年中等教育前的教师培训体制。

从总体上说,在职培训引起的注意和得到的支持很少。在职培训是自愿的,参加者得不到金钱的激励去参加一些研讨会、学术会，并以此来提高自身的知识和技巧。教育部建立了一个由副部长掌管的培训和提高部门，目的是管理和组织教师的职前和在职培训。培训和提高部有可能在20世纪90年代发展和进行有效的在职培训项目。

7. 课程开发与教学方法

学校里的课程是全国统一的。在基础教育阶段，特别是1～6年级，学生学习普通课程，这些课程包括阿拉伯语、伊斯兰教育、数学、社会研究、科学和文学。在基础教育的7～9年级，学习的广度和深度都增加了。除了要学习上面的科目外，还增加了英语（它是必修的）以及公民学、地理、历史和体育。1～4年级的所有科目，由一位教师教授，但5～9年级的科目由本科目的专业教师教授。所有学生在10年级学习科目保持不变，继续学习以前的科目，但更强调物理、化学和生物的学习。进入11～12年级时，学生可选择文学或科学班。这两个班所学习的共同科目是：伊斯兰教育、阿拉伯语、英语、文学和体育。文科班还包括历史、地理、哲学、逻辑学、心理学和社会学。而理科班学习的内容更深一些，包括数学、物理、化学和生物。大多数学生选择了理科班，原因是它为学生进入也门和国外的预备学校提供了更广阔的选择机会。

在统一之前，也门阿拉伯共和国的课程在教育部中的课程、教材教育资助部门的管理之下。而在也门人民民主共和国，课程由教育研究中心管理。统一之后，课程发展和学习材料的编写成为教育研究和发展中心的责任。教育研究和发展中心隶属于教育部。

课程中的关键问题包括：设计和发展反映教育目标和也门人民期望的新课程和教材，并为也门年轻人进入劳动力市场和接受高等教育作有效的准备，课程体制的建立和实践的方法应该确保课程发展的连续性。

8. 考试、升级和证书制度

1～2年级的学生实行自动升级制。学校的内部考试是学生从一个年级升到另一个年级的依据。在小学、统一学校、预备学校和中等教育结束时，有全国性的统一考试。新的教育体制要求在9年基础教育和3年中等教育结束时进行。一旦学生通过全国性的考试，学生就可得到教育部的通过证书。

学生通过学校的内部考试的前提是要通过许多平时的考试，它占总成绩的40%，还要通过年度考试，它占总成绩的60%。全国的考试是一样的，学校考试和全国性的考试主要以论文的形式进行，但它们缺乏信度和效度。也门已经意识到要提高学校、地区、全国性考试的质量，但由于缺乏资金支持教师培训，而使检测、评估的事情受阻。

9. 教育的评价、评估和教育研究

也门把考试作为一项检测学生成绩的重要方法。可是，并没有对国家内州一级的教育进行客观的评价，原因是很多努力用在了教育数量的扩充上，这些包含教师的招募和财政资源的开发。教育的输入和输出的关系还没有解决。

1982年，教育部建立了教育研究和发展中心（ERDC），目的是通过研究和发展提高教育水平。但教育研究和发展中心遇到了很多困难，比如，缺乏充足的资源，缺乏与教育部政策制定者们的有效联系。这些困难阻碍了教育研究和发展中心的工作开展。教育研究和发展中心研究的项目主要是教师的供应、学校的规划和影响女童入学的因素。除了上面的研究项目外，未来的研究计划项目有望包括教育的评价、评估、教育质量的提高和课程发展。

在高等教育部的支持下，建立了科学研究部，因此，高等教育阶段对这一问题的研究有望获得推动力。科学研究部有望确定关键的研究领域，并在大学建立个人和小组研究中心。这些研究隶属于一些部。科学研究部也有望提供资源来出版和公布研究项目的成果。

20世纪80年代，由于教育评价、评估和研究还是新的组织研究项目，且研究者和决策者的规划缺乏有效的联系，所以它获取的费用很少。然而，20世纪90年代，研究资金有可能提高，这是因为人们已经意识到这一研究的重要性，并且还在高等教育部建立了科学研究部。

10. 20 世纪八九十年代的主要改革

20 世纪 80 年代,教育的主要特征是入学人数出现了史无前例的增长,但这是以教育质量的下降为代价的。20 世纪 80 年代后期以来,教育部从事的教育活动更宽广,阻止了教育质量下降的严重局面,提高改进了教育体制中的各个方面。课程专家和咨询指导专家对课程、科学教育、教师计划、学校行政人员和管理人员毕业前的培训,给予了特殊的关注。

11. 2000 年面临的主要问题

也门共和国的教育,有可能继续遇到资金短缺的问题,就校舍、装备、教师来说,无法支持和保持学生人数的增加。有情况表明,学校正面临人员拥挤,内部效率低的问题。而且,教育的高度集权化,加上合格教育行政人员、教师、校长、教育监管者、课程和评估专家的短缺,都阻碍了教育体制的运行。政府和教育部正努力改善教育财政,并鼓励当地社区和私立部门投资教育,从阿拉伯和海外吸引资金和贷款。进一步说,教育部打算使教育经费安排合理化,并且提高国家机构输送合格教师和相关人员的水平。

M. M. 莫塔哈尔(M. M. Mottahar) 著

张晓玲 译

附录

Ghanim M, Mottahar M 1992 Population and education in the Republic of Yemen. *Proceedings of the First National Population Policy Conference* (*October 26—29*). Central Statistical Organization, Sana'a

Ministry of Education 1990 *Education in the Republic of Yemen.* A report presented to the 42nd session of the International Conference of Education. National committee for Education, Culture and Science, Sana'a

Ministry of Education 1992 The education sector. A working paper presented to the Round Table Conference, Ministry of Education, Sana'a

Parliamentary Council 1993 The general law of education. *Democracy.* 1(6):26—32 Sana'a

Pridham B R (ed.) 1984 *Contemporary Yemen: Politics and Historical Background.* Croom Helm, London

Pridham B R (ed.) 1985 *Economy, Society and Culture in Contemporary Yemen.* Croom Helm, London

Republic of Yemen, Ministry of Planning and Development 1992 *General Economic Memorandum: Round Table Conference, Geneva 30 June-1 July 1992*, 2 vols. Ministry of Planning and Development, Sana'a

Republic of Yemen, Ministry of Planning and Development 1992 *Statistical Year Book* 1991. Central Statistical Organisation, Sana'a

Republic of Yemen, Ministry of Planning and Development 1992 *Population and Development.* Central Statistical Organization, Sana'a

Zabarah M A 1982 *Yemen: Traditionalism versus Modernity.* Prager, New York